Lackner/Kühl
Strafgesetzbuch

Strafgesetzbuch

Kommentar

Bearbeitet von

Dr. Dr. Kristian Kühl
o. Professor
an der Universität Tübingen

25., neu bearbeitete Auflage
des von
Dr. Eduard Dreher und Dr. Hermann Maassen begründeten
und von Dr. Karl Lackner, seit der 21. Auflage neben ihm
von Dr. Dr. Kristian Kühl, seit der 25. Auflage von diesem allein
fortgeführten Werkes

Verlag C. H. Beck München 2004

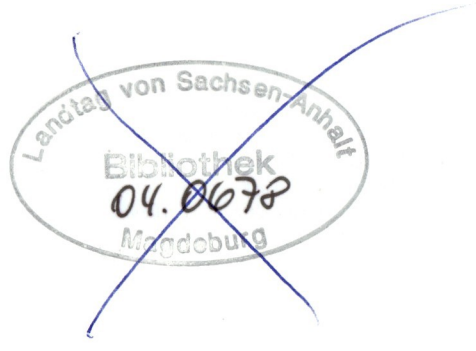

Verlag C. H. Beck im Internet:

beck.de

ISBN 3 406 52295 5

© 2004 Verlag C. H. Beck oHG
Wilhelmstraße 9, 80801 München
Druck: Druckerei C. H. Beck Nördlingen
(Adresse wie Verlag)

Gedruckt auf säurefreiem, alterungsbeständigem Papier
(hergestellt aus chlorfrei gebleichtem Zellstoff)

Vorwort zur fünfundzwanzigsten Auflage

Die 25. Auflage ist – was allerdings nicht besonders wichtig ist – eine „Jubiläumsausgabe". Sie ist aber – was schon wichtiger ist – die erste Auflage seit 1967, an der Karl Lackner, der sich im Vorwort zur 24. Auflage im August 2001 von seinen Lesern verabschiedet hat, nicht mehr als Bearbeiter beteiligt ist; seine über dreißigjährigen Bearbeitungen wirken aber in der jetzigen Neuauflage – für „Kenner" erkennbar – fort. Ich bin ihm dankbar, dass er mich seit der 21. Auflage nach und nach an die (vorerst) alleinige Fortführung des Erläuterungswerks herangeführt hat. Dennoch war die erste Bearbeitung ein „harter Brocken". Das gilt vor allem für die bisher von Lackner bearbeiteten Partien, insbesondere die §§ 38–79b, bei denen der Anfall von Rechtsprechung für mich überraschend groß war. Hinzukommen 21 Gesetzesänderungen, die bei den §§ 66a, 66b, 129b, 152b, 184a–c und 201a zu Neukommentierungen zwangen. Zur Materialvermehrung führte auch die aus verschiedenen Gründen erfolgte einjährige Verschiebung des Erscheinungstermins.

Größere Änderungen und Ergänzungen wurden – veranlasst durch Rechtsprechung und Literatur, aber auch durch außerstrafrechtliche Gesetzesänderungen und europäische Vorgaben – vorgenommen bei §§ 1, 6, 9, 11, vor 13, 13, 15, 18, 20, 24, 27, vor 32, 32, 46, 46a, vor 52, 56f, 63, 66, 69, vor 73–73d, 78a, 80, 86a, 126, 129, 129a, 130, 131, 143, 152a, 172, vor 174, 174c, 176, 176a, 179, 180a, 181a, 184, 202a, 203, vor 211–216, 224, 227, 239a, 240, 241, 244, 250, 253, 258, 261, 263, 263a, 266, 266a, 284, 298, 299, 303, 306, 315b, 316a, vor 324, 331, 339 und 356.

Bei der Sammlung und Auswertung von Material, der Erstellung des Manuskripts, der Aktualisierung von Abkürzungs- und Sachverzeichnis und der Korrektur der Druckbögen haben mir geholfen: die wissenschaftlichen Assistenten Dr. Martin Heger und Dr. Edward Schramm [besonders beim neuen § 66b und bei der § 266a-Änderung, die erst unmittelbar vor Abgabe der Revisionsfahnen im BGBl. erschienen], die Mitarbeiterinnen Hannah Lang und Sabine Wermke, die Mitarbeiter Bernd Federmann, Patrick Hinderer, Martin Idler sowie die Sekretärinnen Frau Nesch und Frau Höschle; ihnen allen danke ich herzlich für ihren überobligationsmäßigen Einsatz. Mein spezieller Dank gilt dem Tübinger Kollegen Kerner, der mir wertvolle Hinweise auf neuere kriminologische Literatur zu einzelnen Delikten gab.

Tübingen, im August 2004 *Kristian Kühl*

Aus dem Vorwort zur ersten Auflage

Die hier vorgelegte Textausgabe des Strafgesetzbuchs mit Erläuterungen nimmt eine alte Tradition des Verlages wieder auf, der schon in den Jahren von 1900 bis 1935 eine ähnliche, erst von Staudinger, später von Schmitt betreute Ausgabe hatte erscheinen lassen. Dass sie 20 Auflagen erreichte, zeigt, dass ein Bedürfnis für eine derartige Bearbeitung des Strafgesetzbuchs besteht.

Die Ausgabe kann und will kein Kommentar im üblichen Sinne sein; wir haben uns darauf konzentriert, zu allen Vorschriften nur das Wichtigste zu sagen, haben dabei aber folgende Ziele nicht aus den Augen gelassen: Zunächst haben wir versucht, die Systematik des Ganzen sowie der einzelnen Bestimmungen herauszuarbeiten, das eine vor allem durch Vorbemerkungen im Allgemeinen Teil, das andere durch das Bemühen, die innere Struktur der wichtigeren und schwierigeren Vorschriften deutlich werden zu lassen. Dabei sind überall die bedeutsamsten Fragen wenigstens gestreift. Zweitens ist die Rechtsprechung des Bundesgerichtshofs bis in die jüngste Zeit in möglicher Vollständigkeit, auch mit zahlreichen unveröffentlichten Entscheidungen, verarbeitet und zitiert, meist mit entsprechenden Urteilen des Reichsgerichts, das dort allein angeführt ist, wo Entscheidungen des Bundesgerichtshofs noch fehlen. Im übrigen sind höchstrichterliche Rechtsprechung und Schrifttum allenthalben mit dankbarer Anerkennung verwertet, konnten aber mit Rücksicht auf die Natur des Ganzen nur mit äußerster Sparsamkeit zitiert werden. Wir haben uns auch nicht gescheut, zu manchen Fragen unsere eigene abweichende Meinung zu sagen. Drittens ist den Änderungen durch die Strafrechtsnovellen seit 1951, an deren Entwürfen die Verfasser seit 1952 einen gewissen Anteil haben, besondere Aufmerksamkeit gewidmet. So ist eine Ausgabe entstanden, die bei aller Knappheit doch nicht als oberflächlich gelten möchte und denen nützlich sein kann, die nur das Wesentlichste an Zweifelsfragen und Rechtsprechung kennenlernen wollen, weil sie erst im Eindringen in den Stoff begriffen sind oder weil ihnen das Strafrecht nicht im Mittelpunkt ihrer Arbeit steht. Aber auch dem strafrechtlichen Praktiker soll eine erste zuverlässige Orientierung geboten werden.

Aus dem Vorwort zur vierten Auflage

Die dritte Auflage des „Dreher-Maassen" ist seit 1960 vergriffen. Da Eduard Dreher damals den bekannten und für die Praxis unentbehrlichen Kurzkommentar von Schwarz übernahm, war ihm eine gleichzeitige Betreuung auch dieses Erläuterungsbuches nicht mehr möglich. In der Zwischenzeit ist aber die Nachfrage nicht verstummt; das Bedauern um die entstandene Lücke ist aus den verschiedensten Kreisen immer nachhaltiger zum Ausdruck gebracht worden. Der Verlag hat sich deshalb entschlossen, wieder an die alte, bis zum Jahre 1900 zurückreichende Tradition anzuknüpfen. Er lässt ein Erläuterungsbuch erscheinen, das den Zweck erfüllen soll, dem Lernenden – vornehmlich an Hand der höchstrichterlichen Rechtsprechung, unter Berücksichtigung aber auch des wichtigsten Schrifttums – die Grundlinien des Strafrechts sichtbar zu machen und dem strafrechtlichen Praktiker eine erste zuverlässige Orientierung zu bieten. Es war das besondere Anliegen des neu eingetretenen Mitverfassers, an diesem Grundcharakter des Buches nichts zu ändern. Wie bisher soll es der Praxis und der juristischen Ausbildung dienen.

Aus dem Vorwort zur einundzwanzigsten Auflage

Beginnend mit dieser Neuauflage soll das nun seit mehr als 25 Jahren im „Ein-Mann-Betrieb" betreute Erläuterungsbuch stufenweise in jüngere Hände gegeben werden. Die Weiterbearbeitung etwa der Hälfte des Gesamtwerkes ist inzwischen auf den neu eingetretenen Mitautor übergegangen. Dabei wurde der Stoff so aufgeteilt, dass beim Allgemeinen Teil (§§ 1–79 b), bei den ersten Abschnitten des Besonderen Teils (§§ 80–121) und beim Strafrecht des Schwangerschaftsabbruchs (§§ 218–219 b) keine Änderung eingetreten ist, während der Besondere Teil im übrigen (§§ 123–217, 220–358) dem neuen Autor übertragen wurde. Mit diesem „gleitenden" Übergang versuchen wir, die Einheitlichkeit des Ganzen zu wahren und vor allem die Kontinuität in der Zielsetzung des Buches und der Methode der Sachbehandlung zu gewährleisten. Wie weit wir dieses Ziel erreicht haben, wird der Leser zu beurteilen haben.

Aus dem Vorwort zur vierundzwanzigsten Auflage

Mit dieser Auflage verabschiede ich mich von meinen Lesern. Ich habe das Erläuterungsbuch von 1967 bis heute betreut, meistens allein, nur ganz am Anfang zusammen mit Hermann Maassen und seit der 21. Auflage zusammen mit Kristian Kühl. Ihn habe ich dafür gewinnen können, die weitere Betreuung des Werkes zu übernehmen. Dafür bin ich ihm herzlich dankbar. Zugleich haben wir damals einen stufenweisen Übergang vereinbart, um die Kontinuität in der Methode des Kommentierens und der Begrenzung des Umfangs der Erläuterungen zu wahren. Ich hoffe, dass uns das gelungen ist.

Jetzt bleibt mir nur noch ein Wunsch für die Zukunft: das Erläuterungsbuch möge auch weiterhin seine Funktion voll erfüllen.

Heidelberg, im August 2001   *Karl Lackner*

Auch ich möchte an dieser Stelle danken, und zwar Karl Lackner, dass er mir sein „Lebenswerk" anvertraut und mich seit acht Jahren nur leicht steuernd an diesen Wechsel stufenweise herangeführt hat. Ob ich seine Meisterschaft im „Kurzkommentieren" erreichen kann, wird letztlich der Leser beurteilen.

Tübingen, im August 2001   *Kristian Kühl*

Inhaltsverzeichnis

Abkürzungen XI
Tabelle der Änderungen des StGB XLIX

Strafgesetzbuch

v 15. 5. 1871, idF der Bekanntmachung v 13. 11. 1998 (BGBl I 3322)

Allgemeiner Teil

1. Abschnitt. Das Strafgesetz (§§ 1–12) 7
2. Abschnitt. Die Tat (§§ 13–37) 53
3. Abschnitt. Rechtsfolgen der Tat (§§ 38–76 a) 238
4. Abschnitt. Strafantrag, Ermächtigung, Strafverlangen (§§ 77–77 e) 484
5. Abschnitt. Verjährung (§§ 78–79 b) 492

Besonderer Teil

1. Abschnitt. Friedensverrat, Hochverrat und Gefährdung des demokratischen Rechtsstaates (§§ 80–92 b) 511
2. Abschnitt. Landesverrat und Gefährdung der äußeren Sicherheit (§§ 93–101 a) 534
3. Abschnitt. Straftaten gegen ausländische Staaten (§§ 102–104 a) 548
4. Abschnitt. Straftaten gegen Verfassungsorgane sowie bei Wahlen und Abstimmungen (§§ 105–108 e) 550
5. Abschnitt. Straftaten gegen die Landesverteidigung (§§ 109–109 k) 558
6. Abschnitt. Widerstand gegen die Staatsgewalt (§§ 111–121) 565
7. Abschnitt. Straftaten gegen die öffentliche Ordnung (§§ 123–145 d) 580
8. Abschnitt. Geld- und Wertzeichenfälschung (§§ 146 bis 152 b) 652
9. Abschnitt. Falsche uneidliche Aussage und Meineid (§§ 153–163) 668
10. Abschnitt. Falsche Verdächtigung (§§ 164, 165) 684
11. Abschnitt. Straftaten, welche sich auf Religion und Weltanschauung beziehen (§§ 166–168) 688
12. Abschnitt. Straftaten gegen den Personenstand, die Ehe und die Familie (§§ 169–173) 695
13. Abschnitt. Straftaten gegen die sexuelle Selbstbestimmung (§§ 174–184 f) 705
14. Abschnitt. Beleidigung (§§ 185–200) 781
15. Abschnitt. Verletzung des persönlichen Lebens- und Geheimbereichs (§§ 201–206) 807
16. Abschnitt. Straftaten gegen das Leben (§§ 211–222) 840
17. Abschnitt. Straftaten gegen die körperliche Unversehrtheit (§§ 223–231) 914
18. Abschnitt. Straftaten gegen die persönliche Freiheit (§§ 234–241 a) 949
19. Abschnitt. Diebstahl und Unterschlagung (§§ 242 bis 248 c) 982
20. Abschnitt. Raub und Erpressung (§§ 249–256) 1020
21. Abschnitt. Begünstigung und Hehlerei (§§ 257–262) 1036
22. Abschnitt. Betrug und Untreue (§§ 263–266 b) 1072
23. Abschnitt. Urkundenfälschung (§§ 267–282) 1164
24. Abschnitt. Insolvenzstraftaten (§§ 283–283 d) 1194
25. Abschnitt. Strafbarer Eigennutz (§§ 284–297) 1211
26. Abschnitt. Straftaten gegen den Wettbewerb (§§ 298–302) 1229
27. Abschnitt. Sachbeschädigung (§§ 303–305 a) 1240

Inhalt

28. Abschnitt. Gemeingefährliche Straftaten (§§ 306–323 c) 1250
29. Abschnitt. Straftaten gegen die Umwelt (§§ 324–330 d) 1320
30. Abschnitt. Straftaten im Amt (§§ 331–358) 1376

Anhang

I. **Einführungsgesetz zum Strafgesetzbuch (EGStGB)** v 2. März 1974 – Auszug – 1425
II. **Vertrag zwischen der Bundesrepublik Deutschland und der Deutschen Demokratischen Republik über die Herstellung der Einheit Deutschlands (Einigungsvertrag)** v 31. August 1990 – Auszug – 1431
III. **Fortgeltendes Recht der Deutschen Demokratischen Republik im Beitrittsgebiet** – unter Beschränkung auf die im Strafgesetzbuch geregelten Materien – 1432
IV. **Schwangerschaftskonfliktgesetz (SchKG)** in der durch das SFHÄndG v 21. 8. 1995 (BGBl I 1050) geänderten Fassung – Auszug – 1432
V. **Internationales Strafrecht** 1436

Sachverzeichnis 1439

Abkürzungsverzeichnis

Schrifttumshinweise ohne Bezeichnung von Verfasser oder Gericht beziehen sich auf Entscheidungen des Bundesgerichtshofes. Entscheidungen der Oberlandesgerichte sind in der Regel durch Angabe des Ortes bezeichnet, an dem das Gericht seinen Sitz hat (zB Köln NJW ...).

aaO	am angegebenen Ort
AbfG	Gesetz über die Vermeidung und Entsorgung von Abfällen (Abfallgesetz) v 27. 8. 1986 (BGBl I 1410; ber 1501), letztes ÄndG v 12. 9. 1996 (BGBl I 1354). Mit Wirkung vom 6. 10. 1996 aufgehoben durch Art 13 des Gesetzes zur Vermeidung, Verwertung und Beseitigung von Abfällen v 27. 9. 1994 (BGBl I 2705)
AbfVerbrG	Gesetz über die Überwachung und Kontrolle der grenzüberschreitenden Verbringung von Abfällen (Abfallverbringungsgesetz) idF des Art 1 des Ausführungsgesetzes zum Basler Übereinkommen v 30. 9. 1994 (BGBl I 2771), letztes ÄndG v 25. 11. 2003 (BGBl I 2304)
abl	ablehnend
ABl	Amtsblatt
Abs	Absatz
abw	abweichend
AcP	Archiv für die civilistische Praxis (zitiert nach Jahr und Seite)
AdoptionsG	Gesetz über die Annahme als Kind und zur Änderung anderer Vorschriften (Adoptionsgesetz) v 2. 7. 1976 (BGBl I 1749)
AdVermiG	Gesetz über die Vermittlung der Annahme als Kind und über das Verbot der Vermittlung von Ersatzmüttern (Adoptionsvermittlungsgesetz) idF v 27. 11. 1989 (BGBl I 2016), Neufassung v 11. 1. 2002 (BGBl I 354)
aE	am Ende
AE	Alternativ-Entwurf eines Strafgesetzbuches – Allgemeiner Teil – (2. Aufl, Tübingen 1969)
AE (PersStR)	Alternativ-Entwurf eines Strafgesetzbuches – Besonderer Teil, Straftaten gegen die Person – Erster Halbband (Tübingen 1970). Zweiter Halbband (Tübingen 1971)
AE (SterbeH)	Alternativentwurf eines Gesetzes über Sterbehilfe (AE-Sterbehilfe). Entwurf eines Arbeitskreises von Professoren des Strafrechts und der Medizin sowie ihrer Mitarbeiter (Stuttgart 1986)
AE (StPO)	Alternativ-Entwurf – Novelle zur Strafprozeßordnung, Strafverfahren mit nichtöffentlicher Hauptverhandlung – (Tübingen 1980)
AE (WGM)	Alternativ-Entwurf Wiedergutmachung (AE-WGM). Entwurf eines Arbeitskreises deutscher, österreichischer und schweizerischer Strafrechtslehrer (München 1992)
AE (WirtschStR)	Alternativ-Entwurf eines Strafgesetzbuches – Besonderer Teil, Straftaten gegen die Wirtschaft – (Tübingen 1977)
aF	alte Fassung
AFG	Arbeitsförderungsgesetz v 25. 6. 1969 (BGBl I 582), letztes ÄndG v 16. 12. 1997 (BGBl I 2970)

Abkürzungen

AfP	Archiv für Presserecht (zitiert nach Jahr und Seite)
AFRG	Gesetz zur Reform der Arbeitsförderung (Arbeitsförderungs-Reformgesetz) v 24. 3. 1997 (BGBl I 594)
AG	Amtsgericht oder Aktiengesellschaft
AG	Die Aktiengesellschaft, Zeitschrift für das gesamte Aktienwesen (zitiert nach Jahr und Seite)
AIFO	AIDS-Forschung (zitiert nach Jahr und Seite)
AktG	Aktiengesetz v 6. 9. 1965 (BGBl I 1089), letztes ÄndG v 18. 5. 2004 (BGBl I 974)
AkadWissNRW	Nordrhein-Westfälische Akademie der Wissenschaften (Geisteswissenschaften – Vorträge G)
allg	allgemein
AltölG	Gesetz über Maßnahmen zur Sicherung der Altölbeseitigung idF v 11. 12. 1979 (BGBl I 2113), aufgehoben mWv 1. 1. 1990 (BGBl I 1410)
aM	anderer Meinung
AMG	Gesetz über den Verkehr mit Arzneimitteln (Arzneimittelgesetz) idF v 11. 12. 1998 (BGBl I 3586), letztes ÄndG v 14. 11. 2003 (BGBl I 2190)
ÄndG	Änderungsgesetz
ÄndVO	Änderungsverordnung
Anh	Anhang
Anl	Anlage
Anm	Anmerkung
AnwBl	Anwaltsblatt (zitiert nach Jahr und Seite)
AO	Anordnung oder Abgabenordnung
AO	Abgabenordnung idF v 1. 10. 2002 (BGBl I 3866, ber 2003 I 61), letztes ÄndG v 23. 4. 2004 (BGBl I 606)
AOK	Allgemeine Ortskrankenkasse
AöR	Archiv des öffentlichen Rechts (zitiert nach Jahr und Seite)
ArchKrim	Archiv für Kriminologie (zitiert nach Band und Seite)
ArchPF	Archiv für das Post- und Fernmeldewesen (zitiert nach Jahr und Seite)
ArchPT	Archiv für Post und Telekommunikation (Umbenennung des Archivs für das Post- und Fernmeldewesen ab Januar 1992; zitiert nach Jahr und Seite)
ARSP	Archiv für Rechts- und Sozialphilosophie (zitiert nach Jahr und Seite)
Art	Artikel
Arztrecht	Arztrecht, Zeitschrift für Rechts- und Vermögensfragen (zitiert nach Jahr und Seite)
Arzt/Weber BT	Arzt/Weber, Strafrecht, Besonderer Teil (Bielefeld 2000). Zitiert nach §§ und Randzahlen
AsylVfG	Asylverfahrensgesetz idF v 27. 7. 1993 (BGBl I 1361), letztes ÄndG v 5. 5. 2004 (BGBl I 718)
AT	Allgemeiner Teil
AtG	Gesetz über die friedliche Verwendung der Kernenergie und den Schutz gegen ihre Gefahren (Atomgesetz) idF v 15. 7. 1985 (BGBl I 1565), letztes ÄndG v 6. 1. 2004 (BGBl I 2)
Aufl	Auflage
AÜG	Arbeitnehmerüberlassungsgesetz idF v 3. 2. 1995 (BGBl I 158), letztes ÄndG v 23. 4. 2004 (BGBl I 602)
AuR	Arbeit und Recht. Zeitschrift für Arbeitsrechtspraxis (zitiert nach Jahr und Seite)

Abkürzungsverzeichnis **Abkürzungen**

AuslG	Gesetz über die Einreise und den Aufenthalt von Ausländern im Bundesgebiet (Ausländergesetz) idF des Gesetzes zur Neuregelung des Ausländerrechts v 9. 7. 1990 (BGBl I 1354), letztes ÄndG v 24. 12. 2003 (BGBl I 2954)
AuslInvestmG	Gesetz über den Vertrieb ausländischer Investmentanteile und über die Besteuerung der Erträge aus ausländischen Investmentanteilen idF v 26. 6. 2001 (BGBl I 1310), letztes ÄndG v 21. 8. 2002 (BGBl I 3322)
ausschl	ausschließlich
AV	Allgemeine Verfügung
AVG	Angestelltenversicherungsgesetz idF v 28. 5. 1924 (RGBl I 563), letztes ÄndG v 25. 7. 1991 (BGBl I 1991), aufgehoben mWv 1. 1. 1992 (BGBl I 2261)
AVO	Ausführungsverordnung
AWG	Außenwirtschaftsgesetz v 28. 4. 1961 (BGBl I 481), letztes ÄndG v 16. 8. 2002 (BGBl I 3202)
AWG/StGBÄndG	Gesetz zur Änderung des Außenwirtschaftsgesetzes, des Strafgesetzbuches und anderer Gesetze v 28. 2. 1992 (BGBl I 372)
BA	Blutalkohol, Wissenschaftliche Zeitschrift für die medizinische und juristische Praxis (zitiert nach Jahr und Seite)
BAföG	Bundesgesetz über individuelle Förderung der Ausbildung idF v 6. 6. 1983 (BGBl I 645, ber 1680), letztes ÄndG v 27. 12. 2003 (BGBl I 3022)
BAG	Bundesarbeitsgericht
BAK	Blutalkoholkonzentration
BannMG	Bannmeilengesetz v 6. 8. 1955 (BGBl I 504), ÄndG v 28. 5. 1969 (BGBl I 449). Mit Wirkung vom 1. 8. 2000 aufgehoben durch Art 3 des Gesetzes über befriedete Bezirke für Verfassungsorgane des Bundes v 11. 8. 1999 (BGBl I 1818)
BÄO	Bundesärzteordnung idF v 16. 4. 1987 (BGBl I 1218), letztes ÄndG v 20. 6. 2002 (BGBl I 1946, 1996)
BAnz	Bundesanzeiger
BApothO	Bundes-Apothekerordnung idF v 19. 7. 1989 (BGBl I 1478; ber 1842), letztes ÄndG v 20. 6. 2002 (BGBl I 1946, 1996)
BauR	Baurecht, Zeitschrift für das gesamte öffentliche und private Baurecht (zitiert nach Jahr und Seite)
Baumann-FS	Günther Arzt ua (Hrsg), Festschrift für Jürgen Baumann zum 70. Geburtstag (Bielefeld 1992)
B-Weber/Mitsch AT	Baumann/Weber/Mitsch, Strafrecht, Allgemeiner Teil (11. Aufl, Bielefeld 2003). Zitiert nach §§ und Randzahlen
Baumbach/Hefermehl UWG	Wolfgang Hefermehl, Wettbewerbsrecht. Gesetz gegen den unlauteren Wettbewerb, Zugabeverordnung, Rabattgesetz und Nebengesetze (22. Aufl des von Adolf Baumbach begründeten Werkes, München 2001)
Baumgärtel-FS	Hanns Prütting (Hrsg), Festschrift für Gottfried Baumgärtel zum 70. Geburtstag (Köln 1990)
Baur-FS	Wolfgang Grunsky ua (Hrsg), Festschrift für Fritz Baur (Tübingen 1981)
bay	bayerisch
Bay	Bayerisches Oberstes Landesgericht; ohne Zusatz: Sammlung von Entscheidungen in Strafsachen (neue Folge zitiert nach Jahr und Seite)

Abkürzungen

BaySchwBerG	Gesetz über die Schwangerenberatung (Bayerisches Schwangerenberatungsgesetz) v 9. 8. 1996 (GVBl 320)
BaySchwHEG	Gesetz über ergänzende Regelungen zum Schwangerschaftskonfliktgesetz und zur Ausführung des Gesetzes zur Hilfe für Frauen bei Schwangerschaftsabbrüchen in besonderen Fällen (Bayerisches Schwangerenhilfeergänzungsgesetz) v 9. 8. 1996 (GVBl 328)
BayVBl	Bayerische Verwaltungsblätter (zitiert nach Jahr und Seite)
BB	Der Betriebs-Berater (zitiert nach Jahr und Seite)
BBG	Bundesbeamtengesetz idF v 27. 2. 1985 (BGBl I 479), letztes ÄndG v 21. 8. 2002 (BGBl I 3322)
BBiG	Berufsbildungsgesetz v 14. 8. 1969 (BGBl I 1112), letztes ÄndG v 24. 12. 2003 (BGBl I 2954)
BBodSchG	Gesetz zum Schutz vor schädlichen Bodenveränderungen und zur Sanierung von Altlasten (Bundes-Bodenschutzgesetz) idF des Art 1 des Gesetzes zum Schutz des Bodens v 9. 9. 2001 (BGBl I 2331)
Bd	Band
BDH	Bundesdisziplinarhof
BDO	Bundesdisziplinarordnung idF v 20. 7. 1967 (BGBl I 750), letztes ÄndG v 29. 6. 1998 (BGBl I 1666, 1688), aufgehoben mWv 1. 1. 2002 (BGBl I 1510)
BDSG	Bundesdatenschutzgesetz in der Neufassung v 14. 1. 2003 (BGBl I 66)
BegleitG	Begleitgesetz zum Telekommunikationsgesetz vom 17. 12. 1997 (BGBl I 3108)
Begr	Begründung
bei	Rechtsprechungsübersichten werden mit Angabe des Verfassers der Übersicht, der Fundstelle und dem Zusatz „bei" zitiert (zB „bei Holtz MDR ..." oder „bei Altvater NStZ". Fehlt dabei die Angabe des Gerichts, so handelt es sich um Rspr des BGH)
Beil	Beilage
Bek	Bekanntmachung
Bemmann-FS	Schulz/Vormbaum (Hrsg), Festschrift für Günter Bemmann zum 70. Geburtstag (Baden-Baden 1997)
Bengl-FS	August R Lang (Hrsg), Festschrift für Karl Bengl (München 1984)
ber	berichtigt
BerechnungsG	Gesetz über die Berechnung strafrechtlicher Verjährungsfristen v 13. 4. 1965 (BGBl I 315), letztes ÄndG v 25. 6. 1969 (BGBl I 645)
Bespr	Besprechung
Beulke StPR	Werner Beulke, Strafprozeßrecht (7. Aufl, Heidelberg 2004). Zitiert nach Randzahlen
BeurkG	Beurkundungsgesetz v 28. 8. 1969 (BGBl I 1513), letztes ÄndG v 23. 4. 2004 (BGBl I 598)
BewH	Bewährungshilfe (zitiert nach Jahr und Seite)
BezG	Bezirksgericht
BFH	Bundesfinanzhof
BGA	Bundesgesundheitsamt
BGB	Bürgerliches Gesetzbuch
BGBl I, II, III	Bundesgesetzblatt Teil I, Teil II, Teil III
BGH	Bundesgerichtshof
BGH-FG	Roxin/Widmaier (Hrsg), 50 Jahre Bundesgerichtshof, Festgabe aus der Wissenschaft, Bd IV. Strafrecht, Strafprozeßrecht (München 2000)

Abkürzungsverzeichnis **Abkürzungen**

BGH-FS	Gerda Krüger-Nieland (Hrsg), Festschrift: 25 Jahre Bundesgerichtshof am 1. Oktober 1975 (München 1975)
BGH-FS 00	Geiß/Nehm/Brandner/Hagen (Hrsg), Festschrift aus Anlaß des fünfzigjährigen Bestehens von Bundesgerichtshof, Bundesanwaltschaft und Rechtsanwaltschaft beim Bundesgerichtshof (Köln ua 2000)
BGHR	BGH-Rechtsprechung Strafsachen. Herausgegeben von den Richtern des Bundesgerichtshofs (Stand: 5./6. Mai/Juni 2004; zitiert entsprechend der Systematik der Sammlung)
BGHSt	Entscheidungen des Bundesgerichtshofes in Strafsachen (Stand: Bd 48 Heft 5; zitiert nach Band und Seite. Entscheidungen des Großen Senats für Strafsachen sind durch den Zusatz „-GS-" gekennzeichnet)
BGHZ	Entscheidungen des Bundesgerichtshofes in Zivilsachen (Stand: Bd 156 Heft 2; zitiert nach Band und Seite)
BImSchG	Gesetz zum Schutz vor schädlichen Umwelteinwirkungen durch Luftverunreinigungen, Geräusche, Erschütterungen und ähnliche Vorgänge (Bundes-Immissionsschutzgesetz) idF v 14. 5. 1990 (BGBl I 880), letztes ÄndG v 6. 1. 2004 (BGBl I 2)
4. BImSchV	Vierte Verordnung zur Durchführung des Bundesimmissionsschutzgesetzes idF v 14. 3. 1997 (BGBl I 2004), letzte ÄndVO v 6. 1. 2004 (BGBl I 2)
BJagdG	Bundesjagdgesetz idF v 29. 9. 1976 (BGBl I 2849), letztes ÄndG v 25. 11. 2003 (BGBl I 2304)
BKA	Bundeskriminalamt
BKAG	Gesetz über das Bundeskriminalamt und die Zusammenarbeit des Bundes und der Länder in kriminalpolizeilichen Angelegenheiten (Bundeskriminalamtgesetz) v 7. 7. 1997 (BGBl I 1650), letztes ÄndG v 22. 8. 2002 (BGBl I 3390)
BKatV	Verordnung über Regelsätze für Geldbußen und über die Anordnung eines Fahrverbots wegen Ordnungswidrigkeiten im Straßenverkehr (Bußgeldkatalog-Verordnung) v 4. 7. 1989 (BGBl I 1305), letzte ÄndVO v 22. 1. 2004 (BGBl I 117)
Blau-FS	Hans-Dieter Schwind ua (Hrsg), Festschrift für Günter Blau zum 70. Geburtstag (Berlin 1985)
Blei	Hermann Blei, Strafrecht. – AT: I. Allgemeiner Teil (18. Aufl des von Edmund Mezger begründeten Werkes, München 1983). – BT: II. Besonderer Teil (12. Aufl des von Edmund Mezger begründeten Werkes, München 1983)
BlnFG	Gesetz zur Förderung der Berliner Wirtschaft (Berlinförderungsgesetz 1990) idF v 2. 2. 1990 (BGBl I 173), letztes ÄndG v 30. 11. 2000 (BGBl I 1638)
BMI	Bundesminister oder Bundesministerium des Innern
BMinG	Bundesministergesetz idF v 27. 7. 1971 (BGBl I 1166), letztes ÄndG v 21. 8. 2002 (BGBl I 3322)
BMJ	Bundesminister oder Bundesministerium der Justiz
BNatSchG	Gesetz über Naturschutz und Landschaftspflege (Bundesnaturschutzgesetz) idF v 25. 3. 2002 (BGBl I 1193)
BNotO	Bundesnotarordnung v 24. 2. 1961 (BGBl I 97), letztes ÄndG v 23. 4. 2004 (BGBl I 598)
3. BNotÄndG	Drittes Gesetz zur Änderung der Bundesnotarordnung und anderer Gesetze v 31. 8. 1998 (BGBl I 2585)
Bockelmann	Paul Bockelmann, Strafrecht. – BT : Besonderer Teil/1, Vermögensdelikte (2. Aufl, München 1982). – BT : Besonderer Teil/2,

Abkürzungen

	Delikte gegen die Person (München 1977). – BT 3: Besonderer Teil/3, Ausgewählte Delikte gegen Rechtsgüter der Allgemeinheit (München 1980)
Bockelmann-FS	Arthur Kaufmann ua (Hrsg), Festschrift für Paul Bockelmann zum 70. Geburtstag (München 1979)
BodSchG	Bodenschutzgesetz (Gesetze der Länder)
Böhm-FS	Wolfgang Feuerhelm ua (Hrsg), Festschrift für Alexander Böhm zum 70. Geburtstag (Berlin 1999)
BörsG	Börsengesetz idF v 9. 9. 1998 (BGBl I 2682), letztes ÄndG v 21. 6. 2002 (BGBl I 2010)
Boujong-FS	Carsten Th Ebenroth ua (Hrsg), Verantwortung und Gestaltung. Festschrift für Karlheinz Boujong zum 65. Geburtstag (München 1996)
BPräs	Bundespräsident
BRAGO	Bundesgebührenordnung für Rechtsanwälte v 26. 7. 1957 (BGBl I 907), letztes ÄndG v 5. 5. 2004 (BGBl I 718)
BRAO	Bundesrechtsanwaltsordnung v 1. 8. 1959 (BGBl I 565), letztes ÄndG v 5. 5. 2004 (BGBl I 718)
BRAOÄndG	Gesetz zur Änderung der Bundesrechtsanwaltsordnung, der Patentanwaltsordnung und anderer Gesetze v 31. 8. 1998 (BGBl I 2600)
BRat	Bundesrat
BR-Dr	Drucksache des Bundesrates
BReg	Bundesregierung
Bringewat StVollstr	Peter Bringewat, Strafvollstreckung. Kommentar zu den §§ 449–463d StPO (Baden-Baden 1993)
Bruns-FS	Frisch/Schmid (Hrsg), Festschrift für Hans-Jürgen Bruns zum 70. Geburtstag (Köln 1978)
Bruns, RStZ	Hans-Jürgen Bruns, Das Recht der Strafzumessung (2. Aufl des Leitfadens des Strafzumessungsrechts, Köln 1985)
BSeuchG	Bundes-Seuchengesetz idF v 18. 12. 1979 (BGBl I 2262), letztes ÄndG v 20. 7. 2000 (BGBl I 1045), aufgehoben mWv 1. 1. 2001, ab diesem Zeitpunkt gilt das Infektionsschutzgesetz – IfSG
BSG	Bundessozialgericht
BSGE	Entscheidungen des Bundessozialgerichts (zitiert nach Band und Seite)
BSHG	Bundessozialhilfegesetz idF v 23. 3. 1994 (BGBl I 646; ber 2975), letztes ÄndG v 27. 12. 2003 (BGBl I 3022)
BStatG	Gesetz über die Statistik für Bundeszwecke (Bundesstatistikgesetz) v 22. 1. 1987 (BGBl I 462, ber 565), letztes ÄndG v 21. 8. 2002 (BGBl I 3322)
BT	Besonderer Teil
BTÄO	Bundes-Tierärzteordnung idF v 20. 11. 1981 (BGBl I 1193), letztes ÄndG v 27. 4. 2002 (BGBl I 1467, 1478)
BTag	Bundestag
BT-Dr	Drucksache des Bundestages (zitiert nach Wahlperiode und Nummer)
BtG	Gesetz zur Reform des Rechts der Vormundschaft und Pflegschaft für Volljährige (Betreuungsgesetz) v 12. 9. 1990 (BGBl I 2002)
BtMG	Gesetz über den Verkehr mit Betäubungsmitteln (Betäubungsmittelgesetz) idF v 1. 3. 1994 (BGBl I 358), letztes ÄndG v 22. 12. 2003 (BGBl I 28)
Btx-System	Bildschirmtext-System

Abkürzungsverzeichnis **Abkürzungen**

BuB	Buch und Bibliothek (zitiert nach Jahr und Seite)
BVerfG	Bundesverfassungsgericht
BVerfGE	Entscheidungen des Bundesverfassungsgerichts (Stand: Bd 108 Heft 4); zitiert nach Band und Seite
BVerfGG	Gesetz über das Bundesverfassungsgericht idF v 11. 8. 1993 (BGBl I 1473), letztes ÄndG v 13. 12. 2003 (BGBl I 2546)
BVerwG	Bundesverwaltungsgericht
BVerwGE	Entscheidungen des Bundesverwaltungsgerichts (Stand: Bd 118 Heft 4); zitiert nach Band und Seite
BVFG	Gesetz über die Angelegenheiten der Vertriebenen und Flüchtlinge (Bundesvertriebenengesetz) idF v 2. 6. 1993 (BGBl I 829), letztes ÄndG v 24. 12. 2003 (BGBl I 2954)
BW	Baden-Württemberg
BWG	Bundeswahlgesetz idF v 23. 7. 1993 (BGBl I 1288, ber 1594), letztes ÄndG v 25. 11. 2003 (BGBl I 2304)
BWGZ	Die Gemeinde; Zeitschrift für die Städte und Gemeinden (zitiert nach Jahr und Seite)
BWO	Bundeswahlordnung idF v 8. 3. 1994 (BGBl I 495), ÄndVO v. 27. 8. 2002 (BGBl I 3429)
bzgl	bezüglich
BZRG	Gesetz über das Zentralregister und das Erziehungsregister (Bundeszentralregistergesetz) idF v 21. 9. 1984 (BGBl I 1229; ber 1985 I 195), letztes ÄndG v 23. 7. 2004 (BGBl I 1840)
bzw	beziehungsweise
Callies/Müller-Dietz	Rolf Callies/Heinz Müller-Dietz, Strafvollzugsgesetz (9. Aufl, München 2002)
Celle-FS	JurFak Göttingen (Hrsg), Göttinger Festschrift für das Oberlandesgericht Celle (Göttingen 1961)
ChemG	Gesetz zum Schutz vor gefährlichen Stoffen (Chemikaliengesetz) idF v 25. 7. 1994 (BGBl I 1703), letztes ÄndG v 13. 5. 2004 (BGBl I 934)
Chirurg	Der Chirurg, Zeitschrift für alle Gebiete der operativen Medizin (zitiert nach Jahr und Seite)
Coimbra-Sym	Schünemann/de Figueiredo Dias (Hrsg), Bausteine des europäischen Strafrechts, Coimbra-Symposium für Claus Roxin (Köln 1995)
Coing-FS	Bergfeld/Buchholz (Hrsg), Europäisches Rechtsdenken in Geschichte und Gegenwart. Festschrift für Helmut Coing zum 70. Geburtstag (München 1982)
Constantinesco-GS	Lücke/Ress (Hrsg), Rechtsvergleichung, Europarecht und Staatenintegration. Gedächtnisschrift für Léontin-Jean Constantinesco (Köln 1983)
CoR	Computerreport der NJW (zitiert nach Jahr und Seite)
CR	Computer und Recht, Forum für die Praxis des Rechts der Datenverarbeitung, Information und Automation (zitiert nach Jahr und Seite)
Czychowski WHG	Manfred Czychowski, Wasserhaushaltsgesetz unter Berücksichtigung der Landeswassergesetze und des Wasserstrafrechts (7. Aufl, München 1998). Zitiert nach §§ und Randzahlen
DA	Deutschland-Archiv (zitiert nach Jahr und Seite)
DÄBl	Deutsches Ärzteblatt (zitiert nach Ausgabe, Jahr und Seite)

Abkürzungen

DAR	Deutsches Autorecht (zitiert nach Jahr und Seite)
DAV	Deutscher Anwaltverein
DB	Der Betrieb, Wochenschrift (zitiert nach Jahr und Seite)
DDR	Deutsche Demokratische Republik
DDT-G	Gesetz über den Verkehr mit DDT v 7. 8. 1972 (BGBl I 1385), letztes ÄndG v 24. 6. 1994 (BGBl I 1416, 1421)
ders	derselbe
dh	das heißt
diff	differenzierend
dies	dieselbe oder dieselben
Diss	Dissertation
DJ	Deutsche Justiz (zitiert nach Jahr und Seite)
DJT	Deutscher Juristentag
DNotZ	Deutsche Notar-Zeitschrift (zitiert nach Jahr und Seite)
DNP	Die neue Polizei (zitiert nach Jahr und Seite)
DÖV	Deutsche Öffentliche Verwaltung (zitiert nach Jahr und Seite)
DR	Deutsches Recht (zitiert nach Jahr und Seite)
Dreher-FS	Jescheck/Lüttger (Hrsg), Festschrift für Eduard Dreher zum 70. Geburtstag (Berlin 1977)
DRiAkad	Deutsche Richterakademie
DRiAkad-FS	Schmidt-Hieber/Wassermann (Hrsg), Justiz und Recht. Festschrift aus Anlaß des 10jährigen Bestehens der Deutschen Richterakademie (Heidelberg 1983)
DRiB	Deutscher Richterbund
DRiG	Deutsches Richtergesetz idF v 19. 4. 1972 (BGBl I 713), letztes ÄndG v 7. 6. 2004 (BGBl I 1054)
DRiZ	Deutsche Richterzeitung (zitiert nach Jahr und Seite)
DRZ	Deutsche Rechtszeitschrift (zitiert nach Jahr und Seite)
DStR	Deutsches Steuerrecht (zitiert nach Jahr und Seite)
DStRE	DStR-Entscheidungsdienst
DStZ	Deutsche Steuer-Zeitung (zitiert nach Jahr und Seite)
DtZ	Deutsch-Deutsche Rechts-Zeitschrift (zitiert nach Jahr und Seite)
Dünnebier-FS	Ernst-Walter Hanack ua (Hrsg), Festschrift für Hanns Dünnebier zum 75. Geburtstag (Berlin 1982)
DuR	Demokratie und Recht, Vierteljahres-Zeitschrift (zitiert nach Jahr und Seite)
DVBl	Deutsches Verwaltungsblatt (zitiert nach Jahr und Seite)
DVJJ-Journal	DVJJ-JOURNAL. Zeitschrift für Jugendkriminalrecht und Jugendhilfe. Mitgliederrundbrief der Deutschen Vereinigung für Jugendgerichte und Jugendgerichtshilfe e. V. (zitiert nach Jahr und Seite)
DVO	Durchführungsverordnung
DWiR	Deutsche Zeitschrift für Wirtschaftsrecht (zitiert nach Jahr und Seite)
DZWiR	Deutsche Zeitschrift für Wirtschafts- und Insolvenzrecht (zitiert nach Jahr und Seite)
E	Entwurf
E 1962	Regierungsentwurf eines Strafgesetzbuches mit Begründung (BT-Dr IV/650, inhaltsgleich mit Initiativentwurf ohne Begr BT-Dr V/32)
Ebert AT	Udo Ebert, Strafrecht – Allgemeiner Teil (3. Aufl, Heidelberg 2001)

EbSchmidt-FS	Bockelmann/Gallas (Hrsg), Festschrift für Eberhard Schmidt zum 70. Geburtstag (Göttingen 1961)
EDV	Elektronische Datenverarbeitung
EG	Einführungsgesetz oder Europäische Gemeinschaft
EGBGB	Einführungsgesetz zum Bürgerlichen Gesetzbuch idF v 21. 9. 1994 (BGBl I 2494, ber 1997 I 1061), letztes ÄndG v 23. 4. 2004 (BGBl I 598)
EGFinSchG	Gesetz zu dem Übereinkommen v 26. Juli 1995 über den Schutz der finanziellen Interessen der Europäischen Gemeinschaften (EG-Finanzschutzgesetz) v 10. 9. 1998 (BGBl II 2322)
EGGVG	Einführungsgesetz zum Gerichtsverfassungsgesetz v 27. 1. 1877 (RGBl 77), letztes ÄndG v 22. 8. 2002 (BGBl I 3390)
EGInsO	Einführungsgesetz zur Insolvenzordnung v 5. 10. 1994 (BGBl I 2911), letztes ÄndG v 5. 4. 2004 (BGBl I 502)
EGInsOÄndG	Gesetz zur Änderung des Einführungsgesetzes zur Insolvenzordnung und anderer Gesetze v 19. 12. 1998 (BGBl I 2836)
EGMR	Europäischer Gerichtshof für Menschenrechte
EGOWiG	Einführungsgesetz zum Gesetz über Ordnungswidrigkeiten v 24. 5. 1968 (BGBl I 503), letztes ÄndG v 13. 12. 2001 (BGBl I 3574, 3579)
EGStGB	Einführungsgesetz zum Strafgesetzbuch v 2. 3. 1974 (BGBl I 469), letztes ÄndG v 23. 7. 2004 (BGBl I 1840)
EG VStGB	Gesetz zur Einführung des Völkerstrafgesetzbuches v 26. 6. 2002 (BGBl I 2254)
EheSchlRG	Gesetz zur Neuordnung des Eheschließungsrechts (Eheschließungsrechtsgesetz) v 4. 5. 1998 (BGBl I 833)
Einl	Einleitung
einschl	einschließlich
einschr	einschränkend
EinwG/DDR	Gesetz über die Einweisung in stationäre Einrichtungen für psychisch Kranke v 11. 6. 1968 (GBl/DDR I 273)
Eisenberg JGG	Ulrich Eisenberg, Jugendgerichtsgesetz mit Erläuterungen (10. Aufl, München 2004). Zitiert nach §§ und Randzahlen
Eisenberg Krim	Ulrich Eisenberg, Kriminologie (5. Aufl, Köln ua 2000). Zitiert nach §§ und Randzahlen
Engisch-FS	Bockelmann/Kaufmann (Hrsg), Festschrift für Karl Engisch zum 70. Geburtstag (Frankfurt/Main 1969)
entspr	entsprechend
Erbs/Kohlhaas	Erbs/Kohlhaas, Strafrechtliche Nebengesetze, Loseblattausgabe (150. Lieferung. Stand April 2004)
Erg	Ergebnis
ERPWirtschPG	Gesetz über die Feststellung des Wirtschaftsplans des ERP-Sondervermögens für das Jahr 2001 (ERP-Wirtschaftsplangesetz 2001) v 21. 12. 2000 (BGBl I 1939)
ESchG	Gesetz zum Schutz von Embryonen (Embryonenschutzgesetz) v 13. 12. 1990 (BGBl I 2746); letztes ÄndG v 23. 10. 2001 (BGBl I 2702)
Eser-Beitr	Jörg Arnold ua (Hrsg), Grenzüberschreitungen. Beiträge zum 60. Geburtstag von Albin Eser (Freiburg 1995)
Eser RuE I–IV	Rechtfertigung und Entschuldigung – Rechtsvergleichende Perspektiven. Beiträge aus dem Max-Planck-Institut für ausländisches und internationales Strafrecht Freiburg. – Bd I: Herausgegeben von Eser/Fletcher (Freiburg 1987). – Bd II: Herausgegeben von Eser/Fletcher (Freiburg 1988). – Bd III: Deutsch-Italienisch-

Abkürzungen

	Portugiesisch-Spanisches Strafrechtskolloquium 1990 in Freiburg. Herausgegeben von Eser/Perron (Freiburg 1991). – Bd IV: Ostasiatisch-Deutsches Strafrechtskolloquium 1993 in Tokio. Herausgegeben von Eser/Nishihara (Freiburg 1995)
EStG	Einkommensteuergesetz idF v 16. 4. 1997 (BGBl I 821), letztes ÄndG v 2. 4. 2004 (BGBl I 591)
ETS	European Treaty Series – Serie der Übereinkommen des Europarates (fortlaufend dreiziffrig nummeriert)
EU	Europäische Union
EuABl	Amtsblatt der Europäischen Gemeinschaften. Ausgabe in deutscher Sprache L (Rechtsvorschriften)
EUBestG	Gesetz zu dem Protokoll v 27. September 1996 zum Übereinkommen über den Schutz der finanziellen Interessen der Europäischen Gemeinschaften (EU-Bestechungsgesetz) v 10. 9. 1998 (BGBl II 2340)
EuRAG	Gesetz über die Tätigkeit europäischer Rechtsanwälte in Deutschland v 9. 3. 2000 (BGBl I 182), letztes ÄndG v 23. 7. 2002 (BGBl I 2851, 2852)
EU-Rechts-instrumente-AG	Gesetz zur Ausführung des Zweiten Protokolls vom 19. Juni 1997 zum Übereinkommen über den Schutz der finanziellen Interessen der Europäischen Gemeinschaften, der Gemeinsamen Maßnahme betreffend die Bestechung im privaten Sektor vom 22. Dezember 1998 und des Rahmenbeschlußes vom 29. Mai 1999 über die Verstärkung des mit strafrechtlichen und anderen Sanktionen bewerten Schutzes gegen Geldfälschung im Hinblick auf die Einführung des Euro v 22. 8. 2002 (BGBl I 3387)
EuGH	Europäischer Gerichtshof
EuGRZ	Europäische Grundrechte, Zeitschrift (zitiert nach Jahr und Seite)
EuKomm	Europäische Kommission für Menschenrechte
EurPolG	Gesetz zu dem Übereinkommen vom 26. Juli 1995 aufgrund von Artikel K. 3 des Vertrags über die Europäische Union über die Errichtung eines Europäischen Polizeiamts (Europol-Gesetz) v 16. 12. 1997 (BGBl 1998 II 2150)
EuZW	Europäische Zeitschrift für Wirtschaftsrecht (zitiert nach Jahr und Seite)
EV	Vertrag zwischen der Bundesrepublik Deutschland und der Deutschen Demokratischen Republik über die Herstellung der Einheit Deutschlands (Einigungsvertrag) v 31. 8. 1990 mit Einigungsvertragsgesetz v 23. 9. 1990 (BGBl II 885, 889), letztes ÄndG v 21. 8. 1995 (BGBl I 1050, 1057)
EWR	Europäischer Wirtschaftsraum
EWR	Schriftenreihe zum europäischen Weinrecht (Herausgegeben vom Institut für Weinrecht der Gesellschaft für Rechtspolitik, Trier). Zitiert nach Jahr, Heft und Seite
expl	exemplarisch
EzSt	Entscheidungssammlung zum Straf- und Ordnungswidrigkeitenrecht. Loseblattausgabe (Neuwied. Stand Dezember 1990). Zitiert nach Ges, § und laufender Nummer (Hinweise ohne Angabe des Ges beziehen sich auf das StGB)
FAG	Gesetz über Fernmeldeanlagen idF v 3. 7. 1989 (BGBl I 1455), letztes ÄndG v 17. 12. 1997 (BGBl I 3108, 3118), aufgehoben mWv 1. 1. 1998 (BGBl I 2325)

Abkürzungsverzeichnis **Abkürzungen**

Faller-FS	Wolfgang Zeidler ua (Hrsg), Festschrift für Hans Joachim Faller (München 1984)
FamRZ	Ehe und Familie im privaten und öffentlichen Recht (zitiert nach Jahr und Seite)
FeV	Verordnung über die Zulassung von Personen zum Straßenverkehr (Fahrerlaubnis-Verordnung) idF des Art 1 der Verordnung über die Zulassung von Personen zum Straßenverkehr und zur Änderung straßenverkehrsrechtlicher Vorschriften v 18. 8. 1998 (BGBl I 2214), letztes ÄndG v 22. 1. 2004 (BGBl I 117)
Fezer StPR	Gerhard Fezer, Juristischer Studienkurs, Strafprozeßrecht (2. Aufl, München 1995)
ff	folgende
FGG	Gesetz über Angelegenheiten der freiwilligen Gerichtsbarkeit idF v 20. 5. 1898 (RGBl 771), letztes ÄndG v 23. 4. 2004 (BGBl I 598)
FilmFG	Filmförderungsgesetz idF v 6. 8. 1998 (BGBl I 2053), letztes ÄndG v 22. 12. 2003 (BGBl I 2771)
FlaggRG	Flaggenrechtsgesetz idF v 26. 10. 1994 (BGBl I 3140), ÄndG v 21. 8. 2002 (BGBl I 3322)
Fn	Fußnote
Forensia	Forensia, Interdisziplinäre Zeitschrift für Recht – Neurologie, Psychiatrie und Psychologie (zitiert nach Jahr und Seite)
FPersG	Gesetz über das Fahrpersonal von Kraftfahrzeugen und Straßenbahnen (Fahrpersonalgesetz) idF v 19. 2. 1987 (BGBl I 640), letztes ÄndG v 15. 5. 2004 (BGBl I 954)
Frank	Reinhard Frank, Kommentar zum StGB (18. Aufl, Tübingen 1931)
Franzheim/Pfohl	Horst Franzheim, Michael Pfohl, Umweltstrafrecht (2. Aufl, Köln ua 2001)
Freund AT	Georg Freund, Strafrecht Allgemeiner Teil: Personale Straftatlehre (Berlin 1998). Zitiert nach §§ und Randzahlen
FS	Festschrift
FuR	Familie und Recht (zitiert nach Jahr und Seite)
G 10	Gesetz zur Beschränkung des Brief-, Post- und Fernmeldegeheimnisses (Gesetz zu Artikel 10 Grundgesetz) v 26. 6. 2001 (BGBl I 1254), letztes ÄndG v 22. 10. 2003 (BGBl I 2836)
GA	Goltdammer's Archiv für Strafrecht (zunächst zitiert nach Band und Seite, ab 1953 zitiert nach Jahr und Seite)
GA-FS	Jürgen Wolter (Hrsg), 140 Jahre Goltdammer's Archiv für Strafrecht (Heidelberg 1993)
Gallas, Beiträge	Wilhelm Gallas, Beiträge zur Verbrechenslehre (Berlin 1968)
Gallas-FS	Karl Lackner ua (Hrsg), Festschrift für Wilhelm Gallas zum 70. Geburtstag (Berlin 1973)
GBA	Generalbundesanwalt
GBG	Gesetz über die Beförderung gefährlicher Güter vom 6. 8. 1975 (BGBl I 2121), letztes ÄndG v 29. 9. 1998 (BGBl I 3114)
GBl	Gesetzblatt
GbR	Gesellschaft bürgerlichen Rechts
GefStoffV	Gefahrstoffverordnung v 15. 11. 1999 (BGBl I 2233), letzte ÄndV v 25. 2. 2004 (BGBl I 328)
Geerds-FS	Ellen Schlüchter (Hrsg), Kriminalistik und Strafrecht. Festschrift für Friedrich Geerds zum 70. Geburtstag (Lübeck 1995)

Abkürzungen

Geiger-FS	Hans-Joachim Faller ua (Hrsg), Verantwortlichkeit und Freiheit. Festschrift für Willi Geiger zum 80. Geburtstag (Tübingen 1989)
Geilen-Sym	Bernsmann/Ulsenheimer (Hrsg), Bochumer Beiträge zu aktuellen Strafrechtsthemen – Vorträge anläßlich des Symposions zum 70. Geburtstag von Gerd Geilen (Köln 2003)
GenTG	Gesetz zur Regelung der Gentechnik (Gentechnikgesetz) idF v 16. 12. 1993 (BGBl I 2066), letztes ÄndG v 22. 3. 2004 (BGBl I 454)
GeräteSichG	Gesetz über technische Arbeitsmittel (Gerätesicherheitsgesetz) id Neufassung v 6. 1. 2004 (BGBl I 2)
Ges	Gesetz
GeschlkrG	Gesetz zur Bekämpfung der Geschlechtskrankheiten v 23. 7. 1953 (BGBl I 700), letztes ÄndG v 20. 7. 2000 (BGBl I 1045), aufgehoben mWv 1. 1. 2001, ab diesem Zeitpunkt gilt das Infektionsschutzgesetz
GewArch	Gewerbearchiv, Zeitschrift für Gewerbe- und Wirtschaftsverwaltungsrecht (zitiert nach Jahr und Seite)
GewO	Gewerbeordnung idF v 22. 2. 1999 (BGBl I 202), letztes ÄndG v 24. 12. 2003 (BGBl I 2954)
GewSchG	Gesetz zur Verbesserung des zivilrechtlichen Schutzes bei Gewalttaten und Nachstellungen sowie zur Erleichterung der Überlassung der Ehewohnung bei Trennung v 11. 12. 2001 (BGBl I 3513)
GFaG	Gesetz über die Führung akademischer Grade v 7. 6. 1939 (RGBl I 985), letztes ÄndG v 2. 3. 1974 (BGBl I 469)
GG	Grundgesetz für die Bundesrepublik Deutschland
ggf	gegebenenfalls
GjSM	Gesetz über die Verbreitung jugendgefährdender Schriften und Medieninhalte idF v 12. 7. 1985 (BGBl I 1502), letztes ÄndG v 21. 9. 1997 (BGBl I 2390)
GmbH	Gesellschaft mit beschränkter Haftung
GmbHG	Gesetz betr die Gesellschaften mit beschränkter Haftung idF v 20. 5. 1898 (RGBl 846), letztes ÄndG v 19. 7. 2002 (BGBl I 2681)
GmbHR	GmbH-Rundschau (zitiert nach Jahr und Seite)
GMBl	Gemeinsames Ministerialblatt
Goll/Winkelbauer	Eberhard Goll/Wolfgang Winkelbauer, in: Graf von Westphalen (Hrsg), Produkthaftungshandbuch, Band I (2. Aufl, München 1997). Zitiert nach §§ und Randzahlen
GO	Geschäftsordnung oder Gemeindeordnung
Göhler	Gesetz über Ordnungswidrigkeiten; erläutert von Erich Göhler, fortgeführt von Peter König und Helmut Seitz (13. Aufl, München 2002). Zitiert nach §§ und Randzahlen
Göhler (Lexikon)	Erbs/Kohlhaas, Strafrechtliche Nebengesetze, Registerband – Lexikon des Nebenstrafrechts von Göhler, Buddendiek und Lenzen, Loseblattausgabe (München. 26. Lieferung. Stand April 2002)
Göppinger	Hans Göppinger, Kriminologie (5. Aufl, München 1997)
Göppinger-FS	Kerner/Kaiser (Hrsg), Kriminalität: Persönlichkeit, Lebensgeschichte und Verhalten. Festschrift für Hans Göppinger zum 70. Geburtstag (Berlin 1990)
Gössel BT	Karl Heinz Gössel, Strafrecht. Besonderer Teil, Bd 1 Delikte gegen immaterielle Rechtsgüter des Individuums (Heidelberg 1987); Bd 2 Straftaten gegen materielle Rechtsgüter des Individuums (Heidelberg 1996). Zitiert nach §§ und Randzahlen

Abkürzungen

Gössel-FS	Dölling/Erb (Hrsg), Festschrift für Karl Heinz Gössel zum 70. Geburtstag (Heidelberg 2002)
Göttinger Studien	Rechtswissenschaft und Rechtsentwicklung, Bd 111 der Göttinger rechtswissenschaftlichen Studien (Göttingen 1980)
Götz BZRG	Albrecht Götz, Das Bundeszentralregister, Kommentar zum Bundeszentralregistergesetz (3. Aufl, Köln 1985). Zitiert nach §§ und Randzahlen
GrenzG/DDR	Grenzgesetz der Deutschen Demokratischen Republik v 25. 3. 1982 (GBl/DDR I 197)
Gropp AT	Walter Gropp, Strafrecht Allgemeiner Teil (2. Aufl, Berlin 2001). Zitiert nach §§ und Randzahlen
Grünwald-FS	Erich Samson ua (Hrsg), Festschrift für Gerald Grünwald zum 70. Geburtstag (Baden-Baden 1999)
Grützner-FS	Oehler/Pötz (Hrsg), Aktuelle Probleme des Internationalen Strafrechts. Heinrich Grützner zum 65. Geburtstag (Hamburg 1970)
GS	Großer Senat
GStA	Generalstaatsanwalt oder Generalstaatsanwaltschaft
GÜG	Gesetz zur Überwachung des Verkehrs mit Grundstoffen, die für die unerlaubte Herstellung von Betäubungsmitteln mißbraucht werden können (Grundstoffüberwachungsgesetz) v 7. 10. 1994 (BGBl I 2835), letztes ÄndG v 16. 8. 2002 (BGBl I 3203)
GVBl	Gesetz- und Verordnungsblatt
GVBlNRW	Gesetz- und Verordnungsblatt für das Land Nordrhein-Westfalen
GVG	Gerichtsverfassungsgesetz idF v 9. 5. 1975 (BGBl I 1077), letztes ÄndG v 23. 7. 2004 (BGBl I 1839)
GWB	Gesetz gegen Wettbewerbsbeschränkungen idF v 20. 2. 1990 (BGBl I 235), letztes ÄndG v 25. 11. 2003 (BGBl I 2304)
GwG	Gesetz über das Aufspüren von Gewinnen aus schweren Straftaten (Geldwäschegesetz) v 25. 10. 1993 (BGBl I 1770), letztes ÄndG v 15. 12. 2003 (BGBl I 2676)
Gynäkologe	Der Gynäkologe (zitiert nach Jahr und Seite)
Haft	Fritjof Haft, Strafrecht. – AT: Allgemeiner Teil (8. Aufl, München 1998) – BT: Besonderer Teil (7. Aufl, München 1998)
Halbs	Halbsatz
Hanack-FS	Udo Ebert ua (Hrsg), Festschrift Ernst-Walther Hanack zum 70. Geburtstag (Berlin 1999)
Hassemer ProdV	Winfried Hassemer, Produktverantwortung im modernen Strafrecht (2. Aufl, Heidelberg 1996)
Hauf AT	Claus-Jürgen Hauf, Strafrecht – Allgemeiner Teil (2. Aufl, Neuwied 2001). Zitiert nach Seiten
HebG	Gesetz über den Beruf der Hebamme und des Entbindungspflegers (Hebammengesetz) v 4. 6. 1985 (BGBl I 902), letztes ÄndG v 16. 7. 2003 (BGBl I 1442)
Heidelberg-FS	Richterliche Rechtsfortbildung. Festschrift der Juristischen Fakultät zur 600-Jahr-Feier der Ruprecht-Karls-Universität Heidelberg (Heidelberg 1986)
HeilprG	Gesetz über die berufsmäßige Ausübung der Heilkunde ohne Bestallung (Heilpraktikergesetz) v 17. 2. 1939 (RGBl I 251), ÄndG v 23. 10. 2001 (BGBl I 2702)
HeimArbG	Heimarbeitsgesetz v 14. 3. 1951 (BGBl I 191), letztes ÄndG v 23. 12. 2003 (BGBl I 2848)

Abkürzungen

Heinitz-FS	Hans Lüttger (Hrsg), Festschrift für Ernst Heinitz zum 70. Geburtstag (Berlin 1972)
Helmrich-FS	Klaus Letzgus ua (Hrsg), Für Recht und Staat. Festschrift für Herbert Helmrich zum 60. Geburtstag (München 1994)
Henkel-FS	Claus Roxin ua (Hrsg), Grundfragen der gesamten Strafrechtswissenschaft. Festschrift für Heinrich Henkel zum 70. Geburtstag (Berlin 1974)
Hentschel	Peter Hentschel, Straßenverkehrsrecht (37. Aufl des von Johannes Floegel begründeten, in 8.–16. Aufl von Fritz Hartung und in 17.–26. Aufl von Heinrich Jagusch bearbeiteten Werkes, München 2003)
Hentschel TFF	Peter Hentschel, Trunkenheit – Fahrerlaubnisentziehung – Fahrverbot im Straf- und Ordnungswidrigkeitenrecht (8. Aufl, Düsseldorf 2000). Zitiert nach Randzahlen
Herzberg TuT	Rolf Dietrich Herzberg, Täterschaft und Teilnahme (1977)
HESt	Höchstrichterliche Entscheidungen in Strafsachen (zitiert nach Band und Seite)
HGB	Handelsgesetzbuch
Hillenkamp AT-Probleme	Thomas Hillenkamp, 32 Probleme aus dem Strafrecht Allgemeiner Teil (11. Aufl, Neuwied 2003).
Hillenkamp BT-Probleme	Thomas Hillenkamp, 40 Probleme aus dem Strafrecht Besonderer Teil (10. Aufl, Neuwied 2004)
Himmelreich/ Hentschel	Himmelreich/Hentschel, Bd II: Verwaltungsrecht (7. Aufl, Düsseldorf 1992). Zitiert nach Band und Randzahlen
Hirsch-FS	Weigend/Küpper (Hrsg), Festschrift für Hans Joachim Hirsch zum 70. Geburtstag (Berlin 1999)
Hirsch(E)-FS	JurFak Berlin (Hrsg), Festschrift für Ernst E Hirsch (Berlin 1968)
HK	Herder-Korrespondenz, Monatshefte für Gesellschaft und Religion (zitiert nach Jahr und Seite)
hM	herrschende Meinung
Hoeren/Sieber	Thomas Hoeren/Ulrich Sieber (Hrsg), Handbuch Multimedia-Recht. Rechtsfragen des elektronischen Geschäftsverkehrs (München 1999 ff). Zitiert nach §§ und Randzahlen
Hohmann/Sander	Hohmann/Sander, Strafrecht, Besonderer Teil I Eigentums- und Vermögensdelikte (2. Aufl, München 2000). – BT II Delikte gegen die Person und gegen die Allgemeinheit (München 2000). Zitiert nach §§ und Randzahlen
Honig-FS	JurFak Göttingen (Hrsg), Festschrift für Richard M. Honig zum 80. Geburtstag (Göttingen 1970)
Hrsg	Herausgeber
Hruschka AT	Joachim Hruschka, Strafrecht nach logisch-analytischer Methode. Systematisch entwickelte Fälle mit Lösungen zum Allgemeinen Teil (2. Aufl, Berlin ua 1988)
HSW	Das Hochschulwesen (zitiert nach Jahr und Seite)
HundVerbEinfG	Gesetz zur Beschränkung des Verbringens oder der Einfuhr gefährlicher Hunde in das Inland v 12. 4. 2001 (BGBl I 845)
HuSt	Hochverrat und Staatsgefährdung, Urteile des BGH, herausgegeben von Walter Wagner (Karlsruhe 1957)
HWiStR	Wilhelm Krekeler ua (Hrsg), Handwörterbuch des Wirtschafts- und Steuerstrafrechts, Loseblattausgabe (Köln. Bis 5. [und letzte] Ergänzungslieferung 1990). Zitiert nach Verfasser und Stichwort

Abkürzungsverzeichnis **Abkürzungen**

idF	in der Fassung
idR	in der Regel
ie	im einzelnen
iE	im Ergebnis
ieS	im engeren Sinne
IfSG	Gesetz zur Verhütung und Bekämpfung von Infektionskrankheiten beim Menschen (InfektionsschutzG) v 20. 7. 2000 (BGBl I 1045), letztes ÄndG v 24. 12. 2003 (BGBl I 2954)
IndividProg	Dieter Dölling (Hrsg), Die Täter-Individualprognose. Beiträge zu Stand, Problemen und Perspektiven der kriminologischen Prognoseforschung (Heidelberg 1995)
InfUR	Informationsdienst Umweltrecht (zitiert nach Jahr und Seite)
InnenM	Innenminister oder Innenministerium
insb	insbesondere
InsO	Insolvenzordnung v 5. 10. 1994 (BGBl I 2866), letztes ÄndG v 5. 4. 2004 (BGBl I 502)
IntBestG	Gesetz zu dem Übereinkommen v 17. Dezember 1997 über die Bekämpfung der Bestechung ausländischer Amtsträger im internationalen Geschäftsverkehr (Gesetz zur Bekämpfung internationaler Bestechung) v 10. 9. 1998 (BGBl II 2327)
Internist	Der Internist, Organ des Berufsverbandes deutscher Internisten (zitiert nach Jahr und Seite)
IntVO	Verordnung über internationalen Kraftfahrzeugverkehr v 12. 11. 1934 (RGBl I 1137), letzte ÄndVO v 7. 8. 2002 (BGBl I 3267, 3274)
InvZulG	Investitionszulagengesetz 1996 idF v 22. 1. 1996 (BGBl I 60), letztes ÄndG v 19. 12. 1998 (BGBl I 3779, 3814) oder Investitionszulagengesetz 1999 idF v 11. 10. 2002 (BGBl I 4034)
IRG	Gesetz über die internationale Rechtshilfe in Strafsachen idF v 27. 6. 1994 (BGBl I 1537), letztes ÄndG v 21. 6. 2002 (BGBl I 2144, 2162)
Irrwege	Institut für Kriminalwissenschaften und Rechtsphilosophie Frankfurt a. M. (Hrsg), Irrwege der Strafgesetzgebung (Frankfurt 1999)
iS	im Sinne
IStGH	Internationaler Strafgerichtshof
IStGHG	Gesetz zur Ausführung des Römischen Statuts des internationalen Strafgerichtshofs v 17. 7. 1998 idF v 21. 6. 2002 (BGBl I 2144)
iSv	im Sinne von
iU	im Unterschied
IuKDG	Gesetz zur Regelung der Rahmenbedingungen für Informations- und Kommunikationsdienste (Informations- und Kommunikationsdienste-Gesetz) v 22. 7. 1997 (BGBl I 1870)
IuR	Informatik und Recht, vereinigt mit „Datenverarbeitung im Recht" (zitiert nach Jahr und Seite)
iVm	in Verbindung mit
iwS	im weiteren Sinne
JA	Juristische Arbeitsblätter für Ausbildung und Examen (zitiert nach Jahr und Seite)
JAR	Juristische Arbeitsblätter Rechtsprechung
JagdzeitV	Verordnung über die Jagdzeiten v 2. 4. 1977 (BGBl I 531), letzte ÄndVO v 25. 4. 2002 (BGBl I 1487)
JahrbRuE	Jahrbuch für Recht und Ethik (zitiert nach Jahr und Seite)

Abkürzungen

Jakobs AT	Günther Jakobs, Strafrecht, Allgemeiner Teil – Die Grundlagen und die Zurechnungslehre. Lehrbuch (2. Aufl, Berlin 1991). Zitiert nach Abschnitten und Randzahlen
Janiszewski/ Jagow/Burmann	Straßenverkehrsordnung, erläutert von Franz-Joachim Jagow, Michael Burmann und Rainer Heß, 18. Aufl des von Hermann Mühlhaus begr und von Horst Janiszewski von der 9.–15. Aufl bearbeiteten Werkes (München 2004)
JArbSchG	Gesetz zum Schutze der arbeitenden Jugend (Jugendarbeitsschutzgesetz) v 12. 4. 1976 (BGBl I 965), letztes ÄndG v 27. 12. 2003 (BGBl I 3007)
Jauernig	Othmar Jauernig (Hrsg), Bürgerliches Gesetzbuch (11. Aufl, München 2004). Zitiert unter Angabe des Bearbeiters nach §§ und Randzahlen
JBl	Juristische Blätter (Österreich; zitiert nach Jahr und Seite)
Jescheck/Weigend AT	Jescheck/Weigend, Lehrbuch des Strafrechts. Allgemeiner Teil (5. Aufl, Berlin 1996)
Jescheck-FS	Theo Vogler (Hrsg), Festschrift für Hans-Heinrich Jescheck zum 70. Geburtstag (Berlin 1985)
JGG	Jugendgerichtsgesetz idF v 11. 12. 1974 (BGBl I 3427), letztes ÄndG v 23. 7. 2004 (BGBl I 1840)
JK	Jura-Rechtsprechungskartei, Beilage der Zeitschrift Juristische Ausbildung (Jura). Zitiert mit Angabe des Verfassers nach Ges, § und laufender Nummer (Hinweise ohne Angabe des Ges beziehen sich auf das StGB)
JM	Justizminister(in), Justizministerium
JMBl	Justizministerialblatt
JMBlNRW	Justizministerialblatt für das Land Nordrhein- Westfalen (zitiert nach Jahr und Seite)
JMS	Jugend Medien Schutz-Report (zitiert nach Heft, Jahr und Seite)
JMStV	Jugendmedienschutz – Staatsvertrag der Länder v 10. 9.–27. 9. 2002 (ua GBl Baden-Württemberg 93)
Joecks	Wolfgang Joecks, Studienkommentar StGB (5. Aufl, München 2004). Zitiert nach §§ und Randzahlen
JÖSchG	Gesetz zum Schutze der Jugend in der Öffentlichkeit (Jugendschutzgesetz), aufgehoben mit Wirkung v 1. 4. 2003 durch JuSchG
JÖSchNG	Gesetz zur Neuregelung des Jugendschutzes in der Öffentlichkeit, aufgehoben mit Wirkung v 1. 4. 2003 durch JuSchG
JR	Juristische Rundschau (zitiert nach Jahr und Seite)
JuMiG	Justizmitteilungsgesetz und Gesetz zur Änderung kostenrechtlicher Vorschriften und anderer Gesetze v 18. 6. 1997 (BGBl I 1430, ber 2779), letztes ÄndG v 2. 8. 2000 (BGBl I 1253)
Jura	Juristische Ausbildung (zitiert nach Jahr und Seite)
JurA	Juristische Analysen (zitiert nach Jahr und Seite)
JurFak	Juristische Fakultät
JuS	Juristische Schulung (zitiert nach Jahr und Seite)
JuSchG	Jugendschutzgesetz v 23. 7. 2002 (BGBl I 2730), letztes ÄndG v 29. 10. 2003 (BGBl I 3076)
Justiz	Die Justiz, Amtsblatt des Justizministeriums Baden-Württemberg (zitiert nach Jahr und Seite)
JustM	Justizminister oder Justizministerium
JW	Juristische Wochenschrift (zitiert nach Jahr und Seite)

Abkürzungsverzeichnis **Abkürzungen**

JZ	Juristenzeitung (zitiert nach Jahr und Seite)
JZ-GD	Juristenzeitung – Gesetzgebungsdienst –, Beilage der Juristenzeitung über die Bundesgesetzgebung (zitiert nach Jahr und Seite)
KAGG	Gesetz über Kapitalanlagegesellschaften idF v 9. 9. 1998 (BGBl I 2726), letztes ÄndG v 15. 12. 2003 (BGBl I 2676)
Kaiser-FS	Hans-Jörg Albrecht ua (Hrsg), Internationale Perspektiven in Kriminologie und Strafrecht. Festschrift für Günther Kaiser zum 70. Geburtstag (Berlin 1998)
Kaiser Krim	Günther Kaiser, Kriminologie – Ein Lehrbuch (3. Aufl, Heidelberg 1996). Zitiert nach §§ und Randzahlen
Kaiser/Schöch Strafvollzug	Günther Kaiser/Heinz Schöch, Strafvollzug – Lehr- und Handbuch (5. Aufl, Heidelberg 2002). Zitiert nach §§ und Randzahlen
Kaiser/Schöch Krim	Günther Kaiser/Heinz Schöch, Kriminologie, Jugendstrafrecht, Strafvollzug, (5. Aufl, München 2001). Zitiert nach Fall-Nummern und Randzahlen
Kap	Kapitel
KastrG	Gesetz über die freiwillige Kastration und andere Behandlungsmethoden v 15. 8. 1969 (BGBl I 1143), letztes ÄndG v 26. 1. 1998 (BGBl I 164)
Kaufmann (Arm)-GS	Gerhard Dornseifer ua (Hrsg), Gedächtnisschrift für Armin Kaufmann (Köln 1989)
Kaufmann (Arth)-FS	Fritjof Haft ua (Hrsg), Strafgerechtigkeit. Festschrift für Arthur Kaufmann zum 70. Geburtstag (Heidelberg 1993)
Kaufmann (Arth)-GbSchr	Philipps/Scholler (Hrsg), Jenseits des Funktionalismus. Arthur Kaufmann zum 65. Geburtstag (Heidelberg 1989)
Kaufmann (Arth), StrR	Arthur Kaufmann, Strafrecht zwischen Gestern und Morgen. Ausgewählte Aufsätze und Vorträge (Köln 1983)
Kaufmann (H)-GS	Hirsch/Kaiser (Hrsg), Gedächtnisschrift für Hilde Kaufmann (Berlin 1986)
Keller-GS	Strafrechtsprofessoren der Tübinger Juristenfakultät und Justizministerium Baden-Württemberg (Hrsg), Gedächtnisschrift für Rolf Keller (Tübingen 2003)
Kern-FS	JurFak Tübingen (Hrsg), Tübinger Festschrift für Eduard Kern (Tübingen 1968)
Kfz	Kraftfahrzeug
KG	Kammergericht oder Kommanditgesellschaft
Kindhäuser	Strafgesetzbuch, Lehr- und Praxiskommentar (Baden-Baden 2001)
Kindhäuser BT I und II	Urs Kindhäuser, Lehrbuch des Strafrechts – Besonderer Teil, Bd I Straftaten gegen Persönlichkeitsrechte, Staat und Gesellschaft (Baden-Baden 2003). – Bd II Straftaten gegen Vermögensrechte (3. Aufl, Baden-Baden 2003). Zitiert nach §§ und Randzahlen
KindRG	Gesetz zur Reform des Kindschaftsrechts (Kindschaftsrechtsreformgesetz) v 16. 12. 1997 (BGBl I 2942, ber 1998 I 946)
KindUG	Gesetz zur Vereinheitlichung des Unterhaltsrechts minderjähriger Kinder (Kinderunterhaltsgesetz) v 6. 4. 1998 (BGBl I 666), letztes ÄndG v 13. 12. 2001 (BGBl I 3574)
KJ	Kritische Justiz, Vierteljahresschrift (zitiert nach Jahr und Seite)

Abkürzungen

KJHG .... Gesetz zur Neuordnung des Kinder- und Jugendhilferechts (Kinder- und Jugendhilfegesetz) v 26. 6. 1990 (BGBl I 1163), letztes ÄndG v 16. 2. 1993 (BGBl I 239). Das Gesetz ist inzwischen als SGB VIII in das Sozialgesetzbuch eingestellt worden

KK .... Gerd Pfeiffer (Hrsg), Karlsruher Kommentar zur Strafprozeßordnung und zum Gerichtsverfassungsgesetz (5. Aufl, München 2003). Zitiert mit Angabe des Verfassers nach §§ und Randzahlen

KKOWiG .... Karlheinz Boujong (Hrsg), Karlsruher Kommentar zum Gesetz über Ordnungswidrigkeiten (2. Aufl, München 2000). Zitiert mit Angabe des Verfassers nach §§ und Randzahlen

Kleinknecht-FS .... Gössel/Kauffmann (Hrsg), Strafverfahren im Rechtsstaat. Festschrift für Theodor Kleinknecht zum 75. Geburtstag (München 1985)

Klein AO .... Abgabenordnung – einschließlich Steuerstrafrecht (Kommentar). Begründet von Franz Klein und Gerd Orlopp (8. Aufl, München 2003). Zitiert mit Angabe des Verfassers nach §§ und Randzahlen

Klug-FS .... Günter Kohlmann (Hrsg), Festschrift für Ulrich Klug zum 70. Geburtstag (Köln 1983)

KO .... Konkursordnung idF v 20. 5. 1898 (RGBl 612), letztes ÄndG v 25. 8. 1998 (BGBl I 2489). Aufgehoben mWv 1. 1. 1999 (BGBl I 2911), ab diesem Zeitpunkt gilt die InsO

Koch-Festg .... Rainer Brüssow (Hrsg), Strafverteidigung und Strafprozeß. Festgabe für Ludwig Koch (Heidelberg 1989)

Koch/Scheuing .... Koch/Scheuing (Hrsg), Gemeinschaftskommentar zum BImSchG – Loseblattausgabe – Stand September 2000 (Düsseldorf). Zitiert mit Angabe des Verfassers nach §§ und Randzahlen

Köhler AT .... Michael Köhler, Strafrecht Allgemeiner Teil (Berlin 1997)

Köln-FS .... Festschrift der Rechtswissenschaftlichen Fakultät zur 600-Jahr-Feier der Universität zu Köln (Köln 1988)

Körner BtMG ..... Harald Hans Körner, Betäubungsmittelgesetz; Arzneimittelgesetz (5. Aufl, München 2001). Zitiert nach §§ und Randzahlen

Kohlmann-FS ..... Hirsch/Wolter/Brauns (Hrsg), Festschrift für Günter Kohlmann zum 70. Geburtstag (Köln 2003)

KonsG .... Gesetz über die Konsularbeamten, ihre Aufgaben und Befugnisse v 11. 9. 1974 (BGBl I 2317), ÄndG v 27. 12. 2003 (BGBl I 3022)

KorrBG .... Gesetz zur Bekämpfung der Korruption v 13. 8. 1997 (BGBl I 2038)

Krause-FS .... Schlüchter/Laubenthal (Hrsg), Recht und Kriminalität. Festschrift für Friedrich-Wilhelm Krause zum 70. Geburtstag (Köln 1990)

KreisG .... Kreisgericht

Krey AT 1 und 2 ... Volker Krey, Deutsches Strafrecht, Allgemeiner Teil, Bd 1 Grundlagen, Tatbestandsmäßigkeit, Rechtswidrigkeit, Schuld (Stuttgart 2001). – Bd 2 Täterschaft und Teilnahme, Unterlassungsdelikte, Versuch und Rücktritt, Fahrlässigkeitsdelikte (Stuttgart 2002). Zitiert nach Randzahlen

Krey BT 1 .... Volker Krey, Strafrecht, Besonderer Teil. – BT 1: Bd 1 ohne Vermögensdelikte (12. Aufl, Stuttgart 2002). Zitiert nach Randzahlen

Krey/Hellmann BT 2 .... Krey/Hellmann, Strafrecht, Besonderer Teil. – BT 2: Bd 2 Vermögensdelikte (13. Aufl des von Volker Krey begründeten und von Uwe Hellmann fortgeführten Werkes, Stuttgart 2002). Zitiert nach Randzahlen

KRG .... Kontrollratsgesetz

Abkürzungen

Kriele-FS	Burghardt Ziemske (Hrsg), Staatsphilosophie und Rechtspolitik. Festschrift für Martin Kriele zum 65. Geburtstag (München 1997)
KrimHW	Handwörterbuch der Kriminologie, herausgegeben von Sieverts und Schneider, Bd I–V, Nachtrags- und Registerband (Berlin 1966–1998)
Kriminalistik	Kriminalistik, Zeitschrift für die gesamte kriminalistische Wissenschaft und Praxis (zitiert nach Jahr und Seite)
KrimJ	Kriminologisches Journal (zitiert nach Jahr und Seite)
KrimPäd	Kriminalpädagogische Praxis (zitiert nach Jahr und Seite)
KritV	Kritische Vierteljahresschrift für Gesetzgebung und Rechtswissenschaft (zitiert nach Jahr und Seite)
KrPflG	Krankenpflegegesetz v 4. 6. 1985 (BGBl I 893), letztes ÄndG v 16. 7. 2003 (BGBl I 1442)
KrW-/AbfG	Gesetz zur Förderung der Kreislaufwirtschaft und Sicherung der umweltverträglichen Beseitigung von Abfällen (Kreislaufwirtschafts- und Abfallgesetz) idF des Gesetzes zur Vermeidung, Verwertung und Beseitigung von Abfällen v 27. 9. 1994 (BGBl I 2705), letztes ÄndG v 25. 1. 2004 (BGBl I 82)
KTS	Konkurs-, Treuhand- und Schiedsgerichtswesen (zitiert nach Jahr und Seite)
Kübler/Prütting InsO	Kübler/Prütting (Hrsg), Kommentar zur Insolvenzordnung (8. Lieferung, Stand 2001, Köln). Zitiert mit Angabe des Verf nach §§ und Randzahlen
Küchenhoff-GS	Manfred Just ua (Hrsg), Recht und Rechtsbesinnung. Gedächtnisschrift für Günther Küchenhoff (Berlin 1987)
Kühl AT	Kristian Kühl, Strafrecht – Allgemeiner Teil (4. Aufl, München 2002). Zitiert nach §§ und Randzahlen
Kühl HRR BT	Kristian Kühl, Höchstrichterliche Rechtsprechung zum Besonderen Teil des Strafrechts (München 2002). Zitiert nach Nummern
Kühne StPR	Hans-Heiner Kühne, Strafprozeßrecht (6. Aufl, Heidelberg 2003). Zitiert nach Randzahlen
Küper BT	Wilfried Küper, Strafrecht – Besonderer Teil: Definitionen mit Erläuterungen (5. Aufl, Heidelberg 2002)
Küpper BT 1	Georg Küpper, Strafrecht – Besonderer Teil. 1. Delikte gegen Rechtsgüter der Person und Gemeinschaft (2. Aufl, Berlin ua 2000). Zitiert nach Teilen, §§ und Randzahlen
KuG	Kirche und Gesellschaft, herausgegeben von der Katholischen Sozialwissenschaftlichen Zentralstelle Mönchengladbach (zitiert nach Nummer und Seite)
KWG	Gesetz über das Kreditwesen idF v 19. 12. 1998 (BGBl I 3836, 3838), letztes ÄndG v 5. 4. 2004 (BGBl I 502)
KWKG	Ausführungsgesetz zu Artikel 26 Abs 2 des Grundgesetzes (Gesetz über die Kontrolle von Kriegswaffen) idF v 22. 11. 1990 (BGBl I 2506), letztes ÄndG v 25. 11. 2003 (BGBl I 2304)
KWL	Kriegswaffenliste. Anlage zum KWKG idF v 22. 11. 1990 (BGBl I 2506, 2515), letzte ÄndVO v 26. 2. 1998 (BGBl I 385)
Lackner-FS	Wilfried Küper (Hrsg), Festschrift für Karl Lackner zum 70. Geburtstag (Berlin 1987)
LAG	Landesarbeitsgericht
Lampe-FS	Dieter Dölling (Hrsg), Jus humanum, Festschrift für Ernst-Joachim Lampe zum 70. Geburtstag (Berlin 2003)

Abkürzungen

Lange-FS	Günter Warda ua (Hrsg), Festschrift für Richard Lange zum 70. Geburtstag (Berlin 1976)
Larenz-FS	Canaris/Diederichsen (Hrsg), Festschrift für Karl Larenz zum 80. Geburtstag (München 1983)
Laubenthal	Klaus Laubenthal, Sexualstraftaten (Berlin 2000). Zitiert nach Randzahlen
Laufs, Arztrecht	Adolf Laufs, Arztrecht (5. Aufl, München 1993). Zitiert nach Randzahlen
Lb	Lehrbuch
LdR	Gerhard Ulsamer (Hrsg), Lexikon des Rechts/Strafrecht, Strafverfahrensrecht (2. Aufl, Neuwied 1996). Zitiert mit Angabe des Verfassers nach Gruppe, Beitrag und ggf auch Seite
LdRerg	Ergänzbares Lexikon des Rechts – Loseblattwerk (Stand Okt 2003). Zitiert nach Gruppen, Abschnitten und Seiten
LebSchrR	Schriftenreihe der Juristen-Vereinigung Lebensrecht e. V. zu Köln (zitiert nach Nummer und Seite des jeweiligen Heftes)
Leferenz-FS	Hans-Jürgen Kerner ua (Hrsg), Kriminologie – Psychiatrie – Strafrecht. Festschrift für Heinz Leferenz zum 70. Geburtstag (Heidelberg 1983)
Lenckner-FS	Albin Eser ua (Hrsg), Festschrift für Theodor Lenckner zum 70. Geburtstag (München 1998)
Lerche-FS	Badura/Scholz (Hrsg), Wege und Verfahren des Verfassungslebens. Festschrift für Peter Lerche zum 65. Geburtstag (München 1993)
LG	Landgericht
Lit	Literatur
LJV	Landesjustizverwaltung
LJZ	Liechtensteinische Juristen-Zeitung (zitiert nach Jahr und Seite)
LK	Strafgesetzbuch (Leipziger Kommentar). 1. bis 46. Lieferung der 11. Aufl, herausgegeben von Jähnke, Laufhütte und Odersky (Berlin 1992–2003); die 10. Aufl, herausgegeben von Jescheck, Ruß und Willms (Berlin 1978–1989) ist durch eine hochgestellte 10 (LK^{10}) gekennzeichnet. Zitiert mit Angabe des Verfassers nach §§ und Randzahlen
LM	Entscheidungen des Bundesgerichtshofs im Nachschlagewerk des Bundesgerichtshofs von Lindenmaier-Möhring (zitiert nach Nummern und §§)
LMBG	Gesetz über den Verkehr mit Lebensmitteln, Tabakerzeugnissen, kosmetischen Mitteln und sonstigen Bedarfsgegenständen (Lebensmittel- und Bedarfsgegenständegesetz) idF v 9. 9. 1997 (BGBl I 2296), letztes ÄndG v 13. 5. 2004 (BGBl I 934)
Löffler	Presserecht – Kommentar zu den Landespressegesetzen, begr von Martin Löffler, fortgeführt von Karl Egbert Wenzel und Klaus Sedelmeier (4. Aufl, München 1997). Zitiert mit Angabe des Bearbeiters nach §§ und Randzahlen
Löffler/Ricker	Handbuch des Presserechts, begr von Martin Löffler und Reinhart Ricker, bearb von Reinhart Ricker (4. Aufl, München 2000)
LPartG	Gesetz zur Beendigung der Diskriminierung gleichgeschlechtlicher Gemeinschaften: Lebenspartnerschaften v 16. 2. 2001 (BGBl I 266), letztes ÄndG v 11. 12. 2001 (BGBl I 3513)
LR	Löwe/Rosenberg, Die Strafprozeßordnung und das Gerichtsverfassungsgesetz mit Nebengesetzen. Großkommentar. 1. bis 26. Lieferung der 25. Aufl (Berlin 1997–2003), herausgegeben von Rieß. Zitiert mit Angabe des Verfassers nach §§ und Randzahlen

Abkürzungsverzeichnis **Abkürzungen**

LS	Leitsatz
LT-Dr	Landtagsdrucksache
Lüderssen-FS	Cornelius Prittwitz ua (Hrsg), Festschrift für Klaus Lüderssen zum 70. Geburtstag (Baden-Baden 2002)
Lüttger, Abh	Hans Lüttger, Vorträge und Abhandlungen (Berlin 1986)
LuftVG	Luftverkehrsgesetz idF v 27. 3. 1999 (BGBl I 550), letztes ÄndG v 21. 8. 2002 (BGBl I 3322)
11. LuftVGÄndG ..	Elftes Gesetz zur Änderung des Luftverkehrsgesetzes v 25. 8. 1998 (BGBl I 2432, ber 3127)
Madrid-Sym	Schünemann/González (Hrsg), Bausteine des europäischen Wirtschaftsstrafrechts. Madrid-Symposium für Klaus Tiedemann (Köln 1994)
Mahrenholz-FS	Herta Däubler-Gmelin ua (Hrsg), Gegenrede. Aufklärung – Kritik – Öffentlichkeit. Festschrift für Ernst Gottfried Mahrenholz (Baden-Baden 1994)
Maihofer-FS	Arthur Kaufmann ua (Hrsg), Rechtsstaat und Menschenwürde. Festschrift für Werner Maihofer zum 70. Geburtstag (Frankfurt/M 1988)
Mangakis-FS	Bemmann/Spinellis (Hrsg), Strafrecht – Freiheit – Rechtsstaat. Festschrift für G.-A. Mangakis (Athen 1999)
Martens-GS	Selmer/v Münch (Hrsg), Gedächtnisschrift für Wolfgang Martens (Berlin 1987)
Marxen AT	Klaus Marxen, Kompaktkurs Strafrecht Allgemeiner Teil (München 2003). Zitiert nach §§ und Fallnummern
Marxen/Werle Bil	Klaus Marxen und Gerhard Werle, Die strafrechtliche Aufarbeitung von DDR-Unrecht. Eine Bilanz (Berlin 1999)
Mat	Materialien zur Strafrechtsreform, 15 Bände (Bonn 1954–1962). Zitiert nach Band und Seite
Maunz/Dürig GG	Maunz/Dürig ua, Grundgesetz, Kommentar, Loseblattausgabe (München. 42. Lieferung. Stand 02/2003). Zitiert mit Angabe des Verfassers nach Art und Randzahlen
Maurach-FS	Schroeder/Zipf (Hrsg), Festschrift für Reinhart Maurach zum 70. Geburtstag (Karlsruhe 1972)
M-Zipf AT 1	Heinz Zipf, Strafrecht. – Allgemeiner Teil, Teilband 1. Grundlehren des Strafrechts und Aufbau der Straftat (8. Aufl des von Reinhart Maurach begründeten Werkes, Heidelberg 1992). Zitiert nach §§ und Randzahlen
M-Gössel AT 2	Karl Heinz Gössel, Strafrecht. – Allgemeiner Teil, Teilband 2, III. Teil. Die Erscheinungsformen des Verbrechens (7. Aufl des von Reinhart Maurach begründeten Werkes, Heidelberg 1989). Zitiert nach §§ und Randzahlen
M-Zipf AT 2	Heinz Zipf, Strafrecht. – Allgemeiner Teil, Teilband 2, IV. Teil. Die Rechtsfolgen der Tat (7. Aufl des von Reinhart Maurach begründeten Werkes, Heidelberg 1989). Zitiert nach §§ und Randzahlen
M-Schroeder/ Maiwald BT 1 ...	Schroeder/Maiwald, Strafrecht. – Besonderer Teil, Teilband 1. Straftaten gegen Persönlichkeits- und Vermögenswerte (9. Aufl des von Reinhart Maurach begründeten Werkes, Heidelberg 2003). Zitiert nach §§ und Randzahlen
M-Schroeder/ Maiwald BT 2 ...	Schroeder/Maiwald, Strafrecht. – Besonderer Teil, Teilband 2. Straftaten gegen Gemeinschaftswerte (8. Aufl des von Reinhart

Abkürzungen

	Maurach begründeten Werkes, Heidelberg 1999). Zitiert nach §§ und Randzahlen
Mayer AT	Hellmuth Mayer, Strafrecht, Allgemeiner Teil (Stuttgart 1967)
Mayer-FS	Geerds/Naucke (Hrsg), Beiträge zur gesamten Strafrechtswissenschaft. Festschrift für Hellmuth Mayer zum 70. Geburtstag (Berlin 1966)
MBl	Ministerialblatt
MDR	Monatsschrift für deutsches Recht (zitiert nach Jahr und Seite)
MDStV	Staatsvertrag über Mediendienste (Mediendienste-Staatsvertrag) v 20. 1. bis 12. 2. 1997 (ua GBl für Baden-Württemberg 181)
MedKlinik	Medizinische Klinik, Wochenschrift für Klinik und Praxis (zitiert nach Jahr und Seite)
MedR	Medizinrecht (zitiert nach Jahr und Seite)
Meier Sanktionen	Bern-Dieter Meier, Strafrechtliche Sanktionen (Berlin, Heidelberg 2001)
Meurer-GS	Graul/Wolf (Hrsg), Gedächtnisschrift für Dieter Meurer (Berlin 2002)
Meyer-GS	Geppert/Dehnicke (Hrsg), Gedächtnisschrift für Karlheinz Meyer (Berlin 1990)
Meyer-Goßner	Lutz Meyer-Goßner, Strafprozeßordnung (47. Aufl des von Otto Schwarz begründeten, in der 23. bis 25. Aufl von Theodor Kleinknecht und in der 36. bis 39. Aufl von Karlheinz Meyer bearbeiteten Werkes, München 2004). Zitiert nach §§ und Randzahlen
Mezger-FS	Engisch/Maurach (Hrsg), Festschrift für Edmund Mezger zum 70. Geburtstag (München 1954)
MfS	Ministerium für Staatssicherheit (DDR)
M-G/B	Müller-Gugenberger/Bieneck (Hrsg), Wirtschaftsstrafrecht (3. Aufl, Münster ua 2000). Zitiert mit Angabe des Bearbeiters nach §§ und Randzahlen
Michalke	Regina Michalke, Umweltstrafsachen (2. Aufl, Heidelberg 2000). Zitiert nach Randzahlen
MiStra	Anordnung über Mitteilungen in Strafsachen. AV des BMJ v 29. 4. 1998 (BAnz 7493)
Mitsch BT 2, 1 und 2	Wolfgang Mitsch, Strafrecht Besonderer Teil – Vermögensdelikte (Kernbereich), Teilband 1 (2. Aufl, Berlin 2002) – Vermögensdelikte (Randbereich) Teilband 2 (Berlin 2001). Zitiert nach §§ und Randzahlen
Mitsch OWi	Wolfgang Mitsch, Recht der Ordnungswidrigkeiten (Berlin 1995)
Miyazawa-FS	Hans-Heiner Kühne (Hrsg), Festschrift für Koichi Miyazawa: Dem Wegbereiter des japanisch-deutschen Strafrechtsdiskurses (Baden-Baden 1995)
MK	Münchener Kommentar zum Strafgesetzbuch in sechs Bänden, hrsg von Joecks/Miebach. Bd 1, §§ 1–51, Bandredakteur: von Heintschel-Heinegg (München 2003). Bd 3, §§ 185–262, Bandredakteure: Miebach/Sander (München 2003). Zitiert mit Angabe des Bearbeiters nach §§ und Randzahlen
MMR	MultiMedia und Recht (zitiert nach Jahr und Seite)
MOG	Gesetz zur Durchführung der gemeinsamen Marktorganisationen idF v 20. 9. 1995 (BGBl I 1146), ÄndVO v 25. 11. 2003 (BGBl I 2304)
MRK	Konvention zum Schutze der Menschenrechte und Grundfreiheiten v 4. 11. 1950. ZustimmungsG v 7. 8. 1952 (BGBl II 685, 953)

Abkürzungsverzeichnis **Abkürzungen**

MschrKrim	Monatsschrift für Kriminologie und Strafrechtsreform (zitiert nach Jahr und Seite)
MStGB	Militärstrafgesetzbuch
v Münch/Kunig GG	v Münch/Kunig (Hrsg), Grundgesetz-Kommentar, Bd 1 (5. Aufl, München 2000)
mwN	mit weiteren Nachweisen
Narr-FS	Kamps/Laufs (Hrsg), Arzt- und Kassenarztrecht im Wandel. Festschrift für Helmut Narr zum 60. Geburtstag (Berlin 1988)
Naucke	Wolfgang Naucke, Strafrecht. Eine Einführung (10. Aufl, Neuwied 2002). Zitiert nach §§ und Randzahlen
Ndschr	Niederschriften über die Sitzungen der Großen Strafrechtskommission, 14 Bände (Bonn 1956 bis 1960). Zitiert nach Band und Seite
NdsRpfl	Niedersächsische Rechtspflege (zitiert nach Jahr und Seite)
NEG	Gesetz über die rechtliche Stellung der nichtehelichen Kinder v 19. 8. 1969 (BGBl I 1243), letztes ÄndG v 6. 4. 1998 (BGBl I 666)
NervA	Der Nervenarzt (zitiert nach Jahr und Seite)
nF	neue Fassung
Nishihara-FS	Albin Eser (Hrsg), Festschrift für Harua Nishihara zum 70. Geburtstag (Baden-Baden 1998)
NJ	Neue Justiz (zitiert nach Jahr und Seite)
NJW	Neue Juristische Wochenschrift (zitiert nach Jahr und Seite)
NJW-RR	Neue Juristische Wochenschrift-Rechtsprechungs-Report Zivilrecht (zitiert nach Jahr und Seite)
NK	Nomos Kommentar zum Strafgesetzbuch, Loseblattausgabe in fünf Ordnern, 1.–14. Lieferung (Stand November 2003). Gesamtredaktion: Ulfried Neumann, Ingeborg Puppe und Wolfgang Schild (Baden-Baden 1995–2003). Zitiert mit Angabe des Verfassers nach §§ und Randzahlen
NKrimPol	Neue Kriminalpolitik. Forum für Praxis, Politik und Wissenschaft (zitiert nach Jahr, Heft und Seite)
Noll-GS	Robert Hauser ua (Hrsg), Gedächtnisschrift für Peter Noll (Zürich 1984)
Nr	Nummer
NRW	Nordrhein-Westfalen
NStE	Kurt Rebmann ua, Neue Entscheidungssammlung für Strafrecht – Loseblatt-Sammlung (München. 1995 eingestellt). Zitiert nach Ges, § und laufender Nr (Hinweise ohne Angabe des Ges beziehen sich auf das StGB)
NStZ	Neue Zeitschrift für Strafrecht (zitiert nach Jahr und Seite)
NStZ-RR	NStZ-Rechtsprechungs-Report Strafrecht (zitiert nach Jahr und Seite)
NuR	Natur + Recht, Zeitschrift für das gesamte Recht zum Schutze der natürlichen Lebensgrundlagen und der Umwelt (zitiert nach Jahr und Seite)
NVwZ	Neue Zeitschrift für Verwaltungsrecht (zitiert nach Jahr und Seite)
NZI	Neue Zeitschrift für das Recht der Insolvenz und Sanierung (zitiert nach Jahr und Seite)
NZM	Neue Zeitschrift für Miet- und Wohnungsrecht (zitiert nach Jahr und Seite)
NZV	Neue Zeitschrift für Verkehrsrecht (zitiert nach Jahr und Seite)
NZWehrr	Neue Zeitschrift für Wehrrecht (zitiert nach Jahr und Seite)

Abkürzungen

Odersky-FS	Reinhard Böttcher ua (Hrsg), Festschrift für Walter Odersky zum 65. Geburtstag (Berlin 1996)
OEG	Gesetz über die Entschädigung für Opfer von Gewalttaten idF v 7. 1. 1985 (BGBl I 1), letztes ÄndG v 20. 6. 2002 (BGBl I 1946, nichtig gem Urt des BVerfG v 18. 12. 2002 – 2 BvF 1/02)
Oehler-FS	Rolf-Dietrich Herzberg (Hrsg), Festschrift für Dietrich Oehler zum 70. Geburtstag (Köln 1985)
Oehler IntStR	Dietrich Oehler, Internationales Strafrecht (2. Aufl, Köln 1983). Zitiert nach Randzahlen
ÖJZ	Österreichische Juristen-Zeitung (zitiert nach Jahr und Seite)
ÖRiZ	Österreichische Richterzeitung (zitiert nach Jahr und Seite)
OGHSt	Rechtsprechung des Obersten Gerichtshofs für die Britische Zone in Strafsachen (zitiert nach Band und Seite)
OHG	offene Handelsgesellschaft
OLG	Oberlandesgericht
OLGSt	Entscheidungen der Oberlandesgerichte zum Straf- und Strafverfahrensrecht (zitiert nach Ges, §§ und Seite). – Seit 1983 Entscheidungen der Oberlandesgerichte in Straf-, Ordnungswidrigkeiten- und Ehrengerichtssachen. – Seit 1991 Entscheidungen der Oberlandesgerichte in Strafsachen und über Ordnungswidrigkeiten (herausgegeben von Michael Lemke. 36. Lieferung. Stand: Juni 2004. Neuwied). Zitiert nach Ges, §§ und innerhalb der §§ nach Nummern
OpferSchG	Erstes Gesetz zur Verbesserung der Rechtsstellung des Verletzten im Strafverfahren (Opferschutzgesetz) v 18. 12. 1986 (BGBl I 2496), ÄndG v 27. 1. 1987 (BGBl I 475)
OrgKG	Gesetz zur Bekämpfung des illegalen Rauschgifthandels und anderer Erscheinungsformen der Organisierten Kriminalität v 15. 7. 1992 (BGBl I 1302)
OrgKVerbessG	Gesetz zur Verbesserung der Bekämpfung der Organisierten Kriminalität v 4. 5. 1998 (BGBl I 845)
OsnabrRAbh	Osnabrücker Rechtswissenschaftliche Abhandlungen, herausgegeben von den Professoren des Fachbereichs Rechtswissenschaften der Universität Osnabrück (zitiert nach Band und Seite)
Otto	Harro Otto, Grundkurs Strafrecht. – GK 1: Allgemeine Strafrechtslehre (7. Aufl, Berlin 2004) – GK 2: Die einzelnen Delikte (6. Aufl, Berlin 2002). Zitiert nach §§ und Randzahlen
OWiG	Gesetz über Ordnungswidrigkeiten idF v 19. 2. 1987 (BGBl I 602), letztes ÄndG v 5. 5. 2004 (BGBl I 718)
OWiGÄndG	Gesetz zur Änderung des Gesetzes über Ordnungswidrigkeiten, des Straßenverkehrsgesetzes und anderer Gesetze idF v 26. 1. 1998 (BGBl I 156, ber I 340, ber 1999 I 1237)
Pallin-FS	Walter Melnigky ua (Hrsg), Strafrecht, Strafprozeßrecht und Kriminologie. Festschrift für Franz Pallin zum 80. Geburtstag (Wien 1989)
ParlStG	Gesetz über die Rechtsverhältnisse der Parlamentarischen Staatssekretäre v 24. 7. 1974 (BGBl I 1538), letztes ÄndG v 15. 1. 1999 (BGBl I 10)
ParteienG	Gesetz über die politischen Parteien (Parteiengesetz) idF v 31. 1. 1994 (BGBl I 149), letztes ÄndG v 28. 6. 2002 (BGBl I 2268)
PaßG	Paßgesetz v 19. 4. 1986 (BGBl I 537), letztes ÄndG v 21. 8. 2002 (BGBl I 3322)

Abkürzungsverzeichnis **Abkürzungen**

PatAnwO	Patentanwaltsordnung v 7. 9. 1966 (BGBl I 557), letztes ÄndG v 5. 5. 2004 (BGBl I 718)
PatG	Patentgesetz idF v 16. 12. 1980 (BGBl 1981 I 1), letztes ÄndG v 5. 5. 2004 (BGBl I 718)
PersAuswG	Gesetz über Personalausweise idF v 21. 4. 1986 (BGBl I 548), ÄndG v 25. 3. 2002 (BGBl I 1186)
Peters-Festg	Wasserburg/Haddenhorst (Hrsg), Wahrheit und Gerechtigkeit im Strafverfahren. Festgabe für Karl Peters aus Anlaß seines 80. Geburtstages (Heidelberg 1984)
Peters-FS	Baumann/Tiedemann (Hrsg), Einheit und Vielfalt des Strafrechts. Festschrift für Karl Peters zum 70. Geburtstag (Tübingen 1974)
Pfeiffer-FS	Otto Friedrich v Gamm ua (Hrsg), Strafrecht, Unternehmensrecht, Anwaltsrecht. Festschrift für Gerd Pfeiffer zum Abschied aus dem Amt als Präsident des Bundesgerichtshofes (Köln 1988)
Pfeiffer StPO	Gerd Pfeiffer, Strafprozeßordnung, Kommentar (3. Aufl des in der 1. Aufl zusammen mit Thomas Fischer begründeten Werkes, München 2001). Zitiert nach §§ und Randzahlen
PflSchG	Gesetz zum Schutz der Kulturpflanzen (Pflanzenschutzgesetz) idF v 14. 5. 1998 (BGBl I 971, ber 1527), letztes ÄndG v 25. 11. 2003 (BGBl I 2304)
Platzgummer-FS	Fuchs/Brandstetter (Hrsg), Festschrift für Winfried Platzgummer zum 65. Geburtstag (Wien 1995)
PlenProt	Plenarprotokoll. Stenographische Berichte des Bundesrates. Zitiert nach Sitzung und Seite
PolG	Polizeigesetz
Polizei	Die Polizei (zitiert nach Jahr und Seite)
PostG	Postgesetz v 22. 12. 1997 (BGBl I 3294), letztes ÄndG v 25. 11. 2003 (BGBl I 2304)
PostStruktG	Gesetz zur Neustrukturierung des Post- und Fernmeldewesens und der Deutschen Bundespost (Poststrukturgesetz) v 8. 6. 1989 (BGBl I 1026)
probl	problematisch
ProdSG	Produktsicherheitsgesetz v 22. 4. 1997 (BGBl I 934), letztes ÄndG v 6. 1. 2004 (BGBl I 2)
ProstG	Prostitutionsgesetz v 20. 12. 2001 (BGBl I 3983)
Prot 4	Protokolle über die Sitzungen des Sonderausschusses „Strafrecht" in der 4. Wahlperiode (Bonn)
Prot 5–7	Protokolle über die Sitzungen des Sonderausschusses für die Strafrechtsreform in der 5., 6. und 7. Wahlperiode (Bonn)
Puppe AT 1	Ingeborg Puppe, Strafrecht – Allgemeiner Teil (im Spiegel der Rechtsprechung), Band 1: Die Lehre vom Tatbestand, Rechtswidrigkeit und Schuld (Baden-Baden 2002). Zitiert nach §§ und Randzahlen
PStG	Personenstandsgesetz idF v 8. 8. 1957 (BGBl I 1125), letztes ÄndG v 21. 8. 2002 (BGBl I 3322)
PsychThG	Gesetz über die Berufe des Psychologischen Psychotherapeuten und des Kinder- und Jugendlichentherapeuten v 16. 6. 1998 (BGBl I 1311), ÄndG v 19. 12. 1998 (BGBl I 3853)
Radbruch-GS	Arthur Kaufmann (Hrsg), Gedächtnisschrift für Gustav Radbruch (Göttingen 1968)
Rasch-FS	Norbert Leygraf ua (Hrsg), Die Sprache des Verbrechens – Wege zu einer klinischen Kriminologie. Festschrift für Wilfried Rasch (Stuttgart 1993)

Abkürzungen

RBerG	Rechtsberatungsgesetz v 13. 12. 1935 (RGBl I 1478), letztes ÄndG v 26. 1. 2002 (BGBl I 2010)
RdA	Recht der Arbeit (zitiert nach Jahr und Seite)
Rdn	Randnote, Randnummer oder Randzahl
RDV	Recht der Datenverarbeitung (zitiert nach Jahr und Seite)
Rebmann-FS	Heinz Eyrich ua (Hrsg), Festschrift für Kurt Rebmann zum 65. Geburtstag (München 1989)
Rechtsmedizin	Rechtsmedizin: Organ der deutschen Gesellschaft für Rechtsmedizin (zitiert nach Jahr und Seite)
Rechtstheorie	Rechtstheorie, Zeitschrift für Logik, Methodenlehre, Kybernetik und Soziologie des Rechts (zitiert nach Jahr und Seite)
RegBetrV	Regelbetrag-Verordnung idF des Gesetzes zur Vereinheitlichung des Unterhaltsrechts minderjähriger Kinder (Kinderunterhaltsgesetz) v 6. 4. 1998 (BGBl I 666, 668), letzte ÄndVO v 24. 4. 2003 (BGBl I 546)
RegBl	Regierungsblatt
RegEntw	Regierungsentwurf
Rehbinder-WidmSchr	Raimund Jakob ua (Hrsg), Psyche – Recht – Gesellschaft. Widmungsschrift für Manfred Rehbinder. Schriften zur Rechtspsychologie. Bd I (Bern/München 1995)
Rengier	Rudolf Rengier, Strafrecht, Besonderer Teil. – BT I: Bd I Vermögensdelikte (6. Aufl, München 2003). – BT II: Bd II Delikte gegen die Person und Allgemeinheit (5. Aufl, München 2003). Zitiert nach §§ und Randzahlen
RennwG	Rennwett- und Lotteriegesetz v 8. 4. 1922 (RGBl I 393), letztes ÄndG v 24. 8. 2002 (BGBl I 3412)
RG	Reichsgericht
RGBl I, II	Reichsgesetzblatt Teil I, Teil II
RGSt	Entscheidungen des Reichsgerichts in Strafsachen (zitiert nach Band und Seite)
RGZ	Entscheidungen des Reichsgerichts in Zivilsachen (zitiert nach Band und Seite)
RiStBV	Richtlinien für das Strafverfahren und das Bußgeldverfahren in der ab 1. 10. 1988 (bundeseinheitlich) geltenden Fassung. Letzte Änd v 14. 6. 2002. Zitiert nach Nummern
RöV	Verordnung über den Schutz vor Schäden durch Röntgenstrahlen (Röntgenverordnung) idF v 30. 4. 2003 (BGBl I 605)
Rolinski-FS	Hans-Heiner Kühne ua (Hrsg), Festschrift für Klaus Rolinski zum 70. Geburtstag (Baden-Baden 2002)
ROW	Recht in Ost und West (zitiert nach Jahr und Seite)
Roxin AT I und II	Claus Roxin, Strafrecht, Allgemeiner Teil, Bd I: Grundlagen. Der Aufbau der Verbrechenslehre (3. Aufl, München 1997). – Bd II: Besondere Erscheinungsformen der Straftat (München 2003). Zitiert nach §§ und Randzahlen
Roxin-FS	Bernd Schünemann ua (Hrsg), Festschrift für Claus Roxin zum 70. Geburtstag (Berlin 2001)
Roxin TuT	Claus Roxin, Täterschaft und Tatherrschaft (7. Aufl, Berlin 2000)
Rpfleger	Der Deutsche Rechtspfleger (zitiert nach Jahr und Seite)
RPflEntlG	Gesetz zur Entlastung der Rechtspflege v 11. 1. 1993 (BGBl I 50), letztes ÄndG v 23. 7. 2002 (BGBl I 2850, 2856)
RPflG	Rechtspflegergesetz v 5. 11. 1969 (BGBl I 2065), letztes ÄndG v 5. 5. 2004 (BGBl I 718)

Abkürzungsverzeichnis **Abkürzungen**

RPG	Recht und Politik im Gesundheitswesen (zitiert nach Jahr und Seite)
Rspr	Rechtsprechung
RuP	Recht und Politik, Vierteljahreshefte für Rechts- und Verwaltungspolitik (zitiert nach Jahr und Seite)
R & P	Recht & Psychiatrie (zitiert nach Jahr und Seite)
RVO	Reichsversicherungsordnung idF v 15. 12. 1924 (RGBl I 779), letztes ÄndG v 14. 11. 2003 (BGBl I 2190)
s	siehe
S	Seite oder Satz
Sack	Hans-Jürgen Sack, Umweltschutz-Strafrecht, Loseblattausgabe (4. Aufl, Stuttgart. Stand: 26. Lieferung, Juni 2003). Zitiert nach §§ und Randzahlen
SÄB	Saarländisches Ärzteblatt (zitiert nach Jahr und Seite)
Salger-FS	Albin Eser ua (Hsrg), Straf- und Strafverfahrensrecht, Recht und Verkehr, Recht und Medizin. Festschrift für Hannskarl Salger zum Abschied aus dem Amt als Vizepräsident des Bundesgerichtshofes (Köln 1995)
Sarstedt-FS	Rainer Hamm (Hrsg), Festschrift für Werner Sarstedt zum 70. Geburtstag (Berlin 1981)
SBer 1–13	Stenographische Berichte über die Sitzungen des Deutschen Bundestages in der 1.–13. Wahlperiode
Schäfer StrZ	Gerhard Schäfer, Praxis der Strafzumessung (3. Aufl, München 2001). Zitiert nach Randzahlen
Schäfer-FS	Helwig Hassenpflug (Hrsg), Festschrift für Karl Schäfer zum 80. Geburtstag (Berlin 1980)
Schaffstein-FS	Gerald Grünwald ua (Hrsg), Festschrift für Friedrich Schaffstein zum 70. Geburtstag (Göttingen 1975)
ScheideMG	Gesetz über die Ausprägung von Scheidemünzen v 8. 7. 1950 (BGBl I 323), letztes ÄndG v 9. 6. 1998 (BGBl I 1242)
Schewe-FS	Harald Schütz ua (Hrsg), Medizinrecht – Psychopathologie – Rechtsmedizin. Festschrift für Günter Schewe (Berlin 1991)
SchiffObG	Schiffahrtsobergericht
SchKG	Gesetz zur Vermeidung und Bewältigung von Schwangerschaftskonflikten (Schwangerschaftskonfliktgesetz) idF des Art 1 des Schwangeren- und Familienhilfegesetzes 27. 7. 1992 (BGBl I 1398), ÄndG (SFHÄndG) v 21. 8. 1995 (BGBl I 1050)
Schleswig-FS	Heribert Ostendorf (Hrsg), Strafverfolgung und Strafverzicht. Festschrift zum 125jährigen Bestehen der Staatsanwaltschaft Schleswig-Holstein (Köln 1992)
SchlHA	Schleswig-Holsteinische Anzeigen (zitiert nach Jahr und Seite)
Schlüchter, 2. WiKG	Ellen Schlüchter, Zweites Gesetz zur Bekämpfung der Wirtschaftskriminalität (Heidelberg 1987)
Schlüchter, 6. StrRG	Ellen Schlüchter (Hrsg), Bochumer Erläuterungen zum 6. Strafrechtsreformgesetz (Frankfurt/M 1998)
Schlüchter-GS	Duttge/Geilen/Meyer-Goßner/Warda (Hrsg), Gedächtnisschrift für Ellen Schlüchter (Köln ua 2002)
Schmidhäuser	Eberhard Schmidhäuser, Strafrecht. – AT: Allgemeiner Teil (2. Aufl, Tübingen 1975). – Stub: Allgemeiner Teil, Studienbuch (2. Aufl, Tübingen 1984). – BT: Besonderer Teil (2. Aufl, Tübingen 1983). – Alle Bände zitiert nach Kapiteln und Randzahlen

Abkürzungen

Schmidt-Leichner-FS	Hamm/Matzke (Hrsg), Festschrift für Erich Schmidt-Leichner zum 65. Geburtstag (München 1977)
Schmitt-FS	Klaus Geppert ua (Hrsg), Festschrift für Rudolf Schmitt zum 70. Geburtstag (Tübingen 1992)
Schölz/Lingens WStG	Schölz/Lingens, Wehrstrafgesetz (4. Aufl des von Dreher, Lackner und Schwalm begründeten Werkes, München 2000)
SchriftlBer	Schriftlicher Bericht
Schröder-GS	Walter Stree ua (Hrsg), Gedächtnisschrift für Horst Schröder (München 1978)
Sch/Sch	Schönke/Schröder, Strafgesetzbuch (26. Aufl, München 2001). Zitiert unter Hinzufügung des Bearbeiters oder der Bearbeiter nach §§ und Randzahlen
Schroth BT	Ulrich Schroth, Strafrecht – Besonderer Teil (2. Aufl, Stuttgart ua 1998)
Schüler-Springorum-FS	Peter-Alexis Albrecht ua (Hrsg), Festschrift für Horst Schüler-Springorum zum 65. Geburtstag (Köln 1993)
Schultz-Festg	Walder/Trechsel (Hrsg), Lebendiges Strafrecht. Festgabe zum 65. Geburtstag von Hans Schultz (Schweizerische Zeitschrift für Strafrecht, Bern 1977)
SchwarzarbeitsBG	Gesetz zur Erleichterung der Bekämpfung von illegaler Beschäftigung und Schwarzarbeit v 23. 7. 2004 (BGBl I 1842)
SchwBG	Schweizerisches Bundesgericht oder Schwerbehindertengesetz idF v 26. 8. 1986 (BGBl I 1421, 1550), aufgehoben mWv 11. 7. 2001 (BGBl I 1046), ab diesem Zeitpunkt gilt das SGB IX
Schwind Krim	Hans-Dieter Schwind, Kriminologie (14. Aufl, Heidelberg 2004). Zitiert nach §§ und Randzahlen
Schwinge-FS	Hans-Ulrich Evers ua (Hrsg), Persönlichkeit in der Demokratie. Festschrift für Erich Schwinge zum 70. Geburtstag (Köln-Bonn 1973)
SchwJZ	Schweizerische Juristenzeitung (zitiert nach Jahr und Seite)
SchwZStr	Schweizerische Zeitschrift für Strafrecht (zitiert nach Jahr und Seite)
SDÜ	Übereinkommen v 19. 6. 1990 zur Durchführung des Übereinkommens von Schengen v 14. 6. 1985 betr den schrittweisen Abbau der Kontrollen an den gemeinsamen Grenzen (BGBl 1993 II 1013 und 1904; 1994 II 631)
SeemannsG	Seemannsgesetz v 26. 7. 1957 (BGBl II 713), letztes ÄndG v 24. 12. 2003 (BGBl I 3002)
SexÄG	Gesetz zur Änderung der Vorschriften über die Straftaten gegen die sexuelle Selbstbestimmung und zur Änderung anderer Vorschriften v 27. 12. 2003 (BGBl I 3007)
SexBG	Gesetz zur Bekämpfung von Sexualdelikten und anderen gefährlichen Straftaten v 26. 1. 1998 (BGBl I 160)
Sexuologie	Sexuologie. Herausgegeben von der Akademie für Sexualmedizin (zitiert nach Jahr und Seite)
SFHÄndG	Schwangeren- und Familienhilfeänderungsgesetz v 21. 8. 1995 (BGBl I 1050)
SFHG	Gesetz zum Schutz des vorgeburtlichen/werdenden Lebens, zur Förderung einer kinderfreundlichen Gesellschaft, für Hilfen im Schwangerschaftskonflikt und zur Regelung des Schwanger-

	schaftsabbruchs (Schwangeren- und Familienhilfegesetz) v 27. 7. 1992 (BGBl I 1398)
SG	Sozialgericht
SGB I	Sozialgesetzbuch – Allgemeiner Teil – v 11. 12. 1975 (BGBl I 3015), letztes ÄndG v 27. 12. 2003 (BGBl I 3022)
SGB III	Sozialgesetzbuch – Drittes Buch. Arbeitsförderung (Art 1 des AFRG v 24. 3. 1997 [BGBl I 594, 595]), letztes ÄndG v 23. 4. 2004 (BGBl I 602)
SGB IV	Sozialgesetzbuch – Gemeinsame Vorshiften für die Sozialversicherung – v 23. 12. 1976 (BGBl I 3845), letztes ÄndG v 27. 12. 2003 (BGBl I 3013)
SGB V	Sozialgesetzbuch – Fünftes Buch. Gesetzliche Krankenversicherung (Art 1 des GRG v 20. 12. 1988 [BGBl I 2477]), letztes ÄndG v 27. 12. 2003 (BGBl I 3022)
SGB VI	Sozialgesetzbuch – Sechstes Buch. Gesetzliche Rentenversicherung (Art 1 des RRG 1992 v 18. 12. 1988 [BGBl I 2261]), letztes ÄndG v 29. 4. 2004 (BGBl I 678)
SGB VIII	Sozialgesetzbuch – Achtes Buch. Kinder- und Jugendhilfe idF v 8. 12. 1998 (BGBl I 3546), letztes ÄndG v 27. 12. 2003 (BGBl I 3022)
SGB IX	Sozialgesetzbuch – Neuntes Buch. Rehabilitation und Teilhabe behinderter Menschen idF v 3. 4. 2003 (BGBl I 462)
SGB X	Sozialgesetzbuch – Sozialverwaltungsverfahren und Datenschutz – idF v 18. 1. 2001 (BGBl I 130), letztes ÄndG v 5. 5. 2004 (BGBl I 718)
SGB X/Kap 3	Sozialgesetzbuch – Zusammenarbeit der Leistungsträger und ihre Beziehungen zu Dritten – v 4. 11. 1982 (BGBl I 1450), letztes ÄndG v 18. 5. 2001 (BGBl I 904)
SGB XI	Sozialgesetzbuch – Elftes Buch. – Soziale Pflegeversicherung (Art 1 PflegeVG v 26. 5. 1994 [BGBl I 1014, 2797]), letztes ÄndG v 27. 12. 2003 (BGBl I 3022)
SichVG	Gesetz zur Rechtsvereinheitlichung der Sicherungsverwahrung v 16. 6. 1995 (BGBl I 818)
Simon-FS	Willy Brandt ua (Hrsg), Ein Richter, ein Bürger, ein Christ. Festschrift für Helmut Simon (Baden-Baden 1987)
SJZ	Süddeutsche Juristenzeitung (zitiert nach Jahr und Spalte)
SK	Hans-Joachim Rudolphi ua, Systematischer Kommentar zum Strafgesetzbuch. – Bd I : Allgemeiner Teil – Loseblattausgabe in zwei Ordnern – 38. Lieferung. Stand April 2003 (6. bzw 7. Aufl, teilweise 8. Neuwied) – Bd II: Besonderer Teil – Loseblattausgabe in drei Ordnern – 60. Lieferung. Stand Februar 2004 (5., 6. bzw 7. Aufl, Neuwied). Zitiert mit Angabe des Verfassers nach §§ und Randzahlen
SKStPO	Hans-Joachim Rudolphi ua, Systematischer Kommentar zur Strafprozeßordnung und zum Gerichtsverfassungsgesetz – Loseblattausgabe in fünf Ordnern – 37. Lieferung. Stand Mai 2004 (Neuwied). Zitiert mit Angabe des Verfassers nach §§ und Randzahlen
SklavRG	Gesetz betreffend die Bestrafung des Sklavenraubes und des Sklavenhandels v 28. 7. 1895 (RGBl 425), letztes ÄndG v 2. 3. 1974 (BGBl I 496, 577)
sog	sogenannt
SoldG	Gesetz über die Rechtsstellung der Soldaten (Soldatengesetz) idF v 14. 2. 2001 (BGBl I 252), letztes ÄndG v 21. 8. 2002 (BGBl I 3322)

Abkürzungen

Spann-FS .... Wolfgang Eisenmenger ua (Hrsg), Medizin und Recht. Festschrift für Wolfgang Spann zum 65. Geburtstag (Berlin 1986)
Spendel-FS .... Manfred Seebode (Hrsg), Festschrift für Günter Spendel zum 70. Geburtstag (Berlin 1992)
SpielV .... Verordnung über Spielgeräte und andere Spiele mit Gewinnmöglichkeit (Spielverordnung) idF v 11. 12. 1985 (BGBl I 2245), letztes ÄndV v 24. 4. 2003 (BGBl I 547, 550)
Spinellis-FS .... Nestor Courakis (Hrsg), Die Strafrechtswissenschaften im 21. Jahrhundert. Festschrift für Dionysios Spinellis, Bd I und II (Athen-Komotoni 2001)
SprengG .... Gesetz über explosionsgefährliche Stoffe (Sprengstoffgesetz) idF v 17. 4. 1986 (BGBl I 577), letztes ÄndG v 25. 11. 2003 (BGBl I 2304)
SpuRt .... Zeitschrift für Sport und Recht (zitiert nach Jahr und Seite)
SRÜ .... Seerechtsübereinkommen der Vereinten Nationen v 10. 12. 1982, Vertragsgesetz v 2. 9. 1994 (BGBl II 1798)
SRÜAusfG .... Gesetz zur Ausführung des Seerechtsübereinkommens der Vereinten Nationen v 10. Dezember 1982 sowie des Übereinkommens v 28. Juli 1994 zur Durchführung des Teils XI des Seerechtsübereinkommens v 6. 6. 1995 (BGBl I 778)
StA .... Staatsanwalt oder Staatsanwaltschaft
StaatsGH .... Staatsgerichtshof
StÄG .... StrafrechtsänderungsgesetzStrafrechtsänderungsgesetz v 30. 8. 1951 (BGBl I 739), ÄndG v 2. 3. 1974 (BGBl I 469, 632)
Zweites Strafrechtsänderungsgesetz v 6. 3. 1953 (BGBl I 42)
Drittes Strafrechtsänderungsgesetz v 4. 8. 1953 (BGBl I 735), letztes ÄndG v 2. 3. 1974 (BGBl I 469, 632)
Viertes Strafrechtsänderungsgesetz v 11. 6. 1957 (BGBl I 597), letztes ÄndG v 13. 8. 1997 (BGBl I 2038, 2040)
Sechstes Strafrechtsänderungsgesetz v 30. 6. 1960 (BGBl I 478)
Siebentes Strafrechtsänderungsgesetz v 1. 6. 1964 (BGBl I 337)
Achtes Strafrechtsänderungsgesetz v 25. 6. 1968 (BGBl I 741), letztes ÄndG v 2. 3. 1974 (BGBl I 469, 632)
Neuntes Strafrechtsänderungsgesetz v 4. 8. 1969 (BGBl I 1065)
Elftes Strafrechtsänderungsgesetz v 16. 12. 1971 (BGBl I 1977)
Zwölftes Strafrechtsänderungsgesetz v 16. 12. 1971 (BGBl I 1979)
Dreizehntes Strafrechtsänderungsgesetz v 13. 6. 1975 (BGBl I 1349)
Vierzehntes Strafrechtsänderungsgesetz v 22. 4. 1976 (BGBl I 1056)
Fünfzehntes Strafrechtsänderungsgesetz v 18. 5. 1976 (BGBl I 1213)
Sechzehntes Strafrechtsänderungsgesetz v 16. 7. 1979 (BGBl I 1046)
Siebzehntes Strafrechtsänderungsgesetz v 21. 12. 1979 (BGBl I 2324)
Achtzehntes Strafrechtsänderungsgesetz – Gesetz zur Bekämpfung der Umweltkriminalität – v 28. 3. 1980 (BGBl I 373)
Neunzehntes Strafrechtsänderungsgesetz v 7. 8. 1981 (BGBl I 808)
Zwanzigstes Strafrechtsänderungsgesetz v 8. 12. 1981 (BGBl I 1329), ÄndG v 20. 12. 1984 (BGBl I 1654, 1657)
Einundzwanzigstes Strafrechtsänderungsgesetz v 13. 6. 1985 (BGBl I 965)

Abkürzungsverzeichnis **Abkürzungen**

	Zweiundzwanzigstes Strafrechtsänderungsgesetz v 18. 7. 1985 (BGBl I 1510)
	Dreiundzwanzigstes Strafrechtsänderungsgesetz – Strafaussetzung zur Bewährung – v 13. 4. 1986 (BGBl I 393)
	Vierundzwanzigstes Strafrechtsänderungsgesetz – § 168 StGB – v 13. 1. 1987 (BGBl I 141)
	Fünfundzwanzigstes Strafrechtsänderungsgesetz – § 201 StGB – v 20. 8. 1990 (BGBl I 1764)
	Sechsundzwanzigstes Strafrechtsänderungsgesetz – Menschenhandel – v 14. 7. 1992 (BGBl I 1255)
	Siebenundzwanzigstes Strafrechtsänderungsgesetz – Kinderpornographie – v 23. 7. 1993 (BGBl I 1346)
	Achtundzwanzigstes Strafrechtsänderungsgesetz – Abgeordnetenbestechung – v 31. 1. 1994 (BGBl I 84)
	Neunundzwanzigstes Strafrechtsänderungsgesetz – §§ 175, 182 StGB – v 31. 5. 1994 (BGBl I 1168)
	Dreißigstes Strafrechtsänderungsgesetz – Verjährung von Sexualstraftaten an Kindern und Jugendlichen – v 23. 6. 1994 (BGBl I 1310)
	Einunddreißigstes Strafrechtsänderungsgesetz – Zweites Gesetz zur Bekämpfung der Umweltkriminalität – v 27. 6. 1994 (BGBl I 1440; ber 1995 I 249)
	Zweiunddreißigstes Strafrechtsänderungsgesetz – §§ 44, 69 b StGB – v 1. 6. 1995 (BGBl I 747)
	Dreiunddreißigstes Strafrechtsänderungsgesetz – §§ 177–179 StGB – v 1. 7. 1997 (BGBl I 1607)
	Vierunddreißigstes Strafrechtsänderungsgesetz – § 129 b StGB – v 22. 8. 2002 (BGBl I 3390)
	Fünfunddreißigstes Strafrechtsänderungsgesetz – zur Umsetzung des Rahmenbeschlußes des Rates der EU v 28. 5. 2001 zur Bekämpfung von Betrug und Fälschung im Zusammenhang mit unbaren Zahlungsmitteln – ua §§ 152 a und b, § 263 a – v 22. 12. 2003 (BGBl I 2838)
	Sechsunddreißigstes Strafrechtsänderungsgesetz – § 201 a StGB – v 30. 7. 2004 (BGBl I 2012)
StBerG	Steuerberatungsgesetz idF v 4. 11. 1975 (BGBl I 2735), letztes ÄndG v 5. 5. 2004 (BGBl I 718)
StGB	Strafgesetzbuch
StGB/DDR	Strafgesetzbuch der Deutschen Demokratischen Republik idF v 14. 12. 1988 (GBl 1989 I 33), letztes ÄndG v 29. 6. 1990 (GBl I 526)
StGB/StPOÄndG ..	Gesetz zur Änderung des Strafgesetzbuches, der Strafprozeßordnung, des Gerichtsverfassungsgesetzes, der Bundesrechtsanwaltsordnung und des Strafvollzugsgesetzes v 18. 8. 1976 (BGBl I 2181), ÄndG v 28. 3. 1980 (BGBl I 373)
1. StGB/VersGÄndG	Gesetz zur Änderung des Strafgesetzbuches und des Versammlungsgesetzes v 18. 7. 1985 (BGBl I 1511)
2. StGB/VersGÄndG	Gesetz zur Änderung des Strafgesetzbuches, der Strafprozeßordnung und des Versammlungsgesetzes und zur Einführung einer Kronzeugenregelung bei terroristischen Straftaten v 9. 6. 1989 (BGBl I 1059), letztes ÄndG v 19. 1. 1996 (BGBl I 58)
StimmZt	Stimmen der Zeit (zitiert nach Jahr und Seite)

XLI

Abkürzungen

Stock-FS	Günter Spendel (Hrsg), Festschrift für Ulrich Stock (Würzburg 1966)
StPO	Strafprozeßordnung idF v 7. 4. 1987 (BGBl I 129, 150), letztes ÄndG v 30. 7. 2004 (BGBl I 1950)
StR	Strafrecht
str	streitig oder strittig
StraFo	Strafverteidiger Forum (zitiert nach Jahr und Seite)
Strafrechtskolloquium	Szwarc/Wasek (Hrsg), Das erste deutsch-japanisch-polnische Strafrechtskolloquium der Stipendiaten der Alexander von Humboldt-Stiftung (Poznan 1998)
Stratenwerth/ Kuhlen AT I	Günter Stratenwerth, Lothar Kuhlen, Strafrecht, Allgemeiner Teil I (5. Aufl, Köln 2004). Zitiert nach §§ und Randzahlen
Stree/Wessels-FS	Küper/Welp (Hrsg), Festschrift für Walter Stree und Johannes Wessels zum 70. Geburtstag (Heidelberg 1993)
StrEG	Gesetz über die Entschädigung für Strafverfolgungsmaßnahmen v 8. 3. 1971 (BGBl I 157), letztes ÄndG v 13. 12. 2001 (BGBl I 3574)
Streng Sanktionen	Franz Streng, Strafrechtliche Sanktionen (2. Aufl Stuttgart 2002). Zitiert nach Randzahlen
StrK	Strafkammer
StrlSchV	Verordnung über den Schutz vor Schäden durch ionisierende Strahlen (Strahlenschutzverordnung) idF v 30. 6. 1989 (BGBl I 1321; ber 1926), letzte ÄndVO v 18. 6. 2002 (BGBl I 1869, 1903)
StrRG	Gesetz zur Reform des Strafrechts Erstes Gesetz zur Reform des Strafrechts v 25. 6. 1969 (BGBl I 645), letztes ÄndG v 28. 8. 1969 (BGBl I 1509, 1512) Zweites Gesetz zur Reform des Strafrechts v 4. 7. 1969 (BGBl I 717), letztes ÄndG v 20. 12. 1984 (BGBl I 1654, 1655) Drittes Gesetz zur Reform des Strafrechts v 20. 5. 1970 (BGBl I 505), ÄndG v 2. 3. 1974 (BGBl I 469, 632) Viertes Gesetz zur Reform des Strafrechts v 23. 11. 1973 (BGBl I 1725), ÄndG v 2. 3. 1974 (BGBl I 469, 502) Fünftes Gesetz zur Reform des Strafrechts v 18. 6. 1974 (BGBl I 1297), letztes ÄndG v 21. 8. 1995 (BGBl I 1050, 1056) Sechstes Gesetz zur Reform des Strafrechts v 26. 1. 1998 (BGBl I 164, ber 704)
6. StrRGEinf	Friedrich Dencker ua, Einführung in das 6. Strafrechtsreformgesetz 1998 (München 1998). Zitiert nach Einl oder mit Angabe des Verf nach Teilen und Randzahlen
stRspr	ständige Rechtsprechung
StS	Strafsenat
Stutte-FS	Remschmidt/Schüler-Springorum (Hrsg), Jugendpsychiatrie und Recht. Festschrift für Hermann Stutte zum 70. Geburtstag (Köln 1979)
StV	Strafverteidiger (zitiert nach Jahr und Seite)
StVÄG 1987	Strafverfahrensänderungsgesetz 1987 v 27. 1. 1987 (BGBl I 475)
StVÄG 1999	Gesetz zur Änderung und Ergänzung des Strafverfahrensrechts 1999 v 2. 8. 2000 (BGBl I 1253)
StVG	Straßenverkehrsgesetz idF v 5. 3. 2003 (BGBl I 310, ber 919), letztes ÄndG v 14. 1. 2004 (BGBl I 74)

Abkürzungsverzeichnis **Abkürzungen**

StVO	Straßenverkehrs-Ordnung v 16. 11. 1970 (BGBl I 1565), letzte ÄndVO v 22. 1. 2004 (BGBl I 117)
StVollstrO	Strafvollstreckungsordnung idF v 1. 4. 2001 (BAnz 9157)
StVollzÄndG	Gesetz zur Änderung des Strafvollzugsgesetzes v 20. 12. 1984 (BGBl I 1654), letztes ÄndG v 5. 10. 2002 (BGBl I 3954)
StVollzG	Gesetz über den Vollzug der Freiheitsstrafe und der freiheitsentziehenden Maßregeln der Besserung und Sicherung (Strafvollzugsgesetz) v 16. 3. 1976 (BGBl I 581, ber 2088), letztes ÄndG v 27. 12. 2003 (BGBl I 3022)
StVZO	Straßenverkehrs-Zulassungs-Ordnung idF v 28. 9. 1988 (BGBl I 1793), letzte ÄndVO v 7. 2. 2004 (BGBl I 248, ber 544)
SubvG	Gesetz gegen mißbräuchliche Inanspruchnahme von Subventionen (Subventionsgesetz) idF des Art 2 des 1. WiKG v 29. 7. 1976 (BGBl I 2034)
SuchtmittelG/DDR	Gesetz über den Verkehr mit Suchtmitteln – Suchtmittelgesetz – vom 19. 12. 1973 (GBl/DDR I 572)
SÜG	Gesetz über die Voraussetzungen und das Verfahren der Sicherheitsüberprüfungen des Bundes (Sicherheitsüberprüfungsgesetz) v 20. 4. 1994 (BGBl I 867), letztes ÄndG v 21. 8. 2002 (BGBl I 3322, 3329)
SZW	Schweizerische Zeitschrift für Wirtschaftsrecht (zitiert nach Jahr und Seite)
TALärm	Sechste Allgemeine Verwaltungsvorschrift zum Bundes-Immissionsschutzgesetz (Technische Anleitung zum Schutz gegen Lärm – TA Lärm) v 24. 7. 2002 (GMBl S 511)
TALuft	Erste Allgemeine Verwaltungsvorschrift zum Bundes-Immissionsschutzgesetz (Technische Anleitung zur Reinhaltung der Luft – TA Luft) v 27. 2. 1986 (GMBl S 95, ber S 202)
TDG	Gesetz über die Nutzung von Telediensten (Teledienstegesetz) idF des Art 1 des Gesetzes zur Regelung der Rahmenbedingungen für Informations- und Kommunikationsdienste (Informations- und Kommunikationsdienstegesetz) v 22. 7. 1997 (BGBl I 1870), letztes ÄndG v 14. 12. 2001 (BGBl I 3721)
TDSV	Verordnung über den Datenschutz für Unternehmen, die Telekommunikationsdienstleistungen erbringen (Telekommunikationsdienstunternehmen-Datenschutzverordnung) v 18. 12. 2000 (BGBl I 1740)
TerrBekG	Gesetz zur Bekämpfung des Terrorismus v 19. 12. 1986 (BGBl I 2566)
Tiedemann GmbHG	Klaus Tiedemann, Kommentar zum GmbH-Strafrecht (4. Aufl, Köln 2002). Zitiert nach §§ und Randzahlen
Tiedemann WiStr	Klaus Tiedemann, Wirtschaftsstrafrecht (Köln 2004). Zitiert nach Randzahlen
TierKBG	Gesetz über die Beseitigung von Tierkörpern, Tierkörperteilen und tierischen Erzeugnissen (Tierkörperbeseitigungsgesetz) v 2. 9. 1975 (BGBl I 2313, 2610), letztes ÄndG v 25. 6. 2001 (BGBl I 1215)
TierschG	Tierschutzgesetz idF v 25. 5. 1998 (BGBl I 1105, ber 1818), letztes ÄndG v 25. 6. 2001 (BGBl I 1215)
TierSG	Tierseuchengesetz idF v 20. 12. 1995 (BGBl 2038), ÄndG v 22. 6. 2004 (BGBl I 1260)
TitelG	Gesetz über Titel, Orden und Ehrenzeichen v 26. 7. 1957 (BGBl I 844), letztes ÄndG v 18. 6. 1997 (BGBl I 1430)

Abkürzungen

TKG	Telekommunikationsgesetz v 25. 7. 1996 (BGBl I 1120), letztes ÄndG v 22. 6. 2004 (BGBl I 1190)
TOA	Täter-Opfer-Ausgleich
TOA StPO	Gesetz zur strafverfahrensrechtlichen Verankerung des Täter-Opfer-Ausgleichs und zur Änderung des Gesetzes über Fernmeldeanlagen v 20. 12. 1999 (BGBl I 2491)
TPG	Gesetz über die Spende, Entnahme und Übertragung von Organen (Transplantationsgesetz) v 5. 11. 1997 (BGBl I 2631) letztes ÄndG v 25. 11. 2003 (BGBl I 2304)
Trechsel-FS	Donatsch/Forster/Schwarzenegger (Hrsg), Strafrecht, Strafprozeßrecht und Menschenrechte – Festschrift für Stefan Trechsel zum 65. Geburtstag (Zürich ua 2002)
Triffterer-FS	Kurt Schmoller (Hrsg), Festschrift für Otto Triffterer zum 65. Geburtstag (Wien 1996)
Tröndle/Fischer	Tröndle/Fischer, Strafgesetzbuch mit Nebengesetzen (52. Aufl des von Otto Schwarz begründeten, in der 23. bis 37. Aufl von Eduard Dreher und in der 38. bis 48. Aufl von Herbert Tröndle, ab der 52. Aufl von Thomas Fischer bearbeiteten Werkes, München 2004). Zitiert nach §§ und Randzahlen
Tröndle-FS	Jescheck/Vogler (Hrsg), Festschrift für Herbert Tröndle zum 70. Geburtstag (Berlin 1989)
TSG	Transsexuellengesetz v 10. 9. 1980 (BGBl I 1654), letztes ÄndG v 4. 5. 1998 (BGBl I 833, 841)
Tübingen-FS	Joachim Gernhuber (Hrsg), Tradition und Fortschritt im Recht. Festschrift zum 500jährigen Bestehen der Tübinger Juristenfakultät (Tübingen 1977)
Tübingen-RV	Burkhard Heß (Hrsg), Wandel der Rechtsordnung. Ringvorlesung der Juristischen Fakultät der Universität Tübingen im WS 2001/2002 (Tübingen 2003)
ua	unter anderem, und andere
ÜberwachungsG	Gesetz zur Überwachung strafrechtlicher und anderer Verbringungsverbote v 24. 5. 1961 (BGBl I 607), letztes ÄndG v 14. 9. 1994 (BGBl I 2325, 2384)
UHaft	Untersuchungshaft
Ulsenheimer	Klaus Ulsenheimer, Arztstrafrecht in der Praxis (3. Aufl, Heidelberg 2003)
UmweltHG	Gesetz über die Umwelthaftung (Umwelthaftungsgesetz) v 19. 7. 2002 (BGBl I 2674)
Universitas	Universitas, Zeitschrift für interdisziplinäre Wissenschaft (zitiert nach Jahr und Seite)
Untersuchungs-ausschussG	Gesetz zur Regelung des Rechts der Untersuchungsausschüsse des Deutschen Bundestages v 19. 6. 2001 (BGBl I 1142), letztes ÄndG v 5. 5. 2004 (BGBl I 718)
UPR	Umwelt- und Planungsrecht (zitiert nach Jahr und Seite)
UrhG	Urheberrechtsgesetz v 9. 9. 1965 (BGBl I 1273), letztes ÄndG v 10. 9. 2003 (BGBl I 1774, ber 2004 I 312)
URL	Uniform Resource Locator
usw	und so weiter
uU	unter Umständen
UVNVAG	Ausführungsgesetz zu dem Vertrag vom 24. 9. 1996 über das umfassende Verbot von Nuklearversuchen v 23. 7. 1998 (BGBl I 1882)

Abkürzungsverzeichnis **Abkürzungen**

UWG	Gesetz gegen den unlauteren Wettbewerb v 3. 7. 2004 (BGBl I 1414)
v	vom oder von
Venzlaff-FS	Hermann Pohlmeier ua (Hrsg), Forensische Psychiatrie heute: Ulrich Venzlaff zum 65. Geburtstag gewidmet (Heidelberg 1986)
VerbrBG	Gesetz zur Änderung des Strafgesetzbuches, der Strafprozeßordnung und anderer Gesetze (Verbrechensbekämpfungsgesetz) v 28. 10. 1994 (BGBl I 3186)
VerbrKrG	Verbraucherkreditgesetz idF v 29. 6. 2000 (BGBl I 940), letztes ÄndG v 26. 11. 2001 (BGBl I 3138)
VereinsG	Gesetz zur Regelung des öffentlichen Vereinsrechts (Vereinsgesetz) v 5. 8. 1964 (BGBl I 593), letztes ÄndG v 3. 5. 2000 (BGBl I 632)
VerfGH	Verfassungsgerichtshof
VerjG	Gesetz zur Verjährung von SED-Unrechtstaten (VerjährungsG) v 26. 3. 1993 (BGBl I 392)
2. VerjG	Gesetz zur Verlängerung strafrechtlicher Verjährungsfristen (2. Verjährungsgesetz) v 27. 9. 1993 (BGBl I 1657)
3. VerjG	Gesetz zur weiteren Verlängerung strafrechtlicher Verjährungsfristen und zur Änderung des Gesetzes zur Entlastung der Rechtspflege (3. Verjährungsgesetz) v 22. 12. 1997 (BGBl I 3223)
VerkProspektG	Gesetz über Wertpapier-Verkaufsprospekte v 13. 12. 1990 (BGBl I 2749), letztes ÄndG v 21. 6. 2002 (BGBl I 2010, 2044)
5. VermBG	Fünftes Vermögensbildungsgesetz idF v 4. 3. 1994 (BGBl I 406), letztes ÄndG v 29. 12. 2003 (BGBl I 3076)
VerpflG	Gesetz über die förmliche Verpflichtung nichtbeamteter Personen (Verpflichtungsgesetz) idF des Art 42 EGStGB v 2. 3. 1974 (BGBl I 469, 547), ÄndG v 15. 8. 1974 (BGBl I 1942)
VersG	Gesetz über Versammlungen und Aufzüge (Versammlungsgesetz) idF v 15. 11. 1978 (BGBl I 1789), letztes ÄndG v 11. 8. 1999 (BGBl I 1818)
VersR	Versicherungsrecht. Juristische Rundschau für die Individualversicherung (zitiert nach Jahr und Seite)
VerwArch	Verwaltungsarchiv, Zeitschrift für Verwaltungslehre, Verwaltungsrecht und Verwaltungspolitik (zitiert nach Jahr und Seite)
VG	Verwaltungsgericht
VGH	Verwaltungsgerichtshof
vgl	vergleiche
VgV	Vergabeverordnung v 11. 12. 2003 (BGBl I 169)
VIZ	Zeitschrift für Vermögens- und Immobilienrecht (zitiert nach Jahr und Seite)
VM	Verkehrsrechtliche Mitteilungen (zitiert nach Jahr und Seite)
VOB/A	Vergabe- und Vertragsordnung für Bauleistungen Teil A v 12. 9. 2002 (BAnz Nr 202a v 29. 10. 2002)
VOL/A	Verdingungsordnung für Leistungen Teil A v 17. 9. 2002 (BAnz Nr 216a v 20. 11. 2002)
VO	Verordnung
Vogel JM	Joachim Vogel, Juristische Methodik (Berlin ua 1998)
Vogler-GS	Otto Trifterer (Hrsg), Gedächtnisschrift für Theo Vogler (Heidelberg 2004)
Volk StPR	Klaus Volk, Strafprozeßrecht (3. Aufl, München 2002). Zitiert nach §§ und Randzahlen
VR	Verwaltungsrundschau, Zeitschrift für Verwaltung in Praxis und Wissenschaft (zitiert nach Jahr und Seite)

Abkürzungen

VRS	Verkehrsrechtssammlung (zitiert nach Band und Seite)
VStGB	Völkerstrafgesetzbuch = Art 1 des Gesetzes zur Einführung des Völkerstrafgesetzbuches v 26. 6. 2002 (BGBl I 2254)
VVDStRL	Veröffentlichungen der Vereinigung der Deutschen Staatsrechtslehrer. Zitiert nach Heft und Seite
VVG	Versicherungsvertragsgesetz vom 30. 5. 1908 (RGBl 263), letztes ÄndG v 24. 12. 2003 (BGBl I 2954)
VwGO	Verwaltungsgerichtsordnung idF v 19. 3. 1991 (BGBl I 686), letztes ÄndG v 5. 5. 2004 (BGBl I 718)
VwVfG	Verwaltungsverfahrensgesetz idF v 23. 1. 2003 (BGBl I 102), letztes ÄndG v 5. 5. 2004 (BGBl I 718)
WaffG	Waffengesetz v 11. 10. 2002 (BGBl I 3970, ber 4592 und 2003 I 1957)
Wassermann-FS	Christian Broda ua (Hrsg), Festschrift für Rudolf Wassermann zum 60. Geburtstag (Neuwied 1985)
WBeauftrG	Gesetz über den Wehrbeauftragten des Deutschen Bundestages (Gesetz zu Artikel 45 b des Grundgesetzes) idF v 16. 6. 1982 (BGBl I 677), letztes ÄndG v 5. 5. 2004 (BGBl I 718)
WDO	Wehrdisziplinarordnung v 16. 8. 2001 (BGBl I 2093), letztes ÄndG v 5. 5. 2004 (BGBl I 718); verkündet als Art 1 Zweites Wehrdisziplinarrechts-Neuordnungsgesetz
v Weber-FS	Hans Welzel (Hrsg), Festschrift für Hellmuth von Weber zum 70. Geburtstag (Bonn 1963)
WehrpflG	Wehrpflichtgesetz idF v 20. 2. 2002 (BGBl I 954), letztes ÄndG v 9. 8. 2003 (BGBl I 1593)
WeinG	Weingesetz in der Neufassung v 16. 5. 2001 (BGBl I 985), letztes ÄndG v 21. 8. 2002 (BGBl I 3322)
Welzel	Hans Welzel, Das Deutsche Strafrecht (11. Aufl, Berlin 1969)
Welzel-FS	Günter Stratenwerth ua (Hrsg), Festschrift für Hans Welzel zum 70. Geburtstag (Berlin 1974)
W-Beulke AT	Wessels-Beulke, Strafrecht – AT: Allgemeiner Teil – Die Straftat und ihr Aufbau (33. Aufl des von Johannes Wessels begründeten und Werner Beulke fortgeführten Werkes, Heidelberg 2003). Zitiert nach Randzahlen
W-Hettinger BT 1	Wessels/Hettinger, Strafrecht – BT 1: Besonderer Teil/1 – Straftaten gegen Persönlichkeits- und Gemeinschaftswerte (27. Aufl des von Johannes Wessels begründeten und Michael Hettinger fortgeführten Werkes, Heidelberg 2003). Zitiert nach Randzahlen
W-Hillenkamp BT 2	Wessels/Hillenkamp, Strafrecht – BT 2: Besonderer Teil/2 – Straftaten gegen Vermögenswerte (26. Aufl des von Johannes Wessels begründeten und Thomas Hillenkamp fortgeführten Werkes, Heidelberg 2003). Zitiert nach Randzahlen
WHG	Gesetz zur Ordnung des Wasserhaushalts (Wasserhaushaltsgesetz) idF v 19. 8. 2002 (BGBl I 3245), letztes ÄndG v 6. 1. 2004 (BGBl I 2)
WiB	Wirtschaftsrechtliche Beratung (zitiert nach Jahr und Seite)
1. WiKG	Erstes Gesetz zur Bekämpfung der Wirtschaftskriminalität v 29. 7. 1976 (BGBl I 2034)
2. WiKG	Zweites Gesetz zur Bekämpfung der Wirtschaftskriminalität v 15. 5. 1986 (BGBl I 721)
WirtschPrüfO	Gesetz über eine Berufsordnung der Wirtschaftsprüfer (Wirtschaftsprüferordnung) idF v 5. 11. 1975 (BGBl I 2803), letztes ÄndG v 5. 5. 2004 (BGBl I 718)

Abkürzungsverzeichnis **Abkürzungen**

WissR	Wissenschaftsrecht, Zeitschrift für Recht und Verwaltung der wissenschaftlichen Hochschulen und der wissenschaftspflegenden und -fördernden Organisationen und Stiftungen (zitiert nach Band und Seite)
WiStG	Gesetz zur weiteren Vereinfachung des Wirtschaftsstrafrechts (Wirtschaftsstrafgesetz 1954) idF v 3. 6. 1975 (BGBl I 1313), letztes ÄndG v 13. 12. 2001 (BGBl I 3574)
wistra	Zeitschrift für Wirtschaft. Steuer. Strafrecht (zitiert nach Jahr und Seite)
WiVerw	Wirtschaft und Verwaltung. Vierteljahresbeilage zum Gewerbearchiv (zitiert nach Jahr und Seite)
WM	Wertpapier-Mitteilungen Teil IV. Zeitschrift für Wirtschafts- und Bankrecht (zitiert nach Jahr und Seite)
2. WohnBG	Zweites Wohnungsbaugesetz idF v 19. 8. 1994 (BGBl I 2137), letztes ÄndG v 19. 6. 2001 (BGBl I 1149, 1375)
Wolf-FS	Dietrich Bickel ua (Hrsg), Recht und Rechtserkenntnis. Festschrift für Ernst Wolf zum 70. Geburtstag (Köln 1985)
Wolff-FS	Rainer Zaczyk ua (Hrsg), Festschrift für E. A. Wolff zum 70. Geburtstag (Berlin 1998)
WpHG	Wertpapierhandelsgesetz v 26. 7. 1994 (BGBl I 1749), letztes ÄndG v 23. 7. 2002 (BGBl I 2708)
WRV	Weimarer Reichsverfassung
WStG	Wehrstrafgesetz idF v 24. 5. 1974 (BGBl I 1213), letztes ÄndG v 26. 1. 1998 (BGBl I 164)
Würtenberger-FS	Rüdiger Herren ua (Hrsg), Festschrift für Thomas Würtenberger zum 70. Geburtstag (Berlin 1977)
WuW	Wirtschaft und Wettbewerb (zitiert nach Jahr und Seite)
WWW	World Wide Web
ZahnHKG	Gesetz über die Ausübung der Zahnheilkunde idF v 16. 4. 1987 (BGBl I 1225), letztes ÄndG v 27. 4. 1993 (BGBl I 512)
ZaöRV	Zeitschrift für ausländisches öffentliches Recht und Völkerrecht (zitiert nach Jahr und Seite)
zB	zum Beispiel
ZBJV	Zeitschrift des Bernischen Juristenvereins (zitiert nach Jahr und Seite)
ZBlJR	Zentralblatt für Jugendrecht und Jugendwohlfahrt (zitiert nach Jahr und Seite), später fortgeführt als Zentralblatt für Jugendrecht (ZfJ)
ZDG	Gesetz über den Zivildienst der Kriegsdienstverweigerer (Zivildienstgesetz) idF v 28. 9. 1994 (BGBl I 2811), letztes ÄndG v 20. 7. 2001 (BGBl I 1850)
ZEV	Zeitschrift für Erbrecht und Vermögensnachfolge (zitiert nach Jahr und Seite)
ZevKR	Zeitschrift für evangelisches Kirchenrecht (zitiert nach Jahr und Seite)
ZfB	Zeitschrift für Binnenschiffahrt und Wasserstraßen (zitiert nach Jahr und Seite)
ZfBR	Zeitschrift für deutsches und internationales Baurecht (zitiert nach Jahr und Seite)
ZfL	Zeitschrift für Lebensrecht (zitiert nach Jahr und Seite)
ZfRV	Zeitschrift für Rechtsvergleichung (zitiert nach Jahr und Seite)
ZfS	Zentralblatt für Sozialversicherung, Sozialhilfe und Versorgung (zitiert nach Jahr und Seite)

Abkürzungen

ZfSch	Zeitschrift für Schadensrecht (zitiert nach Jahr und Seite)
ZfStrVo	Zeitschrift für Strafvollzug und Straffälligenhilfe (zitiert nach Jahr und Seite)
ZfTransplMed	Zeitschrift für Transplantationsmedizin (zitiert nach Jahr und Seite)
ZfW	Zeitschrift für Wasserrecht (zitiert nach Jahr und Seite)
ZGR	Zeitschrift für Unternehmens- und Gesellschaftsrecht (zitiert nach Jahr und Seite)
ZinsO	Zeitschrift für das gesamte Insolvenzrecht (zitiert nach Jahr und Seite)
ZIP	Zeitschrift für Wirtschaftsrecht (zitiert nach Jahr und Seite)
Zipf-GS	Gössel/Triffterer (Hrsg), Gedächtnisschrift für Heinz Zipf (Heidelberg 1999)
Zipf, Kriminalpolitik	Heinz Zipf, Kriminalpolitik. Ein Lehrbuch (2. Aufl, Heidelberg 1980)
Zippelius JM	Reinhold Zippelius, Juristische Methodenlehre (8. Aufl, München 2003)
ZKredW	Zeitschrift für das gesamte Kreditwesen (zitiert nach Jahr und Seite)
ZME	Zeitschrift für medizinische Ethik (zitiert nach Jahr und Seite)
ZMR	Zeitschrift für Miet- und Raumrecht (zitiert nach Jahr und Seite)
ZollG	Zollverwaltungsgesetz idF v 21. 12. 1992 (BGBl I 1992), letztes ÄndG v 31. 10. 2003 (BGBl I 2146)
ZonenrandFG	Zonenrandförderungsgesetz v 5. 8. 1971 (BGBl I 1237), letztes ÄndG v 6. 6. 1994 (BGBl I 1184, 1193)
ZPO	Zivilprozeßordnung idF v 12. 9. 1950 (BGBl I 1950), letztes ÄndG v 5. 5. 2004 (BGBl I 718)
ZRG Germ Abt	Zeitschrift der Savigny-Stiftung für Rechtsgeschichte, Germanistische Abteilung (zitiert nach Jahr und Seite)
ZRP	Zeitschrift für Rechtspolitik (zitiert nach Jahr und Seite)
ZStW	Zeitschrift für die gesamte Strafrechtswissenschaft (zitiert nach Band und Seite)
ZStW Beiheft	Beiheft zur Zeitschrift für die gesamte Strafrechtswissenschaft (zitiert nach Jahr und Seite)
zT	zum Teil
ZUM	Zeitschrift für Urheber- und Medienrecht (zitiert nach Jahr und Seite)
ZUR	Zeitschrift für Umweltrecht (zitiert nach Jahr und Seite)
zusf	zusammenfassend
zust	zustimmend
ZustStR	Institut für Kriminalwissenschaften Frankfurt a. M. (Hrsg), Vom unmöglichen Zustand des Strafrechts (Frankfurt 1995)
zw	zweifelhaft
zZ	zur Zeit

Tabelle der Änderungen des StGB

	Änderndes Gesetz	Datum	Reichsgesetzbl. (ab 1923 T.1) Seite	geänderte Paragraphen des StGB	Art. d. Änderung
1.	Ges. betr. Ergänz. d. StGB	10. 12. 71	442	130 a	eingef.
2.	Ges. betr. d. Abänderung von Bestimmungen des StGB und die Ergänzung desselben	26. 2. 76	25	4, 55, 64, 70, 88, 95, 102, 103, 104, 113, 114, 117, 130 a, 135, 140, 144, 145, 176, 177, 178, 183, 194, 200, 208, 223, 228, 232, 240, 241, 247, 263, 275, 292, 296, 303, 319, 321, 360, 361, 363, 366, 367, 369, 370	geänd.
				49 a, 103 a, 223 a, 296 a, 353 a, 366 a, 361	eingef.
3.	EG zur Konkursordnung	10. 2. 77	390	281–283	aufgeh.
4.	Ges. betr. d. Wucher	24. 5. 80	109	360	geänd.
				302 a–d	eingef.
5.	Ges. betr. die unter Ausschluß der Öffentlichkeit stattfindenden Gerichtsverhandlungen	5. 4. 88	133	184 II	eingef.
6.	Ges. betr. Änderung d. StGB	13. 5. 91	107	317, 318, 360	geänd.
				276 II, 318 a, 364 II, 367 a	eingef.
7.	Ges. betr. d. Abänderung des § 69 StGB	26. 3. 93	133	69	geänd.
8.	Ges. betr. Ergänzung der Bestimmung ber den Wucher	19. 6. 93	197	302 a, d	geänd.
				302 e, 367	eingef.
9.	Ges. gegen den Verrat militärischer Geheimnisse	3. 7. 93	205	89, 90	geänd.
10.	Ges. betr. die Änderung d. Ges. über den Unterstützungswohnsitz u. d. Ergänzung d. StGB	12. 3. 94	259	361 II	geänd.
				361	eingef.
11.	EG z. Bürgerlichen Gesetzbuch	18. 8. 96	604	34, 55, 65, 171 I, III, 195, 235, 237, 238	geänd.
				145 a	eingef.
12.	Ges. betr. die Abänderung des § 316 StGB	27. 12. 99	729	316 I	geänd.
13.	Ges. betr. Änderungen und Ergänzungen des StGB	25. 6. 00	301	180, 181, 184, 362	geänd.
				181 a, 184 a u. b	eingef.
14.	Ges. betr. die Bestrafung der Majestätsbeleidigung	17. 2. 08	25	95, 97, 99, 101	geänd.
15.	Maß- u. Gewichtsordnung	30. 5. 08	349	369 I u. II	aufgeh.
16.	Ges. betr. Änderung d. StGB	19. 6. 12	395	114 II, 123, 136, 137, 235, 239 I, 288 I, 327 I, 328 I, 355, 369, 370	geänd.
				223 a II, 248 a, 264 a	eingef.
17.	Ges. gegen den Verrat militärischer Geheimnisse	3. 6. 14	195	360 II	geänd.
				360	aufgeh.
18.	Ges. gegen das Glücksspiel	23. 12. 19	2145	284, 285, 360	geänd.
				284 a u. b, 285 a	eingef.
19.	Jugendgerichtsgesetz	16. 2. 23	135	55–57	aufgeh.
20.	Ges. zur Änderung des StGB	23. 5. 23	296	107 a	eingef.
21.	VO über Vermögensstrafen u. Bußen	6. 2. 24	44	1 II, III, 27–29, 70 I, 78	geänd.
				27 a–c, 28 a u. b	eingef.
22.	Ges. über die Bestrafung des Zweikampfes	30. 4. 26	201	210 a	eingef.
23.	Ges. zur Abänderung des StGB	18. 5. 26	239	218	geänd.
				219, 220	aufgeh.

Änderungen StGB Tabelle

	Änderndes Gesetz	Datum	Reichsgesetzbl. (ab 1923 T.1) Seite	geänderte Paragraphen des StGB	Art. d. Änderung
24.	Arbeitsgerichtsgesetz	23. 12. 26	507	334	geänd.
25.	Ges. zur Bekämpfung der Geschlechtskrankheiten	18. 2. 27	61	361, 362 III Satz 2 180 II u. III, 184 a, 361 a	geänd. eingef.
26.	Ges. über den Verkehr mit Lebensmitteln und Bedarfsgegenständen (Lebensmittelgesetz)	5. 7. 27	134	367	aufgeh.
27.	Gaststättengesetz	28. 4. 30	146	365	aufgeh.
28.	Dritte VO des Reichspräsidenten zur Sicherung von Wirtschaft und Finanzen und zur Bekämpfung politischer Ausschreitungen	6. 10. 31	537	86 I 86 a	geänd. eingef.
29.	VO des Reichspräsidenten zur Erhaltung des inneren Friedens	19. 12. 32	548	49 b, 134 a 94	eingef. geänd.
30.	Ges. zur Abänderung strafrechtlicher Vorschriften	26. 5. 33	295	4 II, 17 IV, 20, 87–90, 92 II, 164, 210 a, 266, 360, 361 a, 362 III 39 a, 92 a, b, 145 b, 219, 220, 223 b, 226 a, 263 IV, 361 b, c 223 a II	geänd. eingef. aufgeh.
31.	Ges. zur Änderung des Verfahrens in bürgerl. Rechtsstreitigkeiten	27. 10. 33	780	153 Satz 2	eingef.
32.	Tierschutzgesetz	24. 11. 33	987	145 b, 360	aufgeh.
33.	Gesetz gegen gefährliche Gewohnheitsverbrecher und über Maßregeln der Sicherung und Besserung	24. 11. 33	995	36, 51, 58, 60, 71, 72, 76, 181 a, 285 a I, 345 I, 346 I 2 a, 20 a, 42 a–n, 67 V, 70 II, 122 a, b, 145 c, 245 a, 257 a, 330 a, b, 347 III 39 a, 362 II–IV	geänd. eingef. aufgeh.
34.	Ges. über Reichsverweisungen	23. 3. 34	213	67, 76, 257 a 39, 42 a, 42 m, 285 a II, 361	geänd. aufgeh.
35.	Ges. zur Änderung von Vorschriften des Strafrechts und des Strafverfahrens	24. 4. 34	341	4, 16 III, 80–93, 102 90 a–i, 91 a, b, 92 a–f, 93 a 329	geänd. eingef. aufgeh.
36.	Ges. zur Änderung des StGB	28. 6. 35	839	2, 2 a, 117 I, 140–143, 175, 292–296, 310, 315, 316, 321, 360 I, 368 2 b, 42 I, IV, 132 a, 134 b, 140 a, b, 141 a, 143 a, 175 a, b, 265 a, 310 a, 330 c, 368 a 319, 320, 322, 323, 360 I, 368, 370	geänd. eingef. aufgeh.
37.	Ges. gegen erpresserischen Kindesraub	22. 6. 36	493	239 a	eingef.
38.	Ges. z. Änderung des StGB	2. 7. 36	532	139, 143 a 353 b, c	geänd. eingef.
39.	Reichsapothekerordnung	18. 4. 37	457	300	geänd.
40.	Ges. zur Änderung von Vorschriften des allgemeinen Strafverfahrens, des Wehrmachtstrafverfahrens und des StGB	16. 9. 39	1841	89 III, 90 II	aufgeh.
41.	VO zur Ergänzung der Strafvorschriften zum Schutz der Wehrkraft des deutschen Volkes	25. 11. 39	2319	143	aufgeh.
42.	VO zur Änderung der Strafvorschriften über fahrlässige Tötung, Körperverletzung und Flucht bei Verkehrsunfällen	2. 4. 40	606	222, 230, 232 139 a	geänd. eingef.

L

Tabelle Änderungen StGB

	Änderndes Gesetz	Datum	Reichsgesetzbl. (ab 1923 T.1) Seite	geänderte Paragraphen des StGB	Art. d. Änderung
43.	VO über den Geltungsbereich des Strafrechts	6. 5. 40	754	3–5 8, 37	geänd. aufgeh.
44.	Ges. zur Änderung des StGB	4. 9. 41	549	211, 212, 309, 310 a, 330 a 143 a, 281 214, 215, 363	geänd. eingef. aufgeh.
45.	VO zur Durchführung des Ges. zur Änderung d. StGB	24. 9. 41	581	42 f III–V, 42 h I 42 f VI	geänd. eingef.
46.	VO zur Erweiterung und Verschärfung des strafrechtlichen Schutzes gegen Amtsanmaßung	9. 4. 42	174	132	geänd.
47.	Ges. zur Ergänzung der Vorschriften gegen Landesverrat	22. 11. 42	668	92 f 92 IV	geänd. eingef.
48.	VO über die Änderung der Strafvorschrift gegen die Verletzung fremden Fischereirechts und über die Einführung reichsrechtlicher usw.	23. 1. 43	67	293 II	geänd.
49.	VO zur Durchführung der VO zum Schutze von Ehe, Familie und Mutterschaft	18. 3. 43	169	218, 219, 361 II 170 a, b, c, d, 226 b 361 I 171, 172	geänd. eingef. aufgeh. vom 13. n 12. Abschn. umgest.
50.	VO zur Angleichung des Strafrechts des Altreichs und der Alpen- und Donau-Reichsgaue (StrafrechtsangleichungsVO)	29. 5. 43	339	49 a, b, 50, 64, 66, 113, 117, 153, 156–160, 174, 189, 216, 240, 253, 259, 267, 274, 348 63, 254, 268–270, 339, 349 145 d, 156 a	geänd. aufgeh. eingef.
51.	DVO zur StrafrechtsangleichungsVO	29. 5. 43	341	44, 48, 49, 253	geänd.
52.	VO über die Vereinfachung und Vereinheitlichung des Jugendstrafrechts (JugendstrafrechtsVO)	6. 11. 43	635	139 b	eingef.
53.	Zweite DVO zur StrafrechtsangleichungsVO	20. 1. 44	41	153, 154, 159, 161 II, 163 I 156 a	geänd. aufgeh.
54.	Ges. zur Änderung der Vorschriften gegen Landesverrat	20. 9. 44	225	90 b–f, 90 i, 91, 91 b, 92 b 92	geänd. aufgeh.
55.	Kontrollratsgesetz Nr. 11	30. 1. 46	KtrR-ABl. 55	2, 2 b, 9, 10, 16 III, 42 a, 42 k, 80–94, 102, 103, 112, 134 a, 134 b, 140–143, 189 III, 210 a, 226 b, 291, 353 a, 370	aufgeh.
56.	VO zur Änderung des § 219 StGB	3. 2. 47		219	geänd.
57.	Ges. zum Schutz der persönlichen Freiheit	15. 7. 51	BGBl. I 448	234 a, 241 a 139 I	eingef. geänd.
58.	Strafrechtsänderungsgesetz	30. 8. 51	739	80–101, 106 a, 106 b, 129 a, 187 a, 316 a, 353 a 4 III, 129, 317 135, 318, 318 a	eingef. geänd. aufgeh.
59.	Ges. über den Kapitalverkehr	15. 12. 52	801	145 a	aufgeh.
60.	Ges. zur Sicherung des Straßenverkehrs	19. 12. 52	832	90, 94, 315, 316 42 a Nr. 7, 42 m, 315 a, 316 a 316 a wurde 316 b	geänd. eingef.
61.	Zweites Strafrechtsänderungsgesetz	6. 3. 53	42	141	eingef.
62.	Drittes Strafrechtsänderungsgesetz	4. 8. 53	735	1, 3 II, 4 III, 7, 11, 12, 17, 20, 21, 23, 24, 25, 26, 27 II, 28 III, 28 b II, 29 VI, 31, 32 I, 34, 42 b I, 42 f, 42 h I, 44 II, 49 a, 52 II, 67 I, 70 I, 74 III, 75 I u. II, 93, 104,	

LI

Änderungen StGB Tabelle

	Änderndes Gesetz	Datum	Reichsgesetzbl. (ab 1923 T.1) Seite	geänderte Paragraphen des StGB	Art. d. Änderung
				105, 106, 106 a I, 107, 107 a, 108, 109, 111 II, 117 II, 132, 132 a, 139, 143, 147, 149, 159, 163 II, 166, 168, 170 a II, 173 II, 176 I, 177 I, 179 I, 181 a I, 197, 201, 202, 203, 205, 206, 211 I, 212 I, 216, 217 II, 218 III, 219, 228, 232 III, 236 I, 237 I, 239 a, 240, 253, 263 IV, 266 II, 275, 276 II, 294, 300, 301 I, 314, 325, 326, 330 c, 345 II, 352 I, 355, 356 I, 358, 359, 360, 361, 364 II, 367 II, 368	geänd.
				2, 16 III, 24 a, 56, 102, 103, 104 a, b, 107 b, c, 108 a, b, 109 a, 114 III, 138, 140, 173 V, 212 II, 248 b, c, 260 II, 265 a III, 266 III, 302 d II	eingef.
				2 a, 13, 27 b II, 66 II, 103 a, 113 IV, 117 IV, 130 a, 138, 153 II, 156 II, 162, 195, 211 III, 338, 361 II, 367	aufgeh.
				§ 58 wurde § 55, § 139 a wurde § 142 und § 139 b wurde § 143	
63.	Neue Bekanntmachung	25. 8. 53 bericht. 1954	1083 33		redaktionelle Änderungen eingef.
64.	Ges. über den Beitritt der Bundesrepublik Deutschland zu der Konvention vom 9. Dezember 1948 über die Verhütung und Bestrafung des Völkermordes	9. 8. 54	II 729	220 a	
65.	Viertes Strafrechtsänderungsgesetz	11. 6. 57	597	4 III, 91 I, 94 I, 114 I, 360	geänd.
				141	aufgeh.
				109–109 i, 363	eingef.
				§ 109 wurde § 108 c § 109 a wurde § 108 d	
66.	Seemannsgesetz	26. 7. 57	II 713	298	aufgeh.
67.	Fünftes Strafrechtsänderungsgesetz	24. 6. 60	477	361 Nr. 6 c	geänd.
68.	Sechstes Strafrechtsänderungsgesetz	30. 6. 60	478	96 a	eingef.
				130, 189	geänd.
69.	Entscheidung des Bundesverfassungsgerichts vom 21. 3. 1961	13. 4. 61	455	90 a I	geänd.
				90 a III	aufgeh.
70.	Arzneimittelgesetz	16. 5. 61	533	367 I Nr. 3	teilw. aufgeh.
71.	Siebentes Strafrechtsänderungsgesetz	1. 6. 64	337	311	geänd.
				311 a–c	eingef.
				94 I, 140 I, 325	geänd.
72.	Vereinsgesetz	5. 8. 64	593	90 a, 129 a	aufgeh.
				90 a, 90 b	eingef.
				128 II, III, 129	geänd.
73.	Zweites Straßenverkehrssicherungsgesetz	26. 11. 64	921	1 II, III, 27 II, 42 m, 70 I, 94, 315, 315 a, 316	geänd.
				37, 42 n, 42 o, 42 p, 60 II, 315 b–d	eingef.
74.	Ges. über die Werbung auf dem Gebiete des Heilwesens	11. 7. 65	604	184	geänd.

Tabelle **Änderungen StGB**

	Änderndes Gesetz	Datum	Reichsgesetzbl. (ab 1923 T. 1) Seite	geänderte Paragraphen des StGB	Art. d. Änderung
75.	Ges. zum strafrechtlichen Schutz gegen den Mißbrauch von Tonaufnahme- und Abhörgeräten	22. 12. 67	1360	298, 353 d	eingef.
76.	Einführungsges. zum Ges. über Ordnungswidrigkeiten	24. 5. 68	503	42, 50 II, 145, 284 b, 296 IV, 298 V, 311 c	aufgeh.
				27 II, 40, 41, 153, 184 I, 245 a III, 295, 296 III, 296 a II, 360 II, 366, 367	geänd.
				40 a–c, 41 a–c, 42, 50 II, III, 50 a, 132 a IV, 184 III, 219 III, 282, 285 b, 298 V, VI, 325 a	eingef.
77.	Bundeswaffengesetz	14. 6. 68	633	367 I Nr. 9	aufgeh.
78.	Achtes Strafrechtsänderungsgesetz	25. 6. 68	741	20, 80–101, 109 i II, 128	aufgeh.
				4 III, 104 b I, 105, 106, 108, 129 II, V, VI, 138 I, 187 a I, 353 b, 353 c	geänd.
				46 a, 80–101 a, 109 k	eingef.
79.	Erstes Gesetz zur Reform des Strafrechts	25. 6. 69	645	7, 14 bis 19, 20 a, 21, 22, 23 bis 26, 27 b, 27 c, 28 III, 31–36, 42 d, 45, 119, 121 II, 143 III, 161, 172, 175–175 b, 179, 201–210, 243–245 a, 261, 264, 296, 316 b III, 362	
				1, 29, 42 a, 42 e–42 i, 42 l III, 42 m I, 44, 49 a I, 60, 67, 70, 73–77, 83 a I, 84 IV, V, 87 III, 90 II, 92 a, 95, 96 II, 98 II, 101, 104 b I, 108 c, 109 i, 122 a, 129 IV–VI, 157, 158 I, 164, 166, 167, 176I, 181, 184, 216, 218, 219 III, 232 II, 233, 235–238, 240 I ,246, 248, 250 I, 256, 258 I, 262, 263, 266 II, 271, 272, 274 I, 281, 282, 285 a, 311 a I, 311 b I, 313 II, 315 VI, 316 a II, 317, 325, 333, 334, 347, 358, 361	aufgeh.
				13, 14–19, 20, 21, 23–26, 27 b, 27 c, 31–33, 167 a, 174 II, 175, 181 II, 243, 244, 268	geänd.
80.	Zweites Gesetz zur Reform des Strafrechts	4. 7. 69		7171–77, 92 b II, 101 II, 109 k II, 335, 360–370	eingef.
				80 a, 83 a IV, V, 86 II, 86 a I, 87 III, 90 I, II, 90 a I, 90 b I, 91, 92 b, 98 II, 101 a, 109 h, 109 k, 110, 129 V, VI, 139 III, 145 c, 157 I, II, 158 I, 159, 184 I, 184 a, 186, 187 I, 187 a I, 196, 200 I, 233, 245, 256, 262, 264, 285 b, 295, 296 a II, 298 V, 311 b I, 315 VI. 316 a II, 330 a, 357 I	aufgeh.
				1–79, 145, 145 a, 181 b, 184 c, 184 d, 223 a II, 228 a, 245, 264	geänd.
81.	Gesetz über das Postwesen	28. 7. 69	1006	367 I Nr 5 a	eingef.
82.	Neuntes Strafrechtsänderungsgesetz	4. 8. 69	1065	66, 67, 70	aufgeh.
83.	Gesetz über die freiwillige Kastration und andere Behandlungsmethoden	15. 8. 69	1143	228	geänd.
84.	Gesetz über explosionsgefährliche Stoffe	25. 8. 69	1358	367 I Nr 4	geänd.
				367 I Nr 5, 8	aufgeh.
					geänd.

LIII

Änderungen StGB Tabelle

	Änderndes Gesetz	Datum	Reichsgesetzbl. (ab 1923 T.1) Seite	geänderte Paragraphen des StGB	Art. d. Änderung
85.	Neue Bekanntmachung	1. 9. 69	1445		redaktionelle Änderungen geänd.
86.	Zehntes Strafrechtsänderungsgesetz	7. 4. 70	313	361 Nr 6 c	
87.	Drittes Gesetz zur Reform des Strafrechts	20. 5. 70	505	110, 114–118 111, 113, 125 114, 125 a	aufgeh. geänd. eingef.
88.	Gesetz über das Zentralregister und das Erziehungsregister	18. 3. 71	243	25 a I S 3 26	aufgeh. geänd.
89.	Weingesetz	14. 7. 71	893	368 Nr 1	aufgeh.
90.	Gesetz zur Verbesserung des Mietrechts usw	4. 11. 71	1745	302 f	eingef.
91.	Elftes Strafrechtsänderungsgesetz	16. 12. 71	1977	4, 316 a 316 c	geänd. eingef.
92.	Zwölftes Strafrechtsänderungsgesetz	16. 12. 71	1979	138, 239 a 239 b	geänd. eingef.
93.	Gesetz zur Änderung des Straßenverkehrsgesetzes	20. 7. 73	870	37 I S 2	eingef.
94.	Viertes Gesetz zur Reform des Strafrechts	23. 11. 73	1725	131, 143, 170, 170 a, 170 c, 174–184 b, 361 Nr 6–6 c, 9 4 III, 41, 80 a, 86 II, 86 a I, 90 I, 90 a I, 90 b I, 111 I, 138 I, 166 I, II, 169, 170 b, 170 d, 171, 173, 186, 187 I, 187 a I, 200 I, 219 III, 223 b I, 235 II, 236, 237 68 IV, 131, 174–184 c	aufgeh. geänd. eingef.
95.	Einführungsgesetz zum Strafgesetzbuch	2. 3. 74	469	49 I Nr 4, 104 b, 108 b III, 109 b, 109 c, 120–122 b, 136, 137, 146–152, 188, 189 II, III, 191, 196–198, 227 II, 228, 231, 248, 248 a, 257–258, 264 a, 275, 276, 285, 285 a, 294 S 2, 298–302, 311 a, 311 b, 327, 328, 331–335, 341, 342, 346, 347, 350, 351, 353 d, 355, 359–370 2, 4, 5, 6, 11, 12 III, 19, 40 II, 41, 44 I, 47 II, 48 I, 50, 52 IV, 55 II, 56 d III, 56 f, 56 g I, 57, 61, 63, 64 I, 65, 67, 67 a, 67 b, 67 c I, 67 d, 67 e, 67 g, 68 II, 68 a, 68 d, 68 f, 69 II, 70, 70 b IV, 71 I, 72 III, 73 d II, 74 III, 74 d IV, 77 a, 77 b I, 77 d I, 78, 78 a, 78 c, 79 I, 79 a, 80 a, 81, 82, 83 a I, 84, 86, 86 a, 87, 89 III, 90, 90 a I, 90 b I, 91, 92 a, 92 b, 94, 95, 96, 97, 97 b II, 98 II, 101, 101 a, 102, 103, 104 a, 106 a I, 106 b I, 107 b, 108 c, 108 d, 109 II, 109 a I, 109 e, 109 f, 109 g, 109 h, 109 i, 109 k, 111, 113, 114, 123, 125 I, 129, 131 I, 132 a–134, 138, 139, 140, 142 I, 145 c, 145 d, 153, 154, 156, 157, 158 I, 159, 164, 165, 166, 174 b I, 184, 185, 186, 187, 187 a I, 190, 194, 200, 212 I,	aufgeh.

Tabelle **Änderungen StGB**

	Änderndes Gesetz	Datum	Reichsgesetzbl. (ab 1923 T. 1) Seite	geänderte Paragraphen des StGB	Art. d. Änderung
				213, 217, 219 II, 220 a, 221, 223, 223 a, 223 b II, 229, 230, 232, 233, 234, 234 a, 235 I, 236, 238, 239, 239 a, 240, 241, 241 a, 242, 243, 246, 247, 248 b, 248 c III, 249, 250, 251, 253, 256, 259, 260, 262, 263, 265, 265 a, 266, 267, 271, 272 I, 273, 28 1 I, 282, 285 b, 286 I, 288 II, 289, 295, 296 a, 297, 302 a, 303, 304 I, 305 I, 306, 307, 308, 309, 310 a, 311, 312, 313 I, 315 VI, 315 c I, 316 a, 316 b I, 316 c IV, 317 I, 321, 324, 325, 325 a, 330–330 b, 336, 340, 343–345, 348, 352 I, 353, 353 a I, 353b, 354, 356 I, 357, 358	geänd.
				120, 121, 136, 145, 145 a,146–152, 181 b, 201–205, 224 II, 225 II, 226 II, 228, 239 c, 245, 248 a, 257–258 a, 275, 310 b, 311 a– 311 c, 331–335 a, 353 d, 355	eingef.
96.	Fünftes Gesetz zur Reform des Strafrechts	18. 6. 74	1297	218–220	aufgeh.
				218–219 b	eingef.
97.	Gesetz zur Änderung des Einführungsgesetzes zum Strafgesetzbuch	15. 8. 74	1942	52 I, 203 II, 233, 238 II	geänd.
98.	Gesetz zur Ergänzung des Ersten Gesetzes zur Reform des Strafverfahrensrechts	20. 12. 74	3686	155	geänd.
99.	Neue Bekanntmachung	2. 1. 75	1		redaktionelle Änderungen
100.	Dreizehntes Strafrechtsänderungsgesetz	13. 6. 75	1349	69 II, 142	geänd.
101.	Vierzehntes Strafrechtsänderungsgesetz	22. 4. 76	1056	86 III, 111 II, 126, 140, 145 d, 241	geänd.
				88 a, 130 a	eingef.
102.	Fünfzehntes Strafrechtsänderungsgesetz	18. 5. 76	1213	218 a–219 b	aufgeh.
				203 I, 218 I–III	geänd.
				218 a–219 d	eingef.
103.	Adoptionsgesetz	2. 7. 76	1749	11 I, 77 II, 173, 174 I, 221 II	geänd.
104.	Erstes Gesetz zur Bekämpfung der Wirtschaftskriminalität	29. 7. 76	2034	302 a–302 e	aufgeh.
				6, 265 a I	geänd.
				264, 265 b, 283–283 d, 302 a	eingef.
105.	Gesetz zur Änderung des Strafgesetzbuches, der Strafprozeßordnung, des Gerichtsverfassungsgesetzes, der Bundesrechtsanwaltsordnung und des Strafvollzuggesetzes	18. 8. 76	2181	138, 139 III	geänd.
				129 a	eingef.
106.	Sozialgesetzbuch – Gemeinsame Vorschriften für die Sozialversicherung –	23. 12. 76	3845	108 d	geänd.
				107 b II	eingef.
107.	Gesetz über die Wahl der Abgeordneten des Europäischen Parlaments aus der Bundesrepublik Deutschland	16. 6. 78	709	108 d	geänd.
108.	Sechzehntes Strafrechtsänderungsgesetz	16. 7. 79	1046	78	geänd.
109.	Siebzehntes Strafrechtsänderungsgesetz	21. 12. 79	2324	97 b II, 353 b, 358	geänd.
				353 c	aufgeh.

LV

Änderungen StGB Tabelle

	Änderndes Gesetz	Datum	Reichsgesetzbl. (ab 1923 T. 1) Seite	geänderte Paragraphen des StGB	Art. d. Änderung
110.	Achtzehntes Strafrechtsänderungsgesetz – Gesetz zur Bekämpfung der Umweltkriminalität	28. 3. 80	373	5, 69 II, 87 II, 126 I, 129 a I, 138 I, 304 I 311 d, 311 e, 324–330 d § 321 wurde § 318, § 324 wurde § 319, § 326 wurde in geänderter Fassung § 320, § 325 wurde § 321, § 325 a wurde in geänderter Fassung § 322, § 330 wurde § 323, § 330 a wurde § 323 a, § 330 b wurde § 323 b und § 330 c wurde § 323 c	geänd. eingef.
111.	Neunzehntes Strafrechtsänderungsgesetz	7. 8. 81	808	88 a, 130 a	aufgeh.
112.	Zwanzigstes Strafrechtsänderungsgesetz	8. 12. 81	1329	56 f I, 57 57 a	geänd. eingef.
113.	Seefischereigesetz	12. 7. 84	876	296 a	aufgeh.
114.	Gesetz zur Verbesserung des Wahlrechts für die Sozialversicherungswahlen	27. 7. 84	1029	107 b II	geänd.
115.	Gesetz zur Änderung des Strafvollzugsgesetzes	20. 12. 84	1654	61, 66, 67 I, 67 a I, 67 b I, 67 d I, 67 e II, 67 f, 67 g II, 68 e III, 71 I, 121 IV 63 II, 65	geänd. aufgeh.
116.	Gesetz zur Neuregelung des Jugendschutzes in der Öffentlichkeit	25. 2. 85	425	131, 184 IV 184 I Nr. 3 a	geänd. eingef.
117.	Einundzwanzigstes Strafrechtsänderungsgesetz	13. 6. 85	965	76a II, 78 I, 86 a, 194 I, II	geänd.
118.	Zweiundzwanzigstes Strafrechtsänderungsgesetz	18. 7. 85	1510	303 III	geänd.
119.	Gesetz zur Änderung des Strafgesetzbuches und des Versammlungsgesetzes	18. 7. 85	1511	125, 125 a	geänd.
120.	Dreiundzwanzigstes Strafrechtsänderungsgesetz – Strafaussetzung zur Bewährung	13. 4. 86	393	48 51 II, 53 I, 54 I, II, 56 II, 56 d I, 56 f I, II, 56g II, 57 II, III, IV, 57 a I, 59 I, 59 a Überschrift, 66 III, 67 II, IV, V, 68 I, II, 129 a VII, 181 b, 218 II, 228, 239 c, 245, 256, 262, 263 V, 321 57 V (bisher 57 V wurde 57 VI), 57 b, 59 a III, 67 d V	aufgeh. geänd.
121.	Zweites Gesetz zur Bekämpfung der Wirtschaftskriminalität	15. 5. 86	721	303 III 6 Nr. 7, 14 II, 78 c I, 138 I Nr. 4, 202 III, 205 II, 271 I, 273, 274 I, 348 I 152 a, 202 a, 263 a, 264 a, 266 a, 266 b, 269, 270, 303 a, 303 b, 303 c	eingef. eingef. aufgeh. geänd. eingef.
122.	Gesetz zur Änderung des Gesetzes über Ordnungswidrigkeiten, des Straßenverkehrsgesetzes und anderer Gesetze	7. 7. 86	977	315 c I Nr. 2	geänd.
123.	Gesetz über die Vermeidung und Entsorgung von Abfällen (Abfallgesetz)	27. 8. 86	1410	327 II Nr. 2	geänd.
124.	Erstes Gesetz zur Verbesserung der Stellung des Verletzten im Strafverfahren (Opferschutzgesetz)	18. 12. 86	2496	46 II	geänd.

Tabelle **Änderungen StGB**

	Änderndes Gesetz	Datum	Reichsgesetzbl. (ab 1923 T. 1) Seite	geänderte Paragraphen des StGB	Art. d. Änderung
125.	Gesetz zur Bekämpfung des Terrorismus	19. 12. 86	2566	129 a, 140 130 a, 305 a	geänd. eingef.
126.	Vierundzwanzigstes Strafrechtsänderungsgesetz – § 168 StGB	13. 1.87	141	168 I	geänd.
127.	Strafverfahrensänderungsgesetz 1987	27. 1. 87	475	77 b V	eingef.
128.	Neue Bekanntmachung	10. 3. 87	945		redaktionelle Änderungen geänd.
129.	Gesetz zur Neustrukturierung des Post- und Fernmeldewesens und der Deutschen Bundespost (Poststrukturgesetz)	8. 6. 89	1026	354 III	
130.	Gesetz zur Änderung des Strafgesetzbuches, der Strafprozeßordnung und des Versammlungsgesetzes und zur Einführung einer Kronzeugenregelung bei terroristischen Straftaten	9. 6. 89	1059	125, 239 a, 239 b, 243	geänd.
131.	Gesetz zu dem Übereinkommen vom 26. Oktober 1979 über den physischen Schutz von Kernmaterial	24. 4. 90	II 326	126 I Nr. 7	geänd.
132.	Gesetz zu dem Übereinkommen vom 10. März 1988 zur Bekämpfung widerrechtlicher Handlungen gegen die Sicherheit der Seeschifffahrt und zum Protokoll vom 10. März 1988 zur Bekämpfung widerrechtlicher Handlungen gegen die Sicherheit fester Plattformen, die sich auf dem Festlandsockel befinden	13. 6. 90	II 493	6 Nr. 3, 316 c	geänd.
133.	Gesetz zur Neuordnung des Kinder- und Jugendhilferechts (Kinder- und Jugendhilfegesetz)	26. 6. 90	1163	203 I Nr. 4	geänd.
134.	Fünfundzwanzigstes Strafrechtsänderungsgesetz – § 201 StGB	20. 8. 90	1764	201 II	geänd.
135.	Gesetz zur Reform des Rechts der Vormundschaft und Pflegschaft für Volljährige (Betreuungsgesetz)	12. 9. 90	2002	247 77 III S 2	geänd. aufgeh.
136.	Vertrag zwischen der Bundesrepublik Deutschland und der Deutschen Demokratischen Republik über die Herstellung der Einigung Deutschlands – Einigungsvertrag –	23. 9. 90	II 885	5 Nr 8, 9, 66, 144, 175, 182, 218–219 d, 236	Geltung partiell eingeschränkt
137.	Gesetz zur Änderung des Außenwirtschaftsgesetzes, des Strafgesetzbuches und anderer Gesetze	28. 2. 92	372	73 I, III, IV, 73 b	geänd.
138.	Sechsundzwanzigstes Strafrechtsänderungsgesetz – Menschenhandel	14. 7. 92	1255	180 a III–V 6 Nr 4, 138 I Nr 5, 181, 181 b 180 b	aufgeh. geänd. eingef.
139.	Gesetz zur Bekämpfung des illegalen Rauschgifthandels und anderer Erscheinungsformen der Organisierten Kriminalität (OrgKG)	15. 7. 92	1302	52 IV, 53 III, IV, 54 II S 2, 55 II, 74 e III, 76, 150, 152 a V, 245, 260, 262, 285 b 41 S 2, 43 a, 74 d (der bisherige 74 d wird 74 e), 181 c, 244 III, 244 a, 260 a, 261, 284 III	geänd. eingef.
140.	Gesetz zum Schutz des vorgeburtlichen/werdenden Lebens, zur Förderung einer kinderfreundlicheren Gesellschaft, für Hilfen im Schwangerschaftskonflikt und zur Regelung	27. 7. 92	1398	218–219 d 203 I Nr 4 a 218–219 b Die §§ 218–219 b sind auf Grund Urteils des BVerfG v 4. 8. 1992	aufgeh. geänd. eingef.

LVII

Änderungen StGB Tabelle

	Änderndes Gesetz	Datum	Reichsgesetzbl. (ab 1923 T. 1) Seite	geänderte Paragraphen des StGB	Art. d. Änderung
	des Schwangerschaftsabbruchs (Schwangeren- und Familienhilfegesetz)			(BGBl I 1585) einstweilen nicht in Kraft getreten.	
141.	Gesetz zur Entlastung der Rechtspflege	11. 1. 93	50	78 b IV	eingef.
142.	Siebenundzwanzigstes Strafrechtsänderungsgesetz – Kinderpornographie	23. 7. 93	1346	5 Nr 8 6 Nr 6, 184 III, VI (bisher IV) 184 IV, V, VII	neugef. geänd. eingef.
143.	Gesetz zur Ausführung des Übereinkommens der Vereinten Nationen vom 27. Dezember 1988 gegen den unerlaubten Verkehr mit Suchtstoffen und psychotropen Stoffen (Ausführungsgesetz Suchtstoffübereinkommen 1988)	2. 8. 93	1407	261 I Nr 2	geänd.
144.	Achtundzwanzigstes Strafrechtsänderungsgesetz – Abgeordnetenbestechung	13. 1. 94	84	108 e	eingef.
145.	Neunundzwanzigstes Strafrechtsänderungsgesetz – §§ 175, 182 StGB	31. 5. 94	1168	182 175	neugef. aufgeh.
146.	Dreißigstes Strafrechtsänderungsgesetz – Verjährung von Sexualstraftaten an Kindern und Jugendlichen	23. 6. 94	1310	78 b I	neugef.
147.	Einunddreißigstes Strafrechtsänderungsgesetz – Zweites Gesetz zur Bekämpfung der Umweltkriminalität –	27. 6.94	1440	325, 326, 327, 328, 330–330 c 75 S 1, 311 c (bisher 311 e), 311 d, 311 e (bisher 311 c), 322, 324, 329, 330 d 324 a, 325 a	neugef. geänd. eingef.
148.	Gesetz zur Vermeidung, Verwertung und Beseitigung von Abfällen	27. 9. 94	2705	327 II Nr 3 (Inkrafttreten 6. 10. 96)	geänd.
149.	Ausführungsgesetz zu dem Basler Übereinkommen vom 22. März 1989 über die Kontrolle der grenzüberschreitenden Verbringung gefährlicher Abfälle und ihrer Entsorgung (Ausführungsgesetz zum Basler Übereinkommen)	30. 9. 94	2771	326, 330 I Nr 1, 330 c	geänd.
150.	Einführungsgesetz zur Insolvenzordnung	5. 10. 94	2911	283, 283 d (Inkrafttreten 1. 1. 99)	geänd.
151.	Gesetz zur Überwachung des Verkehrs mit Grundstoffen, die für die unerlaubte Herstellung von Betäubungsmitteln mißbraucht werden können (Grundstoffüberwachungsgesetz)	7. 10. 94	2835	261 I Nr 2	geänd.
152.	Gesetz zur Änderung des Strafgesetzbuches, der Strafprozeßordnung und anderer Gesetze (Verbrechensbekämpfungsgesetz)	28. 10. 94	3186	56 b II, 59 a II (bisher 59 a II, III), 130, 223, 225, 282 86 I, 86 a, 131, 184, 223 a I, 223 b, 224 II, 253, 256, 261, 275 I, 340 46 a, 56 II S 2, 276, 276 a	neugef. geänd. eingef.
153.	Zweiunddreißigstes Strafrechtsänderungsgesetz – §§ 44, 69 b StGB –	1. 6. 95	747	§ 44 II 69 b I	aufgeh. neugef.
154.	Gesetz zur Ausführung des Seerechtsbereinkommens der Vereinten Nationen vom 10. Dezember 1982 sowie des Übereinkommens vom 28. Juli 1994 zur Durchführung des Teils XI des Seerechtsübereinkom-	6. 6. 95	778	5 Nr 11	neugef.

Tabelle — Änderungen StGB

	Änderndes Gesetz	Datum	Reichsgesetzbl. (ab 1923 T. 1) Seite	geänderte Paragraphen des StGB	Art. d. Änderung
155.	mens (Ausführungsgesetz Seerechtsübereinkommen 1982/1994) Schwangeren- und Familienhilfeänderungsgesetz (SFHÄndG)	21. 8. 95	1050	218 a I–III, 219 170 b, 203 I Nr 4 a, 218 c, 240 I S 2	neugef. geänd. eingef.
156.	Dreiunddreißigstes Strafrechtsänderungsgesetz – §§ 177–179 StGB –	1. 7. 97	1607	78 b I Nr 1, 181 b, 238 I, II 177 (bisher 177, 178) 179 237	geänd. eingef. neugef. aufgeh.
157.	Gesetz zur Regelung der Rahmenbedingungen für Informations- und Kommunikationsdienste (Informations- und Kommunikationsdienste-Gesetz)	22. 7. 97	1870	11 III 74 d III, IV, 86 I, 184 IV, V S 1	neugef. geänd.
158.	Gesetz zur Bekämpfung der Korruption	13. 8. 97	2038	11 I Nr 2, 331 I, II S 1, 332 I, II, 334 I, 358 333 I, II, 335 297–302, 338 302 a wird 291, 335 a wird mit Änderungen 337, 336 wird 339	geänd. neugef. eingef.
159.	Gesetz über die Spende, Entnahme und Übertragung von Organen (Transplantationsgesetz)	5. 11. 97	2631	5 Nr 15	eingef.
160.	Gesetz zur Reform des Kindschaftsrechts (Kindschaftsrechtsreformgesetz)	16. 12. 97	2942	11 I Nr 1	geänd.
161.	Begleitgesetz zum Telekommunikationsgesetz	17. 12. 97	3108	202 I, 265 a I, 317, 358 88 I Nr 1, 2, 206 (bisher354), 316 b I Nr 1	geänd. neugef.
162.	Gesetz zur Bekämpfung von Sexualdelikten und anderen gefährlichen Straftaten	26. 1. 98	160	56 c III Nr 1, 57 I, 67 d II S1, 68 II, 68 d, 181 b 66 IV (neu) S 5, 67 d I S 1, 2, 68 f I S 1 66 III (bisher III wird IV), 67 d III (bisher III wird IV), 68 c II (bisher II wird III), 68 e IV 67 d IV (alt)	geänd. neugef. eingef.
163.	Sechstes Gesetz zur Reform des Strafrechts	26. 1. 98	164	56 f III S 2, 66 III S 1, 78 b I Nr. 1, Nr 1, 87 II Nr 1, 90 II, 113 II S 2 Nr 2, 121 III S 2 Nr 3, 125 a S 2 Nr 3, 138 I Nr 4, 139 III S 1 Nr 3, 146 I, 180 a II Nr 2, 183 IV Nr 2, 184 III, IV, 213, 220 a I Nr 2, 239 a I, III, 239 b I, 240 I S 1, 241 I, II, 243 I S 2 Nr 1 und 6, II, 244 a I, 248 c I, 251, 263 a II, 264 V (neu), VI (neu) S 1, 286 (bisher 285 b) II S 1, 294, 315 I, 315 a I, 315 b I, 315 c I, 316 c I S 1, 319 (bisher 323) I, II, 330 a I, 330 b I S 1 5 Nr 8 b, 6 Nr 2 und 7, 126 I Nr 3, 6 und 7, 127, 129 a I Nr 3, 138 I Nr 9, 146 III (neu), 152 a, 168, 174 a, 176 III, IV (neu), 177, 179, 181 a I, II, 181 b, 221, 223–23 1 (statt bisher 223–230), 234, 235, 236, 239, 242 I, 244, 246, 249 I, 250, 253 I, 263 III, 265, 266 II (neu), 267 III, 268 V,	aufgeh. geänd.

Änderungen StGB   Tabelle

	Änderndes Gesetz	Datum	Reichsgesetzbl. (ab 1923 T. 1) Seite	geänderte Paragraphen des StGB	Art. d. Änderung
				269 III, 273, 282, 287 (bisher 286), 292, 293, 297, 306–314 a (statt bisher 306–314), 315 III, 316 a, 316 c II–IV, 318, 320–322, Überschrift zu 326, 330 a II, 340 II	neugef.
				5 Nr 6 a, 142 IV (bisher IV wird V), 146 II (bisher II wird III), 174 c, 176 a, 176 b, 178, 240 IV, 248 c III (bisher III wird IV), 263 V (bisher V wird VI), VII, 264 III (bisher III–VII werden IV–VIII), V(neu), VI (neu), 267 IV, 271 II, III (bisher II wird IV), 275 II (bisher II wird III), 276 II, 284 IV, 315 IV (bisher IV, V werden V, VI), 330 II, III, 330 a III (bisher III, IV werden IV, V), 340 III	eingef.
				144, 176 III, IV (bisher V, VI werden III, IV), 217, 238, 240 I S 2, 244 a IV, 266 II (bisher III wird II), 272, 315 b VI (alt), 319 (bisher 323) V, 330 I S 2 Nr 1, 2 (bisher Nr 3–6 werden Nr 1–4) (bisher 170 b wird 170, bisher 170 d wird 171, bisher 171 wird 172, bisher 187 a wird 188, bisher 284 a wird 285)	aufgeh.
164.	Gesetz zur Änderung des Straßenverkehrsgesetzes und anderer Gesetze	24. 4. 98	747	44 II (neu), III S 1 (neu), 69 III S 2, 69 a VII S 2	geänd.
				69 b	neugef.
165.	Gesetz zur Verbesserung der Bekämpfung der Organisierten Kriminalität	4. 5. 98	845	(bisher 44 III, IV werden II, III) 261	geänd.
166.	Gesetz über die Berufe des Psychologischen Psychotherapeuten und des Kinder- und Jugendlichenpsychotherapeuten, zur Änderung des Fünften Buches Sozialgesetzbuch und anderer Gesetze	16. 6. 98	1311	132 a I Nr 2	geänd.
167.	Ausführungsgesetz zu dem Vertrag vom 24. September 1996 über das umfassende Verbot von Nuklearversuchen	23. 7. 98	1882	328 I Nr 1, 2, 330 b I 5 Nr 11 a, 328 II Nr 3, 4 VI	geänd. eingef.
168.	Elftes Gesetz zur Änderung des Luftverkehrsgesetzes	25. 8. 98	2432	4	geänd.
169.	Drittes Gesetz zur Änderung der Bundesnotarordnung und anderer Gesetze	31. 8. 98	2585	203 III	neugef.
170.	Gesetz zur Änderung der Bundesrechtsanwaltsordnung, der Patentanwaltsordnung und anderer Gesetze	31. 8. 98	2600	203 I Nr 3	geänd.
171.	Gesetz zu dem Übereinkommen vom 26. Juli 1995 über den Schutz der finanziellen Interessen der Europäischen Gemeinschaften (EG-Finanzschutzgesetz)	10. 9. 98	2322 (Teil II)	264 I, IV 264 VII	geänd. neugef.
172.	Gesetz zu dem Protokoll vom 27. September 1996 zum Überein-	10. 9. 98	2340 (Teil II)	5 Nr 14 a	eingef.

Tabelle **Änderungen StGB**

	Änderndes Gesetz	Datum	Reichsgesetzbl. (ab 1923 T. 1) Seite	geänderte Paragraphen des StGB	Art. d. Änderung
	kommen über den Schutz der finanziellen Interessen der Europäischen Gemeinschaft (EU-Bestechungsgesetz)				
173.	Gesetz zur Neuregelung des Schutzes von Verfassungsorganen des Bundes	11. 8. 99	1818	106 a	aufgeh.
174.	Gesetz zur Änderung und Ergänzung des Strafverfahrensrechts (StVÄG 1999)	2. 8. 00	1253	203 II 1 Nr 6	eingef.
175.	Gesetz zur Beendigung der Diskriminierung gleichgeschlechtlicher Gemeinschaften: Lebenspartnerschaften (Lebenspartnerschaftsgesetz – LPartG)	16. 2. 01	266	11 I Nr 1, 77 II 1, 2. 77 d II 1	geänd.
176.	Gesetz zur Bekämpfung gefährlicher Hunde	12. 4. 01	530	143	eingef.
177.	Gesetz zur Regelung des Rechts der Untersuchungsausschüsse des Deutschen Bundestages (Untersuchungsausschußgesetz)	19. 6. 01	1142	153 II	eingef.
178.	Gesetz zur Einführung des Euro in Rechtspflegegesetzen ...	13. 12. 01	3574, 3578	40 II S 3	geänd.
179.	Gesetz zur Bekämpfung von Steuerverkürzungen ...	19. 12. 01	3922, 3924	261 I S 3	geänd.
180.	Gesetz zur Regelung der Rechtsverhältnisse der Prostituierten (Prostitutionsgesetz)	20. 12. 01	3983	180 a I 181 a II	geänd. neugef.
181.	Entscheidung des Bundesverfassungsgerichts vom 20. 3. 02	25. 4. 02	1340	43 a	aufgeh.
182.	Gesetz zur Einführung des Völkerstrafgesetzbuches	26. 6. 02	2254	6 Nr 1, 220 a 78 II, 79 II, 126 I Nr 2, 129 a I Nr 1, 130 III, 138 I Nr 6, 139 III Nr 2	aufgeh. geänd.
183.	Fünftes Gesetz zur Änderung des Steuerbeamten-Ausbildungsgesetzes und zur Änderung von Steuergesetzen	23. 7. 02	2715, 2722	261 S 3	geänd.
184.	Gesetz zur Erleichterung der Bekämpfung von illegaler Beschäftigung und Schwarzarbeit	23. 7. 02	2787	266 a I, III 266 a IV	geänd. eingef.
185.	Gesetz zur Einführung der vorbehaltenen Sicherungsverwahrung	21. 8. 02	3344	66 66 a	geänd. eingef.
186.	Gesetz zur Ausführung des Zweiten Protokolls vom 19. Juni 1997 zum Übereinkommen über den Schutz der finanziellen Interessen der Europäischen Gemeinschaften, der Gemeinsamen Maßnahme betreffend die Bestechung im privaten Sektor vom 22. Dezember 1998 und des Rahmenbeschlusses vom 29. Mai 2000 über die Verstärkung des mit strafrechtlichen und anderen Sanktionen bewehrten Schutzes gegen Geldfälschung im Hinblick auf die Einführung des Euro	22. 8. 02	3387	14 I Nr 1, 75 S 1 Nr 3, 4, 149 I Nr 1, 2 75 S 1 Nr 5, 149 I Nr 3, 299 III	geänd. eingef.
187.	Vierunddreißigstes Strafrechtsänderungsgesetz – § 129 b StGB (34. StRÄndG)	22. 8. 02	3290	129 I, 129 a III, 138 II, 139 IIII S 1 Nr. 3, 261 I S 2 Nr 5 129 b	geänd. eingef.

LXI

Änderungen StGB Tabelle

	Änderndes Gesetz	Datum	Reichsgesetzbl. (ab 1923 T.1) Seite	geänderte Paragraphen des StGB	Art. d. Änderung
188.	Gesetz zur Umsetzung des Rahmenbeschlusses des Rates vom 12. Juni 2002 zur Terrorismusbekämpfung und zur Änderung anderer Gesetze	22. 12. 03	2836	129 a, 261 I Nr 5	geänd.
189.	Fünfunddreißigstes Strafrechtsänderungsgesetz zur Umsetzung des Rahmenbeschlusses des Rates der Europäischen Union vom 28. Mai 2001 zur Bekämpfung von Betrug und Fälschung im Zusammenhang mit unbaren Zahlungsmitteln (35. StRÄndG)	22. 12. 03	2838	6 Nr 7, 138 I Nr 4, 146 I Nr 2, 150, 151 Nr 5, 261 I S 2 Nr 4 a 152 a 152 b, 263 a III, IV	geänd. neugef. eingef.
190.	Drittes Gesetz für moderne Dienstleistungen am Arbeitsmarkt	23. 12. 03	2848, 2898	68 b	geänd.
191.	Gesetz zur Änderung der Vorschriften über die Straftaten gegen die sexuelle Selbstbestimmung und zur Änderung anderer Vorschriften	27. 12. 03	3007	6 Nr 6, 66 III S 1, 78 b I Nr 1, 130 II Nr 2, 131 I, II, 140, 174 I, 174 a I, II, 174 b I, 174 c I, 176 I, IV, VI, 176 a VI, 181 a II, 236 V 131 IV, 139 III S 2, 176 a I–V, 184 II, 236 I 139 III S 3, 176 III, IV Nr 3, V, 179 III, 184 a–184 c 184 III–VII 184 a–c unnummeriert in 184 d–f	geänd. neugef. eingef. aufgeh.
192.	Entscheidung des Bundesverfassungsgerichts vom 16. 3. 04	8. 4. 04	543	143 I	aufgeh.
193.	Gesetz gegen den unlauteren Wettbewerb (UWG)	3. 7. 04	1414	301 II	geänd.
194.	Gesetz zur Umsetzung der Reform der Gemeinsamen Agrarpolitik	21. 7. 04	1763	261 I Nr 3	geänd.
195.	Gesetz zur Einführung der nachträglichen Sicherungsverwahrung	23. 7. 04	1838	66 b, 67 d VI, 68 II	eingef. geänd.
196.	Gesetz zur Intensivierung der Bekämpfung der Schwarzarbeit	23. 7. 04	1842	266 a II-VI, VI	geänd. eingef.
197.	Gesetz zur Steuerung und Begrenzung der Zuwanderung und zur Regelung des Aufenthalts und der Integration von Unionsbürgern und Ausländern (Zuwanderungsgesetz)	5. 8. 04	1950	261 I S 2 Nr 4 b, 276 a	geänd.
198.	Sechsunddreißigstes Strafrechtsänderungsgesetz – § 201 a StGB (36. StrÄndG)	30. 7. 04	2012	201 a, 205 I	eingef. geänd.

Strafgesetzbuch

vom 15. Mai 1871 in der Fassung der Bekanntmachung vom 13. 11. 1998 (BGBl I 3322)

Vorbemerkung

1. Die Vereinigung der beiden deutschen Staaten durch den Beitritt der DDR hat das **Strafgesetzbuch** nur am Rande berührt. Selbst hat es dadurch keine Änderung erfahren, ist aber weitgehend auf das Beitrittsgebiet erstreckt worden und dort am 3. 10. 1990 in Kraft getreten (Art 1 I, 8 EV). Ausgenommen waren nur wenige Vorschriften, an deren Stelle früheres DDR-Recht fortgegolten hat (Anh II). Diese Ausnahmen sind inzwischen durch den gesamtdeutschen Gesetzgeber aufgehoben worden oder aus anderen Gründen obsolet (4–6 zu § 3). Daher gilt das StGB jetzt einheitlich im ganzen Bundesgebiet.

2. Den **Inhalt des Strafgesetzbuches** haben die systematischen gesetzgeberischen Bemühungen um eine **Gesamtreform des Strafrechts** in den Jahren von 1953 bis etwa 1974 nachhaltig geprägt. Sie haben eine umfassende Strukturveränderung der materiellen Rechts bewirkt, die in den **fünf Gesetzen zur Reform des Strafrechts** (StrRG) Ausdruck gefunden hat. Während für den AT mit dem In-Kraft-Treten des 2. StrRG ein gewisser Abschluss erreicht werden konnte, ist die Reform des BT nur teilweise durchgesetzt worden, obwohl die noch der Umgestaltung bedürftige Materie durch den Inhalt des E 1962 und der verschiedenen Entwürfe des AE bis zu einem gewissen Grade konkretisiert war. Spätestens seit der 8. Wahlperiode kann von einer systematischen Fortsetzung der Reformarbeiten nicht mehr die Rede sein. Seither hat die Strafgesetzgebung bis in die jüngste Vergangenheit immer nur an aktuelle Anlässe oder Bedürfnisse im politischen, gesellschaftlichen oder justiziellen Bereich angeknüpft und daher nur punktuelle Rechtsänderungen (sog ad-hoc-Gesetze) hervorgebracht. Das war aus mancherlei Gründen nicht stets vermeidbar, aber doch deshalb bedauerlich, weil die längst überfällige Neuordnung zentraler Materien, die noch aus der Zeit des Nationalsozialismus stammen (namentlich Tötung, Nötigung und Untreue), auf der Strecke geblieben ist (20 vor § 38). Erst in der letzten Wahlperiode hat der Gesetzgeber das seit fast fünfundzwanzig Jahren Versäumte wenigstens teilweise durch das problematische 6. StrRG (13 vor § 1 sowie in der Voraufl 16–22 vor § 38) nachzuholen versucht. – Die Reformbemühungen und ihre Ergebnisse sind ua in den Materialien zur Strafrechtsreform (Mat), den Niederschriften über die Sitzungen der Großen Strafrechtskommission (Ndschr), den Entwürfen zu den Reformgesetzen mit ihren Begründungen und den Protokollen des BTag-Sonderausschusses (Prot 4–7) dokumentiert (vgl auch Horstkotte/Kaiser/Sarstedt, Tendenzen in der Entwicklung des heutigen Strafrechts, 1973; Madlener/Papenfuss/Schöne [Hrsg], Strafrecht und Strafrechtsreform, 1974; Sturm, Dreher-FS, S 513; Jescheck, in: Max-Planck-Gesellschaft, Jahrb 1980; S 18; Hirsch, Kaufmann [H]-GedSchr, S 133; Baumann und Lenckner, in: JurFak Tübingen [Hrsg], 40 Jahre Bundesrepublik Deutschland. 40 Jahre Rechtsentwicklung, 1990, S 293 und 325; rechtsvergleichend Jescheck SchwZStr 75, 1, Lange-FS, S 365, ZStW 90, 777, 91, 1037 und 98, 1, 18; Lüttger [Hrsg], Strafrechtsreform und Rechtsvergleichung, 1979, S 12, 39, 66, 86, 115). – Zusf lässt sich der Verlauf der Gesetzgebungsarbeiten wie folgt kurz skizzieren:

a) Die 4. und 5. Wahlperiode haben die Ersten **wichtigen Teilergebnisse der Strafrechtsreform** erbracht. Zu ihnen gehören schon die Vorschriften über den Tonaufnahmemissbrauch (Ges v 22. 12. 1967, BGBl I 1360), die Neuord-

Vor § 1 Vorbemerkung

nung des Rechts der Einziehung im EGOWiG (§§ 40–42 aF) und die Reform des Staatsschutzrechts im 8. StÄG (Übersichtsbeiträge: Krauth/Kurfess/Wulf JZ 68, 577, 609, 731; Woesner NJW 68, 2129; Müller-Emmert NJW 68, 2134). Eine umfassende Strukturveränderung des StGB haben aber erst die beiden ersten, am Ende der 5. Wahlperiode verkündeten **Gesetze zur Reform des Strafrechts** (1. und 2. StrRG) bewirkt (Übersichtsbeiträge zu beiden Gesetzen: Müller-Emmert/Friedrich JZ 69, 245; Schultz MDR 69, 904).

4   b) Den Kern der Reformgesetzgebung bildet das **2. StrRG**, das an die Stelle der Einleitenden Bestimmungen und des Ersten Teils des StGB einen neuen Allgemeinen Teil gesetzt hat und am 1. 1. 1975 in Kraft getreten ist (Ges v 13. 7. 1973, BGBl I 909). Seine Schwerpunkte liegen auf dem Gebiet der Kriminalpolitik. Vor allem die Einführung einer einheitlichen Freiheitsstrafe (§§ 38, 39, 46 ff), die Umgestaltung der Geldstrafe nach dem Tagessatzsystem (§§ 40 bis 43), die Erweiterung der Strafaussetzung zur Bewährung (§§ 56 bis 58), die Einführung der Verwarnung mit Strafvorbehalt (§§ 59 bis 59 c) und die grundlegende Umstrukturierung des Maßregelsystems (§§ 61 bis 72) sind hervorzuheben (Übersichtsbeiträge zum 2. StrRG: Müller-Emmert/Friedrich DRiZ 69, 273; Hohler NJW 69, 1225; Hassemer JuS 70, 97; Reiss Rpfleger 70, 322). – Demgegenüber hat das **1. StrRG** nur noch historische Bedeutung.

5   c) Das als Ergänzung zum 2. StrRG unerlässliche **EGStGB** ist im Frühjahr 1974 verkündet worden. Es enthält in erster Linie die zur Anpassung an den neuen AT erforderlichen Vorschriften, geht aber insofern über diesen Rahmen weit hinaus, als es im AT das 2. StrRG einer punktuellen Revision unterzogen und im BT weniger umstrittene Tatbestände oder Tatbestandsgruppen durch Neuregelungen ersetzt hat (Übersichtsbeitrag: Göhler NJW 74, 825).

6   d) In der **6. Wahlperiode** hat das **3. StrRG** die umstrittene Neuordnung der Straftaten gegen den Gemeinschaftsfrieden (§§ 111, 113, 114, 125, 125 a) gebracht (Übersichtsbeitrag: Dreher NJW 70, 1153). Außerdem sind in § 316 c und in den §§ 239 a, 239 b neue Tatbestände gegen Luftpiraterie (**11. StÄG;** Übersichtsbeitrag: Kunath JZ 72, 199) und Menschenraub (**12. StÄG;** Übersichtsbeiträge: Müller-Emmert/Maier MDR 72, 97; Bohlinger JZ 72, 230) eingeführt worden.

7   e) In der **7. Wahlperiode** hat zunächst das **4. StrRG** die Straftaten gegen Personenstand, Ehe und Familie (§§ 169–173) und die Sexualstraftaten (§§ 174–184 c) neu geregelt (Übersichtsbeiträge: Sturm/Laufhütte/Horstkotte JZ 74, 1, 46, 84; Hanack NJW 74, 1; Dreher JR 74, 45; Jung JuS 74, 126). – Ihm ist als weiterer Schritt zur Reform des BT das noch nach seiner Verkündung umstrittene **5. StrRG** gefolgt, das den Strafschutz gegen Abtreibung durch Einführung einer Fristenregelung auf eine neue Grundlage stellen wollte, aber in seinem Kern durch Urteil des BVerfG v 25. 2. 1975 (BGBl I 625; s auch BVerfGE 39, 1) für verfassungswidrig erklärt (2, 3 vor § 218) und deshalb durch das **15. StÄG** geändert worden ist. – In dieser Wahlperiode wurden ferner verkündet: Das **13. StÄG,** das Anwendungs- und Auslegungsschwierigkeiten beseitigen sollte, zu denen die seit 1940 geltende Fassung des Tatbestandes der Verkehrsunfallflucht geführt hatte (Übersichtsbeiträge: Sturm JZ 75, 406; Janiszewski DAR 75, 169; Müller-Emmert/Maier DRiZ 75, 176; Jagusch NJW 75, 1631), das **14. StÄG,** das zur wirksameren Bekämpfung des Terrorismus neue oder erweiterte Tatbestände gegen das Androhen, Vortäuschen, Befürworten und Billigen von Gewalttaten und gegen das Anleiten zu ihrer Begehung einführte (Übersichtsbeiträge: Sturm JZ 76, 347; Laufhütte MDR 76, 441; Stree NJW 76, 1177; Jung JuS 76, 477), das **StGB/StPOÄndG,** das den Kampf gegen den organisierten Terrorismus zu intensivieren suchte (Übersichtsbeiträge: Jung JuS 76, 760; Dahs NJW 76, 2146;

Sturm MDR 77, 6; Maul DRiZ 77, 207), und das **1. WiKG,** das für den Bereich des StGB neue Vorschriften zur Bekämpfung der Wirtschaftskriminalität in Kraft setzte (Übersichtsbeiträge: Müller-Emmert/Maier NJW 76, 1657; Göhler/Wilts DB 76, 1609, 1657; Jung JuS 76, 757; Berz BB 76, 1435; Heinz GA 77, 193, 209, 225).

f) Die **8. Wahlperiode** ist dadurch gekennzeichnet, dass der Sonderausschuss für die Strafrechtsreform wegfiel und damit die systematische Fortführung der Reformarbeiten praktisch beendet wurde. Während dieser Periode sind **Gesetz** geworden: das **16. StÄG,** das die Unverjährbarkeit des Mordes bestimmt (Übersichtsbeiträge: Jung JuS 79, 832; Schulz MDR 79, 901), das **17. StÄG,** das den Strafschutz staatlicher Geheimnisse zur besseren Gewährleistung der Pressefreiheit eingeschränkt (Übersichtsbeiträge: Möhrenschlager JZ 80, 161; Jung JuS 80, 308; Rogall NJW 80, 751), und das **18. StÄG,** das den strafrechtlichen Umweltschutz neu gestaltet hat (Übersichtsbeiträge: Rogall JZ-GD-80, 101; de With RuP 80, 33; Sack NJW 80, 1424; Bottke JuS 80, 539; Vogel ZRP 80, 178, 180; Sander DB 80, 1249; Schultz MDR 80, 905, 906; Laufhütte/Möhrenschlager ZStW 92, 912; Schroeder ZStW Beiheft 82, 1, 16).

g) In der **9. Wahlperiode** sind nur zwei, gegen Ende der vorausgegangenen Periode am Einspruch des Bundesrates gescheiterte, Gesetze ergangen: das **19. StÄG,** das die §§ 88a, 130a (Verfassungsfeindliche Befürwortung von Straftaten, Anleitung zu Straftaten) aufgehoben (vor 1 zu § 125), und das **20. StÄG,** das die Aussetzung des Restes einer lebenslangen Freiheitsstrafe eingeführt hat (Übersichtsbeiträge: Kunert NStZ 82, 89; Jung JuS 82, 222).

h) Die **10. Wahlperiode** hat zahlreiche punktuelle Änderungen gebracht: die Einführung der Vollzugslösung für die Unterbringung in einer Sozialtherapeutischen Anstalt (§ 65 aF) durch das **StVollzÄndG** (Übersichtsbeiträge: Jung JuS 85, 248; krit Böhm NJW 85, 1813); die dem Jugendschutz dienende Umgestaltung der §§ 131, 184 durch das **JÖSchNG** (Übersichtsbeiträge: v Hartlieb NJW 85, 830; Jung JuS 85, 565; Greger NStZ 86, 8); die gegen rechtsextremistische Bestrebungen gerichtete Änderung der §§ 76a II, 78 I, 86a, 194 I, II durch das **21. StÄG** (Übersichtsbeiträge: Ostendorf NJW 85, 1062; Marqua DRiZ 85, 226; Vogelsang NJW 85, 2386); die Einschränkung des Antragserfordernisses in § 303 III durch das **22. StÄG;** die Erweiterung der Landfriedensbruchstatbestände in § 125 durch das **1. StGB/VersGÄndG** (Übersichtsbeiträge: Kühl NJW 85, 2379; Strohmaier StV 85, 469; Kast BAnz 86, Nr 132a; s auch Werle, Lackner-FS, S 481); der weitere Ausbau der Strafaussetzung zur Bewährung durch das **23. StÄG** (Übersichtsbeiträge: Jung JuS 86, 741; Greger JR 86, 353; Dölling NJW 87, 1041); die Fortentwicklung des Wirtschaftsstrafrechts durch das **2. WiKG** (Übersichtsbeiträge: Möhrenschlager wistra 86, 123; Joecks wistra 86, 142; Otto wistra 86, 150; Martens wistra 86, 154; Schroth wistra 86, 158; Achenbach NJW 86, 1835; Granderath DB 86, Beil 18, 1; Lenckner/Winkelbauer CR 86, 483, 654, 824; Tiedemann JZ 86, 865; Weber NStZ 86, 481; Schmidt-Lademann WM 86, 1241; Haft NStZ 87, 6; Knauth NJW 87, 28; Bühler MDR 87, 448; Frommel JuS 87, 667); die Einbeziehung des Fahrens in falscher Fahrtrichtung auf Autobahnen und Kraftfahrstraßen in den Tatbestand der Straßenverkehrsgefährdung durch das **OWiGÄndG;** die stärkere Betonung der Opferinteressen in § 46 II durch das **OpferSchG;** die Verschärfung der Strafvorschriften gegen terroristische Aktivitäten durch das **TerrBekG** (Übersichtsbeiträge: Dencker StV 87, 117; Achenbach Kriminalistik 87, 296; Kühl NJW 87, 737); die Ergänzung des § 168 zur Verhütung kommerziellen Missbrauchs toter menschlicher Embryonen und Feten durch das **24. StÄG** (Übersichtsbeiträge: Sternberg-Lieben NJW 87, 2962; krit Koch NJW 88, 2286); und das Ruhen der Strafantragsfrist beim Sühneversuch durch das **StVÄG 1987.**

Vor § 1 Vorbemerkung

11 i) Aus der **11. Wahlperiode** sind hervorzuheben: das **2. StGB/VersGÄndG,** das eine Verbesserung der Sicherheitslage angestrebt hat (Übersichtsbeiträge: Kunert/Bernsmann NStZ 89, 449; Achenbach Kriminalistik 89, 633; Jung JuS 89, 1025); die Erstreckung des **§ 316 c** auf Angriffe gegen den Seeverkehr durch das Ratifikationsgesetz zu dem Übereinkommen zur Bekämpfung widerrechtlicher Handlungen gegen die Sicherheit der Seeschifffahrt v 13. 6. 1990 (BGBl II 493); das **25. StÄG,** das die persönlichkeitsverletzende Verwertung von Informationen aus illegalen Abhöraktionen verbietet (Übersichtsbeiträge: Jung JuS 91, 169 und Schmitz JA 95, 118); und der **Einigungsvertrag,** der das Strafrecht der Bundesrepublik mit Wirksamwerden des Beitritts der DDR (Art 1 I EV) mit gewissen Einschränkungen und Maßgaben (dazu 4–6 zu § 3) auf das Beitrittsgebiet erstreckt hat (Art 8 EV). Das **KJHG** und das **BtG** haben den Text des StGB nur geringfügig geändert (Erweiterung des § 203 I Nr 4 und Streichung des § 77 III S 2), sind aber für die Anwendung zahlreicher Tatbestände des BT bedeutsam.

12 k) In der **12. Wahlperiode** sind verkündet worden: das **AWG/StGBÄndG** mit einer Verschärfung der Vorschriften über den Verfall (Übersichtsbeiträge: Pietsch KJ 91, 475; Hantke NJW 92, 2123); das **26. StÄG** zur Verstärkung des Strafschutzes gegen den internationalen Menschenhandel (6 vor § 174); das **OrgKG,** das neue materiell- und verfahrensrechtliche Maßnahmen zur intensiveren Bekämpfung der organisierten Kriminalität eingeführt hat (Übersichtsbeiträge: Möhrenschlager wistra 92, 281, 326; Rieß NJ 92, 491; Krüger Polizei 93, 26; zum materiellrechtlichen Teil Krey/Dierlamm JR 92, 353; zum prozeßrechtlichen Teil Hilger NStZ 92, 457, 523; zu den für das Betäubungsmittelrecht erheblichen Teilen Körner NJW 93, 233, 234); das **SFHG,** das die gesamtdeutsche Neuregelung des Schwangerschaftsabbruchs bringen sollte, von dem aber im Normenkontrollverfahren wichtige Einzelvorschriften für nichtig erklärt und durch eine vorläufige Anordnung des BVerfG ersetzt wurden (9 vor § 218); das **RPflEntlG,** das für Großverfahren eine zusätzliche Möglichkeit des Ruhens der Verjährung eröffnet (Übersichtsbeitrag: Siegismund/Wickern wistra 93, 136, 141); das **VerjG,** das für Unrechtstaten, die während des SED-Unrechtsregimes begangen, aber aus rechtsstaatswidrigen Gründen nicht verfolgt wurden, das Ruhen der Verjährung vorsieht (27 a zu § 2); das **27. StÄG,** das dem Schutz vor sexuellem Missbrauch von Kindern durch Verschärfung der Vorschriften gegen kinderpornographische Schriften und Darstellungen dient (7 vor § 174); das **2. VerjG,** das im Hinblick auf besondere personelle und organisatorische Schwierigkeiten der Strafverfolgung in den neuen Bundesländern die Verjährung von Taten der unteren und mittleren Kriminalität aufgeschoben hat (27 b zu § 2); das **28. StÄG,** das die Abgeordnetenbestechung mit Strafe bedroht; das **29. StÄG,** das unter Aufhebung der §§ 175, 182 eine einheitliche Jugendschutzvorschrift gegen sexuellen Missbrauch einführt (8 vor § 174); das **30. StÄG,** das für schwere Sexualstraftaten an Kindern und Jugendlichen das Ruhen der Verjährung bis zur Vollendung des 18. Lebensjahres des Opfers vorsieht; das **31. StÄG,** mit dem das Umweltstrafrecht weiterentwickelt wird (6 a vor § 324); das Grundstoffüberwachungsgesetz v 7. 10. 1994 (BGBl I 2835), das den § 261 I Nr 2 geringfügig ergänzt; das **VerbrBG,** das einerseits den Opferschutz verbessern und andererseits die Möglichkeiten der Bekämpfung von Gewalt-, Massen- und organisierter Kriminalität erweitern soll (Übersichtsbeiträge: König/Seitz NStZ 95, 1; Krüger Kriminalistik 95, 41; Dahs NJW 95, 553; König Kriminalistik 95, 471); das **AbfG** v 27. 9. 1994 (BGBl I 2705), das den § 327 II Nr 3 an das KrW-/AbfG angepasst hat; das **EGInsO** iVm dem EGInsOÄndG, das die §§ 283, 283 d an die InsO angepasst hat.

13 l) In der **13. Wahlperiode** sind verkündet worden: das **32. StÄG,** das eine nach internationalem Recht nicht gebotene Privilegierung von ausländischen Kraftfahrzeugführern beseitigt hat (vor 1 zu § 69 b); das **SRÜAusfG,** das durch

Vorbemerkung **Vor § 1**

Neufassung des § 5 Nr 11 die Verfolgung von Straftaten auf See an das internationale Seerecht angepasst hat (3 zu § 5); das **SichVG,** das den Anwendungsbereich der Sicherungsverwahrung auf das Beitrittsgebiet erstreckt hat (vor 1 zu § 66); das **SFHÄndG,** das zur Umsetzung der zweiten verfassungsgerichtlichen Entscheidung zum Schwangerschaftsabbruch (BVerfGE 88, 203) erlassen werden musste (19 vor § 218); das **33. StÄG,** das die §§ 177 bis 179 (namentlich Vergewaltigung und sexuelle Nötigung) grundlegend umgestaltet hat (10 vor § 174); das **IuKDG,** das den Begriff der Schriften im Sinne des § 11 III und die Voraussetzungen ihrer Verbreitung an die Rahmenbedingungen für die Informations- und Kommunikationsdienste angepasst hat (dazu 28 zu § 11); das **KorrBG,** das die Vorschriften über Bestechung und Bestechlichkeit, auch im privaten Geschäftsverkehr, erheblich verschärft hat (1 vor § 298); das **TPG,** das die Transplantation von menschlichen Organen erstmals gesetzlich geregelt, im StGB (§ 5 Nr 15) aber nur eine Erweiterung des Geltungsbereichs vorgenommen hat (zur Transplantation beachte 4a zu § 168); das **KindRG,** das den § 11 I Nr 1 mit der neuen Rechtslage nach der allgemeinen Reform des Kindschaftsrechts in Einklang gebracht hat (vor 1 zu § 11); das **BegleitG,** das mehrere Vorschriften, namentlich über den Geheimnisschutz (§§ 88 I Nr 1, 2, 206, 265a I, 316b I Nr 1, 317, 358), an das TDG angepasst hat; das **SexBG,** das die intensivere Bekämpfung von Sexualdelikten und anderen Gewalttaten anstrebt (6, 7 vor § 38); das **6. StrRG,** das die nach den beiden ersten Strafrechtsreformgesetzen planmäßig eingeleitete, aber seit Beginn der 8. Wahlperiode zum Erliegen gekommene Reform des BT soweit wie möglich abzuschließen sucht (8–11 vor § 38); das **StVGÄndG,** das die §§ 44 II, III, 69 III und 69b an die Zweite EG-Führerscheinrichtlinie angepasst hat (vor 1 zu § 69b); das **OrgKVerbessG,** das den § 261 weiter verschärft hat; das **PsychThG,** das den § 132a I Nr 2 durch Einbeziehung psychologischer und psychotherapeutischer Berufsbezeichnungen erweitert hat (vor 1 zu § 132a); das **VVNVAG,** das zur Durchsetzung des umfassenden Verbots von Nuklearversuchen die §§ 328 I Nr 1, 2, 330b I geändert und die §§ 5 Nr 11a, 328 II Nr 3, 4, VI eingeführt hat (vor 1 zu § 328); das **11. LuftVGÄndG,** das den § 4 technisch geändert hat (vor 1 zu § 4); das **3. BNotOÄndG,** das den § 203 III geringfügig erweitert hat (1 vor § 203); das **BRAOÄndG,** das den § 203 I Nr 3 auf Organe von Rechtsanwalts- und Patentanwaltsgesellschaften erstreckt hat (vor 1 zu § 203); das **EGFinSchG,** das § 264 I, IV und VII zur Anpassung an das EG-Recht geändert oder neu gefasst hat (vor 1 zu § 264); das **EUBestG,** das den § 5 Nr 14a (Erweiterung des Geltungsbereichs der Abgeordnetenbestechung) eingefügt hat (vor 1 zu § 5).

m) In der **14. Wahlperiode** sind verkündet worden: das **Gesetz zur Änderung des Schutzes von Verfassungsorganen des Bundes,** das § 106a aufgehoben hat; das **StVÄG 1999,** dessen Art 3 die Nr 6 in § 203 II eingefügt hat (dort 10a); das **LPartG,** dessen Art 3 § 11 I Nr 1a (dort 2) und § 77 II Satz 1 und 2 (beachte dazu 11a vor § 38) um die Begriffe „Lebenspartner" und „Lebenspartnerschaft" ergänzt hat; das **Gesetz zur Bekämpfung gefährlicher Hunde,** dessen Art 3 den neuen § 143 eingefügt hat, der den unerlaubten Umgang mit gefährlichen Hunden unter Strafe stellt; das **UntersuchungsausschussG,** dessen Art 2 § 153 einen Absatz 2 angefügt hat (dort 3); das **Gesetz zur Einführung des Euro,** dessen Art 21 § 40 II S 3 angepasst hat; das **SteuerverkürzungsbekämpfungsG,** dessen Art 4 § 261 geändert hat; das **ProstG,** dessen Art 2 §§ 180a I, 181a II eingefügt bzw neugefasst hat; das Gesetz zur Einführung des **Völkerstrafgesetzbuches,** dessen Art 2 § 220a aufgehoben und zahlreiche Vorschriften geändert hat; das **SteuerbeamtenausbildungsÄG,** dessen Art 8 § 261 geändert hat; das **SchwarzarbeitsBG,** dessen Art 8 § 266a geändert hat; das Gesetz zur Einführung der **vorbehaltenen Sicherungsverwahrung,** dessen Art 1 § 66a eingefügt hat; das **EU-Rechtsinstrumente-AG,** dessen Art 1 §§ 14, 75, 149 geän-

14

dert und § 299 III eingefügt hat; das **34. StÄG**, dessen Art 1 ua § 129b eingefügt hat.

15 **n)** In der laufenden **15. Wahlperiode** sind verkündet worden: das **TerrBekG 03**, dessen Art 1 ua § 129a geändert hat; das **35. StÄG**, dessen Art 1 ua §§ 152a, 152b geändert hat; das 3. G für **moderne Dienstleistungen am Arbeitsmarkt**, dessen Art 44 § 68b geändert hat; das **SexÄG**, dessen Art 1 ua §§ 184–184f geändert bzw neugefasst hat; das **UWG**, dessen Kap 5, § 20 Abs 6, § 301 Abs 2 geändert hat; das Gesetz zur Umsetzung der Reform der Gemeinsamen Agrarpolitik, dessen Art 6 Abs 2 § 261 I Nr 3 technisch geändert hat; das Gesetz zur Einführung der nachträglichen Sicherungsverwahrung, das ua § 66b eingefügt hat; das Gesetz zur Intensivierung der Bekämpfung der Schwarzarbeit, dessen Art 2 § 266a Abs 2–4 geändert hat; **36. StÄG**, dessen Art 1 ua § 201a einfügt.

16 **3.** Das **Strafgesetzbuch** enthält den Kernbestand des materiellen Strafrechts. Während sein Besonderer Teil (§§ 80–358) im Wesentlichen die strafrechtlich erheblichen Handlungen abstrakt beschreibt und sie jeweils mit einer Strafdrohung verbindet, liegt der Schwerpunkt des Allgemeinen Teils (§§ 1–79b) auf der Festlegung der allgemeinen Grundsätze, welche die Anwendung des BT und des Nebenstrafrechts präzisieren, erweitern oder einschränken (§§ 1–37; 77–79b), und auf der Darstellung des Systems der Strafen (§§ 38–60), der Maßregeln (§§ 61–72) und der sonstigen strafrechtlichen Maßnahmen (§§ 73–76a). Zum systematischen Zusammenhang der beiden Teile des StGB ua Naucke, Welzel-FS, S 761; Fincke, Das Verhältnis des Allgemeinen zum Besonderen Teil des Strafrechts, 1975 mit Bespr Gössel JA 75, 385 und Ebert JZ 77, 199; Tiedemann, Baumann-FS, S 7 (krit zur unverhältnismäßigen Aufblähung des StGB durch das 6. StrRG Schroeder NJW 99, 3612).

Allgemeiner Teil

1. Abschnitt. Das Strafgesetz

1. Titel. Geltungsbereich

§ 1 Keine Strafe ohne Gesetz

Eine Tat kann nur bestraft werden, wenn die Strafbarkeit gesetzlich bestimmt war, bevor die Tat begangen wurde.

1. Die Vorschrift normiert in wörtlicher Übereinstimmung mit Art 103 II GG 1 den Grundsatz **nullum crimen sine lege, nulla poena sine lege** (sog **Gesetzlichkeitsprinzip**). Er gilt für den Straftatbestand und für die Strafdrohung (BVerfGE 45, 363); daher erfasst er auch die im Gesetz nicht vorgesehene Strafschärfung (JZ 97, 142, 144) und das Übergehen einer gesetzlich bestimmten Strafmilderung (Langer, Dünnebier-FS, S 421); umstritten ist, ob und inwieweit auch Regelungen des AT erfasst sind (Schmitz MK 13–15 mwN). Ob er als Ausfluss des Rechtsstaatsprinzips (so mit Recht die hM; vgl Schreiber, Gesetz und Richter, 1976, S 213; Welke KJ 95, 369, beide mwN), der Prinzipien der Demokratie und der Gewaltenteilung (so Grünwald ZStW 76, 1, 13 und Kaufmann [Arth]-FS, S 433; ähnlich Ransiek, Gesetz und Lebenswirklichkeit, 1989, S 45; diff Schünemann, Nulla poena sine lege?, 1978, S 9), des Schuldprinzips (so ua Kielwein, Grundgesetz und Strafrechtspflege, 1960, S 127, 135) oder eines als Objektivitätsgarantie wirkenden Allgemeinheitsprinzips (so Marxen GA 85, 533, 545; Jakobs AT 4/9) verstanden werden muss, ist umstritten, aber für die Gesetzesanwendung nur in Ausnahmefällen relevant (zu seiner Dogmengeschichte Krey, Keine Strafe ohne Gesetz, 1983; zu seiner Abgrenzung von dem allgemeinen öffentlich-rechtlichen Gesetzesvorbehalt Krey/Weber-Linn, Blau-FS, S 123). Jedenfalls enthält er die folgenden verfassungsrechtlichen Garantien:

a) Die Beschränkung des Strafrechts auf **Gesetze** (iS jeder geschriebenen 2 Rechtsnorm; speziell zu vom Rat der EG erlassenen Akten Tiedemann, Roxin-FS, S 1401; Schmitz MK 20 mwN), die alles bei Strafe verbotenen Verhalten und die jeweils angedrohte Strafe so konkret umschreiben, dass Strafbarkeit und Anwendungsbereich der Tatbestände zu erkennen sind und sich durch Auslegung ermitteln lassen (**Bestimmtheitsgrundsatz**; vgl ua BVerfGE 71, 108, 114; 87, 209, 223; BVerfG NJW 02, 1779 und 03, 1030; der Grundsatz gilt nicht für zivilrechtliche Verpflichtungen wie Gewinnzusagen nach § 661a BGB, NJW 03, 3620, 3621); das schließt aber nicht die Verwendung von Begriffen aus, die in besonderem Maße der Deutung durch den Richter bedürfen (stRspr). Diese unvermeidbare innere Spannung hat bewirkt, dass über die verfassungsrechtliche Bedeutung der Garantie und ihre Auswirkungen auf die Grenzen zulässiger Auslegung (vgl 6) zwar im Ausgangspunkt zunehmend Einigkeit besteht, dass aber ihre Tragweite im Einzelfall, dh ihre mehr oder weniger strikte Durchsetzung, noch wenig geklärt ist (vgl etwa BVerfGE 73, 206, 234; 92, 1, 12; BGHSt 28, 72; Lemmel, Unbestimmte Strafbarkeitsvoraussetzungen im Besonderen Teil des Strafrechts und der Grundsatz nullum crimen sine lege, 1970; Schünemann aaO [vgl 1] S 29; Hettinger JuS 97, L 17, 25; krit Krahl, Die Rechtsprechung des Bundesverfassungsgerichts und des Bundesgerichtshofs zum Bestimmtheitsgrundsatz im Strafrecht [Art 103 Abs 2 GG], 1986; Grünwald, Kaufmann [Arth]-FS, S 433; Süß, ZustStr, S 207; speziell zur Bestimmtheit bei Verweisungs- und Blankettatbeständen BVerfGE 75, 329; 78, 374; BVerfG NJW 92, 35 und 93, 1909; BGHSt 37, 266,

272; 41, 127; NJW 96, 3220; Lenzen JR 80, 133; Volkmann ZRP 95, 220; Enderle, Blankettstrafgesetze. Verfassungs- und strafrechtliche Probleme von Wirtschaftsstraftatbeständen, 2000, ferner bei Fahrlässigkeitstatbeständen Bohnert ZStW 94, 68 und Duttge, Kohlmann-FS, S 13; zur Regelbeispieltechnik und besonders schweren Fällen Eisele, Die Regelbeispielsmethode im Strafrecht, 2004, S 383; zur statischen und dynamischen Verweisung auf EG-Recht Satzger, Die Europäisierung des Strafrechts, 2001, S 251, 260; zur rechtsstaatlichen und rechtspolitischen Bedenklichkeit unbestimmter Strafbarkeitsvoraussetzungen Naucke JuS 89, 862).

3   **b) Die Beschränkung des Strafrechts auf geschriebene Gesetze.** Damit ist strafbegründendes und strafschärfendes **Gewohnheitsrecht** nicht vereinbar; jedoch sind die Beseitigung von Strafgesetzen durch Gewohnheitsrecht (BGHSt 5, 12, 23; 8, 360, 381), die Auswirkung gewohnheitsrechtlicher Sätze anderer Rechtsgebiete auf das Strafrecht (BGHSt 11, 241) sowie die gewohnheitsrechtliche Verfestigung der Auslegung strafrechtlicher Begriffe und der Entwicklung dogmatischer Lehren zum AT nicht ausgeschlossen (str; vgl etwa Baumann, Jescheck-FS, S 104, 111; Schmitt, Jescheck-FS, S 223; Jakobs AT 4/46, 47; Gribbohm LK 71; Hirsch, Lüderssen-FS, S 253, 263 und LK 35–41 vor § 32; abl Schmitz MK 25).

4   **c)** Das **Verbot der Rückwirkung** von Strafbarkeit und Strafe zum Nachteil des Täters (Rückwirkungsverbot; vgl ua BVerfGE 46, 188; Grünwald ZStW 76, 1). Es erfasst nur die Änderung des Gesetzes, auch gesetzlich umschriebener Rechtfertigungsgründe (BVerfG JZ 97, 142, 144), nicht der richterlichen Auslegung (hM; vgl etwa BVerfGE 18, 224, 240; Frankfurt NJW 69, 1634; Tröndle, Dreher-FS, S 117; Schünemann, Bruns-FS, S 223, 233; Dannecker, Das intertemporale Strafrecht, 1993, S 364; anders Müller-Dietz, Maurach-FS, S 41; Schreiber JZ 73, 713; Neumann ZStW 103, 331; Ranft JuS 92, 468; Hettinger, Meyer-Goßner-FS, S 145, 149; s auch 6 d zu § 315 c). Auch das Verfahrensrecht gehört nicht hierher; die Umgestaltung eines Antrags- in ein Offizialdelikt wirkt daher nach der Rspr in der Regel zurück (BGHSt 46, 310 mit krit Bespr Knauth StV 03, 418; zw).

5   **d)** Das **Verbot der Analogie** zur Begründung der Strafbarkeit oder der Strafe; zugunsten des Täters ist Analogie jedoch auch im Strafrecht zulässig (BGHSt 7, 190; 9, 310). **Analogie** ist Ausfüllung einer Gesetzeslücke durch Übertragung eines einem Tatbestand (Gesetzesanalogie) oder einer Mehrheit untereinander ähnlicher Tatbestände (Rechtsanalogie) zugrundeliegenden Rechtssatzes auf einen vom Gesetz nicht geregelten ähnlichen Fall (krit und den Diskussionsstand zusf Hassemer NK 70–101). Das Verbot gilt mit Einschränkungen auch für Bestimmungen des AT (hM; expl BGHSt 42, 158 und 235), namentlich für die gesetzlich umschriebenen Rechtfertigungs-, Entschuldigungs- und Strafausschließungsgründe (vgl etwa Seebode, Krause-FS, S 375, 379; Dannecker aaO [vgl 4] S 274; Gribbohm, Salger-FS, S 39; Erb ZStW 108, 266; Hirsch LK 35–39 vor § 32; Paeffgen NK 63 vor § 32; anders Krey JZ 79, 711; Lampe JuS 89, 610, 612; Günther, Grünwald-FS, S 213; einschr Roxin ZStW 93, 68, 79; Sternberg-Lieben, Die objektiven Schranken der Einwilligung im Strafrecht, 1997, S 316; zw). – Ebenso unzulässig wie Analogie ist auch eine die Wortlautschranke (vgl 6) überschreitende **tatbestandliche Reduktion** einer Vorschrift, zB des § 24 beim erfolgsqualifizierten Versuch (vgl 22 zu § 24), zum Nachteil des Täters (BGHSt 42, 158). – Den Gegensatz zur analogen Anwendung eines Rechtssatzes bildet die bloße Konkretisierung seines maßgeblichen Sinns durch grammatische, historische, systematische und teleologische **Auslegung** (BVerfGE 11, 126, 130; BGHSt 24, 40; Kudlich ZStW 115, 1, 6; Hassemer und Schroth, in: Kaufmann ua [Hrsg], Einführung in Rechtsphilosophie ..., 7. Aufl 2004, S 262 und 280; Schmitz MK 68–77; Vogel JM § 8 I 4 a; beachte auch 4 vor § 13), zu der die verfassungskonforme Auslegung

Keine Strafe ohne Gesetz § 1

hinzutritt (praktiziert von BVerfG NJW 04, 1305; vgl Hassemer aaO; Vogel JM § 8 I 4 b; Sch/Sch-Eser 30–32 vor § 1; zur grundrechtsorientierten Auslegung Kudlich JZ 03, 127).

aa) Die **Auslegung** hat sich nach überwiegender Meinung am sog „objekti- 6 vierten" Willen des Gesetzes (objektive Auslegungstheorie; vgl BVerfGE 11, 126, 130; 105, 135, 157 und BVerf NJW 04, 1305, 1306; Schwalm, Heinitz-FS, S 47 und Dreher-FS, S 53, 65), also nicht ausschließlich am subjektiven Willen des historischen Gesetzgebers (subjektive Auslegungstheorie; Naucke, Engisch-FS, S 274) zu orientieren (zusf Zippelius JM § 4 II). Wieweit allerdings dessen Vorstellungen vom Regelungsgehalt und dessen Zwecksetzungen als Auslegungshilfsmittel heranzuziehen und als Auslegungsgrenzen verbindlich sind, ist noch nicht abschließend geklärt (zum Ganzen vgl etwa Engisch, in: Enzyklopädie der geisteswissenschaftlichen Arbeitsmethoden, 1973, S 39, 47; Krey, Studien zum Gesetzesvorbehalt im Strafrecht, 1977 [Studien], S 199; Schünemann, Bockelmann-FS, S 117; Schroth, Theorie und Praxis subjektiver Auslegung im Strafrecht, 1983; Loos, Wassermann-FS, S 123; Dopslaff, Wortbedeutung und Normzweck als die maßgeblichen Kriterien für die Auslegung von Strafrechtsnormen, 1985; Hettinger JuS 97, L 25). Dasselbe gilt für die erst in jüngerer Vergangenheit relevant gewordene Frage, wieweit für die Bundesrepublik verbindliche EWG (EU)-Richtlinien die Auslegung von Strafvorschriften beeinflussen (näher dazu Hugger NStZ 93, 421; Dannecker JZ 96, 869, 871; Satzger aaO S 518; Zieschang, in: Hohloch [Hrsg], Wege zum europäischen Recht, 2002, S 39, 45; Mansdörfer Jura 04, 297, 300; eingehend Schröder, Europäische Richtlinien und deutsches Strafrecht, 2002, 321; s auch Weigend ZStW 105, 774; Schmitz MK 81–83; allgemein zur europarechtskonformen Auslegung Vogel JM § 8 I 4 b). – Auslegung, auch extensive (BVerfG wistra 04, 99: gerade bei eindeutigem Normzweck), wird vom Analogieverbot nicht berührt; sie kann sich zum Nachteil des Täters auswirken (BVerfG NJW 82, 1512; BGHSt 6, 131), findet in diesem Falle aber – mit Rücksicht auf den Grundsatz nullum crimen sine lege – ihre Grenze an der sog **Wortlautschranke,** die durch den äußerst möglichen (enger Velten/Mertens ARSP 90, 516) umgangssprachlichen Wortsinn gebildet wird (hM; vgl ua BVerfGE 71, 108, 114; 75, 329; 87, 209, 224; 92, 1, 12; 105, 135, 157; BVerfG NJW 95, 2776, 96, 2663 und 03, 1030 sowie wistra 04, 99; BGHSt 4, 144, 148; 43, 237; nur in der Begr probl NJW 96, 328 mit krit Bespr Otto JK 15; Schünemann, Klug-FS, S 169, 180; Lackner, Heidelberg-FS, S 39; Krey ZStW 101, 838, 842; Scheffler Jura 96, 505; Roxin AT I 5/26–44; Vogel JM § 8 I 3 c; Zippelius JM § 9 II a; anders Schmidhäuser, Martens-GS, S 231; Herzberg GA 97, 251, 252; Jakobs AT 4/39–41; krit Kudlich/Christensen JA 04, 74, 81; Jakobs AT 4/35; Klatt Theorie der Wortlautgrenze, 2004, S 73; Hassemer NK 82); deshalb kommt der grammatischen Auslegung im Strafrecht eine besondere Bedeutung zu (BVerf NJW 04, 1305, 1306). – Zu einer strafrahmenorientierten Auslegung Kudlich ZStW 115, 1 und Schroth aaO S 291.

bb) Die **Grenzen** zwischen Analogie und Auslegung sind fließend, und zwar 7 vor allem deshalb, weil die richterliche Rechtsfindung sich nicht in Subsumtionsakten erschöpft, sondern Elemente der Rechtssetzung enthält (hM; vgl ua Krey, Studien [vgl 6], S 80). Daher ist auch Auslegung nur in einem Verfahren möglich, das mit Analogieschlüssen arbeitet (Arthur Kaufmann, Analogie und „Natur der Sache", 2. Aufl 1982; krit Schünemann, Klug-FS, S 169). Die Abgrenzung wird ferner dadurch erschwert, dass die in den Strafrechtsnormen verwendeten Begriffe – wenn sie nicht an das Begriffsinstrumentarium eines anderen Rechtsgebiets anknüpfen (zur Frage, ob außerstrafrechtliche Regelungen Auslegungsgrenzen markieren, Kölbel GA 02, 403) – grundsätzlich selbstständig sind. Auch bei sprachlicher Übereinstimmung sind sie daher nach Sinn und Funktion des jeweiligen Strafrechtssatzes zu interpretieren (NJW 99, 299), also namentlich auch im Hin-

§ 1 AT. 1. Abschnitt. 1. Titel. Geltungsbereich

blick auf außerstrafrechtliche Begriffe nicht notwendig „begriffsakzessorisch". Das folgt schon aus den allgemeinen Auslegungsregeln und erfordert daher nicht die Annahme einer eigenständigen strafrechtsspezifischen Auslegungsmethode (Otto Jura 89, 328; aM Bruns JR 84, 133, beide mwN). Allerdings bewirkt diese Möglichkeit unterschiedlicher Begriffsbildung eine mehr „tatsächliche (faktische) Betrachtungsweise" im Strafrecht, die den Spielraum der Auslegung erweitert. Sie sollte, um die Einheit der Rechtsordnung nicht unnötig zu gefährden, nur mit Vorsicht wahrgenommen werden. In zahlreichen einschlägigen, meist Gesetzesumgehungen betreffenden Fallgruppen sind die Ergebnisse umstritten (vgl etwa Bruns GA 82, 1, 19 und 86, 1; Cadus, Die faktische Betrachtungsweise, 1984; Schmidt, Rebmann-FS, S 419; Joerden wistra 90, 1; Gübel, Die Auswirkungen der faktischen Betrachtungsweise auf die strafrechtliche Haftung faktischer GmbH-Geschäftsführer, 1994, S 23; Otto Jura 99, 97).

8 2. Schon **verfassungsrechtlich** gilt der Grundsatz des § 1 nicht nur für Hauptstrafen (Freiheitsstrafe, Geldstrafe, Jugendstrafe, Strafarrest), sondern auch für Nebenstrafen und alle strafrechtlichen Rechtsfolgen mit poenalem Charakter (Schmidt-Aßmann, in: Maunz/Dürig 195 zu Art 103 II GG). Erfasst werden daher – unabhängig von ihrer besonderen Hervorhebung in § 2 – ua auch Nebenstrafen (zB Fahrverbot nach § 44; öffentliche Bekanntmachung nach §§ 103 II, 165, 200), Nebenfolgen (§§ 45–45 b) und Verfall (§§ 73–73 e, NStZ 94, 123), ferner die Einziehung, soweit sie strafähnlichen Charakter hat (1 zu § 74). Auf vorbeugende Maßnahmen, wie etwa die Maßregeln der Besserung und Sicherung (BGHSt 16, 49, 56; zur Frage der Verfassungsmäßigkeit der damit nach § 2 VI verbundenen Rückwirkung beachte BVerfG NStZ-RR 00, 281; Best ZStW 114, 88, 97) und die Sicherungseinziehung (BGHSt 23, 64), erstreckt sich die verfassungsrechtliche Garantie dagegen nicht (BGHSt 24, 103; diff Gribbohm LK 16–19; aM Schmitz MK 52 zu § 2; str), und zwar auch dann nicht, wenn das Gesetz (zB in § 2 V) sie ausdrücklich dem Rückwirkungsverbot unterwirft. Es fehlt an einem Anhalt dafür, dass der Begriff „Strafbarkeit" die reine Präventivmaßnahme einschließt (hM; anders ua Ullenbruch NStZ 98, 326 mwN). Auch aus Art 7 I S 2 MRK lässt sich eine vergleichbare Garantie nicht ableiten (Begr zu § 2 E 1962 S 108). Jedoch können sich Schranken aus dem Rechtsstaatsprinzip (Art 20 III GG; Schroeder JR 71, 379), namentlich aus dem allgemeinen öffentlich-rechtlichen Gesetzesvorbehalt ergeben, der auch ein Analogieverbot in malam partem einschließt (Krey ZStW 101, 838, 853; Dannecker aaO [vgl 4] S 290; Peglau NJW 00, 179). Der Wegfall der Höchstfrist für eine erstmalig angeordnete Sicherungsverwahrung und der Fortdauer für davor mit Sicherungsverwahrung belegten Straftätern, steht nach dem BVerfG im Einklang mit dem sich aus Art 2 II iVm 20 III GG ergebenden rechtsstaatlichen Vertrauensschutzgebot (BVerf NJW 04, 739, 747 mit krit Bespr Kinzig NJW 04, 911, 913 und Sachs JuS 04, 527).

9 3. Der Grundsatz des § 1 steht der Zulässigkeit einer sog **Wahlfeststellung** nicht entgegen (hM). Diese beruht stets auf mehrdeutiger Tatsachengrundlage, kann aber je nach den anwendbaren Strafgesetzen als **echte** Wahlfeststellung zu einer alternativen oder als **unechte** Wahlfeststellung zu einer eindeutigen Verurteilung führen (eingehend Wolter, Alternative und eindeutige Verurteilung auf mehrdeutiger Tatsachengrundlage im Strafrecht, 1972 und Wahlfeststellung und in dubio pro reo, 1987; Günther, Verurteilungen im Strafprozess trotz subsumtionsrelevanter Tatsachenzweifel, 1976; Montenbruck, Wahlfeststellung und Werttypus in Strafrecht und Strafprozessrecht, 1976; Joerden, Dyadische Fallsysteme im Strafrecht, 1986, S 114; zusf Eschenbach Jura 94, 302; Stuckenberg JA 01, 221; Ranft JuS 03, 417, 422; Noak Jura 04, 539).

10 a) Die **Rechtsprechung** billigt echte Wahlfeststellungen unter folgenden, nebeneinander zu erfüllenden Voraussetzungen (Grundfälle dazu Wolter JuS 83, 363,

602, 769 und 84, 37, 530, 606; Dokumentation und Analyse der älteren Rspr bei Wolter aaO [Wahlfeststellung; vgl 9] S 153):

aa) Nach Ausschöpfung aller Ermittlungsmöglichkeiten darf eine **eindeutige** **11** **Feststellung nicht möglich** sein, und zwar auch nicht mit Hilfe des Grundsatzes in dubio pro reo (BGHSt 11, 100; 22, 154; 38, 83 mit Anm Schmoller JR 93, 247). Dieser schließt bei Vorliegen eines „begriffs-logischen" oder „normativ-ethischen" (dazu ua BGHSt 32, 48) Stufenverhältnisses die Wahlfeststellung aus (stRspr). Auch in Fällen sog Postpendenz (vgl 19) hat die eindeutige Verurteilung Vorrang, wenn ihre materiellen Voraussetzungen ungeachtet der mehrdeutigen Tatsachengrundlage als erfüllt gelten können (BGHSt 35, 86 mit Bespr Joerden JZ 88, 847 und Wolter NStZ 88, 456; NJW 90, 130 mit Anm JR 90, 471; NStZ 95, 500 mit Bespr Körner wistra 95, 311; Hamburg MDR 94, 712, alle mwN; beachte auch NJW 90, 2476; NStZ 99, 363; str).

bb) **Jede** der in Frage kommenden, bestimmt umschriebenen (GA 67, 184) tat- **12** sächlichen Möglichkeiten muss – unter Ausschluss jeder weiteren Möglichkeit (BGHSt 12, 386; 15, 63; 42, NJW 96, 2042, 2043; s auch NJW 83, 405 mit Bespr Kratzsch JA 83, 338) – zusammen mit dem eindeutig festgestellten Sachverhalt ein Strafgesetz verletzen.

cc) Bei Verschiedenheit der möglicherweise verletzten Gesetze müssen die aus **13** ihnen folgenden Schuldvorwürfe **psychologisch und rechtsethisch vergleichbar (gleichwertig)** sein (BGHSt-GS-9, 390), dh eine im Wesentlichen gleiche seelische Beziehung des Täters zu den Verhaltensalternativen aufweisen und ihn mit einer im Wesentlichen gleichen ethischen Mißbilligung belasten (bei Holtz MDR 85, 89; Bay JR 74, 208; krit Saarbrücken NJW 76, 65, 67).

b) aa) Bei sog **Gesetzesalternativität** hat die Rspr **echte Wahlfeststellun- 14 gen zB zugelassen:** zwischen verschiedenen Begehungsformen desselben Delikts (BGHSt 22, 12; NStZ-RR 99, 106); zwischen verschiedenen gleichwertigen Formen der Täterschaft, dh Allein-, Mit- und Nebentäterschaft sowie mittelbare Täterschaft (BGHSt 11, 18; NJW 96, 2042, 2043); zwischen Täterschaft und Anstiftung (BGHSt 1, 127; Düsseldorf NJW 76, 579); zwischen Diebstahl einerseits und Hehlerei (BGHSt 1, 302; auch gewerbsmäßiger, BGHSt 11, 26), Begünstigung (BGHSt 23, 360 mit Anm Schröder JZ 71, 141), Unterschlagung (Köln GA 74, 121) oder Pfandkehr (Düsseldorf NJW 89, 115) andererseits; zwischen Unterschlagung einerseits und Hehlerei (BGHSt 16, 184) oder Untreue (Braunschweig MDR 51, 180) andererseits; zwischen Raub und räuberischer Erpressung (BGHSt 5, 280); zwischen Betrug einerseits und Unterschlagung (Hamm NJW 74, 1957; Saarbrücken NJW 76, 65; aM Hoyer SK 303 zu § 263: Postpendenzsituation), Hehlerei (NJW 74, 804) oder Untreue (GA 70, 24) andererseits; zwischen falscher Verdächtigung und Meineid (Bay MDR 77, 860 mit Anm Hruschka JR 78, 26) oder falscher uneidlicher Aussage (BGHSt 32, 146; Bay NJW 91, 3163) andererseits; zwischen fahrlässiger Trunkenheit im Verkehr und fahrlässigem Gestatten des Fahrens ohne Fahrerlaubnis (Hamm NJW 82, 192 mit Bespr Schulz NJW 83, 265); zwischen Erwerb von indischem Hanf und von Haschischzubereitungen (Bay JR 74, 208). Der BGH billigt das neuerdings auch bei Zweifeln über den 14. Geburtstag des Tatopfers (NStZ-RR 00, 354). Liegt Gleichwertigkeit zweier Sachverhalte nur im Hinblick auf ein Teilgeschehen vor, das Element eines umfassenderen Gesamtgeschehens ist, so kann es erforderlich sein, die Würdigung auf das Teilgeschehen zu beschränken; bei Alternativität zwischen Raub (der stets einen Diebstahl enthält, 1 zu § 249) und Unterschlagung oder Hehlerei ist daher Wahlfeststellung zwischen Diebstahl und Unterschlagung (BGHSt 25, 182) oder Hehlerei (bei Holtz MDR 86, 793) zulässig (krit Hruschka NJW 73, 1804 und Schulz JuS 74, 635).

§ 1 AT. 1. Abschnitt. 1. Titel. Geltungsbereich

15 bb) **Verneint** hat die Rspr echte Wahlfeststellungen dagegen zB zwischen vorsätzlicher Tötung und Beihilfe zur Körperverletzung (GA 67, 182); zwischen Diebstahl einerseits und Erpressung (DRiZ 72, 30), Betrug (NStZ 85, 123; einschr für Trickdiebstahl und ähnliche Fälle Karlsruhe NJW 76, 902) oder Vortäuschen einer Straftat (Köln NJW 82, 347) andererseits; zwischen schwerem Raub und Hehlerei (BGHSt 21, 152 mit Anm Deubner NJW 67, 738 und Oellers MDR 67, 506); zwischen Betrug einerseits und Schwangerschaftsabbruch (bei Dallinger MDR 58, 739) oder Bestechlichkeit (BGHSt 15, 88, 100) andererseits; zwischen Landesverrat und landesverräterischer Fälschung (BGHSt 20, 100); zwischen Beihilfe zum Raub und Strafvereitelung (wistra 89, 19); zwischen einem Vergehen nach dem BtMG und versuchter Strafvereitelung (BGHSt 30, 77 mit Anm Günther JR 82, 81).

16 cc) **Verneint** hat die Rspr echte Wahlfeststellungen ferner zwischen Beihilfe einerseits und Täterschaft (BGHSt 23, 203 mit Bespr Schröder JZ 70, 422 und Löhr JuS 76, 715; NStZ 96, 434) oder Anstiftung (BGHSt 31, 136 mit Bespr Baumann JZ 83, 116, Dingeldey NStZ 83, 166 und Hruschka JR 83, 177) andererseits. Aufgrund wertender Betrachtung bejaht sie hier ein normativ-ethisches Stufenverhältnis (vgl 11), das zur (analogen) Anwendung des Grundsatzes in dubio pro reo führe (str); bei dieser Annahme wird sie künftig auch das Verhältnis zwischen Täterschaft und Anstiftung (vgl 14) nicht anders behandeln können, weil hier ein entsprechendes Stufenverhältnis besteht (vgl B-Weber/Mitsch AT 10/11 Fn 25). **Verneint** hat die Rspr schließlich auch Wahlfeststellungen zwischen vorsätzlicher und fahrlässiger Begehung (BGHSt-GS-9, 390, 393) sowie zwischen Vollrausch und der im Rausch begangenen Straftat (BGHSt 1, 275 und 327), die Strafbarkeit des Täters aber dennoch stets bejaht: zunächst mit Hilfe der fragwürdigen Konstruktion von „Auffangtatbeständen" (zum Fahrlässigkeitsdelikt BGHSt 17, 210; zum Vollrausch BGHSt-GS-9, 390) und später durch Anwendung des Grundsatzes in dubio pro reo auf Grund eines normativ-ethischen Stufenverhältnisses (BGHSt 32, 48, 55; s auch 4, 5 zu § 323a).

17 c) Auch sog **Sachverhalts-(Tatsachen-, Tat-)Alternativität** steht nach der Rspr einer (echten oder unechten) Wahlfeststellung nicht entgegen (Bay JR 78, 25 mit krit Anm Hruschka); sie liegt vor, wenn offen bleibt, durch welchen konkreten von mehreren verschiedenen Handlungskomplexen der Täter dasselbe Gesetz (Karlsruhe NJW 80, 1859 mwN) oder verschiedene Gesetze verletzt hat (B-Weber/Mitsch AT 10/19–24). Das kommt zB bei zwei sich widersprechenden Aussagen (15 zu § 154) und bei dem Zweifel in Frage, ob ein Sexualdelikt nach §§ 176, 174 (Missbrauch von Kindern; Missbrauch von Schutzbefohlenen) vor oder nach dem 14. Geburtstag des Opfers begangen wurde (BGHSt 46, 85; 18 zu § 174); im letzten Fall kann jedoch das Vergehen nach § 174 I mit der Folge verjährt sein, dass Einstellung des Verfahrens geboten ist (BGH aaO; s auch 2 zu § 78). – Ebenso wie bei Gesetzesalternativität (vgl 14) ist auch hier möglich, dass der Grundsatz in dubio pro reo der Wahlfeststellung ganz oder teilweise vorgeht oder dass die alternativen Sachverhalte nur in einem Teilgeschehen gleichwertig sind (vgl etwa BGHSt 35, 305; 36, 262 mit Anm Rudolphi JZ 90, 197 und Otto JR 90, 205; NJW 90, 130 mit Anm Wolter JR 90, 471; NStZ 94, 339; zusf Beulke/Fahl Jura 98, 262, alle mwN; s auch Hruschka JuS 82, 317, 321; Küper, Probleme der Hehlerei bei ungewisser Vortatbeteiligung, 1989, S 80; Eschenbach Jura 94, 302, 304; str).

18 d) Das **prozessuale** Erfordernis der **Tatidentität** ist von den Voraussetzungen der Wahlfeststellung unabhängig und bedarf deshalb selbstständiger Prüfung (BGHSt 32, 146 mit Bespr Schröder NJW 85, 780; NStZ 98, 635 und 99, 363; Celle NJW 88, 1225 mit Bespr Kröpil NJW 88, 1188; Düsseldorf NStZ-RR 99, 304; eingehend Wolter aaO [Wahlfeststellung; vgl 9] S 132, alle mwN). Auch sonst kann das Prozessrecht auf die Möglichkeiten der Wahlfeststellung begrenzend wirken (näher Beulke/Fahl Jura 98, 262, 266; speziell zur Opfer-Wahlfeststellung Tiedemann/Tiedemann, Schmitt-FS, S 139).

e) Die Haltung des **Schrifttums** zur Wahlfeststellung reicht von völliger Ablehnung (zB Alwart GA 92, 545, 562) über die sehr eingeschränkte Billigung bei Alternativität verschiedener gleichwertiger Begehungsformen desselben Delikts (zB Heinitz JZ 52, 100) bis hin zur Anerkennung im Rahmen des durch das KRG Nr 11 aufgehobenen § 2b aF (Nüse GA 53, 33; Zeiler ZStW 72, 4; v Hippel NJW 63, 1533). Indessen überwiegen vermittelnde Standpunkte. Wegen seiner Unbestimmtheit zunehmend abgelehnt wird das Erfordernis psychologischer und rechtsethischer Vergleichbarkeit bzw Gleichwertigkeit (vgl etwa Tröndle JR 74, 133; Günther aaO [vgl 9] S 106, 123; Wolter aaO [Wahlfeststellung; vgl 9] S 110; Montenbruck GA 88, 531). Statt dessen wird häufig auf die **Identität des Unrechtskerns** abgestellt, der den jeweils in Frage kommenden tatsächlichen Möglichkeiten zugrundeliegen muss (Jakobs GA 71, 257, 270; Otto, Peters-FS, S 373, 390; Hruschka JR 78, 26, alle mwN; ähnlich Montenbruck aaO [vgl 9] S 117, 124, der sich auf einen durch Abstraktion gewonnenen „Werttypus" stützt; weiter diff Günther JZ 76, 665, der auf graduelle Unwertverschiedenheit abstellt). Mit beachtlichen Gründen wird auch versucht, die Rspr-Formel durch präzisere Elemente zu konkretisieren. So wird zB vorausgesetzt, dass die wahldeutig festgestellten Straftaten „sich in ihrem typischen kriminellen Unrechtsgehalt nach Art und Umfang wesentlich gleichen" (Rudolphi SK 42 nach § 55) oder dass sie „in ihrem gesetzlich vertypten Unrechtsgehalt sowie in der Tatschuld konkret rechtsethisch vergleichbar" sind (Wolter aaO S 128). – Gegenstand intensiver Auseinandersetzungen mit der Rspr sind ferner: die Abgrenzung zwischen Wahlfeststellungslagen und Stufenverhältnissen (Schmoller aaO S 157; Wolter aaO S 36, beide mwN); die vollständige oder teilweise Ausgrenzung sog konkurrenz- oder tatbestandsrelevanter Postpendenzfeststellungen (Hruschka JZ 70, 637 und NJW 71, 1392; Küper, Lange-FS, S 65 und Probleme der Hehlerei bei ungewisser Vortatbeteiligung, 1989; Schmoller aaO S 173; Wolter aaO S 39; Joerden aaO [vgl 9] S 135; Gössel GA 90, 318; Geppert Jura 94, 441, 445; Walper Jura 98, 622; s auch Gubitz/Wolters NJW 99, 764, alle mwN; beachte ferner 11); die Anerkennung der Sachverhaltsalternativität (Jakobs GA 71, 257, 265; Montenbruck aaO S 289); die Konstruktion von „Auffangtatbeständen" (Günther aaO [vgl 9] S 138, 149; Gribbohm LK 119, 120 mwN). Im ganzen ist die Kritik an der Rspr auch unter anderen Gesichtspunkten vielfältig (vgl etwa Dreher MDR 70, 369; Röhmel JA 75, 371; die Entwicklung der Rspr zusf Gribbohm LK 100–131).

f) Zur **Urteilsformel** BGHSt 1, 302; 4, 128; zusf Gribbohm LK 138; Meyer-Goßner 27 zu § 260 StPO, beide mwN. Die Strafe ist dem Gesetz zu entnehmen, das konkret die geringste Strafe zulässt (bei Dallinger MDR 57, 397; Wolter aaO [Wahlfeststellung; vgl 9] S 139; beachte auch Walper Jura 98, 622).

19

20

§ 2 Zeitliche Geltung

(1) **Die Strafe und ihre Nebenfolgen bestimmen sich nach dem Gesetz, das zur Zeit der Tat gilt.**

(2) **Wird die Strafdrohung während der Begehung der Tat geändert, so ist das Gesetz anzuwenden, das bei Beendigung der Tat gilt.**

(3) **Wird das Gesetz, das bei Beendigung der Tat gilt, vor der Entscheidung geändert, so ist das mildeste Gesetz anzuwenden.**

(4) **Ein Gesetz, das nur für eine bestimmte Zeit gelten soll, ist auf Taten, die während seiner Geltung begangen sind, auch dann anzuwenden,**

wenn es außer Kraft getreten ist. Dies gilt nicht, soweit ein Gesetz etwas anderes bestimmt.

(5) **Für Verfall, Einziehung und Unbrauchbarmachung gelten die Absätze 1 bis 4 entsprechend.**

(6) **Über Maßregeln der Besserung und Sicherung ist, wenn gesetzlich nichts anderes bestimmt ist, nach dem Gesetz zu entscheiden, das zur Zeit der Entscheidung gilt.**

1   I. 1. Die Vorschrift **konkretisiert das Rückwirkungsverbot** (4 zu § 1) näher (hM; anders Hassemer NK 3). Sie geht in **Abs 1** von dem Grundsatz aus, dass sich die Strafe (einschl aller strafähnlichen Maßnahmen, 8 zu § 1) nach dem **zurzeit der Tat** (§ 8) geltenden Gesetz bestimmt (zur str Einordnung der Vorschrift in das Strafrechtssystem Schroeder, Bockelmann-FS, S 785; Sommer, Das „mildeste Gesetz" iS des § 2 III StGB, 1979, S 62; Tiedemann, Die gesetzliche Milderung im Steuerstrafrecht, 1985, S 13; Dannecker, Das intertemporale Strafrecht, 1993, S 251; allg zu ihrer Problematik Ch Schroeder ZStW 112, 44).

2   **2. Abs 2** ist namentlich bedeutsam für Dauerdelikte (11 vor § 52) und fortgesetzte Taten (beachte 13 vor § 52), bei denen sich die Tatbegehung über längere Zeiträume erstrecken kann. Er stellt auf die Beendigung des einheitlichen Geschehens ab (hM; vgl etwa BGHSt 29, 124, 128). Wird jedoch durch ein späteres Gesetz erst die Strafbarkeit begründet, so können frühere Teilakte – auch wenn sie als Ordnungswidrigkeiten mit Geldbuße bedroht waren (bei Holtz MDR 87, 280) – nicht in die Bewertung einbezogen werden (ebenso Kindhäuser 7); so etwa bei der Vorteilsannahme mit Drittbegünstigung nach § 331 nF, wenn die Grundvereinbarung zum Zeitpunkt ihres Abschlusses noch straflos und erst bei Annahme der Vorteile strafbar war (Stuttgart NJW 03, 228); im Falle einer Verschärfung der Strafdrohung muss das zuvor mildere Gesetz bei der Strafzumessung und der Anordnung von Nebenstrafen, Nebenfolgen und Maßnahmen in der Weise berücksichtigt werden, dass den Tatteilen, die vor der Sanktionsverschärfung lagen, kein größeres Gewicht zukommt, als sie früher hatten (BVerfG NStZ 96, 192; s auch NStZ 94, 123 und 95, 92; Bay NJW 96, 1422, alle mwN).

3   **3.** Nach **Abs 3** gilt bei Verschiedenheit der Gesetze von der Tatzeit bis zur Entscheidung das **mildeste Gesetz** (sog Meistbegünstigungsklausel; eingehend Sommer aaO [vgl 1]). An dieser Verschiedenheit fehlt es, wenn zwischen den zu vergleichenden Gesetzen mit übereinstimmender Schutzrichtung kein Schwereunterschied besteht (so zum Verhältnis von § 175 aF und § 182 nF NStZ 95, 179; beachte jedoch auch NStZ-RR 96, 33 und für das Zusammentreffen mit Kindesmissbrauch Bay NStZ 95, 500 mit Anm Schroeder JR 96, 40). Ob das auch gilt, wenn ein Strafgesetz unverändert bleibt und lediglich seinen Anwendungsbereich verliert (so KG NStZ 94, 244; offen gelassen in BGHSt-GS-42, 113), ist nicht mehr aktuell, weil der bisher einzige einschlägige Fall, für die Strafbarkeit von Verstößen gegen Art VIII MRG Nr 53 (Interzonenhandelsgeschäfte) betraf, mit anderer Begründung gelöst worden ist (BVerfG NJW 99, 3325; BGH aaO mit abl Anm Kirsch wistra 96, 267; BGHSt 43, 129; beachte auch LG München NJW 00, 372, das – mit BVerfG NJW 95, 2615, 2620 schwerlich vereinbar – annimmt, der Gesetzgeber habe das nur teilweise nicht mehr anwendbare Vermögenssteuergesetz stillschweigend gänzlich aufgehoben).

   a) Welches Gesetz das **mildeste** ist, entscheidet sich nicht nach der abstrakten Strafdrohung, sondern in konkreter Betrachtung, dh danach, „welche Regelung für den Einzelfall nach seinen besonderen Umständen die mildere Beurteilung zulässt" (BGHSt 14, 156; 20, 121, 124; NStZ 96, 32 und 99, 613; NStZ-RR 02, 201 und 04, 14; krit Tiedemann, Peters-FS, S 193). Das kann auch ein sog „Zwischengesetz" selbst dann sein, wenn es eine Strafvorschrift – sei es auch nur infolge

Zeitliche Geltung § 2

eines Versehens (NStZ 92, 535) – ganz aufhebt. Teils das alte und teils das neue Gesetz anzuwenden, ist nicht zulässig (BGHSt 20, 22, 29; 24, 94; 37, 320, 322; 48, 77, 97; NStZ 97, 188 und 00, 136; Bay NJW 98, 3366; Gribbohm LK 20; aM Schröder JR 66, 68; Sommer aaO [vgl 1] S 85; diff Sch/Sch-Eser 30, 34; zw).

aa) Maßgebend ist der **gesamte sachlich-rechtliche Rechtszustand** (BGHSt 37, 320, 322; NStZ 98, 354), für den auch das Verschlechterungsverbot relevant sein kann (BGHSt 38, 66 mwN); bei Rechtsänderungen durch das 6. StrRG (8–11 vor § 38 der 23. Aufl) kommt es bisweilen vor, dass das neue Gesetz trotz allgemeiner Verschärfung der Strafrahmen (dazu 18 vor § 38 der Voraufl) im Einzelfall milder ist (NStZ 00, 49 und 418; bei Pfister NStZ-RR 99, 323 und 354). Zu berücksichtigen ist vor allem auch die Änderung einer die Anwendbarkeit des Strafgesetzes begründenden (namentlich einer blankettausfüllenden) Norm (BGHSt 20, 177; 34, 272, 282; wistra 02, 65; speziell zu blankettausfüllenden EG [EU]-Vorschriften Koblenz NStZ 89, 188; Stuttgart NJW 90, 657; für eine gemeinschaftskonforme Auslegung von § 2 III Satzger, Die Europäisierung des Strafrechts, 2001, S 639; beachte auch Gribbohm LK 30). Das gilt nach der Rspr auch dann, wenn diese Änderung nur mittelbare, das Unrecht der begangenen Tat nicht berührende Bedeutung hat (BGHSt 14, 156 zu § 257 aF; Düsseldorf NJW 69, 1679 zu § 145d; Bay MDR 74, 685 zu § 164; zust Mazurek JZ 76, 233; Tiedemann aaO [vgl 1] S 18; aM Meyer JR 75, 69; Wenner MDR 75, 161; Jakobs AT 4/72; zw). Keine Milderung im Hinblick auf § 370 AO (Steuerhinterziehung) bildet idR die nur für die Zukunft wirksame Änderung von Steuertarifen oder -vergünstigungen. Sie beruht im Allgemeinen nicht auf einer Änderung der für die Strafwürdigkeit maßgebenden Wertvorstellungen, hat ihren Grund vielmehr meistens in einer erst für die Zukunft wirksamen Umverteilung der Steuerlasten. Bei der Parteispendenaffäre der 80er Jahre, die unter zahlreichen Gesichtspunkten Probleme aufwirft (vgl etwa Ulsenheimer NJW 85, 1929; Felix NJW 85, 1935; Kirchhof NJW 85, 2977; de Boor ua [Hrsg], Parteispendenproblematik, 1986; Bergmann JuS 87, 864; Schreiber, Parteispenden und Strafrecht, 1989), liegt dieser Grund – jedenfalls auch – in der Umgestaltung des Chancenausgleichs für die benachteiligten Parteien (dazu BVerfGE 85, 264). Dass in solchen Fällen der Steueranspruch für vorausgegangene Besteuerungsabschnitte in vollem Umfang aufrecht erhalten bleibt, ist sachlich begründet und deshalb keine Milderung des Strafgesetzes (BGHSt 34, 272 mit abl Bespr Tiedemann NJW 87, 1247; s auch BVerfG NJW 92, 35; Flämig, Steuerrecht als Dauerrecht, 1985, S 104; Schreiber, Kaufmann [Arm]-GS, S 819, 828; Otto ZStW 107, 631; Hassemer NK 33; Schmitz MK 31). Auch das Auslaufen des Vermögenssteuergesetzes am 1. 7. 1999 schließt die Erhebung von Steuern für vorausgegangene Zeitabschnitte nicht aus (so mit Recht BVerfGE 93, 121; BGHSt 47, 138 mit Bespr Haas NStZ 02, 484; Brandenstein NJW 00, 2326; Frankfurt NJW 00, 2368 mit Anm Salditt NStZ 00, 538; aM LG München NStZ 00, 93). – Zu einer die „Rauschtat" nach § 323a betreffenden Rechtsänderung Braunschweig NJW 66, 1878; zur Änderung von § 331 durch das KorrBG Stuttgart NJW 03, 228.

bb) Ein neues Gesetz, das im Verhältnis zum Tatzeitgesetz ein nach Schutzzweck oder Angriffsweise **artverschiedenes Unrecht** beschreibt, darf in den Vergleich nicht einbezogen werden (BGHSt 39, 54, 68; GA 78, 147; Schünemann, Nulla poena sine lege?, 1978, S 26; probl Bay JR 96, 299 mit Anm Heine; zu weit BGHSt-GS-26, 167 mit abl Bespr Tiedemann JZ 75, 692; zu eng Mohrbotter JZ 77, 53; Schroeder, Bockelmann-FS, S 785, 796 und NStZ 93, 216; Sommer aaO [vgl 1] S 163).

cc) Wird ein Straftatbestand nach der Tat in eine **Ordnungswidrigkeit** umgewandelt, so bewirkt § 2 iVm § 4 OWiG, dass die Tat als Ordnungswidrigkeit zu behandeln ist (BGHSt 12, 148, 153; Karlsruhe MDR 74, 858; s auch Saarbrücken NJW 74, 1009).

§ 2 AT. 1. Abschnitt. 1. Titel. Geltungsbereich

6a dd) Da sich die Vorschrift nur auf das materielle Recht (auch das Strafanwendungsrecht nach §§ 3–7, BGHSt 20, 22, 25) bezieht, bleibt ein Wechsel des **Verfahrensrechts** (zB Wegfall des Antragserfordernisses) unberücksichtigt (Hassemer NK 61 zu § 1); das gilt zB auch für die Anknüpfung von verfahrensrechtlichen Folgen an das im Einzelfall nicht anzuwendende, zurzeit der Entscheidung aber geltende strengere Gesetz (NJW 99, 1647). – Folgt man wie hier (1 zu § 78) der gemischten Verjährungstheorie, so muss die Verjährung wegen ihrer Zugehörigkeit (auch) zum materiellen Recht berücksichtigt werden (Tröndle/Fischer 7; auf Grund der verfahrensrechtlichen Theorie anders BVerfG NStZ 00, 251; BGH NStZ 00, 251); jedoch ist die Verkürzung von Verjährungsfristen unabhängig vom Theorienstreit – allerdings mit der Maßgabe des § 78c V – stets zu beachten (BGHSt 21, 367; NStZ 99, 556; Gribbohm LK 8; vgl auch die ausdrückliche Regelung in Art 309 EGStGB); dasselbe gilt für ihre Verlängerung, wenn sie sich nur aus einer Verschärfung der Strafdrohung ergibt (GA 54, 22). Zu **DDR-Alttaten** beachte jedoch 27–27c.

7 b) **Entscheidung** ist auch die der Revisionsinstanz, in der das mildere Gesetz angewendet werden **muss** (BGHSt 20, 77; StV 98, 380, 381, alle mwN; beachte auch BVerfG NJW 93, 2167; BGHSt 26, 94 mit krit Bespr Küper, Pfeiffer-FS, S 425). Das Revisionsgericht hat das mildere Gesetz auch anzuwenden, wenn bei ihm nur noch der Strafausspruch (BGHSt 20, 116; StV 99, 91; Bay NJW 98, 3366), uU sogar nur noch die Entscheidung über Strafaussetzung zur Bewährung (BGHSt 26, 1), anhängig ist.

8 4. **Abs 4** schließt die Anwendung des Abs 3 für sog **Zeitgesetze** aus. „Zeitgesetz ist nicht nur ein Gesetz, das kalendermäßig begrenzt ist, sondern auch ein solches, das, mag es auch nicht ausdrücklich nur vorübergehend Geltung beanspruchen, nach seinem Inhalt eine nur als vorübergehend gedachte Regelung für wechselnde Zeitverhältnisse treffen will" (NJW 52, 72; s auch BGHSt 6, 30, 37; 18, 12; krit zu dieser nur materiellen Begrenzung Tiedemann, Peters-FS, S 193, 198; Rüping NStZ 84, 450); dabei kommt es bei blankettausfüllenden Normen (vgl 4) auf deren konkreten Inhalt und Zweck an (Stuttgart NJW 90, 657), so dass nicht etwa die Steuergesetze im Ganzen (oder andere entspr Rechtsgebiete) als zeitgesetzliche Regelungen in Anspruch genommen werden können (Kunert NStZ 82, 276; Rüping aaO; Tiedemann aaO [vgl 1] § 35; aM Franzheim NStZ 82, 137, 138; Samson wistra 83, 235; s auch die Nachw zu § 370 AO unter 4).

9 5. **Abs 5** unterwirft den Verfall, die Einziehung und die Unbrauchbarmachung (§§ 73–76a), die nur zum Teil strafähnlichen Charakter haben (8 zu § 1; 1, 4b zu § 73; 1, 2 zu § 74; 1 zu § 74d), aus Gründen der Rechtsstaatlichkeit und der Vereinfachung durchgängig dem Rückwirkungsverbot.

10 6. Zu **Abs 6** vgl 8 zu § 1. Etwas anderes bestimmen zB Art 303, 305, 315 I S 2, 3 EGStGB für die Führungsaufsicht (§ 68) und das Berufsverbot (§ 70).

11 II. Auch auf Taten, die vor Wirksamwerden des **Beitritts** (Art 1 I EV) **in der DDR begangen wurden (Alttaten)**, ist § 2 nach dem EGStGB (Anh I) mit folgenden Maßgaben anwendbar: Es ist von Strafe abzusehen, wenn nach dem zur Tatzeit (§ 8) geltenden (DDR-)Recht weder Freiheitsstrafe noch Verurteilung auf Bewährung noch Geldstrafe verwirkt waren (Art 315 I S 1 EGStGB); die Geldstrafe folgt allgemein den Regeln des StGB, unterliegt aber bei Anwendbarkeit des DDR-Rechts Beschränkungen des Höchstmaßes (Art 315 II S 3, 4 EGStGB); die Anordnung von Sicherungsverwahrung (§ 66) und Führungsaufsicht (§ 68 I) ist ausgeschlossen, wenn das StGB als das mildere Gesetz anzuwenden ist (Art 315 I S 2 EGStGB); Führungsaufsicht nach § 68f tritt nicht ein (Art 315 I S 3 EGStGB); im Bereich der Aussetzung zur Bewährung unterliegen bestimmte nachträgliche Entscheidungen (Aussetzung des Strafrestes, Widerruf der Aussetzung) unmittelbar

Zeitliche Geltung § 2

dem StGB, soweit sich nicht aus § 2 etwas anderes ergibt (Art 315 III EGStGB). § 2 gilt jedoch nicht, wenn für die Tat das Strafrecht der Bundesrepublik schon vor Wirksamwerden des Beitritts gegolten hat (Art 315 IV EGStGB).

Diese **Übergangsregelung** hat eine **Fülle von Streitfragen** aufgeworfen, die 12 in wichtigen Bereichen (Taten der unteren und mittleren Kriminalität sind ohnehin weitgehend verjährt; vgl unten 27 b) bis in die Gegenwart nicht zu einem Konsens geführt haben. Der ungewöhnlich kontroverse Diskussionsstand ist nicht zuletzt aus dem Umstand erklärbar, dass über die Frage, ob und wieweit es rechtspolitisch wünschenswert und rechtsstaatlich vertretbar ist, auf das Unrecht des untergegangenen DDR-Regimes mit strafrechtlichen Mitteln zu reagieren, tiefgreifende Meinungsverschiedenheiten bestehen (einen Überblick über den zeitlichen Ablauf der Meinungsbildung in Wissenschaft und Praxis bietet Schroeder NJW 00, 3017, der überzeugend zeigt, dass es auch aus diesem Grunde nur zu einer höchst restriktiven Verfolgung des DDR-Unrechts gekommen ist). Schon in der ersten Phase nach dem Beitritt, in der sich die Rspr entwickelte und zunehmend konsolidierte, ist dazu ein kaum überschaubares Schrifttum entstanden, dessen vollständiger Nachweis nicht mehr erforderlich ist. Es ist unverkennbar, dass die zum Teil polarisierten Grundeinstellungen zu dieser Frage sowohl bei den Entscheidungsträgern als auch bei den Autoren rechtswissenschaftlicher Analysen auf die jeweiligen Ergebnisse abgefärbt haben. Das spiegelt sich vor allem in späteren Beiträgen wider, die sich schon mit der Rspr der letzten Jahre kritisch auseinandersetzen konnten.

Aus dieser Literatur vgl Weber/Piazolo (Hrsg), Eine Diktatur vor Gericht: Aufarbeitung von SED-Unrecht durch die Justiz, 1995; Schreiber ZStW 107, 157; Peschel-Gutzeit NJ 95, 450, 453; Buchholz, in: Heuer (Hrsg), Die Rechtsordnung der DDR, 1995, S 273 mit krit Bespr Rottleuthner NJ 95, 580 und Hoffmann KJ 96, 580; Roggemann, Fragen und Wege zur Rechtseinheit in Deutschland, 1995 und NJ 97, 284; Arnold, Die Normalität des Strafrechts in der DDR (2 Bände), 1995/1996 (beachte auch den Sammelband des Verf „Strafrechtliche Auseinandersetzung mit Systemvergangenheit am Beispiel der DDR, 2000"); Amelung GA 96, 51 und Die strafrechtliche Bewältigung des DDR-Unrechts durch die deutsche Justiz, 1996; Schroeder DRiZ 96, 81; Wolff DRiZ 96, 88; Werketin RuP 96, 139; Höppner NJ 97, 281; Wassermann RuP 97, 102 und 99, 101 sowie NJW 97, 2152; v Hippel RuP 97, 150; Lüderssen JZ 97, 525; Kreuter, Staatskriminalität und die Grenzen des Strafrechts, 1997; Mertens/Voigt, Opfer und Täter im SED-Staat, 1998; Baumann/Kury, Politisch motivierte Verfolgung: Opfer von SED-Unrecht, 1998; Körting RuP 98, 129; Kim ARSP 98, 505; Schöneburg NJ 98, 566; Heitmann NJW 99, 1443; Timmermann (Hrsg), Die DDR – Recht und Justiz als politisches Instrument, 2000 und derselbe, Die DDR – Analysen eines aufgegebenen Staates, 2001; eine zusammenfassende Schlussbewertung bietet Wassermann NJW 00, 403; allg zu Unrechtssystemen Lampe ZStW 106, 683; Schünemann ARSP, Beiheft Nr 65 (1996), S 97; Rogall, BGH-FG, S 383; Mampel, Totalitäres Herrschaftssystem, 2001; krit zu der im Positivismus begründeten Besserstellung staatlich organisierter Kriminalität Naucke, Die strafjuristische Privilegierung staatsverstärkter Kriminalität, 1996 mit krit Bespr Joerden GA 97, 201 und Hoyer ZStW 109, 633; Zurückweisung des Vorwurfs, die bundesdeutschen Gerichte hätten „Siegerjustiz" ausgeübt, bei Bär DAR 99, 281.

Bei dieser Lage kann Ausgangspunkt der Beurteilung nur der Gesetzeswortlaut 13 sein. Dieser zwingt zu der Annahme, dass **Art 315 EGStGB** eine abschließende (BGHSt 39, 317), wenn auch nicht ganz widerspruchsfreie, gesetzgeberische Entscheidung bildet, die auf folgenden Prinzipien beruht:

1. Im Anwendungsbereich des Art 315 I–III EGStGB wird das frühere DDR-Recht für das Beitrittsgebiet als das vorausgegangene Recht behandelt, das

§ 2 AT. 1. Abschnitt. 1. Titel. Geltungsbereich

der EV aufgehoben und durch das Recht der Bundesrepublik ersetzt hat (hM; vgl etwa BGHSt 37, 320; 38, 1, 18 und 88, alle mwN). Dieses hat daher den Regelungsbereich des DDR-Rechts in sich aufgenommen (BGHSt 39, 317, 318). Es erfasst nunmehr alle im Beitrittsgebiet begangenen einschlägigen Taten, und zwar auch dann, wenn es ausdrückliche oder stillschweigende Anwendungsbeschränkungen auf das Gebiet, die Institutionen oder die Interessen der Bundesrepublik vorsieht (zB in den §§ 108 d, 113 I iVm § 11 I Nr 2). Es ist deshalb nicht von vornherein ausgeschlossen, dass es auch in diesen Fällen Nachfolgeregelung für das DDR-Recht sein kann (vgl namentlich 18–20), selbst wenn dieses auf das Gebiet, die Institutionen oder die Interessen der DDR beschränkt war (ebenso für das Gebiet BGHSt 38, 1; 40, 30, 33; für die Kommunalwahlen BVerfG NJW 93, 2524; BGHSt 39, 54). Die Zuordnung eines Tatbestandes zum einen oder zum anderen Bereich bildet deshalb keine allgemeine Schranke für die Anwendbarkeit des DDR-Rechts. Eine vor dem Beitritt begründete Strafbarkeit ist vielmehr nur daraufhin zu prüfen, ob und wieweit sie nach den Regeln des § 2 vor dem neuen Recht Bestand hat. Insoweit verdient die sog Inlandstheorie, nach der für die Bundesrepublik in die Verantwortung für die Überleitung des DDR-Strafrechts eingerückt ist, Zustimmung (KG NJW 91, 2653; Riedel DtZ 92, 162, 163; Höchst JR 92, 360). Diese Deutung ergibt sich überdies unmittelbar aus dem Gesetzeswortlaut. Sie ist als allgemeiner, allenfalls durch Ausnahmen einzuschränkender, Grundsatz mit dem GG und dem Völkerrecht vereinbar (BGHSt 39, 317). Alle weitergehenden, auf theoretische Konstrukte (Inlands-, Auslands-, Beitrittstheorie) oder auf das internationale Strafrecht gestützten Modifizierungen sind aus dem Gesetz nicht ableitbar (vgl namentlich 22–26). Art 315 EGStGB schließt es als Spezialregelung namentlich auch aus, die vor dem Beitritt begangenen Taten deshalb dem Recht der Bundesrepublik zu unterstellen, weil die Bürger der DDR durch den Beitritt Deutsche im Sinne des § 7 II Nr 1 geworden seien (BGHSt 39, 54, 60 und 317, 320), oder umgekehrt nur das DDR-Recht zur Grundlage zu machen und es lediglich durch analoge Anwendung des neuen Rechts zu begrenzen (so Luther NJ 91, 395; aM Renzikowski JR 92, 273, alle mwN). Nach § 2 ist vielmehr grundsätzlich das **Tatzeitrecht** (der DDR) maßgebend, es sei denn, dass ein milderes Zwischengesetz oder das zurzeit der Aburteilung geltende Gesetz die Strafbarkeit aufgehoben oder gemildert hat, wobei auch die in Art 315 I–III EGStGB vorgesehenen Milderungen des DDR-Rechts (vgl 11) zu berücksichtigen sind. – Dass auch allgemeine, in der DDR erlassene **Amnestien** grundsätzlich zu berücksichtigen sind, ergibt sich zwar nicht aus dem nur das sachliche Strafrecht betreffenden § 2, wohl aber aus dem Umstand, dass die Amnestien – vorbehaltlich der Nachprüfung ihres jeweiligen Inhalts – Vertrauenstatbestände geschaffen haben können, die nach übergeordneten Rechtsgrundsätzen nicht übergangen werden dürfen (Bohnert DtZ 93, 167 mwN; offen gelassen in BGHSt 39, 353, 358 mit krit Bespr Bohnert JR 94, 256; beachte auch unten 31); die Amnestien hatten jedoch regelmäßig nur einen ausdrücklich festgelegten, nachträglich nicht erweiterungsfähigen Anwendungsbereich (BGH aaO; DtZ 96, 393; Miehe, FS für W Gitter, 1995, S 647, 648; aM Bohnert DtZ 93, 167, 173) und sollten sich nach dem Willen der Amnestiegeber von vornherein nicht auf Verhalten beziehen, das im Sinne der Ausführungen unter 27 a außerhalb jeder Verfolgung stand (BGH aaO; s auch BGHSt 41, 247, 248; 42, 332).

14 **a) Allgemein** kommt wegen der grundsätzlichen Unterschiede zwischen den zu vergleichenden Rechtsordnungen (dazu Lilie NStZ 90, 153; Roggemann JZ 90, 363; Buchholz NStZ 90, 519) häufig in Frage, dass eine Vorschrift des DDR-Rechts **artverschiedenes Unrecht** beschreibt, das im Recht der Bundesrepublik keine Entsprechung hat (vgl 5). Die näheren Voraussetzungen der damit erforderlichen **Unrechtskontinuität** sind umstritten (eingehend Höchst JR 92, 360;

Zeitliche Geltung § 2

Dannecker aaO [vgl 1] S 516; krit Schroeder NStZ 93, 216; Schünemann, Grünwald-FS, S 657, 658; zusf Tröndle/Fischer 37 vor § 3):

aa) Bei den Tatbeständen zum Schutz von **Individualrechtsgütern**, wie zB 15
Leben, körperliche Unversehrtheit, persönliche Freiheit (NJW 94, 3174; beachte auch 19 c), Ehre, Eigentum (beachte BGHSt-GS- 41, 187 mit krit Anm Otto JZ 96, 582) und Vermögen, besteht idR Unrechtskontinuität (zu einem Fall der Erpressung, in dem die Unrechtskontinuität zwar bejaht, die Rechtswidrigkeit nach § 253 II aber verneint wurde, BGHSt 44, 68 mit Anm Lagodny/Hesse JZ 99, 313). – Auch für Diebstahl, Betrug und Untreue zum **Nachteil sozialistischen Eigentums** (§§ 158, 159, 163 StGB/DDR aF) ist sie zu bejahen, weil das Recht der Bundesrepublik (und vor ihm schon das 6. StÄG/DDR) zwischen privatem und öffentlichem Vermögen (einschl Eigentum) nicht unterscheidet und ihnen gleichermaßen Schutz gewährt (BGHSt 44, 376).

Bei vorsätzlichen Tötungshandlungen sog **Mauerschützen zur Verhinderung** 16
der Republikflucht ist nicht die Unrechtskontinuität, sondern schon das Erfordernis der Strafbarkeit zurzeit der Tat umstritten; die Frage wird allerdings nur relevant, wenn die Tat nach dem Recht der Bundesrepublik, das schon vor dem Beitritt gegolten hat (vgl 22–26), noch verfolgbar ist (vgl 27 a). Das kommt namentlich in Frage, wenn der Deliktserfolg erst im Bundesgebiet eingetreten ist (2, 5, 6 zu § 9) oder wenn bei der Tat gegen einen Deutschen (§ 7 I; beachte dazu 25 zu § 2; 3 zu § 7) der Handlungs- oder Erfolgsort im Ausland liegt (probl JZ 98, 366 mit abl Anm Schroeder). – Tötungshandlungen an der Mauer waren zwar im Sinne des § 112 StGB/DDR tatbestandsmäßig, aber im Verständnis des praktizierten DDR-Rechts gerechtfertigt, wenn sie sich im Rahmen der einschlägigen Dienstvorschriften über den Schusswaffengebrauch (expl LG Magdeburg DtZ 95, 380) und ab 1982 im Rahmen des § 27 GrenzG/DDR hielten (näher dazu Polakiewicz EuGRZ 92, 177, 178; Renzikowski NJ 92, 152, 154; Roggemann DtZ 93, 10, 15; Buchner, Die Rechtswidrigkeit der Taten von „Mauerschützen" im Lichte von Art. 103 II GG unter besonderer Berücksichtigung des Völkerrechts, 1996, S 129), und darüber hinaus entschuldigt, wenn sie den Voraussetzungen des § 258 StGB/DDR (Handeln auf Befehl) genügten (zu Rechtfertigung und Entschuldigung im DDR-Strafrecht Renzikowski ZStW 106, 93). An sich entsprachen das GrenzG/DDR und auch ein Teil der vorausgegangenen innerdienstlichen Anweisungen völkerrechtlichem Mindeststandard insoweit, als sie den Schusswaffengebrauch nur als letztes Mittel und nur zur Verhinderung des Grenzübertritts unter möglichster Schonung des Lebens zuließen (Polakiewicz aaO S 181; Miehe, FS für W Gitter, 1995, S 647, 650). Das Erfordernis der Verhältnismäßigkeit wurde jedoch durch die Ausreisepolitik der DDR überspielt; denn diese widersprach dem UNO-Pakt über bürgerliche und politische Rechte von 1966 (IPBPR; BGHSt 39, 1, 16; Polakiewicz aaO S 186; Rittstieg DuR 91, 404, 416; vgl auch Menschenrechtsausschuss der Vereinten Nationen NJW 04, 2005), vor dessen Inkrafttreten auch schon dem Art 3 der Allgemeinen Erklärung der Menschenrechte von 1948 (BGHSt 40, 241 mit abl Bespr Amelung NStZ 95, 29 und Gropp NJ 96, 393), und nahm damit rechtfertigende Wirkung des Schusswaffengebrauchs auch in Fällen zur Folge, in denen jemand nur das ihm verweigerte, völkerrechtlich aber zustehende Ausreiserecht durchsetzen wollte. Überdies hat die Staatspraxis durch überwiegend geheimgehaltene Anweisungen eine „Befehlslage" geschaffen, in der dem Soldaten auch eindeutig unverhältnismäßiger Waffeneinsatz abgefordert und im Nachhinein regelmäßig belobigt wurde (BGHSt 39, 1, 11; LG Berlin JZ 92, 691; eingehend zur Geschichte des Grenzregimes Koop, „Den Gegner vernichten". Die Grenzsicherung der DDR, 1996). Deshalb hat die in der Bundesrepublik hM diesem Rechtfertigungsgrund schon vor dem Beitritt die Anerkennung versagt (vgl etwa Stuttgart NJW 64, 63; Düsseldorf NJW 79, 59 und 83, 1277; aM Grünwald JZ 66, 633; Jakobs AT 5/18, 29, alle mwN). Die

§ 2 AT. 1. Abschnitt. 1. Titel. Geltungsbereich

Rechtsprechung hat an diesem Standpunkt auch nach dem Beitritt festgehalten und sich zunächst auf „allgemein anerkannte rechtsstaatliche Grundsätze" gestützt (KG NJW 91, 2653; LG Berlin aaO). Dem hat sich der BGH in einer ersten Grundsatzentscheidung mit näher konkretisierter Begründung angeschlossen (BGHSt 39, 1 mit Bespr Günther StV 93, 18, Schroeder JR 93, 45, Fiedler JZ 93, 206 und OstEurR 93, 259, Herrmann NStZ 93, 118, Spendel RuP 93, 61, Amelung JuS 93, 637 und Dannecker Jura 94, 585) und diese Linie zur gefestigten Rspr fortentwickelt (expl BGHSt 39, 168 mit Anm Herrmann NStZ 93, 487; die BGH-Rspr zusf Amelung, Die strafrechtliche Bewältigung des DDR-Unrechts durch die deutsche Justiz, 1996, S 11; eingehend Rummler, Die Gewalttaten an der deutsch-deutschen Grenze vor Gericht, 2000; Willnow JR 97, 221, 224; Papier/Möller NJW 99, 3289, 3291; Marxen/Werle Bil S 8; s auch Kirchner Jura 98, 46; Rogall, BGH-FG, S 383, 406 und Kühl, Die Bedeutung der Rechtsphilosophie für das Strafrecht, 2001, S 11). Dabei hat er die Rechtswidrigkeit der Taten aus „vorgeordneten allgemeinen Rechtsprinzipien" hergeleitet und das Ergebnis mit völkerrechtlichen Argumenten und dem Hinweis auf die schon dem DDR-Recht immanente Möglichkeit „menschenrechtsfreundlicher Auslegung" untermauert; auf der Schuldebene hat er Entschuldigung sowohl wegen Verbotsirrtums als auch wegen Handelns auf Befehl verneint (zusf Kühl AT 9/118 e und 12/159 sowie 13/54 und 61 a; anders jedoch bei bedingtem Vorsatz bloß gefährlicher Körperverletzung [BGHSt 41, 10, 14; NStZ 95, 286; NStZ-RR 96, 323] oder der Tötung eines bewaffneten Fahnenflüchtigen [BGHSt 42, 356 mit krit Anm Ambos NStZ 97, 492], die allerdings nicht auf den Einsatz von Minensperren beruhen darf [BGHSt 44, 204 mit Anm Rotsch NStZ 99, 239]). Die im Schrifttum erhobenen Einwendungen (dazu 16 a) hat er als unbegründet zurückgewiesen. – Das **BVerfG** hat die Rspr der Strafgerichte als verfassungskonform gebilligt (BVerfGE 95, 96 mit zT krit Bespr Starck JZ 97, 147, Albrecht NJ 97, 1, Ambos StV 97, 39; Arnold NJ 97, 115, Lamprecht DRiZ 97, 140, Roggemann NJ 97, 226, 231, Krajewski JZ 97, 1054, Kluth JA 98, 102, Classen GA 98, 215 und Alexy, Der Beschluss des Bundesverfassungsgerichts zu den Tötungen an der innerdeutschen Grenze vom 24. Oktober 1996, 1997; krit auch Joerden GA 97, 201; Köhler AT S 106; zust Werle ZStW 109, 808, 825; Alwart JZ 00, 227). Auch EGMR hat keinen Verstoß gegen die MRK, insb gegen deren Art 7, angenommen und somit die deutsche Rechtsprechung zu den Mauerschützen und deren Befehlsgebern bestätigt (EGMR NJW 01, 3035 mit zT krit Bespr Miller KJ 01, 255, Rau NJW 01, 3008, Roellecke NJW 01, 3024, Werle NJW 01, 3001 und Dörr JuS 02, 603); damit ist zumindest der Vorwurf der „Siegerjustiz" entkräftet (vgl auch Menschenrechtsausschuss der Vereinten Nationen NJW 04, 2005). Für die Praxis ist damit die Behandlung der noch nicht erledigten Fälle abschließend vorgezeichnet, wenngleich die Entscheidung sich nicht zureichend mit den Einwendungen des Schrifttums (vgl 16 a) auseinandergesetzt hat.

16 a Im **Schrifttum** ist die Frage der Strafbarkeit von Tötungen an der Mauer so kontrovers, dass jedenfalls für den Begründungsweg weder ein Konsens noch auch nur eine eindeutig hM auszumachen ist. Wie sich aus den oben nachgewiesenen Gerichtsentscheidungen und den Besprechungen dazu ergibt, lehnt eine starke Meinungsgruppe die Rspr-Ergebnisse ab. Sie stützt sich für den Bereich der Rechtfertigung überwiegend auf das Rückwirkungsverbot, auf völkerrechtliche Gesichtspunkte (allg zur Völkerrechtslage Gornig NJ 92, 4) und auf rechtstheoretische Gründe (Schmid, Das Verhältnis von Tatbestand und Rechtswidrigkeit aus rechtstheoretischer Sicht, 2002, S 31, 97 und 101); auf der Schuldebene hält sie die Annahme, dass für die Grenzsoldaten, die meist auf Befehl gehandelt hätten und besonderer ideologischer Indoktrination ausgesetzt gewesen seien, die Rechtswidrigkeit des Befehls offensichtlich und in ihrer Lage ein Verbotsirrtum vermeidbar gewesen sei, mit den tatsächlichen Verhältnissen für unvereinbar (vgl etwa Ebert, Hanack-FS,

Zeitliche Geltung § 2

S 501, 531). Allerdings bejahen einige Gegner der Rspr immerhin die Strafbarkeit der für die menschenrechtswidrige Gesetzes- und Befehlslage in der DDR Verantwortlichen (expl Gropp NJ 96, 393, 397; Ambos JA 97, 983, 989; Ebert, in: Koch [Hrsg], 10 Jahre deutsche Rechtseinheit, 2001, S 38). Demgegenüber wird das angesichts der Brutalität des Grenzregimes vorzugswürdige Ergebnis der Rspr mit verschiedenartigen, meist auf überpositives Recht, ua die sog Radbruch-Formel (dazu Saliger, Radbruchsche Formel und Rechtsstaat, 1995; Dreier JZ 97, 421, 428), verweisenden Ansätzen gebilligt (expl aus dem neueren Schrifttum Buchner aaO [vgl 16] S 225; Kenntner RuP 97, 170; Wolf NJ 97, 505; Lüderssen JZ 97, 525; Blumenwitz, Kriele-FS, S 713; Kreuter aaO [vgl 12] S 299; Rosenau, Tödliche Schüsse im staatlichen Auftrag, 2. Aufl, 1998 mit Bespr Gropp JR 99, 130 und Classen GA 00, 249; Alexy aaO [vgl 16]; Hoyer SK 48 vor § 3; zusf Hassemer NK 48 zu § 1). – Weitgehend anerkannt ist schließlich, dass jedenfalls **Exzesse** rechtswidrig waren, wenn sie auf Schieß- oder Geheimbefehlen beruhten, die auch im Kontext des DDR-Systems mit dem GrenzG oder mit der allgemein praktizierten „Befehlslage" unvereinbar waren (hM; vgl BGHSt 43, 332; anders Jakobs und Isensee in: Isensee aaO [vgl 12] S 54 und 105; Wolff, in: Lampe aaO [vgl 12] S 67; Jakobs GA 94, 1, alle mwN).

Nach dem Tatzeitrecht gilt für die **Abgrenzung von Täterschaft und Teilnahme** und für die Rechtsfolgen der verschiedenen Beteiligungsformen § 22 StGB/DDR, nach dem die leitenden Funktionäre eines Machtapparates nicht mittelbare Täter, sondern nur Anstifter waren (KG NJW 91, 2653; Renzikowski NJ 92, 152, 154; unklar NStZ 01, 364); das schließt jedoch nicht aus, sie nach dem uU anwendbaren milderen Gesetz der Bundesrepublik als Täter zu erfassen (BGHSt 40, 218, 44, 204 und 45, 270; 2 zu § 25). Zu einem Grenzfall, der die Mitwirkung bei Maßnahmen zur Grenzziehung der DDR betrifft, NJW 01, 2409. Die bloße Vergatterung der Grenzsoldaten ist nur als Beihilfe bewertet worden (BGHSt 47, 100; 2 zu § 25 und 4 zu § 27); zur mittelbaren Täterschaft von Mitgliedern der Politbüros vgl BGHSt 48, 77 (zum milderen Gesetz S 97). 16b

bb) Taten, die **gegen die DDR als solche oder ihre verfassungsmäßige Ordnung** gerichtet waren (§§ 96–111 StGB/DDR aF), scheiden ganz aus, weil sie im Verhältnis zu den Staatsschutzbestimmungen der Bundesrepublik (und auch schon zu denen des 6. StÄG/DDR) artverschiedenes Unrecht (vgl 5) beschrieben haben (BGHSt 39, 54, 68; Vormbaum StV 91, 176, 179; Höchst JR 92, 360, 363; einschr Schroeder NStZ 93, 216, 218). 17

cc) Bei den Straftaten gegen die **staatliche oder öffentliche Ordnung** (§§ 210–224 StGB/DDR aF), **gegen die Rechtspflege** (§§ 225–244 StGB/DDR aF) und gegen **sonstige Gemeinschaftsgüter** (zB die Volksgesundheit; beachte dazu 24) ist zu differenzieren: Soweit die Tatbestände schon nach ihrem Schutzweck allein der Systemerhaltung dienten, fehlt es an der Unrechtskontinuität. Deshalb können zB die Angehörigen des DDR-Machtapparates nicht mit Hilfe des § 129 (Kriminelle Vereinigungen) erfasst werden, weil alle etwa in Frage kommenden Tatbestände des DDR-Rechts artverschiedenes Unrecht beschreiben (Krehl DtZ 92, 113). Bei Tatbeständen dagegen, die es zur Gewährleistung der inneren Sicherheit und Ordnung in allen zivilisierten Staaten gibt, liegt es meist anders. So ist zB die Einbeziehung der **Verkehrs-** und der **Umweltdelikte** (dazu Heine DtZ 91, 423, 428) regelmäßig unproblematisch. Auch bei **Amtsanmaßung** kommt Unrechtskontinuität in Frage; jedoch erfüllt das Abhören von Telefonen durch dazu gesetzlich nicht ermächtigte Dienststellen des MfS nicht die Voraussetzungen des § 132 (BGHSt 40, 8 mwN; s auch 3 zu § 132; str). Ferner kann bei **Widerstand gegen staatliche Maßnahmen** (§ 212 StGB/DDR aF) **§ 113** in den Vergleich einbezogen werden (aM KreisG Dresden MDR 91, 659; v Bubnoff LK 10 vor § 110), wenn die DDR-Maßnahme nicht nur im Sinne des DDR-Rechts gesetzmäßig, sondern auch mit den der Nachfolgevorschrift imma- 18 nenten rechtsstaatlichen Grenzen vereinbar war (ähnlich Höchst JR 92, 360, 365; einschr Hoyer SK 51 vor § 3). Dasselbe dürfte auch bei **falscher Aussage** (§ 230 StGB/DDR) für § 153 gelten.

19 Auch bei **Rechtsbeugung** (§ 244 StGB/DDR) liegt Unrechtskontinuität vor, wenn die Strafbarkeit der Tat sowohl nach DDR-Recht als auch nach § 339 und den ihm zugrunde liegenden rechtsstaatlichen Maßstäben begründbar ist (stRspr; aM Vormbaum NJ 93, 212; Dannecker aaO [vgl 1] S 516; Hohmann DtZ 96, 230; Rudolphi/Stein SK 3 c zu § 339). Die nach dem Zusammenbruch der DDR möglichen Einblicke in deren Justizpraxis haben gezeigt, dass in politischen Verfahren mannigfaltiger Druck auf die Justiz ausgeübt wurde (näher ua Schuller, Geschichte und Struktur des politischen Strafrechts der DDR bis 1968, 1980; Henrich DRiZ 92, 85; Arnold, in: Lampe aaO [vgl 12] S 85 und KritV 94, 187; Rottleuthner [Hrsg], Steuerung der Justiz in der DDR, Einflussnahme der Politik in der DDR auf Richter, Staatsanwälte und Rechtsanwälte, 1994; BMJ, Im Namen des Volkes. Über die Justiz im Staat der SED, 1994; Fricke, Zur politischen Strafrechtsprechung des Obersten Gerichts der DDR, 1994 und RuP 97, 105; Bericht der Enquête-Kommission „Aufarbeitung von Geschichte und Folgen der SED-Diktatur in Deutschland" [BT-Dr 12/7820 S 86, 95]; Werketin, Politische Strafjustiz in der Ära Ulbricht, Bd. 1, 1995; Beckert, Die erste und letzte Instanz. Schau- und Geheimprozesse vor dem Obersten Gericht der DDR, 1995; Dreier ua [Hrsg], Rechtswissenschaft in der DDR 1949–1971, 1996 mit Bespr Schuller RuP 97, 121 und Feltes GA 98, 399; Baer, Die Unabhängigkeit der Richter in der Bundesrepublik und in der DDR, 1999; Timmermann [Hrsg], Die DDR – Recht und Justiz als politisches Instrument, 2000; s auch Marxen/WerleBil S 37, 226). Das hat nicht nur vereinzelt, namentlich in den sog Waldheimer Prozessen (dazu BezG Dresden NStZ 92, 137; Fricke, Politik und Justiz in der DDR, 2. Aufl 1992, S 205; Eisert, Die Waldheimer Prozesse, 1993; Helbig NJ 94, 409, alle mwN), zu exzessiven, durch Sachverhaltsverfälschungen oder eindeutig unrichtige rechtliche Würdigungen gekennzeichneten Willkürakten geführt, bei denen die Rspr mit Recht Unrechtskontinuität und Strafbarkeit der Täter bejaht hat (soweit ersichtlich hat sie die Verurteilung in diesen Fällen nicht auf die Annahme reiner Scheinverfahren [11 zu § 339] gestützt). Umstritten ist, ob und mit welchen Maßgaben darüber hinaus auch Entscheidungen erfasst werden können, wenn sie sich im Rahmen der regelmäßig weiten Spielräume gehalten haben, die durch die Unklarheit der vielfach verwendeten unbestimmten Rechtsbegriffe, die Weite der einschlägigen Strafrahmen, die Meinungsäußerungen (zB Richtlinien, Beschlüsse und Orientierungen) des obersten DDR-Gerichts (näher dazu Keppler, Die Leitungsinstrumente des obersten Gerichts der DDR, 1998) und die Einflussnahmen des MfS und des JustMin geschaffen worden sind (expl dazu der Fall Havemann BGHSt 44, 275 mit Bespr Spendel JR 99, 221 und Schroeder NStZ 99, 620; eingehend Vollnhals, Der Fall Havemann. Ein Lehrstück politischer Justiz, 1998; s auch Immisch, Der sozialistische Richter in der DDR und seine Unabhängigkeit, 1997). Expl ferner die sog „Aktion Rose", mit der die willkürliche Enteignung von Hotelbesitzern auf der Insel Rügen verschleiert wurde (JR 00, 246 mit Anm Müther, Arnold NJ 98, 603 und Otto JK § 25 II/13). Die Problematik ist im Kern dieselbe wie bei der Tötung von Republikflüchtigen an der Mauer (dazu 16). In einer ersten Grundsatzentscheidung hat der BGH die Frage bejaht, die Tatbestandsmäßigkeit aber erst angenommen, wenn die Rechtswidrigkeit der Entscheidung, von Einzelexzessen abgesehen, so offensichtlich ist und in denen insbesondere die Rechte anderer, hauptsächlich ihre Menschenrechte, derart schwerwiegend verletzt worden sind, dass sich die Entscheidung als Willkürakt darstellt (BGHSt 40, 30 mit Bespr Lamprecht NJW 94, 562, Rudolph NJW 94, 1201, Wolf NJW 94, 1390, Spendel JR 94, 221, Roggemann JZ 94, 769, Bandel NStZ 94, 439 und Lorenz StV 95, 187). Diese Linie hat er in zahlreichen weiteren

Entscheidungen näher konkretisiert und zur stRspr fortentwickelt (expl BGHSt 40, 169 und 272 mit Anm Spendel JR 95, 214 und Schoreit StV 95, 195; BGHSt 41, 157 mit Anm Schroeder NStZ 95, 546; BGHSt 41, 247 und 317 mit Anm Maiwald JZ 96, 861; NStZ 96, 386, 99, 562 und 00, 91; NStZ-RR 00, 302, alle mwN). Danach kommt Rechtsbeugung namentlich in Frage: wenn Straftatbestände eindeutig überdehnt worden sind (probl JZ 98, 910 mit abl Anm Schroeder); wenn die verhängte Strafe in einem unerträglichen Mißverhältnis zu der abgeurteilten Handlung gestanden hat; wenn schwere Menschenrechtsverletzungen durch die Art und Weise des Verfahrens begangen worden sind; oder wenn die Entscheidung sonst, wie zB bei Wahlfälschungen, für das Zusammenleben der Menschen das Gewicht einer Menschenrechtsverletzung hat (BGHSt 41, 247, 254; 43, 183 mit Anm Müller NStZ 98, 195; die BGH-Rspr zusf Amelung, Die strafrechtliche Bewältigung des DDR-Unrechts durch die deutsche Justiz, 1996, S 17; Wassermann, Kaiser-FS, S 1405).

Im **Schrifttum** gehen die Meinungen, ob Rechtsbeugung überhaupt und unter **19 a** welchen Voraussetzungen erfassbar ist, weit auseinander. Die insgesamt wohl überwiegende Position lehnt die Rspr mit Recht als zu restriktiv und in der Grenzziehung zu unbestimmt ab; sie ist aber schon in den Ansätzen sehr uneinheitlich und bietet deshalb unterschiedliche Ergebnisse an (vgl die Nachw unter 16; ferner aus dem nach Konsolidierung der Rspr, etwa ab 1995 enstandenen Schrifttum: Spendel JZ 95, 375, 378, NJW 96, 809, JR 96, 177 und RuP 00, 226; Stanglow JuS 95, 971; Wassermann NJW 95, 2965 sowie RuP 96, 132 und 99, 101; Schroeder DRiZ 96, 81; Schulz ARSP, Beiheft Nr 65 [1996] S 173, 190; Hirsch AkadWissNRW, Vorträge G 342, S 23; Lehmann NJ 96, 561; Hohmann KJ 96, 494; Buchholz KJ 97, 237; Lüderssen JZ 97, 525, 531; Drobnig [Hrsg], Die Strafrechtsjustiz der DDR im Systemwechsel. Partei und Justiz, Mauerschützen und Rechtsbeugung, 1998; Hohoff, An den Grenzen des Rechtsbeugungstatbestandes, 2001; krit speziell zur Aufweichung des Gesetzlichkeitsprinzips Schroeder NJW 99, 89).

Obwohl im DDR-Recht eine **Sperrwirkung des Rechtsbeugungstatbe-** **19 b** **standes** (dazu 11 zu § 339) nicht anerkannt war, kann sie dem Richter oder Staatsanwalt auch dann nicht versagt werden, wenn seine Tat nach DDR-Recht zu beurteilen ist (BGHSt 41, 247, 255 und 317, 321 mit abl Anm Begemann NStZ 96, 389, alle mwN; s auch Bottke, in: Lampe aaO [vgl 12] S 226). Als allgemeines Prinzip ist sie auch aus § 244 StGB/DDR ableitbar.

Für DDR-Bürger, die durch **wahrheitsgemäße Angaben eine rechtsstaats-** **19 c** **widrige Verfolgung anderer DDR-Bürger durch Behörden der DDR** (Polizei, Staatsanwaltschaft, Gerichte) **veranlasst oder gefördert haben** (sog Denunziantenfälle), kommt Strafbarkeit wegen Freiheitsberaubung nach § 131 StGB/DDR nur in Frage, wenn der Vorsatz im Sinne der Einschränkung des Rechtsbeugungstatbestandes (vgl 19) eine Willkürmaßnahme umfasst hat; das folgt aus der notwendig einheitlichen Beurteilung dieses Unrechts (BGHSt 40, 125, 134; 42, 275 mit krit Bespr König JR 97, 317; s auch BGHSt 42, 332, 341, alle mwN).

In diesem Zusammenhang bilden die Tatbestände **zum Schutz von Wahlen** **20** (§§ 210, 211 StGB/DDR aF) einen Grenzfall. Einerseits waren sie Bestandteil des DDR-Unrechtssystems und haben durch ihre Ausgestaltung auch dessen Erhaltung gedient (die Unrechtskontinuität abl daher Hoyer SK 52 vor § 3; Rudolphi SK 5–7 vor § 105, beide mwN). Andererseits wurde aber speziell durch das Kommunalwahlrecht der Bürgerschaft eine – wenn auch bescheidene – Möglichkeit eingeräumt, ihre politische Einstellung zu dem Regime zu artikulieren, und dadurch ein systemunabhängiges Bürgerinteresse an unverfälschter Feststellung des Wahlergebnisses begründet. Der Schutz dieses Interesses, dem das demokratische Wahlrecht in gleicher Weise dient, lässt die Annahme von Unrechtskontinuität im Hinblick sowohl auf den durch das 6. StÄG/DDR geänderten § 211 StGB/DDR

(BGHSt 39, 54, 62 mit Anm König JR 93, 207) als auch auf die Wahldelikte des StGB vorzugswürdig erscheinen (stRspr; expl BGH aaO S 67; Laufhütte LK 1 vor § 107; s auch Marxen/WerleBil S 24, 224; zur Verfassungsmäßigkeit BVerfG NJW 93, 2524 mit krit Bespr Lorenz MDR 93, 705).

21 b) **Liegt Unrechtskontinuität vor** (vgl 14–20), so bestimmt sich das **mildere Gesetz** ausschließlich nach den Regeln des § 2 (vgl 3–7). Bei dem Vergleich bleibt die Zuordnung der Tatbestände zu dem Gebiet, den Institutionen oder den Interessen der DDR oder der Bundesrepublik außer Ansatz (vgl 13). Dasselbe gilt für die Verjährungsfrage, die in Art 315 a I EGStGB speziell geregelt ist (BGHSt 40, 48 mwN). Im Übrigen kommt es nicht auf die Identität des Wortlauts der zu vergleichenden Vorschriften, sondern nur auf die Unrechtskontinuität und darauf an, ob das Verhalten sowohl unter den Tatbestand des Tatzeitgesetzes als auch unter den des zu vergleichenden Gesetzes subsumiert werden kann. Für *diesen* Vergleich (also nicht für die Frage, ob die Tat nach DDR-Recht überhaupt strafbar war) ist das DDR-Recht unter Beachtung geltenden Verfassungsrechts und der Grundsätze rechtsstaatlichen Strafens, nicht nach den politischen Anschauungen in der DDR oder nach der Erwartung auszulegen, welche Strafe ein DDR-Gericht verhängt hätte (BGHSt 38, 18; Laufhütte LK 38 vor § 80; s auch Klein ZRP 92, 208, 213).

21a c) Wie und mit welcher Maßgabe § 2 II (vgl 2) anwendbar ist, wenn eine zeitlich gestreckte Tat (namentlich Fortsetzungs- oder Dauerstraftat) vor dem Beitritt strafbar (nach DDR-Recht) begonnen und über den Beitritt hinaus fortgesetzt wurde, ist in Art 315 I–III EGStGB nicht geklärt. Die Rspr wendet auf das Gesamtgeschehen grundsätzlich das Strafrecht der Bundesrepublik an, fordert aber, dass eine etwa mildere Strafdrohung des DDR-Rechts bei der Strafzumessung zu berücksichtigen ist (NStZ 93, 535 mit krit Anm Gribbohm; NStZ 94, 234, alle mwN).

22 2. Die Übergangsregelung des § 315 I–III (vgl 13–21 a) ist nicht anzuwenden, wenn für die Tat das Strafrecht der Bundesrepublik **schon vor dem Wirksamwerden des Beitritts gegolten hat** (Art 315 IV EGStGB). Das trifft zu, wenn es im Hinblick auf einen auch in der Bundesrepublik begründeten Tatort (3, 4 zu § 9) oder nach internationalem Strafrecht, namentlich nach den §§ 4–7, anwendbar war. Deshalb ist **stets vorab zu prüfen,** ob sich die Strafbarkeit in dieser Weise begründen lässt. Ist das der Fall, dann gilt nur das Strafrecht der Bundesrepublik mit der Folge, dass eine etwa konkurrierende Strafbarkeit nach DDR-Recht zurücktritt (zur Verjährung beachte 27) und die Frage nach dem milderen Gesetz nicht relevant wird (Lemke/Hettinger NStZ 92, 21, 23). Im Einzelnen:

23 a) Erfasst werden hier namentlich alle Taten, für die auf Grund der Weite des **Ubiquitätsprinzips** (5 zu § 9) oder der **Anwendbarkeit des Schutzprinzips** (namentlich § 5 Nr 1, 2, 3 b, 4, 5 a) deutsches Strafrecht gilt (zur Strafvereitelung nach § 258 beachte 4 zu § 9). Aus dem Gesetzeswortlaut, dem systematischen Zusammenhang und der Entstehungsgeschichte des EV ergibt sich zwingend, dass der Gesetzgeber die Strafbarkeit für diesen ganzen Bereich nicht in Frage stellen wollte (NJW 91, 2498, 2500; aM KG NJW 91, 2501, 2502). Allerdings war in Rspr und Lehre von vornherein umstritten, ob unter diesem Gesichtspunkt auch Spionagetätigkeit für die DDR (§§ 94, 96, 98, 99) erfasst werden konnte, soweit sie von deren Boden aus entfaltet wurde (zu Struktur und Organisation der DDR-Spionage Marxen/WerleBil S 126). Der **BGH** hat das mit Recht in stRspr bejaht (expl BGHSt 39, 260 mwN; aM KG NJW 91, 2501). Das **BVerfG** hat zwar zutreffend anerkannt, dass nach der Gesetzeslage die Strafbarkeit nicht verneint werden kann, meint aber, dass der Grundsatz der Verhältnismäßigkeit zu folgenden – in der Entscheidung näher umschriebenen – Einschränkungen zwinge: für Bürger der DDR, die Spionage gegen die Bundesrepublik allein vom Boden der DDR

Zeitliche Geltung § 2

aus oder in Staaten betrieben haben, in denen sie vor Strafverfolgung aus Rechtsgründen sicher waren, greift unmittelbar ein Verfolgungshindernis ein; bei Bürgern der DDR, die in der Bundesrepublik oder in Staaten gehandelt haben, in denen sie mit Strafverfolgung rechnen mussten, bedarf es einer Abwägung der Umstände des Einzelfalls, ob und wie weit die Bestrafung mit dem Übermaßverbot vereinbar ist; je nach dem Abwägungsergebnis ist auch hier ein Strafverfolgungshindernis oder mindestens ein Grund zu deutlicher Strafmilderung gegeben (BVerfGE 92, 277). – Da die Entscheidung in ihren tragenden Gründen für die Strafgerichte **bindend** ist (§ 31 BVerfGG), muss sie zur Grundlage der Rspr gemacht werden (BGHSt 41, 292; 43, 125, 129). Sie betrifft aber nur die Spionagetätigkeit als solche, also nicht damit verbundene sog Begleittaten, für die die allgemeinen Regeln gelten (BVerfG aaO S 339; s auch BVerfG NJW 95, 2706; BGHSt 41, 292, 301 mit Bespr Schlüchter/Duttge NStZ 96, 457; str). – Im **Schrifttum** ist der Diskussionsstand allerdings nach wie vor kontrovers. Teils wird das Ergebnis der bisherigen Rspr befürwortet (Nachw in BGHSt 39, 260), jedoch meist (anders Doehring ZRP 95, 293) mit der Forderung nach einer Amnestie für diese Taten verbunden (Simma/Volk NJW 91, 871; Volk JR 91, 431, 433; Schuster ZaöRV 91, 651, 676; Paeffgen NK 31 vor § 93; s auch Hillenkamp JZ 96, 179). Eine starke Meinungsgruppe schließt dagegen mit sehr verschiedenartigen Ansätzen eine strafgerichtliche Verurteilung nach Völkerrecht, Verfassungsrecht oder materiellem Strafrecht aus (Nachw in BGHSt 39, 260). – Der Begründungsweg des BVerfG ist weithin auf Ablehnung gestoßen, weil der Verhältnismäßigkeitsgrundsatz nach dem in der Staatsrechtsdogmatik maßgebenden Verständnis für die Annahme eines Verfolgungshindernisses nicht tragfähig sei (so überzeugend die überstimmten Richter in ihrem Sondervotum aaO S 341; krit ua auch Arndt NJW 95, 1803; Classen NStZ 95, 371; Widmaier NJ 95, 345; Schroeder JR 95, 441; Ridder, Die deutsch-deutsche Spionage, 1996, S 15; Schlüchter/Duttge NStZ 96, 457; Gehrlein, Die Strafbarkeit der Ost-Spione auf dem Prüfstand des Verfassungs- und Völkerrechts, 1996 mit Bespr Gornig JZ 99, 299; Kreß GA 99, 396 und Paeffgen aaO; zust aber Albrecht NJ 95, 337). Überdies bildet ein Verfolgungshindernis in der vom Gericht postulierten Form einen Fremdkörper im Strafprozessrecht (Volk NStZ 95, 367; s auch Bay NJW 96, 669 mit Anm Schmidt JR 96, 427). Auf der Grundlage der von ihm vertretenen Strafbarkeit hat das BVerfG eine nur dem Gesetzgeber zustehende Amnestie gewährt, die in ihren Auswirkungen problematisch ist, weil sie die leitenden Funktionäre in den Zentralen straffrei stellt, die Agenten vor Ort aber, die in der Organisationskette nur vollziehende Organe sind, dem Strafbarkeitsrisiko aussetzt. Die dadurch entstandene widersprüchliche Lage ist für einen Rechtsstaat schwer erträglich. Offenbar hat die Praxis die Problematik – mindestens teilweise – durch (extrem?) großzügige Einstellung der einschlägigen Verfahren entschärft (so Schmidt aaO).

b) Nach dem Schutzprinzip erfasst wird hier ferner **§ 5 Nr 6**, der nach früherer, allerdings sehr umstrittener Rspr auch Verschleppungen und politische Verdächtigungen (§§ 234 a, 241 a) dem Strafrecht der Bundesrepublik unterwarf, wenn sich die Tat gegen einen Deutschen mit Wohnsitz oder gewöhnlichem Aufenthalt in der DDR richtete (BGHSt 30, 1; 32, 293; krit Krey/Arenz JR 85, 399 mwN). Diese Rspr hat der BGH für DDR-Alttaten ausdrücklich bestätigt (BGHSt 40, 125 mit krit Anm Reimer NStZ 95, 83 und Seebode JZ 95, 417; BGHSt 43, 125; NStZ 97, 435 mit Anm Schroeder; s auch Marxen/Werle Bil S 66, 227). 23 a

c) An sich müssten hier auch alle Taten erfasst werden, die den **Vertrieb von Betäubungsmitteln** zum Gegenstand haben; denn für sie hat nach **§ 6 Nr 5** das Strafrecht der Bundesrepublik schon vor dem Beitritt gegolten. Es müsste deshalb nach Art 315 IV EGStGB unabhängig vom DDR-Recht anwendbar sein (M-Zipf AT 1 11/58; ohne Begr aM BGHSt 38, 1 und Laufhütte LK 37 vor § 80, wonach 24

§ 2 anzuwenden ist; krit dazu BGHSt 39, 317, 319). Jedenfalls ist aber die Unrechtskontinuität (vgl 18, 21) zwischen den Vorschriften des SuchtmittelG/DDR und des BtMG regelmäßig unproblematisch (BGH aaO).

25 d) Erfasst werden hier ferner alle Taten, auf die **schon vor dem Beitritt § 7 anwendbar** war. Praktisch kommt das jedoch nur in Ausnahmefällen in Frage:
aa) **Deutsche mit Lebensgrundlage in der DDR** (2 zu § 5) hat die Rspr nach ihrem Übergang zum internationalen Strafrecht (BGHSt 30, 1) unter Berufung auf den Geist des Grundlagenvertrages von 1972 nicht in den **Schutzbereich des § 7 I** einbezogen und eine Ausnahme nur für den Fall anerkannt, dass das Opfer auf Grund einer Verschleppung oder politischen Verdächtigung (dazu 23a) eine Freiheitsberaubung (§ 239) erlitten hatte (BGHSt 32, 293, 297). Nicht nur diese Rspr, sondern vor allem die Einbeziehung weiterer Fallgruppen in den Schutzbereich des Strafrechts der Bundesrepublik war vor dem Beitritt der DDR umstritten (zusf Krey/Arenz JR 85, 399 mwN). Da Art 315 I–III EV nunmehr für die Alttaten eine adäquate Lösung vorsieht, hat der BGH bei erster sich bietender Gelegenheit eine Ausdehnung des Anwendungsbereichs von § 7 I und damit zugleich von Art 315 IV EGStGB über den Bestand der früheren Rspr hinaus abgelehnt (hM; vgl BGHSt 39, 1, 7; anders Wilms/Ziemske ZRP 94, 170, beide mwN). Inzwischen hat er auch seine frühere Annahme, dass für die aus einer politischen Verdächtigung erwachsene Freiheitsberaubung eine Ausnahme gelte, mit Recht aufgegeben (BGHSt 40, 125, 130; s auch NStZ 95, 288; Lemke/Hettinger NStZ 92, 21, 23; Renzikowski JR 92, 270).

26 bb) Auch **§ 7 II** scheidet als Grundlage für Art 315 IV EGStGB weitgehend aus. Seine **1. Alternative** (Täter zur Tatzeit Deutscher) war vor dem Beitritt auf Deutsche mit Lebensgrundlage in der DDR (2 zu § 5) nicht anwendbar, weil dem der Grundlagenvertrag entgegenstand (BGHSt 39, 1, 7 mwN). Übrig bleiben nur Taten, die Bundesbürger vor dem Beitritt in der DDR begangen haben und die auch am Tatort mit Strafe bedroht waren (dazu 2 zu § 7). Bei Ermittlung der „identischen Norm" versagt die Rspr die Anerkennung von Rechtfertigungs- und Entschuldigungsgründen, die universal anerkannten Rechtsgrundsätzen widersprechen, ebenso wie bei entsprechenden Taten von DDR-Bürgern (vgl 16, 16a, 19–19b); soweit sie jedoch deren strafrechtliche Haftung auf Willkürakte beschränkt hat (oben 19 sowie 1a zu § 241a), soll das für Taten von Bundesbürgern nicht gelten (BGHSt 42, 275 mit Bespr König JR 97, 317; zw). – Auch seine **2. Alternative** (Neubürger) fällt regelmäßig aus: der Beitritt selbst begründet die Anwendbarkeit nicht, weil insoweit Art 315 I EGStGB eine abschließende Sonderregelung trifft (vgl 13); auch der vor dem Beitritt eingereiste Übersiedler wird nicht erfasst, weil die Neubürgerregelung schwerpunktmäßig stellvertretende Strafrechtspflege bezweckt (1 zu § 7) und der Grund für ihre Ausübung durch den Beitritt weggefallen ist (so im Ergebnis mit Recht Samson NJW 91, 335, 337; Laufhütte LK 37 vor § 80; aM BGHSt 39, 317 mit abl Anm Lackner NStZ 94, 235; Tröndle/Fischer 9a zu § 7; zw).

27 3. a) Für die **Verjährung von Alttaten** (zusf Otto Jura 94, 611; für eine Fallgruppe, die zwar vom Wortlaut des Gesetzes erfasst wird, seinem Zweck aber widerspricht, einschr Albrecht GA 00, 123) gilt der (abschließende) Art 315a EGStGB (Anh I). Er beruht auf dem EV, ist inzwischen aber durch die drei Verjährungsgesetze (12, 13 vor § 1) ergänzt worden (zusf Letzgus NStZ 94, 57; Rudolphi SK 13–18 vor § 78, beide mwN; krit Zimmermann, Strafrechtliche Vergangenheitsaufarbeitung und Verjährung, 1997, S 112). Für seine Auslegung ist nur der Inhalt seiner Einzelvorschriften maßgebend; die engere Fassung der Überschrift (Beschränkung auf in der DDR bereits verfolgte oder abgeurteilte Taten), die zu unverständlichen inneren Widersprüchen führen würde, findet im Wortlaut keinen Niederschlag (BGHSt 39, 353, 356 mwN; str). Der Berechnung des Ver-

Zeitliche Geltung § 2

jährungsablaufs bis zum Beitritt sind bei Alttaten, **die nach Art 315 I–III EGStGB überzuleiten sind,** die Fristen des DDR-Rechts (dazu BGHSt 41, 72, 81 mit Bespr Widmaier NStZ 95, 361, 364 und Schuster NJW 95, 2698; Naumburg NJ 98, 94 mit krit Anm Lemke), bei Taten dagegen, für die **das Recht der Bundesrepublik schon vor dem Beitritt gegolten hat** (Art 315 IV EGStGB), die Fristen des § 78 III zu Grunde zu legen (Bay NJW 96, 669; beachte jedoch 27a); dabei kann für die letzteren Taten ein Ruhen der Verjährung nicht angenommen werden, weil ihrer Verfolgung nach dem Recht der Bundesrepublik kein gesetzliches, sondern nur ein tatsächliches Hindernis entgegenstand (hM; anders Cramer NStZ 95, 114). Soweit danach die Verjährung zurzeit des Beitritts noch nicht abgelaufen war, gilt sie als unterbrochen (§ 78c) und wird alsdann nach den Fristen des § 78 III unter Beachtung der Modifizierungen nach Art 315a II, III berechnet (zur Verfassungsmäßigkeit dieser Regelung BGHSt 39, 353, 357; Naumburg NStZ 98, 411; Pieroth/Kingreen NJ 93, 385; Heuer/Lilie DtZ 93, 354, alle mwN; str). Die absolute Verjährungsfrist (Abs 1 S 3 Halbs 2 iVm § 78c III S 2) beginnt mit Tatbeendigung (§ 78a) und ist nach den Fristen des § 78 III (nicht denen des DDR-Rechts) zu berechnen (NStZ 98, 36; Naumburg aaO; Letzgus NStZ 94, 57, 58; Jähnke LK 43 zu § 78c mwN). Der vorrangige § 315a II EGStGB ist zudem hinsichtlich der Ablaufzeitpunkte zu beachten (NStZ-RR 01, 328; Jähnke LK 44 zu § 78c). – Bei Agententätigkeit nach §§ 98, 99 soll nach der Rspr (BGHSt 43, 1) die Verjährung erst mit dem Abbruch oder dem sonstigen Ende der Beziehung beginnen (3 zu § 78a; 7 zu § 98; beachte jedoch die Kritik in 6 zu § 78a). Auf dieser Grundlage kommt es stets auf die Beendigung der Beziehung eines DDR-Agenten, nicht auf eine uU vorausgegangene Einstellung seiner Aktivitäten in der Bundesrepublik an (Bay aaO; speziell zur Beendigung der Tätigkeit für das MfS nach der Wende in der DDR Schmidt NStZ 95, 262).

b) Das **VerjG** (12 vor § 1) sieht vor, dass bei Berechnung der Verjährungsfrist 27a für die Verfolgung von Taten, die während der Herrschaft des SED-Unrechtsregimes begangen wurden, aber entsprechend dem ausdrücklichen oder mutmaßlichen Willen der Staats- und Parteiführung aus politischen oder sonst mit wesentlichen Grundsätzen einer freiheitlichen rechtsstaatlichen Ordnung unvereinbaren Gründen nicht geahndet worden sind, die Zeit vom 11. 10. 1949 bis zum 2. 10. 1990 außer Ansatz bleibt. In dieser Zeit hat die Verjährung geruht (§ 78b). Außerdem bestimmt der (eingefügte) Art 315a I S 2 EGStGB, dass die in dessen S 1 getroffene Verjährungsregelung auch dann gilt, wenn für die Tat vor dem Wirksamwerden des Beitritts auch das Strafrecht der Bundesrepublik gegolten hat. Das VerjG verfolgt nur den Zweck, die vor seinem Erlass umstrittene Rechtslage klarzustellen (BGHSt 40, 48, 55 und 113, 115; s auch NJW 95, 2732 und 2861; NStZ 00, 252; NStZ-RR 01, 239). Kontrovers wurde zuvor vor allem die Frage beantwortet, ob während der Herrschaft des Regimes in Anlehnung an die Rspr zu den NS-Verbrechen die Verjährung solcher Taten geruht hat. Außerdem war bei Taten, für die das Strafrecht der Bundesrepublik schon vor dem Beitritt gegolten hat (Art 315 IV EGStGB) oder die in der Zeit vor dem Grundlagenvertrag von 1972 auf Grund interlokalen Strafrechts verfolgt werden konnten, umstritten, ob nach Ablauf der nach dem Strafrecht der Bundesrepublik maßgebenden Fristen endgültig Verjährung eingetreten war oder ob der Rückgriff auf eine konkurrierende, infolge Ruhens der Verjährung, längerer Verjährungsfristen nach §§ 82, 83 StGB/DDR oder Unverjährbarkeit nach § 84 StGB/DDR noch nicht verjährte Strafbarkeit nach DDR-Recht zulässig war. Das VerjG (vgl die BRats-Vorlage, BT-Dr 12/3080 S 5 sowie die Beschlussempfehlung und den Bericht des BT-Rechtsausschusses, BT-Dr 12/4140) hat beide Fragen bejaht. Die Rspr und überwiegend auch das Schrifttum (anders ua Otto Jura 94, 611, 613; in einem Teilbereich auch Albrecht GA 00, 123) sind ihm dabei – gestützt auf die bloße Klarstel-

§ 2 AT. 1. Abschnitt. 1. Titel. Geltungsbereich

lungsfunktion des Gesetzes – gefolgt (expl BGHSt 40, 48, 55 mit Anm Jakobs NStZ 94, 332 und König JR 94, 339; NStZ 00, 252; NStZ-RR 01, 239; zur Verfassungsmäßigkeit auch BVerfG NStZ 98, 455).

27 b c) Das nachfolgende 2. VerjG (13 vor § 1) ist inzwischen weitgehend bedeutungslos geworden. Es hatte allgemein bestimmt, dass die Verfolgung von Taten der unteren und mittleren Kriminalität, sofern sie vor einem bestimmten Stichtag begangen wurden und noch nicht verjährt waren, frühestens mit Ablauf der Jahre 1995 und 1997 verjähren. Das 3. VerjG (13 vor § 1) hat diesen Zeitpunkt für Taten mittlerer Kriminalität bis zum 2. 10. 2000 aufgeschoben. Da auch dieser Tag inzwischen erreicht ist, kommt die Durchführung einschlägiger Strafverfahren nur noch in Frage, wenn die Verjährung rechtzeitig unterbrochen wurde. Diese wenigen Ausnahmefälle rechtfertigen es nicht, die Rechtsentwicklung auf diesem Gebiet im Einzelnen darzustellen.

27 c d) Auf die **Verjährung** von Alttaten, die im Sinne der **§§ 176–179** tatbestandsmäßig, aber nach § 315 I EGStGB iVm § 2 nach DDR-Recht zu beurteilen sind, **ist § 78 b I Nr 1 nicht entsprechend anwendbar**. Es fehlt an einer planwidrigen Regelungslücke, weil in den Gesetzesberatungen durchaus erkannt wurde, dass gegenüber den einschlägigen Alttaten kein Wertungswiderspruch entstehen dürfe (BT-Dr 12/6980 S 5); offenbar hat man angesichts des allgemeinen Aufschubs der Verjährung von Alttaten (vgl 27 b) das kriminalpolitische Bedürfnis verneint (aM BGHSt 47, 245, 248 mit zust Anm Ebert JR 03, 120; Naumburg NStZ 98, 411; Puls DtZ 95, 392; zw).

28 4. Zur Modifizierung der **Strafdrohungen** des DDR-Rechts und zu ihrer möglichst weitgehenden Anpassung an das Strafensystem des StGB durch Art 315 I, II EGStGB vgl 11 (s auch 8 zu § 53; 8 zu § 54).

29 5. Für die **Strafzumessung** sind ebenso wie bei dem zur Strafbegründung erforderlichen Vergleich der beiden Rechtsordnungen (vgl 21) die Grundsätze rechtsstaatlichen Strafens maßgebend, nicht die Erwartung, mit welcher Strafe in der DDR zu rechnen gewesen wäre (BGHSt 38, 18). Die ideologische Überzeugung des Täters rechtfertigt deshalb nicht schon als solche eine Strafmilderung (bei Schmidt MDR 92, 545; Koblenz StV 91, 464; krit Widmaier und Fletscher StV 91, 465), wohl aber kann seine Verstrickung in das Unrechtssystem und die damit verbundene Minderung des Unrechtsbewusstseins zu Buch schlagen. – In der DDR erlittene **Vorstrafen** können nach den allgemeinen Regeln (37 zu § 46) strafschärfend berücksichtigt werden; jedoch scheiden solche Vorstrafen aus, die wegen nicht mehr mit Strafe bedrohter Taten (namentlich Republikflucht, DtZ 93, 373) verhängt worden sind oder bei denen Anhaltspunkte dafür bestehen, dass sie das Maß des Schuldangemessenen in nicht hinnehmbarem Umfang überschritten haben (BGHSt 38, 71); auszuscheiden sind ferner Vorstrafen, für welche die nach dem EV übernommenen Tilgungsfristen des Strafregistergesetzes der DDR abgelaufen sind (§ 64 a iVm § 51 BZRG). Umgekehrt kann besondere Härte des DDR-Strafvollzugs auch nur in den Grenzen der allgemeinen Regeln (BGH aaO) zur Milderung führen (NStZ 92, 327).

30 6. Auf die **Anrechnung von UHaft** ist § 51 IV S 2 (im Ausland erlittene Freiheitsentziehung) nicht anwendbar (BGHSt 38, 88 mit Anm Terhorst JR 92, 341); jedoch wirkt eine etwa vorliegende besondere Härte des Haftvollzugs in der DDR strafmildernd (BGH aaO).

30 a 7. Beim **Zusammentreffen mehrerer selbstständiger Taten (Tatmehrheit)**, die im Beitrittsgebiet teils vor und teils nach Wirksamwerden des Beitritts begangen wurden und gleichzeitig abgeurteilt werden, ist es unzulässig, eine Hauptstrafe nach §§ 63, 64 StGB/DDR und eine Gesamtstrafe nach §§ 53, 54 zu verhängen und nebeneinander bestehen zu lassen. Es ist vielmehr nur eine Ge-

Zeitliche Geltung § 2

samtstrafe nach dem StGB zu bilden (NStZ 96, 275 mit Anm Dölling NStZ 97, 77; NStZ 99, 82).

8. Im Bereich der **Aussetzung zur Bewährung** kommt im Erkenntnisverfahren in Frage, dass auch § 33 StGB/DDR (Verurteilung auf Bewährung), der im Recht der Bundesrepublik keine Parallele hat, als das mildere Gesetz anwendbar ist (NJW 95, 2861). – Umgekehrt ist im DDR-Recht eine Strafaussetzung zur Bewährung im Sinne des § 56 nicht vorgesehen (BGHSt 41, 247, 277), so dass aus diesem Grunde das Recht der Bundesrepublik milder sein kann. – Im Vollstreckungsverfahren sind die Vorschriften des StGB über die Aussetzung eines Strafrestes und den Widerruf ausgesetzter Strafen (§§ 56f, 57, 57a) nur anzuwenden, wenn die entsprechenden Vorschriften des DDR-Rechts im Sinne des § 2 nicht milder sind (Art 315 III EGStGB; vgl 11; s auch Celle DtZ 93, 188). Bei zeitigen Freiheitsstrafen kommt es auf den Vergleich mit den Voraussetzungen der Aussetzung nach § 45 I StGB/DDR bzw der Widerrufs nach § 45 V, VI StGB/DDR an (Brandenburg NStZ 94, 510; Dresden NStZ-RR 00, 303; Siegert NStZ 92, 118). Die Aussetzung des Restes einer lebenslangen Freiheitsstrafe (§ 57a) ist stets milder, weil das DDR-Recht insoweit keine Aussetzung vorsieht (Brandenburg NStZ 95, 547; Dresden StV 01, 414); für die Frage, ob in diesen Fällen die besondere Schwere der Schuld weitere Vollstreckung gebietet (§ 57a I Nr 2), ist neben den allgemeinen Voraussetzungen auch zu berücksichtigen, ob das Urteil unter rechtsstaatlichen Gesichtspunkten der Bewertung der Schuldschwere überhaupt zugrundegelegt werden kann und ob die nach DDR-Recht verhängte Strafe auch nach dem Recht der Bundesrepublik hätte verhängt werden können (Brandenburg und Dresden aaO). – Ist die Strafe wegen einer Altat auf Grund des Amnestiebeschlusses vom 17. 7. 1987 (GBl/DDR 191), des Gesetzes zum teilweisen Straferlass vom 28. 9. 1990 (GBl/DDR I 1987) oder im Kassationsverfahren ermäßigt worden, so dürfte – anders als bei gewöhnlichen Gnadenentscheidungen – Grundlage für die Berechnung der Mindestverbüßungszeit (2–6 zu § 57; 8 zu § 57a) nicht die gerichtlich verhängte, sondern die ermäßigte Strafe sein; da diese Maßnahmen einen Eingriff nicht nur in die Vollstreckung, sondern schon in die Strafe selbst bezweckten, würde es dem hier gebotenen Vertrauensschutz widersprechen, in die Ermäßigung nicht auch die Mindestverbüßungszeit einzubeziehen (für die Amnestie von 1987 im Ergebnis ebenso BVerfG NStZ 95, 205 mit Anm Alex NStZ 95, 615, beide mwN; für das Ges von 1990 wie hier auch LG Potsdam MDR 94, 713; Alex aaO; zw). – Ist die Strafe auf Grund des Amnestiebeschlusses vom 6. 12. 1989 (GBl/DDR I 266) bedingt erlassen worden, so ist die Anordnung des Vollzugs der Strafe nicht mangels zureichender Rechtsgrundlage ausgeschlossen (so aber Koblenz MDR 92, 1175), sondern unter den Bedingungen des Amnestiebeschlusses und in entsprechender (nach KG JR 94, 75 in unmittelbarer) Anwendung der für die Aussetzung des Strafrestes geltenden Zuständigkeits- und Verfahrensvorschriften der §§ 453 I, 462a I StPO iVm § 56f StGB zulässig (Stuttgart NStZ 93, 359; aM Dresden NStZ 93, 557 und Rostock MDR 93, 1231, die die Zuständigkeit der Vollstreckungsbehörde annehmen; zw). **31**

9. Eine **Verwarnung mit Strafvorbehalt** kommt zwar als das mildere Recht der Bundesrepublik durchaus in Frage. Sie muss aber den engen Voraussetzungen des § 59 entsprechen und ist deshalb schon mit Rücksicht auf Art 315 I EGStGB, der bei Taten von geringer Schwere das Absehen von Strafe vorschreibt, auf Unrechtstaten der Funktionäre des SED-Regimes regelmäßig nicht anwendbar (BGHSt 40, 307, 320). **31a**

10. Für die Anordnung von **Maßregeln der Besserung und Sicherung** (§ 61) sind Art 315 I S 2 EGStGB (Ausschluss von Sicherungsverwahrung und Führungsaufsicht), Art 315 IV EGStGB (Geltung des Strafrechts der Bundesrepublik), das SichVG (Erstreckung der Sicherungsverwahrung auf das Beitrittsgebiet; **32**

Vor §§ 3–7 AT. 1. Abschnitt. 1. Titel. Geltungsbereich

dazu 22–25 zu § 66) und im Übrigen das zurzeit der Entscheidung geltende Recht (der Bundesrepublik) maßgebend (§ 2 VI; beachte auch 5 zu § 69b). Soweit im Einzelfall nach DDR-Recht eine vergleichbare vorbeugende Maßnahme nicht zulässig war, ist der allgemeine öffentlich-rechtliche Gesetzesvorbehalt zu beachten (8 zu § 1). – Ist vor dem Beitritt nach §§ 15 II oder 16 III StGB/DDR (iVm § 11 EinwG/DDR) die Einweisung in eine psychiatrische Einrichtung angeordnet worden, so ist es verfassungsrechtlich nicht zulässig, sie als Maßregel im Sinne des § 63 zu behandeln und nach den §§ 67–67 g abzuwickeln (so aber KG NStZ 94, 148 mit Anm Toepel, beide mwN); anwendbar sind vielmehr die §§ 70 ff FGG (BVerfG NStZ 95, 399 mit krit Anm Toepel NStZ 96, 101, beide mwN; zw).

33 11. Zum **Strafantrag** sieht der – inzwischen weitgehend bedeutungslos gewordene (beachte jedoch AG Chemnitz NJ 97, 94 mit Anm Rautenberg) – Art 315b EGStGB eine (modifizierte) Geltung der §§ 77 ff vor.

34 12. Mit ihrer **Marxen/Werle Bil** haben die Verfasser auf Grund aller für sie erreichbaren Ermittlungsakten der zuständigen Staatsanwaltschaften und Gerichte einen **abschließenden Bericht** vorgelegt, der die Erscheinungsformen des DDR-Unrechts darstellt und abschließend bewertet. Sie halten den „strafrechtlichen Aufarbeitungsprozess" im Wesentlichen für gelungen (aaO S 241). Vor allem der im Ergebnis sehr weittragenden Beschränkung der Verfolgung auf schwere Menschenrechtsverletzungen und auf Wahlfälschungen stimmen sie zu (aaO S 242). Die Verfolgung von Menschenrechtsverletzungen sei zur Aufklärung der Öffentlichkeit und der daraus folgenden Bildung des öffentlichen Bewusstseins (aaO S 245) und vor allem für die Opfer unerlässlich, weil ihnen in den Verfahren öffentlich bestätigt wurde, dass sie Unrecht erlitten haben (aaO S 246). – Die Verfasser räumen aber auch Mängel ein: Sie meinen, dass mit Hilfe besserer gesetzlicher Vorgaben eine raschere Erledigung, kürzere Verfahren und ein einheitliches Vorgehen der Strafverfolgungsbehörden möglich gewesen wäre (aaO S 247). Auch die Verjährungsgesetzgebung weise schwere Mängel auf (aaO S 248). Zu einer weitgehend übereinstimmenden Bewertung kommt auch Rogall BGHFG, S 383.

Vorbemerkung zu den §§ 3 bis 7

1 1. Die §§ 3–7 regeln das sog **internationale Strafrecht** (Strafanwendungsrecht; eingehend Oehler, IntStr; Grundfälle: Werle/Jeßberger JuS 01, 35, 141). Es ist reformbedürftig, weil die jüngere Entwicklung des Völkerstrafrechts eine nachhaltige Begrenzung des Anwendungsbereichs dieser Vorschriften erfordert (Lagodny/Nill-Theobald JR 00, 205); die EU-Kommission ist – gestützt auf Art 31d EUV – 2001 in Vorarbeiten zur allgemeinen Harmonisierung des internationalen Strafrechts eingetreten und favorisiert das Territorialitätsprinzip (Vogel, in: Zieschang/Hilgendorf/Laubenthal [Hrsg], Strafrecht und Kriminalität in Europa, 2003, S 29, 53). – Zur Anwendbarkeit des deutschen Strafrechts auf kriminelle Publikationen im Internet Hilgendorf ZStW 113, 650, 659.

a) Die Vorschriften sind **einseitige Kollisionsnormen,** da sie nicht die Anwendung ausländischen Strafrechts vorsehen, sondern nur den Umfang der innerstaatlichen Strafgewalt dadurch festlegen (Jescheck/Weigend AT S 163; krit Neumann, Müller-Dietz-FS, S 589, 595; aM Lemke 1), dass sie den Anwendungsbereich deutschen Strafrechts für Taten, die Beziehungen zum Ausland aufweisen, begrenzen (Makarov, Kern-FS, S 253, 257; s auch Schroeder DA 68, 353; anders Neumann aaO S 603).

b) Taten im Sinne des internationalen Strafrechts sind, wie sich aus dem Sachzusammenhang ergibt (namentlich aus § 9), auch Teilnahme, Versuch und versuchte Beteiligung, soweit sie mit Strafe bedroht sind.

Vorbemerkung Vor §§ 3–7

c) **Deutsches Strafrecht** ist die Summe aller Normen der Bundesrepublik Deutschland (in den Grenzen des EV) und ihrer Länder, soweit sie Voraussetzungen und Folgen rechtswidriger Taten (18 zu § 11) bestimmen. Es umfasst danach auch das Nebenstrafrecht und neben den Deliktstatbeständen grundsätzlich – vorbehaltlich allerdings von Ausnahmen, die sich aus der Einheit der jeweiligen ausländischen Rechtsordnung ergeben können – auch die blankettausfüllenden Normen (Karlsruhe NStZ 85, 317; speziell zum deutschen Insiderstrafrecht [§ 38 WpHG] Konring WM 98, 1369) sowie die Unrechts-, Schuld- und Strafausschließungsgründe des deutschen Rechts (Köln MDR 73, 688). Ist es im Einzelfall anwendbar, so wird damit die Berücksichtigung auch ausländischer Rechtssätze im Rahmen der Subsumtion (zB Beurteilung der Fremdheit einer Sache beim Diebstahl) nicht ausgeschlossen (Bay NJW 72, 1722; Nowakowski JZ 71, 633; Liebelt GA 94, 21; speziell zum Irrtum Neumann aaO S 604; eingehend Cornils, Die Fremdrechtsanwendung im Strafrecht, 1978).

2. Für die Anknüpfung kommen vor allem in Frage: der **Gebietsgrundsatz** (Territorialitätsprinzip), der die Geltung des Strafrechts auf das Staatsgebiet und damit auf solche Taten beschränkt, die innerhalb des staatlicher Souveränität unterliegenden Raumes begangen werden; das mit dem Gebietsgrundsatz verwandte **Flaggenprinzip,** nach dem das innerstaatliche Strafrecht auf Taten an Bord von Schiffen und Luftfahrzeugen erstreckt wird, die bei dem jeweiligen Staat registriert sind; der **aktive Personalgrundsatz** (Personalitätsprinzip, Staatsangehörigkeitsprinzip), der sich in Systemen, denen er als herrschendes Prinzip zu Grunde liegt, auf eine Treuepflicht des Täters gegenüber seiner Heimat und ihren Gesetzen stützt; der **Schutzgrundsatz** (Realprinzip), der die Geltung des Strafrechts an den Belangen der eigenen Rechtsgemeinschaft orientiert und deshalb auch den sog **passiven Personalgrundsatz** (Individualschutzprinzip) umfasst, weil er die Strafbarkeit von der Verletzung eines eigenen Staatsangehörigen abhängig macht; der **Weltrechtsgrundsatz** (Universalprinzip), der im Interesse der ganzen Menschheit, jedoch in den Grenzen des Völkerrechts (1 zu § 6), unbeschränkte Strafbarkeit vorsieht; der **Grundsatz der stellvertretenden Strafrechtspflege,** der die Geltung des Strafrechts in Fällen bestimmt, in denen eine ausländische Strafgewalt am Einschreiten gehindert ist (zusf Oehler, Grützner-FS, S 110; krit Zieher, Das sog Internationale Strafrecht nach der Reform, 1977, S 75); das **Kompetenzverteilungsprinzip,** das auf dem Gedanken beruht, auf Grund zwischenstaatlicher Vereinbarungen die Zuständigkeit zur Aburteilung von Taten aus Zweckmäßigkeitsgründen und unter der Gerechtigkeit willen so zu bestimmen, dass Überschneidungen konkurrierender Strafrechte möglichst eingeschränkt und Doppelbestrafungen vermieden werden (Gribbohm LK 138).

3. Das **geltende Recht** ist im 2. StrRG (4 vor § 1) wieder zu dem deutscher Rechtstradition entsprechenden System zurückgekehrt (Vogler DAR 82, 73). Es macht den Gebietsgrundsatz zum tragenden Prinzip des Strafanwendungsrechts und gibt den übrigen Grundsätzen nur insoweit Raum, als überwiegende kriminalpolitische Gründe eine Erweiterung des Anwendungsbereichs erfordern. Das aktive Personalitätsprinzip hat danach nur noch auf Spezialgebieten oder aus Gründen, die sich aus dem Gedanken internationaler Solidarität ergeben (Gribbohm LK 133), ergänzende Funktion.

4. a) Inland (§§ 3, 5 Nr 6, 6a, 8 Buchst a, § 7 II Nr 2) ist ein funktioneller Begriff. Er umfasst das Gebiet, in dem deutsches Strafrecht auf Grund hoheitlicher Staatsgewalt seine Ordnungsfunktion geltend macht (BGHSt 30, 1). Seit Wirksamwerden des Beitritts der DDR (Art 1 I EV) deckt er sich mit dem staatsrechtlichen Inlandsbegriff und umfasst die in der Präambel des GG genannten Länder. Zum Inland gehören neben dem Landgebiet auch die Eigengewässer, das Küstenmeer und der Luftraum über dem Staatsgebiet, nicht jedoch der Festlandsockel

Vor §§ 3–7 AT. 1. Abschnitt. 1. Titel. Geltungsbereich

(unstr). Im Bereich der Zoll- und Einfuhrgesetze gelten Erweiterungen (zusf Gribbohm LK 279–290). Einbezogen sind danach ua die Zollstellen der Bundesrepublik, die außerhalb des Bundesgebiets liegen (Bay NJW 83, 529) und die Reisezüge, in denen deutsche Zollbeamte zur Grenzabfertigung auf fremdem Staatsgebiet befugt sind (Oldenburg MDR 74, 329).

5   **b)** Das StGB verwendet häufig auch noch (zB in § 5) den Begriff des **räumlichen Geltungsbereichs dieses Gesetzes**. Dieser deckt sich seit Wirksamwerden des Beitritts der DDR (Art 1 I EV) grundsätzlich mit dem Begriff des Inlands.

6   **c) Ausland** ist jedes Gebiet außerhalb des Inlands (vgl 4), also auch das offene Meer und Gebiete ohne Staatshoheit.

7   **5. a) Deutscher** ist, wer die deutsche Staatsangehörigkeit im Sinne des Art 116 I GG besitzt, grundsätzlich also auch der deutsche Volkszugehörige (BVerfGE 36, 1, 30; BGHSt 11, 63). Jedoch werden Taten, die Deutsche mit Lebensgrundlage in den Gebieten jenseits der Oder-Neiße-Grenze dort begangen haben, nicht erfasst; ihre Einbeziehung wäre mit den von der Bundesrepublik im Warschauer Vertrag übernommenen Pflichten unvereinbar.

8   **b) Ausländer** ist jeder, der nicht Deutscher ist, also auch der Staatenlose.

9   **6.** Der Geltungsbereich des deutschen Strafrechts hängt nicht nur von den §§ 3 ff, sondern vorrangig von der **Auslegung** der einzelnen Tatbestände ab. Die Anwendung deutschen Strafrechts ist nur begründet, wenn der zu Grunde liegende Sachverhalt mit den Ordnungsaufgaben des inländischen Rechts sinnvoll verbunden ist (Saarbrücken NJW 75, 506). Bei Individualrechtsgütern (zB auch dem Hausrecht in ausländischen Botschaften, Köln NJW 82, 2740 mit abl Anm Bernsmann StV 82, 578; s auch Lenckner JuS 88, 349; zw) ist das idR schon nach den Grundsätzen des völkerrechtlichen Fremdenrechts zu bejahen (Vogler NJW 77, 1866 mwN). Auch bei Universalrechtsgütern sind ausländische Interessen häufig einbezogen (vgl etwa BGHSt 18, 333, 334; 21, 277, 280; 29, 85, 87; wistra 93, 224); jedoch kann hier, namentlich bei Rechtsgütern des Staates, die Auslegung ergeben, dass nur inländische Interessen geschützt werden sollen (Oehler JR 80, 485; B-Weber/Mitsch AT 7/39; eingehend Lüttger, Jescheck-FS, S 121; zusf Stoffers JA 94, 76). Das trifft zB zu für die Tatbestände über Hochverrat, Rechtsstaatsgefährdung und Landesverrat, über den Schutz der Landesverteidigung nach §§ 109 ff, über Widerstand gegen die Staatsgewalt nach § 113 (Hamm NJW 60, 1536 mit Anm Schröder JZ 60, 578), über Gefangenenbefreiung nach § 120 (Vogler aaO), über falsche uneidliche Aussage und Meineid (2 vor § 153), über Vortäuschen einer Straftat nach § 145d (dort 1), über Strafvereitelung nach § 258 (dort 1), über Kreditbetrug nach § 265b (dort 1), über Steuerhinterziehung (Hamburg NJW 64, 935; Bay VRS 58, 196), aber auch über Urheberrechtsverletzungen nach §§ 106 ff UrhG (NJW 04, 1674).

10   **7.** Die §§ 3–7 sind Teil des **materiellen** Strafrechts (hM; vgl Bay NJW 98, 392 mwN). Sie haben jedoch im Hinblick auf die Strafgerichtsbarkeit zugleich die Wirkung eines Prozesshindernisses, weil der deutsche Richter nur deutsches Strafrecht anwenden darf (BGHSt 34, 1). Das Fehlen ihrer Voraussetzungen führt daher nicht zum Freispruch, sondern wegen des Vorrangs der prozessualen Wirkung zur Einstellung des Verfahrens. – Demgegenüber hat die Befreiung **Exterritorialer** von der deutschen Gerichtsbarkeit (§§ 18–20 GVG) keine materiellrechtliche Bedeutung; sie gewährt nur Immunität und bildet daher lediglich ein Prozesshindernis (hM; vgl Düsseldorf NStZ 87, 87 mit Anm Jakobs; Gribbohm LK 338; anders Bloy JuS 93, L 33, 35; Lemke NK 62; zw). Auch die (begrenzte) **Ausnahme ausländischer Streitkräfte** von der deutschen Gerichtsbarkeit nach dem NATO-Truppenstatut hat nur verfahrensrechtliche Bedeutung (näher Gribbohm LK 354–366).

§ 3 Geltung für Inlandstaten
Das deutsche Strafrecht gilt für Taten, die im Inland begangen werden.

I. Die Vorschrift verwirklicht den **Gebietsgrundsatz** als Hauptprinzip des internationalen Strafrechts (2, 3 vor § 3). 1

II. **Deutsches Strafrecht** 1 vor § 3. **Inland** 4 vor § 3. **Tatort** § 9. 2

III. 1. Welches Recht anzuwenden ist, wenn in Teilgebieten des Inlandes verschiedenes Strafrecht gilt, ist in den §§ 3 ff nicht geregelt. Es ist unbestritten, dass in diesen Fällen die Regeln des sog **interlokalen Strafrechts** heranzuziehen sind. 3–6

a) Danach ist das **Recht des Tatorts** anzuwenden (hM; vgl etwa B-Weber/ 7 Mitsch AT 7/78 mwN). Eine (alternative oder kumulative) Anwendung des am Gerichtsort (lex fori) oder am Täterwohnsitz (iS der Lebensgrundlage, 2 zu § 5) geltenden Rechts ist grundsätzlich ausgeschlossen; denn die Anknüpfung an die lex fori würde die Strafbarkeit vom Zufall prozessualer Zuständigkeit abhängig machen, während die Heranziehung des Heimatrechts nur auf das seit dem 2. StrRG aufgegebene aktive Personalprinzip gestützt werden könnte (hM; diff Jescheck/ Weigend AT S 191).

b) Das Tatortrecht ist von jedem **zuständigen inländischen Gericht** anzuwenden, auch wenn es am Gerichtsort nicht gilt (BGHSt 11, 365, 366). Das interlokale Strafrecht ist danach innerstaatliches Kollisionsrecht, das dem Richter – anders als das internationale Strafrecht (1 vor § 3) – auch die Anwendung für ihn fremden Rechts aufgibt. 8

c) Der **Tatort** bestimmt sich nach § 9 (dort 6). Ergeben sich danach mehrere Tatorte in verschiedenen Teilgebieten, so gilt das bei konkreter Betrachtung strengere Gesetz (hM). 9

2. Für die Anwendung der übergangsweise im **Beitrittsgebiet** fortgeltenden 10 Vorschriften des StGB/DDR (Anh II 1 c) ist das interlokale Strafrecht für die Praxis weitgehend bedeutungslos geworden, weil, soweit ersichtlich, inzwischen alle Unterschiede durch mehrere Gesetzgebungsakte aufgehoben worden sind.

3. Erhebliche praktische Bedeutung hat das interlokale Strafrecht dagegen für 11 **unterschiedliches Landesstrafrecht.**

§ 4 Geltung für Taten auf deutschen Schiffen und Luftfahrzeugen
Das deutsche Strafrecht gilt, unabhängig vom Recht des Tatorts, für Taten, die auf einem Schiff oder in einem Luftfahrzeug begangen werden, das berechtigt ist, die Bundesflagge oder das Staatszugehörigkeitszeichen der Bundesrepublik Deutschland zu führen.

Fassung: Durch das 11. LuftVÄndG (13 vor § 1) technisch geändert.

1. Die Vorschrift beruht auf dem **Flaggenprinzip** (2 vor § 3), das völkerrecht- 1 lich mit gewissen Begrenzungen anerkannt ist (dazu Lenzen JR 83, 181). Sie gilt **unabhängig** davon, ob das Recht des Tatorts (§ 9) Strafe androht und ob sich das Fahrzeug innerhalb oder außerhalb fremden Hoheitsgebiets befindet (eingehend Wille, Die Verfolgung strafbarer Handlungen an Bord von Schiffen und Luftfahrzeugen, 1974). Einschlägige Taten werden so behandelt, als wären sie im Inland begangen (Schleswig wistra 98, 30 mit Anm Döllel wistra 98, 70). Jedoch ist der Verfolgungszwang gelockert, wenn die Tat außerhalb des räumlichen Geltungsbereichs des Gesetzes (5 vor § 3) begangen wurde (§ 153c I Nr 1 StPO; s auch § 10 StPO).

§ 5　　　　　　　　　　　　　　AT. 1. Abschnitt. 1. Titel. Geltungsbereich

2　　2. a) Für **Schiffe** (gleichgültig ob Staats- oder Privat-, See- oder Binnenschiffe) ergibt sich die Berechtigung, die Bundesflagge zu führen, aus §§ 1, 2, 10, 11 FlaggRG; Schiffe, deren Berechtigung nach § 7 IV FlaggRG nicht ausgeübt werden darf, werden nicht erfasst (BT-Dr 7/550 S 307).

3　　b) Für **Luftfahrzeuge** (zum Begriff § 1 II LuftVG; Wille aaO [vgl 1] S 25; Lemke NK 9 mwN) ergibt sich die Berechtigung, das Staatszugehörigkeitszeichen zu führen, aus §§ 2 V, 3 LuftVG.

§ 5 Auslandstaten gegen inländische Rechtsgüter

Das deutsche Strafrecht gilt, unabhängig vom Recht des Tatorts, für folgende Taten, die im Ausland begangen werden:

1. Vorbereitung eines Angriffskrieges (§ 80);
2. Hochverrat (§§ 81 bis 83);
3. Gefährdung des demokratischen Rechtsstaates
    a) in den Fällen der §§ 89, 90a Abs. 1 und des § 90b, wenn der Täter Deutscher ist und seine Lebensgrundlage im räumlichen Geltungsbereich dieses Gesetzes hat, und
    b) in den Fällen der §§ 90 und 90a Abs. 2;
4. Landesverrat und Gefährdung der äußeren Sicherheit (§§ 94 bis 100a);
5. Straftaten gegen die Landesverteidigung
    a) in den Fällen der §§ 109 und 109e bis 109g und
    b) in den Fällen der §§ 109a, 109d und 109h, wenn der Täter Deutscher ist und seine Lebensgrundlage im räumlichen Geltungsbereich dieses Gesetzes hat;
6. Verschleppung und politische Verdächtigung (§§ 234a, 241a), wenn die Tat sich gegen einen Deutschen richtet, der im Inland seinen Wohnsitz oder gewöhnlichen Aufenthalt hat;
6a. Entziehung eines Kindes in den Fällen des § 235 Abs. 2 Nr. 2, wenn die Tat sich gegen eine Person richtet, die im Inland ihren Wohnsitz oder gewöhnlichen Aufenthalt hat;
7. Verletzung von Betriebs- oder Geschäftsgeheimnissen eines im räumlichen Geltungsbereich dieses Gesetzes liegenden Betriebs, eines Unternehmens, das dort seinen Sitz hat, oder eines Unternehmens mit Sitz im Ausland, das von einem Unternehmen mit Sitz im räumlichen Geltungsbereich dieses Gesetzes abhängig ist und mit diesem einen Konzern bildet;
8. Straftaten gegen die sexuelle Selbstbestimmung
    a) in den Fällen des § 174 Abs. 1 und 3, wenn der Täter und der, gegen den die Tat begangen wird, zur Zeit der Tat Deutsche sind und ihre Lebensgrundlage im Inland haben, und
    b) in den Fällen der §§ 176 bis 176b und 182, wenn der Täter Deutscher ist;
9. Abbruch der Schwangerschaft (§ 218), wenn der Täter zur Zeit der Tat Deutscher ist und seine Lebensgrundlage im räumlichen Geltungsbereich dieses Gesetzes hat;
10. falsche uneidliche Aussage, Meineid und falsche Versicherung an Eides Statt (§§ 153 bis 156) in einem Verfahren, das im räumlichen Geltungsbereich dieses Gesetzes bei einem Gericht oder einer anderen deutschen Stelle anhängig ist, die zur Abnahme von Eiden oder eidesstattlichen Versicherungen zuständig ist;

Auslandstaten gegen inländische Rechtsgüter § 5

11. Straftaten gegen die Umwelt in den Fällen der §§ 324, 326, 330 und 330 a, die im Bereich der deutschen ausschließlichen Wirtschaftszone begangen werden, soweit völkerrechtliche Übereinkommen zum Schutze des Meeres ihre Verfolgung als Straftaten gestatten;

11 a. Straftaten nach § 328 Abs. 2 Nr. 3 und 4, Abs. 4 und 5, auch in Verbindung mit § 330, wenn der Täter zur Zeit der Tat Deutscher ist;

12. Taten, die ein deutscher Amtsträger oder für den öffentlichen Dienst besonders Verpflichteter während eines dienstlichen Aufenthalts oder in Beziehung auf den Dienst begeht;

13. Taten, die ein Ausländer als Amtsträger oder für den öffentlichen Dienst besonders Verpflichteter begeht;

14. Taten, die jemand gegen einen Amtsträger, einen für den öffentlichen Dienst besonders Verpflichteten oder einen Soldaten der Bundeswehr während der Ausübung ihres Dienstes oder in Beziehung auf ihren Dienst begeht;

14 a. Abgeordnetenbestechung (§ 108 e), wenn der Täter zur Zeit der Tat Deutscher ist oder die Tat gegenüber einem Deutschen begangen wird;

15. Organhandel (§ 18 des Transplantationsgesetzes), wenn der Täter zur Zeit der Tat Deutscher ist.

Fassung: Nr 6 a und **Nr 8 Buchst b** idF des 6. StrRG (13 vor § 1). – **Nr 9** gilt im Beitrittsgebiet erst seit dem 1. 10. 1995 (Inkrafttreten des SFHÄndG, dessen Art 10 die zuvor versehentlich unterbliebene Aufhebung der Maßgabe des EV nachgeholt hat, nach der die Vorschrift im Beitrittsgebiet nicht gilt [Anh II 1 c]), – **Nr 11** idF des SRÜAusfG (13 vor § 1). – **Nr 11 a** idF des UVNVAG (13 vor § 1). – **Nr 14 a** idF des EUBestG (13 vor § 1). – **Nr 15** idF des § 23 TPG (13 vor § 1).

1. Die Vorschrift konkretisiert den **Schutzgrundsatz**, beruht zum Teil aber 1 auch (zB in Nr 8, 9) auf dem Personalgrundsatz (2, 3 vor § 3; eingehend Zieher, Das sog Internationale Strafrecht nach der Reform, 1977, S 103). Unabhängig vom Recht des Tatorts gilt sie – mit Rücksicht auf die allgemeine Strafbarkeit von Inlandstaten (§ 3) – nur für Taten, die im Ausland (6 vor § 3) begangen werden (näher dazu § 9).

2. Zu den in der Vorschrift mehrfach verwendeten Merkmalen: **Deutsches** 2 **Strafrecht, Inland, Ausland, Deutscher, Ausländer, räumlicher Geltungsbereich des Gesetzes** 1, 4–8 vor § 3. – **Lebensgrundlage** ist die Summe derjenigen Beziehungen, die den persönlichen und wirtschaftlichen Schwerpunkt im Verhältnis des Menschen zu seiner Umwelt ausmachen (Kindhäuser 2). Vorübergehende, uU auch längere, Auslandsaufenthalte von Diplomaten, konsularischen Vertretern, Geschäfts- oder Dienstreisenden (namentlich Amtsträgern und Soldaten) und von Urlaubern berühren die Lebensgrundlage idR nicht (vgl auch BGHSt 10, 46; einschr Hoyer SK 8, der nur Umgehungssachverhalte erfassen will). – **Wohnsitz** ist der Ort, an dem jemand ordnungsrechtlich gemeldet ist; bei Doppelwohnsitz oder wechselnden Aufenthalten kommt es darauf an, wo der Täter seinen persönlichen, familiären und wirtschaftlichen Mittelpunkt hat (Gribbohm LK 10). **Gewöhnlicher Aufenthalt** ist der Ort, an dem jemand zur Tatzeit eine Wohnung oder Unterkunft nicht nur ganz vorübergehend (etwa zur Tatvorbereitung) tatsächlich benutzt (Lemke NK 11; weiter Sch/Sch-Eser 12, beide mwN). – **Amtsträger, für den öffentlichen Dienst besonders Verpflichteter** 3–17 zu § 11.

3. Nr 1–5: Die besonderen Geltungsbereichsregelungen für die Staatsschutzde- 3 likte iwS (in den §§ 80 a, 84 I, 85 I, 86 I, 86 a I, 91, 100 I) sind für Taten, die nach Wirksamwerden des **Beitritts der DDR** (Art 1 I EV) begangen werden, nicht

§ 5 AT. 1. Abschnitt. 1. Titel. Geltungsbereich

mehr relevant, weil sich insoweit der räumliche Geltungsbereich des Gesetzes mit dem Inland deckt (5 vor § 3; für zuvor begangene Taten beachte 23 zu § 2). – **Nr 6** gilt auch im **Beitrittsgebiet** (4, 5 zu § 3; zu den sog Alttaten beachte jedoch 25 zu § 2). – **Nr 6 a:** Die Vorschrift betrifft nur den Spezialfall der Kindesentziehung nach § 235 II Nr 2. Die Tat muss sich – ungeachtet der Staatsangehörigkeit – gegen eine geschützte Person mit Wohnsitz oder gewöhnlichem Aufenthalt im Inland (vgl 2) richten, dh entweder gegen das vorenthaltene Kind oder gegen die Eltern, einen Elternteil, den Pfleger oder den Vormund, soweit ihnen nach deutschem Recht einschl des internationalen Privatrechts die Personensorge für das Kind zusteht (BT-Dr 13/7164 S 27; vgl auch 1 zu § 235). Es ist unerheblich, ob der Täter Deutscher oder Ausländer ist und ob die Tat am Tatort mit Strafe bedroht ist (BT-Dr aaO). – **Nr 7:** Vgl §§ 17 VI, 18 IV, 19 V UWG, § 18 I AktG; sog Gleichordnungskonzerne (§ 18 II AktG) und Unternehmen, die sich lediglich in Händen deutscher Anteilseigner befinden, sind nicht geschützt (BT-Dr V/4095 S 5). Erfasst werden nicht nur spezifische Geheimnisschutzvorschriften wie §§ 201–204 StGB oder §§ 17, 18, 19 UWG, sondern zB auch die §§ 242, 246, 266 StGB, soweit die Tat der Beschaffung von Geschäfts- oder Betriebsgeheimnissen dient (Zieher aaO [vgl 1] S 133; Weber ZStW 96, 376, 384). – **Nr 8 Buchst a:** Täter **und** Opfer müssen die einschränkenden Voraussetzungen erfüllen (krit Sch/Sch-Eser 15; Lemke NK 16). – **Nr 8 Buchst b:** Abweichend vom früheren Recht (vgl vor 1) erfasst die auf dem aktiven Personalitätsprinzip (2, 3 vor § 3) beruhende Vorschrift alle Formen des sexuellen Missbrauchs von Kindern und Jugendlichen und erweitert den Täterkreis ohne Einschränkung auf alle Deutschen (zu den Gründen BT-Dr 12/4883 S 7 und BT-Dr 13/9064 S 8). Die Aufhebung der Beschränkung auf Deutsche mit Lebensgrundlage im Inland ist völkerrechtlich problematisch, weil sie bei Fehlen einer Strafdrohung am Tatort auch den Täter, der nicht nur vorübergehend im Ausland lebt und dort in eine fremde Rechtsordnung integriert ist, einer nicht zureichend begründbaren Treupflicht gegenüber dem Heimatstaat unterwirft (Oehler IntStR Rdn 139). – **Nr 9:** Nur Verstöße gegen § 218, nicht gegen § 218 b, 219 a, 219 b werden erfasst (beachte auch vor 1). Für deutsche (im Ausland handelnde) Teilnehmer (§§ 26, 27) an dem Schwangerschaftsabbruch eines Ausländers an einer Ausländerin gilt die Vorschrift nicht (Gribbohm LK 54); im Übrigen ist bei Beteiligung mehrerer, die teils Täterschaft und teils Teilnahme ist und auch nur teilweise im Ausland begangen wird, die Abgrenzung schwierig und noch wenig geklärt (Mitsch Jura 89, 193). – **Nr 10:** Zur Zuständigkeit deutscher Stellen 3 zu § 153; 3 zu § 154; 2 zu § 156. – **Nr 11:** Gewässer im Sinne der §§ 324, 326 und 330 ist auch das Meer, und zwar ohne räumliche Einschränkung (§ 330 d Nr 1). Die Vorschrift dient der Anpassung an internationale Verpflichtungen der Bundesrepublik zur Verhütung von Meeresverschmutzung (SRÜ und SRÜAusfG; eingehend Gribbohm LK 57–85). Sie erfasst nur Taten, die im Bereich der deutschen ausschließlichen Wirtschaftszone begangen werden. Außerdem dürfen sie als Straftaten nur verfolgt werden, wenn völkerrechtliche Übereinkommen zum Schutz des Meeres es gestatten. Die dafür maßgebenden Regelungen enthält das SRÜ; soweit die Taten von Schiffen aus begangen werden, sind die Art 220, 228, 230 sowie Art 216 I a SRÜ einschlägig (zu Taten auf Seeplattformen beachte BT-Dr 13/193 S 28). Die Vorschrift wird ergänzt durch Art 12 SRÜAusfG, der eine Erweiterung des Geltungsbereichs für Taten vorsieht, die in der Nord- oder Ostsee begangen werden. – Für Taten im deutschen Küstenmeer gilt § 3 mit einer Einschränkung durch Art 230 II SRÜ, der – abgesehen vom Fall einer vorsätzlichen schweren Verschmutzungshandlung im Küstenmeer – nur Geldstrafen zulässt. – Für Taten außerhalb des durch Nr 11 und Art 12 SRÜAusfG erweiterten Geltungsbereichs bedarf es eines Anknüpfungspunktes nach §§ 4, 7 II. – **Nr 11 a:** Das Fehlen einer Strafdrohung am Tatort ist unerheblich. – **Nr 12:** Bei dienstlichem Aufenthalt kommt es auf einen Zusammenhang mit der Amts- oder Dienststellung nicht an. – **Nr 13:** Ausländer als Amtsträger sind namentlich die Wahlkonsuln (§ 177 BBG); der Täter muss zwar „als" Amtsträger usw, dh im Zusammenhang mit seiner dienstlichen Aufgabe handeln, jedoch kann er auch andere als Amtsdelikte begehen (hM; vgl Lemke NK 26). – **Nr 14:** Während der Ausübung ihres Dienstes oder in Beziehung auf ihren Dienst 13 zu § 194. – **Nr 14a** ergänzt § 7 II Nr 1, soweit es an der Strafbarkeit am Tatort fehlt (Lemke NK 29; Tröndle/Fischer 14a). – **Nr 15:** Nur Verstöße gegen § 18 TPG, nicht gegen die weiteren in § 19 TPG vorgesehenen Strafvorschriften werden erfasst (näher zum TPG 5 zu § 168). Die Vorschirft soll angesichts der vielfältigen Möglichkeiten einer Auslandsberührung – vor allem im Bereich von Vermittlungstätigkeiten – sicherstellen, dass ein hinreichend effektiver Schutz gegen länderübergreifenden, das Interesse der Bundesrepublik Deutschland berührenden Organhandel erreicht wird (BT-Dr 13/4355 S 32). Sie gilt auch für den Organempfänger, weil § 18 I TPG ihn ausdrücklich in die Strafdrohung wegen Organhandels einbezieht.

4. Die Vorschrift erfasst nur die Katalogstaten, nicht auch andere mit ihnen **4** konkurrierende Taten (so zu § 6 NJW 91, 3104). Zu beachten ist jedoch, dass es neuerdings auch Gesetze gibt, die zwar keine Änderung des StGB vorsehen, aber auf der Grundlage des Schutzprinzips ausländische Entscheidungsträger oder Bedienstete für die Anwendung vor Vorschriften des StGB inländischen Amtsträgern (§ 11 I Nr 2, 3), für den öffentlichen Dienst besonders Verpflichteten (§ 11 I Nr 4) oder Soldaten der Bundeswehr (§ 48 WStG) unmittelbar gleichstellen oder sonst den Geltungsbereich des Deutschen Strafrechts (1 vor § 3) erweitern (einschlägige Texte im Anh V; zu den Gesetzesmaterialien Möhrenschlager wistra 98, V; speziell zum Bestechungskomplex Zieschang NJW 99, 105).

5. Lockerung des Verfolgungszwangs § 153c I Nr 1 StPO.

§ 6 Auslandstaten gegen international geschützte Rechtsgüter

Das deutsche Strafrecht gilt weiter, unabhängig vom Recht des Tatorts, für folgende Taten, die im Ausland begangen werden:

1. *aufgehoben*

2. Kernenergie-, Sprengstoff- und Strahlungsverbrechen in den Fällen der §§ 307 und 308 Abs. 1 bis 4, des § 309 Abs. 2 und des § 310;

3. Angriff auf den Luft- und Seeverkehr (§ 316c);

4. Menschenhandel (§ 180b) und schwerer Menschenhandel (§ 181);

5. unbefugter Vertrieb von Betäubungsmitteln;

6. Verbreitung pornographischer Schriften in den Fällen der §§ 184a und 184b Abs. 1 bis 3, auch in Verbindung mit § 184c Satz 1;

7. Geld- und Wertpapierfälschung (§§ 146, 151 und 152), Fälschung von Zahlungskarten mit Garantiefunktion und Vordrucken für Euroschecks (§ 152b Abs. 1 bis 4) sowie deren Vorbereitung (§§ 149, 151, 152 und 152b Abs. 5);

8. Subventionsbetrug (§ 264);

9. Taten, die auf Grund eines für die Bundesrepublik Deutschland verbindlichen zwischenstaatlichen Abkommens auch dann zu verfolgen sind, wenn sie im Ausland begangen werden.

Fassung: Das 6. StrRG (13 vor § 1) hat die **Nr 2** technisch an die Neuordnung der gemeingefährlichen Delikte angepasst und die **Nr 7** auf die Vorbereitung der Fälschung von Zahlungskarten und Vordrucken für Euroschecks (§ 152a V) erstreckt; Nr 1 wurde durch Art 2 Nr 2 des EGVStGB (14 vor § 1) aufgehoben; Nr 7 durch das 35. StÄG (15 vor § 1) geändert; technische Änderung der Nr 6 durch das SexÄG (15 vor § 1).

§ 6

1. Die Vorschrift konkretisiert den **Weltrechtsgrundsatz** (2, 3 vor § 3; eingehend Zieher, Das sog Internationale Strafrecht nach der Reform, 1977, S 142). Unabhängig vom Recht des Tatorts gilt sie – mit Rücksicht auf die allgemeine Strafbarkeit von Inlandstaten (§ 3) – nur für Taten, die im Ausland (6 vor § 3) begangen werden (näher dazu § 9). Über den Gesetzeswortlaut hinaus erfordert das sog Nichteinmischungsprinzip, dass kein völkerrechtliches Verbot entgegensteht (weiter Hilgendorf, in: Dreier/Forkel/Laubenthal [Hrsg], Raum und Recht, 2002, S 333, 347), und ein legitimierender Anknüpfungspunkt im Einzelfall einen unmittelbaren Bezug zur Strafverfolgung im Inland herstellt (BGHSt 27, 30; 34, 334; NStZ 94, 232 mit Anm Oehler NStZ 94, 485; s jedoch auch BGHSt 45, 64 [mit Bespr Ambos NStZ 99, 404, Werle JZ 99, 1181, Lagodny/Nill-Theobald JR 00, 205 und Ambos NStZ-RR 01, 225] und 46, 292 mit Anm Hilgendorf JR 02, 79; Roggemann NJW 94, 1436; Hilgendorf aaO [Raum] S 348; Werle, Völkerstrafrecht, 2003, Rdn 174; für das Erfordernis eines legitimierenden Anknüpfungspunktes aM Sch/Sch-Eser 1). – Die Auswahl der dem Weltrechtsgrundsatz unterliegenden Tatbestände beruht überwiegend auf **zwischenstaatlichen Abkommen,** durch die sich die Bundesrepublik verpflichtet hat, bestimmte, das gemeinschaftliche Interesse der Vertragsparteien verletzende Verhaltensweisen mit Strafe zu bedrohen. Um sicherzustellen, dass durch die Kasuistik des Katalogs keine Lücken entstehen, unterwirft Nr 9 sämtliche Taten dem Universalprinzip, zu deren Verfolgung auch für den Fall der Begehung im Ausland eine solche Verpflichtung besteht; die Generalklausel ist ua (weitere Abkommen bei Ambos MK 23–31) für die vollständige Erfüllung der in Art 2 I des IV. Genfer Abkommens zum Schutz von Zivilpersonen in Kriegszeiten v 12. 8. 1949 mit dem Zusatzprotokollen I und II v 8. 6. 1977 (BGHSt 46, 291; NJW 01, 2732; Bay NJW 98, 392; Ambos MK 22) und in Art 4 I des Haager Abkommens über die widerrechtliche Inbesitznahme von Luftfahrzeugen v 16. 12. 1970 (BT-Dr VI/2721 S 2; s auch NJW 91, 3104; Vogler ZStW Beiheft 82, 89, 94) übernommenen strafrechtlichen Verpflichtungen praktisch bedeutsam. – Kritisch zur „missglückten" Vorschrift Hilgendorf aaO [Raum] S 346 und Merkel, in: Lüderssen (Hrsg), Aufgeklärte Kriminalpolitik …, Bd III: Makrodelinquenz, 1998, S 237, 252.

2. **Nr 1** ist aufgehoben (s Fassungshinweis); der bisher dort angeführte § 220a ist durch § 6 VStGB ersetzt worden. Für Völkerrechtsverbrechen gilt nach wie vor das Weltrechtsprinzip (Werle, Völkerstrafrecht, 2003, Rdn 173). – **Nr 2:** Die Einbeziehung dieser Verbrechen beruht auf deren weltweiter Gefährlichkeit (Lemke NK 6; krit Oehler IntStR Rdn 888). – **Nr 3:** 1, 16 zu § 316c; zur Begründung Hilgendorf aaO [vgl 1 „Raum"] S 353: übernationale Rechtsgüter, und Werle aaO Fn 333: gewohnheitsrechtlich anerkannt. – **Nr 4:** 6 vor § 174. – **Nr 5:** Vertrieb ist jede Tätigkeit, die ein Betäubungsmittel entgeltlich in den Besitz eines anderen bringen soll. Das kann nicht nur durch Verkauf, sondern auch durch Ankauf geschehen, wenn dieser zugleich unselbstständiger Teil des Handeltreibens ist (BGHSt 27, 30; zw); entgeltlicher Erwerb zum Eigenverbauch scheidet jedoch aus (BGHSt 34, 1 mit Anm Herzog StV 86, 474; StV 92, 65, alle mwN). Im Übrigen vgl das Einheits-Übereinkommen v 30. 3. 1961 über Suchtstoffe (Ges v 4. 9. 1973, BGBl II 1353; s auch BGHSt 27, 30 mit krit Bespr Wengler JZ 77, 257, Oehler JR 77, 424 und Kunig JuS 78, 594; BGHSt 34, 334 mit krit Bespr Rüter JR 88, 136 und Vogler JR 88, 139; Körner NStZ 86, 306; krit Hilgendorf aaO S 354). – **Nr 6:** 16 zu § 184; de lege ferenda für die Einbeziehung des Interesses an der Eindämmung schwerer Formen transnationaler Datenkriminalität Hilgendorf aaO. – **Nr 7:** 16 zu § 146; 8 zu § 149; 10 zu § 152a. – **Nr 8:** 32 zu § 264. **Nr. 9:** s Rdn 1.

3. Die Ausführungen unter 4 zu § 5 gelten sinngemäß.

§ 7 Geltung für Auslandstaten in anderen Fällen

(1) Das deutsche Strafrecht gilt für Taten, die im Ausland gegen einen Deutschen begangen werden, wenn die Tat am Tatort mit Strafe bedroht ist oder der Tatort keiner Strafgewalt unterliegt.

(2) Für andere Taten, die im Ausland begangen werden, gilt das deutsche Strafrecht, wenn die Tat am Tatort mit Strafe bedroht ist oder der Tatort keiner Strafgewalt unterliegt und wenn der Täter

1. zur Zeit der Tat Deutscher war oder es nach der Tat geworden ist oder
2. zur Zeit der Tat Ausländer war, im Inland betroffen und, obwohl das Auslieferungsgesetz seine Auslieferung nach der Art der Tat zuließe, nicht ausgeliefert wird, weil ein Auslieferungsersuchen nicht gestellt oder abgelehnt wird oder die Auslieferung nicht ausführbar ist.

1. Die Vorschrift konkretisiert in Abs 1 den **passiven Personalgrundsatz** (str) und in Abs 2 den **Grundsatz der stellvertretenden Strafrechtspflege** (2 vor § 3); Abs 2 Nr 1 ist allerdings zugleich Ausdruck des aktiven Personalgrundsatzes (NStZ-RR 00, 208; diff Sch/Sch-Eser 1; aM Tröndle JR 77, 1, 2, der die Vorschrift nur auf den Personalgrundsatz stützt).

2. Deutsches Strafrecht, Inland, Ausland, Deutscher, Ausländer 1, 4–8 vor § 3.

3. Die **Strafdrohung am Tatort** (das Erfordernis der „identischen Norm") setzt voraus, dass für die konkrete Tat im Sinne des § 264 StPO unter irgendeinem rechtlichen Gesichtspunkt (hM; vgl BGHSt 42, 275; Celle NJW 01, 2734 mit krit Bespr Hoyer JR 02, 34; Ambos MK 6: „konkrete Betrachtungsweise") kriminelle Strafe oder eine gleichwertige Sanktion angedroht ist; bloß ordnungsrechtliche Maßnahmen, die den Rechtsfolgen einer Ordnungswidrigkeit vergleichbar sind, genügen nicht (BGHSt 27, 5; Lemke NK 5 mwN). – Dabei kommt es nicht nur auf die am Tatort geltenden Verbots- und Gebotsnormen, sondern auch auf Rechtfertigungs- und Entschuldigungsgründe an (hM). Ob allerdings solche Gründe ausscheiden, die universal anerkannten Rechtsgrundsätzen widersprechen, ist bisher nur bei Taten aktuell geworden, die vor dem Beitritt in der DDR begangen wurden (16, 16a, 19–19b, 26 zu § 2). Als allgemeine Problematik kann sich die Frage in gleicher Weise auch im Verhältnis zu anderen Staaten stellen (dazu neuerdings Bay NJW 98, 392 mit Anm Lagodny JR 98, 475). – Nach hM sollen Hindernisse, der nur der Verfolgung am Tatort rechtlich (Gribbohm LK 32 mwN) oder tatsächlich (Düsseldorf NJW 83, 1277) entgegenstehen, unterschiedslos ohne Bedeutung sein (vgl etwa BGHSt 2, 160; 20, 22, 27; GA 76, 242; KG JR 88, 345). Während das in den Fällen des Abs 1 und des Abs 2 Nr 1 im Hinblick auf das zu Grunde liegende Personalitätsprinzip (vgl 1; s auch NStZ-RR 00, 208) hinreichend legitimiert ist, dürfte in den Fällen des Abs 2 Nr 2 der hier allein maßgebende Grundsatz stellvertretender Strafrechtspflege erfordern, nicht nur das materielle Strafrecht, sondern auch die rechtlichen Verfolgungshindernisse am Tatort, soweit sie nicht gegen anerkannte Grundsätze des Völkerrechts verstoßen (Ambos MK 15, 16), zu respektieren (Düsseldorf MDR 92, 1161; Eser JZ 93, 875; aM Scholten NStZ 94, 266; Gribbohm LK 38; offen gelassen in NJW 93, 2775 und JR 94, 161 mit abl Anm Lagodny/Pappas; zw).

4. Abs 1: Es muss sich um einen bestimmten oder wenigstens bestimmbaren Deutschen (7 vor § 3) handeln (BGHSt 18, 283), der unmittelbar in seinen Rechtsgütern widerrechtlich verletzt wird oder verletzt werden soll (BGHSt 39, 54, 49; Gribbohm LK 52–55); juristische Personen mit Sitz in Deutschland sind nicht einbezogen (Stuttgart Justiz 04, 167; aM Tröndle/Fischer 6).

4 **5. a) Abs 2 Nr 1** ist auf alle Deutschen, ohne Rücksicht auf den Ort ihrer Lebensgrundlage (2 zu § 5), anwendbar (zu DDR-Alttaten beachte 26 zu § 2). Die Vorschrift folgt aus dem Auslieferungsverbot des Art 16 II S 1 GG (B-Weber/Mitsch AT 7/64; krit Vogler NJW 77, 1866; s auch Celle NJW 01, 2734 mit Anm Hoyer JR 02, 34) und ist daher nicht einschlägig, wenn der verwirklichte Tatbestand nur inländische Interessen schützt (9 vor § 3; s auch NJW 86, 1444 und 04, 1674). – Seine **2. Alternative** (Neubürger) ist verfassungsrechtlich bedenklich, weil sie deutsches Strafrecht auf Täter für anwendbar erklärt, die ihm zur Tatzeit noch nicht unterworfen waren (aM BGHSt 20, 22); ein milderes Tatortrecht wirkt deshalb begrenzend (hM; vgl Lemke NK 18 mwN).

5 **b) Abs 2 Nr 2:** Es muss feststehen, dass nicht ausgeliefert werden kann oder ausgeliefert wird (BGHSt 45, 65; NJW 91, 3104; Vogler ZStW Beiheft 82, 89, 98); entscheidender Zeitpunkt ist die Urteilsverkündung in der letzten Tatsacheninstanz, so dass Revisionsgericht nach rechtsfehlerfreier Behandlung der Sache durch den Tatrichter nicht mehr zu prüfen hat, ob der Angeklagte ausgeliefert werden muss (NJW 01, 3717); ist ein Auslieferungsersuchen gestellt, so bedarf es der Entscheidung der für die Auslieferung zuständigen Behörde (BGHSt 18, 283). Für die Zulässigkeit der Auslieferung „nach Art der Tat" kommt es nur auf die einschlägigen Vorschriften des IRG (dort §§ 3–9), nicht auf die Auslieferungsverträge an (BGH aaO; Kindhäuser 9).

6 **6. Lockerung des Verfolgungszwangs** § 153c I Nr 1 StPO.

§ 8 Zeit der Tat

Eine Tat ist zu der Zeit begangen, zu welcher der Täter oder der Teilnehmer gehandelt hat oder im Falle des Unterlassens hätte handeln müssen. Wann der Erfolg eintritt, ist nicht maßgebend.

1 1. Die **Begriffsbestimmung der Tatzeit** ist namentlich bedeutsam für §§ 2, 19, 55 I, 56g II, 59 II, 66 I, III, IV. Für den Beginn der Verfolgungsverjährung gilt eine abweichende Regelung (§ 78a).

2 2. Sind an einer Tat mehrere als **Mittäter** beteiligt, so ist die Tat in dem Zeitpunkt begangen, in dem ein zurechenbarer Tatbeitrag geleistet wird; bei bloßer **Teilnahme** mehrerer (Anstifter oder Gehilfen) ist für jeden Tatbeitrag die Tatzeit selbstständig zu beurteilen (näher dazu Gribbohm LK 14; zu einer Besonderheit bei nachträglicher Gesamtstrafenbildung beachte 4 zu § 55).

3 3. Verbindet ein Tatbestand mehrere natürliche Handlungen zu einer Bewertungseinheit oder liegt eine natürliche oder rechtliche Handlungseinheit vor (4–19a vor § 52), so kann sich die Tatzeit auf einen längeren Zeitraum erstrecken. Sie endet nach der sog **Tätigkeitstheorie** bei positivem Tun, wenn der Täter mit dem deliktischen Handeln aufhört, und im Falle des Unterlassens, wenn die Rechtspflicht zum Handeln erlischt oder vom Täter nicht mehr deliktisch verletzt wird (BGHSt 11, 119, 124; str).

§ 9 Ort der Tat

(1) **Eine Tat ist an jedem Ort begangen, an dem der Täter gehandelt hat oder im Falle des Unterlassens hätte handeln müssen oder an dem der zum Tatbestand gehörende Erfolg eingetreten ist oder nach der Vorstellung des Täters eintreten sollte.**

(2) **Die Teilnahme ist sowohl an dem Ort begangen, an dem die Tat begangen ist, als auch an jedem Ort, an dem der Teilnehmer gehandelt hat oder im Falle des Unterlassens hätte handeln müssen oder an dem**

Ort der Tat **§ 9**

nach seiner Vorstellung die Tat begangen werden sollte. Hat der Teilnehmer an einer Auslandstat im Inland gehandelt, so gilt für die Teilnahme das deutsche Strafrecht, auch wenn die Tat nach dem Recht des Tatorts nicht mit Strafe bedroht ist.

1. Die Vorschrift normiert das sog **Ubiquitätsprinzip** (zusf Lemke NK 3–6). Sie ist Grundlage für die Ausübung staatlicher Hoheitsgewalt, **nicht Bestandteil des Unrechtstatbestandes** (Jescheck/Weigend AT S 180; str). Der Vorsatz braucht sich daher nicht auf den Tatort zu erstrecken (str, vgl Neumann, Müller-Dietz-FS, S 589, 591 und 605 mwN). **1**

2. Tatort bei **Taten mit Auslandsberührung.** **2**

a) Abs 1: Ein **Tatort** ist als **Handlungsort** bei mehraktigen und fortgesetzten Taten (beachte dazu 13 vor § 52) sowie bei Dauer- und Distanzdelikten überall begründet, wo Teilakte der einheitlichen Tat verwirklicht (NStZ 86, 415), namentlich wo im natürlichen Sinne selbstständige Einzelakte vorgenommen werden. Begehung nur eines Einzelakts im Inland genügt (RGSt 50, 423). Entsprechendes gilt, wenn im Inland nur der Tatbeitrag eines Mittäters geleistet wird (NJW 91, 2498; KG NJW 91, 2501; s auch NJW 02, 3486 und Karlsruhe NStZ-RR 98, 314), und zwar nach der Rspr (beachte 11 zu § 25) selbst dann, wenn dieser Beitrag für sich betrachtet nur eine Vorbereitungshandlung ist (BGHSt 39, 88 mit Anm Küpper JR 93, 292; NStZ 96, 502), ferner wenn mit der Ausführung eines (strafbaren) Versuchs begonnen (NJW 75, 1610 mit krit Anm Schroeder NJW 76, 490) oder eine selbstständig mit Strafe bedrohte Vorbereitungshandlung begangen wird (BGHSt 34, 101; 39, 88). Bei mittelbarer Täterschaft wirkt auch die Tätigkeit des Tatmittlers tatortbegründend (hM; vgl wistra 91, 135; Ambos/Ruegenberg MK 10; anders Hoyer SK 5). Bei Unterlassungsdelikten ist als Handlungsort der Ort maßgebend, an dem der Täter spätestens hätte handeln müssen, um den Erfolg noch rechtzeitig abzuwenden (Sch/Sch-Eser 5). – **Erfolg** ist grundsätzlich nur der im Tatbestand vorausgesetzte Erfolg (BGHSt 44, 52; Schwarzenegger, FS für N Schmid, 2001, S 143, 151; Hilgendorf ZStW 113, 650, 661, 669). Ein Erfolgsort liegt danach aber auch dort, wo die Wirkung einer Äußerung eintritt, die erst mit Eingang beim Empfänger den Tatbestand vollendet (NStZ-RR 98, 348), ferner wo die Wirkung einer Strafvereitelung eintritt, was im Hinblick auf das in § 258 geschützte Rechtsgut (dort 1) nur im Inland möglich ist (BGHSt 45, 97, 100 mit Anm Dölling JR 00, 379; krit Müller NStZ-RR 02, 356, 361), und wo eine qualifizierende besondere Folge im Sinne des § 18 eintritt. Schädliche Auswirkungen des Erfolges auf Dritte genügen dagegen nicht (Frankfurt NJW 89, 675; probl Koblenz wistra 84, 79). Auch reine, als solche nicht mit Strafe bedrohte Transitverbrechen ohne Auswirkungen auf das Inland begründen keinen Erfolgsort (Lemke NK 12; einschr Oehler, FS für H Hübner, 1994, S 759; Gribbohm LK 12, 22). Bei **konkreten Gefährdungsdelikten** ist Erfolg schon der Eintritt der Gefahr (NJW 91, 2498; KG NJW 91, 2501; Hilgendorf aaO). Bei **abstrakten Gefährdungsdelikten,** die keinen Gefahrerfolg voraussetzen (32 vor § 13), also zB auch bei schlichten Tätigkeitsdelikten (13 vor § 32; vgl etwa München StV 91, 504; Köln NStZ 00, 38; Stuttgart Justiz 04, 167, 168; Hilgendorf aaO S 662, 669) und beim Handeltreiben iS der §§ 29–30a BtMG (BGHSt 30, 277, 278; NJW 02, 3486; Karlsruhe NStZ-RR 98, 314) kann an einen solchen nicht angeknüpft werden (hM; anders Martin, Strafbarkeit grenzüberschreitender Umweltbeeinträchtigungen, 1989, S 79, 118 und ZRP 92, 19; Heinrich GA 99, 72; wohl auch Jescheck/Weigend AT S 179), und zwar auch dann nicht, wenn nach Tatbegehung als konkrete Gefahr eintritt (hM; vgl Tiedemann WiStr 275; Sch/Sch-Eser 6; anders Lüttger JZ 64, 569, 570; Hoyer SK 7). Entsprechendes gilt, wenn nach Vollendung ein die Tat nur beendigender, aber nicht tatbestandsmäßiger Erfolg (zB Bereicherung beim Betrug, 2 vor § 22) eintritt (hM; vgl Bay

NJW 92, 1248; Schwarzenegger aaO S 153; Hilgendorf aaO S 669; Kindhäuser 9; Ambos/Ruegenberg MK 20; am Stuttgart NJW 74, 914; Jescheck/Weigend AT S 178). Nach dem Schutzzweck der Vorschrift werden auch Erfolge erfasst, die nicht zum Unrechtstatbestand ieS, sondern nur zu weiteren Elementen der Strafdrohung gehören, namentlich die Erfolge, die in Regelbeispielen für besonders schwere Fälle (Gribbohm LK 23) oder in objektiven Bedingungen der Strafbarkeit beschrieben werden, etwa bei der Rauschtat nach § 323 a (BGHSt 42, 235, 242 mit abl Bespr Gottwald JA 98, 343; Hilgendorf aaO S 662; aA Satzger NStZ 98, 112; diff Spendel LK 254 zu § 323 a) oder bei den Insolvenzdelikten (Gribbohm LK 23).

3 **b) Abs 2:** Bei **Teilnahme** ist Tatort sowohl der Ort der (versuchten, vollendeten oder vorgestellten) Haupttat (NJW 91, 2498), als auch der Ort der Teilnahme (Schleswig NStZ-RR 98, 313). Bei versuchter Beteiligung (§ 30) begründet auch der Begehungsort den in Aussicht genommenen Verbrechens einen Tatort (näher zu Fragen der Akzessorietät der Teilnahme im internationalen Strafrecht Gribbohm JR 98, 177). Satz 2 ist an sich schon aus dem Gesamtzusammenhang des S 1 ableitbar (aM Gribbohm aaO); er fingiert für die Inlandsteilnahme die Anwendbarkeit deutschen Strafrechts auf die Haupttat mit der Folge, dass diese Teilnahme, nicht aber die Haupttat deutschem Strafrecht unterworfen wird (Gribbohm LK 29, 30; Hoyer SK 10). Speziell zur Teilnahme bei Internet-Kriminalität Hilgendorf ZStW 113, 650, 675.

4 **c)** Eine Tat im Sinne des § 264 I StPO ist **im Ganzen** eine Inlandstat, auch wenn nur Teile von ihr einen inländischen Tatort begründen (Karlsruhe Justiz 99, 29; Gribbohm LK 36–38). Eine im Ausland begangene Strafvereitelung (§ 258) ist deshalb stets Inlandstat, weil ihr Erfolgsort notwendig (Schutz nur der inländischen Rechtspflege, 1 zu § 258) im Inland liegt (BGHSt 44, 52 mit krit, dem Ergebnis aber zust Anm Schroeder JR 98, 428 und Geerds NStZ 99, 51; aM Oehler IntStR Rdn 252, 264; zw); die Anwendung des Tatbestandes unterliegt jedoch völkerrechtlichen Einschränkungen (BGH aaO).

5 **d)** Das in § 9 **extrem** durchgeführte Ubiquitätsprinzip kann, namentlich bei **Distanz- und Teilnahmedelikten,** zu unbefriedigenden Ergebnissen führen, weil in Grenzfällen vom Täter (oder Teilnehmer) ohne zureichenden Grund die Beachtung eines für ihn fremden Rechts gefordert wird (zur Kritik und zu dogmatisch verschiedenartigen Ansätzen der Abhilfe Jung JZ 79, 325; Lemke NK 28, 29; Gribbohm LK 33–35; Hoyer SK 9–13, alle mwN). – Auch die Rechtslage bei Distanzdelikten, die keinen durch die Tathandlung bewirkten tatbestandsmäßigen Erfolg voraussetzen (zB § 130 III), ist umstritten (näher dazu 8 a zu § 130). Besonders problematisch ist das in Fällen, in denen eine im Ausland vorgenommene Handlung durch Datenübertragung (zB im Internet) im Inland verfügbar gemacht wird (näher zum Streitstand, namentlich zu der hier möglichen Strafbarkeit von Providern, zu weitgehend BGHSt 46, 212 mit zT krit Bespr Sieber ZRP 01, 97, Hörnle NStZ 01, 309, Jeßberger JR 01, 432, Heghmanns JA 01, 276; Kudlich StV 01, 397; Lagodny JZ 01, 1198, Koch GA 02, 707 und JuS 02, 123, Geppert JK 1, Hilgendorf ZStW 113, 650, 671; abl Schünemann GA 03, 299, 304; eingehend Sieber, Verantwortlichkeit im Internet, 1999 und Körber, Rechtsradikale Propaganda im Internet – der Fall Többen, 2003, S 144; beachte zur Problematik ferner Hilgendorf NStZ 00, 518; Jofer, Strafverfolgung im Internet, 1999; Zöller GA 00, 563; Park GA 01, 23; Kudlich Jura 01, 305; Ambos/Ruegenberg MK 25–35; Lemke NK 23, 24; Tröndle/Fischer 5–8 a; zum vergleichenden schweizerischen Recht Schwarzenegger SchwZStr 00, 109). – Zur ebenfalls str Tatortbestimmung bei Presse- und Rundfunkdistanzdelikten vgl ua Oehler, Das deutsche Strafrecht und die Piratensender, 1970 und Hübner-FS, S 753, 758; v d Horst ZUM 93, 227; Weigend ZUM 94, 133; Beisel/Heinrich JR 96, 95; Hilgendorf aaO S 1875.

Personen- und Sachbegriffe §§ 10, 11

3. § 9 gilt für das **gesamte Strafrecht,** also auch für das interlokale Strafrecht (3–10 zu § 3). Hier können bei Distanz- und Teilnahmedelikten ähnliche Schwierigkeiten auftreten wie bei Delikten mit Auslandsberührung (vgl 5). 6

4. Zur **Lockerung des Verfolgungszwangs** bei Inlandsteilnahme an einer außerhalb des räumlichen Geltungsbereichs (5 vor § 3) begangenen Haupttat und bei Distanzdelikten, die durch eine außerhalb dieses Bereichs ausgeübte Tätigkeit begangen werden, § 153 c I Nr 1, II StPO. 7

§ 10 Sondervorschriften für Jugendliche und Heranwachsende

Für Taten von Jugendlichen und Heranwachsenden gilt dieses Gesetz nur, soweit im Jugendgerichtsgesetz nichts anderes bestimmt ist.

1. Für **Jugendliche** enthält das JGG folgende grundsätzlichen Abweichungen vom allgemeinen Strafrecht: 1

a) Schuldfähigkeit des Jugendlichen setzt Altersreife voraus (§ 3 JGG).

b) Ein **selbstständiges System jugendgemäßer Reaktionsmittel** (Erziehungsmaßregeln, Zuchtmittel, Jugendstrafe), das auch die Aussetzung zur Bewährung und das Zusammentreffen mehrerer Gesetzesverletzungen einschließt (§§ 5– 32, 88, 89 a JGG), tritt an die Stelle des allgemeinen Strafensystems. 2

c) Nebenfolgen nach § 45 treten weder als Rechtswirkungen der Strafe ein, noch können sie verhängt werden; die Bekanntgabe der Verurteilung ist unzulässig (§ 6 JGG). 3

d) Von den **Maßregeln der Besserung und Sicherung** dürfen nur die Unterbringung in einem psychiatrischen Krankenhaus oder einer Entziehungsanstalt, die Führungsaufsicht und die Entziehung der Fahrerlaubnis angeordnet werden (§ 7 JGG). 4

2. Bei **Heranwachsenden** ist nach dem Reifestand oder der Art der Straftat (Jugendverfehlung) im Einzelfall zu entscheiden, ob das Rechtsfolgensystem des JGG oder allgemeines Strafrecht anzuwenden ist (§ 105 JGG). 5

2. Titel. Sprachgebrauch

§ 11 Personen- und Sachbegriffe

(1) **Im Sinne dieses Gesetzes ist**

1. Angehöriger:
 wer zu den folgenden Personen gehört:
 a) Verwandte und Verschwägerte gerader Linie, der Ehegatte, der Lebenspartner, der Verlobte, Geschwister, Ehegatten der Geschwister, Geschwister der Ehegatten, und zwar auch dann, wenn die Ehe oder die Lebenspartnerschaft, welche die Beziehung begründet hat, nicht mehr besteht oder wenn die Verwandtschaft oder Schwägerschaft erloschen ist,
 b) Pflegeeltern und Pflegekinder;

2. Amtsträger:
 wer nach deutschem Recht
 a) Beamter oder Richter ist,
 b) in einem sonstigen öffentlich-rechtlichen Amtsverhältnis steht oder
 c) sonst dazu bestellt ist, bei einer Behörde oder bei einer sonstigen Stelle oder in deren Auftrag Aufgaben der öffentlichen Verwaltung

§ 11 AT. 1. Abschnitt. 2. Titel. Sprachgebrauch

unbeschadet der zur Aufgabenerfüllung gewählten Organisationsform wahrzunehmen;

3. **Richter:**
wer nach deutschem Recht Berufsrichter oder ehrenamtlicher Richter ist;

4. **für den öffentlichen Dienst besonders Verpflichteter:**
wer, ohne Amtsträger zu sein,
   a) bei einer Behörde oder bei einer sonstigen Stelle, die Aufgaben der öffentlichen Verwaltung wahrnimmt, oder
   b) bei einem Verband oder sonstigen Zusammenschluß, Betrieb oder Unternehmen, die für eine Behörde oder für eine sonstige Stelle Aufgaben der öffentlichen Verwaltung ausführen,
beschäftigt oder für sie tätig und auf die gewissenhafte Erfüllung seiner Obliegenheiten auf Grund eines Gesetzes förmlich verpflichtet ist;

5. **rechtswidrige Tat:**
nur eine solche, die den Tatbestand eines Strafgesetzes verwirklicht;

6. **Unternehmen einer Tat:**
deren Versuch und deren Vollendung;

7. **Behörde:**
auch ein Gericht;

8. **Maßnahme:**
jede Maßregel der Besserung und Sicherung, der Verfall, die Einziehung und die Unbrauchbarmachung;

9. **Entgelt:**
jede in einem Vermögensvorteil bestehende Gegenleistung.

(2) **Vorsätzlich im Sinne dieses Gesetzes ist eine Tat auch dann, wenn sie einen gesetzlichen Tatbestand verwirklicht, der hinsichtlich der Handlung Vorsatz voraussetzt, hinsichtlich einer dadurch verursachten besonderen Folge jedoch Fahrlässigkeit ausreichen läßt.**

(3) **Den Schriften stehen Ton- und Bildträger, Datenspeicher, Abbildungen und andere Darstellungen in denjenigen Vorschriften gleich, die auf diesen Absatz verweisen.**

Fassung: Das KindRG (13 vor § 1) und das LPartG (14 vor § 1; 11 a vor § 38) haben Abs 1 Nr 1 a an die jeweils geänderte zivilrechtliche Rechtslage angepasst. – Abs 1 Nr 2 Buchst c durch das KorrBG (1 vor § 298) um den Hinweis erweitert „unbeschadet der zur Aufgabenerfüllung gewählten Organisationsform". – Abs 3 durch das IuKDG (13 vor § 1) unter Einfügung des Wortes „Datenspeicher" neu gefasst.

1 1. Die Vorschrift dient der **gesetzestechnischen Vereinfachung** (krit Stratenwerth ZStW 76, 669). Sie bestimmt einige im Strafrecht häufig vorkommende Begriffe abschließend und entbindet daher von der Notwendigkeit, sie an jeder einschlägigen Stelle jeweils neu zu umschreiben. In dieser Formalisierung liegt eine den Richter bindende Entscheidung, die ihm die Möglichkeit nimmt, aus Gründen des konkreten Zusammenhangs, in dem ein Begriff vorkommt, zu einer den Wortlaut des § 11 überschreitenden Auslegung zu kommen (so zu § 11 I Nr 2 Welp, Lackner-FS, S 761, 771; aM Lenckner ZStW 106, 502, 507; Rudolphi SK 13; zw). Diese Bindungswirkung erstreckt sich nach der Eingangsformel der Vorschrift nur auf das StGB. Jedoch werden die Begriffe regelmäßig, aber nicht notwendig auch im Nebenstrafrecht in demselben Sinne verwendet (zum Umgang mit Definitionen in der Rechtswissenschaft Puppe, Kaufmann [Arm]-GS, S 15).

2. Abs 1 Nr 1: Angehöriger (vgl zB § 35 I). **Verwandtschaft und Schwägerschaft,** die hier auf die gerade Linie beschränkt sind (Bay NJW 98, 3580), können vor allem durch blutsmäßige Abstammung begründet sein, und zwar nach neuem Kindschaftsrecht (vgl vor 1) auch dann, wenn die Beziehung durch eine nichteheliche Geburt vermittelt wird (§§ 1592 ff BGB). Gleichwertig einbezogen sind auch die **Lebenspartnerschaft** iS des LPartG (zur Kritik beachte 11 a vor § 38; entgegen dem gesetzgeberischen Willen auf heterosexuelle Lebensgemeinschaften ausdehnend Müther JA 04, 375, 377) und die Annahme als Kind (§§ 1741 ff BGB). Die Aufhebung oder das Erlöschen einer Beziehung (zB nach §§ 1755, 1756 BGB) berührt die Angehörigeneigenschaft nicht (beachte jedoch § 77 II S 2). – Für die Beziehungen, die aus der **Ehe** oder der **Lebenspartnerschaft** abgeleitet werden, genügt deren formelle Gültigkeit (RGSt 60, 246; s auch 2 zu § 172). Nach Nichtigerklärung oder Auflösung der Ehe dauert die Beziehung fort (so schon BGHSt 7, 383); wo das Gesetz jedoch unmittelbar an die Ehegatteneigenschaft anknüpft (zB § 181 a III), wird idR eine bestehende Ehe vorausgesetzt. Eine auf Analogie gestützte Einbeziehung von Partnern **eheähnlicher Gemeinschaften** scheidet im Allgemeinen schon deshalb aus, weil es an einer planwidrigen Gesetzeslücke fehlt, und ist meist auch aus Gründen der Rechtssicherheit bedenklich (hM; eingehend Konrad, Probleme der eheähnlichen Gemeinschaft im Strafrecht, 1986, S 66; zT abw Skwriblies, Nichteheliche Lebensgemeinschaft und Angehörigenbegriff im Straf- und Strafprozessrecht, 1990, beide mwN; s auch 9 zu § 157; 4 zu § 213). – **Verlöbnis** ist ein ernsthaftes (JZ 89, 256), nicht sittenwidriges (jedoch nicht unbedingt zivilrechtlich wirksames, RGSt 38, 242) gegenseitiges (bei Holtz MDR 86, 98) Eheversprechen. Es fehlt namentlich beim Heiratsschwindler (BGHSt 3, 215) und meist auch beim noch verheirateten Partner (NStZ 83, 564 mit Anm Pelchen; NJW 84, 135), es sei denn, dass dieser ein Recht auf Scheidung hat und sie bereits betreibt (so die im Schrifttum hM; anders Bay NJW 83, 831 mit krit Bespr Strätz JR 84, 127; zusf Füllkrug StV 86, 37; Pelchen, Pfeiffer-FS, S 287, alle mwN); das mögliche, aber nicht erwiesene Verlöbnis ist zugunsten des Täters zu berücksichtigen (Bay NJW 61, 1222). – **Pflegeelternschaft** setzt eine Beziehung voraus, die – wie die natürliche Elternschaft – eine dauernde, sittlich gleichwertige Verbundenheit zum Kind herstellt (RGSt 58, 61). – Zum **Irrtum** über die Angehörigeneigenschaft Stree FamRZ 62, 55.

3. Abs 1 Nr 2: Amtsträger (vgl zB §§ 331–334).

a) Beamter (Buchst a) ist im staatsrechtlichen Sinne zu verstehen. Es kommt auf die förmliche Berufung in ein Beamtenverhältnis durch Aushändigung einer Ernennungsurkunde, nicht auf die Art der übertragenen Aufgaben an (BGHSt 37, 191, 192; Heinrich, Der Amtsträgerbegriff im Strafrecht, 2001, S 317; beachte auch 10).

b) Das **sonstige öffentlich-rechtliche Amtsverhältnis** (Buchst b) ist einschränkend auszulegen, da es sonst die Fälle des Buchst c voll mitumfassen würde (Heinrich aaO [vgl 4] S 349). Es setzt die Übertragung eines Geschäftskreises im Bereich der vollziehenden Gewalt voraus, durch die ein beamtenähnliches Dienst- und Treueverhältnis begründet wird (Welp, Lackner-FS, S 761, 764). Hierher gehören etwa der Minister (§ 1 BMinG), der Parlamentarische Staatssekretär (§ 1 III ParlStG), der Wehrbeauftragte (§ 15 I WBeauftrG) sowie der Notar und Notarassessor (§§ 1, 7 IV S 1, 2 BNotO), nicht der Vormund, der Insolvenzverwalter und der Testamentsvollstrecker. – Abweichend vom früheren Recht (BGHSt 12, 108; 25, 204) werden auch die Träger solcher Ehrenämter erfasst, deren Übernahme staatsbürgerliche Pflicht ist (zB Wahlvorsteher); da § 11 auch die ehrenamtlichen Richter einbezogen hat (vgl 12), kann für die Ehrenbeamten nichts anderes gelten.

§ 11 AT. 1. Abschnitt. 2. Titel. Sprachgebrauch

6 c) Die **Amtsträgereigenschaft nach Buchst c** setzt voraus:
aa) eine **Bestellung**, dh eine Übertragung der Tätigkeit durch **öffentlich-rechtlichen Akt**, der nicht formgebunden ist (BGHSt 43, 96; Stuttgart Justiz 76, 261) und deshalb auch schlüssig erklärt werden kann (Tröndle/Fischer 20; aM Dingeldey NStZ 84, 503, 504; beachte auch BGHSt 42, 230). Zwar wird zum Teil auch angenommen, dass ein nichtöffentlich-rechtlicher Akt, etwa ein Privatdienstvertrag, schon als solcher genügen könne (funktionale Betrachtungsweise); demgegenüber ist aber schon lange in Rspr und Lehre der öffentlich-rechtliche Charakter der Bestellung (organisatorische Betrachtungsweise) hervorgehoben worden (BGHSt 2, 119, 120; 8, 321, 323; Bay NJW 96, 268; Gribbohm LK 32; näher Otto Jura 97, 47 und Heinrich aaO [vgl 4] S 521). Bis in die jüngere Vergangenheit war jedoch weitgehend unbestritten, dass mit dem Erfordernis der Bestellung keine zu Buch schlagende Einschränkung verbunden sei, weil jeder privatrechtliche Einzelauftrag nach öffentlichem Recht als schlüssige Erklärung der Bestellung gedeutet werden könne (expl Weiser NJW 94, 968, 969; Lenckner ZStW 106, 502, 520; Haft NJW 95, 1113; Gribbohm LK 31; Sch/Sch-Eser 27; Tröndle/Fischer 20). Inzwischen vertritt der BGH (1. StS) aber die Auffassung, dass eine öffentlich-rechtliche Bestellung nur bejaht werden könne, wenn sie entweder zu einer organisatorischen Eingliederung in die Behördenstruktur (gemeint ist hier wohl die 1. Alt des Buchst c; dazu Schramm JuS 99, 333, 335) oder zu einer den Einzelauftrag überschreitenden längerfristigen Tätigkeit (2. Alt) führe (BGHSt 43, 96 mit Bespr Otto JR 98, 73 und Geppert JK 5; NJW 98, 2373 mit krit Anm Ransiek NStZ 98, 564; NJW 01, 3062 und 04, 693; vgl auch Rengier BT II 59/10–14). Diese Wende der Rspr hat nunmehr Bestand und ist jedenfalls deshalb zu begrüßen, weil sie die problematische Weite der nach der jüngsten Gesetzesänderung (vgl vor 1) gebotenen rein funktionalen Deutung des Begriffs „der Wahrnehmung von Aufgaben der öffentlichen Verwaltung" (dazu 9) deutlich einzugrenzen sucht. Bedenken erweckt aber das Abstellen auf eine längerfristige Tätigkeit, weil das bloß zeitliche Moment nicht ausschlaggebend sein kann (ebenso Heinrich aaO S 540). Auf einen einzigen Auftrag beschränkte Bestellungen, die einen Privaten in den Fällen des Buchst c (2. Alt) zu einem Auftreten gegenüber Dritten befugen, das zum Kernbereich staatlichen Verwaltungshandelns gehört, würde je nach den Umständen ohne zureichenden Grund ausgeschieden. Aufgrund rechtsguts-geleiteter restriktiver Auslegung ist deshalb die Annahme vorzugswürdig, dass die Tätigkeit des Privaten (abw von der 1. Alt) in Anlehnung an BGHSt 38, 199, 202 „schon ihrer Art nach Verwaltungstätigkeit (des Staates) sein", der Private also den Staat für jedermann erkennbar gegenüber dem Bürger repräsentieren muss (so Schramm JuS 99, 333, 336; ähnlich Otto aaO, der fordert, dass dem Privaten eigenverantwortliche Entscheidungsbefugnis gegenüber Dritten eingeräumt sein muss; zu eng Ransiek NStZ 97, 519). In Fortentwicklung der neuen BGH-Rspr sollte diese Restriktion an das Erfordernis des öffentlich-rechtlichen Bestellungsaktes anknüpfen, diesen also nur bejahen, wenn Gegenstand des Auftrags eine solche Befugnis ist. Im Schrifttum wird statt dessen überwiegend eine im Wesentlichen gleiche Einschränkung erst bei dem Merkmal der „Wahrnehmung von Aufgaben der öffentlichen Verwaltung" vorgeschlagen (expl Lenckner ZStW 106, 502; Haft NStZ 98, 29; Schramm aaO; Sch/Sch-Eser 27), was jedoch auf dasselbe Ergebnis hinausläuft. Danach bleibt jedenfalls die allgemein anerkannte Annahme, dass die aushilfsweise Heranziehung eines Arbeiters, der allgemein im Reinigungsdienst tätig ist, zu einzelnen Verrichtungen öffentlich-rechtlicher Art nicht als Bestellung zu bewerten ist (GA 53, 49);

7 bb) die Bestellung durch eine rechtlich **zuständige Stelle**, die im Urteil zu bezeichnen ist (LM Nr 1 zu § 359 aF);

8 cc) die Wahrnehmung des Aufgabenkreises bei einer **Behörde** (vgl 20) oder einer **sonstigen Stelle** oder in deren Auftrag. **Sonstige Stellen** sind Institutio-

nen, ohne Rücksicht auf ihre Organisationsform, die keine Behörden, rechtlich aber befugt sind, bei der Ausführung von Gesetzen mitzuwirken, namentlich Körperschaften und Anstalten des öffentlichen Rechts, organisatorisch ausgrenzbare Teile von Behörden und zur Erfüllung öffentlicher Aufgaben berufene Vereinigungen, Ausschüsse oder Beiräte (BT-Dr 7/550 S 209). Auch privat-rechtlich organisierte, aber staatlich gesteuerte Unternehmen (näher dazu 9) kommen in Frage (BGHSt 43, 370; NJW 01, 3062 und 04, 693; Rengier BT II 59/9).

dd) die Wahrnehmung von **Aufgaben der öffentlichen Verwaltung.** Nach den Gesetzesmaterialien (BT-Dr 7/550 S 208) und stRspr sollen damit im Wesentlichen diejenigen Tätigkeiten erfasst werden, die im Sinne der Rspr zu § 359 aF (BGHSt 9, 203, 222; 11, 345) aus der Staatsgewalt abgeleitet sind und staatlichen Zwecken dienen (BGHSt 37, 191, 194; 38, 199, 201; zusf Heinrich aaO [vgl 4] S 91, 434). Dazu gehört jedenfalls die **Eingriffsverwaltung,** die Aufgaben der staatlichen Anordnungs- und Zwangsgewalt wahrnimmt, und zwar auch dann, wenn Private (zB Technische Überwachungsvereine) mit solcher Hoheitsbefugnis beliehen sind (BGHSt 38, 199, 201); außerdem aber auch die **Leistungsverwaltung zur Daseinsvorsorge,** die unmittelbar für die Daseinsvoraussetzungen der Allgemeinheit oder ihrer Glieder sorgt (BGHSt 12, 89; s auch BerlVerfGH NVwZ 00, 794 mit Bespr Schmehl JuS 01, 233; Rengier BT II 59/8), etwa im Bereich kommunaler Energieversorgung (NJW 04, 693 mit Bespr Rautenkranz JA 04, 274) oder der Gesundheitsvorsorge (beachte aber BGHSt 46, 310, 313). Dabei ist die „Wahrnehmung von Aufgaben der öffentlichen Verwaltung" rein funktional, dh ungeachtet der öffentlich- oder privat-rechtlichen Organisationsform, zu verstehen (die abw Auffassung in BGHSt 38, 199 mit abl Anm Ossenbühl JR 92, 473 ist durch Gesetzesänderung überholt (BT-Dr 13/5584 S 12). Erfasst wird daher auch das privat-rechtlich (meist als GmbH) organisierte, aber staatlich gesteuerte Unternehmen (zB die Deutsche Gesellschaft für Technische Zusammenarbeit [GTZ] oder die Treuhand Liegenschaftsgesellschaft [TL GmbH]), das als „verlängerter Arm des Staates" (BGHSt 43, 370, 373) dem Allgemeinwohl dienende, mit Leistungen verbundene politische Aufgaben (namentlich der Entwicklungs- und Kulturpolitik) erfüllt; seine Aktivitäten werden in der modernen Verwaltungsrechtslehre mit Recht als Teilbereich der öffentlichen Verwaltung gedeutet (BGHSt 43, 370 mit krit Anm Ransiek NStZ 98, 564 [GTZ]; NJW 01, 3062 [TL GmbH]; einschr Heinrich aaO [vgl 4] S 452, 477, der eine „Monopolstellung" verlangt und deshalb Aufgaben der öffentlichen Verwaltung nur dann annimmt, wenn der Staat besondere, der Privatperson nicht zustehende Eingriffsrechte oder Einflussmöglichkeiten besitzt oder auf Grund einer besonderen Gewährleistungsfunktion tätig wird). Der Charakter als öffentliche Aufgabe geht nicht verloren, wenn zum Zweck des Allgemeinwohls die Absicht der Gewinnerzielung hinzutritt (NJW 01, 3063 und 04, 693). Nicht erfasst werden ua daggen die Flughafen Frankfurt/Main AG (BGHSt 45, 16; Rengier BT II 59/13) und das Bayerische Rote Kreuz in seiner privatrechtlichen Tätigkeit (BGHSt 46, 310). – Von dieser funktionalen Abgrenzung unberührt bleibt das Erfordernis eines öffentlich-rechtlichen Bestellungsaktes (vgl 6). Dieser ermöglicht eine hinreichend sichere Abgrenzung mit der Folge, dass es andersartiger Einschränkungen nicht mehr bedarf (dazu 6).

Ob auch rein erwerbswirtschaftlich-fiskalische, dh die Grenzen der Daseinsvorsorge überschreitende, **Betätigung** des Staates und anderer Körperschaften des öffentlichen Rechts erfasst wird, ist von der Rspr zum früheren Beamtenbegriff (§ 359 aF) nicht einheitlich beantwortet, überwiegend aber verneint worden (BGHSt 12, 89; KG JR 61, 228; Welp, Lackner-FS, S 761, 784 mwN). Die Gesetzesmaterialien zu § 11 sind in diesem Punkt widersprüchlich: Einerseits drücken sie die Meinung aus, dass der neugefasste Amtsträgerbegriff „im Wesentlichen mit dem bisherigen Begriff des Beamten im strafrechtlichen Sinne" übereinstimme (BT-Dr 7/550 S 208); andererseits bekräftigen sie aber zugleich die Auffassung,

§ 11

dass auch die erwerbswirtschaftlich-fiskalische Tätigkeit einzubeziehen sei, weil der Begriff der „öffentlichen Verwaltung" weit ausgelegt werden müsse (BT-Dr aaO S 209; zust Tröndle/Fischer 22; abl Rudolphi SK 23; zusf Heinrich aaO [vgl 4] S 478; offen gelassen in BGHSt 31, 264, 269). Beide Annahmen sind nicht miteinander vereinbar; denn die in den Gesetzesmaterialien postulierte weite Auslegung hat eine – mindestens theoretisch – erhebliche Ausweitung des früheren Beamtenbegriffs, wie er von der Rspr geprägt worden ist, zur Folge (überzeugend Welp aaO S 782). Rein erwerbswirtschaftlich-fiskalische Tätigkeit scheidet daher aus (iE auch Rengier BT II 59/9 a; Radtke MK 45; aM Sch/Sch-Eser 22). – Auszuscheiden ist ferner neben der Gesetzgebung (dazu 11) auch die **Rechtsprechung,** nicht dagegen die Verwaltungstätigkeit in der Rechtspflege (Gribbohm LK 38). – Personen, die erst **zur Wahrnehmung von Verwaltungsaufgaben herangebildet werden** (zB Verwaltungslehrlinge und -praktikanten), werden als solche nicht erfasst (BT-Dr 7/1261 S 4), können im Einzelfall aber, auch wenn sie noch minderjährig sind, mit der selbstständigen Wahrnehmung der Aufgaben betraut sein (Gribbohm LK 33). Überhaupt muss der Bestellte die Aufgaben selbst sachlich wahrnehmen; nur untergeordnete und mechanische Hilfstätigkeiten (Schreibarbeiten, Reinigung usw) reichen nicht aus (Tröndle/Fischer 23).

9 b Knüpft man in dieser Weise an die **Rspr zum strafrechtlichen Beamtenbegriff** im Sinne des § 359 aF an, so ist sie weitgehend auf den Amtsträger übertragbar. Zwar ergibt sich diese Auslegung aus den verwendeten Begriffen nicht zwingend, entspricht aber am ehesten den Intentionen des Gesetzgebers (zahlreiche Beispiele dazu in der Kommentar- und Lehrbuchliteratur und bei Heinrich aaO [vgl 4] S 91).

10 d) Die Amtsträger müssen grundsätzlich (beachte jedoch 4 zu § 5) **nach deutschem Recht** zu ihren Aufgaben bestellt sein. Beurteilungsgrundlage ist danach das in der Bundesrepublik geltende Bundes-, Landes- und Kommunalrecht (näher Heinrich aaO [vgl 4] S 554 und in: Keller-GS, S 103, der zu Recht darauf hinweist, dass die Einbeziehung von Ausländern in den Amtsträgerbegriff nicht grundsätzlich ausgeschlossen ist, S 105). Nach ihm werden alle im Dienst des Bundes, der Länder, der Gemeinden, der Gemeindeverbände sowie der Körperschaften, Anstalten und Stiftungen des öffentlichen Rechts tätigen Amtsträger erfasst (BT-Dr 7/550 S 209). Nicht hierher gehören Träger von Ämtern in Religionsgesellschaften des öffentlichen Rechts, es sei denn, dass ihnen Aufgaben der öffentlichen (staatlichen oder kommunalen) Verwaltung besonders übertragen sind (BGHSt 37, 191; Düsseldorf NJW 01, 85).

11 e) Nach den Intentionen des Gesetzgebers soll die gesetzgebende Gewalt im ganzen aus dem Amtsträgerbegriff ausgenommen sein (BT-Dr 7/550 S 209). Danach werden **Abgeordnete des BTages und der Länderparlamente** auch dann nicht erfasst, wenn sie innerhalb der gesetzgebenden Körperschaften Funktionsträger (zB BTagspräsident) sind (Deiters NStZ 03, 453; Rengier BT II 59/15; Gribbohm LK 37; zw). Auch Mitglieder von **Gemeindevertretungen** (Gemeinderäte, Stadträte usw) sind – wie jetzt auch aus § 108 e (dort 8) zu schließen ist – nicht als solche Amtsträger (Deiters NStZ 03, 453; Rengier BT II 59/15; Gribbohm aaO; aM LG Krefeld NJW 94, 2036; LG Köln NStZ 03, 364 mit krit Bespr Marcel StraFO 03, 259). Wegen der Doppelfunktion eines solchen Organs ist danach zu differenzieren, ob es eine Normsetzungs- oder Verwaltungstätigkeit ausübt (hM; vgl Radtke MK 48; krit Deiters aaO S 458): Soweit das Gremium im Bereich der materiellen Rechtsetzung tätig wird (zB bei Ortssatzungen; vgl Radtke aaO), kann allenfalls § 108 e einschlägig sein; dagegen ist Amtsträgereigenschaft zu bejahen, wenn es (zB durch Erlass eines Verwaltungsakts; vgl Marcel aaO S 262) Aufgaben der öffentlichen Verwaltung (und sei es gemeinsam mit anderen Personen) wahrnimmt (hM; vgl Sch/Sch-Eser 23 mwN) oder ein einzelnes Mitglied

– sei es auch unentgeltlich – zu solcher Wahrnehmung bestellt wird (Gribbohm aaO; für ein in den Aufsichtsrat eines städtischen Verkehrsunternehmen bestelltes Gemeinderatsmitglied iE auch Stuttgart NJW 03, 228). Für **Soldaten** geht § 48 WStG als abschließende Sonderregelung vor (BT-Dr aaO).

4. Abs 1 Nr 3: Richter (vgl zB § 339). Ausländische Richter werden nicht 12 erfasst; ebenso auch nicht Schiedsrichter, die jedoch in den Tatbeständen über Bestechlichkeit und Rechtsbeugung dem Richter weitgehend gleichgestellt sind. – **Berufsrichter** §§ 2 ff DRiG. **Ehrenamtliche Richter** §§ 44, 45 DRiG. Hierher gehören namentlich die Laienrichter, die nach § 45 a DRiG in der Strafgerichtsbarkeit die Bezeichnung „Schöffen" und in der Zivil-, Verwaltungs-, Finanz-, Arbeits- und Sozialgerichtsbarkeit die Bezeichnung „ehrenamtliche Richter" führen, ferner zB die anwaltlichen Richter in der Ehrengerichtsbarkeit (§§ 92, 100 BRAO) und die Beisitzer bei den Disziplinargerichten (BT-Dr 7/550 S 210).

5. Abs 1 Nr 4: für den öffentlichen Dienst besonders Verpflichteter (vgl 13 zB §§ 331–334).

a) Zu **Buchst a** vgl 8, 9. Da die besonders Verpflichteten nicht Amtsträger sein 14 dürfen, werden Beamte und solche Angestellte, die selbst öffentliche Aufgaben wahrnehmen, hier nicht erfasst (NStZ 94, 277).

b) Buchst b: Die **genannten Organisationen** müssen für eine Behörde oder 15 sonstige Stelle (vgl 8) Aufgaben der öffentlichen Verwaltung ausführen, dh gleichsam als deren verlängerter Arm (BT-Dr 7/550 S 211) staatliche Daseinsvorsorge in privatrechtlicher Form (sog Verwaltungsprivatrecht) betreiben (Zechlin BB 82, 439; zusf Heinrich aaO [vgl 4] S 574). – **Verband** ist ein Zusammenschluss von natürlichen oder juristischen Personen oder Vereinigungen zur Förderung gemeinsamer, namentlich wirtschaftlicher, sozialer, kultureller oder politischer Interessen. Der **sonstige Zusammenschluss** umfasst zB auch Beiräte, Ausschüsse und ähnliche Einrichtungen (BT-Dr aaO). **Betrieb** ist eine, gleichgültig in welcher Rechtsform, auf Dauer angelegte organisatorische Zusammenfassung von persönlichen und sachlichen Mitteln zur Erreichung des – nicht notwendig wirtschaftlichen – Zwecks, Güter oder Leistungen zu erzeugen oder zur Verfügung zu stellen (nicht nur Produktionsbetriebe, sondern zB auch Reparaturwerkstätten, Handelsgeschäfte, Geldinstitute, Arzt-, Architekten- und Anwaltspraxen, uU sogar Forschungsinstitute). Das neben dem Betrieb erwähnte **Unternehmen** soll die hier gebotene weite Auslegung gewährleisten (BT-Dr V/1319 S 65).

c) Der Täter muss entweder „bei" einer der genannten Stellen **beschäftigt** 16 sein, dh in einem Dauerbeschäftigungsverhältnis zu ihr stehen, etwa als Schreibkraft, Bürokraft, Bote, Raumpfleger usw, oder „für" sie, dh auf Grund eines entsprechenden Auftrags (BGHSt 42, 230), vorübergehend herangezogen werden, etwa als Gutachter oder als Mitglied eines beratenden Ausschusses (BT-Dr V/1319 S 65).

d) Die ferner erforderliche (wirksame, NJW 80, 846) **förmliche Verpflich-** 17 **tung** soll nach § 1 I Nr 1, 2 VerpflG in jedem Falle vorgenommen werden, in dem die übrigen Voraussetzungen der Nr 4 a oder b erfüllt sind (Heinrich aaO [vgl 4] S 587; überzogen die Kritik von Zechlin BB 82, 439).

6. Abs 1 Nr 5: rechtswidrige Tat (vgl zB § 12 II). Voraussetzung ist eine 18 tatbestandsmäßige (15 vor § 13) und rechtswidrige (16 vor § 13) Handlung. Ob diese bei den Vorsatzdelikten natürlichen Vorsatz und bei den Fahrlässigkeitsdelikten eine objektive Sorgfaltspflichtverletzung erfordert (dazu 20 vor § 13; 34, 38 zu § 15; 9 vor § 25), wird durch die Begriffsbestimmung nicht präjudiziert (BT-Dr 7/550 S 211).

§ 11

19   **7. Abs 1 Nr 6: Unternehmen** (vgl zB § 81 I). Die kriminalpolitische Funktion der sog **echten Unternehmenstatbestände** besteht darin, den Versuch im Sinne des § 22 (hM; einschr Burkhardt JZ 71, 352, 356) in bestimmten Fällen der Vollendung gleichzustellen und dadurch die Strafmilderung nach § 49 I auszuschließen (zusf Berz, Formelle Tatbestandsverwirklichung und materialer Rechtsgüterschutz, 1986, S 126; Sowada GA 88, 195; Wolters, Das Unternehmensdelikt, 2001 [mit Bespr Zieschang ZStW 115, 395], S 82, 264, 334, der jedoch beim „grob unverständigen Versuch" den Strafrahmen des § 23 III anwenden will, S 274). Das Unternehmen umfasst nicht die Vorbereitung der Tat. Ein strafbarer Versuch des Unternehmens wird teilweise schon begrifflich ausgeschlossen (hM; vgl Gribbohm LK 90 mwN); er ist mindestens aber als dem Gesetzeszweck zuwiderlaufend auszuscheiden (im Ergebnis ähnlich Rudolphi SK 45). § 24 ist unanwendbar (aM Wolters aaO S 177, 254, 332); jedoch sind bei den Unternehmenstatbeständen häufig besondere Vorschriften über tätige Reue vorgesehen (29 zu § 24). – Für die sog **unechten Unternehmensdelikte** gilt die Begriffsbestimmung nicht. Unter dieser nach Inhalt und Grenzen umstrittenen Bezeichnung werden solche Tatbestände zusammengefasst, die insofern Versuchsstruktur aufweisen, als sie erfolgsgerichtete Tätigkeit („Tendenztätigkeit") schon als solche mit Strafe bedrohen, ohne dass dieser Erfolg eintreten müsste (dazu Schröder, Kern-FS, S 457, 464; Berz aaO S 132; Gribbohm LK 93–97). Die Leistungsfähigkeit dieses rein klassifikatorischen Begriffs ist gering; denn ob und wieweit ein Tatbestand einem echten Unternehmenstatbestand strukturgleich ist, hängt von der Auslegung des betroffenen Tatbestandes ab und ist oft zweifelhaft (Sowada aaO S 198; Wolters aaO S 287, 335, beide mwN; str). Auch für die unechten Unternehmensdelikte wird eine tätige Reue in Analogie zu den Vorschriften für die echten Unternehmensdelikte (§§ 83a, 314a und 320 I) befürwortet (B-Weber/Mitsch AT 8/51).

20   **8. Abs 1 Nr 7** stellt lediglich die Behördeneigenschaft der Gerichte klar. **Behörden** sind ständige, von der Person ihres Trägers unabhängige Organe der inländischen (nach dem jeweiligen Schutzzweck uU auch ausländischen, NJW 63, 1318; 9 vor § 3) Staatsgewalt, die dazu berufen sind, unter öffentlicher Autorität für die Erreichung der Zwecke des Staates tätig zu sein (BVerfGE 10, 20, 48), zB auch Dienststellen von Gemeinden (RGSt 40, 161), Spruchkörper der Industrie- und Handelskammern (RGSt 52, 198), Fakultäten (Fachbereiche) der Universitäten (RGSt 75, 112) und selbstständige Strafvollzugsanstalten (GA 68, 84).

21   **9. Abs 1 Nr 8: Maßnahme** (vgl zB § 78 I). Der zusammenfassende Begriff dient nur gesetzestechnischen Zwecken.

22   **10. Abs 1 Nr 9: Entgelt** (vgl zB § 180 II). Erfasst wird nur die vermögenswerte Gegenleistung. Immaterielle und solche Vorteile, die nicht in einem Austauschverhältnis stehen, scheiden daher aus.

23   **11. Abs 2** betrifft die sog **Vorsatz-Fahrlässigkeits-Kombination** (krit Hardtung, Versuch und Rücktritt bei den Teilvorsatzdelikten des § 11 Abs 2 StGB, 2002, S 8: „irreführend"), die vorsätzliche Begehung einer Tathandlung, aber nur fahrlässige Verursachung einer daraus erwachsenden besonderen Folge voraussetzt. Sie kommt im StGB in der Form der sog **erfolgsqualifizierten Delikte** (§ 18) und außerdem in zahlreichen Gefährdungstatbeständen vor (zB § 315c III Nr 1); außerdem gibt es neuerdings erfolgsqualifizierte Gefährdungsdelikte (zB § 221 II Nr 2, III; krit Schroeder, Lüderssen-FS, S 599, 602).

24   **a)** Ob sie im Hinblick auf die Tathandlung als **Vorsatztat** zu behandeln ist und die Anwendung der Regeln fahrlässiger Nebentäterschaft auf die besondere Folge beschränkt bleibt, war – von den erfolgsqualifizierten Delikten abgesehen (4 zu § 18) – im früheren Recht umstritten (Gribbohm LK 110 mwN). Abs 2 entscheidet die Frage mit Recht im Sinne der Vorsatztat: In den umstrittenen Fällen wird stets durch eine vorsätzliche Tathandlung fahrlässig eine konkrete Gefahr verursacht. Der Handlungsteil bildet hier den Kern der Tat, während die als Folge verursachte Gefahr zu ihm in demselben Verhältnis steht wie die fahrlässig verursachte Folge beim erfolgsqualifizierten Delikt (hM; anders Miseré, Die Grundprobleme der Delikte mit strafbegründender besonderer Folge, 1997, S 48; Gössel, Lange-FS, S 219). Dass der Vorsatzteil – abweichend von den Fällen des § 18 – als solcher meist nicht selbstständig mit Strafe bedroht ist, steht dieser Annahme nicht entgegen; denn jedenfalls ist diese Handlung stets rechtswidrig (zB im Verkehrsrecht eine Ordnungswidrigkeit). Dass solche Handlungen nicht schon allgemein mit Strafe bedroht sind, hängt allein damit zusammen, dass die ganze Handlungsgruppe zu viele nicht ausreichend gefährliche Verhaltensweisen einschließt, denen gegenüber strafrechtliche Reaktion unverhältnismäßig wäre (Lackner, Das konkrete Gefährdungsdelikt im Verkehrsstrafrecht, 1967, S 10). Ihre Poenalisierung bei konkreter Gefährdung verfolgt daher nur den Zweck, die Strafbarkeit auf ausreichend gefährliche Handlungen zu beschränken.

b) Die Behandlung der Vorsatz-Fahrlässigkeits-Kombination als Vorsatztat (VRS 57, 271) ist namentlich bedeutsam im Hinblick auf den **Versuch** (1 zu § 23; krit Hardtung aaO [vgl 23] S 219), auf die **Teilnahme** (4–7 zu § 18; 9 vor § 25; 7 zu § 26) sowie auf die Voraussetzungen der **Sicherungsverwahrung** (§ 66) und der **Einziehung** (§ 74).   25

12. Abs 3 dient nur dem gesetzestechnischen Zweck, den Begriff der Schrift in bestimmten Fällen auf andere Darstellungen auszudehnen, die wie die Schriften geeignet sind, die Vorstellung von Sinnzusammenhängen zu vermitteln. Deshalb gilt diese Erweiterung nur, wenn die jeweilige Vorschrift (zB §§ 130 II, 131 I, 184 I) ausdrücklich auf Abs 3 verweist. Für die Frage, ob die Begriffe der Schrift und der Darstellung nach Zweck und Sinnzusammenhang der einzelnen Tatbestände unterschiedlich auszulegen sind, ist Abs 3 ohne Bedeutung (Rudolphi SK 56 mwN).   26

a) Schriften sind sinnlich wahrnehmbare, auf einige Dauer angelegte Verkörperungen von gedanklichen Inhalten durch Buchstaben, Bilder oder andere stoffliche Zeichen (BGHSt 13, 375), die geeignet sind, die Vorstellung eines Sinnzusammenhangs zu erwecken (auch Geheim-, Kurz- und Bilderschriften). Dass sie bereits den jeweils vorgesehenen Endzustand als Buch, Zeitschrift, Flugblatt usw erreicht haben, ist nicht unbedingt erforderlich; auch Platten, Drucksätze, Negative und Matrizen kommen je nach dem Inhalt des einschlägigen Tatbestandes in Frage (BGHSt 32, 1).   27

b) Darstellungen, die als Oberbegriff (RGSt 47, 404) Schriften, Ton- und Bildträger, Datenspeicher und Abbildungen umfassen, sind stoffliche oder sonst auf einige Dauer fixierte Zeichen, welche die Vorstellung eines wahrnehmbaren Vorgangs oder Gedankens vermitteln. Wie der zur Klarstellung (BT-Dr 13/7385 S 36) eingefügte Hinweis auf Datenspeicher (vgl vor 1) zeigt, kommt es auf die Art der Fixierung (zB auch elektromagnetische und elektronische) nicht an. Einbezogen sind danach ua auch Plastiken (RG GA Bd 57, 400), Videokassetten, Ton- und Bildaufzeichnungen im Rund-(Fernseh- und Hör-)funk (Weigend ZUM 94, 133 Fn 3) und Datenspeicher in Computernetzen (Hamburg JR 00, 125 mit Anm Bertram; Sieber JZ 96, 494, 495; Derksen NJW 97, 1878, 1881; s auch Bay NJW 00, 2911; LG München NJW 00, 1051 mit Anm Vassilaki NStZ 00, 535; beachte ferner 5 zu § 74 d; 7 a zu § 184), einschließlich der eine Datei flüchtig speichernden elektronischen Arbeitsspeicher (BGHSt 47, 55, 58 mit Anm Kudlich JZ 02, 310; krit Lindemann/Wachsmuth JR 02, 206, 208). Nicht erfasst werden dagegen ua Theateraufführungen und sog Live-Sendungen (dazu 7 zu § 184), bei denen es an der erforderlichen, auf einige Dauer angelegten Fixierung fehlt. Die   28

§ 12

bei solchen Sendungen aus technischen Gründen bisweilen vorgenommene, ganz vorübergehende Aufzeichnung oder Sammelübertragung der Daten steht dem nicht entgegen (BT-Dr aaO).

§ 12 Verbrechen und Vergehen

(1) Verbrechen sind rechtswidrige Taten, die im Mindestmaß mit Freiheitsstrafe von einem Jahr oder darüber bedroht sind.

(2) Vergehen sind rechtswidrige Taten, die im Mindestmaß mit einer geringeren Freiheitsstrafe oder die mit Geldstrafe bedroht sind.

(3) Schärfungen oder Milderungen, die nach den Vorschriften des Allgemeinen Teils oder für besonders schwere oder minder schwere Fälle vorgesehen sind, bleiben für die Einteilung außer Betracht.

1 1. Die **Zweiteilung** (Dichotomie) der rechtswidrigen Taten (18 zu § 11) und damit auch der Straftaten in Verbrechen und Vergehen bedeutet eine Abstufung der Delikte nach ihrem Unrechtsgehalt und ihrer allgemeinen Strafwürdigkeit. Sie gestattet zugleich, die beiden Kategorien sowohl im materiellen (zB §§ 23 I, 30 StGB) wie auch im formellen Strafrecht (zB §§ 153, 153 a StPO) unterschiedlich zu behandeln.

2 2. Für die Einordnung sind die **Hauptstrafen** maßgebend, die dem anwendbaren Tatbestand abstrakt zugeordnet sind (sog **abstrakte** gegen konkrete oder spezialisierende **Betrachtungsweise**, BGHSt 2, 393; zusf Stöckl GA 71, 236).

3 a) Es entscheidet das **Mindestmaß** der Hauptstrafe, die für die im Tatbestand beschriebene Handlung abstrakt angedroht ist. Die Deliktskategorie kann sich also ändern, wenn das Gesetz aus einem Tatbestand durch Hinzufügen weiterer Merkmale **(benannte Strafänderungen)** einen neuen Tatbestand bildet, gleichgültig ob dieser ein qualifizierter (zB §§ 225 III, 226, 227), ein privilegierter (zB § 216) oder ein eigenständiger Tatbestand (zB § 249 im Verhältnis zu § 242) ist, gleichgültig auch, ob die Merkmale die Tat oder nur den Täter betreffen.

4 b) Nach **Abs 3** sind Änderungen des Strafrahmens durch Vorschriften des **Allgemeinen Teils**, etwa nach § 49, und die nur allgemein umschriebenen Änderungen in besonders schweren und minder schweren Fällen **(unbenannte Strafänderungen)** für die Einteilung unerheblich (so schon BGHSt 2, 181). – Erfasst werden danach auch die strafbegründenden Vorschriften über Versuch (§ 22), Teilnahme (§§ 26, 27) und versuchte Beteiligung (§ 30); sie sind nach dem Sinnzusammenhang des Gesetzes als unselbstständige Erscheinungsformen der Deliktstatbestände ebenso wie diese einzuordnen (hM; für die Beihilfe anders Triffterer NJW 80, 2049). – Werden benannte Strafänderungen nur als zwingende Beispiele für insgesamt unbenannte Milderungs- oder Schärfungsgründe verwendet (zB § 241 a IV), so gehen sie in der unbenannten Strafänderung auf, so dass die Deliktskategorie selbst dann unberührt bleibt, wenn das Beispiel verwirklicht ist (BGHSt 11, 233, 241; 20, 184; NJW 67, 1330; aM Dreher JZ 65, 455). Dasselbe gilt, wenn ein besonders schwerer Fall nur durch sog Regelbeispiele verdeutlicht wird (BT-Dr V/4094 S 4; Eisele, Die Regelbeispielsmethode im Strafrecht, 2004, S 168; vgl 11 zu § 46).

5 c) **Nebenstrafen** (zB § 44), **Nebenfolgen** (§ 45) und **Maßnahmen** (§ 11 I Nr 8) berühren die Einteilung nicht.

2. Abschnitt. Die Tat

1. Titel. Grundlagen der Strafbarkeit

Vorbemerkung

I. Der 1. **Titel** des Abschnitts, der sich mit den allgemeinen Merkmalen der Tat befasst, regelt in einer Anzahl systematisch nur lose zusammenhängender Vorschriften wichtige Grundvoraussetzungen der Strafbarkeit und setzt damit der **Lehre vom Wesen der Straftat** nicht lediglich einen festen Rahmen, sondern trägt auch unmittelbar zu ihrem Inhalt bei.

II. Die **Straftat** ist nach Inhalt und Grenzen nicht – jedenfalls nicht unmittelbar – aus vorrechtlichen oder sonst ungeschriebenen Kriterien abzuleiten, sondern ein Produkt der positiven Rechtssetzung, der das Prinzip der gesetzlichen Beschreibung allen strafrechtlich relevanten Verhaltens zu Grunde liegt (formeller Verbrechensbegriff; s auch 1–3 zu § 1). Die Frage, ob und wieweit das Verbrechen auch nach sachlichen, dem Gesetz vorgegebenen Kriterien umschrieben werden kann **(materieller Verbrechensbegriff),** ist weder im Grundsätzlichen noch in den Einzelheiten abschließend geklärt (Günther SK 2–6 vor § 32; krit Androulakis ZStW 108, 300, der die Strafe für primär und die Bildung eines materiellen Verbrechensbegriffs für einen sinnlosen Umweg hält).

1. Für **Strafwürdigkeit** und **Strafbedürftigkeit** menschlichen Verhaltens (dazu Otto, Schröder-GS, S 53 und GK 1 1/48–50 sowie B-Weber/Mitsch AT 3/19 und Jescheck/Weigend AT S 50) sind nicht nur Aspekte der Kriminalpolitik, namentlich der Schutzaufgabe des Strafrechts (Rechtsgüterschutz) und des kriminologischen Erkenntnisstandes (krit dazu Bock JuS 94, 89; Kühne GA 94, 503; zum Umgang mit empirischen Voraussetzungen Stächelin, Strafgesetzgebung im Verfassungsstaat, 1998, S 167) bedeutsam, sondern auch Erfordernisse der Menschenrechte, der Bürgerrechte und des sonstigen Verfassungsrechts, aus denen vor allem die **Subsidiarität** des Strafrechts abgeleitet wird (Appel, Verfassung und Strafe, 1998, S 414). Dieses Grundprinzip ist – mindestens verbal – allgemein anerkannt (Rudolphi SK 14 vor § 1; zur einschlägigen Rspr des BVerfG Vogel StV 96, 110; s auch Brandt, Die Bedeutung des Subsidiaritätsprinzips für Entpoenalisierungen im Kriminalrecht, 1988). Es geht dabei vornehmlich um die Legitimation des Strafrechts, namentlich seiner allgemein- und verfassungsrechtlichen Schranken, und um die Kriminalpolitik des Gesetzgebers. Wenig geklärt sind vor allem die rechtspolitischen Fragen, ob und wie weit die zunehmende Instrumentalisierung und Funktionalisierung des modernen Strafrechts, sein Einsatz auch zur Zukunftssicherung und das Anwachsen sog „symbolischer Gesetzgebung" zu billigen sind.

Aus der **Literatur** vgl Gallas, Beiträge, S 1; Roxin JuS 66, 377, 382 und Kaiser-FS, S 885; Jakobs ZStW 97, 751; Naucke, Die Wechselwirkung zwischen Strafziel und Verbrechensbegriff, 1985; Wolff, in: Hassemer (Hrsg), Strafrechtspolitik, 1987, S 137; Lüderssen StV 87, 163, Die Krise des öffentlichen Strafanspruchs, 1989, Kaufmann (Arth)-FS, S 487, Abschaffen des Strafens?, 1995 (dazu Eser und Günther in: Lüderssen-FS, S 195 und 205) und ZustStR, S 159; Albrecht KritV 88, 182 und StV 94, 265; Kindhäuser, Gefährdung als Straftat, 1989, S 29 und GA 89, 493; Voß, Symbolische Gesetzgebung, 1989; Lüderssen ua (Hrsg), Modernes Strafrecht und ultima-ratio-Prinzip, 1990; Tiedemann, Verfassungsrecht und Strafrecht, 1991; Herzog, Gesellschaftliche Unsicherheit und strafrechtliche Daseinsvorsorge, 1991; Prittwitz StV 91, 435, Strafrecht und Risiko, 1993 und ZustStR, S 387; Lampe, Schmitt-FS, S 77; Müller-Dietz, Schmitt-FS, S 95; Hassemer ZRP 92, 378 und Produktverantwortung im mo-

Vor § 13 AT. 2. Abschnitt. 1. Titel. Grundlagen der Strafbarkeit

dernen Strafrecht, 2. Aufl 1996, S 1 sowie Wolff-FS, S 101 und Schlüchter-GS, S 133; Kühl, Spendel-FS, S 75; Wolter NStZ 93, 1; Hilgendorf NStZ 93, 10; Baratta, Kaufmann (Arth)-FS, S 393; Frisch, Stree/Wessels-FS, S 69; Jäger, Schüler-Springorum-FS, S 229; Stratenwerth ZStW 105, 679; Hirsch, in: Kühne/Miyazawa (Hrsg), Neue Strafrechtsentwicklungen im deutsch-japanischen Vergleich, 1995, S 11; Schünemann GA 95, 201; Jescheck, Miyazawa-FS, S 363; Krüger Kriminalistik 95, 306; Vormbaum ZStW 107, 734; Frehsee StV 96, 222; Weigend, Triffterer-FS, S 695; Heine, in: Eser-Beitr, S 51; Kargl ARSP 96, 485; Krüger, Die Entmaterialisierungstendenz beim Rechtsgutsbegriff, 2000; Wohlers, Deliktstypen des Präventionsstrafrechts, 2000 mit Bespr Kühl GA 04, 120 und Zaczyk ZStW 114, 884; Hefendehl, Kollektive Rechtsgüter im Strafrecht, 2002, S 179; Eser, Lüderssen-FS, S 195; vgl auch 32.

Diese Hinweise zeigen, dass die Diskussion vor allem des letzten Jahrzehnts durch eine bedauerliche Polarisierung gekennzeichnet ist, die häufig eine sachbezogene Abwägung der komplexen und sich ständig wandelnden Interessenlage vermissen lässt und dadurch einen Konsens über die kriminalpolitischen Notwendigkeiten nahezu unmöglich macht. Auch in der Gesetzgebungsebene stehen sich gegenläufige Maßnahmen und Vorhaben zur weiteren Entkriminalisierung, namentlich im Bereich des Sanktionensystems (3 vor § 38), einerseits und zur nachdrücklichen Verschärfung des Strafrechts gegen die wachsende Gewalt- und Massenkriminalität andererseits gegenüber. Die Kriminalpolitik wird hier jedes Extrem vermeiden und zur gleichgewichtigen Gewährleistung von Freiheit und innerer Sicherheit einen Mittelweg suchen müssen. Im Bereich des StGB wird die hektische ad-hoc-Gesetzgebung der jüngeren Vergangenheit diesem Anspruch nicht gerecht (vgl etwa 4–23 vor § 38; 1 vor § 73; 1 zu § 73 d).

4   **2. a)** Diese verfassungsrechtliche und rechtspolitische Begrenzung des Strafrechts hat **Ausstrahlungen in die praktische Anwendung des StGB** insofern, als alle geltenden Strafrechtssätze an der Verfassung zu messen sind und als kriminalpolitische Gesichtspunkte und kriminologische Erkenntnisse (dazu Rácz JR 84, 234) ihre Auslegung beeinflussen können. Im Vordergrund steht dabei ihr Schutzzweck, namentlich das jeweils geschützte **Rechtsgut**.

Aus der **Literatur** vgl Sina, Die Dogmengeschichte des strafrechtlichen Begriffs „Rechtsgut", 1962; Rudolphi, Honig-FS, S 151 und SK 3–11 vor § 1; Otto, Rechtsgutsbegriff und Deliktstatbestand, in: Müller-Dietz (Hrsg), Strafrechtsdogmatik und Kriminalpolitik, 1971, S 1; Amelung, Rechtsgüterschutz und Schutz der Gesellschaft, 1972 und in: Jung ua (Hrsg), Recht und Moral, 1991, S 269 sowie in: Alexy/Meyer/Paulson/Sprenger (Hrsg), Neukantianismus und Rechtsphilosophie, 2002, S 363; Hassemer, Theorie und Soziologie des Verbrechens, 1973, NStZ 89, 553, Wolff-FS, S 101, 110, Schlüchter-GS, S 133, 151 und NK 285–290 vor § 1; Weigend ZStW 98, 44, 49; Kindhäuser aaO (vgl 3) S 132; Graul, Abstrakte Gefährdungsdelikte und Präsumtionen im Strafrecht, 1991, S 41; Tiedemann, Verfassungsrecht und Strafrecht, 1991, S 50; Müssig, Schutz abstrakter Rechtsgüter und abstrakter Rechtsgüterschutz, 1994; Kargl, ZustStR, S 53; Koriath GA 99, 561, 576; Schmidt, Untersuchung zur Dogmatik und zum Abstraktionsgrad abstrakter Gefährdungsdelikte, 1999, S 119; Lampe, Roxin-FS, S 84, 101; Schünemann, Roxin-FS, S 1, 27; Lagodny, Strafrecht vor den Schranken der Grundrechte, 1996, S 138, der einen nur negativ ausgrenzenden, verfassungsrechtlichen Rechtsgutsbegriff entwirft; krit Jakobs, FS für S Saito, 2003, S 780, nach dem das Strafrecht nicht Rechtsgüter, sondern die Normgeltung schützt (ebenso Frisch, Müller-Dietz-FS, S 237, 253 und Freund MK 68 mwN); krit zur Möglichkeit einer allumfassenden materialen Definition des Rechtsguts Stratenwerth, Lenckner-FS, S 377; krit auch Appel aaO (vgl 3) S 336, 481 und Wohlers aaO (vgl 3) S 213 sowie Bottke, Lampe-FS, S 463; positiv zum kritischen Gehalt des Rechtsgutsbegriff dagegen Stächelin aaO (vgl 3) S 30, 99, auch für kollektive Rechtsgüter Hefendehl aaO (vgl 3) S 18, 28,

42 und 79; s auch die Beiträge von Scheerer, Schulz, Stächelin und Kindhäuser, in: Lüderssen (Hrsg), Aufgeklärte Kriminalpolitik, Bd I, 1998, S 179, 208, 239 und 263 sowie den Sammelband Hefendehl/v Hirsch/Wohlers (Hrsg), Die Rechtsgutstheorie – Legitimationsbasis des Strafrechts oder dogmatisches Glasperlenspiel? 2003; zusf Hirsch, Spinellis-FS, S 425.

Das hat nicht nur zu der verbreiteten Forderung nach einer vorwiegend „**teleologischen**" **Auslegung** (6, 7 zu § 1) der Deliktstatbestände geführt (zum sog Geringfügigkeitsprinzip als Auslegungsregel Ostendorf GA 82, 333), sondern weitergehend einer Methode durchgängig teleologischer (meist normativer) Begriffsbildung und -bestimmung auch bei den allgemeinen strafrechtlichen Lehren zum Durchbruch verholfen (Schmidhäuser, Würtenberger-FS, S 91 und JuS 87, 373; Bloy, Die Beteiligungsform als Zurechnungstypus im Strafrecht, 1985, S 20; Rudolphi, in: Schünemann [Hrsg], Grundfragen des modernen Strafrechtssystems, 1984, S 69; Keller ZStW 107, 457; Röttger, Unrechtsbegründung und Unrechtsausschluss, 1993, S 34, 244; Roxin, Kaiser-FS, S 885; Freund AT 1/31–34; krit zu einer „folgenorientierten" Auslegung Hassemer, Coing-FS, S 493 und Kaufmann [Arth]-GbSchr, S 85; krit auch Küpper, Grenzen der normativierenden Strafrechtsdogmatik, 1990, der sich grundsätzlich gegen die zunehmende Normativierung wendet, und Stratenwerth, Was leistet die Lehre von den Strafzwecken?, 1995, der meint, dass die Funktionalisierung der strafrechtlichen Begriffsbildung nicht leisten kann, was sie verspricht; krit auch Kargl JZ 97, 283, der der rechtsgutorientierten Auslegungsmethode zum Zwecke der Objektivierung eine am Bestimmtheitsgrundsatz orientierte Auslegung entgegenstellt).

Wieweit auch die Beziehungen zum **Opfer** und dessen Verhalten als Elemente teleologischer Auslegung angesehen werden dürfen (sog viktimologisches Prinzip), ist umstritten. Sicher ist diese Möglichkeit nicht auszuschließen (Arzt MschrKrim 84, 105; Kratzsch, Oehler-FS, S 65, 71); jedoch ist bei der praktischen Umsetzung Vorsicht geboten, weil es ohne Willkür und ohne Gefährdung der Rechtssicherheit oft nicht möglich ist, aus dem allgemeinen Erfordernis der Strafbedürftigkeit zu Lasten des Verbrechensopfers teleologische Restriktionen einzelner Tatbestandsmerkmale oder Einschränkungen des Schutzbereichs der Norm abzuleiten, die in Wortlaut, Sinn und historischer Entwicklung des jeweiligen Tatbestandes keine Grundlage haben (vgl etwa Hillenkamp, Vorsatztat und Opferverhalten, 1981 und Der Einfluss des Opferverhaltens auf die dogmatische Beurteilung der Tat, 1983; W Hassemer, Klug-FS, S 217; Günther, Lenckner-FS, S 69; Lagodny aaO [vgl 4] S 354; Cancio ZStW 111, 357, 370; weiter Roxin AT I 14/15–24; weiter abwägend Amelung GA 77, 1 und 84, 579; R Hassemer, Schutzbedürftigkeit des Opfers und Strafrechtsdogmatik, 1981; Schünemann, in: Schneider [Hrsg], Das Verbrechensopfer in der Strafrechtspflege, 1982, S 407, Faller-FS, S 357, NStZ 86, 439, Schmitt-FS, S 117, 127 und in: Schünemann/Dubber [Hrsg], Die Stellung des Opfers im Strafrechtssystem, 2000, S 1; s auch Seelmann JZ 89, 670).

b) aa) Die rechtspolitisch gebotene Begrenzung des Strafrechts auf strafwürdige und strafbedürftige Handlungen hat außerdem den Ansatzpunkt dafür geboten, aus dem Bereich des kriminellen Strafrechts die **Ordnungswidrigkeiten** als Typen minderen Unrechts auszuscheiden und ihre Regelung dem OWiG zu überlassen (dazu im einzelnen Göhler Einl 1–15; Bohnert KKOWiG Einl 50–111).

bb) Noch nicht wirklich bewältigt ist dagegen die Problematik der sog **Bagatelldelikte,** dh derjenigen Taten, die zwar nach ihrem Typus strafwürdig sind, nach den Umständen des Einzelfalls aber einer Kriminalstrafe nicht bedürfen (eingehend Krümpelmann, Die Bagatelldelikte, 1966; Dreher, Welzel-FS, S 917; Kaiser ZStW 90, 877; Kunz, Das strafrechtliche Bagatellprinzip, 1984; Sagel-Grande, in: Zieger/Schroeder [Hrsg], Die strafrechtliche Entwicklung in Deutschland – Divergenz oder Konvergenz, 1988, S 23; Frisch, Stree/Wessels-FS, S 69,

98; Lampe [Hrsg], Deutsche Wiedervereinigung, Bd I: Vorschläge zur prozessualen Behandlung der Kleinkriminalität, 1993; Ostendorf ZRP 95, 18; s auch 3 vor § 38; rechtsvergleichend Hirsch, Nowakowski, Hauser, Cosmo, Hulsman und Beckmann ZStW 92, 218, 255, 295, 561, 568 und 592; Müller-Dietz, Constantinesco-GS, S 517). Die geltende, überwiegend prozeßrechtliche Konzeption (namentlich §§ 153, 153a StPO), die im Bereich der Aneignungs-, Bereicherungs- und Begünstigungsdelikte durch die §§ 248a, 257 IVS 2, 259 II, 263 IV, 263a II, 265a III und 266 II ergänzt wird (1 zu § 248a), war im Zusammenhang mit ihrer Einführung Gegenstand heftiger, teils überzogener Kritik (vgl etwa AE [StPO], S 20; Baumann ZRP 72, 1; Dencker JZ 73, 144; Hanack, Gallas-FS, S 339; Schmidhäuser JZ 73, 529; Kunz, Die Einstellung wegen Geringfügigkeit durch die Staatsanwaltschaft, 1980; Kausch, Der Staatsanwalt – Ein Richter vor dem Richter?, 1980; Walter ZStW 95, 32, 53). Sie wird aber – trotz zahlreicher begründeter Bedenken gegen die unbestimmte, unkontrollierbare Ermessensspielräume eröffnende Gesamtregelung (vgl etwa Naucke, Lackner-FS, S 695) – zunehmend als kriminalpolitischer Fortschritt gewertet, der allerdings noch weiter zu entwickeln ist (vgl etwa Hünerfeld ZStW 90, 905; Rieß, Schäfer-FS, S 155, 199 und ZRP 83, 93; Schlothauer StV 82, 449; Kaiser/Meinberg NStZ 84, 343; Blau/Franke ZStW 96, 485, 497; Hund ZRP 94, 4; Bertram NJW 95, 238; Dölling, Geerds-FS, S 239; zusf Dölling, in: Lampe [Hrsg] aaO S 3; krit Backes KritV 86, 315; Hohendorf NJW 87, 1177; Hauf ZRP 94, 3 und MschrKrim 95, 366; Lagodny aaO [vgl 4] S 460; s auch Blum, Strafbefreiungsgründe und ihre kriminalpolitischen Begründungen, 1996, S 41, 92). – Speziell zum **Laden- und Betriebsdiebstahl** ist ein umfangreiches Schrifttum entstanden (vgl namentlich folgende Entwürfe, Gutachten und Monographien: Entwürfe eines Gesetzes gegen Ladendiebstahl [AE-GLD], 1974, und eines Gesetzes zur Regelung der Betriebsjustiz [AE-BJG], 1976; Meurer, Die Bekämpfung des Ladendiebstahls, 1976; Naucke und Deutsch, 51. DJT, Bd 1, Gutachten Teil D, E; Schoreit [Hrsg], Problem Ladendiebstahl, 1979; Wagner, Staatliche Sanktionspraxis beim Ladendiebstahl, 1979; Schmechting, Personaldelikte, 1982).

6 **III.** Auf der Grundlage des formellen Verbrechensbegriffs ist die Straftat, soweit das Gesetz nicht ausnahmsweise noch weitere Voraussetzungen aufstellt (vgl 28), **tatbestandsmäßige, rechtswidrige und schuldhafte Handlung** (hM). Dabei ist **tatbestandsmäßig** eine Handlung, wenn sie der abstrakten Beschreibung eines Strafgesetzes (einem Tatbestand oder Deliktstypus) entspricht. Sie ist dann Tat, der Handelnde Täter. Die Handlung ist **rechtswidrig,** wenn ihre Bewertung nach rechtlichen Maßstäben einen Widerspruch zur Rechtsordnung im ganzen ergibt; das Gesetz bezeichnet sie dann als rechtswidrige Tat (18 zu § 11). Die Handlung ist schließlich **schuldhaft,** wenn die rechtswidrige Tat dem Täter zum Vorwurf gereicht. Die Grundlagen dieses Systems sind das Ergebnis einer langen historischen Entwicklung (dazu Jescheck ZStW 93, 3, 4; Müller-Dietz GA 92, 99; rechtsvergleichend Hünerfeld ZStW 93, 979; Jescheck ZStW 98, 1, 2). Diese schien zunächst auf einen übersichtlichen Streitstand zwischen kausaler und finaler Verbrechenslehre hinauszulaufen, ist in der Folgezeit aber durch eine nachhaltige Tendenz zur Funktionalisierung des Strafrechts überholt worden und hat zahlreiche Systementwürfe hervorgebracht, die zwar durchweg miteinander verwandt sind, aber sowohl in den normtheoretischen Ansätzen wie auch in der Einzelausgestaltung differieren (expl sei nur auf die von Frisch, Jakobs, Roxin, Schmidhäuser und Wolter entwickelten Modelle verwiesen; vgl jüngst Lesch, Der Verbrechensbegriff, 1999, S 175, der den Verbrechensbegriff einer funktionalen Revision unterzieht, bei der Verbrechen, Unrecht und Schuld „nur als Synonyme adäquat reformuliert werden" können, S 277; krit zur funktionalen Begründung des Verbrechenssystems Lampe, Roxin-FS, S 45). Dadurch ist auf allen Stufen des

Verbrechensaufbaues eine Fülle von Streitfragen entstanden, die bisher nicht abschließend geklärt sind (näher dazu die folgenden Erläuterungen). Umstritten ist auch, ob Strafwürdigkeit und Strafbedürftigkeit in einem funktionalen System selbstständige Elemente des Verbrechens bilden (so etwa Langer, Das Sonderverbrechen, 1972, S 274; Sax JZ 76, 9, 11; Schmidhäuser AT 2/14) oder nur als allgemeine Leitlinien für die Auslegung dienen (so die überwiegende Meinung; rechtsvergleichend Romano und Costa Andrade, Coimbra-Sym, S 107, 121). Empfohlen wird schließlich auch eine (modifizierte) Einbeziehung der Strafzumessung und von Teilen des Strafprozessrechts in das Straftatsystem (zB Frisch, Stree/Wessels-FS, S 69, 98; Wolter, GA-FS, S 269; Freund GA 95, 4; Wolter/Freund [Hrsg], Straftat, Strafzumessung und Strafprozess im gesamten Strafrechtssystem, 1996). Im ganzen ist das Schrifttum zur Verbrechenssystematik, das durch die erst in jüngerer Vergangenheit herausgearbeitete, inzwischen weitgehend anerkannte normtheoretische Unterscheidung von Verhaltens- und Sanktionsnormen neue Impulse erfahren hat (zusf Haffke, Coimbra-Sym, S 89; krit Hoyer, Strafrechtsdogmatik nach Armin Kaufmann, 1997, S 41 mit Bespr Neumann, GA 99, 443 und Renzikowski ARSP 01, 110), kaum mehr übersehbar.

Aus der **Literatur** vgl Roxin, Kriminalpolitik und Strafrechtssystem, 2. Aufl 1973; Rödig, Lange-FS, S 39; Naucke, Grundlinien einer rechtsstaatlich-praktisch allgemeinen Straftatlehre, 1979; Marxen, Straftatsystem und Strafprozess, 1984, S 13 und ARSP, Beiheft 18, S 55; Schünemann (Hrsg), Grundfragen des modernen Strafrechtssystems, 1984; Hruschka JZ 85, 1; Schmidhäuser, Form und Gehalt der Strafgesetze, 1988 und Stub 4/1–31; Hirsch, Köln-FS, S 399, 411; Kindhäuser, Gefährdung als Straftat, 1989, S 29; Altpeter, Strafwürdigkeit und Straftatsystem, 1990; Kargl, Handlung und Ordnung im Strafrecht, 1991; Vogel, Norm und Pflicht bei den unechten Unterlassungsdelikten, 1992; Wolter, Coimbra-Sym, S 3 und GA 96, 207; Otto Jura 95, 468; Jakobs ZStW 107, 841 und AT S VII; Lüderssen ZStW 107, 877; Schünemann, Coimbra-Sym, S 149 und in: Roxin-FS, S 1, 12; Mir Puig ZStW 108, 759; Lagodny aaO (vgl 4) S 471; Appel aaO (vgl 3) S 433, 490, 559, 569, 574; Freund AT 2/8, 43, 52 und 4/2, 12; Roxin AT I 7/51–84; Puppe NK 1–19; krit Lackner, GA-FS, S 149; zusf Werle JuS 01, L 33, 41 und 57.

Mit der neueren Entwicklung der Verbrechenslehre sind auch Bestrebungen **6a** verbunden, die in einem internationalen Diskurs einer **einheitlichen europäischen Strafrechtsdogmatik** näherzukommen suchen. Aufgrund der schon seit Jahrzehnten bestehenden engen wissenschaftlichen Beziehungen zu den Ländern im deutschsprachigen und im südeuropäischen Raum stehen die Chancen dafür gut; ob es allerdings gelingen wird, auch im Verhältnis zur französischen Rechtslehre und zum britischen Rechtskreis wesentliche Fortschritte zu erzielen, bleibt abzuwarten:

Aus der **Literatur** vgl das Coimbra- und das Madrid-Symposium; Hirsch, Spendel-FS, S 43; Vogel JZ 95, 331; Tiedemann, Geerds-FS, S 95 und JZ 96, 647 sowie Lenckner-FS, S 411; Dannecker JZ 96, 869; Perron ZStW 109, 281 und Lenckner-FS, S 227; Kühl ZStW 109, 777 sowie die Diskussionsbeiträge ua von Schünemann, Sieber und Weigend, bei Zieschang ZStW 109, 840; Tiedemann, Suárez, Cancio, Manacorda und Vogel GA 98, 107, 111, 118, 124 und 127; Schünemann, Roxin-FS, S 1; Bacigalupo, Roxin-FS, S 1361; Vogel GA 02, 517. – Zu den Grunderfordernissen des AT für ein europäisches Sanktionenrecht Paliero, Arroyo, Ashworth, Schick und Tiedemann ZStW 110, 417, 438, 461, 473 und 497; Dannecker, Hirsch-FS, S 141; Weigend, Roxin-FS, S 1375; Zieschang ZStW 113, 255 sowie die Artikel 10–14 des „Corpus Juris der strafrechtlichen Regelungen zum Schutz der finanziellen Interessen der EU", hrsg von Delmas-Marty, 1998 mit Bespr Otto Jura 00, 98, 104 und Weigend aaO S 1383. Ein von Vogel, Schünemann, Dannecker, Cancio und Suárez verfasster AT der sog „Europa-

Delikte" findet sich in: Tiedemann (Hrsg) Wirtschaftsstrafrecht in der Europäischen Union, 2002, S 91–196; über Europa hinausgehend Sancinetti, Mylonopoulos, Yamanaka, Wasek und Luzón, in: Hirsch (Hrsg), Krise des Strafrechts und der Kriminalwissenschaften?, 2001, S 169, 174, 180, 186 und 191. Praktisch hat die Harmonisierung des dogmatischen Teils des AT in der EU keine Priorität (Vogel, in: Zieschang/Hilgendorf/Laubenthal [Hrsg], Strafrecht und Kriminalität in Europa, 2003, S 29, 50); dafür greift die Union – häufig gestützt auf Art 31 e EUV – immer intensiver auf den Sanktionen- und Strafrahmenbereich zu (Vogel aaO S 51). – Zum „Memorandum für ein Europäisches Modellstrafgesetzbuch" Sieber JZ 97, 369 und in Schlüchter-GS, S 107; dazu auch Kühl aaO S 797 und Zuccalà, Schlüchter-GS, S 117.

7 **1. a)** Der Begriff der **Handlung** im strafrechtlichen Sinne ist umstritten. Während die kausalen Handlungslehren zunächst von dem naturalistischen Handlungsbegriff ausgegangen waren (v Liszt), hat sich später teils als Fortbildung dieses Begriffs, teils aber auch unabhängig von ihm (zuerst begründet von EbSchmidt JZ 56, 188) in verschiedenen Varianten der „soziale Handlungsbegriff" entwickelt, der unter Handlung – bei zahlreichen Unterschieden im Einzelnen – jedes sozialerhebliche Verhalten im Sinne einer „Antwort des Menschen auf eine erkannte oder wenigstens erkennbare Situationsanforderung durch Verwirklichung einer ihm nach seiner Freiheit zu Gebote stehenden Reaktionsmöglichkeit" versteht (Jescheck/Weigend AT S 223). Beiden Begriffen ist gemeinsam, dass der Inhalt der dem Verhalten zugrundeliegenden Willensrichtung kein entscheidendes Abgrenzungskriterium ist. Demgegenüber sieht die „finale Handlungslehre" das Wesentliche der Handlung in der finalen Zwecktätigkeit, in der Steuerung des kausalen Geschehens auf eine vorgestellte Umweltveränderung (Welzel S 33; M-Zipf AT 1 16/38). Dass menschliches Handeln im Allgemeinen final gesteuert wird, ist ein unbezweifelbarer psychologischer Befund. Fraglich ist nur, ob die Finalität als ontologisches Strukturelement, als „Rückgrat der Handlung" stets relevant ist, wenn die Handlung selbst strafrechtlicher Bewertung unterliegt. Dafür gibt es einen vorrechtlichen, nach der Natur der Sache zwingenden Grund nicht; denn es ist – zB bei unbewusster Fahrlässigkeit – keineswegs immer die Finalität als solche Gegenstand der Bewertung, sondern das Abweichen der Handlung von einer bestimmten Norm ohne Rücksicht auf ihren finalen Gehalt (so auch Welzel JuS 66, 421 [dazu Jakobs, Schreiber-FS, S 949]; anders jedoch Armin Kaufmann, Welzel-FS, S 393, 408; Weidemann GA 84, 408; Hoyer aaO [vgl 6] S 180). Die Dogmatik ist deshalb nicht auf einen angeblich vorrechtlichen finalen Handlungsbegriff festgelegt (hM; anders Hirsch ZStW 93, 831 und Köln-FS, S 399 sowie Küpper, aaO [vgl 4] S 44, die hier die abw Position der finalen Handlungslehre näher begründen; s auch Gössel, Miyazawa-FS, S 317). Auch die Rspr hat diesen Ausgangspunkt der finalistischen Lehre nicht übernommen, obwohl sie eine ganze Anzahl ihrer Folgerungen billigt (BGHSt-GS-2, 194). Im Ganzen ist der Meinungsstreit auch heute noch nicht ausgetragen (zu den Konsequenzen für das Verfassungsrecht BVerfG NJW 95, 248). Da ein zwecksentsprechend umschriebener Handlungsbegriff immerhin gewisse Funktionen der Klassifizierung, Verbindung und Begrenzung erfüllen und die Begründung systematisch widerspruchsfreier Straftatlehren die Problematik nicht aussparen kann, beschäftigt sich das Schrifttum bis in die Gegenwart immer wieder mit der Handlung oder einem anderen Oberbegriff, in dem die Phänomene menschlichen Verhaltens zusammengefasst werden können (jüngst Kahlo, Die Handlungsform der Unterlassung als Kriminaldelikt, 2001, S 13, 227). Dabei gehen die methodischen Ableitungen und die verwendeten Begriffe weit auseinander, während die Ergebnisse sich der Sache nach nur geringfügig unterscheiden und zugleich deutlich machen, dass die Leistungsfähigkeit eines dem Tatbestand vorgelagerten Handlungsbegriffs nur geringfügig ist (vgl etwa Herzberg, Die Unterlassung im Strafrecht und das Garantenprinzip, 1972,

Vorbemerkung Vor § 13

S 156 und GA 96, 1 mit Erwiderung Schmidhäuser GA 96, 303; Maiwald ZStW 86, 626; Hruschka, Strukturen der Zurechnung, 1976, S 10; Bloy ZStW 90, 609; Puppe, Idealkonkurrenz und Einzelverbrechen, 1979, S 231, 243 und NK 38–66; Kindhäuser, Intentionale Handlung, 1980 und GA 82, 477, 487; Schmidhäuser, Kaufmann [Arm]-GS, S 131; Kargl, Handlung und Ordnung im Strafrecht, 1991; Jakobs, Der strafrechtliche Handlungsbegriff, 1992 und AT 6/24–32; Wolter, GA-FS, S 269, 283; Kelker, Der Nötigungsnotstand, 1993, S 87; Murmann, Die Nebentäterschaft im Strafrecht, 1993, S 174; Schild GA 95, 101 und AK 73–108; Kahlo aaO S 176, 227; auf psychoanalytischer Grundlage Behrendt, Die Unterlassung im Strafrecht, 1979, Jescheck-FS, S 303 und GA 93, 67; zur Diskussion der „kausalen Theorie der Handlung" in der Philosophie Keil, Handeln und Verursachen, 2000, S 13). Allerdings wird der Handlungsbegriff zunehmend auch – etwa im Rahmen einer teleologischen Systematik (Schmidhäuser AT 7/33, 8/20) – als wenig ergiebig dem Unrechtstatbestand eingeordnet (zB Armin Kaufmann, Welzel-FS, S 393; Moos JR 77, 309; krit Hirsch ZStW 93, 831, 844; Jescheck LK 22; zur polnischen Diskussion Kaczmarek, Gössel-FS, S 41) oder sogar als umfassende Begriffsbestimmung für unmöglich oder jedenfalls systematisch wertlos erklärt (zB Brammsen JZ 89, 71; Hoyer aaO [vgl 6] S 382; krit Überblick über die verschiedenen Handlungsbegriffe und die ihnen zugeschriebenen Funktionen bei Otter, Funktionen des Handlungsbegriffs im Verbrechensaufbau, 1973). Probleme für den Handlungsbegriff werfen auch die sog Besitzdelikte (zB § 184 V, dort 8 b) auf (vgl Eckstein, Besitz als Straftat, 2001, S 189, der sie als Zustandsdelikte ohne Handlungscharakter einstuft; krit dazu Deiters GA 04, 58). – Weitgehend unbestritten (aM Herzberg GA 96, 1) ist wohl nur, dass mit Hilfe dieses Grundbegriffs jedenfalls solche physiologischen Vorgänge des sensitiv-somatischen Bereichs, die ohne Mitwirkung der Geisteskräfte ablaufen und damit der Beherrschbarkeit durch den Willen gänzlich entzogen sind (Schleswig VRS 64, 430 mwN), ausgeschieden werden können, namentlich also Körperbewegungen, die im Zustand der Bewußtlosigkeit oder des Schlafes (Fahl Jura 98, 456) ausgeführt, durch vis absoluta hervorgerufen oder durch äußere Reize als reine Körperreflexe ausgelöst worden sind (zusf Plate, Psyche, Unrecht und Schuld, 2002, S 9). Nicht abschließend geklärt ist dagegen die heute mit Recht überwiegend bejahte Frage, ob unbewusst gesteuerte Verhaltensweisen, wie sie zB bei automatisierten Reaktionen des Kraftfahrers im Verkehr oder bei Affektentladungen vorkommen, ungeachtet ihrer nur „unbewussten Finalität" als Handlungen verstanden werden können (vgl etwa Hamm NJW 75, 657; Schewe, Reflexbewegung, Handlung, Vorsatz, 1972, S 27; Jakobs, Welzel-FS, S 307; Stratenwerth, Welzel-FS, S 289; Krauß, Bruns-FS, S 11, 15; Gimbernat, Kaufmann [Arm]-GS, S 159, 164; Roxin AT I 8/44–74; Rudolphi SK 19–21 vor § 1).

b) Die Grundformen der Handlung sind **positives Tun und Unterlassen** 8
(2–5 zu § 13).

c) In zahlreichen Deliktstypen wird vorausgesetzt, dass die Handlung eine Änderung in der Außenwelt, einen „tatbestandsmäßigen Erfolg" **verursacht.** Für die Frage, ob ein solcher Erfolg auf eine bestimmte Handlung zurückgeführt werden kann, sind verschiedene Theorien entwickelt worden (zur philosophischen Diskussion Keil aaO [vgl 7] S 151; nach Pérez ZStW 114, 600, ist die Kausalität nur eine von mehreren gleichrangigen Kategorien der Determination), von denen allerdings nur zwei die Gerichtspraxis nachhaltig beeinflusst haben. Die in der strafrechtlichen Rspr anerkannte **Bedingungs-(Äquivalenz-)theorie** lässt als Ursache jede Bedingung genügen, die nicht hinweggedacht werden kann, ohne dass der konkrete Erfolg entfiele (condicio sine qua non, BGHSt 1, 332; 2, 20, 24; 45, 270, 294; NJW 02, 1643, 1644 und 04, 237, 238; Celle NJW 01, 2816; Bay NJW 03, 371, 373; LG Kleve NStZ-RR 03, 235). Sie behandelt alle Bedingungen, von denen der Erfolg abhängt, gleich (äquivalent), mit der Folge, dass auch der entgegen allgemeiner Erwartung eingetretene Erfolg erfasst wird (RGSt 54, 349). Demgegenüber sieht die in der zivilrechtlichen Rspr herrschende **Adäquanztheorie** als Ursache nur diejenige Bedingung an, die allgemein nach der Lebenserfahrung geeignet ist, den tatbestandsmäßigen Erfolg herbeizuführen (BGHZ 7, 198, 204). Sie hat sich in der strafgerichtlichen Praxis vor allem deshalb nicht durchgesetzt, weil spätestens seit Einführung des § 56 aF (§ 18 nF), der auch für die erfolgsqualifizierten Delikte vollen Schuldzusammenhang voraussetzt, das Bedürfnis nach Einschränkung des Kausalitätserfordernisses nicht mehr als dringlich empfunden wurde (beachte jedoch 14). Neuerdings wird als kausal nur objektiv rechtsverletzendes Verhalten angesehen, das auf die jeweilig betroffene Rechtssphäre einwirkt und den Erfolg iS eines physikalischen oder chemischen Prozesses der Energieübertragung bewirkt (Haas, Kausalität und Rechtsverletzung, 2002, S 185); damit wird die bisher als Fortschritt gegenüber der Adäquanz- und Relevanztheorie betrachtete Unterscheidung von naturgesetzlicher Kausalität und rechtlich wertender Zurechnung in Frage gestellt. Im Einzelnen gilt für die Bedingungstheorie (Grundfälle dazu Schlüchter JuS 76, 312, 378, 518, 793; 77, 104; s auch Ebert/Kühl Jura 79, 561) Folgendes:

10   aa) Die **condicio-sine-qua-non-Formel** ist nur ein **methodisches Hilfsmittel** (hM; krit Otto Jura 01, 275 und GK 1 6/13–28; Toepel, Kausalität und Pflichtwidrigkeitszusammenhang beim fahrlässigen Erfolgsdelikt, 1992, S 52, 95; Erb JuS 94, 449; Dencker, Kausalität und Gesamttat, 1996, S 25; Frisch, Gössel-FS, S 51, zu ihrer „Attraktivität" s Samson, Grünwald-FS, S 585, 605; ihre Unvereinbarkeit mit der Äquivalenztheorie behauptet Rothenfußer, Kausalität und Nachteil, 2003, S 6, 111). Sie erleichtert es, die gesetzmäßige, erkenntnistheoretisch und naturwissenschaftlich allerdings höchst problematische (dazu ua Maiwald, Kausalität und Strafrecht, 1980; Kindhäuser GA 82, 477; Puppe ZStW 92, 863; Schulz, Lackner-FS, S 39; Hilgendorf Jura 95, 514 und Jahrb R u E 03, 83, 95; Hoyer GA 96, 161, 162) Verknüpfung der menschlichen Handlung mit dem Erfolg zu prüfen, hat aber keinen unmittelbaren Erkenntniswert für das Bestehen dieser Verknüpfung (Engisch, Die Kausalität als Merkmal der strafrechtlichen Tatbestände, 1931; Wolff, Kausalität von Tun und Unterlassen, 1965, S 11; Samson, Hypothetische Kausalverläufe im Strafrecht, 1972, S 23; abw Lampe, Kaufmann [Arm]-GS, S 213, der Kausalität nicht als vorwiegend naturalen Zusammenhang, sondern als normative Funktion versteht). Das gilt namentlich auch für psychisch vermittelte Kausalität, die naturwissenschaftlich nicht als gesetzmäßiger Zusammenhang beweisbar, sondern nur als Motivationszusammenhang erklärbar ist (näher dazu Engisch, v Weber-FS, S 247; Bernsmann ARSP 82, 536; Puppe ZStW 95, 287, 297 und NK 115–118; Koriath, Kausalität, Bedingungstheorie und psychische Kausalität, 1988, S 217; krit Dencker aaO S 29; s auch 54 zu § 263). Die Rspr wendet die Formel dagegen überwiegend als selbstständige Kausalitätsformel in der Weise an, dass sie den wirklichen Kausalverlauf mit dem hypothetischen vergleicht, der sich bei Fehlen der Handlung ergeben hätte (NJW 57, 1526), und Ursächlichkeit verneint, wenn der Erfolg in seiner konkreten Gestalt (krit dazu Puppe NK 67, 91 und in: Die Erfolgszurechnung im Strafrecht, 2000, S 11, 20; Hilgendorf GA 95, 515; Dencker aaO S 86 und Rothenfußer aaO S 51) auch ohne die Handlung eingetreten wäre. Oft führt das zu richtigen Ergebnissen. Jedoch ist inzwischen unbestritten, dass diese Formel teils zu weit und teils zu eng ist. Sie verdeckt vor allem das Problem, ob und in welchem Umfang anstelle der hinweggedachten Bedingung bereitstehende, aber nicht wirksam gewordene hypothetische Ersatzbedingungen hinzugedacht werden dürfen. Das ist grundsätzlich, wenn auch nicht ausnahmslos, zu verneinen (Spendel, Engisch-FS, S 509, 513; Lenckner NJW 71, 599; Kühl JR 83, 32; aus der Rspr vgl NStZ 04, 151; krit zur Begründung Frisch aaO S 54) und wird bei wirkenden Bedingungen, namentlich bei psy-

Vorbemerkung   Vor § 13

chisch vermittelter Kausalität, auch von der Rspr verneint (zB BGHSt 2, 20, 24; 13, 13; 45, 270, 295). Im Schrifttum sind Versuche mit verschiedenartigem Ansatz unternommen worden, um dieser Schwierigkeit, mit der vor allem die Frage der Erfolgsrelevanz verbunden ist, Herr zu werden (vgl zB Wolff aaO S 19; Jakobs, Studien zum fahrlässigen Erfolgsdelikt, 1972, S 19; Puppe NK 83–97, nach der der Kausalfaktor nicht aus der Welt, sondern aus einer nach allgemeinen Gesetzen schlüssigen Erklärung des Erfolgseintritts hinwegzudenken ist; krit dazu Erb JuS 94, 449, 451; Hilgendorf GA 95, 515). Am verbreitesten ist die **Lehre von der gesetzmäßigen Bedingung,** die auf die naturgesetzliche Verbindung zwischen Handlung und Erfolg abhebt (Jeschek/Weigend AT S 283; Sch/Sch-Lenckner 75; ähnlich Kindhäuser 71: Lehre von der hinreichenden Minimalbedingung; auch ihre Vereinbarkeit mit der Äquivalenztheorie bestreitet Rothenfußer aaO S 8, der selbst keine naturgesetzliche Verknüpfung zwischen einem vorangegangenen Ereignis und einem nachfolgenden Erfolg verlangt, S 112). Alle Lehren haben nachhaltig zu der Erkenntnis beigetragen, dass schlichter Ursachenzusammenhang im herkömmlichen Sinne allein nicht ausreicht, um die objektive Zurechnung einer Handlung zu begründen (dazu 14; diff Hilgendorf Jura 95, 514, 521).

bb) Die Ursächlichkeit einer Bedingung wird **nicht dadurch in Frage gestellt,** dass noch andere wichtigere oder spätere Bedingungen, sei es auch das vorsätzliche Verhalten eines zurechnungsfähigen Menschen (BGHSt 4, 360; NStZ 01, 29 [mit Bespr Trüg JA 01, 365 und Otto JK 13] und 02, 253 mit Bespr Otto JK 38 zu § 211) oder das Verhalten des Opfers (NStZ 83, 72), zum Erfolg beigetragen haben (BGHSt 39, 195 und 322; Celle NJW 01, 2816). Deshalb gibt es **keine Unterbrechung des Kausalzusammenhangs** im strengen Sinne des Wortes und auch kein für die Kausalität relevantes Regressverbot (zusf Schlüchter JuS 76, 378 mwN; zur Dogmengeschichte des Regressverbots Ling, Die Unterbrechung des Kausalzusammenhangs durch willentliches Dazwischentreten eines Dritten, 1996; zu seiner Wiederbelebung Diel, Das Regressverbot als allgemeine Tatbestandsgrenze im Strafrecht, 1996 mit krit Bespr Murmann GA 98, 460; krit auch Otto, Wolff-FS, S 395, 399), jedoch kann ein Rückgriff auf Vorverhalten Dritter, des Opfers oder auch des Handelnden selbst nach den für die objektive Zurechnung geltenden Regeln ausgeschlossen sein (vgl 14; näher Kühl AT 4/51, 52 und 67–69; lehrreiche Fallbehandlungen bei Roxin, FS für S Saito, 2003, S 796 und bei Saito, Roxin-FS, S 261). – Unerheblich ist ferner, ob andere Bedingungen den gleichen Erfolg später herbeigeführt hätten (RGSt 69, 321). Bei der Konkurrenz verschiedener Bedingungen kommt sog **„überholende" Kausalität** in Frage (dazu Seebald GA 69, 193, 198); sie setzt voraus, dass ein intervenierendes Ereignis die Fortwirkung einer früheren Bedingung ausschaltet (sog „abgebrochene" Kausalität; NJW 01, 1075, 1077 mit Bespr Martin JuS 01, 512; zu eng Stuttgart NJW 82, 295 mit abl Anm Ebert JR 82, 421, 422) und unabhängig von ihr den Erfolg herbeiführt (NJW 89, 2479; vgl auch NStZ 01, 29). – **Alternative Kausalität** (Doppelkausalität, Mehrfachkausalität) liegt vor, wenn mehrere Bedingungen zwar alternativ, aber nicht kumulativ hinweggedacht werden können, ohne dass der Erfolg entfiele; im Ergebnis ist sie zwar als Ursächlichkeit überwiegend anerkannt, in der Begründung aber umstritten (BGHSt 39, 195 mit Bespr Rogall JZ 93, 1066, Murmann/Rath NStZ 94, 215, Wolter JR 94, 468 und Toepel JuS 94, 1009; NStZ 94, 539; Bay NJW 60, 1964; Joerden, Dyadische Fallsysteme im Strafrecht, 1986, S 151; Lampe, Kaufmann [Arm]-GS, S 189, 208; Dencker aaO [vgl 10] S 50; Kuhlen, BGH-FG, S 647, 668; Puppe NK 88, 96, 97; krit Frisch, Gössel-FS, S 51, 55). Diese Konstellation kann sich auch bei Kollektiventscheidungen in Gremien ergeben (Franke JZ 92, 579); hier bleiben die Entscheidung tragenden Stimmen auch dann ursächlich, wenn einzelne von ihnen ohne Auswirkung auf die Entscheidung hinweggedacht werden können (Weber BayVBl 89, 166, 169; Puppe JR 92, 30, 32 und NK 109, nach der jede tragende Stimme notwen-

11

Vor § 13　　　　AT. 2. Abschnitt. 1. Titel. Grundlagen der Strafbarkeit

diger Bestandteil der zur Mehrheit gerade erforderlichen Stimmenanzahl als hinreichender Mindestbedingung ist [zust Roxin AT I 11/18]; Hilgendorf NStZ 94, 561; Jakobs, Miyazawa-FS, S 419, 424; Dencker aaO S 179; eingehend Schaal, Strafrechtliche Verantwortlichkeit bei Gremienentscheidungen in Unternehmen, 2001, S 22 und Knauer, Die Kollegialentscheidung im Strafrecht, 2001, S 84; für eine Ergänzung der condicio-Formel Röckrath NStZ 03, 641; aM Nettesheim BayVBl 89, 161, 165; methodisch abw Röh, Die kausale Erklärung überbedingter Erfolge im Strafrecht, 1995, der die Fälle, in denen mehr als die notwendigen Bedingungen erfüllt sind, nach Fallgruppen aufgliedert und das Ergebnis nach Maßgabe differenzierter „Adäquanzbedingungen" und „Regeln" begründet; zur Vielfalt denkbarer pflichtwidriger Kollegialentscheidungen Weißer, Kausalitäts- und Täterschaftsprobleme …, 1996, S 162; s auch Goll/Winkelbauer § 47 Rdn 55 und § 48 Rdn 26–30). Entsprechendes gilt bei kollektivem Unterlassen, wenn sämtliche Handlungspflichtigen untätig bleiben, die Vornahme der erfolgsabwendenden Handlung aber nur von ihrer Mehrheit beschlossen werden kann (BGHSt 37, 106, 130; Meier NJW 92, 3193, 3197; Otto WiB 95, 929, 934; Dencker aaO S 167; Deutscher/Körner wistra 96, 327, 330; Dreher JuS 04, 17, 18; krit Hassemer, Produktverantwortung im modernen Strafrecht, 2. Aufl 1996, S 66; Schünemann, BGH-FG, S 621, 632; Schaal aaO S 114; Seelmann NK 61a zu § 13; abl Knauer aaO S 95; ergänzend Rdn 12). – Auch **kumulative Kausalität,** bei der unabhängig voneinander vorgenommene Handlungen erst durch ihr Zusammentreffen den Erfolg bewirken, ist allgemein anerkannt (Sch/Sch-Lenckner 83); sie soll auch bei den oben unter alternativer Kausalität eingeordneten Kollektiventscheidungen in Gremien vorliegen (so etwa B-Weber/Mitsch AT 14/37; Roxin AT I 11/18; s auch Goll/Winkelbauer § 47 Rdn 55: „Grenzbereich"). – Läßt sich ein Kausalzusammenhang unter Ausschluss jeder anderen Möglichkeit **unbezweifelbar feststellen,** so kommt es nach der Rspr nicht darauf an, ob der zugrundeliegende Wirkungsmechanismus naturwissenschaftlich geklärt oder aufklärbar ist (sog **generelle Kausalität;** BGHSt 37, 106, 111; LG Aachen JZ 71, 507; LG Frankfurt ZUR 94, 33); jedoch muss die Überzeugungsbildung des Gerichts durch eine Gesamtwürdigung aller Umstände untermauert sein, die den Gesetzen der Logik und dem gesicherten wissenschaftlichen Erfahrungswissen nicht widersprechen darf (BGHSt 41, 206 mwN; beachte auch NStZ-RR 98, 102; zusf Bode BGH-FS 00, S 515, 518; Kuhlen, BGH-FG, S 647, 650). Im **Schrifttum** ist die Fragenkreis unter dem Gesichtspunkt der Erheblichkeit genereller Kausalität für den Tatbestand oder für das Beweisrecht umstritten und noch nicht abschließend geklärt (dem Ergebnis der Rspr zust Kuhlen NStZ 90, 566 und 94, 1142, 1145; Otto Jura 92, 90, 94 und WiB 95, 929; Beulke/Bachmann JuS 92, 737, 738; Hilgendorf, Produzentenhaftung in der „Risikogesellschaft", 1993, S 121; Erb JuS 94, 449; Schulz, in: Lübbe [Hrsg], Kausalität und Zurechnung, 1994, S 41; Wohlers JuS 95, 1019; Schmidt-Salzer NJW 96, 1, 5; Dencker aaO S 36; Deutscher/Körner wistra 96, 292, 294; Zieschang, Die Gefährdungsdelikte, 1998, S 109; Keller GA 99, 255, 268; Tiedemann, Hirsch-FS, S 765, 767; krit Armin Kaufmann JZ 71, 569; Brammsen Jura 91, 533; Samson StV 91, 182; Puppe aaO S 30, JZ 94, 1147 und 96, 318 sowie NK 85a [„Verdachtsstrafe"]; Braum KritV 94, 179, 181; Hassemer aaO S 27; Volk NStZ 96, 105; Hoyer GA 96, 160, 168; Schulz JA 96, 185; Kühne NJW 97, 1951; Hamm StV 97, 159; Günther KritV 97, 211; Denicke, Kausalitätsfeststellungen im Strafprozess, 1997, S 77; Rotsch wistra 99, 321, 322; Bosch, Organisationsverschulden in Unternehmen, 2002, S 85). – Davon zu unterscheiden ist die namentlich bei der strafrechtlichen Produkthaftung und bei klinischen Arzneimittelprüfungen bedeutsame, aber noch wenig geklärte **statistische Kausalität,** die dadurch gekennzeichnet ist, dass zwar die Verursachung tatbestandsmäßiger Erfolge feststeht, ihre Zuordnung zu bestimmten Rechtsgutsobjekten aber nicht möglich ist. Sie reicht nur in den Grenzen prozessual zulässiger

Vorbemerkung   Vor § 13

Opfer-Wahlfeststellung aus (Tiedemann/Tiedemann, Schmitt-FS, S 139; weiter Kuhlen, Fragen einer strafrechtlichen Produkthaftung, 1989, S 59; Rolinski, Miyazawa-FS, S 483; s auch LG Frankfurt ZUR 94, 33 mit krit Bespr Schulz ZUR 94, 26; Hilgendorf Jura 95, 514, alle mwN). – **Bleibt ungeklärt**, ob ein Erfolg durch die eine oder die andere Handlung des Täters verursacht wurde, so kann der Grundsatz in dubio pro reo einer Zurechnung entgegenstehen (BGHSt 32, 25, 27; StV 86, 200).

cc) Die Rspr wendet die conditio-sine-qua-non-Formel mit Recht auch auf **12 Unterlassungen** an, obwohl nach wie vor umstritten ist, ob es hier Kausalität im Sinne der gesetzmäßigen Bedingung überhaupt gibt (bejahend ua Engisch, v Weber-FS, S 247, 264; Puppe JR 92, 30, 33 und NK 105–107; Hilgendorf NStZ 94, 561, 564; Merkel, Früheuthanasie, 2001, S 270; verneinend Armin Kaufmann, Die Dogmatik der Unterlassungsdelikte, 1959, S 61; Stoffers GA 93, 262, 265; vermittelnd Maiwald, Kausalität und Strafrecht, 1980, S 78; zusf und vermittelnd Roxin AT II 31/37–43); weitere dogmatische Ansätze verknüpfen hier das Erfordernis bloßer Kausalität mit Elementen der Zurechnung (expl Lampe, Kaufmann [Arm]-GS, S 189, 204, der die funktionale Verknüpfung des Erfolges mit der ausgebliebenen Handlung für wesentlich hält; Wolff aaO [vgl 10] S 53, 55 und Kahlo, Das Problem des Pflichtwidrigkeitszusammenhanges bei den unechten Unterlassungsdelikten, 1990, S 306, 319, sowie aaO [vgl 7] S 237, 247, 263, die unter Einbeziehung des Garantengedankens darauf abstellen, ob der Täter durch sein Unterlassen diejenige Möglichkeit ergriffen hat, die es dem anderen „zum Schlechten wendet"; Matt, Kausalität aus Freiheit, 1994, S 210, der sich auf eine Zurechnungskonzeption der „Kausalität aus Freiheit" stützt). Ungeachtet dieses Meinungsstreits ist jedenfalls eine Bewertung des Zusammenhangs zwischen Unterlassen und Erfolg mindestens im Sinne sog Quasikausalität möglich und zugleich erforderlich, um dem sozialen Sinngehalt des Geschehens gerecht zu werden. Für die Beurteilung kommt es nach hM (anders im Teil der Anhänger der Risikoerhöhungslehre; vgl 14) darauf an, ob die unterbliebene Handlung nicht „hinzugedacht" werden kann, ohne dass der Erfolg entfiele, dh ob sie mit an Sicherheit grenzender Wahrscheinlichkeit den Erfolg verhindert hätte (BGHSt 6, 1; 43, 381, 397; 48, 77, 93; NJW 87, 2940; NStZ 00, 414 [mit Bespr Schröder JA 01, 191] und 583; NJW 00, 2754, 2757 mit krit Anm Altenhain NStZ 01, 189; NStZ-RR 02, 303; Bay NStZ-RR 04, 45; Düsseldorf StV 93, 477 und NStZ-RR 01, 199 mit zust Bespr Beulke/Swoboda, Gössel-FS, S 73, 96; StA Paderborn NStZ 99, 51; probl BGHSt 38, 332 mit krit Bespr Nestler GA 94, 514; sowie StA Oldenburg NStZ 99, 461 mit krit Anm Tröndle; krit zur Rspr Roxin AT II 31/44, 45; speziell zur Produkthaftung BGHSt 37, 106, 126 mit krit Bespr Brammsen Jura 91, 533, 536 und Puppe JR 92, 30, 31; krit auch Otto, Hirsch-FS, S 291, 311 und Schünemann, Meurer-GS, S 37, 43; zust aber Bode BGH-FS 00, S 515, 527, alle mwN; abschwächend Wachsmuth/Schreiber NJW 82, 2094 mit abl Erwiderung Scholl NJW 83, 319; s auch Burgstaller JBl 96, 192 und Gimbernat ZStW 111, 307; 321). Bei Kollektiventscheidungen in Gremien (oben 11) kann sich niemand darauf berufen, dass seine Stimme an den Mehrheitsverhältnissen und damit am Unterlassen (zB des Rückrufs) nichts geändert hätte (zu der unterschiedlichen Begründung der Kausalität des Unterlassens in diesen Fällen vgl Kühl AT 18/39 a–d; Roxin AT II 31/65–68); dies ist von der Rspr jetzt auch für das „parallele" oder „kumulative" Unterlassen der Humanisierung des Grenzsystems der ehemaligen DDR durch Mitglieder des Politbüros bestätigt worden: „Kann die zur Schadensabwendung erforderliche Maßnahme nur durch das Zusammenwirken mehrerer Beteiligter zu stande kommen, so setzt jeder, der es trotz seiner Mitwirkungskompetenz unterlässt, seinen Beitrag dazu zu leisten, eine Ursache dafür, dass die Maßnahme unterbleibt" (BGHSt 48, 77, 94 mit Bespr Dreher JuS 04, 17, Knauer NJW 03, 3101, Ranft JZ 03, 582 und Otto JK 15; vgl auch

Röckrath NStZ 03, 641). Für die Zurechnung genügt es jedoch nicht, wenn der Täter den konkret drohenden Erfolg nur unwesentlich hätte beeinflussen (beachte dazu 2 zu § 212) oder ihn durch einen anderen gleichwertigen Erfolg (zB Tod durch Sturz aus dem Fenster statt Flammentod, bei Dallinger MDR 71, 361; Freund AT 6/105–111) hätte ersetzen können (Jakobs aaO [vgl 10] S 25; Ulsenheimer JuS 72, 252, 253; aM Herzberg MDR 71, 881). Die Möglichkeit, Wahrscheinlichkeit oder sichere Erwartung, dass bei Vornahme der unterbliebenen Handlung ein anderer Geschehensablauf (dh eine hypothetische Ersatzbedingung) den Erfolg herbeigeführt hätte, schließt die Ursächlichkeit nicht aus (bei Dallinger MDR 63, 369). Für die Zurechnung des Erfolges ist auch hier eine Abgrenzung der Verantwortungsbereiche erforderlich; neben einem aktiv und vorsätzlich handelnden Brandstifter ist der „quasikausal" und fahrlässig unterlassende Polizeibeamte nicht für den Brandstiftungserfolg verantwortlich (Rostock NStZ 01, 199 mit Bespr Geppert JK 32 zu § 13).

13 dd) Zu besonderen Kausalitätsfragen bei Fahrlässigkeitsdelikten 41–45 zu § 15.
14 ee) Weitere allgemeine Voraussetzungen der **objektiven Zurechnung** stellt die Rspr neben der Kausalität für das vorsätzliche Begehungsdelikt nicht auf (zust ua Armin Kaufmann, Jescheck-FS, S 251, Hirsch, Köln-FS, S 399, 404 und FS-Lenckner, S 119 sowie Küpper aaO [vgl 7], S 83, die das Problem auf dem Boden der finalen Handlungslehre dem subjektiven Tatbestand zuordnen; beachte jedoch NJW 00, 2754, 2757, zum Erfordernis „der objektiven Zurechenbarkeit" beim unechten Unterlassungs-Erfolgsdelikt; die Terminologie wird auch schon verwendet von NStZ 92, 333 [dazu Roxin, FS für S Saito, 2003, S 796, 787]). Gegen diese Position haben schon sehr früh die sog Relevanztheorie (dazu Blei AT S 104) und inzwischen auch das überwiegende Schrifttum zahlreiche Gesichtspunkte herausgearbeitet, aus denen sich eine weitergehende Beschränkung objektiver Zurechnung ableiten lässt (krit Maiwald, Miyazawa-FS, S 465, der bemängelt, dass die objektive Zurechnung in Widerspruch zu ihren historischen Wurzeln zum Lösungsansatz für ganz heterogene Problemstellungen geworden sei; zur „Genesis" der Lehre von der objektiven Zurechnung Schroeder, FS für N Androulakis, 2004, S 651; krit auch B-Weber/Mitsch AT 14/100 und Haas aaO [vgl 9] S 272, 303, der das sog „Trilemma" diagnostiziert, dass die objektive Zurechnung mit Risiken ohne Inhalt arbeitet, die Haftungsbegründung nicht erzielt und das unerlaubte Risiko selbstbezüglich definiert; ausgewogen bilanzierend Frisch, Roxin-FS, S 214 und GA 03, 719). Allerdings ist der gegenwärtige Diskussionsstand durch eine Vielzahl zum Teil divergierender, jedoch untereinander eng verwandter Vorschläge gekennzeichnet, die bisher noch nicht zu einem allgemeinen Konsens geführt haben (zusf Ebert/Kühl Jura 79, 561; zur Entwicklung der Doktrin der objektiven Zurechnung Schünemann GA 99, 207). Immerhin ist aber weitgehend als **Grundformel** (zu deren terminologischen Varianten Kühl AT 4/43–45) anerkannt, dass ein tatbestandsmäßiger Erfolg nur dann zurechenbar ist, wenn das ihn verursachende Verhalten eine rechtlich missbilligte (bzw unerlaubte, verbotene oder relevante) **Gefahr** für den Erfolgseintritt **geschaffen** und sich diese Gefahr in dem konkreten Erfolg **realisiert** hat.

Im Einzelnen wird das Erfordernis der objektiven Zurechnung **unterschiedlich begründet.** Anfänglich wurde es unmittelbar aus dem sozialen Handlungsbegriff (vgl 7) abgeleitet (Gesichtspunkt der objektiven Bezweckbarkeit, Maihofer, EbSchmidt-FS, S 173). Heute wird das Erfordernis objektiver Zurechnung überwiegend selbstständig neben der Kausalität postuliert (zB Jescheck/Weigend AT S 277; Kühl AT 4/4 und 36; W-Beulke AT Rdn 176–181); teils wird es aber auch an ihre Stelle gesetzt (zB Schmidhäuser Stub 5/57–78) oder durch Umgestaltung der Kausalität in eine normative Kategorie in einen funktionalen Kausalitätsbegriff eingebracht (Lampe, Kaufmann [Arm]-GS, S 189; Puppe ZStW 99, 595 und NK 183–219, die die Lehre von der objektiven Zurechnung eingehend und

Vorbemerkung Vor § 13

kritisch an Beispielsfällen aus der Rspr darstellt, Jura 97, 408, 513, 624 und 98, 21 sowie in: Die Erfolgszurechnung im Strafrecht, 2000, S 30, 185; krit zu Puppes Kausalitätsbegriff Schünemann aaO S 215 mit Replik Puppe aaO [Erfolgszurechnung] S 4; krit zur Lehre von der objektiven Zurechnung Haas aaO [vgl 9] S 272, 284). Die neuen Lehren stützen sich überwiegend auf die Prinzipien der Risikoerhöhung oder der Schaffung eines unerlaubten (rechtlich mißbilligten) Risikos (Otto, Maurach-FS, S 91 und Wolff-FS, S 395; Volk GA 76, 161, 167; Ebert JR 82, 421 und AT S 52; Roxin, Kaufmann [Arm]-GS, S 237, Hirsch-FS, S 885, 886 und in: AT I 11/39–119; Kahlo aaO [vgl 12 „Pflichtwidrigkeitszusammenhang"] S 259; Wolter GA 91, 531; Freund, Erfolgsdelikt und Unterlassen, 1992, S 9; Jakobs, Hirsch-FS, S 45 und 7/39–50; Lesch aaO [vgl 6] S 227, 279; Rudolphi SK 57–81 a vor § 1; s auch Wolter, Objektive und personale Zurechnung von Verhalten, Gefahr und Verletzung in einem funktionalen Straftatsystem, 1981, GA-FS, S 269 und in: Gimbernat ua [Hrsg], Internationale Dogmatik der objektiven Zurechnung und der Unterlassungsdelikte, 1995, S 3, ferner Frisch, Tatbestandsmäßiges Verhalten und Zurechnung des Erfolgs, 1988, die auf dieser Grundlage – mit allerdings abw Ansätzen und Zuordnungen – eine umfassende Handlungs- und Zurechnungslehre entwickeln). Außerdem werden auch Gesichtspunkte der Adäquanz (Triffterer, Bockelmann-FS, S 201 und Klug-FS, S 419), der Steuerbarkeit (Otto Jura 92, 90 und Wolff-FS, S 395, 404; s auch Ebert AT S 48), der Intensivierung (Samson, Hypothetische Kausalverläufe im Strafrecht, 1972, S 96), der Organisations- und institutionellen Zuständigkeit (Jakobs, Die strafrechtliche Zurechnung von Tun und Unterlassen, 1996 und AT 7/56–71), der generellen Eignung der Sorgfaltsnorm (Puppe, Benmann-FS, S 227 und NK 208–234) sowie der Selbstverantwortung (Schumann, Strafrechtliches Handlungsunrecht und das Prinzip der Selbstverantwortung der Anderen, 1986; Cancio ZStW 111, 357, 373) herangezogen.

Soweit diese Lehren allerdings beim **unechten Unterlassungsdelikt** die **14 a** Risikoerhöhung an die Stelle der Kausalität setzen (Stratenwerth, Gallas-FS, S 227, 237; Otto NJW 80, 417, 423 und Jura 01, 275, 276; Brammsen MDR 89, 123 und JR 94, 373; Rudolphi SK 16), dürften sie mit dem Gesetz (zB „verursachen" in §§ 222, 229) nur schwer vereinbar sein (Schünemann GA 85, 341, 357 und in: Meurer-GS, S 37, 46; Lampe ZStW 101, 3, 10; Frisch aaO S 520; Gimbernat ZStW 111, 307, 322; Merkel aaO [vgl 12] S 273; Schmucker, Die „Dogmatik" einer strafrechtlichen Produktverantwortung, 2001, S 234; Arzt, Schlüchter-GS, S 163, 171; für das vergleichbare österreichische Recht Burgstaller JBl 96, 192; vermittelnd Puppe ZStW 95, 287 und NK 120–135 sowie Roxin AT II 31/46–54); sie übersehen außerdem, dass auch bei Anwendung der condicio-Formel (oben 12) nur der Erfolg entfällt, die Strafbarkeit wegen Versuchs aber bestehen bleibt (Arzt aaO; Kühl AT 18/39; Roxin AT II 31/48).

Zwar ist ihre **praktische Bedeutung** – wenn man von der Notwendigkeit **14 b** einer Einschränkung in Bereichen arbeitsteiligen Zusammenwirkens (dazu ua Rudolphi, Lackner-FS, S 863, 867 mwN; s auch 40 zu § 15) und von Fällen der eigenverantwortlichen Selbstgefährdung (BGHSt 32, 262; 12 vor § 211) absieht – für das **Vorsatzdelikt** gering (Hirsch, Lenckner-FS, S 119, 142); doch ändert das nichts an der Notwendigkeit, auch hier Kriterien der objektiven Zurechnung bereits auf der frühestmöglichen Ebene des objektiven Tatbestandes einzubringen, die von der Rspr häufig erst auf der nachrangigen Ebene des Vorsatzes Berücksichtigung finden (vgl Schünemann GA 99, 207, 220, der beim Vorsatzdelikt sogar strengere Zurechnungsmaßstäbe anlegen will); **beim Fahrlässigkeitsdelikt** ist dagegen eine Beschränkung schon der objektiven Zurechnung **unerlässlich** und dort auch von der Rspr anerkannt (41–45 zu § 15). Zusf zu Kausalität und objektiver Zurechnung, nicht nur für das Strafrecht, Rönnau/Faust/Fehling JuS 04, 113; zum Zivilrecht vgl NJW 02, 2232 mit Bespr Emmerich JuS 02, 1124.

Vor § 13 AT. 2. Abschnitt. 1. Titel. Grundlagen der Strafbarkeit

15 2. Die Handlung muss **tatbestandsmäßig** sein, dh ihre konkreten Umstände müssen den abstrakten Merkmalen einer im Gesetz beschriebenen und mit Strafe bedrohten Handlung entsprechen (Unrechtstatbestand oder Unrechtstypus; str). Der Begriff „Tatbestand" ist nicht nur ein umstrittener Grundbegriff der Lehre vom Aufbau des Verbrechens, sondern vor allem ein sehr viel umfassenderer Begriff der allgemeinen Rechtslehre. Er ist auch für andere rechtliche Zusammenhänge verwendbar (zB Garantietatbestand, Erlaubnistatbestand, Irrtumstatbestand), sein Inhalt daher je nach der Zweckbestimmung wechselnd. – Soweit ihm die Aufgabe zufällt, im Schichtenaufbau des Verbrechens die Elemente einer Handlung zu beschreiben, an die überhaupt strafrechtliche Folgen anknüpfen können, wird darunter überwiegend der sog Unrechtstatbestand im Sinne der gesetzlichen Unrechtsbeschreibung verstanden. Er umfasst die Summe derjenigen Merkmale, die ein bestimmtes strafrechtliches Verbot (oder Gebot) begründen (hM; anders Schmidhäuser, Form und Gehalt der Strafgesetze, 1988, S 36, JZ 89, 419 und Stub 6/9–15, der den Verbots- [bzw Gebots-]Charakter des Unrechtstatbestandes leugnet und ihn ausschließlich als materiale Rechtsgutsverletzung versteht; ähnlich Hoyer aaO [vgl 6] S 137; anders auch Sax JZ 76, 9 und 80, 429, der zwischen dem gesetzlichen Tatbestand und dem Unrechtstatbestand als einer strafwürdigen Rechtsgutsverletzung unterscheidet; ähnlich Arthur Kaufmann, Lackner-FS, S 185). In diesem Sinne ist der Tatbestand die abstrakte Vertypung einer Handlung, deren konkrete Vornahme rechtswidrig ist, wenn sie nicht durch einen vorgehenden Erlaubnissatz gestattet wird (Unrechtstypus). Zu ihm gehören alle unrechtsrelevanten sowohl positiven und negativen als auch objektiven und subjektiven Elemente der Handlungsbeschreibung (zur Abgrenzung von anderen unrechtsrelevanten Verbrechenselementen beachte unten 17 sowie 2–7 vor § 32). Auch Wissen und Wollen des Handelnden schließt er ein (34 zu § 15; str), nicht jedoch die Rechtswidrigkeit als solche. Mit dem sog Gesamt-Unrechtstatbestand deckt er sich nicht (dazu 17). Merkmale der Handlungsbeschreibung, die unrechtsneutral sind und nur die Schuld charakterisieren (besondere Schuldmerkmale oder schuldtypisierende Merkmale), werden im Schrifttum vielfach als Schuldtatbestand zusammengefasst und dem Unrechtstatbestand, mit dem zusammen sie den Deliktstatbestand bilden, gegenübergestellt (zum Ganzen Gallas ZStW 67, 1; Engisch, Mezger-FS, S 127; Roxin, Offene Tatbestände und Rechtspflichtmerkmale, 2. Aufl 1970, S 106; Schaffstein, Celle-FS, S 181; Schmidhäuser, Engisch-FS, S 433; Schünemann GA 85, 341, 347; zusf Sch/Sch-Lenckner 43–47; nach Lesch aaO [vgl 6] S 274, 280 ist der Tatbestand „als Unrechtstatbestand mit dem Schuld- oder Verbrechenstatbestand identisch und bezeichnet den Inbegriff der Merkmale des Verbrechens"; zur Trennung zwischen Unrecht und Schuld Lesch JA 02, 602). – Die Tatbestandsmäßigkeit kann durch kollidierendes Gemeinschaftsrecht ausgeschlossen sein, sog „Neutralisierung des Tatbestandes" (Satzger, Die Europäisierung des Strafrechts, 2001, S 478).

16 3. Die Handlung muss weiter **rechtswidrig** sein, dh zur Rechtsordnung im ganzen in Widerspruch stehen. Sie ist dann eine rechtswidrige Tat (18 zu § 11), die zwar für eine Bestrafung nicht ausreicht, zB aber für bestimmte präventive Maßnahmen (nach §§ 63, 64, 69, 70, 73, 74, 74 d), für die Beteiligung an fremdem Unrecht (§§ 26, 27, 259 I) und für die Strafbarkeit des Vollrauschs (§ 323 a) relevant ist.

17 **a)** Da der Tatbestand vertyptes Unrecht ist, „indiziert" (krit dazu Schmidhäuser, Lackner-FS, S 77, 80) die tatbestandsmäßige Handlung ihre **Rechtswidrigkeit** in dem Sinne, dass sie wegen ihrer allgemeinen Verbotswidrigkeit grundsätzlich vom Recht mißbilligt wird (krit Herzberg GA 93, 439, 444; Otto Jura 95, 468). Dieses Indiz, das hier keine beweisrechtliche Kategorie bezeichnen, sondern die prinzipiell unrechtsbegründende Bedeutung der Tatbestandsverwirklichung charakteri-

sieren soll, kann nur durch einen Rechtfertigungsgrund (Unrechtsausschließungsgrund) ausgeräumt werden (ähnlich Paeffgen NK 16 vor § 32). Die hM versteht darunter jeden dem generellen Verbot vorgehenden Erlaubnissatz (krit Schmidhäuser aaO S 84), der sich wegen der „Einheit der Rechtsordnung" aus den Normen des gesamten geschriebenen und ungeschriebenen Rechts ergeben kann; denn die Frage nach der Rechtmäßigkeit einer Handlung kann für alle Rechtsgebiete nur einheitlich beantwortet werden, so dass sich das Straftatmerkmal „rechtswidrig" als das negative Ergebnis eines Messens der tatbestandsmäßigen Handlung an der Gesamtrechtsordnung darstellt (zu den Rechtfertigungsgründen im Einzelnen 2–29 vor § 32). – Die Rechtswidrigkeit gehört nicht zum Tatbestand, sondern ist allgemeines Verbrechensmerkmal (BGHSt-GS-2, 194). Ob jedoch die Umstände, die einen Rechtfertigungsgrund ergeben, als sog „negative Tatbestandsmerkmale" zum Unrechtstatbestand gehören, ist umstritten. Diese im Schrifttum verbreitete Ansicht führt dazu, dass Tatbestandsmäßigkeit und Rechtswidrigkeit zu einer einheitlichen Wertungsstufe, dem Gesamt-Unrechtstatbestand (vielfach auch nur als Gesamt- oder als Unrechtstatbestand bezeichnet), zusammengefasst werden und dass dadurch ein nur **zweigliedriger Verbrechensaufbau** entsteht (vgl ua Arthur Kaufmann JZ 54, 653 und Lackner-FS, S 185; Schaffstein, Celle-FS, S 175; Schünemann GA 85, 341, 347, Schmitt-FS, S 117, 125 und Coimbra-Sym, S 149, 173; Otto GK 1 5/24; Rinck, Der zweistufige Deliktsaufbau, 2000, S 1, 309; ähnlich Puppe, Stree/Wessels-FS, S 183 und NK 7–14; Hruschka AT S 196, 197, 225; zusf Rudolphi SK 10–12 zu § 16 mwN; zur normtheoretischen Problematik Rödig, Lange-FS, S 39, 56; Hruschka GA 80, 1; Paeffgen, Kaufmann [Arm]-GS, S 399; Otto Jura 95, 468, 473 und Schmid, Das Verhältnis von Tatbestand und Rechtswidrigkeit aus rechtstheoretischer Sicht, 2002, S 95, nach dem es „keinen sachlichen Grund für die unterschiedliche Behandlung der Rechtfertigungsgründe gegenüber den Tatbestandsmerkmalen" gibt). Dafür spricht zwar, dass es zur Begründung einer Straftat nur zwei abschließende Wertungen (Rechtswidrigkeit und Schuld) gibt und dass in dem hier und wohl auch von der hM vertretenen **dreigliedrigen Verbrechensaufbau** die Stufen der Tatbestandsmäßigkeit und Rechtswidrigkeit Basis desselben Urteils über das Unrecht sind und insoweit keine jeweils selbstständige Funktion erfüllen. Gleichwohl verdient dieser Aufbau den Vorzug, weil er den vielfältigen strukturellen Unterschieden der beiden Stufen, die sich namentlich aus der Verschiedenheit der Beziehungen zur Gesamtrechtsordnung (dazu 5 vor § 32) und der jeweiligen Bewertungsrichtung (Jescheck LK 44) ergeben, besser Rechnung trägt (zusf W-Beulke AT Rdn 118–129; Sch/Sch-Lenckner 15–19 mwN; zust auch Schroth, Kaufmann [Arth]-FS, S 595; Hoyer aaO [vgl 6] S 150 und Roxin AT 1 10/13–26, die allerdings hervorheben, dass sich daraus keine Konsequenzen für die Irrtumslehre ergeben). Da der Erlaubnistatbestandsirrtum nach ganz hM (9–16 zu § 17) die Strafbarkeit wegen eines Vorsatzdelikts ausschließt, hat die Streitfrage ihre praktische Bedeutung weitgehend verloren.

b) Die rechtswidrige Tat bildet zugleich **Unrecht**. Während die Rechtswidrigkeit nur den Widerspruch zwischen Handlung und Norm ausdrückt und daher nicht abstufbar ist, bedeutet das Unrecht den durch die Handlung verwirklichten, von der materialen Wertordnung des Rechts mißbilligten Unwert als solchen, der nach Qualität und Quantität differieren kann (hM). Der Unrechtsbegriff ist bis heute nicht abschließend geklärt. **18**

aa) Auf Grund der Vorstellung, dass die Rechtsnormen vornehmlich Bewertungsnormen sind, hat die ältere – jahrzehntelang ganz herrschende – **objektive Unrechtslehre** alle menschlichen Verhaltensweisen als Unrecht qualifiziert, sofern sie nur einen rechtlich missbilligten Zustand zur Folge hatten, und daraus das Grundprinzip abgeleitet, dass alle „objektiven", dh der äußeren Tatseite zugehöri- **19**

Vor § 13   AT. 2. Abschnitt. 1. Titel. Grundlagen der Strafbarkeit

gen, Merkmale dem Unrecht und alle „subjektiven", dh täterpsychischen, der Schuld zuzuordnen seien. In der Folgezeit hat diese Lehre – namentlich nach Entdeckung der zwingend beweisbaren subjektiven Unrechtselemente (dazu Blei AT S 73) – zwar dadurch tiefgreifende Veränderungen erfahren, dass auch bestimmte psychische Merkmale – unter Ausschluss allerdings des Vorsatzes – in den Unrechtstatbestand einbezogen wurden, damit aber ihr im Wesentlichen objektives Unrechtsverständnis nicht preisgegeben (vgl etwa Nowakowski ZStW 63, 287; Engisch, FS für Theodor Rittler, 1957, S 165).

20   bb) Erst in der modernen strafrechtlichen Dogmatik hat sich eine in zahlreichen Varianten (dazu Gallas, Bockelmann-FS, S 155) vertretene und noch nicht abschließend geklärte **personale Unrechtslehre** durchgesetzt, die den Schwerpunkt der Rechtsnormen in ihrer Funktion als Bestimmungsnormen sieht und daher das Unrecht vornehmlich im menschlichen Verhalten sucht, soweit es dem gebietenden Imperativ des Rechts widerspricht. Unter diesen Gesichtspunkten werden heute überwiegend **Handlungs- (Verhaltens- oder Akt-)Unwert** einerseits und **Erfolgs- (Sachverhalts-)Unwert** andererseits als die beiden Elemente des Unrechts unterschieden (vgl ua Krauß ZStW 76, 19; Otto ZStW 87, 539; Puppe, Stree/Wessels-FS, S 183; ähnlich auch Kindhäuser, Gefährdung als Straftat, 1989, S 50; vgl auch Lampe, Hirsch-FS, S 83: „Beziehungsunrecht"; aM Spendel DRiZ 78, 327; zusf Ebert/Kühl Jura 81, 225; Hirsch ZStW 93, 831 und 94, 239 sowie in: Meurer-GS, S 3; Günther SK 20, 21 vor § 32; rechtsvergleichend Hünerfeld ZStW 93, 979, 981 und Eser, Lenckner-FS, S 25, 36). Dass der Erfolgsunwert allein zur Begründung des Unrechts nicht ausreicht, folgt zwingend aus dieser Lehre (beachte jedoch Samson, Grünwald-FS, S 585, der dem Erfolgsunrecht eine maßgebliche Funktion für die Quantifizierung des Handlungsunrechts zuweist); sie muss voraussetzen, dass auch das Täterverhalten selbst fehlerhaft ist. Der Wertung unterliegt dabei nach überwiegender Meinung das Verhalten als finalkausale Sinneinheit, die auch durch die im Tatbestand beschriebenen Handlungsmodalitäten und objektiv-täterschaftlichen Elemente mitgeprägt wird (so mit Recht Gallas aaO S 159; Ebert/Kühl aaO S 236; diff Wolter, GA-FS, S 269, 294; krit Röttger aaO [vgl 4] S 38, der im „Gefährdungsunwert" den objektiven Handlungsunwert sieht), während häufig auch der Verhaltensunwert auf einen reinen Intentionsunwert reduziert wird (so zB Rudolphi, Maurach-FS, S 57; abl Hirsch ZStW 94, 239 mwN). Jedenfalls beziehen alle Spielarten der personalen Unrechtslehre bei den Vorsatzdelikten das Wissen und Wollen des Täters (Roxin ZStW 80, 694, 716; Jescheck/Weigend AT S 242 sowie die Anhänger der finalen Handlungslehre; zur abweichenden Rspr Herzberg, BGH-FG, S 51; anders auch B-Weber/Mitsch AT 12/16: Vorsatz als Schuldform) und bei den Fahrlässigkeitsdelikten den Sorgfaltsmangel (hM; vgl 37, 38 zu § 15) in den Unrechtstatbestand ein (anders Kindhäuser GA 94, 197); dass beide dann später auch für die Schuldbewertung bedeutsam werden können, ist dadurch nicht ausgeschlossen (Hünerfeld ZStW 93, 979, 999; Sch/Sch-Lenckner 120, 121 mwN).

21   cc) Darüber hinaus wird im Rahmen der **personalen Unrechtslehren** auch vertreten, dass der aus der Handlung erwachsende **schädliche Erfolg** für die Unrechtsbewertung überhaupt belanglos sei und nur als objektive Bedingung der Strafbarkeit (als Manifestation begangenen Unrechts) das Strafbedürfnis begründe (Horn, Konkrete Gefährdungsdelikte, 1973, S 78, 95; Zielinski, Handlungs- und Erfolgsunwert im Unrechtsbegriff, 1973, S 128, 143 und in: Lampe-FS, S 533, 544; Armin Kaufmann, Welzel-FS, S 393, 411; Schaffstein GA 75, 342; Schöne, Kaufmann [H]-GS, S 649, 654; Lüderssen, Bockelmann-FS, S 181; Stein, Die strafrechtliche Beteiligungsformenlehre, 1988, S 81; Silva-Sanchez ZStW 101, 352, 369; Dornseifer, Kaufmann [Arm]-GS, S 427; Hoyer aaO [vgl 6] S 164, 230); jedoch dürfte diese Auffassung die abgestuften Straf- und Bußgeldrahmen des geltenden Rechts, die jeweils denselben Verhaltensfehler je nach dem eingetretenen

Erfolg höchst unterschiedlich bewerten (zB auf Fahrlässigkeit beruhende Verkehrswidrigkeit, Körperverletzung oder Tötung), kaum hinreichend erklären (mit Recht abl daher Schünemann, Schaffstein-FS, S 159, 169; Stratenwerth, Schaffstein-FS, S 177; Gallas, Bockelmann-FS, S 155, 156; Hirsch ZStW 94, 239, 240 und Köln-FS, S 399, 409; Paeffgen, Kaufmann [Arm]-GS, S 399, 412; Puppe NK 17, 18; eingehend Mylonopoulos, Über das Verhältnis von Handlungs- und Erfolgsunrecht im Strafrecht, 1981, S 30, 129; Wolter, Objektive und personale Zurechnung von Verhalten, Gefahr und Verletzung in einem funktionalen Straftatsystem, 1981, S 75, 197; Maiwald in: Schöch (Hrsg), Wiedergutmachung und Strafrecht, 1987, S 64; Kratzsch GA 89, 49, 71; Freund, Erfolgsdelikt und Unterlassen, 1992, S 88, 92 und AT 2/52–60; mit neuen Ansätzen krit Dencker, Kaufmann [Arm]-GS, S 441; Degener ZStW 103, 357).

4. Die Handlung (die rechtswidrige Tat, 18 zu § 11) muss schließlich **schuld-** **22** **haft** sein, dh dem Täter zum Vorwurf gereichen. Die daraus folgende, im Einzelnen allerdings sehr differenzierte Anerkennung des **Schuldprinzips** im Strafrecht ist ganz hM (anders jedoch zB Gimbernat ZStW 82, 379; Foth ARSP 76, 249; Kargl, Kritik des Schuldprinzips, 1982; Scheffler, Kriminologische Kritik des Schuldstrafrechts, 1985 und Grundlegung eines kriminologisch orientierten Strafrechtssystems, 1987; Baurmann, Zweckrationalität und Strafrecht, 1987; Hoyer aaO [vgl 6] S 108, 389 [krit Neumann GA 99, 443, 444]; – zur Rspr Neumann, BGH-FG, S 83; s auch 1–5 zu § 46). Die Schuld kann in drei verschiedenen Fragestellungen relevant werden: als Umschreibung der Frage nach der Rechtfertigung der Strafsanktion überhaupt (Schuldidee), als Bezeichnung für den Anknüpfungstatbestand der Strafzumessung (Strafzumessungsschuld, 22–49 zu § 46) oder als Summe der Voraussetzungen, unter denen dem Täter die von ihm begangene rechtswidrige Tat als eine vorwerfbare zugerechnet wird (Strafbegründungsschuld). Für die Begründung der Straftat kommt es nur auf die letztere an (Achenbach, Historische und dogmatische Grundlagen der strafrechtssystematischen Schuldlehre, 1974, S 2; zum unterschiedlichen Schuldverständnis in der modernen Verbrechenslehre und im Strafzumessungsrecht Hörnle JZ 99, 1080, 1083; zum Verhältnis von Strafbegründungs- und Strafzumessungsschuld vgl Frisch, Müller-Dietz-FS, S 237; Rudolphi SK 1 vor § 19). – Zur verfassungsrechtlichen Absicherung des Schuldprinzips BVerfGE 20, 323, 331; NJW 03, 3620; BVerf v 14. 1. 04 – 2 BvR 564/95; Lagodny aaO [vgl 4] S 386; Stächelin aaO [vgl 3] S 242; Appel aaO [vgl 3] S 109, 518. – Rechtsvergleichend Jescheck, Beiträge zum Strafrecht, 1998, S 281, 310 und 421 sowie JBl 98, 609; Überlegungen zu einer „global akzeptablen Normierung" bei Haddenbrock GA 03, 521.

a) aa) In diesem Sinne bedeutet Schuld vor allem **Vorwerfbarkeit** (BGHSt- **23** GS-2, 194, 200; dazu Neumann, BGH-FG, S 83, 86 und Hilgendorf JahrbRuE 03, 83, 96). Den Kern des Schuldvorwurfs wird man darin zu finden haben, dass der Täter rechtswidrig gehandelt hat, obwohl er unter den konkreten Umständen fähig war, sich von der Rechtspflicht zu normgemäßem Verhalten bestimmen zu lassen (ähnlich Roxin AT I 19/3 [Verwirklichung von Unrecht trotz normativer Ansprechbarkeit] und in: Ehrengabe für A-E Brauneck, 1999, S 385; Paeffgen NK 219 vor § 32; str). Damit ist allerdings nach heute überwiegender und zutreffender Ansicht kein aus dem ethischen Indeterminismus abgeleiteter Vorwurf wegen einer individuellen sittlichen Verfehlung gemeint, sondern nur ein sozialer Tadel (krit Lampe, Strafphilosophie, 1999, S 226) wegen des Zurückbleibens hinter Verhaltensanforderungen, die der freiheitlich verfasste und daher menschliche Freiheit anerkennende Staat an seine Bürger mit normaler Motivierbarkeit durch soziale Normen als Grundbedingung friedlichen Zusammenlebens stellen muss (sog **sozialer Schuldbegriff**; krit Schünemann, Lampe-FS, S 537, 544: unzulässige Fiktion, die nur durch die Übernahme einer Theorie der gesellschaftlichen Re-

Vor § 13 AT. 2. Abschnitt. 1. Titel. Grundlagen der Strafbarkeit

alität der Willensfreiheit gerettet werden könne). Auch die Deutung der Schuld als „Gesinnungsunwert" (Gallas ZStW 67, 1, 45; Jescheck/Weigend AT S 426; s auch Tiedemann aaO [vgl 4] S 58; krit Roxin, Mangakis-FS, S 237, 241), als „rechtsgutsverletzendes geistiges Verhalten" (Schmidhäuser AT 6/16), als „mangelnde Loyalität gegenüber der kommunikativen Autonomie anderer" (Kindhäuser ZStW 107, 701, 728), als Ergebnis eines „Schulddialogs" (Haft, Der Schulddialog, 1978; ähnlich Kunz ZStW 98, 823 und Schüler-Springorum-FS, S 459) oder einer „psychosozialen" Interaktion (Böllinger MschrKrim 93, 3), begründet trotz der jeweils verschiedenen theoretischen Ansätze (vgl etwa Schmidhäuser, Jescheck-FS, S 485) im Hinblick auf diese zentrale Aussage keinen signifikanten Unterschied (zusf Müller-Dietz, Grundfragen des strafrechtlichen Sanktionensystems, 1979, S 1; zu Welzels Schuldbegriff der mangelnden Rechtstreue Jakobs, Schreiber-FS, S 949, 957). Dasselbe gilt für die Anknüpfung von Schuld an ein Handeln, das in „relativer Freiheit" (Tiemeyer ZStW 100, 527; Geisler, Zur Vereinbarkeit objektiver Bedingungen der Strafbarkeit mit dem Schuldprinzip, 1998, S 32, 95 mit Bespr Lampe GA 00, 399), „selbstbestimmt" (Frister, Schuldprinzip, Verbot der Verdachtsstrafe und Unschuldsvermutung als materielle Grundanzipien des Strafrechts, 1988, S 17 und MschrKrim 94, 316 mit Erwiderung Haddenbrock MschrKrim 94, 324), „geistig (intelligibel) frei" (Haddenbrock, Salger-FS, S 633, 647, NStZ 95, 581 und MschrKrim 96, 50) oder im „Bewusstsein der Freiheit" (Burkhardt, Lenckner-FS, S 3; in Kombination mit normativer Ansprechbarkeit auch Schöch in: Eisenburg [Hrsg], Die Freiheit des Menschen, 1998, S 82, 93) vollzogen wird.

24   bb) Schuld kann **nicht völlig zweckfrei**; sondern nur auf der Grundlage ihrer Funktion in einem auf Rechtsgüterschutz gerichteten System bestimmt werden (Burkhardt GA 76, 321; Stratenwerth, Die Zukunft des strafrechtlichen Schuldprinzips, 1977; Arthur Kaufmann, Wassermann-FS, S 889; Lagodny aaO [vgl 4] S 310; Neumann, in: Lüdersen [Hrsg], Aufgeklärte Kriminalpolitik, Bd I 1998, S 391; aM Dreher, Die Willensfreiheit, 1987, S 50); deshalb ist nicht ausgeschlossen, dass präventive Gesichtspunkte in die Beurteilung einfließen (Rudolphi JBl 81, 289 und in: Bönner/de Boor [Hrsg], Unrechtsbewusstsein, 1982, S 1; Schreiber, DRiAkad-FS, S 73, 79; Lackner, Kleinknecht-FS, S 245, 255; Tiemeyer ZStW 100, 527; Roxin, Kaufmann [Arth]-FS, S 519 und Kaiser-FS, S 885, 889), oder dass in Grenzfällen ein an sich begründeter Schuldvorwurf nach dem Gesetz (zB bei entschuldigendem Notstand nach § 35) außer Ansatz bleibt, weil der Rechtsgüterschutz eine strafrechtliche Reaktion nicht erfordert (Roxin SchwZStr 87, 356, 373; Asada, Roxin-FS, S 519; krit Hirsch ZStW 106, 746, 756).

25   cc) Eine Reduzierung der Schuld auf ein **rein generalpräventives Derivat** (so Jakobs, Schuld und Prävention, 1976, ZStW 101, 516 sowie AT 1/4–7a und 17/18–56, der sein funktionales Straftatsystem im ganzen auf die generalpräventive Leitidee der „Einübung von Rechtstreue" gründet; ähnlich Achenbach, in: Schünemann [Hrsg], Grundfragen des modernen Strafrechtssystems, 1984, S 135; Lesch JA 94, 590, 596 und aaO [vgl 6] S 213, 278) oder auf eine **generalpräventive Funktion** (so auf psychoanalytischer Grundlage Haffke, Tiefenpsychologie und Generalprävention, 1976, S 57 und GA 78, 33; Streng ZStW 92, 637 und 101, 273, JZ 93, 109 und NStZ 95, 161; diff Neumann ZStW 99, 564; Schneider, Grund und Grenzen des strafrechtlichen Selbstbegünstigungsprinzips, 1991, S 54, 71) ist mit dem Schuldverständnis des geltenden Rechts schwerlich vereinbar (Schünemann, in: Schünemann [Hrsg] aaO S 153, 170; Maiwald, Lackner-FS, S 149; Kindhäuser GA 89, 493; Schreiber, in: Thomas [Hrsg], Schuld: Zusammenhänge und Hintergründe, 1990, S 61; Kahlo aaO [vgl 12] S 213; Griffel MDR 91, 109; Bock ZStW 103, 636; Lampe, in: Jung ua [Hrsg], Recht und Moral, 1991, S 305; Albuquerque ZStW 110, 640; Jescheck JBl 98, 609, 616; Neumann aaO [vgl 24] S 399; Roxin, Mangakis-FS, S 237, 243; Günther SK 11 vor § 32;

Vorbemerkung Vor § 13

Paeffgen NK 201–212; Rudolphi SK 1 b vor § 19; anders Frister, Die Struktur des „voluntativen Schuldelements", 1993, S 74, nach dem die „Zurechnungsperspektive" im traditionellen und im generalpräventiven Schuldbegriff identisch sein soll; s auch Stratenwerth, Was leistet die Lehre von den Strafzwecken?, 1995, der ganz allgemein eine Funktionalisierung des Systems mit Hilfe der Strafzwecklehre nicht für weiterführend hält). – Bedenken bestehen auch gegen die Einbettung der Schuld in eine neue, die präventiven Strafzwecke einbeziehende Systemkategorie der persönlichen Verantwortlichkeit (so Roxin, Henkel-FS, S 171, ZStW 96, 641 und Kaiser-FS, S 885, 889; Schünemann aaO S 168 und GA 86, 293, 299; ähnlich Jäger, Henkel-FS, S 125, 133; Amelung JZ 82, 618, 620), weil damit eine problematische Verkürzung des Schuldprinzips auf seine die Strafe nach oben limitierende Funktion verbunden wird (krit namentlich Schöneborn ZStW 92, 682; Stratenwerth aaO [vgl 24]; Otto GA 81, 481; Krümpelmann GA 83, 337; Arthur Kaufmann Jura 86, 225; Hirsch, Köln-FS, S 399, 417 und LK 182 a–182 c vor § 32; Paeffgen NK 213, 214 vor § 32). Solche inneren Verknüpfungen von Schuld und Prävention bergen bei dem gegenwärtigen, durch zahlreiche Missverständnisse belasteten Diskussionsstand (dazu Roxin, Bockelmann-FS, S 279) die Gefahr, dass der in der Freiheitsidee verwurzelte Schuldbegriff, der im Verhältnis zu präventiver Zweckverfolgung auf einer anderen Ebene liegt, über seine immanenten Schranken hinaus durch utilitaristische Elemente verwässert wird (Arthur Kaufmann, Wassermann-FS, S 889; Hirsch ZStW 106, 154; diff Kunz ZStW 98, 823; aM Jakobs ZStW 101, 516). – Schließlich ist es auch nicht möglich, die Schuld auf eine bloße Ausprägung des Verhältnismäßigkeitsgrundsatzes (so Ellscheid/Hassemer, in: Civitas-Jahrbuch für Sozialwissenschaften, 9. Bd, 1970, S 27; Scheffler, Grundlegung aaO [vgl 22] S 90) zu reduzieren (Arthur Kaufmann, Lange-FS, S 27; Stratenwerth aaO S 36).

b) Ob die Fähigkeit, schuldhaft zu handeln, **Willensfreiheit** des Menschen voraussetzt und damit eine Parteinahme in den philosophischen und naturwissenschaftlichen Auseinandersetzungen um Indeterminismus und Determinismus erfordert, ist umstritten (vgl ua Engisch, Die Lehre von der Willensfreiheit in der strafrechtsphilosophischen Doktrin der Gegenwart, 1963; Griffel, Der Mensch, Wesen ohne Verantwortung?, 1975 und GA 96, 457; Danner, Gibt es einen freien Willen?, 4. Aufl 1977; Lackner, Kleinknecht-FS, S 245, 248; Tiemeyer GA 86, 203 und ZStW 105, 483; Dreher, Die Willensfreiheit, 1987; Schünemann, in: Hirsch/Weigend [Hrsg], Strafrecht und Kriminalpolitik in Japan und Deutschland, 1989, S 147; Pothast JA 93, 104; Hoyer aaO [vgl 6] S 114; Geisler aaO [vgl 23] S 38; Spilgies Rechtstheorie 99, 525; Guss, Willensfreiheit oder: Beruht das deutsche Strafrecht auf einer Illusion?, 2002; Schiemann NJW 04, 2056). Für die im Schrifttum überwiegend vertretenen Spielarten eines „sozialen" Schuldbegriffs (vgl 23) ergibt sich das schon aus dessen Prämissen (vgl etwa Roxin, Henkel-FS, S 171, 174, ZStW 96, 641, 650 und in: Mangakis-FS, S 237, 244; Krümpelmann GA 83, 337; s auch Patzig, in: Thomas [Hrsg], Schuld: Zusammenhänge und Hintergründe, 1990, S 157; Haddenbrock JR 91, 225 und Salger-FS, S 633), hat sich aber auch allgemein als hM durchgesetzt (zB Lenckner, Strafe, Schuld und Schuldfähigkeit, 1972, S 97; Streng, Leferenz-FS, S 397 und ZStW 101, 273; Tiemeyer ZStW 100, 527; Schöch aaO [vgl 23] S 92; Schmidhäuser AT 10/6; Jescheck, in: Köck/Moos [Hrsg], Dienst am Strafrecht – Dienst am Menschen, 1998, S 67 und in: LK 66, 67; Rudolphi SK 1 vor § 19). Die hier vertretene Position geht davon aus, dass Willensfreiheit naturwissenschaftlich weder beweisbar noch widerlegbar ist (krit Spilgies aaO S 526). Das schließt aber nicht aus, dass der Mensch als ein auf Selbstverantwortung angelegtes Wesen das Postulat der relativen Freiheit in Entscheidungslagen und damit zugleich der Motivierbarkeit durch Normen als notwendige Grundbedingung des Zusammenlebens versteht und es deshalb zur Basis der gesamten Rechts- und

26

Vor § 13 AT. 2. Abschnitt. 1. Titel. Grundlagen der Strafbarkeit

Gesellschaftsordnung macht. So gesehen ist das Rechtssystem auf den Freiheitsanspruch des Menschen und seinen Erlebnishorizont gegründet und deshalb inhaltlich von einem auf relativem Indeterminismus beruhenden System nicht verschieden (aM Tiemeyer ZStW 105, 483, 511). Das zeigt sich nicht zuletzt daran, dass die empirische Unbeweisbarkeit der Willensfreiheit auch von den meisten Vertretern indeterministischer Positionen anerkannt wird; sie halten sie nur weder für beweisfähig noch für beweisbedürftig (vgl etwa Lange, Göppinger-FS, S 103; Otto GA 81, 481, 486; Griffel ZStW 98, 28, GA 89, 193, ARSP 94, 96, GA 96, 457 und ARSP 01, 432; Dreher aaO S 379 und Spendel-FS, S 13; Grasnick JR 91, 364; Hirsch ZStW 106, 746, 759; Burkhardt aaO [vgl 23]; s auch Jähnke LK 7–12 zu § 20; krit Spilgies aaO S 530).

27 c) aa) Die Schuld kann im Einzelfall wegen Schuldunfähigkeit (§§ 19, 20 StGB; § 3 JGG), unvermeidbaren Verbotsirrtums (7 zu § 17) oder rechtswidrigen Befehls (BGHSt 5, 239; Hoyer, Die strafrechtliche Verantwortlichkeit innerhalb von Weisungsverhältnissen, 1998, S 18; krit Gropp AT 7/99; § 11 II SoldG; § 5 I WStG) ausgeschlossen (sog **Schuldausschließungsgrund**) oder wegen Unzumutbarkeit (30–32 vor § 32) nicht zurechenbar sein (sog **Entschuldigungsgrund**). Ob ein Bedürfnis für die Unterscheidung dieser beiden Kategorien besteht, wird überwiegend bejaht (Günther SK 12 vor § 32; Sch/Sch-Lenckner 108 vor § 32 mwN), zum Teil aber auch in Frage gestellt (zusf Hirsch LK 189, 194 vor § 32 mwN).
bb) Zur Frage, ob und wieweit der **Vorsatz** Schuldelement ist, 31–34 zu § 15.

28 5. Für Ausnahmefälle sieht das Gesetz über die tatbestandsmäßige, rechtswidrige und schuldhafte Handlung hinaus (hM; anders Jakobs AT 10/1–25, der alle Fälle auf Unrecht oder Schuld zurückbezieht) weitere materiellrechtliche Voraussetzungen vor, welche die Strafbarkeit einschränken (zusf und zT krit Volk ZStW 97, 871):

29 a) **Strafausschließungsgründe** (zB in §§ 36, 173 III, 258 VI) und **Strafaufhebungsgründe** (zB in §§ 24, 31, 306 e). Sie sind überwiegend persönlicher Natur und bewirken, dass der Täter trotz Begehung einer rechtswidrigen und schuldhaften Tat aus kriminalpolitischen Gründen straffrei bleibt oder straffrei wird. Ihre Rechtsnatur ist umstritten (eingehend Bloy, Die dogmatische Bedeutung der Strafausschließungs- und Strafaufhebungsgründe, 1976; s auch Roxin JuS 88, 425, 431). Jedenfalls lassen sie sich nicht auf einen einheitlichen Grundgedanken zurückführen. In der Rspr und zum Teil auch in der Lehre werden sogar einige Vorschriften, die wegen verminderter Schuld Strafausschluss vorsehen (zB §§ 139 III S 1, 173 III, 258 VI) den Strafausschließungsgründen zugeschlagen, obwohl sie aus der Schuld abgeleitet sind und sich daher von den Schuldausschließungsgründen allenfalls dem Grade nach unterscheiden (Bay JR 79, 252; Ruß LK 33 zu § 258; aM Bloy aaO S 122, 125; Hirsch LK 197 vor § 32, alle mwN).

30 b) **Objektive Bedingungen der Strafbarkeit** (zu ihrer Problematik Bemmann, Zur Frage der objektiven Bedingungen der Strafbarkeit, 1957; Schmidhäuser ZStW 71, 545; Stratenwerth ZStW 71, 565; Stree JuS 65, 465; Krause Jura 80, 449; Frister, Schuldprinzip, Verbot der Verdachtsstrafe und Unschuldsvermutung als materielle Grundprinzipien des Strafrechts, 1988, S 49; Vest ZStW 103, 584, 598; Lagodny aaO [vgl 4] S 233, 444; Geisler aaO [vgl 23] S 130 und GA 00, 166; Stächelin aaO [vgl 3] S 248; Geppert, Meurer-GS, S 315, 328; zu ihrer Entstehungsgeschichte Haß, Wie entstehen Rechtsbegriffe?, 1973; zusf Gottwald JA 98, 771). Sie sind außerhalb der tatbestandmäßigen, rechtswidrigen und schuldhaften Handlung stehende selbstständige Strafvoraussetzungen (Geisler aaO [vgl 23] S 574), die das Gesetz bisweilen aus Zweckmäßigkeitsgründen zur Strafeinschränkung verwendet, zB die „rechtswidrige Tat" in § 323 a I (dort 5) und die schwere

Vorbemerkung Vor § 13

Folge in § 231 (dort 5). Ihr Fehlen schließt die Strafbarkeit aus; der Vorsatz braucht sie nicht zu umfassen (Warda Jura 79, 286, 290).

IV. Nach der Struktur der Deliktstypen und der Schwere der angedrohten 31 Strafen werden **verschiedene Arten von Straftaten** unterschieden.

1. Die Unterteilung in **Verbrechen und Vergehen** beruht auf der Schwere der angedrohten Strafen (§ 12).

2. Grundform der Straftat ist das **vollendete Vorsatzdelikt** (zum Vorsatz 31a 3–34 zu § 15), das überwiegend durch positives Tun **(Begehungsdelikt),** aber auch durch Unterlassen **(Unterlassungsdelikt)** begangen werden kann (7, 8 vor § 13; 2–5 zu § 13; krit zur Terminologie Schmidhäuser, Müller-Dietz-FS, S 761, 779). Es wird ergänzt durch das **Fahrlässigkeitsdelikt** (zur Fahrlässigkeit 35–54 zu § 15), das ebenfalls als Begehungs- oder Unterlassungsdelikt vorkommt. Daneben steht das **Versuchsdelikt,** das dadurch gekennzeichnet ist, dass die Tatbestandsverwirklichung zwar vollständig gewollt, aber nur unvollständig erreicht wird (1 zu § 22). Die Lehrbuch- und Kommentarliteratur orientiert sich mit Recht überwiegend an dieser Einteilung. Das ist vor allem deshalb sinnvoll, weil so die Regelform der gesetzlichen Tatbestände als Grundform behandelt werden kann und erst daraus die auch in der Praxis weniger bedeutsamen Sonderformen abgeleitet werden. Dem steht nicht entgegen, dass sich das vollendete vorsätzliche Begehungsdelikt auch als „qualifiziertes Versuchs-, Fahrlässigkeits- und Unterlassungsdelikt" deuten lässt (so Herzberg JuS 96, 377 mwN). Es wäre verfehlt, daraus den Schluss zu ziehen, dass deshalb das vorsätzliche Begehungsdelikt nur eine qualifizierte Deliktsform sein könne; damit würde das Verhältnis zwischen den gesetzlichen Tatbeständen und den aus ihnen abzuleitenden Deliktsformen auf den Kopf gestellt.

3. Für die Unterscheidung von **Erfolgsdelikten** (zB § 211) und **schlichten** 32 **Tätigkeitsdelikten** (zB § 153) ist der Gesichtspunkt maßgebend, ob zur Vollendung der Tat in der Handlung verursachter Erfolg gehört oder ob bloßes Tätigwerden genügt; eine Mischform bilden die sog erfolgsverbundenen Tätigkeitsdelikte (bzw verhaltensgebundenen Erfolgsdelikte), bei denen es zwar auf die Verursachung eines Erfolges ankommt, aber nur bestimmt beschriebene Tätigkeiten vom Tatbestand erfasst werden (zB Vermögensbeschädigung durch Täuschung beim Betrug). Unter den Erfolgsdelikten sind die **Verletzungsdelikte** und die **konkreten Gefährdungsdelikte** zu unterscheiden. Bei jenen besteht der tatbestandsmäßige Erfolg (vgl Puppe, Die Erfolgszurechnung im Strafrecht, 2000, S 17: „nachteilige Veränderung an einem Rechtsgutsobjekt"; zur sog „materiellen Vollendung" vgl auch Jakobs, Roxin-FS, S 793, der bei Delikten gegen die Person auf die „Organisationsanmaßung" abstellt, S 798) in der Verletzung (zB § 223), bei diesen in der bloßen Gefährdung (zB § 315c; vgl dort 1, 20–27) eines bestimmten Angriffsobjekts (hM; krit Stratenwerth/Kuhlen AT I 8/14; weiter diff Kuhlen GA 86, 389 und ZStW 105, 697, 711, der unter Schutzzweckgesichtspunkten als weitere Form das sog Kumulationsdelikt postuliert; weiterführend Wohlers aaO [vgl 3] S 318 und Hefendehl aaO [vgl 3] S 183); ob das Objekt individualisierbar sein muss oder ob es – etwa bei gesundheitsschädlichen Wirkungen von Produkten und Arzneimitteln – genügt, sein Vorhandensein in einer nicht weiter konkretisierbaren Mehrzahl von Objekten aufzuweisen, ist umstritten und noch nicht abschließend geklärt (bejahend Kuhlen, Fragen einer strafrechtlichen Produkthaftung, 1989, S 57; aM Tiedemann NJW 90, 2051, beide mwN). Im Gegensatz zu den konkreten stehen die **abstrakten Gefährdungsdelikte** (mit Recht krit zu dieser ungenauen, aber allgemein üblichen Bezeichnung Hirsch, Kaufmann [Arth]-FS, S 545, 557 und Lüderssen-FS, S 253, 259 sowie Zieschang, Die Gefährdungsdelikte, 1998, S 16, 52, 64, 162, 197, der – im Anschluss an Hirsch – weitere „Gefährdungsdeliktsstrukturen" aufzeigt; nach den besonderen „Tatbestandsstrukturen" unterscheidet Wohlers [aaO S 305] konkrete Gefährlichkeitsdelikte, Kumulationsdelikte und Vorbereitungsdelikte; zu Rechtsgutstheorie und Deliktsstruktur v Hirsch/Wohlers, in: Hefendehl ua aaO [vgl 4 „Rechtsgutstheorie"] S 196; speziell zur Deliktsstruktur von Vorschriften, die kollektive Rechtsgüter schützen Hefendehl aaO S 147, 383 und Stratenwerth, in: Hefendehl ua aaO S 255), für die das Gesetz nur die Bedingungen einer generellen Gefährlichkeit beschreibt, ohne die Gefährdung eines bestimmten Objekts im Einzelfall vorauszusetzen (zB § 316; Stratenwerth, Lüderssen-FS, S 373, 374, 376: das verpönte Verhalten ist „an sich" schon strafwürdiges Unrecht). Hierher gehören auch solche Tatbestände (etwa §§ 126 I, 130 I, III, 325 I), in denen die generelle Gefährlichkeit der Handlung durch das Erfordernis der „Eignung" zur Herbeiführung eines bestimmten Erfolges umschrieben wird (sog **potenzielle Gefährdungsdelikte**). Obwohl bei ihnen auch konkrete Umstände in die Bewertung einzubeziehen sind, begründet das keine echte Mischform, also kein **„abstrakt-konkretes Gefährdungsdelikt"** (so Schröder ZStW 81, 7 und JZ 67, 522), weil es auch hier nicht auf einen Gefahrerfolg, sondern nur auf die (abstrakte) Gefährlichkeit der Tathandlung ankommt (Gallas, Heinitz-FS, S 171; Berz, Tatbestandsverwirklichung und materialer Rechtsgüterschutz, 1986, S 58; Hoyer, Die Eignungsdelikte, 1987; Fischer GA 89, 445; Jescheck/Weigend AT S 264; Sch/Sch-Heine 3 vor § 306; krit Zieschang aaO S 162, der die Herbeiführung eines konkret gefährlichen Zustandes verlangt, S 101; str). Die Abgrenzung der Gefährdungsdelikte im Einzelnen, ihre Legitimation unter dem Gesichtspunkt der Vorverlegung des Rechtsgüterschutzes und die kriminalpolitische Vorzugswürdigkeit ihrer verschiedenen Formen sind umstritten. Auch hier ist ähnlich wie beim Problem der allgemeinen Legitimierung strafrechtlicher Sanktionen (dazu oben 3) eine bedauerliche Polarisierung zu verzeichnen.

Aus der **Literatur** vgl Horn, Konkrete Gefährdungsdelikte, 1973, S 57; Brehm, Zur Dogmatik des abstrakten Gefährdungsdelikts, 1973 und JuS 76, 22; Schünemann JA 75, 787, 792, 797; Wolter, Objektive und personale Zurechnung von Verhalten, Gefahr und Verletzung in einem funktionalen Straftatsystem, 1981, S 64; Ostendorf JuS 82, 426; Otto ZStW 96, 339, 362 und Madrid-Sym, S 453; Jakobs ZStW 97, 751, 767; Berz aaO S 53; Kindhäuser, Gefährdung als Straftat, 1989, S 163 und in: Madrid-Sym, S 125 sowie aaO (vgl 4) S 263; Kratzsch GA 89, 49, 67 und JuS 94, 372; Graul, Abstrakte Gefährdungsdelikte und Präsumtionen im Strafrecht, 1991; Meyer, Die Gefährlichkeitsdelikte, 1992; Hirsch aaO S 545; Prittwitz, Strafrecht und Risiko, 1993, S 245; Kuhlen GA 94, 347; Weigend, Triffterer-FS, S 695, 701; Lagodny aaO (vgl 4) S 240, 437; Zieschang aaO S 349; Stächelin aaO (vgl 3) S 93; Schmidt aaO (vgl 4) passim; Wohlers aaO S 21, 338; Koriath GA 01, 51, 66; Hefendehl aaO (vgl 3) S 161; Stratenwerth, Lüderssen-FS, S 373, 375; Sch/Sch-Heine 4a–c vor § 306; überzogen die Kritik von Herzog aaO (vgl 3); speziell zur zunehmenden Einführung von abstrakten, durch echtes Unterlassen begehbaren Gefährdungsdelikten Volk, Tröndle-FS, S 219, 230; zusf Schroeder ZStW Beiheft 82, 1, 2; rechtsvergleichend Weber, Platzgummer, Grasso, Györgyi, Spotowski und Maier ZStW Beiheft 87, 1, 37, 57, 97, 125 und 141.

Diese für die Begehungsdelikte entwickelten Differenzierungen sind überwiegend, jedoch nicht durchgängig und nicht immer mit der gleichen Abgrenzung, auch auf Unterlassungsdelikte (2–5 zu § 13) anwendbar (Dedes GA 77, 230).

33 **4. Sonderdelikte** sind dadurch charakterisiert, dass ihr Tatbestand nicht von jedermann, sondern nur von bestimmten Tätern (zB Amtsträgern, § 11 I Nr 2, §§ 331 ff) verwirklicht werden kann (hM; anders Langer, Das Sonderverbrechen, 1972, S 389 und Deichmann, Grenzfälle der Sonderstraftat, 1994, S 4, die über die Beschränkung des Täterkreises hinaus spezifisches tatbestandliches Sonderunrecht und eine Sonderstrafdrohung voraussetzen; anders auch Klesczewski, ARSP-

Beiheft 66, 1997, S 77, 97, der auf die besondere Weise der Rechtsgutverletzung abhebt). Vor allem im Nebenstrafrecht ist die Abgrenzung, die von der Auslegung des einzelnen Tatbestandes abhängt, häufig umstritten (vgl etwa NJW 92, 3114 mit krit Bespr Holthausen NStZ 93, 568). Man unterscheidet echte Sonderdelikte, bei denen das Tätermerkmal strafbegründend wirkt (zB in § 339), und unechte, bei denen es nur die Strafe schärft (zB in § 340). – Der Begriff des Sonderdelikts wird bisweilen auch als Synonym für das eigenständige Verbrechen, das sog **delictum sui generis,** verwendet, mit dem ein Delikt bezeichnet wird, das tatbestandlich zwar auf einer schon anderweit geregelten Deliktsart fußt, mit ihr also ganz oder teilweise substanzgleich ist, aber formell als selbstständige Neubildung auftritt (Nagler LK, 7. Aufl, S 44). Tragweite und Leistungsfähigkeit dieses Begriffs sind umstritten (vgl ua Haffke JuS 73, 402; V Hassemer, Delictum sui generis, 1974). – Zur Abgrenzung von sog **Pflichtdelikt** Sánchez-Vera, Pflichtdelikt und Beteiligung, 1999, S 197; zum Pflichtdelikt als Teil der Sonderdelikte Roxin AT I 10/128; Sch/Sch-Cramer/Heine 84, 84 a vor § 25.

5. Zu den **eigenhändigen Delikten** 3 zu § 25. 34

§ 13 Begehen durch Unterlassen

(1) **Wer es unterläßt, einen Erfolg abzuwenden, der zum Tatbestand eines Strafgesetzes gehört, ist nach diesem Gesetz nur dann strafbar, wenn er rechtlich dafür einzustehen hat, daß der Erfolg nicht eintritt, und wenn das Unterlassen der Verwirklichung des gesetzlichen Tatbestandes durch ein Tun entspricht.**

(2) **Die Strafe kann nach § 49 Abs. 1 gemildert werden.**

1. Die Dogmatik des **unechten Unterlassungsdelikts** ist im Rahmen des früheren Rechts ausschließlich von Rspr und Lehre entwickelt worden. Dabei hat sich überwiegendes Einverständnis nur im Hinblick auf die grundsätzliche Möglichkeit ergeben, dass auch durch die Nichtvornahme einer gebotenen Handlung der Tatbestand eines Begehungsdelikts verwirklicht werden kann. Voraussetzungen und Grenzen dieser Deliktsfigur sind dagegen nach wie vor umstritten. Der durch das 2. StrRG (4 vor § 1) eingeführte § 13 hat sich im Wesentlichen darauf beschränkt, das unechte Unterlassen als solches im Gesetz zu verankern, die Fülle der Streitfragen aber der weiteren Klärung durch Wissenschaft und Praxis überlassen (BGHSt 36, 227; krit Roxin JuS 73, 197 mwN; zum Stand der internationalen Diskussion Jescheck ua ZStW 97, 707, 710, 731; Jescheck, Tröndle-FS, S 795; zur japanischen und polnischen Diskussion Yamanaka und Wasek, Strafrechtskolloquium, 1998, S 109 und 135). 1

2. a) Das **Unterlassen** ist neben dem positiven Tun die zweite Grundform der Handlung (7, 8, 31 a vor § 13). 2

aa) Ob es sachlogisch überhaupt **als Handlung** verstanden werden kann (so Kahlo, Die Handlungsform der Unterlassung als Kriminaldelikt, 2001, S 235, 243) oder nicht vielmehr als ihr genaues Gegenteil erscheint (so Gallas ZStW 67, 1, 8; Armin Kaufmann, Die Dogmatik der Unterlassungsdelikte, 1959, S 59; s auch Schmidhäuser, Kaufmann [Arm]-GS, S 131; aus rechtstheoretischer Sicht abl Röhl JA 99, 600, 603; dazu Herzberg, FS für KF Röhl, 2003, S 270) oder ob es umgekehrt im Rahmen eines negativen Handlungsbegriffs die Grundform der Handlung bildet (so Herzberg JZ 88, 573, 575 und GA 96, 1, 9), kann auf sich beruhen, weil unbestritten beide Formen wegen ihres erkennbaren sozialen Sinngehalts in gleicher Weise strafrechtlicher Bewertung zugänglich sind. Während das positive Tun ein vom Willen ausgelöstes aktives Eingreifen in die Außenwelt ist (vgl zB VRS 61, 213), wird die Unterlassung dadurch gekennzeichnet, dass der Täter, obwohl er es könnte (nach aM: einer rechtlichen Erwartung zuwider), nicht in

§ 13 AT. 2. Abschnitt. 1. Titel. Grundlagen der Strafbarkeit

einen Kausalverlauf eingreift (grundlegend und krit Maiwald JuS 81, 473; im Ansatz abw Hoyer, Strafrechtsdogmatik nach Armin Kaufmann, 1997, S 345, 384; beachte 7 vor § 13).

3 bb) Die **Abgrenzung** kann im Einzelfall problematisch sein, namentlich wenn Elemente von Tun und Unterlassen zusammentreffen (eingehend Stoffers, Die Formel „Schwerpunkt der Vorwerfbarkeit" bei der Abgrenzung von Tun und Unterlassen?, 1992; Haas, Kausalität und Rechtsverletzung, 2002, S 111, 212; krit zu dieser Fragestellung Röhl JA 99, 895, 898). Die Rspr stellt insoweit wertend „auf den Schwerpunkt des Vorwurfs" ab (BGHSt 6, 46, 59; NStZ 99, 607 und 03, 657 mit krit Bespr Nepomuck StraFo 04, 9, iE zust Duttge JR 04, 34, zust auch Geppert JK 38; s auch BGHSt 40, 257 mit krit Bespr Stoffers Jura 98, 580; ebenso Krey AT 2 Rdn 322; W-Beulke AT Rdn 700; krit Stoffers JuS 93, 23; Struensee, Stree/Wessels-FS, S 133, 136; Röhl aaO; Otto Jura 00, 549; Roxin, Spinellis-FS, S 945, 949; Herzberg, FS für KF Röhl, 2003, S 270, 275; B-Weber/Mitsch AT 15/27). Das Schrifttum stützt sich überwiegend auf andere – teils aus vorrechtlichen Strukturen, teils aus normativen Erwägungen abgeleitete – Kriterien (zusf Roxin, Engisch-FS, S 380; Engisch, Gallas-FS, S 163; Sieber JZ 83, 431; Gössel ZStW 96, 321, 323; Schneider, Tun und Unterlassen beim Abbruch lebenserhaltender medizinischer Behandlung, 1997, S 53; krit Volk, Tröndle-FS, S 219 und Kargl GA 99, 459, 463); zB auf das Fehlen einer gewillkürten Körperbewegung (Struensee aaO S 143), auf die Kausalität im Sinne der gesetzmäßigen Bedingung für den Eintritt des Erfolges (Samson, Welzel-FS, S 579; Küpper, Grenzen der normativierenden Strafrechtsdogmatik, 1990, S 72; Stoffers GA 93, 262; Joecks 15; Jescheck LK 90 vor § 13 mwN), auf positiven Energieeinsatz (Rudolphi SK 6 vor § 13; in Kombination mit dem Kausalitätskriterium auch Eckstein, Besitz als Straftat, 2001, S 124, 140), auf den grundsätzlichen Vorrang positiven Tuns (Arthur Kaufmann, EbSchmidt-FS, S 200, 212; Kienapfel ÖJZ 76, 281; vgl auch Otto Jura 00, 549, 550), auf den äußerlich vermittelten Eingriff in die Wirklichkeit der betroffenen Person (Kahlo NJW 90, 1521), auf die Herbeiführung einer Verschlechterung im Gegensatz zum Ausbleiben einer Verbesserung der Lage des Schutzobjekts (Schmidhäuser AT 16/104–106), auf die Nichterbringung einer verbessernden Leistung (Kargl aaO S 475) oder auf die „soziale Sinnhaftigkeit des Geschehens" (EbSchmidt, Engisch-FS, S 339; Ulsenheimer, Arztstrafrecht Rdn 36). – Positives Tun kann grundsätzlich nicht in ein Unterlassen umgedeutet werden. Für bestimmte Fallgruppen sind jedoch Ausnahmen überwiegend anerkannt (zusf, aber durchgängig abl Stoffers JA 92, 138, 177; im Ergebnis zust Freund, Erfolgsdelikt und Unterlassen, 1992, S 68; s auch Unberath JahrbRuE 95, 437; 8 vor § 211). So wird ein Unterlassen angenommen, wenn sich der Täter durch positives Tun außerstande gesetzt hat, eine erst später aktuell werdende Handlungspflicht zu erfüllen (omissio libera in causa, Karlsruhe NStZ-RR 01, 57, 59; Roxin aaO S 384 und AT II 31/103–107; Joerden, Strukturen des strafrechtlichen Verantwortlichkeitsbegriffs, 1988, S 52; Winter, Der Abbruch rettender Kausalität, 2000, S 113, 132; Muller, Fahrlässige Tätigkeitsübernahme ... 2001, S 138; Rudolphi SK 46 vor § 13; mit abw Begr ebenso Struensee aaO S 146; krit Frister JR 98, 63; abl und für die Anwendung von § 323 a Baier GA 99, 272; str), oder wenn er einen von ihm selbst zur Erfüllung einer Rettungspflicht angestoßenen Kausalverlauf wieder abbricht, bevor die rettende Kausalreihe den Gefährdeten erreicht hat (Rücktritt vom Gebotserfüllungsversuch, Roxin AT II 31/108–114; Winter aaO S 46, 77; diff Herzberg, FS für KF Röhl, 2003, S 270, 278; einschr Rudolphi SK 47 vor § 13; aM Joecks 69). Die aktive Vereitelung eines vom Täter nicht selbst eingeleiteten rettenden Kausalverlaufs ist dagegen positives Tun (Ebert JuS 76, 319; Küper, Grund- und Grenzfragen der rechtfertigenden Pflichtenkollision im Strafrecht, 1979, S 78; Schneider aaO S 179; Winter aaO S 133, 154; Gropp, Schlüchter-GS, S 173, 179; Herzberg aaO S 277; aM Gössel

Begehen durch Unterlassen § 13

ZStW 96, 321, 328; Seelmann NK 25; diff Ranft JuS 63, 340; Haas aaO S 131, 217, der ein subjektives Recht des Opfers gegenüber dem Täter auf Wahrung des rettenden Kausalverlaufs verlangt). – Das Unterlassen von Sorgfaltsvorkehrungen macht das Fahrlässigkeitsdelikt nicht zum Unterlassungsdelikt, weil diese „Unterlassungskomponente" dem aktiven Begehen immanent ist (NStZ 03, 657; Kühl AT 18/24; anders Herzberg aaO S 270).

b) Das Unterlassen kann als solches strafbar sein (**echtes Unterlassungsdelikt,** zB §§ 138, 323 c) oder den Tatbestand eines Begehungsdelikts verwirklichen (**unechtes Unterlassungsdelikt;** für die Aufgabe der Terminologie Schmidhäuser, Müller-Dietz-FS, S 761). Das für die Abgrenzung der beiden Kategorien (für eine dritte Kategorie Silva Sanchez, Roxin-FS, S 641) maßgebende Kriterium ist umstritten. Es dürfte darin zu finden sein, dass sich beim echten Unterlassen das Unrecht in der Nichtvornahme einer vom Gesetz geforderten Handlung erschöpft (BGHSt 14, 281; Karlsruhe NStZ-RR 01, 57, 58; Jescheck LK 91 vor § 13; Rudolphi SK 8, 10 vor § 13; aM Schünemann ZStW 96, 287, 302; Kahlo, Das Problem des Pflichtwidrigkeitszusammenhanges bei den unechten Unterlassungsdelikten, 1990, S 26, 35; Freund AT 6/11, 31; Sch/Sch-Stree 137 vor § 13; krit Seelmann JuS 91, 290, 291; rechtstheoretisch Röhl JA 99, 895). 4

c) Tatbestandsmäßig setzt jede Unterlassung die Nichtvornahme einer positiven Handlung voraus, die beim echten Unterlassen im Tatbestand beschrieben ist und beim unechten die Erfolgsabwendung erwarten lässt, also etwa im Bereich der Produkthaftung auch in einer Rückrufpflicht bestehen kann (BGHSt 37, 106, 119 mit Bespr Schmidt-Salzer NJW 90, 2966, Kuhlen NStZ 90, 588 und Brammsen GA 93, 97; ebenso Bode BGH-FS 00, S 515, 522; krit Otto, Hirsch-FS, S 291, 293; aM Schünemann, in: Breuer ua [Hrsg], Umweltschutz und technische Sicherheit in Unternehmen, 1994, S 137, 163 und Schmucker, Die „Dogmatik" einer strafrechtlichen Produktverantwortung, 2001, S 154; s auch Weißer, Kausalitäts- und Täterschaftsprobleme …, 1996, S 65; Goll/Winkelbauer § 47 Rdn 20; Ransiek ZGR 99, 613, 616). Nur die sicher voraussehbare Erfolglosigkeit eines sinnlosen Rettungsbemühens lässt die Handlungspflicht entfallen (BGHSt 48, 77, 92; NStZ 00, 414). Die Handlung muss dem Täter nach den Umständen möglich (BGHSt 6, 46, 57; GA 68, 336; grundlegend Maiwald JuS 81, 473, 476) und – nach einem Teil der Literatur (Stree, Lenckner-FS, S 393; Krey AT 2 Rdn 372; Seelmann NK 63) – zumutbar sein; die Zumutbarkeit ist jedoch ein stets vorauszusetzendes Schuldelement (hM; vgl etwa Kühl AT 18/33 und 140; W-Beulke AT Rdn 739; s auch Schünemann ZStW 96, 287, 316 und Jescheck LK 98 vor § 13, die einen Unterschied gegenüber dem Begehungsdelikt leugnen; diff Küper aaO [vgl 3] S 86; für Tatbestandsausschluss Stratenwerth/Kuhlen AT I 13/63, 83; für Rechtfertigung Gropp AT 11/53–56 und Wortmann, Inhalt und Bedeutung der „Unzumutbarkeit …", 2002, S 160; für eine analoge Anwendung von § 34 Köhler AT S 298; abl Schlehofer MK 224–226 vor § 32; zusf Rudolphi SK 31–34 vor § 13). Die Pflichterfüllung ist nur dann unzumutbar, wenn durch sie eigene billigenswerte Interessen in einem dem drohenden Erfolg – bei Mitbewertung auch der jeweiligen Rettungschancen (NJW 94, 1357 mit Anm Loos JR 94, 511) – nicht angemessenen Umfang gefährdet würden (NStZ 84, 164; Hauf AT S 71; Sch/Sch-Stree 156 vor § 13; s auch BGHSt 41, 113, 116; 43, 381, 398; 48, 77, 96) die Gefahr eigener Strafverfolgung schließt die Zumutbarkeit idR nicht aus (BGHSt 11, 353, 355; NStZ 85, 24; Ulsenheimer GA 72, 1, 8, 22; Stree, Lenckner-FS, S 393, 405; Stratenwerth/Kuhlen AT I 13/85). 5

3. Bei den **unechten Unterlassungsdelikten** muss als **Kern des Tatbestandes** (str) hinzukommen, dass der Täter durch sein Unterlassen den tatbestandsmäßigen Erfolg eines Strafgesetzes **verursacht** (12, 14 vor § 13), obwohl er rechtlich dafür einzustehen hat, dass der Erfolg nicht eintritt **(Garantenpflicht).** In engen 6

§ 13 AT. 2. Abschnitt. 1. Titel. Grundlagen der Strafbarkeit

Grenzen können auch schlichte Tätigkeitsdelikte, namentlich wenn sie abstrakte Gefährdungsdelikte sind, erfasst werden (BGHSt 38, 325, 328 [zu § 326 I Nr 3]; 46, 212 [zu § 130]; NStZ 97, 545 [zu § 326 I]; Bay JR 79, 289 mit krit Anm Horn; Tenckhoff, Spendel-FS, S 347; aM Jescheck, Tröndle-FS, S 795 und LK 2, alle mwN; str). – Die Voraussetzungen der Garantenpflicht werden in Rspr und Lehre als **Garantenstellung** bezeichnet (zusf Arzt JA 80, 553, 647, 712; Schünemann ZStW 96, 287, 304; Otto/Brammsen Jura 85, 530, 592, 646; rechtsvergleichend Jescheck, GA-FS, S 115). Die Notwendigkeit einer Garantenstellung (nicht ihre Voraussetzungen im Einzelnen; dazu 7–15) ist in Rspr und Lehre weitgehend **anerkannt.**

Aus dem monographischen Schrifttum expl Armin Kaufmann, Die Dogmatik der Unterlassungsdelikte, 1959; Androulakis, Studien zur Problematik der unechten Unterlassungsdelikte, 1963; Rudolphi, Die Gleichstellungsproblematik der unechten Unterlassungsdelikte und der Gedanke der Ingerenz, 1966; Schünemann, Grund und Grenzen der unechten Unterlassungsdelikte, 1971; Herzberg, Die Unterlassung im Strafrecht und das Garantenprinzip, 1972; Schöne, Unterlassene Erfolgsabwendungen und Strafgesetz, 1974; Brammsen, Die Entstehungsvoraussetzungen der Garantenpflichten, 1986; Gallas, Studien zum Unterlassungsdelikt, 1989; Sangenstedt, Garantenstellung und Garantenpflicht von Amtsträgern, 1989; Vogel, Norm und Pflicht bei den unechten Unterlassungsdelikten, 1993; Gimbernat ua (Hrsg), Internationale Dogmatik der objektiven Zurechnung der Unterlassungsdelikte, 1995, S 49; Kahlo aaO (vgl 2) S 247, 252; abw Freund, Erfolgsdelikt und Unterlassen, 1992, der das Erfordernis einer Garantenstellung verwirft, die Tatbestandsmäßigkeit vielmehr von einschränkenden Kriterien abhängig macht, die für Tun und Unterlassen übereinstimmen (aaO S 51, 124; s auch AT 6/14, 22 und 49–56); insoweit ähnlich Jakobs, Die strafrechtliche Zurechnung von Tun und Unterlassen, 1996 (s auch AT 29/26–73), der die Zurechnung bei Begehungs- und Unterlassungsdelikten gleichermaßen auf Organisations- und institutionelle Zuständigkeit stützt.

7 **a)** Eine **Garantenstellung** wird nicht durch die aus echten Unterlassungstatbeständen (zB § 323c, JR 56, 347) folgende, für jedermann geltende Handlungspflicht begründet (BGHSt 3, 65; s auch bei Holtz MDR 81, 100). Sie ist vielmehr eine besondere Pflichtenstellung, die von der uneinheitlichen, erst in jüngerer Vergangenheit um Einschränkung bemühten **Rechtsprechung** auf folgende, sich vielfältig überschneidende (Arzt JA 80, 647, 648; zum Verdienst der Rspr Arzt, BGH-FG, S 755, 761) Entstehungsgründe (Rechtsquellen) zurückgeführt werden:

8 aa) Auf **Gesetz,** zB auf § 1353 BGB, der den Ehegatten ua verpflichtet, dem anderen in Gefahr beizustehen (BGHSt 2, 150; Krey AT 2 Rdn 335; zu deren Ende bei dauerhaft gemeinter Trennung BGHSt 48, 301 mit Bespr Freund NJW 03, 3384, Baier JA 04, 354, Martin JuS 04, 622, Rönnau JR 04, 158, Ingelfinger NStZ 04, 409 und Otto JK 37) oder ihn von Straftaten im gemeinsamen, durch das Zusammenleben bedingten Herrschaftsbereich abzuhalten (BGHSt 6, 322; GA 67, 115; s auch Stuttgart NJW 86, 1767 mit Bespr Ranft JZ 87, 908, 909); auf § 1618a BGB, der Eltern und Kinder zu gegenseitigem Beistand verpflichtet, aber nur in engen Grenzen die Ableitung von Garantenpflichten zulässt (krit Seelmann NK 137; beachte 10); auf §§ 1626ff BGB wird die Garantenstellung der Mutter gegenüber ihrem Kind gestützt (NStZ 99, 607); auf §§ 16, 17 I Nr 5 PStG wird die Pflicht zB der Mutter zur Anzeige der Geburt ihres Kindes beim Standesamt gestützt (Neuheuser NStZ 01, 175, 177 mwN); auf § 30 Nr 2 LMBG, der das Inverkehrbringen bestimmter gesundheitsgefährdender Gegenstände oder Mittel verbietet (BGHSt 37, 106, 117; s auch Kirchner, Die Unterlassungshaftung bei rechtmäßigem Vorverhalten im Umweltstrafrecht 2003, S 102, 161, mit Hinweis auf § 4 II Nr 2 ProdSG); auf Polizeigesetzen iwS, die Amtsträger im Rahmen ihrer Zuständigkeit und ihres Pflichtenkreises zur Abwehr von Gefahren für bestimmte,

ihnen anvertraute Rechtsgüter verpflichten (BGHSt 38, 388; NJW 87, 199; NStZ 00, 147 mit Bespr Otto 29; Krey AT 2 Rdn 336–342; s auch Rostock NStZ 01, 199 mit krit Bespr Geppert JK 32; beachte auch 14); schließlich auch auf § 21 I Nr 2, II Nr 1, 3 StVG, § 31 II StVZO, die bestimmte Pflichten des Kraftfahrzeughalters begründen (probl Bay JR 79, 289 mit Anm Horn); nicht jedoch auf § 1 II S 2 SGB VIII, der Pflichten für Sozialarbeiter des Jugendamtes begründet (Stuttgart NJW 98, 3131; anders aber Oldenburg StV 97, 133 mit Bespr Bringewat und Otto JK 26; Bringewat, Tod eines Kindes, 1997, 563 und NJW 98, 944, 946; s auch Düsseldorf NStZ-RR 01, 199 und Beulke/Swoboda, Gössel-FS, S 73, 83, die für den zuständigen Sachbearbeiter des Jugendamts auf Art 6 II GG abstellen, S 86), auf § 2 StVollzG, der nur die Aufgaben des Vollzugs umschreibt (BGHSt 43, 82 mit insoweit zust Anm Seebode JR 98, 338; aM Hamburg NStZ 96, 102 mit krit Bespr Verrel GA 03, 595; 7 a zu § 258) und auf § 44 NWUnivG, der formell die Stellung eines Abteilungsleiters umschreibt (NJW 00, 2754); für den Betriebsbeauftragten auch nicht auf § 21 II Nr 1 WHG (Böse NStZ 03, 637, 638). Auch aus internationalen Menschenrechtspakten und -erklärungen kann sich eine Garantenstellung ergeben (BGHSt 48, 77, 91).

bb) Auf **freiwilliger Übernahme** (Kinderschwester, Arzt, nichtärztliche medizinische Hilfsperson, Sozialarbeiter, Taxifahrer; vgl zB BGHSt 5, 187, 190; 7, 211; Hamm NJW 75, 604; Stuttgart NJW 98, 3131; LG Zweibrücken VRS 98, 284 mit Bespr Otto JK 30; Stree, Mayer-FS, S 145; Bringewat aaO [vgl 8 „Tod"] S 48 und NJW 98, 944; Boll, Strafrechtliche Probleme bei Kompetenzüberschreitungen ..., 2000, S 172, 200; Tag, Der Körperverletzungstatbestand ..., 2000, S 407; Beulke/Swoboda, Gössel-FS, S 73, 84; Rudolphi SK 58–63; s auch NJW 00, 2741 und 2754, 2756 mit krit Anm Altenhain NStZ 01, 189). Wer dabei die Garantenpflicht eines anderen übernimmt, tritt auch in eine Garantenstellung gegenüber den durch die Pflicht Begünstigten ein (BGHSt 19, 286, 289). Die Garantenstellung wird nicht schon durch Abschluss eines Vertrages über den Schutz des Rechtsgutes begründet, auf dessen zivilrechtliche Wirksamkeit es ohnehin nicht ankommt (RGSt 64, 81, 84), sondern idR erst dadurch, dass der Täter in seine Schutzfunktion **tatsächlich** eintritt (Celle NJW 61, 1939; Ransiek ZGR 99, 613, 619; krit Maiwald JuS 81, 473, 481) und dadurch für den Gefährdeten eine Vertrauenslage schafft (Düsseldorf NJW 91, 2979 mit Anm Meurer JR 92, 38; Jescheck LK 27; einschr Bringewat aaO [vgl 8 „Tod"] S 52). Das kann auch ohne Vertrag geschehen, zB wenn jemand die Überwachung einer Gefahrenquelle in einer Weise übernimmt, dass bei anderen das Vertrauen auf den Fortbestand des Schutzes entsteht (Arzt JA 78, 557, 560 und 80, 712), oder wenn er durch eine begonnene Hilfeleistung (§ 323c) den Hilfsbedürftigen in eine nicht nur wesentlich (so missverständlich NJW 93, 2628), sondern auch nachteilig veränderte Lage bringt (so mit Recht Hoyer NStZ 94, 85; Jung JuS 94, 262; Mitsch JuS 94, 555; s auch Otto JK 24). Zur Abgrenzung von Verantwortungsbereichen bei gleichgeordneter oder vertikaler Arbeitsteilung gilt auch hier der Vertrauensgrundsatz (Altenhain NStZ 01, 189, 190; Seelmann NK 102; s auch 40 zu § 15); zur Garantenpflicht bei arbeitsteiliger Wahrnehmung der Verkehrssicherungspflicht BGHSt 47, 224 mit Bespr Freund NStZ 02, 424, Kudlich JR 02, 468 und Otto JK 33. Zur strafrechtlichen Produkthaftung vgl 12 vor § 13; zur Haftung von Sportveranstaltern LG Waldshut-Tiengen NJW 02, 153 mit Anm Rammig/Schödel SpuRt 02, 189.

cc) Auf enger **Familien-** (speziell dazu Geilen FamRZ 61, 147), **Lebens- oder Gefahrengemeinschaft.** Hier ergibt sich allerdings die Garantenstellung häufig schon aus Gesetz oder Übernahme (vgl 8, 9). In Frage kommen zB Verwandtschaft gerader Linie (BGHSt 7, 268; 19, 167 mit Bespr Geilen FamRZ 64, 385; zu weit KG JR 69, 27 mit abl Anm Lackner), Geschwister (einschr LG Kiel NStZ 04, 157), Beziehung zwischen Vater und nichtehelichem Kind (RGSt 66, 71) und

§ 13 AT. 2. Abschnitt. 1. Titel. Grundlagen der Strafbarkeit

Verlöbnis bei tatsächlicher Lebensgemeinschaft (JR 55, 104; NJW 60, 1821; str). Die Haus- oder sonstige Wohngemeinschaft genügt als solche nicht; sie erfordert vielmehr die aus den Umständen hervorgehende Übernahme von Schutzfunktionen durch die Beteiligten (NStZ 84, 163 mit Bespr Rudolphi NStZ 84, 149; s auch NStZ 85, 122; NJW 87, 850, alle mwN; beachte auch 14, 15). Dasselbe gilt für die Gefahrengemeinschaft, namentlich für die Gemeinschaft von Bergsteigern oder am Arbeitsplatz. Bei der bloßen Zechgemeinschaft (NJW 54, 1047; NStZ 83, 454) und der Gemeinschaft beim Erwerb oder Konsum von Betäubungsmitteln (Stuttgart NJW 81, 182) fehlt es regelmäßig an dieser Übernahme.

11 dd) Auf vorausgegangenem, die nahe Gefahr des Erfolgseintritts (dazu NJW 92, 1246 mit krit Bespr Seelmann StV 92, 416 und Neumann JR 93, 161; NStZ-RR 97, 292 mit Bespr Otto JK 27; NStZ 98, 83 und 00, 414 mit Bespr Geppert JK 20; NJW 99, 69, 71 und 00, 2754, 2756; beachte auch BGHSt 43, 381, 396; Schleswig NStZ 82, 116; krit Analyse der Rspr bei Jakobs, BGH-FG, S 29) begründenden Verhalten **(Ingerenz).** Im Allgemeinen soll dazu pflichtwidriges verschuldetes oder unverschuldetes (BGHSt 2, 279, 283; 4, 20; 11, 353) positives Tun (auch eines Mittäters, sofern es sich nicht um einen Exzess handelt, NJW 99, 69, 71 mit zust Bespr Geppert JK 4 zu § 212; NStZ 00, 583; NStZ 04, 294, 296; auch eines „psychischen Gehilfen", NStZ 02, 139 mit krit Bespr Geppert JK 16 zu § 27) oder Unterlassen ausreichen (StV 82, 218 mit krit Bespr Stree, Klug-FS, S 395; NStZ 85, 24; NJW 92, 1246; NStZ 98, 83 und 04, 89 mit Anm Schneider; krit zu dieser dogmatisch noch nicht zufrieden stellend erfassten Ingerenzhaftung für Weiterungstaten [meist Tötungstaten nach gemeinschaftlich begangenen Körperverletzungen] Jakobs, BGH-FG, S 29, 44, der entgegen der subjektivierenden Rspr darauf abstellt, welches unerlaubte Risiko der Vortatbeteiligte durch seine Beteiligung gesetzt hat). Darüber hinaus und auch in zahlreichen Einzelfragen, namentlich bei rechtmäßigem Vorverhalten, hat die Rspr die Abgrenzung noch nicht abschließend geklärt. Während sie anfangs die Garantenstellung allgemein auch bei rechtmäßigem Vorverhalten bejaht hatte (expl BGHSt 11, 353) und damit die Verkehrssicherungspflicht bei Eröffnung von Gefahrenquellen umfassend begründen konnte (NJW 71, 1093), erkennt sie zunehmend Ausnahmen an. So verneint sie eine Garantenstellung, wenn die verursachte Gefahr auf einer Notwehrhandlung beruht (BGHSt 23, 327 mit Bespr Herzberg JuS 71, 74 und Welp JZ 71, 433; NJW 87, 850 mit Bespr Ranft JZ 87, 865; NStZ 00, 414 mit Bespr Schröder JA 01, 191 und Geppert JK 31; zust Joecks 42; abl Welp JZ 71, 433; zweifelnd Kühl AT 18/95) oder wenn sie keine adäquate (Bay NJW 53, 556; Oldenburg NJW 61, 1938) oder nur eine durch sozialübliches, allgemein gebilligtes Verhalten verursachte Gefahr gewesen ist (BGHSt 26, 35; Stuttgart NJW 86, 1767; krit Jakobs aaO S 35). Unter den letzteren Gesichtspunkt scheidet zB als Garant idR aus, wer durch rechtmäßiges Verhalten die Gefahr einer fremden Straftat verursacht und diese dann nicht verhindert oder deren Folgen nicht abgewendet hat (BGHSt 19, 152; s jedoch Köln NJW 73, 861; weiter Riemenschneider/Paetzold NJW 97, 2420, 2424); die Rspr hält diesen Gedanken auch für tragfähig, wenn jemand trotz verkehrsrichtigen Verhaltens in einen Unfall verwickelt wird und alsdann die Rettung des verletzten Verkehrsopfers unterlässt (BGHSt 25, 218 mit Anm Rudolphi JR 74, 160; einschr BGHSt 34, 82 mit krit Bespr Herzberg JZ 86, 986, Rudolphi JR 87, 162 und Ranft JZ 87, 864; Jakobs aaO S 39; beachte auch 13). – Die vorsätzliche aktive Gefahrschaffung zB für das Leben soll nach der Rspr nicht zu einer Ingerenz-Garantenpflicht für dieses Rechtsgut führen (NStZ-RR 96, 131 mit abl Anm Stein JR 99, 265; ebenso Otto, Hirsch-FS, S 291, 305 und Lampe-FS, S 491, 512; offen gelassen von NJW 03, 1060 mit Bespr Otto JK 40; s auch NStZ 04, 89 mit Anm Schneider); dem ist zu widersprechen (Freund MK 125), doch tritt die vorsätzliche Tötung durch Unterlassen hinter der aktiven vorsätzlichen Tötung zurück (Kühl AT 18/105 a mwN). – Zur

Begehen durch Unterlassen **§ 13**

möglichen Übernahme einer Ingerenzgarantenpflicht NStZ 03, 259 mit Bespr Otto JK 35.

b) aa) Im **Schrifttum** ist – nicht zuletzt infolge divergierender normtheoretischer Ansätze – schon die Kernfrage umstritten, aus welchen Grundgedanken die Garantenpflichten herzuleiten sind (dazu unter Zusammenfassung der verschiedenen Lehren Otto/Brammsen Jura 85, 530, 532; Seelmann NK 37–46). Ungeklärt ist namentlich, ob ihnen ein einheitliches Prinzip zugrundeliegt. Als solche werden namentlich diskutiert: das Vertrauensprinzip (Wolff, Kausalität von Tun und Unterlassen, 1965, S 37; Blei, Mayer-FS, S 119; s auch Matt, Kausalität aus Freiheit, 1994, S 204, nach dem Obhuts- und Sicherungspflichten nur aus „intersubjektiven" Willenserklärungen oder aus Vertrauensbeziehungen hervorgehen können; zur Konkretisierungsbedürftigkeit des Vertrauensprinzips Otto GK 1 9/28); die Herrschaft über den Grund des Erfolges (Schünemann aaO [vgl 6] S 229, GA 85, 341, 374 und in: Gimbernat ua [Hrsg] aaO [vgl 6] S 49; krit Maiwald JuS 81, 473, 480; Timpe, Strafmilderungen des Allgemeinen Teils des StGB und das Doppelverwertungsverbot, 1983, S 163) oder die Entscheidungshoheit über ihn (Sangenstedt aaO [vgl 6] S 378, 412); die tatsächlichen gesellschaftlichen Erwartungsverhältnisse (Brammsen aaO [vgl 6]); Solidarpflichten (Schulte, Garantenstellung und Solidarpflicht, 2001) oder ein umfassender negativer Handlungsbegriff (Herzberg aaO [vgl 6] S 156, 197; krit dazu Brammsen JZ 89, 71, 72). Damit hängt die Frage zusammen, ob die Begründung der Garantenpflicht ausschließlich selbstständigen strafrechtlichen Regeln folgt (so die hM im Schrifttum; vgl etwa Schünemann ZStW 96, 287, 304; Gallas aaO [vgl 6] S 67, 78; Grünewald, Zivilrechtlich begründete Garantenpflichten im Strafrecht?, 2001, S 119) oder ob, wovon die Rspr ausgeht (vgl 7; offen gelassen in BGHSt 37, 106, 114), ganz oder teilweise auf außerstrafrechtliche Pflichten zurückgegriffen werden muss (sog Rechtsquellenlehre). – Zur **Abgrenzung der Garantenstellungen** verwendet das Schrifttum überwiegend andere oder differenziertere Kriterien als die Rspr. Diskutiert wird vor allem, ob und wie weit aus natürlicher Verbundenheit, Übernahme, Gefahrengemeinschaft, Ingerenz, Sacherrschaft, Herrschaft über einen Gefahrenbereich und Innehabung eines rechtlich geschützten Herrschaftsbereichs Garantenstellungen erwachsen (expl Schünemann ZStW 96, 287, 304; Otto/Brammsen Jura 85, 530, 592, 646; Ransiek ZGR 99, 613, 614; Sch/Sch-Stree 7–54). Auf dieser Grundlage hat sich eine funktionelle Zweiteilung in Garantenstellungen entweder zum Schutz konkreter Rechtsgüter (Obhutspflichten des Beschützergaranten) oder zur Überwachung von Gefahrenquellen (Sicherungspflichten des Überwachungsgaranten) durchgesetzt (sog Funktionenlehre; vgl etwa Armin Kaufmann aaO [vgl 6] S 283; Rudolphi aaO [vgl 6] S 103 und SK 24; Freund aaO [vgl 6] S 159, 265 und AT 2/16, 6/14, 22, 49; Jescheck ZStW 77, 109, 123; Schlüchter, Salger-FS, S 139, 145; jetzt auch in der Rspr: BGHSt 48, 77, 91; Stuttgart NJW 98, 3131 und Justiz 01, 166, 168; krit Pawlik ZStW 111, 335, 337).

bb) Auch bei den einzelnen Garantenstellungen ist noch vieles umstritten. Das **12** **13** gilt namentlich für die Frage, ob sog natürliche Verbundenheit auf Grund enger **familienrechtlicher Beziehung** (vgl 8, 10) unabhängig vom Bestehen einer konkreten Vertrauenslage pflichtbegründend wirkt (so mit Recht BGHSt 19, 167; Geilen FamRZ 61, 148; Otto/Brammsen Jura 85, 530, 538; ähnlich Lilie JZ 91, 541 und Albrecht, Begründung von Garantenstellungen in familiären und familienähnlichen Beziehungen, 1998, die eine Begrenzung auf „nahe stehende" Personen vorschlagen; aM Rudolphi NStZ 84, 149; Gallas aaO [vgl 6] S 86; Freund aaO [vgl 6] S 288; speziell Eltern, auch Adoptiv-, Pflege- und Stiefeltern, Brückner, Das Angehörigenverhältnis der Eltern …, 2000, S 63, 89, 94, 105, alle mwN. – Ferner gilt das für die Handlungspflicht aus **Ingerenz** (zusf Sowada Jura 03, 236). Hier wird inzwischen überwiegend angenommen, dass nur pflichtwidri-

§ 13 AT. 2. Abschnitt. 1. Titel. Grundlagen der Strafbarkeit

ge Vorhandlungen genügen (BGHSt 37, 106; 43, 381, 397; Celle VRS 41, 98; Karlsruhe Justiz 75, 151; Rudolphi aaO [vgl 6] S 157, JR 87, 162 und SK 39–39 b; Gallas aaO S 92; Otto WiB 95, 929, 933; aM Behrendt, Affekt und Vorverschulden, 1983, S 80; Timpe aaO [vgl 12] S 181). Dieser Ansatz gibt jedoch den Grund für die Haftung nicht zutreffend an (so überzeugend Herzberg JZ 86, 986; Rengier JuS 89, 802, 807; Freund aaO S 180 und JuS 90, 213, 216; Merkel, Früheuthanasie, 2001, S 226; krit ua auch Arzt JA 80, 712, 713; Otto WiB 95, 929, 933 und Hirsch-FS, S 291, 305 sowie Gössel-FS, S 99). Sicherungspflichten können jedenfalls auch entstehen, wenn aus erlaubten Risikovorhandlungen Dauergefahren erwachsen (Rengier aaO S 807), was übrigens bei rechtmäßiger Eröffnung von Gefahrenquellen unter dem Gesichtspunkt der Sachherrschaft unbestritten ist (Weber, Oehler-FS, S 83; Otto, Hirsch-FS, S 291, 296 und Gössel-FS, S 99, 106; Sch/Sch-Stree 43). Neuerdings wird versucht, die gebotene Begrenzung auf anderem Wege zu erreichen: teils dient die Lehre vom Schutzzweckzusammenhang (Stree, Klug-FS, S 395; s auch 43 zu § 15), namentlich das Risikoerhöhungsprinzip iVm einem eingeschränkten Regressverbot (Otto/Brammsen Jura 85, 646, 648; Otto, Hirsch-FS, S 291, 308; Kirchner aaO [vgl 8], S 117, 134), als Ausgangspunkt; teils wird allgemeiner die Lehre von den Verantwortungsbereichen bzw Organisationskreisen herangezogen (Rengier aaO; Jakobs AT 29/29–36); schließlich wird auch als bisher noch nicht diskutierte Voraussetzung gefordert, dass die Vorhandlung im Hinblick auf den subjektiven Tatbestand oder sonst die Strafbarkeit defizitär sein, im Übrigen aber einem strikt objektiven Unrechtstatbestand entsprechen müsse (Dencker, Stree/Wessels-FS, S 159). Mit einem Teil dieser neuen Ansätze ist die Entscheidung zur Produkthaftung in BGHSt 37, 106, 115 vereinbar (vgl Otto Jura 98, 409, 411; Eidam, Unternehmen und Strafe, 2. Aufl 2001 S 174; auf die Produktbeobachtungspflicht abstellend Goll/Winkelbauer § 47 Rdn 9–16), wo allerdings zu Unrecht ein pflichtwidriges Vorverhalten bejaht und darauf fußend Ingerenz angenommen wird (krit dazu Kuhlen NStZ 90, 566, 568; Samson StV 91, 182, 184; Puppe JR 92, 30; Beulke/Bachmann JuS 92, 737, 739; Meier NJW 92, 3193, 3196; Brammsen GA 93, 97; Hassemer, Produktverantwortung im modernen Strafrecht, 2. Aufl 1996, S 51; Otto Jura 98, 409, 411 und Hirsch-FS, S 291, 304; Deutscher/Körner wistra 96, 292, 299; Weißer aaO [vgl 5] S 35, 64; Schwartz, Strafrechtliche Produkthaftung, 1999, S 42; Ransiek ZGR 99, 613; Jakobs, BGH-FG, S 29, 42; Schünemann, BGH-FG, S 621, 634; zu dieser Kritik s auch Bode BGH-FS 00, 515, 523). Umstritten ist ferner, ob es bei der Ingerenz einen Haftungsübergang zB auf den neu in die GmbH eingetretenen Geschäftsführer gibt (so BGHSt 37, 106, 120; aM Otto, Hirsch-FS, S 291, 295; s auch 11 vor § 324). Hält man die Begründung der Garantenstellung bei der strafrechtlichen Produkthaftung mit Ingerenz für nicht tragfähig, so bleiben als alternative Begründungen ein Abstellen auf Sachherrschaft, die zu einer Überwachungsgarantenstellung führt (Brammsen GA 93, 97, 113; Kühl AT 18/110), oder auf die überlegene Sachkenntnis des Produzenten, die zur Übernahme einer Schutzposition gegenüber dem auf seine Kompetenz angewiesenen Verbraucher verpflichtet (Roxin AT II 32/210–216; einschr auf Markenwaren Schünemann aaO S 640). – Vereinzelt wird der Handlungspflicht aus Ingerenz auch jede selbstständige Berechtigung abgesprochen (Pfleiderer, Die Garantenstellung aus vorausgegangenem Tun, 1968, S 76; Langer, Das Sonderverbrechen, 1972, S 504; Schünemann GA 74, 231; Sangenstedt aaO [vgl 6] S 319).

14 c) Am wenigsten geklärt ist bisher die **Garantenpflicht zur Verhinderung fremder Straftaten,** die auf verschiedenen Verpflichtungsgründen beruhen kann.

aa) Die Gerichte haben sie bisher in viel zu weitem Umfang anerkannt (vgl zB oben 8 sowie 7 vor § 153). Mit Recht verneint die im Schrifttum hM eine Pflicht zur Beaufsichtigung der Lebensführung des anderen **Ehegatten** (Geilen FamRZ

Begehen durch Unterlassen § 13

61, 147, 157; Tenckhoff JuS 78, 308, 311; Freund AT 6/79; Köhler AT S 217; Rudolphi SK 20). – Auch die Begrenzung strafrechtlich relevanten **Unterlassens von Amtsträgern** (vgl 8) ist umstritten. Immerhin dürfte aber die vorzugswürdige Meinung überwiegen, dass Amtsträgern (namentlich Polizeibeamten) nicht nur in Ausnahmefällen im Rahmen ihrer Zuständigkeit und ihres Pflichtenkreises die Obhut konkreter Allgemein- oder Individualrechtsgüter anvertraut sein kann (vgl etwa Böhm JuS 61, 181; Wagner, Amtsverbrechen, 1975, S 242; Schultz, Amtswalterunterlassen, 1984, S 163; Brammsen aaO [vgl 6] S 190; Sangenstedt aaO [vgl 6] S 610; Freund aaO [vgl 6] S 291; Laubenthal JuS 93, 907; Bergmann StV 93, 518; Pawlik ZStW 111, 335; aM Herzberg aaO [vgl 6] S 356; Schünemann aaO [vgl 6] S 329, 363; Winkelbauer JZ 86, 1119; Rudolphi JR 87, 336 und 95, 167; Ranft JZ 87, 908, 914; Mitsch NStZ 93, 384; diff Kahlo aaO [vgl 2] S 258; vermittelnd Kühl AT 18/87–90 und Roxin AT II 32/85–98; vgl auch die Nachw unter 7 a zu § 258; 4 zu § 258 a; 8–13 vor § 324); eine Pflicht des Vorgesetzten zur Verhinderung von Straftaten seiner Untergebenen über § 357 und §§ 33, 41 WStG hinaus ist nur in eingeschränktem Umfang anzuerkennen (Hoyer, Die strafrechtliche Verantwortlichkeit innerhalb von Weisungsverhältnissen, 1998, S 21; Köhler AT S 222, 225). Zur Verantwortung von Ärzten für Straftaten Untergebrachter StA Paderborn NStZ 99, 51 mit krit Anm Polláhne; gegen eine Überwachungsgarantstellung des Arztes gegenüber seinem (zB zum Führen von Kraftfahrzeugen ungeeigneten und deshalb für andere Verkehrsteilnehmer gefährlichen) Patienten Geppert, Gössel-FS, S 303–315). – Schließlich werden auch in anderen Zusammenhängen weitgehende Einschränkungen empfohlen (vgl etwa Rudolphi aaO [vgl 6] S 125; Welp, Vorausgegangenes Tun als Grundlage einer Handlungsäquivalenz der Unterlassung, 1968, S 274). Umgekehrt wird im Bereich der Wirtschaftskriminalität zunehmend – allerdings mit sehr verschiedenen Begründungsansätzen (Bottke wistra 91, 81, 85; v Freier, Kritik der Verbandsstrafe, 1998, S 271), im Ergebnis aber wohl mit Recht – die sog **Geschäftsherrenhaftung,** dh eine generelle Garantenpflicht des Betriebsinhabers und leitender Funktionäre im Betrieb zur Verhinderung von betriebsbezogenen Straftaten nachgeordneter Betriebsangehöriger befürwortet (Schubarth SchwZStr 76, 370; Schünemann ZStW 96, 287, 310 und Madrid-Sym, S 265, 274 sowie Meurer-GS, S 37, 50; Rogall ZStW 98, 573, 613; Bottke, Haftung aus Nichtverhütung von Straftaten Untergebener in Wirtschaftsunternehmen de lege lata, 1994; Hoyer aaO S 30; Gimbernat, Roxin-FS, S 651; diff Schlüchter, Salger-FS, S 139, 161; einschr Köhler S 222, 225; v Freier aaO; s auch BGHSt 37, 106; Göhler, Dreher-FS, S 611; Brammsen GA 93, 97, 110; Ransiek, Unternehmensstrafrecht, 1996, S 36; Walter, Die Pflichten des Geschäftsherrn im Strafrecht, 2000; Bosch, Organisationsverschulden in Unternehmen, 2002, S 81 und 584; Rengier KKOWiG 47–50 zu § 8; abl Hsü, Garantenstellung des Betriebsinhabers zur Verhinderung strafbarer Handlungen seiner Angestellten?, 1986; Heine, Die strafrechtliche Verantwortlichkeit von Unternehmen, 1995, S 116; Otto Jura 98, 409, 413; Jescheck LK 45; Rudolphi SK 35 a; speziell zur Garantenpflicht des Aufsichtsrats zur Verhinderung solcher Straftaten der Organe des Unternehmens Cramer, Stree/Wessels-FS, S 563).

bb) In jedem Fall setzt eine solche Verhinderungspflicht eine die Verantwortung 15 begründende besondere Beziehung voraus (dazu Tenckhoff JuS 78, 308; näher konkretisierend Freund aaO [vgl 6] S 252), die meistens in einer **Vertrauenslage** besteht, in der sich der von der Straftat Bedrohte auf das verhindernde Tätigwerden eines anderen verlassen durfte (Karlsruhe GA 71, 281; Braunschweig GA 77, 240). Das kann zutreffen, wenn ein Gastwirt (NJW 66, 1763) oder ein Wohnungsinhaber (BGHSt 27, 10 mit Bespr Naucke JR 77, 290 und Tenckhoff aaO; NStZ-RR 03 mit Bespr Otto JK 35; Kretschmer ZfStrVo 03, 212, 214; zusf Otto/Brammsen Jura 85, 646) körperliche Angriffe auf die von ihm aufgenomme-

§ 13   AT. 2. Abschnitt. 1. Titel. Grundlagen der Strafbarkeit

nen Gäste geschehen lässt; jedoch hat ein Rauminhaber nicht schon als solcher dafür einzustehen, dass in seinen Räumen keine Straftaten begangen werden (BGHSt 30, 391; NJW 93, 76; s auch wistra 93, 59; Zweibrücken StV 86, 483; KG NJW 98, 3791 mit Bespr Otto JK 28 [Vermieter]; Zweibrücken NStZ-RR 00, 119 [Grundstücksinhaber]; bei Altvater NStZ 02, 20, 21; Reus/Vogel MDR 90, 869; Freund AT 6/76–78; Seelmann NK 133; Rudolphi SK 37; eingehend Landscheid, Zur Problematik der Garantenpflichten aus verantwortlicher Stellung in bestimmten Räumlichkeiten, 1985).

16 4. Nach Abs 1 muss das unechte Unterlassen ferner der **Verwirklichung des gesetzlichen Tatbestandes durch ein Tun entsprechen.** Diese sog **Entsprechensklausel** ist umstritten (den Meinungsstand zusf Nitze, Die Bedeutung der Entsprechensklausel beim Begehen durch Unterlassen [§ 13 StGB], 1989, S 15, der sie zu Unrecht für funktionslos hält). Mindestens schränkt sie bei den erfolgsverbundenen Tätigkeitsdelikten, die durch eine gesetzliche Beschreibung der Tatmodalitäten charakterisiert sind (32 vor § 13), die Möglichkeit der Begehung auf solche Fälle der Untätigkeit ein, die denselben sozialen Sinngehalt aufweisen, wie das im Tatbestand beschriebene positive Tun (sog Modalitätenäquivalenz; vgl Rudolphi ZStW 86, 70; krit Roxin, Lüderssen-FS, S 577, 581, der die Entsprechungsklausel auf „begehungstäterbezogene Qualifikationsmerkmale" beschränken will S 583). Bei Tatbeständen mit beliebiger Art der Erfolgsverursachung wird die Bewirkensäquivalenz durch die Garantenstellung als solche hergestellt (Roxin JuS 73, 197, 198; Küper aaO [vgl 3] S 99; Rudolphi aaO [vgl 6] S 55 und SK 17; Jescheck, 140 Jahre GA, S 115, 125; krit Schünemann ZStW 96, 287, 312; aM Arzt JA 80, 712, 716 und Kahlo aaO [vgl 4] S 322; BGHSt 48, 77, 96 wendet die Klausel in einem Totschlagsfall an); für die Anwendung bei erfolgsqualifizierte Delikte Ingelfinger GA 97, 573, 589 und Roxin, Lüderssen-FS, S 577, 585. Eine Erstreckung der Klausel auch auf Fälle der Unzumutbarkeit des gebotenen Handelns (vgl 5) scheidet jedoch aus (hM; anders Karlsruhe MDR 75, 771).

17 5. a) **Abs 2** sieht im unechten Unterlassen einen **fakultativen besonderen gesetzlichen Milderungsgrund** im Sinne des § 49 I (dort 2). Er beruht im Wesentlichen auf Schulderwägungen, weil es zur Vornahme eines positiven Handlung idR stärkerer Willensintensität bedarf als zu einem untätigen Geschehenlassen (Roxin JuS 73, 197, 200; krit Jescheck, GA-FS, S 115, 127, beide mwN); jedoch kann auch der Unrechtsgehalt unechten Unterlassens hinter dem entsprechenden Begehungsdelikt zurückbleiben (NJW 82, 393 mit Anm Bruns JR 82, 465; Jescheck LK 61; str).

18 b) Zunächst ist zu entscheiden, ob von der Milderungsmöglichkeit **überhaupt Gebrauch gemacht wird** (dazu und zu der Frage, welchen Regeln diese Würdigung folgt, 4 zu § 49). Diese Prüfung erfordert eine Gesamtwürdigung aller wesentlichen Umstände und beschränkt sich aber auf unterlassungsbezogene Umstände (4 zu § 49). Jedoch sollte hier die Mehrzahl der Fälle ausgeschieden werden, in denen eine konkrete Schulddifferenz zwischen Tun und Unterlassen schon nach der Art des Tatbestandes unwahrscheinlich ist; das dürfte nicht nur für die Pflichtdelikte, zB Untreue (2 zu § 266), wenn nicht – wie bei der Rechtsbeugung (5 zu § 339) – die Höhe der Mindeststrafe und das Fehlen von Strafmilderungsgründen sowie daran anknüpfende zusätzliche Sanktionen im Falle eines bloßen Untätigbleibens als besondere Härte eine Milderungsmöglichkeit nach Abs 2 nahe legen (anders Voraufl), sondern auch für die meisten erfolgsverbundenen Tätigkeitsdelikte (32 vor § 13) zutreffen (Roxin JuS 73, 197, 200; mit anderem Ansatz diff Timpe JR 90, 428). Außerdem wird die Milderung zu versagen sein, wenn der Schuldgehalt des Unterlassens nach den Umständen des Einzelfalls nicht hinter vergleichbarem positiven Tun zurückbleibt (bei Detter NStZ 93, 473). Eine Milderung kommt dagegen in Betracht, wenn die gebotene Handlung vom Unterlassungstäter mehr verlangt als den normalen Einsatz rechtstreuen Willens, zB bei schweren Beziehungsstörungen zwischen einer persönlichkeitsgestörten Mutter und ihren Kindern (NStZ 98, 245). – Wird von der Milderungsmöglichkeit Gebrauch gemacht, so ändert sich zunächst **nur der Strafrahmen** nach dem Maßstab des § 49 I (beachte auch § 50). Zur Strafzumessung innerhalb dieses Rahmens 10 zu § 49.

c) Soweit das Gesetz in einzelnen Tatbeständen nicht nur die positive Herbei- 19
führung eines schädlichen Erfolges, sondern auch die Begehungsform des pflichtwidrigen Unterlassens beschreibt (zB in §§ 225 I, 340 I), liegt eine spezielle Regelung der Gleichstellungsfrage vor, auf die Abs 2 nicht anwendbar ist (BGHSt 36, 227; Rudolphi ZStW 86, 68, 69 und SK 4–6 a; aM Schünemann ZStW 96, 287, 317; zw).

6. Zu **Vorsatz und Irrtum** beim Unterlassungsdelikt 7, 23 zu § 15; 5 zu § 16; 20
zur **Zumutbarkeit** oben 5; zum **fahrlässigen** Unterlassen 54 zu § 15. – Wann eine Unterlassung **vollendet** ist, lässt sich nicht allgemein, sondern nur nach dem jeweils verletzten Tatbestand bestimmen (zusf Schaffstein, Dreher-FS, S 147); zum **Versuch** beim unechten Unterlassungsdelikt 17 zu § 22. – Zur **Teilnahme** durch Unterlassen oder durch Beteiligung am Unterlassungsdelikt 3 zu § 26; 5, 6 zu § 27.

7. Auch nach Einführung des § 13 ist die **verfassungsrechtliche Problematik** 21
des unechten Unterlassungsdelikts im Hinblick auf den Bestimmtheitsgrundsatz (2 zu § 1) nicht voll ausgeräumt. Das Gesetz hat alle wesentlichen Sachfragen, die für die Abgrenzung relevant sind, ungelöst gelassen. Jedoch dürfte nach den allgemeinen Grundsätzen, die in der verfassungsrechtlichen Rspr entwickelt worden sind (zB BVerfGE 26, 41; 96, 68, 97 und NJW 03, 1030), die Verfassungsmäßigkeit nicht in Zweifel zu ziehen sein (Roxin JuS 73, 197; Fünfsinn, Der Aufbau des fahrlässigen Verletzungsdelikts durch Unterlassen im Strafrecht, 1985, S 9; krit Lilie JZ 91, 541; Jähnke BGH-FS 00, 393, 401; B-Weber/Mitsch AT 15/39–41; aM Schürmann, Unterlassungsstrafbarkeit und Gesetzlichkeitsgrundsatz, 1986, S 126, 187; Seebode, Spendel-FS, S 317, alle mwN; s auch Nickel, Die Problematik der unechten Unterlassungsdelikte im Hinblick auf den Grundsatz „nullum crimen sine lege" [Artikel 103 Abs 2 GG], 1972).

§ 14 Handeln für einen anderen

(1) Handelt jemand

1. **als vertretungsberechtigtes Organ einer juristischen Person oder als Mitglied eines solchen Organs,**
2. **als vertretungsberechtigter Gesellschafter einer rechtsfähigen Personengesellschaft oder**
3. **als gesetzlicher Vertreter eines anderen,**

so ist ein Gesetz, nach dem besondere persönliche Eigenschaften, Verhältnisse oder Umstände (besondere persönliche Merkmale) die Strafbarkeit begründen, auch auf den Vertreter anzuwenden, wenn diese Merkmale zwar nicht bei ihm, aber bei dem Vertretenen vorliegen.

(2) **Ist jemand von dem Inhaber eines Betriebs oder einem sonst dazu Befugten**

1. **beauftragt, den Betrieb ganz oder zum Teil zu leiten, oder**
2. **ausdrücklich beauftragt, in eigener Verantwortung Aufgaben wahrzunehmen, die dem Inhaber des Betriebs obliegen,**

§ 14

AT. 2. Abschnitt. 1. Titel. Grundlagen der Strafbarkeit

und handelt er auf Grund dieses Auftrags, so ist ein Gesetz, nach dem besondere persönliche Merkmale die Strafbarkeit begründen, auch auf den Beauftragten anzuwenden, wenn diese Merkmale zwar nicht bei ihm, aber bei dem Inhaber des Betriebs vorliegen. Dem Betrieb im Sinne des Satzes 1 steht das Unternehmen gleich. **Handelt jemand auf Grund eines entsprechenden Auftrags für eine Stelle, die Aufgaben der öffentlichen Verwaltung wahrnimmt, so ist Satz 1 sinngemäß anzuwenden.**

(3) **Die Absätze 1 und 2 sind auch dann anzuwenden, wenn die Rechtshandlung, welche die Vertretungsbefugnis oder das Auftragsverhältnis begründen sollte, unwirksam ist.**

Fassung: Änderung von Abs 1 Nr 2 durch das EU-Rechtsinstrumente-AG (14 vor § 1).

1 1. a) Der **Grundgedanke** der Vorschrift besteht darin, im Rahmen des kriminalpolitischen Bedürfnisses den Anwendungsbereich solcher Tatbestände, die sich an bestimmte Normadressaten richten, auch auf deren Vertreter zu erstrecken, soweit diese tatsächlich oder rechtlich die Erfüllung der den Normadressaten obliegenden Sonderpflichten übernommen haben. § 14 ist danach keine allgemeine Regelung der strafrechtlichen Haftung natürlicher Personen für Pflichtverletzungen in Unternehmen oder anderen Verbänden (Rogall, in: Amelung [Hrsg], Individuelle Verantwortung und Beteiligungsverhältnisse …, 2000, S 145, 146), sondern in seinem Anwendungsbereich auf solche Tatbestände beschränkt, die nicht für jedermann gelten, sondern nur für (natürliche oder juristische) Personen Sonderpflichten begründen (hM; vgl etwa Kuhlen WiVerw 91, 181, 241; Winkemann, Probleme der Fahrlässigkeit im Umweltstrafrecht, 1991, S 143; Schlüchter, Salger-FS, S 139, 143). Deshalb ist stets vorab zu prüfen und in Grenzfällen durch Auslegung zu ermitteln, ob der in Frage kommende Tatbestand wirklich ein solches Sonderdelikt beschreibt und ob er keine dem § 14 vorgehende Sonderregelung für Vertreter (iwS) enthält (Schünemann LK 19–26). Die dogmatische Ableitung der Vertreterhaftung ist umstritten (Rogall aaO S 157; eingehend Schünemann LK 10–18), für die praktische Anwendung aber nur von untergeordneter Bedeutung. Jedenfalls handelt es sich um einen allgemeinen Strafausdehnungsgrund (Roxin AT II 27/85; krit Radtke MK 1), der für das gesamte Strafrecht gilt, aber im Nebenstrafrecht seinen Schwerpunkt hat (s auch § 9 OWiG und dessen Kommentierung von Göhler). – An der Vorschrift, die im Bereich des Abs 2 schwer vertretbare Strafbarkeitslücken lässt (hM; anders Marxen JZ 88, 286 und NK 8–18), ist vielfältige Kritik geübt worden (vgl etwa Schünemann, Unternehmenskriminalität und Strafrecht, 1979, S 127; Bruns GA 82, 1, 28; Weber ZStW 96, 376, 409; Tiedemann NJW 86, 1842). Das 2. WiKG (2 vor § 263) hat ihr nur in sehr engen Grenzen Rechnung getragen (zu fortbestehenden Reformforderungen Achenbach JuS 90, 601, 602; Bottke wistra 91, 81, 83; Rogall aaO S 175 mit Anhang S 180; Schünemann LK 77, 78, alle mwN). – Zur Vorgeschichte und Entwicklung Rogall S 147 mit Anhang S 176. – Rechtsvergleichend Radtke MK 125–136.

1 a b) Die Regelung des § 14 hängt nicht zuletzt auch mit der Problematik der sog **Verbands- (Unternehmens-)Haftung** zusammen. Täter und Teilnehmer einer Straftat können nur **natürliche Personen** sein. Juristische Personen (vgl 2) und andere Personenmehrheiten sind als solche im strafrechtlichen Sinne nicht handlungsfähig. Es trifft sie daher auch keine strafrechtliche Verantwortlichkeit für Handlungen ihrer Organe und Vertreter. Umgekehrt hängt deren Strafbarkeit allein davon ab, ob sie in ihrer Person die gesetzlichen Voraussetzungen erfüllen; § 14 hat insoweit lückenschließende Funktion (Rogall aaO [vgl 1] S 158). Zu der

Möglichkeit gegen juristische Personen oder Personenvereinigungen eine Geldbuße zu verhängen, wenn deren leitende Funktionäre eine Straftat oder Ordnungswidrigkeit begangen haben, beachte § 30 OWiG (zu nur teilweise begründeten Unterschieden zwischen Straf- und Ordnungswidrigkeitenrecht Achenbach, Stree/Wessels-FS, S 545). – Auf der Grundlage des geltenden Rechts ist der Ausschluss der Unternehmenshaftung **unbestritten. Reformbestrebungen,** das nach dem Vorbild ausländischer Regelungen (zB Frankreich, Koch ZStW 107, 405 und krit Zieschang ZStW 115, 117; England und Wales, Wells ZStW 107, 676) zu ändern, sind während des ganzen Jahrhunderts wirksam gewesen. Sie haben bisher zwar noch nicht zum Erfolg geführt, aber nach dem gegenwärtigen Diskussionsstand gute Aussicht, sich in absehbarer Zeit durchzusetzen; zum zunehmenden Einfluss der EU auf das nationale Recht hinsichtlich der (nicht notwendig strafrechtlichen) Verantwortlichkeit juristischer Person Vogel, in: Zieschang/Hilgendorf/Vogel (Hrsg), Strafrecht und Kriminalität in Europa, 2003, S 29, 52.

Aus der **Literatur** vgl Jescheck ZStW 65, 210; Schmitt, Strafrechtliche Maßnahmen gegen Verbände, 1958; Schünemann, Unternehmenskriminalität und Strafrecht, 1979, S 155 und in: Madrid-Sym, S 265; Ackermann, Die Strafbarkeit juristischer Personen im deutschen Recht und in ausländischen Rechtsordnungen, 1984; Stratenwerth, Schmitt-FS, S 295; Hirsch, Die Frage der Straffähigkeit von Personenverbänden, 1993 und ZStW 107, 285; Schroth, Unternehmen als Normadressaten und Sanktionsobjekte, 1993; Volk JZ 93, 429; Otto, Die Strafbarkeit von Unternehmen und Verbänden, 1993 und Jura 98, 409; Alwart ZStW 105, 752; Ehrhardt, Unternehmensdelinquenz und Unternehmensstrafe, 1994; Vadillo, Madrid-Sym, S 297; Achenbach, Coimbra-Sym, S 283; Heine, Die strafrechtliche Verantwortlichkeit von Unternehmen, 1995 und ÖJZ 96, 211 sowie SchwZStr 01, 22, 34; Tiedemann, in: Schoch ua (Hrsg), Freiburger Begegnung, 1996, S 30; Ransiek, Unternehmensstrafrecht. Strafrecht, Verfassungsrecht, Regelungsalternativen, 1996; Lagodny, Strafrecht vor den Schranken der Grundrechte, 1996, S 412; Eichinger, Die strafrechtliche Produkthaftung im deutschen im Vergleich zum anglo-amerikanischen Recht, 1997; v Freier, Kritik der Verbandsstrafe, 1998; Dannecker, Alwart und Heine, in: Alwart (Hrsg), Verantwortung und Steuerung von Unternehmen in der Marktwirtschaft, 1998, S 5, 75 und 90 sowie GA 01, 101; Wegner, ZRP 99, 186 (dazu Hetzer ZRP 99, 529); Hetzer wistra 99, 361; Ransiek ZGR 99, 613, 652; Krekeler, Hanack-FS, S 639; Scholz ZRP 00, 435; Peglau JA 01, 606 und ZRP 01, 406; Jakobs, Lüderssen-FS, S 559; Seelmann, Kollektive Verantwortung im Strafrecht, 2002; Hettinger (Hrsg), Verbandsstrafe 2002 (darin Heine, S 121); Hefendehl MschrKrim 03, 27; Haeusermann, Der Verband als Straftäter …, 2003; Kohlhoff, Kartellstrafrecht und Kollektivstrafe, 2003; krit Bosch, Organisationsverschulden in Unternehmen, 2002, S 37 und 584; s auch Lampe ZStW 106, 683, 697, 707, 728; Heine JZ 95, 651; Mäder ZStW 107, 689; Seelmann ZStW 108, 652; Sch/Sch-Heine 121–129 vor § 25; **rechtsvergleichend** Achenbach ua, Coimbra-Sym, S 283–366; Eidam, Straftäter Unternehmen, 1997, S 30; Heine, in: Eser ua (Hrsg), Einzelverantwortung und Mitverantwortung im Strafrecht, 1998, S 95 und ÖJZ 00, 871 sowie in: Lampe-FS, S 577; Radtke MK 125–136; Rogall KK OWiG Rdn 233–254 zu § 30, sowie Artikel 14 des „Corpus Juris …", hrsg von Delmas-Marty, 1998 mit Bespr Otto Jura 00, 98, 105; dazu auch Radtke MK 124; aus angelsächsischer, israelischer, südafrikanischer, finnischer, koreanischer und polnischer Sicht Kremnitzer, Snyman, Frände, Woong Yim und Szwarc, in: Hirsch (Hrsg), Krise des Strafrechts und der Kriminalwissenschaften? 2001, S 215, 225, 228, 233 und 235; aus der internationalen Debatte Kremnitzer/Ghanayim ZStW 113, 539; zur bevorstehenden schweizerischen Regelung Arzt SZW 02, 226, Heine SchwZStr 03, 24 und Seelmann, FS für N Schmid, 2001, S 169; zur österreichischen Diskussion Zeder ÖJZ 01, 630).

2. Persönlicher Anwendungsbereich. a) Abs 1: Juristische Personen sind Organisationen mit eigener Rechtspersönlichkeit (zB AG, GmbH, eingetragener

§ 14

Verein, Stiftung; zur sog Vor-GmbH beachte Deutscher/Körner wistra 96, 8); bei der Einmann-GmbH ist nur der Geschäftsführer, nicht der Einmann-Gesellschafter oder dessen Generalbevollmächtigter Organ (Binz NJW 78, 802; aM Fleischer NJW 78, 96, beide mwN). – **Rechtsfähige Personengesellschaften** (Angleichung an § 14 II BGB; BT-Dr 14/8998, S 8) sind die OHG und die KG (krit dazu Schulte NJW 83, 1773 mwN); nicht erfasst sind die GbR (anders für die am Rechtsverkehr teilnehmende BT-Dr 14/8998 S 8; Radtke MK 79: als Außengesellschaft; s auch Achenbach wistra 02, 441, 442) und der nicht rechtsfähige Verein, bei denen der Gesellschafter oder der Vorstand unmittelbar verantwortlich ist (Roxin AT II 27/120). Bei der GmbH und Co-KG fällt der Geschäftsführer der GmbH unter die Vorschrift (Stuttgart MDR 76, 690; Sch/Sch-Lenckner/Perron 23; s auch Demuth/Schneider BB 70, 641, 643; Bruns GA 82, 1, 11). – **Gesetzliche Vertreter** sind auch die Parteien kraft Amtes, wie zB Insolvenzverwalter (auch der vorläufige, sofern mit Verwaltungs- und Verfügungsbefugnis ausgestattet, Gold, Die strafrechtliche Verantwortung des vorläufigen Insolvenzverwalters, 2004, S 45), Vergleichsverwalter, Nachlassverwalter und Testamentsvollstrecker (BT-Dr V/1319 S 63; zusf Demuth/Schneider aaO).

3 b) **Abs 2** hat für den BT nur geringe Bedeutung (zu § 323 aF [jetzt § 319] beachte Hamm NJW 69, 2211). Sein Schwerpunkt liegt im Nebenstrafrecht.

aa) **Betrieb** vgl 15 zu § 11. – Mit der **Betriebsleitung beauftragt** (Nr 1) ist, wem ausdrücklich oder stillschweigend (MDR 90, 41; Sch/Sch-Lenckner/Perron 30) die Geschäftsführung so übertragen wurde, dass er (ganz oder teilweise) selbstständig und verantwortlich für den Betriebsinhaber handelt; teilweise Leitung kann Leitung eines räumlich selbstständigen Betriebsteils (Zweigniederlassung) oder eines selbstständigen Aufgabenbereichs im Gesamtbetrieb sein (BGH aaO; Sch/Sch-Lenckner/Perron 32; krit zur Unbestimmtheit der Abgrenzung BT-Dr 10/318 S 15; Marxen JZ 88, 286 mwN). – **Ausdrücklich** (krit dazu BT-Dr aaO; s auch 1) **beauftragt** (Nr 2) ist, wem durch (schriftliche oder mündliche) Erklärung des Befugten bestimmte Aufgaben zugewiesen sind. Dabei ist nur die Umschreibung des Aufgabenbereichs im ganzen (zB Bearbeitung der Personal- oder der Steuersachen), nicht die Angabe jeder einzelnen Aufgabe und auch nicht die Angabe der mit den Aufgaben verbundenen Pflichten erforderlich (BT-Dr 10/5058 S 25). **In eigener Verantwortung** setzt selbstständige Wahrnehmung des Aufgabenbereichs (BGH aaO), dh mindestens Entscheidungsbefugnis mit einem gewissen Bewegungsspielraum voraus (BT-Dr zu V/2601 S 15; bejahend für den Betriebsbeauftragten Kuhlen, in: Amelung [Hrsg], Individuelle Verantwortung und Beteiligungsverhältnisse, 2000, S 71, 92).

4 bb) Die Vorschrift bezieht sich nur auf **betriebsbezogene Aufgaben,** dh auf solche, die dem Betriebsinhaber in dieser Eigenschaft obliegen (Rogall aaO [vgl 1] S 169). Die Haftung des Beauftragten tritt nicht ein, wenn die Zuweisung des Aufgabenbereichs rechtlich verboten oder sozialinadäquat ist (Marxen JZ 88, 286, 288; krit Kuhlen aaO [vgl 3] S 92; aM Roxin AT II 27/134; Schünemann LK 62; Sch/Sch-Lenckner/Perron 36).

5 cc) Wieweit der Normadressat durch die Übertragung von **eigener Verantwortlichkeit frei** wird, bestimmt sich nicht nach § 14, sondern nach allgemeinen Regeln, namentlich nach dem Umfang der Aufsichtspflicht (Celle NJW 69, 759; zusf Schünemann LK 65, 66). Die grundsätzlich fortbestehende Haftung des Vertretenen, Betriebsinhabers oder Stellenleiters wird vor allem im Bereich der Fahrlässigkeitsstrafbarkeit erheblich abgeschwächt sein (Roxin AT II 27/138 mwN).

6 c) **Abs 3** bezieht die **faktische,** wegen Unwirksamkeit der Bestellung aber rechtlich nicht legitimierte Tätigkeit von Organen, Vertretern und Beauftragten in den Anwendungsbereich ein (bei Holtz MDR 80, 453). Die bloße Ausfüllung einer den Abs 1, 2 entsprechenden tatsächlichen Stellung genügt daher nicht;

es muss vielmehr ein (unwirksamer) Bestellungsakt hinzukommen (Demuth/ Schneider BB 70, 641, 646; Hoyer NStZ 88, 369; Sch/Sch-Lenckner/Perron 42/43). Diese zweite Begrenzung wird allerdings durch die in der Rspr anerkannte, im Hinblick auf Art 103 II GG nicht unproblematische Lehre vom sog **"faktischen" Organ** weitgehend überspielt (vgl etwa BGHSt 21, 101, 103; 31, 118 [mit Bespr Bruns JR 84, 133]; 46, 62 mit Bespr Joerden JZ 01, 310 und Wessing NJW 03, 2265; StV 84, 461 mit Anm Otto; Düsseldorf NStZ 88, 368 mit Anm Hoyer; Bay MDR 91, 890; Tiedemann NJW 86, 1842, 1845; zusf Löffeler wistra 89, 121; Fuhrmann, Tröndle-FS, S 139; Gübel, Die Auswirkungen der faktischen Betrachtungsweise auf die strafrechtliche Haftung faktischer GmbH-Geschäftsführer, 1994; Moosmayer NStZ 00, 295; Rogall aaO [vgl 1] S 166; Schünemann LK 67–72; Radtke MK 113–119).

3. a) Handeln (Abs 1) umfasst positives Tun oder pflichtwidriges Unterlassen (2–15 zu § 13; auch beim echten Unterlassungsdelikt des § 266a, NJW 97, 130, 131; 4 und 8 zu § 266a). Ist der Aufgabenbereich der Vertretung intern auf mehrere Personen, zB bei einer juristischen Person oder einer Handelsgesellschaft auf mehrere Mitglieder eines Organs oder mehrere Gesellschafter aufgeteilt, so bleiben sie alle Normadressaten (Bruns GA 82, 1, 12; aM Schünemann LK 52); jedoch ist Untätigkeit außerhalb ihres Verantwortungsbereichs meist nicht als Unterlassungsdelikt tatbestandsmäßig, weil es an der Möglichkeit, der Erkennbarkeit oder Zumutbarkeit der gebotenen Handlung und uU auch an der Pflichtwidrigkeit des Unterlassens fehlt (vgl etwa Hamm NJW 71, 817; Bay NJW 74, 1341; Demuth/ Schneider BB 70, 641, 644).

b) Handeln **"als"** (Abs 1; nach BT-Dr 14/8998 S 8: in Ausübung, nicht bei Gelegenheit) oder **"auf Grund des Auftrags"** (Abs 2) setzt einen objektiven Zusammenhang mit dem Pflichtenkreis des Normadressaten voraus (NJW 69, 1494), an dem es nach der Rspr bei Handeln in ausschließlich eigenem Interesse fehlen soll (BGHSt 30, 127; wistra 86, 262; NStZ 87, 279 mit abl Anm Gössel JR 88, 256; Schünemann, BGH-FG, S 621, 643, und in: LK 50, 51 mwN; einschr BGHSt 34, 221 mit krit Anm Winkelbauer JR 88, 33; diff Rogall aaO [vgl 1] S 172; aM AG Halle-Saalkreis NJW 02, 77; Labsch wistra 85, 1, 4, 59; Lampe GA 87, 241, 251; Weber StV 88, 16, Reiß wistra 89, 81, Schäfer wistra 90, 81, 83, Arloth NStZ 90, 570, 574, Deutscher/Körner wistra 96, 8, Achenbach, BGH-FG, S 593, 600, die die Interessenformel ablehnen und das Ergebnis aus dem Pflichtenkreis des Täters ableiten).

4. Die **besonderen persönlichen Merkmale** nach Abs 1 sind mit denen des § 28 (dort 3) nicht gleichbedeutend (Gallas ZStW 80, 1, 21; Blauth, Handeln für einen anderen nach geltendem und kommenden Strafrecht, 1968, S 109, 113; Herzberg ZStW 88, 68, 110; Bruns GA 82, 1, 13; Rogall aaO [vgl 1] S 168; Sch/Sch-Lenckner/Perron 8; aM Langer, Lange-FS, S 241, 254). Ihr sachlicher Gehalt ist noch nicht abschließend geklärt (vgl etwa Wiesener, Die strafrechtliche Verantwortlichkeit von Stellvertretern und Organen, 1971; Bruns, Heinitz-FS, S 317, 324 und GA 82, 1; Schünemann aaO [Unternehmenskriminalität; vgl 1] S 127, 227, GA 86, 293, 334 und LK 31–40).

a) Da die Vorschrift die Strafdrohung gegen bestimmte Normadressaten auf deren Vertreter erstreckt (vgl 1), kommen nach wohl noch herrschender, aber umstrittener Meinung nur solche Merkmale in Frage, die **den Täter objektiv kennzeichnen** und die eine Vertretung (iwS) nicht ausschließen (zw; mit zT beachtlichen Erwägungen grundsätzlich anders Schünemann aaO [vgl 1, 9] und Bruns GA 82, 1). Daher scheiden aus:

aa) alle **subjektiven Merkmale** (Gesinnungs-, Motiv- und Absichtsmerkmale, 4 zu § 28) sowie alle finalen Merkmale, die – wie zB das Sich- oder einem Dritten-Zueignen bei der Unterschlagung (BGHSt 40, 8, 19; BGHSt-GS-41,

§ 15 AT. 2. Abschnitt. 1. Titel. Grundlagen der Strafbarkeit

187, 198, beide zu § 246 aF) – eine bestimmte Innentendenz des Delikts begründen; sie sind untrennbar mit dem Handlungsvollzug verbunden und können deshalb nicht selbstständig beim Vertretenen vorliegen (hM; anders Bruns GA 82, 1, 33);

12 bb) alle **höchstpersönlichen Merkmale,** bei denen der Normadressat nicht durch einen Extraneus gleichwertig repräsentiert werden kann (str). Hierher gehören namentlich alle Merkmale, die den Täter in einer tatsächlichen, nicht auswechselbaren Lage beschreibe (zB Gefangener, § 121; Schiffsführer, § 297) oder die aus rechtlichen Gründen an seine Person gebunden sind (zB Amtsträger, § 11 I Nr 2; Arzt, Zahnarzt usw, § 203 I; Unfallbeteiligter, § 142).

13 b) Was übrig bleibt, sind Merkmale, die namentlich in **drei Tatbestandsgruppen** vorkommen:
aa) In Tatbeständen, die bestimmten Personengruppen (einschl juristischen Personen) die **Sonderpflicht** auferlegen, dass in einzelnen sozialen Bereichen ein von der Rechtsordnung erwünschter Zustand gewährleistet wird, und ihnen deshalb (zB als Unternehmer, Arbeitgeber, Hersteller, Veranstalter, Betreiber von Anlagen) Sonderpflichten auferlegen (krit Ransiek ZGR 99, 613, 617). Das gilt auch, wenn ein Sacheigentümer oder -besitzer nach den allgemeinen Regeln (13 zu § 13) Sicherungspflichten hat (LG Koblenz NStZ 87, 281 mwN). Ob diese Pflichten von ihnen selbst oder anderen erfüllt werden, ist für die Schutzwirkung idR gleichgültig.

14 bb) In Tatbeständen, die Verletzungshandlungen nur bestimmten, in besonderer Beziehung zum geschützten Rechtsgut stehenden Personengruppen bei Strafe verbieten, weil von ihnen erfahrungsgemäß spezifische Gefahren für das Rechtsgut ausgehen (zB der Gemeinschuldner nach § 283; der Vollstreckungsschuldner nach § 288). Hier kann der Vertreter den Normadressaten regelmäßig gleichwertig repräsentieren.

15 cc) In Tatbeständen, in denen die Täterbeschreibung auch Personenmehrheiten und natürliche Personen einschließt, für die Organe, gesetzliche Vertreter (Abs 1) oder Beauftragte (Abs 2) gleichwertig handeln können, wie zB Veranstalter oder Halter nach § 284 (Bay NJW 79, 2258; aM Meurer/Bergmann JuS 83, 668, 673; anders auch Wiesener aaO [vgl 9] S 49, Schünemann LK 20 und Marxen NK 19, 20, die auf Grund tatsächlicher Betrachtungsweise unmittelbar die Vertreter als Veranstalter usw ansehen; zw) und Verteiler von Gegenständen nach § 5 AMG (Bruns, Heinitz-FS, S 317, 327). Sogar Zahlungseinstellung und Eröffnung des Insolvenzverfahrens nach § 283 VI werden hier einbezogen (Bay NJW 69, 1495; zw).

16 5. Der **Vorsatz** des Vertreters oder Beauftragten muss bei Vorsatzdelikten auch die Umstände umfassen, aus denen sich die Vertreterhaftung ergibt (Rogall aaO [vgl 1] S 174; Joecks 12). Bei Kenntnis dieser Umstände ist das Fehlen des Bewusstseins, die dem Vertretenen (Auftraggeber) obliegenden Pflichten erfüllen zu müssen, für den Vorsatz unerheblich (14, 15 zu § 15).

§ 15 Vorsätzliches und fahrlässiges Handeln

Strafbar ist nur vorsätzliches Handeln, wenn nicht das Gesetz fahrlässiges Handeln ausdrücklich mit Strafe bedroht.

1 I. 1. Nach ihrem **Regelungsgehalt** hat die Vorschrift nur technische Bedeutung. Sie ermöglicht es, in den Deliktsbeschreibungen die Strafbarkeit auf vorsätzliches Handeln zu beschränken, ohne auf das Vorsatzerfordernis besonders hinweisen zu müssen. Abweichend vom früheren Recht (vgl zB BGHSt 6, 131) ist es daher nicht zulässig, bei Fehlen eines solchen Hinweises aus Sinn und Zweck der Vorschrift zu ermitteln, ob auch fahrlässiges Handeln mit Strafe bedroht ist (ebenso

Puppe NK 14). Das EGStGB (5 vor § 1) hat die durch diese Formalisierung gebotene technische Bereinigung des gesamten Strafrechts durchgeführt, so dass nunmehr jedem Tatbestand die verbindliche gesetzgeberische Entscheidung über Erfassung oder Ausschluss fahrlässigen Handelns zugrunde liegt.

2. Da das Gesetz auf eine Begriffsbestimmung von Vorsatz und Fahrlässigkeit verzichtet (zu den Gründen BT-Dr V/4095 S 8), müssen sie von Rspr und Lehre näher konkretisiert und in den Verbrechensaufbau eingeordnet werden.

II. Eine **unpräzise Kurzformel** beschreibt den **Vorsatz** als Wissen und Wollen der Tatbestandsverwirklichung (RGSt 51, 305, 311; Geppert Jura 01, 55, 56; krit Schroth, Vorsatz und Irrtum, 1998, S 3; Herzberg, BGH-FG, S 51, 64; Puppe NK 17; abl Lesch JA 97, 802, 808). Im Schrifttum ist sie überwiegend nur mit näheren, zum Teil umstrittenen Konkretisierungen anerkannt (dazu 23–25); von einer Mindermeinung wird sie auch ganz verworfen (dazu 27). – Zusf zum Vorsatz Wolters LdRerg 8/1900.

1. Wissen und Wollen müssen sich auf die **Tatbestandsverwirklichung,** dh auf diejenigen Merkmale **(Tatumstände)** erstrecken, die nach dem jeweiligen Deliktstypus den objektiven Tatbestand bilden (hM; vgl etwa Krey AT 1 Rdn 336; Sch/Sch-Cramer/Sternberg-Lieben 16; anders Frisch, Vorsatz und Risiko, 1983, S 118, der nicht die Summe der Tatumstände, sondern nur das Verhaltenselement der Tatbestände [das „tatbestandsmäßige Verhalten"] in seiner Risikobezogenheit auf das Rechtsgut als Gegenstand des Vorsatzes ansieht; ebenso Freund AT 7/41; ähnlich Schlehofer, Vorsatz und Tatabweichung, 1996, S 169; Silva-Sanchez ZStW 101, 352, 370; Schroth aaO [vgl 3] S 94; Herzberg/Hardtung JuS 99, 1073, 1076; s dazu auch Küper GA 87, 479, 506; Bramssen JZ 89, 71, 80).

a) Die **Tatbestandsmerkmale** beschreiben die Tatumstände in abstrakten Begriffen, und zwar nicht nur in **deskriptiven** (zB Sache, wegnehmen), sondern auch in mehr oder weniger **normativen** (wertausfüllungsbedürftigen; zB Urkunde), die bisweilen sogar reine Rechtsbegriffe sind (zB Fremdheit der Sache). Die Unterscheidung ist dogmatisch umstritten (zusf Kindhäuser Jura 84, 465; abl Dopslaff GA 87, 1; Puppe GA 90, 145 und NK 44–87 zu § 16; krit auch Koriath Jura 96, 113, 125, Schroth aaO [vgl 3] S 21 und Herzberg/Hardtung JuS 99, 1073, alle mwN), für die Qualität eines Merkmals als Tatumstand aber unerheblich (vgl jedoch 14–17).

b) Nicht zu den **Tatumständen** gehören die objektiven Bedingungen der Strafbarkeit (30 vor § 13). Auch die **Rechtswidrigkeit** der tatbestandsmäßigen Handlung ist kein Tatbestandsmerkmal; sie ist mit Rücksicht auf die Funktion des Unrechtstypus, die Rechtswidrigkeit zu indizieren (17 vor § 13), allgemeines Verbrechensmerkmal (BGHSt-GS-2, 194). Das gilt unabhängig davon, ob die Strafvorschrift einen Hinweis auf den Widerspruch zum Recht enthält (zB „rechtswidrig" in § 303; „widerrechtlich" in § 123; „unbefugt" in § 168). Jedoch kann sich in Fällen, in denen ein Tatbestand das Unrecht nicht abschließend umschreibt, in einem solchen Hinweis ein zusätzliches Tatbestandselement verbergen, das den Tatbestand erst zum Unrechtstypus macht (vgl etwa 8 zu § 132; 10 zu § 132a; 4 zu § 303a). Es kommen auch weitere Ausnahmen in Frage, etwa wenn in einem Tatbestand nur ein einzelner Umstand (zB „zu Unrecht bereichern" in § 253, BGHSt 4, 105; „rechtswidriger Vermögensvorteil" in § 263, BGHSt 3, 160 MDR 97, 182) als rechtswidrig charakterisiert wird (GA 62, 144; unklar BGHSt 17, 87) oder wenn speziell Verwaltungsrechtswidrigkeit der Handlung vorausgesetzt wird (zB „unter Verletzung verwaltungsrechtlicher Pflichten", 4–12 zu § 325; BayObLG NStZ-RR 00, 122). Grundsätzlich kann daher die Einordnung nicht nach abstrakten Regeln, sondern nur durch Auslegung des einzelnen Tatbestandes bestimmt werden (hM; vgl unten 14–17 sowie 22 zu § 17).

§ 15 AT. 2. Abschnitt. 1. Titel. Grundlagen der Strafbarkeit

7 c) Bei den **unechten Unterlassungsdelikten** (§ 13) gehören zum Tatbestand nicht nur die für das Begehungsdelikt vorausgesetzten Merkmale, sondern auch die Umstände, aus denen sich die Möglichkeit der zur Erfolgsabwendung gebotenen Handlung und die Garantenstellung des Täters ergeben (5–15 zu § 13). Die aus der Garantenstellung folgende Garantenpflicht ist dagegen kein Tatumstand, sondern ebenso wie die Rechtswidrigkeit allgemeines Verbrechensmerkmal (hM; vgl etwa BGHSt-GS-16, 155; Arzt, BGH-FG, S 755, 758 und Sch/Sch-Cramer/Sternberg-Lieben 96; anders Wolff, Kausalität von Tun und Unterlassen, 1965, S 49; Köhler AT S 232; Stratenwerth/Kuhlen AT I 13/74, 75). Auch bei den **echten Unterlassungsdelikten** (4 zu § 13) ist die aus dem Gebotstatbestand folgende Handlungspflicht als solche kein Tatumstand; denn sie ist mit dem rechtlichen Handlungsgebot identisch, dessen Verletzung die Rechtswidrigkeit indiziert (BGHSt 19, 295; 46, 374 mit Anm Lemme NStZ 01, 602). – Zum Unterlassungsvorsatz gehört jedenfalls das **Bewusstsein möglicher Erfolgsabwendung** (hM); im Übrigen ist seine Struktur umstritten (vgl etwa Armin Kaufmann, Die Dogmatik der Unterlassungsdelikte, 1959, S 66, 116, 309 und v Weber-FS, S 207 [krit Hoyer, Strafrechtsdogmatik nach Armin Kaufmann, 1997, S 336, 385]; Grünwald, Mayer-FS, S 281; Spendel JZ 73, 137, 141; Puppe NK 157–159; Rudolphi SK 22–24 vor § 13; s auch Jakobs JuS 69, 485; Haffke ZStW 87, 44, 47 sowie unten 23).

8 d) Rein **subjektive (täterpsychische) Merkmale**, wie Absichten (zB Bereicherungsabsicht, § 253 I), Motive (zB Beweggrund, § 211 II), Tendenzen (zB beharrlich, § 184 d) und Gesinnungen (zB rücksichtslos, § 315 c I Nr 2) können nicht in dem vorstehenden Sinne vom Vorsatz umfasst sein (Schroth aaO [vgl 3] S 46). Sie gehören, da sie innerseelische Vorgänge und Zustände beim Täter beschreiben, nicht zum äußeren, sondern neben dem Vorsatz als selbständige Unrechts- oder Schuldelemente zum inneren Tatbestand (zusf Warda Jura 79, 71, 74; zur psychologischen Problematik dieser Merkmale Jäger, Henkel-FS, S 125, 136; krit zu den Gesinnungsmerkmalen im Tatstrafrecht Hirsch, Lüderssen-FS, S 253, 258; krit aus rechtsphilosophischer Sicht Kühl, Die Bedeutung der Rechtsphilosophie für das Strafrecht, 2001, S 41).

9 **2.** Auf der **Wissensseite** erfordert der Vorsatz als **intellektuelles Element,** dass sich der Täter zurzeit der Handlung – dh im Regelfall während der Zeitspanne des Täterverhaltens vom Beginn (3, 4 zu § 22) bis zur Beendigung (3–7 zu § 24) des Versuchs, nicht notwendig bis zum Eintritt der Vollendung (Wolter, Leferenz-FS, S 545, 547; Herzberg, Oehler-FS, S 163) – des Vorliegens aller Umstände des äußeren Tatbestandes (vgl 4–7) bewusst ist (hM; krit Frisch aaO [vgl 4] S 57 und Kaufmann [Arm]-GS, S 311, 339). – Grundsätzlich muss dieses Bewusstsein **aktuell** sein (NJW 53, 152; StV 04, 79). Jedoch sind Abschwächungen (StV 02, 191) oder Ausnahmen für unreflektiertes, aber jederzeit verfügbares Wissen – mit allerdings noch nicht abschließend geklärten Begrenzungen – weithin anerkannt (zusf Schild, Stree/Wessels-FS, S 241; Otto Jura 96, 468; Sch/Sch-Cramer/Sternberg-Lieben 51; s auch Mylonopoulos, Komparative und Dispositionsbegriffe im Strafrecht, 1998, S 154, der das „dispositionale Wissen" einbezieht); sie werden teils auf die Möglichkeit sachgedanklicher Erfassung von Sinnzusammenhängen gestützt (Schmidhäuser, Mayer-FS, S 317), teils auf die Anerkennung eines unreflektierten Mitbewusstseins (Bay NJW 77, 1974; Platzgummer, Die Bewusstseinsform des Vorsatzes, 1964; ähnlich Schewe, Bewusstsein und Vorsatz, 1967; Rinck, Der zweistufige Deliktsaufbau, 2000, S 363) und teils auch auf die Notwendigkeit normativer, tatbestandsabhängiger Bestimmung der subjektiven Anforderungen an eine „Entscheidung gegen das Rechtsgut" (Frisch, Kaufmann [Arm]-GS, S 311; krit dazu Mylonopoulos aaO S 146; beachte auch Köhler GA 81, 285; Schroth aaO [vgl 3] S 88; Jakobs AT 8/11, 12). Wenig geklärt ist namentlich die Frage der Bewusstseinsform bei Affekttaten; für den Regelfall wird

hier der Vorsatz (nicht zuletzt auch aus kriminalpolitischen Gründen) zu bejahen sein (hM; vgl NStZ-RR 03, 8; NStZ 03, 369 und 603; Roxin AT I 12/117; für den bedingten Vorsatz anders Prittwitz GA 94, 454; krit auch Nau, Die Bewußtseinsform bei normalpsychologischen Affekttaten: Ein Vorsatzproblem?, 2001, S 105: vielfach „Fiktion" [dagegen Zabel, in: Kleszewski, Hrsg, Affekt und Strafrecht, 2004, S 35]; zusf Plate, Psyche, Unrecht und Schuld, 2002, S 47). – Die **Gründe** für das Fehlen des erforderlichen Bewusstseins sind unerheblich; auch die Verkennung der Wirklichkeit auf Grund von Wahnvorstellungen schließt den Vorsatz aus (BGHSt 35, 347, 350; Roßmüller/Rohrer Jura 90, 582; aM Herzberg Jura 90, 16, 19). – Früheres, nicht mehr bewusstes (bzw jederzeit verfügbares) Wissen (**dolus antecedens,** BGHSt 6, 329) und nachträglich erlangte Kenntnis (**dolus subsequens,** BGHSt 10, 151; JZ 83, 864 mit Anm Hruschka; NStZ 84, 214) genügen nicht.

a) Im Einzelnen muss die Vorstellung alle Tatumstände umfassen, die der Tatbestand als Ausgangslage voraussetzt, ferner die Vornahme der Tathandlung selbst, den künftigen tatbestandsmäßigen Erfolg und den ihn mit der Handlung verbindenden Kausalverlauf (hM). 10

aa) Dazu ist keine volle Kongruenz zwischen wirklichem Geschehen und Vorstellungsbild des Täters erforderlich, wohl aber ein solches Maß an **Konkretisierung,** dass sich der wesentliche Gehalt der im objektiven Sachverhalt auffindbaren Tatumstände in der Tätervorstellung widerspiegelt (zu dem Grad der erforderlichen Bestimmtheit Schröder JR 68, 305; Backmann JuS 72, 196). Darüber hinaus haben sich einige Regeln entwickelt, die nach bestimmten Unterschiede zwischen Wirklichkeit und Vorstellung für die Zurechnung erheblich oder unerheblich sind. Die Rspr hat solche Abweichungen traditionell nur im Rahmen des Vorsatzes, dh ausschließlich unter dem Gesichtspunkt subjektiver Zurechnung, behandelt (vgl dazu etwa Hillenkamp, Die Bedeutung von Vorsatzkonkretisierungen bei abweichendem Tatverlauf, 1971; zusf Backmann JuS 71, 113 und 72, 196, 326; Schreiber JuS 85, 873; offen gelassen in BGHSt 38, 32). Nachdem die hM früher der Rspr gefolgt war, haben sich inzwischen zahlreiche, im dogmatischen Ansatz unterschiedliche Lehren entwickelt, die bei der objektiven Zurechnung (14 vor § 13) und der subjektiven Kenntnis von deren Voraussetzungen ansetzen, aber nur ausnahmsweise zu abweichenden Ergebnissen führen (zusf Roxin, Kaufmann [Arm]-GS, S 237; s auch Wolter, GA-FS, S 269, 276, 292; aM Armin Kaufmann, Jescheck-FS, S 251, 261; Hirsch, Köln-FS, S 399, 404; anders auch Puppe, Vorsatz und Zurechnung, 1992, S 21, 35 und NK 88–130 zu § 16, die schon für die objektive Zurechnung von Vorsatzunrecht die Schaffung einer „qualifizierten" Gefahr fordert und alle Abweichungen nach dem Maßstab der wesentlichen Setzung einer solchen Gefahr bewertet; ähnlich auch Schlehofer aaO [vgl 4] S 25, 57, der beim Versuchsdelikt auf die „Vorstellung" und beim vollendeten Delikt auf die „Kenntnis" der auf den Zeitpunkt des unmittelbaren Ansetzens [§ 22] zu beziehenden unmittelbaren Gefahr der Tatbestandsverwirklichung abstellt; beachtenswerte Kritik an der Rspr und dem Diskussionsstand bei Frisch, Tatbestandsmäßiges Verhalten und Zurechnung des Erfolgs, 1988, S 571).

bb) Namentlich der **Kausalverlauf** braucht nur in seinen wesentlichen Zügen, nicht in allen Einzelheiten von der Tätervorstellung gedeckt zu sein. – Nach der **Rechtsprechung** berühren **unwesentliche Abweichungen** den Vorsatz nicht; unwesentlich ist dabei, was sich noch innerhalb der Grenzen des nach allgemeiner Lebenserfahrung Voraussehbaren hält (Adäquanzurteil) und keine andere Bewertung der Tat rechtfertigt (vgl etwa BGHSt 7, 325, 329; 38, 32; NJW 89, 176; NStZ 01, 29 [mit Bespr Trüg JA 01, 365] und 02, 475). – Im **Schrifttum** ist die Problematik nur in den dogmatischen Ansätzen, aber weniger in den Ergebnissen umstritten (vgl etwa Wolter ZStW 89, 649, GA 91, 531, 542 und in: Schünemann 11

§ 15 AT. 2. Abschnitt. 1. Titel. Grundlagen der Strafbarkeit

[Hrsg], Grundfragen des modernen Strafrechtssystems, 1984, S 103, 112; Schroeder GA 79, 321, 327; Herzberg JA 81, 369, 470; Schmoller ÖJZ 82, 449, 487; Driendl GA 86, 253; Joerden JahrbRuE 94, 307; Schlehofer aaO [vgl 4]; Burkhardt, Nishihara-FS, S 15; Schroth aaO [vgl 3] S 94; Puppe, Vorsatz und Zurechnung, 1992, S 49, AT 1 19/9, NK 106, 107 und NK 95–101 zu § 16; Sch/Sch-Cramer/Sternberg-Lieben 55, 56). – Unwesentliche Abweichungen **kommen namentlich in Frage** bei andersartiger Wirkungsweise der Handlung und uU auch bei verfrühtem Erfolgseintritt (hM; anders Hruschka JuS 82, 317, 320; Struensee, Kaufmann [Arm]-GS, S 523, 533; Schroeder LK 34 zu § 16; einschr Wolter, Leferenz-FS, S 545, 559; Frisch aaO [vgl 10] S 621); letzteres wird von der Rspr zu Recht nur erwogen, wenn sich die Tat (zB durch tödlich wirkende Schläge gegen den Kehlkopf) schon im Versuchsstadium befand, der Taterfolg aber erst durch spätere Handlungen (zB Luftinjektion in die Armvene) herbeigeführt werden sollte (NStZ 02, 475 mit Bespr Roxin GA 03, 257 und Otto JK 7); tritt der Taterfolg dagegen schon im Vorbereitungsstadium ein, so liegt mangels strafrechtlich relevanten Kausalverlaufs auch keine Kausalverlaufsabweichung vor (NJW 02, 1057 mit Bespr Fad JA 02, 745, Gaede JuS 02, 1057, Jäger JR 02, 383, Roxin GA 03, 257 und Otto JK 22 zu § 22; vgl auch Joecks 38; Stratenwerth Kuhlen AT I 8/94; vgl auch schon NStZ 91, 537 mit Bespr Puppe AT 1 20/1, 2). Nach hM soll das sogar beim sog **dolus generalis** gelten, der dadurch gekennzeichnet ist, dass der Erfolg vermeintlich durch eine vorsätzliche Handlung, wirklich aber erst nachträglich unvorsätzlich herbeigeführt wurde, zB wenn der Täter das von ihm vermeintlich schon getötete Opfer erst durch eine nachträgliche Handlung zu Tode bringt, etwa dadurch, dass er es ins Wasser wirft oder in der Erde vergräbt (BGHSt 14, 193; Ebert AT S 150; Joecks 39–43; nur für den Regelfall zust Puppe aaO [1992] S 54 und NK 102–106 zu § 16; einschr Roxin, Würtenberger-FS, S 109 und AT I 12/162–170; Wolter, Leferenz-FS, S 545, 559; Frisch aaO S 620; Schlehofer aaO S 176; Schroth aaO S 99; Jerouschek/Kölbel JuS 01, 417, 422; Rudolphi SK 35, 35a zu § 16; Sch/Sch-Cramer/Sternberg-Lieben 58; zu Recht aM Maiwald ZStW 78, 30; Hruschka JuS 82, 317, 319; Hettinger, Spendel-FS, S 237; Toepel JuS 94, 1009, 1012; Sancinetti, Roxin-FS, S 349; Kühl AT 13/48; Schroeder LK 30, 31 zu § 16; zusf Wolters LdRerg 8/1900, S 8); tötet der Täter das Opfer aber fahrlässig und beseitigt er das vermeintlich noch lebende Opfer mit Tötungsvorsatz, so liegen nur § 222 und ein versuchtes Tötungsdelikt (zB versuchter Verdeckungsmord) vor (bei Altvater NStZ 02, 21, wo die Regeln über Kausalverlaufsabweichungen mangels vorsätzlichen Erstaktes zu Recht nicht angewendet werden). Die Rspr bezieht hier auch den Fall der sog **sukzessiven Schuldunfähigkeit** ein, dh den Eintritt der Voraussetzungen des § 20 nach Beginn, aber vor Beendigung der Tathandlung (sehr weit BGHSt 23, 133 mit Anm Oehler JZ 70, 380; NStZ 98, 30 und 03, 535; einschr Wolter, Leferenz-FS, S 545, 551; Schlehofer aaO S 175; Puppe NK 111, 112 zu § 16; krit Geilen JuS 72, 73, 76; Schroeder LK 33 zu § 16; s auch 16 zu § 20). Nicht unwesentlich ist dagegen die Abweichung, wenn ein außenstehender **Dritter** vor Erfolgseintritt in den Geschehensablauf eingreift und ihn selbstständig auf den (oder einen gleichwertigen) Erfolg steuert (so für das „Einführen" von Drogen, die vor Überschreiten der Grenze gestohlen und vom Dieb selbst eingeführt werden, BGHSt 38, 32 mit krit Anm Graul JR 92, 114); eine wesentliche Abweichung wird auch angenommen, wenn sich das Opfer in einer vom Täter veranlassten Panikreaktion selbst verletzt (BGHSt 48, 34, 37 mit krit Bespr Hardtung NStZ 03, 261, Heger JA 03, 455, 456, Kühl JZ 03, 637, 640, Puppe JR 03, 123 und Sowoda Jura 03, 549).

12 cc) Eine wesentliche Abweichung liegt auch vor, wenn ein Angriff fehlgeht, dh statt des ausersehenen ein anderes gleichwertiges Objekt verletzt (sog **aberratio ictus,** RGSt 58, 27). Hier kommen – wenn das andere Objekt nicht auf Grund bedingten Vorsatzes einbezogen ist (BGHSt 34, 53) – nur Versuch und je nach den Umständen auch eine tateinheitlich begangene Fahrlässigkeitstat in Frage (hM; vgl etwa Sch/Sch-Cramer/Sternberg-Lieben 57); zur Vermeidung von Wertungswidersprüchen und nicht zuletzt auch aus Gerechtigkeitsgründen ist es nicht hinreichend begründbar, auch Objekte in den Zurechnungszusammenhang einzubeziehen, die von Vorstellung und Willen des Täters nicht gedeckt sind (sog Konkretisierungstheorie; vgl etwa Hettinger GA 90, 531; Streng JuS 91, 910, 911; Joerden JahrbRuE 94, 307, 321; Toepel JahrbRuE 94, 413 und JA 96, 886; eingehend Rath, Zur strafrechtlichen Behandlung der aberratio ictus und des error in objecto des Täters, 1993, S 247; im Ergebnis auch Gropp, Lenckner-FS, S 55, 57, der die Zufälligkeit der tatbestandlichen Identität des Erreichten mit dem Angestrebten als Voraussetzung betont [krit Rudolphi SK 32 a zu § 16]). Eine Ausscheidung von Fällen, in denen die Individualität des Objekts für das im Tatbestand vertypte Unrecht ohne Belang ist (sog materielle Gleichwertigkeitstheorie, Hillenkamp aaO [vgl 10] S 85) oder in denen es nach dem Tatplan nicht auf die Identität des Objekts ankommt (sog Tatplantheorie, Roxin AT I 12/154), erweckt wegen der Zurechnung vom Täter nicht gewollten Unrechts Bedenken. Die auf § 16 I S 1 gestützte Gegenposition, nach der bei der Konkretisierung des Vorsatzes auf bestimmte Objekte der jeweiligen Gattung unerheblich ist (sog Gleichwertigkeitstheorie; vgl ua Puppe GA 81, 1, aaO [vgl 11; 1992] S 16, 49 und NK 115–123 zu § 16; Kuhlen, Die Unterscheidung von vorsatzausschließendem und nichtvorsatzausschließendem Irrtum, 1987, S 479; Schroth aaO [vgl 3] S 100 [krit Jakobs GA 99, 382, 383]; kritische Auseinandersetzung mit der Minderheitsmeinung bei Koriath JuS 97, 901 [mit Erwiderung Puppe JuS 98, 287] und Grotendiek, Strafbarkeit des Täters in Fällen der aberratio ictus und des error in persona, 2000, S 70, 78, 94 und 109 [mit Bespr Rath GA 01, 406]), hat zwar manche Gründe für sich, orientiert sich aber zu sehr an formalen Kriterien, deren Ableitung aus dem Gesetz nicht zwingend ist (zu Grenzfällen beachte 13 a).

dd) Die Verwechslung des Angriffsobjekts mit einem gleichwertigen anderen (sog **error in persona vel in obiecto**) berührt den Vorsatz grundsätzlich nicht (für die Standardfälle unstr). Sie liegt vor, wenn der Vorsatz auf ein bestimmtes, im Tatbestand vertyptes Objekt konkretisiert ist, dieses durch den Angriff auch verletzt wird, aber hinsichtlich seiner Identität oder sonstiger Eigenschaften nicht der Tätervorstellung entspricht. Dieser Irrtum betrifft keinen Tatumstand im Sinne des § 16 I S 1 und ist auch als Motivirrtum (krit dazu Rath, Zur Unerheblichkeit des error in persona vel in obiecto, 1996, S 11 und Koriath JuS 98, 215, 219) unerheblich (BGHSt 11, 268; 37, 214, 216; Bay JR 87, 431 mit Anm Streng; s auch Warda, Blau-FS, S 159). **13**

ee) Die **Abgrenzung** der aberratio ictus vom error in obiecto kann in Grenzfällen schwierig sein. Insoweit ist der Streitstand noch sehr kontrovers (krit dazu Puppe GA 81, 1, 4 und NK 116–119 zu § 16). Vor allem für die Fälle, in denen der Täter das Tatobjekt nicht vor Augen hat (für Unerheblichkeit des Motivirrtums auch dann NStZ 98, 294 mit Bespr Schliebitz JA 98, 833, Herzberg NStZ 99, 217 [abl; insoweit zust Krack JuS 99, 832] und Geppert JK 4 zu § 16), werden mit verschiedenen Ansätzen Differenzierungen vorgeschlagen, über die noch kein Konsens erzielt wurde (zusf Rath aaO [vgl 12] S 283; zum Streitstand im Ganzen ua Herzberg JA 81, 369, 470; Prittwitz GA 83, 110, 127; Wolter, in: Schünemann aaO [vgl 11] S 103; Geppert Jura 92, 163; Rath aaO [vgl 13] S 13, 25; Schlehofer aaO [vgl 4] S 170; Toepel JA 96, 886 und 97, 948; Schroth aaO [vgl 3] S 103; Koriath aaO [vgl 13] S 215; Grotendiek aaO [vgl 12] S 103; Roxin AT I 12/168–176, alle mwN; beachte auch 6 zu § 26). **13 a**

b) Die Vorstellung der Tatumstände muss lediglich deren Bedeutung richtig erfassen **(Bedeutungskenntnis)**. Namentlich bei den normativen Tatbestands- **14**

§ 15 AT. 2. Abschnitt. 1. Titel. Grundlagen der Strafbarkeit

merkmalen (vgl 5) braucht der Täter nicht die aus den Gesetzesbegriffen folgende rechtliche Wertung zu vollziehen; hier genügt sog **Parallelwertung in der Laiensphäre** (oder besser: Parallelwertung im Täterbewusstsein), die voraussetzt, dass der Täter die Tatsachen kennt, die dem normativen Begriff zugrundeliegen, und auf der Grundlage dieses Wissens den sozialen Sinngehalt des Begriffs richtig begreift (hM; vgl etwa BGHSt 3, 248, 255; 4, 347; Mezger JZ 51, 179; Fukuda, Hirsch-FS, S 175; Erb NStZ 01, 317 [krit Anm zu Düsseldorf NJW 01, 167]; Sch/Sch-Cramer/Sternberg-Lieben 43 a; ähnlich Kindhäuser 10 zu § 16, der „ein Handeln mit sinngleicher Begrifflichkeit" für ausreichend hält; zusf Roxin AT I 12/86–110 mwN; krit Arthur Kaufmann, Die Parallelwertung in der Laiensphäre, 1982 und Lackner-FS, S 185 sowie Groteguth, Norm- und Verbots[un]kenntnis § 17 Satz 2 StGB, 1993, S 78, 86, die auch das Begreifen des Unrechts selbst oder ein materiell-konkretes Verletzungswissen einbeziehen; ähnlich Schroth aaO [vgl 3] S 49; Schlüchter, Irrtum über normative Tatbestandsmerkmale im Strafrecht, 1983 und JuS 93, 14, die zur Abgrenzung auf eine „teleologisch reduzierte Sachverhaltssicht" abstellt; in den Ansätzen abw auch Kuhlen aaO [vgl 12] S 204, der im Ergebnis zur Irrtumslehre des RG zurückkehrt; Frisch, in: Eser RuE III, S 217, 276 und Heidingsfelder, Der umgekehrte Subsumtionsirrtum, 1991, S 33, die die erforderliche Wertung nicht als Parallelwertung, sondern als Problem der Normkonkretisierung verstehen; Kindhäuser GA 90, 407, der die Parallelwertung erst im Rahmen der Vermeidbarkeit des Verbotsirrtums thematisiert; Joerden JahrbRuE 94, 307, 322, der sich für die Abgrenzung auf eine logisch-analytische Methode stützt; Rinck aaO [vgl 9] S 73, der zwischen Tat- und Rechtsirrtum unterscheidet; ganz abl Dopslaff GA 87, 1, der die Unterscheidung zwischen deskriptiven und normativen Merkmalen überhaupt verwirft; ähnlich Puppe GA 90, 145, NK 28–33 vor § 13 und 48–55 zu § 16, die den Begriff der normativen Tatbestandsmerkmale ablehnt und Rechtsverhältnisse als institutionelle Tatsachen versteht; für einen Verzicht auf den Terminus Herzberg/Hardtung JuS 99, 1073, 1074, die zwischen Tatumständen und Vorfeldumständen unterscheiden, sowie Schulz, Bemmann-FS S 246, der keinen zusätzlichen Wertungsakt für erforderlich hält). – Dass der Täter den in seiner Bedeutung zutreffend erkannten Umstand rechtlich unrichtig subsumiert (er hält zB ein für den Rechtsverkehr erhebliches Beweiszeichen nicht für eine Urkunde nach § 267), ist als sog **Subsumtionsirrtum** für den Vorsatz unerheblich (hM; krit Frisch aaO S 282, der schon das Vorliegen eines Irrtums verneint); er kann aber als Verbotsirrtum Bedeutung gewinnen (dazu 22 zu § 17).

15 aa) Die **Abgrenzung** ist bisweilen schwierig und wegen der noch nicht abschließend geklärten Strukturelemente einer Parallelwertung (dazu Schlüchter aaO [vgl 14] S 67; krit dazu Schroth aaO [vgl 3] S 73) seit langem umstritten (zur Dogmengeschichte des Abgrenzungsproblems Tischler, Verbotsirrtum und Irrtum über normative Tatbestandsmerkmale, 1984). Das gilt namentlich bei Taten nach §§ 153, 154, 156 (BGHSt 1, 13; 3, 248), § 184 (Stuttgart Justiz 77, 240) oder § 356 (BGHSt 5, 301; 9, 341; 18, 192) und ganz besonders bei Zuwiderhandlungen gegen Blankettatbestände des Nebenstrafrechts (22 zu § 17). Ferner gilt es auch bei den früher sog Komplexbegriffen (v Weber GA 53, 161), wie zB dem des Amtsträgers: Die Rspr lässt hier die Kenntnis der tatsächlichen Umstände genügen, aus denen sich die Amtsträgereigenschaft ergibt (BGHSt 2, 119; 8, 321), sieht also vom Erfordernis der Parallelwertung ab. Dogmatisch erweckt das Bedenken, die jedoch im Ergebnis unschädlich sind; denn wer die Umstände seiner Bestellung als Amtsträger kennt, begreift regelmäßig auch die tatsächliche Bedeutung seiner Position als die eines staatlichen Aufgabenbereichs (Roxin AT I 12/102); ob er sich auch für einen Amtsträger hält, ist unerheblich (Subsumtionsirrtum, GA 59, 348).

16 bb) Ebenso umstritten ist auch die Behandlung der sog **gesamttatbewertenden Tatbestandsmerkmale,** dh solcher Merkmale, die nicht nur das unrechts-

begründende Verhalten als solches beschreiben, sondern wegen ihres hohen normativen Gehalts zugleich schon die sonst dem allgemeinen Rechtswidrigkeitsurteil vorbehaltene Gesamtbewertung mitumfassen (zB grob verkehrswidrig in § 315 c I Nr 2; zumutbar in § 323 c); soweit hier bei der Subsumtion unter den normativen Begriff das Rechtswidrigkeitsurteil von den ihm zugrundeliegenden tatsächlichen Umständen getrennt werden kann, genügt für den Vorsatz die Kenntnis dieser Umstände, während die rechtliche Bewertung den Regeln über den Verbotsirrtum folgt (vgl etwa Hamm NJW 68, 212; Bay NJW 69, 565; Schaffstein, Celle-FS, S 175, 191; Schlüchter JuS 85, 373 und 617; Puppe GA 90, 145, 170, NK 34–36 vor § 13 und 76, 77 zu § 16; Jescheck/Weigend AT S 296; Roxin AT I 12/94; Sch/Sch-Cramer/Sternberg-Lieben 20/21 zu § 16; krit Baumann, Welzel-FS, S 533; Arthur Kaufmann, Lackner-FS, S 185; Otto, Meyer-GS, S 583, 586; Schroth aaO [vgl 3] S 20; Herzberg/Hardtung JuS 99, 1073, 1075, die von Sammelmerkmalen sprechen; die Rechtsfigur überhaupt abl Schmidhäuser AT 9/12).
– Noch weitergehend nimmt die Lehre von den sog **Rechtspflichtmerkmalen** gewisse Elemente der Deliktsbeschreibung, deren Funktion darin besteht, die Pflichtwidrigkeit der Tatbestandsverwirklichung zu konkretisieren oder zu begrenzen, aus dem Tatbestand aus mit der Folge, dass der Irrtum über sie einen Verbotsirrtum bildet (Welzel JZ 52, 19, 133 und ZStW 67, 196, 224); die Lehre ist überwiegend auf Ablehnung gestoßen und auch inhaltlich eingeschränkt worden (dazu Armin Kaufmann, Klug-FS, S 277; Schroth aaO S 19).

cc) Umstritten ist schließlich die Behandlung von Tatbestandsmerkmalen, die **17** negative **Wertprädikate** ausdrücken (zB „pornographisch", 2, 9 zu § 184; „niedriger" Beweggrund, 5 zu § 211; „roh" misshandeln, 5 zu § 225; „rücksichtslos" fahren, 19 zu § 315 c). Hier genügt es sowohl bei Merkmalen, die vom Vorsatz umfasst sein müssen, als auch bei rein täterpsychischen Merkmalen (vgl 8), dass der Täter die Bedeutung der Umstände, die dem Wertprädikat unterliegen, richtig begreift; ob er das besondere Unwerturteil auch für sich selbst nachvollzieht, zB seinen Beweggrund selbst als niedrig bewertet (NJW 67, 1140), ist unerheblich (hM; expl Schaffstein, Celle-FS, S 197; diff Puppe NK 69–79 zu § 16; aM Kunert, Die normativen Merkmale der strafrechtlichen Tatbestände, 1958, S 102, alle mwN).

c) Das intellektuelle Element kann in der Weise erfüllt sein, dass der Täter die **18** Tatbestandsverwirklichung **sicher kennt oder als sicher voraussieht** (Gewissheitsvorstellung) oder dass er das Vorliegen von Tatumständen nur für **möglich** hält oder mit der **Möglichkeit** ihres Eintritts rechnet (Möglichkeitsvorstellung). Während bei der Absicht (vgl 20) jede der beiden Vorstellungen ausreicht, kommt bei der Wissentlichkeit (vgl 21) nur die Gewissheits- und beim bedingten Vorsatz (vgl 23) nur die Möglichkeitsvorstellung in Betracht (zu den danach möglichen Kombinationen Spendel, Lackner-FS, S 167).

3. Auf der **Willensseite** setzt der Vorsatz als **voluntatives Element** eine **19** bestimmte psychische (emotionale) Einstellung des Täters zur Tatbestandsverwirklichung voraus (hM; beachte jedoch 26, 27), die sich bei den verschiedenen Vorsatzformen unterschiedlich ausprägt und deren Mindestinhalt noch nicht abschließend geklärt ist (zur psychologischen Problematik Schewe, Reflexbewegung, Handlung, Vorsatz, 1972, S 78; Krauß, Bruns-FS, S 11, 21; Janzarik ZStW 104, 65; Morselli ZStW 107, 324; s auch Stratenwerth ZStW 85, 469; zur Abgrenzung gegenüber der Motivation Krümpelmann ZStW 87, 888). Auf dieser Grundlage wird zwischen **direktem (unbedingtem) Vorsatz** mit seinen Spielarten der Absicht (vgl 20) und der Wissentlichkeit (vgl 21, 22) sowie dem **bedingten Vorsatz** (vgl 23–27) unterschieden (krit Puppe, Vorsatz und Zurechnung, 1992, S 35, 63 und NK 144–154, die das voluntative Element ausschl normativ bestimmt und deshalb die Unterscheidung verschiedener Vorsatzformen für gegenstandslos hält; krit auch Lesch JA 97, 802, der die Wissentlichkeit und den bedingten Vorsatz als

§ 15 AT. 2. Abschnitt. 1. Titel. Grundlagen der Strafbarkeit

dolus indirectus zusammenfasst und von der Absicht als dolus directus abhebt). Das voluntative Element ist stets – wie sich zwingend aus dem inneren Zusammenhang mit dem intellektuellen Element, aber im Gegensatz zu ihm ergibt – nicht auf jeden einzelnen Tatumstand, sondern auf die Verwirklichung des Tatbildes im Ganzen zu beziehen.

20 a) Zu den Formen des **direkten Vorsatzes**:
aa) **Absicht**: Die Tatbestandsverwirklichung ist das Ziel, auf dessen Erreichung es dem Täter ankommt (vgl §§ 16, 17 I E 1962). Sie braucht nicht Endziel, dh Beweggrund (Motiv) zu sein; es genügt, wenn sie als Mittel zur Erreichung eines außertatbestandlichen Zwecks angestrebt wird (BGHSt 4, 107; 16, 1; zusf Hochmayr JBl 98, 205; eingehende begriffliche Analyse bei Merkel, Früheuthanasie, 2001, S 174). Als intellektuelles Element, das auch hier unverzichtbar ist (aM Schroeder LK 76 zu § 16), genügt nach hM die bloße Möglichkeitsvorstellung (vgl 18), zB A schießt auf B, um ihn zu töten, rechnet aber mit einem Fehlgehen des Schusses (BGHSt 21, 283; Joerden JZ 02, 414, 415; Sch/Sch-Cramer/Sternberg-Lieben 67; unrichtig BGHSt 16, 1, 5); einschränkend ist aber zu verlangen, dass der Täter von einem tatbestandsmäßigen Risiko des Erfolgseintritts ausgeht (Kühl AT 5/37; Joecks MK 14; Rudolphi SK 36, 36a zu § 16). – Das Gesetz setzt Absicht häufig auch voraus, um den Tatbestand auf bestimmte Vorsatzformen zu beschränken oder um eine die Tathandlung begleitende Zweckvorstellung des Täters besonders zu erfassen, verfährt dabei aber uneinheitlich: Der Absichtsbegriff hat idR die Funktion, entweder nur den bedingten Vorsatz (vgl 23–27) auszuschließen (zB in § 288, RGSt 59, 314) oder, wie es hier vorausgesetzt wird, das auf den Erfolg zielgerichtete Wollen zu beschreiben (zB in § 263 I, BGHSt 16, 1), was der häufig vorkommenden Wendung „um zu" (zB in § 253) entspricht; vereinzelt wird Absicht auch dem Beweggrund gleichgesetzt (zusf Oehler NJW 66, 1633; eingehend Gehrig, Der Absichtsbegriff in den Straftatbeständen des Besonderen Teils des StGB, 1986). Die Auslegung richtet sich stets nach dem jeweiligen Sinn- und Zweckzusammenhang, in dem das Merkmal vorkommt.

21 bb) **Wissentlichkeit**: Der Täter handelt, obwohl er weiß oder als sicher voraussieht, dass er den Tatbestand verwirklicht (vgl §§ 16, 17 II E 1962, § 17 III AE; ähnlich NJW 01, 980, 981: „als sichere Folge seiner Handlung voraussieht"). Hier folgt der unbedingte Verwirklichungswille aus dem Handeln trotz Gewissheitsvorstellung (vgl 18; ebenso Joerden JZ 02, 414, 415; krit Lesch JA 97, 802, 808 und Puppe AT 1 17/14–17), zB A setzt ein Haus in Brand und sieht als unerwünschte, aber unvermeidliche Nebenwirkung den Tod der Hausbewohner voraus. – Auch den Begriff „wissentlich" und andere inhaltsgleiche Begriffe verwendet das Gesetz bisweilen zur Ausgrenzung der bloßen Möglichkeitsvorstellung. In neueren Gesetzen stimmen sie mit der hier gegebenen Begriffsbestimmung überein (zB in §§ 87 I, 258 I, II).

22 cc) **Beabsichtigter unsicherer Erfolg mit sicherer Nebenfolge**: Der Täter strebt einen nur für möglich gehaltenen außertatbestandlichen Erfolg an, sieht für den Fall des Erfolgseintritts aber die Tatbestandsverwirklichung als sicher voraus; zB A legt zur Begehung eines Versicherungsbetrugs auf einem Schiff eine Zeitbombe und zweifelt an dem zeitgerechten Funktionieren des Zeitzünders, hält aber für den Fall der Zündung den Tod der Mannschaft für sicher (ebenso Sch/Sch-Cramer/Sternberg-Lieben 68; iE auch Puppe AT 1 16/39; aM Hochmayr JBl 98, 205, 215).

23 b) **Bedingter Vorsatz** kommt nur in Frage, wenn der Täter handelt (mit unbedingtem Handlungswillen, GA 63, 147), obwohl er die Tatbestandsverwirklichung für möglich hält (vgl 18); beim unechten Unterlassungsdelikt kann sich diese Vorstellung auch auf die Ursächlichkeit (12 vor § 13) beziehen, so dass der Täter nicht anzunehmen braucht, die „von ihm erwartete Handlung (werde) mit an Sicherheit grenzender Wahrscheinlichkeit den strafrechtlichen Erfolg verhindern" (so mißverständlich bei Dallinger MDR 71, 361 mit krit Bespr Herzberg MDR 71, 881, Ulsenheimer JuS 72, 252 und Spendel JZ 73, 137, 141). Dass zu dem intellektuellen ein **voluntatives** Element hinzukommen muss, wird überwiegend (beachte 26, 27) bejaht; sein genauer Inhalt ist jedoch umstritten (zusf Geppert Jura 86, 610 und 01, 55; Otto Jura 96, 468, 472; Hermanns/Hülsmann JA 02, 140; zur historischen Entwicklung dieses Streits Jescheck ZStW 93, 3, 29; rechtsvergleichend mit Italien Canestrari GA 04, 210):

aa) Wohl noch herrschend sind die in zahlreichen Varianten vertretenen **Einwilligungstheorien;** die eine bestimmte, allerdings jeweils unterschiedlich beschriebene, voluntative (emotionale) Haltung des Täters voraussetzen. Insoweit wird in Bezug auf die Tatbestandsverwirklichung etwa vorausgesetzt: „zustimmen" oder „einverstanden" sein (M-Zipf AT 1 22/36), „billigen" oder „billigend in Kauf nehmen" (so meist die Rspr, zB BGHSt 7, 363; 19, 101; NStZ 83, 365; NStZ-RR 04, 140; Bay StV 93, 641 mit Anm Dannecker/Stoffers; NStZ-RR 00, 327 mit Bespr Baier JA 01, 194; krit Analyse der Rspr bei Herzberg, BGH-FG, S 51, 72; krit auch Joecks MK 31), „ernst nehmen" (Stratenwerth ZStW 71, 51; Wolff, Gallas-FS, S 197), „sich" (um anderer Ziele willen) „abfinden" (§ 16 E 1962; auch BGHSt 36, 1, 9; NStZ-RR 96, 2; NStZ 02, 314; 03, 431 und 603; Bay NJW 03, 371, 372) oder bloß „in Kauf nehmen" (§ 17 II AE; gleichgültige Inkaufnahme verlangen Sch/Sch-Cramer/Sternberg-Lieben 80, 82, 84). Die meisten Vertreter dieser Richtung stellen darauf ab, dass der Täter die Tatbestandsverwirklichung ernstlich für möglich hält und sich mit ihr abfindet (Gropp AT 5/109; Jescheck/Weigend AT S 299; Kühl AT 5/85; W-Beulke AT Rdn 224; Rudolphi SK 43 zu § 16; krit ua Weigend ZStW 93, 657, 667; Schünemann GA 85, 341, 360). Alle diese Formeln sind infolge ihres umgangssprachlich unklaren und schillernden Inhalts nicht hinreichend präzise und trennscharf (krit Schünemann, Hirsch-FS, S 363, 367; zusf Küpper ZStW 100, 758, 764). Das kennzeichnende Abgrenzungskriterium wird man darin zu finden haben, dass der Täter um seines außertatbestandlichen Zieles willen der Vornahme der Handlung den Vorzug gibt vor dem Verzicht auf sie, obwohl er das Risiko der Tatbestandverwirklichung nicht psychisch verdrängt, sondern innerlich angenommen („einkalkuliert") und sich damit für die Möglichkeit der Rechtsgutsverletzung entschieden hat (Roxin JuS 64, 53 und AT I 12/21–31; krit ua Prittwitz JA 88, 486, 490; str). Er muss danach seinen Verwirklichungswillen gegenüber dem Gewicht dieses voll erfassten Risikos durchhalten (ähnlich Hassemer, Kaufmann [Arm]-GS, S 289, 300; Schroth aaO [vgl 3] S 13 sowie JuS 92, 1; von anderen Ansätzen aus auch Frisch aaO [vgl 4] S 473 und Meyer-GS, S 533, 536 sowie Köhler, Hirsch-FS, S 65, 77; aus vorrechtlicher Sicht zust Janzarik ZStW 104, 65). Auf eine gefühlsmäßige Bejahung des schädlichen Erfolges im Sinne einer erwünschten Wirkung kommt es daher nicht an (hM; krit Engisch NJW 55, 1688); bei an sich unerwünschten Nebenfolgen ist aber eine bewusste oder infolge Risikogewöhnung unreflektierte Abwägung erforderlich, an der es fehlt, wenn der Täter in dem – sei es auch unvernünftigen und ihn selbst korrumpierenden – Vertrauen handelt, die Tatbestandsverwirklichung werde ausbleiben. Auch die bloß gefahrmindernde „Manifestation des Vermeidewillens" ist als solche nicht ausschlaggebend (hM; anders Armin Kaufmann ZStW 70, 64); Vermeidebemühungen können aber, wenn der Täter ihretwegen die Tatbestandsverwirklichung nicht mehr in Betracht zieht, schon die erforderliche Möglichkeitsvorstellung ausschließen oder sonst je nach Sachlage mehr oder weniger das Fehlen einer Entscheidung gegen das Rechtsgut indizieren (Hillenkamp, Kaufmann [Arm]-GS, S 351; Hassemer aaO S 291; weiter Schroth NStZ 90, 324, 325 und JuS 92, 1, 8; krit Puppe NK 45–47). Das alles kommt auch in der sog 2. Frank'schen Formel (Frank V zu § 59 aF) zum Ausdruck: „Mag es so oder anders sein, so oder anders werden – auf jeden Fall handle ich".

§ 15 AT. 2. Abschnitt. 1. Titel. Grundlagen der Strafbarkeit

25 Auch die **Rechtsprechung**, die verbal auf „billigen" oder „billigend in Kauf nehmen" abstellt, dürfte dieses Abgrenzungsprinzip zugrundelegen (vgl etwa BGHSt 36, 1, 9 mwN). Sie verfährt allerdings nicht einheitlich, oft formelhaft und auch nicht widerspruchsfrei (krit ua Herzberg JZ 88, 635, 637; Brammsen JZ 89, 71, 77; Bauer wistra 91, 168; Puppe NK 34). Das beruht vor allem auf der Schwierigkeit, dass das selbstständig abzuklärende (NStZ 88, 175 mit abl Bespr Schumann JZ 89, 427; StV 93, 307 und 94, 640) voluntative Element (iS der beschriebenen Risikobereitschaft) im Prozess **nicht als solches feststellbar** ist. Als innere Tatsache kann es nur aus – oft nicht hinreichend aussagekräftigen – äußeren Indizien (Indikatoren, Hassemer aaO [vgl 24] S 305; Kühl AT 5/87; Neumann NK 11–14 zu § 212; Sch/Sch-Cramer/Sternberg-Lieben 87 b; aus der Rspr: Bay NStZ-RR 04, 45) erschlossen werden (NStZ 03, 265; zusf Hermanns/Hülsmann JA 02, 140, 142: objektivierender Ansatz; allg zur Feststellung des Vorsatzes im Prozess Loos, in: Göttinger Studien, S 261, 267; Hruschka, Kleinknecht-FS, S 191; Freund, Normative Probleme der „Tatsachenfeststellung", 1987; s auch NJW 91, 2094; Volk, Kaufmann [Arth]-FS, S 611; Scheffler Jura 95, 349; Ling JZ 99, 335; Stratenwerth/Kuhlen AT I 8/127). Leider hat die Revisions-Rspr bisher noch keine gleichmäßig anwendbaren Kriterien für Relevanz und Gewichtung einschlägiger Indiztatsachen entwickelt (probl Celle NZV 01, 354 mit krit Anm Wrage NZV 02, 196), sondern sich meist entweder mit mehr oder minder pauschalen Beanstandungen oder mit unzureichend konkretisierten Hinweisen auf die Unvollständigkeit der Würdigung begnügt (krit ua Puppe NStZ 87, 363; Freund JR 88, 116 und StV 91, 232; Frisch, Meyer-GS, S 533, 550; Ingelfinger JR 00, 299, 301; Volk, BGH-FG, S 739, 744; s auch Prittwitz JA 88, 486, 495, der im Rahmen einer sog Indizientheorie die in Frage kommenden Beweisanzeichen zu gewichten sucht [krit Puppe NK 60], und Philipps, Roxin-FS, S 365, der ein „Modell multikriterieller computergestützter Entscheidungen" entwirft). Immerhin hält sie aber Gewicht und Nähe der Gefahr für wichtig. Ist im Einzelfall das Risiko der Tatbestandsverwirklichung hoch und überlässt der Täter es dem Zufall, ob sich die von ihm erkannte Gefahr verwirklicht, so liegt bedingter Vorsatz zwar nicht notwendig vor (BGHSt 35, 21, 25; 38, 345, 350 mit krit Bespr Scheffler StV 93, 470, Beulke JR 94, 116 und Stumpf NStZ 97, 7; StV 04, 74; s auch die Nachw der zT überzogenen Rspr zum Tötungsvorsatz unter 3 zu § 212), ist aber doch nahe liegend (JZ 81, 35 mit Anm Köhler; NStZ 94, 584; 96, 227; 99, 507; 00, 583; NStZ-RR 01, 369; NJW 03, 836; NStZ 03, 431, 541 und 603 sowie 04, 330; bei Altvater NStZ 04, 23, 24; NStZ-RR 04, 140 und 204; speziell zu ärztlichem Fehlverhalten MedR 04, 54). Weitere Anhaltspunkte, mit denen sich der Tatrichter in einer Gesamtschau aller objektiven und subjektiven Tatumstände (NStZ 03, 259, 265 und 431; einschr auf Fälle einer einzigen Gewalttat bei Altvater NStZ 03, 21, 22) je nach Sachlage befassen muss (NStZ 94, 585; StV 94, 654), bieten namentlich (zusf Geppert Jura 01, 55, 57): die Motivation des Täters (zB unbedingt an das Geld des Opfers zu gelangen, NStZ-RR 00, 327 mit Bespr Martin JuS 00, 1234 und Baier JA 01, 194); sein Wissensstand, auch sein konkretes Wissen um die Gefährlichkeit der von ihm gewählten Angriffsart (zB von Brandanschlägen auf Ausländerwohnungen, NStZ-RR 96, 35; s auch NStZ 03, 265), die Schnelligkeit des Geschehensablaufs und die Spontaneität des Taterschlusses (NZV 01, 266 mit Bespr Martin JuS 01, 924; StV 04, 74); der Grad seiner Intelligenz (NJW 03, 836, 837); Einsichts- und Steuerungsfähigkeit (StV 92, 10; NStZ 03, 370), namentlich auch die jeweilige seelische Belastung (zB durch Alkohol, Drogen, Affekt; vgl etwa DAR 02, 274; NStZ 04, 51 und 329; NStZ-RR 04, 204; krit Roxin AT I 12/75); die Gefährlichkeit seiner Angriffsweise im Hinblick auf die jeweilige Tatsituation (NStZ 94, 483; NJW 99, 2533, 2534 mit Anm Ingelfinger JR 00, 299, 301), und seine Vermeidebemühungen (vgl 24; NStZ 03, 259; sogar unzureichende Vorkehrungen, NStZ 02, 316); der Umstand, ob er

zugleich sich selbst (Köln NZV 92, 80) oder ihm nahe stehende Personen gefährdet hat; sein Nachtatverhalten, soweit es Rückschlüsse auf den psychischen Zustand zur Tatzeit zulässt; Besonderheiten seiner Persönlichkeit, aus denen Hinweise auf die Motivlage ableitbar sind (zusf Schroth NStZ 90, 324 mit Erwiderung Frisch NStZ 91, 23; speziell zur AIDS-Problematik 10 zu § 224). – Der Vorschlag von Puppe (ZStW 103, 1, 14, 40, Vorsatz und Zurechnung, 1992, S 40 und NK 85–125), das voluntative Element nicht als psychologischen Befund, sondern normativ im Sinne einer „vernünftigen" Einstellung zur jeweiligen Risikolage zu verstehen, ist problematisch, weil er die individuelle Entscheidung des Täters für die mögliche Rechtsgutverletzung, die allein für die Begründung personalen Vorsatzunrechts tragfähig ist, ihres personalen Charakters entkleidet (abl Rudolphi SK 5a zu § 16; krit auch Ling aaO S 339; für durchgängige Normativierung aber auch Schild, Rehbinder-WidmSchr, S 119). Da überdies in diesem Modell der Maßstab der Vernünftigkeit weitgehend im Dunkeln bleibt, liegt es nahe, dass er nicht weniger unsicher und für Willkürentscheidungen anfällig ist als der Maßstab der Rspr, und zwar namentlich auch deshalb, weil die abschließende Bewertung in jedem Falle auf dem ebenso schwer beweisbaren Wissenselement (den Vorstellungen des Täters über die Risikolage) fußen muss (vgl etwa NStZ 87, 424, 88, 361 und 91, 126). Dessen Feststellung wird gerade bei völliger Gleichgültigkeit des Täters gegenüber dem geschützten Rechtsgut nicht selten scheitern (StV 95, 511).

bb) Die in der Vergangenheit vielfach, heute aber kaum mehr vertretene **26 Wahrscheinlichkeitstheorie** leugnet ein voluntatives Element ganz und stellt für die Abgrenzung zur bewussten Fahrlässigkeit allein auf das Maß der vom Täter angenommenen Wahrscheinlichkeit der Tatbestandsverwirklichung ab (Mayer AT S 121; eingehend Puppe NK 66–84, nach der sich die theoretischen Ausgangspositionen dieser Theorie durchgesetzt haben). Allerdings stehen dieser Lehre einige Varianten der Einwilligungstheorie verhältnismäßig nahe. Das gilt zB für die Ansicht von Welzel (S 68), nach der es darauf ankommt, ob der Täter mit dem Eintritt des Erfolges rechnet oder auf sein Ausbleiben vertraut, ferner für die sog „Gefährdungstheorie", nach der ausschlaggebend ist, ob sich der Täter von seinem Vorhaben nicht abhalten lässt, obwohl er die konkrete Gefahr der Tatbestandsverwirklichung erkennt (Otto NJW 79, 2414 und GK 1 7/34–37; Brammsen JZ 89, 71, 78, beide mwN), und schließlich auch für die sog „Vereinigungstheorie", die voraussetzt, dass der Täter die Tatbestandsverwirklichung billigt, für wahrscheinlich hält oder ihr völlig gleichgültig gegenübersteht (Schroeder LK 85–93 zu § 16; ebenso Joecks MK 35; zur Gleichgültigkeit als möglichem Willenselement Bay NJW 03, 371, 372; Hermanns/Hülsmann JA 02, 140, 141; krit zum Vorsatz als Gleichgültigkeit Puppe NK 62–65; zur „Gleichgültigkeit als dolus indirectus" Jakobs ZStW 114, 584, der beides annimmt, wenn der Täter nur eigene Interessen wahrnimmt und eine sich aufdrängende Tatbestandsverwirklichung nicht bedenkt, S 595).

cc) In Teilen des neueren Schrifttums wird ein selbstständiges voluntatives Element auch auf der **Grundlage abweichender Vorsatzkonzeptionen verneint 27** und bedingter Vorsatz – von Grenzfällen abgesehen – schon bei jedem Täter im Bewusstsein möglicher Tatbestandsverwirklichung angenommen (**Möglichkeitstheorie;** vgl ua Schmoller ÖJZ 82, 259, 281; Schmidhäuser, Oehler-FS, S 135; Kindhäuser ZStW 96, 1 und GA 94, 197, 203; Hruschka, Kleinknecht-FS, S 191, 193; Schumann JZ 89, 427; Langer GA 90, 435, 458; Jakobs AT 8/8; Zielinski AK 18, 72–80 zu §§ 15, 16; im Ergebnis auch Joerden, Strukturen des strafrechtlichen Verantwortlichkeitsbegriffs: Relationen und ihre Verkettungen, 1988, S 150; einschr Kargl, Der strafrechtliche Vorsatz auf der Basis der kognitiven Handlungstheorie, 1993, S 70, der das Bewusstsein überwiegender Wahrscheinlichkeit fordert). Diese Lehren suchen zwar unbestreitbare Schwächen der Einwilligungstheorien zu vermeiden. Meist verlagern sie diese aber nur ohne spürbare

§ 15 AT. 2. Abschnitt. 1. Titel. Grundlagen der Strafbarkeit

Verbesserung der Abgrenzungskriterien (vgl 25) in andere systematische Zusammenhänge (krit dazu Puppe ZStW 103, 1, 6, 9); denn sie sind genötigt, die nach ihrem Ausgangspunkt allein maßgebende Relevanz der Möglichkeitsvorstellung wieder einzugrenzen, um eine unangemessene Ausdehnung des Vorsatzbereichs zu verhüten (abl daher ua Spendel, Lackner-FS, S 167; Küpper ZStW 100, 758; Brammsen JZ 89, 71; Schultz, Spendel-FS, S 303). So wird zB das Erfordernis der Möglichkeitsvorstellung einschränkend interpretiert (so Schmidhäuser aaO, JuS 80, 241 und 87, 373, 377 sowie Stub 7/36–43) oder das kognitive und das voluntative Element in einem bestimmt strukturierten, auch Willensmomente einbeziehenden Risikobewusstsein (ein „Für-sich-so-Sehen") konfundiert (so Frisch aaO [vgl 4] S 118, 162; Freund JR 88, 116 und AT 7/54, 68; ähnlich Bottke, in: Schünemann/Pfeiffer [Hrsg], Die Rechtsprobleme von AIDS, 1988, S 171, 193) oder noch weitergehend eine Einschränkung schon des objektiven Tatbestandes der Vorsatzdelikte auf die Setzung „unabgeschirmter" Gefahren postuliert (so Herzberg JuS 86, 249 und 87, 777, NJW 87, 1461, 1463 und 87, 2283 sowie JZ 88, 635 und 89, 470, 476; zust Schlehofer NJW 89, 2017, 2018; ähnlich Puppe NK 85–125, ferner 88–94 zu § 16, die auf die Setzung einer „qualifizierten" Gefahr abstellt [krit Lüderssen, Schreiber-FS, S 289, 299]; abl auch Prittwitz StV 89, 123, 124; Jakobs AT 8/29 a; s auch Canestrari GA 04, 210, nach dem sich der Vorsatz zunächst auf ein nicht erlaubtes Risiko beziehen muß). Im ganzen ist die Diskussion noch zu wenig fortgeschritten, um darauf einen grundsätzlichen, auch für die Rspr annehmbaren Umbau der Vorsatzlehre gründen zu können. Unergiebig ist jedenfalls eine sprachliche Kontroverse (ebenso Roxin AT I 12/66 und Sch/Sch-Cramer/Sternberg-Lieben 12–14). Zwar werden die voluntativen Voraussetzungen des Vorsatzes umgangssprachlich nur zum Teil von dem in der Kurzformel (vgl 3) verwendeten Begriff des Wollens gedeckt (so mit Recht Schmidhäuser, Oehler-FS, S 135; s auch Morselli ZStW 107, 324). Das hat aber für die Konstituierung des Vorsatzbegriffs keine Aussagekraft (Spendel aaO) und ist deshalb auch untauglich, als Sachargument für die Forderung nach vollständigem Verzicht auf das voluntative Element zu dienen (hM; anders Schmidhäuser aaO S 137, 146; s auch Langer, Geerds-FS, S 51, 68). Der sprachliche Einwand legt allenfalls eine Präzisierung der (unexakten) Kurzformel nahe. – Kritisch zur Verabsolutierung einzelner Kriterien Duttge JahrbRuE 03, 103, 109, der auf die relevanten Aspekte der Situation abstellen will.

28   c) Grundsätzlich reicht **jede Vorsatzform** zur Erfüllung des inneren Tatbestandes aus, es sei denn, dass sich aus Wortlaut oder Zweck der einzelnen Vorschrift etwas anderes ergibt. – Bei den konkreten Gefährdungsdelikten (32 vor § 13) braucht sich der (direkte oder bedingte) Vorsatz nur auf die Gefährdung zu beziehen (sog **Gefährdungsvorsatz;** zusf Wolters LdRerg 8/1900, S 9). Er deckt sich nicht mit dem Verletzungsvorsatz; denn die Erwartung, den Schaden vermeiden zu können, schließt nicht aus, dass der Täter die Gefahr (nicht den Schaden) als notwendige Folge der Tathandlung ansieht oder sie als deren mögliche Folge billigend in Kauf nimmt (BGHSt 22, 67, 73; 26, 244, 246; NStZ 01, 247 mit Bespr Heger JA 01, 631; v Hippel ZStW 75, 433; Küpper ZStW 100, 758, 768; Sch/Sch-Cramer/Sternberg-Lieben 98 a; iE auch Frisch aaO [vgl 4] S 290; Joerden aaO [vgl 27] S 151; Schünemann, Hirsch-FS, S 363, 375; Radtke NStZ 00, 88, 89; aM Horn, Konkrete Gefährdungsdelikte, 1973, S 204; Wolter JuS 81, 168, 171; Schmidhäuser, Oehler-FS, S 135, 153); allerdings setzt dabei die erforderliche Bedeutungskenntnis (vgl 14) voraus, dass diese Folge auch vom Täter als bedrohlicher Zustand begriffen wird (Meyer-Gerhards JuS 76, 228; s auch NZV 96, 457).

29   d) Bisweilen treffen **mehrere Vorsatzformen** in der Weise zusammen, dass der Täter zwar nur eine Handlung vornehmen will, dabei aber mehrere, einander nach den Umständen ausschließende Tatbestandsverwirklichungen anstrebt oder in

Kauf nimmt (sog **Alternativvorsatz**), etwa wenn er Wild entwendet, das nach seiner Kenntnis entweder noch herrenlos ist (§ 292) oder schon einem anderen gehört (§ 242), oder wenn er einen Schuss abgibt, um entweder einen Menschen (§§ 211, 212) oder wenigstens den ihn begleitenden Hund (§ 303) tödlich zu treffen. Da der Täter in solchen Fällen jeweils alle beteiligten Rechtsgüter verletzt oder gefährdet hat, kommt nach hM Strafbarkeit in Bezug auf alle Möglichkeiten (bei dem jeweils objektiv nicht verwirklichten Tatbestand uU wegen Versuchs) in Frage (Schlehofer aaO [vgl 4] S 173, Köhler AT S 169; Roxin AT I 12/83–85; Puppe NK 155, 156; Rudolphi SK 47); vorzugswürdig ist die Auffassung, die den Vorsatz des schwereren Delikts für maßgeblich hält (Kühl JuS 80, 273, 275; Otto GK 1 73; diff Schmitz ZStW 112, 301, 318, 332; Sch/Sch-Cramer/Sternberg-Lieben 90–92; W-Beulke AT Rdn 231–237; vgl auch Joerden ZStW 95, 565, JZ 90, 298 und 02, 414, 415 sowie Silva-Sanchez ZStW 101, 352, 379).

4. Die Wissens- und Willensseite des Vorsatzes sind nur verschiedene Elemente **30** **desselben** komplexen psychologischen Sachverhalts. Der Versuch, das Wesen des Vorsatzes vornehmlich aus seinem Wissenselement (Vorstellungstheorie) oder seinem Willenselement (Willenstheorie) zu erklären, hat überwiegend nur noch dogmengeschichtliche Bedeutung (M-Zipf AT 1 22/14–17).

5. Der unter 4–30 erläuterte Vorsatz ist ein wertfreier psychologischer Sachver- **31** halt (str für den bedingten Vorsatz). Dass er als solcher selbstständige Bedeutung erlangen kann (zB im Rahmen des § 20), ist allgemein anerkannt. Ein Kernpunkt der wissenschaftlichen Auseinandersetzungen in den letzten Jahrzehnten (zu deren historischem Ablauf Jescheck ZStW 93, 3, 32) war jedoch die Frage, ob der Vorsatz sich in der psychologischen Beziehung des Täters zur Tat erschöpft (sog „natürlicher" Vorsatz) oder ob er als **dolus malus** noch ein zusätzliches Moment voraussetzt, nämlich das Bewusstsein (die Einsicht), Unrecht zu tun (Unrechtsbewusstsein, 2 zu § 17).

a) Das **Reichsgericht** (zB RGSt 61, 242, 258; 62, 289; 63, 215, 218) hat das **32** Erfordernis des Unrechtsbewusstseins unter Hinweis auf den Wortlaut des § 59 aF grundsätzlich verneint (error iuris nocet).

b) Die **Vorsatztheorie,** die in Frontstellung zu der mit dem Schuldprinzip un- **33** vereinbaren Rspr des RG entstanden ist und auch heute noch vereinzelt in der Wissenschaft vertreten wird (1 zu § 17), sieht im Unrechtsbewusstsein das Kernstück des Vorsatzes (Sch/Sch-Cramer[19] 101 mwN). Sie ist trotz mancher gewichtiger Argumente von der Rspr vor allem deshalb verworfen worden, weil sie zu dem kriminalpolitisch unbefriedigenden Ergebnis führt, dass der vorwerfbar (sog Rechtsfahrlässigkeit), aber ohne Unrechtsbewusstsein handelnde Täter straffrei bleiben muss, wenn die fahrlässige Begehung nicht mit Strafe bedroht ist. Das 2. StrRG hat der Vorsatztheorie durch § 17 den Boden entzogen.

c) Die **Schuldtheorie,** der sich die Rspr seit BGHSt-GS-2, 194 angeschlossen **34** hat und die jetzt auch durch § 17 (dort 1) bestätigt wird, trennt Vorsatz und Unrechtsbewusstsein. Sie geht davon aus, dass die tatbestandsmäßige und rechtswidrige Handlung, die auch die erforderliche psychische Beziehung des Täters zur Tat aufweist, als Objekt der Schuldbewertung von der Wertung selbst zu scheiden sei. Bei dieser Betrachtung kann der Vorsatz nur ein selbstständiges, vom normativen Schuldurteil unabhängiges Schuldelement (so wohl noch die Rspr) oder schon ein Element der tatbestandsmäßigen Handlung sein (so mit Recht die personalen Unrechtslehren, 20 vor § 13); dabei schließt die letzte Ansicht nicht aus, dem Vorsatz eine Doppelfunktion in dem Sinne zuzuweisen, dass er im Unrechtstatbestand Träger des subjektiven Handlungssinns ist und zugleich im Schuldbereich (etwa als Träger des Gesinnungsunwerts, Gallas, Beiträge, S 55) eine besondere Schuldform bildet (W-Beulke AT Rdn 142; aM Schroth, Kaufmann [Arth]-FS, S 595,

§ 15 AT. 2. Abschnitt. 1. Titel. Grundlagen der Strafbarkeit

601; s auch Hirsch ZStW 94, 239, 257; Schünemann GA 85, 341, 360; ferner Ziegert, Vorsatz, Schuld und Vorverschulden, 1987, S 162, der aus der finalen Handlungslehre einen zweiteiligen Vorsatzbegriff ableitet, in dem die Handlungsentscheidung dem Tatbestand und die Entscheidung für die Rechtsgutverletzung der Schuld zugeordnet wird; krit zur Doppelstellung des Vorsatzes Röttger, Unrechtsbegründung und Unrechtsausschluss, 1993, S 241). Da die Unrechtshandlung stets vorwerfbar ist, wenn der Täter die Fähigkeit hatte, sich durch die entgegenstehende Rechtsnorm zur Nichtvornahme der Handlung motivieren zu lassen, ist zur Begründung des Schuldurteils kein aktuelles Unrechtsbewusstsein erforderlich; es genügt die ungenutzte Möglichkeit, zu ihm vorzudringen (potenzielles Unrechtsbewusstsein). Daraus folgt, dass das fehlende Unrechtsbewusstsein den Vorsatz unberührt lässt, wohl aber die Schuld ausschließt, wenn der Täter nach den Umständen nicht in der Lage war, das Unrecht der Tat zu erkennen (vgl zB BGHSt-GS-2, 194).

35 **III. Fahrlässig** handelt, wer entweder die Sorgfalt außer acht lässt, zu der er nach den Umständen und seinen persönlichen Verhältnissen verpflichtet und fähig ist, und deshalb die Tatbestandsverwirklichung nicht erkennt (unbewusste Fahrlässigkeit; vgl § 18 I E 1962) oder wer die Tatbestandsverwirklichung für möglich hält, jedoch pflichtwidrig und vorwerfbar im Vertrauen darauf handelt, dass sie nicht eintreten werde (bewusste Fahrlässigkeit; vgl § 18 II E 1962). – Sowohl der genaue Inhalt des Fahrlässigkeitsbegriffs wie auch seine Integration in den Deliktsaufbau sind **noch nicht abschließend geklärt** und in Teilbereichen sehr umstritten. Die Meinungsverschiedenheiten beruhen auf unterschiedlichen (zB normlogischen, normtheoretischen usw) Ansätzen und den daraus folgenden divergierenden Entwicklungen in der Unrechtslehre (18–21 vor § 13). Sie führen nur selten zu abweichenden Ergebnissen, wohl aber zu einer schwer überschaubaren Vielfalt von Aufbaumodellen und Systembegriffen.

Zu ausgearbeiteten Konzeptionen außerhalb der Lehrbuch- und Kommentarliteratur vgl etwa Welzel, Fahrlässigkeit und Verkehrsdelikte, 1961; Armin Kaufmann ZfRV 64, 41; Jescheck, Aufbau und Behandlung der Fahrlässigkeit im modernen Strafrecht, 1965; Burgstaller, Das Fahrlässigkeitsdelikt im Strafrecht, 1974; Jakobs ZStW Beiheft 74, 6; Schünemann JA 75, 435, 511, 575, 647, 715, 787 und in: Meurer-GS, S 37, 39; Schmidhäuser, Schaffstein-FS, S 129; Gössel, Bruns-FS, S 43 und Bengl-FS, S 23; Fünfsinn, Der Aufbau des fahrlässigen Verletzungsdelikts durch Unterlassen im Strafrecht, 1985; Schöne, Kaufmann (H)-GS, S 649; Donatsch, Sorgfaltsbemessung und Erfolg beim Fahrlässigkeitsdelikt, 1987; Kremer-Bax, Das personale Verhaltensunrecht des Fahrlässigkeitstat, 1999; s auch Schroeder ZStW 91, 257; Gössel ZStW 91, 270; Maiwald JuS 89, 186; Kindhäuser GA 94, 197; Burkhardt, in: Wolter/Freund (Hrsg), Straftat, Strafzumessung und Strafprozess im gesamten Strafrechtssystem, 1996, S 99; aus der Ausbildungsliteratur vgl Quentin JuS 94, L 41, 49, 57; Kretschmer Jura 00, 267; Laue JA 00, 666; Mitsch JuS 01, 105. – Zu **Reformbestrebungen**, fahrlässiges Verhalten bei geringfügiger Schuld zu entkriminalisieren, expl § 16 II AE; Schlüchter, Grenzen strafbarer Fahrlässigkeit, 1996, Koch, Die Entkriminalisierung im Bereich der fahrlässigen Körperverletzung und Tötung, 1998 und Webel, Strafbarkeit leicht fahrlässigen Verhaltens, 1999, S 265; zusf Sauer, Die Fahrlässigkeitsdogmatik der Strafrechtslehre und der Strafrechtsprechung, 2003, S 135 und Sch/Sch-Cramer/Sternberg-Lieben 203 a; zu den kriminalpolitischen Unzulänglichkeiten des klassischen Fahrlässigkeitskonzepts in der modernen Industriegesellschaft Schünemann, Meurer-GS, S 37, 42. – **Rechtsvergleichend** Schünemann, Meurer-GS, S 37 und Duttge MK 60–80.

36 **1.** Das **Fahrlässigkeitsunrecht** setzt nach hM eine **objektive Sorgfaltspflichtverletzung** (vgl 37–40) und die **objektive Voraussehbarkeit (Erkennbarkeit)** der Tatbestandsverwirklichung voraus (vgl 46, 47; Köln NStZ-RR 03,

304). Beide Merkmale sind innerlich verbunden, so dass sie nicht isoliert beurteilt werden können (eingehend Kaminski, Der objektive Maßstab im Tatbestand des Fahrlässigkeitsdelikts, 1992, S 14). Im Schrifttum wird das erste Erfordernis zum Teil geleugnet und allein auf die objektive Erkennbarkeit abgestellt (so zB Schroeder JZ 89, 776 und LK 157–162 zu § 16; Schmidhäuser, Schaffstein-FS, S 129 und JuS 87, 373, 377; Röttger aaO [vgl 34] S 45, 58; Kremer-Bax aaO [vgl 35] S 47; Weigend, Gössel-FS, S 129, 131). Zum Teil wird es auch als entbehrlich bezeichnet, weil es über die allgemeinen Zurechnungskriterien nicht hinausführe (so zB Roxin AT I 24/8–12; Wolter GA 77, 257, 267 und GA-FS, S 269, 310; vgl dazu Mitsch JuS 01, 105, 106 und Otto, Schlüchter-GS, S 77, 88). – Zusf zu den grundsätzlichen Lösungskonzepten zur Bestimmung des Unrechts des fahrlässigen Delikts Hirsch, Lampe-FS, S 515, 517. – Rechtsvergleichend mit Polen Giezek, Gössel-FS, S 117.

2. a) Die **objektive Sorgfaltspflichtverletzung** (vgl 36) ist nach dem allgemeinen Maßstab der Anforderungen zu bestimmen, die an einen einsichtigen und besonnenen Menschen (Welzel S 132) in der konkreten Lage des Täters, namentlich in dem jeweiligen Verkehrskreis (dazu Kaminski aaO [vgl 36] S 121, 135) zu stellen sind (hM; vgl etwa NJW 00, 2754, 2758; zur Argumentation mit Maßstabfiguren Schmoller JBl 90, 631; krit Jakobs, Hirsch-FS, S 45, 55; Ida, Hirsch-FS, S 225, 230; Kremer-Bax aaO [vgl 35] S 170; Duttge, Zur Bestimmtheit des Handlungsunwerts von Fahrlässigkeitsdelikten, 2001, S 66 [mit krit Bespr Sternberg-Lieben JZ 01, 1024 und Herzberg GA 01, 568 mit Replik auf Herzberg Duttge GA 03, 451], Kohlmann-FS, S 13, JahrbRuE 03, 103, 110, der ein „Veranlassungsmoment" verlangt, S 355, 427); über die Rückführung dieses Maßstabes auf bestimmte materielle Rechtsprinzipien besteht noch keine Einigkeit (vgl etwa Schünemann JA 75, 575; M-Gössel AT 2 43/28–42 mwN). **37**

aa) Als Trägerin des Handlungsunwerts (20 vor § 13) ist die objektive Pflichtwidrigkeit **Element des Tatbestandes** (hM; vgl zB Gallas ZStW 67, 1, 26; Armin Kaufmann, Welzel-FS, S 393, 406; Burgstaller aaO [vgl 35] S 26; Maiwald, Dreher-FS, S 437, 448; Hirsch ZStW 94, 239, 266; Krey AT 2 Rdn 529, 533; krit Bohnert ZStW 94, 68, 80). Auch in der Rspr ist anerkannt, dass sie jedenfalls kein bloßes Schuldelement, sondern schon Gegenstand des Rechtswidrigkeitsurteils ist (BGHZ 24, 21; VRS 14, 30; Köln NJW 03, 2381; Rspr-Analyse bei Sauer aaO [vgl 35] S 287). Im Übrigen sind die Gegenmeinungen differenziert: Teils wird die objektive Pflichtwidrigkeit als selbstständiges Erfordernis überhaupt geleugnet, und zwar entweder auf dem Boden einer objektiven Unrechtslehre (zB Oehler, EbSchmidt-FS, S 232, 246) oder auf der Grundlage einer Abgrenzung schon des Tatbestandes mit Hilfe eines individuellen, am Täter orientierten Maßstabes (zB Stratenwerth, Jescheck-FS, S 285; Mir Puig, Kaufmann [Arm]-GS, S 253, 268 und ZStW 108, 759, 781; Castaldo GA 93, 495; Kremer-Bax aaO [vgl 35] S 129, 181; Jakobs AT 9/5–13; ähnlich Freund GA 91, 387, 396 und AT 5/22; Weigend, Gössel-FS, S 129, 138; abl ua Schünemann, Schaffstein-FS, S 159; Wolter GA 77, 257, 265; Hirsch, Köln-FS, S 399, 410; diff Kretschmer Jura 00, 267, 271 und Roxin AT I 24/46–58; aus der Rspr vgl Bay NJW 98, 3580 mit Bespr Otto JK 6); teils wird sie als bloßes Zurechnungskriterium gekennzeichnet (Kindhäuser GA 94, 197, 208 und JahrbRuE 94, 339, der zwischen Pflicht- und Obliegenheitsverletzungen unterscheidet), nur allgemein dem Unrechtsbereich zugewiesen (Maihofer ZStW 70, 159, 187) oder ihrem Fehlen – namentlich in Fällen eines auf Grund Güterabwägung noch erlaubten Risikos (BGHZ 24, 21) – rechtfertigende Wirkung zugeschrieben (B-Weber/Mitsch AT 22/34; diff Lampe ZStW 101, 3); teils wird sie auch als selbstständiges Element der Schuld (Roeder, Die Einhaltung des sozialadäquaten Risikos und ihr systematischer Standort im Verbrechensaufbau, 1969, S 94) behandelt. Bei diesem Meinungsstreit spielt neben den Differenzen in **38**

§ 15 AT. 2. Abschnitt. 1. Titel. Grundlagen der Strafbarkeit

der Unrechtslehre (19–21 vor § 13) auch die – im Ergebnis unbegründete (Schünemann, Schaffstein-FS, S 159, 165; Wolter GA 77, 257, 269; Hirsch ZStW 94, 239, 272; krit Castaldo aaO S 503) – Sorge eine Rolle, dass die Anwendung eines doppelten Prüfungsmaßstabs zu ungerechtfertigter Privilegierung von Tätern mit überdurchschnittlichen Kenntnissen oder Fähigkeiten führen könnte (zusf Schünemann JA 75, 435, 511; Joecks 61–68; Sch/Sch-Cramer/Sternberg-Lieben 133–142).

39 bb) Die objektive Sorgfaltspflicht ist auf zahlreichen Sachgebieten durch **Verhaltensvorschriften** (sog Sondernormen, zB Verkehrsregeln, Unfallverhütungsvorschriften, Spielregeln beim Kampfsport usw) oder allgemeine **Erfahrungssätze** (zB ärztliche Kunstregeln, anerkannte Regeln der Technik usw) konkretisiert und verallgemeinert (zu den offenen Verhaltensnormen in ungeregelten Verhaltensbereichen Mikus, Die Verhaltensnorm des fahrlässigen Erfolgsdelikts, 2002, S 182, der nur ein „verantwortungsbewusst-vertretbares Verhalten" verlangt). Diese sind das Ergebnis einer auf Erfahrung und Überlegung beruhenden umfassenden Voraussicht möglicher Gefahren (BGHSt 4, 182; 12, 75; Karlsruhe NStZ-RR 00, 141) und machen damit die Grenzen des erlaubten (rechtlich nicht mißbilligten) Risikos (29 vor § 32) deutlich (zur Bedeutung technischer Normen für dieses Risiko Lenckner, Engisch-FS, S 490; Große Vorholt, Behördliche Stellungnahme in der strafrechtlichen Produkthaftung, 1997, S 106; speziell zu Sportnormen Rössner, Hirsch-FS, S 313; Kretschmer Jura 00, 267, 270). Die Verletzung solcher Vorschriften oder Regeln ist daher für die Annahme eines Sorgfaltsmangels zwar in hohem Maße indiziell, aber nicht zwingend (Schürer-Mohr, Erlaubte Risiken, 1998, S 195; diff Jähnke LK 5; für „durchnormierte" Sachgebiete aM M-Gössel AT 2 43/47–50), während umgekehrt deren Einhaltung – namentlich bei außergewöhnlichen Gefährdungssachverhalten (BGHSt 37, 184) – Fahrlässigkeit nicht notwendig ausschließt (BGHSt 4, 182, 185; Köln NJW 86, 1947; eingehend zum Verhältnis zwischen Sorgfaltspflicht und Sondernorm Bohnert JR 82, 6; Sondernormen können auch dem Gemeinschaftsrecht entspringen, Satzger, Die Europäisierung des Strafrechts, 2001, S 606; zur Bedeutung von EG-Richtlinien für die Bestimmung von Sorgfaltspflichten vgl Sch/Sch-Cramer/Sternberg-Lieben 224a mwN). Soweit die Rechtsordnung anerkennt, dass sich jeder an einem gefahrträchtigen Vorgang Beteiligte unter gewissen Voraussetzungen auf die Beachtung dieser Vorschriften oder Regeln durch die anderen Beteiligten verlassen darf (**Vertrauensgrundsatz;** vgl zB BGHSt 7, 118; Böhmer MDR 64, 100 und JR 67, 291; Burgstaller aaO [vgl 35] S 58; Brinkmann, Der Vertrauensgrundsatz als eine Regel der Erfahrung, 1996, S 110, 138; Kretschmer Jura 00, 267, 270; Kindhäuser 112 vor § 13; speziell im Straßenverkehr Heß, in: Janiszewski/Jagow/Burmann 24–29 zu § 1 StVO; krit Wohlers, Deliktstypen des Präventionsstrafrechts, 2000, S 332: Leerformel; zu „Sinn" und „Unsinn" des Vertrauensgrundsatzes Puppe Jura 98, 21; für einen „erweiterten Vertrauensgrundsatz" Duttge aaO [vgl 37] S 357, 465), hat sie auch nach dieser Richtung die Grenzen des erlaubten Risikos näher bestimmt (Stuttgart NStZ 97, 190 mit Bespr Gössel JR 97, 519 und Otto JK 11 vor § 13; Bay NJW 03, 371, 373 mit Bespr Otto JK 14 vor § 13; beachte auch Tiedemann, Hirsch-FS, S 765, 778). – Im **Straßenverkehrsrecht** ist der Maßstab der Sorgfaltspflicht anhand der Verkehrsvorschriften (vor allem der StVO und StVZO) durch eine unübersehbare Fülle von Gerichtsentscheidungen und der Vertrauensgrundsatz durch eine umfangreiche, nicht durchweg widerspruchsfreie Kasuistik näher konkretisiert worden (vgl etwa Kirschbaum, Der Vertrauensschutz im deutschen Straßenverkehrsrecht, 1980; Schumann, Strafrechtliches Handlungsunrecht und das Prinzip der Selbstverantwortung der Anderen, 1986, S 7; Krümpelmann, Lackner-FS, S 289; Sch/Sch-Cramer/Sternberg-Lieben 211–215). Vergleichbares gilt für gefahrgeneigte **berufliche Tätigkeiten,** für die bestimmte Berufspflichten herausgearbeitet worden sind; zB Verletzung der ärztlichen Kunstregeln (8–10 zu § 223) oder der Besuchspflicht des behandelnden Arztes (NJW 61, 2068; NStZ 83, 263; Köln NJW 91, 764), speziell des Bereitschafts- (BGHSt 7, 211) und des Sportarztes (zur Frage des Doping 5, 10 zu § 223); Überwachung des Pflegepersonals (BGHSt 6, 282); Unfallverhütungspflichten der beim Bauen Beteiligten (BGHSt 19, 286; MDR 78, 504; Karlsruhe NJW 77, 1930; Stuttgart NJW 84, 2897; Gallas, Die strafrechtliche Verantwortlichkeit der am Bau Beteiligten, 1964), des Kfz-Werkstattleiters (Köln NJW 66, 1468), des Fahrlehrers (Hamm NJW 79, 993), des Fahrers von Transportfahrzeugen (Karlsruhe NStZ-RR 00, 141: UVV „Fahrzeuge" – VGB 12 –), des Sicherheitspersonals beim Übungsschießen (BGHSt 20, 315), des Bergbahnunternehmers für Skiabfahrtstrecken (NJW 73, 1379 mit Bespr Hepp NJW 73, 2085 und Hummel NJW 74, 170; s auch Kürschner NJW 82, 1966) und des Veranstalters von Sportveranstaltung (NJW 03, 2018 mit Bespr Emmerich JuS 03, 1026). – Zur Sorgfaltspflicht des **Hundehalters** Bay NJW 91, 1695 und 93, 2001; Düsseldorf NJW 92, 2583 und 93, 1609 mit Anm Brammsen JR 94, 373; Hamm NJW 96, 1295; Köln NStZ-RR 02, 304. – Zur Sorgfaltspflicht des Skifahrers Hamm SpuRt 02, 18, Sch/Sch-Cramer/Sternberg-Lieben 221.

cc) Beim Erfolgsdelikt kann der Sorgfaltsmangel auch in einem Verhalten ge- **39a** funden werden, das den Täter in eine Lage bringt, in der ihm der Erfolg, weil unvermeidbar, nicht mehr vorgeworfen werden kann; eines Rückgriffs auf die Rechtsfigur der alic bedarf es dazu nach der Rspr nicht (BGHSt 40, 341, 343; 42, 235, 236 mit krit Bespr Horn StV 97, 264; krit auch Mitsch JuS 01, 105, 111 und Fellenberg, Zeitliche Grenzen der Fahrlässigkeitshaftung, 2000, S 95; s auch NStZ-RR 96, 100; 25, 28 zu § 20; zw). Er kann auch darin liegen, dass jemand, etwa als Arzt (zB BGHSt 3, 91), Aufgaben übernimmt oder fortführt, denen er nicht gewachsen ist (sog **Übernahmefahrlässigkeit;** zB BGHSt 10, 133; 43, 306, 311; JR 86, 248 mit Anm Ulsenheimer; krit zu ihrer Zurechnungsstruktur Neumann, Zurechnung und „Vorverschulden", 1985, S 186; einschr Duttge aaO [vgl 37] S 447; speziell zum Handeln nichtärztlicher Hilfspersonen in Notsituation Boll, Strafrechtliche Probleme bei Kompetenzüberschreitungen ..., 2000, S 20, 196; allg zur fahrlässigen Tätigkeitsübernahme Müller, Fahrlässige Tätigkeitsübernahme, 2001, S 98).

dd) Bei **arbeitsteiligem Handeln** hängt es von den jeweiligen Verantwor- **40** tungsbereichen und von dem auch hier mit gewissen Modifikationen anwendbaren Vertrauensgrundsatz (vgl 39) ab, welche Beteiligten ihre Sorgfaltspflicht verletzt haben und in welchem Umfang die für den Gesamtvorgang Verantwortlichen im Hinblick auf das mitwirkende Personal Kontroll-, Aufsichts- und Auswahlpflichten treffen (Jähnke LK 4 zu § 222; eingehend Schumann aaO [vgl 39] S 19) und wieweit sie für Organisationsmängel selbst einzustehen haben; dazu Schmidt-Salzer BB 92, 1866). Die Frage ist ua bedeutsam bei **Operationen** oder sonst arbeitsteiligen ärztlichen Behandlungen (zB BGHSt 43, 306, 310; NJW 80, 649, 650 und 91, 1539; MedR 83, 104; StV 88, 251; Stratenwerth, EbSchmidt-FS, S 383; Kamps, Ärztliche Arbeitsteilung und strafrechtliches Fahrlässigkeitsdelikt, 1981; Wilhelm, Verantwortung und Vertrauen bei Arbeitsteilung in der Medizin, 1984; Majunke, Anästhesie und Strafrecht, 1988; Peter, Arbeitsteilung im Krankenhaus aus strafrechtlicher Sicht, 1992; zusf Wilhelm Jura 85, 183; Ulsenheimer, Arztstrafrecht Rdn 138–201; speziell zu Therapeuten in arbeitsteiligen Behandlungsteamzusammenhängen Grünebaum, Zur Strafbarkeit des Therapeuten im Maßregelvollzug bei fehlgeschlagenen Lockerungen, 1996, S 121); bei **Aufgabenteilung in Unternehmen** zwischen Organen und Betriebsangehörigen.

Speziell zur Produkthaftung in Betrieben BGHSt 37, 106, 123 mit Bespr Schmidt-Salzer NJW 90, 2966 und 94, 1305, 1309, Kuhlen NStZ 90, 566, Beulke/Bachmann JuS 92, 737 und Deutscher/Körner wistra 96, 292, 327; s dazu auch Bode BGH-FS 00,

§ 15 AT. 2. Abschnitt. 1. Titel. Grundlagen der Strafbarkeit

S 515, 525 und Kuhlen, BGH-FG, S 647, 655; LG Frankfurt ZUR 94, 33 mit Bespr Schulz ZUR 94, 26, Rönnau wistra 94, 203 und Braum KritV 94, 179; BGHSt 41, 206 mit Bespr Otto WiB 95, 929 und Schmidt-Salzer NJW 96, 1; NJW 95, 2933 mit krit Anm Samson StV 96, 93; zum „Fall Degussa" Tiedemann, Hirsch-FS, S 765, 770; eingehend Schmidt-Salzer, Produkthaftung, Bd I: Strafrecht, 2. Aufl 1988 mit krit Bespr Schumann StV 94, 106; Frisch, Tatbestandsmäßiges Verhalten und Zurechnung des Erfolgs, 1988, S 208; Kuhlen, Fragen einer strafrechtlichen Produkthaftung, 1989; Hilgendorf, Strafrechtliche Produzentenhaftung in der „Risikogesellschaft", 1993; Hassemer, Produktverantwortung im modernen Strafrecht, 2. Aufl 1996; Schünemann, in: Breuer ua (Hrsg), Umweltschutz und technische Sicherheit im Unternehmen, 1994, S 137 und in: Meurer-GS, S 37, 47, 62; Goll/Winkelbauer § 48 Rdn 1–31; Höhfeld, Strafrechtliche Produktverantwortung und Zivilrecht, 1999; Schmucker, Die „Dogmatik" einer strafrechtlichen Produktverantwortung, 2001, S 193; Eidam, Unternehmen und Strafe, 2. Aufl 2001, S 436; Sch/Sch-Cramer/Sternberg-Lieben 223; rechtsvergleichend Eichinger, Die strafrechtliche Produkthaftung im deutschen im Vergleich zum anglo-amerikanischen Recht, 1997; zum schweizerischen Recht Donatsch SchwZStr 02, 1, 15; Vorschläge de lege ferenda bei Freund, in: Meurer [Hrsg], Die Haftung der Unternehmensleitung, 1999, S 67, 86; s auch Dreher ZGR 92, 22, 43; Meier NJW 92, 3193; Hilgendorf NStZ 93, 10, 15; Kuhlen JZ 94, 1142; Kassebohm/Malorny BB 94, 1361; Hoyer GA 96, 160; Große Vorholt aaO (vgl 39) S 95, 103; Schulz, in: Lüderssen (Hrsg), Aufgeklärte Kriminalpolitik, Bd III 1998, S 43; Rotsch wistra 99, 321, 325; Ransiek ZGR 99, 613; zur **Verantwortlichkeit nach Arbeitsunfällen** in Betrieben Herzberg DB 81, 690 und Die Verantwortung für Arbeitsschutz und Unfallverhütung im Betrieb, 1984, S 143; Benz BB 91, 1185; zur Verantwortlichkeit in **Betrieben für den Umweltschutz** 16 zu § 324; zur sog Geschäftsherrenhaftung 14 zu § 13); ferner bei **Delegation** von **Sicherungspflichten** auf Subunternehmen (bei Holtz MDR 83, 985) oder vom Betreiber einer Schwebebahn auf den Bauleiter (BGHSt 47, 224 mit Bespr Freund NStZ 02, 424, Kudlich JR 02, 468 und Otto JK 33 zu § 13).

41 b) Bei Erfolgsdelikten genügt es nicht, dass die sorgfaltswidrige Handlung den tatbestandsmäßigen Erfolg lediglich verursacht hat (Kausalzusammenhang). Zur sachgemäßen weiteren Begrenzung der **objektiven Zurechnung** (14 vor § 13; beachte auch Bay NStZ-RR 98, 328, 329) muss der Erfolg seinen **Grund gerade in der Sorgfaltspflichtverletzung** haben, sich also als Realisierung der in ihr angelegten Gefahr darstellen (krit Puppe AT 1 4/3); daran fehlt es, wenn er auch bei Beachtung gehöriger Sorgfalt eingetreten wäre (hM; anders Spendel JuS 64, 14; Bindokat JZ 77, 549; Ranft NJW 84, 1425; beachte auch 45). Tragweite und dogmatische Einordnung dieses sog **Pflichtwidrigkeitszusammenhangs** sind umstritten (zusf Kretschmer Jura 00, 267, 273 und Hirsch, Lampe-FS, S 515, 531; aus der Rspr: Köln NStZ-RR 03, 304):

42 aa) Die **Rechtsprechung** behandelt ihn im Gegensatz zur überwiegenden Lehre als bloßes Kausalitätsproblem. Sie hält die Handlung dann nicht im Rechtssinne für ursächlich, wenn der gleiche Erfolg nach den Umständen – allerdings nicht lediglich als Folge pflichtwidrigen Verhaltens Dritter (BGHSt 30, 228 mit Bespr Puppe JuS 82, 660 und Kühl JR 83, 32) – auch bei Beachtung gehöriger Sorgfalt eingetreten wäre (vgl zB BGHSt 11, 1; 21, 59; Karlsruhe JR 85, 479 mit krit Anm Kindhäuser; speziell zu fehlgeschlagenen Lockerungsgewährungen im Strafvollzug NJW 04, 237 und Schatz NStZ 03, 581 [zu LG Potsdam v 18. 10. 2002]); speziell zu ärztlichem Fehlverhalten v Glahn AnwBl 02, 573); dabei hat die Prüfung der Ursächlichkeit erst mit Eintritt der konkreten Gefahrenlage (krit dazu Krümpelmann, Lackner-FS, S 289, 294; Puppe Jura 97, 624, 627 und NK 227 vor § 13) einzusetzen, wobei es dann ohne weitere Differenzierungen auf die Pflichtwidrigkeit des Täterverhaltens in dieser Situation ankommen soll (BGHSt 24, 31 mit abl Bespr Maiwald, Dreher-FS, S 437; BGHSt 33, 61 mit krit Bespr Puppe JZ

85, 295, Ebert JR 85, 356, Streng NJW 85, 2809 und Peters JR 92, 50; MedR 88, 149; NJW 04, 237 mit zust Bespr Ogorek JA 04, 356; Bay NZV 94, 283 mit krit Anm Schmid BA 94, 330 und Puppe NStZ 97, 389; Düsseldorf VRS 88, 268; s auch JR 89, 382 mit Bespr Krümpelmann JR 89, 353; Frankfurt JR 94, 77 mit Anm Lampe).

bb) Das **Schrifttum** macht verschiedenartige Erklärungsversuche: Während man zunächst einen besonderen Rechtswidrigkeitszusammenhang angenommen (Engisch, Die Kausalität als Merkmal der strafrechtlichen Tatbestände, 1931, S 67) oder eine Erklärung aus dem allgemeinen Gesichtspunkt der Vermeidbarkeit versucht hatte (Wessels JZ 67, 449; Tröndle/Fischer 17c vor § 13), ist heute weithin die Annahme einer Tatbestandsvoraussetzung anerkannt (eingehend mit Beispielsfällen aus der Rspr Puppe Jura 97, 513). – Die heute wohl noch hM deutet sie mit Recht als Begrenzung der objektiven Zurechnung durch den **Schutzbereich der Norm** (sog **Risikozusammenhang**; vgl die Nachw unter 14 vor § 13; ferner ua Rudolphi JuS 69, 549; Burgstaller aaO [vgl 35] S 96; Schünemann GA 85, 341, 358 und GA 99, 207, 225; aM Maiwald JuS 84, 439, 442; Hirsch, Köln-FS, S 399, 406; Frisch aaO [vgl 40] S 81; Otto Jura 92, 90, 96; Kindhäuser GA 94, 197, 204; diff Lampe ZStW 101, 3; rechtsvergleichend Reitmaier, Die objektive Erfolgszurechnung im österreichischen Strafrecht, 1998). – Dabei wird der Schutzgedanke auch zu **weiteren,** allerdings im Einzelnen umstrittenen Einschränkungen der Fahrlässigkeitshaftung herangezogen (sog **Schutzzweckzusammenhang;** expl Roxin, Gallas-FS, S 241 und AT I 11/90–114, 24/44; Schünemann JA 75, 715 und GA 99, 207, 214; Burgstaller, Jescheck-FS, S 357; Puppe Jura 97, 624; eingehend zu den unterschiedlich weit reichenden Konzeptionen Degener, „Die Lehre vom Schutzzweck der Norm" und die strafgesetzlichen Erfolgsdelikte, 2001, der diese „Lehre" für entbehrlich hält [S 511]; ohne Heranziehung des Schutzzweckgedankens kommen zu vergleichbaren Einschränkungen auch Frisch aaO und NStZ 92, 1, 62; Wolter GA 91, 531, 536 und GA-FS, S 269, 300; Freund, Erfolgsdelikt und Unterlassen, 1992, S 199, 226; Derksen, Handeln auf eigene Gefahr, 1992 und NJW 95, 240). Auf dieser Grundlage können nicht vorsehbare **Folgeschäden** (dazu Namias, Die Zurechnung von Folgeschäden im Strafrecht, 1993) und **Spätfolgen** von der Zurechnung ausgeschlossen werden (Gómez GA 01, 283). Besonders wichtig ist aber, dass der Schutzzweckgedanke die Ausscheidung auch von Fällen ermöglicht, denen ein mit der Tathandlung einhergehendes oder ihr nachfolgendes Verhalten eines **Dritten** (sog „Drittschädigungseffekte") der Zurechnung des Erfolges entgegensteht. Zu diesen Fällen gehört namentlich die (umstrittene) fehlerhafte ärztliche Behandlung von fahrlässig verursachten Verletzungen (näher dazu Frisch aaO [vgl 40] S 423; Schmoller, Triffterer-FS, S 223, 227; Diel, Das Regressverbot als allgemeine Tatbestandsgrenze im Strafrecht, 1996, S 225; Otto, Wolff-FS, S 395, 408; Schünemann GA 99, 207, 223; Geppert Jura 01, 490; Roxin AT I 11/115–117, alle mwN), bei der inzwischen auch die Rspr den Schutzzweckgedanken zunehmend heranzieht (Stuttgart JZ 80, 618 und NJW 82, 295 mit krit Anm Ebert JR 82, 421). Auch das intervenierende **Verhalten des Verletzten** (sog Selbstgefährdung und einverständliche Fremdgefährdung) gehört hierher (vgl Celle NJW 01, 2816 mit krit Anm Walther StV 02, 367; näher dazu 12 vor § 211; 2, 2a zu § 228).

cc) Im Rahmen der Lehre von der objektiven Zurechnung stehen sich im Schrifttum vor allem **zwei Grundpositionen** gegenüber: Die eine fordert – übereinstimmend mit der Rspr (vgl etwa BGHSt 11, 1; 33, 61; 37, 106, 126; StV 94, 425; Bay NZV 92, 452; s auch Bay NZV 98, 386 mit krit Bespr Fahl JA 98, 924) – auf der Grundlage der sog **Vermeidbarkeitstheorie,** dass der Erfolg bei gehöriger Sorgfalt mit an Sicherheit grenzender Wahrscheinlichkeit vermieden worden wäre (Ulsenheimer JZ 69, 364; Niewenhuis, Gefahr und Gefahrverwirklichung im Verkehrsstrafrecht, 1984, S 43; Joecks 20 zu § 222; Krey

§ 15 AT. 2. Abschnitt. 1. Titel. Grundlagen der Strafbarkeit

AT 2 Rdn 543–548; W-Beulke AT Rdn 680–683; Sch/Sch-Cramer/Sternberg-Lieben 177, 178; s auch Arzt, Schlüchter-GS, S 163, 164: „Wahrscheinlichkeitstheorie"). Demgegenüber lässt es die – im ganzen und in zahlreichen Einzelheiten unterschiedlich ausgeprägte – **Risikoerhöhungslehre** genügen, wenn die Sorgfaltspflichtverletzung auch bei ex-post-Betrachtung das Risiko des Erfolgseintritts gegenüber dem erlaubten Risiko signifikant erhöht hat (vgl etwa Roxin ZStW 74, 411; Stratenwerth, Gallas-FS, S 227; Burgstaller aaO [vgl 35] S 129; Otto JuS 74, 702, 708, Schlüchter-GS, S 77, 86 und GK 1 10/17–27; Schünemann GA 85, 341, 354 und GA 99, 207, 226 sowie in: Meurer-GS, S 37, 46; Kahlo GA 88, 66 und Das Problem des Pflichtwidrigkeitszusammenhanges bei den unechten Unterlassungsdelikten, 1990, S 259; Stratenwerth/Kuhlen AT I 8/36, 37; Puppe NK 205 vor § 13 und in: Roxin-FS, S 287; abl ua Arthur Kaufmann, Jescheck-FS, S 273; Küpper, Grenzen der normativierenden Strafrechtsdogmatik, 1990, S 100; Erb, Rechtmäßiges Alternativverhalten und seine Auswirkungen auf das Strafrecht, 1991, S 120; Freund aaO [vgl 43] S 128 und AT 5/78–87, Kindhäuser GA 94, 197, 219; Toepel, Kausalität und Pflichtwidrigkeitszusammenhang beim fahrlässigen Erfolgsdelikt, 1992, S 146; Jakobs AT 7/98 ff; zusf Roxin AT I 11/76–89). In diesem Streit ist die Risikoerhöhungslehre dogmatisch und kriminalpolitisch vorzugswürdig. Da die Ursächlichkeit des sorgfaltswidrigen Verhaltens für den Erfolg und die Realisierung der darin angelegten Gefahr feststehen, ist es eine normativ zu beantwortende Frage der objektiven Zurechnung, also nicht des Grundsatzes in dubio pro reo, ob schon die bloße Möglichkeit der Erfolgsverursachung durch erlaubtes Alternativverhalten als Haftungsausschluss anzuerkennen ist, obwohl dem schutzbedürftigen Opfer konkrete Rettungschancen entzogen wurden (so mit Recht Frisch aaO [vgl 40] S 537, der zu einer verneinenden sowie Küper, Lackner-FS, S 247 und Kühl AT 17/47–67, die zu einer bejahenden Antwort kommen; mit abw dogmatischer Begr ebenfalls bejahend Lampe ZStW 101, 3 und Kaufmann [Arm]-GS, S 189, 202).

45 dd) Der **gegenwärtige Diskussionsstand** ist von einer abschließenden Klärung weit entfernt. Gerade in jüngerer Vergangenheit mehren sich die Stimmen, die sich kritisch, differenzierend oder auch ganz ablehnend mit den bisher vorgeschlagenen Lösungsmodellen auseinandersetzen und zum Teil andere Wege beschreiten. Neue Ansätze finden sich namentlich in **Konzeptionen,** die von **folgenden Annahmen** ausgehen: die Reichweite der Kausalität sei dadurch einzugrenzen, dass die Eigenschaften der Handlung, welche die Sorgfaltspflichtverletzung begründen, für die Erklärung des Erfolgseintritts notwendig sein müssten (mit Unterschieden schon in den Ansätzen Jakobs, Lackner-FS, S 53 und AT 7/78 ff; Puppe ZStW 99, 595, GA 94, 297, 308, Bemmann-FS, S 227, Jura 97, 513 und NK 183–207 vor § 13; Toepel aaO [vgl 44] S 49); die „Gefährdetheit" des Opfers (Krümpelmann, Bockelmann-FS, S 443, GA 84, 491 und Jescheck-FS, S 313; Erb aaO [vgl 44] S 146, 153 und JuS 94, 449, 454) oder dessen „Defektlage" (Ranft NJW 84, 1425) sei in die Beurteilungsbasis einzubeziehen; der Schwerpunkt der Problematik liege nicht im Beziehungsverhältnis der Handlung zum Erfolg, sondern schon in der Handlung selbst und deren Unrechtsqualität (Frisch aaO [vgl 40] S 9; Freund AT 5/81); mit dem Gesichtspunkt der Trennung von Verantwortungsbereichen sei die gebotene Einschränkung schon beim Handlungsunrecht erreichbar (Schumann aaO [vgl 39] S 107); der Pflichtwidrigkeitszusammenhang auf der Grundlage mißbilligter Finalität sei als Problem der Kongruenz von objektivem und subjektivem Tatbestand zu erfassen (Struensee GA 87, 97; ähnlich Küpper aaO [vgl 44] S 104; s auch Struensee JZ 87, 53, 541 mit Erwiderung Herzberg JZ 87, 536); oder die Legitimation für den Pflichtwidrigkeitsvorwurf sei aus der Differenz zwischen der Gefährdung durch das pflichtwidrige Verhalten des Täters einerseits und der (minderen) Gefährdung durch ein gedachtes pflichtmäßiges Verhalten andererseits herzuleiten (Lampe ZStW 101, 3); für ein Mitbedenken der

subjektiven Situation von Täter und Opfer Arzt, Schlüchter-GS, S 163, 172; schließlich soll der Pflichtwidrigkeitszusammenhang erst bei der Strafzumessung Berücksichtigung finden (Jordan GA 97, 349, 367).

3. a) Objektive Voraussehbarkeit der Tatbestandsverwirklichung (vgl 36) **46** liegt nach der Rspr vor, wenn der eingetretene (Saarbrücken VRS 47, 343) tatbestandsmäßige Erfolg nach allgemeiner Lebenserfahrung, sei es auch nicht als regelmäßige, so doch als nicht ungewöhnliche Folge erwartet werden konnte (sog **Adäquanzzusammenhang,** RGSt 65, 135; Schünemann, Meurer-GS, S 37, 40; Jähnke LK 6, für einzelne Lebensbereiche 10–23 zu § 222; zu den Faktoren der Erkennbarkeit Sauer aaO [vgl 35] S 391, 638; für Fälle sog Risikogewöhnung einschr Jakobs, Bruns-FS, S 31). Unwesentliche Besonderheiten des Kausalverlaufs brauchen nicht erkennbar gewesen zu sein; darüber hinaus soll es entgegen der im Schrifttum hM (Sch/Sch-Cramer/Sternberg-Lieben 200 mwN; anders Wolter, GA-FS, S 269, 293) genügen, dass der Erfolg nur im Endergebnis, nicht auch im Kausalverlauf voraussehbar war, es sei denn, dass der konkrete (Karlsruhe NJW 76, 1853) Ablauf der Ereignisse außerhalb aller Lebenserfahrung lag (BGHSt 12, 75; NStZ 92, 333; NJW 01, 1075, 1077, NStZ 01, 478; Düsseldorf NJW 91, 2979 mit Anm Meurer JR 92, 38; LG Kleve NStZ-RR 03, 235; s auch Celle NJW 01, 2816 mit krit Anm Walther StV 02, 367; krit Puppe JuS 89, 728, 732), namentlich dass ohne das fern liegende hinzutretende Verhalten eines Dritten der Erfolg nicht eingetreten wäre (BGHSt 3, 62, 64; Bay JZ 82, 731; Hamm NJW 83, 2456; Jähnke LK 9 zu § 222). Allerdings verneint auch die Rspr die Voraussehbarkeit zunehmend häufiger, wenn der eingetretene Erfolg nicht vom Schutzzweck der Norm (vgl 43) gedeckt war (Hamm VRS 61, 353; Bay NZV 89, 359 mit Anm Deutscher; s auch 43).

b) Die **systematische Einordnung** der objektiven Voraussehbarkeit in den **47** Deliktsaufbau ist unter denselben Gesichtspunkten wie bei der objektiven Pflichtwidrigkeit (vgl 38) umstritten (zusf Triffterer, Bockelmann-FS, S 201).

4. Für die **Rechtswidrigkeit** der Fahrlässigkeitstat gelten die allgemeinen Re- **48** geln, nach denen die tatbestandsmäßige Handlung die Rechtswidrigkeit indiziert, diese aber durch einen Rechtfertigungsgrund ausgeschlossen sein kann (hM; vgl 16–21 vor § 13; 2 vor § 32; anders Otto Jura 95, 468, 475 und in: Schlüchter-GS, S 77, 84). Allerdings bedingt die besondere Struktur des Fahrlässigkeitsdelikts, dass nicht alle allgemeinen Rechtfertigungsgründe in Frage kommen und dass auch Einschränkungen im Hinblick auf die subjektiven Rechtfertigungselemente (6 vor § 32) geboten sind (vgl etwa Schünemann JA 75, 787; Frisch, Lackner-FS, S 113, 130; Rinck aaO [vgl 9] S 271; Mitsch JuS 01, 105, 110; Haft AT S 79; krit Alwart GA 83, 433, 455; ein subjektives Rechtfertigungselement verlangen etwa Hirsch LK 58 vor § 32 und Paeffgen NK 142, 143 vor § 32; ebenso Roxin AT I 24/96 und Duttge MK 198, die aber die Strafbarkeit des objektiv „Gerechtfertigten" verneinen; eingehend Jungclaussen, Die subjektiven Rechtfertigungselemente beim Fahrlässigkeitsdelikt, 1987 [dagegen Rath, Das subjektive Rechtfertigungselement, 2002, S 328, der selbst „Straflosigkeit" bei Vorliegen der objektiven Rechtfertigungsvoraussetzungen annimmt, S 632]; s auch NJW 01, 3200 mit Bespr Eisele JA 01, 922, 925 und Kretschmer Jura 02, 114, 116). Auf der Grundlage divergierender Begriffsbestimmungen ist außerdem umstritten, ob und mit welcher Begrenzung ein übergesetzlicher Rechtfertigungsgrund des erlaubten Risikos (bzw der Güterkollision) anzuerkennen ist (29 vor § 32; s auch M-Gössel AT 2 44/26–39; Sch/Sch-Cramer/Sternberg-Lieben 188; krit dazu Webel [vgl 35] S 216). Zur Bedeutung der Einwilligung bei fahrlässig verursachten Verletzungen beachte 2, 2a zu § 228.

5. a) Zur Begründung des **Schuldvorwurfs** muss der Täter nach seinen **per- 49 sönlichen Kenntnissen und Fähigkeiten** − namentlich nach seiner Intelligenz

§ 15 AT. 2. Abschnitt. 1. Titel. Grundlagen der Strafbarkeit

und Kritikfähigkeit, die auch durch Altersabbau beeinträchtigt sein können (Bay NJW 96, 2045 mwN) – in der Lage gewesen sein, die objektive Sorgfaltspflichtverletzung zu vermeiden und die Tatbestandsverwirklichung vorauszusehen (hM; vgl etwa BGHSt 40, 341, 348 mit Anm Kaatsch BA 95, 293; s auch Bay NJW 98, 3580 mit Bespr Otto JK 6; Karlsruhe NStZ 00, 141, 143 und Köln NStZ-RR 03, 304; anders Schmidhäuser, Schaffstein-FS, S 129, 141; zusf Schünemann JA 75, 787, 790; Herzberg Jura 84, 402, alle mwN). In Teilen des Schrifttums wird die subjektive Voraussehbarkeit schon als Tatbestandselement (vgl 38; s auch Struensee JZ 87, 53) oder speziell als Element des subjektiven Tatbestandes (Wolter, Objektive und personale Zurechnung von Verhalten, Gefahr und Verletzung in einem funktionalen Straftatsystem, 1981, S 42 und GA-FS, S 269, 279; M-Gössel AT 2 43/110, 111) eingeordnet.

50 b) Nach den Regeln der Schuldtheorie (oben 31, 34 sowie 2–8 zu § 17) setzt die **Schuld** ferner mindestens **potentielles Unrechtsbewusstsein** voraus, dh die nach den Fähigkeiten und Kenntnissen des Täters ungenutzte Möglichkeit, zur Unrechtseinsicht vorzudringen (hM; anders Arzt ZStW 91, 857). – Zur bisher kaum diskutierten Möglichkeit eines Erlaubnistatbestandsirrtums bei Fahrlässigkeitsdelikten Börner GA 03, 276, der § 17 Satz 2 anwenden will.

51 c) Der **Schuldvorwurf** entfällt allgemein auch dann, wenn dem Täter anderes Handeln **nicht zumutbar** war (hM; vgl zB RGSt 30, 25 mit krit Bespr Achenbach Jura 97, 631; Bay bei Bär DAR 91, 363; Roxin AT I 24/115–121; krit Maiwald, Schüler-Springorum-FS, S 475; Webel [vgl 35] S 218; Duttge MK 204: „Leerformel"; diff M-Gössel AT 2 44/42–51; eingehend Wortmann, Inhalt und Bedeutung der „Unzumutbarkeit normgemäßen Verhaltens" im Strafrecht, 2002, S 111, 130); die Gefahr eigener Strafverfolgung genügt dazu idR nicht (Ulsenheimer GA 72, 1 mwN).

52 d) Zum Verhältnis zwischen den **gesetzlich normierten Schuldregeln** der §§ 17, 19, 20, 21, 33, 35 StGB, § 3 JGG beachte Herzberg Jura 84, 402, 411 mwN.

53 6. Unter dem Gesichtspunkt objektiver und subjektiver Voraussehbarkeit kann der Vorwurf gegen den Täter dahin gehen, dass er die Tatbestandsverwirklichung überhaupt nicht in seine Betrachtung einbezogen habe (**unbewusste Fahrlässigkeit**), oder dass er sie zwar für möglich gehalten (Stuttgart NJW 76, 1852 mit Anm Gollwitzer JR 77, 207), aber im ernsthaften, nicht nur vagen Vertrauen auf ihr Ausbleiben (StV 81, 549; NStZ 03, 541 und 603; Bay NStZ-RR 04, 45) gehandelt habe (**bewusste Fahrlässigkeit;** krit Köhler, Die bewusste Fahrlässigkeit, 1982, Hirsch-FS S 65, 74 und AT S 178). Die Abgrenzung dieser zweiten Form ergibt sich aus der Begriffsbestimmung des bedingten Vorsatzes. Je nach den Anforderungen, die man dort an das voluntative Element stellt (23–27), verändert sich der Bereich der bewussten Fahrlässigkeit. Deshalb wird diese überhaupt geleugnet von denen, die ein Handeln trotz Vorstellung möglicher Tatbestandsverwirklichung stets als bedingten Vorsatz ansehen (dazu 27). Bewusste Fahrlässigkeit wiegt nicht generell schwerer als unbewusste (Karlsruhe VRS 35, 365; Tenckhoff ZStW 88, 897, 904; Jakobs AT 9/3, 23; Puppe NK 13; aM Arzt, Schröder-GS, S 119, 127; diff Roxin AT I 24/61; s auch Webel [vgl 35] S 189, der unbewusste und leichte Fahrlässigkeit gleichsetzt; zw).

54 7. Auch **(echtes oder unechtes) Unterlassen** (4, 6 zu § 13) ist fahrlässig begehbar (stRspr). Ob und wieweit sich allerdings aus dem Unterlassungsbegriff und dem damit zusammenhängenden sog Umkehrprinzip Einschränkungen für die Möglichkeit der Tatbestandsverwirklichung ergeben, ist umstritten. Mit Recht lehnt die hM eine Beschränkung der Unterlassungsfahrlässigkeit auf den fehlgeschlagenen Gebotserfüllungsversuch ab (so aber Armin Kaufmann, Die Dogmatik

der Unterlassungsdelikte, 1959, S 41, 170); es genügt, wenn das Unterbleiben der gebotenen Handlung sorgfaltswidrig und die tatbestandsmäßige Situation im Hinblick sowohl auf das Handlungsziel wie auch die Handlungsmittel erkennbar war (vgl ua Grünwald, Mayer-FS, S 281; Haffke ZStW 87, 44; Schöne JZ 77, 150; Struensee JZ 77, 217 und Stree/Wessels-FS, S 133, 152). – Beim fahrlässigen Verletzungsdelikt durch Unterlassen sind Garantenpflicht (6 zu § 13) und Sorgfaltspflicht zwar begrifflich auseinanderzuhalten, fallen aber meist inhaltlich zusammen, weil die Garantenpflicht nur durch sorgfaltsgemäßes Verhalten erfüllt werden kann (Fünfsinn aaO [vgl 35] S 98 mwN; diff Sch/Sch-Cramer/Sternberg-Lieben 143; s auch Röhl JA 99, 895, 900).

IV. Leichtfertigkeit (zB in § 176b) ist ein erhöhter Grad von bewusster (StV 94, 480) oder unbewusster (NStZ-RR 00, 366, 367) Fahrlässigkeit (krit dazu Weigend ZStW 93, 657). Sie entspricht objektiv der groben Fahrlässigkeit des bürgerlichen Rechts (BGHSt 14, 240, 255; 33, 66; BGHZ 106, 204; Hamm NStZ 83, 459 mit Anm Müller-Dietz; Tenckhoff ZStW 88, 897; diff Wegscheider ZStW 98, 624; krit Arzt, Schröder-GS, S 119); vorauszusetzen ist danach, dass der Täter die sich ihm aufdrängende Möglichkeit der Tatbestandsverwirklichung aus besonderem Leichtsinn oder besonderer Gleichgültigkeit außer acht lässt (ähnlich Birnbaum, Die Leichtfertigkeit – zwischen Fahrlässigkeit und Vorsatz, 2000, S 143, 279; Sch/Sch-Cramer/Sternberg-Lieben 205). Subjektiv sind die persönlichen Fähigkeiten und Kenntnisse des Täters zugrundezulegen (vgl 49). 55

V. Nach hM sollen Vorsatz und Fahrlässigkeit **einander ausschließen,** weil das voluntative Element (vgl 24, 25) einen qualitativen Unterschied begründe (vgl etwa BGHSt 4, 341; krit Herzberg, BGH-FG, S 51, 58; anders Jakobs AT 9/4; Schroeder LK 8–11, beide mwN). Das ist jedoch insofern problematisch, als im Rahmen der Lehre von der objektiven Zurechnung überwiegend die konstitutiven Erfordernisse des Fahrlässigkeitstatbestandes auch für den Vorsatztatbestand postuliert werden (14 vor § 13; s auch Herzberg JuS 96, 377, 379; Mitsch JuS 01, 105, 112; Freund AT 7/35–39; Puppe NK 6; zur übereinstimmenden österreichischen Rechtslage Triffterer, Klug-FS, S 419; Schmoller ÖJZ 83, 655, 657). Jedenfalls steht bloßer Verdacht des Vorsatzes der Bestrafung wegen fahrlässigen Handelns nach einhelliger, aber unterschiedlich begründeter Ansicht (Stufenverhältnis, Auffangtatbestand, Wahlfeststellung) nicht entgegen (vgl etwa BGHSt 17, 210; 32, 48, 50; Wolter, Wahlfeststellung und in dubio pro reo, 1987, S 57; Mylonopoulos ZStW 99, 685; Sch/Sch-Cramer/Sternberg-Lieben 4, alle mwN). 56

§ 16 Irrtum über Tatumstände

(1) Wer bei Begehung der Tat einen Umstand nicht kennt, der zum gesetzlichen Tatbestand gehört, handelt nicht vorsätzlich. Die Strafbarkeit wegen fahrlässiger Begehung bleibt unberührt.

(2) Wer bei Begehung der Tat irrig Umstände annimmt, welche den Tatbestand eines milderen Gesetzes verwirklichen würden, kann wegen vorsätzlicher Begehung nur nach dem milderen Gesetz bestraft werden.

1. Die Bestimmung des **Tatbestandsirrtums** in § 16 spiegelt im Wesentlichen die Ergebnisse wider, die sich in den Auseinandersetzungen um die verschiedenen Vorsatzlehren (31–34 zu § 15) herauskristallisiert haben. – Zusf Wolters LdRerg 8/740, S 2–7. 1

a) Das **RG** hatte noch auf dem Boden seiner Grundposition (32 zu § 15) eine inkonsequente Irrtumslehre entwickelt, die auf der Unterscheidung zwischen „Tatirrtum" und „Rechtsirrtum" beruhte. Während es jenem als Irrtum über

§ 16 AT. 2. Abschnitt. 1. Titel. Grundlagen der Strafbarkeit

Tatsachen vorsatzausschließende Wirkung beilegte, sollte dieser für den Vorsatz nur dann erheblich sein, wenn er sich auf einen „außerstrafrechtlichen" Rechtsbegriff bezog (zB RGSt 42, 26; 72, 305, 309). Diese mit dem Schuldprinzip unvereinbare Rspr ist seit 1952 überholt (BGHSt-GS-2, 194). Sieht man jedoch von der einhelligen Anerkennung des unvermeidbaren Verbotsirrtums ab, so ist eine auffallende Kontinuität in den Rspr-Ergebnissen über die 1952 vollzogene Wende hinaus zu verzeichnen. Das hat zu beachtenswerten, aber noch diskussionsbedürftigen Versuchen geführt, auf die Unterscheidung der RG zurückzugreifen, sie aber dogmatisch neu zu begründen (näher dazu 14 zu § 15).

2 b) In den **modernen Lehren zum Vorsatz** ist zwar umstritten, ob und in welcher näheren Ausprägung das Unrechtsbewusstsein (2–5 zu § 17) Voraussetzung des Vorsatzes ist (31–34 zu § 15). Das hindert aber nicht, wenngleich die Abgrenzung nicht abschließend geklärt (14–17 zu § 15) und bisweilen auch schwierig ist (22 zu § 17), zwischen der Nichtkenntnis von Tatumständen und dem Fehlen des Unrechtsbewusstseins zu unterscheiden und sie in den verschiedenen Kategorien des Tatbestandsirrtums (§ 16) und des Verbotsirrtums (§ 17) zu erfassen (anders die Anhänger der Vorsatztheorie [1 zu § 17]; deren Kritik zusf Geerds Jura 90, 421 mwN). Für die Schuldtheorie wird der Meinungsstreit erst bei den Fragen relevant, ob der Verbotsirrtum den Vorsatz ausschließt (33, 34 zu § 15) und wie der Erlaubnistatbestandsirrtum einzuordnen ist (9–18 zu § 17).

3 2. Fehlt das Wissenselement des Vorsatzes im Hinblick auch nur auf einen Tatumstand (ein Merkmal des äußeren Tatbestandes), so ist der Vorsatz ausgeschlossen (4–18 zu § 15). Der Täter handelt im **Tatbestandsirrtum** (zusf Krümpelmann ZStW Beiheft 78, 6, 12; Warda Jura 79, 1, 3, 71, 113). Dieser bildet die Kehrseite des Wissenselements und ist daher nicht mit dem „Tatirrtum" des RG zu verwechseln; abweichend davon kann er sich einerseits auch auf normative Begriffe (uU reine Rechtsbegriffe) beziehen (14 zu § 15), und andererseits ist er auf die Merkmale des äußeren Tatbestandes beschränkt. Ob und wieweit die für ihn geltenden Regeln auch auf entsprechende Irrtümer in anderen Bereichen des Verbrechensaufbaus anwendbar sind, bedarf jeweils besonderer Prüfung (zum Irrtum über einen Erlaubnistatbestand 9–18 zu § 17 und über die Voraussetzungen eines Entschuldigungsgrundes 13 zu § 35). Im Einzelnen gilt für Tatbestände von Vorsatzdelikten Folgendes:

4 a) Bezieht sich der Tatbestandsirrtum auf **strafbegründende Merkmale,** so entfällt damit die Tatbestandsmäßigkeit (9–17 zu § 15); bei **straferhöhenden Merkmalen** hat es mit der Verwirklichung des Grundtatbestandes sein Bewenden (Abs 1 S 1). Ob das ohne Einschränkung auch für den Irrtum über **Tatbestandsalternativen** (sog doppelter Tatbestandsirrtum) gilt, ist in der Rspr kaum behandelt (beachte jedoch RGSt 35, 286), in der Lehre aber umstritten. Teils wird die Frage bejaht (zB Kuhlen, Die Unterscheidung von vorsatzausschließendem und nichtvorausschließendem Irrtum, 1987, S 508 und Schlehofer, Vorsatz und Tatabweichung, 1996, S 171). Teils werden Ausnahmen unter der Voraussetzung angenommen, dass die Alternativen qualitativ gleichwertig sind (so Sch/Sch-Cramer[25] 11) oder dass sie vom Gesetz als erschöpfende Beschreibung eines gedachten Gattungsbegriffs gewollt sind (so Schroeder GA 79, 321; Rudolphi SK 28 d). Soweit sich das Ergebnis nicht schon aus den allgemeinen Abweichungsregeln ergibt (zB bei der aberratio ictus oder dem Subsumtionsirrtum), ist die Unerheblichkeit des Irrtums jedenfalls dann zu bejahen, wenn die jeweils vom Vorsatz umfasste Alternative lediglich eine quantitative oder qualitative Herabstufung der verwirklichten Alternative bedeutet oder wenn sie als Bestandteil einer vom Gesetz ausdrücklich oder stillschweigend intendierten erschöpfenden Kasuistik eines Gattungsbegriffs erscheint (näher Warda, Stree/Wessels-FS S 267; Schroth, Vorsatz und Irrtum, 1998, S 67; Fischer, Der Irrtum über Tatbestands-

alternativen, 2000, S 150, 171; Rolofs JA 03, 304; Roxin AT I 12/123 und Sch/Sch-Cramer/Sternberg-Lieben 11).

b) Bei den **Unterlassungsdelikten** kann sich der Tatbestandsirrtum auch auf Umstände beziehen, aus denen sich die Möglichkeit und Zumutbarkeit (str; s 5 zu § 13) des gebotenen Handelns sowie die Garantenstellung ergeben (7 zu § 15). Der Irrtum lediglich über die Handlungspflicht als solche (sog **Gebotsirrtum**) betrifft dagegen nur das Unrechtsbewusstsein und ist nach den für den Verbotsirrtum geltenden Regeln zu behandeln (7 zu § 15; 6 zu § 17).

c) Bezieht sich der Tatbestandsirrtum auf Umstände, die den Tatbestand **eines milderen Gesetzes** ergeben würden, so kann nur nach dem milderen Gesetz bestraft werden (Abs 2), zB nach § 216 bei der irrigen Annahme eines ernstlichen Tötungsverlangens (5 zu § 216; Joecks 25; Kindhäuser 2). Der Täter wird also auch hier so behandelt, als ob seine Vorstellung richtig gewesen wäre (Warda Jura 79, 113; beachte auch Küper GA 68, 321). Die Vorschrift gilt unterschiedslos für alle objektiven Elemente des Deliktstatbestandes; ihren Regelungsbereich auf Unrechtsmerkmale zu beschränken, weil bei Schuldmerkmalen das mildere Gesetz ohnehin anwendbar sei, ist dogmatisch nicht geboten (Schroth aaO [vgl 4] S 110; Puppe NK 4; Sch/Sch-Cramer/Sternberg-Lieben 26/27; aM Franke JuS 80, 172; Roxin AT I 12/128; Rudolphi SK 28a, alle mwN).

d) Vom Tatbestandsirrtum zu unterscheiden ist der sog **umgekehrte Irrtum**. Hält der Täter irrig einen strafbegründenden oder -erhöhenden Umstand für gegeben, so kommt untauglicher Versuch in Frage (12, 13 zu § 22; s auch Rath Jura 98, 539, 541). Verkennt er das Vorliegen eines Umstandes, der die Anwendung eines milderen Gesetzes begründet (zB Unkenntnis des ernstlichen Verlangens im Falle des § 216; dort 5), so entfällt die Privilegierung mit der Folge, dass der Grundtatbestand anwendbar bleibt (vgl Warda Jura 79, 113, 114; diff B-Weber/Mitsch 21/24–26; Jescheck/Weigend AT S 310; Rudolphi SK 28b; Sch/Sch-Cramer/Sternberg-Lieben 28, alle mwN; str).

3. Ist die Strafbarkeit wegen vorsätzlicher Begehung infolge Tatbestandsirrtums ausgeschlossen, so bleibt Strafbarkeit wegen **fahrlässiger Begehung** übrig, wenn diese selbstständig mit Strafe bedroht ist und ihre Voraussetzungen (35–54 zu § 15), was bei Vorwerfbarkeit des Irrtums regelmäßig zutrifft, voll erfüllt sind. Der Vorsatz ist auch dann ausgeschlossen, wenn der Täter den Irrtum schuldhaft herbeigeführt hat (Rudolphi SK 26; zur bloßen Fahrlässigkeitshaftung wegen voraussehbar falscher Situationseinschätzung nach Alkoholkonsum StV 99, 369).

§ 17 Verbotsirrtum

Fehlt dem Täter bei Begehung der Tat die Einsicht, Unrecht zu tun, so handelt er ohne Schuld, wenn er diesen Irrtum nicht vermeiden konnte. Konnte der Täter den Irrtum vermeiden, so kann die Strafe nach § 49 Abs. 1 gemildert werden.

1. Die Vorschrift regelt den sog **Verbotsirrtum** auf dem Boden der Schuldtheorie (34 zu § 15); sie ist verfassungsmäßig (BVerfGE 41, 121 mit krit Bespr Langer GA 76, 193; zur Bindungswirkung der Entscheidung Kramer/Trittel JZ 80, 393; Schmidhäuser JZ 80, 396). Ihr liegt die verbindliche gesetzgeberische Entscheidung zugrunde, dass die Tatbestände der Vorsatzdelikte nicht nur bei aktuellem, sondern auch bei potentiellem (virtuellem) Unrechtsbewusstsein anwendbar sind (hM; anders Langer aaO S 206 und Schmidhäuser Stub 7/68–90, die trotz § 17 an der Vorsatztheorie festhalten; ähnlich auch Otto, Meyer-GS, S 583, 597, Jura 96, 468, 474 und GK 1 15/5–11; Koriath Jura 96, 113; zusf Geerds Jura 90, 421). Im Kern ist die Entscheidung kriminalpolitischer Natur (Lackner JZ 78,

§ 17 AT. 2. Abschnitt. 1. Titel. Grundlagen der Strafbarkeit

210). Der Gesetzgeber hält den Übergang zur Vorsatzstrafe nicht erst gegenüber dem für erforderlich, der sich gegen das Recht auflehnt; er lässt es vielmehr ohne Verstoß gegen das Schuldprinzip (krit Koriath aaO S 124) genügen, dass der Täter weiß und will, was er tut, wenn er nur den Widerspruch zum Recht hätte einsehen können (krit Schmidhäuser NJW 75, 1807 und JuS 87, 373, 378; Schünemann NJW 80, 735; Arthur Kaufmann, Lackner-FS, S 185; Naucke, Roxin-FS, S 503; Freund AT 7/90; Köhler AT S 411, 413; zusf Neumann JuS 93, 793; Lesch JA 96, 346). – Zusf Wolters LdRerg 8/740, S 7–9.

2 **2. a)** Die Einsicht, Unrecht zu tun (das **Unrechtsbewusstsein**), ist nicht für das Unrecht (hM; anders Mir Puig, in: Eser RuE III, S 303), sondern nur für die Schuldbewertung relevant (hM). Sie ist die Erkenntnis, dass die Tat gegen die verbindliche materiale Wertordnung des Rechts verstößt und daher rechtlich verboten ist (Sch/Sch-Cramer/Sternberg-Lieben 4; einschr Neumann JuS 93, 793 und hinsichtlich unterschiedlicher Rechtsordnungen auch in: Müller-Dietz-FS, S 589, 606; speziell zum Prozess der Bildung von Unrechtsbewusstsein Groteguth, Norm- und Verbots[un]kenntnis § 17 Satz 2 StGB, 1993, S 35). Einerseits ist danach nicht genügend das bloße Bewusstsein einer vorrechtlichen sozialen Wertwidrigkeit (Karlsruhe NStZ-RR 00, 60, 61), der Sozialschädlichkeit (Rudolphi JBl 81, 289, 291), des Widerspruchs zur Sittenordnung (GA 69, 61) oder des nur formalen Verstoßes gegen ein hinsichtlich seines Schutzwecks unverstandenes Gesetz (Rudolphi, Unrechtsbewusstsein, Verbotsirrtum und Vermeidbarkeit des Verbotsirrtums, 1969, S 44; ähnlich Karlsruhe aaO; aM Jescheck/Weigend AT S 453; zw). Andererseits ist nicht erforderlich, dass der Täter die verletzte Rechtsnorm im Einzelnen kennt oder gar um die Strafbarkeit (Sanktionierbarkeit) seines Verhaltens (nach deutschem Strafrecht, BGHSt 45, 97 mit Bespr Börger NStZ 00, 31, Dölling JR 00, 379, Neumann StV 00, 425, Stuckenberg JAR 00, 13, Müller NStZ 02, 356, 361 und Geppert JK 4) weiß (hM; anders Schroeder LK 7, 8; Joecks MK 13–15; Neumann NK 20–26); es genügt die Einsicht, dass die Tat Unrecht von der im Tatbestand beschriebenen Art ist (Stuttgart NStZ 93, 344 und Karlsruhe NJW 03, 1061; s auch unten 6), auch wenn der Täter sie nicht für tatbestandsmäßig (probl KG NJW 90, 782) oder nur für eine Ordnungswidrigkeit hält (Celle NJW 87, 78; Neumann NK 28 mwN). Bei Tätern aus fremden Kulturkreisen kann die Abgrenzung schwierig sein (Krauß, in: Bönner/de Boor [Hrsg], Unrechtsbewusstsein, 1982, S 30; Valerius NStZ 03, 341; zur Problematik der Verbotsunkenntnis von Ausländern vgl Laubenthal/Baier GA 00, 205). – Im Falle des sog **Gültigkeitsirrtums** (zusf Rudolphi aaO [Unrechtsbewusstsein] S 181) bleibt das Unrechtsbewusstsein unberührt, wenn der Täter die Wertung des Rechts kennt, sie aber auf Grund abweichender Gewissensentscheidung (Gewissenstäter) oder aus anderen außerrechtlichen Gründen (Überzeugungstäter) für unrichtig hält (BGHSt 4, 1, 3; allg zum Gewissens- und Überzeugungstäter Heinitz ZStW 78, 615; Müller-Dietz, Peters-FS, S 91; Roxin, Henkel-FS, S 171, 195 und Maihofer-FS, S 389; Ebert, Der Überzeugungstäter in der neueren Rechtsentwicklung, 1975 und JuS 76, 319, 321; Peters ZStW 89, 103 und Stree/Wessels-FS, S 3; Küper JZ 89, 617, 622; Hirsch, Strafrecht und Überzeugungstäter, 1996; Wandres, Die Strafbarkeit des Auschwitz-Leugnens, 2000, S 264; de Figueiredo Dias, Roxin-FS, S 531, 545; zu Einschränkungen der Strafbarkeit aus dem Grundrecht des Art 4 GG beachte 32 vor § 32; 1 zu § 323 c). Dagegen fehlt das Unrechtsbewusstsein, wenn der Täter glaubt, eine Verbotsnorm des einfachen Rechts widerspreche einer höheren Rechtsnorm, etwa eine RechtsVO einem förmlichen Gesetz oder dieses dem GG (BGHSt 4, 1, 3).

3 **b)** Für die **Aktualität** des Unrechtsbewusstseins ergeben sich dieselben Fragen wie beim Vorsatz (9 zu § 15).

Verbotsirrtum **§ 17**

c) Auch wenn der Täter **nur für möglich hält,** Unrecht zu tun (sog **Un-** 4
rechtszweifel), hat er das Unrechtsbewusstsein, wenn er diese Möglichkeit in
derselben Weise wie beim bedingten Vorsatz in seinen Willen aufnimmt (hM; vgl
etwa BGHSt 4, 1, 4; NStZ 96, 338; Braunschweig NStZ-RR 98, 251 mit Bespr
Fahl JA 99, 8; Karlsruhe NStZ 00, 60, 61; Kienapfel ÖJZ 76, 113, 116; Groteguth
aaO [vgl 2] S 71; Schroeder LK 23; Sch/Sch-Cramer/Sternberg-Lieben 5; einschr
Lesch JA 96, 504; Jakobs AT 19/30; zw). Demgegenüber verneint eine Mindermeinung mit bedenkenswerten Gründen (ebenso, jedoch ohne Begr Düsseldorf
MDR 84, 866) den Verbotsirrtum hier allgemein, also ohne Rücksicht auf ein
voluntatives Element, befürwortet dafür aber Strafmilderung nach § 49 I oder
Strafausschluss, soweit nach den Umständen die Vorwerfbarkeit erheblich vermindert oder ausgeschlossen war (Warda, Welzel-FS, S 499; s auch Paeffgen JZ 78,
738, 745; Kunz GA 83, 457; Seier JuS 86, 217, 220; Neumann JuS 93, 793, 795).

d) Bleibt das Unrechtsbewusstsein **zweifelhaft,** so gilt der Grundsatz in dubio 5
pro reo (Bay NJW 54, 811). Hat der Täter auf Grund einer nicht umstrittenen
Gerichtsentscheidung oder einer nach den Umständen verlässlichen Rechtsauskunft gehandelt, so wird es idR entweder schon am Unrechtszweifel (vgl 4) fehlen
oder dieser jedenfalls nicht beweisbar sein (hM; anders Kunz GA 83, 457 mwN).

3. Fehlt dem Täter einer rechtswidrigen Tat das Unrechtsbewusstsein (vgl 2), so 6
befindet er sich im **Verbotsirrtum** (zusf Otto Jura 90, 645; krit Analyse der Rspr
bei Neumann, BGH-FG, S 83, 95). Das gilt grundsätzlich unabhängig davon, ob
er schon das Verbot als solches nicht kennt (abstrakter Verbotsirrtum; vgl Bay
NStZ-RR 01, 281) oder ob er nur aus besonderen Gründen, etwa auf Grund
Subsumtionsirrtums (14 zu § 15), Gültigkeitsirrtums (vgl 2) oder Erlaubnisirrtums
(vgl 19), die Tat für rechtmäßig hält (konkreter Verbotsirrtum). Ebensowenig
kommt es darauf an, ob er schon über die Verbotsnorm als solche (direkter Verbotsirrtum) oder erst über Bestehen oder Grenzen eines Rechtfertigungsgrundes
irrt (indirekter Verbotsirrtum); ferner auch, ob er von dem Unrecht eine falsche
Vorstellung hat oder ob ihm eine Vorstellung überhaupt fehlt (Bay MDR 63, 333;
Stree JuS 73, 461, 467). Die Ursache des Irrtums ist unerheblich; deshalb handelt
auch im Verbotsirrtum, wer seine Tat auf Grund abergläubischer Wahnvorstellungen (BGHSt 35, 347, 350; aM Herzberg Jura 90, 16, 19; Schumann NStZ 90, 32,
35; beachte auch Struensee ZStW 102, 21; Weißer/Rohrer Jura 90, 582) oder
eines Irrtums über einen persönlichen Strafausschließungsgrund oder eine objektive Bedingung der Strafbarkeit (Tröndle/Fischer 6; aM M-Zipf AT 1 38/11; diff
Neumann NK 50) rechtlich für erlaubt hält (zw). Beim Irrtum über ein Genehmi-
gungserfordernis kann je nach in Betracht kommenden Tatbestand ein Tatbe-
stands- oder Verbotsirrtum vorliegen; betrifft er ein grundsätzlich wertwidriges
Verhalten, das nur im Einzelfall durch die Genehmigung erlaubt ist, so liegt ein
Verbotsirrtum vor (NStZ-RR 03, 55; Sch/Sch-Cramer/Sternberg-Lieben 12 a). –
Das Unrechtsbewusstsein ist jeweils auf das dem Tatbestand zugrunde liegende
Verbot zu beziehen, so dass es bei Zusammentreffen mehrerer Gesetzesverletzun-
gen „teilbar" ist (BGHSt 10, 35; 22, 314; NStZ-RR 96, 24; krit zur Terminologie
Puppe AT 1 32/2; zu dem damit zusammenhängenden sog doppelten Irrtum
Hirsch, Die Lehre von den negativen Tatbestandsmerkmalen, 1960, S 229; Ru-
dolphi aaO [vgl 2] S 89; Haft JuS 80, 430, 588, 659; Kuhlen, Die Unterscheidung
von vorsatzausschließendem und nichtvorsatzausschließendem Irrtum, 1987,
S 494; Puppe GA 90, 145, 164; Brocker JuS 94, L 17; Plaschke Jura 01, 234).
Nach der Rspr reicht es jedoch bei qualifizierten Tatbeständen aus, wenn der Täter das spezifische Unrecht des Grunddelikts erkannt hat, weil sich hier das Unrechtsbewusstsein auch auf die Qualifikation erstrecke (BGHSt 15, 377, 383 mit
Bespr Schmidhäuser NJW 75, 1807, 1812; BGHSt 42, 123, 130 mit Anm Seelmann StV 96, 672; Jescheck/Weigend AT S 456; aM Rudolphi SK 9), und zwar

§ 17 AT. 2. Abschnitt. 1. Titel. Grundlagen der Strafbarkeit

auch dann, wenn die Qualifikation ein qualitativ anderes Rechtsgut schützt (mit Recht insoweit diff Schroeder LK 15; Neumann NK 36, 37; Sch/Sch-Cramer/ Sternberg-Lieben 8). − Der Gebotsirrtum beim **Unterlassungsdelikt** (5 zu § 16) ist nur eine besondere Form des Verbotsirrtums, die sich aus der andersartigen Struktur des Unterlassens ergibt (7 zu § 15).

7 **4. a)** Der Verbotsirrtum lässt den Vorsatz unberührt, schließt jedoch die Schuld aus, wenn der Täter ihn **nicht vermeiden** konnte. − Die **Rechtsprechung** hält zu Unrecht den Maßstab der Vermeidbarkeit für strenger als den einer vorwerfbaren Sorgfaltspflichtverletzung bei der Fahrlässigkeit (BGHSt 4, 236; 21, 18, 20; Frankfurt NStZ-RR 03, 263; krit Neumann, BGH-FG, S 83, 100; Rudolphi SK 30 a; Sch/Sch-Cramer/Sternberg-Lieben 14; s auch 36–39 zu § 15). Danach kommt es darauf an, ob der konkrete Täter nach seinen individuellen Fähigkeiten (BGHSt 3, 357, 366; NJW 62, 1831) bei Einsatz „aller seiner Erkenntniskräfte und sittlichen Wertvorstellungen" (BGHSt 4, 1; NStZ 00, 307, 309; krit zum Kriterium der „Gewissensanspannung" Roos, Die Vermeidbarkeit des Verbotsirrtums ..., 2000, S 155, 360), uU auch durch Erkundigung (BGHSt 4, 236; Düsseldorf NStZ 81, 444; Köln NJW 96, 472; Frankfurt aaO), zur Unrechtseinsicht hätte kommen können. Dazu ist eine umfangreiche, nicht widerspruchsfreie **Kasuistik** entstanden, die sich namentlich auf folgende Fragen bezieht: ob und wieweit dem Täter die Unkenntnis strafrechtlicher Sondernormen für spezielle Tätigkeiten (etwa als Geschäftsführer, Lebensmittelhändler, Gastwirt, Großhandelskaufmann, Kraftfahrer, Rechtsberater usw) zur Last fällt (zB wistra 84, 178; Köln GA 56, 326; Oldenburg NJW 92, 2438; Bay NStZ 00, 148 und NJW 03, 2253; Rudolphi JBl 81, 289, 296); welche Bedeutung der Motivation durch unrichtige, überholte oder widersprechende Gerichtsentscheidungen oder Rechtsauskünfte zukommt (zB BGHSt 20, 342, 372; KG JR 77, 379 mit Anm Rudolphi; KG JR 78, 166 mit Bespr Meyer JuS 79, 250; Stuttgart JR 78, 294 mit Anm Sack; Bay NJW 80, 1057 und StV 92, 421; Hamm NJW 82, 659, 661; s auch Zweibrücken StV 92, 119; diff Krey AT 1 Rdn 694, 695); wann die Rechtsauskunft eines sachkundigen Ratgebers so von dessen Eigeninteresse geprägt ist, dass ihr nicht vertraut werden darf (BGHSt 40, 257, 264; NStZ 00, 307, 309; Braunschweig StV 98, 492 mit Bespr Fahl JA 99, 8); wann nach der Auskunft einer unzuständigen Behörde weiterer Rechtsrat eingeholt werden muss (NStZ 00, 364); ob das Unterlassen der Erkundigung für den Verbotsirrtum ursächlich geworden sein muss (mit Recht bejahend die hM; vgl BGHSt 37, 55, 67; Bay NJW 89, 1744 mit Bespr Rudolphi JR 89, 387 und Zaczyk JuS 90, 889; Braunschweig StV 98, 492, alle mwN; anders noch BGHSt 21, 18, 21). Bei nicht geklärten Rechtsfragen ist die Vermeidbarkeit zu verneinen (Karlsruhe NJW 03, 1061). − Zum möglichen Verbotsirrtum der sog Mauerschützen und dessen umstrittener Vermeidbarkeit s 16, 16a zu § 2. Im **Schrifttum** wird die Vermeidbarkeit überwiegend verneint, wenn der Täter keinen Anlass hatte sich zu informieren, wenn er trotz sorgfältiger Prüfung oder Erkundigung in seinem Irrtum befangen blieb oder wenn er bei unterbliebener Erkundigung auch durch sie nicht zur Unrechtskenntnis gelangt wäre (Neumann JuS 93, 793, 797 mwN). Allerdings hat die bisherige, durch verschiedenartige Ansätze gekennzeichnete Diskussion noch nicht zur abschließenden Klärung geführt (vgl etwa Rudolphi aaO [Unrechtsbewusstsein; vgl 2] S 93, 193, 241; Horn, Verbotsirrtum und Vorwerfbarkeit, 1969, S 55; Roxin, Henkel-FS, S 171, 187; und AT I 21/37–44; Schünemann NJW 80, 735, 741 und in: Hirsch/Weigend [Hrsg], Strafrecht und Kriminalpolitik in Japan und Deutschland, 1989, S 147, 172; Timpe GA 84, 51; Stratenwerth, Kaufmann [Arm]-GS, S 485, 486; Grotegut aaO [vgl 2] S 122; Lesch JA 96, 607; Jakobs AT 19/35–45). − Zur Notwendigkeit und zu den Grenzen einer gemeinschaftskonformen Auslegung des § 17 Satzger, Die Europäisierung des Strafrechts, 2001, S 643.

Verbotsirrtum § 17

b) Konnte der Täter den Verbotsirrtum **vermeiden,** so ist seine Schuld nicht 8 ausgeschlossen. Jedoch sieht Satz 2 einen **fakultativen besonderen gesetzlichen Milderungsgrund** im Sinne des § 49 I vor. Es ist daher zunächst zu entscheiden, ob von der Milderungsmöglichkeit überhaupt Gebrauch gemacht wird (dazu und zu der Frage, welchen Regeln diese Würdigung folgt, 4 zu § 49). Im Allgemeinen ist die Milderung angezeigt; Ausnahmen kommen jedoch namentlich in Frage, wenn der Verbotsirrtum auf Rechtsblindheit oder Rechtsfeindschaft beruht. Wird von der Milderungsmöglichkeit Gebrauch gemacht, so ändert sich zunächst **nur der Strafrahmen** nach dem Maßstab des § 49 I (beachte auch § 50); dabei darf jedoch zur Vermeidung eines Wertungswiderspruchs die für fahrlässige Begehung angedrohte Strafe nicht unterschritten werden (Bay MDR 57, 434; aM Rudolphi SK 50; Sch/Sch-Cramer/Sternberg-Lieben 25). Zur Strafzumessung innerhalb des danach maßgebenden Rahmens 10 zu § 49.

5. a) Nach der sog **strengen Schuldtheorie** (Welzel, Maurach, Bockelmann, 9 Hirsch, Gössel ua, etwa Paeffgen NK 104–123 vor § 32; zusf Schroeder LK 47–52 zu § 16; zur polnischen Regelung vgl Joerden, in: Wolf [Hrsg], Kriminalität im Grenzgebiet, 2002, S 33, 53) ist unerheblich, ob der Verbotsirrtum darauf beruht, dass sich der Täter vorwerfbar Umstände vorgestellt hat, die sein Verhalten rechtfertigen würden (**Irrtum über einen Erlaubnistatbestand,** vielfach auch als Irrtum über die sachlichen Voraussetzungen eines Rechtfertigungsgrundes, über eine objektive Rechtfertigungslage oder über rechtfertigende Umstände bezeichnet). Fühlt sich zB jemand angegriffen und tötet er deshalb einen anderen in der irrigen Annahme der Notwehrvoraussetzungen (Putativnotwehr), so wird er nach dieser Theorie bei Vermeidbarkeit des Irrtums nicht nach § 222, sondern wegen Mordes oder Totschlags nach §§ 211, 212, 17 S 2 bestraft. Zur Behandlung im Gutachten Schmelz Jura 02, 391.

b) Da dieses Ergebnis fragwürdig ist, hat sich als hM eine **Gegenposition** 10 durchgesetzt, die – allerdings ungenau und umstritten Begrenzung – unter der Sammelbezeichnung **„eingeschränkte Schuldtheorie"** zusammengefasst wird (krit zur Terminologie Hruschka, Roxin-FS, S 441) und den Erlaubnistatbestandsirrtum denselben Rechtsfolgen unterwirft wie den Tatbestandsirrtum (vom Ergebnis her ist auch die sog unselbstständige Schuldtheorie von Jakobs AT 11/43–59, die Strafbarkeit wegen vorsätzlicher Tat zwar bejaht, sie aber auf den Fahrlässigkeitsstrafrahmen reduziert, hier einzuordnen). Sie anerkennt damit die besondere Qualität dieses Irrtums. Er ist dadurch gekennzeichnet, dass er sich auf das Objekt der Wertung bezieht und nicht – wie der Verbotsirrtum – eine falsche Wertung des Objekts bedeutet. Insofern ist er dem Tatbestandsirrtum (ieS) eng verwandt; er bezieht sich wie dieser auf Umstände, die einen Tatbestand ausfüllen, allerdings nicht einen unrechtsbegründenden, sondern einen unrechtsausschließenden. Im Hinblick auf sein Gesamtverhalten weiß der Irrende regelmäßig ebenso wenig, was er tut, wie der im Tatbestandsirrtum Handelnde; denn nicht nur in zahlreichen Deliktstatbeständen (dazu Herzberg JA 86, 190, 194), sondern häufig auch in der sozialen Wirklichkeit sind die Umstände des Unrechts- und Erlaubnistatbestandes zu einer inneren Einheit verbunden. Die Begründung des Ergebnisses gehört allerdings zu den noch ungelösten dogmatischen Problemen des AT (krit zu allen systemabhängigen Lösungsmodellen v Hippel, Spendel-FS, S 23, 24; krit zu allen „auf dem dreistufigen Deliktsaufbau fußenden Ansätzen" Rinck aaO [vgl 9] S 91, 199):

aa) Die **Rechtsprechung** (BGHSt 3, 105, 194, 271; 31, 264, 286; 32, 243, 11 248; 45, 219, 224; JR 96, 69, 71; bei Altvater NStZ 04, 23, 27 und 30; zum Verdienst der Rspr bei der Durchsetzung der eingeschränkten Schuldtheorie Arzt, BGH-FG, S 755, 758) greift inkonsequent auf die alte Unterscheidung des RG zwischen Tat- und Rechtsirrtum zurück und hält den Vorsatz für ausgeschlossen,

§ 17 AT. 2. Abschnitt. 1. Titel. Grundlagen der Strafbarkeit

wenn der Täter nur über Tatsachen geirrt hat; dann sei er an sich rechtstreu, wisse aber nicht, was er tue (mit eingehender Begr zust Kuhlen aaO [vgl 6] S 331). Das widerspricht jedoch dem in der Rspr anerkannten dreigliedrigen Verbrechensaufbau, nach dem sich der Vorsatz nur auf die Verwirklichung des Unrechtstatbestandes (iS des Unrechtstypus), nicht auch auf das Fehlen von Rechtfertigungsgründen bezieht (Herdegen, BGH-FS, S 195, 206; 17 vor § 13).

12 bb) Im **Schrifttum** ist die dogmatische Begründung umstritten. Zwar hat das Ergebnis der Rspr (keine Strafbarkeit wegen vorsätzlicher Tat) überwiegend Billigung gefunden. Jedoch setzen die dafür maßgebenden, auf divergierenden normtheoretischen Grundlagen beruhenden (dazu Gössel, Triffterer-FS, S 93) dogmatischen Ableitungen teils am Tatbestand, teils am Unrecht und teils erst an der Schuld an. Außerdem besteht keine Einigkeit, ob der Erlaubnistatbestandsirrtum in eine der herkömmlichen Irrtumskategorien eingeordnet werden kann (krit Grünwald, Noll-GS, S 183, der hier nur bedeutungslose terminologische Differenzen sieht). Inzwischen hat sich eine kaum mehr übersehbare Vielfalt von durchweg systemabhängigen Deutungen entwickelt. Diese haben alle ihre Stärken und Schwächen; in gewissen Grenzfällen können sie Widersprüchen und Ungereimtheiten nur mit fragwürdigen dogmatischen Konstruktionen begegnen. Im Wesentlichen lassen sich folgende – unter sich keineswegs homogene und überdies mit unterschiedlicher Terminologie arbeitende (vgl etwa Roxin AT I 14/53–58) – Meinungsgruppen unterscheiden:

13 cc) Die (problematische) Lehre von den **negativen Tatbestandsmerkmalen** (17 vor § 13) hält den Erlaubnissachverhalt für einen (negativen) Teil der Tatbestandsvoraussetzungen und muss deshalb dem Irrtum über ihn vorsatzausschließende Wirkung beimessen (vgl etwa Schroth, Vorsatz und Irrtum, 1998, S 114; ähnlich Kindhäuser 37 vor § 32).

14 dd) Eine damit verwandte, vorzugswürdige Lehre hält zwar nicht den Tatbestandsvorsatz, aber doch das **Vorsatzunrecht** für ausgeschlossen, weil auch der auf der Rechtswidrigkeitsebene zu prüfende Erlaubnistatbestand eine subjektive Seite habe, deren Erfüllung e erst rechtfertige, das spezifische Unrecht eines Vorsatzdelikts zu bejahen (vorsatzunrechtsverneinende eingeschränkte Schuldtheorie). Die Begründungen im Einzelnen, die überwiegend eine analoge Anwendung des § 16 I befürworten, sind allerdings im Ansatz uneinheitlich und müssen noch zu einem fest umrissenen Lösungsmodell fortentwickelt werden (vgl etwa Frisch, Vorsatz und Risiko, 1983, S 243 und in: Eser RuE III, S 217, 268; Schumann, Strafrechtliches Handlungsunrecht und das Prinzip der Selbstverantwortung der Anderen, 1986, S 32; Herzberg, Stree/Wessels-FS, S 203; Kuhlen aaO [vgl 6] S 331; Puppe, Stree/Wessels-FS, S 183 und AT 1 27/2–11; Scheffler Jura 93, 617; Dieckmann Jura 94, 178; Graul JuS 95, 1049; B-Weber/Mitsch AT 21/31; Freund AT 7/106; Kühl AT 13/73; Krey AT 1 Rdn 710; Roxin AT I 14/62–76; Sch/Sch-Lenckner 19 vor § 13 sowie Sch/Sch-Cramer/Sternberg-Lieben 18 zu § 16, alle mwN; beachte auch 5 vor § 32).

15 ee) Die sog **rechtsfolgenverweisende Schuldtheorie** sieht in dem Erlaubnistatbestandsirrtum einen **Irrtum eigener Art,** der erst auf der Schuldebene relevant wird und einerseits zwar Quelle eines Verbotsirrtums ist, andererseits aber die beschriebenen (vgl 10) strukturellen Gemeinsamkeiten mit dem Tatbestandsirrtum aufweist. Aufgrund der nach beiden Richtungen bestehenden Übereinstimmungen und Unterschiede ist dieser Irrtum deshalb nach seinem Gewicht für die Unrechts- und Schuldbewertung zwischen den anderen Irrtümern einzuordnen. An sich werden deshalb weder die Rechtsfolgen des § 17 noch die des § 16 seinen Besonderheiten voll gerecht (Dreher, Heinitz-FS, S 207; Krümpelmann ZStW Beiheft 78, 6, 47), so dass die Problematik befriedigend nur durch Gesetzesänderung lösbar ist (Dreher aaO). Da jedoch das geltende Recht nur zwei Maßstäbe der Reaktion auf irrtumsbedingtes Verhalten kennt, ist es berechtigt, den zwar andersartigen

Verbotsirrtum § 17

Irrtum, der immerhin aber mit dem Tatbestandsirrtum eng verwandt ist, dessen Rechtsfolgen zu unterwerfen und eine Bestrafung wegen vorsätzlicher Tat auszuschließen. Da der Täter keinen Handlungsunwert verwirklichen wollte, verdient er, sofern man nicht schon das Vorsatzunrecht für ausgeschlossen hält (vgl 14), auch keinen der Vorsatzschuld gleichwertigen Vorwurf (Dreher aaO; Gallas, Bockelmann-FS, S 155, 168; mit gleicher oder ähnlicher Begr ebenso Engisch ZStW 70, 566, 583; Lesch JA 96, 504, 507; Gropp AT 13/112; Jescheck/Weigend AT S 464; M-Zipf AT 1 37/41–43; Stratenwerth/Kuhlen AT I 9/159–165; W-Beulke AT Rdn 478, 479; Tröndle/Fischer 20 zu § 16; aM Paeffgen, Der Verrat in irriger Annahme eines illegalen Geheimnisses [§ 97b StGB] und die allgemeine Irrtumslehre, 1979 [Verrat], S 93 und Krümpelmann aaO, die zwar von der Andersartigkeit des Irrtums ausgehen, aber daran festhalten, dass gemindertes vorsätzliches Unrecht und damit notwendig auch vorsätzliche Schuld vorliege, die andere Rechtsfolgen als die des § 16 erforderten; s auch Paeffgen, Kaufmann [Arm]-GS, S 399).

c) Ist der Erlaubnistatbestandsirrtum **vorwerfbar,** so tritt Bestrafung aus dem Fahrlässigkeitstatbestand ein, sofern ein solcher vorgesehen ist (BGHSt 45, 378, 383; Hamburg NJW 75, 603 mit Anm Rudolphi JR 75, 512; aM Paeffgen aaO [Verrat; vgl 15] und die Anhänger der strengen Schuldtheorie [vgl 9]). Das lässt sich mindestens darauf stützen, dass das Verhalten des Irrenden unabhängig von dem vorliegenden natürlichen Vorsatz sorgfaltswidrig ist (Gallas aaO [vgl 15] S 171). **16**

d) Für Rechtfertigungsgründe, die eine **komplexe Güter- und Interessenabwägung** erfordern, namentlich für den übergesetzlichen Notstand früheren Rechts, hat die Rspr die eingeschränkte Schuldtheorie nicht angewendet, weil sie insoweit als „subjektives Rechtfertigungselement" stets eine umfassende Prüfung der Sach- und Rechtslage durch den Täter verlangt und bei einer vorwerfbaren Verletzung dieser Pflicht die Rechtfertigung versagt hat (BGHSt 2, 114; 3, 7; krit Welzel ZStW 67, 219; Lenckner, Der rechtfertigende Notstand, 1965, S 198). – Für den **rechtfertigenden Notstand** (§ 34) ist diese Rspr überholt (Herdegen, BGH-FS, S 195, 208; Rudolphi, Schröder-GS, S 73; Küper, Der „verschuldete" rechtfertigende Notstand, 1983, S 115; aM Hamm VRS 50, 464; M-Zipf AT 1 37/53–56; für Irrtumsfälle auch Paeffgen aaO [Verrat; vgl 15] S 154; Krümpelmann ZStW Beiheft 78, 6, 48; zw). Sie wird durch § 34 nicht gestützt (Stree JuS 73, 461, 464). Auch besteht für sie kein zwingendes Bedürfnis: Zwar kann sich der Erlaubnistatbestandsirrtum – ebenso wie der Tatbestandsirrtum (3 zu § 16) – nicht nur auf Tatsachen, sondern auch auf normative Begriffe, namentlich auf reine Rechtsbegriffe, beziehen (Herdegen, BGH-FS, S 195, 201; str), so dass über die Irrtumsqualität erst die Bedeutungskenntnis (14–17 zu § 15) entscheidet; jedoch sind gerade bei den Rechtfertigungsgründen mit komplexer Güter- und Interessenabwägung sog gesamttatbewertende Merkmale häufig, bei denen die rechtliche Bewertung den Regeln über den Verbotsirrtum folgt (16 zu § 15; krit Geerds Jura 90, 421, 425). Ferner ist das Unterbleiben der Prüfung idR ein Indiz dafür, dass der Täter im Hinblick auf das Fehlen rechtfertigender Umstände im Zweifel war (vgl 18). – Bei Rechtfertigungsgründen dagegen, die sich aus dem Gedanken **erlaubten Risikos** erklären lassen und deshalb die Herbeiführung auch objektiv unrichtiger Ergebnisse zulassen (zB mutmaßliche Einwilligung, 19 vor § 32 [einschr Kühl AT 9/47], und Wahrnehmung berechtigter Interessen, 10 zu § 193), ist auch im Schrifttum eine Prüfungspflicht des Täters mit Recht überwiegend anerkannt (Lenckner, Mayer-FS, S 165; Jescheck/Weigend AT S 466; aM Rudolphi aaO; Puppe, Stree/Wessels-FS, S 183, 194; Roxin AT I 14/81–84; Sch/Sch-Cramer/Sternberg-Lieben 20/21 zu § 16). **17**

e) Ein Irrtum über rechtfertigende Umstände liegt nach herrschender, aber noch wenig geklärter Meinung nicht vor, wenn der Täter solche Umstände **nur** **18**

§ 17 AT. 2. Abschnitt. 1. Titel. Grundlagen der Strafbarkeit

für möglich hält, ihr Fehlen aber nach den für den bedingten Vorsatz geltenden Regeln (24, 25 zu § 15) in seinem Willen aufnimmt (bei Holtz MDR 78, 108; diff Schroth, Kaufmann [Arth]-FS, S 595, 608 und aaO [vgl 13] S 124; Roxin AT I 14/87–89; anders Frisch, in: Eser RuE III, S 415; Herzberg JA 89, 243, 247). Zu der noch ungeklärten Frage, ob und unter welchen Voraussetzungen in diesen Fällen die Schuld gemindert oder ausgeschlossen sein kann, Warda, Lange-FS, S 119.

19   f) Von dem Erlaubnistatbestandsirrtum ist zu unterscheiden:
aa) der bloße **Erlaubnisirrtum,** dh der Irrtum über das Bestehen eines rechtlich nicht anerkannten (Bestandsirrtum) oder die Grenzen eines rechtlich anerkannten (Grenzirrtum) Rechtfertigungsgrundes; er ist Verbotsirrtum (zB BGHSt 22, 223; 45, 219, 224 mit Bespr Hoyer JR 00, 473, 475 und Geppert JK 9 zu § 226 nF; NStZ 03, 596; beachte auch Küper JZ 89, 617, 622; Rath Jura 98, 539, 540);

20   bb) der Irrtum über Umstände, die einen **Entschuldigungsgrund** ergeben würden (dazu § 35 II).

21   6. Dem Verbotsirrtum (vgl 6) und dem Erlaubnistatbestandsirrtum (vgl 9–18) entspricht jeweils ein **umgekehrter Irrtum.** Wer sein Handeln irrig für verboten hält (zB das Verbot homosexueller Betätigung annimmt), begeht ein strafloses **Wahndelikt** (zu dessen Verhältnis zum untauglichen Versuch 15 zu § 22). Die Umkehrung des Erlaubnistatbestandsirrtums besteht darin, dass jemand unter den objektiven Voraussetzungen eines Rechtfertigungsgrundes handelt, ohne sie zu kennen (dazu 16 zu § 22).

22   7. Im **Tatbestandsaufbau** wird die Frage nach dem Verbotsirrtum erst relevant, wenn zuvor Tatbestandsmäßigkeit und Rechtswidrigkeit der Tat bejaht sind, die Zurechnung also nur noch durch das Fehlen des Unrechtsbewusstseins in Frage gestellt werden kann. Deshalb ist die **Unterscheidung** des Verbotsirrtums vom Tatbestandsirrtum (§ 16) und vom Erlaubnistatbestandsirrtum (vgl 9–16) erforderlich. Sie ist bisweilen **schwierig.** Häufig hängt das mit der besonderen Struktur des einzelnen Tatbestandes (vgl etwa NJW 96, 1604; Meyer JuS 83, 513, 514), mit der problematischen Abgrenzung des Tatbestandsirrtums vom Subsumtionsirrtum (15 zu § 15) oder mit den Meinungsverschiedenheiten über gesamttatbewertende Tatbestandsmerkmale und deren Umsetzung im konkreten Fall zusammen (16 zu § 15). Auf dem Gebiet des Nebenstrafrechts ist namentlich bei Blankettatbeständen noch vieles umstritten (vgl zB Warda, Die Abgrenzung von Tatbestands- und Verbotsirrtum bei Blankettstrafgesetzen, 1955; Tiedemann ZStW 81, 869, Schaffstein-FS, S 195, 209 und Geerds-FS, S 95; Weber ZStW 96, 376, 392; Puppe GA 90, 145, 162 und NK 16–26 zu § 16; Kindhäuser GA 90, 406 [krit zu Puppe und Kindhäuser Schroth aaO, vgl 13, S 32 und 39]; Bachmann, Vorsatz und Rechtsirrtum im allgemeinen Strafrecht und im Steuerstrafrecht, 1993; Rudolphi SK 19 a; s auch NJW 94, 61 mit Anm Puppe NStZ 93, 595). Bei ihnen dürfte die Auslegung des einzelnen Tatbestandes entscheiden, und zwar unter dem Gesichtspunkt, ob die bloße Kenntnis der in der ausfüllenden Verbotsnorm vorausgesetzten tatsächlichen Umstände ausreicht, um eine zutreffende Parallelwertung (14 zu § 15) zu ermöglichen, oder ob dazu auch die Kenntnis des Verbots selbst erforderlich ist (ähnlich Roxin AT I 12/96–99 mwN; anders Herzberg GA 93, 439 und JZ 93, 1017, der sich allein an der oft zufälligen Gesetzestechnik und dem darauf fußenden Gesetzeswortlaut orientiert). Deshalb gehört zB bei der Steuerhinterziehung (§ 370 AO) und der Unterhaltspflichtverletzung (§ 170) die Kenntnis des Steuerbzw Unterhaltsanspruchs zum Vorsatz (näher zum Streitstand im Steuerstrafrecht GA 78, 278; NStZ 91, 89; wistra 95, 191; Bay NJW 76, 635 und MDR 92, 1077; Bremen StV 85, 282; Volk DStZ 83, 223; Samson, in: Kohlmann [Hrsg], Strafverfolgung und Strafverteidigung im Steuerstrafrecht, 1983, S 99; Lüderssen wistra 83, 223; Maiwald, Unrechtskenntnis und Vorsatz im Steuerstrafrecht, 1984;

Schlüchter wistra 85, 43; Meyer NStZ 86, 443 und 87, 500; Thomas NStZ 87, 260; Frisch, in: Eser RuE III, S 217, 286; Tiedemann ZStW 107, 639; Schroth aaO [vgl 13] S 52, alle mwN).

§ 18 Schwerere Strafe bei besonderen Tatfolgen

Knüpft das Gesetz an eine besondere Folge der Tat eine schwerere Strafe, so trifft sie den Täter oder den Teilnehmer nur, wenn ihm hinsichtlich dieser Folge wenigstens Fahrlässigkeit zur Last fällt.

1. a) Das **erfolgsqualifizierte Delikt** ist die Verwirklichung eines vorsätz- 1
lichen oder fahrlässigen, durch den Eintritt einer besonderen Folge qualifizierten Grundtatbestandes. Es beruht auf der Erwägung, dass die Begehung eines Grunddelikts erhöhte Strafe verdienen kann, wenn sie eine nach der Lebenserfahrung typische, für den Täter voraussehbare besondere Schadensfolge verursacht. Seine Rechtfertigung ist unter verfassungsrechtlichen, dogmatischen und kriminalpolitischen Gesichtspunkten umstritten und auch im Hinblick auf die Frage nicht abschließend geklärt, ob und wieweit verfassungskonforme Auslegung bei einzelnen Tatbeständen Restriktionen erfordert (vgl etwa Hirsch GA 72, 65; Wolter JuS 81, 168; Küpper, Der „unmittelbare" Zusammenhang zwischen Grunddelikt und schwerer Folge beim erfolgsqualifizierten Delikt, 1982, S 24 und in: ZStW 111, 785; Küper GA 84, 187; Rengier, Erfolgsqualifizierte Delikte und verwandte Erscheinungsformen, 1986; Paeffgen JZ 89, 220 und NK 44–54; Dornseifer, Kaufmann [Arm]-GS, S 427; Ferschl, Das Problem des unmittelbaren Zusammenhangs beim erfolgsqualifizierten Delikt, 1999; Puppe, Die Erfolgszurechnung im Strafrecht, 2000, S 200; Hardtung, Versuch und Rücktritt bei den Teilvorsatzdelikten des § 11 Abs 2 StGB, 2002, S 43, 188 [mit Bespr Otto GA 04, 50]; völlig abl Lorenzen, Zur Rechtsnatur und verfassungsrechtlichen Problematik der erfolgsqualifizierten Delikte, 1981). – Zur Entwicklungsgeschichte Puppe aaO S 195 und Rengier aaO S 11, beide mwN. – Rechtsvergleichend Ambos GA 02, 455.

b) Soweit die einschlägigen Tatbestände für die Verknüpfung der Tathandlung 2
mit dieser Folge **nur Ursächlichkeit** voraussetzen, werden sie allgemein durch § 18 um das Schuldinteresse erweitert. In diesem Sinne ist die Vorschrift im Bereich des StGB bedeutsam für die §§ 221 II Nr 2, III, 226, 227, 235 V, 239 III Nr 2, IV, 306 b I, 308 II, 309 III, 312 III, IV, 315 III Nr 2, 315 b III, 318 III, IV, 330 II Nr 2, 330 a II. Nicht hierher gehören die Tatbestände, bei denen, wie etwa in § 231 I (NJW 54, 765 zu § 227 I aF) oder § 323 a (BGHSt 6, 89), ein besonderer Erfolg die Strafbarkeit erst begründet (str).

2. Problematik und praktische Bedeutung der erfolgsqualifizierten Delikte 3
konzentrieren sich auf die Kombination eines vorsätzlichen Grunddelikts mit einer fahrlässig bewirkten Folge (Vorsatz-Fahrlässigkeitskombination, 23–25 zu § 11; echtes erfolgsqualifiziertes Delikt). Zwar wird auch das Zusammentreffen mit einer vorsätzlichen Folge erfasst (hM; anders Rengier aaO [vgl 1] S 98), jedoch ist dann idR ein schwererer Tatbestand erfüllt, wie etwa Mord oder Totschlag, wenn es sich um die Todesfolge handelt; es gibt aber Ausnahmen, bei denen ein schwererer Vorsatztatbestand fehlt, zB bei § 239 III Nr 1, wenn eine Freiheitsberaubung über eine Woche gedauert hat (zur umstrittenen Einordnung dieser Vorschrift s 9 zu § 239). Das Gesetz enthält außerdem eine (seit dem 6. StrRG [16–22 vor § 38] größer gewordene) Anzahl von Tatbeständen, die als Erfolgsqualifizierung eine wenigstens leichtfertig verursachte Folge voraussetzen (zB in §§ 176 b, 178, 239 a III, 239 b II, 251, 306 c, 307 III, 308 III, 309 IV, 316 a III und 316 c III; durch Verweise auch in §§ 179 VI, 252, 255 und 313 II, 314 II); für sie gelten, da Leichtfertigkeit nur eine erschwerte Form der Fahrlässigkeit ist (55 zu § 15; speziell zur leichtfertigen Herbeiführung qualifizierter Tatfolgen Tenckhoff ZStW 88,

§ 18 AT. 2. Abschnitt. 1. Titel. Grundlagen der Strafbarkeit

897; Hardtung aaO [vgl 1] S 169), die folgenden Regeln sinngemäß. – Zu neuen Erscheinungsformen des erfolgsqualifizierten Delikts wie das „begleithandlungserfolgsqualifizierte Delikt" (zB § 239 III Nr 2, IV) und das „erfolgsqualifizierte Gefährdungsdelikt" (zB § 221 II Nr 2, III) vgl Schroeder, Lüderssen-FS, S 599 und 602.

4 **3.** Die Vorsatz-Fahrlässigkeits-Kombination beim erfolgsqualifizierten Delikt bildet eine **Sinneinheit**, die das Grunddelikt als den eigentlichen Kern und die besondere Folge als nur zusätzliche Kennzeichnung des Unrechts zusammenschließt (hM). Die Präponderanz des Kerndelikts rechtfertigt es einerseits, an ihm die Möglichkeit von Täterschaft und Teilnahme am erfolgsqualifizierten Delikt im ganzen zu messen, hindert andererseits aber nicht, die besondere Folge für jeden Beteiligten selbstständig nach den Regeln der fahrlässigen Nebentäterschaft zu beurteilen (vgl etwa Hirsch GA 72, 65, 75; Arthur Kaufmann, Das Schuldprinzip, 1961, S 240; Sch/Sch-Cramer/Sternberg-Lieben 7; krit Renzikowski, Restriktiver Täterbegriff und fahrlässige Beteiligung, 1997, S 295; s auch Lorenzen aaO [vgl 1] S 62; str). Daraus folgt:

5 a) **Täterschaft und Teilnahme** sind nach der Beteiligungsform am Grunddelikt zu bestimmen (hM; vgl etwa Kudlich JA 00, 511, 515; anders Gössel, Lange-FS, S 219).

6 b) Ob der Täter oder Teilnehmer wegen des Grunddelikts oder des erfolgsqualifizierten Delikts zu bestrafen ist, hängt nicht von den Beiträgen der anderen Beteiligten, sondern allein von seiner Beziehung zu der besonderen Folge ab (BGHSt 19, 339 mit Anm Cramer JZ 65, 31; NJW 87, 77; NStZ 98, 511, 512; Roxin AT II 26/167; zusf Sowada Jura 95, 644, 646 und Kudlich aaO [vgl 5] 514, 516, alle mwN); dabei ist die Beurteilung von Exzessen (17 zu § 25) noch nicht abschließend geklärt (dazu Sowada aaO S 647; s auch NStZ 98, 511, 513; NStZ-RR 00, 366 und BGHSt 48, 34, 39).

7 c) Genügt für die besondere Folge Fahrlässigkeit, so soll es nach der Rspr regelmäßig nur auf die objektive und subjektive Voraussehbarkeit dieser Folge ankommen (46, 49 zu § 15), weil die Sorgfaltspflichtverletzung (37, 38 zu § 15) schon wegen der Begehung des Grunddelikts zu bejahen sei (BGHSt 24, 213; 48, 34, 39; NStZ 82, 27; 97, 82 und 01, 478; einschr Kühl AT 17a/30; aM Wolter JuS 81, 168, 171 und GA 84, 443, 445; weiter einschr Paeffgen NK 44–54, der für die Todesfolge sog Leichtfertigkeitszusammenhang fordert; zw).

8 **4.** Ob und wieweit bei den erfolgsqualifizierten Delikten und den übrigen Vorsatz-Fahrlässigkeits-Kombinationen (23–25 zu § 11) die schwere Folge durch die Tathandlung **unmittelbar** verursacht sein muss, ist umstritten (zusf Sowada Jura 94, 643; Bloy JuS 95, L 17). Allerdings ist schon die Fragestellung problematisch, weil es nicht eigentlich um Unmittelbarkeit geht, sondern um die komplexere Frage, ob und nach welchen dogmatischen Regeln angesichts der durchweg sehr hohen Strafdrohungen die objektive Zurechnung der besonderen Folge zu begrenzen ist (näher dazu mit jeweils eigenen Lösungsvorschlägen Geilen, Welzel-FS, S 655; Wolter GA 84, 443; Küpper aaO [vgl 1] S 80; Maiwald JuS 84, 439; Rengier aaO [vgl 1] S 144 und Jura 86, 143; Altenhain GA 96, 19; Puppe aaO [vgl 1] S 200, 275). Die Rspr stellt dagegen mehr auf die Unmittelbarkeit ab (eingehende Rechtsprechungsanalyse bei Kühl, BGH-FG, S 237) und fordert sie nach zum Teil widersprüchlichen Entscheidungen jetzt für die Körperverletzung mit Todesfolge (2 zu § 227) und mit gewissen Einschränkungen auch für die konkrete Gefahr bei den Gefährdungsdelikten (27 zu § 315c). Bei der Freiheitsberaubung (9 zu § 239), der Geiselnahme (9 zu § 239a) und dem Raub mit Todesfolge (1 zu § 251) bezieht sie dagegen auch einzelne Fallgruppen ein, in denen der Tod durch eigenes Verhalten des Opfers (zB Selbstmord des der Freiheit Beraubten)

oder durch Eingreifen Dritter (zB Gegenmaßnahmen der Polizei) – also im Verhältnis zur Tathandlung mittelbar – verursacht wird (näher zur Rspr Kühl, BGH-FG, S 237, 260 und 265). Im ganzen ist die Frage noch nicht abschließend geklärt. Anerkannt ist lediglich, dass sich in der besonderen Folge eine im Grunddelikt typischerweise angelegte Gefahr realisiert haben muss (hM; vgl etwa Puppe aaO S 276). Darüber hinaus dürfte eine einheitliche Lösung kaum möglich sein, das Ergebnis vielmehr von der Auslegung der einzelnen Erfolgsqualifizierungen abhängen (BGHSt 33, 322; 38, 295; Küpper aaO; Wolter JR 86, 465; Puppe AT 1 9/14; Hardtung aaO [vgl 1] S 43, 188; Sch/Sch-Cramer/Sternberg-Lieben 4; einschr Rengier Jura 86, 143; Altenhain aaO).

5. a) Tritt die fahrlässig verursachte besondere Folge schon mit dem **Versuch** 9 des Grunddelikts ein (sog erfolgsqualifizierter Versuch; BGHSt 48, 34 mit Bespr Hardtung NStZ 03, 261, Heger JA 03, 455 Kühl JZ 03, 637, Laue JuS 03, 743, Puppe JR 03, 123 und Sowada Jura 03, 549; bei Altvater NStZ 04, 23, 27; Kühl, Gössel-FS, S 191, 199), so ist wegen Versuchs des erfolgsqualifizierten Delikts zu strafen, wenn die besondere Folge – wie zB in § 251 (NJW 01, 2187 mit Bespr Geppert JK 8 zu § 251; NStZ 01, 534) oder in § 239 III 2, IV (dort 9) – eine typische Auswirkung schon der Tathandlung ist (zum Rücktritt in diesen Fällen beachte 22 zu § 24). Ist sie dagegen nach der tatbestandlichen Struktur erst eine typische Auswirkung des zum Grunddelikt gehörenden Erfolges, so muss man annehmen, dass auch das Gesetz die besondere Folge nicht lediglich an die Handlung, sondern erst an den aus ihr erwachsenden Erfolg anknüpfen wollte (Kühl aaO S 205; Hillenkamp LK 110 vor § 22). Daher scheidet in solchen Fällen die Annahme eines Versuchs aus; nach der Rspr soll jedoch Versuch nach § 227 (dort 3) und nach § 306 b (dort 2) in Frage kommen, wenn die besondere Folge unmittelbar durch die Tathandlung bewirkt wurde (s auch 8). Abweichend verlangt Hardtung aaO [vgl 1] S 15, 242, 263, 281 bei dem von ihm sog „folgenschweren Versuch des Grunddelikts" unter Berufung auf § 22 Vorsatz auch hinsichtlich der schweren Folge (zust Herzberg MK 18 zu § 23; krit Kühl aaO S 201; Roxin AT II 29/338); bei ihrer fahrlässigen Verursachung soll aber der Versuch des Grunddelikts aus dem Strafrahmen der Erfolgsqualifikation bestraft werden.

b) Kann die besondere Folge nach dem Deliktstypus **auch vorsätzlich** herbei- 10 geführt werden, so ist Versuch möglich, wenn der Entschluss die besondere Folge zwar umfasst, die Handlung sie aber nicht herbeiführt (sog versuchte Erfolgsqualifizierung, BGHSt 21, 194; GA 58, 304; NJW 01, 2187; NStZ 01, 534); das trifft zB für § 239 II aF, jetzt § 239 III Nr 1 (BGHSt 10, 306) und für § 224 aF (jetzt § 226 I) bei bedingtem Vorsatz zu (BGHSt 21, 194 mit abl Anm Schröder JZ 67, 368). Dasselbe gilt für Erfolgsqualifizierungen, die verlangen, dass die schwere Folge „wenigstens leichtfertig" herbeigeführt sein muss (vgl 3); das trifft zB für § 251 zu (dort 2, 3). Ob dabei das Grunddelikt schon vollendet wurde, ist unerheblich (Kühl Jura 03, 19, 20; Roxin AT II 29/320; aM M-Schroeder/Maiwald BT 1 9/27 für § 226).

c) Die **Strafbarkeit des Versuchs** (§ 23 I) bestimmt sich nach dem erfolgs- 11 qualifizierten Delikt; anders als bei der versuchten Erfolgsqualifizierung (Kühl Jura 03, 19, 20; Hillenkamp LK 115 vor § 22; aM Krey AT 2 Rdn 556) muss beim erfolgsqualifizierten Versuch (oben 9) aber der Versuch des Grunddelikts strafbar sein (Kühl Jura 03, 19, 21; Rengier aaO [vgl 1] S 245; Hardtung aaO [vgl 1] S 265, 281; Ebert AT S 128; Gropp AT 9/49 c; Krey AT 2 Rdn 556; Roxin AT II 29/323; Hillenkamp LK 109 vor § 22; Paeffgen NK 112; Rudolphi SK 7; aM Laubenthal JZ 87, 1067; Rath JuS 99, 140, 142; B-Weber/Mitsch AT 26/11; Otto GK1 18/89; zw); die Problematik ist durch die Einführung der Versuchsstrafbarkeit, etwa in §§ 223 II, 239 II, auf wenige Fälle, zB §§ 221 II Nr 2, III, 235 V, reduziert worden (7 zu § 221; 8 zu § 235); die Strafbarkeit des Grundde-

§§ 19, 20 AT. 2. Abschnitt. 1. Titel. Grundlagen der Strafbarkeit

liktsversuchs ist nicht erforderlich, wenn der Täter mit diesem Versuch die besondere Folge vorsätzlich herbeiführt (Hillenkamp LK 114 vor § 22; am Paeffgen NK 113).

12 **d)** Zum Versuch des erfolgsqualifizierten Delikts **im Ganzen** Ulsenheimer GA 66, 257; Kühl Jura 03, 19; Küpper aaO [vgl 1, 1982] S 113; Rengier aaO [vgl 1] S 234; Laubenthal JZ 87, 1065, 1067; Rath JuS 99, 140, 141; Sowada Jura 95, 644, 649; Bacher, Versuch und Rücktritt vom Versuch beim erfolgsqualifizierten Delikt, 1999; Hardtung aaO [vgl 1] S 15, 31, 263, 281; Paeffgen NK 109–124 (zum Rücktritt beachte 22 zu § 24).

13 **6.** Zum **Verhältnis** zwischen den erfolgsqualifizierten Delikten und den Tatbeständen, welche die Herbeiführung der besonderen Folge schon für sich mit Strafe bedrohen (zB §§ 211, 212, 222), BGHSt 8, 54; 9, 135; 19, 101, 106; 20, 269; 28, 18; NJW 65, 2116; Schröder NJW 56, 1737; Hruschka GA 67, 42. – Bei Erfolgsqualifikationen mit mehrfachem Erfolg (zB mehrerer Opfer bei § 251) liegt (gleichartige) Tateinheit vor (Schroeder, Lüderssen-FS, S 599, 603).

§ 19 Schuldunfähigkeit des Kindes

Schuldunfähig ist, wer bei Begehung der Tat noch nicht vierzehn Jahre alt ist.

1 **1.** Dogmatisch enthält die Vorschrift eine **unwiderlegliche Vermutung** der Schuldunfähigkeit von Kindern (hM; vgl Streng MK 5). Sie begründet deren absolute Strafunmündigkeit. Dabei kommt es auf die Zeit der Tat (§ 8), nicht des Verfahrens an. – Gegen eine Herabsenkung der Schuldunfähigkeit Wolfslast, Bemmann-FS, S 274 und Kreuzer NJW 02, 2345, 2348; für eine modifizierte Absenkung bei schwersten Gewalttaten Hefendehl JZ 00, 600, 604. – Zur strafrechtlichen Altersgrenze als Forschungsproblem Hommers/Lewand MschrKrim 01, 425.

2 **2. Verfahrensrechtlich** ist die absolute Strafunmündigkeit Prozesshindernis (hM; vgl Eisenberg 31 zu § 1 JGG mwN). Sie führt daher nicht zum Freispruch, sondern wegen des Vorrangs der prozessualen Wirkung zur Einstellung des Verfahrens (§§ 260 III, 206 a StPO; ebenso Streng MK 11).

§ 20 Schuldunfähigkeit wegen seelischer Störungen

Ohne Schuld handelt, wer bei Begehung der Tat wegen einer krankhaften seelischen Störung, wegen einer tiefgreifenden Bewußtseinsstörung oder wegen Schwachsinns oder einer schweren anderen seelischen Abartigkeit unfähig ist, das Unrecht der Tat einzusehen oder nach dieser Einsicht zu handeln.

1 **1.** Für die Bestimmung der **Schuldfähigkeit** des (erwachsenen) Menschen legt das Gesetz eine **gemischte, ungenau als biologisch-psychologisch bezeichnete, Methode** zugrunde, nach der Ausschluss (§ 20) und Minderung (§ 21) der Schuldfähigkeit bestimmte biologische Zustände voraussetzen, die sich in bestimmter Weise auf die Psyche des Täters auswirken (vgl etwa Krümpelmann ZStW 88, 6; Leferenz ZStW 88, 40; Meyer ZStW 88, 46; Venzlaff ZStW 88, 57; Gschwind ZStW 88, 66; Wolfslast JA 81, 464; Blau/Franke Jura 82, 393; Rasch/Volbert MschrKrim 85, 137; Roxin, Spann-FS, S 457; Schreiber/Rosenau, in: Venzlaff/Foerster [Hrsg], Psychiatrische Begutachtung, 4. Aufl 2004, S 59; Blau MschrKrim 89, 71; krit Frister, Die Struktur des „voluntativen Schuldelements", 1993, S 175, der die biologischen Eingangsmerkmale für funktionslos hält; krit zu dem Begriffspaar „biologisch-psychologisch" Rasch StV 84, 264, 265, Schild

NK 74 und Tröndle/Fischer 5; Streng MK 15 unterscheidet „biologisch-psychologisch" und „psychologisch-normativ"; ähnlich Rudolphi SK 3, 4: „biologisch-normative Methode"). – Zur Entstehungsgeschichte der §§ 20, 21 Schild NK 16–20; rechtsgeschichtlich zu den psychowissenschaftlichen Konzepten zur Beurteilung strafrechtlicher Verantwortlichkeit Schmidt-Recla, Theorien zur Schuldfähigkeit, 2000. Zur geringen Bedeutung nach der Strafverfolgungsstatistik Dölling, Rolinski-FS, S 55, 61. – Zusf Keiser Jura 01, 376.

2. Die **biologische Komponente** der Schuldunfähigkeit beschreibt das Gesetz in drei Gruppen von biologisch anomalen Zuständen, die sich zum Teil überschneiden und wegen der Komplexität psychisch abnormer Zustände auch keine sichere Grenzziehung ermöglichen (zusf zur Zuordnung der psychiatrisch-psychologischen Diagnosen zu den einzelnen Merkmalsgruppen Rasch StV 84, 264; krit zur Umsetzung dieser Zuordnung in der Praxis Verrel MschrKrim 94, 272). Es knüpft dabei an den – inzwischen allerdings zunehmend überholten – Krankheitsbegriff der Psychiatrie an (krit Schreiber/Rosenau, in: Venzlaff/Foerster aaO [vgl 1] S 62), versucht zugleich, Widersprüche zur psychologischen Begriffsbildung zu vermeiden, und macht durch Einbeziehung auch nicht krankhafter Zustände den früher maßgebenden juristischen Krankheitsbegriff überflüssig (Begr zu § 21 E 1962 S 137; zusf Jähnke LK 20–23; überzogen die Kritik von Thoss NJW 79, 1909, 1910). Im Einzelnen kommen alternativ in Frage:

a) Die **krankhafte seelische Störung**. Der Begriff **Störung** ist weit auszulegen; er umfasst auch angeborene Zustände (Begr zu § 24 E 1962 S 137). **Seelisch** bedeutet so viel wie psychisch und deckt den Bereich des Intellektuellen und des Emotionalen ab (aaO). **Krankhaft** ist eine Störung, wenn sie nachweislich auf eine somatische Ursache zurückgeht oder wenn eine solche Ursache nach psychiatrischer Erkenntnis vermutet (postuliert) werden muss (str; diff Witter, Lange-FS, S 723; krit Venzlaff ZStW 88, 57; Schreiber NStZ 81, 46; Rasch NStZ 82, 177 und StV 84, 264, 265; zusf Keiser Jura 01, 376, 379). Zu dieser **ersten Gruppe** gehören daher namentlich:

aa) Die auf einem nachweisbaren **hirnorganischen Prozess** beruhenden Geisteskrankheiten **(exogene Psychosen)**, zB Paralyse, Hirnarteriosklerose (RGSt 73, 121) und Epilepsie, sowie andere Störungen auf somatischer Grundlage, zB Zustände nach Hirnverletzungen (bei Tepperwien DAR 03, 289) oder Vergiftungen, altersbedingte Hirnabbauprozesse wie Alzheimer oder senile Demenz (StV 89, 102; Tröndle/Fischer 10; zur Bedeutung des Alterabbaus bei Sexualdelikten NStZ 99, 297 mit Anm Kröber), Folgeerscheinungen von Alkohol-, Drogen- oder Medikamentenabhängigkeit (NJW 69, 563; bei Holtz MDR 77, 982 und 78, 109; NJW 95, 1229 mit Bespr Pluisch NZV 96, 98; NStZ-RR 97, 258; NStZ 99, 448; Täschner NJW 84, 638; zum Missbrauch von Anabolika LG Freiburg NStZ-RR 98, 138). – Auch der durch Alkohol (vgl 18) oder durch andere Mittel (Drogen, Psychopharmaka) ausgelöste Rausch gehört hierher, weil mit ihm eine toxische Beeinträchtigung der Hirntätigkeit verbunden ist (BGHSt 43, 66, 69; NStZ-RR 97, 163; Dölling, in: Kiesel [Hrsg], Rausch, 1999, S 149, 169; Roxin AT I 20/9; Jähnke LK 24, 42; Rudolphi SK 7; aM Krümpelmann ZStW 88, 6, 16; zur Schuldfähigkeitsbeurteilung bei akuter Alkoholintoxikation und Alkoholabhängigkeit Foerster/Leonhardt, in: Schneider/Frister [Hrsg], Alkohol und Schuldfähigkeit, 2002, S 54, 56); allerdings kann er – wie es häufig in Rspr und Lehre geschieht (vgl etwa Arbab-Zadeh NJW 78, 2326) – ebenso gut auch als tiefgreifende Bewusstseinsstörung (vgl 6–8) erfasst werden, weil sich die beiden Merkmale überschneiden und keines von ihnen Vorrang hat (bei Spiegel DAR 82, 197). Auch beim sog erweiterten Suizid (Tötung des Intimpartners oder von Kindern vor dem Suizidversuch), kommt solche wahlweise Zuordnung in Frage (Mielke NStZ 96, 477; s auch Winckler/Foerster NStZ 96, 32).

§ 20 AT. 2. Abschnitt. 1. Titel. Grundlagen der Strafbarkeit

5   bb) Die zu den Formenkreisen der **Schizophrenie** (dementia praecox; dazu Huber, Leferenz-FS, S 463) und der **Zyklothymie** (manisch-depressives Irresein; vgl NJW 01, 1435, 1436) gehörenden Geisteskrankheiten **(endogene Psychosen),** bei denen die Psychiatrie die somatische Ursache nur postuliert (zusf Jähnke LK 37–40). Eifersuchtswahn kann, zB im Rahmen eine Alkoholabhängigkeit, eine endogene (alkoholische) Psychose sein (NJW 97, 3101 mit zust Bespr Winckler/ Foerster NStZ 98, 297 und Blau JR 98, 207); es kommt aber auch, zB bei neurotischer Verfestigung (Blau aaO S 209), eine andere seelische Abartigkeit (vgl 11) in Betracht (BGH aaO).

6   b) Die **tiefgreifende Bewusstseinsstörung.** Zu dieser **zweiten Gruppe** gehören Tätigkeitsakte in voller Bewußtlosigkeit nicht (vgl 14); für krankhafte Bewusstseinsstörungen ist sie wegen Überschneidung mit der ersten Gruppe praktisch bedeutungslos (zum Alkohol- und Drogenrausch beachte jedoch 4). Das Adjektiv „**tiefgreifend**" soll die Vorschrift auf Bewusstseinsstörungen von solcher Intensität einschränken, die das Persönlichkeitsgefüge in vergleichbar schwerwiegender Weise beeinträchtigen wie eine krankhafte seelische Störung (NStZ 83, 280 und 90, 231; krit Jähnke LK 26, 27 und Tröndle/Fischer 29).

7   aa) Einen **selbstständigen Anwendungsbereich** hat danach die tiefgreifende Bewusstseinsstörung bei nichtkrankhaften Zuständen. Diese können zB auf Erschöpfung (NStZ 83, 280), Übermüdung (zur Verstärkung durch Alkohol Frankfurt NStZ-RR 02, 362), Schlaftrunkenheit oder Hypnose beruhen (zusf Plate, Psyche, Unrecht und Schuld, 2002, S 406), haben insoweit aber kaum praktische Bedeutung (krit Glatzel StV 82, 434 und 83, 339). Dagegen ist der hochgradige **Affekt** theoretisch und praktisch wichtig (BGHSt 11, 20 mwN; krit Analyse der Rspr bei Neumann, BGH-FG, S 83, 89). Er kann in Ausnahmefällen (bei Dallinger MDR 74, 721) die Voraussetzungen der §§ 20, 21 auch dann erfüllen, wenn der Täter an keiner Krankheit leidet und sein Zustand auch nicht von anderen Ausfallerscheinungen begleitet ist (NStZ 84, 259 und 95, 539). Zu seiner Feststellung bedarf es einer umfassenden Ermittlung aller Umstände (dazu NStZ 95, 175; StV 97, 295 und NStZ-RR 03, 8), denen erfahrungswissenschaftlich auf Grund von relativ unbestimmten und auch umstrittenen Kriterien (dazu ua Rasch NJW 80, 1309 und 93, 757; Saß NervA 83, 587; Steller MschrKrim 88, 16; Rösler NervA 91, 49; krit Glatzel Kriminalistik 95, 97) Affektrelevanz beigelegt wird (allgemein zur Affektproblematik aus psychiatrischer Sicht Mende, Bockelmann-FS, S 311; Venzlaff, Blau-FS, S 391; Endres StV 98, 674; aus psychologischer Sicht Undeutsch, in: Handwörterbuch der Rechtsmedizin, Bd II, 1974, S 91; Wegener, Einführung in die forensische Psychologie, 1981, S 73; in interdisziplinärer Überschau Saß [Hrsg], Affektdelikte, 1993; zu sozialpsychologischen Aspekten Grosbüsch, Die Affekttat, 1981; s auch Nau, Die Bewusstseinsform bei normalpsychologischen Affekttaten, 2001; rechtsphilosophisch Köhler, in: Klesczewski [Hrsg], Affekt und Strafrecht, 2004, S 9). Solche Umstände können sich nicht nur aus der Affektgenese (dazu StV 93, 185; Glatzel StV 93, 220; krit Krümpelmann, Rasch-FS, S 157) und dem Affektverlauf (dazu StV 91, 18 und 94, 13 sowie NStZ 99, 508), namentlich dem Verhalten vor und während der Tat, ergeben; als Indizien kommen auch Nachtatumstände in Frage, zB Fassungslosigkeit über die Folgen der Affektentladung (NStZ 88, 268 mit Anm Venzlaff und Schlothauer StV 88, 59; StV 01, 228; krit Maisch StV 95, 381; krit auch Bernsmann NStZ 89, 160, der den hier sachfremden, in der Praxis offenbar aber virulenten Aspekt der Täter-Opfer-Beziehung in die Beurteilung einbezieht; zu deren Virulenz und zur Bedeutung von „Vorgestalten" der Tat StV 01, 228); weniger aussagekräftig sind Erinnerungslücken (BGHSt 43, 66, 73; StV 98, 539; Maatz NStZ 01, 1, 6; beachte jedoch NStZ-RR 03, 8; zu den Erscheinungsformen von Erinnerungsstörungen zusf Glatzel StV 03, 189). Diese Umstände sind Gegenstand einer sowohl empiri-

schen als auch normativen Gesamtwürdigung (NStZ 90, 231, 95, 539 und 96, 77; Blau, Tröndle-FS, S 109, 123; zusf Salger, Tröndle-FS, S 201; Theune NStZ 99, 273). – Nach früher weitergehender (zB bei Holtz MDR 87, 444), inzwischen aber eingeschränkter **Rechtsprechung** muss der Affekt in dem Sinne **unverschuldet** sein, dass der Täter unter den konkreten Umständen den Aufbau des Affekts zu verhindern und die Folgen seiner Entladung, also auch die Begehung der Affekttat selbst, vorauszusehen nicht imstande war (BGHSt 35, 143 mit Anm Blau JR 88, 514 und Frisch NStZ 89, 263; NStZ 97, 333; einschr Jähnke LK 62; krit zur Rspr Neumann aaO S 90, alle mwN). Im **Schrifttum** ist die Ausscheidung verschuldeter Affekte überwiegend anerkannt (aM v Winterfeld NJW 75, 2229; Schroth, Kaufmann [Arth]-GbSchr, S 109; krit Neumann, Zurechnung und „Vorverschulden", 1985, S 240). Jedoch ist die dogmatische Begründung schon in den Ansätzen umstritten und das Ausmaß der Einschränkung daher wenig geklärt (vgl etwa Geilen, Maurach-FS, S 173; Rudolphi, Henkel-FS, S 199; Behrendt, Affekt und Vorverschulden, 1983, S 64, 77; Krümpelmann, Affekt und Schuldfähigkeit, 1988, S 229; Landgraf, Die „verschuldete" verminderte Schuldfähigkeit, 1988, S 99; Frisch ZStW 101, 538; Stratenwerth, Kaufmann [Arm]-GS, S 485, 495; Otto Jura 92, 329; Jähnke LK 60); nach vorzugswürdiger Ansicht sind die Grundsätze der alic (vgl 25) anzuwenden (Frisch ZStW 101, 569, 571; Jescheck/Weigend AT S 439; Roxin AT I 20/18; Tröndle/Fischer 34, 59; krit Rudolphi SK 12 zu § 20 und 4a zu § 21). – Zur Bedeutung des Affekts für die Schuld vgl auch Schewe, Reflexbewegung, Handlung, Vorsatz, 1972, S 130; Krümpelmann, Welzel-FS, S 327, 338 und GA 83, 337, 352; Moos ZStW 89, 796; Bresser, Leferenz-FS S 429, 430 und Zabel, in: Klesczewski aaO S 23 (beachte ferner 21); zum affektbefangenen Handeln als Unrechts- oder Schulddifferenzierungsgrund im BT Klesczewski, in: ders, aaO, S 57.

bb) Auch **gruppendynamische Einflüsse** genügen für sich allein nicht, um 8 ihre Auswirkungen als Bewusstseinsstörungen erfassen zu können (Jäger, Individuelle Zurechnung kollektiven Verhaltens, 1985, S 43; Jakobs AT 18/17; Streng MK 109; aM Schumacher NJW 80, 1880 und StV 93, 549).

c) Der **Schwachsinn oder eine andere schwere seelische Abartigkeit**. 9 Gemeinsames Merkmal dieser **dritten Gruppe** ist die **seelische Abartigkeit** (krit zum diskriminierenden Charakter des Begriffs Rasch NStZ 82, 177 und StV 84, 264, 266). Sie setzt eine Abweichung von einer zugrundegelegten Durchschnittsnorm des seelischen Zustandes voraus, die nicht krankhaft (pathologisch) ist (BGHSt 34, 22; 35, 76; NJW 98, 2753 mit insoweit krit Anm Winckler/Foerster NStZ 99, 126), dh nicht auf nachweisbaren oder „postulierbaren" organischen Prozessen oder Defekten beruht (Begr zu § 25 E 1962 S 141; krit Schreiber NStZ 81, 46; Rasch aaO) und daher in diesem Sinne auch keinen „Krankheitswert" hat (NJW 89, 918; NStZ 89, 430 und 91, 330). Erfasst werden damit seelische Fehlanlagen und -entwicklungen (Begr zum E 1962 aaO).

aa) Unter **Schwachsinn** ist daher nur die angeborene oder auf seelischer Fehl- 10 entwicklung beruhende Intelligenzschwäche ohne nachweisbare organische Ursache zu verstehen (NStZ 97, 199). Schwachsinn als Folge intrauteriner, geburtstraumatischer oder frühkindlicher Hirnschädigung oder als Symptom eines hirnorganischen Krankheitsprozesses (zB Verblödung iS einer organischen Demenz) gehört zur ersten Gruppe. – In der Psychiatrie ist zum Teil auch heute noch die zunehmend fragwürdiger gewordene Unterscheidung folgender Formen des Schwachsinns nach dem Schweregrad gebräuchlich: die Idiotie als Intelligenzgrad auf der durchschnittlichen Stufe eines Kindes unter sechs Jahren, die Imbezillität als entsprechende Stufe bis zu 14 Jahren und die Debilität als Stufe bis zu 18 Jahren (krit Wegener aaO [vgl 7] S 90 mit näheren Angaben über Definitionen, Schweregrad, Ursachengruppen und Diagnose des Schwachsinns).

§ 20 AT. 2. Abschnitt. 1. Titel. Grundlagen der Strafbarkeit

11 bb) Die **anderen schweren seelischen Abartigkeiten** umfassen namentlich die – in den Seinswissenschaften nach Inhalt und Grenzen umstrittenen (vgl etwa Lange, Leferenz-FS, S 25, 28) – Psychopathien (NStZ-RR 98, 106; zur „Borderline"-Persönlichkeitsstörung BGHSt 42, 385 und – restriktiv – NStZ 02, 142 sowie Theune NStZ-RR 02, 225, 228 und Streng MK 44; zur „gemischten" Persönlichkeitsstörung NStZ 00, 585 oder „kombinierten Persönlichkeitsstörung" NStZ-RR 04, 105; zur schizotypen Persönlichkeit BGHSt 44, 369; bei Detter NStZ 01, 467; zur dissozialen Persönlichkeitsstörung einschr BGHSt 44, 338, 342; StV 01, 565; bei Detter NStZ 03, 133; zusf Theune NStZ-RR 03, 228; zur paranoiden Persönlichkeitsstörung NStZ 04, 8; zur sog Anpassungsstörung NStZ-RR 04, 70), Neurosen (dazu de Boor, Klug-FS, S 571; Merkel und Bochnik/Gärtner MedR 86, 53, 57) und Triebstörungen (dazu NJW 89, 2958; JR 90, 119 mit Anm Blau; NStZ 93, 181, 94, 75, 96, 401 und 98, 30; speziell zur Pädophilie NJW 98, 2753 mit Anm Winckler/Foerster NStZ 99, 126; NStZ 99, 611 und 01, 243, 244 mit krit Anm Nedopil 474; Theune NStZ-RR 02, 225, 228; zur psychiatrischen Begutachtung von Sexualstraftätern Mauthe DRiZ 99, 262 und Rose StV 03, 101). Jedoch können sich seelische Fehlanlagen und Fehlentwicklungen auch in anderen Abweichungen ausprägen (Schmitt ZStW 92, 346; zusf Rasch StV 91, 126; Blau, Rasch-FS, S 113; s auch Glatzel StV 82, 40; Albrecht GA 83, 193, 203; zusf Plate, Psyche, Unrecht und Schuld, 2002, S 368). In Frage kommen etwa Taubstummheit, nichtstoffgebundene Abhängigkeit (zusf Mende, Rasch-FS, S 32), wie zB Spielleidenschaft (NStZ 89, 113 mit Anm Kröber JR 89, 380; NStZ 04, 31; StV 91, 155; LG Berlin StV 93, 251; Meyer ua StV 90, 464; Schreiber Kriminalistik 93, 469), Stehlsucht (dazu Osburg, Psychisch kranke Ladendiebe, 1992 und Rasch-FS, S 38; Foerster/Knöllinger StV 00, 457), Eifersucht (NJW 97, 3101 mit Anm Blau JR 98, 207), Fetischismus, Hörigkeit (Schumacher, Sarstedt-FS, S 361; Achner/Bischof MschrKrim 92, 136; aM BGHR § 21 seelische Abartigkeit 18; Jähnke LK 66; s auch StV 97, 630; zw), suchtmäßiger Konsum von Horror-Videos (probl LG Passau NStZ 96, 601 mit Anm Brunner JR 97, 120) und Hang zum Querulieren (Düsseldorf GA 83, 473). – Die Abartigkeit muss **„schwer"**, dh im Einzelfall so erheblich sein, dass sie von der Durchschnittsnorm des seelischen Zustandes nicht weniger abweicht als die krankhafte seelische Störung und daher – auf Grund einer Ganzheitsbetrachtung von Täter und Tat (BGHSt 37, 397 mit Anm Grasnick JR 92, 120; StV 93, 185; NStZ 94, 75; NStZ-RR 97, 355; NJW 98, 2753; NStZ-RR 99, 77 und 136; NStZ 99, 395 mit Anm Winckler/Foerster NStZ 00, 192; NStZ 01, 243 mit Anm Nedopil NStZ 01, 474; NJW 04, 1810, 1812 mit Indikatoren-Katalog; Bay NJW 99, 1794) – als Beeinträchtigung des Persönlichkeitskerns gedeutet werden kann (NJW 82, 2009 mit Anm Blau JR 83, 69; NJW 97, 3101 mit Anm Blau JR 98, 207; NJW 98, 2753; Bay NJW 99, 1794; krit Leferenz ZStW 88, 40, 42; Streng Sanktionen 691 und Tröndle/Fischer 38, 43). Für die Quantifizierung des Schweregrades bieten die in der forensischen Psychiatrie entwickelten operationalisierten Klassifikationssysteme wichtige Anhaltspunkte für das Vorliegen einer psychischen Störung (StV 97, 630; krit Kröber ua MschrKrim 94, 339); sie sind aber nicht schon als solche verbindlich (NStZ 95, 176; StV 01, 565; Schäfer StrZ 522) und machen daher eine konkrete psychiatrische und juristische Gesamtwürdigung nicht überflüssig (NStZ 92, 380 und 97, 383; Saß/Wiegand, Göppinger-FS, S 349; zur Quantifizierung beachte auch Foerster NStZ 88, 444 und MschrKrim 89, 83; krit zur Berücksichtigung normativer Aspekte Theune ZStW 114, 300, 317). Bloße biologische Retardierung genügt nicht (BGHSt 22, 41; In der Beeck/Wuttke NJW 73, 2245). Deshalb hat die ältere Rspr „bloße Willensschwäche und sonstige Charaktermängel" als für die Schuldfähigkeit unerheblich behandelt (BGHSt 23, 176, 190; NJW 62, 1779 und 66, 1871; krit Jähnke LK 30, 32; s auch Haddenbrock NJW 67, 285; Bresser, Leferenz-FS, S 429, 435). – Auch schwere seelische Abartigkeiten, die das

Willens-, Gefühls- oder Triebleben betreffen (vgl etwa BGHSt 14, 30, 32), schließen die Schuldfähigkeit selten ganz aus; meist werden sie nur im Rahmen des § 21 bedeutsam (NStZ 91, 31; NJW 97, 3101 und 98, 2752 mit Anm Winckler/ Foerster NStZ 99, 236; NStZ 02, 476; Hamm NJW 77, 1498; Witter, Lange-FS, S 723, 733; krit Rasch NStZ 82, 177; Schreiber/Rosenau, in: Venzlaff/Foerster aaO [vgl 1] S 70), reichen hier aber im Hinblick auf das Merkmal „schwer" regelmäßig zur Annahme einer erheblich verminderten Schuldfähigkeit aus (StV 91, 511; 97, 127 und 02, 17; NStZ 96, 380 mit krit Anm Winckler/Foerster NStZ 97, 334; StraFo 01, 249; AG München NStZ 96, 334 mit Anm Kellermann; beachte auch NStZ 97, 485). Doch kann die Erheblichkeit trotz Annahme einer schweren Persönlichkeitsstörung ausnahmsweise zu verneinen sein, etwa in den Fällen, in denen der Täter innerhalb eines komplexen Tatgeschehens kontrolliertzielgerichtet und kaltblütig vorgeht (NJW 04, 1810, 1813 [§ 239 bei gravierendgemischter Persönlichkeitsstörung]; vgl auch BGHSt 48, 4, 9 [§ 263 bei Größenwahnsinn]).

3. a) Die **psychologische Komponente** der Schuldfähigkeit erfordert einen anomalen biologischen Zustand von solchem Grade (dh solcher Quantität, Schüler-Springorum, in: Pohlmeier ua [Hrsg], Forensische Psychiatrie heute, 1986, S 52), dass er die Fähigkeit ausschließt, entweder das Unrecht der Tat einzusehen (intellektueller Faktor: **Einsichtsfähigkeit**, Unterscheidungsvermögen) oder nach dieser Einsicht zu handeln (voluntativer Faktor: **Steuerungsfähigkeit**, Hemmungsvermögen). Ob er schon aus einem einzigen biologischen Mangel oder erst aus dem Zusammenwirken mehrerer, von der Vorschrift erfasster Mängel hergeleitet werden kann, macht keinen Unterschied (stRspr; Schaffstein, Stutte-FS, S 253, 266; Keiser Jura 01, 376, 379). – Die **Einsichtsfähigkeit** fehlt, wenn der Täter nicht zum Unrechtsbewusstsein (2 zu § 17) durchdringen kann (aus psychiatrischer Sicht krit Janzarik NervA 91, 423), die **Steuerungsfähigkeit,** wenn er trotz Unrechtseinsicht auch bei Aufbietung aller ihm eigenen Widerstandskräfte seinen Willen nicht durch vernünftige Erwägungen bestimmen kann (zB BGHSt 14, 30, 32; 23, 176, 190; Schäfer StrZ 523; krit Streng, Leferenz-FS, S 397, 403; krit auch Frister aaO [vgl 1] S 118, der die Schuldfähigkeit abw vom Gesetzeswortlaut als Fähigkeit zu einer hinreichend differenziert strukturierten Willensbildung definiert und die beiden Fähigkeiten lediglich als kognitive und affektive Komponenten desselben Willensbildungsprozesses versteht). Der Schuldfähige muss daher beide Fähigkeiten haben (VRS 23, 209). Nicht verantwortlich ist danach der durch Rechtsnormen **nicht motivierbare** Täter (23 vor § 13). Ob damit zugleich Willensfreiheit im Sinne des Indeterminismus vorausgesetzt wird, ist umstritten, aber im Ergebnis zu verneinen (26 vor § 13; Kurt Schneider, Die Beurteilung der Zurechnungsunfähigkeit, 4. Aufl 1961; Krümpelmann ZStW 88, 6, 14; Venzlaff, DRiAkad-FS, S 277, 283; Haddenbrock, Soziale oder forensische Schuldfähigkeit [Zurechnungsunfähigkeit], 1992, MschrKrim 94, 44, 324 und 96, 50 sowie NStZ 95, 581; Frister MschrKrim 94, 316, alle mwN).

b) Der für die Beurteilung anzulegende **Maßstab** ist ein **normativer,** die traditionelle Bezeichnung als „psychologische" Komponente daher irreführend. Auszugehen ist von der Erkenntnis, dass schon prinzipiell eine wissenschaftlich nachprüfbare Aussage darüber ausgeschlossen ist, ob ein bestimmter Mensch in einer bestimmten Lage fähig war, eine bestimmte Handlung zu vermeiden (Jescheck/ Weigend AT S 407; Streng MK 53; Rudolphi SK 23; aM Schünemann GA 86, 293, 295; diff Cerezo Mir ZStW 108, 9, 18). Darüber hinaus ist auch die allgemeine Frage nach den Grenzen menschlicher Motivierbarkeit durch Normen in weiten Bereichen offen, weil sie entweder schon prinzipiell oder jedenfalls nach dem gegenwärtigen Wissensstand nicht beantwortbar ist (hM; vgl etwa NJW 91, 852; Kurt Schneider aaO [vgl 12]; krit Schreiber/Rosenau, in: Venzlaff/Foerster

§ 20 AT. 2. Abschnitt. 1. Titel. Grundlagen der Strafbarkeit

aaO [vgl 1] S 75; Tiemeyer ZStW 100, 527, 553; Haddenbrock MschrKrim 94, 44; vgl auch Osterkorn, Zum Paradox von Ideologie und Pragmatik der §§ 20, 21 StGB, 1997, S 97, 217). Deshalb ist jeder erwachsene Mensch grundsätzlich – auch aus general- und spezialpräventiven Gründen (dazu Roxin, Bockelmann-FS, S 279, 293) – als verantwortliches Mitglied der Rechtsgemeinschaft zu behandeln, solange seine Unansprechbarkeit durch Normen nicht methodisch einwandfrei aufweisbar ist (zum Grundsatz in dubio pro reo beachte 23). Das setzt neben dem Vorliegen der biologischen Merkmale (vgl 2–11) voraus, dass der psychische Ausnahmezustand des Täters zu solchen Zuständen gehört, für die nach naturwissenschaftlicher Erfahrung schwere Beeinträchtigungen der Kontroll- und Steuerungsfunktion des Bewusstseins über die Handlungsantriebe kennzeichnend sind (Lackner, Kleinknecht-FS, S 245, 265; Salger, Pfeiffer-FS, S 379, 380; Maatz BA 96, 233, 235 und StV 98, 279; ähnlich Krümpelmann GA 83, 337; weiter diff Jähnke LK 15–19; s auch v Gerlach, in: Ebert [Hrsg], Aktuelle Probleme der Strafrechtspflege, 1991, S 165; Jähnke LK 94; str).

14   4. a) Tätigkeitsakte, die **nicht vom Willen getragen und vom Bewusstsein völlig unkontrolliert** sind, wie Reflexbewegungen, Bewegungen in voller Bewußtlosigkeit (Schlaf, Ohnmacht, Delirium usw) und gänzlich automatische Akte, werden von § 20 nicht berührt (bei Holtz MDR 94, 127). Sie sind strafrechtlich schon keine Handlungen (7 vor § 13). Betroffen sind dagegen Trieb- und Affekthandlungen; sie sind willensgesteuerte Akte, mögen ihre Antriebe sich bisweilen auch impulsiv in Aktion umsetzen, ehe eine wirksame Kontrolle durch Gegenvorstellungen einsetzen kann (zur Handlungsproblematik des Affekts vgl Schewe aaO [vgl 7] S 31, 63; Krümpelmann, Welzel-FS, S 327, 329; Stratenwerth, Welzel-FS, S 289, 300). Dasselbe gilt auch für Handlungen während des sog Schlafwandelns, das meist durch fortbestehende äußere Handlungsfähigkeit, aber nachfolgende Erinnerungslosigkeit charakterisiert ist (Payk MedR 88, 125).

15   b) Einsichts- oder Steuerungsunfähigkeit (vgl 12), die auf **anderen als den unter 2–11 genannten Gründen beruht,** ist für § 20 unerheblich (NJW 66, 1871; Blau/Franke Jura 82, 393, 397; Rudolphi SK 5; aM Roxin, Spann-FS, S 457, 468 und AT I 20/7, der auf psychopathologische Anknüpfungspunkte ganz verzichten will; krit Haffke auch R & P 91, 94, 96; Frister aaO [vgl 1] S 171; Tröndle/Fischer 5; zw); allerdings ist die Frage ohne praktische Bedeutung, weil das Merkmal der „seelischen Abartigkeit" nach dem gegenwärtigen (umstrittenen) Diskussionsstand so konturlos ist, dass es alle psychischen Ausnahmezustände von hinreichender Intensität aufnehmen kann (Blau, Rasch-FS, S 113, 123; Keiser Jura 01, 376, 380; Roxin AT I 20/7). Zu beachten ist überdies, dass jegliche Einsichtsunfähigkeit, die dem Täter die Unrechtseinsicht verschließt, einen Unterfall des Verbotsirrtums bildet (NStZ 85, 309 und 86, 264; Streng Sanktionen 693) und daher schon nach dessen Regeln zum Ausschluss oder zur Minderung der Schuld führt (7, 8 zu § 17; aM Schild NK 103–105). Die praktische Bedeutung (nicht zugleich auch die rechtliche; dazu Küper JZ 89, 617, 621; Jähnke LK 5) der Einsichtsunfähigkeit nach § 20 ist daher durch die Entwicklung der Lehre vom Verbotsirrtum weitgehend entfallen (Dreher GA 57, 98; Schröder GA 57, 297; Armin Kaufmann, EbSchmidt-FS, S 319).

16   5. Für die Beurteilung der Schuldfähigkeit kommt es auf die **konkrete Tat** und die **Zeit** ihrer Begehung (§ 8) an (BGHSt 14, 114; NJW 83, 350; NStZ 97, 485; Streng MK 2; beachte auch StV 95, 406). Die Störung muss sich in der konkreten Tat ausgewirkt haben (NJW 97, 3101 mit Anm Blau JR 98, 207; NStZ-RR 98, 106 und 01, 81; Schäfer StrZ 521). Bei länger dauerndem Tatgeschehen ist die Prüfung auf den gesamten Zeitraum der strafrechtlich relevanten Handlungen zu erstrecken (NStZ 94, 481). Schuldunfähigkeit ist rechtlich keine Dauereigenschaft; sie bewirkt nur den Ausschluss der Schuld im Hinblick auf eine bestimmte Tat. –

Gerät der Täter erst nach Versuchsbeginn in den Zustand der Schuldunfähigkeit, so ändert dies nichts an seiner Strafbarkeit wegen vollendeter Tat (hM; vgl etwa NStZ 03, 535; Kühl AT 11/25; einschr Streng MK 112); es gelten die Regeln über den abweichenden Kausalverlauf (sukzessive Schuldunfähigkeit; vgl 11 zu § 15 und Schild NK 168). Wird er hingegen bereits im Vorbereitungsstadium schuldunfähig, kommt eine Strafbarkeit auch dann nicht in Betracht, wenn die Tat dem im Zustand der Schuldfähigkeit gefassten Plan entspricht (BGHSt 23, 356; Roxin AT I 12/172; Sch/Sch-Lenckner/Perron 40).

a) Bei **schweren biologischen Störungen,** namentlich den zum Kernbereich der Psychosen (vgl 4, 5) gehörenden Erkrankungen, ist die Schuldfähigkeit zwar nicht notwendig, aber doch regelmäßig ausgeschlossen (ebenso Rudolphi SK 24); das gilt auch für die Schizophrenie (NStZ 91, 527; s auch NStZ-RR 98, 5), vor allem für deren akute Schübe (StV 95, 405; diff Huber, Leferenz-FS, S 463). – In den **übrigen Fällen,** namentlich bei Folgeerscheinungen von Alkohol- oder Drogenabhängigkeit (vgl 4), bei Affektzuständen (vgl 7), bei leichteren Formen des Schwachsinns (vgl 10) und bei Psychopathien, Neurosen und Triebstörungen (vgl 11), für die meist nur § 21 in Frage kommt, bedarf die psychologische Komponente (vgl 12, 13) dagegen sorgfältiger Prüfung. Einerseits ist hier zu beachten, dass **planmäßiges Handeln,** Alkoholgewöhnung, unauffälliges Verhalten nach der Tat und ungetrübtes Erinnerungsvermögen nicht ohne weiteres einen Schluss auf die Steuerungsfähigkeit zulassen (BGHSt 34, 22; 35, 308; NJW 89, 1043; NStZ 92, 78; StV 95, 407; NStZ-RR 96, 289 und 02, 202 und 476) und dass sie auch die Annahme von Einsichtsunfähigkeit nicht unbedingt ausschließen (GA 55, 271 und 71, 365). Andererseits kommt aber durchaus in Frage, dass sie in ihrer Gesamtheit für die Begründung der Schuldfähigkeit ausreichen (BGHSt 36, 286, 292 mwN; s auch StV 91, 155 und den Beschluss des 1. StS des BGH StV 96, 593, 601). Überhaupt bildet der Umstand, dass der Täter in einem sinnentsprechenden, für den normalen Menschen nachvollziehbaren Motivationszusammenhang gehandelt hat, ein wichtiges Indiz für seine Schuldfähigkeit (Haddenbrock, Sarstedt-FS, S 35, 42 und MschrKrim 94, 44, der bemängelt, dass die Rspr diesen Gesichtspunkt infolge Überbetonung des indeterministischen Elements der Steuerungsfähigkeit vernachlässige); das gilt selbst dann, wenn der Entschluss zur Tat eine lange Vorgeschichte hat und aus einer folgerichtigen, bis zu einem gewissen Grade zwangsläufig erscheinenden Entwicklung erklärbar ist (Witter, Leferenz-FS, S 441, 451).

b) Sorgfältig zu prüfen sind auch die Fälle der **Trunkenheit.** Diese braucht keine „sinnlose" zu sein (BGHSt 1, 384; Bay NJW 53, 1523; s auch BA 85, 486). Für das Ausmaß der alkoholbedingten Beeinträchtigung bildet die BAK ein wichtiges Indiz (stRspr; vgl etwa BGHSt 36, 286; NJW 91, 852; krit Luthe/Rösler ZStW 98, 314). Sie ist daher im Allgemeinen, wenn auch nicht ausnahmslos (StV 89, 12 mit krit Anm Weider; NStZ 94, 334; s auch Düsseldorf NJW 90, 1492), unter Beachtung des Grundsatzes in dubio pro reo (dazu 23) zu ermitteln und anzugeben (NStZ 91, 126; StV 93, 466; krit Rengier/Forster BA 87, 161, alle mwN). Nach einem – wegen der unterschiedlichen Wirkung des Alkohols nicht schematisch anwendbaren (NJW 69, 1585; GA 77, 56; Düsseldorf NZV 94, 367) – statistischen Erfahrungssatz liegt bei einer BAK von 3 Promille aufwärts Schuldunfähigkeit nahe, ist aber nicht notwendig gegeben (stRspr; vgl etwa StV 87, 385; GA 88, 271; NStZ 91, 126; Düsseldorf NStZ-RR 98, 86 und NZV 98, 418; krit Rengier/Forster aaO; Schmidt/Schmitt BA 95, 268). Bei Vorliegen besonderer Umstände, zB beim Fahren nach erstmaligem Alkoholgenuss (Düsseldorf NZV 94, 324 mit Anm Schneble BA 94, 264), beim pathologischen Rausch (BGHSt 40, 198 mit Anm Blau JR 95, 117; LG Kreuznach NStZ 92, 338; krit Venzlaff, Schreiber-FS, S 509; Tröndle/Fischer 18), beim Zusammenwirken von Alkohol

§ 20 AT. 2. Abschnitt. 1. Titel. Grundlagen der Strafbarkeit

mit Medikamenten (Köln BA 75, 279; Karlsruhe BA 91, 190, beide mwN), Rauschmitteln (StV 88, 294; 92, 569 und 00, 612), Persönlichkeitsstörungen (NStZ-RR 97, 299) oder affektiver Spannung (StV 89, 104; bei Holtz MDR 92, 631) und bei nicht alkoholgewöhnten Heranwachsenden (Düsseldorf NStZ-RR 98, 86 und NZV 98, 418), kommt sie schon viel früher in Frage (StV 90, 259; Zweibrücken NJW 83, 1386; Düsseldorf NJW 92, 992; zusf Zabel BA 86, 262). Maßgebend ist eine Gesamtwürdigung, in der neben der BAK, die nicht schon als Indiz relativiert werden darf (NStZ 95, 539), alle wesentlichen Umstände im Erscheinungsbild und Verhalten des Täters vor, während und nach der Tat zu beurteilen und abzuwägen sind (StV 89, 14; NStZ 91, 126 und 96, 227; NStZ-RR 02, 207, 208 und 03, 71; s auch Dölling aaO [vgl 4] S 170; Jähnke LK 45, 46). Danach ist die BAK nicht isoliert zu würdigen (unstr). Im Rahmen der Gesamtbewertung schlägt sie umso mehr zu Buch, je höher sie ist, verliert aber an Indizwert, je mehr nach Zahl und Gewicht erhebliche Gegenindizien in die Abwägung einfließen (zu Besonderheiten bei verminderter Schuldfähigkeit beachte 3 zu § 21); so wird etwa bei einem Alkoholabhängigen das indizielle Gewicht der BAK idR geringer einzustufen sein als bei einem Gelegenheitskonsumenten (NStZ 97, 591; NStZ-RR 02, 207, 208 und 03, 71; Schleswig SchlA 02, 141; Kröber NStZ 96, 569, 573). Bei Fehlen jeglicher weiterer Indizien wird der nach dem Zweifelssatz errechnete Maximalwert ausschlaggebend (BGHSt 36, 286; Bay VRS 82, 182). Bei der Würdigung ist auch zu berücksichtigen, dass die Hemmschwelle eines Betrunkenen meist umso höher liegt, je schwerer die Tat wiegt (bei Spiegel DAR 79, 176; bei Detter NStZ 01, 468), so dass zB bei Tötungsdelikten, bei denen nach statistischer Erfahrung erst ab etwa 3,3 Promille Schuldunfähigkeit naheliegt (NStZ 91, 126; s auch Maatz BA 96, 233, 238), die Steuerungsfähigkeit in Folge Alkoholkonsums nur selten ganz fehlen wird (NStZ 87, 453; beachte jedoch StV 96, 204 und 97, 296); umgekehrt liegt die Hemmschwelle regelmäßig niedriger, wenn die Tat durch Unterlassen begangen wurde, weil der Alkoholgenuss die Neigung fördert, einem Geschehen einfach seinen Lauf zu lassen (StV 95, 406). Die Selbsteinschätzung des Täters hat im Allgemeinen nur geringen Beweiswert (StV 92, 62).

19 6. a) Die Schuldfähigkeit bedarf keiner näheren **Prüfung und Begründung**, wenn Anhaltspunkte für ihre Beeinträchtigung völlig fehlen (stRspr). Sind jedoch tatsächliche Umstände behauptet oder auch nur erkennbar (dazu Düsseldorf NStZ-RR 96, 134; weiter Streng MK 29; s auch Schewe, Geerds-FS, S 561), die ihren Ausschluss oder ihre Verminderung möglich erscheinen lassen, so bedarf es der Erörterung im Urteil (unvollständige Würdigung ist idR sachlich-rechtlicher Fehler, Köln MDR 75, 858; Düsseldorf VRS 88, 444; zusf Keiser Jura 01, 376, 381). Das kommt namentlich in Frage: bei Geisteskrankheiten ieS und bei Hirnschädigungen (bei Holtz MDR 78, 459 und 86, 441); bei Wahnvorstellungen (NStZ-RR 97, 129 und 02, 202; speziell zum Eifersuchtswahn NJW 97, 3101); bei großem Alkoholgenuss (bei Dallinger MDR 56, 526), namentlich wenn die BAK den statistischen Erfahrungssatz (vgl 18) überschreitet oder ihm schon mit mehr als 2,5 Promille nahekommt (Frankfurt NStZ-RR 96, 85); bei langjähriger Abhängigkeit von Alkohol (Karlsruhe VRS 85, 347), Drogen (StV 88, 198; Köln MDR 81, 953; beachte 2 zu § 21) oder Psychopharmaka (Salger DAR 86, 383); bei Anhaltspunkten für Schwachsinn (Köln MDR 80, 245); bei sexuell motivierten Triebhandlungen (NStZ 89, 190; Zweibrücken StV 86, 436); bei erheblichen psychiatrischen Beeinträchtigungen von Kindheit an (NStZ-RR 04, 7); bei Ersttaten in vorgerücktem Alter, denen oft ein altersbedingter Abbauprozess zu Grunde liegt (NStZ 83, 34 und 99, 297 mit Anm Kröber; Köln StV 92, 321 und 95, 633); bei der Möglichkeit des Zusammenwirkens verschiedener biologischer Störungen (StV 89, 102, 103; bei Holtz MDR 91, 294; NStZ 03, 363) und bei Gewaltdelikten (Dölling, Müller-Dietz-FS, S 119). Auch bei anderen auffälligen Umständen sind nähere Ausführungen unverzichtbar (StV 95, 408; KG VRS 14, 288). Eine anomale Chromosomenkombination kann jedoch allein keinen Zweifel an der Schuldfähigkeit begründen (bei Dallinger MDR 71, 185). Die bislang angenommene psychodiagnostische Aussagekraft totaler oder zeitlich begrenzter Erinnerungslücken (StV 87, 57 und 92, 569; NStZ 1997, 268) wird vom BGH jedoch neuerdings bezweifelt (vgl BGHSt 43, 66, 73; StV 98, 539; Maatz NStZ 01, 1, 6 mwN; skeptisch auch Krümpelmann, Hanack-FS, S 717, 730).

b) aa) Sowohl die biologischen Regelwidrigkeiten wie deren psychologische **20** Auswirkungen sind durch einen **Sachverständigen** zu begutachten (NJW 67, 299; NStZ 89, 190 und 03, 369; Karlsruhe BA 91, 190), wenn das Gericht nicht ausnahmsweise selbst über die erforderliche, idR näher darzulegende (StV 88, 52; wistra 94, 29; Düsseldorf NJW 89, 1559) besondere Sachkunde verfügt (dazu StV 86, 45, 138; Düsseldorf StV 84, 236; Karlsruhe VRS 85, 347). Die aus dem Gutachten folgende Entscheidung hat dann das Gericht eigenverantwortlich nach Maßstäben des Rechts zu treffen (BGHSt 7, 238; 8, 113; 42, 385, 387; NJW 97, 3101 mit Anm Winckler/Foerster NStZ 98, 297 und Blau JR 98, 207; NStZ 99, 395 mit Anm Winckler/Foerster NStZ 00, 192; NStZ-RR 03, 8 und 39 sowie 04, 39; Sarstedt, Schmidt-Leichner-FS, S 171; Haddenbrock, Sarstedt-FS, S 35; Arthur Kaufmann JZ 85, 1065; krit Roxin, Spann-FS, S 457, 466; Tiemeyer ZStW 100, 527, 553); jedoch kann ihn der Sachverständige dabei regelmäßig wirksam unterstützen (Venzlaff, in: Thomas [Hrsg], Schuld: Zusammenhänge und Hintergründe, 1990, S 41; Jähnke LK 90), so dass dessen Äußerung auch zu dieser Frage keinen Rechtsfehler bedeutet (bei Spiegel DAR 76, 87; Rudolphi SK 23; krit Streng, Leferenz-FS, S 397 und MK 178). Weicht das Gericht von dessen Ansicht ab, so muss es sich mit ihr im Urteil auseinandersetzen (NStZ 84, 259; StV 90, 248), uU einen weiteren Sachverständigen zuziehen (GA 77, 275; StV 86, 138; zur möglichen Befangenheit eines Richters wegen Einholung eines weiteren Gutachtens beachte BGHSt 48, 4, 8 mit Bespr Duttge NStZ 03, 375 und Schumacher/Arndt StV 03, 96). Zur Problematik der tatsächlichen Kooperation zwischen Richter und Sachverständigem Wolff StV 92, 292; Streng NStZ 95, 12 und 161; Schmitt, Geerds-FS, S 541 (s auch Rasch, Schüler-Springorum-FS, S 561; Verrel ZStW 106, 332; Dölling, Kaiser-FS, S 1037; Schmidt/Scholz Mschr Krim 00, 414; Wächtler StV 03, 184; vgl auch Helbing ZRP 04, 55).

bb) Über Möglichkeiten und Grenzen forensischer Begutachtung der Schuldfä- **21** higkeit bestehen zwischen den verschiedenen Forschungsrichtungen der Seinswissenschaften, namentlich zwischen Psychiatrie und Psychologie, zum Teil grundsätzliche Meinungsverschiedenheiten, die zu einer bis heute nicht überwundenen **Uneinheitlichkeit der Gutachtenpraxis** geführt haben:

Aus der **Literatur** vgl etwa Sarstedt, Haddenbrock, Albrecht und Streng aaO [vgl 20]; Rasch MschrKrim 82, 257; Venzlaff, DRiAkad-FS, S 277 und NStZ 83, 199; Foerster NJW 83, 2049 und DRiZ 91, 197; Schreiber, DRiAkad-FS, S 74, 82; Saß Forensia 85, 33; Schorsch StV 85, 522; Haddenbrock mit Erwiderung Luthe und Witter JR 91, 225; s auch Gschwind/Petersohn/Rautenberg, Die Beurteilung psychiatrischer Gutachten im Strafprozess, 1982; Heinz, Fehlerquellen forensisch-psychiatrischer Gutachten, 1982; Plewig, Funktion und Rolle des Sachverständigen aus der Sicht des Strafrichters, 1983; Barton, Der psychowissenschaftliche Sachverständige im Strafverfahren, 1983; Glatzel, Forensische Psychiatrie, 1985; Rasch, Forensische Psychiatrie, 1986; Venzlaff/Foerster (Hrsg), Psychiatrische Begutachtung, 4. Aufl 2004; Baer, Psychiatrie für Juristen, 1988; Luthe, Forensische Psychopathologie, 1988; Beck-Mannagetta/Reinhardt (Hrsg), Psychiatrische Begutachtung im Strafverfahren unter besonderer Berücksichtigung der Psychodynamik, 1989; Witter, Unterschiedliche Perspektiven in der allgemeinen und in der forensischen Psychiatrie, 1990; Frank/Harrer (Hrsg), Der Sachverständige im Strafrecht. Kriminalitätsverhütung, 1990; Rode/Legnaro, Psychiatrische

§ 20 AT. 2. Abschnitt. 1. Titel. Grundlagen der Strafbarkeit

Sachverständige im Strafverfahren, 1994; Janzarik, Grundlagen der Schuldfähigkeitsprüfung, 1995; Luthe, Die zweifelhafte Schuldfähigkeit, 1996; Rössner, Lenckner-FS, S 837; Tondorf, Der psychologische und psychiatrische Sachverständige im Strafverfahren, 2002; zu Verständnisproblemen zwischen Juristen und Sachverständigen Nedopil NStZ 99, 433; speziell zu Gutachten über Affekttäter (vgl 7) und ihre Uneinheitlichkeit Diesinger, Der Affekttäter, 1977; Albrecht GA 83, 193, 203; Venzlaff, Blau-FS, S 391; Osterkorn aaO (vgl 13); Endres StV 98, 674; über Drogenabhängige Täschner BA 93, 313; über Gewalttäter Dölling, Müller-Dietz-FS, S 119).

22 cc) Als **Gutachter** kommt meist ein Psychiater in Frage (Rauch, Leferenz-FS, S 379; krit Bauer/Thoss NJW 83, 305). Bei Hirnverletzten ist jedoch nach der Rspr regelmäßig ein für die Beurteilung von Hirnschädigungen besonders vorgebildeter Facharzt zuzuziehen (Nr 63 RiStBV; bei Holtz MDR 90, 95 mwN; krit Glatzel StV 90, 132; beachte auch NStZ 91, 80; NJW 93, 1540); auch zur Klärung möglicher altersbedingter Abbauprozesse bedarf es besonderer Erfahrungen auf diesem psychiatrischen Spezialgebiet (StV 89, 102 mwN). – Ob bei nicht krankhaften Zuständen (vgl 6–11) statt des Psychiaters ein Fachpsychologe (ggf auch Psychoanalytiker; vgl Duncker MschrKrim 88, 381) den Vorzug verdient oder zusätzlich zuzuziehen ist (krit zur gutachterlichen Kompetenz der beiden Fachrichtungen im Einzelfall Wolff NStZ 83, 537 mit Erwiderung Rauch NStZ 84, 497), unterliegt pflichtmäßigem Ermessen (BGHSt 34, 355 mit Anm Meyer NStZ 88, 87; NStZ 90, 400, alle mwN; s auch Undeutsch, Lange-FS, S 703, 714; Kühne, Psychologie im Rechtswesen, 1988, S 89; Rasch NStZ 92, 257 mit Erwiderung Täschner NStZ 94, 221). Zur Frage, ob und wieweit auch Gutachten von Molekularbiologen (Genom-Analysen) zur Klärung genetischer Belastung hilfreich sein können, Triffterer/Mitterauer MedR 94, 290.

23 c) aa) In Fällen **nicht behebbaren, begründeten Zweifels** sind die Voraussetzungen zugunsten des Täters anzunehmen (BGHSt 8, 113, 124; bei Holtz MDR 83, 619; Dölling aaO [vgl 4] S 170). Begründet ist ein Zweifel nur dann, wenn nach der festgestellten Tatsachengrundlage die Möglichkeit der Schuldunfähigkeit nicht weit hergeholt ist (Schwalm JZ 70, 487, 492). Außerdem muss der Zweifel Tatsachen betreffen, sich also auf Art und Grad des psychischen Ausnahmezustandes beziehen; ist nur die rechtliche Wertung zweifelhaft, so ist nach den unter 13 dargelegten Grundsätzen zu entscheiden (BGHSt 14, 68, 73; NStZ 96, 328 und 00, 24; Lackner, Kleinknecht-FS, S 245, 264; Maatz BA 96, 233, 236; Tröndle/Fischer 67; Streng MK 29; krit Schild NK 78).

23 a bb) Bei **Ermittlung der BAK** muss die Rückrechnungsmethode den nach den Umständen höchstmöglichen Abbauwert zugrunde legen, um dadurch eine Benachteiligung des Täters auszuschließen; die Rspr geht dabei von einem maximalen stündlichen Abbauwert von 0,2 Promille zuzüglich eines einmaligen Sicherheitszuschlags von 0,2 Promille aus (BGHSt 37, 231, 237; NStZ 95, 539, beide mwN; s auch Gerchow/Heifer ua BA 85, 77), dessen Unterschreitung auf Grund eines niedrigeren „individuellen" Abbauwertes sie nicht für zulässig hält (NJW 91, 2356 mit Anm Grüner JR 92, 117; bei Detter NStZ 01, 467; Salger DRiZ 89, 174). Bei dieser Rückrechnung sind die beiden ersten Stunden nach Trinkende nicht auszusparen (Bay NJW 74, 1432; Zweibrücken NJW 83, 1386). – Bei fehlender Blutprobe kommt eine Berechnung auf Grund der Trinkmenge nach der Widmark-Formel in Frage (dazu 10 zu § 315 c). Jedoch ist auch hier der Grundsatz in dubio pro reo zu wahren (Dölling aaO [vgl 4] S 169); dazu genügt es nach der Rspr, wenn ein stündlicher Abbau von 0,1 Promille zugrundegelegt und ein Resorptionsdefizit von 10% berücksichtigt wird (BGHSt 34, 29; 36, 286; NStZ 89, 473; bei Detter NStZ 93, 474; beachte jedoch NStZ 94, 334; LG Ravensburg NStZ-RR 97, 36; zusf Salger DRiZ 89, 174 und Theune NStZ-RR 03, 181, 188; s auch Schewe, Salger-FS, S 715, 721). Führen die Trinkmengenangaben zu

Schuldunfähigkeit wegen seelischer Störungen § 20

einer medizinisch unrealistisch hohen BAK, hat zur Kontrolle eine Berechnung mit dem höchstmöglichen Abbauwert von 0,2 Promille, einem Sicherheitszuschlag von 0,2 Promille und einem Resorptionsdefizit von 30% zu erfolgen (NStZ 98, 458; StraFo 01, 409). Die Berechnungsgrundlagen sind im Urteil anzugeben (StV 92, 317; NStZ-RR 96, 258; bei Detter NStZ 02, 415).

7. Wird Schuldunfähigkeit bejaht, so ist zu prüfen, ob die Voraussetzungen der 24 Unterbringung in einem **psychiatrischen Krankenhaus** nach § 63 oder in einer **Entziehungsanstalt** nach § 64 erfüllt sind (beachte auch § 126a StPO).

8. Der bei Begehung der Tat schuldunfähige Täter kann unter dem Gesichts- 25 punkt der **actio libera in causa** (alic) verantwortlich sein. Alic ist eine Handlung, für die der Täter in willensfreiem Zustand eine Ursache setzt, die dann erst in willensunfreiem Zustand die Verwirklichung des Tatbestandes zur Folge hat (str) Hauptanwendungsfall ist das verantwortliche In-Gang-Setzen eines Geschehensablaufs, der im Zustand der Schuldunfähigkeit (zB im Alkoholrausch) oder der Handlungsunfähigkeit (zB Unterlassen während des Schlafs; str) zu Ende geführt wird; wie weit sich die alic auch auf andere strafbegründende Merkmale beziehen kann, ist umstritten (dazu Maurach JuS 61, 373; Cramer, Der Vollrauschtatbestand als abstraktes Gefährdungsdelikt, 1962, S 129; Krause, Mayer-FS, S 305; Rudolphi SK 29a). – Die **Rechtsprechung** betrachtet als Strafgrund ausschließlich die Steuerungsvorgänge zurzeit der Schuldfähigkeit und knüpft deshalb auch nur an diese an; danach ist die alic nur eine scheinbare Ausnahme von dem Grundsatz (vgl 16), dass für die Verantwortlichkeit die Zeit der Tat maßgebend ist (BGHSt 17, 333, 335; zur BGH-Rspr Otto, BGH-FG, S 111, 119 und Zenker, Actio libera in causa, 2002, S 122); neuerdings scheidet sie aber solche Tatbestände aus, die nicht lediglich die Herbeiführung eines schädlichen Erfolges, sondern die Vornahme einer bestimmten, unmittelbar auszuführenden Tathandlung (zB Führen eines Kraftfahrzeugs) voraussetzen (BGHSt 42, 235 mit Bespr Ambos NJW 97, 2296; Fahnenschmidt/Klumpe DRiZ 97, 77, Hardtung NZV 97, 230, Hirsch NStZ 97, 230, Horn StV 97, 264, Hruschka JZ 97, 22, Neumann StV 97, 23, Spendel JR 97, 133, Wolff NJW 97, 2032 und Geppert JK 2a und b; zust für eigenhändige Delikte Rudolphi SK 28d; krit Dölling aaO [vgl 4] S 172 und Zenker aaO S 157; s auch Meurer NJW 00, 2936, 2939). Für andere Tatbestände will sie anscheinend an der bisherigen Rspr festhalten (NStZ 97, 230 LS mit zust Anm Hirsch JR 97, 391; NStZ 99, 448 und 00, 584 mit Bespr Streng JuS 01, 540 und Trüg JAR 01, 77). – Im **Schrifttum** gehen die Meinungen über die dogmatische Struktur der alic weit auseinander (zusf Krause Jura 80, 169; Otto Jura 86, 426; Hruschka JZ 89, 310; Rath JuS 95, 405; Rönnau JA 97, 599, 707; Hirsch, Nishihara-FS, S 88; Jakobs, Nishihara-FS, S 105; Jerouschek, Hirsch-FS, S 241; Streng JZ 00, 20 und MK 114–140; Schünemann, Lampe-FS, S 537, 554; Paeffgen NK 5–28 vor § 323a; Sch/Sch-Lenckner/Perron 35–35b; eingehend Zenker aaO S 21; s auch die Nachw in BGHSt 42, 235; schon im Ansatz abw Schild, Triffterer-FS, S 203, der die alic als grundsätzliches, bei jeder Straftat mögliches Problem der Zurechnung von Unfreiheit versteht; von der „Nichtnotwendigkeit" der alic geht auch Gonzáles-Rivero, Strafrechtliche Zurechnung bei Defektzuständen, 2001, S 233, aus; zur Vereinbarkeit der alic mit dem Schuldprinzip Lagodny, Strafrecht vor den Schranken der Grundrechte, 1996, S 407). Es stehen sich verschiedene Konzeptionen gegenüber. Teils erkennen sie die Rechtsfigur nur in den Grenzen der allgemein anerkannten dogmatischen Regeln an (LG Münster NStZ-RR 96, 266; Horn GA 69, 289; Paeffgen ZStW 97, 513; ganz abl Hettinger, Die „actio libera in causa": Strafbarkeit wegen Begehungstat trotz Schuldunfähigkeit?, 1988, GA 89, 1 und Geerds-FS, S 623, Köhler AT S 397; Salger/Mutzbauer NStZ 93, 561; Sydow, Die actio libera in causa nach dem Rechtsprechungswandel ..., 2002, S 225; abl inzwischen auch Hruschka JZ 96, 64, der das von ihm bisher vertretene

§ 20 AT. 2. Abschnitt. 1. Titel. Grundlagen der Strafbarkeit

Ausnahmemodell für verfassungswidrig hält und Vorschläge zur Gesetzesänderung unterbreitet [krit Deiters, in: Schneider/Frister, Hrsg, Alkohol und Schuldfähigkeit, 2002, S 121, 137]; ebenso Renzikowski, in: Kaufmann [Hrsg], Recht auf Rausch ..., 2003, S 317, 322; Paeffgen, in: Egg/Geisler [Hrsg], Alkohol, Strafrecht und Kriminalität, 2000, S 49, 54, hält die „Rechtspraxis ... derzeit für verfassungswidrig"; keinen Verstoß gegen das Gesetzlichkeitsprinzip sieht Jähnke BGH-FS 00, S 403). Überwiegend bieten sie aber weiterreichende Konstruktionen an. Diese suchen – auf der Grundlage allerdings sehr divergierender Ansätze – die Lösung teils schon im Tatbestandsbereich (hM; vgl etwa Puppe JuS 80, 346; Küper, Der „verschuldete" rechtfertigende Notstand, 1983, S 80 und Leferenz-FS, S 573; Wolter, Leferenz-FS, S 545, 567; Roxin, Lackner-FS, S 307; Schünemann, in: Hirsch/Weigend [Hrsg], Strafrecht und Kriminalpolitik in Japan und Deutschland, 1989, S 147, 169; Herzberg, Spendel-FS, S 203; Schlüchter, Hirsch-FS, S 345, 348; B-Weber/Mitsch AT 19/40; Spendel, Hirsch-FS, S 379 und LK 21–46 zu § 323a; Rudolphi SK 28–28e; krit Stratenwerth, Kaufmann [Arm]-GS, S 485, 491; Hruschka, Gössel-FS, S 145 und Deiters aaO S 133, der ein Unterlassungsdelikt annehmen will), insb als Fall mittelbarer Täterschaft (Hirsch und Jakobs jeweils aaO; Schünemann, Lampe-FS, S 537 sowie Puppe AT 1 30/9) oder auf der Ebene des Unrechts (Schmidhäuser, Die actio libera in causa: ein symptomatisches Problem der deutschen Strafrechtswissenschaft, 1992 mit krit Bespr Frister ZStW 108, 645). Teils setzen sie auch erst auf der Schuldebene an und postulieren eine Ausnahme vom Koinzidenzprinzip (Jähnke LK 78 mwN); als nähere dogmatische Begründungen dienen ihnen ein auf teleologischer Reduktion der §§ 20, 21 beruhendes „Ausnahmemodell" (Hruschka JuS 68, 554 und SchwZStr 74, 48, 61; Joerden, Strukturen des strafrechtlichen Verantwortlichkeitsbegriffs: Relationen und ihre Verkettungen, 1988, S 35; s auch Otto Jura 99, 217) oder eine darauf beruhende „Relationstheorie" (Jerouschek JuS 97, 385; Jerouschek/Kölbel JuS 01, 417, 421), ein aus funktionalem Schuldverständnis abgeleitetes „Ausdehnungsmodell" (Streng ZStW 101, 273, 308 und JZ 00, 20, 22; s auch Stühler, Die actio libera in causa de lege lata und de lege ferenda, 1999, S 94, 163), eine die Zurechnung erweiternde „Surrogationstheorie" (Kindhäuser, Gefährdung als Straftat, 1989, S 120) oder eine Abkehr vom Koinzidenzprinzip durch Erweiterung des Schuldurteils über die Grenzen der rechtswidrigen Tat hinaus (Neumann, Kaufmann [Arth]-FS, S 581). – **Vorzugswürdig** ist das **Ausnahmemodell** (Kühl AT 11/18; Krey AT 1 Rdn 674; W-Beulke AT Rdn 415; krit Hettinger, Geerds-FS, S 623, 633; Puppe AT 1 30/4; Schild NK 172). Nachdem dieses Modell auch von der Rspr für verfassungswidrig gehalten wird (BGHSt 42, 235), bleibt für die Praxis bei nicht verhaltensgebundenen Delikten nur der Rückgriff auf das Tatbestandsmodell. Da aber auch dieses Modell wegen der Vorverlegung auf die Steuerungsvorgänge zurzeit der Schuldfähigkeit dogmatische Schwierigkeiten bereitet, sollte eine gesetzgeberische Entscheidung angestrebt werden (vgl Sick/Renzikowski ZRP 97, 484, 487; Streng JZ 00, 20, 26 mit Gesetzgebungsvorschlag für § 20 Abs 2; den kontroversen Diskussionsstand spiegelt der Tagungsbericht vom Marburger Strafrechtsgespräch 1997 wider [bei Dietmeier ZStW 110, 393, 400–408]). – Kritisch zu aktuellen Vorschlägen einer gesetzlichen Regelung der alic bei § 20 aus der Wissenschaft Hettinger, in: Schnarr/Hennig/Hettinger, Alkohol als Strafmilderungsgrund, Vollrausch, Actio libera in causa, 2001, S 190, 283, 287, der selbst einen Regelungsvorschlag für die vorsätzliche und fahrlässige alic (neue Abs 2 und 3 des § 20) macht (S 298 [dazu Sternberg-Lieben GA 02, 179, 181], und Hirsch, Lüderssen-FS, S 253, 263); weitere Regelungsvorschläge macht Hennig, ebenda S 101, 163. – Zu Regelungsvorschlägen bei § 323a dort 1. – Zur gesamten Reformdiskussion Streng MK 159–161. – Rechtsvergleichend Paeffgen NK 61–64 vor § 323a. – Zur Rechtsgeschichte Hettinger aaO 1988, S 79; Hruschka, FS für C Link, 2003, S 687.

§ 20

a) aa) Bei **vorsätzlicher** alic erstreckt sich der mindestens bedingte (NStZ 02, **26** 28 [zust Rudolphi SK 31]; Koblenz BA 89, 294) Vorsatz des (sei es auch nur vermindert, Düsseldorf NJW 62, 684) schuldfähigen Täters darauf, dass er in unfreiem Zustand eine bestimmte (BGHSt 17, 259; 21, 381; NStZ 92, 536), nicht notwendig schon in allen Einzelheiten konkretisierte (NJW 77, 590) Tat begehen oder zu Ende führen werde (ähnlich BGHSt 2, 14; NJW 55, 1037; einschr Schleswig MDR 89, 761); dabei sind die allgemeinen Regeln über Abweichungen des Vorstellungsbildes von der Wirklichkeit (10–13 a zu § 15) anwendbar, aus denen ua folgt, dass sich der error in persona des unfrei Handelnden als aberratio ictus in Bezug auf den zuvor gefassten Vorsatz auswirkt (Sch/Sch-Lenckner/Perron 37; einschr Kühl AT 11/23; aM Jähnke LK 80; Streng MK 144; zw). – Darüber hinaus muss sich der Vorsatz auch auf die Herbeiführung des unfreien Zustandes selbst erstrecken (BGHSt 23, 356, 358; NStZ 95, 329; Rudolphi JuS 69, 461, 465; Puppe JuS 80, 346, 348; Roxin, Lackner-FS, S 307, 320; Streng MK 142; aM Cramer JZ 68, 273; Hruschka JuS 68, 554, 558 und SchwZStr 74, 48, 73; Jähnke LK 81; offen gelassen NStZ 02, 28; zw). Der Hauptfall vorsätzlicher alic besteht darin, dass sich jemand vor einer geplanten Tat Mut antrinkt und sie dann in schuldunfähigem Zustand ausführt.

bb) Versuchte alic liegt nicht schon mit Eintritt der Schuldunfähigkeit vor, **27** sondern erst mit dem unmittelbaren Ansetzen zu der im unfreien Zustand ausgeführten rechtswidrigen Tat (hM; vgl Rath JuS 99, 140, 143; W-Beulke AT Rdn 419; anders Hirsch aaO [vgl 25 „Nishihara"] S 98; Jakobs aaO [vgl 25] S 119; Roxin, Maurach-FS, S 213, 230; Schlüchter, Hirsch-FS, S 345, 359; Rudolphi SK 21 zu § 22; diff Spendel, Hirsch-FS, S 379, 390 und Hillenkamp LK 166 zu § 22). Rücktritt vom Versuch auch während des unfreien Zustandes wirkt strafbefreiend (Roxin, Lackner-FS, S 319; Mitsch Jura 89, 485, 489; Streng MK 147; aM Kusch, Der Vollrausch, 1984, S 129; Deiters aaO [vgl 25] S 135; Jakobs AT 17/68).

b) Auch **fahrlässige** alic, bei welcher der schuldfähige Täter den unfreien Zu- **28** stand vorsätzlich oder fahrlässig herbeigeführt und dabei entweder fahrlässig nicht bedacht oder sich im Vertrauen darauf, dass es schon gut gehen werde, über die Möglichkeit hinweggesetzt hat, dass er in diesem Zustand eine bestimmte Tat (vgl 26) begehen oder zu Ende führen werde, war bisher in der Rspr anerkannt (expl BGHSt 17, 333, 335; Bay NJW 69, 1583) und namentlich für die Trunkenheitsfahrten nach §§ 315c, 316 praktisch bedeutsam (expl Bay JR 79, 289 mit Anm Horn; Hamm NJW 83, 2456; Bay bei Janiszewski NStZ 88, 264; s auch schon RGSt 22, 413 mit Bespr Fahl JA 99, 842, der die weitere Entwicklung der Rspr aufzeigt); mit der neuen in BGHSt 42, 235 eingeleiteten Rspr (vgl 25) ist das nicht mehr vereinbar (zur Rspr des BGH Otto, BGH-FG, S 111, 126; zur Sachfrage ebenso Sternberg-Lieben, Schlüchter-GS, S 217, 238). Auch soweit fahrlässige alic in anderen Fällen bejaht wurde (zB Spiegel DAR 68, 283, 291), greift die Rspr nicht mehr darauf zurück, weil solche Fälle unmittelbar mit den für das Fahrlässigkeitsdelikt geltenden Regeln bewältigt werden könnten (39a zu § 15; Sternberg-Lieben aaO S 217, 237; Deiters aaO [vgl 25] S 127; Ebert AT S 102; beachtliche Bedenken bei Hruschka JZ 97, 22, 24; Horn StV 97, 264 und Fellenberg, Zeitliche Grenzen der Fahrlässigkeitshaftung, 2000, S 40, 47, 95; nach Zenker aaO [vgl 25] S 171, sogar: „grundgesetzwidrig"; beachte auch 25).

c) Über das Verhältnis der alic zu § 21 vgl dort 6 und zu § 323a dort 19. **29**

§ 21 Verminderte Schuldfähigkeit

Ist die Fähigkeit des Täters, das Unrecht der Tat einzusehen oder nach dieser Einsicht zu handeln, aus einem der in § 20 bezeichneten Gründe bei Begehung der Tat erheblich vermindert, so kann die Strafe nach § 49 Abs. 1 gemildert werden.

1   **1. Vermindert schuldfähig** ist, wessen Einsichts- oder Steuerungsfähigkeit (12, 13 zu § 20) infolge der unter 2–11 zu § 20 genannten biologischen Ursachen zwar nicht ausgeschlossen, aber erheblich vermindert ist (RGSt 67, 149). Mit dem wenig geklärten Erfordernis der Erheblichkeit werden bloße Unterschiede innerhalb einer nicht eng zu verstehenden Bandbreite der Normalität ausgeschieden (NStZ-RR 04, 38); dabei handelt es sich um eine vom Richter in eigener Verantwortung zu beurteilende Rechtsfrage (BGHSt 43, 66, 77; NStZ-RR 04, 70; Jähnke LK 8; Streng MK 18), weshalb der in-dubio-Grundsatz nicht anwendbar ist (vgl NStZ 00, 27; krit Theune ZStW 114, 300, 314, der sich gegen die Einbeziehung normativer Aspekte wendet); unerhebliche Beeinträchtigungen können aber für die Strafzumessung relevant bleiben (39 zu § 46). Die Vorschrift beruht auf der Erwägung, dass auch dem Schuldfähigen unter diesen Voraussetzungen ein normgemäßes Verhalten wesentlich schwerer fallen kann (Keiser Jura 01, 376, 380; Streng Sanktionen 736; Sch/Sch-Lenckner/Perron 1 mwN; krit Bresser NJW 78, 1188, Göppinger, Leferenz-FS, S 411, Weinschenk Forensia 86, 55 und Haffke R & P 91, 94, die verminderte Schuldfähigkeit mit beachtlichen Gründen für eine reine Strafzumessungsfrage halten; s auch Müller-Dietz NJW 92, 1276, 1280; Frister, Die Struktur des „voluntativen Schuldelements", 1993, S 188). Der Anwendungsbereich der Vorschrift ist **eingeschränkt**. Zum einen scheidet sie aus, wenn nur die Einsichtsfähigkeit vermindert war, der Täter aber das Unrecht eingesehen hat (BGHSt 21, 27; 34, 22, 25; NStZ 88, 24; NStZ-RR 99, 207 und 02, 328; bei Detter NStZ 01, 647 und 02, 415; Streng Sanktionen 734); zum anderen muss das Fehlen der Einsicht dem Täter vorzuwerfen sein (BGHSt 40, 341, 349 mit Anm Foerster/Winckler NStZ 95, 344; NJW 91, 762; NStZ-RR 04, 38; Jähnke LK 3–5; krit Schild NK 15); kann dieser Vorwurf nicht erhoben werden, greift § 20 ein (BGHSt 40, 341, 349; NStZ-RR 03, 325). Daraus folgt zugleich, dass beide Alternativen nicht gleichzeitig gegeben sein können (NStZ 89, 430; Streng MK 15; s auch NStZ-RR 98, 294 und 99, 207) und dass sich der Richter Klarheit darüber verschaffen muss, welche von beiden vorliegt (NJW 95, 1229 mit Anm Pluisch NStZ 95, 330; Schild NK 13).

2   **2. a)** Für die verminderte Schuldfähigkeit haben vor allem **Psychopathien, Neurosen, Triebstörungen** (NStZ-RR 02, 230), **leichtere Formen des Schwachsinns** (Koblenz MDR 80, 1043), **Affektzustände** (StV 97, 630 und 01, 228; NStZ 02, 541; NStZ-RR 03, 8), **Folgeerscheinungen von Alkohol-, Drogen- oder Medikamentenabhängigkeit**, jedoch nicht schon Abhängigkeit als solche (JR 87, 206 mit Anm Blau und Kanischke StV 88, 199; StV 94, 304; NStZ-RR 97, 225 und 227; 01, 81; 02, 263; NStZ 01, 82, 83 und 85 sowie 03, 369; BVerwGE 93, 358; Bay NJW 99, 1794; Köln NStZ 89, 90; aM Celle NStZ 87, 407; die uneinheitliche Rspr des BGH zusf Theune NStZ 97, 57, 59 und NStZ-RR 03, 225), akuter **Drogenrausch** (NStZ-RR 02, 263; zum Cannabisrausch NStZ 01, 83 und bei Detter NStZ 01, 467; zum Affektdurchbruch in Folge Drogen- und Alkoholkonsum NStZ 03, 367) und **alkoholbedingte Rauschzustände** (18 zu § 20) beträchtliche Bedeutung (Maatz StV 98, 279).

3   **b)** In Fällen **alkoholischer Beeinträchtigung** liegt nach einem bisher anerkannten **statistischen Erfahrungssatz** bei einer BAK von 2 Promille (bei schweren Gewalthandlungen gegen Leib und Leben, insb bei Tötungen, von 2,2 Promille, BGHSt 43, 66, 69; NStZ 98, 296; bei Detter NStZ 03, 133) aufwärts

erheblich verminderte Schuldfähigkeit nahe, ist von 2,6 Promille an in hohem Grade wahrscheinlich und kann bei 3 Promille regelmäßig nicht ausgeschlossen werden (BGHSt 34, 29, 31; 35, 308, 312; NStZ 88, 450; StV 89, 14; NStZ-RR 98, 107, alle mwN). Eine unmittelbar konstante Abhängigkeit besteht indessen nicht, so dass bei Jugendlichen oder Heranwachsenden (NStZ 97, 384 und 00, 136; NStZ-RR 97, 162) oder Vorliegen besonderer Umstände, zB bei alkoholtypischen Ausfallerscheinungen (NStZ 90, 384; StV 90, 402) oder bei einer als persönlichkeitsfremd und nicht erklärlich erscheinenden Tat (NStZ 00, 193), auch schon geringere Werte Anlass zur Prüfung sein können, deren Ergebnis näher zu begründen ist (18, 19 zu § 20; beachte auch NStZ 94, 239). Jedoch neigte die überwiegend vom 4. StS des BGH getragene Rspr zu einer problematischen Schematisierung, indem sie einerseits auf die Feststellung des zurückgerechneten Maximalwerts der BAK (23a zu § 20), auch wenn keine Blutprobe zur Verfügung stand (StV 93, 519; NStZ-RR 97, 33), besonderes Gewicht legte (BGHSt 34, 29; 37, 231; NStZ-RR 98, 68) und andererseits die Summe der individuellen Faktoren im Erscheinungsbild und Verhalten des Täters regelmäßig für unzureichend hielt, um eine Ausnahme von dem Erfahrungssatz zu Lasten des Täters zu begründen (zusf BGHSt 37, 231 mit krit Anm Mayer NStZ 91, 526; StV 96, 478 und 535; Salger, Pfeiffer-FS, S 379, alle mwN). Allenfalls bei der unteren und mittleren (Massen-)Kriminalität war dieser Trend zur Vermeidung unverhältnismäßigen Ermittlungsaufwands hinnehmbar (Blau JR 88, 210; Schäfer StrZ 529). Bei ernsteren Straftaten war er nicht akzeptabel. Der 1. StS hat deshalb unter Berufung auf das einhellig kritische rechtsmedizinische Schrifttum die These vertreten, dass die BAK als Indiz zwar nicht bedeutungslos werden könne (StV 90, 107 mit krit Anm Weider), dass ihre Indizwirkung aber umso schwächer werde, je mehr sie als zurückgerechneter Maximalwert die Wirklichkeit verfehlen könne (BGHSt 35, 308; 36, 286 mit Anm Blau JR 90, 294; NStZ 93, 278 und 95, 226; NStZ-RR 97, 226; NStZ 02, 532; v Gerlach BA 90, 305 und in: Ebert [Hrsg], Aktuelle Probleme der Strafrechtspflege, 1991, S 165); demgegenüber hielt der 4. StS das für einen Verstoß gegen den Zweifelssatz (BGHSt 37, 231 mwN; ähnlich auch Jähnke LK 49; krit Foth NStZ 96, 423; Maatz BA 96, 233). Der Kern der Meinungsverschiedenheit lag in der unterschiedlichen Beurteilung der (vom 4. StS wohl unterbewerteten) Möglichkeiten, den statistischen Erfahrungssatz mit Hilfe psychodiagnostischer Methoden beweiskräftig zu widerlegen (ähnlich Foth NJ 91, 386; s auch StV 95, 406). Der BGH hat inzwischen diesen internen Dissens (zur Kritik vgl Rösler/Blocher BA 96, 329; zusf Schembecker JuS 93, 674, 676) nach einem vom 1. StS durchgeführten Anfrageverfahren zwar insoweit ausgeräumt und **Konsens** erzielt, als kein Strafsenat mehr der Auffassung ist, es gebe einen gesicherten medizinisch-statistischen Erfahrungssatz, wonach ab einem bestimmten Grenzwert die Steuerungsfähigkeit in aller Regel erheblich vermindert sei (BGHSt 43, 66, 75 mit Bespr Rönnau JA 97, 920, Martin JuS 97, 1139 und krit Anm Loos JR 97, 514; NJW 98, 3427; NStZ 02, 552; NStZ-RR 03, 71; s auch Kröber NStZ 96, 569; Maatz StV 98, 279, 281, Maatz/Wahl, BGH-FS 00, S 531, 539 und Tolksdorf DAR 98, 165); der 4. StS hält gleichwohl daran fest, dass bei BAK-Werten von 2 Promille aufwärts § 21 ernstlich in Betracht zu ziehen und auf Grund des Zweifelsatzes anzuwenden ist, wenn – wie idR – keine sicheren Anhaltspunkte für eine Verneinung verminderter Steuerungsfähigkeit vorliegen (NStZ-RR 97, 162; zu ähnlichen Tendenzen beim 2. und 5. StS vgl BGHSt 43, 66, 72; NStZ-RR 97, 163 und 98, 107; StV 98, 257; NStZ 98, 295; eher auf der Linie des 1. StS der 3. StS NJW 98, 3427). In der BGH-Rspr muss daher auch künftig mit Unterschieden in der Bewertung und Gewichtung einzelner psychodiagnostischer Kriterien gerechnet werden (BGHSt 43, 66, 76; Tröndle/Fischer 23 zu § 20; Rönnau aaO S 924 Fn 29; Maatz/Wahl aaO S 541; Rissing-van Saan, in: Schneider/Frister [Hrsg], Alkohol und Schuldfähigkeit, 2002, S 103, 107; die unübersichtliche Rspr

§ 21

zusf Theune NStZ-RR 03, 193). – Lässt sich die BAK nicht errechnen, weil sich Trinkmenge und -zeit nicht eingrenzen lassen, kann sich die Beurteilung nur nach psychodiagnostischen Kriterien richten (NStZ 00, 24; NStZ-RR 97, 226 und 99, 297). – **Psychodiagnostische Kriterien,** die als Anhaltspunkte gegen eine Verminderung der Steuerungsfähigkeit sprechen können, sind zB genaue Tatvorbereitung und planmäßige Ausführung der Tat, schnelle Situationserkennung und angepasste Reaktionen auf neue Situationen oder umsichtiges Nachtatverhalten (Maatz StV 98, 279, 282), logische und schlüssige Handlungskonsequenzen mit motorischen Kombinationsleistungen bei und nach der Tat (NStZ-RR 00, 265; bei Detter NStZ 01, 468), während innerhalb des BGH Streit über die Aussagekraft der Alkoholgewöhnung und des Erinnerungsvermögens herrscht (bejahend der 1. und 4. StS, vgl BGHSt 43, 66, 71 und NStZ 02, 532; NStZ-RR 99, 297 und 03, 71; Maatz NStZ 01, 1, 7; skeptisch dagegen der 2. StS und 5. StS, vgl BGHSt 43, 66, 73; NStZ 98, 297, 298; Rissing-van Saan aaO S 112; Schäfer StrZ 528). Der Meinungsstreit ändert allerdings nichts daran, dass es bei Überschreiten des Erfahrungssatzes stets einer näheren Prüfung (BA 85, 486; Dresden NZV 95, 236; Düsseldorf NZV 97, 46; Hamm NZV 98, 510) und idR auch einer Begründung bedarf (Köln VRS 39, 38 mwN; einschr Hamm VRS 59, 415; Hamburg VRS 61, 341).

4 3. a) Verminderte Schuldfähigkeit ist ein **fakultativer besonderer gesetzlicher Milderungsgrund** im Sinne des § 49 I. Es ist daher zunächst zu entscheiden – was auch bei lebenslanger Freiheitsstrafe (gegenüber vermindert schuldfähigen Mördern) verfassungsrechtlich unbedenklich ist (BVerfGE 50, 5) –, ob von der Milderungsmöglichkeit überhaupt Gebrauch gemacht wird (dazu und zu der Frage, welchen Regeln diese Würdigung folgt, 4 zu § 49). Die Rspr geht dabei von der problematischen Annahme aus, dass eine erhebliche Minderung der Einsichts- oder Steuerungsfähigkeit zwar stets zu einer Verminderung der Schuldfähigkeit führt (bei Dallinger MDR 68, 372), aber nur grundsätzlich (StV 91, 254), also nicht notwendig, zu einer solchen Minderung der Schuld im Ganzen, dass stets eine Bestrafung aus dem milderen Rahmen geboten wäre (stRspr; vgl etwa BGHSt 7, 28; NJW 81, 1221; NStZ 82, 200; zusf Jähnke LK 20–27; krit Neumann, BGH-FG, S 83, 94; aM Kotsalis, Baumann-FS, S 33; Sch/Sch-Lenckner/Perron 14; zw). An die Ablehnung der Milderung sind strenge Anforderungen zu stellen, die umso höher sind, je stärker sich der gemilderte vom ordentlichen Strafrahmen unterscheidet (StV 90, 157), vor allem wenn zwischen lebenslanger und zeitiger Freiheitsstrafe zu wählen ist (StV 93, 355; NStZ 94, 183; bei Detter NStZ 96, 425; NStZ-RR 03, 136; Streng Sanktionen 739; aM Roxin AT I 20/43, der hier die Milderung für zwingend hält). Immerhin ermöglicht es die Kann-Vorschrift, in engen Grenzen (dazu Theune NStZ 86, 153, 154; Bruns JR 86, 337) die schuldhafte Herbeiführung des biologischen Defekts zu berücksichtigen (NStZ 86, 114; bei Detter NStZ 91, 272; s auch NStZ 90, 537 und 92, 547, alle mwN; str) und die Strafe bei Psychopathen an deren häufig geringere Strafempfindlichkeit anzupassen (bei Dallinger MDR 53, 146; aM Landgraf, Die „verschuldete" verminderte Schuldfähigkeit, 1988, S 90; Roxin AT I 20/38 mwN; zw). Jedoch darf die Milderung nicht lediglich aus präventiven Gründen und daher nicht auf Grund solcher Umstände versagt werden, die ihrerseits durch den biologischen Defekt bedingt sind (BGHSt 16, 360, 364; NStZ 86, 114; Köln NJW 86, 2328; Jena BA 95, 303; B-Weber/Mitsch AT 19/25; Streng MK 21; aM Terhorst MDR 82, 368), es sei denn, dass dieser zur Schuld voll zurechenbar ist (NStZ 93, 342 und 96, 328; Jena VRS 90, 174); bei Trunkenheit fordert die Rspr deshalb nicht nur, dass der Täter den Rausch zurechenbar herbeigeführt hat, sondern auch, dass er nach Alkoholgenuss zu Handlungen neigt, die der begangenen Tat vergleichbar sind (vgl dazu NJW 93, 2544, aber auch NStZ-RR 97, 163, 165), und dass er das

Verminderte Schuldfähigkeit § 21

wusste oder wissen musste (BGHSt 35, 143, 145; s auch BGHSt 43, 66, 78 und 171, 177; NJW 92, 1519; NStZ 93, 278; NStZ-RR 99, 295, 297 und 03, 136; Karlsruhe DAR 91, 393; Dölling aaO [vgl 4 zu § 20] S 173; krit Foth DRiZ 90, 417, NJ 91, 386 und Salger-FS, S 31; krit auch Streng Sanktionen 739 und Rautenberg DtZ 97, 45, der eine Gesetzesänderung vorschlägt; ebenso Schnarr und Hennig, in: Schnarr/Hennig/Hettinger, Alkohol als Strafmilderungsgrund ..., 2001, S 79 und 164; zw). Allerdings will der 3. StS an der bisherigen Rspr nicht mehr festhalten und die Strafmilderung bei **selbstverschuldeter Trunkenheit** regelmäßig versagen (NJW 03, 2394 mit Bespr Baier JA 04, 103, Foth NStZ 03, 597, Frister JZ 03, 1019, Neumann StV 03, 527, Streng NJW 03, 2963 und Geppert JK 1); dies ist nicht nur im Hinblick auf die Entstehungsgeschichte (Neumann und Streng, jeweils aaO; s auch Foth aaO), sondern auch wegen eines möglichen Verstoßes gegen das Schuldprinzip umstritten (Baier, Frister und Neumann, jeweils aaO; eine Gesamtreform fordert Streng aaO). Auch gibt es keinen Erfahrungssatz des Inhalts, dass fehlende Unrechtseinsicht (in Folge verminderter Einsichtsfähigkeit) die Strafmilderung grundsätzlich eher nahelegt als bloß verminderte Steuerungsfähigkeit (NStZ 85, 357; StV 89, 15).

b) Wird von der Milderungsmöglichkeit Gebrauch gemacht, so ändert sich zunächst **nur der Strafrahmen** nach dem Maßstab des § 49 I (beachte auch § 50 und 10 zu § 213). Bei der Strafzumessung innerhalb dieses Rahmens (dazu 10 zu § 49) sind auch Art und Maß der psychischen Störung relevant (Schöch MschrKrim 83, 333; s auch Bay VRS 67, 219; Maisch MschrKrim 83, 343). Vor allem dürfen erschwerende Umstände im Täterverhalten (zB besondere Brutalität) nicht strafschärfend berücksichtigt werden, wenn sie eine unverschuldete (dazu bei Holtz MDR 88, 98) Folge des schuldmindernden psychischen Zustandes sind (BGHSt 16, 360, 364; NStZ 87, 453; bei Holtz MDR 97, 19; NStZ-RR 97, 66 und 295; s auch NJW 88, 1153; NStZ 89, 318; StV 89, 198); auch als verschuldete Folge dürfen sie nur nach dem Maßstab der geminderten Schuld erschwerend zu Buch schlagen (NStZ 88, 310, 89, 18 und 91, 581; NJW 88, 2621; NStZ-RR 96, 193 und 03, 104; krit speziell zur Praxis bei Tötungsdelikten Legnaro/Aengenheister MschrKrim 95, 212). Ferner darf einer nach dem Zweifelsatz angenommenen verminderten Schuldfähigkeit (23 zu § 20) kein geringeres Gewicht nur deshalb beigemessen werden, weil sie nicht erwiesen, sondern nur zugunsten des Täters zu Grunde gelegt worden ist (NStZ 96, 328 mwN). – Unabhängig von der Wahl des Strafrahmens ist es unzulässig, anstelle einer nach § 63 gebotenen Unterbringung auf eine übermäßige, der Schuld nicht entsprechende Freiheitsstrafe zu erkennen (BGHSt 20, 264). 5

4. Auch die Strafmilderung wegen verminderter Schuldfähigkeit kann unter dem Gesichtspunkt der **alic** (25 zu § 20) ausgeschlossen sein (hM; vgl NStZ 99, 448 und 00, 584 mit krit Bespr Streng JuS 01, 540; anders Landgraf, Die „verschuldete" verminderte Schuldfähigkeit, 1988, S 15, 132; Roxin AT I 20/67). 6

5. Die Anforderungen an **Feststellung und Begründung** der verminderten Schuldfähigkeit stimmen mit denen bei Schuldunfähigkeit überein (19–23 a zu § 20). Hat das Gericht § 20 verneint, so darf § 21 idR nicht übergangen werden (bei Dallinger MDR 68, 372; Koblenz VRS 47, 340). – Zur Möglichkeit der **Unterbringung** in einem psychiatrischen Krankenhaus oder einer Entziehungsanstalt 24 zu § 20. 7

2. Titel. Versuch

Vorbemerkung

1 1. Das Verbrechen durchläuft bis zu seiner vollständigen Beendigung idR die **Stadien** der Vorbereitung, des Versuchs und der Vollendung (Grundfälle dazu Kühl JuS 79, 718, 874; 80, 120, 273, 506, 650, 811; 81, 193; 82, 110, 189; krit zu dieser der hM zugrundeliegenden Stufenlehre Alwart GA 86, 245).

2 2. **Vollendung** der Tat liegt vor, wenn der Tatbestand in allen seinen Voraussetzungen verwirklicht ist (Jakobs, Roxin-FS, S 793, der von dieser formellen Vollendung die materielle unterscheidet und letztere bei Delikten gegen die Person mit der „Organisationsanmaßung" bestimmt, S 798), ohne Rücksicht darauf, ob das Gesamtgeschehen damit bereits seinen Abschluss erreicht hat (Kühl JuS 82, 110). Von ihr ist daher die **Beendigung** zu unterscheiden. Sie tritt nach immer noch verbreiteter, allerdings nicht einheitlicher Lehre erst ein, wenn das Geschehen, soweit es aus tatsächlichen oder rechtlichen Gründen eine Einheit bildet, abgeschlossen vorliegt und wenn namentlich auch die Umstände verwirklicht sind, die nach dem jeweiligen Deliktstypus infolge Vorverlegung der Vollendung zwar nicht mehr zur Tatbestandsbeschreibung gehören, aber das Unrecht der Tat mitprägen (sog materielle Beendigungslehre). Soweit dabei die Verwirklichung des Tatbestandes infolge der iterativen Deliktsstruktur (zB Dauerdelikt; vgl Kühl, Roxin-FS, S 665, 676; Schmitz, Unrecht und Zeit, 2001, S 192; Ebert AT S 117: „durative" Deliktsstruktur; aus der Rspr: NStZ 04, 44) oder Handlungsstruktur (zB Körperverletzung durch mehrere Schläge) oder infolge natürlicher oder rechtlicher Handlungseinheit (4–19a vor § 52) nach Vollendung fortgesetzt wird, ist das Hinausschieben des Beendigungszeitpunktes unproblematisch. Dieser Lehre liegt jedoch die Annahme zugrunde, dass auch Handlungen nach Vollendung, die als solche auch bei weitester Auslegung kein Tatbestandsmerkmal mehr erfüllen (zB die Sicherung des Gewahrsams an der Beute beim Diebstahl oder die Verwirklichung der Bereicherungsabsicht beim Betrug), zur Begehung der Tat gehören können (BGHSt 4, 132; 8, 390; 19, 323; 20, 194; 21, 377; 28, 224, 229; NJW 87, 2687; JZ 89, 759; Stratenwerth JZ 61, 95; Furtner JR 66, 169; Hauf AT S 106; W-Beulke AT Rdn 591; eingehend Hau, Die Beendigung der Straftat und ihre rechtlichen Wirkungen, 1974; zusf Jescheck, Welzel-FS, S 683). Diese Ansicht wird mit durchschlagenden Gründen, namentlich wegen Verstoßes gegen den Grundsatz der Gesetzesbestimmtheit und wegen Vernachlässigung der Handlungsseite der Tat, in Frage gestellt (Isenbeck NJW 65, 2326; Gössel ZStW 85, 591, 644; Herzberg, Täterschaft und Teilnahme, 1977, S 71; Hruschka JZ 83, 217; Rudolphi, Jescheck-FS, S 559; Bitzilekis ZStW 99, 723; Kühl, Roxin-FS, S 665, 675 und in: JuS 02, 729, 731; Wolff, Begünstigung, Strafvereitelung und Hehlerei, 2002, S 89; Köhler AT S 536; M-Gössel/Zipf AT 2 39/40; Roxin LK 35, 37 zu § 27; Zaczyk NK 6; diff zwischen Verhaltens- und Erfolgsbeendigung Kühl, Die Beendigung des vorsätzlichen Begehungsdelikts, 1974, JZ 78, 549 und JuS 82, 110, 113, 189). Die Streitfrage betrifft ein Problem der Tatbestandsauslegung und lässt sich deshalb nicht losgelöst von den einzelnen Tatbeständen beantworten (Küper JZ 81, 251 und 86, 862, 868); haltbar ist, zumindest soweit es um strafbarkeitsbegründende/ -schärfende Folgen geht, nur eine tatbestandsbezogene Beendigung (Kühl, Roxin-FS, S 665, 673 und in: JuS 02, 729, 731). Sie hat vor allem Bedeutung für Mittäterschaft (12 zu § 25) und Beihilfe (3 zu § 27), für Abgrenzung und Konkurrenz von Teilnahme und Begünstigung (3 zu § 27), für die Verwirklichung qualifizierender Umstände nach Vollendung (BGHSt 20, 194; 22, 227 mit Anm Hruschka JZ 69, 607; NStZ 93, 538; wistra 93, 264; krit Schünemann JA 80, 393, 394; Kühl, Roxin-FS, S 665, 683 und in: JuS 02, 729, 734; Jakobs AT

25/12; W-Hillenkamp BT 2 Rdn 256; Kindhäuser NK 13 zu § 244; diff zwischen § 244 und § 250 Krey/Hellmann BT 2 Rdn 136d und 218), auch von Erfolgsqualifikationen (vgl BGHSt 38, 295 mit krit Bespr Rengier JuS 93, 460; krit auch Kühl aaO S 685) und für die Bildung von Handlungseinheiten auf Grund eines Verhaltens nach Vollendung (BGHSt 26, 24; StV 83, 104 mit Bespr Seier JA 83, 615 und Geppert JK 2 zu § 52; NStZ 84, 409; NJW 92, 2103, 2104; NStZ 93, 77 und 95, 588; NStZ-RR 00, 367; NStZ 02, 33 mit Bespr Heger JA 02, 454, 456; NStZ-RR 02, 334; NStZ 04, 329; Bay MDR 83, 247; Warda JuS 64, 87; Mitsch JuS 93, 385, 386; Kühl JuS 02, 729, 735). Ob diese Einzelfragen überhaupt durch Annahme einer eigenständigen Beendigungsphase ohne Blick auf die jeweiligen Systemzusammenhänge gelöst werden können, ist zweifelhaft (krit Otto, Lackner-FS, S 715, 716; für Mittäterschaft und Beihilfe verneinend Lesch, Das Problem der sukzessiven Beihilfe, 1992, S 66). – Zur Beendigung der Tat als Anknüpfung für die Verjährung 1 zu § 78 a.

3. Vorbereitung und Versuch sind Stadien des Verbrechens vor der Vollendung. Vorbereitung ist eine Tätigkeit, die für die Durchführung der geplanten Tat geeignete Vorbedingungen schaffen soll, aber noch nicht zur Verwirklichung des Tatbestandes unmittelbar ansetzt (zur Abgrenzung vom Versuch 4 zu § 22). Die Vorbereitung ist grundsätzlich straflos (Ausnahme § 30 II). Jedoch hat das Gesetz eine Anzahl gefährlicher Handlungen, die inhaltlich Vorbereitungshandlungen zu schwereren Taten sind, entweder durch unselbstständige Ausdehnung von Tatbeständen in den Vorbereitungsbereich (zB § 83) oder durch Schaffung selbstständiger Tatbestände (zB §§ 96 I, 149) mit Strafe bedroht (krit Rath JuS 99, 32, 34). Ihre Begehung ist stets eine vollendete Tat; ihre versuchte Begehung ist nur bei den selbstständig vertypten Tatbeständen möglich (Vogler LK[10] 89, 90; weiter einschr Zaczyk NK 4).

§ 22 Begriffsbestimmung

Eine Straftat versucht, wer nach seiner Vorstellung von der Tat zur Verwirklichung des Tatbestandes unmittelbar ansetzt.

1. Versuch ist **vollständig gewollte, aber unvollständig gebliebene Tat** (ähnlich Zaczyk NK 1). Damit wird im Sinne der Stufenlehre das zweite Stadium der Entwicklung des Verbrechens beschrieben (1 vor § 22) und zugleich verdeutlicht, dass dieses Stadium mit dem Eintritt der Vollendung zum Abschluss kommt. Das bedeutet aber nicht, dass die Nichtvollendung ein Begriffsmerkmal des Versuchs in dem Sinne wäre, dass bei ihrem Wegfall auch der vorausgegangene Versuch als nicht existent behandelt werden müsste (das wird zu Unrecht von Herzberg JuS 96, 377, 378 und Hardtung Jura 96, 293 unterstellt). Die Umschreibung des Versuchs will insoweit nur klarstellen, dass die nächsthöhere Verbrechensstufe erreicht wurde und dass es deshalb nicht mehr sinnvoll ist, die niedere Stufe zur Argumentationsbasis zu machen. – Der Versuch setzt den **Entschluss** voraus, eine Straftat zu begehen (vgl 2), ferner die **Betätigung des Entschlusses** durch Handlungen, die mindestens unmittelbar zur Tatbestandsverwirklichung ansetzen (vgl 3–7). Kennzeichnend ist daher die vollständige Erfüllung des subjektiven Tatbestandes (hM; anders Struensee, Kaufmann [Arm]-GS, S 523, der den subjektiven Tatbestand bis zur Beendigung des Versuchs noch nicht für erfüllt hält, dabei aber nicht hinreichend bedenkt, dass der Vorsatz während der gesamten Tathandlung, dh vom Beginn bis zur Beendigung des Versuchs, vorliegen muss, mag er sich auch während dieser Zeitspanne durchaus konkretisieren oder sogar verändern). Nach überwiegender Meinung muss ihr ein Mangel im objektiven Tatbestand gegenüberstehen (BGHSt 36, 221, 222; StV 86, 201; weiter Hardtung aaO S 296). Ob der Versuch auch den Fall einschließt, dass zwar der objektive Tatbestand

§ 22 AT. 2. Abschnitt. 2. Titel. Versuch

vollständig erfüllt, aber eine Rechtfertigungslage gegeben ist, die der Täter nicht erkennt, ist umstritten (vgl 16). Zu den **Voraussetzungen** im Einzelnen (Grundfälle bei Rath JuS 98, 1006, 1106; 99, 32, 140):

2 **a) Entschluss** bedeutet die Verwirklichung des gesamten subjektiven Tatbestandes, also nicht nur des Vorsatzes (bedingter genügt, sofern er auch zur Vollendung genügen würde, RGSt 61, 159; s auch MDR 97, 182; krit Puppe NStZ 84, 488, 490; Streng JZ 90, 212, 219; Herzberg NStZ 90, 311; Bauer wistra 91, 168; Zaczyk NK 19; zusf Pahlke, Rücktritt bei dolus eventualis, 1993, S 20; krit zur Identifizierung des Vorsatzes bei vollendeter und versuchter Tat Streng ZStW 109, 862, 870; diff zwischen dem subjektiven Tatbestand bei vollendeter und versuchter Tat Murmann, Versuchsunrecht und Rücktritt, 1999, S 9), sondern auch der im Tatbestand vorausgesetzten subjektiven Merkmale (Absichten, Motive usw), die als solche gegenüber dem Vorsatz selbstständig sind (8 zu § 15). Nach hM ist daher nicht entschlossen, wer über das Ob der Tat noch nicht abschließend entschieden hat (GA 63, 147; Kratzsch JA 83, 578) oder es nur bis zum Versuch kommen lassen will (agent provocateur), wohl aber, wer die Ausführung von einer Bedingung abhängig macht, deren Eintritt er nicht beherrscht (BGHSt 21, 14; Schmid ZStW 74, 48; Spendel JuS 69, 314; Schultz, Spendel-FS, S 303, 313; Rath JuS 98, 1006, 1012; Zaczyk NK 15). Im Schrifttum werden mit zum Teil beachtlichen Gründen Erweiterungen vorgeschlagen, etwa in dem Sinne, dass ein „Vorbehalt späterer Entschlussfassung" nach Eintritt in die Ausführungsphase unerheblich sein soll (so Arzt JZ 69, 54; ähnlich für das vergleichbare österreichische Recht Fuchs, Triffterer-FS, S 73; krit Schultz aaO S 312 und Rath aaO) oder dass es schon genügt, wenn die zur Tat hindrängenden Motive das Übergewicht über die Hemmungsvorstellungen erlangt haben (so Roxin, Schröder-GS, S 145, 159 und JuS 79, 1, 3 sowie AT II 29/88; Neuhaus GA 94, 224, 228; krit dazu Puppe GA 84, 101, 116; zusf Kühl JuS 80, 273 und Rath aaO S 1011).

3 **b)** Für die **Betätigung des Entschlusses** genügt jedenfalls die Vornahme der tatbestandsmäßigen Handlung, denn dann hat der Täter mehr getan, als zur Tatbestandsverwirklichung unmittelbar iS des § 22 (unten 4) angesetzt (Murmann aaO [vgl 2] S 13; Kühl AT 15/55; krit Küper JZ 92, 338, der an sich tatbestandsentsprechende, das Rechtsgut aber noch nicht gefährdende Handlungen wegen Fehlens der Unmittelbarkeit nicht genügen lässt; krit auch Roxin AT II 29/110–120 und Herzberg MK 159–163; auf Ausnahmefälle hinweisend Hillenkamp LK 92–95). Tatbestandsmäßig ist aber etwa beim Betrug nur die Täuschung, die über den Irrtum eine Vermögensverfügung auslösen soll (BGHSt 37, 294 mit Bespr Kienapfel JR 92, 122 und Küper aaO; NStZ 97, 31; StV 01, 272; Tiedemann BGH-FG, S 551, 562; vgl auch schon BGHSt 31, 178 mit Bespr Lenckner NStZ 83, 409, Maaß JuS 84, 25 und Bloy JR 84, 123; Karlsruhe NJW 82, 59 mit Bespr Burkhardt JuS 83, 426 [zust Roxin AT II 29/116]; s auch Berz Jura 84, 511, 512; Seier ZStW 101, 563; Hauf AT S 119); ähnlich für die Gewaltanwendung beim Raub (RGSt 69, 327; Meyer GA 02, 367, 369) und für die Herstellung eines falschen Führerscheins bei der Urkundenfälschung, wenn nur noch die Eintragung des Berechtigten fehlt (bei Holtz MDR 78, 625).

4 **c)** Für die **Abgrenzung des Versuchs von der Vorbereitung** (3 vor § 22) kommt es darauf an, ob der Täter nach seiner Vorstellung von der Tat **unmittelbar zur Tatbestandsverwirklichung angesetzt** hat (Ansatzformel). Nach dieser Begriffsbestimmung ist die Grenzziehung an der (subjektiven) Vorstellung des Täters zu orientieren (GA 55, 123), aber nach objektiven Maßstäben durchzuführen (hM; krit Bockelmann JZ 54, 468). Lange Zeit ist die ältere **Rspr** von der sog Frank'schen Formel (Frank II 2 b) ausgegangen, nach zum Anfang der Ausführung schon alle Handlungen gehören, die „vermöge ihrer notwendigen Zusammengehörigkeit mit der Tatbestandshandlung für die natürliche Auffassung als

§ 22

deren Bestandteil erscheinen" (RGSt 77, 162; ähnlich Joecks 26). Später hat sie das Erfordernis der Unmittelbarkeit und den Gefährdungsgedanken stärker herausgestellt und Versuch nur angenommen, wenn nach dem Gesamtplan des Täters „die Einzelhandlungen in ihrer Gesamtheit einen derartigen unmittelbaren Angriff auf das geschützte Rechtsgut bilden, dass es dadurch schon gefährdet ist" (BGHSt 2, 380). Nichts wesentlich anderes drückt auch die Ansatzformel aus. Sie bestätigt die frühere Rspr insofern, als der (subjektive) Gesamtplan des Täters die Beurteilungsgrundlage bildet (näher Hillenkamp, Roxin-FS, S 689, 696), der Bewertungsmaßstab selbst aber ein objektiver ist (Hillenkamp LK 62). Ferner kommt es nach wie vor auf die Unmittelbarkeit des Angriffs an, dh auf das Vorliegen von Handlungen, die im ungestörten Fortgang **ohne Zwischenakte** oder jedenfalls in unmittelbar räumlichen und engem zeitlichen Zusammenhang in die Tatbestandsverwirklichung einmünden sollen (BGHSt 26, 201 mit Bespr Otto NJW 76, 578, Gössel JR 76, 249 und Meyer JuS 77, 19; BGHSt 28, 162; 35, 6; 43, 177; 44, 34, 40 mit Bespr Otto NStZ 98, 513 und Dietmeier JR 98, 470; BGHSt 48, 34, 36; NJW 94, 3019; NStZ 96, 38; 97, 83; 99, 395 und 01, 415; NJW 02, 1075 mit Bespr Fad JA 02, 475, Gaede JuS 02, 1058, Jäger JR 02, 383 und Otto JK 22; NStZ-RR 04, 40; NStZ 04, 38; s auch Kühl JuS 80, 650; Berz Jura 84, 511, 514; zu eng Vogler, Stree/Wessels-FS, S 285, 297, der nur „tatbestandsspezifische", dh dem Unrecht der vollendeten Tat entsprechende Handlungen genügen lässt [krit auch Roxin AT II 29/108, 109 und Hillenkamp LK 65 sowie Kühl, Vogler-GS, S 17, 18]; abw Schmidhäuser AT 15/50, der sich für eine „ganzheitliche" Abgrenzung ausspricht; Kratzsch, Verhaltenssteuerung und Organisation im Strafrecht, 1985, S 35, 428, der die Lösung aus einem systemtheoretischen Ansatz ableitet; Vehling, Die Abgrenzung von Vorbereitung und Versuch, 1991, S 135, der „Ansetzen" als Setzung eines rechtlich mißbilligten Risikos durch rolleninadäquates Verhalten und die „Unmittelbarkeit" als tatbestandsindizierenden Zusammenhang dieses Verhaltens mit dem geplanten Delikt versteht [krit dazu Mitsch GA 96, 297]; Herzberg MK 155, 171, verlangt als „Ansetzungserfolg" eine „unmittelbare Gefahr" der Tatbestandsverwirklichung; ebenso, aber als Ergänzung der Zwischenaktstheorie Hillenkamp MK 85; Zaczyk, Das Unrecht der versuchten Tat, 1989, S 311, und Murmann aaO [vgl 2] S 25, die auf die Mächtigkeit des Täters über das angegriffene Rechtsgut des unterlegenen Opfers abstellen). Daneben berücksichtigt die Rspr auch das im früheren Recht anerkannte Erfordernis die aus Tätersicht **unmittelbare Gefährdung** des geschützten **Rechtsguts** (BGHSt 30, 363; 43, 177, 182; nur zur Konkretisierung nach NJW 02, 1057 mit Anm Jäger JR 02, 383; für ein enges Gefährdungskriterium nach der „Handlungsvorstellung" des Täters Gropp, Gössel-FS, S 175, 184; krit Kühl AT 15/81–85 mwN) sowie – methodisch bedenklich – das subjektive Kriterium des Überschreitens der Schwelle zum „Jetzt geht es los" (BGHSt 48, 34, 35 mit krit Bespr Kühl JZ 03, 637, 639, Heger JA 03, 455, Martin JuS 03, 503 und Puppe JR 03, 123, 125; NStZ 01, 415 [mit krit Bespr Otto JK 20] und 02, 433, 435; StV 03, 444 mit Bespr Otto JK 23; NJW 03, 3068, 3070; NStZ 04, 38; krit zu Hillenkamp LK 67 und Zaczyk NK 24). Im **Schrifttum** bestehen noch erhebliche Meinungsunterschiede über Inhalt und Tragweite des Unmittelbarkeitserfordernisses (vgl etwa Meyer ZStW 87, 598, 602; Kratzsch JA 83, 420; Fahl JuS 98, 1106, 1107; Zaczyk NK 24). Roxin (JuS 79, 1, 4) stellt beim unbeendigten Versuch (3 zu § 24) unter Berufung auf die Eindruckstheorie (vgl 11) auf zwei nebeneinander notwendige Kriterien ab: auf die „Berührung der Sphären" von Täter und Opfer und auf einen „engen zeitlichen Zusammenhang zwischen Täterhandlung und erwartetem Erfolgseintritt" (krit Kühl JuS 80, 506, 507; Kratzsch JA 83, 578, 579; Berz aaO S 516; Vehling aaO S 56; Fahl aaO S 1108). Jedoch dürfte diese für den Regelfall zutreffende Konkretisierung nur in der Mehrzahl der einschlägigen Sachverhalte eine brauchbare Entscheidungshilfe bieten. Es gibt Fallgruppen, bei denen sie versagen muss, etwa

§ 22 AT. 2. Abschnitt. 2. Titel. Versuch

weil der Tatbestand kein konkretes Angriffsobjekt oder keinen tatbestandsmäßigen Erfolg voraussetzt oder weil schon nach seinem Inhalt Begehung in zeitlich gestreckter Form typisch ist (s auch 10). Namentlich im Wirtschafts- und Steuerstrafrecht macht die Anknüpfung wegen solcher Besonderheiten bisweilen Schwierigkeiten (zB Karlsruhe JR 73, 425 mit Bespr Tiedemann JR 73, 412; Karlsruhe MDR 77, 600 mit Anm Hübner MDR 77, 1040; Bay JR 78, 38 mit Anm Hübner; Gribbohm/Utech NStZ 90, 209, 210). Der Kern der Problematik liegt darin, dass es sich um eine Frage der Tatbestandsauslegung handelt, die sich nicht losgelöst von den einzelnen Tatbeständen beantworten lässt (NJW 88, 3109; StV 94, 21; Stuttgart Justiz 96, 92; Hillenkamp LK 86); dabei können „Leitfälle und Typenvergleich" zur Präzisierung des Unmittelbarkeitserfordernisses hilfreich sein (Meyer GA 02, 367). Jedenfalls will aber die Neufassung mit der Hervorhebung des „unmittelbaren" Ansetzens der in der älteren Rspr verbreiteten Tendenz einer zu weiten Ausdehnung des Versuchsstadiums entgegenwirken (Begr zu § 26 E 1962 S 144). – Das unmittelbare Ansetzen ist für jedes vom Täter ins Auge gefasste Delikt gesondert zu bestimmen, so dass zB der am Fenstergitter rüttelnde Täter schon zum Einbruchsdiebstahl, nicht aber zur Vergewaltigung der Bewohnerin angesetzt haben kann (vgl NStZ 00, 418 mit krit Bespr Bellay NStZ 00, 591).

5 aa) **Versuch** ist – vorbehaltlich besonderer Umstände, die im Einzelfall eine abweichende Beurteilung rechtfertigen können – von der Rspr **zutreffend bejaht** worden: wenn ein zur Tötung Entschlossener eine Schusswaffe anlegt, auch wenn der Hahn noch nicht gespannt ist (RGSt 59, 386); wenn er eine geladene Waffe herauszieht, um sofort zu entsichern und zu schießen (RGSt 68, 336; str); wenn er in einen Raum eindringt, um das Opfer sofort zu erschießen (NStZ 87, 20), nicht aber, wenn er erst prüfen will, ob er eine für die Tatbegehung günstige Situation antrifft (NJW 93, 2125); wenn er sich in einen Raum einschleicht, den nach seiner Meinung das Opfer zu betreten im Begriffe steht (LM Nr 22 zu § 211); wenn der Täter einen Güterzug anhält (OGHSt 2, 157), auf das Trittbrett eines Wagens aufspringt (RGSt 54, 328) oder einen Raum betritt, um daraus sofort zu stehlen, selbst wenn die diebische Absicht noch nicht auf bestimmte Sachen konkretisiert ist (Hamm JMBlNRW 76, 19); wenn ein Taschendieb im Gedränge fremden Taschen mit den Händen nahekommt (GA 58, 191); wenn jemand zum Einführen von Betäubungsmitteln im Straßenverkehr oder auf Schmuggelwegen so nahe an die Grenze (oder eine vor ihr eingerichtete Kontrollstelle) herankommt, dass sein Vorgehen nach dem Tatplan und den Umständen des Einzelfalls (Unterschiede zB nach der Art des Transports) dem Überschreiten der Grenze unmittelbar vorgelagert erscheint (BGHSt 36, 249; Düsseldorf MDR 94, 1235; s auch Winkler NStZ 83, 462), wenn er im Flugreiseverkehr sein Gepäck vor dem unmittelbar bevorstehenden Abflug in deutsches Hoheitsgebiet eincheckt (NJW 90, 2072 mwN) oder wenn er im Fracht- oder Postverkehr das Transportgut zur Beförderung aufgibt (BGH aaO; beachte auch NJW 94, 2164; Düsseldorf NJW 93, 2253); wenn ein Sexualtäter ein Kind an einen geeigneten Ort führt, um es dort sofort zu missbrauchen (BGHSt 35, 6, mwN; str); wenn ein Räuber den Begleiter des Opfers gewaltsam ausschaltet, um die dadurch entstehende Schutzlosigkeit unmittelbar für die Tat auszunutzen (BGHSt 3, 297; Berz Jura 84, 511, 518; zw); wenn der Täter den Wachhund eines Anwesens beseitigt (RGSt 53, 217) oder den Wächter besticht (RGSt 55, 191), um sofort nach Ausschaltung des Hindernisses aus dem dann unbewachten Raum zu stehlen (zusf Roxin JuS 79, 1, 6 mwN; str); wenn der Täter prüft, ob sich ein Objekt für den unmittelbar anschließenden Angriff eignet (BGHSt 22, 80; aM Hillenkamp LK 108; str), zB wenn er die Schwangere unmittelbar vor Beginn des Schwangerschaftsabbruchs untersucht (bei Dallinger MDR 53, 19; str), nicht aber wenn sich die Prüfung auf mehrere Gegenstände erstreckt und die Bestimmung des Tatobjekts noch offen ist (Oldenburg StV 83, 506) oder wenn im Falle eines Einbruchsdiebstahls nach der Prüfung erst noch die

Begriffsbestimmung § 22

Angriffsmittel aus einem Versteck geholt werden müssen (zu weit bei Dallinger MDR 66, 892).

bb) **Bloße Vorbereitung** (typische Vorbereitungshandlungen sind das Beschaffen der Tatwerkzeuge, das Aufsuchen des Tatorts und das Auskundschaften einer Tatgelegenheit, Roxin AT II 29/174–179 und Hillenkamp LK 106–108) ist von der Rspr mit dem unter 5 gemachten Vorbehalt **zutreffend** angenommen worden: wenn ein Sexualtäter ein späteres Zusammentreffen mit einem Kind verabredet (bei Dallinger MDR 74, 545, 722; anders noch BGHSt 6, 302; s auch Celle NJW 72, 1823 mit Bespr Rudolphi JuS 73, 20), wenn er es an einen geeigneten Ort führt, um es dort zur freiwilligen Vornahme oder Duldung sexueller Handlungen zu verführen (BGHSt 35, 6; krit Vehling aaO [vgl 4] S 151 und Zaczyk NK 25; zust aber Roxin AT II 29/168) oder wenn er sich vergeblich bemüht, in das Anwesen des Opfers einzudringen, um dieses zu bestehlen und zu vergewaltigen (NStZ 00, 418 mit krit Anm Bellay NStZ 00, 591); wenn Räuber vor einer Bank vorfahren, aber noch ihre Waffen aus den mitgeführten Tragetaschen holen und ihre Masken überstreifen müssen (bei Holtz MDR 78, 985), oder wenn sie einen Supermarkt betreten, um vor dem geplanten Überfall zu prüfen, ob die Anwesenheit zu vieler Kunden der Ausführung ihres Plans entgegensteht (NStZ-RR 96, 34); wenn der im Treppenhaus befindliche Dieb das Opfer noch durch Täuschung zum Öffnen der Tür bewegen und in ein Gespräch verwickeln will (Hamm StV 97, 242); wenn Einbrecher mit ihrem Werkzeug bereits in Angriffsposition gegangen sind, aber erst noch einen günstigen Zeitpunkt für den Einsatz des Werkzeugs abwarten wollen (NStZ 89, 473); wenn der Mittäter eines geplanten Raubes, der erst Stunden später nach Hinzukommen weiterer Komplizen gemeinschaftlich ausgeführt werden soll, beim Opfer erfolglos Einlass begehrt (KG GA 71, 54; aM Otto JA 80, 641, 643; s auch StV 94, 240); wenn jemand in der Absicht, einen Fahrzeugdiebstahl zu begehen, das Tankschloss eines Fahrzeugs ausbaut, um es als Muster für die Anfertigung eines Nachschlüssels zu verwenden (StV 92, 62), oder wenn er sich sonst einen Nachschlüssel für das Fahrzeug beschafft (BGHSt 28, 162); wenn ein Fahrzeugführer zur Begehung einer Urkundenfälschung einen gefälschten Führerschein nur mit sich führt, um ihn für den Fall einer Kontrolle vorzuzeigen (bei Holtz MDR 76, 987 mit abl Bespr Meyer MDR 77, 444); wenn ein Versicherter eine diebstahlsversicherte Sache beiseiteschafft (NJW 52, 430) oder eine schadensversicherte beschädigt (Koblenz VRS 53, 27), um den Vorgang als Versicherungsfall zu melden; wenn jemand, der Zuhälterei begehen will, eine Frau zu bestimmen sucht, der Prostitution nachzugehen (BGHSt 6, 98; s jedoch BGHSt 19, 350); wenn ein HIV-Infizierter in einer Bar einer Prostituierten ungeschützten Geschlechtsverkehr lediglich ansinnt (Bay NJW 90, 781); wenn jemand mit der Absicht des Inverkehrbringens einem anderen Falschgeld anbietet, das er sich erst noch von einem „Hintermann" beschaffen muss (NStZ 86, 548); wenn beim Einführen von Betäubungsmitteln (§ 29 I Nr 1 BtMG) der Transport sich noch aus größerer Entfernung der Grenze nähert (NStZ 83, 511), unmittelbar vor deren Überschreiten zum Zwecke des Übernachtens unterbrochen wird (NStZ 83, 224) oder im Straßenverkehr noch nicht das Gelände kurz vor der Grenze erreicht hat (BGHSt 36, 249 mwN); wenn beim Erwerb von Betäubungsmitteln lediglich ein Verpflichtungsgeschäft abgeschlossen ist, aber die Übertragung der tatsächlichen Verfügungsgewalt durch den Vorbesitzer noch nicht unmittelbar bevorsteht (BGHSt 40, 208) oder wenn sich der Vermittler von Verträgen über Kriegswaffen (§ 16 I Nr 7 KWKG) auf bloße Sondierung der Vertragsbereitschaft möglicher Partner beschränkt (NJW 88, 3109; Bay NJW 91, 855 mit krit Anm Oswald NStZ 91, 46; Lohberger NStZ 90, 61, alle mwN). – Nicht überzeugend begründet ist die Annahme bloßer Vorbereitung in einem Fall, in dem ein Mittäter eines geplanten erpresserischen Menschenraubes an der Tür des Opfers klingelt, aber die Entführung plangemäß abbricht, als das Opfer mit einem

§ 22 AT. 2. Abschnitt. 2. Titel. Versuch

Kleinkind auf dem Arm öffnet (NStZ 99, 395 mit überwiegend krit Bespr Martin JuS 99, 1134, Baier JAR 00, 15, Dey JR 00, 295 und Jäger NStZ 00, 415; krit auch Roxin AT II 29/154).

7 cc) **Entgegen der Annahme der Rechtsprechung** (namentlich der älteren) dürfte Versuch mit dem unter 5 gemachten Vorbehalt idR zu verneinen sein: wenn der Täter das Opfer am Tatort erwartet oder ihn dort auflauert (hM; vgl Roxin JuS 79, 1, 6; Vehling aaO [vgl 4] S 145; Streng ZStW 109, 862, 876; anders NJW 52, 514 mit krit Bespr Fahl JA 97, 635 und Gropp, Gössel-FS, S 175, 181, 187; krit auch Roxin AT II 29/155), es sei denn, dass er die Angriffsmittel bereits „in tätige Beziehung" (BGHSt 2, 380) zu dem vermeintlich in den Angriffsbereich eingetretenen Opfer gesetzt hat (BGHSt 26, 201 [zust Kühl AT 15/64 und Roxin AT II 29/137, 156]; s auch bei Holtz MDR 89, 1050 und NStZ 97, 83); wenn ein Sexualtäter ein Kind zur Vornahme oder Duldung sexueller Handlungen zu überreden sucht (Roxin aaO S 5 mwN; aM 1 StR 108/74 v 11. 6. 1974; str) oder wenn er mit ihm ein Kino besucht, um es danach zu missbrauchen (aM GA 66, 164); wenn ein Einbruchsdieb eine Winde lediglich aus einem nahegelegenen Versteck hervorholt, um damit ein Fenstergitter auseinanderzubiegen (Rudolphi JuS 73, 20, 24; Roxin aaO S 5; aM BGHSt 2, 380; zw); wenn jemand, der die Selbstbefreiung eines Gefangenen fördern will, die Haftanstalt betritt (Roxin aaO S 5; Rudolphi SK 15; aM BGHSt 9, 62); wenn ein Wirtschaftstäter Ware auf ein Fahrzeug lädt, um sie unter Verletzung des AWG alsbald über die Grenze zu bringen (zweifelnd Tröndle/Fischer 15; aM BGHSt 20, 150); oder wenn jemand mit dem Vorhaben der Zollhinterziehung sich lediglich von einem grenznahen Ort der Grenze nähert (Roxin aaO S 5; aM BGHSt 4, 333; 7, 291; hier bedarf es derselben Einschränkungen, die für das Einführen von Betäubungsmitteln entwickelt worden sind [vgl 5, 6]; zur Abgrenzung von Vorbereitung und Versuch im Betäubungsmittel-Strafrecht durch die Rspr krit Paeffgen, BGH-FG, S 695, 722).

8 d) Die Ansatzformel (vgl 4) schließt nicht aus, dass der Versuch auch noch **nach Beendigung der Handlung** des jeweils Tatbeteiligten beginnt.

aa) Das ist bedeutsam namentlich, wenn jemand – wie beim beendigten Versuch (3 zu § 24; ebenso Hillenkamp LK 132 Fn 259) – **alles zur Tatbestandsverwirklichung Erforderliche** bereits getan hat. Die neuere **Rechtsprechung** nimmt Versuchsbeginn hier erst an, wenn das deliktische Geschehen (uU erst durch das Verhalten eines anderen, auch des Opfers) soweit fortgeschritten ist, dass es bei ungestörtem Fortgang unmittelbar in die Tatbestandsverwirklichung einmündet und nach dem Tatplan eine unmittelbare Gefährdung des geschützten Rechtsguts eintritt (BGHSt 43, 177 mit Bespr Gössel JR 98, 293, Roxin JZ 98, 211, Otto NStZ 98, 243, Wolters NJW 98, 578, Kudlich JuS 98, 596, Derksen GA 98, 592, Böse JA 99, 342, Baier JA 99, 771, Heckler NStZ 99, 79 und Geppert JK 18; krit Joecks 59 zu § 25; vgl auch NJW 92, 1635; NStZ 98, 294, 295 [mit Bespr Herzberg JuS 99, 224 und NJW 99, 217, Krack JuS 99, 832, Schliebitz JA 98, 833 und Geppert JK 4 zu § 16] und 01, 475 mit Bespr Trüg JA 02, 102, Engländer JuS 03, 330 und Otto JK 20; München NStZ-RR 96, 71; Rath JuS 98, 1106, 1110 und Hruschka, Zipf-GS, S 235, 251; ähnlich Gössel JR 76, 251, Otto JA 80, 641, 645; W-Beulke AT Rdn 603; Kindhäuser 20; eingehend Hillenkamp LK 139–142; zusf Dornis Jura 01, 664; Fallbespr bei Kudlich JuS 02, 1071, 1074); dabei soll auch das Opferverhalten Einfluss auf die Unmittelbarkeit des Ansetzens erlangen (BGHSt 43, 177, 181; Hillenkamp LK 140; krit dazu Murmann aaO [vgl 2] S 22). Im **Schrifttum** wird Versuch hier überwiegend schon bejaht, wenn der Täter das Geschehen endgültig aus der Hand gegeben oder wenn er das Rechtsgut unmittelbar gefährdet hat (Roxin, Maurach-FS, S 213 und JuS 79, 1, 9 sowie AT II 29/192–225; Papageorgiou-Conatas, Wo liegt die Grenze zwischen Vorbereitungshandlungen und Versuch?, 1988, S 243, 265; ähnlich Murmann aaO S 16; krit dazu Rath aaO S 1110; krit zur unmittelbaren Rechtsgutgefährdung durch das Verhalten des Opfers Streng, Zipf-GS, S 325, 332, der auf Unterlassen abstellt [S 339, 346]; einen „Ansetzungserfolg" in Gestalt einer unmittelbaren Gefahr der Tatbestandsverwirklichung aus der Sicht des Täters verlangt Herzberg MK 145, nach Tatbeständen diff Freund AT 8/42; aM Schilling, Der Verbrechensversuch des Mittäters und des mittelbaren Täters, 1975, S 100, der Versuch durchgängig bejaht; diff Meyer ZStW 87, 598, 609; Kratzsch JA 83, 578, 585).

bb) Die Frage ist außerdem im Bereich der **Beteiligung relevant** (rechtsvergleichend Jescheck ZStW 99, 111). **Bei Mittäterschaft** nimmt die hM mit Recht an, dass alle Mittäter einheitlich in das Versuchsstadium eintreten, sobald einer von ihnen zur Ausführungshandlung unmittelbar ansetzt, und zwar unabhängig davon, ob einzelne ihren vollen Tatbeitrag (11 zu § 25) schon im Vorbereitungsstadium erbracht haben (sog Gesamtlösung; vgl zB BGHSt 11, 268; 36, 249; NStZ 99, 609; StV 01, 272; Küper, Versuchsbeginn und Mittäterschaft, 1978 und JZ 79, 775; Stoffers MDR 89, 208; Ingelfinger JZ 95, 704, 711; Erb NStZ 95, 424, 426; Dencker, Kausalität und Gesamttat, 1996, S 20, 132, 142, 244; Buser, Zurechnungsfragen beim mittäterschaftlichen Versuch, 1998, S 16; Krack ZStW 110, 611; Rath JuS 99, 140, 144; Zaczyk NK 67; aM Schilling aaO [vgl 8] S 104; Rudolphi, Bockelmann-FS, S 369, 383; Bloy, Die Beteiligungsform als Zurechnungstypus im Strafrecht, 1985, S 266; Valdágua ZStW 98, 839; Stein, Die strafrechtliche Beteiligungsformenlehre, 1988, S 314; Puppe, Spinellis-FS, S 915, 932; Roxin, Odersky-FS, S 489, AT II 29/297 und LK 199 zu § 25; diff Kratzsch JA 83, 578, 587; zw). Allerdings muss der zur Ausführung Ansetzende wirklich Mittäter sein. Hat er sich schon vorher von der Tat distanziert und nur noch zum Schein mitgemacht, so ist die Zurechnung zu Lasten anderer Mittäter ausgeschlossen (BGHSt 39, 236 mit abl Bespr Hauf NStZ 94, 263 und Heckler GA 97, 72; für Zurechnung auch Weber, Lenckner-FS, S 435, 443; Buser, aaO S 87, 113 und Tröndle/Fischer 22; dem BGH iE zust Gorka, Der Versuchsbeginn des Mittäters, 2000, S 170). Dasselbe gilt, wenn der zur Ausführung Ansetzende in Wahrheit ahnungslos ist, infolge einer Täuschung aber von dem (oder den) anderen täterschaftlich Beteiligten als Tatgenosse angesehen wird; obwohl hier Strafbarkeit wegen untauglichen Versuchs naheliegt (so BGHSt 40, 299), dürfte dem das (auch) objektiv zu verstehende Erfordernis unmittelbaren, auf den Tatentschluss beruhenden Ansetzens entgegenstehen (Kühne NJW 95, 934; Küpper/Mosbacher JuS 95, 488; Ingelfinger JZ 95, 704; Joerden JZ 95, 735; Erb NStZ 95, 424; Joecks wistra 95, 58; Zopfs Jura 96, 19; Ahrens JA 96, 664; Dencker aaO S 241; Streng ZStW 109, 862, 890 und Zipf-GS, S 325, 327; Krack aaO S 623; Rath JuS 99, 140, 144; Geppert JK § 25 II/9 a, b; krit auch Graul JR 95, 427; Roxin, Odersky-FS, S 488, 495 und Kindhäuser 41; dem Ergebnis der Rspr jedoch zust Jung JuS 95, 360; Sonnen JA 95, 361; Roßmüller/Rohrer MDR 96, 986; Heckler aaO; Weber aaO S 447; Buser aaO S 88, 127; Hauf AT S 133; Tröndle/Fischer 23). – Bei **mittelbarer Täterschaft** ist die Frage umstritten (eingehend Krüger, Der Versuchsbeginn bei mittelbarer Täterschaft, 1994; zusf Rath JuS 99, 140, 142). Nach überwiegender Ansicht sind die im Schrifttum für den beendigten Versuch entwickelten Grundsätze nach hier zu übertragen (vgl 8); maßgebend ist danach im Sinne einer modifizierten Einzellösung der Zeitpunkt, in dem der mittelbare Täter die Herrschaft über das Geschehen endgültig aus der Hand gibt oder das geschützte Rechtsgut unmittelbar gefährdet wird (Roxin, Maurach-FS, S 218, Lackner-FS, S 307, 315 und LK 150–152 zu § 25; Herzberg JuS 85, 1, 9, Roxin-FS, S 749, 755 und MK 130–146; Streng ZStW 109, 862, 886 und Zipf-GS, S 325, 335; Baier JA 99, 771, 773; Jescheck/Weigend AT S 672; ähnlich Rudolphi SK 20 a). Die Rspr stellt darauf ab, ob der Täter nach seiner Vorstellung die Einwirkung auf den Tatmittler abgeschlossen hat, dieser nach dem Tatplan in unmittelbarem Anschluss die Tat ausführen soll und das geschützte Rechtsgut damit bereits in diesem Zeitpunkt gefährdet ist (BGHSt 30, 363 mit abl Bespr Kühl JuS 83, 180 und Sippel NJW 83, 2226; BGHSt 40, 257, 268 mit Bespr Otto JK § 25 I/5; BGHSt 43, 177, 179 mit zust Anm Roxin JZ 98, 211, 212 und Gössel JR 98, 293, 295, der die Rspr aber der sog Gesamtlösung zuordnet; NStZ 86, 547; ähnlich Zaczyk NK 30); soll der Tatmittler die Tat mit zeitlicher Verzögerung im Anschluss an noch ausstehende Vorbereitungshandlungen ausführen, so beginnt der Versuch erst mit dem unmittelbaren Ansetzen des Tatmittlers (StV 01, 272). In Teilen des Schrifttums wird der Versuchsbeginn im Sinne einer reinen Einzellösung auch mit der (beginnenden oder abgeschlossenen) Einwirkung auf den Tatmittler gleichgesetzt (Baumann JuS 63, 85, 92; Schilling aaO S 101; ähnlich Puppe JuS 89, 361, 362; dem Ansatzpunkt zust Tröndle/Fischer 26). Vorzugswürdig ist aber die Ansicht, die im Sinne einer Gesamtlösung den Versuch erst mit dem unmittelbaren Ansetzen des Tatmittlers beginnen lässt (Kühl JuS 83, 180 und AT 20/91; Küper JZ 83, 361; Kadel GA 83, 299; Küpper GA 86, 437, 447 und 98, 519, 521; Eschenbach Jura 92, 637, 645; Gössel JR 98, 293, 295; Krack aaO S 625; Rath JuS 99, 140, 143; Krey AT 2 Rdn 437; Hillenkamp LK 158; diff Kratzsch JA 83, 578, 586; krit Herzberg, Roxin-FS, S 749); umstritten ist, auf wessen Vorstellungen dabei abzustellen ist (vgl Küper JZ 83, 270; Hillenkamp, Roxin-FS, S 689, 708).

10 e) Bei **mehrgliedrigen Tatbeständen** ist die Ansatzformel (vgl 4) im Allgemeinen nicht auf die Verwirklichung irgendeines tatbestandlichen Handlungsmerkmals (so die früher hM; vgl etwa Bamberg NStZ 82, 247), sondern auf die **Tatbestandsverwirklichung im Ganzen** zu beziehen (BGHSt 31, 178; Burkhardt JuS 83, 426; Tröndle/Fischer 36; Zaczyk NK 52). Die Frage ist namentlich bedeutsam für mehraktige Delikte sowie für Qualifikations- und Privilegierungstatbestände. Hier führt die Verwirklichung eines erschwerenden oder mildernden Umstandes nur dann zum Versuch, wenn sie sich auch in Bezug auf den Grundtatbestand als unmittelbares Ansetzen darstellt (Roxin JuS 79, 1, 7; Laubenthal JZ 87, 1065, 1066; Kühl AT 15/50–54; Hillenkamp LK 123). Wird ein erschwerender Umstand erst nach Überschreiten der Versuchsschwelle des Grundtatbestandes verwirklicht, so beginnt der Versuch des qualifizierten Delikts erst mit dem unmittelbaren Ansetzen zur Verwirklichung der Strafschärfung (NStZ 95, 339 mit Anm Wolters). – In einzelnen Bereichen, etwa bei tatbestandlichen Abwandlungen (vgl Kühl JuS 80, 506, 509; zusf Stree, Peters-FS, S 179), kann die Deliktstruktur Abweichungen erfordern. Gerade bei Delikten, die typischerweise in zeitlich gestreckter Form begangen werden, kann die Anknüpfung des Unmittelbarkeitserfordernisses erst an spätere Phasen der Tatbestandsverwirklichung zweckwidrig sein (aM Kratzsch JA 83, 578, 582); das gilt jedenfalls dann, wenn schon die vorausgehenden Phasen zum Tatbestandskern gehören (Laubenthal aaO). – Zum Versuchsbeginn bei **Regelbeispielen** 15 zu § 46.

11 2. a) **Strafgrund** des Versuchs ist der **betätigte rechtsfeindliche Wille**, dh der durch Handlungen, die in der Außenwelt in Erscheinung treten, manifest gewordene Verbrechensvorsatz. Diese **subjektive Versuchstheorie** entspricht ständiger **Rechtsprechung** (BGHSt 11, 324). § 22 bekennt sich ausdrücklich zu ihr. Im **Schrifttum** wird sie überwiegend in der modifizierten Form der sog **Eindruckstheorie** vertreten, die den betätigten verbrecherischen Willen als Strafgrund nur unter der weiteren Voraussetzung anerkennt, dass durch die Willensäußerung das Vertrauen der Allgemeinheit auf die Geltung der Rechtsordnung erschüttert und der Rechtsfrieden beeinträchtigt werden kann (vgl etwa Roxin JuS 79, 1; Streng ZStW 109, 862, 865; Momsen, in ders [Hrsg], Fragmentarisches Strafrecht, 2003, S 61; Gropp AT 9/48; Jescheck/Weigend AT S 514, 530; eingehend Papageorgiou-Conatas aaO [vgl 8] S 200; ähnlich Niepoth, Der untaugliche

Begriffsbestimmung § 22

Versuch beim unechten Unterlassungsdelikt, 1994; krit zu ihrer Leistungsfähigkeit Kühl AT 15/41; Zaczyk NK 11; abl Androulakis, Schreiber-FS, S 13, 16; Köhler AT S 454; s auch Bloy ZStW 113, 76, 79); damit soll die Ausscheidung des irrealen Versuchs (vgl 14) erklärt und auch sonst eine Überdehnung der Strafbarkeit verhütet werden. Demselben Ziel dienen auch die meisten neueren Lehren, die das Versuchsunrecht und namentlich das Verhältnis von subjektiver und objektiver Tatseite dogmatisch näher zu klären suchen (vgl etwa die dualistische Begründung von Alwart, Strafwürdiges Versuchen, 1982 und Schmidhäuser AT 15/21–58, die intentionale und nichtintentionale Versuche unterscheiden und darauf eine Differenzierung stützen; Kratzsch, Verhaltenssteuerung und Organisation im Strafrecht, 1985, S 63, 430, der den Versuch als abstraktes Gefährdungsdelikt deutet, bei dem das Überschreiten einer rechtlich nicht mehr tolerierbaren Gefahrenschwelle vorausgesetzt wird; Zaczyk aaO [vgl 4] S 126, der das Versuchsunrecht als Zugriff auf rechtlich konstituierte Freiheit differenziert bestimmt; ähnlich Murmann aaO [vgl 2] S 5, der auf die Verletzung des „Anerkennungsverhältnisses" abstellt; Androulakis aaO S 19: feindseliges Eindringen in befriedete Sphären; Adams/Shavell GA 90, 337, die eine ökonomische Versuchstheorie zugrundelegen; Vehling aaO [vgl 4] S 87 und Jakobs AT 25/13–23, die den Versuch unter Rückgriff auf die Theorie der positiven Generalprävention als Expressivwerden eines Normbruchs beschreiben [aufgegriffen und um die Gefährlichkeit ergänzt von Polaino, Gössel-FS, S 157]; ähnlich Kindhäuser 4 vor § 22, der auf die „Desavouierung von Normgeltung" abhebt, und Freund AT 8/14, der auf die Gefährdung der Verhaltensnormgeltung abstellt; Zieschang, Die Gefährdungsdelikte, 1998, S 135, 141, der auf die objektive, konkrete Gefährlichkeit des Verhaltens abhebt; ähnlich Malitz, Der untaugliche Versuch beim unechten Unterlassungsdelikt, 1998, S 132, 155, 230 mit krit Bespr Bloy GA 00, 498; eine dualistische Konzeption entwickelt auch Roxin, Nishihara-FS, S 157 und AT II 29, 1, 13–24, der eine Vereinigungstheorie aus „objektiver" Gefährlichkeitstheorie, subjektiver „Tätertheorie" und „Eindruckstheorie" entwickelt, die den Strafgrund des tauglichen Versuchs in der tatbestandsnahen Gefährdung, den des untauglichen Versuchs im tatbestandsnahen, rechtserschütternden Normbruch sieht; ähnlich Momsen aaO S 88; zur Kritik an den Versuchstheorien Weigend, in: Hirsch/Weigend [Hrsg], Strafrecht und Kriminalpolitik in Japan und Deutschland, 1989, S 113; zusf Berz, Formelle Tatbestandsverwirklichung und materialer Rechtsgüterschutz, 1986, S 39; Rath JuS 98, 1006, 1007). – Auf der Grundlage des § 22 bedeutet Ansetzen zur Tatbestandsverwirklichung nicht, dass auch eine Vollendung der Tat möglich gewesen sein müsste (so aber die überholte Lehre vom „Mangel am Tatbestand", Frank I). Es ist deshalb unerheblich, ob die Versuchshandlung das angegriffene Rechtsgut objektiv gefährdet oder überhaupt zur Gefährdung geeignet ist; nach der Rspr ist allein entscheidend, ob das nach der Vorstellung des Täters von der Tat zutrifft (BGHSt 30, 363, 366). Die sog objektiven Versuchstheorien, die anfangs zwischen absolut und relativ untauglichem Versuch unterschieden und später auf die konkrete Gefährlichkeit des Angriffs abgestellt haben (Spendel NJW 65, 1881 und JuS 69, 314; Dicke JuS 68, 157), sind überholt.

b) aa) Strafbar ist danach auch der sog **untaugliche Versuch,** dh der Versuch, der unter keinen Umständen zur Vollendung hätte führen können. Dessen Strafwürdigkeit ist in der Rspr bisweilen auch auf einen anfechtbaren, in Wahrheit nur sehr begrenzt tragfähigen Umkehrschluss aus § 59 aF (§ 16 I nF) gestützt worden, wonach der Irrtum über das Vorhandensein von Tatumständen dem Täter ebenso schaden müsse, wie ihm das Fehlen solcher Umstände nach dieser Vorschrift zugute komme (RGSt 42, 92; krit Engisch, Heinitz-FS, S 185; Herzberg JuS 80, 469, 478; Puppe, Lackner-FS, S 199 und Stree/Wessels-FS, S 183, 196). Aus der subjektiven Betrachtungsweise folgt, dass es genügt, wenn irgendetwas (beachte 12

§ 22

jedoch 14) – sei es der tatbestandsmäßige Erfolg oder ein anderer Umstand – an der Verwirklichung des objektiven Tatbestandes fehlt (vgl Bloy ZStW 113, 76, 83: fehlendes Erfolgsunrecht), während der subjektive voll verwirklicht sein muss (hM; vgl Heinrich Jura 98, 393; Seier/Gaude JuS 99, 456, 457; Einschränkungen werden zT in den neueren Versuchslehren [vgl 11] vertreten; s auch Jakobs, Kaufmann [Arm]-GS, S 271, 277, der der objektiven Seite nur „kommunikativ relevantes" Verhalten genügen lässt; einschr ferner Struensee ZStW 102, 21, der aus dem Verursachungsvorsatz die nicht durch „realtaugliche" Umstände gestützte sog Wahnkausalität ausscheidet [krit Bloy ZStW 113, 76, 87, der den Entschluss zu einer zurechenbaren Tat verlangt], Rath JuS 98, 1106, 1112; Renzikowski, in: Kaufmann [Hrsg], Wahn und Wirklichkeit, 2003, S 309, 312, 321, der die „begründete Annahme" des Tatbestands voraussetzt, und Zaczyk NK 37, der eine „Verwirklichungsmacht" verlangt; Hirsch, Roxin-FS, S 711 [und Lüderssen-FS, S 253, 255 sowie Vogler-GS, S 31] unterscheidet zwischen gefährlichen und ungefährlichen untauglichen Versuchen; gegen die Strafbarkeit Köhler AT S 458, der die nahe liegende Möglichkeit der Verletzung bei objektiver Prognose ex ante verlangt; abl auch Bottke, BGH-FG, S 135, 153: kein Rechtsgutsangriff; krit zu diesen Einschränkungen Herzberg GA 01, 258; im Ansatz abw Lagodny, Strafrecht vor den Schranken der Grundrechte, 1996, S 204 und schon in: Eser-Beitr, S 27, 35, der auf das Sicherheitsbedürfnis des Opfers abstellt; zum neuen spanischen Recht Mir Puig, Roxin-FS, S 729; zusf zu diesen Einschränkungen Roxin AT II 29/51–58). Entscheidend ist allein die Vorstellung des Täters von der **Tauglichkeit** seiner Handlung (bei Dallinger MDR 73, 900; Hillenkamp, Roxin-FS, S 689), wobei unerheblich ist, ob er über die Tauglichkeit des Objekts oder des Mittels irrt (RGSt 34, 127).

13 bb) Dasselbe gilt auch für den Gesamtbereich des Irrtums über die **Tauglichkeit des Subjekts,** also nicht nur für die täterschaftlich eingeschränkten Gemeindelikte (insoweit unstr); denn das Fehlen der für den Täter kennzeichnenden Pflichtenstellung bildet allein keinen zureichenden Grund, um die Betätigung des Tatentschlusses zum bloßen Wahndelikt (vgl 15) abzuwerten (RGSt 72, 109; Bruns GA 79, 161; Heinrich und Seier/Gaude, jeweils aaO [vgl 12]; B-Weber/Mitsch AT 26/30; Hillenkamp LK 237; aM RGSt 8, 198; Langer, Lange-FS, S 241, 244; Tiedemann, Schröder-GS, S 289, 295; Zaczyk aaO [vgl 11] S 268, 285, 298 und NK 39; Schmitz Jura 03, 593, 594 und 601; diff Armin Kaufmann, Klug-FS, S 277, 283; Schünemann GA 86, 293, 317; zw); das 2. StrRG (4 vor § 1) hat zwar die Streitfrage in der Erwartung unentschieden gelassen, die Rspr werde auch ohne ausdrückliche Regelung zur Straflosigkeit kommen (BT-Dr V/4095 S 11; Hillenkamp LK 232), sich aber mit den Argumenten der Gegenmeinung nicht auseinandergesetzt (Rudolphi SK 27, 28).

14 cc) Als untauglicher Versuch nicht erfasst wird lediglich der sog **irreale Versuch,** bei dem der Täter auf die Wirksamkeit nicht existierender (oder nach dem Stand der wissenschaftlichen Erkenntnis jedenfalls nicht nachweisbarer) magischer Kräfte baut (RGSt 33, 321; Gössel GA 71, 225, 232; Meyer ZStW 87, 598, 614; Alwart aaO [vgl 11] S 201; Rath JuS 98, 1106, 1113; Seier/Gaude JuS 99, 456, 459; Bloy ZStW 113, 76, 108; Herzberg GA 01, 258; Hillenkamp, Schreiber-FS, S 135, 148; einschr Struensee aaO [vgl 12] S 31; B-Weber/Mitsch AT 26/37; s auch 5 zu § 23). Zur Abgrenzung vom untauglichen Versuch und vom grob unverständigen Versuch iS des § 23 III Heinrich aaO (vgl 12) und Bloy, der die Abgrenzung für nicht durchführbar hält (S 109).

15 c) Nicht hierher gehört das straflose **Wahnverbrechen,** bei dem der Täter irrig annimmt, er verletze ein Strafgesetz, das es in Wahrheit nicht gibt (RGSt 66, 126; s auch BGHSt 1, 13; NJW 94, 1357 mit Anm Loos JR 94, 510; Koblenz NJW 01, 1364; zusf Rath JuS 99, 32). Allerdings ist die Abgrenzung des untauglichen Ver-

Begriffsbestimmung **§ 22**

suchs vom Wahnverbrechen bei Irrtümern über normative Tatbestandsmerkmale (14–17 zu § 15) bisweilen schwierig und noch nicht abschließend geklärt; denn es kann zweifelhaft sein, ob ein Täter, der alle dem normativen Merkmal zugrundeliegenden Tatsachen kennt (probl insoweit Mitsch NStZ 94, 88), über einen Tatumstand (Parallelwertung in der Laiensphäre) oder über den Anwendungsbereich einer Norm (umgekehrter Subsumtionsirrtum, 21 zu § 17) geirrt hat (vgl zB BGHSt 7, 53, 58; 13, 235, 240; Zaczyk NK 41–49, der verlangt, dass ein „konkretes Rechtsverhältnis zur angegriffenen Person wirklich besteht"). Die Rspr (zusf Schmitz Jura 03, 593, 594 und 600) hat namentlich die Fälle bisher nicht einheitlich behandelt, in denen der Täter in Folge irriger Ausdehnung des Anwendungsbereichs einer außerhalb des Straftatbestandes liegenden, von diesem nur in Bezug genommenen Norm zur Vorstellung eines Umstandes gekommen ist, der nach seinem sachlichen Bedeutungsgehalt das normative Tatbestandsmerkmal erfüllt; zB der Eigentümer hält seine Sache infolge falscher rechtlicher Wertung für fremd (Stuttgart NJW 62, 65 [iE zust Roxin AT II 29/419]; Bay NJW 63, 310 mit krit Bespr Bindokat NJW 63, 745, 746); der Täter hält einen nichtigen Vertrag irrig für wirksam und deshalb für vermögensschädigend (LG Mannheim NJW 95, 3398 mit Bespr Behm NStZ 96, 117, Krauss NJW 96, 2850, Scheffler JuS 96, 1070, Abrahms/Schwarz Jura 97, 355 und Geppert JK 44 zu § 263; Roxin AT II 29/390); er hält den von ihm erstrebten Vermögensvorteil irrig für rechtswidrig (BGHSt 42, 268 mit Bespr Arzt JR 97, 469; Kudlich NStZ 97, 432, Martin JuS 97, 567 und Geppert JK 48 zu § 263; Hillenkamp LK 205; zum Prozessbetrug Koblenz NJW 01, 1364); er glaubt irrig, die einen Eid abnehmende Stelle sei zuständig (BGHSt 3, 248, 254; 12, 56, 58; Rath JuS 99, 32, 34; Herzberg JuS 99, 1073, 1076; Puppe AT 1 32/43; Roxin AT II 29/417) oder eine bestimmte Angabe falle unter die Wahrheitspflicht (BGHSt 2, 74, 76; 3, 221, 226; 25, 244, 246; anders BGHSt 14, 345); er wertet im Rahmen des § 258 (Strafvereitelung) das Verhalten des Vortäters (möglicherweise also auch dessen Ordnungswidrigkeit, Puppe, Lackner-FS, S 199, 227; aM Bay NJW 81, 772 mit abl Anm Stree JR 81, 297) irrig als Straftat (BGHSt 15, 210 mit abl Anm Weber MDR 61, 426; Roxin AT II 29/418); er hält eine aus Einzelteilen hergestellte Collage irrig für eine Urkunde (Düsseldorf NJW 01, 167 mit Bespr Erb NStZ 01, 317, Heuchemer JA-R 01, 145 und Puppe NStZ 01, 482; Hillenkamp LK 217, 223 und 228; zu § 267 vgl auch BGHSt 13, 235; Hillenkamp LK 205); er macht gegenüber der Steuerbehörde falsche Angaben in der irrigen Meinung, dass das wirkliche Geschehen eine Steuerschuld begründet (BGHSt 16, 283, 285), oder er hält das Unterlassen, die objektiv nicht vorgeschriebene Einkommensteuererklärung abzugeben, irrig für pflichtwidrig nach § 370 AO (KG NStZ 82, 73 mit abl Bespr Burkhardt wistra 82, 178). Dass diese Fälle einheitlich dem untauglichen Versuch (so zB Herzberg JuS 80, 469 und Schlüchter-GS, S 189; Nierwetberg Jura 85, 238; Rudolphi SK 32 a, b; beachte auch Engisch, Heinitz-FS, S 185) oder einheitlich dem Wahndelikt (so zB Burkhardt JZ 81, 681; Dopslaff GA 87, 1, 26; Endrulat, Der „Umgekehrte Rechtsirrtum": untauglicher Versuch oder Wahndelikt?, 1994; Jakobs AT 25/38–42a) zugeschlagen werden müssen, war bisher überwiegende Meinung (zur Dogmengeschichte Tischler, Verbotsirrtum und Irrtum über normative Tatbestandsmerkmale, 1984, S 264). Beide Alternativen befriedigen nicht. Deshalb werden zunehmend differenziertere Kriterien herausgearbeitet, über die allerdings noch kein Konsens erzielt werden konnte (vgl etwa Schlüchter, Irrtum über normative Tatbestandsmerkmale im Strafrecht, 1983, S 164 und JuS 85, 527; Schünemann GA 86, 293, 312; Kuhlen, Die Unterscheidung von vorsatzausschließendem und nichtvorsatzausschließendem Irrtum, 1987, S 558; Heidingsfelder, Der umgekehrte Subsumtionsirrtum, 1991, S 108; Roxin JZ 96, 981 und AT II 29/409–415; zusf Schmitz Jura 03, 593, 595–599 und Hillenkamp LK 214; im Ansatz abw Kindhäuser GA 90, 407). Jedenfalls sind diejenigen Fälle als Wahndelikte zu bewerten, in denen sich der Täter infolge irriger Überdehnung einer außerstrafrechtlichen, durch Verweisung in den Tatbestand integrierten Pflicht (zB der Wahrheitspflicht bei den Aussagedelikten oder der Steuerpflichtigkeit bei den Steuerdelikten) zu Unrecht für einen Normadressaten hält (iE ebenso Schmitz aaO S 600; näher dazu Armin Kaufmann, Klug-FS, S 277, 289; ähnlich auch Puppe GA 90, 145, 154, die zwischen Irrtümern über „rechtlich-institutionelle Tatbestandsmerkmale" und „Blankettmerkmale" unterscheidet; Frisch, in: Eser RuE III, S 217, 276, der darauf abstellt, ob sich der Täter nach seiner Vorstellung gegen das geschützte Rechtsgut entscheidet, und Heidingsfelder aaO S 152, der den jeweiligen Normbereich zu konkretisieren sucht und dazu zwischen merkmalsumschreibenden, -ausfüllenden, -begrenzenden und normbereichsneutralen Normen unterscheidet; ähnlich Roxin aaO; speziell zum Steuerrecht beachte auch Düsseldorf NStZ 89, 370, 372 mit krit Anm Rainer; Reiß wistra 86, 193).

16   **d)** Umstritten sind die Fälle, in denen jemand einen Tatbestand voll verwirklicht, aber unter den **objektiven Voraussetzungen eines Rechtfertigungsgrundes** handelt, ohne es zu wissen. Wegen Fehlens des erforderlichen subjektiven Rechtfertigungselements (6 vor § 32) bleibt die Handlung jedenfalls rechtswidrig (hM; anders Spendel LK 138 zu § 32 [krit dazu Rath, Das subjektive Rechtfertigungselement, 2002, S 29, 76]; einschr Lagodny aaO [vgl 12 „Eser-Beitr"] S 35), so dass, da begrifflich auch kein Versuch vorliegt (hM; anders Schünemann GA 85, 341, 373; Herzberg JA 86, 190; Frisch, Lackner-FS, S 113, 138; Rinck, Der zweistufige Deliktsaufbau, 2000, S 201, 307; Freund AT 3/18; Puppe GA 03, 764, 771 und in: AT 1 25/6; Roxin AT I 14/101), an eine Bestrafung wegen vollendeter Tat zu denken wäre (so zB BGHSt 2, 111, 114 [zur Rspr krit Hirsch, BGH-FG, S 199, 234]; Gössel, Triffterer-FS, S 93, 99; Haft AT S 79; Köhler AT S 323; Krey AT 1 Rdn 421; Schmidhäuser Stub 6/24; Hirsch LK 59–61a vor § 32; Zaczyk NK 57; Paeffgen NK 124–128 vor § 32; diff Gallas, Bockelmann-FS, S 155, 172; Paeffgen, Kaufmann [Arm]-GS, S 399, 421); jedoch wird mit Recht überwiegend Strafbarkeit nur wegen Versuchs angenommen, weil es hier – der versuchten Tat gleichwertig – am Unrechtserfolg (Erfolgsunwert) fehlt (KG GA 75, 213; Plaschke Jura 01, 235, 238; Otto GK 1 10/28 und 18/47–53; Joecks 12 vor § 32; Kindhäuser 19 vor § 32; Rudolphi SK 29; Günther SK 91 vor § 32; Sch/Sch-Lenckner 15 vor § 32; s auch BGHSt 38, 144, 155; den Streitstand zusf Scheffler Jura 93, 617; nach Rath aaO S 632 soll kein „kriminalunrechtlicher Versuch" vorliegen).

17   **3.** Auch der Versuch einer **Unterlassungstat** – sogar der untaugliche (hM; vgl BGHSt 38, 356 mit abl Anm Niepoth JA 94, 337; BGHSt 40, 257, 272; NStZ 00, 414, 415; Radtke JuS 96, 878; Rath JuS 99, 32, 36; diff nach der konkreten Gefährlichkeit Malitz aaO [vgl 11] S 48, 200 mit krit Bespr Bloy GA 00, 498; anders Niepoth aaO [vgl 11] S 287, 340, 360; Zaczyk NK 60) – ist möglich und im Rahmen der allgemeinen Regeln (1 zu § 23) strafbar. Jedoch ist beim unechten Unterlassen (4, 6 zu § 13) der Versuchsbeginn (vgl 4) umstritten (den Streitstand zusf BGHSt 38, 356). Zu Unrecht wird dafür teils auf das Versäumen der ersten Rettungsmöglichkeit nach Fassen des Tatentschlusses (Schröder JuS 62, 86; Herzberg MDR 73, 89) und teils umgekehrt auf das Vergeben der letztmöglichen Rettungschance (Armin Kaufmann, Die Dogmatik der Unterlassungsdelikte, 1959, S 210; Seelmann NK 84 zu § 13) oder – etwas früher – auf das Vorstadium der „letzten Erfolgsabwendungschance" (Küper ZStW 111, 1, 29 Fn 62) abgestellt. Maßgebend dürfte vielmehr der Zeitpunkt sein, von dem ab die Erfolgsabwendung aus der Sicht des Täters geboten ist. Das trifft idR erst zu, sobald nach seiner Vorstellung von der Sachlage das geschützte Rechtsgut ohne sofortige Abhilfe konkret gefährdet wird, die Lage des Bedrohten also sich in Bezug auf dieses Rechtsgut jederzeit verschlechtern kann (Otto JA 80, 641, 645; Malitz aaO S 217;

Sch/Sch-Eser 50, 51; Zaczyk NK 64; s auch BGHSt 40, 257, 272; zT abw Vehling aaO [vgl 4]; Köhler AT S 467; Rudolphi SK 51–54 vor § 13; Tröndle/Fischer 33); umstritten ist, ob es genügt, wenn der Täter sich von der Gefahrstelle entfernt und den Bedrohten seinem Schicksal überlasst (so etwa Grünwald JZ 59, 46; aM Otto aaO; zusf Roxin JuS 79, 1, 12; Papageorgiou-Conatas aaO [vgl 8] S 270, 291; Zaczyk aaO [vgl 11] S 319; Rath JuS 99, 32, 35). – Zum Rücktritt vom Versuch des Unterlassungsdelikts 22 a zu § 24.

§ 23 Strafbarkeit des Versuchs

(1) **Der Versuch eines Verbrechens ist stets strafbar, der Versuch eines Vergehens nur dann, wenn das Gesetz es ausdrücklich bestimmt.**

(2) **Der Versuch kann milder bestraft werden als die vollendete Tat (§ 49 Abs. 1).**

(3) **Hat der Täter aus grobem Unverstand verkannt, daß der Versuch nach der Art des Gegenstandes, an dem, oder des Mittels, mit dem die Tat begangen werden sollte, überhaupt nicht zur Vollendung führen konnte, so kann das Gericht von Strafe absehen oder die Strafe nach seinem Ermessen mildern (§ 49 Abs. 2).**

1. Abs 1: Verbrechen § 12 I. Als **Vergehen** (§ 12 II) kommen nur vorsätzliche in Frage; der Versuch einer fahrlässigen Tat fällt nicht unter § 22, ein fahrlässiger Versuch ist nicht denkbar, jedenfalls nicht strafbar. Dagegen ist Versuch im Gesamtbereich der Vorsatz-Fahrlässigkeits-Kombinationen (23 zu § 11; 9 zu § 18) begrifflich möglich; jedoch fehlt es bei den Vergehen zT an der erforderlichen ausdrücklichen Strafdrohung. – Zur kriminalpolitischen Entscheidung des Gesetzgebers über die Versuchsstrafbarkeit vgl Samson, Grünwald-FS, S 585, 601, und eingehend Meincke, Die Gesetzgebungssystematik der Versuchsstrafbarkeit von Verbrechen und Vergehen im StGB, 2001, die für eine Beibehaltung des § 23 I plädiert, den Gesetzgeber aber auffordert, bei bestimmten Verbrechen im BT ausnahmsweise Straflosigkeit des Versuchs anzuordnen (S 176).

2. a) Abs 2 sieht nur einen **fakultativen besonderen gesetzlichen Milderungsgrund** im Sinne des § 49 I vor. Es ist daher zunächst zu entscheiden, ob von der Milderungsmöglichkeit überhaupt Gebrauch gemacht wird (dazu und zu der Frage, welchen Regeln diese Würdigung folgt, 4 zu § 49). Für die danach gebotene Gesamtwürdigung der versuchsbezogenen Umstände haben namentlich die Gefährlichkeit des Versuchs, für die kriminelle Intensität, verbrecherischer Wille und Tauglichkeit der eingesetzten Mittel mitbestimmend sind (NStZ-RR 03, 72), und die Nähe zur Tatvollendung Gewicht (4 zu § 49); daneben sind ua auch die Gründe für das Ausbleiben des Erfolges und die Vornahme rücktrittsähnlicher Bemühungen (Jakobs AT 25/79) bedeutsam (hM; anders Frisch, Spendel-FS, S 381, der die Milderung von einer spezifischen Unwertdifferenz abhängig macht; beachte auch Timpe, Strafmilderungen des Allgemeinen Teils des StGB und das Doppelverwertungsverbot, 1983, S 91). Der Umstand allein, dass die Vollendung entgegen der Vorstellung des Täters nur zufällig oder sonst ohne sein Verdienst ausgeblieben ist (BGHSt 36, 1, 19; NJW 62, 355; StV 85, 411) oder dass es sich um einen beendigten Versuch im Sinne des § 24 (dort 4) gehandelt hat (bei Detter NStZ 96, 426), reicht zur Versagung der Milderung nicht aus.

b) Wird von der Milderungsmöglichkeit Gebrauch gemacht, so ändert sich zunächst **nur der Strafrahmen** nach dem Maßstab des § 49 I (beachte auch § 50). Zur Strafzumessung innerhalb dieses Rahmens 10 zu § 49.

3. Zu Abs 3 vgl zunächst 5–11 zu § 49; das sonst unübliche Vorziehen der milderen Rechtsfolge soll ausdrücken, dass das **Absehen von Strafe** die Regel und die Milderung nach Ermessen nur die Ausnahme bildet (BT-Dr V/4095 S 12). Für die Abschaffung von Abs 3 Malitz, Der untaugliche Versuch beim unechten Unterlassungsdelikt, 1998, S 190, 231; s auch Bloy ZStW 113, 76, 109.

5   a) Abs 3 setzt einen **strafbaren untauglichen Versuch** voraus; für den irrealen Versuch, der im Sinne des § 22 kein Versuch ist (dort 14), gilt er daher nicht (Gössel GA 71, 225, 234; Roxin JuS 73, 329, 331; Seier/Gaude JuS 99, 456, 460; Ebert AT S 125; Zaczyk NK 17; aM Heinrich Jura 98, 393, 397; Tröndle/Fischer 9). Seine analoge Anwendung auf Versuche mit nur bedingtem Vorsatz (2 zu § 22) ist mit den für die richterliche Rechtsschöpfung geltenden Regeln unvereinbar (hM; anders Herzberg NStZ 90, 311, 317).

6   b) Unter welchen Voraussetzungen ein Versuch „überhaupt" nicht zur Vollendung führen konnte, ist zweifelhaft. Eine scharfe Grenze lässt sich, wie die erfolglosen Bemühungen um die Abgrenzung zwischen absolut und relativ untauglichen Versuchen bewiesen haben, nicht ziehen (Gössel GA 71, 225, 227), ist im Hinblick auf das zusätzliche Erfordernis des groben Unverstandes aber auch nicht geboten (Roxin JuS 73, 329, 330; aM Heinrich aaO [vgl 5] S 395). Der SchriftlBer des Sonderausschusses (BT-Dr V/4095 S 12) stellt auf das Fehlen konkreter und abstrakter Gefährlichkeit ab (ebenso BGHSt 41, 94); darüber hinaus dürfte erforderlich sein, dass der Versuch nach dem durchschnittlichen Erfahrungswissen der Bürger (also nicht dem Fachwissen einzelner) offensichtlich untauglich war (Jescheck/Weigend AT S 531; ähnlich Gössel aaO S 228 und Bloy ZStW 113, 76, 99; nur im Ansatz, nicht in den Ergebnissen abw Timpe aaO [vgl 2] S 118; anders Struensee ZStW 102, 21, 44, dessen Vorschlag zur Ausscheidung sog Wahnkausalität den Abs 3 praktisch gegenstandslos macht und deshalb mit ihm unvereinbar ist; s auch Bloy aaO S 87).

7   c) Die Untauglichkeit muss sich aus der **Art des Tatobjekts oder des Tatmittels** ergeben. Mit dieser Beschränkung sollte nur eine ausdrückliche Anerkennung des Versuchs bei untauglichem Subjekt (13 zu § 22) vermieden werden (BT-Dr V/4095 S 11); sie steht deshalb einer entsprechenden Anwendung der Vorschrift auch auf diese Fälle, sofern man ihre Strafbarkeit bejaht, nicht entgegen (Gössel GA 71, 225, 235; Heinrich aaO [vgl 5] S 395; zw).

8   d) **Grober Unverstand,** der nicht auf Schwachsinn zu beruhen braucht (Begr zu § 27 E 1962 S 145), liegt vor, wenn der Täter von gemeinhin bekannten naturgesetzlichen Zusammenhängen völlig abwegige Vorstellungen hat, deren Unrichtigkeit nach durchschnittlichem Erfahrungswissen offenkundig ist (BGHSt 41, 94 mit Bespr Radtke JuS 96, 878; Roxin JuS 73, 329, 331; ebenso Heinrich aaO [vgl 5] S 396; Rath JuS 98, 1106, 1112; Seier/Gaude aaO [vgl 5]); der bloße Irrtum über die erforderliche Dosis eines wirksamen Giftes genügt dazu im Allgemeinen nicht (BGH aaO).

§ 24 Rücktritt

(1) **Wegen Versuchs wird nicht bestraft, wer freiwillig die weitere Ausführung der Tat aufgibt oder deren Vollendung verhindert. Wird die Tat ohne Zutun des Zurücktretenden nicht vollendet, so wird er straflos, wenn er sich freiwillig und ernsthaft bemüht, die Vollendung zu verhindern.**

(2) **Sind an der Tat mehrere beteiligt, so wird wegen Versuchs nicht bestraft, wer freiwillig die Vollendung verhindert. Jedoch genügt zu seiner Straflosigkeit sein freiwilliges und ernsthaftes Bemühen, die Vollendung der Tat zu verhindern, wenn sie ohne sein Zutun nicht vollendet oder unabhängig von seinem früheren Tatbeitrag begangen wird.**

Rücktritt **§ 24**

I. 1. Der Rücktritt ist **persönlicher Strafaufhebungsgrund** (hM; anders Roxin, Heinitz-FS, S 251, 273, Rudolphi ZStW 85, 104, 121, Ulsenheimer, Grundfragen des Rücktritts vom Versuch in Theorie und Praxis, 1976, S 90 und Streng ZStW 101, 273, 322, die ihn als Schuldausschließungs- oder Entschuldigungsgrund verstehen; Zaczyk NK 5, 6: „Schuldaufhebungsgrund"; Bottke, Strafrechtswissenschaftliche Methodik und Systematik bei der Lehre vom strafbefreienden und strafmildernden Täterverhalten, 1979, S 603, 611, der ihn als strafzumessungsnahen Verantwortungsausschluss einordnet; Burkhardt, Der „Rücktritt" als Rechtsfolgebestimmung, 1975, S 121, der ihn als vorwiegend präventiv orientierte Strafzumessungsregel deutet; anders auch v Scheurl, Rücktritt vom Versuch und Tatbeteiligung mehrerer, 1972, S 14; Bloy, Die dogmatische Bedeutung der Strafausschließungs- und Strafaufhebungsgründe, 1976, S 147, 166; Jäger, Der Rücktritt vom Versuch als zurechenbare Gefährdungsumkehr, 1996). − **Grundfälle** bei Kudlich JuS 99, 240, 349 und 449; zum Aufbau der Rücktrittsprüfung Kudlich aaO S 240; Eisele JA 99, 922; abw Scheinfeld JuS 02, 250. 1

2. Der **Grund der Strafbefreiung** ist umstritten (zusf Ulsenheimer aaO [vgl 1] S 33; Berz, Formelle Tatbestandsverwirklichung und materialer Rechtsgüterschutz, 1986, S 18; Herzberg, Lackner-FS, S 325; Kudlich JuS 99, 240). Er dürfte darin zu finden sein, dass sich der freiwillig Zurücktretende zwar nicht in jedem Einzelfall, aber doch typischerweise als minder gefährlich erweist und dadurch den Verzicht auf Prävention vertretbar macht (sog **Strafzwecktheorie,** BGHSt 9, 48, 52; Roxin AT II 30/4–10; Bottke aaO [vgl 1] S 565; Krauß JuS 81, 883, 888; Yamanaka, Roxin-FS, S 773); meist wird dabei auf das Präventionsbedürfnis schlechthin (zB BGH aaO), teils mit besseren Gründen aber auch nur auf den generalpräventiven Aspekt der Normbekräftigung (28 zu § 46) abgestellt (v Scheurl aaO [vgl 1] S 26; Gores, Der Rücktritt des Tatbeteiligten, 1982, S 149; Schünemann GA 86, 293, 323; Ranft Jura 87, 527, 532; Bergmann ZStW 100, 329; Jerouschek ZStW 102, 793, 812; Freund AT 9/16); unter Einbeziehung des Versöhnungsgedankens auch Lampe JuS 89, 610). Das übrige Schrifttum stützt sich − selbstständig oder ergänzend − auch noch auf andere, nur zum Teil mit der Strafzwecktheorie verwandte Erwägungen: zB auf den Gedanken des Anreizes zur Rückkehr in die Gesetzmäßigkeit (Theorie von der „goldenen Brücke", Stratenwerth/Kuhlen AT I 11/70), auf den Bewährungsgedanken (Konfliktbewährungstheorie, Walter, Der Rücktritt vom Versuch als Ausdruck des Bewährungsgedankens im zurechnenden Strafrecht, 1980, S 5 und GA 81, 403), auf das Prinzip zurechenbarer Gefährdungsumkehr (Jäger aaO [vgl 1] S 62), auf die erledigte Erfüllung einer durch den Versuch begründeten Rechtsschuld (Schulderfüllungstheorie, Herzberg aaO S 342 und NStZ 89, 49), auf die Prämierung freiwilliger Nichtvollendung der Tat (Prämientheorie, Bockelmann NJW 55, 1417) bzw auf einen Gnadenerweis aus diesem Grunde (Gnadentheorie, Jescheck/Weigend AT S 539), auf die freiwillige Änderung der Verhaltensrichtung, weil und solange der Täter alle unerlaubten Risiken noch plangemäß sicher in der Hand hat (Jakobs ZStW 104, 82), auf einen begrenzten Systembruch zugunsten der Wahrung des Opferinteresses (Weinhold, Rettungsverhalten und Rettungsvorsatz beim Rücktritt vom Versuch, 1990, S 41), auf den Gedanken des bestmöglichen Opferschutzes (Kudlich JuS 99, 240, 241; krit zum Opferschutzprinzip Greeve, Zielerreichung im Eventualversuch …, 2000, S 221), auf die Wiederherstellung des verletzten Rechtsverhältnisses (Murmann, Versuchsunrecht und Rücktritt, 1999, S 27, 67) und allgemein auf das Fehlen der Strafbedürftigkeit (Muñoz-Conde ZStW 84, 756; Bloy aaO [vgl 1] S 242); mehrere Ansätze verbindend Boß, Der halbherzige Rücktritt, 2002, S 25, 35. − Alle Theorien haben Vorzüge und Schwächen. Auf der Grundlage des geltenden Normtextes ist eine durchgängig befriedigende Erklärung bisher nicht gelungen (zur verfassungsrechtlich geforderten Neuregelung Lagodny, Strafrecht vor den 2

§ 24   AT. 2. Abschnitt. 2. Titel. Versuch

Schranken der Grundrechte, 1996, S 489). Die gegen die Strafzwecktheorie namentlich von Herzberg (aaO) erhobenen Einwendungen haben Gewicht, treffen aber nicht unterschiedslos auf deren verschiedene Ausprägungen zu (dazu Bergmann aaO S 336) und können auch die Schulderfüllungstheorie nicht als vorzugswürdige Alternative erweisen (Rudolphi NStZ 89, 508, 510 mit Erwiderung Herzberg NStZ 90, 172; Weinhold aaO S 23; Bauer wistra 92, 201, 203).

3   **II.** Im Rahmen des **Abs 1 S 1** ist zwischen **unbeendigtem** und **beendigtem** Versuch zu unterscheiden (stRspr). Die Unterscheidung dient nur der zweckentsprechenden Abgrenzung der gesetzlichen Rücktrittsmöglichkeiten (Otto Jura 92, 423; Kampermann, Grundkonstellationen beim Rücktritt vom Versuch, 1992, S 65; Pahlke, Rücktritt bei dolus eventualis, 1993, S 111; ähnlich Jäger aaO [vgl 1] S 65, der nicht nach den Versuchsstadien, sondern danach abgrenzt, ob eine [umzukehrende] Gefährdung eingetreten ist; anders Murmann aaO [vgl 2] S 33, 67, der zwischen Fällen vor und nach Vornahme der tatbestandsmäßigen Handlung unterscheidet). Sie kann daher nur als Ableitung aus den gesetzlichen Merkmalen des Aufgebens und des Verhinderns verstanden werden, auch wenn die beiden Versuchsformen in Rspr und Lehre häufig als selbstständige Rechtsfiguren behandelt und um den sog fehlgeschlagenen Versuch (vgl 10) ergänzt werden (krit namentlich Herzberg JZ 89, 114, 120, NJW 89, 862 und 91, 1633 sowie NStZ 90, 311; Heckler, Die Ermittlung der beim Rücktritt vom Versuch erforderlichen Rücktrittsleistung anhand der objektiven Vollendungsgefahr, 2002, S 148; zusf Lettl JuS 98, L 81 und Kudlich JuS 99, 240, 241). – Beendigt ist der Versuch, wenn der Täter glaubt, alle zur Verwirklichung des Tatbestandes erforderlichen Handlungen vorgenommen zu haben (BGHSt 4, 180; 31, 170; im Ergebnis unrichtig Karlsruhe NJW 78, 331 mit abl Bespr Küper NJW 78, 956 und Schroeder JuS 78, 824), unbeendigt, wenn er glaubt, dass es zur Verwirklichung des Tatbestandes noch weiterer Handlungen bedürfe. Es ist also ausschließlich auf die (subjektive) Vorstellung des Täters vom Geschehensablauf, nicht auf die objektive Lage abzustellen (hM; anders Borchert/Hellmann GA 82, 429; diff Jäger aaO S 89; Heckler aaO S 161 [krit zu Jäger und Heckler Roxin AT II 30/40–45]; zum möglichen Einfluss der Schuldunfähigkeit NStZ 04, 324).

4   **1.** Der Versuch ist **jedenfalls beendigt,** wenn der Täter bei Abbruch der Tatausführung mit der nach den Umständen nicht fern liegenden Möglichkeit rechnet (nicht nur rechnen muss, NStZ 92, 434), dass es zur Vollendung keiner weiteren Tätigkeit mehr bedürfe, und zwar unabhängig vom Vorhandensein und vom Inhalt eines Tatplans (stRspr und hM; vgl BGHSt – GS – 39, 221, 227 mwN; krit Weinhold aaO [vgl 2] S 115, 138; anders Feltes GA 92, 395, 416); eine Ausnahme gilt hier, wenn der Täter noch in unmittelbarem Zusammenhang mit der letzten Ausführungshandlung seine Vorstellung als irrig erkennt und deshalb zur Vollendung weitere Tätigkeit für erforderlich hält (BGHSt 36, 224 mit abl Anm Ranft JZ 89, 1128; NStZ 99, 449 mit krit Bespr Puppe JR 00, 72, Heuchemer JAR 01, 18 und Otto JK 29; s auch NStZ 00, 531 und 02, 427; NStZ-RR 02, 73; Otto Jura 01, 341, 344; Roxin AT II 30/163 und Zaczyk NK 42); umgekehrt liegt beendigter Versuch vor, wenn der Täter seine Vorstellung, zur Vollendung noch weiter handeln zu müssen, noch in der Tatsituation („unmittelbar darauf") als irrig erkennt (NStZ 98, 614 mit krit Bespr Jäger NStZ 99, 608 und Otto JK 26; krit auch Otto GK 1 19/62, der den gesamten Zeitraum zwischen Gefahrbegründung und Gefahrrealisierung als Rücktrittshorizont bei objektiv gefährlichen Versuchshandlungen ansieht; dem BGH zust Kühl AT 16/32; Roxin AT II 30/164; Lilie/Albrecht LK 117). Nach der Rspr sind an die Annahme, dass der Täter noch nicht mit dem Erfolgseintritt gerechnet habe, strenge Anforderungen zu stellen (NStZ 94, 76; Kudlich JuS 99, 349); danach soll es schon genügen, wenn er die tatsächlichen Umstände erkannt hat, die den Erfolgseintritt nach der Lebenserfah-

rung nahelegen (BGHSt – GS – 39, 221, 231; NStZ 94, 76 und 99, 299 mit Bespr Eisele JA 99, 922, sowie NStZ 99, 300 mit Bespr Stuckenberg JA 99, 751; mit Recht krit Roxin JZ 93, 896, 897). Für die Beendigung unerheblich ist ferner der Umstand, dass sich der Täter zugleich die alternative Möglichkeit, zur Vollendung noch weiterhandeln zu müssen, vorgestellt hat (unstr); die Rspr hält diese Konstellation ohne nähere Begründung auch für gegeben, wenn sich der Täter nach der letzten Ausführungshandlung überhaupt keine Vorstellungen über die Folgen seines Tuns gemacht hat (BGHSt 40, 304 mit krit Bespr Schmidt JuS 95, 650; NStZ 99, 299 mit Bespr Eisele aaO; NStZ 99, 300 mit Bespr Stuckenberg aaO; im Ergebnis, jedoch mit anderem Ansatz zust Puppe NStZ 95, 304, Murmann JuS 96, 590, Heckler NJW 96, 2490 und Otto JK 23 sowie Hauf AT S 150).

2. a) In **allen übrigen Fällen** sollte nach der inzwischen aufgegebenen **Rechtsprechung** über die Abgrenzung grundsätzlich der sog „Planhorizont", dh die Vorstellung bei Beginn der Tatausführung, entscheiden (sog **Tatplantheorie;** BGHSt 14, 75). Nur wenn der Täter in diesem Zeitpunkt keine bestimmten Vorstellungen über den Umfang des erforderlichen Handelns hatte (BGHSt 22, 330) oder wenn er nur von dem Willen beherrscht war, so lange weiterzuhandeln, bis er das seinem Vorsatz entsprechende Ziel erreicht hatte (BGHSt 22, 176), sollte zur Annahme eines unbeendigten Versuchs die Vorstellung vom Abbruch der Tatausführung in der Vorstellung genügen, zur Verwirklichung des Erfolges noch weiterhandeln zu müssen (GA 74, 77; StV 81, 67). Danach sollte es vom Tatplan abhängen, ob ein wiederholter Angriff auf dasselbe Rechtsgut Fortführung eines unbeendigten oder Wiederholung eines fehlgeschlagenen Versuchs war (BGHSt 4, 180; 10, 129; 21, 319). Unter dem Eindruck nahezu einhelliger Kritik aus dem Schrifttum (dazu 6) stellt die Rspr jetzt grundsätzlich auf den „**Rücktrittshorizont**" nach Abschluss der letzten Ausführungshandlung" ab (BGHSt 33, 295, 298 im Anschluss an BGHSt 31, 170, 175; StV 03, 213, 214; StraFo 03, 206; NStZ 04, 324; bei Altvater NStZ 04, 23, 28). Sie ist damit weitgehend zu der in Teilen des Schrifttums vertretenen sog „Gesamtbetrachtung" (vgl 6) übergegangen (stRspr; näher dazu 7–15).

b) Im **Schrifttum** hatte sich als gut begründete Gegenposition zur Tatplantheorie die sog **Gesamtbetrachtungslehre** entwickelt, die inzwischen hM geworden ist und einen Versuch regelmäßig noch für unbeendigt hält, wenn der Täter glaubt, dass zur Tatbestandsverwirklichung im Rahmen der begonnenen Tatausführung weitere Tätigkeit unerlässlich und ihm nach den konkreten Umständen auch möglich sei, und wenn die vorgenommenen und die noch vorzunehmenden Einzelakte in einem derart engen zeitlich-räumlichen Zusammenhang stehen, dass sie einen einheitlichen Lebensvorgang (nach aM: eine natürliche Handlungseinheit) bilden würden (BGHSt 40, 75 mit krit Bespr Haft NStZ 94, 536; NStZ 94, 493 mit Bespr Otto JK 22; NStZ 96, 96, alle mwN; s auch Roxin JuS 81, 1, 6 und JR 86, 424; Puppe NStZ 86, 14; Streng JZ 90, 212; Schall JuS 90, 263; Zaczyk NK 14; einschr Schlüchter, Baumann-FS, S 71; krit Murmann aaO [vgl 2] S 44; zusf Otto Jura 01, 341). Allerdings sind unter den Anhängern dieser Lehre sowohl in der Rspr als auch im Schrifttum noch zahlreiche Einzelfragen umstritten (näher dazu 7–15). Außerdem ist einzuräumen, dass die Gesamtbetrachtung nicht zu durchgängig befriedigenden Ergebnissen führt. Deshalb haben die als Gegenpositionen entwickelten Lehren, die einer in unterschiedlicher Weise differenzierenden **Einzelbetrachtung** den Vorzug geben (zB Geilen JZ 72, 335; Jakobs JuS 80, 714 und ZStW 104, 82; Kühl JuS 81, 193, 194; eingehend v Scheurl aaO [vgl 1] S 54; Burkhardt aaO [vgl 1] S 17; Ulsenheimer aaO [vgl 1] S 217, 240 und JZ 84, 852; Bergmann ZStW 100, 329, 351; ähnlich die Tatänderungstheorie von v Heintschel-Heinegg ZStW 109, 29, 50), und einige weitere **vermittelnde**

§ 24 AT. 2. Abschnitt. 2. Titel. Versuch

Konzeptionen (Herzberg, Blau-FS, S 97, NJW 86, 2466, 88, 1559, 89, 197 und 91, 1633, 1635 sowie JuS 90, 273, 277; Schlüchter aaO; Jäger aaO [vgl 1] S 122) durchaus gewichtige Argumente für sich. Der gegenwärtige Diskussionsstand ist durch eine verwirrende Fülle von Streitfragen gekennzeichnet. Das bisher unbewältigte Dilemma beruht nicht zuletzt auch darauf, dass nach dem Gesetz für höchst ungleichwertige Rücktrittsleistungen nur die sachwidrige Alternative voller Versuchsstrafbarkeit oder Straffreiheit zur Verfügung steht (weiterführend Bergmann ZStW 100, 329, 351; krit Streng JZ 90, 212, 220; Herzberg NStZ 90, 311, 312).

7   **III.** Rücktritt vom **unbeendigten** Versuch setzt voraus:

1. Das **Aufgeben** der weiteren Tatausführung und den **Abbruch** der tatbestandsverwirklichenden Handlung (Tun oder Unterlassen), die nach der Vorstellung des Täters zur Vollendung noch fortgesetzt werden müsste.

8   a) **Aufgeben** erfordert vor allem den **Entschluss**, auf die Vollendung der **konkreten Tat** endgültig (hM) **zu verzichten** (BGHSt 7, 296).

9   aa) Die Anforderungen an die hiernach notwendige **Identität** der noch nicht voll ausgeführten mit der aufgegebenen Tat sind umstritten. Problematisch sind dabei die Fälle, in denen der Täter die geplante Ausführungshandlung zwar abbricht, sich aber weiteres Handeln vorbehält (vgl etwa Küper JZ 79, 775, 778; Streng JZ 84, 652). Dieses gehört nach der neueren Rspr nur dann zur konkreten Tat, wenn es mit dem vorausgegangenen Geschehen in engem zeitlich-räumlichen Zusammenhang stehen und denselben materiellrechtlichen Tatbestand verwirklichen würde (BGHSt 33, 142 mit krit Anm Streng NStZ 85, 359; BGHSt – GS – 39, 221, 230; zust Günther, Kaufmann [Arm]-GS, S 541). Das Erfordernis eines solchen Zusammenhangs verdient Zustimmung (Lenckner, Gallas-FS, S 281, 320; Weinhold aaO [vgl 2] S 61; Joecks 19; Zaczyk NK 17, 50); es bedarf nur des endgültigen Verzichts auf die konkrete Tat, nicht auch auf die Erreichung des Tatziels durch eine – sei es auch gleichartige – spätere Tat (so aber BGHSt 7, 296; GA 68, 279; NStZ 02, 28; ähnlich auch Rudolphi SK 18 a; str). Die Einschränkung auf Fälle der Tatbestandsidentität ist dagegen zu eng. Zu erfassen ist auch solches Handeln, das sich aus der Sicht des Täters als einheitliche Fortsetzung desselben Angriffs auf das dasselbe Rechtsgut ohne wesentliche planwidrige Abweichungen im Hinblick auf Angriffsobjekt und Angriffsmodalitäten darstellt (Herzberg, Blau-FS, S 97, 100, 102), sich der Tatbestandswechsel also aus mehr oder weniger zufälligen Differenzierungen der Tatbestände ergibt, wie das zB beim Übergang vom Trickdiebstahl zum Betrug oder vom Raub zur räuberischen Erpressung zutrifft (vgl Kühl AT 16/46; Zaczyk NK 51; zu weit Streng aaO).

10   bb) Aufgeben setzt ferner **Wahlmöglichkeit** voraus. Es liegt daher nicht vor, wenn der Täter sich nicht mehr in der Lage sieht, das Ziel seiner konkreten Tat zu erreichen, wenn er also weitere Tätigkeit in dem durch die Gesamtbetrachtung abgesteckten Rahmen (vgl 6) nicht mehr für möglich hält (hM; zusf Kudlich JuS 99, 240, 242; diff Jäger aaO [vgl 1] S 66, der teilweise auch das objektive Fehlen einer Gefährdung einbezieht). Aus seiner Sicht ist der Versuch dann nicht unbeendigt, sondern **fehlgeschlagen** (BGHSt 33, 295; 34, 53; BGHSt – GS – 39, 221, 227; StV 94, 181; NStZ-RR 96, 195; StV 97, 128 mit krit Bespr Otto JK 24; NStZ 99, 395 mit Bespr Baier JA 00, 15 und Jäger NStZ 00, 415; NStZ-RR 00, 41 mit krit Bespr Otto JK 30; NStZ 00, 531; NStZ-RR 01, 171; NJW 03, 911; StV 03, 396; bei Altvater NStZ 04, 23, 28). Dies gilt nicht, wenn der Versuch aus Tätersicht beendet, aber seine Fortführung aussichtslos ist, weil das vermeintlich tödlich verletzte Opfer sich inzwischen in Deckung gebracht hat (zweifelnd auch NStZ-RR 00, 41, wo eine analoge Anwendung von § 24 I 2 erwogen wird; dafür Tröndle/Fischer 7, krit aber Otto JK 30).

Rücktritt **§ 24**

Die **Grenzen dieses Ausschlusses** sind in der Rspr noch nicht abschließend 11 geklärt. So dürfte zB schon das Aufgeben und nicht erst die Freiwilligkeit zu verneinen sein (so zT aber die Rspr; ähnlich Krey AT 2 Rdn 464–467), wenn dem Täter das Weiterhandeln in Folge psychischer Schockwirkung unmöglich ist (bei Holtz MDR 79, 279; s auch NStZ-RR 97, 261 und 98, 203) oder wenn er beim Diebstahl (krit dazu Feltes GA 92, 395, 409) wider Erwarten nichts findet (BGHSt 4, 56), wenn er eine bestimmte gesuchte Sache nicht findet (BGHSt 13, 156; beachte jedoch Bloy JuS 86, 986), wenn er eine gesuchte Sache als wertlos erkennt und sie deshalb nicht nimmt (RGSt 45, 6) oder wenn er zu bestimmtem Zweck viel stehlen will und das Wenige, das er findet, deshalb verschmäht (BGHSt 4, 56; zw). – Ferner bejaht die **Rechtsprechung** einen fehlgeschlagenen Versuch nur bei tatsächlicher, nicht auch bei „rechtlicher" Unmöglichkeit der weiteren Tatausführung, etwa wenn das Opfer nach Ansetzen des Täters zur „sexuellen Nötigung; Vergewaltigung" in den sofortigen Vollzug des Geschlechtsverkehrs wirksam (sei es auch nur aus der Sicht des Täters) eingewilligt hat (BGHSt 39, 244 [zu § 177 aF] mit krit Bespr Streng NStZ 93, 582, Bottke JZ 94, 71, Bauer MDR 94, 134 und Vitt JR 94, 199; zust Kudlich JuS 99, 240, 244; krit Krey AT 2 Rdn 474; abl Kühl AT 16/14; Stratenwerth/Kuhlen AT I 11/76; Zaczyk NK 24). Im **Schrifttum** ist der aus tatsächlichen Gründen fehlgeschlagene Versuch im Ergebnis weithin anerkannt, während der Fall der „rechtlichen" Unmöglichkeit umstritten ist (vgl die Nachw in BGH aaO und den Bespr dazu). **Vorzugswürdig** ist die Ansicht, dass es auch hier am Aufgeben der weiteren Tatausführung fehlt, weil infolge der Einwilligung des Opfers die Wahlmöglichkeit, die Vergewaltigung zu vollenden oder aufzuhören, weggefallen ist. Die abw Begründung des BGH (aaO), der Täter habe deshalb nicht aufgegeben, weil er darauf bestanden habe, den Geschlechtsverkehr genau seinem Tatplan entsprechend durchzuführen, ist nicht tragfähig; sie übersieht, dass der bewilligte und daher tatbestandslose Geschlechtsverkehr nicht als weitere Tatausführung gedeutet werden kann.

Ob darüber hinaus **weitere Fallgruppen** des fehlgeschlagenen (oder sonst 12 nicht fortsetzungsfähigen) Versuchs anzuerkennen sind, ist in der Gesamtbetrachtungslehre umstritten. – Die **Rechtsprechung** hat bisher noch keine eindeutige Grenze gezogen, sondern für den unbeendigten Versuch „jedenfalls" genügen lassen, dass der (uU auch der die Tat bestreitende, StV 96, 373) Täter nach seiner Vorstellung die Tat mit den bereits eingesetzten oder anderen (bei Holtz MDR 95, 1089; StV 96, 372) zur Hand liegenden einsatzbereiten Mitteln noch vollenden kann (stRspr; vgl BGHSt 35, 90, 94; StV 89, 246; NStZ-RR 97, 259 und 03, 40); sie hat dabei mit Recht nicht das Bereitstehen „artgleicher" Tatmittel verlangt (so aber Ranft Jura 87, 527; einschr aber auch Murmann aaO [vgl 2] S 47, nach dem der Täter zur weiteren Handlung schon unmittelbar angesetzt haben muss), was zu formal und daher zu eng gewesen wäre (Rengier JZ 88, 931). Nach anfänglichem Schwanken des BGH hat der GS die Fortsetzungsfähigkeit des Versuchs auch für den Fall bekräftigt, dass der Täter von weiteren Handlungen deshalb absieht, weil er sein mit der Tat verfolgtes außertatbestandliches Ziel (das Primärziel) erreicht hat (BGHSt – GS – 39, 221 mit überwiegend abl Bespr Roxin JZ 93, 896, Hauf MDR 93, 922 [und in: AT S 164]; Bauer NJW 93, 2590, Jung JuS 94, 82, Beckemper JA 03, 203 und Otto JK 20; s auch NStZ-RR 96, 195, 97, 593 und 98, 134 sowie den Vorlagebeschluss des 1. StS NJW 93, 943 mit Bespr Puppe JZ 93, 361, Streng NStZ 93, 257 und Bauer StV 93, 356). Im **Schrifttum** wird die Rücktrittsmöglichkeit bei vollständiger Erreichung des Primärziels überwiegend, allerdings mit unterschiedlicher Begründung, verneint (wie der BGH jedoch Pahlke aaO [vgl 3] S 110 und GA 95, 72; Hauf aaO und JuS 95, 524, 526; Lettl JuS 98, L 81, L 83; Kudlich JuS 99, 349, 353; Meurer NJW 00, 2936, 2939; Joecks 23; Krey AT 2 Rdn 486; Tröndle/Fischer 9; Zaczyk NK 53; im Ausgangspunkt auch Streng JZ 90, 212 und M-Gössel AT 2 41/29, 72, 119, die jedoch die

Freiwilligkeit des Rücktritts in einzelnen Fallgruppen oder allgemein verneinen; so auch Jäger aaO [vgl 1] S 109 und in: ZStW 112, 783, 808, sowie Greeve aaO [vgl 2] S 170, 237 und Beckemper aaO S 207). Meist wird angenommen, dass ein Täter, dessen Vorsatz mit Zielerreichung erloschen sei, keinen Rücktrittsentschluss fasse und deshalb die Tatausführung auch nicht aufgebe (so etwa Puppe, Roxin und Otto aaO; Seier JuS 89, 102; Bottke JZ 94, 71, 73; B-/Weber/Mitsch AT 27/25; Roxin AT II 30/62; Herzberg MK 100, 102; aus psychologischer Sicht ähnlich Göttlicher ua MschrKrim 96, 128); teils wird das Ergebnis auch mit verschiedenartigen Ansätzen unmittelbar aus dem Zweck der Rücktrittsregelung abgeleitet (so etwa Walter aaO [vgl 2] S 107; Schall JuS 90, 623; Rudolphi JZ 91, 525, 527; Bauer wistra 92, 201; Murmann aaO [vgl 2] S 49, der einen fehlgeschlagenen Versuch annimmt). **Vorzugswürdig** ist die Auffassung, nach der es am Merkmal des Aufgebens fehlt, wenn die weitere Tatausführung aus der Sicht des Täters völlig sinnlos geworden ist. In diesem Falle entfällt der Tatvorsatz und damit zugleich die Möglichkeit, das Zweckelement des finalen Begriffs „Aufgeben" noch zu verwirklichen. Wer auf nichts verzichtet, gibt auch nichts auf. Diese Auslegung ist zwar nicht zwingend, aber unbedenklich und wird den Zwecken der Rücktrittsregelung (vgl 2) besser gerecht als die Rspr. Sie bedeutet auch keinen Rückfall in die Tatplantheorie (vgl 5), sondern ist Ausdruck des Umstandes, dass das Tatgeschehen im ganzen mit der Zielerreichung abgeschlossen ist. Daraus folgt dann auch, dass ein Aufgeben so lange möglich bleibt, als es aus der Sicht des Täters noch sinnvoll ist, zur Sicherung oder Festigung des jeweils erreichten Ziels die Tatausführung fortzusetzen. – Dass nach der hier vertretenen Auffassung für Tathandlungen mit bedingtem Vorsatz geringere Chancen eröffnet werden als für solche mit direktem Vorsatz, ist nicht unbedenklich (krit namentlich Herzberg NJW 88, 1561, 1564; JuS 90, 273; NStZ 90, 311 und JR 91, 159; eingehend Pahlke aaO [vgl 3] S 159), aber als eine aus der Grundstruktur des Rücktrittsprivilegs hervorgehende Folgerung hinzunehmen (Schall aaO S 627; Puppe NStZ 90, 433; Otto Jura 92, 423, 427; Weinhold aaO [vgl 2] S 47; Roxin AT II 30/75; Herzberg MK 103).

13 **b) Teilweises Aufgeben** der Tatausführung in der Weise, dass der Täter nach Versuchsbeginn statt eines geplanten qualifizierten Delikts nur das Grunddelikt begeht (zB Wegwerfen der mitgeführten Schusswaffe vor der Wegnahme bei Diebstahl oder Raub, §§ 244 I Nr 1 a, 250 I Nr 1 a), ist mit der Wirkung eines **Teilrücktritts** einzubeziehen, soweit auch bei ihm die Gründe der Privilegierung (vgl 2) vorliegen (Streng JZ 84, 652; Rengier BT I 4/40; Roxin AT II 30/299; Sch/Sch-Eser 113; aM NStZ 84, 216 mit abl Anm Zaczyk; Otto JZ 85, 21, 27; Lilie/Albrecht LK 341; s auch Kadel JR 87, 117, 119 und Kudlich JuS 99, 349, 356, alle mwN; zw).

14 Dasselbe gilt auch für den Versuch von Regelbeispielen (14 zu § 46); so etwa wenn der Täter einer (versuchten oder vollendeten) sexuellen Nötigung nach § 177 I die bereits versuchte Vergewaltigung nach § 177 II Nr 1 aufgibt (Eisele, Die Regelbeispielsmethode im Strafrecht, 2004, S 323, der § 24 unmittelbar anwenden will; Kühl AT 16/48).

15 **c)** Tritt der **tatbestandsmäßige Erfolg** bei unwesentlicher Abweichung des Kausalverlaufs (11 zu § 15) entgegen der Vorstellung des Täters verfrüht ein, so ist die Tat vollendet und Rücktritt deshalb ausgeschlossen (hM; vgl etwa Kühl AT 16/79 und Roxin AT II 30/116; anders Wolter ZStW 89, 649, 695 und Leferenz-FS, S 545, 559 sowie Bottke aaO [vgl 1] S 552, die nur Versuch annehmen, aber die Rücktrittsmöglichkeit verneinen, während Schroeder LK 34 zu § 16 auch diese bejaht; diff Sch/Sch-Eser 22–25; eingehend Küper ZStW 111, 1, 37); nur bei Verneinung der objektiven Zurechnung des Erfolgs ist Raum für die Anwendung von § 24 I Satz 2 (Kühl AT 16/82; W-Beulke AT Rdn 627, 645).

Rücktritt **§ 24**

2. Freiwilligkeit. Nach der Rspr handelt der Täter – unabhängig davon, ob bei seinem Entschluss äußere Umstände mitwirken oder nicht (StV 82, 259) – freiwillig, wenn ihm nach seinem Vorstellungsbild (StV 88, 527; bei Holtz MDR 95, 878) die Tat – sei es auch mit anderen Mitteln (StV 93, 189) – ohne unvertretbar erhöhtes Risiko (NStZ 93, 76 und 279; StV 93, 189; NStZ 99, 299 mit Bespr Eisele JA 99, 922; krit Feltes GA 92, 395, 411; str) noch ausführbar und ihr Zweck noch erreichbar erscheint (BGHSt 7, 296; NJW 84, 2169; str), wenn er also „Herr seiner Entschlüsse" geblieben ist (StV 96, 86 und 03, 614; krit Maiwald, Zipf-GS, S 255, 262 und Bottke, BGH-FG, S 135, 162). – Für Tatsachenzweifel über die Freiwilligkeit gilt der Grundsatz in dubio pro reo (StV 93, 189 und 95, 509; NStZ 99, 300 mit Bespr Stuckenberg JA 99, 751; NStZ-RR 03, 199; StraFo 04, 24, 26; Düsseldorf NJW 99, 2911; probl NStZ 89, 18). **16**

a) Freiwilligkeit liegt regelmäßig vor, wenn die vorgefundene Handlungssituation gegenüber dem Tatplan keinen Grund zum Rücktritt bietet (ähnlich Krauß JuS 81, 883, 886). Unfreiwilligkeit setzt danach eine aus dieser Situation erwachsene äußere Zwangslage oder innere Hemmung (NStZ 94, 428) voraus, die dem Täter trotz fortbestehender Wahlmöglichkeit (vgl 10) als zwingender Hinderungsgrund erscheint (BGHSt 35, 184; StV 92, 224; NJW 93, 2125; NStZ-RR 03, 199; Düsseldorf NJW 99, 2911; str). Deshalb nimmt die Rspr zutreffend Unfreiwilligkeit an, wenn der Täter das erhöhte Tatrisiko nicht mehr für vertretbar hält (vgl 16). Sie überdehnt jedoch den Bereich der Freiwilligkeit, wenn sie auch den Täter privilegiert, der unter dem Druck der Umstände deshalb aufgibt, weil ihm die Erfüllung eines ihn plötzlich herausfordernden Handlungsbedarfs dringlicher erscheint als die Fortsetzung des Versuchs, zB wenn er beim Tötungsversuch von einem Opfer ablässt, um sich einem anderen zuwenden zu können (BGHSt 35, 184; vom Standpunkt der normativen Theorien iE wie hier Roxin AT II 30/359; dem BGH zust aber Tröndle/Fischer 20). Bloße Mutlosigkeit (NStZ 92, 537) oder Furcht vor Strafe (MDR 51, 359; NStZ 03, 199) ist regelmäßig unschädlich, es sei denn, dass der Täter die Tat vernünftigerweise nicht auf sich nehmen kann, weil ihm äußere Umstände die Besorgnis alsbaldiger Entdeckung und Bestrafung aufdrängen (BGHSt 9, 48 mit Bespr Fahl JA 03, 757; bei Holtz MDR 83, 983; s auch NStZ 92, 587; str). Auch wer erkennt, dass der Zweck der Tat nur durch eine vom Tatplan abweichende, wesentlich gravierendere Begehungsweise erreicht werden kann, gibt häufig nicht freiwillig auf, weil sich sein Risiko unvertretbar erhöht hat (LG Arnsberg NJW 79, 1420; beachte dazu StV 93, 189; NStZ-RR 96, 161). Schuldfähigkeit als solche ist dagegen kein Hinderungsgrund (BGHSt 23, 356; NStZ 04, 324; s auch NStZ-RR 99, 8; beachte auch Herzberg MK 137–139). Freiwillig handelt meist auch, wer mit der Tatausführung im Affektstau anfängt, nach Affektentladung (bei Dallinger MDR 75, 541; NStZ 03, 199; StraFo 04, 24, 26) oder nach Beruhigung durch Dritte (NStZ 88, 69) aber aufgibt oder wer beim Diebstahl nichts Bestimmtes stehlen will, nur wenig findet und deshalb nichts nimmt (RGSt 70, 1; zum Diebstahl beachte auch 11). Beim Versuch der sexuellen Nötigung, insb beim Regelbeispiel der Vergewaltigung (§ 177 II Nr 1) ist die Abgrenzung bisweilen schwierig (bei Holtz MDR 89, 857 und 91, 432; Zweibrücken JR 91, 214 mit Anm Otto; alle zu § 177 aF); hier handelt jedenfalls freiwillig, wer aufgibt, weil ihm das Opfer rechtmäßige Zielerreichung durch die Zusage späteren freiwilligen Geschlechtsverkehrs angeboten hat (BGHSt 20, 279 mit Anm Lackner JR 66, 106; NStZ 88, 550; alle zu § 177 aF; zur „sexuellen Nötigung; Vergewaltigung" beachte auch 11). **17**

b) Das Gesetz zwingt zu der unter 17 vertretenen Abgrenzung nach **Kriterien,** die sich am **Willen,** dh der vom jeweiligen Maß psychischen Drucks abhängigen Entschließungsfreiheit des Zurücktretenden, orientieren. Der Begriff „freiwillig" schließt die gänzliche Eliminierung dieses psychologischen Elements aus (BGHSt **18**

§ 24

35, 184 mit Bespr Jakobs JZ 88, 519, Lackner NStZ 88, 405, Bloy JR 89, 70, Lampe JuS 89, 610 und Grasnick JZ 89, 821; Küpper, Grenzen der normativierenden Strafrechtsdogmatik, 1990, S 179; krit Maiwald aaO [vgl 16] S 255, 268; Stratenwerth/Kuhlen AT I 11/86; vermittelnd Zaczyk NK 68; str). Seine theoriegeleitete, rein normative Deutung ist wegen Überschreitung der verfassungsrechtlich gewährleisteten Wortlautschranke (BVerfGE 73, 206, 235) insoweit unzulässig, als sie eindeutige Fälle freiwilligen, dh nicht auf äußerem Druck oder innerer Hemmung beruhenden, Rücktritts mit teleologischen Erwägungen für strafbar erklärt (Herzberg, Lackner-FS, S 325, 335; Schall JuS 90, 623, 629; Otto JR 91, 215; Tröndle/Fischer 20; aM Lampe aaO S 612; str). Ausschließlicher Maßstab kann daher nicht sein, ob das Rücktrittsmotiv sittlich billigenswert ist (BGHSt 7, 296; NJW 80, 602 mit krit Bespr Walter GA 81, 403; NStZ 03, 265 zu § 306e; StV 03, 615; Düsseldorf NJW 99, 2911), ob es mit der Motivation zur konkreten Tat unverträglich ist (so Jakobs AT 26/30), ob es aus der Sicht der Verbrechermoral unvernünftig ist (so Roxin, Heinitz-FS, S 251; Rudolphi SK 25), ob es bei strafzweckorientierter Bewertung eine Rückkehr zu rechtstreuem Verhalten bedeutet (so Bottke aaO [vgl 1] S 471 und JR 80, 441; ähnlich Greeve aaO [vgl 12] S 242), ob der Täter den mit der Versuchshandlung hervorgerufenen Eindruck persönlicher Gefährlichkeit nachträglich widerlegt (so Krauß JuS 81, 883, 888), ob er durch sein Verhalten die mit dem Versuch verbundene Erschütterung des Normvertrauens der Allgemeinheit wieder rückgängig macht (so Schünemann GA 86, 293, 323; ähnlich Streng NStZ 93, 582), ob er zur Normbefolgung hinreichend bereit ist (so Walter aaO [vgl 2] S 59) oder ob er in die Bahnen des Rechts zurückkehrt (so Ulsenheimer aaO [vgl 1] S 314; Borchert/Hellmann Jura 82, 658, 662). Diese normativen Lehren mögen zwar den Grund des Rücktrittsprivilegs deutlicher herausarbeiten und auch einzelne unbefriedigende Ergebnisse vermeiden; sie überschreiten aber die Grenze zulässiger Auslegung (BGHSt 35, 184; s auch 6 zu § 1; krit Maiwald aaO [vgl 16] S 270, der den Gegensatz psychologisch-normativ relativiert, weil auch die psychologische Theorie mangels eines tauglichen empirisch-psychologischen Kriteriums auf den Zweck der Strafbefreiung zurückgreifen müsse). Unerlässlich ist vielmehr stets eine psychische Druck- oder Hemmungslage, die dann allerdings im Hinblick auf ihre Mindestintensität normativ zu bewerten ist und deshalb nicht das von der Rspr geforderte Maß erreichen muss (nur zum Teil auf dieser Linie liegt der Vorschlag von Jäger aaO [vgl 1] S 98 und in: ZStW 112, 783, 809, die Freiwilligkeit nach dem für mittelbare Täterschaft maßgebenden Verantwortungsprinzip zu bestimmen und sie nur bei Nötigung, Schuldunfähigkeit, Irrtum oder Wegfall des Handlungssinns zu verneinen).

19 **IV.** Rücktritt vom **beendigten** Versuch (tätige Reue) setzt voraus:

1. Eigene, zur Verhinderung der Tatvollendung geeignete Tätigkeit, bei welcher der Täter noch an den Eintritt der Vollendung glaubt (NJW 69, 1073; Gössel ZStW 87, 3, 36; beachte auch BGHSt 41, 10, 12 mit abl Bespr Otto JK § 17/3), mag er auch vorher vorübergehend davon einen Fehlschlag des Versuchs angenommen haben (NStZ 81, 388). **Tätigkeit Dritter** kann ausreichen, wenn der Täter sie veranlasst hat (BGHSt 33, 295; StV 94, 304; NStZ-RR 97, 193; Herzberg NJW 89, 862, 866, alle mwN). Bloß **passives Verhalten** genügt nicht (RGSt 39, 220; s auch bei Dallinger MDR 69, 532), es sei denn, dass ausnahmsweise – was allerdings meist nur beim Beteiligtenrücktritt (vgl 25) oder in den Fällen des § 31 (dort 5) vorkommt – schon das Unterlassen ein geeignetes Mittel der Erfolgsabwendung ist (BGHSt 4, 200; 32, 133; NJW 84, 2169; Maiwald, Wolff-FS, S 337, 349; probl Karlsruhe NJW 78, 331 mit abl Bespr Küper NJW 78, 956 und Schroeder JuS 78, 824).

19a **a)** Welche **Mindestvoraussetzungen** das Eingreifen des Täters erfüllen muss, ist umstritten: Die uneinheitliche **Rechtsprechung** (dazu Roxin, Hirsch-FS,

Rücktritt **§ 24**

S 327; Murmann aaO [vgl 2] S 61) lässt teils schon jedes Verhalten genügen, das aus Tätersicht – sei es auch nur möglicherweise – den Erfolg verhindern kann (BGHSt 33, 295, 301; NJW 85, 813; 02, 3719 [mit Bespr Beckemper JA 03, 277, Herzberg, Kohlmann-FS, S 37, 40 und Otto JK 31] und 03, 1058 [mit Bespr Engländer JuS 03, 614 und krit Anm Jakobs JZ 03, 743], jeweils zum Unterlassungsversuch; u 22 a), teils fordert sie zusätzlich eine auf Verhinderung der Tatvollendung gerichtete (NJW 89, 2068), also nicht ausschließlich anderen Zwecken dienende Tätigkeit (NJW 86, 1001; NStZ-RR 99, 327 mit Bespr Dallmeyer JAR 99, 44) und teils stellt sie noch weitergehend darauf ab, ob der Täter die jeweils erkannten Verhinderungschancen ausgeschöpft hat (BGHSt 31, 46, 49; NStZ-RR 97, 193). Im **Schrifttum** hält die überwiegende Meinung zu Recht ein im Hinblick auf die Erfolgsverhinderung zurechenbares Verhalten für ausreichend (Bloy JR 89, 70; Rudolphi NStZ 89, 508, 511; Weinhold aaO [vgl 2] S 139, 168; Kindhäuser 53; Zaczyk NK 57; vgl auch Boß aaO [vgl 2] S 156, der eine geeignete Rettungshandlung verlangt), während die Gegenansicht ernsthaftes Bemühen iS des Abs 1 S 2 (vgl 20) des Täters verlangt (Walter aaO [vgl 2] S 136, 139; Roxin JR 86, 424, 427; Herzberg NJW 89, 862 und 91, 1633, 1637 sowie Kohlmann-FS, S 37; Römer MDR 89, 945, 947; Jakobs ZStW 104, 82, 89; Murmann aaO [vgl 2] S 64).

b) Nach dem problematischen Wortlaut und dem umstrittenen Schutzzweck **19 b** des § 24 (vgl 2) dürfte zur Minderung der unvermeidlichen Spannungen **wie folgt zu differenzieren** sein: Handelt der Täter allein, so genügt es, wenn ihm das Ausbleiben des Erfolges als sein Werk zurechenbar ist (Rudolphi aaO [vgl 19 a] S 512; Jäger aaO [vgl 1] S 96; Roxin, Hirsch-FS, S 327, 335); wirkt er mit einem Dritten zusammen, muss er das Geschehen wie ein Täter (auch Mittäter oder mittelbarer Täter) oder Anstifter beherrschen, also nicht lediglich Beihilfe leisten (Rudolphi aaO S 513; Herzberg NJW 89, 862, 866; Otto GK 1 19/49; ähnlich Zaczyk NK 61; anders für unersetzliche Rettungsbeiträge Roxin aaO S 342); hat er den Dritten nur zum Eingreifen veranlasst, so muss er die Situation jedenfalls so arrangiert haben, dass dieser sich zur Erfolgsabwendung herausgefordert fühlt; die bloße Ermöglichung des Eingreifens durch Dritte reicht nicht. Dagegen schadet es nicht, dass der Dritte das Ob und Wie der Erfolgsabwendung bestimmt, wenn er nur durch das Verhalten des Täters zu seiner konkreten Rettungshandlung „angestiftet" worden ist (enger BGHSt 31, 46; NJW 89, 2068 mit abl Anm Rudolphi aaO und Herzberg JR 89, 449; abl auch Boß aaO [vgl 2] S 53 und 193; NJW 90, 3219; NStZ-RR 97, 193 mit Bespr Otto JK 25). Gegen eine solche Differenzierung unter Berufung auf den Wortlaut etwa Zieschang GA 03, 353, der vom Täter berechenbare Abwehrmaßnahmen verlangt.

2. Eintritt des Verhinderungserfolges. Nach der zu weiten und der Ein- **20** schränkung bedürftigen Rspr (vgl 19 a, 19 b) muss der Täter für die Nichtvollendung nur (mit-)ursächlich sein (BGHSt 33, 295, 301; 44, 204, 207 mit krit Bespr Müssig JR 01, 228; NJW 86, 1001; NStZ 99, 128 mit krit Bespr Otto JK 28). Dass er objektiv mehr oder anderes hätte tun können, um die Vollendung mit größerer Sicherheit zu verhindern, ist unschädlich (BGHSt 44, 204, 208 mit Bespr Schroeder JR 99, 297; NStZ 81, 388; NStZ-RR 97, 233; NStZ 99, 128; Puppe NStZ 84, 488; Tröndle/Fischer 35). – Tritt die Vollendung trotz des Bemühens des Täters ein (misslungener Rücktritt), so ist die Tat, wenn der Erfolg der Versuchshandlung objektiv zugerechnet werden kann (Angerer, Rücktritt im Vorbereitungsstadium, 2004, S 36; Kühl AT 16/79; Roxin AT II 30/125; 14 zu § 13) und keine wesentliche Abweichung des Kausalverlaufs (11, 12 zu § 15) vorliegt, zwar nicht als versuchte (Herzberg JZ 89, 114, 116; str), wohl aber als vollendete strafbar (hM; vgl Krauß JuS 81, 883, 886; Otto GK 1 19/54; Lilie/Albrecht LK 57 und Zaczyk NK 78; krit Lenckner, Gallas-FS, S 281, 290; zT abw Schröder

§ 24 AT. 2. Abschnitt. 2. Titel. Versuch

JuS 62, 81; Walter aaO [vgl 2] S 143; Bottke aaO [vgl 1] S 557; aM Gropp AT 9/62–67; eingehend Angerer aaO). – Bleibt die Vollendung ohne Zutun des Täters aus (krit zu dieser Voraussetzung Herzberg NJW 91, 1633, 1637), so genügt das **Bemühen um die Abwendung (Abs 1 Satz 2),** wenn es freiwillig (vgl 16–18) und ernsthaft ist, dh die Verhinderungsmöglichkeiten ausschöpft, soweit sie dem Täter bekannt sind (BGHSt 31, 46; 33, 295; NJW 86, 1001; StV 92, 62; NStZ-RR 97, 193 und 00, 41 sowie 00, 42; ähnlich Herzberg NJW 89, 864, 866; Römer MDR 89, 945; krit Maiwald, Wolff-FS, S 337, 353; eingehend Römer, Fragen des „Ernsthaften Bemühens" bei Rücktritt und tätiger Reue, 1987; zusf Kudlich JuS 99, 349, 351; str); daran fehlt es, wenn die Tat nach der Vorstellung des Täters vollendet ist (Schröder JA 99, 560). Grob unverständige Bemühungen reichen, nicht dagegen abergläubische (Maiwald aaO S 344); auch hier kann sich der Täter Dritter bedienen (StV 97, 244); das Bemühen kann ausnahmsweise auch in einem Unterlassen bestehen (Maiwald aaO S 351; aM Zaczyk NK 86).

21 3. **Freiwilligkeit** des Rücktritts (vgl 16–18). Obwohl das 2. StrRG (4 vor § 1) die umstrittene Regelung des früheren Rechts, die nach ihrem Wortlaut ausschließlich auf den Zeitpunkt der Tatentdeckung abstellt, durch das dahinterstehende Prinzip der Freiwilligkeit ersetzt hat, bleibt die Entdeckung nach wie vor bedeutsam (bei Dallinger MDR 75, 365): Wer sich entdeckt weiß, handelt zwar nicht notwendig (StV 83, 413 und 92, 62, 224; Knapp JuS 76, 801, 802), aber doch häufig unfreiwillig (NStZ 99, 300, 301). Entdeckt ist die Tat, wenn jemand, der nicht zum engeren Kreis des Täters gehört, uU auch der Verletzte (BGHSt 24, 48; NJW 72, 2004 mit Anm v Löbbecke NJW 73, 62), von ihr erfahren und sie als Straftat erkannt hat mit der Möglichkeit, sie zu verhindern oder anzuzeigen (JR 52, 414).

22 V. Der Rücktritt ist beim Versuch eines **erfolgsqualifizierten Delikts** (9 zu § 18) auch dann nicht unbedingt ausgeschlossen, wenn die Tathandlung die besondere Folge schon verursacht hat (hM; vgl BGHSt 42, 158 mit im Ergebnis zust Bespr Küper JZ 97, 229, abl aber Jäger NStZ 98, 161 und Zaczyk NK 81; wie hier Ebert AT S 139; Kindhäuser 76; im Ergebnis auch Hardtung, Versuch und Rücktritt bei den Teilvorsatzdelikten des § 11 Abs 2 StGB, 2002, S 255); eine Änderung dieser zwingend aus § 24 folgenden (anders Küper aaO S 232, der das Ergebnis aus der „grunddeliktischen Versuchsakzessorietät" des „vollendet qualifizierten Versuchs" herleitet), aber unbefriedigenden Rechtslage ist nur durch Gesetz möglich (ebenso Rudolphi SK 8 a zu § 18; zusf Sowada Jura 95, 644, 653; Kudlich JuS 99, 349, 355; Anders GA 00, 64 und Kühl Jura 02, 19, 22).

22 a VI. Ob auch bei der **Unterlassungstat** zwischen unbeendigtem und beendigtem Versuch unterschieden werden kann, ist umstr. Weil der Unterlassungstäter – dem im Stadium des beendigten Versuchs befindlichen Täter vergleichbar – in jedem Fall tätig werden muss, wird eine Unterscheidung vielfach abgelehnt; die Vornahme der zunächst unterlassenen Handlung kann danach nur dann strafbefreiend wirken, wenn der Unterlassungstäter damit den Erfolgseintritt verhindert (NStZ 97, 485 mit Bespr Kudlich/Hannich StV 98, 370, Brand/Fett NStZ 98, 507, Stuckenberg JA 99, 273 und Küpper JuS 00, 225; NJW 00, 1730 mit Bespr Kudlich JAR 00, 142; Freund AT 9/48; Köhler AT S 482; Roxin AT II 30/139 [zur Rspr 30/145–151]; Seelmann NK 86 zu § 13; Zaczyk NK 47; Rudolphi SK 56 Vor § 13; speziell zur Problematik des untauglichen Unterlassungsversuchs Kudlich JuS 99, 349, 352, der § 24 I S 2 anwenden will; ebenso Lilie/Albrecht LK 327). Die Gegenmeinung unterscheidet, ob nach der Tätervorstellung die Vornahme der ursprünglich gebotenen und unterlassenen Handlung zur Erfolgsabwendung noch ausreicht oder zusätzliche Hilfsmaßnahmen dafür erforderlich sind (Lönnies NJW 62, 1950; Gropp AT 9/72; Jescheck/Weigend AT S 639; W-

Beulke AT Rdn 743–745; Joecks 75–77a zu § 13; Sch/Sch-Eser 27–30; Lilie/ Albrecht LK 320); dies erscheint im Hinblick auf den aus der Sicht des Täters unterschiedlichen Gefährdungsgrad richtig (Kühl AT 18/153; Jescheck LK 49 zu § 13): Die Zurechnung des Erfolgseintritts trotz (verspäteter) Vornahme der (ursprünglich) erforderlichen Handlung ist nur berechtigt, wenn der Täter davon ausgegangen ist, dass er die Vollendung nicht mehr durch Vornahme der unterlassenen Handlung, sondern nur durch den Einsatz anderer Gegenmittel verhindern könne. Gibt er hingegen vor Erfolgseintritt seinen Tatentschluss auf und holt die unterlassene Handlung in der irrigen Annahme nach, damit den Erfolgseintritt abwenden zu können, kann das **Erfolgsabwendungsrisiko** kein anderes sein, als wenn der Täter sein positives Tun im Glauben aufgibt, bereits damit einen Erfolgseintritt zu verhindern (mit beachtlichen Gründen aM Küper ZStW 111, 1, 42f, der – wie beim Begehungsdelikt – auch beim unbeendeten Unterlassungsversuch dem Täter das Erfolgsabwendungsrisiko aufbürdet; ebenso NJW 00, 1730, 1732 mit Bespr Kudlich JAR 00, 142; Roxin AT II 30/140; Tröndle/Fischer 14).
– Die **Rspr** behandelt den Unterlassungsversuch wie den beendigten Versuch (oben 19a) und verlangt nicht die Wahl des sichersten und „optimalen" Rettungsmittels (BGHSt 48, 147 mit zT krit Bespr Engländer JuS 03, 641, Jakobs JZ 03, 743, Martin JuS 03, 619, Neubacher NStZ 03, 576, Puppe NStZ 03, 309, Seelmann JR 04, 162, Trüg JA 03, 836, Zwiehoff StV 03, 631; ebenso schon NJW 02, 3719 [mit Bespr Beckemper JA 03, 277 und Otto JK 31] und 3720; zust Lilie/Albrecht LK 324). – Rücktrittsunfähig ist auch hier der fehlgeschlagene Versuch (NJW 03, 1057 mit Bespr Baier JA 03, 629, Kudlich JR 03, 380 und Freund NStZ 04, 326), der etwa der Unterbrechung der Gefährdungslage anzunehmen ist (BGH aaO).

VII. Der Rücktritt wirkt nur für den Versuch **als solchen**. Er macht die in Tat- oder Gesetzeseinheit stehende vollendete Tat nicht straflos **(qualifizierter Versuch).** Beispiele: § 224 bei Versuch nach § 212 (JR 52, 414; Guhra/Sommerfeld JA 03, 775; s auch BGHSt 16, 122; 8 zu § 212); § 226 II bei Rücktritt vom Tötungsversuch (NJW 01, 980); § 241 I bei Versuch nach § 255 (Karlsruhe NJW 78, 331); § 177 I bei Versuch der Vergewaltigung nach § 177 II (11 zu § 177). – Es ist unzulässig, den auf die versuchte Tat gerichteten Vorsatz und ausschließlich darauf bezogene Tatumstände strafschärfend zu berücksichtigen; jedoch können solche Umstände schärfend zu Buch schlagen, die sich auf das Tatgeschehen insgesamt beziehen und den Unrechts- und Schuldgehalt auch der vollendeten Delikts charakterisieren (BGHSt 42, 43; vgl auch NJW 02, 3717 und NStZ 03, 533; das gilt auch für Motive, die nicht nur die versuchte (Mord-)Tat, sondern auch die vollendete (Körperverletzungs-)Tag prägen (NStZ 03, 143 mit iE zust Anm Jäger StV 03, 220).

VIII. Als persönlicher Strafaufhebungsgrund wirkt der Rücktritt nur **für den Beteiligten, der in seiner Person die Voraussetzungen erfüllt** (BGHSt 1, 172, 179; eingehend zum Beteiligtenrücktritt v Scheurl aaO [vgl 1]; Otto JA 80, 707; Krauß JuS 81, 883, 888; Gores aaO [vgl 2] S 138; Roxin, Lenckner-FS, S 267; zusf Vogler ZStW 98, 331, 340; rechtsvergleichend Jescheck ZStW 99, 111, 141).

1. Abs 2 fordert ausnahmslos, dass der Täter entweder die Vollendung durch die übrigen Beteiligten verhindert oder sich unter den Voraussetzungen des Satzes 2 freiwillig und ernsthaft darum bemüht (dazu 20; krit Herzberg NJW 91, 1633, 1638, der Abs 2 zu Unrecht für funktionslos hält). Verhinderung durch Untätigbleiben (Unterlassen) kommt bisweilen unter denselben Voraussetzungen wie beim Rücktritt vom Versuch der Beteiligung in Frage (5 zu § 31), zB wenn Mittäter nach unbeendigtem Versuch einvernehmlich nicht mehr weiterhandeln (BGHSt 42, 158, 162; Krey AT 2 Rdn 522) oder wenn nur der Zurücktretende

§ 24 AT. 2. Abschnitt. 2. Titel. Versuch

die Vollendung noch herbeiführen könnte (StV 92, 10; s auch Otto Jura 92, 423, 430; Kudlich JuS 99, 449, 450). – An sich gilt Abs 2 auch für den angestifteten oder unterstützten Alleintäter (Zaczyk NK 96); da dieser jedoch durch sein Aufgeben die Vollendung der Tat unmöglich macht, decken sich für ihn im Ergebnis die Voraussetzungen des Beteiligtenrücktritts mit denen des Abs 1 (ebenso Mitsch, Baumann-FS, S 89, der jedoch den Rücktritt des Alleintäters dem Anwendungsbereich des Abs 2 entzieht; ebenso Roxin aaO [vgl 24] S 267; diesen noch weiter einschr Loos Jura 96, 518; zusf Kudlich JuS 99, 449; krit zur Verwendung des Begriffs des Beteiligten in der Legaldefinition des § 28 II Schroeder JuS 02, 139). Abs 2 hat deshalb vor allem für Anstifter, Gehilfen und Mittäter Bedeutung; für mittelbare Täter nur, wenn auch der Tatmittler Täter ist (Roxin aaO; zusf Kudlich aaO). Verhindert der Tatmittler oder ein anderes Werkzeug die Tatvollendung in bewusster Willensvertretung des mittelbaren Täters nach dessen – auch allgemeinen – Weisungen, wirkt dies für den mittelbaren Täter nach Abs 2 S 2 Var 2 strafbefreiend; dies gilt auch für den mit der Erfolgsverhinderung einverstandenen Gehilfen des mittelbaren Täters (BGHSt 44, 204 mit krit Bespr Rotsch NStZ 99, 239, Schroeder JR 99, 297, Kudlich JA 99, 624, Müssig JR 01, 228 und Otto JK 27 zu § 27; zust Gropp AT 9/91 und Tröndle/Fischer 40).

26   2. Dass der Beteiligte **lediglich seinen Tatbeitrag rückgängig macht** (vgl 27), genügt allein nicht (krit Roxin JuS 73, 329, 333; Meyer ZStW 87, 598, 619; Walter JR 76, 100). Dieses nicht unbedenkliche, aber nach dem Gesetzeswortlaut zwingende Ergebnis ist hinzunehmen, seine Ausschaltung durch korrigierende Auslegung jedenfalls nicht möglich (hM; vgl Krey AT 2 Rdn 519; Roxin aaO [vgl 24] S 279; anders Walter aaO [vgl 2] S 133; Herzberg NJW 91, 1633, 1638; diff Haft JA 79, 306, 311). Im Übrigen ist seine Tragweite nicht groß; denn das Rückgängigmachen des Tatbeitrags bleibt insoweit erheblich, als es nach Satz 2 bewirkt, dass nicht Verhinderung der Vollendung, sondern nur ernsthaftes Bemühen um sie erforderlich ist, wenn die anderen Beteiligten die Tat dennoch vollenden (Grünwald, Welzel-FS, S 701, 705 mwN).

27   3. Eine Tat ist im Sinne von Abs 2 S 2 **unabhängig von dem früheren Tatbeitrag** begangen, wenn in ihr nichts mehr enthalten ist, was mit diesem Beitrag in ursächlichem Zusammenhang steht (NJW 51, 410), oder wenn sie dem Beteiligten aus anderen Gründen (etwa wegen einer wesentlichen Abweichung des Kausalverlaufs) nicht zugerechnet werden kann (Gores aaO [vgl 2] S 180). Ob das zutrifft, hängt von den Umständen ab; namentlich bei psychischer Beihilfe dürfen die Anforderungen nicht überspannt werden (Gores aaO S 106, 113; Krey AT 2 Rdn 524; Sch/Sch-Eser 99). Im Übrigen kommt es nicht nur auf das Fehlen der Zurechenbarkeit an. Die begangene Tat muss auch mit derjenigen identisch sein, zu welcher der frühere Beitrag geleistet wurde (näher zu dieser Identität Lenckner, Gallas-FS, S 281, 303; Grünwald, Welzel-FS, S 701, 713; Küper JZ 79, 775, 778; Gores aaO S 217; Streng JZ 84, 652; Roxin aaO [vgl 24] S 283; str); das kann namentlich dann zweifelhaft sein, wenn jemand den Haupttäter umstimmt und zur Aufgabe des Tatentschlusses überredet, dieser später aber das ursprünglich Geplante auf Grund eines neuen Entschlusses doch verwirklicht (Roxin aaO S 276); hier dürfte oft schon das Fortwirken der durch die Anstiftung gesetzten Motive zu verneinen sein (Stree GA 74, 63; aM Herzberg JZ 89, 114, 116; zw). – Aus S 2 ergibt sich für den Fall, dass eine Tat von den anderen Beteiligten vollendet wurde, namentlich folgendes: War die Tat von dem früheren Tatbeitrag unabhängig, fehlt aber das erforderliche Bemühen (dazu Grünwald aaO S 714; Gores aaO S 185) des zuvor Beteiligten um Verhinderung der Vollendung, so bleibt er wegen Versuchs strafbar (Scheurl aaO [vgl 1] S 144; Haft JA 79, 306, 309; aM Walter JR 76, 100); unabhängig von solchem Bemühen liegt dagegen Beteiligung an der vollendeten Tat vor, wenn schon die Wirksamkeit des früheren Tatbeitrags – sei es auch unter

dem Einfluss von List oder Gewalt (hM; anders Otto JA 80, 707, 711; s auch 20; zw) – nicht beseitigt wurde (BGHSt 28, 346, 348; NStZ 99, 449 mit Bespr Otto JK 6 zu § 30; Roxin aaO S 272; abw Backmann JuS 81, 336).

4. Der Beteiligtenrücktritt setzt voraus, dass die Haupttat ins **Versuchsstadium** 28 eingetreten ist ("grundsätzlich" ebenso Eisele ZStW 112, 745). Wer schon vorher eine geplante Tat verhindert oder seinen Tatbeitrag mit allen Auswirkungen rückgängig macht, tritt nicht zurück, sondern ist schon nicht Beteiligter an einer Haupttat (BGHSt 28, 346, 347; Haft JA 79, 306, 309; Otto JA 80, 707; Geppert Jura 99, 266, 274; Roxin aaO [vgl 24] S 270 und AT II 30/309, 315; Eisele aaO S 769, mit Hinweis auf die Problematik des psychischen Fortwirkens von Tatbeiträgen, an das strenge Anforderungen zu stellen seien). Kann der nur im Vorbereitungsstadium Beteiligte seinen Beitrag nicht unwirksam machen, so bleibt er bei Tatidentität Teilnehmer der vollendeten Haupttat (Eisele aaO S 767, 782; Zaczyk NK 117); Mittäterschaft scheidet jedoch wegen Fehlens der (funktionellen) Tatherrschaft aus (Roxin aaO S 272 und AT II 30/318; 10 zu § 25; aM NStZ 99, 449 mit Bespr Puppe JR 00, 72; Otto JK 6 zu § 30; str).

IX. Soweit Versuchshandlungen (namentlich in der Form des Unternehmens, 29 19 zu § 11) in **selbstständigen Tatbeständen** mit Strafe bedroht sind (zB §§ 81 I, 82 I, 316 c I Nr 2), gilt § 24 nach deren (formeller) Vollendung nicht (BGHSt 15, 198; Kindhäuser 72). Jedoch sind sowohl im BT wie auch im **Nebenstrafrecht besondere Rücktrittsvorschriften** für diese Fälle, für tatbestandlich verselbstständigte Vorbereitungshandlungen und für einige andere Taten vorgesehen (zB §§ 83 a, 87 III, 142 IV, 149 II, 158, 163 II, 264 V, 306 e, 314 a, 320, 330 b). Meist entspricht die Struktur dieser Vorschriften – unter im Einzelnen wechselnden Voraussetzungen und unter Einbeziehung auch zusätzlicher Elemente (etwa aus dem Formenkreis der sog Kronzeugenregelungen, Bernsmann JZ 88, 539; Behrendt GA 91, 337; Jeßberger, Kooperation und Strafzumessung, 1999, S 52; vgl neuerdings auch § 261 X, dort 18; vgl auch 12 zu § 129) – der **tätigen Reue** (vgl 19–21); sie privilegieren ein Täterverhalten nach Vollendung, das den Eintritt des eigentlichen Deliktsschadens verhindert; der Begriff der tätigen Reue wird hierfür nur in einzelnen Vorschriften (§§ 83 a, 306 e, 314 a, 320 und 330 b) verwendet. Die gewährte Vergünstigung besteht allerdings häufig nicht in obligatorischer Strafaufhebung (so zB aber in §§ 98 II S 2, 149 II, 163 II, 261 IX, 298 III S 1, 306 e II, 314 a II, 320 III, 330 b I S 2); sie reicht vielmehr je nach dem kriminalpolitischen Bedürfnis über obligatorische Strafmilderung (§ 142 IV), fakultative Strafaufhebung in der Form des Absehens von Strafe (§§ 87 III, 266 a V S 1) und fakultative Strafmilderung nach Ermessen gemäß § 49 II (§§ 314 a I, 320 I) bis zur eingeschränkten fakultativen Strafmilderung nach § 49 I (zB in § 239 a IV S 1). Häufig werden Strafmilderung nach Ermessen (im Fall des § 142 IV obligatorische Strafmilderung nach § 49 I; dazu Schulz NJW 98, 1440) und Absehen von Strafe auch wahlweise zugelassen (zB in §§ 83 a, 84 V, 98 II S 1, 158 I, 306 e I, 314 a II, 320 II, 330 b I S 1; vgl 7 zu § 49). – Im Ganzen verfährt das Gesetz bei der Eröffnung solcher Rücktrittsmöglichkeiten auffallend **uneinheitlich** (krit mit Reformvorschlägen Bottke aaO [vgl 1] S 691; Berz, Formelle Tatbestandsverwirklichung und materialer Rechtsgüterschutz, 1986; Hillenkamp, in: Schöch [Hrsg], Wiedergutmachung und Strafrecht, 1987, S 81; Schäfer, Die Privilegierung des „freiwillig-positiven" Verhaltens des Delinquenten nach formell vollendeter Straftat, 1992, S 239; Schmidt-Hieber NJW 92, 2001, 2003; Blöcker, Die tätige Reue, 2000, S 200; zur verfassungsrechtlich geforderten Neuregelung der Vorschriften über tätige Reue unter Einbeziehung der §§ 24, 31 Lagodny aaO [vgl 2] S 489, 508, der eine Grundentscheidung für eine Strafzumessungslösung oder eine Strafbefreiung verlangt). Bei zahlreichen Tatbeständen ohne ausdrückliche Rücktrittsregelung ist daher die Frage einer Analogie zu Gunsten des Täters umstritten (vgl etwa 12 zu § 125; 5 zu § 138; 12 zu § 146; 10 zu § 164; 7 zu § 257; 5 zu § 265; 11 zu § 323 c; 3 zu § 357; weiterführend Berz, Stree/Wessels-FS, S 331; rechtsstaatliche Bedenken erhebt Blum, Strafbefreiungsgründe und ihre kriminalpolitischen Begründungen, 1996, S 22, 49, 91; verfassungsrechtliche Bedenken bei Lagodny aaO S 499; die Rspr lehnt sie grundsätzlich ab, vgl RGSt 56, 95; BGHSt 14, 217; 15, 199; aber auch BGHSt 6, 85). – Zur tätigen Reue im Wirtschaftsstrafrecht Krack NStZ 01, 505.

3. Titel. Täterschaft und Teilnahme

Vorbemerkung

1 1. a) Die **Grundformen** der **Beteiligung** mehrerer an einer Tat sind **Täterschaft und Teilnahme.** Täterschaft ist eigene, nicht unbedingt eigenhändige, Begehung der Tat, während Teilnahme Beteiligung an der Begehung der Tat durch einen anderen ist. Eine Alternative zu diesem differenzierenden System bildet die Zusammenfassung aller Beteiligungsformen in dem sog Einheitstäterbegriff. Sie ist im Schrifttum vereinzelt befürwortet (Geerds GA 65, 216, 218; Schwalm, Engisch-FS, S 551; Kienapfel, Der Einheitstäter im Strafrecht, 1971), in einigen ausländischen Rechten verwirklicht (zB in Österreich; vgl Kienapfel JuS 74, 1; Burgstaller ÖRiZ 75, 13, 29; Schmoller ÖJZ 83, 337, 379) und für das Recht der Ordnungswidrigkeiten in § 9 aF (jetzt § 14) OWiG eingeführt worden (dazu BGHSt 31, 309 mit Bespr Göhler wistra 83, 242; NJW 97, 3254; s auch Kienapfel NJW 83, 2236; Seier JA 90, 342, 382; Bloy, Schmitt-FS, S 33; eingehend Schumann, Zum Einheitstätersystem des § 14 OWiG, 1979, alle mwN). Als Lösung auch für das allgemeine Strafrecht ist sie überwiegend auf Ablehnung gestoßen (Roxin JuS 73, 329, 334; Maiwald, Bockelmann-FS, S 343; Bloy, Die Beteiligungsform als Zurechnungstypus im Strafrecht, 1985, S 149; Dencker, Lüderssen-FS, S 530; Frisch LdRerg 8/1620, S 1; Tendenzen zur Einheitstäterschaft sieht Volk, Roxin-FS, S 563). Mit dieser Alternative sind die Regelungsmodelle der Beteiligung nicht erschöpft; im internationalen Kontext werden zwölf Regelungsmodelle diskutiert (Vogel ZStW 114, 403, 406 im Anschluss an Jung, 1998, und Heine, 2001; genauere Nw bei Vogel Fn 11, 13); rechtsvergleichend mit Skandinavien und Österreich Hamdorf, Beteiligungsmodelle im Strafrecht, 2002; zum europäischen Strafrecht Tiedemann, Nishihara-FS, S 496. – Zur Verbandshaftung 1a zu § 14 sowie Vogel aaO S 416, der dieses Regelungsmodell als „Kollektivhaftungsmodell" bezeichnet.

2 b) Das differenzierende System ist nur für die **vorsätzliche** Beteiligung durchgeführt. Beim Fahrlässigkeitsdelikt, jedenfalls bei unbewusster Fahrlässigkeit, scheitert die Unterscheidung schon deshalb, weil für die Abschichtung verschiedener Beteiligungsformen weder die Tatherrschaft noch der Täterwille in Frage kommen und ein anderes Abgrenzungskriterium fehlt (Jescheck/Weigend AT S 573, 654, 676; aM Otto, Spendel-FS, S 271 und Jura 98, 409, 411; Eschenbach Jura 92, 637; zusf Seier JA 90, 342, 343; Renzikowski, Restriktiver Täterbegriff und fahrlässige Beteiligung, 1997, S 261). Für jede fahrlässige Beteiligung kommt es vielmehr gleichermaßen auf die objektive Zurechenbarkeit an (41–45 zu § 15), gleichgültig, ob die einzelnen Tatbeiträge den Erfolg unmittelbar verursacht oder ihn nur veranlasst, ermöglicht oder gefördert haben (hM; im Ausgangspunkt ebenso Otto aaO). Allerdings dürfte das nicht ausschließen, dass auf der Fahrlässigkeitsebene gewisse Strukturunterschiede zwischen unmittelbar und mittelbar erfolgsverursachenden Handlungen zu berücksichtigen sind; ob sich diese aus den Beteiligungsformen des Vorsatzdelikts herleiten lassen (so Otto und Eschenbach aaO; ähnlich auch Dencker, Kausalität und Gesamttat, 1996, S 174, der § 25 II als

Ausprägung eines allgemeinen Prinzips versteht, das auch fahrlässiges Zusammenwirken einschließt), oder aus der andersartigen Ausgangslage beim Fahrlässigkeitsdelikt zu entwickeln sind (so Weißer Jura 98, 230, 236), ist noch nicht geklärt (näher zur fahrlässigen Mittäterschaft 13 zu § 25; zu den Begründungsschwierigkeiten Schünemann, Meurer-GS, S 37, 43; zur fahrlässigen Teilnahme am Vorsatzdelikt 1 zu § 26; 1 zu § 27; gegen eine fahrlässige mittelbare Täterschaft NJW 97, 3254; für deren Konstruierbarkeit Otto Jura 98, 409, 412 und GK 1 21/123, 124 sowie Renzikowski aaO S 262, 273, der eine gegenüber dem Tatmittler „überlegene Vermeidemacht" verlangt; einschr Hoyer SK 153 zu § 25; zusf zu Täterschaft und Teilnahme beim Fahrlässigkeitsdelikt Kühl AT 20/10). – Speziell zu Täterschaft und Teilnahme im Wirtschaftsrecht Bottke JuS 02, 320 und Tiedemann WiStr 235–249.

2. Der für die **Abgrenzung von Täterschaft und Teilnahme** maßgebende 3 Gesichtspunkt ist umstritten (knapper, aber instruktiver Überblick bei Frisch LdRerg 8/1620, S 2–5). Während die Rspr und ein Teil des Schrifttums von dem sog extensiven Täterbegriff ausgehen (krit Roxin LK 9–12), ist in der Lehre überwiegend der sog restriktive Täterbegriff anerkannt (zusf Bloy aaO [vgl 1] S 115; Renzikowski aaO [vgl 2] S 13; Hoyer SK 1–8). Nach diesem sind die Deliktstatbestände nur auf den anwendbar, der alle Deliktsvoraussetzungen in seiner Person erfüllt, so dass sich die Teilnahmevorschriften des AT als Erweiterung der Strafbarkeit, also Strafausdehnungsgründe, darstellen. Jener sieht dagegen alle kausalen Beiträge zur Tatbestandsverwirklichung als gleichwertig und damit grundsätzlich als Täterschaft an, so dass hier die Teilnahmevorschriften als sog Strafeinschränkungsgründe die Strafbarkeit begrenzen (krit Spendel JuS 74, 749, 754).

a) Die ältere Rspr hat die Unterscheidung von Täterschaft und Teilnahme auf 4 der Grundlage des extensiven Täterbegriffs im Hinblick auf die Gleichwertigkeit aller Tatbeiträge (RGSt 9, 75) nach rein subjektiven Gesichtspunkten vorgenommen (**subjektive Teilnahmelehre**; krit Analyse der Rspr bei Roxin, BGH-FG, S 177), während im Schrifttum überwiegend (anders jedoch B-Weber/Mitsch AT 29/59) auf dem Boden des restriktiven Täterbegriffs nach mehr oder minder objektiven Maßstäben abgegrenzt wird (diff Sch/Sch-Cramer/Heine 69–86). Zwar ist die in der Lehre ursprünglich herrschende **formell-objektive Theorie**, die nur den als Täter ansah, der den Tatbestand unmittelbar selbst verwirklichte, einer differenzierteren Betrachtung gewichen, bei der es vor allem darum geht, auch die Formen geistiger Tatbeherrschung ohne unmittelbaren Beitrag zur Tatbestandsverwirklichung als Täterschaft zu erfassen. Zur Bewältigung namentlich dieser Problematik haben sich die – in Einzelheiten unterschiedlichen – **materiell-objektiven Theorien** entwickelt (zusf Hoyer SK 9–15 und 10–29 zu § 25). Deren letzte und im Schrifttum jetzt ganz herrschende Ausprägung ist die **Tatherrschaftslehre,** die unter Einbeziehung auch subjektiver Elemente in der **finalen Tatherrschaft,** dem vom Vorsatz umfassten „In-den-Händen-Halten" des Tatgeschehens, das maßgebliche Unterscheidungskriterium sieht (zB Gallas, Beiträge, S 78, 130; Jescheck/Weigend AT S 651; Krey AT 2 Rdn 67–88; W-Beulke AT Rdn 517; Roxin LK 7–10 zu § 25 und AT II 25/13, 27–32; krit Freund AT 10/45, 60, alle mwN; Grundfälle zur Tatherrschaftslehre Herzberg TuT). Allerdings ist auch diese Lehre nicht einheitlich. Weil der Herrschaftsgedanke nicht für alle Tatbestände passt, ist sie in Grenzbereichen, namentlich bei den sog Pflichtdelikten, darauf angewiesen, modifizierende oder ergänzende Abgrenzungskriterien heranzuziehen, über die keine Einigkeit besteht (vgl etwa Roxin AT II 25/268 und TuT, S 335; Bloy aaO [vgl 1] S 229; Schünemann GA 86, 293, 331; Murmann, Die Nebentäterschaft im Strafrecht, 1993, S 160; Sánchez-Vera, Pflichtdelikt und Beteiligung, 1999, S 147; krit Krey AT 2 Rdn 93; s auch Bottke, Täterschaft und Gestaltungsherrschaft, 1992 und Coimbra-Sym, S 235, der den

Vor § 25 AT. 2. Abschnitt. 3. Titel. Täterschaft und Teilnahme

problematischen [mit Recht krit Lesch GA 94, 112] Versuch unternimmt, als „Baustein" eines gemeineuropäischen Strafrechtssystems den Oberbegriff der „Gestaltungsherrschaft" zu entwickeln, aus dem er die verschiedenen Formen der Täterschaft ableitet). – Eine gewisse Synthese der widerstreitenden Lehren versucht Schmidhäuser (Stub 10/163–168) mit einer wertenden Ganzheitsbetrachtung (sog Ganzheitstheorie) zu erreichen (ähnlich auch Geerds Jura 90, 173, der den Theoriengegensatz ablehnt und die wichtigsten Kriterien beider Theorien als Grundlage einer normativen Abgrenzung heranzieht). Auch neuere Lehren verhalten sich insoweit ablehnend (vgl etwa Stein, Die strafrechtliche Beteiligungsformenlehre, 1988, der die von ihm empfohlene andersartige Abgrenzung auf die Unterscheidung von Verhaltensnormen und strafrechtlichen Sanktionsnormen stützt [krit dazu Küper ZStW 105, 445]; Joerden, Strukturen des strafrechtlichen Verantwortlichkeitsbegriffs: Relationen und ihre Verkettungen, 1988, der auf Grund einer formalen Strukturanalyse jeweils direkte und indirekte Verantwortlichkeit mit Täterschaft und Teilnahme gleichsetzt; Lesch, Das Problem der sukzessiven Beihilfe, 1992, der bei Beteiligung mehrerer Mittäterschaft und Beihilfe nicht nach der Tatherrschaft [bzw dem Täterwillen], sondern nach dem Anteil des Beteiligten an dem jeweiligen, durch die Gesamttat entstandenen Normgeltungsschaden bestimmt; einschr auch Schild, Täterschaft als Tatherrschaft, 1994, der die für die Tatherrschaftslehre zentrale Unterscheidung von Handlungs- und Willensherrschaft leugnet).

5 **b)** Auf der Grundlage der subjektiven Teilnahmelehre hat die **Rechtsprechung** ursprünglich sehr undifferenziert darauf abgestellt, ob der Beteiligte „die Tat als eigene oder als fremde wollte" (sog **animus-Formel,** zB RGSt 2, 160; 3, 181; 35, 13). Danach kommt in extremen Fällen einerseits als Mittäter in Frage, wer selbst keinen tatbestandsverwirklichenden Beitrag leistet (RGSt 66, 236, 240), und andererseits als Gehilfe, wer in seiner Person den Tatbestand unmittelbar voll erfüllt (RGSt 74, 84; sog Badewannenfall). Trotz einiger Schwankungen ist der BGH dieser Rspr gefolgt (zB BGHSt 6, 226, 248; 8, 70; 28, 346, 348), hat aber versucht, die animus-Formel durch fassbarere Elemente zu objektivieren, und sie damit der Tatherrschaftslehre angenähert. So fordert er für den „Täterwillen" eine wertende Beurteilung aller Umstände (BGHSt 37, 289, 291; NStZ 91, 91; StV 97, 411; NJW 99, 2449; NJW 99, 3131 mit Bespr Kudlich JAR 00, 46, 48 und Martin JuS 00, 96; wistra 01, 420 mit Bespr Baier JA 02, 273; NStZ-RR 02, 74 mit Bespr Heger JA 02, 628 und Martin JuS 02, 505; wistra 02, 255; NStZ 02, 200 und 03, 253; Rspr-Analyse bei Roxin, BGH-FG, S 177, 194), die von der Vorstellung des Täters umfasst sind (BGHSt 36, 363, 367); dabei bezeichnet er als wesentliche Anhaltspunkte den „Willen zur Tatbeherrschung" (BGHSt 13, 162; NJW 98, 2149, 2150; NStZ-RR 01, 148; 03, 265, 267 und 04, 40), die objektive Mitbeherrschung des Geschehensablaufs (BGHSt 8, 393; 28, 346, 349; NStZ 87, 364), den Umfang der Tatbeteiligung (BGHSt 2, 150; NStZ 90, 80 und 130), das enge Verhältnis zur Tat und das eigene Interesse am Taterfolg (BGHSt 16, 12; 34, 124; 47, 383, 385; NStZ 93, 444 und 04, 330, 331; wistra 94, 57; NStZ-RR 98, 136); eine einseitige Orientierung an der Interessenlage (sog Interessentheorie, RGSt 74, 84) lehnt er ausdrücklich ab (BGHSt 8, 393; NStZ-RR 03, 309; s auch wistra 01, 420 mit Bespr Baier JA 02, 273, 275). Jedoch hat er auf der anderen Seite in einer mit § 25 I nF (dort 1) nicht mehr vereinbaren Weise die Möglichkeit bestätigt, dass die vollständige unmittelbare Tatbestandsverwirklichung auch zu bloßer Gehilfenschaft führen könne (BGHSt 18, 87 [Stachynskij-Fall]; VRS 23, 207; bei Dallinger MDR 74, 547), während er für den Sonderfall des einseitig fehlgeschlagenen Doppelselbstmords eine subjektive Abgrenzung überhaupt verwirft (BGHSt 19, 135). Im Ganzen bietet die Rspr kein einheitliches Bild (zusf Bloy aaO [vgl 1] S 99; Roxin LK 14–29 zu § 25; krit Krey AT 2 Rdn 57–66;

Hoyer SK 4–9 zu § 25). Sie bekennt sich zwar verbal meist noch zur subjektiven Teilnahmelehre, übernimmt häufig aber Maßstäbe der Tatherrschaftslehre (zB BGHSt 8, 393; 19, 135) und hat neuerdings ausdrücklich auch auf die „vom Täterwillen getragene objektive Tatherrschaft" (BGHSt 35, 347, 353; ähnlich auch BGHSt 43, 219, 232, StV 94, 241 und NJW 99, 2449) und die „Tatherrschaft" abgestellt (BGHSt 45, 270, 296; 47, 383, 385; NStZ-RR 03, 253; krit hinsichtlich deren tatsächlicher Relevanz für die Rspr gerade bei der Abgrenzung von Mittäterschaft und Beihilfe Heger JA 02, 628, 631 und Schroth JZ 03, 215 sowie schon Joecks MK § 25 Rn 26 und Roxin TuT S 633). Diese Unsicherheit der Anknüpfung erschwert es sehr, hinreichend bestimmte Abgrenzungskriterien zu entwickeln. Zahlreiche Untersuchungen haben ergeben, dass es in der Rspr überwiegend Strafwürdigkeitserwägungen des Einzelfalls sind, die letztlich den Ausschlag geben (Roxin TuT, S 632; Herzberg TuT, S 6; Jescheck/Weigend AT S 651).

c) Die im Schrifttum überwiegend vertretene **Tatherrschaftslehre** (vgl 4) verdient angesichts der Rechtsunsicherheit, die mit der subjektiven Lehre verbunden ist, den Vorzug. Obwohl auch in ihrem Bereich noch manches nicht abschließend geklärt ist, gewährleistet sie doch Ergebnisse, die im Durchschnitt bestimmter und damit eher vorausberechenbar sind als die der subjektiven Lehre (vgl die Nachw unter 4 sowie Roxin JZ 66, 293 und LK 33–36 zu § 25; Otto Jura 87, 246; Sch/Sch-Cramer/Heine 62–65; aM Baumann JuS 63, 85; Arzt JZ 81, 412, 414; B-Weber/Mitsch AT 29/59–72) und auch die der strukturärmeren Ganzheitstheorie (hM; anders Schmidhäuser, Stree/Wessels-FS, S 343). Allerdings haben sich die Gegensätze infolge der Annäherung der Rspr an die Tatherrschaftslehre (vgl 5) erheblich verringert (Küpper GA 86, 437; Frisch LdRerg 8/1620, S 4; s auch Geerds Jura 90, 173). **6**

3. Zu den **Formen der Täterschaft** vgl § 25. **7**

4. Teilnahme im Sinne der Beteiligung an fremder Tat kann **Anstiftung** oder **Beihilfe** sein (§§ 26, 27). Nach der sog akzessorietätsorientierten Verursachungstheorie ist Strafgrund der Teilnahme, dass Anstifter und Gehilfen die vom Täter begangene rechtswidrige Tat fördern bzw mitverursachen (hM; vgl Kühl AT 20/132 mwN; Nikolidakis, Grundfragen der Anstiftung, 2004, S 19, 49; aus der Rspr Frankfurt NJW 04, 2028, 2032; diff Gössel, Spinellis-FS, S 379, der fünf Arten von Gründen unterscheidet; anders Schumann, Strafrechtliches Handlungsunrecht und das Prinzip der Selbstverantwortung der Anderen, 1986, S 49, der auf die Solidarisierung mit fremdem Unrecht abstellt, und Jakobs GA 96, 253, der Voraussetzungen gemeinsamer Organisation entwickelt, aus denen er die objektive Zurechnung der Haupttat als jeweils eigene Tat auch der anderen Beteiligten ableitet; diff Roxin, Stree/Wessels-FS, S 365, der neben akzessorischen auch nichtakzessorische Elemente des Teilnahmeunrechts anerkennt; ebenso Sch/Sch-Cramer/Heine 17 a; diff auch zwischen Beihilfe und Anstiftung Heghmanns GA 00, 473, der auf die konkrete Erhöhung oder Schaffung der Gefahr für das Rechtsgut abstellt; zusf Frisch LdRerg 8/1620, S 11). Die sog Schuldteilnahmetheorie, die den Strafgrund daraus herleitet, dass der Teilnehmer den Täter schuldig werden lässt (Mayer AT S 155) ist überholt (ebenso Heghmanns aaO S 475). Dagegen ist auf der Grundlage einiger, nicht ganz übereinstimmender Verursachungstheorien umstritten, ob und mit welchen Maßgaben selbstständige Straftatbestände der Teilnahme (sog Teilnehmerdelikte) angenommen werden können. Lüderssen (Der Strafgrund der Teilnahme, 1967 und Miyazawa-FS, S 449), Meyer (GA 79, 252), Stein (aaO [vgl 4] S 86), Renzikowski (aaO [vgl 2] S 123) und Schmidhäuser (Stub 10/6 ff) treten dafür ein, behaupten jedoch eine Loslösung vom Unrecht der Haupttat in unterschiedlichem Umfang (krit Herzberg ZStW 99, 49, 61 und Heghmanns aaO S 473). Im Ganzen sind die Meinungsverschiedenheiten von untergeordneter Bedeutung, weil die sachlichen Differenzen über den Umfang der Abhängigkeit von der Haupttat vergleichsweise gering sind und meist auch ohne Zuhilfenahme des Strafgrundes der Teilnahme erklärt werden können (zusf Otto JuS 82, 557; Roxin LK 1–22 vor § 26; krit Bloy aaO [vgl 1] S 172 und JA 87, 490, 492; beachte auch die von der hM teilweise abw Konzeptionen von Herzberg GA 71, 1 und Sax ZStW 90, 927).

9 **a) aa)** Teilnahme setzt das Vorliegen (oder den mit Strafe bedrohten Versuch) einer **fremden Tat,** der sog **Haupttat,** voraus, von der die Beurteilung der nichttäterschaftlichen Tatbeiträge abhängt. Als Haupttat genügt eine rechtswidrige Tat (18 zu § 11), bei der die Schuld des Täters unerheblich ist (sog **limitierte Akzessorietät,** 1 zu § 29; krit Hruschka ZStW 110, 581, 603); auch auf seine Strafmündigkeit (§ 19) kommt es nicht an; er muss aber handlungsfähig sein (Bay NStZ-RR 03, 276). Allerdings muss sie ein Rechtsgut verletzen, das auch **für den Teilnehmer fremd** ist (hM); denn nach ihrem Strafgrund (vgl 8) erfordert Teilnahme an vollendeter Tat einen Angriff des Haupttäters auf ein auch gegenüber dem Teilnehmer geschütztes Rechtsgut (Roxin, Stree/Wessels-FS, S 365; Nikolidakis aaO [vgl 8] S 51; Jakobs AT 22/8; Kühl AT 20/139; Otto GK 1 22/7; Hoyer SK 31, 32 vor § 26; s auch Nowak JuS 04, 197 mit Fallbeispielen zu § 246). – Ferner muss die Haupttat mit **Vorsatz** (uU auch im Rahmen einer Vorsatz-Fahrlässigkeitskombination, 23 zu § 11) im Sinne des Wissens und Wollens der Tatbestandsverwirklichung (3–30 zu § 15) begangen sein. Davon entbindet § 29 nicht (so schon BGHSt 9, 370). Die §§ 26, 27 I stellen das ausdrücklich klar. Teilnahme an vorsatzloser Tat (sog Urheberschaft) gibt es daher nicht (Baumann JuS 63, 132; Gimbernat, Henkel-FS, S 151, 157; aM Roxin TuT, S 364 und JZ 66, 293; Rudolphi GA 70, 353, 360 und Maurach-FS, S 51, 67). Mindestens ist sie nach §§ 26, 27 nicht mehr mit Strafe bedroht (hM); jedoch schließt der Erlaubnistatbestandsirrtum (9–18 zu § 17) des Haupttäters die Vorsätzlichkeit seiner Tat nicht aus (Roxin LK 26, 27 vor § 26 und in: TuT, S 554; Rudolphi SK 13 zu § 16; im Ergebnis ebenso Frisch, Vorsatz und Risiko, 1983, S 252; aM die meisten Anhänger der unter 17 vor § 13 behandelten Lehre von den negativen Tatbestandsmerkmalen sowie Herzberg JA 89, 294, 297; Hoyer SK 37 vor § 26; Sch/Sch-Cramer/Heine 29–32).

10 bb) Außerdem ergibt ein argumentum a maiore ad minus, dass mindestens **wie ein Anstifter** erfasst werden müsste, wer bei Leistung seines Tatbeitrags irrig annimmt, der Haupttäter handele vorsätzlich (so auf Grund früheren Rechts Gallas, Beiträge, S 78, 106; aM BGHSt 9, 370, 382; Bockelmann, Gallas-FS, S 261; gegen BGHSt 9, 370 B-Weber/Mitsch 30/26, 27). Hier steuert der Hintermann das Geschehen objektiv wie ein (mittelbarer) Täter, während er subjektiv als bloßer Teilnehmer zu handeln glaubt. Eine Bestrafung wegen Anstiftung wäre deshalb „Kriminalpolitisch wünschenswert" (Roxin TuT, S 556). Da jedoch § 26 ausdrücklich eine (hier nicht gegebene) „vorsätzliche" Haupttat voraussetzt, wird man über die Wortlautschranke (6 zu § 1) nicht hinwegkommen und die sinnwidrige Einschränkung der Strafbarkeit hinnehmen müssen (so im Ergebnis die hM; vgl etwa KG NJW 77, 817, 819 mit Bespr Schall JuS 79, 104, 106; Herzberg TuT, S 46; Maiwald ZStW 88, 712, 730; Cramer, Bockelmann-FS, S 389, 399; Otto JuS 82, 557, 560; Krey AT 2 Rdn 227; Kühl AT 20/89; Roxin LK 142–145 zu § 25; Sch/Sch-Cramer/Heine 79; Tröndle/Fischer 10; zusf Kretschmer Jura 03, 535). – Zu dem umgekehrten Fall, dass der Hintermann den deliktisch handelnden Täter irrig für sein Werkzeug hält, 5 zu § 25.

11 **b)** Teilnahme auch **ohne Begehung oder Versuch einer Haupttat** ist nur nach § 30 strafbar. Handlungen, die strukturell als Teilnahme oder versuchte Teilnahme an fremdem Tun erscheinen, sind bisweilen auch selbstständig mit Strafe bedroht (zB in §§ 111, 120, 160, 180); ihre Begehung ist Täterschaft.

Täterschaft **§ 25**

5. Von **notwendiger Teilnahme,** die hier nicht unbedingt Beteiligung an „fremder" Tat bedeutet, spricht man, wenn die Tatbestandsverwirklichung die Mitwirkung mehrerer begrifflich voraussetzt (ähnlich Hoyer SK 70 vor § 26). Sie macht bei den sog Konvergenzdelikten (Küper GA 03, 363, 377), bei denen die notwendig Mitwirkenden in derselben Rolle handeln (zB der Gefangenenmeuterei nach § 121), keine Schwierigkeiten. Bei den sog Begegnungsdelikten, in denen die notwendig Beteiligten verschiedene Rollen haben (zB Sexueller Missbrauch von Schutzbefohlenen, § 174; Förderung sexueller Handlungen Minderjähriger, § 180 I), ist ihre besondere Problematik zwar allgemein anerkannt, in ihrer dogmatischen Ableitung und den Einzelheiten aber umstritten (vgl etwa Lange, Die notwendige Teilnahme, 1939; Otto, Lange-FS, S 197; Wolter JuS 82, 343; Bohnert, Meyer-G, S 519; Osamu Jura 99, 246). Immerhin besteht aber für die Mehrzahl der einschlägigen Vorschriften Einverständnis, dass die im Tatbestand nicht mit Strafe bedrohten Beteiligten, zB der begünstigte Gläubiger in § 283 c I (hM; dort 8), straflos sind, soweit sie nicht das notwendige Maß der Mitwirkung überschreiten (BGHSt 10, 386; 15, 377; 19, 107; Sch/Sch-Cramer/Heine 47 a). Darüber hinaus sind diejenigen notwendig Beteiligten, zu deren Schutz ein Tatbestand dient, auch wegen weitergehender Beteiligung straflos, wenn sie kein anderes Strafgesetz verletzen (BGHSt 10, 386; speziell zu § 180 I dort 14 und zu § 216 II dort 7). Während anfangs die Straflosigkeit dogmatisch meist unmittelbar aus der Teilnahmelehre abgeleitet wurde (zB Lange aaO), hat sich das Schwergewicht zunehmend auf die Auslegung der einschlägigen Deliktstatbestände verlagert. So verwirft Sowada, Die „notwendige Teilnahme" als funktionales Privilegierungsmodell im Strafrecht, 1992, ein einheitliches Prinzip und stützt statt dessen seine Ergebnisse entweder auf allgemeingültige Prinzipien (namentlich zur Begr der Straflosigkeit des geschützten Tatopfers, aaO S 62) oder auf die Besonderheiten der jeweiligen Tatbestände (aaO S 161, 195, 221 und GA 95, 60). Ähnlich arbeitet Gropp, Deliktstypen mit Sonderbeteiligung, 1992, typische Fallgruppen heraus, bei denen auf Grund einer methodisch geleiteten Auslegung der jeweiligen Tatbestände die Straflosigkeit des notwendig Beteiligten begründbar ist (aaO S 125 sowie AT 10/157–179). 12

6. Ist jemand an derselben Tat **mehrfach** beteiligt (zB als Mittäter und Anstifter), so geht die leichtere als subsidiäre (26 vor § 52) Beteiligungsform regelmäßig in der schwereren auf (RGSt 62, 74; 63, 133; Hoyer SK 29 vor § 26), also Anstiftung und Beihilfe in Täterschaft (BGHSt 30, 28; 47, 188, 202; NStZ 00, 421) und Beihilfe in Anstiftung (BGHSt 4, 244). Teilnahme an Anstiftung oder Beihilfe ist (mittelbare) Teilnahme an der Haupttat (vgl auch 8 zu § 26; krit Hruschka aaO [vgl 9] S 605); treffen dabei ungleichwertige Teilnahmehandlungen zusammen (Anstiftung zur Beihilfe, RGSt 59, 396; Beihilfe zur Anstiftung, RGSt 14, 318), so entscheidet die mildere Form (str; vgl Schwind MDR 69, 13; Herzberg GA 71, 1). 13

7. Von den Beteiligungsformen sind die sog **Anschlussstraftaten** (zB Begünstigung, Strafvereitelung, Hehlerei und Geldwäsche, §§ 257 bis 261) und **Bezugsstraftaten** (zB Nichtanzeige von Verbrechen, § 138) zu unterscheiden. Sie sind selbstständige Taten. 14

§ 25 Täterschaft

(1) **Als Täter wird bestraft, wer die Straftat selbst oder durch einen anderen begeht.**

(2) **Begehen mehrere die Straftat gemeinschaftlich, so wird jeder als Täter bestraft (Mittäter).**

1. Abs 1 unterscheidet im Rahmen der Täterschaft (1 vor § 25) zwischen dem unmittelbaren und dem mittelbaren Täter (krit Schild, Täterschaft als Tatherr- 1

§ 25 AT. 2. Abschnitt. 3. Titel. Täterschaft und Teilnahme

schaft, 1994, nach dem beide Formen der Täterschaft in einem umfassenden Täterbegriff aufgehen, so dass auch der mittelbare Täter die Tat „selbst" begeht [abl Bloy GA 96, 239]).

a) Unmittelbarer Täter ist, wer die Tat selbst begeht. Nach den Begründungen zu § 29 E 1962 (S 49) und § 27 AE (S 67) trifft das für den zu, der alle Tatbestandsmerkmale in seiner Person verwirklicht (einschr auf die vollständig eigenhändige Schaffung des im tatbestandlichen Erfolg verwirklichten unerlaubten Risikos Hoyer SK 36 mwN). Er ist danach stets Täter (uU auch Mittäter [sog additive Mittäterschaft; dazu Bloy GA 96, 424, 426; Dencker, Kausalität und Gesamttat, 1996, S 127]), kann also nicht nach der subjektiven Teilnahmelehre (4, 5 vor § 25) wegen fehlenden Täterwillens bloßer Gehilfe sein (so jetzt Stuttgart NJW 78, 715; offen gelassen in NStZ 87, 224; s auch StV 90, 203; NStZ 99, 83 und NStZ-RR 99, 186; zu BGH-Rspr Roxin, BGH-FG, S 176, 189). Gegenüber dieser klaren gesetzgeberischen Entscheidung fallen inhaltlich abweichende Beratungen des Sonderausschusses für die Strafrechtsreform nicht ins Gewicht (Roxin TuT, S 549 mwN; ebenso Kühl AT 20/30). – Im Rahmen der **Produkthaftung** rechnet die Rspr neuerdings die in einem Betrieb verursachten schädlichen Erfolge auch demjenigen zu, der sie durch betriebliche Maßnahmen tätig veranlasst hat (BGHSt 37, 106, 114; vgl dazu 40 zu § 15); nähere Voraussetzungen und Grenzen dieser Haftung sind noch weitgehend ungeklärt (expl Schünemann, in: Breuer ua [Hrsg], Umweltschutz und technische Sicherheit im Unternehmen, 1994, S 144; Ransiek ZGR 99, 613, 633; krit Heine, Eser-Beitr, S 51, 59). Sie erfüllt jedenfalls nicht durchgängig die Voraussetzungen mittelbarer Täterschaft und muss deshalb mindestens in Teilbereichen als unmittelbare Täterschaft verstanden werden (beachte dazu Dencker aaO S 165, der die Zurechnung der von einem Kollektiv begangenen Tat zu Individuum auf den Grundgedanken des § 25 II stützt).

2 **b) Mittelbarer Täter** ist, wer die Tat „durch einen anderen" begeht, dh einen anderen als Tatmittler (Werkzeug) für sich handeln lässt (zusf Frisch LdRerg 8/1620, S 5–8). Das setzt nach der Tatherrschaftslehre seine Tatherrschaft (nach der subjektiven Lehre seinen Täterwillen, BGHSt 9, 370, 380; beachte jedoch zur Rspr Roxin, BGH-FG, S 176, 190) voraus (hM; prinzipiell abw Schumann, Strafrechtliches Handlungsunrecht und das Prinzip der Selbstverantwortung der Anderen, 1986, S 69; im Ansatz abw auch Kindhäuser, Bemmann-FS, S 339, 346 und Jakobs GA 97, 553, die auf Verantwortlichkeit bzw Zuständigkeit des Hintermannes für den Defekt des Ausführenden abheben); das Gesamtgeschehen muss sich als Werk des Hintermanns darstellen, dieser also den Tatmittler – etwa in Folge Irrtums, Zwanges oder Schuldunfähigkeit – in der Hand haben (Cramer, Bockelmann-FS, S 389, 397; Jescheck/Weigend AT S 663; eingehend Meyer, Ausschluss der Autonomie durch Irrtum, 1984; zusf Hünerfeld ZStW 99, 228, 234). Tatmittler kann daher im Allgemeinen nicht sein, wer den Tatbestand – sei es auch auf Grund eines vom Hintermann verursachten Motivirrtums – selbst vorsätzlich, rechtswidrig und schuldhaft verwirklicht; denn die Bewertung des Gesetzes, die den Vormann für seine Tat verantwortlich macht, schließt es regelmäßig aus, ihn zugleich als Werkzeug eines anderen anzusehen **(Verantwortungsprinzip)**. Ob dieses Prinzip überhaupt als maßgebendes Abgrenzungskriterium taugt (dazu Herzberg Jura 90, 16) und ob es Ausnahmen verträgt, ist umstritten (vgl etwa Schroeder, Der Täter hinter dem Täter, 1965; Herzberg TuT, S 13, 14, 27; Roxin, Lange-FS S 173 und in TuT, S 211; Bloy, Die Beteiligungsform als Zurechnungstypus im Strafrecht, 1985, S 345; Joerden, Strukturen des strafrechtlichen Verantwortlichkeitsbegriffs: Relationen und ihre Verkettungen, 1988, S 62; Küper JZ 89, 935; Murmann GA 98, 78, 85; Renzikowski, Restriktiver Täterbegriff und fahrlässige Beteiligung, 1997, S 81; Krey AT 2 Rdn 104; s auch Hruschka ZStW 110, 581, 606). Die bisher uneinheitliche Rspr (dazu BGHSt 40,

218; vgl auch BGHSt 43, 219, 231; Heine JZ 00, 920) erkennt neuerdings mit Recht Ausnahmen vom Verantwortungsprinzip – im Anschluss an Roxin (vgl Roxin AT II 25/110, 111) – in Fallgruppen an, die dadurch gekennzeichnet sind, dass der Hintermann durch **Organisationsstrukturen** vorgegebene Rahmenbedingungen ausnutzt, innerhalb deren sein Tatbeitrag regelhafte Abläufe auslöst (BGHSt 40, 218 mit zT krit Bespr Roxin JZ 95, 49, Jakobs NStZ 95, 26, Jung JuS 95, 173, Schroeder JR 95, 177, Gropp JuS 96, 13, Murmann GA 96, 269 und Otto JK § 25 I/3; BGHSt 45, 270, 296; 48, 77, 90; der Rspr zust Rogall, BGH-FG, S 383, 420; Rummler, Die Gewalttaten an der deutsch-deutschen Grenze, 2000, S 431, 464; s auch BGHSt 40, 257, 266 und 307, 316; Bloy GA 96, 424, 437; Hirsch, AkadWissNRW, Vorträge G 342, S 22; Ambos GA 98, 226; Küpper GA 98, 519, 523; probl BGHSt 42, 65 mit krit Bespr Otto JK § 25 I/6; krit Analyse der Rspr bei Rotsch ZStW 112, 518, 536; zusf Frisch LdRerg 8/1620, S 8). Erforderlich ist danach Handeln in einer hierarchischen Machtstruktur, in der die leitenden Funktionäre auf Grund ihrer faktisch anerkannten Autorität die ausführenden Befehls- oder Weisungsempfänger reibungslos und austauschbar einsetzen können (auf diese „Fungibilität" hebt Roxin AT II 25/107 ab). Hier hat der Hintermann trotz der Verantwortlichkeit des Vordermanns die Fäden in einem Maße in der Hand, das es rechtfertigt, ihn als Tatherrn (Täter hinter den Täter) anzusehen (Ebert, Hanack-FS, S 501, 533; Rogall, BGH-FG, S 383, 420; iE auch Schlösser, Soziale Tatherrschaft, 2004, S 357, der sog „Schreibtischtäter" als mittelbare Täter „kraft sozialer (Tat-)Herrschaft" einstuft; krit Jakobs aaO, Donna, Gössel-FS, S 261 und Schild NK 275; einschr Hoyer SK 90; abl Rotsch aaO S 108; Renzikowski aaO S 87; Herzberg, in: Amelung [Hrsg], Individuelle Verantwortung und Beteiligungsverhältnisse ..., 2000, S 33 mit Replik Roxin und Duplik Herzberg, S 57; Joecks 48; Köhler AT S 510; Otto GK 1 21/92). Liegt der Tatbeitrag in einer bloßen Vergatterung, die die Befehlslage für die Grenzsoldaten lediglich aktualisiert, so ist nur Beihilfe gegeben (BGHSt 47, 100). – Solche Organisationsstrukturen kommen nicht nur in staatlichen, sondern auch unternehmerischen oder sonst geschäftsähnlichen Gebilden vor und erlauben es deshalb, auch Bereiche des organisierten Verbrechens einzubeziehen (BGHSt 40, 218; NJW 98, 767, 769 mit krit Bespr Dierlamm NStZ 98, 568 und Otto JK § 25 I/7; JR 04, 245 mit Anm Rotsch; krit zu Rspr Roxin, BGH-FG, S 177, 192 und Schünemann, BGH-FG, S 621, 628; der Rspr zust Kuhlen, BGH-FG, S 647, 671; abl Murmann aaO und Muñoz Conde, Roxin-FS, S 609; krit Heine, in: Eser-Beitr, S 51, 61 und SchwZStr 01, 22, 24, 29 sowie Sch/Sch-Cramer/Heine 25 a; Rotsch NStZ 98, 491, 493 und wistra 99, 321, 326; Renzikowski aaO S 90; Hoyer, Die strafrechtliche Verantwortlichkeit innerhalb von Weisungsverhältnissen, 1998, S 28; Küpper aaO S 524; Bosch, Organisationsverschulden in Unternehmen, 2002, S 241; Roxin AT II 25/129–138; einschr auf bestimmte Formen Ambos aaO S 239; einschr auch Bottke, Gössel-FS, S 235; weiterführend Ransiek ZGR 99, 613, 634, der auf die Einbindung in die Organisation abstellt).

aa) Die **Tatbestandsmäßigkeit,** dh der äußere und innere Tatbestand, ist nicht in der Person des Tatmittlers, sondern in der des mittelbaren Täters zu prüfen (Sch/Sch-Cramer/Heine 7). Es ist daher unerheblich, ob der Tatmittler tatbestandsmäßig handelt; außerdem kann sich sein error in obiecto für den Hintermann – ebenso wie bei der Anstiftung (6 zu § 26) – als aberratio ictus auswirken (Roxin LK 149; aM Streng JuS 91, 910, 916, beide mwN; str). – Mittelbare Täterschaft **scheidet danach aus,** wenn dem Hintermann eine besondere, im Tatbestand vorausgesetzte Täterqualität fehlt (sog Sonderdelikte, 33 vor § 13; BGHSt 2, 169) oder wenn der Tatbestand nach der ihm zugrundeliegenden gesetzgeberischen Entscheidung unmittelbares Handeln voraussetzt (sog **eigenhändige Delikte**). Diese zweite Deliktskategorie ist zwar als solche überwiegend anerkannt, jedoch im Hinblick auf die sie begründenden Merkmale und die Abgrenzung im

§ 25 AT. 2. Abschnitt. 3. Titel. Täterschaft und Teilnahme

Einzelnen noch nicht abschließend geklärt (zusf Herzberg ZStW 82, 896; Schall JuS 79, 104; Haft JA 79, 651; Wohlers Schw ZStR 98, 95; Roxin LK 40–46; Schild NK 16; Sch/Sch-Cramer/Heine 86; die Rechtsfigur ganz abl Schubarth SchwZStr 96, 325; zweifelnd auch Jakobs AT 21/19–23; eingehend Fuhrmann, Das Begehen der Straftat gem. § 25 Abs. 1 StGB, 2004); zu ihr gehören nach hM namentlich Delikte, bei denen ein spezifischer Handlungsunwert im Vordergrund steht, wie zB Beischlaf zwischen Verwandten (6 zu § 173) und sexueller Missbrauch widerstandsunfähiger Personen (2 zu § 179), nicht aber „sexuelle Nötigung; Vergewaltigung" (2 zu § 177), daneben auch einige weitere Delikte, wie zB Aussagedelikte (7 vor § 153) und das Führen von Fahrzeugen in fahruntüchtigem Zustand (4 zu § 315 c).

4 bb) Mittelbare Täterschaft kraft Willens- oder Wissensherrschaft (namentlich Nötigungs- oder Irrtumsherrschaft) **kommt** vor allem **in Frage:** Wenn der Tatmittler tatbestandslos handelt (hM; vgl etwa Frisch LdRerg 8/1620, S 6; einschr Jakobs GA 96, 253, 267), zB bei Selbstverletzung oder -tötung (BGHSt 32, 38 [krit Spendel, Lüderssen-FS, S 605: unmittelbare Täterschaft; krit auch Joerden, in: Kaufmann, Hrsg, Wahn und Wirklichkeit, 2003, S 255; s auch Hillenkamp, Schreiber-FS, S 135, 146]; bei Holtz MDR 81, 631; Küpper GA 98, 519, 520; Meurer NJW 00, 2936, 2937; Roxin LK 66–68, 106–117; eingehend Meyer aaO [vgl 2] S 3; beachte auch 13–13 b vor § 211; für „rechtfertigungsähnliche" Situationen vgl auch Sch/Sch-Cramer/Heine 10 mwN); wenn er sich im Tatbestandsirrtum befindet (BGHSt 30, 363, 364; s auch BGHSt 42, 65, 70; krit zur Begründung mit überlegenem Wissen Jakobs GA 97, 553; dagegen Küpper aaO S 522); wenn er gerechtfertigt ist, zB bei zulässiger durch Täuschung veranlasster Verhaftung oder bei provozierter Notwehrlage (BGHSt 3, 4; 10, 306; eingehend Randt, Mittelbare Täterschaft durch Schaffung von Rechtfertigungslagen, 1997; speziell zur Verursachung einer Notwehrlage Kudlich JuS 00, L 49; speziell zum Prozessbetrug Krey AT 2 Rdn 122); wenn er durch eine wahre Anzeige bewusst einen rechtswidrig handelnden Staatsapparat für eigene Ziele ausnutzt (BGHSt 42, 275, 277 mit Bespr Martin JuS 97, 600); wenn er schuldunfähig (NJW 83, 462) oder wegen eines Einsichtsmangels, der stets einen Verbotsirrtum begründet (BGHSt 21, 27), vermindert schuldfähig ist (Roxin LK 120–124; weiter Schaffstein NStZ 89, 153 und Sch/Sch-Cramer/Heine 41 mwN, die verminderte Schuldfähigkeit voll einbeziehen; aM Herzberg TuT, S 12, Schumann aaO [vgl 2] S 76 und Jakobs AT 21/94 mwN, die Fälle des § 21 ganz ausscheiden; zw); wenn er in unvermeidbarem (unstr) oder auch nur in vermeidbarem (BGHSt 35, 347 mit durchweg krit, dem Ergebnis aber zust Bespr Schaffstein aaO, Küper JZ 89, 935, Herzberg Jura 90, 16, Schumann NStZ 90, 32 und Meurer NJW 00, 2936, 2938; krit Spendel, Lüderssen-FS, S 605, 608: Anstiftung; für Anstiftung und Beihilfe Joerden aaO S 264; krit auch Krey AT 2 Rdn 147–155; s auch BGHSt 40, 257, 266 mit krit Bespr Otto JK § 25 I/4; Otto Jura 87, 246, 254 und in: Roxin-FS, S 483; Bottke JuS 92, 765, 767; Jakobs GA 96, 253, 267; Kindhäuser, Bemmann-FS, S 339, 341; Murmann GA 98, 78) Verbotsirrtum handelt; wenn er wegen Notstands (§ 35 I) entschuldigt ist (RGSt 31, 395; 64, 30; Krey AT 2 Rdn 108; s auch Hruschka aaO [vgl 2] S 603); oder wenn er bei einem manipulierten error in persona (13 zu § 15; Sch/Sch-Cramer/Heine 23; aM Joecks 40; s auch Haft/Eisele, Keller-GS, S 81, 99) oder sonst einer gleichwertigen Manipulation den konkreten Handlungssinn verkennt (Roxin, Lange-FS, S 173, 189; Meyer aaO S 99; Neumann JA 87, 244, 250; einschr auf Strafzumessungsrelevanz Hoyer SK 75–78; aM Bloy aaO [vgl 2] S 358; Schumann aaO [vgl 2] S 76; Otto Jura 87, 246, 255; Herzberg Jura 90, 16, 25; Muñoz Conde ZStW 106, 547, 561; Renzikowski aaO [vgl 2] S 82; zw). Von der subjektiven Teilnahmelehre aus folgerichtig rechnet der BGH hierher auch den Fall, dass der die Tathandlung unmittelbar Ausführende nur Gehilfe ist (doloses Werkzeug, BGHSt 2, 169, 170; krit Spendel, Lange-FS, S 147, 160). –

Täterschaft § 25

Aufgrund normativer Deutung des Tatherrschaftsbegriffs kann Zentralgestalt des Geschehens und daher mittelbarer Täter auch sein: wer als **Amtsträger** dem gutgläubigen Tatmittler eine wirksame, aber **materiell rechtswidrige behördliche Erlaubnis** erteilt (10 vor § 324); wer sich eines anderen, dem nur die im Tatbestand geforderte Absicht fehlt **(absichtsloses doloses Werkzeug),** als Tatmittler bedient (Gallas, Beiträge, S 78, 100; aM Roxin LK 140, 141; zw); [der Standardfall dieser Fallgruppe – fehlende Sich-Zueignungsabsicht des Tatmittlers – ist wegen der Einbeziehung der Drittzueignungsabsicht in § 242 (dort 26 a) entfallen (Jäger JuS 00, 651, 652; Krey AT 2 Rdn 144; Roxin AT II 25/155; Frisch LdRerg 8/1620, S 7; vgl aber Dencker, 6. StrRG Einf, 1/36–39); ob sie für Fälle der fehlenden Drittzueignungsabsicht (vgl Noak, Drittzueignung und 6. Srafrechtsreformgesetz, 1999, S 59, 73; Fahl JA 04, 287; W-Beulke AT Rdn 537) fortlebt, bleibt abzuwarten]; wer beim echten Sonderdelikt einen anderen, dem nur die im Tatbestand (zB in § 339) vorausgesetzte Täterqualität fehlt **(qualifikationsloses doloses Werkzeug),** als Tatmittler für sich handeln lässt (Gallas aaO, Jescheck/Weigend AT S 669; Schünemann LK 39 zu § 288: „Garantensonderdelikt"; im Ergebnis ebenso Herzberg TuT, S 31 und Roxin LK 134, 138, die allerdings die Täterschaft des Hintermanns nicht auf die Tatherrschaft, sondern auf dessen Pflichtbindung stützen; ebenso Sánchez-Vera, Pflichtdelikt und Beteiligung, 1999, S 163, der unmittelbare Täterschaft annimmt; aM Bloy aaO S 237 und Stratenwerth/Kuhlen AT I 12/38–41, die eine nicht mit Strafe bedrohte Mischform annehmen; abw ferner Wagner, Amtsverbrechen, 1975, S 378; Spendel aaO S 155, beide mwN); zur mittelbaren Täterschaft des befehlserteilenden Vorgesetzten Hoyer aaO [vgl 2] S 18.

cc) Soweit es auf die Abgrenzung zwischen mittelbarer Täterschaft und **Anstiftung** ankommt (zB Bestimmung eines Schuldunfähigen zur Begehung einer rechtswidrigen Tat; vgl 18 zu § 11; 1 zu § 29), entscheidet das Vorliegen oder Fehlen der Tatherrschaft bzw nach subjektiver Lehre des Täterwillens; damit hat die Täterschaft – auch als mittelbare – grundsätzlichen Vorrang vor der Teilnahme (primärer Täterbegriff). – Wer den Mangel in der Person des Tatmittlers kennt, hat idR (aber nicht notwendig) Tatherrschaft (Täterwillen). Handelt ein unmittelbarer Täter volldeliktisch, hält ihn aber der Hintermann irrig für sein Werkzeug (zB irrige Annahme der Schuldunfähigkeit), so fehlt es an der Tatherrschaft, so dass Anstiftung als die mindere Beteiligungsform (arg a maiore ad minus) anzunehmen ist (Gallas, Beiträge, S 78, 107; Tenckhoff JuS 76, 526, 528; Cramer Bockelmann-FS, S 389, 399; Roxin LK 147; Sch/Sch-Cramer/Heine 79 vor § 25; aM Letzgus, Vorstufen der Beteiligung, 1972, S 30; Herzberg TuT, S 45; Krey AT 2 Rdn 311 und Hoyer SK 145, die nur versuchte mittelbare Täterschaft annehmen; zusf Kretschmer Jura 03, 535, 536); nach der subjektiven Theorie bleibt dagegen in diesen Fällen der Täterwille unberührt (Baumann JZ 58, 230, 232). Zu dem umgekehrten Fall, dass der Hintermann irrig volldeliktisches Handeln des Vormanns annimmt, 10 vor § 25. 5

c) Zum **Versuch** bei mittelbarer Täterschaft 9 zu § 22. 6

d) Mittelbare Täterschaft durch **Unterlassen** ist mangels „Anstoßes" und steuernder Beherrschung eines Tatmittlers durch einen Unterlassenden nicht möglich (noch hM, vgl etwa Otto GK 1 21/108 und Kühl AT 20/267; aM Brammsen NStZ 00, 337); dies sieht die Rspr in Fällen des Unterlassens mehrerer gleichrangiger Inhaber zentraler staatlicher Macht anders; ihnen werden die Tötungen durch die von Mauerschützen wegen ihrer „Tatherrschaft" (oben 2) zugerechnet (BGHSt 48, 77 mit kontroverser Bespr Dreher JuS 04, 17, Knauer NJW 03, 3101, Ranft JZ 03, 582 und Otto JK 34 zu § 13). 6 a

2. Unter dem Gesichtspunkt der Beteiligung mehrerer ist im Rahmen der Täterschaft (1 vor § 25) zwischen **dem Alleintäter, dem Nebentäter und dem** 7

§ 25 AT. 2. Abschnitt. 3. Titel. Täterschaft und Teilnahme

Mittäter zu unterscheiden (Küpper GA 98, 519). **Abs 2** behandelt nur den Fall der Mittäterschaft.

8 **a) Bei Allein- und Nebentäterschaft** verwirklicht der Täter den Tatbestand vollständig (NStZ 94, 91), und zwar entweder als alleiniger Täter oder unter kausaler Mitwirkung des Beitrags eines unabhängig von ihm handelnden anderen Täters; im letzteren Falle sind beide selbstständig als Täter zu behandeln (BGHSt 4, 20; bei Holtz MDR 96, 117; Küpper GA 98, 519, 525; Frisch LdR 8/1620, S 9; eingehend Murmann, Die Nebentäterschaft im Strafrecht, 1993, S 183; krit Fincke GA 75, 161).

9 **b) Mittäterschaft** ist bewusstes und gewolltes Zusammenwirken mehrerer (nicht nur Handeln aus einer Gruppe, BGHSt 41, 149 [beachte jedoch BGHSt 42, 65, 68], aus familiärer Verbundenheit, NStZ 96, 227, auf Grund gemeinsam gewonnener Erkenntnisse oder gemeinsam angestellter Überlegungen, BGHSt 24, 286, 288; s auch StV 92, 160) bei Begehung ein und derselben Tat (NJW 58, 349; probl NStZ 97, 82 mit abl Anm Stein StV 97, 582; zusf Roxin JA 79, 519; Seelmann JuS 80, 571); fehlt es am Zusammenwirken, so kommt Nebentäterschaft in Frage (vgl 8). Jeder Mittäter führt die Tat selbst und zugleich dadurch aus, dass er die anderen für sich handeln lässt; sein Tatbeitrag ergänzt die übrigen zum Ganzen der Tat, die ihm deshalb voll zugerechnet wird (RGSt 71, 23; BGHSt 48, 189, 192; NJW 99, 3131; wistra 01, 217; NStZ 02, 440; Frisch LdR 8/1620, S 9; ähnlich Kindhäuser FS für A Hollerbach, 2001, S 627, 628: „Normbruch durch verbundenes Handeln"; krit Lampe ZStW 106, 683, 716, der die volle Verantwortung aller Mittäter aus der Begehung von „Systemunrecht" ableitet; ähnlich auch Dencker, Kausalität und Gesamttat, 1996, S 120 und in: Lüderssen-FS, S 525, der Abs 2 als Ausprägung eines allgemeinen Prinzips versteht, dem die Anerkennung einer von mehreren gemeinschaftlich begehbaren Tat zugrundeliegt [„Haftungsprinzip Gesamttat"] und das die Lösung von Kausalitätsproblemen über die Grenzen des § 25 hinaus bei Beteiligung mehrerer am Gesamtgeschehen überzeugender als die hM erklären soll; krit auch Puppe, Spinellis-FS, S 915, 917, die Mittäterschaft als gegenseitige Anstiftung versteht). Nur wer als **Täter tauglich** ist, kann Mittäter sein. Deshalb scheidet aus: wer beim eigenhändigen Delikt (vgl 3) nicht unmittelbar handelt (vgl NStZ 02, 440, 441); wem beim echten Sonderdelikt (33 vor § 13) die besondere Täterqualität fehlt (BGHSt 14, 123; s auch NStZ 02, 601, 602); wer beim Unterlassungsdelikt nicht zum Handeln verpflichtet ist (Bay MDR 91, 890 mwN); oder wer beim unerlaubten Entfernen vom Unfallort nicht Unfallbeteiligter ist (BGHSt 15, 1). In diesen Fällen kommt nur Teilnahme in Frage (1 zu § 26; 1 zu § 27). Im Übrigen setzt Mittäterschaft voraus:

10 **aa) Den gemeinschaftlichen Entschluss** (hM; anders Derksen GA 93, 163, Lesch ZStW 105, 271 und Jakobs AT 21/43, die für die Zurechnung der Tatbeiträge einen „Einpassungsschluss" oder eine „Einpassung in einen durch Fremdplanung bestimmten Kontext" genügen lassen; krit dazu Küpper ZStW 105, 295; Ingelfinger JZ 95, 704, 707; Renzikowski aaO [vgl 2] S 102; Kindhäuser 49; Hoyer SK 126, 127). Er erfordert das gegenseitige (GA 85, 233; Köln JR 80, 422 mit Anm Beulke), auf gemeinsamem Wollen beruhende (wistra 88, 106) Einverständnis (BGHSt 6, 248; NStZ 94, 339), eine bestimmte Tat durch gemeinsames, arbeitsteiliges (StV 92, 376) Handeln zu begehen (speziell zu den str Voraussetzungen des Einverständnisses bei Kollektiventscheidungen in Gremien Franke JZ 82, 579; Nettesheim BayVBl 89, 161; Weber BayVBl 89, 166; Franzheim NJW 93, 1836; Jakobs, Miyazawa-FS, S 419; Hoyer GA 96, 160, 172; Dencker aaO [vgl 9] S 179; Ransiek ZGR 99, 613, 637; Hoyer SK 128–130; beachte auch 11 vor § 13). Es kann ausdrücklich oder stillschweigend (BGHSt 37, 289, 292; 42, 65, 68; NStZ 94, 394; 99, 510 und 03, 85; aM Puppe NStZ 91, 571, 573 und in: Spinellis-FS, S 915, 924) und auch noch nach Beginn der Tatausführung jedenfalls so

Täterschaft **§ 25**

lange hergestellt werden, als auf seiner Grundlage (weitere) tatbestandsverwirklichende Handlungen (oder Unterlassungen) vorgenommen werden (unstr; vgl ua BGHSt 37, 106, 130; Gössel, Jescheck-FS, S 537; zur weiterreichenden sukzessiven Mittäterschaft beachte 12). Umgekehrt muss das Einverständnis mindestens bis zum Überschreiten der Versuchsschwelle der „Gesamttat" (vgl dazu 9 zu § 22) fortbestehen; wer sich schon vorher vom gemeinschaftlichen Entschluss distanziert, ist nicht Mittäter, sondern wegen Fehlens der (funktionellen) Tatherrschaft allenfalls Teilnehmer (Graul, Meurer-GS, S 89, 99; Rudolphi SK 36 zu § 24; weiter BGHSt 28, 346, NStZ 94, 29 und Sch/Sch-Eser 76, 77 zu § 24, die eine Distanzierung im Vorbereitungsstadium bei fortwirkendem Tatbeitrag regelmäßig nur für relevant halten, wenn damit zugleich ein notwendiges Tatbestandsmerkmal, etwa die Zueignungsabsicht beim Raub, entfällt [krit dazu Otto JK 8]; diff Eisele ZStW 112, 745, 758; Vogler LK 164 zu § 24). Wie sich das Zurückziehen des Einverständnisses nach Eintritt der „Gesamttat" in das Versuchsstadium auswirkt, bestimmt sich nach den für den Rücktritt geltenden Regeln (StV 92, 376 mit abl Anm Zaczyk; s auch Hauf NStZ 94, 263, 264); wird es schon vor Beendigung des Gesamtverhaltens zurückgezogen, ist damit regelmäßig der Verlust der Täterschaft verbunden (auf dem Boden der subjektiven Lehre weiter BGHSt 37, 289 mit überwiegend abl Bespr Roxin JR 91, 206, Herzberg JZ 91, 856, Puppe NStZ 91, 571, Erb JuS 92, 197, Stein StV 93, 411 und Hauf NStZ 94, 263; iE zust Stratenwerth/Kuhlen AT I 12/87).

bb) Einen **objektiven Tatbeitrag,** der für die Tatbestandsverwirklichung wegen der wechselseitigen Zurechnung der Tatbeiträge nicht notwendig mitursächlich sein muss (Kamm, Die fahrlässige Mittäterschaft, 1999, S 60; Roxin AT II 25/213; krit zum Verzicht auf die Kausalität Puppe, Spinellis-FS, S 915, 927; anders die Voraufl; zur Mitursächlichkeit bei Kollektiventscheidungen 11 vor § 13), den der Beteiligte aber als Mitträger der Tatherrschaft (oder nach subjektiver Lehre mit Täterwillen) leistet (3–6 vor § 25; zur Abgrenzung von der mittelbaren Täterschaft Küpper GA 98, 519, 522). – Auch nach der **Tatherrschaftslehre** braucht der Beitrag nicht unbedingt ein Tatbestandsmerkmal zu erfüllen und nicht Ausdruck der Herrschaft gerade über die Tatbestandsverwirklichung zu sein. Es genügt, wenn er ein Teilstück der gemeinschaftlich beschlossenen, eine Sinneinheit bildenden Tatausführung in dem Sinne ist, dass er im Rahmen des arbeitsteiligen Zusammenwirkens den Tatablauf – sei es auch nur durch Planung und Organisation (str) – wesentlich mitgestaltet („Gestaltungsherrschaft", Jakobs AT 21/48; krit Roxin AT II 25/251) und dadurch eine durchgängige Abhängigkeit der Beteiligten untereinander begründet (Jescheck/Weigend AT S 679 mwN; weiterführend Ingelfinger JZ 95, 704, 708; str). Eine weitergehende Beschränkung dieser sog **„funktionellen Tatherrschaft"** auf den Geschehensausschnitt der jeweiligen Tatbestandsverwirklichung (so Rudolphi, Bockelmann-FS, S 369; Bloy aaO [vgl 2] S 196; und GA 96, 424, 436; Herzberg ZStW 99, 49, 58; Eschenbach Jura 92, 637, 644; Puppe, Spinellis-FS, S 915, 931; Zieschang ZStW 107, 361; Roxin, Odersky-FS, S 489; Renzikowski aaO [vgl 2] S 103; krit Kindhäuser aaO [vgl 9] S 651; anders Heinrich, Rechtsgutzugriff und Entscheidungsträgerschaft, 2002, S 285, der einen „Entscheidungsverbund" ausreichen lässt [krit Roxin AT II 25/264]) bedeutet einen partiellen Rückfall in die inzwischen überwundene formell-objektive Theorie (4 vor § 25) mit ihren zum Teil unbefriedigenden Ergebnissen; das zeigt sich namentlich an der Ausschaltung wichtiger Tatgenossen, zB des Bandenchefs, der den gesamten Einsatz organisiert, aber am Tatort nicht mitgewirkt hat (vgl zB BGHSt 33, 50; ebenso Frisch LdRerg 8/1620, S 10; Kühl AT 20/110, 111), von Personen der Leitungsebene eines Unternehmens, die für die Weiterherstellung und den Weitervertrieb eines als schädlich erkannten Produkts stimmen (vgl BGHSt 37, 106, 114; Otto Jura 98, 409, 410), oder des Diebstahlskomplizen, dem im Rahmen der Arbeitsteilung erst das Verladen und Ab-

11

§ 25 AT. 2. Abschnitt. 3. Titel. Täterschaft und Teilnahme

transportieren der Beute zufällt (eingehend zu der noch nicht abschließend geklärten Problematik Herzberg TuT, S 65; Cramer, Bockelmann-FS, S 389, 400; Seelmann JuS 80, 571, 573; Küpper GA 86, 437, 444; Dencker aaO [vgl 9] S 200; Hoyer SK 112–120; Roxin LK 154, 179, 190; Sch/Sch-Cramer/Heine 83 vor § 25 sowie 66–68 zu § 25; zusf Stoffers MDR 89, 208; speziell zur Tatherrschaft bei mehraktigen Delikten mit mehreren Beteiligten Woelk, Täterschaft bei zweiaktigen Delikten, 1994). – Die **Rechtsprechung** stellt auf der Grundlage der subjektiven Lehre geringere Anforderungen (5 vor § 25). Nach ihr kann uU auch ausreichen: Nur vorbereitende oder unterstützende Tätigkeit (BGHSt 16, 12, 14; 28, 346, 348; 39, 381, 386; 40, 299; NJW 85, 1035 mit abl Anm Roxin StV 85, 278; StV 86, 384 mit abl Anm Roxin; NStZ 93, 137, 444 und 95, 285; StV 93, 474 und 97, 411; NStZ-RR 97, 283; NStZ 99, 609; NJW 99, 2449; NStZ-RR 02, 74 mit Bespr Heger JA 02, 628 und Martin JuS 02, 505; NStZ 02, 145; einschr NStZ 02, 200), die jedoch nach Beendigung der Tat nicht mehr in Frage kommt (BGHSt 2, 344); bloß psychisches Veranlassen, zB ein Rat (BGHSt 11, 268, 271), oder psychisches Bestärken (BGHSt 37, 289, 292 mit abl Anm Schirrmacher JR 95, 386; NStZ 95, 122 mit abl Bespr Küpper NStZ 95, 331 und Geppert JK § 25 II/10; NJW 99, 3131; beachte jedoch StV 94, 422), was sich jedoch nicht schon aus der Anwesenheit bei der Tat ergibt (NStZ 03, 85); dagegen regelmäßig nicht die bloße Zusage späterer Beuteverwertung, die nur Beihilfe ist (BGHSt 8, 390; s auch StV 92, 579; NStZ 99, 609 und 02, 200). Hat umgekehrt der Beteiligte den Tatbestand vollständig selbst verwirklicht, so ist er grundsätzlich Mittäter (BGHSt 38, 315 mit Bespr Wiegmann JuS 93, 1003; NStZ 93, 138; MDR 95, 442; s auch 1). Auch bei Tötungsdelikten schließt die fehlende Mitwirkung am Kerngeschehen Mittäterschaft nicht aus (NStZ-RR 00, 327 mit Bespr Martin JuS 00, 1234 und Baier JA 01, 194); Mittäterschaft an einer Körperverletzung ist nicht schon deshalb ausgeschlossen, weil der Beteiligte nicht selbst eine Körperverletzungshandlung ausgeführt hat (BGHSt 47, 383, 385 [mit zust Bespr Baier JA 03, 365, 367, Schroth JZ 03, 215 und Geppert JK 2 zu § 224 I Nr 2]; NStZ 03, 662). Bei mehraktigen Delikten ist eine Verteilung der verschiedenen Akte auf die Mittäter denkbar (RGSt 58, 279; 71, 350, 353; s auch BGHSt 27, 205; Woelk aaO S 46, 119). Ferner ist Tun des einen und Unterlassen (2–5 zu § 13) des anderen Mittäters oder sogar einverständliches Unterlassen nicht ausgeschlossen (BGHSt 37, 106, 129 mit krit Bespr Brammsen Jura 91, 533, 536 und Samson StV 91, 182, 184; NJW 66, 1763; Otto Jura 98, 409, 411; str).

12 cc) **Rechtsprechung** und früher hM halten sog **sukzessive Mittäterschaft** über die unter 10 beschriebene Grenze hinaus für möglich. Danach soll das erforderliche Einverständnis der Beteiligten auch nach der Tatbestandsverwirklichung bis zur Tatbeendigung (2 vor § 22) hergestellt werden können (NStZ 99, 510 und 00, 594; krit Bitzilekis ZStW 99, 723, 732). Dabei werden dem Mittäter die vor seinem Eintreten verwirklichten und ihm bekannten Umstände (bei Holtz MDR 95, 117) – und zwar auch solche, die nur das Regelbeispiel eines besonders schweren Falles begründen (StV 94, 240) – zugerechnet, soweit sie in der gemeinschaftlichen Weiterführung fortwirken und noch nicht als tatbestandliches Geschehen abgeschlossen vorliegen (BGHSt 2, 344; NStZ 85, 70; 97, 272 und 98, 565 mit Bespr Geppert JK 12 zu § 25 II; Köln NJW 86, 333; Gropp AT 10/97; Hauf AT S 82; zu weit JZ 81, 596 mit Bespr Küper JZ 81, 586 und Kühl JuS 82, 189; zu weit auch NStZ 03, 85 mit abl Bespr Otto JK 14 zu § 25 II). Allerdings wird es, wenn der Beteiligte erst spät, namentlich nach Vollendung der Tat, eintritt, meist am Tätwillen oder an dem für die Tatbestandsverwirklichung mitursächlichen Beitrag fehlen (NStZ 84, 548; ebenso für das Ausüben einer untergeordneten Rolle nach Vollendung wistra 02, 255). – Mit den Grundlagen der **Tatherrschaftslehre** ist diese Erweiterung nicht vereinbar, vor allem deshalb, weil der nachträglich eintretende Mittäter über Vorgänge der Vergangenheit schon begrifflich keine Tatherrschaft haben kann (Roxin JA 79, 519, 525 und AT II 25/227; Rudolphi, Bockelmann-FS, S 369, 377; Gössel, Jescheck-FS, S 537; Otto Jura 87, 246, 253; Kühl JuS 02, 729, 733; Schmitz, Unrecht und Zeit, 2001, S 194; Kindhäuser 53; Krey AT 2 Rdn 185–189; aM Küpper GA 86, 437, 447; mit anderem Ansatz auch Dencker aaO [vgl 9] S 251, alle mwN; abl auch für ein Einheitstätersystem Schmoller, Zipf-GS, S 295).

dd) Mittäterschaft beim **Fahrlässigkeitsdelikt** (zusf Otto Jura 90, 47; Weißer **13** Jura 98, 230; eingehend Kamm, Die fahrlässige Mittäterschaft, 1999 mit Bespr Bloy GA 00, 392) ist zwar – bezogen auf das sorgfaltswidrige Verhalten – begrifflich denkbar, fällt aber wegen Fehlens eines gemeinsamen Tatentschlusses nicht unter § 25 II (hM; vgl etwa Puppe, Spinellis-FS, S 915, 922; Bottke GA 01, 463, 481; Vassilaki, Schreiber-FS, S 499, 502; Sch/Sch-Cramer/Heine 116 vor § 25; s oben 2 vor § 25; anders Weißer aaO S 232; Renzikowski aaO [vgl 2] S 288; Roxin AT II 25/242). Fahrlässiges Zusammenwirken mehrerer wird jedenfalls in den Grenzen objektiver Zurechenbarkeit als Nebentäterschaft erfasst, weil das Gesetz hier keine Differenzierung der Beteiligungsformen vorsieht (W-Beulke AT Rdn 507; aM Otto Jura 98, 409, 411; Renzikowski aaO S 284). Schwierigkeiten kann es nur in Grenzfällen geben, zB wenn ungeklärt bleibt, welche von mehreren arbeitsteilig vorgenommenen Handlungen den Erfolg verursacht hat (sog additive Kausalität) und bei Kollegialentscheidungen (Kühl AT 20/116a; Roxin AT II 25/241; W-Beulke aaO; Knauer, Die Kollegialentscheidung im Strafrecht 2001, S 181; Bosch aaO [vgl 2] S 283; Schaal, Strafrechtliche Verantwortlichkeit bei Gremienentscheidungen in Unternehmen, 2001, S 209; krit Dreher JuS 04, 17, 18; abl Puppe GA 04, 129, 137). Das Ergebnis hängt davon ab, ob und wieweit auch im Fahrlässigkeitsbereich eine gemeinschaftliche Verantwortlichkeit arbeitsteilig Zusammenwirkender anzuerkennen ist (verneinend die hM; vgl etwa Herzberg TuT, S 73; anders Otto, Spendel-FS, S 282 und Die Strafbarkeit von Unternehmen und Verbänden, 1993, S 9; Eschenbach Jura 92, 637; Dencker aaO [vgl 9] S 174). Die Bejahung dürfte indessen vorzugswürdig sein (s auch Brammsen/ Kaiser Jura 92, 35, 37; Beulke/Bachmann JuS 92, 737, 744); ob sie aus den Teilnahmeformen des Vorsatzdelikts ableitbar ist (so Otto aaO), oder einer selbstständigen Begründung bedarf, ist umstritten. Nicht voll überzeugend ist die selbstständige (Unterlassungs-)Begründung, wonach alle Beteiligten ihre Garantenpflicht zur Verhütung der aus dem arbeitsteiligen Vorgehen erwachsenen Gefahren verletzt haben sollen (so aber Walder, Spendel-FS, S 363; krit Otto Jura 88, 409, 412; Renzikowski aaO S 291; Weißer JZ 98, 230, 235 und Kamm aaO S 96, 175). Im Vordringen begriffen sind Konstruktionen, die in Parallele zum Vorsatzdelikt eine gemeinschaftliche Gefahrschaffung und Gefahrrealisierung im Bewusstsein, arbeitsteilig an einem gemeinsamen Werk (zB Herstellung eines Produkts) zu arbeiten, verlangen (so mit Unterschieden in den einzelnen Anforderungen Renzikowski S 288; Weißer aaO S 239; Küpper GA 98, 519, 526; Ransiek ZGR 99, 613, 644; Pfeiffer Jura 04, 519; Kamm S 209; Knauer aaO S 221; Otto GK 1 21/117; Roxin AT II 25/242; einschr auf seltene Fälle der wechselseitigen Pflicht zur Überwachung des anderen Mitsch JuS 01, 105, 109; beachte auch die Ansätze von Eschenbach aaO, Lesch 204, 112, 119 und Jakobs GA 96, 253, 265; zur Rspr Kuhlen, BGH-FG, S 647, 668; zusf Kühl AT 20/116d; Roxin TuT, S 694; Hoyer SK 154 und Sch/Sch-Cramer/Heine 115, 116 vor § 25, die auf die Unterlassungsdogmatik zurückgreifen wollen; allgemein, dh nicht nur für Kollegialentscheidungen [s oben], abl Puppe GA 04, 129).

c) Alle Mittäter haften im Umfang der Willensübereinstimmung für die **Tat im** **14** **ganzen.** Daraus folgt jedoch nicht ihre Strafbarkeit aus demselben Tatbestand. Unterschiede können sich ergeben

aa) aus §§ 28 II, 29, die auch bei Mittäterschaft gelten (1 zu § 28; 1 zu § 29); **15**

§ 26 AT. 2. Abschnitt. 3. Titel. Täterschaft und Teilnahme

16 bb) aus **verschiedenem Umfang** der Verbrechensentschlüsse, die nur teilweise übereinstimmen (zB Körperverletzung beim einen, Tötung beim anderen Mittäter, RGSt 44, 321);

17 cc) aus **Exzess** eines Mittäters, für den die anderen nicht haften (bei Dallinger MDR 66, 197). Exzess ist Überschreitung des gemeinschaftlichen Entschlusses. Unwesentliche Abweichungen (11 zu § 15), namentlich solche, mit denen nach den Umständen gewöhnlich zu rechnen ist (GA 85, 270; NStZ 00, 29 und 02, 597; Düsseldorf NJW 87, 268; krit Puppe, Spinellis-FS, S 915, 926, 933) oder bei denen die verabredete Tatausführung nur durch eine in ihrer Schwere und Gefährlichkeit gleichwertige ersetzt wird, sind dabei unerheblich (NJW 73, 377; bei Holtz MDR 93, 1041; NStZ 98, 511, 513). Überwiegend wird das auch für den error in obiecto (13 zu § 15) angenommen, der nicht nur für den Handelnden, sondern auch für die übrigen Mittäter unerheblich sein soll (zusf Küper, Versuchsbeginn und Mittäterschaft, 1978, S 35; diff Haft/Eisele, Keller-GS, S 81, 88 und 99; str); deshalb liege bei verabredeter gezielter Abwehr von Verfolgern Tötungsversuch beider Mittäter vor, wenn der eine auf den anderen schieße, weil er ihn irrig für einen Verfolger halte (BGHSt 11, 268; Küper aaO; Streng JuS 91, 910, 915; Scheffler JuS 92, 920; Puppe aaO S 939; Krey AT 2 Rdn 172–176; aM Herzberg TuT, S 63; Rudolphi, Bockelmann-FS, S 369, 380; Roxin AT II 25/195; vermittelnd Frisch LdRerg 8/1620, S 11).

18 dd) bei **erfolgsqualifizierten Delikten** aus einer unterschiedlichen Haftung nach § 18 (dort 4–6; beachte dazu NStZ 97, 82).

18 a ee) Zur grundsätzlich möglichen Zurechnung eines **qualifizierenden Umstands**, zB der Bewaffnung eines Beteiligten, vgl BGHSt 48, 189 mit zust Anm Altenhain NStZ 03, 437; vgl auch schon den Vorlagebeschluss NStZ 02, 440 mit Bespr Nestler StV 02, 504 und neuerdings NStZ 04, 263; anders noch NJW 02, 3116 mit Bespr Martin JuS 02, 1234; W-Beulke AT Rdn 531; 2 zu § 244.

19 d) Zum **Versuch** bei Mittäterschaft 9 zu § 22; zum **Rücktritt** 24–28 zu § 24.

20 3. **Wahlfeststellung** zwischen den verschiedenen Formen der Täterschaft ist möglich (14 zu § 1).

§ 26 Anstiftung

Als Anstifter wird gleich einem Täter bestraft, wer vorsätzlich einen anderen zu dessen vorsätzlich begangener rechtswidriger Tat bestimmt hat.

1 1. **Anstifter** ist, wer vorsätzlich einen anderen zu dessen vorsätzlich (nicht fahrlässig) begangener rechtswidriger Tat (18 zu § 11; 9 vor § 25; 1 zu § 29) bestimmt hat, über die nicht er selbst, sondern der andere die Tatherrschaft hatte (sonst mittelbare Täterschaft, 2–5 zu § 25; 1 zu § 29). Fahrlässige Anstiftung ist nicht als solche strafbar (RGSt 73, 5), kann es jedoch als Täterschaft eines Fahrlässigkeitsdelikts sein (2 vor § 25; aM Hruschka ZStW 110, 581, 609; zusf Herzberg, Täterschaft und Teilnahme, 1977, S 100 mwN). Haupttat kann auch ein eigenhändiges Delikt (3 zu § 25) oder ein Sonderdelikt (33 vor § 13; BGHSt 5, 75) sein.

2 2. **a) Bestimmen** bedeutet Verursachen (auch Mitverursachen, BGHSt 45, 373, 374; NStZ 94, 29 und 00, 421; NJW 02, 2724, 2727) des Tatentschlusses in einem anderen, gleichgültig durch welches Mittel (BGHSt 2, 279; 45, 373, 374; NStZ 00, 421), auch durch eine Drohung (NJW 03, 1060; W-Beulke AT Rdn 568). Auch eine Frage (GA 80, 183), uU sogar bloßes Schaffen einer sozialinadäquaten, zur Tat anreizenden Sachlage kann genügen (Herzberg aaO [vgl 1] S 53, 146; Bloy, Die Beteiligungsform als Zurechnungstypus im Strafrecht, 1985, S 328; Kuhlen/Roth JuS 95, 711, 712; Heghmanns GA 00, 473, 487; B-Weber/

Mitsch AT 30/63), wenn es einen objektiv tatbefürwortenden Grund und damit eine unerlaubte Gefahr schafft (Christmann, Zur Strafbarkeit so genannter Tatsachenarrangements wegen Anstiftung, 1977, S 129; Kühl AT 20/172, 173). Demgegenüber schränkt das Schrifttum überwiegend auf kommunikative Beeinflussung ein (Meyer MDR 75, 982; Otto JuS 82, 557, 560; Schlüchter/Duttge NStZ 97, 595; Roxin, Stree/Wessels-FS, S 365, 376 und LK 3, 4; Ebert AT S 210; Krey AT 2 Rdn 257; W-Beulke AT Rdn 568; Sch/Sch-Cramer/Heine 4; Tröndle/Fischer 3; Frisch LdRerg 8/1620, S 12; zu weiteren Einschränkungen Krey aaO Rdn 258, 259 und Hillenkamp, 23. AT-Problem, S 147: sog „Kollusionstheorie"). Eine im Rahmen des Vertretbaren erteilte „reine" Rechtsauskunft genügt nicht; sie ist verfassungsrechtlich nicht verbietbar und wird daher entweder schon als nicht tatbestandsmäßig (so Maiwald ZStW 93, 885, 889; Volk BB 87, 139, 144; Sch/Sch-Cramer/Heine 10) oder jedenfalls als gerechtfertigt angesehen (so Mallison, Rechtsauskunft als strafbare Teilnahme, 1979, S 134; krit Müller-Dietz GA 82, 282; Hruschka JR 84, 258; s auch NJW 92, 3047; Düsseldorf JR 84, 257; Stuttgart NJW 87, 2883 sowie Ignor StraFo 01, 42).

b) Ist der andere schon zur Tat entschlossen (**omnimodo facturus**, NStE 5; krit zum Begriff Puppe NK 140 zu § 15; krit auch Schild NK14), so liegt nur psychische Beihilfe (NStZ-RR 96, 1; 4 zu § 27) oder versuchte Anstiftung nach § 30 (RGSt 72, 373) vor; anders jedoch, wenn er zur allgemein tatbereit, aber noch nicht zu bestimmter Tat (vgl 4, 5) entschlossen ist (BGHSt 45, 373, 374; NStZ 94, 29), wenn er noch schwankt (bei Dallinger MDR 72, 569) oder wenn er einen zunächst gefassten Tatentschluss wieder aufgegeben hat. Bloßes Bestimmen zur Änderung von Tatmodalitäten reicht im Allgemeinen nicht (NStZ-RR 96, 1 mit Bespr Geppert JK 5; Sch/Sch-Cramer/Heine 8). Wird jedoch der zur Begehung eines Grunddelikts Entschlossene zur Tat in qualifizierter Form (zB schwerer Raub statt einfacher Raub) bestimmt (sog Aufstiftung), so soll das für die Anstiftung zur qualifizierten Tat genügen (BGHSt 19, 339 mit Bespr Cramer JZ 65, 31; Roxin AT II 26/104: sog „synthetische Konzeption"; aM Hoyer SK 19, 20; zum Streitstand Hillenkamp, AT-Problem 25, S 165–169); es sprechen jedoch – nach dem sog „analytischen Trennungsprinzip" – die besseren Gründe dafür, dem Anstifter das Grunddelikt, zu dessen Begehung er bereits entschlossen war, nicht anzulasten (Kühl AT 20/183). Für diese und weitere Fälle, in denen der andere schon gewisse Vorstellungen von der Tat hat, ist das für die Abgrenzung zur Beihilfe maßgebende Kriterium umstritten (zusf Küpper JuS 96, 23 und Geppert Jura 97, 299, 304). Überwiegend wird als entscheidend angesehen, ob der hervorgerufene Entschluss gegenüber diesen Vorstellungen ein aliud bedeutet, was dann allerdings häufig auf Grund einer mehr analytisch trennenden (zB Grünwald JuS 65, 311, 313; Bemmann, Gallas-FS, S 273) oder einer mehr ganzheitlichen (Stree, Heinitz-FS, S 277; Roxin LK 25–43) Unrechtsbetrachtung unterschiedlich beantwortet wird. Keine Anstiftung liegt vor, wenn der zur Begehung der qualifizierten Tat Entschlossene zur Begehung des Grunddelikts bestimmt wird (sog Abstiftung; vgl Küpper JuS 96, 23; Geppert Jura 97, 299, 384; Roxin AT II 26/69); psychische Beihilfe scheitert idR an der Risikoverringerung (2a zu § 27); liegt sie wegen der Erhöhung des Begehungsrisikos ausnahmsweise doch vor, so ist an eine Rechtfertigung nach § 34 zu denken (Roxin LK 34).

c) Im **neueren Schrifttum** werden zur allgemeinen Einschränkung gegenüber der Beihilfe auch andere Gesichtspunkte als Abgrenzungskriterien herangezogen (zusf Schulz JuS 86, 933; Hilgendorf Jura 96, 9; krit Heghmanns aaO [vgl 2] S 482): zB die Planherrschaft des Anstifters (Schulz, Die Bestrafung des Ratgebers, 1980, S 137; Bloy aaO [vgl 2] S 330); die Abhängigkeit des Täters vom Willen des Anstifters (Jakobs AT 22/21, 22); kollusives Zusammenwirken zwischen beiden (Roxin LK 4); der zwischen ihnen geschlossene Unrechtspakt (Puppe GA 84,

§ 26 AT. 2. Abschnitt. 3. Titel. Täterschaft und Teilnahme

101); eine Motivherrschaft über den Täter (Hoyer SK 13); ein „Motivationsakt" (Müller, Falsche Zeugenaussage und Beteiligungslehre, 2000, S 160); eine „Minderform der Tatherrschaft" (Paeffgen, Hanack-FS, S 591, 596); ein spezielles Lenkungsmoment in der Anstiftungshandlung oder eine voluntative Dominanz des Anstifters (Ingelfinger, Anstiftervorsatz und Tatbestimmtheit, 1992, S 175, 210); oder der Aufforderungscharakter der Anstiftung im Gegensatz zu bloßer „Entscheidungshilfe" (Joerden, Strukturen des strafrechtlichen Verantwortlichkeitsbegriffs: Relationen und ihre Verkettungen, 1988, S 119). Darüber hinaus wird im Recht auch allgemein eine über das Kausalitätserfordernis hinausgehende Begrenzung des Anstiftungsunrechts durch Kriterien der objektiven Zurechnung (14 vor § 13) gefordert (Herzberg JuS 87, 617; Weßlau ZStW 104, 105; ähnlich auch Hilgendorf aaO S 10, der schon im Rahmen der Kausalitätsprüfung eine sozial inadäquate Risikoerhöhung fordert).

3 3. Anstiftung **durch Unterlassen** ist regelmäßig, aber nicht notwendig (Joerden aaO [vgl 2 b] S 118; M-Gössel AT 2 51/17; aM Grünwald GA 59, 110, 122; Jescheck LK 56 zu § 13, alle mwN; zw) ausgeschlossen, weil Untätigkeit nur in Ausnahmefällen zum Fassen eines Tatentschlusses motiviert (zusf Bloy JA 87, 490). Dagegen ist Anstiftung (ebenso wie Beihilfe, 6 zu § 27) durch positives Tun zur **Begehung eines Unterlassungsdelikts** rechtlich ohne Einschränkung möglich (BGHSt 14, 280, 282; Stree GA 63, 1; Arzt JA 80, 553; Krey AT 2 Rdn 388; Roxin TuT, S 510; aM Armin Kaufmann, Die Dogmatik der Unterlassungsdelikte, 1959, S 190, 317).

4 4. a) Der **Vorsatz** (bedingter genügt, BGHSt 2, 279) des Anstifters ist ein „doppelter": Einerseits muss er die Anstiftungshandlung als solche umfassen. Andererseits muss er sich auf eine bestimmte, dh ausreichend konkretisierte (dazu 5), Handlung beziehen, welche die Voraussetzungen einer vorsätzlich begangenen rechtswidrigen Tat erfüllt (hM), also nicht notwendig auch Unrechtsbewusstsein des Anstifters erfordert (Schumann, Stree/Wessels-FS, S 383; krit Paeffgen, Hanack-FS, S 591, 622; aM Herzberg GA 93, 439, 454; s auch 6 zu § 15; 2, 22 zu § 17); außerdem muss die rechtswidrige Tat nach der Vorstellung des Anstifters nicht nur versucht (agent provocateur), sondern auch vollendet werden sollen (hM; vgl Küper GA 74, 321; Hoyer SK 28; eingehend Nikolidakis, Grundfragen der Anstiftung, 2004, S 57). Darüber hinaus wird auch nicht erfasst, wer zwar die Vollendung der Haupttat in Kauf nimmt, aber durch rechtzeitiges Eingreifen deren erfolgreiche Beendigung oder jedenfalls den Eintritt einer Rechtsgutsverletzung verhindert (Oldenburg NJW 99, 2751 mit zust Bespr Geppert JK 6; Herzberg JuS 83, 737; Kühl JuS 02, 729, 735; Nikolidakis aaO S 71, 81; Krey AT 2 Rdn 281; Roxin TuT, S 374 und LK 73; Sch/Sch-Cramer/Heine 21; krit Seier/Schlehofer JuS 83, 50, 52; Bitzilekis ZStW 99, 723, 744; aM Heghmanns aaO [vgl 2] S 487). Auf Grund dieser Lehre kann die Strafbarkeit von **Lockspitzeln,** die im Auftrag oder mit Billigung staatlicher Behörden agieren (Verdeckte Ermittler [§§ 110 a– 110 e StPO] und sog V-Leute; zur Unterscheidung Beulke StPR Rdn 423 und Meyer-Goßner 4 zu § 110 a StPO), durch Einsatz polizeilicher Sicherungsmaßnahmen nicht unerheblich eingeschränkt werden; jedoch sind die Grenzen im Einzelnen, namentlich im Bereich der abstrakten Gefährdungsdelikte, im Hinblick sowohl auf die Tatbestandsmäßigkeit wie auch die Möglichkeiten der Rechtfertigung (nach BGHSt 45, 321 mit Bespr Roxin JZ 00, 369 und Sinner/Kreuzer StV 00, 114, ist die Anstiftung eines bisher Unverdächtigen durch einen Lockspitzel wegen Verstoßes gegen Art 6 I MRK rechtswidrig; krit zur Rspr Lüderssen, BGH-FG, S 883, 886; Wolter, BGH-FG, S 963, 982 und Renzikowski, Keller-GS, S 197) umstritten und noch nicht abschließend geklärt (vgl etwa Dencker, Dünnebier-FS, S 447, 471; Ostendorf/Meyer-Seitz StV 85, 73; Lüderssen StV 85, 178; Schünemann GA 86, 293, 319; Sommer JR 86, 485; Drywa, Die materiell-

Anstiftung **§ 26**

rechtlichen Probleme des V-Mann-Einsatzes, 1986; Schwarzburg, Tatbestandsmäßigkeit und Rechtswidrigkeit der polizeilichen Tatprovokation, 1991, S 17, 35 und NStZ 95, 469; Krey, Rechtsprobleme des strafprozessualen Einsatzes Verdeckter Ermittler einschließlich des „Lauschangriffs" zu seiner Sicherung und als Instrument der Verbrechensaufklärung, 1993, Rdn 70–93, 431–632; Harzer StV 96, 336; Paeffgen, BGH-FG, S 695, 723 Fn 130; Kreuzer, Schreiber-FS, S 225, 234; Köhler AT S 530; Roxin AT II 26/154–157; Hirsch LK 17 a zu § 34; Hoyer SK 60–66 vor § 26; Sch/Sch-Cramer/Heine 21; beachte auch 24 vor § 32). Dasselbe gilt für die damit unmittelbar zusammenhängende, hier nicht zu erörternde Frage, ob und unter welchen Voraussetzungen zu Gunsten des Provozierten ein Verfahrenshindernis, sonst ein Verfahrensmangel, ein Beweisverwertungsverbot, ein Strafausschließungsgrund oder ein Strafmilderungsgrund (33 vor § 32; 30, 33 zu § 46; BGHSt 45, 321) angenommen werden kann (eingehend Imme Roxin, Die Rechtsfolgen schwerwiegender Rechtsstaatsverstöße in der Strafrechtspflege, 3. Aufl 2000; Beulke StPR Rdn 288 mwN).

b) In **Bezug auf die Haupttat ausreichend konkretisiert** (vgl 4) ist nach **5** hM der Vorsatz, wenn ihm die Vorstellung einer in ihren Grundzügen, namentlich ihrem wesentlichen Unrechtsgehalt und ihrer Angriffsrichtung, umrissene, nicht notwendig schon in allen Einzelheiten umschriebene Tat zugrundeliegt (vgl etwa BGHSt 15, 276; 34, 63 mit krit Anm Roxin JZ 86, 908; BGHSt 42, 332 mit Anm Schlüchter/Duttge NStZ 97, 595; NStZ-RR 04, 40); richtigerweise ist das Erfordernis der Haupttatkonkretisierung schon im objektiven Tatbestand (beim Begriff des Bestimmens oder bei der objektiven Zurechnung) zur Geltung zu bringen (vgl Herzberg JuS 87, 617; Weßlau ZStW 104, 105; Roxin, Stree/Wessels-FS, S 365 und AT II 26/134; Kretschmer NStZ 98, 401; Kühl AT 20/188). Die bloße Bestimmung eines anderen zur Begehung irgendwelcher unbestimmter oder nur nach dem gesetzlichen Tatbestand (zB Diebstahl) umschriebener Taten genügt danach regelmäßig nicht. Auch die etwas weitergehende Individualisierung durch bloße Angabe abstrakter Tattypen (zB Bankraub) oder Tatobjekte (zB Gelddiebstahl) ändert daran im Allgemeinen nichts (BGHSt 34, 63, 66). Gefordert wird vielmehr mindestens die Vorstellung der „wesentlichen Dimensionen" des Haupttatunrechts (so Roxin aaO und Salger-FS, S 129) oder die Vorstellung eines nicht einheitlich definierten zeitlichen oder örtlichen Rahmens, innerhalb dessen sich die Haupttat abspielen soll (BGH aaO; auch bei einer Mehrzahl von Haupttaten, NStZ 02, 200). Alle diese Versuche der Begrenzung sind zwar hilfreich, aber nicht abschließend. Entscheidend ist nämlich allein, ob der Anstifter in Bezug auf alle Umstände der Haupttat vorsätzlich handelt (§ 16 I) und ob er Angriffsziel oder Angriffsrichtung maßgeblich beeinflussen will; deshalb kann es auch nur darauf ankommen, ob das im Einzelfall feststellbare Maß an Konkretisierung ausreicht, um den Vorsatz des Anstifters nach den allgemeinen Regeln zu begründen (Wolf JR 92, 428; Wild JuS 92, 911; ähnlich NStZ 96, 434, alle mwN) und seinen Willen zu bestimmender Einflussnahme hinreichend deutlich zu machen (beachte dazu Ingelfinger aaO [vgl 2 b]). – In **bezug auf den Haupttäter nicht ausreichend konkretisiert** ist die Aufforderung eines individuell unbestimmten Personenkreises zur Begehung bestimmter Taten (Hamm VRS 26, 105; Rogall GA 79, 11, 12; aM Dreher, Gallas-FS, S 307, 321; ähnlich Hoyer SK 55 vor § 26; s auch 1, 3 zu § 111), wohl aber die Aufforderung an die eine oder andere unbestimmte Person aus einem individuell bestimmten Personenkreis (2 StR 699/77 v 15. 3. 1978; s auch NJW 94, 2703, 2705; Roxin AT II 26/148).

c) Der **Irrtum** des Anstifters über Abweichungen des Kausalverlaufs ist ebenso **6** zu beurteilen wie beim Täter. Dagegen verfehlt beim Irrtum des Haupttäters über das Tatobjekt (13 zu § 15) der Rechtsgutsangriff des Anstifters infolge der Objektsverwechslung sein Ziel; er wirkt sich daher meistens, wenn auch nicht in je-

§ 26 AT. 2. Abschnitt. 3. Titel. Täterschaft und Teilnahme

dem Falle, als aberratio ictus aus (Roxin LK 90–97 mwN; str). Die von der Rspr inzwischen bevorzugte und dem Rechtsgefühl auch besser entsprechende Gleichbehandlung von Haupttäter und Anstifter (BGHSt 37, 214; NStZ 98, 294 mit Bespr Schliebitz JA 98, 833 und Geppert JK 4 zu § 16; zu BGHSt 37, 214 unter dem Gesichtspunkt einer Mittäterschaft im Vorbereitungsstadium Zieschang ZStW 107, 361, 365) ist in ihrer Begründung mit den für die aberratio ictus anerkannten Regeln nicht vereinbar (Roxin JZ 91, 680 und Spendel-FS, S 289; Schlehofer GA 92, 307; Bemmann, Stree/Wessels-FS, S 397; Sowada Jura 94, 37, 41; Jescheck/Weigend AT S 690; Joecks 26, 27; Köhler AT S 528; Rudolphi SK 30 zu § 16). Die im Schrifttum unternommenen Versuche, diese Rspr zu stützen, gehen von divergierenden dogmatischen Ansätzen aus (Puppe NStZ 91, 124; Streng JuS 91, 910; Geppert Jura 92, 163; Weßlau ZStW 104, 105; Küpper JR 92, 294; Stratenwerth, Baumann-FS, S 57; Gropp, Lenckner-FS, S 55; Schroth, Vorsatz und Irrtum, 1998, S 107; Haft/Eisele, Keller-GS, S 81, 82 und 96; Nikolidakis aaO [vgl 4] S 113, 177; W-Beulke AT Rdn 579; Sch/Sch-Cramer/Sternberg-Lieben 59 a zu § 15 sowie Sch/Sch-Cramer/Heine 23; vgl auch Streng ZStW 109, 862, 895). Eine Klärung des Streitstandes haben sie noch nicht erreicht (zum Streitstand Kindhäuser 71–75 vor § 25). Als diskussionswürdiges Abgrenzungskriterium bietet sich aber die Fragestellung an, ob der Haupttäter sich im Rahmen der Vorgaben des Anstifters zur Identifizierung des Opfers gehalten hat (so namentlich Stratenwerth aaO; ähnlich Hoyer SK 49–53 vor § 26). – Zur Behandlung des Irrtums über die Qualität des Vormanns als Haupttäter oder bloßer Tatmittler 10 vor § 25; 5 zu § 25.

7   **5.** Die **Haupttat** (die vorsätzlich begangene rechtswidrige Tat, 9 vor § 25) muss – durch die Anstiftung verursacht oder mitverursacht – begangen worden sein. Versuch genügt, wenn er als solcher mit Strafe bedroht ist; ebenso die Vorsatz-Fahrlässigkeits-Kombination, wenn sich die Anstiftung auf deren Vorsatzelement bezieht (Stuttgart MDR 76, 335; 25 zu § 11; beachte auch Schroeder JuS 94, 846). Vorbehaltlich der Modifikationen durch § 28 (dort 2–12) werden die Grenzen der Haftung des Anstifters durch die Haupttat bestimmt. Deshalb liegt nur Anstiftung zum Grunddelikt vor, wenn der Haupttäter trotz Aufforderung zum qualifizierten Delikt (zB Meineid, schwerer Raub) nur das Grunddelikt begeht (zB falsche Aussage, einfacher Raub); damit trifft uU versuchte Anstiftung zu dem qualifizierten Delikt (§ 30 I) tateinheitlich zusammen (BGHSt 9, 131). Im Übrigen haftet der Anstifter nur im Rahmen der von ihm vorgestellten Tat, wobei es auf unwesentliche Abweichungen nicht ankommt (LM Nr 37 zu § 154; s auch NJW 87, 77; weiter Montenbruck ZStW 84, 323). Ein Tatbestandsirrtum (§ 16) kommt ihm deshalb zugute. Für einen Exzess (17 zu § 25) des Haupttäters haftet er nicht (RGSt 60, 1; diff Weßlau ZStW 104, 105; eingehend Altenhain, Die Strafbarkeit des Teilnehmers beim Exzess, 1994). Zu seiner Haftung bei erfolgsqualifizierten Delikten 5–7 zu § 18.

8   **6.** Wer einen anderen zur Anstiftung anstiftet **(Kettenanstiftung),** begeht (mittelbare) Anstiftung zur Haupttat ohne Rücksicht auf die Zahl der Zwischenpersonen (BGHSt 6, 359; eingehend Joerden aaO [vgl 2 b] S 137). Er braucht weder den Haupttäter noch die Zahl der Zwischenglieder zu kennen (NStZ 94, 29) und kann sich auch eines gutgläubigen Mittelsmannes bedienen (BGHSt 8, 137; krit Gallas JR 56, 226; Meyer JuS 73, 755). Wenn mehrere sich an einer Anstiftung beteiligen oder zum Tatentschluss eines anderen beitragen, können sie untereinander in demselben Verhältnis wie Mittäter und Teilnehmer (NStZ 00, 421 mit Bespr Otto JK 7; Roxin AT II 25/238; Sch/Sch-Cramer/Heine 6; aM Schmitt Jura 82, 549, 553) oder wie Nebentäter (Düsseldorf SJZ 48, 470) stehen; der hier als Gehilfe Beteiligte leistet (mittelbare) Beihilfe zur Haupttat (NStZ 96, 562 und 00, 421; Roxin AT II 26/178; 13 vor § 25).

Beihilfe **§ 27**

7. Zum **Rücktritt** von der Anstiftung 24–28 zu § 24. 9

8. Ob **mehrfache** Anstiftung oder Anstiftung zu mehreren Taten eine **Hand-** 10
lungseinheit oder -mehrheit bildet, ist nicht nach der Haupttat, sondern allein
nach der Einheit oder Mehrheit der Anstiftungshandlungen zu beurteilen (22 vor
§ 52).

§ 27 Beihilfe

(1) **Als Gehilfe wird bestraft, wer vorsätzlich einem anderen zu dessen
vorsätzlich begangener rechtswidriger Tat Hilfe geleistet hat.**

(2) **Die Strafe für den Gehilfen richtet sich nach der Strafdrohung für
den Täter. Sie ist nach § 49 Abs. 1 zu mildern.**

1. Gehilfe ist, wer vorsätzlich einem anderen zu dessen vorsätzlich (nicht fahr- 1
lässig) begangener rechtswidriger Tat (18 zu § 11; 9 vor § 25; 1 zu § 29) Hilfe
leistet. Gehilfe ist auch, wer die Tatförderung eines weiteren Gehilfen unterstützt
(sog „Beihilfe zur Beihilfe"; vgl NJW 01, 2409 mit Bespr Kudlich JuS 02, 751;
Stratenwerth/Kuhlen AT I 12/224). Er darf nicht selbst Tatherrschaft – sei es auch
nur zusammen mit dem anderen – haben (sonst Mittäterschaft, 11 zu § 25). Fahrlässige Beihilfe ist nicht als solche strafbar, kann es aber als Täterschaft eines Fahrlässigkeitsdelikts sein (2 vor § 25; aM Spendel JuS 74, 749; einschr auch Bindokat
JZ 86, 421). Vorsätzliche Beihilfe zu fahrlässiger Tat ist uU als mittelbare Täterschaft (2–4 zu § 25) erfassbar. – Die Haupttat kann auch ein eigenhändiges Delikt
(3 zu § 25), ein Sonderdelikt (33 vor § 13) oder eine mitbestrafte Nachtat (RGSt
67, 70; 32 vor § 52) sein. – Zusf Geppert Jura 99, 266 und Murmann JuS 99,
548.

2. a) Hilfeleisten ist ein für die Begehung der Haupttat im Sinne der gesetz- 2
mäßigen Bedingung (10 vor § 13) kausaler Tatbeitrag, der die Rechtsgutsverletzung ermöglicht oder verstärkt oder die Durchführung der Tat erleichtert oder
absichert und der nicht Täterschaft (1, 2, 7 zu § 25) oder Anstiftung ist (1–2b zu
§ 26). Ob die Haupttat ohne die Beihilfe unterblieben oder fehlgeschlagen wäre,
ist idR unerheblich, weil ein Tatbeitrag seine Wirkung nicht dadurch verliert, dass
im Falle seines Ausbleibens eine andere, aber konkret nicht wirksam gewordene
Bedingung (hypothetische Ersatzbedingung) an seine Stelle getreten wäre (Geppert
Jura 99, 266, 268; Roxin AT II 26/184; Hoyer SK 9; 10 vor § 13). Deshalb genügt im Allgemeinen das Schaffen günstigerer Vorbedingungen für die Haupttat,
zB psychische Stärkung der Tatbereitschaft, Erleichterung der Tatausführung,
Übernahme von Abwehr- oder Warnfunktionen gegen mögliche Störungen, Beschleunigung des Taterfolgs usw (zur Begrenzung beachte NStZ 85, 318). Über
dieses Ergebnis besteht – von Grenzfällen abgesehen (dazu Spendel, Dreher-FS,
S 167, 174) – Einigkeit. Umstritten ist jedoch die Begründung. Die Rspr glaubt,
auch für den Erfolg „nichtkausales" Fördern oder Erleichtern der Tat einbeziehen
zu müssen (zB BGHSt 46, 107, 109; NStZ 83, 462 mit Anm Winkler; NJW 01,
2409 und 02, 1963, 1965; Stuttgart wistra 00, 392 mit Bespr Otto JK 16; Düsseldorf StraFo 02, 21), ohne allerdings erkennbar zu machen, dass in der Mehrzahl
der mit der „Förderungsformel" entschiedenen Fälle in Wahrheit Ursächlichkeit
gegeben war (Samson, Hypothetische Kausalverläufe im Strafrecht, 1972, S 55;
krit zur sog Förderungsformel Osnabrügge, Die Behilfe und ihr Erfolg, 2002,
S 17); daran soll es fehlen, wenn der Täter eines Dauerdelikts zu dessen Fortsetzung schon fest entschlossen ist (Bay NJW 02, 1663 mit abl Bespr König NJW 02,
1623; Düsseldorf StraFo 02, 21). Im Schrifttum wird zum Teil auf sog „Zufluss-
oder Verstärkerkausalität" abgestellt (Class, Stock-FS, S 126; Dreher MDR 72,
553; Letzgus, Vorstufen der Beteiligung, 1972, S 71, 75; s auch Murmann JuS 99,
548, 551, der eine Verschlechterung der Opferlage verlangt), die aber im Sinne

der gesetzmäßigen Bedingung Kausalität ist und daher keine Erweiterung des Haftungsrahmens bedeutet (Samson, Peters-FS, S 121, 123; Roxin, Miyazawa-FS, S 501, 502; Otto, Lenckner-FS, S 193, 195; Geppert aaO). Zur Grenzziehung werden auch – zum Teil unter ausdrücklicher Verneinung des Kausalitätserfordernisses – Gesichtspunkte der Risikoerhöhung (Salamon, Vollendete und versuchte Beihilfe, Diss Göttingen 1968; Schaffstein, Honig-FS, S 169; Otto JuS 82, 557, 562 und Lenckner-FS, S 193, 196; Ranft ZStW 97, 269; s auch Küper JuS 86, 862, 864 und Murmann aaO S 550; s auch Theile, Tatkonkretisierung und Gehilfenvorsatz, 1999, S 54, 74: Kausale Risikoerhöhung), der abstrakten Gefährdung (Herzberg GA 71, 1), der Zurechnung nach Wahrscheinlichkeitsgesetzen (Osnabrügge aaO S 214, 262) oder der Solidarisierung mit dem Haupttäter (Vogler, Heinitz-FS, S 295; Schumann, Strafrechtliches Handlungsunrecht und das Prinzip der Selbstverantwortung der Anderen, 1986, S 54; Schild Trappe, Harmlose Gehilfenschaft?, 1995, S 96) herangezogen (krit Bloy, Die Beteiligungsform als Zurechnungstypus im Strafrecht, 1985, S 270). Bei dem gegenwärtigen Streitstand dürfte der Verzicht auf das Kausalitätserfordernis kaum gerechtfertigt sein, weil er die Abgrenzung zur versuchten, nicht mit Strafe bedrohten Beihilfe weitgehend verwischt (Spendel aaO S 185; Rudolphi, Bruns-FS, S 315, 327 und StV 82, 518; Gores, Der Rücktritt des Tatbeteiligten, 1982, S 42; Roxin; Miyazawa-FS, S 501 und LK 2–5, 23–25; Geppert aaO; Charalambakis, Roxin-FS, S 625; Joecks 7).

2 a Darüber hinaus ist eine weitere Begrenzung der Strafbarkeit durch Heranziehung von Elementen der **objektiven Zurechnung** (14 vor § 13) erforderlich (eingehend Rogat, Die Zurechnung bei der Beihilfe, 1997, S 47). Soweit ein an sich kausaler Tatbeitrag keine Risikoerhöhung bewirkt, sondern die Chancen der Haupttat nur verringert (zB Ablenken des auf den Kopf des Opfers gezielten Schlages auf die Schulter), scheidet er aus dem Anwendungsbereich aus (Geppert Jura 99, 266, 269; Grünewald KJ 00, 49, 58; Kühl AT 20/221; Hoyer SK 23; Sch/Sch-Lenckner 94 vor §13; krit Schild NK 10, 22; aM Köhler AT S 147, der nur eine Rechtfertigung für möglich hält). – Dasselbe gilt für allgemein übliche und deshalb gesellschaftlich tolerierte **Alltagsgeschäfte** (Müller, Schreiber-FS, S 343, 354; zusf Tag JR 97, 49; Geppert aaO; Murmann JuS 99, 548, 552; Beckemper Jura 01, 163; Schneider NStZ 04, 312; Frisch LdRerg 8/1620, S 15; Hoyer SK 24–33; aus der Rspr StraFo 04, 63). Im Schrifttum wird – soweit nicht eine Einschränkung erst im subjektiven Tatbestand, zB durch Ausscheiden bei bloßem Eventualvorsatz, gesucht wird (vgl Ebert AT S 215; so etwa NStZ 00, 34 mit krit Bespr Wessing NJW 03, 2265; Otto, Lenckner-FS, S 193, 214 und in: JZ 01, 436; Ambos JA 00, 721; B-Weber/Mitsch AT 31/32 c; Krey AT 2 Rdn 301 sowie Tröndle/Fischer 2b) – deren Ausscheidung teils nur auf den Gesichtspunkt erlaubten Risikos (so Otto ZKredW 94, 775, 776 und Lenckner-FS, S 193, 200; Niedermair ZStW 107, 507; Schmoller, Triffterer-FS, S 223, 246; Wohlers NStZ 00, 169, 173; Rabe von Kühlewein JZ 02, 1139; beim Vorsatz auch Amelung, Grünwald-FS, S 9) oder sozialer bzw professioneller Adäquanz (Hassemer wistra 95, 41, 81; Joecks 17; Stratenwerth/Kuhlen AT I 12/161; W-Beulke AT Rdn 582a; Paeffgen NK 37–39 vor § 32; krit Müller, Falsche Zeugenaussage und Beteiligungslehre, 2000, S 177, 184; Beckemper aaO 165 und Puppe, Die Erfolgszurechnung im Strafrecht, 2000, S 151) und teils auch das Erfordernis eines besonderen, im Einzelnen nicht abschließend geklärten Sinnbezugs der Teilnahme auf die Haupttat gestützt (Schumann aaO S 60; Frisch, Tatbestandsmäßiges Verhalten und Zurechnung des Erfolgs, 1988, S 283, 289; [ausgebaut unter Heranziehung von Notstandsprinzipien in: Lüderssen-FS, S 539, 551, die wesentliche Taterleichterung und die sehr nahe liegende Möglichkeit einer Straftatbegehung verlangen]; Meyer-Arndt wistra 89, 281; Hefendehl Jura 92, 374, 376; Roxin, Stree/Wessels-FS, S 365, 378, AT II 26/221, 228 und LK 17; Jakobs GA 96, 253, 260 und AT 24/13, 17; Wohlleben, Beihilfe durch äußerlich neutrale Handlun-

Beihilfe **§ 27**

gen, 1996, S 120; Lüderssen, Grünwald-FS, S 329, 341; Ransiek wistra 97, 41; Weigend, Nishihara-FS, S 197; Lesch JA 01, 986; Schall, Meurer-GS, S 103, 115; Puppe NK 155, 156, 159 vor § 13; Freund AT 10/138–142; Gropp AT 10/154 b; Sch/Sch-Heine 10 a; krit Müller aaO S 169 und Beckemper aaO S 167; zusf Hillenkamp, AT-Problem 28, S 191 und Kühl AT 20/222; für eine grundrechtsorientierte Auslegung Kudlich JZ 03, 127); praktische Bedeutung hat die Frage auch für **berufsbedingte Handlungen** (zB eines Notars, NStZ-RR 99, 184, 186 mit zust Bespr Otto JK 13, eines Rechtsanwalts, NStZ 00, 34 mit Bespr Wohlers NStZ 00, 169, Ignor StraFo 01, 42 und Otto JK 14 oder eines Arbeitgebers, NJW 02, 1963, 1965; s auch wistra 00, 459, 460 und NStZ-RR 01, 241 sowie NJW 01, 2409 mit Bespr Martin JuS 01, 1128 und Kudlich JuS 02, 751 [„berufstypische Mitwirkung bei der Erstellung von Jahresbefehlen zur Grenzsicherung der DDR"]; zum Handeltreiben nach dem BtMG Düsseldorf StV 03, 626; eingehend Wolff-Reske, Berufsbedingtes Verhalten als Problem mittelbarer Erfolgsverursachung, 1995 und Kudlich, Die Unterstützung fremder Straftaten durch berufsbedingtes Verhalten, 2004; speziell zu Anwaltstätigkeiten Rogat aaO S 152, 178), namentlich von Bankbediensteten in Bezug auf Steuerhinterziehung von Bankkunden erlangt BGHSt 46, 107 mit Bespr Jäger wistra 00, 344, Kudlich JZ 00, 1178, Lesch JA 01, 188, JR 01, 383 und Otto JK 15; NJW 03, 2996 mit Bespr Otto JK 18; LG Wuppertal wistra 99, 473, 474; LG Bochum NJW 00, 1430; vgl auch schon wistra 88, 261; aus dem Schrifttum vgl Carl/Klos wistra 94, 211; Löwe-Krahl wistra 95, 210; Ransiek aaO; Otto, Lenckner-FS, S 193, 220; Schünemann GA 99, 207, 224; Behr wistra 99, 245, 247; Harzer/Vogt StraFo 00, 39; Pilz, Beihilfe zur Steuerhinterziehung durch neutrale Handlungen von Bankmitarbeitern, 2001; Eidam, Unternehmen und Strafe, 2. Aufl 2001, S 122; Joecks 17). Nach dieser **Rechtsprechung** liegt eine Beihilfe begründende Solidarisierung mit dem Täter zum einen dann vor, wenn der Hilfeleistende sicher weiß, dass das Handeln des Täters ausschließlich auf die Begehung einer Straftat abzielt, zum anderen dann, wenn der Hilfeleistende zwar nur mit einer Straftatbegehung rechnet, die Tatgeneigtheit des Täters aber erkennt und deshalb das Risiko einer Tatbegehung hoch ist; in beiden Konstellationen verliert der Tatbeitrag seinen Charakter als berufstypische, neutrale Handlung (zur Entwicklung der Rechtsprechung vgl Joecks MK 43–51 und Roxin AT II 26/247–254). Diese subjektiv ansetzende Differenzierung findet sich auch in der **Rechtslehre** (vor allem bei Roxin AT II 26/218–246, aber auch bei B-Weber/Mitsch aaO), doch erscheint eine vorrangige Orientierung an objektiven Kriterien wie vor allem dem erlaubten Risiko (Kühl AT 20/222 a), aber auch dem deliktischen Sinnbezug vorzugswürdig; beides freilich Kriterien, die einer Konkretisierung bedürfen, zu der auch subjektive Gesichtspunkte wie sicheres Wissen oder bloße Erkennbarkeit herangezogen werden können. Eine Annäherung von Rechtsprechung und Rechtslehre scheint deshalb möglich. – Ein weiterer Anwendungsbereich tut sich beim Betrieb eines „Anonymisierungsservers" auf, in dessen Schatten ein Nutzer anonym Straftaten begehen kann (näher Kudlich, in: Hilgendorf [Hrsg], Informationsstrafrecht und Rechtsinformatik, 2004, 12, 20, der Fälle ausschließt, in denen der Betreiber die Begehung einer Straftat nur „allgemein" für möglich hält). – Zur Fallbearbeitung im Gutachten Rotsch Jura 04, 14.

b) Hilfeleisten ist **zeitlich** schon möglich, wenn die Haupttat erst vorbereitet 3 wird (NJW 85, 1035; NJW 01, 2409), selbst wenn der Haupttäter noch nicht zur Tat entschlossen (RGSt 28, 287; BGHSt 2, 344; Roxin AT II 26/256) oder diese für den Gehilfen noch nicht konkretisiert ist (RGSt 31, 35). Sie soll nach der Rspr noch möglich sein, wenn die Haupttat vollendet, aber im Sinne einer verbreiteten Meinung (dazu 2 vor § 22) noch nicht beendet ist (BGHSt 6, 248, 251; NJW 85, 814 und 90, 654; Düsseldorf MDR 88, 515; ebenso Jescheck/Weigend AT S 692;

§ 27 AT. 2. Abschnitt. 3. Titel. Täterschaft und Teilnahme

Krey AT 2 Rdn 306; W-Beulke AT Rdn 583; Sch/Sch-Cramer/Heine 17; Tröndle/Fischer 4; s auch Bay NStZ-RR 99, 314 und NStZ 99, 568 mit Bespr Martin JuS 00, 301); dem ist für tatbestandlose „Beendigungsphase" wie zB der Beutesicherungsphase nach einem Diebstahl oder Raub zu widersprechen (Kühl, Roxin-FS, S 665, 679, JuS 02, 729, 733 und in: AT 20/233; ebenso Herzberg, TuT, 1977, S 71; Rudolphi, Jescheck-FS, S 559; Geppert Jura 99, 266, 272; Schmitz, Unrecht und Zeit, 2001, S 199; Jakobs AT 22/40; Köhler AT S 536; Hoyer SK 18; Joecks 9; Kindhäuser 21; Roxin LK 32–38 und AT II 26/259–262; Schild NK 17; s auch 40 zu § 142; rechtsvergleichend Schmoller, Zipf-GS, S 295, 303); jedoch können dem Gehilfen, der sich erst während der Begehung der Haupttat beteiligt, schon zuvor eingetretene Tatfolgen nur nach den für die sukzessive Mittäterschaft geltenden Regeln (10, 12 zu § 25) zugerechnet werden (NStZ 94, 123 mit krit Bespr Otto JK 10; beachte auch Lesch, Das Problem der sukzessiven Beihilfe, 1992). Folgt man der Rspr, so hängt die Frage, ob Beihilfe nach Vollendung oder Begünstigung vorliegt, von der Willensrichtung ab; Überschneidungen sind dann möglich (BGHSt 4, 132, 133; Köln NJW 90, 587; Furtner JR 66, 169; krit Roxin AT II 26/261; aM Vogler, Dreher-FS, S 405, 416; Seelmann JuS 83, 32, 33; Laubenthal Jura 85, 630; s auch Weisert, Der Hilfeleistungsbegriff bei der Begünstigung, 1999, S 217; zw). Nach Beendigung der Haupttat ist Beihilfe ausgeschlossen (NStZ 2000, 31).

4   **3.** Beihilfe kann als **physische** (technische) oder **psychische** (intellektuelle; beachte ua BGHSt 40, 307, 315; Bay NJW 84, 1366; Karlsruhe MDR 84, 1045) geleistet werden (Geppert Jura 99, 266, 267). Beseitigung letzter Hemmungen des Tatentschlossenen kann genügen (NJW 51, 451; Roxin AT II 26/68 und 200; krit Krey AT 2 Rdn 295; für Anstiftung Charalambakis, Roxin-FS, S 625, 635). In Frage kommt auch bloße Stärkung des Tatentschlusses (eingehend und einschr Baunack, Grenzfragen der strafrechtlichen Beihilfe, 1999, S 98), die zB aus der Zusage von Hilfeleistung nach der Tat erwachsen (NStZ 99, 609; Stuttgart wistra 00, 392 mit Bespr Otto JK 16; Roxin AT II 26/201; krit Charalambakis aaO S 634; beachte auch 9 zu § 257) oder das Sicherheitsgefühl des Täters erhöhen kann (NStZ 93, 535; Naumburg NJW 01, 2034; Bay NJW 02, 1663; Düsseldorf StraFo 02, 21; Rudolphi StV 92, 518, 520; Roxin, Miyazawa-FS, S 501, 505; krit Otto JuS 82, 557, 564 und Lenckner-FS, S 193, 198; s auch Murmann JuS 99, 548, 551, der eine entschlussfestigende Wirkung ausreichen lässt; ähnlich Hoyer SK 14); eine solche Bestärkung des Tatentschlusses ist auch in der Vergatterung von Grenzsoldaten, die bereits durch die bestehende Befehlslage zum Schusswaffengebrauch entschlossen waren, gesehen worden (BGHSt 47, 100). Die Rspr hat das sogar für bloße Anwesenheit bei Tatausführung unter der Voraussetzung angenommen, dass dadurch der Tatentschluss bestärkt wird (StV 82, 517 mit überwiegend krit Bespr Rudolphi aaO, Sieber JZ 83, 431 und Ranft JZ 87, 859; krit auch Geppert aaO S 270 und Charalambakis aaO S 637; abl Stoffers Jura 93, 11; s auch Freund JuS 90, 213, 218); sie hat diese Annahme aber durch die Klarstellung eingeschränkt, dass jedenfalls bloßes, dem Haupttäter nicht vermitteltes Billigen der Tat – ebenso wie bloßes Wissen um sie (NStZ 96, 563, 564) oder ein Interesse am Tatererfolg (NStZ 93, 233 und 385; StV 94, 22 und 175) – dazu allein nicht ausreicht (NStZ 95, 490; 98, 517, 622 mit zust Bespr Geppert JK 12; 99, 451; NStZ-RR 01, 40; NStZ 02, 139 mit krit Bespr Geppert JK 16; wistra 04, 180). – Ob der Haupttäter von der Hilfeleistung Kenntnis hat, ist jedenfalls bei der physischen Beihilfe unerheblich (StV 81, 72; Geppert aaO S 268: „heimliche Beihilfe"; Roxin LK 9; aM Heghmanns GA 00, 474, 479, der einen „Beistandspakt" verlangt).

5   **4. a)** Ob und unter welchen Voraussetzungen Beihilfe **durch Unterlassen der Verhinderung eines Begehungsdelikts** begangen werden kann, ist umstritten (zusf Sowada Jura 86, 399 und Geppert Jura 99, 266, 271; s auch Bloy JA 87, 490;

Mitsch Jura 89, 193; 7 vor § 153). Erforderlich ist jedenfalls Garantenstellung (6 zu § 13) des Gehilfen (NJW 89, 914, 916; wistra 93, 59; Zweibrücken NStZ-RR 00, 119). Im Übrigen wendet die Rspr zur Abgrenzung die animus-Formel (5 vor § 25) an (zB BGHSt 2, 150; 13, 162, 166; 43, 381, 396; StV 86, 59 mit Bespr Arzt StV 86, 337 und Ranft JZ 87, 908, 917; NJW 92, 1246 mit Bespr Seelmann StV 92, 416; krit zur Rspr Sering, Beihilfe durch Unterlassen, 2000, S 20), was jedoch wegen der andersartigen Struktur des Unterlassens zu einer Verschärfung der mit der subjektiven Lehre verbundenen Unsicherheiten führt (hM; anders Arzt JA 80, 553, 558). Aus dieser Struktur ist vielmehr abzuleiten, dass der untätig bleibende Garant gegenüber dem voll verantwortlich handelnden Begehungstäter nur Randfigur des Tatgeschehens und daher Gehilfe ist (Gallas JZ 52, 371 und 60, 686, 687; Ranft ZStW 94, 815; Jescheck/Weigand AT S 696; Schmidhäuser Stub 13/12–15). Demgegenüber wird in Teilen des Schrifttums die Möglichkeit von Beihilfe durch Unterlassen für den Regelfall überhaupt verneint (Armin Kaufmann, Die Dogmatik der Unterlassungsdelikte, 1959, S 291; Grünwald GA 59, 110; Bloy aaO [vgl 2] S 216 und JA 87, 490), teils aber auch nach verschiedenartigen Kriterien, unter denen namentlich die Art der Garantenstellung („Beschützer-" oder „Überwachungsgarant") eine Rolle spielt, zwischen Unterlassungstäterschaft und -beihilfe differenziert (vgl etwa Rudolphi, Die Gleichstellungsproblematik der unechten Unterlassungsdelikte und der Gedanke der Ingerenz, 1966, S 138; Herzberg aaO [vgl 3] S 83; Otto Jura 87, 246, 250; Geppert aaO; Sering aaO S 101; Krey AT 2 Rdn 381–384; Sch/Sch-Cramer/Heine 101–109 d vor § 25; krit Nestler GA 94, 514, 527; Ransiek ZGR 99, 613, 636). In vergleichbar Weise umstritten ist auch die von der Rspr (zB NJW 53, 1838; beachte auch BGHSt 43, 381, 397) grundsätzlich bejahte Frage, ob das **Unterlassen der Erschwerung eines Begehungsdelikts** Beihilfequalität haben kann (so zutreffend Ranft ZStW 97, 269; aM Roxin LK 44; eingehend Sering aaO S 103, 136).

b) Auch zum **Unterlassungsdelikt** kann Beihilfe durch positives Tun (dazu 3 zu § 26) oder durch Unterlassen geleistet werden; sie kann regelmäßig nur psychische Beihilfe (vgl 4) sein (Bay NJW 90, 1861 mit krit Bespr Seelmann JuS 91, 290; Geppert Jura 99, 266, 271) und setzt im letzteren Falle Garantenstellung (Aufsichtspflicht) gegenüber dem Täter voraus (Sch/Sch-Cramer/Heine 110 vor § 25); 6

5. Der **Vorsatz** des Gehilfen ist ein „doppelter" (zusf Geppert Jura 99, 266, 273; krit Murmann JuS 99, 548, 552): Er muss die Unterstützungshandlung als solche, dh gerade in ihrer unterstützenden Wirkung (NStZ 83, 462 und 85, 318; Bay NStZ 99, 627; Düsseldorf StraFo 02, 21, 22), umfassen (BGHSt 3, 65) und sich außerdem auf eine bestimmte (NStZ 96, 493), ihrem wesentlichen Unrechtsgehalt und der Angriffsrichtung nach umrissene, nicht notwendig schon in allen Einzelheiten konkretisierte (BGHSt 11, 66; 42, 135, 138 und 332, 334 mit Anm Schlüchter/Duttge NStZ 97, 595; NStZ-RR 00, 326; Bay NJW 91, 2582 mit Bespr Wolf JR 92, 428 und Wild JuS 92, 911; eingehend Theile [vgl 2] S 144, 193: „abstrakt anschaulicher Haupttatvorsatz") Handlung beziehen, welche die Voraussetzungen einer vorsätzlich begangenen rechtswidrigen Tat erfüllt (hM; vgl 4 zu § 26) und nach der Vorstellung des Gehilfen nicht nur versucht (zB Lieferung eines, wie er weiß, zur Tatbestandsverwirklichung untauglichen Mittels, RGSt 60, 23), sondern vollendet werden soll (JA 85, 364 mit Bespr Sonnen; einschr VRS 61, 213). Da die Beihilfe nicht den Willen zu bestimmender Einflussnahme auf die Haupttat erfordert, sind die Anforderungen an deren Konkretisierung hier weniger streng als bei der Anstiftung (NStZ 02, 145, 146; Roxin, Salger-FS, S 129, 136; Sch/Sch-Cramer/Heine 19; aM Hoyer SK 47 vor § 26); so kann es uU genügen, wenn der Gehilfe weiß, dass seine Handlung den Haupttäter zu einer sonst noch nicht weiter konkretisierten Haupttat bestimmter Art (zB zu einem Betrug auf Grund eines falschen Wertgutachtens, BGHSt 42, 135 mit Bespr 7

Fahl JA 97, 11, Kindhäuser NStZ 97, 273, Loos JR 97, 297, Roxin JZ 97, 210, Scheffler JuS 97, 598, Schlehofer StV 97, 412, Büscher JuS 98, 384 und Otto JK 11) instandsetzen wird. – Der Gehilfe braucht die Person des Haupttäters nicht unbedingt zu kennen (BGHSt 3, 65; NStZ 02, 145, 146). Auch ist Beihilfe, weil **bedingter Vorsatz genügt** (BGHSt 2, 279, 281; wistra 93, 181; Düsseldorf StraFo 02, 21, 22), nicht notwendig ausgeschlossen, wenn der Gehilfe den Erfolg der Haupttat nicht wünscht oder ihn sogar gegenüber dem Täter ausdrücklich missbilligt (bei Holtz MDR 90, 293; bei Altvater NStZ 02, 20, 21). – Bei **mehraktigen Haupttaten** ist Beurteilungsgegenstand nur das vom Vorsatz umfasste Geschehen; dem Gehilfen **nicht bekannte Teilakte** (zB Verschaffen von Falschgeld mit nachfolgendem In-Verkehr-Bringen nach § 146 I Nr. 3, NStZ 97, 80) **bleiben unberücksichtigt.** – Im Übrigen gelten die Ausführungen unter 5, 6 zu § 26 sinngemäß; zur Frage, wie sich ein error in persona des Haupttäters auf den Gehilfenvorsatz auswirkt, diff Haft/Eisele, Keller-GS, S 81, 89 und 100.

8 6. Die **Haupttat** muss ebenso wie bei der Anstiftung begangen, mindestens versucht worden sein (7 zu § 26; speziell zur Beihilfe zum Versuch Küper JuS 86, 862, 864, die vereinzelt ganz abgelehnt wird, Osnabrügge aaO [vgl 2] S 232, 263); dass sie für den Haupttäter eine mitbestrafte Nachtat (32 vor § 52) ist, schließt nach der Rspr die Strafbarkeit der Beihilfe nicht aus (BGHSt-GS-14, 38, 45; BGHSt 30, 28, beide mwN; str).

9 7. Der **Versuch der Beihilfe** ist nicht – auch nicht nach § 30 – mit Strafe bedroht (NStZ 83, 462 und 94, 501, beide mwN). – Zum **Rücktritt** von der Beihilfe 24–28 zu § 24.

10 8. **Abs 2 S 2** enthält einen **obligatorischen besonderen gesetzlichen Milderungsgrund** im Sinne des § 49 I; der gemilderte Strafrahmen ist für die Einteilung nach § 12 (dort 4) und für die Verjährung nach § 78 (dort 9) unerheblich. Zur rechtlichen Bedeutung und zum Umfang der Milderung 2, 3, 8–11 zu § 49 (beachte auch 1–4 zu § 50). Bei Beihilfe zum Versuch, nicht aber bei Beihilfe zu Beihilfe kommt doppelte Milderung in Frage (5 zu § 50).

11 9. Für das **Zusammentreffen** mehrerer Beihilfehandlungen gilt dasselbe wie bei der Anstiftung (10 zu § 26).

12 10. Sog **verselbstständigte Beihilfe** liegt vor, wenn das Gesetz neben den zentralen Tathandlungen auch solche Begehungsformen (zB Unterstützen, Fördern, Hilfeleisten usw) mit Strafe bedroht, die materiell nur Beihilfe zu diesen Handlungen sind (krit Sommer JR 81, 490). Sie ist Täterschaft und geht in den Grenzen ihres Anwendungsbereichs der Beihilfe vor. Ob sie zugleich als abschließende Strafbarkeitserweiterung zu verstehen ist, also eine Anwendung des § 27 überhaupt sperrt, ist nicht einheitlich, sondern nur auf Grund teleologischer Auslegung der einschlägigen Tatbestände zu beantworten (Sommer aaO).

§ 28 Besondere persönliche Merkmale

(1) **Fehlen besondere persönliche Merkmale (§ 14 Abs. 1), welche die Strafbarkeit des Täters begründen, beim Teilnehmer (Anstifter oder Gehilfe), so ist dessen Strafe nach § 49 Abs. 1 zu mildern.**

(2) **Bestimmt das Gesetz, daß besondere persönliche Merkmale die Strafe schärfen, mildern oder ausschließen, so gilt das nur für den Beteiligten (Täter oder Teilnehmer), bei dem sie vorliegen.**

1 1. Die Vorschrift beruht auf dem **Grundgedanken,** dass für Umstände, die Unrecht, Schuld oder Strafwürdigkeit mitbestimmen, aber nur die Person charakterisieren, nicht die allgemeinen Regeln gelten dürfen; soweit die Strafgerechtigkeit es erfordert, sollen sie nur dem Beteiligten (Mittäter oder Teilnehmer) zugerechnet werden, bei dem sie vorliegen. Das Gesetz verfährt dabei unterschiedlich, je nachdem, ob es sich um strafbegründende (Abs 1) oder um strafändernde oder – ausschließende (Abs 2) Umstände handelt. Dieser umstrittenen Unterscheidung liegt kein einheitliches Prinzip zugrunde (krit daher Armin Kaufmann ZStW 80, 34, 36; Langer, Das Sonderverbrechen, 1972, S 485). Der damit verbundene Widerspruch ist als gesetzgeberische Willensentscheidung hinzunehmen; ihn dadurch auflösen zu wollen, dass man Abs 2 nicht auf die jeweils anwendbaren Tatbestände bezieht, sondern nur als Modifizierung des Strafrahmens versteht (so ua Stein, Die strafrechtliche Beteiligungsformenlehre, 1988, S 41, 49; Hake, Beteiligtenstrafbarkeit und „besondere persönliche Merkmale", 1994, S 86; Hirsch, Schreiber-FS, S 153; Roxin LK 1–9; Hoyer SK 1–5; abl Grünwald, Kaufmann [Arm]-GS S 555, 564; Küper ZStW 104, 559, 581; Sch/Sch-Cramer/Heine 28), verbietet sich vor allem deshalb, weil dem Wortlaut und Entstehungsgeschichte des EGOWiG entgegenstehen: § 50 II aF (jetzt § 28 I) ist bei voller Kenntnis des Strukturunterschiedes zu § 50 III aF (jetzt § 28 II) eingeführt worden; er sollte die Ungerechtigkeit ausgleichen, die mit der zuvor maßgebenden Unerheblichkeit der strafbegründenden persönlichen Merkmale für die Strafrahmenbestimmung verbunden war (BT-Dr V/1319 S 61). – Umstritten ist ferner die Tragweite des Abs 2: teils wird er im Verhältnis zu § 29 als spezielle Schuldregelung (BGHSt 8, 205, 209) und teils ausschließlich als Tatbestands- oder Unrechtsproblem (Welzel JZ 52, 72; Langer, Lange-FS, S 241, 261; Hake aaO) aufgefasst. Dem Zweck der Vorschrift dürfte aber ihre Beschränkung weder auf den Unrechts- noch auf den Schuldbereich entsprechen (Roxin LK 19; Sch/Sch-Cramer/Heine 2–6). Sie erfasst vielmehr als spezielle Regelung alle einschlägigen personalen Umstände des besonderen Deliktstatbestandes (des Deliktstypus), gleichgültig, ob sie zum Unrecht oder zur Schuld gehören oder ob sie erst die Strafbarkeit ausschließen oder aufheben (krit Herzberg ZStW 88, 68, 70; Hoyer SK 6–14; beachte jedoch 5; str). – Lernbeitrag zu Grundfragen der Vorschrift bei Fischer/Gutzeit JA 98, 41; zusf Otto Jura 04, 469.

2. Abs 1 schreibt für den Teilnehmer Strafmilderung vor, wenn bei ihm **besondere persönliche Merkmale fehlen, welche die Strafbarkeit des Täters begründen**. Dadurch wird die kriminalpolitisch bedenkliche Spannung abgemildert, die nach früherem Recht darin bestand, dass zwar die strafändernden persönlichen Merkmale unmittelbar jedem Beteiligten zuzurechnen waren (§ 50 II idF vor dem EGOWiG; dazu 8–12), während die strafbegründenden nur bei der Strafzumessung innerhalb des ordentlichen Strafrahmens berücksichtigt werden konnten.

a) Besondere persönliche Merkmale stimmen inhaltlich nicht mit den entsprechenden Merkmalen des § 14 I überein (dort 9–15).

aa) Als **persönliche** Merkmale erfassen sie solche Eigenschaften (körperliche, seelische oder rechtliche Wesens- oder Charaktermerkmale eines Menschen), Verhältnisse (dessen Umweltbeziehungen) und andere Umstände, die zum Deliktstypus gehören und sich auf den Täter beziehen, unabhängig davon, ob sie für eine gewisse Dauer Bestand haben oder nur in der Tat hervortreten (str).

bb) Sie sind **besondere** Merkmale, wenn sie den Täter charakterisieren, dh vornehmlich aus Gründen, die in seiner Person oder in einer besonderen, an die Person gebundenen Inpflichtnahme liegen, das Unrecht, die Schuld oder auch nur die Strafbarkeit (den Tatunwert im weiteren Sinne) mitbestimmen (str). Die hM nennt sie dann täterbezogen. Den Gegensatz bilden Merkmale, die nur der sachlichen Charakterisierung der Tat (der Rechtsgutsverletzung) dienen und unter diesem Gesichtspunkt tatbezogen sind. Diese sehr unbestimmt beschriebene und durch vielfältige Mißdeutungen belastete Unterscheidung ist schon grundsätzlich umstritten: Teils werden nur solche Umstände anerkannt, die eine Sonderpflicht des Täters begründen (Langer aaO [vgl 1] S 436, Lange-FS, S 241, 261 und Wolf-FS, S 335;

§ 28 AT. 2. Abschnitt. 3. Titel. Täterschaft und Teilnahme

Deichmann, Grenzfälle der Sonderstraftat, 1994, S 4; Otto Jura 04, 469; vgl auch Hoyer SK 32–38, der zwischen funktionell sachlichen und funktionell präventionsorientierten Merkmalen unterscheidet); teils wird zusätzlich auf die Erwerbsanmaßung und den Missbrauchswillen abgestellt (Klesczewski, ARSP-Beiheft 66, 1997, S 77, 100), teils werden nur die speziellen Schuldmerkmale und die Tätermerkmale der Pflichtdelikte erfasst (Roxin LK 51–57; s auch Sánchez-Vera, Pflichtdelikt und Beteiligung, 1999, S 167, 180); teils wird auch jedes Merkmal einbezogen, das nicht in mittelbarer Täterschaft verwirklicht werden kann (Schünemann Jura 80, 354 und GA 86, 293, 336). Die Auffassung, dass ein persönliches Merkmal nur dann streng akzessorisch zu behandeln sei, wenn es entweder funktionell ein sachliches sei oder keine Bedeutung für den Tatunwert habe (so Herzberg GA 91, 145, 176; s auch Herzberg ZStW 88, 68), kommt in der Sache, nicht in der Terminologie, der hM sehr nahe; denn ein so beschriebenes Merkmal ist regelmäßig tatbezogen, weil es nicht aus Gründen, die in der Person des Täters liegen, den Tatunwert mitbestimmt (ähnlich auch Schwerdtfeger, Besondere persönliche Unrechtsmerkmale, 1991, S 263 und Hake aaO [vgl 1] S 97, die mit Unterschieden in der Terminologie ein solches Merkmal annehmen, wenn es den Tatbeteiligten nicht in gleicher Weise belastet wie den, der das Merkmal aufweist). Auch die Abgrenzung im Einzelnen ist noch nicht abschließend geklärt (vgl zB BGHSt 8, 205, 209; 22, 375, 378; 39, 326; 41, 1; Gallas, Beiträge, S 154; Blauth, Handeln für einen anderen nach geltendem und kommendem Strafrecht, 1968, S 92; Grünwald, Kaufmann [Arm]-GS, S 555). Sie wird vor allem dadurch erschwert, dass sich die Einordnung nicht nach dem abstrakten Inhalt des Merkmals, sondern nach seiner Funktion im Zusammenhang des Tatbestandes richtet und dass es auch prinzipielle Unterschiede zwischen strafbegründenden und strafändernden Merkmalen gibt (Arzt JZ 73, 681, 685; Herzberg aaO S 177). Mit Recht wird überwiegend angenommen, dass Merkmale, die das Handlungssubjekt in einer besonderen Pflichtenstellung kennzeichnen (zB Stellung als Amtsträger oder als Treunehmer iS des § 266), regelmäßig (einschr Grünwald aaO S 561), sowie Gesinnungs-, Motiv- und Absichtsmerkmale häufig (einschr Stratenwerth/Kuhlen AT I 12/196) hierher gehören.

5   **b) aa)** Danach sind **strafbegründende** persönliche Merkmale namentlich: die Soldateneigenschaft bei militärischen Straftaten (§ 2 Nr 1 WStG), die Amtsträgereigenschaft bei den eigentlichen Amtsdelikten (2 vor § 331), die Tätereigenschaft bei § 203 (dort 2), die Gewerbs- oder Gewohnheitsmäßigkeit, soweit sie für die Strafbarkeit konstitutiv ist (zB in § 180a I), das Treueverhältnis nach § 266 I (dort 2), das Schutzverhältnis nach § 225 (dort 3) und die Stellung als Geschäftsführer zB bei §§ 64 I, 82 I Nr 1, 3, 84 II Nr 2 GmbHG (auch als faktischer Geschäftsführer; BGHSt 46, 62, 64 mit krit Anm Joerden JZ 01, 310, der dadurch die haftungsbegrenzende Regelung des § 28 I eingeebnet sieht). Rein schuldtypisierende subjektive Merkmale (zB böswillig, § 90a I Nr 1; roh, § 225 I) sind dagegen – weil sonst ein Wertungswiderspruch bestünde – (Küper ZStW 104, 559, 586) mit Hilfe des § 29 auszuscheiden (aM Gallas bei Grebing ZStW 88, 162, 173; Grünwald, Kaufmann [Arm]-GS, S 555, 568 und die Vorauf.; wie hier Herzberg ZStW 88, 68, 71; Hake aaO [vgl 1] S 153; Kühl AT 20/157; diff Roxin LK 14–16; vgl auch Niedermair ZStW 106, 388). Der BGH rechnet schließlich auch die Motiv- und Absichtsmerkmale beim Mord hierher (vgl 9).

6   bb) Zu den **tatbezogenen** (hier nicht erfassten) Merkmalen gehören ua die Absicht bei den meisten erfolgskupierten (zB §§ 242 I, 253 I, 263 I, BGHSt 22, 375; Sch/Sch-Cramer/Heine 1 b; aM Schünemann Jura 80, 568, 581; Hoyer SK 23–31) und den verkümmert zweiaktigen (zB § 146) Delikten (Blauth aaO [vgl 4] S 101), die Eigenschaft als Gefangener nach § 121 (dort 2), als illegal einreisender Ausländer nach § 92 AuslG (NStZ 99, 409), als Unfallbeteiligter nach § 142 (dort 39), als Zeuge oder Sachverständiger nach § 153 (dort 7), als Verheirateter nach

Besondere persönliche Merkmale **§ 28**

§ 172 (dort 7), als Verwandter nach § 173 (dort 6) oder als Arbeitgeber nach § 266a (dort 2), die Erklärungs-, Auskunfts-, Mitwirkungs- und Anzeigepflichten im Steuerrecht (BGHSt 41, 1 mit Anm Ranft JZ 95, 1186 und Hake JR 96, 161) und meist auch die Garantenstellung bei den unechten Unterlassungsdelikten (Geppert ZStW 82, 40; Ranft aaO; Jescheck/Weigend AT S 658; Sch/Sch-Cramer/Heine 19; aM Langer, Lange-FS, S 241, 262; Vogler, Lange-FS, S 265; Hake aaO; Grunst NStZ 98, 548, 551; Roxin LK 64; Seelmann NK 90 zu § 13; Hoyer SK 35; diff BGH aaO S 4; Herzberg GA 91, 145, 161; Sánchez-Vera aaO [vgl 4] S 43, 64 und 187, alle mwN; zw).

c) Abs 1 enthält einen **obligatorischen besonderen gesetzlichen Milderungsgrund** im Sinne des § 49 I. Zur rechtlichen Bedeutung und zum Umfang der Milderung 2, 3, 8–11 zu § 49 (beachte auch § 50). 7

3. a) Abs 2 verselbständigt die Handlungen der Beteiligten, soweit besondere persönliche Merkmale (vgl 4) **die Strafe schärfen, mildern oder ausschließen.** In diesen Grenzen lockert er damit zugleich das Akzessorietätserfordernis (hM; anders Cortes Rosa ZStW 90, 413, 438; Hake aaO [vgl 1] S 86; s auch Sánchez-Vera aaO [vgl 4] S 186; krit zur „irreführenden Legaldefinition" des Beteiligten Schroeder JuS 02, 139). Hier sind namentlich folgende Merkmale zu unterscheiden: 8

aa) **strafschärfende,** zB Gewerbs- und Gewohnheitsmäßigkeit (BGHSt 6, 260; StV 96, 87 mwN), Bandenmäßigkeit bei Diebstahl und Raub (BGHSt 46, 120, 128; aM Hoyer SK 34; 7 zu § 244), Handeln aus Eigennutz nach § 92a I Nr 1 AuslG (aM BayObLG NJW 99, 1794 mit abl Anm Klesczewski StV 99, 257), Handeln gegen Entgelt oder in Bereicherungs-, Schädigungsabsicht bei § 203 V (dort 28), die Amtsträgereigenschaft bei den uneigentlichen Amtsdelikten (2 vor § 331) wie etwa § 340 (dort 1; aM Sánchez-Vera aaO [vgl 4] S 195, 225, der alle Pflichtdelikte, auch die sog unechten, dem Abs 1 zuschlägt), das Anvertrautsein einer Sache im Falle des § 246 (13 zu § 246), die Ermöglichungsabsicht in § 306b II Nr 2 (NStZ 00, 197) und die Motiv- und Absichtsmerkmale beim Mord (16 zu § 211); der BGH anerkennt zwar die persönliche Natur dieser Merkmale, hält sie zu Unrecht aber für strafbegründend (22 vor § 211; 16 zu § 211). 9

bb) **strafmildernde.** Erfasst werden hier namentlich die besonderen Schuldmerkmale (zB die Motivierung durch das Verlangen in § 216 [dort 2], Roxin LK 82 mwN), die den Deliktstypus verändern (Gallas, Beiträge, S 130, 154 zum aufgehobenen § 217); 10

cc) **strafausschließende,** zB tätige Reue nach vollendetem Delikt (29 zu § 24) und Angehörigeneigenschaft bei der Strafvereitelung (17 zu § 258; str). 11

dd) Auch strafändernde **reine Schuldmerkmale** gehören hierher (zusf Küper ZStW 104, 559). Sie fallen ausnahmslos als zum Tatbestand gehörig (vgl 1) nicht erst unter den allgemeineren § 29 (Grünwald, Kaufmann [Arm]-GS, S 555, 567; Roxin LK 17; aM Langer, Lange-FS, S 241, 252, 260; Hake aaO [vgl 1] S 153; Jescheck/Weigend AT S 658, 659, alle mwN).

b) Wenn in einem sog **Mischtatbestand** ein besonderes persönliches Merkmal eine **Ordnungswidrigkeit zu einer Straftat qualifiziert** (zB „beharrlich" in § 184d), so gilt die Qualifizierung nach § 14 IV OWiG nur für den Beteiligten, bei dem das Merkmal vorliegt (Bay NJW 85, 1566 mit Anm Geerds JR 85, 472, beide mwN). Im Ergebnis wird damit das Prinzip des § 28 II in den Grenzbereich zwischen Ordnungswidrigkeiten und Straftaten erstreckt mit der Folge, dass auch die Ordnungswidrigkeit eines Beteiligten als „Haupttat" für die strafbare Teilnahme eines anderen Beteiligten in Frage kommt (Cramer, Grundbegriffe des Rechts der Ordnungswidrigkeiten, 1971, S 84). Nach Wortlaut und Sinn erfasst § 14 IV OWiG auch die Konstellation, dass der Übergang von der Ordnungswidrigkeit zur Straftat nicht ausschließlich vom Vorliegen eines besonderen persönlichen Merkmals abhängt, sondern daneben auch mit einer allgemein umschriebenen Anhe- 12

§§ 29, 30 AT. 2. Abschnitt. 3. Titel. Täterschaft und Teilnahme

bung des objektiven Schweregrades der Tathandlung verbunden ist (anders die hM; vgl etwa König LK 206 zu § 315 c; Roxin LK 14; Rengier KKOWiG 50 zu § 14); wenn also mehrere an einer grob verkehrswidrig begangenen Straßenverkehrsgefährdung (§ 315 c I Nr 2) beteiligt sind, aber nur einer von ihnen „rücksichtslos" handelt, so begeht nur er eine Straftat in der Beteiligungsform, wie sie sich aus den §§ 25–27 ergibt, während die übrigen Beteiligten Täter (§ 14 OWiG) einer Ordnungswidrigkeit nach § 24 StVG sind.

§ 29 Selbständige Strafbarkeit des Beteiligten

Jeder Beteiligte wird ohne Rücksicht auf die Schuld des anderen nach seiner Schuld bestraft.

1   1. Die Vorschrift normiert den Grundsatz der **limitierten Akzessorietät.** Danach sind Mittäter, Anstifter und Gehilfen (§§ 25 II, 26, 27) von der Schuld der anderen Beteiligten unabhängig. Namentlich für Anstiftung und Beihilfe genügt das Vorliegen einer vorsätzlich begangenen rechtswidrigen Haupttat (9 vor § 25), bei der die Schuld fehlen kann (hM; anders Jakobs GA 96, 253 mwN). Unter dem Gesichtspunkt der Beteiligung ist es daher unerheblich, ob der Mit- oder Haupttäter schuldfähig ist, ob er in unvermeidbarem Verbotsirrtum handelt oder ob ihm ein Entschuldigungsgrund, zB nach § 35 (dort 15), zur Seite steht (ebenso Krey AT 2 Rdn 109 und Kindhäuser 2). Kennt der Beteiligte allerdings den die Schuld ausschließenden Mangel in der Person des Mit- oder Haupttäters, so liegt idR mittelbare Täterschaft vor (2–5 zu § 25), die sich bei gemeinschaftlichem (arbeitsteiligem) Handeln (9–11 zu § 25) mit dem unmittelbaren mittäterschaftlichen Tatbeitrag des Hintermanns zum Ganzen der Tat verbindet (Roxin LK 171 zu § 25). Wirklich praktische Bedeutung hat danach die Limitierung der Akzessorietät nur außerhalb des Anwendungsbereichs mittelbarer Täterschaft, namentlich bei eigenhändigen (3 zu § 25) und Sonderdelikten (33 vor § 13), die der Extraneus nicht als Täter begehen kann.

2   2. Die Vorschrift geht in ihrer Bedeutung über die Regelung der Abhängigkeit zwischen Täterschaft und Teilnahme hinaus. Sie besagt allgemein, dass bei **jedem** an einer rechtswidrigen Tat Beteiligten die Schuld und ihr Ausmaß (bei Holtz MDR 78, 623) gesondert und selbstständig zu prüfen sind (beachte dazu Bruns GA 88, 339). Ihr Rechtsgedanke gilt außerdem überall, wo mehrere an einem Tatgeschehen im weitesten Sinne, etwa als notwendig Beteiligte (12 vor § 25) oder Täter eines Anschlussdelikts (14 vor § 25), beteiligt sind (ebenso Kindhäuser 1).

§ 30 Versuch der Beteiligung

(1) **Wer einen anderen zu bestimmen versucht, ein Verbrechen zu begehen oder zu ihm anzustiften, wird nach den Vorschriften über den Versuch des Verbrechens bestraft. Jedoch ist die Strafe nach § 49 Abs. 1 zu mildern. § 23 Abs. 3 gilt entsprechend.**

(2) **Ebenso wird bestraft, wer sich bereit erklärt, wer das Erbieten eines anderen annimmt oder wer mit einem anderen verabredet, ein Verbrechen zu begehen oder zu ihm anzustiften.**

1   1. Die Vorschrift behandelt in **Abs 1** einen Fall vorweggenommener Teilnahme **(versuchte Anstiftung)** und in **Abs 2** weitere verwandte **Beteiligungsformen im Vorbereitungsstadium,** die wegen der konspirativen Bindung mehrerer gefährlich sind (vgl ua BGHSt 44, 91, 95; Dreher GA 54, 11; Schröder JuS 67, 289; Letzgus, Vorstufen der Beteiligung, 1972, und in: Vogler-GS, S 49; krit Köhler AT S 545; Hoyer SK 11; anders Roxin AT II 28/2: gefährliche Formen

Versuch der Beteiligung **§ 30**

der Verbrechensvorbereitung; zusf Roxin JA 79, 169; Kühl JuS 79, 874; speziell zum Strafgrund der versuchten Anstiftung BGHSt 44, 99, 103; NStZ 98, 347; Bloy JR 92, 493, 495; Geppert Jura 97, 546; kritisch zur Unrechtsbegründung bei der Verbrechensverabredung Fieber, Die Verbrechensverabredung, § 30 Abs 2, 3. Alt StGB, 2001, S 105, 187; gegen den Vorwurf des Gesinnungsstrafrechts Roxin AT II 28/45). Sie enthält keine selbstständigen Tatbestände, sondern nur eine Erweiterung der Strafbarkeit bei rechtswidrigen Taten (18 zu § 11), die als Verbrechen (§ 12 I) mit Strafe bedroht sind (krit zur gesetzgeberischen Legitimation der Vorschrift Jakobs ZStW 97, 751, 752, 756; krit dazu Lagodny, Strafrecht vor den Schranken der Grundrechte, 1996, S 231; als problematische Vorfeldkriminalität sieht § 30 Hefendehl, Kollektive Rechtsgüter im Strafrecht, 2002, S 36, 38, 106 und 379).

a) Die **Verbrechensnatur** der künftigen Tat ist jeweils nach der – sei es auch 2 irrigen – Vorstellung von den Tatumständen dessen zu beurteilen, der nach § 30 handelt (NJW 82, 2738 mwN). Hängt die Beurteilung als Verbrechen vom Vorliegen oder Fehlen eines besonderen persönlichen Merkmals ab (zB Tötung auf Verlangen im Verhältnis zum Totschlag, 2 zu § 216), so kommt es nach § 28 II, der auch hier anwendbar ist, auf die Qualifikation des nach § 30 Handelnden, nicht des in Aussicht genommenen Täters an (Schröder JuS 67, 289, 292; Langer, Lange-FS, S 241, 249; Vogler/Kadel JuS 76, 245, 249; Kühl JuS 79, 874, 876; B-Weber/Mitsch AT 32/48; Joecks 8; Sch/Sch-Cramer/Heine 14; Tröndle/Fischer 6; aM BGHSt 6, 308; StV 87, 386; Letzgus aaO [vgl 1] S 201; Jescheck/Weigend AT S 702; Hoyer SK 17–23, alle mwN; im Ergebnis wie hier jedoch BGHSt 3, 228; 4, 17; 14, 353). Der Gegenstandpunkt führt zu dem schwer erträglichen Ergebnis, dass das Prinzip der nichtakzessorischen Zurechnung persönlicher Merkmale ohne zureichenden Grund nur für die erfolgreiche, nicht aber für die nur versuchte Teilnahme durchgeführt wird; die Bestimmung lediglich des Strafrahmens nach § 28 II, die auch von der Gegenmeinung eingeräumt wird, mildert diesen Einwand allenfalls, räumt ihn aber nicht aus. Auch die differenzierende Auffassung von Roxin, der nur die unrechtsrelevanten persönlichen Merkmale zur Strafbegründung heranzieht (Roxin LK 34–43, 73–75), befriedigt nicht, weil § 28 II in den Grenzen seines Anwendungsbereichs die Zurechnung von Verbrechens- oder Vergehensunrecht gerade von den persönlichen Verhältnissen des jeweils Beteiligten abhängig macht. Allerdings ist auch der hier vertretene Standpunkt Einwendungen ausgesetzt, die sich aus der inneren Widersprüchlichkeit des § 28 ergeben (dort 1).

b) Das in Aussicht genommene Verbrechen muss nicht notwendig schon in al- 3 len Einzelheiten **konkretisiert,** aber doch so bestimmt sein, dass der andere es – und zwar ohne notwendige Hilfestellung des Anstifters (aM Hamm MDR 92, 601 mit abl Bespr Bloy JR 92, 493; zw) – begehen könnte, wenn er wollte (NStZ 98, 347 mit krit Anm Kretschmer NStZ 98, 401 und Graul JR 99, 249; LG Zweibrücken NStZ-RR 02, 136; Roxin AT II 28/13; Sch/Sch-Cramer/Heine 9; s auch BGHSt 15, 276; 18, 160; MDR 60, 595; Roxin JA 79, 169, 172).

2. a) Versuchte Anstiftung nach **Abs 1** kommt in drei Formen vor (zusf Gep- 4 pert Jura 97, 546; weitere Formen bei Roxin AT II 28/9): Entweder fasst der andere keinen Tatentschluss (hM; anders Letzgus aaO [vgl 1] S 127, 141), oder er führt ihn nicht aus, oder er war schon vor dem Anstiftungsversuch zur Tat entschlossen (RGSt 72, 373, 375). Die Abgrenzung bestimmt sich nach den allgemeinen, zu §§ 22, 26 entwickelten Grundsätzen (BGHSt 8, 261; Hoyer SK 31, 32; einschr Schröder JuS 67, 289; Herzberg ZStW 99, 49, 78; Bloy aaO [vgl 3] S 496; Graul aaO [vgl 3] S 251; zw). Daher braucht die Anstiftungserklärung dem anderen nicht zuzugehen (BGHSt 8, 261; Roxin JA 79, 169, 171; Geppert aaO S 550, alle mwN; str); er braucht sie auch nicht zu verstehen (RGSt 47, 230); der andere

§ 30 AT. 2. Abschnitt. 3. Titel. Täterschaft und Teilnahme

muss aber vorbehaltlos zur Tatbegehung veranlasst werden; daran fehlt es, wenn sein Tatentschluss von der Erbringung einer Mitwirkungshandlung durch den Anstifter abhängen soll (NStZ 98, 347 mit Bespr Graul aaO; s auch NStZ 98, 403). Versuchte Kettenanstiftung (8 zu § 26) wird jetzt kraft ausdrücklicher Bestimmung erfasst (so früher schon BGHSt 7, 234); ebenso die erfolgreiche Anstiftung zur versuchten Anstiftung (Kroß Jura 03, 250, 251; Kühl AT 20/250; Roxin AT II 28/31; Sch/Sch-Cramer/Heine 35); jedoch ist Beihilfe zur versuchten Anstiftung nicht strafbar (BGHSt 14, 156 mit abl Anm Dreher NJW 60, 1163; Roxin AT II 28/35). Die versuchte mittelbare Täterschaft ist nicht erfasst (Roxin LK 22; aM Hoyer SK 5–10).

5   **b)** Subjektiv ist der volle „doppelte" Anstiftungsvorsatz (4–6 zu § 26) erforderlich (hM); er muss namentlich auch die Ausführung der Tat, also nicht nur den Umstand umfassen, dass der andere die Anstiftung ernst nehme (BGHSt 18, 160; NStZ 98, 403; Bay NJW 98, 2542, 2544; Roxin JA 79, 169, 171; Geppert Jura 97, 546, 550, alle mwN). Wie bei der Anstiftung (4 zu § 26) genügt bedingter Vorsatz (BGHSt 44, 99 mit Bespr Roxin NStZ 98, 616, Bloy JZ 99, 157 und Otto JK 5); der Anstifter muss aber nicht noch zusätzlich die Aufforderung ernstlich gemeint oder die Haupttat ernstlich gewollt haben (BGH aaO in Abkehr von der älteren Rspr zu § 49a I aF; zust Roxin, Bloy und Otto, alle aaO; Kühl AT 20/251).

6   **3. a)** In **Abs 2** bedeutet **Sichbereiterklären** die ernst gemeinte (BGHSt 6, 346) Kundgabe der vorbehaltlosen (Hamm NStZ-RR 97, 133 mit zust Bespr Otto JK 4) Bereitwilligkeit zur Begehung eines Verbrechens gegenüber einem anderen; es erfasst das Sichbieten (Bay 53, 154) und die Annahme einer Aufforderung zur Begehung eines Verbrechens; die Zusage eines Gehilfenbeitrags reicht nicht (NJW 01, 1289, 1290) – Die **Annahme des Erbietens** muss vom Erklärungsempfänger ernst gemeint sein (NStZ 98, 403); ob das Erbieten selbst ernstlich war, ist unerheblich (BGHSt 10, 388; Sch/Sch-Cramer/Heine 24; aM Letzgus aaO [vgl 1] S 148; Jescheck/Weigend AT S 705; Hoyer SK 41; für eine Strafbarkeit des Annehmenden nach § 30 I Roxin AT II 28/86). – **Verabredung** (eingehend Fieber, Die Verbrechensverabredung, 2001) ist die – auch stillschweigende – Übereinkunft von mindestens zwei Personen, eine bestimmte Tat als Mittäter zu begehen (NStZ 93, 137; Hoyer SK 50) oder einen anderen gemeinschaftlich zu ihrer Begehung anzustiften (NStZ 88, 406 mwN); die Zusage bloßer Beihilfe genügt deshalb nicht (NStZ-RR 02, 74 mit Bespr Heger JA 02, 628 und Martin JuS 02, 505). Es müssen mindestens zwei Personen ernstlich entschlossen sein (RGSt 58, 392; Roxin LK 62; Tröndle/Fischer 12; aM Sch/Sch-Cramer/Heine 29). Ist nur eine Person ernstlich entschlossen, so kommt für diese sich Bereiterklären in Betracht (Roxin aaO). Vom Willen der Beteiligten unabhängige Bedingungen schließen die Annahme einer Übereinkunft nicht aus (BGHSt 12, 306; NJW 73, 156; ebenso Hamm NStZ-RR 97, 133 für Sichbereiterklären; s auch Oswald NStZ 91, 46). Subjektiv ist Vorsatz hinsichtlich der verabredeten Tat erforderlich (NStZ 98, 403 mit Anm Geerds JR 99, 426; Roxin AT II 28/51; s auch NJW 56, 30; bei Holtz MDR 87, 798). Es reicht, wenn von zwei vorgesehenen Begehungsmöglichkeiten nur eine ein Verbrechen ist (NStZ 98, 510; Roxin AT II 28/59).

7   **b) Versuch** und Vorbereitung von Handlungen nach Abs 2 sind nicht strafbar (RGSt 58, 394); jedoch kann eine versuchte Verabredung zugleich versuchte Anstiftung oder Sichbereiterklären sein (ebenso Roxin AT II 28/68). – Da die Zusage einer Verbrechensbeihilfe von Abs 2 nicht erfasst wird (vgl 6), muss auch die Beihilfe zur Verbrechensverabredung aus dem Anwendungsbereich ausscheiden (bei Holtz MDR 82, 446; Roxin AT II 28/67).

8   **4.** Zum **Rücktritt** vgl § 31.

Rücktritt vom Versuch der Beteiligung **§ 31**

5. Die **Strafe** ist die Versuchsstrafe (§ 23) für das in Aussicht genommene 9
Verbrechen; dessen Strafrahmen ist nach den konkreten Umständen, also unter
Berücksichtigung auch unbenannter Strafänderungen (besonders schwere und
minder schwere Fälle), zu ermitteln (BGHSt 32, 133; beachte auch NStZ 86, 453
und 90, 96). Die Strafmilderung nach § 49 I ist jedoch abweichend von § 23 II
obligatorisch (2, 3, 8–11 zu § 49; 1–4 zu § 50). Doppelte Milderung – etwa bei
Fehlen besonderer persönlicher Merkmale – kommt in Frage (5 zu § 50). – Bei
der **Strafzumessung** ieS (32–44 zu § 46) fallen namentlich die Beschaffenheit der
Verabredung selbst und das Ausmaß ins Gewicht, in dem sich die Beteiligten
durch abredegemäße Vorbereitungshandlungen bereits dem Tatbeginn genähert
hatten (NStZ 89, 571; StV 97, 241).

6. Tateinheit mit anderen Taten, zB Nötigungsversuch (BGHSt 1, 305) oder 10
Bestechung (BGHSt 6, 308), ist möglich. Die Begehung oder der Versuch der in
Aussicht genommenen Tat – auch mit anderen Teilnehmern als den erfolglos angestifteten (BGHSt 8, 38; beachte jedoch NStZ 98, 189 [mit zust Anm Geppert]
und BGHSt 44, 91 [mit zust Bespr Beulke NStZ 99, 26 und Martin JuS 98, 1065],
wo zu Recht Tatmehrheit zwischen der versuchten, fehlgeschlagenen Anstiftung
und der auf neuem Entschluss beruhenden Anstiftung zum Versuch angenommen
wird) – verdrängt den § 30 (BGHSt 14, 378; BGHR, Abs 1 S 1, Konkurrenzen 2); außerdem geht die Verabredung nach Abs 2 (NStZ 94, 383; Gropp AT
9/101 c) und, wenn die Haupttat mindestens versucht wird, auch § 26 dem Abs 1
vor. Das alles gilt auch, wenn statt einer geplanten leichteren eine diese umfassende
schwerere Tat verübt wird (ebenso Sch/Sch-Cramer/Heine 38), nicht dagegen,
wenn die ausgeführte Tat leichter ist als die geplante; dann liegt Tateinheit mit der
ausgeführten Tat vor (BGHSt 9, 131; Roxin AT II 28/38). Hinter den spezielleren §§ 83 (Köln NJW 54, 1259; aM Roxin AT II 28/42) und 357 (RGSt 68, 90)
tritt § 30 zurück (Tröndle/Fischer 17); in Verbindung mit § 234a I geht er dem
§ 234a III vor (BGHSt 6, 85; Roxin aaO).

§ 31 Rücktritt vom Versuch der Beteiligung

(1) **Nach § 30 wird nicht bestraft, wer freiwillig**

1. **den Versuch aufgibt, einen anderen zu einem Verbrechen zu bestimmen, und eine etwa bestehende Gefahr, daß der andere die Tat begeht, abwendet,**

2. **nachdem er sich zu einem Verbrechen bereit erklärt hatte, sein Vorhaben aufgibt oder,**

3. **nachdem er ein Verbrechen verabredet oder das Erbieten eines anderen zu einem Verbrechen angenommen hatte, die Tat verhindert.**

(2) **Unterbleibt die Tat ohne Zutun des Zurücktretenden oder wird sie unabhängig von seinem früheren Verhalten begangen, so genügt zu seiner Straflosigkeit sein freiwilliges und ernsthaftes Bemühen, die Tat zu verhindern.**

1. Der **Rücktritt** vom Beteiligungsversuch (eingehend Bottke, Rücktritt vom 1
Versuch der Beteiligung nach § 31 StGB, 1980; zusf Vogler ZStW 98, 331, 352)
ist ebenso wie der vom Versuch Strafaufhebungsgrund (1 zu § 24) und in seiner
Wirkung auf Handlungen nach § 30 beschränkt (BGHSt 15, 198). Die zum fehlgeschlagenen Versuch bei § 24 (dort 10) entwickelten Grundsätze lassen sich nicht
auf § 31 übertragen (StraFo 03, 139).

2. Abs 1 setzt in allen Alternativen den endgültigen (hM; anders Bottke aaO 2
[vgl 1] S 30) Verzicht auf das verbrecherische Vorhaben (7–9 zu § 24) und Freiwilligkeit (16–18 zu § 24; NStZ 98, 510; Roxin AT II 28/88; s auch Bottke aaO

§ 31

S 36) voraus; an der auch hier erforderlichen Tatidentität (9 zu § 24) fehlt es, wenn das Vorhaben wegen des Ausscheidens eines Tatbeteiligten auch von den übrigen zunächst aufgegeben, später aber auf Grund eines neuen Entschlusses ausgeführt wird (NStZ 92, 537; vgl auch NStZ 99, 449 mit Bespr Otto JK 6 zu § 30 sowie Hoyer SK 18). Ist der Rücktritt misslungen, weil das Verbrechen begangen oder versucht wurde, so tritt idR Strafbarkeit wegen Beteiligung ein (NStZ 87, 118 mwN); die Ausführungen unter 24–28 zu § 24 gelten sinngemäß (aM Bottke aaO S 66). Im Übrigen gilt folgendes:

3 **a)** Beim **Anstiftungsversuch** (Nr 1) genügt das Aufgeben der Einwirkung auf den anderen, solange dieser noch keinen Tatentschluss gefasst hat und auch noch keine Gefahr entstanden ist, dass er die Tat begeht. Besteht jedoch eine solche Gefahr, so muss der Täter sie abwenden, was idR nur durch positives Tun, ausnahmsweise aber auch durch passives Verhalten (NStZ-RR 97, 289 mit zust Bespr Otto JK 3), möglich ist. Ist der Anstiftungsversuch beendigt (3 zu § 24), so bedarf es nur der Abwendung der Gefahr. Es hängt daher von den Umständen ab, ob der Rücktritt beide Voraussetzungen der Nr 1 erfüllen muss oder ob eine von ihnen genügt (Begr zu § 36 E 1962 S 155). – Ist der Täter infolge **Verkennung der Gefahr** untätig geblieben, so schließt das – abweichend vom Gesetzeswortlaut, aber zur Vermeidung eines Wertungswiderspruchs zu § 24 (dort 3) – die Vergünstigung nicht aus (Herzberg JZ 89, 114; Roxin AT II 28/94, 95; Sch/Sch-Cramer/Heine 5; aM Bottke aaO [vgl 1] S 54, alle mwN; zw). – Von einem **fehlgeschlagenen** Anstiftungsversuch (vgl NStZ-RR 97, 260; NStZ 02, 311; Hoyer SK 5, 6) ist Rücktritt nur unter den Voraussetzungen des Abs 2 und nur dann möglich, wenn der Täter den Fehlschlag noch nicht kennt. – Zu Rücktrittsproblemen bei der versuchten Kettenanstiftung Kroß Jura 03, 250, 252.

4 **b)** Bei der **Bereitschaftserklärung** (Nr 2) muss der Täter sein Vorhaben in einer nach außen erkennbaren Weise (Jescheck/Weigend AT S 706; Hoyer SK 14, 15; aM Bottke aaO [vgl 1] S 48; Roxin LK 17, 18 mwN; zw), zB durch Widerruf (B-Weber/Mitsch AT 32/54), aufgeben. Das Verschieben der Tatausführung auf eine günstige Gelegenheit reicht ebenso wenig wie der Austausch des Tatmittels (Hamm StV 97, 242).

5 **c)** Bei der **Verabredung eines Verbrechens** oder der **Annahme eines Erbietens** (Nr 3) ist – ähnlich wie beim Beteiligtenrücktritt nach § 24 II S 1 – Verhinderung der Tat erforderlich. Das setzt idR positives Tun voraus; jedoch ist hier auch bloßes Unterlassen häufiger als in den Fällen des § 24 (dort 19, 25) ein geeignetes Mittel der Erfolgsabwendung, zB wenn der Täter seinen eigenen, nach seiner Vorstellung für die Durchführung der Tat unerlässlichen Beitrag nicht erbringt, um die Tat oder jedenfalls ihre Vollendung zu verhindern (BGHSt 32, 133; NJW 84, 2169, beide mit Anm Kühl JZ 84, 292; Küper JR 84, 265; NStZ-RR 97, 289; NStZ 99, 395, 396 mit Bespr Baier JA 2000, 15; Roxin AT II 28/102).

6 **3.** Zu Abs 2 vgl 20, 26, 27 zu § 24 (beachte auch NStZ 87, 118 und NStZ-RR 97, 289 mit Bespr Otto JK 3 sowie ergänzend Roxin AT II 28/107–112 mwN).

7 **4.** Ist eine Tat **zum Versuch gediehen,** so lebt bei Rücktritt vom Versuch die Strafbarkeit nach § 30 nicht wieder auf (BGHSt 14, 378; NStZ 99, 449, 451; s auch Küper JZ 79, 775, 782; str), es sei denn, dass die versuchte Tat leichter ist als die geplante (Vogler, Bockelmann-FS, S 715, 728; Lilie/Albrecht LK 330; aM Roxin JA 79, 169, 175; str).

Vorbemerkung   Vor § 32

4. Titel. Notwehr und Notstand

Vorbemerkung

I. Der Titel unterscheidet zwischen **Rechtfertigungs- und Entschuldi-** 1
gungsgründen (17, 27 vor § 13), deren systematische Trennung nicht in allen
Strafrechtsordnungen durchgeführt ist, für das deutsche Strafrecht aber zwingend
aus den Vorschriften des AT folgt (hM; vgl Günther SK 8; anders von der Linde,
Rechtfertigung und Entschuldigung im Strafrecht?, 1988; zT abw Freund AT 4/1,
25, 48, 53; rechtsvergleichend Eser RuE I–IV; s auch Perron ZStW 99, 902). –
Geregelt sind hier nur der Unrechtsausschluss wegen Notwehr (§ 32) oder rechtfertigenden
Notstandes (§ 34) und der Schuldausschluss wegen Notwehrexzesses
(§ 33) oder entschuldigenden Notstandes (§ 35). Sie bilden lediglich einen kleinen
Ausschnitt aus der Gesamtheit dieser Gründe.

II. Rechtfertigungsgründe (Unrechtsausschließungsgründe) sind geschriebene 2
oder ungeschriebene Erlaubnissätze, die das Indiz der Rechtswidrigkeit einer tatbestandsmäßigen
Handlung widerlegen und damit die Rechtmäßigkeit der Tat, dh
ihre Vereinbarkeit mit der Gesamtrechtsordnung, begründen (hM; vgl 15–17 vor
§ 13).

1. Ob sich die Rechtfertigungsgründe auf ein **einheitliches Grundprinzip** 3
zurückführen lassen oder nur aus verschiedenen Leitgesichtspunkten erklärbar sind,
ist umstritten, für ihre Anwendung aber ohne praktische Bedeutung (vgl etwa
Stratenwerth ZStW 68, 41; Noll ZStW 77, 1; Lenckner, Der rechtfertigende
Notstand, 1965, S 133 und GA 85, 295, 302; Rudolphi, Kaufmann [Arm]-GS,
S 371; Schmidhäuser GA 91, 97, 99; Rinck, Der zweistufige Deliktsaufbau, 2000,
S 50; Köhler AT S 237; Paeffgen NK 43–47; s auch Hruschka, Dreher-FS, S 189;
Jakobs, in: Eser RuE IV, S 143; zusf Günther SK 71–75).

2. Umstritten ist ferner, ob neben den Rechtfertigungsgründen eine allgemeine 4
Kategorie spezifischer **Strafunrechtsausschließungsgründe** anzuerkennen ist (so
Günther, Strafrechtswidrigkeit und Strafunrechtsausschluss, 1983, S 257, Spendel-
FS, S 189 und SK 30–70, der zwischen echten und unechten Strafunrechtsausschließungsgründen
unterscheidet und nur den letzteren Wirkung für die Gesamtrechtsordnung
beimißt). Diese Lehre macht zwar eine Anzahl von Streitfragen
leichter lösbar, wird mit Recht aber wegen der Unbestimmtheit ihrer Grenzziehungen
überwiegend als problematisch und nicht unbedingt notwendig abgelehnt
(näher dazu Amelung JZ 82, 617, 619; Schünemann GA 85, 341, 351; Roxin,
Oehler-FS, S 181 und JuS 88, 425, 430; Reichert-Hammer JZ 88, 617; Rudolphi,
Kaufmann [Arm]-GS, S 371, 373; Gössel GA 93, 276, 277; Kelker, Der Nötigungsnotstand,
1993, S 65; Cortes Rosa, Coimbra-Sym, S 183, 201; Paeffgen
NK 41, 42).

3. Einen weiteren Streitpunkt bildet die Frage, ob über das Vorliegen der einen 5
Rechtfertigungsgrund ausfüllenden Umstände durchgängig eine objektiv nachträgliche
Prognose (**ex-ante-Urteil,** 22 zu § 315c) entscheidet (so ua Armin Kaufmann,
Welzel-FS, S 393, 399; Frisch, Vorsatz und Risiko, 1983, S 419, 424;
Herzberg JA 89, 243, 247 und Stree/Wessels-FS, S 203; Rudolphi, Kaufmann
[Arm]-GS, S 371, 377; Freund GA 91, 387, 406 und AT 3/9) oder ob solche
Umstände, die nicht schon nach der Struktur des jeweiligen Rechtfertigungsgrundes
prognostischen Gehalt haben, sämtlich oder wenigstens zum Teil wirklich vorliegen
müssen, möglicherweise also erst ex-post verifizierbar sind (so die bisher
hM; vgl etwa Gallas, Bockelmann-FS, S 154, 166; Sch/Sch-Lenckner 10–12, 20;
krit zur Terminologie Puppe AT 1 23/2; diff Paeffgen NK 80–85; zur zeitlichen
Struktur von ex-ante- und ex-post-Beurteilungen Krümpelmann, Trifte-

Vor § 32 AT. 2. Abschnitt. 4. Titel. Notwehr und Notstand

rer-FS, S 137; didaktisch: Nippert/Tinkl JuS 02, 964). Der Meinungsstreit hat seinen Ursprung in der Frage, ob die rechtfertigenden Erlaubnissätze (17 vor § 13) ebenso wie die unrechtsbegründenden Verbote und Gebote (15 vor § 13) ausschließlich als Verhaltensregeln (Bestimmungsnormen) zu deuten sind oder ob auch allgemeine Wertaspekte, etwa die Perspektive des Opfers oder die Gewährleistung des Rechtsgutes gegenüber objektiv unbegründeten Eingriffen, einbezogen werden müssen (bejahend Paeffgen, Kaufmann [Arm]-GS, S 399, 412; Hirsch, Kaufmann [Arth]-FS, S 545, 546; Schroth, Kaufmann [Arth]-FS, S 595, 604; Gössel, Triffterer-FS, S 93; aM Frisch, in: Eser RuE III, S 217, 260; rechtsvergleichend Eser, Lenckner-FS, S 25, der für „Straffreistellungen" zwischen „Verhaltensregeln und Behandlungsnormen" unterscheidet). Die Frage lässt sich nicht zwingend beantworten, weil beide Auffassungen gewichtige Gründe für sich haben, zugleich aber auch nicht spannungsfrei und mit durchgängig überzeugenden Ergebnissen durchgehalten werden können. Deshalb hat sich eine Vielzahl widerstreitender Lehrmeinungen und daraus folgend eine weitgehend ungeklärte dogmatische Lage entwickelt. Das tritt namentlich hervor beim Erlaubnistatbestandsirrtum (9–16 zu § 17) und seiner Umkehrung (16 zu § 22), beim Unrechtszweifel (18 zu § 17) und bei der Beurteilung des Verhältnisses von Erlaubnissätzen zu negativ formulierten Tatbestandseinschränkungen (dazu Herzberg JA 89, 243, 294), deren Abgrenzung ohnehin häufig zweifelhaft ist (dazu Triffterer, Oehler-FS, S 209). Auch in dem Streit um einen zwei- oder dreigliedrigen Verbrechensaufbau hat die Fragestellung Gewicht (17 vor § 13). Nach dem gegenwärtigen Diskussionsstand dürfte die übergewichtige Betonung der Bestimmungsfunktion von Normen (vgl etwa Günther SK 15), die mit einer Ausblendung der Opferperspektive und einer Schwächung des Rechtsgüterschutzes einhergeht, nicht hinreichend begründet sein, um darauf prinzipielle Änderungen der in diesem Erläuterungsbuch zugrundegelegten systematischen Vorgaben stützen zu können.

6   4. Im Gegensatz zur früheren objektiven Unrechtslehre (19 vor § 13) genügt zum Unrechtsausschluss eine bloß objektive Rechtfertigungslage nicht (hM; zur Rspr Hirsch, BGH-FG, S 199, 233; anders Spendel, Bockelmann-FS, S 245 [dagegen Rath, Das subjektive Rechtfertigungselement, 2002, S 29, 76]; krit auch Lagodny, Strafrecht vor den Schranken der Grundrechte, S 474; zusf Paeffgen NK 86–91). Das hier mögliche Versuchsunrecht (dazu 16 zu § 22) wird nur ausgeschlossen, wenn der Täter mindestens in Kenntnis dieser Lage handelt (so zB Schünemann GA 85, 341, 371; Freund AT 3/20; Puppe AT 1 26/5; Sch/Sch-Lenckner 14; überzeugend Frisch, Lackner-FS, S 113, 133). Nach überwiegender, im Ansatz allerdings sehr unterschiedlich begründeter (krit dazu Frisch aaO S 115) Meinung soll dagegen eine der Rechtfertigungslage entsprechende Willensrichtung des Täters erforderlich sein (Jescheck/Weigend AT S 328; Krey AT 1 Rdn 415; Günther SK 93; Hirsch LK 53–56; diff Gallas, Bockelmann-FS, S 155, 172; M-Zipf AT 1 25/26–28). Im Einzelnen sind Inhalt und Grenzen dieser sog **subjektiven Rechtfertigungselemente** noch nicht abschließend geklärt (vgl zB Rudolphi, Maurach-FS, S 51; Alwart GA 83, 433; Loos, Oehler-FS, S 227; Herzberg JA 86, 190, 541; Frisch aaO; Rinck aaO [vgl 3] S 251; Rath aaO S 141, 196; Paeffgen NK 92–102; diff Wolter, Objektive und personale Zurechnung von Verhalten, Gefahr und Verletzung in einem funktionalen Straftatsystem, 1981, S 136; Röttger, Unrechtsbegründung und Unrechtsausschluss, 1993, S 285; zusf Geppert Jura 95, 103).

7   5. Zur **Konkurrenz** mehrerer Rechtfertigungsgründe Warda, Maurach-FS, S 143; Seelmann, Das Verhältnis von § 34 StGB zu anderen Rechtfertigungsgründen, 1978; Peters GA 81, 445; Renzikowski, Notstand und Notwehr, 1994, S 13; Thiel, Die Konkurrenz von Rechtfertigungsgründen, 2000; Jakobs AT 11/16, 17; Paeffgen NK 78; s auch Sternberg-Lieben JA 96, 129, 131.

Vorbemerkung **Vor § 32**

III. Als Rechtfertigungsgründe kommen namentlich in Frage: 8
1. Die Notwehr (§ 32).
2. Der rechtfertigende Notstand (§ 34) und die rechtfertigende Pflichtenkollision (15 zu § 34).

3. Die bürgerlich-rechtlichen Notrechte nach §§ 228, 229 (Bay NJW 91, 934 9 mit krit Bespr Schroeder JZ 91, 681, Laubenthal JR 91, 519, Joerden JuS 92, 23 und Duttge Jura 93, 416; Düsseldorf NJW 91, 2716 mit krit Bespr Scheffler Jura 92, 352; AG Grevenbroich NJW 02, 1060 mit zust Bespr Otto Jura 03, 685, 686; zur erlaubten Selbsthilfe vgl Werner, Staatliches Gewaltmonopol und Selbsthilfe, 1999, S 12; zur Selbsthilfe des Betreibers einer SB-Tankstelle Krüger NZV 03, 218, zu der des Fahrausweisprüfers Schauer/Wittig JuS 04, 107), § 859 I (NJW 98, 1000; Frankfurt NStZ-RR 00, 107), § 859 II (NStZ-RR 99, 265 mit Bespr Heger JA 00, 188; Schleswig NStZ 87, 75 mit abl Anm Hellmann NStZ 87, 455) und § 904 BGB (krit Hellmann, Die Anwendbarkeit der zivilrechtlichen Rechtfertigungsgründe im Strafrecht, 1987; s auch Weber, Der zivilrechtliche Vertrag als Rechtfertigungsgrund im Strafrecht, 1986) sowie § 241 a BGB (9 zu § 303). Dagegen soll die berechtigte Geschäftsführung ohne Auftrag (§§ 677–687 BGB) als solche keinen einheitlichen Rechtfertigungsgrund bilden, weil sie nur Ausgleichsrechte und -pflichten regele (hM; vgl Hirsch LK 130 mwN); obwohl die meisten einschlägigen Handlungen auch auf Grund rechtfertigenden Notstandes (4 zu § 34) oder mutmaßlicher Einwilligung (vgl 19) gerechtfertigt werden können, widerspricht die prinzipielle, allerdings praktisch kaum bedeutsame Ausscheidung der Geschäftsführung ohne Auftrag dem Grundsatz der Einheit der Rechtsordnung (Weber, Baur-FS, S 133, 139; Schroth JuS 92, 476; Günther SK 60; eingehend und differenzierend zur strafrechtlichen Relevanz Fisch, Strafbarkeitsausschluss durch berechtigte Geschäftsführung ohne Auftrag, 2000). – Zu verfassungsrechtlichen Notstandsregelungen Windthorst, in: Thiel (Hrsg), Wehrhafte Demokratie, 2003, S 365, 367.

4. Die Wahrnehmung berechtigter Interessen (§ 193).

5. Die **Einwilligung des Verletzten.** Sie ist zwar ausdrücklich nur für die 10 Körperverletzung in § 228 geregelt, kann aber als Verzicht des Verletzten auf Rechtsschutz (Sch/Sch-Lenckner 33; ähnlich Amelung/Eymann JuS 01, 937, 939; str) auch in anderen Tatbeständen rechtfertigende Wirkung entfalten. Ihre Einordnung als Rechtfertigungsgrund entspricht stRspr (zB BGHSt 16, 309; zust Hirsch, BGH-FG, S 199, 214) und wird mit Recht in großen Teilen des Schrifttums auch heute noch vertreten (zB Geppert ZStW 83, 947, 959; B-Weber/Mitsch AT 17/95; Ebert AT S 86; Jescheck/Weigend AT S 375; Kühl AT 9/22; Otto GK 1 8/127; Hirsch LK 96–105; s auch Hruschka, Dreher-FS, S 189, 197; Hoyer, Strafrechtsdogmatik ..., 1997, S 225; Sternberg-Lieben, Die objektiven Schranken der Einwilligung im Strafrecht, 1997, S 59 [mit Bespr Kühl ZStW 115, 385] und Dölling, Gössel-FS 209, 216). Auf der Grundlage divergierender Deutungen des Rechtsgutsbegriffs hat jedoch zunehmend die Ansicht an Boden gewonnen, dass es bei Einwilligung stets an einer Rechtsgutsverletzung und damit schon am Tatbestand fehle (zB Schmidhäuser, Geerds-FS, S 593 und Stub 5/107; Kientzy, Der Mangel am Straftatbestand infolge Einwilligung des Rechtsgutsträgers, 1970, S 32; Rudolphi ZStW 86, 68, 86; Zipf ÖJZ 77, 379; Armin Kaufmann, Klug-FS, S 277, 282; Weigend ZStW 98, 44; Roxin, Über die Einwilligung im Strafrecht, 1987 und AT I 13/12–16; Göbel, Die Einwilligung im Strafrecht als Ausprägung des Selbstbestimmungsrechts, 1992, S 68; Niedermair, Körperverletzung mit Einwilligung und die Guten Sitten, 1999, S 30, 101; Paul, Zusammengesetztes Delikt und Einwilligung, 1998, S 113; Tag, Der Körperverletzungstatbestand ..., 2000, S 65, 285, 441; Rönnau, Willensmangel bei der Einwilligung im Strafrecht, 2001, S 92, 124 und in: Jura 02, 595, 598; Schlehofer MK 102–111; ähnlich für das österreichische Recht Hinterhofer, Die Einwilligung im Strafrecht, 1998, S 14; diff Kohlmann, FS für W Werner, 1984, S 387; Jakobs AT 7/111 und 14/4–6). – Für einen Strafunrechtsausschließungsgrund Günther SK 51.

11 a) Als **Rechtfertigungsgrund** hat die Einwilligung keine große praktische Bedeutung. Sie kommt als solcher namentlich dann nicht in Frage, wenn der Tatbestand

aa) ausdrücklich (zB in § 248 b) oder sinngemäß (zB eindringen, § 123 I; nötigen, § 240 I; wegnehmen, § 242 I; einsperren, § 239 I, Geppert JuS 75, 384, 386 mwN) ein Handeln gegen (darauf einschr Ludwig/Lange JuS 00, 446) oder ohne den Willen des Verletzten voraussetzt. Dessen Einverständnis (Geerds GA 54, 262) schließt dann schon den Tatbestand aus (ebenso für das „mutmaßliche" Einverständnis Ludwig/Lange aaO S 450). Wieweit dabei Willensmängel die Wirksamkeit des Einverständnisses in Frage stellen, ist nicht allgemein zu beantworten (so aber mit zT entgegengesetzten Ergebnissen Geerds aaO; Kientzy aaO [vgl 10] S 65; Kühne JZ 79, 241, 242), sondern eine Frage der Auslegung des jeweiligen Tatbestandes (Jescheck/Weigend AT S 374 mwN; s auch Otto, Geerds-FS, S 603 und Rönnau aaO [vgl 10, 2001] S 156, 182) und auch nicht durch Gleichbehandlung von Einverständnis und Einwilligung auf der Grundlage der Lehre von den „rechtsgutsbezogenen Willensmängeln" (Arzt, Willensmängel bei der Einwilligung, 1970, S 24) befriedigend zu lösen (hM; anders Schlehofer, Einwilligung und Einverständnis, 1985; ähnlich Hinterhofer aaO [vgl 10] S 59);

12 bb) auch den Schutz des zustimmenden Verletzten (etwa wegen seiner Minderjährigkeit, Abhängigkeit oder Hilflosigkeit) bezweckt (zB §§ 174, 291; Rönnau Jura 02, 665, 668);

13 cc) ein Rechtsgut der Allgemeinheit, sei es auch nur neben anderen Rechtsgütern, schützt (zB BGHSt 5, 66; 6, 232; Düsseldorf NJW 62, 1263; Amelung/Eymann JuS 01, 937, 939; zu Grenzfragen 32 zu § 315 c);

14 dd) ein Individualrechtsgut schützt, über das der Träger keine Dispositionsbefugnis hat, weil allgemeine Interessen berührt das sind (NJW 92, 250 mwN). An dieser Befugnis fehlt es, wie § 216 ergibt, namentlich bei den Tötungsdelikten (Hirsch, Welzel-FS, S 775; Rönnau Jura 02, 665, 667; Köhler AT S 248, 255), auch bei fahrlässiger Tötung (BGHSt 7, 114; Celle MDR 80, 74; Dölling GA 84, 71, 86 mwN; beachte jedoch 2 a zu § 228), und mit Einschränkungen auch bei der Körperverletzung (10 zu § 228).

15 b) Angesichts dieser Ausnahmen (vgl 11–14) ist die Einwilligung als Rechtfertigungsgrund idR nur für Taten gegen die Körperintegrität, die Ehre (beachte 12 zu § 185), den persönlichen Geheimbereich, das Eigentum (9 zu § 303) und das Vermögen bedeutsam (hM).

16 c) Voraussetzungen und Wirksamkeit der rechtfertigenden Einwilligung bestimmen sich weitgehend nach der für die Körperverletzung in § 228 getroffenen Regelung (vgl die Anm dort). Auf folgende Besonderheiten ist jedoch hinzuweisen:

aa) Die Wirksamkeit der Einwilligung hängt allgemein, nicht nur bei der Körperverletzung, von der konkreten Einsichts- und Urteilsfähigkeit des Verletzten ab (5 zu § 228), also nicht von dessen zivilrechtlicher Geschäftsfähigkeit. Das gilt auch für Taten gegen das Vermögen (hM; vgl etwa Tröndle/Fischer 3 b; zur Rspr Hirsch, BGH-FS, S 199, 215; anders Sch/Sch-Lenckner 39 und Schünemann LK 95 zu § 203; s auch Weber, Baur-FS, S 133, 141).

17 bb) Ist eine juristische Person (auch Gebietskörperschaft) Trägerin des verletzten Rechtsguts, so setzt die Wirksamkeit der Einwilligung auch die zivil- oder öffentlichrechtliche Befugnis des Einwilligenden voraus, für die betroffene Körperschaft

Vorbemerkung **Vor § 32**

zu handeln (NJW 03, 1824); daran fehlt es bei evidentem Missbrauch der Vertretungsmacht (BGH aaO).

cc) Der für die Körperverletzung geltende Ausschluss der Rechtfertigung, wenn **18** die Tat trotz der Einwilligung sittenwidrig ist (10 zu § 228), beruht auf dem besonderen Rang des Rechtsgutes der Körperintegrität und kann daher nicht allgemein auf die Einwilligung erstreckt werden (Noll ZStW 77, 1, 21; Berz GA 69, 145; Jescheck/Weigand AT S 380 mwN; aM BGHSt 6, 251; diff Göbel aaO [vgl 10] S 62; Sch/Sch-Lenckner 37; s auch Amelung, Die Einwilligung in die Beeinträchtigung eines Grundrechtsgutes, 1981, S 56).

6. Die **mutmaßliche Einwilligung** ist gewohnheitsrechtlich als Rechtferti- **19** gungsgrund anerkannt (hM; vgl etwa Sternberg-Lieben aaO [vgl 10] S 206; B-Weber/Mitsch AT 17/114 und Paeffgen NK 153). Sie kommt in zwei Formen vor (Koblenz VRS 57, 13): als Handeln im Interesse des Betroffenen, das mit der zivilrechtlichen Geschäftsführung ohne Auftrag (vgl 9) eng verwandt ist (zB ärztliche Eingriffe an Bewußtlosen; speziell zur Problematik im Zusammenhang mit der Sterbehilfe 8 vor § 211; speziell zur Suizidverhinderung Günzel, Das Recht auf Selbsttötung ..., 2000, S 125; speziell zur Notfallbehandlung Köhler NJW 02, 853, 854), und als Handeln zu eigenem, dem Interesse des Betroffenen nicht ernstlich widerstreitenden Nutzen (sog „mangelndes Interesse", zB bei vorübergehender Benutzung des Fahrzeugs eines Freundes).

a) Ihre **Rechtsnatur** ist umstritten. Nach der Rspr bildet sie einen eigenständi- **20** gen Rechtfertigungsgrund (BGHSt 35, 246; Paeffgen NK 154: „hM") und ist am ehesten wohl als selbstständige Ausprägung erlaubten Risikos zu erklären (Roxin, Welzel-FS, S 447; s auch Lenckner, Mayer-FS, S 165, 175; Rieger, Die mutmaßliche Einwilligung in den Behandlungsabbruch, 1997, S 74, 111; Sternberg-Lieben aaO [vgl 10] S 206; rechtsvergleichend Cortes Rosa, Coimbra-Sym, S 183, 207). Im Schrifttum wird ihr selbstständige Bedeutung teils überhaupt abgesprochen (Zipf, Einwilligung und Risikoübernahme im Strafrecht, 1970, S 52; anders jedoch M-Zipf AT 1 28/4); teils wird sie auch als Sonderform der Einwilligung (Hruschka, Dreher-FS, S 189, 205) oder des rechtfertigenden Notstandes (Otto GK 1 8/131; dagegen B-Weber/Mitsch AT 17/114, nach denen die Einwilligung eine spezielle Erscheinungsform der mutmaßlichen Einwilligung ist) verstanden.

b) Bei beiden Formen ist **erforderlich,** dass der Betroffene zu rechtfertigender **21** Einwilligung befugt ist und zu ihr vermutlich auch willens wäre, dass er aber nicht rechtzeitig (BVerfG NJW 02, 2164; Frankfurt MDR 70, 694; Roxin, Welzel-FS, S 447, 461) oder nicht ohne Gefährdung seines Interesses (Samson NJW 78, 1182 mwN; str) gefragt werden kann (Hoyer JR 00, 473, 474: „Subsidiaritätsprinzip"; Köhler NJW 02, 853, 854; für den Fall „mangelnden Interesses" aM Tiedemann JuS 70, 108, 109; diff Hirsch LK 136, 139). Der Inhalt des mutmaßlichen Willens ist vornehmlich aus den persönlichen Umständen des Betroffenen, seinen individuellen Interessen, Wünschen und Wertvorstellungen, zu ermitteln (näher Rieger aaO [vgl 20] S 94). Der Maßstab objektiver Vernünftigkeit hat nur indizielle Bedeutung; liegen jedoch für einen entgegenstehenden Willen keine Anhaltspunkte vor, so ist von dem auszugehen, was gemeinhin als vernünftig gilt (BGHSt 35, 246 [mit problematischem, auf unzutreffender Beurteilung von Irrtumsfragen beruhendem Ergebnis; abl daher Weitzel, Geppert und Giesen JZ 88, 1022, Müller-Dietz JuS 89, 280, Hoyer StV 89, 245, B–Weber/Mitsch AT 17/121]; 40, 257, 262; 45, 219 mit Bespr Hoyer JR 00, 473, Wasserburg StV 04, 373 und Geppert JK 9 zu § 226 nF; Köhler aaO; krit zur BGH-Rspr Hirsch, BGH-FG, S 199, 221).

c) Zum **Irrtum** über die Voraussetzungen mutmaßlicher Einwilligung beachte 17 zu § 17.

21 a	**6 a.** Zur sog **hypothetischen Einwilligung** vgl 17 a zu § 228 und Otto GK 1 8/134.
22	**7.** Das Züchtigungsrecht (11, 12 zu § 223).
23	**8.** Das **Festnahmerecht** nach § 127 I S 1 StPO. Erforderlich ist eine wirklich begangene Straftat (so die sog Tatlösung; vgl etwa Hamm NJW 72, 1826 und 77, 590; Wiedenbrüg JuS 73, 418; Schumann JuS 79, 559, 560; Schlüchter JR 87, 309; Otto Jura 03, 685; Beulke StPR Rdn 235; Jescheck/Weigend AT S 398; Krey AT 1 Rdn 601; Volk StPR 10/67; Meyer-Goßner 4 zu § 127 StPO; Tröndle/Fischer 7; offen gelassen in Düsseldorf NJW 91, 2716); ein dringender Tatverdacht genügt auch bei gewissen, noch nicht abschließend geklärten Einschränkungen nicht (so aber die sog Verdachtslösung; vgl etwa NJW 81, 745; Hamm NStZ 98, 370; AG Grevenbroich NJW 02, 1060; Fincke JuS 73, 87; Borchert JA 82, 338; Arzt, Kleinknecht-FS, S 1; Kargl NStZ 2000, 8; Freund AT 3/11, 13; Köhler AT S 319; Roxin AT I 17/23–25; Paeffgen NK 175; krit zum Meinungsstand Marxen, Stree/Wessels-FS, S 705, der sich für eine eingeschränkte Verdachtslösung ausspricht); zum Festnahmerecht des Betreibers einer SB-Tankstelle Krüger NZV 03, 218, zu dem des Fahrausweisprüfers Schauer/Wittig JuS 04, 107. – Das Festnahmerecht ist von der Schwere der Anlasstat unabhängig (Otto Jura 03, 685, 686 mwN; str). – Die Vorschrift rechtfertigt nur solche Handlungen, die im Allgemeinen für eine Festnahme notwendig sind, daher regelmäßig nicht – vorbehaltlich der Ausübung von Notwehr während der Auseinandersetzung – die Zufügung gravierender Körperverletzungen oder den Einsatz von Hieb-, Stich- oder Schusswaffen (hM; vgl BGHSt 45, 378 mit Bespr Baier JA 00, 630, Martin JuS 00, 717, Mitsch JuS 00, 848, Kargl/Kirsch NStZ 00, 604, Trüg/Wentzell Jura 01, 30 und Otto JK 4 zu § 127 StPO; NStZ-RR 98, 50 mit Bespr Geppert JK 3 zu § 127 StPO; Stuttgart NJW 84, 1694; Schröder Jura 99, 10; Kargl aaO S 14; Otto Jura 03, 685, 687; Roxin AT I 17/28; aM Kindhäuser 77 vor § 32; sehr weit bei Holtz MDR 79, 985; zu Recht krit dazu Hirsch, BGH-FG, S 199, 225). – Zur Anwendbarkeit des § 127 I StPO auch auf Festnahmen durch Polizeibeamte und zum Verhältnis der Vorschrift zu § 163 b I StPO Kramer NJW 93, 111; Benfer MDR 93, 828 und Meyer-Goßner 7 zu § 127 StPO (str). – Die Festnahme kann nicht nur zur Feststellung der Identität, sondern auch zur vorläufigen Anwesenheitssicherung erfolgen (Bay NStZ-RR 02, 336 mit zust Bespr Otto JK 5 zu § 127 StPO; zusf zu den Festnahmegründen Otto Jura 03, 685, 686).
24	**9.** Die **Dienstrechte** der Beamten und Soldaten. Sie sind bedeutsam zB bei Festnahmen (Bay NStZ 88, 518 mit Anm Molketin NStZ 89, 488) und Waffengebrauch (BGHSt 26, 99 mit krit Bespr Triffterer MDR 76, 355; BGHSt 35, 379 mit Anm Waechter StV 90, 23 und Dölling JR 90, 170; NJW 99, 2533 mit Anm Ingelfinger JR 00, 299; LG Ulm NStZ 91, 83 mit Anm Arzt; zusf Jähnke LK 11–21 zu § 212) und allgemein bei Diensthandlungen von Vollstreckungsbeamten (2 zu § 113), vor allem von Polizeivollzugsbeamten (zusf Amelung JuS 86, 329). Die Grenzen solcher Rechte ergeben sich aus dem öffentlichen Recht und sind unter verschiedenen Gesichtspunkten umstritten (Sch/Sch-Lenckner 87–89a mwN; s auch 7–14 zu § 113), insbes beim Handeln auf Befehl oder andere dienstliche Weisung (vgl zB Stratenwerth, Verantwortung und Gehorsam, 1958; Schumann, Strafrechtliches Handlungsunrecht und das Prinzip der Selbstverantwortung der Anderen, 1986, S 36; Küper JuS 87, 81, 91; Huth NZWehrr 88, 252; Lenckner, Stree/Wessels-FS, S 223; Hoyer, Die strafrechtliche Verantwortlichkeit innerhalb von Weisungsverhältnissen, 1998, S 9; Günter SK 65; Hirsch LK 177) und bei nachrichtendienstlicher Tätigkeit staatlicher Stellen (zB Evers NJW 87, 153). Bei Kampfhandlungen im Kriege und im bewaffneten Konflikt ist auch das Völkerrecht für die Rechtfertigung bedeutsam (BGHSt 23, 103; Schwenck, Lange-FS, S 97; Jähnke LK 16–21 zu § 212). Auch soweit Verdeckte Ermittler

Vorbemerkung Vor § 32

(VE; §§ 110a–110e StPO; zur Abgrenzung vom bloßen Scheinaufkäufer BGHSt 41, 64) zum Einsatz kommen, dürfen diese zwar nach §§ 110a III, 110c StPO (nicht analog anwendbar auf V-Leute [BGHSt 41, 42] und bloße Scheinaufkäufer [Roxin StV 98, 43, 44; offengelassen von NJW 97, 1516]) und zur Gefahrenabwehr auch nach den PolG der Länder (zB § 20 II, III PolG NRW) einzelne möglicherweise tatbestandsmäßige Handlungen vornehmen, die ihre „Legende" und den Zutritt zu Wohnungen betreffen (§ 110c S 1 StPO; nach Schneider NStZ 04, 359, 364: verfassungswidrig); im Übrigen ist ihnen aber – nach der (umstrittenen) gesetzgeberischen Entscheidung (dazu Prot Nr 36 des BT-Rechtsausschusses v 1. 4. 1992, S 11) – die Begehung von – auch milieubedingten – Straftaten (zB zur Erhaltung der „Legende") nicht erlaubt (hM; zusf Schwarzburg NStZ 95, 469; beachte auch 4 zu § 26). Eine Strafbarkeit kann aber entfallen, wenn wegen des Auftrags, als VE tätig zu werden, zB §§ 258, 258a (dort 3), 284, 285 (dort 1) schon tatbestandlich nicht verwirklicht werden konnten (Meyer-Goßner 4 zu § 110c StPO mwN), oder der VE ausnahmsweise nach § 34 gerechtfertigt war (Sch/Sch-Lenckner 41c zu § 34: nur für präventives Verhalten ohne gesetzliche Grundlage; weiter Krey, Rechtsprobleme des strafprozessualen Einsatzes Verdeckter Ermittler ..., 1993, Rdn 555–622; aM Nitz, Einsatzbedingte Straftaten verdeckter Ermittler, 1997, S 111; Hettinger, Entwicklungen im Strafrecht und Strafverfahrensrecht der Gegenwart, 1997, S 85; zusf Hillenkamp, AT-Problem 5, S 34, 40; vgl auch die Gemeinsamen Richtlinien über ... den Einsatz von ... Verdeckten Ermittlern im Rahmen der Strafverfolgung, Anl D der RiStBV, Abschn II Nr 2.2).

10. Die **behördliche Erlaubnis** (Genehmigung, Gestattung, Bewilligung usw). 25 Sie kann je nach der Struktur der anwendbaren Vorschrift schon auf der Tatbestandsebene relevant werden, bisweilen aber auch nur rechtfertigend wirken (hM; vgl etwa Kühl AT 9/120–127; Roxin AT I 17/43–51; Paeffgen NK 191, 192; aM Heghmanns, Grundzüge einer Dogmatik der Straftatbestände zum Schutz von Verwaltungsrecht oder Verwaltungshandeln, 2000, S 141, 173, 190: Tatbestandsausschluss; für Umweltdelikte ebenso schon Frisch, Verwaltungsakzessorietät und Tatbestandsverständnis im Umweltstrafrecht, 1993, S 60; zusf Winkelbauer NStZ 88, 201; Rengier ZStW 101, 874; Hirsch LK 160–172; Schlehofer MK 146–163; eingehend Marx, Die behördliche Genehmigung im Strafrecht, 1993 und Fortun, Die behördliche Genehmigung im strafrechtlichen Deliktsaufbau, 1998, alle mwN; beachte namentlich 12 zu § 284; 9–11 vor § 324; 9–13 zu § 324; 10 zu § 325; 2 zu § 327; 14–18 zu § 331; str).

11. Das **Streikrecht** (expl Niese, Streik und Strafrecht, 1954; Franke JuS 80, 26 891; Ostendorf, Kriminalisierung des Streikrechts, 1987).

12. Das **Widerstandsrecht** nach Art 20 IV GG (eingehend Kühl AT 9/93– 27 107 und Paeffgen NK 169–174). Es verleiht keine Befugnis, die nicht schon durch Staatsnotwehr (3 zu § 32) oder rechtfertigenden Notstand (§ 34) gedeckt wäre (Schneider, Widerstand im Rechtsstaat, 1969; Doehring Der Staat 69, 429; s auch Wenzel DRiZ 95, 7; Zippelius, Recht und Gesellschaft in der offenen Gesellschaft, 2. Aufl 1996 S 337). Auch der tatbestandsmäßige sog **zivile Ungehorsam** (eingehend dazu Glotz [Hrsg], Ziviler Ungehorsam im Rechtsstaat, 1983; Laker, Ziviler Ungehorsam, 1986) ist nicht schon als solcher, sondern nur bei Vorliegen eines anerkannten Rechtfertigungsgrundes erlaubt (BVerfGE 73, 206, 250; LG Dortmund NStZ-RR 98, 139, 141; AG Lüneburg NdsRfl 04, 49, 51; Hassemer, Wassermann-FS, S 325; Lenckner JuS 88, 349; Hirsch, Strafrecht und Überzeugungstäter, 1996, S 28; Radtke GA 2000, 19, 28; Kühl AT 9/111; aM Dreier, FS für H U Scupin, 1983, S 573; Roth-Stielow RuP 91, 215; beachte unten 32).

13. Die **Kollision von Grundwerten der Verfassung.** Tatbestandsmäßiges 28 Verhalten kann uU deshalb gerechtfertigt sein, weil eine Wertabwägung nach Maßgabe der grundgesetzlichen Wertordnung und unter Berücksichtigung der

Vor § 32 AT. 2. Abschnitt. 4. Titel. Notwehr und Notstand

Einheit dieses grundlegenden Wertsystems das Übergewicht des vom Täter gewahrten Interesses ergibt (zB BVerfGE 30, 173). Hierher gehört namentlich die grundrechtsimmanente Begrenzung an sich nicht durch Gesetzesvorbehalt eingeschränkter Grundfreiheiten, etwa der Kunstfreiheit nach Art 5 III S 1 GG (10 zu § 90a; 14 zu § 193) oder der Freiheit der Religionsausübung nach Art 4 II GG (zur Problematik des Schächtens nach jüdischem oder islamischem Ritus Gucht JR 74, 15 mwN; s auch AG Balingen NJW 82, 1006; BVerfG DVBl 02, 328 mit Bespr Ehlers JK 20 zu Art 4 I, II; 15 zu § 34). Darüber hinaus sind auf dieser Grundlage aber auch die Fälle zu lösen, in denen ein Grundrecht (zB die Meinungs- oder Pressefreiheit nach Art 5 GG) zwar durch die allgemeinen Gesetze begrenzt wird, diese aber ihrerseits auf Grund der „Wechselwirkung" zwischen ihnen und dem betroffenen Grundrecht der Einschränkung bedürfen (BVerfGE 7, 198; stRspr; s auch Radtke GA 2000, 19, 27); im Beleidigungsrecht gehen wie sie in der Wahrnehmung berechtigter Interessen auf (1 zu § 193), können aber auch in anderen Bereichen vorkommen und dort, wenn keine spezielle Regelung (zB § 201 II S 3) getroffen ist, einen unmittelbaren Rückgriff auf die Verfassung erfordern (zB bei § 90a, dort 9; bei § 111, dort 8a; bei § 131, dort 12; bei § 166, dort 4; bei § 184, dort 3). – Aus der Menschenwürde lässt sich kein Rechtfertigungsgrund für Sterbehilfe herleiten (BGHSt 46, 279, 284).

29   14. Das **erlaubte Risiko**. Es ist nach Rechtsnatur, Umfang und Grenzen umstritten. Früher wurde es meist nur als allgemeines Strukturprinzip verstanden, dh als Sammelbegriff für Begrenzungen, die in anderen Rechtfertigungsgründen enthalten oder sonst unter anderen rechtlichen Gesichtspunkten einzuordnen sind (Kienapfel, Das erlaubte Risiko, 1966; Hirsch ZStW 74, 78, 88; Preuß, Untersuchungen zum erlaubten Risiko im Strafrecht, 1974, S 225; Maiwald, Jescheck-FS, S 405; s auch Lübbe, in: Lüderssen [Hrsg], Aufgeklärte Kriminalpolitik, Bd I 1998, S 373). In der neueren Lehre wird es überwiegend als allgemein-gültiger Ausschluss der objektiven Zurechnung (14 vor § 13) gedeutet (Kindhäuser GA 94, 197, 215; s auch Kindhäuser JahrbRuE 94, 339), der nach überwiegender Meinung tatbestandsausschließend wirkt (Frisch, Vorsatz und Risiko, 1983, S 118; Herzberg JR 86, 6 und JZ 89, 470, 474; Prittwitz JA 88, 427, 436; Schlehofer JuS 92, 659; Schürer-Mohr, Erlaubte Risiken, 1998, S 151; Tiedemann, Hirsch-FS, S 765, 776; Köhler AT S 185; Roxin AT I 11/60; diff Paeggen NK 23; offengelassen in BGHSt 36, 1, 16). In bestimmten Fallgruppen wird ihm auch rechtfertigende (Schmidhäuser, Schaffstein-FS, S 129, 138; Gössel, Bengl-FS, S 23, 37; s auch Schaffstein, Lackner-FS, S 795) oder vereinzelt sogar schuldausschließende Wirkung (Roeder, Die Einhaltung des sozialadäquaten Risikos und ihr systematischer Standort im Verbrechensaufbau, 1969) beigemessen (zusf zu den verschiedenen Möglichkeiten erlaubten Risikos Sch/Sch-Cramer/Sternberg-Lieben 144–147 zu § 15 und Sch/Sch-Lenckner 100–107b vor § 32 mwN). Jedenfalls weist es auf der Grundlage der personalen Unrechtslehre (20 vor § 13) eine gemeinsame Struktur insofern auf, als es Fälle gefährlicher Handlungen zusammenfasst, bei denen der Handlungsunwert einschließlich des darauf bezogenen Vorsatzes ausgeschlossen ist (Maiwald aaO S 425). – Ähnliches gilt auch für das sog **sozialadäquate Verhalten**, das zwar die Merkmale eines Tatbestandes erfüllt, sich aber völlig im Rahmen der normalen, geschichtlich gewordenen sozialen Ordnung bewegt (BGHSt 23, 226, 228; Hirsch aaO; Zipf ZStW 82, 633; beachte auch Klug, EbSchmidt-FS, S 249). Allerdings ist die Sozialadäquanz nicht als Rechtfertigungsgrund begreifbar (hM); sie bildet vielmehr nur den nicht näher konkretisierten Ausgangspunkt für eine teleologisch zu begründende einschränkende Auslegung oder Reduktion einschlägiger Tatbestände (ähnlich München NStZ 85, 549; Ebert/Kühl Jura 81, 225, 226; Roxin, Klug-FS, S 303; ganz abl Hirsch LK 29, alle mwN; s auch Wolter aaO [vgl 6] S 57 und Coimbra-Sym, S 3, 22; Dölling ZStW

Vorbemerkung **Vor § 32**

96, 36, 57; Kindhäuser GA 94, 197, 198, 215; Meliá GA 95, 179; Paeffgen NK 27–36; Rudolphi SK 10 vor § 19). Dasselbe gilt auch für das sog **Geringfügigkeitsprinzip**, das in vielfältiger Weise durch teleologische Auslegung von Tatbeständen und Erlaubnissätzen konkretisierbar ist (Ostendorf GA 82, 333 mwN).

IV. Entschuldigungsgründe schließen bei rechtswidrigen Taten (18 zu § 11) **30** die Schuld unter dem Gesichtspunkt der Unzumutbarkeit aus (s auch 27 vor § 13). Ein allgemeiner Schuldausschließungsgrund wegen Unzumutbarkeit ist nur bei den Unterlassungsdelikten (5 zu § 13) und bei den Fahrlässigkeitsdelikten (51 zu § 15) anerkannt. Bei den vorsätzlichen Begehungsdelikten reichen dagegen nur folgende Einzelausprägungen der Unzumutbarkeit aus (hM; vgl etwa Paeffgen NK 257, 259; mit unzureichender Begr weiter Wittig JZ 69, 546 und Lücke JR 75, 55 mit abl Bespr Achenbach JR 75, 492):

1. Der entschuldigende Notstand (§ 35). **31**
2. Der Notwehrexzess (§ 33).

3. Der **übergesetzliche** (den Anwendungsbereich des § 35 überschreitende) **entschuldigende Notstand** (im Schrifttum hM; vgl etwa Paeffgen NK 280–282 und Rudolphi SK 8 vor § 19). Er setzt voraus, dass jemand in einer nicht anders behebbaren Notlage (2, 3 zu § 34) gehandelt hat, die Abwägung aber nicht das Überwiegen, sondern nur die Gleichwertigkeit des geschützten Interesses ergibt (Gallas, Beiträge, S 59; Welzel ZStW 63, 47; Küper JuS 71, 474, 477 und JZ 89, 617, 625; zusf Hirsch LK 212–214, Kühl AT 12/92–108 und Neumann NK 53–61; krit Spendel, Engisch-FS, S 509, 518; zur irrigen Annahme einer solchen Notlage 13 zu § 35). Demgegenüber hat die Rspr nur einen Strafausschließungsgrund angenommen (OGHSt 1, 321; 2, 117, 120; anders aber Hamm NJW 76, 721). Im Schrifttum wird zum Teil auch die Anerkennung eines „rechtsfreien Raumes" (Arthur Kaufmann, Maurach-FS, S 327; Comes, Der rechtsfreie Raum, 1975; Schild JA 78, 449, 570, 631; Dingeldey Jura 79, 478; Koriath JahrbRuE 03, 317, 335; abl Hirsch, Bockelmann-FS, S 89; Roxin JuS 88, 425, 429) oder einer „notstandsähnlichen Lage" gefordert, die das Verhalten des Täters zwar nicht erlaubt, aber das Strafunrecht ausschließt (Günther aaO [vgl 4] S 326; zust Schünemann, Coimbra-Sym, S 149, 180). – Zur eng verwandten rechtfertigenden Pflichtenkollision 15 zu § 34.

4. Auch Rechtsverletzungen, bei denen die Ausstrahlungswirkung des Grund- **32** rechts der **Gewissensfreiheit** (Art 4 I GG) einer Bestrafung entgegensteht (BVerfGE 32, 98; s auch BVerfGE 33, 23 und BVerfG NJW 02, 206 mit Bespr Sachs JuS 02, 494; Herdegen GA 86, 97; 1 zu § 323c), sind wegen Unzumutbarkeit als entschuldigt anzusehen (hM; vgl etwa AG Lüneburg StV 85, 64 mit Bespr Nestler-Tremel StV 85, 343; Müller-Dietz, Peters-FS, S 91; Rudolphi, Welzel-FS, S 605, 630 und SK 7 vor § 19; Roxin, Henkel-FS, S 171, 195 und Maihofer-FS, S 389, 405; Ebert, Der Überzeugungstäter in der neueren Rechtsentwicklung, 1975 und JuS 76, 319, 321; Tenckhoff, FS für A Rauscher, 1993, S 437; Kühl AT 12/109–125; Schlehofer MK 207; krit zur Begründung Radtke GA 2000, 19, 35; aM Bockelmann, Welzel-FS, S 543 und GA 76, 314; diff Bopp, Der Gewissenstäter und das Grundrecht der Gewissensfreiheit, 1974; Hirsch aaO [vgl 27] S 10; Höcker, Das Grundrecht der Gewissensfreiheit und seine Auswirkungen auf das Strafrecht, 2000, S 45; Böse ZStW 113, 40, der § 34 anwenden will und eine Ergänzung von § 35 durch den Gesetzgeber befürwortet; s auch 2 zu § 17). – Zur Vereinbarkeit der Bestrafung sog Totalverweigerer nach § 53 ZDG mit Art 4 GG s BVerfGE 19, 135; 23, 127; 78, 391 und NJW 00, 3269; 02, 1707 und 1709; krit Höcker aaO S 113 und Paeffgen NK 284 (zur strafmildernden Wirkung einer Motivation durch Gewissensgründe s 33 zu § 46 mwN). In Fällen **zivilen Ungehorsams** (vgl 27) hält Roxin (Schüler-Springorum-FS, S 441, 451) abweichend

§ 32 AT. 2. Abschnitt. 4. Titel. Notwehr und Notstand

von der hM einen Ausschluss der Verantwortlichkeit für möglich (krit Radtke aaO S 30).

33   5. Für den von einem rechtsstaatswidrig vorgehenden **Lockspitzel** (zu dessen umstr Straflosigkeit 4 zu § 26) zur Begehung einer Straftat Verführten wird ein übergesetzlicher Schuld- oder Strafausschließungsgrund erwogen (Beulke StPR 289; Roxin, Strafverfahrensrecht, 25. Aufl 1998, § 10 Rdn 28).

34   V. Die Rechtfertigungs- und Entschuldigungsgründe des StGB fließen auch in das **Völkerstrafgesetzbuch** ein. Nach § 2 VStGB („zentrale Umschaltnorm"; Werle JZ 01, 884, 889) findet das allgemeine Strafrecht auch auf Straftaten gegen das Völkerrecht (zB Völkermord, § 6 VStGB) Anwendung, soweit nicht in den §§ 1–5 VStGB besondere Bestimmungen getroffen wurden (vgl dazu BT-Dr 14/8524 S 14). Letzteres ist im Rahmen des Handelns auf Befehl oder Anordnung in § 3 VStGB, bezüglich der Verantwortlichkeit militärischer Befehlshaber und anderer Vorgesetzter in § 4 VStGB und hinsichtlich der Verjährung in § 5 VStGB geschehen. Soweit im Übrigen der Allgemeine Teil des StGB zum Zuge kommt, können zahlreiche Komplementaritätsprobleme auftreten, so etwa dann, wenn die Anwendung des StGB zu täterfreundlicheren Resultaten als das Rom-Statut des IStGH führt (zur Problematik statutskonformer Ergebnisse vgl Satzger, NstZ 02, 125, 128; Werle/Jeßberger, JZ 02, 725, 728).

§ 32 Notwehr

(1) **Wer eine Tat begeht, die durch Notwehr geboten ist, handelt nicht rechtswidrig.**

(2) **Notwehr ist die Verteidigung, die erforderlich ist, um einen gegenwärtigen rechtswidrigen Angriff von sich oder einem anderen abzuwenden.**

1   1. Die Notwehr bezweckt sowohl den **Schutz von Rechtsgütern** als auch die **Bewährung des Rechts** (hM; zusf Kühl JuS 93, 177; Sternberg-Lieben JuS 99, 444, 446; anders Haas, Notwehr und Nothilfe, 1978, S 171, 215, 223, Bitzilekis, Die neue Tendenz zur Einschränkung des Notwehrrechts, 1984, S 51, 57 und Schmidhäuser GA 91, 97, die den Güterschutz als maßgebliches Zweckelement verneinen, während umgekehrt Wagner, Individualistische oder überindividualistische Notwehrbegründung, 1984, S 29, Hoyer JuS 88, 89, Neumann, in: Lüderssen ua [Hrsg], Modernes Strafrecht und ultima-ratio-Prinzip, 1990, S 215, Lüderssen, ZustStR, S 159 und Günther SK 12, die Bewährung des Rechts als mittragenden Zweck ausscheiden; insoweit krit auch Pitsounis, in: Lüderssen aaO S 227, 257, Koriath, Müller-Dietz-FS, S 361, 368: „metaphysische Konstruktion", Freund AT 3/91 und Kargl ZStW 110, 38, 57, der die Notwehr als individualrechtlichen Geltungskonflikt akzentuiert, sowie v d Pfordten, Schreiber-FS, S 359, der die Suspendierung der sozialen Gemeinschaft zwischen Angreifer und Angreifendem betont; grundsätzlich abw ferner Mitsch, Rechtfertigung und Opferverhalten [1991], 2004, S 115, 309; Renzikowski, Notstand und Notwehr, 1994, S 275, der die Notwehrbefugnis als Sicherung der Gleichordnung von koordinierten Rechtssubjekten versteht, und Klesczewski, Wolff-FS, S 225, 240, der sie durch die „schützende Gerechtigkeit" als „Erlaubnissatz" begründet sieht). Sie ist, wie Abs 1 ausdrücklich klarstellt, ein **Rechtfertigungsgrund,** so dass Notwehr gegen Notwehr nicht möglich ist (RGSt 67, 337; auch nicht bei zeitlich aufeinanderfolgenden, wechselseitigen Angriffen, NStZ 03, 599 mit iE zust Bespr Otto JK 28). – Zur Akzeptanz des deutschen Notwehrrecht in der Bevölkerung Amelung/Kilian, Schreiber-FS, S 3. – Rechtsvergleichend: Wittemann, Grundlinien und Grenzen der Notwehr in Europa, 1997; Dannecker, Hirsch-FS, S 141, 156; Lührmann, Tötungsrecht zur

Sachverteidigung? 1999, S 86. Zu Bestrebungen nach Vereinheitlichung innerhalb der EU Dannecker, in: Tiedemann (Hrsg), Wirtschaftsstrafrecht in der Europäischen Union, 2002, S 147; krit Erb MK 24–27. – Zur Rspr des BGH seit 1999 Erb NStZ 04, 369.

2. Zu den **Voraussetzungen** der Notwehr nach Abs 2 (zusf Sternberg-Lieben JA 96, 299): **2**

a) Angriff ist die von einem Menschen drohende (krit Schroeder JuS 80, 336; Jakobs, in: Eser RuE IV, S 143, 147; Köhler AT S 266) Verletzung rechtlich geschützter Interessen (hM; mit einschr Tendenz weiter konkretisierend Kratzsch StV 87, 224); unbewusst fahrlässiges Verhalten (so Otto, Würtenberger-FS, S 129, 141; Klesczewski aaO [vgl 1] S 244) und das Verhalten von Schuld- oder Willensunfähigen (so Otto aaO; Marxen, Die „sozialethischen" Grenzen der Notwehr, 1979, S 61) schon nicht als Angriff zu deuten, ist nicht hinreichend begründbar (Roxin ZStW 93, 68, 82; Herzog NK 5, 6; Günther SK 26; s auch Geilen Jura 81, 200, 202); auch Schlafende greifen nicht an (vgl BGHSt 48, 255 mit Bespr Hillenkamp JZ 04, 48, 50 und Otto NStZ 04, 142, 143). Der Angriff eines Tieres genügt nicht (hM; vgl Krause, Kaufmann [H]-GS, S 673, 676 und Herzog NK 10; anders Spendel LK 38–45, 58), es sei denn, dass sich seiner ein Mensch bedient (sonst Sachwehr nach § 228 BGB; dazu Seier JuS 82, 521). Auch bloße Untätigkeit kommt in Frage, wenn der Täter zum Handeln rechtlich verpflichtet ist (Bay NJW 63, 824; Geilen aaO; eingehend Lagodny GA 91, 300; Renzikowski aaO [vgl 1] S 289 und Günther SK 30–33; krit Joerden JuS 92, 23, 26; str), zB ein Gefangener nach Wegfall des Haftgrundes nicht entlassen wird.

b) Wehrfähig ist vor allem jedes Individualrechtsgut beliebiger Art, ua auch das werdende Leben (Lesch, Notwehrrecht und Beratungsschutz, 2000, S 13), der Besitz (RGSt 60, 273), das Hausrecht (bei Holtz MDR 79, 986; Düsseldorf NJW 97, 3383) und das Persönlichkeitsrecht (NJW 75, 2075 mit Bespr Schmidt JZ 76, 31 und Paeffgen JZ 78, 738; einschr Günther SK 41–44) mit seinen speziellen Ausprägungen der Ehre (BGHSt 3, 217; Celle NJW 68, 1342), des Rechts am eigenen Bild (Karlsruhe NStZ 82, 123; NStZ 03, 599, 600; krit Herzog NK 18; s auch Jarass JZ 83, 280, 282; Haberstroh JR 83, 314) und der Privatsphäre (NJW 66, 2353; NStZ 03, 599, 600; Düsseldorf NStZ 94, 343; Schünemann JuS 79, 275, 276; beachte jedoch Bay NJW 62, 1782). Dasselbe gilt für den Gemeingebrauch (Bay NJW 63, 824 und 95, 2646 mit Bespr Otto JK 20; aM Stuttgart NJW 66, 745 mit Anm Bockelmann; Krey BT 1 Rdn 367; Tröndle/Fischer 49 zu § 240; zw) und das Recht, sich im Straßenverkehr vorschriftsmäßig zu bewegen (Bay NJW 93, 211 mit Bespr Jung JuS 93, 427, Heinrich JuS 94, 17 und Dölling JR 94, 113; Günther SK 39). Für die allgemeine Handlungsfreiheit gilt die Einschränkung, dass die Schwelle zur Nötigung einschließlich des § 240 II überschritten sein muss (Düsseldorf NJW 94, 1232; Tröndle/Fischer 6b; aM Günther SK 40). Rechtsgüter des Staates sind grundsätzlich, allerdings mit Einschränkungen, wehrfähig (Staatsnotwehr, RGSt 63, 215, 220; Sch/Sch-Lenckner/Perron 6; aM Roxin ZStW 93, 68, 75; Wagner aaO [vgl 1] S 46; Günther SK 54; zw). Auch Rechtsgüter der Allgemeinheit sind insoweit einbezogen, als ein einzelner durch den Angriff unmittelbar betroffen ist (weitergehend bei Angriffen auf Umweltrechtsgüter Adler, Nothilfe zugunsten der Umwelt?, 1998, S 64, 148). Dagegen ist Nothilfe (vgl 12) zugunsten bloßer Allgemeininteressen, wie der öffentlichen Ordnung im Straßenverkehr oder der Rechtsordnung im ganzen, nicht möglich (BGHSt 5, 245; Düsseldorf NJW 61, 1783; Stuttgart NJW 66, 745). **3**

c) Der Angriff ist **gegenwärtig** vom Augenblick seines unmittelbaren Bevorstehens (NJW 95, 973; NStZ 00, 365, Otto Jura 99, 552; beachte Bay NJW 85, 2600 mit Bespr Bottke JR 86, 291 und Kratzsch StV 87, 224; Stuttgart NJW 92, 850); die Unmittelbarkeit ist bei straftatbestandsmäßigen Angriffen analog § 22 zu bestimmen **4**

§ 32 AT. 2. Abschnitt. 4. Titel. Notwehr und Notstand

(Kühl AT 7/40; weitergehend Kindhäuser 17: Konkrete Gefährdung des Rechtsguts). Der Angriff dauert fort bis zu seinem vollständigen Abschluss (BGHSt 27, 336, 339; NStZ 87, 20; NJW 92, 516; NStZ-RR 04, 10; bei Altvater NStZ 03, 21, 24; zusf Geilen Jura 81, 200, 205; Kühl JuS 02, 729, 735); daher darf auch dem flüchtenden Dieb in unmittelbarem Zusammenhang mit der Tat (Mitsch JA 89, 79, 83 mwN) die Beute abgejagt werden (bei Holtz MDR 79, 985; W-Beulke AT Rdn 328; ebenso für den Raub bei Altvater NStZ 04, 23, 29; für die Erpressung vgl NJW 03, 1955, 1957 mit Bespr Roxin JZ 03, 966 und Otto JK 41 zu § 211). Auch die Schaffung eines unmittelbar bedrohlichen, dh akut zugespitzten, Dauerzustandes genügt (Schroeder JZ 74, 113 und NJW 78, 2577; Otto aaO). Ein solcher liegt zB vor, wenn und solange der Angegriffene unter dem Druck einer nötigenden oder erpresserischen Drohung steht (Amelung GA 82, 381; Eggert NStZ 01, 225; Kroß, Notwehr gegen Schweigegelderpressung, 2004, S 119; Roxin AT I 15/29; Herzog NK 32; aM KG JR 81, 254 mit Anm Tenckhoff; Arzt MDR 65, 344; Baumann MDR 65, 346; Müller NStZ 93, 366; beachte jedoch 15). Die Gegenwärtigkeit ist idR auch bei unbefugten, das Persönlichkeitsrecht verletzenden Bildaufnahmen zu bejahen (hM; vgl etwa Karlsruhe NStZ 82, 123; Düsseldorf NJW 94, 1971; anders Haberstroh JR 83, 314 alle mwN). Darüber hinaus genügt aber eine bloße Dauergefahr im Sinne des § 34 nicht (dort 2); deshalb ist auch die Tötung des sog Familientyrannen regelmäßig nicht durch Notwehr gerechtfertigt (BGHSt 48, 255 mit Bespr Hillenkamp JZ 04, 48, 50 und Otto NStZ 04, 142, 143; Hillenkamp, Miyazawa-FS, S 141, 152; Günther SK 66; weiter Byrd, in: Bottke [Hrsg], Familie als zentraler Grundwert demokratischer Gesellschaften, 1994, S 117, 120; aM Trechsel KritV 00, 183: „Dauerangriff"). Auch ist § 32 auf präventive, anders nicht mögliche Abwehr künftiger Angriffe (sog notwehrähnliche Lage) nicht entsprechend anwendbar (hM; vgl zB NJW 79, 2053; Otto aaO; Roxin AT I 15/27; anders Suppert, Studien zur Notwehr und „notwehrähnlichen Lage", 1973, S 356, 381; beachte jedoch 9 zu § 34).

5 d) Der Angriff ist **rechtswidrig,** wenn das objektive Recht das Angriffsverhalten negativ bewertet, dh als **Handlungsunwert** mißbilligt (Hirsch, Dreher-FS, S 211; Roxin ZStW 93, 68, 84 und JZ 2000, 99; Graul JuS 95, 1049, 1051; Sinn GA 03, 96, 104; Sch/Sch-Lenckner/Perron 19–21). Demgegenüber orientiert sich die weitergehende hM am drohenden Erfolgsunwert, dh an der Duldungspflicht des Angegriffenen (Jescheck/Weigend AT S 341; Spendel LK 55–57). Nach beiden Auffassungen ist Notwehr auch gegen Schuldunfähige, namentlich Geisteskranke, Betrunkene und Kinder, möglich (hM; vgl etwa Günther SK 28–30; zusf Geilen Jura 81, 256). In Teilen des Schrifttums werden jedoch Einschränkungen vorgeschlagen; danach soll der Angriff etwa vorsätzlich und schuldhaft (Renzikowski aaO [vgl 1] S 279), vorwerfbar vorsätzlich oder bewusst fahrlässig (Frister GA 88, 291, 305), verschuldet (Krause, Bruns-FS, S 71, 83 und GA 79, 329; Hoyer JuS 88, 89 [anders aber ders, Strafrechtsdogmatik nach Armin Kaufmann, 1997, S 211]; Jakobs AT 12/14–20 und in: Spinellis-FS, S 447, 452), „zurechenbar" (Hruschka, Dreher-FS, S 189, 202; Eue JZ 90, 765) oder „unter grober Rechtsmissachtung" (Schmidhäuser GA 91, 97, 127) begangen sein (Pawlik GA 03, 12, 14). Nicht erforderlich ist jedenfalls, dass der Angriff den Tatbestand eines Strafgesetzes verwirklicht (15 vor § 13; zB furtum usus; auch der nach § 218 a I tatbestandslose Angriff, Otto Jura 96, 135, 139; Lesch aaO [vgl 3] S 14 und ZfL 01, 2; Gropp MK 6 zu § 218 a; 25 vor § 218). Zur umstrittenen Bestimmung der Rechtswidrigkeit des (Angriffs-)Verhaltens von Amtsträgern vgl Erb, Gössel-FS, S 217 und in: MK 66–75; Kühl AT 7/70–75; zum sog strafrechtlichen Rechtmäßigkeitsbegriff vgl 7–14 zu § 113. – Bei einer einverständlichen Rauferei sind regelmäßig schon die jeweiligen Angriffshandlungen der Beteiligten nicht rechtswidrig; mindestens ist, weil beide Seiten gleichermaßen Angreifer und Verteidiger

sind, eine Berufung auf Notwehr für den ausgeschlossen, der den kürzeren zieht und zu einer lebensgefährlichen Waffe greift (NJW 90, 2263; Stuttgart NJW 92, 850; LG Köln MDR 90, 1033).

e) Die Voraussetzungen der Notwehrlage (vgl 2–5; zusf Kühl Jura 93, 57) müssen **objektiv** – sei es auch erst auf Grund eines ex-post-Urteils – **vorliegen** (hM; vgl 5 vor § 32; aM Walther JZ 03, 52, 53; Herzog NK 3 mwN). Sind sie nicht voll erfüllt, so kommt für die Lösung der Kollision **Defensivnotstand** (4, 9 zu § 34) in Frage (BGHSt 39, 133, 136; NJW 89, 2479 mit krit Bespr Küpper JuS 90, 184 und Eue JZ 90, 765; Otte, Der durch Menschen ausgelöste Defensivnotstand, 1998, S 33, 91; Puppe AT 1 23/18). 6

f) aa) Die Abwehrhandlung setzt als subjektives Rechtfertigungselement **Verteidigungswillen** voraus (hM; vgl etwa B-Weber/Mitsch AT 17/32; anders Spendel, Oehler-FS, S 197 und LK 138–144). Er wird überwiegend, namentlich in der Rspr, als Absicht im Sinne zielgerichteten Wollens verstanden, den Angriff abzuwehren oder wenigstens zu erschweren (Frankfurt NJW 50, 119, 120; 6 vor § 32; zw). Bei dieser Deutung wird er weder durch unbedingten Tötungsvorsatz noch durch Überschreiten der Notwehrgrenzen zwingend ausgeschlossen (bei Holtz MDR 78, 279); auch andere Zwecke oder Tatmotive (zB Wut) können hinzutreten, sofern sie den Verteidigungszweck nicht völlig überlagern (BGHSt 3, 194; NStZ 83, 500; 96, 29; 00, 365 und 03, 599, 600; bei Altvater NStZ 02, 20, 25; NJW 03, 1955, 1958; Stuttgart NJW 92, 850; Bay NStZ-RR 99, 9). Demgegenüber stellt eine Mindermeinung im Schrifttum mit Recht nicht auf zweckhaftes Handeln ab, sondern lässt bloße Kenntnis der rechtfertigenden Umstände genügen (6 vor § 32; s auch Prittwitz Jura 84, 74; Kühl Jura 93, 233; Meyer GA 03, 807, 820; Günther SK 135; Herzog NK 127; Sch/Sch-Lenckner/Perron 63). – Zur Rechtslage beim Fehlen des Verteidigungswillens 10 zu § 22. 7

bb) Verteidigung kann defensive Abwehr (**Schutzwehr**) oder Gegenangriff (**Trutzwehr**) sein (Bay NJW 63, 824); auch automatisierte Gegenwehr durch Selbstschussanlagen (sog antizipierte Notwehr) ist nicht ausgeschlossen (Kunz GA 84, 539, 541; Schlüchter, Lenckner-FS, S 313). „Weggehen", zB aus der eigenen Wohnung, ist keine Verteidigung und wird deshalb nicht verlangt (NJW 03, 1955, 1957 mit Bespr Martin JuS 03, 716, 717; Kühl AT 7/78). 8

g) aa) **Erforderlich** ist diejenige Verteidigungshandlung, die einerseits die sofortige Beendigung des Angriffs erwarten lässt (BGHSt 27, 336; NStZ 00, 365; Bay NStZ 88, 408, beide mwN), die endgültige Beseitigung der Gefahr also gewährleistet (NStZ 87, 322), die andererseits aber das schonendste, dh am wenigsten schädliche oder gefährliche, Mittel zur Erreichung des Abwehrerfolges bildet (GA 56, 49; NJW 03, 1955, 1957; zusf Kühl Jura 93, 118). Der Angegriffene braucht sich daher nicht auf das Risiko einer ungenügenden Abwehrhandlung einzulassen (NJW 80, 2263 mit krit Anm Arzt JR 80, 211; NStZ 83, 500; 96, 29 und 98, 508 mit Bespr Martin JuS 99, 85; NStZ-RR 99, 264 mit Bespr Satzger JAR 99, 17; s auch Warda Jura 90, 393, 396; Murmann/Rath NStZ 94, 215; zu Einschränkungen beachte 14), darf umgekehrt aber Intensität und Gefährlichkeit des Angriffs nicht unnötig überbieten (BGHSt 24, 356, 358; NStZ 87, 172), namentlich eine lebensgefährliche Waffe nur als letztes Mittel der Verteidigung einsetzen (BGHSt 42, 97, 100; NJW 01, 3200 [mit Bespr Eisele JA 01, 922, 923 und krit Seelmann JR 02, 249] und 03, 1955, 1957; NStZ 94, 581; 97, 96; 98, 508 und 02, 140; NStZ-RR 97, 194; 98, 42; 99, 40 [mit Bespr Otto JK 25] und 04, 10; bei Altvater NStZ 02, 20, 25 und 03, 21, 24; zusf Erb NStZ 04, 369, 371–374); unter dieser Voraussetzung braucht er dann grundsätzlich nicht für ungewollte Auswirkungen einzustehen, die aus der Gefährlichkeit des angewendeten Mittels erwachsen (BGHSt 27, 313 mit krit Bespr Hassemer JuS 80, 412; StV 99, 143, 145; NJW 01, 1075, 1076; Bay NStZ 88, 408; Kretschmer Jura 02, 114; Erb 9

§ 32 AT. 2. Abschnitt. 4. Titel. Notwehr und Notstand

MK 124; Kühl AT 7/112 und 17/78). Nicht ausgeschlossen ist auch eine geringere als die erforderliche Abwehr. Diese muss aber, weil die Erfolgseignung Begriffselement der Erforderlichkeit ist (Kühl aaO S 120 mwN), mindestens in dem Sinne zur Abwehr geeignet sein, dass sie die Chance eröffnet, den Angriff – sei es auch nur geringfügig – abzuschwächen, zu erschweren oder zu verzögern (hM; vgl Düsseldorf NJW 94, 1971; Warda Jura 90, 344, 393 und GA 96, 405; Joecks, Grünwald-FS, S 251; anders Alwart JuS 96, 953; Erb MK 141; probl NJW 03, 1955, 1957 mit krit Anm Roxin JZ 03, 966, 967); wenn jemand sich freiwillig auf eine solche Abwehr einlässt und dabei fahrlässig einen schädlichen Erfolg verursacht, den er bei Ausschöpfung der zulässigen Verteidigung vorsätzlich hätte herbeiführen dürfen, so schließt das die Rechtfertigung nicht aus (BGHSt 25, 229 mit krit Bespr Schwabe NJW 74, 670; NJW 01, 3200 mit Bespr Eisele JA 01, 922, Otto NStZ 01, 591, 595, Kretschmer Jura 02, 114, Martin JuS 02, 88 und Seelmann JR 02, 249).

10 bb) Die Erforderlichkeit bestimmt sich nach einem **objektiven Urteil ex ante** (22 zu § 315c; 5 vor § 32), und zwar nach der „Kampflage", dh der Stärke und Hartnäckigkeit des Angriffs und den Abwehrmitteln, die dem Angegriffenen in der konkreten Situation zu Gebote stehen (NStZ 87, 322; NJW 91, 503 mit Anm Rudolphi JR 91, 210; StV 99, 143; im Ergebnis probl Bay 90, 141 mit Bespr Spendel JR 91, 250, Schmidhäuser JZ 91, 937 und Rogall JuS 92, 551; krit zur Maßgeblichkeit allein der Kampflage Bernsmann ZStW 104, 290, 313); dass er diese verbotswidrig mitführt (zB eine Schusswaffe ohne behördliche Erlaubnis), begründet nicht zugleich die Rechtswidrigkeit der Abwehr (NJW 86, 2716 mit krit Anm Hassemer JuS 86, 913; StV 90, 543; krit Bernsmann aaO S 317). – **Automatisierte Gegenwehr** (vgl 8) muss – soweit erforderlich durch Warnungen und ein System abgestufter Reaktionen der Selbstschutzanlage – so programmiert sein, dass es nicht zu Überreaktionen kommt (Kunz GA 84, 539, 549; Müssig ZStW 115, 224 und Erb MK 161). – Bei **Ehrangriffen** ist tätliche Abwehr nur ausnahmsweise erforderlich (BGHSt 3, 217; Bay NJW 91, 2031 mit Bespr Mitsch JuS 92, 289 und Vormbaum JR 92, 163, alle mwN).

11 cc) Auf **Verhältnismäßigkeit** der Schäden, die durch den Angriff und durch die Verteidigung drohen, kommt es grundsätzlich (vgl jedoch 13) nicht an (hM; vgl NJW 03, 1955, 1957; Kühl AT 7/4 und 116; anders Klose ZStW 89, 61, 90 mwN; s auch Schroeder, Maurach-FS, S 127, 138 und NJW 78, 2577, 2578; Lagodny, Strafrecht vor den Schranken der Grundrechte, 1996, S 264; Hoyer aaO [vgl 5 „Strafrechtsdogmatik"] S 214 [krit Neumann GA 99, 443, 447]; Klesczewski aaO [vgl 1] S 244; Lilie, Hirsch-FS, S 277; zur geschichtlichen Wurzel dieser Abkehr vom Prinzip der Güterproportionalität rechtsvergleichend Kühl, Triffterer-FS, S 149); daran hat der Art 2 II a MRK auch für die Fälle nichts geändert, in denen der Privatmann (für den Einsatz staatlicher Macht gilt uU anderes, Jescheck/Weigend AT S 349; Paeffgen NK 71 vor § 32; str) einen Sachangriff durch Verletzung von Leib oder Leben des Angreifers abwehrt (Bockelmann, Engisch-FS, S 456; Krey JZ 79, 702, 707 und AT 1 Rdn 506; Laber, Der Schutz des Lebens im Strafrecht, 1997, S 136; Otto GK 1 8/65; Erb MK 16; Bisson, Die lebensgefährliche Verteidigung von Vermögenswerten, 2002, S 219, der aber § 32 für teil-verfassungswidrig hält; aM Frister GA 85, 553 und 88, 291, 314; Trechsel ZStW 101, 819, 820; Wittemann aaO [vgl 1] S 239, 268; Stiller, Grenzen des Notwehrrechts bei der Verteidigung von Sachwerten, 1999, S 165; Lührmann [vgl 1] S 209, 258; Jung und Koriath, in: Ranieri [Hrsg], Die Europäisierung der Rechtswissenschaft, 2002, S 41, 43 und 47–60; diff Wagner aaO [vgl 1] S 69; zusf Geilen Jura 81, 370, 377, alle mwN; zw). Ob § 32 die Tötung des Angreifers zur Verteidigung erlaubt, wird zunehmend mit grund- und menschenrechtlicher Begründung bezweifelt (vgl etwa Bernsmann ZStW 104, 290; Koriath, Müller-Dietz-FS, S 361, 383; Lührmann aaO S 70; Stiller aaO S 144, 160). Die praktische

Notwehr **§ 32**

Relevanz von Art 31 der Konvention eines ständigen Internationalen Strafgerichtshofs ist gering zu veranschlagen (näher Erb MK 19–22).

dd) Private **Notwehr** ist im Verhältnis zur staatlichen Gefahrenabwehr grundsätzlich nur **subsidiär** (hM). Ist daher in einer Notwehrlage ausreichende **polizeiliche (oder sonst staatliche) Hilfe** präsent und zu ebenso wirksamer Abwehr fähig und bereit, so fehlt es an der Erforderlichkeit, weil die in erster Linie zur Wahrung des Rechts berufene staatliche Gewalt Vorrang hat (hM; vgl Geilen Jura 81, 308, 316; Burr JR 96, 230; anders Seebode, Krause-FS, S 375, 388; Pelz NStZ 95, 305). Muß jedoch polizeiliche Hilfe erst herbeigerufen werden, so kann dies vom Angegriffenen nur verlangt werden, wenn es ohne weiteres (VRS 30, 281), dh ohne das Risiko einer nicht ganz unerheblichen Gütereinbuße (so Haas aaO [vgl 1] S 302 mwN), möglich ist (weiter NJW 80, 2263 [zust Erb MK 130; abl Roxin AT I 15/50]; beachte auch BGHSt 39, 133 mit Anm Roxin NStZ 93, 335 und Lesch StV 93, 578; einschr Klesczewski aaO [vgl 1] S 245; speziell zur Notwehr gegen Schweigegelderpressung Kroß aaO [vgl 4] S 163). Präsenz **privater Hilfe** kann dagegen für die Erforderlichkeit nur relevant werden, wenn ihre Inanspruchnahme eine schonendere Abwehr des Angriffs ermöglichen würde (Sch/Sch-Lenckner/Perron 41 mwN). Muß sie erst angefordert werden, so kann dies vom Täter außerdem nur verlangt werden, wenn es ohne weiteres möglich ist (BGHSt 27, 336, 337). – Aus dem **Subsidiaritätsgedanken** folgt weiter, dass die Abwehr von rechtswidrigen **Unterlassungen** (vgl 2) nicht erforderlich ist, wenn und soweit die Rechtsordnung den Angegriffenen (zB bei Nichterfüllung von Ansprüchen) auf den Rechtsweg verweist oder seine Abwehrbefugnis (zB beim Selbsthilferecht nach § 229 BGB) einschränkt (zusf Lagodny GA 91, 300 mwN; str). **11 a**

h) Ob der Verteidiger den Angriff von sich oder einem anderen abwenden will, bleibt sich gleich. Für die sog **Nothilfe** gelten keine grundsätzlichen Besonderheiten. Sie ist weder dem Verhältnismäßigkeitsgrundsatz unterworfen (hM; anders Seelmann ZStW 89, 36) noch für Fälle der sog „professionellen" privaten Nothilfe eingeschränkt (Kunz ZStW 95, 973, 985; aM Hoffmann-Riem ZRP 77, 277, 283). Allerdings können hier die Erforderlichkeit (vgl 9–11 a) und die Notwendigkeit sozialethischer Einschränkungen (vgl 13–16) im Hinblick auf die Beteiligung einer weiteren Person anders als im Normalfall zu beurteilen sein (zu provozierten Angriffen Mitsch GA 86, 533). Außerdem darf einem Angegriffenen, der berechtigt und fähig ist, über die verletzten Rechtsgüter zu verfügen, keine Nothilfe geleistet werden, wenn er selbst sich nicht verteidigen will (BGHSt 5, 245; StV 87, 59; Joecks 33; Erb MK 164; Günther SK 12). Das gilt jedenfalls in Fällen wirksamer Einwilligung des Angegriffenen, weil es dann schon an einer Notwehrlage fehlt (unstr), soll aber auch dann gelten, wenn sich dessen Verhalten nur als Hinnahme des Angriffs darstellt (hM). Demgegenüber hält eine Mindermeinung den entgegenstehenden Willen des Angegriffenen für schlechthin unbeachtlich (Schroeder, Maurach-FS, S 127, 141; Haas [vgl 1] S 281; Schmidhäuser Stub 6/80; Spendel LK 145, 146). Beide Auffassungen befriedigen nicht. Vorzugswürdig ist folgende Differenzierung: Beachtlich ist dieser Wille nur insoweit, als der Angegriffene die mit der Nothilfe verbundenen Risiken aus Gründen des Selbstschutzes (Lange JZ 76, 546; Klose ZStW 89, 69, 96; M-Zipf AT 1 26/52) oder der Schonung des Angreifers (Seier NJW 87, 2476, 2483; Jakobs AT 12/60) nicht einzugehen wünscht und seine Einstellung entsprechend den für die mutmaßliche Einwilligung geltenden Grundsätzen (19–25 vor § 32) zu respektieren ist (ähnlich Bitzilekis aaO [vgl 1] S 72; Wagner aaO [vgl 1] S 36; weiter einschr Geilen Jura 81, 308, 312; Sternberg-Lieben JuS 99, 444, alle mwN). **12**

3. a) Eine Notwehrhandlung nach Abs 2 ist rechtmäßig, wenn sie „**geboten**" ist (Abs 1). IdR ergibt sich das Gebotensein aus den **Voraussetzungen des Abs 2 von selbst,** weil die Bewährung der Rechtsordnung grundsätzlich erfordert, dass **13**

§ 32 AT. 2. Abschnitt. 4. Titel. Notwehr und Notstand

das Recht dem Unrecht nicht zu weichen braucht. Es wird jedoch überwiegend angenommen, dass **sozialethische** oder **übergeordnete rechtliche** Erwägungen **Einschränkungen** des Notwehrrechts begründen:

14 aa) Die **Rechtsprechung** (krit Analyse bei Hirsch, BGH-FG, S 199, 201) versagt unter diesem Gesichtspunkt – allerdings nicht immer nach denselben Maßstäben (dazu Lenckner JR 84, 206) – die Rechtfertigung, wenn einem Angriff ohne unzumutbare Preisgabe eigener Interessen (ehrenrührige Flucht ist stets unzumutbar, GA 65, 147; probl JR 80, 210 mit krit Anm Arzt) verteidigungslos ausgewichen werden kann (BGHSt 5, 245) oder wenn die Verteidigung nach den Umständen, etwa in Fällen sog **Absichtsprovokation** (NJW 83, 2267 mit krit Bespr Berz JuS 84, 340 und Lenckner aaO; NJW 03, 1955, 1958 mit krit Anm Roxin JZ 03, 966, 967; s auch NJW 01, 1075 mit Anm Roxin JZ 01, 667), einen Missbrauch des Notwehrrechts bedeutet (NJW 62, 308; Hamm NJW 77, 590 mit Bespr Schumann JuS 79, 559; Bay NJW 95, 2646; krit Drescher JR 94, 423). – Bei **sonst schuldhaft provozierten Angriffen** – nicht jedoch bei Angriffen, die lediglich aus einem rechtlich oder sozialethisch nicht zu missbilligenden Vorverhalten des Angegriffenen erwachsen sind (BGHSt 27, 336 mit Anm Kienapfel JR 79, 72; NStZ 89, 474 mit Anm Beulke JR 90, 380; NStZ 93, 332; StV 96, 87; s auch NStZ-RR 02, 203 mit Bespr Walther JZ 03, 52, 54 und Otto JK 27), wohl aber bei rechtswidrigem und auch nur sozialethisch wertwidrigem Vorverhalten (BGHSt 42, 97 mit zust Bespr Kühl StV 97, 298, abl aber Krack JR 96, 833; NJW 03, 1955, 1958 mit krit Anm Roxin JZ 03, 966, 967, zust aber Trüg JA 04, 272, 273; wie hier W-Beulke AT Rdn 348; beachte auch NJW 00, 3079 [bestätigt durch BVerfG NJW 01, 669] mit krit Bespr Otto JK 26) – hat der Täter danach ein erhöhtes Risiko in Kauf zu nehmen (BGHSt 26, 143 mit krit Anm Kratzsch NJW 75, 1933; BGHSt 42, 97 mit Bespr Krack JR 96, 466, Lesch JA 96, 833, Kühl StV 97, 298, Otto JK 22; NStZ-RR 97, 194 mit krit Bespr Otto JK 24; NStZ-RR 99, 40 mit Bespr Otto JK 25; NJW 01, 1075, 1076 mit Bespr Eisele NStZ 01, 416, Engländer Jura 01, 534, Mitsch JuS 01, 751 und Roxin JZ 01, 667; NStZ 02, 426 mit Bespr Heger JA 03, 8; NStZ 03, 420; Stuttgart NJW 92, 850; krit Analyse der Rspr bei Hirsch aaO S 203; aM Hinz JR 93, 353; speziell zur Einschränkung bei einem bedingt vorsätzlich herbeigeführten Schusswechsel BGHSt 39, 374 mit Bespr Arzt JZ 94, 314, 315 und Spendel NStZ 94, 279); bei rechtswidrigem Vorverhalten und Voraussehbarkeit des weiteren Geschehens soll eine fahrlässige Tat vorliegen, auch wenn die Verteidigungshandlung erforderlich und geboten war (NJW 01, 1075 mit Bespr Heuchemer JAR 01, 81, Mitsch JuS 01, 751, Utsumi Jura 01, 538 und Martin JuS 01, 512 sowie abl Anm Roxin JZ 01, 667, krit auch Eisele NStZ 01, 416 und Engländer Jura 01, 534, 536; auf die actio illicita in causa [unten 15] greift die Rspr dabei nicht zurück [vgl Joecks 44 und Puppe AT 1 28/19–29]; zur sog Abwehrprovokation vgl JR 80, 210 mit Anm Arzt; Stuttgart NJW 92, 850; Küpper JA 01, 438 und Kühl AT 7/261). Dasselbe soll – allerdings in der neueren Rspr mit einschränkender Tendenz (NJW 84, 986 mit Bespr Spendel JZ 84, 507, Schroth NJW 84, 2562, Montenbruck JR 85, 115 und Loos JuS 85, 859; NJW 01, 3200, 3202 mit Bespr Eisele JA 01, 922, 924, Kretschmer Jura 02, 114, 116; NStZ-RR 02, 203 mit Bespr Walther JZ 03, 52, 56; einschr auch Tröndle/Fischer 19) – auch bei **Angriffen unter Ehegatten** oder sonst persönlich eng verbundenen Personen (aM für das Verhältnis zwischen Eltern und Kindern Brückner, Das Angehörigenverhältnis der Eltern ..., 2000, S 72) gelten, wenn sie nur die Gefahr leichter Körperverletzungen mit sich bringen (NJW 75, 62 mit Bespr Kratzsch JuS 75, 435, Geilen JR 76, 314 und Marxen, in: Lüderssen/Sack [Hrsg], Vom Nutzen und Nachteil der Sozialwissenschaft für das Strafrecht, 1980, S 63; aM Engels GA 82, 109; Frister GA 88, 291, 307; Wohlers JZ 99, 434 und Zieschang Jura 03, 527). In solchen Fällen muss der Täter dem Angriff möglichst ausweichen oder fremde Hilfe herbeirufen; zur Trutzwehr

Notwehr **§ 32**

mit einer lebensgefährlichen Waffe darf er erst Zuflucht nehmen, wenn er alle Möglichkeiten der Schutzwehr ausgeschöpft hat (sog Dreistufentheorie; BGHSt 24, 356; 42, 97 mit Anm Kühl StV 97, 298; NStZ 88, 269 mit abl Anm Hohmann/Matt JR 89, 161; NStZ 93, 133; NStZ 02, 426 mit Bespr Heger JA 03, 8; NStZ 03, 420; Herzog NK 111); nur wenn sich ihm diese Möglichkeit nicht bietet, ist er zu der erforderlichen Verteidigung befugt (BGHSt 26, 256; NStZ 88, 450 mit Anm Sauren; NJW 91, 503; StV 96, 87). – Bedeutsam sind solche Einschränkungen des Notwehrrechts ferner bei **Angriffen von** Kindern, **Geisteskranken**, Betrunkenen (speziell dazu Radtke JuS 93, 577; s auch NJW 01, 3200, 3202 [mit Bespr Eisele JA 01, 922, 924, Kretschmer Jura 02, 114, 116] und 03, 1955, 1959 mit Anm Roxin JZ 03, 966, 968; Bay NStZ-RR 99, 9) und Irrenden (bei Dallinger MDR 75, 194; Bay NJW 91, 2031 mit Bespr Mitsch JuS 92, 289 und Vormbaum JR 92, 163; s auch BSG NJW 99, 2301 mit Bespr Roxin JZ 2000, 99 und Simon JuS 01, 639) und bei der sog Unfugabwehr (Arzt, Schaffstein-FS, S 77, 82; str) einschließlich der **krass unverhältnismäßigen Abwehr** von unerheblichen Angriffen auf Sachgüter (RGSt 55, 82 mit Bespr Fahl JA 00, 460; bei Holtz MDR 79, 985; NJW 03, 1955, 1957; Bay 54, 65; Krause, Kaufmann [H]-GS, S 673; Frister GA 88, 291, 310; Kargl ZStW 110, 38; Stiller aaO [vgl 11] S 144; zusf Krey JZ 79, 702; Kühl Jura 90, 244, 249; zu weit Schmidhäuser GA 91, 97, 134; zu weit einschr LG München NJW 88, 1860 mit krit Bespr Schroeder JZ 88, 567, Beulke Jura 88, 644, Mitsch NStZ 89, 26 und JA 89, 79 sowie Puppe JuS 89, 728; s auch Mayr, Error in persona vel obiecto und aberratio ictus bei der Notwehr, 1992; Jakobs, in: Eser RuE IV, S 143, 153, der Strafbarkeit des Angegriffenen wegen unterlassener Hilfeleistung annimmt). Auch das Opfer einer Erpressung soll sich dann nicht in der gebotenen Weise verteidigen, wenn es den Erpresser in einer „gesuchten, vorbereiteten Situation" tötet (BGHSt 48, 207, 212 mit krit Anm Roxin JZ 03, 966, 968). Die fehlende Gebotenheit kann auch der Informationserlangung durch Folter entgegenstehen (Hilgendorf JZ 04, 331, 339; Roxin AT I 15/96 Fn 183; zur Problematik vgl 17 a).

bb) Im **Schrifttum** sind diese Einschränkungen im Ergebnis überwiegend anerkannt (zusf Roxin ZStW 93, 68; Geilen Jura 81, 370; Schünemann GA 85, 341, 367; Kühl Jura 90, 244; Sternberg-Lieben JA 96, 568; krit Hassemer, Bockelmann-FS, S 225; Pitsounis aaO [vgl 1] S 227, 232; Klesczewski aaO [vgl 1] S 225; Loos, FS für E Deutsch, 1999, S 233; B-Weber/Mitsch AT 17/34–42; Paeffgen NK 149 vor § 32; abl Matt NStZ 93, 271; Renzikowski aaO [vgl 1] S 301; Spendel LK 255–320; für das Zivilrecht auch Jauernig 7 zu § 227 BGB); gegen eine Notwehreinschränkung wegen Provokation Mitsch aaO [vgl 1] S 405); jedoch sind ihr Umfang im Einzelnen und namentlich ihre dogmatische Begründung umstritten (vgl ua Lenckner GA 61, 229; Rudolphi JuS 69, 461, 464; Schroeder Maurach-FS, S 127; Seelmann ZStW 89, 36, 38; Krause, Bruns-FS, S 71; Schünemann JuS 79, 275, 277; v d Pfordten, Schreiber-FS, S 359, 372; eingehend Courakis, Zur sozialethischen Begründung der Notwehr, 1978; Bitzilekis aaO [vgl 1] S 81, 136; Montenbruck, Thesen zur Notwehr, 1983). Weitgehende Einigkeit besteht darin, dass die von der Rspr verwendeten Generalklauseln zu unbestimmt sind und dass eine sinnvolle Begrenzung nur aus den der Notwehrregelung zugrunde liegenden Rechtsgedanken gewonnen werden kann (aM Koch ZStW 104, 785, der eine Abwägung des Notwehrprinzips mit einem andersartigen, ihm gegenläufigen Prinzip für erforderlich hält). Als Grundlage wird dabei vorwiegend das die Notwehr mitbestimmende überindividuelle Interesse der Bewährung des Rechts herangezogen (Otto, Würtenberger-FS, S 129 sowie GK 1 8/93–96; abl Wagner aaO [vgl 1] S 64; Günther SK 108). Nicht abschließend geklärt ist namentlich die Fragen: ob sich ein Teil der kritischen Fallgruppen durch einschränkende Auslegung einzelner Elemente des Notwehrtatbestandes (zB des Angriffs oder dessen Rechtswidrigkeit) bewältigen lässt (Schmidhäuser GA 91, 97, 127 und Honig-FS, S 185; Otto aaO

15

§ 32 AT. 2. Abschnitt. 4. Titel. Notwehr und Notstand

S 138; Müller NStZ 93, 366; beachte auch 2, 5); ob bei der Absichts- und den weiteren Formen der Notwehrprovokation (zusf dazu Kühl Jura 91, 57, 175) das Vorverhalten des Angegriffenen rechtswidrig gewesen sein muss (so zB Schumann aaO S 564; Roxin ZStW 93, 68, 89; Bitzilekis aaO S 139; Freund AT 3/117; Köhler AT S 274; Günther SK 125; diff Lenckner JR 84, 206, 208); ob bei solchen Angriffen der Gedanke der actio illicita in causa fruchtbar gemacht werden kann (so Bertel ZStW 84, 1; Sch/Sch-Lenckner/Perron 57, 61; aM NJW 83, 2267; Roxin ZStW 75, 541 und 93, 68, 91; Constadinidis, Die „actio illicita in causa", 1982, S 49; Neumann GA 85, 389, 394; s auch Küper, Der „verschuldete" rechtfertigende Notstand, 1983, S 36, alle mwN); ob und in welchem Umfang eine etwa bestehende Garantenstellung des Angegriffenen (zB der Ehefrau oder des Provokateurs) eine Begrenzung legitimiert (Marxen aaO [vgl 2]; Loos JuS 85, 859; Köhler AT S 275; Joecks 31, 32); ob rechtliche Solidaritätspflichten Einschränkungen innerhalb sozialer Näheverhältnisse legitimieren (Wohlers JZ 99, 434; Koriath, Müller-Dietz-FS, S 361, 382; Kühl JahrbRuE 03, 219, 241; v d Pfordten aaO; Zieschang Jura 03, 527, 530); ob das Rechtsbewährungsprinzip im Hinblick auf das Beratungskonzept Nothilfe gegen den tatbestandslosen, aber rechtswidrigen Angriff auf das werdende Leben verbietet (so Satzger JuS 97, 800, 802; zust Arzt/Weber BT 5/48; ähnlich Gropp MK 12 zu § 218 a und Eser JZ 94, 506; aM Lesch aaO [vgl 3] S 21, 69 und Tröndle JR 00, 394; s auch 25 vor § 218); ob und wie die heimliche Abwehr erpresserischer Androhung kompromittierender Enthüllungen durch Tötung oder Verletzung des Erpressers oder durch andere Selbsthilfemaßnahmen einzuschränken ist (Amelung GA 82, 281 und NStZ 98, 70; Novoselec NStZ 97, 218; Roxin AT I 15/29, 52, 89; krit Wagner aaO S 74; Müller NStZ 93, 366; abl Eggert NStZ 01, 225; eingehend Kroß aaO [vgl 4] S 128, die bereits die Erforderlichkeit verneint; offen gelassen von NJW 03, 1955, 1959 mit Anm Roxin JZ 03, 966, 968; das Erpressungsopfer, das sich beugt, kann sich nicht auf §§ 34, 35 berufen, Arzt JZ 01, 1052); schließlich ob und wie der Widerstand gegen unanfechtbare Regelungsakte der Judikative und der Exekutive einzuschränken ist (Neuheuser, Die Duldungspflicht gegenüber rechtswidrigem hoheitlichen Handeln im Strafrecht, 1996, S 105, 135, 222).

16 cc) **Art 103 II GG** steht diesen Einschränkungen, die als immanente Schranken des Notwehrrechts erklärbar sind, nicht entgegen (hM; vgl etwa Krey AT 1 Rdn 521; anders Kratzsch GA 71, 65 und JuS 75, 435; Koch ZStW 104, 785, 816; Erb ZStW 108, 266, 294 und MK 179–82; Paeffgen NK 64 vor § 32; krit Seebode, Krause-FS, S 375, 379; Loos, FS für E Deutsch, 1999, S 233, 245). Ob sie schon aus Abs 2 abzuleiten sind oder sich erst aus Abs 1 ergeben (so die hM), ist eine nur terminologische Frage (Lenckner GA 68, 1; Roxin ZStW 93, 68, 78; s auch Kühl Jura 90, 244, 245 und Bemmann-FS, S 193).

17 b) Ob **hoheitliche (vor allem polizeiliche) Maßnahmen** zum Schutz eines Angegriffenen ausschließlich nach den öffentlich-rechtlichen Vorschriften über unmittelbaren Zwang (namentlich über Schusswaffengebrauch) zu beurteilen sind (so ua Krüger NJW 70, 1483 und 73, 1; Hoffmann-Riem ZRP 77, 277, 282; Kunz ZStW 95, 973, 981; Amelung JuS 86, 329, 331; Thewes, Rettungs- oder Todesschuss?, 1988, S 35), oder ob Rechtfertigung durch Notwehr (Nothilfe) auch in Fällen in Frage kommt, in denen eine öffentlich-rechtliche Eingriffsermächtigung fehlt (so ua Bockelmann, Engisch-FS, S 456, 467 und Dreher-FS, S 235; Rupprecht JZ 73, 263; R Lange JZ 76, 546; W Lange MDR 77, 10) ist umstritten. Die Frage ist unter dem Stichwort des „gezielten Todesschusses der Polizei" ausführlich diskutiert worden (vgl §§ 35 II, 41 II des Musterentwurfs eines einheitlichen Polizeigesetzes mit Rechtsgutachten von Bockelmann, Lange, Lerche, Merten und Schmidhäuser sowie den Alternativentwurf einheitlicher Polizeigesetze des Bundes und der Länder, 1979, S XI; der auch sog finale Rettungs-

Notwehr **§ 32**

schuss ist bisher nur in einigen Landespolizeigesetzen, zB in § 54 II PolG BW ausdrücklich geregelt; s auch Schmidhäuser und Kirchhof, in: Merten [Hrsg], Aktuelle Probleme des Polizeirechts, 1977, S 53 und 67; Riegel ZRP 78, 73; Günther, Strafrechtswidrigkeit und Strafunrechtsausschluss, 1983, S 47, 72; Beisel JA 98, 721; Spendel LK 263–280; Hirsch LK 6–20 zu § 34). Sie ist ebenso wie die umfassendere Frage, ob sich bei hoheitlichem Handeln die Rechtfertigung ausschließlich nach den öffentlich-rechtlichen Eingriffsnormen bestimmt (so ua Amelung aaO und in: FS für P Badura, 2003, S 3, 11; de Lazzer/Rohlf JZ 77, 207, 212; Jakobs AT 12/41–45; Hirsch LK aaO) oder ob sie wenigstens durch den alles staatliche Handeln begrenzenden Verhältnismäßigkeitsgrundsatz eingeschränkt wird (so ua Jung, Das Züchtigungsrecht des Lehrers, 1977, S 75; Seelmann ZStW 89, 36, 48; Schaffstein, Schröder-GS, S 97, 111), von einer abschließenden Klärung noch weit entfernt. Die Rspr hat die Relevanz allgemeiner Rechtfertigungsgründe auch für hoheitliches Handeln bisher idR bejaht (zB BGHSt 27, 260 mit Bespr Amelung NJW 78, 623 und Lange NJW 78, 784; Hamburg JR 73, 69 mit krit Anm Schroeder; Bay 91, 141 mit Bespr Spendel JR 91, 250, Schmidhäuser JZ 91, 937 und Rogall JuS 92, 551; ebenso Jähnke LK 12 zu § 212; s auch 14 zu § 34) und sie als Eingriffsgrundlage nur ausnahmsweise als unzureichend angesehen, etwa für das Anhalten von beleidigenden Briefen aus der Haftanstalt (BVerfGE 35, 35; Celle NJW 73, 659; aM Kreuzer NJW 73, 1262; Wimmer GA 83, 145; s auch Kaiser/Schöch Strafvollzug 5/123 mwN). Bei der widersprüchlichen Gesetzeslage ist die Frage ohne Inkaufnahme von Ungereimtheiten nicht befriedigend lösbar. Jedenfalls dürfte sich nach geltendem Recht kaum hinreichend begründen lassen, dass bei Fehlen einer öffentlich-rechtlichen Eingriffsermächtigung die unrechtsausschließende Wirkung allgemeiner Erlaubnissätze, denen ebenso wie den Deliktstatbeständen keine Ausnahme für hoheitliches Handeln zu entnehmen ist, grundsätzlich ausgeschaltet wird (Gössel JuS 79, 162; Seebode, Klug-FS, S 359 und StV 91, 80; Schmidhäuser GA 91, 97, 137; Roxin AT I 15/91–98; Herzog NK 83; Sch/Sch-Lenckner/Perron 42a–42d; einschr Ostendorf JZ 81, 165, 172). Die Nothilfe eines Amtsträgers ist daher ebenso wenig Unrecht, wie das nach hM (anders Haas aaO [vgl 1] S 319; Jakobs AT 12/42) für die Notwehr des zum Selbstschutz handelnden Amtsträgers zutrifft. Ob der Unrechtsausschluss allerdings eine öffentlich-rechtliche Eingriffsermächtigung bedeutet (verneinend die im Polizeirecht hM; vgl etwa Beaucamp JA 03, 402; s auch Böckenförde NJW 78, 1881; bejahend Roxin AT I 15/95; Spendel LK 273–275; Sch/Sch-Lenckner/Perron 42b) und ob das Handeln des Amtsträgers ohne solche besondere Ermächtigung hoheitsrechtlichen Charakter behält (vgl Schwabe NJW 74, 670 und 77, 1902), lässt sich nicht allein nach strafrechtlichen, sondern nur nach übergeordneten, aus der Gesamtrechtsordnung abgeleiteten Gesichtspunkten beantworten, die der Annahme bereichsbeschränkter Rechtswidrigkeit nicht zwingend entgegenstehen (zusf Seebode StV 91, 80; Rogall JuS 92, 551; Kühl Jura 93, 233, 236; s auch Günther aaO S 365 und SK 14–18, der dem Amtsträger das Notwehr[hilfe]recht „ad personam", nicht aber der von ihm repräsentierten Staatsgewalt zuerkennt; zust Joecks 37).

c) Zu beachten sind Wertungen der Gesamtrechtsordnung auch bei der aktuell **17 a** virulenten Frage nach einer (Notwehr- oder Notstands-)Rechtfertigung von Amtsträgern, die **Folter** oder folterähnliche Maßnahmen (zum Begriff vgl BGHSt 46, 292, 303; Hecker KJ 03, 210; Jerouschek/Kölbl JZ 03, 613, 614) androhen oder anwenden, um den Angriff auf (oder die Gefahr für) Rechtsgüter – im Entführungsfall v Metzler: das Leben – anderer abzuwenden (zu den prozessualen Konsequenzen [= Keine Einstellung wegen Folterandrohung] LG Frankfurt StV 03, 327 mit Anm Weigend StV 03, 436; bestätigt durch den BGH 2 StR 35/04 v 21.5. 2004). Hierbei sind vor allem die Vorgaben der Art 1 I, 104 I 2 GG sowie

§ 32

Art 3 MRK, Art 7, 10 IPBPR und Art 2, 16 UN-Antifolterkonvention zu berücksichtigen. Im Hinblick auf polizeilich-präventive Foltermaßnahmen zum Lebensschutz Entführter wird man dennoch eine Rechtfertigung nach §§ 32, 34 nicht kategorisch ausschließen können (vgl Jerouschek/Kölbl aaO S 620; Erb MK 173–175; aus rechtsphilosophischer Sicht auch Fahl JR 04, 182; für ein absolutes Folterverbot hingegen Düx ZRP 03, 180; Hamm NJW 03, 946; Hecker aaO S 212; Jeßberger Jura 03, 711, 713; Kretschmer RuP 03, 103, 106; Merten JR 03, 404, 407; Schaefer NJW 03, 947; Schroeder ZRP 03, 180; Welsch BayVBL 03, 481, 487; Zimmermann NKrimPol 03, 48; Roxin AT I 15/96 Fn 183; Beulke StPR Rdn 134a; für eine Einschränkung der öffentlich-rechtlichen Folterverbote Brugger JZ 00, 165 und Miehe NJW 03, 1219, 1220; nach Tröndle/Fischer 6 vor § 32: „abwegig"). Sollte die Rechtfertigung an den Polizeigesetzen der Länder scheitern, die § 136a StPO für entsprechend anwendbar erklären, so müsste über deren Änderung zur Ermöglichung des Eingreifens in Extremfällen bedrohten Lebens nachgedacht werden (vgl Hilgendorf JZ 04, 331, 334). Nicht übersehen werden darf, dass diese Gesetze auch regelmäßig Notrechtsvorbehalte (Kühl AT 7/153) enthalten; diese können allerdings nicht für die Rechtfertigung von Folter zur Erzwingung von Geständnissen herangezogen werden, da diesbezüglich die oben genannten nationalen und internationalen Regelungen abschließend sind, sondern nur dann die Rechtfertigung nach §§ 32, 34 ermöglichen, wenn es um die mögliche und erforderliche Rettung bedrohten Menschenlebens geht (anders noch Kühl AT 8/174); die Gebotenheit iS des § 32 I oder die Angemessenheit iS des § 34 S 2 gebieten zwar die Berücksichtigung von Wertungen der Gesamtrechtsordnung, sollten aber für die hier behandelten Extremfälle einer Rechtfertigung (und im Irrtumsfall einem Ausschluss der Strafbarkeit aus einem Vorsatzdelikt) nicht entgegenstehen (aM Saliger ZStW 116, 35, 48).

18 4. Notwehr rechtfertigt nur, soweit sich die Verteidigung **gegen Rechtsgüter des Angreifers** richtet (BGHSt 39, 374, 380; Frankfurt MDR 70, 694; Günther SK 84, 84a). Die Verletzung von Rechtsgütern unbeteiligter **Dritter** kann – auch im Falle der Beschädigung oder Vernichtung der Angriffsmittel (Geilen Jura 81, 256, 258; Renzikowski aaO [vgl 1] S 299; Gropengießer JR 98, 89; Herzog NK 55; Hirsch LK 66 vor § 32; diff Erb MK 116–119; aM Spendel LK 210; zw) – nur aus anderen Gründen (zB Notstand; zur Annahme erweiterter polizeilicher Eingriffsbefugnisse krit Bernsmann, Blau-FS, S 23, 27) gerechtfertigt oder entschuldigt sein (BGHSt 5, 245, 248); dasselbe gilt für die mit der Verteidigung verbundene, mit Strafe bedrohte Beeinträchtigung von Allgemeininteressen (Widmaier JuS 70, 611; Maatz MDR 85, 881; Neuheuser aaO [vgl 15] S 83; aM Celle NJW 69, 1775; für Vergehen nach dem WaffG auch NStZ 81, 299; 86, 357; 99, 347 und StV 91, 63; 96, 660 mit krit Bespr Otto JK 23; NStZ 99, 347).

19 5. Der **Irrtum** über die tatsächlichen Voraussetzungen der Notwehr, namentlich das Bestehen einer Notwehrlage (Putativnotwehr), ist ein Erlaubnistatbestandsirrtum (10 zu § 17). Er liegt namentlich vor, wenn der Angegriffene das Verhalten des anderen irrig als Angriff auffasst (StV 93, 241; NStZ 03, 599, 600 mit Bespr Otto JK 28; Stuttgart NJW 92, 850; Düsseldorf NJW 94, 1232; s auch Koblenz NStZ-RR 98, 273 und Düsseldorf NStZ-RR 98, 273), die Stärke eines Angriffs in falscher Beurteilung der „Kampflage" (StV 90, 543) überschätzt (BGHSt 3, 194; NStZ 88, 269; StV 99, 143, 145) oder die Möglichkeit, den Angriff durch ein weniger gefährliches Mittel abzuwehren, nicht erkennt (BGHSt 45, 348 mit Bespr Trüg/Wentzell Jura 01, 30, 32; bei Holtz MDR 80, 453; NStZ 01, 530; NStZ-RR 02, 73; NJW 03, 1955, 1960 mit Anm Roxin JZ 03, 966, 968; s jedoch Celle NJW 69, 1775 mit abl Anm Horn NJW 69, 2156). Regelmäßig nicht hierher gehört der Fall, dass mittels einer „Scheinwaffe" ein besonders intensiver Angriff vorgetäuscht und der Angegriffene zu einer nach der objektiven Lage nicht erforderlichen Reaktion veranlasst wird; da nach dem hier maßgebenden ex-ante-Urteil (vgl 10) meist schon die Erforderlichkeit der Abwehr zu bejahen ist, kann die Tat gerechtfertigt sein, auch wenn sich ex post die mindere Gefährlichkeit des Angriffs herausstellt (Born, Die Rechtfertigung der Abwehr vorgetäuschter Angriffe, 1984, S 151; Schroth, Kaufmann [Arth]-FS, S 595, 609; Schröder JuS 00, 235; Amelung Jura 03, 91; Roxin AT I 15/46; ferner die Anhänger der Lehre, die für alle Rechtfertigungsumstände eine objektive nachträgliche Prognose fordern [5 vor § 32]; aM Schmidhäuser GA 91, 97, 131, 132; Spendel LK 29, 335–340; anders auch Sch/Sch-Lenckner/Perron 34, der die ex-ante-Beurteilung der Erforderlichkeit nur auf die künftige Entwicklung, nicht auf die zurzeit der Abwehr gegebene tatsächliche Lage bezieht, und Otto Jura 88, 330, der zwar die Erforderlichkeit verneint, die Rechtfertigung aber auf das Prinzip der Wahrung des höherrangigen Interesses stützt). – Da die Rechtswidrigkeit des Angriffs als normatives Merkmal des Erlaubnistatbestandes, also nicht als allgemeines Verbrechensmerkmal zu deuten ist (hM; vgl 6 zu § 15; krit Otto, Meyer-GS, S 583, 591; zw), liegt ferner ein Erlaubnistatbestandsirrtum nicht nur vor, wenn der Angegriffene sich irrig Umstände vorstellt, aus denen die Rechtswidrigkeit des Angriffs folgt (Karlsruhe NStZ 82, 123; Paeffgen JuS 78, 738, 742), sondern auch, wenn er auf Grund fehlerhafter Parallelwertung (14 zu § 15) einen gerechtfertigten Angriff als rechtswidrig bewertet (hM; vgl Lange, Zum Bewertungsirrtum über die Rechtswidrigkeit des Angriffs bei der Notwehr, 1994; Sch/Sch-Cramer/Sternberg-Lieben 20 zu § 16 mwN). In keinem Falle darf er ein gefährlicheres Abwehrmittel einsetzen, als es auf der Grundlage seines Irrtums in wirklicher Notwehr zulässig wäre (BGHSt 45, 378, 384; NStZ 87, 322; 88, 269 und 01, 590; NJW 97, 2123, 2124; Düsseldorf NStZ-RR 98, 273; s auch Vogt Jura 81, 380, 383). – Hat der Täter aus Verwirrung, Furcht oder Schrecken die Situation verkannt, ist § 33 nicht anwendbar (dort 2). Jedoch kann aus diesem Grunde der Fahrlässigkeitsvorwurf und damit uU jegliche Strafbarkeit entfallen (NJW 68, 1885; Frankfurt GA 70, 286); außerdem wendet ein Teil der Lehre bei bewusster Überschreitung der Erforderlichkeitsschwelle § 35 III entsprechend an (Sauren Jura 88, 567, 572, beide mwN). – Bei richtiger Einschätzung der Sachlage ist die Annahme, jedes beliebige oder ein zur Abwehr nicht erforderliches Verteidigungsmittel benutzen zu dürfen, Verbotsirrtum (NStZ 88, 269 und NStZ-RR 02, 73).

§ 33 Überschreitung der Notwehr

Überschreitet der Täter die Grenzen der Notwehr aus Verwirrung, Furcht oder Schrecken, so wird er nicht bestraft.

1. Der **Notwehrexzess** ist ein **Entschuldigungsgrund** (hM; vgl etwa BGHSt 3, 194, 197; Roxin, Schaffstein-FS, S 105, 125; Rudolphi SK 1; Diederich, Ratio und Grenzen des straflosen Notwehrexzesses, 2001, S 55, 192; nach Motsch, Der straflose Notwehrexzess, 2003, S 114: „sehr nahe liegend"), dessen Grenzen (beachte dazu Hardtung ZStW 108, 26, 49) und dogmatische Rechtfertigung umstritten sind (Freund AT 4/55–58; zusf Sauren Jura 88, 573; Müller-Christmann JuS 89, 717; Heuchemer/Hartmann JA 99, 165, alle mwN). Notwehr gegen Notwehrexzess ist möglich (RGSt 66, 288).

2. Die Vorschrift betrifft nur den **intensiven Notwehrexzess**, dh den Fall, dass die Abwehrhandlung des Täters gegenüber einem wirklichen rechtswidrigen Angriff die Grenzen des Erforderlichen oder Gebotenen (Tröndle/Fischer 2) überschreitet. Auf den extensiven Notwehrexzess, dh die Vornahme von Abwehrhandlungen, wenn ein Angriff überhaupt nicht, noch nicht (aM Motsch aaO [vgl 1] S 101: analoge Anwendung von § 33) oder nicht mehr (dazu NStZ 87, 20 und 02, 141 mit Bespr Geppert JK 3) vorliegt, ist sie nach hM nicht anwendbar

§ 33 AT. 2. Abschnitt. 4. Titel. Notwehr und Notstand

(vgl etwa Rudolphi JuS 69, 461 und SK 2; Geilen Jura 81, 370, 379; Müller-Christmann JuS 89, 717, 718; Gropp AT 7/85; aM Erb MK 14); bei engem zeitlichen Zusammenhang zwischen dem Angriffsende und der Exzesshandlung (sog „nachzeitiger" Exzess) ist dies jedoch wegen der noch fortbestehenden Dramatik der Situation nicht begründet (Roxin aaO [vgl 1] S 111; Timpe JuS 85, 117, 120; Otto Jura 87, 604, 606; Trüg/Wentzell Jura 01, 30, 33; Diederich aaO [vgl 1] S 90; Motsch aaO S 93, 101; Jakobs AT 20/31; Köhler AT S 424; Kühl AT 12/143, 144; W-Beulke AT Rdn 447; Herzog NK 11); § 33 greift auch dann ein, wenn der Täter beim sog „nachzeitigen" Exzess die Grenzen der erforderlichen und gebotenen Abwehr überschritten hätte, falls der Angriff noch gegenwärtig wäre (Motsch aaO [vgl 1] S 113; B-Weber/Mitsch AT 23/42). Grundsätzlich werden dagegen Fälle der **Putativnotwehr** (19 zu § 32) nicht erfasst (NStZ 83, 453; NStZ-RR 02, 203 mit Bespr Walther JZ 03, 52, 56; NStZ 03, 599, 600; Heuchemer JA 99, 724; Motsch aaO S 80; Jakobs AT 20/33; Kühl AT 12/156; Roxin AT I 22/95; einschr Joecks 4; Rudolphi SK 6; Sch/Sch-Lenckner/Perron 8; zw). Ob § 33 bei Überschreitung **anderer Rechtfertigungslagen** (zB § 34 StGB, § 127 StPO) analog angewendet werden kann, ist umstritten und noch nicht abschließend geklärt (zusf Otto aaO S 607; Heuchemer aaO S 725; Erb MK 17; einschr auf § 127 StPO Motsch aaO S 107).

3 **3.** Die Überschreitung kann auch **bewusst** geschehen (NStZ 89, 474 mit Anm Beulke JR 90, 380; Roxin aaO [vgl 1] S 107; Müller-Christmann JuS 89, 717, 719; Heuchemer/Hartmann JA 99, 165; Erb MK 15; aM Paeffgen NK 264 vor § 32; Sch/Sch-Lenckner/Perron 6; aM für den bewusst extensiven Exzess Köhler S 425; str). Für sie müssen die genannten – sei es auch verschuldeten – psychischen Zustände (**asthenischen Affekte;** zusf Spendel LK 60–69) mindestens mitursächlich (BGHSt 3, 194; GA 69, 23; NStZ-RR 99, 264 mit zust Bespr Satzger JAR 99, 17 und Heuchemer JA 00, 382; NJW 01, 3200, 3202 mit Bespr Eisele JA 01, 922, 925, Kretschmer Jura 02, 114, 117 und Seelmann JR 02, 249), also nicht notwendig motivationsdominant sein (Otto Jura 87, 604, 606; Herzog NK 23; aM Erb MK 22); sie müssen aber so intensiv sein, dass sie die Fähigkeit, das Geschehen richtig zu verarbeiten, erheblich beeinträchtigen (NStZ 95, 76 mit krit Bespr Otto JK 2; NStZ-RR 97, 194 und 99, 264; Rudolphi SK 3); deshalb ist nicht jedes Angstgefühl als Furcht zu beurteilen (NJW 01, 3200, 3202 mit Bespr Eisele, Kretschmer und Seelmann jeweils aaO), wohl aber die Todesangst (NStZ-RR 04, 10). Notwehrexzess ist selbst bei vorhergesehenen und schon lange erwarteten Angriffen nicht ganz ausgeschlossen (1 StR 382/79 v 21. 8. 1979).

4 **4.** Die Rspr (NJW 62, 308 mit abl Anm Schröder JR 62, 187; Hamm NJW 65, 1928 mit krit Bespr Rudolphi JuS 69, 461) hat bisher die Vorschrift zu Unrecht nicht für anwendbar gehalten, wenn der Täter den Angriff durch grob missbilligenswertes Verhalten provoziert hat (Roxin, Schaffstein-FS, S 105, 122; Bitzilekis, Die neue Tendenz zur Einschränkung des Notwehrrechts, 1984, S 194; Motsch aaO [vgl 1] S 86; Rudolphi SK 5a; Spendel LK 74, alle mwN); auch die neuerdings (BGHSt 39, 133 mit insoweit abl oder krit Bespr Roxin NStZ 93, 335, Lesch StV 93, 578, Arzt JZ 94, 314, Müller-Christmann JuS 94, 649 und Otto JK § 32/19; krit auch Erb MK 11; zust jedoch Drescher JR 94, 421; NJW 97, 2460) eingeräumte Einschränkung auf Fälle, in denen sich der Angegriffene planmäßig auf eine Auseinandersetzung eingelassen hat, ist mit dem Gesetz schwerlich vereinbar (krit Renzikowski, Lenckner-FS, S 249, der auf die Eigenverantwortlichkeit des Angreifers abhebt); keinesfalls ist der Ausschluss allein schon deshalb begründet, weil sich der Angegriffene dem Angriff durch Flucht oder vorsorgliche Einschaltung der Polizei hätte entziehen können (NJW 95, 973).

§ 34 Rechtfertigender Notstand

Wer in einer gegenwärtigen, nicht anders abwendbaren Gefahr für Leben, Leib, Freiheit, Ehre, Eigentum oder ein anderes Rechtsgut eine Tat begeht, um die Gefahr von sich oder einem anderen abzuwenden, handelt nicht rechtswidrig, wenn bei Abwägung der widerstreitenden Interessen, namentlich der betroffenen Rechtsgüter und des Grades der ihnen drohenden Gefahren, das geschützte Interesse das beeinträchtigte wesentlich überwiegt. Dies gilt jedoch nur, soweit die Tat ein angemessenes Mittel ist, die Gefahr abzuwenden.

1. Dem Notstand im Sinne des § 34 liegt, soweit es um die erforderliche Güterabwägung zwischen Erhaltungs- und Eingriffsgut geht, das **Prinzip des überwiegenden Interesses** zugrunde (hM; vgl Hirsch LK 3; krit zur Interessenabwägungslehre Köhler AT S 282); soweit es um die Begründung der Duldungspflicht des Betroffenen geht, muss auf das Prinzip der Solidarität zurückgegriffen werden (Kühl, Lenckner-FS, S 143, Hirsch-FS, S 259, 263 und AT 8/7–10; ebenso Joecks 1; Krey AT 1 Rdn 543; Kindhäuser 16; ähnlich Neumann NK 9; Günther SK 11 und Renzikowski, Notstand und Notwehr, 1994, S 33, 199, der die Rechtfertigung auf den gebotenen Ausgleich zwischen der Eigenständigkeit des Individuums und dessen Verantwortung für fremde Rechtssphären aus Solidarität stützt; krit Haas, Kausalität und Rechtsverletzung, 2002, S 260, der auf die Solidarität der Allgemeinheit zur Wahrung der Legitimität rechtlicher Herrschaft abhebt). Er ist **Rechtfertigungsgrund,** Notwehr gegen die Notstandshandlung daher nicht möglich. Rechtsvergleichend Dannecker, Hirsch-FS, S 143, 159.

2. Zu den **Voraussetzungen** (eingehend Lenckner, Der rechtfertigende Notstand, 1965; zusf Lampe NJW 68, 88; Bergmann JuS 89, 109; s auch Küper JuS 87, 81):

a) Gefahr ist ein Zustand, in dem nach den konkreten Umständen der Eintritt eines Schadens naheliegt (21, 22 zu § 315 c); der Gefahrbegriff ist hier nicht anders als auch sonst im StGB zu verstehen (hM; vgl etwa Hirsch, Kaufmann [Arth]-FS, S 545, 555; anders Dimitratos, Das Begriffsmerkmal der Gefahr in den strafrechtlichen Notstandsbestimmungen, 1989, S 5; Roxin AT I 16/11). Maßstab ist die objektive nachträgliche Prognose eines sachkundigen, über das Spezialwissen des Täters verfügenden Beurteilers (ex-ante-Urteil, 22 zu § 315 c; BGHSt 48, 255, 258; Bay NJW 00, 888; Günther SK 21), über deren Bezugspunkte auch hier keine Einigkeit besteht (zusf Schaffstein, Bruns-FS, S 89; Hirsch aaO; str). – **Gegenwärtig** ist eine Gefahr, auch eine Dauergefahr (NJW 79, 2053 mit Bespr Hruschka NJW 80, 21, Hirsch JR 80, 115 und Schroeder JuS 80, 336), dann, wenn nach menschlicher Erfahrung der ungewöhnliche Zustand bei natürlicher Weiterentwicklung jederzeit in einen Schaden umschlagen kann, wenn also der Eintritt eines Schadens sicher oder doch höchstwahrscheinlich ist, sofern nicht sofort Abwehrmaßnahmen ergriffen werden (BGHSt 48, 255, 259; NJW 89, 176; LG Köln NJW 98, 2688; s auch Spendel StV 84, 45, 46; Lesch StV 93, 578, 580; Otto Jura 99, 552, alle mwN). – Die **Ursache der Gefahr** ist unerheblich; auch Nötigung durch einen anderen (Nötigungsnotstand) scheidet daher nicht von vornherein aus (Krey Jura 79, 316, 321 und AT 1 Rdn 553–557; Küper, Darf sich der Staat erpressen lassen?, 1986, S 47 und GA 95, 138; Göbel, Die Einwilligung im Strafrecht als Ausprägung des Selbstbestimmungsrechts, 1992, S 105; Hassemer, Lenckner-FS, S 97, 115; Biewald, Regelgemäßes Verhalten und Verantwortlichkeit, 2003, S 257; Weber/Mitsch AT 17/81; Jakobs AT 13/14; Kindhäuser 26; aM Kelker, Der Nötigungsnotstand, 1993, S 87; W-Beulke AT Rdn 443; Sch/Sch-Lenckner/Perron 41b; mit verfassungsrechtlicher Begr gegen Rechtfertigung Meyer GA 04, 356; diff Günther, Strafrechtswidrigkeit und Strafunrechts-

§ 34 AT. 2. Abschnitt. 4. Titel. Notwehr und Notstand

ausschluss, 1983, S 355; Roxin, Oehler-FS, S 181, 187; Neumann JA 88, 329 und NK 53–55; Joecks 38, 39; vgl auch KG JZ 97, 629 mit Anm Marxen und Bespr Geppert JK 1 zu § 362 StPO; zw); jedenfalls schlägt aber der Umstand, dass der Genötigte – wenn auch gezwungenermaßen – auf der Seite des Unrechts agiert, bei der Interessenabwägung zu Buch (Kühl AT 8/132; ähnlich Günther SK 49); eine solidarische Duldungspflicht ist dem Opfer der Rettungshandlung allenfalls hinsichtlich geringfügiger Sacheingriffe aufzuerlegen, und auch dann nur bei unausweichlicher Gefahr für höchstpersönliche Rechtsgüter des Bedrohten (vgl Köhler AT S 293). – Weder die Verursachung der Gefahr noch die der Notstandslage müssen unverschuldet sein (VRS 36, 23; Bay NJW 78, 2046; Celle VRS 63, 449). Verschulden fällt jedoch bei der Interessenabwägung (vgl 6–13) ins Gewicht (Küper JZ 76, 515, 518 und Der „verschuldete" rechtfertigende Notstand, 1983, S 24, 160; aM Meißner, Die Interessenabwägungsformel in der Vorschrift über den rechtfertigenden Notstand [§ 34 StGB], 1990, S 252); außerdem kann sich – allerdings in sehr engen Grenzen (dazu Küper aaO [Notstand] S 36, 164) – bei unmittelbarer Anknüpfung an das schuldhafte Vorverhalten als solches (actio illicita in causa) das Vorliegen einer rechtswidrigen Tat ergeben (Hamm VM 70, 86; Bay aaO mit abl Bespr Hruschka JR 79, 125 und Dencker JuS 79, 779; Celle VRS 63, 449; gegen diese Konstruktion Günther SK 47).

3 **b)** Die Gefahr darf durch **kein anderes** (milderes) **Mittel abwendbar** sein. Das ist nach der Rspr streng zu beurteilen (BGHSt 3, 7; Koblenz MDR 72, 885; LG Dortmund NStZ-RR 98, 139, 140; LG Köln NJW 98, 2688) und entspricht inhaltlich dem Merkmal der Erforderlichkeit bei der Notwehr (Grebing GA 79, 81, 85; 9, 10 zu § 32), allerdings mit der Maßgabe, dass auch das Herbeirufen rechtzeitiger obrigkeitlicher Hilfe (BGHSt 39, 133 mit Anm Roxin NStZ 93, 335) sowie Ausweichen und Flucht Möglichkeiten der Gefahrabwendung sind (ebenso Günther SK 34). In schwierigen Gefahrlagen können für die Auswahl der einsetzbaren Mittel komplexe Prognosen und Abwägungen notwendig werden (Lenckner, Lackner-FS, S 95). – Zur Tötung des sog Familientyrannen s Rdn 9.

4 **c) Notstandsfähig** sind Rechtsgüter aller Art, auch solche der Allgemeinheit (bei Dallinger MDR 75, 723; StV 88, 432; Schünemann LK 136 zu § 203; aM Günther SK 23). Deshalb kann der Rechtfertigungsgrund bei Güter- und Interessenkollisionen jeder Art vorkommen (hM; vgl BGHSt 12, 299; NJW 68, 2288; einschr Roxin AT I 16/10, der nicht notwehrfähige Rechtsgüter [3 zu § 32] ausscheidet; einschr auch Neumann NK 24–31); namentlich im Verkehrsrecht hat er erhebliche praktische Bedeutung erlangt (Koblenz NJW 88, 2316 mit krit Bespr Mitsch JuS 89, 964; s auch Karlsruhe JZ 84, 240 mit krit Anm Hruschka; Bay NJW 91, 1626 und 00, 888; Köln NZV 95, 119; Düsseldorf NZV 96, 122 und 250; Frankfurt NStZ-RR 96, 136; Hamm NJW 96, 2437; Rengier KKOWiG 3, 9–11 zu § 16). Das Eingriffsgut braucht auch nicht als das von vornherein verfügbare Rettungsmittel für das gefahrbedrohte Gut (das Erhaltungsgut) zu erscheinen (Küper JZ 76, 515; Grebing GA 79, 81, 86; str). – IdR nimmt die Abwehrhandlung das Eingriffsgut eines Unbeteiligten in Anspruch (sog Aggressivnotstand). Es ist jedoch – wenn die Voraussetzungen der Notwehr (§ 32) fehlen – nicht ausgeschlossen, dass nur in die Gütersphäre dessen eingegriffen wird, von dem die Gefahr ausgeht (sog Defensivnotstand; nach Krey AT 1 Rdn 582: Defensivnotstand gegen Menschen); hier gelten für die Interessenabwägung Besonderheiten (vgl 9). Darüber hinaus ist denkbar, dass die Kollision auf denselben Rechtsgutträger beschränkt bleibt (hM; vgl etwa Merkel, Frühenthanasie, 2001, S 528; Kühl AT 8/34; anders Schroth JuS 92, 476, 478; Renzikowski aaO [vgl 1] S 64; Mitsch, Rechtfertigung und Opferverhalten, [1991] 2004, S 413), so etwa, wenn eine Rettungshandlung vorgenommen wird, die den Tod eines Suizidenten verhindern soll (Bottke GA 82, 346, 356; Bernsmann Jura 82, 261, 271; Günzel, Das Recht

Rechtfertigender Notstand § 34

auf Selbsttötung ..., 2000, S 126) oder die den Zweck verfolgt, einen sicheren Nachteil für den Bedrohten abzuwenden, selbst aber auch ein erhebliches Risiko in sich birgt (Ulsenheimer JuS 72, 252, 255; s auch Spendel JZ 73, 137, 140; str); meist – allerdings nicht bei unmittelbarer Lebensgefahr (Lenckner aaO [vgl 2] S 99; Günther SK 61; aM Boll, Strafrechtliche Probleme bei Kompetenzüberschreitungen ..., 2000, S 137, 199) – werden diese Fälle, bei denen sich die Interessenabwägung auf eine bloße Chancenabwägung reduziert, schon wegen mutmaßlicher Einwilligung (19 vor § 32) gerechtfertigt sein.

d) „Um zu" erfordert als subjektives Rechtfertigungselement den **Rettungs-** 5 **willen** des Täters, der überwiegend, namentlich in der Rspr, als Absicht im Sinne zielgerichteten Wollens verstanden wird, die Gefahr abzuwenden (Hirsch LK 45–47; Tröndle/Fischer 18; s auch JZ 98, 366 mit krit Bespr Lemke NJ 98, 265; zw); die Verfolgung auch anderer Ziele schließt ihn nicht aus (JR 98, 366). Demgegenüber stellt eine Mindermeinung mit Recht nicht auf zweckhaftes Handeln ab, sondern lässt bloße Kenntnis der rechtfertigenden Umstände genügen (6 vor § 32; s auch Neumann NK 106–108; Sch/Sch-Lenckner/Perron 48). Beseitigt der Täter daher unwissend eine Gefahrenlage, so bleibt sein Verhalten rechtswidrig (BGHSt 2, 111, 114; beachte 16 zu § 22). Ein Pflichtenwiderstreit ist nicht erforderlich (Düsseldorf NJW 70, 674; s auch 15).

e) Die **Interessenabwägung** dient dem Zweck zu ermitteln, ob auf Grund der 6 konkreten Lage des Einzelfalls das vom Täter geschützte gegenüber dem von ihm verletzten Interesse wertmäßig den Vorzug verdient; dabei ist für die „Wesentlichkeit" des Übergewichts keine quantitativ große, sondern nur eine ganz eindeutige, begründetem Zweifel entrückte Wertdifferenz zu fordern (Küper GA 83, 289; aM Neumann NK 67; Hirsch LK 76, beide mwN; zw). Das Abwägungsergebnis hängt von der Gesamtheit aller widerstreitenden Interessen und Gründe ab; namentlich der Rang der betroffenen Rechtsgüter, der Grad der ihnen drohenden Gefahren und das Bestehen besonderer Gefahrtragungspflichten (dazu Küper JZ 80, 753; Bernsmann, Blau-FS, S 23, 33; eingehend Lugert, Zu den erhöht Gefahrtragungspflichtigen im differenzierten Notstand, 1991) auf der einen und die Angemessenheit im Sinne der sozialethischen Bewertung der Notstandshandlung im Rahmen der Gesamtrechtsordnung (hM; anders Joerden GA 91, 411, der die Angemessenheitsklausel des S 2 als regelutilitaristisches Korrektiv versteht) auf der anderen Seite bilden wichtige Richtpunkte der Bewertung (Ebert JuS 76, 319, 322; Lenckner GA 85, 295; Jescheck/Weigend AT S 362; krit Stree JuS 73, 461, 464; anders diff Meißner aaO [vgl 2], S 182, 218 mit krit Bespr Küper ZStW 106, 822; speziell zu Fällen, in denen der Notstandseingriff die Rechtsgüter mehrerer Betroffener beeinträchtigt, Joerden GA 93, 245). Die bisher nicht ausgetragene Streitfrage, ob Satz 2 gegenüber der Interessenabwägung eine selbstständige Wertungsstufe bedeutet (so mit Recht Grebing GA 79, 81; Hruschka JuS 79, 385, 390; Joerden GA 91, 411; Meißner aaO S 212, alle mwN) oder nur als Kontrollklausel fungiert (so ua Lenckner aaO [vgl 2] S 146), hat keine praktische Bedeutung, weil sie nach hM auf das Ergebnis der Gesamtwürdigung keinen Einfluss hat (zusf Hirsch LK 78–81; s auch Küper, Darf sich der Staat erpressen lassen?, 1986, S 52; Merkel, ZustStR, S 171, 176). Im Einzelnen:

aa) Das **menschliche Leben** schlägt bei der Abwägung als absoluter Wert zu 7 Buch. Es ist nicht nach Alter, Gesundheit, sozialer Leistungsfähigkeit usw abstufbar. Auch das „vom Tod gezeichnete, unrettbar verlorene" Menschenleben darf deshalb nicht zur Rettung eines anderen durch lebensverkürzenden Eingriff geopfert werden (hM; zusf Küper JuS 81, 785; Laber, Der Schutz des Lebens im Strafrecht, 1997, S 151; Krey AT 1 Rdn 572, 573; krit Schlehofer MK 214 vor § 32); die hM hält jedoch indirekte Euthanasie als gerechtfertigtes Notstandshandeln für zulässig (7 vor § 211; zur Interessenabwägung bei Sterbehilfeentscheidun-

§ 34 AT. 2. Abschnitt. 4. Titel. Notwehr und Notstand

gen in Fällen schwerstgeschädigter Neugeborener Merkel aaO [vgl 4] S 552, 638).

8 bb) Während bei materiellen Gütern, wie Eigentum und Vermögen, eine rechnerische Abwägung nicht ausgeschlossen ist (BGHSt 12, 299), aber auch nur selten den Ausschlag gibt (NJW 76, 680 mit Bespr Küper JZ 76, 515 und Kienapfel JR 77, 27), ist eine quantitative Abstufung bei **höchstpersönlichen Gütern,** namentlich dem Leben, grundsätzlich nicht möglich (beachte jedoch 9); daher keine Rechtfertigung, wenn der sichere Tod weniger Menschen zur Rettung vieler in Kauf genommen wird (OGHSt 1, 321; 2, 117; Lenckner GA 85, 295, 309; Küper JZ 89, 617, 623; Jakobs, Spinellis-FS, S 447, 456; Günther SK 43; eingehend Küper, Grund- und Grenzfragen der rechtfertigenden Pflichtenkollision im Strafrecht, 1979, S 48, 121; speziell zum Abschuss eines von Terroristen entführten Flugzeugs Jerouschek, Schreiber-FS, S 185, 188 – diesbezüglich ist eine gesetzliche Regelung im Luftsicherheitsgesetz vorgesehen, vgl BT-Dr 15/3338 und BR-Dr 509/04 sowie BT-Plenarprotokoll 15/115 v 18. 6. 2004, S 10545 C-D); es kommt jedoch entschuldigender Notstand in Frage (§ 35; s auch 31 vor § 32).

9 cc) Eine Abwehrhandlung im **Defensivnotstand** (vgl 4), die zwar weder die Voraussetzungen des § 32 (dort 6) noch die des § 228 BGB erfüllt, immerhin aber nur in die Gütersphäre dessen eingreift, der die Gefahr erst geschaffen hat, kann nach § 34 gerechtfertigt sein (Küper aaO [Grund- und Grenzfragen; vgl 8] S 72, 122; Hirsch JR 80, 115; Otte, Der durch Menschen ausgelöste Defensivnotstand, 1998, S 95, 191; Roxin AT I 16/73–75; Günther SK 14; zur Rspr Hirsch, BGH-FG, S 199, 207; aM Hruschka, Dreher-FS, S 203, JuS 79, 385, 391 und NJW 80, 21; Lugert aaO [vgl 6] S 36; Koriath JA 98, 250, 255; Joerden, in: Wolf [Hrsg], Kriminalität in Grenzgebiet, 2002, S 33, 49 und Neumann NK 86, die sich für diese Fälle auf eine Analogie zu § 228 BGB stützen; zusf Pawlik Jura 02, 26 und GA 03, 12, s auch Jakobs, Spinellis-FS, S 447, 453). Sie kann quantitativ und qualitativ weitergehen als die Abwehr im Aggressivnotstand (hM; anders Meißner aaO [vgl 2] S 250). Hier schlägt der Gesichtspunkt der notwehrähnlichen Verteidigung gegen eine von einem anderen verursachte Gefahr bei der Interessenabwägung zusätzlich zu Buch, so dass sich trotz Höherwertigkeit des betroffenen Rechtsgutes ein Wertvorzug des verteidigten Interesses ergeben kann (hM; nur in den Ansätzen, nicht den Ergebnissen abw Eue JZ 90, 765; Renzikowski aaO [vgl 1] S 238). In Extremfällen kann sogar die Tötung eines Menschen gerechtfertigt sein (Jakobs, in: Eser RuE IV, S 143, 166; Pawlik Jura 02, 26, 29); das gilt zB für die **Perforation,** dh die zur Rettung der Mutter gebotene Tötung eines Kindes in der Geburt (Otte aaO S 141, 189; Arzt/Weber BT 5/91; Neumann NK 91; Günther SK 43; Hirsch LK 74; Jähnke LK[10] 10 zu § 212; aM Rudolphi SK 15 vor § 218, der – soweit nicht rechtfertigende Pflichtenkollision in Frage kommt [vgl 15] – nur einen übergesetzlichen Schuldausschließungsgrund anerkennt; zweifelnd Jakobs AT 13/22 und in: Spinellis-FS, S 447, 458 [gegen Duldungspflicht der Leibesfrucht]; krit Merkel aaO [vgl 4] S 610 und NK 36–39 zu § 218, 101–104 zu § 218a, der § 218a II anwenden will, sowie Pawlik Jura 02, 26, 31 und Jäger ZStW 115, 765, 772, der ein nicht rechtswidriges Unterlassen annimmt; zw); regelmäßig gilt das aber nicht für die Tötung des sog **Familientyrannen,** weil es hier fast immer an der für eine Tötung zu fordernden Zuspitzung der Notlage (vgl 2) fehlt (so zur andersartigen Abwendbarkeit iS des § 35 durch Inanspruchnahme staatlicher und karitativer Hilfe BGHSt 48, 255, 260 mit Bespr Beckemper JA 04, 99, Hillenkamp JZ 04, 48, 50, Kargl Jura 04, 189, Otto NStZ 04, 142, Welke ZRP 04, 15, Widmaier NJW 03, 2788; Rengier NStZ 04, 233, 237; ebenso LG Offenburg StV 03, 672, 674; Hillenkamp, Miyazawa-FS, S 141, 154; Roxin AT I 16/76; Günther SK 43; anders Byrd, in: Bottke [Hrsg], Familie als zentraler Grundwert demokratischer Gesellschaften, 1994, S 117, 125; s auch Nothhafft Mschr Krim 99, 111); auch bei zugespitzter Notlage lehnt der BGH

§ 34 mangels Überwiegens des Lebens der Familienmitglieder gegenüber dem Leben des Familientyrannen ab (BGH aaO mit krit bespr Otto aaO und Hillenkamp aaO, der aber iE zustimmt). Bedeutsam ist diese Sonderform des Defensivnotstandes namentlich bei Abwehrhandlungen gegen Dauergefahren, etwa gegen Nötigungen und Erpressungen, wenn sie den Voraussetzungen des § 32 nicht genügen (dort 4; s auch 13 zu § 201; zu weiteren Fallgruppen Pawlik Jura 02, 26, 27–31 und GA 03, 12, 17-24).

dd) Wer **Garant** (6 zu § 13) für das Erhaltungsgut ist, darf in Rechtsgüter Unbeteiligter nur wie jeder Dritte eingreifen, und zwar auch dann, wenn die Garantenstellung auf enger Familienbindung beruht (hM; zusf Küper aaO [Grund- und Grenzfragen; vgl 8] S 110, 120). 10

ee) Bei der **Kollision verschiedenartiger Rechtsgüter** (zB bei einer nach § 168 tatbestandsmäßigen Entnahme von Leichenblut zur Wahrnehmung eines Beweisinteresses) können gesetzliche Wertungen in vergleichbaren Zusammenhängen (zB Zulässigkeit von Blutentnahmen nach der StPO) Hinweise für die Abwägung bieten (Roxin JuS 76, 505, 510). 11

ff) Speziell zur Interessenabwägung bei **staatlicher** Gefangenenfreigabe auf Grund Erpressung nach Geiselnahme (zB Entführungsfälle Lorenz und Schleyer) vgl ua BVerfGE 46, 160 und 214; Krey ZRP 75, 97; Küper, Darf sich der Staat erpressen lassen?, 1986, alle mwN. 12

gg) Eine selbstständige Pflicht zu **sorgfältiger Prüfung der Sachlage** (iS eines subjektiven Rechtfertigungselements) ist dem § 34 nicht zu entnehmen (Rath, Das subjektive Rechtfertigungselement, 2002, S 186; Kühl AT 8/186; aM B-Weber/Mitsch AT 17/84; Paeffgen NK 130–136; zusf Hirsch LK 77 mwN); jedoch kann das Fehlen einer solchen Prüfung für den Rettungswillen und die Beurteilung von Irrtümern des Täters erheblich sein (17, 18 zu § 17). 13

3. Spezielle gesetzliche Konkretisierungen von Notrechten, zB die Notwehr (§ 32), der Defensiv- und der Aggressivnotstand des bürgerlichen Rechts (§§ 228, 904 BGB) und das Festnahmerecht des Bürgers (§ 127 I StPO), gehen dem § 34 vor (Jauernig 5 zu § 228 BGB und 8 zu § 904 BGB); wieweit sie allerdings bei Fehlen ihrer Voraussetzungen auch den Rückgriff auf diese Vorschrift versperren, ist noch nicht abschließend geklärt und hängt von dem Verhältnis der Rechtfertigungsgründe untereinander und ihren Regelungsbereichen ab (vgl ua Warda, Maurach-FS, S 143; Seelmann, Das Verhältnis von § 34 StGB zu anderen Rechtfertigungsgründen, 1978 und ZStW 95, 797, 808; Peters GA 81, 445; Thiel, Die Konkurrenz von Rechtfertigungsgründen, 2000, S 50, 148 und 225; s auch Günther aaO [vgl 2] S 361). Wenn besondere Vorschriften auf Grund gesetzlicher Bewertung bestimmter Interessenkonflikte staatliche Eingriffsbefugnisse abschließend regeln, wie das zB für die StPO im Hinblick auf die Beschaffung von Beweismitteln zutrifft (BGHSt 34, 39), scheidet § 34 als Auffangnorm grundsätzlich aus (Sch/Sch-Lenckner/Perron 6, 7 mwN; str; speziell zum Einsatz Verdeckter Ermittler bei der Bekämpfung von Kinderpornografie im Internet Soiné NStZ 03, 225, 229); soweit jedoch solche speziellen Regelungen fehlen oder nicht als abschließend zu verstehen sind, kann bei hoheitlichem Handeln von Amtsträgern die rechtfertigende Wirkung des § 34 nicht grundsätzlich ausgeschlossen werden (BGHSt 27, 260; Frankfurt NJW 75, 271; Saarbrücken NStZ 91, 386 mit krit Anm Krehl; Schaffstein, Schröder-GS, S 97, 114; Gössel JuS 79, 162; Bottke JA 80, 93, 95; Ostendorf JZ 81, 165, 171; Jähnke LK 12 zu § 212; krit Analyse der Rspr bei Hirsch, BGH-FG, S 199, 209; aM de Lazzer/Rohlf JZ 77, 207, 212; Amelung NJW 77, 833; Jakobs, in: Eser RuE IV, S 143, 162; Joecks 34–36; Neumann NK 113–116; Hirsch LK 6–20; s auch Hassemer, Coing-FS, S 493, 508, 523; Küper aaO [vgl 12] S 77; speziell zu milieubedingten rechtsextremistischen Straftaten – §§ 86, 86 a, 130 – von V-Leuten Kubiciel NStZ 03, 57); jedoch fließen 14 hier – mindestens unter dem Gesichtspunkt der Angemessenheit – auch öffentlich-rechtliche Wertungen der Gesamtrechtsordnung, namentlich des Grundgesetzes, in die Beurteilung ein (Grebing GA 79, 81, 93, 99, 102). Zur aktuell virulenten Problematik der möglichen Rechtfertigung von Folter zum Lebensschutz 17 a zu § 32. Ob rechtfertigender Notstand zugleich eine öffentlich-rechtliche Eingriffser-mächtigung begründet, ist ebenso wie bei der Nothilfe umstritten (17 zu § 32).

15   4. Im Gesetz nicht geregelt ist die sog **Pflichtenkollision,** die voraussetzt, dass der Träger zweier rechtlicher (nicht nur sittlicher oder religiöser; unrichtig AG Balingen NJW 82, 1006; krit Böse ZStW 113, 40, 46 Fn 34) Pflichten durch Erfüllung der einen zwangsläufig die andere verletzen muss (RGSt 59, 404). Soweit sie – wie häufig – die Voraussetzungen des rechtfertigenden Notstandes erfüllt, steht der Anwendung des § 34 nichts entgegen (Neumann, Roxin-FS, S 421, 428; Jescheck/Weigend AT S 365; aM Hirsch LK 74 vor § 32 mwN; str). Wenn eine Handlungs-mit einer Unterlassungspflicht kollidiert, ist das zugleich die einzige Möglichkeit der Rechtfertigung (Küper aaO [Grund- und Grenzfragen; vgl 8] S 29; aM Hruschka, FS für Karl Larenz, 1983, S 257, 274; vgl auch Joerden JahrbRuE 97, 43, 47; Lampe, Lenckner-FS, S 159, 172 und Gropp, Hirsch-FS, S 207, 212, alle mwN; zw). Bei einer Kollision gleichwertiger oder nur geringfügig verschiedenwertiger Handlungspflichten bildet dagegen der Pflichtenwiderstreit nach herrschender, in Einzelheiten allerdings sehr differenzierter Meinung die Grundlage für einen selbstständigen übergesetzlichen Unrechtsausschluss (vgl ua Mangakis ZStW 84, 447; Küper aaO S 18, 118 und JuS 87, 81, 88; Hruschka JZ 84, 241, 242; Lenckner GA 85, 295, 304; Joerden, Dyadische Fallsysteme im Strafrecht, 1986, S 82 und JahrbRuE 97, 43, 46; Cortes Rosa, Coimbra-Sym, S 183, 205; Gropp aaO S 216; Köhler AT S 297; Krey AT 1 Rdn 586; Schmidhäuser Stub 12/61–65; Neumann NK 124–133 und in: Roxin-FS, S 421; Hirsch LK 71–82 vor § 32; Rudolphi SK 29 vor § 13). Nach verschiedenen Mindermeinungen werden diese Fälle auch dem Tatbestandsbereich (Freund, Erfolgsdelikt und Unterlassen, 1992, S 281 und AT 3/43, 71 und 6/96; Hoyer, Strafrechtsdogmatik nach Armin Kaufmann, 1997, S 144; Scheid, Grund- und Grenzfragen der Pflichtenkollision ..., 2000, S 150, 157), dem sog „rechtsfreien Raum" (31 vor § 32), den „Strafunrechtsausschließungsgründen" (Günther aaO [vgl 2] S 331) oder dem übergesetzlichen schuldausschließenden Notstand (31 vor § 32; Gallas, Beiträge, S 59, 69; Jescheck/Weigend AT S 368, 501; Paeffgen NK 165 und 282) zugeordnet.

§ 35 Entschuldigender Notstand

(1) **Wer in einer gegenwärtigen, nicht anders abwendbaren Gefahr für Leben, Leib oder Freiheit eine rechtswidrige Tat begeht, um die Gefahr von sich, einem Angehörigen oder einer anderen ihm nahestehenden Person abzuwenden, handelt ohne Schuld. Dies gilt nicht, soweit dem Täter nach den Umständen, namentlich weil er die Gefahr selbst verursacht hat oder weil er in einem besonderen Rechtsverhältnis stand, zugemutet werden konnte, die Gefahr hinzunehmen; jedoch kann die Strafe nach § 49 Abs. 1 gemildert werden, wenn der Täter nicht mit Rücksicht auf ein besonderes Rechtsverhältnis die Gefahr hinzunehmen hatte.**

(2) **Nimmt der Täter bei Begehung der Tat irrig Umstände an, welche ihn nach Absatz 1 entschuldigen würden, so wird er nur dann bestraft, wenn er den Irrtum vermeiden konnte. Die Strafe ist nach § 49 Abs. 1 zu mildern.**

1   1. Der **Notstand** im Sinne des § 35 ist nach der sog Differenzierungstheorie (zusf dazu Küper JuS 87, 81; Müller-Christmann JuS 95, L 65; Roxin AT I 22/1–

Entschuldigender Notstand **§ 35**

6; krit Koriath JahrbRuE 03, 317, 319) **Entschuldigungsgrund** (hM; vgl schon BGHSt 2, 242; anders Gimbernat, Welzel-FS, S 485; anders auch Bernsmann, „Entschuldigung" durch Notstand, 1989, S 374, der einen Strafausschließungsgrund annimmt [krit Schünemann, Lampe-FS, S 537, 558] und Köhler AT S 334: Strafunrechtsausschließungsgrund; krit zu beiden Pawlik JahrbRuE 03, 287, 304; nach Renzikowski JahrbRuE 03, 269, 284, ist im existenzbedrohenden Notstand die „öffentlich-rechtliche Verhaltensnorm" aufgehoben). Er ist deshalb von dem rechtfertigenden Notstand nach § 34 und den rechtfertigenden zivilrechtlichen Notständen nach §§ 228, 904 BGB zu unterscheiden. Seine Anwendung ist subsidiär; sie kommt immer erst in Frage, wenn die Notstandshandlung eine rechtswidrige Tat bildet. Gegen diese ist Notwehr möglich (hM). – Die **dogmatische Begründung** der Entschuldigung ist umstritten. Überwiegend wird sie auf das Zusammentreffen eines gesteigerten Motivationsdrucks mit einer Unrechtsminderung gestützt, die sich aus dem Handeln zur Rettung des Erhaltungsguts ergibt (Jescheck/Weigend AT S 477; Rudolphi SK 2–4; krit Renzikowski aaO S 271; s auch Schmidhäuser, Form und Gehalt der Strafgesetze, 1988, S 58; Röttger, Unrechtsbegründung und Unrechtsausschluss, 1993, S 246; rechtsvergleichend Wasek ZStW 105, 306), teils als Konkretisierung der an den Täter auf der Schuldebene zu stellenden Anforderungen verstanden (Frister, Die Struktur des „voluntativen Schuldelements", 1993, S 206; krit Schünemann aaO), teils auf die Anerkennung der Existenz besonderer Solidaritätsverhältnisse zurückgeführt (Neumann NK 6), teils auf das normativ bedeutsame Anliegen des Gefährdeten, überhaupt als Subjekt präsent zu bleiben (Pawlik aaO S 308, 313) und teils auch nur mit generalpräventiven Gründen erklärt (Timpe JuS 84, 859, 860; Roxin JA 90, 97 und AT I 22/11; krit Pawlik aaO S 296 und Renzikowski aaO S 272). – Zum grundrechtlich geforderten Lebensnotstand Lagodny, Strafrecht vor den Schranken der Grundrechte, 1996, S 410.

2. Die **Voraussetzungen** des Abs 1 S 1: 2

a) Gegenwärtige, nicht anders abwendbare Gefahr 2, 3 zu § 34 (zusf Roxin JA 90, 97, 99 mwN). Sie muss eine wirkliche, nicht nur angenommene sein. Ihre Ursache ist nicht für die Notstandslage, uU aber für die Zumutbarkeit (vgl 6–8) bedeutsam; sie kann auch in dem nötigenden Druck eines Dritten bestehen (sog Nötigungsnotstand, § 52 aF; vgl 2 zu § 34). – Da die Notstandshandlung rechtswidrig ist, darf dem Täter keine andere rechtmäßige oder schonendere (Bay GA 73, 208) – sei es auch weniger bequeme (NJW 52, 111) – Möglichkeit der Abwehr oder des Ausweichens (zB Notwehr oder Flucht) zu Gebote stehen (NJW 66, 1823, 1825). Die Maßstäbe decken sich weitgehend, aber nicht voll mit denen, die für die Notstandslage nach § 34 maßgebend sind (Lenckner, Lackner-FS, S 95, 110; Rudolphi SK 10b–10d). Dass der Täter eine Dauergefahr, die – auch als Bedrohung durch einen Gewalttäter (dazu Spendel, Schmitt-FS, S 205) – eine gegenwärtige sein kann (NJW 51, 769), lediglich hinauszuschieben vermag, begründet die anderweitige Abwendbarkeit nicht (BGHSt 5, 371; NJW 79, 2053); beim sog Familientyrannen ist die Gefahr idR anders abwendbar (9 zu § 34; dabei ist auch das GewSchG zu beachten).

b) Notstandsfähige Rechtsgüter sind nur: das **Leben** (beachte dazu Küper 3 JZ 89, 617, 624), hier mangels eines kriminalpolitischen Bedürfnisses nicht auch das ungeborene (Roxin JA 90, 97, 101; Hirsch LK 12; Tröndle/Fischer 3; aM Rudolphi SK 5); der **Leib** im Sinne körperlicher Unversehrtheit (§§ 223ff); jedoch genügt nach dem Normzweck (vgl auch 11) nur die Gefahr erheblicher Verletzungen (DAR 81, 226; Roxin aaO S 101; weiter einschr auf die Gefahr einer schweren Körperverletzung iS des § 224 aF [jetzt § 226] Bernsmann ZStW 104, 290, 322; einschr auch Pawlik JahrbRuE 03, 287, 303); die **Freiheit** im Sinne körperlicher Bewegungsfreiheit nach § 239 I (hM; vgl etwa Hruschka NJW 80,

§ 35   AT. 2. Abschnitt. 4. Titel. Notwehr und Notstand

21, 23; Schroeder JuS 80, 336, 338), nicht auch der Freiheit zur sexuellen Selbstbestimmung (hM; vgl etwa Neumann NK 17; anders Roxin AT I 22/28; Hirsch LK 15, beide mwN; zw). Eine analoge Anwendung auf andere Güter- und Interessenkollisionen ist nicht möglich (hM; vgl Frankfurt StV 89, 107; anders Timpe JuS 84, 859, 863, beide mwN); jedoch ist damit die Annahme eines selbstständigen übergesetzlichen Notstandes nicht zwingend ausgeschlossen (31 vor § 32).

4   **c) In persönlicher Hinsicht** ist die Notstandshandlung beschränkt auf den Schutz von Rechtsgütern des **Täters,** eines **Angehörigen** (2 zu § 11) oder einer **nahe stehenden Person,** dh einer mit dem Täter in Hausgemeinschaft lebenden oder ihm in ähnlicher Weise wie ein Angehöriger persönlich verbundenen Person (Koblenz NJW 88, 2317; Köhler AT S 335; Hirsch LK 33–35; beachte auch BVerfG NJW 95, 2776).

5   **d) Subjektiv** ist das Bewusstsein und der Wille zur Gefahrenabwehr erforderlich (hM; vgl etwa BGHSt 3, 271; NJW 53, 112; Roxin AT I 22/32; anders Timpe JuS 84, 859, 860; Jakobs AT 20/11); andere Motive können daneben wirksam sein. Die Ursächlichkeit der psychischen Bedrängnis für den Handlungsentschluss wird bei Vorliegen der Gefahrabwendungsabsicht unwiderleglich vermutet (Hirsch LK 39 mwN; krit Küper JZ 89, 617, 625).

6   **3.** Liegen die Voraussetzungen des **Abs 1 S 1** vor, so ist die Annahme eines Notstandes idR begründet. **Satz 2** bildet nur eine Ausnahme (BT-Dr V/4095 S 16; aM González-Rivero, Strafrechtliche Zuständigkeit bei Defektzuständen, 2001, S 233; zu seiner dogmatischen Problematik Neumann, Zurechnung und „Vorverschulden", 1985, S 207; Roxin JA 90, 137). Nach ihm tritt Entschuldigung nicht ein, wenn dem Täter die Hinnahme der Gefahr zumutbar war (Oldenburg NJW 88, 3217).

7   **a)** Die **beiden Beispiele** der selbstverursachten Gefahr und des Bestehens eines besonderen Rechtsverhältnisses sollen den Bewertungsmaßstab der Zumutbarkeit verdeutlichen (BT-Dr V/4095 S 16). Sie sind nicht abschließend und binden auch nicht in dem Sinne, dass ihre Bejahung zwingend den Ausschluss des Notstandes ergibt (Jescheck SchwZStr 75, 1, 28; Hirsch LK 48 mwN; aM B-Weber/Mitsch AT 23/26–32; diff Rudolphi SK 12–18); vielmehr entscheidet auch hier letztlich die Zumutbarkeit (hM; krit zur Unbestimmtheit der Gefahrtragungsregel Bernsmann, Blau-FS, S 23).

8   aa) Bei der **selbstverursachten Gefahr** sind die näheren Voraussetzungen der Zumutbarkeit umstritten. Mit Unterschieden im Einzelnen wird ua darauf abgestellt, ob die Notstandslage objektiv pflichtwidrig (Hirsch LK 49) oder schuldhaft (Köhler AT S 338; Sch/Sch-Lenckner/Perron 20) herbeigeführt wurde oder ob der Täter für ihren Grund zuständig war (Timpe JuS 85, 35, 36; Müssig MK 55). Vorzugswürdig dürfte der Gesichtspunkt sein, ob der Täter sich ohne zureichenden Grund in eine Gefahr begeben hat, die voraussehbar zur Notstandslage führen konnte (Roxin JA 90, 137, 139; Kindhäuser 11; ähnlich Pawlik JahrbRuE 03, 287, 307; vgl auch NJW 00, 3079 [bestätigt von BVerfG NJW 01, 669] mit krit Bespr Otto JK 26 zu § 32 zum Mord an einem DDR-Grenzsoldaten durch einen Fluchtwilligen); das wird man für die Ehefrau eines sog Familientyrannen nicht annehmen können (BGHSt 48, 255, 259 mit zust Bespr Hillenkamp JZ 04, 48, 51).

9   bb) Das Merkmal des **besonderen Rechtsverhältnisses** stellt klar, dass die mit ihm verbundene Verschärfung des Maßstabs nicht allein aus moralischer Verpflichtung, sondern nur aus einem „Rechtsverhältnis", zB der Berufspflicht als Polizeibeamter, Soldat, Feuerwehrmann, Seemann, Richter oder Arzt (NJW 64, 730), abgeleitet werden kann (BT-Dr V/4095 S 16). Die Pflichtenstellung muss gegenüber der Allgemeinheit bestehen (Sch/Sch-Lenckner/Perron 22–24; aM Hirsch LK 53); hier nicht erfasst werden daher Schutzpflichten gegenüber Einzel-

Entschuldigender Notstand § 35

nen (dazu 11), wohl aber gesetzliche Duldungspflichten, die sich aus rechtmäßigen Einwirkungen staatlicher Organe ergeben (Roxin JA 90, 137, 138; Pawlik JahrbRuE 03, 287, 305; Hirsch LK 68), zB die Vollstreckung eines Haftbefehls (RGSt 54, 338), die Vollziehung einer Freiheitsstrafe (LM Nr 8 zu § 52 aF) oder die Verurteilung eines Unschuldigen zu Strafe (Vormbaum JuS 80, 367, 368), anders jedoch bei langjähriger Freiheitsstrafe (Kühl AT 12/79; Sch/Sch-Lenckner/Perron 26).

cc) Auch bei **Notstandshilfe** ist die Zumutbarkeit auf den Notstandstäter, nicht 10
auf die Sympathieperson, zu beziehen (hM; zusf Gropengießer/Mutschler Jura 95, 155, 158). – Bei **selbstverursachter Gefahr** wird ihm jedoch häufig nicht zumutbar sein, auf die Rettung der von ihm in Gefahr gebrachten Person zu verzichten (Jescheck/Weigend AT S 485; Neumann NK 38; aM Hirsch LK 65; s auch Pawlik JahrbRuE 03, 287, 313), während bei Bestehen eines **besonderen Rechtsverhältnisses** die Erfüllung der Schutzaufgabe regelmäßig vorgeht (hM; anders Rudolphi SK 14). – Hat umgekehrt der **gefährdete Dritte** die Gefahr selbst verursacht oder steht er in einem besonderen Rechtsverhältnis, so ist meist auch dem zu seinen Gunsten handelnden Notstandstäter die Hinnahme der Gefahr nach der Generalklausel des Satzes 2 zuzumuten (hM; vgl etwa Krey Jura 79, 316, 323 und AT 1 Rdn 723; Timpe JuS 85, 35, 38; diff Roxin JA 90, 137, 139).

b) **Über die Regelbeispiele** (dazu 7–10) hinaus hat S 2 vor allem Bedeutung, 11
wenn gegenüber Einzelnen besondere Schutz- oder Obhutspflichten bestehen (zB aus freiwilliger Übernahme oder aus enger Familien-, Lebens- oder Gefahrengemeinschaft, 9, 10 zu § 13; Roxin AT I 22/53; speziell zur Tötung des sog Familientyrannen BGHSt 48, 255, 259 mit Bespr Hillenkamp JZ 04, 48, 51). Ferner folgt aus S 2, dass zwischen der Schwere der Gefahr und der rechtswidrigen Notstandstat eine gewisse **Proportionalität** bestehen muss (hM; vgl RGSt 66, 397; krit Joerden, in: Wolf [Hrsg], Kriminalität im Grenzgebiet, 2002, S 33, 50 und Hirsch LK 62; enger Pawlik JahrbRuE 03, 287, 316 und Renzikowski JahrbRuE 03, 269, 282); sog „Jedermannsgefahren", denen in Hungersnöten, Kriegs- und Nachkriegszeiten oder ähnlichen Mangellagen die ganze Bevölkerung (oder doch deren Mehrheit) ausgesetzt ist, sind hinzunehmen, wenn dem nicht besondere Umstände entgegenstehen (Roxin JA 90, 97, 101, der allerdings schon das Vorliegen einer Leibesgefahr verneint).

c) Die in S 2 vorgesehene **fakultative besondere gesetzliche Milderung** im 12
Sinne des § 49 I (dort 2–4, 8–11; beachte auch § 50) gilt grundsätzlich, wenn zwar die Voraussetzungen des Satzes 1 erfüllt sind, dem Täter aber die Hinnahme der Gefahr zuzumuten war. Ausgenommen sind nur die Fälle, in denen die Zumutbarkeit für den Täter (nicht lediglich für die nahe stehende Person, Krey Jura 79, 316, 324) auf dem Bestehen eines besonderen Rechtsverhältnisses beruht. Wer spezifische Schutzpflichten übernommen hat, soll nicht darauf vertrauen können, dass er bei Versagen milde angefasst wird (Prot 5, 2111; krit Stree JuS 73, 461, 471); das schließt jedoch eine mildernde Berücksichtigung des auch hier meist gesteigerten Motivationsdrucks im ordentlichen Strafrahmen nicht aus (BT-Dr V/ 4095 S 16; Roxin AT I 22/56).

4. Abs 2 enthält eine ausdrückliche Regelung des früher (BGHSt 5, 371; 18, 13
311; Vogler GA 69, 103) umstrittenen Irrtums über die tatsächlichen Voraussetzungen des Notstandes; erfasst sind etwa das Übersehen oder Nichtbedenken anderer Auswege (vgl BGHSt 48, 255, 261 mit zust Bespr Rengier NStZ 04, 233, 239); der Irrtum ist auch beachtlich, wenn er sich nur auf die negativen Voraussetzungen des Abs 1 S 2 bezieht (hM; vgl Hardtung ZStW 108, 26; aM Jakobs AT 17/78; zw). Als solcher ist er weder Tatbestands- noch Verbotsirrtum, sondern ein Irrtum eigener Art (hM; vgl etwa Roxin AT I 22/61; krit Frister aaO [vgl. 1] S 234; rechtsvergleichend Cortes Rosa, Coimbra-Sym, S 183, 188), der lediglich

den für den Verbotsirrtum geltenden Regeln unterworfen ist (7, 8 zu § 17); jedoch behandelt S 2 den Irrtum mit Rücksicht auf den gesteigerten Motivationsdruck, der der wirklichen Notstandslage psychologisch gleichwertig ist (BT-Dr V/4095 S 16; Müssig MK 78: fehlende Rechtsfeindschaft), als **obligatorischen besonderen gesetzlichen Milderungsgrund** im Sinne des § 49 I (dort 2, 3, 8–11; beachte auch § 50). – Abs 2 ist auf den Irrtum über die tatsächlichen Voraussetzungen eines **übergesetzlichen schuldausschließenden Notstandes** (31 vor § 32) entsprechend anwendbar (Küper JZ 89, 617, 626; Hardtung aaO S 48; zw); ob weitere Möglichkeiten analoger Anwendung bestehen, ist noch wenig geklärt (näher dazu Hardtung aaO S 46; s auch 29 vor § 13).

14   5. Nach der **Rechtsprechung** ist der Notstandstäter zu **gewissenhafter Prüfung** der möglichen Auswege aus der Gefahr verpflichtet (BGHSt 48, 255, 262; NStZ 92, 487; krit Hirsch, BGH-FG, S 199, 211); die Anforderungen sind umso strenger, je schwerer die Notstandshandlung wiegt (BGHSt 18, 311), während umgekehrt die Prüfungspflicht ganz entfallen kann, wenn nach den Umständen sofortiges Handeln zur Vermeidung von Rechtseinbußen geboten ist und Überlegungszeit nicht zur Verfügung steht oder die zumutbare Anwendung milderer Mittel nur entfernt in Frage kommt (StV 93, 583; s auch BGHSt 48, 255, 262 [mit Bespr Kargl Jura 04, 189, 190]: lange Überlegungsfrist vor Tötung des sog Familientyrannen; ebenso LG Offenburg StV 03, 672, 674, das aber S 2 anwenden will). Ebensowenig wie beim rechtfertigenden Notstand (13 zu § 34; 17 zu § 17) ergibt sich aber eine selbstständige Pflicht dieser Art aus dem Gesetz. Jedoch kann das Unterlassen einer solchen Prüfung die Vermeidbarkeit des Irrtums über die Notstandsvoraussetzungen (vgl 13) begründen, uU sogar für die Zumutbarkeit (vgl 6) Bedeutung gewinnen, wenn nach den Umständen vom Täter erwartet werden musste, dass er zur Schadensbegrenzung zunächst die Wirksamkeit milderer Mittel erprobte (im Ergebnis ebenso NStZ 92, 487).

15   6. Bei **Beteiligung mehrerer** ist nach § 29 nur entschuldigt, wer in seiner Person die Notstandsvoraussetzungen erfüllt (hM; vgl Roxin JA 90, 137, 143; anders Rudolphi SK 21).

5. Titel. Straflosigkeit parlamentarischer Äußerungen und Berichte

§ 36 Parlamentarische Äußerungen

Mitglieder des Bundestages, der Bundesversammlung oder eines Gesetzgebungsorgans eines Landes dürfen zu keiner Zeit wegen ihrer Abstimmung oder wegen einer Äußerung, die sie in der Körperschaft oder in einem ihrer Ausschüsse getan haben, außerhalb der Körperschaft zur Verantwortung gezogen werden. Dies gilt nicht für verleumderische Beleidigungen.

1   1. § 36 betrifft die **Indemnität** von Mitgliedern bestimmter Verfassungsorgane. Staatsrechtlich ist die Frage für die Mitglieder des BTages in Art 46 I GG, der Bundesversammlung in § 7 des Ges v 25. 4. 1959 (BGBl I 230) und der Gesetzgebungsorgane der Länder in den Landesverfassungen geregelt. Da diese jedoch nicht voll übereinstimmen, besteht die Funktion des § 36 darin, für den Anwendungsbereich des materiellen Strafrechts (StaatsGH Bremen MDR 68, 24; München JuS 75, 326; aM Walter JZ 99, 981, 984) Voraussetzungen und Grenzen der Indemnität in Übereinstimmung mit Art 46 I GG bundeseinheitlich zu regeln (BT-Dr V/4095 S 17); insoweit abweichendes Landesrecht, auch Landesverfassungsrecht (zB Art 51 II BayGO, Kuhn BayVBl 89, 169), ist unwirksam (hM; vgl etwa Walter aaO S 981 mwN; str).

Parlamentarische Berichte § 37

2. **Bundestag** vgl Art 38 ff GG. **Bundesversammlung** Art 54 GG. Welche 2
Körperschaften **Gesetzgebungsorgane der Länder** sind, ergibt sich aus den
Landesverfassungen; auch die Bürgerschaften der Stadtstaaten (Berlin, Bremen,
Hamburg) werden erfasst. – **Regierungsmitglieder** gehören dagegen nicht hierher; sind sie zugleich Abgeordnete, so genießen sie Indemnität nur, wenn sie sich
in dieser Rolle, also nicht in ihrer Eigenschaft als Regierungsmitglieder äußern
(hM; anders Graul NJW 91, 1717 mwN; zw).

3. Die Indemnität schafft nur einen persönlichen **Strafausschließungsgrund,** 3
so dass nicht nur Notwehr, sondern auch strafbare Teilnahme möglich ist (hM; vgl
etwa Günther SK 3; Häger LK 9; anders Schünemann GA 86, 293, 304; Jakobs
AT 10/16; Roxin AT I 23/26; Neumann NK 3); auf die irrige Annahme ihrer
Voraussetzungen ist § 16 I daher unanwendbar (Warda Jura 79, 286, 291).

4. Mit der Indemnität nicht zu verwechseln ist die **Immunität,** die für BTags- 4
Abgeordnete in Art 46 II–IV GG und für Landtagsabgeordnete in den Landesverfassungen sowie in § 152 a StPO geregelt ist. Sie bildet nur ein Verfahrenshindernis
(hM).

5. Geschützt sind nur Äußerungen in der Körperschaft oder einem ihrer Ausschüsse. Auch die Fraktionen und deren Arbeitskreise gehören dazu (BT-Dr 5
V/4095 S 17; aM Sch/Sch-Lenckner/Perron 4; zw), jedoch nicht der Gemeinsame Ausschuss nach Art 53 a GG, der Vermittlungsausschuss nach Art 77 II GG
(aM Neumann NK 11) und der Richterwahlausschuss nach Art 95 II GG, weil sie
keine Ausschüsse des BTages, sondern gemischte Gremien sind (zweifelnd BT-Dr
V/4095 S 17; aM Häger LK 33 mwN).

6. Strafausschluss tritt nicht ein bei **verleumderischen Beleidigungen** nach 6
§§ 187, 188 II, 90 III, 103.

§ 37 Parlamentarische Berichte

**Wahrheitsgetreue Berichte über die öffentlichen Sitzungen der in § 36
bezeichneten Körperschaften oder ihrer Ausschüsse bleiben von jeder
Verantwortlichkeit frei.**

1. Die Vorschrift beruht auf dem Grundgedanken, dass neben der parlamentarischen Äußerung (§ 36) auch deren Bekanntgabe an eine breitere Öffentlichkeit 1
von jeder staatlichen Sanktion freigehalten werden soll. Die Rechtsnatur der hier
gewährten **Indemnität** (Freistellung von jeder Verantwortlichkeit) ist umstritten.
Die hM nimmt Rechtfertigung an (Braunschweig NJW 53, 516; Jakobs AT
16/30; M-Schroeder/Maiwald BT 1 26/3; Roxin AT I 23/14; Günther SK 1;
Neumann NK 2; Häger LK 10). Soweit jedoch ein Bericht nicht schon wegen
seiner Bedeutung für eine authentische Information der Bürger durch Wahrnehmung berechtigter Interessen gerechtfertigt ist (Löffler/Kühl 106 zu § 20 LPG),
trägt der Grundgedanke des § 37 die Annahme rechtmäßigen Verhaltens bei der
Veröffentlichung ehrenrühriger, selbst verleumderischer, oder unwahrer Äußerungen nicht. Wenn gegen die Äußerung Notwehr möglich ist (3 zu § 36), sollte sie
auch gegenüber Berichten über diese Äußerung möglich sein. Es liegt deshalb nur
ein Strafausschließungsgrund vor, der nicht auf die Person des Berichterstatters
beschränkt ist (so aber Gropp AT 8/15), sondern sachlich wirkt und dadurch strafbare Teilnahme ausschließt (B-Weber/Mitsch AT 7/29; Jescheck/Weigend AT
S 188; Kindhäuser 2; Sch/Sch-Lenckner/Perron 1).

2. Die Vorschrift betrifft nur **öffentliche Sitzungen** der in § 36 bezeichneten 2
Körperschaften und ihrer Ausschüsse (dort 2, 5); für Berichte aus dem BTag bedeutet sie nur eine Wiederholung des Art 42 III GG. Im Übrigen erfasst die Indemnität nur wahrheitsgemäße schriftliche und mündliche **Berichte,** die den Ver-

lauf der Sitzungen sachlich schildern, dagegen nicht die Wiedergabe einzelner Reden oder Äußerungen (RGSt 18, 207), auch nicht Berichte über Sitzungen von nicht zur Bundesrepublik gehörenden Körperschaften (NJW 54, 1252).

3. Abschnitt. Rechtsfolgen der Tat

Vorbemerkung

1 1. Das **Rechtsfolgensystem** des StGB ist ein **zweispuriges** (dualistisches) **System** (rechtsvergleichend Jescheck, in: Jescheck [Hrsg], Die Freiheitsstrafe und ihre Surrogate im deutschen und im ausländischen Recht, 1984, Bd 3, S 1939; rechtsgeschichtlich Eser, Müller-Dietz-FS, S 213; s auch Zieschang, Das Sanktionensystem in der Reform des französischen Strafrechts im Vergleich zum deutschen Strafrecht, 1992). Es unterscheidet grundsätzlich zwischen **Strafen** (Haupt- und Nebenstrafen), die dem Schuldprinzip unterworfen sind (§§ 38 ff), und **Maßregeln,** die dem Schutz der Allgemeinheit vor dem gefährlichen Täter dienen (§§ 61 ff; vgl etwa Eser aaO S 214, 235; krit zu dieser sog „Rechtsfolgenndoktrin" Hassemer NK 441 vor § 1, der die Gemeinsamkeiten betont; zur Unterscheidbarkeit und Übereinstimmung s auch Frisch ZStW 102, 343, 355); einige besondere strafrechtliche Maßnahmen, bei denen der Straf- oder Maßregelcharakter nicht eindeutig bestimmt oder bestimmbar ist (zB Verfall, Einziehung, Unbrauchbarmachung), bilden nur Ausnahmen von der Regel (krit Müller-Dietz, Grundfragen des strafrechtlichen Sanktionensystems, 1979, S 67). Diese Entscheidung für die Zweispurigkeit beruht auf der früher unbestrittenen, in jüngerer Vergangenheit aber auch international zunehmend in Frage gestellten Annahme, dass der Schutzzweck des Strafrechts mit dem Mittel der Strafe allein nicht hinreichend erfüllt werden kann (näher dazu 2 zu § 61).

2 2. Zur **tatsächlichen Anwendung** des geltenden Rechtsfolgesystems in der Praxis unter dem Gesichtspunkt, ob und wieweit die mit ihm verfolgten gesetzgeberischen Ziele erreicht wurden, vgl ua Heinz ZStW 94, 632 und 111, 461; Terdenge, Strafsanktionen in Gesetzgebung und Gerichtspraxis, 1983; Dölling ZStW 104, 259; Schöch, in: Jehle (Hrsg), Kriminalprävention und Strafjustiz, 1996, S 291; Villmow NK 16 und 85–98; eingehend Meier, Strafrechtliche Sanktionen, 2001; Streng, Strafrechtliche Sanktionen, 2. Aufl, 2002.

2 a 3. In der **kriminalpolitischen Diskussion** um die vorzugswürdige Gestaltung des **Strafensystems** (zum Maßregelsystem 2 zu § 61) haben sich seit In-Kraft-Treten des 2. StrRG (4 vor § 1) die Gewichte nicht unerheblich verschoben. Gegenwärtig stehen sich – zum Teil nur schwer vereinbar – Tendenzen gegenüber, die einerseits auf deutliche Verstärkung der in der Strafrechtsreform angelegten Humanisierung des Strafrechts (dazu 3), andererseits aber auf dessen nachdrückliche Verschärfung zur Gewährleistung der inneren Sicherheit (dazu 4–22) gerichtet sind (zu den Gründen für diese Spannungen Jung GA 96, 507; beachte auch 3 vor § 13).

3 4. Seit der Resozialisierungsgedanke – auch international – wegen der insgesamt enttäuschenden Erfolge stationärer Behandlung von Straftätern unter dem Stichwort „Behandlungseuphorie" an Boden verloren hat (Jescheck ZStW 91, 1037; Villmow NK 28, 29, 65; diff Lüderssen JA 91, 222), außerdem über die Möglichkeiten und Ergebnisse praxisunterstützender kriminologischer Forschung Ernüchterung eingetreten ist (Bock ZStW 102, 504 mwN) und dadurch in der Kosten-Nutzen-Analyse die negativen Aspekte der Freiheitsstrafe stärker zu Buch schlagen, haben sich zahlreiche, noch nicht ausdiskutierte Tendenzen entwickelt mit dem Ziel, die Freiheitsstrafe durch ambulante Sanktionsformen weiter zurückzudrängen

Vorbemerkung **Vor § 38**

(zusf Dölling ZStW 104, 259; Schöch, Schüler-Springorum-FS, S 245; Jung/ Müller-Dietz [Hrsg], Langer Freiheitsentzug – wie lange noch?, 1994; Villmow NK 30–40; krit Bertram NJW 94, 1045; Weßlau StV 99, 278). Meist geht es dabei um die (teilweise oder vollständige) Ersetzung der Strafe durch selbstständige oder ergänzende Ersatzsanktionen und um die Erweiterung von Bewährungsmöglichkeiten. Hierher gehören namentlich der Täter-Opfer-Ausgleich und die Intensivierung der Schadenswiedergutmachung (dazu 1 zu § 46a) sowie die Ermöglichung freier Arbeit (dazu 20 zu § 40), die inzwischen im Gesetz – wenn auch unvollkommen – geregelt sind. Erörtert werden ferner die Erstreckung des Anwendungsbereichs der Strafaussetzung auf längere Freiheitsstrafen, die Einführung der Möglichkeit, Geldstrafen zur Bewährung auszusetzen, die Erweiterung des Anwendungsbereichs der Verwarnung mit Strafvorbehalt und die Umwandlung des Fahrverbots in eine Hauptstrafe; auch der Vorschlag, eine Verurteilung auf Bewährung als selbstständige Ersatzsanktion nach dem Vorbild des § 33 StGB/ DDR [dazu Horn ZRP 90, 81; s auch Dünkel/Spiess BewH 92, 117]) und der als Experiment eingeführte elektronisch überwachte Hausarrest gehören hierher (dazu BRats-Entwurf BT-Dr 14/1519; s auch Ostendorf ZRP 97, 473; LG Frankfurt NJW 01, 697; Heghmanns ZRP 99, 297; Dahs NJW 99, 3469; Streng ZStW 111, 827, 848; Schädler/Wulf ua BewH 99, 3, 11, 23, 31, 44, 51, 68 und 75; Albrecht ua ZRP 00, 466; Dünkel 10 zu § 38; eingehend Hûdy, Elektronisch überwachter Hausarrest, 1999; Wittstamm, Elektronischer Hausarrest?, 1999). – Parallel zu diesen Bestrebungen wird unter dem Stichwort **„Diversion"** die Vermehrung informeller, justitielle Verfahren möglichst aussparender Formen der Erledigung von Straftaten erörtert (dazu ua Kerner [Hrsg], Diversion statt Strafe?, 1983; Herrmann ZStW 96, 455; Blau/Franke ZStW 96, 485; Blau Jura 87, 25; Heinz Mschr-Krim 87, 129 und DVJJ-JOURNAL 98, 245 sowie 99, 11, 131 und 261; Jung, Sanktionensysteme und Menschenrechte, 1992, S 129 und GA 93, 535; vd Woldenberg, Diversion im Spannungsfeld zwischen „Betreuungsjustiz" und Rechtsstaatlichkeit, 1993; Villmow NK 24, 25 und 106). – Der gesamte Fragenkreis war ua auch Gegenstand des 59. DJT (vgl dazu die Verhandlungen der Strafrechtlichen Abteilung zum Thema „Empfehlen sich Änderungen und Ergänzungen bei den Strafrechtlichen Sanktionen ohne Freiheitsentzug?", Sitzungsbericht O, und die Beiträge zu deren Vorbereitung: Schöch, 59. DJT, Bd I, Gutachten, Teil D; Horn JZ 92, 828; Pfeiffer ZRP 92, 338; Rössner NStZ 92, 409; Weigend GA 92, 345; zusf Berichte über den DJT und die Beschlüsse der strafrechtlichen Abteilung in NJW 92, 3011, 3021 und JZ 93, 84; beachte auch die zum Teil zu weit gehenden Vorschläge bei Albrecht ua [Hrsg], Rechtsgüterschutz durch Entkriminalisierung. Vorschläge der Hessischen Kommission „Kriminalpolitik" zur Reform des Strafrechts, 1992). Der gegenwärtige (zT kontroverse) Diskussionsstand hat das BMJ veranlasst, eine unabhängige Sachverständigenkommission mit dem Prüfungsauftrag einzuberufen, ob und wie weit eine **Reform des Sanktionensystems** angezeigt ist. Die Kommission hat ihre Arbeit Anfang 1998 aufgenommen und nach dem Regierungswechsel auch weitergeführt. Die Ergebnisse sind inzwischen in dem „Abschlussbericht der Kommission zur Reform des strafrechtlichen Sanktionensystems" vom 20. 3. 2000 veröffentlicht worden (dazu und zu weiteren Länder-Entwürfen Stöckel, Gössel-FS, S 329; Häger LK 63–66a). Auf seiner Grundlage hat das BMJ alsdann den „Referentenentwurf eines Gesetzes zur Reform des strafrechtlichen Sanktionssystems" (Stand 8. 12. 2000) zur Diskussion gestellt (näher dazu Helgerth/Krauß ZRP 01, 281, Franke ZRP 02, 20, Wolters ZStW 114, 63, Kühl, Tübingen-RV, S 141; Meier Sanktionen, S 347; zusf der instruktive Überblick über die „Wandlungen der Kriminalpolitik seit der Großen Strafrechtsreform", Kaiser, Roxin-FS, S 989 und Schöch, in: Kaiser/Schöch Krim 7/1–11; für neue Sanktionsformen Roxin, Zipf-GS, S 135, 146; eher krit Streng ZStW 111, 827). Nach einem weiteren Referentenentwurf vom Juni 2003 (vgl

Vor § 38 AT. 3. Abschnitt. Rechtsfolgen der Tat

Dünkel NKrimPol 03, 123) liegt inzwischen ein Regierungsentwurf eines Gesetzes zur Reform des Sanktionenrechts vor (BT-Dr 15/2725 v 17. 3. 2004; dazu Zypries StrFo 04, 221, 222), der aber noch einen dornigen Weg im Gesetzgebungsverfahren vor sich hat.

4   5. Unter dem Eindruck **wachsender Kriminalität,** namentlich der organisierten Kriminalität sowie der Gewalt-, der Sexual- und der Massenkriminalität, hat sich etwa seit 1980 die Tendenz zur Aktivierung auch des materiellen Strafrechts zum Schutz der inneren Sicherheit signifikant verstärkt und zu einem höchst kontroversen Diskussionsstand in Bezug auf die Möglichkeiten geführt, mittels Ausdehnung des Strafbarkeitsbereichs zu dieser Sicherheit beizutragen. Auf der Gesetzgebungsebene stehen Bestrebungen zu weiterer rechtsstaatlich-liberaler Humanisierung und Entkriminalisierung (vgl 3) nachhaltigen Forderungen zur Verschärfung nicht nur bei der schwersten Kriminalität, sondern auch bei ihren mittleren Formen zum Teil schroff gegenüber (krit zu dieser Entwicklung Hettinger, Entwicklungen im Strafrecht und Strafverfahrensrecht der Gegenwart, 1997, S 9 mit Bespr Zaczyk GA 98, 197; zur Beurteilung der Sicherheitslage aus kriminologischer Sicht Schwind ZRP 99, 107).

a) Die materiell-rechtlichen Programme des **OrgKG** mit seinen zahlreichen Qualifikationstatbeständen (dazu 1 vor § 73) und das **VerbrBG** (12 vor § 1), das einerseits den Täter-Opfer-Ausgleich weiter im Gesetz verankert (dazu 1 zu § 46a), andererseits aber im BT viele Verschärfungen von Tatbeständen und Strafrahmen gebracht hat, spiegeln die auseinanderstrebenden Tendenzen wider. Schwerpunkte des VerbrBG sind erweiterte Vorschriften gegen den Rechtsextremismus (dazu vor 1 zu § 130), die Schließung von Strafbarkeitslücken im Bereich der organisierten Kriminalität (§§ 253, 256, 261, 275–276a) und die **Verschärfung von Strafrahmen** im Bereich der Körperverletzung (§§ 223–225, 340 aF; krit dazu Hettinger GA 94, 399). Beide Gesetze sind aus unmittelbar zeitbedingten Bedürfnissen entstanden und unter unangemessenem Zeitdruck verabschiedet worden. Sie sind, wie die zahlreichen aus ihnen erwachsenen Streitfragen belegen, als ad-hoc-Gesetze problematisch (überzogen jedoch die am Entw des VerbrBG geübte Kritik des Strafrechtsausschusses des DAV StV 94, 153 sowie von Neumann StV 94, 273 und Frommel KJ 94, 323, 327).

5   **b)** In diesen Zusammenhang gehört ferner das **KorrBG** (13 vor § 1), das unter dem frischen Eindruck schwerer Korruptionsskandale entstanden, immerhin aber in einer breiten Diskussion nicht nur in den Medien, sondern auch in Fachkreisen erörtert worden ist (näher 1 vor § 298).

6   **c)** Auch das **SexBG** (13 vor § 1) setzt ganz auf Stärkung des Sicherheitsinteresses der Allgemeinheit. Die Ausarbeitung der Entwürfe und ihre Beratung in den gesetzgebenden Körperschaften war durch eine Reihe sexuell motivierter Kindesmorde und weiterer Fälle von Kindesmissbrauch im In- und Ausland veranlasst. Daraus erwuchs ein enormer Druck auf den Gesetzgeber, das Strafrecht zur Gewährleistung der Sicherheit der Allgemeinheit unverzüglich zu verschärfen (unter diesem Gesichtspunkt aus kriminologischer Sicht sehr krit das Referat von Albrecht auf der Strafrechtslehrertagung 1999 [ZStW 111, 863]; ebenso auch Böllinger NK 32a zu § 66 sowie 14a zu § 67d). Zu diesem Zweck sieht das Gesetz zahlreiche – kriminalpolitisch zum Teil höchst problematische – Änderungen des materiellen Strafrechts vor, die folgende Gegenstände betreffen: Einführung einer begrenzten Möglichkeit, Heilbehandlungen auch ohne Einwilligung des Verurteilten anzuordnen (§ 56c III Nr 1; dort 8b); Modifizierung der Anforderungen an die Prognose bei Aussetzung des Strafrestes zur Bewährung (§ 57 I S 1 Nr 2; dort 7); Zulassung der Sicherungsverwahrung gegenüber Sexual- und Gewalttätern unter bestimmten Voraussetzungen schon nach dem ersten Rückfall (§ 66 III; dort 10a–10e; zusf zur Kritik Frisch LdRerg 8/1390 S 8); Wegfall der Befristung der

Vorbemerkung Vor § 38

ersten Sicherungsverwahrung auf zehn Jahre (§ 67 d I; dort 7 a [verfassungsgemäß nach BVerfG NJW 04, 739]); Verschärfung der Entlassungsprognose bei den freiheitsentziehenden Maßregeln (§ 67 d II; dort 3); Möglichkeit, unter bestimmten Voraussetzungen die Führungsaufsicht auch unbefristet anzuordnen (§ 66 c II; dort 1 a–1 c); Herabsetzung des Mindestmaßes der gegen Sexualtäter verhängten Freiheitsstrafe als Voraussetzung für den Eintritt der Führungsaufsicht nach Vollverbüßung (§ 68 f I S 1; dort 1). – Ob das Gesetz den erhofften Erfolg erreicht hat, lässt sich noch nicht beurteilen. Die Anlaufzeit war dafür zu kurz. Außerdem fehlt es noch an zureichenden statistischen Unterlagen, die noch nicht vollständig verfügbar sind. Zu Buch schlägt aber vor allem, dass der Schwerpunkt des Gesetzes in Änderungen des Strafprozess- und des Strafvollzugsrechts liegt, die eine erhebliche Ausweitung der Begutachtung von Sexualtätern und ihre Behandlung in sozialtherapeutischen Anstalten (2 vor § 63) vorschreiben. Hier ist noch völlig offen, ob die Länder imstande sein werden, den zu erwartenden Mehrbedarf an personellen und sachlichen Mitteln, namentlich an sozialtherapeutisch ausreichend geschulten Fachkräften, rechtzeitig zu decken (dazu Schöch NJW 98, 1257, 1260; Rotthaus NStZ 98, 597; s auch Karlsruhe NStZ 98, 638; Dessecker NStZ 98, 1; Schneider JZ 98, 436, 442; Rosenau StV 99, 388, 395; speziell zur kriminologischen Problematik beachte den Sammelband Kröber/Dohle [Hrsg.], Sexualstraftaten und Gewaltdelinquenz, 1998). Wenn das nicht gelingt, könnte der Reform dasselbe Schicksal drohen, das in der Strafrechtsreform die geplante und immer wieder verschobene Einführung einer selbstständigen Maßregel der Unterbringung in einer sozialtherapeutischen Anstalt (§ 65 aF) erlitten hat (dazu 2 vor § 63; ähnlich auch Hammerschlag/Schwarz NStZ 98, 321, 325; Rotthaus aaO S 600; Rosenau aaO). Inzwischen lassen aber die Zahlen über sozialtherapeutische Einrichtungen nach § 9 StVollzG (Steigerung von 20 auf 31) und die verfügbaren Haftplätze (Steigerung von 888 auf 1201) eine optimistischere Einschätzung zu (BT-Dr 15/1311 S 3 unter Berufung auf jährliche Erhebungen der kriminologischen Zentralstelle Wiesbaden von 1997 bis 2002; zur zunehmenden Bedeutung sozialtherapeutischer Anstalten Kaiser/Schöch Strafvollzug 10/46–54); ein Antrag (BT-Dr 15/ 31), sozialtherapeutische Maßnahmen für Sexualstraftäter auf den Prüfstand zu stellen, wurde vom BT-Rechtsausschuss allerdings abgelehnt (BT-Dr 15/1411 S 5).

Aus den **Gesetzesmaterialien zum SexBG** vgl ua den RegEntw (BT-Dr 13/8586), die Initiativvorlage der Koalitionsfraktionen (BT-Dr 13/7163), den Gesetzentwurf des BRates (BT-Dr 13/7559), die Beschlussempfehlung des BT-Rechtsausschusses (BT-Dr 13/8989), dessen Bericht (BT-Dr 13/9062) und die Beratungen im Plenum des BTages (SBer 13, 18431). **In-Kraft-Treten:** 31. 1. 1998; die registerrechtlichen Änderungen im BZRG und JGG sind erst am 1. 7. 1998 in Kraft getreten. – **Übersichtsbeiträge:** Schöch NJW 98, 1257; Hammerschlag/Schwarz NStZ 98, 328; Schmidt-Jortzig NStZ 98, 441, 442 (krit Stellungnahmen zum Gesetz im ganzen: Boetticher MschrKrim 98, 354; Deutsche Gesellschaft für Sexualforschung MschrKrim 98, 368; Rosenau StV 99, 388; Rengier, in. JMBW [Hrsg], Der Schutz vor Sexualstraftaten, 2003, S 9, 23). 7

d) Schließlich gehört auch das **6. StrRG** (13 vor § 1) hierher. Zwar ist es kein ad-hoc-Gesetz. Es hat den Versuch unternommen, die nach dem 1. und 2. StrRG (vgl 4) planmäßig eingeleitete, aber seit Beginn der 8. Wahlperiode zum Erliegen gekommene Reform des Besonderen Teils (8 vor § 1) soweit wie möglich abzuschließen (BT-Dr 13/8587 S 18). Schwerpunkte waren erklärtermaßen die Anliegen, die mit dem VerbrBG (vgl 4) eingeleitete Harmonisierung der Strafrahmen des StGB fortzusetzen, Strafvorschriften zur Verbesserung des Strafschutzes oder zur Erleichterung der Rechtsanwendung zu ergänzen oder neu zu formulieren und nicht mehr zeitgemäße oder entbehrlich gewordene Vorschriften aufzuheben (BT-Dr 13/9064 S 7). Angesichts dieses anspruchsvollen Vorhabens hätte das Gesetz 8

Vor § 38 AT. 3. Abschnitt. Rechtsfolgen der Tat

gründlicher Vorbereitung bedurft. Seit Einstellung der systematischen Reformarbeiten sind mehr als zwei Jahrzehnte vergangen, in denen sich die Überzeugungen von den Aufgaben des Strafrechts – mit vielfältigen Auswirkungen auf Rechtsprechung und Lehre – tiefgreifend gewandelt haben. Ohne eine umfassende Bestandsaufnahme und Klärung des Entwicklungsstandes war deshalb nicht auszukommen. Daran hat es aber weitgehend gefehlt: Der einschlägige Referentenentwurf des BMJ (Stand: 15. 7. 1996) ist Ende Oktober 1996 an die Landesjustizverwaltungen, den BGH und interessierte Verbände mit der Bitte um Stellungnahme versandt worden. Ohne deren Äußerungen abzuwarten und auszuwerten, wurde der Entwurf schon in der ersten Märzhälfte 1997 mit einigen – überwiegend marginalen – Änderungen als Initiativvorlage der Koalitionsfraktionen im BTag eingebracht (BT-Dr 13/7164) und zur selben Zeit auch als Regierungsvorlage verabschiedet (BT-Dr 13/8587) auf einer viel zu schmalen Materialgrundlage wurde er dann in einer einzigen Sitzung des BT-Rechtsausschusses im November 1997 beschlossen (Prot Nr 100 der 13. Wahlper; s auch die Beschlussempfehlung und den Bericht des Rechtsausschusses BT-Dr 13/8991 und 9064) und wenige Tage später durch das Plenum des BTages verabschiedet (SBer 13; 18431; s auch BR-Dr 991/97). Die Opposition hat sich weitgehend der Stimme enthalten, aber die unangemessene Eile – ebenso wie viele andere Verfahrensbeteiligte (expl die öffentliche Anhörung von Sachverständigen im BT-Rechtsausschuss [Prot Nr 88 der 13. Wahlper]) – scharf gerügt und hervorgehoben, dass es „nicht erforderlich (sei), hier alles im Schweinsgalopp durchzuziehen" (Däubler-Gmelin SBer 13, 18438; s auch Däubler-Gmelin ZRP 98, 327). Im zweiten Durchgang hat der BRat den Gesetzesbeschluss des BTages zwar nicht verworfen; es wurde aber von mehreren Ländervertretern vielfältige Kritik geübt und vor allem bedauert, dass die Vorbereitungszeit in krassem Mißverhältnis zu den Dimensionen des Vorhabens gestanden habe (PlenProt Nr 712 S 177, 198).

9 Gleichwohl hat das Gesetz **beachtliche Fortschritte** gebracht. So wird immerhin durch die den Schwerpunkt bildende – keineswegs immer gelungene und durch zahlreiche neue Wertungswidersprüche belastete (näher dazu 6. StrRGEinf S 4; weitere Beispiele in den Einzelbeiträgen der Verfasser; expl auch Fischer NStZ 99, 13) – „Harmonisierung der Strafrahmen" das Ungleichgewicht zwischen den Strafdrohungen zum Schutz der Person auf der einen und des Eigentums oder Vermögens auf der anderen Seite deutlich abgemildert und zugleich – namentlich durch Bildung von Strafrahmentypen für nach Art und Schwere gleichwertige Tatbestandsgruppen – eine gegenüber dem bisherigen Recht einheitlichere Struktur der qualifizierenden und privilegierenden Änderungen von Regelstrafrahmen erreicht. Ferner werden zahlreiche Streitfragen, deren Klärung schon in den früheren Reformarbeiten vorgesehen war, durch Umformulierung von Tatbeständen ausgeräumt. Das Gesetz hat auch die seit langem veraltete Systematik der gemeingefährlichen Delikte, namentlich der Brandstiftung, modernisiert und eine Anzahl überholter Vorschriften aufgehoben oder grundlegend umgestaltet. Es hat damit mancherlei bisher Versäumtes nachgeholt und verdient insoweit **Zustimmung** (so überwiegend auch das Schrifttum; expl Hörnle Jura 98, 169, 182; Kudlich JuS 98, 468, 473; kritischer 6. StrRGEinf S 1; nahezu ganz abl Stächelin StV 98, 98).

10 Der Fortschritt wurde aber **teuer erkauft**. Zahlreiche, zum Teil erst nach Verabschiedung des Gesetzes erhobene Einwendungen sind unberücksichtigt geblieben oder überhaupt nicht erörtert worden. Zum Teil scharfe Kritik wurde namentlich unter folgenden Gesichtspunkten geübt (Nachw dazu unter 17–21 der 23. Aufl): Die Harmonisierung der Strafdrohungen sei bei den Delikten gegen die Person nahezu durchgängig dadurch erreicht worden, dass die Spannweite der Bestrafungsmöglichkeiten durch Verschärfung der Strafrahmen oder durch Vermehrung von Qualifikationstatbeständen in besonders schweren Fällen zum Teil unverhältnismäßig nach oben erweitert worden sei, obwohl eine Absenkung bei den

Eigentums- und Vermögensdelikten nahegelegen hätte; das Nebenstrafrecht sei wegen Zeitmangels aus der Strafrahmenharmonisierung vollständig ausgeklammert worden, was zu sachlich nicht begründbaren Unterschieden zwischen Verstößen gegen das StGB und gegen das übrige Strafrecht geführt habe; die nach neuestem Diskussionsstand in Wissenschaft und Praxis überwiegend abgelehnte Methode, besonders schwere Fälle mit Regelbeispielen im Gesetz näher zu konkretisieren, habe sich als so problematisch erwiesen, dass ihre Abschaffung oder grundlegende Änderung hätte erwogen werden müssen; das Gesetz dürfe nicht als Abschluss, sondern müsse als erste Phase der im Übrigen noch ausstehenden Bereinigung des BT verstanden werden, was namentlich für die aus der Zeit des Nationalsozialismus stammenden Vorschriften über Tötung (25 vor § 211), Nötigung (2, 3 zu § 240) und Untreue (1 zu § 266) überfällig sei; die angestrebte geschlechtsneutrale Fassung der Tatbestände sei zu häufig schwerfälligen, bisweilen zu sprachlich nicht mehr vertretbaren Formulierungen geführt habe, lasse ein leitendes Prinzip vermissen und sei deshalb willkürlich.

Aus den **Gesetzesmaterialien** vgl ua den Referentenentwurf des BMJ (Stand **11** 15. 7. 1996), den RegEntw (BT-Dr 13/8587), die Initiativvorlage der Koalitionsfraktionen (BT-Dr 13/7164), den Gesetzentwurf des BRates zu §§ 221, 234 (BT-Dr 13/6038), den RegEntw zu § 174c (BT-Dr 13/8267), die öffentliche Anhörung im BT-Rechtsausschuss (Prot Nr 88 der 13. Wahlper), dessen Beschlussempfehlung (BT-Dr 13/8991) und Bericht (BT-Dr 13/9064) sowie die Beratungen im Plenum des BTages (SBer 13, 18431) und des BRates (PlenProt Nr 712 S 177). **In-Kraft-Treten:** 1. 4. 1998. **Übersichtsbeiträge:** Stächelin StV 98, 98; Kreß NJW 98, 633; Hörnle Jura 98, 169; Bericht in DRiZ 98, 147; Wolters JZ 98, 397; Kudlich JuS 98, 468; Sander/Hohmann NStZ 98, 273; Lesch JA 98, 474; Hoffmann JA 98, 615; Achenbach JuS 99, L 41; s auch Schlüchter (Hrsg), Bochumer Erläuterungen zum 6. Strafrechtsreformgesetz, 1998; 6. StrRG-Einf mit Bespr Kreß NJW 99, 2655; Bussmann StV 99, 613; beachte ferner Freund ZStW 109, 55 (Würdigung des Referentenwurfs des BMJ unter Einbeziehung der Stellungnahme eines Arbeitskreises von Strafrechtslehrern), die Berichte von Geißler JR 98, 184 und Dietmeier ZStW 110, 393 über das sog „Marburger Strafrechtsgespräch 1997" und das Referat von Arzt auf der Strafrechtslehrertagung 1999 (ZStW 111, 757). Beiträge zu einzelnen Abschnitten oder Vorschriften des BT werden im jeweiligen Sachzusammenhang behandelt.

e) Einen kritischen Hinweis erfordert schließlich das **Gesetz zur Beendigung** **11 a** **der Diskriminierung gleichgeschlechtlicher Gemeinschaften: Lebenspartnerschaften vom 16. 2. 2001** (BGBl I S 266). Das LPartG ist verfassungsrechtlich bedenklich. Es nähert die Wirkungen der Lebenspartnerschaft so sehr denen der Ehe an, dass die Annahme nicht mehr einleuchtet, Ehe und Familie seien im Sinne des Art 6 I GG noch „besonders" geschützt (ebenfalls krit Kaiser JZ 01, 617; Braun ZRP 01, 14; Britz ZRP 01, 324; diff Sachs JR 01, 41; zust jedoch Beck NJW 01, 1894). Das BVerfG (E 105, 313) hat das Gesetz für verfassungsgemäß erklärt; der besondere Schutz der Ehe in Art 6 I GG hindere den Gesetzgeber nicht, für die gleichgeschlechtliche Lebenspartnerschaft Rechte und Pflichten vorzusehen, die denen der Ehe gleich oder nahe kommen (LS 3).

f) Aus der 14. Wahlperiode ist noch das Gesetz zur Einführung der vorbehaltenen Sicherungsverwahrung zu nennen (14 vor § 1; 3 vor § 63 sowie die Kommentierung von § 66 a), aus der 15. das SexÄG (15 vor § 1; 12 vor § 174), das vor allem auf die Anhebung der Strafrahmen zur Bekämpfung der Straftaten gegen die sexuelle Selbstbestimmung setzt (zu Recht krit Duttge/Hörnle/Renzikowski NJW 04, 1065). **11 b**

4. Im ganzen war die **Gesetzgebungspraxis** in den letzten Wahlperioden **12** unter den angegebenen Gesichtspunkten **höchst problematisch** (speziell zum

Sexualstrafrecht krit Schroeder JZ 99, 827). Die Änderung von langfristig angelegtem Kernstrafrecht erfordert mehr Gelassenheit, mehr Streben nach innerer Geschlossenheit und Widerspruchsfreiheit des Gesamtsystems und damit eine ausreichende Spanne gründlicher Vorbereitung. Bei größeren Projekten ist das ohne Zuziehung einer unabhängigen Sachverständigenkommission nicht zu leisten. Gerade jetzt, wo es auf eine sorgfältige Abwägung der gegenläufigen Tendenzen entscheidend ankommt (dazu Kaiser Kriminalistik 94, 762 und Rehbinder-WidmSchr, S 31), ist hektische Eile nicht hilfreich. Das gilt auch für die geplante Wiedereinführung einer Kronzeugenregelung, die als aufgesplitterte bereichsspezifische Regelung (vgl den Gesetzesantrag Bayerns und Niedersachsens BR-Dr 958/03 sowie den Entwurf der CDU/CSU-Fraktion BT-Dr 15/2333) oder als allgemeine Strafzumessungsregelung in einem neuen § 46b möglich erscheint. – Zur vorbehaltenen (§ 66a) und nachträglichen (§ 66b) Sicherungsverwahrung vgl 3 vor § 63, 26 zu § 66 und die Kommentierungen zu §§ 66a, 66b (vgl dazu Braum ZRP 04, 105: „Mit fast üblicher Hektik dreht der Strafgesetzgeber erneut am Rad des Maßregelrechts.").

1. Titel. Strafen

– Freiheitsstrafe –

§ 38 Dauer der Freiheitsstrafe

(1) **Die Freiheitsstrafe ist zeitig, wenn das Gesetz nicht lebenslange Freiheitsstrafe androht.**

(2) **Das Höchstmaß der zeitigen Freiheitsstrafe ist fünfzehn Jahre, ihr Mindestmaß ein Monat.**

1   1. Das StGB bezeichnet als **Freiheitsstrafe** sowohl die im allgemeinen Strafrecht vorgesehene besondere Strafart als auch jede Form der freiheitsentziehenden Strafe, also auch Jugendstrafe und Strafarrest (zusf Kürzinger, in: Jescheck [Hrsg], Die Freiheitsstrafe und ihre Surrogate im deutschen und ausländischen Recht, 1984, Bd 3, S 1800; s auch Mitsch JA 93, 225 und Dünkel NK 22; rechtsvergleichend Jescheck aaO S 1990). Was die einzelne Vorschrift jeweils meint, ist durch Auslegung zu ermitteln (Häger LK 2). § 38 bezieht sich auf die besondere Strafart.

2   2. **Lebenslange** Freiheitsstrafe zB in §§ 211, 212 II (zu ihrer Verfassungsmäßigkeit BVerfGE 45, 187 mit krit Bespr Schmidhäuser JR 78, 265 und Beckmann GA 79, 441; 25 Jahre danach Köhne JR 03, 5; s auch BVerfGE 50, 5; 86, 288; BVerfG NJW 86, 2241 und 95, 3244; Jescheck/Triffterer [Hrsg], Ist die lebenslange Freiheitsstrafe verfassungswidrig?, 1978; Dünkel NK 30–33; Häger LK 35–44; beachte ferner Weber, Die Abschaffung der lebenslangen Freiheitsstrafe, 1999). Zur rechts- und kriminalpolitischen Problematik ihrer Verhängung, ihres Vollzugs und dessen Auswirkungen für den Gefangenen ua LG Verden NJW 76, 980; Röhl, Über die lebenslange Freiheitsstrafe, 1969; Einsele/Feige/Müller-Dietz, Die Reform der lebenslangen Freiheitsstrafe, 1971; Goemann, Das Schicksal der Lebenslänglichen, 1977; Kreuzer ZRP 77, 49; Laubenthal, Lebenslange Freiheitsstrafe, 1987; Weber/Scheerer (Hrsg), Leben ohne Lebenslänglich, 1988; Nickolei/Reindl, Lebenslänglich, 1993; Hille NStZ 95, 227; Bock/Mährlein ZRP 97, 376; speziell zu ihrer Anwendung bei Tötungsdelikten Kerner ZStW 98, 874; rechtsvergleichend Huber JZ 77, 16; Jescheck aaO [vgl 1] S 2005; Dünkel NK 28, 50, 51.

3   3. **Höchst- und Mindestmaß der zeitigen Freiheitsstrafe** nach Abs 2 gelten nur, soweit der Einzelstrafrahmen kein geringeres Höchstmaß und kein erhöhtes Mindestmaß androht. **Überschreitung** des Höchstmaßes ist auch bei Tat-

Vorbemerkung **§ 39, Vor § 40**

mehrheit nicht möglich (§ 54 II S 2); die Vollzugsdauer von fünfzehn Jahren kann jedoch überschritten werden, wenn auf mehrere selbstständige Strafen, gleich ob Einzel- oder Gesamtstrafen, nebeneinander erkannt worden ist (BGHSt 33, 367; 43, 216 mit krit Anm Fahl JR 98, 430; Häger LK 47; krit Dünkel NK 38, alle mwN) oder wenn neben einer Freiheitsstrafe die Ersatzfreiheitsstrafe für eine kumulativ verhängte Geldstrafe (zB nach § 53 II S 2) zu verbüßen ist (vgl Tröndle/ Fischer 5). Das Mindestmaß gilt nicht für die Ersatzfreiheitsstrafe (2 zu § 43).

4. Bemessung in Strafeinheiten § 39. Nebenfolgen der Freiheitsstrafe §§ 45– 45 b. Strafbemessung im Allgemeinen §§ 46–51; bei mehreren Gesetzesverletzungen §§ 52–55. Strafaussetzung zur Bewährung bei zeitiger Freiheitsstrafe §§ 56, 57, 58; bei lebenslanger Freiheitsstrafe § 57 a. **4**

5. Zu den in der **DDR** begangenen **Alttaten** 11 ff zu § 2. **5**

§ 39 Bemessung der Freiheitsstrafe

Freiheitsstrafe unter einem Jahr wird nach vollen Wochen und Monaten, Freiheitsstrafe von längerer Dauer nach vollen Monaten und Jahren bemessen.

1. Auf **Tage** und auf **Bruchteile** von Wochen, Monaten oder Jahren darf nicht erkannt werden (bei Mösl NStZ 84, 159; Dünkel NK 2). Wird dennoch ein halber Monat verhängt, so sind das zwei Wochen (BGHSt 7, 322, wo ein halber Monat mit 15 Tagen gleichgesetzt wurde, ist überholt, weil die Freiheitsstrafe nicht mehr nach Tagen bemessen werden darf, Häger LK 5). Die Vorschrift gilt nicht für die Ersatzfreiheitsstrafe (2 zu § 43). **1**

2. Die **kleinste Strafeinheit** von einer Woche oder einem Monat darf grundsätzlich nicht unterschritten werden (zu Ausnahmen bei der Gesamtstrafenbildung 4 zu § 54; 3 zu § 55). **2**

3. Freiheitsstrafen, die nach Wochen bemessen sind (beachte Bay NJW 76, 1951; Koblenz VRS 51, 350), enden mit dem Wochentag, dessen Bezeichnung dem des Strafantritts entspricht. Dasselbe gilt bei der Bemessung nach Monaten oder Jahren für das Datum des Strafantritts; fehlt dieses infolge der Ungleichheit der Jahre (Schaltjahr) oder Monate, so endet die Strafe am letzten Tag des Monats (RGSt 29, 75). Zur Strafzeitberechnung im Einzelnen vgl §§ 37 ff StVollstrO (beachte jedoch BVerfG NStZ 94, 452; Saarbrücken NStZ 94, 408). **3**

– Geldstrafe –

Vorbemerkung

1. Die Umstellung der Geldstrafe auf das sog **Tagessatzsystem,** dem das skandinavische Tagesbußensystem als Vorbild gedient hat, bildet einen Kernpunkt der Strafrechtsreform. Mit der Aufspaltung der Strafe in der Weise, dass die Zahl der Tagessätze im Wesentlichen den Schuldgehalt der Tat, die Höhe des einzelnen Tagessatzes dagegen die wirtschaftliche Leistungsfähigkeit des Täters widerspiegelt, sollte eine gerechtere Strafzumessung, vor allem mehr Opfergleichheit für wohlhabende und minderbemittelte Täter erreicht werden (BT-Dr V/4095 S 20; Schöch, in: Kaiser/Schöch Krim 7/49–54). **1**

a) Die **Einführung** dieses Systems ist im Vorbereitungsstadium des 2. StrRG (4 vor § 1) nahezu einhellig befürwortet worden. Er hatte sich für die Bemessung des Tagessatzes in Anlehnung an das skandinavische Recht auf das sog **Einbußeprinzip** gestützt, nach dem unter einem Tagessatz derjenige als Bewertungseinheit gedachte Geldbetrag zu verstehen ist, „dessen Einbuße dem Täter auf Grund seiner erzielbaren Einkünfte, seines verwertbaren Vermögens und seines tatsächlichen **2**

Lebenszuschnitts unter Berücksichtigung seiner Unterhalts- und sonstigen angemessenen Zahlungsverpflichtungen sowie seiner persönlichen Verhältnisse im Durchschnitt täglich zuzumuten ist" (BT-Dr aaO). Modellvorstellung für den Tagessatz sollte danach die Einsparung sein, die der Täter im Durchschnitt bei bescheidener Lebensführung täglich erwirtschaften konnte. Da diese Größenordnung bei dem Umrechnungsverhältnis von 1 : 1 zwischen einem Tag Freiheitsstrafe und einem Tagessatz (§ 43 S 2) in offensichtlichem Widerspruch zu der belastenderen Wirkung der Freiheitsstrafe stand, außerdem auch im Verhältnis zur Geldstrafenpraxis der Gerichte als entschieden zu gering erschien, ist das EGStGB (5 vor § 1) durch Änderung des § 40 II zum sog **Nettoeinkommensprinzip** übergegangen, das die gesamten – tatsächlichen oder erzielbaren – Nettoeinkünfte zum Ausgangspunkt der Bewertung macht (BT-Dr 7/1261 S 4); Vorschlägen, statt dessen den Umrechnungsmaßstab des § 43 S 2 zugunsten der Freiheitsstrafe zu verändern (zB Tröndle ZStW 86, 545, 575; aM Horn JR 77, 95, 100; Streng ZStW 111, 827, 841), ist das Gesetz nicht gefolgt. Darin liegt eine verbindliche gesetzgeberische Entscheidung, nach der die allgemeine Größenordnung des Tagessatzes nicht auf das beschränkt bleibt, was ein Täter täglich einsparen kann, sondern grundsätzlich die Nettoeinkünfte im Ganzen umfasst (hM; krit Schott JR 03, 315; anders Brandis, Geldstrafe und Nettoeinkommen, 1987, S 179; anders auch v Selle, Gerechte Geldstrafe, 1997, S 122, 220, nach dem der notwendige Eigenunterhalt des Täters nicht Teil des Nettoeinkommens ist). Die dem Täter abverlangte Einbuße orientiert sich also an einem Maßstab, der zwar nach wie vor das Prinzip der Opfergleichheit gewährleisten, aber nicht mehr die der Tageszahl entsprechende Reduzierung des Täters auf einen bescheidenen Lebensstandard widerspiegeln soll (BT-Dr aaO; Tröndle JR 75, 472).

3 **b)** Das 2. StrRG hatte außerdem das **Höchstmaß** des Tagessatzes im Hinblick auf den Bestimmtheitsgrundsatz auf 1000,– DM festgesetzt (BT-Dr V/4095 S 21); das EGStGB hat diese Grenze, um auch besonders wohlhabende Täter ausreichend treffen zu können, auf 10 000,– DM erhöht (BT-Dr 7/1261 S 6), damit aber für die Geldstrafe Größenordnungen erschlossen, die in keinem Verhältnis mehr zu Taten stehen, die zur unteren oder mittleren Kriminalität gehören; das Prinzip der Opfergleichheit lässt sich nicht schrankenlos, dh ohne Überschreitung absoluter, aus Verhältnismäßigkeit und Gerechtigkeit abzuleitender Grenzen, verwirklichen (Naucke, Tendenzen in der Strafrechtsentwicklung, 1975, S 6; Jescheck SchwZStr 75, 1, 35; aM Horn JR 77, 95, 98); daran hat die Umstellung auf 5000,– € durch das EuroEinfG (14 vor § 1) nichts geändert; dennoch werden Geldstrafen mit einem Tagessatz in dieser Höhe (zB Vermeidung einer zu vollstreckenden Freiheitsstrafe nach § 41) gelegentlich verhängt (Häger LK 13).

4 **c)** Die Geldstrafe hat nicht die Aufgabe, das für die Tat erlangte Entgelt und den aus ihr gezogenen Gewinn **abzuschöpfen**. Da das Tagessatzsystem bei Einbeziehung auch dieser Funktion nicht durchführbar wäre, ist die Aufgabe der Abschöpfung dem Verfall (§§ 73–73 e) zugewiesen worden (bei Dallinger MDR 75, 541).

5 **2.** Aus dem **Schrifttum** zum Tagessatzsystem vgl ua Zipf ZStW 86, 516; Tröndle ZStW 86, 545; Grebing ZStW 88, 1049; Frank NJW 76, 2329; Horn ZStW 89, 547, 556 und JR 77, 95; Driendl ZStW 88, 1137; Jescheck, Würtenberger-FS, S 257; Brustbauer JR 78, 100; Jescheck/Grebing (Hrsg), Die Geldstrafe im deutschen und ausländischen Recht, 1978; v Selle, Gerechte Geldstrafe, 1997; – rechtsvergleichend Albrecht NK 6 zu § 40.

§ 40 Verhängung in Tagessätzen

(1) **Die Geldstrafe wird in Tagessätzen verhängt. Sie beträgt mindestens fünf und, wenn das Gesetz nichts anderes bestimmt, höchstens dreihundertsechzig volle Tagessätze.**

Verhängung in Tagessätzen **§ 40**

(2) Die Höhe eines Tagessatzes bestimmt das Gericht unter Berücksichtigung der persönlichen und wirtschaftlichen Verhältnisse des Täters. Dabei geht es in der Regel von dem Nettoeinkommen aus, das der Täter durchschnittlich an einem Tag hat oder haben könnte. Ein Tagessatz wird auf mindestens einen und höchstens fünftausend Euro festgesetzt.

(3) Die Einkünfte des Täters, sein Vermögen und andere Grundlagen für die Bemessung eines Tagessatzes können geschätzt werden.

(4) In der Entscheidung werden Zahl und Höhe der Tagessätze angegeben.

Fassung des Abs 2 durch Art 22 EuroEinfG (14 vor § 1).

1. Die Geldstrafe ist die **mildeste Strafart** des Kriminalrechts (auch im Verhältnis zum Strafarrest nach § 9 WStG). Im Strafensystem ist sie **Hauptstrafe**, auch wenn sie neben Freiheitsstrafe verhängt wird (RGSt 52, 342). Grundsätzlich zu der Strafart im ganzen Zipf, Die Geldstrafe, 1966; zusf Mitsch JA 93, 304; Schütz Jura 95, 399, 407; s auch 5 vor § 40 (zu ihrer historischen Entwicklung und ihrem Verhältnis zu anderen Geldsanktionen Rüping ZStW 85, 672; Stapenhorst, Die Entwicklung des Verhältnisses von Geldstrafe zu Freiheitsstrafe seit 1882, 1993; zu ihrer Zumessung Albrecht, Strafzumessung und Vollstreckung bei Geldstrafen, 1980, S 97; speziell zur Abwälzbarkeit ihrer Wirkungen auf andere Hillenkamp, Lackner-FS, S 455). – Die Geldstrafe ist in die Bemühungen um die **Reform des strafrechtlichen Sanktionensystems** einbezogen (3 vor § 38). Nach dem gegenwärtigen Stand ist das Tagessatzsystem nicht in Frage gestellt. Diskutiert wird aber neben einigen marginalen Änderungen die Umstellung des Umrechnungsmaßstabes (§ 43 S 2) auf 1 zu 2 zugunsten der Freiheitsstrafe (Art 1 Nr 1 des BRats-Entw zur Verbesserung des strafrechtlichen Sanktionensystems BR-Dr 594/97) und die Aussetzung der Geldstrafe zur Bewährung (Art 1 Nr 1 des SPD-Fraktions-Entw zur Reform des strafrechtlichen Sanktionensystems BT-Dr 13/4462 S 4).

2. In den **Strafrahmen des Besonderen Teils und des Nebenstrafrechts** ist die Geldstrafe nach der Konzeption des EGStGB (BT-Dr 7/550 S 192, 204) grundsätzlich nicht allein (Ausnahmen: WStG und ZDG, Art 10 II, 12 I EGStGB), sondern nur wahlweise neben Freiheitsstrafe angedroht, und zwar immer dann, wenn deren gesetzliches Mindestmaß nicht erhöht ist. Sie deckt damit den Gesamtbereich der unteren und mittleren Kriminalität ab. Gegenüber der kurzfristigen Freiheitsstrafe hat sie Vorrang nach Maßgabe des § 47 (dort 2–7). Soweit dieser nicht anwendbar ist, steht sie neben der Freiheitsstrafe zur Wahl. Deren Ausübung unterliegt pflichtmäßigem Ermessen (50 zu § 46) und bestimmt sich nach den allgemeinen Strafzumessungsregeln des § 46 (hM; anders Grünwald, Schaffstein-FS, S 219, 234 und Horn, Schaffstein-FS, S 241, 244, die hier nur präventive Gesichtspunkte gelten lassen). Jedoch ist es nicht zulässig, nur wegen der Wohlhabenheit des Täters (BGHSt 3, 259, 263; Bay NJW 95, 3264) oder wegen der Besorgnis, dass der Täter die Geldstrafe voraussichtlich nicht aus eigenen Mitteln aufbringen muss (Bay NJW 94, 1167 mwN; str) Freiheitsstrafe statt Geldstrafe zu verhängen; dasselbe gilt für den Fall voraussehbarer Zahlungsunfähigkeit (GA 68, 84; Hamm MDR 75, 329 mwN). – Kumulative Geldstrafe neben Freiheitsstrafe ist in den Strafdrohungen beseitigt (Art 12 III EGStGB) und nur unter den Voraussetzungen des § 41 allgemein zugelassen.

3. Für die Verhängung der Geldstrafe gilt das **Tagessatzsystem** (1–4 vor § 40). Es spaltet den Strafzumessungsvorgang in zwei getrennte Akte in der Weise auf, dass zunächst die Zahl der Tagessätze nach dem Schuldgehalt der Tat und der Präventionsbedürftigkeit des Täters (str) bestimmt und alsdann die Höhe der Tagessätze aus Gründen der gleichen Fühlbarkeit der Belastung nach den persönlichen und

§ 40   AT. 3. Abschnitt. Rechtsfolgen der Tat

wirtschaftlichen Verhältnissen des Täters festgesetzt wird (hM; vgl etwa Zipf JuS 74, 137, 139; schon im Ansatz abw v Selle, Gerechte Geldstrafe, 1997, S 154, der die Wirkung der Geldstrafe als Zwang zu befristetem Konsumverzicht beschreibt und daraus die mit dem Gesetz schwerlich vereinbare Folgerung zieht, dass das tatsächliche Konsumverhalten des Täters den Maßstab für die Bewertung der Opfergleichheit bildet). Von der sorgfältigen Trennung dieser Akte hängt das richtige Ergebnis ab. Wer den Gesamtbetrag der Geldstrafe vorweg festlegt und ihn erst nachträglich in Tagessätze zerlegt, vereitelt Sinn und Funktion des ganzen Systems (Zipf aaO; Häger LK 52 vor § 40).

4 4. Die **Mindestgrenzen** für Zahl (Abs 1 S 2) und Höhe (Abs 2 S 3) der Tagessätze gelten auch bei Vorliegen besonderer gesetzlicher Milderungsgründe im Sinne des § 49 (dort 2, 5; Schäfer StrZ 506 Fn 32). Heraufsetzung der **Höchstzahl** in § 54 II S 2 (dort 3); Herabsetzung in § 49 I Nr 2 (dort 2). Zum **Höchstmaß** des einzelnen Tagessatzes 3 vor § 40.

5 5. Die **Zahl der Tagessätze** ist nach den allgemeinen Strafzumessungsregeln (32–49 zu § 46) zu bestimmen (Bay JZ 75, 538; Häger LK 2). Dabei können auch generalpräventive Erwägungen, soweit man sie überhaupt für zulässig hält (28–30 zu § 46; Klussmann NJW 74, 1275), und sogar spezialpräventive Gesichtspunkte (Zipf JuS 74, 137, 139; Häger LK 7; aM Klussmann aaO; Horn JR 77, 95, 98; diff Grebing ZStW 88, 1049, 1092) zu Buch schlagen. Außer Betracht bleibt lediglich die wirtschaftliche Belastbarkeit (NJW 76, 634; einschr Schöch, in: Kaiser/Schöch Krim 7/52) und die auf ihr beruhende Strafempfindlichkeit des Täters, für die es auf seine gesamten persönlichen und wirtschaftlichen Verhältnisse ankommt (Grebing aaO S 1056; Frank NJW 76, 2329).

6 6. Für die (in vollem Euro-Betrag festzusetzende) **Höhe der Tagessätze** gilt **Abs 2** (zur angestrebten „Signalwirkung" dieser Beträge BT-Dr 14/6371 S 18), der allerdings keine starre Bindung des Richters bezweckt, sondern nur allgemeine Anhaltspunkte für die Bewertung des Einzelfalls gibt (BGHSt 27, 212 mit krit Anm Zipf JR 78, 163; Celle JR 77, 382 mit Anm Tröndle). – Er beruht auf dem **Nettoeinkommensprinzip** (2 vor § 40).

7 **a) aa)** Das **Nettoeinkommen** ist im Gesetz nicht definiert. Nach dem Zweck der Vorschrift ist es nicht steuerrechtlich zu verstehen (hM). Es umfasst alle Einkunftsarten, auch aus Kapitalvermögen (Celle NStZ 83, 315 mit Anm Schöch), Vermietung (beachte Bay NJW 77, 2088 mit krit Anm Frank JR 78, 30), Verpachtung usw, ohne Rücksicht auf Pfändungsfreigrenzen. Auch Kindergeld (Celle NJW 77, 1248 mit Anm Tröndle JR 77, 247; Meyer MDR 81, 275, 276; str) und Einkünfte aus laufenden Renten-, Versorgungs- und Unterhaltsbezügen gehören hierher; dabei können letztere uU auch in Naturalleistungen (zB bei Hausfrauen, Köln MDR 79, 691; Frank aaO, beide mwN; str), Arbeitslosenunterstützung (Hamburg NJW 75, 2030), Sozialhilfe (Köln NJW 77, 307; Stuttgart NJW 94, 745; Hamburg NStZ 01, 655 und Frankfurt StV 02, 308, beide mit Hinweis auf § 42), Studienförderung (Köln NJW 76, 636; s auch Hamm NJW 76, 1221; Nierwetberg JR 85, 316) oder Gefangenenentlohnung (Bay NJW 86, 2842) bestehen. Auch Einkünfte aus Vermögenswerten, die auf andere Personen übertragen sind, kommen in Frage, wenn sie ungeachtet der formell fremden Rechtsträgerschaft tatsächlich dem Täter unmittelbar oder mittelbar (zB durch Minderung seiner Unterhaltspflicht) zufließen oder sonst seiner Verfügung unterliegen (NJW 93, 408 mit Anm Krehl NStZ 93, 336). Sogar „unbare" Vorteile sind uU als Einkommen erfassbar (Hamm MDR 83, 1043 mwN); so kann etwa der Mietwert eines selbstgenutzten Eigenheims (Hamm aaO; Brandis, Geldstrafe und Nettoeinkommen, 1987, S 160 mwN) oder, wenn jemand in Erwartung der Erbschaft im elterlichen Betrieb gegen bloßes Taschengeld mitarbeitet, der volle wirtschaftliche Wert der Arbeitskraft veranschlagt werden (Köln MDR 79, 691). Reine Vermögensveränderungen, wie

Erbschaften, Schenkungen usw, scheiden jedoch aus (hM; anders Brandis aaO S 156). Treffen Gewinn aus einer und Verlust aus einer anderen Einkunftsart zusammen, so kommt es idR auf den Saldo an (Bay NJW 77, 2088; Zweibrücken StV 01, 347; beachte auch Zweibrücken NStZ-RR 01, 82). Von den Einkünften abzuziehen sind namentlich die laufenden Steuern (beachte Hamm JR 78, 165, 166), bei Unselbstständigen die Sozialversicherungsbeiträge und bei Selbstständigen die Betriebsausgaben (Albrecht NK 25), Werbungskosten (Bay bei Rüth DAR 76, 173), Verluste (beachte jedoch Zweibrücken MDR 93, 887) und auch solche Versicherungsleistungen, die der Sozialversicherung Nichtselbstständiger vergleichbar sind (Bay bei Rüth DAR 82, 248; Tröndle ÖJZ 75, 589, 591). – Bei **Ehegatten,** von denen der eine keine eigenen Arbeitseinkünfte hat, das Nettoeinkommen aus Gründen der Gleichberechtigung hälftig aufzuteilen, bedeutet eine ungerechtfertigte Übertragung von Rechtssätzen, die anderen Zwecken dienen (BGHSt 27, 228; Düsseldorf MDR 84, 959; aM Frommel NJW 78, 862); hier wird es für den im Haushalt tätigen Partner idR auf die Höhe des ihm tatsächlich zufließenden oder zustehenden Unterhalts ankommen (Celle JR 77, 382 mit Anm Tröndle; Frank MDR 76, 626; aM Grebing ZStW 88, 1049, 1080, der auf den hypothetischen Unterhaltsanspruch bei Getrenntleben abstellt; eingehend Schaeffer, Die Bemessung der Tagessatzhöhe unter Berücksichtigung der Hausfrauenproblematik, 1978, S 93; zusf Geppert Jura 85, 497). – Die Bestimmung des Nettoeinkommens ist als **tatrichterliche Aufgabe** vom Revisionsgericht bis zur Grenze des Vertretbaren hinzunehmen; jedoch müssen die Urteilsgründe eine Nachprüfung der Rechtsanwendung ermöglichen (Düsseldorf NStZ 98, 464; Hamburg NStZ 01, 655; Frankfurt StV 02, 308). – Zum **Nettoeinkommen im Ganzen** Ising, Die Feststellung des Nettoeinkommens als Bemessungsgrundlage bei Bestimmung der Tagessatzhöhe nach § 40 StGB, 1979; Krehl, Die Ermittlung der Tatsachengrundlage zur Bemessung der Tagessatzhöhe bei der Geldstrafe, 1985; Brandis aaO; v Selle aaO (vgl 1) S 219; zusf Frank NJW 76, 2329.

bb) Der **Tagesdurchschnitt** wird nach der durchschnittlichen Einkommenshöhe aller, dh auch der arbeitsfreien, Tage eines Einkommenszeitraums bestimmt (bei Holtz MDR 79, 454). Bei Tätern mit wechselnden Einkünften ist ein Querschnitt für einen von der Gegenwart ausgehenden und so weit zurückreichenden Zeitraum zu bilden, dass erkennbar wird, was der Täter nachhaltig verdient. Umgekehrt kann uU auch eine in die Zukunft reichende Zeitspanne mitbewertet werden, wenn eine Veränderung der Einkommensverhältnisse zuverlässig absehbar ist (BGHSt 26, 325; Hamm JR 78, 165; Frank MDR 76, 626; Grebing JR 78, 142, 144). 8

cc) Das **erzielbare Einkommen** nach S 2 ist Bewertungsgrundlage nur, wenn zumutbare Erwerbsmöglichkeiten ohne billigenswerten Grund nicht wahrgenommen werden und deshalb kein oder nur ein herabgesetztes Nettoeinkommen erzielt wird (Hamm NJW 78, 230; Frankfurt NJW 88, 2624 weiter einschr Bay 98, 6 mit Anm Krehl NStZ 99, 189; unklar Hamburg JR 82, 160 mit abl Anm v Spiegel). Im Allgemeinen – dh ohne starre Bindung des Tatrichters (BGHSt 27, 212) – ist dabei maßgebend, was der Täter nach seinen persönlichen und wirtschaftlichen Verhältnissen verdienen könnte, wenn er nur wollte (bei Dallinger MDR 75, 541; Koblenz StV 98, 424). Für den Arbeitsunfähigen scheidet daher das erzielbare Nettoeinkommen als Bewertungsgrundlage aus. Eine Ehefrau, deren ausschließliche Tätigkeit im Haushalt für die Betreuung einer mehrköpfigen Familie notwendig oder auch nur sinnvoll ist, kann nicht auf die abstrakte Möglichkeit, eine Arbeitsstelle anzunehmen, verwiesen werden; für sie ist Nettoeinkommen nur das, was ihr als Unterhalt zufließt oder zusteht (Horstkotte Prot 7, 635; s auch 7). Dasselbe gilt darüber hinaus auch für solche Ehefrauen, die sich grundsätzlich für eine sog Hausfrauenehe entschieden haben; denn die Freiheit zu dieser Lebensentscheidung verbietet es, durch Zumutung der Aufnahme von Erwerbstätigkeit in 9

§ 40 AT. 3. Abschnitt. Rechtsfolgen der Tat

entgegengesetzter Richtung Druck auszuüben (Köln NJW 79, 277; Meyer MDR 86, 103; Kindhäuser 11; Albrecht NK 41; aM Baumann NStZ 85, 393). Auch bei Studenten wird im Hinblick auf ihre jeweilige Studiensituation häufig kein durch Arbeitsaufnahme erzielbares Einkommen zugrunde gelegt werden können (Frankfurt NJW 76, 635; Köln NJW 76, 636; Frank MDR 76, 626, 628; Häger LK 35; diff Meyer MDR 81, 275, 279). Aus ähnlichen Gründen kann ferner ein selbstständiger Gewerbetreibender idR nicht darauf verwiesen werden, durch Aufnahme einer Angestelltentätigkeit ein höheres Einkommen zu erzielen (Bay JR 99, 213 mit Anm Krehl NStZ 99, 189 und Dölling JR 99, 215). – Bildet bei diesen und vergleichbaren Tätergruppen das Nettoeinkommen keine sinnvolle Ausgangsgrundlage, so ist auf den Lebenszuschnitt abzustellen, den der Täter mit Hilfe der ihm verfügbaren Mittel aufrechterhalten kann (Tröndle ÖJZ 75, 589, 593). Wer dagegen zur Vermeidung der Geldstrafe unangemessen schlecht bezahlte Arbeit annimmt, ist auf seine bessere Fähigkeit festzulegen (Horstkotte aaO).

10   **b)** Nach Abs 2 S 2 ist idR von dem tatsächlichen oder erzielbaren Nettoeinkommen (vgl 7–9) **auszugehen.** Dieses bildet danach nur den regelmäßigen Ausgangspunkt der Bewertung, die sich alsdann **zur Erzielung einer für alle möglichst gleichen Strafwirkung** der jeweiligen wirtschaftlichen Belastbarkeit des Täters (nach oben oder unten) anzupassen hat (Hamm NJW 80, 1534). Diese Anpassung unterliegt tatrichterlicher Würdigung, für die es keine schematischen Regeln und keine rechnerisch fixierbaren Ergebnisse gibt (Häger LK 21; im Ansatz abw v Selle aaO [vgl 1]). Sie besteht in einer Abwägung aller aus den persönlichen und wirtschaftlichen Verhältnissen des Täters abzuleitenden Gründe, soweit sie unter dem Gesichtspunkt der Belastbarkeit für oder gegen ein Abweichen vom Nettoeinkommen sprechen; andere Gründe, zB die Annahme eines Mißverhältnisses zwischen Tatschwere und Geldstrafenendbetrag (Schleswig NStZ 83, 317) oder die Billigkeitserwägung, dass der Täter sein Einkommen freimütig angegeben habe und eine Schätzung (vgl 17) zu einem niedrigeren Ergebnis geführt hätte (1 StR 437/80 v 14. 10. 1980), sind nicht tragfähig. – Die Anpassung bedarf der Begründung (NStZ 89, 178), die vom Revisionsgericht nur begrenzt nachprüfbar ist (Bay MDR 75, 1038). Legen die Umstände eine Anpassung nahe, so darf sie in den Urteilsgründen nicht übergangen werden (Karlsruhe NStZ 88, 500). Im Einzelnen:

11   **aa) Belastungen mit Unterhaltsverpflichtungen** werden regelmäßig in ihrem tatsächlichen Umfang (Bay NStZ 88, 499 mit Anm Terhorst; Krehl NStZ 89, 463) mindernd zu Buch schlagen, weil sie den wirtschaftlichen Bewegungsspielraum ohne jeglichen Ausgleich einschränken (Celle JR 77, 382 mit Anm Tröndle; Bay NJW 77, 2088; Meyer MDR 81, 275, 277, alle mwN). Für das Maß ihrer Berücksichtigung können die RegBetrV und die unterhaltsrechtlichen Leitlinien der OLG (NJW Beil zu Heft 34/1999) Anhaltspunkte bieten (Hamm NJW 76, 722; Seib NJW 76, 2202; krit Tröndle ÖJZ 75, 589, 591; Meyer NJW 76, 1110), jedoch mit der Einschränkung, dass zur Verfügung stehende konkretere Bemessungsgrundlagen vorgehen (Celle NJW 77, 1248 und JR 77, 382; Tröndle JR 77, 247 und 385; Krehl aaO; str). – **Andere Verpflichtungen** rechtfertigen eine Minderung der Tagessatzhöhe nur, wenn sie keine Kosten der Lebenshaltung sind, die jedermann treffen, sondern den Lebenszuschnitt des Täters im Verhältnis zum Durchschnitt der Bezieher gleicher Einkommen fühlbar einschränken und wenn ihre Berücksichtigung zur Vermeidung einer unbilligen Härte angezeigt ist (Karlsruhe NStZ 88, 500 mit krit Bespr Krehl aaO S 465; s auch Celle JR 77, 382 mit Anm Tröndle; speziell zu Schulden aus Steuerrückständen Hamm JR 78, 165 und Stuttgart NJW 95, 67; aus BAFöG-Krediten Bay NJW 92, 2582 mit krit Anm Streng JR 93, 472). – Dass bei vermögenslosen Tätern laufende Verpflichtungen stets abzuziehen sind, lässt sich aus dem Nettoeinkommensprinzip, das nur einen Bewertungsmaßstab liefert, aber keine Zurückstufung des Täters auf das Existenzminimum im Auge hat (2 vor § 40), nicht ableiten (Meyer MDR 75, 188, 190; aM Horn JZ 74, 287, 288). Deshalb kann auch berücksichtigt werden, ob die überdurchschnittlichen Verpflichtungen von „rentierlichen Aufwendungen" (zB vermögenswirksamen Investitionen) herrühren (bei Holtz MDR 80, 104), ob sie eine wirtschaftlich sinnvolle Grundlage haben (zB Bau eines Eigenheims, Krankheit usw) oder ob sie Ausdruck einer leichtsinnigen Lebensführung sind (Köln VRS 64, 114; Häger LK 57).

bb) Das **Vermögen** ist nicht als solches Bewertungsgrundlage. Das folgt schon aus der ausdrücklichen Anknüpfung in Abs 2 S 2 an das Nettoeinkommen und aus der Überlegung, dass ein konfiskatorischer Charakter der Geldstrafe problematisch wäre (Meyer MDR 75, 188; Zipf JBl 77, 304, 308; Schöch aaO [vgl 5] 7/54; weniger einschr Frank MDR 79, 99). Maßgebender Gesichtspunkt ist daher nicht lediglich, ob der Täter der Verwertung von Vermögensstücken zumutbar ist (aM Krehl NStZ 88, 62). Es kommt vielmehr darauf an, ob die mit dem – uU auch formell fremden, dem Täter aber für eigene Zwecke zur Verfügung – stehenden (NJW 93, 408 mit Anm Krehl NStZ 93, 336) – Vermögen regelmäßig verbundene geringere Empfindlichkeit gegen Geldstrafen zur besseren Verwirklichung des Gedankens der Opfergleichheit die volle Ausschöpfung des Nettoeinkommens oder – namentlich bei einem Missverhältnis zwischen Einkommen und Lebenszuschnitt – auch dessen Überschreitung erfordert (Bay bei Rüth DAR 78, 207; Grebing ZStW 88, 1049, 1083; zur Rspr Häger LK 63; enger Meyer MDR 80, 16; weiter Frank aaO; schon im Ansatz abw v Selle aaO [vgl 1] S 181, 193, alle mwN). Betriebsvermögen, aus denen die Einkünfte erwirtschaftet werden, bleiben im Regelfall außer Ansatz (Bay NJW 87, 2029 mit Anm Zipf JR 87, 380; krit Krehl NStZ 88, 62); dasselbe gilt für kleine Vermögen und Kapitalansammlungen, die eine gesetzliche Alterssicherung ersetzen (Frank aaO S 101). Bei Vermögen dagegen, die aus wirtschaftlichen Erwägungen zur Wertsteigerung angelegt sind und deshalb keine oder nur geringe Einkünfte abwerfen, bietet sich die potentielle Ertragskraft als Maßstab an (Celle NStZ 83, 315 mit krit Anm Schöch). Im Ganzen kommt es darauf an, Art und Umfang des Vermögens, seine Liquidität und seine Funktion für den Vermögensträger (zB Eigenheim) so zu berücksichtigen, dass eine unangemessene Bevorzugung von Wohlhabenden vermieden, die Grenze der Konfiskation aber nicht überschritten wird (Köln StV 01, 347; beachte auch die Kritik von Naucke, Tendenzen in der Strafrechtsentwicklung, 1975, S 13).

cc) Ferner bildet § **46 I S 2** eine wichtige Schranke. Gerade bei haltlosen Tätern und bei solchen mit Einkommen am (Hamm NJW 80, 1534 mit krit Anm Meyer NJW 80, 2480; Köln StV 93, 365) oder unter dem Existenzminimum (Köln NJW 77, 307 mit Anm Meyer NJW 77, 724) ist die wirtschaftliche Belastbarkeit häufig eingeschränkt (näher dazu Stuttgart MDR 93, 887). Deshalb ist stets zu erwägen, ob und wie weit der rigorose Entzug von finanziellen Mitteln Gefahren für die künftige Lebensführung mit sich bringt (BGHSt 26, 325; Celle NStZ-RR 98, 270; Häger LK 52 vor § 40 und 60 zu § 40; aM Frank NJW 76, 2329, 2331; Heghmanns NStZ 94, 519, alle mwN; zw); da diese Frage speziell die wirtschaftliche Belastbarkeit und damit das Prinzip der Opfergleichheit betrifft, ist sie nicht schon bei der Tagessatzzahl, sondern erst bei deren Höhe zu berücksichtigen (vgl 5; aM Vogler JR 78, 353, 354; zw). – Daraus folgt zugleich, dass auch die **Zahl der Tagessätze** für ihre Höhe bedeutsam sein kann. Zwar wirkt sich der Gesichtspunkt, dass jede Strafe mit zunehmender Höhe nicht lediglich linear, sondern progressiv fühlbarer wird (Begr zu § 68 E 1962 S 193), schon auf die Tagessatzzahl aus (Vogler aaO). Speziell für die Geldstrafe gilt aber insofern Besonderes, als sie stets zunächst auf die für die wirtschaftliche Bedürfnisbefriedigung weniger wichtigen und alsdann mit zunehmender Höhe auf immer existenznotwendigere Mittel zugreift. Dieser Zusammenhang, der bei der Freiheitsstrafe keine Entsprechung hat, zwingt dazu, die wirtschaftliche Belastbarkeit und die Gefahr der Ent-

§ 40

sozialisierung wegen fehlender finanzieller Mittel bei hohen Geldstrafen anders zu beurteilen als bei niedrigen. Er betrifft schwerpunktmäßig auch die Voraussetzungen der Tagessatzhöhe, weil er sich speziell auf die wirtschaftliche Belastbarkeit auswirkt (vgl 5; aM Vogler aaO; Heghmanns aaO). Es ist deshalb legitim, die zusätzliche Belastung, die bei einer hohen Tagessatzzahl in der vollen Ausschöpfung des Nettoeinkommens steckt, durch eine Minderung des einzelnen Tagessatzes auszugleichen (BGHSt 26, 325; Hamburg StV 97, 472; Tröndle JR 76, 162; Horn JR 77, 95, 99; Streng Sanktionen 113; aM Frank aaO; Kadel, Die Bedeutung des Verschlechterungsverbotes für Geldstrafenerkenntnisse nach dem Tagessatzsystem, 1984, S 27, 35; Heghmanns aaO; v Selle aaO [vgl 1] S 29, alle mwN; zw).

14 dd) Der durch die Tat erzielte **Gewinn** kann allenfalls berücksichtigt werden, soweit er die wirtschaftliche Belastbarkeit des Täters erhöht (bei Holtz MDR 76, 633); wird er nach §§ 73 ff für verfallen erklärt oder durch den Verletzten abgeschöpft, so ist er für die Tagessatzhöhe unerheblich.

15 c) Vom Nettoeinkommen wird **ausnahmsweise** (Abs 2 S 2) dann nicht auszugehen sein, wenn der Täter ohne ins Gewicht fallendes Einkommen aus seinem Vermögen lebt (krit Frank MDR 79, 99, 101) oder wenn hinreichende Anhaltspunkte für die Schätzung seiner Einkünfte (Abs 3) fehlen. In solchen Fällen wird der **allgemeine Lebenszuschnitt** Bewertungsgrundlage (Hamburg MDR 81, 953; Tröndle/Fischer 12).

16 d) Für die Höhe des Tagessatzes kommt es auf die Verhältnisse **zurzeit der Entscheidung** an (NJW 76, 634; beachte jedoch unten 19 sowie 11–14 zu § 55). Nach ihnen und ihrer voraussichtlichen Weiterentwicklung bestimmt sich die belastende Strafwirkung. Deshalb wird die Frage, wann der Täter die Geldstrafe zahlen kann, erst im Rahmen des § 42 erheblich. Die mutmaßliche Bewilligung von Zahlungserleichterungen ist daher kein Grund, wegen der Erstreckung des Eingriffs auf einen längeren Zeitraum dessen belastende Wirkung geringer zu veranschlagen und deshalb den Tagessatz zu erhöhen (Horn NJW 74, 625, 626; Grebing ZStW 88, 1049, 1096).

17 7. Der Täter ist zu Auskünften über die **tatsächlichen Grundlagen für die Bemessung des Tagessatzes** nicht verpflichtet. Auch das Steuergeheimnis ist nicht eingeschränkt (Zipf JuS 74, 137, 140; krit Baumann JZ 63, 733, 738; Schöch ZStW 92, 143, 171 mwN), so dass Auskünfte der Finanzämter nur insoweit zulässig sind, als nach § 30 IV, V AO eine Offenbarungsbefugnis besteht (Köpp DRiZ 84, 314; krit Kohlmann, Spendel-FS, S 257). Das Bankgeheimnis öffentlich-rechtlicher Kreditinstitute genießt gegenüber der StA keinen besonderen Schutz (Meyer-Goßner 4 zu § 161); dennoch werden Bankauskünfte wegen der damit verbundenen Ermittlungsschwierigkeiten nur selten erreichbar sein. – Deshalb hat die in **Abs 3** vorgesehene **Schätzung** große Bedeutung. Sie setzt voraus, dass der Täter keine, unzureichende oder unzutreffende Angaben über seine wirtschaftlichen Verhältnisse macht (Düsseldorf StV 95, 643). Sie wird aber nicht erst zulässig, wenn alle anderen Ermittlungsmöglichkeiten erschöpft sind (Bay VRS 60, 103). Es muss vielmehr nur eine hinreichend konkrete, im Urteil näher darzulegende (Frankfurt StV 84, 157) Schätzungsgrundlage erarbeitet werden können (Koblenz NJW 76, 1275; Grebing JR 78, 142; Schäfer StrZ 101; Streng Sanktionen 116; zu pauschal Celle NJW 84, 185 mit krit Anm Stree JR 83, 205), die – anders als die Schätzung selbst – nach den allgemeinen Beweisgrundsätzen (Düsseldorf StV 97, 460), also auch unter Beachtung des Zweifelssatzes, zu ermitteln ist (NStZ 89, 361; Düsseldorf BA 97, 167). Alsdann kommt es darauf an, ob bei Anlegung eines zur Vermeidung ungerechtfertigter Bevorzugung Wohlhabender strengen Maßstabes (Köpp aaO) der Aufwand weiterer Ermittlungen im Verhältnis zum Ausmaß der noch bestehenden Ungewissheit nach pflichtmäßigem Ermessen (50 zu § 46) unangebracht wäre (hM; vgl etwa Nierwetberg JR 85, 316, 318; Hofmann

StraFo 03, 70; Schöch aaO [vgl 5] 7/55; Häger LK 68–75; enger BT-Dr V/4095 S 21; anders Hellmann GA 97, 503, der mit beachtlichen Gründen unterschiedliche Lösungen für die verschiedenen Vorschriften, die eine Schätzung zulassen [§§ 40 III, 43 a I, 73 b, 73 d II, 74 c III], vorschlägt, außerdem innerhalb der Vorschriften nach Fallgruppen differenziert und Auswirkungen der Schätzungsbefugnis auf den Umfang der Beweisaufnahme (§§ 244, 245 StPO) verneint; näher zum Übergang in das Schätzungsverfahren Krehl aaO [vgl 7] S 93, 186). – Diesen Grundsätzen entspricht die gegenwärtige Praxis nicht mehr. Das Bemühen um Vermeidung unverhältnismäßigen Aufwands hat zu dem problematischen Zustand geführt, dass sich die Gerichte regelmäßig mit den Angaben des Täters auch dann zufrieden geben, wenn beweisrechtlich weitere Ermittlungen nahe liegen.

8. a) Im **Urteil** müssen nur Zahl und Höhe der Tagessätze angegeben werden (Abs 4; § 260 IV S 3 StPO). Die Angabe der Gesamtsumme im Urteilstenor steht im Ermessen des Gerichts (§ 260 IV S 5 StPO); sie ist idR aus Gründen der Klarstellung zu empfehlen (Naucke NJW 78, 407; Häger LK 77; aM Streng Sanktionen 118; Horn SK 16; krit Vogler JR 78, 353 mwN).

b) Eine **Anfechtung des Urteils** kann wegen des unter 13 beschriebenen Zusammenhangs nicht auf die Zahl (Horn JR 77, 95, 97; Grünwald JR 78, 71; Häger LK 78; aM Koblenz NJW 76, 1275; Grebing JR 81, 1, 3; Kadel aaO [vgl 13] S 29; zw), im Allgemeinen aber auf die Höhe der Tagessätze beschränkt werden (BGHSt 27, 70; Bay JR 76, 161 mit Anm Tröndle; Köln NJW 77, 307; Schäfer StrZ 104). – Das **Verschlechterungsverbot** nach §§ 331 I, 358 II StPO schließt wegen der Koppelung mit der Ersatzfreiheitsstrafe (§ 43) eine Erhöhung der Zahl der Tagessätze aus (Bay JZ 75, 538; beachte jedoch 12 zu § 44). Dagegen bleibt die Nachholung einer versehentlich unterbliebenen Bestimmung der Tagessatzhöhe möglich (BGHSt 30, 93 mit Anm Meyer JR 82, 73; BGHSt 34, 90), ferner auch deren Heraufsetzung, wenn nur die Gesamtsumme nicht überschritten wird (Celle NJW 76, 121; Köln VRS 60, 46; Meyer NJW 79, 148; s auch Düsseldorf JR 86, 121 mit krit Anm Welp; zw); die abweichende Auffassung von Schröter (NJW 78, 1302) und Grebing (JR 81, 1, 2), die jede Auswirkung auf die Tagessatzhöhe verneinen, verkennt den Vorrang des Verschlechterungsverbots vor dem materiellen Recht (Dencker NStZ 82, 152, 153; Häger LK 83), während umgekehrt die volle Einbeziehung der Tagessatzhöhe in das Verbot (so Kadel aaO S 43 und GA 79, 459) über das Gebotene hinausgeht. Daraus folgt auch, dass eine rechtsirrig hinter der gesetzlichen Mindestzahl der Tagessätze zurückbleibende Geldstrafe nicht etwa aufzuheben und von Strafe abzusehen ist (BGHSt 27, 176 mwN; str). Zu Art und Umfang der Bindung des Rechtsmittelrichters an das Verschlechterungsverbot beachte auch 44 zu § 46.

9. a) Kumulative Geldstrafe § 41. Zahlungserleichterungen § 42. Ersatzfreiheitsstrafe § 43.

b) Vollstreckung §§ 459–459 d, 459 h StPO (dazu Albrecht, Strafzumessung und Vollstreckung bei Geldstrafen, 1980, S 223; krit Janssen, Die Praxis der Geldstrafenvollstreckung, 1994). Zur Möglichkeit der Tilgung uneinbringlicher Geldstrafen durch **freie Arbeit** beachte Art 293 EGStGB; von der dort erteilten Ermächtigung haben die Länder Gebrauch gemacht. – Die Eröffnung dieser Möglichkeit ist ein **Teilergebnis** intensiver, auf **Zurückdrängung der Freiheitsstrafe gerichteten Bestrebungen** (näher dazu 3 vor § 38); zu Entwicklung und Stand der Diskussion um den Einbau der freien Arbeit in das Strafrechtssystem vgl den BRats-Entwurf BT-Dr 13/10485, der freie Arbeit als selbständige Sanktion vorschlägt (krit dazu Böhm ZRP 98, 360 und Weßlau StV 99, 278, 284; zum Ganzen vgl ferner ua Pfohl, Gemeinnützige Arbeit als strafrechtliche Sanktion, 1983; Kerner/Kästner [Hrsg], Gemeinnützige Arbeit in der Strafrechtspflege,

1986; Blau, Kaufmann [H]-GedSchr, S 191; Albrecht/Schädler ZRP 88, 278; Jehle ua, Gemeinnützige Arbeit statt Ersatzfreiheitsstrafe, 1990, Feuerhelm, Gemeinnützige Arbeit als Alternative in der Geldstrafenvollstreckung, 1991, Stellung und Ausgestaltung der gemeinnützigen Arbeit im Strafrecht, 1997 [KUP Bd 22] und BewH 98, 323; Jung, Sanktionensysteme und Menschenrechte, 1992, S 129; Schöch, in: Jehle [Hrsg], Kriminalprävention und Strafjustiz, 1996, S 291, 312; Heghmanns ZRP 99, 297; Streng ZStW 111, 827, 837; rechtsvergleichend Jescheck ZStW 98, 1, 24; Albrecht/Schädler [Hrsg], Community Service, 1986; Cornils MschrKrim 95, 322; Killias ua ZStW 112, 637, alle mwN).

21 **10.** Zur Geldstrafe bei den in der **DDR** begangenen **Alttaten** 11 zu § 2.

§ 41 Geldstrafe neben Freiheitsstrafe

Hat der Täter sich durch die Tat bereichert oder zu bereichern versucht, so kann neben einer Freiheitsstrafe eine sonst nicht oder nur wahlweise angedrohte Geldstrafe verhängt werden, wenn dies auch unter Berücksichtigung der persönlichen und wirtschaftlichen Verhältnisse des Täters angebracht ist. *Dies gilt nicht, wenn das Gericht nach § 43 a eine Vermögensstrafe verhängt.*

Fassung: Der in Satz 2 genannte § 43 a ist durch Urteil des BVerfG v 20. 3. 2002 mit Gesetzeskraft für nichtig erklärt worden (BGBl I 1340).

1 **1. a)** Die Vorschrift hat **Ausnahmecharakter,** weil sich die **Kumulation** von Freiheitsstrafe und Geldstrafe für die Wiedereingliederung des Täters meist ungünstig auswirkt und deshalb uU gegen § 46 I S 2 verstößt (abl daher Zipf JuS 74, 137, 140; Grebing JZ 76, 745, 749; einschr auch BGHSt 26, 325; krit Eberbach NStZ 87, 486; Streng Sanktionen 124). Im Bereich der Wirtschafts- und Steuerkriminalität kann es nach den persönlichen und wirtschaftlichen Verhältnissen des Täters angezeigt sein, ihn nicht nur an der Freiheit, sondern auch am Vermögen zu treffen (BGH aaO). Die Vorschrift soll auch in Verfahren zum Zuge kommen, in denen die Anordnung einer Vermögensstrafe nach Nichtigerklärung von § 43 a durch das BVerfG aufzuheben ist (NStZ 03, 198).

1a **b)** Es ist eine **unzulässige Umgehung** der zeitlichen Schranken des § 56 I (BGHSt 32, 60 mit Anm Horn JR 84, 211) oder des § 56 II (NJW 85, 1719 mit Anm Bruns JR 86, 71; aM AG Saarbrücken NStZ 84, 76 mit Anm Horn), wenn eine nach allgemeinen Strafzumessungsregeln verwirkte Freiheitsstrafe ausschließlich zu dem Zweck ermäßigt und mit einer auf § 41 gestützten Geldstrafe kumuliert wird, um sie aussetzungsfähig zu machen; im Übrigen steht aber die kumulierte Geldstrafe der Aussetzung auch einer zweijährigen Freiheitsstrafe nicht entgegen, wenn die Kumulierung als eine dem Täter und der Tat insgesamt besser gerecht werdende Sanktion erscheint (BGHSt aaO S 65; StV 99, 424, 426; s auch NStZ-RR 98, 108 und bei Detter NStZ 99, 497, alle mwN).

2 **2. a) Sich bereichern** bedeutet, sich (unbedingt oder bedingt) vorsätzlich einen Vermögensvorteil (59 zu § 263) verschaffen; Bereicherungsabsicht im Sinne zielgerichteten Wollens (20 zu § 15) ist nicht erforderlich, weil das Gesetz für diese Einschränkung keinen Anhalt bietet (Kindhäuser 4; Häger LK 9; aM Hamm NJW 75, 1370; Düsseldorf GA 76, 117). Es ist unerheblich, ob die Bereicherung Tatbestandsmerkmal des anwendbaren Gesetzes ist (so schon BGHSt 17, 35).

3 **b) „Durch die Tat"** erfordert nicht notwendig unmittelbare Bereicherung aus der Tat; auch ein für die Tat erlangtes oder erwartetes Entgelt genügt (BGHSt 32, 60 mit krit Anm Horn JR 84, 211; Kindhäuser 5).

4 **3. a)** Die **Höhe der Freiheitsstrafe** und die **Zahl der Tagessätze** dürfen zusammen das Schuldmaß nicht überschreiten, müssen sich also – aufeinander ab-

gestimmt – innerhalb des Schuldrahmens halten, mit der Folge, dass sich Verhängung und Ausmaß der Geldstrafe auf die Höhe der Freiheitsstrafe mildernd auswirken können (BGHSt 32, 60; Schäfer StrZ 214). Da die Vorschrift nach pflichtmäßigem Ermessen (50 zu § 46) anzuwenden ist (bei Holtz MDR 91, 294), ermöglicht sie eine flexiblere Gestaltung der nach den allgemeinen Strafzumessungsregeln (22–49 zu § 46) zu bestimmenden Strafartreaktion.

b) Aus dem Erfordernis der Schuldangemessenheit der Gesamtreaktion (vgl 4) 5 wird gefolgert, dass die kumulativ angedrohte Geldstrafe **keine Strafrahmenerweiterung** bewirkt (Tröndle/Fischer 7; aM Häger LK 19). Vielmehr sollen vom Höchstmaß der angedrohten Strafe die Tagessätze der Geldstrafe abgezogen werden (beachte § 43 S 2), damit das im Strafrahmen zum Ausdruck kommende Schuldhöchstmaß nicht überschritten wird (hM; vgl Albrecht NK 5; Horn SK 3; Sch/Sch-Stree 8; anders M-Zipf AT 2 59/33).

§ 42 Zahlungserleichterungen

Ist dem Verurteilten nach seinen persönlichen oder wirtschaftlichen Verhältnissen nicht zuzumuten, die Geldstrafe sofort zu zahlen, so bewilligt ihm das Gericht eine Zahlungsfrist oder gestattet ihm, die Strafe in bestimmten Teilbeträgen zu zahlen. Das Gericht kann dabei anordnen, daß die Vergünstigung, die Geldstrafe in bestimmten Teilbeträgen zu zahlen, entfällt, wenn der Verurteilte einen Teilbetrag nicht rechtzeitig zahlt.

1. Die Vorschrift bezieht sich nur auf die Bewilligung von Zahlungserleichte- 1 rungen im **Urteil** (oder Strafbefehl). Für entsprechende, zum Teil weitergehende Vergünstigungen im Vollstreckungsverfahren – auch für die etwa erforderliche Änderung der Bewilligung im Urteil – ist die Vollstreckungsbehörde nach § 459 a StPO zuständig (Kölsch NJW 76, 408). Die Vergünstigung erfasst die Verfahrenskosten, auf die sie auch beschränkt werden kann (§ 459 a IV StPO).

2. § 42 wird erst relevant, wenn die Strafzumessung abgeschlossen ist, dh Zahl 2 und Höhe der Tagessätze feststehen (Häger LK 3; 16 zu § 40). **Nicht zuzumuten** ist die sofortige Zahlung idR, wenn der Verurteilte keine ausreichenden Rücklagen besitzt und die Geldstrafe so hoch ist, dass er sie im Hinblick auf seinen Lebensbedarf (einschl Familie) und seine laufenden Verpflichtungen nicht auf einmal aus seinen Einkünften aufbringen kann (Häger LK 7, 8). Ist von vornherein nicht zu erwarten, dass er innerhalb angemessener Frist (dazu Stuttgart MDR 93, 996) wirklich zahlt, so braucht keine Vergünstigung bewilligt zu werden (so schon BGHSt 13, 356; beachte aber Bremen NJW 62, 217; zw).

3. Satz 1 ist **Muß-Vorschrift,** mit der sich das Urteil auch ohne Antrag ausei- 3 nanderzusetzen hat (bei Detter NStZ 90, 578). Da jedoch bei Geldstrafen bis zur Höhe eines Monatseinkommens die sofortige Zahlung idR zumutbar ist, bedeutet das Fehlen eines ablehnenden Ausspruchs in diesem unteren Bereich nur dann einen sachlich-rechtlichen Fehler, wenn nach den Umständen eine Ausnahme von der Regel nahe lag (Schleswig NJW 80, 1535 mit Anm Zipf JR 80, 425; krit Albrecht NK 5). Die Rspr hält die Bewilligung, obwohl ihre Ausgestaltung eine typische Aufgabe des Tatrichters ist, durch das Revisionsgericht für nachholbar (bei Holtz MDR 80, 453; Karlsruhe MDR 79, 515; Meyer MDR 76, 714; Schäfer StrZ 820; Häger LK 22; aM Sch/Sch-Stree 8; zw). – Satz 2 ist **Kann-Vorschrift,** über deren Anwendung pflichtmäßiges Ermessen (50 zu § 46) entscheidet.

4. Solange dem Verurteilten die Vergünstigung eingeräumt ist, darf die **Voll-** 4 **streckung** weder der Geld- noch der Ersatzfreiheitsstrafe eingeleitet oder fortgesetzt werden (Hamburg MDR 75, 330 mwN); die Vollstreckungsverjährung ruht

(§ 79a Nr 2 Buchst c). Zum Vollstreckungsverfahren im Übrigen §§ 459–459d StPO (krit dazu Meier ZRP 91, 68).

§ 43 Ersatzfreiheitsstrafe

An die Stelle einer uneinbringlichen Geldstrafe tritt Freiheitsstrafe. Einem Tagessatz entspricht ein Tag Freiheitsstrafe. Das Mindestmaß der Ersatzfreiheitsstrafe ist ein Tag.

1   1. Die Ersatzfreiheitsstrafe ist **echte Strafe,** nicht Beugemaßnahme (BGHSt 20, 13, 16). Ihre Verbüßung tilgt daher zugleich die Geldstrafe, so dass deren spätere Beitreibung ausgeschlossen ist (RGSt 45, 332). Die Vorschrift gilt nicht für den Verfall und die Einziehung des Wertersatzes nach §§ 73a, 74c. Ihrer Art nach ist die Ersatzstrafe grundsätzlich Freiheitsstrafe (beachte jedoch § 11 WStG). – Rechtsvergleichend Albrecht NK 3.

2   2. Wegen des feststehenden (beachte 2 vor § 40) Umrechnungsverhältnisses bedarf es **keiner Festsetzung im Urteil** (Bremen NJW 75, 1524; Häger LK 5). Das von §§ 38 II, 40 I S 2 abweichende Mindestmaß erklärt sich aus dem festen Verhältnis der Ersatzstrafe zur Geldstrafe und aus der Tatsache, dass im Einzelfall ein Teil der Geldstrafe bezahlt und daher die Ersatzstrafe nur für den Rest relevant sein kann (BT-Dr V/4095 S 22).

3   3. a) Zur **Vollstreckung der Ersatzstrafe** §§ 459e, 459f StPO (beachte auch § 456a StPO; zu Besonderheiten bei der Vollstreckung gegen Personen im Insolvenzverfahren Franke NStZ 99, 548). – Die richterliche Anordnung, dass die Vollstreckung der Ersatzstrafe **unterbleibt,** weil sie eine unbillige Härte wäre (§ 459f StPO), setzt eine Gesamtwürdigung der Verhältnisse des Verurteilten voraus (Häger LK 18). Trotz der Bedenken, die allgemein gegen kurzfristige Freiheitsstrafen bestehen (1 zu § 47), wird zu berücksichtigen sein, dass eine großzügige Handhabung der Härteklausel die generalpräventive Wirksamkeit des Geldstrafensystems in Frage stellen kann. Die Anordnung ist daher regelmäßig (zu einer Ausnahme Schleswig StV 98, 673 mit Anm Pause/Bobinski) nur begründet, wenn der Verurteilte an der Uneinbringlichkeit (§ 459e IV StPO) schuldlos und die Tilgung durch freie Arbeit (20 zu § 40) nicht möglich war, wenn selbst außergewöhnliche Anstrengungen ihn nicht in die Lage versetzen, die erforderlichen Mittel ratenweise aufzubringen, und wenn es zur Erreichung des Strafzwecks keiner weiteren Einwirkung mehr bedarf (hM; vgl etwa BGHSt 27, 90, 93; Düsseldorf MDR 83, 341 und 85, 76; probl Dortmund StV 96, 218; krit Frank NJW 78, 141; v Selle NStZ 90, 118 und Gerechte Geldstrafe, 1997, S 90; Hennig ZRP 90, 99 und BewH 99, 298; Bublies BewH 92, 178; Hemdorf/Wölber ZStW 111, 929; s auch Villmow, Kaiser-FS, S 1291, alle mwN).

4   b) Eine **Aussetzung der Ersatzfreiheitsstrafe zur Bewährung** ist unzulässig (B-Weber/Mitsch AT 34/18; aM Albrecht NK 6). Dieser generalpräventiv motivierte Ausschluss erzeugt Spannungen zu den §§ 47, 56, die durch Anwendung des § 459d (dazu Volckart NStZ 82, 496, 498) und des § 459f StPO nur zum Teil ausgeglichen werden können.

§ 43a Verhängung der Vermögensstrafe

Verweist das Gesetz auf diese Vorschrift, so kann das Gericht neben einer lebenslangen oder einer zeitigen Freiheitsstrafe von mehr als zwei Jahren auf Zahlung eines Geldbetrages erkennen, dessen Höhe durch den Wert des Vermögens des Täters begrenzt ist (Vermögensstrafe). Vermögensvorteile, deren Verfall angeordnet wird, bleiben bei der Bewertung des Vermögens außer Ansatz. Der Wert des Vermögens kann geschätzt werden.

Fahrverbot **§ 44**

§ 42 gilt entsprechend.
Das Gericht bestimmt eine Freiheitsstrafe, die im Fall der Uneinbringlichkeit an die Stelle der Vermögensstrafe tritt (Ersatzfreiheitsstrafe). Das Höchstmaß der Ersatzfreiheitsstrafe ist zwei Jahre, ihr Mindestmaß ein Monat.
§ 43a ist durch Urteil des Bundesverfassungsgerichts vom 20. 3. 2002 mit Gesetzeskraft für nichtig erklärt worden (BGBl I S 1340).

– Nebenstrafe –

§ 44 Fahrverbot

(1) **Wird jemand wegen einer Straftat, die er bei oder im Zusammenhang mit dem Führen eines Kraftfahrzeugs oder unter Verletzung der Pflichten eines Kraftfahrzeugführers begangen hat, zu einer Freiheitsstrafe oder einer Geldstrafe verurteilt, so kann ihm das Gericht für die Dauer von einem Monat bis zu drei Monaten verbieten, im Straßenverkehr Kraftfahrzeuge jeder oder einer bestimmten Art zu führen. Ein Fahrverbot ist in der Regel anzuordnen, wenn in den Fällen einer Verurteilung nach § 315c Abs. 1 Nr. 1 Buchstabe a, Abs. 3 oder § 316 die Entziehung der Fahrerlaubnis nach § 69 unterbleibt.**

(2) **Das Fahrverbot wird mit der Rechtskraft des Urteils wirksam. Für seine Dauer werden von einer deutschen Behörde ausgestellte nationale und internationale Führerscheine amtlich verwahrt. Dies gilt auch, wenn der Führerschein von einer Behörde eines Mitgliedsstaates der Europäischen Union oder eines anderen Vertragsstaates des Abkommens über den Europäischen Wirtschaftsraum ausgestellt worden ist, sofern der Inhaber seinen ordentlichen Wohnsitz im Inland hat. In anderen ausländischen Führerscheinen wird das Fahrverbot vermerkt.**

(3) **Ist ein Führerschein amtlich zu verwahren oder das Fahrverbot in einem ausländischen Führerschein zu vermerken, so wird die Verbotsfrist erst von dem Tage an gerechnet, an dem dies geschieht. In die Verbotsfrist wird die Zeit nicht eingerechnet, in welcher der Täter auf behördliche Anordnung in einer Anstalt verwahrt worden ist.**

Fassung: Nach dem StVGÄndG (vor 1 zu § 69b) sind die bisherigen Abs 3, 4 mit Änderungen zur Anpassung an die „Zweite EG-Führerscheinrichtlinie" Abs 2, 3 geworden.

1. Das Fahrverbot ist **Nebenstrafe** (im Gegensatz zu § 69 nicht Maßregel) und als Denkzettelstrafe namentlich für Kraftfahrer gedacht, die im Verkehr aus Nachlässigkeit oder Leichtsinn erheblich versagt haben, aber zum Führen von Kraftfahrzeugen noch geeignet sind (zusf Lackner JZ 65, 92, 120; Krumm NJW 04, 1627, 1628; ebenso B-Weber/Mitsch AT 34/24 und Kindhäuser 1). – Das Fahrverbot nach **§ 25 StVG** hat engere Voraussetzungen; die dazu entwickelten Grundsätze für das Regelfahrverbot können deshalb nicht ohne weiteres auf § 44 übertragen werden (Köln NZV 96, 286). Auch die dem Betroffenen dort in bestimmten Fällen eingeräumte Vier-Monats-Frist für das Wirksamwerden des Fahrverbots gilt im Strafrecht nicht (Hentschel DAR 98, 138, 140; zu den Gründen Fehl NZV 98, 439 mwN). – Referentenentwürfe des BMJ vom Dezember 2000 und Juni 2003 zum Entwurf eines Gesetzes zur Reform des Sanktionenrechts sehen eine Erweiterung des verkehrsstrafrechtlichen Fahrverbots vor (vgl Wolters ZStW 114, 63, 70; vgl auch den Koalitionsentwurf BT-Dr 14/9358); zur Diskussion um das Fahrverbot als Strafe für alle Straftaten vgl Kühl, Tübingen RV, S 141, 155 und Streng Sanktionen 789–792. Zu weiteren **Reformvorschlägen** 1 zu § 69. – **Rechtstatsachen** bei Herzog NK 3, 4. 1

§ 44

2 2. Zu den **Voraussetzungen:**

a) Straftat ist eine rechtswidrige Tat (18 zu § 11), die schuldhaft begangen wurde (einschl Versuch, Teilnahme und versuchter Beteiligung). Länger als zwei Jahre zurückliegende Taten rechtfertigen ein Fahrverbot als „Denkzettel" nicht mehr (vgl Bay NZV 02, 280; KG NZV 02, 281; Hentschel NJW 03, 716, 727; Krumm NJW 04, 1627, 1628).

3 **b)** aa) **Zusammenhang mit dem Führen eines Kraftfahrzeugs. – Kraftfahrzeug** ist nach § 1 II StVG das durch Maschinenkraft angetriebene, nicht an Gleise gebundene Landfahrzeug (BGHSt 39, 249 mwN; s auch Bay NStZ-RR 01, 26). Nicht ausreichend ist ein Zusammenhang lediglich mit dem Führen eines abgeschleppten, betriebsunfähigen Kraftfahrzeugs (Hentschel JR 91, 113), eines Fahrrades (BVerwG NJW 89, 1623; zu einem Grenzfall beachte jedoch Oldenburg NStZ-RR 99, 377); oder eines Schienenfahrzeugs (hM; vgl Bay NZV 93, 239 mwN; anders LG München NZV 93, 83 mit abl Anm Hentschel), wohl aber mit dem Führen eines führerscheinfreien Kraftfahrzeugs (bei Martin DAR 72, 119; Oldenburg NJW 69, 199). – Im Übrigen muss eine Beziehung gerade zum **Führen** (3 zu § 315c), sei es auch nur im nicht öffentlichen Verkehrsraum (LG Stuttgart NZV 96, 213; Hentschel 3 zu § 69; Herzog NK 12; Streng Sanktionen 288; aM Sch/Sch-Stree 12 zu § 69; zw), bestehen (zusf Sonnen JA 83, 300, 301). In diesem Rahmen legt die Rspr den Begriff sehr weit aus (krit Kulemeier NZV 93, 212; Geppert LK 34 zu § 69; Jescheck/Weigend AT S 826; Herzog NK 15; Streng aaO; „bewusst weit" nach Schäfer StrZ 285). Zwar genügt Benutzen des Fahrzeugs nur bei Gelegenheit der Tat nicht (Stuttgart NJW 73, 2213), wohl aber zu ihrer Vorbereitung, Durchführung, Deckung oder Ausnutzung (NZV 97, 369). Danach wird, wenn der notwendige funktionale Zusammenhang besteht (NStZ-RR 98, 271), auch erfasst: Verbringen des Opfers zum Tatort, Herbeiführen eines manipulierten „Unfalls" zur Vorbereitung eines Versicherungsbetrugs (StV 92, 64; München NJW 92, 2776, beide mwN), Einsatz beim Drogenhandel (NStZ 92, 586 und 00, 26; Düsseldorf NZV 92, 331; einschr NStZ 03, 122), Abtransport der Beute bei Diebstahl oder Schmuggel (Düsseldorf VRS 67, 255) und vorausgeplante Benutzung des Fahrzeugs zur Flucht (NStZ 95, 229). Auch Tätlichkeiten bei Auseinandersetzungen über Verkehrsverhalten (Köln NJW 63, 2370; LG Koblenz NStZ-RR 96, 117 mwN), falsche Anzeigen (§ 145d) zur Vertuschung von Trunkenheitsfahrten (Hamm VRS 57, 184; zw) und Fälschungen von Führerscheinen zum Zweck der Vorlage bei möglichen Verkehrskontrollen (Cramer MDR 72, 558; einschr Sch/Sch-Stree 16 zu § 69 und Hentschel TFF Rdn 594, die den Zusammenhang nur bei wirklicher Vorlage bejahen; beachte auch Köln MDR 72, 621; zw) reichen idR aus. – Der Zusammenhang soll nach der Rspr nicht notwendig eigenhändiges Führen erfordern (BGHSt 10, 333 mit abl Anm Hartung JZ 58, 131; München NJW 92, 2777; Dreher/Fad NZV 04, 231, 235; aM Hentschel TFF Rdn 587, 588; Geppert LK 45 zu § 69 mwN; zw). Auch das Überlassen eines Fahrzeugs an einen Fahruntüchtigen oder an einen Fahrer ohne Fahrerlaubnis (Stuttgart NJW 61, 690; s auch Koblenz NJW 88, 152) und die Anordnung der Inbetriebnahme eines vorschriftswidrigen Fahrzeugs (Sch/Sch-Stree 13 zu § 69; zw) werden daher erfasst (zu weit LG Ravensburg NZV 93, 325 mit abl Anm Körfer). Deshalb ist der erforderliche Zusammenhang, wenn er nur in der Person eines Mittäters besteht, im Rahmen des gemeinschaftlichen Tatentschlusses (10 zu § 25) auch dem anderen zuzurechnen (bei Holtz MDR 78, 968; München NJW 92, 2777). Die Rspr bezieht zu Unrecht (hM; vgl Geppert LK 40 zu § 69 mwN) auch Fälle ein, in denen ein Zusammenhang **nur mit dem Besitz** des Fahrzeugs besteht (BGHSt 5, 179 betr Betrug durch Vorspiegelung von Kreditwürdigkeit; VRS 30, 275 betr Erschleichen von Tankstellenleistungen; krit Herzog NK 17) oder die Tat sogar erst der Erlangung des Besitzes an dem Fahrzeug dient (BGHSt 17, 218).

Fahrverbot **§ 44**

bb) Als **Verletzung der Pflichten eines Kraftfahrzeugführers** (Celle MDR 67, 1026) kommt ua Widerstand gegen Blutentnahme in Frage (Hamm VRS 8, 46). Nicht hierher gehört dagegen, wer von einer Autobahnbrücke aus Steine auf die Fahrbahn geworfen und dabei Menschen verletzt oder getötet hat (NZV 01, 133). **4**

c) Mangels Verurteilung zu **Freiheitsstrafe oder Geldstrafe** ist das Fahrverbot unzulässig, wenn von Strafe abgesehen (zB nach §§ 60, 316 a II) oder eine Verwarnung mit Strafvorbehalt nach § 59 (dort 3) ausgesprochen wird, dagegen zulässig neben Erziehungsmaßregeln und Zuchtmitteln (§ 8 III JGG) und neben Aussetzung der Verhängung der Jugendstrafe nach § 27 JGG (Lackner JZ 65, 92, 95; Schöch JR 78, 74, 75; Streng Sanktionen 289; aM Warda GA 65, 65, 68; Geppert LK 12; Herzog NK 23). – Zum Fahrverbot beim **Zusammentreffen mehrerer Gesetzesverletzungen** 9 zu § 52; 6 a, 7 zu § 53; 17, 18 zu § 55. **5**

d) aa) Da das Fahrverbot Nebenstrafe ist, gelten die allgemeinen **Strafzumessungsregeln,** namentlich das Erfordernis der Schuldangemessenheit (23–25 zu § 46); zwischen Haupt- und Nebenstrafe besteht eine Wechselwirkung insofern, als beide zusammen das Maß der Tatschuld nicht überschreiten dürfen und als sie – wenn auch mit verschiedenen Mitteln – überwiegend dieselben Strafzwecke verfolgen (BGHSt 24, 11; Köln VRS 81, 21). Unter ihnen hat die Spezialprävention (Warnung des Täters) besondere (Celle NJW 68, 1101; Düsseldorf StV 86, 20), aber keine ausschließliche Bedeutung (Bay 67, 7; weiter einschr Köln DAR 96, 154). Zu berücksichtigen sind ferner ua das Nachtatverhalten (Düsseldorf NZV 93, 76) und die Strafempfindlichkeit des Täters, namentlich das Ausmaß, in dem er auf den Gebrauch seines Fahrzeugs angewiesen ist (Celle VRS 62, 38 mwN). Wegen seiner einschneidenden Wirkung ist das Verbot nur gerechtfertigt, wenn der mit ihm angestrebte spezialpräventive Zweck mit der Hauptstrafe allein (auch mit ihrer Erhöhung, Stuttgart DAR 98, 153) nicht erreicht werden kann (Köln NZV 92, 159 und DAR 96, 154; Düsseldorf VRS 84, 335; Schäfer StrZ 303; zu seiner Anwendung gegenüber Drogensüchtigen Theisinger NStZ 81, 294; Braun NStZ 82, 191). Es scheidet daher bei Taten aus, deren Unwert sich in einem bloßen Ordnungsverstoß erschöpft (expl zB Hamm VRS 36, 177; Saarbrücken VRS 37, 310); jedoch brauchen die strengeren Voraussetzungen des § 25 StVG (Fahrverbot bei Ordnungswidrigkeiten) nicht erfüllt zu sein (BGHSt 24, 348; Hentschel 4). Umgekehrt reicht die Schwere fahrlässig verursachter Folgen (zB fahrlässige Tötung) für sich allein nicht aus (Molketin MDR 82, 896). **6**

bb) **Abs 1 S 2** enthält eine an die Regelbeispiele des § 69 II Nr 1, 2 (nicht an dessen weitere Regelbeispiele, Bay VRS 58, 362) anknüpfende Strafbemessungsregel, die der Koordinierung mit § 25 StVG dient (beachte Hamm NJW 75, 1983; Köln DAR 92, 152); sie gilt trotz der unexakten Verweisung auf den ganzen Abs 3 des § 315 c ersichtlich nur für Fälle der Trunkenheit im Verkehr (Geppert LK 34 mwN), hier allerdings auch dann, wenn die Entziehung der Fahrerlaubnis allein wegen der Auswirkung einer länger dauernden vorläufigen Maßnahme unterbleibt (8 zu § 69) und das Fahrverbot infolge Anrechnung nach § 51 V nur noch symbolische Bedeutung hat (BGHSt 29, 58; Herzog NK 33). Für Teilnehmer greift die Regelwirkung nicht ein (Dreher/Fad NZV 04, 231, 235). **7**

3. Der aufgehobene **Abs 2,** an dessen Stelle inzwischen der neue Abs 2 getreten ist (vgl vor 1), enthielt eine den **ausländischen Fahrzeugführer** begünstigende Regelung (vor 1 zu § 69 b). **8**

4. Neben **Entziehung der Fahrerlaubnis** (§ 69) ist das Fahrverbot idR sinnlos; ein Nebeneinander ist jedoch zB denkbar, wenn die Sperre (§ 69 a) auf bestimmte Arten von Kraftfahrzeugen beschränkt wurde (Düsseldorf VM 72, 23). **9**

5. Verboten wird mit Wirkung für das Inland (dazu Bouska DAR 95, 93) das Führen von Kraftfahrzeugen **jeder** (einschl fahrerlaubnisfreier) **oder einer be- 10**

§ 44 AT. 3. Abschnitt. Rechtsfolgen der Tat

stimmten Art. Durch das Verbot bleibt – anders als im Falle des § 69 (dort 11) – die Fahrerlaubnis (§ 2 StVG) in ihrem Bestande unberührt. – **Bestimmte Arten** sind nur solche, auf die nach § 5 I S 2 StVZO im Hinblick auf Bauartbesonderheiten (Bay NJW 89, 2959 und NZV 91, 397, beide mwN), die Fahrerlaubnis beschränkt werden kann oder deren Verwendungszweck durch besondere Bauart oder Ausrüstung bestimmt ist (zusf Hentschel 6 zu § 69 a; aM Weihrauch NJW 71, 829, beide mwN). Andere Beschränkungen auf das Fahren unter bestimmten Bedingungen sind unzulässig (Hamm NJW 75, 1983; Celle DAR 96, 64; Orlich NJW 77, 1179; aM LG Göttingen NJW 67, 2320; diff Zabel BA 80, 95 und 83, 477, alle mwN). – Die **Beschränkung des Verbots** auf bestimmte Arten kann (zB bei Berufskraftfahrern) zur Wahrung der Schuldangemessenheit (vgl 6) geboten sein (Bay StV 91, 265; Köln VRS 81, 21; s auch Düsseldorf NStZ-RR 96, 247).

11 **6.** Anordnung durch **Urteil** oder Strafbefehl (§ 407 II Nr 1 StPO). Das Verbot wird mit **Rechtskraft** wirksam. Unbeschadet der Wirksamkeit beginnt jedoch die Verbotsfrist zur Verhütung von Missbrauch regelmäßig (zu Ausnahmen NZV 93, 199; Hentschel NJW 82, 1073, 1082 und DAR 88, 156) erst mit dem Tag, an dem die amtliche Verwahrung beginnt (Koch DAR 66, 343), dh an dem amtlicher Gewahrsam der Behörde begründet wird (zu zT str Einzelfragen Schäpe DAR 98, 10 mwN). Nach dem StVGÄndG (vor 1 zu § 69 b) sind auch internationale, von einer deutschen Behörde ausgestellte Führerscheine sowie Führerscheine, die von der Behörde eines Mitgliedstaates der EU oder eines anderen Vertragsstaates des EWR (vgl 1 b zu § 69 b) ausgestellt sind, in Verwahrung zu nehmen. – Besteht eine solche Verwahrung, so wird bei **mehrfacher Anordnung** eines Fahrverbots der Beginn der Verbotsfrist durch ganz oder teilweise zeitgleiche Verbotsfristen in anderen Sachen nicht gehemmt; eine im Hinblick auf den Strafcharakter des Fahrverbots an sich nahe liegende Vollstreckung „nacheinander" ist mit dem insoweit eindeutigen Gesetzeswortlaut unvereinbar (Celle NZV 93, 157; Bay VRS 86, 71 mit krit Anm Hentschel DAR 94, 75; Geppert LK 81, 82, alle mwN; str). – Als Zeiten **behördlicher** (auch im Ausland erlittener, BGHSt 24, 62) **Verwahrung** nicht einzurechnen sind namentlich Freiheitsstrafe, Jugendarrest, UHaft und Unterbringung nach §§ 63–66; dabei sind Freigangs-, Urlaubs- und Ausgangstage Teil des Verwahrungsvollzugs und deshalb nicht abziehbar (Stuttgart NStZ 83, 429; Frankfurt NJW 84, 812; s auch 3–7 zu § 120; 4 zu § 68 c). Auf die materielle Rechtmäßigkeit der Verwahrung kommt es nicht an (NJW 69, 1678; Düsseldorf Rpfleger 92, 173; s jedoch BGHSt 7, 160). – Zur **Anrechnung** einer vorläufigen Maßnahme nach §§ 111 a, 94 StPO (5 zu § 69 a) vgl § 51 V StGB, § 450 II StPO.

12 **7.** Zum **Verfahren** vgl auch §§ 111 a V, 232 I S 1, 233 I S 1, 268 c, 409 I S 2 und 463 b StPO. – Eine **Beschränkung der Anfechtung** auf das Fahrverbot ist wegen des inneren Zusammenhangs mit der Hauptstrafe idR – jedoch nicht notwendig (Hamm VRS 49, 275) – unzulässig (Düsseldorf NZV 93, 76; Händel NJW 71, 1472, beide mwN). – Das **Verschlechterungsverbot** (beachte auch 10 zu § 69 a) steht der Verhängung eines Fahrverbots dann nicht entgegen, wenn dadurch eine wegfallende Freiheitsstrafe von gleicher oder längerer Dauer ersetzt werden soll (Bay MDR 78, 422); dagegen schließt es aus, eine verhängte Geldstrafe herabzusetzen und statt dessen auf ein Fahrverbot zu erkennen, weil dieses gegenüber der Geldstrafe die strengere Sanktion ist (Hentschel TFF Rdn 962; Häger LK 84 zu § 40; aM Schleswig NStZ 84, 90; s auch Düsseldorf NZV 93, 123; zw). Umgekehrt lässt es, wenn ein neben Geldstrafe verhängtes Fahrverbot aufgehoben wird, eine angemessene Erhöhung der Geldstrafe zu (hM). Das gilt jedenfalls für die Tagessatzhöhe (Bay NJW 80, 849; Herzog NK 51), die allerdings an § 40 II gebunden bleibt (Bay bei Bär DAR 89, 364; Meyer DAR 81, 33 mwN; str). Nach hM (vgl Geppert LK 108, 109; anders LG Köln NStZ-RR 97, 370) soll dagegen eine Erhöhung der Anzahl der Tagessätze ausgeschlossen sein (zw). – Zu

Art und Umfang der Bindung des Rechtsmittelrichters an das Verschlechterungsverbot beachte 44 zu § 46. – **Vollstreckung** § 59a StVollstrO; Seib DAR 82, 283; Mürbe DAR 83, 45; Grohmann DAR 88, 45, 46.

8. Zuwiderhandlungen: § 21 I Nr 1, 2 StVG (verfassungsrechtliche Bedenken erhebt Cramer DAR 98, 464). 13

9. Auch der von einer **DDR-Behörde** erteilte Führerschein ist in amtliche Verwahrung zu nehmen (Abs 3 S 2); die bis zum Beitritt bestehende Notwendigkeit, ihn zur Erfüllung des Grundlagenvertrages als „ausländischen Fahrausweis" (Abs 3 S 3) zu behandeln, ist mit dem Beitritt weggefallen (Nettesheim DtZ 91, 363, 368). 14

– Nebenfolgen –

§ 45 Verlust der Amtsfähigkeit, der Wählbarkeit und des Stimmrechts

(1) **Wer wegen eines Verbrechens zu Freiheitsstrafe von mindestens einem Jahr verurteilt wird, verliert für die Dauer von fünf Jahren die Fähigkeit, öffentliche Ämter zu bekleiden und Rechte aus öffentlichen Wahlen zu erlangen.**

(2) **Das Gericht kann dem Verurteilten für die Dauer von zwei bis zu fünf Jahren die in Absatz 1 bezeichneten Fähigkeiten aberkennen, soweit das Gesetz es besonders vorsieht.**

(3) **Mit dem Verlust der Fähigkeit, öffentliche Ämter zu bekleiden, verliert der Verurteilte zugleich die entsprechenden Rechtsstellungen und Rechte, die er innehat.**

(4) **Mit dem Verlust der Fähigkeit, Rechte aus öffentlichen Wahlen zu erlangen, verliert der Verurteilte zugleich die entsprechenden Rechtsstellungen und Rechte, die er innehat, soweit das Gesetz nichts anderes bestimmt.**

(5) **Das Gericht kann dem Verurteilten für die Dauer von zwei bis zu fünf Jahren das Recht, in öffentlichen Angelegenheiten zu wählen oder zu stimmen, aberkennen, soweit das Gesetz es besonders vorsieht.**

1. Öffentliche Ämter sind solche, deren Träger Dienste verrichten, die aus der Staatsgewalt abgeleitet sind und staatlichen Zwecken dienen (RGSt 62, 24, 27); für Notare, Laienrichter und Rechtsanwälte ergibt sich das Erfordernis der Amtsfähigkeit aus § 49 BNotO, § 32 Nr 1 GVG und § 14 II Nr 2 BRAO. Ausländische Ämter bleiben unberührt. **Öffentliche Wahlen** sind (weiter als Wahlen iS des § 108d) alle Wahlen in öffentlichen Angelegenheiten. 1

2. Abs 1 betrifft nur Verbrechen (2–4 zu § 12), und zwar auch Versuch, Teilnahme und versuchte Beteiligung (§ 30). Die Nebenfolgen treten mit Rechtskraft der Verurteilung ein, **ohne dass es eines besonderen Ausspruchs bedarf** (krit Jekewitz GA 77, 161, 169 und 81, 433, 438; Nelles JZ 91, 17). Für das Mindestmaß der Freiheitsstrafe kommt es bei Tatmehrheit auf die Einzelstrafen an (6a, 7 zu § 53). 2

3. Soweit die Aberkennung eines **besonderen Ausspruchs** bedarf (Abs 2, 5), handelt es sich materiell um Nebenstrafen, die das Gesetz allerdings, um den hier nur am Rande mitspielenden Strafgedanken nicht zu betonen, als **Nebenfolgen** bezeichnet (hM; anders Nelles JZ 91, 17). Daher sind die allgemeinen Strafzumessungsregeln anwendbar (bei Dallinger MDR 56, 9; aM Albrecht NK 6 und Streng Sanktionen 302). 3

4. Die **Aberkennung nach Abs 2, 5** ist nur zulässig, soweit das Gesetz sie besonders vorsieht (vgl etwa § 264 VI S 1). Unter dieser Voraussetzung kommt sie 4

§§ 45a, 45b AT. 3. Abschnitt. Rechtsfolgen der Tat

auch bei Versuch, Teilnahme und versuchter Beteiligung (§ 30) in Frage. Der Ausspruch unterliegt pflichtmäßigem Ermessen (50 zu § 46) und kann auf einzelne Fähigkeiten beschränkt werden.

5   5. Der **Verlust der Rechtsstellungen und Rechte**, den Abs 3, 4 regeln, ist endgültig, ihr Neuerwerb nach Ablauf der gesetzlichen oder im Urteil bestimmten Frist aber möglich. Eine andere Bestimmung im Sinne des Abs 4 trifft § 47 BWG.

6   6. § 45 ist unter dem Gesichtspunkt **rechtspolitisch** umstritten, ob Statusfolgen als strafrechtliche Sanktionen überhaupt vertretbar sind (verneinend Nelles JZ 91, 17; Schwarz, Die strafgerichtliche Aberkennung der Amtsfähigkeit und des Wahlrechts, 1991; Albrecht NK 1; verfassungsrechtliche Bedenken bei Stein GA 04, 22; s auch Jekewitz GA 77, 161 und 92, 589).

§ 45 a Eintritt und Berechnung des Verlustes

(1) **Der Verlust der Fähigkeiten, Rechtsstellungen und Rechte wird mit der Rechtskraft des Urteils wirksam.**

(2) **Die Dauer des Verlustes einer Fähigkeit oder eines Rechts wird von dem Tage an gerechnet, an dem die Freiheitsstrafe verbüßt, verjährt oder erlassen ist. Ist neben der Freiheitsstrafe eine freiheitsentziehende Maßregel der Besserung und Sicherung angeordnet worden, so wird die Frist erst von dem Tage an gerechnet, an dem auch die Maßregel erledigt ist.**

(3) **War die Vollstreckung der Strafe, des Strafrestes oder der Maßregel zur Bewährung oder im Gnadenweg ausgesetzt, so wird in die Frist die Bewährungszeit eingerechnet, wenn nach deren Ablauf die Strafe oder der Strafrest erlassen wird oder die Maßregel erledigt ist.**

1   1. Die Wirkungen der Nebenfolgen (§ 45) treten mit **Rechtskraft** ein. Die Fristen beginnen jedoch erst nach Erledigung der Freiheitsstrafe (auch einer Gesamtstrafe) oder der freiheitsentziehenden Maßregel (§§ 63–66); die im Urteil festgesetzte Dauer verlängert sich also um die Zeit zwischen Rechtskraft und Erledigung (RGSt 67, 95; krit Jekewitz GA 77, 161, 170); verfassungskonforme Auslegung erfordert jedoch eine Ausnahme für das Stimmrecht, das grundsätzlich auch Strafgefangenen zusteht und ihnen deshalb nicht über die im Urteil bestimmte Verbotsfrist hinaus vorenthalten werden darf (G Hirsch LK 4; Tröndle/Fischer 3; zw).

2   2. Zu **Abs 3** vgl §§ 56, 56a, 56g I, 57, 67b, 67c I, II S 2, 67d II, 67g V.

§ 45 b Wiederverleihung von Fähigkeiten und Rechten

(1) **Das Gericht kann nach § 45 Abs. 1 und 2 verlorene Fähigkeiten und nach § 45 Abs. 5 verlorene Rechte wiederverleihen, wenn**

1. **der Verlust die Hälfte der Zeit, für die er dauern sollte, wirksam war und**

2. **zu erwarten ist, daß der Verurteilte künftig keine vorsätzlichen Straftaten mehr begehen wird.**

(2) **In die Fristen wird die Zeit nicht eingerechnet, in welcher der Verurteilte auf behördliche Anordnung in einer Anstalt verwahrt worden ist.**

1   1. Die **Wiederverleihung (Rehabilitation) durch Richterspruch** stellt nur die Amtsfähigkeit, die Wählbarkeit und das Stimmrecht für die Zukunft wieder her. Nach § 45 III, IV verlorene Rechtsstellungen und Rechte sind daher endgültig erloschen; sie können nur nach den allgemeinen beamten- und wahlrechtlichen Vorschriften neu erworben werden.

Grundsätze der Strafzumessung § 46

2. Die Hälfte der Zeit (dh der im Urteil bestimmten Dauer) rechnet ab Rechtskraft des Urteils; jedoch werden Zeiten behördlicher Verwahrung (11 zu § 44) nicht eingerechnet (Abs 2).

3. Zum Erfordernis der **günstigen Täterprognose** (Abs 1 Nr 2) vgl 8–14 zu § 56; abweichend von § 56 I genügt hier die Erwartung, dass der Verurteilte künftig keine **vorsätzlichen** Taten mehr begehen wird.

4. Verfahren § 462 I S 2 StPO.

2. Titel. Strafbemessung

§ 46 Grundsätze der Strafzumessung

(1) **Die Schuld des Täters ist Grundlage für die Zumessung der Strafe. Die Wirkungen, die von der Strafe für das künftige Leben des Täters in der Gesellschaft zu erwarten sind, sind zu berücksichtigen.**

(2) **Bei der Zumessung wägt das Gericht die Umstände, die für und gegen den Täter sprechen, gegeneinander ab. Dabei kommen namentlich in Betracht:
die Beweggründe und die Ziele des Täters,
die Gesinnung, die aus der Tat spricht, und der bei der Tat aufgewendete Wille,
das Maß der Pflichtwidrigkeit,
die Art der Ausführung und die verschuldeten Auswirkungen der Tat,
das Vorleben des Täters, seine persönlichen und wirtschaftlichen Verhältnisse sowie
sein Verhalten nach der Tat, besonders sein Bemühen, den Schaden wiedergutzumachen, sowie das Bemühen des Täters, einen Ausgleich mit dem Verletzten zu erreichen.**

(3) **Umstände, die schon Merkmale des gesetzlichen Tatbestandes sind, dürfen nicht berücksichtigt werden.**

I. Die Vorschrift konkretisiert einige allgemeine Grundsätze der Strafzumessung, ohne in dem Meinungsstreit über **Sinn und Zweck der Strafe** abschließend Partei zu ergreifen. Obwohl das Strafrecht wie alles Recht ein Schutzrecht ist, dh nur zur Gewährleistung des friedlichen Zusammenlebens der Menschen beitragen soll, ist die Strafe nicht ausschließlich an diesem Zweck ausgerichtet. Ihr **Sinn** liegt vielmehr darin, durch staatliche Missbilligung (zu dieser auch sog sozialethischen Missbilligung näher Kühl JahrbRuE 03, 219, 228, 239; zum Missbilligungscharakter der Strafe in der anglo-amerikanischen Strafrechtstheorie [Strawson, Feinberg, v Hirsch] Günther, Lüderssen-FS, S 205, 216, der selbst die „symbolisch-expressive Bedeutung der Strafe" betont) und Übelszufügung den durch die schuldhafte Tat angemaßten Eingriff in fremde Rechtsgüter auszugleichen, dem Täter zugleich Sühne durch Annahme und Verarbeitung des Übels zu ermöglichen (str) und dadurch die Unverbrüchlichkeit der Rechtsordnung und die Verantwortlichkeit des Täters für ihre Verletzung herauszustellen (ähnlich BVerfGE 64, 261; 96, 245, 249; 105, 135, 153 und BVerfG NJW 04, 739, 744; BGH NJW 03, 3620; Gallas ZStW 80, 1, 3; str). Das Strafrecht bedient sich dieses Mittels vornehmlich deshalb, weil die Strafe durch ihren Appell an die Verantwortlichkeit dem Wesen des Menschen, namentlich seinem Freiheitsbewusstsein, in besonderer Weise gemäß ist, weil sie ihn als Persönlichkeit und in seinen Menschenrechten respektiert (dazu Jung GA 93, 535), weil sie ihm garantiert, nur nach dem Maß des „Verdienten" in Anspruch genommen zu werden, und weil solche Art staatlichen Eingriffs in sinnfälliger Weise durch das Erfordernis der Gerechtigkeit begrenzt wird (Theune, Pfeiffer-FS, S 449). Daraus folgt das in

§ 46 AT. 3. Abschnitt. 2. Titel. Strafbemessung

der Rspr als Verfassungsrechtssatz (BVerfGE 86, 288, 313; BVerfG NJW 95, 248; 98, 443 und 04, 739, 745) anerkannte Prinzip, dass es keine Strafe ohne Schuld geben darf (**nulla poena sine culpa; Schuldprinzip**). Zugleich werden damit auch Art und Höhe der Strafe von der Schuld des Täters abhängig gemacht (vgl 22–25).

2   1. **Für die absoluten Straftheorien** (Kant, Hegel, Binding) war diese Abhängigkeit eine vollständige, weil sich für sie der Sinn der Strafe im Schuldausgleich erschöpfte (diff Schild SchwZStr 82, 364; Bielefeldt GA 90, 108; Seelmann ARSP 93, 228). Demgegenüber betonten die **relativen Straftheorien** (namentlich Franz v Liszt) einseitig den Präventionszweck der Strafe (zusf zu den Problemen utilitaristischer Strafrechtfertigung Koller ZStW 91, 45). Die Entwicklung ist über beide Extreme hinweggegangen (zu den „Wandlungen der Strafzwecklehre" Roxin, Müller-Dietz-FS, S 701; krit zur undifferenzierten Entgegensetzung von absoluten und relativen Theorien Frommel, Präventionsmodelle in der deutschen Strafzweck-Diskussion, 1987; Scheffler JahrbRuE 95, 375). In einer freiheitlichen Gesellschaft hat die Strafe nicht die Aufgabe, Schuldausgleich und Gerechtigkeit um ihrer selbst willen zu üben (Arthur Kaufmann, Henkel-FS, S 89, 100; Stratenwerth, Die Zukunft des strafrechtlichen Schuldprinzips, 1977); sie ist vielmehr nur gerechtfertigt, wenn sie sich zugleich als ein notwendiges Mittel zur Erfüllung der präventiven Schutzaufgabe des Strafrechts erweist (BGHSt 24, 40). Deshalb hat sich in einem langen Entwicklungsprozess, der über zahlreiche sog **Vereinigungstheorien** geführt hat (näher dazu Koriath Jura 95, 625; krit Lampe, Strafphilosophie, 2000, S 59), eine Fülle von Konzeptionen herausgebildet, die untereinander stark differieren, überwiegend aber darin übereinstimmen, dass sie die Strafe als eine vielschichtige Rechtsfolge verstehen, die zwar aus Gründen der Gerechtigkeit und zum Schutze des Bürgers durch die Schuld begrenzt wird, innerhalb dieser Grenzen aber eine ganze Anzahl einander zum Teil widerstreitender präventiver Zwecke verfolgt, die unter den Begriffen **Generalprävention und Spezialprävention** (vgl 26–30) zusammengefasst werden (krit ua Kindhäuser GA 89, 493; Naucke KritV 93, 135; Bock Jura 94, 46; Jäger, Schüler-Springorum-FS, S 229; krit auch Stratenwerth, Was leistet die Lehre von den Strafzwecken?, 1995, der eine konsistente Strafzwecklehre für die Begriffsbildung im Straftatsystem und für die Rechtsfolgen der Tat nicht für weiterführend hält, und Kargl GA 98, 53, der die Verfolgung von präventiven Strafzwecken mit dem Strafbegriff für vereinbar hält und als Finalgrund des Strafrechts nur die Garantie der Selbstbeschränkung, die sich der demokratische Staat, dem das Gewaltmonopol zum Ausschluss der Selbsthilfe zugewachsen sei, im Interesse seiner Bürger auferlege; s auch BVerfGE 91, 1, 31 und BVerfG NJW 04, 739, 746). Als Gegenposition werden auch vertreten: eine modifizierte, von Kant und Hegel ausgehende absolute Straftheorie (so namentlich Wolff ZStW 97, 786; Köhler, Der Begriff der Strafe, 1986 und Lackner-FS, S 11; Beck, Unrechtsbegründung und Vorfeldkriminalisierung, 1992, S 53, 61; Harzer, ZustStR, S 31; s auch Kühl, Die Bedeutung der Rechtsphilosophie für das Strafrecht, 2001, S 26; mit abw Ansatz ähnlich Hörnle/v Hirsch GA 95, 261, nach denen Strafe und Strafmaß ausschl durch die Schwere des Unrechts und das daraus folgende Unwerturteil zu legitimieren sind, und Hörnle JZ 99, 1080 [eingehend Hörnle, Tatproportionale Strafzumessung, 1999], die – mit § 60 I S 2 II unvereinbar – vorschlägt, schon nach geltendem Recht Strafe und Strafmaß strikt am verschuldeten Unrecht zu orientieren, dh die Gesinnung des Täters nicht als solche zu bewerten; und eine „zivile" Straftheorie, die das Strafrecht als Teilsystem der sozialen Kontrolle versteht (Rössner, Roxin-FS, S 977). Eine neue Straftheorie „jenseits von Vergeltung und Prävention" entwirft Günther, Lüderssen-FS, S 205, der – wenig realistisch (vgl Frisch, in: festskrift till N Jareborg, Uppsala 2002, S 207, 225) – der Strafe symbolisch-expressiven Gehalt

Grundsätze der Strafzumessung **§ 46**

zumisst, der vollständig, dh ohne nachträgliche Übelszufügung, in der verfahrensmäßigen Unrechts- und Schuldfeststellung zum Ausdruck gebracht werden könne (S 219). – Zusf zu den Straftheorien Momsen/Rackow JA 04, 336 und Roxin AT I 3/1–55. – Die normativen Straftheorien und die in der Kriminologie entwickelten Kriminalitätstheorien verfolgen unterschiedliche Zwecke und sind deshalb wesensverschieden (Dölling, in: Müller-Graff/Roth [Hrsg], Recht und Rechtswissenschaft, 2000, S 35; Schöch, in: Kaiser/Schöch Krim 1/15–104; zu ihrer Kompatibilität Hermann GA 92, 516; Scheffler aaO; beachte auch den Übersichtsbeitrag von Schneider Jura 96, 337, 397 sowie 39a zu § 57).

2. Aus der vielschichtigen Aufgabe des Strafrechts ergibt sich die sog **„Anti-** **3** **nomie der Strafzwecke"**, die nicht restlos aufgelöst werden kann (hM; anders Köhler, Über den Zusammenhang von Strafrechtsbegründung und Strafzumessung, 1983, S 26, 33; neuerdings auch Frisch [BGH-FG, S 269]; näher dazu unten 27; s auch Wolff und Köhler aaO [vgl 2]) und den Grund dafür bildet, warum die Auseinandersetzungen um Sinn und Zweck der Strafe ständig in Fluss bleiben (expl Roxin JuS 66, 377, JA 80, 221 und in: Stolleis (Hrsg), Die Bedeutung der Wörter, 1991, S 341; Gallas ZStW 80, 1; Henkel, Die „richtige" Strafe, 1969, S 6; Müller-Dietz, Grundfragen des strafrechtlichen Sanktionensystems, 1979, S 16; Arthur Kaufmann, Kaufmann [H]-GS, S 425; zusf und zT krit Streng Sanktionen 6; Lesch JA 94, 510, 590; s auch Schreiber ZStW 94, 279; Benda, Faller-FS, S 307; zur historischen Entwicklung des Meinungsstreits Jescheck ZStW 93, 3, 44; Naucke ZStW 94, 525).

a) Die einander gegenüberstehenden Theorien, die meist das Schuldprinzip an- **4** erkennen, legen ihren Schwerpunkt zunehmend auf **generalpräventive** Aspekte (zB Schmidhäuser, Vom Sinn der Strafe, 2. Aufl 1971, Wolff-FS, S 443 und AT 3/8–29), wobei in jüngerer Vergangenheit die sog **positive Generalprävention** ganz in den Vordergrund gerückt ist (näher dazu 28, 30). – Vorwiegend **spezialpräventiv** orientiert ist die in der internationalen Bewegung der „Défense Sociale" diskutierte Theorie der „Neuen sozialen Verteidigung" (Melzer JZ 70, 764 und ZStW 84, 648 mwN; s auch Jescheck, Blau-FS, S 425). Die Forderung nach einem reinen, auf Resozialisierung ausgerichteten Maßnahmenrecht (Plack, Plädoyer für die Abschaffung des Strafrechts, 1974; Foth ARSP 76, 249) ist weitgehend in den Hintergrund getreten (krit zu den spezialpräventiven Straftheorien Bockelmann, Lange-FS, S 1; s auch Walter, Oehler-FS, S 693). – Andere Konzeptionen schließlich vermeiden solche Schwerpunktbildungen. Sie berücksichtigen general- und spezialpräventive Elemente je nach den kriminalpolitischen Einzelbedürfnissen (zB Gössel, Pfeiffer-FS, S 3) und begrenzen sie durch die Erfordernisse eines rechtsstaatlichen Strafrechts (dazu Hassemer JuS 87, 257).

b) Auf der anderen Seite bedeutet es eine gewisse **Abwendung** von der Ge- **5** dankenwelt der Prävention, wenn die Rechtfertigung für moderne sozialtherapeutische Bemühungen im Strafvollzug oft nicht mehr auf die spezialpräventive Schutzaufgabe des Strafrechts gestützt, sondern aus der Mitverantwortung der Gesellschaft für das Verbrechen und ihrer Solidaritätspflicht gegenüber dem Rechtsbrecher (Gewährung von Hilfe zur Selbsthilfe) abgeleitet wird (Stratenwerth, Bockelmann-FS, S 901); im Schrifttum zum Strafvollzug (vgl namentlich § 2 S 1 StVollzG) ist dieser Gesichtspunkt inzwischen dominierend (expl Jung/Müller-Dietz [Hrsg], Langer Freiheitsentzug – wie lange noch?, 1994). Mit anderen Ansätzen verwerfen verschiedene soziologische, namentlich systemtheoretische Richtungen und die dem sog labeling-Ansatz folgende „kritische Kriminologie" aus sehr einseitiger Position nicht nur das Schuldprinzip als Manifestation struktureller Gewalt (vgl etwa Kargl, Kritik des Schuldprinzips, 1982 mit krit Bespr Müller-Dietz GA 85, 139; Scheffler, Grundlegung eines kriminologisch orientierten Strafrechtssystems, 1987 mit krit Bespr Kunz GA 88, 430); sie lehnen auch eine

§ 46
AT. 3. Abschnitt. 2. Titel. Strafbemessung

spezialpräventive Ausrichtung der Straffolgen als nicht zu legitimierende „Behandlungsideologie" ab, weil sie ein Instrument selektiver Strafverfolgung sei und die gesamtgesellschaftlichen Ursachen der Kriminalität verschleiere (vgl etwa Hilbers/Lange KrimJ 73, 52; Foucault, Überwachen und Strafen. Die Geburt des Gefängnisses, 1976; Baratta ZStW 92, 107; s auch Christ KrimJ 73, 60; Driendl ZStW 92, 185, 196; Neumann/Schroth, Neuere Theorien von Kriminalität und Strafe, 1980; Schreiber ZStW 94, 279, 295; Albrecht ZStW 97, 831; Bock ZStW 102, 504, 518 und JuS 94, 89; Kargl, Die Funktion des Strafrechts in rechtstheoretischer Sicht, 1995 und ARSP 96, 485).

6 **II.** Dass das StGB grundsätzlich (gewisse Widersprüche enthalten ua die §§ 21, 323a) auf dem Schuldprinzip beruht, zeigen schon die gesetzlichen **Strafdrohungen,** die idR Strafrahmen sind und für den jeweiligen Deliktstypus durch die unterschiedliche Bestimmung der Mindest- und der Höchststrafe eine abstrakte Unrechts- und Schuldbewertung zum Ausdruck bringen (Franke MK 22; zusf Schütz Jura 95, 399, 402; krit zu der im internationalen Vergleich übergroßen (durch das 6. StrRG [18 vor § 38 der 23. Aufl] noch vergrößerten) Weite vieler Strafrahmen Streng, Strafzumessung und relative Gerechtigkeit, 1984, S 293; zum immer intensiver werdenden Zugriff der EU auf den Sanktionen- und Strafrahmenbereich Vogel, in: Zieschang/Hilgendorf/Laubenthal [Hrsg], Strafrecht und Kriminalität in Europa, 2003, S 29, 51; zur kompetenzrechtlichen Problematik der Vorgabe von Art und Ausmaß strafrechtlicher Sanktionen durch Richtlinien der EG Eisele JZ 01, 1157, 1163; gegen die Kompetenz der EG, die Mitgliedsstaaten zum Einsatz des Kriminalstrafrechts anzuweisen, Satzger, Die Europäisierung des Strafrechts, 2001, S 393; zur Bedeutung der Verfahrens- und Beweisordnung des IStGH-Statuts auf die Strafzumessung Peglau, Humanitäres Völkerrecht-Forum-Verbreitung 01, 247: „statutsfreundliche Auslegung"). Als Voraussetzung für die abschließende Strafzumessung ist zunächst, und zwar in jedem Falle (Schleswig NStZ 86, 511), der für die konkrete Tat anwendbare, also auch der für besonders schwere oder minder schwere Fälle vorgesehene (hM; vgl NStZ 83, 407), Strafrahmen zu ermitteln. IdR ergibt er sich unmittelbar aus dem jeweils anwendbaren Strafgesetz, das allerdings häufig eine nach pflichtmäßigem Ermessen (vgl 50) auszuübende Wahlmöglichkeit zwischen mehreren Strafrahmen eröffnet, zB zwischen lebenslanger und zeitiger Freiheitsstrafe (NStZ 94, 485) oder zwischen Freiheitsstrafe und Geldstrafe (2 zu § 40). Er kann auch durch Vorschriften des AT (zB Strafmilderung bei Versuch, § 23 II, und Beihilfe, § 27 II S 2) modifiziert sein.

7 **1.** Zur Vermeidung unangemessen weiter Strafrahmen bildet das Gesetz für denselben Deliktstypus häufig verschiedene Wertstufen, und zwar entweder dadurch, dass es den Regelstrafrahmen bei Hinzutreten bestimmt beschriebener Merkmale durch einen verschärften oder gemilderten Strafrahmen ergänzt (sog **benannte Strafänderungen,** zB § 224), oder dadurch, dass es ohne tatbestandliche Ausformung (sog **unbenannte Strafänderungen**) in **„besonders schweren"** (zB § 212 II) oder **„minder schweren"** (zB § 249 II) Fällen die Bestrafung aus einem höheren oder geringeren Strafrahmen vorsieht. – Umstände, auf denen eine benannte Strafänderung beruht, sind gewöhnlich Tatbestandsmerkmale (hM). Die unbenannten Strafänderungen sieht die Rspr dagegen als bloße **Strafzumessungsregeln** an (stRspr; vgl etwa BGHSt 2, 181; 3, 47; 4, 226), die voraussetzen, dass die Tat im ganzen unter Berücksichtigung auch der Täterpersönlichkeit – namentlich im Hinblick auf die Schwere des angerichteten Schadens (wistra 95, 188), die Hartnäckigkeit und Stärke des verbrecherischen Willens oder die besondere Gefährlichkeit der angewendeten Mittel – so sehr von den erfahrungsgemäß gewöhnlich vorkommenden und deshalb vom Gesetz für den Spielraum des ordentlichen Strafrahmens schon bedachten Fällen an Strafwürdigkeit abweicht, dass der ordentliche Strafrahmen unangemessen erscheint (stRspr;

Grundsätze der Strafzumessung § 46

vgl BGHSt 29, 319 mwN). Diese Formel hat im Schrifttum schon vor dem 6. StrRG mit Recht vielfältige Kritik erfahren, die zum Teil in ausgearbeitete – hier nicht im Einzelnen zu erörternde – Lösungsmodelle zur wenigstens partiellen Überwindung der mit der Rspr verbundenen Unbestimmtheit und inneren Widersprüchlichkeit eingemündet ist (vgl etwa Wahle GA 69, 161; Zipf aaO [Strafmaßrevision; vgl 6] S 28; Calliess JZ 75, 112; Hettinger, Das Doppelverwertungsverbot bei strafrahmenbildenden Umständen, 1982, S 217; Timpe, Strafmilderungen des Allgemeinen Teils des StGB und das Doppelverwertungsverbot, 1983, S 64; Montenbruck, Strafrahmen und Strafzumessung, 1983, S 50, 67, 93 und NStZ 87, 311; Maiwald NStZ 84, 433; Frisch/Bergmann JZ 90, 944; Horn, Kaufmann [Arm]-GS, S 573, 579 und in: SK 56–61 und 65–66a; Grasnick JZ 92, 260; speziell zum minder schweren Fall des Totschlags auch Maatz, Salger-FS, S 91).

a) Im **früheren Recht** waren bei den unbenannten Strafänderungen weitere Wertstufen (zB schwere Fälle, mildernde Umstände) vorgesehen. Sie sind nicht mehr relevant, weil sie schon vor langer Zeit eliminiert und – wenn auch in problematischer Weise (krit Hettinger, GA-FS, S 77) – in das geltende Recht übergeleitet worden sind (dazu BGHSt 26, 97 mit krit Anm Zipf JR 76, 24; Sturm JZ 75, 6, 8; Horstkotte, Dreher-FS, S 265, 267). **8**

b) Nach der **Rechtsprechung** (zur Kritik vgl 7) sind nur einzelne strafschärfende oder -mildernde Umstände, wie etwa die ungewöhnliche Schwere oder Geringfügigkeit des angerichteten Schadens (NStZ 84, 413; StV 96, 34) oder die erheblich verminderte Schuldfähigkeit des Täters, allein keine zureichende Grundlage für eine unbenannte Strafänderung. Es bedarf vielmehr einer die unrechts- und schuldrelevante Vorgeschichte einbeziehenden (JR 86, 75 mit krit Anm Timpe) **Würdigung der Tat und der Täterpersönlichkeit im ganzen** (BGHSt 28, 318, 319; NStZ 91, 529 und 00, 254; NStZ-RR 98, 298 und 99, 293; Frankfurt StV 94, 131; s auch Eser JZ 81, 821), bei der dann allerdings auch ein einziger Milderungsgrund den Ausschlag geben kann (NStZ 86, 117; NStZ-RR 96, 228; krit Hettinger JZ 82, 849, 852). Für den Übergang zum minder schweren Fall sind nicht nur die der Tat vorausgehenden oder sie begleitenden Umstände, zB das Zusammentreffen mit anderen Gesetzesverletzungen (NStZ 89, 72) oder das Fehlen oder Vorliegen von Vorstrafen (bei Holtz MDR 90, 97), zu berücksichtigen; auch der Tat nachfolgende Umstände können zu Buch schlagen, soweit sie für das Tat- und Täterbild im Ganzen relevant sind (StV 89, 152; s auch 40–44); lediglich den Schuldspruch begründende Umstände als solche scheiden nach dem Grundgedanken des Abs 3 aus (NStZ-RR 96, 228; Jena NStZ-RR 96, 294). Außerdem gehört der drohende Verlust einer Amts- oder vergleichbaren Berufstellung (vgl 36 a) nicht hierher, weil er lediglich eine mittelbare, das Tatbild nicht berührende Bestrafungsfolge ist und daher nur bei der konkreten Strafzumessung als präventionsrelevant im Sinne des Abs 1 S 2 zu Buch schlagen kann (Streng NStZ 88, 485; Nicolaus, Die Berücksichtigung mittelbarer Straftatfolgen bei der Strafzumessung, 1992, S 103; krit Mesteck-Schmülling, Mittelbare Straftatfolgen ..., 2004, S 62, 68; aM BGHSt 35, 148; NStZ 96, 539; Frankfurt StV 94, 131; Jena aaO; Schäfer, Tröndle-FS, S 395; zw). – Zur Wahrung des Grundsatzes der Verhältnismäßigkeit kommt in Frage, dass bei Regelstrafrahmen mit besonders hohen Mindeststrafen der Übergang zum gemilderten Strafrahmen schon früher erfolgt, als dies bei anders strukturierten Tatbeständen mit geringeren Regelmindeststrafen begründbar wäre (NJW 96, 2316 mwN; probl LG Lübeck NStZ 97, 498 mit Anm Haffke). – Zu dem hier einschlägigen Grundsatz in dubio pro reo beachte 32. **9**

aa) Die **Einordnung** in den einen oder anderen Strafrahmen ist Aufgabe tatrichterlicher Würdigung und daher nur begrenzt nachprüfbar (NStZ 84, 359 mit **10**

§ 46 AT. 3. Abschnitt. 2. Titel. Strafbemessung

Anm Zipf; NStZ 91, 529; beachte jedoch NStZ 98, 254; die BGH-Rspr zusf Kalf NJW 96, 1447).

10 a bb) Da die unbenannten Strafänderungen nur die **Ermittlung des Strafrahmens** betreffen, lassen sie die Strafzumessung ieS unberührt. Das **Verbot der Doppelverwertung von Tatbestandsmerkmalen** (Abs 3) versperrt hier nur die Möglichkeit, den abstrakten Gesichtspunkt, dass es sich um einen besonders schweren oder minder schweren Fall handelt, zu Buch schlagen zu lassen (NJW 89, 3230 mwN; s auch 45, 46). Im Übrigen ist es aber zulässig, uU sogar geboten (StV 84, 151), Umstände, die zuvor schon zur Ermittlung des Strafrahmens beigetragen haben, in die abschließende Gesamtwürdigung (vgl 47) einzubeziehen (StV 91, 346; s auch 10 zu § 49).

11 2. Zwischen den benannten und unbenannten Strafänderungen gibt es **Mischformen**, in denen beide Methoden der Wertstufenbildung kombiniert werden. Das gilt seit langem für die auf der Grundlage des 6. StrRG nur noch selten vorkommenden Vorschriften, in denen ausdrücklich benannte Änderungsgründe als Beispiele für eine im Übrigen unbenannte Strafänderung verwendet werden (zB §§ 129 IV, 213, 241 a IV). Hier sind die Beispiele zwingend (Gribbohm LK 22 vor § 46) und daher gewöhnliche Tatbestandsmerkmale (4 zu § 12). – Große Bedeutung hat dagegen schon seit geraumer Zeit die Methode der Exemplifizierung besonders schwerer Fälle durch sog **Regelbeispiele** erlangt (zB in § 243; krit zu dieser „verfehlten deutschen Gesetzesfigur" Hirsch, Gössel-FS, S 287). Sie ist nach der Rspr verfassungsgemäß (BVerfGE 45, 363; Eisele, Die Regelbeispielsmethode im Strafrecht, 2004, S 397; anders eine starke Meinungsgruppe im Schrifttum [vgl 19 vor § 38 der 23. Aufl; s auch Maiwald, Gallas-FS, S 137 und Hirsch aaO S 296]). Die Regelbeispiele sind keine Tatbestandsmerkmale, sondern nur Elemente der Strafzumessungsregel (vgl 7) des besonders schweren Falls (hM; vgl BGHSt 23, 254, 256; 26, 104; 33, 370, 373; anders Teile des Schrifttums, namentlich Eisele aaO S 172, der sowohl die Regelbeispiele als auch die Generalklausel des besonders schweren Falles als Tatbestandsmerkmal einstuft, weil sie Voraussetzung für den schärferen Strafrahmen sind, und Kindhäuser, Triffterer-FS, S 123, der das Regelbeispiel als unselbstständigen Qualifikationstatbestand deutet, der zusammen mit dem Grundtatbestand einen Gesamttatbestand bildet und deshalb Tatbestandsmerkmale enthält; zust Streng Sanktionen 415). Sie zwingen den Richter nicht zur Annahme eines besonders schweren Falles, hindern ihn aber auch nicht (Stuttgart NJW 82, 1659). Vielmehr soll die Gesamtheit der Regelbeispiele nur einen konkreten Hinweis geben, welchen ungefähren Schweregrad das Gesetz für die Strafrahmenverschiebung zugrundelegt. Außerdem bedarf, wenn die Voraussetzungen eines Regelbeispiels erfüllt sind, die Annahme eines besonders schweren Falles idR keiner näheren Begründung (dazu 13). Da die Problematik widerspruchsfrei nicht lösbar war, hat sich die Rspr nur mühsam konsolidieren und einige Einzelfragen bisher nicht abschließend klären können (dazu 14, 15, 17; vgl ferner die Nachw unter 7; Fabry NJW 86, 15; speziell zu § 243 Wessels, Maurach-FS, S 295; Arzt JuS 72, 385, 515; Blei, Heinitz-FS, S 419; Schmitt, Tröndle-FS, S 313; Kindhäuser aaO; Gropp JuS 99, 1041, 1047; Kudlich JuS 99, L 89). – Im Rahmen der Vorarbeiten und Beratungen zum 6. StrRG ist die Methode erneut in Zweifel geraten, und zwar sowohl unter verfassungsrechtlichen als auch kriminalpolitischen Gesichtspunkten, die im Gesetzgebungsverfahren leider nur unzureichend geprüft worden sind (näher 18 zu § 38 der 23. Aufl; näher zur Bewertung der Regelbeispielsmethode und ihren Alternativen Eisele aaO S 407). – Zu der Methode **im Einzelnen:**

12 **a)** Die **Voraussetzungen der Regelbeispiele** sind nach den allgemeinen Auslegungsgrundsätzen festzustellen und in der Revision nachprüfbar. Vor allem ist, wenn sich aus der anwendbaren Vorschrift nichts anderes ergibt, Vorsatz

Grundsätze der Strafzumessung **§ 46**

erforderlich (BGHSt 26, 244; Eisele aaO [vgl 11] S 283; B-Weber/Mitsch AT 20/38).

b) aa) Ist die **Tat vollendet und sind die Voraussetzungen eines Regel-** **13** **beispiels erfüllt,** so ist idR ein besonders schwerer Fall anzunehmen (sog Indizwirkung des Regelbeispiels; zusf Eisele aaO [vgl 11] S 197; Wessels, Lackner-FS, S 423). Das gilt nur dann nicht, wenn besondere Umstände, die in der Tat oder der Persönlichkeit des Täters liegen (2 zu § 47), das Unrecht, die Schuld (dazu NStZ 83, 268; NStZ-RR 03, 297) oder die Strafwürdigkeit (str) gegenüber dem Durchschnittsfall des Regelbeispiels (dazu Arzt JuS 72, 385, 389) so wesentlich mindern, dass bei Bewertung aller entlastenden und belastenden Umstände die Zuordnung der Tat zu der höheren Strafrahmenstufe unangemessen wäre (NStZ 82, 425; 84, 27; 99, 244 und 04, 265; Celle NStZ-RR 97, 265; W-Hillenkamp BT 2 Rdn 203; Kindhäuser 18). Ob das zutrifft, unterliegt tatrichterlicher Würdigung (NJW 87, 2450; Karlsruhe NJW 78, 1697, 1699; beachte auch StV 94, 314) und bedarf ausdrücklicher Begründung, wenn nach dem Sachverhalt das Vorliegen solcher Umstände naheliegt (NJW 89, 1680; NStZ 99, 244; die BGH-Rspr zusf Kalf NJW 96, 1447). In Frage kommt namentlich, dass die Rechtsgutsverletzung nur geringen Schaden angerichtet hat (beachte auch § 243 II), dass gerade die Gründe nicht vorliegen, die zur Typisierung des Regelbeispiels geführt haben, oder dass der Täter Opfer tatprovozierenden Verhaltens eines Lockspitzels geworden ist (BGHSt 32, 345, 355; dagegen Eisele aaO S 257).

bb) Sieht das Gesetz neben dem Regelstrafrahmen **sowohl für besonders** **13 a** **schwere wie auch für minder schwere Fälle** Sonderstrafrahmen vor (eine Konstellation, die im Rahmen des § 177 I, II, V nF häufiger relevant sein wird als im bisherigen Recht, Dessecker NStZ 98, 1, 2), so ist bei Erfüllung eines Regelbeispiels die Annahme eines minder schweren Falles, dh eine doppelte Strafrahmenmilderung, nicht notwendig ausgeschlossen, kommt aber nur bei Vorliegen außergewöhnlicher Umstände in Frage (StV 99, 603; bei Pfister NStZ-RR 99, 355 und 00, 356; Bay NJW 91, 1275 mit Anm Grasnick JZ 92, 260; Eisele aaO [vgl 11] S 281; beachte auch 17).

c) Ist die **Tat vollendet, sind aber die Voraussetzungen eines Regelbei-** **14** **spiels nicht erfüllt,** so ist die Annahme eines besonders schweren Falles nicht unbedingt ausgeschlossen (hM; vgl etwa Reichenbach Jura 04, 260; anders Calliess JZ 75, 112, 117 und NJW 98, 929). Er darf jedoch nur bejaht werden, wenn die gebotene (GA 78, 242) und in Zweifelsfällen näher zu begründende (BGHSt 28, 318 mit Bespr Bruns JR 79, 353) Gesamtwürdigung (StV 85, 272; NStZ-RR 97, 293) ergibt, dass die Anwendung lediglich des Regelstrafrahmens unangemessen wäre (BGHSt 29, 319; Düsseldorf NJW 00, 158; W-Hillenkamp BT 2 Rdn 208). Dabei dienen die Regelbeispiele als allgemeiner Maßstab (näher zur Bestimmung von besonders schweren Fällen Eisele aaO [vgl 11] S 229, der sich jedoch vom Standpunkt der Tatbestandslösung gegen eine Gesamtwürdigung wendet, S 207). Sie bilden ihrerseits Typen von Taten, die für den Tatbestand kennzeichnende schwere Begehungsformen beschreiben und bei denen schon nach der Bewertung des Gesetzes regelmäßig eine wesentliche Erhöhung von Unrecht und Schuld vorliegt. Wo zwar ein Regelbeispiel nicht erfüllt ist, aber einer der Schärfungsgründe, die in ihm Ausdruck gefunden haben, der Art oder dem Gewicht nach (dazu NJW 90, 1489) in gleichwertiger Weise zutrifft, liegt die Annahme eines besonders schweren Falles nahe (Stuttgart NStZ 85, 76 mit Bespr Dölling JuS 86, 688; Bay JR 87, 466 mit Anm Dölling; ähnlich Wessels, Maurach-FS, S 295, 303; einschr Arzt JuS 72, 385, 390, 545; Kadel JR 85, 386; krit Maiwald NStZ 84, 433, 438). Jedoch kann uU auch die verschuldete Anrichtung eines besonders großen Schadens im Hinblick auf die damit verbundene Erhöhung schon des Unrechts (BGHSt 29, 319 mit Anm Bruns JR 81, 335; NStZ 83, 455; krit Wessels aaO

§ 46 AT. 3. Abschnitt. 2. Titel. Strafbemessung

S 304; Otto JZ 85, 21, 24) und wiederholte Begehung im Hinblick auf die Erhöhung der Schuld genügen; umgekehrt kann Mitverschulden des Opfers für die Anwendung des Regelstrafrahmens ausschlaggebend sein (LG Gera NStZ-RR 96, 167). – Ein besonders schwerer Fall kommt auch in Frage, wenn bei vollendeter Tat die Verwirklichung des Regelbeispiels nur versucht worden ist, wie zB in den Fällen BGHSt 10, 230; NJW 98, 2987 (v Löbbecke MDR 73, 374; Eisele aaO S 317; aM Arzt aaO S 517; Joecks 42 zu § 243); hier kommt es darauf an, ob die Gefährlichkeit der Tathandlung und die kriminelle Intensität trotz objektiven Fehlens des Erschwerungsgrundes Unrecht und Schuld wesentlich erhöht haben (hM); die Indizwirkung kann entfallen, wenn der Täter es freiwillig aufgibt, das Regelbeispiel (zB die Vergewaltigung nach § 177 II Nr 1) zu verwirklichen (vgl BGHSt 17, 1 zu § 177 aF; zum geltenden Recht 11 zu § 177; allgemein und für die unmittelbare Anwendung von § 24 Eisele aaO S 323).

15 **d)** Auch der **Versuch der Tat** kann, wenn er mit Strafe bedroht ist (§ 23 I), als besonders schwerer Fall der Strafschärfung unterliegen (hM; anders Calliess JZ 75, 112, 118; Degener, Stree/Wessels-FS, S 305; krit Arzt StV 85, 104). Die unter 13, 14 dargelegten Grundsätze gelten sinngemäß (zusf Sternberg-Lieben Jura 86, 183). Jedoch tritt die Indizwirkung – ebenso wie bei vollendeter Tat (vgl 13) – nur ein, wenn das Regelbeispiel verwirklicht wurde (im Schrifttum hM; expl Otto JZ 93, 559, 565; Zopfs GA 95, 320, 322; Graul JuS 99, 852; W-Hillenkamp BT 2 Rdn 202; ebenso auch Düsseldorf NJW 83, 2712; aM BGHSt 33, 370 mit Bespr Küper JZ 86, 518, Schäfer JR 86, 522 und Eckstein JA 01, 548; Bay NStZ 97, 442 mit Bespr Wolters JR 99, 37, Sander/Malkowski NStZ 99, 36; Eisele aaO [vgl 11] S 311; Kindhäuser aaO [vgl 11] S 130; Gropp JuS 99, 1041, 1050; Reichenbach Jura 04, 260, 262; diff NStZ 95, 339 mit Anm Wolters; zw); wurde es nur versucht, so ist die Annahme eines unbenannten besonders schweren Falles (vgl 14) zu erwägen (bei Detter NStZ 98, 182; Bay NJW 80, 2207). – Auch für den Strafrahmen der versuchten Tat in einem besonders schweren Fall gilt die **fakultative Strafmilderung** nach § 23 II; der Richter kann daher die Mindeststrafe des geschärften Rahmens in den Grenzen des § 49 I Nr 3 unterschreiten (Eisele S 314; Wessels, Maurach-FS, S 295, 307; Zipf, Dreher-FS, S 389, 392; Sternberg-Lieben aaO S 186; aM Dreher MDR 74, 57; zw). – Ob die Merkmale eines Regelbeispiels als solche zur **Abgrenzung des Versuchs von der Vorbereitungshandlung** herangezogen werden dürfen, ist umstritten. Dagegen spricht die Rechtsnatur der besonders schweren Fälle als bloße Strafzumessungsregeln (Wessels aaO S 305; Stree, Peters-FS, S 179, 181; Sternberg-Lieben aaO S 185; Gössel, Tröndle-FS, S 357). Andererseits typisieren sie aber rechtlich relevante, gegenüber dem jeweiligen Tatbestand spezialisierte Taten, die das Gesetz im Ganzen richterlicher Bewertung unterwirft, so dass es vertretbar ist, sie nicht anders als Qualifikationsmerkmale zu behandeln (Hamm MDR 76, 155 mit abl Anm Hillenkamp MDR 77, 242). Die Frage ist allerdings nur selten entscheidungserheblich, weil eine schematische Vorverlegung des Versuchsbeginns auf das unmittelbare Ansetzen zur Verwirklichung des Regelbeispiels aus strafrechtserhöhenden Umständen mit Recht überwiegend abgelehnt wird (10 zu § 22; W-Hillenkamp BT 2 Rdn 209).

16 **e)** Ob **Teilnahme** (Anstiftung oder Beihilfe) an der Tat ein besonders schwerer (oder minder schwerer) Fall ist, bestimmt sich – unter Berücksichtigung allerdings auch der Haupttat – nach dem Tatbeitrag des Teilnehmers, der selbstständig zu würdigen ist (BGHSt 29, 239, 244; StV 92, 372 und 96, 87; eingehend Bruns GA 88, 339; Horn, Kaufmann [Arm]-GS, S 573, 592; anders Eisele aaO [vgl 11] S 340, der eine Gesamtwürdigung ablehnt und §§ 26 ff unmittelbar anwendet [akzessorische Haftung mit Durchbrechung nach § 28 II]; beachte auch 22 vor § 52). Für besondere persönliche Merkmale in den Regelbeispielen ist vom Grundgedanken des § 28 II auszugehen (hM; anders Bruns aaO S 350; Gössel, Tröndle-

Grundsätze der Strafzumessung **§ 46**

FS, S 357, 366; zw). Im Übrigen hängt aber das Ergebnis der Gesamtwürdigung (vgl 9) entscheidend vom Umfang und Gewicht des Teilnehmerbeitrags und der daraus abzuleitenden Schuld ab (NJW 83, 54; NStZ 83, 217; beachte auch 2 zu § 29).

f) Liegt ein **besonderer gesetzlicher Milderungsgrund** (§ 49) vor, so kann 17 das Anlass geben, ihn schon bei der Frage zu berücksichtigen, ob ein besonders schwerer Fall anzunehmen ist, und diesen uU zu verneinen (NJW 86, 1699; NStZ 86, 368; Wessels, Maurach-FS, S 295, 302; aM Braunsteffer NJW 76, 736; Horn, Kaufmann [Arm]-GS, S 573, 591; zw). Nach dem Grundgedanken des § 50 (Verbot der Doppelverwertung von Milderungsgründen) ist jedoch eine Doppelmilderung in dem Sinne, dass sowohl von der Annahme eines besonders schweren Falles abgesehen und das Mindestmaß des Regelstrafrahmens unterschritten wird, nicht zulässig (BGH aaO mwN).

g) Da die Regelbeispiele nur Elemente einer Strafzumessungsregel sind (vgl 11), 18 gibt es im Verhältnis zu den Tatbeständen, auf denen sie aufbauen, **keine Konkurrenz** (StV 96, 94; anders vom Standpunkt der Tatbestandslösung aus Eisele aaO [vgl 11] S 354); der Richter hat bei vollendeter oder versuchter Verwirklichung des Regelbeispiels lediglich zu beurteilen, ob die Tat den erforderlichen Schweregrad erreicht und deshalb aus dem geschärften Strafrahmen zu ahnden ist (zur Verwirklichung mehrerer Regelbeispiele in demselben Tatgeschehen beachte unten 45).

h) Trägt eine Handlung, welche die Voraussetzungen eines Regelbeispiels er- 19 füllt, zugleich zur Verwirklichung eines anderen Tatbestandes bei, so führt das idR zu **Tateinheit** (oder Gesetzeseinheit), weil auch die spezielle Typisierung der Tat, die in dem Regelbeispiel zum Ausdruck kommt, einen hinreichenden Grund bildet, das Gesamtgeschehen zu einer Bewertungseinheit zusammenzufassen (10 vor § 52).

i) Zwischen mehreren Regelbeispielen, die zum selben Tatbestand gehören, ist 20 **Wahlfeststellung** (14 zu § 1) möglich (näher Eisele aaO [vgl 11] S 364; str).

k) Im **Urteilsspruch** die Tat als besonders schweren Fall zu kennzeichnen, ist 21 nicht erforderlich, weil nach § 260 IV S 1, 2 StPO nur benannte Strafänderungen (vgl 7) für die rechtliche Bezeichnung der Tat im Tenor relevant sind (BGHSt 27, 287; anders Eisele aaO [vgl 11] S 379). Umgekehrt ist eine solche Kennzeichnung aber auch kein Rechtsfehler (NJW 70, 2120 und 77, 1830; krit Schmitt, Tröndle-FS, S 313, 315), wenn sie auch der Tendenz der Rspr zuwiderläuft, den Tenor möglichst von allem Unwesentlichen zu entlasten (BGHSt 23, 254; Granderath MDR 84, 988; anders [nur] für § 177 II Nr 1 nF NJW 98, 2987). – Bei Beschränkung eines Rechtsmittels auf die Straffrage sind auch die Regelbeispielsvoraussetzungen nachzuprüfen, es sei denn, dass diese – was häufig zutreffen wird – als sog doppelrelevante Tatsachen schon dem Schuldspruch zugrundeliegen (BGHSt 29, 359 mwN; str).

III. Abs 1 betrifft die **Strafzumessung ieS**, dh die Ermittlung der Strafhöhe 22 innerhalb des anwendbaren Strafrahmens. Der Bestrafungsvorgang im ganzen erschöpft sich darin nicht. Er umfasst vielmehr auch die Ermittlung des anwendbaren Strafrahmens, die Bestimmung der Strafart, bei der häufig kein Wahlrecht nach Ermessen besteht (beachte namentlich § 47), und die Entscheidungen über Strafaussetzung (§§ 56 ff), Verwarnung mit Strafvorbehalt (§§ 59 ff) oder Absehen von Strafe (zB § 60). Alle diese Vorgänge und die Strafzumessung ieS werden meist unter dem Oberbegriff der Strafzumessung iwS (auch Strafbemessung) zusammengefasst (zur systematischen Reihenfolge ihrer erforderlichen Schritte Horn, Die strafrechtlichen Sanktionen, 1975 und Jura 80, 113; Günther JZ 89, 1025; Brögelmann JuS 02, 903; Eisenhuth Jura 04, 81; s auch Köhler AT S 578) und den Rechtsfolgevoraussetzungen gegenübergestellt (Gössel, Tröndle-FS, S 357).

§ 46 AT. 3. Abschnitt. 2. Titel. Strafbemessung

23 1. Mit der Bestimmung des **Abs 1 S 1**, dass für die Strafzumessung ieS **die Schuld des Täters die Grundlage bildet,** wird das Schuldprinzip ausdrücklich im Gesetz verankert (vgl 1). Unter **Schuld** ist hier nicht die Strafbegründungsschuld (22 vor § 13) zu verstehen; Anknüpfungspunkt ist vielmehr das nach seiner Schwere abstufbare verschuldete Unrecht (hM; vgl etwa Kindhäuser 29; krit Frisch ZStW 99, 349, 384, im Grundsatz zust aber in: Müller-Dietz-FS, S 237, 238; Montenbruck, Abwägung und Umwertung, 1989, S 68; Streng Sanktionen 419–424; aus psychologischer Sicht auch Oswald GA 88, 147). – Die Vorschrift ist ein Kompromiss (Lackner, Gallas-FS, S 117, 128). Nach ihrem Wortsinn braucht die Schuld nur die Basis der Strafzumessung zu bilden; dass auch andere Strafzwecke mitwirken dürfen, ist damit eingeräumt (hM; diese Konzeption grundsätzlich verwerfend Freund GA 99, 509). Ausgeschlossen ist nur, die Antinomie der Strafzwecke (vgl 3) in der Weise zu lösen, dass die Strafe aufhört, eine gerechte Antwort auf die schuldhafte Tat zu sein. In dieser Allgemeinheit ist das Schuldprinzip heute überwiegend anerkannt (BVerfGE 6, 389, 439; 73, 206, 253; BVerfG NJW 04, 739, 745). Die weitere Konkretisierung seiner Grenzen hat das Gesetz Rspr und Lehre überlassen (zusf Horstkotte JZ 70, 122).

24 2. Die Rspr und ein Teil des Schrifttums haben bisher versucht, der Antinomie der Strafzwecke durch die sog **Spielraum- oder Rahmentheorie** gerecht zu werden. Diese wird durch Abs 1 S 1 nicht ausgeschlossen (Horstkotte aaO [vgl 23]).

a) Ihr liegt folgender **Gedankengang** zugrunde: aus Gründen der Gerechtigkeit und zum Schutz des Bürgers darf die Strafe das Maß der Schuld nicht überschreiten (BGHSt 7, 28, 32; GA 74, 78; ebenso BVerfGE 54, 100; 91, 1, 31; BVerfG NJW 04, 739, 746). Dieses Maß kann allenfalls theoretisch (krit Neumann, Spendel-FS, S 435), aber im Hinblick auf die Komplexität der Schuldbewertung, die ihr immanenten vielfältigen Abwägungen und die Unzulänglichkeit menschlicher Erkenntnis nicht praktisch so bestimmt angegeben werden, dass sich daraus eine feste Strafgröße ableiten ließe. Es ergibt sich vielmehr nur ein gegenüber dem gesetzlichen Strafrahmen wesentlich engerer Rahmen, innerhalb dessen die Strafe – schon oder noch – schuldangemessen ist (BGHSt 20, 264, 266). Dessen Grenzen sind allerdings ebenso wie die schuldangemessene Strafe selbst nicht exakt bestimmbar, sondern nur auf Grund der richterlichen Wertung, welche Strafgrößen nach allgemeinem Verständnis noch als gerechte Antwort auf die konkrete Tat erlebt werden können, in etwa fassbar (Bruns NJW 79, 289, 292; krit Dreher, Bruns-FS, S 141, 156). Unter diesem konkreten Schuldrahmen kann, da Gerechtigkeit nicht um ihrer selbst willen geübt wird, noch ein weiterer Bereich des Strafrahmens zur Verfügung stehen, wenn spezialpräventive Gründe es zwingend erfordern und die Verteidigung der Rechtsordnung es noch gestattet, hinter der schuldangemessenen Strafe zurückzubleiben (Horstkotte JZ 70, 122, 124; Roxin, Schultz-Festg, S 463, 473 und Bockelmann-FS, S 279, 304; Lackner, Über neue Entwicklungen in der Strafzumessungslehre und ihre Bedeutung für die richterliche Praxis, 1978, S 23; Wolter GA 80, 81, 94; Frisch ZStW 99, 349, 367; Günther JZ 89, 1025, 1029; Schäfer StrZ 460; aM BGHSt 29, 319 mit Anm Bruns JR 81, 335; Gribbohm LK 12, 14; zw). Der dadurch entstehende Spielraum ist vom Richter für die Verfolgung der anerkannten Strafzwecke auszunutzen; deren Berücksichtigung in diesem Rahmen ist also substantieller Bestandteil der Strafzumessung (zusf zu den Grundsätzen der BGH-Rspr Theune StV 85, 162, 205; Schütz Jura 95, 399, 404; krit Rspr-Analyse bei Frisch, BGH-FG, S 269, 270).

25 **b)** Die Rahmentheorie ist ein **brauchbares,** allerdings nicht zwingend beweisbares **Modell** zur planmäßigen Einordnung und Abwägung der uU widerstreitenden Zumessungsgesichtspunkte, aber kein Allheilmittel zur Auflösung der Straf-

Grundsätze der Strafzumessung **§ 46**

zweckantinomie (krit Streng Sanktionen 480–485 und in: Müller-Dietz-FS, S 875 mit „empirischer Studie"; Albrecht, Strafzumessung bei schwerer Kriminalität, 1994, S 37; Hörnle, Tatproportionale Strafzumessung, 1999, S 23; Köhler AT S 600). In der Rspr wird sie nur unzureichend durchgeführt (krit Grasnick JA 90, 81, 83; s auch Meine NStZ 94, 159). Im Schrifttum ist sie umstritten (dafür ua Spendel, Zur Lehre vom Strafmaß, 1954, S 168, 176; Zipf JuS 74, 137, 143 und ÖJZ 79, 179; Schöneborn GA 75, 272; Mösl DRiZ 79, 165; Dölling, Schreiber-FS, S 55, Jescheck/Weigend AT S 880; Gribbohm LK 17–20; im Ergebnis ebenso Grasnick, Über Schuld, Strafe und Sprache, 1987 und JA 90, 81, der von einem phänomenologischen Ansatz aus die Anerkennung des Schuldrahmens befürwortet).

Die **Gegenpositionen** sind vielfältig. So fordert zB die sog Stellenwerttheorie 25 a dem Richter unter Einräumung lediglich eines revisionsrechtlich nicht nachprüfbaren Beurteilungsspielraums ab, eine genaue Entsprechung von Schuld und Strafe zu finden (sog Punktstrafe, Köhler AT S 598–600; Horn SK 8, 33–40; krit Hörnle aaO [vgl 25] S 102; Streng, Müller-Dietz-FS, S 875, 891; Dölling, Schreiber-FS, S 55, 57 und Meier Sanktionen, S 149) oder in einem gestaltenden sozialen Wertungsakt ohne Berücksichtigung präventiver Gesichtspunkte die schuldangemessene Strafe verantwortlich zu bestimmen (Henkel, Die „richtige" Strafe, 1969, S 33). Keinen inhaltlichen Gegensatz zur Spielraumtheorie bildet die Lehre, die den Strafzumessungsvorgang als einen gestaltenden sozialen Wertungsakt unter Einbeziehung auch der Prävention versteht (so Dreher JZ 67, 41 und 68, 209); denn dass Strafzumessung nur in einem solchen wertenden Akt möglich ist, wird auch von den Anhängern der Spielraumtheorie nicht bestritten (Bruns NJW 79, 289; Dölling aaO). Dagegen reduziert die Theorie vom sog Schuldüberschreitungsverbot, die in §§ 2, 59 AE de lege ferenda vorgeschlagen wird, das Schuldprinzip auf seine nach oben begrenzende Funktion und orientiert die Strafzumessung selbst ausschließlich an den präventiven Gesichtspunkten der Wiedereingliederung des Täters und des Schutzes der Rechtsgüter (Schultz JZ 66, 115; Roxin ZStW 81, 613, 632 und JA 80, 545, 547; methodisch ähnlich Rudolphi ZStW 86, 68, 76; krit Schöneborn ZStW 88, 349; Frisch, BGH-FG, S 269, 279; Dölling aaO; Streng Sanktionen 485). Auf ähnlicher Linie liegen mehrere – im Ansatz unterschiedliche – folgenorientierte Strafzumessungslehren, wie zB die soziologisch orientierte Theorie von Giehring (in: Pfeiffer/Oswald [Hrsg], Strafzumessung. Empirische Forschung und Strafrechtsdogmatik im Dialog, 1989, S 77) und die schwerpunktmäßig generalpräventiv ausgerichtete Tatproportionalitätstheorie von Schünemann (in: Schünemann [Hrsg], Grundfragen des modernen Strafrechtssystems, 1984, S 153, 187 und in: Eser/Cornils, Neuere Tendenzen der Kriminalpolitik, 1987, S 209 sowie in: Frisch ua [Hrsg], Tatproportionalität, 2003, S 185). Im Anschluss an ausländische Entwicklungen empfehlen v Hirsch/Jareborg, Strafmaß und Strafgerechtigkeit, 1991, – auch unter dem Stichwort **Tatproportionalität** (Frisch/v Hirsch/Albrecht [Hrsg], Tatproportionalität, 2003) – eine völlige Abkehr von general- und spezialpräventiver Fundierung der Strafe und eine Anknüpfung ausschließlich an das Maß des jeweils verschuldeten Tatunrechts (in der Tendenz ähnlich Albrecht aaO [vgl 25] S 66, Freund GA 99, 509 und Hörnle aaO [vgl 25] S 127, 143; krit Ellscheid, Müller-Dietz-FS, S 201; Streng Sanktionen 489–491). Zur Rahmentheorie ablehnend verhalten sich schließlich auch die an positive Generalprävention anknüpfenden funktionalen Vergeltungstheorien (vgl etwa Lesch JA 94, 590, 596; Jakobs AT 1/4–16; s auch 25 vor § 13). Insgesamt erkennen aber die abweichenden Ansichten überwiegend die Garantiefunktion des Schuldprinzips an (zusf zu den älteren Modellen Lackner, Gallas-FS, S 117; Müller-Dietz, in: Wadle [Hrsg], Recht und Gesetz im Dialog, 1982, S 43, 56; krit zur Unfähigkeit aller Modelle, hinreichende Gleichmäßigkeit der Strafzumessung in der Praxis zu gewährleisten, Streng, Strafzumessung und relative Gerechtigkeit, 1984, S 1 und Heidelberg-FS, S 501).

§ 46 AT. 3. Abschnitt. 2. Titel. Strafbemessung

26 3. Die **Präventionszwecke,** die innerhalb des konkreten Schuldrahmens zu berücksichtigen sind, bestehen darin, den Täter von Straftaten abzuhalten, ihn in die Gemeinschaft wieder einzugliedern, die Allgemeinheit vor ihm zu sichern (Spezialprävention) oder Dritte von der Begehung von Straftaten abzuhalten (Generalprävention).

27 a) Dass jedenfalls der Teilaspekt der **Spezialprävention,** den Täter zu resozialisieren oder seine Entsozialisierung tunlichst zu vermeiden (dazu BGHSt 24, 40), für die Strafzumessung ieS unmittelbar bedeutsam ist, wird durch **Abs 1 S 2** ausdrücklich bestätigt (hM; vgl ua NStZ 87, 550; StV 95, 296; 98, 375 und 03, 222; Karlsruhe StV 98, 375; Blau MschrKrim 77, 329; Dölling, Schreiber-FS, S 55, 59 und Lampe-FS, S 597, 598; krit Hassemer, Coing-FS, S 493, 518; Müller-Dietz, Spendel-FS, S 413; Frisch, Kaiser-FS, S 765, 769 und BGH-FG, S 269, 308; speziell bei jungen Angeklagten und sehr hohen Freiheitsstrafen NStZ 03, 495). Die Vorschrift lässt also auch bei der Strafhöhenbemessung die Berücksichtigung spezialpräventiver Gründe zu (str), jedenfalls soweit sie sich strafmildernd auswirken (hM). Ihre Heranziehung auch zur Strafschärfung kommt dagegen nur in Ausnahmefällen in Frage, weil für eine weite Grauzone aus den ungesicherten empirischen Grundlagen kein hinreichend umsetzbarer Maßstab ableitbar ist (Strafschärfung ganz abl Grasnick JA 90, 81, 87; Volckart, Praxis der Kriminalprognose, 1997, S 80; zu Forschungsperspektiven zur Verbesserung spezialpräventiver Strategien bei Gewaltdelikten Meier JZ 95, 433; zur Angewiesenheit auch der Individualprävention auf empirische Befunde Frisch, Kaiser-FS, S 765; zu der spezialpräventiven „Erfolgsbeurteilung" Schöch aaO [vgl 2] 7/21–26; zur Akzeptanz der Resozialisierung in der Bevölkerung vgl die Umfrage von Schwind, Müller-Dietz-FS, S 841). Gegenüber dieser differenzierenden Bewertung wird im Schrifttum zu Unrecht vereinzelt angenommen, dass die Strafhöhe ausschließlich von Schulderwägungen getragen werde, während die Präventionszwecke nur in anderen Stadien des Bestrafungsvorgangs (bei der Wahl der Strafart, der Strafaussetzung, der Verwarnung mit Strafvorbehalt und dem Absehen von Strafe) verfolgt werden dürften (sog Stellenwert- oder Stufentheorie, Horn, Bruns-FS, S 165 und SK 33–40; mit Einschränkungen auch Grasnick aaO S 87; krit Bruns ZStW 92, 724; abl Roxin, Bruns-FS, S 183; Lackner aaO [vgl 24] S 10; Müller-Dietz aaO [vgl 24] S 28; Schreiber NStZ 81, 338; v Selle, Gerechte Geldstrafe, 1997, S 98). Neuerdings hat Frisch ein „Strafkonzept" entwickelt und vorgestellt, das „nach oben" offen und auf die Wiederherstellung des Rechts gerichtet ist; es führt von wenigen, ziemlich unwichtigen Ausnahmen abgesehen, zu denselben Ergebnissen, zu denen die Rspr auf Grund einer lediglich „falschen Etikettierung" bisher schon (intuitiv) gelangt ist (BGH-FG, S 269).

28 b) Ob für die Strafhöhe auch **generalpräventive Gesichtspunkte** mitbestimmend sein dürfen, ist umstritten. Die Meinungsverschiedenheiten hängen nicht nur mit dem Grundlagenstreit über die Strafzwecke zusammen, sondern auch damit, dass die empirischen Fragen der Generalprävention, dh Art und Grad der Wirkungen, die vom Bestehen und von der Durchsetzung des Strafrechts auf das Verhalten der Menschen ausgehen, weitgehend ungeklärt sind und auch nur in engen Grenzen durch kriminologische Forschung aufklärbar sind (vgl etwa Schumann, Positive Generalprävention, 1989, S 26; Dölling ZStW 102, 1; Bönitz, Strafgesetze und Verhaltenssteuerung, 1991; Bock JuS 94, 89; Müller-Dietz, in: Jehle [Hrsg], Kriminalprävention und Strafvollzug, KUP Bd 17, 1996, S 227; Schöch aaO [vgl 2] 7/27–32; aM Curti ZRP 99, 234; s auch 29). Hinzu kommt, dass sich in der jahrzehntelangen Diskussion das Verständnis vom Begriff der Generalprävention gewandelt hat. Es geht jetzt nicht mehr in erster Linie um negative Generalprävention (sog **Abschreckungsgeneralprävention**), dh den Zweck, Dritte von der Begehung von Straftaten abzuhalten (Allgemeinabschreckung), sondern

Grundsätze der Strafzumessung **§ 46**

vornehmlich um **positive Generalprävention** (sog **Integrationsgeneralprävention**), dh die Funktion der Normbekräftigung im Sinne der Stabilisierung des allgemeinen Wertbewusstseins in der Bevölkerung durch eine gerechte und gleichmäßige Strafrechtspflege (vgl die Nachw unter 25 vor § 13; s auch Roxin, Bockelmann-FS, S 279, 304; Schünemann GA 86, 293, 349; Hassemer JuS 87, 257 und ZRP 97, 316; Hart-Hönig, Gerechte und zweckmäßige Strafzumessung, 1992; Streng, in: Lampe [Hrsg], Rechtsgleichheit und Rechtspluralismus, 1995, S 279; Dölling, Schreiber-FS, S 55, 59; Meier Sanktionen, S 182; Schöch aaO 7/32; krit Luzón GA 84, 395; Wolff ZStW 97, 786; v Hirsch/Jareborg aaO [vgl 25 a] S 9; Bock ZStW 103, 636; Hörnle/v Hirsch GA 95, 261; Schmidhäuser, Wolff-FS, S 443, 447; Callies, Müller-Dietz-FS, S 99, 108, der als „alleinige Strafzwecke" Resozialisierung und Sicherung anerkennt, S 112; zusf Müller-Dietz aaO [vgl 24] S 40; Neumann/Schroth, Neuere Theorien von Kriminalität und Strafe, 1980, S 33; eingehend zum Für und Wider Schünemann ua [Hrsg] Positive Generalprävention, 1998). Sie wird vereinzelt – allerdings zu Unrecht – als Element oder Funktion schon des Schuldbegriffs verstanden (25 vor § 13), hat jedenfalls aber für die Strafzumessung eine differenziertere Bedeutung als die reine Allgemeinabschreckung. Daher ist zu unterscheiden:

aa) Eine Strafschärfung zur **Allgemeinabschreckung** hält die **Rechtsprechung** innerhalb des konkreten Schuldrahmens (vgl 24) für zulässig (BGHSt 28, 318, 326; NStZ 95, 77; wistra 02, 260), und zwar auch bei Fahrlässigkeitstaten (bei Holtz MDR 80, 813). Einschränkend erkennt sie jedoch an, dass eine schwerere als die sonst verwirkte Strafe nur gerechtfertigt werden kann, wenn die Tat die Gefahr der Nachahmung begründet hat (GA 86, 509), wenn bereits eine gemeinschaftsgefährliche Zunahme solcher oder ähnlicher Straftaten, wie sie zur Aburteilung stehen, zu verzeichnen ist (BGHSt 17, 321, 324; StV 94, 424; Dölling, Schreiber-FS, S 55, 60; krit Foth NStZ 90, 219; probl NStZ 96, 79, zu einem Fall zwischenzeitlicher Gesetzesverschärfung beachte Bay StV 00, 368), oder wenn festzustellen ist, dass Praktiken organisierter Kriminalität auf das Inland übergegriffen haben (wistra 92, 212; diff Streng JZ 93, 109, 114). – Im **Schrifttum** wird diese Form der Strafschärfung überwiegend, allerdings mit unterschiedlicher Begründung, abgelehnt (zusf Kausch JA 83, 283): teils mit dem auf Kant zurückgehenden Argument, dass der Täter nicht als Mittel zur Erreichung eines außerhalb seiner selbst liegenden Zwecks benutzt werden dürfe (Warda, Dogmatische Grundlagen der richterlichen Ermessens, 1962, S 167; Köhler JZ 82, 772; Wolff ZStW 97, 786; krit Schmidhäuser, Wolff-FS, S 443, 450); teils mit Erwägungen, die sich auf § 46 I stützen (Roxin, Schultz-Festg, S 463, 469 und Bruns-FS, S 183, 196), und teils auch mit dem Hinweis, dass generalpräventiv motivierte Strafschärfung wegen der ungesicherten empirischen Grundlagen nicht legitimiert sei (Hassemer, in: Hassemer ua, Hauptprobleme der Generalprävention, 1979, S 29; Wolfslast NStZ 82, 112; Frisch ZStW 99, 349, 370).

29

bb) Die Schwerpunktverlagerung auf die **Integrationsprävention** (vgl 28) hat das Meinungsbild nicht unwesentlich verändert und zu differenzierteren Auffassungen im Schrifttum geführt (vgl etwa Horstkotte JZ 70, 122, 124; Lange ZStW 95, 606, 607; Lampe, Strafphilosophie, 2000, S 214). Der Gedanke der Normstabilisierung hat zahlreiche neue Gesichtspunkte ins Blickfeld treten lassen. So wird er zB für eine zweckorientierte Erklärung des Vergeltungs- (bzw Schuldausgleichs-)Prinzips herangezogen (Ebert, in: Krummacher [Hrsg], Geisteswissenschaften – wozu?, 1988, S 35). Ferner hat er zu den Fragestellungen geführt, ob bei dem unbestrittenen Mangel an empirischem Wissen die durchgängige Verhängung möglichst schuldangemessener Strafen am ehesten geeignet ist, Normstabilisierung zu erreichen (Müller-Dietz, Jescheck-FS, S 813; krit Mir Puig ZStW 102, 914, 925; zweifelnd Frisch, BGH-FG, S 269, 277) oder ob umgekehrt nicht die den durchschnittlichen Erwartungen der rechtstreuen Bürger entsprechende

30

§ 46 AT. 3. Abschnitt. 2. Titel. Strafbemessung

staatliche Reaktion als die jeweils gerechte Strafe erscheint (Streng ZStW 101, 273 und in: Lampe aaO [vgl 28] S 279, 281; krit Hörnle/v Hirsch GA 95, 261, 264). Das provoziert die weitere Überlegung, ob die positive Generalprävention nicht als übergreifender Strafzweck die übrigen präventiven Zwecke weitgehend in sich aufnehmen und zugleich begrenzen kann (Streng aaO [ZStW] S 328). Schließlich kommen auch zahlreiche schuldunabhängige Bewertungsfaktoren ins Spiel, etwa das Interesse an der Erhaltung des Rechtsfriedens (Müller-Dietz GA 83, 481), die Genugtuung für den Verletzten durch Wiedergutmachung und die Möglichkeit der Strafmilderung unter dem Gesichtspunkt, dass ein nicht Tatbereiter durch polizeiliche Lockspitzel in Schuld und Strafe verstrickt wurde (bei Schmidt MDR 89, 1036; StV 95, 247; NStZ 95, 506; probl NStZ 86, 162 mit Bespr Puppe NStZ 86, 404 und Bruns MDR 87, 172; beachte auch Düsseldorf NStZ-RR 99, 281). Die Rspr hat hier seit BGHSt 32, 345 bis in die jüngste Vergangenheit die sog „Strafzumessungslösung" vertreten. Danach soll die dem Staat zuzurechnende Provokation des Spitzels nur durch Strafmilderung, nicht auch durch Strafbefreiung berücksichtigt werden können (so mit eingehender Begr noch BGHSt 45, 321 [mit abl Bespr Endriss/Kinzig NStZ 00, 269, Sinner/Kreuzer StV 00, 114, Roxin JZ 00, 363, Kudlich JuS 00, 951 und Lesch JR 00, 434; krit auch Renzikowski, Keller-GS, S 197 und Kreuzer, Schreiber-FS, S 225, 237]; 47, 44 [mit Anm Weber NStZ 02, 50]; zust Beulke StPR 288; zur Legitimierung der Schuldunterschreitung will Streng, Müller-Dietz-FS, S 875, 903, auf das „Fairness"-Prinzip abstellen). Neuerdings hat der BGH jedoch eingeräumt, dass Art 6 I, III MRK und das Rechtsstaatsprinzip in „außergewöhnlichen Einzelfällen" auch eine Freistellung von Strafe (durch Einstellung des Verfahrens) erfordern könnten (BGHSt 46, 159; 7 zu § 78b; Zweifel an der Übertragbarkeit auf Fälle der Tatprovokation bei Tröndle/Fischer 68; für Einstellung des Verfahrens etwa Lüderssen, BGH-FG, S 883; Herzog StV 03, 410; aus Art 6 I MRK ergibt sich jedenfalls kein Anspruch auf Strafverfolgung gegen sich selbst, NStZ-RR 03, 172). Damit ist zugleich ein wichtiger Schritt zur Annäherung an die Rspr des EGMR (NStZ 99, 47; dazu Kinzig StV 99, 288) vollzogen (beachte dazu auch Küpper und Taschke StV 99, 632; Lansnicker/Schwirtzek NJW 01, 1969; Tröndle/Fischer 67, 68); es wird für den Verführten auch ein Schuld- oder Strafausschließungsgrund erwogen (33 vor § 32).

31 c) Zu dem **Spannungsverhältnis** zwischen den materiell-rechtlichen Strafzwecken und dem spezialpräventiv ausgerichteten **Vollzugsziel** (§ 2 S 1 StVollzG) vgl neben der vollzugsrechtlichen Spezialliteratur ua BVerfGE 64, 261 mit krit Bespr Dürholt, Mahrenholz-FS, S 797; Müller-Dietz, Strafzwecke und Vollzugsziel, 1973; Bemmann, Bockelmann-FS, S 891; Benda, Faller-FS, S 307; Arloth GA 88, 403.

32 IV. Für die Ermittlung des **Maßes der Schuld** und der präventiven Erfordernisse zählt **Abs 2** beispielhaft Umstände auf, die überwiegend ambivalent formuliert sind, dh je nach Lage des Falles schärfend oder mildernd ins Gewicht fallen können. Die richterliche Aufgabe besteht darin, die sog **Strafzumessungstatsachen** (realen Strafzumessungsgründe), dh alle erkennbaren schuld- oder präventionsrelevanten Umstände, nach den Regeln des Strafprozessrechts (NStZ 91, 182 mwN), also auch unter Beachtung des Grundsatzes in dubio pro reo (StV 88, 328; NStZ-RR 01, 296 und 04, 41; s auch NStZ 87, 70 und 97, 336; StV 96, 26), zu ermitteln und in den sog **Strafzumessungserwägungen** (logischen Strafzumessungsgründen) jeweils ihr Gewicht und ihre schärfende oder mildernde Wirkung (Bewertungsrichtung) für die abschließende Abwägung und Umwertung in ein bestimmtes Strafmaß (vgl 47–49) festzulegen (expl NJW 87, 2685; s auch Günther JZ 89, 1025 und Göppinger-FS, S 453; Montenbruck aaO [vgl 23] S 22; Grasnick JA 90, 81; Schall/Schirrmacher Jura 92, 514, 624; Fahl JuS 98, 748; abl Frisch,

§ 46 Grundsätze der Strafzumessung

GA-FS, S 1). Dabei sind nur die Strafzumessungstatsachen zu bewerten; hypothetische Sachverhalte, die zu ihnen keinen Bezug haben, scheiden als Maßstab aus (NStZ-RR 97, 354). – Schon aus Gründen der Logik ist der nicht bezweifelbare Grundsatz zu wahren, dass das bloße Fehlen eines Strafschärfungsgrundes nicht mildernd und das Fehlen eines Milderungsgrundes nicht schärfend bewertet werden darf. Dafür kommt es aber nach neuerer Rspr nicht auf mehr oder weniger zufällige positive oder negative Formulierungen der Strafzumessungsgründe, sondern auf deren sachlichen Gehalt an (NStZ 87, 550; StV 95, 24; beachte schon NStZ 81, 60). Ob das in einem Urteil beschriebene Fehlen entlastender bzw belastender Umstände schärfend bzw mildernd bewertet werden darf, kann danach nur nach Lage des Einzelfalls beurteilt werden (BGHSt-GS- 34, 345 mit Anm Bruns NStZ 87, 451 und Grasnick JZ 88, 157; s auch den Vorlagebeschluss NStZ 87, 119 mit Bespr Bruns JR 87, 89, Hettinger StV 87, 146 und Hassemer JuS 87, 660; str); selbst ein und derselbe Umstand kann sowohl strafschärfende als auch strafmildernde Gesichtspunkte ergeben (NJW 95, 1038 mit abl Anm Joerden JZ 95, 907; nur das Ergebnis abl Streng StV 95, 411; zw). – Bei diesem Ausgangspunkt der Rspr ist es schwer möglich, den Maßstab eines gedachten oder empirisch zu bestimmenden Durchschnittsfalls zugrundezulegen, etwa den sog „normativen" Normalfall (so aber Theune StV 85, 162, 168, 205; ähnlich Grasnick JA 90, 81, 85, JZ 91, 933 und 92, 260; aM BGH-GS- aaO; Schäfer StrZ 406; Streng Sanktionen 592; krit Neumann, Spendel-FS, S 435, 444) oder den Regelfall im Sinne des tatsächlich am häufigsten vorkommenden Falles (so Horn StV 86, 168; Bruns JZ 88, 1053). Ohne den Bezugspunkt eines wie auch immer zu umschreibenden „Regeltatbildes" ist jedoch nicht auszukommen; denn erst wenn ein solches feststeht, können die von ihm nicht erfassten Tatumstände als schärfend oder mildernd eingeordnet werden. Die Bemühungen im Schrifttum um die nähere Konkretisierung eines Regeltatbildes haben noch nicht zum Konsens geführt. Meinungsverschiedenheiten bestehen vor allem im Hinblick auf das Maß der Abstraktion, dh auf den Umfang der Merkmale, die das Regeltatbild konstituieren (sehr einschr insoweit Albrecht aaO [vgl 25] S 108, 113, 116 mit krit Bespr Streng ZStW 109, 183, 186; ähnlich auch Schünemann aaO [vgl 25a]). Nicht abschließend geklärt ist auch, ob eine mehr normative oder mehr empirische Deutung den Vorzug verdient. Die erste Deutung orientiert den Strafzumessungsvorgang schwerpunktmäßig am Straftatsystem und schlägt als Lösung schrittweises Vergleichen mit Falltypen ohne ausgeprägte Besonderheiten (Ausgangsfalltypen) vor (so Frisch GA 89, 338, 355; ähnlich Jescheck/Weigend AT S 874). Die zweite Deutung orientiert sich an den Erfahrungen der Praxis mit Falltypen von vergleichbarer Ausprägung der tatbestandlichen Leitmerkmale (so Streng NStZ 89, 393, 397 und JuS 93, 918, 928; ähnlich Grasnick JA 90, 81). Eingehend zum Ganzen Fahl, Zur Bedeutung des Regeltatbildes für die Bemessung der Strafe, 1996, S 100 und ZStW 111, 156, 166; Götting, Gesetzliche Strafrahmen und Strafzumessungspraxis, 1997, S 213; Kreß GA 01, 90; krit Hettinger GA 93, 1. Jedenfalls muss die Tat auf Grund einer Basisbeurteilung grob in den Strafrahmen „eingerastert" werden, womit zugleich eine gewisse Konkretisierung der sog „Einstiegsstelle" (Bruns) verbunden ist (dazu 48). Diese Wertung dürfte ohne Einbeziehung sowohl normativer als auch empirischer Elemente nicht auskommen. – Zur Frage der Strafzumessung bei Mittätern vgl NStZ-RR 02, 105 und Tröndle/Fischer 24, 25. – Zur Frage, wieweit sich das Urteil zu den Strafzumessungstatsachen und -erwägungen äußern muss, vgl 51. – Zu den Strafzumessungsvorstellungen von Laien Streng MschrKrim 04, 127.

1. Die Umstände im **ersten Teil des Katalogs** betreffen das objektive Gewicht der Tat sowie ihre Gefährlichkeit und Verwerflichkeit (zB BGHSt 3, 179; Hamm NJW 68, 998; zusf Frisch, BGH-FG, S 269, 286). 33

§ 46
AT. 3. Abschnitt. 2. Titel. Strafbemessung

a) Die **Beweggründe** (Motive) des Täters (NStZ-RR 03, 362), seine **Ziele,** die aus der Tat sprechende **Gesinnung** (Frisch aaO S 288; beachte dazu auch 47), der bei der Tat **aufgewendete Wille** (die verbrecherische Energie oder Handlungsintensität; dazu wistra 86, 24; krit Walter GA 85, 197 und Kaufmann [H]-GS, S 493; speziell zur vorbereitenden Maskierung bei der Tatausführung (beachte NStZ 00, 586), die unter mehreren Gesichtspunkten schärfend und mildernd Gewicht haben kann, NStZ 98, 188 mit abl Anm Jahn StV 98, 653), und das **Maß der Pflichtwidrigkeit** (dazu Stuttgart NZV 91, 80; Hamm VRS 87, 288; s auch NJW 98, 1162; speziell für § 332 wistra 02, 420; zur Problematik der Verletzung beruflicher Pflichten Schäfer StrZ 345, 346) sind für die Schuld von wesentlicher Bedeutung (NJW 81, 2204). Wie sie sich auswirken, ist schwerpunktmäßig nach rechtlichen, unterstützend auch nach ethischen Maßstäben zu beurteilen (ähnlich Bruns, RStZ, S 210; einschr Frisch ZStW 99, 751, 767) und hängt von den Umständen des Einzelfalls ab; zu diesen gehören ua die jeweils gegebenen äußeren Tatanreize (KG NJW 82, 838), speziell auch das tatprovozierende oder fördernde – sei es auch zulässige (NStZ 92, 488) – Verhalten verdeckter Ermittler oder polizeilicher Lockspitzel (BGHSt 32, 345; NStZ 94, 289 und 97, 136; StV 94, 15 und 369; Brögelmann JuS 02, 903, 908; s auch 30, 32), die Häufung von Taten (zB Serientaten; beachte auch 37 a), die Hindernisse, die bei der Tat überwunden werden müssen (wistra 83, 145) und das unterschiedliche Gewicht der Tatbeiträge mehrerer Beteiligter (StV 96, 661 mwN). Bewirkt bei **verminderter Schuldfähigkeit** die psychische Ausnahmesituation des Täters eine Steigerung der Handlungsintensität (zB besonders brutales Vorgehen), so schlägt diese nur auf der Grundlage der geminderten Schuld erschwerend zu Buch (5 zu § 21; vgl NStZ-RR 03, 362). – Obwohl bedingter **Vorsatz** (23–27 zu § 15) im Allgemeinen leichter wiegt als unbedingter und deshalb bisweilen auch milder als dieser bewertet werden kann (NJW 81, 2204), ist die Vorsatzform nicht für sich allein, sondern nur im Zusammenhang mit den Vorstellungen und Zielen des Täters eine taugliche Beurteilungsgrundlage (StV 90, 304 und 93, 72; Düsseldorf MDR 90, 564; s auch Schall JuS 90, 623, 628 und Frisch, BGH-FG, S 269, 290); auf jeden Fall ausgeschlossen ist eine Abstufung nur nach den verschiedenen Formen des direkten Vorsatzes (20–22 zu § 15), weil sich hier Anhaltspunkte für die Schuldschwere überhaupt erst aus der Motivation des Täters ableiten lassen (BGH NJW 81, 2204 mit Anm Bruns JR 81, 512). – Unter den Motiven sind als solche nur die dem Täter **bewussten** schuldrelevant (Trechsel ZStW 93, 397); unbewusste Antriebe (auch die in der Tiefenpsychologie anerkannten unbewussten Motive) können allenfalls für den Grad der Steuerungsfähigkeit (vgl 39) Gewicht haben. – Die Motivation durch **Gewissensgründe,** die den Täter zu einer achtbaren, durch ernste innere Auseinandersetzung gewonnenen Entscheidung gebracht haben, begründet, soweit nicht Straflosigkeit eintritt (dazu 32 vor § 32), ein „Wohlwollensgebot", das sich strafmildernd auswirkt (expl BVerfGE 23, 127, 134; Bay NJW 80, 2424 und JR 81, 171 mit Anm Peters; Hamm NJW 80, 2425 mit Anm Crummenerl StV 81, 76; Bremen StV 96, 378; Bay NStZ-RR 96, 349; Koblenz NStZ-RR 97, 149); in Fällen der Dienstflucht nach § 53 I ZDG ist es mit den §§ 46, 47 unvereinbar, die Länge der Freiheitsstrafe an der Dauer des verweigerten Ersatzdienstes zu orientieren und die Verhängung einer Geldstrafe prinzipiell auszuschließen (Hamm NJW 80, 2425 und NStZ-RR 99, 155, beide mwN). – Zur Problematik des Gewissenstäters BVerfGE 23, 127, 134 und NJW 00, 3269; zur **politischen Motivation** NJW 95, 340; Schünemann, in: de Boor (Hrsg), Politisch motivierte Kriminalität – echte Kriminalität?, 1978, S 49, 87.

33 a   **b) aa) Art der Ausführung** betrifft die Durchführung der Tat im Einzelnen, namentlich Umfang, Dauer und Gefährlichkeit des Verhaltens, meist auch die Größe des zurechenbaren (dazu StV 89, 105) tatbestandsmäßigen Schadens (für

Grundsätze der Strafzumessung **§ 46**

vorrangiges Abstellen auf den Handlungsunwert Zielinski, Schreiber-FS, S 533, 541). Ihre Bewertung hängt ganz von den Umständen des Einzelfalls ab (näher zum äußeren Tatbild Gribbohm LK 110–144 mwN).

bb) Nur **verschuldete,** dh mindestens vorhersehbare und dem Täter vorwerf- **34** bare (BGHSt 37, 179; StraFo 04, 27; s auch Berz NStZ 86, 86; Streng Sanktionen 444), außertatbestandliche **Auswirkungen** der Tat dürfen für das Schuldurteil berücksichtigt werden (NStZ 93, 385; NJW 02, 645 und 03, 1263, 1264; Bay NJW 74, 1778 mit Bespr Bruns NJW 74, 1745; Zipf JuS 74, 137, 142; beachte auch StV 97, 129 und Köln NJW 04, 623: Drohung mit Presseveröffentlichung; zu Besonderheiten beim Vollrausch 16 zu § 323 a); sie müssen überdies geeignet sein, das Tatbild zu prägen, und in den Schutzbereich der verletzten Strafrechtsnorm fallen (NStZ 93, 337 mwN; probl NStZ 98, 39; NJW 01, 2983 mit krit Bespr Wolters StV 02, 76; StV 03, 442 mit krit Anm Meier). – Die für die frei verantwortliche Selbstgefährdung entwickelten Regeln können eine solche Zurechnung ausschließen (12 vor § 211); jedoch hindern sie bei Verstößen gegen das BtMG im Hinblick auf dessen besondere Schutzrichtung nicht, den durch die Tat verursachten Tod oder Gesundheitsschaden des Rauschmittelempfängers strafschärfend zu berücksichtigen (BGHSt 37, 179 mit Bespr Rudolphi JZ 91, 572, Beulke/Schröder NStZ 91, 393, Hohmann MDR 91, 1117 und Nestler-Tremel StV 92, 273; NStZ 92, 489 mit Anm Hoyer StV 93, 128 und Helgerth JR 93, 419; JR 01, 246 mit Anm Renzikowski; Otto Jura 91, 443; str). – Umstritten und noch nicht abschließend geklärt ist, ob jede schuldhaft verursachte Auswirkung zu Buch schlagen darf und wieweit die mit der Begrenzung durch den Schutzbereich der Norm verbundenen Einschränkungen reichen. Mit Recht wird zur Frage der Verursachung in der Rspr und überwiegend auch im Schrifttum das Prinzip des § 18 auf die Auswirkungen angewendet (Gribbohm LK 151; Schäfer StrZ 323, 324, beide mwN); zum Teil wird aber bei Vorsatzdelikten in Analogie zu § 16 eine Beschränkung auf Vorsatz postuliert (Sch/Sch-Stree 26 mwN). Mit Erwägungen zum Schutzbereich der Norm oder anhand weiterer Kriterien werden mit verschiedenartigen Ansätzen differenzierte, in ihrer Reichweite unterschiedliche Lösungen vorgeschlagen (expl Frisch GA 72, 321 und ZStW 99, 751; Lampe ZStW 89, 325, 338; Warda Jura 79, 286, 288; Puppe, Spendel-FS, S 451; Bloy ZStW 107, 576; Horn SK 103–109). – Die Auswirkungen der Tat (einschl des Deliktserfolges) erscheinen nicht allein deshalb in milderem Licht, weil sie wegen bereitstehender Ersatzursachen ohnehin gewiss oder wahrscheinlich waren (Spendel, Bruns-FS, S 249 mwN; probl JZ 97, 1185 mit abl Anm Spendel); anders jedoch, wenn bei einer Steuerhinterziehung dem Deliktserfolg Gegenansprüche des Täters gegenüberstehen, die wegen des Kompensationsverbots nach § 370 IV S 3 AO für den Tatbestand unerheblich sind (bei Holtz MDR 85, 981; Bay wistra 94, 118, 119; beachte auch NStZ-RR 96, 83, alle mwN).

c) Ein festgestelltes oder nicht auszuschließendes (VRS 36, 273, 362; KG **35** VRS 31, 67) **Mitverschulden** Dritter (bei Holtz MDR 79, 986), namentlich des Verletzten (BGHSt 3, 218), uU sogar dessen nur rechtswidriges (VRS 18, 121; Hamm VRS 25, 445) oder mitursächliches (Frisch ZStW 99, 751, 759) Verhalten kann (muss aber nicht in jedem Falle, Bay NJW 94, 1358) mildernd zu Buch schlagen, zB bei Verkehrsunfällen das Nichtanlegen des Sicherheitsgurtes (Bay VRS 55, 269; Hamm VRS 60, 32). Dasselbe gilt, wenn der Verletzte anderweit – zB durch Zuerkennung von Schmerzensgeld – Genugtuung für die Tat erlangt hat (Meyer JuS 75, 87). Die Annahme jedoch, dass die Vergewaltigung (§ 177) einer Prostituierten grundsätzlich weniger schwer wiege als die einer anderen Frau (so bei Dallinger MDR 73, 555), ist nicht vertretbar (bei Dallinger MDR 71, 895). – Im ganzen kann das **Opferverhalten** unter zahlreichen Gesichtspunkten relevant werden. Es ist nicht nur allgemein (4 vor § 13), sondern speziell auch im Hinblick

§ 46 AT. 3. Abschnitt. 2. Titel. Strafbemessung

auf seine Strafzumessungsproblematik Gegenstand dogmatischer Untersuchungen und viktimologischer Forschungen (vgl zB Schüler-Springorum, Honig-FS, S 201; Hillenkamp, Der Einfluss des Opferverhaltens auf die dogmatische Beurteilung der Tat, 1983, S 18; Maeck, Opfer und Strafzumessung, 1983; Ebert JR 83, 633, 636, 638; Arzt MschrKrim 84, 105; s auch Seelmann JZ 89, 670; Schneider MschrKrim 98, 316; Jerouschek JZ 00, 185; Jung ZRP 00, 159). Beachtlich ist vor allem der Versuch von Hillenkamp (aaO S 211), die in Frage kommenden Fallgruppen im Wesentlichen aus ihrer Nähe zur Einwilligung (aaO S 240), zur Notwehr (S 269), zur Verwirkung (S 287) und zur Beteiligung (S 294) abzuleiten (s auch Hillenkamp StV 86, 150 und 89, 532 sowie Miyazawa-FS, S 141, 149).

36 2. Die im **zweiten Teil des Katalogs** genannten persönlichen Umstände können in unterschiedlicher Weise **„schuldrelevant"** sein: Entweder sind sie zur Tat gehörende oder auf deren Folgen wirkende Faktoren und unterliegen deshalb schon als solche dem Schuldurteil. Oder sie stehen als vorausgehende oder nachfolgende Umstände nur mit ihr im Zusammenhang, müssen dann aber als Indizien für das Maß der aus der Tat sprechenden kriminellen Intensität und Gesinnung Gewicht haben (Dölling, Schreiber-FS, S 55, 58; zusf zu dieser umstrittenen, in der Rspr anerkannten Indizkonstruktion Bruns RStZ, S 220, 231 und NStZ 81, 81, JR 81, 249; krit Stratenwerth, Tatschuld und Strafzumessung, 1972, S 15; Schaffstein, Gallas-FS, S 99, 108; Frisch ZStW 99, 751, 772, 779). Namentlich die allgemeine Lebensführung kann sich, auch wenn sie sittlich zu missbilligen ist, nur dann schulderhöhend auswirken, wenn aus einem der beiden Gesichtspunkte ein Zusammenhang mit der Tat besteht (NJW 88, 1153; StV 91, 106). Umstände, bei denen ein solcher Zusammenhang fehlt, sind zur Bildung des Schuldurteils unbrauchbar (sog **unzulässige Strafzumessungserwägungen**). – Rechtsvergleichend zu den Umständen der Strafzumessung außerhalb der Tat Frisch aaO [vgl 2] S 207.

36 a Die persönlichen Umstände können aber unabhängig von ihrer Bedeutung für die Schuld insoweit **„präventionsrelevant"** sein, als sie im Sinne des Abs 1 S 2 Wirkungen erwarten lassen, die für das künftige Leben des Täters in der Gesellschaft bedeutsam sind (krit Terhorst JR 89, 184; Müller-Dietz, Spendel-FS, S 413, 424, 429). In diesen Zusammenhang gehören namentlich die sog **mittelbaren Straftatfolgen** (eingehend dazu Nicolaus und Mesteck-Schmülling, jeweils aaO [vgl 9]; knappe Übersicht bei Schäfer StrZ 430). Zu Buch schlagen können unter diesem Gesichtspunkt zwingende dienstrechtliche Folgen, etwa der Verlust der Beamten- oder Soldatenstellung bei rechtskräftiger Verurteilung zu Freiheitsstrafe von mindestens einem Jahr wegen einer vorsätzlichen Tat nach § 48 BBG oder §§ 54 II Nr 2, 48 Nr 2 SoldG (BGHSt 32, 68, 79; 35, 148; JZ 89, 652; Hamm JR 00, 35 mit Anm Kuhlen; zu Disziplinarmaßnahmen Mesteck-Schmülling aaO [vgl 9] S 92). Dasselbe gilt für sonst drohende berufliche Nebenfolgen, etwa der Verlust eines gesicherten Arbeitsplatzes im öffentlichen Dienst (StV 00, 662), die Ausschließung aus der Rechtsanwaltschaft (NStZ 87, 550; StV 91, 207; beachte jedoch bei Holtz MDR 89, 491), die Untersagung des Berufs als Steuerberater (StV 91, 207; wistra 91, 300), den Widerruf der Approbation als Apotheker (StV 91, 157; NStZ 96, 539) oder die unehrenhafte Entlassung aus der Bundeswehr (StV 91, 106); auch ausländerrechtliche Folgen (zB Ausweisung nach § 47 I AuslG) können uU im Einzelfall Bedeutung erlangen (NStZ 02, 196; eingehend Mesteck-Schmülling aaO S 25, 46, 138). Auch andere belastende Straftatfolgen können Gewicht haben (StV 92, 155; NStZ 99, 240), zB wenn der Widerruf einer Strafaussetzung in anderer Sache droht (Hamm NStZ-RR 98, 374; einschr Schäfer StrZ 432) oder wenn eine Veränderung der Lebensverhältnisse des Täters oder langer Zeitablauf zur Folge haben kann, dass die Strafwirkungen besonders hart und für die weitere Entwicklung abträglich sind (StV 98, 365). Bei Rückfall- und

Wiederholungstätern kann sich die Präventionsrelevanz ferner darauf gründen, dass die wiederholte Tatbegehung auf bestimmten Persönlichkeits- oder Sozialisationsdefiziten oder auf bestimmten Milieueinflüssen beruht und deshalb eine Sanktion erfordert, die – im Rahmen der Schuldangemessenheit – der Verbrechensdisposition des Täters am besten entgegenwirkt (Zipf, Tröndle-FS, S 439, 446). Die Belastung durch eine gegen die Unschuldsvermutung des Art 6 II MRK verstoßende Kriminalberichterstattung einschließlich von Vorverurteilungen (vgl Kühl, Müller-Dietz-FS, S 401) ist strafmildernd zu berücksichtigen, wenn sie sich in „handfesten" Folgen niederschlägt (Schäfer StrZ 434, aber auch 430; Tröndle/Fischer 64, aber auch 44; anders die hM; vgl etwa Franke MK 55; trotz massiver Beeinträchtigung gegen die Anwendung von § 46 Schulz, Die rechtlichen Auswirkungen von Medienberichterstattung ..., 2002, S 131; weitergehend für eine Einstellung des Verfahrens Hillenkamp NJW 89, 2841, 2845; dagegen die hM, vgl etwa Meyer-Goßner Einl 148b).

Weder schuld- noch präventionsrelevant sind Umstände, die nach dem **Gleichheitssatz** (Art 3 III GG) dem Betroffenen nicht zum Nachteil gereichen dürfen, zB die **Ausländereigenschaft** (auch die Eigenschaft als Asylbewerber, NStZ 93, 337) als solche (NJW 72, 2191; StV 91, 557; s auch NJW 97, 403 mit krit Anm Ventzke StV 97, 184). Die aus ihr folgenden Besonderheiten von Tat oder Täterpersönlichkeit können dagegen mildernd zu Buch schlagen (NStZ 93, 337; StV 96, 25; NJW 99, 369, 370; probl NStZ 82, 112 mit krit Anm Wolflast, Köhler JZ 82, 772 und Hilger JZ 82, 773). Das gilt zB für eingewurzelte Vorstellungen aus einem fremden Kulturkreis, allerdings nur, wenn diese mit der fremden Rechtsordnung übereinstimmen (bei Pfister NStZ-RR 99, 359). Nach der Rspr soll auch eine im Einzelfall gesteigerte Strafempfindlichkeit hierher gehören (NStZ 97, 77; krit Laubenthal NStZ 98, 349; zw); dieser Milderungsgrund soll jedoch entfallen, wenn auf der Grundlage des § 71 IRG der Vollstreckung der Strafe im Heimatland des Verurteilten nichts entgegensteht (näher dazu BGHSt 43, 233 mit zT krit Anm Schomburg NStZ 98, 142, Weider StV 98, 68 und Laubenthal aaO; s auch BVerfG NStZ 98, 140 mit Anm Lagodny JZ 98, 568). Auch die Erwägung, der Täter hätte für die gleiche Tat in seiner Heimat mit höherer Strafe rechnen müssen, widerspricht dem Gleichheitssatz (NStZ-RR 96, 71). Zum Ganzen beachte auch Grundmann NJW 85, 1251 und 87, 2129; Nestler-Tremel StV 86, 83 und NJW 86, 1408; Streng Sanktionen 565–571.

36 b

Nicht relevant sind schließlich Verhaltensweisen, mit denen der Täter ein **ihm zustehendes Recht** wahrnimmt (NJW 69, 244 und 86, 2716; s auch Düsseldorf StV 86, 342).

36 c

a) Aus dem **Vorleben** können mit diesen Einschränkungen namentlich relevant sein (Frisch, BGH-FG, S 269, 291).

37

aa) Die **Warnung durch Vorstrafen** (stRspr; krit Geiter ZRP 88, 376; Janssen ZRP 91, 52; Erhard, Strafzumessung bei Vorbestraften unter dem Gesichtspunkt der Strafzumessungsschuld, 1992; Streng Sanktionen 448), uU auch nur durch frühere Strafverfahren (NStZ 82, 326; diff Tepperwien, Salger-FS, S 189, 195; beachte auch BGHSt 43, 106). Auch die Relevanz von „nicht einschlägigen" Vorstrafen (BGHSt 24, 198 mit Anm Maurach JZ 72, 130 und Koffka JR 72, 471; str) und von Verurteilungen im Ausland (Bay MDR 79, 72) ist nicht notwendig ausgeschlossen. – Vorstrafen, namentlich weit zurückliegende (StV 92, 225; Köln StV 96, 321; s auch NStZ-RR 98, 207), müssen nicht zwingend zur Schärfung führen (vgl etwa BGHSt 5, 124, 131); unter Schuldgesichtspunkten (zur Prävention beachte 36) ist vielmehr maßgebend, ob und wieweit (dazu Karlsruhe NStZ-RR 97, 248) dem Täter in Bezug auf die konkrete Tat vorzuwerfen ist, dass er sich die früheren Verurteilungen nicht hat zur Warnung dienen lassen (Zipf, Tröndle-FS, S 439; Hirsch, Lüderssen-FS, S 253, 265). Allein schon die Warnfunktion kommt

§ 46 AT. 3. Abschnitt. 2. Titel. Strafbemessung

als Begründung für eine Strafschärfung in Frage; die Schwere der Vortat und die (festzustellende) Art und Weise ihrer Begehung verbreitern die Beurteilungsgrundlage (BGHSt 43, 106 mit krit Anm Loos JR 98, 117; krit auch Frisch, BGH-FG, S 269, 303). – Getilgte, tilgungsreife (StV 81, 67; NStZ 91, 591 mit Anm Kalf) und in das Zentralregister nicht zu übernehmende Verurteilungen dürfen nach §§ 51 I, 66 BZRG nicht zum Nachteil des Betroffenen (beachte StV 90, 348 und 98, 18) verwertet werden (sonst sachlich-rechtlicher Fehler, BGHSt 24, 378; StV 03, 444; krit Dreher JZ 72, 618; Granderath ZRP 85, 319; Tepperwien aaO S 189; s auch BGHSt 25, 64, 81, 100; 28, 338; Willms, Dreher-FS, S 137, 143). Auch für Eintragungen im Erziehungsregister gilt nach § 63 BZRG ein eingeschränktes Verwertungsverbot (StV 98, 17). Dass eine Verwertung für die Beurteilung des Geisteszustandes nach § 52 I Nr 2 BZRG (BGHSt 25, 141) oder für die Entziehung der Fahrerlaubnis nach § 52 II BZRG (Frankfurt NZV 97, 245) zulässig ist, lässt ein im Übrigen bestehendes Verwertungsverbot unberührt. – Soweit das für die getroffene Entscheidung von Bedeutung ist (NStZ-RR 96, 266), muss der Tatrichter über verwertete Vorstrafen genaue Angaben machen (Koblenz StV 94, 291; Köln StV 96, 321; Hamburg StV 97, 136).

37 a bb) **Vortaten,** auch wenn sie nicht rechtskräftig abgeurteilt sind (BGHSt 34, 209; NStZ-RR 96, 334; ebenso Frisch ZStW 99, 751, 771). Das soll nach der Rspr namentlich auch für verjährte (NJW 94, 2966; bei Pfister NStZ-RR 99, 322; StraFo 02, 98 mit krit Anm Gaede; Jähnke, Salger-FS, S 47 mwN; krit Foth NStZ 95, 375 und Schäfer StrZ 372; zw) und nach § 154 StPO ausgeschiedene (NStZ 95, 227; krit Geppert NStZ 96, 57, 63 mwN) Vortaten gelten (krit zu Verfahrensmängeln in der Gerichtspraxis Gillmeier NStZ 00, 344); diese dürfen aber nicht zu einer Strafe führen, die einer Verurteilung auch wegen der verjährten oder ausgeschiedenen Taten gleichkommt (StV 94, 423; Ruppert MDR 94, 973; s auch Tepperwien aaO [vgl 37] S 197). Alle strafschärfend berücksichtigten Vortaten müssen konkret und nach ihrem Unwert hinreichend bestimmt festgestellt werden (NStZ 95, 439; NStZ-RR 97, 130; Tröndle/Fischer 41; zur Unschuldsvermutung gelten die Ausführungen unter 41 sinngemäß). – Bei der Berücksichtigung von Vortaten können auch gegenläufige Gesichtspunkte ins Spiel kommen. Während die Häufung von Straftaten im Allgemeinen auf erhöhte verbrecherische Energie (vgl 33) hinweist, kann mit Serientaten gegen dasselbe Opfer, namentlich wenn ihnen eine persönliche Beziehung zugrundeliegt (bei Holtz MDR 95, 879), eine durch die Situation bedingte Herabsetzung der Hemmschwelle verbunden sein, die dem Täter nicht voll anzulasten ist und deshalb schon bei der Einzelstrafe mildernd wirken kann. Strafen für mehrere gleichartige Taten dürfen deshalb in demselben Verfahren nicht allein deshalb verschärft werden, weil sie der ersten angeklagten Tat nachgefolgt sind (Jena JR 95, 510 mit Anm Terhorst).

38 cc) **Vorausgegangene Lebensbewährung** (BGHSt 8, 186; GA 56, 154). Nach der Rspr soll darüber hinaus ein im Wesentlichen straffreies Vorleben regelmäßig schon als solches (also nicht erst als Indiz für vorausgegangene Lebensbewährung) mildernd zu Buch schlagen (NStZ 88, 70; StV 96, 205; Franke MK 40; mit guten Gründen krit Frisch GA 89, 338, 358).

39 b) Die **persönlichen und wirtschaftlichen Verhältnisse** sind, wenn sie in innerer Beziehung zur Tat stehen, häufig schuldrelevant. Sie können zugleich oder auch nur präventionsrelevant sein (Zipf, Die Strafmaßrevision, 1969, S 119). Hier können vor allem bedeutsam sein: der Grad der Einsichts- und Steuerungsfähigkeit (12 zu § 20), der sich bei alkoholischer Enthemmung (bei Dallinger MDR 74, 365; s auch StV 96, 89; Schnarr in: Schnarr, Hennig/Hettinger, Alkohol als Strafmilderungsgrund, Vollrausch, actio libera in causa, 2001), bei Drogenabhängigkeit (bei Dallinger MDR 74, 544; Arbab-Zadeh NJW 78, 2326, 2328; Kreuzer NJW 79, 1241) oder bei im Sinne des § 21 nicht erheblichen Beeinträchtigungen der

Grundsätze der Strafzumessung **§ 46**

Schuldfähigkeit (NStZ 93, 33) häufig, aber nicht notwendig, strafmildernd auswirken wird (beachte auch 5 zu § 21); Strafempfindlichkeit (Frisch aaO [vgl 2] S 226), die nur bei erheblicher Erhöhung, namentlich bei hohem Alter (StV 91, 206) oder schwerer Erkrankung (StV 91, 207; NStZ 91, 527), nicht aber ohne besondere Anhaltspunkte bei Schwangerschaft und voraussichtlicher Geburt des Kindes während der Strafhaft (BGHSt 44, 125 mit Anm Laubenthal JR 99, 163) relevant ist (zur str Berücksichtigung der AIDS-Erkrankung Dencker StV 92, 125; Nestler-Tremel, AIDS und Strafzumessung, 1992; Streng StV 95, 556; Nestler und Kunz, in: Szwarc [Hrsg], AIDS und Strafrecht, 1996, S 211 und 229) und Strafempfänglichkeit (BGHSt 7, 28, 31; NStZ 83, 408; StV 89, 152; Franke MK 47; sehr weit Schäfer, Tröndle-FS, S 395; einschr Streng NStZ 88, 485; Horn SK 121; zusf Müller-Dietz, Spendel-FS, S 413, 421; Gribbohm LK 26, 27); Begabung; Erziehung und Bildung; soziale Stellung, namentlich Beruf, unternehmerische Tätigkeit (Düsseldorf StV 95, 525) und gesellschaftliche Funktionen (NStZ 88, 175; NJW 96, 3089; NStZ 00, 366; Frisch ZStW 99, 751, 763). Familie; Wohnung; Einkommen und Vermögen (zur Bedeutung der wirtschaftlichen Verhältnisse bei der Geldstrafe 3, 6–16 zu § 40).

c) Bei den **Umständen nach der Tat** (eingehend Hertz, Das Verhalten des 40 Täters nach der Tat, 1973) ist zu beachten, dass Nachtatverhalten – zB die Begehung neuer Straftaten (vgl 41) oder das Verhindern oder Unterlassen der Schadenswiedergutmachung (NStZ 94, 582; Köln StV 89, 533 mwN) – grundsätzlich (anders bei Nachtrunk in Fällen des § 142, BGHSt 17, 143) nur als Indiz schuldrelevant sein (zur Prävention vgl 36 a), nicht aber schon als solches schuldmindernd oder -schärfend ins Gewicht fallen kann (NJW 71, 1758; NStZ 83, 453 und 98, 404; Köln StV 84, 75; s auch Frisch, BGH-FG, S 269, 292).

aa) Bedeutsam kann vor allem die **Begehung neuer Straftaten** sein (NStZ- 41 RR 03, 110; zusf Bruns NStZ 81, 81 und JR 81, 249), selbst wenn sie (zB wegen Einstellung des Verfahrens nach § 154 StPO) nicht verfolgt werden (BGHSt 30, 165 mit Anm Bruns StV 82, 18 und Terhorst JR 82, 247; mit Einschränkungen auch BGHSt 30, 197; NStZ 83, 20) oder noch nicht rechtskräftig abgeurteilt sind (Schleswig MDR 76, 1036; Zweibrücken GA 79, 112; einschr Saarbrücken NJW 75, 1040 mit Anm Zipf JR 75, 470; zw); dem dürfte die **Unschuldsvermutung** (Art 6 II MRK) nicht entgegenstehen, weil deren Anforderungen im Bereich der Strafzumessung dadurch genügt werden kann, dass sich das (zur Entscheidung in der Sache zuständige) Gericht durch prozeßordnungsmäßige Feststellungen von der Tatbegehung überzeugt (BGHSt 34, 209 mit abl Anm Vogler NStZ 87, 127; StV 95, 520; Meyer, Tröndle-FS, S 61, 73; aM Haberstroh NStZ 84, 289, 291; Ostendorf StV 90, 230; beachte auch BVerfGE 74, 358; 3 zu § 56 f).

bb) Ferner können als Nachtatumstände relevant werden: Einsichtslosigkeit, die 42 Wiederholungsgefahr begründet (NJW 55, 1158); fehlender oder vorhandener Wiedergutmachungswille (GA 75, 84); Inhalt und Ausmaß der Bemühungen um Wiedergutmachung (StV 92, 145) oder um einen Ausgleich mit dem Verletzten (§ 46 a), der nicht notwendig auf materielle Entschädigung gerichtet sein muss (BT-Dr 10/6124 S 17; probl Hamburg NStZ 89, 226 mit krit Anm Hillenkamp StV 89, 532, Weigend JR 90, 29 und Grasnick JZ 90, 704; eingehend zu den Möglichkeiten, nach Leistung von Wiedergutmachung de lege lata auf Strafe zu verzichten oder sie zu mildern, und zu Vorschlägen, weitere gesetzliche Möglichkeiten dieser Art zu schaffen, Brauns, Die Wiedergutmachung der Folgen der Straftat durch den Täter, 1996, S 73, 171); freiwillige Teilnahme an einer verkehrserzieherischen Nachschulung (Bode BA 84, 31, 32; s auch 8 zu § 69) oder an einer Substitutionsbehandlung (KG StV 97, 250); besondere, mit bloßer Anrechnung nicht hinreichend erfasste Belastungen durch den UHaft-Vollzug (bei Detter NStZ 94, 198; Deckers/Püschel NStZ 96, 419 mwN; str).

§ 46

43 cc) Das **Verhalten im Strafprozess** kann nur in sehr engen Grenzen relevant werden. Den Beschuldigten kann es nicht von Rechts wegen belasten, dass er seine Tat – meist auch wenn der Schuldspruch schon rechtskräftig ist (StV 94, 125 und 96, 88; s auch StV 95, 132) – bestreitet (NStZ 87, 171; StV 98, 482). Das gilt selbst dann, wenn er hartnäckig falsche Angaben macht (NStZ 96, 80), dem Anklagevorwurf unter Anpassung an die Entwicklung der Beweislage mit wechselndem wahrheitswidrigem Vorbringen zu begegnen sucht (StV 96, 88), die Schuld anderen zuschiebt (StV 95, 633; NStZ-RR 99, 328; Franke MK 49; beachte jedoch NStZ 91, 181 und 95, 78 mit abl Anm Jahn StV 96, 259; Schäfer StrZ 380) oder die (uU psychisch belastende) Vernehmung von Zeugen unvermeidlich macht (NJW 66, 894; Düsseldorf StV 90, 13). Fragen an Zeugen und Sachverständige zu einem sachfremden Beweisthema können strafschärfend berücksichtigt werden (NStZ 04, 163; nicht jedoch ohne weiteres das Bezichtigen eines Zeugen der Lüge (StV 04, 370). Unerheblich ist ferner, dass er kein (NJW 01, 2983 mit zust Anm Wolters StV 02, 76; vgl auch StraFo 03, 97 mit Anm Salditt; Düsseldorf StV 96, 217) oder nur ein Teilgeständnis ablegt (StV 92, 13), dass er Tatspuren beseitigt, ohne dadurch neues Unrecht zu setzen, sonst weitere Ziele zu verfolgen oder Rückschlüsse auf seine innere Einstellung zur Tat zu ermöglichen (StV 95, 131 und 623; NStZ-RR 97, 99 und 196); dass er zur Verdeckung seiner Täterschaft ein gefälschtes Tagebuch vorlegt (StV 91, 255), dass er seine Hintermänner nicht nennt (StV 96, 88) oder dass er sich der Festnahme oder sonst der Strafverfolgung entzieht (NJW 89, 176). Auch kann von einem leugnenden Beschuldigten nicht erwartet werden, dass er seine Verteidigungsposition durch Bekundung von Einsicht, Reue (dazu Hammerstein, Odersky-FS, S 401) oder Bedauern (StV 82, 223; wistra 88, 303; s auch wistra 89, 57; Düsseldorf DAR 94, 284), durch Angaben zur Verhütung drohenden Schadens (Schmidt MDR 81, 881, 883), durch Schadenswiedergutmachung (NStZ 93, 77 und 03, 199; NStZ-RR 96, 233; Hamm VRS 94, 104; beachte jedoch NStZ 94, 582) oder vergleichbar indizielles Verhalten (zB StV 89, 388; Koblenz StV 96, 14) gefährdet oder dass er sich sonst in der Wahrnehmung von Verteidigungsrechten zurückhält (StV 90, 403, 404 und 94, 305) oder sich mit ihnen in Widerspruch setzt (StV 98, 378). Leugnen ist daher regelmäßig nicht relevant und sein Inhalt in den übrigbleibenden Ausnahmefällen nur in den Grenzen der Indizkonstruktion (vgl 36) verwertbar (vgl Frisch, BGH-FG, S 269, 296). Auch Schweigen im Prozess – sei es auch nur zu bestimmten Einzelfragen (NStZ-RR 96, 71) – schlägt als solches nicht zu Buch (näher dazu BGHSt 20, 281, 298; NStZ 03, 544; Wessels JuS 66, 169; Günther JR 78, 89; Kühl JuS 86, 118; Tröndle/Fischer 52); dasselbe gilt für das bloße Dulden der falschen Aussage eines Zeugen (StV 94, 125; StraFo 04, 104), und zwar selbst dann, wenn dem Beschuldigten bewusst ist, dass dem Zeugen besonders schwere Konsequenzen aus der Falschaussage (zB Bewährungswiderruf) drohen (StV 95, 297). Opferschonende Motivation (zB Vermeidung sekundärer Viktimisierung des sexuell missbrauchten Kindes) ist dagegen als Milderungsgrund überwiegend anerkannt (hM; vgl Dencker ZStW 102, 51, 60; anders Weßlau KJ 93, 461). – Das **Geständnis** hat als dem Beschuldigten freistehendes Verteidigungsverhalten nicht schon als solches Gewicht (Dencker aaO; weiter Jerouschek ZStW 102, 793, 807), kann es aber nach der Rspr auf Grund der Indizkonstruktion (stRspr; aM Dencker aaO; S 56 mwN) und jedenfalls auch dadurch erlangen, dass es die Beweislage verändert (StV 98, 481; Dencker aaO S 74; s auch NStZ 00, 366). Mit Festigung der Rspr, dass **Absprachen** im Strafprozess unter bestimmten Voraussetzungen zulässig sind (BGHSt 43, 195 mit Bespr Herrmann JuS 99, 1162; zusf und krit Küpper/Bode Jura 99, 351, 393), hat das prozeßtaktisch motivierte Geständnis große praktische Bedeutung erlangt. Ungeachtet der hier unverkennbaren Problematik (dazu Dencker aaO) anerkennt die Rspr – nicht zuletzt aus Gründen der Prozessökonomie – die strafmildernde Wirkung solcher Geständnisse und lässt es auch zu, dem Beschuldigten schon vor dem Urteil eine noch nicht auf ein bestimmtes Maß konkretisierte Milderung in Aussicht zu stellen (BGHSt 43, 195, 206; beachte jedoch einschr NJW 04, 1396; Tröndle/Fischer 107–107 d). – Eine erschöpfende Erfassung und systematische Einordnung des Problems im Ganzen unternimmt Torka, Nachtatverhalten und Nemo tenetur, 2000.

dd) **Verstöße der Strafverfolgungsbehörden** gegen Verfahrensrecht sind **44** nicht schon als solche relevant, sondern regelmäßig nur, wenn sie mit der Tat selbst zusammenhängen, strafähnliche Auswirkungen haben oder wegen Verletzung der MRK einen Ausgleich durch Strafmilderung erfordern (NStZ 89, 526; wistra 92, 26; beachte auch BGHSt 37, 10 mit Anm Scheffler wistra 90, 319 und Gatzweiler NStZ 91, 46). Namentlich überlanger zeitlicher Abstand zwischen Tat und Verurteilung (NStZ-RR 99, 108, wistra 99, 139; Franke MK 60) sowie überlange, mit psychischen Belastungen des Beschuldigten verbundene Verfahrensdauer (NJW 99, 1198) gehören hierhier (BGHSt 24, 239; zusf Schroth NJW 90, 29; Franke MK 61; eingehend Scheffler, Die überlange Dauer von Strafverfahren, 1991, S 201); sie wirken schon als solche strafmildernd (NJW 90, 56; NStZ 97, 29 mit Anm Scheffler; aM Wohlers JR 94, 138, 141); liegt zugleich ein Verstoß gegen Art 6 I MRK vor (zu dessen Kriterien vgl NStZ-RR 01, 294; wistra 03, 20; Bay JR 03, 507 mit Anm Scheffler; Ress, Müller-Dietz-FS, S 627, 642; Beulke StPR 26; Meyer-Goßner 7–9 c zu Art 6 MRK; Paeffgen SK-StPO 118–124 zu Art 6 EMRK), so bildet das neben dem Gesichtspunkt des Zeitablaufs einen eigenständigen Milderungsgrund (NStZ 92, 78; StV 92, 452 mit krit Anm Streng StV 93, 568; wistra 96, 19; 02, 300 und 04, 184; StV 02, 598; Bay wistra 94, 352; Ulsamer, Faller-FS, S 373; Imme Roxin, Die Rechtsfolgen schwerwiegender Rechtsstaatsverstöße in der Strafrechtspflege, 3. Aufl 2000, S 51, 91, 152 und 230; Streng, Müller-Dietz-FS, S 875, 900; einschr für die Jugendstrafe JR 03, 509 mit zu Recht krit Anm Scheffler); in diesem Falle hat das Gericht die Verletzung des Beschleunigungsgebots ausdrücklich festzustellen und das Ausmaß der Berücksichtigung dieses Umstandes (auch in der Entscheidung der Revisionsinstanz, BVerfG NStZ 97, 591; StV 98, 377) näher zu bestimmen (BVerfG NJW 93, 3254 und 95, 1277; s auch EuGH EuZW 99, 115; BGHSt 35, 137; NStZ 97, 451; wistra 98, 58 und 101; 02, 300 und 420, 03, 297 sowie 04, 184; Tröndle/Fischer 61–63 a; für den „Normalfall" ebenso Franke MK 64); im Falle einer Gesamtstrafe nicht nur für diese, sondern auch für alle Einzelstrafen (NJW 03, 2759; Meyer-Goßner 9 zu Art 6 MRK); zur Tendenz der neueren Rspr, in krassen Fällen ein Verfahrenshindernis anzunehmen Beulke aaO mwN; vgl Schleswig StraFo 03, 247; für die Strafzumessungslösung BVerfG NStZ 04, 335 mit Anm Foth); ob die rechtsstaatswidrige Verfahrensverzögerung nur auf Verfahrensrüge oder auch auf Sachrüge hin vom Revisionsgericht geprüft werden muss, wird von den Strafsenaten des BGH unterschiedlich beurteilt (vgl den Anfragebeschluss des 5. StS wistra 04, 181). – Ist der Richter in der Rechtsmittelinstanz an das **Verschlechterungsverbot** (§§ 331 I, 358 I StPO) gebunden, so betrifft diese Bindung nur die prozeßrechtlich maßgebende Obergrenze. Davon abgesehen bestimmen sich Art und Umfang der gebotenen Strafmilderung ausschließlich nach den Ergebnissen des neuen Verfahrens (BGHSt 45, 308 mit Anm Maiwald NStZ 00, 389); zu einer vergleichbaren Problematik beachte Bay NStZ-RR 00, 379 mit krit Rspr Czermak NStZ 01, 399).

3. a) Von der Berücksichtigung ausgeschlossen sind Umstände, die schon **45** **Merkmale des gesetzlichen Tatbestandes sind (Abs 3);** die Rspr bezieht hier auch sonstige unrechts- und schuldbegründende Merkmale ein (StV 97, 519 mwN). Das hängt damit zusammen, dass alle diese Merkmale zur Bestimmung des Strafrahmens beitragen und sich daher in jeder konkreten Strafe insofern auswirken, als diese sich nur innerhalb des Rahmens bewegen darf und dort vornehmlich

§ 46 AT. 3. Abschnitt. 2. Titel. Strafbemessung

nach dem Maßstab der Schuldschwere abzustufen ist (Stuttgart MDR 61, 343; Hamm VRS 31, 287). In Folge dieses Funktionszusammenhangs sind die Tatumstände, soweit sie lediglich ein Tatbestandsmerkmal (auch ein ungeschriebenes, Koblenz NStZ-RR 97, 149) ausfüllen (zB der Tod eines Menschen im Falle des § 222, Bay NJW 54, 1211; Streng Sanktionen 545), für die Strafzumessung verbraucht (eingehend Hettinger, Das Doppelverwertungsverbot bei strafrahmenbildenden Umständen, 1982, S 153; Timpe, Strafmilderungen des Allgemeinen Teils des StGB und das Doppelverwertungsverbot, 1983, S 32). Sie dürfen als solche, dh in ihrer mit dem Tatbestandsmerkmal übereinstimmenden generellen Bedeutung, weder schärfend noch mildernd berücksichtigt werden (**Verbot der Doppelverwertung von Tatbestandsmerkmalen;** vgl ua BGHSt 17, 321, 324; 45, 361, 366; 48, 255, 263; NStZ 01, 85; StV 98, 656 bei Pfister NStZ-RR 00, 363; Frankfurt StV 97, 639), auch Qualifikationsmerkmalen (NStZ 02, 198 [§ 176a I Nr 4]; NStZ 03, 105 [§ 250]). Dasselbe muss dann auch für den gesetzgeberischen Zweck gelten, der einem Tatbestand im ganzen zugrundeliegt (StV 91, 558 und 98, 656, 657; NStZ-RR 04, 41 und 80). Die hM hat hier früher auch solche Umstände einbezogen, die zwar nicht notwendig, aber doch typischerweise mit der Verwirklichung eines Tatbestandes verbunden sind und daher dessen Unrechtsgehalt mitprägen (StV 91, 106 und 94, 306; Bay VRS 86, 339 und StV 02, 427; Köln StV 03, 662), zB das (nicht übersteigerte, NStZ-RR 97, 50) Streben nach Gewinn bei Betrug und Untreue (NStZ 84, 343) oder beim Handeltreiben mit Betäubungsmitteln (NJW 80, 1344; Düsseldorf StV 94, 23; Fahl ZStW 111, 156, 170; Brögelmann JuS 02, 903, 907; beachte jedoch NJW 00, 597; bei Detter NStZ 04, 136), der nicht besonders hohe Alkoholisierungsgrad bei Trunkenheit im Verkehr (Bay NZV 92, 453), die bloß abstrakte Gefährlichkeit der Tathandlung bei Begehung eines abstrakten Gefährdungsdelikts (StV 98, 658; Bay NStZ 98, 261) oder die Förderung der Tatbereitschaft des Haupttäters durch die Beihilfe (NStZ 98, 404). Deren Einbeziehung folgt zwar nicht aus dem Doppelverwertungsverbot (Timpe aaO S 57; Fahl ZStW 111, 156, 159), ist aber dennoch begründet, weil diese Umstände jedenfalls zum „Regeltatbild" gehören und deshalb nicht erschwerend zu Buch schlagen können (vgl 32). Bei der Vergewaltigung nach § 177 aF, jetzt § 177 II Nr 1, hält demgegenüber die Rspr (anders noch NStZ 85, 215; beachte auch bei Miebach NStZ 92, 226 und 93, 225) den ungeschützten, bis zum Samenerguss ausgeführten Geschlechtsverkehr als erschwerte Tatmodalität für einen Schärfungsgrund, obwohl diese Angriffsweise nach allen Erfahrungen der Praxis die Regelform der Vergewaltigung ist (BGHSt 37, 153 mit krit Bespr Neumann StV 91, 256, Weßlau StV 91, 259, Hassemer JuS 91, 516 und Grasnick JZ 91, 933, zust aber Schäfer StrZ 396 und Tröndle/Fischer 80; NStZ 99, 505; zum jetzigen § 177 vgl StraFo 03, 177; außerdem NJW 01, 2185; NStZ-RR 02, 136 und 165; NStZ 02, 646; mehrere Entscheidungen bei Pfister NStZ-RR 01, 366; zur „sehr inkonsisten" Sprüchpraxis der fünf Strafsenate des BGH vgl Franke MK 92). Damit bildet die Rspr die in BGHSt-GS-34, 345 entwickelten Grundsätze (vgl 32) zwar widerspruchsfrei fort, vollzieht aber eine grundsätzliche Abkehr von der hM, indem sie den Bezugspunkt für die Unterscheidung von schärfenden und mildernden Umständen preisgibt und alles einer weniger strukturierten Gesamtwürdigung überlässt (Schall/Schirrmacher Jura 92, 624; in der Bewertung wie hier auch Fahl aaO [vgl 32] S 138; aM Hettinger GA 93, 1). Mit diesem neuen Maßstab sind zahlreiche frühere – und auch neuere (zB StV 97, 520 und 99, 597; s auch StV 97, 634) – Entscheidungen zum Doppelverwertungsverbot nicht vereinbar. – Jenseits der durch das „Regeltatbild" gezogenen Grenze können konkrete, nach Quantität oder Qualität steigerungsfähige Ausprägungen eines Tatbestandsmerkmals strafschärfend oder -mildernd berücksichtigt werden (ebenso Streng Sanktionen 546). Differenzierungen sind hier im Hinblick auf die Gleichheit aller Menschen nicht lediglich nach dem (jugendlichen oder fortgeschrittenen) Alter des Opfers einer Tötung möglich (NStZ 96, 129, StV 96, 148; Bay NJW 74, 250 mit Anm Schroeder; Frankfurt JR 80, 76 mit Anm Bruns; probl JZ 97, 1185 mit abl Anm Spendel), wohl aber zB nach der Größe des tatbestandsmäßigen Schadens (speziell zur Abstufung nach endgültigem Schaden und bloß schadensgleicher Vermögensgefährdung beim Betrug StV 96, 25), etwa der Schwere einer Körperverletzung, oder nach dem Ausmaß einer verursachten Gefahr (Koblenz VRS 55, 278, 281; speziell zur unterschiedlichen Gefährlichkeit von Rauschmitteln bei Holtz MDR 79, 986; KG JR 95, 34 und von Kriegswaffen NStZ-RR 97, 134). Berücksichtigt werden darf eine besonders gefährliche Art der Tatausführung bei § 250 II Nr 1 (NStZ 03, 29) und das Versetzen einer größeren Anzahl von Menschen in Furcht und Schrecken bei § 255 (BGH ebenda). Bei Tötungsdelikten schlägt jedoch nur solche Gewaltanwendung besonders zu Buch, die das zur Herbeiführung des Todes notwendige Maß überschreitet (StV 96, 148 und 98, 657; NStZ-RR 03, 294 und 04, 105; Franke MK 88); der direkte Tötungsvorsatz darf dem Täter, der mit „absolutem Vernichtungswillen" handelte, nicht nochmals angerechnet werden (NJW 03, 2465, 2468; NStZ 03, 544; Franke aaO mwN). Berücksichtigungsfähig sind ferner graduierbare Auswirkungen auf von der Tat nur mittelbar Betroffene (Bay NZV 94, 115). Schließlich kann (dazu NStZ 87, 70 und 93, 434) strafschärfend wirken, dass die Tat zugleich mehrere Gesetze mit unterschiedlicher Schutzrichtung (dazu BGHSt-GS- 39, 100, 108; s auch NStZ 93, 537 und 591) oder dasselbe Gesetz in gleichartiger Idealkonkurrenz (bei Holtz MDR 92, 932), in mehreren Begehungsformen (NJW 94, 2034 und 99, 369; diff Montenbruck, Strafrahmen und Strafzumessung, 1983, S 135; beachte auch NStZ 95, 78 und 29 vor § 52; 2, 10 zu § 52), in derselben Begehungsform mehrmals oder durch Verwirklichung mehrerer Regelbeispiele (NJW 99, 1041 mit Anm Laubenthal JZ 99, 583; Eisele aaO [vgl 11] S 217) verletzt; nicht aber, dass der Täter sich von vorangegangenen Fehlschlägen nicht von weiteren Taten abhalten ließ (NStZ-RR 01, 295; Tröndle/Fischer 76); auch nicht, dass er die Tat überhaupt begangen hat (NStZ-RR 01, 296). Dass nach §§ 154, 154a StPO ausgeschiedene Gesetzesverletzungen zur Gewährleistung eines fairen Verfahrens nicht ohne besonderen Hinweis und auch nur nach prozeßordnungsmäßiger Feststellung (NStZ 00, 594) berücksichtigt werden dürfen (BGHSt 30, 147 mwN), ist keine Frage des Doppelverwertungsverbots.

b) Abs 3 gehört in den Zusammenhang der umfassenderen Problematik der **Doppelverwertung von Strafzumessungstatsachen,** die in Rspr und Lehre noch nicht abschließend geklärt ist (vgl etwa Dreher JZ 68, 209, 212; Bruns JR 80, 226; Hettinger aaO [vgl 45]; beachte auch oben 10a sowie 4, 10 zu § 49; 6 zu § 54). Einen weiteren Fall ausdrücklicher Regelung enthält § 50 (dort 1–4).

V. Den Kern des Strafzumessungsaktes bildet die **Abwägung der Umstände** (vgl 32), **die für und gegen den Täter sprechen (Abs 2 S 1), und ihre Umsetzung in ein bestimmtes Strafmaß.**

1. Dabei ist davon auszugehen, dass die einzelnen Strafzumessungstatsachen jeweils relative, vom Gewicht der anderen Strafzumessungstatsachen abhängige Größen sind. Deshalb ist eine einseitige Betonung der günstigen persönlichen Umstände ohne Berücksichtigung der objektiven Tatschwere (BGHSt 3, 179) ebenso fehlerhaft wie die einseitige Erfassung nur der äußeren Tatumstände ohne Berücksichtigung der persönlichen und wirtschaftlichen Verhältnisse (NJW 76, 2220 mit Anm Bruns JR 77, 162; NStZ 91, 231; NStZ-RR 99, 46; Köln StV 96, 321, alle mwN). Auch eine bloße Aufzählung der Schärfungs- und Milderungsgründe genügt nicht (GA 79, 59; probl Hamburg JR 82, 160 mit abl Anm v Spiegel). Erforderlich ist vielmehr eine **Gesamtwürdigung** (Ganzheitsbetrachtung) von Tatgeschehen und Täterpersönlichkeit (NJW 76, 2220; Bay JR 03, 297 mit zust Bespr Verrel). Diese darf aber nicht die tatunabhängige rechtsfeindliche Gesinnung

46

47

§ 46 AT. 3. Abschnitt. 2. Titel. Strafbemessung

(NJW 79, 1835; MDR 80, 240) oder schuldhaft verfehlte Lebensführung als solche (Lebensführungs- oder Charakterschuld) erfassen (BGHSt 5, 124, 132; NStZ 88, 125; bei Detter NStZ 90, 221). – Demgegenüber hält Frisch (GA-FS, S 1) eine solche Ganzheitsbetrachtung nicht für möglich, fordert vielmehr ein schrittweises vergleichendes Vorgehen, das sich am Straftatsystem ausrichtet und als Vergleichsgegenstand jeweils einen in der Praxis anerkannten Falltyp ohne ausgeprägte Besonderheiten (Ausgangsfalltyp) heranzieht. Jedoch schließt auch die herkömmliche Lehre eine solche schrittweise Bewertung nicht aus, die in der Tat am besten anhand der Straftatsystematik – dh beginnend mit dem verschuldeten Unrecht – durchgeführt wird.

48 2. Nach Rspr und hM bilden die nach dem jeweiligen Strafrahmen zulässigen Strafen eine vornehmlich am Maßstab der Schudschwere orientierte und für die Gerichte verbindliche (NStZ 84, 117) **Stufenfolge,** der die konkret zu beurteilende Tat zuzuordnen ist (Schleswig MDR 86, 869; Dreher, Bruns-FS, S 141, 149; Götting aaO [vgl 32] S 37; krit Streng JuS 93, 919, 922, alle mwN). Ein gedachter Fall mittlerer Schwere werde daher seine Entsprechung etwa in der Mitte des Strafrahmens haben (BGHSt 27, 2 mwN). Mit diesem gedachten Fall stimme jedoch der sog Regelfall im Sinne des erfahrungsgemäß immer wieder vorkommenden Durchschnittsfalls nicht überein; er werde im Allgemeinen deutlich unter der Mitte des Schweregrades der vom Normalstrafrahmen erfassten Tatbestandsverwirklichungen liegen (BGH aaO; BGHSt 34, 355 mit krit Anm Meyer NStZ 88, 87). Einzuräumen ist schon, dass vor allem der theoretische Durchschnittsfall, mit Einschränkungen aber auch der Regelfall, nur Abstraktionen aus einer unübersehbaren Lebensvielfalt sind und sich deshalb nicht konkretisieren lassen (abl daher Frank NJW 77, 686; Hettinger aaO [vgl 45] S 128, 143, 149; Timpe aaO [vgl 45] S 67; Streng aaO). Entscheidend dürfte aber der Einwand sein, dass jede Verschärfung oder Milderung des Strafrahmens eine entsprechende Veränderung des Strafniveaus zur Folge haben müsste (sog Grenzwerthypothese; Freund GA 99, 509, 516). Bei den zum Teil unverhältnismäßigen Strafschärfungen durch das 6. StrRG (18 vor § 38 der 23. Aufl) wäre eine theoretische saubere Lösung nur durch eine entsprechend unverhältnismäßige, vom Gesetzgeber offensichtlich nicht gewollte Änderung der gerichtlichen Strafpraxis erreichbar. Die Grenzwerthypothese ist nicht zwingend. Sie ist vor allem deshalb abzulehnen, weil dem Gesetz schon angesichts der begrenzten Zahl von Strafrahmentypen eine so weitreichende Vorbewertung nicht unterstellt werden kann. Sie ist deshalb abzulehnen (so mit Recht Freund aaO). Die Bindung des Richters ergibt sich nicht aus dem einzelnen Strafrahmen, sondern aus der spezifischen Aufgabe, auf Grund der Gesamtumstände eine gerechte, dem allgemeinen Rechtsbewusstsein entsprechende Strafe zu finden.

49 3. Im Ganzen wird die „richtige" Strafe auf Grund einer Fülle verschiedenartiger Strafzumessungstatsachen und -erwägungen bestimmt, die in jedem Falle eine individuelle Gesamtwürdigung von Tat und Täter erfordern (krit Schünemann, in: Schünemann [Hrsg], Grundfragen des modernen Strafrechtssystems, 1984, S 153, 187). Die Notwendigkeit solcher Individualisierung fördert die Gefahr erheblicher Ungleichheiten in der Strafzumessungspraxis, ein bisher noch nicht befriedigend gelöstes Problem (vgl etwa Streng, Strafzumessung und relative Gerechtigkeit, 1984, S 1; Heinz, in: Jehle [Hrsg], Individualprävention und Strafzumessung, 1992, S 85, 118; Jung, Sanktionensystem und Menschenrechte, 1992, S 193; s auch Streng, in: Lampe [Hrsg], Rechtsgleichheit und Rechtspluralismus, 1995, S 279). Sie mindert vor allem die **Vergleichbarkeit einander ähnlicher Fälle** und erschwert damit zugleich die Verallgemeinerungsfähigkeit von Strafmaßbegründungen (krit R Hassemer MschrKrim 83, 26). Beim gegenwärtigen Stand wird sich eine allgemeine, als richtig zu bewertende Praxis überhaupt nur bei gehäuft vorkommenden Taten

Grundsätze der Strafzumessung **§ 46**

typischer Prägung herausbilden und in diesem Rahmen auch die einzelne Strafzumessung beeinflussen können (BGHSt 28, 318, 323 mit Bespr Bruns JR 79, 353). Darüber hinaus ist eine Anpassung an Entscheidungen anderer Gerichte jedenfalls dann rechtsfehlerhaft, wenn sie nicht auf der eigenen Wertung des Gerichts beruht (BGH aaO; NStZ-RR 97, 196; krit zur Bedeutung des Gleichheitssatzes für die Strafzumessung Arzt, Stree/Wessels-FS, S 49). Deshalb sind allgemeine Empfehlungen für die Strafzumessung auf Richtertagungen und ähnlichen Veranstaltungen nicht problemlos. Sie fördern zwar die Einheitlichkeit der Rspr (Schultz BA 77, 307 mwN), verführen aber leicht zu generalisierendem, mit § 46 unvereinbarem schematischem Vorgehen (Leonhard DAR 79, 89; Scherer DAR 80, 107); auch ist die Übereinstimmung solcher Empfehlungen mit den Intentionen des Gesetzes nicht ohne weiteres gesichert (krit Lackner JR 70, 1, 4, 9). Aus ähnlichen Gründen bieten auch Vorschläge, mit Hilfe mathematischer Methoden, namentlich schematisierender Bewertungsverfahren, zu rational besser fundierten Ergebnissen zu kommen (so etwa Haag, Rationale Strafzumessung, 1970; v Linstow, Berechenbares Strafmaß, 1974), keine wirkliche Reformchance (v Hippel, Lange-FS, S 285; Hassemer ZStW 90, 64; Bruns ZStW 92, 736; Schreiber NStZ 81, 338, 340; Köberer, Iudex non calculat, 1996). Dagegen könnte eine Verbesserung des Informationsaustauschs durch gezielte empirische Untersuchungen auf abgegrenzten Teilgebieten (zB Wirtschafts-, Steuer- oder Verkehrsstrafrecht) weiterführend sein (zB Schöch, Strafzumessungspraxis und Verkehrsdelinquenz, 1973; Meine wistra 86, 94; s auch Streng, Heidelberg-FS, S 501, 520; Weigend, Köln-FS, S 579). – Im ganzen hat die moderne **Sanktionsforschung** noch keine wirksame Abhilfe anbieten können, wenngleich das Wissen um die Auswirkungen strafrechtlicher Sanktionen auf das Sozialgefüge deutlich zugenommen hat (vgl etwa Albrecht, in: Kerner/Kury/Sessar [Hrsg], Deutsche Forschungen zur Kriminalitätsentstehung und Kriminalitätskontrolle, 1983, S 1297; Kunz, in: Kielwein [Hrsg], Entwicklungslinien der Kriminologie, 1985; Pfeiffer/Oswald [Hrsg], Strafzumessung. Empirische Forschung und Strafrechtsdogmatik im Dialog, 1989; skeptisch Bock ZStW 102, 504; **rechtsvergleichend** Bruns, Burgstaller, Dubs, Stile, Weigend und Meyer ZStW 94, 111, 127, 161, 173, 200, 227; Dolcini ZStW 94, 373; v Hirsch ZStW 94, 1047; Albrecht, Pallin-FS, S 11 und ZStW 102, 596; Dessecker ZStW 102, 627; s auch den zusf Bericht von Jung, Miyazawa-FS, S 437 über die Empfehlung des Europarates zur Strafzumessung von 1993).

VI. 1. Die Strafzumessung ist ein Akt **tatrichterlicher Würdigung**. Ob und 50 wieweit damit Ermessensausübung verbunden, dh dem Richter ein **Rechtsfolgeermessen** in dem Sinne eingeräumt ist, dass er zwischen mehreren „richtigen" Strafen wählen darf, ist umstritten und nicht zuletzt auch von der Bestimmung des Ermessensbegriffs abhängig (Engisch, Peters- FS, S 15). Unbestritten schließt das Rechtsstaatsprinzip es aus, Art und Maß der strafrechtlichen Reaktion von Rechts wegen dem richterlichen Belieben zu überlassen (so schon Drost, Das Ermessen des Strafrichters, 1930, S 38). Der Richter ist insoweit nicht frei, sondern an die Wert- und Zweckvorstellungen des Gesetzes gebunden. Das gilt nicht nur für die Bestimmung der Strafhöhe innerhalb des Strafrahmens, sondern auch für die Wahl der Strafart und sogar jenseits der Strafzumessung für alle Fälle, in denen das Gesetz dem Richter die Anordnung strafrechtlicher Rechtsfolgen zur Wahl stellt (vgl etwa 7 zu § 49). Bei diesem unbestrittenen Ausgangspunkt reduzieren sich die Auseinandersetzungen um den Ermessenscharakter der Strafzumessung auf ein rechtstheoretisches Problem (aM Bruns JR 77, 160, 162). Auch wenn der Richter sich an alle gesetzlichen und von Rspr und Lehre entwickelten Richtlinien für die Findung der Strafe hält, ist sein Ergebnis wegen der Komplexität der maßgebenden Erwägungen niemals zwingend als das allein „richtige" zu erweisen. In dem Spielraum des rational nicht mehr Überprüfbaren kommt daher die persönliche gestal-

§ 46

tende Willensentscheidung des Richters notwendig zum Tragen (Dreher JZ 67, 41, 44). Sieht man schon darin Ermessensausübung, dann ist auch der Strafzumessungsakt ieS eine Ermessensentscheidung (Engisch aaO S 36). Setzt man jedoch für das Ermessen eine Befugnis zur Wahl zwischen mehreren „gleich richtigen" Entscheidungsalternativen voraus, so scheidet bei Konkretisierung der Strafe innerhalb des anwendbaren Strafrahmens Ermessen überhaupt aus (so Frisch, Revisionsrechtliche Probleme der Strafzumessung, 1971 und ZStW 99, 751, 802; Grasnick JZ 92, 260; näher zum Ganzen Warda, Dogmatische Grundlagen des richterlichen Ermessens im Strafrecht, 1962; Bruns, Engisch-FS, S 708 und Welzel-FS, S 739, 740; Maatz StraFo 02, 373, 378). Dann wird die Grenze erst überschritten, wenn das Gesetz in sog „Kann-Vorschriften" die Wahl einer Rechtsfolge ausdrücklich dem Richter überlässt; allerdings ist auch dies kein prinzipieller Übergang, weil dem Richter auch hier nur **pflichtmäßiges**, dh an die Wert- und Zweckvorstellungen des Gesetzes gebundenes, **Ermessen** eingeräumt ist (BGHSt 1, 175, 177).

51 2. Eine sorgfältige **Begründung** der Strafzumessung ieS ist sowohl prozessual wie auch materiell-rechtlich geboten. Es ist ein **Verfahrensfehler** nach § 267 III S 1 StPO (beachte auch § 344 II S 2 StPO), wenn die für die Zumessung der Strafe wirklich (Bruns JR 77, 162, 163) bestimmend gewesene Umstände, dh die für das Gericht „tragenden" Strafzumessungsgründe, im Urteil nicht angeführt sind (stRspr). Außerdem liegt ein **sachlich-rechtlicher Fehler** vor, wenn das Urteil mangels hinreichender Darlegung der Strafzumessungsgründe – namentlich bei hohen Strafen (NStZ-RR 03, 138; Karlsruhe StV 93, 403) – nicht zuverlässig auf seine materiell-rechtliche Richtigkeit nachgeprüft werden kann (stRspr; vgl etwa NJW 76, 2220; NStZ-RR 96, 133; StV 03, 671; s auch Jähnke ZRP 98, 71). Das kommt vor allem in Frage: wenn die Begründung in sich fehlerhaft ist (NJW 95, 340), namentlich unauflösbare Widersprüche enthält (bei Mösl NStZ 83, 161); wenn der Tatrichter die persönlichen Verhältnisse (StV 92, 463 und 98, 636) oder sonst Umstände, deren Erörterung sich nach dem Sachzusammenhang aufdrängte, übergangen (NStZ 86, 312; s auch JZ 88, 264; Köln NJW 86, 2328; Bay JR 03, 297 mit zust Anm Verrel) oder gegen rechtlich anerkannte Strafzwecke verstoßen (wistra 97, 181) oder sie überhaupt nicht in den Kreis seiner Erwägungen einbezogen hat (BGHSt 17, 35, 36; NJW 79, 2621; NStZ-RR 03, 52); oder wenn der neu entscheidende Tatrichter ohne nähere Begründung eine gleich hohe Strafe wie im früheren Urteil verhängt hat, obwohl er von einem deutlich geringeren Strafrahmen oder sonst erheblichen Milderungsgründen ausgegangen ist (StV 91, 19; Zweibrücken StV 92, 469; Stuttgart NStZ-RR 01, 16). Darüber hinaus hält die Rspr mit Recht auch die Verhängung einer vom Üblichen abweichenden, unvertretbar hohen (MDR 92, 399 mit abl Anm Schäfer; NStZ 92, 381 mit krit Anm Pauli NStZ 93, 233; StV 96, 661) oder niedrigen (BGHSt 17, 35; NJW 77, 1247 mit Anm Bruns JR 77, 160; StV 94, 494; StV 96, 427 mit abl Anm Köberer; Bay NStZ 88, 408 mit krit Anm Meine NStZ 89, 553) Strafe für fehlerhaft (BGHSt 29, 319; 34, 345; zust Streng JuS 93, 919, 923; krit Terhorst JR 88, 272). Dasselbe gilt für eine unvertretbar ungleiche Behandlung von Tatbeteiligten (StV 94, 375; NStZ-RR 98, 50; Streng aaO). Im ganzen ist die Rspr zum sachlich-rechtlichen Fehler durch eine schwer überschaubare, nicht immer widerspruchsfreie Kasuistik gekennzeichnet (zusf zur BGH-Rspr Theune, Pfeiffer-FS, S 449; Eschelbach JA 98, 498). Prozess- und sachlich-rechtliche Begründungsmängel können in einem sog **Doppelfehler** zusammentreffen, der seine materiell-rechtliche Relevanz auch dann behält, wenn keine formgerechte Verfahrensrüge erhoben wurde (vgl etwa Köln NJW 54, 1053). – Nicht verlangt wird eine erschöpfende Darstellung aller Strafzumessungserwägungen; sie ist nicht vorgeschrieben und idR auch nicht möglich (stRspr; vgl etwa BGHSt 3, 179; 24, 268; NStZ 96, 539; NStZ-RR 97, 195). Deshalb ist das Übergehen einzelner im Katalog des Abs 2 erwähnter Umstände nicht für sich allein (NStZ 98, 188 mwN), sondern nur dann ein sachlich-rechtlicher Fehler, wenn der jeweilige Umstand für die konkrete Strafzumessung erkennbar Gewicht hatte (Koblenz VRS 47, 256).

3. In der **Revisionsinstanz** ist die Strafzumessung nur insoweit angreifbar, als sie Verfahrensfehler (die gerügt werden müssen) oder sachlich-rechtliche Fehler aufweist (vgl 51). Wie allerdings die Grenzen dieser Nachprüfung im Hinblick auf das Element tatrichterlicher Würdigung näher zu bestimmen sind, ist umstritten. Während die Rspr dem Tatrichter einen relativ weiten Spielraum des Unüberprüfbaren einräumt, ist im Schrifttum eine nachhaltig einschränkende Tendenz spürbar (vgl etwa Schünemann, in: Pönometrie-Rationalität oder Irrationalität der Strafzumessung, 1977, S 73; Streng aaO [vgl 48] S 296; Frisch ZStW 99, 751, 802; Theune, Pfeiffer-FS, S 449). 52

VII. 1. Zur **Konzeption des § 46 im Ganzen** Stratenwerth, Tatschuld und Strafzumessung, 1972; Lackner, Gallas-FS, S 117; Zipf JuS 74, 142; die Entwicklungstendenzen zusf Bruns, Welzel-FS, S 739; rechtsvergleichend Buchala, Triffterer-FS, S 561. 53

2. Zur **Strafzumessung im Ganzen** beachte ferner die folgenden Gesamtdarstellungen, von denen auch die älteren heute noch bedeutsam sind: Dreher, Über die gerechte Strafe, 1947; Spendel, Zur Lehre vom Strafmaß, 1954; v Weber, Die richterliche Strafzumessung, 1956; Bruns, Strafzumessungsrecht, 2. Aufl 1974; Zipf, Die Strafzumessung, 1977; Meier Sanktionen, S 141–215; Streng, Strafrechtliche Sanktionen, 2. Aufl 2002, Rdn 386–607; Albrecht, Strafzumessung bei schwerer Kriminalität, 1994. – Gesamtdarstellung der Rspr-Grundsätze bei Schäfer, Praxis der Strafzumessung, 3. Aufl 2001. 54

§ 46 a Täter-Opfer-Ausgleich, Schadenswiedergutmachung

Hat der Täter

1. in dem Bemühen, einen Ausgleich mit dem Verletzten zu erreichen (Täter-Opfer-Ausgleich), seine Tat ganz oder zum überwiegenden Teil wiedergutgemacht oder deren Wiedergutmachung ernsthaft erstrebt oder

2. in einem Fall, in welchem die Schadenswiedergutmachung von ihm erhebliche persönliche Leistungen oder persönlichen Verzicht erfordert hat, das Opfer ganz oder zum überwiegenden Teil entschädigt,

so kann das Gericht die Strafe nach § 49 Abs. 1 mildern oder, wenn keine höhere Strafe als Freiheitsstrafe bis zu einem Jahr oder Geldstrafe bis zu dreihundertsechzig Tagessätzen verwirkt ist, von Strafe absehen.

1. Die Vorschrift dient zusammen mit den Änderungen der §§ 56, 56b und 59a durch das VerbrBG (12 vor § 1) etwa gleichgewichtig der Verbesserung des Opferschutzes und der Zurückdrängung repressiver Bestrafung im unteren und mittleren Kriminalitätsbereich, um auf diesem Wege die friedensstiftende Wirkung des Strafverfahrens sinnvoll zu ergänzen. Sie versucht, Teilergebnisse der intensiven Diskussionen in jüngerer Vergangenheit um den **Täter-Opfer-Ausgleich** und die **Schadenswiedergutmachung** im Gesetz zu verankern (beachte den AE WMG). Flankiert wurde die vorausgegangene Entwicklung durch eine Fülle kaum übersehbarer Schrifttums. 1

Aus der Literatur vgl BMJ (Hrsg), Täter-Opfer-Ausgleich. Zwischenbilanz und Perspektiven, 1991; Schreckling ua (Hrsg), Bestandsaufnahme zur Praxis des Täter-Opfer-Ausgleichs in der Bundesrepublik Deutschland, 1991; Kerner ua (Hrsg), Täter-Opfer-Ausgleich – auf dem Weg zur bundesweiten Anwendung, 1994; Kaiser/Jehle (Hrsg), Kriminologische Opferforschung, Teilbände I und II, 1994, 1995; Brauns, Die Wieder-

§ 46a

gutmachung der Folgen der Straftat durch den Täter, 1996; Breidenbach/Henssler (Hrsg), Mediation für Juristen, 1997; BMJ (Hrsg), Täter-Opfer-Ausgleich in Deutschland. Bestandsaufnahme und Perspektiven, 1998; Schöch, Roxin-FS, S 1045; Roxin, FS für W Lorenz, 2001, S 51; Kerner, in: Haft ua (Hrsg), Handbuch Mediation, 2002, § 49; Rössner/Bannenberg, Meurer-GS, S 157).

Die Vorschrift knüpft an Erfahrungen an, die im Rahmen zahlreicher Modellprojekte (zusf Bannenberg, Wiedergutmachung in der Strafrechtspraxis, 1993, S 85, 261), namentlich in der Jugendstrafrechtspflege, gesammelt worden sind (BT-Dr 12/6853 S 21; zusf Meier JuS 96, 436). Obwohl nahezu Konsens bestand (aM Albrecht, Schüler-Springorum-FS, S 81), dass der TOA und die Schadenswiedergutmachung eine wichtige Ergänzung des Sanktionensystems bedeuten und deshalb breiteren Raum im Gesetz finden sollten, war die Frage der Umsetzung in eine konkrete Regelung umstritten (BT-Dr 12/8588 S 4). § 46a wurde deshalb nur als vorläufiger und begrenzter Versuch der Schaffung eines gesetzlichen Rahmens verstanden (beachte etwa die abw Vorschläge der SPD-Franktion in dem Entwurf eines Ges zur Reform des strafrechtlichen Sanktionensystems [BR-Dr 12/6141 S 4, 7] mit einer erläuternden [Meyer, Trifterer-FS, S 629] und einer krit [Kaiser ZRP 94, 314], den Diskussionsstand referierenden Bespr; s auch Meier aaO S 441; Jescheck/Weigend AT S 864). Die Frage der kriminalpolitischen Bewährung blieb danach offen (krit zur bisher unzureichenden Regelung Kaiser aaO S 319; Dahs NJW 95, 553; Hamm StV 95, 491; Meier GA 99, 1; s auch Walther ZRP 97, 395). Es ist nur punktuell, aber mit steigender Tendenz (expl Pfeiffer [Hrsg], Täter-Opfer-Ausgleich im allgemeinen Strafrecht, 1997; Stöckel JA 98, 599, 606; Hartmann, Staatsanwaltschaft und Täter-Opfer-Ausgleich, 1998; Walter ua, Täter-Opfer-Ausgleich aus der Sicht von Rechtsanwälten, 1999, S 5; s auch die Tagungsberichte von Gutschke BewH 99, 91 und Karliczek NJ 99, 131; Dölling/Hartmann, Täter-Opfer-Ausgleich im Erwachsenenstrafrecht, 2000) in wenigen Bezirken gelungen dem unverzichtbaren organisatorischen Hintergrund zu schaffen, der sicherstellt, dass die erfahrungsgemäß schwierigen Kontakte zwischen Täter und Opfer durch fachkundige Berater vermittelt und gefördert werden können. Im Ganzen hatte sich an der bisher zurückhaltenden Praxis nicht viel geändert (optimistischer Schöch, BGH-FG, S 309). Dem hat der Gesetzgeber durch strafverfahrensrechtliche Verankerung des TOA entgegenzuwirken versucht (TOAStPO [vgl 14 vor § 1]). Durch Ergänzung des § 153a I StPO und Einfügung der §§ 155a, 155b StPO hat er die Pflichten der Staatsanwaltschaft und des Gerichts zur Erteilung entsprechender Auflagen oder Weisungen wesentlich erweitert. Der Erfolg dieser Maßnahmen lässt sich noch nicht abschließend beurteilen. Es kommt darauf an, ob sich die wichtigsten, häufig vorgebrachten Bedenken ausräumen lassen, dass nämlich die durchgängige Institutionalisierung des Rechtsinstituts die Freiwilligkeit im Verhalten der Beteiligten gefährden, taktisch motivierte Scheinversöhnungen begünstigen, das Opfer zusätzlichen Belastungen auszusetzen und einen verantwortlichen Nutzen-Kosten-Analyse widersprechenden Aufwand fordern könnte (in mancher Hinsicht berechtigt, aber überzogen die Kritik von Hamm aaO; krit auch Loos ZRP 93, 51, 54; Lampe GA 93, 485, 487; Walther JZ 97, 1110, 1112; Kilchling, Opferinteressen und Strafverfolgung, 1995, S 692, 695; Jerouschek JZ 00, 185, 190; Schaffstein, Roxin-FS, S 1665, Schöch Roxin-FS, S 1045; unter Gesichtspunkten der Rechtsstaatlichkeit ferner Blum, Strafbefreiungsgründe und ihre kriminalpolitischen Begründungen, 1996, S 16, 89).

1a **2. Der Täter-Opfer-Ausgleich und die Schadenswiedergutmachung sind keine Strafen.** Sie bilden zwar keine „selbstständige dritte Spur im Sanktionensystem" (so Roxin, Baumann-FS, S 243 in Bezug auf den AE [WGM]; de lege ferenda noch weitergehend Walther ZStW 111, 123 und Vom Rechtsbruch zum Realkonflikt: Wiedergutmachung als Grundauftrag des Kriminalrechts, 2000, die ein mehrspuriges „Kriminalrecht" vorschlägt, bei dem die Wiedergutmachung als selbstständige Spur zwischen Strafe und Maßregel steht; dazu Weigend, Müller-Dietz-FS, S 975, 980); sie sind aber doch eigenständige Reaktionsmittel, die Strafe überflüssig machen oder mildern sollen (hM; beachte Stein NStZ 00, 391, der näher darlegt, dass der TOA dem Strafzweck des Schuldausgleichs hinreichend gerecht wird; anders Schild, Geerds-FS, S 157, der die Umgestaltung des TOA in eine echte Strafe fordert).

3. Die Vorschrift gilt **allgemein,** also auch bei Verbrechen (ebenso Kindhäuser 1; krit die strafrechtliche Abteilung des 59. DJT, NJW 92, 3021); die gänzliche Ausscheidung bestimmter Tatbestandsgruppen (zB der Gewaltdelikte und des Kindesmissbrauchs) ist daher unzulässig (NStZ 95, 492; s auch Karlsruhe NJW 96, 3286; Meier JZ 95, 434, 436; LG Potsdam NJ 98, 214 mit Anm Lemke). Nach hM ist die Vorschrift jedoch auf sog „opferlose Delikte", durch die keine bestimmte (natürliche oder juristische, NStZ 00, 205) Person materiell oder immateriell geschädigt wurde, nicht anwendbar (näher und krit dazu Meier GA 99, 1, 18; einschr Streng Sanktionen 459; anders die Rspr mit der Begr, dass ein Täter auch dann Bereitschaft zur Übernahme von Verantwortung zeigen könne, wenn durch die Tat nur die Allgemeinheit betroffen war; NStZ 00, 205 mit Anm Dierlamm NStZ 00, 536). – Auch bei **Steuerhinterziehung** (§ 370 AO) kommt es darauf an, ob im Einzelfall die Voraussetzungen erfüllt sind (str). Ein Täter-Opfer-Ausgleich im Sinne der Nr 1 scheidet allerdings bei einer der Gesetzesentwicklung entsprechenden Auslegung in aller Regel, aber nicht notwendig (Brauns wistra 96, 214; aM NStZ 01, 200, beide mwN), aus. Die Anwendbarkeit der Nr 2 kommt aber bei Vorliegen ihrer nur schwer erfüllbaren Voraussetzungen in Frage. Dass der Staat die Allgemeinheit repräsentiert, steht seiner Eigenschaft als durch die Tat Geschädigter nicht entgegen (Parigger, Rieß-FS, S 783; aM Woring DStZ 96, 459; Schabel wistra 97, 201; zw). Auch dass die Selbstanzeige nach § 371 AO dem Täter eine weiterreichende Vergünstigung gewährt, ist kein Hinderungsgrund; da sie andere Voraussetzungen und andere Rechtsfolgen hat als § 46a, kann sie nicht als vorgelagerte Spezialregelung gedeutet werden (Schwedhelm/Spatschek DStR 95, 1449; Brauns aaO; Briel NStZ 97, 33; Kottke DB 97, 549; Schabel aaO; aM Blesinger wistra 96, 90; Klawitter DStZ 96, 553; Meier GA 99, 1, 9; zw). – Weiterführend Kasperek, Zur Auslegung und Anwendung des § 46a StGB, 2002; Pielsticker, § 46a StGB – Revisionsfalle oder sinnvolle Bereicherung des Sanktionenrechts?, 2004; Bemmann JR 03, 226. – Zur obergerichtlichen Rspr Hüttemann StV 02, 678; Franke NStZ 03, 410.

4. Im Zentrum der Vorschrift steht die **Wiedergutmachung des durch die Tat verursachten Schadens,** auch des immateriellen, selbst wenn dieser zivilrechtlich nicht geschuldet ist (Sch/Sch-Stree 2; zur Frage unter welchen Voraussetzungen bloße Sicherstellung von Vermögensbestandteilen oder des Vermögens im ganzen schon eine Wiedergutmachungsleistung ist, NStZ 00, 83). Meistens, aber nicht notwendig (zB Widerruf einer ehrenrührigen Behauptung), geht es um den Ausgleich des materiellen Schadens und um ein Schmerzensgeld (die Annahme in NStZ 95, 492, dass Nr 1 vor allem den Ausgleich der immateriellen Folgen einer Tat und Nr 2 den materiellen Schadensersatz betreffe, findet im Ges keine Stütze, Brauns aaO [vgl 1] S 324; Schöch, BGH-FG, S 309, 325). Während bei Straftaten mit materiellen Folgen für das eine und immateriellen Folgen für das andere Tatopfer (zB Nötigung eines Bankangestellten zu Vermögensschädigungen der Bank) ein Zusammentreffen von Täter-Opfer-Ausgleich und Schadenswiedergutmachung möglich ist (NJW 01, 2557 mit insoweit zust Anm Kühl/Heger JZ 02, 363, König JR 02, 252 und Dölling/Hartmann NStZ 02, 366) sowie für Vermögensstraftaten bei unterhalb der Grenze von Nr 2 bleibenden oder ohne persönlichen

§ 46a

Verzicht erbrachten Entschädigungen auch Nr 1 anwendbar ist (wistra 02, 21), hält die Rspr namentlich für Sexualstraftaten weiterhin daran fest, dass auch Schmerzensgeld und Schadensersatzzahlungen an die Geschädigten allein an Nr 1 zu messen sind, so dass eine unter persönlichem Verzicht erbrachte weitgehende Wiedergutmachung der materiellen Schäden nicht zu einer Anwendung von Nr 2 führen kann (NJW 02, 3264 mit iE abl Anm Kaspar StV 02, 651; NStZ 02, 29). Da die Vorschrift aber in **Nr 1** für den Täter einen Anreiz zur Erreichung des Täter-Opfer-Ausgleichs schaffen oder ihm in **Nr 2** einen besonderen persönlichen Einsatz abfordern will (BT-Dr 12/6853 S 21), genügt nur vollständige oder überwiegende, dh mindestens die Hälfte des Gesamtschadens übersteigende (hM; in NJW 01, 2557 explizit zwar „offen gelassen", damit aber wohl inzident in Frage gestellt [vgl Kühl/Heger JZ 02, 363, 364; krit hierzu König JR 02, 252, 254 und Dölling/Hartmann NStZ 02, 366, 367], für die gesamtschuldnerische Haftung von Tatbeteiligten nach §§ 830, 840 BGB [auch zu anderen Konstellationen der Schadenswiedergutmachung von gesamtschuldnerisch haftenden Tatbeteiligten vgl Kaspar GA 03, 146]), Wiedergutmachung (Streng Sanktionen 462) oder im Falle der Nr 1 auch das ernsthafte (dazu NStZ 99, 454) Streben nach Wiedergutmachung, soweit sie dem Täter nach den Umständen möglich und zumutbar ist (ähnlich Kilchling NStZ 96, 309, 314; Horn SK 4), allein nicht. Hinzukommen muss eine besondere Leistung des Täters (näher dazu unter krit Würdigung der Rspr Brauns aaO [vgl 1] S 320; Kilchling aaO S 312):

3   **a) Nr 1:** Hier muss der Täter zusätzlich im Rahmen von Bemühungen um einen **Täter-Opfer-Ausgleich,** dh um Schadenswiedergutmachung und Aussöhnung mit dem Verletzten (vgl die Initiativvorlage der SPD-Fraktion BT-Dr 12/6141 S 8), gehandelt haben. Er muss danach mindestens ernsthaft – sei es auch erfolglos (NStZ 02, 29; NStZ-RR 02, 263; zB wegen Weigerung des Verletzten) – versucht haben, die Aussöhnung zu erreichen; einseitige Wiedergutmachungsbestrebungen des Täters ohne den Versuch einer Einbeziehung des Opfers genügen nicht (NStZ-RR 03, 363 mit zust Bespr Geppert JK 1), doch geht die Forderung der Rspr, dass das Opfer die Bemühungen des Täters als friedensstiftenden Ausgleich akzeptiert haben muss (BGHSt 48, 134, 143; NStZ-RR 03, 363) über das Erfordernis des ernsthaften Erstrebens hinaus (vgl NJW 02, 3264) und wird deshalb als Verpflichtung des Tatrichters zur Betrachtung der konkreten Interessen von Täter und Opfer, nicht eines objektiven Dritten, verstanden (BGHSt 48, 134, 143). Das erfordert einen kommunikativen Prozess, bei dem in schwierigen Fällen auch „indirekte Vermittlung" in Frage kommt, bei der Dritte den Kontakt herstellen und aufrecht erhalten (Schöch, BGH-FG, S 309, 321, 325). In diesem Prozess sind neben dem Opfer (ohne dessen Einbeziehung scheidet Nr 1 aus), das hier nur eine natürliche Person sein kann (näher dazu Meier JuS 96, 436, 440; aM NStZ 00, 205; Loos, Hirsch-FS, S 851, 863), regelmäßig (aber nicht notwendig, Stuttgart NJW 96, 2109; Brauns aaO [vgl 1] S 311; Tröndle/Fischer 10a; aM König/Seitz NStZ 95, 1, 2) auch sachkundige Berater einbezogen, doch kann die Vermittlung auch zB über den Verteidiger des Täters erfolgen (NJW 01, 2557 mit insoweit zust Anm Kühl/Heger JZ 02, 363, König JR 02, 252 und Dölling/Hartmann NStZ 02, 366). Der Täter muss danach, unabhängig davon, von wem die Initiative ausgeht (Köln NStZ-RR 04, 71), in umfassenden Ausgleichsbemühungen möglichst eine Lösung des Gesamtkonflikts angestrebt haben (NStZ 95, 492; s auch StV 99, 89; NStZ 03, 29; NStZ-RR 03, 363; Stuttgart aaO; Bay NJW 98, 1654 mit abl Anm Horn JR 99, 41). Mit dieser Einschränkung soll sichergestellt werden, dass die grundlose Privilegierung reicher Täter, die jederzeit zur Wiedergutmachung imstande sind, verhindert wird (BT-Dr 12/6853 S 21). Sehr weit geht die Forderung des BGH, dass bei Gewalt- und Sexualdelikten für einen erfolgreichen Täter-Opfer-Ausgleich idR ein Geständnis des Täters erforderlich sein soll (so BGHSt 48, 134 mit krit Anm Götting StraFo 03, 251, Kaspar JR 03, 426 und Schulte NKrimPol 04, 36, zust aber Dölling/Hartmann NStZ 04, 382); ist für das Opfer nach gelungenen Ausgleichsbemühungen die strafrechtliche Ahndung und das Verteidigungsverhalten des Täters nicht mehr von besonderem Interesse, steht ein nur eingeschränktes Geständnis der Anwendung von § 46 a jedenfalls nicht entgegen (NStZ 03, 199).

b) Nr 2: Hier muss der Täter freiwillig – sei es auch unter dem Druck des Opfers oder des Strafverfahrens – die erbrachte Wiedergutmachung (vgl 2) durch erhebliche **persönliche,** also nicht von Dritten (Brauns aaO [vgl 1] S 317), namentlich der Haftpflichtversicherung (Bay VRS 94, 443), übernommene **Leistungen oder persönlichen Verzicht** erreicht haben (ebenso Streng Sanktionen 464). Das erfordert besondere persönliche Anstrengungen, die Ausdruck der Übernahme von Verantwortung gerade gegenüber dem Opfer sind (dazu Stuttgart NJW 96, 2109; KG StV 97, 473), zB umfangreiche Arbeiten in der Freizeit oder erhebliche Einschränkungen im finanziellen Bereich (BT-Dr 12/6853 S 22); dass der Täter solche Leistungen erst erbracht hat, nachdem er auf Zahlung in Anspruch genommen worden ist, schließt die Vergünstigung nicht notwendig aus (NStZ 95, 284; ebenso für im Rahmen von Nr 1 geleistete Zahlungen NStZ 03, 29). 4

c) Beide Alternativen beschreiben **selbstständige Voraussetzungen,** die übereinstimmend Schadensausgleich bezwecken (ebenso Schöch, BGH-FG, S 309, 324). Die **Nr 1** legt jedoch zusätzlich besonderes Gewicht auf den Täter-Opfer-Ausgleich, dh auf die Überwindung der immateriellen Tatfolgen, während die **Nr 2** sich mit besonderem persönlichen Einsatz bei der materiellen Wiedergutmachung begnügt (NStZ 95, 492). Das Gericht kann die Strafmilderung auf jede der beiden Alternativen stützen; liegen jedoch die Voraussetzungen beider vor, sollten sie wegen ihrer Bedeutung für die Ermessensausübung (vgl 5) nebeneinander festgestellt werden. 4 a

5. a) Die **1. Alt** der Strafdrohung sieht nur einen **fakultativen besonderen gesetzlichen Milderungsgrund** im Sinne des § 49 I vor (krit Brauns aaO [vgl 1] S 302). Es ist daher zunächst zu entscheiden, ob von der Milderungsmöglichkeit überhaupt Gebrauch gemacht wird (dazu und zu der Frage, welchen Regeln diese Würdigung folgt, 4 zu § 49). Für die danach gebotene Gesamtwürdigung haben ua Gewicht: die Intensität der Täterbemühungen und die mit ihnen erreichte friedensstiftende Wirkung; der Zeitpunkt ihres frühen oder späten Beginns, der zB durch Abwarten der Rechtskraft des Schuldspruchs hinausgeschoben werden kann (StV 00, 129; Köln NStZ-RR 04, 71); das Maß der Freiheit des Täters von äußerem Druck, für das auch der Zeitpunkt seiner Leistungen indiziell sein kann; von wem die Initiative zu den Ausgleichsbemühungen ausgegangen ist (Köln aaO); die Größe des verschuldeten Unrechts, namentlich die verbrecherische Energie (bei Vergewaltigungen wird Nr 2 als Grundlage regelmäßig nicht ausreichen, NStZ 95, 492; Kühl/Heger JZ 02, 363; Dölling/Hartmann NStZ 04, 382; dagegen Kaspar StV 02, 651, 653 und JR 03, 426, 428) und die Höhe des Schadens; schließlich die mutmaßlichen Auswirkungen auf die Rechtstreue der Bevölkerung (näher konkretisierend Meier JuS 96, 436, 441; Sch/Sch-Stree 5). – Wird von der Milderungsmöglichkeit Gebrauch gemacht, so ändert sich zunächst **nur der Strafrahmen** nach dem Maßstab des § 49 I (beachte auch § 50, namentlich die danach gebotene Reihenfolge der Prüfungsschritte, dort 3). Zur Strafzumessung innerhalb dieses Rahmens 10 zu § 49. – Ausgleichsbemühungen des Täters, die den Anforderungen des § 46 a nicht genügen, können nur innerhalb des jeweils anwendbaren Strafrahmens berücksichtigt werden (42 zu § 46). 5

b) Das in der **2. Alt** der Strafdrohung vorgesehene **Absehen von Strafe** ist zur Sicherung eines angemessenen Schuldausgleichs und aus generalpräventiven 6

Gründen nur bei Strafen (auch Gesamtstrafen) bis zu der angegebenen Höhe zulässig (BT-Dr 12/6853 S 22). Die Ausführungen unter 7 zu § 49 gelten sinngemäß.

7   6. Liegen Anhaltspunkte dafür vor, dass der Täter nach der Tat Schadensersatzleistungen erbracht oder sich um Schadenswiedergutmachung bemüht hat, so muss der Tatrichter Voraussetzungen und Rechtsfolgen des § 46a prüfen und, wenn das Ergebnis nicht offensichtlich ist, erörtern (StV 01, 346; bei Pfister NStZ-RR 00, 364; Bay NJW 95, 2120; Hamm StV 99, 89); die allgemeine strafmildernde Berücksichtigung einer Schadenswiedergutmachung im Rahmen des § 46 II genügt nicht (NJW 01, 2557; StV 02, 656; NStZ-RR 02, 329).

8   7. Da die Vorschrift die Anwendbarkeit des § **153b StPO** begründet, erweitert sie die Möglichkeit, den Täter-Opfer-Ausgleich schon im Ermittlungsverfahren zu praktizieren.

§ 47 Kurze Freiheitsstrafe nur in Ausnahmefällen

(1) **Eine Freiheitsstrafe unter sechs Monaten verhängt das Gericht nur, wenn besondere Umstände, die in der Tat oder der Persönlichkeit des Täters liegen, die Verhängung einer Freiheitsstrafe zur Einwirkung auf den Täter oder zur Verteidigung der Rechtsordnung unerläßlich machen.**

(2) **Droht das Gesetz keine Geldstrafe an und kommt eine Freiheitsstrafe von sechs Monaten oder darüber nicht in Betracht, so verhängt das Gericht eine Geldstrafe, wenn nicht die Verhängung einer Freiheitsstrafe nach Absatz 1 unerläßlich ist. Droht das Gesetz ein erhöhtes Mindestmaß der Freiheitsstrafe an, so bestimmt sich das Mindestmaß der Geldstrafe in den Fällen des Satzes 1 nach dem Mindestmaß der angedrohten Freiheitsstrafe; dabei entsprechen dreißig Tagessätze einem Monat Freiheitsstrafe.**

1   1. Die Vorschrift (zu ihrer Verfassungsmäßigkeit BVerfGE 28, 386) bezweckt, die nach hM regelmäßig **schädliche** und kriminalpolitisch meist auch nicht gebotene **kurzfristige Freiheitsstrafe** zur Ausnahme zu machen (sog ultima-ratio-Klausel, BGHSt 24, 40; zur zunehmenden Kritik an dieser Regelung Weigend JZ 86, 260, der kurze Freiheitsstrafen in bestimmten Bereichen für sinnvoll hält; Kohlmann, Triffterer-FS, S 603, der zur Ergänzung des Sanktionensystems die Herabsetzung des Mindestmaßes der Freiheitsstrafe auf eine Woche vorschlägt; Schaeferdiek, Die kurze Freiheitsstrafe im schwedischen und deutschen Strafrecht, 1997, der auf Grund eines Vergleichs mit dem schwedischen Recht eine grundsätzliche Rechtsänderung empfiehlt; s auch Jescheck/Weigend AT S 745). § 47 gilt allgemein (beachte jedoch § 10 WStG; § 56 ZDG), namentlich auch für Verbrechen (zB bei Strafmilderung nach § 49). Er ist unabhängig davon anwendbar, ob Strafaussetzung nach § 56 in Frage kommt; vor allem dürfen Gesichtspunkte der Strafzumessung „im Sinne der Findung einer schuldangemessenen Strafe mit solchen der Strafaussetzung … nicht vermengt werden" (NStZ 01, 311). Die gänzliche Ausscheidung bestimmter Tatbestands- (zB fahrlässige Tötung, Trunkenheit im Verkehr) oder Tätergruppen (Frankfurt StV 97, 252) ist unzulässig (Düsseldorf NJW 70, 767; Frankfurt NJW 70, 957; Schott StV 03, 587, 589 mwN). Bei Tatmehrheit kommt es auf die Einzelstrafen (bei Detter NStZ 92, 479), nicht auf die Gesamtstrafe an (Stuttgart NJW 70, 820; s auch Köln NStZ 83, 264).

2   2. **Voraussetzungen des Abs 1** (zusf zu seiner kriminalpolitischen Problematik Lackner JR 70, 1; Dünnebier JR 70, 241; Schultz JR 71, 353; Janiszewski BA 71, 179; Tröndle LK 43 vor § 40 mwN):

a) **Besondere Umstände** in der Tat oder der Persönlichkeit des Täters liegen vor, wenn entweder bestimmte Tatsachen die konkrete Tat von den durchschnittlichen, gewöhnlich vorkommenden Taten gleicher Art unterscheiden oder wenn bestimmte Eigenschaften (zB kriminelle Neigungen) oder Verhältnisse (zB Begehung mehrerer Taten, Vorstrafen) beim Täter einen Unterschied gegenüber dem durchschnittlichen Täter solcher Taten begründen (Frankfurt StV 95, 27; Bay NJW 95, 3264 und 96, 798 sowie NStZ-RR 03, 275; Düsseldorf wistra 97, 151; Frisch, Kaiser-FS, S 765, 773); es genügt auch, wenn erst die Umstände in Tat **und** Persönlichkeit zusammen die Freiheitsstrafe unerlässlich machen (Frankfurt VRS 42, 188).

b) **Einwirkung auf den Täter** kann hier bedeuten: die psychisch-disziplinäre 3 Beeinflussung durch Verhängung der schwersten Strafart oder die komplexe Einwirkung durch Strafaussetzung und die mit ihr verbundenen Bewährungsmaßnahmen (BGHSt 24, 164; Grünwald, Schaffstein-FS, S 219, 227; beachte dazu oben 1). Begrifflich gehört auch die konkrete Behandlung im Strafvollzug hierher; sie hat jedoch deshalb keine praktische Bedeutung, weil sie schon wegen der Kurzfristigkeit der Strafe keine Erfolgsaussicht bietet (Horstkotte NJW 69, 1601, 1602; Dünnebier JR 70, 241, 245; krit Weigend JZ 86, 260). Besteht unter keinem der einschlägigen Gesichtspunkte Aussicht auf eine positive Wirkung beim Täter, so ist diese Alternative nicht anwendbar (aM Bay NStZ 89, 75 mit abl Anm Köhler JZ 89, 697). – Voraussehbare Zahlungsunfähigkeit oder die Besorgnis, dass der Täter die Geldstrafe voraussichtlich nicht aus eigenen Mitteln aufbringen muss, ist allein kein Grund, um auf ihn durch Verhängung von Freiheitsstrafe einzuwirken, selbst dann nicht, wenn die Begehung weiterer Straftaten zur Finanzierung der Geldstrafe zu erwarten ist (Frankfurt StV 97, 252; Schott StV 03, 587, 589; s auch 2 zu § 40).

c) aa) **Verteidigung der Rechtsordnung** ist ein wegen seiner Unbestimmt- 4 heit problematischer Begriff (zusf Dreher JR 70, 228; Maiwald GA 83, 49; krit Koch NJW 70, 328; Grünwald, Schaffstein-FS, S 219, 228; Hassemer, Coing-FS, S 493, 521; abl Naucke ua, Verteidigung der Rechtsordnung, 1971). Aus seiner Entstehungsgeschichte (BT-Dr V/4094 S 6), seiner Anwendung in der Praxis und der wissenschaftlichen Diskussion ergibt sich folgende **negative Abgrenzung:** Auf eine umfassende Abwägung aller Strafzwecke (vgl Bruns GA 56, 193 mwN) kommt es nicht an (BGHSt 24, 40). Gesichtspunkte der Sühne für begangenes Unrecht, die Belange des Verletzten (Bay NJW 78, 1337) und für sich allein auch die Schwere der Schuld oder der Tatfolgen (zu letzteren Bay MDR 72, 339) reichen nicht aus (BGH aaO). Die Schuld ist als selbstständiger Gesichtspunkt in den Ausschussberatungen bewusst eliminiert worden (Prot 5, 2134, 2798); sie hat daher für die Verhängung von Freiheitsstrafe auch keine einschränkende Wirkung, weil die Schuldangemessenheit nach dem Verhältnis von Schuld und Strafe der Höhe nach zu bestimmen ist (Horn JR 87, 294; aM Köhler JZ 89, 697). Schließlich ist hier auch nicht die Behandlung oder Abschreckung des Täters gemeint; denn sie ist durch das Merkmal „Einwirkung auf den Täter" speziell erfasst (Lenckner JurA 71, 319, 345).

bb) **Positiv** erfordert die Verteidigung der Rechtsordnung, die generalpräventive 5 Wirksamkeit der Strafrechtsordnung durch gleichmäßigen, nicht schwächlichen Einsatz der strafrechtlichen Reaktionsmittel in einem Maße zu erhalten, dass die rechtliche Gesinnung der Bevölkerung nicht erschüttert wird (ähnlich BGHSt 24, 40; NJW 72, 832; Streng Sanktionen 140; krit Koch DAR 71, 263; abw Köhler, Über den Zusammenhang von Strafrechtsbegründung und Strafzumessung, 1983, S 60). Der Maßstab für diese rechtliche (dem Tatsachenbeweis daher nicht zugängliche, Celle JR 80, 256 mit Anm Naucke; Maiwald GA 83, 49, 66) Wertung ergibt sich aus dem Strafzweck der Integrationsprävention (30 zu § 46). Es kommt

§ 47 AT. 3. Abschnitt. 2. Titel. Strafbemessung

darauf an, ob der Verzicht auf Freiheitsstrafe nach den Umständen eine Gefahr für die Wirksamkeit der staatlichen Rechtspflege, dh für ihr Ernstgenommenwerden in der rechtstreuen (dazu KG StV 93, 120) Bevölkerung, bedeuten würde (Zipf, Bruns-FS, S 205, 216; s auch Celle StV 93, 195) und daher als ungerechtfertigtes Zurückweichen vor dem Verbrechen erscheinen müsste (Hamm MDR 70, 693; weiter einschr Horstkotte JZ 70, 122, 127). Das kann namentlich zutreffen, wenn der Täter aus ungewöhnlicher Rechtsfeindschaft (Frankfurt NJW 71, 1813 und 77, 2175), Brutalität (Koblenz MDR 74, 768; s auch LG Koblenz NStZ 91, 283) oder Gleichgültigkeit (uU also auch fahrlässig, Hamm NJW 70, 870), nicht aber auf Grund eines nach der Gesetzeslage verständlichen Verbotsirrtums (NJW 98, 1162), Rechtsgüter angreift oder mißachtet (Bay NJW 70, 1382; Hamm NJW 70, 1614), wenn er schon bei Tatbegehung darauf spekuliert, von Freiheitsstrafe verschont zu bleiben (BGHSt 24, 40, 47; aM Schott StV 03, 587, 590), wenn die Tat einen erheblichen „Nachahmungseffekt" für andere befürchten lässt (NStZ 85, 165) oder wenn sie Ausdruck einer in der Bevölkerung verbreiteten Einstellung ist, welche die verletzte Norm nicht ernst nimmt (BGHSt 24, 40, 47); der bloße Anstieg einer Deliktsart genügt für sich allein nicht (Hamburg StV 00, 353; Frankfurt NJW 71, 666; Karlsruhe VRS 48, 341; Schott aaO S 589; zu weit Stuttgart NJW 71, 629).

6   **d) Unerlässlich** ist die Verhängung einer Freiheitsstrafe dann, wenn sie die erforderliche Einwirkung auf den Täter oder die Verteidigung der Rechtsordnung voraussichtlich besser erreichen wird als jedes andere, im konkreten Fall zulässige (zu eng insoweit Eickhoff NJW 71, 272) Reaktionsmittel, namentlich also besser als eine hohe, aber noch schuldangemessene Geldstrafe (Köln StV 84, 378; Düsseldorf VRS 92, 329) oder als eine Verbindung von Geldstrafe mit Fahrverbot oder Entziehung der Fahrerlaubnis (Frankfurt NJW 71, 669; str), wenn sie bei Berücksichtigung auch der Unzuträglichkeiten, die mit der kurzfristigen Freiheitsstrafe verbunden sind, unverzichtbar erscheint (ähnlich Horstkotte JZ 70, 122, 126; s auch NStZ 96, 429; Bremen StV 94, 130; Saarbrücken NStZ 94, 192; probl AG Wermelskirchen StV 00, 502 mit abl Anm Ostendorf). Bei Ersttaten (Frankfurt VRS 42, 184; Hamm wistra 89, 234; Köln NJW 01, 3491; Frisch, Kaiser-FS, S 765, 774; vgl aber Bay NStZ-RR 03, 275) und bei Taten, die auf einer echten Gewissensentscheidung beruhen (Bay NJW 92, 191 mwN), wird Freiheitsstrafe regelmäßig nicht unerlässlich sein. Auch bei mehreren Taten und bei Rückfall ist der Ausnahmecharakter der Vorschrift zu beachten (KG StV 97, 640; Köln StV 99, 8). Jedoch wird bei einer Häufung von Taten (bei Dallinger MDR 70, 196) und bei mehrfach rückfälligen Tätern (BGHSt 24, 64; Hamm MDR 71, 66; beachte jedoch Bay StV 92, 322) Freiheitsstrafe häufiger unerlässlich sein, und zwar uU auch dann, wenn der jeweils angerichtete Schaden geringfügig (Düsseldorf JR 87, 292 mit Anm Horn; Hamburg NStZ-RR 04, 72; mehrmonatige Freiheitsstrafen halten für denkbar Celle NStZ-RR 04, 142 und Bay NJW 03, 2926; krit Braunschweig NStZ-RR 02, 75; Karlsruhe MDR 97, 85; Bagatellfälle ganz ablehnend Stuttgart NJW 02, 3188 mit Anm Eisenberg MschrKrim 03, 443; Karlsruhe NJW 03, 1825; Frankfurt StV 04, 382; ebenso Krumm NJW 04, 328; Schott StV 03, 587, 590), die Tat aber nicht im ganzen bagatellhaft war (Karlsruhe MDR 97, 85; zu streng Bay NStZ 89, 75 mit abl Anm Köhler JZ 89, 697). – Die Beurteilung erfordert eine **Gesamtwürdigung** von Tat und Täter (StV 94, 370; Frankfurt StV 95, 27 und 04, 382), dabei gibt es für Männer und Frauen keinen grundsätzlichen Unterschied (so für die Strafaussetzung BGHSt 17, 354).

7   **3.** Die Bejahung der Ausnahmevoraussetzungen des Abs 1 (uU auch deren Verneinung, wistra 83, 146; Düsseldorf VRS 92, 329) bedarf schon materiell-rechtlich sorgfältiger **Begründung** (bei Mösl NStZ 82, 453; Bay NStZ-RR 03, 275; Köln NJW 01, 3491 und NStZ 03, 421; beachte jedoch Köln NStZ 83, 264) und kann als tatrichterliche Würdigung vom Revisionsgericht nur begrenzt nachgeprüft werden (Koblenz VRS 51, 428; Schleswig NJW 82, 116; Braunschweig NStZ-RR 02, 75; Stuttgart NJW 02, 3188; Braunschweig NStZ-RR 02, 75; probl Zweibrücken VRS 45, 108). Zum formellen Begründungszwang § 267 III S 2 StPO.

4. Abs 2 ist überwiegend **obsolet** geworden, weil alle Strafdrohungen, die **8** durch Art 12 I EGStGB um eine Geldstrafdrohung erweitert worden sind, schon unmittelbar unter Abs 1 fallen. Für Abs 2 bleiben jedoch neben den Strafdrohungen mit erhöhtem Mindestmaß der Freiheitsstrafe (S 2) auch Strafdrohungen aus dem WStG und ZDG übrig, für die Art 12 I EGStGB nicht gilt (dort Art 10 II); für diese bleibt die Vorschrift anwendbar (Bay NJW 92, 191; Tröndle/Fischer 12; abw Horn NStZ 90, 270). – Die **allein angedrohte Freiheitsstrafe** wird nicht – auch nicht als Rechnungsposten – festgesetzt. Entspricht ihr Mindestmaß dem gesetzlichen, so ist die Geldstrafe nach ihrem gesetzlichen Mindestmaß (5 Tagessätze, § 40 I) zu bestimmen (Horn aaO).

§ 48 *(weggefallen)*

§ 49 Besondere gesetzliche Milderungsgründe

(1) **Ist eine Milderung nach dieser Vorschrift vorgeschrieben oder zugelassen, so gilt für die Milderung folgendes:**

1. **An die Stelle von lebenslanger Freiheitsstrafe tritt Freiheitsstrafe nicht unter drei Jahren.**
2. **Bei zeitiger Freiheitsstrafe darf höchstens auf drei Viertel des angedrohten Höchstmaßes erkannt werden. Bei Geldstrafe gilt dasselbe für die Höchstzahl der Tagessätze.**
3. **Das erhöhte Mindestmaß einer Freiheitsstrafe ermäßigt sich**
im Falle eines Mindestmaßes von zehn oder fünf Jahren auf zwei Jahre,
im Falle eines Mindestmaßes von drei oder zwei Jahren auf sechs Monate,
im Falle eines Mindestmaßes von einem Jahr auf drei Monate,
im übrigen auf das gesetzliche Mindestmaß.

(2) **Darf das Gericht nach einem Gesetz, das auf diese Vorschrift verweist, die Strafe nach seinem Ermessen mildern, so kann es bis zum gesetzlichen Mindestmaß der angedrohten Strafe herabgehen oder statt auf Freiheitsstrafe auf Geldstrafe erkennen.**

1. § 49 bestimmt **zwei allgemeine Maßstäbe,** nach denen sich die Strafrahmen **1** ändern (hM), wenn das Gericht die Strafe nach einer Vorschrift mildert, die den einen oder den anderen Maßstab ausdrücklich für anwendbar erklärt.

2. a) Abs 1 gibt den Maßstab für die Fälle an, in denen eine **umfangsmäßig 2 beschränkte Strafmilderung** vorgeschrieben oder zugelassen ist (zB in §§ 17 S 2, 21, 23 II, 27 II). In diesen Fällen begrenzen die Nummern 1–3 die Ermäßigung des Strafrahmens sowohl für das Höchst- wie auch für das Mindestmaß; den Übergang auf eine mildere Strafart lassen sie nicht zu. Läßt das Gesetz die Wahl zwischen mehreren Strafrahmen (zB zwischen lebenslanger und zeitiger Freiheitsstrafe), muss vor der Milderung der anzuwendende Strafrahmen bestimmt werden (bei Holtz MDR 79, 279); deshalb setzt Nr 2 auch das Höchstmaß der wahlweise neben Freiheitsstrafe angedrohten Geldstrafe regelmäßig auf 270 Tagessätze herab (hM; anders Horn NStZ 90, 270).

b) Die Strafmilderung ist in der jeweils anwendbaren Vorschrift nur ausnahms- **3** weise **zwingend** vorgeschrieben (zB in § 27 II S 2).

c) Bei **fakultativer** (dh nur zugelassener) **Milderung** ist zunächst zu entschei- **4** den, ob von der Milderungsmöglichkeit überhaupt Gebrauch gemacht wird (hM;

§ 49 AT. 3. Abschnitt. 2. Titel. Strafbemessung

anders Zipf, Die Strafmaßrevision, 1969, S 32, der nur eine Erweiterung des ordentlichen Strafrahmens bis zur unteren, aus Abs 1 folgenden Grenze annimmt). Diese Entscheidung bestimmt sich nicht nach § 49, sondern nach den allgemeinen Strafzumessungsregeln. Sie erfordert eine **Gesamtwürdigung** (hM; vgl etwa Franke MK 5; krit Timpe, Strafmilderungen des Allgemeinen Teils des StGB und das Doppelverwertungsverbot, 1983, S 82, 107, 206, 238, 297; Horn, Kaufmann [Arm]-GS, S 573, 586; Frisch/Bergmann JZ 90, 944; Frisch, Spendel-FS, S 381, 399), die jedoch nur auf eine eingeschränkte Tatsachenbasis gestützt werden darf (str). Demgegenüber nimmt die stRspr an, dass alle schuldrelevanten Umstände, uU also auch Vorstrafen (aM Hamm NJW 58, 561), in einer Gesamtwürdigung von Tat und Täter zu berücksichtigen seien und später auch in der abschließenden Straffestsetzung (dazu 10) zu Buch schlagen könnten (so etwa BGHSt 16, 351; 17, 266; NJW 89, 3230 zum Versuch; BGHSt 7, 28 zur verminderten Schuldfähigkeit; NJW 98, 3068 mit abl Anm Rudolphi JR 99, 293 zum Unterlassen [dazu anders wohl noch NJW 82, 333]; zust Lemke NK 7). Dem ist zu widersprechen (krit auch Schäfer StrZ 509). Mit Recht beschränkt eine starke Meinungsgruppe die Gesamtwürdigung auf solche Umstände, die auf den jeweiligen gesetzlichen Milderungsgrund bezogen sind (vgl etwa Dreher JZ 56, 682, 57, 155 und 68, 209, 213; Rudolphi SK 3 zu § 23; krit Frisch/Bergmann aaO S 949; Frisch aaO). Zwar steht das Doppelverwertungsverbot einer umfassenden Gesamtwürdigung nicht entgegen (hM; anders Dreher aaO); diese ist aber mit dem Zweck der auf einen bestimmten Grund begrenzten Milderung nicht vereinbar, weil sie das Ergebnis von Bedingungen außerhalb des gesetzlichen Zweckzusammenhangs abhängig macht (ähnlich Dreher JZ 57, 155, 156: „Umgehung"; s auch Bergmann, Die Milderung der Strafe nach § 49 Abs 2 StGB, 1988, S 20; Frisch aaO S 382). Im Übrigen ist die Annahme der Rspr (BGHSt 17, 266) unzutreffend, dass auf den Milderungsgrund bezogene und von ihm unabhängige Umstände nicht hinreichend unterscheidbar seien; gerade diese Unterscheidung wird seit Einführung des § 50 zur Beantwortung der Frage, ob eine Doppelmilderung zulässig ist, verlangt (3 zu § 50) und in der Praxis ohne Schwierigkeiten durchgeführt (dazu Hettinger aaO S 237). Immerhin erkennt die Rspr inzwischen aber an, dass bei der Gesamtwürdigung den auf den Milderungsgrund bezogenen Umständen, beim Versuch also namentlich dessen Gefährlichkeit und Nähe zur Tatvollendung, besonderes Gewicht zukommt (BGHSt 35, 347, 355; 36, 1, 18; NJW 89, 3230; NStZ 95, 285 und 98, 245; NStZ-RR 03, 72; für die Berücksichtigung ausschließlich versuchsspezifischer Gründe Zaczyk NK 8 zu § 23).

5   **3. a) Abs 2** enthält den Maßstab für die **umfangsmäßig unbegrenzte Milderung**, die das StGB in zahlreichen Vorschriften (zB § 23 III) vorsieht (eingehend Bergmann, Die Milderung der Strafe nach § 49 Abs 2 StGB, 1988). In diesen Fällen ist die Milderungsmöglichkeit nur insofern begrenzt, als das Mindestmaß der angedrohten Hauptstrafe bzw der hier wahlweise zugelassenen Geldstrafe verbindlich bleibt. Zur Vermeidung von Wertungswidersprüchen dürfte allerdings von einer Herabsetzung auch des Höchstmaßes der Strafe nach dem Maßstab des Abs 1 auszugehen sein (so mit Recht Bergmann aaO S 34; ebenso Franke MK 6).

6   **b)** Die Milderung nach Abs 2 ist ausnahmslos dem (pflichtmäßigen, 50 zu § 46) Ermessen des Gericht anheimgestellt und daher stets nur **fakultativ**. Deshalb ist auch hier nach den zu Abs 1 entwickelten Regeln (vgl 4) zu entscheiden, ob von der Milderungsmöglichkeit überhaupt Gebrauch gemacht wird (für den Regelfall ebenso Bergmann aaO [vgl 5] S 63).

7   **c)** In der Mehrzahl der auf Abs 2 verweisenden Vorschriften ist neben der Milderung auch das **Absehen von Strafe** zugelassen (29 zu § 24). In diesen Fällen entscheidet das Gericht nach (pflichtmäßigem, 50 zu § 46) Ermessen, ob es die

Vergünstigung überhaupt gewährt und ob es die Strafe nur mildert oder ganz von ihr absieht (eingehend Bergmann aaO [vgl 5] S 73).

4. a) Zu der Möglichkeit, statt der Milderung nach § 49 einen **minder** **8** **schweren Fall** anzunehmen, 2 zu § 50.

b) Die **Urteilsgründe** müssen erkennen lassen, dass die Milderung erwogen **9** (bei Dallinger MDR 69, 358; KG JR 66, 307; Saarbrücken VRS 75, 33) und welcher Strafrahmen zugrundegelegt wurde (StV 84, 205; JZ 89, 860).

5. Die Bedeutung der Vorschrift erschöpft sich in der **Veränderung der** **10** **Strafrahmen** (beachte auch 2–4 zu § 50). Einerseits folgt daraus, dass die Strafe jeweils unmittelbar aus dem anwendbaren Strafrahmen zu entnehmen ist (BGHSt 1, 115; 33, 92). Milderung bedeutet daher nicht notwendig, dass auf eine Strafe erkannt wird, die unter der allgemein angedrohten erhöhten Mindeststrafe liegt (JZ 56, 500; Dreher JZ 56, 682; aM Börker JZ 56, 477). Andererseits gelten für die Strafzumessung innerhalb des gemilderten Rahmens die allgemeinen Regeln (32–49 zu § 46); dabei ergibt sich aus dem Verbot der Doppelverwertung von Tatbestandsmerkmalen (§ 46 III; vgl dort 45), dass die Milderungsgründe (zB verminderte Schuldfähigkeit, Versuch, Beihilfe) nicht als solche nochmals berücksichtigt werden dürfen (NJW 89, 3230 mwN; krit Horstkotte, Dreher-FS, S 265, 280); jedoch ist auf ihre Konkretisierungen zurückzukommen, soweit sie nach Art und Maß graduierbar sind und daher für die Strafzumessung unterschiedliches Gewicht haben (BGHSt 26, 311; GA 89, 569; NStZ 92, 538; StV 98, 601).

6. Der **Deliktscharakter** nach § 12 bleibt durch die Strafrahmenänderung un- **11** berührt (dort 4). Dasselbe gilt für die Zulässigkeit von **Nebenstrafen** und von Maßnahmen im Sinne des § 11 I Nr 8 (zB 2 zu § 44; 3 zu § 74).

§ 50 Zusammentreffen von Milderungsgründen

Ein Umstand, der allein oder mit anderen Umständen die Annahme eines minder schweren Falles begründet und der zugleich ein besonderer gesetzlicher Milderungsgrund nach § 49 ist, darf nur einmal berücksichtigt werden.

1. Die Vorschrift verbietet neben § 46 III die sog **Doppelverwertung von** **1** **Strafzumessungstatsachen** (46 zu § 46) in einem weiteren Bereich ausdrücklich. Sie betrifft **nur die Strafrahmenwahl** in Fällen, in denen ein vertypter gesetzlicher Milderungsgrund nach § 49 vorliegt (NStZ 87, 504; s auch Schütz Jura 95, 399, 403).

2. a) Sind die Voraussetzungen eines obligatorischen (str) oder fakultativen be- **2** sonderen gesetzlichen Milderungsgrundes (2–6 zu § 49) erfüllt, so kann die Strafmilderung statt durch Anwendung des § 49 (auch dessen Abs 2, BGHSt 33, 92) durch Annahme eines im Gesetz vorgesehenen und im Einzelfall zu bejahenden (NStZ 93, 278) **minder schweren Falles** (7 zu § 46) gewährt werden (BGHSt 16, 360; 27, 298; NJW 83, 350; NStZ 84, 118; aM Timpe JR 86, 76; eingehend Hettinger, Das Doppelverwertungsverbot bei strafrahmenbildenden Umständen, 1982, S 233; krit auch Goydke, Odersky-FS, S 371, der vereinfachende Reformvorschläge unterbreitet). Das gilt auch dann, wenn der gesetzliche Milderungsgrund allein den minder schweren Fall begründet und neben ihm keine weiteren Milderungsgründe vorliegen (NStZ 85, 367 und 90, 96; Schäfer StrZ 512; speziell zum minder schweren Fall des Totschlags beachte Horn, Kaufmann [Arm]-GS, S 573, 589; Maatz, Salger-FS, S 91; Schneider NStZ 01, 455, 459; Deckers, Rieß-FS, S 651, 674; Sch/Sch-Eser 14 zu § 213; s auch 10 zu § 213). Ob das Gericht von dieser Möglichkeit Gebrauch macht, unterliegt grundsätzlich pflichtmäßigem Ermessen (BGHSt 21, 57; NStZ 82, 200; aM Frisch JR 86, 89; Streng Sanktionen

§ 50 AT. 3. Abschnitt. 2. Titel. Strafbemessung

542 und Horn SK 5, die den jeweils günstigeren Strafrahmen für maßgebend halten; dagegen Schneider aaO); es kommt darauf an, welcher Strafrahmen dem Richter zur Ahndung des Unrechts besser geeignet erscheint (NStZ 99, 610). Das Urteil muss erkennen lassen, dass sich das Gericht dieser Wahlmöglichkeit bewusst war (StV 88, 385; bei Detter NStZ 99, 495). Im Allgemeinen wird von der meist günstigeren Strafdrohung für minder schwere Fälle auszugehen sein (StV 96, 89); ist allerdings ein minder schwerer Fall ausnahmsweise mit einer für den Täter ungünstigeren Strafe bedroht, als sie sich bei Anwendung des § 49 I ergibt (zB in § 249 II), so hat ein obligatorischer gesetzlicher Milderungsgrund (3 zu § 49) Vorrang, weil eine generelle Vorschrift nicht einen Vorteil entziehen kann, der durch eine speziellere ohne Einschränkung gewährt wird (Hettinger aaO S 250, 285 mwN). Für den günstigeren Strafrahmen kommt es nicht notwendig auf die jeweils angedrohten Strafmindestmaße an; je nach Lage des Einzelfalls kann auch ein Vergleich der Höchstmaße ausschlaggebend sein (BGHSt 33, 92; Frisch aaO). Im Übrigen ist beim Zusammentreffen mehrerer Milderungsgründe eine bestimmte Prüfungsreihenfolge einzuhalten (dazu 3).

3   **b)** § 50 schließt eine **Doppelverwertung** in dem Sinne aus, dass derselbe Milderungsgrund zugleich zur Begründung einer allgemeinen Strafrahmenermäßigung wegen eines minder schweren Falles und einer darauf folgenden weiteren Ermäßigung nach der besonderen Milderungsvorschrift iVm § 49 herangezogen wird. – Möglich bleibt dagegen eine (uU obligatorische, NStZ 87, 72) Doppelmilderung, wenn nicht erst Konkretisierungen des vertypten besonderen Milderungsgrundes, sondern schon andere Gründe allein die Annahme eines minder schweren Falles rechtfertigen (NJW 80, 950 mit Bespr Bruns JR 80, 226; Hettinger aaO [vgl 2] S 290; s auch NStZ 95, 287; StV 97, 521). In solchen Fällen sind zunächst die gesetzlich nicht vertypten Milderungsgründe heranzuziehen (NStZ 84, 357 und 99, 610; StV 92, 371). Reichen sie zur Annahme eines minder schweren Falles aus, so ergibt sich zugleich, dass der außerdem vorliegende besondere gesetzliche Milderungsgrund nicht verbraucht ist (NStZ 88, 128; StV 91, 557 und 92, 372). Reichen sie nicht aus, ist alsdann zu prüfen, ob der gesetzliche Milderungsgrund allein oder zusammen mit den anderen Umständen einen minder schweren Fall begründen kann (NStZ-RR 96, 194) und ob diese Möglichkeit zu wählen ist (vgl 2). Wird auch das verneint, hat es bei dem besonderen gesetzlichen Milderungsgrund sein Bewenden (zusf Goydke aaO [vgl 2] S 378).

4   **c)** Darf ein Umstand nur einmal berücksichtigt werden, so schließt er zunächst nur eine doppelte **Strafrahmenermäßigung** aus. Bei der Strafzumessung innerhalb des gemilderten Rahmens gelten für seine Berücksichtigung dieselben Beschränkungen wie in den Fällen des § 49 (dort 10; weiter Horstkotte, Dreher-FS, S 265, 277; s auch GA 93, 230; NStZ-RR 98, 295; str); alle anderen Milderungs- und Schärfungsgründe sind dagegen voll zu berücksichtigen (Dreher JZ 57, 155).

5   **3.** Das **Zusammentreffen mehrerer besonderer Milderungsgründe** im Sinne **des Abs 1** ist im Gesetz nicht geregelt. Eine mehrfache Strafrahmenermäßigung ist daher nicht ausgeschlossen, etwa bei verminderter Schuldfähigkeit und Versuch (BGHSt 30, 166 mit Anm Bruns JR 82, 166) oder Provokation nach § 213 (dort 10), bei Versuch und solcher Provokation (bei Holtz MDR 94, 1071), bei Beihilfe zum Versuch (RGSt 2, 383) oder bei Beihilfe, die durch Unterlassen (§ 13 II) begangen wurde (bei Holtz MDR 89, 491), nicht aber bei Beihilfe zur Beihilfe, weil diese Beihilfe zur Haupttat ist (RGSt 23, 300; 13 vor § 25; krit Joerden, Strukturen des strafrechtlichen Verantwortlichkeitsbegriffs: Relationen und ihre Verkettungen, 1988, S 139). Die Milderungsgründe müssen aber jeweils eine selbstständige sachliche Grundlage haben (Bruns JR 80, 226); daher keine Doppelmilderung bei Beihilfe, die lediglich deshalb – also nicht auch aus anderen Gründen (NStZ 81, 299; wistra 94, 139) – keine Täterschaft ist, weil beim Betei-

ligten ein strafbegründendes besonderes persönliches Merkmal (§ 28 I) fehlt (BGHSt 26, 53 mit Anm Bruns JR 75, 510; wistra 88, 303; Herzberg GA 91, 145, 159; aM Roxin LK 88 zu § 28; anders auch Gribbohm, Salger-FS, S 39, 42, 44, nach dem die Rspr gegen das Analogieverbot [5–7 zu § 1] verstößt; zw).

§ 51 Anrechnung

(1) **Hat der Verurteilte aus Anlaß einer Tat, die Gegenstand des Verfahrens ist oder gewesen ist, Untersuchungshaft oder eine andere Freiheitsentziehung erlitten, so wird sie auf zeitige Freiheitsstrafe und auf Geldstrafe angerechnet.** Das Gericht kann jedoch anordnen, daß die Anrechnung ganz oder zum Teil unterbleibt, wenn sie im Hinblick auf das Verhalten des Verurteilten nach der Tat nicht gerechtfertigt ist.

(2) **Wird eine rechtskräftig verhängte Strafe in einem späteren Verfahren durch eine andere Strafe ersetzt, so wird auf diese die frühere Strafe angerechnet, soweit sie vollstreckt oder durch Anrechnung erledigt ist.**

(3) **Ist der Verurteilte wegen derselben Tat im Ausland bestraft worden, so wird auf die neue Strafe die ausländische angerechnet, soweit sie vollstreckt ist. Für eine andere im Ausland erlittene Freiheitsentziehung gilt Absatz 1 entsprechend.**

(4) **Bei der Anrechnung von Geldstrafe oder auf Geldstrafe entspricht ein Tag Freiheitsentziehung einem Tagessatz. Wird eine ausländische Strafe oder Freiheitsentziehung angerechnet, so bestimmt das Gericht den Maßstab nach seinem Ermessen.**

(5) **Für die Anrechnung der Dauer einer vorläufigen Entziehung der Fahrerlaubnis (§ 111a der Strafprozeßordnung) auf das Fahrverbot nach § 44 gilt Absatz 1 entsprechend. In diesem Sinne steht der vorläufigen Entziehung der Fahrerlaubnis die Verwahrung, Sicherstellung oder Beschlagnahme des Führerscheins (§ 94 der Strafprozeßordnung) gleich.**

1. Anrechnung von Freiheitsentziehung nach Abs 1: 1

a) Anrechnungsfähig sind UHaft im Sinne der §§ 112 ff StPO und andere Freiheitsentziehung, die der Täter bis zur Rechtskraft des Urteils (Frankfurt NJW 80, 537; Düsseldorf MDR 90, 172, beide mwN) **aus Anlass der Tat** erlitten hat; deren Verhängung und Fortsetzung muss also in ursächlichem Zusammenhang mit den Handlungen stehen, die den Gegenstand des Verfahrens bilden, namentlich: einstweilige Unterbringung nach § 126a StPO oder nach §§ 71 II, 72 IV JGG; Unterbringung zur Beobachtung nach § 81 StPO (BGHSt 4, 325) oder nach § 73 JGG; Polizeihaft nach § 127 II StPO oder § 19 S 1 IRG; Auslieferungshaft nach §§ 15, 16 IRG, Durchlieferungshaft nach § 45 II IRG und andere Zulieferungshaft (GA 56, 120 und 68, 336; Köln MDR 82, 70); Abschiebehaft (Hamm NJW 77, 1018); Anstaltsunterbringung nach Landesrecht (bei Dallinger MDR 71, 363); Freiheitsentziehung auf Grund vorläufiger Festnahme durch eine Privatperson nach § 127 I StPO (Pohlmann Rpfleger 70, 265, 270; aM Baumgärtner MDR 70, 190; zw). **Nicht** anrechnungsfähig sind die bloße Aufenthaltsbeschränkung (Zweibrücken NJW 75, 509; probl NJW 98, 767 mit abl Anm Gullo/Murmann wistra 98, 261) und die Zeit einer Untersuchung nach § 81a StPO (LG Oldenburg Rpfleger 70, 175 mit abl Anm Pohlmann; Waldschmidt NJW 79, 1920; aM LG Osnabrück NJW 73, 2256; zw). Zur Anrechnung von Disziplinararrest vgl 17 und von Drogenbehandlung § 36 BtMG.

b) Anrechenbar ist die Freiheitsentziehung auf die im Urteil verhängte Strafe, 2 und zwar **nur auf zeitige Freiheitsstrafe und Geldstrafe,** also nicht auf lebens-

§ 51

lange Freiheitsstrafe und auf Maßnahmen im Sinne des § 11 I Nr 8; die im früheren Recht überwiegend bejahte Anrechenbarkeit auf Verfall und Einziehung (BGHSt 10, 235) ist mit der eindeutigen Neuregelung nicht vereinbar (hM; vgl Gribbohm LK 37 mwN). Wird der Vorwegvollzug eines Teils der Strafe angeordnet (4, 5 zu § 67), so ist auf diesen Teil anzurechnen (NJW 91, 2431; aM Schleswig NStZ 90, 407 mit krit Anm Volckart StV 90, 458 und Funck JR 92, 476; zw).

3 c) Satz 1 legalisiert den **Grundsatz der Verfahrenseinheit** (Frankfurt MDR 88, 794; Celle MDR 89, 665, beide mwN; beachte auch BVerfG NJW 94, 2219). Danach sind auch solche Freiheitsentziehungen anrechenbar, die der Verurteilte aus Anlass einer Tat erlitten hat, deretwegen er nicht bestraft wird, wenn sie nur Gegenstand **desselben,** sei es auch vor dem Urteil abgetrennten (GA 66, 210), **Verfahrens** ist oder gewesen ist. Das gilt auch dann, wenn die erlittene Freiheitsentziehung bereits beendigt war, bevor die Tat, deretwegen eine Verurteilung ausgesprochen wird, begangen wurde (BGHSt 28, 29 mit Anm Tröndle JR 79, 73). Bisher war allgemein anerkannt, dass Satz 1 unmittelbar nur Fälle erfasst, in denen die Verfahren zu irgendeinem Zeitpunkt förmlich verbunden waren. Umstritten war nur, ob auf Grund analoger Anwendung auch sog verfahrensfremde Freiheitsentziehung insoweit einzubeziehen war, als sie in Verfahren erlitten wurde, bei denen nur die Möglichkeit einer förmlichen Verbindung bestand (Nachw in BGHSt 43, 112 mit Anm Stree NStZ 98, 136). Inzwischen legt der BGH (aaO) Satz 1 erweiternd dahin aus, dass eine förmliche Verbindung nicht notwendig sei, dass vielmehr sog funktionale Verfahrenseinheit genüge, die dadurch gekennzeichnet sei, dass sich die Freiheitsentziehung in dem einen Verfahren „auf den Gang oder den Abschluss des zur Verurteilung führenden Verfahrens konkret ausgewirkt" habe (BGH aaO S 116). Das liege namentlich nahe bei Verfahrenseinstellungen nach § 154 I, II StPO (BVerfG NJW 99, 2430 mit krit Anm Blechinger Rpfleger 98, 80; KG StV 98, 562) und bei sog Überhaft, dh beim Unterbleiben des Vollzugs eines Haftbefehls im Hinblick auf den Haftvollzug in dem anderen Verfahren (BGH aaO S 120; auch bei Gewährung einer Entschädigung nach dem StrEG, Düsseldorf StV 01, 517; auch für die Überhaft nach Sicherungshaftbefehl, LG Amberg StV 03, 452). Da die Problematik durch diese Erweiterung weitgehend entschärft ist, hat der BGH (aaO) die Frage offen gelassen, ob darüber hinaus auch eine analoge Anwendung der Vorschrift in Frage kommt. – Zur Anrechnung bei Gesamtstrafenbildung nach § 55 BGHSt 23, 297; Gribbohm LK 16–18; s auch Hamm NJW 72, 2192; Frankfurt GA 80, 262.

4 d) Die Anrechnung ergibt sich, sofern keine (verbindliche, Karlsruhe MDR 94, 1032) Anordnung nach S 2 ergeht (vgl 6–8), **unmittelbar aus dem Gesetz** (S 1). Die Vollstreckungsbehörde hat sie daher bei der Strafzeitberechnung (§ 39 StVollstrO) von Amts wegen zu berücksichtigen. Ein besonderer Ausspruch im Tenor ist idR nicht geboten (hM; anders Dreher MDR 70, 965, 966 mwN), aber als deklaratorischer Hinweis (NStZ 94, 335) in nicht ganz eindeutigen Fällen empfehlenswert (weiter einschr BGHSt 27, 287; Streng Sanktionen 576). Notwendig ist ein Ausspruch jedoch namentlich dann, wenn der Anrechnungsmaßstab (vgl 16) zweifelhaft ist oder wenn bei Verhängung mehrerer Strafen (zB nach §§ 52 III, 53 II S 2 oder § 55 I) der Klärung bedarf, auf welche Strafe oder in welcher Verteilung auf die einzelnen Strafen anzurechnen ist (BGHSt 24, 29); dabei ist zugunsten des Verurteilten darauf zu achten, dass er das Ende der Mindestverbüßungszeiten seiner Strafen möglichst früh erreichen kann (Frankfurt NStZ 99, 147); fehlt es in Zweifelsfällen an einer solchen Bestimmung, so kann sie im Verfahren nach §§ 458, 462 StPO nachgeholt werden (Meyer-Goßner 3 zu § 458; Wendisch LR 3 zu § 458; str).

5 e) Da S 1 den ganzen Zeitraum bis zur Rechtskraft abdeckt (vgl 1), wird nicht nur die bis zum Urteil erlittene Freiheitsentziehung erfasst, sondern auch die zwischen Urteilserlass und Eintritt der Voraussetzungen des § 450 I StPO (hM; vgl Pohlmann Rpfleger 70, 265, 269; Dreher MDR 70, 965).

f) Die **Anordnung nach Satz 2**, dass die Anrechnung unterbleibt, hat Ausnahmecharakter (zusf Dreher MDR 70, 965; Dencker MDR 71, 627). Sie bezieht sich nur auf bereits erlittene Freiheitsentziehung (Pohlmann RPfleger 69, 378; Dencker aaO S 629; zw) und bedarf des besonderen Ausspruchs im Urteil sowie sorgfältiger, nicht nur formelhafter Begründung (Köln NJW 53, 769); auch eine Versagung durch das Revisionsgericht ist nicht ausgeschlossen (Sch/Sch-Stree 20; aM NJW 72, 730; diff Gribbohm LK 64; zw). 6

aa) Die Versagung darf nicht auf die Tat als solche, sondern nur **auf das Verhalten nach der Tat** gestützt werden. Daher ist unerheblich, ob die Tat besonders verwerflich war oder der Verurteilte durch ihre Begehung die UHaft selbst verschuldet hat (StV 99, 312). Darüber hinaus genügen auch die gesetzlichen Voraussetzungen der UHaft (Fluchtverdacht, Verdunkelungsgefahr) für sich allein zur Begründung nicht (BGHSt 23, 307; Düsseldorf NJW 69, 439). Dasselbe gilt für hartnäckiges Leugnen und Uneinsichtigkeit, auch wenn sie erhöhte Schuld oder Gefährlichkeit indizieren; denn das Nachtatverhalten muss sich auf die Haft, nicht auf Schwere oder Gefährlichkeit der Tat beziehen (BT-Dr V/4094 S 25; s auch BGHSt 23, 307). Schließlich scheidet auch erlaubtes Prozessverhalten, wie etwa die Stellung im Ergebnis unbegründeter Beweisanträge (StV 89, 152; bei Holtz MDR 90, 885) oder die Einlegung eines aussichtslosen Rechtsmittels, selbst dann aus, wenn damit nur eine Verlängerung der UHaft bezweckt wurde (Gribbohm LK 47; aM Pohlmann RPfleger 69, 378, 379). 7

bb) Die Versagung kommt namentlich in Betracht, wenn und soweit ein nicht der Verteidigung dienendes Verhalten nach der Tat entweder darauf abzielt, eine angeordnete UHaft zu verlängern, um sich doch deren spätere Anrechnung einen Vorteil bei der Strafvollstreckung zu verschaffen, oder den Zweck verfolgt, das Verfahren aus anderen Gründen böswillig zu verschleppen (BGHSt 23, 307; NStZ 99, 347 und 02, 367; Streng Sanktionen 578). Darüber hinaus kommt die Versagung auch in Frage, wenn der Verurteilte zum Zwecke der Prozessverschleppung Fluchtversuche unternommen (GA 62, 115; bei Dallinger MDR 70, 730), Fluchtabsichten ausdrücklich erklärt (Düsseldorf GA 68, 58) oder die bei Haftverschonung angeordnete Meldepflicht verletzt (Hamm NJW 66, 2177) und dadurch auch tatsächlich eine Verschleppung des Verfahrens verursacht hat (BGHSt 23, 307 mit krit Anm Schröder JR 71, 28; NStZ 99, 347; aM Dreher MDR 70, 965, 968; Dencker MDR 71, 627). 8

g) Angerechnete Freiheitsentziehung gilt für die Voraussetzungen der **Aussetzung des Strafrestes (§ 57 IV)** und die der Sicherungsverwahrung (§ 66 IV S 2) als verbüßte Strafe. 9

2. Anrechnung von Strafe nach Abs 2: 10

a) Die Ersetzung einer rechtskräftig verhängten Strafe in einem späteren Verfahren kommt ua in Frage bei **nachträglicher Bildung einer Gesamtstrafe** (§ 55 StGB, § 460 StPO), bei Erledigung eines rechtskräftigen Strafbefehls durch spätere Verurteilung (Bay NJW 76, 2139), nach Aufhebung eines rechtskräftigen Urteils im Wiederaufnahmeverfahren und nach Wiedereinsetzung in den vorigen Stand (beachte auch Bay JR 87, 511 mit Anm Berz; Mürbe JR 89, 1). – Anrechenbar ist die frühere Strafe nur, soweit sie vollstreckt oder durch Anrechnung (zB nach §§ 57 IV, 67 IV) erledigt ist, nicht dagegen, wenn die Erledigung auf anderen Gründen (zB Begnadigung) beruht.

b) Die Anrechnung ist hier ebenso wie in Abs 1 (vgl 4) **auch ohne besonderen Ausspruch** bei der Strafzeitberechnung zu berücksichtigen. 11

§ 51 AT. 3. Abschnitt. 2. Titel. Strafbemessung

12 **3. Anrechnung nach Abs 3:**
a) Gegenüber ausländischen Strafurteilen gilt das Verbot der Doppelbestrafung nach Art 103 III GG idR (Ausnahmen zB in § 56 III IRG und in Art 54 SDÜ [wistra 97, 268]) nicht (BVerfGE 12, 62, 66; NJW 69, 1542; Frankfurt NJW 97, 1937; Lemke NK 32; krit Endriß/Kinzing StV 97, 665; mit einer Änderung der Rechtslage ist jedoch auf Grund des Gesetzes zu dem Übereinkommen vom 25. 5. 1987 zwischen den Mitgliedstaaten der Europäischen Gemeinschaften über das Verbot der doppelten Strafverfolgung v 7. 9. 1998 [BGBl II 2226] zu rechnen). Zur Vermeidung ungerechtfertigter Härten ist deshalb eine wegen derselben Tat **im Ausland** – sei es auch nur wegen des Einzelakts einer Handlungseinheit (BGHSt 29, 63) – **verhängte und vollstreckte Strafe** (auch eine durch Anrechnung erledigte) nach S 1 zwingend anzurechnen. Dass die Tat im Ausland im Hinblick auf das verletzte Rechtsgut oder aus anderen Gründen rechtlich abweichend beurteilt worden ist oder dass sie nur Gegenstand eines Verwaltungsverfahrens war (Bay NJW 72, 1631), steht der Anrechnung nicht entgegen (beachte auch § 153c I Nr 3 StPO). Auch hier gilt der Grundsatz der Verfahrenseinheit (vgl 3), so dass die Anrechnung selbst dann geboten ist, wenn die ausländische Strafvollstreckung eine selbstständige Tat betrifft, die nicht mit abgeurteilt wird, aber Gegenstand des inländischen Verfahrens – sei es auch nur zur Herbeiführung der Verfahrenseinstellung nach § 153c I Nr 1 StPO (NJW 90, 1428) – gewesen ist (BGHSt 35, 172; NStZ 97, 337).

13 **b)** S 2 bezieht sich nur auf solche **Freiheitsentziehung** (namentlich UHaft und Auslieferungshaft), die im Ausland nicht zu einer Verurteilung geführt hat oder die in dem ausländischen Urteil nicht angerechnet oder erst während des Vollstreckungsverfahrens erlitten worden ist (BVerfGE 29, 322). Nach dem Grundsatz der Verfahrenseinheit (vgl 3) ist die Freiheitsentziehung selbst dann auf eine Gesamtstrafe voll anzurechnen, wenn sie die Einzelstrafe wegen der im Ausland abgeurteilten Tat übersteigt (Hamm MDR 73, 154). Außerdem ergibt sich die Rechtsfolge der Anrechnung unmittelbar aus dem Gesetz (vgl 4), so dass es eines besonderen Ausspruchs nur bedarf, wenn der Anrechnungsmaßstab (vgl 16) ungewiss ist (NStZ 97, 385; unklar insoweit BVerfG aaO; str).

14 **4. Anrechnung nach Abs 5:**
a) Die genannten vorläufigen Maßnahmen (zur vorläufigen Entziehung der Fahrerlaubnis beachte LG Frankenthal DAR 79, 341; Maatz StV 88, 84) sind nur auf das Fahrverbot im Sinne des § 44, also nicht auf die als Fahrverbot wirkende Entziehung der Fahrerlaubnis nach § 69b I (LG Köln MDR 81, 954 mit Bespr Hentschel MDR 82, 107) und auch nicht auf andere Strafen oder Maßnahmen (§ 11 I Nr 8) anrechenbar. Zu den vorläufigen Maßnahmen gehört auch die Sicherstellung (iwS) des Führerscheins als Beweismittel nach § 94 I, II StPO, weil sie den Täter von der Verkehrsteilnahme ausschließt (aM Grohmann DAR 88, 45; Geppert LK 72 zu § 44); soweit jedoch während der Sicherstellung ein Ersatzführerschein erteilt war, ist die Anrechnung wegen Wegfalls ihres Grundes unzulässig. – Es ist nicht erforderlich, dass die Tat, die zu der vorläufigen Maßnahme geführt hat, zugleich Grundlage des Fahrverbots ist (vgl 3); es genügt, dass sie Gegenstand desselben Verfahrens war (Tröndle/Fischer 21; aM Warda GA 65, 65, 82). – Wenn die jeweils anzurechnende Dauer die der Verbotsfrist erreicht oder übersteigt, ist das Fahrverbot erledigt (7 zu § 44).

15 **b)** Wird kein Fahrverbot, sondern nur die **Entziehung der Fahrerlaubnis** angeordnet, so ist nicht Abs 4, sondern § 69a IV–VI anwendbar. Tritt das Fahrverbot ausnahmsweise neben die Entziehung (9 zu § 44), so ist die vorläufige Maßnahme jedenfalls dann anrechenbar, wenn die mit ihr verbundenen Einschränkungen einschneidender waren als die der endgültigen Maßregel; in den

übrigen Fällen dürfte dagegen § 69a IV–VI vorgehen (weiter Karl DAR 87, 283, der eine Anrechnung in diesen Fällen ganz ausschließt).

5. § 51 versteht unter **Tat** durchgängig den einheitlichen geschichtlichen Vorgang im Sinne des § 264 StPO (BGHSt 29, 63; zusf Meyer-Goßner 1–6b zu § 264 mwN). – Der **Anrechnungsmaßstab** ist idR fest bestimmt: Ein Tag U-Haft oder anderer Freiheitsentziehung steht einem Tag Freiheitsstrafe und bei Geldstrafe **(Abs 4 S 1)** einem Tagessatz gleich; eine Strafe kann daher nicht durch eine nach diesem Maßstab kürzere (BGHSt 27, 287 mwN) oder längere (bei Dallinger MDR 74, 544) UHaft für verbüßt erklärt werden. Wegen dieser Bestimmtheit kann die idR ohnehin nur deklaratorische (NStZ 83, 524) Angabe des Anrechnungsmaßstabs im Urteil unterbleiben (BGHSt 24, 29). Nur in Ausnahmefällen ist der Maßstab nach pflichtmäßigem Ermessen (50 zu § 46) zu bestimmen. Das gilt nach **Abs 4 S 2** namentlich für ausländische Strafen oder andere Freiheitsentziehungen (NStZ 84, 214 und 85, 21, 497; zusf Müller-Dietz, Salger-FS, S 105), bei denen das Ermessen in der Weise auszuüben ist, dass der im Ausland erlittene Eingriff nach Art und Schwere abgeschätzt und in ein dem inländischen Strafensystem zu entnehmendes Äquivalent umgesetzt wird (NStZ 86, 312; s auch Frankfurt StV 88, 20; Koblenz GA 89, 310; Düsseldorf StV 95, 426; Zweibrücken NStZ-RR 96, 247; KG NStZ-RR 97, 350; Celle NStZ 98, 137; LG Zweibrücken NStZ-RR 97, 206; LG Augsburg und LG Baden-Baden StV 97, 81, 82 mit Anm Endriß; LG München StV 01, 19; LG Kleve StV 03, 453). Hier bedarf es dann eines besonderen Ausspruchs, der im Hinblick auf die zwingend vorgeschriebene Anrechnung auch nachträglich nach § 458 StPO herbeigeführt werden kann (aM Oldenburg NJW 82, 2741).

6. Die Anrechnung einer wegen derselben Tat verhängten **disziplinarischen Arreststrafe** (dagegen nicht Arrest im Strafvollzug nach § 103 I Nr 9 StVollzG, Hamm NJW 72, 593; Lemke NK 9) ist verfassungsrechtlich geboten (BVerfGE 21, 378). Sie ist kein Fall des § 51 (aM Gribbohm LK 6; zw). Jedoch ist die technische Methode der Anrechnung (Frankfurt NJW 71, 852) in beiden Fällen gleich (Oldenburg NJW 68, 2256).

7. Zur Anrechnung in der **DDR** erlittener Freiheitsentziehung 30 zu § 2.

3. Titel. Strafbemessung bei mehreren Gesetzesverletzungen

Vorbemerkung

I. Der Inhalt des Titels über die **Strafbemessung bei mehreren Gesetzesverletzungen** beruht im Wesentlichen auf dem **1. StrRG**, das sich für die Beibehaltung des sog Gesamtstrafenprinzips entschieden hat (BT-Dr V/4094 S 25, 26). Die Entscheidung ist umstritten (zum gegensätzlichen Einheitsstrafenprinzip namentlich Niese Mat Bd 1 S 155; Schmitt ZStW 75, 179; Zipf JuS 74, 137, 145; Rebmann, Bengl-FS, S 99; krit auch Schoreit, Rebmann-FS, S 443, alle mwN). Sie wird zurzeit in der Gesetzgebungsebene nachgeprüft (vgl ua die Beschlussempfehlung und den Bericht des Rechtsausschusses BT-Dr 11/2587 S 5). Vor allem ist sie Bestandteil des Auftrags der Kommission, die das BMJ zur Prüfung der Frage eingesetzt hat, ob und wieweit eine Reform des Sanktionensystems angezeigt ist (3 vor § 38). – Die Regelung hat als Ziel bestmöglicher Verwirklichung materieller Gerechtigkeit (BVerfG NJW 04, 279).

II. Der Titel sieht für den Fall, dass eine einzige Handlung mehrere Strafgesetze verletzt (§ 52), und für den anderen zugleich das Verfahrensrecht berührenden Fall, dass der Richter mehrere Handlungen desselben Täters abzuurteilen hat (§§ 53–55), unterschiedliche Rechtsfolgen vor (zusf zu den Konkurrenzen Warda

Vor § 52 AT. 3. Abschnitt. 3. Titel. Strafbemessung bei mehreren Gesetzesverl.

JuS 64, 81; Kühl JA 78, 475; Geppert Jura 00, 598, 651; Mitsch JuS 93, 385; Joerden, in: Wolf (Hrsg), Kriminalität im Grenzgebiet, Bd 5/6, 2002, S 163; Walter JA 04, 133 und 572; Seher JuS 04, 392 und 482; eingehend Geerds, Zur Lehre von der Konkurrenz im Strafrecht, 1961). Deshalb kommt es darauf an, ob im Rechtssinne nur **eine Handlung oder eine Mehrheit** von ihnen vorliegt.

3   **III. 1. Eine Handlung** liegt zunächst vor, wenn im natürlichen Sinne nur eine Willensbetätigung (der bei den Unterlassungstaten die pflichtwidrige Nichtbetätigung des Willens gleichsteht) stattgefunden hat (hM; vgl BGHSt 1, 20; abw Puppe, Idealkonkurrenz und Einzelverbrechen, 1979, S 247, GA 82, 143 und NK 36–54 zu § 52, für die es auf die Einheit des konkreten Unrechts, dh auf die sachliche Unrechtsverwandtschaft der verwirklichten Tatbestände ankommt). Eine solche **„natürliche Handlung"** ist stets auch rechtlich eine Handlung, selbst wenn sie mehrere tatbestandliche Erfolge verursacht oder sogar mehrere höchstpersönliche Rechtsgüter verletzt (BGHSt 1, 20; 16, 397; StraFo 03, 281; s auch BGHSt 43, 366, 367); auch das pflichtwidrige Unterlassen ist eine „einzige Unterlassungstat", selbst es zu mehreren Tötungen führt (BGHSt 48, 77, 97 zum mittelbaren Unterlassungstäter).

4   **2.** Der Begriff der Handlung ist **kein naturwissenschaftlicher,** sondern ein durch den sozialen Sinnzusammenhang bestimmter.

a) Deshalb können nach der – allerdings mit beachtlichen Gründen angreifbaren (vgl 8) – **Rechtsprechung** auch mehrere in engem zeitlich-räumlichen Zusammenhang stehende Willensbetätigungen, die denselben Deliktstatbestand (uU auch mehrere Tatbestände, die nur Schwerestufen desselben Delikts bilden, NStZ 96, 383) mehrfach (iterativ) oder fortschreitend (sukzessiv) verwirklichen, nach natürlicher Betrachtungsweise als ein einheitliches Tun erscheinen und daher eine sog **natürliche Handlungseinheit** bilden (zusf Warda, Oehler-FS, S 241; Sowada Jura 95, 245; Walter JA 04, 572; Roxin AT II 33/29–60; Rissing-van Saan LK 10–14).

5   aa) **Gekennzeichnet** ist diese Einheit durch einen „solchen unmittelbaren Zusammenhang zwischen mehreren menschlichen, strafrechtlich erheblichen Verhaltensweisen..., dass sich das gesamte Tätigwerden an sich (objektiv) auch für einen Dritten als ein einheitlich zusammengefasstes Tun bei natürlicher Betrachtungsweise erkennbar macht" (BGHSt 4, 219; s auch BGHSt 10, 129, 230; 22, 67, 76; 41, 368 [mit Anm Beulke/Satzger NStZ 96, 432]; 43, 312, 314 und 381, 386; 44, 258, 265; NJW 95, 1766 mit krit Bespr Sowada NZV 95, 465; NStZ 99, 38 und 00, 30; NStZ-RR 98, 68 und 02, 75; Frankfurt NStZ-RR 04, 74; Zweibrücken DAR 03, 281 mit Bespr Geppert JK 1 zu § 19 OWiG; zu weit LG Frankfurt ZUR 94, 33, 36 mit Bespr Schulz ZUR 94, 26, 28). Die Einzelakte müssen auf einem einheitlichen Willen (NJW 84, 1568; NStZ 98, 621; BA 99, 179; Frankfurt NStZ-RR 04, 74) im Sinne derselben Willensrichtung, also nicht notwendig auf demselben Entschluss (BGHSt 4, 219; aM NJW 77, 2321 mit abl Bespr Maiwald NJW 78, 300) beruhen. Im Ganzen kommt es darauf an, wie die Lebensauffassung das äußere Tatbild beurteilt (Koblenz DAR 76, 138).

6   bb) Der Begriff wird in der Rspr **sehr weit ausgedehnt** und bisweilen auch mit dem Ziel verwendet, mehrere an sich selbstständige Tatbestandsverwirklichungen zur Tateinheit zu verbinden (dazu, insb zur sog Polizeiflucht, 3 zu § 52). In Frage kommen ua: Wegnahme mehrerer Gegenstände bei Diebstahl oder Raub (NStZ 96, 493); Abgabe zweier Angebote zu zwei zusammenhängenden Ausschreibungen (§ 298; StV 03, 451), Übergang von einer vollendeten zur versuchten schweren räuberischen Erpressung (NStZ 99, 406); Übergang von der §§ 255, 316 a-Vortat zum versuchten Verdeckungsmord (NStZ 03, 371); mehrere falsche Angaben in einer Aussage (Köln StV 83, 507); mehrere falsche Belege in einer (zB an das Finanzamt) gerichteten Postsendung (StV 00, 498); Vornahme mehrerer sexueller Handlungen (§ 184 f) an derselben oder an verschiedenen Personen in en-

Vorbemerkung **Vor § 52**

gem zeitlich-räumlichen Zusammenhang (bei Pfister NStZ-RR 99, 323, 326; s auch NJW 02, 381). Übergang von einer fehlgeschlagenen Ausführungshandlung zu einer anderen wirksameren Ausführungsart (BGHSt 10, 129; dazu vgl Roxin AT II 33/45, 46); Fortführung einer zunächst erfolglosen Anstiftung durch eine weitere Anstiftungshandlung (BGHSt 8, 38; StV 83, 456); Tötung eines zunächst nur verletzten, aber irrig schon für tot gehaltenen Opfers nach Erkennen des Irrtums (NJW 90, 2896); Übergang vom Körperverletzungs- zum Tötungsvorsatz, wenn er ohne Zäsur im Tatgeschehen und mit unveränderter Motivation stattfindet (BGHSt 35, 305, 306; NStZ-RR 99, 101; anders bei Zäsur zwischen § 221 und §§ 211, 224, auch wenn die hilflose Lage andauerte, NStZ 02, 432); Übergang von einem Einzelakt zum nächsten, wenn sich der Täter bei sukzessiver Tatbestandsverwirklichung durch eine Folge von Einzelakten dem tatbestandlichen Erfolg nähert (wistra 96, 348), wie zB bei mehreren Täuschungen zur Herbeiführung derselben Steuerverkürzung (BGHSt 36, 105, 116; 38, 37; Bay NStZ-RR 97, 341; Schlüchter NStZ 90, 180; 182; aM Kratzsch JR 90, 177, 181) oder zB mehrfaches Geltendmachen unberechtigter Ansprüche gegenüber einer Versicherung auf Grund eines Stufenplans (Stuttgart Justiz 02, 132). Ob im letzten Falle eine Handlungseinheit angenommen werden kann, bestimmt die Rspr neuerdings nach den Grundsätzen, die für die Identität der Tat im Bereich des Rücktritts entwickelt worden sind (9 zu § 24): Nur solange dem Täter noch die Möglichkeit des Rücktritts offenstehe, liege eine Handlungseinheit vor; andernfalls sei die vorausgegangene Tat gescheitert und eine weitere begangen worden (BGHSt 41, 368 mit zT krit Bespr von Beulke/Satzger NStZ 96, 432, Lesch JA 96, 629 und Puppe JR 96, 513; BGHSt 43, 381, 387 mit Anm Gribbohm NStZ 98, 572; BGHSt 44, 91 mit Anm Beulke; NStZ 00, 532; Stuttgart Justiz 02, 132); im Einzelfall kann das zu mehreren Komplexen natürlicher Handlungseinheiten führen, die auf dasselbe Ziel gerichtet und nur durch das Scheitern der jeweils vorausgegangenen Versuche getrennt sind (BGHSt 41, 368; 44, 91). In den vorstehend nachgewiesenen Urteilsbesprechungen wird das Ergebnis der neuen Rspr mit gewissen Einschränkungen und Vorbehalten überwiegend gebilligt, aber dogmatisch kontrovers begründet.

cc) Zu **verneinen** ist die Einheit nach der schwankenden Rechtsprechung nur **7** regelmäßig, aber nicht notwendig (zB NStZ 85, 217; NJW 85, 1565; NStZ-RR 00, 139; 01, 82 und 04, 14, 16; NStZ 03, 366; s auch NStZ 03, 146; anders StV 81, 396), bei Angriffen auf höchstpersönliche Rechtsgüter, zB Tötungen, Körperverletzungen oder Beleidigungen, die sich nacheinander gegen verschiedene Personen richten (zB BGHSt 16, 397; NStZ 84, 311 und 96, 129 mit Bespr Heintschel-Heinegg JA 96, 537; bei Altvater NStZ 03, 21, 26; probl NJW 97, 265: Die Verletzung höchstpersönlicher Rechtsgüter mehrerer Personen sei – zumal nach Aufgabe der fortgesetzten Handlung [13 vor § 52] – ohne ausschlaggebende Bedeutung). Da die Verletzung höchstpersönlicher Rechtsgüter aber keine steigerungsfähige Größe darstellt, scheidet eine natürliche Handlungseinheit immer aus, wenn verschiedene Rechtsgutsträger betroffen sind (Maiwald JR 85, 513; Kühl AT 21/19; Roxin AT II 33/38; aM Jescheck/Weigend AT S 712; Otto GK 1 23/12 und die Vorauf).

b) Im **Schrifttum** werden gegen die Rechtsfigur der natürlichen Handlungs- **8** einheit Einwendungen vor allem unter den Gesichtspunkten erhoben, dass die rechtliche Zusammenfassung mehrerer Verwirklichungen desselben Tatbestandes nicht auf eine rein juristische natürliche Betrachtung, sondern nur auf normative Erwägungen gestützt werden könne (Wolter StV 86, 315; Bringewat, Die Bildung der Gesamtstrafe, 1987, S 14; Ranft JuS 03, 420; Roxin AT II 33/53–58; aM Warda, Oehler-FS S 241, 257; Mitsch JuS 93, 385, 388; Samson/Günther SK 34– 39, alle mwN) und dass die Annahme von Tateinheit zwischen mehreren Geset-

Vor § 52 AT. 3. Abschnitt. 3. Titel. Strafbemessung bei mehreren Gesetzesverl.

zen im bloßen Vorliegen einer natürlichen Handlungseinheit keine zureichende Grundlage habe (dazu 3 zu § 52). Soweit allerdings das Schrifttum die natürliche Handlungseinheit anerkennt, schränkt es deren Anwendungsbereich gegenüber der Rspr meist erheblich ein, verfährt dabei aber uneinheitlich (Nachw bei Samson/Günther SK 32, 33).

9 **IV. Eine Handlung** liegt auch vor, wenn mehrere natürliche Handlungen (oder Handlungseinheiten) aus Rechtsgründen eine Bewertungseinheit, eine sog **rechtliche Handlungseinheit,** bilden (zusf Walter JA 04, 572, 573; krit Wolter StV 86, 315, der als Ergänzung eine sog normative Handlungseinheit vorschlägt). Im Einzelnen:

10 1. Vor allem kann der **Tatbestand eines Strafgesetzes** mehrere Handlungen zu einer sog **tatbestandlichen Handlungseinheit** verbinden (hM; krit Puppe NK 12 zu § 52 und Keller, Zur tatbestandlichen Handlungseinheit, 2004, der ein „typologisches Modell" entwirft). Die Rspr verwendet diesen Begriff nur selten (zB in BGHSt 46, 6, 11), spricht vielmehr häufiger „von gesetzlicher (oder gesetzlich vertypter) Handlungseinheit" oder von „tatbestandlicher Bewertungseinheit" und ordnet einen Teil der einschlägigen Fälle auch der natürlichen Handlungseinheit (beachte jedoch die Einschränkungen, die oben unter 6 behandelt sind) oder der Fortsetzungstat (dazu 16) zu. Unter diesem Gesichtspunkt erfasst werden jedenfalls mehraktige Delikte (zB In-Verkehr-Bringen von Falschgeld, das sich der Täter verschafft hat, § 146 I Nr 3; vgl dort 14), zusammengesetzte Delikte (zB Gewaltanwendung und Wegnahme beim Raub, § 249, oder Zusammenrotten und Nötigen bei der Gefangenenmeuterei, § 121 I Nr 1) und überhaupt solche Delikte, bei denen der Tatbestand eine Mehrheit gleich- oder verschiedenartiger Handlungen zwingend oder wenigstens im Rahmen einer pauschalierenden Handlungsbeschreibung als möglich voraussetzt, zB: mehrere innerlich verbundene Aktionen im Rahmen derselben Agentenbeziehung (§§ 98, 99, BGHSt 43, 1 mit zT krit Bespr Schlüchter ua JZ 97, 995, Paeffgen JR 99, 89 und Kopp Jura 99, 577; allgemein zur Behandlung rechtlicher Handlungseinheiten im Staatsschutz-Strafrecht Rissing-van Saan, BGH-FS, S 475; allgemein zu Serienstraftaten Brähler, Die rechtliche Behandlung von Serienstraftaten ..., 2000; s auch 7 zu § 98); Beschaffen mehrerer Nachrichten beim militärischen Nachrichtendienst (§ 109f, BGHSt 16, 26, 32); mehrere Tätigkeitsakte der Beteiligung als Mitglied einer kriminellen Vereinigung (§ 129, BGHSt 29, 288; zu § 129 a s BGHSt 46, 249 mit Bespr Mitsch NStZ 02, 159 und Paeffgen NStZ 02, 281, 285; zu § 20 I Nr 4 VereinsG beachte BGHSt 43, 312; NStZ 00, 322, alle mwN); mehrfaches Ausgeben als Träger eines Amtes bei unbefugtem Führen einer Amtsbezeichnung (§ 132a, GA 65, 373); mehrere sexuelle Handlungen unter Ausnutzung derselben Drohung mit Gewalt (§ 177, NStZ 85, 546; bei Miebach NStZ 97, 178; bei Pfister NStZ-RR 03, 353, 360); ein Völkermord (§ 6 I VStGB), wenn sich die tatbestandlichen Handlungen auf eine bestimmte, näher konkretisierte nationale, rassische, religiöse oder ethnische (Teil)Gruppe beziehen und die Handlungen als ein einheitlicher örtlicher und zeitlich begrenzter Lebenssachverhalt erscheinen (so zum aufgehobenen § 220 a BGHSt 45, 65 mit zust Anm Werle JZ 99, 1181 und Ambos NStZ 99, 404, der es allerdings genügen lassen will, wenn nur dieselbe (Teil)Gruppe angegriffen wird, der örtliche und zeitliche Zusammenhang aber fehlt); wiederholte Verletzungshandlungen beim Quälen von Schutzbefohlenen (§ 225, BGHSt 41, 113 mit krit Bespr Wolfslast/Schmeissner JR 96, 338; nach Roxin AT II 33/264: Rückgriff auf die Rechtsfigur der fortgesetzten Handlung) oder beim Raufhandel (§ 231); mehrere der Erpressung dienende Handlungen nur, wenn sie in engem zeitlichen und räumlichen Zusammenhang stehen und einen einheitlichen Lebensvorgang bilden; auch Fälle sind nicht ausgenommen, in denen letztlich nur die ursprüngliche Drohung aufrechterhalten wird (NStZ 00, 532 mwN); mehrere Einzelhandlungen, durch die bei Betrug oder Untreue eine schadensgleiche Vermögensgefährdung (40 zu § 263; 17 zu § 266) zum endgültigen Schaden vertieft wird (NStZ-RR 98, 43; s auch 64 zu § 263); mehrfache (ratenweise) Annahme oder Gewährung von Vorteilen bei Bestechlichkeit oder Bestechung (§§ 332, 334) nicht schon, wenn sie auf derselben Unrechtsvereinbarung beruht (NStZ-RR 98, 269), wohl aber, wenn diese den Gesamtvorteil genau festlegt (BGHSt 41, 292, 302; StV 95, 84; NStZ-RR 96, 354); mehrere Rechtsbeugungshandlungen (§ 339) in demselben Verfahren mit identischer Zielrichtung zugunsten oder zuungunsten desselben Beschuldigten (BGHSt 41, 247, 250); mehrere Akte des Handeltreibens oder sonst verbotenen Umgangs mit Betäubungsmitteln im Rahmen desselben – in der Rspr uneinheitlich umschriebenen (krit Geppert NStZ 96, 57, 59) – Güterumsatzes (§§ 29 ff BtMG, BGHSt 30, 28; 43, 252, 255; NJW 96, 469; NStZ 97, 243; 99, 192 und 00, 540; s auch bei Zschockelt NStZ 97, 226 und 98, 239; BGHSt 43, 252 mit krit Anm Fürstenau StV 98, 482; Zschockelt JA 97, 411, 414; Rissing-van Saan LK 29; nach Roxin AT II 33/265: Reminiszens an die fortgesetzte Handlung); mehrfaches Sich-Hinwegsetzen über die Unwirksamkeit einer Kartellabsprache (§ 38 I Nr 1 GWB, NJW 96, 1973, 1975 mit krit Anm Kindhäuser JZ 97, 101); gleichzeitige verbotswidrige Beschäftigung mehrerer Kinder (§ 58 I Nr 1 JArbSchG, Bay GA 75, 54); mehrere Behandlungen eines Patienten, wenn sie auf unveränderter Diagnose und Therapie beruhen (Bay NStZ-RR 00, 381); oder mehrere falsche Angaben über verschiedene steuerpflichtige Vorgänge in einer Umsatzsteuervoranmeldung (NJW 80, 2591; s auch wistra 96, 231). Eine Bewertungseinheit kommt auch beim Verbreiten von Schriften (zB § 74 d) in Frage, wenn sie Bestandteil einer zusammengehörigen, für den sukzessiven Vertrieb bestimmten Auflage sind (aM AG Weinheim NStZ 96, 203 mit abl Anm Wilhelm; s auch Bay NStZ-RR 96, 135), auch sonst bei Äußerungsdelikten wie zB § 130 I, III (Warda, Geilen-Sym, S 199, 204). Es reicht jedoch nicht aus, wenn ein Geldwäscher sich bei verschiedenen Gelegenheiten Geldbeträge verschafft (§ 261 II Nr 1 iVm § 261 I S 2), auch wenn sie aus demselben Vortat stammen (BGHSt 43, 149 mit krit Anm Arzt JR 99, 79). – Wenn erst die Summierung von Handlungen, die als solche nicht mit Strafe bedroht sind, die Tatbestandsverwirklichung ergibt, wie zB bei mehrfacher Verletzung von Fürsorge- und Erziehungspflichten, die erst wegen der Summierung eine gröbliche Verletzung nach § 171 ergibt, bei mehreren Verstößen gegen die Buchführungspflicht, die erst die Buchführung insgesamt nach § 283 I Nr 5, Alt 2 unordentlich machen (NStZ 95, 347; Roxin aaO) oder beim Verrat mehrerer Geheimnisse, die erst zusammen als Staatsgeheimnis zu bewerten sind (NStZ 96, 492), liegt eine Bewertungseinheit vor (Schröder JZ 72, 651); dabei macht es keinen Unterschied, ob in solchen Fällen schwerwiegende Einzelakte auch schon für sich allein die Schwelle der Tatbestandsmäßigkeit erreichen können, wie das zB bei der Verletzung der Unterhaltspflicht (§ 170) und der Vernachlässigung der Sorgepflicht gegenüber Schutzbefohlenen (§ 225) in Frage kommt (beachte dazu BGHSt-GS- 40, 138, 164). Ferner können auch Einzelakte verschiedener Begehungsformen desselben Delikts wegen des zwischen ihnen bestehenden inneren Zusammenhangs eine Bewertungseinheit bilden, zB die Ausübung tatsächlicher Gewalt über Waffen und der Erwerb von Waffen, wenn diese demselben Waffenlager zugeführt werden (NStZ 98, 251 mwN). – Schließlich werden im Schrifttum die von der Rspr schon als natürliche Handlungseinheiten erfassten Fälle wiederholter gleichartiger Tatbestandsverwirklichung in unmittelbarer zeitlich-räumlicher Abfolge (Sch/Sch-Stree 17; aM Warda, Oehler-FS, S 241, 257) und sukzessiver Tatbestandsverwirklichung (vgl 6) überwiegend als tatbestandliche Handlungseinheiten verstanden. – Bei Tatsachenzweifeln über die Verbindung mehrerer Handlungen zu einer Bewertungseinheit gilt der **Grundsatz in dubio pro reo** (NStZ 94, 547, 95, 193 und 00, 532); nach der Rspr ist die Zusammenfassung jedoch nicht geboten, wenn lediglich die nicht konkreti-

Vor § 52 AT. 3. Abschnitt. 3. Titel. Strafbemessung bei mehreren Gesetzesverl.

sierte Möglichkeit einer solchen Verbindung besteht (NJW 95, 2300; NStZ 97, 344; StV 98, 594; NStZ-RR 99, 218; Zschockelt NStZ 97, 226; krit Geppert NStZ 96, 57, 60, alle mwN).

11 2. Im **Dauerdelikt** werden solche natürlichen Handlungen (einschl Unterlassungen; dazu Struensee, Die Konkurrenz bei Unterlassungsdelikten, 1971, S 57) zu einer tatbestandlichen Handlungseinheit (str) verbunden, mit denen der Täter die Tat nicht lediglich vollendet, sondern den Tatbestand entweder durch pflichtwidriges Aufrechterhalten eines von ihm geschaffenen rechtswidrigen Zustandes oder durch ununterbrochenes Fortsetzen der Tathandlung weiterverwirklicht (BGHSt 42, 215; eingehend Schmitz, Unrecht und Zeit, 2001, beide mwN). Dauerdelikte sind zB Freiheitsberaubung (§ 239), Hausfriedensbruch (§ 123) und Fahren in fahruntüchtigem Zustand (§ 316; zu § 315c beachte dort 4), nicht aber die Zuhälterei (aM BGHSt 39, 390; NStZ-RR 01, 170). Vom Dauerdelikt zu unterscheiden ist das bloße Zustandsdelikt (zB Personenstandsfälschung, § 169), bei dem die Aufrechterhaltung des durch die Tat geschaffenen Zustandes keine selbstständige kriminelle Bedeutung hat (Mezger JW 38, 494). Dauerdelikte werden mit der Begründung des rechtswidrigen Zustandes vollendet, aber erst mit dessen Wiederaufhebung beendigt (2 vor § 22). Wird der rechtswidrige Zustand vorübergehend aufgehoben (zB Unterbrechen einer Trunkenheitsfahrt), so hängt die Annahme mehrerer Taten davon ab, ob der Täter sich auf Grund veränderter Umstände zur Wiederbegründung des rechtswidrigen Zustandes neu entschließen musste (BGHSt 21, 203; Düsseldorf NZV 99, 388) oder ob er infolge der veränderten Motivationslage zu einem solchen Entschluss Anlass hatte (Celle JR 82, 79 mit Anm Rüth; Düsseldorf VRS 87, 290, 292); nach der uneinheitlichen Rspr ist das zwar häufig (NStZ 97, 508; Bay JR 82, 249 mit Anm Hentschel), aber nicht notwendig (BGHSt 22, 67, 76; NJW 83, 1744; Bay DAR 95, 411), zu bejahen (zusf und krit Seier NZV 90, 129, 131 mwN; s auch Peters JR 93, 265; 42 zu § 142). Strafbare Beihilfe ist nach der Rspr während des ganzen Zeitraums bis zur Beendigung möglich; jedoch ist nach Vollendung auch Begünstigung denkbar (3 zu § 27). Verjährung (7 zu § 78a) und andere an die Tatbegehung anknüpfende Fristen beginnen erst mit der Beendigung. Zum Zusammentreffen mit anderen Gesetzesverletzungen 7 zu § 52.

12 3. a) Als weitere rechtliche Handlungseinheit hat die Rspr auf Grund einer schon im letzten Jahrhundert wurzelnden Tradition (zB RGSt 17, 103, 111) die sog **fortgesetzte Tat** bis in die jüngere Vergangenheit anerkannt (zusf Jung JuS 89, 289; Heintschel-Heinegg JA 93, 136). Danach setzte die Zusammenfassung zur Handlungseinheit die Begehung von Einzelakten voraus, die jeder für sich tatbestandsmäßig, im Wesentlichen gleichartig und von einem Gesamtvorsatz getragen waren. Objektiv mussten sie danach dasselbe rechtliche Verbot verletzen, einander in der Ausführungsweise ähneln und in einem gewissen räumlichen und zeitlichen Zusammenhang stehen (BGHSt 8, 34; s auch NStZ 93, 35). Subjektiv musste der (Gesamt-)Vorsatz von vornherein oder wenigstens vor Beendigung des jeweils vorausgegangenen Teilakts sämtliche Teile der Handlungsreihe als Teilstücke eines einheitlichen Geschehens so umfassen, dass die einzelnen Teilakte als unselbstständige Bestandteile einer Tat erschienen; dazu musste das Wissen und Wollen den späteren Verlauf zwar nicht in seinen Einzelheiten, aber mindestens insoweit vorweg begreifen, als es sich um das zu verletzende Rechtsgut, seinen Träger, den Umfang des Gesamterfolges und den ungefähren Tatrahmen nach Ort, Zeit und Art der Begehung handelte (BGHSt 1, 313; 15, 268; 36, 105; 37, 45). Über diese Grundvoraussetzungen bestand in der Rspr verbal Einverständnis. Über ihre nähere Konkretisierung hat sich jedoch eine widersprüchliche und kaum mehr überschaubare Kasuistik entwickelt, die zur Verunsicherung der Praxis geführt und zunehmende Kritik an dem Rechtsinstitut im ganzen herausgefordert

Vorbemerkung

hat (zB Jähnke GA 89, 376; Timpe JA 91, 12; Fischer NStZ 92, 415; Geppert Jura 93, 649; Jung NJW 94, 916). Entzündet hat sich diese vor allem an der Möglichkeit, den Gesamtvorsatz noch bis zur Beendigung eines Teilakts zu fassen (BGHSt 19, 323; 21, 319; 23, 33; 33, 35), an der schwer erträglichen Verschiebung des Verjährungsbeginns bis zur Beendigung des letzten Teilakts (BGHSt 1, 84; 24, 218; 36, 105) und schließlich auch an den erst in jüngerer Vergangenheit entwickelten Rechtsfiguren der „institutionalisierten" Steuerhinterziehung (BGHSt 39, 256; NJW 91, 3225), des „eingespielten Bezugs- und Vertriebssystems" bei Drogendelikten (BGHSt 33, 122; 35, 318) und des „häuslichen und familiären Beziehungsgeflechts" bei Sexualdelikten (NStZ 92, 553 und 93, 237; StV 93, 191), mit denen das Erfordernis des auf einen konkreten Gesamterfolg gerichteten Vorsatzes überspielt wurde.

b) Angesichts der ständig wachsenden Rechtsunsicherheit und der damit verbundenen Ausuferung des Anwendungsbereichs der Fortsetzungstat hat die höchstrichterliche Rspr **auf das Rechtsinstitut grundsätzlich verzichtet** und Ausnahmen nur noch in sehr eingeschränktem Umfang zugelassen (BGHSt-GS-40, 138). Sie hält die Verbindung mehrerer Verhaltensweisen, die jede für sich einen Straftatbestand erfüllen, zu einer fortgesetzten Handlung nur noch für gerechtfertigt, wenn dies, was am Straftatbestand zu messen sei, zur sachgerechten Erfassung des verwirklichten Unrechts und der Schuld unumgänglich sei (die Begr zusf Schmidt JuS 94, 1076). – Rechtsvergleichend mit Polen Joerden aaO [vgl 2] S 171.

aa) Für diese **grundsätzliche Kehrtwendung** (Jahrhundertentscheidung, Hamm NJW 94, 1636; Roxin AT II 33/272), die übrigens auch das SchwBG (NStZ 93, 331) vollzogen hat, spricht viel (abl Gribbohm, Odersky-FS, S 387; krit auch Aden JZ 94, 1109). Sie räumt prinzipielle Anwendungen aus, die sich vor allem gegen die Enge des Strafrahmens bei fortgesetzter Tat, gegen deren Behandlung als nur eine Tat in Fällen, in denen die Begehung mehrerer Taten zu den Voraussetzungen einer besonderen Rechtsfolge gehört (vgl zB 8 zu § 66; 6 zu § 244), gegen die Anknüpfung von Verjährung (vgl oben 12 sowie 6 zu § 78a) oder Amnestien (NJW 56, 1059) an die Beendigung aller Teilakte und gegen die uneinheitliche Beurteilung der rechtskräftigen Erledigung von im Strafverfahren nicht ermittelten Teilakten (expl BGHSt 15, 268; 33, 122; NJW 85, 1174; NStZ 92, 142).

bb) Die Annahme von Fortsetzungszusammenhang bietet andererseits aber **auch Vorteile**, die vor allem in der Vermeidung umständlicher Strafzumessungsakte und der Vereinfachung des Verfahrens liegen, die der GS allerdings als geringfügig bewertet und nicht für ausschlaggebend gehalten hat (BGH aaO [vgl 13] S 157; ebenso überwiegend (anders Gribbohm, Odersky-FS, S 387) das Schrifttum (Rissing-van Saan LK 42–56 mwN). Diese Vorteile sind aber von den Tatgerichten zum Teil exzessiv genutzt worden und erklären deshalb die Zählebigkeit des Rechtsinstituts. Offenbar ihretwegen hatten jedenfalls die vorlegenden Senate des BGH keinen zureichenden Grund gesehen, den Fortsetzungszusammenhang grundsätzlich in Frage zu stellen (NStZ 93, 434 und 585). Ob allerdings der nahezu vollständige Verzicht die optimale Lösung war oder ob er nicht besser durch eine weniger rigorose Einschränkung des Anwendungsbereichs ersetzt worden wäre, lässt sich noch nicht abschließend beurteilen („die fortgesetzte Handlung geht, die Probleme bleiben", Arzt JZ 94, 1000; s auch Geißler JR 98, 184 und Dietmeier ZStW 110, 393 in ihren Berichten über das „Marburger Strafrechtsgespräch 1997").

Der Erfolg des eingeschlagenen Weges war weitgehend davon abhängig, ob die **Praxis** die mit der neuen Rechtslage verbundenen veränderten Anforderungen an die Feststellung der einzelnen Taten und an die Strafbemessung (§§ 53, 54) sinnvoll verarbeiten, namentlich die dafür in der Entscheidung gegebenen Hinweise (BGHSt-GS-40, 138, 158; s auch BGHSt 40, 374 mit krit Anm Bohnert NStZ 95, 460; NJW 94, 2556 mit krit Anm Peters NStZ 94, 591; NJW 94, 2557, 2966 und

Vor § 52

13

14

15

15a

Vor § 52   AT. 3. Abschnitt. 3. Titel. Strafbemessung bei mehreren Gesetzesverl.

95, 2234, 2933; NStZ 94, 393, 502 und 95, 78; Erb GA 95, 430; krit Arzt aaO [vgl 15]) ohne erhöhten Zeit- und Arbeitsaufwand umsetzen konnte. Wichtig war auch, ob und welche Vermeidungsstrategien sich in der Rspr entwickeln würden, um die Vorteile des Fortsetzungszusammenhangs wenigstens in Teilbereichen zu erhalten (krit zu der damit verbundenen Unsicherheit Gribbohm, Odersky-FS, S 387, 397). Das ist – auch in der Rspr des BGH – in erheblichem Umfang und mit zum Teil problematischen Begründungen geschehen; im materiellen Recht hat es namentlich durch extensive Anwendung der Rechtsfiguren der natürlichen und der tatbestandlichen Handlungseinheit sowie der Bewertungseinheit (dazu 10) und durch Herausarbeitung von Besonderheiten der Gesamtstrafenbildung bei Serienstraftaten (dazu 6 zu § 54) sowie im Prozessrecht durch Herabsetzung von Anforderungen an die Feststellung solcher Taten (dazu 2 zu § 53) Annäherungen an die bisherige Rechtslage gegeben (insoweit krit Zieschang GA 97, 457).

15 b   Wenig geklärt sind noch die Auswirkungen auf das **Ordnungswidrigkeitenrecht**. Dort gilt abw von §§ 53, 54 das Kumulationsprinzip (§ 20 OWiG). Ob und wie weit sich das neue strafrechtliche Modell auch mit diesem Prinzip vereinbaren und auf das Ordnungswidrigkeitenrecht übertragen lässt, bedarf noch weiterer Klärung (expl dazu NJW 96, 1973, 1975; Bay NJW 94, 2305; Göhler wistra 95, 300; Geppert NStZ 96, 118, 119; Samson/Günther SK 77). Entsprechendes gilt für strafähnliche Maßnahmen des bürgerlichen und öffentlichen Rechts (Vertragsstrafe, Ordnungsgeld, Ordnungshaft usw), wo der Fortsetzungszusammenhang ebenfalls – zum Teil noch weitergehend als im Strafrecht – anerkannt war (expl dazu Frankfurt NJW 95, 2567; VG Gießen DAR 95, 379; Tausch NJW 97, 2656).

15 c   Die bisher überwiegend zustimmende (vgl 15) Haltung des **Schrifttums** hat sich noch nicht abschließend konsolidiert (vgl Roxin AT II 33/273). So ist zB mit guten Gründen die Forderung erhoben worden, den Fortsetzungszusammenhang unter der Bezeichnung „fortgesetzte Handlungseinheit" für die klassischen, nach früherem Verständnis unproblematischen Fallgruppen beizubehalten (Schlüchter/Duttge NStZ 96, 457, 465; Schlüchter SKStPO 21 zu § 264) oder wenigstens die Sachverhalte zu erfassen, in denen der Täter auf Grund *eines* Entschlusses einen genau umschriebenen Gesamterfolg ratenweise herbeiführt (im Ergebnis ebenso Geppert NStZ 96, 57, 60, der hier natürliche Handlungseinheit annimmt; ähnlich Sowada NZV 95, 465, 468). Auch Vorschläge zur Erweiterung anderer anerkannter Handlungseinheiten (expl Bittmann/Dreier NStZ 95, 105 mit Bespr Zschockelt NStZ 95, 109; Bohnert NStZ 95, 460; Geppert aaO; Warda, Geilen-Sym, S 199) weisen in dieselbe Richtung. Zu bedenken ist ferner, dass die Fortsetzungstat in ihren Voraussetzungen und ihrem kriminalpolitischen Wert umstritten, überwiegend aber doch – sei es auch mit einschränkender Tendenz und mit Unterschieden in Einzelheiten – als vertretbar akzeptiert war und zum Teil sogar als zu eng empfunden wurde, was sich in der Forderung nach Anerkennung des sog „Fortsetzungsvorsatzes" niederschlug (Bringewat, Die Bildung der Gesamtstrafe, 1987, S 37; M-Gössel AT 2 54/79, 80).

16   cc) Künftig soll **Fortsetzungszusammenhang nur noch möglich sein**, wenn der Tatbestand zur sachgerechten Erfassung **von Unrecht und Schuld** die Verbindung mehrerer Einzelakte unumgänglich macht (BGHSt-GS-40, 138, 162). Das sollte nur in Ausnahmefällen in Frage kommen, war zunächst aber ausdrücklich nur für die §§ 173, 174, 176 und 263 (aaO S 165) ausgeschlossen und für die §§ 174 a, 174 b und 179 als nahe liegend bezeichnet worden (BGH aaO [vgl 13] S 166; dass die Entscheidung keinen Maßstab für die Beurteilung der „Unumgänglichkeit" anbietet, moniert Gribbohm, Odersky-FS, S 387, 397). In der Zwischenzeit hat die Rspr den Ausschluss auf zahlreiche weitere Tatbestände des StGB und des Nebenstrafrechts erstreckt (expl BGHSt 40, 195; 41, 292, 302; vgl die Aufzählung bei Roxin AT II 33/263). Im Ganzen geht der Anwendungsbereich aber nicht über das hinaus, was in der Rspr als „gesetzliche Handlungseinheit" (BGHSt 15, 259, 262; 16, 26, 32) oder „tatbestandliche Bewertungseinheit" (BGHSt 30, 28, 31) und im Schrifttum mit weiterem Anwendungsbereich als tatbestandliche Handlungseinheit (dazu 10) eingeordnet wurde; denn wenn es darauf ankommt, ob schon die Auslegung des Tatbestandes zur sachgerechten Erfassung von Unrecht und Schuld die Verbindung mehrerer Tathandlungen zu einer Bewertungseinheit erfordert, ist das gerade der Gesichtspunkt, der für den Begriff der tatbestandlichen Handlungseinheit konstituierend ist (ähnlich Geisler Jura 95, 74, 80; Geppert NStZ 96, 57; Zschockelt JA 97, 411, 416; Samson/Günther SK 55, 67). Die Rspr wird deshalb diese Fälle im Rahmen ihrer begrifflichen Unterscheidungen im Konkurrenzbereich entweder schon als tatbestandliche Bewertungseinheit oder, wenn deren Voraussetzungen fehlen, als Fortsetzungstaten zu erfassen haben (krit Heintschel-Heinegg JA 94, 586).

c) Soweit danach eine fortgesetzte Tat **überhaupt noch in Frage kommt,** 17 gilt Folgendes:

aa) Unüberwindbare Tatsachenzweifel am Vorliegen des Gesamtvorsatzes sind nach dem Grundsatz in dubio pro reo zu lösen (BezG Meiningen NStZ 91, 490; Bringewat JuS 70, 329; Stree, Krause-FS, S 393, 401; aM BGHSt 23, 33; 35, 318, 324; GA 87, 180; Jähnke GA 89, 376, 391; s auch Montenbruck, In dubio pro reo aus normtheoretischer, straf- und strafverfahrensrechtlicher Sicht, 1985, S 115, alle mwN; zw).

bb) Sämtliche Einzelakte bilden rechtlich **eine einzige Straftat** (RGSt 68, 18 297).

cc) In den Zusammenhang können nur Einzelakte einbezogen werden, die als solche **alle Voraussetzungen der Strafbarkeit** erfüllen und darüber hinaus prozessual verfolgbar sind (BGHSt 17, 157). Sollte es, was nach Einschränkung des Fortsetzungszusammenhangs (vgl 13) nur noch höchst selten in Frage kommt, für Strafbarkeit oder Strafschärfung auf Umfang oder Menge des von der Tat betroffenen Rechtsgutsobjekts ankommen (zB mehrere Akte des Handeltreibens „in nicht geringer Menge" nach § 30 I BtMG im Rahmen desselben Güterumsatzes; vgl dazu 10 und Ruppert MDR 94, 973, 974), so ist der aus allen Einzelakten resultierende Gesamtumfang oder die entsprechende Gesamtmenge maßgebend (hM; vgl etwa StV 91, 19 und 92, 162; anders Ostendorf DRiZ 83, 426; zw).

dd) Setzt sich die Tat aus Teilakten zusammen, die **teils eine leichtere, teils** 19 **eine schwerere Form** desselben Delikts ausmachen, so ist auf die fortgesetzte Tat einheitlich die schwerere Vorschrift anwendbar (RGSt 67, 183). Dasselbe gilt, wenn die Teilakte Vollendungs- und Versuchshandlungen sind (bei Dallinger MDR 75, 542 mwN), jedoch mit der Einschränkung, dass bei Begehung lediglich eines vollendeten leichteren und eines versuchten schwereren Einzelakts Tateinheit zwischen der vollendeten leichteren und der versuchten schwereren Tat anzunehmen ist (bei Dallinger MDR 58, 564). Die Strafe wird dem Strafrahmen für den schwersten verwirklichten Einzelakt entnommen.

4. Als rechtliche Handlungseinheit kannte die frühere Rspr auch die sog **Sam-** 20 **melstraftat** (Kollektivdelikt), die aus Einzelakten gewerbsmäßiger, gewohnheitsmäßiger oder geschäftsmäßiger Begehung zu einer rechtlichen Handlungseinheit zusammengefasst wurde (RGSt 61, 147). Seit RGSt 72, 164 sieht die Rspr jedoch solche Handlungen mit Recht als selbstständige Straftaten an (BGHSt 1, 41; 26, 284; Roxin AT II 33/276). – **Gewerbsmäßig** (zB §§ 180a I, 243 I Nr 3, 260 I Nr 1) handelt, wem es darauf ankommt, sich aus wiederholter (uU auch nur fortgesetzter, BGHSt 26, 4; StV 93, 249 mit Anm Endriß; beachte jedoch 13) Begehung eine fortlaufende (unmittelbare oder mittelbar über Dritte, NStZ 98, 622) Haupt- oder auch nur Nebeneinnahmequelle (bei Holtz MDR 76, 633; wistra 03, 460) von einiger Dauer und einigem Umfang (StV 83, 281; NStZ 04, 265; Karls-

Vor § 52 AT. 3. Abschnitt. 3. Titel. Strafbemessung bei mehreren Gesetzesverl.

ruhe Justiz 04, 246) zu schaffen (beachte NJW 92, 381), ohne dass er daraus ein „kriminelles Gewerbe" zu machen braucht (BGHSt 1, 383; Köln NStZ 91, 585). – **Gewohnheitsmäßig** (zB §§ 284 II, 292 II Nr 1) handelt, wer aus einem durch Übung ausgebildeten, selbstständig fortwirkenden Hang tätig wird, dessen Befriedigung ihm bewusst oder unbewusst ohne innere Auseinandersetzung gleichsam von der Hand geht (BGHSt 15, 377; Bay MDR 62, 325). – **Geschäftsmäßig** (zB Art 1 § 8 I Nr 1 iVm § 1 I RBerG) handelt, wer bei der Tat die Absicht hat, die Wiederholung gleichartiger Taten zu einem dauernden oder mindestens wiederkehrenden Bestandteil seiner wirtschaftlichen oder beruflichen Betätigung zu machen (Bay NStZ 81, 29; Hamm NJW 98, 92, beide mwN). – Gewohnheitsmäßig setzt mehrere (mindestens zwei, RGSt 70, 338, 340) spezifisch deliktsbezogene Taten voraus (GA 71, 209), während bei Gewerbsmäßigkeit (Sch/Sch-Stree 2 zu § 260) und Geschäftsmäßigkeit (Bay aaO) eine einzige Tat mit dem erforderlichen Fortsetzungswillen genügen kann. Dieser Wille muss sich jeweils auf das Delikt beziehen, dessen Tatbestand das Merkmal der Gewerbs- (NJW 96, 1069; NStZ 98, 89) oder Geschäftsmäßigkeit voraussetzt.

21   **5.** Auch das sog **Massenverbrechen** (zB Euthanasieprogramm, Endlösung der Judenfrage) bildet als solches keine rechtliche Handlungseinheit (BGHSt 1, 219); jedoch hat die Rspr einheitliche Vernichtungsaktionen häufig als natürliche Handlungseinheiten (vgl 4–8) zusammengefasst (JZ 67, 643; NJW 69, 2056; zu weit Bauer JZ 67, 625).

22   **V.** Ob **Beteiligung** (1 vor § 25) an einer Tat eine Handlungseinheit oder -mehrheit bildet, ist nicht nach der Gesamttat der mehreren Tatgenossen oder der Haupttat zu beurteilen, sondern allein nach dem Tatbeitrag des einzelnen Beteiligten (zur Tragweite dieser Begrenzung beachte NStZ 00, 29; auch im Bereich der Bewertungseinheit StraFo 04, 145). Deshalb unterliegen bei Mittäterschaft die verschiedenen Tatbeiträge jeweils selbstständiger Beurteilung (stRspr; vgl StV 02, 73; NStZ-RR 03, 265, 267; aM Sch/Sch-Stree 21 zu § 52); auch wenn jemand durch dieselbe Handlung oder pflichtwidrige Unterlassung zu mehreren selbstständigen Taten Beihilfe leistet (NStZ 93, 584 und 99, 451; NStZ-RR 03, 309, 310; Bay NJW 89, 2142; Roxin AT II 26/285; zu einem Grenzfall beachte NStZ 00, 83) oder wenn er als mittelbarer Täter den (oder mehrere) Tatmittler durch nur einen Auftrag zur Vornahme mehrerer Handlungen veranlasst (NStZ 94, 35; wistra 96, 303; 97, 181; 01, 144 und 02, 421; NStZ-RR 04, 9; zur mittelbaren Unterlassungstäterschaft mehrerer BGHSt 48, 77, 97), liegt Handlungseinheit vor. – Bleibt aus tatsächlichen Gründen zweifelhaft, ob Handlungseinheit oder -mehrheit vorliegt, ist zugunsten des Beteiligten von Handlungseinheit auszugehen (NStZ 97, 121).

23   **VI.** Eine Handlung (dh jede Handlungseinheit) kann zugleich **mehrere Gesetze** verletzen **(Konkurrenz).** Ob das zur Annahme mehrerer Straftaten zwingt (Einheits- oder Mehrheitstheorie; vgl Puppe aaO [vgl 3] S 27; Schmidhäuser, GA-FS, S 191, 198, beide mwN) ist umstritten, aber nur von theoretischer und dogmengeschichtlicher Bedeutung. Praktisch wichtig ist dagegen die Unterscheidung von **echter und unechter Konkurrenz.**

24   **1. a)** Die Struktur des Strafrechtssystems, in dem die Vorschriften sich gegenseitig ergänzen und überdecken, bringt es mit sich, dass das systematische Verhältnis verschiedener zusammentreffender, dem Wortlaut nach verletzter Gesetze ergeben kann, dass einzelne von ihnen nicht anwendbar sind, weil der deliktische Gehalt einer Tat jeweils schon durch ein anderes Gesetz erschöpfend erfasst wird (**unechte Konkurrenz;** vgl etwa BGHSt 31, 380; 39, 100, 108; 41, 113, 115, alle mwN; beachte auch NJW 01, 2186). Für ihre Abgrenzung von der echten Konkurrenz (vgl 30) kommt es in Zweifelsfällen darauf an, ob der Klarstellung bedarf, dass der deliktische Gehalt der Tat durch Anwendung nur eines der verletzten

Vorbemerkung **Vor § 52**

Gesetze nicht erschöpfend erfasst werden kann (eingehend Abels, Die „Klarstellungsfunktion" der Idealkonkurrenz, 1991). Der unechten Konkurrenz, die in Fällen der Handlungseinheit auch als **Gesetzeseinheit** oder **Gesetzeskonkurrenz** bezeichnet wird, liegen folgende Gesichtspunkte zugrunde (zusf Mitsch JuS 93, 471; krit zur uneinheitlichen Rspr und Lehre Fahl, Zur Bedeutung des Regeltatbildes bei der Bemessung der Strafe, 1996, S 250; s auch Fahl GA 96, 476, 480).

aa) **Spezialität.** Das spezielle Gesetz, das alle Merkmale eines anderen Gesetzes 25 aufweist und sich nur dadurch von diesem unterscheidet, dass es wenigstens noch ein weiteres Merkmal enthält, das den Sachverhalt unter einem genaueren Gesichtspunkt erfasst (NJW 99, 1561 mwN), geht dem allgemeinen vor (zB § 249 den §§ 240, 242; § 130 III Alt 1 dem § 140 Nr 2).

bb) **Subsidiarität.** Das Gesetz, das ausdrücklich (Subsidiaritätsklausel; formelle 26 Subsidiarität) oder sonst erkennbar (materielle Subsidiarität) nur für den Fall Geltung beansprucht, dass kein anderes eingreift, tritt zurück. Nach dem Ausmaß der Subsidiarität (im Verhältnis zu allen anderen Gesetzen, zu Gesetzen bestimmter Art oder zu ganz bestimmten Gesetzen) ist zwischen absoluter, relativer und spezieller (zB §§ 145 d, 316) Subsidiarität zu unterscheiden. Materiell subsidiär sind zB die fahrlässige Begehungsform gegenüber der vorsätzlichen (BGHSt 39, 195), der Versuch gegenüber der Vollendung (GA 56, 26, 28; nach B-Weber/Mitsch AT 36/6 Fn 15: auch Spezialität; anders Roxin AT II 33/203: idR tatbestandliche oder natürliche Handlungseinheit), § 30 gegenüber § 26 (BGHSt 14, 378), Teilnahme gegenüber Täterschaft (Roxin AT II 33/212; 13 vor § 25) und § 221 gegenüber § 212 (RGSt 68, 407). – Es widerspricht der Wortlautschranke (vgl § 1), ausdrückliche absolute Subsidiarität durch einschränkende Auslegung als bloß relative zu deuten (BGHSt 43, 237; aM Roxin AT II 33/195, 196); frühere entgegenstehende Rspr (zB BGHSt 6, 297, 298; 8, 191, 192) ist nach neuerem Verständnis des Art 103 II GG überholt (BGHSt 43, 237 mit abl Anm Rudolphi JZ 98, 471).

cc) **Konsumtion.** Ein Gesetz, das den Unrechtsgehalt der Verletzung eines an- 27 deren Gesetzes deshalb mitberücksichtigt, weil dieses zum sog „Regeltatbild" gehört (dazu Fahl aaO [vgl 24] S 293) und deshalb regelmäßig mit verletzt wird (sog „typische Begleittat"), geht dem anderen vor (BGHSt 46, 24 mit krit Anm Kindhäuser NStZ 01, 31, beide mwN), wie das zB für § 218 im Verhältnis zu § 223 zutrifft (BGHSt 10, 312). Konsumiert werden regelmäßig auch §§ 123, 303 vom Einbruchsdiebstahl nach §§ 243 I S 2 Nr 1, 244 I Nr 3 (Kühl AT 21/60; Roxin AT II 33/213; W-Beulke AT Rdn 791), doch ist die Sachbeschädigung dann keine typische Begleittat, wenn sie vom regelmäßigen Verlauf des Diebstahls abweicht und einen eigenständigen Unrechtsgehalt aufweist, zB bei einem die Diebstahlsbeute deutlich übersteigenden Sachschaden (NJW 02, 150 mit Bespr Fahl JA 02, 541, Kargl/Rüdiger NStZ 02, 202, Martin JuS 02, 197, Rengier JuS 02, 850, Sternberg-Lieben JZ 02, 514 und Geppert JK 5 zu § 243).

b) Die **Abgrenzung** der verschiedenen Formen von Gesetzeseinheit ist um- 28 stritten (Klug ZStW 68, 399; Puppe aaO [vgl 3] S 313 und GA 82, 143, 160; Abels aaO [vgl 24] S 17, 33; zusf Seier Jura 83, 225; eingehend Rissing-van Saan LK 64–120, alle mwN); zum Teil wird die Konsumtion der Subsidiarität zugeschlagen (Sch/Sch-Stree 131, 132; aM Jescheck/Weigend AT S 735; eingehend Geerds, Zur Lehre von der Konkurrenz im Strafrecht, 1961, S 203; Vogler, Bockelmann-FS, S 715). Anwendbar ist nur das vorgehende Gesetz; steht dessen Anwendung der Zweifelssatz entgegen, so bleibt das an sich zurücktretende Gesetz anwendbar (BGHSt 39, 164); ob das auch gilt, wenn das vorgehende Gesetz wegen eines Strafaufhebungsgrundes (zB Rücktritt vom Versuch) oder eines Prozesshindernisses (zB Fehlen des Strafantrags) unanwendbar ist, hängt von dem Verhält-

Vor § 52 AT. 3. Abschnitt. 3. Titel. Strafbemessung bei mehreren Gesetzesverl.

nis der verletzten Gesetze untereinander ab (zB BGHSt 1, 152; 19, 188, 320; NStZ 97, 387; Vogler aaO S 726). – Stehen zwei vollendete Delikte in Gesetzeseinheit, so ist das nicht ohne weiteres auch für den Versuch des schwereren im Verhältnis zur Vollendung des minderschweren Delikts anzunehmen. Dass der Täter nicht allein die schwerere Tat versucht, sondern auch die minder schwere vollendet hat, kann nur durch Annahme von Tateinheit klargestellt werden. Nachdem der BGH seine früher in Teilbereichen entgegenstehende Rspr aufgegeben hat (expl BGHSt 44, 196 mit Anm Satzger JR 99, 203; s auch JR 01, 70 mit abl Anm Stein, alle mwN), ist das, soweit ersichtlich, weitgehend unbestritten.

29   c) Bei Gesetzeseinheit darf – wenn sich aus dem Zweckzusammenhang der verwirklichten Tatbestände nichts anderes ergibt (dazu Warda JuS 64, 81, 92) – das **Mindestmaß** der in dem verdrängten Gesetz angedrohten Hauptstrafe nicht unterschritten werden (BGHSt 1, 152; bei Holtz MDR 81, 99; beachte auch BGHSt 30, 166 mit Anm Bruns JR 82, 166; Küpper, Meurer-GS, S 123, 134: „Sperrwirkung des Strafrahmens"; Streng Sanktionen 534: „Sperrwirkung des verdrängten Gesetzes"). Auch die **Nebenstrafen,** Nebenfolgen und Maßnahmen im Sinne des § 11 I Nr 8 können auf dieses Gesetz gestützt werden (BGHSt 7, 307, 312; 8, 46). In der **Strafzumessung** ist die schärfende Berücksichtigung des verdrängten Gesetzes nicht ausgeschlossen (BGHSt 21, 183, 185; NJW 99, 369, 370; aM Fahl aaO [vgl 24] S 319; diff Seier Jura 83, 225, 234; s auch 45 zu § 46).

30   2. Verletzt eine Handlung mehrere anwendbare (dh nicht in Gesetzeseinheit stehende) Gesetze **(echte Konkurrenz),** so liegt **Tateinheit** (Idealkonkurrenz) vor (Anm zu § 52).

31   VII. Die §§ 53–55 regeln die **Tatmehrheit** (Realkonkurrenz), dh den Fall, dass mehrere Handlungen (Handlungseinheiten) mehrere Gesetze verletzen. Die verschiedenen Gesetze müssen aber anwendbar sein; auch hier gibt es wie bei der Handlungseinheit (24–28) Fälle, in denen sich aus dem Verhältnis der verletzten Gesetze die Unanwendbarkeit eines von ihnen ergibt. Man spricht hier zwar häufig nicht von Gesetzeseinheit (anders Rissing-van Saan LK 67), sondern von **mitbestrafter (strafloser) Nachtat oder Vortat;** die Unanwendbarkeit der zurücktretenden Gesetze folgt oder wie bei der Gesetzeseinheit aus den Gesichtspunkten der Subsidiarität oder der Konsumtion (vgl v Krog, Die straflosen Vor- und Nachtaten, Diss Hamburg 1975; Vogler, Bockelmann-FS, S 715, 716; Bringewat, Die Bildung der Gesamtstrafe, 1987, S 67, alle mwN; str).

32   1. Eine **Nachtat** ist straflos (in der Haupttat mitbestraft), wenn sie sich in der Sicherung oder Auswertung der durch die Vortat erlangten Position erschöpft (hM; vgl etwa Schneider wistra 01, 408, 409 mwN; anders Puppe GA 82, 143, 158 und NK 33), zB Sachbeschädigung der gestohlenen oder unterschlagenen Sache (RGSt 59, 174), Abheben der Einlage auf gestohlenem Sparbuch (StV 92, 272; beachte jedoch NStZ 93, 591 mit krit Bespr Otto JK § 263/39, alle mwN), Untreue an betrügerisch erlangten Gegenständen (BGHSt 6, 67; s auch NStZ 01, 195). Die Nachtat ist dagegen nicht straflos, wenn sie einen neuen, andersartigen Schaden bewirkt (BGHSt 5, 295, 297; NStZ 87, 23) oder den durch die Vortat entstandenen Schaden durch einen weiteren vergrößert (BGHSt 6, 67; s auch BGHSt 16, 280); zB Betrug zum Nachteil eines Dritten durch Verkauf einer gestohlenen (oder unterschlagenen) Sache (RGSt 49, 16; s auch Bay NJW 99, 1648 mit krit Bespr Otto JK § 263/54). Wiederverwendung gestohlener entwerteter Wertzeichen (BGHSt 3, 289), Herstellen unechter Urkunden aus gestohlenen Vordrucken und deren betrügerische Verwendung (bei Holtz MDR 82, 280), unerlaubter Waffenbesitz (§ 53 III Nr 1 a WaffG) nach Diebstahl der Waffe (Hamm NJW 79, 117), Betrug einer Versicherung nach vorsätzlicher Schadensverursachung durch Eingriff in den Straßenverkehr (Fleischer NJW 76, 878, 880) oder Betrug

Tateinheit **§ 52**

zur Abwendung einer Vertragsstrafe nach vorausgegangener Beförderungserschleichung (Dylla-Krebs NJW 90, 888; zw). Dagegen kommt Unterschlagung als mitbestrafte Nachtat nach einem Aneignungsdelikt nicht in Frage, da Manifestationen des Zueignungswillens nach vorausgegangenem Zueignungsakt den Tatbestand des § 246 nicht erfüllen (7 zu § 246). Kann die Vortat nicht bestraft werden, so entfällt die Straflosigkeit der Nachtat stets, wenn die Vortat nicht erwiesen (bei Dallinger MDR 55, 269) oder nach §§ 154, 154a StPO aus dem Verfahren endgültig ausgeschieden ist (GA 71, 83); wieweit die Nachtat strafbar ist, wenn der Bestrafung der Vortat ein Strafaufhebungsgrund (zB Rücktritt) oder ein Verfahrenshindernis (zB Verjährung, Fehlen des Strafantrags) entgegensteht, hängt von der Art des Hindernisses ab und ist in der Mehrzahl der einschlägigen Fallgruppen umstritten (vgl zB BGHSt 18, 324; 38, 366, 368 mit abl Anm Stree JZ 93, 476; BGHSt 39, 233, 235; NJW 68, 2115; Vogler, Bockelmann-FS, S 715, 732; Bringewat aaO [vgl 31] S 78; Otto Jura 94, 276; Geppert Jura 94, 441, 444; Schneider wistra 01, 408). Zur Teilnahme an der mitbestraften Nachtat beachte 8 zu § 27.

2. Eine **Vortat** ist straflos (in der Nachtat mitbestraft), wenn ihr Unrechtsgehalt 33 durch die Nachtat voll erfasst und deshalb durch deren Bestrafung mit abgegolten wird (NJW 67, 60; Hamm MDR 79, 421; zu einem probl Grenzfall NStZ 01, 316), zB das Gefährdungsdelikt gegenüber dem nachfolgenden Verletzungsdelikt, wenn die Gefährdung sich als bloße Vorstufe derselben Rechtsgutsverletzung darstellt (BGHSt 8, 243), die Vorbereitungshandlung oder der (nicht gescheiterte; vgl 6) Versuch gegenüber dem später vollendeten Delikt (BGHSt 10, 230; NZV 99, 91 mwN) oder die Anstiftung im Verhältnis zu der Tat, an welcher sich der Teilnehmer später als Mittäter beteiligt (13 vor § 25).

VIII. Dieselbe Tat im prozessualen Sinne (§ 264 StPO) deckt sich nicht 34 mit den materiellrechtlichen Konkurrenzregeln (BVerfG NJW 04, 279). Zu ihr gehört nach der Rspr das gesamte Geschehen, soweit es sich um das durch den Gegenstand des Verfahrens bezeichnete geschichtliche Vorkommnis nach der Auffassung des Lebens einen einheitlichen Vorgang bildet (expl BGHSt 45, 211, 212 mit umfassenden Nachw; s auch BVerfG aaO). Der Begriff dient daher anderen, spezifisch prozeßrechtlichen Zwecken; er ist jeweils selbstständig zu bestimmen, mit der Folge, dass sich bei zeitlich gestreckten Taten, die eine Handlungseinheit (namentlich Tateinheit) bilden (vgl etwa oben 10–19 und 4–6 zu § 52), die Ergebnisse nur in der Regel, aber nicht notwendig decken und dass bei Tatmehrheit nur eine Tat im prozessualen Sinne vorliegen kann (BGH aaO; Ranft JuS 03, 417, 421; Meyer-Goßner 6a zu § 264 StPO). Im Schrifttum ist der Begriff umstritten (expl die Urteilsbespr von Grünwald StV 86, 243, Puppe JR 86, 205, Brauns StV 86, 533, Neuhaus NStZ 87, 138 und StV 90, 342, Mitsch NStZ 87, 457 und JR 90, 162, Schlüchter JR 91, 1057 und Kindhäuser JZ 97, 101; s auch Krauth, Kleinknecht-FS, S 215; Erb GA 94, 265; Gubitz JR 98, 491; Ranft aaO S 417; die BGH-Rspr zusf Wankel JA 97, 231).

§ 52 Tateinheit

(1) **Verletzt dieselbe Handlung mehrere Strafgesetze oder dasselbe Strafgesetz mehrmals, so wird nur auf eine Strafe erkannt.**

(2) **Sind mehrere Strafgesetze verletzt, so wird die Strafe nach dem Gesetz bestimmt, das die schwerste Strafe androht. Sie darf nicht milder sein, als die anderen anwendbaren Gesetze es zulassen.**

(3) **Geldstrafe kann das Gericht unter den Voraussetzungen des § 41 neben Freiheitsstrafe gesondert verhängen.**

(4) *Läßt eines der anwendbaren Gesetze die Vermögensstrafe zu, so kann das Gericht auf sie neben einer lebenslangen oder einer zeitigen Freiheitsstrafe von mehr*

§ 52 AT. 3. Abschnitt. 3. Titel. Strafbemessung bei mehreren Gesetzesverl.

als zwei Jahren gesondert erkennen. **Im übrigen muß oder kann auf Nebenstrafen, Nebenfolgen und Maßnahmen (§ 11 Abs. 1 Nr. 8) erkannt werden, wenn eines der anwendbaren Gesetze sie vorschreibt oder zuläßt.**

Fassung: Die in Abs 4 S 1 genannte Vermögensstrafe gem § 43 a ist durch Urteil des BVerfG vom 20. 3. 2002 mit Gesetzeskraft für nichtig erklärt worden (BGBl I 1340).

1   1. Vgl zunächst 2–30 vor § 52.

2   2. **Tateinheit (Idealkonkurrenz)** setzt voraus, dass ein und dieselbe Handlung (auch natürliche oder rechtliche Handlungseinheit) mehrere anwendbare, dh nicht in Gesetzeseinheit stehende (24 vor § 52), Gesetze verletzt. Die Mehrheit kann sich aus der Verletzung verschiedener Gesetze (sog **ungleichartige** Tateinheit) oder aus der mehrmaligen Verletzung desselben Gesetzes (sog **gleichartige** Tateinheit; dazu BGHSt 1, 20; 26, 284; 40, 307, 314; Walter JA 04, 133, 134) ergeben. Bleibt aus tatsächlichen Gründen zweifelhaft, ob Tateinheit oder -mehrheit vorliegt, so ist die dem Täter günstigere Möglichkeit anzunehmen (StV 92, 54).

3   a) **Mehrere Gesetze** werden durch **dieselbe Handlung** verletzt, wenn mindestens Teile des Handlungsvollzugs, die nach der Rspr auch in der Phase nach Vollendung aber vor Beendigung liegen können (2 vor § 22; nicht aber nach der Beendigung, NStZ 01, 88 und NStZ-RR 01, 298, 299), zugleich zur Verwirklichung des einen und des anderen Gesetzes beitragen (hM; vgl zB BGHSt 22, 206 [mit krit Anm Schröder JZ 69, 32] und 47, 22, 25 mit Bespr Geppert JK 6 zu § 332; abw Puppe, Idealkonkurrenz und Einzelverbrechen, 1979, S 125, GA 82, 143 und NK 36–54). Ein einheitlicher Entschluss zu mehreren Handlungen (Bay GA 73, 112), ein einheitlicher Zweck oder Beweggrund (BGHSt 7, 149; 22, 206, 208), eine Mittel-Zweck- oder Grund-Folge-Verknüpfung (BGHSt 43, 25 und 261; NJW 96, 1973) oder Handeln am selben Ort, zur selben Zeit (BGHSt 18, 29, 32) oder während derselben Autofahrt (Hamm VRS 52, 131; s auch Bay MDR 97, 483) reichen allein nicht aus (BGHSt 43, 149 und 317 sowie 44, 228; StV 00, 473). Die Rspr ist insoweit nicht ganz einheitlich; sie greift bisweilen auf den in diesem Zusammenhang systemfremden Gedanken natürlicher Handlungseinheit (4–7 vor § 52) zurück und begnügt sich – namentlich bei der sog Polizeiflucht (BGHSt 22, 67, 76; 48, 233, 239; NZV 01, 265 mit Bespr Geppert JK 19 zu § 142; Kühl AT 21/16; W-Beulke AT Rdn 765; beachte aber DRiZ 76, 141) – mit einem einheitlichen Handlungswillen (BGHSt 22, 67, 76) oder enger zeitlich-räumlicher Verbundenheit der Handlungsvollzüge (zB NJW 77, 2321 und 95, 1766; MDR 95, 731; mit Recht abl Maiwald, Die natürliche Handlungseinheit, 1964 und NJW 78, 300; Kindhäuser JuS 85, 100; Warda, Oehler-FS, S 241, 248; Sowada NZV 95, 465, 466; Rissing-van Saan LK 15–19). – Wird dasselbe Gesetz nur einmal, aber in mehreren im Wesentlichen gleichwertigen Tatbestandsalternativen verletzt (zB Mord unter Verwirklichung mehrerer Mordmerkmale), so liegt nicht Tateinheit, sondern nur eine Gesetzesverletzung vor (BGHSt 44, 228; NJW 94, 2034 mit Bespr v Hippel JR 95, 125; Altenhain ZStW 107, 382; s auch 19 zu § 177; 17 zu § 211; 12 zu § 224; 10 zu § 244); das gilt jedoch nicht, soweit die Alternativen jeweils eigenständiges Unrecht beschreiben (hM; anders Altenhain aaO).

4   b) Erforderlich und stets hinreichend (auch bei Angriffen gegen verschiedene höchstpersönliche Rechtsgüter, bei Miebach NStZ 92, 177; NStZ-RR 98, 103) ist **teilweise Identität** der Ausführungshandlungen (BGHSt 7, 149; 43, 317 mit Bespr Martin JuS 98, 761; Momsen NStZ 99, 306 und Geppert JK 10; StV 83, 456; NStZ-RR 00, 367), zB auch wenn ein Sexualtäter auf Grund gemeinsamer Aufforderung mehrerer Kinder sexuelle Handlungen an deren Körper vornimmt (NJW 98, 1502). Die Rspr nimmt das auch für den Fall an, dass die Ausführungshandlungen den bereits vollzogenen Rechtsgutsangriff nur noch beenden (2 vor

Tateinheit **§ 52**

§ 22; krit Kühl JuS 02, 729, 735 und B-Weber/Mitsch AT 36/26). Solche Teilüberdeckung liegt ferner vor, wenn nur ein Teilakt einer natürlichen oder rechtlichen Handlungseinheit zur Verwirklichung eines anderen Tatbestandes beiträgt, wenn mehrere natürliche oder rechtliche Handlungseinheiten (4–19a vor § 52) nur in einem Teilakt einen identischen Handlungsvollzug aufweisen (BGHSt 6, 81; NStZ 91, 81 und 93, 225) oder wenn mehrere an sich selbstständige Handlungen im Hinblick auf ein anderes Gesetz Bestandteile derselben Handlungseinheit sind (VRS 49, 177), zB mehrere Körperverletzungen, die zur Aufrechterhaltung derselben Freiheitsberaubung begangen werden.

aa) Daraus folgt das **Prinzip der Verklammerung** unter sich selbstständiger 5 Handlungen durch eine andere (dritte) Handlung zur Tateinheit (zusf Geppert Jura 97, 214). Es ist aus materiellen und prozessualen Gründen problematisch (krit Wahle GA 68, 97; Puppe aaO [Idealkonkurrenz; vgl 3] S 199; Werle JR 79, 93, 96 und NJW 80, 2671; Lippold, Die Konkurrenz bei Dauerdelikten als Prüfstein der Lehre von den Konkurrenzen, 1985; Jakobs AT 33/11, 12).

bb) Die Rspr schließt seine Anwendbarkeit allerdings für den Fall aus, dass die 6 mehreren selbstständigen Handlungen (nicht nur eine von ihnen, BGHSt 31, 29; NStZ 93, 39 und 99, 25; anders noch BGHSt 3, 165) gegenüber der verklammernden Handlungseinheit einen **größeren Unwert verkörpern** (probl BGHSt 33, 4 mit krit Bespr Peters JR 93, 265), was zB für mehrere Tötungen im Rahmen derselben Gewaltanwendung beim Raub (BGHSt 2, 246) oder derselben Drohung bei der räuberischen Erpressung (NJW 98, 619 mit Bespr Martin JuS 98, 462, Satzger JR 98, 518 und Wilhelm NStZ 99, 80) zutrifft (s auch BGHSt 42, 162; JR 83, 210 mit Anm Keller; NStZ 93, 133; JR 95, 71 mit Anm Geerds; StV 96, 668; NZV 00, 474; NStZ 01, 158; Schöneborn NJW 74, 734; Erb JR 95, 169; 13 zu § 129; 42 zu § 142, alle mwN). Dasselbe gilt, wenn beim Zusammentreffen mehrerer Handlungseinheiten der das Bindeglied bildende Teilakt an Unrechtsgehalt hinter den übrigen Teilen der Handlungseinheiten zurückbleibt (BGHSt 18, 26; NJW 63, 57; näher dazu 10 vor § 52). – Die für die Entklammerung angeführten Gründe sind dogmatisch anfechtbar und letztlich nur auf Gerechtigkeitserwägungen gestützt (eingehend Werle, Die Konkurrenz bei Dauerdelikt, Fortsetzungstat und zeitlich gestreckter Gesetzesverletzung, 1981, S 48; s auch Bringewat, Die Bildung der Gesamtstrafe, 1987, S 56).

c) Nach der Rspr kommt Tateinheit **auch in Frage** zwischen vorsätzlicher 7 und fahrlässiger Tat (BGHSt 1, 278, beachte jedoch 3 zu § 229), ferner zwischen Unterlassungsdelikten (BGHSt 18, 376, 379; NStZ 83, 29), wenn die mehreren Handlungsgebote durch eine Handlung zu erfüllen sind (BGHSt 37, 106, 134; NJW 85, 1719 mit krit Anm Puppe JR 85, 245; s auch Hamburg NStZ-RR 99, 329), im Allgemeinen aber nicht zwischen einem Begehungs- und einem echten Unterlassungsdelikt (BGHSt 6, 229; Roxin AT II 33/88; beachte auch NStZ 01, 101 mit krit Anm Wilhelm NStZ 01, 404); Tateinheit liegt hier nur dann vor, wenn gerade – wie zB im Verhältnis zwischen §§ 142 und 323c (42 zu § 142) – die Begehung der einen Tat der Erfüllung des dem Unterlassungstatbestand zugrundeliegenden Handlungsgebots entgegensteht (insoweit probl Bay VRS 60, 112). Im ganzen sind die Möglichkeiten des Zusammentreffens der **Unterlassungsdelikten** noch nicht abschließend geklärt (eingehend Struensee, Die Konkurrenz bei Unterlassungsdelikten, 1971, S 16; s auch Bringewat aaO [vgl 5] S 49; Puppe NK 55–59; Samson/Günther SK 40, 41 vor § 52; Rissing-van Saan LK 13–15 zu § 52 und 49–61 vor § 52). – Beim Zusammentreffen mit **Dauerdelikten** (11 vor § 52) kommt es darauf an, ob die zur Verwirklichung eines anderen Tatbestandes beitragende Handlung zugleich als Begründung und Aufrechterhaltung des durch das Dauerdelikt geschaffenen rechtswidrigen Zustandes erscheint (BGHSt 18, 29; 27, 66; 29, 233, 239). So trifft zB Fahren ohne Fahrerlaubnis (§ 21 StVG) oder in

§ 53 AT. 3. Abschnitt. 3. Titel. Strafbemessung bei mehreren Gesetzesverl.

fahruntüchtigem Zustand (§ 316) häufig tateinheitlich mit Diebstahl eines Kraftwagens (BGHSt 18, 66; VRS 30, 283) oder mit unerlaubtem Entfernen vom Unfallort (Bay NJW 63, 168) zusammen. Dasselbe gilt für Freiheitsberaubung mit Körperverletzung, wenn die Misshandlung der Aufrechterhaltung der Freiheitsentziehung dient, und für Hausfriedensbruch, in dessen Verlauf Widerstand gegen die Staatsgewalt geleistet wird (Bay GA 57, 219; s auch Köln NJW 82, 296). Dagegen genügt es nicht, wenn nur gelegentlich eines Dauerdelikts, sei es auch in zeitlichräumlicher Verbundenheit, ein anderer Tatbestand erfüllt wird (BGHSt 18, 29; Koblenz NJW 78, 716), und zwar auch dann nicht, wenn dessen Verwirklichung erst durch das Dauerdelikt ermöglicht wird (hM; anders Sch/Sch-Stree 91 vor § 52 mwN). Mit dem Dauerdelikt tateinheitlich zusammentreffende, unter sich jedoch selbstständige Gesetzesverletzungen sind nach dem Prinzip der Verklammerung (vgl 5, 6) zu behandeln. Die Abgrenzung ist oft deshalb umstritten, weil über den Inhalt der zusammentreffenden Tatbestände Zweifel bestehen und die Annahme von Tateinheit wegen des Verklammerungsprinzips zu unerwünscht weiten Handlungseinheiten mit problematischen Auswirkungen auf den Strafklageverbrauch führt (vgl etwa die Kontroverse um die Konkurrenz zwischen unerlaubtem Führen einer Waffe nach dem WaffG und einem mit der Waffe begangenen Totschlag, BGHSt 31, 29; Hamm NStZ 86, 278; Zweibrücken NJW 86, 2841; Ranft JuS 03, 417, 421; s auch BGHSt 36, 151, 154; NStZ-RR 99, 8 mit Bespr Geppert JK 11; NStZ 99, 347 und 513; oben 6).

8   **3.** Der Regelung der Rechtsfolgen in **Abs 2** liegt das sog **Absorptionsprinzip** zugrunde, das allerdings zur Verdeutlichung der vorbehaltenen Wirkungen auch der milderen Gesetze (vgl 9, 10) besser als **Kombinationsprinzip** bezeichnet wird (Sch/Sch-Stree 34). Danach ist bei ungleichartiger Tateinheit zwar auch aus dem (bzw den) milderen Gesetz(en) zu verurteilen (RGSt 49, 401), die Strafe aber nur dem Gesetz zu entnehmen, das die schwerste Strafe, dh grundsätzlich die schwerste Strafart (Rangfolge: Freiheitsstrafe, Strafarrest nach § 9 WStG, Geldstrafe) und nur bei gleicher Strafart die höchste Strafe, androht. Für die Ermittlung der Strafdrohung gilt nicht die abstrakte Betrachtungsweise des § 12 (dort 2); vielmehr sind die konkret vorliegenden unbenannten oder im AT vorgesehenen Strafschärfungs- und Strafmilderungsgründe mit ihren besonderen Strafrahmen zu berücksichtigen (NStZ 81, 301; bei Detter NStZ 94, 177 und 474). Für die Schwere der Strafe kommt es auf das angedrohte Höchstmaß der Hauptstrafe, bei gleicher Art und Schwere der Hauptstrafe auf Nebenstrafen oder Nebenfolgen und erst dann auf das Mindestmaß der Strafen an (RGSt 54, 29; Streng Sanktionen 517); bei Zusammentreffen von Verbrechen und Vergehen kann die schwerste Strafe auch im Vergehenstatbestand angedroht sein (bei Dallinger MDR 70, 560).

9   **4.** Die nach **Abs 2 S 1 an sich zurücktretenden milderen Gesetze** bleiben zum Teil bedeutsam:

a) Die Hauptstrafe darf das **Mindestmaß** der in den milderen Gesetzen angedrohten Hauptstrafen nicht unterschreiten (Abs 2 S 2). Die kumulative Geldstrafe (§ 41) kann auch auf die Verletzung eines milderen Gesetzes gestützt werden (Abs 2 S 2, Abs 3, 4). Für Nebenstrafen usw bleiben die milderen Gesetze voll anwendbar (Abs 4 S 2).

10 **b)** Bei der **Strafzumessung** kann die Verletzung auch des milderen Gesetzes schärfend ins Gewicht fallen (Walter JA 04, 133, 134; 45 zu § 46).

§ 53 Tatmehrheit

(1) **Hat jemand mehrere Straftaten begangen, die gleichzeitig abgeurteilt werden, und dadurch mehrere Freiheitsstrafen oder mehrere Geldstrafen verwirkt, so wird auf eine Gesamtstrafe erkannt.**

Tatmehrheit **§ 53**

(2) **Trifft Freiheitsstrafe mit Geldstrafe zusammen, so wird auf eine Gesamtstrafe erkannt.** Jedoch kann das Gericht auf Geldstrafe auch gesondert erkennen; soll in diesen Fällen wegen mehrerer Straftaten Geldstrafe verhängt werden, so wird insoweit auf eine Gesamtgeldstrafe erkannt.

(3) *Hat der Täter nach dem Gesetz, nach welchem § 43a Anwendung findet, oder im Fall des § 52 Abs. 4 als Einzelstrafe eine lebenslange oder eine zeitige Freiheitsstrafe von mehr als zwei Jahren verwirkt, so kann das Gericht neben der nach Absatz 1 oder 2 zu bildenden Gesamtstrafe gesondert eine Vermögensstrafe verhängen; soll in diesen Fällen wegen mehrerer Straftaten Vermögensstrafe verhängt werden, so wird insoweit auf eine Gesamtvermögensstrafe erkannt. § 43a Abs. 3 gilt entsprechend.*

(4) **§ 52 Abs. 3 und 4 Satz 2 gilt sinngemäß.**

Fassung: Der in Abs 3 genannte § 43a ist durch Urteil des BVerfG v 20. 3. 2002 mit Gesetzeskraft für nichtig erklärt worden (BGBl 1340).

1. Vgl zunächst 23–33 vor § 52. **1**

2. a) Tatmehrheit (Realkonkurrenz) liegt vor (beachte 2 zu § 52), wenn **2** jemand durch mehrere selbstständige Straftaten mehrere anwendbare, dh nicht in unechter Konkurrenz stehende (31–33 vor § 52), Gesetze verletzt, und zwar mehrere verschiedene Gesetze oder dasselbe Gesetz mehrmals (**ungleichartige** und **gleichartige** Tatmehrheit). Noch nicht abschließend geklärt ist die mit dem Verzicht auf die Rechtsfigur des Fortsetzungszusammenhangs (13 vor § 52) notwendig gewordene Neuorientierung in der Behandlung von fortgesetzt begangenen **Serienstraftaten.** Die Problematik betrifft überwiegend das Prozessrecht (zum materiellen) Recht 15 b vor § 52) das Prozessrecht. Hier sind noch Entwicklungen im Gange, die darauf abzielen, die Folgen der neuen Rechtslage abzumildern, namentlich durch Herabsetzung der Anforderungen an die Bestimmtheit der Anklageschrift und des Eröffnungsbeschlusses, durch Zulassung der Verteilung eines festgestellten Gesamtschadens auf die Einzeltaten im Wege der Schätzung, durch Ausdehnung des Begriffs derselben Tat im prozessualen Sinne (§ 264 StPO) mit der daraus folgenden Rechtskraftwirkung und durch Erweiterung der Möglichkeit des Revisionsgerichts, trotz Veränderung der Konkurrenzverhältnisse die für eine Mehrheit von Gesetzesverletzungen verhängte Strafe aufrecht zu erhalten (zusf Geppert NStZ 96, 57, 63; Zieschank GA 97, 455, 465; Rissing-van Saan LK 50–53 vor § 52; Tröndle/Fischer 32–34 vor § 52; siehe auch BGHSt 42, 107, NJW 00, 1878, 1880, NStZ 01, 101 mit krit Bespr Wilhelm NStZ 01, 404 und bei Pfister NStZ-RR 00, 354; Kalf NStZ 97, 66; Zschockelt JA 97, 411; Bender NStZ 97, 423, alle mwN).

Die Vorschrift regelt nur den Fall, dass die Taten **gleichzeitig** abgeurteilt, dh in **2a** demselben Verfahren vor demselben Gericht verhandelt und entschieden werden (Bringewat, Die Bildung der Gesamtstrafe, 1987, S 85; zur str Frage der Gleichzeitigkeit in Fällen der Verbindung nach § 237 StPO BGHSt 37, 42 mit abl Bespr Bringewat JR 91, 74 und Steinmetz JR 93, 228); sie ist jedoch unter den Voraussetzungen des § 55 auch anzuwenden, wenn ein Teil der Taten schon abgeurteilt ist (Grundfälle zur Gesamtstrafe Wolff JuS 99, 800).

3. a) § 53 führt das sog **Asperationsprinzip** für alle Hauptstrafen (auch den **3** Strafarrest nach §§ 9, 13 WStG) mit Ausnahme der Jugendstrafe (§§ 31, 32 JGG, BGHSt 10, 100) durch. Es besteht darin, dass beim Zusammentreffen mehrerer selbstständiger Handlungen nicht die verwirkten Einzelstrafen kumuliert, sondern die jeweils verwirkte schwerste Einzelstrafe (die Einsatzstrafe, Walter JA 04, 133, 134) – soweit sie nicht ohnehin schon lebenslang ist – erhöht wird. Nach den für alle Taten erforderlichen Schuldfeststellungen ist zunächst für jede Tat die konkret

§ 53 AT. 3. Abschnitt. 3. Titel. Strafbemessung bei mehreren Gesetzesverl.

verwirkte Einzelstrafe (mit Strafzumessungsgründen, BGHSt 1, 252) zu bestimmen, und zwar unter Beachtung des § 38 II und ggf des § 47 (MDR 69, 1022) und bei Geldstrafen mit Angabe auch der Tagessatzhöhe (BGHSt 30, 93; Hamm MDR 78, 420 mit Bespr Meyer MDR 78, 894 und Gössel JR 79, 75). Erst dann ist die Gesamtstrafe in den durch § 54 gezogenen Grenzen zu verhängen; ist auch nur eine Einzelstrafe nicht bestimmt, so ist die Gesamtstrafe fehlerhaft (BGHSt 4, 345). – **Erkannt ist dabei nur auf die Gesamtstrafe,** die alle im Schuldspruch genannten Taten abgilt (deshalb keine Teilvollstreckung einer rechtskräftig festgesetzten Einzelstrafe, RGSt 74, 387). Die Einzelstrafen sind aber keine bloßen Rechnungsgrößen. Sie behalten insofern selbstständige Bedeutung, als sie Grundlage für die Verhängung von Nebenstrafen usw (Abs 4) sein können, als sie im Rechtsmittel- und Wiederaufnahmeverfahren von der Aufhebung der Gesamtstrafe und anderer Einzelstrafen idR unberührt bleiben (Köln JMBlNRW 77, 139), als die nicht angefochtenen Einzelstrafen in Teilrechtskraft erwachsen und als das Verbot der Schlechterstellung (§§ 331, 358 II StPO) verletzt ist, wenn zwar keine höhere Gesamtstrafe aber höhere Einzelstrafen festgesetzt werden (BGHSt 1, 252).

4 **b)** Das Asperationsprinzip gilt nicht nur beim Zusammentreffen mehrerer Freiheitsstrafen oder mehrerer Geldstrafen (Abs 1), sondern auch beim **Zusammentreffen von Freiheitsstrafe mit Geldstrafe** (Abs 2 S 1). Im letzten Falle kann jedoch das Gericht (nach pflichtmäßigem Ermessen, 50 zu § 46) auf die Geldstrafe gesondert erkennen (Abs 2 S 2). Ob es davon Gebrauch macht, bestimmt sich nach den allgemeinen Strafzumessungsgrundsätzen (JR 89, 425 mit Anm Bringewat). Die gesonderte Verhängung kommt namentlich in Frage, wenn die Gesamtstrafe als das schwerere Übel erscheint, weil die Einzelstrafe zur Bewährung ausgesetzt werden kann (BGH aaO; NJW 90, 2897; s auch wistra 94, 61; NStZ-RR 02, 264) oder weil sonst Gründe der Gerechtigkeit, der Spezialprävention oder der Vermeidung zwingender beamtenrechtlicher Folgen (NStZ 89, 572; Hamburg StV 02, 658; nicht aber erzieherische Belange gegenüber Erwachsenen, KG NStZ 03, 207) gegen die sonst gebotene Erhöhung der Freiheitsstrafe sprechen (s auch LG Frankenthal StV 92, 234); neben lebenslanger oder hoher zeitiger Freiheitsstrafe ist sie dagegen meist nicht angezeigt. Im Übrigen ist bei der Beurteilung nicht von einem Regel-Ausnahme-Verhältnis auszugehen (im Schrifttum überwiegende Meinung expl Jescheck/Weigend AT S 727; anders die stRspr expl JR 89, 425; bei Detter NStZ 99, 498; KG NStZ 03, 208; Bay MDR 82, 770), sondern von den Umständen des Einzelfalls (zusf Bringewat aaO [vgl 2] S 93). Das begründungslose Übergehen dieser Möglichkeit ist jedenfalls dann ein sachlich-rechtlicher Fehler, wenn sie nach den Umständen naheliegt (NJW 89, 2900; wistra 98, 58; StV 99, 598; KG NStZ 03, 207 und 208). Wird die Geldstrafe gesondert verhängt, so kann auch die Ersatzfreiheitsstrafe nicht in die Gesamtstrafenbildung einbezogen werden (Bay MDR 71, 860; Frankfurt NStZ-RR 02, 363; Bringewat aaO S 103; aM Frister NK 28, alle mwN). – Besteht die eine Einzelstrafe aus Freiheitsstrafe und kumulativer Geldstrafe (§ 41), so sollte die letztere auch im Gesamtstrafenausspruch gesondert verhängt werden (Abs 4 iVm § 52 III; vgl Küper NJW 75, 547; Bringewat aaO S 100). – Dabei ist über die Kumulation für jede Einzeltat gesondert zu entscheiden (NStZ-RR 98, 6). – Die verschiedenen Möglichkeiten, auf Geldstrafe gesondert zu erkennen, können auch zum Zusammentreffen mehrerer Einzelgeldstrafen führen; für diese ist dann – und zwar nach dem Gesetzeszweck ohne Rücksicht darauf, ob sie selbstständig oder neben Freiheitsstrafe (§ 41) verhängt werden (BGHSt 23, 260; 25, 380, 382 mit Anm Küper aaO) – eine Gesamtgeldstrafe (keine Gesamtfreiheitsstrafe, StV 99, 598) zu bilden (Abs 2 S 2).

5 **c)** Soweit das Asperationsprinzip im Falle des Abs 2 nicht angewendet wird, ist auf die verwirkten Einzelstrafen nebeneinander zu erkennen (Kumulationsprinzip).

Bildung der Gesamtstrafe **§ 54**

Dasselbe gilt, wenn Kriminalstrafen mit Geldbußen nach dem OWiG zusammentreffen (Köln NJW 79, 379 mwN).

4. a) Die Notwendigkeit oder Zulässigkeit von **Nebenstrafen** usw (Abs 4 iVm § 52 IV S 2) hängt davon ab, ob sie neben einer Einzelstrafe, die nicht notwendig die Einsatzstrafe sein muss, vorgeschrieben oder zugelassen sind (BGHSt 34, 138; eingehend Bringewat aaO [vgl 2] S 107); dass erst die Gesamtstrafe die Voraussetzungen der Nebenstrafen usw erfüllt, genügt nicht (NJW 68, 115). – Sie sind grundsätzlich **neben der Gesamtstrafe** (neben den Einzelstrafen nur im Falle der Kumulation) einheitlich und unter Einhaltung ihrer Höchstgrenzen anzuordnen (BGHSt 24, 205, 207; 34, 138). Das gilt namentlich für das Fahrverbot (Bay VRS 51, 221; Widmaier NJW 71, 1158, 1159), das auch in Fällen des Abs 2 S 2 zur Vermeidung unbegründeter Schlechterstellung nicht mehrfach verhängt werden darf (hM; anders Bringewat aaO [vgl 2] S 115); entsprechendes gilt, wenn wegen einer Straftat die Voraussetzungen des § 44 und wegen einer realkonkurrierenden Ordnungswidrigkeit die des § 25 StVG erfüllt sind (Celle NZV 93, 157). 6

b) Sind **verschiedene Rechtsfolgen** neben verschiedenen Einzelstrafen anzuordnen, so können sie idR neben der Gesamtstrafe kumuliert werden (BGHSt 12, 85); bei Maßregeln kann jedoch die Anordnung der einen die andere ausschließen (§ 72). 7

§ 54 Bildung der Gesamtstrafe

(1) **Ist eine der Einzelstrafen eine lebenslange Freiheitsstrafe, so wird als Gesamtstrafe auf lebenslange Freiheitsstrafe erkannt. In allen übrigen Fällen wird die Gesamtstrafe durch Erhöhung der verwirkten höchsten Strafe, bei Strafen verschiedener Art durch Erhöhung der ihrer Art nach schwersten Strafe gebildet. Dabei werden die Person des Täters und die einzelnen Straftaten zusammenfassend gewürdigt.**

(2) **Die Gesamtstrafe darf die Summe der Einzelstrafen nicht erreichen. Sie darf bei zeitigen Freiheitsstrafen fünfzehn Jahre,** *bei Vermögensstrafen den Wert des Vermögens des Täters* **und bei Geldstrafe siebenhundertzwanzig Tagessätze nicht übersteigen;** *§ 43a Abs. 1 Satz 3 gilt entsprechend.*

(3) **Ist eine Gesamtstrafe aus Freiheits- und Geldstrafe zu bilden, so entspricht bei der Bestimmung der Summe der Einzelstrafen ein Tagessatz einem Tag Freiheitsstrafe.**

Fassung: Der in Abs 2 genannte § 43a ist durch Urteil des BVerfG v 20. 3. 2002 mit Gesetzeskraft für nichtig erklärt worden (BGBl I 1340).

1. Die Vorschrift bestimmt die **Methode,** nach der bei Tatmehrheit (§ 53) die **Gesamtstrafe zu bilden ist** (eingehend Bringewat, Die Bildung der Gesamtstrafe, 1987, S 117; krit Montenbruck JZ 88, 332). 1

2. Bestehen eine (oder mehrere) der Einzelstrafen in **lebenslanger Freiheitsstrafe,** so ist nur diese als Gesamtstrafe zu verhängen (Abs 1 S 1). Zu den Auswirkungen der Einzelstrafen auf die Mindestverbüßungszeit bei Aussetzung des Strafrestes zur Bewährung beachte § 57b. 2

3. In allen übrigen Fällen (Abs 1 S 2) gilt Folgendes: 3

a) Zunächst ist die verwirkte höchste Einzelstrafe (bei Geldstrafe entscheidet allein die Tagessatzzahl, NJW 86, 1117), bei Strafen verschiedener Art die ihrer Art nach schwerste Einzelstrafe (Rangfolge: Freiheitsstrafe, Strafarrest nach §§ 9, 13 WStG, Geldstrafe) zu ermitteln (sog **Einsatzstrafe**). Zur Gewinnung der Gesamtstrafe ist sie um mindestens eine Strafeinheit (nach § 39 bei Freiheitsstrafe unter einem Jahr eine Woche und über einem Jahr ein Monat; nach § 40 I bei Geldstrafe ein Tagessatz) zu erhöhen, muss aber hinter der Summe der Einzelstrafen um mindestens eine Strafeinheit zurückbleiben (**konkretes Höchstmaß**, Abs 2 S 1); außerdem darf sie die in Abs 2 S 2 bestimmten absoluten Grenzen nicht übersteigen (**abstraktes Höchstmaß**). Auch eine Einsatzgeldstrafe ist lediglich zu erhöhen (dh nicht nach § 47 II als Freiheitsstrafe zu verhängen), wenn die zugrundeliegenden Einzelgeldstrafen nach § 47 I festgesetzt worden sind und die Gesamtstrafe 180 Tagessätze oder mehr beträgt (NStZ 95, 178).

4 b) Erreicht bereits die Einsatzstrafe das **abstrakte Höchstmaß**, so muss ihre Erhöhung unterbleiben (bei Dallinger MDR 71, 545). Kann § 39 nicht eingehalten werden, weil sonst die Summe der Einzelstrafen erreicht oder überschritten würde (zB Einzelstrafen von einem Jahr und von einer Woche Freiheitsstrafe), so tritt er zurück (NStZ-RR 04, 137; zu Grenzfällen beachte Karlsruhe MDR 95, 404; Bringewat aaO [vgl 1] S 129); namentlich die langfristige Freiheitsstrafe muss daher ausnahmsweise nicht nach vollen Monaten bemessen werden (BGHSt 16, 167).

5 c) Zur **Ersatzfreiheitsstrafe** vgl § 43.

6 d) aa) Die **zusammenfassende Würdigung der Person des Täters und der einzelnen Straftaten** (Abs 1 S 3) erfordert einen gesonderten Zumessungsakt. Die Strafzumessung im ganzen ist danach zweistufig (hM; anders Montenbruck JZ 88, 332). Die auf der ersten Stufe gebotene Festsetzung der Einzelstrafen (3 zu § 53) beruht auf einer den allgemeinen Regeln folgenden Würdigung der Einzeltaten, dh auf ihrer Bewertung unter allen für sie relevanten Gesichtspunkten (hM; einschr Dreher JZ 57, 155; s auch Schweling GA 55, 289); Strafänderungsgründe, die unmittelbar den Unrechts- oder Schuldgehalt der Einzeltaten betreffen (zB § 21), sind daher schon bei den Einzelstrafen, nicht erst bei der Gesamtstrafe zu berücksichtigen (NJW 66, 509; s auch NStZ-RR 98, 107). Auf der zweiten Stufe folgt dann eine **Würdigung des Gesamtkomplexes der Taten**, bei der vor allem zu berücksichtigen sind: die Zahl und Schwere der Taten, ihr Verhältnis zueinander, ihr sachlicher, zeitlicher und situativer Zusammenhang (dazu ua NStZ 96, 187; StV 97, 76; NStZ-RR 97, 228 und 03, 9 sowie bei Pfister NStZ-RR 00, 356; StraFo 04, 105), ihre größere oder geringere Selbstständigkeit, namentlich aber auch die Verhältnisse des Verurteilten, seine Strafempfänglichkeit, seine Schuld im Hinblick auf das Gesamtgeschehen und die Frage, ob die Taten bei einem kriminellen Hang (Serientäter) oder bei Fahrlässigkeitsdelikten einer allgemein gleichgültigen Einstellung beruhen (hM; vgl ua BGHSt 24, 268; NJW 95, 2234; NStZ 01, 365; schon im Ansatz anders Bohnert ZStW 105, 846). – Die bei den Einzeltaten verwerteten Strafzumessungstatsachen sind auf der zweiten Stufe in ihrer Bedeutung für die Gesamtheit der Taten nochmals zu berücksichtigen (NStZ 83, 183; NStZ-RR 98, 236). Das bedeutet nicht notwendig einen Verstoß gegen das **Doppelverwertungsverbot** (BGHSt 24, 268; s auch Bringewat aaO [vgl 1] S 143; aM Sch/Sch-Stree 15, alle mwN). Sie sind nämlich nur insoweit verbraucht, als sich Aspekte des Gesamtkomplexes schon in einer Einzelstrafe ausgewirkt haben; dieser innere Zusammenhang zwischen den beiden Stufen ist zur Vermeidung materieller Doppelverwertungen sorgfältig zu beachten (im Ergebnis ähnlich Frister NK 24, 25 und Streng Sanktionen 525).

7 bb) Die Gesamtstrafenbildung bedarf einer besonderen, rechtlich nachprüfbaren **Begründung** (BGHSt 24, 268; StV 83, 237), die umso eingehender sein muss, je mehr sich die Gesamtstrafe der unteren oder oberen Grenze des Zulässigen nähert (NJW 95, 2234; NStZ-RR 03, 276; Düsseldorf StV 86, 376; zusf Bringewat aaO [vgl 1] S 137) oder sich sonst auffallend von der Einsatzstrafe entfernt (StV 94, 424; wistra 97, 227 und 228). Der Hinweis des Gerichts, es hätte dieselbe Gesamtstrafe auch verhängt, wenn die eine oder andere Tat nicht erwiesen worden wäre, ist fehlerhaft (LM Nr 17 zu § 74 aF).

Nachträgliche Bildung der Gesamtstrafe § 55

4. Sind sämtliche Einzelstrafen nach **DDR-Recht** verhängt worden (vgl 8 zu § 53), so ist die Begrenzung des Höchstmaßes der Geldstrafe auf 360 Tagessätze zu beachten (Art 315 II, IV, 315c EGStGB). Beruhen die Einzelstrafen zum Teil auch auf dem Strafrecht der Bundesrepublik, so dürfte Abs 2 S 2 anwendbar sein, wenn sich die Einsatzstrafe auf dieses Recht stützt oder der Schwerpunkt der Einzelstrafen dort liegt (zw). 8

§ 55 Nachträgliche Bildung der Gesamtstrafe

(1) **Die §§ 53 und 54 sind auch anzuwenden, wenn ein rechtskräftig Verurteilter, bevor die gegen ihn erkannte Strafe vollstreckt, verjährt oder erlassen ist, wegen einer anderen Straftat verurteilt wird, die er vor der früheren Verurteilung begangen hat. Als frühere Verurteilung gilt das Urteil in dem früheren Verfahren, in dem die zugrundeliegenden tatsächlichen Feststellungen letztmals geprüft werden konnten.**

(2) *Vermögensstrafen, Nebenstrafen, Nebenfolgen und Maßnahmen (§ 11 Abs. 1 Nr. 8), auf die in der früheren Entscheidung erkannt war, sind aufrechtzuerhalten, soweit sie nicht durch die neue Entscheidung gegenstandslos werden. Dies gilt auch, wenn die Höhe der Vermögensstrafe, auf die in der früheren Entscheidung erkannt war, den Wert des Vermögens des Täters zum Zeitpunkt der neuen Entscheidung übersteigt.*

Fassung: Die in Abs 2 genannten Vermögensstrafen gem § 43a sind durch Urteil des BVerfG mit Gesetzeskraft für nichtig erklärt worden (BGBl I 1340).

1. Die Vorschrift ermöglicht es, Einzelstrafen (nicht Urteile, KG JR 86, 119), die bei gleichzeitiger Aburteilung nach §§ 53, 54 Grundlage einer Gesamtstrafenbildung gewesen wären, auch bei **getrennter Aburteilung** durch Einbeziehung in das letzte Urteil noch nachträglich ebenso zu behandeln. Der Täter soll durch den verfahrensrechtlichen Zufall gemeinsamer oder getrennter Aburteilung weder besser noch schlechter gestellt werden (BGHSt 7, 180, 182; 32, 190; 33, 230 und 367; 43, 79, 80; NStZ-RR 01, 368; Joecks 2; eingehend Bringewat, Die Bildung der Gesamtstrafe, 1987, S 151). Abgesehen davon, dass der Spezialitätsgrundsatz des Auslieferungsrechts die Einbeziehung im Einzelfall verbieten kann (NStZ 98, 149 mwN), erleidet dieser Grundsatz nur insofern eine Ausnahme, als erledigte (vollstreckte, verjährte oder erlassene) Strafen nicht mehr in ein neues Urteil einbezogen werden können. Die **Voraussetzungen** im Einzelnen: 1

a) Der Täter muss in einem früheren Verfahren (beachte jedoch JR 84, 121 mit Anm Bloy) durch Urteil oder eine dem Urteil gleichstehende Entscheidung (zB Strafbefehl, wistra 97, 264) eines deutschen Gerichts (BGHSt 43, 79 mwN) zu einer Freiheitsstrafe oder Geldstrafe **verurteilt** worden sein. Die Einbeziehung einer Jugendstrafe ist jedoch unzulässig (hM; vgl BGHSt 36, 270 mit krit Bespr Schoreit ZRP 90, 175; Bringewat JuS 91, 24 und Böhm/Büch-Schmitz NStZ 91, 131; zw); dafür ist ein Härteausgleich (vgl 3) durch Herabsetzung der verwirkten Strafe zu gewähren (BGH aaO; s auch BGHSt 36, 294, 297; NStZ-RR 98, 151), was je nach Sachlage auch durch Herabsetzung aller verwirkten Einzelstrafen möglich sein soll (BGHSt 36, 270, 275; aM Bringewat aaO; zw). Der Rechtsgedanke des Härteausgleichs ist außerdem in Betracht zu ziehen, wenn vom zeitlichen Ablauf her gesamtstrafenfähige Taten nicht miteinander abgeurteilt werden können, weil Entscheidungen ausländischer Gerichte nicht einbezogen werden dürfen (BGHSt 43, 79; NStZ 98, 134). – Die nach Abs 1 S 1 außerdem vorausgesetzte Rechtskraft der Verurteilung (NStZ 90, 448) schließt deren Nachprüfung auf materielle Richtigkeit und auf die Frage aus, ob ihr ein Verfahrenshindernis entgegenstand (MDR 82, 1031 mwN). Für den genauen Zeitpunkt der früheren Verurteilung kommt es nach Abs 1 S 2 auf die Verkündung des letzten tatrichterli- 2

§ 55 AT. 3. Abschnitt. 3. Titel. Strafbemessung bei mehreren Gesetzesverl.

chen Urteils an, das über die Schuld- und die Straffrage (sei es auch nur die Strafaussetzung zur Bewährung, BGHSt 15, 66; Schleswig NStZ 90, 359) entschieden hat (BGHSt 2, 230). Als solche Urteile kommen danach auch in Frage: Das Urteil des Berufungsgerichts, wenn dieses die Berufung nicht als unzulässig verworfen hat (BGHSt 17, 173); das Urteil in der Tatsacheninstanz nach Revision, selbst wenn die Zurückverweisung nur zur Berichtigung der Gesamtstrafenbildung erfolgt ist (Celle NJW 73, 2214; Karlsruhe GA 74, 347; str), das Urteil nach Einspruchseinlegung gegen eine Strafbefehl (NStZ 02, 590) und das letzte tatrichterliche Urteil nach Wiederaufnahme des Verfahrens (Bay JR 82, 335 mit Anm Stree; str), nicht aber das Revisionsurteil (Samson/Günther SK 9; aM Sch/Sch-Stree 25, 26, beide mwN). Falls die frühere Verurteilung nicht verkündet, sondern (namentlich beim Strafbefehl) durch Mitteilung bekanntgemacht worden ist, kommt es auf den Erlass an (BGHSt 33, 230 mwN; str), der mit der Unterzeichnung zusammenfällt (BGH aaO; aM Bringewat aaO [vgl 1] S 159; zw).

3 **b)** Die durch die frühere Verurteilung verhängte Strafe (nicht lediglich Maßregel, Bay bei Bär DAR 91, 364) darf nicht erledigt, also **nicht vollständig vollstreckt** (dh die Freiheits- oder Ersatzfreiheitsstrafe verbüßt oder die Geldstrafe bezahlt), **verjährt oder erlassen** sein (NJW 82, 2080). Dass die Strafe zur Bewährung ausgesetzt ist, steht einer Einbeziehung nicht entgegen, und zwar auch dann nicht, wenn die Bewährungszeit bereits abgelaufen, die Strafe aber noch nicht erlassen ist (NJW 91, 2847; NStZ 93, 235; aM Frister NK 29, alle mwN; beachte dazu auch 1 zu § 56g; 2a zu § 58). – Ob eine Strafe erledigt ist, bestimmt sich nach dem Zeitpunkt des letzten tatrichterlichen Urteils in dem neuen Verfahren, in dem die der neuen Tat zugrundeliegenden Feststellungen – sei es auch nur zur Straffrage oder zu Teilen der Straffrage (BGHSt 15, 66, 69; NStZ-RR 96, 162) – letztmalig geprüft werden konnten (hM; vgl BGHSt 12, 94; anders Sch/Sch-Stree 25, 26; s auch Schrader MDR 74, 718). – Kann eine Gesamtstrafe nur deshalb nicht mehr gebildet oder eine frühere Einzelstrafe nur deshalb nicht mehr einbezogen werden, weil sich die frühere Strafe erledigt hat, und hat der Täter dadurch einen Nachteil erlitten (dazu NStZ 90, 436; StV 90, 348; wistra 02, 422), so ist als **Härteausgleich** die verwirkte Einzelstrafe oder die übrigbleibende Gesamtstrafe angemessen – allerdings nicht notwendig im Wege über die Bildung einer fiktiven Gesamtstrafe (BGHSt 31, 102 mit krit Anm Vogt JR 83, 250; LG Cottbus NStZ 02, 149 mit krit Anm Stree; Bringewat NStZ 87, 385; aM Loos NStZ 83, 260; Frister NK 33, 34, alle mwN) – herabzusetzen (stRspr); dabei bilden das angedrohte gesetzliche Mindestmaß (bei Holtz MDR 80, 454) und die Regel des § 39 (NJW 89, 236 mit abl Anm Bringewat JR 89, 248; NStZ 96, 187; zw), keine unüberschreitbare Schranke. Wohl aber sind die aus § 54 II S 2 folgenden Höchstgrenzen zu beachten (BGHSt 33, 131). Wird die Gesamtstrafenbildung erst nach Einlegung eines Rechtsmittels infolge Erledigung der früheren Strafe unzulässig, so kann das Verbot der Schlechterstellung für das Ausmaß des Härteausgleichs bedeutsam sein (BGHSt 12, 94). – Ist in einem Urteil lediglich die Bildung einer Gesamtstrafe aus mehreren fehlerfrei bemessenen Einzelstrafen unterblieben oder fehlerhaft vorgenommen worden, so soll das nach der Rspr des BGH einer späteren Nachholung oder Berichtigung der Gesamtstrafenbildung durch den Tatrichter auch dann nicht entgegenstehen, wenn inzwischen die frühere Strafe erledigt ist (BGHSt 15, 66, 71; NJW 82, 2080; aM Schleswig MDR 81, 866; Bringewat aaO [vgl 1] S 191, alle mwN; zw).

4 **c)** Die **neue Tat** muss – sei es auch nur möglicherweise (Oldenburg GA 60, 28) – **vor der früheren Verurteilung** begangen, und zwar nicht nur vollendet, sondern auch beendigt sein (hM; vgl etwa Kindhäuser 2 und Schäfer StrZ 679; anders Bringewat aaO [vgl 1] S 162; Frister NK 8). Bei Dauerstraftaten (11 vor § 52) kommt es daher auf die Wiederaufhebung des rechtswidrigen Zustandes an

Nachträgliche Bildung der Gesamtstrafe § 55

(Hamm NJW 57, 1937; Stuttgart Justiz 01, 491). – Nach dem Zweck der Vorschrift (vgl 1) ist für **Teilnahmehandlungen** (abw von § 8) auf die Beendigung der Haupttat abzustellen (Stuttgart MDR 92, 177; s auch NStZ 94, 482).

2. a) Die nachträgliche Anwendung der §§ 53, 54 lässt die in den verschiedenen Verfahren ausgesprochenen **Einzelstrafen** unberührt; sie kann deshalb auch nicht deren Wegfall bewirken (BGHSt 12, 99). Wurden in der früheren Verurteilung für alle Einzeltaten oder für einzelne von ihnen keine Einzelstrafen festgesetzt, so ist eine Einbeziehung dieser Verurteilung unzulässig, weil dem Richter des neuen Verfahrens die Zuständigkeit zur Festsetzung von Einzelstrafen fehlt (BGHSt 41, 374 [3. StS]; 43, 34 [2. StS]; NStZ-RR 98, 296; 99, 137 und 04, 106; zw); dieser hat jedoch die darin liegende Härte bei Bemessung der neuen Strafe auszugleichen (BGHSt 43, 34; NStZ-RR 04, 106; aM NStZ 97, 385 und 99, 185 [5. StS], wonach es bei Fehlen einer oder mehrerer Einzelstrafen geboten sein soll, den § 55 unter Zugrundelegung der denkbar günstigsten Einzelstrafen anzuwenden). Ist eine aus diesem Grunde fehlerhafte Verurteilung (zu Unrecht) in eine neue Verurteilung einbezogen worden, so schließt dieser Rechtsfehler die Zäsurwirkung der neuen Verurteilung nicht aus (BGHSt 44, 179 mit Anm Stree NStZ 99, 184 und Bringewat JR 99, 514; zw). 5

b) Das **Prinzip des § 55** gilt unabhängig davon, ob in der früheren Verurteilung bereits eine Gesamtstrafe nach §§ 53–55 gebildet war und ob alle durch die neue Verurteilung verwirkten Einzelstrafen die Voraussetzungen der Einbeziehung erfüllen. Soweit erforderlich, ist deshalb eine frühere Gesamtstrafe **aufzulösen** (BGHSt 9, 5) und für diejenigen Einzelstrafen, bei denen die Voraussetzungen der Einbeziehung vorliegen, eine neue Gesamtstrafe zu bilden (NStZ-RR 99, 268). In diesen Grenzen ist also eine Durchbrechung der Rechtskraft zugelassen, und zwar auch dann, wenn die frühere Gesamtstrafe fehlerhaft gebildet war (BGHSt 35, 243 mit krit Anm Stree JR 88, 517, beide mwN). Rspr und ein Teil der Lehre beschränken sie jedoch mit Recht – vor allem zur Verhütung unbegründet unterschiedlicher Zumessung der Gesamtstrafe (6 zu § 54) in der früheren und der neuen Verurteilung – auf das für eine sinnvolle Gesamtstrafenbildung unerlässliche Maß: Danach darf die neue Gesamtstrafe die frühere nicht unterschreiten (BGHSt 7, 180, 183) und sie auch nicht um mehr als die Summe der einzubeziehenden Einzelstrafen überschreiten (BGHSt 15, 164; Gollwitzer JR 83, 165; aM Bringewat MDR 87, 793, alle mwN; str). – Die einbezogenen Einzelstrafen werden so angesehen, als sei die ihnen zugrunde liegende Aburteilung schon zusammen mit der früheren Verurteilung erfolgt (GA 56, 50; Zweibrücken NJW 68, 310; Karlsruhe GA 74, 347). Daraus folgt, dass Einzelstrafen für Taten, die erst nach der früheren Verurteilung begangen worden sind, daneben selbstständig bleiben (NJW 91, 1763 mit Anm Bringewat JR 91, 513; aM LG Frankenthal NJW 67, 794 mit abl Anm Mecker NJW 67, 1382; Samson/Günther SK 9 zu § 53); aus ihnen ist uU eine besondere Gesamtstrafe zu bilden (StV 81, 620; NStZ 03, 200; zur sog „doppelten Gesamtstrafe" Hamm MDR 76, 162; Sacksofsky NJW 63, 894; Bender NJW 64, 807; eingehend Bringewat aaO [vgl 1] S 169). 6

c) aa) Aus der Maßgeblichkeit der jeweils frühesten Verurteilung (vgl 6) ergibt sich der **Grundsatz,** dass von der frühesten unerledigten Vorverurteilung (sei es auch nur zu Geldstrafe, bei Detter NStZ 92, 172) auszugehen ist, die eine Zäsur bildet und eine Zusammenfassung nur mit Einzelstrafen wegen vorausgegangener Taten ermöglicht (krit dazu Frister StV 93, 431; zur Verfassungsmäßigkeit der Zäsurwirkung BVerfG NStZ 99, 500). Liegen im Zeitpunkt der letzten tatrichterlichen Verhandlung (Düsseldorf VRS 95, 212) mehrere noch nicht erledigte Vorverurteilungen vor, die schon vorher zu einer rechtlich fehlerfreien (dazu Zweibrücken NJW 73, 2116) Gesamtstrafenbildung geführt haben, und sind im neuen Verfahren mehrere Taten abzuurteilen, so bildet jede weitere Vorverurteilung eine 7

§ 55 AT. 3. Abschnitt. 3. Titel. Strafbemessung bei mehreren Gesetzesverl.

Zäsur, die eine Zusammenfassung wiederum nur mit Einzelstrafen wegen Taten ermöglicht, die vor dieser, aber nach der vorausgegangenen Verurteilung begangen wurden (BGHSt 9, 370, 383; 35, 243; NStZ 02, 590). Das kann für die Gesamtheit der Taten zu mehreren Gesamtstrafen führen, im Hinblick auf die Zäsurwirkung aber auch ergeben, dass Einzelstrafen in die Gesamtstrafenbildung nicht einbezogen werden können (BGHSt 33, 367; wistra 98, 344; s auch Greib JuS 94, 690). Dabei ist allein die materielle Rechtslage maßgebend (NJW 96, 668 mit krit Anm Bringewat NStZ 96, 330 und 03, 200; NStZ 04, 137), aus der sich ua folgende Konsequenzen ergeben: Sind dem neuen Verfahren zwei (oder mehr) Verurteilungen vorausgegangen, bei denen § 55 nicht erfüllt war, so bildet eine neu verwirkte Einzelstrafe auch dann keine ausreichende Klammer für die Bildung einer einzigen Gesamtstrafe, wenn sie gegenüber allen Vorverurteilungen die Voraussetzungen der Einbeziehung erfüllt; hier kann nur mit den Einzelstrafen der frühesten Verurteilung eine Gesamtstrafe gebildet werden (StV 93, 26; beachte jedoch NStZ 98, 35; diff Stree JR 87, 73; s auch Ries und Dreher NJW 72, 673). Ist die einer neu verwirkten Einzelstrafe zugrunde liegende Tat zwischen zwei Vorverurteilungen begangen worden, für die nach § 460 StPO eine Gesamtstrafe zu bilden ist, so darf die Strafe aus der zweiten Verurteilung nicht zur Bildung einer Gesamtstrafe mit der neuen Einzelstrafe herangezogen werden (BGHSt 32, 190 mwN; str); das gilt auch, wenn in der ersten Vorverurteilung nur auf Geldstrafe erkannt worden ist (BGH aaO; speziell zur Zäsurwirkung von Vorverurteilungen, in denen nach § 53 II S 2 auf Geldstrafe gesondert erkannt wurde, Karl MDR 88, 365).

8 bb) Nach der Rspr des BGH geht die beschriebene Zäsurwirkung (vgl 7) entsprechend dem Regelungsbereich des § 55 nur von **noch nicht erledigten** Vorverurteilungen aus (BGHSt 32, 190, 193; NJW 82, 2080; Bay NJW 93, 2127). Eine Erweiterung über diese Grenze würde dem eindeutigen Gesetzeswortlaut widersprechen (expl NJW 88, 1801 mit abl Anm Bringewat JR 88, 215; krit Schäfer StrZ 688).

9 cc) Stellt sich erst **nach Bildung einer Gesamtstrafe** heraus, dass die dabei berücksichtigten Taten sämtlich oder zum Teil vor einer früheren Verurteilung begangen worden sind, so hindert die Rechtskraft der Gesamtstrafe nicht, die Einzelstrafen zur Bildung einer oder mehrerer neuer Gesamtstrafen anders zusammenzufassen (Bay NJW 55, 1488; Hamburg MDR 65, 760); hat jedoch eine Einzelstrafe bereits zur Bildung einer anderen, noch nicht rechtskräftigen Gesamtstrafe gedient, so darf sie zur Vermeidung von Doppelbestrafungen nicht einbezogen werden (BGHSt 20, 292; beachte auch BGHSt 44, 1).

9 a dd) Ergibt sich auf Grund einer **zufälligen Zäsurwirkung,** die zur Kumulierung mehrerer selbstständiger Gesamtstrafen (oder einer Gesamtstrafe und einer selbstständigen Einzelstrafe) zwingt (vgl 6), so sind möglicherweise – namentlich bei Serienstraftaten – die kumulierten Strafen in ihrer Summe nicht mehr schuldangemessen, so dass sie zur Erreichung eines insgesamt gerechten Ergebnisses herabgesetzt werden müssen (BGHSt 41, 310 mit krit Anm Peters NStZ 96, 383; NStZ-RR 96, 227; StraFo 03, 63; beachte jedoch NStZ 98, 79).

10 **d)** Dem § 55 liegt **kein ungeschriebenes Verschlechterungsverbot** zugrunde (Gollwitzer JR 83, 165 mwN). Seine Anwendung ist daher nicht ausgeschlossen, wenn die Gesamtstrafenbildung – etwa bei Einbeziehung einer Geldstrafe in den Fällen des § 53 II S 1 – zum Nachteil des Täters ausschlägt (BGHSt 35, 208; NStZ-RR 97, 228; zusf Bringewat StV 93, 47, alle mwN). Hat jedoch der Täter durch einen rechtskräftigen oder nur von ihm angefochtenen Strafausspruch einen über das in §§ 53–55 vorgesehene Maß hinausgehenden Vorteil erlangt, so darf dieser durch die Gesamtstrafe nicht mehr beeinträchtigt werden (BGHSt 8, 203; NJW 91, 1763 mit Anm Bringewat JR 91, 513). Dasselbe gilt, wenn der Erstrichter über die Gesamtstrafenbildung schon ausdrücklich oder stillschweigend zugunsten des Täters entschieden, zB auf eine Geldstrafe nach § 53 II S 2 gesondert erkannt hatte (Düsseldorf StV 93, 34 und JR 01, 477 mit krit Anm Bringewat), nicht aber, wenn er darüber – gleich aus welchen Gründen (BGHSt 35, 208, 214) – keine Entscheidung getroffen hat, namentlich weil ihm die Möglichkeit der Einbeziehung unbekannt war (BGH aaO mit Bespr Böttcher JR 89, 205 und Bringewat JuS 89, 527; beachte auch Frankfurt NStZ-RR 96, 177; KG NStZ 03, 207).

e) Ist aus mehreren Einzelgeldstrafen, bei denen die **Tagessatzhöhe unterschiedlich festgesetzt** ist, eine Gesamtstrafe zu bilden, so ist Einsatzstrafe (3 zu § 54) die Einzelstrafe mit der höchsten Tagessatzzahl (BGHSt 27, 359). Ihre nach § 54 vorgeschriebene Erhöhung ist für die Tagessatzzahl unproblematisch. Für die Bestimmung der Tagessatzhöhe ist dagegen die Regel des § 40 II (dort 16), auf die wirtschaftliche Verhältnisse zurzeit der Entscheidung abzustellen, mit dem Grundprinzip der Gesamtstrafenbildung unvereinbar, den Täter so zu stellen, wie er gestanden hätte, wenn alle Taten im ersten Verfahren abgeurteilt worden wären (1, 6). Die Tagessatzhöhe lässt sich daher nicht widerspruchsfrei bestimmen. **11**

aa) Haben sich die **Verhältnisse des Täters verschlechtert,** so ist für deren Beurteilung nach § 40 II grundsätzlich auf die Zeit der Gesamtstrafenbildung abzustellen. Dem steht jedoch entgegen, dass die Rechtskraft der früheren Verurteilung jedenfalls erfordert, den § 54 nicht nur auf die Tagessatzzahl, sondern auch auf das Produkt aus Zahl und Höhe der Tagessätze zu beziehen, so dass die Endsumme der Gesamtgeldstrafe einerseits die entsprechende Endsumme aus der früheren Verurteilung überschreiten und andererseits hinter der Endsumme aus der Gesamtheit der Einzelstrafen zurück bleiben muss (Häger LK 67; s auch Vogt NJW 81, 899; str). Die Kollision zwischen den beiden widerstreitenden Prinzipien lässt sich dadurch auf ein Minimum reduzieren, dass die Tagessatzhöhe nach § 40 II bestimmt, das Ergebnis aber so weit (also nicht weiter) korrigiert wird, als es zur Wahrung der beschriebenen Mindestwirkung des § 54 unerlässlich ist (BGHSt 27, 359; Bringewat aaO [vgl. 1] S 222; Streng Sanktionen 532). Die im Schrifttum und anfangs auch in Teilen der Rspr vertretene Gegenposition, die Tagessatzhöhe so zu „splitten", dass sie im Umfang einer Einzelstrafe unverändert übernommen und nur für den Rest an der anderen orientiert wird (Vogler LK [10. Aufl] 31, 32), hat sich mit Recht nicht durchgesetzt (Rissing-van Saan LK 35–42). **12**

bb) Haben sich die **Verhältnisse des Täters verbessert,** so ist die Kollision nach den gleichen Grundsätzen zu lösen. Danach ist die gemäß § 40 II ermittelte Tagessatzhöhe so weit zu senken, dass die Endsumme der Gesamtgeldstrafe hinter der Endsumme aus der Gesamtheit aller Einzelstrafen zurückbleibt (BGHSt 28, 360; Frankfurt NStZ-RR 97, 264, beide mwN). **13**

cc) Hat der Täter in den unter 12, 13 behandelten Fällen einen Teil der einbezogenen Geldstrafe bereits bezahlt, so wird nach gefestigter, aber problematischer Rspr und hM (krit LG Konstanz MDR 91, 171 mit Anm Tulatz; LG Hildesheim NStZ 91, 136 mit Anm Meyer-Goßner NStZ 91, 434; s auch Siggelkow Rpfleger 94, 93 und 285) die Wirkung der Anrechnung (§ 51 II) nicht nach dem Nennbetrag der Gesamtstrafe, sondern nach dem Maßstab der früheren Strafe bestimmt (BGHSt 28, 360, 364; Bay MDR 78, 1043; Bringewat aaO [vgl 1] S 232). **14**

3. a) Die Anwendung des § 55 ist **obligatorisch,** wenn seine Voraussetzungen im Zeitpunkt des Urteils vorliegen; sie darf auch nicht deshalb unterbleiben, weil für die in der früheren Verurteilung verhängte Strafe bereits ein Härteausgleich (vgl 3) dafür gewährt worden ist, dass damals eine Gesamtstrafenbildung wegen Verbüßung einer anderen Strafe nicht mehr möglich war (NJW 94, 2493). Die Verletzung der Vorschrift ist **Revisionsgrund.** Der Rechtsmittelführer darf nicht auf das Verfahren nach § 460 StPO verwiesen werden (BGHSt-GS-12, 1; BGHSt **15**

§ 55 AT. 3. Abschnitt. 3. Titel. Strafbemessung bei mehreren Gesetzesverl.

25, 382; krit Fitzner NJW 66, 1206), es sei denn, dass der Bestand der einzubeziehenden Einzelstrafen – zB auf Grund eines aussichtsreichen Wiedereinsetzungsantrags (BGHSt 23, 98 mit krit Bespr Küper MDR 70, 885) oder einer alsbald zu erwartenden weiteren Gesamtstrafenentscheidung (NJW 97, 2892) – zweifelhaft ist, oder dass die Entscheidung weitere mit erheblichem Zeitaufwand verbundene – nicht lediglich auf mangelnder Terminvorbereitung beruhende (Köln MDR 83, 423) – Ermittlungen erforderlich macht (bei Mösl NStZ 82, 454; Hamm NJW 70, 1200 mit Anm Küper NJW 70, 1559).

15 a b) Es ist ein **sachlich-rechtlicher Fehler,** wenn eine Entscheidung über die Einbeziehung einer früheren Verurteilung schweigt, obwohl sie naheliegt (Jena NStZ-RR 98, 144 mwN).

16 4. § 55 ist nur anwendbar, wenn mindestens eine Tat zur **Aburteilung steht** und die ihretwegen verwirkte Einzelstrafe im Verhältnis zu früher verwirkten Einzelstrafen die Anwendung der §§ 53, 54 begründet. Allerdings kann sich in einem solchen Falle ergeben, dass die Möglichkeiten der gesonderten Verhängung von Geldstrafe (§ 53 II S 2, IV) nicht zur Bildung einer Gesamtstrafe zwingen (Bender NJW 71, 791; Gollmer NJW 71, 1247; s auch BGHSt 25, 382). Die Bildung einer nachträglichen Gesamtstrafe unter Überschreitung der Strafgewalt auch durch das Berufungsgericht ist unzulässig und bleibt dem Beschlussverfahren vorbehalten (Jena NStZ-RR 03, 139). – Zur Ermöglichung revisionsgerichtlicher Nachprüfung müssen die einbezogenen Taten und Einzelstrafen **im Urteil konkret bezeichnet** werden (NStZ 87, 183; NStZ-RR 98, 103; Bay NStZ-RR 01, 331). – Ist bei mehreren rechtskräftigen Verurteilungen die Bildung einer Gesamtstrafe – gleich aus welchen Gründen – unterblieben, so bestimmt sich die nachträgliche Gesamtstrafenbildung nach **§§ 460, 462 a III StPO** (beachte auch 4 zu § 57 b). Sind die Voraussetzungen des § 55 (oder des § 460 StPO) nicht erfüllt, so hat es bei der Kumulation der Strafen sein Bewenden; das gilt auch dann, wenn die Summe der mehreren Freiheitsstrafen das gesetzliche Höchstmaß von 15 Jahren (§ 38 II) überschreitet (BGHSt 33, 367; NStZ 00, 84; Tröndle/Fischer 4 zu § 38; krit Sch/Sch-Stree 8 zu § 53).

17 5. a) Nach **Abs 2** gilt auch für § 55 der allgemeine Grundsatz, dass **Nebenstrafen usw** nicht in die Gesamtstrafenbildung einbezogen, sondern selbstständig und zum Teil einheitlich neben der Gesamtstrafe angeordnet werden (6–7 zu § 53; beachte aber 3 zu § 54). Das gilt jedoch nur, wenn es zur Gesamtstrafenbildung kommt; sind nur diese Nebenrechtsfolgen noch nicht erledigt, so begründet das deren einheitliche Anordnung nicht (Dresden NZV 93, 402 mwN; str). Aus Abs 2 folgt ferner, dass die Rechtsfolgen entfallen, wenn die Gesamtstrafe aufgehoben wird. Sie sind daher grundsätzlich neu auszusprechen (Hamm VRS 57, 184, 185). Da jedoch dieser Ausspruch unter bestimmten Voraussetzungen den Inhalt haben muss, dass die in der früheren Entscheidung angeordneten Rechtsfolgen aufrechterhalten werden (vgl 18), erscheinen diese in den Grenzen der gesetzlichen Bindung nicht als Teil des Gesamtstrafenausspruchs, sondern als fortgeltender Bestandteil des Rechtsfolgenausspruchs für die zugrundeliegende Einzeltat, dessen Rechtskraft zu respektieren ist (BGH NJW 79, 2113 mwN).

18 b) Die in der früheren Entscheidung angeordneten Rechtsfolgen sind **aufrechtzuerhalten,** soweit sie nicht durch die neue Entscheidung gegenstandslos werden. Das trifft jedenfalls zu, wenn sie nach ihrer Wirkung in den Rechtsfolgen enthalten sind, die neu angeordnet werden (NStZ 92, 231; Geppert MDR 72, 280, 285, beide mwN); denn nur unter dieser Voraussetzung kann das Grundprinzip des § 55 gewahrt werden, den Täter nicht schlechter zu stellen, als er bei Aburteilung aller Taten in der früheren Entscheidung gestanden hätte (BGHSt 30, 305 mwN). So macht idR eine Freiheitsstrafe nach § 45 I wegen ihrer automati-

Vorbemerkung **Vor § 56**

schen Statusfolgen einen besonderen Ausspruch nach § 45 II, die Entziehung der Fahrererlaubnis wegen der längerfristigen Ausschaltung des Täters aus dem Verkehr ein Fahrverbot und die Sicherungsverwahrung wegen ihrer zeitlich nicht begrenzten Verwahrungsmöglichkeit meist auch (s jedoch 1 zu § 72) die Unterbringung in einer Entziehungsanstalt gegenstandslos (BGH aaO). Wäre jedoch auf Grund der neuen Tat die frühere Anordnung lediglich mit unverändertem Inhalt anzuordnen, so hat es bei der Aufrechterhaltung sein Bewenden (BGH aaO; beachte auch NZV 97, 183; Karlsruhe NStZ-RR 99, 211). Der Zweckzusammenhang zwingt ferner dazu, bei Neuanordnung einer Entziehung der Fahrerlaubnis den Beginn der neuen Sperre abweichend von § 69a V auf die Rechtskraft der früheren Entscheidung zu beziehen (so schon BGHSt 24, 205; Stuttgart VRS 71, 275 mwN; s auch NStZ 96, 433) und für den Fall, dass die alte Sperrfrist bereits abgelaufen ist, eine das Prinzip wahrende Regelung zu treffen (Düsseldorf NZV 91, 317 mwN). Damit ist zwar eine mit dem Wesen der Maßregel unvereinbare Anrechnung verbunden, die aber im Hinblick auf den Zweck des § 55 hinzunehmen ist (im Ergebnis ebenso Bringewat [vgl 1] S 245; Rissing-van Saan LK 57; Frister NK 58; aM Geppert aaO S 283 und LK 62–66 zu § 69a; Hentschel TFF Rdn 741; zw). – Ob über die aus dem Grundprinzip des § 55 folgenden Grenzen hinaus auch solche Rechtsfolgen gegenstandslos werden, die nach ihren Voraussetzungen zurzeit der neuen Entscheidung nicht (mehr) begründet sind, ist umstritten (offen gelassen in BGHSt 42, 306; verneinend Bringewat JR 98, 122, beide mwN; zw). Das lässt sich jedenfalls nicht aus § 55 herleiten und wird von der Rspr bisher auch nur für einen Ausnahmefall bejaht: Von der an sich begründeten Aufrechterhaltung einer Unterbringung nach § 63 soll abzusehen sein, wenn deren Voraussetzungen nicht (mehr) bestehen, die neue Tat aber die Voraussetzungen einer anderen freiheitsentziehenden Maßregel erfüllt; insoweit soll § 72 I Vorrang vor § 55 II S 1 haben (BGHSt 42, 306 mit abl Anm Bringewat aaO; zw). – Der Gesamtstrafenrichter ist an die Rechtskraft der früheren Entscheidung insoweit gebunden, als eine durch sie angeordnete und noch nicht erledigte (bei Spiegel DAR 78, 152) Rechtsfolge aufrecht erhalten muss, wenn die neue Tat keine Grundlage für die Anordnung einer weiterreichenden Rechtsfolge bietet (NJW 00, 3654; Geppert aaO S 285; s auch NJW 79, 2113). Im Rahmen der beschriebenen Bindung steht dem Richter nur die Prüfung zu, ob die alte Rechtsfolge gesetzmäßig angeordnet worden ist (BGHSt 30, 305). – Die Aufrechterhaltung bedarf des ausdrücklichen Ausspruchs (BGH aaO; Köln VRS 48, 85; beachte auch NZV 01, 45). Sie bewirkt, dass die Rechtsfolgen mit dem Inhalt fortbestehen, den sie nach der früheren Entscheidung hatten. Dadurch kommt dem Täter zB bei Entziehung der Fahrerlaubnis der bereits abgelaufene Teil der Sperre zugute; diese Rechtslage wird zweckmäßig im Urteil klargestellt (Geppert aaO S 285).

6. Zur Anrechnung von **UHaft** oder anderer Freiheitsentziehung auf die nach **19** § 55 gebildete Gesamtstrafe BGHSt 23, 297 mit zust Anm Koffka JR 71, 336; Gribbohm LK 16–18 zu § 51.

4. Titel. Strafaussetzung zur Bewährung

Vorbemerkung

1. Die durch das 3. StÄG eingeführte und durch das 1. StrRG (4 vor § 1) er- **1** weiterte **Strafaussetzung zur Bewährung** gehört zu den wichtigsten Reformen des Strafrechts nach dem Krieg (zu Entstehungsgeschichte und Entwicklung Dünkel ZStW 92, 1039; Kerner/Hermann/Bockwoldt, Straf[rest]aussetzung und Bewährungshilfe, 1984, S 6; Gribbohm LK 1–7; rechtsvergleichend Dünkel aaO S 1058; Dünkel/Spiess [Hrsg], Alternativen zur Freiheitsstrafe. Strafaussetzung zur Bewährung und Bewährungshilfe im internationalen Vergleich, 1983; Jescheck, in:

§ 56 AT. 3. Abschnitt. 4. Titel. Strafaussetzung zur Bewährung

Jescheck [Hrsg], Die Freiheitsstrafe und ihre Surrogate im deutschen und ausländischen Recht, 1984, S 2096; s auch Lüderssen in: Hassemer [Hrsg], Strafrechtspolitik, 1987, S 83). Schon seit geraumer Zeit sind Bestrebungen wirksam, die darauf abzielen, den Anwendungsbereich der Strafaussetzung nochmals zu erweitern (vgl etwa Bietz ZRP 77, 62; Schöch ZStW 92, 143, 146; Roxin JA 80, 545, 550; Dünkel aaO S 1043, 1052, 1072; Feltes, Strafaussetzung zur Bewährung bei freiheitsentziehenden Strafen von mehr als einem Jahr, 1982; Zipf, Jescheck-FS, S 977). Das 23. **StÄG** (10 vor § 1) hat eine solche – allerdings sehr zurückhaltend bemessene – Erweiterung vorgenommen. Dabei war von größerer kriminalpolitischer Bedeutung nur die Vorschrift, die bei Erstbestraften die Aussetzung des Restes von Freiheitsstrafen bis zu zwei Jahren unter erleichterten Voraussetzungen zuließ (§ 57 I Nr 1; dort 13–16). Im Übrigen hat das Gesetz nur den Zweck verfolgt, die praktische Anwendung der Straf- und Maßregelaussetzung durch nähere Konkretisierungen, technische Korrekturen und flexiblere Verfahrensregeln zu erleichtern. Auch das **VerbrBG** (4 vor § 38), das bei Voraussetzungen und Folgeentscheidungen der Strafaussetzung den Gedanken der Wiedergutmachung stärker betont hat, bringt keine Weiterentwicklung in der angegebenen Richtung.

2 2. Die Diskussion um die Erweiterung des Rechtsinstituts ist deshalb zunächst unvermindert weitergegangen (expl Dölling ZStW 104, 259, 276; Dünkel/Spiess BewH 92, 117), in den letzten Jahren aber stark abgeflaut, weil eine Milderung des Strafrechts unter den gegenwärtigen Verhältnissen überwiegend für bedenklich gehalten wird (abl daher ua der Abschlussbericht der Kommission zur Reform des strafrechtlichen Sanktionensystems [3 vor § 38] und König ZRP 01, 67).

§ 56 Strafaussetzung

(1) **Bei der Verurteilung zu Freiheitsstrafe von nicht mehr als einem Jahr setzt das Gericht die Vollstreckung der Strafe zur Bewährung aus, wenn zu erwarten ist, daß der Verurteilte sich schon die Verurteilung zur Warnung dienen lassen und künftig auch ohne die Einwirkung des Strafvollzugs keine Straftaten mehr begehen wird. Dabei sind namentlich die Persönlichkeit des Verurteilten, sein Vorleben, die Umstände seiner Tat, sein Verhalten nach der Tat, seine Lebensverhältnisse und die Wirkungen zu berücksichtigen, die von der Aussetzung für ihn zu erwarten sind.**

(2) **Das Gericht kann unter den Voraussetzungen des Absatzes 1 auch die Vollstreckung einer höheren Freiheitsstrafe, die zwei Jahre nicht übersteigt, zur Bewährung aussetzen, wenn nach der Gesamtwürdigung von Tat und Persönlichkeit des Verurteilten besondere Umstände vorliegen. Bei der Entscheidung ist namentlich auch das Bemühen des Verurteilten, den durch die Tat verursachten Schaden wiedergutzumachen, zu berücksichtigen.**

(3) **Bei der Verurteilung zu Freiheitsstrafe von mindestens sechs Monaten wird die Vollstreckung nicht ausgesetzt, wenn die Verteidigung der Rechtsordnung sie gebietet.**

(4) **Die Strafaussetzung kann nicht auf einen Teil der Strafe beschränkt werden. Sie wird durch eine Anrechnung von Untersuchungshaft oder einer anderen Freiheitsentziehung nicht ausgeschlossen.**

1 1. Vgl zunächst 1, 2 vor § 56.

2 2. Die **Rechtsnatur** der Strafaussetzung, die jedenfalls nicht als bloßer Gnadenerweis verstanden werden kann (NJW 54, 39), ist in Rspr und Wissenschaft nicht abschließend geklärt.

Strafaussetzung **§ 56**

a) Nach ihrer **rechtlichen Konstruktion** ist die Aussetzung keine Strafe eigener Art und auch keine Maßregel, sondern nur eine Modifikation der Vollstreckung (ebenso Schäfer StrZ 126). Sie bewirkt lediglich, dass die Vollstreckung der Freiheitsstrafe aufgeschoben und diese dann später erlassen wird, wenn der Täter die Widerrufsvoraussetzungen (§ 56f) nicht erfüllt (vgl etwa BGHSt 7, 180). Deshalb ist die Strafhöhe unabhängig von der Aussetzung zuzumessen (BGHSt 29, 319; Karlsruhe NStZ-RR 97, 2).

b) Nach ihrer **kriminalpolitischen Aufgabe** ist die Aussetzung iVm der Freiheitsstrafe ein eigenartiges Rechtsinstitut, das weder durch den Strafzweck noch durch den Präventionszweck allein voll erklärt werden kann, sondern Elemente beider in sich vereinigt. Unter diesem Gesichtspunkt bezeichnen die im Schrifttum vertretenen Ansichten, die Strafaussetzung sei der Sache nach anzusehen als bessernde Maßregel (EbSchmidt ZStW 64, 1, 7), als spezialpräventive Resozialisierungsmaßnahme (Armin Kaufmann JZ 58, 297; ähnlich Ostendorf NK 1, 3 vor § 56) oder als selbstständige, der Freiheitsstrafe gleichberechtigte Sanktionsart (Geerds JZ 69, 341), sämtlich einen zutreffenden Aspekt (zusf Müller-Dietz, Grundfragen des strafrechtlichen Sanktionensystems, 1979, S 58). Zu beachten bleibt jedoch, dass der Zweck der Aussetzung vielschichtig ist; während er sich bei bestimmten Tätergruppen (zB den Gelegenheitstätern) in einer Vergünstigung erschöpft, um die schädlichen Wirkungen der Freiheitsstrafe zu vermeiden (Bay NJW 03, 3499, 3501), kommt es bei anderen Gruppen darauf an, die Chance der Resozialisierung sinnvoll zu nutzen (BGHSt 24, 40). – Zur Strafpraxis Ostendorf NK 5, 6 vor § 56. 3

3. a) Nur **Freiheitsstrafe** (nicht Ersatzfreiheitsstrafe, Gribbohm LK 4) kann nach § 56 zur Bewährung ausgesetzt werden. Zur Aussetzung von Maßregeln § 67 b; zu Sonderregelungen für Jugendliche § 21 JGG und für Soldaten §§ 14, 14a WStG. 4

b) Die **Jahresgrenze** nach Abs 1 und die Zwei-Jahresgrenze nach Abs 2 bestimmen sich – auch bei Verbrechen und bei Gesamtstrafen (§ 58 I) – nach der Höhe der erkannten Strafe; deshalb keine Aussetzung, wenn nur in Folge Anrechnung von Freiheitsentziehung (§ 51) eine geringere Freiheitsstrafe zu verbüßen ist (BGHSt 5, 377). – Die jeweilige Höchstgrenze darf nicht nur deshalb unter- oder überschritten werden, damit die Aussetzung möglich bleibt (BGHSt 29, 319; s auch 1 a zu § 41) oder umgekehrt ausgeschlossen wird (StV 96, 263); jedoch hat der Richter hier einen Spielraum, innerhalb dessen er nach § 46 I S 2 die von der Strafe ausgehenden Wirkungen für das künftige Leben des Täters zu berücksichtigen hat (StV 91, 513 und 01, 346; s auch 24, 27, 36 zu § 46). 5

c) Aussetzung eines **Teils der Strafe** ist unstatthaft (Abs 4 S 1). Bloße Anrechnung von Freiheitsentziehung (§ 51) steht jedoch nicht entgegen (Abs 4 S 2), es sei denn, dass die Strafe durch die Anrechnung voll aufgezehrt wird (BGHSt 31, 25 mit abl Anm Stree NStZ 82, 327; StV 92, 157; aM Haberstroh NStZ 84, 289, 293; zw; die in einem rechtskräftigen Urteil entgegen der Rspr angeordnete Aussetzung ist jedoch bestandskräftig mit der Folge, dass sie die nachträgliche Korrektur der mit dem Urteil verbundenen Bewährungsmaßnahmen unzulässig macht (Köln NStZ 99, 534). – Im Übrigen ist Teilvollstreckung nur durch Aussetzung des Strafrestes nach § 57 erreichbar; fasst der Richter sie schon im Urteil ins Auge, so ist die Ablehnung der Aussetzung näher zu begründen (NJW 55, 996). 6

d) Dass neben der Freiheitsstrafe eine **Maßregel** angeordnet wird (BGHSt 15, 316; Gribbohm LK 3 mwN) oder dass in anderer Sache noch eine freiheitsentziehende Maßregel zu vollstrecken ist (aM Hamburg MDR 76, 773; zw), steht der Aussetzung nicht notwendig entgegen (JR 02, 113 mit Anm Sarres) jedoch werden meist die weiteren Voraussetzungen fehlen. Es kommt zB aber in Frage, dass 7

§ 56 AT. 3. Abschnitt. 4. Titel. Strafaussetzung zur Bewährung

Strafe und Unterbringung (§§ 63, 64) eines vermindert Schuldfähigen zur Bewährung ausgesetzt werden und im Rahmen der Führungsaufsicht eine Weisung nach § 56 c III erteilt wird (NStZ-RR 97, 291; beachte dazu §§ 67 b, 68 b II S 2 und 68 g).

8 **4. a) Sachliche Voraussetzung** ist nach **Abs 1** die **günstige Täterprognose** (Ausnahmen in § 183 III, IV). Für sie kommt es auf die Erwartung straffreier (Bay StV 92, 15), dh einer die Strafgesetze allgemein – also nicht nur für die Dauer der Bewährungszeit (bei Nehm DAR 93, 162; Bay VRS 62, 37; Schäfer StrZ 130) – respektierenden künftigen Lebensführung an (krit zu der Beschränkung auf lediglich straffreie Führung Peters, Heinitz-FS, S 501, 504). Die Erwartung von Bagatelltaten, nicht jedoch hinter der begangenen Tat lediglich zurückbleibenden Taten (Gribbohm LK 14; aM Bay NStZ-RR 03, 105; Ostendorf NK 5; Sch/Sch-Stree 15) bleibt dabei außer Ansatz; auch die bloße Aussicht, dass sich die begangene Tat nicht wiederholen werde, genügt allein nicht (Bay 67, 35). Andererseits kann aber nur eine Verhaltens-, nicht auch eine Gesinnungsänderung verlangt werden; Aussetzung kommt daher auch bei Überzeugungstätern in Frage (BGHSt 6, 186; 7, 6; Hamm NJW 69, 890), erfordert hier aber konkrete Anhaltspunkte für die Verhaltensänderung (NJW 95, 340, 341; Karlsruhe NStZ-RR 96, 58, beide mwN). Bei Gewissenstätern, die nach der Rspr im Hinblick auf ihre ein für allemal getroffene Gewissensentscheidung auch wegen künftiger Wiederholung der begangenen Tat nicht mehr bestraft werden können (BVerfGE 23, 191; zusf Eisenberg/Wolke JuS 93, 285), darf jedoch der verfassungsrechtliche Schutzzweck nicht dadurch unterlaufen werden, dass die bloße Erwartung einer solchen Wiederholungstat, deren Strafbarkeit ohnehin zweifelhaft ist (Struensee JZ 84, 645), zur Begründung einer ungünstigen Prognose herangezogen wird (Oldenburg NJW 89, 1231; Bremen StV 89, 395; Gribbohm LK 13). – **Erwartung** setzt keine sichere Gewähr für künftig straffreie Führung voraus; es genügt, dass nach den festgestellten Tatsachen die Wahrscheinlichkeit künftig straffreien Verhaltens höher einzuschätzen ist als die Möglichkeit neuer Straftaten (NStZ 97, 594; in der Sache ebenso BGHSt 7, 6; StV 91, 514; nach Frisch, Kaiser-FS, S 765, 775, haben die Gerichte damit das spezialpräventive Programm praktisch umgesetzt; abw Frisch, Prognoseentscheidungen im Strafrecht, 1983, S 49). Für diese Tatsachen gilt der Grundsatz **in dubio pro reo** uneingeschränkt (bei Dallinger MDR 73, 900; Bay StV 94, 186; Gribbohm LK 16; einschr Horn SK 12). Die aus diesen Tatsachen folgenden Urteile, namentlich das Prognoseurteil selbst, sind davon schon deshalb nicht betroffen, weil sie keine Tatsachen, sondern nur Schlussfolgerungen aus den Tatsachen sind (dazu Schneider, Grundlagen der Kriminalprognose, 1996, S 40; s auch Volckart, Praxis der Kriminalprognose, 1997, S 19). Für das Prognoseurteil ergibt nach hM Wortlaut und Zweck des Gesetzes, dass das Gericht die Wahrscheinlichkeit (dh qualifizierte Möglichkeit) künftig straffreier Führung positiv bejahen, Zweifel also zum Nachteil des Täters ausschlagen lassen muss (expl bei Detter NStZ 92, 172; Düsseldorf JR 88, 72 mit Anm Greger; Schäfer StrZ 132, aM Terhorst MDR 78, 973, 975; Ostendorf NK 25; anders auch LG Hamburg MDR 92, 978, Frisch aaO S 50, 61, Montenbruck, In dubio pro reo aus normtheoretischer, straf- und strafverfahrensrechtlicher Sicht, 1985, S 96 und Streng, IndividProg, S 114, die den Zweifelssatz im Prognosebereich nicht für einschlägig halten).

9 **b)** Die Täterprognose erfordert eine **individuelle Würdigung** aller, also nicht nur der in Abs 1 S 2 beispielhaft aufgeführten Umstände, die Rückschlüsse auf das künftige Verhalten des Täters zulassen (Düsseldorf JR 88, 72 mwN); bei Straftaten bestimmter Art, etwa bei Sexualdelikten, auf eine solche Würdigung zu verzichten, ist unzulässig, weil das Gesetz keine allgemeine Ausnahme vorsieht (BGHSt 6, 298; NStZ-RR 99, 281; JR 02, 113 mit Anm Sarres). Unerheblich ist, ob der

Täter ungünstige Umstände verschuldet hat; auch krankhafte Eigenschaften können daher berücksichtigt werden (BGHSt 10, 287). Im Rahmen der Gesamtheit der körperlichen, geistigen und seelischen Eigenschaften fallen häufig ins Gewicht:

aa) Aus dem **Vorleben** frühere Erziehungsmaßnahmen und Vorstrafen (Koblenz MDR 71, 235; beachte jedoch StV 91, 346), soweit sie nicht getilgt oder tilgungsreif sind (§ 51 I BZRG; Karlsruhe Justiz 73, 27), ferner begangene, nicht notwendig schon rechtskräftig abgeurteilte oder auch nur einem schwebenden Verfahren zu grunde liegende Straftaten, soweit sie zweifelsfrei beweisbar sind (BVerfG NStZ 88, 21; Gribbhom LK 19; zur Vereinbarkeit mit der Unschuldsvermutung 3 zu § 56f; aM Ostendorf NK 12), und früheren Strafverfahren zugrundeliegende Vorgänge, soweit sie prognostisches Gewicht haben (Hamm NJW 65, 925 mwN; str). – Dass die Tat während einer in anderer Sache schwebenden Bewährungszeit begangen wurde, spricht im Allgemeinen gegen eine günstige Prognose (Saarbrücken NJW 75, 2215; Koblenz BA 89, 53), es sei denn, dass besondere Umstände, etwa ein grundlegender Einstellungswandel (Bay StV 92, 15; Braunschweig StV 92, 588) oder eine günstige Veränderung (Stabilisierung) der Lebensverhältnisse (Bay StV 94, 187) des Täters, dieses Indiz entkräften (NStZ 83, 454; StV 91, 261; Bay NJW 93, 805; Frisch, Kaiser-FS, S 765, 776; Schäfer StrZ 138). 10

bb) Aus den **Tatumständen** die Beweggründe und Ziele des Täters. – Bei Überzeugungstätern (2 zu § 17) führt das Festhalten an der politischen Gesinnung allein noch nicht zu einer ungünstigen Sozialprognose (StV 01, 505). Bei Fahrlässigkeitsdelikten ist die Schwere der verschuldeten Folgen allein nicht indiziell (Dede MDR 70, 721). 11

cc) Aus dem **Verhalten nach der Tat** die Einstellung des Täters zur Tat (näher dazu Zabel ua BA 90, 260), für die zB das Verheimlichen des Verbleibs der Beute (Karlsruhe MDR 78, 71) sowie namentlich auch das Bemühen um Schadenswiedergutmachung (beachte 19) oder um einen Ausgleich mit dem Verletzten (42 zu § 46; 1, 3 zu § 46a) Anhaltspunkte bieten; fehlende Wiedergutmachung allein ist allerdings kein ausreichender Grund für die Annahme künftigen Versagens (BGHSt 5, 238), ebensowenig kann ein strafrechtlich irrelevantes Verhalten eine ungünstige Prognose begründen (NStZ-RR 03, 264). Auch gegenüber dem Prozessverhalten ist Vorsicht geboten, weil die Ausnahmesituation des Strafverfahrens nur geringen Indizwert hat (expl VRS 26, 22; Hamm NJW 60, 61; s auch Hamm StV 88, 348). Außerdem darf – ebenso wie bei der Strafzumessung (43 zu § 46) – die Verteidigungsstrategie oder sonst ein Verhalten nach der Tat, mit dem sich der Täter lediglich der Bestrafung entziehen wollte, regelmäßig nicht negativ bewertet werden (StV 98, 378, 482; 99, 602 und 01, 505; NStZ 97, 434; Streng Sanktionen 153, probl Hamm NStZ 89, 27 mit krit Anm Eisenberg NStZ 89, 366; beachte auch Hamm StV 97, 92). 12

dd) Aus den **Lebensverhältnissen** vor allem deren mutmaßliche Weiterentwicklung, dh die Verhältnisse, unter denen der Täter voraussichtlich leben wird. Es macht keinen Unterschied, ob sich diese von selbst ergeben oder ob sie planmäßig durch Bewährungsmaßnahmen, andere behördliche Vorkehrungen oder private Hilfsangebote (zB Rehabilitationsmöglichkeiten für Drogensüchtige; vgl etwa StV 98, 378; Hamm StV 91, 427; Adams/Eberth NStZ 83, 193; Lesting MschrKrim 93, 320; zur Stabilisierung durch Haft vgl NStZ 02, 312) geschaffen werden (BGHSt 8, 182; s auch StV 91, 514); dabei hat das Gericht je nach Sachlage deren Anordnung im Rahmen seiner Zuständigkeit zu prüfen (StV 92, 63), uU sich auch im Wege einer Herbeiführung zu bemühen (NJW 91, 3289; Düsseldorf NJW 93, 805). Daraus folgt, dass bei Drogensüchtigen auch Unterschiede in den konkreten Rehabilitationschancen, die sich bei Anordnung der Strafaussetzung oder bei Wahrnehmung von Behandlungsmöglichkeiten im Vollstreckungsverfahren nach §§ 35, 36 BtMG ergeben, für die Prognose Gewicht haben (Slotty NStZ 81, 13

§ 56 AT. 3. Abschnitt. 4. Titel. Strafaussetzung zur Bewährung

321, 327; s auch Braunschweig StV 98, 493). Aus demselben Grunde kann ferner zu Buch schlagen, dass im Urteil zugleich die Unterbringung in einer Entziehungsanstalt nach § 67b ausgesetzt wird (NStZ 88, 451). Schließlich ist es auch nicht widersprüchlich, wenn der Richter einerseits die Verhängung einer Freiheitsstrafe zur Einwirkung auf den Täter für unerlässlich hält (3, 6 zu § 47), andererseits aber die günstige Prognose bejaht (BGHSt 24, 164 mwN; str). Diese wird auch nur idR, aber nicht notwendig (aM Hamburg JR 77, 515 mit Anm Grunau; Düsseldorf MDR 85, 165; zw), durch die Tatsache ausgeschlossen, dass in anderer Sache noch längere Freiheitsentziehung zu vollstrecken ist. Widersprüchlich wäre dagegen die Aussetzung einer Strafe wegen einer neu begangenen Tat allein im Hinblick darauf, dass ihretwegen der Widerruf der Strafaussetzung wegen früherer Taten zu erwarten ist (aM Köln NStZ 94, 205 mit abl Anm Berg; Horn SK 18a; wie hier Radtke, Müller-Dietz-FS, S 609, 613, 621). – Speziell zur Prognose bei AIDS-Kranken Dencker StV 92, 125, 130, bei Sexualstraftätern in Therapie StV 03, 389.

14 c) Im Ganzen unterliegt die Prognose **tatrichterlicher Würdigung,** die vom Revisionsgericht nur begrenzt nachgeprüft werden kann (Düsseldorf NStZ-RR 96, 260; KG StV 99, 605; Bay StV 02, 427; zusf Gribbohm LK 27–27b). Maßgeblicher Beurteilungszeitpunkt für die Prognose ist stets, auch bei nachträglicher Gesamtstrafenbildung nach § 55, der der jetzigen Entscheidung (NJW 03, 2841). Bei nahe liegenden Zweifeln – namentlich bei erheblicher Vorstrafenbelastung (StV 97, 521; Düsseldorf JR 94, 39 mit Anm Terhorst) und bei Begehung der Tat während einer laufenden Bewährungszeit (Bay bei Bär DAR 92, 364) – bedarf sie eingehender Begründung (NStZ 83, 454; Bay NJW 93, 805 und NStZ-RR 04, 42; Düsseldorf JR 01, 202 mit Anm Wohlers); formelhafte Wiederholung des Gesetzeswortlauts, allgemeine, nicht auf den Einzelfall bezogene Ausführungen (StV 96, 207) oder ein bloßer Hinweis auf den Eindruck in der Hauptverhandlung genügen idR nicht (Köln MDR 67, 416). In zweifelhaften Fällen kann sich die Zuziehung eines Sachverständigen empfehlen (Celle JR 85, 32 mit Anm Meyer). – In der Praxis steht die sog **intuitive Prognose,** dh die auf die kriminologischen Erfahrungen des Tatrichters gestützte Gesamtbewertung, im Vordergrund (krit Böllinger, in: Lüderssen/Sack [Hrsg], Vom Nutzen und Nachteil der Sozialwissenschaften für das Strafrecht, 1980, S 283; Ostendorf NK 19–21). Wegen der mit ihr verbundenen Fehlerquellen hat die kriminologische Forschung die differenzierteren Verfahren der **klinischen** und der **statistischen Prognose** entwickelt, die sich im Bereich des § 56 teils wegen des großen Aufwandes und teils wegen Fehlens von Beweisen für ihre größere Treffsicherheit (dazu Kerner, in: Lüderssen/Sack aaO S 307) bisher nicht in nennenswertem Umfang durchgesetzt haben (vgl etwa Tenckhoff DRiZ 82, 95; Nedopil Forensia 86, 167; Streng Sanktionen 608; H Schneider, Grundlagen der Kriminalprognose, 1996; Schneider JZ 98, 436, 439; speziell zum Stand der Prognoseforschung Dölling [Hrsg], Die Täter-Individualprognose, 1995 mit Bespr Kunz MschrKrim 97, 124; umfangreiches Informationsmaterial zur Theorie und praktischen Problematik der Prognose in dem Sammelband Frisch/Vogt [Hrsg], Prognoseentscheidungen in der strafrechtlichen Praxis, 1994 und in Volckart, Praxis der Kriminalprognose, 1997). Zu bedenken ist auch, dass das empirische Wissen über die Prognose von Durchschnittstätern ohne besondere Auffälligkeiten gering ist und dass es überdies im Bereich der Massenkriminalität, namentlich der Vermögens- und Verkehrsdelikte, schon aus Zeitgründen nicht möglich und oft auch nicht wünschenswert ist, die erforderlichen Fakten für eine erschöpfende Prognose zu erheben (vgl die Kritik von Frisch aaO [vgl 8] S 4, 44 und in: Kaiser-FS, S 765, 790). In solchen, die große Mehrzahl bildenden Fällen entscheiden die Gerichte durchweg nach nur oberflächlicher Prüfung intuitiv und verschaffen damit zwar der Strafaussetzung einen

Strafaussetzung **§ 56**

breiteren Anwendungsbereich, lassen aber die wirklichen Entscheidungskriterien im Dunkeln. Daraus sind Bestrebungen erwachsen, das Prognoseerfordernis normativ umzudeuten: Die Summe der Prognosefälle soll den drei Gruppen eindeutig positiver, „fraglicher" und eindeutig negativer Prognosen zugeordnet werden. Alsdann soll je nach dem Zweck der anwendbaren Vorschrift normativ entschieden werden, ob die Gruppe der „fraglichen" Fälle bei Beachtung der Prinzipien der Geeignetheit und der Erforderlichkeit zur Auslösung der jeweils vorgesehenen Rechtsfolge ausreicht, was bei der Strafaussetzung zur Bewährung schon zur Erhaltung ihres weiten Anwendungsbereichs regelmäßig zu bejahen ist (Frisch aaO S 133; ähnlich Krainz MschrKrim 84, 298; krit Bock NStZ 90, 457; H Schneider aaO S 46; s auch Frisch StV 88, 359 und R & P 92, 110; Bock ZStW 102, 504, 512; Streng, IndividProg, S 97, 117; speziell zur Entwicklung der Prognoseforschung Nedopil, IndividProg, S 83 und zu Perspektiven künftiger Prognoseforschung Dölling, IndividProg, S 129; Schöch, Kaiser-FS, S 1239, 1252).

5. Abs 3 bildet einen Ausschlussgrund, der sich nach den Verhältnissen zurzeit der Entscheidung bestimmt (NJW 56, 919); bei mehreren selbstständigen (Gesamt-) Freiheitsstrafen wegen gleichartiger Taten kann nur einheitlich über die Vollstreckung entschieden werden (Bay NStZ-RR 02, 297 mit zust Anm Götting JR 03, 207). Er wird erst relevant, wenn die Voraussetzungen von Abs 1 oder 2, vor allem die günstige Prognose (Bay NStZ-RR 98, 299 und StV 02, 659), bejaht sind (StV 91, 19; Köln NZV 93, 357; s auch StV 95, 20). 15

a) Die Beschränkung des Abs 3 auf Strafen von **mindestens sechs Monaten** dient der Zurückdrängung der kurzfristigen Freiheitsstrafe (BT-Dr V/4094 S 11). Es wäre eine unzulässige Umgehung des Gesetzes, diesen Zweck durch Verschärfung der Anforderungen an eine günstige Täterprognose zu vereiteln (Hamm DAR 73, 101); das gilt namentlich auch für die Fälle, in denen der Richter nach § 47 (dort 3) eine Freiheitsstrafe zur Einwirkung auf den Täter (BGHSt 24, 164) oder zur Verteidigung der Rechtsordnung für unerlässlich gehalten hat.

b) Zur **Verteidigung der Rechtsordnung** vgl zunächst 4, 5, 7 zu § 47. Bei einem Sachverhalt, der Anhaltspunkte für die Notwendigkeit der Strafvollstreckung aus diesem Grunde aufweist, ist ausdrückliche Erörterung geboten (NStZ 89, 527 Nr 4, 5 und 91, 581; Düsseldorf JR 94, 39; Bay JR 03, 297 mit Anm Verrel; Bay NStZ-RR 03, 105). Im Übrigen unterliegt die Entscheidung aber tatrichterlicher, vom Revisionsgericht nur begrenzt nachprüfbarer Würdigung (7 zu § 47; speziell zu Abs 3 NStZ 94, 336; NStZ-RR 98, 7; Karlsruhe NStZ-RR 96, 198; BA 99, 188, 190; Bay NJW 03, 3499, 3501). 16

aa) Die Aussetzung ist zu **versagen**, wenn die Zweckerwägungen, die diesem Begriff zu Grunde liegen, gegenüber dem spezialpräventiven Zweck der Aussetzung so sehr das Übergewicht haben, dass der bloße Strafausspruch ohne Vollstreckung im Hinblick auf schwerwiegende Besonderheiten des Einzelfalls als ungerechtfertigtes Zurückweichen vor dem Verbrechen erscheinen müsste und daher die rechtliche Gesinnung in der über die Einzelheiten des Falles unterrichteten (StV 89, 150 mwN) Bevölkerung – also nicht lediglich den besonders interessierten Einzelpersonen (Karlsruhe DAR 93, 397) – erschüttern könnte (BGHSt 24, 40, 64; NStZ 02, 312; Bay NJW 78, 1337 mit krit Anm Horn JR 78, 514; Hamburg NStZ 84, 140; Düsseldorf JR 01, 296, 297 mit Anm Götting; Bay JR 03, 297 mit krit Anm Verrel; Bay NStZ-RR 03, 105; krit Ostendorf NK 33, 34). Deshalb kann der Versagungsgrund nicht allgemein mit dem Verstoß gegen bestimmte Tatbestände oder Tatbestandsgruppen (NStZ 01, 319 mwN) oder lediglich mit solchen Erwägungen begründet werden, die dem verletzten Tatbestand im Ganzen zu Grunde liegen (BGHSt 24, 40, 46; NJW 90, 193; Stuttgart NZV 91, 80). Auch die Ausländereigenschaft ist als solche ebenso wie allgemein bei der Strafzumessung (36b zu § 46) nicht relevant (Düsseldorf StV 95, 526; s auch StV 95, 414); aus ihr folgende Besonderheiten von Tat oder Täterpersönlichkeit können jedoch Gewicht haben (Düsseldorf VRS 89, 444). Überhaupt bildet die Versagung (auch bei Vorliegen von Vorstrafen, Bay JR 74, 519 mit Anm Zipf) eine Ausnahme, die nur durch schwerwiegende, den Besonderheiten des Einzelfalls entnommene Gründe zu rechtfertigen ist (BGHSt 22, 192; 24, 40, 46). Für deren Bewertung geben die in § 56 vorgesehenen Strafgrenzen gewisse Anhaltspunkte. Danach gebietet die Verteidigung der Rechtsordnung bei Strafen unter 6 Monaten die Vollstreckung niemals, bei Strafen von mehr als einem Jahr dagegen häufiger; deshalb liegt die Annahme des Ausschlussgrundes umso ferner, je weniger die Strafe das Mindestmaß von 6 Monaten überschreitet (Dreher JR 70, 228, 230; s auch NStZ 85, 459; Hamm NJW 70, 1615).

17 bb) Die Anwendung des Abs 3 **kommt etwa in Frage,** wenn eine Tat mit der Tendenz begangen wird, die Rechtstreue in der Bevölkerung zu untergraben (GA 76, 113). Außerdem weist uU schon die Art des Tatbestandes darauf hin, dass die Verteidigung der Rechtsordnung häufiger als bei anderen Taten die Vollstreckung gebietet. So hat die Rspr für bestimmte Sexualdelikte (BGHSt 6, 298), für Wirtschaftsdelikte (JZ 75, 183, 185; GA 79, 59) und sog „Vereinigungskriminalität" (NStZ-RR 99, 136; s auch bei Detter NStZ 99, 498), für Delikte, die sich, wie zB die Volksverhetzung (JZ 95, 106; NStZ 95, 128) oder der Missbrauch nationalsozialistischer Kennzeichen (bei Schmidt MDR 85, 183), gegen die staatliche oder öffentliche Ordnung als solche richten (Frankfurt NJW 71, 1813; Karlsruhe NStZ-RR 96, 58), und für Delikte, die den ordnungsmäßigen Gang der Rechtspflege gefährden (LG Koblenz NStZ 91, 283 mit Anm Molketin), den Gedanken herausgearbeitet, dass die Versagung der Aussetzung näher liegt als bei anderen Deliktsgruppen (zusf Maiwald GA 83, 49, 57), dass sie ausnahmsweise sogar bei Ersttaten angezeigt sein kann (Koblenz VRS 75, 37). Entsprechendes gilt für Delikte, mit denen eine zur Förderung von Allgemeininteressen gewährte privilegierte Rechtsstellung (zB als Rechtsanwalt, NStZ 88, 126; wistra 95, 186) oder sonst eine Vertrauensstellung (NJW 91, 2574) missbraucht wird, sowie für Trunkenheitsdelikte (BGHSt 24, 64; Hamm NZV 93, 317 mit Anm Molketin BA 94, 133) und andere schwerste Verkehrsverstöße (Karlsruhe NStZ-RR 03, 246), bei denen Abs 3 allerdings wegen des Mindestmaßes der Freiheitsstrafe im Allgemeinen nur bei schweren, nicht wiedergutzumachenden Unfallfolgen in Frage kommt (Koblenz NZV 92, 451), aber auch hier nicht notwendig zu bejahen ist (Köln NZV 93, 357; Karlsruhe NStZ-RR 96, 198; Bay NJW 03, 3498; die Rspr zu Trunkenheitsfahrten zusf Molketin NZV 90, 289). – Auch wenn die Umstände eines Einzelfalls so schwerwiegend sind, dass sie schon bei einer Ersttat zur Versagung führen müssten, können geringe Lebenserwartung des Täters (zB eines AIDS-Kranken, Dencker StV 92, 125, 130), schwere psychische Tatfolgen für ihn selbst (Karlsruhe StV 94, 188), überlange Verfahrensdauer (StV 85, 411; Bay VRS 69, 283; zu streng Koblenz VRS 59, 339) oder Verbüßung langdauernder UHaft (StV 90, 496 und 91, 157) das Bedürfnis nach Verteidigung der Rechtsordnung relativieren oder ganz hinfällig machen.

18 **6. Abs 2** erweitert die Aussetzung von Freiheitsstrafen auf das Höchstmaß von zwei Jahren, setzt dabei aber das Vorliegen von Milderungsgründen voraus, die aus dem Durchschnitt herausragen (zusf Gribbohm LK 29–32; krit Horn, Kaufmann [Arm]-GS, S 573, 577).

19 **a)** Die **besonderen Umstände** (dazu 2 zu § 47), die hier nur mildernd sein können (Römer JR 73, 448, 451), müssen vorliegen oder nach dem Zweifelssatz jedenfalls nicht ausschließbar sein (bei Dallinger MDR 73, 900). Das Schweigen des Angeklagten im Prozess ist kein zureichender Grund, ihr Vorliegen zu verneinen (StV 93, 521). – Da sie die Grundlage einer **Gesamtwürdigung von Tat und Täterpersönlichkeit** bilden (dazu ua NStZ 82, 114; StV 92, 13), müssen sie

Strafaussetzung **§ 56**

zwar Bezug zu Tat oder Täter haben (Koblenz wistra 88, 238), können aber sehr vielgestaltig sein; auch die Vorgeschichte der Tat (StV 83, 18), Verstrickung in die Tat durch polizeiliche Lockspitzel (Koblenz MDR 91, 787), geringe Lebenserwartung (bei Spiegel DAR 81, 192; Dencker StV 92, 125, 130) und nach der Tat eingetretene Umstände (BGHSt 29, 370; NStZ 83, 218; s auch LG Bremen StV 95, 142), zB die Stabilisierung der Lebensverhältnisse (StV 86, 529) und durch die Tat bedingte berufliche Nachteile (NStZ 87, 172), können erheblich sein. Sogar Nachtatverhalten kommt in Frage (StV 83, 281; diff Karlsruhe GA 79, 469), etwa das Bemühen um Schadenswiedergutmachung, dem S 2 durch ausdrückliche Erwähnung mehr Gewicht verleihen soll (BT-Dr 12/6853 S 22; Tröndle/Fischer 21); die Entschuldigung beim Tatopfer sowie Geständnis und Schuldeinsicht im Strafprozess (StV 99, 602); auch geleistete Aufklärungshilfe nach § 31 BtMG gehört hierher (Frankfurt NStZ-RR 96, 213). Die Gesamtwürdigung, für die auch die günstige Sozialprognose (Abs 1) bedeutsam ist (StV 95, 20; NStZ 97, 434; StV 03, 670; NStZ-RR 03, 264), führt zur Annahme besonderer Umstände, wenn diese ein solches Gewicht haben, dass die Strafaussetzung „als nicht unangebracht und als den allgemeinen vom Strafrecht geschützten Interessen nicht zuwiderlaufend" erscheint (BGHSt 29, 370; NStZ 86, 27; zusf Schlothauer StV 83, 209, alle mwN). Eine Beschränkung der Vorschrift auf außergewöhnliche Konfliktlagen findet im Gesetz keine Grundlage (so schon BGHSt 29, 370 mwN).

b) Die Aussetzung kommt namentlich in Frage, wenn schweren Tatfolgen ein **20** vergleichsweise geringes Verschulden gegenübersteht (NStZ 81, 434; Grünwald, Schaffstein-FS, S 219, 235; Streng Sanktionen 158). Bloß straffreies Vorleben (GA 78, 80), andere Strafmilderungsgründe, die nicht nur ausnahmsweise (Stuttgart MDR 80, 1038), sondern auch bei Durchschnittstaten häufig vorkommen (BGHSt 29, 319, 324 mwN; beachte auch NStZ 88, 133), und die zu erwartenden Folgen des Vollzugs der Strafe für den Täter (bei Holtz MDR 82, 623) genügen idR nicht, doch sind die Folgen einer Strafverbüßung für die Familie des Täters bei der Gesamtabwägung zu berücksichtigen (Hamm StV 03, 672). Umstände, die bei einer Einzelbewertung nur durchschnittliche Milderungsgründe wären, können durch ihr Zusammentreffen das Gewicht besonderer Umstände erlangen (NStZ 91, 581; StV 98, 260; NStZ-RR 99, 281). Außerdem können konkrete spezialpräventive Bedürfnisse, zB die Wahrnehmung von therapeutischen Chancen bei Alkohol- oder Drogensüchtigen, zu Buch schlagen (Köln NJW 86, 2328; Tröndle MDR 82, 1, 4).

c) Die Gesamtwürdigung ist Aufgabe des Tatrichters und daher nur begrenzt **21** nachprüfbar (stRspr; vgl etwa NStZ 94, 336; NJW 98, 3428, 3429; Celle BA 99, 188; NStZ 02, 312). Sie bedarf umso sorgfältigerer Begründung, je mehr sich die Strafe der 2-Jahresgrenze nähert (NStZ 87, 21; Hamm NZV 93, 317 mit Anm Molketin BA 94, 133; Ostendorf NK 30). Erkennbar ungewöhnliche Milderungsgründe müssen einbezogen werden (StV 94, 126); bei ihrem Vorliegen darf die Aussetzungsfrage nicht übergangen (NStZ 86, 374) oder mit einer formelhaften Wiederholung des Gesetzeswortlauts verneint werden (NJW 83, 1624; StV 84, 375, 376).

7. Die Voraussetzungen der Aussetzung sind **von Amts wegen** zu prüfen. Lie- **22** gen sie vor, so ist ihre Anordnung im Falle des Abs 1 **obligatorisch** (BGHSt 24, 40, 43) und im Falle des Abs 2 **pflichtmäßigem,** vom Revisionsgericht nur begrenzt nachprüfbarem (StV 84, 174; NStZ 84, 360; Düsseldorf NStZ 88, 325) **Ermessen** (50 zu § 46) überlassen (JR 86, 427, einschr Ventzke StV 88, 367). Es ist daher unzulässig, bei Drogenabhängigen die an sich nach Abs 1 begründete Aussetzung zu versagen und die Bemühungen um Rehabilitation dem nachrangigen (Vollstreckungs-)Verfahren nach §§ 35, 36 BtMG zu überlassen (Oldenburg StV 91, 420; Tröndle MDR 82, 1, 2; Kreuzer NJW 89, 1505, 1510; Ostendorf

§ 56a AT. 3. Abschnitt. 4. Titel. Strafaussetzung zur Bewährung

NK 30; beachte jedoch 13); auch im Falle des Abs 2 ist solches Vorgehen sachwidrig (beachte 20).

23 **8. Zuständigkeit und Verfahren** §§ 160 III, 260 IV, 267 III, 268a, 305a, 453–453b, 462a StPO.

a) Die Aussetzung kann nur im **Urteil** angeordnet werden. Die weiteren Entscheidungen nach §§ 56a ff gehören dagegen in den selbstständigen (NJW 74, 1518), mit dem Urteil (ggf auch dem Berufungsurteil, Köln NStZ 91, 453 mit Anm Horn JR 91, 476; Hamm MDR 92, 989) zu verkündenden Beschluss nach § 268a I StPO; ob der versehentlich unterbliebene, mit dem Urteil zu verkündende Bewährungsbeschluss nachgeholt werden kann, ist umstritten, wird überwiegend aber verneint (expl Düsseldorf NStZ-RR 00, 146 mwN). – Über den verfahrensrechtlichen Begründungszwang hinaus (§ 267 III S 4 StPO) bedarf die Ablehnung der Aussetzung einer Begründung dann (sonst sachlich-rechtlicher Fehler; Bay NStZ-RR 03, 105, 106), wenn ihre Anordnung nach dem festgestellten Sachverhalt naheliegt (BGHSt 6, 167; beachte auch NStZ 01, 366) oder wenn der Eindruck erweckt werden kann, dass die Möglichkeit der Aussetzung übersehen wurde (BGHSt 6, 68; Düsseldorf StV 96, 217; strenger Ostendorf NK 38).

24 **b)** Die Aussetzung ist – wie sich aus ihrer rechtlichen Struktur ergibt (vgl 2) – grundsätzlich **abtrennbar.** Daher sind Teilrechtskraft des Schuld- und Strafausspruchs im Übrigen sowie Beschränkung des Rechtsmittels auf die Aussetzungsfrage denkbar (BGSt 11, 393; Hamburg JR 79, 258 mit Anm Zipf; Karlsruhe NJW 80, 133), bisweilen jedoch deshalb ausgeschlossen, weil ein erneutes Eingehen auf den nicht angefochtenen Teil der Entscheidung unumgänglich ist (Köln NStZ 89, 90; Gribbohm LK 64; zur Gefahr einer stufenweise widersprüchlichen Gesamtentscheidung JR 02, 313 mit Anm Sarres). Zur umstrittenen Tragweite des Verbots der Schlechterstellung (§§ 331, 358 II StPO) JZ 56, 101; Hamburg MDR 82, 776; zusf Armin Kaufmann JZ 58, 297; Gribbohm LK 65; s auch 10 zu § 56b.

25 **c)** Wird eine Strafe zur Bewährung ausgesetzt, so ist das mit der gleichzeitigen Anordnung einer DNA-Analyse nicht notwendig unvereinbar; denn die dafür vorgeschriebene Prognose (§ 81g I StPO) unterscheidet sich von der nach § 56 erheblich (LG Ingolstadt NJW 00, 749; LG Göttingen NJW 00, 751; zur gleichliegenden Problematik bei der Entziehung der Fahrerlaubnis 6 zu § 69). Bei Bewilligung von Strafaussetzung ist das Gericht des ersten Rechtszuges auch für die erstmaligen Anordnungen nach §§ 56a–56d zuständig (NStZ-RR 03, 215).

§ 56a Bewährungszeit

(1) Das Gericht bestimmt die Dauer der Bewährungszeit. Sie darf fünf Jahre nicht überschreiten und zwei Jahre nicht unterschreiten.

(2) Die Bewährungszeit beginnt mit der Rechtskraft der Entscheidung über die Strafaussetzung. Sie kann nachträglich bis auf das Mindestmaß verkürzt oder vor ihrem Ablauf bis auf das Höchstmaß verlängert werden.

1 **1.** Die **Dauer der Bewährungszeit** wird im Beschluss nach § 268a I StPO in Zeiteinheiten (idR Jahren und Monaten) festgesetzt (NJW 54, 522). Ihr Beginn bestimmt sich nach der Rechtskraft des Urteils, in dem die Aussetzung angeordnet wurde (beachte Schleswig NStZ 90, 359). Behördliche Verwahrung des Täters wirkt nicht verlängernd (Braunschweig NJW 64, 1581 mit Anm Dreher).

2 **2. a) Nachträgliche Verlängerung** der Bewährungszeit ist – vorbehaltlich der weitergehenden Sonderregelung für Fälle der Abwendung des Widerrufs nach § 56f II (dort 9–13) – nur vor ihrem Ablauf, also nicht bis zur Entscheidung über den Straferlass, und nur bis zum gesetzlichen Höchstmaß zulässig (Düsseldorf

Auflagen **§ 56b**

MDR 91, 556), innerhalb dieser Grenzen allerdings auch mehrmals (Tröndle/ Fischer 3).

b) Die **Anordnung** nachträglicher Verkürzung oder Verlängerung unterliegt, soweit nicht § 56ff II anwendbar ist, pflichtgemäßem Ermessen (50 zu § 46; aM Hein NStZ 83, 552). Dessen Ausübung hat sich an der Entwicklung des Verurteilten zu orientieren. Im Falle der Verkürzung kann es angezeigt sein (ist aber nicht zwingend, LG Hamburg MDR 92, 1165; Ostendorf NK 4), einen längeren Zeitraum (der Bewährung) zwischen der Tat und der (spät eingetretenen) Rechtskraft des Urteils zu berücksichtigen. Eine Verlängerung kann abwendbar sein, wenn sich die Bewährungschancen durch Umgestaltung der Auflagen oder Weisungen verbessern lassen (Düsseldorf VRS 74, 358). Fehler bei der vorausgegangenen Rechtsanwendung können dagegen nicht auf diesem Wege berichtigt werden (Düsseldorf NStZ 91, 53). 2a

3. Ruhen der **Vollstreckungsverjährung** 2 zu § 79a. **Zuständigkeit und Verfahren** §§ 305a, 453, 462a StPO. 3

§ 56b Auflagen

(1) **Das Gericht kann dem Verurteilten Auflagen erteilen, die der Genugtuung für das begangene Unrecht dienen. Dabei dürfen an den Verurteilten keine unzumutbaren Anforderungen gestellt werden.**

(2) **Das Gericht kann dem Verurteilten auferlegen,**

1. **nach Kräften den durch die Tat verursachten Schaden wiedergutzumachen,**
2. **einen Geldbetrag zugunsten einer gemeinnützigen Einrichtung zu zahlen, wenn dies im Hinblick auf die Tat und die Persönlichkeit des Täters angebracht ist,**
3. **sonst gemeinnützige Leistungen zu erbringen oder**
4. **einen Geldbetrag zugunsten der Staatskasse zu zahlen.**

Eine Auflage nach Satz 1 Nr. 2 bis 4 soll das Gericht nur erteilen, soweit die Erfüllung der Auflage einer Wiedergutmachung des Schadens nicht entgegensteht.

(3) **Erbietet sich der Verurteilte zu angemessenen Leistungen, die der Genugtuung für das begangene Unrecht dienen, so sieht das Gericht in der Regel von Auflagen vorläufig ab, wenn die Erfüllung des Anerbietens zu erwarten ist.**

1. Die §§ 56b, 56c spalten die auf Grund der Aussetzung zulässigen gerichtlichen Maßnahmen in Auflagen und Weisungen auf. **Auflagen** sind strafähnliche Maßnahmen, die der Genugtuung für das begangene Unrecht dienen (Zweibrücken JR 91, 290; Schleswig SchlHA 95, 16; Tröndle/Fischer 2; nach Ostendorf NK 1: „Denkzettel"). Sie eignen sich besonders für Täter, die der Aufsicht und Hilfe während der Bewährungszeit nicht bedürfen, denen ihre Verurteilung aber fühlbar zu machen ist. 1

2. Die Auflagen dürfen nicht **gesetzwidrig** sein (beachte dazu Köln NStZ-RR 00, 338); insoweit probl Hamm NStZ-RR 01, 91) und keine **unzumutbaren** Anforderungen stellen. Im Hinblick auf das abschließenden Auflagenkatalog (vgl 3) liegt das Schwergewicht möglicherweise gesetzwidriger oder unzumutbarer Bewährungsmaßnahmen bei den Weisungen; die Ausführungen unter 2, 3, 5 zu § 56c gelten sinngemäß. 2

3. Abs 2 enthält einen **erschöpfenden Katalog** der Auflagen, so dass andere Auflagen (zB die Auflage, die Einkommensverhältnisse zum Nachweis der Erfül- 3

§ 56b AT. 3. Abschnitt. 4. Titel. Strafaussetzung zur Bewährung

lung einer Schadenswiedergutmachungsauflage offenzulegen, BVerfG NJW 95, 2279 mwN) unzulässig sind (unstr). Seine abschließende Fassung räumt der Schadenswiedergutmachung insoweit Vorrang ein, als andere Auflagen nicht erteilt werden sollen, wenn sie der Erfüllung einer Wiedergutmachungsauflage entgegenstehen. Diese geht also vor, wenn die Verbindung mit anderen Auflagen zu einer die Wiedergutmachung gefährdenden Belastung führen würde. Ein Abweichen von dieser Soll-Vorschrift ist nur ausnahmsweise und nur mit eingehender Begründung zulässig (vgl Frankfurt NStZ-RR 02, 330).

3 a **a)** Die Auflage der **Schadenswiedergutmachung** (S 1 Nr 1) darf keine höheren Leistungen fordern, als der zivilrechtlichen Schadensersatzpflicht entspricht (hM; vgl Stuttgart NJW 81, 1114 mit abl Bespr v Spiegel NStZ 81, 101 und Frehsee NJW 85, 1253; Hamburg MDR 82, 340; LG Zweibrücken NJW 97, 1084; anders Frehsee, Schadenswiedergutmachung als Instrument strafrechtlicher Sozialkontrolle, 1987, S 237; Ostendorf NK 7; zusf Müller-Dietz, GS für Dietrich Schultz, 1987, S 253); verfassungsrechtlich nicht zu beanstanden ist allerdings auch eine Einbeziehung der Wiedergutmachung von öffentlich-rechtlichen Schadenspositionen (BVerfG NStZ-RR 02, 264). Nach der Rspr darf sie nur als Ausgleich für das unmittelbar geschädigte Tatopfer, nicht für die mittelbare Schädigung eines – uU freiwillig leistenden – Dritten angeordnet werden (Hamm NStZ 97, 237 und NStZ-RR 98, 138; zw); auch der Gesamtschuldnerausgleich unter Dritten ist vom Anwendungsbereich der Nr 1 ausgeschlossen (Hamburg wistra 04, 235). Nach dem Gesetzeszweck dürfte jedoch die Wiedergutmachung immaterieller Schäden auch dann einzubeziehen sein, wenn sie zivilrechtlich nicht begründbar ist (Sch/Sch-Stree 9; aM Stuttgart und Hamburg aaO). Die Auflage geht auch insofern über das Zivilrecht hinaus, als sie die Erfüllung durch strafrechtlichen Zwang sichert (Frankfurt MDR 94, 498; Baur GA 57, 338, beide mwN) und als Anspruchsverjährung keinen Hinderungsgrund bildet (Hamm NJW 76, 527; Schall NJW 77, 1045). Sie ist im Hinblick auf die bestehende Schadensersatzpflicht nur unzumutbar, wenn sie die Leistungsfähigkeit des Täters krass übersteigt (Düsseldorf NStZ 93, 136). Eine nähere Konkretisierung der Auflage durch spezielle Wiedergutmachungsanordnungen ist zulässig und meist auch angezeigt (Bremen StV 86, 253). – Ob in Fällen des § 153a StPO die sog Beratungsauflage (psychotherapeutische Beratung von Tätern, die im sozialen Nahraum gewalttätig geworden sind) als Wiedergutmachungsauflage verstanden werden kann, ist zweifelhaft und noch nicht abschließend geklärt (bejahend Beulke/Therkorn NStZ 95, 474; Schall/Schirrmacher, Gewalt gegen Frauen und Möglichkeiten staatlicher Intervention, 1995, S 48). – Zahlung von Gerichtskosten ist keine Wiedergutmachung und kann daher nicht durch Auflage angeordnet werden (BGHSt 9, 365; München MDR 57, 500).

4 **b)** Die **Geldauflage** (S 1 Nr 2, 4) kann im Rahmen (beachte Hamm NStZ 91, 583) der vorrangigen Genugtuung für das begangene Unrecht auch Gewinnabschöpfung bezwecken (Eberbach NStZ 87, 486; str und zw). Es gibt für sie kein bestimmtes Mindest- und Höchstmaß (hM; anders Fünfsinn JuS 87, 97, 98 sowie Horn StV 92, 537 und SK 9, 9a, die eine Bindung an die Geldstrafe annehmen; zw). Sie darf aber nicht unzumutbar sein (Hamm VRS 37, 262; Hamburg MDR 71, 66), dh die Leistungsfähigkeit des Täters nicht überfordern (Köln wistra 98, 272 mwN); zur Konkretisierung dieser Grenze können die für die Berechnung der Tagessatzhöhe geltenden Grundsätze (6–16 zu § 40) Anhaltspunkte bieten (Frankfurt StV 89, 250). – Dem Verurteilten in Anlehnung an Art 293 EGStGB die Abwendung der Bußzahlung durch **freie Arbeit** zu gestatten, ist mangels gesetzlicher Grundlage unzulässig (Ostendorf NK 11; aM Celle NStZ 90, 148 mit abl Anm Arloth).

4 a aa) Dass die Geldauflage zugunsten einer **gemeinnützigen Einrichtung** (S 1 Nr 2) „im Hinblick auf die Tat und die Persönlichkeit des Täters angebracht" sein muss, soll den Vorrang der Schadenswiedergutmachung unterstreichen, zugleich

Weisungen **§ 56c**

aber darauf hinweisen, dass die Auflage im Einzelfall auf Grund besonderer Umstände (in Tat- und Täterpersönlichkeit) auch neben der Schadenswiedergutmachung sinnvoll sein kann, zB wenn bei günstiger finanzieller Lage des Täters die Entschädigung des Opfers ohnehin außer Frage steht (BT-Dr 12/6853 S 22).

bb) Die Geldauflage zugunsten der **Staatskasse** (S 1 Nr 4) sollte erst erwogen werden, wenn eine Geldauflage nach S 1 Nr 2 nicht erteilt wird (so schon BT-Dr V/4094 S 12). **4b**

c) Als **gemeinnützige Leistungen** (S 1 Nr 3) kommen namentlich Arbeitsauflagen in Form von Hilfsdiensten in Krankenanstalten, Altersheimen oder ähnlichen gemeinnützigen Einrichtungen in Frage (Bay GA 71, 375). Sie dienen der Genugtuung für das begangene Unrecht (Abs 1) und setzen deshalb nicht voraus, dass der Verurteilte Störungen in seinem Arbeitsverhalten aufweist, die spezialpräventiver Beeinflussung bedürfen (so aber Celle NStZ 90, 148; s auch 23 zu § 57). **5**

d) Eine Konkretisierung der Auflagen nach Satz 1 Nr 1, 3 dahin, dass der Täter zur Schadenswiedergutmachung oder zur Erbringung der gemeinnützigen Leistung eine **berufliche** Arbeit aufzunehmen habe, ist als **gesetzlich nicht legitimierter Eingriff** in die Freiheit der Berufswahl unzulässig (BVerfGE 58, 358; s auch Koblenz NStZ-RR 97, 149; Celle StV 02, 659; 2 zu § 56c). Von dieser Begrenzung abgesehen sind solche Auflagen jedoch verfassungsrechtlich unbedenklich, weil sie – ihre Zumutbarkeit (vgl oben 2 und 5 zu § 56c) im Einzelfall vorausgesetzt (Hamm NStZ-RR 99, 155) – nicht mit der Anordnung von Zwangsarbeit im Sinne des Art 12 II GG gleichgesetzt werden können (BVerfGE 83, 119 mit krit Bespr Sachs JuS 91, 770, beide mwN). **6**

4. Die Anordnung von Auflagen unterliegt – mit den unter 4a, 4b behandelten Maßgaben – **pflichtmäßigem Ermessen** (50 zu § 46; s auch Frankfurt NStZ-RR 98, 126; Horn SK 13). **7**

5. Abs 3 soll dem Täter die Möglichkeit freiwilliger Mitarbeit durch selbstgewählte Leistungen eröffnen. Dass diese auch durch Auflagen verlangt werden könnten, ist nicht erforderlich. Ein unzureichendes Anerbieten ist unbeachtlich. Liegt dagegen ein angemessenes Anerbieten vor, so darf von der gesetzlichen Regel nur abgewichen werden, wenn besondere Umstände dies rechtfertigen (Begr zu § 74 E 1962 S 201). Kommt der Täter der Verpflichtung nicht nach, so kann die Anordnung von Auflagen nach § 56e nachgeholt werden. **8**

6. Nachträgliche Anordnung von Auflagen § 56e. **9**

7. Zuständigkeit und Verfahren §§ 265a, 268a, 305a (beachte dazu Köln NJW 99, 373), 453, 453b, 462a II StPO; bei einer Strafaussetzung zur Bewährung nach § 36 I BtMG ist das Gericht des ersten Rechtszugs auch für Anordnungen nach §§ 54a–d zuständig (BGHSt 48, 252). – Die Überwachung der Auflagen und Anerbieten obliegt dem Gericht (§ 453b StPO). – Eine gegen die Strafaussetzung gerichtete Berufung erfasst zwar nicht unmittelbar den Beschluss nach § 268a StPO (23 zu § 56); jedoch hat das Berufungsgericht, wenn es die Aussetzung aufrechterhält, auch über die Auflagen (und Weisungen) neu zu beschließen (Bay bei Rüth DAR 70, 263) und ist dabei nicht an das Verbot der Schlechterstellung nach § 331 I StPO (Hamburg NJW 81, 470 mit Anm Loos NStZ 81, 363; Oldenburg NStZ-RR 97, 9), wohl aber an die Voraussetzungen des § 56e (dort 1–3) gebunden (Hamm NJW 78, 1596; zusf Gribbohm LK 28, 28a). **10**

§ 56c Weisungen

(1) **Das Gericht erteilt dem Verurteilten für die Dauer der Bewährungszeit Weisungen, wenn er dieser Hilfe bedarf, um keine Straftaten mehr zu begehen. Dabei dürfen an die Lebensführung des Verurteilten keine unzumutbaren Anforderungen gestellt werden.**

§ 56c AT. 3. Abschnitt. 4. Titel. Strafaussetzung zur Bewährung

(2) Das Gericht kann den Verurteilten namentlich anweisen,

1. Anordnungen zu befolgen, die sich auf Aufenthalt, Ausbildung, Arbeit oder Freizeit oder auf die Ordnung seiner wirtschaftlichen Verhältnisse beziehen,
2. sich zu bestimmten Zeiten bei Gericht oder einer anderen Stelle zu melden,
3. mit bestimmten Personen oder mit Personen einer bestimmten Gruppe, die ihm Gelegenheit oder Anreiz zu weiteren Straftaten bieten können, nicht zu verkehren, sie nicht zu beschäftigen, auszubilden oder zu beherbergen,
4. bestimmte Gegenstände, die ihm Gelegenheit oder Anreiz zu weiteren Straftaten bieten können, nicht zu besitzen, bei sich zu führen oder verwahren zu lassen oder
5. Unterhaltspflichten nachzukommen.

(3) Die Weisung,

1. sich einer Heilbehandlung, die mit einem körperlichen Eingriff verbunden ist, oder einer Entziehungskur zu unterziehen oder
2. in einem geeigneten Heim oder einer geeigneten Anstalt Aufenthalt zu nehmen,

darf nur mit Einwilligung des Verurteilten erteilt werden.

(4) Macht der Verurteilte entsprechende Zusagen für seine künftige Lebensführung, so sieht das Gericht in der Regel von Weisungen vorläufig ab, wenn die Einhaltung der Zusagen zu erwarten ist.

Fassung: Abs 3 Nr 1 durch SexBG (13 vor § 1) geändert (Einschränkung des Einwilligungserfordernisses).

1 **1.** Die Vorschrift behandelt von den Bewährungsmaßnahmen (§§ 56b, 56c) nur die **Weisungen** (beachte auch § 68b I). Es sind richterliche Gebote oder Verbote, die dem Verurteilten helfen sollen, künftig **Straftaten** zu vermeiden (probl LG Frankfurt NJW 01, 697, das die Überwachung durch die sog „elektronische Fußfessel" als Weisung versteht; krit Ostendorf NK 1). Wegen ihrer spezialpräventiven Zielsetzung kommen sie vornehmlich für kriminell Gefährdete in Frage (Lackner JZ 53, 428, 431).

2 **2. a)** Weisungen dürfen nicht **gesetzwidrig** sein, namentlich nicht gegen das GG verstoßen (BVerfG NJW 83, 442; zusf zur verfassungsrechtlichen Problematik Stree, Deliktsfolgen und Grundgesetz, 1960, S 137; Mrozynski JR 83, 397). – Unzulässig sind Weisungen, die nicht hinreichend **bestimmt** sind; schon das Gericht, nicht erst der Bewährungshelfer, hat Art, Umfang, Zeit und Ort des gebotenen Verhaltens so weit zu konkretisieren, dass Verstöße einwandfrei feststellbar sind und der Verurteilte die Möglichkeit eines Widerrufs abschätzen kann (Frankfurt NStZ-RR 97, 2; Düsseldorf NStZ 98, 319; Sch/Sch-Stree 15, 16). – Unzulässig sind ferner Weisungen, welche die in Art 1 GG geschützte Menschenwürde oder solche **Grundrechte** verletzen, die nicht unter besonderem Gesetzesvorbehalt stehen, etwa gegen die Glaubens-, Gewissens- und Bekenntnisfreiheit nach Art 4 GG (zB Weisung zum Kirchenbesuch; Weisung an einen Totalverweigerer, einer erneuten Einberufung zum Zivildienst Folge zu leisten, LG Köln NJW 89, 1171) oder gegen die Koalitionsfreiheit nach Art 9 GG (zB Verbot, einem Verein beizutreten) verstoßen. Weisungen, die in ein unter Gesetzesvorbehalt stehendes Grundrecht eingreifen, sind zulässig, soweit sie in Abs 2 ausdrücklich genannt sind; denn die Beispielsfälle füllen den Gesetzesvorbehalt des GG aus (Hamburg NJW 72, 168; weiter Stuttgart Justiz 87, 234, Mrozynski aaO S 398 und Gribbohm LK 20,

§ 56c

die diese Wirkung schon Abs 1 beilegen; zw). Gesetzlich nicht ausdrücklich vorgesehene Eingriffe in das informationelle Selbstbestimmungsrecht (Art 2 GG; zB die Weisung an einen in Heilbehandlung befindlichen Sexualtäter, die behandelnden Ärzte und Therapeuten von der Schweigepflicht zu entbinden, Nürnberg NStZ-RR 99, 175) oder in das Recht der freien Meinungsäußerung (Art 5 GG; zB das Verbot, Reden in der Öffentlichkeit zu halten, hM; aM Braunschweig NJW 57, 759) sind dagegen unzulässig. – Dasselbe gilt schließlich auch für Weisungen, die zur Bedeutung der begangenen Tat **außer Verhältnis stehen** (Verhältnismäßigkeitsgrundsatz; dazu 1, 2 zu § 62). Weiterreichende Eingriffe in Grundrechte auf Eingriffsbefugnisse im Strafvollzug zu stützen, ist verfassungsrechtlich nicht mehr vertretbar (BVerfGE 58, 358). Art 19 I S 2 GG wird durch Abs 1, 2 nicht verletzt (Dürig, in: Maunz/Dürig 78 zu Art 2 I; aM LG Limburg NJW 57, 1246).

b) Zur umstrittenen Frage, wieweit Weisungen Eingriffe anordnen dürfen, die **3 gesetzlich anderweitig geregelt** sind (zB Berufsverbot, Entziehung der Fahrerlaubnis, Ableisten des Zivildienstes), vgl ua BGHSt 9, 258; Bay NJW 80, 2424; Mrozynski JR 83, 397, 401 (zusf Gribbohm LK 23–26).

c) Weisungen müssen – mindestens auch (weiter Ostendorf NK 1) – **den 4 Zweck verfolgen,** dem Verurteilten bei der Vermeidung von Straftaten in seiner künftigen Lebensführung (außerhalb des Strafvollzugs, München NStZ 85, 411; str) zu **helfen.** Nicht zulässig sind daher ausschließlich der Sicherung (Koblenz NStZ 87, 24 mit Anm Meyer) oder der Überwachung (Köln NStZ 94, 509 mit krit Bespr Bringewat BewH 94, 463) dienende Gebote (ebenso Streng Sanktionen 169); so ist zB die Weisung an einen Drogenabhängigen, seinen behandelnden Arzt von der Schweigepflicht zu entbinden, nicht zulässig (Mrozynski JR 83, 397, 402), während die Weisung, sich regelmäßig einem Urintest zu unterziehen, wegen ihrer mittelbar präventiven Wirkung nicht vertretbar ist (BVerfG NJW 93, 3315 mwN). – Zur Problematik sog „spiegelnder", dh an die Art der begangenen Tat unmittelbar anknüpfender, Weisungen Ebert, Lackner-FS, S 399.

d) Anforderungen an die Lebensführung sind **unzumutbar** (Abs 1 S 2), **5** wenn sie einen unverhältnismäßig einschneidenden Eingriff in die Lebensführung des Verurteilten enthalten (StV 98, 658 mwN; zusf Gribbohm LK 2), namentlich ihn in seiner Leistungsfähigkeit überfordert (Köln StV 98, 176).

3. a) Der **Katalog der Weisungen in Abs 2** ist nicht erschöpfend. Andere **6** Weisungen, zB ein Alkoholverbot (Düsseldorf MDR 84, 686; aM Mrozynski JR 83, 397, 398), ein Verbot des Drogenkonsums (BVerfG StV 93, 465) oder das Gebot, an einem Verkehrsunterricht oder einer gruppenpädagogischen Nachschulung für Alkoholtäter (einem „Aufbauseminar für Kraftfahrer") teilzunehmen (Schädler BA 84, 319; Kunkel BA 84, 332), kommen in Frage, sind allerdings oft problematisch (Seiler DAR 74, 260; Händel DAR 77, 309). Der Beispielscharakter des Katalogs ist verfassungsrechtlich unbedenklich (Stree aaO [vgl 2] S 33, 144).

b) Nr 1: Der generalklauselartige Charakter des Beispiels lässt Anordnungen **7** verschiedensten Inhalts zu, die in der Praxis spielen namentlich eine Rolle: Aufenthaltsbeschränkungen und -verbote, zB in der Drogenszene (BVerfG StV 93, 465) oder in Spielcasinos, Vergnügungsstätten oder Dirnenquartieren; Beschränkungen in der Berufsausübung (Hamburg NJW 72, 168); Anweisungen, eine (nicht jedoch eine bestimmte, Jena NStZ-RR 04, 138) Arbeits- oder Lehrstelle anzunehmen (Hamm NStZ 85, 310; s auch BVerfGE 58, 28, 31), vorübergehend in gemeinnützigen Einrichtungen zu arbeiten (Kohlhaas NJW 65, 1068; beachte jedoch 6 zu § 56b) oder Schulden nach einem Tilgungsplan abzutragen. Unzulässig ist dagegen eine Weisung, die einem vollständigen Berufsverbot iS des § 70 gleichkommt (Zweibrücken NJW 04, 1190). – **Nr 3** dient einerseits der Unterbrechung des

§ 56c AT. 3. Abschnitt. 4. Titel. Strafaussetzung zur Bewährung

Kontakts mit Kriminellen und andererseits der Verhütung des Missbrauchs Abhängiger zur Begehung von Straftaten (s auch bei Holtz MDR 78, 623). – **Nr 4** richtet sich namentlich gegen den Besitz von Waffen, Diebeswerkzeug, Wildereigerät, Fälschungsmitteln usw. – **Nr 5** wird vorwiegend bei Verletzung der Unterhaltspflicht (§ 170) praktisch (Bremen JR 61, 226); höhere Leistungen als die zivilrechtlich geschuldeten dürfen nicht verlangt werden (Schleswig NStZ 85, 269; zw).

8   **4. a) Abs 3** hat auf Grund der Verweisungen in §§ 57 III S 1, 59a II S 3, 68b II S 2 und 70a III S 1 praktische Bedeutung auch für weitere Fälle der Aussetzung zur Bewährung. Der Schwerpunkt liegt bei den Maßregeln nach §§ 63, 64 (Horn SK 13). In diesem Bereich ermöglicht die Weisung eine formfreiere, den Vollzug der Maßregel ersetzende Behandlung, für welche die zeitliche Begrenzung nach § 67d I und die Überprüfungspflichten nach § 67e II nicht analog anwendbar sind (Horn aaO; aM Sch/Sch-Stree 25).

8a   aa) **Heilbehandlung** (auch sog Drogen-Screening-Tests, Kropp StV 02, 284) und **Entziehungskur** müssen geeignet und darauf gerichtet sein, den Verurteilten gegen Straftaten weniger anfällig zu machen (expl Redhardt MschrKrim 58, 164; Demski NJW 58, 2100). Sie können stationär oder ambulant (dazu v Schumann JR 77, 269) durchgeführt werden.

8b   bb) Abweichend vom früheren Recht ist die **Einwilligung** des Verletzten in Heilbehandlungen jetzt nur noch erforderlich, wenn mit ihnen ein körperlicher Eingriff verbunden ist. Die damit zugelassene, kriminalpolitisch problematische **Zwangstherapie** (krit dazu Schöch NJW 98, 1257, 1259 mwN) hat nur einen begrenzten Anwendungsbereich. Sie sollte aus verfassungsrechtlichen Gründen nur zu dem Zweck angeordnet werden, den Verurteilten durch psychische Beeinflussung zur Mitarbeit an seiner Therapie zu motivieren (Schöch aaO; Ostendorf NK 13; ähnlich auch Rosenau StV 99, 388, 397; probl Hamm NStZ 00, 373). – Der Begriff des **körperlichen Eingriffs** ist unklar und im vergleichbaren Bereich des § 81a StPO umstritten (vgl die Nachw bei Meyer-Goßner 9–15 zu § 81a). Nach dem Zweck der Vorschrift dürften nicht nur Eingriffe erfasst werden, welche die Körpersubstanz verletzen (zB auch bloße Blutentnahmen), sondern alle diagnostischen und therapeutischen Maßnahmen, die mit einem Eindringen in das Körperinnere (dh nicht lediglich in natürliche Köperöffnungen) verbunden sind (zB Magen- und Darmpassagen, Endoskopien) oder auf den Körper durch Zuführen von Medikamenten, durch ionisierende Strahlen (zB Strahlentherapien, Röntgenaufnahmen) oder durch Schallwellen (zB Ultraschallaufnahmen) einwirken. – Auch wenn kein körperlicher Eingriff vorliegt, kann die Behandlung – und zwar unabhängig von dem Erfordernis der Einwilligung und deren Erteilung – **unzumutbar** sein (Abs 1 S 2). Das galt bisher schon für gefährliche (zB Elektroschocks, Bruns GA 56, 213) und für medizinisch umstrittene (Hamm NJW 80, 1909) Behandlungen. Zum Schutz des Selbstbestimmungsrechts des Verurteilten wird es künftig allgemein für alle Behandlungen anzunehmen sein, die nach medizinischer Erkenntnis wegen der Möglichkeit unerwünschter Nebenwirkungen nicht risikolos sind.

9   **b)** Soweit die Einwilligung erforderlich ist (vgl 8b), kann der Verurteilte sie bis zur Erteilung der Weisung (dazu Celle MDR 87, 956) zurücknehmen. – Eine spätere Rücknahme berührt die Rechtmäßigkeit der Weisung nicht (Celle aaO; Hamburg NStZ 92, 301; offen gelassen in BGHSt 36, 97 mit krit Anm Terhorst JR 90, 72; str); sie entzieht nur dem weiteren Klinik-, Anstalts- oder Heimaufenthalt die Rechtsgrundlage, steht aber dem Widerruf nach § 56f I Nr 2 nicht entgegen, sofern dessen Voraussetzungen voll (dazu BGH aaO) erfüllt sind (Karlsruhe MDR 82, 341; Hamburg aaO; Streng Sanktionen 170). IdR wird die Weisung nach § 56e zu ändern oder aufzuheben sein (BGH aaO S 100).

Bewährungshilfe **§ 56d**

5. **Nachträgliche Anordnung** von Weisungen § 56e. Für die Möglichkeit **10 freiwilliger Zusagen** (Abs 4) sowie die **Zuständigkeit und das Verfahren** gelten die Ausführungen zu den Auflagen entsprechend (8, 10 zu § 56b).

§ 56d Bewährungshilfe

(1) **Das Gericht unterstellt den Verurteilten für die Dauer oder einen Teil der Bewährungszeit der Aufsicht und Leitung eines Bewährungshelfers, wenn dies angezeigt ist, um ihn von Straftaten abzuhalten.**

(2) **Eine Weisung nach Absatz 1 erteilt das Gericht in der Regel, wenn es eine Freiheitsstrafe von mehr als neun Monaten aussetzt und der Verurteilte noch nicht siebenundzwanzig Jahre alt ist.**

(3) **Der Bewährungshelfer steht dem Verurteilten helfend und betreuend zur Seite. Er überwacht im Einvernehmen mit dem Gericht die Erfüllung der Auflagen und Weisungen sowie der Anerbieten und Zusagen. Er berichtet über die Lebensführung des Verurteilten in Zeitabständen, die das Gericht bestimmt. Gröbliche oder beharrliche Verstöße gegen Auflagen, Weisungen, Anerbieten oder Zusagen teilt er dem Gericht mit.**

(4) **Der Bewährungshelfer wird vom Gericht bestellt. Es kann ihm für seine Tätigkeit nach Absatz 3 Anweisungen erteilen.**

(5) **Die Tätigkeit des Bewährungshelfers wird haupt- oder ehrenamtlich ausgeübt.**

1. a) Die **Unterstellung des Verurteilten unter die Aufsicht und Leitung** **1 eines Bewährungshelfers** ist eine Weisung im Sinne des § 56c I (zu ihrer Verfassungsmäßigkeit BVerfG bei Bringewat BewH 94, 210). Sie ermöglicht die besondere spezialpräventive Behandlungsmethode der Bewährungshilfe (Lackner JZ 53, 428; zust Streng Sanktionen 173), zu der es zwar eine kaum mehr übersehbare Fachliteratur gibt, die aber dennoch in ihren tatsächlichen Chancen, Risiken und Mängeln empirisch noch wenig geklärt ist (vgl etwa Bockwoldt, Strafaussetzung und Bewährungshilfe in Theorie und Praxis, 1982 und GA 83, 546; Hermann MschrKrim 83, 267; Pfeiffer BewH 84, 66; Schipholt NStZ 93, 470; s auch 1 vor § 56). Sie eignet sich vornehmlich für kriminell Gefährdete, die zur Vermeidung des Vollzugs der Freiheitsstrafe einer nachhaltigen Einwirkung auf die Lebensführung bedürfen (zusf Schöch NStZ 92, 364).

b) Die Weisung ist **angezeigt,** wenn ihre Anordnung erwarten lässt, dass der **2** Verurteilte von Straftaten abgehalten wird, wenn schwächere Weisungen zu diesem Zweck nicht ausreichen oder weniger geeignet sind (BT-Dr V/4094 S 12) und wenn damit – auch im Verhältnis zur Schwere der Tat – keine unzumutbare Anforderung an die Lebensführung gestellt wird (§ 56c I S 2). Hält der Richter diese Voraussetzungen für erfüllt, so muss er die Weisung erteilen.

c) Auch **Abs 2** setzt die Erfüllung der Voraussetzungen des Abs 1 voraus; je- **3** doch geht das Gesetz davon aus, dass das idR zutrifft. Daher bedarf die positive Anordnung hier nur dann der Begründung, wenn Tatsachen festgestellt sind oder nahe liegen, aus denen sich das Fehlen dieser Voraussetzungen ergibt. Als Ausnahme ist das Absehen von der Weisung stets zu begründen.

2. Die **Unterstellungszeit** kann auf einen Teil der Bewährungszeit beschränkt **4** werden. Mit dieser Möglichkeit flexibler Anpassung soll einerseits die Weisung auf das jeweils notwendige Maß begrenzt und andererseits der Erfahrung Rechnung getragen werden, dass es des Einsatzes von Bewährungshelfern meist nicht bis zum Ende der Bewährungszeit bedarf und dass es einer konsequenten Rückführung des Verurteilten in die volle Freiheit förderlicher ist, behördliche Stützungsmaßnah-

§§ 56e, 56f AT. 3. Abschnitt. 4. Titel. Strafaussetzung zur Bewährung

men schon von vornherein nur nach dem mutmaßlichen Bedürfnis auszusprechen. Im Regelfall empfiehlt es sich, die Unterstellungszeit auf nicht mehr als 2 Jahre festzusetzen (beachte dazu BT-Dr 10/1116 S 2, 7; 10/2720 S 21; 10/4391 S 17; Streng Sanktionen 175; aM Ostendorf NK 3). Soweit notwendig, kann sie später veränderten Bedürfnissen angepasst werden (1, 2 zu § 56e).

5   **3. Abs 3** beschreibt die **Aufgaben des Bewährungshelfers.** Dieser unterliegt nach Abs 4 S 2 bei seiner Arbeit im Einzelfall ausschließlich den Anweisungen und der Fachaufsicht des Gerichts (näher dazu und zT krit Rohnfelder, Die Bewährungshilfe, 1974, S 138; Jung, Göppinger-FS, S 511; Block, Rechtliche Strukturen der sozialen Dienste in der Justiz, 2. Aufl, 1997; Sohn, in: Jehle/Sohn [Hrsg], Organisation und Kooperation der sozialen Dienste in der Justiz, 1994, S 59; Böhm BewH 95, 297; Ostendorf NK 9); deshalb kann er bei dem Gericht nicht zugleich als Bevollmächtigter handeln, zB Rechtsmittel einlegen (Koblenz NStZ-RR 96, 300). Ein verbindliches Weisungsrecht gegenüber dem Verurteilten hat er nicht.

6   **4.** Das Nähere über die **haupt- oder ehrenamtliche Tätigkeit des Bewährungshelfers** (Abs 5) ist durch Landesrecht geregelt.

§ 56e Nachträgliche Entscheidungen

Das Gericht kann Entscheidungen nach den §§ 56b bis 56d auch nachträglich treffen, ändern oder aufheben.

1   **1. Nachträgliche Entscheidungen,** die bei Auflagen und Weisungen in gleicher Weise zulässig sind, setzen neue, bei der Aussetzung noch nicht bestehende oder bekannt gewesene Umstände voraus (Stuttgart NJW 69, 1220; Schleswig SchlHA 95, 16; weiter Ostendorf NK 2). Ob sie angezeigt sind, bestimmt das Gericht nach pflichtmäßigem Ermessen (50 zu § 46; diff Horn MDR 81, 13).

2   **a)** Bei der **Weisung** nach § 56d I (Bewährungshilfe) kann sich die nachträgliche Änderung auf eine bloße – durch die Bewährungszeit begrenzte – Verlängerung oder Verkürzung der Unterstellungszeit beschränken (beachte auch § 56f II). Im Übrigen kommt es bei den Weisungen auf die jeweiligen spezialpräventiven Bedürfnisse an.

3   **b)** Bei den repressiven **Auflagen** ist Zurückhaltung geboten; jedoch ist eine Veränderung zuungunsten des Verurteilten nicht schlechthin ausgeschlossen (Frankfurt NStZ-RR 02, 330; Nürnberg GA 62, 91; s auch LG Baden-Baden NStZ 87, 478), sofern nur die neuen Umstände das Genugtuungsbedürfnis, etwa durch Veränderung der Vermögensverhältnisse oder der Wiedergutmachungsvoraussetzungen (Zweibrücken JR 91, 290 mit Anm Horn), vergrößert haben (NJW 82, 1544 mit Anm Meyer JR 82, 338; Celle NStZ 92, 336; Frankfurt NStZ-RR 96, 220, alle mwN; str).

4   **2. Zuständigkeit und Verfahren** §§ 453, 462a StPO. Durchsuchungs- und Beschlagnahmeanordnungen zur Überwachung der Lebensführung während der Bewährungszeit sieht das Gesetz nicht vor (KG NJW 99, 2979). – Zum Verbot der Schlechterstellung 24 zu § 56; 10 zu § 56b.

§ 56f Widerruf der Strafaussetzung

(1) **Das Gericht widerruft die Strafaussetzung, wenn der Verurteilte**

1. **in der Bewährungszeit eine Straftat begeht und dadurch zeigt, daß die Erwartung, die der Strafaussetzung zugrunde lag, sich nicht erfüllt hat,**

2. **gegen Weisungen gröblich oder beharrlich verstößt oder sich der Aufsicht und Leitung des Bewährungshelfers beharrlich entzieht und da-**

§ 56f

durch Anlaß zu der Besorgnis gibt, daß er erneut Straftaten begehen wird, oder
3. gegen Auflagen gröblich oder beharrlich verstößt.

Satz 1 Nr. 1 gilt entsprechend, wenn die Tat in der Zeit zwischen der Entscheidung über die Strafaussetzung und deren Rechtskraft begangen worden ist.

(2) Das Gericht sieht jedoch von dem Widerruf ab, wenn es ausreicht,
1. weitere Auflagen oder Weisungen zu erteilen, namentlich den Verurteilten einem Bewährungshelfer zu unterstellen, oder
2. die Bewährungs- oder Unterstellungszeit zu verlängern.

In den Fällen der Nummer 2 darf die Bewährungszeit nicht um mehr als die Hälfte der zunächst bestimmten Bewährungszeit verlängert werden.

(3) Leistungen, die der Verurteilte zur Erfüllung von Auflagen, Anerbieten, Weisungen oder Zusagen erbracht hat, werden nicht erstattet. Das Gericht kann jedoch, wenn es die Strafaussetzung widerruft, Leistungen, die der Verurteilte zur Erfüllung von Auflagen nach § 56b Abs. 2 Satz 1 Nr. 2 bis 4 oder entsprechenden Anerbieten nach § 56b Abs. 3 erbracht hat, auf die Strafe anrechnen.

Fassung: Das 6. StrRG (13 vor § 1) hat die im VerbrBG (12 vor § 1) versehentlich unterbliebene Einbeziehung des § 56b II Nr 4 in den Abs 3 nachgeholt und die daraus erwachsene Streitfrage erledigt (dazu Dresden NStZ 96, 256).

1. Die **Widerrufsgründe nach Abs 1** sind abschließend, dh durch andere 1 Gründe nicht erweiterungsfähig (Frank MDR 82, 353). Dagegen schließt eine fehlerhafte oder unterbliebene Belehrung nach §§ 268a III, 454 IV StPO den Widerruf nicht notwendig aus (hM; anders Koch NJW 77, 419; beachte auch BVerfG NJW 92, 2877; Hamm StV 92, 22 mit Anm Budde); sie kann aber im Einzelfall für die Beurteilung der Widerrufsgründe relevant sein (Celle NJW 58, 1009).

a) Nr 1: Die **Straftat** (bei Handlungseinheiten genügt ein Teilakt, Celle NJW 2 57, 113) muss alle materiellen Voraussetzungen der Strafbarkeit erfüllen; auch das Fehlen von Schuldausschließungs- (Karlsruhe Justiz 98, 569) oder Entschuldigungsgründen (27 vor § 13), von persönlichen Strafausschließungsgründen (einschl Strafaufhebungsgründen, Streck/Spatscheck NStZ 95, 269) oder von objektiven Bedingungen der Strafbarkeit (29, 30 vor § 13) ist daher relevant, nicht dagegen der Strafantrag, der nach hM (2 zu § 77) Prozessvoraussetzung ist (Hamburg JR 79, 379 mit Anm Zipf; aM Horn SK 7; krit Frank MDR 82, 353, 354).

aa) Die Tat muss **während der Bewährungszeit** begangen sein (Düsseldorf 3 wistra 93, 153 mwN); dass sie gegenüber einer vor der Bewährungszeit begangenen Tat als subsidiär zurücktritt (28 vor § 52), wie das zB beim Besitz gegenüber dem Erwerb von Betäubungsmitteln zutrifft (§ 29 BtMG), hindert die Anknüpfung nicht (Düsseldorf NStZ 95, 256). Dagegen genügt es nicht, wenn die Tat im Falle nachträglicher Verlängerung nach Abs 2 Nr 2 (vgl 12) in den rückwirkend einbezogenen Ausschnitt der Bewährungszeit fällt (Düsseldorf StV 94, 382; Hamm StV 98, 215); da der Verurteilte in dieser Zeit dem Bewährungsregime tatsächlich nicht unterworfen war, würde die rückwirkende Begründung dieses Regimes nicht nur dem gebotenen Vertrauensschutz (so aber BVerfG NStZ 95, 437 mit abl Bespr Lammer StV 96, 161 und Bringewat BewH 96, 167), sondern auch den allgemeinen Regeln über die Rückwirkung nachteiliger Rechtsfolgen widersprechen (8 zu § 1). Das Schrifttum hat bisher die Möglichkeit der Anknüpfung an einschlägige Taten ohne Einschränkung verneint (Dölling NStZ 89, 345, 348; Tröndle/Fischer 3, 14–17; Gribbohm LK 6; Horn SK 9); die Annahme, dass sie durch einen rechtzeitigen, das Vertrauen des Verurteilten in den Ablauf der Bewährungs-

§ 56f

zeit zerstörenden Hinweis des Gerichts eröffnet werden könnte, ist daher problematisch (aM BVerfG aaO). – **Vor der Bewährungszeit**, dh vor Rechtskraft der Entscheidung über die Strafaussetzung (§ 56a II S 1), begangene Taten können den Widerruf nur unter den Voraussetzungen des Abs 1 S 2 begründen (beachte Düsseldorf MDR 89, 281); allerdings erfordern solche Taten uU die nachträgliche Bildung einer Gesamtstrafe und damit eine neue Entscheidung über die Aussetzung (2–2b zu § 58). – Aus der **Unschuldsvermutung** (Art 6 II MRK) folgt nach bisher hM nicht zwingend, dass die Tat **schon abgeurteilt** sein muss (BVerfG NStZ 87, 118) oder auch nur eine Aburteilung erwarten lässt (Hamburg MDR 79, 515 mit Anm Zipf JR 79, 380; Karlsruhe MDR 93, 780 mwN). Das war in der Rspr unbestritten, bis die EuKomm den Gegenstandpunkt einnahm (dazu Ostendorf StV 90, 231). Seither ist die Rspr gespalten. Teils hält sie in Übereinstimmung mit einer Kammerentscheidung des BVerfG (NStZ 91, 30; s auch BVerfG NJW 94, 377) an der früheren Linie fest und konkretisiert die Rechtslage nur insofern näher, als sie es für ausreichend, zugleich aber auch für notwendig hält, dass die Begehung der Tat auf Grund eigener, prozessordnungsmäßig getroffener Feststellungen des Gerichts außer jedem Zweifel steht (Düsseldorf NStZ 91, 83 mit abl Anm Blumenstein; Hamburg NStZ 92, 130; Düsseldorf StV 95, 31; LG Kiel SchlHA 02, 119; s auch BVerfG StV 96, 163; BGHSt 34, 209 mit abl Anm Vogler NStZ 87, 127; Stuckenberg ZStW 111, 422, 435 und 460; Streng Sanktionen 183; anders jetzt Tröndle/Fischer 7). Teils scheidet sie aber auf Grund der Unschuldsvermutung die Anknüpfung an nicht rechtskräftig abgeurteilte Taten aus (Koblenz NStZ 91, 253; München NJW 91, 2302; Schleswig NJW 91, 2303), lässt allerdings auf Grund einer weiteren Entscheidung der Eu-Komm (StV 92, 282) eine Ausnahme in Fällen zu, in denen ein glaubwürdiges, vor einem Richter in Gegenwart eines Verteidigers abgelegtes und nicht widerrufenes Geständnis vorliegt (Schleswig NJW 92, 2646 mit abl Anm Stree JR 93, 39; Ostendorf NK 7). Für die frühere Rspr spricht zwar, dass die Beschränkung auf rechtskräftig abgeurteilte Taten wegen der aus ihr folgenden, oft sinnlosen Verfahrensverzögerungen den kriminalpolitischen Zweck der Strafaussetzung im Ganzen gefährdet (Stree NStZ 92, 153; Wendisch JR 92, 126; Geppert Jura 93, 160, 162; Mitsch Jura 93, 381, 384; aM Ostendorf StV 92, 288). Doch lässt sie sich nach einer Entscheidung des EGMR v 3. 10. 02 nicht mehr halten, wenn vom „Widerrufsgericht" Schuldfeststellungen, die nur dem erkennenden Gericht zukommen, getroffen wurden, denn darin liegt ein Verstoß gegen die Unschuldsvermutung (EGMR StV 03, 82, 84, 85 mit Bespr Pauly, Boetticher StraFo 03, 51 und Peglau ZRP 03, 242; zust Kühl, Vogler-GS, S 17, 25 und Paeffgen SK-StPO 203 zu Art 6 EMRK; s auch Meyer-Goßner 4 zu § 453c und 12 zu Art 6 MRK); einige Gerichte haben inzwischen unter Hinweis auf die EGMR-Entscheidung ihre bisherige Rspr aufgegeben (Celle StV 03, 575; Jena StV 03, 574 und 575; offengelassen von Schleswig SchlHA 04, 161; dazu und zu weiteren Konsequenzen Peglau NStZ 04, 248). De lege ferenda ist deshalb zu überlegen, ob die Widerrufsentscheidung nicht dem erkennenden Gericht übertragen werden sollte (so auch Boetticher und Pauly, jeweils aaO; s auch Radtke, Müller-Dietz-FS, S 624), denn die Entscheidung auf einen Verdacht oder ein Geständnis zu stützen (so Düsseldorf wistra 04, 237), widerspricht dem System des Strafprozessrechts. Schon bisher war unbestritten, dass bei Ermittlungsschwierigkeiten, namentlich wenn der Verurteilte kein (zweifelsfrei glaubwürdiges) Geständnis abgelegt hat (Zweibrücken StV 85, 465; Köln NJW 91, 505; Radtke aaO S 609, 611; nicht bei außergerichtlichem „Geständnis", Schleswig SchlHA 04 161), oder sonst bei nicht abschließend geklärter Rechtslage (Bremen StV 03, 118; Düsseldorf StV 95, 31) regelmäßig die Rechtskraft der Verurteilung abzuwarten ist (s auch 1 zu § 56g). Diese entfaltet prozeßrechtlich keine Bindungswirkung (Düsseldorf NStZ 90, 541; Stree aaO S 156; auch nicht hinsichtlich der Sozialprognose Peglau GA 04, 288 str); jedoch darf sich das Gericht auf die Verurteilung stützen (Zweibrücken StV 85, 466), es sei denn, dass diese erkennbar fehlerhaft ist (Düsseldorf StV 96, 45 und VRS 95, 253; s auch Frankfurt NStZ-RR 96, 59) oder auf einer bloß summarischen Prüfung (Strafbefehl) beruht (Zweibrücken JR 91, 477 mit Anm Stree; KG NStZ-RR 01, 136; s auch LG Zweibrücken NStZ-RR 96, 186). – Eine erschöpfende Erfassung und systematische Einordnung der Gesamtproblematik unternimmt Torka, Nachtatverhalten und Nemo tenetur, 2000 (mit zahlreichen Nachw zum Sach- und Streitstand).

bb) Die Begehung der neuen Straftat (uU auch erst einer Mehrheit solcher Taten) **muss** (auf Grund einer Gesamtwürdigung, Düsseldorf StV 94, 200 und 96, 45) **zeigen,** dass die Erwartung straffreier Führung (8 zu § 56; beachte jedoch 7 zu § 183) oder bei Aussetzung des Strafrestes die Verantwortbarkeit (7 zu § 57) **nicht mehr besteht** (KG NStZ 04, 156; LG Hamburg StV 97, 90; Meynert MDR 74, 807; krit zur widerrufsfreundlichen Rspr Boetticher NStZ 91, 1), dh vor allem, dass die in der Verurteilung liegende Warnung mißachtet wurde (zusf Stree NStZ 92, 153, 158). Das ist nicht notwendig (Düsseldorf BA 98, 154; Celle NdsRpfl 02, 61), aber regelmäßig zu verneinen, wenn die neue Tat Bagatellcharakter hat oder wenn die ihretwegen verhängte Strafe zur Bewährung ausgesetzt wurde (BVerfG NStZ 85, 357; Düsseldorf StV 98, 214; Nürnberg StV 01, 411; Stuttgart Justiz 02, 231; Hamm StraFo 03, 21; LG München StV 03, 347; Streng Sanktionen 183; probl BVerfG NJW 95, 713 mit krit Bespr Bringewat BewH 94, 348 und ter Veen NStZ 95, 437). Im Übrigen ist nicht unbedingt eine Vergleichbarkeit der früheren und neuen Taten nach Art und Schwere erforderlich (Schleswig StV 82, 527; Düsseldorf StV 83, 338; Frank MDR 82, 353, 355; Schäfer StrZ 192; aM Ostendorf NK 4: „Kriminologischer Zusammenhang"); Gelegenheits- und Fahrlässigkeitstaten schließen aber die günstige Prognose idR (zu Grenzfällen Hamm MDR 71, 942; Koblenz VRS 48, 263) nicht aus, wenn sie keinen inneren Zusammenhang mit der Tat haben, die der Aussetzung zugrunde lag (Frankfurt StV 82, 369; Gribbohm LK 13). Der Widerruf kann nicht allein darauf gestützt werden, dass ein **Gewissenstäter** seine ein für allemal getroffene Gewissensentscheidung durch eine neue Tat manifestiert hat (BVerfG NJW 89, 1211 mit krit Anm Struensee StV 90, 443; s auch 8 zu § 56).

cc) Schweben **mehrere Strafaussetzungen,** so ist auf Grund der neuen Straftat in jedem Verfahren der Widerruf selbständig zu prüfen (Klussmann NJW 73, 685; beachte jedoch die Konzentration der Zuständigkeit nach § 462a IV StPO).

b) Nr 2, 3: Gröblicher Verstoß ist die schuldhafte (Hamm StV 93, 259) nach objektivem Gewicht und Vorwerfbarkeit schwerwiegende (BGHSt 36, 97; Düsseldorf NStZ-RR 02, 166 s auch 9 zu § 56c) Zuwiderhandlung gegen eine zulässige (BVerfG NJW 95, 2279; Köln NStZ 94, 509; Frankfurt NStZ-RR 97, 2; Hamburg wistra 04, 235), dem Täter bekanntgemachte (Düsseldorf StV 85, 464) und nicht durch eine Gesamtstrafenentscheidung (§ 58) überholte (KG JR 87, 217) Weisung oder Auflage (LG Mainz MDR 75, 772; enger Hamm GA 59, 59; Bremen StV 90, 118); bei Geldauflagen (s auch 9 zu § 56b) setzt er (dem Täter nachzuweisende) Zahlungsfähigkeit oder selbstverschuldete Zahlungsunfähigkeit voraus (Düsseldorf NStZ-RR 97, 323), wobei Einkünfte aus sog Schwarzarbeit nicht berücksichtigt werden dürfen (LG Münster NStZ-RR 03, 264). – Der **beharrliche Verstoß** braucht nicht schwer zu sein (hM); erforderlich ist wiederholte Zuwiderhandlung in ablehnender Haltung gegen den Zweck der Weisung oder Auflage (ebenso Kindhäuser 9); Abmahnung ist nicht unbedingt erforderlich, Beharrlichkeit ohne sie idR aber nicht beweisbar (LG Mainz aaO). – Der Verstoß gegen Anerbieten (§ 56b III) oder Zusagen (§ 56c IV) genügt nicht; hier bedarf es zunächst der nachträglichen Anordnung nach § 56e. – **Entziehen** bedeutet Ausschaltung der Einflussmöglichkeiten des Bewährungshelfers in häufiger Wiederholung oder auf längere Dauer (Koblenz NStZ-

§ 56f AT. 3. Abschnitt. 4. Titel. Strafaussetzung zur Bewährung

RR 96, 300); einzelne Unbotmäßigkeiten genügen nicht. – Die nur (krit dazu Kratzsch JR 72, 369) im Falle der Nr 2 erforderliche ungünstige Prognose, die sich auf Straftaten (nicht nur rechtswidrige Taten, KG JR 83, 423) beziehen muss, wird durch den Weisungsverstoß oder die Ausschaltung des Bewährungshelfers nicht ohne weiteres indiziert (Düsseldorf StV 86, 25 und 96, 443; Zweibrücken JR 91, 290 mit Anm Horn; krit Tröndle/Fischer 11).

7   2. a) Der Widerruf ist **obligatorisch,** sobald eine Voraussetzung nach Abs 1 eintritt und nicht nach Abs 2 vom Widerruf abzusehen ist (vgl 9). Vor Rechtskraft der Aussetzung (Hamm NJW 55, 1000; Köln MDR 56, 759) und nach Straferlass ist er jedoch nicht zulässig, während der bloße Ablauf der Bewährungszeit grundsätzlich (beachte 1 zu § 56 g) nicht entgegensteht. Vom Zwang zum Widerruf sind keine weiteren Ausnahmen vorgesehen (Düsseldorf NStZ 00, 55). Es ist deshalb nicht zureichend begründbar, bei Bagatelltaten den Widerruf für unverhältnismäßig zu erklären (so aber Zweibrücken MDR 89, 477; vgl auch Lembert NJW 03, 3528) oder nach Wegfall aller Verlängerungsmöglichkeiten die Strafe nach Maßgabe des Abs 2 zu erlassen (so Celle NStZ 91, 206 und StraFo 03, 413; Düsseldorf NStZ 94, 559; Horn SK 30 e; Ostendorf NK 1 zu § 56 g; aM Stree NStZ 92, 153, 160); Härtefälle sind bei zutreffender Auslegung der Widerrufsvoraussetzungen regelmäßig vermeidbar, hier etwa durch die Annahmen, dass Bagatelltaten die der Aussetzung zugrundeliegende Erwartung nicht enttäuschen (vgl 4) oder dass am Ende der Bewährungszeit die Beurteilung der Prognose zweifelhaft geblieben sei (1 zu § 56g). Begründet ist jedoch die Rspr, die einen vorläufigen Aufschub des Widerrufs in Fällen der Konkurrenz mit einem Therapieverfahren nach §§ 35, 36 BtMG zulässt; hier könnte der sofortige Widerruf den Therapieerfolg im anderen Verfahren sachwidrig gefährden und deshalb unverhältnismäßig sein (dazu Düsseldorf StV 89, 159 mit Anm Hellebrand). Ausnahmsweise kann auch eine unangemessene Verzögerung bei der Entscheidung über den Widerruf oder die Anlasstat dazu führen, dass ein an sich gebotener Widerruf aus Gründen der Rechtssicherheit und des Vertrauensschutzes unzulässig wird (Karlsruhe Justiz 01, 192; Oldenburg NdsRpfl 02, 270; KG NJW 03, 2468).

8   b) Ob widerrufen werden muss, ist **in jeder Lage** des Bewährungsverfahrens **von Amts wegen** zu prüfen. Für Sachverhaltszweifel gilt der Grundsatz in dubio pro reo (Hamm StV 87, 69; s auch 8 zu § 56; 4 zu § 61). Im Übrigen muss das Gericht in den Fällen der Nummern 1, 2 die vorausgesetzte ungünstige Prognose vorbehaltlos bejahen; solange es insoweit noch zweifelt, ist der Widerruf nicht begründet (Frank MDR 82, 353, 359 mwN; zur Bedeutung solcher Zweifel am Ende der Bewährungszeit 1 zu § 56g).

9   3. a) Abs 2 ist eine Ausprägung des Verhältnismäßigkeitsgrundsatzes (Düsseldorf StV 94, 198 und 00, 563). In den Fällen des Abs 1 Nr 1, 2 setzt das **Absehen vom Widerruf** voraus, dass nach der Überzeugung des Gerichts die nach § 56 I (oder bei Strafrestaussetzung nach § 57 I) – also nicht nach strengeren Regeln (hM; anders Bremen MDR 74, 593) – erstellte Prognose gegenwärtig ungünstig ist (Zweibrücken NStZ 93, 510; LG Zweibrücken wistra 95, 352), dass aber auf Grund neuer Tatsachen (KG NStZ-RR 00, 170) die Erwartung besteht, sie könne bei Fortsetzung oder Änderung der Bewährungsmaßnahmen oder unter der Wirkung anderweitig getroffener Resozialisierungsmaßnahmen (zB der Langzeittherapie eines Drogenabhängigen, Düsseldorf StV 94, 199, 200) so weit verbessert werden, dass sie den Widerruf nicht mehr begründet (ähnlich Düsseldorf StV 96, 442; Frank MDR 82, 353, 359; unklar Celle StV 90, 117; Düsseldorf StV 95, 31; diff Horn JR 81, 5 mwN). Auf die mutmaßlichen Wirkungen des nach dem Widerruf zu erwartenden Strafvollzugs kommt es nicht an (Klier NStZ 81, 301; Dencker NStZ 82, 152, 155; Gribbohm LK 26 mwN; aM Schleswig NJW 80, 2320 mit zust Anm Schöch JR 81, 161; Boetticher NStZ 91, 1, 3). Auch der Sühnezweck

rechtfertigt keine Einschränkung (aM LG Saarbrücken MDR 89, 179). – Das Absehen ist, solange die höchstzulässige Verlängerung der Bewährungszeit noch nicht abgelaufen ist (vgl 13), bei Vorliegen seiner Voraussetzungen **obligatorisch** (Bremen aaO; zur Ausfüllung der richterlichen Beurteilungsspielräume Hermann MschrKrim 88, 315).

b) Die nach **Abs 2 Nr 1** zulässigen Bewährungsmaßnahmen sind so auszuwählen, dass sie in ihrer Gesamtheit zur Verbesserung der gegenwärtig ungünstigen Prognose möglichst gut geeignet sind. **10**

c) Die **nachträgliche Verlängerung der Bewährungszeit** vor ihrem Ablauf und innerhalb des gesetzlichen Höchstmaßes ist – uU auch mehrmals – schon nach § 56a II S 2 zulässig (dort 2). Abweichend davon ist jedoch unter den Voraussetzungen des **Abs 2 Nr 2** eine solche Verlängerung obligatorisch, und zwar auch dann, wenn die **Bewährungszeit bereits abgelaufen ist** (BVerfG NStZ 95, 437; Zweibrücken NStZ 93, 510, beide mwN) oder wenn dadurch das **gesetzliche Höchstmaß** (§ 56a I) **überschritten** wird (Oldenburg NStZ 88, 502 mit abl Anm Kusch; Braunschweig StV 89, 85; Maatz MDR 88, 1017; aM LG Kiel NStZ 88, 501; Schrader MDR 90, 391). **11**

aa) Die Verlängerung **nach Ablauf der Bewährungszeit** schließt sich nach dem Gesetzeswortlaut und im Interesse der Vermeidung überlanger Bewährungsverfahren nahtlos, dh rückwirkend (hM; vgl BVerfG NStZ 95, 437; Streng Sanktionen 184; anders Horn NStZ 86, 356), an die Bewährungszeit an (zur Einschränkung des Widerrufs beachte 3). – Eine **Verlängerung der Unterstellungszeit** ist nur in den Grenzen der (uU zu verlängernden) Bewährungszeit möglich (4 zu § 56d). **12**

bb) Die **höchstzulässige Verlängerung** (das Anderthalbfache) wirkt, wie sich aus einem Vergleich mit § 56a und aus den – allerdings nicht widerspruchsfreien – gesetzgeberischen Beratungen (dazu Dölling NStZ 89, 345; Schrader MDR 90, 391) ergibt, nur dann begrenzend, wenn sie über die allgemeine Verlängerungsmöglichkeit nach § 56a II S 2 hinausgeht, meist also nur, wenn das gesetzliche Höchstmaß der Bewährungszeit (§ 56a I) überschritten wird (hM; vgl etwa Frankfurt StV 89, 25; Maatz MDR 88, 1017; Dölling aaO; anders Zweibrücken NStZ 87, 328 mit Anm Horn JR 88, 31; Schrader aaO; zw). Ihre Berechnung knüpft nicht an dieses Höchstmaß, sondern an die richterlich bestimmte Bewährungszeit an (BT-Dr 8/3857 S 12). Da es auf die „zunächst bestimmte" Bewährungszeit ankommt, sind zwischenzeitliche Verlängerungen für die Berechnung unerheblich (Celle StV 90, 117; Düsseldorf MDR 94, 142; LG München NStZ 03, 317; Dölling aaO; Gribbohm LK 30; aM LG Itzehoe SchlHA 87, 186; Maatz aaO; zw). Das schließt jedoch nicht aus, dass sich die auf diese Weise berechnete Verlängerung an eine vorausgegangene, in den Grenzen des § 56a II S 2 angeordnete Verkürzung oder Verlängerung anschließt (Hamm NStZ 88, 291 mit abl Anm Funck NStZ 89, 46; einschr Gribbohm LK 34; Ostendorf NK 14; zw). Nach ihrem Ablauf ist eine weitere Verlängerung unzulässig (Celle NStZ 91, 206 und StraFo 03, 413; LG Zweibrücken MDR 94, 1032; Dölling aaO; aM Zweibrücken aaO; Hamburg NStZ-RR 99, 330; Stuttgart NStZ 00, 478; Hamm NStZ-RR 00, 346); sie wäre mit dem Zweck der Begrenzung, überlange Bewährungsverfahren zu verhüten, unvereinbar. **13**

4. Die **Anrechnung nach Abs 3 S 2** ist nur in den angegebenen Fällen vorgesehen (beachte jedoch Dresden NStZ-RR 98, 155), kann also nicht auf Leistungen zur Schadenswiedergutmachung nach § 56b II Nr 1 (München MDR 80, 517) oder zur Erfüllung von Weisungen nach § 56c (LG Saarbrücken MDR 89, 763; aM LG Freiburg StV 83, 292) erstreckt werden (beachte vor 1). – Sie wird nach pflichtmäßigem Ermessen (50 zu § 46) bestimmt (Bay JR 81, 514 mit Anm Bloy; Tröndle/Fischer 18; s auch Hamm NStZ 01, 165). Das gilt sowohl für das **14**

§ 56g AT. 3. Abschnitt. 4. Titel. Strafaussetzung zur Bewährung

Ob der Anrechnung (Bamberg MDR 73, 154) wie auch für den Maßstab (LG Frankfurt NJW 70, 2121; beachte dazu Hamm StV 01, 413). Sie zu versagen, ist jedoch nur in Ausnahmefällen ermessensfehlerfrei begründbar (Frank JR 86, 378), sofern nicht der Verurteilte eine Geldleistung mit Hilfe von Vermögensdelikten erbracht hat (NStZ-RR 02, 137). Sie ist mit dem Widerruf zu verbinden und nicht durch nachträgliche Entscheidung nachholbar (Celle NdsRpfl 88, 142; Neumann NJW 77, 1185; str).

15   5. **Zuständigkeit und Verfahren** §§ 453, 462a StPO (krit dazu Boetticher NStZ 91, 1, 3; Bohlander NStZ 99, 493; s auch NStZ 99, 638; Düsseldorf NStZ 99, 533); soweit die mündliche Anhörung des Verurteilten vorgesehen ist (Soll-Vorschrift), darf das Gericht davon – auch wenn es einen Widerrufsantrag der StA abzulehnen beabsichtigt (Jena NStZ 98, 216) – nur in begründeten Ausnahmefällen absehen (Düsseldorf NStZ 88, 243; Frankfurt NStZ-RR 96, 91 [mit Anm Kropp NStZ 98, 536] und NStZ-RR 03, 199; Karlsruhe Justiz 02, 135 und 03, 272; Schleswig SchlHA 03, 194; Ostendorf NK 16; probl KG JR 88, 39; Koblenz MDR 88, 992). – § 453c StPO lässt die Anordnung von Sicherungsmaßnahmen, auch eines Haftbefehls, vor Rechtskraft des Widerrufsbeschlusses zu. Bleibt der Anspruch auf rechtliches Gehör (dazu BGHSt 26, 127) gewahrt, so unterliegt es pflichtmäßigem Ermessen des Gerichts (50 zu § 46), ob es statt des Sicherungshaftbefehls den Widerrufsbeschluss erlässt und öffentliche Zustellung anordnet (hM; vgl Zweibrücken MDR 88, 1077; Düsseldorf JR 89, 166 mit Anm Wendisch; zw). – Ein rechtskräftiger Widerruf kann zurückgenommen werden, wenn im Hinblick auf die Umstände, die ihn begründet haben, die Voraussetzungen der Wiederaufnahme vorliegen würden (Düsseldorf MDR 93, 67; Schall, Stree/Wessels-FS, S 735; Ostendorf NK 17; Meyer-Goßner 17 zu § 453 StPO; s auch Müller JR 97, 124; aM Zweibrücken NStZ 97, 55; Hamburg StV 00, 568 mit abl Anm Kunz; Stuttgart Justiz 01, 170; Düsseldorf JMBlNW 04, 81; Gössel JR 92, 125; zw).

16   6. Zum Widerruf **bei Verurteilung nach DDR-Recht (Alttaten)** 31 zu § 2.

§ 56g Straferlaß

(1) **Widerruft das Gericht die Strafaussetzung nicht, so erläßt es die Strafe nach Ablauf der Bewährungszeit. § 56f Abs. 3 Satz 1 ist anzuwenden.**

(2) **Das Gericht kann den Straferlaß widerrufen, wenn der Verurteilte im räumlichen Geltungsbereich dieses Gesetzes wegen einer in der Bewährungszeit begangenen vorsätzlichen Straftat zu Freiheitsstrafe von mindestens sechs Monaten verurteilt wird. Der Widerruf ist nur innerhalb von einem Jahr nach Ablauf der Bewährungszeit und von sechs Monaten nach Rechtskraft der Verurteilung zulässig. § 56f Abs. 1 Satz 2 und Abs. 3 gilt entsprechend.**

1   1. Der **Straferlass nach Abs 1** setzt voraus, dass die Bewährungszeit abgelaufen ist und nach der Überzeugung des Gerichts die Voraussetzungen für den Widerruf endgültig fehlen (NStZ 93, 235; Hamm NStZ 98, 478). Über ihn (und damit zugleich auch über den Widerruf nach § 56f) ist baldmöglichst zu entscheiden (näher konkretisierend Horn, Kaufmann [H]-GS, S 545). Jede Verzögerung, die nicht auf durchschlagenden Gründen beruht, etwa der nach den Umständen gegebenen Notwendigkeit, das Ergebnis des Strafverfahrens wegen der Tat nach § 56f I Nr 1 (Zweibrücken MDR 89, 178; Frank MDR 82, 353, 361 mwN; s auch 3 zu § 56f) oder eine unmittelbar bevorstehende Gesamtstrafenbildung in einem anderen Verfahren abzuwarten (BVerfG NJW 91, 558 mit abl Bespr Thietz-Bartram wistra 90, 259; NJW 91, 2847; NStZ 93, 235; beachte dazu 3 zu § 55; 2a zu § 58), ist rechtsstaatswidrig (Hamburg NJW 70, 65; s auch Köln StV 01, 412). Sie schließt bei ungebührlicher Länge den Widerruf aus, wenn der Verurteilte mit ihm nach den Umständen nicht mehr zu rechnen brauchte (Zweibrücken NStZ 88, 501; Köln StV 98, 211; Karlsruhe StV 01, 411); jedoch hat eine formelle Befristung auf 6 Monate (so Hamm MDR 66, 165) oder auf ein Jahr (so Sch/Sch-Stree 13 zu § 56f) im Gesetz keine Grundlage (Hamm NJW 74, 1520; Düsseldorf VRS 90, 284; Schroeder JZ 74, 683). Bei zweifelhafter Sachlage sind die erforderlichen Ermittlungen regelmäßig noch in der Bewährungszeit durchzuführen. Bleibt am Ende die Beurteilung der Prognose zweifelhaft, so ist weder der Widerruf noch das Vorgehen nach § 56f II (dort 9) begründet, allenfalls noch eine Verlängerung der Bewährungszeit unter den Voraussetzungen des § 56a II S 2 zulässig.

2. a) Abs 2 lässt es aus kriminalpolitischen Gründen in engen Grenzen (dazu Hamm NStZ 89, 180) zu, durch **Widerruf des Straferlasses** sachlich ungerechtfertigte Entscheidungen (dazu Düsseldorf MDR 87, 865) nach pflichtmäßigem Ermessen (Ostendorf NK 3; diff Gribbohm LK 10–12; aM Sch/Sch-Stree 10; Horn SK 11) zu beseitigen. Die Verurteilung muss **rechtskräftig** sein. Der Widerruf kann auch auf eine Verurteilung vor Rechtskraft des Erlassbeschlusses gestützt werden (LG Frankfurt StV 82, 118). – **Räumlicher Geltungsbereich** 5 vor § 3. 2

b) Die den Widerruf auslösende Straftat muss die **gleichen Anforderungen** wie die Tat im Rahmen des § 56f I Nr 1 (dort 2–4) erfüllen (Schleswig SchlHA 91, 82). Es genügt, wenn sie zwar vor der Bewährungszeit, aber nach Anordnung der Strafaussetzung begangen wurde (S 3; vgl 3 zu § 56f). Bei einer **Verurteilung zu Gesamtstrafe** muss mindestens eine Einzelstrafe den Anforderungen des Abs 2 genügen (Hamburg MDR 87, 1046 mwN; str). 3

c) Der Widerruf versetzt das Verfahren nur **in die Lage vor dem Straferlass** zurück, bewirkt also nicht zugleich die Vollstreckbarkeit der verhängten Freiheitsstrafe (Hamm NStZ 89, 323; Düsseldorf MDR 92, 506; Ostendorf NK 3; aM Zweibrücken NStZ 95, 206; Stuttgart Justiz 98, 536; Gribbohm LK 14, 15; Tröndle/Fischer 3; zw). Dazu bedarf es vielmehr der weiteren Entscheidung über den Widerruf der Strafaussetzung. Die Gegenmeinung schließt ohne zureichenden Grund die Möglichkeit aus, nach § 56f II (Absehen vom Widerruf) zu verfahren (Hamm und Düsseldorf aaO). 4

3. Zuständigkeit und Verfahren §§ 453, 462a StPO. 5

§ 57 Aussetzung des Strafrestes bei zeitiger Freiheitsstrafe

(1) Das Gericht setzt die Vollstreckung des Restes einer zeitigen Freiheitsstrafe zur Bewährung aus, wenn

1. zwei Drittel der verhängten Strafe, mindestens jedoch zwei Monate, verbüßt sind,

2. dies unter Berücksichtigung des Sicherheitsinteresses der Allgemeinheit verantwortet werden kann, und

3. der Verurteilte einwilligt.

Bei der Entscheidung sind namentlich die Persönlichkeit des Verurteilten, sein Vorleben, die Umstände seiner Tat, das Gewicht des bei einem Rückfall bedrohten Rechtsguts, das Verhalten des Verurteilten im Vollzug, seine Lebensverhältnisse und die Wirkungen zu berücksichtigen, die von der Aussetzung für ihn zu erwarten sind.

(2) Schon nach Verbüßung der Hälfte einer zeitigen Freiheitsstrafe, mindestens jedoch von sechs Monaten, kann das Gericht die Vollstreckung des Restes zur Bewährung aussetzen, wenn

1. der Verurteilte erstmals eine Freiheitsstrafe verbüßt und diese zwei Jahre nicht übersteigt oder

§ 57 AT. 3. Abschnitt. 4. Titel. Strafaussetzung zur Bewährung

2. die Gesamtwürdigung von Tat, Persönlichkeit des Verurteilten und seiner Entwicklung während des Strafvollzugs ergibt, daß besondere Umstände vorliegen,

und die übrigen Voraussetzungen des Absatzes 1 erfüllt sind.

(3) Die §§ 56a bis 56g gelten entsprechend; die Bewährungszeit darf, auch wenn sie nachträglich verkürzt wird, die Dauer des Strafrestes nicht unterschreiten. Hat der Verurteilte mindestens ein Jahr seiner Strafe verbüßt, bevor deren Rest zur Bewährung ausgesetzt wird, so unterstellt ihn das Gericht in der Regel für die Dauer oder einen Teil der Bewährungszeit der Aufsicht und Leitung eines Bewährungshelfers.

(4) Soweit eine Freiheitsstrafe durch Anrechnung erledigt ist, gilt sie als verbüßte Strafe im Sinne der Absätze 1 bis 3.

(5) Das Gericht kann davon absehen, die Vollstreckung des Restes einer zeitigen Freiheitsstrafe zur Bewährung auszusetzen, wenn der Verurteilte unzureichende oder falsche Angaben über den Verbleib von Gegenständen macht, die dem Verfall unterliegen oder nur deshalb nicht unterliegen, weil dem Verletzten aus der Tat ein Anspruch der in § 73 Abs. 1 Satz 2 bezeichneten Art erwachsen ist.

(6) Das Gericht kann Fristen von höchstens sechs Monaten festsetzen, vor deren Ablauf ein Antrag des Verurteilten, den Strafrest zur Bewährung auszusetzen, unzulässig ist.

Fassung: Das SexBG (6–15 vor § 38) hat Abs 1 S 1 Nr 2 neu gefasst und S 2 geändert (nur geringfügige Abweichung vom bisherigen Recht).

1 **1.** Die Vorschrift gilt nur für die Aussetzung des Strafrestes bei **zeitiger Freiheitsstrafe,** nach überwiegender, wegen ihrer Ergebnisse aber wenig überzeugenden Rspr (Koblenz NStZ 87, 120 und 95, 254; Weber, Schröder-GS, S 175; Dölling NStZ 81, 86) nicht bei Ersatzfreiheitsstrafe (Jena NStZ 99, 317 mit abl Anm Seebode; Bublies, Die Aussetzung des Restes der Ersatzfreiheitsstrafe, 1989; Wagner Rpfleger 97, 421; Zweibrücken StV 01, 414; Dünkel NK 7; Paeffgen SK-StPO 3 zu § 454; für Einbeziehung de lege ferenda Schatz ZRP 02, 438) und auch nicht bei Geldstrafe (zu ihrer kriminalpolitischen Bedeutung 1 vor § 56; zu ihrer Anwendung in der Praxis expl Aufsattler ua MschrKrim 82, 305; Böhm/Erhard MschrKrim 84, 365; Dünkel/Ganz MschrKrim 85, 157; Eisenberg/Ohder, Aussetzung des Strafrestes zur Bewährung, 1987; Cornel MschrKrim 02, 428; Dünkel NK 102). Besonders geregelt sind die entsprechende Aussetzung bei **lebenslanger Freiheitsstrafe** (§ 57a), bei **Jugendstrafe** (§§ 88, 89a JGG) und bei **Strafarrest** (§ 14a II WStG) sowie die Aussetzung von **Maßregeln** nach Vollzugsbeginn (vgl etwa § 67d II). – Internationaler Vergleich bei Dünkel NK 88–104.

2 2. Die **Voraussetzungen des Abs 1:**

a) Nr 1: Die **zeitliche Schranke** ist nach der im Urteil verhängten Strafe zu berechnen; hält man die Aussetzung bei Ersatzfreiheitsstrafe für zulässig (vgl 1), so ist auch hier die verhängte Strafe maßgebend (so überzeugend Zweibrücken MDR 87, 782; Koblenz NStZ 95, 254, beide mwN; anders ua Preisendanz JR 76, 467 und Zipf JR 77, 122, nach denen die unter Berücksichtigung von Teilzahlungen tatsächlich zu vollstreckende Strafe Berechnungsgrundlage ist.

3 aa) **Milderungen der verhängten Strafe im Gnadenwege** bleiben außer Ansatz, weil sie Vergünstigungen sind, die ohne Bindung an rechtliche Maßstäbe bewilligt werden und deshalb nicht widerspruchsfrei in das Strafensystem integriert werden können (Saarbrücken NJW 73, 2037; Oldenburg MDR 84, 772; Gribbohm LK 7; aM Streng Sanktionen 230; Dünkel NK 5; Horn SK 4; beachte auch 8 zu § 57a).

bb) Freiheitsstrafe wird vor allem durch **Anrechnung von UHaft oder anderer Freiheitsentziehung** – und zwar im Hinblick auf deren verbüßungsgleiche Wirkung auch durch gnadenweise Anrechnung (Hamburg MDR 77, 771 mwN) – erledigt. Darüber hinaus genügt aber, wie sich aus **Abs 4** ergibt, auch Anrechnung von Geldstrafe nach § 51 II, von Leistungen nach § 56f III S 2 und von Zeiten freiwilligen Aufenthalts in einer Therapieeinrichtung nach § 36 I, III BtMG (Dünkel NK 8). 4

cc) Der Verurteilte muss sich zurzeit der Entscheidung nicht unbedingt in **Strafhaft** befinden (Düsseldorf StV 94, 194). Die Aussetzung ist daher zB auch zu prüfen, wenn die im Urteil angerechnete Freiheitsentziehung (§ 51) die mindestens zu verbüßende Zeit voll abdeckt (so schon MDR 59, 1022; s auch Celle NStZ 85, 188) oder wenn die Strafvollstreckung nach § 455a StPO unterbrochen ist (KG NStZ 83, 334). – Umgekehrt steht ein in anderer Sache bestehender Haftbefehl als solcher der Aussetzung nicht entgegen (hM; vgl Kölbel StV 98, 236). 5

dd) Sind **mehrere selbstständige Freiheitsstrafen** zu vollstrecken, so ist § 454b StPO zu beachten, mit dem das Gesetz die im früheren Recht umstrittene Rechtslage im Sinne des von der Rspr nahezu einhellig anerkannten sog Unterbrechungsmodells (zusf Jabel MDR 80, 718 mwN) entschieden und dem sog Ganzheitsmodell (zusf Doller ZRP 78, 55 mwN) die Grundlage entzogen hat (vgl 31–33). 6

b) Nr 2: Ähnlich wie in § 56 I (dort 8–14) bedarf es einer **günstigen,** in ihren Anforderungen allerdings weniger restriktiven, **Täterprognose** (krit zur ungenügenden Treffsicherheit aller Prognosemethoden Frisch ZStW 102, 707, 725 mwN; näher dazu 14 zu § 56). 7

aa) Nicht erforderlich ist die Erwartung (8 zu § 56) künftig straffreier Führung. Es genügt vielmehr, dass die Aussetzung unter Berücksichtigung des Sicherheitsinteresses der Allgemeinheit verantwortet werden kann. Diese Neufassung durch das SexBG (13 vor § 1), die die Erprobungsklausel des früheren Rechts durch die Worte ersetzt hat, „wenn verantwortet werden kann zu erproben, ob der Verurteilte außerhalb des Strafvollzugs keine Straftaten mehr begehen wird", bedeutet keine Verschärfung des Maßstabs, sondern nur eine Klarstellung (BT-Dr 13/9062 S 9, 10; Hamm NStZ 98, 176; Bamberg NJW 98, 3508; Stuttgart StV 98, 668 mit Anm Schüler-Springorum; KG NJW 99, 1797; Rosenau StV 99, 388; Cornils MschKrim 02, 424; Dölling, Rolinski-FS, S 55, 59; krit Rotthaus NStZ 98, 597, 599; Streng ZStW 111, 827, 834; Dünkel NK 16; aM Koblenz NStZ 98, 591 mit krit Anm Feuerheim NStZ 99, 270; Boetticher MschrKrim 98, 354, 363). Mit der Neufassung nicht vereinbar ist lediglich die im Schrifttum verbreitete Auffassung, dass der Erprobungsklausel eine Vorbewertung zugunsten des Resozialisierungsgedankens zugrundeliege (so Schall/Schreibauer NJW 97, 2412, 2416; Schöch NJW 98, 1257, 1258; Schneider JZ 98, 436, 440). Auf dieser Grundlage kommt ein Rückwirkungsverbot schon deshalb nicht in Frage, weil das Gesetz insoweit weder strenger noch milder geworden ist (zu dieser Frage für den Fall, dass eine Verschärfung des Rechts angenommen wird, Schneider StV 99, 398 und BewH 99, 310).

Für die Strafrestaussetzung vorauszusetzen ist daher wie im früheren Recht, dass im Laufe des Vollzugs die Möglichkeit straffreier Führung so viel wahrscheinlicher geworden ist, dass nach der Überzeugung des Gerichts eine reale Bewährungschance besteht und dass deshalb im Interesse der konsequenten Rückführung des Verurteilten in die Freiheit das Risiko seiner erneuten Entlassung, namentlich auch bei Berücksichtigung des Sicherheitsinteresses der Allgemeinheit (NStZ-RR 03, 200; Koblenz NJW 81, 1522), vertretbar erscheint (näher zu der hier entstandenen umfangreichen Kasuistik Frisch, Kaiser-FS, S 765, 777–779; Horn SK 9, 9a; Sch/Sch-Stree 9–12, 16, 17; Tröndle/Fischer 12–18; s auch BVerfGE 70, 297;

§ 57 AT. 3. Abschnitt. 4. Titel. Strafaussetzung zur Bewährung

Mrozynski JR 83, 133, 136; beachte ferner Düsseldorf NStZ-RR 00, 187). Dieses Risiko ist umso größer, je schwerer das bei einem Rückfall bedrohte Rechtsgut wiegt, je gefährlicher die Straftaten sind, die der Verurteilte möglicherweise in der Freiheit begehen wird (bei Schmidt MDR 91, 185; NStZ-RR 03, 200; KG JA 86, 457 mit Bespr Sonnen; Stuttgart Justiz 98, 289) und je kriminogener die künftigen Umweltverhältnisse voraussichtlich sein werden. Diesem Risiko hat der Gesetzgeber, wie sich aus den Materialien zum SexBG ergibt, namentlich bei triebhaft motivierten, an Kindern und Frauen begangenen Taten (zum Kindesmissbrauch schon KG JR 70, 428; Düsseldorf NJW 73, 2255), außerdem auch bei Verbrechen und schweren Gewalttaten der in § 66 III S 1 beschriebenen Art besonderen Stellenwert beigemessen und deshalb den Gesetzestext durch die ausdrücklichen Hinweise auf das Sicherheitsinteresse der Allgemeinheit und das Gewicht des bei einem Rückfall bedrohten Rechtsguts ergänzt. – Bei Verurteilungen wegen solcher Taten ist unter den näheren Voraussetzungen des § 454 II Nr 1, 2 StPO (näher dazu 34 a) ein **Sachverständigengutachten** zur Gefährlichkeit des Verurteilten einzuholen und idR mit den Verfahrensbeteiligten mündlich zu erörtern (krit Schöch NJW 98, 1257, 1259 und Kaiser-FS, S 1239, 1241 Streng NStZ 111, 827, 834; zust jedoch Schneider JZ 98, 436, 440; zur Problematik s auch BT-Dr 13/9062 S 14; zu Vorbereitung, Inhalt und Aufbau des Gutachtens bei unbefristeten Freiheitsentziehungen [lebenslange Freiheitsstrafe, Sicherungsverwahrung] Kröber NStZ 99, 593; zum sachlichen Gewicht der vorgeschriebenen Anhörung der Vollzugsanstalt [§ 454 I StPO] im Vergleich zu dem des Sachverständigengutachtens [§ 454 II Nr 2 StPO] beachte ferner Zweibrücken NStZ 00, 446 mit Anm Molketin NStZ 01, 112). – Weigert sich der Verurteilte, bei der Begutachtung mitzuwirken, so scheidet – wie in den Fällen des § 57 a (dort 11) – die Aussetzung aus. Mindestens in diesem speziellen Bereich, aber auch ganz allgemein hat das SexBG die Gewichte bei der Gesamtwürdigung zugunsten der Wahrung des Sicherheitsinteresses verschoben. Die Praxis wird darauf unter Beachtung des Umstandes zu reagieren haben, dass die esetzgeberischen Beratungen unter dem Druck einer durch bedauerliche Vorkommnisse aufgeheizten Stimmungslage in der Bevölkerung und den Medien gestanden haben (dazu 6 vor § 38 der 23. Aufl). – Auf der anderen Seite hat das BVerfG vor allem für die lebenslange Freiheitsstrafe (dazu 11 zu § 57 a), in gleicher Weise aber auch für lange zeitige Freiheitsstrafen (zB in BVerfG NJW 00, 501 und 502 mit abl Anm Kröber NStZ 00, 613) verfassungsrechtliche Schranken entwickelt, die den Begründungsaufwand der Fachgerichte stark vermehrt und ihren Beurteilungsspielraum nachhaltig eingeschränkt haben.

8 bb) Nach ihrer Entstehungsgeschichte hat die bisher geltende Nr 2 und auch die neue Nr 2 nur den Sinn, mit Rücksicht auf die Gegebenheiten des Vollzugs gegenüber § 56 I die Anforderungen an die Täterprognose **abzumildern** (Begr zu § 79 E 1962 S 204). Diesem ausschließlich spezialpräventiven Zweck würde es zuwiderlaufen, mit Hilfe des Merkmals „verantworten" in Anlehnung an das frühere Recht (zB KG JR 67, 149) den Strafzweck der Generalprävention oder das Erfordernis alleiniger Abwägung der Strafzwecke ins Spiel zu bringen (BVerfG NJW 94, 378 mwN). Das schließt indessen nicht aus, schuldbezogene Umstände, namentlich auch die Schuldschwere und die entfaltete kriminelle Energie, als Indizien für die Prognose heranzuziehen; selbstständige Bewertungsfaktoren sind sie aber nicht (Koblenz StV 98, 389 mwN) und überwiegend auch (zB Schuldeinsicht, Schuldverarbeitung) von zweifelhaftem und schwer abschätzbarem Indizwert (mißverständlich Bamberg NStZ 89, 389 mit krit Anm Müller-Dietz StV 90, 29).

9 cc) Im Einzelnen stützt sich die **Abwägung** bei der nach Maßgabe der Ausführungen unter 7 zu erstellenden **Prognose** auf die unter 9–13 zu § 56 (ergänzend Dünkel NK 105–131) dargelegten Gesichtspunkte (hM; einschr Frisch, Prognoseentscheidungen im Strafrecht, 1983, S 142; zur Verschiedenartigkeit der

Prognoseentscheidungen nach § 57 I 1 Nr 2 und § 66 I Nr 3 s BVerfG NStZ-RR 03, 282). Einzubeziehen sind nach Abs 1 S 2 das Gewicht des bei einem Rückfall bedrohten Rechtsguts und das Verhalten im Vollzug (beachte Köln StV 91, 568; zu Vollzugslockerungen BVerfG StV 03, 677; zur Bedeutung des Leugnens einer Straftat im Verfahren nach § 57 Bock/Schneider NStZ 03, 337). Bedeutung können dabei auch während des Vollzugs in den Lebensverhältnissen eingetretene (zB Kastration) oder durch Vollzugsmaßnahmen herbeigeführte Veränderungen haben; hierher gehören namentlich pädagogische und therapeutische, uU von externen Psychotherapeuten unterstützte Bemühungen im Vollzug (Karlsruhe NStZ 98, 638; Schöch NJW 98, 1257, 1261; beachte auch Bremen NStZ-RR 00, 671 und Hamm StV 01, 308). Abzuwägen ist ferner, ob und wie weit der bloß zeitliche Aufschub des Sicherheitsrisikos durch Versagung der Aussetzung die Preisgabe der mit einer Aussetzung verbundenen spezial-präventiven Vorteile (Hilfs- und Kontrollmaßnahmen nach der Entlassung; Motivationsdruck usw) rechtfertigen kann (Frisch ZStW 102, 707, 735; Streng Sanktionen 234; Dünkel NK 20); die Möglichkeit einer Führungsaufsicht nach Vollverbüßung (§ 68 f) ist dafür kein vollwertiger Ausgleich (Schöch NJW 98, 1257, 1262). – Beim Zusammentreffen mehrerer selbstständiger Strafen (vgl 6) sind alle Strafen zu berücksichtigen (Friedrichs MDR 56, 148; Schmidt NJW 60, 278).

Nachdem das SexBG (13 vor § 1) die **§§ 6, 7, 9 und 199 StVollzG** geändert **9 a** oder ergänzt hat, kann für die Abwägung auch der Umstand Gewicht haben, ob und mit welchem Erfolg im Vollzug die Behandlung eines wegen einer Sexualstraftat Verurteilten (§§ 174–180, 182) in einer sozialtherapeutischen Anstalt (2 vor § 63) durchgeführt worden ist. Diese Neuregelung bildet einen Schwerpunkt des SexBG (dazu 13 vor § 38 der 23. Aufl; krit zu den damit verbundenen Erwartungen Jäger ZRP 01, 28; positiver Dünkel NK 41).

dd) **Zweifel** über das Prognoseurteil gehen – ebenso wie bei den Entlassungs- **10** prognosen im Maßregelrecht (5 zu § 61) – zu Lasten des Verurteilten (Düsseldorf VRS 86, 113; Terhorst MDR 78, 973, 976; Gribbohm LK 23; aM Streng Sanktionen 666).

c) **Nr 3:** Mit der hier vorausgesetzten **Einwilligung** räumt das Gesetz ein **11** Recht auf Vollverbüßung ein (hM; anders Laubenthal JZ 88, 951; krit Böhm, in: Ebert [Hrsg], Aktuelle Probleme der Strafrechtspflege, 1991, S 199); damit soll namentlich verhütet werden, dass dem Verurteilten die von seiner Mitarbeit abhängige Maßnahme aufgezwungen wird (krit Böhm aaO S 209). Deshalb ist es nicht geboten (Düsseldorf [3. StS] NStZ 94, 454; aM Düsseldorf [6. StS] NStZ 93, 1665; Rostock NStZ 01, 278 mit abl Anm Arnoldi NStZ 01, 503; Laubenthal aaO S 955, alle mwN), häufig aber doch angezeigt, das Aussetzungsverfahren nach Verweigerung der Einwilligung nicht lediglich mit einem Aktenvermerk, sondern mit einer Entscheidung abzuschließen (Paeffgen SK-StPO 10 zu § 454). – Die Einwilligung kann auch noch im Beschwerdeverfahren erteilt werden (Karlsruhe MDR 77, 333; Stuttgart MDR 90, 845) und bis zur Rechtskraft des Aussetzungsbeschlusses zurückgenommen werden (Düsseldorf MDR 95, 304 mwN). Dass der Verurteilte die Einwilligung verweigert hat, darf in einem späteren Verfahren nicht strafschärfend berücksichtigt werden (NJW 69, 244).

3. Abs 2 lässt die Aussetzung des Strafrestes schon **nach Verbüßung der** **12** **Hälfte einer zeitigen Freiheitsstrafe** zu, wenn mindestens 6 Monate verbüßt sind (vgl 18) und wenn neben den Voraussetzungen des Abs 1 Nr 2, 3 (vgl 7–11) auch die Voraussetzungen **entweder der Nr 1 oder der Nr 2** vorliegen.

a) **Nr 1: Erstmalige Verbüßung einer Freiheitsstrafe von nicht mehr als** **13** **zwei Jahren.** Mit dieser Privilegierung soll die Resozialisierungschance genutzt werden, die darin liegt, dass der erstmalige Vollzug einer Freiheitsstrafe idR „am spürbarsten" empfunden wird (BT-Dr 10/2720 S 11).

§ 57 AT. 3. Abschnitt. 4. Titel. Strafaussetzung zur Bewährung

14 aa) Zu den möglichen Arten der **zur Aussetzung anstehenden Freiheitsstrafe** vgl 1 (s auch Maatz MDR 85, 797, 799). Die **Zwei-Jahresgrenze** bestimmt sich – auch bei Gesamtstrafen – nach der Höhe der erkannten Strafe; deshalb keine Aussetzung, wenn die Grenze nur infolge Anrechnung (Abs 4) unterschritten wird (beachte auch 16).

15 bb) **Erstmals** wird Freiheitsstrafe verbüßt, wenn zuvor keine andere Freiheitsstrafe ganz oder teilweise – sei es auch in einem kurzen Zeitraum (zB Vollstreckung einer kurzfristigen Strafe nach Widerruf der Aussetzung) – tatsächlich verbüßt worden ist. – Diese **vorverbüßte Freiheitsstrafe** ist nicht technisch im Sinne des § 38 zu verstehen. Nach dem Zweck des Abs 2 genügt auch Jugendstrafe (hM; vgl Karlsruhe NStZ 89, 323 mwN; anders Eisenberg NStZ 87, 167). Nach dem Gesetzeswortlaut müssten ferner Ersatzfreiheitsstrafe (§ 43) und Strafarrest (§ 9 WStG) ausreichen, weil sie ebenfalls Freiheitsstrafen sind (1 zu § 43; 1 zu § 38). Die Ersatzfreiheitsstrafe scheidet jedoch auf Grund teleologischer Reduktion aus, weil ihre Einbeziehung eine unvertretbare Schlechterstellung mittelloser Verurteilter bedeuten würde (Zweibrücken MDR 88, 984; Stuttgart StV 94, 250; Greger JR 86, 353, 356). Offenbar sollte auch der Strafarrest ausgenommen werden (so ohne Begr BT-Dr 10/2720 S 11). Dafür sprechen in der Tat sein eng begrenzter Zeitrahmen, seine spezifisch militärische Zielsetzung und die Möglichkeit, Strafaussetzung auch zur Wahrung der Disziplin zu versagen (§ 14a I WStG); seine Ausscheidung ist deshalb vertretbar (im Ergebnis ebenso Maatz MDR 85, 797, 799; Sch/Sch-Stree 23a), und zwar auch bei Berücksichtigung des Umstandes, dass die Aussetzungsregelungen in Abs 1 und in § 14a II WStG wörtlich übereinstimmen (aM Greger aaO; Gribbohm LK 33; Horn SK 16a; zw). Eingehend dazu, allerdings mit problematischem Ergebnis Herchen, Der „Erstverbüßer" (§ 57 Abs 2 Nr 1 StGB), 2000. – Nicht ausreichend ist wegen der andersartigen Haftsituation und des entgegenstehenden Gesetzeswortlauts auch der Vollzug von **Maßregeln** (Streng Sanktionen 239; Dünkel NK 49) und von **UHaft** oder anderer Freiheitsentziehung (§ 51), auch wenn er auf die Strafe angerechnet worden ist (Stuttgart NStZ 90, 103; Zweibrücken StV 98, 670; aM Karlsruhe StV 90, 119 mit abl Anm Groß; wie hier nur für kurzfristige UHaft Braunschweig NStZ 99, 532, alle mwN). Abs 4 steht dem nicht entgegen, weil die Fiktion der Verbüßung den Verurteilten begünstigen soll und deshalb nicht gegen ihn gewendet werden darf (Gribbohm LK 39). – Die Vorverbüßung einer nachträglich (§ 55 StGB, § 460 StPO) in eine **Gesamtstrafe** einbezogenen Freiheitsstrafe ist für die Verbüßung der Gesamtstrafe unschädlich. Das folgt zwar nicht zwingend aus dem Wortlaut der Nr 1, wohl aber aus dem Grundgedanken des § 55 StGB, wonach der Täter durch den Zufall gemeinsamer oder getrennter Aburteilung weder besser noch schlechter gestellt werden soll (Maatz aaO S 801; Greger aaO; Sch/Sch-Stree 23a; probl Zweibrücken MDR 87, 603). – Gegenüber Vorverbüßungen von Freiheitsstrafen, deren **Eintragung im Bundeszentralregister getilgt oder tilgungsreif** ist, greift das Verwertungsverbot des § 51 II BZRG zwar nicht seinem Wortlaut, wohl aber seinem Schutzzweck nach durch (unstr). – Vorverbüßung **außerhalb des räumlichen Geltungsbereichs** des Gesetzes (5 vor § 3) bildet keinen Ausschlussgrund (Maatz aaO S 802; Sch/Sch-Stree 23a; aM Greger aaO; Gribbohm LK 34; beachte auch 40).

16 cc) Nicht ausdrücklich geregelt ist die Behandlung **mehrerer, nacheinander zu vollstreckender selbstständiger Freiheitsstrafen** (§ 454b StPO). Das ist ein bedauerlicher gesetzestechnischer Mangel, vor allem weil der Normtext eindeutig an die Freiheitsstrafe im technischen, dh vollstreckungsrechtlichen Sinne anzuknüpfen scheint („eine" Freiheitsstrafe), der Gesetzeszweck aber eher dafür spricht, jeden zusammenhängenden Erstvollzug – sei es auch mehrerer Strafen – als privilegierungswürdig anzuerkennen (so mit Recht schon Maatz MDR 85, 797, 800). Die hM stellt deshalb auf den tatsächlichen Erstvollzug ab, bezieht grundsätzlich also auch den Anschlussvollzug ein (expl Zweibrücken NStZ 86, 572; Karlsruhe NStZ 89, 323; Stuttgart StV 94, 250; Eisenberg NStZ 87, 167; Maatz NStZ 88, 114; Streng Sanktionen 239; Tröndle/Fischer 25). Das erweckt Bedenken. Zwar mag der Gesetzeswortlaut diese extensive Auslegung zur Not noch decken. Ihre nicht einmal ansatzweise geregelten Konsequenzen sind aber ohne Wertungswidersprüche und Inkaufnahme unbilliger Ergebnisse nicht sinnvoll begrenzbar. So war zwischen den Befürwortern des Modells lange Zeit umstritten, ob die Summe der in den Erstvollzug einbezogenen Strafen die 2-Jahresgrenze (vgl 13) nicht überschreiten darf (beachte neuerdings aber Stuttgart NStZ 00, 593) und ob Erstvollzug auch dann noch zu bejahen ist, wenn sich die Zweitstrafe nicht unmittelbar anschließt, die zugrundeliegende Tat aber vor Vollzugsbeginn begangen wurde (so Zweibrücken NStZ 87, 175 und Sch/Sch-Stree 23 a; aM Maatz aaO; Horn SK 16 a). Weitere Bedenken kommen hinzu: Zufällige Zäsurwirkungen (7 zu § 55) können darüber entscheiden, ob eine (uU nicht aussetzungsfähige) Gesamtstrafe oder eine selbstständige Anschlussstrafe zu verhängen ist. Strafen wegen Taten, die erst während des Erstvollzug begangen werden, können als Anschlussstrafen privilegierungsfähig sein. Schließlich kann in Einzelfällen zufälliges oder gezieltes Prozessverhalten, das verfahrensbeschleunigend oder -verzögernd wirkt, den Anschlussvollzug ermöglichen oder vereiteln. Bei dieser Rechtslage ist die Annahme **vorzugswürdig,** dass nur **die erstvollzogene** den erstmaligen Strafvollzug begründet (Hamm MDR 87, 512; Greger JR 86, 353, 356 und NStZ 86, 573; Bietz JR 87, 517; Gribbohm LK 37; Meyer-Goßner 2 zu § 454 b StPO); hier kann und sollte zugunsten des Verurteilten mit der Vollstreckung der längeren Strafe begonnen werden (§ 43 IV StVollStrO; krit Maatz StV 87, 71). Umgekehrt kann die Verbüßung des Restes einer Freiheitsstrafe, dessen gnadenweise Aussetzung zunächst angeordnet, später aber widerrufen worden ist, nicht als Zweitvollzug behandelt werden, obwohl nur *eine* Strafe verbüßt wurde (so aber Karlsruhe JR 89, 512 mit zust Anm Bietz; zw).

b) Nr 2: Besondere Umstände. Die Vorschrift gilt für alle zeitigen Freiheitsstrafen ohne Rücksicht auf deren Länge; die Schwere der Tat steht deshalb der Aussetzung nicht ohne weiteres entgegen (Karlsruhe NStZ-RR 97, 323). Es gibt keine Regel, dass sozialintegrierte Täter nur die Hälfte der Strafe verbüßen müssen (Frankfurt NStZ-RR 02, 282). – Von der Besonderheit abgesehen, dass hier die Entwicklung im Strafvollzug als Beurteilungselement ausdrücklich hervorgehoben wird und als solches zu Buch schlägt (Böhm StV 87, 354; s auch Koblenz StV 91, 428; Frankfurt NStZ-RR 96, 213; LG Bonn StraFo 02, 302 mit Anm Sauer), verschärft die Nr 2 die Anforderungen an die Aussetzung in demselben Sinne und nach den gleichen Maßstäben (Stuttgart StV 85, 831; München NStZ 87, 74; s auch Bamberg StV 94, 252) wie § 56 II (dort 18–21; aus der [früher zT strengeren] Rspr vgl ua Brandenburg NStZ 94, 510; Hamm StV 98, 503; LG Bremen StV 95, 142 mit abl Anm Bringewat BewH 95, 236; krit zur unzureichenden Anwendung der Vorschrift Walter ua NStZ 89, 405 und 90, 16). In die danach erforderliche Gesamtwürdigung (19 zu § 56) sind auch die im Urteil des erkennenden Gerichts bereits berücksichtigten Umstände einzubeziehen (Frankfurt NStZ-RR 96, 213; Düsseldorf StV 97, 94 und wistra 97, 151); die Tatumstände können jedoch infolge des größeren zeitlichen Abstandes von der Tat gegenüber den persönlichen Umständen an Gewicht verlieren (Stuttgart StV 95, 261; Jena StV 98, 503). – Hat das Urteil im Rahmen einer mehrstufigen Strafdrohung das Vorliegen eines minder schweren Falles verneint, so schließt das die Vergünstigung nicht notwendig aus (München NStZ 88, 129; Düsseldorf StV 91, 223). Umgekehrt bildet die Annahme eines minder schweren Falles im Urteil nicht schon als solche ein Indiz für das Vorliegen besonderer Umstände (ebenso Tröndle/Fischer 29; aM Barton JR 91, 344); denn für deren Beurteilung kommt es nicht auf das Verhältnis zu den Regelfällen, sondern gerade zu den minder schweren Fällen der jeweiligen Tat an. – Zur Anwendung der Nr 2 in Fällen, in denen schon mehr als die Hälfte, aber noch nicht zwei Drittel der Strafe verbüßt sind, KG NStZ-RR 97, 27.

18 c) Zur Berechnung der aus Strafhälfte und Mindestverbüßungszeit von 6 Monaten (krit dazu Groß StV 85, 81, 82) abzuleitenden **zeitlichen Schranken** vgl 2. Praktisch können nur Strafen von mehr als 9 Monaten zur Anwendung des Abs 2 führen.

19 4. a) Unter den Voraussetzungen des **Abs 1** ist die Aussetzung des Strafrestes **obligatorisch**. Deshalb ist es unzulässig, innerhalb eines Ermessensspielraums auch andere Strafzwecke als den der Spezialprävention zu berücksichtigen (s auch 8).

20 b) **Abs 2** ist Kann-Vorschrift. Die Aussetzung unterliegt daher **pflichtmäßigem Ermessen** (50 zu § 46). In den Fällen der Nr 1, die mit Abs 1 strukturgleich ist, muss sie jedoch die Regel bilden (Kindhäuser 12; Dünkel NK 63); Versagungen sind hier nur bei Vorliegen besonderer Umstände (zB zwingenden Erwägungen positiver Generalprävention) begründbar (NStZ 88, 495; Hamburg StV 90, 414, beide mwN; probl Karlsruhe MDR 88, 879; Düsseldorf NStZ 99, 478 mit krit Anm Krehl NStZ 00, 333; Düsseldorf JR 01, 296 mit abl Anm Götting). In Fällen der Nr 2 können dagegen – wegen der dominierenden spezialpräventiven Zielsetzung allerdings auch nur ausnahmsweise (probl Düsseldorf StV 87, 353 mit abl Anm Böhm; Hamburg JR 91, 344 mit abl Anm Barton) – Schuldgesichtspunkte und generalpräventive Erwägungen im Rahmen der auch hier erforderlichen Gesamtwürdigung (Frankfurt NStZ-RR 99, 340) erheblich sein (Karlsruhe MDR 87, 782; Stuttgart MDR 93, 157; aM Roxin, Bruns-FS, S 183, 193; Mrozynski JR 83, 133, 137; offen gelassen in Celle NStZ 86, 456 mit Anm Schöch, alle mwN; s auch BVerfGE 64, 261; Boetticher und Dürholt, Mahrenholz-FS, S 763 und 797).

21 5. Ist **neben der Strafe eine freiheitsentziehende Maßregel** (§§ 63–66) **angeordnet**, so ist zu unterscheiden:

a) Wird die Strafe vor der Maßregel vollzogen, was bei der Sicherungsverwahrung stets, bei den übrigen Maßregeln nur unter den Voraussetzungen des § 67 II, III (dort 3–6) vorgesehen ist, so hindert das Bestehen der Unterbringungsanordnung die Aussetzung nicht (Stuttgart MDR 75, 241). Allerdings wird es häufig an der erforderlichen günstigen Prognose fehlen (KG GA 56, 155 und 57, 148); ist sie aber gegeben, so ist zugleich nach § 67 c I die Aussetzung der Unterbringung anzuordnen; denn es ist mit den Zwecken des Rechtsfolgensystems im ganzen unvereinbar, zwar die Voraussetzungen der Aussetzung des Strafrestes zu bejahen, aber eine weitere Unterbringung für erforderlich zu halten (Stuttgart aaO; Mrozynski JR 83, 133, 138; str); die Unterbringungsmöglichkeit muss vielmehr bei der Prognose, ob der Täter „außerhalb des Strafvollzugs" keine Straftaten mehr begehen wird, außer Ansatz bleiben (Frankfurt NJW 80, 2535). Dem dürfte nicht entgegenstehen, dass im SexBG (6–15 vor § 38) der Maßstab für eine günstige Prognose im Maßregelrecht (3 zu § 67 d) geringfügig verschärft worden ist; die hier notwendige Koordinierung hat Vorrang.

22 b) Wird die Maßregel ganz oder zum Teil vor der Strafe vollzogen, so wird nach § 67 IV S 1, V die Zeit des Vollzugs bis zur Zweidrittel-Grenze auf die Strafe angerechnet und zugleich eine vorzeitige Entscheidung über die Aussetzung des Strafrestes zugelassen (7–10 zu § 67). Daher ist idR über die Aussetzung der Unterbringung und des Strafrestes gleichzeitig zu entscheiden, wobei auch hier eine unterschiedliche Bewertung der Prognose nicht in Betracht kommt (vgl 21).

23 6. a) **Abs 3** (weitere Anordnungen): Die Dauer des Strafrestes bildet für die **Bewährungszeit** ein spezielles, in keinem Falle unterschreitbares Mindestmaß.

Die Bewährungszeit beginnt nach § 56a II S 1 mit Rechtskraft der Entscheidung über die Strafaussetzung, dh hier des die Aussetzung des Strafrestes anordnenden Beschlusses (Hamburg NStZ-RR 99, 330; Gribbohm LK 56, beide mwN). Zur Verlängerung der Bewährungszeit nach § 454a I StPO vgl 36. – Die Erteilung von **Auflagen** ist idR unzweckmäßig, aber dann nicht ausgeschlossen, wenn die Genugtuung für das begangene Unrecht sie ausnahmsweise noch erfordert (hM; vgl Celle StV 81, 454; Dünkel NK 65; Gribbohm LK 61; anders Celle NStZ 90, 148 mit abl Anm Arloth). – Für Sexualstraftäter kommt namentlich die **Weisung,** sich einer Heilbehandlung oder Entziehungskur zu unterziehen (8 zu § 56c), in Frage. – Die **Unterstellung unter einen Bewährungshelfer** kann bei kurzen Strafresten unterbleiben, kommt aber schon bei Strafen von weniger als einem Jahr nicht nur ausnahmsweise in Frage; bei höheren Strafen ist sie die Regel (Abs 3 S 2). – Dem **Widerruf** der Aussetzung (vgl 7, 8 zu § 56f) steht nicht entgegen, dass der Verurteilte noch nicht aus dem Strafvollzug entlassen ist (§ 454a II S 2 StPO); jedoch ist vor der Entlassung die Aufhebung des Aussetzungsbeschlusses nach § 454a II S 1 StPO unter weniger strengen Voraussetzungen möglich (dazu 36).

b) Zum möglichen Zusammentreffen der Bewährungsaufsicht nach § 57 mit einer **Führungsaufsicht** vgl § 68 g.

7. Abs 5 (zu seiner Funktion und Entstehungsgeschichte BT-Dr 10/2720 S 11):

a) Verfall und Anspruch des Verletzten aus der Tat 1–10 zu § 73. Der Anwendungsbereich erstreckt sich namentlich auf die Tatbeute, aber auch auf alle anderen, in bestimmten Gegenständen konkretisierten unmittelbaren Vermögensvorteile, Nutzungen und Ersatzvorteile im Sinne des § 73 I–III. – Für die **unzureichenden oder falschen Angaben** ist Vorsatz (nicht notwendig Vereitelungsabsicht, Terhorst JR 88, 295) erforderlich.

b) Das Absehen von der Aussetzung, für das es auf die Sachlage zurzeit der Entscheidung ankommt (Terhorst aaO [vgl 25]), unterliegt **pflichtmäßigem Ermessen** (München JR 88, 294; 50 zu § 46). Es liegt vor allem nahe, wenn es dem Verurteilten darauf ankommt, den Schadensausgleich oder den Verfall zu vereiteln oder zu erschweren. Zwar wird in solchen Fällen die Aussetzung häufig schon wegen schlechter Prognose unbegründet sein (Hamburg NStZ 88, 274 mit abl Anm Geiter/Walter StV 89, 212; s auch Hamm NStZ-RR 96, 382). Wenn das aber ausnahmsweise – etwa weil der Verurteilte nur aus Furcht vor Repressalien der Mittäter handelt – nicht zutrifft, wird Abs 5 relevant (zur Ermessensausübung BT-Dr 10/2720 S 12 und 10/4391 S 18).

8. Zuständigkeit und Verfahren §§ 454–454b, 462a StPO.

a) Zuständig ist idR die **Strafvollstreckungskammer** (§ 462a I StPO, §§ 78a, 78b GVG), und zwar auch für die uU notwendigen und zu koordinierenden (vgl 21, 22) Entscheidungen über die Vollstreckung einer neben der Strafe angeordneten Unterbringung und für alle nachträglichen Entscheidungen. – Näher zu Organisation, Zuständigkeit (beachte dazu NStZ 00, 446; Karlsruhe NStZ-RR 01, 253), Aufgaben und praktischer Tätigkeit der Strafvollstreckungskammern Treptow NJW 75, 1105, 76, 222 und 77, 1037; Schmidt NJW 76, 224; Blau, in: Schwind/Blau (Hrsg), Strafvollzug in der Praxis, 1976, S 359; Doller MDR 77, 272; Peters JR 77, 397; Jähnke DRiZ 77, 236; Müller-Dietz Jura 81, 57, 113; Northoff, Strafvollstreckungskammer. Anspruch und Wirklichkeit, 2. Aufl 1987; Dünkel BewH 92, 196.

b) Die Entscheidung setzt **Rechtskraft** der Verurteilung voraus (GA 82, 219; Düsseldorf DRiZ 73, 24; diff Sandermann JZ 75, 628; str). Ihr steht nicht entgegen, dass eine vorausgegangene Aussetzung widerrufen worden ist (Stuttgart NStZ

§ 57 AT. 3. Abschnitt. 4. Titel. Strafaussetzung zur Bewährung

84, 363 mit Anm Ruß; Frankfurt StV 85, 25, alle mwN), selbst wenn mit der Vollstreckung des Strafrestes noch nicht begonnen wurde (LG Hamburg NStZ 92, 253 mwN).

29 c) Die Anordnung der Aussetzung ergeht auf **Antrag oder von Amts wegen** (zur Mitwirkung der Vollstreckungs- und der Vollzugsbehörde § 36 II StVollstrO).

aa) Ist ein **Antrag** – sei es auch nur ein wiederholter (Oldenburg JZ 55, 23) – **gestellt,** so ist er ohne vermeidbare zeitliche Verzögerung zu bescheiden, ggf als unzulässig (Abs 6) oder als verfrüht (dazu Düsseldorf MDR 87, 1046; beachte jedoch unten 36; Dresden StV 98, 671) zurückzuweisen. – Eine **Antragsbefugnis** mit Beschwerdeberechtigung steht nur den Verfahrensbeteiligten zu (KG JR 72, 430; Oske MDR 64, 726), also zB nicht der Ehefrau (Schleswig SchlHA 58, 288).

30 bb) Auch bei **Fehlen eines Antrags** hat das Gericht **in den Fällen des Abs 1** – wenn keine Anschlussvollstreckung ansteht (vgl 6, 31) – rechtzeitig vor Wegfall der zeitlichen Schranke (vgl 2) mit der Prüfung zu beginnen (BGHSt 27, 302) und bei positivem Ergebnis die Aussetzung auf den Zeitpunkt des Eintritts ihrer Zulässigkeit anzuordnen (Celle NJW 72, 2054; aM KG JR 72, 430 und 73, 120); dadurch soll gewährleistet werden, dass der Verurteilte nicht nur deshalb wie auch mehr als das vorgeschriebene Mindestmaß seiner Strafe verbüßen muss, weil bei dessen Ablauf die Entscheidung noch aussteht (Zweibrücken GA 79, 277 und 81, 43). Diese Prüfung von Amts wegen ist auch dann nicht entbehrlich, wenn zuvor eine Aussetzung nach Abs 2 abgelehnt wurde (für Abs 2 Nr 1 aM Oldenburg StV 87, 70 mit abl Anm Maatz; Braunschweig NdsRpfl 02, 62; LG Braunschweig MDR 94, 607 mit abl Bespr Bringewat BewH 94, 468). – Sie ist ferner **in den Fällen des Abs 2 Nr 1** geboten, weil nur so das zweckentsprechende Funktionieren der in § 454b II Nr 1 StPO getroffenen Regelung sichergestellt werden kann (Oldenburg und Maatz aaO; aM München MDR 87, 74). – Liegt kein Antrag vor, so ist eine **förmliche ablehnende Entscheidung** zwar stets (auch bei fehlender Einwilligung nach Abs 1 Nr 3, vgl 11) möglich, aber nicht in jedem Falle geboten (Celle aaO; LG Mainz MDR 74, 857; Wolf NJW 75, 1962; aM KG JR 73, 120 mit Anm Peters; Hamm NJW 73, 337; Düsseldorf NJW 93, 1665; Paeffgen SK-StPO 7 zu § 454; zw), und zwar auch dann nicht, wenn die StA auf eine solche angetragen hat (Hamburg MDR 79, 516; aM Celle MDR 73, 695).

31 cc) Steht bei Wegfall der zeitlichen Schranken (vgl 2, 18) die **Anschlussvollstreckung einer anderen Freiheitsstrafe** (nicht Jugendstrafe, Düsseldorf MDR 88, 79) der Entlassung in die Freiheit entgegen, so gilt nach § 454b StPO folgendes: Mehrere Freiheitsstrafen sind unmittelbar nacheinander zu vollstrecken; jedoch ist grundsätzlich die Vollstreckung jeder vorausgehenden Strafe – mit Ausnahme solcher Strafen, die auf Grund Widerrufs einer früheren Aussetzung vollstreckt werden – (hM; anders ter Veen, Mahrenholz-FS, S 781; Ullenbruch NStZ 99, 8; zw), also nicht auch der Strafen, die nach einem Widerruf erst noch vollstreckt werden sollen (NStZ-RR 96, 221) oder für welche die Aussetzung lediglich abgelehnt wurde (Zweibrücken MDR 89, 843) – jeweils bei Erreichen der für die Aussetzung des Strafrestes maßgebenden zeitlichen Schranke zu unterbrechen und über die Aussetzung des Strafrestes erst zu entscheiden, wenn das für die Reste aller Strafen gleichzeitig geschehen kann (beachte Düsseldorf JR 94, 347 mit krit Anm Bringewat; Rostock MDR 94, 501; Hamm NStZ-RR 97, 124). – Im Anwendungsbereich des § 454b StPO ist für die jeweils erforderlichen Unterbrechungen die Vollstreckungsbehörde zuständig, gegen deren Entscheidung das Gericht angerufen werden kann (§ 458 II StPO). Fälle, in denen eine bevorzugte Aussetzung nach Abs 2 Nr 2 (Vorliegen besonderer Umstände) in Frage kommt, werden von § 454b StPO nicht erfasst (Oldenburg MDR 87, 75; Celle MDR 90, 176; aM Zweibrücken NStZ 89, 592 mit abl Anm Wendisch JR 90, 212; Frankfurt NStZ-

RR 97, 95; Stuttgart NStZ-RR 03, 253; zw); jedoch kann die Vollstreckungsbehörde auch hier Unterbrechung nach Hälftevollzug anordnen (§ 43 IV StVollstrO), wobei allerdings ihre Entscheidung nach §§ 23 ff EGGVG nur auf Ermessensfehler nachprüfbar ist (Celle aaO; Frankfurt aaO; s auch NJW 91, 2030; Hamburg MDR 93, 261, alle mwN).

Hat die Vollstreckungsbehörde eine jeweils **gebotene Unterbrechung** aus 32 Gründen versäumt, die in ihrem Verantwortungsbereich liegen (BVerfG NStZ 88, 474), oder hat sie sonst durch sachwidrigen (beachte dazu Funck NStZ 92, 511) Eingriff in den Vollstreckungsablauf den Zeitpunkt der Vollstreckungsreife aller Strafreste (vgl 31, 33) hinausgeschoben (probl LG Hamburg NStZ 92, 253 mit Anm Volckart), so darf der Verurteilte dadurch nicht benachteiligt werden. Soweit noch möglich, ist er deshalb so zu stellen, wie er bei rechtzeitiger Unterbrechung gestanden hätte. Dieser Ausgleich erfordert nur die daraus folgende Vorverlegung des Zeitpunktes der Entscheidungsreife (so ua Hamburg MDR 94, 934; Karlsruhe NStZ-RR 96, 60, beide mwN); darüber hinaus auch in die vollstreckten oder zu vollstreckenden Strafreste durch Anrechnung bzw Verrechnung (so ua Celle NStZ 90, 252; Zweibrücken StV 98, 670; Volckart NStZ 92, 254; eingehend Wolf, Die Nichtbeachtung des Zwei-Drittel-Zeitpunktes in der Vollstreckung des strafgerichtlichen Freiheitsentzuges, 1988) oder durch rückwirkende Anordnung der Unterbrechung einzugreifen (so Frankfurt NStZ 90, 254; Graul GA 91, 11; Wagner Rpfleger 97, 421), besteht kein zureichender Grund (zu Schwierigkeiten, die sich für die Ermittlung des Ausgleichs aus der divergierenden Rspr der OLG zu Abs 2 Nr 1 ergeben, Maatz NStZ 90, 214, 218). Kommt es später, etwa für eine Gesamtstrafenbildung oder für die formellen Voraussetzungen der Sicherungsverwahrung, auf die genaue Zuordnung der verbüßten Strafzeit an, wird so zu verfahren sein, dass dem Verurteilten aus der verspäteten Unterbrechung keine Nachteile erwachsen, dass ihm aber bereits erlangte Vorteile belassen werden (aM Graul aaO; zw). Bei lediglich **nach Ermessen** zulässigen, von der Vollstreckungsbehörde aber versäumten Unterbrechungen ist eine entsprechende Vorverlegung des Zeitpunktes der Entscheidungsreife nicht möglich, weil es schon an der Zuständigkeit der Strafvollstreckungskammer (§ 454 b II StPO) fehlt (aM Celle JR 91, 76 mit Anm Müller-Dietz).

Steht für alle Strafreste die **Entscheidungsreife** bevor (vgl 31), so gelten die 33 Ausführungen unter 30 sinngemäß; für einzelne von ihnen die Entscheidung aufzuschieben, ist daher unzulässig (Düsseldorf MDR 90, 569). Umgekehrt hat der Verurteilte auch keinen Anspruch auf frühere Entscheidung über einzelne Strafreste (Zweibrücken MDR 89, 843; Greger JR 86, 353, 357); nach dem Gesetzeszweck dürfte das auch für Hälfteaussetzungen nach Abs 2 Nr 2 gelten, weil eine Entscheidung vor Aussetzungsreife aller Strafen sinnvoll nicht getroffen werden kann (Stuttgart NStZ-RR 03, 253; in einem vergleichbaren Fall ähnlich Karlsruhe NStZ 88, 73; aM Zweibrücken MDR 80, 1038 mwN, zw). – Zu einem Grenzfall im Verfahren, wenn noch nicht alle Strafreste entscheidungsreif sind, beachte Frankfurt NStZ-RR 00, 282.

d) aa) Der Verurteilte ist vor der Entscheidung – von einzelnen Ausnahmen ab- 34 gesehen – **mündlich zu hören** (§ 454 I S 3, 4 StPO; zur str Anhörungspflicht auch des Beschwerdegerichts Düsseldorf StV 93, 646; Barton JR 91, 344). Das gilt auch dann, wenn im Verfahren von Amts wegen (vgl 30) eine ablehnende Entscheidung unterbleiben kann (Celle NStZ 86, 238). Über die gesetzlich vorgesehenen Ausnahmen hinaus bedarf es einer solchen Anhörung nicht, wenn der Verurteilte dem Gericht gegenüber die erforderliche Einwilligung (vgl 11) versagt oder definitiv auf eine Anhörung in dem Verfahren verzichtet hat (expl NJW 00, 1663 mwN). Die Rspr lässt noch einige weitere zum Teil umstrittene Ausnahmen zu (BGH aaO mwN; str; s auch Düsseldorf NStZ-RR 00, 315). – Zuständig ist

§ 57 AT. 3. Abschnitt. 4. Titel. Strafaussetzung zur Bewährung

idR **das Gericht;** die Anhörung durch ein Mitglied des Spruchkörpers oder durch einen ersuchten Richter genügt nur in besonders begründeten Ausnahmefällen (BGHSt 28, 138; Brandenburg NStZ 96, 405; weniger einschr Frankfurt NStZ-RR 97, 29; beachte auch Nürnberg NStZ 98, 376, alle mwN; str), die durch die Vollzugsbehörde niemals (Düsseldorf MDR 75, 597). Inhalt und Form der Anhörung unterliegen mangels gesetzlicher Regelung pflichtmäßigem Ermessen (näher Stromberg MDR 79, 353; Bringewat NStZ 96, 17); von dem Termin ist der Verurteilte frühzeitig zu benachrichtigen (Nürnberg StV 03, 683). – Der Anspruch des Verurteilten auf **rechtliches Gehör** im Übrigen bestimmt sich nach § 33 III StPO (Hamm JMBlNRW 62, 294; Schmidt MDR 61, 195); er erstreckt sich auch auf die Stellungnahme der Vollzugsanstalt (BVerfGE 17, 139), deren Anhörung nach § 454 I S 2 StPO obligatorisch ist (Hamm MDR 74, 1038; s jedoch Karlsruhe MDR 78, 1046; Hamm NJW 80, 2090). Die Bestellung eines Verteidigers ist nicht in jedem Fall erforderlich (BVerfG NJW 02, 2773).

34 a bb) Zur zwingend vorgeschriebenen **Einholung eines Sachverständigengutachtens** in bestimmten Fällen beachte 7 (näher dazu Frankfurt NStZ 98, 639 mit abl Anm Cramer; Zweibrücken NJW 99, 1124; KG NJW 99, 1797; Hamm NJW 99, 2453; Jena StV 01, 26 mit krit Anm Volckart; Karlsruhe StraFo 04, 70). In § 463 III iVm § 454 I StPO ist die Einholung eines solchen Gutachtens **nicht** zwingend vorgeschrieben (idR aber empfehlenswert), wenn das Gericht die Aussetzung nicht erwägt, sondern schon ohne diese Hilfe zu einer ungünstigen Prognose kommt (vgl NJW 00, 1663; Hamburg NJW 00, 2758; Nürnberg StV 03, 682; Stuttgart Justiz 04, 123; zw). Bei einer im Einzelfall nicht möglichen mündlichen Anhörung (zB infolge Abschiebung des Verurteilten) ist das Unterbleiben rechtlich folgenlos.

35 e) aa) Die Aussetzung kann **nicht rückwirkend** angeordnet werden (Zweibrücken JR 77, 292 mit Anm Schätzler; Stuttgart MDR 85, 160). Sie wird mit dem in dem Beschluss angegebenen (späteren) Zeitpunkt wirksam; es genügt nicht, diesen Zeitpunkt nur durch Angabe eines „Entlassungszeitraums" einzugrenzen und dessen Konkretisierung der Vollstreckungsbehörde zu überlassen (Braunschweig NStZ 99, 532). Fehlt es, was grundsätzlich vermieden werden sollte, an der Angabe des Zeitpunktes, so treten Wirksamkeit und nach § 307 I StPO auch Vollziehbarkeit der Aussetzung mit ihrem Ausspruch ein (Zweibrücken aaO mwN; aM Karlsruhe NJW 76, 814; Doller NJW 77, 2153). Jedoch kann das Gericht die Entlassung nicht selbst anordnen; es hat vielmehr nach § 36 II StPO die Entscheidung der StA zu übergeben, die ihrerseits entweder die Entlassung sofort (bzw zu dem angeordneten späteren Zeitpunkt) veranlassen oder nach § 454 III StPO sofortige Beschwerde mit aufschiebender Wirkung einlegen kann (Hamm NJW 78, 175 mit abl Anm Herrmann NJW 78, 653).

36 bb) Die für die Aussetzung gebotenen Ermittlungen sind früh einzuleiten, damit auch die Entscheidung selbst **so rechtzeitig** ergehen kann, dass die oft schwierigen, idR aber unverzichtbaren Entlassungshilfen für den Verurteilten (Beschaffung von Wohnung, Arbeit usw) sorgfältig vorbereitet (beachte dazu LG Gießen StV 01, 33) und durchgeführt werden können. Bei langen Freiheitsstrafen empfiehlt es sich darüber hinaus, in Kontakten zwischen den Vollzugsbehörden und dem Gericht unverbindlich die Ausgangslage zu klären, damit Vollzugsmaßnahmen, die den Übergang in die Freiheit erleichtern sollen, bei Sexualtätern namentlich auch sozialtherapeutische Behandlungen (Karlsruhe NJW 98, 3213), einerseits rechtzeitig, andererseits aber auch nicht verfrüht eingeleitet werden (dazu Dünkel BewH 92, 196, 199; zur lebenslangen Freiheitsstrafe 19 zu § 57 a). Diesem Zeitbedarf kann nach den konkreten Bedürfnissen, die nicht nur von der Persönlichkeit des Verurteilten, sondern auch von den örtlichen Verhältnissen in der öffentlichen und privaten Sozialarbeit abhängen, flexibel Raum gegeben werden. Aus § 454 a I

StPO, der eine Verlängerung der Bewährungszeit vorsieht, wenn die Aussetzung mindestens 3 Monate vor der Entlassung beschlossen wird (bei Einlegung eines Rechtsmittels entscheidet der Zeitpunkt der Beschwerdeentscheidung, Greger JR 86, 353, 354; zw), dürfte zu folgern sein, dass die Aussetzung grundsätzlich geraume Zeit vor der Entlassung anzuordnen ist (dazu Düsseldorf MDR 87, 1046; Zweibrücken NStZ 91, 207 und 92, 148). Damit ist kein Risiko verbunden, weil § 454a II StPO die Aufhebung der Aussetzung bis zur Entlassung (in die Freiheit, Dresden NStZ 00, 614 und JR 01, 171 mit abl Anm Laubenthal, alle mwN; str und zw) zulässt, wenn auf Grund neu eingetretener oder bekannt gewordener (§ 454a II S 1 StPO nF) Tatsachen die zunächst angenommene günstige Prognose nicht mehr bejaht werden kann (beachte dazu BVerfG NJW 94, 377; s auch 23). Die Aufhebung der Aussetzung kommt jedoch nur bis zu dem in dem Aussetzungsbeschluss angegebenen Entlassungszeitpunkt in Frage; denn die Einhaltung der Formvorschriften eines freiheitsbeschränkenden Gesetzes ist ein Verfassungsgebot und setzt daher voraus, dass sich der Verurteilte zu Recht in Strafhaft befindet (BVerfG NJW 01, 2247).

f) Abs 6 ist **Kann-Vorschrift.** Ob und für welchen Zeitraum eine **Sperrfrist** 37 für einen neuen Antrag festgesetzt wird, steht danach im Ermessen des Gerichts (45 zu § 46). Die Entscheidung bedarf idR einer kurzen, in Fällen aber, in denen das Fristende mit der Vollvollstreckung ganz oder nahezu zusammenfällt, einer näheren Begründung (Hamm NStZ-RR 99, 285 und 286). – Die Anordnung kann auch mit einer von Amts wegen getroffenen ablehnenden Entscheidung nach Abs 1 (vgl 30) verbunden werden (Hamm NStZ 83, 265; str).

aa) Eine Frist darf nur **für die Zeit** festgesetzt werden, in der eine günstige 38 Veränderung der Täterprognose nicht zu erwarten ist (Düsseldorf MDR 83, 247 mwN).

bb) Sie **beginnt** mit dem Erlass, nicht der Rechtskraft der Entscheidung (Braunschweig NJW 75, 1847 mwN; str). Sie kann nachträglich nicht verkürzt oder aufgehoben werden (München MDR 87, 782 mwN).

cc) Während der Frist gestellte Anträge sind **unzulässig,** soweit der Mangel nicht vor der Entscheidung des Beschwerdegerichts durch Ablauf der Frist geheilt wird (KG NStZ 85, 523; zw); jedoch steht das einer (uU gebotenen; vgl 19, 30) Prüfung von Amts wegen nicht entgegen, soweit sie auf neue Tatsachen gestützt werden kann (Schleswig SchlHA 84, 85; München aaO; aM Neumann NJW 85, 1889, alle mwN).

g) Wird ein Verurteilter nach **Anordnung der Strafrestaussetzung** nicht zur 39 Bewährung entlassen, erlangt er vielmehr die Freiheit **auf andere Weise** (zB durch Unterbrechung der Vollstreckung nach § 455a StPO), so werden dadurch die Bestandskraft des Aussetzungsbeschlusses und die Bewährungszeit nicht berührt, etwa erteilte Auflagen und Weisungen aber nicht verbindlich (Maatz MDR 85, 100 mwN; zw).

9. Zu dem für § 57 bedeutsamen erweiterten Einsatz **sozialtherapeutischer** 39a **Behandlung von Sexualstraftätern** im Strafvollzug vgl 13 vor § 38 der 23. Aufl (zum Entwicklungsstand dieses Spezialgebiets in der Bundesrepublik ist das kriminologische Schrifttum zum Straf- und Maßregelvollzug heranzuziehen; zu internationalen Erfahrungen Rüther MschrKrim 98, 246; allg zur Täterbehandlung zusf Dölling, in: Jehle (Hrsg), Täterbehandlung und neue Sanktionsformen. Kriminalpolitische Konzepte in Europa, 2000, S 21).

10. Zur Aussetzung des Strafrestes und zu ihrem Widerruf bei Freiheitsstrafen, 40 die **vor Wirksamwerden des Beitritts** (Art 1 I EV) **in der DDR** verhängt worden sind, 31 zu § 2.

§ 57a Aussetzung des Strafrestes bei lebenslanger Freiheitsstrafe

(1) Das Gericht setzt die Vollstreckung des Restes einer lebenslangen Freiheitsstrafe zur Bewährung aus, wenn
1. fünfzehn Jahre der Strafe verbüßt sind,
2. nicht die besondere Schwere der Schuld des Verurteilten die weitere Vollstreckung gebietet und
3. die Voraussetzungen des § 57 Abs. 1 Satz 1 Nr. 2 und 3 vorliegen.

§ 57 Abs. 1 Satz 2 und Abs. 5 gilt entsprechend.

(2) Als verbüßte Strafe im Sinne des Absatzes 1 Satz 1 Nr. 1 gilt jede Freiheitsentziehung, die der Verurteilte aus Anlaß der Tat erlitten hat.

(3) Die Dauer der Bewährungszeit beträgt fünf Jahre. § 56 a Abs. 2 Satz 1 und die §§ 56 b bis 56 g und 57 Abs. 3 Satz 2 gelten entsprechend.

(4) Das Gericht kann Fristen von höchstens zwei Jahren festsetzen, vor deren Ablauf ein Antrag des Verurteilten, den Strafrest zur Bewährung auszusetzen, unzulässig ist.

1   1. Die auf dem 20. StÄG (9 vor § 1) beruhende Vorschrift dient dem Zweck, einer vom BVerfG (E 45, 187, 229, 239) erhobenen Forderung nach Humanisierung der lebenslangen Freiheitsstrafe zu entsprechen (BT-Dr 8/3218 S 5). Sie gilt nur für die Aussetzung des Strafrestes bei **lebenslanger Freiheitsstrafe,** lehnt sich aber eng an die entsprechende Regelung bei zeitiger Freiheitsstrafe (§ 57) an (eingehend Laubenthal, Lebenslange Freiheitsstrafe, 1987, S 195; Mysegades, Zur Problematik der Strafrestaussetzung bei lebenslanger Freiheitsstrafe, 1988; krit Haffke, Krökel und Deckers, in: Bönner/de Boor [Hrsg], Antrieb und Hemmung bei Tötungsdelikten, 1982, S 19, 89, 102; zusf Müller-Dietz Jura 83, 628; Laubenthal JA 84, 471; Bode, Faller-FS, S 325). – Statistische Daten bei Dünkel NK 51–58; zur ungewöhnlich geringen Rückfallquote Kaiser, in: Kaiser/Schöch Krim 8/28.

2   2. Nach dem In-Kraft-Treten des 20. StÄG hatte sich zu § 57a eine weithin gefestigte, nur in Einzelfragen divergierende Rspr der Oberlandesgerichte entwickelt, die zunächst auch in der **verfassungsgerichtlichen Normenkontrolle** unbeanstandet geblieben ist (BVerfGE 64, 261; 72, 105), obwohl der Ausschlussgrund der besonderen Schuldschwere wegen seiner Unbestimmtheit (vgl 3 a–5) und seiner resozialisierungshemmenden Wirkung im Strafvollzug (Müller-Dietz Jura 83, 628) nicht unproblematisch war (krit Haffke aaO [vgl 1] S 59). Im weiteren Verlauf hat jedoch eine erneute Überprüfung zwar unverändert die Verfassungsmäßigkeit der Vorschrift bestätigt, durch das dem früheren Aussagen des Gerichts widersprechende (dazu Meurer JR 92, 441, 443) Postulat einer bestimmten verfassungskonformen Auslegung aber die Struktur des Rechtsinstituts grundlegend verändert (BVerfGE 86, 288). Abweichend von der im Gesetzeswortlaut eindeutig ausgedrückten Zuständigkeit des Vollstreckungsgerichts für die Entscheidung über alle Voraussetzungen der Strafaussetzung, ist nunmehr in Fällen des Mordes (für die übrigen Fälle fehlt eine Regelung; krit dazu Meurer aaO S 449) die Frage der besonderen Schuldschwere schon bei der Verurteilung durch das erkennende Gericht für das spätere Verfahren verbindlich zu beantworten. Mit dieser Entscheidung dürfte das BVerfG seine Kompetenz zur Normenkontrolle überschritten und Gesetzgebung in Anspruch genommen haben; die Einwendungen der beiden überstimmten Richter sind insoweit überzeugend (BVerfGE aaO S 340, 355; ebenso Meurer aaO S 445; Müller-Dietz Jura 94, 72; Radtke, Müller-Dietz-FS, S 609, 619; krit auch Karlsruhe NJW 93, 2189 mit Anm Kintzi JR 93, 386; Stree NStZ 92, 464; Berkemann JR 92, 450, 451; Geis NJW 92, 2938; Eisenberg JZ 92, 1188; Stark JZ 94, 189; Boetticher, Mahrenholz-FS, S 763, 773;

Krey JR 95, 221, 223; v Hippel, Geerds-FS, S 137, 153; v Bubnoff LK 9 zu § 120; Dünkel NK 27; Tröndle/Fischer 14) nachdrückliche Kritik ferner in dem Bericht von Kintzi DRiZ 93, 341 über die Entschließungen der Großen Strafrechtskommission des DRiB zu den Konsequenzen aus der verfassungsgerichtlichen Entscheidung). Wegen ihrer Bindungswirkung ist die Entscheidung in der Praxis der Strafgerichte weitgehend umgesetzt worden, hat aber in zahlreichen Einzelfragen, namentlich im Verfahrensrecht, nicht zu einer abschließenden Klärung geführt.

3. Über die **besondere Schwere der Schuld** (Abs 1 S 1 Nr 2) hat in Fällen des Mordes (vgl 2) auf Grund verfassungskonformer Auslegung nicht das Vollstreckungsgericht, sondern bei der Verurteilung schon das **erkennende Gericht** zu befinden. Folgerichtig sind hier auch Fälle des Völkermordes einzubeziehen, soweit sie der absoluten Strafdrohung des § 6 I VStGB unterliegen. Nach der Rspr sollen auch die übrigen Fälle, in denen lebenslange Freiheitsstrafe nur fakultativ oder in besonders schweren Fällen angedroht ist, in die Zuständigkeit des erkennenden Gerichts fallen (BGHSt 44, 350 mit Bespr Martin JuS 99, 824 und Müller-Dietz JR 00, 122). Dafür fehlt es aber an einer zureichenden Rechtsgrundlge. Dass auch das BVerfG für den Bereich der Mordtaten Gesetzgebungskompetenz in Anspruch genommen hat (vgl 2), berechtigt die Fachgerichte nicht, ihrerseits den Anwendungsbereich der verfassungsgerichtlichen Regelung zu erweitern; denn diese ist für alle Staatsorgane zwar bindend, begründet aber keine Erweiterung fachgerichtlicher Gesetzgebungskompetenz (Kintzi aaO [vgl 2] S 342; im Ergebnis auch Gribbohm LK 46–49; zweifelnd Müller-Dietz aaO; aM Tröndle/Fischer 3).

a) Die **Schuldschwereklausel** (eingehend Revel, Anwendungsprobleme der Schuldschwereklausel des § 57a StGB, 1989) beruht auf der gesetzgeberischen, aus den Gesetzesmaterialien hervorgehenden Überlegung, dass die absolute Strafe – abweichend von der zeitigen – auf einem **höchst unterschiedlichen Schuldmaß** beruhen kann (zB Massenmord im Verhältnis zu einem aus einer Konfliktlage erwachsenen Verdeckungsmord) und dass es deshalb nicht sachgerecht wäre, den Aussetzungszeitpunkt in Übereinstimmung mit § 57 I (dort 2–11) von der Schuld ganz zu lösen (BT-Dr 8/3218 S 7). Vielmehr soll „eine 18jährige, 20jährige oder noch längere Verbüßungszeit" (so BT-Dr aaO; s auch Karlsruhe MDR 95, 841) wegen der besonderen Schuldschwere möglich bleiben. Aus dieser Intention hat die früher hM abgeleitet, dass die Mindestverbüßungszeit das bei einer Verurteilung zur absoluten Strafe unerlässliche Schuldmindestmaß widerspiegele, von dem ab eine Aussetzung des Strafrestes möglich werde (sog Basisschuld); dieses Maß müsse daher den Ausgangspunkt für die konkrete Bewertung der Schuldschwere bilden (expl Düsseldorf NStZ 90, 509; Hamm NStZ 94, 452 und 94, 53). Die Frage ist jedoch vor allem nach der Entscheidung des BVerfG strittig geworden, weil innerhalb der Senate des BGH die Tendenz vorherrschend wurde, in Anlehnung an nicht ganz eindeutige Formulierungen des BVerfG (E 86, 288, 314; s auch BVerfG NStZ 93, 431) die Basisschuld an den „erfahrungsgemäß gewöhnlich vorkommenden Mordfällen" zu orientieren (BGHSt 39, 121 und 208 mit krit Anm Stree JR 94, 166; GA 94, 531; anders jedoch NStZ 94, 77 und der Vorlagebeschluss NStZ 94, 540; s auch Salger DRiZ 93, 391; Foth NStZ 93, 368; Kintzi, Salger-FS, S 75). Der GS hat in Analogie zu der Strafzumessungsentscheidung BGHSt-GS-34, 345 jede Anknüpfung an eine Basisschuld verworfen und sich darauf beschränkt, für die Feststellung der besonderen Schuldschwere Umstände von Gewicht zu verlangen und die Entscheidung auf eine Gesamtwürdigung von Tat und Täterpersönlichkeit zu stützen (BGHSt 40, 360 [mit Bespr Hauf NJW 95, 1072 und JA 95, 363, Kintzi JR 95, 249, Streng JZ 95, 556 und Krümpelmann NStZ 95, 337]; 41, 57, 62; 42, 226, 227; NStZ 03, 146). Theoretisch erweckt die Entscheidung Bedenken, weil es schon aus Gründen der Logik unausweichlich ist,

§ 57a AT. 3. Abschnitt. 4. Titel. Strafaussetzung zur Bewährung

für die Ermittlung des gesteigerten Grades eines Zustandes einen Basiszustand zugrundezulegen, der den geforderten Vergleich erst möglich macht. Diese Basisschuld kann zur Gewährleistung gerechter Ergebnisse nur in der Mindestschuld bestehen (so überzeugend Streng aaO S 558; s auch Sch/Sch-Stree 5). Insofern verdeckt die Entscheidung die Problematik nur und lässt alles in einer unstrukturierten Gesamtwürdigung aufgehen, die einer Vereinheitlichung der Praxis kaum förderlich ist (so mit Recht Krümpelmann aaO S 338). Andererseits ist die umstrittene Konkretisierung der Basisschuld wegen der Unbestimmtheit der maßgebenden Abgrenzungskriterien für die Einheitlichkeit der Rspr wenig hilfreich. Die vom BGH eingeleitete Entwicklung bringt deshalb eine spürbare Vereinfachung, die allerdings nahezu die ganze Verantwortung auf den Tatrichter abwälzt (näher konkretisierend daher Streng aaO S 560).

3 b aa) Die Schuldschwere ist entsprechend den Regeln zu ermitteln, die für die **Strafzumessungsschuld** im Sinne des § 46 I (dort 1, 22–25, 32) gelten (BVerfG NJW 95, 3244; Karlsruhe JR 88, 163; krit Müller-Dietz Jura 94, 72, 79); eine Beschränkung auf das „verschuldete Unrecht" in dem Sinne, dass schuldtypisierende, das Unrecht nicht berührende Gesinnungsmomente ausscheiden (so Horn SK 7 a), findet im Gesetz keine Stütze. Getilgte und tilgungsreife Strafen dürfen nicht herangezogen werden, selbst wenn sich der Angeklagte zu seiner Verteidigung auf sie bezogen hat (NStZ-RR 01, 237).

4 bb) Nach der Entscheidung des GS (vgl 3 a) müssen zur Rechtfertigung der besonderen Schuldschwere **Umstände von Gewicht** vorliegen, die zB in der besonderen Verwerflichkeit der Tatausführung oder der Motive, in der Tötung mehrerer Personen bei einer Tat oder in der Begehung mehrerer Mordtaten oder weiterer schwerer Straftaten bestehen können (BGHSt-GS-40, 360, 370). Offenbar knüpft das Gericht damit an die Vorgabe des BVerfG (E 86, 288, 313) an, nach der aus dem Begriff der „besonderen" Schuldschwere das Erfordernis eines „weiten" Abstands der konkreten Schuld von der Basisschuld anzulegen ist (s auch BVerfG NJW 94, 1273; Gribbohm LK 13). Der danach anzulegende Maßstab ist bedauerlicherweise durch den Begriff der Umstände von Gewicht nur höchst undeutlich beschrieben (ähnlich Dünkel NK 11). Immerhin dürfte aber die Grenze in den vielfach erörterten, kaum aber wirklich konkretisierbaren „Durchschnitts-" und „Regelfällen" nicht erreicht werden (so schon Koblenz NStZ 84, 167; Stree NStZ 83, 289; aM ua Düsseldorf NStZ 90, 509; Hamm NStZ 94, 53, Lenzen NStZ 83, 543 und Tröndle/Fischer 10, die nur im „unteren" Wertungsbereich besondere Schuldschwere verneinen). Umgekehrt ist aber die im früheren Schrifttum zum Teil geforderte Beschränkung auf eine ganz ungewöhnliche Schuldsteigerung, die dem obersten Bereich der Hochkriminalität zuzuordnen sei (vgl etwa Meier-Beck MDR 84, 447, 448; Laubenthal aaO [Lebenslange Freiheitsstrafe; vgl 1] S 215, 219; Fünfsinn GA 88, 164, 170), nach wie vor mit dem Gesetz nicht vereinbar (beachte auch BGHSt 31, 189, 192).

5 cc) Die Entscheidung ist auf Grund einer (als tatrichterliche Aufgabe nur begrenzt nachprüfbaren, BGHSt 39, 159; NJW 96, 3425; NStZ-RR 96, 354, NStZ 03, 146, alle mwN) **Gesamtwürdigung** aller in Bezug auf die abgeurteilte Tat schuldrelevanten Umstände und der Täterpersönlichkeit zu treffen; dabei schlagen die Umstände von Gewicht erheblich zu Buch, sind aber nicht notwendig ausschlaggebend (BGHSt-GS-40, 360, 370; Streng Sanktionen 250: „tendenziell plausibel"). Es kommt darauf an, ob die Schuld so schwer wiegt, dass der Verzicht auf eine Unterscheidung der Rechtsfolgen aus Gründen der Gerechtigkeit nicht mehr vertretbar wäre. Die in der früheren Rspr und im Schrifttum erörterten Beispiele für Umstände, die zu berücksichtigen sind, behalten überwiegend ihre Bedeutung (expl Karlsruhe NStZ 83, 74, 76 und 91, 37; Stree NStZ 83, 289, 291; Lenzen NStZ 83, 543, 544; zusf Salger DRiZ 93, 391). Es genügt nicht, die besondere Schuldschwere lediglich mit dem Vorliegen eines Mordmerkmals zu begründen (Koblenz DAR 83, 278), es sei denn, dass sich auf Grund der Gesamtwürdigung (NStZ 99, 501) aus dessen gradueller Steigerung oder dem Zusammentreffen mehrerer solcher Merkmale (BGHSt 39, 159) eine ausreichende Schulderhöhung ableiten lässt (näher konkretisierend Revel aaO [vgl 3 a] S 100; s auch Stree NStZ 92, 464, 465); diese kann deshalb in Analogie zu § 46 III nicht allein auf Gründe gestützt werden, die schon Voraussetzung der Mordqualifikation sind (BGHSt 42, 226 mit Anm Horn JR 97, 248). Neben dem Mord begangene, der leichten Kriminalität zuzordnende Taten sind nicht zu berücksichtigen (NStZ-RR 02, 137).

dd) Ebenso wie allgemein bei der Strafzumessung (43 zu § 46) darf das gesetzmäßige Recht des Beschuldigten, sich im Prozess zu verteidigen, nicht beeinträchtigt werden (StV 93, 639 sowie 03, 17 und 18, alle zum Fall fehlender Reue des leugnenden Beschuldigten); zur Geltung des Zweifelsatzes NStZ-RR 01, 296 und 32 zu § 46. 5 a

b) Der Tatrichter hat danach die Strafzumessung im Hinblick auf die später mögliche Aussetzung des Strafrestes zu ergänzen und für sie eine tragfähige und zugleich **verbindliche Grundlage** zu schaffen. Um das zu erreichen, hat er das Ergebnis der Schuldschwereprüfung **anzugeben** (BVerfGE 86, 288, 323), das negative in den Urteilgründen (NJW 93, 2001), das positive dagegen im Urteilsspruch (BGHSt 39, 121 mit Anm Meurer JR 93, 251; StV 93, 244). Für diese Angabe genügt der bloße Ausspruch nicht, dass besondere Schuldschwere vorliegt; in den Urteilsgründen müssen vielmehr die Erschwerungsgründe „gewichtet" werden (BVerfGE aaO S 322), damit erkennbar wird, wie umfangreich die Schuldsteigerung ist (Stree NStZ 92, 464 und JR 94, 166). Eine Umsetzung dieser Gewichtung in eine bestimmte Höchstverbüßungsdauer verlangt das BVerfG nicht (StV 93, 420; Stree aaO; krit Rotthaus NStZ 93, 218, 219) und schafft daher auch keine Rechtsgrundlage, so zu verfahren (NJW 97, 878 mit Anm Stree NStZ 97, 277; NStZ-RR 02, 264; Kintzi aaO [vgl 2] S 344; Stark JZ 94, 189, 190). Aus seiner Sicht ist das inkonsequent, weil dadurch dem Vollstreckungsgericht eine ihm nicht zustehende eigenständige Bewertung der Schuldschwereentscheidung eröffnet und die Gefahr der Ungleichbehandlung heraufbeschworen wird (krit auch Boetticher aaO [vgl 2] S 774). 6

c) Die sog **Altfälle,** bei denen es an der verfassungsrechtlich gebotenen Gewichtung der besonderen Schuldschwere im Urteil fehlt, hat ein Kernproblem der Neuordnung gebildet, dessen praktische Bedeutung allerdings infolge Fortschreitens der Zeit erheblich geschrumpft ist. Zahlreiche Fälle des Mordes boten früher für den Tatrichter wegen der Absolutheit der Mordmerkmale keinen Anlass, überhaupt eine Schuldbewertung vorzunehmen oder die schuldrelevanten Umstände vollständig festzustellen. Diese Bewertung muss nun aber für die Übergangszeit vom Vollstreckungsgericht nachgeholt werden. Zur rechtsstaatlichen Begrenzung hat das BVerfG dazu folgende Regelung getroffen: Das Vollstreckungsgericht „darf zu Lasten des Verurteilten nur das dem Urteil zugrundeliegende Tatgeschehen und die **dazu** festgestellten Umstände der Ausführung und der Auswirkung der Tat berücksichtigen". Soweit das Urteil Aussagen enthält, die auch als Schuldfeststellung oder -wertung verstehbar sind, etwa über die subjektiven, die Tatschuld tragenden Kriterien, dürfen sie nur herangezogen werden, wenn sie in einem „Begründungszusammenhang" stehen, der die Schuldschwere im Sinne des Abs 1 S 1 Nr 2 gewichtet. Außerdem darf das Vollstreckungsgericht keine Bewertung der festgestellten Tatsachen vornehmen, die „über den Gehalt der unbezweifelbaren schwurgerichtlichen Wertung hinausgeht" oder „Umstände der Ausführung der Tat ganz oder teilweise mit Begriffen umschreiben, die im gesetzlichen Tatbestand eines nicht vom Schwurgericht bejahten Mordmerkmals genannt sind" (BVerfGE 86, 288, 324 und NJW 93, 1124; s auch Brandenburg NStZ-RR 99, 7

§ 57a AT. 3. Abschnitt. 4. Titel. Strafaussetzung zur Bewährung

236; Wolf NStZ 92, 579). Diese Begrenzung ist überzogen und kann zu ungerechten Ergebnissen und zu einer nicht vertretbaren Ungleichbehandlung führen (so mit Recht das Sondervotum des überstimmten Richters Winter BVerfGE aaO S 366; krit auch Karlsruhe NJW 93, 2189 mit Anm Kintzi JR 93, 386; Streng Sanktionen 252; Tröndle/Fischer 15; Gribbohm LK 16–19); denn es hängt vom Zufall ab, ob und welche Schuldschwerefeststellungen und -bewertungen der Tatrichter über die Grenzen seiner für die Subsumtion gebotenen Aufklärungspflicht hinaus vorgenommen hat und ob sie in dem erforderlichen Zusammenhang stehen (dazu Hamm NStZ-RR 98, 71). Je mehr der Tatrichter seine Aufklärungspflicht „übererfüllt" hat, umso schlechter für den Verurteilten (krit auch Rotthaus NStZ 93, 218, 220). Im Übrigen lässt sich die Begrenzung sinnvoll kaum durchhalten. Die Frage, ob eine tatsächliche Feststellung überhaupt der Schuldermittlung gedient und ob sie gerade auf die Bewertung der Tatschuld abgezielt hat, lässt sich anhand der Urteilsurkunde häufig nicht beantworten. Die Entscheidung des BVerfG schafft deshalb eine breite Grauzone, in der das Vollstreckungsgericht Gefahr läuft, bei Auswertung der tatrichterlichen Urteilsgründe die Verfassung zu verletzen (expl Karlsruhe ZfStrVo 93, 375; Nürnberg NStZ-RR 97, 168; krit Stree NStZ 92, 464, 468; Vorschläge zu möglichst weitgehender Konzentration auf objektive Kriterien bei Kintzi aaO [DRiB-Bericht; vgl 2] S 345).

8 4. Zu den **Voraussetzungen des Abs 1**, soweit sie die Alleinzuständigkeit des Vollstreckungsgerichts betreffen:

a) Nr 1: Verbüßungszeit von 15 Jahren. Sie ist das gesetzliche Mindestmaß (beachte dazu Kunert NStZ 82, 89, 92). Für seine Berechnung bleiben Milderungen im Gnadenwege, die rechtlich zulässig, wenngleich in weiten Bereichen praktisch entbehrlich sind (Kunert aaO S 95), außer Ansatz (3 zu § 57; Hamm NStZ 89, 267 mit Anm Laubenthal JR 89, 434 und Hohmann StV 89, 493; Brandenburg NStZ 95, 407; aM Dünkel NK 4; Horn SK 4). Aussetzung auf einen früheren Zeitpunkt ist unzulässig (Hamburg MDR 84, 163). – Nach **Abs 2** ist wie **verbüßte Strafe** zu berücksichtigen **jede** aus Anlass (1 zu § 51) derjenigen Tat (iS des § 264 StPO) erlittene Freiheitsentziehung, deretwegen die lebenslange Freiheitsstrafe verhängt wurde (beachte aber 6 zu § 57b), und zwar auch dann, wenn die Verurteilung keinen Ausspruch über die Anrechnung enthält, wenn sie das Unterbleiben der Anrechnung angeordnet hat oder wenn die Nichtanrechnung nach § 51 I S 2 sachlich an sich gerechtfertigt wäre (zu den Gründen dieser Abweichung von § 57 IV BT-Dr 8/3218 S 8).

9 **b) Nr. 2:** aa) Die Beurteilung der besonderen Schuldschwere als solcher ist idR dem erkennenden Gericht vorbehalten und für das Vollstreckungsgericht bindend (vgl 3–7). Dass diese Verbindlichkeit umfassend ist, also nicht durch nachträgliche Erkenntnisse relativiert werden kann (Frankfurt NStZ 94, 54; aM Stree NStZ 92, 464, 466, Sch/Sch-Stree 8, 11 und Gribbohm LK 31, die neue Feststellungen zugunsten des Verurteilten für zulässig halten; anders auch Koblenz StV 94, 382 und Tröndle/Fischer 17, die sich für eine eigenständige Bewertung der „Strafvollstreckungsschuld" aussprechen), liegt in der Konsequenz der verfassungsgerichtlichen Entscheidung. Eine Öffnung zugunsten des Verurteilten würde es nach den für die Aufklärungspflicht geltenden Regeln möglich machen, die Schuldschwereentscheidung des Tatrichters ganz neu aufzurollen, soweit dadurch eine günstigere Beurteilung erreichbar erscheint. Einschlägige Beweisanträge könnten nicht abgelehnt werden. Das Vollstreckungsgericht hat deshalb ausschließlich auf dem tatrichterlichen Urteil aufzubauen und nur – das aber ohne Einschränkung – darüber zu befinden, ob die bindend vorgegebene Schuldschwere **weitere Vollstreckung gebietet** (krit Karlsruhe NJW 93, 2189, das eine Aufspaltung der Beurteilung von Schuldschwere und Gebotensein nicht für möglich hält; mit Recht anders Boetticher aaO [vgl 2] S 776). Enthält das Urteil keine Feststellungen zur Schuldschwere, kann dies von der Strafvollstreckungskammer nicht nachgeholt werden (Jena NStZ-RR 02, 167).

bb) Weitere Vollstreckung ist **nicht notwendig geboten** (Karlsruhe NStZ 73, 74, 75; Stree NStZ 83, 289, 291). Dieses Element hat vielmehr eine selbstständige normative Begrenzungsfunktion in dem Sinne, dass im Lichte der Strafzwecke geprüft werden muss, ob die Weitervollstreckung zur Erfüllung der Schutzaufgabe des Strafrechts notwendig ist (BGHSt 24, 42; Lenzen NStZ 83, 543, 544; Streng Sanktionen 253). Dabei ist davon auszugehen, dass es nach den allgemeinen Strafzumessungsgrundsätzen der gerechten (dh schuldangemessenen) Strafe grundsätzlich auch zur Erhaltung des Wertbewusstseins in der Bevölkerung bedarf (30 zu § 46). Deshalb ist die Heranziehung des Gedankens der Verteidigung der Rechtsordnung für sich allein nicht geeignet, um die Notwendigkeit weiterer Vollstreckung auszuschließen (Stree aaO S 291; probl Nürnberg NStZ 82, 509 und 83, 319); das gilt umso mehr, als der selbstständige Versagungsgrund der Verteidigung der Rechtsordnung im Gesetzgebungsverfahren ausdrücklich als im konkreten Einzelfall „unangemessen" ausgeschieden worden ist (BT-Dr 8/3857 S 12; Frankfurt NStZ 94, 54). Die **Gesamtwürdigung** des Gebotenseins hat deshalb die progressive Steigerung der Straf- und Vollzugswirkungen zu beachten, die mit dem Fortschreiten der Zeit und dem Ansteigen des Lebensalters verbunden sind (BVerfG NStZ 96, 53; s auch Scheffler JR 96, 485), und vor allem die nach der Tat eingetretenen Umstände in der Persönlichkeit, zB hohes Alter (dazu BVerfGE 72, 105 mit Anm Laubenthal JZ 86, 850; Hamm NStZ 86, 315; Frankfurt NStZ 87, 329), Krankheit (namentlich krankheitsbedingter Persönlichkeitsabbau, Karlsruhe MDR 91, 892; LG Lübeck StV 95, 33), Veränderung der Charakterstruktur, tadelfreies Verhalten im Vollzug (Koblenz StV 94, 382), Wiedergutmachungsbemühungen oder andere besondere Verdienste, zu berücksichtigen (Düsseldorf NStZ 90, 509; Karlsruhe StV 94, 29).

c) Nr 3: Günstige Täterprognose. Die Anforderungen stimmen mit denen der Aussetzung bei zeitiger Freiheitsstrafe (§ 57 I S 1 Nr 2 iVm S 2; vgl dort 7–10) überein (zu einer aus dem Übermaßverbot abgeleiteten und nur in Ausnahmefällen relevanten Einschränkung beachte KG NStZ-RR 97, 382). In diesem Bereich der Hochkriminalität ist bei der Erarbeitung der Prognose äußerste Sorgfalt geboten. Auf der einen Seite darf ein auch nur verhältnismäßig geringes Risiko, dass der Verurteilte erneut Tötungsdelikte oder andere schwere Verbrechen (nicht lediglich Taten der mittleren oder unteren Kriminalität, KG NStZ-RR 97, 382 und NStZ 04, 156) begeht, nicht eingegangen werden (BT-Dr 8/3218 S 6; näher Bode aaO [vgl 1] S 342); namentlich bei sexuell motivierten, an Kindern oder Frauen begangenen Gewalttaten hat das einen hohen Stellenwert. Auf der anderen Seite hat der grundsätzliche Freiheitsanspruch des Verurteilten wegen der regelmäßig zurückgelegten langen Haftzeit großes Gewicht (BVerfG NJW 92, 2344). Für die damit erforderliche Abwägung hat sich das Gericht von Verfassungs wegen um eine möglichst breite Tatsachenbasis zu bemühen (BVerfG NJW 98, 2202 sowie 00, 501 und 502, alle mwN; s auch Brandenburg NStZ 96, 405 mit krit Anm Kröber NStZ 96, 567) und die für das Ergebnis maßgeblichen Gesichtspunkte näher darzulegen (BVerfG aaO); bleibt auf dieser Grundlage nur ein vertretbares Restrisiko übrig, so darf die Aussetzung nicht versagt werden (BVerfG aaO). Erfüllt der Verurteilte die Voraussetzungen des Abs 1 S 1 Nr 1 und 2 bereits ganz oder annähernd, hängt die Aussetzung also nur noch von der positiven Prognose ab, so hat das Vollstreckungsgericht – je länger die Haftdauer umso intensiver – darauf hinzuwirken, dass in den Grenzen des Vertretbaren alle Möglichkeiten, dem Verurteilten die Chance der Entlassung zu eröffnen, ausgeschöpft werden (BVerfG aaO); das soll auch für das Hinwirken auf die Gewährung von Vollzugslockerungen gelten (BVerfG NJW 98, 2202; krit Heghmanns ZStW 111, 647; mit guten

§ 57a AT. 3. Abschnitt. 4. Titel. Strafaussetzung zur Bewährung

Gründen aM Wolf NStZ 98, 590). – Zur Gewährleistung einer zuverlässigen Prognose darf das Gericht – auch nach gnadenweiser (vgl 8) Umwandlung der lebenslangen in eine zeitige Freiheitsstrafe (Hamm NStZ 89, 267 mit Anm Laubenthal JR 89, 434; Paeffgen SK-StPO 19 zu § 454; ebenso jetzt Fischer KK 41 zu § 454 StPO) – die Aussetzung nicht anordnen (wohl aber ablehnen, BT-Dr 13/9062 S 14), bevor ein **Sachverständigengutachten** eingeholt wurde, namentlich über die Frage, ob keine Gefahr mehr besteht, dass die durch die Tat zutage getretene Gefährlichkeit fortbesteht (§ 454 II S 1 Nr 1 StPO); weigert sich der Verurteilte, an der Begutachtung mitzuwirken, so scheidet die Aussetzung aus (Karlsruhe NStZ 91, 207 mwN; beachte auch NJW 93, 2449 mit Bespr Rasch NStZ 93, 509, Blau JR 94, 32, Bringewat BewH 94, 96 und Schüler-Springorum StV 94, 255). – **Einwilligung** des Verurteilten 11 zu § 57. Wird infolge Versagung der Einwilligung die Aussetzung abgelehnt, so fehlt es für eine selbstständige Entscheidung, bis wann der Ausschlussgrund der besonderen Schuldschwere der Aussetzung entgegensteht, an einer gesetzlichen Grundlage (vgl 13); zur Begründung genügt in diesem Falle die bloße Feststellung des Fehlens der Einwilligung (Düsseldorf NJW 93, 1665). Da diese bis zur Rechtskraft des Aussetzungsbeschlusses, auch noch im Beschwerdeverfahren, zurückgenommen werden kann (13 zu § 57), zwingt die Rücknahme dazu, einen bereits erlassenen Aussetzungsbeschluss – ggf auch durch das Beschwerdegericht – aufzuheben; damit wird zugleich die mit der Aussetzung verbundene Bestimmung der Mindestverbüßungszeit (vgl 13) gegenstandslos (Celle und LG Hannover StV 96, 220, beide mit Anm Plähn).

12   5. Zur Rechtslage beim **Zusammentreffen der lebenslangen Freiheitsstrafe mit anderen Strafen** vgl § 57 b.

13   6. a) Bei Vorliegen der Voraussetzungen des Abs 1 ist die Aussetzung **obligatorisch** (Böhm NJW 82, 135). Wird sie – sei es auch nur wegen schlechter Prognose (Stree NStZ 92, 464, 467; zw) – abgelehnt, so ist auf Grund verfassungskonformer Auslegung zugleich auszusprechen, **bis wann** der Ausschlussgrund besonderer Schuldschwere der Aussetzung entgegensteht (BVerfGE 86, 288, 331 und BVerfG NJW 93, 1124); dabei wird nach einer inzwischen gefestigten Rechtspraxis die Grenze im Allgemeinen zwischen 15 und 25 Jahren festgesetzt, jedoch in Einzelfällen von außergewöhnlichem Unrechts- und Schuldgehalt auch erheblich überschritten (vgl etwa BVerfG NJW 95, 3244 und NStZ 96, 53; Karlsruhe MDR 95, 841). Es ist eine Gesamtwürdigung von Schuldschwere (oben 9), Verhalten im Vollzug und Persönlichkeitsentwicklung (oben 10) vorzunehmen (Schleswig SchlHA 03, 184). – Dieser für den Gesamtbereich der lebenslangen Freiheitsstrafe geltende (Kintzi aaO [vgl 2] S 342) Eingriff in die frühere Rechtspraxis (zusf Frankfurt NStZ 83, 555 mwN) räumt zahlreiche in Schrifttum erhobene Einwendungen aus (dazu ua Groß ZRP 79, 133, 135; Horn ZRP 80, 62; Revel aaO [vgl 3 a] S 17) und bedeutet deshalb einen Fortschritt (Rotthaus NStZ 93, 218; krit Stark JZ 94, 189, 190); er lässt aber wegen seiner Unbestimmtheit namentlich in Extremfällen zahlreiche Fragen offen, wie die jeweils relevanten Schuldelemente konkret in Zeiteinheiten umzusetzen sind (krit insoweit Scheffler JR 96, 485). – Darüber hinaus bietet das Gesetz für die einen vorgezogenen isolierten Feststellungsbeschluss über das Vorliegen besonderer Schuldschwere (so Hamburg JR 95, 299 mit zust Anm Böhm und JR 96, 247 mit abl Anm Kintzi; abl auch Paeffgen SK-StPO 13 zu § 454) oder über den Zeitpunkt, bis zu dem der Ausschlussgrund wirkt (so Brandenburg NStZ 95, 547), keine zureichende Grundlage (Frankfurt StV 95, 539; Nürnberg NStZ 97, 408; zu den Folgeproblemen, die sich aus der Gegenmeinung ergeben, beachte Hamburg StV 97, 261 und LG Hamburg StV 97, 88); das gilt mindestens in Fällen, in denen der Verurteilte keine Einwilligung nach Abs 1 S 1 Nr 3 erteilt hat (Celle NStZ 98, 248). Mag auch der vorgezogene Feststellungsbeschluss die Rechtsprechung des BVerfG (E 86, 288) konsequent fortentwickeln und unter diesem Gesichtspunkt verfassungsrechtlich unbedenklich sein (so BVerfG NStZ 97, 333), so fehlt ihm doch aus den unter 3 dargelegten Gründen die gesetzliche Grundlage (Nürnberg NStZ-RR 98, 220). – Umgekehrt ist es nicht ausgeschlossen, diesen bereits bindend festgelegten Zeitpunkt zugunsten des Verurteilten vorzuverlegen, wenn auf Grund neuer nicht schuldrelevanter Umstände die Gesamtwürdigung (vgl 10) nur noch eine kürzere Vollstreckungszeit erfordert (Frankfurt NStZ 96, 56).

b) Zum **Absehen von der Aussetzung** nach Abs 1 S 2 iVm § 57 V vgl dort 25, 26. 14

7. Da lebenslange Freiheitsstrafe mit Sicherungsverwahrung idR nicht verbunden werden kann (4, 10 zu § 66), kommt ihr **Zusammentreffen** allenfalls mit Unterbringungen nach §§ 63, 64 in Frage, hat aber trotz gewisser theoretischer Relevanz (dazu Böhm NJW 82, 135, 139) kaum praktische Bedeutung (Tröndle/Fischer 2). Für etwa vorkommende Ausnahmefälle gelten die Ausführungen unter 21, 22 zu § 57 weitgehend sinngemäß. 15

8. Abs 3 (weitere Anordnungen): Die **Bewährungszeit** ist fest bestimmt, kann auch nicht nachträglich verkürzt, wohl aber unter den Voraussetzungen des § 56f II (dort 11) verlängert werden. – Die **Ausgestaltung der Bewährungszeit** entspricht der Regelung des § 57 (dort 23, 24). Dasselbe gilt auch für den **Widerruf** der Aussetzung und den **Straferlass** (§§ 56f, 56g); da jedoch der Widerruf für den Verurteilten insofern einen tiefen Eingriff bedeutet, als er die Vollstreckung der zeitlich unbegrenzten („lebenslangen") Freiheitsstrafe wieder eröffnet, ist bei Vorsatztaten geringerer Schwere und bei Fahrlässigkeitstaten nur ausnahmsweise die Annahme begründbar, dass sich die Erwartung, die der Aussetzung zugrundelag, nicht erfüllt habe (Dünkel NK 44; Tröndle/Fischer 25). Nach einem Widerruf steht bei später günstiger Prognose einer erneuten Aussetzung nichts im Wege (Kunert NStZ 82, 89, 92). 16

9. Zuständig ist die (große) Strafvollstreckungskammer (§ 462a I StPO, §§ 78a, 78b GVG). – Zur Möglichkeit einer landesgesetzlich anzuordnenden **Zuständigkeitskonzentration** auf der Ebene der Beschwerdeinstanz (OLG) § 9 EGGVG. 17

10. a) Das Urteil des erkennenden Gerichts unterliegt auf Grund verfassungskonformer Auslegung auch insoweit der **Revision,** als die „Gewichtung der Schuld unter dem Gesichtspunkt ihrer besonderen Schwere im Urteil vorgenommen" wurde (BVerfGE 86, 288, 323). Nach der Systematik des Revisionsverfahrens kann das nur so verstanden werden, dass ein Urteil mit der Rüge, es fehle an einer Schuldgewichtung, ebenso angefochten werden kann wie mit der Rüge, die Schuldgewichtung sei falsch (Stree NStZ 92, 464, 465; Sch/Sch-Stree 6a). Das Ausmaß der revisionsrichterlichen Kontrolle stimmt mit dem bei der Strafzumessung (50–52 zu § 46) überein (Stree aaO). Im Übrigen gibt es hier zahlreiche prozeßrechtliche Zweifelsfragen, weil sich die verfassungskonforme Auslegung des BVerfG offensichtlich nicht in das Verfahrenssystem, namentlich der §§ 260, 265, 267, 337 StPO, einfügt (dazu Meurer JR 92, 441, 446; beachte auch BGHSt 39, 121 und 208 mit Anm Stree JR 94, 166; BGHSt 41, 57; Gribbohm LK 57–61 mwN). 18

b) Verfahren des Vollstreckungsgerichts § 454 StPO. Auf Grund verfassungskonformer Auslegung ist die Frage der Aussetzung auf Antrag oder **von Amts wegen** so **rechtzeitig** zu prüfen und über sie zu entscheiden, dass die Vollzugsbehörden die zur Vorbereitung der Entlassung erforderlichen Maßnahmen ohne eigene Beurteilung der Schuldschwere und ohne Verzögerung der Entlassung treffen können (BVerfGE 86, 288, 331; s auch Rotthaus NStZ 93, 218). Das kann im Einzelfall schon vor Ablauf der in § 454 I S 4 StPO bezeichneten Verbüßungs- 19

§ **57b** AT. 3. Abschnitt. 4. Titel. Strafaussetzung zur Bewährung

zeit von 13 Jahren erforderlich sein (BVerfG aaO und NJW 95, 3246; Frankfurt StV 95, 539; Hamburg StV 96, 677 mit Anm Ritter; aM Meyer-Goßner 41 a zu § 454 StPO), darf aber nicht unnötig früh geschehen, weil sonst die Entscheidungsgrundlage (vgl 10) ohne zureichenden Grund verkürzt würde (Karlsruhe StV 94, 29; probl LG Marburg NStZ 94, 253; Boetticher aaO [vgl 2] S 778). Wird die Aussetzung abgelehnt, so bedarf es des unter 13 beschriebenen besonderen Ausspruchs, der für das weitere Verfahren verbindlich ist (BVerfG 86, 288, 332). Für Antragstellung, Wiederholung von Anträgen, Antragsbefugnis, rechtliches Gehör und Wirksamwerden der Aussetzung gelten die Ausführungen unter 29–39 zu § 57 sinngemäß, soweit nicht die beschriebenen verfassungsgerichtlichen Anforderungen strenger sind (beachte ergänzend Abs 4; § 454 I S 4 Nr 1, 2 StPO; s auch BVerfG NJW 98, 1133). Im Übrigen wirft die Entscheidung des BVerfG auch hier zahlreiche Zweifelsfragen auf, die aber ausschließlich prozessuale Bedeutung haben (näher dazu Meurer JR 92, 441, 446; s auch Karlsruhe MDR 93, 1110 sowie oben 7; vgl aber zum Problem überlanger Verfahrensdauer BVerfG NStZ 01, 502).

20 11. Zur Aussetzung des Strafrestes und zum Widerruf der Aussetzung bei lebenslangen Freiheitsstrafen, die **vor Wirksamwerden des Beitritts** (Art 1 I EV) **in der DDR verhängt** worden sind, 31 zu § 2.

§ **57 b** Aussetzung des Strafrestes bei lebenslanger Freiheitsstrafe als Gesamtstrafe

Ist auf lebenslange Freiheitsstrafe als Gesamtstrafe erkannt, so werden bei der Feststellung der besonderen Schwere der Schuld (§ 57 a Abs. 1 Satz 1 Nr. 2) die einzelnen Straftaten zusammenfassend gewürdigt.

1 1. Die auf dem 23. StÄG (1 vor § 56) beruhende Vorschrift behandelt – zusammen mit den dort ebenfalls geänderten §§ 53 I, II, 54 I, II – die sog Mehrfachtäterfrage.

2 2. **Anknüpfungspunkt** für die Prüfung der Voraussetzungen des § 57 a I ist die **Gesamtstrafe** (NStZ 98, 352). Sie gilt alle abgeurteilten Taten ab, die ihr zugrundeliegen (3 zu § 53). Es ergibt sich daher schon aus dem Gesamtstrafenprinzip, wird also durch § 57 b nur deklaratorisch klargestellt, dass die Bewertung nach der Schuldschwereklausel (§ 57 a I Nr 2) die Gesamtheit der Taten zu erfassen hat (ebenso Dünkel NK 2). Weitere Taten, deretwegen neben der Gesamtstrafe – etwa infolge der Zäsurwirkung früherer Verurteilungen (7 zu § 55) – selbstständige (Einzel- oder Gesamtstrafen verhängt worden sind, können danach bei dieser Würdigung nicht zu Buch schlagen (offen gelassen in NStZ-RR 99, 170; zw). Die Rspr des BVerfG (2 zu § 57 a) erfordert folgende Differenzierungen:

3 a) aa) In den Fällen, die von der Entscheidung des BVerfG (E 86, 288) erfasst werden, ist die Prüfung der **besonderen Schuldschwere** dem **erkennenden Gericht** vorbehalten (3 zu § 57a). Sie stützt sich nicht nur auf die Einzeltaten, bei denen einzelne schon für sich die besondere Schuldschwere begründen können (NJW 97, 878 mit krit Anm Stree NStZ 97, 277, der mit Recht beanstandet, dass die Entscheidung die Feststellung besonderer Schuldschwere neben der Einzelstrafe nicht vorschreibt, sondern nur zulässt). Erforderlich ist stets in Bezug auf die Gesamtheit der Taten eine zusammenfassende Würdigung im Sinne des § 54 I S 3, die den unter 3 a–5 a zu § 57 a beschriebenen Regeln folgt; sie unterscheidet sich lediglich insofern von der „zusammenfassenden Würdigung" bei Bildung einer Gesamtstrafe, als sie nur auf die Schuldschwere bezogen ist und deshalb präventive Strafzwecke nicht besonders zur Geltung bringen darf. Mit dieser Maßgabe kommt es darauf an, ob sich aus den Gesamtumständen, namentlich der Zahl und Schwere der einzelnen Taten, ihrem Verhältnis zueinander, ihrem sachlichen, zeitlichen

Aussetzung des Strafrestes als Gesamtstrafe § 57b

und situativen Zusammenhang (dazu BGHSt 39, 121, 126; Koblenz StV 94, 382) sowie ihrer größeren oder geringeren Selbstständigkeit, die erforderliche erhebliche Schuldsteigerung ableiten lässt (3 a–5 a zu § 57 a; Stree NStZ 92, 464, 465; s auch BGHSt-GS-40, 360). Bei schweren Einzelstrafen neben der Einsatzstrafe wird das nicht nur ausnahmsweise, sondern häufiger zu bejahen sein (der BRat hält es sogar für die Regel, BT-Dr 10/2720 S 23; ebenso Tröndle/Fischer 4).

bb) Das positive Ergebnis der Schuldgewichtung gehört auch hier in den Urteilsspruch, das negative in die Urteilsgründe (6 zu § 57 a). – Bei **nachträglicher Gesamtstrafenbildung nach § 55** schlagen die einbezogenen Einzelstrafen bei der zusammenfassenden Schuldgewichtung zu Buch. Diese kann dazu führen, dass die von einer einbezogenen lebenslangen Freiheitsstrafe noch nicht erreichte besondere Schuldschwere durch die Gesamtheit der Taten erreicht wird; umgekehrt kann die mit einer solchen Strafe bereits verbundene Schuldschwerefeststellung nicht wegfallen, weil sie bindend ist und durch die weiteren Einzeltaten nur vergrößert werden kann. Bei Einbeziehung der Verurteilung aus einem Altfall hat das erkennende Gericht keine überlegenen Aufklärungsmöglichkeiten, so dass es nahe liegt, die Gewichtung der Schuldschwere hier denselben Beweiseinschränkungen zu unterwerfen wie sonst in Altfällen (7 zu § 57 a). Anderseits entscheidet aber das Gericht als erkennendes Gericht und regelmäßig sehr viel früher und deshalb sachnäher als das Vollstreckungsgericht (Kintzi DRiZ 93, 341, 345), so dass sich mangels ausreichender Übereinstimmung der Sachlage eine Übertragung der für das Vollstreckungsgericht geltenden Einschränkungen in das Erkenntnisverfahren schwer rechtfertigen lässt (zw); mit dem Gesetz unvereinbar ist jedenfalls die Annahme, dass in solchen Fällen nur eine Gesamtstrafe zu bilden, die Schuldschwerefeststellung aber der späteren Entscheidung der Strafvollstreckungskammer zu überlassen sei (so aber LG Hannover StV 96, 220 mit Anm Plähn). – Sinngemäß dasselbe gilt auch für **nachträgliche Gesamtstrafenbildungen** nach § 460 StPO (Hamm NStZ 96, 301; Gribbohm LK 12); dass hier der Gesichtspunkt der Sachnähe dadurch an Gewicht verliert, dass das erkennende Gericht die Entscheidung häufig in neuer Besetzung treffen wird, dürfte nicht ausschlaggebend sein (zw).

b) Die Prüfung des **Vollstreckungsgerichts,** ob weitere Vollstreckung geboten ist (10 zu § 57 a), muss auf der verbindlichen Gesamtschuldgewichtung des Tatrichters aufbauen (9 zu § 57 a) oder diese in Altfällen mit den unter 7 zu § 57 a beschriebenen Einschränkungen vornehmen. Hier können sich bei gehäuftem Zusammentreffen schwerer Straftaten noch weitgehend ungelöste Fragen der Umsetzung der jeweils relevanten Schuldelemente in feste Zeiteinheiten ergeben (beachte dazu 13 zu § 57 a). 5

3. § 57 a II (dort 8) gilt auch für **Freiheitsentziehungen** aus Anlass von Taten, die der Gesamtstrafenbildung zugrunde liegen, deretwegen aber nur zeitige Freiheitsstrafe als Einzelstrafe verwirkt ist (zw); mindestens unter den Voraussetzungen des § 57 IV müssen sie wie verbüßte Strafe behandelt werden. 6

4. Nach Art 316 II EGStGB gilt **§ 460 StPO** sinngemäß, wenn jemand vor dem In-Kraft-Treten des 23. StÄG zu mehreren lebenslangen Freiheitsstrafen oder zu lebenslanger und zeitiger Freiheitsstrafe verurteilt worden ist und wenn nach neuem Recht auf eine lebenslange Freiheitsstrafe als Gesamtstrafe erkannt worden wäre. Danach ist die nachträgliche Gesamtstrafenbildung in allen einschlägigen Altfällen vorgeschrieben, gleichgültig ob die mehreren Strafen in einem Urteil oder in verschiedenen Urteilen verhängt oder ob sie im Urteilstenor oder auf Grund des aufgehobenen § 260 IV S 5 StPO in den Urteilsgründen ausgesprochen worden sind. Zuständig ist die Strafvollstreckungskammer (§ 462a I StPO). 7

5. Mehrere **nicht gesamtstrafenfähige Verurteilungen** bleiben mangels einer besonderen Vorschrift selbstständig und sind nach den allgemeinen Regeln 8

§ 58 AT. 3. Abschnitt. 4. Titel. Strafaussetzung zur Bewährung

nacheinander zu vollstrecken (beachte dazu namentlich § 454 b StPO und 31–33 zu § 57); treffen dabei mehrere lebenslange Freiheitsstrafen zusammen, so sind für alle Strafen die Entscheidungen, bis wann die besondere Schwere der Schuld weitere Vollstreckung gebietet (13 zu § 57 a), auf Grund einer Gesamtschau schon zu treffen, wenn die Vollstreckung des Restes der ersten Strafe zur Bewährung ausgesetzt wird (Nürnberg NStZ 99, 269). Die allgemeinen Regeln können hier zu problematischen Ergebnissen führen. Vor allem kann der nachträglichen Gesamtstrafenbildung nach § 55 (oder nach § 460 StPO) die Zäsurwirkung von Vorverurteilungen mit der Folge entgegenstehen, dass uU bereits gebildete Gesamtstrafen aufzulösen und mehrere Gesamt- (oder Einzel-)strafen zu bilden sind (7 zu § 55). Bei einer für den Verurteilten ungünstigen Reihenfolge seiner Taten und Verurteilungen kann sich eine solche Mehrzahl von Strafen und Mindestverbüßungszeiten ergeben, dass für ihn die verfassungsrechtlich gewährleistete Chance, seine Freiheit wieder zu erlangen, von vornherein nicht besteht (dazu Scheffler JR 96, 485, 489); in solchen Fällen sind die Mindestverbüßungszeiten in dem verfassungsrechtlich gebotenen Umfang herabzusetzen (ebenso Dünkel NK 9; aM Gribbohm LK 9: der Täter habe durch seine weiteren Taten die Chance, in absehbarer Zeit wieder frei zu kommen, verwirkt; zw).

§ 58 Gesamtstrafe und Strafaussetzung

(1) Hat jemand mehrere Straftaten begangen, so ist für die Strafaussetzung nach § 56 die Höhe der Gesamtstrafe maßgebend.

(2) Ist in den Fällen des § 55 Abs. 1 die Vollstreckung der in der früheren Entscheidung verhängten Freiheitsstrafe ganz oder für den Strafrest zur Bewährung ausgesetzt und wird auch die Gesamtstrafe zur Bewährung ausgesetzt, so verkürzt sich das Mindestmaß der neuen Bewährungszeit um die bereits abgelaufene Bewährungszeit, jedoch nicht auf weniger als ein Jahr. Wird die Gesamtstrafe nicht zur Bewährung ausgesetzt, so gilt § 56 f Abs. 3 entsprechend.

1   1. a) Nach **Abs 1** sind auch für die **Gesamtstrafe** die zeitlichen Schranken der Strafaussetzung nach § 56 (dort 5) maßgebend (BGHSt 25, 142; krit Sieg MDR 81, 373). Dasselbe gilt für die Aussetzung des Strafrestes im Hinblick auf das Erfordernis der Teilverbüßung nach § 57 I Nr 1, II (beachte dazu LG Hamburg NStZ-RR 97, 68). – In Fällen des § 56 II (dort 18–21) oder des § 57 II Nr 2 (dort 17) kommt es für das Vorliegen besonderer Umstände auf eine Gesamtwürdigung aller Taten (einschl der Täterpersönlichkeit) an, für die Einzelstrafen verhängt worden sind (so schon zu § 56 II aF BGHSt 29, 370; wistra 86, 105, beide mwN).

2   **b)** Der Grundsatz gilt uneingeschränkt auch bei **nachträglicher Gesamtstrafenbildung** nach § 55 (BGHSt 29, 370).

aa) Auch wenn in der früheren Entscheidung die Aussetzung für eine Einzel- oder Gesamtstrafe bereits abgelehnt oder widerrufen war, steht das einer Aussetzung der neuen Gesamtstrafe nicht zwingend entgegen (LG Bayreuth NJW 70, 2122).

2 a   bb) War in der früheren Entscheidung die Vollstreckung einer Freiheitsstrafe ausgesetzt (dazu 3 zu § 55), so entfällt die Aussetzung mit den auf ihr beruhenden weiteren Anordnungen (Hamm NStZ 91, 558); die Einbeziehung darf nicht deshalb unterbleiben, weil wegen § 56 II eine Strafaussetzung nicht mehr zulässig ist (NStZ-RR 97, 228). Über sie ist unter Berücksichtigung der zeitlichen Schranken des § 56 neu zu entscheiden (probl Hamm MDR 75, 948). Die Zulässigkeit des Widerrufs der Aussetzung bestimmt sich dann ausschließlich nach der neuen Entscheidung; daher begründen Straftaten, die während einer in den einbezogenen Entscheidungen festgesetzten Bewährungszeit, aber vor Anordnung der Aussetzung in der Gesamtstrafenentscheidung (beachte dazu § 56 f I S 2; Stuttgart MDR

Vorbemerkung   Vor § 59

92, 1067) begangen wurden, den Widerruf nicht (Hamm StV 98, 212; Düsseldorf StV 00, 565; s auch Düsseldorf NStZ 99, 533 mit krit Anm Wohlers JR 00, 304).
– Wenn die einzubeziehende zur Bewährung ausgesetzte Strafe nur deshalb unerledigt ist, weil über den Straferlass noch zu entscheiden ist, hat die Fortsetzung des Bewährungsverfahrens keinen Vorrang (3 zu § 55; 1 zu § 56g; aM Ostendorf NK 3); das hier je nach den Umständen entstehende Spannungsverhältnis ist in der Gesamtstrafe unter Beachtung des Verhältnismäßigkeitsgrundsatzes aufzulösen (NJW 91, 2847); namentlich sind die Härten auszugleichen, die sich in Einzelfällen für den Verurteilten daraus ergeben können, dass er trotz Fehlens eines Widerrufsgrundes so gestellt wird, als ob die Aussetzung widerrufen worden wäre (NStZ 93, 235).

cc) Der Eintritt der Voraussetzungen des § 57 ist ausschließlich nach der neuen **2 b** Entscheidung zu beurteilen.

2. a) Abs 2 sieht keine Anrechnung, sondern nur eine Erweiterung des gesetz- **3** lichen Rahmens der Bewährungszeit (§ 56a I) nach unten vor, um damit die Berücksichtigung bereits abgelaufener Bewährungszeit zu ermöglichen; die Bewährungszeit ist innerhalb des erweiterten Rahmens nach pflichtmäßigem Ermessen (50 zu § 46) neu zu bestimmen.

b) Zu S 2 vgl 14 zu § 56f. Auch hier ist die Anrechnung mit der Bildung der **4** Gesamtstrafe zu verbinden und nicht durch nachträgliche Entscheidung nachholbar (Bay MDR 85, 70; aM Sieg StV 98, 631). Aus systematischen Gründen muss das durch Ausspruch der Anrechnung auf die Vollstreckungsdauer, nicht durch Herabsetzung der Gesamtstrafe selbst geschehen (BGHSt 36, 378 mit Anm Weber NStZ 91, 35; NStZ-RR 96, 162; beachte auch BGHSt 35, 238; Bay wistra 94, 310, alle mwN). – Das Ermessen, die Anrechnung zu versagen, ist im Hinblick auf die von § 56f III verschiedene Ausgangslage eingeschränkt (BGHSt 33, 326 mit Anm Frank JR 86, 378, beide mwN). Der pflichtmäßigem Ermessen (50 zu § 46) unterliegende Anrechnungsmaßstab ist an dem Ziel zu orientieren, einen angemessenen Härteausgleich im Hinblick darauf zu gewähren, dass die Leistungen im Sinne des § 56f III nicht erstattet werden (BGH aaO); das Tagessatzsystem kann dafür Anhaltspunkte bieten, ist als alleiniger Maßstab (so Horn StV 92, 537) aber zu starr (weiter einschr Celle NStZ 92, 336).

5. Titel. Verwarnung mit Strafvorbehalt; Absehen von Strafe

Vorbemerkung

1. Die **Verwarnung mit Strafvorbehalt** (§§ 59–59c) bildet nach dem Re- **1** formprogramm des **2. StrRG** (4 vor § 1) die leichteste und zugleich „resozialisierungsfreundlichste" Sanktion im Strafensystem, deren Anwendung allerdings auf besonders gelagerte Ausnahmefälle beschränkt worden ist. In den gesetzgeberischen Beratungen war das Institut unter gegenläufigen Gesichtspunkten umstritten. Teils wurde von seiner Einführung eine Schwächung der generalpräventiven Wirkung des Strafrechts befürchtet und ihr daher widerraten (Begr zum E 1962 S 196; Häger LK 42 vor § 38), teils wurde aber auch eine Lösung empfohlen, die dieser untersten Stufe strafrechtlicher Reaktion zu einem breiten Anwendungsbereich verholfen hätte (§ 57 AE). Zurzeit ist die Erweiterung des § 59 Gegenstand des Referentenentwurfs eines Gesetzes zur Reform des Sanktionenrechts (dazu 3 vor § 38).

2. Die schließlich Gesetz gewordene Fassung ist ein **Kompromiss**, mit dem **2** zwar nicht ganz auf die kriminalpolitisch wünschenswerten Vorzüge einer bloßen Verwarnung (Vermeidung des Strafmakels) verzichtet, die Maßnahme aber einer kleinen Gruppe kriminell ungefährdeter Täter vorbehalten wird (krit Schöch JR

§ 59 AT. 3. Abschnitt. 5. Titel. Verwarnung mit Strafvorbehalt

78, 74). Sie war von vornherein umstritten (vgl etwa Rezbach, Die Verwarnung mit Strafvorbehalt, 1970; Dreher, Maurach-FS, S 275; Zipf JuS 74, 137, 145); jedoch haben sich die Bestrebungen zur Erweiterung sowohl in der Gesetzgebungsebene (3 vor § 38) als auch im Schrifttum (1 zu § 59) deutlich verstärkt.

§ 59 Voraussetzungen der Verwarnung mit Strafvorbehalt

(1) **Hat jemand Geldstrafe bis zu einhundertachtzig Tagessätzen verwirkt, so kann das Gericht ihn neben dem Schuldspruch verwarnen, die Strafe bestimmen und die Verurteilung zu dieser Strafe vorbehalten, wenn**

1. zu erwarten ist, daß der Täter künftig auch ohne Verurteilung zu Strafe keine Straftaten mehr begehen wird,

2. eine Gesamtwürdigung der Tat und der Persönlichkeit des Täters besondere Umstände ergibt, nach denen es angezeigt ist, ihn von der Verurteilung zu Strafe zu verschonen, und

3. die Verteidigung der Rechtsordnung die Verurteilung zu Strafe nicht gebietet.

§ 56 Abs. 1 Satz 2 gilt entsprechend.

(2) **Die Verwarnung mit Strafvorbehalt ist in der Regel ausgeschlossen, wenn der Täter während der letzten drei Jahre vor der Tat mit Strafvorbehalt verwarnt oder zu Strafe verurteilt worden ist.**

(3) **Neben der Verwarnung kann auf Verfall, Einziehung oder Unbrauchbarmachung erkannt werden. Neben Maßregeln der Besserung und Sicherung ist die Verwarnung mit Strafvorbehalt nicht zulässig.**

1   1. Die Vorschrift (zusf Wiss Jura 89, 622) sieht **die mildeste Sanktion** des StGB vor. Indem zwar die Schuld des Täters festgestellt, die verwirkte Geldstrafe auch bestimmt, ihre Verhängung aber ausgesetzt wird, bleibt der Täter bei Bestehen der Bewährungszeit nicht nur von der Vollstreckung, sondern schon von der Verurteilung verschont. Er ist daher unbestraft (BT-Dr V/4095 S 24). Nach der Konzeption der Abs 1, 2 und den Intentionen des historischen Gesetzgebers (dazu Dreher, Maurach-FS, S 275) hat die Vorschrift **Ausnahmecharakter** (stRspr; vgl etwa BGHSt 46, 279, 290; Stuttgart NStZ-RR 96, 75; Cremer NStZ 82, 449; Gribbohm LK 8, 14, alle mwN). Die von Anbeginn im Schrifttum beklagte praktische Bedeutungslosigkeit des Rechtsinstituts (expl Baumann JZ 80, 464; Dencker StV 86, 399; Dölling ZStW 104, 259, 269; Schöch, Baumann-FS, S 255; Streng Sanktionen 136) hat bisher nur einen geringfügigen Anstieg der Verurteilungszahlen bewirkt (dazu Scheel, Die Rechtswirklichkeit der Verwarnung mit Strafvorbehalt §§ 59–59 c StGB, 1996; Albrecht NK 1). Angesichts der eindeutigen Gesetzeslage ist eine prinzipielle Änderung der Praxis nur durch Gesetzesänderung erreichbar (Vorschläge enthalten die Entwürfe eines Gesetzes zur Verbesserung des strafrechtlichen Sanktionensystems, die von der SPD-Fraktion [BT-Dr 13/4462] und dem BRat [BR-Dr 594/97] in der 13. Wahlper eingebracht worden sind; s auch 2 vor § 59).

2   2. Die **Rechtsnatur** der Verwarnung ist ungeklärt. Eine Strafe ist sie schon deshalb nicht, weil ihre Funktion gerade darin besteht, Strafe zu verhüten (Dreher, Maurach-FS, S 275, 294). Sie dürfte als Reaktionsmittel eigener Art mit maßnahmeähnlichem Charakter anzusehen sein, das durch Mißbilligung der Tat und Inpflichtnahme des Täters eine Besinnungswirkung für die Zukunft anstrebt (Dreher aaO; anders Albrecht NK 2: zur Bewährung ausgesetzte Geldstrafe).

3   3. Die **verwirkte Strafe** (bei Tatmehrheit die Gesamtstrafe, § 59 c I) kann nur eine Geldstrafe sein (hM; vgl etwa Bay NStZ 82, 258 mit Anm Meyer-Goßner).

Voraussetzungen der Verwarnung mit Strafvorbehalt **§ 59**

Neben Strafe ist eine Verwarnung nicht zulässig. Daher sind Verurteilung zu Freiheitsstrafe und Verwarnung wegen der nach §§ 41 oder 53 II daneben verwirkten kumulativen Geldstrafe (BT-Dr V/4095 S 25) sowie Beschränkung der Verwarnung auf einen Teil der Geldstrafe nicht möglich. Im Hinblick auf den Wortlaut der §§ 44 I, 102 II, 165 I, 200 I ist auch für ein Fahrverbot (hM; vgl Stuttgart MDR 94, 932; anders Schöch JR 78, 74; Albrecht NK 3) oder eine öffentliche Bekanntmachung (hM; anders Herdegen LK[10] 3 zu § 165) neben der Verwarnung kein Raum. Zur Verbindung mit Maßnahmen (§ 11 I Nr 8) vgl Abs 3. Dass der Täter anrechnungsfähige Freiheitsentziehung erlitten hat, ist kein Hinderungsgrund.

4. Zu den **materiellen Voraussetzungen** des Abs 1: 4

a) Das Erfordernis einer **günstigen Täterprognose** deckt sich im Wesentlichen mit dem bei Strafaussetzung (8–14 zu § 56); es ist jedoch schon dann nicht erfüllt, wenn vom Täter geringfügige Straftaten zu erwarten sind (Sch/Sch-Stree 8; aM Albrecht NK 5).

b) Gesamtwürdigung von Tat und Täterpersönlichkeit im Hinblick auf **be-** 5 **sondere Umstände** (Nr 2) zu § 47; 19 zu § 56.

aa) Die danach erforderliche **Privilegierungswürdigkeit** setzt deutliche Besonderheiten gegenüber vergleichbaren, gewöhnlich vorkommenden Durchschnittstaten (Stuttgart NStZ-RR 96, 75; LG Oldenburg wistra 02, 22) oder -tätern voraus (Bay JR 76, 511 mit Anm Zipf; Köln NStZ 82, 333). Sie werden meist darin bestehen, dass die Tat im Hinblick auf den besonders geringen Unrechts- und Schuldgehalt (Bay NJW 90, 58), die Motive des Täters (LG Ellwangen StV 89, 112; AG Bremen StV 85, 19) oder die Ungewöhnlichkeit der Tatumstände (LG Berlin wistra 96, 72 mit Anm Hohmann/Sander) auch für den rechtstreuen Bürger einfühlbar ist, dass von der Bestrafung außerhalb des Strafzwecks liegende besondere Nachteile, namentlich beruflicher Art, zu fürchten sind (Dreher, Maurach-FS, S 275, 293; Sch/Sch-Stree 11–14; krit Grünwald, Schaffstein-FS, S 219, 237; Baumann JZ 80, 464; aM Horn ZStW 89, 547, 550 und SK 9) oder dass der Täter selbst schwere Tatfolgen erlitten hat (Bay NJW 90, 58). Die deutliche Abweichung vom Durchschnittsfall kann sich auch aus dem Zusammentreffen mehrerer dieser Umstände ergeben (Bay wistra 01, 359). Im Allgemeinen wird die Voraussetzung nur bei Konflikttätern, bei kriminell ungefährdeten Gelegenheitstätern, bei gewissen Tätergruppen mit gemindertem Unrechtsbewusstsein (zB unversteuerte Parteispenden, Schöch aaO [vgl 1] S 260, 264; Albrecht NK 7) und – im Hinblick auf § 56a II S 1 Nr 4 iVm S 3 – bisweilen auch bei solchen drogenabhängigen Tätern zu bejahen sein, die ihren eigenen Rauschmittelbedarf unmittelbar oder im Wege sog Beschaffungskriminalität decken (probl AG Tiergarten StV 86, 389). Die Beschränkung auf außergewöhnliche Konfliktlagen (19 zu § 56) ist auch hier zu eng (Bay NJW 90, 58; KG StV 97, 473). Die Maßstäbe entsprechen vielmehr denen, die zu § 56 II entwickelt worden sind (LG Bremen StV 86, 388; weiter Bay aaO). Danach kommen auch Verkehrsdelikte in Frage (Stuttgart MDR 94, 932 mwN); sie werden jedoch meist nicht erfasst, weil sie nur selten aus dem Durchschnittsrahmen herausfallen (Hamm NJW 76, 1221; Düsseldorf NZV 91, 435; weniger restriktiv; Zweibrücken NStZ 84, 312 mit Anm Lackner/Gehrig; Zweibrücken StV 86, 385; Buschbell DAR 91, 168).

bb) Den Täter von der Verurteilung zu verschonen, kann danach **angezeigt** 6 sein, wenn wegen der beschriebenen Besonderheiten sich schon die Verhängung des Strafübels als kriminalpolitisch überflüssig oder als sozial unverhältnismäßig erweist; das kann namentlich praktisch werden, wenn für die an sich begründete Einstellung des Verfahrens nach §§ 153, 153a StPO die erforderliche Zustimmung eines Verfahrensbeteiligten fehlt (StV 95, 19; Zweibrücken StV 86, 387; Horn NJW 80, 106; Dencker StV 86, 399). Jedoch darf bei Vorliegen der Voraussetzun-

§ 59a AT. 3. Abschnitt. 5. Titel. Verwarnung mit Strafvorbehalt

gen die Verwarnung nicht nur deshalb versagt werden, weil dem Täter kein unverhältnismäßiger sozialer Nachteil droht (Zweibrücken NStZ 84, 312 mwN; str). Umgekehrt darf sie bei Fehlen der Voraussetzungen nicht allein auf eine überlange Verfahrensdauer gestützt werden (BGHSt 27, 274 mit abl Anm Peters JR 78, 247; probl LG Bremen StV 98, 378; zw); diese kann im Einzelfall aber zu der Annahme beitragen, dass die Voraussetzungen im Laufe des Verfahrens erfüllt worden sind (wistra 94, 345; Albrecht NK 6).

7 c) Zu dem **generalpräventiven Ausschlussgrund der Verteidigung der Rechtsordnung** (Nr 3) 4, 5 zu § 47; 16, 17 zu § 56. Er kommt vor allem bei Verkehrsdelikten in Frage, die auf Leichtsinn oder Verantwortungslosigkeit beruhen.

8 d) Die Würdigung der Voraussetzungen des Abs 1 ist **Aufgabe des Tatrichters** und daher nur begrenzt nachprüfbar (Bay NJW 90, 58 mwN). Dass dieser alle sich nach Sachlage aufdrängenden Gesichtspunkte fehlerfrei abgewogen hat, muss jedoch erkennbar sein (KG NZV 97, 126; s auch 11).

9 **5. Abs 2** soll sicherstellen, dass möglichst nur Ersttäter oder wenigstens kriminell Ungefährdete erfasst werden (ähnlich Schäfer StrZ 67; anders Sch/Sch-Stree 10). Ein Abweichen von der Regel ist nur erwägenswert, wenn zwischen der früheren und der neuen Tat kein kriminologisch fassbarer Zusammenhang besteht.

10 6. Abs 1 ist **Kann-Vorschrift**. An sich steht daher der Ausspruch der Verwarnung im pflichtmäßigen Ermessen des Gerichts (50 zu § 46). Wenn es jedoch „angezeigt" ist, den Täter von der Verurteilung zu Strafe zu verschonen, und generalpräventive Gründe nicht entgegenstehen, gibt es regelmäßig keine mit den Zwecken des Strafrechts vereinbaren Versagungsgründe (BGHSt 46, 279, 291; Celle StV 88, 109; Schäfer StrZ 65, Streng Sanktionen 133; aM Gribbohm LK 18).

11 **7. Verfahren** §§ 260 IV S 4, 267 III S 4, 268a I, III, 407 II Nr 1 StPO. Die Verwarnung, deren Voraussetzungen von Amts wegen zu prüfen sind, wird im Urteil (Strafbefehl) ausgesprochen. Auch der Strafvorbehalt ist in die Urteilsformel aufzunehmen (§ 260 IV S 4 StPO); für die Zumessung der vorbehaltenen Strafe gelten die allgemeinen Regeln. Über den verfahrensrechtlichen Begründungszwang (§ 267 III StPO) hinaus bedarf die Ablehnung der Verwarnung einer Begründung dann (sonst sachlich-rechtlicher Fehler), wenn ihr Ausspruch nach dem festgestellten Sachverhalt naheliegt oder der Eindruck erweckt werden kann, dass ihre Möglichkeit übersehen wurde (Zweibrücken VRS 66, 196); das wird idR anzunehmen sein, wenn die vom Gericht befürwortete Einstellung des Verfahrens nach §§ 153, 153a StPO nur an der erforderlichen Zustimmung eines Verfahrensbeteiligten gescheitert ist (aM Düsseldorf NStZ 85, 362 mit abl Anm Horn und Schöch JR 85, 378; krit Cremer NStZ 82, 449, 452). Eine Beschränkung des Rechtsmittels auf den Gesichtspunkt des § 59 ist wegen der engen Verknüpfung mit der vorbehaltenen Strafe idR, aber nicht notwendig, ausgeschlossen (Celle MDR 76, 1041). Zum Verschlechterungsverbot beachte Zweibrücken MDR 92, 1072.

§ 59a Bewährungszeit, Auflagen und Weisungen

(1) **Das Gericht bestimmt die Dauer der Bewährungszeit. Sie darf drei Jahre nicht überschreiten und ein Jahr nicht unterschreiten.**

(2) **Das Gericht kann den Verwarnten anweisen,**

1. **sich zu bemühen, einen Ausgleich mit dem Verletzten zu erreichen oder sonst den durch die Tat verursachten Schaden wiedergutzumachen,**

2. **seinen Unterhaltspflichten nachzukommen,**

Bewährungszeit, Auflagen und Weisungen § 59b

3. einen Geldbetrag zugunsten einer gemeinnützigen Einrichtung oder der Staatskasse zu zahlen,
4. sich einer ambulanten Heilbehandlung oder einer ambulanten Entziehungskur zu unterziehen oder
5. an einem Verkehrsunterricht teilzunehmen.

Dabei dürfen an die Lebensführung des Verwarnten keine unzumutbaren Anforderungen gestellt werden; auch dürfen die Auflagen und Weisungen nach Satz 1 Nr. 3 bis 5 zur Bedeutung der vom Täter begangenen Tat nicht außer Verhältnis stehen. § 56c Abs. 3 und 4 und § 56e gelten entsprechend.

1. Abs 1: Die **Bewährungszeit** unterscheidet sich nur im Mindest- und Höchstmaß von der Regelung bei Strafaussetzung (1 zu § 56a). Beginn daher mit Rechtskraft der Entscheidung. Auch nachträgliche Verkürzung oder Verlängerung dürfte entsprechend § 56a II S 2 zulässig sein, weil der Ausschluss einer Verkürzung nicht hinreichend begründbar ist und der einer Verlängerung die nach § 59b I vorgesehene entsprechende Anwendung des § 56f II zum Nachteil des Verwarnten sachwidrig beeinträchtigen würde (Albrecht NK 1; Horn SK 3; aM Gribbohm LK 2; Sch/Sch-Stree 3, alle mwN; zw); überdies setzt § 453 I StPO nachträgliche Entscheidungen im Gesamtbereich des § 59a voraus, obwohl es sich im Rahmen des Abs 1 nur um die Verkürzung oder Verlängerung der Bewährungszeit handeln kann. 1

2. a) Der **Katalog** des Abs 2 ist erschöpfend; andere Anweisungen sind unzulässig. – Zu **S 1 Nr 1** 3 zu § 46a; 3, 3a zu § 56b; soweit die Anweisung in Frage kommt, sollte sie regelmäßig Vorrang haben. – Zu **S 1 Nr 2** 7 zu § 56c; das Wort „seinen", in § 56c II Nr 5 fehlt, schließt Anweisungen, die sich nur auf einen Teil der Unterhaltspflichten beziehen, nicht aus. – Zu **S 1 Nr 3** 4–4b zu § 56b; die Geldauflage kann angezeigt sein, wenn es nur darum geht, den Verurteilten vom Strafmakel zu verschonen. – Zu **S 1 Nr 4** 8–8b zu § 56c; zur meist erforderlichen Einwilligung (S 3 iVm § 56c III) 9 zu § 56c. – Zu **S 1 Nr 5** 6 zu § 56c. 2

b) Satz 2 dient nur der Klarstellung; er enthält allgemeine, ohnehin für alle Auflagen und Weisungen geltende Grundsätze (2 zu § 56b; 2, 5 zu § 56c). Zu den Möglichkeiten freiwilliger Zusagen und nachträglicher Entscheidungen (S 3) 8, 10 zu § 56b; 10 zu § 56c; 1–3 zu § 56e. 3

3. Verfahren §§ 265a, 268a I, III, 305a, 453–453b, 462a II StPO. 4

§ 59b Verurteilung zu der vorbehaltenen Strafe

(1) **Für die Verurteilung zu der vorbehaltenen Strafe gilt § 56f entsprechend.**

(2) **Wird der Verwarnte nicht zu der vorbehaltenen Strafe verurteilt, so stellt das Gericht nach Ablauf der Bewährungszeit fest, daß es bei der Verwarnung sein Bewenden hat.**

1. Die **Verurteilung zu der vorbehaltenen Strafe** ist obligatorisch, wenn die Voraussetzungen des § 56f I sinngemäß erfüllt sind und nicht nach § 56f II verfahren werden kann. Der Maßstab für die Erwartung, die einer Verwarnung zugrunde liegt, ist strenger als der bei der Strafaussetzung (krit Gribbohm LK 4; überzogene Kritik bei Albrecht NK 1). Mit diesen Maßgaben gelten die Ausführungen unter 2–14 zu § 56f und 1 zu § 56g sinngemäß (im Ergebnis ebenso Horn SK 2; einschr Gribbohm LK 11). 1

2. Sowohl die Verurteilung nach Abs 1 wie auch die Feststellung nach Abs 2 (beachte §§ 12 II, 51 I BZRG, BGHSt 28, 338) werden durch **Beschluss** nach 2

§ 453 StPO ausgesprochen. Zuständigkeit § 462a II, IV StPO. Rechtlich bedeutet die Verurteilung zu der vorbehaltenen Strafe eine Ergänzung des zugehörigen Urteils; sie kann daher – abweichend von § 56f (dort 15) – bei Vorliegen von Wiederaufnahmegründen nur im Wiederaufnahmeverfahren angegriffen werden (ebenso Tröndle/Fischer 1; zw).

§ 59c Gesamtstrafe und Verwarnung mit Strafvorbehalt

(1) **Hat jemand mehrere Straftaten begangen, so sind bei der Verwarnung mit Strafvorbehalt für die Bestimmung der Strafe die §§ 53 bis 55 entsprechend anzuwenden.**

(2) **Wird der Verwarnte wegen einer vor der Verwarnung begangenen Straftat nachträglich zu Strafe verurteilt, so sind die Vorschriften über die Bildung einer Gesamtstrafe (§§ 53 bis 55 und 58) mit der Maßgabe anzuwenden, daß die vorbehaltene Strafe in den Fällen des § 55 einer erkannten Strafe gleichsteht.**

1. Bei **Tatmehrheit** wird es häufig an den Voraussetzungen des § 59 fehlen.

2. Im Sinne des **Abs 1** bedeutet entsprechende Anwendung der §§ 53–55, dass für jede Tat eine Einzelstrafe bestimmt (3 zu § 53), sodann die Einsatzstrafe ermittelt (3 zu § 54) und auf ihrer Grundlage die Gesamtstrafe gebildet wird (6 zu § 54). Im Urteil ist dann nur die Verurteilung zu der Gesamtstrafe vorzubehalten. Nicht völlig ausgeschlossen ist damit auch die nachträgliche entsprechende Anwendung der §§ 53, 54 in der Weise, dass eine Verwarnung mit Strafvorbehalt unter den Voraussetzungen des § 55 in eine neue Entscheidung einbezogen wird, die wiederum auf eine Verwarnung erkennt (Albrecht NK 1).

3. Die Verwarnung ist **keine Verurteilung** im Sinne des § 55 I. **Abs 2** fingiert jedoch die Verurteilung für den Fall, dass jemand **nach** der Verwarnung (der Ausdruck „nachträglich" ist unexakt) wegen einer **vorher** begangenen Tat zu Strafe verurteilt wird; erst diese Fiktion ermöglicht die Einbeziehung der vorbehaltenen Strafe in die – uU auch nachträgliche nach § 460 StPO (BVerfG NStZ-RR 02, 330; Deckenbrock/Dötsch NStZ 03, 346; Gribbohm LK 10) – Gesamtstrafenbildung. Über Abs 2 hinaus ist die Einbeziehung einer Verwarnung nicht möglich.

4. Auch bei mehreren Taten ist **neben** Strafe eine Verwarnung wegen eines Teils der Taten nicht zulässig (3 zu § 59).

§ 60 Absehen von Strafe

Das Gericht sieht von Strafe ab, wenn die Folgen der Tat, die den Täter getroffen haben, so schwer sind, daß die Verhängung einer Strafe offensichtlich verfehlt wäre. Dies gilt nicht, wenn der Täter für die Tat eine Freiheitsstrafe von mehr als einem Jahr verwirkt hat.

1. § 60 schreibt das **Absehen von Strafe** für den Fall vor, dass der Täter schon durch die Folgen der Tat im Sinne einer poena naturalis hinreichend „bestraft" ist (BT-Dr V/4094 S 6; Wagner GA 72, 33; krit Maiwald ZStW 83, 663; Hassemer, Sarstedt-FS, S 65; Bassakou, Beiträge zur Analyse und Reform des Absehens von Strafe nach § 60 StGB, 1991; eingehend Schroers, Das Absehen von Strafe nach § 60 StGB, 1975; Müller-Dietz, Lange-FS, S 303). – In der Praxis spielt die Vorschrift auch wegen der Einstellungsmöglichkeit nach § 153b I StPO keine Rolle (Albrecht NK 2).

2. **a)** Die **Folgen der Tat** haben den Täter (auch Teilnehmer) getroffen, wenn sie seine persönliche oder wirtschaftliche Lage objektiv verschlechtert haben (zB eigene Verletzungen, finanzielle Verluste), uU auch nur mittelbar (zB Tod eines

Angehörigen [NJW 96, 3350] oder eines Unterhaltspflichtigen) oder nur durch psychische Schädigungen (zB Depressionen mit Krankheitswert). Dass auch Dritte geschädigt wurden, schließt die Vergünstigung nicht aus, fällt aber bei der gebotenen Abwägung (vgl 3) ins Gewicht (Karlsruhe NJW 74, 1006; Albrecht NK 4).

b) Die **Folgen sind so schwer, dass die Verhängung einer Strafe offensichtlich verfehlt wäre,** wenn sich bei einer Abwägung des Schuldgrades, für den uU auch ein Mitverschulden des Verletzten zu Buch schlägt (Karlsruhe aaO), der Schwere der Tatfolgen und der Strafzwecke (Generalprävention, namentlich Verteidigung der Rechtsordnung, Spezialprävention) das Urteil unmittelbar aufdrängt (NJW 96, 3350), dass eine strafrechtliche Reaktion sowohl nach den Interessen des Täters wie auch der Allgemeinheit keine sinnvolle Funktion mehr erfüllen könnte (ähnlich BGHSt 27, 298 mwN). Dabei müssen die besseren Gründe so sehr für das Absehen von Strafe sprechen, dass dieses Ergebnis jedem ernsthaften Zweifel entrückt ist (BGH aaO; Karlsruhe aaO mit Anm Maiwald JZ 74, 773; Müller-Dietz, Lange-FS, S 303; Albrecht NK 12); ist es dagegen problematisch, so fehlt es an der Offensichtlichkeit (Celle NJW 71, 575; Frankfurt NJW 72, 456; unrichtig Wagner GA 72, 33, 52, der jede Bedeutung des Merkmals leugnet). Rasch vorübergehende heftige Gemütsbewegungen, wie Schrecken, Entsetzen oder Furcht (Bay NJW 71, 766), und seelische Belastung durch Schuldgefühle reichen daher allein nicht aus (s auch Horstkotte JZ 70, 122, 127). Das Merkmal der Offensichtlichkeit begründet keine Beweisregel (Maiwald ZStW 83, 663, 687), so dass in die Würdigung auch Umstände eingehen können, die nach dem Zweifelssatz nur zu unterstellen sind (BGHSt 27, 298; Albrecht NK 11).

3. a) Die Vergünstigung kommt bei **Delikten jeder Art** – auch bei schwerer Schuld (Düsseldorf VRS 42, 273; Baumann JR 72, 60), uU sogar bei vorsätzlicher Tötung (BGHSt 27, 298) – in Frage, soweit nicht das Mindestmaß der angedrohten Strafe das Höchstmaß des S 2 überschreitet. Die Ausscheidung bestimmter Deliktsgruppen ist unzulässig (Köln NJW 71, 2036); jedoch kann die Eigenart der Tat, zB Trunkenheit im Verkehr, die Abwägung zum Nachteil des Täters beeinflussen (Karlsruhe NJW 74, 1006; Celle NStZ 89, 385). – Die an sich verwirkte Strafe ist diejenige, die bei Ausschöpfung der gegebenen Milderungsmöglichkeiten (zB minder schwerer Fall, BGHSt 27, 298 oder Doppelmilderung nach § 50 [dort 3], NJW 96, 3350 mit Anm Stree NStZ 97, 122) und bei Berücksichtigung aller Umstände, dh auch der Folgen der Tat, zu verhängen wäre, wenn es den § 60 nicht gäbe (Stree aaO, Hirsch LK 14; Albrecht NK 13; aM Streng Sanktionen 554; krit Maiwald ZStW 83, 663, 691; Müller-Dietz, Lange-FS, S 303, 316). Sie braucht nicht exakt bestimmt zu werden; es genügt der Hinweis, dass die Ein-Jahres-Grenze nicht überschritten ist.

b) Bei **mehreren Taten** sind die Voraussetzungen für jede gesondert zu prüfen (weiter Hirsch LK 19); bei Tateinheit müssen sie unter allen rechtlichen Gesichtspunkten, über die nur einheitlich entschieden werden kann (Bay NJW 72, 696; Karlsruhe NJW 74, 1006 mit Anm Zipf JR 75, 162; str), erfüllt sein (Tröndle/Fischer 7).

4. Die Vergünstigung ist bei Vorliegen ihrer Voraussetzungen **obligatorisch** (NJW 96, 3350 mwN). In der Revision ist die tatrichterliche Abwägung (vgl 3) nur begrenzt nachprüfbar (Karlsruhe NJW 74, 1006 mwN); jedoch müssen die Urteilsgründe die Vorschrift ausdrücklich erörtern, wenn besondere Umstände des Einzelfalls dazu drängen (BGH aaO).

5. a) Wird von Strafe abgesehen, so ist der Täter unter Auferlegung der Kosten **schuldig zu sprechen** (ebenso Albrecht NK 16 und Kindhäuser 1). Daneben ist zwar ein Fahrverbot, nicht aber die Entziehung der Fahrerlaubnis ausgeschlossen (Bay JZ 72, 287; Hamm VRS 43, 19).

§ 61 AT. 3. Abschnitt. 6. Titel. Maßregeln der Besserung und Sicherung

8 b) Zum Absehen von Strafe durch **Strafbefehl** Mansperger NStZ 84, 258 (zw); zu seiner Abgrenzung von der **Einstellung des Verfahrens** nach § 153 b StPO Wagner GA 72, 33.

6. Titel. Maßregeln der Besserung und Sicherung
§ 61 Übersicht

Maßregeln der Besserung und Sicherung sind
1. **die Unterbringung in einem psychiatrischen Krankenhaus,**
2. **die Unterbringung in einer Entziehungsanstalt,**
3. **die Unterbringung in der Sicherungsverwahrung,**
4. **die Führungsaufsicht,**
5. **die Entziehung der Fahrerlaubnis,**
6. **das Berufsverbot.**

1 1. Die **Maßregeln der Besserung und Sicherung,** deren Zielsetzung schon im Reformprogramm Franz v Liszts angelegt war (Frisch ZStW 94, 565 und 102, 343, 345; Böllinger NK 2), sind als rein präventive Maßnahmen erstmalig durch das sog Gewohnheitsverbrechergesetz (zu dessen rechtsgeschichtlicher Bedeutung Müller, Das Gewohnheitsverbrechergesetz vom 24. November 1933, 1997) in das Rechtsfolgensystem des StGB eingefügt worden. Seither bilden sie einen wichtigen Bestandteil der Strafrechtsordnung, der stets im Vordergrund des kriminalpolitischen Interesses gestanden hat. Die Regelung im Einzelnen, die aus langjährigen Vorarbeiten im Rahmen der Strafrechtsreform hervorgegangen ist (vgl etwa §§ 55–64 E 1930), musste in der Folgezeit mehrfach geändert und den fortschreitenden Erkenntnissen auf dem Gebiet der chronischen Kriminalität angepasst werden. Tiefere Eingriffe beruhen auf dem 2. StrRG (1 vor § 63; 1, 2 vor § 68), dem StVollzÄndG (2 vor § 63), dem SexBG (13 vor § 1) und dem Vorbehaltsverwahrungs-EinführungsG (1 vor § 14; § 66 a). – Rechtsvergleichend Böllinger NK 5–10. – Zur historischen Entwicklung der Maßregeln als „zweite Spur im Strafrecht" Eser, Müller-Dietz-FS, S 213, und eingehend Dessecker, Gefährlichkeit und Verhältnismäßigkeit, 2004, S 25.

2 2. Dem StGB liegt ein **zweispuriges (dualistisches)** Reaktionssystem zu Grunde (1 vor § 38). In ihm bilden die Maßregeln gegenüber der Strafe den zweiten Grundtypus der strafrechtlichen Rechtsfolgen (zusf Müller-Christmann JuS 90, 801; Schütz Jura 95, 460, 462). Während die Strafe durch das Schuldprinzip begrenzt wird und die Verfolgung präventiver Zwecke nur in beschränktem Umfang zulässt (1–5, 22–31 zu § 46), dient die Maßregel dem Schutz der Allgemeinheit vor dem gefährlichen Täter (zur Gefährlichkeit Dessecker aaO [vgl 1] S 128). Die Notwendigkeit dieses grundsätzlichen Dualismus war in den kriminalpolitischen Auseinandersetzungen um die Strafrechtsreform noch nahezu unbestritten. In der verfassungsgerichtlichen Rspr ist sie akzeptiert (expl BVerfGE 2, 118; 42, 1, 6; 91, 1, 27; BVerfG NJW 04, 739, 745). Sie wird aber in den letzten Jahrzehnten weltweit zunehmend in Frage gestellt. In Zweifel geraten sind namentlich die Annahmen, dass die Maßregeln in ihrer jetzigen Gestalt verfassungsrechtlich legitimierbar seien, dass eine Erfolg versprechende Behandlung von Rückfalltätern, namentlich von Hangtätern, überhaupt möglich sei („Behandlungsideologie") und dass sich die vielfältigen Schwierigkeiten der Diagnose und Prognose empirisch bewältigen ließen (expl Kaiser, Pallin-FS, S 183 und Befinden sich die kriminalrechtlichen Maßregeln in der Krise?, 1990; Frisch ZStW 102, 343; Köhler AT S 55–58; Böllinger NK 19–33a; rechtsvergleichend Buchala, Musco, Victor und Küpper ZStW 102, 394, 415, 435, 448; s auch Sagel-Grande ZStW

103, 732; Staudinger NStZ 97, 467; 1 zu § 63; 1 zu § 64; 1 zu § 66). – Das geltende Recht strebt diesen präventiven Schutz je nach dem gesetzlichen Inhalt der Maßregel und den Umständen des Einzelfalls teils durch therapeutische Behandlung oder psychologische Einwirkung mit dem Ziel der Besserung des Täters und teils durch Isolierung aus der Gesellschaft oder Ausschaltung von bestimmten Betätigungen mit dem Ziel der Sicherung an. Die Vielschichtigkeit des Strafbegriffs, der auch die Verhütung künftiger Taten einschließt (1–5 zu § 46), macht eine systematisch reine, am Vorbeugungszweck orientierte Trennung von Strafe und Maßregel unmöglich (Schmitt, Würtenberger-FS, S 277). Der präventive Schutzzweck ist vielmehr beiden gemeinsam (zusf Müller-Dietz, Grundfragen des strafrechtlichen Sanktionensystems, 1979, S 67). Soweit dieser Zweck im Rahmen der schuldangemessenen Strafe verwirklicht werden kann, ist daneben für die Maßregel grundsätzlich kein Raum; sie ist vielmehr subsidiär in dem Sinne, dass sie das Schutzbedürfnis der Allgemeinheit in einem Bereich befriedigt, welcher der Strafe verschlossen ist. Dieser ausschließlich vorbeugende Zweck ergibt die Anwendbarkeit der Maßregeln uU auch bei Schuldunfähigen (§§ 63, 64, 69, 70). – Zusf zur Problematik der Maßregeln Frisch LdRerg 8/950, S 3 und 13, der ihre Rechtfertigung auf den Gedanken der Wahrung des überwiegenden Interesses und der Schutzverpflichtung des Staates stützt (S 4).

3. Die **Übersicht** umfasst nur diejenigen Maßregeln, die das Gesetz im technischen Sinne als Maßregeln der Besserung und Sicherung versteht. Doch können auch andere Maßnahmen, etwa die Einziehung nach §§ 74 II Nr 2 und 74 d, reinen Präventivcharakter haben.

4. a) Die **Anordnung von Maßregeln** setzt neben der Erfüllung jeweils unterschiedlicher formeller Voraussetzungen eine **Prognose** über das mutmaßliche künftige Fehlverhalten des Täters (über seine Gefährlichkeit) voraus (4–10 zu § 63; 5, 6 zu § 64; 13–18 zu § 66; 4–6 zu § 68; 5–9 zu § 69; 5–9 zu § 70; beachte auch 14 zu § 56; zusf Frisch aaO [vgl 2 „LdR"] S 5). – Für die Anwendung des Grundsatzes **in dubio pro reo** gelten die Ausführungen unter 8 zu § 56 sinngemäß. Aus ihnen folgt, dass bei Anordnungsprognosen eine den Täter begünstigende Wirkung eintritt, wenn das Gericht im Hinblick auf die der Prognose zugrundezulegenden Tatsachen letzte Zweifel nicht überwinden kann. Dasselbe gilt, wenn es sich beim Prognoseurteil von dem jeweils vorausgesetzten Wahrscheinlichkeitsgrad künftigen Fehlverhaltens nicht überzeugen kann (hM; vgl Stree, In dubio pro reo, 1962, S 92; Müller, Anordnung und Aussetzung freiheitsentziehender Maßregeln der Besserung und Sicherung, 1981, S 132; Hanack LK 48–50 vor § 61; Geppert LK 66 zu § 69; gegen die Anwendung des in dubio pro reo-Grundsatzes Streng Sanktionen 667).

b) Etwas anderes gilt dagegen für die sog **Entlassungs- oder Aussetzungsprognosen,** bei denen es darauf ankommt, ob eine bereits festgestellte Gefährlichkeit weggefallen, entscheidend gemindert oder durch zureichende Maßnahmen ausgeglichen ist (4 zu § 67 b; 2–4 zu § 67 c; 3, 4 zu § 67 d; 2 zu § 68 e; 2 zu § 70 a). Hier wirken Zweifel im Bereich des Prognoseurteils (vgl 4) zu Ungunsten des Täters, weil der Grundsatz in dubio pro reo für das Prognoseurteil nicht gilt, Wortlaut und Zweck des Gesetzes aber ergeben, dass das Gericht die vorausgesetzte Entschärfung der Gefährlichkeit positiv bejahen muss (hM; vgl Köln NJW 55, 682; Müller aaO [vgl 4] S 135; Laubenthal, Krause-FS, S 357, 371; Hanack LK 51, 51 a vor § 61; anders Nowakowski, v Weber-FS, S 117; Böllinger NK 60; Horstkotte LK 24, 25 zu § 67 b und 75, 76 zu § 67 d; diff Frisch ZStW 102, 707, 773; Streng, IndividProg, S 97, 111, alle mwN).

5. Verjährung der Maßregeln §§ 78 I, 79 I, IV, V.

§ 62 Grundsatz der Verhältnismäßigkeit

Eine Maßregel der Besserung und Sicherung darf nicht angeordnet werden, wenn sie zur Bedeutung der vom Täter begangenen und zu erwartenden Taten sowie zu dem Grad der von ihm ausgehenden Gefahr außer Verhältnis steht.

1   **1.** Alle Maßregeln unterliegen schon verfassungsrechtlich dem **Übermaßverbot** (BVerfGE 16, 194, 202; BGHSt 20, 232). Die Vorschrift stellt nur dessen wichtigsten Anwendungsfall, den **Grundsatz der Verhältnismäßigkeit,** besonders heraus (BVerfGE 70, 297; BVerfG NJW 04, 739, 742 und 750, 758: eingehend Bae, Der Grundsatz der Verhältnismäßigkeit im Maßregelrecht des StGB, 1985, und Dessecker, Gefährlichkeit und Verhältnismäßigkeit, 2004, S 331; krit zum übergewichtigen Vordringen des Abwägungsprinzips Leisner NJW 97, 636).

2   **2.** Zwischen dem mit der Maßregel verbundenen Eingriff in die Freiheit einerseits und der objektiven Bedeutung der begangenen und zu erwartenden Taten für die Allgemeinheit sowie dem Grad der vom Täter ausgehenden Gefahr andererseits darf **kein eindeutiges Mißverhältnis** bestehen (NJW 70, 1242; NStZ-RR 97, 2); das gilt entgegen dem Wortlaut nicht nur für die Anordnung einer Maßregel, sondern auch für alle nachfolgenden Entscheidungen (BVerfG NJW 95, 3048; Hanack LK 6 mwN, zB für die Aussetzung nach § 67 d II (BVerfGE 70, 297) und für den Widerruf der Aussetzung nach § 67 g I. Möglich ist auch, dass eine Maßregel infolge überlanger Eingriffsdauer unverhältnismäßig wird und daher trotz Vorliegens aller übrigen Voraussetzungen für erledigt zu erklären ist (1 zu § 67 d). Die Abwägung erfordert eine Gesamtwürdigung der dem Eingriff gegenüberstehenden, meist nicht gleich gewichtigen Gesichtspunkte (Böllinger NK 9–13). Der Schwerpunkt liegt bei den drohenden Taten und der aus ihnen erwachsenden Gefahr (BGHSt 24, 134; NStZ-RR 98, 205; Frisch LdRerg 8/950 S 9); jedoch ist auch die den Anlass des Verfahrens bildende Tat nicht bedeutungslos (Koffka JR 71, 424). Der Verhältnismäßigkeitsgrundsatz bildet nur eine äußerste Schranke; er verhindert deshalb uU die Anordnung einer Maßregel trotz Vorliegens aller anderen Voraussetzungen, lässt aber das **Prinzip des geringstmöglichen Eingriffs** unberührt, das bei einzelnen Maßregeln normiert ist und eine Beschränkung auf das zur Zweckerreichung Unerlässliche vorsieht (Hanack LK 6). Zu § 69 vgl dort 9.

– Freiheitsentziehende Maßregeln –

Vorbemerkung

1   **1.** Im Rahmen der Reformgesetzgebung war geplant, das **System der freiheitsentziehenden Maßregeln** grundlegend umzugestalten (1, 2 zu § 61) und es stufenweise in Kraft zu setzen. Das 1. StrRG (4 vor § 1) hatte zunächst die Abschaffung des Arbeitshauses (§ 42 d aF) und die weitgehende Zurückdrängung der Sicherungsverwahrung gebracht (§ 42 e aF). Das 2. StrRG (4 vor § 1) hat dann neben einer Vielzahl von Neuerungen in Einzelheiten und technischen Änderungen ein System des elastischen „Vikariierens" sowohl zwischen Straf- und Maßregelvollzug (§ 67) wie auch zwischen den verschiedenen Unterbringungsarten (§ 67 a) eingeführt und die Möglichkeiten der bedingten Anordnung und Entlassung unter Übernahme der Aussetzung zur Bewährung auch in den Maßregelbereich erweitert (§§ 67 b–67 g). Das eigentliche Kernstück der Reform war die Unterbringung in einer sozialtherapeutischen Anstalt, die eine stationäre, sozialtherapeutische Behandlung kriminell besonders gefährdeter Tätergruppen ermöglichen (§ 65 aF) und – um für die erforderlichen Verwaltungsmaßnahmen Raum zu gewinnen – erst zu einem späteren, mehrfach aufgeschobenen Zeitpunkt in Kraft treten sollte.

2. Im Zusammenhang mit den vorbereitenden Arbeiten zur Einrichtung, namentlich zur personellen und sachlichen Ausstattung, der für den Maßregelvollzug erforderlichen Anstalten und mit zahlreichen Modellversuchen zur Entwicklung der in diesen Anstalten anzuwendenden Behandlungsmethoden hat sich zunehmend (vgl schon BT-Dr 7/1261 S 6; 7/3998 S 8; 8/792 S 5; 8/1215 S 1) die Auffassung durchgesetzt, dass die vorgesehene sog **Maßregellösung** das Vollzugssystem überfordern würde (vgl etwa Schwind NStZ 81, 121; Kaiser/Dünkel/Ortmann ZRP 82, 198; Frisch ZStW 102, 343, 382; aM Schöch ua ZRP 82, 207). Namentlich die Bundesländer haben den aus § 65 aF folgenden weiten Zuständigkeitsbereich der sozialtherapeutischen Anstalten vollzugspolitisch nicht für realisierbar gehalten und deshalb einer bescheideneren Integration der Sozialtherapie in den Strafvollzug, der **Vollzugslösung**) den Vorzug gegeben (BT-Dr 10/309 S 8). – Das **StVollzÄndG** (10 vor § 1) hat dieser Entwicklung durch Aufhebung des § 65 und durch Einbettung der sozialtherapeutischen Anstalten in den Strafvollzug (§§ 9, 123–126 StVollzG) Rechnung getragen. Damit ist die Problematik der sozialtherapeutischen Behandlung aus dem materiellen Strafrecht ausgeschieden und zu einem ausschließlichen Gegenstand des Strafvollzugsrechts geworden.

3. Eine weitere Umgestaltung der freiheitsentziehenden Maßregeln durch das **SexBG** (13 vor § 1; krit Rengier, in: JMBW [Hrsg], Schutz vor Sexualstraftaten, 2003, S 9, 26) betrifft die Sicherungsverwahrung (§§ 66 III, 67 d I) und die Entlassungsprognose bei allen freiheitsentziehenden Maßregeln (§ 67 d II). Das Vorbehaltsverwahrungs-EinführungsG (14 vor § 1) hat die sog **vorbehaltene** Sicherungsverwahrung (§ 66 a) gebracht. Die sog **nachträgliche Sicherungsverwahrung** der Länder-Unterbringungsgesetze ist vom BVerfG (NJW 04, 750) für verfassungswidrig erklärt worden; Gesetzentwürfe zu ihrer bundesrechtlichen Einführung liegen vor (26 zu § 66); sie münden in den neuen § 66 b (15 vor § 1). – Inzwischen liegt auch ein Gesetzentwurf des BMJ vom 19. 5. 2004 vor, nach dem die §§ 63, 64 ua hinsichtlich der Vollstreckungsreihenfolge, der Hinzuziehung externer Gutachter und der Möglichkeit der Aussetzung des Vollzugs der einstweiligen Unterbringung geändert werden sollen.

§ 63 Unterbringung in einem psychiatrischen Krankenhaus

Hat jemand eine rechtswidrige Tat im Zustand der Schuldunfähigkeit (§ 20) oder der verminderten Schuldfähigkeit (§ 21) begangen, so ordnet das Gericht die Unterbringung in einem psychiatrischen Krankenhaus an, wenn die Gesamtwürdigung des Täters und seiner Tat ergibt, daß von ihm infolge seines Zustandes erhebliche rechtswidrige Taten zu erwarten sind und er deshalb für die Allgemeinheit gefährlich ist.

1. Die Maßregel der **Unterbringung in einem psychiatrischen Krankenhaus** sollte sich nach der Konzeption des 2. StrRG (1 vor § 63) vom früheren Recht namentlich dadurch unterscheiden, dass sie die im psychiatrischen Sinne nicht behandlungs- oder pflegebedürftigen Täter insoweit aus dem Anwendungsbereich ausschloss, als ihre Unterbringung in der sozialtherapeutischen Anstalt bessere Resozialisierungschancen bot (§§ 63 II, 65 III aF). In Folge der Aufhebung des § 65 durch das StVollzÄndG (2 vor § 63) ist diese Differenzierung gegenstandslos geworden. Deshalb hängt die Unterbringung in einem psychiatrischen Krankenhaus nur von ihren gesetzlichen Voraussetzungen, nicht von den Erfolgsaussichten der einer möglichen Behandlung und auch nicht von der Heil- oder Pflegebedürftigkeit des Täters ab (NStZ 90, 122; 98, 35 und 02, 533; Hamburg NJW 95, 2424; krit Last NJW 69, 1558; s auch Müller-Dietz NStZ 83, 145, 147; Eickhoff NStZ 87, 65; Leygraf, Psychisch kranke Straftäter, 1988; Konrad NStZ 91, 315; Frisch LdRerg 8/1735, S 8; speziell zur Begehung von Straftaten wäh-

§ 63 AT. 3. Abschnitt. 6. Titel. Maßregeln der Besserung und Sicherung

rend und nach einer Behandlung im Maßregelvollzug Seifert/Leygraf DRiZ 97, 338; zu Anordnung und Vollstreckung der Maßregel in der Praxis Dessecker BewH 97, 286; krit zur kriminalpolitischen Tendenz, die Unterbringung und die Entlassung an der fehlenden Therapiegeeignetheit zu messen Eisenberg, NStZ 04, 240; krit zu den steigenden Anordnungszahlen in Folge verstärkten Kontrolldenkens Dölling, Rolinski-FS, S 55, 62). – Zur **Reformbedürftigkeit** der Vorschrift beachte den Bericht der BReg zur Beurteilung des strafrechtlichen Sanktionensystems (BT-Dr 10/5828 S 6) sowie die Beschlussempfehlung und den Bericht des BT-Rechtsausschusses dazu (BT-Dr 11/2597 S 5). Gegenläufig zu Strömungen in der Gesetzgebung und der Öffentlichkeit (dazu 6, 11 vor § 38 der 23. Aufl) haben im Schrifttum Forderungen nach zeitlicher Begrenzung der Maßregel (Kaiser, Befinden sich die kriminalrechtlichen Maßregeln in der Krise?, 1990, S 35; Baur MDR 90, 473, 483; Laubenthal, Krause-FS, S 357) und ihre Einschränkung namentlich bei vermindert Schuldfähigen (Haffke R&P 91, 94 mwN) zunehmend an Boden gewonnen (Schroth, Schüler-Springorum-FS, S 595; s auch Kammeier, Maßregelrecht, 1996 und Kröber/Albrecht [Hrsg], Verminderte Schuldfähigkeit und psychiatrische Maßregel, 2001). – Rechtsvergleichend Böllinger NK 4. – Zur Kriminologie Böllinger NK 5–47.

2 2. Zu den **Voraussetzungen:**

a) Begehung einer rechtswidrigen Tat (18 zu § 11; 1 zu § 29) setzt jedenfalls die Verwirklichung des äußeren Tatbestandes und die Rechtswidrigkeit (dazu NStZ 96, 433) voraus. Die Anforderungen an den inneren Tatbestand sind umstritten. Nach der Rspr ist „natürlicher Vorsatz" erforderlich (BGHSt 3, 287; 31 zu § 15; Böllinger NK 71); doch sollen Irrtümer, die allein auf dem die Schuldunfähigkeit ausschließenden Zustand beruhen, nicht zugunsten des Täters berücksichtigt werden dürfen (BGHSt 3, 287; 10, 355; NStZ 03, 11 und 420, 421; s auch BGHSt 18, 235; mit Recht aM Kindhäuser 1; Streng Sanktionen 334; beim Fehlen tatbestandstypischer Absichten auch Frisch LdRerg 8/1735, S 3). Nach allgemeinen Regeln entschuldigtes Handeln steht der Anordnung nicht zwingend entgegen, wenn der anomale Zustand zur Entschuldigung beigetragen hat, zB die Furcht iS des § 33 die Folge seelischen Zustandes iS der §§ 20, 21 ist (NStZ 91, 528; NStZ-RR 04, 10) und deshalb eine Unterbringung angezeigt ist (Hirsch LK 186 vor § 32; aM Schünemann und Cortes Rosa, Coimbra-Sym, S 149, 180 und 183, 191; M-Zipf AT 1 32/4; Roxin AT I 19/53), wohl aber Rücktritt vom Versuch nach § 24 (BGHSt 31, 132 mit Anm Blau JR 84, 27; Schlegl NJW 68, 25; aM Geilen JuS 72, 73, 78, alle mwN) und Nichtverfolgbarkeit der Tat wegen Fehlens des Strafantrags (BGH aaO).

3 **b) Schuldunfähigkeit (§ 20) oder verminderte Schuldfähigkeit (§ 21)** des Täters mussten nach der bisherigen Rspr zurzeit der Tat (dh beim Delikt des Vollrauschs zurzeit des Sich-Versetzens in den Rausch, NStZ 96, 41; NStZ-RR 97, 102; zum Verzicht auf dieses Erfordernis bei drohender Sicherungsverwahrung NStZ 04, 96 mit zust Anm Neumann NStZ 04, 198; s auch 16 zu § 20; 2 zu § 323 a) vorliegen; demgegenüber stellt der 4. StS (nach einem Anfrageschluss v 5. 8. 2003) jetzt auch auf die Rauschtat ab, so dass § 63 ausscheidet, wenn diese nicht im sicheren Bereich des § 21 begangen wurde (NJW 04, 960). Sie müssen überdies gewiss sein; die Feststellung nur der biologischen Zustände des § 20 (StV 83, 106; NStZ-RR 99, 137) und die bloße Möglichkeit einer erheblichen Verminderung von Einsichts- oder Steuerungsfähigkeit genügen nicht (BGHSt 14, 68, 71; 34, 22, 26; NJW 98, 3428; NStZ 99, 611 und 02, 427, 428; NStZ-RR 03, 168 und 04, 70, 71; krit Geilen JuS 72, 73, 75; Montenbruck, In dubio pro reo aus normtheoretischer, straf- und strafverfahrensrechtlicher Sicht, 1985, S 132), denn gegenüber einem Vollverantwortlichen Menschen ist die Anordnung unzulässig (Frisch LdRerg 8/1735, S 5). Ist aber nur zweifelhaft, ob § 20 oder § 21 vorliegt, so schließt das die Unterbringung nicht aus (BGHSt 18, 167). – Grundsätzlich muss der die Schuldfähigkeit beeinträchtigende Mangel auf einem länger dauernden psychischen Defekt beruhen (BGHSt 42, 345 mit Bespr Faller NJW 97, 3073, Kröber NStZ 98, 80 und Dannhorn NStZ 98, 81; NStZ 02, 142), der zwar nicht notwendig „krankhaft" (3 zu § 20) sein, aber seinem Gewicht nach doch einer den Voraussetzungen der § 20, 21 genügenden krankhaften seelischen Störung entsprechen, dh in diesem untechnischen Sinne Krankheitswert haben muss (BGHSt 34, 22, 28; NStZ 98, 86 und 04, 197; NStZ-RR 00, 298; aM Schreiber/Rosenau, in: Venzlaff/Foerster, Psychiatrische Begutachtung, 4. Aufl 2004, S 88). Straffälligkeit unter Alkoholeinfluss, die nur auf Charaktermängel (expl NStZ-RR 99, 265; krit Müller-Dietz NStZ 83, 145, 150) oder auf psychopathische oder sonst in der Persönlichkeit wurzelnde Grundhaltungen ohne Krankheitswert iwS (StV 90, 260; NStZ-RR 98, 271) zurückzuführen ist, scheidet daher aus (NStZ 86, 331 und 98, 406; Frisch LdRerg 8/1735, S 4). Danach ist, wenn letztlich erst Alkoholgenuss die Schuldfähigkeit aufgehoben oder erheblich vermindert hat, die Unterbringung nach § 63 grundsätzlich nur zulässig, wenn der Täter an einer längerdauernden krankhaften Alkoholsucht leidet oder in krankhafter Weise alkoholüberempfindlich ist (stRspr; zusf BGHSt 44, 369; zuletzt NStZ 00, 469 und 470; StV 01, 677). Die Sucht muss auf einem psychischen Krankheitszustand oder Defekt beruhen, der auf dieser Grundlage erwachsen ist (BGHSt 7, 35; NStZ 90, 538; s auch NStZ-RR 97, 102) oder nur fortbesteht (BGHSt 44, 338). In Ausnahmefällen kann es auch genügen, wenn infolge einer psychischen Störung bereits geringer Alkoholgenuss oder andere alltägliche Ereignisse die akute Beeinträchtigung der Schuldfähigkeit auslösen können und ausgelöst haben (BGHSt 44, 369; NStZ-RR 00, 299; zusf Rissing-van Saan, in: Schneider/Frister [Hrsg], Alkohol und Schuldfähigkeit, 2002, S 103, 117). Dasselbe gilt auch für andere Süchte, etwa eine auf krankhafte körperliche Beschaffenheit zurückgehende Rauschmittelsucht (BGHSt 10, 353; NStZ 02, 197; Schäfer StrZ 1010) oder Medikamentenabhängigkeit (NStZ 94, 30 mit Anm Müller-Dietz NStZ 94, 336). – Dass der Täter in Fällen des § 21 zugleich nach § 3 I JGG schuldunfähig ist, steht der Unterbringung nicht entgegen (BGHSt 26, 67 mit Anm Brunner JR 76, 116; str).

c) Die **ungünstige Prognose,** nach welcher der Täter **infolge seines Zustandes erhebliche rechtswidrige Taten erwarten lassen und deshalb für die Allgemeinheit gefährlich** sein muss (zur Gefährlichkeit bei den freiheitsentziehenden Maßregeln Dessecker, Gefährlichkeit und Verhältnismäßigkeit, 2004, S 210), konkretisiert die materiellen Voraussetzungen näher.

aa) Die Prognose erfordert die **Erwartung,** dh die bestimmte Wahrscheinlichkeit, also nicht unbedingt Sicherheit oder an Sicherheit grenzende Wahrscheinlichkeit (bei Holtz MDR 94, 433), aber auch nicht bloße Möglichkeit (NStZ 91, 384 mit Anm Walter NStZ 92, 100; NStZ 93, 78 und 99, 611; krit dazu und statt dessen das Vorliegen einer bestimmten Persönlichkeitsstruktur verlangend Frisch LdRerg 8/1735, S 5; vgl auch Schreiber/Rosenau aaO [vgl 3] S 90; s auch 14 zu § 56), dass der Täter erhebliche rechtswidrige Taten begehen wird (NStZ 86, 572 und 91, 528). In seltenen Ausnahmefällen ist sie auch bei Ersttätern nicht ganz ausgeschlossen (bei Pfister NStZ-RR 00, 364). – **Erhebliche rechtswidrige Taten** sind nur solche, die – wie zB bloße Zechprellereien (NStZ 92, 178) – nicht lediglich lästig (NJW 67, 297), sondern geeignet sind, den Rechtsfrieden empfindlich zu stören. Zur näheren Konkretisierung der Erheblichkeit der drohenden Taten gelten die Ausführungen unter 14 zu § 66 sinngemäß mit der Maßgabe, dass die Erheblichkeitsschwelle etwas niedriger liegt als bei der Sicherungsverwahrung (NJW 76, 1949 mit Anm Hanack JR 77, 170; krit Böllinger NK 79). Daher kommt hier auch mittlere Kriminalität, wenn ihre Gefährlichkeit den schweren Eingriff nach dem Verhältnismäßigkeitsgrundsatz zulässt (JZ 97, 686 mit Anm Laubenthal; LG Gera StV

97, 467; speziell zu exhibitionistischen Handlungen NJW 98, 3428, NStZ-RR 99, 298 und bei Pfister NStZ-RR 99, 357), in Frage (BGHSt 27, 246; NJW 89, 2959; wistra 94, 95; NStZ-RR 03, 11; anders Volckart, Praxis der Kriminalprognose, 1997, S 88, der darauf abstellt, ob ein geistig Gesunder wegen einer unter sonst gleichen Umständen begangenen Tat eine Freiheitsstrafe von mindestens zwei Jahren verwirkt hätte). Die Gefährlichkeit ist nicht allein nach den jeweils verwirkten Tatbeständen, sondern nach der konkreten Schwere der im Einzelfall zu erwartenden Taten zu beurteilen (NStZ 98, 617), insb wenn der Tatbestand ein breites Spektrum unterschiedlich gewichtiger Tathandlungen erfasst (zB § 176, StV 02, 477). Kleinkriminalität scheidet ganz aus (StV 92, 571; KG JR 92, 390; s auch NStZ-RR 01, 328), auch wenn sie gewerbsmäßig begangen wird (JZ 97, 686). Krankheitsbedingte Taten, die während einer Unterbringung gegen das Pflegepersonal und uU gegen Mitpatienten begangen werden, können nicht ohne weiteres Anlass für die Anordnung nach § 63 sein, da sie auch auf der mit der Unterbringung verbundenen Belastungssituation beruhen können (NStZ 99, 611 und 02, 590, 591; bei Detter NStZ 02, 419; zu Anlasstaten im Strafvollzug NStZ-RR 02, 331). Die im Übrigen geringere Erheblichkeitsschwelle ergibt sich nicht lediglich aus dem Verhältnismäßigkeitsgrundsatz und dem Fehlen der in § 66 I Nr 3 angeführten Beispielsfälle, sondern zugleich aus dem hier mitschwingenden Heilungs- und Pflegezweck, weil eine auch der Fürsorge und Hilfe dienende Maßregel rechtsstaatlich eher akzeptabel ist als eine bloße Verwahrung (NJW 76, 1949; krit Müller-Dietz NStZ 83, 145, 149; Horstkotte LK 53, 58 zu § 67 d). Mit Rücksicht auf den anomalen seelischen Zustand des Täters kann sich die Erheblichkeit gewisser Taten, zB objektiv schwerer Beleidigungen, auch anders darstellen als in Normalfällen.

6   bb) Die zu erwartenden Taten müssen im Verhältnis zu dem „Zustand" des Täters, dh zu der seelischen Störung oder Anomalie, welche die Schuldunfähigkeit oder verminderte Schuldfähigkeit begründet hat, als **Folgewirkung** erscheinen; dabei sind die tatsächlichen Anknüpfungspunkte und die aus ihnen folgende Zuordnung der seelischen Beeinträchtigung zu einem der biologischen Merkmale des § 20 erkennbar zu machen (NStZ 99, 128). Eine bloße Gelegenheits- oder Konfliktstat reicht regelmäßig nicht aus (NStZ 85, 309); die begangene Tat darf ferner nicht auf (wirklichen oder irrig angenommenen; dazu 2) Umständen beruhen, die auch den geistig Gesunden zu einer solchen Tat motivieren können (NStZ 91, 528). Sie muss vielmehr für die Gefährlichkeit insofern symptomatisch sein, als sie Ausfluss – sei es auch nur im Sinne bloßer Mitursächlichkeit (BGHSt 27, 246 mit Anm v Hippel JR 78, 387) – eines anomalen biologischen Zustandes ist, der als solcher erhebliche Taten erwarten lässt (BGHSt 34, 22, 26; NStZ 91, 527, 528; NStZ-RR 03, 168); allerdings muss sie nicht unbedingt selbst erheblich sein (BGHSt 24, 134; NStZ 86, 237) oder ihrer Art nach den zu erwartenden Taten entsprechen (NJW 98, 2986).

7   cc) Aus der Erwartung der rechtswidrigen Taten muss sich der **Schluss auf die Gefährlichkeit des Täters für die Allgemeinheit** ergeben. Er ist begründet, wenn die drohenden Taten den Rechtsfrieden voraussichtlich so empfindlich stören werden, dass sie für die Allgemeinheit nicht mehr hinnehmbar sind (ähnlich NJW 68, 1783; NStZ-RR 01, 238; Hamm MDR 61, 1026; Koffka JR 71, 424; zu den verschiedenen Prognoseverfahren Schreiber/Rosenau, in: Venzlaff/Foerster aaO [vgl 3] S 53, 90). Das kommt auch bei Gefährlichkeit nur für bestimmte Einzelne (oder für einen begrenzten Personenkreis) in Frage (BGHSt 26, 321; NStZ 95, 610 mit Anm Laubenthal JR 96, 291; Böllinger NK 80), bedarf dann aber ins einzelne gehender Feststellungen (NZV 90, 77). Gefährdet der Täter nur sich selbst (Frisch LdRerg 8/1735, S 6) oder ist seine Beeinträchtigung leicht erkennbar (zB nicht ernst zu nehmende Beleidigungen), wird es häufig an der Gefährlichkeit für andere fehlen (Sch/Sch-Stree 16). In Ausnahmefällen kann auch eine erste Straftat die Gefährlichkeit hinreichend belegen (NStZ-RR 00, 299 und 03, 232).

dd) Die Prognose erfordert eine **eingehende Gesamtwürdigung des Täters** 8
und der Tat (BGHSt 27, 246; 37, 373 mit Anm Walter NStZ 92, 100; StV 93,
468; Böllinger NK 89–107). Für die Beurteilung kommt es auf die **Zeit der
Hauptverhandlung** (NStZ-RR 02, 271), nicht der Entlassung aus einer sich anschließenden Strafhaft an. Das gilt für alle Maßregeln (näher 16 zu § 66); namentlich die Frage, ob die Möglichkeit schonenderer Maßnahmen die Anordnung der
Maßregeln ausschließt, ist ebenso wie bei der Sicherungsverwahrung zu beantworten (beachte Müller-Dietz NStZ 83, 145, 149; Horn SK 18; Sch/Sch-Stree
19; str). Maßnahmen, die in ihren Voraussetzungen zweifelhaft sind und über die
von einem anderen Gericht zu entscheiden wäre, machen die Maßregel nicht entbehrlich (BGHSt 15, 279). Auch die Verwahrung auf Grund landesrechtlicher
Unterbringungsgesetze (BGHSt 24, 98; krit Koffka JR 71, 424, 426; Müller, Anordnung und Aussetzung freiheitsentziehender Maßregeln der Besserung und Sicherung, 1981, S 127; Hanack LK 99–118; str) oder auf Grund des Zivilrechts
(NStZ 98, 405) hindert die Anordnung idR nicht, es sei denn, dass dort die Gefährlichkeit durch außerstrafrechtliche Maßnahmen sicher ausgeschlossen ist (NStZ-RR 98, 359) oder dass der Verhältnismäßigkeitsgrundsatz entgegensteht (NStZ 98,
405). Möglichkeiten der Überwachung oder Behandlung auf freiwilliger Basis, zB
Bestellung eines Vormunds oder Betreuers (beachte jedoch NStZ-RR 00, 138),
Überwachung in der Familie (NJW 51, 724), freiwillige Heimunterbringung, psychotherapeutische Behandlung (NJW 53, 913; Stuttgart JZ 51, 53) und freiwillige
Kastration (bei Dallinger MDR 68, 200), schließen wegen der Ungewissheit ihrer
Durchführung und des daher mit ihnen verbundenen Risikos meistens nicht schon
die Voraussetzungen der Anordnung aus, rechtfertigen uU aber die sofortige Aussetzung zur Bewährung nach § 67 b I (dort 2–4).
ee) Zum Grundsatz **in dubio pro reo** bei Zweifeln über die Prognose 4 zu 9
§ 61.

d) Zur **Verhältnismäßigkeit** des Eingriffs 2 zu § 62 (krit insoweit schon zu 10
den Voraussetzungen des § 63 Schroth aaO [vgl 1] S 597).

3. Die Anordnung ist bei Vorliegen ihrer Voraussetzungen **zwingend** (NStZ 11
90, 122), auch wenn die Maßregel schon in einem früheren Verfahren angeordnet
ist (bei Dallinger MDR 56, 525; Bay JR 54, 150). An ihrer Stelle darf nicht auf
eine das Maß der Schuld übersteigende Freiheitsstrafe erkannt werden (BGHSt 20,
264). Die Möglichkeit, dass mildere Maßnahmen den Verzicht auf den Maßregelvollzug verantwortbar machen, ist für die Anordnung unerheblich (aM Frisch
LdRerg 8/1735, S 7); sie wird erst bei der Frage der sofortigen Aussetzung zur
Bewährung (§ 67b) relevant (NStZ-RR 00, 300 mwN). – Bei Schuldunfähigen
wird die Maßregel im subjektiven Verfahren neben dem Freispruch oder im
Sicherungsverfahren (§§ 413 ff StPO) selbstständig angeordnet; bei vermindert
Schuldfähigen tritt sie stets neben die Strafe (BGHSt 11, 319), außer wenn das
Verbot der Schlechterstellung (BGH aaO) oder die nicht auszuschließende Möglichkeit der Schuldunfähigkeit entgegensteht (BGHSt 18, 167) oder wenn wegen
Verhandlungsunfähigkeit des Täters das Sicherungsverfahren durchgeführt wurde.
– Grundsätzlich sind im Rechtsmittelverfahren die Voraussetzungen der Maßregel
auch dann zu prüfen, wenn der Erstrichter von einer Anordnung abgesehen und
nur der Angeklagte ein Rechtsmittel eingelegt hat (§§ 331 II, 358 II S 2 StPO;
BGHSt 37, 5; NStZ 98, 191 und 02, 197). Dessen Rechtsmittel gegen das die Maßregel anordnende Urteil kann sich im Falle des § 20 nur gegen die Unterbringung
richten (RGSt 69, 12); fehlt diese Anordnung, so ist das Rechtsmittel auf die Nichtanordnung der Maßregel beschränkbar (BGHSt 5, 267; 15, 285; NStZ 95, 610).
Im Falle des § 21 hängt die Beschränkbarkeit des Rechtsmittels auf die Anordnung
oder Nichtanordnung der Maßregel davon ab, ob keine untrennbare Wechselwirkung zum Strafausspruch besteht (BGHSt 38, 362; aM Hanack LK 135).

§ 64 AT. 3. Abschnitt. 6. Titel. Maßregeln der Besserung und Sicherung

12   4. Beachte ferner §§ 2 VI, 67–67 e, 67 g, 71, 72 StGB, §§ 80 a, 81, 126 a, 246 a (dazu BVerfG NJW 95, 3047; NStZ-RR 97, 166), 265 II (NStZ-RR 02, 271; Meyer-Goßner 20 zu § 265 StPO), 331 II, 358 II, 373 II StPO, § 7 JGG. Zum **Vollzug** §§ 136, 138 StVollzG; die danach geltenden landesrechtlichen Regelungen sind teils in selbstständigen Maßregelvollzugsgesetzen und teils in den allgemeinen Unterbringungsgesetzen enthalten (eingehend Kammeier [Hrsg], Kommentar zum Maßregelvollzugsrecht, 2. Aufl 2002; Grünebaum/Volckart, Maßregelvollzug, 6. Aufl 2003; s auch Hamm JR 00, 168 mit Anm Laubenthal; allgemein zur Praxis in den Anstalten Dessecker, Straftäter und Psychiatrie. Eine empirische Untersuchung zur Praxis der Maßregel nach § 63 StGB im Vergleich mit der Maßregel nach § 64 StGB und sanktionslosen Verfahren [KUP Bd 21 mit Bespr Rotthaus GA 99, 247 und Kammeier JR 99, 262] 1997 und BewH 97, 286–297; zur Unterbringungsdauer und Rückfälligkeit Jokusch/Keller MschrKrim 01, 453; Gretenkord, Empirisch fundierte Prognosestellung im Maßregelvollzug nach § 63 StGB: EFP-63, 2001; Seifert/Bolten/Möller-Mussavi MschrKrim 03, 126; speziell zum Entwicklungsstand in den neuen Bundesländern Dahle/Egg MschrKrim 96, 253). Zum Vorrang (1 zu § 72) der Unterbringung iS des § 63 gegenüber der Sicherungsverwahrung, wenn psychische Störung und Hang auf der gleichen Ursache beruhen, vgl NStZ 02, 533 und NStZ-RR 02, 230. Zur Strafbarkeit des Therapeuten bei fehlgeschlagenen Lockerungen 3, 7, 9 zu § 120 (s auch StA Paderborn mit Anm Pollähne NStZ 99, 51).

§ 64 Unterbringung in einer Entziehungsanstalt

(1) **Hat jemand den Hang, alkoholische Getränke oder andere berauschende Mittel im Übermaß zu sich zu nehmen, und wird er wegen einer rechtswidrigen Tat, die er im Rausch begangen hat oder die auf seinen Hang zurückgeht, verurteilt oder nur deshalb nicht verurteilt, weil seine Schuldunfähigkeit erwiesen oder nicht auszuschließen ist, so ordnet das Gericht die Unterbringung in einer Entziehungsanstalt an, wenn die Gefahr besteht, daß er infolge seines Hanges erhebliche rechtswidrige Taten begehen wird.**

(2) **Die Anordnung unterbleibt, wenn eine Entziehungskur von vornherein aussichtslos erscheint.**

1   1. Die **Unterbringung in einer Entziehungsanstalt** ist eine Maßregel, die zwar vorrangig der Sicherung der Allgemeinheit dient (NStZ 03, 86; NStZ-RR 96, 257), bei der aber der Schwerpunkt ganz auf dem **Heilungszweck liegt** (BVerfGE 91, 1). Dem versucht Abs 2 dadurch gerecht zu werden, dass er ihre Anordnung bei eindeutiger Aussichtslosigkeit ausschließt. Nach der Entscheidung des BVerfG aaO ist § 64 jedoch insoweit **nichtig,** als er die Anordnung unter den Voraussetzungen des Abs 1 auch dann vorsieht, wenn eine hinreichende konkrete Aussicht des Behandlungserfolgs nicht besteht. Das Gericht sieht diesen Maßstab einheitlich für alle Phasen des Erkenntnis- und Vollstreckungsverfahrens als verbindlich an; wenn diese Prognose auf der jeweiligen Beurteilungsgrundlage nicht oder nicht mehr gestellt werden könne, müsse die Anordnung der Unterbringung unterbleiben oder ihr Vollzug abgebrochen werden. Bei diesem Ausgangspunkt sind die Nichtigkeit des Anrechnungsausschlusses nach § 67 IV S 2, die Teilnichtigkeit des § 67 d V S 1, soweit er eine Mindestverbüßungszeit vorsieht, und die Einschränkung der letzteren Vorschrift durch die Notwendigkeit verfassungskonformer Auslegung (8, 9 zu § 67 d) zwingende Folgerungen. Die Entscheidung ist aber im Schrifttum überwiegend – etwas zurückhaltend auch in der Rspr der Fachgerichte – scharf kritisiert worden (expl Müller-Dietz JR 95, 353; Bringewat BewH 95, 479; Spaniol, Eser-Beitr, S 39, 45; zust aber Müller-Gerber StV 96, 633; im Ergebnis auch Dessecker, Suchtbehandlung als strafrechtliche Sanktion,

KUP Bd 19, 1996, S 25). Einerseits wurde befürchtet, dass in Folge der Verschärfung der Anforderungen schon im Hauptverfahren, in dem erfahrungsgemäß die Erkenntnisgrundlage noch äußerst schmal ist (dazu expl Konrad StV 92, 597; Schalast/Leygraf DRiZ 94, 174; Hanack LK 98 ff; abschwächend van der Haar NStZ 95, 315), durchaus therapierbare Süchtige ungeachtet ihrer Heilungschanche ausgegrenzt würden und dass der Maßstab „hinreichend-konkreterer" Erfolgsaussicht in diesem Verfahrensabschnitt nur schwer handhabbar sei (krit insoweit das Sondervotum der überstimmten Richterin BVerfGE 91, 56; Müller-Dietz aaO und Stree, Geerds-FS, S 581). In der Zwischenzeit hat sich der BGH nachhaltig um nähere Konkretisierung bemüht. Er fordert konkrete, dh aus dem Gesamtsachverhalt hervorgehende, für die Therapierbarkeit sprechende Anhaltspunkte, die gegen die dagegen sprechenden Umstände abgewogen werden müssen (NStZ 95, 229; s auch BGHSt 41, 6; NStZ-RR 96, 56 und 02, 7; die BGH-Rspr zusf Theune NStZ 97, 57, 62); dabei hat vor allem die ausdrücklich erklärte Therapiebereitschaft besonderes Gewicht (NStZ-RR 97, 131 und 03, 12; StraFo 03, 100), während umgekehrt fehlende Bereitschaft im Hinblick auf die Möglichkeit ihrer Überwindung durch therapeutische Bemühungen im Vollzug für sich allein, dh ohne weitere Indizien, der Unterbringung nicht entgegensteht (NStZ 96, 274; NStZ-RR 98, 70 und 99, 267; s auch NJW 00, 3015; Köln NStZ 97, 360; zur Einstellung des Patienten und ihrer Bedeutung für den Behandlungsverlauf Schalast, Therapiemotivation im Maßregelvollzug ..., 2000). Er hat dadurch die Gefahr möglicher Ausgrenzung therapiegeeigneter Täter erheblich entschärft (Frisch LdRerg 8/1730, S 5). Auf der anderen Seite wurde von der Entscheidung des BVerfG auch die erwünschte Wirkung eines signifikanten Rückgangs der Unterbringung nach § 64 erwartet. Im Vollzug der Maßregel haben sich nach Schalast/Leygraf (NStZ 99, 485) weder die Befürchtungen noch die Erwartungen bestätigt. Sie stellen vielmehr statt des erhofften Rückgangs einen signifikanten Anstieg fest. Die Verfasser schlagen deshalb eine grundsätzliche Gesetzesänderung vor. Danach sollen die §§ 35–38 BtMG auch auf Alkoholsüchtige erstreckt und im Übrigen angestrebt werden, auf die Maßregel des § 64 ganz zu verzichten, zugleich aber das in den Anstalten zur Verfügung stehende Potenzial bewährter Suchtbehandlung möglichst zu erhalten. Metrikat, Die Unterbringung in einer Entziehungsanstalt ..., 2002, S 119, 207 (knapper: Meier/Metrikat MschrKrim 03, 117) stellt hinsichtlich der Täterklientel und Sanktionsentscheidungen keine wesentlichen Unterschiede zu den früheren Anordnungen fest, bewertet aber die in Gefolge von BVerfGE 91, 1 verkürzte Verweildauer positiv. Zusf Kaiser/Schöch Krim 7/47, 48. – Zu weiteren Perspektiven einer **Reform** der Maßregel nach der Entscheidung des BVerfG Dessecker NStZ 95, 318; eingehend zu Theorie, Praxis und Weiterentwicklung der Maßregel Dessecker/Egg (Hrsg), Die strafrechtliche Unterbringung in einer Entziehungsanstalt, 1995.

2. Zu den **Voraussetzungen** (krit zu ihrer oft unzureichenden Prüfung in der Praxis Konrad und Schalast/Leygraf aaO [vgl 1]):

a) Hang bedeutet hier eine eingewurzelte, auf Grund psychischer Disposition bestehende oder durch Übung erworbene intensive Neigung, immer wieder – sei es ständig oder nur nach zeitlich jeweils begrenzten Unterbrechungen (Quartalssäufer) – Alkohol oder andere berauschende Mittel (5 zu § 315 c; zB Schnüffelstoffe, vgl Frisch LdRerg 8/1730, S 3) im Übermaß zu sich zu nehmen (JZ 71, 788; zu Methadon vgl NStZ 04, 484 mit krit Bespr Dannhorn; einschr Böllinger NK 82–89). Dabei muss der Grad einer **psychischen Abhängigkeit** erreicht sein (Alkohol- oder Rauschmittelsucht, NStZ-RR 97, 291); physische (körperliche) Abhängigkeit ist nicht erforderlich (NStZ 93, 339 mit krit Anm Gebhardt StV 94, 77; NStZ 98, 407). **Übermaß** setzt ein Überschreiten des gesundheitlich Verträglichen (bei Mösl NStZ 81, 427) in dem Maße voraus, dass der Täter in einen

§ 64 AT. 3. Abschnitt. 6. Titel. Maßregeln der Besserung und Sicherung

Rausch gerät, seine Gesundheit schädigt oder seine Arbeits- und Leistungsfähigkeit herabsetzt (BGHSt 3, 339; Schreiber/Rosenau, in: Venzlaff/Foerster, Psychiatrische Begutachtung, 4. Aufl 2004, S 93; beachte auch NStZ-RR 01, 12). Stellt das Gericht den Hang nicht positiv fest, sondern schließt es ihn (auf Grund des Zweifelsatzes) nur nicht aus, ist für eine Unterbringung kein Raum (NStZ-RR 03, 106; StraFo 03, 431).

3 b) **Rechtswidrige Tat** 18 zu § 11; 1 zu § 29; für suchtbedingte Irrtümer, Rücktritt vom Versuch und Nichtverfolgbarkeit der Tat gelten die Ausführungen unter 2 zu § 63 sinngemäß. – **Rausch** 3 zu § 323 a; er setzt keine verminderte Schuldfähigkeit voraus (NJW 90, 3282 mwN). – Abweichend vom weitergehenden Gesetzeswortlaut muss die Tat in beiden Alternativen des Abs 1 **durch den Hang in dem Sinne verursacht sein,** dass die Tat in der Alkohol- oder Rauschmittelsucht ihre Wurzeln hat und damit für den Hang symptomatisch ist (JR 91, 161 mit Anm Stree). Der symptomatische Zusammenhang darf nicht zu eng verstanden werden (NStZ-RR 04, 78); bloße Mitursächlichkeit kann genügen (NStZ 00, 25 mwN; zum Zusammenspiel mit dissozialer Persönlichkeitsstörung NStZ 02, 647); zB Betrügereien, Diebstähle oder Urkundenfälschungen eines Süchtigen, um damit an Rauschmittel zu kommen (sog Beschaffungskriminalität; dazu Täschner NJW 84, 638, 639), uU auch Verkehrsstraftaten (Bode BA 76, 265).

4 c) **Verurteilung** (auch zu lebenslanger Freiheitsstrafe, BGHSt 37, 160 mit Anm Schüler-Springorum StV 91, 561) oder Unterbleiben der Verurteilung 4 zu § 69 (krit zum Fehlen einer zeitlichen Begrenzung der verwirkten Freiheitsstrafe Rebsam-Bender NStZ 95, 158, die ein Höchstmaß von fünf Jahren vorschlägt).

5 d) Die für die **ungünstige Prognose** vorausgesetzte **Gefahr** bedeutet hier die auf konkreten Tatsachen beruhende bestimmte Wahrscheinlichkeit, dass der Täter infolge seines Hanges (nicht lediglich auf Grund anderer Persönlichkeitsstörungen; dazu Platz StV 96, 234) erhebliche rechtswidrige Taten (5 zu § 63; 14 zu § 66) begehen wird, die nicht notwendig mit der abgeurteilten Tat unmittelbar vergleichbar sein müssen (bei Holtz MDR 96, 879); einen Erfahrungssatz, dass bei psychisch Abhängigen grundsätzlich eine solche Gefahr besteht, gibt es nicht (NStZ 94, 280; StV 96, 538 mit Anm Weider). Unter den hier zu bewertenden Tatsachen hat die Sprachunkundigkeit des Täters (zB eines Italieners) eine nicht unerhebliche, hinsichtlich ihres Mindestumfangs in der Rspr des BGH umstrittene Bedeutung (dazu BGHSt 36, 199; StV 98, 74; NStZ 01, 418; NStZ-RR 02, 7). Im Hinblick auf den hier vorrangigen Heilungszweck und die zeitliche Begrenzung der Maßregel (§ 67 d I) ist der Maßstab nicht ganz so streng wie bei der Unterbringung nach §§ 63 oder 66 (hM; vgl KG StV 97, 315; Streng Sanktionen 341; krit Hanack LK 72–74; Frisch LdRerg 8/1730, S 4); der Erwerb kleiner Rauschgiftmengen zum Eigenkonsum genügt jedoch nicht (NStZ 94, 280 mwN). Auch die Wahrscheinlichkeit bloßer Selbstgefährdung scheidet aus (Hamm NJW 74, 614; Schmitt, Bockelmann-FS, S 861, 863). – Für die Beurteilung kommt es auf die **Zeit der Hauptverhandlung,** nicht das Ende des Vollzugs an (NStZ-RR 97, 97 und 01, 295); die spätere Rückkehr des Täters zum alkoholkranken Ehepartner stünde der Anordnung nicht entgegen (vgl NStZ 02, 647). Das gilt für alle Maßregeln (näher dazu 15 zu § 66; beachte auch Bay JR 95, 513 mit Anm Müller-Dietz); namentlich die Frage, ob die Möglichkeit schonenderer Maßnahmen die Anordnung der Maßregel ausschließt, ist ebenso wie bei der Unterbringung nach § 66 zu beantworten. Im Allgemeinen wird die Verwahrung auf Grund landesrechtlicher Unterbringungsgesetze (dazu näher Saage/Göppinger, Freiheitsentziehung und Unterbringung, 3. Aufl 1994, Teil 4, Rdn 119–165), der Eintritt in einen Enthaltsamkeitsverein, eine therapeutische Behandlung außerhalb einer Anstalt oder freiwilliger Anstaltsaufenthalt (bei Dallinger MDR 57, 140) wegen des damit verbundenen Risikos die Maßregel nicht entbehrlich machen, uU aber

Unterbringung in der Sicherungsverwahrung **§§ 65, 66**

die sofortige Aussetzung zur Bewährung rechtfertigen (2–4 zu § 67b). – Zum Grundsatz **in dubio pro reo** bei Zweifeln über die Prognose 4 zu § 61.
e) Verhältnismäßigkeit des Eingriffs 2 zu § 62. – **Erfolgsaussicht.** Die Unterbringung darf nach **Abs 2** nicht angeordnet werden, wenn die Therapie von vornherein aussichtslos ist (oben 1). 6

3. Die Anordnung ist bei Vorliegen ihrer Voraussetzungen **zwingend** (BGHSt 37, 5; NStZ-RR 96, 196), auch wenn die Maßregel schon in einem früheren Verfahren angeordnet worden ist (NStZ 92, 432; beachte § 67f). Sie geht daher der erst für das Vollstreckungsverfahren vorgesehenen Sonderregelung der §§ 35, 36 BtMG vor (StV 93, 302 mit Anm Wagner; NStZ-RR 97, 344 und 03, 12; StraFo 03, 100). Auch stehen hier Gesichtspunkte, die ausschließlich die organisatorische Ausgestaltung und praktische Durchführung der Maßregel betreffen, nicht entgegen, weil es grundsätzlich Aufgabe der für den Vollzug zuständigen Behörden ist, die erforderlichen Therapiemöglichkeiten zur Verfügung zu stellen (BGHSt 28, 327; 36, 199, 201; NStZ-RR 97, 97). – Die Ausführungen unter 11 zu § 63 zum Verbot der Schlechterstellung, zur selbstständigen Anfechtbarkeit der Unterbringung und zur Beschränkung des Rechtsmittels gelten sinngemäß (beachte auch NStZ 92, 539; Bay JR 96, 79 mit Anm Loos; Tolksdorf, Stree/Wessels-FS, S 753). Nach hM ist der Angeklagte nicht beschwert, wenn sich sein Rechtsmittelangriff gegen die Nichtanordnung der Maßregel richtet (BGHSt 28, 327, 330; mit guten Gründen aM Fezer JZ 96, 664; Kopp StV 99, 121; zweifelnd NStZ-RR 00, 43); er kann diese jedoch durch Rechtsmittelbeschränkung ausnehmen (BGHSt 38, 362 mit abl Anm Hanack JR 93, 430; Tolksdorf aaO S 765; zw). Zur Beschwer bei vorzeitiger Beendigung der Maßregelvollstreckung (vgl 8 zu § 67d) Celle StV 97, 541; Kopp aaO. – Beim Zusammentreffen mit den Voraussetzungen einer anderen Unterbringung (§§ 63, 66) gilt § 72 (dort 1). 7

4. Beachte ferner §§ 67–67g, 71, 72 StGB, §§ 80a, 126a, 246a (wistra 94, 112; zu Mängeln in der Begutachtungspraxis Schalast/Leygraf MschrKrim 94, 1), 296 I (BGHSt 28, 327 mit Anm Janssen/Kausch JA 81, 202), 331 II, 358 II, 373 II StPO, §§ 7, 93a JGG (LG Bonn NJW 77, 345). Zum Vollzug §§ 137, 138 StVollzG (s auch 12 zu § 63); der Vollzug in einer Entziehungsanstalt darf nicht wegen Platzmangels durch Vollzug in einem psychiatrischen Krankenhaus ersetzt werden, wenn dort keine Suchtbehandlung stattfindet (Celle JR 96, 81 mit Anm Bringewat). Zu Fragen der Vollstreckung und des Vollzugs beachte auch Dessecker/Egg aaO (vgl 1). 8

§ 65 *(weggefallen)*

§ 66 Unterbringung in der Sicherungsverwahrung
(1) **Wird jemand wegen einer vorsätzlichen Straftat zu Freiheitsstrafe von mindestens zwei Jahren verurteilt, so ordnet das Gericht neben der Strafe die Sicherungsverwahrung an, wenn**
1. **der Täter wegen vorsätzlicher Straftaten, die er vor der neuen Tat begangen hat, schon zweimal jeweils zu einer Freiheitsstrafe von mindestens einem Jahr verurteilt worden ist,**
2. **er wegen einer oder mehrerer dieser Taten vor der neuen Tat für die Zeit von mindestens zwei Jahren Freiheitsstrafe verbüßt oder sich im Vollzug einer freiheitsentziehenden Maßregel der Besserung und Sicherung befunden hat und**
3. **die Gesamtwürdigung des Täters und seiner Taten ergibt, daß er infolge eines Hanges zu erheblichen Straftaten, namentlich zu solchen, durch welche die Opfer seelisch oder körperlich schwer geschädigt**

§ 66 AT. 3. Abschnitt. 6. Titel. Maßregeln der Besserung und Sicherung

werden oder schwerer wirtschaftlicher Schaden angerichtet wird, für die Allgemeinheit gefährlich ist.

(2) Hat jemand drei vorsätzliche Straftaten begangen, durch die er jeweils Freiheitsstrafe von mindestens einem Jahr verwirkt hat, und wird er wegen einer oder mehrerer dieser Taten zu Freiheitsstrafe von mindestens drei Jahren verurteilt, so kann das Gericht unter der in Absatz 1 Nr. 3 bezeichneten Voraussetzung neben der Strafe die Sicherungsverwahrung auch ohne frühere Verurteilung oder Freiheitsentziehung (Absatz 1 Nr. 1 und 2) anordnen.

(3) Wird jemand wegen eines Verbrechens oder wegen einer Straftat nach den §§ 174 bis 174 c, 176, 179 Abs. 1 bis 4, §§ 180, 182, 224, 225 Abs. 1 oder 2 oder nach § 323 a, soweit die im Rausch begangene Tat ein Verbrechen oder eine der vorgenannten rechtswidrigen Taten ist, zu Freiheitsstrafe von mindestens zwei Jahren verurteilt, so kann das Gericht neben der Strafe die Sicherungsverwahrung anordnen, wenn der Täter wegen einer oder mehrerer solcher Straftaten, die er vor der neuen Tat begangen hat, schon einmal zu Freiheitsstrafe von mindestens drei Jahren verurteilt worden ist und die in Absatz 1 Nr. 2 und 3 genannten Voraussetzungen erfüllt sind. Hat jemand zwei Straftaten der in Satz 1 bezeichneten Art begangen, durch die er jeweils Freiheitsstrafe von mindestens zwei Jahren verwirkt hat und wird er wegen einer oder mehrerer dieser Taten zu Freiheitsstrafe von mindestens drei Jahren verurteilt, so kann das Gericht unter den in Absatz 1 Nr. 3 bezeichneten Voraussetzungen neben der Strafe die Sicherungsverwahrung auch ohne frühere Verurteilung oder Freiheitsentziehung (Absatz 1 Nr. 1 und 2) anordnen. Die Absätze 1 und 2 bleiben unberührt.

(4) Im Sinne des Absatzes 1 Nr. 1 gilt eine Verurteilung zu Gesamtstrafe als eine einzige Verurteilung. Ist Untersuchungshaft oder eine andere Freiheitsentziehung auf Freiheitsstrafe angerechnet, so gilt sie als verbüßte Strafe im Sinne des Absatzes 1 Nr. 2. Eine frühere Tat bleibt außer Betracht, wenn zwischen ihr und der folgenden Tat mehr als fünf Jahre verstrichen sind. In die Frist wird die Zeit nicht eingerechnet, in welcher der Täter auf behördliche Anordnung in einer Anstalt verwahrt worden ist. Eine Tat, die außerhalb des räumlichen Geltungsbereichs dieses Gesetzes abgeurteilt worden ist, steht einer innerhalb dieses Bereichs abgeurteilten Tat gleich, wenn sie nach deutschem Strafrecht eine vorsätzliche Tat, in den Fällen des Absatzes 3 eine der Straftaten der in Absatz 3 Satz 1 bezeichneten Art wäre.

Fassung: Abs 3 durch das SexBG (13 vor § 1) eingefügt und durch das 6. StrRG (13 vor § 1) technisch geändert (Lockerung der Maßregelvoraussetzungen bei Verbrechen und bestimmten Sexual- oder Gewaltdelikten). – Abs 4 S 5 durch das SexBG neugefasst (Folgeänderung); durch das Vorbehaltsverwahrungs-EinführungsG (14 vor § 1) ist das Wort „zeitiger" in Abs 1, 2 und 3 S 1 und 2 gestrichen worden; technische Änderung in Abs 3 durch das SexÄG (15 vor § 1).

1 1. Die **Unterbringung in der Sicherungsverwahrung** ist eine Maßregel, die vornehmlich der **Sicherung** der Allgemeinheit gegen das Hangverbrechertum dient, und zwar nicht nur allgemein dem Schutz der Volksgesundheit, sondern auch des Lebens und der Gesundheit jedes individuell betroffenen Opfers (BVerfGE 90, 145, 174; BGH NStZ 00, 587); sie will Wirkungsdefizite der Strafe ausgleichen (Frisch LdRerg 8/1390, S 1). Sie ist zwar mit dem GG vereinbar (hM; vgl BVerfGE 2, 118; BVerfG NJW 04, 739 mit Bespr Sachs JuS 04, 527; Frisch aaO; anders Weichert StV 89, 265), aber seit ihrem Bestehen und zunehmend seit dem Aufkommen der das Maßregelsystem weltweit in Frage stellenden Bestrebungen umstritten (2 zu § 61). Deshalb sind die Forderungen nach ihrer gänzlichen Abschaffung bis heute nicht verstummt (Köhler AT S 55–58; Böllinger NK 30–48 mwN; für eine restriktive Auslegung Schreiber/Rosenau, in: Venzlaff/Foerster [Hrsg], Psychiatrische Begutachtung, 4. Aufl 2004, S 97; eingehend aus kriminologischer Sicht Kinzig, Die Sicherungsverwahrung auf dem Prüfstand, 1996, ZStW 109, 122 und ZRP 97, 99; s auch Kilchling ZStW 109, 165). – Zu diesem internationalen Trend steht der neue Abs 3 (vgl 10 a–10 e) in krassem Gegensatz, der näherer Begründung bedurft hätte (vgl Kaiser/Schöch Strafvollzug 10/71). – Zur Kriminologie Böllinger NK 5–29; zur abnehmenden praktischen Bedeutung Frisch aaO S 3 und Kaiser/Schöch Strafvollzug 10/70. – Rechtsvergleichende Hinweise bei Frisch aaO. – Zur Entwicklungsgeschichte Kinzig aaO [1996] S 7. – Zu bundes- und landesrechtlichen Konzepten einer nachträglichen Sicherungsverwahrung vgl 26 sowie eingehend Rzepka R & P 03, 127 und 191; sie münden jetzt im neuen § 66 b.

2. Es ist zwischen **zwingend vorgeschriebener** (Abs 1) und in das **Ermessen** **des Richters** gestellter (Abs 2, 3) Anordnung der Unterbringung zu unterscheiden. In allen Fällen müssen unterschiedliche formelle (Abs 1 Nr 1, 2, Abs 2, Abs 3 S 1, 2) und übereinstimmende materielle (Abs 1 Nr 3) Voraussetzungen erfüllt sein. Abs 2 (bei Holtz MDR 76, 986; bei Mösl NStZ 81, 437) und der neue Abs 3 (vgl vor 1) treten als Hilfsvorschriften zurück, wenn Abs 1 anzuwenden ist (knapper Überblick bei Frisch LdRerg 8/1390, S 2).

3. Zu den formellen Voraussetzungen nach Abs 1:

a) Vorsätzliche Straftaten sind auch Versuch (§ 22), Teilnahme (§§ 26, 27), Versuch der Beteiligung (§ 30) und Verwirklichung einer Vorsatz-Fahrlässigkeits-Kombination (23–25 zu § 11).

b) Die der **Verurteilung** zugrundeliegende, die **Sicherungsverwahrung** **auslösende Tat** muss zeitlich nicht nur nach den Vortaten im Sinne des Abs 1 Nr 1, sondern auch nach der Rechtskraft ihrer Aburteilung und nach Ablauf des in Abs 1 Nr 2 bezeichneten Verbüßungszeitraums begangen sein. Das ergibt sich zwar nicht vollständig aus dem Wortlaut der Nr 1, 2, lässt sich aber aus einem Vergleich mit dem früheren § 48 I herleiten, wo das Wort „nachdem" klargestellt hat, dass im Zeitpunkt der den Rückfall auslösenden Tat die Vorverurteilungen bereits vorliegen, dh rechtskräftig sein mussten; überdies rechtfertigt der Gesetzeszweck die Einschränkung im Hinblick auf die unverzichtbare Warnfunktion der Vorverurteilungen und der Vorverbüßung (Hanack LK 43; Tröndle/Fischer 5; aM Streng Sanktionen 371; Frisch LdRerg 8/1390, S 4; Sch/Sch-Stree 16; s jedoch BGHSt 7, 178). – Außerdem musste die wegen der auslösenden Tat verwirkte, mindestens 2-jährige Freiheitsstrafe eine zeitige sein (BGHSt 34, 138); dass neben ihr als Einzelstrafe auch lebenslange Freiheitsstrafe verwirkt war, bildete jedoch keinen Hinderungsgrund (NJW 85, 2839 mit Anm Müller-Dietz JR 86, 340 und Schüler-Springorum StV 86, 478), mit der Folge, dass die Sicherungsverwahrung dann auch neben der lebenslangen Gesamtfreiheitsstrafe (2 zu § 54) zu verhängen war (BGHSt 34, 138; NStZ 00, 417; NJW 00, 3559; Maatz NStZ 86, 476; dieser Rspr zust Peglau NJW 00, 2980); dies ist jetzt durch die Streichung des Wortes „zeitiger" (vgl den Fassungshinweis) gesetzlich klargestellt (krit Kinzig NJW 02, 3205). – Da schließlich die Verurteilung wegen einer einzigen auslösenden Tat vorausgesetzt wird (vgl den abw Wortlaut des Abs 2 „wegen einer oder mehrerer dieser Taten"), muss mindestens **eine** wegen vorsätzlicher Tat verhängte Einzelstrafe die Zwei-Jahresgrenze erreichen (NJW 72, 834 mit Bespr Tröndle GA 73, 289, 307; GA 91, 224).

c) Zweimalige rechtskräftige Vorverurteilung (Abs 1 Nr 1) zu Freiheitsstrafe (auch Jugendstrafe, BT-Dr V/4094 S 19) von jeweils mindestens einem Jahr.

§ 66 AT. 3. Abschnitt. 6. Titel. Maßregeln der Besserung und Sicherung

Schuldspruch und Strafausspruch der Vorverurteilungen sind für den neuen Richter bindend; dieser kann deshalb auch nicht nachprüfen, ob der frühere Richter ein Handlungsgeschehen auf der Grundlage der neuen Rspr des BGH (13 vor § 52) zu Recht als Fortsetzungstat gewertet hat und ob er bei Behandlung der einbezogenen Teilakte als Einzeltaten zumindest eine Einzelstrafe von mindestens einem Jahr verhängt hätte (BGHSt 41, 97; zw).

5 a   aa) Verurteilung zu **Gesamtstrafe** gilt nur als **eine** Verurteilung (Abs 4 S 1). Auch nachträgliche Gesamtstrafenbildung nach § 55 StGB oder § 460 StPO gehört hierher (hM; vgl etwa NStZ-RR 04, 9, 10 und Frisch LdRerg 8/1390, S 3). Das ist zwar nicht widerspruchsfrei und kriminalpolitisch bisweilen unbefriedigend, angesichts des eindeutigen Gesetzeswortlauts aber hinzunehmen (nur zT berechtigt die Kritik von Nöldeke ZRP 70, 33 und Dreher NJW 72, 1088; vgl Ries und Dreher NJW 72, 673; 7–9 a zu § 55). Nur eine Verurteilung ist ferner anzunehmen, wenn hinsichtlich der Vorverurteilungen nachträgliche Gesamtstrafenbildung möglich war, aber versäumt worden ist (so zu § 48 aF bei Holtz MDR 79, 454; Gollmer NJW 71, 1247; 16 zu § 55) oder wenn in einem Urteil mehrere Einzelstrafen festgesetzt und nach den Regeln des § 55 (dort 6) – sofort oder nachträglich (BGHSt 30, 220) – in verschiedene Gesamtstrafen einbezogen worden sind. – Aus der Entstehungsgeschichte des § 66 ergibt sich, dass die der zweiten Vorverurteilung zugrundeliegende Tat (oder Mehrheit von Taten) nach Rechtskraft der ersten Vorverurteilung (einschl des Strafausspruchs, BGHSt 38, 258) begangen sein muss (BGHSt 35, 6 mwN; str). – In jeder Verurteilung zu einer Gesamtstrafe muss eine Einzelstrafe von **mindestens einem Jahr** wegen einer vorsätzlichen Tat enthalten sein (hM; vgl BGHSt 34, 321 mwN; beachte auch LG Frankfurt NStZ 95, 192).

6   bb) Eine **Einheitsjugendstrafe** (§ 31 JGG) steht einer Gesamtstrafe nur gleich, wenn sie deren Voraussetzungen (§§ 53–55) erfüllt (so zu § 48 aF Bay MDR 79, 600 mwN; s auch bei Holtz MDR 79, 986; anders Eisenberg/Schlüter NJW 01, 190, die eine Einbeziehung der Jugendstrafe ganz ablehnen). Außerdem muss jede Vorverurteilung zu einer solchen Strafe erkennen lassen, dass der Täter wenigstens bei einer der ihr zu Grunde liegenden vorsätzlichen Taten Jugendstrafe von mindestens einem Jahr verwirkt hatte (BGHSt 26, 152; NJW 99, 3723; NStZ 02, 29).

7   d) **Verbüßung** (Abs 1 Nr 2) von Jugendstrafe oder auf Grund von Anrechnung (Abs 4 S 2) genügt. – Dass die Verbüßung auf einer **Gesamtstrafe** oder einer Verurteilung wegen mehrerer tateinheitlich begangener Gesetzesverletzungen beruht, steht ihrer unverkürzten Berücksichtigung – mindestens idR – auch dann nicht entgegen, wenn nur ein Teil der Taten der Gesetzesverletzungen die formellen Voraussetzungen des § 66 begründet (so zu § 48 aF Hamm MDR 76, 157; aM Oldenburg NdsRpfl 83, 253), zB beim Zusammentreffen mit Fahrlässigkeitstaten oder auch mit nicht symptomatischen Vorsatztaten (vgl 17); jedoch müssen bei Tatmehrheit die Einzelstrafen wegen der unter Abs 1 Nr 1 fallenden Taten in ihrer Summe die Mindestverbüßungszeit erreichen (so zu § 48 aF Bay JR 84, 381 mit Anm Hettinger).

8   **4. Zu den formellen Voraussetzungen nach Abs 2:**

a) Von den **drei vorsätzlichen Straftaten** (vgl 3) muss mindestens eine zur Aburteilung stehen, während die übrigen schon abgeurteilt sein können; nicht abgeurteilte und in dem Verfahren auch nicht zur Aburteilung stehende Taten scheiden jedoch aus (BGHSt 25, 44). Im Hinblick auf § 106 II S 1 JGG muss außerdem mindestens eine der Taten im Erwachsenenalter begangen sein (NJW 76, 301). Ihre Reihenfolge ist gleichgültig, auch, ob sie zeitlich zusammen oder nacheinander begangen, ob sie einzeln oder mit einer Gesamtstrafe geahndet oder ob die Strafen schon vollstreckt worden sind (so schon zu § 20a II aF BGHSt 3, 169). Einzelakte einer Handlungseinheit genügen nicht (BGHSt 1, 313), wohl aber Einzelfälle gewerbsmäßiger Begehung (NJW 53, 955).

Unterbringung in der Sicherungsverwahrung § 66

b) Verwirkung einer Freiheitsstrafe (bei Vorverurteilungen auch Jugendstrafe) 9
von mindestens einem Jahr wegen jeder der drei Straftaten (beachte NJW 91,
1244); diese Strafen mussten schon bisher nicht sämtlich (beachte jedoch 10) zeitige sein (NJW 85, 2839 mit krit Anm Müller-Dietz JR 86, 340; aM KG NStZ 83,
77 mwN; zw); das ist jetzt gesetzlich klargestellt (s 10). – Es kommt auf die Einzelstrafen (3 zu § 53) an (Frisch LdRerg 8/1390, S 7, die entweder in einer früheren Verurteilung bereits ausgesprochen oder in dem zur Aburteilung stehenden
Fall auszusprechen sind (BGHSt 25, 44; beachte auch NJW 99, 3723 und StV 00,
257).

c) Verurteilung wegen einer oder mehrerer dieser Taten zu – so nach aF – 10
zeitiger (also nicht lebenslanger, BGHSt 33, 398 mit Anm Müller-Dietz JR 87, 28;
BGHSt 34, 13) Freiheitsstrafe von mindestens drei Jahren; durch die Streichung
des Wortes „zeitiger" (s Fassungshinweis) ist jetzt auch eine Verurteilung zu
lebenslanger Freiheitsstrafe ausreichend. Diese gegenüber 9 zusätzliche Voraussetzung bewirkt, dass die die Sicherungsverwahrung auslösende Verurteilung sehr
schwerwiegend sein muss. Bei einer Gesamtstrafe entscheidet deren Höhe; sind in
ihr jedoch Einzelstrafen enthalten, die nicht zu den formellen Voraussetzungen
beitragen (zB Strafen wegen unvorsätzlicher Taten), so muss eine aus den übrigen
Einzelstrafen gebildete fiktive Gesamtstrafe die Drei-Jahresgrenze erreichen (NJW
95, 3263).

5. Zu den **formellen Voraussetzungen nach Abs 3**. Die Vorschrift ist in 10 a
den parlamentarischen Beratungen des SexBG (13 vor § 1) überwiegend auf
scharfe Ablehnung gestoßen oder nur mit erheblichen Einschränkungen befürwortet worden (näher dazu Kinzig, Weber, Weigend und Schöch in der öffentlichen Anhörung im BT-Rechtsausschuss [Prot Nr 93 der 13. Wahlper]; abl auch
Walther MschrKrim 97, 199, 217; Boetticher MschrKrim 98, 354, 364; zu Inhalt
und Chancen therapeutischer Behandlung solcher Täter Kröber/Dahle [Hrsg],
Sexualstraftaten und Gewaltdelinquenz, 1998).

a) Sie erweitert die Möglichkeiten der Unterbringung in der Sicherungsverwahrung bei **allen Verbrechen** (§ 12 I; Zweibrücken NJW 99, 1124) und bei 10 b
den genannten **Sexual- und Gewaltvergehen** (§ 12 II). Diese Delikte sind ausnahmslos vorsätzliche Straftaten (dazu 3).

b) Satz 1 bestimmt abweichend von Abs 1, dass schon **eine** Vorverurteilung zu 10 c
Freiheitsstrafe von mindestens drei Jahren wegen einer oder mehrerer der genannten Straftaten genügt, lehnt sich im Übrigen aber eng an Abs 1 an. Deshalb
muss die dem Verfahren zugrundeliegende, die Sicherungsverwahrung auslösende
Tat nach Eintritt der Rechtskraft der Vorverurteilung und nach Ablauf des in
Abs 1 Nr 2 bezeichneten Verbüßungszeitraums begangen sein (zur Begr vgl 4).
Ferner kann die wegen der auslösenden Tat verwirkte Freiheitsstrafe nur eine zeitige sein (näher dazu 4). Auch sind Schuldspruch und Strafausspruch der Vorverurteilung für den Richter bindend (dazu 5).

c) Satz 2 bestimmt abweichend von Abs 2, dass schon **zwei** der genannten 10 d
Straftaten genügen, wenn der Täter durch sie jeweils Freiheitsstrafe von mindestens zwei Jahren verwirkt hat, lehnt sich im Übrigen aber eng an Abs 2 an. Die
Ausführungen unter 8–10 gelten daher mit dieser Maßgabe sinngemäß. Dass danach diese Voraussetzung schon erfüllt ist, wenn jemand zwei Katalogtaten in
unmittelbarem zeitlichen Zusammenhang (zB Vergewaltigung und anschließender Verdeckungsmord) tatmehrheitlich begangen hat, ist höchst problematisch
(Hammerschlag/Schwarz NStZ 98, 321, 322; Schöch NStZ 00, 138; Streng Sanktionen 377).

d) Verurteilung zu einer **Gesamtstrafe** gilt auch in Fällen des Abs 3 nur als **eine** Verurteilung. Das folgt zwar nicht unmittelbar aus dem Gesetzeswortlaut 10 e

(Abs 4 S 1), ist aber mindestens auf Grund einer Analogie zu Gunsten des Täters anzunehmen; denn eine Abweichung von Abs 1 ist sinnvoll nicht erklärbar und vom Gesetzgeber offenbar nicht erkannt, jedenfalls aber in den Gesetzesmaterialien nicht begründet worden (BT-Dr 13/7163 S 6, 7 und 13/9062 S 9). Die Ausführungen unter 5a gelten daher sinngemäß. – Ist in einer Gesamtstrafe eine das jeweils maßgebende Mindestmaß erreichende Einzelstrafe enthalten, so genügt das für Abs 3; enthält jedoch eine Gesamtstrafe mehrere allein nicht ausreichende Einzelstrafen wegen solcher Taten, so kommt es darauf an, ob eine aus ihnen gebildete oder fiktiv zu bestimmende Gesamtstrafe das Mindestmaß erreicht. Dies gilt jedenfalls dann, wenn der Gesamtstrafe ausschließlich Katalogtaten iS des Abs 3 Satz 1 zu Grunde liegen (BGHSt 48, 100; NJW 03, 981 mit Anm Ullenbruch NStZ 03, 256). Für die Einheitsjugendstrafe gelten die Ausführungen unter 6 sinngemäß (anders Eisenberg/Schlüter NJW 01, 188).

11 **6. a) Rückfallverjährung** (Abs 4 S 3, 4) steht der Berücksichtigung bestimmter Vortaten bei Ermittlung der formellen Voraussetzungen nach Abs 1, 2 oder 3 entgegen. Maßgebend sind dabei die Zeiträume zwischen den zur Begründung der formellen Voraussetzungen herangezogenen Vortaten (uU auch zwischen mehreren in einer Vorverurteilung enthaltenen Taten), soweit für sie einschlägige Einzelstrafen verhängt worden sind (NStZ 87, 84). Weitere Schranken, die in Abs 1–3 außerdem vorgesehen sind, bleiben unberührt. Zum Ausschluss von Zeiten **behördlicher Verwahrung** 11 zu § 44; als Zeit der Verwahrung iS des Abs 4 S 4 ist Verbüßung von U-Haft auch dann anzusehen, wenn das Verfahren, in dem sie angeordnet wurde, nicht zu einer Verurteilung geführt hat (NJW 04, 1187 mit abl Bespr Pollähne StraFo 04, 156). – Außer den verjährten Vortaten scheiden auch solche aus, deren Vermerk im **Bundeszentralregister** getilgt oder zu tilgen ist (§ 51 I BZRG).

12 **b)** Nach Abs 4 S 5 einbezogene Vorverurteilungen **außerhalb des räumlichen Geltungsbereichs** des Gesetzes (5 vor § 3) sind daraufhin zu prüfen, ob sie in einem rechtsstaatlichen Grundsätzen genügenden Verfahren zustandegekommen sind (Hanack LK 34). Speziell zu Vorverurteilungen in der DDR beachte 23–25.

13 **7.** Zu den **materiellen Voraussetzungen** (zu ihrer Verfassungsmäßigkeit BVerfG NStZ-RR 96, 122):

a) Der Täter muss infolge eines Hanges zu erheblichen Straftaten für die Allgemeinheit gefährlich sein.

aa) **Hang** ist eine eingewurzelte, auf Grund charakterlicher Veranlagung bestehende oder durch Übung erworbene intensive Neigung zu Rechtsbrüchen (Frisch LdRerg 8/1390, S 5 und Hanack LK 84–101; krit Mrozynski MschrKrim 85, 1, 8; Schüler-Springorum MschrKrim 89, 147 und Schreiber/Rosenau aaO [vgl 1] S 98), die den Täter immer wieder straffällig werden lässt, wenn sich die Gelegenheit dazu bietet (NStZ 00, 578 und 03, 201; krit zum Merkmal des Hanges, dem jede positive Begrenzungsfunktion fehle, ua Kinzig NStZ 98, 14; Böllinger NK 72–87 mwN; beachte dazu auch Volckart, Praxis der Kriminalprognose, 1997, S 95). Er kann auch beruhen, dass der Täter aus Willensschwäche (BGHSt 24, 160; NStZ 99, 502 und 03, 310) oder auf Grund affektiver, innerer Spannungen (NStZ 92, 382) dem Anreiz zum Verbrechen nicht widerstehen kann und deshalb jeder neuen Versuchung erliegt; daher sind auch sog Gelegenheits- oder Augenblickstaten nur idR, aber nicht notwendig, zur Anknüpfung ungeeignet (NJW 80, 1055 mit Bespr Hanack JR 80, 340 und Frommel NJW 81, 1083; NStZ 94, 280); nicht erfasst ist der kühl Vor- und Nachteile abwägende Vermögensstraftäter (wistra 03, 20, 22). Verschuldet braucht der Hang nicht zu sein; Sicherungsverwahrung kommt daher auch für vermindert Schuldfähige in Betracht (Firsch aaO mwN; nach NStZ 03, 310 ist § 63 vorrangig). Meist wird sich der

Hang auf Taten bestimmter Art beziehen (monotrope Kriminalität); er kann aber auch einer allgemein antisozialen Haltung entspringen und sich in ungleich gearteten und gegen verschiedene Rechtsgüter gerichteten Taten äußern (polytrope Kriminalität, BGHSt 16, 296; NStZ-RR 98, 6; Frisch aaO).

bb) Der Hang muss sich auf **erhebliche Straftaten** beziehen, dh solche, die nicht nur lästig, sondern schon nach ihrer objektiven Gefährlichkeit oder schädlichen Wirkung geeignet sind, den Rechtsfrieden empfindlich zu stören (NJW 80, 1055; JZ 80, 532 mit krit Anm Mayer; NStZ 88, 496; näher konkretisierend NStZ 00, 587 und NStZ-RR 03, 73). Für die Erheblichkeit stehen namentlich der Rang des jeweils betroffenen Rechtsgutes, der Umfang und die Gefährlichkeit seiner Verletzung sowie das äußere Erscheinungsbild der Taten im Vordergrund (BGHSt 24, 153 und 160). Der Hang zu objektiv „kleineren" Delikten reicht nicht aus (bei Dallinger MDR 70, 730). Die **Häufigkeit der drohenden Taten** kann das Erfordernis der Erheblichkeit jeder einzelnen Tat nur in relativ engen Grenzen kompensieren (bei Dallinger MDR 70, 560; Hamm MDR 71, 155; Köln MDR 71, 154; weiter einschr Frankfurt NJW 71, 903, 905; Weihrauch NJW 70, 1897, die ausschl auf die Erheblichkeit der einzelnen Taten abstellen; ebenso Schreiber/Rosenau aaO [vgl 1] S 99). Angesichts der im Kern unklaren Gesetzesfassung (dazu Tröndle GA 73, 289, 308; Hanack LK 102) dürfte es nach dem Schutzzweck der Vorschrift genügen, wenn bei einer Tathäufung die einheitliche Planung oder die Tendenz zur serienmäßigen Begehung den friedensstörenden Charakter jeder einzelnen Tat so erhöht, dass sie alle als erheblich empfunden werden; dass lediglich aus einer Vielzahl für sich betrachtet noch nicht erheblicher Taten ein schwerer wirtschaftlicher Schaden droht, genügt allein nicht (zu weit BGHSt 24, 153, 155; JZ 80, 532; Lang-Hinrichsen, Maurach-FS, S 311, 314; Hanack LK 115 mwN; beachte auch NStZ 92, 178 und Streng Sanktionen 372; zw). – Die in **Abs 1 Nr 3** angeführten (nicht abschließenden, BGHSt 24, 153, 155; NJW 00, 3015) **Beispiele** der seelischen oder körperlichen schweren Schädigung und der Anrichtung schweren wirtschaftlichen Schadens sollen den hier anzuwendenden Wertmaßstab verdeutlichen (näher zu den Beispielen Weihrauch NJW 70, 1897; Hanack LK 117–143; Böllinger NK 88–100). Dabei lässt sich die Schwere eines wirtschaftlichen Schadens nicht ausschließlich objektiv nach der materiellen Lebenshaltung des „Durchschnittsbürgers" bestimmen (aM BGHSt 24, 160, 163; NStZ 84, 309), weil dieser Maßstab eine nicht konkretisierbare Fiktion ist, die überdies für Schäden von juristischen Personen und anonymen Einrichtungen ersichtlich nicht passt (vgl etwa StV 83, 503); außerdem setzt der Relationsbegriff der „Schwere" zwingend einen Bezug zur Fühlbarkeit der Einbuße voraus. Es müssen deshalb – allerdings nur generalisierend (aM Weihrauch aaO S 1899) – die allgemeinen Lebensverhältnisse der von dem drohenden Taten mutmaßlich betroffenen Bevölkerungskreise mitberücksichtigt werden (ähnlich Hamburg NJW 71, 1574; Frisch LdRerg 8/1390, S 6; Hanack LK 123–129). – Vor allem aus diesen Beispielen und den formellen Voraussetzungen ergibt sich, dass aus dem Anwendungsbereich nicht lediglich Bagatelltaten ausscheiden, sondern weitergehend **alle Taten der unteren und mittleren Kriminalität**, die den Rechtsfrieden schwerwiegend zu stören nicht geeignet sind (BGHSt 24, 153, 160; GA 73, 343); umgekehrt ist aber auch kein extrem hoher wirtschaftlicher Schaden zu fordern (wistra 88, 22; NStZ-RR 02, 38). Bei Verbrechen (§ 12 I) wird die Erheblichkeit häufiger zu bejahen sein (NJW 76, 300; GA 80, 422). Nach einer aus den formellen Voraussetzungen (Vorverurteilung von mindestens einem Jahr; Strafe für die auslösende Tat von zwei Jahren) abgeleiteten Schwellenwertstheorie, kommt Frisch aaO zu einem Anwendungsbereich von nicht deutlich unter einem Jahr bis zu über zwei Jahren. Im Übrigen weist die „namentlich-Klausel" darauf hin, dass in Ausnahmefällen die Anordnung von Sicherungsverwahrung bei Vorliegen ihrer übrigen Voraussetzungen nicht ganz ausgeschlossen ist (NStZ 00, 587 mwN).

§ 66   AT. 3. Abschnitt. 6. Titel. Maßregeln der Besserung und Sicherung

15   cc) Der Täter ist **für die Allgemeinheit gefährlich,** wenn eine bestimmte (GA 65, 28) Wahrscheinlichkeit dafür besteht, dass er durch die aus seinem Hang entspringenden Taten auch in Zukunft den Rechtsfrieden empfindlich stören wird (so schon BGHSt 1, 94, 100; allg zur Prognose 8 zu § 56; krit Frisch ZStW 102, 343, 370); das kommt auch bei einer nur allgemeinen und abstrakten Gefährlichkeit (NJW 00, 3015) oder bei einer Gefährlichkeit nur für bestimmte Einzelne oder für einen begrenzten Personenkreis, in dem der Täter sich bewegt, in Frage (NStZ-RR 98, 206). – Für die Beurteilung kommt es auf die Verhältnisse **zurzeit der Hauptverhandlung** (BGHSt 24, 160, 164; NStZ-RR 98, 206; Streng Sanktionen 374), nicht der Entlassung aus einer sich anschließenden Strafhaft an (NJW 76, 300; GA 78, 307); das folgt schon daraus, dass es am Ende des Vollzugs stets einer besonderen Prüfung bedarf, ob der Zweck der Maßregel die Unterbringung noch erfordert (§ 67c I). Damit bleibt jedoch nur die ungewisse Entwicklung bis zum Zeitpunkt der Entlassung aus dem Strafvollzug außer Ansatz. Ist schon nach dem Ergebnis der Hauptverhandlung gewiss, dass die unter den bisherigen Lebensverhältnissen an sich gegebene Gefährlichkeit nach dem Strafvollzug nicht mehr bestehen wird (NStZ 93, 78; wistra 02, 98; StV 02, 479 und 480) oder dass sie durch weniger einschneidende und sicher ausführbare Maßnahmen behoben werden kann, so steht die Subsidiarität der Maßregeln, die Ausfluss des verfassungsrechtlich gewährleisteten Grundsatzes der Verhältnismäßigkeit ist, der Anordnung entgegen (Müller, Anordnung und Aussetzung freiheitsentziehender Maßregeln der Besserung und Sicherung, 1981, S 103; Frisch LdRerg 8/950, S 7; Hanack LK 154, 155 sowie 58–63 vor § 61; Böllinger NK 56 zu § 61; Tröndle/Fischer 25; aM NJW 78, 599; Horn SK 20). Das Gericht ist daher nicht davon entbunden zu prüfen, ob keine schonenderen Mittel zur Beseitigung der Gefährlichkeit, die unabhängig von dem anschließenden Strafvollzug sicheren Erfolg erwarten lassen, zur Verfügung stehen (aM NJW 78, 599). Jedoch machen die Möglichkeiten etwa der Führungsaufsicht (§ 68) oder polizeilicher Überwachung (NJW 51, 203) die Maßregel idR nicht entbehrlich. Auch die Bereitschaft, sich entmannen zu lassen, steht der Anordnung nicht entgegen (BGHSt 1, 66). Als schonendere Maßregel, die nach § 72 I die Sicherungsverwahrung uU entbehrlich machen kann, kommt aber die Unterbringung nach § 64 in Frage (vgl jedoch NJW 00, 3015; Frisch aaO). Dagegen ist die Unterbringung in einem psychiatrischen Krankenhaus mit Rücksicht auf ihre gleiche Eingriffsintensität nicht schon ihrer Art nach eine schonendere, sondern nur eine andere Maßregel (BGHSt 5, 312; 42, 306; beachte jedoch NStZ 02, 533, 534 und NJW 04, 960, wo die Sicherungsverwahrung als „ultima ratio" angesehen wird, die erst bei Nichtanwendbarkeit von § 63 angeordnet werden dürfe; krit Müller-Dietz NStZ 83, 145, 151); deshalb ist nach § 72 zu verfahren, wenn die Voraussetzungen beider Maßregeln erfüllt sind (NJW 91, 1244).

16   dd) Zum Grundsatz **in dubio pro reo** bei Zweifeln über die Prognose 4 zu § 61.

17   b) Die **Beurteilung der Prognose** erfordert eine eingehende, vom Revisionsgericht nur begrenzt nachprüfbare (NJW 00, 3015; StV 02, 479, 480) **Gesamtwürdigung** der Täterpersönlichkeit sowie der äußeren Umstände der Taten und der sie begleitenden Vorstellungen und Beweggründe (NStZ 01, 596; Frisch LdRerg 8/1390, S 6). Sie muss zu dem Ergebnis führen, dass die Gesamtumstände für den gefährlichen Hang des Täters kennzeichnend und von der unter 14 vorausgesetzten Erheblichkeit sind (BGHSt 24, 153, 156; NJW 99, 3723). Sie erstreckt sich vor allem auf die Symptomtaten (dh die abzuurteilenden und diejenigen früheren Taten, die mit ihnen zusammen die formellen Voraussetzungen der Sicherungsverwahrung bilden). Diese sind ausdrücklich zu benennen und in ihrer Besonderheit zu begründen (NStZ-RR 01, 103). Erst dann folgt die Gesamtwürdigung der Persönlichkeit des Täters unter Einschluss seiner sonstigen kriminellen

Vergangenheit. Die Wirkungen eines langjährigen Strafvollzugs sowie die mit dem Fortschreiten des Lebensalters erfahrungsgemäß eintretenden Haltungsänderungen sind zu berücksichtigen (NStZ 02, 30; StV 04, 200). Auch die Einbeziehung rückfallverjährter Taten soll nach der Rspr möglich sein (NStZ 83, 71, 90, 334 und 99, 502; zw). Außergewöhnliche Konflikttaten genügen idR nicht (bei Holtz MDR 79, 987). Bei verschiedenartigen Taten (BGHSt 3, 169; StV 96, 540) und bei Tätern unter 25 Jahren (NStZ 89, 67 mwN) bedarf es sehr sorgfältiger Prüfung, weil die Gefährlichkeitsprognose hier besonders schwierig, aber nicht notwendig ausgeschlossen ist. Wegen der meist schmalen Tatsachengrundlage (nur ein Rückfall) gilt das vor allem in Fällen des Abs 3 (BT-Dr 13/9062 S 9; NJW 99, 3723, 3725 mit Anm Schön NStZ 00, 138; s auch BGHSt 30, 220, 222 und Frisch aaO S 9, der aber in dem „gewisses Bedürfnis" für die Vorschrift sieht, das er mit der Entscheidung JR 00, 207 mit Anm Schöch belegt). Näher zu den in der Praxis verbreiteten Methoden der Prognosefindung bei der Sicherungsverwahrung Feltes StV 00, 281; am Fallbeispiel Habermeyer/Hoff/Saß MschrKrim 02, 20; zum Verhältnis Richter-Sachverständiger Müller-Metz StV 03, 42). – Zulässiges Verteidigungsverhalten darf – ebenso wie bei der Strafaussetzung (43 zu § 46) – nicht zum Nachteil des Täters gewertet werden (NStZ 93, 37; bei Pfister NStZ-RR 00, 365; StV 02, 19).

c) Verhältnismäßigkeitsgrundsatz 2 zu § 62. **18**

8. a) Die Anordnung ist bei Vorliegen ihrer Voraussetzungen nur im Falle des **19** **Abs 1 zwingend.** – **Abs 2** und auf Grund des SexBG (vgl vor 1) auch der neue **Abs 3** stellen sie in das **pflichtmäßige Ermessen** des Gerichts (NStZ 88, 496; NJW 91, 1244; s auch 50 zu § 46). Die Anwendung des Abs 2 ist namentlich, aber nicht nur (NJW 99, 614), gegenüber gefährlichen Serientätern angezeigt (Frisch LdRerg 8/1390, S 7), die sich bisher der Verurteilung oder Verbüßung entziehen konnten (NJW 76, 300). Im Falle des Abs 3 können auch örtlich gegebene oder fehlende Möglichkeiten therapeutischer Maßnahmen im Maßregelvollzug berücksichtigt werden. Ferner können Bedenken im Hinblick auf die nach den Umständen besondere Schwere des Eingriffs für den Betroffenen und seine Familie Gewicht erlangen (beachte auch 17). Es darf aber nicht anstelle der Unterbringung auf eine das Maß der Schuld übersteigende Freiheitsstrafe erkannt werden. – Es ist ein sachlich-rechtlicher Fehler, wenn die Sicherungsverwahrung ohne (nachprüfbare) Begründung nicht anordnet wird, obwohl sich das Vorliegen ihrer Voraussetzungen aufdrängt (NJW 99, 2606; Frisch aaO S 9). Ferner muss die Entscheidung erkennen lassen, dass und aus welchen Gründen das Gericht von seinem Ermessen Gebrauch gemacht hat (NStZ 96, 331; NStZ-RR 96, 196 und 04, 12). – Der Anordnung steht nicht entgegen, dass die Maßregel **schon in einem früheren Verfahren** angeordnet worden ist, und zwar selbst dann nicht, wenn diese noch nicht vollzogen ist (NJW 95, 3263 mit Anm Dölling StV 96, 542).

b) Das **Rechtsmittel** ist auf die Maßregel **beschränkbar,** wenn zwischen ihr **20** und der verhängten Strafe kein untrennbarer Zusammenhang besteht (BGHSt 7, 101; NStZ 94, 280 mwN). Die Ersetzung einer Unterbringung nach § 63 durch die Sicherungsverwahrung verstößt jedenfalls dann unter gegen das Verbot der Schlechterstellung, wenn der Verurteilte sie nicht erstrebt (BGHSt 5, 312; 25, 38 mit Anm Maurach JR 73, 162).

9. Beachte ferner §§ 67a II, 67c–67e, 67g, 72, 120 IV, 121 IV StGB, §§ 80a, **21** 246a (dazu StV 94, 231; In der Beeck/Wuttke SchlHA 71, 74), 463 III StPO. Zum Vollzug §§ 129–135 StVollzG; der Vollzug wird als größte Schwachstelle im Gesamtkonzept der Sicherungsverwahrung angesehen (Frisch LdRerg 8/1390, S 10, der einen verfassungskonformen Vollzug fordert [S 2]); zur Notwendigkeit von Resozialisierungsbemühungen Köhne StraFo 03, 230; zu beidem Kaiser/Schöch Strafvollzug 10/68, 69.

§ 66a AT. 3. Abschnitt. 6. Titel. Maßregeln der Besserung und Sicherung

22 **10. Übergangsregelungen** zum SichVG und zum Anwendungsbereich des § 66 III idF des SexBG (vgl vor 1) in Art 1a I, II EGStGB. Sie erhalten kein allgemeines, sondern nur ein jeweils begrenztes Rückwirkungsverbot, das den § 2 VI lediglich einschränkt und insoweit dem Vertrauensschutz dient (BT-Dr 13/757 S 6 und 13/9062 S 12; s auch NJW 99, 3723, 3724; NStZ-RR 99, 294). Zur Problematik der verbleibenden Rückwirkung beachte 8 zu § 1; 10a zu § 67d.

23 **11.** Nach der Übergangsregelung zum SichVG (Art 1a I EGStGB) kommen auch **Vorverurteilungen in der DDR** und dort begangene Vortaten (sog Alttaten, 11–26 zu § 2) als Anordnungsvoraussetzungen in Frage.

24 **a) Vorverurteilungen,** die nicht in das Bundeszentralregister übernommen wurden, scheiden dabei nach Maßgabe der §§ 51–53 BZRG regelmäßig aus (§ 64a III BZRG). Soweit nach §§ 63, 64 StGB/DDR wegen mehrerer Straftaten nur einheitlich auf Freiheitsstrafe erkannt wurde, sind die von der Rspr für die einheitliche Jugendstrafe (§ 31 JGG) entwickelten Grundsätze (vgl 6) sinngemäß anwendbar (BT-Dr 13/116 S 5). – **Vortaten** dürfen nur berücksichtigt werden, wenn ihre Strafbarkeit nicht nach Art 315 I, IV EGStGB entfallen ist.

25 **b)** Im Rahmen der erforderlichen **Gesamtwürdigung** (vgl 17) können Besonderheiten des DDR-Strafrechts zu Buch schlagen. Sind zB auf Grund von Vorschriften über Strafverschärfung bei Rückfalltaten nach §§ 44, 162 I Nr 4, § 184 Nr 2 StGB/DDR oder bei Straftaten gegen das sozialistische Eigentum (§§ 157–164 StGB/DDR aF) härtere Strafen verhängt worden, so ist „über die bloße Strafhöhe hinaus auch die Eigenart der damaligen Gesetzesgrundlage und ihre Handhabung zu berücksichtigen" (BT-Dr 13/116 S 5).

26 **12.** Um eine wirkliche oder nur vermeintliche Lücke im Rechtsschutz vor gefährlichen Tätern zu schließen, hat das **Land Baden-Württemberg** das verfassungsrechtlich problematische „Gesetz über die Unterbringung besonders rückfallgefährdeter Straftäter vom 14. 3. 01 (GBl S 188)" erlassen (nähere Begr Goll/Wulf ZRP 01, 284; krit Kinzig NJW 01, 1455 und Ullenbruch NStZ 01, 292); dem sind die Länder Bayern und Sachsen-Anhalt [dann auch Thüringen und Niedersachsen] mit Regelungen in ihren Unterbringungsgesetzen gefolgt; diese Regelungen wurden vom BVerfG (NJW 04, 750 mit Bespr Sachs JuS 04, 531 und Waterkamp StV 04, 267) wegen fehlender Länderkompetenz zur Regelung der Straftäterunterbringung mit Gesetzeskraft (BGBl I 2004, S 469) für verfassungswidrig erklärt; eine Nichtigkeitsfeststellung, die zur Freilassung der einsitzenden Straftäter geführt hätte, erfolgte aber mehrheitlich nicht, so dass die verfassungswidrigen Regelungen bis zum 30. 9. 2004 fortgelten (krit Kinzig NJW 04, 911, 913; vgl Celle NJW 04, 2105); der Bund wird von seiner ihm vom BVerfG zugewiesenen Kompetenz nach Art 74 I Nr 1 („Strafrecht") Gebrauch machen (vgl die Gesetzesentwürfe der BReg, BR-Dr 202/04 v 11. 3. 04 [krit Braun ZRP 04, 105], und der CDU/CSU-Fraktion, BT-Dr 15/2576 v 2. 3. 04); am 18. 6. 2004 hat der BTag den Gesetzentwurf der BReg v 2. 4. 2004 (BT-Dr 15/2887) idF der Beschlussempfehlung des BT-Rechtsausschusses v 16. 6. 2004 (BT-Dr 15/3346) angenommen (Plenarprot 15/115, S 10560 A); inzwischen ist der neue § 66b im BGBl verkündet und hier noch „kurzkommentiert"; zu den verfassungsrechtlichen Bedenken gegen die nachträgliche Sicherungsverwahrung vgl Hanack, Rieß-FS, S 709; Müller-Metz NJW 03, 3173 und Pieroth JZ 02, 922.

§ 66a Vorbehalt der Unterbringung in der Sicherungsverwahrung

(1) **Ist bei der Verurteilung wegen einer der in § 66 Abs. 3 Satz 1 genannten Straftaten nicht mit hinreichender Sicherheit feststellbar, ob der Täter für die Allgemeinheit im Sinne von § 66 Abs. 1 Nr. 3 gefährlich**

Vorbehalt der Unterbringung in der Sicherungsverwahrung **§ 66a**

ist, so kann das Gericht die Anordnung der Sicherungsverwahrung vorbehalten, wenn die übrigen Voraussetzungen des § 66 Abs. 3 erfüllt sind.

(2) Über die Anordnung der Sicherungsverwahrung entscheidet das Gericht spätestens sechs Monate vor dem Zeitpunkt, ab dem eine Aussetzung der Vollstreckung des Strafrestes zur Bewährung nach § 57 Abs. 1 Satz 1 Nr. 1, § 57a Abs. 1 Satz 1 Nr. 1, auch in Verbindung mit § 454b Abs. 3 der Strafprozessordnung, möglich ist. Es ordnet die Sicherungsverwahrung an, wenn die Gesamtwürdigung des Verurteilten, seiner Taten und seiner Entwicklung während des Strafvollzuges ergibt, dass von ihm erhebliche Straftaten zu erwarten sind, durch welche die Opfer seelisch oder körperlich schwer geschädigt werden.

(3) Die Entscheidung über die Aussetzung der Vollstreckung des Strafrestes zur Bewährung darf erst nach Rechtskraft der Entscheidung nach Absatz 2 Satz 1 ergehen. Dies gilt nicht, wenn die Voraussetzungen des § 57 Abs. 2 Nr. 2 offensichtlich nicht vorliegen.

Fassung des Art 1 Vorbehaltsverwahrungs-EinführungsG (14 vor § 1).

1. Nicht lange nach der umstrittenen Erweiterung der beiden Varianten des § 66 I und II um zwei weitere Varianten in § 66 III S 1 und 2 (1 und 10a zu § 66) kommt jetzt die **vorbehaltene** Sicherungsverwahrung als fünfte Variante hinzu (Kinzig NJW 04, 3204, 3205). Mit dieser Ergänzung soll der Schutz der Allgemeinheit vor gefährlichen (Sexual-)Tätern verbessert werden (BT-Dr 14/9041, S 1). Sie ergänzt nur die Regelung des § 66 III, erfasst damit aber alle Fälle einschlägiger schwerer Kriminalität (Peglau JR 02, 449, 452). Sie ist im Vergleich mit der **nachträglichen** Sicherungsverwahrung nach § 66b die verfassungsrechtlich unbedenklichere Regelung (Kühl, Tübingen-RV, S 141, 158). Die dennoch erhobenen, zahlreichen verfassungsrechtlichen Bedenken (vgl Kinzig und Peglau, jeweils aaO) haben im Hinblick auf das Bild vom „Damoklesschwert" eine gewisse Berechtigung, sind aber nicht durchschlagend (so wohl auch Tröndle/Fischer 2a). Vorwürfe der Unzweckmäßigkeit (Tröndle/Fischer 2b) und schwierigen praktischen Umsetzung bei den erforderlichen Prognosen (Kinzig aaO S 3208) haben Gewicht, werden aber erst nach einer „Erprobungsphase" zuverlässig beurteilt werden können.

2. Abs 1 verlangt formell für den **Vorbehalt** die Verurteilung wegen einer Tat aus dem Katalog des § 66 III S 1 (10b zu § 66). Materiell muss wegen des Verweises über § 66 III auf § 66 I Nr 3 der **Hang** iS dieser Nummer feststehen (Tröndle/Fischer 5–5b; anders der Entwurf der Koalitionsfaktionen BT-Dr 14/8586, S 7; Schreiber/Rosenau, in: Venzlaff/Foerster [Hrsg], Psychiatrische Begutachtung, 4. Aufl 2004, S 100). Die von § 66 I Nr 3 außerdem geforderte Gefährlichkeit muss hingegen „nicht mit hinreichender Sicherheit feststellbar" sein. Es handelt sich – wie bei § 66 II und III – um eine Ermessensentscheidung. Wegen der Schwere der freiheitsentziehenden Sanktion muss eine hohe Wahrscheinlichkeit dafür bestehen, dass der Täter für die Allgemeinheit gefährlich sein wird (ähnlich Tröndle/Fischer 8). Nach § 246a StPO ist in der Hauptverhandlung ein Sachverständiger zu vernehmen (Meyer-Goßner 1 zu § 246a StPO).

3. Abs 2 regelt die spätere oder nachträgliche **Anordnung** der Sicherungsverwahrung; über sie entscheidet nach § 275a I StPO das Gericht des ersten Rechtszugs (Meyer-Goßner 1 zu § 275a StPO), nicht wie ursprünglich vorgesehen die Strafvollstreckungskammer (so noch der RegEntw, BT-Dr 14/9041, S 1). Nach **Satz 2** ist maßgebliche Grundlage der Entscheidung – neben der Gesamtwürdigung des Verurteilten und seiner Taten – die Entwicklung des Verurteilten „während des Strafvollzugs"; – eine schmale Basis. Anders als in § 66 I Nr 3 reichen Straftaten, durch welche schwerer wirtschaftlicher Schaden angerichtet wird, nicht, was aber bei den Katalogtaten des § 66 III S 1 ohnehin nicht der Fall sein

§ 66b AT. 3. Abschnitt. 6. Titel. Maßregeln der Besserung und Sicherung

wird (Peglau JR 02, 449, 452). – Nach **Abs 3** darf die Entscheidung über die Aussetzung der Vollstreckung des Strafrestes zur Bewährung grundsätzlich – zur Ausnahme s Satz 2 – erst nach Rechtskraft der Entscheidung nach Abs 2 ergehen.

§ 66 b Nachträgliche Anordnung der Unterbringung in der Sicherungsverwahrung

(1) **Werden nach einer Verurteilung wegen eines Verbrechens gegen das Leben, die körperliche Unversehrtheit, die persönliche Freiheit oder die sexuelle Selbstbestimmung oder eines Verbrechens nach den §§ 250, 251, auch in Verbindung mit den §§ 252, 255, oder wegen eines der in § 66 Abs. 3 Satz 1 genannten Vergehen vor Ende des Vollzugs dieser Freiheitsstrafe Tatsachen erkennbar, die auf eine erhebliche Gefährlichkeit des Verurteilten für die Allgemeinheit hinweisen, so kann das Gericht die Unterbringung in der Sicherungsverwahrung nachträglich anordnen, wenn die Gesamtwürdigung des Verurteilten, seiner Taten und ergänzend seiner Entwicklung während des Strafvollzugs ergibt, dass er mit hoher Wahrscheinlichkeit erhebliche Straftaten begehen wird, durch welche die Opfer seelisch oder körperlich schwer geschädigt werden, und wenn die übrigen Voraussetzungen des § 66 erfüllt sind.**

(2) Werden Tatsachen der in Absatz 1 genannten Art nach einer Verurteilung zu einer Freiheitsstrafe von mindestens fünf Jahren wegen eines oder mehrerer Verbrechen gegen das Leben, die körperliche Unversehrtheit, die persönliche Freiheit, die sexuelle Selbstbestimmung oder nach den §§ 250, 251, auch in Verbindung mit § 252 oder § 255, erkennbar, so kann das Gericht die Unterbringung in der Sicherungsverwahrung nachträglich anordnen, wenn die Gesamtwürdigung des Verurteilten, seiner Tat oder seiner Taten und ergänzend seiner Entwicklung während des Strafvollzugs ergibt, dass er mit hoher Wahrscheinlichkeit erhebliche Straftaten begehen wird, durch welche die Opfer seelisch oder körperlich schwer geschädigt werden.

(3) Ist die Unterbringung in einem psychiatrischen Krankenhaus nach § 67 d Abs. 6 für erledigt erklärt worden, weil der die Schuldfähigkeit ausschließende oder vermindernde Zustand, auf dem die Unterbringung beruhte, im Zeitpunkt der Erledigungsentscheidung nicht bestanden hat, so kann das Gericht die Unterbringung in der Sicherungsverwahrung nachträglich anordnen, wenn

1. die Unterbringung des Betroffenen nach § 63 wegen mehrerer der in § 66 Abs. 3 Satz 1 genannten Taten angeordnet wurde oder wenn der Betroffene wegen einer oder mehrerer solcher Taten, die er vor der zur Unterbringung nach § 63 führenden Tat begangen hat, schon einmal zu einer Freiheitsstrafe von mindestens drei Jahren verurteilt oder in einem psychiatrischen Krankenhaus untergebracht worden war und

2. die Gesamtwürdigung des Betroffenen, seiner Taten und ergänzend seiner Entwicklung während des Vollzugs der Maßregel ergibt, dass er mit hoher Wahrscheinlichkeit erhebliche Straftaten begehen wird, durch welche die Opfer seelisch oder körperlich schwer geschädigt werden.

1   1. Zweck der Vorschrift ist der **Schutz der Allgemeinheit** vor Straftätern, deren besondere Gefährlichkeit sich erst nach der Verurteilung ergibt (BT-Dr 15/2887 S 1 und 15/3346 S 10). Die Regelung ist veranlasst durch die Entscheidung des BVerfG, wonach es sich bei dieser Materie nicht um einen polizeilich-präventiven, sondern strafrechtlichen Regelungsbereich handelt und daher die

Nachträgl. Anordnung der Unterbringung in der Sicherungsverwahrung § 66b

entsprechende Gesetzgebungskompetenz nicht bei den Ländern, sondern beim Bund liegt (BVerfG NJW 04, 750 mit Bespr Gärditz NVwZ 04, 693, Kinzig, NJW 04, 911, Sachs JuS 04, 531 und Waterkamp StV 04, 267; vgl auch Art 1a EGStGB [Anh I], der die Möglichkeit vorsieht, die bisher nach verfassungswidrigem Landesrecht untergebrachten Täter nunmehr in nachträgliche Sicherungsverwahrung nach § 66b zu nehmen). Mit dieser (bundeseinheitlichen) Vorschrift trägt das System der Maßregeln und Besserung denjenigen Ausnahmefällen Rechnung, in denen die Unterbringung durch das erkennende Gericht nicht angeordnet (§ 66) und deren spätere Anordnung auch nicht vorbehalten wurde (§ 66a), aber nachträglich das praktische Bedürfnis entsteht, den hochgefährlichen Straftäter über das Ende der Strafhaft hinaus in Verwahrung zu nehmen. Trotz des „überragenden Gemeinwohlinteresses" am Schutz vor hochgefährlichen Tätern muss das „Freiheitsgrundrecht Betroffener" angemessen berücksichtigt werden (BT-Dr 15/2287 S 10 unter Übernahme der Begrifflichkeit des BVerfG); das versucht § 66b durch enge formelle und materielle sowie durch strenge verfahrensrechtliche Voraussetzungen zu erreichen (beachtliche Bedenken hinsichtlich der Vereinbarkeit mit Art. 5 EMRK bei Renzikowski JR 04, 271; zu den schon vor Einfügung des § 66b in das StGB bestehenden verfassungsrechtlichen Bedenken gegen die nachträgliche Sicherungsverwahrung vgl die Nachweise in 26 zu § 66). § 66b soll §§ 66, 66a ergänzen; das aburteilende Gericht darf etwa auf die Prüfung der Möglichkeit einer vorbehaltenen Sicherungsverwahrung nach § 66b nicht deshalb verzichten, weil später eine nachträgliche Sicherungsverwahrung angeordnet werden kann.

2. Die Entscheidung über die Anordnung ist in einer **Hauptverhandlung** anhand der Gutachten von zwei Sachverständigen zu treffen (§§ 275a StPO, 74f, 120a GVG; zur Notwendigkeit einer Hauptverhandlung Müller-Metz NJW 03, 3173, 3174); der Gesetzgeber hat sich damit – wie schon bei § 66a (dort 3) – gegen das Strafvollstreckungsmodell entschieden (BT-Dr 15/3346 S 3). Für die nachträgliche Anordnung gelten, etwa hinsichtlich Dauer und Überprüfung, die **allgemeinen Vorschriften** der §§ 67–67g; insbesondere ist eine Überweisung nach § 67a I möglich (vgl auch BVerfG NJW 04, 750, 759). Die Sicherungsverwahrung kann auch für **Heranwachsende** nachträglich angeordnet werden (§ 106 JGG). In § 275a V StPO ist auch ein sog **Unterbringungsbefehl** vorgesehen; er soll die Entlassung potenziell hochgefährlicher Täter verhindern, für die eine rechtskräftige Entscheidung über die nachträgliche Sicherungsverwahrung noch nicht vorliegt (BT-Dr 15/2887 S 16; Braum ZRP 04, 105). 2

3. In **Abs 1** ist die nachträgliche Anordnung der Sicherungsverwahrung für **Mehrfachtäter** geregelt (BT-Dr 15/2887 S 13; Braum ZRP 04, 105). 3

a) Der Täter muss wegen einer bestimmten **Anlasstat** verurteilt sein. Der Katalog der Anlasstaten ist **enger** als derjenige in §§ 66 III, 66a I (krit dazu die CDU/CSU-Fraktion BT-Dr 15/3346 S 36; krit zur Weite des Katalogs Braum ZRP 04, 105, 106) und besteht aus zwei Gruppen von Straftaten. Die 1. Gruppe erfasst **Verbrechen** in formellen Sinne (§ 12 I), aber – anders als §§ 66 III, 66a I- nur solche, die sich gegen das Leben (zB §§ 212, 211), die körperliche Unversehrtheit (zB §§ 226, 227), die persönliche Freiheit (zB §§ 234, 239 II) oder die sexuelle Selbstbestimmung (zB §§ 176a, 177) richten, sowie Verbrechen nach §§ 250, 251, auch in Verbindung mit §§ 252, 255. Die 2. Gruppe bilden diejenigen **Vergehen** im formellen Sinne (§ 12 II), die in § 66 III S 1 genannt werden (10b zu § 66), also namentlich Sexual- und Gewaltvergehen wie zB §§ 176, 224.

b) Sodann müssen **Tatsachen** erkennbar sein, die auf eine **erhebliche Gefährlichkeit des Verurteilten für die Allgemeinheit** (15 zu § 66) hinweisen; sie müssen über einer gewissen Erheblichkeitsschwelle liegen. Ansonsten ist das 4

§ 66b AT. 3. Abschnitt. 6. Titel. Maßregeln der Besserung und Sicherung

Merkmal weit auszulegen. Es sind sowohl solche Umstände erfasst, die während des Strafvollzugs eingetreten sind (etwa die Begehung von Straftaten im Gefängnis), als auch solche, die erst in diesem Zeitpunkt (zB frühere, noch unentdeckte Straftaten) bekannt werden. Die nachträgliche Anordnung soll ferner möglich sein, wenn zuvor eine Anordnung abgelehnt wurde, und zwar sogar in den Fällen, in denen das Gericht die Anordnung einer ursprünglich vorbehaltenen Anordnung abgelehnt hat (BT-Dr 12/2887 S 12).

5   c) Diese Tatsachen müssen **vor Ende des Vollzugs dieser Freiheitsstrafe** erkennbar werden. Es genügt der Vollzug der Freiheitsstrafe wegen einer anderen Verurteilung, sofern die Freiheitsstrafe aus dem Ausgangsurteil noch nicht vollständig verbüßt ist (BT-Dr 15/3346 S 17). Ist der Verurteilte wieder in Freiheit, kommt eine Anordnung nicht in Betracht. Ist der Strafrest der Freiheitsstrafe zur Bewährung ausgesetzt worden (§ 57), so ist eine Anordnung erst dann möglich, wenn der Verurteilte sich wieder im Vollzug der Strafe (zB wegen Widerrufs der Strafaussetzung) befindet (BT-Dr aaO).

6   d) Erforderlich ist darüber hinaus eine **Gesamtwürdigung**, aus der sich die hohe Wahrscheinlichkeit von erheblichen Straftaten ergibt.
aa) Die Gesamtwürdigung bedarf einer breiten Tatsachenbasis. In sie ist zunächst die **Persönlichkeit** des Täters einzustellen, dh biographische Entwicklung, Alter, Krankheiten, Arbeit, persönliche Bindungen, alternative Kontrollmöglichkeiten (vgl BT-Dr 15/2887 S 13). Sodann sind seine **Taten** würdigen. Auch die **Entwicklung** während des **Strafvollzugs** ist heranzuziehen, allerdings nach der Vorgabe des Gesetzes (nur) **ergänzend**; das Vollzugsverhalten, namentlich die Verweigerung von Resozialisierungs- oder Therapiemaßnahmen, darf daher nicht zu stark gewichtet werden (BT-Dr 15/3346 S 17 in Anlehnung an BVerfG NJW 04, 750, 758; einen unmittelbaren Bezug zur Anlasstat verlangt Braum ZRP 04, 105, 107).

7   bb) Auf dieser Grundlage ist die Prognoseentscheidung zu treffen, aus der sich nicht bloß eine einfache Wahrscheinlichkeit (wie etwa nach dem Wortlaut des § 66 a; vgl jedoch dort 2), sondern eine **hohe Wahrscheinlichkeit der Begehung erheblicher Straftaten** ergeben muss; d. h. es ist ein gesteigerter Wahrscheinlichkeitsgrad erforderlich (nicht streng genug nach Braum ZRP 04, 105, 107). Eine bestimmte statistische Wahrscheinlichkeit (etwa über 50%) wird nicht verlangt; die Prognose muss vielmehr das Ergebnis einer wertenden Abwägung sein, die zu einer Entscheidung des Gerichts über die Gefährlichkeit des Täters führt (vgl auch BVerfG NJW 04, 740, 759). Es muss die Gefahr bestehen, dass der Täter **erhebliche Straftaten** begeht, durch welche die Opfer **seelisch** oder **körperlich schwer geschädigt** (14 zu § 66) werden; die Gefahr wirtschaftlicher Schäden genügt nicht (BT-Dr 15/2945 S 2).

8   e) Schließlich müssen die **übrigen Voraussetzungen des § 66** gegeben sein. Anders als im Entwurf der BReg (BT-Dr 15/2887 S 7) verweist das Gesetz nicht nur auf § 66 III, sondern auf den gesamten § 66; nur so glaubt man, alle bisher nach den Unterbringungsgesetzen Untergebrachten erfassen zu können (vgl BT-Dr 15/2945 S 2). Gleichwohl wird mit der Verweisung sinnvollerweise in erster Linie Abs 3 des § 66 gemeint sein; insbesondere wird es sich idR um einen Täter handeln, der, vom strengeren Anlasskatalog des § 66 b (vgl 4) abgesehen, ebenfalls die für die vorherige Anordnung der Sicherungsverwahrung in § 66 III geforderten Vorverurteilungen aufweist. Anders als bei der Anordnung nach § 66 I Nr 3 ist ein Hang zu Straftaten keine Anordnungsvoraussetzung (krit Braum ZRP 04, 105, 106 und schon Rengier, in: JMBW [Hrsg], Schutz vor Sexualstraftaten, 2003, S 29), da dieser unter den künstlichen Vollzugsbedingungen kein sachgerechter Gesichtspunkt ist (BT-Dr 15/2887 S 13).

4. Abs 2 ermöglicht die (nachträgliche) Anordnung der Sicherungsverwahrung 9
gegen solche Straftäter, gegen die namentlich wegen des Fehlens der gesetzlichen
Voraussetzungen des § 66 keine Sicherungsverwahrung angeordnet werden
konnte. Abs 2 richtet sich auch gegen **Ersttäter** (vgl BT-Dr 15/2887 S 2, 11, 13;
Braum ZRP 04, 105).

a) Der Katalog der Anlasstaten ist enger als derjenige in Abs 1. Er ist auf bestimmte Verbrechen (im formellen Sinne, § 12 I) beschränkt. Im Anlassurteil muss zudem eine Verurteilung zu mindestens 5 Jahren Freiheitsstrafe erfolgt sein.

b) Abs 2 enthält, anders als Abs 1 (vgl 8), keinen Verweis auf § 66. Die Voraussetzungen des § 66 müssen somit für eine Anordnung nach Abs 2 nicht gegeben sein. 10

c) Hinsichtlich der übrigen Anordnungsvoraussetzungen stimmt Abs 2 mit 11
Abs 1 überein (vgl 6, 7).

5. In Bezug auf Abgeurteilte, deren **Unterbringung** in einem psychiatrischen 12
Krankenhaus nach **§ 67d VI für erledigt erklärt wurde**, weil der für die Unterbringung maßgebliche Defektzustand nicht oder nicht mehr besteht (10b zu
§ 67d), ermöglicht **Abs 3** die nachträgliche Anordnung der Sicherungsverwahrung, wenn sie als hochgefährlich anzusehen sind.

a) Hierzu muss zunächst einer der in **Nr 1** genannten **Anlassgründe** vorliegen.
Der Betroffene muss entweder wegen mehrerer der in § 66 III S 1 genannten Taten untergebracht gewesen sein, ohne dass parallel eine Freiheitsstrafe verhängt
werden konnte, oder wegen einer oder mehrerer solcher Taten, die er vor der zur
Unterbringung nach § 63 führenden Tat begangen hat, zu mindestens drei Jahren
Freiheitsstrafe verurteilt oder in einem psychiatrischen Krankenhaus untergebracht
worden sein. Das Gesetz sieht für den Fall, dass (in der Reihenfolge des § 67 I)
nach der Erledigung der Maßregel eine verhängte Freiheitsstrafe zu vollstrecken
ist, zunächst kein Bedürfnis für eine Anordnung nach Abs 3; später kommt jedoch,
vor Ende des Vollzugs, eine nachträgliche Sicherungsverwahrung nach Abs 2, 3 in
Betracht (BT-Dr 15/2887 S 14).

b) Nach **Nr. 2** bedarf es einer **umfassenden Gesamtwürdigung** des Betroffenen, seiner Taten und, wie bei Abs 1 aber nur als ergänzender Faktor (vgl 6), die 13
Entwicklung während des Maßregelvollzugs. Zur Gefahrenprognose vgl entsprechend 6, 7.

6. Die nachträgliche Anordnung steht jeweils **im Ermessen** des Gerichts. Damit bleibt Raum für eine am Verhältnismäßigkeitsgrundsatz (§ 62) orientierte Einzelfallentscheidung. 14

§ 67 Reihenfolge der Vollstreckung

(1) **Wird die Unterbringung in einer Anstalt nach den §§ 63 und 64
neben einer Freiheitsstrafe angeordnet, so wird die Maßregel vor der
Strafe vollzogen.**

(2) **Das Gericht bestimmt jedoch, daß die Strafe oder ein Teil der
Strafe vor der Maßregel zu vollziehen ist, wenn der Zweck der Maßregel
dadurch leichter erreicht wird.**

(3) **Das Gericht kann eine Anordnung nach Absatz 2 nachträglich treffen, ändern oder aufheben, wenn Umstände in der Person des Verurteilten es angezeigt erscheinen lassen.**

(4) **Wird die Maßregel ganz oder zum Teil vor der Strafe vollzogen, so
wird die Zeit des Vollzugs der Maßregel auf die Strafe angerechnet, bis
zwei Drittel der Strafe erledigt sind.** *Dies gilt nicht, wenn das Gericht eine
Anordnung nach § 67d Abs. 5 Satz 1 trifft.*

§ 67 AT. 3. Abschnitt. 6. Titel. Maßregeln der Besserung und Sicherung

(5) **Wird die Maßregel vor der Strafe vollzogen, so kann das Gericht die Vollstreckung des Strafrestes unter den Voraussetzungen des § 57 Abs. 1 Satz 1 Nr. 2 und 3 zur Bewährung aussetzen, wenn die Hälfte der Strafe erledigt ist. Wird der Strafrest nicht ausgesetzt, so wird der Vollzug der Maßregel fortgesetzt; das Gericht kann jedoch den Vollzug der Strafe anordnen, wenn Umstände in der Person des Verurteilten es angezeigt erscheinen lassen.**

Fassung: Abs 4 S 2 durch Entscheidung des BVerfG (E 91, 1) für nichtig erklärt.

1 1. a) Die Vorschrift macht das Prinzip des sog **Vikariierens,** dh des Vollzugs der Maßregel vor der Strafe, für die Maßregeln mit Heilungs- oder Besserungszweck (also nicht für die Sicherungsverwahrung), zur Regel (eingehend Elpel, Dogmatische und kriminologische Aspekte der Verbindung freiheitsentziehender Strafen und Maßregeln [§§ 63, 64 StGB] unter besonderer Berücksichtigung ihrer Vollstreckungsreihenfolge gemäß § 67 StGB, 1996, S 76). Erforderlich ist jedoch das **Nebeneinander** der Verurteilung zu Freiheitsstrafe und der Unterbringungsanordnung in einem Urteil (Düsseldorf MDR 91, 1193; aM Böhm NJW 82, 135, 139). Bei Vorliegen verschiedener Urteile sieht § 44b StVollstrO zwar eine den Abs 1–3 (nicht Abs 4) entsprechende Regelung vor; jedoch ist hier nicht das Gericht, sondern die Vollstreckungsbehörde zuständig (München NStZ 88, 93; Hamm NStZ 99, 535 mwN). Die aus dieser unterschiedlichen Rechtslage erwachsenden Spannungen sind nicht befriedigend lösbar, Unbilligkeiten nur im Gnadenwege auszugleichen (Beispiele dazu bei Böhm NStZ 96, 583).

2 b) Die Vollstreckungsbehörde ist an die gesetzliche Reihenfolge **gebunden,** wenn keine abweichende Anordnung nach Abs 2, 3 ergeht (Düsseldorf JMBl-NRW 91, 59, 60; s auch Dresden NStZ 93, 511). – Zur Organisationshaft beachte 7.

3 **2. Abs 2** (krit zu seiner Unbestimmtheit Hanack JR 75, 441) ist nur ausnahmsweise anwendbar (Bay NJW 81, 1522). Jede freiheitsentziehende Maßregel **verfolgt,** mit unterschiedlicher Gewichtung, **den doppelten Zweck,** einerseits durch Behandlung des Verurteilten zur Vermeidung rechtswidriger Taten zu motivieren und andererseits durch isolierenden Freiheitsentzug die Allgemeinheit vor ihm zu sichern (BGHSt 33, 285). Für die Maßregeln mit Heilungs- oder Besserungszweck enthält Abs 1 die Grundentscheidung, dass – auch bei längeren Freiheitsstrafen (BGHSt 37, 160, 162) – möglichst umgehend mit der Behandlung des süchtigen oder kranken Rechtsbrechers im Maßregelvollzug begonnen werden soll, weil diese am ehesten einen dauerhaften Erfolg verspricht (stRspr; zuletzt NStZ-RR 01, 26). Möglichen, aber nur selten angezeigten Ausnahmen sollen die Abs 2, 3 Rechnung tragen (krit zur Unzulänglichkeit des Systems bei Unterbringungen nach § 64 Boetticher StV 91, 75).

4 a) Abs 2 schreibt vollständigen oder nur teilweisen Vorwegvollzug der Strafe vor, wenn dadurch der **Maßregelzweck leichter erreicht** wird (zusf Maul/Lauven NStZ 86, 397). Vorauszusetzen ist danach die begründete, dh nicht nur zweifelhafte (NStZ 93, 437), Prognose, dass eine Förderung des Maßregelzwecks durch den Vorwegvollzug eines Teils der Strafe oder, wenn das nicht ausreicht, der ganzen Strafe erwartet werden kann (BT-Dr 10/2720 S 13 und 10/4391 S 18; beachte schon BGHSt 33, 285 und NJW 86, 142, beide mit Anm Wendisch NStZ 86, 140). Andere Gründe rechtfertigen den Vorwegvollzug nicht (NStZ 86, 427; NStZ-RR 01, 93, beide mwN; s auch wistra 93, 263; NStZ 98, 82; Oldenburg StV 01, 25). Vor allem kann er nicht allein mit der Absicht begründet werden, die Vollstreckung zum Zwecke freiwilliger Therapie nach § 35 BtMG zurückzustellen; denn so zu verfahren, ist unabhängig von der Reihenfolge der Vollstreckung möglich (JR 85, 119 mit Anm Müller-Dietz; NStZ 85, 571 und 90, 102). Auch

Reihenfolge der Vollstreckung **§ 67**

der Mangel an geeigneten Therapieplätzen (NStZ 81, 492 mit krit Anm Scholz; NStZ 82, 132; LG Dortmund NStZ 89, 340) oder Therapiemodellen (LG Hamburg MDR 81, 778) genügt als solcher nicht (Elpel aaO [vgl 1] S 151; Frisch LdRerg 8/1730, S 6; beachte auch 11).

b) Abs 2 ist **namentlich anwendbar,** wenn vollständiger oder teilweiser (dazu 5
NStZ 90, 357) Vorwegvollzug von Strafe als Vorstufe der Behandlung erforderlich ist, um den Zweck der Maßregel im ganzen zu erreichen (BGHSt 33, 285; NStZ 86, 524, beide mwN). Das kann ausnahmsweise zutreffen, wenn sich andernfalls an die Unterbringung in einer Entziehungsanstalt (NStZ 90, 52; Müller-Dietz NJW 80, 2789) oder bei Therapiechancen nach in einem psychiatrischen Krankenhaus (NJW 90, 1124 mit krit Anm Funck NStZ 90, 509; NStZ 99, 613) eine langdauernde Strafverbüßung anschließen müsste; hier kann ein − je nach Sachlage flexibel, aber bestimmt zu bemessender (NStZ-RR 00, 7) − Vorwegvollzug angezeigt sein (beachte GA 92, 178), um eine Gefährdung des Erfolges der Unterbringung durch den nachfolgenden Strafvollzug auszuschließen und die Ausgangsbedingungen der Therapie zu verbessern (NJW 86, 142 und 88, 216; NStZ 00, 529; krit Schüler-Springorum StV 86, 478, 479; Hanack JR 88, 379; für die lebenslange Freiheitsstrafe anders auch BGHSt 37, 160 mit Anm Schüler-Springorum StV 91, 561, alle mwN). − Das in den gesetzgeberischen Beratungen außerdem noch angeführte Beispiel, dass die psychische Verfassung des Täters uU die Erzeugung eines „Leidensdrucks" durch den Vorwegvollzug der Strafe nahelegen könne (BT-Dr V/4095 S 31), ist angesichts des unzureichenden Wissens über die motivierende Wirkung solchen Vollzugs problematisch (krit Müller-Dietz NStZ 83, 145, 150; Kaiser, Befinden sich die kriminalrechtlichen Maßregeln in der Krise?, 1990, S 25; Elpel aaO [vgl 1] S 133; Böllinger NK 6, 9, 26, 34; abl Hanack LK 49−54, alle mwN). In der Praxis wird es inzwischen sehr zurückhaltend beurteilt (NStZ 85, 571), zum Teil sogar ganz verworfen (NStZ 84, 428; bei Detter NStZ 98, 505; s auch NStZ 86, 427). Auf der anderen Seite hat sich aber ein mäßig bemessener, nicht unmittelbar auf UHaft oder andere Freiheitsentziehung folgender (StV 91, 64, 65) Vorwegvollzug in Einzelfällen als brauchbar erwiesen, um Alkohol- und Drogenabhängige überhaupt erst zur Mitarbeit an den therapeutischen Bemühungen zu motivieren (BT-Dr 10/4391 S 18; NJW 88, 216 mit abl Anm Hanack JR 88, 379; aM Streng StV 87, 41; zw). In dem so eingeengten Bereich ist deshalb dieser Gesichtspunkt nicht ganz von der Hand zu weisen (BGHSt 33, 285; NStZ 90, 102; zw); ihm sollte aber nur nach gründlicher sachverständiger Beratung Gewicht beigemessen werden (bei Holtz MDR 86, 442; Maul/Lauven NStZ 86, 397). − Abs 2 kommt schließlich noch in Fällen in Frage, in denen ein Verurteilter im psychiatrischen Sinne weder heil- noch pflegebedürftig ist (1 zu § 63), aber intensiver sozialtherapeutischer Behandlung bedarf; hier kann der Vorwegvollzug deshalb angezeigt sein, weil die psychiatrischen Krankenhäuser überwiegend auf solche Behandlung nicht eingerichtet sind, der zuständigen Strafvollzugsanstalt aber überlegene therapeutische Möglichkeiten zur Verfügung stehen (BGHSt 33, 285 mwN; s auch Hanack JR 75, 441; Müller-Dietz NStZ 83, 145). − Für ein Abweichen von dem Grundprinzip sofortigen Vollzugs der Maßregel müssen stets stichhaltige, auf den Einzelfall bezogene Gründe vorliegen, nach denen es angezeigt ist, zuerst die Strafe ganz oder teilweise zu vollziehen (NStZ-RR 98, 70, 272, 296; 99, 10, 11 und 01, 26).

3. Abs 3 lässt den nachträglichen Wechsel der Vollzugsart zu. Er gestattet aller- 6
dings − auch in Fällen der Anordnung nur teilweisen Vorwegvollzugs (aM Maul/Lauven NStZ 86, 397) − nicht die bloße Berichtigung einer Entscheidung, sondern nur deren Anpassung an Umstände in der Person des Verurteilten, die erst nachträglich ein- oder hervorgetreten sind (KG JR 79, 77 mit Anm Horn; Düsseldorf MDR 89, 1012). Damit ist es möglich, auf die Entwicklung im Vollzug stets

§ 67 AT. 3. Abschnitt. 6. Titel. Maßregeln der Besserung und Sicherung

flexibel zu reagieren. Auf der neuen Beurteilungsgrundlage ist jeweils zu entscheiden, ob die Voraussetzungen des Abs 2 nunmehr erfüllt oder nicht mehr erfüllt sind und was sich daraus für die Reihenfolge der Vollstreckung ergibt. Das Fehlen von Therapieplätzen (Hamburg MDR 93, 1100 mwN) oder bloße Belegungsschwierigkeiten in den Vollzugsanstalten (Hamm JMBlNRW 80, 226) sind kein zureichender Grund; eine Abschiebung schwieriger Verurteilter lediglich zur Entlastung der Vollzugsanstalt wäre missbräuchlich (BT-Dr V/4095 S 31). Ein − erneuter − Wechsel der Vollzugsart scheidet insb dann aus, wenn zuvor rechtskräftig nach § 67d V entschieden wurde, dass die Maßregel nicht weiter zu vollziehen ist (Frankfurt NStZ-RR 03, 41).

7   4. a) **Abs 4 S 1** hat auf Grund des 23. StÄG (1 vor § 56; s auch Art 316 I EGStGB) die **Anrechnung** eingeschränkt (zu den Gründen BT-Dr 10/2720 S 13; zur Verfassungsmäßigkeit BVerfGE 91, 1, 35; BVerfG NJW 95, 2405 und 04, 739, 747; krit Müller-Dietz JR 95, 353, 357). Eine vor der Strafe vollzogene Maßregel darf nur noch angerechnet werden, bis zwei Drittel der Strafe erledigt sind. Nach dem Gesetzeswortlaut verkürzt daher eine vor dem Maßregelvollzug erlittene U-Haft oder andere Freiheitsentziehung die Anrechnungsmöglichkeit; dieses offenbar gewollte Ergebnis (vgl BT-Dr aaO) durch Anwendung des verfassungsrechtlichen Übermaßverbots zu überspielen (so Düsseldorf StV 96, 47 mit abl Anm Blechinger Rpfleger 96, 301 und Celle StV 97, 477 für Fälle, in denen keine Anordnung nach Abs 2 getroffen wurde), ist nicht hinreichend begründbar (BVerfG NStZ 98, 77 mit Anm Lemke; Zweibrücken NStZ 96, 357; Düsseldorf NStZ-RR 97, 25; Hamm StV 97, 481; Stuttgart Justiz 02, 63, 64); aus diesem Grunde lässt sich nur die Anrechenbarkeit sog **Organisationshaft** legitimieren, die nach Rechtskraft der Verurteilung der Überbrückung bis zur Verfügbarkeit eines Therapieplatzes dient (so Zweibrücken aaO; LG Freiburg NStZ 00, 336; im Ergebnis auch BVerfG aaO, nach dem die Vollstreckungsbehörde den Verurteilten so zu stellen hat, als sei eine Unterbringung rechtzeitig [dh sofort nach Rechtskraft des Urteils] vollzogen worden; zur Dauer der Organisationshaft Celle NStZ-RR 02, 349). Allerdings ist die Zulässigkeit solcher Haft zwar überwiegend anerkannt, hinsichtlich der bei der Entscheidung zu berücksichtigenden Gesichtspunkte und des für die Beschaffung des Therapieplatzes zur Verfügung stehenden Zeitraums aber umstritten (zu eng Brandenburg NStZ 00, 500 [mit krit Anm Rautenberg] und Brandenburg NStZ 00, 504, alle mit Nachw über den Streitstand). − Die Vorschrift bezieht sich nur auf die neben der Maßregel angeordnete − sei es auch zur Bewährung ausgesetzte (Hamm MDR 79, 157; aM Horstkotte LK 13 zu § 67d; Horn SK 5; zw) − Freiheitsstrafe (vgl 1). Zur Nichtigkeit von **Abs 4 S 2** vgl 9 zu § 67d (s auch LG Bayreuth StV 95, 205). − Die Anrechnung wirkt innerhalb der Zwei-Drittel-Begrenzung nach dem eindeutigen Gesetzeswortlaut auch insoweit straferledigend, als der Vollzug einer Maßregel nach § 64 auf einer Verlängerung der Höchstfrist (§ 67d I S 3) beruht hat (Frankfurt NStZ 93, 453; aM LG Paderborn NStZ 90, 357, beide mwN; s auch 2 zu § 67d). − Auf Fälle, in denen eine Maßregel nach § 63 für erledigt erklärt wird, weil ein biologischer Defekt im Sinne des § 21 nicht vorgelegen hat (7 zu § 67d), ist die Anrechnungsregel des Abs 4 nicht unmittelbar anwendbar (Frankfurt NStZ 93, 252 mit krit Anm Loos). Jedoch ist es verfassungsrechtlich geboten, ungerechtfertigten Maßregelvollzug voll anzurechnen (im Hinblick auf das Wiederaufnahmerecht diff BVerfG NStZ 95, 174); eine Verweisung auf das StrEG (so Frankfurt aaO) ist verfassungsrechtlich nicht vertretbar (Dresden NStZ 95, 520). − Sind in dem Verfahren noch weitere Strafen zu vollstrecken, können sich vielfältige und uU nur schwer lösbare Schwierigkeiten ergeben (eingehend dazu Wolf, Die Nichtbeachtung des Zwei-Drittel-Zeitpunktes in der Vollstreckung des strafgerichtlichen Freiheitsentzuges, 1988, S 140).

Überweisung in den Vollzug einer anderen Maßregel   § 67a

b) Die Anrechnung tritt **kraft Gesetzes** ein, bedarf daher keiner Anordnung und ist von der Vollstreckungsbehörde bei der Strafzeitberechnung unmittelbar zu berücksichtigen. 8

5. a) Abs 5 erlaubt die Aussetzung des Strafrestes – über § 57 I hinaus – schon dann, wenn die Hälfte der Strafe erledigt ist (krit Rolinski, Kaufmann [H]-GS, S 525), und ermöglicht damit eine bessere Anpassung an die spezialpräventiven Bedürfnisse des Einzelfalls. 9

b) Im Falle des **Satzes 2** ist die Fortsetzung des Vollzugs der Unterbringung – uU über die Höchstfrist (1 zu § 67d) hinaus (Hanack LK 34; aM Streng Sanktionen 366) – auch zulässig, wenn der Zweck der Maßregel erreicht ist. Eine Überweisung in den Strafvollzug ist idR angezeigt, wenn noch eine längere Freiheitsstrafe zu vollstrecken und keine Verbesserung des Behandlungserfolges zu erwarten ist (Celle NStZ 83, 384; KG NStZ 01, 166). 10

6. a) Die Anordnung nach **Abs 2** ergeht stets **im Urteil** (aM LG Dortmund NJW 75, 2251). Ihre Begründung muss sich sowohl mit dem Ob als auch der Dauer des Vorwegvollzugs nachvollziehbar auseinandersetzen (NStZ 90, 357 und 91, 252; zur Anrechnung von U-Haft auf den Vorwegvollzug NJW 91, 2431 und NStZ 03, 257). Es ist unzulässig, die Entscheidung über einen nur teilweisen Vorwegvollzug (vgl 4, 5) in der Weise der Strafvollstreckungskammer zu überlassen, dass im Hinblick auf Abs 3 zunächst vollständiger Vorwegvollzug angeordnet wird (StV 91, 64; NStZ 92, 205). 11

b) Anordnungen nach **Abs 3** werden **mit Rechtskraft der Unterbringungsanordnung** zulässig. Sie können zwar schon vor der Aufnahme des Verurteilten in eine Anstalt vom erkennenden Gericht getroffen werden, sollten zweckmäßig aber der Strafvollstreckungskammer überlassen bleiben (§ 463 I iVm § 462a I, II StPO). 11a

7. Verfahren §§ 454, 463 V iVm § 462 StPO. Ist die Anordnung einer Maßregel nach §§ 63 oder 64 neben der Strafe unterblieben, so ist der Verurteilte nicht beschwert (BGHSt 28, 327, 330; zw). 12

§ 67a Überweisung in den Vollzug einer anderen Maßregel

(1) Ist die Unterbringung in einem psychiatrischen Krankenhaus oder einer Entziehungsanstalt angeordnet worden, so kann das Gericht nachträglich den Täter in den Vollzug der anderen Maßregel überweisen, wenn die Resozialisierung des Täters dadurch besser gefördert werden kann.

(2) Unter den Voraussetzungen des Absatzes 1 kann das Gericht nachträglich auch einen Täter, gegen den Sicherungsverwahrung angeordnet worden ist, in den Vollzug einer der in Absatz 1 genannten Maßregeln überweisen.

(3) Das Gericht kann eine Entscheidung nach den Absätzen 1 und 2 ändern oder aufheben, wenn sich nachträglich ergibt, daß die Resozialisierung des Täters dadurch besser gefördert werden kann. Eine Entscheidung nach Absatz 2 kann das Gericht ferner aufheben, wenn sich nachträglich ergibt, daß mit dem Vollzug der in Absatz 1 genannten Maßregeln kein Erfolg erzielt werden kann.

(4) Die Fristen für die Dauer der Unterbringung und die Überprüfung richten sich nach den Vorschriften, die für die im Urteil angeordnete Unterbringung gelten.

1. a) Die Vorschrift soll ermöglichen, den Verurteilten im **Maßregelvollzug** der für ihn am besten geeigneten Behandlungsart zuzuführen. Sie bietet weder für eine Überweisung in den Vollzug der Sicherungsverwahrung (BVerfG NJW 95, 1

§ 67b AT. 3. Abschnitt. 6. Titel. Maßregeln der Besserung und Sicherung

772) noch für eine Überweisung aus dem Straf- in den Maßregelvollzug (Karlsruhe MDR 91, 892 und Justiz 98, 532; v Bubnoff JR 76, 423, alle mwN) noch umgekehrt aus dem Maßregel- in den Strafvollzug eine Grundlage; leider gilt das auch für die Überweisung in eine sozialtherapeutische Anstalt im Sinne des § 9 StVollzG (Hamm NStZ 87, 44; beachte jedoch Böllinger NK 27, der ein „informelles" Zusammenwirken für geboten hält).

2   **b)** Nach der im Urteil angeordneten Maßregel richten sich nicht nur die in **Abs 4** genannten Fristen (§§ 67 d I, 67 e), sondern auch die Voraussetzungen der Aussetzung zur Bewährung nach § 67 d (dort 3) und der Abbruch des Vollzugs einer Unterbringung in einer Entziehungsanstalt, weil keine hinreichend konkrete Aussicht auf einen Behandlungserfolg mehr besteht (8 zu § 67 d).

3   2. Die **Resozialisierung kann besser gefördert** werden, wenn die in dem anderen Vollzugsbereich konkret zur Verfügung stehenden Behandlungsmöglichkeiten voraussichtlich wirksamer dazu beitragen werden, weitere rechtswidrige Taten des Verurteilten zu verhüten (Kindhäuser 1; Böllinger NK 9–19). Die Überweisung kommt namentlich in Frage, wenn ein nach §§ 63 oder 66 Untergebrachter vorrangig einer Entziehungskur bedarf, wenn sich ein Sicherungsverwahrter wegen konkreter psychischer Defekte für eine psychiatrische Behandlung eignet oder wenn die therapeutischen Möglichkeiten der Entziehungsanstalt im Einzelfall nicht ausreichen, um einen mit Alkohol- oder Rauschmittelsucht verbundenen komplexeren psychischen Krankheitszustand Erfolg versprechend zu behandeln. – **Abs 3** ermöglicht eine ständige Anpassung an die Entwicklung des Verurteilten im Vollzug. Zur Verfolgung sachfremder Interessen (zB Abschiebung schwieriger Verurteilter) darf er nicht missbraucht werden.

4   3. Die nachträgliche Überweisung nach Abs 1, 2 wird **mit Rechtskraft der Unterbringungsanordnung** zulässig. Für die Zuständigkeit gelten die Ausführungen unter 11 a zu § 67 sinngemäß. – **Verfahren** – auch nach Abs 3 – § 463 V iVm § 462 StPO.

§ 67b Aussetzung zugleich mit der Anordnung

(1) **Ordnet das Gericht die Unterbringung in einem psychiatrischen Krankenhaus oder einer Entziehungsanstalt an, so setzt es zugleich deren Vollstreckung zur Bewährung aus, wenn besondere Umstände die Erwartung rechtfertigen, daß der Zweck der Maßregel auch dadurch erreicht werden kann. Die Aussetzung unterbleibt, wenn der Täter noch Freiheitsstrafe zu verbüßen hat, die gleichzeitig mit der Maßregel verhängt und nicht zur Bewährung ausgesetzt wird.**

(2) **Mit der Aussetzung tritt Führungsaufsicht ein.**

1   1. Die Vorschrift, die nur für Maßregeln mit Heilungs- oder Besserungszweck gilt (also nicht für die Sicherungsverwahrung), hat **Ausnahmecharakter** (Streng Sanktionen 349, aM Horstkotte LK 45). Sie ist Ausfluss des Verhältnismäßigkeitsgrundsatzes (anders Böllinger NK 4: „Manifestation des Subsidiaritätsprinzips").

2   2. Zu den **Voraussetzungen:**

a) Die für die jeweilige Maßregel erforderliche **ungünstige Prognose** muss **voll erfüllt** sein, so dass namentlich auch die aus der Subsidiarität der Maßregeln folgenden Einschränkungen beachtet sein müssen (8 zu § 63 und 5 zu § 64 iVm 15 zu § 66). Nur die Möglichkeit der Aussetzung bleibt außer Ansatz (Horstkotte LK 5, 10, 11).

3   **b) aa) Besondere Umstände** sind bestimmte, in der Person des Täters oder den äußeren Verhältnissen liegende Tatsachen, die den Fall von den durchschnittlichen, gewöhnlich vorkommenden Fällen gleicher Art unterscheiden und die Erfolgsaussichten der Aussetzung erhöhen (beachte Streng Sanktionen 349: „Anforderungen nicht zu hoch anzusetzen"). Als solche kommen die unter 8 zu § 63 und 5 zu § 64 genannten Maßnahmen auf freiwilliger Basis (StV 97, 467), namentlich die Weisung, sich einer Heilbehandlung oder Entziehungskur zu unterziehen (8 zu § 56c), daneben aber auch weitere Tatsachen in Frage, etwa dass eine auf Landesrecht beruhende Unterbringung bereits vollzogen wird (BGHSt 34, 313), dass der bisher haltlose Täter eine feste Arbeitsstelle gefunden hat oder dass er eine seine persönlichen Verhältnisse konsolidierende Ehe eingegangen ist (Begr zu § 105 E 1962 S 235); auch Betreuungsmaßnahmen kommen uU in Betracht (StV 01, 679; NStZ 02, 367).

bb) Die aus den besonderen Umständen herzuleitende und am **Zweck der** **4** **Maßregel** (3 zu § 67) zu orientierende **Erwartung** (8 zu § 56) ist gerechtfertigt, wenn auf Grund der mit der Aussetzung verbundenen zusätzlichen Möglichkeiten der Motivierung des Täters (drohender Widerruf, Führungsaufsicht) oder sonst besonderer Umstände die für die jeweilige Maßregel vorauszusetzende (vgl 2) ungünstige Prognose so weit gemildert werden kann, dass sich der Verzicht auf den Maßregelvollzug verantworten lässt (StV 88, 104 und 91, 514; NStZ 88, 309). Im Verhältnis zu einer auf Landesrecht beruhenden Unterbringung trifft das nur zu, wenn diese im Einzelfall besser geeignet ist, den Täter zu heilen oder zu pflegen (BGHSt 34, 313). – Zum **Grundsatz in dubio pro reo** bei Zweifeln über die Prognose 5 zu § 61 (ergänzend Böllinger NK 16 mwN).

3. Der **Ausschluss der Aussetzung** für den Fall des Abs 1 S 2, dass der Täter **5** noch Freiheitsstrafe zu verbüßen hat (dazu StV 94, 260), ist eine Konsequenz der allgemeinen Regel, dass über die Aussetzung einer Unterbringung erst entschieden wird, wenn der Entlassung in die Freiheit keine rechtlichen Hindernisse mehr im Wege stehen (vgl etwa §§ 67 V, 67c I, 67d II; s auch 21, 22 zu § 57).

4. Die Aussetzung wird **im Urteil** angeordnet. – Die **Führungsaufsicht** **6** (Abs 2) beginnt erst mit Rechtskraft des Urteils (3 zu § 68c). Zu den im Rahmen der Führungsaufsicht erforderlichen weiteren Entscheidungen 8 zu § 68. Die Zuständigkeit verbleibt beim erkennenden Gericht; sie geht auf die Strafvollstreckungskammer erst über, wenn der Verurteilte nach Widerruf der Straf- oder Maßregelaussetzung in eine Vollzugsanstalt aufgenommen wird (§ 462a I, II allein oder iVm § 463 I StPO; beachte auch § 462a IV StPO).

§ 67c Späterer Beginn der Unterbringung

(1) **Wird eine Freiheitsstrafe vor einer zugleich angeordneten Unterbringung vollzogen, so prüft das Gericht vor dem Ende des Vollzugs der Strafe, ob der Zweck der Maßregel die Unterbringung noch erfordert. Ist das nicht der Fall, so setzt es die Vollstreckung der Unterbringung zur Bewährung aus; mit der Aussetzung tritt Führungsaufsicht ein.**

(2) **Hat der Vollzug der Unterbringung drei Jahre nach Rechtskraft ihrer Anordnung noch nicht begonnen und liegt ein Fall des Absatzes 1 oder des § 67b nicht vor, so darf die Unterbringung nur noch vollzogen werden, wenn das Gericht es anordnet. In die Frist wird die Zeit nicht eingerechnet, in welcher der Täter auf behördliche Anordnung in einer Anstalt verwahrt worden ist. Das Gericht ordnet den Vollzug an, wenn der Zweck der Maßregel die Unterbringung noch erfordert. Ist der Zweck der Maßregel nicht erreicht, rechtfertigen aber besondere Umstände die Erwartung, daß er auch durch die Aussetzung erreicht werden kann, so setzt das Gericht die Vollstreckung der Unterbringung zur Be-**

§ 67c AT. 3. Abschnitt. 6. Titel. Maßregeln der Besserung und Sicherung

währung aus; mit der Aussetzung tritt Führungsaufsicht ein. Ist der Zweck der Maßregel erreicht, so erklärt das Gericht sie für erledigt.

1. a) Abs 1 ist eine Folgerung aus dem Umstand, dass es für die Prognose des künftigen Täterverhaltens auf den Zeitpunkt der Hauptverhandlung ankommt (8 zu § 63; 5 zu § 64; 15 zu § 66). Er ist nur anwendbar, wenn die Unterbringung neben der Freiheitsstrafe, also nicht in anderer Sache, angeordnet ist (Karlsruhe MDR 75, 1040; KG JR 84, 213; aM Hamburg MDR 75, 70; Koblenz MDR 83, 863); dass daneben auch Anschlussstrafen zu vollstrecken sind, bildet jedoch keinen Hinderungsgrund (KG NStZ 90, 54 mwN; zw). – Die gebotene Prüfung kann sinnvoll erst stattfinden, wenn ihr Ergebnis durch den weiteren Strafvollzug nicht mehr in Frage gestellt werden kann. Im Allgemeinen ist das erst vor dem absehbaren Ende der Strafverbüßung zu bejahen (Stuttgart NStZ 88, 45; s auch BVerfG NStZ-RR 03, 169). Ist innerhalb dieser (relativ kurzen) Zeitspanne bereits eine ablehnende Entscheidung nach §§ 57 I, 67d II ergangen, so macht sie eine weitere Entscheidung nach § 67c I entbehrlich (Frankfurt NStZ-RR 99, 348 mwN; die weitergehende Ansicht des Gerichts, dies treffe auch nach Verstreichen eines längeren Zeitraums zu, wenn eine Veränderung der für die vorausgegangene ungünstige Prognose maßgebenden Umstände ausgeschlossen werden könne, ist probl). In Fällen, in denen eine Aussetzung des Strafrestes erwogen wird, bedarf die Frage des absehbaren Endes der Strafvollstreckung der Prüfung, sobald die Mindestverbüßungszeit (2 zu § 57) abgelaufen ist oder bei Anschlussvollstreckungen nach § 54b III StPO über die Aussetzung der Reste aller Strafen entschieden werden kann (zu einer vergleichbaren Problematik KG NStZ 90, 54). Allerdings muss die Prüfung so rechtzeitig eingeleitet werden, dass für die erforderlichen Entlassungsvorbereitungen (dazu 36 zu § 57) hinreichend Zeit bleibt und dass auch eine etwaige Beschwerdeentscheidung vor Vollzugsende rechtskräftig werden kann (Stuttgart aaO). Ist in diesem Zeitpunkt ausnahmsweise noch nicht rechtskräftig entschieden, so ist der Vollzug der Unterbringung zulässig, wenn das Gericht mit der ihm obliegenden Prüfung begonnen hat und das Verfahren ohne vermeidbare Verzögerungen innerhalb angemessener Zeit zum Abschluss bringt (BVerfGE 42, 1; Düsseldorf NJW 93, 1087, beide mwN; zw). – Solange die Prüfung der Aussetzungsvoraussetzungen noch nicht angezeigt ist, hat der Verurteilte keinen Anspruch auf frühere Entscheidung (Düsseldorf NJW 74, 198 mit Anm Maetzel NJW 74, 614; LG Traunstein NStZ-RR 96, 94; s jedoch Celle NJW 72, 592; Koblenz MDR 75, 241 mit Anm Sack).

2 b) Der **Zweck der Maßregel** erfordert im Sinne des Abs 1 die Unterbringung so lange, wie noch keine günstige Täterprognose (3, 4 zu § 67d) gestellt werden kann (Schreiber/Rosenau, in: Venzlaff/Foerster [Hrsg], Psychiatrische Begutachtung, 4. Aufl 2004, S 114).

3 c) Erfordert im Falle des Abs 1 der Zweck der Maßregel die Unterbringung nicht mehr, so ist **stets zur Bewährung auszusetzen** (Frisch LdR 8/1390, S 9). Die Maßregel darf grundsätzlich nicht für erledigt erklärt werden (Horstkotte LK 9 mwN; aM Hamm NStZ 82, 300; Müller, Anordnung und Aussetzung freiheitsentziehender Maßregeln der Besserung und Sicherung, 1981, S 119); eine Ausnahme ist nur zu rechtfertigen, wenn es schon von vornherein an dem biologischen Defekt im Sinne der §§ 20, 21 oder dem Hang im Sinne des § 64 I gefehlt hat oder wenn sich im Strafvollzug herausgestellt hat, dass für die angeordnete Unterbringung nach § 64 keine hinreichende konkrete Erfolgsaussicht mehr besteht (1 zu § 64; beachte zu dieser Frage auch Zweibrücken NStZ 01, 54).

4 2. Abs 2 ist nur anwendbar, solange die Vollstreckung noch nicht verjährt ist (§ 79). Zu Satz 2 vgl 11 zu § 44. Im Sinne des Satzes 3 erfordert der Zweck der Maßregel (3 zu § 67) die Unterbringung so lange, wie nicht nur die allgemeinen

Voraussetzungen der Maßregel erfüllt sind, sondern auch die besonderen der Aussetzung zur Bewährung fehlen (aM Horn SK 13). Die analoge Anwendung des § 67c II S 5 kommt in Betracht, wenn die Voraussetzungen einer Unterbringung nach § 63 von Anfang an nicht vorgelegen haben (zB Fehleinweisung) oder später (zB wegen Heilung) weggefallen sind (BVerfG NJW 95, 2405; BGHSt 42, 306, 310; Frankfurt NStZ-RR 02, 58 und NStZ 03, 222; Düsseldorf StraFo 04, 69; aM Radtke ZStW 110, 297, 305; Bechtold, Die Erledigungserklärung im Maßregelvollzug des § 63, 2002, S 49, 225, die bei Fehleinweisung ein Wiederaufnahmeverfahren, ansonsten de lege ferenda eine Widerrufsnorm verlangt).

3. Für **Zuständigkeit und Verfahren** gelten in den Fällen des Abs 1 die 5 §§ 463 I iVm 462a I, 463 III iVm 454 StPO (zur Erforderlichkeit der Einholung eines Sachverständigengutachtens BVerfG NStZ-RR 03, 251), in den Fällen des Abs 2 § 463 V iVm § 462 StPO (beachte auch § 462a IV StPO). – Zu der nach Abs 1 S 2, Abs 2 S 4 eintretenden **Führungsaufsicht** 9 zu § 68.

§ 67d Dauer der Unterbringung

(1) Die Unterbringung in einer Entziehungsanstalt darf zwei Jahre nicht übersteigen. Die Frist läuft vom Beginn der Unterbringung an. Wird vor einer Freiheitsstrafe eine daneben angeordnete freiheitsentziehende Maßregel vollzogen, so verlängert sich die Höchstfrist um die Dauer der Freiheitsstrafe, soweit die Zeit des Vollzugs der Maßregel auf die Strafe angerechnet wird.

(2) Ist keine Höchstfrist vorgesehen oder ist die Frist noch nicht abgelaufen, so setzt das Gericht die weitere Vollstreckung der Unterbringung zur Bewährung aus, wenn zu erwarten ist, daß der Untergebrachte außerhalb des Maßregelvollzugs keine rechtswidrigen Taten mehr begehen wird. Mit der Aussetzung tritt Führungsaufsicht ein.

(3) Sind zehn Jahre der Unterbringung in der Sicherungsverwahrung vollzogen worden, so erklärt das Gericht die Maßregel für erledigt, wenn nicht die Gefahr besteht, daß der Untergebrachte infolge seines Hanges erhebliche Straftaten begehen wird, durch welche die Opfer seelisch oder körperlich schwer geschädigt werden. Mit der Erledigung tritt Führungsaufsicht ein.

(4) Ist die Höchstfrist abgelaufen, so wird der Untergebrachte entlassen. Die Maßregel ist damit erledigt.

(5) Ist die Unterbringung in einer Entziehungsanstalt mindestens ein Jahr vollzogen worden, so kann das Gericht nachträglich bestimmen, daß sie nicht weiter zu vollziehen ist, wenn ihr Zweck aus Gründen, die in der Person des Untergebrachten liegen, nicht erreicht werden kann. Mit der Entlassung aus dem Vollzug der Unterbringung tritt Führungsaufsicht ein.

(6) Stellt das Gericht nach Beginn der Vollstreckung der Unterbringung in einem psychiatrischen Krankenhaus fest, dass die Voraussetzungen der Maßregel nicht mehr vorliegen oder die weitere Vollstreckung der Maßregel unverhältnismäßig wäre, so erklärt es sie für erledigt. Mit der Erledigung tritt Führungsaufsicht ein. Das Gericht ordnet den Nichteintritt der Führungsaufsicht an, wenn zu erwarten ist, dass der Betroffene auch ohne sie keine Straftaten mehr begehen wird.

Fassung: Das SexBG (6, 7 vor § 38) hat Abs 1 S 1, 2 neugefasst (Aufhebung der Höchstfrist für die Sicherungsverwahrung), Abs 2 S 1 geändert (Verschärfung der Prognosevoraussetzungen), Abs 3 eingefügt (Prüfung der Erledigung nach zehn Jahren voll-

§ 67d AT. 3. Abschnitt. 6. Titel. Maßregeln der Besserung und Sicherung

zogener Sicherungsverwahrung) und den bisherigen Abs 4 als nunmehr überflüssig aufgehoben. Das Gesetz zur Einführung der nachträglichen Sicherungsverwahrung (15 vor § 1) hat Abs 6 angefügt.

1 1. a) Die **Dauer** einer Unterbringung ist – abgesehen von den Fällen des Ablaufs der Höchstfrist – **unbestimmt** und regelmäßig vom Eintritt der Voraussetzungen abhängig, unter denen Aussetzung zur Bewährung anzuordnen ist (Abs 2). Zu Ausnahmen beachte 7, 8–10; auch der Verhältnismäßigkeitsgrundsatz (2 zu § 62) kann bisweilen dazu zwingen, eine Unterbringung trotz Vorliegens aller übrigen Voraussetzungen wegen überlanger Dauer für erledigt zu erklären (BVerfG NJW 95, 3048; Celle NStZ 89, 491; Karlsruhe NStZ 99, 37).

2 b) Keine **Befristung** der Unterbringung im Urteil (BGHSt 30, 305, 307; Düsseldorf NStZ-RR 96, 293). Die Frist des Abs 1 bezeichnet nur das Höchstmaß des auf Grund einer Anordnung nach § 64 I insgesamt zulässigen Freiheitsentzugs. Sie beginnt mit dem Tage der tatsächlichen Aufnahme in den Maßregelvollzug (Karlsruhe NStZ 92, 456 mwN). Ihrer Berechnung ist nur die Zeit der tatsächlichen Unterbringung zugrundezulegen; Zeiträume der Aussetzung zur Bewährung (§ 67g IV), des Vollstreckungsaufschubs (§ 463 IV iVm §§ 455–456 StPO) und der vorübergehenden Fortsetzung des UHaft-Vollzugs nach Rechtskraft, aber vor Beginn des Maßregelvollzugs (Stuttgart NStZ 85, 332 mit Anm Jabel, beide mwN; im Hinblick auf BVerfG NStZ 98, 77 zw) bleiben daher außer Ansatz. Die Unterbringung darf jedoch zwei Jahre überschreiten, wenn nach § 72 III 2 die Unterbringung in einer Entziehungsanstalt und in einer psychiatrischen Klinik nebeneinander angeordnet wird (Stuttgart NStZ-RR 02, 94). – In den Fällen des **Abs 1 S 3** liegt die Obergrenze der **Höchstfristverlängerung** bei zwei Jahren (Grundhöchstfrist) zuzüglich zwei Drittel der Strafe, abzüglich des Teils der Strafe, der anderweit (zB durch Anrechnung vor dem Maßregelvollzug erlittener UHaft) erledigt wurde (Frankfurt NStZ 93, 453; Tröndle/Fischer 3a; s auch Hamm StV 95, 89). Dieses kriminalpolitisch problematische Ergebnis ist nach dem Wortlaut des § 67 IV S 1 unausweichlich (aM ua LG Paderborn NStZ 90, 357 und Volckart NStZ 87, 215, die den verlängerungswirksamen Anrechnungszeitraum auf die Grundhöchstfrist beschränken und deshalb auf eine Obergrenze von 4 Jahren kommen, von der die anderweitig erledigte Freiheitsentziehung abzuziehen ist). Problematisch ist aber nur die Überlänge des Höchstmaßes; die Notwendigkeit zeitgerechter Entscheidung über die Entlassung (§§ 67 V S 1, 67d V S 1 iVm BVerfG NStZ 94, 578; dazu 1 zu § 64) wird davon nicht berührt (Frankfurt aaO).

3 2. a) Die **Aussetzung zur Bewährung nach Abs 2** setzt eine **günstige Täterprognose** voraus. Diese bestimmt sich nach dem SexBG (13 vor § 1) nicht nach dem Maßstab des § 57 II Nr 2, sondern erfordert übereinstimmend mit § 56 I die „Erwartung" des Bewährungserfolges. Diese erst gegen Ende der parlamentarischen Beratungen beschlossene Verschärfung gilt für alle freiheitsentziehenden Maßregeln, also auch für die Unterbringung in einem psychiatrischen Krankenhaus (§ 63). In diesem Bereich hat sich aber das frühere Recht bewährt und dazu beigetragen, dass im psychiatrischen Maßregelvollzug die sozialtherapeutische Betreuung der Untergebrachten signifikant verbessert werden konnte. Die hier unbegründete Verschärfung der Prognoseanforderungen könnte diese ermutigende Entwicklung gefährden (Nedopil MschrKrim 98, 44; Müller-Isberner ua MschrKrim 98, 47; Schöch NJW 98, 1257, 1258 und Kaiser-FS, S 1239; Streng ZStW 111, 827, 834; Rengier, in: JMBW [Hrsg], Schutz vor Sexualstraftaten, 2003, S 9, 23; im Ergebnis dem Ges aber zust Schall/Schreibauer NJW 97, 2412, 2416; Schneider JZ 98, 436, 440; ferner Rosenau StV 99, 388, 395, der vorschlägt, durch restriktive Auslegung der neuen Formel an dem Maßstab des früheren Rechts festzuhalten; ebenso Böllinger NK 21; s auch Dölling, Rolinski-FS, S 55,

58). – Der **Bewährungserfolg** kann hier auch wegen der Gefahr nur rechtswidriger Taten (18 zu § 11) ausbleiben, weil die Gefährlichkeit Schuldunfähiger eingezogen werden muss. – **Erwartung** setzt zwar keine sichere Gewähr für deliktfreies Verhalten voraus; ausreichend ist vielmehr eine durch Tatsachen begründete Wahrscheinlichkeit, die höher einzuschätzen ist als die Möglichkeit neuer rechtswidriger Taten (KG NStZ-RR 02, 138; s auch BT-Dr 13/9062 S 10 und Streng Sanktionen 352). Dieser Maßstab ist aber strenger als der des früheren Rechts (dazu 7–9 zu § 57). Er erhöht zur Stärkung des Sicherheitsinteresses der Allgemeinheit die Schwelle, von der ab Maßregelaussetzung zulässig wird (Koblenz NJW 99, 876; Karlsruhe NStZ-RR 99, 253; KG NStZ-RR 02, 138; beachte dazu auch die Eilentscheidung BVerfG NStZ 99, 156). Das trifft nicht schon zu, wenn das Risiko der Entlassung verantwortbar ist, sondern erst, wenn die Wahrscheinlichkeit künftig deliktsfreien Verhaltens überwiegt. – Immerhin werden aber die – von § 56 I grundverschiedenen – **Bezugspunkte der Prognose** (dazu eingehend Horstkotte LK 58–80 zu § 67 c; krit Baur MDR 90, 473, 474; Laubenthal, Krause-FS, S 357, 363; Frisch ZStW 102, 707, 766) durch die Rechtsänderung nicht berührt. Deshalb bleibt es bei dem Erfordernis umfassender **Abwägung** aller für die Prognose maßgebenden Gesichtspunkte (7–9 zu § 57), die aber erst bei einem gegenüber dem früheren Recht höheren Grad der Wahrscheinlichkeit des Bewährungserfolges bejaht werden darf. Deshalb bezieht sich die Prognose auch nur auf solche Taten, die aus dem biologischen Defekt (§§ 63, 20, 21) oder dem jeweiligen Hang (§§ 64 I, 66 I Nr 3) erwachsen. Bei längerdauernden Unterbringungen kann nach wie vor der Verhältnismäßigkeitsgrundsatz eine gründliche Aufklärung der persönlichen Umstände (Düsseldorf NStZ 91, 104) und eine sorgfältige Abwägung des Sicherheitsinteresses der Allgemeinheit mit dem Freiheitsanspruch des Untergebrachten erfordern (BVerfGE 70, 297 mit Bespr Müller-Dietz JR 87, 45 und Teyssen, Tröndle-FS, S 407; beachte auch BVerfG NJW 93, 778; 94, 510; 95, 3048 und NStZ-RR 04, 76; Celle StV 95, 90; Eickhoff NStZ 87, 65). Namentlich wenn die Anlasstat (2 zu § 63; 3 zu § 64; 4 zu § 66) ein sexuell motiviertes Delikt war (zB Vergewaltigung, Kindesmissbrauch), schlägt, wie sich aus dem Gesamtzusammenhang des SexBG ergibt, dieses Interesse wegen der Schwierigkeiten, bei Triebtätern eine zuverlässige Prognose zu stellen, nachhaltig zu Buch (abschwächend Expertenkommission Sexualstraftäter im Maßregelvollzug MSchKrim 96, 147; krit zur Gutachenpraxis in diesem Bereich Nowara, Gefährlichkeitsprognosen bei psychisch kranken Straftätern, 1995 und MschKrim 97, 116). Es wiegt umso schwerer, je größer das Gewicht des bei einem Rückfall bedrohten Rechtsguts ist und je gefährlicher die zu erwartenden rechtswidrigen Taten sind (diese Abstufung ist auch mit der Neufassung des Abs 2 S 1 vereinbar, BT-Dr 13/9062 S 10). Im Übrigen ist die Aussetzung nach hM – ungeachtet des insoweit unklaren Wortlauts von Abs 2 – nicht schon im Hinblick auf die Möglichkeit irgendwelcher künftiger Taten ausgeschlossen; es kommt vielmehr auf Taten von solcher Erheblichkeit an, dass ihre Begehung die materiellen Voraussetzungen der Maßregel, also im Falle des psychiatrischen Krankenhauses die des § 63 (BVerfGE 70, 297, 313), im Falle der Entziehungsanstalt die des § 64 I (Düsseldorf MDR 80, 779) und im Falle der Sicherungsverwahrung die des § 66 I Nr 3 (dort 13–18), erfüllen würde (Nürnberg NJW 71, 1573).

b) Danach ist die Aussetzung anzuordnen, wenn das Gericht davon überzeugt 4 ist, dass von dem Verurteilten außerhalb des Maßregelvollzugs keine rechtswidrigen Taten mehr zu erwarten sind (vgl 3). Das kann je nach den Umständen aus einer erfolgreichen Therapie bei psychischer Erkrankung, Alkohol- oder Drogenabhängigkeit oder allgemein aus dem erfolgreichen Bestehen der vorgeschalteten Lockerungsmaßnahmen herzuleiten sein (näher diff Frisch ZStW 102, 707, 771; zur Notwendigkeit von Vollzugslockerungen zur Vorbereitung der Aussetzung

§ 67d AT. 3. Abschnitt. 6. Titel. Maßregeln der Besserung und Sicherung

BVerfG NStZ 98, 373; Rasch, Venzlaff-FS, S 99; Westf Arbeitskreis „Maßregelvollzug" NStZ 91, 64; Stolpmann NStZ 97, 316). Ausnahmsweise kann auch straffreies Verhalten nach einer Flucht aus der Anstalt genügen (Hamm StV 88, 115 mit krit Anm Pollähne). In Einzelfällen nicht auszuschließen ist schließlich, dass die spezialpräventiven Möglichkeiten der Aussetzung (Drohung des Widerrufs, Führungsaufsicht) uU iVm anderen Maßnahmen auf freiwilliger Basis (8 zu § 63; 3 zu § 67b) oder mit Kastration (Frankfurt NJW 67, 687), eine günstige Prognose begründen. Gute Führung und Fleiß in der Anstalt genügen allein in keinem Falle (Köln NJW 55, 682).

5   c) Eine **Einwilligung** des Verurteilten ist abweichend von § 57 nicht erforderlich (Düsseldorf MDR 85, 71).

6   d) Zum Grundsatz **in dubio pro reo** bei Zweifeln über die Prognose 5 zu § 61. Zu der uU gebotenen **Koordinierung** mit der Aussetzung des Strafrestes zur Bewährung 21, 22 zu § 57.

7   e) Stellt sich im Rahmen der Prüfung nach Abs 2 bei einer **Unterbringung nach § 63** heraus, dass ein biologischer Defekt im Sinne der §§ 20, 21 nicht vorgelegen hat, so muss die Maßregel – wegen Fehlens eines Zusammenhangs mit dem Maßregelzweck auch bei ungünstiger Prognose (BVerfG NJW 95, 2405 mit krit Bespr Wolf NJW 97, 779, beide mwN) – für erledigt erklärt werden; denn es hat von vornherein an ihrer Grundlage gefehlt (hM; anders Wolf aaO und Radtke ZStW 110, 297, die im Hinblick auf unlösbare Wertungswidersprüche nur eine Wiederaufnahme des Verfahrens für zulässig halten, aber die Schwierigkeit einräumen, in diesem Verfahren die wegfallende Maßregel durch die Bestrafung wegen der dann schuldhaft begangenen Tat zu ersetzen). Liegen die Voraussetzungen der Unterbringung nach § 63 nicht mehr vor, schreibt das Gesetz nunmehr ausdrücklich in **Abs 6** die Erledigterklärung und eine obligatorische Führungsaufsicht vor (vgl 10a–10d). Umstritten bleibt jedoch die Rechtslage bei den nicht von dieser Regelung erfassten Altfällen. Nach BVerfG aaO soll hier die im Strafrecht hM eine Erledigterklärung bei Wegfall der Voraussetzungen (zB wegen Heilung) annehmen. Das ist unzutreffend. Bei nachträglicher durchgreifender Besserung wird von einer starken Meinungsgruppe mit Recht angenommen, dass die Maßregelprognose – ungeachtet einer etwa aus anderen Gründen fortbestehenden Gefährlichkeit (beachte dazu 3) – nunmehr günstig sei und dass deshalb die Aussetzung zur Bewährung nach Abs 2 den Vorzug verdiene (Hamburg MDR 86, 1044; Streng Sanktionen 358; Horstkotte LK 48; Horn SK 13; aM Frankfurt NJW 78, 2347; Karlsruhe Justiz 87, 463; Volckart, Maßregelvollzug, 5. Aufl 1999, S 234; wohl auch BGHSt 42, 306, 310; diff Sch/Sch-Stree 14, alle mwN). Ist jedoch in derselben Sache noch Strafe zu vollstrecken, so ist nach § 67 V S 2 für die Dauer des Strafrestes der Vollzug der Maßregel fortzusetzen oder unter den Voraussetzungen des Halbs 2 aaO der Vollzug der Strafe anzuordnen. – Stellt sich bei einer Maßregel nach § 63 die Aussichtslosigkeit weiterer Anstaltsbehandlung heraus, bleibt der Verurteilte aber infolge seines Zustandes weiterhin gefährlich, so ist eine Erledigungserklärung nicht zu rechtfertigen, weil die Erfolgsaussichten nicht zu den Anordnungsvoraussetzungen der Maßregel gehören (Volckart aaO S 235; aM LG Göttingen NStZ 90, 299; Sch/Sch-Stree 14, alle mwN; zw). Zur Aussichtslosigkeit einer Maßregel nach § 64 vgl 8.

7a   3. Auch die **erste Unterbringung in der Sicherungsverwahrung** ist nach dem SexBG (13 vor § 1) künftig **unbefristet.** Dadurch werden die nach früherem Recht ausweglosen Fälle lösbar, in denen Trieb- oder Gewalttäter trotz hochgradig schlechter Prognose in die volle Freiheit entlassen werden mussten (BT-Dr 13/9062 S 10). Zur Verfassungsmäßigkeit der damit nach § 2 VI verbundenen Rückwirkung BVerfG NJW 04, 739 (8 zu § 1).

Dauer der Unterbringung **§ 67d**

a) Abs 3 sieht zur Begrenzung dieser Rechtsänderung (BT-Dr aaO) vor, dass **7 b** nach Ablauf von zehn Jahren Unterbringungsvollzug – unabhängig von den allgemeinen Prüfungsfristen (§ 67 e) – eine **gesonderte Überprüfung** stattfinden muss.
aa) Im Regelfall ist die Maßregel nach Fristablauf **für erledigt zu erklären** und der Untergebrachte zu entlassen (S 1, 1. Halbs).
bb) Nur wenn die in **Satz 1 beschriebene Gefahr besteht,** ist die weitere **7 c** Vollstreckung anzuordnen. – **Gefahr** 5 zu § 64. Sie bezieht sich abweichend von § 64 I nur auf Taten von der in § 66 I Nr 3 (dort 14) für die Anordnung der Sicherungsverwahrung notwendigen Erheblichkeit). – Für die Anwendbarkeit des Grundsatzes in dubio pro reo gelten die allgemeinen Regeln (dazu 8 zu § 56; 5 zu § 61). Da die Verlängerung der Vollstreckung ausdrücklich als Ausnahme formuliert ist, muss das Gericht vom Bestehen der Gefahr überzeugt sein, so dass insoweit Zweifel zugunsten des Untergebrachten ausschlagen (Streng Sanktionen 383; im Ergebnis ebenso BT-Dr 13/9062, S 10). Daher wird es künftig bei gewaltlosen Eigentums- und Vermögensdelikten regelmäßig bei der Beschränkung auf zehn Jahre bleiben (BT-Dr aaO; Hammerschlag/Schwarz NStZ 98, 321, 322).
cc) Liegen die Ausnahmevoraussetzungen vor, so ist die Fortsetzungsanordnung **7 d obligatorisch** (S 1 iVm §§ 463 III, 454 I StPO). Bei der dazu erforderlichen **Gesamtwürdigung** (17 zu § 66) ist auch zu beachten, dass von Verfassungs wegen mit steigender Verwahrungsdauer zunehmend strengere Anforderungen an die Anordnung und die ihr nachfolgenden weiteren Entscheidungen zu stellen sind (BT-Dr 13/9062, S 10); zur Verfassungsmäßigkeit des Abs 3 Frankfurt NStZ 02, 90.

4. a) Abs 5 S 1 ist insoweit **nichtig,** als nach ihm die Unterbringung mindes- **8** tens ein Jahr vollzogen sein muss, ehe das Gericht bestimmen kann, dass sie nicht mehr weiter zu vollziehen ist (BVerfGE 91, 1). Im Übrigen bleibt die Gültigkeit der Vorschrift unberührt; sie ist jedoch **verfassungskonform** so auszulegen, dass der Vollzug zu beenden ist, sobald keine hinreichend konkrete Aussicht auf einen Behandlungserfolg mehr besteht (BVerfG aaO S 34; näher dazu 1 zu § 64); dies ist aber nicht schon dann anzunehmen, wenn sich der Untergebrachte in einer ungeeigneten Anstalt befindet (Nürnberg StraFo 03, 431). Im Übrigen ist gründlich zu prüfen, ob der Zweck tatsächlich nicht erreicht werden kann (Zweibrücken NStZ-RR 03, 157; s auch KG NStZ-RR 04, 138).

b) § 67 IV S 2, der an den Abbruch des Vollzugs der Unterbringung nach **9** Abs 5 S 1 den Ausschluss jeglicher Anrechnung des Maßregelvollzugs anknüpft, ist nach der Entscheidung des BVerfG (vgl 8) **nichtig** (krit Stree, Geerds-FS, S 581, 589) und daher nicht mehr anwendbar.

c) Die Möglichkeit, die Maßregel des § 64 schon auf Grund der Prüfung nach **10** **§ 67c I** für erledigt zu erklären (dort 3), wird von Abs 5 S 1 nicht unmittelbar berührt; das ihm zugrundeliegende Prinzip erfordert aber auch im Rahmen des § 67 c Beachtung (dort 3).

5. Mit **Abs 6** wird die bisherige, nicht unumstrittene Rechtsprechung, wonach **10 a** bei Wegfall der gesetzlichen Voraussetzungen des § 63 die Maßregel **für erledigt zu erklären** ist (vgl 7 zu § 67 d), in Gesetzesform gegossen (BT-Dr 15/2887) S 14).

a) Erfasst sind zunächst diejenigen Fälle, in denen die **Voraussetzungen** der **10 b** Maßregel **nicht mehr gegeben** sind (Abs 6 S 1 Var 1). Das ist zum einen der Fall, wenn eine erneute Begutachtung im Rahmen der §§ 67d II, 67 e ergibt, dass der Untergebrachte nicht mehr an dem Zustand iS der §§ 20, 21 leidet, der zur Unterbringung geführt hat. Zum anderen ist dies der Fall, wenn die Gefährlichkeit nachträglich entfallen ist. Allerdings sieht das Gesetz in § 67 d II die Aussetzung der weiteren Vollstreckung der Maßregel zur Bewährung und den Eintritt der Führungsaufsicht vor, wenn sich (zB aufgrund von Therapieerfolgen) die Gefährlichkeit verringert hat. Daher soll nach dem Willen des Gesetzgebers Abs 6 nur in den

§ 67e AT. 3. Abschnitt. 6. Titel. Maßregeln der Besserung und Sicherung

Fällen zur Anwendung gelangen, in denen jedes „Restrisiko" ausgeschlossen werden kann (BT-Dr 15/2887 S 15 mit dem Beispiel eines Totschlägers, der im Laufe der Unterbringung unheilbar körperbehindert wird).

10 c b) Ferner kommt bei **Unverhältnismäßigkeit** der weiteren Vollstreckung der Maßregel eine Erledigterklärung in Betracht (Abs 6 S 1 Var 2). Die Voraussetzungen für die Unterbringung sind dabei umso strenger zu beurteilen, je länger die Unterbringung in einem psychiatrischen Krankenhaus andauert. Entscheidend ist hierbei das Verhältnis der Gefahr, die vom Täter ausgeht, zur Schwere des Eingriffs in seine Freiheitssphäre (BT-Dr 15/2887 S 15).

10 d c) Als obligatorische Folge der Erledigterklärung tritt nach Abs 6 S 2 **Führungsaufsicht** ein. Allerdings kann das Gericht ausnahmsweise nach Satz 3 den Nichteintritt der Führungsaufsicht anordnen, wenn inzwischen von der Ungefährlichkeit des Täters ausgegangen werden kann.

11 6. a) **Zuständig** für Entscheidungen nach Abs 2, 3 ist die Strafvollstreckungskammer (§ 463 I iVm § 462a I StPO; 27 zu § 57). – Im weiteren **Verfahren** nach der Fortsetzungsanordnung (Abs 3) gilt § 68e mit der dort vorgesehenen Prüfungsfrist von jeweils zwei Jahren; allerdings dürfte die erste weitere Prüfung unmittelbar an die Sonderprüfung, dh nicht an die vorausgegangene allgemeine Prüfung nach § 68e II anzuknüpfen sein. – Zur Erforderlichkeit eines Sachverständigengutachtens 7 und 34a zu § 57. Im Übrigen ist in allen Fällen der Abs 2, 3 ohne die Beschränkung des § 454 II Nr 2 StPO (§ 463 III S 3–5 StPO) ein Sachverständigengutachten einzuholen und mündlich zu erörtern (Celle NStZ 99, 159; näher 7 zu § 57; probl Koblenz NStZ-RR 99, 345, wobei das § 454 II Nr 2 auch dann für anwendbar hält, wenn das Gericht die Aussetzung des Strafrestes nicht erwägt; bestätigt durch BVerfG NStZ 03, 251). Zu den inhaltlichen Anforderungen an das Sachverständigengutachten Koblenz StV 03, 686.

12 b) **Zuständigkeit** für Anordnungen nach **Abs 5** vgl 11. – **Verfahren** §§ 463 V iVm 462 StPO (beachte auch NStZ-RR 97, 240; Celle StV 97, 541).

13 7. Zur **Führungsaufsicht,** die nach Abs 2 S 2, Abs 3 S 2 und Abs 5 S 2 eintritt, 9 zu § 68.

§ 67e Überprüfung

(1) Das Gericht kann jederzeit prüfen, ob die weitere Vollstreckung der Unterbringung zur Bewährung auszusetzen ist. Es muß dies vor Ablauf bestimmter Fristen prüfen.

**(2) Die Fristen betragen bei der Unterbringung
in einer Entziehungsanstalt sechs Monate,
in einem psychiatrischen Krankenhaus ein Jahr,
in der Sicherungsverwahrung zwei Jahre.**

(3) Das Gericht kann die Fristen kürzen. Es kann im Rahmen der gesetzlichen Prüfungsfristen auch Fristen festsetzen, vor deren Ablauf ein Antrag auf Prüfung unzulässig ist.

(4) Die Fristen laufen vom Beginn der Unterbringung an. Lehnt das Gericht die Aussetzung ab, so beginnen die Fristen mit der Entscheidung von neuem.

1 1. Die Voraussetzungen der Aussetzung zur Bewährung nach § 67d II können jederzeit **von Amts wegen** geprüft werden; hierbei ist als Vorfrage auch zu prüfen, ob die Unterbringung nicht aus anderen rechtlichen Gründen (zB § 67d V) beendet werden muss (KG NStZ-RR 02, 138). Vor dem Ende der Fristen, deren Ablauf durch fluchtbedingte Abwesenheit des Verurteilten gehemmt wird

(Karlsruhe MDR 92, 690; zw), und bei Vorliegen eines Aussetzungsantrags, für den keine Frist nach Abs 3 S 2 läuft, sind Prüfung und förmliche Entscheidung obligatorisch. Unabhängig davon ist nach Maßgabe des Art 5 IV MRK zu beachten, dass „innerhalb kurzer Frist" zu entscheiden ist (EGMR NJW 00, 2727). Wird die Aussetzung abgelehnt, so beginnt die neue Frist mit dem Erlass, nicht der Rechtskraft der Entscheidung (Hamm NJW 71, 949; str).

2. Zuständig ist die Strafvollstreckungskammer (§ 463 I iVm § 462 a I StPO; 27 zu § 57), nicht das erkennende Gericht (NStZ 01, 222; Karlsruhe MDR 78, 158). – **Verfahren** – auch für Entscheidungen nach Abs 3 – § 463 III iVm § 454 StPO. Wiederholung von Anträgen, Antragsbefugnis, rechtliches Gehör und Wirksamwerden der Aussetzung bestimmen sich nach den unter 29, 30, 34–39 zu § 57 dargelegten Regeln (speziell zu § 67 e Hamm MDR 76, 159; Koblenz MDR 84, 163; NJW 02, 2963, 2965 [Anhörung]; zur Erforderlichkeit der Einholung eines Sachverständigengutachtens Nürnberg NStZ-RR 03, 283 und Rostock NJW 03, 1334).

§ 67 f Mehrfache Anordnung der Maßregel

Ordnet das Gericht die Unterbringung in einer Entziehungsanstalt an, so ist eine frühere Anordnung der Maßregel erledigt.

1. Die Vorschrift betrifft **nur** die Maßregel nach § 64.

2. Im Hinblick auf die Erledigung der vorausgegangenen Maßregel bestimmt sich die **Höchstfrist** der Unterbringung (§ 67 d I) ausschließlich nach der **letzten Anordnung**. Befindet sich der Verurteilte bei deren Rechtskraft im Vollzug, so wird dieser ohne Unterbrechung auf der veränderten Grundlage fortgesetzt, so dass der Beginn der neuen Höchstfrist mit der Rechtskraft der letzten Anordnung zusammenfällt. War die frühere Unterbringung zur Bewährung ausgesetzt (§§ 67 b, 67 d II), so bedarf es keines Widerrufs, weil nur die neue Anordnung zu vollstrecken ist.

3. Die Grundsätze der **Gesamtstrafenbildung** gehen vor, so dass uU nach § 55 II lediglich die alte Anordnung aufrechtzuerhalten ist (BT-Dr V/4094 S 22, 23), und zwar auch dann, wenn auf Grund einer hinzukommenden neuen Tat die Maßregel ebenfalls anzuordnen wäre (BGHSt 30, 305; 17, 18 zu § 55). Die Neuanordnung ist ferner nicht zulässig, wenn die der Aburteilung zugrundeliegende Tat bereits in der früheren Anordnung hätte berücksichtigt werden können (NStZ 98, 79 mwN).

§ 67 g Widerruf der Aussetzung

(1) **Das Gericht widerruft die Aussetzung einer Unterbringung, wenn der Verurteilte**

1. **während der Dauer der Führungsaufsicht eine rechtswidrige Tat begeht,**

2. **gegen Weisungen gröblich oder beharrlich verstößt oder**

3. **sich der Aufsicht und Leitung des Bewährungshelfers oder der Aufsichtsstelle beharrlich entzieht**

und sich daraus ergibt, daß der Zweck der Maßregel seine Unterbringung erfordert.

(2) **Das Gericht widerruft die Aussetzung einer Unterbringung nach den §§ 63 und 64 auch dann, wenn sich während der Dauer der Führungsaufsicht ergibt, daß von dem Verurteilten infolge seines Zustandes rechtswidrige Taten zu erwarten sind und deshalb der Zweck der Maßregel seine Unterbringung erfordert.**

§ 67g AT. 3. Abschnitt. 6. Titel. Maßregeln der Besserung und Sicherung

(3) **Das Gericht widerruft die Aussetzung ferner, wenn Umstände, die ihm während der Dauer der Führungsaufsicht bekannt werden und zur Versagung der Aussetzung geführt hätten, zeigen, daß der Zweck der Maßregel die Unterbringung des Verurteilten erfordert.**

(4) **Die Dauer der Unterbringung vor und nach dem Widerruf darf insgesamt die gesetzliche Höchstfrist der Maßregel nicht übersteigen.**

(5) **Widerruft das Gericht die Aussetzung der Unterbringung nicht, so ist die Maßregel mit dem Ende der Führungsaufsicht erledigt.**

(6) **Leistungen, die der Verurteilte zur Erfüllung von Weisungen erbracht hat, werden nicht erstattet.**

1 **1. a)** Der **Zweck der Maßregel** erfordert im Sinne der Abs 1–3 die Unterbringung, wenn deren materielle Voraussetzungen erfüllt (4–10 zu § 63; 1, 5, 6 zu § 64; 13–18 zu § 66; s auch KG StV 97, 315 mwN) und die der Aussetzung zur Bewährung entfallen oder von vornherein zu Unrecht angenommen worden sind (Karlsruhe Justiz 82, 25 mwN). Bei Unterbringungen in einer Entziehungsanstalt ist das zu verneinen, wenn eine weitere Entziehungskur keine hinreichend konkrete Erfolgsaussicht bietet (Hamm NStZ-RR 96, 187; Düsseldorf NStZ 96, 408 mit krit Anm Funck StV 97, 317; 1 zu § 64).

2 **b)** Die Beurteilung muss sich auf den jeweils verwirklichten, in Abs 1–3 beschriebenen **Widerrufsgrund** iVm allen anderen in der Person, ihrem Zustand und den äußeren Verhältnissen liegenden Umständen stützen; rechtswidrige Taten oder Pflichtwidrigkeiten (Abs 1) genügen allein nicht (Karlsruhe MDR 80, 71; KG StV 97, 315).

3 **c) Zweifel** über den Sachverhalt und über die Prognose wirken sich in derselben Weise wie bei Anordnung der Maßregel (dazu 4 zu § 61) zu Gunsten des Verurteilten aus (str); zur umstrittenen Anwendung auf Teilnehmer Dreher/Fad NZV 04, 231).

4 **2. a)** Für die **einzelnen Widerrufsgründe nach Abs 1** gelten die Ausführungen unter 1–6 zu § 56f weitgehend sinngemäß. Der Verhältnismäßigkeitsgrundsatz kann jedoch auch bei Vorliegen aller übrigen Voraussetzungen den Widerruf ausschließen (KG StV 91, 69; Düsseldorf StV 91, 70; 2 zu § 62; krit Karlsruhe NStZ 97, 151).

5 **b) Abs 2, 3** sind subsidiär und nur anwendbar, wenn Abs 1 ausscheidet (KG StV 97, 315; Böllinger NK 21 und 24). – **Zustand** (Abs 2) ist die körperliche und seelische Verfassung des Verurteilten (seelische Störung, Alkohol- oder Rauschmittelsucht usw; dazu Karlsruhe Justiz 81, 238); eine Änderung der häuslichen Verhältnisse genügt allein nicht (BT-Dr V/4095 S 34). Erfasst werden namentlich Fälle, in denen sich das Krankheitsbild seelisch Gestörter nach der Aussetzung verschlechtert (BT-Dr aaO).

6 **3.** Der Widerruf ist bei Vorliegen seiner Voraussetzungen **zwingend,** auch wenn in einem neuen Verfahren eine Unterbringung gleicher Art angeordnet worden ist (Hamm GA 81, 174). – Zu **Abs 4** vgl 1, 2 zu § 67d.

7 **4. Zuständigkeit** für Entscheidungen nach Abs 1–3 und **Verfahren** §§ 463 I iVm 462a I, II, 463 V iVm 462 StPO (beachte dazu Frankfurt NStZ-RR 96, 91).

8 **5.** Nach Aufhebung der Führungsaufsicht (§ 68e) oder nach Ablauf ihrer gesetzlichen oder vom Gericht bestimmten (§ 68c I S 2) Höchstdauer ist der **Widerruf** nicht mehr möglich, weil in diesem Zeitpunkt die Führungsaufsicht spätestens beendigt und damit nach Abs 5 die freiheitsentziehende Maßregel erledigt ist (Koblenz MDR 81, 336; Düsseldorf NStZ 86, 525; unrichtig Frankfurt StV 90, 34).

– **Führungsaufsicht** –

Vorbemerkung

1. Im Rahmen des Systems der Maßregeln bildet die **Führungsaufsicht** einen 1
wichtigen, allerdings umstrittenen Beitrag des 2. StrRG (4 vor § 1) zur Reform.
Sie soll die Polizeiaufsicht des früheren Rechts (§§ 38, 39 aF) ersetzen, die sich
wegen ihres reinen Sicherungscharakters als wenig erfolgreich erwiesen hatte. In
einem wechselvollen Gesetzgebungsverfahren (vgl etwa §§ 91–98 E 1962; Schultz
JZ 66, 113, 123; zur Entstehungsgeschichte Frehsee NK 3–8 vor § 68) ist für sie
eine Konzeption entwickelt worden, die der Verwirklichung des Resozialisierungs- und des Sicherungszwecks gleich breiten Raum lässt und daher eine Anpassung an die Bedürfnisse des Einzelfalls ermöglicht (zusf zu ihrer Entwicklung
und ihren Chancen Hanack LK 16–27). Sie soll namentlich den Übergang kriminell besonders schwer Gefährdeter aus dem Vollzug in die Freiheit nicht nur im
Interesse der Verurteilten durch soziale Hilfen erleichtern, sondern ihn zugleich
auch zum Schutz der Allgemeinheit sichern (zur Problematik der Führungsaufsicht
Frisch LdRerg 8/560, S 1). Die Verbindung dieser komplexen und von vornherein nicht spannungsfreien Aufgaben in einer Maßregel hat zum Teil harte Kritik
erfahren (Zipf JuS 74, 273, 276; Horn ZStW 89, 547, 554). Indessen ist einzuräumen, dass die mit der Maßregel verfolgten Zwecke erstrebenswert sind. Namentlich für die Möglichkeit wirksamer Aufsicht und Hilfe zugunsten von Verurteilten,
die mit schlechter Prognose aus dem Vollzug langfristiger Freiheitsstrafen entlassen
werden (§ 68f), besteht ein dringendes kriminalpolitisches Bedürfnis (für einen
Vorrang von Hilfe und Betreuung Frehsee NK 11 vor § 68). Ob die bis zu einem
gewissen Grade antagonistischen Aufgaben der Resozialisierung und der Sicherung
durch die Aufgabenverteilung zwischen Gericht, Aufsichtsstelle und Bewährungshelfer (§ 68a) und durch das ihnen zugleich aufgegebene Zusammenspiel (§ 68a
II, III) erfolgreich wahrgenommen werden können, ist umstritten (bejahend Jescheck SchwZStr 75, 1, 42; Kaiser, Befinden sich die kriminalrechtlichen Maßregeln in der Krise?, 1990, S 44; krit Frehsee NK 12–20). Durch Erfahrungen nicht
belegt ist auch, ob die Pönalisierung der Weisungen (§§ 68b I, 145a) ein taugliches und zugleich rechtsstaatlich vertretbares Mittel zur Motivierung der hier in
Frage kommenden Tätergruppen ist (bejahend Groth NJW 79, 743; krit Raabe,
Die Führungsaufsicht im 2. StrRG, 1973, S 95).

2. Die bisher **in der Praxis gesammelten Erfahrungen** sind widersprüchlich 2
und lassen keine abschließende Beurteilung zu (vgl etwa Schulz, Die Führungsaufsicht, 1982, S 158; Brusten, in: Kerner ua, Deutsche Forschungen zur Kriminalitätsentwicklung und Kriminalitätskontrolle, 1983, S 1613; Jacobsen, Führungsaufsicht und ihre Klientel, 1985; Weber, Katamnesen psychisch auffälliger Straftäter
und Führungsaufsicht, 1985; Dertinger/Marks [Hrsg], Führungsaufsicht, 1990;
Schöch NStZ 92, 364; Nißl NStZ 95, 525; Frisch aaO [vgl 1] S 2 und 7). Jedenfalls reichen die zurzeit für den Vollzug der Maßregel verfügbaren personellen und
sachlichen Mittel nur für bescheidene Aktivitäten aus, die sich weitgehend auf die
kraft Gesetzes eintretende Führungsaufsicht (§ 68 II) konzentriert haben, während
von der Möglichkeit, die Maßregel anzuordnen (§ 68 I) im Hinblick auf wachsende Bedenken gegen eine antizipierende negative Prognose kaum Gebrauch gemacht worden ist (Schöch NStZ 92, 364, 370). Auch die im BMJ schon vor Jahren aufgenommenen Vorarbeiten zur Beseitigung von erkannten Mängeln (vgl den
Bericht der BReg zur Beurteilung des strafrechtlichen Sanktionensystems, BT-Dr
10/5828 S 6; s auch Lemke/Vetter BewH 92, 116) sind folgenlos geblieben.

3. Die durch das **SexBG** (13 vor § 1) eingeführten Änderungen des Rechtsin- 3
stituts sind nicht Bestandteil der geplanten allgemeinen Reform. Zur Stärkung des
Sicherheitsinteresses der Allgemeinheit erweitern sie entsprechend dem begrenzten

§ 68 AT. 3. Abschnitt. 6. Titel. Maßregeln der Besserung und Sicherung

Gesetzeszweck nur den Anwendungsbereich der Maßregel bei Sexualdelikten nach §§ 174–180, 182 (§ 68f I S 1) und ermöglichen es, bei gefährlichen Tätern, die entweder die erforderliche Einwilligung in eine Heilbehandlung verweigern oder einer wirksam erteilten entsprechenden Weisung nicht nachkommen, die Führungsaufsicht über das gesetzliche Höchstmaß fortdauern zu lassen (§§ 68c II, 68 IV).

§ 68 Voraussetzungen der Führungsaufsicht

(1) **Hat jemand wegen einer Straftat, bei der das Gesetz Führungsaufsicht besonders vorsieht, zeitige Freiheitsstrafe von mindestens sechs Monaten verwirkt, so kann das Gericht neben der Strafe Führungsaufsicht anordnen, wenn die Gefahr besteht, daß er weitere Straftaten begehen wird.**

(2) **Die Vorschriften über die Führungsaufsicht kraft Gesetzes (§§ 67b, 67c, 67d Abs. 2, 3, 5 und 6 und § 68f) bleiben unberührt.**

Fassung: Abs 2 durch das SexBG (13 vor § 1) und durch das Gesetz zur Einführung der nachträglichen Sicherungsverwahrung (15 vor § 1) technisch geändert.

1   1. Die **Führungsaufsicht** dient wie jede Maßregel der Verhütung künftiger Straftaten. Nach ihrer gesetzlichen Konzeption sucht sie das gleichrangig durch Hilfe für den Verurteilten und durch Sicherung der Allgemeinheit vor dem gefährlichen Täter zu erreichen (Frisch LdRerg 8/560, S 1); im Einzelfall kann je nach den konkreten Bedürfnissen der eine oder der andere Gesichtspunkt mehr im Vordergrund stehen (zur Kritik an diesem Kompromiss 1 vor § 68). IdR soll der Übergang kriminell schwer Gefährdeter aus dem Vollzug in die Freiheit erleichtert und zugleich im Allgemeininteresse der Rückfall verhindert werden.

2   2. Zu den **Voraussetzungen:**
a) aa) Besonders vorgesehen ist die Führungsaufsicht für Straftaten verschiedenster Art (zB in §§ 245, 263 VI, 321) einschl Versuch (§ 22), Teilnahme (§§ 26, 27) und versuchter Beteiligung (§ 30).

3   bb) Für die **Mindesthöhe der verwirkten Freiheitsstrafe** kommt es bei Tatmehrheit auf die Einzelstrafen an (6a zu § 53; s auch Frisch aaO [vgl 1] S 4 und Hanack LK 6 mwN); bei Tateinheit ist die Maßregel zulässig, wenn nur eines der anwendbaren Gesetze sie vorsieht – auch das mildere – sie vorsieht (9 zu § 52; aM Frehsee NK 5; Streng Sanktionen 327).

4   **b)** Für die materielle Voraussetzung der **ungünstigen Prognose** genügt die Gefahr (5 zu § 64) der Begehung weiterer Straftaten (einschr Frehsee NK 6: Straftat derselben Deliktsgruppe). Diese brauchen im Sinne des § 66 I Nr 3 (dort 14) nicht unbedingt „erheblich" zu sein; jedoch schließt der Verhältnismäßigkeitsgrundsatz (2 zu § 62) die Einbeziehung drohender ganz Bagatelltaten aus (weiter einschr Frisch aaO, Hanack LK 10 und Horn SK 8, die auf Taten „von einiger Erheblichkeit" abstellen). Maßgebend für die Beurteilung ist die Zeit der Hauptverhandlung (8 zu § 63; 5 zu § 64; 15 zu § 66; beachte jedoch unten 7). Zum Grundsatz **in dubio pro reo** bei Zweifeln über die Prognose 4 zu § 61.

5   **c)** Aus der Verknüpfung der formellen (vgl 2, 3) und materiellen (vgl 4) Voraussetzungen folgt, dass die Tat (oder die Mehrheit von Taten), an welche die Maßregel anknüpft, für die ungünstige Prognose **symptomatisch** sein muss; auch andere Umstände zur Stützung der Prognose heranzuziehen, wird dadurch nicht ausgeschlossen.

6   **d) Verhältnismäßigkeit** 2 zu § 62.

7   3. Abs 1 ist **Kann-Vorschrift**. Die Anordnung steht daher im **pflichtmäßigen Ermessen** (50 zu § 46) des Gerichts. Für dessen Ausübung wird namentlich bedeutsam sein, ob mildere Maßnahmen zur Verfügung stehen (Hanack LK 21) oder

ob umgekehrt die Bereitstellung der Maßregel deshalb angezeigt erscheint, weil die Anfälligkeit des Täters voraussichtlich noch nach dem Strafvollzug fortbestehen wird (vgl Frisch aaO [vgl 1] S 5).

4. Anordnung der Führungsaufsicht im **Urteil.** Wenn das Gericht zugleich die 8 Entscheidungen nach §§ 68a I, 68b, 68c I S 2 trifft, ergehen sie nach § 268a II StPO durch Beschluss, der mit dem Urteil zu verkünden ist; dasselbe gilt für die kraft Gesetzes nach § 67b II eintretende Führungsaufsicht. Nach dem Zweck der Maßregel und wohl auch dem Wortlaut des § 68d ist es jedoch zulässig und meist auch angezeigt, dass sich das Gericht auf die Anordnung der Führungsaufsicht beschränkt und die weiteren Entscheidungen dem Vollstreckungsverfahren überlässt (Hamm NStZ 82, 260; Hanack LK 28 mwN; s auch 1, 2 zu § 68g; str).

5. Tritt die **Führungsaufsicht kraft Gesetzes** (Abs 2) erst im Vollstreckungs- 9 verfahren ein (§§ 67c, 67d II, III, V, 68f I), so gilt für die nach §§ 68a I, 68b, 68c I S 2 zu treffenden weiteren Entscheidungen § 463 II iVm § 453 StPO; für sie ist idR die Strafvollstreckungskammer zuständig (§ 463 I, VI iVm § 462a I StPO). Sie werden zweckmäßig in den Fällen der §§ 67c, 67d II mit der Anordnung der Aussetzung zur Bewährung verbunden und in den Fällen der §§ 67d III, V, 68f I vor Ende des Maßregelvollzugs (dazu Düsseldorf NStZ 96, 567; Frankfurt NStZ-RR 96, 380), jedenfalls aber noch rechtzeitig zur Vorbereitung der Entlassung getroffen (beachte auch 5 zu § 68f).

6. Zum Ausschluss der Führungsaufsicht bei **DDR-Alttaten** 11, 32 zu § 2. 10

§ 68a Aufsichtsstelle, Bewährungshelfer

(1) **Der Verurteilte untersteht einer Aufsichtsstelle; das Gericht bestellt ihm für die Dauer der Führungsaufsicht einen Bewährungshelfer.**

(2) **Bewährungshelfer und Aufsichtsstelle stehen im Einvernehmen miteinander dem Verurteilten helfend und betreuend zur Seite.**

(3) **Die Aufsichtsstelle überwacht im Einvernehmen mit dem Gericht und mit Unterstützung des Bewährungshelfers das Verhalten des Verurteilten und die Erfüllung der Weisungen.**

(4) **Besteht zwischen der Aufsichtsstelle und dem Bewährungshelfer in Fragen, welche die Hilfe für den Verurteilten und seine Betreuung berühren, kein Einvernehmen, so entscheidet das Gericht.**

(5) **Das Gericht kann der Aufsichtsstelle und dem Bewährungshelfer für ihre Tätigkeit Anweisungen erteilen.**

(6) **Vor Stellung eines Antrags nach § 145a Satz 2 hört die Aufsichtsstelle den Bewährungshelfer; Absatz 4 findet keine Anwendung.**

1. Aufsicht und Hilfe sind die in einem Spannungsverhältnis stehenden 1 Hauptaufgaben zur Erreichung des Maßregelzwecks (1 zu § 68). Die Vorschrift überträgt beide ohne scharfe Trennung sowohl der Aufsichtsstelle wie auch dem (in jedem Falle zu bestellenden) Bewährungshelfer, versucht aber, durch Bildung unterschiedlicher Schwerpunkte die Überwachungstätigkeit enger der Aufsichtsstelle zuzuordnen und dem Bewährungshelfer mehr Bewegungsfreiheit für seine Resozialisierungsarbeit zu verschaffen (Prot 7, 630; krit zu dieser sog Dualstruktur Schöch NStZ 92, 364, 371; Frehsee NK 9–13).

a) Zur **Organisation der Aufsichtsstelle** im Geschäftsbereich der Landesjus- 2 tizverwaltungen vgl Art 295 EGStGB; BT-Dr 7/550 S 456 und 7/1261 S 58.

b) Allgemein zur **haupt- und ehrenamtlichen Tätigkeit des Bewährungs-** 3 **helfers** 5, 6 zu § 56d. Dessen Bestellung zu Beginn der Führungsaufsicht (§ 68c III und dort 1–3) ist obligatorisch (Düsseldorf MDR 85, 866).

§ 68b AT. 3. Abschnitt. 6. Titel. Maßregeln der Besserung und Sicherung

4 2. Die Aufgabe der **Hilfe und Betreuung** nehmen Aufsichtsstelle und Bewährungshelfer im Einvernehmen miteinander wahr (Abs 2); in der Praxis sollte hier jedoch der Schwerpunkt beim Bewährungshelfer liegen (BT-Dr V/4095 S 31; Frehsee NK 15). Rechtlich sind beide gehindert, ohne oder gegen den Willen des anderen etwas zu unternehmen (BT-Dr 7/1261 S 8); es empfiehlt sich, jeweils einen allgemeinen Rahmen für diesen Tätigkeitsbereich festzulegen, so dass die ausdrückliche Herstellung des Einvernehmens nur bei wichtigen Anlässen erforderlich wird.

5 3. a) Die **Überwachung** durch die Aufsichtsstelle erstreckt sich – abweichend von § 56 d III – auf das Gesamtverhalten des Verurteilten, nicht nur auf die Erfüllung der Weisungen.

6 b) Wie das **Einvernehmen mit dem Gericht** herzustellen ist, etwa nur durch Setzung eines allgemeinen Rahmens für die Überwachungstätigkeit oder durch regelmäßige Einzelfallberichte, unterliegt der Bestimmung des Gerichts. Daran ist die Aufsichtsstelle gebunden (einschr Mainz NStZ 87, 541). – Der **Bewährungshelfer** sollte zur Förderung seiner Hauptaufgabe mit Mitwirkungspflichten im Überwachungsbereich möglichst entlastet werden. Abweichend von Abs 4 stehen hier Meinungsverschiedenheiten der Ausführung von Überwachungsmaßnahmen durch die Aufsichtsstelle nicht entgegen (Hanack LK 12).

7 4. Der Aufsichtsstelle fällt im Rahmen der Abs 2, 3 vornehmlich die Aufgabe der **Koordinierung** zu (BT-Dr V/4095 S 35). Sie hat die Stellen zu beteiligen, die im Rahmen ihrer Zuständigkeit Hilfen gewähren können (zB Arbeitsämter, Jugendämter, Sozialämter, private Hilfsorganisationen); auch die Einschaltung der Polizei zur Wahrnehmung von Sicherungsaufgaben ist nicht ausgeschlossen.

8 5. Die **Anweisungsbefugnis** des Gerichts nach Abs 5 ist auf die einzelnen Aufsichtsfälle beschränkt; mit ihr ist eine begrenzte Fachaufsicht verbunden, die der allgemeinen Dienstaufsicht vorgeht. – Eine bindende Anweisungsbefugnis der Aufsichtsstelle gegenüber dem Bewährungshelfer (Hanack LK 12) besteht ebenso wenig wie eine Anweisungsbefugnis beider gegenüber dem Verurteilten; jedoch kann das Gericht die Beteiligten durch Anweisung nach Abs 5 oder nachträgliche Entscheidung nach § 68 d verpflichten (Frehsee NK 22).

9 6. Für das **Verfahren** bei Entscheidungen nach Abs 4, 5 gilt § 463 II iVm § 453 StPO. Zur Zuständigkeit und zum Verfahren für Entscheidungen nach Abs 1 vgl 8, 9 zu § 68; 2 zu § 68 d. Zum Auskunftsrecht der Aufsichtsstelle gegenüber anderen Behörden, zu ihren Ermittlungsbefugnissen und ihrer örtlichen Zuständigkeit § 463 a StPO.

10 7. Zu **Abs 6** vgl 6 zu § 145 a.

§ 68 b Weisungen

(1) **Das Gericht kann den Verurteilten für die Dauer der Führungsaufsicht oder für eine kürzere Zeit anweisen,**
1. **den Wohn- oder Aufenthaltsort oder einen bestimmten Bereich nicht ohne Erlaubnis der Aufsichtsstelle zu verlassen,**
2. **sich nicht an bestimmten Orten aufzuhalten, die ihm Gelegenheit oder Anreiz zu weiteren Straftaten bieten können,**
3. **bestimmte Personen oder Personen einer bestimmten Gruppe, die ihm Gelegenheit oder Anreiz zu weiteren Straftaten bieten können, nicht zu beschäftigen, auszubilden oder zu beherbergen,**
4. **bestimmte Tätigkeiten nicht auszuüben, die er nach den Umständen zu Straftaten mißbrauchen kann,**

Weisungen **§ 68b**

5. bestimmte Gegenstände, die ihm Gelegenheit oder Anreiz zu weiteren Straftaten bieten können, nicht zu besitzen, bei sich zu führen oder verwahren zu lassen,
6. Kraftfahrzeuge oder bestimmte Arten von Kraftfahrzeugen oder von anderen Fahrzeugen nicht zu halten oder zu führen, die er nach den Umständen zu Straftaten mißbrauchen kann,
7. sich zu bestimmten Zeiten bei der Aufsichtsstelle oder einer bestimmten Dienststelle zu melden,
8. jeden Wechsel des Wohnorts oder des Arbeitsplatzes unverzüglich der Aufsichtsstelle zu melden oder
9. sich im Falle der Erwerbslosigkeit bei der zuständigen Agentur für Arbeit oder einer anderen zur Arbeitsvermittlung zugelassenen Stelle zu melden.

Das Gericht hat in seiner Weisung das verbotene oder verlangte Verhalten genau zu bestimmen.

(2) Das Gericht kann dem Verurteilten für die Dauer der Führungsaufsicht oder für eine kürzere Zeit weitere Weisungen erteilen, namentlich solche, die sich auf Ausbildung, Arbeit, Freizeit, die Ordnung der wirtschaftlichen Verhältnisse oder die Erfüllung von Unterhaltspflichten beziehen. § 56c Abs. 3 ist anzuwenden.

(3) Bei den Weisungen dürfen an die Lebensführung des Verurteilten keine unzumutbaren Anforderungen gestellt werden.

Fassung: Technische Änderung in Abs 1 Nr 9 durch Art 44 des Dritten Gesetzes für moderne Dienstleistungen am Arbeitsmarkt (15 vor § 1).

1. Die **Weisungen** stimmen nach Rechtsnatur, kriminalpolitischem Zweck **1** und Begrenzung auf zumutbare Anforderungen (Abs 3) mit denen bei Strafaussetzung zur Bewährung überein (1–7 zu § 56c); sie sind jedoch im Hinblick auf die mehrdimensionale Zielsetzung der Führungsaufsicht (1 vor § 68) auch allein zur Überwachung des Verurteilten zulässig (Mrozynski JR 83, 397 mwN; s auch Stuttgart NStZ 90, 279).

2. Abs 1 enthält einen erschöpfenden Katalog der strafbewehrten (§ 145a) **2** Weisungen (dazu Hanack LK 19–35). Deren im Verhältnis zu § 56c II differenziertere Beschreibung soll einerseits die Weisungen herausschälen, mit denen die allgemeinen Bedingungen für Erfolg versprechende Aufsicht und Hilfe geschaffen werden können, und andererseits die Anknüpfung der Strafdrohung des § 145a rechtsstaatlich vertretbar machen. Die Gebote und Verbote müssen als Merkmale einer der Nummern des Abs 1 erfüllen und nach Zeit, Ort und Gegenstand so genau umschrieben sein, dass der Bestimmtheitsgrundsatz (dazu 2 zu § 145a) gewahrt ist (Abs 1 S 2; dazu Frehsee NK 5). – **Nr 1:** Die Weisung, nach Aussetzung der Unterbringung in einem psychiatrischen Krankenhaus (§ 67d II) weiter in dessen offener Station zu verbleiben, ist zwar nicht unzulässig (Düsseldorf MDR 90, 743), aber meist nicht angezeigt. – **Nr 4:** Eine Weisung, die wie ein Berufsverbot nach § 70 wirkt, ist wegen der verschiedenartigen Zielsetzung der beiden Maßnahmen nur regelmäßig, aber nicht notwendig ausgeschlossen (Sch/Sch-Stree 8; aM Hanack LK 23–27; Frehsee NK 12); jedoch ist das aus Sicherungsgründen ausgesprochene Verbot, eine bestimmte berufliche Tätigkeit auszuüben, an die gleichen Voraussetzungen gebunden wie ein Berufsverbot (Karlsruhe NStZ 95, 291). – **Nr. 6:** Auch eine Weisung, die dem Verurteilten die Teilnahme am Kraftverkehr untersagt, scheidet nicht notwendig aus (Sch/Sch-Stree 11; aM Hanack LK 29; zw); sie hat allerdings neben der (obligatorischen, 10 zu § 69) Entziehung der Fahrerlaubnis idR keine sinnvolle Funktion. – **Nr 7:** Auch die Dienststelle des

§ 68c AT. 3. Abschnitt. 6. Titel. Maßregeln der Besserung und Sicherung

dem Verurteilten bestellten Bewährungshelfers kommt in Frage (Stuttgart NStZ 90, 279 mwN). – **Nr 8:** Es kann nur eine Meldepflicht gegenüber der Aufsichts-, nicht aber gegenüber anderen Dienststellen angeordnet werden (Hanack LK 34). Nicht bereits nach Nr 8, sondern nur nach Abs 2 möglich ist die Weisung, sich um einen Arbeitsplatz zu bemühen oder diesen nicht ohne Erlaubnis zu wechseln (Hamm JMBlNRW 82, 153; Tröndle/Fischer 10). Eine Präzisierung des Merkmals „unverzüglich" durch die Angabe einer Frist ist sinnvoll (Sch/Sch-Stree 13). – **Nr 9:** Der Verurteilte darf nur zur Meldung gegenüber der Agentur usw verpflichtet werden, nicht jedoch dazu, eine angebotene Arbeit anzunehmen (Frehsee NK 17).

3   3. **Abs 2** lässt alle weiteren – weder hier noch in § 56c (dort 6) erschöpfend aufgezählten – Gebote und Verbote zu, sofern sie nur die allgemeinen Voraussetzungen der Weisungen erfüllen (vgl 1); der Hinweis auf Ausbildung, Arbeit usw ist nur beispielhaft. Diese Weisungen sind nicht strafbewehrt; das gilt namentlich auch für die durch das SexBG (13 vor § 1) modifizierte Weisung, sich einer Heilbehandlung oder Entziehungskur zu unterziehen (1a zu § 68c).

4   4. Nach ihrem Wortlaut sind Abs 1, 2 **Kann-Vorschriften**, so dass an sich die Erteilung von Weisungen pflichtmäßigem Ermessen (50 zu § 46) unterliegt. Jedoch dürfte hier § 56c I S 1 entsprechend anwendbar sein, nach dem Weisungen obligatorisch sind, wenn der Verurteilte dieser Hilfe bedarf; hier das Gericht freier zu stellen als bei der Strafaussetzung, wäre widersprüchlich (Hanack LK 7). Im Hinblick auf die sehr verschiedenen Tätergruppen ist eine differenzierende Handhabung besonders wichtig (Hanack LK 5–7). Im Einzelfall kann es angezeigt sein, von vornherein (S 1) oder nachträglich (§ 68d) einen Teil der Maßregelzeit weisungsfrei zu lassen.

5   5. **Zuständigkeit** für die Anordnung von Weisungen und **Verfahren** 8, 9 zu § 68; 2 zu § 68d.

§ 68c Dauer der Führungsaufsicht

(1) **Die Führungsaufsicht dauert mindestens zwei und höchstens fünf Jahre. Das Gericht kann die Höchstdauer abkürzen.**

(2) **Das Gericht kann eine die Höchstdauer nach Absatz 1 Satz 1 überschreitende unbefristete Führungsaufsicht anordnen, wenn der Verurteilte**

1. in eine Weisung nach § 56 c Abs. 3 Nr. 1 nicht einwilligt oder

2. eine Weisung, sich einer Heilbehandlung oder einer Entziehungskur zu unterziehen, nicht nachkommt

und die Gefährdung der Allgemeinheit durch die Begehung weiterer erheblicher Straftaten zu befürchten ist. Erklärt der Verurteilte nachträglich seine Einwilligung, so setzt das Gericht die weitere Dauer der Führungsaufsicht fest. Im übrigen gilt § 68 e Abs. 4.

(3) **Die Führungsaufsicht beginnt mit der Rechtskraft der Anordnung. In ihre Dauer wird die Zeit nicht eingerechnet, in welcher der Verurteilte flüchtig ist, sich verborgen hält oder auf behördliche Anordnung in einer Anstalt verwahrt wird.**

Fassung: Abs 2 durch das SexBG (13 vor § 1) eingefügt (unbefristete Führungsaufsicht).

1   1. Die **Dauer der Führungsaufsicht** ist unbestimmt und vom Eintritt der Voraussetzungen abhängig, unter denen sie aufzuheben ist (§ 68e I). Die in **Abs 1**

Dauer der Führungsaufsicht **§ 68c**

bestimmte Mindest- und Höchstdauer bildet – vorbehaltlich der durch das SexBG (vgl vor 1) eingeführten Ausnahme in Abs 2 – nur eine absolute Schranke, die nicht unter- (zur Mindestdauer vgl auch 1 zu § 68e; 2, 5 zu § 68f) oder überschritten werden darf (Düsseldorf NStZ 86, 525). Auch eine Abkürzung der Höchstdauer nach Satz 2 verändert lediglich diese Schranke; sie schon im Urteil anzuordnen, ist wegen der Unübersehbarkeit der weiteren Entwicklung idR nur angezeigt, wenn die gesetzliche Höchstdauer unverhältnismäßig wäre (2 zu § 62; s auch 1 zu § 68d; Koblenz NStZ 00, 92; Streng Sanktionen 330).

2. Der neue **Abs 2** (vgl vor 1) verfolgt den Zweck, die Änderung des § 56c **1a** (dort 8–9) zu ergänzen und zugleich die Möglichkeit zu eröffnen, auf Verstöße gefährlicher Täter gegen Weisungen nach § 56c III Nr 1 mit der Anordnung unbefristeter Führungsaufsicht zu reagieren. Dadurch wird zur Stärkung des Sicherheitsinteresses der Allgemeinheit die früher nicht zulässige Kontrolle (einschl Betreuung) des Verurteilten über den Ablauf der Höchstfrist hinaus (Abs 1) erstreckt (BT-Dr 13/9062 S 10; zust Schöch NJW 98, 1257, 1260). Zu den **Voraussetzungen** im Einzelnen:

a) Die hier erforderliche **ungünstige Prognose** setzt eine Gesamtwürdigung **1b** aller für sie relevanten Umstände voraus, aus denen sich die **konkrete Gefahr,** dh die bestimmte Wahrscheinlichkeit der Begehung weiterer erheblicher Straftaten ergibt; erheblich sind nur solche Taten, die nicht lediglich lästig, sondern geeignet sind, den Rechtsfrieden empfindlich zu stören (näher 5 zu § 63; 5 zu § 64; 14 zu § 66); dabei dürfte die Erheblichkeitsschwelle nicht ganz so hoch liegen wie bei den unbefristeten Unterbringungen nach §§ 63, 66.

b) Nr 1: An der erforderlichen Einwilligung muss es im **Zeitpunkt** der An- **1c** ordnung unbefristeter Führungsaufsicht fehlen. Einbezogen ist daher auch der Fall, dass der Verurteilte zwar nachträglich in eine Weisung eingewilligt (dazu 9 zu § 56c), die Einwilligung aber später widerrufen hat.

c) Nr 2: Erforderlich ist der **schuldhafte Verstoß** gegen eine zulässige, dem **1d** Täter bekanntgemachte und nicht durch eine Gesamtstrafenentscheidung (§ 58) überholte Weisung nach § 56c III Nr 1 (s dazu auch 6 zu § 56f).

d) Bei **nachträglicher Erklärung der Einwilligung** setzt das Gericht die **1e** weitere Dauer der Führungsaufsicht fest. Die Frist muss ebenso wie in § 68c I mindest zwei, darf aber maximal fünf Jahre betragen (Horn SK 6). Sie beginnt im Zeitpunkt der richterlichen Entscheidung (Sch/Sch-Stree 3). Unberührt bleibt jedoch eine uU nach § 68e IV (dort 3) gebotene Prüfung, wenn seit Anordnung der unbefristeten Führungsaufsicht die Höchstfrist des § 68c I S 1 verstrichen ist und nicht zuvor auf Antrag oder von Amts wegen die Aufhebung der Maßregel nach § 68e I geprüft worden ist.

3. a) Die **nach § 68 I angeordnete Führungsaufsicht beginnt** mit der **2** Rechtskraft des Urteils (Abs 2 S 1). Weil sie ihrem Wesen nach eine Aufsicht in der Freiheit bedeutet, wird sie ohne Einschränkungen nur ausgeführt, wenn und solange der Verurteilte sich nicht im Straf- oder Maßregelvollzug befindet (Hanack LK 13 mwN); während des Vollzugs können Aufsichtsstelle und Bewährungshelfer (2, 3 zu § 68a) nur im Einvernehmen mit der Anstalt und auch nur zur Erfüllung spezifischer Bedürfnisse der Führungsaufsicht tätig werden (Hanack LK 14; s auch Frankfurt NStZ-RR 96, 380; LG Köln MDR 86, 513 mit Anm Mainz).

b) Die **kraft Gesetzes eintretende Führungsaufsicht** (§ 68 II) **beginnt,** **3** wenn sie durch eine Entscheidung (§§ 67b II, 67c, 67d II, III) ausgelöst wird, ebenfalls mit deren Rechtskraft; das folgt aus dem Grundgedanken des Abs 3 S 1 (Hanack LK 15; Horstkotte LK 83 zu § 67d mwN). Knüpft die Führungsaufsicht

§§ 68d, 68e AT. 3. Abschnitt. 6. Titel. Maßregeln der Besserung und Sicherung

an die Entlassung aus dem Vollzug an (§§ 67 V, 68 f I), so entscheidet der Zeitpunkt der Entlassung aus dem Maßregelvollzug; dass anschließend noch Strafhaft zu verbüßen ist, steht dem nicht entgegen (Düsseldorf MDR 96, 954); für diesen Fall gelten die Ausführungen unter 2 sinngemäß.

4 c) Im Sinne des **Abs 3 S 2** ist **flüchtig,** wer mit dem Willen, für Behörden unerreichbar zu sein, seine Wohnung verlassen hat, ohne eine neue zu beziehen oder wenigstens eine feste Anschrift zu haben, unter der ihn Post sicher erreicht. **Verborgen** hält sich, wer mit demselben Willen seinen Aufenthalt den Behörden vorenthält, namentlich unangemeldet oder unter falschem Namen lebt (Hilger LR 30 zu § 112). Keine **behördliche Verwahrung** (vgl 11 zu § 44) ist die privatrechtliche Unterbringung in einem psychiatrischen Krankenhaus durch den Vormund (LG Mönchengladbach NStZ 92, 51; Frehsee NK 12; aM LG Hamburg NStZ 87, 187, beide mwN).

5 4. **Zuständigkeit** für Anordnungen nach Abs 1 S 2, Abs 2 und **Verfahren** 8, 9 zu § 68; 2 zu § 68 d (beachte auch Düsseldorf NStZ-RR 97, 220).

§ 68 d Nachträgliche Entscheidungen

Das Gericht kann Entscheidungen nach § 68 a Abs. 1 und 5, den §§ 68 b und 68 c Abs. 1 Satz 2 und Abs. 2 auch nachträglich treffen, ändern oder aufheben.

Fassung: Durch das SexBG (13 vor § 1) geändert (Einbeziehung des § 68 c II).

1 1. Die Voraussetzungen **nachträglicher Entscheidungen** müssen in dem Zeitpunkt erfüllt sein, in dem sie getroffen werden; das ist vor allem für die Anordnung unbefristeter Führungsaufsicht (1 a–1 e zu § 68 c) wichtig. – Dass Auflagen oder Weisungen überhaupt erst nachträglich angeordnet werden, kommt namentlich in Frage, wenn sich das erkennende Gericht auf die Anordnung der Führungsaufsicht beschränkt hatte (8 zu § 68). Änderungen und Aufhebungen setzen neue, bei der Anordnung noch nicht bestehende oder nicht bekannt gewesene Umstände voraus, hängen im Übrigen aber ausschließlich von den jeweiligen spezialpräventiven Bedürfnissen ab (s auch 1, 2 zu § 56 e).

2 2. **Zuständig** ist meist die Strafvollstreckungskammer (§ 463 I, VI iVm § 462 a I StPO). – Für das **Verfahren** gilt § 463 II iVm § 453 StPO; nach Anordnung unbefristeter Führungsaufsicht bestimmt sich das weitere Verfahren nach § 68 e IV.

§ 68 e Beendigung der Führungsaufsicht

(1) Das Gericht hebt die Führungsaufsicht auf, wenn zu erwarten ist, daß der Verurteilte auch ohne sie keine Straftaten mehr begehen wird. Die Aufhebung ist frühestens nach Ablauf der gesetzlichen Mindestdauer zulässig.

(2) Das Gericht kann Fristen von höchstens sechs Monaten festsetzen, vor deren Ablauf ein Antrag auf Aufhebung der Führungsaufsicht unzulässig ist.

(3) Die Führungsaufsicht endet, wenn die Unterbringung in der Sicherungsverwahrung angeordnet ist und deren Vollzug beginnt.

(4) Hat das Gericht nach § 68 c Abs. 2 unbefristete Führungsaufsicht angeordnet, so prüft es spätestens mit Verstreichen der Höchstfrist gemäß § 68 c Abs. 1 Satz 1, ob eine Entscheidung nach Absatz 1 Satz 1 geboten ist. Lehnt das Gericht eine Aufhebung der Führungsaufsicht ab, so beginnt die Frist mit der Entscheidung von neuem.

Fassung: Abs 4 durch das SexBG (13 vor § 1) angefügt (Prüfungspflicht bei unbefristeter Führungsaufsicht).

1. a) Die **Aufhebung der Führungsaufsicht** ist nur unter den Voraussetzungen des Abs 1 (aM LG Bonn NStZ 94, 358 mit abl Bespr Bringewat BewH 94, 216 und Koepsel NStZ 94, 359) und nur innerhalb der durch Mindest- und Höchstdauer (1 zu § 68c) oder durch Abs 4 (vgl vor 1) gezogenen Schranken zulässig. Das gilt grundsätzlich – vorbehaltlich der Ausnahme nach § 68f II (dort 5) – auch dann, wenn die Führungsaufsicht kraft Gesetzes eingetreten ist (§ 68 II) oder wenn der Verurteilte aus langfristigem Strafvollzug vorzeitig entlassen worden ist (Maier NJW 77, 371 mwN). Der Versuch von Horn (SK 14 zu § 68), aus § 68f und dem Verhältnismäßigkeitsgrundsatz die Unanwendbarkeit der zeitlichen Beschränkung nach Abs 1 S 2 abzuleiten, findet im Gesetz keine Stütze. Diesem liegt vielmehr das allgemeine Prinzip zu Grunde, dass die Führungsaufsicht nicht vor Ablauf von zwei Jahren tatsächlicher Ausführung beendigt werden soll, weil vorher eine begründete Prognose idR nicht gestellt werden kann (krit Frehsee NK 11). Eine Unterschreitung der zeitlichen Schranke kommt daher nur im Einzelfall in Frage, wenn andernfalls der Verhältnismäßigkeitsgrundsatz verletzt würde (diff Hanack LK 10–25 mwN). 1

b) Die Aufhebung setzt eine **günstige Prognose** voraus, die inhaltlich mit der Prognose bei Maßregelaussetzung zur Bewährung nach § 67d II (dort 3), also nicht mit der weniger strengen nach § 57 I Nr 2 (KG JR 88, 295), übereinstimmt, aber insofern andere Bezugspunkte hat, als es nicht um die Begründung einer Bewährungsaufsicht über den Verurteilten, sondern um seine endgültige Entlassung mit anschließender Führungsaufsicht geht (beachte dazu Frisch LdRerg 8/560, S 7 und Hanack LK 5). Zum **Grundsatz in dubio pro reo** bei Zweifeln über die Prognose 5 zu § 61. 2

2. Zuständigkeit und Verfahren § 463 III iVm § 454 I, III, IV StPO. Die Entscheidung ergeht auf Antrag oder von Amts wegen. Im Hinblick auf den zwingenden Charakter des Abs 1 ist das Gericht bei Ablauf der Mindestdauer (§ 68c I) auch ohne Antrag zur Prüfung der Voraussetzungen verpflichtet; im weiteren Verlauf bleibt es dazu berechtigt, ist aber insoweit nicht an bestimmte Fristen gebunden. Nur bei unbefristeter Führungsaufsicht (1 a–1 e zu § 68c) sind zur Wahrung des Verhältnismäßigkeitsgrundsatzes nach Ablauf der sonst maßgebenden Höchstfrist regelmäßige Prüfungen auch dann obligatorisch, wenn keine Anhaltspunkte für eine günstige Prognose erkennbar geworden sind (BT-Dr 13/9062 S 11). – Im Übrigen gelten die Ausführungen unter 29, 30, 37, 38 zu § 57 zur Antragsbefugnis, zur Frage, ob eine förmliche Entscheidung erforderlich ist, und zur Wiederholung von Anträgen sinngemäß. 3

3. Wird die Führungsaufsicht nicht aufgehoben, so **endet sie mit Ablauf ihrer Höchstdauer,** es sei denn, dass sie aus einem anderen Grund (zB nach § 68g III) vorzeitig entfällt oder dass sie unbefristet ist (1 a zu § 68c); nach Beendigung sind Entscheidungen nach § 68d mit dem Ziel der Wiederherstellung der Führungsaufsicht nicht mehr möglich (Düsseldorf MDR 89, 88). – Abs 3 bezieht sich nur auf die Sicherungsverwahrung, nicht auf andere Maßregeln (Hamm JR 87, 121 mit Anm Ranft; Nürnberg NStZ 90, 301, alle mwN; str). 4

§ 68f Führungsaufsicht bei Nichtaussetzung des Strafrestes

(1) **Ist eine Freiheitsstrafe von mindestens zwei Jahren wegen einer vorsätzlichen Straftat oder eine Freiheitsstrafe von mindestens einem Jahr wegen einer in § 181b genannten Straftat vollständig vollstreckt worden, so tritt mit der Entlassung des Verurteilten aus dem Strafvoll-**

§ 68f

zug Führungsaufsicht ein. **Dies gilt nicht, wenn im Anschluß an die Strafverbüßung eine freiheitsentziehende Maßregel der Besserung und Sicherung vollzogen wird.**

(2) **Ist zu erwarten, daß der Verurteilte auch ohne die Führungsaufsicht keine Straftaten mehr begehen wird, so ordnet das Gericht an, daß die Maßregel entfällt.**

Fassung: Abs 1 S 1 durch das SexBG (13 vor § 1) neugefasst (Herabsetzung des Mindestmaßes der Freiheitsstrafe bei Sexualdelikten).

1 1. a) **Abs 1** (zu seiner rechtspolitischen und rechtsstaatlichen Problematik Frisch LdR erg 8/560 S 2; Hanack LK 4–8; zu seiner Verfassungsmäßigkeit BVerfGE 55, 28): Für das **Mindestmaß** nach Satz 1 ist die Höhe der **im Urteil verhängten Freiheitsstrafe** maßgebend. – **Vollständige Vollstreckung** wird durch gnadenweisen Erlass einer auch noch so kurzen Reststrafe ausgeschlossen (KG JR 79, 293 und NStZ 04, 228; zw); nicht dagegen durch vorzeitige Entlassung nach § 16 III StVollzG (Düsseldorf MDR 87, 603; KG NStZ 04, 228) oder auf Grund einer Anrechnung nach § 43 IX StVollzG (KG aaO). Keinen Hinderungsgrund bilden Anrechnung von Freiheitsentziehung (§§ 51, 67 IV S 1) oder von anderen Einbußen (hM; krit Hanack LK 16–18), zB von Suchtbehandlung nach § 36 I BtMG (München NStZ 90, 454 mit Anm Stree) oder von Leistungen nach § 56f III S 2 (Stree aaO), und zwar auch dann nicht, wenn sich die Strafe durch Anrechnung voll erledigt hat (Stree, Baumann-FS, S 281, 291; aM Hanack LK 16; Frehsee NK 8). Dasselbe gilt für vorausgegangene Unterbrechungen der Vollstreckung oder andere zeitliche Zwischenräume (Stree aaO S 290), zB bei vorausgegangenem Widerruf der Strafrestaussetzung (Düsseldorf NStZ-RR 02, 190; Tröndle/Fischer 4). – **Vorsätzliche Straftat** 3 zu § 66. Nach inzwischen überwiegender, im Hinblick auf den Gesetzeszweck aber kaum überzeugender Rspr muss nicht lediglich eine Gesamtstrafe, sondern mindestens eine Einzelstrafe wegen einer Vorsatztat das Mindestmaß erreichen (expl Hamm NStZ 96, 407; KG NStZ-RR 99, 138; Bamberg NStZ-RR 00, 61; Frehsee NK 4; Streng Sanktionen 325; aM Hamburg NStZ-RR 96, 262; Nürnberg NStZ-RR 98, 124; München NStZ-RR 02, 183; Düsseldorf JR 04, 163 mit Anm Dölling; Tröndle/Fischer 3); nach einer gut begründeten Mindermeinung sollte es aber jedenfalls genügen, wenn das Mindestmaß durch eine Mehrheit von Einzelstrafen wegen gleichartiger Delikte, bei denen Führungsaufsicht besonders vorgesehen ist (2 zu § 68), zB bei hehlerischer Absatzhilfe, erreicht wird (so Stree aaO [Baumann-FS] S 286; s auch Tröndle/Fischer 4 zu § 68). Bei einer Einheitsjugendstrafe (§ 31 JGG) kommt es darauf an, ob der Verurteilung mindestens eine Vorsatztat zugrundeliegt, für die eine das Mindestmaß erreichende Jugendstrafe verwirkt gewesen wäre (Hamm NStZ-RR 98, 61; s auch 6 zu § 66). – Die durch das SexBG eingeführte **Herabsetzung des Mindestmaßes** bei Sexualdelikten im Sinne des § 181b (vgl vor 1) soll zur Wahrung des Sicherheitsinteresses der Allgemeinheit gewährleisten, dass nach der Entlassung auch bei mittelschweren triebhaft motivierten Sexualdelikten eine wirksame Betreuung und Aufsicht möglich bleibt (zust Schöch NJW 98, 1257, 1260). Da es sich ausnahmslos um Vorsatzdelikte handelt, muss bei einer Gesamtstrafe mindestens eine Einzelstrafe wegen eines einschlägigen Sexualdelikts das Mindestmaß erreichen und bei einer Einheitsjugendstrafe die entsprechende Mindestjugendstrafe fiktiv verwirkt gewesen sein. – **Beginn** der Führungsaufsicht 3 zu § 68c.

2 b) Wird nach Vollstreckung der Freiheitsstrafe eine **Anschlussstrafe** vollstreckt, so hindert das den Eintritt der Führungsaufsicht nicht (beachte aber 2 zu § 68c). Die nach Abs 2 zu treffende Entscheidung ist daher zurückzustellen, bis die endgültige Entlassung in Freiheit ansteht (Tröndle/Fischer 5); dies gilt aber

Führungsaufsicht bei Nichtaussetzung des Strafrestes § 68f

nicht für den Fall, dass nach der Vollverbüßung eine Überführung in die U-Haft erfolgt (Düsseldorf NStZ-RR 02, 190 mit Anm Dölling JR 03, 170).

c) Wird der Verurteilte **nach der Entlassung erneut** zu einer das Mindestmaß des Satzes 1 überschreitenden Freiheitsstrafe verurteilt, so bleibt die schwebende Führungsaufsicht unberührt (hM; vgl LG Köln MDR 86, 513 mit Anm Mainz; anders LG Regensburg MDR 83, 423); sie kann nur unter den dafür geltenden Voraussetzungen aufgehoben werden (Tröndle/Fischer 8; Horn SK 6 mwN). 3

d) Es ist nicht ausgeschlossen, dass die Führungsaufsicht nach Abs 1 S 1 **mit einer bereits eingetretenen** (zB im Urteil angeordneten) **zusammentrifft**. In diesen Fällen schließt nicht die eine Führungsaufsicht die andere aus (abw Hamm MDR 83, 953, das den § 68 f insoweit für subsidiär hält, und Horn SK 8, der umgekehrt den Wegfall der angeordneten Führungsaufsicht annimmt); sie kann auch nicht mit Rücksicht auf das Bestehen der anderen aufgehoben werden (Nürnberg NStZ 90, 301 mwN; str). Beide Führungsaufsichten werden vielmehr einheitlich nach der jeweils längeren Höchstdauer ausgeführt (einschr LG Bonn MDR 88, 880 mit abl Anm Mainz). Jedoch ist Abs 2 (vgl 5) im Falle einer zuvor angeordneten Führungsaufsicht nicht anwendbar, weil diese nicht vor Ablauf der Mindestdauer aufgehoben werden darf (§ 68 e I S 2); in deren Bestand nebst ihren Rechtsfolgen einzugreifen, bietet der nur auf § 68 f bezogene Abs 2 keine Grundlage (Düsseldorf NStZ 95, 34 mwN; aM AG Hamburg MDR 89, 180; Frehsee NK 14; Hanack LK 9, 10, die dem § 68 f II Vorrang geben; zw). 4

2. Abs 2 entspricht in seinen Voraussetzungen dem § 68 e I S 1 (dort 1; beachte auch KG JR 88, 295). Zweifel über die Prognose, die strengere Voraussetzungen hat als die nach § 57 I (Düsseldorf NStZ-RR 00, 147), gehen hier wie bei allen Entlassungsprognosen (5 zu § 61) zu Lasten des Verurteilten (hM; vgl KG JR 93, 301; Düsseldorf StV 95, 539); das folgt aus dem doppelten Zweck der Führungsaufsicht, dem Verurteilten beim Übergang in die Freiheit zu helfen und die Allgemeinheit zu sichern. Wegen der Unsicherheit von Entlassungsprognosen würde hier eine Ausscheidung des Zweifelsbereichs zweckwidrig sein (aM Stree, Baumann-FS, S 293). – Da es darum geht, den Eintritt einer im Einzelfall nicht erforderlichen Führungsaufsicht vor ihrem Beginn abzuwenden, sind die Voraussetzungen der Vorschrift rechtzeitig vor der Entlassung aus dem Strafvollzug, aber nicht unnötig früh, von Amts wegen zu prüfen (Bremen MDR 77, 722; Hanack LK 27 mwN). Diese Prüfung erstreckt sich bei Sexualtätern im Sinne des § 181 b auch auf die Frage, ob die Vollverbüßung ihren Grund in einer schlechten Prognose oder nur in der Versagung der Einwilligung hat (BT-Dr 13/9062 S 11). Bei Vorliegen der Voraussetzungen ist die Anordnung kurz vor Entlassung in die Freiheit (nicht lediglich in einen Anschlussvollzug, München NStZ-RR 98, 125 mwN) zu treffen (Schleswig SchlHA 81, 161; Hamm NStZ-RR 01, 59; s auch § 54 a StVollstrO); es ist nicht zwingend (aM Lassen MDR 91, 593 mwN), aber doch empfehlenswert (aM Saarbrücken MDR 83, 598), den Verurteilten auch im Falle der Ablehnung über das Ergebnis der Prüfung durch förmlichen Beschluss zu informieren. Ist die rechtzeitige Prüfung versäumt worden und waren die Voraussetzungen für den Wegfall der Maßregel schon im Entlassungszeitpunkt erfüllt, kann die Anordnung nachgeholt werden (Koblenz NStZ 84, 189; Düsseldorf MDR 86, 255; probl München aaO). – Abs 2 gilt nur für Fälle vollständig vollstreckter Strafe. Bei gerichtlich angeordneter und kraft Gesetzes eintretender Führungsaufsicht bestimmt sich deren Beendigung ausschließlich nach § 68 e (LG Kiel SchlHA 87, 187; s auch Düsseldorf NStZ 96, 567; Frankfurt NStZ-RR 96, 380; aM LG Hamburg MDR 80, 419); eine Anwendung des Abs 2 würde hier zu einer Umgehung der gesetzlichen Mindestdauer (§ 68 e I S 2) führen (Hanack LK 21–23). 5

§ 68g AT. 3. Abschnitt. 6. Titel. Maßregeln der Besserung und Sicherung

6 3. a) **Zuständigkeit** für Entscheidungen nach Abs 2 und **Verfahren** §§ 463 III iVm 454 I, III, IV (beachte dazu Düsseldorf VRS 88, 369 und OLGSt Nr 12; 34 zu § 57), 463 VI iVm 462a I StPO (dazu NStZ 01, 165; Stuttgart NStZ-RR 03, 380). Die Entscheidung ergeht auf Antrag oder von Amts wegen (Bremen MDR 77, 772); für die Antragsbefugnis, die Prüfung auch ohne Antrag und die Frage, ob eine förmliche Entscheidung erforderlich ist, gelten die Ausführungen unter 29, 30 zu § 57 sinngemäß (Saarbrücken MDR 83, 598; LG Zweibrücken MDR 91, 272; Sch/Sch-Stree 13 mwN); danach ist nicht in jedem Falle eine förmliche Entscheidung erforderlich (aM Koblenz NStZ 84, 189; Zweibrücken MDR 92, 1166, beide mwN; zw).

7 b) Zu den notwendigen weiteren Entscheidungen (§§ 68a I, 68b, 68c I S 2) beachte 9 zu § 68.

8 4. Zum Ausschluss der Führungsaufsicht bei **DDR-Alttaten** 11, 32 zu § 2.

§ 68 g Führungsaufsicht und Aussetzung zur Bewährung

(1) **Ist die Strafaussetzung oder Aussetzung des Strafrestes angeordnet oder das Berufsverbot zur Bewährung ausgesetzt und steht der Verurteilte wegen derselben oder einer anderen Tat zugleich unter Führungsaufsicht, so gelten für die Aufsicht und die Erteilung von Weisungen nur die §§ 68a und 68b. Die Führungsaufsicht endet nicht vor Ablauf der Bewährungszeit.**

(2) **Sind die Aussetzung zur Bewährung und die Führungsaufsicht auf Grund derselben Tat angeordnet, so kann das Gericht jedoch bestimmen, daß die Führungsaufsicht bis zum Ablauf der Bewährungszeit ruht. Die Bewährungszeit wird dann in die Dauer der Führungsaufsicht nicht eingerechnet.**

(3) **Wird nach Ablauf der Bewährungszeit die Strafe oder der Strafrest erlassen oder das Berufsverbot für erledigt erklärt, so endet damit auch eine wegen derselben Tat angeordnete Führungsaufsicht.**

1 1. Die Vorschrift gilt für **alle Fälle des gleichzeitigen Bestehens** einer Bewährungs- und einer Führungsaufsicht, gleichgültig, ob sie auf derselben Tat oder auch nur demselben Verfahren beruhen (eine Aufspaltung der Zuständigkeit vermeidet § 463 iVm § 462a IV StPO).

2 2. **Abs 1** betrifft nur die Aufsicht (§ 68a) und die Erteilung von Weisungen (§ 68b); er ersetzt also nur die §§ 56c, 56d. Voraussetzungen der Aussetzung (§§ 57, 70), Dauer der Bewährungszeit (§ 56a), Zulässigkeit von Auflagen (§ 56b) und Voraussetzungen des Widerrufs (§§ 56f, 70b) bleiben unberührt (krit Hanack LK 14). – Die Ablaufhemmung für die Führungsaufsicht nach Satz 2 soll die Einheitlichkeit der Aufsicht während der ganzen Bewährungszeit sicherstellen; daher schließt sie auch die Verjährung nach § 79 IV (dort 4) vor Ablauf der Bewährungszeit (Mainz NStZ 89, 61; zw) und die richterliche Abkürzung der Führungsaufsicht auf einen früheren Endtermin aus (unstr), nicht aber die Aufhebung der Maßregel nach § 68e I (Hamm NStZ 84, 188 mwN; str).

3 3. **Abs 2:** „Angeordnet" ist auch die kraft Gesetzes eingetretene Führungsaufsicht (Sch/Sch-Stree 10). Die Bestimmung des Ruhens unterliegt pflichtmäßigem Ermessen (50 zu § 46). Sie suspendiert das spezifische Weisungssystem der Führungsaufsicht und macht die §§ 56c, 56d anwendbar. Nach § 68b erteilte Weisungen werden daher für die Dauer des Ruhens wirkungslos. Ein Verstoß gegen sie kann weder die Strafbarkeit nach § 145a noch den Widerruf einer zugrundeliegenden Maßregelaussetzung nach § 67g I Nr 2 begründen; die Widerrufsalternative des § 67g I Nr 1 bleibt dagegen unberührt (Karlsruhe MDR 89, 663). – Die

Bestimmung des Ruhens ist angezeigt, wenn der Verurteilte auch ohne die einschneidenden Möglichkeiten der Führungsaufsicht eine günstige Entwicklung erwarten lässt (Begr zu § 98 E 1962 S 225). Sie wird zweckmäßig zugleich mit der Aussetzung getroffen; jedoch ist in Analogie zu § 68 d auch nachträgliche Anordnung zulässig (iE ebenso Frehsee NK 8, der aber eine gleichzeitige Anordnung favorisiert).

4. Abs 3 gilt – ebenso wie Abs 2 (vgl 3) – auch für die kraft Gesetzes eingetretene Führungsaufsicht, weil es keinen Grund für eine unterschiedliche Behandlung gibt (Sch/Sch-Stree 15; Hanack LK 19; aM Hamm NStZ 84, 188). Darüber hinaus ist idR auch die wegen einer anderen Tat bestehende Führungsaufsicht aufzuheben; denn die erfolgreiche Bewährung in einer Sache begründet meist, jedoch nicht notwendig (Hanack LK 29), allgemein eine günstige Prognose. 4

– Entziehung der Fahrerlaubnis –
§ 69 Entziehung der Fahrerlaubnis

(1) **Wird jemand wegen einer rechtswidrigen Tat, die er bei oder im Zusammenhang mit dem Führen eines Kraftfahrzeuges oder unter Verletzung der Pflichten eines Kraftfahrzeugführers begangen hat, verurteilt oder nur deshalb nicht verurteilt, weil seine Schuldunfähigkeit erwiesen oder nicht auszuschließen ist, so entzieht ihm das Gericht die Fahrerlaubnis, wenn sich aus der Tat ergibt, daß er zum Führen von Kraftfahrzeugen ungeeignet ist. Einer weiteren Prüfung nach § 62 bedarf es nicht.**

(2) **Ist die rechtswidrige Tat in den Fällen des Absatzes 1 ein Vergehen**
1. **der Gefährdung des Straßenverkehrs (§ 315 c),**
2. **der Trunkenheit im Verkehr (§ 316),**
3. **des unerlaubten Entfernens vom Unfallort (§ 142), obwohl der Täter weiß oder wissen kann, daß bei dem Unfall ein Mensch getötet oder nicht unerheblich verletzt worden oder an fremden Sachen bedeutender Schaden entstanden ist, oder**
4. **des Vollrausches (§ 323 a), der sich auf eine der Taten nach den Nummern 1 bis 3 bezieht,**
so ist der Täter in der Regel als ungeeignet zum Führen von Kraftfahrzeugen anzusehen.

(3) **Die Fahrerlaubnis erlischt mit der Rechtskraft des Urteils. Ein von einer deutschen Behörde ausgestellter Führerschein wird im Urteil eingezogen.**

Fassung: Abs 3 durch StVGÄndG (vor 1 zu § 69 b) technisch geändert.

1. Die Entziehung ist **Maßregel**, nicht Nebenstrafe (BGHSt 7, 165, 168; NZV 1 03, 46; NStZ-RR 03, 69). Sie hat spezialpräventiven Charakter; ihre Anordnung aus Gründen der Schuld (VRS 11, 425; NZV 03, 46; Jescheck/Weigend AT S 825) oder der Generalprävention (Düsseldorf NZV 93, 117) ist nicht vorgesehen. – Nach der Häufigkeit ihrer Anordnung handelt es sich um die wichtigste präventive Sanktion (Schäfer StrZ 283; Streng Sanktionen 288, beide mwN). – Die Ausgestaltung der Entziehung als Maßregel und ihr problematisches Verhältnis zur Nebenstrafe des Fahrverbots (§ 44) hat vielfache Kritik erfahren und zu einer langdauernden, noch nicht abgeschlossenen kontroversen Diskussion und zu zahlreichen **Reformvorschlägen** geführt (vgl etwa Cramer, Schröder-GS, S 533; Janiszewski DAR 89, 135; Gontard, Rebmann-FS, S 211; Kuhlmeier, Fahrverbot und Entzug der Fahrerlaubnis, 1991, S 312; Albrecht ua [Hrsg], Rechtsgüterschutz durch Entkriminalisierung [Vorschläge der Hessischen Kommission „Kriminal-

§ 69 AT. 3. Abschnitt. 6. Titel. Maßregeln der Besserung und Sicherung

politik" zur Reform des Strafrechts], 1992, S 20; Müller-Metz NZV 94, 89, 93; Rehm DAR 96, 432; Fehl DAR 98, 379; Schünemann DAR 98, 424, 429; Heghmanns ZRP 99, 297; von der Aa/Pöppelmann Jura 99, 462; Weßlau StV 99, 278, 285; König NZV 01, 6; zusf Geppert LK 11–14). Die Frage ist auch Bestandteil des Prüfungsauftrags, den das BMJ der Sachverständigenkommission zur Reform des strafrechtlichen Sanktionensystems erteilt hat (3 vor § 38); die Kommission lehnt die Abschaffung der Entziehung der Fahrerlaubnis, die sich als strafrechtliche Maßregel bewährt habe, im Hinblick auf eine Erweiterung des Anwendungsbereichs des Fahrverbots ab (Abschlussbericht vom März 2000, S 37); dazu und für technisch-präventive Maßnahmen Lohkamp, Reformbedürftigkeit von Fahrverbot und Fahrerlaubnisentziehung, 2004.

2   2. Zu den **Voraussetzungen** bei Inhabern einer deutschen Fahrerlaubnis (zu den übrigen Fällen § 69 b):

a) Die **rechtswidrige,** dh nicht notwendig schuldhafte, **Tat** (18 zu § 11; 1 zu § 29) darf noch nicht verjährt sein (§ 78 I).

3   b) Zum Begehen der Tat **bei oder im Zusammenhang mit dem Führen eines Kraftfahrzeuges oder unter Verletzung der Pflichten eines Kraftfahrzeugführers** 3, 4 zu § 44 (für eine restriktivere Auslegung als bei § 44 Herzog NK 12; speziell zum Zusammenhang bei Sexualdelikten Molketin NZV 95, 383; zur umstrittenen Anwendung auf Teilnehmer Dreher/Fad NZV 04, 231).

4   c) **Verurteilung** setzt voraus, dass der Täter wegen der rechtswidrigen Tat schuldig gesprochen wird, unabhängig davon, welche Rechtsfolgen an den Schuldspruch geknüpft sind; Verurteilung daher auch, wenn von Strafe nach § 60 (dort 7; ebenso Herzog NK 8) oder § 320 II abgesehen, eine Maßnahmen nach §§ 9–16 JGG angeordnet oder die Verhängung der Jugendstrafe nach § 27 JGG ausgesetzt wird (zur Verwarnung mit Strafvorbehalt beachte § 59 III und dort 3). Dass Verurteilung infolge Amnestie unterbleibt (Köln NJW 54, 1456; aM Herzog NK 10) oder Strafaussetzung zur Bewährung angeordnet wird (BGHSt 15, 316), hindert die Anordnung nicht; jedoch bedarf der Eignungsmangel im Falle der Aussetzung näherer Begründung (VRS 29, 14; Hamm VRS 32, 17). – **Unterbleiben der Verurteilung** wegen erwiesener oder nicht auszuschließender **Schuldunfähigkeit** kommt auch im Sicherungsverfahren in Frage (BGHSt 13, 91).

5   d) Es muss sich aus der Tat (oder einer den Gegenstand des Verfahrens bildenden Mehrheit von Taten, Bay NJW 66, 2369 und GA 67, 95) ergeben, dass der Täter **zum Führen von Kraftfahrzeugen ungeeignet** ist. Dass der Eignungsmangel nur als Anlass der Tat (Hamm VRS 48, 339 mwN) oder aus anderen Gründen (BGHSt 15, 393; Frankfurt NStZ-RR 96, 235) hervortritt, genügt nicht.

6   aa) Der **Eignungsmangel** kann auf körperlichen, geistigen oder charakterlichen Gründen beruhen (BGHSt 5, 179; NJW 54, 1167; Hentschel TFF Rdn 600–605 mwN; speziell zu neurologischen und neuropsychologischen Erkrankungen bei der Eignung iS des § 2 IV StVG Geppert, Gössel-FS, S 303). Der Feststellung einer besonderen Gefährlichkeit des Täters bedarf es darüber hinaus nicht (BGHSt 7, 165; aM Sch/Sch-Stree 30, 31). Das folgt daraus, dass schon der Eignungsmangel immer auch die Prognose fortbestehender Ungeeignetheit und damit zugleich künftiger Gefährlichkeit des Täters für den Fall einschließt, dass er ein Fahrzeug führt (BGH aaO S 172). Dem steht die – etwa wegen schwerer Verletzungen – eingetretene Fahrunfähigkeit des Täters nicht entgegen (BGH aaO S 174; Geppert LK 59; aM Sch/Sch-Stree 52); im Übrigen ist jedoch das Erfordernis künftiger Gefährlichkeit Gegenstand der Prüfung des Eignungsmangels, das je nach den Umständen besonderer Erörterung bedarf (vgl etwa StV 95, 301 mwN). – Die Beurteilung erfordert eine **Gesamtwürdigung** aller Umstände des Einzelfalls, namentlich der Tat selbst, aber auch der Persönlichkeit des Täters (körperlicher

Zustand, Fahrfertigkeit, bisheriges Verkehrsverhalten usw), soweit sie sich in der Tat manifestiert hat (BGHSt 5, 168; 6, 183, 185; s auch BVerwGE 77, 40). Für die Berücksichtigung auch von Vorstrafen gilt ein beschränktes gesetzliches Verwertungsverbot (§ 52 II BZRG; beachte 37 zu § 46). Nachtatverhalten kann nur relevant werden, soweit es Rückschlüsse auf die der Tat zugrundeliegende Fehlhaltung zulässt; rechtmäßiges Verteidigungsverhalten im Prozess darf ebenso wie bei der Strafzumessung (43 zu § 46) regelmäßig nicht zum Nachteil des Täters verwertet werden (NStZ-RR 97, 197; Köln VRS 90, 123, 125). Bei besonders schweren Taten (zB beim Betäubungsmittelhandel unter Benutzung von Kraftfahrzeugen, NStZ 92, 586; NStZ-RR 00, 297) kann der Eignungsmangel auf der Grundlage der auch hier gebotenen Gesamtwürdigung (dazu StV 99, 18; NStZ 00, 26) allein schon aus der Tat zu folgern sein (beachte jedoch Düsseldorf NJW 97, 535; Schäfer StrZ 1015; krit Streng Sanktionen 293); dies wird jedoch vom 3. und 4. StS des BGH mit dem beachtlichen Argument bestritten, dass damit einer spezifischen Deliktsgruppe im Ergebnis die gleiche Wirkung wie den Katalogstraftaten des Abs 2 beigemessen werde (NStZ-RR 03, 74). Die nicht erst durch diese Entscheidungen uneinheitlich gewordene Rspr (vgl nur Hentschel NZV 04, 57) scheint jetzt auf eine Vereinheitlichung durch den Großen Senat in Strafsachen zuzusteuern. Der auch „Verkehrsstrafsenat" genannte 4. StS hat am 16. 9. 2003 in einem sorgfältig begründeten Anfragebeschluss einen spezifischen Zusammenhang zwischen der Anlasstat und der Verkehrssicherheit gefordert; aus der Tat müssen sich danach konkrete Anhaltspunkte dafür ergeben, dass der Täter bereit ist, die Sicherheit des Straßenverkehrs seinen eigenen kriminellen Interessen unterzuordnen (JR 04, 119 mit krit Bespr Kühl, zust Herzog StV 04, 151 und Sowada NStZ 04, 169). Mit einem Einschwenken auf diese restriktive Linie ist aber zumindest seitens des 1. StS nicht zu rechnen, denn dieser hat kurze Zeit vorher (Beschluss v 14. 5. 2003) ebenso sorgfältig begründet entschieden, dass bei Anlasstaten aus dem Bereich der sog allgemeinen Kriminalität ein verkehrsspezifischer Gefahrzusammenhang nicht ausdrücklich festgestellt werden muss; es reiche ein funktionaler Bezug zwischen Tat und fehlender Eignung, der sich auch aus der Begehung allgemeiner Straftaten unter Benutzung eines Kraftfahrzeugs ergeben könne (JR 04, 123 mit Bespr Kühl). Die Kernfrage, die der GS zu entscheiden haben wird, lautet: muss eine konkrete Gefahr verkehrsspezifischer Taten vorliegen oder reicht eine potenzielle Gefahr für weitere Missbräuche unter Benutzung eines Kraftfahrzeugs?

Der Annahme eines Eignungsmangels steht die Aussetzung der Strafe zur Bewährung nicht zwingend entgegen (NJW 61, 683; Düsseldorf NJW 97, 2765; Hentschel TFF Rdn 648). Die wirtschaftlichen und beruflichen Folgen sind als solche unerheblich (hM; anders Grohmann DAR 78, 63), geben jedoch Anlass zu sorgfältiger Persönlichkeitswürdigung (zur abw Rechtslage bei der Anordnung vorläufiger Maßnahmen BVerfG NJW 01, 357). – Im ganzen unterliegt die Beurteilung **tatrichterlicher,** nur begrenzt nachprüfbarer (Düsseldorf DAR 82, 26) **Würdigung.**

bb) Die **Regelbeispiele des Abs 2** dienen der Vereinheitlichung der Rspr. In ihrer Gesamtheit enthalten sie zwar keine Beweisregel (Krehl DAR 86, 33; s aber Schäfer StrZ 287: gesetzliche Vermutung; ebenso Burmann, in: Janiszewski/ Jagow/Burmann 12), immerhin aber doch folgenden, aus der Erfahrung abgeleiteten (Bandemer NZV 88, 172) Bewertungsmaßstab: Wenn ein nach seiner Persönlichkeit unauffälliger Kraftfahrer eine in Abs 2 beschriebene Straftat begeht, die gegenüber der Masse der vorkommenden entsprechenden Taten keine wesentlichen Besonderheiten aufweist, so ergibt allein die Tat, dass er ungeeignet ist (Düsseldorf VRS 70, 137; Hentschel 16). Daher ist hier nur zu prüfen, ob und warum Besonderheiten des Falles einen so wesentlichen Unterschied vom Durchschnittsfall ausmachen, dass sie eine Ausnahme von der Regel rechtfertigen (StV

§ 69   AT. 3. Abschnitt. 6. Titel. Maßregeln der Besserung und Sicherung

94, 314, 315; Koblenz VRS 64, 125, 127; Streng Sanktionen 293). Solche Besonderheiten können nicht nur in den Tatumständen (Stuttgart NJW 87, 142; Düsseldorf VRS 79, 103), sondern auch im Nachtatverhalten (Bay bei Bär DAR 90, 364; LG Gera MDR 97, 381), sonst in der Nachtatsituation (zB vorläufige Führerscheinmaßnahmen oder Nachschulung; vgl 8) und allgemein in der Person des **Täters** liegen; Fehlen von Vorstrafen und guter Eindruck in der Hauptverhandlung genügen allein nicht (Stuttgart VRS 42, 357; KG VRS 60, 109), während langjährige unbeanstandete Fahrpraxis bei solchen Taten ausreichen kann, die keine weiteren Indizien für eine Schlechtprognose aufweisen (Zabel BA 98, 241, 249; Schäfer aaO). Einer Gesamtwürdigung aller Umstände bedarf es grundsätzlich nicht (Köln MDR 66, 690; Schreiner DAR 78, 271; einschr Koblenz VRS 55, 355, 357; Krehl aaO), es sei denn, dass das Gewicht der besonderen Umstände nur im Rahmen einer solchen Würdigung beurteilbar ist; stets muss aber erkennbar sein, dass die Möglichkeit der Ausnahme geprüft worden ist (Düsseldorf NZV 88, 29). Für **Teilnehmer** greift die Regelwirkung nicht ein (Dreher/Fad NZV 04, 231, 234). Speziell bei Trunkenheitsdelikten ist die Fahrerlaubnisentziehung effektiver als das Fahrverbot nach § 44, das nur dann in Betracht kommt, wenn keine „verfestigten Fehlhaltungen" vorliegen (Piesker NZV 02, 297). – Liegt kein Fall des Abs 2 vor, so ist kein Gegenschluss begründet, sondern stets die unter 6 beschriebene Gesamtwürdigung geboten (NZV 03, 46; Düsseldorf NZV 91, 237 mwN). – In Fällen der **Nr 3** soll es nach der Rspr genügen, dass der Täter die objektiven Umstände, die für die jeweilige schwere Folge konstituierend sind, kennt oder vorwerfbar nicht kennt (Naumburg NZV 96, 204 mit abl Bespr Himmelreich DAR 97, 82). Danach braucht der Täter nicht für sich selbst nachvollziehen, dass die Verletzung als „nicht unerheblich" oder der Schaden als „bedeutend" zu bewerten ist; mit dem für die Parallelwertung in der Laiensphäre (14 zu § 15) geltenden Grundsätzen ist das schwerlich vereinbar, weil diese erfordern, dass der Täter den sozialen Sinngehalt des normativen Begriffs richtig begreift (zur vergleichbaren Problematik beachte 9 zu § 224). Der **bedeutende Schaden** (Nr 3) ist ebenso wie der bedeutende Sachwert nach § 315 c I (dort 24) wirtschaftlich, dh nach einem von der Geldwertentwicklung abhängigen Maßstab, zu bestimmen (Düsseldorf NZV 90, 197; Köln DAR 92, 152; LG Hamburg MDR 93, 667). Dabei sind alle zur Naturalrestitution erforderlichen Aufwendungen, nicht nur die Reparaturkosten, als Berechnungsfaktoren einzubeziehen (Naumburg aaO; aM Bär DAR 91, 271; einschr LG Hamburg NStZ 95, 91 mit abl Anm Notthoff; einschr Lenhart NJW 04, 191). Auch ein Schaden an dem vom Täter geführten fremden Fahrzeug ist (abw von § 315 c, dort 25) zu berücksichtigen (Hamburg NStZ 87, 228; beachte jedoch Hamm NStZ 90, 197). Nach neuerer Rspr ist ein Sachschaden ab etwa 1250 € bedeutend (Hentschel NJW 03, 716, 726 und Himmelreich/Halm NStZ 04, 319, alle mit Rspr-Nw).

8 cc) Für die Beurteilung des Eignungsmangels kommt es auf den **Zeitpunkt der Hauptverhandlung** an (BGHSt 7, 165; VRS 95, 410; Herzog NK 24; Schäfer StrZ 286). Deshalb ist zu berücksichtigen, dass der Täter durch vorausgegangene vorläufige Entziehung der Fahrerlaubnis (§ 111 a StPO; zu deren Verfassungsmäßigkeit BVerfG DAR 98, 466) oder Sicherstellung des Führerscheins (§ 94 III StPO) von der Verkehrsteilnahme ausgeschlossen war (Hentschel TFF Rdn 616, 631, 635; beachte 5 zu § 69 a). Mit ihnen verbundene wirtschaftliche oder berufliche Folgen schlagen wegen ihrer psychischen Wirkung je nach den Umständen mittelbar zu Buch (Zweibrücken StV 89, 250; Geppert NJW 71, 2154; Horn VersR 74, 1141, 1144). Die vorläufigen Maßnahmen, uU sogar bloß längerer Zeitablauf (StV 92, 64; beachte auch Düsseldorf NZV 97, 92; Schulz NZV 97, 62 mit Erwiderung Himmelreich DAR 97, 305; zur Relevanz langer Verfahrensdauer Krumm NJW 04, 1627, 1629), können bis zur Entscheidung ein solches Gewicht erlangen, dass sie der Annahme des Eignungsmangels entgegenstehen (Karlsruhe

VRS 48, 185; Hentschel DAR 88, 330, 333; krit Geppert ZRP 81, 85), und zwar möglicherweise schon zu einem Zeitpunkt, in dem das Mindestmaß der Sperre (§ 69 a I S 1, III), noch nicht erreicht ist (Bay NJW 71, 206; Zweibrücken StV 89, 250; Hentschel TFF Rdn 616). Nicht ausgeschlossen ist auch, dass sie in Fällen des Abs 2 eine Ausnahme von der Regel begründen (Saarbrücken NJW 74, 1391, 1393; krit Haubrich NJW 89, 1197, 1201). Diese Möglichkeit ist namentlich nach freiwillig übernommener und durchgeführter verkehrserzieherischer Behandlung, etwa in einem sog Aufbauseminar für Kraftfahrer (dazu BT-Dr 13/6914 S 49), zu prüfen (vgl Bode NZV 04, 7). Die Rspr macht von ihr zwar zunehmend, aber nur uneinheitlich Gebrauch (die umfangreiche Rspr zusf Geppert LK 99; Hentschel TFF 636–643 und Burmann, in: Janiszewski/Jagow/Burmann 15). – Die Möglichkeit präventiver Wirkung vorläufiger Maßnahmen ist namentlich im Berufungsverfahren zu beachten (Düsseldorf NJW 69, 439; Hentschel DAR 88, 330, 333), wo die Aufrechterhaltung des erstinstanzlichen Urteils trotz Fortbestehens einer solchen Maßnahme eine unbillige Verschlechterung bedeuten kann (Hentschel aaO; Janiszewski DAR 89, 135), für die allerdings § 331 StPO keine Schranke bildet (hM; vgl Hamm JZ 78, 656 mit abl Bespr Gollner JZ 78, 637 und 79, 177; Frankfurt DAR 92, 187; Geppert ZRP 81, 85, 89; s auch BVerfG bei Janiszewski NStZ 90, 581; 5 zu § 69 a).

e) Einer Prüfung der **Verhältnismäßigkeit** (§ 62) bedarf es nach Abs 1 S 2 **9**
nicht, weil das Übermaßverbot nicht verletzt sein kann, wenn ein Fahrzeugführer eindeutig ungeeignet ist (hM; einschr Hentschel 22; krit Herzog NK 34–36); das Verbot ist jedoch für die Ausgestaltung der Maßregel (Sperrfrist usw) relevant.

3. Bei Vorliegen der Voraussetzungen ist die Entziehung der – sei es auch erst **10**
nach der Tat erlangten (bei Janiszewski NStZ 87, 546) – Fahrerlaubnis **zwingend** (BGHSt 5, 168, 176; 6, 183, 185). Sie entfällt auch dann nicht, wenn eine freiheitsentziehende Maßregel angeordnet wird (VRS 30, 274).

4. a) Mit **Rechtskraft** erlischt die Fahrerlaubnis endgültig (beachte BayVGH **11**
VRS 88, 269); ihre Entziehung für eine bestimmte Zeit ist daher nicht möglich (bei Spiegel DAR 76, 92). Auch eine teilweise Entziehung mit Beschränkung auf bestimmte Arten von Kraftfahrzeugen (NStZ 83, 168; NJW 83, 1744), oder auf das Fahren unter bestimmten Bedingungen ist unzulässig (BGHSt 6, 183; Hamm NJW 71, 1193; beachte aber § 69 a II sowie 3 dazu).

b) Die Entziehung ist **im Inland** wirksam. Daraus folgt, dass dem Täter ver- **12**
boten ist, für die Dauer der Sperre (§ 69 a I) im Inland Kraftfahrzeuge zu führen, wenn es dazu einer Fahrerlaubnis bedarf (beachte auch 1 zu § 69 a).

c) Die zugleich auszusprechende **Einziehung** des von einer deutschen Behörde **13**
erteilten Führerscheins ist eine unselbstständige Vollzugsmaßnahme polizeilicher Art (beachte 10 zu § 69 a).

5. Über das Verhältnis zum **Fahrverbot** 9 zu § 44. **Zuwiderhandlungen** § 21 **14**
StVG (Koch DAR 71, 35).

6. Verfahren 9, 10 zu § 69 a. Zur Entziehung der von einer **DDR-Behörde** **15**
erteilten Fahrerlaubnis 12 zu § 69 a.

§ 69 a Sperre für die Erteilung einer Fahrerlaubnis

(1) Entzieht das Gericht die Fahrerlaubnis, so bestimmt es zugleich, daß für die Dauer von sechs Monaten bis zu fünf Jahren keine neue Fahrerlaubnis erteilt werden darf (Sperre). Die Sperre kann für immer angeordnet werden, wenn zu erwarten ist, daß die gesetzliche Höchstfrist zur Abwehr der von dem Täter drohenden Gefahr nicht ausreicht. Hat der Täter keine Fahrerlaubnis, so wird nur die Sperre angeordnet.

§ 69a AT. 3. Abschnitt. 6. Titel. Maßregeln der Besserung und Sicherung

(2) Das Gericht kann von der Sperre bestimmte Arten von Kraftfahrzeugen ausnehmen, wenn besondere Umstände die Annahme rechtfertigen, daß der Zweck der Maßregel dadurch nicht gefährdet wird.

(3) Das Mindestmaß der Sperre beträgt ein Jahr, wenn gegen den Täter in den letzten drei Jahren vor der Tat bereits einmal eine Sperre angeordnet worden ist.

(4) War dem Täter die Fahrerlaubnis wegen der Tat vorläufig entzogen (§ 111 a der Strafprozeßordnung), so verkürzt sich das Mindestmaß der Sperre um die Zeit, in der die vorläufige Entziehung wirksam war. Es darf jedoch drei Monate nicht unterschreiten.

(5) Die Sperre beginnt mit der Rechtskraft des Urteils. In die Frist wird die Zeit einer wegen der Tat angeordneten vorläufigen Entziehung eingerechnet, soweit sie nach Verkündung des Urteils verstrichen ist, in dem die der Maßregel zugrunde liegenden tatsächlichen Feststellungen letztmals geprüft werden konnten.

(6) Im Sinne der Absätze 4 und 5 steht der vorläufigen Entziehung der Fahrerlaubnis die Verwahrung, Sicherstellung oder Beschlagnahme des Führerscheins (§ 94 der Strafprozeßordnung) gleich.

(7) Ergibt sich Grund zu der Annahme, daß der Täter zum Führen von Kraftfahrzeugen nicht mehr ungeeignet ist, so kann das Gericht die Sperre vorzeitig aufheben. Die Aufhebung ist frühestens zulässig, wenn die Sperre drei Monate, in den Fällen des Absatzes 3 ein Jahr gedauert hat; Absatz 5 Satz 2 und Absatz 6 gelten entsprechend.

1   1. a) Die **Sperre** verbietet die Erteilung einer neuen Fahrerlaubnis. Sie wird grundsätzlich **neben** der Entziehung angeordnet (vgl 9). Eine **isolierte Sperre** (Abs 1 S 3), die ebenso wie die Entziehung eine Maßregel im Sinne des § 69 ist (Zweibrücken MDR 83, 1046), wird nur angeordnet, wenn der Täter keine von der Behörde eines Vertragsstaates des EWR (einschl der Bundesrepublik) und auch sonst keine für den innerdeutschen Kraftverkehr gültige ausländische Fahrerlaubnis hat (dazu 1–1c zu § 69b). Eine solche fehlt ihm auch nach vorausgegangener rechtskräftiger Entziehung (bei Spiegel DAR 79, 185; aM Bremen VRS 51, 278 mit abl Bespr Hentschel DAR 77, 212), nicht jedoch nach rechtskräftiger oder nur vorläufiger Entziehung.

2   b) Die Sperre ist innerhalb des gesetzlichen Rahmens nicht nach der Schuld oder nach generalpräventiven Gesichtspunkten (NStZ-RR 02, 232; NZV 03, 46; Düsseldorf NZV 93, 117; Hamm StV 96, 420; Herzog NK 4), sondern allein nach dem Grad des aus der Tat abgeleiteten Eignungsmangels zu **bemessen,** für den allerdings die Größe des Unrechts und die Schwere der Schuld Indizien bilden (NStZ 91, 183; Geppert LK 16–28, beide mwN). Ihre Dauer hängt daher davon ab, bis zu welchem Zeitpunkt nicht erwartet werden kann, dass der Täter seine Eignung zum Führen von Kraftfahrzeugen wiedererlangt (ähnlich BGHSt 15, 393, 397; Geppert LK 16; eingehend Geppert, Die Bemessung der Sperrfrist bei der strafgerichtlichen Entziehung der Fahrerlaubnis, 1968; probl Düsseldorf NStZ-RR 96, 182); dafür können auch die wirtschaftlichen und beruflichen Folgen der Entziehung wegen der von ihnen ausgehenden psychischen Wirkungen mittelbar relevant sein (8 zu § 69). Die Sperre ist durch Angabe der Dauer in Zeiteinheiten zu bestimmen (bei Martin DAR 68, 125; Bay NJW 66, 2371; Saarbrücken NJW 68, 458). – Die **unbefristete Sperre** (Abs 1 S 2) setzt schwerste oder chronische Kriminalität, nicht notwendig Verkehrskriminalität (Hentschel TFF Rdn 715), voraus, bei der die Höchstfrist zur Gefahrenabwehr nicht ausreicht (BGHSt 15, 393, 398; NStZ-RR 97, 331; krit Lisken DRiZ 77, 173). – Eine langfristige oder unbefristete Sperre ist eingehend zu begründen (BGHSt 5, 168, 177; Köln VRS 61, 28, 30 mwN).

§ 69a

2. Abs 2 bezieht sich nur auf **bestimmte Arten von Kraftfahrzeugen,** lässt 3 also keine Auflockerung der Sperre unter anderen Bedingungen zu (10 zu § 44). Die Vorschrift hat Ausnahmecharakter (hM; vgl Burmann, in: Janiszewski/ Jagow/Burmann 4–5a; krit Stephan DAR 89, 1). IdR, namentlich bei Trunkenheitsdelikten (zusf Zabel/Seim BA 93, 109), beruht der Eignungsmangel auf einem Charakterfehler, der beim Führen von Fahrzeugen jeder Art zutage treten kann. Die Ausnahme ist daher nur angezeigt, wenn bestimmte Tatsachen die (näher zu begründende, Hamm VRS 62, 124) Annahme rechtfertigen, dass der Mangel sich in einzelnen Lebensbereichen, zB bei im Dienst zuverlässigen oder wirksam beaufsichtigten Berufsfahrern oder Treckerführern, nicht oder weniger auswirken wird (Bay JZ 83, 33; Celle DAR 85, 90 mit Anm Grohmann; LG Zweibrücken NZV 96, 252; AG Lüdinghausen NStZ-RR 03, 248; weiter ua AG Frankfurt DAR 82, 306 sowie Zabel BA 83, 477, 484, die auch wirtschaftliche Gründe einbeziehen; krit dazu Hentschel NJW 89, 1838, 1846). – Nach dem Sinn der Vorschrift ist der Täter in solchen Fällen generell ungeeignet (Bay NZV 91, 397), allerdings mit dem Vorbehalt, dass der Verwaltungsbehörde die Prüfung überlassen bleibt, ob sie im Hinblick auf die mindere Gefährlichkeit der ausgenommenen Fahrzeugart die Annahme einer begrenzten Eignung für vertretbar hält (hM; anders Bode DAR 89, 444). – Statt der völligen Ausnahme bestimmter Fahrzeugarten kann auch eine kürzere Sperre für sie angeordnet werden (LG Verden VRS 48, 265 mwN; zw).

3. Die Erhöhung des Mindestmaßes der Sperre nach **Abs 3** gilt nicht bei vorausgegangener Entziehung durch die Verwaltungsbehörde nach § 3 StVG (Hamm VRS 53, 342 mwN). Nach seinem Schutzzweck gilt Abs 3 ferner nicht, wenn Grundlage der vorausgegangenen oder der anstehenden Entziehung ein rein körperlicher oder geistiger, durch psychische Einwirkung nicht beeinflussbarer Mangel ist (hM; vgl Geppert LK 33 mwN). 4

4. Abs 4 S 1 (auch iVm Abs 6) sieht keine Anrechnung im technischen Sinne 5 vor (bei Martin DAR 67, 96; Köln NJW 67, 361; Geppert ZRP 81, 85, 87; Herzog NK 20). Die Herabsetzung des Mindestmaßes der Sperre (auch des Mindestmaßes nach Abs 3, Hentschel TFF Rdn 694) soll dem Tatrichter (namentlich auch dem Berufungsrichter, Werner NJW 74, 884) nur die uneingeschränkte Berücksichtigung des Umstandes ermöglichen, dass der Täter durch eine vorausgegange vorläufige Maßnahme nach §§ 111a oder 94 StPO von der Verkehrsteilnahme ausgeschlossen war (8 zu § 69). Da es für den Eignungsmangel auf die Zeit der Entscheidung ankommt, kann der Zweck der Maßregel durch die vorläufige Maßnahme bereits teilweise erreicht und das gesetzliche Mindestmaß der Sperre daher unangemessen sein. Aus dieser Zwecksetzung folgt, dass bei Sicherstellung des Führerscheins als Beweismittel nach § 94 I, II StPO die Verkürzung des Mindestmaßes nicht auch die Zeit umfasst, in der dem Täter ein Ersatzführerschein erteilt war (14 zu § 51). Ferner ist eine Einbeziehung auch der Zeit, in welcher der Täter lediglich ohne Fahrerlaubnis war, nicht möglich (Bay NZV 91, 358; Zweibrücken NZV 97, 279 mit abl Anm Saal; Hentschel NJW 79, 957, 966; Janiszewski NStZ 87, 112; Molketin NZV 01, 65; aM Saarbrücken NJW 74, 1391; Geppert NStZ 84, 264 und LK 37; zw). Schließlich ist auch eine Unterschreitung der Drei-Monats-Grenze nicht zulässig (Zweibrücken MDR 86, 1046; Hentschel DAR 88, 330, 335, beide mwN); insoweit hält das Gesetz eine noch kürzere Sperre mit der Feststellung des Eignungsmangels für unvereinbar (krit Mollenkott NJW 77, 425 und ZRP 80, 199).

5. Die Sperre beginnt mit Rechtskraft der Entziehung **(Abs 5 S 1).** Die Anordnung einer sog Anschlusssperrfrist, die erst nach Ablauf einer in anderer Sache angeordneten Sperre beginnen soll, ist damit unvereinbar (hM; vgl Zweibrücken NJW 83, 1007 mwN); vielmehr ist jede Sperrfrist, sofern kein Fall nachträglicher 6

§ 69a AT. 3. Abschnitt. 6. Titel. Maßregeln der Besserung und Sicherung

Gesamtstrafenbildung vorliegt (17, 18 zu § 55), in ihrem Ablauf von anderen Sperrfristen unabhängig (zusf Geppert MDR 72, 280, 286). – Einzurechnen ist die nach dem letzten tatrichtlichen Urteil (Koblenz VRS 53, 107; LG Aachen DAR 68, 330) verstrichene Zeit einer vorläufigen Maßnahme (vgl 5), nicht dagegen die Zeit, in welcher der Täter lediglich ohne Fahrerlaubnis war (Düsseldorf DAR 87, 28; Hentschel DAR 88, 330; Herzog NK 16; aM LG Heilbronn NStZ 84, 263; Geppert LK 74, alle mwN; zw; aus diesem Grunde probl auch LG Stuttgart NZV 01, 180). Die Sperre kann deshalb bei Erlöschen der Fahrerlaubnis mit Rechtskraft des Revisionsurteils oder infolge Zurücknahme eines Rechtsmittels bereits abgelaufen sein (NVZ 98, 418; Frankfurt NJW 73, 1335). Kommt es im Revisionsverfahren zur Zurückverweisung und damit zu erneuter tatrichterlicher Prüfung, so ist nur Abs 4 anwendbar (Karlsruhe NJW 75, 455). Abs 5 gilt für den Strafbefehl entsprechend; maßgebend ist dabei die Zeit seines Erlasses, nicht der Zustellung (LG Freiburg NJW 68, 1791 mwN; s auch 2 zu § 55; str).

7   6. Die **vorzeitige Aufhebung der Sperre nach Abs 7** (einschl der für immer angeordneten, Düsseldorf DAR 82, 338 mit krit Bespr Grohmann DAR 83, 48; Koblenz VRS 66, 446) wird erst zulässig, wenn das für den konkreten Fall geltende Mindestmaß – unter Berücksichtigung auch des Zeitraums nach Abs 5 S 2 (LG Berlin DAR 65, 303; Seib DAR 65, 209), nicht dagegen der Dauer von vorläufigen Maßnahmen im Sinne der Abs 4, 6 (Koblenz BA 86, 154) – abgelaufen ist; die Zulässigkeit vorzeitiger Antragstellung bleibt davon unberührt (LG Düsseldorf NJW 66, 897; LG Köln VRS 56, 284; Hentschel NJW 03, 716, 726); der Antrag darf aber nicht so früh gestellt werden, dass das Gericht die Eignungsfrage für den erst in Monaten kommenden Ablauf der Frist noch gar nicht beurteilen kann (LG Ellwangen BA 02, 223 mit zust Bespr Hentschel aaO). Die Anordnung setzt das Vorliegen **neuer Tatsachen** voraus (hM; vgl etwa Karlsruhe NJW 60, 587; Düsseldorf NZV 91, 477), zu denen auch die Durchführung freiwillig übernommener verkehrserzieherischer Nachschulung (8 zu § 69) gehört (Hamburg VRS 60, 192; Düsseldorf GA 84, 232; sehr eng LG Kassel DAR 92, 32). Die Herabsetzung der für den Regelfall geltenden Mindestfrist auf 3 Monate (vgl vor 1) verfolgt den Zweck, bei Trunkenheitstätern einen Anreiz für die Teilnahme an einem Aufbauseminar für Kraftfahrer zu setzen (BT-Dr 13/6914 S 93; vgl LG Hildesheim NStZ-RR 03, 312; AG Hof NZV 04, 101; Himmelreich DAR 03, 110; Burmann, in: Janiszewski/Jagow/Burmann 9 a). – „**Grund zu der Annahme**" bedeutet nicht Gewissheit; es genügt, wenn eine Einbeziehung der neuen Tatsachen in die Gesamtwürdigung (6 zu § 69; beachte auch Koblenz BA 86, 154) die Teilnahme des Verurteilten am Kraftverkehr verantwortbar erscheinen lässt (Hentschel TFF Rdn 792; ähnlich Bandemer NZV 91, 300); längerer Zeitablauf (München NJW 81, 2424), Entlassung aus dem Strafvollzug (Düsseldorf NZV 90, 237) und Aussetzung des Strafrestes (Koblenz VRS 66, 446; s auch 4 zu § 69) bilden allein keinen zureichenden Grund (Düsseldorf NZV 91, 477 mwN). – Die Aufhebung kann auf bestimmte Fahrzeugarten beschränkt (Köln NJW 60, 2255; Hentschel TFF Rdn 798; zw), jedoch nicht schon vor Ablauf des Mindestmaßes in der Form einer Ausnahme nach Abs 2 angeordnet werden (hM; vgl AG Alsfeld DAR 81, 27; Hentschel DAR 75, 296). Im Übrigen hebt sie nur das Verbot zur Erteilung einer neuen Fahrerlaubnis auf; das endgültige Erlöschen der alten bleibt unberührt (zusf Hentschel DAR 79, 317; Seehon DAR 79, 321).

8   7. Die Anordnung der Sperre (auch der isolierten) ist in gleicher Weise **obligatorisch** wie die Entziehung (10 zu § 69); von ihr abzusehen ist das Gericht auch aus spezialpräventiven Gründen nicht befugt (hM; anders AG Berlin-Tiergarten DAR 71, 21; einschr auch Hentschel TFF Rdn 740).

9   8. Entziehung der Fahrerlaubnis, Sperre und Einziehung des Führerscheins werden durch **Urteil** (uU auch durch Strafbefehl, § 407 II Nr 2 StPO) angeord-

Sperre für die Erteilung einer Fahrerlaubnis **§ 69a**

net; nachträgliche Anordnung ist unzulässig (BGHSt 5, 168, 178). **Urteilsformel:** „Dem Angeklagten wird die Fahrerlaubnis entzogen. Sein Führerschein wird eingezogen. Eine neue Fahrerlaubnis darf ihm vor Ablauf von .... nicht erteilt werden" (ähnlich NJW 54, 1167; s auch BGHSt 5, 168, 177). – Dass im Revisionsverfahren die vorläufige Entziehung (§ 111 a StPO) nach Ablauf der im Urteil angeordneten Sperre stets aufzuheben ist, wird nach anfänglichen Zweifeln jetzt überwiegend verneint (Koblenz MDR 86, 871; Frankfurt NStZ-RR 98, 76; Düsseldorf NZV 99, 389; aM Janiszewski NStZ 83, 108, 111; Hentschel NJW 00, 696, 705; Geppert LK 145 zu § 69; zw), ist häufig aber zur Vermeidung unbilliger Schlechterstellung angezeigt (Janiszewski DAR 89, 135 mwN).

9. Zum **Verfahren** im Übrigen §§ 232 I S 3, 233 I S 3, 267 VI S 2, 305 S 2, **10** 407 II Nr 2, 463 V und 463 b II StPO. Während der Zurückstellung der Strafvollstreckung nach § 35 BtMG ist die Strafvollstreckungskammer für die Entscheidung über den Antrag auf vorzeitige Aufhebung der Sperre zuständig (Düsseldorf JR 03, 83 mit Anm Aulinger). Eine auf die Entziehung der Fahrerlaubnis beschränkte Anfechtung berührt den Schuldspruch idR nicht (beachte jedoch Bay JR 78, 248 mit Anm Zipf; Düsseldorf BA 86, 74); den Strafausspruch ergreift sie dagegen, wenn die Entziehung – was bei charakterbedingtem Eignungsmangel regelmäßig zutrifft (Frankfurt NZV 96, 414 mwN; str) – ohne Eingehen auf die Strafzumessungstatsachen und -erwägungen nicht nachprüfbar ist (Köln VRS 90, 123; Stuttgart NZV 97, 316); eine Beschränkung der Berufung durch die Staatsanwaltschaft auf die Nichtverhängung der Maßregel ist zulässig, wenn die die Entscheidung tragenden Feststellung nicht in Frage gestellt werden, sondern nur gerügt wird, sie trügen die Ablehnung der Fahrerlaubnisentziehung nicht (Stuttgart aaO; Frankfurt NZV 02, 382; Hentschel NJW 03, 716, 727). Eine Anfechtung, die sich auf den Strafausspruch (BGHSt 10, 379; Koblenz VRS 57, 107), auf die Strafaussetzung zur Bewährung (Koblenz VRS 51, 24; Hamburg MDR 81, 339) oder auf die Sperre (bei Spiegel DAR 80, 202; Karlsruhe VRS 48, 425) beschränkt und die Entziehung ausspart, ist idR, aber nicht notwendig (aM Düsseldorf VRS 66, 42; s auch Bay NZV 91, 397; str), ausgeschlossen (eingehend zur Rechtsmittelbeschränkung Geppert LK 233–242 zu § 69). – Sowohl die Entziehung als solche (beachte Düsseldorf MDR 79, 602; Köln VRS 61, 28) wie auch die Sperre (Koblenz VRS 60, 431) und deren Bemessung unterliegen dem **Verschlechterungsverbot** nach §§ 331 I, 358 II StPO (eingehend dazu, aber mit probl Ergebnis Kretschmer, Das strafprozessuale Verbot der reformatio in peius und die Maßregeln der Besserung und Sicherung, 1999). Das Verbot schließt die Ersetzung der Maßregel durch eine angemessene Erhöhung der Geldstrafe (Koblenz VRS 47, 416; s jedoch 12 zu § 44) und die Ersetzung der Entziehung (nicht dagegen der isolierten Sperre, Frankfurt VRS 64, 12) durch ein Fahrverbot nicht aus (Frankfurt NJW 68, 1793; Düsseldorf NZV 91, 237; zusf Frisch JA 74, 165, 169); auch die Einziehung des Führerscheins (13 zu § 69) kann im Rechtsmittelverfahren nachgeholt werden (BGHSt 5, 168). Zu Art und Umfang der Bindung des Rechtsmittelrichters an das Verschlechterungsverbot beachte auch 44 zu § 46 sowie Hentschel NJW 03, 716, 727. Zur selbstständigen Anordnung im Sicherungsverfahren § 71 StGB. Zur Zuständigkeit für Entscheidungen nach Abs 7 BGHSt 30, 386; Düsseldorf VRS 64, 432 mwN.

10. Nach Ablauf oder vorzeitiger Aufhebung der Sperre (oder im Falle einer **11** Beschränkung der Sperre nach Abs 2) entscheidet über die Wiedererteilung der Fahrerlaubnis allein die **Verwaltungsbehörde** (BVerwGE 17, 347; VGH Kassel NJW 65, 125). Sie ist, anders als im Entziehungsverfahren (§ 3 III, IV StVG; dazu BVerwG NJW 89, 116 mit Bespr Hentschel NZV 89, 100; BVerwG NJW 89, 1622 mit Bespr Himmelreich DAR 89, 285; Himmelreich/Hentschel II Rdn 180–182; zusf Ponk BA 94, 238), weder an das Strafurteil noch an die vor-

§ 69b AT. 3. Abschnitt. 6. Titel. Maßregeln der Besserung und Sicherung

zeitige Aufhebung der Sperre nach Abs 7 gebunden (str; vgl zB Czermak NJW 63, 1225; Seiler DAR 74, 260, 264; Streng Sanktionen 295; den Streitstand zusf Geppert LK 118, 119 zu § 69). Eingehend, namentlich auch zur rechtspolitischen Problematik der Regelung im ganzen, Schendel, Doppelkompetenz von Strafgericht und Verwaltungsbehörde zur Entziehung der Fahrerlaubnis, 1974, S 51; Beine, Lange-FS, S 839; Himmelreich/Hentschel II Rdn 306–309; zu ihrer Verfassungsmäßigkeit BVerfGE 20, 365 mit Anm Rupp NJW 68, 147.

12   **11.** Da die von einer **DDR-Behörde** erteilte Fahrerlaubnis auch nach Wirksamwerden des Beitritts fortgilt (Anl I Kap XI, Sachgeb B, Abschn III Nr 2 EV), sind auf sie die §§ 69, 69 a unmittelbar anzuwenden. Abweichend von der Rechtslage vor dem Beitritt (5 zu § 69 b) ist auch der Führerschein nach § 69 III S 2 einzuziehen (Geppert LK 9 zu § 69 b; 5 zu § 69 b). – Zur Rechtslage bei sog „Alttaten" beachte 32 zu § 2.

§ 69 b Wirkung der Entziehung bei einer ausländischen Fahrererlaubnis

(1) Darf der Täter auf Grund einer im Ausland erteilten Fahrerlaubnis im Inland Kraftfahrzeuge führen, ohne daß ihm von einer deutschen Behörde eine Fahrerlaubnis erteilt worden ist, so hat die Entziehung der Fahrerlaubnis die Wirkung einer Aberkennung des Rechts, von der Fahrerlaubnis im Inland Gebrauch zu machen. Mit der Rechtskraft der Entscheidung erlischt das Recht zum Führen von Kraftfahrzeugen im Inland. Während der Sperre darf weder das Recht, von der ausländischen Fahrerlaubnis wieder Gebrauch zu machen, noch eine inländische Fahrerlaubnis erteilt werden.

(2) Ist der ausländische Führerschein von einer Behörde eines Mitgliedstaates der Europäischen Union oder eines anderen Vertragsstaates des Abkommens über den Europäischen Wirtschaftsraum ausgestellt worden und hat der Inhaber seinen ordentlichen Wohnsitz im Inland, so wird der Führerschein im Urteil eingezogen und an die ausstellende Behörde zurückgesandt. In anderen Fällen werden die Entziehung der Fahrerlaubnis und die Sperre in den ausländischen Führerscheinen vermerkt.

Fassung: Das StVGÄndG (13 vor § 1) hat das deutsche Führerscheinrecht an die Zweite EG-Führerscheinrichtlinie (Richtlinie 91/439/EWG des Rates v 29. 7. 1991 über den Führerschein) angepasst (zu den Verpflichtungen der Bundesrepublik zur Anerkennung ausländischer Fahrerlaubnisse beachte auch die Art 41–43, 47, 48 des Übereinkommens über den Straßenverkehr v 8. 11. 1968, BGBl 1977 II 809 und 1979 II 932). Das Gesetz hat zusammen mit den Änderungen im StVG und in den zugehörigen Rechtsverordnungen die Vorschriften über die Anerkennung ausländischer Fahrerlaubnisse, die vor allem für Kraftfahrzeugführer aus einem EU-Mitgliedstaat oder einem anderen Vertragsstaat aus einem EU-Mitgliedstaat oder einem anderen Vertragsstaat des europäischen Wirtschaftsraums (beachte dazu das EWR-Abkommen v 2. 5. 1992 [BGBl 1993 II 267, 1294]) relevant sind, grundlegend umgestaltet. Aus den **Gesetzesmaterialien** vgl ua den RegEntw (BT-Dr 13/6914) sowie die Beschlussempfehlung und den Bericht des BT-Verkehrsausschusses (BT-Dr 13/7888). **In-Kraft-Treten:** 1. 1. 1999. **Übersichtsbeiträge:** Jagow DAR 98, 186; Gehrmann NJW 98, 3534. Zum neuen Fahrerlaubnisrecht beachte auch Jagow DAR 98, 453; Janker NZV 99, 26; Gehrmann NJW 99, 455; Gleß NZV 99, 410. Zu Fragen des **Übergangs** beachte das neue Recht Köln NZV 01, 225 mit Bespr Hentschel NZV 01, 193. – Das neuerdings verkündete und auch schon in Kraft getretene Ges zur Änderung des StVG und anderer verkehrsrechtlicher Vorschriften vom 19. 3. 2001 (BGBl I 386), das sich schwerpunktmäßig mit der Sanktionierung von Zuwiderhandlungen gegen die 0,5-Promille-Grenze, der Schaffung

§ 69b

der Voraussetzungen für die Anordnung auch weiträumiger Anwohnerparkbereiche und der Ergänzung am 1. 1. 1999 in Kraft getretenen neuen Fahrerlaubnis- und Fahrlehrerrechts beschäftigt (dazu Hentschel NJW 01, 1901), hat für das Strafrecht nur marginale Bedeutung und bedarf unter diesem Gesichtspunkt keiner Erläuterung.

1. Inhaber einer **im Ausland erteilten Fahrerlaubnis** ist jeder, dem eine zuständige ausländische Behörde die Erlaubnis zum Führen von Kraftfahrzeugen erteilt hat; auf seine Staatsangehörigkeit kommt es – ebenso wie beim ausländischen Kraftfahrzeugführer iS des § 4 aF IntVO (Hamm VRS 42, 426; Bouska DAR 96, 276; Geppert LK 5) – nicht an (beachte Bay NStZ 00, 380). Sein in Abs 1 vorausgesetztes Recht, im Inland von seiner Fahrerlaubnis Gebrauch zu machen, beruht auf den §§ 2 XI, 6 I Buchst f StVG, §§ 28–31 FeV und § 4 IntVO. Für Fahrerlaubnisse von Behörden der EU-Mitgliedsstaaten und anderer EWR-Vertragsstaaten einerseits und von Behörden anderer ausländischer Staaten andererseits gelten danach unterschiedliche Regeln (§ 4 IntVO). 1

2. Abs 1 regelt nur den Fall, dass der Täter auf Grund seiner ausländischen Fahrerlaubnis berechtigt ist, von dieser im innerdeutschen Kraftverkehr Gebrauch zu machen (so schon die im früheren Recht hM; vgl Hentschel NJW 75, 1350; zum geltenden Recht AG Eschweiler NZV 02, 332 mit abl Anm Schneider; anders BGHSt 44, 194 mit Anm Hentschel NZV 99, 134; LG Aachen NZV 02, 332 mit zust Anm Schneider); fehlt es an dieser Befugnis, so fehlt dem Täter zugleich die Fahrerlaubnis im Sinne des § 21 StVG mit der Folge, dass nach § 69a I S 3 zu verfahren ist. Ein Verstoß gegen die Verpflichtung, bei Verlegung des Wohnsitzes ins Inland den ausländischen Führerschein registrieren zu lassen (§ 2 XI StVG; § 29 I FeV), ist für die Fahrberechtigung unerheblich (s auch EuGH DAR 96, 193) und nur mit Geldbuße bedroht (§ 75 Nr 11 FeV iVm § 24 StVG). 1a

3. Die Entscheidung nach **Abs 1 S 1** erfordert den **Ausspruch der Entziehung der Fahrerlaubnis;** die Anordnung nur einer isolierten Sperre wäre fehlerhaft (Herzog NK 3), würde aber den Fahrerlaubnisinhaber nicht zur Teilnahme am innerdeutschen Kraftverkehr berechtigen (§ 4 III IntVO). Zur Abgrenzung des Abs 1 im Übrigen von der isolierten Sperre Hentschel NJW 75, 1350. 2

4. Dass die Maßregel bei Inhabern ausländischer Fahrerlaubnisse nur die Aberkennung des Rechts, von der Fahrerlaubnis im Inland Gebrauch zu machen, zur Folge hat, ergibt sich aus den Grenzen der Souveränität (Geppert LK 11; s auch 12 zu § 69). Die Sperre und ihre Wirkung bleiben von Abs 1 unberührt. 3

5. a) Ausländische Führerscheine, die von der Behörde eines EU-Mitgliedsstaates oder eines anderen EWR-Vertragsstaates ausgestellt sind, müsen **eingezogen und an die ausstellende Behörde zurückgesandt** werden (Abs 2 S 1). Das hängt mit dem durch ein umfassendes Informationssystem abgesicherten Prinzip zusammen, dass jedem Kraftfahrer mit Wohnsitz im EWR-Wirtschaftsraum nur eine im Gesamtbereich geltende Fahrerlaubnis erteilt werden darf. Es ist deshalb Sache des ausstellenden Staates, ob ihm die Aberkennung der Fahrberechtigung in Deutschland Anlass zu Maßnahmen gegen den Täter gibt. 3a

b) Der **Vermerk nach Abs 2 S 2** ist nicht im Urteil anzuordnen, weil er eine bloße Vollzugsmaßnahme ist (Bay NJW 79, 1788; Herzog NK 6). – Ist seine Anbringung wegen der Beschaffenheit des Fahrausweises (zB Plastikkarte) nicht möglich und auch durch feste Verbindung eines gesondert gefertigten Vermerks mit dem Ausweis nicht herstellbar (§ 56 II S 3 StVollstrO), so kann sie wegen Fehlens einer Rechtsgrundlage nicht durch Einziehung (oder Beschlagnahme) ersetzt werden (Horn SK 4; aM LG Ravensburg DAR 91, 272 mit abl Bespr Meyer MDR 92, 442; diff Geppert LK 14; s auch Ludovisy DAR 97, 80; zw). 4

§ 70 AT. 3. Abschnitt. 6. Titel. Maßregeln der Besserung und Sicherung

5   6. Für eine von **DDR-Behörden** vor Wirksamwerden des Beitritts erteilte und nach dem EV gültig gebliebene (beachte dazu VG Frankfurt DAR 92, 157) Fahrerlaubnis gelten die §§ 69, 69 a unmittelbar (12 zu § 69 a; näher dazu Nettesheim DtZ 91, 363).

– Berufsverbot –

§ 70 Anordnung des Berufsverbots

(1) **Wird jemand wegen einer rechtswidrigen Tat, die er unter Mißbrauch seines Berufs oder Gewerbes oder unter grober Verletzung der mit ihnen verbundenen Pflichten begangen hat, verurteilt oder nur deshalb nicht verurteilt, weil seine Schuldunfähigkeit erwiesen oder nicht auszuschließen ist, so kann ihm das Gericht die Ausübung des Berufs, Berufszweiges, Gewerbes oder Gewerbezweiges für die Dauer von einem Jahr bis zu fünf Jahren verbieten, wenn die Gesamtwürdigung des Täters und der Tat die Gefahr erkennen läßt, daß er bei weiterer Ausübung des Berufs, Berufszweiges, Gewerbes oder Gewerbezweiges erhebliche rechtswidrige Taten der bezeichneten Art begehen wird. Das Berufsverbot kann für immer angeordnet werden, wenn zu erwarten ist, daß die gesetzliche Höchstfrist zur Abwehr der von dem Täter drohenden Gefahr nicht ausreicht.**

(2) **War dem Täter die Ausübung des Berufs, Berufszweiges, Gewerbes oder Gewerbezweiges vorläufig verboten (§ 132 a der Strafprozeßordnung), so verkürzt sich das Mindestmaß der Verbotsfrist um die Zeit, in der das vorläufige Berufsverbot wirksam war. Es darf jedoch drei Monate nicht unterschreiten.**

(3) **Solange das Verbot wirksam ist, darf der Täter den Beruf, den Berufszweig, das Gewerbe oder den Gewerbezweig auch nicht für einen anderen ausüben oder durch eine von seinen Weisungen abhängige Person für sich ausüben lassen.**

(4) **Das Berufsverbot wird mit der Rechtskraft des Urteils wirksam. In die Verbotsfrist wird die Zeit eines wegen der Tat angeordneten vorläufigen Berufsverbots eingerechnet, soweit sie nach Verkündung des Urteils verstrichen ist, in dem die der Maßregel zugrunde liegenden tatsächlichen Feststellungen letztmals geprüft werden konnten. Die Zeit, in welcher der Täter auf behördliche Anordnung in einer Anstalt verwahrt worden ist, wird nicht eingerechnet.**

1   1. Als **Maßregel** hat das Berufsverbot Sicherungsfunktion; seine Anordnung aus Schuldgründen ist nicht zulässig (Frisch LdRerg 8/240, 52). Es kann daher auch eine verwirkte Strafe nicht ersetzen. – Zum vorläufigen Berufsverbot nach § 132 a StPO vgl Frisch aaO S 1. – Zu „Berufsverboten" außerhalb des Strafrechts Frisch aaO.

2   2. Zu den **Voraussetzungen:**

a) Die **rechtswidrige,** dh nicht notwendig schuldhafte, **Tat** (18 zu § 11; 1 zu § 29) darf noch nicht verjährt sein (§ 78 I).

3   **b) Missbrauch** ist die bewusste und planmäßige Ausnutzung der durch den Beruf usw gegebenen Möglichkeiten zur Begehung von Straftaten (Frankfurt NStZ-RR 01, 16 und 03, 113), sofern sie in einem inneren Zusammenhang mit der Berufs-(Gewerbe-)ausübung steht, deren Zwecken zuwiderläuft (wistra 03, 423) und die Unzuverlässigkeit des Täters gerade auf diesem Gebiet erkennbar macht (NJW 83, 2099; NStZ 88, 176; Frisch LdRerg 8/240, S 3). Die betrügerische

Anordnung des Berufsverbots **§ 70**

Anmaßung eines bestimmten Berufs oder Gewerbes (zB als Rechtsanwalt) wird nicht erfasst (NStZ 98, 567). – Die **Verletzung der Pflichten** muss Ausfluss dieser im Einzelfall ausgeübten Tätigkeit sein (BGHSt 22, 144), also nicht notwendig ein nur von Berufs- oder Erwerbstätigen begehbares Delikt (NJW 89, 3231 mit Anm Geerds JR 90, 296); bloß äußerer Zusammenhang genügt nicht (wistra 03, 423; Frankfurt NStZ 03, 113). Auch die Pflicht, Arbeitnehmerbeiträge abzuführen, kommt als solche Berufspflicht in Frage (KG JR 80, 247; LG München wistra 87, 261; str). Im Allgemeinen nicht ausreichend ist dagegen die Pflicht, Umsatz-, Einkommen- und Gewerbesteuer zu zahlen (KG aaO); besondere Umstände können hier aber den vorausgesetzten Missbrauch begründen (bei Schmidt MDR 92, 216; NStZ 95, 124).

c) **Verurteilung** und ihr Unterbleiben 4 zu § 69. **4**

d) **Zur ungünstigen Prognose:** **5**

aa) **Gefahr** 5 zu § 64. **Erhebliche rechtswidrige Taten** 14 zu § 66; allerdings **6** ist auch hier der Maßstab für die Erheblichkeit der Tat – ähnlich wie bei der Maßregel des § 63 (dort 5) – nicht ganz so streng wie bei der einschneidenderen Sicherungsverwahrung; er darf aber im Hinblick auf den schwerwiegenden Eingriff in die Berufsfreiheit (Art 12 I GG) auch nicht zu niedrig angesetzt werden (Tröndle/Fischer 7). Die drohenden Taten müssen wiederum einen **Missbrauch des Berufs** usw (vgl 3) erwarten lassen.

bb) Die Prognose erfordert eine **Gesamtwürdigung des Täters und der Tat** **7** (wistra 82, 66, 67; Frankfurt NStZ-RR 03, 133; Frisch LdRerg 8/240, S 4; beachte auch NStZ 87, 406). Bei erstmaliger Straffälligkeit ist zu prüfen, ob nicht schon die Verurteilung zu Strafe den Täter von weiteren Taten abhalten wird (Frankfurt aaO). Das Verteidigungsverhalten darf dem bestreitenden Angeklagten auch hier nicht angelastet werden (NStZ 03, 543, 544). Für die Beurteilung kommt es auf die Zeit der **Hauptverhandlung** an (NJW 79, 2249). Das bedeutet jedoch nur, dass die ungewisse Entwicklung bis zum Vollzugsende außer Ansatz bleibt, entbindet aber aus verfassungsrechtlichen Gründen (Hanack LK 45, 46) nicht von der Prüfung, ob die an sich gegebene Gefährlichkeit bis zum Vollzugsende sicher überwunden sein wird (beachte dazu 13) oder ob sie durch schonendere außerstrafrechtliche Maßnahmen beseitigt werden kann (15 zu § 66; hier ebenso Tröndle/Fischer 7 und Sch/Sch-Stree 13 unter Hinweis auf das Fehlen der Möglichkeit sofortiger Aussetzung nach § 70 a; aM Horn SK 9; zw). Dazu genügt idR nicht, dass aus demselben Anlass ein gewerberechtliches Untersagungsverfahren möglich oder das Ruhen einer Approbation durch die Verwaltungsbehörde bereits angeordnet ist (NJW 75, 2249); auch die Möglichkeit eines ehrengerichtlichen Verfahrens (bei Dallinger MDR 52, 530), namentlich des Ausschlusses aus der Rechtsanwaltschaft (BGHSt 28, 84, 85; Schmid ZRP 75, 79), reicht häufig nicht aus (zusf Hanack LK 47, 48 mwN).

cc) Zum Grundsatz **in dubio pro reo** bei Zweifeln über die Prognose 4 zu **8** § 61.

e) **Verhältnismäßigkeit** 2 zu § 62. **9**

f) Zur umstrittenen Frage, ob und wie weit ein Berufsverbot gegen **Journalis- 10 ten** im Hinblick auf Art 5 II, 18 GG verfassungsrechtlichen Schranken unterliegt, BVerfGE 10, 118; 25, 88; BGHSt 17, 38 mit Bespr Copic JZ 63, 494; NJW 65, 1388; zusf Hanack LK 64–73 und Lemke NK 8, 9 (beachte auch Art 10 MRK).

3. Die **Verbotsfrist** ist innerhalb des gesetzlichen Rahmens ausschließlich nach **11** dem Gewicht der ungünstigen Prognose zu bemessen. Die Ausführungen unter 2 zu § 69a über die Dauer der Sperre gelten sinngemäß. Das unbefristete Verbot (Abs 1 S 2) setzt schwerste oder chronische Berufskriminalität voraus; es bedarf mehr noch als das langfristige Verbot (VRS 31, 188) eingehender Begründung.

§ 70a AT. 3. Abschnitt. 6. Titel. Maßregeln der Besserung und Sicherung

12 4. Für **Abs 2, 4** gelten die Ausführungen unter 5, 6 zu § 69 a sinngemäß; jedoch bleibt im Falle des Abs 4 die Zeit behördlicher Verwahrung (11 zu § 44) abweichend von § 69 a V außer Ansatz.

13 5. Das Berufsverbot wird nach **pflichtmäßigem Ermessen** (50 zu § 46) angeordnet, das streng an den Zweck der Maßregel gebunden ist (NStZ 81, 391). Ist die Überwindung der an sich gegebenen Gefährlichkeit bis zum Vollzugsende sicher absehbar (vgl 7), so muss die Anordnung unterbleiben (Frisch LdRerg 8/240, S 5; Hanack LK 46). Das Verbot muss auf diejenigen Berufe oder Gewerbe beschränkt werden, die der Täter missbraucht hat (wistra 86, 257; s auch bei Miebach NStZ 96, 122). Daher ist es unzulässig, selbstständige Gewerbetätigkeiten **jeder Art** zu verbieten (bei Holtz MDR 79, 455 mwN). Ist die Tat in einem bestimmten Berufs- oder Gewerbezweig begangen, so wird das Verbot je nach dem Schutzbedürfnis auf den einzelnen Zweig beschränkt (bei Dallinger MDR 52, 530; GA 60, 183) oder auf den Beruf oder das Gewerbe im ganzen erstreckt (MDR 58, 783). Neben dem Verlust der Amtsfähigkeit nach § 45 kommt ein Berufsverbot in Betracht, soweit die Gefahr des Missbrauchs einer vergleichbaren privaten Tätigkeit (als Lehrer oder Arzt) besteht (NStZ 02, 198). Die verbotene Tätigkeit ist – namentlich im Hinblick auf die Strafdrohung des § 145 c (vgl dort 1) – genau zu bezeichnen (§ 260 II StPO).

14 6. **Verfahren** §§ 132 a, 260 II, 305 S 2 StPO. Ein Rechtsmittel kann nur ausnahmsweise auf das Berufsverbot beschränkt werden, weil seine Voraussetzungen meist zugleich Strafzumessungsgrundlage sind (beachte jedoch Hamm NJW 57, 1737). – Selbstständige Anordnung im Sicherungsverfahren § 71.

15 7. Zur **Bindungswirkung des Strafurteils** im gewerberechtlichen Untersagungsverfahren § 35 III GewO; im ehrengerichtlichen Verfahren bei Rechtsanwälten § 118 II, III BRAO (NJW 75, 1712; s auch NJW 91, 1069); im Verfahren des Approbationsentzugs bei Ärzten BVerwGE 15, 282 (s auch Hanack LK 90–92 mwN; str).

§ 70 a Aussetzung des Berufsverbots

(1) **Ergibt sich nach Anordnung des Berufsverbots Grund zu der Annahme, daß die Gefahr, der Täter werde erhebliche rechtswidrige Taten der in § 70 Abs. 1 bezeichneten Art begehen, nicht mehr besteht, so kann das Gericht das Verbot zur Bewährung aussetzen.**

(2) **Die Anordnung ist frühestens zulässig, wenn das Verbot ein Jahr gedauert hat. In die Frist wird im Rahmen des § 70 Abs. 4 Satz 2 die Zeit eines vorläufigen Berufsverbots eingerechnet. Die Zeit, in welcher der Täter auf behördliche Anordnung in einer Anstalt verwahrt worden ist, wird nicht eingerechnet.**

(3) **Wird das Berufsverbot zur Bewährung ausgesetzt, so gelten die §§ 56 a und 56 c bis 56 e entsprechend. Die Bewährungszeit verlängert sich jedoch um die Zeit, in der eine Freiheitsstrafe oder eine freiheitsentziehende Maßregel vollzogen wird, die gegen den Verurteilten wegen der Tat verhängt oder angeordnet worden ist.**

1 1. Das Berufsverbot kann – abweichend von § 67 b I – **nur nach seiner Anordnung** zur Bewährung ausgesetzt werden.

2 2. **Grund zu der Annahme** im Sinne des Abs 1 ergibt sich, wenn neue oder nachträglich bekannt gewordene Tatsachen, zB Nachholung einer beruflichen Ausbildung (Begr zu § 106 E 1962 S 237) oder positive Entwicklung im Strafvollzug, dafür sprechen, dass die ungünstige Prognose nach § 70 I (dort 5–9) nicht begründet war oder nicht mehr begründet ist (vgl Lemke NK 3, 4).

Widerruf der Aussetzung **§ 70b**

3. Nach seinem Wortlaut ist Abs 1 eine **Kann-Vorschrift**, so dass die Aussetzung nach pflichtmäßigem Ermessen (50 zu § 46) angeordnet wird. Aus dem allgemeinen Prinzip, dass Maßregeln nur bis zur Zweckerreichung gerechtfertigt sind, folgt jedoch, dass die Aussetzung zwingend ist, wenn das Gericht vom Wegfall der ungünstigen Prognose (5–9 zu § 70) überzeugt ist. **3**

4. Zur **Fristberechnung** (Abs 2) 12 zu § 70. **4**

5. Abs 3 (weitere Anordnungen): Die Bewährungszeit beginnt mit Rechtskraft des die Aussetzung anordnenden Beschlusses (§ 56a), verlängert sich jedoch um die Zeit des Straf- und Maßregelvollzugs in derselben Sache. Auflagen (§ 56b) sind unzulässig. **5**

6. Zuständigkeit für die Aussetzung und **Verfahren** § 463 I iVm § 462a I, II, § 463 V iVm § 462 StPO. **6**

§ 70b Widerruf der Aussetzung und Erledigung des Berufsverbots

(1) Das Gericht widerruft die Aussetzung eines Berufsverbots, wenn der Verurteilte
1. während der Bewährungszeit unter Mißbrauch seines Berufs oder Gewerbes oder unter grober Verletzung der mit ihnen verbundenen Pflichten eine rechtswidrige Tat begeht,
2. gegen eine Weisung gröblich oder beharrlich verstößt oder
3. sich der Aufsicht und Leitung des Bewährungshelfers beharrlich entzieht
und sich daraus ergibt, daß der Zweck des Berufsverbots dessen weitere Anwendung erfordert.

(2) Das Gericht widerruft die Aussetzung des Berufsverbots auch dann, wenn Umstände, die ihm während der Bewährungszeit bekannt werden und zur Versagung der Aussetzung geführt hätten, zeigen, daß der Zweck der Maßregel die weitere Anwendung des Berufsverbots erfordert.

(3) Die Zeit der Aussetzung des Berufsverbots wird in die Verbotsfrist nicht eingerechnet.

(4) Leistungen, die der Verurteilte zur Erfüllung von Weisungen oder Zusagen erbracht hat, werden nicht erstattet.

(5) Nach Ablauf der Bewährungszeit erklärt das Gericht das Berufsverbot für erledigt.

1. Für die **Voraussetzungen des Widerrufs** (Abs 1, 2) gilt sinngemäß dasselbe wie für den Widerruf der Aussetzung einer Unterbringung nach § 67g I, III (dort 1–4); jedoch muss die Symptomtat nach Abs 1 Nr 1 die besonderen Voraussetzungen der für die Anordnung des Berufsverbots erforderlichen Tat erfüllen (5–9 zu § 70). Obwohl eine dem § 56f II entsprechende Vorschrift fehlt, ist nicht unbedingt ausgeschlossen, die durch nachträgliche, in den Grenzen des § 70a III S 1 iVm § 56a II S 2 beachtende Verlängerung der Bewährungszeit zu vermeiden und es zunächst mit einer Intensivierung der Bewährungsmaßnahmen zu versuchen (Hanack LK 11, 12; Lemke NK 6; aM Horn SK 2). **1**

2. Abs 5 scheint nach seinem Wortlaut mit Ablauf der Bewährungszeit nur noch die Erledigungserklärung zuzulassen und damit – abweichend von § 56g I (dort 1) – die Möglichkeit des Widerrufs auszuschließen. Seine Funktion (abschließende Entscheidung) zwingt jedoch dazu, ihn ebenso zu verstehen wie § 56g I und deshalb den Widerruf bei Nichtbewährung zuzulassen (ebenso Hanack LK 21; Horn SK 9). – **Zeitlich** ist danach der Widerruf möglich, sobald seine Voraussetzungen eintreten, jedoch nicht vor Rechtskraft der Aussetzung und nicht nach **2**

455

§§ 71, 72 AT. 3. Abschnitt. 6. Titel. Maßregeln der Besserung und Sicherung

Erledigungserklärung; zur Notwendigkeit, nach Ablauf der Bewährungszeit zügig zu entscheiden, 1 zu § 56 g.

3 3. **Zuständigkeit** für Entscheidungen nach Abs 1, 2, 5 und **Verfahren** § 463 I iVm § 462 a I, II, § 463 V iVm § 462 StPO.

– Gemeinsame Vorschriften –

§ 71 Selbständige Anordnung

(1) **Die Unterbringung in einem psychiatrischen Krankenhaus oder in einer Entziehungsanstalt kann das Gericht auch selbständig anordnen, wenn das Strafverfahren wegen Schuldunfähigkeit oder Verhandlungsunfähigkeit des Täters undurchführbar ist.**

(2) **Dasselbe gilt für die Entziehung der Fahrerlaubnis und das Berufsverbot.**

1 1. Die **selbstständige Anordnung** unter anderen als den in Abs 1 angegebenen Voraussetzungen (zB Verjährung, Fehlen des Strafantrags, Amnestie) ist unzulässig (Hanack LK 6–8; Böllinger NK 5); gleichzustellen ist lediglich der Fall, dass die Schuldunfähigkeit nach § 20 (nicht nach § 3 JGG) nicht auszuschließen ist (hM; vgl etwa Hanack LK 10 mwN).

2 2. Die Anordnung ergeht im **Sicherungsverfahren** nach §§ 413–416 StPO.

§ 72 Verbindung von Maßregeln

(1) **Sind die Voraussetzungen für mehrere Maßregeln erfüllt, ist aber der erstrebte Zweck durch einzelne von ihnen zu erreichen, so werden nur sie angeordnet. Dabei ist unter mehreren geeigneten Maßregeln denen der Vorzug zu geben, die den Täter am wenigsten beschweren.**

(2) **Im übrigen werden die Maßregeln nebeneinander angeordnet, wenn das Gesetz nichts anderes bestimmt.**

(3) **Werden mehrere freiheitsentziehende Maßregeln angeordnet, so bestimmt das Gericht die Reihenfolge der Vollstreckung. Vor dem Ende des Vollzugs einer Maßregel ordnet das Gericht jeweils den Vollzug der nächsten an, wenn deren Zweck die Unterbringung noch erfordert. § 67 c Abs. 2 Satz 4 und 5 ist anzuwenden.**

1 1. **Abs 1:** Das Kumulationsverbot setzt stets die dreifache Prüfung voraus, ob die Voraussetzungen mehrerer Maßregeln erfüllt sind, welche von ihnen den erstrebten Gesamtzweck zu erreichen geeignet sind und ggf welche von den letzteren den Täter entweder schon nach ihrer Art oder nach den Umständen am wenigsten beschwert (NStZ 98, 35 und 02, 533; NStZ RR 99, 77 und 170; s auch NJW 91, 1244; NStZ 95, 284; 7 zu § 64; 15 zu § 66; zu einzelnen Fallkonstellationen Hanack LK 19–30). Der Zweck der Entziehung der Fahrerlaubnis kann durch eine freiheitsentziehende Maßregel nicht erreicht werden (10 zu § 69).

2 2. **Abs 2** ist stets anzuwenden, wenn die Voraussetzungen des Abs 1 fehlen (zu einem instruktiven Grenzfall beachte NJW 00, 3015 mit krit Anm Janssen StV 00, 617 und Neubacher NStZ 01, 322). Im Verhältnis zu den Maßregeln nach §§ 63, 64 und 66 hat der Gesetzesvorbehalt keine Bedeutung.

3 3. **Abs 3:** Die Reihenfolge der Vollstreckung (S 1) ist im **Urteil** zu bestimmen (NStZ 95, 284). Für die Anordnungen am Ende des Vollzugs (S 2) ist die Strafvollstreckungskammer **zuständig** (§ 463 I iVm § 462 a I StPO). Im Übrigen beachte 2, 3 zu § 67 c. **Verfahren** § 463 III iVm § 454 StPO. – Für die Vollstreckung mehrerer freiheitsentziehender Maßregeln auf Grund **verschiedener**

Vorbemerkung **Vor § 73**

Entscheidungen gilt Abs 3 nicht (beachte dazu § 54 II, III StVollstrO; Hamm NStZ 88, 430 mwN).

7. Titel. Verfall und Einziehung

Vorbemerkung

1. Das auf dem 2. StrRG (4 vor § 1) beruhende Rechtsinstitut des **Verfalls** hat sich **nicht bewährt**. Wegen seiner engen und überaus komplizierten Voraussetzungen hat es in der Praxis nur geringe Bedeutung erlangt (krit Horn JR 84, 211; Schmitt, Noll-GS, S 295; Eberbach NStZ 87, 486, 488). Seine Reformbedürftigkeit steht daher schon lange außer Streit (vgl den Bericht der BReg zur Beurteilung des strafrechtlichen Sanktionensystems [BT-Dr 10/5828 S 6] sowie die Beschlussempfehlung und den Bericht des Rechtsausschusses dazu [BT-Dr 11/2597 S 5]). Unter dem Eindruck wachsender Bedrohung durch die **Organisierte Kriminalität und den Waffenhandel** haben am Anfang des letzten Jahrzehnts nachhaltige Bemühungen eingesetzt, die auf eine wirksamere Abschöpfung der Gewinne aus Straftaten gerichtet waren. Sie haben sich nur schrittweise in Gesetzesänderungen niedergeschlagen. In einem ersten Schritt hat das **AWG/StGB ÄndG** (12 vor § 1) das zuvor für den Verfall maßgebende Nettoprinzip durch das Bruttoprinzip ersetzt und dadurch den Abzug der vom Täter für die Gewinnerzielung gemachten Aufwendungen ausgeschlossen (4 zu § 73). Alsdann hat das **OrgKG** (12 vor § 1), das im materiellen Strafrecht schwerpunktmäßig die Verbesserung der Zugriffsmöglichkeiten auf Verbrechensgewinne angestrebt hat, als zusätzliche Maßnahme den **Erweiterten Verfall** eingeführt, der bei bestimmten für organisierte Kriminalität milieutypischen Taten die Gewinnabschöpfung unter weniger strengen Voraussetzungen vorschreibt (§ 73d), und zu demselben Zweck ergänzend in das Strafensystem als neue Strafart die **Vermögensstrafe** eingefügt (§ 43a), die aber nach der Entscheidung des BVerfG v 20. 3. 2002 verfassungswidrig und nichtig ist (BGBl I 1340). In den gesetzgeberischen Beratungen zum OrgKG, das auch andere für die Bekämpfung der organisierten Kriminalität wichtig erscheinende Vorschriften eingeführt oder umgestaltet hat (im materiellen Recht namentlich den aus internationalen Verpflichtungen erwachsenen Tatbestand der Geldwäsche [§ 261]), war das Programm zur Gewinnabschöpfung in seinem Grundanliegen überwiegend anerkannt, in der Einzelausgestaltung aber unter verfassungsrechtlichen und kriminalpolitischen Gesichtspunkten sehr umstritten (BT-Dr 12/2720 S 38; Prot Nr 31 der 13. Wahlper des BT-Rechtsausschusses [öffentliche Anhörung; zusf Bericht in DRiZ 92, 142]; s auch 4 vor § 38; 1 zu § 73d). Weitere Vorschläge zur Intensivierung der Zugriffsmöglichkeiten auch auf verdächtiges Vermögen (Initiativvorlage der SPD-Fraktion [BT-Dr 12/6784 mit abl Bespr Welp StV 94, 161 und Heckmann ZRP 95, 1]), haben sich nicht durchsetzen können. Im kriminalpolitischen und kriminologischen Schrifttum ist die Problematik der Gewinnabschöpfung in zahlreichen Beiträgen zur organisierten Kriminalität schwerpunktmäßig (mit-)behandelt worden.

Aus dem Schrifttum zur **Gewinnabschöpfung** vgl expl die Veröffentlichungen in der BKA-Forschungsreihe (BKA, Hrsg, Macht sich Kriminalität bezahlt? – Aufspüren und Abschöpfen von Verbrechensgewinnen, 1987; Rebscher/Vahlenkamp, Organisierte Kriminalität in der Bundesrepublik Deutschland, 1988; Dörmann ua, Organisierte Kriminalität – wie groß ist die Gefahr?, 1990; BKA, Hrsg, Organisierte Kriminalität in einem Europa durchlässiger Grenzen, 1991; Lage, Die internationale Dimension des organisierten Verbrechens, 1994; Vahlenkamp/Knauß, Korruption – hinnehmen oder handeln?, 1995; BKA, Hrsg, Organisierte Kriminalität, 1997); ferner die Monographien

§ 73

oder Sammelwerke Schwind ua (Hrsg), Organisierte Kriminalität, 1987; Weschke/Heine-Heiß, Organisierte Kriminalität als Netzstrukturkriminalität, 1990; Dessecker, Gewinnabschöpfung im Strafrecht und in der Strafrechtspraxis, 1992; Sieber/Bögel, Logistik der Organisierten Kriminalität, 1993; Bögel, Strukturen und Systemanalyse der Organisierten Kriminalität in Deutschland, 1994; Hassemer, Vermögen im Strafrecht, WM Sonderbeilage Nr 3/1995; Mayerhofer/Jehle (Hrsg), Organisierte Kriminalität, 1996; Hettinger, Entwicklungen im Strafrecht und Strafverfahrensrecht der Gegenwart, 1997, S 55; Kilchling/Kaiser (Hrsg), Möglichkeiten der Gewinnabschöpfung zur Bekämpfung der Organisierten Kriminalität, 1997; Wallschläger, Die strafrechtlichen Verfallsvorschriften, 2002; Herzog, Lüderssen-FS, S 241; Neufeind JA 04, 155; **rechtsvergleichend** oder zum ausländischen Recht Meyer ua (Hrsg), Gewinnabschöpfung bei Betäubungsmitteldelikten, BKA-Forschungsreihe, 1989; Arzt SchwZStr 89, 160; Schmoller ÖJZ 90, 257; Pieth StV 90, 558; Miyazawa, Schüler-Springorum-FS, S 149; Sieber, Miyazawa-FS, S 265; Kilchling/Kaiser, Möglichkeiten der Gewinnabschöpfung zur Bekämpfung der Organisierten Kriminalität, 1997; beachte auch Schneider Jura 84, 169 und Stree/Wessels-FS, S 813; Kaiser, Tröndle-FS, S 685 und ZRP 99, 144; Hetzer wistra 94, 176 sowie ZRP 99, 471 und 01, 266; Schaefer NJW 94, 774 und Kriminalistik 97, 23; Frankfurter Arbeitskreis Strafrecht StV 94, 693; Zachert, Miyazawa-FS, S 283; Sieber JZ 95, 758; Albrecht KritV 97, 229; Meyer/Hetzer NJW 98, 1017; Jekewitz GA 98, 276 und 99, 307; Benseler, Die Gewinnabschöpfung und deren Beweislast in Deutschland und den USA, 1998; Meyer, Kaiser-FS, S 633; Kilchling (Hrsg), Die Praxis der Gewinnabschöpfung in Europa, 2002; zum **OWiG** Drathjer, Die Abschöpfung rechtswidrig erlangter Vorteile im Ordnungswidrigkeitenrecht, 1997; zur Verantwortung des demokratischen Verfassungsstaates für die internationale Verbrechensbekämpfung Pitschas JZ 93, 857; zur Vermögensabschöpfung in der **Praxis** Rönnau, Vermögensabschöpfung in der Praxis, 2003; Berg, Beweiserleichterungen bei der Gewinnabschöpfung, 2001; Schmidt/Winter NStZ 02, 8; Windolph StraFo 03, 115; zur neueren **BGH-Rspr** Nack GA 03, 879; Detter NStZ 02, 132, 138 und 415, 421 sowie 04, 134, 140; zum **Verfahren** nach §§ 111b ff StPO Malitz NStZ 02, 337; weitere Hinweise auf das juristische Schrifttum in den einzelnen Vorschriften.

2   2. Die **Gesetzgebung zur Gewinnabschöpfung ist unvollendet**. Da der Erweiterte Verfall dem früheren Recht unter Inkaufnahme von „Systembrüchen" nur aufgepfropft wurde und schon deshalb kein Dauerrecht bleiben kann (1 zu § 73 d), ist gegen Ende der 13. Wahlperiode eine interfraktionelle, von der überwiegenden Mehrheit der BT-Abgeordneten getragene Initiativvorlage eingebracht worden, die den Zweck verfolgte, die Regelung des Verfalls durch grundlegende Umgestaltung wirksamer und einfacher zu gestalten (BT-Dr 13/9742). Wegen Zeitmangels konnte der – in vielen Einzelfragen noch nicht ausgereifte (krit dazu Arzt, Zipf-GS, S 165) – Entwurf im BTag nicht mehr verabschiedet werden (Übersichtsbeiträge zu dem Entwurf Weck ZRP 98, 154; Hetzer JR 98, 141, 146; s auch Kaiser ZRP 99, 144, 147). Obwohl die SPD-Fraktion das Vorhaben damals für besonders dringlich gehalten hat, ist es, soweit ersichtlich, bisher nicht wieder aufgegriffen, sondern in den Zusammenhang der allg Reform des Sanktionensystems verwiesen worden (näher dazu 3 vor § 38). Der Entwurf eines Gesetzes zur Reform des Sanktionenrechts v 17. 3. 2004 (BT-Dr 15/2725) sieht allerdings keine Änderungen der §§ 73 ff vor.

§ 73 Voraussetzungen des Verfalls

(1) **Ist eine rechtswidrige Tat begangen worden und hat der Täter oder Teilnehmer für die Tat oder aus ihr etwas erlangt, so ordnet das Gericht dessen Verfall an. Dies gilt nicht, soweit dem Verletzten aus der Tat ein Anspruch erwachsen ist, dessen Erfüllung dem Täter oder Teilnehmer den Wert des aus der Tat Erlangten entziehen würde.**

Voraussetzungen des Verfalls **§ 73**

(2) **Die Anordnung des Verfalls erstreckt sich auf die gezogenen Nutzungen. Sie kann sich auch auf die Gegenstände erstrecken, die der Täter oder Teilnehmer durch die Veräußerung eines erlangten Gegenstandes oder als Ersatz für dessen Zerstörung, Beschädigung oder Entziehung oder auf Grund eines erlangten Rechts erworben hat.**

(3) **Hat der Täter oder Teilnehmer für einen anderen gehandelt und hat dadurch dieser etwas erlangt, so richtet sich die Anordnung des Verfalls nach den Absätzen 1 und 2 gegen ihn.**

(4) **Der Verfall eines Gegenstandes wird auch angeordnet, wenn er einem Dritten gehört oder zusteht, der ihn für die Tat oder sonst in Kenntnis der Tatumstände gewährt hat.**

1. Der Verfall bezweckt die **Abschöpfung unrechtmäßig erlangten Vermögenszuwachses** (BGHSt 31, 145; NJW 02, 2257 und 3339). Er ist deshalb, soweit er über diese Funktion nicht hinausgeht, keine Nebenstrafe (für Strafcharakter etwa Sch/Sch-Eser 19 vor § 73), sondern eine Maßnahme (21 zu § 11) zur Wiederherstellung des verletzten Rechts (BT-Dr V/4095 S 39; Streng Sanktionen 304) in dem Sinne, dass ein dem Täter anders nicht entziehbarer Gewinn abgeschöpft werden soll. Voraussetzung ist daher die Begehung nur einer rechtswidrigen, nicht notwendig schuldhaften Tat. Allerdings ist diese im früheren Recht unbestrittene Deutung nach dem Übergang zum Bruttoprinzip nicht mehr uneingeschränkt zutreffend (vgl 4–4 b). – Im Bereich des WiStG tritt an die Stelle des Verfalls die Abführung des Mehrerlöses (dort § 8 IV). **1**

2. Zu **Voraussetzungen und Umfang** des Verfalls (Abs 1, 2): **2**

a) Rechtswidrige Tat 18 zu § 11; 1 zu § 29. Sie muss von der Anklage umfasst und vom Tatrichter festgestellt sein (BGHSt 28, 369).

b) aa) „**Etwas**" ist jede **Erhöhung** des wirtschaftlichen Wertes eines Vermögens, die dem Täter oder Teilnehmer zugeflossen ist (Vermögenszuwachs); es ist daher nicht notwendig eine Sache oder ein Recht, kann vielmehr zB auch in einer tatsächlichen, wirtschaftlich begünstigenden Besitzposition (probl BGHSt 36, 251 mit abl Anm Meyer JR 90, 208, beide mwN oder in Gebrauchsvorteilen, Kapitalnutzung (Prot 5, 1001) und ersparten Aufwendungen (AG Köln NStZ 88, 274; Franzheim wistra 86, 253 und 89, 87; Schäfer StrZ 246) bestehen. Alles, was im Sinne des § 812 I BGB Gegenstand einer Bereicherung sein kann, kommt auch als Gegenstand des Verfalls in Frage (Brenner DRiZ 77, 203 mwN). Erfasst wird aber nur der tatsächlich erlangte, nicht auch der lediglich erzielbare Vermögenszuwachs (NStZ-RR 01, 82). Hat der Täter für einen Dritten gehandelt, ohne selbst etwas erlangt zu haben, ist nur eine Verfallsanordnung nach Abs 3 gegen den Dritten, nicht aber gegen den Täter möglich (LG Bonn StraFo 01, 283). **3**

bb) Die zur Erlangung des Vermögenszuwachses **gemachten Aufwendungen** sind – abw vom früheren Recht (BGHSt 28, 369; 31, 145; s auch BFH NJW 00, 3085) – **nicht mehr abziehbar**. Es gilt vielmehr das sog **Bruttoprinzip**. Das folgt zwar nicht zwingend daraus, dass das AWG/StGBÄndG (12 vor § 1) den Begriff „Vermögensvorteil" durch das unbestimmtere „etwas" ersetzt hat; denn auch „etwas" kann nach dem Kontext des Gesetzes nur eine Vermögensvermehrung sein, bei der ebenso wie früher durch Auslegung zu ermitteln ist, ob damit der Vermögenszuwachs als solcher gemeint ist oder ob für ihn gemachte Aufwendungen durch Saldierung abzuziehen sind (so mit Recht Göhler wistra 92, 133). Da es jedoch der erklärte Wille des Gesetzgebers war, vom Netto- zum Bruttoprinzip überzugehen (BT-Dr 12/1134 S 12), und der Gesetzeswortlaut dem nicht entgegensteht, ist dieser Wille maßgebend (NStZ 94, 123 und 96, 539; Katholnigg JR 94, 353, 355; Sch/Sch-Eser 17; s auch Bay wistra 97, 317; aM Herzog NK 11–15). **4**

§ 73 AT. 3. Abschnitt. 7. Titel. Verfall und Einziehung

4a cc) **Anwendung des Bruttoprinzips** bedeutet, dass der Vermögenszuwachs als solcher, dh der jeweilige Gesamterlös, dem Verfall unterliegt. Was der Täter für seine Erlangung aufgewendet hat, ist unerheblich (expl NStZ-RR 00, 57). Das gilt nicht nur für Unkosten im engeren Sinne (zB Reisekosten usw), sondern auch für das, was zur Erlangung des Zuwachses als Ausgleich hingegeben wurde (zB der Kaufpreis); dass die Gesetzesmaterialien (BT-Dr aaO [vgl 4]) so zu verstehen sind, ist nicht zweifelhaft, weil es nur unter dieser Voraussetzung sinnvoll ist, die Gesetzesänderung auf den Grundgedanken des § 817 S 2 BGB zu stützen.

4b dd) Das zwingt zu einer **Überprüfung der Rechtsnatur** des Verfalls. Dass die Abschöpfung des Nettogewinns als konditionsähnliche strafrechtliche Maßnahme legitimiert ist, steht außer Streit (BGHSt 31, 145; NStZ 00, 137). Soweit aber der Verfall auch eine Vermögensvermehrung erfasst, die für den Täter im Hinblick auf seine Gegenleistung keine bereichernde Wirkung hat, entfällt diese Legitimation. Der Grundgedanke des § 817 S 2 BGB hilft hier nicht weiter, denn nach ihm wird lediglich staatliche Hilfe bei der Rückabwicklung verbotener oder sittenwidriger Geschäfte versagt; das legitimiert den Staat aber nicht ohne weiteres, den rechtswidrig transferierten Wert auf sich selbst überzuleiten (Julius ZStW 109, 58, 91; Herzog NK 13; aM Wolters, Die Neufassung der strafrechtlichen Verfallsvorschrift, 1995, S 63, 118). Allerdings beschränkt sich auch das Bereicherungsrecht der §§ 812 ff BGB nicht auf die Abschöpfung noch vorhandener Vermögenswerte, sondern weist zumindest dem Bösgläubigen das Verlustrisiko zu, weshalb auch nach Einführung des Bruttoprinzips die Ähnlichkeit der Verfallsvorschriften zum Konditionsrecht als Argument gegen den Strafcharakter des § 73 angeführt wird (so BVerfG v 14. 1. 2004 – 2 BvR 564/95; Altenhain, Das Anschlussdelikt, 2002, S 350; Best JR 03, 337, 341). Es ist auch nicht möglich, die Gesetzesänderung auf den Maßregelcharakter des Verfalls zu stützen (so Krey/Dierlamm JR 92, 353, 358); dazu müsste die Gefahr der Reinvestition des Erlöses in strafbare Aktivitäten zur Anwendungsvoraussetzung gemacht werden. Systematisch stellen Verfall (und Einziehung) eine dritte Form der Rechtsfolgen neben Strafe und Maßregel dar; deshalb wird er von der Rspr nicht als strafähnliche Sanktion, sondern als Maßnahme eigener Art verstanden (BGHSt 47, 369, 373 mit Bespr Best JR 03, 337 und Hohn wistra 03, 321, 324; NJW 95, 2235; NStZ 01, 312; ebenso Tiedemann WiStr 280), doch lässt sich die Einbeziehung des Bruttogewinns jedenfalls überzeugender damit rechtfertigen, dass der Verfall insoweit **strafähnlichen Charakter** annimmt, als er über die legitimierte Nettogewinnabschöpfung hinausgeht (ähnlich Dessecker, Gewinnabschöpfung im Strafrecht und in der Strafrechtspraxis, 1992, S 362; Hellmann GA 97, 503, 521; Jescheck/Weigend AT S 792; Häger LK 59 vor § 38; Horn SK 5; weiter einschr Herzog NK 14). In diesem Bereich erfordert das Schuldprinzip, dass dem Täter die Erlangung des den Nettogewinn überschießenden Erlöses zum Schuldvorwurf gereicht (im Ergebnis ebenso Hoyer GA 93, 406; Streng Sanktionen 305; Sch/Sch-Eser 2, 4; zur entspr Rechtslage im OWiG ebenso Drathjer, Die Abschöpfung rechtswidrig erlangter Vorteile im Ordnungswidrigkeitenrecht, 1996, S 38).

4c ee) Die **Durchsetzung des Bruttoprinzips** kann in Einzelfällen zu unbilligen und dem Schuldprinzip widersprechenden Ergebnissen führen, und zwar namentlich dann, wenn der Täter wirtschaftlich betrachtet ein Verlustgeschäft gemacht oder wenn er den Vermögenszuwachs durch die Hingabe redlich erworbenen Gutes weitgehend kompensiert hat. Die Rspr wird in solchen Fällen entweder durch Anwendung der Härtevorschrift (§ 73 c; vgl Schäfer StrZ 254 mwN) oder durch Milderung der an sich schuldangemessenen Strafe Abhilfe zu schaffen haben (Horn SK 5; dagegen Tröndle/Fischer 15 zu § 46 mwN; beachte auch 9 a zu § 73 d). Die Rspr verneint mangels strafähnlichen Charakters einen Verstoß gegen das Schuldprinzip (BVerfG v 14. 1. 2004 – 2 BvR 564/95; BGHSt 47, 369, 375) und auch eine Wechselwirkung mit der Strafhöhe, so dass eine Korrektur nur im Rahmen von § 73 c möglich ist (BGH aaO S 376).

c) Für die Tat (als Entgelt, 22 zu § 11) **oder aus ihr** (als Gewinn, aber auch als Kurier einem anderen zu überbringendes Geld, BGHSt 36, 251, 254 und StraFo 04, 28) **erlangt** ist (zu beiden Varianten NStZ-RR 03, 10) – wie sich zwingend aus Abs 2 ergibt – nur der unmittelbare, in die Verfügungsgewalt des Täters übergegangene (NStZ-RR 97, 262) Vermögenszuwachs (BT-Dr V/4095 S 39); was durch dessen Einsatz erst später gewonnen wird, scheidet als mittelbarer Gewinn für Abs 1 aus, wird uU aber durch Abs 2 erfasst (zum Unmittelbarkeitserfordernis bei Umweltdelikten Franzheim wistra 89, 87). Im Allgemeinen ist der Vermögenszuwachs erlangt, sobald der Täter ihn ungehindert genießen kann (Hamburg NJW 71, 1199). – Dass er zurzeit der Entscheidung im Vermögen noch vorhanden, der Täter also noch bereichert ist, ist keine Voraussetzung des Verfalls, kann aber unter dem Gesichtspunkt unbilliger Härte relevant werden (1 zu § 73 c) oder das Unterbleiben der Anordnung rechtfertigen (3 zu § 73 c).

d) Ist dem Verletzten (dh dem, dessen Individualinteressen durch das vom Täter übertretene Strafgesetz geschützt werden sollen, NStZ 89, 20 und 99, 560, beide mwN) aus der Tat ein **Anspruch erwachsen**, so schließt er den Verfall insoweit aus, als seine Erfüllung dem Täter oder Teilnehmer den Wert des aus der Tat Erlangten entziehen würde (Abs 1 S 2; vgl Kiethe/Hohmann NStZ 03, 505). Maßgebend ist nur die Existenz des Anspruchs (etwa auf Naturalrestitution, Geldersatz oder Herausgabe wegen ungerechtfertigter Bereicherung), nicht dagegen der Umstand, ob er voraussichtlich auch geltend gemacht wird (NStZ 01, 155; Schleswig wistra 01, 312 mit krit Anm Goos), oder ob er durch eine Versicherung gedeckt ist (Düsseldorf NStZ 86, 222). Daher entfällt auch bei Straftaten, die zum Nachteil des Fiskus Steuern verkürzen, § 73 insoweit, als ein Anspruch auf Nachzahlung der verkürzten Steuer besteht (BGHSt 28, 369; NJW 01, 693 mit iE zust Anm Rönnau/Hahn JR 02, 298); die im Schrifttum zum Teil vertretene Ansicht, dass der Staat nicht Verletzter im Sinne des Abs 1 S 2 sei (so Brenner DRiZ 77, 203, 204 mwN), widerspricht dem Grundgedanken der Vorschrift (NJW 01, 693, 694). Da Abs 1 S 2 sicherstellen soll, dass der Täter nicht zweimal zahlen muss und das Opfer ggf mit seinen Ansprüchen ausfällt, ist bei deren Erlass durch das Opfer (NStZ-RR 04, 54) oder einem Vergleich ein Verfall des überschießenden Betrages möglich (Zweibrücken NStZ 02, 254 mit krit Anm Lüderssen). – Danach scheidet der Verfall bei den Delikten gegen die Person, den klassischen Vermögensdelikten und den Steuerdelikten regelmäßig aus. Im Bereich des StGB wird er wohl nur praktisch: für die Belohnung von Straftaten, namentlich für den an Beamte oder Angestellte des öffentlichen Dienstes gezahlten Bestechungslohn (BGHSt 30, 46; 33, 37, 38; 47, 260 mit Bespr Hohn wistra 03, 321 und Wohlers JR 03, 160), für den nach § 817 BGB nicht zurückzuerstattenden Gewinn aus verbotenen und sittenwidrigen Geschäften (Stuttgart wistra 90, 165; seit der Legalisierung der Prostitution durch das ProstG [4 vor § 174] können auch Prostituierte als Opfer von Zuhältereihandlungen Verletzte iS des § 73 I S 2 sein, NStZ 03, 533) und für den Gewinn aus Umweltdelikten (Düsseldorf wistra 99, 477; Güntert, Gewinnabschöpfung als strafrechtliche Sanktion, 1983, S 37; Franzheim wistra 89, 87). Zwar hat der Dienstvorgesetzte keinen Anspruch gegen den Bestochenen auf Herausgabe des Bestechungslohns (NStZ 00, 589), der der Anordnung des Verfalls entgegenstehen könnte (StV 01, 272); soweit allerdings die durch die Bestechung erkaufte Dienstleistung eine Untreuehandlung gegen den Dienstherrn darstellt, folgt der Schadensersatzanspruch aus derselben Tat im prozessualen Sinne und steht einem Verfall des Bestechungslohns entgegen (BGHSt 47, 22; NStZ 03, 423; wistra 01, 295). Das Gleiche gilt für eine Strafbarkeit wegen Insiderhandels nach §§ 38 I Nr 1, 14 I Nr 1 WpHG, soweit aus der gleichen Tat Anlegern ein

§ 73

Schadensersatzanspruch entstanden ist (vgl München NJW 03, 1119, 1121; Satzger wistra 03, 401; Gassmann wistra 04, 41). Bei einer Straftat zum Nachteil eines Insolvenzgläubigers ist dieser zwar Verletzter iS des Abs 1 S 2, doch kann die Zurückgewinnungshilfe zu dessen vorrangiger Befriedigung eine unzulässige Umgehung der Insolvenzvorschriften darstellen (Moldenhauer/Momsen wistra 01, 456).

7 e) **Abs 2** erstreckt den Verfall zwingend (S 1) oder fakultativ (S 2) auf bestimmten **mittelbar erlangten Vermögenszuwachs;** die Aufzählung ist erschöpfend (NStZ 96, 332). Der Ausschlusstatbestand des Abs 1 S 2 (vgl 6) gilt auch für diese Fälle (NJW 86, 1186; Hamm wistra 97, 108, beide mwN). – **Nutzungen** § 100 BGB; sie müssen wirklich **gezogen,** nicht lediglich zu erwarten sein (bei Holtz MDR 81, 629). Die Beschreibung der **Ersatzgegenstände** (Surrogate) in Satz 2 stimmt inhaltlich mit § 818 I BGB überein, so dass für die Abgrenzung die im Bereicherungsrecht entwickelten Grundsätze anwendbar sind; nicht hierher gehören daher zB Lotteriegewinne und regelmäßig auch nicht Erträge aus der Investition des Erlangten in einem Wirtschaftsunternehmen (Brenner DRiZ 77, 203 mwN). Ob und wieweit der Verfall auf ein Surrogat erstreckt wird, bestimmt sich nach **pflichtmäßigem Ermessen** (50 zu § 46), für dessen Ausübung neben dem Wert des Gegenstandes meist die mutmaßlichen Aussichten einer reibungslosen Vollstreckung und Verwertung ausschlaggebend sind (ebenso Kindhäuser 5 vor § 73); das folgt daraus, dass anstelle oder neben dem Verfall des Surrogats stets – vorbehaltlich nur der Ausnahmen nach § 73 c – auch der Verfall des Wertersatzes (§ 73 a) angeordnet werden muss, soweit sonst der Wert des ursprünglich Erlangten nicht erfasst würde.

8 3. Grundsätzlich richtet sich die Anordnung des Verfalls **nur gegen den Täter oder Teilnehmer.** Sie ist daher – von den Ausnahmen nach Abs 3, 4 abgesehen – unzulässig, soweit die erlangten Gegenstände zurzeit der Entscheidung jemandem gehören oder zustehen, der nicht an der Tat beteiligt ist. – Auch gegenüber den Tatbeteiligten kann sich die Anordnung nur gegen den richten, der den Vermögenswert erlangt, dh in seine Verfügungsgewalt gebracht hat (vgl 5); bei gemeinsamer (mittäterschaftlicher) Erlangung ist jedoch jeder Mittäter Gesamtschuldner (BGH NStZ-RR 97, 262; beachte auch NStZ 01, 257).

9 a) **Abs 3: Handeln für einen anderen** liegt vor, wenn die rechtswidrige Tat objektiv bewirkt, dass der andere unmittelbar (Brenner DRiZ 77, 203, 205; probl Düsseldorf NJW 79, 992; sehr weit Franzheim wistra 89, 87) bereichert wird, und wenn der Handelnde das im Interesse des Anderen will (NJW 91, 367, 371; Herzog NK 26); dass er darüber hinaus auch in dessen Einflussbereich steht, ist nicht erforderlich (hM; anders Sch/Sch-Eser 37). Auf die Rechtsform der Beziehung zu dem anderen (zB Handeln als offener oder verdeckter Stellvertreter, als Organ einer Gesellschaft, als Bediensteter einer Behörde oder eines Unternehmens) kommt es nicht an (BT-Dr V/4095 S 40; diff Sch/Sch-Eser 37 a). Zulässig ist auch eine Verfallsanordnung gegen den Rechtsnachfolger des Drittbegünstigten (BGHSt 47, 369, 377), wegen des Wortlauts von Abs 3 aber nicht gegen die gutgläubigen Anteilseigner oder vertretungsberechtigten Organe einer (dritt)begünstigenden Gesellschaft (LG Stuttgart StV 03, 552). Beachte zur Gesamtproblematik auch BGHSt 45, 235 mit abl Anm Katholnigg JR 00, 513. – Zum Verjährungsbeginn 10 zu § 78 a.

10 b) **Abs 4:** Aufgrund historischer Auslegung (näher Schmidt LK 64–68) muss der dem Dritten (formal) zustehende Gegenstand zugleich den Vermögenszuwachs bilden, den der Täter oder Teilnehmer für die Tat oder aus ihr erlangt hat. **Gewähren** bedeutet daher, dass der Dritte dem Tatbeteiligten eine tatsächliche wirtschaftliche Bereicherung verschafft hat. Hauptanwendungsfall ist die Gewährung

Verfall des Wertersatzes **§ 73a**

eines Entgelts (22 zu § 11) für die Tat, sofern sich die zivilrechtliche Nichtigkeit nach §§ 134, 138 BGB nicht nur auf das Verpflichtungs-, sondern auch auf das Erfüllungsgeschäft erstreckt (BGHSt 36, 251 mwN).

4. a) Der Verfall ist bei Vorliegen seiner Voraussetzungen **obligatorisch** (zur abw Rechtslage im OWiG beachte Bay NStZ 00, 537) und nur nach Maßgabe des § 73c einschränkbar (NStZ 89, 436). Er wird idR **im Urteil** neben der Strafe ausgesprochen (zu den Möglichkeiten selbstständiger Anordnung 5 zu § 76a). 11

b) Soweit der erlangte Vermögenszuwachs in bestimmten Gegenständen (Sachen oder Rechten), die als solche im Vermögen des Betroffenen noch vorhanden sind, konkretisiert ist, wird unmittelbar der Verfall dieser Gegenstände angeordnet. Für deren genaue Bezeichnung im Urteilstenor gilt dasselbe wie bei der Einziehung (10 zu § 74). Zur Beteiligung Dritter, die Rechte an den Gegenständen geltend machen, im Haupt- und Nachverfahren § 442 iVm §§ 431–439, 441 StPO; zum Verfahren im Übrigen §§ 111b–111l, 232 I, 233 I, 407 II Nr 1, 442 iVm 430 StPO. – Soweit der Vermögenszuwachs nicht in einem bestimmten Gegenstand konkretisiert ist, kommt Verfall des Wertersatzes nach § 73a in Frage (dort 2). 12

5. Erweiterter Verfall § 73d.

§ 73a Verfall des Wertersatzes

Soweit der Verfall eines bestimmten Gegenstandes wegen der Beschaffenheit des Erlangten oder aus einem anderen Grunde nicht möglich ist oder von dem Verfall eines Ersatzgegenstandes nach § 73 Abs. 2 Satz 2 abgesehen wird, ordnet das Gericht den Verfall eines Geldbetrags an, der dem Wert des Erlangten entspricht. Eine solche Anordnung trifft das Gericht auch neben dem Verfall eines Gegenstandes, soweit dessen Wert hinter dem Wert des zunächst Erlangten zurückbleibt.

1. Der **Verfall des Wertersatzes** ist eine besondere Form des Verfalls, der einen staatlichen Zahlungsanspruch gegenüber dem Betroffenen begründet (Bay NStZ-RR 99, 269). Er ist eine Folgerung aus dem Prinzip, dass der Täter grundsätzlich den ganzen aus der Tat herrührenden unmittelbaren Vermögenszuwachs verlieren soll, gleichgültig, ob er in entziehbaren Sachen oder Rechten besteht und ob der Täter noch bereichert ist (5 zu § 73). Dieses Prinzip wird nur durch § 73c I (dort 1, 2) eingeschränkt. – Im Bereich des Erweiterten Verfalls hat die Vorschrift nur einen begrenzten Anwendungsbereich (§ 73d II und dort 3). 1

2. a) Im Sinne des Satzes 1 ist der Verfall **eines bestimmten Gegenstandes nicht möglich,** wenn schon der erlangte Vermögenszuwachs weder eine Sache noch ein Recht war (3 zu § 73) oder wenn der Gegenstand vor der Entscheidung verbraucht, verarbeitet, mit anderen ununterscheidbar vermischt, zerstört, veräußert, verschenkt (NStZ-RR 97, 270) oder sonst preisgegeben worden ist. 2

b) Zum **Absehen** vom Verfall eines Ersatzgegenstandes 7 zu § 73. 3

c) Wert des Erlangten ist dessen Verkehrswert zurzeit der Entscheidung (ebenso Herzog NK 6; s auch 4 zu § 74c; 24 zu § 315c). 4

3. Zu dem **zunächst Erlangten** im Sinne des Satzes 2 können auch die Nutzungen nach § 73 II S 1 gehören, nicht aber die Ersatzgegenstände nach § 73 II S 2. Haben diese einen höheren Wert als der ursprünglich erlangte Vermögenszuwachs, so ist zwar die Anordnung ihres Verfalls mit den Beschränkungen des § 73c zulässig; für eine Bemessung des Wertersatzes nach diesem höheren Wert ist das aber kein zureichender Grund. 5

4. Form der Entscheidung 11 zu § 73. 6

§§ 73b, 73c AT. 3. Abschnitt. 7. Titel. Verfall und Einziehung

7   5. **Erweiterter Verfall** § 73 d. Ist eine Einziehung der Sache nach § 74, auch iVm § 33 II BtMG, wegen Verbrauchs der Sache und eine Einziehung des Wertersatzes nach § 74 c I mangels vorherigen Eigentums des Täters an den Betäubungsmitteln nicht möglich, so ist die Zulässigkeit eines Rückgriffs auf den Wertersatzverfall nach § 73 a umstritten (vgl Dresden NStZ-RR 03, 214 mit Anm Hohn StraFo 03, 302).

§ 73 b Schätzung

Der Umfang des Erlangten und dessen Wert sowie die Höhe des Anspruchs, dessen Erfüllung dem Täter oder Teilnehmer das aus der Tat Erlangte entziehen würde, können geschätzt werden.

1   1. Die zur Verfahrensbeschleunigung zugelassene **Schätzung** bezieht sich **nur auf die Höhe** (s auch §§ 287, 813 ZPO) und ist auch bei Wertersatzverfall möglich (NStZ-RR 01, 327).

2   2. Ihre **Zulässigkeitsvoraussetzungen** (dazu NStZ 89, 361) und die **Ermessensausübung** des Gerichts (50 zu § 46) bestimmen sich im Wesentlichen nach den Regeln, die für die Schätzung bei der Tagessatzbemessung gelten (17 zu § 40; einschr Hellmann GA 97, 503, 521).

§ 73 c Härtevorschrift

(1) **Der Verfall wird nicht angeordnet, soweit er für den Betroffenen eine unbillige Härte wäre. Die Anordnung kann unterbleiben, soweit der Wert des Erlangten zur Zeit der Anordnung in dem Vermögen des Betroffenen nicht mehr vorhanden ist oder wenn das Erlangte nur einen geringen Wert hat.**

(2) **Für die Bewilligung von Zahlungserleichterungen gilt § 42 entsprechend.**

1   1. Eine **unbillige Härte** setzt voraus, dass die Verfallserklärung „ungerecht" wäre, dh das Übermaßverbot verletzen würde (NStZ 95, 495; NStZ-RR 00, 367; beachte auch NStZ 01, 312). Das Übermaßverbot (= Verhältnismäßigkeit ieS, BGHSt 47, 369, 376) ist verletzt, wenn die Auswirkungen des Verfalls im konkreten Einzelfall außer Verhältnis zu dem vom Gesetzgeber angestrebten Zweck stehen (wistra 03, 424, 425). Die mit dem Bruttoprinzip verbundene Nichtabziehbarkeit von Aufwendungen entspricht dem gesetzgeberischen Ziel (4 zu § 73) und stellt daher keine unbillige Härte dar, es sei denn, der (Dritt-)Betroffene ist durch den Verfall in seiner Existenz gefährdet (BGHSt 47, 369, 377; wistra 03, 424; aM Schmidt LK 5). Sie kommt zB in Frage, wenn der Betroffene den Vermögenszuwachs durch eine rechtswidrige, aber nicht schuldhafte Tat (beachte dazu 4 b zu § 73; ebenso Kindhäuser 8 vor § 73) oder durch die Tat eines anderen erlangt und im Vertrauen auf die Rechtmäßigkeit des Erwerbs ausgegeben oder wirtschaftlich gebunden hat (Prot 5, 543, 548), wenn er hohe, nicht abziehbare Aufwendungen für die Erlangung des Zuwachses gemacht hat (4 c zu § 73) oder wenn erlittene UHaft länger gedauert hat als die schließlich verhängte Strafe (Prot 5, 1027; zw).

2   2. **Wert des Erlangten** 4 zu § 73 a. Im Sinne des Abs 1 S 2 wirken wertmindernd auch steuerliche Nachteile, die dem Betroffenen durch das Erlangte erwachsen sind (BGHSt 33, 37; NJW 89, 2139 mit krit Bespr Firgau NJW 89, 2112), allerdings nur wenn das Steuerverfahren bereits bestandskräftig abgeschlossen ist (BGHSt 47, 260, 264 mit Anm Wohlers JR 03, 160, 162; aM Odenthal wistra 02, 246, der die auf das Erlangte zu zahlenden Steuern bereits vor der Bewertung des erlangten Wertes iS des § 73 I abziehen will). Der Wert des Erlangten ist im Vermögen so lange (ganz oder teilweise) **vorhanden,** als er in einem

Erweiterter Verfall § 73 d

umschreibbaren Vermögensbestandteil konkretisiert und nicht nur aus einem Vergleich der früheren mit der jetzigen Vermögenslage nachweisbar ist (BGHSt 38, 23; NStZ-RR 03, 144; ähnl NStZ 00, 480); jedoch wird idR Abs 1 S 1 ausscheiden, wenn der Betroffene über das Vermögen verfügt, das wertmäßig nicht hinter dem zunächst erlangten Betrag zurückbleibt, sofern nicht zweifelsfrei feststeht, dass der fragliche Vermögenswert – wie zB bei einer Erbschaft – ohne jeden denkbaren Zusammenhang mit den abgeurteilten Straftaten steht (BGHSt 48, 40, 42 mit zust Anm Rönnau NStZ 03, 367; NStZ-RR 02, 7; wistra 03, 424). Er ist **gering,** wenn er gegenüber dem Vollstreckungsaufwand kein angemessenes Äquivalent bedeutet (Schmidt LK 14; s auch 5 zu § 248 a).

3. Der Ausschluss des Verfalls ist nach Abs 1 S 1 **obligatorisch,** wenn für den 3
Betroffenen (BGHSt 48, 40, 44: nicht bloß für einen Dritten, wenn diese sich nicht auch für den Betroffenen als Härte darstellt) eine unbillige Härte vorliegt (StV 95, 635); diese kann nicht allein darauf gestützt werden, dass der Wert des Erlangten nicht mehr vorhanden sei, uU aber aus den konkreten Umständen hervorgehen (NStZ 00, 589; einschr Dölp NStZ 93, 26, der S 2 als Spezialregelung gegenüber S 1 versteht). – In den übrigen Fällen (Abs 1 S 2) entscheidet **pflichtmäßiges Ermessen** (BGHSt 33, 37, 40; s auch 50 zu § 46). Für seine Ausübung ist namentlich bedeutsam, warum der Wert des Erlangten nicht mehr vorhanden ist (BGHSt 38, 23, 25), der Täter über andere Vermögenswerte verfügt (BGHSt 48, 40, 43) und wie weit die Anordnung für die Resozialisierung des Täters abträglich sein kann (BGHSt 48, 40, 41; LG Saarbrücken NStZ 86, 267; enger Dölp aaO; s auch NStZ 01, 42); berücksichtigt werden kann auch die Aufklärungs- und Geständnisbereitschaft des Täters (BGHSt 48, 40, 41), nicht jedoch eine fakultative Bewährungsauflage nach § 56 b II, deren Zumutbarkeit ua von der Höhe der Verfallsanordnung abhängt (NStZ-RR 02, 7). Die Anordnung kann auch auf einen Teil des nicht mehr vorhandenen Wertes beschränkt werden (NJW 01, 1805; Horn SK 5, beide mwN).

4. Eine Anrechnung von UHaft oder anderer Freiheitsentziehung auf den Verfall 4
ist nicht zulässig (BT-Dr V/4095 S 41).

§ 73 d Erweiterter Verfall

(1) **Ist eine rechtswidrige Tat nach einem Gesetz begangen worden, das auf diese Vorschrift verweist, so ordnet das Gericht den Verfall von Gegenständen des Täters oder Teilnehmers auch dann an, wenn die Umstände die Annahme rechtfertigen, daß diese Gegenstände für rechtswidrige Taten oder aus ihnen erlangt worden sind. Satz 1 ist auch anzuwenden, wenn ein Gegenstand dem Täter oder Teilnehmer nur deshalb nicht gehört oder zusteht, weil er den Gegenstand für eine rechtswidrige Tat oder aus ihr erlangt hat.** § 73 Abs. 2 gilt entsprechend.

(2) **Ist der Verfall eines bestimmten Gegenstandes nach der Tat ganz oder teilweise unmöglich geworden, so finden insoweit die §§ 73 a und 73 b sinngemäß Anwendung.**

(3) **Ist nach Anordnung des Verfalls nach Absatz 1 wegen einer anderen rechtswidrigen Tat, die der Täter oder Teilnehmer vor der Anordnung begangen hat, erneut über den Verfall von Gegenständen des Täters oder Teilnehmers zu entscheiden, so berücksichtigt das Gericht hierbei die bereits ergangene Anordnung.**

(4) **§ 73 c gilt entsprechend.**

1. Der **Erweiterte Verfall** (zusf Katholnigg JR 94, 353) verfolgt den Zweck, 1
die Bekämpfung der **organisierten Kriminalität** zu intensivieren. In den gesetzgeberischen Vorarbeiten zum OrgKG (2 vor § 73) war die Notwendigkeit seiner

§ 73d AT. 3. Abschnitt. 7. Titel. Verfall und Einziehung

Einführung überwiegend anerkannt (BT-Dr 11/6623 S 4; 12/989 S 23; 12/2720 S 42). In der öffentlichen Anhörung des BT-Rechtsausschusses (Prot Nr 31 der 12. Wahlper v 22. 1. 1992) und im Schrifttum sind hingegen – namentlich von Richtern, Rechtsanwälten und Strafrechtslehrern – vergleichbar schwerwiegende Einwendungen wie bei der Vermögensstrafe erhoben worden, die vor allem die Rechtsstaatlichkeit der Maßnahme wegen Verstoßes gegen die Unschuldsvermutung in Frage stellten und das Fehlen einer Legitimation für die Abschöpfung des Bruttogewinns rügten. Die erhobenen, überwiegend nicht ganz unbegründeten Bedenken (aM Katholnigg JR 94, 353) haben im Verhältnis zu den Einwendungen gegen die Vermögensstrafe geringeres Gewicht. Zum einen bleibt die Schwere des Eingriffs, der sich nur gegen einzelne Vermögensgegenstände richtet, hinter der Vermögensstrafe zurück; außerdem wird immerhin ein Zusammenhang des Gewinns mit der Begehung rechtswidriger Taten vorausgesetzt, wenn sein Nachweis auch durch eine Beweisregel erleichtert wird (dazu 8). Angesichts der Bedrohung, die von einer weiteren Verfestigung organisierter Kriminalität ausgeht (1 vor § 73), dürfte der Versuch, das Instrumentarium der Gewinnabschöpfung in dieser Weise zu erweitern, hinnehmbar sein (ähnlich auch Krey/Dierlamm JR 92, 353, 357; krit Tröndle/Fischer 6; aM Sch/Sch-Eser 2 mwN). Allerdings wurde der Erweiterte Verfall dem geltenden (änderungsbedürftigen; dazu 2 vor § 73) Recht nur aufgepfropft. Das hat zu Wertungswidersprüchen geführt, die auf längere Sicht nicht bestehen bleiben können (näher zu den „Brüchen mit dem geltenden Verfallssystem" BT-Dr 11/6623 S 7; s auch unten 3, 11). Während das BVerfG 2002 die Vermögensstrafe für verfassungswidrig und § 43a für nichtig erklärt hat (E 105, 135), hält es die Regelung des § 73d für verfassungsgemäß (Beschl v 14. 1. 2004 – 2 BvR 564/95); der Gesetzgeber hat jedoch zu prüfen, ob die Rechte Tatgeschädigter beim erweiterten Verfall nach der Ausdehnung von dessen Anwendungsbereich (über die Betäubungskriminalität hinaus etwa auch für den Bandendiebstahl) in Ermangelung einer § 73 I 2 entsprechenden Regelung (vgl 3) noch hinreichend gewahrt sind (BVerfG aaO).

2 2. Die nach Abs 1 S 1 **erforderliche Verweisung** beschränkt den Anwendungsbereich des erweiterten Verfalls auf bestimmte Delikte (einschl Versuch, Teilnahme und versuchte Beteiligung nach § 30), die der Gesetzgeber unter dem Gesichtspunkt ausgewählt hat, ob sie nach der Erfahrung der Praxis in einem für die organisierte Kriminalität milieutypischen Bereich begangen werden. Eine Erstreckung auf weitere – sei es auch milieutypische – Taten widerspricht dem Analogieverbot (5 zu § 1), die Anordnung des erweiterten Verfalls auch für Vermögensgegenstände aus Straftaten, die vor In-Kraft-Treten von § 73d (BGHSt 41, 278) oder eines Verweises auf § 73d (zB in § 263 VII im Zuge des 6. StrRG zum 1. 4. 1998) begangen worden sind, verstößt gegen das Rückwirkungsverbot (wistra 01, 297 und 03, 228).

3 3. Der Erweiterte Verfall ist eine **besondere Form des Verfalls,** dh eine Maßnahme (§ 11 I Nr 8), die mit ihm nach Rechtsnatur und Funktion übereinstimmt (1 zu § 73; ebenso Schmidt LK 4). Grundsätzlich gelten daher für ihn alle Vorschriften, die allgemein den Verfall betreffen. Da er jedoch eine selbstständige Eingriffsgrundlage bildet, sind die §§ 73a–73c nicht unmittelbar anwendbar, weil sie auf der in § 73d fehlenden Voraussetzung aufbauen, dass für eine bestimmte Tat oder aus ihr etwas erlangt wurde (BT-Dr 11/6623 S 6). Auch mögliche, nach der Struktur der erweiterten Maßnahme aber nicht feststellbare Ansprüche Verletzter (§ 73 I S 2) hindern die Anordnung nicht (BT-Dr aaO S 7; krit BVerfG v 14. 1. 2004 – 2 BvR 564/95). Das ist eine problematische Ungleichbehandlung. Ebenso problematisch ist, dass sich unter den von der Maßnahme betroffenen Gegenständen auch solche verbergen können, deren Verfall wegen Verjährung nach § 78 I ausgeschlossen ist (BT-Dr aaO).

Erweiterter Verfall **§ 73d**

4. Zu den **Voraussetzungen:** 4

a) Rechtswidrige Tat 2 zu § 73. Auch hier legitimiert eine nur rechtswidrige, aber nicht schuldhafte Tat die Anwendung des Bruttoprinzips nicht (4 b zu § 73; aM Schmidt LK 21).

b) Verfallsobjekte können – abweichend von § 73 I (dort 3) – grundsätzlich nur 5 **Gegenstände** sein, dh Sachen oder Rechte (§ 74 e I). Die sinngemäße Anwendung der §§ 73 a, 73 b (Abs 2) betrifft nur Fälle, in denen die Voraussetzungen des Verfalls von Gegenständen zunächst erfüllt waren, die Ausführung der Maßnahme aber nach der Tat ganz oder teilweise unmöglich geworden ist (BT-Dr 11/6623 S 6; Schmidt LK 52); insoweit gelten die Erläuterungen zu den §§ 73 a, 73 b sinngemäß. Dabei bezieht sich die Möglichkeit der Schätzung (§ 73 b) nur auf den Wert solcher Gegenstände, die im Zeitpunkt der Tat die Voraussetzungen des Abs 1 erfüllt haben (BT-Dr aaO S 9).

c) Die Gegenstände müssen – in Übereinstimmung mit § 73 I – **unmittelbar** 6 **erlangt** oder auf Grund der entsprechenden Anwendung des § 73 II (Abs 1 S 2) als Nutzungen oder Ersatzgegenstände einbezogen sein (dazu 5, 7 zu § 73).

d) Sie müssen ferner dem Täter oder Teilnehmer zurzeit der Entscheidung **ge-** 7 **hören oder zustehen** (Schmidt LK 32; beachte NStZ 95, 540; zur Einbeziehung nur von bestimmten, im Ausland gelegenen Grundstücken s auch NStZ 00, 483) oder von ihm im Sinne des Abs 1 S 2 auf Grund eines zivilrechtlich unwirksamen Erwerbsakts erlangt sein (NStZ-RR 02, 366; zu den Gründen dieser Erweiterung BT-Dr 11/6623 S 7; s auch 10 zu § 73). Ist weder seine Stellung als Berechtigter noch der unwirksame Erwerbsakt nachweisbar und liegt auch kein Fall des Abs 2 vor (vgl 5), so schließt der Grundsatz in dubio pro reo die Anordnung der Maßnahme aus (Herzog NK 10; Schmidt LK 49; weiter Horn SK 5, der faktische Verfügungsgewalt genügen lässt). Hier sind zahlreiche nicht widerlegbare Schutzbehauptungen denkbar, die für die Wirksamkeit des Rechtsinstituts im ganzen abträglich sind.

e) Die **Umstände** sollen nach den Gesetzesmaterialien die **Annahme, dass** 8 **die Gegenstände für rechtswidrige Taten oder aus ihnen erlangt worden sind,** nur dann rechtfertigen, wenn sich auf Grund erschöpfender Beweiserhebung und -würdigung „diese Herkunftsmöglichkeit von allen in Betracht zu ziehenden Möglichkeiten als die ganz überwiegend wahrscheinlichste darstellt" (BT-Dr 11/6623 S 6; Möhrenschlager wistra 92, 281, 286; Rieß NJ 92, 491, 493; Katholnigg JR 94, 353, 355; Schmidt LK 18). Diese Deutung ist verfassungsrechtlich bedenklich; sie fordert nur einen hohen Wahrscheinlichkeitsgrad und lässt damit die Maßnahme bei bloßem – sei es auch hochgradigem – Verdacht zu (krit namentlich Tröndle/Fischer 4–7; Herzog NK 9; Sch/Sch-Eser 15, alle mwN). In Anlehnung an die Rspr, die sich zur Auslegung der Beweiserleichterung in § 259 I aF („oder den Umständen nach annehmen muss") entwickelt hat (vgl etwa Ruß LK, 9. Aufl, 26 zu § 259; Sch/Sch, 17. Aufl, 49, 50 zu § 259, beide mwN) sollte die Formel als widerlegbare gesetzliche Beweisregel zuungunsten des Täters verstanden werden, die es für den Nachweis der strafrechtlich relevanten Herkunft der Gegenstände genügen lässt, wenn die Gesamtheit aller Umstände so auffällig auf diese Herkunft hinweist, dass sie sich für den unbefangenen und verständigen Beurteiler geradezu aufdrängt (Schmidt LK 36). Die – sei es auch in Bezug auf *bestimmte* rechtswidrige Taten nicht aufgeklärten – Umstände müssen danach hinreichen, um ihm die Überzeugung von dieser Möglichkeit zu vermitteln (im Ergebnis, allerdings ohne Rückgriff auf § 259 aF ebenso BGHSt 40, 371 mit Bespr Schmidt JuS 95, 463 und Katholnigg JR 95, 297; NStZ 00, 137 und 01, 531); diese Auslegung des Abs 1 S 1 ist von Verfassungs wegen nicht zu beanstanden (BVerfG v 14. 1. 2004 – 2 BvR 564/95). – Sowohl bei dieser Auslegung, kaum weniger aber auch bei der

§ 73d AT. 3. Abschnitt. 7. Titel. Verfall und Einziehung

in den Gesetzesmaterialien bevorzugten Deutung sind die Beschweisschwierigkeiten in der Praxis groß. Die Vielgestaltigkeit der in nahezu jedem Fall in Frage kommenden Erwerbsmöglichkeiten eröffnet für den Täter die Chance vielfältiger nicht widerlegbarer Schutzbehauptungen (vgl zB StrK Bremerhaven StV 93, 121).

9 f) Die in **Abs 3** vorgesehene Einschränkung des Verfallsumfangs ist ein notwendiges **Korrektiv**, um zu verhüten, dass **derselbe Gegenstand zu Lasten des Täters mehrmals erfasst** wird (BTDr 11/6623 S 9). Daher bedarf der Prüfung, ob die konkret ermittelten Gegenstände bereits durch eine vorausgegangene Anordnung der Maßnahme umfasst gewesen sind. Ist das nicht aufklärbar, so gelten sie nach dem Zweifelssatz als bereits abgeschöpft (BTDr aaO; Schmidt LK 55).

9a **5.** Ob und wieweit der den Nettovermögenszuwachs überschreitende Teil des Verfalls durch das **Erfordernis der Schuldangemessenheit** begrenzt wird und deshalb als Milderungsgrund zu Buch schlagen kann (dazu 4b, 4c zu § 73), ist noch weitgehend ungeklärt. Die Rspr (NJW 95, 2235) verneint das für den Regelfall mit der Begründung, dass die Vermögenswerte, die der Täter zur Begehung seines vorausgegangenen strafbaren Tuns eingesetzt habe, der Einziehung (§ 74) und der Erlös im Übrigen dem Verfall (§ 73) unterlegen hätten und dass deshalb mit dem Erweiterten Verfall lediglich der Zustand hergestellt werde, der rechtmäßig bestände, wenn der Täter zuvor strafrechtlich verfolgt worden wäre. Diese Begründung ist vor allem deshalb problematisch, weil die Annahme, dass bei den Vortaten die Voraussetzungen der §§ 74 oder 73 vorgelegen hätten, nicht auf prozeßordnungsmäßigen Feststellungen, sondern auf einer pauschalen Beweisregel beruht, mit der die Rechtsfolge der Einziehung oder des Verfalls nicht begründet werden kann.

10 **6.** Der Erweiterte Verfall ist bei Vorliegen seiner Voraussetzungen grundsätzlich **obligatorisch** (NStZ-RR 97, 302 mwN; beachte jedoch 11, 12) und nur nach Maßgabe des § 73c (Abs 4) einschränkbar. Er wird idR **im Urteil** neben der Strafe ausgesprochen (Schmidt LK 59). Im Übrigen gelten die Ausführungen unter 12 zu § 73 sinngemäß.

11 **7.** Das **Verhältnis** des Erweiterten Verfalls zum **einfachen Verfall** (§ 73):

a) Da beide Formen des Verfalls als zwingende Rechtsfolgen anzuordnen sind, der Verfall nach § 73 und der Wertersatzverfall nach § 73a aber die Maßnahme unter konkreteren Voraussetzungen vorschreiben, hat deren Prüfung Vorrang (BT-Dr 11/6623 S 6; Schmidt LK 5; Streng Rdn 309). Es muss deshalb zunächst für die von der Anklage umfassten Taten nach den allgemeinen Prozessregeln versucht werden, den erforderlichen Zusammenhang mit den als Gewinn in Frage kommenden Gegenständen aufzuklären. Soweit das gelingt, bestimmt sich die Maßnahme nach §§ 73, 73a. Sollten jedoch deren Voraussetzungen nur deshalb nicht erfüllt sein, weil ein Anspruch des Verletzten entgegensteht (6 zu § 73) oder weil die zugrundeliegende Tat verjährt ist (3 zu § 78), so dürfen diese Gegenstände auch nicht in den Erweiterten Verfall einbezogen werden, weil die Wertungswidersprüche im System (dazu 1, 3) nicht zu Lasten des Täters gehen dürfen (Sch/Sch-Eser 7; Streng aaO; aM wohl Katholnigg JR 94, 353; zw).

12 **b)** Da die Anordnung des Erweiterten Verfalls der Verhängung einer Vermögensstrafe vorgehen sollte (BGHSt 41, 278, 281), ist die Nichtigkeitserklärung von § 43a (BVerfGE 105, 135) für die Prüfung von § 73d ohne Belang.

13 **8.** Aufgrund des **Rückwirkungsverbots** erfasst der Erweiterte Verfall solche Gegenstände nicht, die aus rechtswidrigen, aber vor Inkrafttreten des OrgKG (2 vor § 73) begangenen Taten stammen (BGHSt 41, 218; s auch NStZ 94, 123). Dasselbe gilt für spätere Gesetze, die den Anwendungsbereich des § 73d auf weitere Tatbestände erstreckt haben (NJW 01, 2339).

Voraussetzungen der Einziehung §§ 73e, 74

§ 73e Wirkung des Verfalls

(1) **Wird der Verfall eines Gegenstandes angeordnet, so geht das Eigentum an der Sache oder das verfallene Recht mit der Rechtskraft der Entscheidung auf den Staat über, wenn es dem von der Anordnung Betroffenen zu dieser Zeit zusteht. Rechte Dritter an dem Gegenstand bleiben bestehen.**

(2) **Vor der Rechtskraft wirkt die Anordnung als Veräußerungsverbot im Sinne des § 136 des Bürgerlichen Gesetzbuches; das Verbot umfaßt auch andere Verfügungen als Veräußerungen.**

1. Ist der Verfall eines bestimmten Gegenstandes angeordnet (12 zu § 73), so geht mit **Rechtskraft** das Eigentum oder das andere Recht ohne besonderen Übertragungsakt auf den Staat über, dh stets auf das Land. Der Übergang tritt jedoch – anders als bei der Einziehung (1 zu § 74e) – nur ein, wenn das Recht dem von der Anordnung Betroffenen (8–11 zu § 73) in diesem Zeitpunkt zusteht.

2. Da **beschränkt dingliche Rechte** an dem verfallenen Gegenstand (zB Pfandrecht, Nießbrauch) bestehen bleiben (Abs 1 S 2), sind die aus ihnen Berechtigten am Verfahren nicht zu beteiligen (12 zu § 73).

3. Das **Veräußerungsverbot** nach Abs 2, das in § 111c V StPO durch ein entsprechendes Verbot für beschlagnahmte Gegenstände ergänzt wird, wirkt im Sinne des § 135 I BGB relativ, da nur der Eigentumsübergang auf den Fiskus gesichert werden soll.

§ 74 Voraussetzungen der Einziehung

(1) **Ist eine vorsätzliche Straftat begangen worden, so können Gegenstände, die durch sie hervorgebracht oder zu ihrer Begehung oder Vorbereitung gebraucht worden oder bestimmt gewesen sind, eingezogen werden.**

(2) **Die Einziehung ist nur zulässig, wenn**

1. die Gegenstände zur Zeit der Entscheidung dem Täter oder Teilnehmer gehören oder zustehen oder

2. die Gegenstände nach ihrer Art und den Umständen die Allgemeinheit gefährden oder die Gefahr besteht, daß sie der Begehung rechtswidriger Taten dienen werden.

(3) **Unter den Voraussetzungen des Absatzes 2 Nr. 2 ist die Einziehung der Gegenstände auch zulässig, wenn der Täter ohne Schuld gehandelt hat.**

(4) **Wird die Einziehung durch eine besondere Vorschrift über Absatz 1 hinaus vorgeschrieben oder zugelassen, so gelten die Absätze 2 und 3 entsprechend.**

1. Die Einziehung ist **kein einheitliches Rechtsinstitut** (zur Problematik im einzelnen Eser, Die strafrechtlichen Sanktionen gegen das Eigentum, 1969, S 57). Ihre gesetzliche Ausgestaltung ist mit der Eigentumsgarantie des Art 14 GG vereinbar (hM; für Abs 2 Nr 1 aM Julius ZStW 109, 58, 77).

a) Sie hat **strafähnlichen Charakter** mit betont general- und spezialpräventiver Zielsetzung, wenn sie gegenüber dem Täter oder Teilnehmer angeordnet (§ 74 II Nr 1; Herzog NK 10 vor § 73) oder darauf gestützt wird, dass der Gegenstand in einer missbilligenswerten Beziehung zur Tat gestanden oder der Dritte ihn in verwerflicher Weise erworben hat (§ 74a). Ihre Anwendung ist daher eine Frage der Strafzumessung (NJW 83, 2710; StV 93, 359). Daraus folgt nicht nur,

§ 74 AT. 3. Abschnitt. 7. Titel. Verfall und Einziehung

dass die Schwere des zu erhebenden Vorwurfs für den Umfang der Maßnahme begrenzend wirkt (§ 74 b I; Eser aaO [vgl 1] S 352), sondern darüber hinaus auch, dass die kumulierte Übelszufügung durch die Hauptstrafe und die Einziehung schuldangemessen sein muss (StV 89, 529 und 95, 301; Düsseldorf StV 02, 261; Saarbrücken NJW 75, 65); die Entscheidung muss erkennen lassen, dass dieser Zusammenhang beachtet wurde (StV 96, 206). Gleichwohl liegt der kriminalpolitische Schwerpunkt nicht auf dem Schuldausgleich. Es sind vielmehr Gesichtspunkte der Sicherung der Allgemeinheit, der Generalprävention, der Verwirkung des zur Tat missbrauchten Eigentums und auch der unmittelbar eindrücklichen Warnung des Täters, die dieses schillernde Rechtsinstitut tragen (NJW 83, 2710). Das Gericht wird je nach den Bedürfnissen des Einzelfalls das Hauptgewicht auf den einen oder anderen Gesichtspunkt legen, im Allgemeinen aber den Gedanken der Vorbeugung in den Vordergrund rücken (aM Schmidt LK 4, 5). Insbesondere kann es die Einziehung vorwiegend deshalb anordnen, weil es den Gegenstand allgemein oder in der Hand des Täters für gefährlich hält. Legitimiert wird diese Form der Einziehung jedoch durch ihren strafähnlichen Charakter (BGH aaO bezeichnet sie als Nebenstrafe).

2 **b) Sicherungsmaßnahme** ist die Einziehung dagegen, wenn sie wegen der Gefährlichkeit des Gegenstandes auf § 74 II Nr 2 gestützt wird (so schon BGHSt 6, 62; 19, 158). Bei der Ausübung seines Ermessens (vgl 9) kann das Gericht aber auch hier der missbilligenswerten Verwendung des Gegenstandes Gewicht beimessen. Wegen dieses uneinheitlichen Charakters auch der Sicherungseinziehung unterliegt das Rechtsinstitut im ganzen dem Rückwirkungsverbot nach § 2 V (zur Verjährung 3 zu § 78).

3 **2. Voraussetzungen der Einziehung nach Abs 1–3:**

a) Die begangene Tat muss eine **vorsätzliche rechtswidrige Tat** (18 zu § 11) sein; auch Versuch (RGSt 16, 268), Teilnahme und versuchte Beteiligung (§ 30, BGHSt 13, 311) gehören hierher. In den Fällen des Abs 2 Nr 1 dürfen auch die Schuld und alle sonstigen Voraussetzungen der Strafbarkeit nicht fehlen (Straftat), so dass im Falle des § 323 a die Rauschtat zur Anknüpfung nicht genügt (Braunschweig NJW 54, 1052; s auch 5). Ist der Gegenstand dagegen im Sinne des Abs 2 Nr 2 gefährlich, so bedarf es nach **Abs 3** nur einer **rechtswidrigen,** dh nicht notwendig schuldhaft begangenen Tat, die auch eine Rauschtat im Sinne des § 323 a sein kann (BGHSt 31, 80 mit Anm Hettinger JR 83, 207).

4 **b)** Der Gegenstand kann **eine Sache oder ein Recht** sein (Schmidt LK 13).

aa) Er muss entweder als **productum sceleris** durch die Tat hervorgebracht sein (Eser aaO [vgl 1] S 331), dh in seiner Entstehung unmittelbar aus der Tat hervorgehen; deshalb keine Einziehung der Beute (RGSt 72, 387), des Erlöses aus gehehlten Sachen (RGSt 54, 223) oder verbotenen Geschäften (bei Schmidt MDR 89, 1039) oder des mit gefälschtem Geld oder beim verbotenen Glücksspiel Erworbenen.

5 bb) Oder er muss **instrumentum sceleris** sein, dh zur Begehung der den Gegenstand der Anklage bildenden (NStZ-RR 97, 318) Tat (uU auch nach Vollendung, aber vor Beendigung, bei Dallinger MDR 70, 559; zw) oder zu deren Förderung (Bay 76, 38) oder Vorbereitung als Mittel gebraucht worden oder bestimmt gewesen sein (NStZ-RR 02, 332); dass der Gegenstand als sog Beziehungsgegenstand (beachte dazu 12) nur Objekt der Tat war (Eser aaO [vgl 1] S 318) oder dass er nur mittelbar der Begehung usw gedient hat (LG Bamberg StV 84, 518; aM Freund NJW 76, 2002; s auch Gehre NJW 77, 710) oder gelegentlich im Zusammenhang mit der Tat benutzt worden ist (NStZ-RR 02, 332), genügt nicht. **Erfasst** werden daher: die zur Tötung benutzte Waffe; das zur Wegschaffung der Diebesbeute (NJW 52, 892; Herzog NK 10) oder zur Flucht (Bay NJW

Voraussetzungen der Einziehung **§ 74**

63, 600) bereitgestellte oder benutzte Fahrzeug; ebenso das Fahrzeug, das dazu verwendet wird, um das Opfer an den Ort der geplanten Gewalttat zu bringen (NJW 55, 1327) oder um sich damit unerlaubt vom Unfallort zu entfernen (BGHSt 10, 337); die zur Durchführung eines Drogentransports mitgeführten Reisespesen (NStZ 93, 340); Tiere, insb Kampfhunde als Nötigungswerkzeug (Karlsruhe NJW 01, 2488); **nicht dagegen:** die gefälschte Urkunde (ebenso Herzog NK 13); das ohne Zulassung oder Fahrerlaubnis (BGHSt 10, 28; Frankfurt NJW 54, 652) oder in fahruntüchtigem Zustand (Hamm BA 74, 282) benutzte Fahrzeug; die Waffe, die jemand ohne Waffenschein besitzt (Hamm NJW 54, 1169); das Amtsabzeichen, das jemand unbefugt trägt; im Falle des § 323 a der Gegenstand, der zur Begehung der Rauschtat benutzt wird (NJW 79, 1370), es sei denn, dass die Voraussetzungen des Abs 3 vorliegen (BGHSt 31, 80; NStZ-RR 96, 100). Dasselbe soll auch für den Computer oder die Schreibmaschine gelten, mit deren Hilfe ein beleidigender Brief gefertigt wurde (Düsseldorf NJW 92, 3050 und 93, 1485 mit krit Anm Achenbach JR 93, 516); jedoch dürfte die Eigenschaft des Schreibgeräts als Tatmittel nicht zweifelhaft sein, so dass die angemessene Lösung anhand der weiteren Einziehungskriterien (namentlich Erforderlichkeit, Verhältnismäßigkeit und Ermessensausübung) zu suchen ist. − Da im Übrigen die Tat stets **begangen** sein muss, genügt die Absicht, einen Gegenstand zu einer späteren Tat zu benutzen, nicht (bei Dallinger MDR 55, 395), auch dann nicht, wenn es zum straflosen Versuch gekommen ist (BGHSt 13, 311); Gebrauch zur Vorbereitung reicht dagegen, wenn schon die Vorbereitung strafbar ist oder mindestens ein strafbarer Versuch begangen wird (BGHSt 8, 205; 22, 108, 111). Ob der zur Tat bestimmte Gegenstand später gebraucht wurde, ist unerheblich (Schmidt MDR 81, 881, 883; beachte aber Bay NJW 63, 600), wenn nur die Tat strafbar vorbereitet oder versucht (RGSt 44, 140) wurde.

cc) Nicht selbstständig einziehbar sind **Rechte am Einziehungsgegenstand** 6 (zB Pfandrechte); denn nicht diese Rechte, sondern nur die Gegenstände selbst, die ihrerseits allerdings auch Rechte sein können, sind Einziehungsobjekte (beachte jedoch 7).

c) aa) **Abs 2 Nr 1:** Der Gegenstand muss dem Täter oder Teilnehmer **zurzeit** 7 **der Entscheidung** gehören oder zustehen; dass er ihm zurzeit der Tat gehört oder zugestanden hat, begründet ihm gegenüber die Einziehung nicht; jedoch kommt Einziehung gegen den Erwerber nach § 74 a Nr 2 oder Einziehung des Wertersatzes nach § 74 c (dort 1) in Frage. − Grundsätzlich muss der Täter oder Teilnehmer Alleineigentümer oder -berechtigter sein (beachte jedoch 9 a). Bei Miteigentum ist die Einziehung des Gegenstandes nur zulässig, wenn entweder alle Miteigentümer tatbeteiligt sind oder bei den tatunbeteiligten § 74 a anwendbar ist (Karlsruhe NJW 74, 709). Eine Einziehung des Miteigentumsanteils anstelle des Gegenstandes ist im Gesetz nicht vorgesehen und auch aus dem Grundgedanken der Einziehungsregelung, tatverstrickte Gegenstände aus Gründen der Verwirkung oder Sicherung aus dem Verkehr zu ziehen, kaum abzuleiten (Göhler 11 zu § 22 OWiG; aM NStZ 91, 496; Karlsruhe aaO; Schmidt LK 49; Herzog NK 24). Die Rspr stellt durchgängig auf die formale Rechtsposition, nicht auf die wirtschaftliche Vermögenszugehörigkeit ab (NStZ 97, 30 mit Anm Achenbach JR 97, 205), und zwar auch bei Vorbehalts- und Sicherungseigentum (BGHSt 24, 222 mit Bespr Eser JZ 72, 146 und Meyer JR 72, 385; NStZ-RR 99, 11; Schmidt LK 26–38; mit guten Gründen aM AG Bremen MDR 80, 82; Eser aaO [vgl 1] S 309; Göhler 13 zu § 22; Horn SK 16); sie lässt in solchen Fällen die mit dem Gesetzeswortlaut kaum vereinbare Einziehung des Anwartschaftsrechts zu (BGHSt 25, 10 mit Anm Eser JZ 73, 171 und Meyer JR 73, 338; Schäfer, Dreher-FS, S 283, 300; krit Karlsruhe aaO; Herzog NK 25), während die Gegenmeinung annimmt, dass dem formalen Eigentümer nach Rechtskraft der Einziehung ein pfandähnliches

§ 74 AT. 3. Abschnitt. 7. Titel. Verfall und Einziehung

Recht an der Sache verbleibe (Sch/Sch-Eser 7 zu § 74 e mwN). – Dass der Eigentümer den Gegenstand selbst zur Tat gebraucht hat, ist nicht erforderlich, wohl aber, dass er den Gebrauch durch andere Beteiligte gebilligt hat. Auch braucht er nicht zugleich wegen der Tat verurteilt zu werden; die Einziehung kann uU auch im Verfahren gegen einen anderen Beteiligten, an dem er als Dritter zu beteiligen ist (§ 431 I StPO), oder im selbstständigen Verfahren (§ 76 a) angeordnet werden.

8 bb) **Abs 2 Nr 2 Alt 1: Die Gefährdung der Allgemeinheit** muss konkret (22 zu § 315 c) sein (BGHSt 23, 64); der für die Allgemeinheit drohende Schaden kann jedes Interesse betreffen, auch das des einzelnen, wenn nur die Belange der Allgemeinheit seine Wahrung erfordern (Eser aaO [vgl 1] S 255). Die Gefährdung muss sich aus der Art des Gegenstandes (zB seinen physikalischen oder chemischen Eigenschaften) und den Umständen (zB der Verwahrung, Behandlung oder Beaufsichtigung) ergeben (BT-Dr V/1319 S 53). **Abs 2 Nr 2 Alt 2:** Auch hier ist die konkrete (JZ 88, 936; bei Holtz MDR 91, 701) Gefahr erforderlich, dass der Gegenstand, auf dessen Beschaffenheit es nicht ankommt, in der Hand des Täters oder anderer Täter zur Begehung rechtswidriger Taten dienen wird; die bloß gedankliche Möglichkeit einer derartigen Verwendung genügt nicht (Karlsruhe NJW 01, 2488). – In beiden Alternative sind die Eigentumsverhältnisse unerheblich (Oldenburg VRS 90, 285; zur Verfahrensbeteiligung des Eigentümers unten 10 und zu seiner Entschädigung § 74 f).

9 **3. a)** Abs 1 ist **Kann-Vorschrift.** Die Einziehung unterliegt daher **pflichtmäßigem Ermessen** (50 zu § 46), das durch § 74 b eingeschränkt und außerdem durch den Zweck des Gesetzes gebunden ist (bei Dallinger MDR 70, 196; s auch LG Erfurt NStZ 96, 561). Aufgrund dieser Bindung ist die Einziehung nach Abs 2 Nr 2 zwingend, wenn sie zum Schutz der Allgemeinheit unerlässlich ist (Göhler 18 vor § 22). Kann die Einziehung sowohl auf Abs 2 Nr 1 wie auch auf Nr 2 gestützt werden, so kann das Gericht sich mit der Feststellung einer der beiden Voraussetzungen begnügen, aber auch beide nebeneinander heranziehen; jedoch muss es angeben, auf welche Grundlage es sich stützt (Saarbrücken NJW 75, 65; s auch Bay NJW 94, 534), weil davon die Strafzumessung abhängt (Köln StV 95, 306; beachte 1, 2). Im Hinblick auf die §§ 74 b I, 74 e II S 2, 3, 76 a II dürfte sich idR die Kumulierung empfehlen.

9 a **b)** Nach § 74 einziehbar sind nur Gegenstände, die im Zeitpunkt der Entscheidung **noch dieselben** sind, wie sie als Gegenstand der Tat Verwendung gefunden haben. Ob diese Identität besteht, entscheidet sich nach der Verkehrsauffassung (RGSt 65, 175, 177); danach genügt es zB, wenn vertretbare Sachen, etwa Banknoten beim Wechseln, durch gleiche oder gleichwertige andere Sachen ersetzt werden (Schmidt LK 21) oder wenn ein sichergestellter Betrag bei der Gerichtskasse eingezahlt wird (NStZ 93, 538 mwN).

10 **4.** Die Einziehung ist im **Urteilsspruch** unter Aufzählung und genauer Bezeichnung der Gegenstände auszusprechen (bei Detter NStZ 98, 505; s auch BGHSt 9, 88; NJW 94, 1421, 1423). In den Fällen des Abs 2 Nr 1 ist wegen des inneren Zusammenhangs mit der Hauptstrafe (vgl 1) eine Beschränkung des Rechtsmittels sowohl auf die Einziehung (Hamm NJW 75, 67) wie auch auf die Hauptstrafe (Düsseldorf VRS 51, 439) zwar nicht notwendig, aber doch häufig ausgeschlossen. Zur Beteiligung Dritter, die Rechte am Einziehungsgegenstand geltend machen, im Hauptverfahren §§ 431–438 StPO, im Nachverfahren §§ 439, 441 StPO. Zum Verfahren im Übrigen §§ 111 b–111 l, 232 I, 233 I, 331, 358 II, 407 II, 459 g I StPO.

11 **5.** Grundsatz der Verhältnismäßigkeit § 74 b. Wirkung der Einziehung § 74 e. Entschädigung § 74 f. Selbstständige Anordnung § 76 a.

Erweiterte Voraussetzungen der Einbeziehung § 74a

6. Abs 4 unterwirft die im StGB und in den Nebengesetzen verstreuten Son- 12
dervorschriften, die eine Einziehung über Abs 1 hinaus vorschreiben oder zulassen,
den Voraussetzungen der Abs 2, 3 (wistra 95, 30; Hamm NJW 73, 1141).

a) Diese Vorschriften **bezwecken** meist, bei bestimmten Taten entweder die
Einziehung über die producta und instrumenta sceleris hinaus auch auf solche Gegenstände zu erstrecken, auf die sich die Tat bezieht (sog Beziehungsgegenstände),
oder die Einziehung nicht lediglich fakultativ zuzulassen, sondern sie zwingend
vorzuschreiben (zB in §§ 150 II, 152a V, 282 II, 286 II).

b) Vorbehaltlich der Ausnahme nach § 74a ist **jede dieser Vorschriften** 13
durch die Voraussetzungen der Abs 2, 3 zu ergänzen (Bay 73, 176; beachte auch
NStZ 91, 496). Für die obligatorische Einziehung nach § 74d (dort 1) und nach
§§ 101a S 3, 109k S 3 gilt Abs 4 jedoch nicht.

c) In den Fällen des **Abs 2 Nr 2 Alt 2** (vgl 8) bedarf es bei Beziehungsgegens- 14
tänden im Hinblick auf die nur „entsprechende" Anwendbarkeit des Abs 2 nicht
notwendig der Gefahr, dass sie der Begehung rechtswidriger Taten „dienen" werden; es genügt, wenn sie voraussichtlich notwendige Gegenstände der Tat sein
werden (hM; vgl KG VRS 57, 20; Schmidt LK 55 mwN).

7. Bei einigen Gerichten und Staatsanwaltschaften scheint sich in einem nicht 15
näher geklärten Umfang die Praxis etabliert zu haben, die Anwendung der Einziehungsvorschriften durch Vereinbarung mit dem Beschuldigten in der Weise abzuwenden, dass dieser als Gegenleistung für Vergünstigungen im Verfahren auf sein
Eigentum verzichtet und es unwiderruflich auf den Staat überträgt (verfassungsrechtliche Bedenken gegen diese Form „außergerichtlicher Einziehungen" bei
Thode NStZ 00, 62).

§ 74a Erweiterte Voraussetzungen der Einziehung

**Verweist das Gesetz auf diese Vorschrift, so dürfen die Gegenstände
abweichend von § 74 Abs. 2 Nr. 1 auch dann eingezogen werden, wenn
derjenige, dem sie zur Zeit der Entscheidung gehören oder zustehen,**
1. **wenigstens leichtfertig dazu beigetragen hat, daß die Sache oder das
Recht Mittel oder Gegenstand der Tat oder ihrer Vorbereitung gewesen ist, oder**
2. **die Gegenstände in Kenntnis der Umstände, welche die Einziehung
zugelassen hätten, in verwerflicher Weise erworben hat.**

1. Die mit der Eigentumsgarantie des Art 14 GG vereinbare Vorschrift (hM; 1
anders Julius ZStW 109, 58, 85) erstreckt die Einziehung, die hier strafähnlichen
Charakter hat (1 zu § 74), auf Personen, die zwar nicht Täter oder Teilnehmer, aber
zurzeit der Entscheidung **Eigentümer oder Inhaber** des Gegenstandes sind und
die im Zusammenhang mit der Tat vorwerfbar gehandelt haben. Sie ist eine Rahmenvorschrift und nur im Zusammenhang mit **besonderen Einziehungsvorschriften** anwendbar, die ausdrücklich auf sie verweisen (zB §§ 129b II, 261 VII
S 2, 264 VI S 2, 330c S 2 sowie § 110 UrhG). Solche Verweisungen sind nur in
solchen Fällen vorgesehen, in denen typischerweise die Mitwirkung oder Teilhabe
sonst nicht erfassbarer Hintermänner in Frage kommt (BT-Dr V/1319 S 54).

2. Nr 1: Beiträgen ist auch durch Unterlassen (in Garantenstellung, 6 zu § 13) 2
möglich. **Leichtfertig** 55 zu § 15.

3. Nr 2: Kenntnis ist nicht nur positives Wissen, sondern auch das dem be- 3
dingten Vorsatz genügende Für-möglich-halten (Kindhäuser 2; Schmidt LK 16;
aM Sch/Sch-Eser 9; zw). Die Kenntnis muss sich auf die Voraussetzungen der
Einziehung, nicht auch darauf erstrecken, dass die Maßnahme als Rechtsfolge angedroht ist. „**In verwerflicher Weise**" erwirbt namentlich, wem es auf Vereite-

§ 74b AT. 3. Abschnitt. 7. Titel. Verfall und Einziehung

lung der Einziehung ankommt oder wer aus dem Erwerb einen erkennbar ungerechtfertigten Vorteil zieht (weiter Schmidt LK 17–19).

§ 74b Grundsatz der Verhältnismäßigkeit

(1) **Ist die Einziehung nicht vorgeschrieben, so darf sie in den Fällen des § 74 Abs. 2 Nr. 1 und des § 74a nicht angeordnet werden, wenn sie zur Bedeutung der begangenen Tat und zum Vorwurf, der den von der Einziehung betroffenen Täter oder Teilnehmer oder in den Fällen des § 74a den Dritten trifft, außer Verhältnis steht.**

(2) **Das Gericht ordnet in den Fällen der §§ 74 und 74a an, daß die Einziehung vorbehalten bleibt, und trifft eine weniger einschneidende Maßnahme, wenn der Zweck der Einziehung auch durch sie erreicht werden kann. In Betracht kommt namentlich die Anweisung,**
1. **die Gegenstände unbrauchbar zu machen,**
2. **an den Gegenständen bestimmte Einrichtungen oder Kennzeichen zu beseitigen oder die Gegenstände sonst zu ändern oder**
3. **über die Gegenstände in bestimmter Weise zu verfügen.**

Wird die Anweisung befolgt, so wird der Vorbehalt der Einziehung aufgehoben; andernfalls ordnet das Gericht die Einziehung nachträglich an.

(3) **Ist die Einziehung nicht vorgeschrieben, so kann sie auf einen Teil der Gegenstände beschränkt werden.**

1 1. Die Vorschrift konkretisiert den **Grundsatz der Verhältnismäßigkeit**, der den wichtigsten Anwendungsfall des Übermaßverbotes bildet (BVerfGE 16, 194, 202; Herzog NK 1, 2) und deshalb schon nach dem GG für den Gesamtbereich der Einziehung (auch für die obligatorische, NStZ 81, 104 mwN) allgemein gilt (Saarbrücken NJW 75, 65; Schleswig StV 89, 156).

2 2. **Abs 1** stellt den Verhältnismäßigkeitsgrundsatz für die fakultative Einziehung besonders heraus, wenn sie strafähnlichen Charakter hat (§§ 74 II Nr 1, 74a). Zwischen der objektiven Bedeutung der begangenen Tat und dem Vorwurf, der sich im Falle des § 74a nach dem Grad der Leichtfertigkeit (Nr 1) oder der Verwerflichkeit (Nr 2) des Verhaltens des Dritten bestimmt, einerseits und der beeinträchtigenden Wirkung der Einziehung andererseits darf kein eindeutiges Missverhältnis bestehen. Bei dieser Gesamtabwägung (Bay NJW 94, 534) fällt auch die neben die Einziehung tretende Strafe ins Gewicht (Horn SK 3).

3 3. a) **Abs 2** ist zwingend und gilt für alle Formen strafrechtlicher Einziehung (Braunschweig MDR 74, 594; Herzog NK 8), auch für die obligatorische (vgl 1). Zweck der Einziehung ist hier der konkret mit der einzelnen Maßnahme verfolgte Zweck (1, 2 zu § 74). Besteht er allein oder zum Teil in der Sicherung der Allgemeinheit, so können uU weniger einschneidende Maßnahmen diesen Zweck erreichen; bei Verfolgung anderer Zwecke (Schuldausgleich, Generalprävention usw) ist Zweckerreichung durch solche Maßnahmen meist nicht möglich (Göhler 8 zu § 24). Die in Satz 2 genannten Anweisungen sind nur Beispiele, andere Maßnahmen daher zulässig (zB Unbrauchbarmachung von Amts wegen). Praktisch bedeutsam sind namentlich Anweisungen: nach **Nr 1**, wenn bei verkehrsunfähigen Gegenständen der Materialwert erhalten werden soll; nach **Nr 2**, wenn gegen Kennzeichnungsvorschriften verstoßen wurde; nach **Nr 3**, wenn der in der Hand des Täters gefährliche Gegenstand (zB eine Waffe) an jemand veräußert werden kann, der solche Gegenstände befugt verwendet (bei Detter NStZ 94, 178), oder wenn schon bloße Veräußerung (zB eines Kraftfahrzeugs) die Gefährlichkeit beseitigen kann (Schleswig StV 89, 156).

Einziehung des Wertersatzes § 74c

b) Der Vorbehalt der Einziehung wirkt als Veräußerungsverbot (§ 74e III 4
iVm § 73e II). Er ist im Urteil stets neben der weniger einschneidenden Maßnahme auszusprechen und wieder aufzuheben, sobald die Maßnahme ausgeführt ist. Die nachträgliche Anordnung der Einziehung bei Nichtbefolgen einer Anweisung setzt kein Verschulden des Berechtigten voraus (hM; vgl Schmidt LK 11; Mitsch KKOWiG 27 zu § 24; anders für die strafähnliche Einziehung auch Horn SK 11; offen gelassen in BVerfG NJW 96, 246; zw); haben jedoch die Strafverfolgungsbehörden den Eintritt der Bedingungen, unter denen der Berechtigte die Anweisung erst befolgen konnte, selbst erschwert oder vereitelt, so muss die Verhältnismäßigkeit erneut geprüft werden (BVerfG aaO). – Zum Verfahren beachte § 462 I S 2 StPO.

4. Nach **Abs 3** ist in Fällen fakultativer Einziehung die Beschränkung auf einen 5
Teil der Gegenstände allgemein zugelassen, also auch bei der Sicherungseinziehung nach § 74 II Nr 2; hier ist sie jedoch nur begründet, wenn die Volleinziehung trotz der Gefährlichkeit der Gegenstände unverhältnismäßig wäre. Die Anordnung kann auf einzelne von mehreren Gegenständen und, Trennbarkeit vorausgesetzt, auf den Teil eines Gegenstandes beschränkt werden.

§ 74c Einziehung des Wertersatzes

(1) **Hat der Täter oder Teilnehmer den Gegenstand, der ihm zur Zeit der Tat gehörte oder zustand und auf dessen Einziehung hätte erkannt werden können, vor der Entscheidung über die Einziehung verwertet, namentlich veräußert oder verbraucht, oder hat er die Einziehung des Gegenstandes sonst vereitelt, so kann das Gericht die Einziehung eines Geldbetrags gegen den Täter oder Teilnehmer bis zu der Höhe anordnen, die dem Wert des Gegenstandes entspricht.**

(2) **Eine solche Anordnung kann das Gericht auch neben der Einziehung eines Gegenstandes oder an deren Stelle treffen, wenn ihn der Täter oder Teilnehmer vor der Entscheidung über die Einziehung mit dem Recht eines Dritten belastet hat, dessen Erlöschen ohne Entschädigung nicht angeordnet werden kann oder im Falle der Einziehung nicht angeordnet werden könnte (§ 74e Abs. 2 und § 74f); trifft das Gericht die Anordnung neben der Einziehung, so bemißt sich die Höhe des Wertersatzes nach dem Wert der Belastung des Gegenstandes.**

(3) **Der Wert des Gegenstandes und der Belastung kann geschätzt werden.**

(4) **Für die Bewilligung von Zahlungserleichterungen gilt § 42.**

1. a) Die Vorschrift schließt eine **Lücke**, die bei der Einziehung nach § 74 II 1
Nr 2 dadurch entsteht, dass der Täter oder Teilnehmer zurzeit der Entscheidung Eigentümer oder Rechtsinhaber sein muss (7 zu § 74). Sie soll verhindern, dass die Vereitelung einer zurzeit der Tat zulässigen Einziehung (Abs 1) oder die Wertminderung eines Einziehungsgegenstandes durch Belastung (Abs 2) die strafähnliche Wirkung des Eingriffs aufhebt. Sie ist auf alle strafrechtlichen Einziehungsfälle anwendbar (BGHSt 28, 369), allerdings immer nur gegenüber dem Täter oder Teilnehmer, nicht gegenüber dem Dritten nach § 74a.

b) Die Anordnung des Wertersatzes begründet nur einen **Zahlungsanspruch** 1a
des Staates. Sie bewirkt also nicht die „Einziehung" sichergestellten Geldes; auf solches Geld kann erst bei Vollstreckung des Zahlungsanspruchs zugegriffen werden (Schmidt MDR 80, 969, 972).

2. Nach **Abs 1** muss der Gegenstand zurzeit der Tat dem Täter oder Teilneh- 2
mer gehört oder zugestanden haben (BGHSt 33, 233 mit Anm Eberbach NStZ

§ 74d AT. 3. Abschnitt. 7. Titel. Verfall und Einziehung

85, 556). Außerdem muss diesem gegenüber – was bei Vorliegen der Voraussetzungen der §§ 74 II Nr 2, 74a nicht zutrifft – die Einziehung zulässig gewesen, aber **zurzeit der Entscheidung** deshalb ausgeschlossen sein, weil sie in einer bestimmten, dem Täter oder Teilnehmer **zurechenbaren Weise** unmöglich gemacht wurde; dazu genügt es nicht, dass die Tathandlung selbst die Möglichkeit der Einziehung des Tatmittels ausgeschlossen hat (NStZ 92, 81). Abs 1 unterscheidet zwischen dem nicht notwendig vorwerfbaren **Verwerten,** dh der Ausnutzung des wirtschaftlichen Wertes (LG Berlin wistra 04, 154, 157; Verbrauch und Veräußerung sind nur Beispiele), und dem sonstigen **Vereiteln,** dh bewussten (LG Berlin aaO; Schmidt LK 8; Bender NJW 69, 1056; weiter Sch/Sch-Eser 6) und vorwerfbaren (zu BT-Dr V/2601 S 15; Herzog NK 7) Verhindern der Einziehung, etwa wenn der Täter den Gegenstand zerstört und mindestens damit gerechnet hat, dadurch die Einziehung auszuschließen.

3 **3.** Abs 2 unterscheidet von Abs 1 dadurch, dass die Einziehung nicht verhindert, sondern nur der Wert des Einziehungsgegenstandes durch Belastung vermindert worden ist. Da die Belastung wirtschaftliche Teilverwertung bedeutet, muss sie ebenso wie der Verwertungsakt nach Abs 1 nach der Tat geschehen, braucht aber nicht notwendig (Schmidt LK 19; aM Sch/Sch-Eser 7) vorwerfbar sein. Außerdem ist Abs 2 nur anwendbar, wenn nicht das entschädigungslose Erlöschen des belasteten Rechts nach § 74 e II S 2, 3, § 74 f II angeordnet werden kann; denn andernfalls ist der Täter idR Entschädigungsansprüchen des Dritten ausgesetzt, so dass die strafähnliche Wirkung des Eingriffs erhalten bleibt (Horn SK 9).

4 **4. Wert** des Gegenstandes (oder im Falle des Abs 2 Halbs 2: der Belastung) ist der Verkehrswert zurzeit der Entscheidung (BGHSt 4, 13, 305; 28, 369; s auch 24 zu § 315 c). Er bildet nur die Obergrenze für den Rahmen, innerhalb dessen der Wertersatz zu bestimmen ist. Die Schätzung (Abs 3; näher dazu 17 zu § 40) unterliegt den allgemeinen Ermessensschranken (weiter einschr Hellmann GA 97, 503, 519).

5 **5.** Sowohl die Anordnung des Wertersatzes wie auch die Bestimmung seiner Höhe innerhalb des Wertrahmens (vgl 4) unterliegen **pflichtmäßigem Ermessen** (9 zu § 74). Bei der Ermessensausübung ist wegen des strafähnlichen Charakters der Maßnahme das Schuldprinzip zu beachten; die Anordnung ist daher zweckwidrig, wenn der Täter ohne Schuld eine rechtswidrige Tat begangen hat und die zurzeit ihrer Begehung mögliche Einziehung nur auf § 74 II Nr 2, III hätte gestützt werden können (3, 8 zu § 74; ebenso Schmidt LK 16).

§ 74 d Einziehung von Schriften und Unbrauchbarmachung

(1) **Schriften (§ 11 Abs. 3), die einen solchen Inhalt haben, daß jede vorsätzliche Verbreitung in Kenntnis ihres Inhalts den Tatbestand eines Strafgesetzes verwirklichen würde, werden eingezogen, wenn mindestens ein Stück durch eine rechtswidrige Tat verbreitet oder zur Verbreitung bestimmt worden ist. Zugleich wird angeordnet, daß die zur Herstellung der Schriften gebrauchten oder bestimmten Vorrichtungen, wie Platten, Formen, Drucksätze, Druckstöcke, Negative oder Matrizen, unbrauchbar gemacht werden.**

(2) **Die Einziehung erstreckt sich nur auf die Stücke, die sich im Besitz der bei ihrer Verbreitung oder deren Vorbereitung mitwirkenden Personen befinden oder öffentlich ausgelegt oder beim Verbreiten durch Versenden noch nicht dem Empfänger ausgehändigt worden sind.**

(3) **Absatz 1 gilt entsprechend bei Schriften (§ 11 Abs. 3), die einen solchen Inhalt haben, daß die vorsätzliche Verbreitung in Kenntnis ihres**

Einziehung von Schriften und Unbrauchbarmachung § 74d

Inhalts nur bei Hinzutreten weiterer Tatumstände den Tatbestand eines Strafgesetzes verwirklichen würde. Die Einziehung und Unbrauchbarmachung werden jedoch nur angeordnet, soweit

1. die Stücke und die in Absatz 1 Satz 2 bezeichneten Gegenstände sich im Besitz des Täters, Teilnehmers oder eines anderen befinden, für den der Täter oder Teilnehmer gehandelt hat, oder von diesen Personen zur Verbreitung bestimmt sind und

2. die Maßnahmen erforderlich sind, um ein gesetzwidriges Verbreiten durch diese Personen zu verhindern.

(4) Dem Verbreiten im Sinne der Absätze 1 bis 3 steht es gleich, wenn eine Schrift (§ 11 Abs. 3) oder mindestens ein Stück der Schrift durch Ausstellen, Anschlagen, Vorführen oder in anderer Weise öffentlich zugänglich gemacht wird.

(5) § 74b Abs. 2 und 3 gilt entsprechend.

Fassung: Abs 3, 4 durch das IuKDG (13 vor § 1) technisch geändert (bloß klarstellende Berichtigungen).

1. Einziehung und Unbrauchbarmachung nach dieser Vorschrift sind **Sicherungsmaßnahmen**; die Ausführungen unter 2 zu § 74 über die Rückwirkung gelten sinngemäß. Da die Abs 1, 3 die Voraussetzungen der Einziehung erschöpfend beschreiben, ist § 74 IV hier nicht anwendbar. – Zur Verfassungsmäßigkeit des Abs 1 BVerfG NJW 82, 1512.

2. Den **Schriften** sind nach § 11 III (dort 26–28) **Ton- und Bildträger, Datenspeicher, Abbildungen und andere Darstellungen** gleichgestellt. Die Einbeziehung der Datenspeicher in § 11 III (dort 28) soll klarstellen, dass auch diese der Einziehung unterliegen (BT-Dr 13/7385 S 36; zu den Schwierigkeiten, solche Einziehungsanordnungen auszuführen oder durch vorbereitende Maßnahmen zu sichern, Vassilaki MschrKrim 97, 442).

3. Dass mindestens **eine** Schrift (vgl 2) durch eine **rechtswidrige Tat verbreitet oder zur Verbreitung bestimmt** worden ist, setzen Abs 1, 3 übereinstimmend voraus.

a) Die **rechtswidrige Tat** (18 zu § 11) muss begangen sein. Sie ist regelmäßig, aber nicht notwendig (Bay MDR 87, 870), eine Vorsatztat. Strafbarer Versuch kann genügen, wenn sich darin die Bestimmung zur Verbreitung manifestiert.

b) Verbreiten bedeutet (anders als in § 186, dort 5), die Schrift (vgl 2) einem größeren, nicht notwendig unbestimmten Personenkreis zugänglich machen (BGHSt 13, 257; Bay NStZ 02, 259 mit Bespr Beisel JR 02, 348 und Schroeder JZ 02, 412), und zwar der Substanz nach (BGHSt 18, 63; Hamburg NStZ 83, 127 mit Anm Bottke JR 83, 299 und Franke NStZ 84, 126; Bay aaO). Dieses „Körperlichkeitskriterium" ist nach hM unverzichtbar. Die Schrift muss danach als körperlicher Gegenstand, der auch ein Datenspeicher sein kann (28 zu § 11; Derksen NJW 98, 1878, 1881), dem größeren Personenkreis die Kenntnisnahme von ihrem Inhalt ermöglichen (näher dazu Bay NJW 00, 2911; beachte auch BGHSt 45, 235); dass auch das Gesetz von dieser Auffassung ausgeht, folgt aus der durch das IuKDG (13 vor § 1) vorgenommenen Erweiterung des § 86 I, der jetzt, um Strafbarkeitslücken zu vermeiden, neben dem Verbreiten auch das öffentliche Zugänglichmachen in Datenspeichern mit Strafe bedroht (BT-Dr 13/7385 S 36).

Die Aushändigung der Schrift an eine Person kann genügen, wenn ihr die Vorstellung zugrundeliegt, dass der Gegenstand weiteren Personen zugänglich gemacht wird (sog Kettenverbreitung, BGHSt 19, 63, 71; Bay NStZ 02, 258 mit krit Bespr Beisel JR 02, 348 und Schroeder JZ 02, 412; einschr Franke GA 84, 452, 467

§ 74d AT. 3. Abschnitt. 7. Titel. Verfall und Einziehung

mwN; str). Dasselbe gilt für die Übertragung von einem Datenspeicher auf einen anderen (expl Derksen aaO). Das maßgebende Kriterium liegt darin, dass es sich bei den Empfängern um einen für den Täter nicht kontrollierbaren Personenkreis handelt (BGHSt 13, 257; Bay NStZ 96, 436; Herzog NK 4; probl Bay NStZ 83, 120 mit abl Anm Keltsch; speziell für das Versenden von SMS und E-Mails abl Hörnle NStZ 02, 113, 118). Daher gehört auch die Überlassung an einen einzelnen Bezieher (zB im Versandhandel) hierher, wenn sie Teilstück einer Gesamtbetätigung im Hinblick auf einen solchen Personenkreis ist (sog Mengenverbreitung, BGHSt 45, 41; Bay, Beisel, Schroeder, jeweils aaO; einschr Franke aaO S 470; aM Paeffgen NK 29 zu § 86, alle mwN). Ob die Empfänger von dem Inhalt der Schrift Kenntnis genommen oder dessen Sinn begriffen haben, ist für das Verbreiten unerheblich (sog Entäußerungstheorie), und zwar auch bei Delikten, die Aufforderungs- oder Motivationscharakter haben (§§ 80a, 111, 140 Nr 2) oder dem Ehren- oder Friedensschutz (§§ 90, 90a, 90b, 166, 186 Alt 2, 187 Alt 2, 188) dienen (hM; anders Franke aaO S 465). – Wer Schriften zur Verbreitung entgegennimmt, kann sich schon dadurch an der Verbreitung beteiligen (BGHSt 8, 165).

6   **c)** Die nach Abs 4 dem Verbreiten gleichgestellten Handlungen des **Ausstellens, Anschlagens und Vorführens** sind lediglich Beispiele und daher nur verwirklicht, wenn der Gegenstand dadurch **öffentlich**, dh für einen nach Zahl und Individualität unbestimmten oder für einen nicht durch persönliche Beziehungen innerlich verbundenen größeren bestimmten Kreis von Personen, zugänglich gemacht wird (BT-Dr VI/3521 S 57; 7/514 S 3). Das Fordern einer Eintrittsgebühr oder eines „Clubbeitrags", der in Wahrheit nur das Entgelt für die Vorführung bildet, steht der Annahme öffentlichen Vorführens nicht entgegen (Hamm NJW 73, 817).

7   **4. a)** In den Fällen des **Abs 1** kommt es ausschließlich auf den Inhalt der Schriften an, allerdings auch, soweit er erkennbar zwischen den Zeilen steht (BGHSt 7, 11) oder sich erst aus anderen Schriften, auf die verwiesen wird, voll erschließt (bei Ruhrmann NJW 57, 281, 284; beachte auch NStZ 82, 25). Aus ihm muss sich ergeben, dass jede vorsätzliche Verbreitung in Kenntnis der Bedeutung des Inhalts einen Straftatbestand verwirklichen würde; dass dieser den Begriff des Verbreitens als Merkmal enthält, ist dazu nicht erforderlich (BGHSt 36, 51, 58; Schmidt LK 6). In Frage kommen namentlich Schriften, deren Inhalt nach §§ 86, 90, 90a I, 90b rechtsstaatsgefährdend (zu § 88a aF BGHSt 29, 107), nach § 130 volksverhetzend, nach § 131 gewaltverherrlichend, nach §§ 184a, 184b qualifiziert pornographisch oder nach §§ 185–187, 189 beleidigend ist (ebenso Herzog NK 7).

8   **b)** Die Einziehung nach Abs 1 **erstreckt sich** grundsätzlich auf die Gesamtauflage (Düsseldorf JMBlNRW 91, 263), ist aber auf die in **Abs 2** bezeichneten Teile der Auflage beschränkt. Die durch die rechtswidrige Tat verbreiteten Stücke werden also nicht notwendig erfasst; die §§ 74, 74d können daher hinsichtlich verschiedener Stücke derselben Schrift nebeneinander anwendbar sein (RGSt 17, 311). – **Besitz** umfasst auch den mittelbaren Besitz (BGHSt 19, 63, 77). **Mitwirkende Personen** sind idR Verfasser, Verleger, Herausgeber, Redakteure, Drucker und Händler; in deren „Privatbesitz" befindliche Einzelstücke werden jedoch nach dem Schutzzweck der Vorschrift nicht erfasst (Schmidt LK 13; offen gelassen bei Holtz MDR 90, 103). Ob diese Personen ein Verschulden trifft und ob sie am Verfahren beteiligt sind, ist unerheblich; dasselbe gilt auch für die von der Anordnung nach Abs 1 S 2 (beachte dazu 2 zu § 149) betroffenen Personen.

9   **5. a)** Die Fälle des **Abs 3** unterscheiden sich von denen des Abs 1 dadurch, dass es nicht allein auf den Inhalt der Darstellung ankommt, die Strafbarkeit vielmehr –

Wirkung der Einziehung **§ 74e**

wie zB bei § 184 I StGB (BGHSt 23, 40) – von weiteren Umständen abhängt (Schleswig SchlHA 73, 154).

b) Die in **Abs 3** S 2 vorgesehenen Einschränkungen hinsichtlich des betroffenen Personenkreises (Nr 1) und der Erforderlichkeit (Nr 2) müssen nebeneinander erfüllt sein. 10

6. Die Einziehung (und ggf die Unbrauchbarmachung) ist **obligatorisch;** jedoch gilt auch hier der Grundsatz der Verhältnismäßigkeit, der im Einzelfall jeden Zugriff auf den Einziehungsgegenstand ausschließen kann (BGHSt 23, 267; 1 zu § 74b). Dem steht **Abs 5** nicht entgegen, obwohl er nur auf § 74b II, III verweist; denn er kann das verfassungsrechtlich gewährleistete Übermaßverbot nicht einschränken (BGH aaO). Sein Zweck erschöpft sich vielmehr darin, eine elastische Anpassung an die Erfordernisse des Verhältnismäßigkeitsgrundsatzes zu ermöglichen. Im Übrigen ist die Verweisung in Abs 5 insofern unklar, als die Einziehung nach § 74d obligatorisch ist, § 74b III aber nur Fälle fakultativer Einziehung betrifft. Der Widerspruch ist dahin zu lösen, dass die Beschränkung der Maßnahme auf einen Teil der Gegenstände nur zulässig, zugleich aber auch geboten ist, wenn andernfalls das Übermaßverbot verletzt würde oder wenn nur ein ausscheidbarer Teil der Schrift die Maßnahme begründet. 11

7. Zur Frage, wieweit die **Meinungs-, Presse-, Informations- oder Kunstfreiheit** der Einziehung einer Schrift entgegenstehen kann, BVerfGE 27, 71; BGHSt 19, 245, 256; 20, 192; 23, 208; Hamburg NJW 67, 582; Eser NJW 70, 784; Faller MDR 71, 1; Herzog NK 16. 12

8. Ausspruch im **Urteilstenor.** Er ist auch neben Freispruch möglich (bei Dallinger MDR 53, 721) und hat die Beschränkungen oder milderen Maßnahmen nach Abs 3 Nr 1, Abs 5 zu bezeichnen. Die Beschränkung nach Abs 2 versteht sich zwar von selbst, wird zweckmäßig aber ebenfalls ausgesprochen (RGSt 17, 311). Vgl auch 10, 11 zu § 74; Nr 253 RiStBV. 13

9. Zur Beschlagnahme von Schriften oder anderen Gegenständen iS des § 74d beachte §§ 111m, 111n StPO (dazu Groß NStZ 99, 334). 14

§ 74e Wirkung der Einziehung

(1) Wird ein Gegenstand eingezogen, so geht das Eigentum an der Sache oder das eingezogene Recht mit der Rechtskraft der Entscheidung auf den Staat über.

(2) Rechte Dritter an dem Gegenstand bleiben bestehen. Das Gericht ordnet jedoch das Erlöschen dieser Rechte an, wenn es die Einziehung darauf stützt, daß die Voraussetzungen des § 74 Abs. 2 Nr. 2 vorliegen. Es kann das Erlöschen des Rechts eines Dritten auch dann anordnen, wenn diesem eine Entschädigung nach § 74f Abs. 2 Nr. 1 oder 2 nicht zu gewähren ist.

(3) § 73e Abs. 2 gilt entsprechend für die Anordnung der Einziehung und die Anordnung des Vorbehalts der Einziehung, auch wenn sie noch nicht rechtskräftig ist.

1. Der mit Rechtskraft der Entscheidung eintretende **Übergang des Eigentums oder des anderen Rechts** wirkt – anders als beim Verfall (1, 2 zu § 73e) – gegenüber **jedermann.** Gleichgültig daher, ob die Entscheidung gegen den Berechtigten ergangen ist, wann dieser das Eigentum oder das Recht erworben hat und ob er am Verfahren beteiligt worden ist. Dem unbeteiligten Betroffenen bleibt jedoch die Möglichkeit des Nachverfahrens (§ 439 StPO) oder der Entschädigungsanspruch (§ 74f). 1

2 2. Die Anordnung des Erlöschens von (beschränkt dinglichen) **Rechten Dritter** am Einziehungsgegenstand (zB Pfandrecht, Nießbrauch, nicht das Eigentum, Bay VRS 46, 271) ist neben der Sicherungseinziehung (§ 74 II Nr 2) obligatorisch (Abs 2 S 2). Bei der fakultativen Anordnung nach Abs 2 S 3 wird der Richter die Ausübung seines Ermessens an § 74f III orientieren (dort 7).

3 3. Als **Veräußerungsverbot** (Abs 3 iVm § 73e II) wirken: die Anordnung der Einziehung vor Rechtskraft; die Anordnung des Vorbehalts der Einziehung (§ 74b II) vor und nach Rechtskraft; die Beschlagnahme eines der Einziehung unterliegenden Gegenstandes bis zur Rechtskraft der Einziehung (§ 111c V StPO). — Das Veräußerungsverbot ist im Sinne des § 134 BGB absolut, wenn der Gegenstand zum Schutz der Allgemeinheit aus dem Verkehr gezogen werden soll (zB Falschgeld, pornographische Schriften), dagegen im Sinne des § 135 BGB relativ, wenn nur der Eigentumsübergang auf den Fiskus gesichert werden soll (Bremen NJW 51, 675).

§ 74f Entschädigung

(1) **Stand das Eigentum an der Sache oder das eingezogene Recht zur Zeit der Rechtskraft der Entscheidung über die Einziehung oder Unbrauchbarmachung einem Dritten zu oder war der Gegenstand mit dem Recht eines Dritten belastet, das durch die Entscheidung erloschen oder beeinträchtigt ist, so wird der Dritte aus der Staatskasse unter Berücksichtigung des Verkehrswertes angemessen in Geld entschädigt.**

(2) **Eine Entschädigung wird nicht gewährt, wenn**

1. **der Dritte wenigstens leichtfertig dazu beigetragen hat, daß die Sache oder das Recht Mittel oder Gegenstand der Tat oder ihrer Vorbereitung gewesen ist,**
2. **der Dritte den Gegenstand oder das Recht an dem Gegenstand in Kenntnis der Umstände, welche die Einziehung oder Unbrauchbarmachung zulassen, in verwerflicher Weise erworben hat oder**
3. **es nach den Umständen, welche die Einziehung oder Unbrauchbarmachung begründet haben, auf Grund von Rechtsvorschriften außerhalb des Strafrechts zulässig wäre, den Gegenstand dem Dritten ohne Entschädigung dauernd zu entziehen.**

(3) **In den Fällen des Absatzes 2 kann eine Entschädigung gewährt werden, soweit es eine unbillige Härte wäre, sie zu versagen.**

1 1. Die Vorschrift ist Ausfluss der **Eigentumsgarantie** des Art 14 GG. Sie gilt für das gesamte Einziehungsrecht (zur Gesetzgebungskompetenz des Bundes Lässig JuS 77, 249, 250). Sie regelt nur die Entschädigung **tatunbeteiligter Dritter** (Herzog NK 2); dem Täter oder Teilnehmer steht, auch wenn er nach §§ 74 II Nr 2, III, 74d schuldlos gehandelt hat, ein Entschädigungsanspruch nicht zu (so zu § 86 aF BGHSt 15, 399; zw).

2 2. Mit dieser Einschränkung sind grundsätzlich **entschädigungsberechtigt:**

a) Der **Eigentümer oder Inhaber** (nach der Rspr auch der Vorbehalts- und Sicherungseigentümer, 7 zu § 74) des Gegenstandes der Einziehung, der Unbrauchbarmachung und, wie der Gesetzeszweck ergibt, auch einer wertmindernden Maßnahme nach § 74b II (dort 3).

3 b) Der an einem solchen Gegenstand **beschränkt dinglich** (nicht nur obligatorisch, Bay VRS 46, 271, 275) **Berechtigte,** soweit sein Recht durch die Entscheidung erloschen oder beeinträchtigt ist, dh — zB durch Unbrauchbarmachung — im Wert gemindert ist.

Sondervorschrift für Organe und Vertreter **§ 75**

3. Für die Ermittlung des Entschädigungsberechtigten kommt es auf die 4
Rechtslage in dem **Zeitpunkt** an, in dem die Entscheidung über die Einziehung,
die Unbrauchbarmachung oder, bei Maßnahmen nach § 74b II, den Vorbehalt der
Einziehung Rechtskraft erlangt hat.

4. a) Nach **Abs 2 Nr 1, 2** (beachte dazu 2, 3 zu § 74a) kommt eine Entschädi- 5
gung gegenüber dem Eigentümer idR nur in Frage: bei der Sicherungseinziehung
nach §§ 74 II Nr 2, III, 74 d; bei einer materiell fehlerhaften Einziehung nach § 74 II
Nr 1 gegenüber dem Täter oder Teilnehmer, obwohl der Gegenstand einem Dritten
zustand; bei einem gutgläubigen Erwerb nach der Einziehungsentscheidung,
aber vor Rechtskraft (§ 74e I). Sonst sind meist schon die Voraussetzungen der
Einziehung nicht erfüllt oder (im Bereich des § 74a) die Ausnahmen von der Entschädigungspflicht
begründet. Auch eine Entschädigung des dinglich Berechtigten
wird regelmäßig nur bei der Sicherungseinziehung oder bei der Anordnung von
Maßnahmen nach § 74b II praktisch; sonst bleiben die Rechte Dritter entweder unberührt
(§ 74e II S 1) oder sie erlöschen entschädigungslos (§ 74e II S 3).

b) Zu den Vorschriften nach **Abs 2 Nr 3** gehören namentlich die **Polizeige-** 6
setze der Länder und andere Rechtsvorschriften, die bei Überschreitung der sozialen
Bindungen des Eigentums zur Gefahrenabwehr auch die endgültige und
entschädigungslose Entziehung und Verwertung von Gegenständen zulassen
(Göhler 16 zu § 28). Davon hängt es ab, ob der Entschädigungsanspruch zB bei
Schriften mit strafbarem Inhalt (§ 74d) und bei Falschgeld (§ 150) entfällt.

5. Zum **Verkehrswert** 4 zu § 74c. Eine **Billigkeitsentschädigung nach** 7
Abs 3, die auf einen Teil des Verkehrswertes beschränkt werden kann, ist namentlich
angezeigt, wenn die Wirkung der Einziehung usw außer Verhältnis zu
dem Vorwurf steht, der den Dritten wegen seines Verhaltens trifft.

6. Über die Entschädigungspflicht, die den Staat trifft, entscheiden grundsätzlich 8
die **Zivilgerichte** (beachte jedoch § 436 III StPO; Hamm NJW 70, 1754).

§ 75 Sondervorschrift für Organe und Vertreter

Hat jemand

1. **als vertretungsberechtigtes Organ einer juristischen Person oder als Mitglied eines solchen Organs,**
2. **als Vorstand eines nicht rechtsfähigen Vereins oder als Mitglied eines solchen Vorstandes,**
3. **als vertretungsberechtigter Gesellschafter einer rechtsfähigen Personengesellschaft,**
4. **als Generalbevollmächtigter oder in leitender Stellung als Prokurist oder Handlungsbevollmächtigter einer juristischen Person oder einer in Nummer 2 oder 3 genannten Personenvereinigung oder**
5. **als sonstige Person, die für die Leitung des Betriebs oder Unternehmens einer juristischen Person oder einer in Nummer 2 oder 3 genannten Personenvereinigung verantwortlich handelt, wozu auch die Überwachung der Geschäftsführung oder die sonstige Ausübung von Kontrollbefugnissen in leitender Stellung gehört,**

eine Handlung vorgenommen, die ihm gegenüber unter den übrigen Voraussetzungen der §§ 74 bis 74c und 74f die Einziehung eines Gegenstandes oder des Wertersatzes zulassen oder den Ausschluß der Entschädigung begründen würde, so wird seine Handlung bei Anwendung dieser Vorschriften dem Vertretenen zugerechnet. § 14 Abs. 3 gilt entsprechend.

§§ 76, 76a AT. 3. Abschnitt. 7. Titel. Verfall und Einziehung

Fassung: Satz 1 Nr 5 durch das EU-Rechtsinstrumente-AG (14 vor § 1) eingefügt, Nr 3 geändert.

1 1. Die Vorschrift bewirkt, dass **juristische Personen und andere wirtschaftlich selbstständige Personenvereinigungen** im Einziehungsrecht den natürlichen Personen gleichstehen, wenn ihre Organe (Schmidt LK 8, 9) oder andere Personen im Leitungsbereich (BT-Dr 12/192 S 12) für sie gehandelt haben.

2 2. Die von **Satz 1** betroffenen Personenvereinigungen und Vertretungsberechtigten in Nr 1, 3 stimmen mit den in § 14 II Nr 1, 2 genannten überein (dort 2). – **Nicht rechtsfähiger Verein** (Nr 2) § 54 BGB. – **Generalbevollmächtigter** ist, wer zur Vertretung bei allen Rechtsgeschäften ermächtigt ist, soweit nicht die Vertretung gesetzlich ausgeschlossen oder ein höchstpersönliches Handeln notwendig ist (eingehend Geitzhaus GmbHR 89, 229, 278). – **Prokurist** § 48 HGB; **Handlungsbevollmächtigter** § 54 HGB; beide müssen in leitender Stellung tätig sein, dh selbstständig und verantwortlich an der Leitung teilnehmen (Herzog NK 6). – **Gesetzliche Vertreter** werden abweichend von § 14 I Nr 3 nicht erfasst. – **Leitungspersonen mit Kontrollbefugnissen,** die nicht auf einer Vertretungs- oder Geschäftsführungsbefugnis beruhen müssen (BT-Dr 14/8998 S 8; Tröndle/Fischer 2d); neben Mitgliedern des Aufsichtsrats auch Personen mit Überwachungs- und Kontrollbefugnissen in einzelnen Bereichen wie zB Ausschreibung, Finanzkontrolle oder Rechnungsprüfung (BT-Dr aaO S 10; Herzog NK 7).

3 3. Zum Handeln „**als**" Organ oder Vertreter 8 zu § 14 (s auch NStZ 97, 30 mit Anm Achenbach JR 97, 205).

4 4. Handlungen des Organs oder Vertreters, auf die es für die Einziehungsvoraussetzungen (§§ 74–74c) oder den Ausschluss der Entschädigung (§ 74f) ankommt, werden der Personenvereinigung **zugerechnet,** dh diese wird so behandelt, als hätte sie die Handlungen selbst vorgenommen. Es müssen danach in der Person des Organs alle Voraussetzungen erfüllt sein mit der einen Ausnahme, dass Eigentümer oder Inhaber des Gegenstandes die Personenvereinigung ist.

5 5. Zu **Satz 2** vgl 6 zu § 14.

– Gemeinsame Vorschriften –

§ 76 Nachträgliche Anordnung von Verfall oder Einziehung des Wertersatzes

Ist die Anordnung des Verfalls oder der Einziehung eines Gegenstandes nicht ausführbar oder unzureichend, weil nach der Anordnung eine der in den §§ 73a, 73d Abs. 2 oder 74c bezeichneten Voraussetzungen eingetreten oder bekanntgeworden ist, so kann das Gericht den Verfall oder die Einziehung des Wertersatzes nachträglich anordnen.

1 1. Für die **Zulässigkeit der nachträglichen Anordnung** ist unerheblich, ob die Voraussetzungen der §§ 73a, 73d II, 74c vor oder nach Anordnung des Verfalls oder der Einziehung eingetreten sind; vor der Tat können sie jedoch nicht verwirklicht worden sein (5–7 zu § 73d; 2, 3 zu § 74c).

2 2. **Zuständigkeit und Verfahren** §§ 462a I, II, 462 I S 2 StPO.

§ 76a Selbstständige Anordnung

(1) Kann wegen der Straftat aus tatsächlichen Gründen keine bestimmte Person verfolgt oder verurteilt werden, so muß oder kann auf Verfall oder Einziehung des Gegenstandes oder des Wertersatzes oder auf Unbrauchbarmachung selbständig erkannt werden, wenn die Vor-

Selbstständige Anordnung **§ 76a**

aussetzungen, unter denen die Maßnahme vorgeschrieben oder zugelassen ist, im übrigen vorliegen.

(2) **Unter den Voraussetzungen des § 74 Abs. 2 Nr. 2, Abs. 3 und des § 74 d ist Absatz 1 auch dann anzuwenden, wenn**
1. **die Verfolgung der Straftat verjährt ist oder**
2. **sonst aus rechtlichen Gründen keine bestimmte Person verfolgt werden kann und das Gesetz nichts anderes bestimmt.**
Einziehung oder Unbrauchbarmachung dürfen jedoch nicht angeordnet werden, wenn Antrag, Ermächtigung oder Strafverlangen fehlen.

(3) **Absatz 1 ist auch anzuwenden, wenn das Gericht von Strafe absieht oder wenn das Verfahren nach einer Vorschrift eingestellt wird, die dies nach dem Ermessen der Staatsanwaltschaft oder des Gerichts oder im Einvernehmen beider zuläßt.**

1. Alle Voraussetzungen einer Vorschrift, die Verfall, Einziehung oder Unbrauchbarmachung vorschreibt oder zulässt, müssen erfüllt sein mit Ausnahme der Verfolgbarkeit oder im Falle des Abs 3 der Verfolgung einer bestimmten Person. Die Vorschrift erweitert also die sachlichen Voraussetzungen dieser Maßnahmen nicht. Daher muss namentlich feststehen, dass jemand in den Fällen der §§ 74 II Nr 1, 74a eine Straftat und in den Fällen der §§ 73 I, 73 d I, 74 II Nr 2, III, 74 d eine rechtswidrige Tat (2 zu § 73; 4 zu § 73 d; 3 zu § 74; 4 zu § 74 d) begangen hat. 1

2. Abs 1: Die selbstständige Anordnung ist uneingeschränkt zulässig, wenn **aus tatsächlichen Gründen** keine bestimmte Person verfolgt werden kann, etwa weil sie sich im Ausland aufhält und ihre Gestellung nicht ausführbar erscheint (LG Bayreuth NJW 90, 574) oder weil sie flüchtig, unbekannt (Oppe MDR 73, 183, 185) oder verstorben ist (Stuttgart NJW 00, 2598). 2

3. Abs 2: Die selbstständige Anordnung ist auf die Einziehung mit Sicherungscharakter und die Unbrauchbarmachung (§§ 74 II Nr 2, III, 74 d) beschränkt, wenn die Nichtverfolgbarkeit auf **Verjährung** (beachte dazu 3 zu § 78) oder sonst auf **rechtlichen Gründen,** etwa auf Schuldlosigkeit des Täters, Amnestie oder Verhandlungsunfähigkeit (Celle NStZ-RR 96, 209), beruht. Sie ist jedoch ganz ausgeschlossen, wenn das Gesetz es bestimmt (zB bei Exterritorialität nach §§ 18, 19 GVG) oder wenn die in Satz 2 genannten Erklärungen (§§ 77, 77 e) fehlen. Steht das rechtliche Hindernis nicht nur dem subjektiven Verfahren, sondern auch der Einziehung oder Unbrauchbarmachung selbst entgegen (zB wegen materieller Rechtskraft, RGSt 65, 175), so scheidet auch die selbstständige Anordnung aus. 3

4. Abs 3 gestattet, im Rahmen der allgemeinen Möglichkeiten von Strafe (zB nach §§ 113 IV, 129 VI, 157, 158 I, 174 IV, 182 IV, 314a II, 320 II, 330b) oder von der Verfolgung (zB nach §§ 153–153 e StPO) abzusehen und dadurch das Verfahren auf die Maßnahme zu beschränken. Dabei steht einer selbstständigen Sicherungseinziehung (§ 74 II Nr 2) die Unschuldsvermutung nicht entgegen (Brandenburg NJW 97, 451). 4

5. Die selbstständige Anordnung kann im **subjektiven Verfahren** neben dem Freispruch, dem Absehen von Strafe oder der Einstellung nach § 260 III StPO getroffen werden (BGHSt 6, 62; einschr BGHSt 37, 55, 68). Außerdem ist nach §§ 440, 441 (uU iVm § 442) StPO als selbstständige Verfahrensart ein **objektives Verfahren** vorgesehen, in dem die Nichtverfolgbarkeit einer bestimmten Person (BGHSt 21, 55) oder das Vorliegen der Voraussetzungen des Abs 3 eine Prozessvoraussetzung bildet (Bay MDR 87, 870). Soweit die Maßnahme zwingend vorgeschrieben ist, gilt das auch hier; nach § 440 I StPO besteht jedoch für die StA kein Verfolgungszwang. 5

4. Abschnitt. Strafantrag, Ermächtigung, Strafverlangen

§ 77 Antragsberechtigte

(1) **Ist die Tat nur auf Antrag verfolgbar, so kann, soweit das Gesetz nichts anderes bestimmt, der Verletzte den Antrag stellen.**

(2) **Stirbt der Verletzte, so geht sein Antragsrecht in den Fällen, die das Gesetz bestimmt, auf den Ehegatten, den Lebenspartner und die Kinder über.** Hat der Verletzte weder einen Ehegatten oder einen Lebenspartner noch Kinder hinterlassen oder sind sie vor Ablauf der Antragsfrist gestorben, so geht das Antragsrecht auf die Eltern und, wenn auch sie vor Ablauf der Antragsfrist gestorben sind, auf die Geschwister und die Enkel über. Ist ein Angehöriger an der Tat beteiligt oder ist seine Verwandtschaft erloschen, so scheidet er bei dem Übergang des Antragsrechts aus. Das Antragsrecht geht nicht über, wenn die Verfolgung dem erklärten Willen des Verletzten widerspricht.

(3) **Ist der Antragsberechtigte geschäftsunfähig oder beschränkt geschäftsfähig, so können der gesetzliche Vertreter in den persönlichen Angelegenheiten und derjenige, dem die Sorge für die Person des Antragsberechtigten zusteht, den Antrag stellen.**

(4) **Sind mehrere antragsberechtigt, so kann jeder den Antrag selbständig stellen.**

Fassung: Das LPartG (14 vor § 1) hat Abs 2 S 1, 2 durch Einbeziehung des Lebenspartners erweitert (zur Kritik beachte 11 a vor § 38).

1   1. Grundsätzlich werden Straftaten unabhängig vom Willen des Verletzten **von Amts wegen** verfolgt (Offizialdelikte). Bei einzelnen Tatbeständen fordert das Gesetz jedoch einen **Antrag** (Antragsdelikte). Die Gründe dafür sind verschieden, und zwar entweder, weil eine Verfolgung wegen des geringen Allgemeininteresses (zB § 248 b III) nur geboten erscheint, wenn der Verletzte die Verfolgung verlangt, oder weil mögliche berechtigte Interessen des Verletzten, etwa die Wahrung der Intimsphäre (zB § 205 I) oder des Familienfriedens (zB § 247), der Verfolgung entgegenstehen (hM; vgl Maiwald GA 70, 33; Meyer, Zur Rechtsnatur und Funktion des Strafantrags, 1984). – Von dem Antragserfordernis unabhängig ist die Frage, ob die Verfolgung von der StA durchgeführt wird oder dem Verletzten überlassen bleibt (Privatklagedelikte, §§ 374 ff StPO). Absolute Antragsdelikte setzen einen Antrag stets, relative setzen ihn nur bei bestimmter Beziehung zum Verletzten (zB § 247) voraus. Sonderfälle bilden die Vorschriften (zB §§ 182 III, 230 I), die eine Verfolgung von Amts wegen auch ohne Antrag bei besonderem öffentlichen Interesse zulassen; ihr Ausnahmecharakter verbietet eine Ausdehnung auf andere Fälle (BGHSt 7, 256; str).

2   b) Der Antrag ist **Prozessvoraussetzung**, die Tat deshalb auch ohne Antrag rechtswidrig und strafbar (hM; vgl RGSt 75, 306, 311; Meyer aaO [vgl 1] S 42; Lemke NK 9–12). In Teilen des Schrifttums wird demgegenüber teils eine materielle (Ausschluss der Strafbarkeit, Maiwald GA 70, 33, 38; Bloy, Die dogmatische Bedeutung der Strafausschließungs- und Strafaufhebungsgründe, 1976, S 115) und teils eine gemischte Theorie (Doppelnatur des Strafantrags, Rudolphi SK 6–8 vor § 77) vertreten. Da jedoch überwiegend anerkannt ist, dass der Antrag mindestens auch prozessualer Natur ist, führt sein Fehlen nicht zum Freispruch, sondern mit Rücksicht auf den Vorrang der Prozessvoraussetzung zur Einstellung des Verfahrens (§§ 206 a, 260 III StPO). – Das Antragserfordernis ist in jeder Lage des Verfahrens **von Amts wegen** zu beachten (BGHSt 6, 155; 22, 90; NJW 94, 1165), Antragstellung daher vor Fristablauf auch noch in der Revisionsinstanz möglich

Antragsberechtigte **§ 77**

(BGHSt 3, 73). Vorschriften über den Antrag treten jeweils mit dem Gesetz, das sie einführt, in Kraft und wirken auch in anhängigen Verfahren (Hamm NJW 70, 578). Der Antrag ist nicht nur Voraussetzung für die Festsetzung von Strafen, sondern auch von Maßregeln (RGSt 71, 218); deshalb auch kein Sicherungsverfahren nach §§ 413 ff StPO, wenn das Antragserfordernis nicht erfüllt werden kann (BGHSt 31, 132 mit Anm Blau JR 84, 27; zw). Der Lauf der Verjährung wird durch das Fehlen des Antrags nicht berührt (§ 78 b I Nr 2). – Zur Frage der Rückwirkung, wenn durch Gesetz Antrags- in Offizialdelikte umgewandelt werden, 4 zu § 1.

c) Zur **Form des Antrags** und zu den zur Entgegennahme **zuständigen Behörden** § 158 II StPO; ob auch ausländische Behörden in Frage kommen, ist umstritten (Schulz NJW 77, 480). Die Schriftform ist gewahrt bei faksimilierter Unterschrift (RGSt 62, 53), bei Unterzeichnung eines polizeilichen Protokolls durch den Antragsberechtigten (NJW 51, 368), bei Vorlage einer beglaubigten Abschrift des Antrags (KG GA 53, 123) und bei Übermittlung durch Fernkopie (Telefax; Jähnke LK 11), nicht dagegen bei mündlich erstatteter, in einem polizeilichen Aktenvermerk dokumentierter Anzeige (Bay NStZ 94, 86 mwN; beachte jedoch NStZ 95, 353; Bay JR 97, 523 mit abl Anm Stree), bei fernmündlicher Antragstellung gegenüber der Polizei (NJW 71, 903) und bei Verwendung eines Firmenstempels ohne Unterschrift (Celle GA 71, 378; s auch KG NStZ 90, 144). Wahrung der Form durch Boten genügt nicht; dieser kann nur einen schriftlichen Antrag überbringen (Stree NJW 56, 45). **3**

d) Inhaltlich muss der Antrag eindeutig den Willen des Berechtigten erkennbar machen, dass er eine bestimmte Tat strafrechtlich verfolgt wissen will (NJW 91, 367, 370 und 92, 2167, beide mwN). Fehlende oder falsche Bezeichnung des Antrags sowie unrichtige rechtliche Beurteilung der Tat sind unschädlich (NJW 51, 368). Erhebung der Privatklage oder Anschluss als Nebenkläger genügt (BGHSt 33, 114; s auch Düsseldorf VRS 92, 331), uU kann auch eine bloße Strafanzeige (Stree MDR 56, 723). Umgekehrt kann das Verlangen einer rechtskundigen Behörde an die StA, einen Sachverhalt unter dem Gesichtspunkt eines bestimmten Offizialdelikts zu prüfen, nicht ohne weiteres als Strafantrag im Hinblick auf ein tateinheitlich begangenes Antragsdelikt gedeutet werden (Stuttgart NStZ 81, 184). – Der Antrag ist **bedingungsfeindlich;** keine Wirksamkeit daher bei aufschiebender Bedingung (Oldenburg MDR 54, 55), deren Vorliegen durch Auslegung zu ermitteln ist (Schleswig SchlHA 75, 186; Bergmann MDR 54, 660); eine auflösende Bedingung ist unbeachtlich (RGSt 14, 96). – Der Antrag kann erst gestellt werden, wenn sich der Sachverhalt hinreichend beschreiben lässt (RGSt 38, 434). Deshalb ist Antragstellung vor Tatbegehung in aller Regel ausgeschlossen; Ausnahmen sind aber denkbar (BGHSt 13, 363; Bay NJW 66, 942; aM Ott StV 82, 45; str), namentlich wenn nach den Informationen des Berechtigten die Begehung einer konkreten Tat unmittelbar droht (Düsseldorf NJW 87, 2526 mit krit Anm Keller JR 87, 521; einschr Schroth NStZ 82, 1; Jähnke LK 22). – Bei **Zweifeln über die Tragweite eines Antrags** ergreift dieser die gesamte Tat im Sinne des § 264 StPO (VRS 34, 423; KG JR 56, 351), also uU bei sukzessiver Mittäterschaft (10, 12 zu § 25) auch Tatbeiträge (Düsseldorf NJW 82, 2680), die erst nach Antragstellung begangen oder erbracht wurden. Das Antragserfordernis erfasst auch Offizialdelikte, die in Tat- oder Gesetzeseinheit stehen, wenn der Schutz des Antragstellers diese Erweiterung erfordert; die in der Rspr häufig für ausschlaggebend gehaltene Unterscheidung von Tat- und Gesetzeseinheit (zB BGHSt 39, 239) ist problematisch (Fahl GA 96, 476). – Der Antrag kann sachlich auf bestimmte Straftaten (Frankfurt NJW 52, 1388), auf idealkonkurrierende Gesetzesverletzungen und auf Einzelakte einer Fortsetzungstat (beachte 13 vor § 52) sowie auch persönlich auf bestimmte Betei- **4**

§ 77 AT. 4. Abschn. Strafantrag, Ermächtigung, Strafverlangen

ligte **beschränkt** werden. Der private Verletzte ist dabei nicht an den Gleichheitssatz gebunden (Stree DÖV 58, 17).

5 e) Die **Verurteilung** darf sich nur auf solche real- oder idealkonkurrierenden Gesetzesverletzungen und Teilakte einer Fortsetzungstat (beachte 13 vor § 52) erstrecken, die keines Antrags bedürfen oder deretwegen der erforderliche Antrag gestellt ist (BGHSt 17, 157). Namentlich bei Verletzung mehrerer Opfer durch dieselbe Handlung muss die Strafzumessung die Verletzung derjenigen unberücksichtigt lassen, die keinen Antrag gestellt haben (RGSt 72, 44; Frankfurt JR 91, 390 mit Anm Hilger).

6 **2. a) Antragsberechtigt** ist, soweit das Gesetz (zB in §§ 194 III, 230 II, 355 III) nichts anderes bestimmt, **nur der Verletzte** als Träger des durch die Tat unmittelbar verletzten Rechtsguts, also der, in dessen Rechtskreis der Täter durch die verbotene Handlung eingegriffen hat (BGHSt 31, 207 mwN; eingehend Schröter, Der Begriff des Verletzten im Strafantragsrecht [§ 77 Absatz 1 StGB], 1998; zur Übertragung auf einen Vertreter Brandenburg NJW 02, 693); er kann auch eine juristische Person oder eine nichtrechtsfähige Personenvereinigung sein (Düsseldorf NJW 79, 2525 mwN), für die jeweils deren Organe oder sonst befugten Vertreter das Recht ausüben (Celle NStZ 81, 223). – Hat ein Nichtberechtigter den Antrag gestellt, so kann der Berechtigte ihn innerhalb der Antragsfrist ohne Wahrung des Formerfordernisses (vgl 3) durch ausdrückliche oder stillschweigende Erklärung billigen (NJW 53, 1479; Bay 80, 64, 65; Brandenburg NJW 02, 693). Auch der (unwirksame; vgl 10) Antrag eines während der Frist volljährig Gewordenen kann auf diesem Wege wirksam werden (NJW 94, 1165); jedoch soll der bloße Eintritt der Volljährigkeit auch dann nicht genügen, wenn alles für ein Festhalten des Berechtigten an seinem zunächst unwirksamen Antrag spricht (BGH aaO; zw).

7 **b)** Das **Antragsrecht** ist höchstpersönlich und idR (zu Ausnahmen vgl 8, 9) nicht „vererblich" (RGSt 43, 335; Hartung NJW 50, 670). Vertretung ist, unbeschadet der Sonderregelung in Abs 3, nicht nur in der Erklärung möglich (NStZ 82, 508), sondern bei Verletzung materieller Rechtsgüter auch im Willen möglich (NStZ 85, 407; s auch Bay NJW 95, 2862, 2864). Bei immateriellen Gütern ist eine Bekundung des Verfolgungswillens durch den Verletzten selbst erforderlich; er kann aber die Entschließung, ob und wann der Antrag den Verfolgungsbehörden zu übermitteln ist, einem Vertreter im Willen überlassen (Bremen NJW 61, 1489; s auch BGHSt 9, 149; Stree NJW 56, 554).

8 **3.** Das Antragsrecht des Verletzten **erlischt grundsätzlich mit seinem Tode.**

a) Abs 2 regelt eine **allgemeine Ausnahme** für den Fall, dass das Gesetz den Übergang des Antragsrechts auf die Angehörigen besonders bestimmt (zB in §§ 194 I S 5, 205 II S 1, 230 I S 2). – **Angehörige** im Sinne der Vorschrift sind auch der wiederverheiratete Ehegatte, der Lebenspartner (vgl vor 1), der nach Beendigung der alten eine neue Partnerschaft eingegangen ist, jedes Kind (auch das nichteheliche oder angenommene), die Adoptiveltern und die Halbgeschwister. Das Gesetz zählt nicht in Abs 2 nicht alle Angehörigen iS des § 11 I Nr 1 a auf, sondern beschränkt den Übergang des Strafantragsrechts auf einen kleinen Kreis von Angehörigen. Abweichend von § 11 I Nr 1 a scheiden jedoch der geschiedene Ehegatte (aM Sch/Sch-Stree/Sternberg-Lieben 2), der Lebenspartner, der die Aufhebung der Partnerschaft herbeigeführt hat, und solche Angehörige aus, deren Verwandtschaft nach §§ 1755, 1756, 1764 II BGB erloschen ist. – Solange in einer **vorrangigen Gruppe** auch nur ein Berechtigter vorhanden ist, bleiben die nachfolgenden Gruppen ausgeschlossen. Innerhalb der berechtigten Gruppe kann jeder den Antrag selbstständig stellen (Abs 4). – **An der Tat beteiligt** ist nur der Täter oder Teilnehmer, nicht der Begünstiger (aM Tröndle/Fischer 8) oder Hehler (hM; vgl

486

Lemke NK 16; anders Jähnke LK 48 mwN). – Der **erklärte Wille** kann sich auch aus einer stillschweigenden Erklärung ergeben; diese ist unter denselben Voraussetzungen wie eine Einwilligung wirksam (5–9 zu § 228).

b) Eine **besondere Ausnahme** (Übergang des Antragsrechts auf die Erben) enthält § 205 II S 2 (dort 4).

4. In den Fällen des **Abs 3 S 1** treten die genannten Vertreter **an die Stelle** des Antragsberechtigten, dh des geschäftsunfähigen oder beschränkt geschäftsfähigen Verletzten oder Angehörigen nach Abs 2 (NStZ 81, 479); daraus folgt, dass dieser selbst keinen wirksamen Antrag stellen kann (NJW 94, 1165) und dass mit seinem Tod die Befugnis, ihn zu vertreten, erlischt (bei Holtz MDR 94, 434).

a) Wer **gesetzlicher Vertreter und Personensorgeberechtigter** ist, bestimmt sich nach bürgerlichem Recht. Bei bestehender Ehe sind dies idR beide Eltern gemeinschaftlich (§§ 1626 I, 1629 I BGB). Grundsätzlich ist daher gemeinsame Antragstellung erforderlich (FamRZ 60, 197; Bay JR 61, 72; krit Kohlhaas JR 72, 326); es genügt jedoch auch formlose Ermächtigung oder Zustimmung des anderen Elternteils (JZ 57, 67; Bay NJW 56, 521). Ein Elternteil ist allein antragsberechtigt, wenn er die elterliche Sorge oder auch nur die Personensorge allein ausübt (zB nach §§ 1671, 1672, 1678, 1680 BGB) und daher nach § 1629 I S 3 BGB auch allein vertretungsberechtigt ist, wenn ihm die Entscheidung im Einzelfall nach § 1628 I BGB übertragen worden ist oder wenn der andere Elternteil wegen Beteiligung an der Tat rechtlich an der Antragstellung verhindert ist (BGHSt 6, 155). – Gesetzliche Vertreter sind außer den Eltern namentlich der Vormund (§ 1793 BGB), der Betreuer (§§ 1896 ff BGB) und der Pfleger (§§ 1909 ff BGB), der für die Antragstellung besonders bestellt werden kann (RGSt 50, 156); auch die Vertreter kraft Amtes (Konkursverwalter, Zwangsverwalter, Nachlassverwalter, Testamentsvollstrecker) gehören hierher (Rudolphi SK 4). – Sind ausnahmsweise verschiedene Personen nebeneinander zur gesetzlichen Vertretung und zur Personensorge berufen, so kann jede den Antrag selbstständig stellen (Abs 4). Bei Betreuung einer vollgeschäftsfähigen Person kommt eine analoge Anwendung des § 77 III nur insoweit in Betracht, als die Stellung eines Strafantrags zum übertragenen Aufgabenkreis gehört (LG Hamburg NStZ 02, 39).

b) Obwohl der gesetzliche Vertreter und der Sorgeberechtigte ein selbstständiges Antragsrecht haben, üben sie doch nur das Recht des Vertretenen aus (**Vertretungstheorie** im Gegensatz zur Rechtstheorie; str). Deshalb erlischt ihr Recht mit dem Ende des Vertretungsverhältnisses, namentlich mit dem Eintritt der Volljährigkeit oder mit dem Tod des Vertretenen (RGSt 57, 240); ein Übergang des Antragsrechts (Abs 2) bleibt unberührt.

c) Ist der gesetzliche Vertreter oder Sorgeberechtigte **selbst an der Tat beteiligt**, so ist er nicht antragsberechtigt (BGHSt 6, 155). Ein bloßer Interessengegensatz zum Vertretenen beeinträchtigt sein Recht dagegen nicht (BGH aaO).

d) Ob eine **Strafanzeige** des gesetzlichen Vertreters oder Sorgeberechtigten zugleich als Strafantrag im Namen des verletzten Kindes verstanden werden kann, ist Auslegungsfrage (Hamm MDR 67, 852).

e) Zum Lauf der Antragsfrist bei gemeinsamer Antragsberechtigung der Eltern und beim Wechsel des gesetzlichen Vertreters 5–7 zu § 77 b.

5. Die **Antragsberechtigung mehrerer (Abs 4)** kann sich daraus ergeben, dass mehrere verletzt sind oder dass mehreren – zB nach §§ 194 III, 230 II, 355 III – ein selbstständiges (beachte 11) Antragsrecht eingeräumt ist.

§ 77a AT. 4. Abschn. Strafantrag, Ermächtigung, Strafverlangen

17 6. Die Ausübung des Antragsrechts steht im **freien Ermessen,** dh grundsätzlich im Belieben, des Antragsberechtigten; für die Annahme der Unwirksamkeit des Antrags, wenn der Berechtigte eine außerstrafrechtliche Wiedergutmachung (Versöhnung, Schmerzensgeld, Genugtuungsleistung) erlangt, die Begehung der Tat mitverschuldet oder den Antrag missbräuchlich gestellt hat (so Barnstorf NStZ 85, 67), bietet das Gesetz keine Grundlage (hM); jedoch wird in solchen Fällen regelmäßig das öffentliche Interesse zu verneinen sein, so dass nach §§ 153 oder 376 StPO verfahren werden kann (ähnlich Lemke NK 40). Eine antragsberechtigte öffentliche Stelle hat die allgemein für öffentlich-rechtliche Eingriffe geltenden Ermessensschranken zu beachten (hM; vgl Ostendorf JuS 81, 640, 642; anders Jähnke LK 8 vor § 77, beide mwN). – Ein **Verzicht** auf den Antrag ist vor dessen Stellung gegenüber der mit der Sache befassten Behörde möglich (NJW 57, 1368; s auch Holland Rpfleger 68, 45). Der Verzicht ist unwiderruflich (zu Einzelfragen LG Krefeld VRS 31, 436). – Gegenüber dem Täter oder einem Dritten kann sich der Berechtigte wirksam zur Nichtausübung seines Antragsrechts verpflichten (NJW 74, 900 mit krit Anm Meyer NJW 74, 1325).

18 7. **Verfahren** §§ 127 III, 130, 206a, 260 III StPO. Abs 2 gilt nach § 374 II StPO auch für die Privatklageberechtigung. Nach der Rspr des BGH (NStZ 99, 312 mwN) soll das jedoch nicht für die Nebenklage gelten (mit guten Gründen anders Nürnberg NJW 99, 3647; Frankfurt NStZ-RR 00, 17; Hamburg JR 01, 213 mit Anm Gössel, alle mwN).

§ 77a Antrag des Dienstvorgesetzten

(1) **Ist die Tat von einem Amtsträger, einem für den öffentlichen Dienst besonders Verpflichteten oder einem Soldaten der Bundeswehr oder gegen ihn begangen und auf Antrag des Dienstvorgesetzten verfolgbar, so ist derjenige Dienstvorgesetzte antragsberechtigt, dem der Betreffende zur Zeit der Tat unterstellt war.**

(2) **Bei Berufsrichtern ist an Stelle des Dienstvorgesetzten antragsberechtigt, wer die Dienstaufsicht über den Richter führt. Bei Soldaten ist Dienstvorgesetzter der Disziplinarvorgesetzte.**

(3) **Bei einem Amtsträger oder einem für den öffentlichen Dienst besonders Verpflichteten, der keinen Dienstvorgesetzten hat oder gehabt hat, kann die Dienststelle, für die er tätig war, den Antrag stellen. Leitet der Amtsträger oder der Verpflichtete selbst diese Dienststelle, so ist die staatliche Aufsichtsbehörde antragsberechtigt.**

(4) **Bei Mitgliedern der Bundesregierung ist die Bundesregierung, bei Mitgliedern einer Landesregierung die Landesregierung antragsberechtigt.**

1 1. Der **Antrag des Dienstvorgesetzten** ist im StGB vorgesehen in §§ 194 III, 230 II, 355 III.

2 2. Wer **Dienstvorgesetzter** ist, bestimmt sich nach den einschlägigen dienstrechtlichen Vorschriften und dem Behördenaufbau (für Bundesbeamte vgl § 3 II S 1 BBG). Danach kommt es nicht auf die Person, sondern auf die amtliche Funktion an (BT-Dr V/4095 S 42), so dass Nachfolge im Amt keinen Wechsel des Dienstvorgesetzten bedeutet (beachte 7 zu § 77b). Erfasst wird außer dem unmittelbaren auch der höhere Vorgesetzte (Begr zu § 122 E 1962 S 254). Auch der allgemeine Stellvertreter des Vorgesetzten ist nach außen ohne Einschränkung antragsberechtigt (Jähnke LK 10).

3 3. Amtsträger, für den öffentlichen Dienst besonders Verpflichteter 3–11, 13–17 zu § 11. Berufsrichter §§ 1, 2 DRiG. Dienstaufsicht über den Richter § 26 DRiG. Disziplinarvorgesetzter § 1 VI SoldG.

4. Amtsträger, die keinen Dienstvorgesetzten haben (Abs 3), sind zB die ehrenamtlichen Richter (§§ 44–45a DRiG).

5. Die Regierung (Abs 4) entscheidet in der Zusammensetzung, die das Kabinett zurzeit der Beschlussfassung hat.

§ 77b Antragsfrist

(1) Eine Tat, die nur auf Antrag verfolgbar ist, wird nicht verfolgt, wenn der Antragsberechtigte es unterläßt, den Antrag bis zum Ablauf einer Frist von drei Monaten zu stellen. Fällt das Ende der Frist auf einen Sonntag, einen allgemeinen Feiertag oder einen Sonnabend, so endet die Frist mit Ablauf des nächsten Werktags.

(2) Die Frist beginnt mit Ablauf des Tages, an dem der Berechtigte von der Tat und der Person des Täters Kenntnis erlangt. Hängt die Verfolgbarkeit der Tat auch von einer Entscheidung über die Nichtigkeit oder Auflösung einer Ehe ab, so beginnt die Frist nicht vor Ablauf des Tages, an dem der Berechtigte von der Rechtskraft der Entscheidung Kenntnis erlangt. Für den Antrag des gesetzlichen Vertreters und des Sorgeberechtigten kommt es auf dessen Kenntnis an.

(3) Sind mehrere antragsberechtigt oder mehrere an der Tat beteiligt, so läuft die Frist für und gegen jeden gesondert.

(4) Ist durch Tod des Verletzten das Antragsrecht auf Angehörige übergegangen, so endet die Frist frühestens drei Monate und spätestens sechs Monate nach dem Tod des Verletzten.

(5) Der Lauf der Frist ruht, wenn ein Antrag auf Durchführung eines Sühneversuchs gemäß § 380 der Strafprozeßordnung bei der Vergleichsbehörde eingeht, bis zur Ausstellung der Bescheinigung nach § 380 Abs. 1 Satz 2 der Strafprozeßordnung.

1. Die **Antragsfrist** ist eine Ausschlussfrist, Wiedereinsetzung daher unzulässig (NJW 94, 1165; Lemke NK 2). Jedoch ist die Nachholung des Antrags nach Fristablauf nicht schlechthin ausgeschlossen, da der Berechtigte die Antragstellung „unterlassen" haben muss. Damit kann die Fristversäumnis in Anlehnung an die frühere Praxis (zB BGHSt 2, 121, 124) verneint werden, wenn der Berechtigte zur fristgemäßen Antragstellung außerstande war (Schleswig MDR 80, 247).

2. Die Antragsfrist knüpft idR an die **Erlangung der Kenntnis von der Tat** an. Dabei kommt es darauf an, wann der Berechtigte persönlich (RGSt 36, 413), bei juristischen Personen (6 zu § 77) deren Organ (Hamburg MDR 80, 598), von der Tat und von der Person des Täters Kenntnis erlangt hat.

a) Tat bedeutet hier tatbestandsmäßige, rechtswidrige und schuldhafte Handlung, also auch Teilnahme, Versuch (LG Konstanz NJW 84, 1767) und versuchte Beteiligung, soweit sie strafbar sind. Alle Strafbarkeitsvoraussetzungen müssen abgeschlossen vorliegen, so dass bei vollendeten Erfolgsdelikten die Frist erst beginnt, wenn der tatbestandsmäßige Erfolg vollständig eingetreten ist (Karlsruhe wistra 95, 154 mwN).

b) Kenntnis ist nicht bloß Vermutung (RGSt 75, 298) oder Verdacht, sondern Wissen von Tatsachen, die auf die wesentlichen Tatumstände und den Täter, der zwar nicht dem Namen nach bekannt, aber individualisierbar sein muss (Bay NStZ 94, 86 mwN), in einer Weise schließen lassen, dass einem besonnenen Menschen die Antragstellung zugemutet werden kann (NJW 99, 508; Sch/Sch-Stree/Sternberg-Lieben 10 mwN). Auf die Kenntnis des Antragserfordernisses und zutreffende rechtliche Würdigung kommt es nicht an (Jähnke LK 7). Spätere Kenntnis von strafschärfenden Umständen einer konkreten Tat setzt keine neue Frist in Lauf

§ 77c AT. 4. Abschn. Strafantrag, Ermächtigung, Strafverlangen

(Frankfurt NJW 72, 65), es sei denn, die Tat erhält dadurch einen wesentlich anderen Charakter (Rudolphi SK 9).

5   **3. a) Abs 2** konkretisiert den **Fristbeginn**. – Bei Fortsetzungstaten (beachte 13 vor § 52) beginnt für jeden Teilakt eine selbstständige Frist (Düsseldorf MDR 80, 952; aM Jähnke LK 6, beide mwN). Dasselbe gilt, wenn zunächst ein Eingehungsbetrug begangen wird, der später in einem den Eingehungsschaden vertiefenden Erfüllungsbetrug (64 zu § 263) aufgeht (Karlsruhe wistra 95, 154). – Die Frist für das gemeinschaftliche Antragsrecht der Eltern (11 zu § 77) beginnt mit Kenntnisnahme durch Vater **oder** Mutter (BGHSt 22, 103; aM Boeckmann NJW 60, 1939; zw).

6   **b)** Die Feststellung der Tatzeit durch den Tatrichter **bindet** das Revisionsgericht grundsätzlich auch für den Antrag, es sei denn, dass der genaue Zeitpunkt für den Schuldspruch bedeutungslos war (BGHSt 22, 90 mit Anm Kleinknecht JR 68, 467; str). Zweifel an der Rechtzeitigkeit sind zugunsten des Angeklagten zu lösen (Koblenz VRS 63, 359, 362 mwN).

7   **4. Abs 3** folgt aus der sachlichen und persönlichen Teilbarkeit des Antrags (4 zu § 77). Stets kommt es auf die Kenntnis des jeweils Antragsberechtigten (auch des Angehörigen im Falle des § 77 II) im Hinblick auf den jeweils betroffenen Täter (Teilnehmer) an; Abs 2 S 3 enthält insoweit nur eine Klarstellung. Tritt jedoch an die Stelle eines Funktionsträgers, der als solcher antragsberechtigt ist (zB als gesetzlicher Vertreter oder Dienstvorgesetzter), nur ein Nachfolger in der Funktion, so begründet das kein neues Antragsrecht; der Nachfolger muss den vollständigen oder teilweisen Fristablauf gegen sich gelten lassen (bei Herlan MDR 54, 530). Entsprechendes gilt, wenn der allgemeine Stellvertreter eines Dienstvorgesetzten nach außen ohne Einschränkung zur Antragstellung befugt ist (dazu 2 zu § 78a), im Innenverhältnis aber nur eingeschränkt handeln darf; hier muss sich der Vorgesetzte die Kenntnis seines Vertreters, selbst wenn sie nicht in dienstlicher Eigenschaft erlangt wurde, zurechnen lassen (BGHSt 44, 209 mit im Ergebnis zust Anm Lampe JR 99, 519, beide mwN; zw). – Wird der Verletzte erst nach der Tat antragsmündig, so beginnt für ihn, sofern der gesetzliche Vertreter die Frist noch nicht versäumt hat, mit diesem Zeitpunkt oder mit der späteren Kenntnis (vgl 4) eine selbstständige Frist (Sch/Sch-Stree/Sternberg-Lieben 17).

8   **5.** Auch im Falle des **Abs 4** kommt es auf die Kenntnis des Angehörigen an (vgl 7). Da dessen Antragsrecht jedoch erst mit dem Tod des Verletzten entsteht, wird ihm eine volle Frist eingeräumt, auch wenn er schon zuvor von Tat und Täter erfahren hatte; aus demselben Grunde ist auch dem Angehörigen, dem das Antragsrecht erst infolge Todes eines vorrangig Berechtigten zufällt, die volle, mit Entstehen seines Antragsrechts beginnende Frist einzuräumen (zw). Bei später erlangter Kenntnis bestimmt sich die Frist nach den allgemeinen Regeln. Jedoch bildet die Sechs-Monats-Grenze, die an den Tod des Verletzten anknüpft, eine absolute Schranke.

9   **6. Abs 5** schiebt das Ende der Frist um die Zeit des Ruhens hinaus. Die Tage des Eingangs bei der Vergleichsbehörde und der Ausstellung der Bescheinigung werden mitgerechnet (zw).

§ 77 e Wechselseitig begangene Taten

Hat bei wechselseitig begangenen Taten, die miteinander zusammenhängen und nur auf Antrag verfolgbar sind, ein Berechtigter die Strafverfolgung des anderen beantragt, so erlischt das Antragsrecht des anderen, wenn er es nicht bis zur Beendigung des letzten Wortes im ersten Rechtszug ausübt. Er kann den Antrag auch dann noch stellen, wenn für ihn die Antragsfrist schon verstrichen ist.

Zurücknahme des Antrags **§ 77 d**

1. Die Vorschrift gilt für **alle Antragdelikte.** 1

2. Wechselseitig sind solche Taten, die „zwischen" Gegnern begangen wer- 2
den, bei denen also jeder im Verhältnis zum anderen Täter und Verletzter ist. Die
Wechselseitigkeit kann nicht dadurch hergestellt werden, dass sie behauptet wird
(Jähnke LK 6; aM Bay NJW 59, 304); jedoch kommt es nicht darauf an, ob der
Vorgang, der den ersten Antrag ausgelöst hat, zur Bestrafung führt. – Der **Zusammenhang** der Taten braucht kein rechtlicher und auch kein enger zeitlicher
zu sein; ein tatsächlicher, aus dem sich die Möglichkeit der (Mit-)Motivierung der
zweiten Tat durch die erste ergibt, dürfte genügen (zw).

3. § 77 c **verlängert oder verkürzt die Frist des § 77 b** und lässt sie sogar 3
von neuem beginnen, wenn sie zurzeit des letzten Wortes (§ 258 II StPO) im ersten Rechtszug bereits abgelaufen war (Meyer-Goßner Jura 87, 663, 667). Voraussetzung für die Fristverkürzung ist jedoch, dass der Antragsberechtigte zu diesem
Zeitpunkt Kenntnis von der Tat des Gegners hatte. Ein Antragsrecht, das durch
Zurücknahme oder Verzicht erloschen (Begr zu § 124 E 1962 S 255) oder für das
die Frist schon bei Begehung der zweiten Tat abgelaufen war (RGSt 44, 161), lebt
nicht wieder auf.

§ 77 d Zurücknahme des Antrags

(1) **Der Antrag kann zurückgenommen werden. Die Zurücknahme
kann bis zum rechtskräftigen Abschluß des Strafverfahrens erklärt werden.
Ein zurückgenommener Antrag kann nicht nochmals gestellt werden.**

(2) **Stirbt der Verletzte oder der im Falle seines Todes Berechtigte,
nachdem er den Antrag gestellt hat, so können der Ehegatte, der Lebenspartner, die Kinder, die Eltern, die Geschwister und die Enkel des
Verletzten in der Rangfolge des § 77 Abs. 2 den Antrag zurücknehmen.
Mehrere Angehörige des gleichen Ranges können das Recht nur gemeinsam ausüben. Wer an der Tat beteiligt ist, kann den Antrag nicht
zurücknehmen.**

Fassung: Das LPartG (14 vor § 1) hat Abs 2 S 1 durch Einbeziehung des Lebenspartners erweitert (zur Kritik beachte 11 a vor § 38).

1. Jeder Antrag kann bis zum rechtskräftigen Abschluss des Verfahrens, also 1
auch noch nach Rechtskraft nur des Schuldspruchs (Zweibrücken MDR 91,
1078), **zurückgenommen** werden. Widerruf der Zurücknahme und erneute
Antragstellung (Abs 1 S 3) sind nicht möglich. – Zur Zulässigkeit einer zivilrechtlichen Rücknahmeverpflichtung NJW 74, 900 mit krit Anm Meyer NJW 74,
1325.

2. a) Rücknahmeberechtigt ist grundsätzlich nur der Antragsteller (zu Aus- 2
nahmen vgl 3, 4). Rücknahme durch Boten oder durch Vertreter in der Erklärung
oder im Willen ist möglich, letzteres selbst dann, wenn die Tat ein immaterielles
Rechtsgut verletzt hat (BGHSt 9, 149).

b) Der **Übergang des Rücknahmerechts nach Abs 2** tritt abweichend von 3
§ 77 II ausnahmslos ein. Die Gruppen der Angehörigen bestimmen sich nach der
Person des Verletzten. Besteht die vorrangige Gruppe aus mehreren Personen, so
ist nur gemeinsame Rücknahme möglich (S 2). Im Übrigen vgl 8 zu § 77.

c) Hat der gesetzliche Vertreter oder der Sorgeberechtigte (11 zu § 77) den 4
Antrag gestellt und wird der Verletzte **volljährig,** so geht das Rücknahmerecht
auf ihn über (RGSt 22, 256).

3. Die Zurücknahme ist **gegenüber der mit der Sache befassten Behörde** 5
(RGSt 55, 23), dh nach Anklageerhebung gegenüber dem Gericht (BGHSt 16,

§§ 77e, 78

105; Koblenz GA 76, 282), zu erklären. Es genügt, wenn der Erklärungsinhalt zweifelsfrei ergibt, dass die Bestrafung nicht mehr gewollt ist (Hamm JMBlNRW 55, 44). Die Zurücknahme ist nicht formbedürftig (mißverständlich LG Kiel NJW 64, 263) und grundsätzlich bedingungsfeindlich; die Bedingung, dass den Antragsteller keine Kosten treffen, ist jedoch zulässig (BGHSt 9, 149).

6 4. Nach der Zurücknahme wird das Verfahren **eingestellt** (§§ 206a, 260 III StPO). Kostenregelung nach § 470 StPO.

§ 77e Ermächtigung und Strafverlangen
Ist eine Tat nur mit Ermächtigung oder auf Strafverlangen verfolgbar, so gelten die §§ 77 und 77d entsprechend.

1 1. **Ermächtigung** (zB §§ 90 IV, 90b II, 97 III, 129b I S 3, 194 IV; vgl Schlichter GA 66, 353) und **Strafverlangen** (zB § 104a) sind keine Anträge im Sinne des § 77, wohl aber wie diese Prozessvoraussetzungen.

2 2. Infolge der Verweisung auf die §§ 77 und 77d sind sie nicht nur sachlich und persönlich teilbar, sondern auch rücknehmbar, dagegen **nicht fristgebunden.** – Die Zurücknahme der Ermächtigung durch einen Angehörigen nach § 77d II setzt voraus, dass die Befugnis zur Erteilung der Ermächtigung, wie zB bei Verunglimpfung des BPräs (§ 90) oder des Mitglieds eines Verfassungsorgans (§ 90b), personengebunden war.

5. Abschnitt. Verjährung
1. Titel. Verfolgungsverjährung
§ 78 Verjährungsfrist

(1) **Die Verjährung schließt die Ahndung der Tat und die Anordnung von Maßnahmen (§ 11 Abs. 1 Nr. 8) aus. § 76a Abs. 2 Satz 1 Nr. 1 bleibt unberührt.**

(2) **Verbrechen nach § 211 (Mord) verjähren nicht.**

(3) Soweit die Verfolgung verjährt, beträgt die Verjährungsfrist

1. **dreißig Jahre bei Taten, die mit lebenslanger Freiheitsstrafe bedroht sind,**
2. **zwanzig Jahre bei Taten, die im Höchstmaß mit Freiheitsstrafen von mehr als zehn Jahren bedroht sind,**
3. **zehn Jahre bei Taten, die im Höchstmaß mit Freiheitsstrafen von mehr als fünf Jahren bis zu zehn Jahren bedroht sind,**
4. **fünf Jahre bei Taten, die im Höchstmaß mit Freiheitsstrafen von mehr als einem Jahr bis zu fünf Jahren bedroht sind,**
5. **drei Jahre bei den übrigen Taten.**

(4) **Die Frist richtet sich nach der Strafdrohung des Gesetzes, dessen Tatbestand die Tat verwirklicht, ohne Rücksicht auf Schärfungen oder Milderungen, die nach den Vorschriften des Allgemeinen Teils oder für besonders schwere oder minder schwere Fälle vorgesehen sind.**

Fassung: In Abs 2 wurde „§ 220a (Völkermord)" durch Art 2 Nr 3 EG VStGB (14 vor § 1) gestrichen.

1 1. a) Die Rspr hat die **Verfolgungsverjährung** (§§ 78–78c) ursprünglich als materiellen Strafaufhebungsgrund (RGSt 12, 434) und später als „gemischt" mate-

Verjährungsfrist **§ 78**

riellrechtlich-prozessuales Rechtsinstitut (RGSt 66, 328) angesehen. Seit RGSt 76, 159 vertritt sie jedoch die Ansicht, dass es sich nur um ein Verfolgungshindernis handele (BVerfGE 1, 418, 423; 25, 269, 287; BGHSt 2, 300; 11, 394; zust Lemke 1–8 vor § 78; offen gelassen in BGHSt 21, 367 und 40, 113, 118), ihr Fehlen also eine bloße **Prozessvoraussetzung** bilde. Diese Unsicherheit beruht auf dem Streit um die dogmatische Rechtfertigung der Verjährung, die bei zunehmendem zeitlichen Abstand von der Tat teils aus dem Schwinden der materiellen Strafberechtigung (materielle Theorie), teils aus der Vergänglichkeit der Beweismittel (formelle Theorie) und teils aus beiden Gesichtspunkten (gemischte Theorie) abgeleitet wird (Düsseldorf wistra 92, 108 mwN). § 78 I, der nicht auf den Ausschluss der Strafverfolgung, sondern auf den der „Ahndung der Tat" und der „Anordnung von Maßnahmen" abstellt, spricht deutlich für die gemischte Theorie (so die Begr vor § 127 E 1962, S 257; Jescheck/Weigend AT S 912; Rudolphi SK 10 vor § 78; Löffler-Kühl 36 zu § 24 LPG) und begründet zugleich ihre Vorzugswürdigkeit. Demgegenüber hat der Sonderausschuss die Frage für offen gehalten (BT-Dr V/4095 S 43; zu den Verjährungstheorien näher Lorenz, Die Verjährung in der deutschen Strafgesetzgebung, 1955, S 49; v Stackelberg, Bockelmann-FS, S 75).

b) Da jedenfalls aber die Verjährung **mindestens auch prozessualer Natur** 2 ist (hM; anders Bloy, Die dogmatische Bedeutung der Strafausschließungs- und Strafaufhebungsgründe, 1976, S 192 mwN), führt sie nicht zum Freispruch (aM v Stackelberg aaO [vgl 1] S 765), sondern mit Rücksicht auf den Vorrang der Prozessvoraussetzungen zur Einstellung des Verfahrens (§§ 206a, 260 III StPO). Daraus folgt zugleich, dass Verjährung den Ausschluss jeglicher strafrechtlichen Reaktion bewirkt, auch wenn sie im strengen Sinne keine „Ahndung" bedeutet, wie etwa das Absehen von Strafe nach § 60.

c) Die Verjährung schließt auch die **Anordnung von Maßnahmen** (§ 11 I 3 Nr 8) aus (Abs 1; beachte jedoch § 76a II Nr 1).

2. a) Der **Ausschluss der Verfolgungsverjährung (Abs 2)** wirkt für den 4 Mord nach Art 2 des 16. StÄG (8 vor § 1) auf Taten zurück, die vor dessen In-Kraft-Treten noch nicht verjährt waren. Für den Mord ist sie erst nach einer langen und wechselvollen Entwicklung (vgl 5) eingefügt und seither praktisch relevant geblieben.

b) Die Frage, ob eine **rückwirkende Verschärfung von Verjährungsvor-** 5 **schriften** mit Art 103 II GG vereinbar und rechtspolitisch wünschenswert sei, war im Zusammenhang mit dem Bestrebungen, die schwersten Gewaltverbrechen der NS-Zeit nicht der Verjährung anheim fallen zu lassen, anfangs sehr umstritten (vgl die Nachw in der 20. Aufl unter 5). Das BVerfG (E 25, 269) hat die verfassungsrechtliche Zulässigkeit schon frühzeitig bejaht und dadurch den Weg für das geltende Recht geöffnet. – Inzwischen wird nur noch vereinzelt bestritten, dass die Verjährung selbst dann außerhalb des Schutzbereichs von Art 103 II GG liegt, wenn sie nicht als bloßes Verfolgungshindernis, sondern als gemischt materiellrechtlich-prozessuales Institut (vgl 1) verstanden wird (hM; vgl BVerfG NJW 95, 1145; BGHSt 40, 113, 118; LG Augsburg wistra 04, 75, 76; anders Otto Jura 94, 611; Jakobs NStZ 94, 332, 333, alle mwN).

c) Abs 2 gilt nicht nur für die vollendete täterschaftliche Begehung von Mord, 6 sondern auch für **Versuch (§ 22), Teilnahme (§§ 26, 27) und versuchte Beteiligung (§ 30)**. Namentlich die Mordbeihilfe wird – wie sich aus Abs 4 (vgl 9) und § 12 III (dort 4), aus dem Sinnzusammenhang des Gesetzes und aus dem eindeutigen Willen des historischen Gesetzgebers ergibt – als unselbstständige Erscheinungsform des Mordverbrechens erfasst (hM; vgl Frankfurt NJW 88, 2900 mwN).

§ 78 AT. 5. Abschnitt. 1. Titel. Verfolgungsverjährung

7   3. Der **Lauf der Verfolgungsverjährung** ist auf das Erkenntnisverfahren beschränkt. Er endet daher mit Rechtskraft des freisprechenden und namentlich auch des verurteilenden Erkenntnisses (BGHSt 20, 198, 200), also nicht schon des Schuldspruchs, sondern erst des Strafausspruchs (Bremen NJW 56, 1248) einschließlich der Entscheidung über die Strafaussetzung (BGHSt 11, 393). Zugleich beginnt die Vollstreckungsverjährung, die sich uU auf Teile der Entscheidung beschränken kann, weil im Übrigen die Verfolgungsverjährung noch weiterläuft; zB wenn Schuld- und Strafausspruch rechtskräftig sind, aber noch über eine Maßregel (Celle NJW 65, 2413) oder über die Kosten (Hamm NJW 67, 1380) zu entscheiden ist. – Kommt es später – etwa durch Wiederaufnahme, Wiedereinsetzung oder Urteilsaufhebung im Verfassungsbeschwerdeverfahren – zur Fortsetzung des rechtskräftig abgeschlossenen Verfahrens, so wird der Lauf der Verfolgungsverjährung mit dem Zeitpunkt wieder eröffnet, in dem die Beseitigung der Rechtskraft wirksam wird. Es fehlt aber an einer Rechtsgrundlage für die Annahme, dass damit zugleich eine neue Frist eröffnet werde; denn der Fristbeginn ist in § 78 a ohne die Möglichkeit eines Neubeginns abschließend geregelt (aM Düsseldorf NJW 88, 2251 mit abl Anm Lenzen JR 88, 520; Düsseldorf NStZ-RR 01, 147; Gössel NStZ 88, 537; Jähnke LK 11, alle mwN; zw). Deshalb ist der Fristablauf nach den allgemeinen Regeln ausgehend von § 78 a zu berechnen, wobei sich die Zeit der Rechtskraft des Urteils ebenso auswirkt wie das Ruhen der Verjährung (§ 78 b I); das folgt daraus, dass in dieser Zeit keine Strafverfolgung zulässig ist, sondern nur die Prüfung und Entscheidung der Frage, ob sie durch Wiederaufnahme von neuem zugelassen werden soll (Lenzen aaO; für den Freispruch aM Nürnberg NStZ 88, 555 mwN).

8   4. a) Die **Länge der Fristen** (Abs 3) ist von der Zeit der Tatbegehung unabhängig, es sei denn, dass früheres Recht kürzere Fristen vorsah (Art 309 I, III EGStGB). Jede Verkürzung einer Frist wirkt sich ferner auf den vor der Rechtsänderung liegenden Verfahrensabschnitt aus (BGHSt 21, 267; beachte jedoch § 78 c V). – Besondere Fristen kommen in Nebengesetzen vor; wichtig sind namentlich die kurzen Verjährungsfristen, die für die sog Presseinhaltsdelikte in den Landespressegesetzen vorgesehen sind (dazu ua BGHSt 26, 40; 33, 271 mit Anm Bottke JR 87, 167; BGHSt 40, 385; 44, 209, 215 mit krit, im Ergebnis zust Anm Lampe JR 99, 519; NJW 96, 2585 und 99, 1979; Koblenz NStZ 91, 45; Celle JR 98, 79 mit Anm Popp; LG Augsburg wistra 04, 75; Franke GA 82, 404; Lemke NK 9–13; Löffler-Kühl 1–102 zu § 24 LPG).

9   b) Die für die Frist **maßgebende Strafdrohung** wird nach der abstrakten Betrachtungsweise (2 zu § 12; s auch Saarbrücken NStZ-RR 97, 235) bestimmt (Abs 4). Die obligatorischen Milderungen des AT (zB § 27 II S 2) wirken nicht verkürzend. Daher darf bei der Beihilfe nicht an deren ermäßigten Strafrahmen angeknüpft werden (hM; anders Triffterer NJW 80, 2049; s auch 6).

10   c) Beginn der Frist § 78 a.

10 a   d) Löst eine Straftat oder eine Ordnungswidrigkeit einer natürlichen Person die Haftung einer juristischen Person nach § 30 OWiG aus, so gelten im Verfahren gegen die juristische Person die für die Tat der natürlichen Person maßgeblichen Vorschriften über die Verjährung (NJW 01, 1436; str).

11   5. Bei **Zusammentreffen mehrerer Gesetzesverletzungen,** namentlich auch bei Tateinheit (StV 89, 478 und 90, 404; NStZ 90, 80, alle mwN), unterliegt jede ihrer eigenen Verjährung.

12   6. Die Verfolgungsverjährung ist in **jeder Lage des Verfahrens** von Amts wegen zu beachten, und zwar auch dann noch, wenn über den Prozessgegenstand teilweise schon rechtskräftig entschieden ist (BGHSt 8, 269; 11, 393; 13, 128; s jedoch Hamm NJW 67, 1380) oder wenn die abschließende Klärung nur durch

Beginn **§ 78a**

Einbeziehung nach § 154a StPO ausgeschiedener Teile der Tat möglich ist (NJW 80, 2821). Das gilt auch in der Revisionsinstanz, wenn nicht schon die Einlegung des Rechtsmittels unzulässig war (BGHSt 16, 115; aM BGHSt 15, 203). Die Sachentscheidung hat jedoch Vorrang vor der Verfahrenseinstellung, wenn ein Sachverhalt ohne weiteres die Freisprechung rechtfertigt (BGHSt 13, 75, 80; KG JR 90, 124 mwN) oder wenn ein schwererer Vorwurf nicht erweisbar, die Verfolgung wegen des verbleibenden leichteren Vorwurfs aber durch Verjährung ausgeschlossen ist (BGHSt 36, 340; StV 92, 10, beide mwN; s auch Düsseldorf JR 91, 250 mit Anm Bottke). – Wie beim Strafantrag (6 zu § 77b) sind auch bei der Verjährung die tatrichterlichen Feststellungen über die Tatzeit für das Revisionsgericht bindend, es sei denn, dass der genaue Zeitpunkt für den Schuldspruch keine Bedeutung hatte.

7. Bleibt aus tatsächlichen Gründen zweifelhaft, ob eine Tat verjährt ist, so gilt der **Grundsatz in dubio pro reo** (BGHSt 18, 274; 43, 381, 394; NJW 95, 1297 mit abl Bespr Habel NJW 95, 2830, alle mwN). 12a

8. Zur (modifizierten) Geltung der Verjährungsvorschriften für Taten, die **vor Wirksamwerden des Beitritts** (Art 1 I EV) **in der DDR begangen wurden** (sog Alttaten) 27–27b zu § 2 (ergänzend Lemke NK 14–23 vor § 78); beachte dabei, dass der Anwendungsbereich des 2. und 3. VerjG (27b zu § 2) neben den Alttaten auch spätere Taten der mittleren Kriminalität, namentlich der Vereinigungskriminalität, umfasst. 13

§ 78a Beginn

Die Verjährung beginnt, sobald die Tat beendet ist. Tritt ein zum Tatbestand gehörender Erfolg erst später ein, so beginnt die Verjährung mit diesem Zeitpunkt.

1. Die Vorschrift ist **technisch mißglückt**. Nach § 78a idF des 2. StrRG (4 vor § 1) sollte die Verjährung mit der Beendigung des „strafbaren Verhaltens", aber nicht vor Eintritt des tatbestandsmäßigen Erfolges beginnen. Das EGStGB hat jedoch zur Anpassung an den „allgemeinen Sprachgebrauch" (BT-Dr 7/550 S 215) auf die Beendigung der „Tat" im ganzen abgestellt und dabei übersehen, dass dieser technische Begriff schon nach § 11 I Nr 5 Tatbestandsverwirklichung, also auch den Eintritt des tatbestandsmäßigen Erfolges, voraussetzt. Auf dieser Grundlage wäre S 2 schlechthin unverständlich. § 78a idF des 2. StrRG sollte aber nur die frühere Rspr zu dem unklaren § 67 IV aF bestätigen (Begr zu § 128 E 1962 S 259), die stets auf das strafbare Verhalten, also das Handlungselement der Tat, abgestellt hatte (expl BGHSt 16, 207; 24, 218). Deshalb ist anzunehmen, dass auch nach der Neufassung die Verjährung erst beginnt, wenn das strafbare Verhalten und der zum Tatbestand gehörende Erfolg abgeschlossen vorliegen (Kühl JZ 78, 549, 551; Otto, Lackner-FS, S 715; Schmitz, Unrecht und Zeit, 2001, S 213, 247; Lemke NK 1; Tröndle/Fischer 3; aM Jähnke LK 1, 2, der sich ausschließlich auf S 1 stützt; anders auch Rudolphi SK 3, 4, der den S 2 nur auf erfolgsqualifizierte Delikte bezieht). Das deckt sich regelmäßig, aber nicht in allen Grenzfällen, mit dem Zeitpunkt, in dem die hM in anderen rechtlichen Zusammenhängen die Beendigung der Tat annimmt (2 vor § 22). Deshalb ist es unbedenklich, entbindet aber nicht von der Notwendigkeit speziell verjährungsorientierter Prüfung, wenn die neuere Rspr auf Grund des Wortlauts von S 1 ohne weitere Klarstellung auf die Tatbeendigung abstellt (so zB BGHSt 27, 342; 28, 371, 379; NJW 98, 2373). 1

2. Geht man von dieser Auslegung aus (vgl 1), so **beginnt die Verjährung** mit dem einzurechnenden (Karlsruhe VRS 57, 114; Zweibrücken DAR 81, 331; 2

§ 78a AT. 5. Abschnitt. 1. Titel. Verfolgungsverjährung

krit Wickern NStZ 94, 572 mit Hinweisen auf die uneinheitliche Rspr des BGH) Tag, an dem das im Tatbestand vorausgesetzte Verhalten und ein etwa zu ihm gehörender Erfolg abgeschlossen vorliegen und außerdem sämtliche Voraussetzungen der Strafbarkeit erfüllt sind, so dass eine Strafverfolgung an sich möglich wäre (BGHSt 16, 207). Das fällt häufig, aber keineswegs immer mit der Vollendung zusammen (BGHSt 24, 218). Ist eine den Tatbestand verwirklichende Tätigkeit auch nach Vollendung begrifflich möglich und setzt der Täter sie im Rahmen einer Handlungseinheit durch weitere, auf demselben Vorsatz beruhende Handlungen fort, so beginnt die Verjährung erst, wenn diese Tätigkeit abgeschlossen ist (BGH aaO mit krit Anm Schröder JR 72, 118; BGHSt 28, 169; Bay NJW 96, 669). IdR beginnt danach die Verjährung:

3 **a)** Beim vollendeten **Tätigkeitsdelikt** mit vollständigem Abschluss der tatbestandsmäßigen Ausführungshandlung. Bei landesverräterischer oder geheimdienstlicher Agententätigkeit (§§ 98, 99) genügt dazu nach der Rspr nicht schon die (uU nur vorübergehende) Einstellung der ausgeübten Tätigkeit, sondern erst der Abbruch (oder sonst das Ende) der zugrundeliegenden Beziehung zu der fremden Macht (Rissing-van Saan, BGH-FS, S 475, 485; 7 zu § 98). Die Maßgeblichkeit der Ausführungshandlung gilt auch für das abstrakte Gefährdungsdelikt (32 vor § 13), soweit es als schlichtes Tätigkeitsdelikt ausgestaltet ist (BGHSt 36, 255, 257; Köln NJW 00, 598); ein Hinausschieben des Verjährungsbeginns bis zum Eintritt der „endgültigen Rechtsgutsverletzung" ist entgegen einer verbreiteten Meinung (vgl etwa Dannecker NStZ 85, 49, 51) mit der Anknüpfung an das Verhaltenselement der Tat (vgl 1), mit der neueren Rspr zum Verjährungsbeginn beim konkreten Gefährdungsdelikt (vgl 5) und mit dem Bestimmtheitserfordernis des Art 103 II GG schwerlich vereinbar (M-Gössel AT 2 39/40 mwN).

4 **b)** Beim vollendeten **Erfolgsdelikt** mit der vollständigen (dazu wistra 89, 97) Verwirklichung des tatbestandsmäßigen Erfolges. – Beim **Betrug** kommt es danach auf das Vorliegen des ganzen Vermögensschadens (63 zu § 263), dagegen nicht – abweichend von der hM in anderen Fällen der Beendigung (2 vor § 22) – auf den Eintritt der (beabsichtigten) Bereicherung an (Otto, Lackner-FS, S 715, 723; aM wistra 01, 339 und 04, 228; Jähnke LK 5; Lemke NK 4). Da Eingehungs- und Erfüllungsbetrug eine einheitliche Tat bilden und die Schädigung in der Erfüllungsphase eine Vertiefung des Eingehungsschadens bewirkt (64 zu § 263), ist der Zeitpunkt des (vollständigen) Erfüllungsschadens maßgebend (aM Otto aaO); das gilt unbestritten für den Rentenbetrug (BGHSt 27, 342 mit Bespr Kühl JZ 78, 549; ebenso Koblenz MDR 93, 70 für den Vermieterbetrug), muss aber auch für den Anstellungsbetrug angenommen werden (Jähnke LK 5; Sch/Sch-Stree/Sternberg-Lieben 4; aM BGHSt 22, 38 mit abl Anm Schröder JR 68, 346). Vollzieht sich bei einer **Untreue** der Schadenseintritt in mehreren Schritten, so ist für die Beendigung der Zeitpunkt des letzten Ereignisses maßgeblich (NStZ 01, 650 und 03, 540; s auch Frankfurt NJW 04, 2028, 2031 und LG Wiesbaden NJW 02, 1510, 1512). – Da auch bei der **Körperverletzung** der jeweils verursachte Körperschaden (unter Ausschluss sog Spätschadens) vollständig eingetreten sein muss, kommt in Frage, dass die Beendigung – zB bei Dauereinwirkung durch giftige Holzschutzmittel (sehr weit LG Frankfurt ZUR 94, 33, 37 mit krit Bespr Schulz ZUR 94, 26, 28) – erst nach Eintritt mehrerer Körperschäden erreicht wird. – Bei **Bestechlichkeit und Bestechung** (§§ 332, 334) gehören zum Tatbestand nur die Unrechtsvereinbarung und ihre Erfüllung (ebenso für § 299 Tiedemann LK 60 zu § 299). Erst nachfolgende Handlungen, zB die Auftragsvergabe auf Grund der vom Bestochenen gegebenen Informationen oder deren anderweitige Nutzung begründen keinen Erfolg im Sinne des S 2 und sind daher für die Beendigung unerheblich (NJW 98, 2373). In Bestechungsfällen des § 299, in denen zwar ein Vorteil versprochen oder gefordert wird, es aber nicht zum Gewähren des Vorteils

Beginn **§ 78a**

kommt, ist die Tat „beendet", wenn sich die Forderung oder das Versprechen endgültig als fehlgeschlagen erwiesen haben (NJW 03, 2996). – Krit zur Verjährungs-Rspr in Wirtschaftsstrafsachen Gatzweiler, Rieß-FS, S 677 (ua zu §§ 263, 264a, 266, 334).

c) Beim **konkreten Gefährdungsdelikt** (32 vor § 13) mit Eintritt, nicht erst mit Beendigung des Gefahrzustandes (BGHSt 32, 293; Düsseldorf NJW 89, 537). 5

d) Bei **mehrfacher Verwirklichung** desselben Tatbestandes in natürlicher oder tatbestandlicher Handlungseinheit mit Abschluss des letzten Einzelaktes (BGHSt 14, 258; 43, 1 mit krit Bespr Rudolphi NStZ 97, 489 und Schlüchter ua JZ 97, 995). Das soll unterschiedslos auch für zeitlich gestreckte, in Einzelakten begehbare Handlungseinheiten gelten, zB für Organisationsdelikte nach § 129 (BGHSt 29, 288) und für Agententätigkeit nach §§ 98, 99 (BGHSt 43, 321, 323; Lampe/Schneider GA 99, 105, 114; Walter JA 04, 133, 135; aM Rudolphi aaO; der Vorschlag von Schlüchter/Duttge NStZ 98, 618, in diesen Fällen eine Begrenzung mit Hilfe der absoluten Verjährungsfrist des § 78c III S 2 [dort 1a] zu erreichen, ist mit dem Gesetz nicht vereinbar). Bei der fortgesetzten Tat – soweit noch möglich (beachte 13 vor § 52) – wird die entsprechende – verfassungsgerichtlich zwar gebilligte (BVerfG NJW 92, 223) – Rspr (expl BGHSt 1, 84; 36, 105, 109 mit Anm Schlüchter NStZ 90, 180; NJW 85, 1719 mit abl Anm Puppe JR 85, 245; NJW 91, 1316) schon seit langem mit beachtlichen Gründen angegriffen (so ua Rüping GA 85, 437; Stree, Krause-FS, S 393, 398; Foth, in: Bruchhausen ua [Hrsg], FS für R Nirk, 1992, S 293; Schumann StV 92, 392; auch wistra 94, 57). Diese haben auch für die zeitlich gestreckte Handlungseinheit Gewicht (Rudolphi aaO; aM Lampe/Schneider aaO) und sollten deshalb zu einer grundsätzlichen Überprüfung führen. – Zu Besonderheiten bei Presseinhaltsdelikten (8 zu § 78) BGHSt 25, 347; 27, 18; 33, 271; Groß NJW 78, 918, 920. 6

e) Beim **Dauerdelikt** mit Beendigung (Hamburg MDR 70, 441; B-Weber/ Mitsch AT 8/57), beim Zustandsdelikt mit Eintritt des rechtswidrigen Zustandes. 7

f) Beim echten **Unterlassungsdelikt** mit Wegfall der Handlungspflicht (wistra 92, 23; beachte auch NJW 84, 2372), also nicht notwendig schon mit Ablauf einer für das Handeln gesetzten Frist (BGHSt 28, 371, 380; Düsseldorf MDR 85, 342). Zum unechten Unterlassungsdelikt Schmidt JR 66, 127; zum unbewusst fahrlässigen Unterlassungsdelikt Tondorf, Kohlmann-FS, S 71; zur Nichtabgabe von Steuererklärungen BGHSt 47, 138, 144; NJW 91, 1315; Hamm wistra 01, 474; München wistra 02, 34; Schäfer, Dünnebier-FS, S 541, 542; krit Wulf wistra 03, 89, der eine „Nachphase" zwischen Vollendung und Beendigung zu Recht ablehnt; noch weiter einschr Schmitz, Kohlmann-FS, S 517, 533; s auch BGHSt 38, 165, 170; 39, 233, 234; Riehl wistra 96, 130; Müller wistra 04, 11. 8

g) Beim **Versuch** mit dem tatsächlichen Ende der Tätigkeit, die der Vollendung dienen soll, also nicht mit der Beendigung des Versuchs im Sinne des § 24 (BGHSt 36, 105, 117 mwN). Ob beim tauglichen Versuch eines Erfolgsdelikts Besonderes gilt, ist noch nicht abschließend geklärt (offen gelassen in BGH aaO und wistra 88, 185). 9

h) Bei **Beteiligung mehrerer** mit dem Zeitpunkt, in dem die Verjährung der gemeinschaftlichen Tat oder der Haupttat beginnt (RGSt 5, 282; aM LG Bremen StV 01, 113; s auch wistra 84, 21; str). Wurde jedoch der Tatbeitrag einzelner, etwa weil sich die Beteiligung nur auf den Teilakt einer Handlungseinheit bezog (BGHSt 20, 227; s auch wistra 01, 422), schon vorher beendet, wirkt sich das auch auf den Verjährungsbeginn aus (StV 90, 404); für den nach § 73 III Begünstigten läuft, weil er nicht Tatbeteiligter ist, keine selbstständige Verjährungsfrist (wistra 91, 102). 10

497

§ 78 b Ruhen

(1) Die Verjährung ruht

1. bis zur Vollendung des achtzehnten Lebensjahres des Opfers bei Straftaten nach den §§ 174 bis 174 c und 176 bis 179,
2. solange nach dem Gesetz die Verfolgung nicht begonnen oder nicht fortgesetzt werden kann; dies gilt nicht, wenn die Tat nur deshalb nicht verfolgt werden kann, weil Antrag, Ermächtigung oder Strafverlangen fehlen.

(2) Steht der Verfolgung entgegen, daß der Täter Mitglied des Bundestages oder eines Gesetzgebungsorgans eines Landes ist, so beginnt die Verjährung erst mit Ablauf des Tages zu ruhen, an dem

1. die Staatsanwaltschaft oder eine Behörde oder ein Beamter des Polizeidienstes von der Tat und der Person des Täters Kenntnis erlangt oder
2. eine Strafanzeige oder ein Strafantrag gegen den Täter angebracht wird (§ 158 der Strafprozeßordnung).

(3) Ist vor Ablauf der Verjährungsfrist ein Urteil des ersten Rechtszuges ergangen, so läuft die Verjährungsfrist nicht vor dem Zeitpunkt ab, in dem das Verfahren rechtskräftig abgeschlossen ist.

(4) Droht das Gesetz strafschärfend für besonders schwere Fälle Freiheitsstrafe von mehr als fünf Jahren an und ist das Hauptverfahren vor dem Landgericht eröffnet worden, so ruht die Verjährung in den Fällen des § 78 Abs. 3 Nr. 4 ab Eröffnung des Hauptverfahrens, höchstens jedoch für einen Zeitraum von fünf Jahren; Absatz 3 bleibt unberührt.

Fassung: Abs 1 Nr 1 durch das 33. StÄG (9 vor § 174) und das 6. StrRG (13 vor § 1) technisch geändert und durch das SexÄG (15 vor § 1) um §§ 174–174 c ergänzt.

1   1. Das **Ruhen der Verfolgungsverjährung** hemmt den Beginn und den Weiterlauf aller für den Eintritt der Verjährung maßgebenden Fristen; es schiebt deshalb auch den Zeitpunkt hinaus, in dem nach § 78 c III S 2 die Verjährung spätestens eintritt, und zwar nicht nur in den Fällen des § 78 b (§ 78 c III S 3), sondern auch sonst, wenn das Gesetz – zB in §§ 153 a III, 154 e III StPO und § 396 III AO – das Ruhen der Verjährung vorsieht (hM; vgl Bay NStZ 90, 280; Karlsruhe wistra 90, 205; anders Grezesch wistra 90, 289; zw). Nach Beendigung des Ruhens beginnt – anders als bei der Unterbrechung (§ 78 c) – keine neue Frist; die vor dem Ruhen verstrichene Zeit wird daher mitgerechnet (zur Verfassungsmäßigkeit dieser Regelung BVerfG NStZ 00, 251 mit krit Anm Wollweber NStZ 01, 81).

1 a   2. **Abs 1 Nr 1** schiebt nur bei den genannten Delikten den Beginn der Verjährungsfrist auf; ihn zum Nachteil des Täters auf weitere Taten zu erstrecken, ist nicht zulässig (StV 97, 187 mwN). Des SexÄG hat die Vorschrift um § 174 (BT-Dr 15/350 S 13) sowie um §§ 174 a, 174 b, 174 c (BT-Dr 15/1311 S 22) erweitert, weil diese Taten den §§ 176–179 insofern vergleichbar sind, als das Opfer auf Grund der Verbundenheit mit dem Täter gehindert sein kann, in der regelmäßigen Verjährungsfrist Anzeige zu erstatten (BT-Dr 15/350 S 13 zu § 174); da eine solche Verbundenheit bei § 182 nicht vorausgesetzt sei, wurde von dessen Aufnahme abgesehen (BT-Dr aaO). Bei vorherigem Tod des Opfers endet das Ruhen mit dem Todeszeitpunkt (aM Jähnke LK 1 a; zw). Die Vorschrift gilt auch für bereits begangene Taten, es sei denn, dass deren Verfolgung schon bei ihrem In-Kraft-Treten verjährt war (Art 2 des 30. StÄG). Ob aus verfassungsrechtlichen Gründen auch solche Taten auszuschließen sind, bei denen das Opfer das

18. Lebensjahr schon vor Inkrafttreten der Vorschrift vollendet hatte (so NStZ-RR 98, 237), ist ungeklärt (zur Möglichkeit einer Wahlfeststellung, wenn ungeklärt bleibt, ob die Tat nach § 174 – nicht auch die nach § 176 – vor oder nach dem 14. Geburtstag des Opfers begangen wurde, 17 zu § 1). – Idealkonkurrierende Taten (zB nach §§ 173, 174, 182, 223 ff, 240) unterliegen mangels gesetzlicher Grundlage für ihre Einbeziehung (krit Sch/Sch-Stree/Sternberg-Lieben 3) ihrer eigenen Verjährung (11 zu § 78). – Da für die Fristberechnung nicht die Stunde, sondern der Tag der Geburt maßgebend ist (§§ 186, 187 II S 2 BGB), endet das Ruhen mit Ablauf des dem Geburtstag vorhergehenden Tages (Lemke NK 3). Die Vorschrift ist auch auf Taten anzuwenden, die in der ehemaligen DDR begangen worden sind (BGHSt 47, 245; Lemke NK 6).

3. Nach **Abs 1 Nr 2** ruht die Verjährung – vorbehaltlich der Ausnahmen im 2. Halbs – **allgemein,** wenn ein inländisches (RGSt 40, 402) oder sonst für die deutsche Gerichtsbarkeit verbindliches **Gesetz** die Verfolgung der Tat, dh alle (nicht nur einzelne) Verfolgungshandlungen, entweder im Einzelfall oder allgemein ausschließt.

a) Hierher gehören namentlich die Vorschriften über die **Immunität** der BTag-Abgeordneten (Art 46 II GG, Bremen NJW 66, 743; s auch Nr 191, 192 RiStBV), der Landtagsabgeordneten (§ 152a StPO; beachte dazu Lemke NK 12) und des BPräs (Art 60 IV GG). – **Abs 2** ist auf den BPräs entsprechend anwendbar (zur Verfassungsmäßigkeit der Nr 2 BVerfGE 50, 42).

b) Hierher gehören ferner die Vorschriften, nach denen Beginn oder Fortsetzung des Strafverfahrens von einer in einem anderen Verfahren zu entscheidenden **Vorfrage** abhängt. Bedeutsam ist die Hemmung der Verjährung unter diesem Gesichtspunkt namentlich für die Normenkontrollverfahren nach Art 100, 126 GG (BVerfGE 7, 29, 36; Hamm GA 69, 63; str); hier hemmt erst die Vorlage an das BVerfG den Lauf der Verjährung, so dass es nicht genügt, wenn lediglich das Verfahren ausgesetzt und eine in anderer Sache anstehende verfassungsgerichtliche Entscheidung abgewartet wird (BGHSt 24, 6; Düsseldorf NJW 68, 117).

c) Nicht hierher gehören Vorschriften, nach denen das Verfahren nach **richterlichem Ermessen** ausgesetzt werden kann (zB § 262 II StPO). Ferner steht die **Todeserklärung** der Verfolgung rechtlich nicht entgegen (Reissfelder NJW 64, 1891). Auch bloß **tatsächliche Hinderungsgründe,** wie Geisteskrankheit oder Abwesenheit, genügen nicht (RGSt 52, 36).

d) Zum Ruhen der Verjährung bei konkurrierender Gerichtsbarkeit des Entsende- und des Aufnahmestaates nach dem **NATO-Truppenstatut** Celle NJW 65, 1673; Maier NJW 74, 1935; Schwenk JZ 76, 581). – Für Taten, die während der **NS-Zeit** oder der **Besatzungszeit** nach dem 2. Weltkrieg begangen wurden, kommen noch weitere Gründe in Frage, die ein vorübergehendes Ruhen der Verjährung bewirkt haben, aber nur noch ganz ausnahmsweise für die Entscheidung relevant sind (zu einem Beispiel beachte BVerfGE 25, 269).

4. Abs 3 hemmt den **Fristablauf nach dem Urteil im ersten Rechtszug** (krit dazu Kohlmann, Pfeiffer-FS, S 203, 212); auf den Inhalt des Urteils (zB Freisprechung oder Verfahrenseinstellung) und seine sachliche Richtigkeit kommt es nicht an (BGHSt 32, 209 und 46, 159, beide mwN; beachte auch StV 97, 77). Die Hemmungswirkung, die gegenüber § 78c III S 2 Vorrang hat, soll nach dem Gesetzeswortlaut bis zum Eintritt der Rechtskraft des das Verfahren abschließenden Urteils Bestand haben. Die Vorschrift ist verfassungsrechtlich so nicht haltbar. Im Falle einer rechtswidrigen Verfahrensverzögerung bleiben Art 6 I, III MRK und das Rechtsstaatsprinzip verbindlich. Danach muss der dort vorgesehene Mindeststandard eines fairen Verfahrens gewährleistet bleiben. Durch Berücksichtigung al-

§ 78c AT. 5. Abschnitt. 1. Titel. Verfolgungsverjährung

lein bei der Strafzumessung (vgl dazu 30 zu § 46) kann das nicht in jedem Fall erreicht werden (so für „außergewöhnliche Einzelfälle" jetzt auch BGHSt 46, 159 mit zT krit Bespr Kempf StV 01, 134). – Bewirkt das Urteil keinen Strafklageverbrauch (zB bei Einstellung wegen örtlicher Unzuständigkeit), so wird der Lauf der Verfolgungsverjährung wieder eröffnet und die Frist so berechnet, als ob keine Hemmung nach Abs 3 eingetreten wäre (Düsseldorf JR 93, 77 mit Anm Ulsenheimer wistra 92, 111 und Stree JR 93, 79; aM Jähnke LK 16, alle mwN). – Kommt es später zu einer Wiederaufnahme, so bedarf die Frage der Verjährung unabhängig von Abs 3 neuer Prüfung (s auch 7 zu § 78).

7 a 5. **Abs 4** knüpft an mehrere in der Vergangenheit gescheiterte Gesetzgebungsvorhaben an (vgl etwa BT-Dr 10/272), in Großverfahren, die vor dem Landgericht eröffnet sind, die Verfahrenseinstellung wegen absoluter Verjährung während des Hauptverfahrens zu verhüten (zusf Siegismund/Wickern wistra 93, 136, 141). Die Vorschrift mag namentlich in Wirtschaftsstrafsachen (Betrug, Subventionsbetrug, Untreue, Insolvenzdelikte usw) ein praktisches Bedürfnis befriedigen (dazu BT-Dr 12/3832 S 44). Sie ist zwar verfassungsmäßig (BVerfG NJW 95, 1145), aber deshalb problematisch, weil sie der Tendenz zur Verlängerung von Strafverfahren Vorschub leistet (Lemke NK 19) und weil auch die Anknüpfung an die Rechtsfigur der besonders schweren Fälle einige Delikte in den Anwendungsbereich einbezieht, bei denen kein Bedürfnis für eine Hemmung der Verjährung besteht (zB § 243) und in Grenzbereichen auch Ungereimtheiten entstehen können (zB Unanwendbarkeit bei Taten nach § 95 I, weil das Hauptverfahren nicht vor dem LG, sondern dem OLG stattfindet, Rieß AnwBl 93, 51, 56). – Die Vorschrift betrifft unterschiedslos alle Taten, für die eine Freiheitsstrafe von **höchstens 5 Jahren** (§ 78 III Nr 4), in besonders schweren Fällen aber eine höhere Freiheitsstrafe angedroht und deretwegen das Hauptverfahren vor dem Landgericht eröffnet ist (Koblenz NStZ-RR 96, 229). Sie hemmt den Eintritt der absoluten Verjährung nach § 74 c III (dort S 2). Als Verfahrensvorschrift gilt sie auch für zurzeit ihres Inkrafttretens bereits eröffnete Verfahren (Koblenz aaO mwN). **Besonders schwere Fälle** 7–21 zu § 46. – **Eröffnung des Hauptverfahrens** § 203 StPO. – **Verfahren vor dem Landgericht** §§ 74–74 e GVG. – Ergeht vor Ablauf der Verjährungshemmung nach Abs 4 das **Urteil** (vgl 7), so ist diese spezielle Hemmung erledigt. Die weitere Verjährung bestimmt sich nach den Ausführungen unter 7.

8 6. Zum Ruhen der Verjährung von Taten, die in der **DDR** begangen worden sind, 27 a, 27 c zu § 2.

§ 78 c Unterbrechung

(1) **Die Verjährung wird unterbrochen durch**

1. **die erste Vernehmung des Beschuldigten, die Bekanntgabe, daß gegen ihn das Ermittlungsverfahren eingeleitet ist, oder die Anordnung dieser Vernehmung oder Bekanntgabe,**

2. **jede richterliche Vernehmung des Beschuldigten oder deren Anordnung,**

3. **jede Beauftragung eines Sachverständigen durch den Richter oder Staatsanwalt, wenn vorher der Beschuldigte vernommen oder ihm die Einleitung des Ermittlungsverfahrens bekanntgegeben worden ist,**

4. **jede richterliche Beschlagnahme- oder Durchsuchungsanordnung und richterliche Entscheidungen, welche diese aufrechterhalten,**

5. **den Haftbefehl, den Unterbringungsbefehl, den Vorführungsbefehl und richterliche Entscheidungen, welche diese aufrechterhalten,**

Unterbrechung § 78c

6. die Erhebung der öffentlichen Klage,
7. die Eröffnung des Hauptverfahrens,
8. jede Anberaumung einer Hauptverhandlung,
9. den Strafbefehl oder eine andere dem Urteil entsprechende Entscheidung,
10. die vorläufige gerichtliche Einstellung des Verfahrens wegen Abwesenheit des Angeschuldigten sowie jede Anordnung des Richters oder Staatsanwalts, die nach einer solchen Einstellung des Verfahrens oder im Verfahren gegen Abwesende zur Ermittlung des Aufenthalts des Angeschuldigten oder zur Sicherung von Beweisen ergeht,
11. die vorläufige gerichtliche Einstellung des Verfahrens wegen Verhandlungsunfähigkeit des Angeschuldigten sowie jede Anordnung des Richters oder Staatsanwalts, die nach einer solchen Einstellung des Verfahrens zur Überprüfung der Verhandlungsfähigkeit des Angeschuldigten ergeht, oder
12. jedes richterliche Ersuchen, eine Untersuchungshandlung im Ausland vorzunehmen.

Im Sicherungsverfahren und im selbständigen Verfahren wird die Verjährung durch die dem Satz 1 entsprechenden Handlungen zur Durchführung des Sicherungsverfahrens oder des selbständigen Verfahrens unterbrochen.

(2) Die Verjährung ist bei einer schriftlichen Anordnung oder Entscheidung in dem Zeitpunkt unterbrochen, in dem die Anordnung oder Entscheidung unterzeichnet wird. Ist das Schriftstück nicht alsbald nach der Unterzeichnung in den Geschäftsgang gelangt, so ist der Zeitpunkt maßgebend, in dem es tatsächlich in den Geschäftsgang gegeben worden ist.

(3) Nach jeder Unterbrechung beginnt die Verjährung von neuem. Die Verfolgung ist jedoch spätestens verjährt, wenn seit dem in § 78a bezeichneten Zeitpunkt das Doppelte der gesetzlichen Verjährungsfrist und, wenn die Verjährungsfrist nach besonderen Gesetzen kürzer ist als drei Jahre, mindestens drei Jahre verstrichen sind. § 78b bleibt unberührt.

(4) Die Unterbrechung wirkt nur gegenüber demjenigen, auf den sich die Handlung bezieht.

(5) Wird ein Gesetz, das bei der Beendigung der Tat gilt, vor der Entscheidung geändert und verkürzt sich hierdurch die Frist der Verjährung, so bleiben Unterbrechungshandlungen, die vor dem Inkrafttreten des neuen Rechts vorgenommen worden sind, wirksam, auch wenn im Zeitpunkt der Unterbrechung die Verfolgung nach dem neuen Recht bereits verjährt gewesen wäre.

1. a) Die **Unterbrechung der Verfolgungsverjährung** bewirkt, anders als 1
das Ruhen (§ 78b), dass mit dem einzurechnenden Tag des Unterbrechungsaktes (Bay MDR 59, 325; Karlsruhe Justiz 73, 26) die Frist **von neuem** zu laufen beginnt (Abs 3 S 1). Unterbrechungshandlungen sind beliebig oft möglich, auch bei Antragsdelikten, wenn der Antrag noch nicht gestellt ist (NJW 57, 470). Durch eine nach § 2 III rückwirkende, mit Verkürzung der Verjährungsfrist verbundene Milderung des materiellen Rechts (vgl 8 zu § 78) werden wirksam vorgenommene Unterbrechungshandlungen nicht berührt (beachte auch Art 309 II, IV EGStGB; München MDR 79, 1045; Bay NJW 99, 159; Brause NJW 78, 2104).

§ 78c
AT. 5. Abschnitt. 1. Titel. Verfolgungsverjährung

1 a **b)** Der bei einer Unterbrechungshandlung **bereits abgelaufene Teil der Frist** bleibt insofern bedeutsam, als er zur Erreichung des Zeitpunktes beiträgt, mit dem nach **Abs 3 S 2** die Verfolgung spätestens verjährt **(absolute Verjährungsfrist).** Diese knüpft stets an die Beendigung der Tat an (1, 6 zu § 78 a); die Einbeziehung von gestreckten Handlungseinheiten, die noch nicht beendet sind, ist daher nicht zulässig (BGHSt 43, 321, 323; beachte dazu 6 zu § 78 a).

2 **2.** Nur die in **Abs 1** beschriebenen (richterlichen und nichtrichterlichen) Handlungen von inländischen (BGHSt 1, 325) Verfolgungsorganen in inländischen Ermittlungs- und Strafverfahren (Bay NStZ 93, 441) unterbrechen die Verjährung; eine entsprechende Anwendung auf andere Handlungen ist unzulässig (LG Kaiserslautern NStZ 81, 438 mit Anm Lilie).

3 **a) Nr 1:** Die **Unterbrechungsmöglichkeiten** der ersten Vernehmung, Bekanntgabe und Anordnung durch Polizei (Karlsruhe NZV 94, 291), StA oder Richter sind nur alternativ (Hamm NJW 70, 1934; s auch Frankfurt NStZ-RR 98, 346; zusf Schäfer, Dünnebier-FS, S 541, 553). Unterbrechungswirkung hat meist schon die Anordnung; die Bekanntgabe unterbricht für sich allein nur, wenn eine Anordnung fehlt und wenn sie der ersten Vernehmung zeitlich vorausgeht (Bremen NJW 70, 720), andernfalls treffen Bekanntgabe und Vernehmung wegen §§ 136 I S 1, 163 a IV S 1 StPO notwendig zusammen und unterbrechen gemeinsam (Tröndle/Fischer 11). – **Vernehmung** ist förmliche Gelegenheit zur Äußerung des Beschuldigten gegenüber Polizei, StA oder Richter; bloß informatorische Befragung oder Vernehmung als Zeuge (StV 00, 473 mwN) genügen nicht (Hamm VRS 41, 384; Bay VRS 44, 62), auch nicht die Anhörung lediglich des Verteidigers, selbst wenn dieser ausnahmsweise (zB nach §§ 234, 411 II StPO) Vertretungsbefugnis hat (Rudolphi SK 14; aM Bay MDR 83, 429 mit zust Bespr Göhler NStZ 84, 63; zw). Ob sich der Beschuldigte zur Sache geäußert hat, ist unerheblich (BT-Dr 7/1261 S 9). – **Bekanntgabe** ist die nicht formgebundene (BGHSt 30, 215, 217; s auch Celle NZV 98, 423), die Verdachtsgrundlage mindestens zusammenfassend bezeichnende (Bay wistra 88, 81; probl LG Hildesheim StV 93, 368) Mitteilung an den Beschuldigten über die Einleitung des Ermittlungsverfahrens, ohne Rücksicht auf ihren Zugang (BGHSt 25, 6; Koblenz MDR 76, 780). Die Übersendung eines Anhörungsbogens an den Beschuldigten (nicht lediglich an den Fahrzeughalter mit dem Ersuchen der Weiterleitung an den der Verfolgungsbehörde unbekannten Fahrer, BGHSt 24, 321 mit abl Anm Kleinknecht JZ 72, 748; s auch Hamburg NStZ-RR 99, 20 und 21) genügt dazu in jedem Falle (BGH aaO; s auch BGHSt 25, 6, 344); daher ist unerheblich, ob darin oder in der nachfolgenden schriftlichen Äußerung zugleich eine erste Vernehmung gesehen werden kann (vgl ua Bay VRS 41, 213; Saarbrücken VRS 42, 137; str). Auch die Übersendung von Vernehmungsniederschriften an den bevollmächtigten Verteidiger kann ausreichen (NStZ 02, 429). – **Anordnung** ist die nicht formgebundene Äußerung eines Ermittlungsorgans (Polizei, Staatsanwaltschaft, Richter), nach welcher der Beschuldigte vernommen oder ihm die Einleitung eines Ermittlungsverfahrens mitgeteilt werden soll; dabei ist eine über den möglichen Wortsinn hinausgehende Auslegung zu Lasten des Beschuldigten nicht zulässig (aM Karlsruhe Justiz 03, 487; probl Brandenburg NStZ-RR 99, 279 zu § 33 I OWiG). Als Anordnung genügt auch der Auftrag an die Polizei zur Vernehmung des Beschuldigten (beachte dazu Karlsruhe NZV 94, 291); dass die Anordnung dem Beschuldigten nicht zugestellt werden kann, ist unerheblich (so zutr zu § 33 OWiG Frankfurt NJW 98, 1328). Nicht genügen dagegen: ein bloßer Ermittlungsauftrag, in dessen Rahmen auch der Beschuldigte vernommen werden soll (NStZ 85, 545; s auch Bay NStZ-RR 96, 46; probl Düsseldorf VRS 87, 142); ein Ermittlungsauftrag gegen „Unbekannt" oder eine nur mündliche, nicht aktenkundig gemachte behördeninterne Weisung (Bay VRS 60, 126; Tröndle/Fischer 10).

§ 78c

b) Nr 2: Jede **richterliche Vernehmung** (§ 136 StPO) des Beschuldigten 4
oder deren vorausgegangene Anordnung. Die Vernehmung lediglich eines Mitbeschuldigten genügt für sich allein nicht (Bay VRS 57, 42 mwN); das gilt auch für die Aussage eines Beschuldigten, der von sich aus ein bis dahin unbekanntes, nicht zum Verfahrensgegenstand gehörendes Tatgeschehen schildert (Bay NStZ 01, 320). Vernehmung nur zur Person genügt (Hamm MDR 79, 781). Die Alternativität begründet auch hier (vgl 3) den Vorrang der Anordnung (BGHSt 27, 110), die jedoch nur der zugehörigen Vernehmung vorgeht, nicht auch der wiederholten Anordnung (Hamburg MDR 77, 603) oder der Ladungsverfügung des ersuchten Richters (BGH aaO mwN; str). Die mit der Anberaumung einer Hauptverhandlung (vgl 10) verbundene (unselbständige) Ladung des Angeklagten schließt die Unterbrechungswirkung einer Vernehmung in der Hauptverhandlung nicht aus (BGHSt 27, 144 mit Anm Göhler JR 78, 126; str).

c) Nr 3: Vgl §§ 73ff StPO (zusf Schäfer, Dünnebier-FS, S 541, 556). Beauftra- 5
gung ist die zwar nicht formgebundene, aber für die anderen Verfahrensbeteiligten erkennbar gemachte Aufforderung an einen **Sachverständigen,** zu einem bestimmten Beweisthema ein Gutachten zu erstatten (bei Holtz MDR 78, 986 mwN). Dazu kann der behördeninterne Auftrag an einen als „Wirtschaftsreferent" eingesetzten Sachbearbeiter genügen (Zweibrücken NJW 79, 1995); jedoch muss er die für die anderen Verfahrensbeteiligten nach Inhalt und Zeitpunkt erkennbare Anordnung enthalten, dass der Beauftragte eigenverantwortlich und frei von Weisungen (NStZ 84, 215) ein Gutachten zu einem bestimmten Beweisthema erstatten soll (BGHSt 28, 381). Im gerichtlichen Verfahren kommt es auf den Beschluss über die Beauftragung, nicht auf dessen geschäftsmäßige Ausführung an (BGHSt 27, 76; Köln MDR 81, 166; str). Der Auftrag, ein erstattetes Gutachten im Rahmen des Auftrages nur zu ergänzen, hat keine (erneute) Unterbrechungswirkung (Bay MDR 77, 252); sonst unterbricht jedoch nicht nur der Erste, sondern jeder weitere Gutachtenauftrag (Düsseldorf NZV 94, 118). – Für die **Bekanntgabe** genügt es, wenn sie den Beschuldigten formlos darüber „ins Bild setzt", dass und weshalb gegen ihn ermittelt wird (NStZ 90, 436; s auch 3).

d) Nr 4: Vgl §§ 98, 100, 105, 111e, 111p, 290 I StPO. Erfasst werden auch 6
richterliche Entscheidungen, die nichtrichterliche **Beschlagnahmen** (§ 98 II, III StPO) bestätigen (Tröndle/Fischer 14), nicht dagegen das bloße richterliche Erfordern (§ 95 I StPO), einen Gegenstand vorzulegen und auszuliefern (LG Kaiserslautern NStZ 81, 438 mit Anm Lilie). Nicht unterbrechend wirken ferner Anordnungen, die keinerlei tatsächliche Anhaltspunkte über den Inhalt des Vorwurfs enthalten, obwohl das nach dem bisherigen Ermittlungsergebnis ohne weiteres möglich und für die Strafverfolgung nicht abträglich gewesen wäre (StV 00, 477 und 03, 556).

e) Nr 5: Vgl §§ 114, 126a, 134 StPO. Ein Beschluss nach § 116 StPO enthält 7
nach der Rspr auch ohne ausdrücklichen Ausspruch die Entscheidung, dass der Haftbefehl aufrechterhalten wird (BGHSt 39, 233; aM Sch/Sch-Stree/Sternberg-Lieben 13; zw).

f) Nr 6: Vgl § 170 I StPO. Maßgebend ist der Eingang der **Anklageschrift** bei 8
Gericht (Karlsruhe VRS 57, 114; s auch BGHSt 26, 384). Auch der Antrag auf Erlass eines Strafbefehls (§ 407 I StPO), der nur eine besondere Art der Klageerhebung ist, genügt (Sch/Sch-Stree/Sternberg-Lieben 14; s auch Bay MDR 84, 427), jedoch nicht der Antrag auf Aburteilung im beschleunigten Verfahren, weil er nach § 418 III S 2 StPO der Anklageerhebung vorausgeht (Göhler NStZ 81, 55, 56; Lemke NK 34). Die Privatklage ist keine öffentliche Klage. Daraus folgt nicht, dass die Mitteilung an den Beschuldigten, eine solche Klage sei vorschriftsmäßig erhoben (§ 382 StPO), keine Unterbrechung bewirkt (so aber Bay 77, 125). Es

§ 78c AT. 5. Abschnitt. 1. Titel. Verfolgungsverjährung

kommt vielmehr darauf an, ob diese Mitteilung sämtliche Voraussetzungen für den Eintritt der Unterbrechung erfüllt (ohne zureichende Begr anders Bay aaO). Das ist hier der Fall: die richterliche Aufforderung an den Privatbeklagten zur Erklärung innerhalb einer bestimmten Frist ist eine Handlung des Richters (Abs 1 Nr 2). Sie ist eine förmliche Gelegenheit zur Äußerung des Beschuldigten und deshalb als „Anordnung" der Vernehmung zu bewerten (Abs 1 Nr 2 Alt 2). Sie wird in der StPO gefordert und ist deshalb zur Förderung des Verfahrens notwendig, selbst wenn mit ihr der Zweck verbunden wird, die Unterbrechung herbeizuführen (vgl dazu unten 16).

9 **g) Nr 7:** Vgl § 203 StPO. Es kommt auf die Unterzeichnung des **Eröffnungsbeschlusses,** nicht dessen Zustellung an (Göhler 42 zu § 33). Auch wenn an dem Beschluss ein kraft Gesetzes ausgeschlossener Richter (§ 22 StPO) mitgewirkt hat, wird die Verjährung unterbrochen (BGHSt 29, 351 mit Anm Meyer-Goßner JR 81, 379; str).

10 **h) Nr 8:** Erfasst werden ua auch: kurzfristige Anberaumung im beschleunigten Verfahren (§ 418 I StPO); Anberaumung nach ausgesetzter Hauptverhandlung oder nach vorläufiger Einstellung gemäß § 154 II StPO (Celle NStZ 85, 218 mit abl Anm Schoreit; aM Beulke JR 86, 50; zw); Verlegung eines anberaumten Termins (Köln VRS 69, 451; aM Lemke NK 36; s auch Düsseldorf NJW 99, 2055; Bay NStZ 00, 40) und Anberaumung durch einen abgelehnten Richter (Köln VRS 59, 428). Beachte Hamm NJW 77, 690; Koblenz VRS 67, 52; s auch 4.

11 **i) Nr 9:** Vgl § 407 StPO. Das Urteil scheidet aus, weil es nach § 78b III das Ruhen der Verjährung bewirkt; eine andere, **dem Urteil entsprechende Entscheidung** ist zB die Verurteilung zu Strafe nach § 59b I, der Einstellungsbeschluss wegen eines (vermeintlichen) Verfahrenshindernisses nach § 206a I StPO (Bay MDR 77, 603; s auch Stuttgart NStZ 81, 105) oder die selbstständige Einziehung nach § 441 II StPO.

12 **k) Nr 10:** Vgl §§ 205, 285 ff StPO. Die Vorschrift betrifft nur den „Angeschuldigten", setzt also voraus, dass öffentliche Klage erhoben ist (NStZ-RR 96, 163 mwN). Ist lediglich ein Mitangeklagter abwesend, so bewirkt dies für den Angeklagten nicht die Unterbrechung (NStZ 04, 148). Bloße „Vertagung des Verfahrens auf unbestimmte Zeit" genügt nicht (Köln VRS 57, 432), wohl aber vorläufige Einstellung auf Grund irriger Annahme der Abwesenheit (Köln VRS 51, 214; Bay VRS 58, 389 mwN). Bei Anordnungen zur Aufenthaltsermittlung oder zur Beweissicherung muss die vorausgegangene vorläufige Einstellung im Zeitpunkt der Anordnung noch andauern (Bay VRS 62, 288; beachte auch BGHSt 37, 145 mit Anm Temming NStZ 90, 585). – Die Gestellungsmaßregel der Vermögensbeschlagnahme nach § 290 StPO ist zwar Bestandteil eines Verfahrens, das im ganzen der Beweissicherung dient (§ 285 I StPO), selbst aber nur eine Maßnahme zur Erzwingung der Gestellung; sie wird daher nur durch Nr 4 erfasst (zw).

13 **l) Nr 11:** Vgl § 205 StPO.

14 **m) Nr 12: Ausland** 6 vor § 3. Die Streitfrage, ob auch Ersuchen um Übernahme der Verfolgung durch eine ausländische Stelle erfasst werden (dazu Tröndle/Fischer 22), stellt sich im Strafverfahren nicht, weil das Prozessrecht richterliche Übernahmeersuchen nicht vorsieht (Jähnke LK 36).

15 **n) Satz 2: Sicherungsverfahren** §§ 413–416 StPO. Im selbstständigen Verfahren (§§ 440–442 StPO) haben die dem Satz 1 entsprechenden Handlungen Unterbrechungswirkung auch dann, wenn keine bestimmte Person verfolgt oder verurteilt werden kann (BT-Dr 10/318 S 42; beachte auch 11). Bei Vernehmungen nach Satz 1 Nr 1, 2 kommt es auf die Personen an, gegen die sich die Maßnahme richtet (BT-Dr aaO; Lemke NK 42).

Unterbrechung **§ 78c**

3. Unterbrechungshandlungen (vgl 2–15), die **ohne sachlichen Anlass nur** 16
zum Zweck der Unterbrechung vorgenommen werden, genügen nicht. Diese
im früheren Recht anerkannte (BGHSt 9, 198, 203; 12, 335) und rechtsstaatlich
gebotene Beschränkung unter Hinweis auf die in Abs 1 vorgenommene Formalisierung
der Unterbrechungshandlungen aufzugeben, besteht kein hinreichender
Grund (Rudolphi SK 7; wohl auch BGHSt 25, 6, 8; für § 33 OWiG auch Düsseldorf
NJW 99, 2055; aM Bay MDR 80, 253; Göhler 3 zu § 33; diff Beulke JR 86,
50, 55; Jähnke LK 11). Zwar sind die meisten Unterbrechungshandlungen zur
Umgehung der Verjährung ungeeignet; einzelne (zB die Beauftragung eines Sachverständigen)
können jedoch nach wie vor zu diesem Zweck missbraucht werden.
Deshalb bleibt der Grundsatz, dass wahllose Unterbrechungen dem Sinn der Verjährung
widersprechen und dass Verjährungsvorschriften loyal zu handhaben sind
(BGHSt 11, 335), unverändert wichtig (zust Geilen, Schreiber-FS, S 89, 99; s auch
Nr 22 RiStBV). – Dient eine Handlung konkret der Verfahrensförderung, so
schadet es nicht, wenn mit ihr der Unterbrechungszweck verbunden wird (KG
VRS 34, 198; Lemke NK 46), es sei denn, dass sich ihre Vornahme ausschließlich
als verfahrensverzögernder Umweg zur Umgehung der Verjährungsvorschriften
darstellt (BGHSt 11, 335; 15, 234). Ob eine Handlung infolge nachträglich eingetretener
oder bekannt gewordener Umstände zurückgenommen wird, ist unerheblich
(Stuttgart NJW 68, 1340; Bremen StV 90, 25; s auch NStZ 85, 545).

4. Soweit Unterbrechungshandlungen nur **schriftlich** vorgenommen werden 17
können (zB Abs 1 S 1 Nr 4–9), müssen sie von dem Verfolgungsorgan unterzeichnet
sein; bei behördeninternen Anweisungen reicht Abzeichnung durch bloße
Paraphe (Koblenz JR 81, 42 mit Anm Göhler; Hamburg MDR 97, 377); bei
elektronischer Datenverarbeitung, die einem bestimmten Fristenplan folgt, müssen
Ausdrucke, die von vornherein einprogrammiert sind und uU mit fremder Hilfe hergestellt
sind, nicht besonders unterzeichnet werden, weil sie durch die Unterzeichnung
des anordnenden Verfolgungsorgans gedeckt sind (Dresden NZV 96,
210; s auch Hamburg aaO). – Die Voraussetzungen anderer Unterbrechungshandlungen
müssen sich aus dem aktenkundigen Inhalt (Aktennotiz genügt) der
Verfolgungshandlung, allenfalls iVm dem übrigen Akteninhalt, zweifelsfrei ergeben
(Frankfurt VRS 59, 134). Bei der einschneidenden Bedeutung der Verjährungsvorschriften
ist nicht nur behördeninternen (dazu 3), sondern allen **mündlich**
vorgenommenen Unterbrechungshandlungen (zB der Bekanntgabe nach Abs 1 S 1
Nr 1) die Anerkennung zu versagen, wenn darüber keine Aktennotiz vorliegt und
auch die keine konkreten Anhaltspunkte aus den Akten hervorgehen, so dass
sich der Beweis ausschließlich auf persönliche Beweismittel, namentlich das Erinnerungsvermögen
der Ermittlungsorgane, stützen müsste (BGHSt 30, 215; s auch
Brandenburg NStZ 97, 139; Schäfer, Dünnebier-FS, S 541, 550). Schließlich ist
erforderlich, dass die Handlung die Existenz eines Ermittlungs- oder Strafverfahrens
nach außen zu erkennen gibt (Celle NdsRpfl 01, 270).

5. Gänzlich **unwirksame,** also nicht lediglich rechtlich fehlerhafte, **Handlun-** 18
gen entfalten keine Unterbrechungswirkung (BGHSt 29, 351; Bremen StV 90,
25, beide mwN). Nicht unbedingt erforderlich ist örtliche (Hamburg VRS 58,
434), sachliche oder geschäftsplanmäßige Zuständigkeit des Verfolgungsorgans,
wohl aber gesetzlich zugewiesene Verfolgungskompetenz, namentlich funktionelle
Zuständigkeit (Lemke NK 44; krit und diff Beulke JR 86, 50, 52; s auch Hamm
und Düsseldorf NJW 79, 884; Frankfurt NStZ 86, 561).

6. a) Die **Unterbrechungswirkung tritt ein,** sobald die Unterbrechungs- 19
handlung abgeschlossen vorliegt. Bei mündlichen Entscheidungen (§ 35 I StPO)
kommt es auf die Verkündung an. Für schriftliche Anordnungen und Entscheidungen
macht **Abs 2** eine Ausnahme für den Fall, dass das unterzeichnete Schriftstück
nicht alsbald in den Geschäftsgang gelangt (dazu Düsseldorf NZV 93, 204

mwN; s auch Hamm MDR 77, 515; Herzig DAR 80, 362), lässt Zweifel aber zum Nachteil des Beschuldigten ausschlagen (Köln VRS 55, 386).

20 **b)** Die **Unterbrechungswirkung** (zusf Schäfer, Dünnebier-FS, S 541, 544) **umfasst**

aa) die Tat (im prozessualen Sinne) in vollem Umfang, auch wenn die Unterbrechungshandlung nur Teile der Tat, etwa den Einzelakt einer Handlungseinheit (str), betrifft oder wenn die Verfolgung nach § 154a I, II StPO auf abtrennbare Teile oder auf einzelne Gesetzesverletzungen beschränkt worden ist (BGHSt 22, 105; NJW 00, 2829; Celle VRS 34, 350);

21 bb) regelmäßig alle in einem Verfahren (nicht in einem anderen, StV 93, 71; s auch StV 97, 187) verfolgten Taten, sofern sie schon hinreichend konkretisiert sind (bei Holtz MDR 81, 453; Hamm NJW 81, 2425) und der Verfolgungswille sich nicht ausnahmsweise – sei es auch nur auf Grund des Zweifelssatzes (NStZ 96, 274) – lediglich auf einzelne Taten erstreckt (NStZ 90, 436; wistra 96, 260; s auch NStZ 00, 85 und 01, 191 mit krit Anm Bohnert). Zur Bestimmung des Umfangs des Verfolgungswillens kann neben dem Wortlaut der verjährungsunterbrechenden Verfügung auch auf den sonstigen Akteninhalt zurückgegriffen werden (wistra 02, 57). Der Verfolgungswille ist überhaupt das entscheidende Kriterium für die sachliche Reichweite der Unterbrechungswirkung (expl zu einem Fall der Umsatzsteuerhinterziehung NStZ 00, 427).

22 cc) nach Abs 4 ausschließlich die individuell bestimmte natürliche (nicht juristische, Brandenburg NZV 98, 424 mit Anm Huppertz) Person, auf die sich die Handlung bezieht (BGHSt 24, 321; s auch Frankfurt NStZ-RR 98, 346; Hamburg NStZ-RR 99, 20 und 21; Hamm NZV 99, 261). Sie muss nicht notwendig schon namentlich bekannt, aber eindeutig identifizierbar sein (bei Holtz MDR 91, 701; Karlsruhe NStZ 87, 331). Dazu soll es nach einer – allerdings nur auf das insoweit übereinstimmende Bußgeldverfahren (§ 33 OWiG) bezogenen – Rspr in keinem Falle genügen, dass von einer dem Namen nach noch unbekannten Person lediglich ein Beweisfoto vorliegt (BGHSt 42, 283 mit abl Anm Senge NStZ 97, 348; Hamburg MDR 97, 377; Hamm MDR 97, 586; Karlsruhe NStZ-RR 99, 118, alle mwN; zw); die Übertragung dieser Rspr auf das Strafverfahren würde eine nicht hinreichend begründbare Abweichung von der bisherigen Praxis bedeuten (so überzeugend Senge aaO). – Die Handlung umfasst weitere Beteiligte nur, soweit diese erkennbar einbezogen sein sollen (GA 61, 239; Karlsruhe aaO; Hamburg wistra 93, 272 mit krit Bespr Hees wistra 94, 81, alle mwN) und sie selbst die Voraussetzungen des Abs 1 erfüllt (Bay VRS 57, 42 mwN; str). Dabei muss sich die Handlung stets auf den beziehen, gegen den sich die Ermittlungen richten; dass von ihr auch Dritte unmittelbar betroffen werden (zB Bestätigung der zu Lasten eines Dritten angeordneten Beschlagnahme, wistra 95, 309), ist unerheblich.

2. Titel. Vollstreckungsverjährung

§ 79 Verjährungsfrist

(1) **Eine rechtskräftig verhängte Strafe oder Maßnahme (§ 11 Abs. 1 Nr. 8) darf nach Ablauf der Verjährungsfrist nicht mehr vollstreckt werden.**

(2) **Die Vollstreckung von lebenslangen Freiheitsstrafen verjährt nicht.**

(3) **Die Verjährungsfrist beträgt**

1. fünfundzwanzig Jahre bei Freiheitsstrafe von mehr als zehn Jahren,

2. zwanzig Jahre bei Freiheitsstrafe von mehr als fünf Jahren bis zu zehn Jahren,

Verjährungsfrist § 79

3. zehn Jahre bei Freiheitsstrafe von mehr als einem Jahr bis zu fünf Jahren,
4. fünf Jahre bei Freiheitsstrafe bis zu einem Jahr und bei Geldstrafe von mehr als dreißig Tagessätzen,
5. drei Jahre bei Geldstrafe bis zu dreißig Tagessätzen.

(4) Die Vollstreckung der Sicherungsverwahrung verjährt nicht. Bei den übrigen Maßnahmen beträgt die Verjährungsfrist zehn Jahre. Ist jedoch die Führungsaufsicht oder die erste Unterbringung in einer Entziehungsanstalt angeordnet, so beträgt die Frist fünf Jahre.

(5) Ist auf Freiheitsstrafe und Geldstrafe zugleich oder ist neben einer Strafe auf eine freiheitsentziehende Maßregel, auf Verfall, Einziehung oder Unbrauchbarmachung erkannt, so verjährt die Vollstreckung der einen Strafe oder Maßnahme nicht früher als die der anderen. Jedoch hindert eine zugleich angeordnete Sicherungsverwahrung die Verjährung der Vollstreckung von Strafen oder anderen Maßnahmen nicht.

(6) Die Verjährung beginnt mit der Rechtskraft der Entscheidung.

Fassung: In Abs 2 ist „von Strafen wegen Völkermordes (§ 220 a)" durch Art 2 Nr 4 des EinfG zum VStGB (14 vor § 1) gestrichen worden.

1. Die **Rechtsnatur der Vollstreckungsverjährung** ist aus denselben Gründen zweifelhaft wie die der Verfolgungsverjährung (1 zu § 78); dass sie mindestens auch prozessualen Charakter hat, ist jedoch nahezu unbestritten (Jähnke LK 1).

2. Vollstreckungsverjährung **bewirkt,** dass jede hoheitliche Tätigkeit zur Vollziehung der verhängten Strafe oder Maßnahme unzulässig wird; jedoch kann die Vollziehung in Ausnahmefällen wegen Verletzung des Vertrauensgrundsatzes schon vor Ablauf der Verjährungsfrist rechtsstaatswidrig sein (Karlsruhe NStZ-RR 97, 253). – Rechtsfolgen, die einer Vollziehung nicht bedürfen, wie zB Fahrverbot (§ 44; str), Statusfolgen (§§ 45–45 b) und Entziehung der Fahrerlaubnis (§§ 69–69 b), sind von der Vorschrift nicht betroffen.

3. a) Die **Fristen der Abs 3, 4** knüpfen an die erkannte (nicht die angedrohte) Strafe oder Maßnahme ohne Rücksicht auf angerechnete Freiheitsentziehung (§ 51), auf bereits durchgeführte Teilvollstreckung und auf nachträgliche Milderungen im Gnadenwege an. Bei Tatmehrheit entscheidet die Gesamtstrafe (BGHSt 30, 232; NStZ 87, 331), deren nachträgliche Bildung (§ 55 StGB; § 460 StPO) regelmäßig (dazu Düsseldorf MDR 93, 169) eine neue Frist in Lauf setzt (BGHSt 34, 304; Zweibrücken NStZ 91, 454).

b) Auf eine **Führungsaufsicht,** die nach § 68f I kraft Gesetzes eintritt, ist Abs 4 S 3 entsprechend anwendbar (Sch/Sch-Stree/Sternberg-Lieben 7; aM Tröndle/Fischer 5; Jähnke LK 5); für eine Fristverkürzung nur in Fällen „angeordneter" Führungsaufsicht gibt es keinen sinnvollen Grund (s auch 3, 4 zu § 68g). – Auch sonst ist die Verjährung bei Führungsaufsicht umstritten und namentlich mit den Vorschriften über deren Dauer und Beendigung (§§ 68c III, 68g I) nicht abgestimmt (zusf Mainz NStZ 89, 61 mwN). Da der eindeutige, durch Analogie nicht erweiterungsfähige Gesetzeswortlaut (5, 6 zu § 1) ein Ruhen der Verjährung (§ 78b) weder während der Vollstreckung der Führungsaufsicht (aM Mainz aaO) noch während der Zeit vorsieht, in welcher der Täter flüchtig ist oder sich verborgen hält, sind unbefriedigende Ergebnisse nicht immer vermeidbar (beachte jedoch 2 zu § 68g).

4. **Abs 5** hemmt den Ablauf der jeweils kürzeren Frist. Danach entscheidet beim Zusammentreffen von Hauptstrafen mit Nebenstrafen, Verfall (auch Erweitertem Verfall), Einziehung oder Unbrauchbarmachung nicht notwendig die

§§ 79a, 79b

Hauptstrafe. Sind neben Sicherungsverwahrung Strafe oder andere Maßnahmen verhängt (S 2), so unterliegen sie ihrer eigenen (idR nach § 79a Nr 3 ruhenden) Verjährung.

6 5. Die Verjährung **beginnt** mit dem einzurechnenden Tag, an dem der Strafausspruch (nicht nur der Schuldspruch) oder der Ausspruch der Maßnahme rechtskräftig wird; bis dahin läuft die Verfolgungsverjährung (BGHSt 11, 393). Kommt es zur Wiederaufnahme, so wird mit Rechtskraft des Wiederaufnahmebeschlusses (§ 370 II StPO) der Lauf der Vollstreckungsverjährung beendigt (7 zu § 78).

§ 79a Ruhen

Die Verjährung ruht,

1. **solange nach dem Gesetz die Vollstreckung nicht begonnen oder nicht fortgesetzt werden kann,**
2. **solange dem Verurteilten**
   a) Aufschub oder Unterbrechung der Vollstreckung,
   b) Aussetzung zur Bewährung durch richterliche Entscheidung oder im Gnadenweg oder
   c) Zahlungserleichterung bei Geldstrafe, Verfall oder Einziehung bewilligt ist,
3. **solange der Verurteilte im In- oder Ausland auf behördliche Anordnung in einer Anstalt verwahrt wird.**

1 1. Das **Ruhen** entspricht dem bei der Verfolgungsverjährung (1 zu § 78b); es schiebt für seine Dauer den Fristablauf hinaus.

2 2. **Nr 1** ist namentlich für Fälle der Immunität (3 zu § 78b) und der Haftunfähigkeit (§ 455 I, II StPO) bedeutsam. – **Nr 2** hemmt die Verjährung, solange eine nach Buchst a–c gewährte Vergünstigung die Vollstreckung hindert. Sie betrifft nur Strafen und Maßnahmen, auf die sich die Vergünstigung bezieht (beachte jedoch Zweibrücken MDR 88, 1071). Bloße Vollzugslockerungen, welche die Strafzeitberechnung nicht verändern, sind weder Aufschub noch Unterbrechung der Vollstreckung (Jähnke LK 4). Bei Aussetzung zur Bewährung endet das Ruhen mit Rechtskraft des Widerrufsbeschlusses (Hamm NStZ 84, 237), spätestens aber mit Ablauf der Bewährungszeit (zw). – **Nr 3** gilt für behördlich angeordnete Verwahrungen (11 zu § 44) jeder Art (probl LG Ellwangen NStZ-RR 98, 274, das auch die stationäre Drogentherapie nach §§ 35, 36 BtMG einbezieht), also auch für vorausgegangenen Teilvollzug in derselben Sache (KG JR 87, 31; aM Jähnke LK 7, beide mwN; zw).

§ 79b Verlängerung

Das Gericht kann die Verjährungsfrist vor ihrem Ablauf auf Antrag der Vollstreckungsbehörde einmal um die Hälfte der gesetzlichen Verjährungsfrist verlängern, wenn der Verurteilte sich in einem Gebiet aufhält, aus dem seine Auslieferung oder Überstellung nicht erreicht werden kann.

1 1. **Warum** die Auslieferung oder Überstellung nicht erreicht werden kann, sei es, weil überhaupt kein Rechtshilfeverkehr stattfindet oder weil die Voraussetzungen der Rechtshilfe nicht erfüllt sind, ist unerheblich (Hamm NStZ 91, 186). Auch während eines laufenden Auslieferungsverfahrens in einem ersuchten Vertragsstaat ist eine Verlängerung möglich (Stuttgart Justiz 02, 553).

2 2. Die Verlängerung der Verjährungsfrist, die sowohl die gesetzliche als auch durch Ruhen verlängerte Frist sein kann (Begr zu § 133 E 1962 S 261), steht im **pflichtmäßigen Ermessen** des Gerichts (50 zu § 46); für dessen Ausübung ist

Verlängerung § 79b

maßgebend, ob ein noch fortdauerndes Bedürfnis nach Strafvollstreckung besteht (Hamm NStZ 91, 186).

3. Vollstreckungsbehörden sind namentlich die StA (einschl. der Amtsanwälte) nach § 451 StPO und der Jugendrichter nach § 82 JGG. Zur Übertragung von Vollstreckungsaufgaben auf den Rechtspfleger § 31 RPflG. Zur Zuständigkeit des Gerichts § 462 I StPO.

Besonderer Teil

1. Abschnitt. Friedensverrat, Hochverrat und Gefährdung des demokratischen Rechtsstaates

1. Titel. Friedensverrat

§ 80 Vorbereitung eines Angriffskrieges

> Wer einen Angriffskrieg (Artikel 26 Abs. 1 des Grundgesetzes), an dem die Bundesrepublik Deutschland beteiligt sein soll, vorbereitet und dadurch die Gefahr eines Krieges für die Bundesrepublik Deutschland herbeiführt, wird mit lebenslanger Freiheitsstrafe oder mit Freiheitsstrafe nicht unter zehn Jahren bestraft.

1. Die Vorschrift **schützt den Frieden** der Bundesrepublik mit anderen Völkern und die äußere Sicherheit (Rudolphi SK 1; anders Paeffgen NK 14 vor § 80: der „zwischenstaatliche Frieden"; zum Frieden als überstaatlichem Rechtsgut Schroeder, Der Schutz von Staat und Verfassung im Strafrecht, 1970, S 370, 388). Sie ist Ausführungsgesetz zu Art 26 I GG (krit Klug, in: Baumann [Hrsg], Mißlingt die Strafrechtsreform?, 1969, S 162), wenngleich der Anwendungsbereich des § 80 enger ist (vgl GBA JZ 03, 908, 909 mit Anm Kreß. – Zur „Gesetzes-Genese" Paeffgen NK 4–9 vor § 80. 1

2. Angriffskrieg ist die völkerrechtswidrige bewaffnete Aggression (LG Köln NStZ 81, 261; krit Paeffgen NK 5). Die Begriffsbestimmung ist im Völkerrecht umstritten (vgl Kreß ZStW 115, 294); das IStGH-Statut enthält keine Definition für den völkerrechtlichen Agressions-Tatbestand (GBA aaO [vgl 1] S 910. Die im Hinblick auf Art 103 II GG problematische Vorschrift (Schröder JZ 69, 41; aM Klug aaO [vgl 1] S 164) bedarf daher der Einschränkung auf völkerrechtlich eindeutige Fälle (Kindhäuser 3 vor § 80; Rudolphi SK 3; krit Paeffgen NK 9; Tröndle/Fischer 4); umstritten ist die Einbeziehung sog „humanitärer" Aktionen wie etwa im Kosovo-Konflikt (Paeffgen NK 11 mwN). **Beteiligung** umfasst – nach engem konfliktsvölkerrechtlichem Verständnis – sowohl den Fall, dass die Bundesrepublik angreifen, wie auch den, dass sie angegriffen (Laufhütte LK 3 mwN) werden soll, nicht aber – nach deliktsvölkerrechtlichem Verständnis – jede Beteiligung in Form bloßer Beihilfe an einem fremden Angriffskrieg (vgl 1 vor § 25), die die Bundesrepublik nicht zu einer Kriegspartei macht (GBA aaO S 909 mit insoweit krit Anm Kreß JZ 03, 911, 913 und ZStW 115, 294, 337). **Vorbereitung** ist Tätigkeit von Gewicht, die für einen bestimmten, vom Täter oder von anderen geplanten Angriffskrieg geeignete Vorbedingungen schaffen soll (einschr Rudolphi SK 5); so dass bloße Duldungs- oder Unterlassungshandlungen nicht genügen (GBA aaO S 911, zust Kreß JZ 03, 914); das **Führen** eines Angriffskrieges ist nicht ausdrücklich unter Strafe gestellt, soll aber „erst recht" erfasst sein (hM; aM Paeffgen 9 vor § 80). 2

3. Die **Gefahr**, dass die Bundesrepublik zu einer Kriegspartei wird, muss konkret (22 zu § 315c) sein (GBA aaO S 911, zust Kreß JZ 03, 911, 914). 3

4. Vorsatz (bedingter genügt) ist für Tathandlung und Gefährdung erforderlich (zum Gefährdungsvorsatz 28 zu § 15). 4

5. Der **Versuch** ist strafbar (§ 23 I). Da die Kriegsvorbereitung selbst die strafbare Tätigkeit ist, liegt eine nur unselbstständige Vorverlagerung des Strafschutzes nicht vor (Laufhütte LK 10; einschr Paeffgen NK 28, 29; 3 vor § 22). 5

§ 80a BT. 1. Abschnitt. 2. Titel. Hochverrat

6   6. **Räumlicher Geltungsbereich** § 5 Nr 1. Nebenfolgen, Einziehung §§ 92a, 92b. Anzeigepflicht § 138 I Nr 1. – Zu Besonderheiten der **gerichtlichen Zuständigkeit** und des **Verfahrens** bei Straftaten im Sinne der ersten beiden Abschnitte des BT vgl namentlich §§ 74a, 120, 142a GVG, §§ 100a Nr 1a, 153d, 153e StPO sowie Nr 202–214 RiStBV.

§ 80a Aufstacheln zum Angriffskrieg

Wer im räumlichen Geltungsbereich dieses Gesetzes öffentlich, in einer Versammlung oder durch Verbreiten von Schriften (§ 11 Abs. 3) zum Angriffskrieg (§ 80) aufstachelt, wird mit Freiheitsstrafe von drei Monaten bis zu fünf Jahren bestraft.

1   1. Zum **geschützten Rechtsgut** 1 zu § 80. – Kritisch zur Vorverlegung des Strafschutzes Paeffgen NK 2: „Klima-Schutz-Norm".

2   2. **Öffentlich** ist die Tat, wenn sie für einen nach Zahl und Individualität unbestimmten Kreis oder für einen nicht durch persönliche Beziehungen innerlich verbundenen größeren bestimmten Kreis von Personen unmittelbar wahrnehmbar ist (KG JR 84, 249; Bay NStZ-RR 03, 233; Stegbauer JR 02 182, 187) oder zur unmittelbaren Wahrnehmung, wie zB im Btx-Verfahren (Walther NStZ 90, 523), im Internet (BGHSt 46, 212 [zu § 130]; Nürnberg CR 98, 686 [zu § 166]) oder in einem nicht speziell gesicherten Mailbox-Bereich (Frankfurt NStZ 99, 356 mit zust Anm Rückert [zu § 86a]), nicht per SMS (Hörnle NStZ 02, 113, 117), angeboten wird, und zwar unabhängig davon, ob der Tatort ein öffentlicher ist (Hamm MDR 80, 159; Celle NStZ 94, 440; Laufhütte LK 4–7 zu § 90 mwN). – **Versammlung** ist das Beisammensein einer größeren Zahl von Menschen (Düsseldorf JR 82, 299 mit Anm Merten, beide mwN) zur Verfolgung eines bestimmten, irgendwie der Meinungsbildung dienenden Zwecks (aM Stegbauer aaO). Der Versammlungsbegriff deckt sich hier nicht mit dem des VersG (dazu 2 zu § 106a). Aus dem Vergleich mit den weiteren Tatmodalitäten (öffentlich, Verbreiten von Schriften) folgt vielmehr, dass kleine, mit einem Blick überschaubare Personenmehrheiten zur Bildung einer Versammlung nicht ausreichen (Laufhütte LK 9 zu § 90; Paeffgen NK 6; str). Außerdem ist nach der Schutzrichtung des § 80a und der weiteren vergleichbaren Tatbestände dieses Abschnitts (§§ 86a I, 90 I, 90a I, 90b I) der nähere Inhalt des verfolgten Zwecks nicht gleichgültig (anders die hM; vgl etwa Laufhütte LK 8 zu § 90), erfordert aber keinen Bezug zu öffentlichen Angelegenheiten (hM; Stegbauer, Rechtsextremistische Propaganda im Lichte des Strafrechts, 2000, S 111; anders Koblenz MDR 81, 600); es genügt, wenn die Veranstaltung irgendwie der Meinungsbildung dient (so Frowein NJW 69, 1081), so dass rein persönliche Zusammenkünfte (zB Familienfeiern) ausscheiden und Theater-, Musik- oder Filmvorführungen nur erfasst werden, wenn sie öffentlich sind (aM Paeffgen NK 8 zu § 90). – **Verbreiten von Schriften** 26–28 zu § 11; 5 zu § 74d.

3   3. **Aufstacheln** ist eine gesteigerte, auf die Gefühle anderer einwirkende Form propagandistischen Anreizens (LG Köln NStZ 81, 261 mit krit Bespr Klug, Jescheck-FS, S 583; Paeffgen NK 5; s auch 4 zu § 130). **Angriffskrieg** 2 zu § 80.

4   4. Räumlicher Geltungsbereich 5 vor § 3; 3 zu § 5. Nebenfolgen, Einziehung §§ 92a, 92b. Zuständigkeit und Verfahren 6 zu § 80.

2. Titel. Hochverrat
§ 81 Hochverrat gegen den Bund
(1) **Wer es unternimmt, mit Gewalt oder durch Drohung mit Gewalt**
1. **den Bestand der Bundesrepublik Deutschland zu beeinträchtigen oder**
2. **die auf dem Grundgesetz der Bundesrepublik Deutschland beruhende verfassungsmäßige Ordnung zu ändern,**

wird mit lebenslanger Freiheitsstrafe oder mit Freiheitsstrafe nicht unter zehn Jahren bestraft.

(2) **In minder schweren Fällen ist die Strafe Freiheitsstrafe von einem Jahr bis zu zehn Jahren.**

1. Die Vorschrift betrifft nur den Hochverrat gegen den **Bund** (zum Hochverrat gegen ein Land § 82). Sie unterscheidet nach dem angegriffenen Rechtsgut den **Bestandshochverrat** (Abs 1 Nr 1), der den Gebietshochverrat einschließt, und den **Verfassungshochverrat** (Abs 1 Nr 2). – Zur Entstehungsgeschichte Paeffgen NK 1–4.

2. **Angriffsgegenstand** des **Bestandshochverrats** ist der Bestand der Bundesrepublik, **Tathandlung** das **Unternehmen** (19 zu § 11) der Bestandsbeeinträchtigung (dazu 2–4 zu § 92).

3. a) **Angriffsgegenstand** des **Verfassungshochverrats** ist die verfassungsmäßige Ordnung (zur Verfassung als Rechtsgut Schroeder, Der Schutz von Staat und Verfassung im Strafrecht, 1970, S 417). Sie umfasst (anders als in Art 2 I GG) die Grundlagen der konkreten Staatsordnung, dh diejenige tatsächliche Ausgestaltung, welche die Grundsätze einer freiheitlichen Demokratie auf dem Boden des GG gefunden haben (BGHSt 6, 336; 7, 222; Deiters, in: Thiel [Hrsg], Wehrhafte Demokratie, 2003, S 291, 295; Paeffgen NK 16; Rudolphi SK 13), unabhängig davon, ob sie in der Verfassungsurkunde ausdrücklich genannt sind (Hennke GA 54, 140). Der Begriff ist umfassender als die Summe der Verfassungsgrundsätze nach § 92 II (bei Wagner GA 60, 4, Nr 1, 5).

b) **Tathandlung** ist das **Unternehmen** (19 zu § 11), die verfassungsmäßige Ordnung zu ändern (BGHSt 6, 336), zB die BReg zu stürzen, um das Organ selbst zu beseitigen oder umzugestalten (BGHSt 6, 352), nicht jedoch diese Ordnung nur zu stören, zB das Parlament nur in einer bestimmten Gesetzgebungsangelegenheit zu nötigen (bei Ruhrmann NJW 57, 281). – Versuch ist nicht möglich (hM; im Ergebnis auch Paeffgen NK 26 mwN).

4. a) Der Begriff der **Gewalt** ist hier wegen der Stoßrichtung des Nötigungsmittels gegen überindividuelle staatliche Institutionen und zur Vermeidung unerwünschter Beschränkung des politischen Meinungskampfes **enger** als in § 240 (dort 5–11) auszulegen (ebenso Paeffgen NK 18). Zwar ist nach der Rspr auch hier die Aufwendung körperlicher Kraft nicht unbedingt erforderlich, so dass auch Fälle bloßer Herbeiführung unmittelbar oder auch nur mittelbar wirkenden unwiderstehlichen körperlichen Zwanges, zB General- oder Massenstreiks mit schweren Auswirkungen auf die lebensnotwendige Versorgung der Bevölkerung, in Frage kommen (BGHSt 6, 336, 340; 8, 102; offengelassen in BGHSt 32, 165, 169; krit zur Wirkungsintensität Deiters aaO [vgl 3] S 303; zw). Darüber hinaus muss aber der ausgeübte Druck, der auf die Nötigungsadressaten auch mittelbar durch Gewalt gegen Dritte oder gegen Sachen (abl Paeffgen NK 23) wirken kann, so intensiv sein, dass er geeignet erscheint, eine verantwortungsbewusste Staatsführung zur Abwendung schwerer Schäden für das Gemeinwesen zum Zurückweichen zu zwingen (ähnlich BGHSt 32, 165 mit Bespr Willms JR 84, 120 und Arzt JZ 84, 428; s auch Wolter NStZ 85, 193).

§§ 82, 83 BT. 1. Abschnitt. 2. Titel. Hochverrat

6 **b) Drohung** 12 zu § 240. Es genügt nur Drohung mit Gewalt (vgl 5), nicht mit einem anderen empfindlichen Übel.

7 **5.** Das **Parteienprivileg** (Art 21 II GG) hindert die Anwendung der Vorschrift nicht (BVerfGE 9, 162).

8 **6.** Zu Abs 2 (minder schwere Fälle) 7–10 a zu § 46.

9 **7. Tateinheit** ua möglich mit §§ 82, 105, 106. Über das Verhältnis zu § 83 dort 7; zu § 89 dort 7.

10 **8.** Räumlicher Geltungsbereich § 5 Nr 1 (dort 3). Tätige Reue § 83 a I, III. Nebenfolgen, Einziehung §§ 92 a, 92 b. Anzeigepflicht § 138 I Nr 2. Zuständigkeit und Verfahren 6 zu § 80.

§ 82 Hochverrat gegen ein Land

(1) **Wer es unternimmt, mit Gewalt oder durch Drohung mit Gewalt**
1. das Gebiet eines Landes ganz oder zum Teil einem anderen Land der Bundesrepublik Deutschland einzuverleiben oder einen Teil eines Landes von diesem abzutrennen oder
2. die auf der Verfassung eines Landes beruhende verfassungsmäßige Ordnung zu ändern,
wird mit Freiheitsstrafe von einem Jahr bis zu zehn Jahren bestraft.

(2) **In minder schweren Fällen ist die Strafe Freiheitsstrafe von sechs Monaten bis zu fünf Jahren.**

1 **1.** Der **Hochverrat gegen ein Land** ist dem § 81 nachgebildet, aber im Bereich des Bestandshochverrats auf den sog **Gebietshochverrat** beschränkt (Abs 1 Nr 1).

2 **2.** Im Übrigen vgl 1–10 zu § 81, zu Abs 2 auch 4 zu § 12.

§ 83 Vorbereitung eines hochverräterischen Unternehmens

(1) **Wer ein bestimmtes hochverräterisches Unternehmen gegen den Bund vorbereitet, wird mit Freiheitsstrafe von einem Jahr bis zu zehn Jahren, in minder schweren Fällen mit Freiheitsstrafe von einem Jahr bis zu fünf Jahren bestraft.**

(2) **Wer ein bestimmtes hochverräterisches Unternehmen gegen ein Land vorbereitet, wird mit Freiheitsstrafe von drei Monaten bis zu fünf Jahren bestraft.**

1 **1.** Die Vorschrift erhebt die **Vorbereitung** eines hochverräterischen Unternehmens (§§ 81, 82) zum selbstständigen Tatbestand. – Rechtspolitische Einschätzung bei Deiters, in: Thiel (Hrsg), Wehrhafte Demokratie, 2003, S 305, der vom Gesetzgeber einen Katalog von Verhaltensweisen verlangt, die die Gefahr des Gewalteinsatzes tatsächlich erhöhen (S 308).

2 **2.** Ein **bestimmtes hochverräterisches Unternehmen** ist eine geplante Tat nach §§ 81, 82, die nach Angriffsgegenstand und -ziel feststeht und nach Zeit (Rudolphi SK 5), Ort und Art der Durchführung in ihren Grundzügen umrissen ist (BGHSt 6, 336). Der Umsturzplan braucht nicht schon in seinen Einzelheiten erkennbar zu sein. Jedoch dürfen namentlich an die zeitliche Bestimmtheit keine zu geringen Anforderungen gestellt werden; die Verwirklichung des Umsturzplans, der unmittelbar an die obwaltenden politischen Verhältnisse anknüpft, muss den Tätern als nahe bevorstehend erscheinen oder alsbald von ihnen geschaffen werden sollen (BGHSt 7, 11; Laufhütte LK 2–6; krit Wagner NJW 80, 913; Schroeder NJW 80, 920; Paeffgen NK 8, 9).

Tätige Reue **§ 83a**

3. **Vorbereitung** ist jede ihrer Art nach gefährliche Handlung (auch als solche nicht strafbare politische Propaganda), die das geplante Unternehmen, gleichgültig ob unmittelbar oder mittelbar (bei Wagner GA 60, 10, Nr 7) oder nur zur Vorbereitung einer weiteren Vorbereitungshandlung (RGSt 5, 60, 68) fördern soll. Eine konkrete Gefährdung ist nicht erforderlich (Ruhrmann NJW 57, 281, 284), wohl aber objektive Gefährlichkeit (Sch/Sch-Stree 8; ähnlich Paeffgen NK 13). Versuchte Vorbereitung ist dogmatisch nur als untaugliche Vorbereitung denkbar; sie zu erfassen, wäre rechtsstaatswidrig (ebenso Deiters aaO [vgl 1] S 301; Rudolphi SK 1; im Ergebnis auch Paeffgen NK 19–22). Teilnahme ist möglich, wenn ein anderer über die Vorbereitung Tatherrschaft hat (Laufhütte LK 12; krit Paeffgen NK 18, beide mwN).

4. Der **Vorsatz** (bedingter genügt) muss auch die Bestimmtheit des hochverräterischen Unternehmens umfassen (HuSt I, 285, 368).

5. Zu den **minder schweren Fällen** (Abs 1) 7–10 a zu § 46.

6. Zum **Parteienprivileg** 7 zu § 81; BGHSt 6, 336. **Tätige Reue** § 83 a II, III.

7. Die Vorschrift **tritt** hinter §§ 81, 82 (33 vor § 52) **zurück,** § 30 iVm § 81 geht sie vor (Köln NJW 54, 1259; Laufhütte LK 13; Paeffgen NK 25; aM Sch/Sch-Sternberg-Lieben 13; s auch 10 zu § 30).

8. Räumlicher Geltungsbereich § 5 Nr 2 (dort 3). Nebenfolgen, Einziehung §§ 92 a, 92 b. Für Abs 1 Anzeigepflicht nach § 138 I Nr 2. Zuständigkeit und Verfahren 6 zu § 80.

§ 83 a Tätige Reue

(1) **In den Fällen der §§ 81 und 82 kann das Gericht die Strafe nach seinem Ermessen mildern (§ 49 Abs. 2) oder von einer Bestrafung nach diesen Vorschriften absehen, wenn der Täter freiwillig die weitere Ausführung der Tat aufgibt und eine von ihm erkannte Gefahr, daß andere das Unternehmen weiter ausführen, abwendet oder wesentlich mindert oder wenn er freiwillig die Vollendung der Tat verhindert.**

(2) **In den Fällen des § 83 kann das Gericht nach Absatz 1 verfahren, wenn der Täter freiwillig sein Vorhaben aufgibt und eine von ihm verursachte und erkannte Gefahr, daß andere das Unternehmen weiter vorbereiten oder es ausführen, abwendet oder wesentlich mindert oder wenn er freiwillig die Vollendung der Tat verhindert.**

(3) **Wird ohne Zutun des Täters die bezeichnete Gefahr abgewendet oder wesentlich gemindert oder die Vollendung der Tat verhindert, so genügt sein freiwilliges und ernsthaftes Bemühen, dieses Ziel zu erreichen.**

1. Allgemein zur **tätigen Reue** 29 zu § 24; speziell zur Legitimation von § 83 a Deiters, in: Thiel (Hrsg), Wehrhafte Demokratie, 2003, S 291, 297. Kritisch zum unbestimmten (Art 103 II GG) Strafrahmen von Straffreiheit bis lebenslanger Freiheitsstrafe Rudolphi SK 10 und Paeffgen NK 3.

2. **Abs 1** (tätige Reue beim **hochverräterischen Unternehmen**) erfordert namentlich, dass der Täter die weitere Tatausführung unter **endgültigem Verzicht** auf die Tat aufgibt, dh das Unternehmen (19 zu § 11) im Stadium des Versuchs abbricht. Im Übrigen muss dem Täter, wenn nicht die Voraussetzungen des Abs 3 vorliegen, die Abwendung oder wesentliche Minderung der Gefahr (insoweit strenger als beim Rücktritt vom unbeendeten Versuch nach § 24, Deiters aaO [vgl 1] S 300) oder die Verhinderung der Vollendung gelingen. Ob die Gefahr vom Täter oder von anderen verursacht wurde, ist unerheblich; eine unerkannte Gefahr schließt die Vergünstigung nicht aus (BT-Dr V/2860 S 4).

§ 84 BT. 1. Abschn. 3. Titel. Rechtsstaatsgefährdung

3 3. Im Rahmen des **Abs 2** braucht der Täter nicht jede erkannte Gefahr, dass andere das Unternehmen weiter vorbereiten oder ausführen, zu entschärfen; es kommt nur auf die durch seinen eigenen Tatbeitrag verursachte Gefahr an; zur Berechtigung dieser großzügigen Regelung für Vorbereitungstäter Deiters aaO [vgl 1] S 302.

3. Titel. Gefährdung des demokratischen Rechtsstaates

§ 84 Fortführung einer für verfassungswidrig erklärten Partei

(1) **Wer als Rädelsführer oder Hintermann im räumlichen Geltungsbereich dieses Gesetzes den organisatorischen Zusammenhalt**
1. **einer vom Bundesverfassungsgericht für verfassungswidrig erklärten Partei oder**
2. **einer Partei, von der das Bundesverfassungsgericht festgestellt hat, daß sie Ersatzorganisation einer verbotenen Partei ist,**

aufrechterhält, wird mit Freiheitsstrafe von drei Monaten bis zu fünf Jahren bestraft. Der Versuch ist strafbar.

(2) **Wer sich in einer Partei der in Absatz 1 bezeichneten Art als Mitglied betätigt oder wer ihren organisatorischen Zusammenhalt unterstützt, wird mit Freiheitsstrafe bis zu fünf Jahren oder mit Geldstrafe bestraft.**

(3) **Wer einer anderen Sachentscheidung des Bundesverfassungsgerichts, die in Verfahren nach Artikel 21 Abs. 2 des Grundgesetzes oder im Verfahren nach § 33 Abs. 2 des Parteiengesetzes erlassen ist, oder einer vollziehbaren Maßnahme zuwiderhandelt, die im Vollzug einer in einem solchen Verfahren ergangenen Sachentscheidung getroffen ist, wird mit Freiheitsstrafe bis zu fünf Jahren oder mit Geldstrafe bestraft. Den in Satz 1 bezeichneten Verfahren steht ein Verfahren nach Artikel 18 des Grundgesetzes gleich.**

(4) **In den Fällen des Absatzes 1 Satz 2 und der Absätze 2 und 3 Satz 1 kann das Gericht bei Beteiligten, deren Schuld gering und deren Mitwirkung von untergeordneter Bedeutung ist, die Strafe nach seinem Ermessen mildern (§ 49 Abs. 2) oder von einer Bestrafung nach diesen Vorschriften absehen.**

(5) **In den Fällen der Absätze 1 bis 3 Satz 1 kann das Gericht die Strafe nach seinem Ermessen mildern (§ 49 Abs. 2) oder von einer Bestrafung nach diesen Vorschriften absehen, wenn der Täter sich freiwillig und ernsthaft bemüht, das Fortbestehen der Partei zu verhindern; erreicht er dieses Ziel oder wird es ohne sein Bemühen erreicht, so wird der Täter nicht bestraft.**

1 1. Die nach **Abs 1, 2** erforderlichen Feststellungen werden im Verfahren nach Art 21 II GG iVm § 46 BVerfGG oder nach § 33 II ParteienG getroffen (**Verbotsprinzip, Feststellungsprinzip;** krit Willms JZ 73, 455 und Lackner-FS, S 471). – **Partei** § 2 ParteienG (s auch BVerfGE 47, 198, 222; BVerwGE 8, 327 und NJW 93, 3213; BGHSt 19, 51). Eine Partei ist **Ersatzorganisation** einer verbotenen Partei, wenn sie die verfassungswidrigen Bestrebungen an deren Stelle weiterverfolgt, ohne Rücksicht darauf, ob sie zuvor schon bestanden hat oder erst zu diesem Zweck geschaffen worden ist (§ 33 I ParteienG; vgl auch § 8 I VereinsG; BGHSt 16, 264; 19, 51, 60). – **Räumlicher Geltungsbereich** 5 vor § 3 (beachte auch § 91). Bei grenzüberschreitenden Parteien ist nur der in diesem Bereich bestehende Organisationsteil bedeutsam (BT-Dr V/2860 S 6; s auch BGHSt

Fortführung einer für verfassungswidrig erklärten Partei **§ 84**

20, 45). – Für ersatzlose Streichung der §§ 84, 85 Deiters, in: Thiel (Hrsg), Wehrhafte Demokratie, 2003, S 291, 320.

2. a) Abs 1: Aufrechterhalten des organisatorischen Zusammenhalts setzt eine aktive Tätigkeit voraus, die darauf gerichtet ist und bewirkt, dass die organisatorische Verbundenheit im Parteiapparat, sei es auch nur auf einer unteren Ebene oder im Untergrund, ganz oder teilweise fortbesteht (BGHSt 7, 104; 20, 74, 287; beachte auch NJW 98, 1653 und NStZ-RR 98, 217 jeweils zu § 20 I Nr 3 VereinsG). – **Rädelsführer** ist, wer in der Organisation eine führende Rolle spielt, sei es, dass er zu den Führungskräften gehört oder dass er wenigstens durch seinen Einfluss gleichsam an der Führung teilnimmt (BGHSt 19, 109; 20, 121); **Hintermann,** wer als Außenstehender geistig oder wirtschaftlich maßgeblichen Einfluss auf die Führung hat (BGHSt 7, 279; 20, 121). 2

b) Abs 2: Betätigen als Mitglied setzt aktive Förderungshandlungen voraus (ungenügend daher bloße Zahlung des Mitgliedsbeitrags, BT-Dr V/2860 S 6; Rudolphi SK 12); Meinungsäußerungen im Rahmen solcher Betätigung genießen keinen Grundrechtsschutz (BVerfGE 25, 69). **Mitglied** ist nicht nur, wer die förmliche Mitgliedschaft besitzt; es genügt, dass der Täter seinen Willen dem der Organisation mit deren Einverständnis unterordnet und auf Dauer für sie tätig wird (BGHSt 18, 296, 300; einschr Paeffgen NK 14). – **Unterstützen** des organisatorischen Zusammenhalts ist das irgendwie vorteilhafte, einen organisatorischen Effekt erzielende Tun eines Nichtmitglieds (BGHSt 18, 296, 299; 26, 258, 260). Daher genügt die Propagierung der verfassungsfeindlichen Ideen der Partei allein nicht (ebenso Rudolphi SK 13; krit Paeffgen NK 17), erforderlich ist vielmehr ein den organisatorischen Zusammenhalt stärkendes und auf ihn bezogenes Verhalten (vgl auch BVerfGE 25, 44, 79; Schmitt Glaeser JZ 70, 59 und Weisert, Der Hilfeleistungsbegriff bei der Begünstigung, 1999, S. 181); umgekehrt schränkt er § 86 die Reichweite dieses Merkmals nicht etwa als Spezialvorschrift ein (BGHSt 26, 258 mwN; str). Materiell ist das Unterstützen Beihilfe, aber durch den Tatbestand zur Täterschaft verselbstständigt (BGHSt 20, 89; 12 zu § 27); da nach dem erkennbaren Gesetzeszweck nur das Unterstützen des organisatorischen Zusammenhalts mit Strafe bedroht sein soll, werden andere Beihilfehandlungen nicht von § 27 erfasst (BGHSt 26, 258, 260; Sommer JR 81, 490; aM Sch/Sch-Stree/Sternberg-Lieben 17, alle mwN; offen gelassen von BGHSt 43, 41, 51). 3

3. Abs 3 bezieht sich nur auf **Sachentscheidungen** (nicht auf prozeßleitende Anordnungen) des BVerfG in den genannten Verfahren und auf (auch nur vorläufig) vollziehbare Maßnahmen im Vollzug solcher Sachentscheidungen (§ 32 ParteienG); zur rechtspolitischen Erforderlichkeit von Abs 3 Satz 2 Deiters aaO [vgl 1] S 320. 4

4. Der **Vorsatz** (bedingter genügt) muss sich namentlich auf die Entscheidung des BVerfG und ihren wesentlichen Inhalt, nicht notwendig auch auf die Verfassungswidrigkeit erstrecken. Ferner ist sog **Organisationsbewusstsein,** dh das Wissen des Täters, erforderlich, dass mit oder neben ihm noch andere im gleichen Sinne organisatorisch tätig sind (BGHSt 20, 45; Paeffgen NK 21: „Organisationsbezugs-Bewußtsein"). 5

5. Zur **tätigen Reue** (Abs 5) sowie zur **Strafmilderung und zum Absehen von Strafe** (Abs 4, 5) 29 zu § 24; 7 zu § 49. Zu den **Konkurrenzen** 9 zu § 86. Ebenso wie bei § 129 (dort 13) kommt häufig in Frage, dass mehrere Tathandlungen nach Abs 1, 2 eine Bewertungseinheit bilden (10 vor § 52; s auch Düsseldorf MDR 97, 90 und BGHSt 43, 312 zu § 20 I Nr 4 VereinsG). 6

6. Nebenfolgen, Einziehung §§ 92a, 92b. Zuständigkeit und Verfahren 6 zu § 80. 7

§§ 85, 86 BT. 1. Abschn. 3. Titel. Rechtsstaatsgefährdung

§ 85 Verstoß gegen ein Vereinigungsverbot

(1) **Wer als Rädelsführer oder Hintermann im räumlichen Geltungsbereich dieses Gesetzes den organisatorischen Zusammenhalt**
1. **einer Partei oder Vereinigung, von der im Verfahren nach § 33 Abs. 3 des Parteiengesetzes unanfechtbar festgestellt ist, daß sie Ersatzorganisation einer verbotenen Partei ist, oder**
2. **einer Vereinigung, die unanfechtbar verboten ist, weil sie sich gegen die verfassungsmäßige Ordnung oder gegen den Gedanken der Völkerverständigung richtet, oder von der unanfechtbar festgestellt ist, daß sie Ersatzorganisation einer solchen verbotenen Vereinigung ist,**

aufrechterhält, wird mit Freiheitsstrafe bis zu fünf Jahren oder mit Geldstrafe bestraft. Der Versuch ist strafbar.

(2) **Wer sich in einer Partei oder Vereinigung der in Absatz 1 bezeichneten Art als Mitglied betätigt oder wer ihren organisatorischen Zusammenhalt unterstützt, wird mit Freiheitsstrafe bis zu drei Jahren oder mit Geldstrafe bestraft.**

(3) § 84 Abs. 4 und 5 gilt entsprechend.

1. 1. Die Vorschrift betrifft nur Vereinigungen, die sich gegen die **verfassungsmäßige Ordnung oder den Gedanken der Völkerverständigung** richten (Art 9 II GG, § 3 I VereinsG, § 33 III ParteienG).

2. 2. **Partei, Ersatzorganisation** 1 zu § 84. **Vereinigung** 2 zu § 129 (s auch § 2 I VereinsG, BGHSt 16, 298; 20, 60). Es gilt ebenso wie in § 84 I, II (dort 1) im Falle des Abs 1 Nr 1 das **Feststellungsprinzip** (verfassungsrechtliche Einwendungen gegen die Einbeziehung der Parteien bei Laufhütte LK 2 mit Erwiderung Willms JZ 93, 830; nach Paeffgen NK 8: wegen Verstoßes gegen das Parteienprivileg verfassungswidrig; ebenso Deiters, in: Thiel [Hrsg], Wehrhafte Demokratie, 2003, S 291, 312) und im Falle des Abs 1 Nr 2 das **Verbotsprinzip** (Zusammenstellung der unanfechtbar verbotenen Vereinigungen bei Bonefeld DRiZ 93, 430). Soweit eine Feststellung oder ein Verbot nicht unanfechtbar, aber vollziehbar ist, bestimmt sich der Strafschutz nach § 20 VereinsG (zu dessen Verfassungsmäßigkeit BVerfGE 80, 244; s auch NStZ 96, 340 mit Anm Scholz NStZ 96, 602; NStZ-RR 96, 218 und 219).

3. 3. Im Übrigen entspricht die Vorschrift weitgehend dem § 84.

§ 86 Verbreiten von Propagandamitteln verfassungswidriger Organisationen

(1) Wer Propagandamittel
1. einer vom Bundesverfassungsgericht für verfassungswidrig erklärten Partei oder einer Partei oder Vereinigung, von der unanfechtbar festgestellt ist, daß sie Ersatzorganisation einer solchen Partei ist,
2. einer Vereinigung, die unanfechtbar verboten ist, weil sie sich gegen die verfassungsmäßige Ordnung oder gegen den Gedanken der Völkerverständigung richtet, oder von der unanfechtbar festgestellt ist, daß sie Ersatzorganisation einer solchen verbotenen Vereinigung ist,
3. einer Regierung, Vereinigung oder Einrichtung außerhalb des räumlichen Geltungsbereichs dieses Gesetzes, die für die Zwecke einer der in den Nummern 1 und 2 bezeichneten Parteien oder Vereinigungen tätig ist, oder
4. Propagandamittel, die nach ihrem Inhalt dazu bestimmt sind, Bestrebungen einer ehemaligen nationalsozialistischen Organisation fortzusetzen,

Propagandamittel verfassungswidriger Organisationen **§ 86**

im Inland verbreitet oder zur Verbreitung im Inland oder Ausland herstellt, vorrätig hält, einführt oder ausführt oder in Datenspeichern öffentlich zugänglich macht, wird mit Freiheitsstrafe bis zu drei Jahren oder mit Geldstrafe bestraft.

(2) Propagandamittel im Sinne des Absatzes 1 sind nur solche Schriften (§ 11 Abs. 3), deren Inhalt gegen die freiheitliche demokratische Grundordnung oder den Gedanken der Völkerverständigung gerichtet ist.

(3) Absatz 1 gilt nicht, wenn das Propagandamittel oder die Handlung der staatsbürgerlichen Aufklärung, der Abwehr verfassungswidriger Bestrebungen, der Kunst oder der Wissenschaft, der Forschung oder der Lehre, der Berichterstattung über Vorgänge des Zeitgeschehens oder der Geschichte oder ähnlichen Zwecken dient.

(4) Ist die Schuld gering, so kann das Gericht von einer Bestrafung nach dieser Vorschrift absehen.

Fassung: Art 4 Nr 3 IuKDG (13 vor § 1) hat dem Abs 1 eine Tathandlung hinzugefügt.

1. Die Vorschrift bezieht sich nur auf **rechtsstaatsgefährdende Propaganda** 1 von bestimmten Organisationen und auf Bestrebungen ehemaliger nationalsozialistischer Organisationen (zu ihrer Verfassungsmäßigkeit BGHSt 23, 64; Stegbauer, Rechtsextremistische Propaganda im Lichte des Strafrechts, 2000, S. 42, 240; diff rechtspolitische Einschätzung der §§ 86, 86a bei Deiters, in: Thiel [Hrsg], Wehrhafte Demokratie, 2003, S 291, 323).

2. a) Propagandamittel (Abs 2) sind Schriften (26–28 zu § 11), deren Inhalt 2 gerichtet ist
aa) gegen die **freiheitliche demokratische Grundordnung,** dh die im GG verankerten Grundwerte des freiheitlichen demokratischen Verfassungsstaates. Der Begriff stimmt mit dem des GG (zB Art 18) überein (BVerfGE 2, 1, 12; BGHSt 7, 222, 227) und umfasst namentlich die Verfassungsgrundsätze des § 92 II (dort 5–7; Deiters aaO [vgl 1] S 292, 325);
bb) gegen den **Gedanken der Völkerverständigung.** Hierher gehören na- 3 mentlich Propagandamittel mit völkerrechtswidrigem oder den Krieg verherrlichendem Inhalt (Krauth/Kurfess/Wulf JZ 68, 577, 581; Stegbauer aaO [vgl 1] S. 61).

b) Diese Zwecke müssen mit einer **aktiv kämpferischen, aggressiven Ten-** 4 **denz** („Propaganda") verfolgt werden (BGHSt 23, 64; Träger/Mayer/Krauth, BGH-FS, S 227, 239); außerdem muss sich die Schrift nach dem Schutzzweck der Tatbestände dieses Titels gegen die Verwirklichung der angegriffenen Grundwerte gerade in der Bundesrepublik einsetzen, so dass vorkonstitutionelle Schriften (auch unveränderte Nachdrucke) als solche ausscheiden (BGHSt 29, 73 mit krit Bespr Bottke JA 80, 125 und BuB 80, 254; Paeffgen NK 16). Es kommt ausschließlich auf den Inhalt an, allerdings auch, soweit er erkennbar zwischen den Zeilen steht (BGHSt 7, 11; 23, 64; krit Paeffgen NK 13), namentlich durch allgemeinkundige Tatsachen konkretisierbar ist (Stegbauer aaO [vgl 1] S 62), oder sich erst aus anderen Schriften, auf die verwiesen wird, voll erschließt (bei Ruhrmann NJW 57, 281, 284). Die Zielsetzung muss daher aus dem Inhalt wenigstens in deutlichen Ansätzen, dh nicht erst aus den anderen Schriften, erkennbar sein (NStZ 82, 25).

3. Abs 1 Nr 1, 2: Zu den genannten **Organisationen** 1 zu § 84; 2 zu § 85. 5 Nr 2 erfasst nicht Vereinigungen, gegen die ein bloßes Betätigungsverbot nach § 18 S 2 VereinsG besteht (NJW 97, 2251). – **Nr 3:** Die Vereinigung (2 zu § 129) oder Einrichtung braucht nur allgemein für Zwecke einer Organisation nach den Nummern 1, 2 tätig zu sein; ob die konkrete Schrift deren Unterstützung dient, ist

§ 86

unerheblich. Ein Propagandamittel ist dann ein solches der Organisation oder Einrichtung, wenn es von dieser hergestellt oder inhaltlich bestimmt worden ist, um dem Zweck ihrer Propaganda zu dienen (Rudolphi SK 6; weiter Sch/Sch-Stree/ Sternberg-Lieben 12). – **Nr 4:** Hinter der Propaganda braucht keine Organisation zu stehen (Stegbauer aaO [vgl 1] S 53; krit Lüttger JR 69, 121, 129). Jedoch genügt auch hier die bloße Verherrlichung des NS-Regimes und seiner Ideologie nicht; denn die Fortsetzung von Bestrebungen einer Organisation ist ohne Tendenz zur Organisierung nicht denkbar (BGHSt 23, 64, 76; Stegbauer S 55; Paeffgen NK 22).

6   **4. Verbreiten** 5 zu § 74 d; nach dem Gesetzeszweck sind die in § 74 d IV dem Verbreiten gleichgestellten Handlungen hier einbezogen; denn sie fallen bei teleologischer Auslegung noch unter den Begriff des Verbreitens (zw; aM Paeffgen NK 25; zum Plakatanschlag BGHSt 19, 308). – **Öffentlich** (6 zu § 74 d) **Zugänglichmachen** (5 zu § 184) **in Datenspeichern** liegt vor, wenn Dritten der gedankliche oder bildliche Inhalt von Propagandamitteln dadurch zur Kenntnis gebracht wird, dass dieser ohne körperliche Übertragung des Trägermediums in elektronischer Form zum Abruf bereitgehalten oder übermittelt wird (zB über Computernetze; vgl BT-Dr 13/7385 S 36). – **Herstellen, Vorrätighalten, Einführen und Ausführen** (5 zu § 184) sind Vorbereitungshandlungen zum Verbreiten; nach dem Schutzzweck der Vorschrift müssen sie – ungeachtet des nicht ganz eindeutigen Gesetzeswortlauts – sämtlich im Inland (beachte § 9), sei es auch mit der Absicht der Verbreitung im Ausland, begangen werden (im Erg ebenso Stegbauer aaO [vgl 1] S 48). **„Zur" Verbreitung** erfordert Absicht iS zielgerichteten Wollens (20 zu § 15; weiter Paeffgen NK 37: sicheres Wissen); die hier durch die VerbrBG vorgenommene Erstreckung auf das Ausland (vgl vor 1) dient der besseren Anpassung an die internationale Zusammenarbeit extremistischer Gruppen (BT-Dr 12/8588 S 7). Die Verbreitungsabsicht muss sich – wie ein Vergleich mit den anderslautenden §§ 130 II Nr 1 d, 131 I Nr 4, 184 I Nr 8, 184 a Nr 3, 184 b Nr 3 ergibt – unmittelbar auf die Tatobjekte, also nicht lediglich auf erst noch herzustellende „aus ihnen gewonnene Stücke" beziehen (Laufhütte LK 16 mwN; offen gelassen in BGHSt 32, 1 mwN; zw); das bewirkt eine Einschränkung des Schutzbereichs auf die jeweiligen Endprodukte des Herstellungsprozesses, die aber eindeutig aus dem Wortlaut hervorgeht (str). – Wer verbreiten soll, ist gleichgültig (bei Wagner GA 60, 15, Nr 3); soweit der Täter seinem Plan entsprechend selbst verbreitet, gehen die vorausgegangenen Vorbereitungshandlungen darin auf (33 vor § 52; s auch 12 zu § 184). Der Hersteller ist allein wegen Aufbewahrung des Propagandamittels bis zur Veröffentlichung nicht auch wegen Vorrätighaltens besonders strafbar (MDR 66, 687).

7   **5.** Der **Vorsatz** (bedingter genügt) muss auch die in dem Propagandamittel verkörperte Zielsetzung und deren gerade gegen die Bundesrepublik gerichtete Tendenz umfassen (BGHSt 29, 73); jedoch braucht der Täter nicht selbst dieses Ziel zu verfolgen oder den Inhalt auch nur zu billigen (BGHSt 19, 221).

8   **6. Abs 3,** der schon nach dem Gesetz als Tatbestandsausschluss gestaltet ist (hM; vgl etwa Rudolphi SK 16; diff Paeffgen NK 38), beruht auf dem Gedanken der Sozialadäquanz (29 vor § 32; beachte auch 7 zu § 86a; 11 zu § 131); er will zugleich auch das Recht der freien Meinungsäußerung schützen (Art 5 GG; eingehend Rahe, Die Sozialadäquanzklausel des § 86 Abs 3 StGB und ihre Bedeutung für das politische Kommunikationsstrafrecht, 2002, der auf das Kriterium der erkennbaren Distanz zu den Inhalten abstellt, S 329). Da das Merkmal „dienen" die objektive, aus dem Inhalt zu ermittelnde Zwecksetzung beschreibt (hM), ist Abs 3 insofern unklar, als er auch die Propagandamittel als solche in der Ausnahmeklausel aufführt; denn es ist nicht denkbar, dass eine Schrift nach ihrem Inhalt Propagandamittel im Sinne des Abs 2 ist und zugleich der staatsbürgerlichen Aufklärung

oder der Abwehr verfassungsfeindlicher Bestrebungen dient (krit auch Müller-Dietz, Würtenberger-FS, S 167, 180; aM Rautenberg GA 03, 623, 628). – Erfasst werden vornehmlich solche Handlungen, die sich zeitkritisch oder sonst aufklärend für das Interesse der Verfassung einsetzen oder eine Förderung von Kunst, Wissenschaft, Forschung oder Lehre bezwecken; werden sie nur als Vorwand zur Verfolgung verfassungsfeindlicher Ziele benutzt, so ist Abs 3 nicht anwendbar (zum Vorwand staatspolitischer Aufklärung BGHSt 23, 226 mit krit Bespr Kohlmann JZ 71, 681); das gilt auch für rechtsextremistische Propagandamittel von V-Leuten (Kubiciel NStZ 03, 57; Rautenberg GA 03, 623, 630). Die Strafverteidigung ist den in Abs 3 genannten Zwecken gleichzusetzen, es sei denn, der Täter bedient sich nur dem äußeren Anschein nach der Strafverteidigung (BGHSt 46, 36, 43 mit zust Bespr Stegbauer JR 01, 38, abl aber Streng JZ 01, 208).

7. Mit § 83 (LM Nr 1 zu § 81 aF) und § 185 (bei Wagner GA 63, 359, Nr 5), eingeschränkt auch mit §§ 84, 85 (zusf Krauth/Kurfess/Wulf JZ 68, 577, 581; s auch BGHSt 26, 258; str) ist **Tateinheit** möglich (aM Paeffgen NK 50).   9

8. Inland, Ausland 4, 6 vor § 3. Auf bestimmte Zeitungen und Zeitschriften, die im Ausland erscheinen, ist Abs 1 nicht anwendbar (Art 296 EGStGB; s auch BGHSt 28, 296). Nebenfolgen, Einziehung §§ 92a, 92b. Zuständigkeit und Verfahren 6 zu § 80; zu Abs 4 s auch § 153b StPO.   10

§ 86a Verwenden von Kennzeichen verfassungswidriger Organisationen

(1) **Mit Freiheitsstrafe bis zu drei Jahren oder mit Geldstrafe wird bestraft, wer**

1. im Inland Kennzeichen einer der in § 86 Abs. 1 Nr. 1, 2 und 4 bezeichneten Parteien oder Vereinigungen verbreitet oder öffentlich, in einer Versammlung oder in von ihm verbreiteten Schriften (§ 11 Abs. 3) verwendet oder

2. Gegenstände, die derartige Kennzeichen darstellen oder enthalten, zur Verbreitung oder Verwendung im Inland oder Ausland in der in Nummer 1 bezeichneten Art und Weise herstellt, vorrätig hält, einführt oder ausführt.

(2) **Kennzeichen im Sinne des Absatzes 1 sind namentlich Fahnen, Abzeichen, Uniformstücke, Parolen und Grußformen. Den in Satz 1 genannten Kennzeichen stehen solche gleich, die ihnen zum Verwechseln ähnlich sind.**

(3) § 86 Abs. 3 und 4 gilt entsprechend.

1. Die Vorschrift (zusf zur aF Bonefeld DRiZ 93, 430) **schützt** durch abstrakte Gefährdungstatbestände (BGHSt 47, 354; Bay NJW 62, 1878; KG NJW 99, 3500, 3502) den **demokratischen Rechtsstaat** und den **öffentlichen Frieden** (Frankfurt NStZ 99, 356; Rudolphi SK 1; krit Hörnle NStZ 02, 113, 114: heterogenes Doppel-Rechtsgut; enger Beisel, Die Kunstfreiheitsgarantie des Grundgesetzes und ihre strafrechtlichen Grenzen, 1997, S 371: freiheitlich demokratische Grundordnung; ähnlich Stegbauer, Rechtsextremistische Propaganda im Lichte des Strafrechts, 2000, S 86, 242), nicht den einzelnen Bürger (Düsseldorf NJW 88, 2906; Stegbauer JR 02, 182, 183).   1

2. a) Ein **Kennzeichen** wird durch seinen Symbolgehalt charakterisiert; es muss aber keinen gewissen Bekanntheitsgrad als Symbol einer verfassungswidrigen Organisation haben (BGHSt 47, 354 mit Bespr Beckemper JA 03, 280), wenn es nur einem unbefangenen Dritten den Eindruck eines Kennzeichens einer solchen Organisation macht (NStZ-RR 04, 12). Neben den in Abs 2 genannten Gegenständen und Symbolen (zum „Deutschen Gruß" BGHSt 27, 1; Celle NJW 70,   2

§ 86a BT. 1. Abschn. 3. Titel. Rechtsstaatsgefährdung

2257; Stegbauer aaO [vgl 1] S 100; zum „Hitlergruß" BGHSt 25, 30; KG NJW 99, 3500 mit zust Anm Heinrich NStZ 00, 533, s jedoch Bay NStZ-RR 03, 233: „angewinkelter" Arm; zum „Kühnen-Gruß" Stegbauer JR 02, 182, 185; zur „Sigrune" des Jungvolks bei Schmidt MDR 86, 177; zur „Odalrune" Stegbauer aaO; zur Parole „Sieg und Heil für Deutschland" Düsseldorf MDR 91, 174; beachte auch bei Schmidt MDR 94, 238) kommen ua auch in Frage: optische und akustische Erkennungszeichen sowie Märsche, Lieder und deren Melodien, zB das Horst-Wessel-Lied (MDR 65, 923) oder das Lied „Es zittern die morschen Knochen" (Celle NJW 91, 1497), uU auch wenn sie mit einem verfremdeten Text (Oldenburg NJW 88, 351) oder nur in markanten Teilen (Bay NJW 90, 2006) gesungen oder gespielt werden; die Rspr bezieht auch Führerbilder ein (BGHSt 25, 128; 29, 73, 82; Frankfurt NStZ 99, 356; zw), nicht jedoch das von Rudolph Heß (Rostock NStZ 02, 320 mit Bespr Bartels/Kollorz NStZ 02, 297, die einen Gesetzesvorschlag zur Erfassung machen). Das Hakenkreuz ist schon als solches ein Kennzeichen der früheren NSDAP (BGHSt 29, 73, 83; Hamm NJW 82, 1656 Stegbauer aaO S 97, 101). Rein staatliche Kennzeichen gehören nicht hierher (Lüttger GA 60, 129, 132); jedoch werden Symbole nationalsozialistischer Organisationen erfasst, wenn sie – wie etwa das Hakenkreuz in einem Kriegsorden (BGHSt 23, 64, 77), im Reichsadler (AG Weinheim NJW 94, 1543, 1545 mit abl Bespr Wilhelm DRiZ 94, 339) oder an Flugzeugen der Luftwaffe als Hoheitszeichen (BGHSt 28, 394) – auch im staatlichen Bereich verwendet worden sind.

2 a **b) Zum Verwechseln ähnlich** 9 zu § 132a (Kein Verstoß gegen Art 103 II GG, Jahn, Strafrechtliche Mittel gegen den Rechtsextremismus, 1998, S 219, 233; Paeffgen NK 9; als bloße „Interpretationshilfe" wird Abs 2 Satz 2 verstanden von Stegbauer aaO [vgl 1 „Propaganda"] S 109). Bei den Kennzeichen kommt es nicht so sehr auf die figürliche oder sprachliche Ähnlichkeit als vielmehr darauf an, ob der Anschein eines Kennzeichens der jeweiligen Organisation erweckt und dessen Symbolgehalt vermittelt wird (NStZ 96, 81; Stegbauer JR 02, 182, 186; für nachgemachte Gaudreiecke abl BayNStZ 99, 190 mit krit Bespr Bartel/Kollorz NStZ 00, 648; krit auch Stegbauer aaO [vgl 1 „Propaganda"] S 104; zust aber Hörnle NStZ 02, 113; für die Parole „Ruhm und Ehre der Waffen-SS" bejahend Karlsruhe NJW 03, 1200; abl Steinmetz NStZ 02, 118; weitere Rspr bei Dahm DRiZ 01, 404, 406). Bei der Vielfalt der Kennzeichen, die namentlich von den rechtsextremistischen Gruppen verwendet werden, ist zweifelhaft, ob der mit der Vorschrift erstrebte Zweck erreichbar ist (Bonefeld aaO [vgl 1]); denn wenn es auch bei extensiver Auslegung an der Verwechslungsfähigkeit fehlt, steht die Wortlautschranke (6 zu § 1) der Einbeziehung entgegen; das gilt für Fälle der Angleichung an offiziell verwendete Kennzeichen, zB des Abzeichens mit der sog „Odalrune" an das Dienstrangabzeichen des Hauptfeldwebels der Bundeswehr (offen gelassen von NJW 99, 435; Tröndle/Fischer 8, nach denen uU § 132a I Nr 4 eingreift; zur „Odalrune" vgl auch Stegbauer aaO [vgl 1 „Propaganda"] S 97). – Ebensowenig wie bei Abs 1 (oben 2) ist hier vorausgesetzt, dass das Original einen gewissen Bekanntheitsgrad als Symbol einer verfassungswidrigen Organisation hat (BGHSt 47, 354 mit Bespr Beckemper JA 03, 284 und Stegbauer JZ 02, 1180; Karlsruhe NJW 03, 1200; anders noch Jena NJW 02, 310 mit Bespr Martin JuS 02, 299; vgl auch den Vorlagebeschluss KG NStZ 02, 148); es reicht, dass für einen durchschnittlichen Beobachter eine Verwechslung mit dem Original möglich ist, ohne dass ein spezifisches (politisches, historisches) Einordnungsvermögen vorausgesetzt wird (BGH aaO).

3 **3.** Für die betroffenen Organisationen (mit Ausnahme der nationalsozialistischen) gilt wie in §§ 84–86 das **Verbots- und das Feststellungsprinzip** (1 zu § 84; 2 zu § 85).

Verwenden von Kennzeichen verfassungswidriger Organisationen § 86a

4. Abs 1 Nr 1: Verbreiten von Kennzeichen folgt denselben Regeln wie das 4 Verbreiten von Schriften (5 zu § 74 d). – **Verwenden** ist jeder Gebrauch, der das Kennzeichen optisch oder akustisch wahrnehmbar macht (BGHSt 23, 267; Frankfurt NStZ 99, 356; KG NJW 99, 3500; Bay NStZ-RR 03, 233; Stegbauer JR 02, 182, 187; einschr Paeffgen NK 14; Rudolphi SK 6; Sch/Sch-Stree/Sternberg-Lieben 6); die Rspr nimmt jedoch mit Recht solche Fälle aus, in denen der Schutzzweck des Tatbestandes ersichtlich nicht verletzt wird (BGHSt 25, 30; Frankfurt aaO; Laufhütte LK 7–10; b aber Bay NStZ 03, 89), namentlich eine Wirkung auf Dritte in einer dem Symbolgehalt des Kennzeichens entsprechenden Richtung nicht eintreten kann (BGHSt 25, 128, 133; 28, 394; Köln NStZ 84, 508; Bay NJW 88, 2901; Karlsruhe NStZ-RR 98, 10; probl Stuttgart MDR 82, 246 und Frankfurt NStZ 82, 333; s auch Weinmann NJ 98, 522 und Dobrawa NJ 98, 632). **Öffentlich, in einer Versammlung** 2 zu § 80a (s auch BGHSt 29, 73, 83; zur Aufnahme von Computerspielen in eine passwortgesicherte Mail-Box Frankfurt NStZ 99, 356 mit zust Bespr Rückert). Die **verbreiteten Schriften** (26–28 zu § 11; 5 zu § 74 d) muss der Täter selbst verbreitet haben.

5. Abs 1 Nr 2: Herstellen, Vorrätighalten, Einführen und Ausführen 5 (5 zu § 184) sind Vorbereitungshandlungen zu Taten nach Nr 1. Für die danach erforderliche Absicht des Verbreitens oder Verwendens und für das Zusammentreffen mehrerer Tathandlungen gelten die Ausführungen unter 6 zu § 86 sinngemäß.

6. Aus der Beschränkung des Abs 1 Nr 1 auf Taten im **Inland** (4 vor § 3) folgt 6 für die Vorbereitungshandlungen nach Abs 1 Nr 2 – ungeachtet des insoweit nicht ganz eindeutigen Gesetzeswortlauts – dieselbe räumliche Beschränkung (so schon BT-Dr 10/1286 S 7; aM Tröndle/Fischer 17). Im Ausland begangene (Verwendens-)Handlungen sind jedoch unter Heranziehung von § 9 strafbar, so etwa wenn in Polen der „Hitlergruß" bei einem nach Deutschland direkt übertragenen Fußballspiel gezeigt wird (KG NJW 99, 3500, das § 9 I Alt 1 heranzieht; Heinrich NStZ 00, 533, der § 9 I Alt 3 für einschlägig hält; dagegen Stegbauer JR 02, 182, 188).

7. Zur Verweisung in **Abs 3** auf § 86 III dort 8. Im Ergebnis greift die Ausnahmeklausel nur ein, wenn die Tathandlung den Schutzzweck des § 86a nicht 7 verletzt (BGHSt 31, 383; Kubiciel NStZ 03, 57, 58; Rautenberg GA 03, 623, 627; s auch Hamm NJW 85, 2146). Die Verwendung der Kennzeichen zur reißerischen Käuferwerbung (BGHSt 23, 64, 78; s auch LG München NStZ 85, 311 mit Anm Keltsch), zB kommerzielles Feilbieten als Andenken (Lüttger GA 60, 129, 144), wird daher nicht gedeckt. Auch der Zweck möglichst originalgetreuer Nachbildung historischer Gegenstände, etwa bei Kinderspielzeug (BGHSt 28, 394), oder die scherzhafte Verwendung, etwa bei NJW 62, 1878), etwa bei einem Faschingszug (AG Münsingen MDR 78, 72), begründen als solche die Ausnahme nicht (ebenso Rudolphi SK 10). Ob antiquarischer Handel mit einzelnen Gegenständen, die aus der NS-Zeit stammen und solche Kennzeichen aufweisen, sozialadäquat ist, hängt von den Umständen ab (zu Hitlers „Mein Kampf" und zu Orden aus der Kriegszeit BGHSt 29, 73, 82 mit Bespr Bottke BuB 80, 254, 258; beachte auch Celle JR 81, 381 mit Anm Foth), wird allerdings bei einem auf historisch-wissenschaftlicher Grundlage betriebenen Fachhandel idR zutreffen (BGHSt 31, 383). Rechtsextremistische Musik von V-Leuten ist allenfalls über § 34 gerechtfertigt (Kubiciel aaO S 59) – Auch wenn Abs 3 nicht anwendbar ist, kommt bei **Kunstwerken** Rechtfertigung aus dem Grundrecht der Kunstfreiheit in Frage (BVerfGE 77, 240 mit Anm Würkner NStZ 88, 327; BVerfG NJW 90, 2541; Beisel aaO [vgl 1] S 372; Enders, Die Menschenwürde in der Verfassungsordnung, 1997, S 484; Paeffgen NK 19, 20; speziell zu rechtsradikaler Musik abl Kubiciel aaO S 58; s auch 14 zu § 193).

§ 87   BT. 1. Abschn. 3. Titel. Rechtsstaatsgefährdung

8 8. Der **Vorsatz** (bedingter genügt; Frankfurt NStZ 99, 356; KG NJW 99, 3500) muss – soweit der objektive Tatbestand das voraussetzt (vgl 3) – auch das Verbot der Organisation oder die Feststellung ihrer Eigenschaft als Ersatzorganisation umfassen (Stegbauer aaO [vgl 1 „Propaganda"] S 115).

9 9. Nebenfolgen, Einziehung §§ 92 a, 92 b. Absehen von Strafe (Abs 3) § 153 b StPO.

§ 87 Agententätigkeit zu Sabotagezwecken

(1) **Mit Freiheitsstrafe bis zu fünf Jahren oder mit Geldstrafe wird bestraft, wer einen Auftrag einer Regierung, Vereinigung oder Einrichtung außerhalb des räumlichen Geltungsbereichs dieses Gesetzes zur Vorbereitung von Sabotagehandlungen, die in diesem Geltungsbereich begangen werden sollen, dadurch befolgt, daß er**

1. **sich bereit hält, auf Weisung einer der bezeichneten Stellen solche Handlungen zu begehen,**
2. **Sabotageobjekte auskundschaftet,**
3. **Sabotagemittel herstellt, sich oder einem anderen verschafft, verwahrt, einem anderen überläßt oder in diesen Bereich einführt,**
4. **Lager zur Aufnahme von Sabotagemitteln oder Stützpunkte für die Sabotagetätigkeit einrichtet, unterhält oder überprüft,**
5. **sich zur Begehung von Sabotagehandlungen schulen läßt oder andere dazu schult oder**
6. **die Verbindung zwischen einem Sabotageagenten (Nummern 1 bis 5) und einer der bezeichneten Stellen herstellt oder aufrechterhält,**

und sich dadurch absichtlich oder wissentlich für Bestrebungen gegen den Bestand oder die Sicherheit der Bundesrepublik Deutschland oder gegen Verfassungsgrundsätze einsetzt.

(2) **Sabotagehandlungen im Sinne des Absatzes 1 sind**

1. **Handlungen, die den Tatbestand der §§ 109 e, 305, 306 bis 306 c, 307 bis 309, 313, 315, 315 b, 316 b, 316 c Abs. 1 Nr. 2, der §§ 317 oder 318 verwirklichen, und**
2. **andere Handlungen, durch die der Betrieb eines für die Landesverteidigung, den Schutz der Zivilbevölkerung gegen Kriegsgefahren oder für die Gesamtwirtschaft wichtigen Unternehmens dadurch verhindert oder gestört wird, daß eine dem Betrieb dienende Sache zerstört, beschädigt, beseitigt, verändert oder unbrauchbar gemacht oder daß die für den Betrieb bestimmte Energie entzogen wird.**

(3) **Das Gericht kann von einer Bestrafung nach diesen Vorschriften absehen, wenn der Täter freiwillig sein Verhalten aufgibt und sein Wissen so rechtzeitig einer Dienststelle offenbart, daß Sabotagehandlungen, deren Planung er kennt, noch verhindert werden können.**

Fassung: Abs 2 Nr 1 durch das 6. StRG (13 vor § 1) technisch geändert.

1 1. Die Vorschrift **schützt** gegen die **Vorbereitung** rechtsstaatsgefährdender Sabotagehandlungen; nach Deiters, in: Thiel (Hrsg), Wehrhafte Demokratie, 2003, S 291, 303, eine im Hinblick auf § 99 „überflüssige Strafnorm". Der Begriff der **Sabotagehandlung** ist in Abs 2 abschließend umschrieben. Er umfasst

a) vornehmlich diejenigen Handlungen, die im Sinne der in **Abs 2 Nr 1** aufgeführten Vorschriften tatbestandsmäßig sind;

Verfassungsfeindliche Sabotage **§ 88**

b) darüber hinaus auch andere Handlungen, die **Abs 2 Nr 2** beschreibt. **Zer-** 2
stören, Beschädigen 3–7 zu § 303; **Beseitigen** bedeutet der Verfügung entziehen, **Verändern** einen vom bisherigen abweichenden Zustand herbeiführen und **Unbrauchbarmachen** Ausschalten der Wirkungsweise, uU auch ohne Substanzverletzung. – Jede solche Handlung muss den Betrieb des Unternehmens (15 zu § 11) im Ganzen verhindern oder stören.

2. Erforderlich ist die **Steuerung des Sabotageagenten von außen,** dh das 3
Vorliegen eines dem Täter unmittelbar oder durch einen Mittelsmann (BT-Dr V/2860 S 10) erteilten Auftrags einer in Abs 1 genannten, außerhalb des räumlichen Geltungsbereichs des Gesetzes (5 vor § 3) befindlichen Stelle (zur Vereinigung 2 zu § 129). Dieser Auftrag muss der **Vorbereitung** von Sabotagehandlungen, die im Geltungsbereich des Gesetzes begangen werden sollen, dienen und vom Täter durch Vornahme einer Tathandlung nach Abs 1 Nr 1 bis 6 befolgt werden.

3. a) Die **Vorbereitungshandlungen** sind in Abs 1 Nr 1 bis 6 **abschließend** 4
umschrieben. Sie sind, da sie neben der Schaffung meist auch die Aufrechterhaltung eines rechtswidrigen Zustandes voraussetzen, überwiegend Dauerdelikte (11 vor § 52) oder wenigstens Delikte mit iterativer Struktur, bei denen mehrere Einzelakte idR eine Bewertungseinheit bilden (10 vor § 52). – **Nr 1** betrifft den Stillhalteagenten (krit wegen der Unbestimmtheit Paeffgen NK 12). – **Nr 2:** Sabotageobjekt ist nicht nur die Gesamtheit eines Betriebes oder einer anderen wirtschaftlichen Einheit, sondern uU auch die technisch empfindliche Einzelheit (BT-Dr V/2860 S 10). – **Nr 3:** Sabotagemittel sind Gegenstände, die zur Ausführung von Sabotagehandlungen bestimmt und ihrer Art nach dazu geeignet sind.

b) Zur Beschränkung des **räumlichen Geltungsbereichs** beachte § 91. 5

4. Absichtliches oder wissentliches Sich-Einsetzen für **rechtsstaats- oder si-** 6
cherheitsgefährdende Bestrebungen 1–10 zu § 92.

5. Zur **tätigen Reue** (Abs 3) 29 zu § 24. Auch die Offenbarung muss freiwillig 7
sein (BGHSt 27, 120 mwN; str), außerdem das gesamte Wissen über geplante Sabotagehandlungen umfassen und so rechtzeitig erfolgen, dass deren Verhinderung noch möglich ist (Sch/Sch-Stree/Sternberg-Lieben 20); ob tatsächlich verhindert wird, ist unerheblich (BT-Dr V/2860 S 11).

6. Nebenfolgen, Einziehung §§ 92a, 92b. Zuständigkeit und Verfahren 6 zu 8
§ 80.

§ 88 Verfassungsfeindliche Sabotage

(1) **Wer als Rädelsführer oder Hintermann einer Gruppe oder, ohne mit einer Gruppe oder für eine solche zu handeln, als einzelner absichtlich bewirkt, daß im räumlichen Geltungsbereich dieses Gesetzes durch Störhandlungen**

1. **Unternehmen oder Anlagen, die der öffentlichen Versorgung mit Postdienstleistungen oder dem öffentlichen Verkehr dienen,**
2. **Telekommunikationsanlagen, die öffentlichen Zwecken dienen,**
3. **Unternehmen oder Anlagen, die der öffentlichen Versorgung mit Wasser, Licht, Wärme oder Kraft dienen oder sonst für die Versorgung der Bevölkerung lebenswichtig sind, oder**
4. **Dienststellen, Anlagen, Einrichtungen oder Gegenstände, die ganz oder überwiegend der öffentlichen Sicherheit oder Ordnung dienen,**

ganz oder zum Teil außer Tätigkeit gesetzt oder den bestimmungsmäßigen Zwecken entzogen werden, und sich dadurch absichtlich für Be-

§ 89 BT. 1. Abschn. 3. Titel. Rechtsstaatsgefährdung

strebungen gegen den Bestand oder die Sicherheit der Bundesrepublik Deutschland oder gegen Verfassungsgrundsätze einsetzt, wird mit Freiheitsstrafe bis zu fünf Jahren oder mit Geldstrafe bestraft.

(2) Der Versuch ist strafbar.

Fassung: Anpassung von Abs 1 Nr 1, 2 an die veränderten rechtlichen Rahmenbedingungen im Telekommunikationsrecht durch das BegleitG (13 vor § 1).

1   1. Die Vorschrift schützt durch abstrakte Gefährdungstatbestände (Rudolphi SK 1) Bestand, Sicherheit und Verfassungsgrundsätze der Bundesrepublik. Nach Deiters, in: Thiel (Hrsg), Wehrhafte Demokratie, 2003, S 291, 308, ein im Hinblick auf §§ 316 b, 317 überflüssiger Tatbestand.

1 a   2. **Rädelsführer, Hintermann** (2 zu § 84). Die **Gruppe** setzt anders als die Vereinigung (2 zu § 129) keine organisierte Willensbildung voraus, sondern nur eine nicht ganz kleine, durch ein gemeinsames Merkmal (idR einen gemeinsam verfolgten Zweck) verbundene Personenmehrheit.

2   3. Die **Angriffsgegenstände,** die sich im **räumlichen Geltungsbereich** des Gesetzes (5 vor § 3) befinden müssen, decken sich weitgehend mit denen des § 316 b (dort 2–4) und des § 317 (dort 2). Die Ersetzung des Begriffes Post durch Postdienstleistungen in Abs 1 Nr 1 trägt der Entwicklung von einer einheitlichen Postverwaltung zu zahlreichen privaten Anbietern Rechnung (BT-Dr 13/8016 S 27); die Ersetzung des Begriffes Fernmeldeanlagen durch Telekommunikationsanlagen in Abs 1 Nr 2 bringt die technische Vielfalt an Übermittlungsmöglichkeiten treffender zum Ausdruck (BT-Dr aaO). Abs 1 Nr 2 verlangt trotz der Privatisierung der Post weiterhin, dass der Betrieb der Anlage im öffentlichen Interesse liegt. Telekommunikationsnetze sind Anlagen iS des Abs 1 Nr 2; sie dienen öffentlichen Zwecken auch dann, wenn sie geschlossenen Besuchergruppen in Behörden zur Verfügung stehen oder von Privatbetrieben genutzt werden, deren Tätigkeit im allgemeinen Interesse liegt (BT-Dr aaO).

3   4. Bei den **Tathandlungen** bedeutet Bewirken (Mit-)Verursachen der vorübergehenden (Rudolphi SK 9) Stilllegung oder Zweckentfremdung; bloße Ausforschung von Erkenntnissen einer Dienststelle und deren Verwertung in der Öffentlichkeit reicht dazu idR nicht aus (BGHSt 27, 307). **Störhandlung** ist ein regelwidriger (auch durch Unterlassen in Garantenstellung begehbarer, 6 zu § 13) Eingriff in die Funktion der Einrichtung; arbeitsrechtlich zulässige oder als politisches Kampfmittel sozialadäquate Streiks bilden einen Rechtfertigungsgrund (BT-Dr V/2860 S 11; aM Laufhütte LK 9, der schon die Tatbestandsmäßigkeit verneint; einschr Paeffgen NK 8).

4   5. Bedingter **Vorsatz** genügt. **Absichtlich** erfordert zielgerichtetes Wollen (20 zu § 15). Absichtliches Sich-Einsetzen für **rechtsstaats- oder sicherheitsgefährdende Bestrebungen** 1–10 zu § 92.

5   6. Mit §§ 316 b, 317 ist **Tateinheit** möglich.

6   7. Nebenfolgen, Einziehung §§ 92 a, 92 b. Zuständigkeit und Verfahren 6 zu § 80.

§ 89 Verfassungsfeindliche Einwirkung auf Bundeswehr und öffentliche Sicherheitsorgane

(1) **Wer auf Angehörige der Bundeswehr oder eines öffentlichen Sicherheitsorgans planmäßig einwirkt, um deren pflichtmäßige Bereitschaft zum Schutz der Sicherheit der Bundesrepublik Deutschland oder der verfassungsmäßigen Ordnung zu untergraben, und sich dadurch absichtlich für Bestrebungen gegen den Bestand oder die Sicherheit der Bun-**

Verunglimpfung des Bundespräsidenten **§ 90**

desrepublik Deutschland oder gegen Verfassungsgrundsätze einsetzt, wird mit Freiheitsstrafe bis zu fünf Jahren oder mit Geldstrafe bestraft.

(2) Der Versuch ist strafbar.

(3) § 86 Abs. 4 gilt entsprechend.

1. Gegenstand des Angriffs sind nur Angehörige der Bundeswehr oder eines 1 öffentlichen Sicherheitsorgans (zB der kasernierten Bereitschaftspolizei, des Bundesgrenzschutzes, der Verfassungsschutzämter und der Nachrichtendienste, BT-Dr V/2860 S 11). Für verfassungswidrig wegen Verstoßes gegen die Meinungsäußerungsfreiheit des Art 5 II GG hält die Vorschrift Deiters, in: Thiel (Hrsg), Wehrhafte Demokratie, 2003, S 291, 313.

2. Einwirken ist jede Tätigkeit zur Beeinflussung (BGHSt 4, 291) auch nur 2 eines Angehörigen des betroffenen Personenkreises; trifft es diesen schon vor seiner Zugehörigkeit zu dem Sicherheitsorgan (zB als einrückenden Rekruten vor Beginn des Wehrdienstverhältnisses), so genügt das nicht (BGHSt 36, 68). Dass ausdrücklich zu Ungehorsam, Sabotage oder anderen rechtswidrigen Akten aufgerufen wird, ist nicht unbedingt erforderlich (bei Holtz MDR 77, 281). Auch ob die Tathandlung Erfolg hat (BGHSt 4, 291), eine konkrete Gefahr verursacht (BGHSt 19, 344) oder sich zur Erschütterung des Pflichtbewusstseins eignet (MDR 54, 628), ist unerheblich (einschr Paeffgen NK 5; Rudolphi SK 4). – **Planmäßig** wirkt ein, wer methodisch und vorausberechnet handelt.

3. Es muss dem Täter – sei es auch neben anderen Beweggründen (BGHSt 18, 3 151) – darauf ankommen ("um zu"), die **pflichtmäßige Bereitschaft** gerade zum Schutz der Sicherheit der Bundesrepublik (8, 9 zu § 92) oder der verfassungsmäßigen Ordnung (3 zu § 81), also nicht nur zur Erfüllung anderer Dienstpflichten, zu untergraben (NStZ 88, 215). Das Hinwirken auf eine einzelne Pflichtwidrigkeit genügt daher nur, wenn zugleich das Pflichtbewusstsein schlechthin untergraben werden soll (BGHSt 6, 64; einschr Paeffgen NK 14).

4. Absichtliches Sich-Einsetzen für **rechtsstaats- oder sicherheitsgefährden-** 4 **de Bestrebungen** 1–10 zu § 92.

5. Das **Parteienprivileg** (Art 21 II GG) steht der Bestrafung nicht entgegen 5 (BVerfGE 47, 130; s auch BGHSt 27, 59; krit Deiters aaO [vgl 1] S 316).

6. Wird die Tat mittels **Druckschrift** begangen, so ist strafrechtlich verant- 6 wortlich, wer an deren Verbreitung, sei es auch nur als der im Impressum bezeichnete presserechtlich Verantwortliche, vorsätzlich mitgewirkt hat (NStZ 81, 300). Die Tat ist **kein Presseinhaltsdelikt** und unterliegt daher nicht der kurzen Verjährung (BGHSt 27, 353; s auch 8 zu § 78).

7. Gegenüber §§ 81 bis 83 ist die Vorschrift **subsidiär.** 7

8. Räumlicher Geltungsbereich § 5 Nr 3 a (dort 3). Nebenfolgen, Einziehung 8 §§ 92 a, 92 b. Zuständigkeit und Verfahren 6 zu § 80; zu Abs 3 s auch § 153 b StPO.

§ 90 Verunglimpfung des Bundespräsidenten

(1) **Wer öffentlich, in einer Versammlung oder durch Verbreiten von Schriften (§ 11 Abs. 3) den Bundespräsidenten verunglimpft, wird mit Freiheitsstrafe von drei Monaten bis zu fünf Jahren bestraft.**

(2) **In minder schweren Fällen kann das Gericht die Strafe nach seinem Ermessen mildern (§ 49 Abs. 2), wenn nicht die Voraussetzungen des § 188 erfüllt sind.**

(3) **Die Strafe ist Freiheitsstrafe von sechs Monaten bis zu fünf Jahren, wenn die Tat eine Verleumdung (§ 187) ist oder wenn der Täter sich**

§ 90a

durch die Tat absichtlich für Bestrebungen gegen den Bestand der Bundesrepublik Deutschland oder gegen Verfassungsgrundsätze einsetzt.

(4) Die Tat wird nur mit Ermächtigung des Bundespräsidenten verfolgt.

Fassung: Abs 2 durch das 6. StrRG (13 vor § 1) technisch geändert.

1   1. Die Vorschrift **schützt das Amt und die Person** des BPräs (BGHSt 11, 11; 16, 338; krit Liourdi, Herkunft und Zweck der Strafbestimmungen zum Ehrenschutz des Staatsoberhauptes, 1990, § 269; krit wegen der Unbestimmtheit Paeffgen NK 2; für verfassungswidrig im Hinblick auf Art 5 II GG hält sie Deiters, in: Thiel (Hrsg), Wehrhafte Demokratie, 2003, S 291, 317).

2   2. **Öffentlich,** in einer Versammlung 2 zu § 80 a; **Verbreiten von Schriften** 26–28 zu § 11; 5 zu § 74 d.

3   3. **Verunglimpfen** ist eine Ehrenkränkung im Sinne der §§ 185 bis 187, die nach Inhalt, Form, Begleitumständen oder Beweggründen schwer ist (BGHSt 12, 364; Frankfurt NJW 84, 1128).

4   4. Zu Abs 2 (minder schwere Fälle) 7–10 a zu § 46; 5, 6 zu § 49. Im Falle des § 188 ist der Ausschluss zwingend.

5   5. Zur **Strafschärfung nach Abs 3** § 187 und 1–10 zu § 92.

6   6. Gegenüber §§ 185 bis 188 geht die Vorschrift als die **speziellere** vor (Last, Die Staatsverunglimpfungsdelikte: §§ 90–90 b StGB, 2000, S 109, 227; 25 vor § 52); die §§ 190, 192, 193, 200 bleiben jedoch anwendbar.

7   7. Räumlicher Geltungsbereich § 5 Nr 3 b (dort 3). Ermächtigung 1, 2 zu § 77 e. Zuständigkeit und Verfahren 6 zu § 80.

§ 90 a Verunglimpfung des Staates und seiner Symbole

(1) **Wer öffentlich, in einer Versammlung oder durch Verbreiten von Schriften (§ 11 Abs. 3)**

1. die Bundesrepublik Deutschland oder eines ihrer Länder oder ihre verfassungsmäßige Ordnung beschimpft oder böswillig verächtlich macht oder

2. die Farben, die Flagge, das Wappen oder die Hymne der Bundesrepublik Deutschland oder eines ihrer Länder verunglimpft,

wird mit Freiheitsstrafe bis zu drei Jahren oder mit Geldstrafe bestraft.

(2) Ebenso wird bestraft, wer eine öffentlich gezeigte Flagge der Bundesrepublik Deutschland oder eines ihrer Länder oder ein von einer Behörde öffentlich angebrachtes Hoheitszeichen der Bundesrepublik Deutschland oder eines ihrer Länder entfernt, zerstört, beschädigt, unbrauchbar oder unkenntlich macht oder beschimpfenden Unfug daran verübt. Der Versuch ist strafbar.

(3) **Die Strafe ist Freiheitsstrafe bis zu fünf Jahren oder Geldstrafe, wenn der Täter sich durch die Tat absichtlich für Bestrebungen gegen den Bestand der Bundesrepublik Deutschland oder gegen Verfassungsgrundsätze einsetzt.**

1   1. Die Vorschrift **schützt** die Bundesrepublik, ihre Länder und ihre Symbole gegen **öffentliche Herabsetzung** (vgl NStZ 00, 643; krit zur Einbeziehung des Symbols in das Rechtsgut Hefendehl, Kollektive Rechtsgüter im Strafrecht, 2002, S 181; näher zu den geschützten Rechtsgütern Schroeder JR 79, 89; Würtenberger JR 79, 309, 310; Roggemann JZ 92, 934; Sternberg-Lieben, Die objektiven Schranken der Einwilligung im Strafrecht, 1997, S 387; Last, Die Staatsverun-

glimpfungsdelikte: §§ 90–90 b StGB, 2000, S 43, 227, der jedoch für eine ersatzlose Streichung von Abs 1 Nr 2 plädiert [S 237]; krit Bemmann, Meinungsfreiheit und Strafrecht, 1981, S 18; Beck, Unrechtsbegründung und Vorfeldkriminalisierung, 1992, S 142; Beisel, Die Kunstfreiheitsgarantie des Grundgesetzes und ihre strafrechtlichen Grenzen, 1997, S 367; Paeffgen NK 2). **Angriffsgegenstände** sind:

a) Die **Bundesrepublik und ihre Länder** nicht als Staaten schlechthin, sondern in ihrer konkreten Gestalt als freiheitliche repräsentative Demokratien (BGHSt 6, 324; 7, 110; Hamm NJW 77, 1932; Celle StV 83, 284; krit Rudolphi SK 3 und Paeffgen NK 16, der den „rechtlich verfassten Sozialverband" als Schutzgegenstand betrachtet); sie können auch mittelbar in ihren Organen angegriffen werden (BGHSt 11, 11; NJW 61, 1932; NStZ 00, 643; Bay GA 72, 214).

b) Ihre **verfassungsmäßige Ordnung** (3 zu § 81); sie bedeutet hier dasselbe wie in § 81 I Nr 2 (BT-Dr V/2860 S 12; aM Hennke GA 54, 140). Gefährdung dieser Ordnung ist nicht erforderlich (BGHSt 3, 346).

c) Ihre **Symbole,** soweit sie in Abs 1 Nr 2, Abs 2 genannt sind. Zu Farben und Flagge Art 22 GG (s auch § 124 OWiG). Zum Wappen Frankfurt NJW 91, 117 (zw). Hymne der Bundesrepublik ist das Deutschlandlied (hM; vgl etwa Hellenthal NJW 88, 1294; Spendel JZ 88, 744; Allgaier MDR 88, 1022; anders Hümmerich/Beucher NJW 87, 3227), dessen Schutz allerdings auf seine 3. Strophe beschränkt ist (BVerfGE 81, 298 mit abl Anm Gusy JZ 90, 640; krit zum Verfassungsrang der Hymne Buscher NVwZ 97, 1057, 1064). Hoheitszeichen ist jedes Zeichen, das die staatliche Hoheitsgewalt zum Ausdruck bringen soll (zB Staatswappen an Amtsgebäuden und Grenzpfählen).

2. Öffentlich, in einer Versammlung 2 zu § 80a. Bei Abs 2 genügt es, wenn die Flagge oder das Zeichen für einen größeren, durch persönliche Beziehungen nicht verbundenen Personenkreis angebracht ist (Braunschweig NJW 53, 875). **Verbreiten von Schriften** 26–28 zu § 11; 5 zu § 74 d.

3. Zu den **Tathandlungen:**

a) Abs 1 Nr 1: Beschimpfen ist eine nach Form oder Inhalt besonders verletzende Mißachtenskundgebung, wobei das besonders Verletzende entweder äußerlich in der Rohheit des Ausdrucks oder inhaltlich im Vorwurf eines schimpflichen Verhaltens liegen kann (BGHSt 7, 110; NStZ 00, 643 und 03, 145; Bay NJW 98, 2542, 2544; Küper BT S 87). **Verächtlichmachen** bedeutet, den Angriffsgegenstand als der Achtung der Bürger unwert und unwürdig hinstellen (BGHSt 3, 346; Bay NStZ-RR 96, 135); es kommt darauf an, wie ein Unbefangener die Äußerung versteht (NJW 61, 1932). **Böswillig** handelt (NStZ 03, 145; Hamburg NJW 75, 1088; LG Göttingen NJW 79, 173; Paeffgen NK 13; Rudolphi SK 6; krit Schroeder JR 79, 89, 92). – **Abs 1 Nr 2: Verunglimpfen** 3 zu § 90 (s auch NStZ 02, 592 und LG Frankfurt NJW 89, 598). – Werden **fremde Äußerungen** verbreitet, muss sich der Täter ihren Inhalt zu eigen machen (Bremen JR 79, 118 und LG Berlin JR 79, 120 mit krit Bespr Schroeder aaO; Köln NJW 79, 1562; Düsseldorf NJW 80, 71); das erfordert keine Erklärung, ergibt sich vielmehr meist aus den Gesamtumständen (Köln aaO; Schroeder aaO S 93; krit Giehring StV 85, 30, 34).

b) Abs 2: Zerstören, Beschädigen und Unbrauchbarmachen 2 zu § 87. **Beschimpfender Unfug** wird durch grob ungehörige, rohe Missachtenskundgebung verübt (RGSt 43, 201).

4. Abs. 3: Absichtliches Sich-Einsetzen für **rechtsstaatsgefährdende Bestrebungen** 1–10 zu § 92 (beachte auch BGHSt 32, 332); die Absicht muss zwar der Tathandlung zugrunde liegen (Düsseldorf NJW 80, 603), braucht aber nicht schon aus ihr selbst (etwa dem Inhalt einer Schrift) hervorzugehen (BGHSt 29, 159).

§ 90b BT. 1. Abschn. 3. Titel. Rechtsstaatsgefährdung

9   **5. a)** Die Wechselwirkung zwischen dem **Grundrecht der Meinungsfreiheit** (Art 5 I GG) und den allgemeinen Gesetzen (BVerfGE 43, 130 mwN) kann bei Äußerungen im politischen Meinungskampf eine einschränkende Auslegung der Handlungsmerkmale erfordern (NStZ 00, 643; Celle StV 83, 284; s auch Bremen und LG Berlin aaO [vgl 6]; Frankfurt NJW 84, 1128; Bay NStZ-RR 96, 135; Last aaO [vgl 1] S 121, 229; Schroeder NStZ 85, 451; Paeffgen NK 23). Wie bei den Beleidigungsdelikten (12 zu § 193) verlangt das Bundesverfassungsgericht auch hier, Deutungsalternativen der Äußerung zB in einem Flugblatt zu beachten; bei Mehrdeutigkeit darf erst von der zur Strafbarkeit führenden Deutung ausgegangen werden, wenn andere Deutungsmöglichkeiten ausgeschlossen werden können; in jedem Fall ist eine Abwägung zwischen der Schwere der Beeinträchtigung der Meinungsfreiheit durch die Verurteilung und dem Grad der Beeinträchtigung des von § 90a geschützten Rechtsguts durch die Äußerung erforderlich (BVerfG NJW 99, 204; dem folgend BGH NStZ 02, 592 und 03, 145; b auch Schreiber/Frenzel Jura 02, 848, 851).

10   **b)** Für **Kunstwerke** (Art 5 III GG) ist ein Konflikt mit § 90a nicht ausgeschlossen (Köln MDR 78, 1044); in diesem Fall gelten die Ausführungen unter 14 zu § 193 sinngemäß mit der Maßgabe, dass bei der Abwägung der kollidierenden Verfassungswerte die in § 90a geschützten Rechtsgüter (vgl 1) wegen ihres hohen Ranges nicht schon grundsätzlich hinter der Kunstfreiheit zurücktreten müssen, sondern je nach Art und Intensität des Angriffs das Übergewicht gewinnen können (BVerfGE 81, 278 und 298, beide mit Anm Gusy JZ 90, 640 und Hufen JuS 91, 687; BVerfG NJW 01, 596; s auch NJW 86, 1271; NStZ 98, 408; Frankfurt NJW 86, 1272; LG Aachen NJW 95, 894; Würtenberger NJW 83, 1144, 1147; Volk JR 84, 441; Roggemann JZ 92, 934, 941; Buscher aaO [vgl 4]; Beisel aaO [vgl 1]; Dierksmeier JZ 00, 883, 886; Last aaO [vgl 1] S 132; einschr Paeffgen NK 25–27).

11   **6.** Das **Parteienprivileg** (Art 21 II GG) steht einer Bestrafung nicht entgegen (BVerfGE 47, 198, 231; 69, 257 mit Anm Schroeder NStZ 85, 451), auch nicht der Strafschärfung nach Abs 3 (BGHSt 29, 159; Volk JR 80, 291, 294; zw).

12   **7.** Räumlicher Geltungsbereich: des Abs 1 (allein oder iVm Abs 3) § 5 Nr 3a; des Abs 2 § 5 Nr 3b. Nebenfolgen, Einziehung §§ 92a, 92b. Zuständigkeit für Taten nach Abs 3 einschließlich Verfahren 6 zu § 80.

§ 90b Verfassungsfeindliche Verunglimpfung von Verfassungsorganen

(1) Wer öffentlich, in einer Versammlung oder durch Verbreiten von Schriften (§ 11 Abs. 3) ein Gesetzgebungsorgan, die Regierung oder das Verfassungsgericht des Bundes oder eines Landes oder eines ihrer Mitglieder in dieser Eigenschaft in einer das Ansehen des Staates gefährdenden Weise verunglimpft und sich dadurch absichtlich für Bestrebungen gegen den Bestand der Bundesrepublik Deutschland oder gegen Verfassungsgrundsätze einsetzt, wird mit Freiheitsstrafe von drei Monaten bis zu fünf Jahren bestraft.

(2) Die Tat wird nur mit Ermächtigung des betroffenen Verfassungsorgans oder Mitglieds verfolgt.

1   **1.** Die Vorschrift **schützt** die **Verfassungsorgane als solche** (BGHSt 8, 191, 193; nach Paeffgen NK 2 auch den Bestand der Bundesrepublik in ihrer verfassungsmäßigen Ordnung); sie gilt daher nicht, wenn ein Mitglied nicht in dieser Eigenschaft, sondern allgemein als Politiker oder Privatmann angegriffen wird (ebenso Rudolphi SK 1).

Anwendungsbereich **§ 91**

2. Gesetzgebungsorgane des Bundes sind der BTag (Art 38 ff GG) und der BRat (Art 50 ff GG); Gesetzgebungsorgane der Länder 2 zu § 36. **Bundesregierung** Art 62 ff GG; **Bundesverfassungsgericht** Art 93 GG.

3. Zur **Tathandlung** und ihren besonderen Begehungsformen 2, 3 zu § 90. Über § 90 hinaus bedarf es hier einer konkreten Gefahr (21, 22 zu § 315 c) für das Ansehen des Staates (Paeffgen NK 6; vgl Last, Die Staatsverunglimpfungsdelikte: §§ 90–90 b StGB, 2000, S 227: Mischdelikt).

4. Dass der Täter sich absichtlich für **rechtsstaatsgefährdende Bestrebungen** einsetzt (1–10 zu § 92), wirkt hier anders als in den §§ 90, 90 a strafbegründend (beachte auch 8 zu § 90 a).

5. Das **Parteienprivileg** (Art 21 II GG) steht einer Bestrafung nicht entgegen (BGHSt 29, 50; aM Paeffgen NK 8; zw).

6. Gegenüber §§ 185 bis 187 ist nicht Tateinheit (so aber BGHSt 6, 159; Last aaO [vgl 3] S 111, 227; Rudolphi SK 8; Sch/Sch-Stree/Sternberg-Lieben 10), sondern **Spezialität** anzunehmen (NJW 53, 1722; Schmidt MDR 81, 89, 90; Laufhütte LK 11); denn jede Tat nach § 90 b ist zugleich eine Beleidigung (aM Paeffgen NK 13). Mit § 187 a ist Tateinheit möglich (aM Laufhütte aaO; zw).

7. Ermächtigung 1, 2 zu § 77 e; bei Verunglimpfung des Mitglieds eines Verfassungsorgans ist sie personengebunden und kann daher nicht von einem Amtsnachfolger erteilt werden (BGHSt 29, 282 mwN; str). Ob in einem uneingeschränkten Strafantrag zugleich die Ermächtigung liegt, ist Tatfrage (NJW 54, 1655; s auch Hamm GA 53, 28).

8. Räumlicher Geltungsbereich § 5 Nr 3 a (dort 3). Nebenfolgen, Einziehung §§ 92 a, 92 b. Zuständigkeit und Verfahren 6 zu § 80.

§ 91 Anwendungsbereich

Die §§ 84, 85 und 87 gelten nur für Taten, die durch eine im räumlichen Geltungsbereich dieses Gesetzes ausgeübte Tätigkeit begangen werden.

1. Die Vorschrift schränkt den **Gebietsgrundsatz** (§ 3) ein (krit Lüttger JR 69, 121, 129). Abweichend von § 9 (dort 1, 2) begründet der im räumlichen Geltungsbereich des Gesetzes (5 vor § 3) liegende Erfolgsort bei Distanzdelikten oder der Ort der Haupttat bei Teilnahmehandlungen keine Anknüpfung. Nach dem Zweck des Gesetzes ist auch die Aufforderung zu den genannten Straftaten (§ 111) in die Beschränkung einbezogen (Krauth/Kurfess/Wulf JZ 68, 577, 582; Paeffgen NK 8). Nicht strafbar ist ferner, wer innerhalb dieses Bereichs an einer außerhalb begangenen Haupttat als Anstifter oder Gehilfe teilnimmt (Rudolphi SK 4; Laufhütte LK 5; aM Sch/Sch-Stree/Sternberg-Lieben 6); das folgt, weil § 91 eine materiellrechtliche Norm ist, aus den Grundsätzen der limitierten Akzessorietät (zw). Bei rechtlichen Handlungseinheiten (9–19 vor § 52) bleiben außerhalb des Bereichs vorgenommene Einzelakte unberücksichtigt (ebenso Paeffgen NK 7; aM Tröndle/Fischer 3).

2. Da nur eine Regelung des Geltungsbereichs bezweckt ist, wird durch den Begriff „Tätigkeit" ein Handeln durch **Unterlassen** in Garantenstellung (6 zu § 13) nicht ausgeschlossen (Paeffgen NK 6; Rudolphi SK 3).

4. Titel. Gemeinsame Vorschriften

§ 92 Begriffsbestimmungen

(1) Im Sinne dieses Gesetzes beeinträchtigt den Bestand der Bundesrepublik Deutschland, wer ihre Freiheit von fremder Botmäßigkeit aufhebt, ihre staatliche Einheit beseitigt oder ein zu ihr gehörendes Gebiet abtrennt.

(2) Im Sinne dieses Gesetzes sind Verfassungsgrundsätze

1. das Recht des Volkes, die Staatsgewalt in Wahlen und Abstimmungen und durch besondere Organe der Gesetzgebung, der vollziehenden Gewalt und der Rechtsprechung auszuüben und die Volksvertretung in allgemeiner, unmittelbarer, freier, gleicher und geheimer Wahl zu wählen,
2. die Bindung der Gesetzgebung an die verfassungsmäßige Ordnung und die Bindung der vollziehenden Gewalt und der Rechtsprechung an Gesetz und Recht,
3. das Recht auf die Bildung und Ausübung einer parlamentarischen Opposition,
4. die Ablösbarkeit der Regierung und ihre Verantwortlichkeit gegenüber der Volksvertretung,
5. die Unabhängigkeit der Gerichte und
6. der Ausschluß jeder Gewalt- und Willkürherrschaft.

(3) Im Sinne dieses Gesetzes sind

1. Bestrebungen gegen den Bestand der Bundesrepublik Deutschland solche Bestrebungen, deren Träger darauf hinarbeiten, den Bestand der Bundesrepublik Deutschland zu beeinträchtigen (Absatz 1),
2. Bestrebungen gegen die Sicherheit der Bundesrepublik Deutschland solche Bestrebungen, deren Träger darauf hinarbeiten, die äußere oder innere Sicherheit der Bundesrepublik Deutschland zu beeinträchtigen,
3. Bestrebungen gegen Verfassungsgrundsätze solche Bestrebungen, deren Träger darauf hinarbeiten, einen Verfassungsgrundsatz (Absatz 2) zu beseitigen, außer Geltung zu setzen oder zu untergraben.

1 **1. Abs 1, 2 definieren** einige (nicht in allen Tatbeständen des Abschnitts vorkommende) **Angriffsgegenstände** des Hochverrats und der Gefährdung des demokratischen Rechtsstaates sowie die Möglichkeiten ihrer Beeinträchtigung.

2 **a) Bestand der Bundesrepublik (Abs 1;** vgl auch Art 21 II, 91 I GG). Er kann dadurch beeinträchtigt werden, dass
aa) ihre **Freiheit von fremder Botmäßigkeit** aufgehoben wird, dh von einer Abhängigkeit, in der die Verfassungsorgane ganz oder teilweise der tatsächlichen Herrschaft fremder Mächte unterworfen sind (zB durch Umwandlung in einen Satellitenstaat; nicht aber dadurch, dass nach Art 24 GG Hoheitsrechte auf Staatengemeinschaften oder zwischenstaatliche Einrichtungen übertragen oder zu deren Gunsten beschränkt werden);

3 bb) ihre **staatliche Einheit** beseitigt wird (zB durch Umgestaltung des Bundesstaates in einen Staatenbund);

4 cc) zu ihr gehörendes **Gebiet** abgetrennt wird.

5 **b) Verfassungsgrundsätze (Abs 2).** Sie beschreiben den Wesenskern der freiheitlichen demokratischen Grundordnung (2 zu § 86), stellen sie aber nicht er-

Begriffsbestimmungen **§ 92**

schöpfend dar (bei Wagner GA 61, 1, Nr 2). Der Begriff der verfassungsmäßigen Ordnung nach § 81 I Nr 2 (dort 3) ist deshalb weiter (Schafheutle JZ 51, 609, 612; Paeffgen NK 3); umgekehrt sind aber dessen Grenzen durch restriktive Auslegung des Abs 2 zu wahren (Laufhütte LK 3; Paeffgen NK 4).

aa) **Nr 1** schützt die Volkssouveränität und Gewaltenteilung (Art 20 II, 79 III **6** GG) sowie das demokratische Wahlrecht (Art 28 I S 2, 38 I S 1 GG); **Nr 2** die rechtsstaatliche Bindung der Gewalten (Art 20 III, 79 III GG); **Nr 3** das Recht auf parlamentarische Opposition (Art 21 I S 1 GG), das durch Bildung einer Einheitspartei verletzt wird (bei Wagner GA 61, 2, Nr 5); **Nr 4** die Ablösbarkeit der Regierung und ihre Verantwortlichkeit gegenüber der Volksvertretung, was nicht notwendig die Ausschließlichkeit des sog parlamentarischen Regierungssystems bedeutet (Art 67 GG; beachte JR 77, 28 mit Anm Schroeder); **Nr 5** die Unabhängigkeit der Gerichte (Art 97 I GG); **Nr 6** den Ausschluss jeder Gewalt- und Willkürherrschaft (BGHSt 13, 32, 375; s auch §§ 234a, 241a).

bb) **Nicht aufgenommen** sind das föderalistische Prinzip (Art 79 III GG) und **7** die Grundrechte, soweit nicht Abs 2 Nr 6 eingreift.

2. a) Abs 3 definiert, unter welchen Voraussetzungen Bestrebungen, dh orga- **8** nisierte Aktivitäten, gegen ein in Abs 1, 2 beschriebenes Angriffsobjekt gerichtet sind. Die Träger der Bestrebungen müssen auf die Beeinträchtigung des Angriffsobjekts hinarbeiten, dh Angriffshandlungen vornehmen oder vorbereiten, die auf Beeinträchtigung des Angriffsobjekts abzielen. **Einsetzen** bedeutet, dass es dem Täter auf die Förderung solcher Bestrebungen ankommt; ob er sie selbst verfolgt, ist unerheblich. Die §§ 88 I, 89 I, 90 III, 90a III, 90b I setzen übereinstimmend nur „absichtliches", § 87 I daneben auch „wissentliches" Sich-Einsetzen voraus. Die Unterscheidung ist unklar: Sich-Einsetzen ist zweckhaftes Verhalten, dem das Absichtsmoment im Sinne zielgerichteten Wollens (20 zu § 15) bereits immanent ist. Dass es dem Täter auf die Förderung konkreter Bestrebungen ankommen muss, ergibt sich daher von selbst. Einen selbstständigen Sinn gewinnt das Absichtsmerkmal erst, wenn es dem Täter zugleich auch auf die Richtung der Bestrebungen gerade gegen das Angriffsobjekt ankommen muss (so Krauth/Kurfess/Wulf JZ 68, 577, 582; anders Paeffgen NK 14; Rudolphi SK 11). Allerdings zwingt das zu dem kriminalpolitisch problematischen Ergebnis, dass nur zum Gelderwerb begangene Taten (etwa die gegen Entgelt begangene Sabotagehandlung nach § 88 I) idR nicht erfasst werden. Das entspricht aber dem gesetzgeberischen Willen, weil sonst das in § 87 I zusätzlich eingefügte Merkmal der Wissentlichkeit (21 zu § 15) keine sinnvolle Funktion erfüllen könnte (Gehrig, Der Absichtsbegriff in den Straftatbeständen des Besonderen Teils des StGB, 1986, S 156 mwN).

b) Nr 1: Vgl 2–4. – **Nr 2:** Der Hinweis auf die äußere und innere Sicherheit **9** gilt nicht nur für die Tatbestände des Abschnitts, sondern ist auch für die §§ 109e, 109f und 109g bedeutsam. – **Nr 3: Beseitigen** bedeutet Vernichten der rechtlichen Existenz, **Außer-Geltung-Setzen** Herbeiführen der vollständigen, teilweisen oder vorübergehenden faktischen Nichtanwendung, jedoch nicht die bloße Verletzung im Einzelfall. **Untergraben** ist das Beeinträchtigen der Wirksamkeit der formal fortbestehenden Verfassungsgrundsätze, das idR durch langsames Unglaubwürdigmachen geschieht (Düsseldorf NJW 80, 603 mwN); nach der Rspr soll zum Untergraben auch die nur auf Erschütterung eines Zustandes gerichtete Tätigkeit genügen (BGHSt 4, 291; zw).

c) Richtet sich die Tat sowohl gegen den Bestand oder die Sicherheit der Bun- **10** desrepublik als auch gegen Verfassungsgrundsätze, so ist bei der **Strafzumessung** zu berücksichtigen, dass ein doppelter, gegen artverschiedene Rechtsgüter gerichteter Angriff vorliegt (JR 77, 28 mit Anm Schroeder).

§§ 92a–93

§ 92a Nebenfolgen

Neben einer Freiheitsstrafe von mindestens sechs Monaten wegen einer Straftat nach diesem Abschnitt kann das Gericht die Fähigkeit, öffentliche Ämter zu bekleiden, die Fähigkeit, Rechte aus öffentlichen Wahlen zu erlangen, und das Recht, in öffentlichen Angelegenheiten zu wählen oder zu stimmen, aberkennen (§ 45 Abs. 2 und 5).

1 Vgl 4 zu § 45. Amtsfähigkeit, Wählbarkeit und Stimmrecht können auch einzeln aberkannt werden.

§ 92b Einziehung

Ist eine Straftat nach diesem Abschnitt begangen worden, so können

1. Gegenstände, die durch die Tat hervorgebracht oder zu ihrer Begehung oder Vorbereitung gebraucht worden oder bestimmt gewesen sind, und
2. Gegenstände, auf die sich eine Straftat nach den §§ 80a, 86, 86a, 90 bis 90b bezieht,

eingezogen werden. § 74a ist anzuwenden.

1 1. § 92b ist eine besondere Vorschrift über die **Einziehung** im Sinne des § 74 IV (dort 12–14). Die näheren Einziehungsvoraussetzungen sind in den §§ 74 II, III, 74a geregelt (BGHSt 23, 64). Die Einziehung ist nur fakultativ (zur Ermessensausübung 9 zu § 74); jedoch bleibt § 74d unberührt, so dass bei Vorliegen seiner Voraussetzungen die Einziehung obligatorisch ist (BGHSt 23, 208, 267; beachte aber 11 zu § 74d). Im Übrigen vgl die Anm zu §§ 74 bis 76a.

2 2. Soweit eine Einziehung in das nach Art 5 I S 1 GG gewährleistete Recht des Bürgers eingreifen würde, sich aus allgemein zugänglichen Quellen ungehindert zu unterrichten (Informationsfreiheit), bedarf es einer Güter- und Interessenabwägung zwischen der Informationsfreiheit einerseits und den eine Verfassungsgefährdung abwehrenden allgemeinen Strafgesetzen andererseits (BVerfGE 27, 71; BGHSt 23, 208 mit krit Anm Willms JZ 70, 514; Faller MDR 71, 1; Träger/Mayer/Krauth, BGH-FS, S 227, 242).

2. Abschnitt. Landesverrat und Gefährdung der äußeren Sicherheit

§ 93 Begriff des Staatsgeheimnisses

(1) Staatsgeheimnisse sind Tatsachen, Gegenstände oder Erkenntnisse, die nur einem begrenzten Personenkreis zugänglich sind und vor einer fremden Macht geheimgehalten werden müssen, um die Gefahr eines schweren Nachteils für die äußere Sicherheit der Bundesrepublik Deutschland abzuwenden.

(2) Tatsachen, die gegen die freiheitliche demokratische Grundordnung oder unter Geheimhaltung gegenüber den Vertragspartnern der Bundesrepublik Deutschland gegen zwischenstaatlich vereinbarte Rüstungsbeschränkungen verstoßen, sind keine Staatsgeheimnisse.

1 1. **Staatsgeheimnisse** sind Tatsachen, Gegenstände oder Erkenntnisse (dh alle tatsächlichen Vorgänge oder Zustände, alle körperlichen Gegenstände und alle gedanklichen Sachverhalte sowie Nachrichten darüber; näher Paeffgen NK 8–11) unter folgenden Voraussetzungen:

   a) Sie müssen als **Angelegenheit der Bundesrepublik Deutschland** anzusehen, dh ihrem Schutzbereich zuzurechnen sein (Laufhütte GA 74, 52, 53). Nicht gedeckt sind daher Geheimnisse befreundeter Staaten (beachte jedoch Art 7 I des

4. StÄG) oder zwischenstaatlicher Einrichtungen, es sei denn, dass sie als „gemeinsame Geheimnisse" (zB NATO-Geheimnisse) zugleich Angelegenheit der Bundesrepublik sind (bei Holtz MDR 80, 105) oder dass sie einem Bundesorgan anvertraut sind (BGHSt 6, 333).

b) Sie dürfen **nur einem begrenzten Personenkreis zugänglich** sein. Damit scheiden offenkundige (RGSt 25, 45, 48) sowie allgemein oder einem nicht mehr individualisierbaren Personenkreis (Laufhütte GA 74, 52, 54; enger Paeffgen NK 13) zugängliche Tatsachen aus. Aus einer Vielzahl zugänglicher Tatsachen erarbeitete Erkenntnisse (sog Mosaiktheorie) werden daher, soweit sie in Folge der Zugänglichkeit der Tatsachen selbst zugänglich sind, nicht erfasst; Erkenntnisse, die durch geistige Neuschöpfung (Laufhütte aaO S 55) oder unter Verwertung von Geheimnissen niederer Ebene gewonnen sind, können jedoch Staatsgeheimnisse sein (BGHSt 24, 72, 76; krit Lüttger JR 69, 121, 126; Paeffgen NK 16; einschr Rudolphi SK 17). 2

c) Sie müssen nach Maßgabe des Abs 1 zurzeit der Tat – sei es auch nur gegenüber einer einzelnen fremden Macht – **geheimhaltungsbedürftig** sein (enger Paeffgen NK 12: Geheim-Sein). Nachträglicher Wegfall des Geheimhaltungsbedürfnisses ist unerheblich (Bay MDR 94, 821). 3

aa) **Fremde Macht** ist eine außerhalb der Bundesrepublik bestehende, mit öffentlicher Gewalt ausgestattete Einrichtung auf höchster Ebene, namentlich jede ausländische Regierung, auch wenn sie völkerrechtlich nicht anerkannt ist, uU auch die zwischen- oder überstaatliche Einrichtung (BT-Dr V/898 S 38; Bay MDR 94, 821; Paeffgen NK 22).

bb) **Gefahr** 21, 22 zu § 315c. Da es hier nur um die Frage der Geheimhaltungsbedürftigkeit geht, genügt **abstrakte Gefährlichkeit,** während in den einzelnen Tatbeständen (§§ 94ff) konkrete Gefährdung vorausgesetzt wird (ebenso Paeffgen NK 25). 4

cc) Gefahr eines **schweren Nachteils für die äußere Sicherheit** ist die einer bedeutenden **Erhöhung der Anfälligkeit** gegenüber einem Angriff oder einer störenden Einflussnahme vergleichbarer Schwere (zB Erpressung) **von außen,** die sowohl in der Vermehrung der fremden wie auch der Minderung der eigenen äußeren Machtstellung bestehen kann und uU bei gleichzeitig schädlicher wie nützlicher Wirkung für die äußere Sicherheit durch Saldierung der Nach- und Vorteile zu bestimmen ist (BT-Dr V/2860 S 18; Paeffgen NK 27; zusf Schroeder, Der Schutz von Staat und Verfassung im Strafrecht, 1970, S 398). Dieses Merkmal setzt die Bedeutungsschwelle, von der an eine Angelegenheit den Rang eines Staatsgeheimnisses erlangt, hoch an (BGHSt 24, 72, 75; Bay MDR 94, 821) und erfasst im Wesentlichen nur Nachteile im Bereich der Landesverteidigung, ausnahmsweise auch der nachrichtendienstlichen Abwehr (BT-Dr V/2860 S 16). Diplomatische, wissenschaftliche und wirtschaftliche Geheimnisse, die aus **anderen als Sicherheitsgründen** für die äußere Machtstellung der Bundesrepublik bedeutsam sind, fallen nicht unter die §§ 94–98 (BGH aaO), werden zum Teil aber durch die §§ 99, 353b geschützt (krit Lüttger JR 69, 121, 126; Träger/Mayer/Krauth, BGH-FS, S 227, 232, 245). 5

dd) Die Geheimhaltung ist **nur dann erforderlich,** wenn anders die Gefahr nicht abgewendet werden kann. Das trifft jedenfalls dann nicht zu, wenn die fremden Mächte zweifelsfreie und zuverlässige, nicht jedoch nur mögliche, unbestimmte oder noch der Bestätigung bedürftige Kenntnis haben (NJW 65, 1190). 6

2. Der Geheimnisbegriff ist ein **materieller,** der unmittelbar an den Sachverhalt anknüpft (krit Kohlmann, Der Begriff des Staatsgeheimnisses und das verfassungsrechtliche Gebot der Bestimmtheit von Strafvorschriften, 1969). Ob tatsächliche Schutzmaßnahmen getroffen sind (faktische Geheimhaltung) oder ob eine ausdrückliche Geheimanordnung besteht (formelle Geheimhaltung bzw Sekretur), ist 7

§ 94   BT. 2. Abschnitt. Landesverrat usw.

unerheblich (Lüttger GA 70, 129, 153; aM Klug, Engisch-FS, S 570). Jedoch ist die faktische Geheimhaltung in den §§ 95, 96 II, 97 besonderes Tatbestandsmerkmal (2 zu § 95).

8   3. a) Nach **Abs 2** ist **kein Staatsgeheimnis (sog „illegales" Staatsgeheimnis),**
   aa) was gegen die **freiheitliche demokratische Grundordnung** (2 zu § 86) verstößt. Der Verstoß gegen einfache Gesetze genügt nur, wenn sie Grundwerte der Verfassung konkretisieren;

9   bb) was unter **Geheimhaltung gegenüber den** – oder auch nur einzelnen (Rudolphi SK 36; zw) – **Vertragspartnern der Bundesrepublik gegen zwischenstaatlich vereinbarte Rüstungsbeschränkungen verstößt.** Solche Beschränkungen ergeben sich zB für ABC-Waffen und schwere Raketen aus dem WEU-Vertrag und aus NATO-Vereinbarungen (Zusammenstellung bei Träger LK 23 und Paeffgen NK 38). Die Voraussetzung der **Geheimhaltung** ist nur als politisch motivierte Einschränkung verständlich; denn der Verstoß gegen eine Rüstungsbeschränkung ist rechtswidrig auch, wenn er von den Vertragspartnern unter politischem Druck geduldet wird.

10   b) Die **Rechtsnatur** des Abs 2 ist zweifelhaft. Der BTag hat ihn als Tatbestandseinschränkung verstanden (BT-Dr V/2860 S 16). Dem ist das Schrifttum überwiegend gefolgt (Rudolphi SK 34 mwN; eingehend Wiedmann, Inwieweit widerspricht § 97b StGB allgemeinen strafrechtlichen Grundsätzen? 1971, S 86; krit Stree, in: Baumann [Hrsg], Mißlingt die Strafrechtsreform, 1969, S 171, 178); jedoch dürfte die Erklärung der Vorschrift als Rechtfertigungsgrund (so Jescheck, Engisch-FS, S 584; Paeffgen, Der Verrat in irriger Annahme eines illegalen Geheimnisses [§ 97b StGB] und die allgemeine Irrtumslehre, 1979, S 190 und NK 34) zu dogmatisch befriedigenderen Ergebnissen führen (krit Jakobs ZStW 93, 901).

11   c) Nach seiner **sachlichen Bedeutung** gibt Abs 2 dem Interesse an der Aufdeckung und Beseitigung einer im Sinne der Vorschrift rechtswidrigen Tatsache absoluten Vorrang vor dem Sicherheitsinteresse ohne Rücksicht auf das Ergebnis einer konkreten Güter- und Interessenabwägung; denn Abs 2 geht iVm § 97a davon aus, dass die Offenbarung solcher Tatsachen die Gefahr eines schweren Sicherheitsnachteils verursachen kann, lässt aber gleichwohl zu, dass zur Wahrnehmung der Chance der Beseitigung dieser Tatsachen uneingeschränkt darüber diskutiert wird (Hirsch NJW 68, 2330; krit Breithaupt NJW 68, 1712 und 69, 266; Deiters, in: Thiel [Hrsg], Wehrhafte Demokratie, 2003, S 291, 293, sieht darin eine „politisch gewollte Einschränkung des staatlichen Bestandsschutzes"). Aus dieser Konzeption erklären sich die Besonderheiten, die in §§ 97a, 97b vorgesehen sind (krit Klug, Baumgärtel-FS, S 249).

12   d) Abs 2 enthält **keine erschöpfende Regelung.** Soweit eine nach Abs 1 geheimhaltungsbedürftige, zugleich aber rechtswidrige Tatsache nicht unter Abs 2 fällt, kann ihre Offenbarung in Ausnahmefällen gerechtfertigt sein (4 zu § 95; Paeffgen NK 41).

§ 94 Landesverrat

(1) **Wer ein Staatsgeheimnis**
1. **einer fremden Macht oder einem ihrer Mittelsmänner mitteilt oder**
2. **sonst an einen Unbefugten gelangen läßt oder öffentlich bekanntmacht, um die Bundesrepublik Deutschland zu benachteiligen oder eine fremde Macht zu begünstigen,**
und dadurch die Gefahr eines schweren Nachteils für die äußere Sicherheit der Bundesrepublik Deutschland herbeiführt, wird mit Freiheitsstrafe nicht unter einem Jahr bestraft.

Landesverrat **§ 94**

(2) **In besonders schweren Fällen ist die Strafe lebenslange Freiheitsstrafe oder Freiheitsstrafe nicht unter fünf Jahren. Ein besonders schwerer Fall liegt in der Regel vor, wenn der Täter**
1. **eine verantwortliche Stellung mißbraucht, die ihn zur Wahrung von Staatsgeheimnissen besonders verpflichtet, oder**
2. **durch die Tat die Gefahr eines besonders schweren Nachteils für die äußere Sicherheit der Bundesrepublik Deutschland herbeiführt.**

1. Die Vorschrift **schützt** die **äußere Sicherheit** der Bundesrepublik gegen 1 unmittelbaren oder aus verwerflichen Motiven begangenen Verrat von Staatsgeheimnissen (ebenso Paeffgen NK 2).

2. Abs 1 Nr 1 setzt Mitteilung eines zurzeit der Tat bestehenden (bei Wagner 2 GA 63, 289, Nr 15) Staatsgeheimnisses (§ 93) an eine fremde Macht (3 zu § 93) oder einen ihrer Mittelsmänner voraus. Besteht das Staatsgeheimnis in einer Erkenntnis (1 zu § 93), so kann diese auch durch eine Mehrzahl von Mitteilungen, die jede für sich den Tatbestand nicht erfüllen würden, vermittelt werden (BGHSt 24, 72, 76; NStZ 96, 492; beachte auch 2 zu § 93). **Mitteilen** bedeutet hier unmittelbar oder durch Boten bzw bösgläubige Mittelsmänner (BT-Dr V/2860 S 17) an einen Repräsentanten oder einen Mittelsmann der fremden Macht gelangen lassen; dabei sind Repräsentanten nur solche Funktionsträger, die der Leitung der Exekutive auf höchster Ebene angehören (BGHSt 39, 260, 273; weiter Bay NStZ 92, 281 und 543; Loos/Radtke StV 94, 565; zw), Mittelsmänner alle übrigen Personen, die in einem rechtlich oder faktisch begründeten Dienst- oder Auftragsverhältnis für die fremde Macht tätig sind und auf dieser Grundlage die Weitergabe der Staatsgeheimnisse (ggf über weitere Mittelsmänner) an die Repräsentanten erwarten lassen (BGH aaO S 275). Für das Mitteilen entscheidend ist die unmittelbare Einführung des Geheimnisses in den fremden Machtbereich, weil dadurch idR das Mitwissen der betroffenen Macht um die Entschleierung des Geheimnisses ausgeschlossen wird. Die bloße Entgegennahme des Staatsgeheimnisses durch einen Repräsentanten wird nicht erfasst. Sie ist als notwendige Teilnahme straflos (12 vor § 25); bei Überschreiten der unerlässlichen Mitwirkung liegt jedoch strafbare Teilnahme (Anstiftung oder Beihilfe) vor (BGH aaO S 275; Bay aaO; Loos/Radtke aaO; Paeffgen NK 8; aM Ignor/Müller StV 91, 573, 575).

3. Abs 1 Nr 2: Unbefugter ist jeder, der nicht kraft Gesetzes oder Auftrags 3 einer zuständigen amtlichen Stelle zur Kenntnisnahme berechtigt ist, auch der Bote des Verräters (Bay GA 55, 213) oder des Empfängers; daher sind der BT-Abgeordnete und der Vorgesetzte nicht unbefugt, wenn sie nach §§ 97b I S 2, II um Abhilfe angerufen werden. – **Gelangen lassen** bedeutet bei körperlichen Gegenständen Überführung in den Gewahrsam des Empfängers ohne Rücksicht auf Kenntnisnahme (LM Nr 3 zu § 100 aF; Lange JZ 65, 297), sonst Kenntnisnahme durch den Empfänger.

4. Gefahr eines schweren Nachteils usw 4, 5 zu § 93. Die Gefahr muss kon- 4 kret sein (Bay NJW 57, 1327). Daran kann es fehlen, wenn die (verbündete oder neutrale) Macht die erlangte Kenntnis mutmaßlich nicht zum Nachteil der Bundesrepublik verwerten wird oder wenn keine bestimmte Wahrscheinlichkeit besteht, dass der Unbefugte (Abs 1 Nr 2) das Geheimnis an die fremde Macht weiterleitet (MDR 63, 426).

5. a) Der **Vorsatz** muss sich sowohl auf die Tathandlung wie auf die Ge- 5 fahr erstrecken (zum Gefährdungsvorsatz 28 zu § 15). Bedingter Vorsatz genügt (BGHSt 20, 100).

b) In **Abs 1 Nr 2** bedeutet „um zu" **Absicht** im Sinne zielgerichteten Wollens 6 (20 zu § 15). **Benachteiligen** ist Herbeiführung eines konkreten Schadens, nicht

537

§ 95

notwendig für die äußere Sicherheit (Tröndle/Fischer 7; aM Paeffgen NK 18; Rudolphi SK 14; zw); **Begünstigen** Verschaffung eines Vorteils.

6 a 6. Die Tat ist weder echtes Sonderdelikt noch eigenhändiges Delikt. Für die Erfassung von Mittelsmännern ist daher namentlich bedeutsam, dass die **allgemeinen Regeln mittäterschaftlicher Zurechnung** des Verhaltens Dritter (9 bis 11 zu § 25) ohne Einschränkung anwendbar sind (BGHSt 39, 260, 274 mwN; einschr Loos/Radtke StV 94, 565, die für ausländische, dem ausgespähten Staat nicht treupflichtige Agenten eine Strafmilderung nach dem Rechtsgedanken des § 28 für erforderlich halten).

7 7. Zu etwa möglichen **Rechtfertigungsgründen** 4 zu § 95.

8 8. Zu **Abs 2** (besonders schwere Fälle) 11–21 zu § 46; zu seiner Verfassungsmäßigkeit BVerfGE 45, 363. **Nr 1** setzt nicht notwendig eine ausdrückliche Verpflichtung voraus (bei Schmidt MDR 94, 238). **Nr 2** erfordert eine ganz außergewöhnliche Steigerung der Gefahrdimension (NStZ 84, 165 mwN).

9 9. Die Vorschrift geht, auch wenn die Tat als Versuch oder versuchte Beteiligung nach § 30 begangen wird, dem § 96 I als einer Vorbereitungshandlung vor (BGHSt 6, 385; aM Paeffgen NK 30; Tröndle/Fischer 5 zu § 96). Sie verdrängt die subsidiären §§ 98, 99 (7 zu § 98; 8 zu § 99). Mit § 353 b I ist Tateinheit möglich; § 353 b II wird verdrängt.

10 10. Räumlicher Geltungsbereich § 5 Nr 4 (dort 3). DDR-Alttaten 23 zu § 2. Nebenfolgen, Einziehung §§ 101, 101 a. Anzeigepflicht § 138 I Nr 3. Vermögensbeschlagnahme § 443 StPO. Zuständigkeit und Verfahren 6 zu § 80; speziell zur Verfolgung von Straftaten gegen die äußere Sicherheit Müller/Wache, Rebmann-FS, S 321.

§ 95 Offenbaren von Staatsgeheimnissen

(1) **Wer ein Staatsgeheimnis, das von einer amtlichen Stelle oder auf deren Veranlassung geheimgehalten wird, an einen Unbefugten gelangen läßt oder öffentlich bekanntmacht und dadurch die Gefahr eines schweren Nachteils für die äußere Sicherheit der Bundesrepublik Deutschland herbeiführt, wird mit Freiheitsstrafe von sechs Monaten bis zu fünf Jahren bestraft, wenn die Tat nicht in § 94 mit Strafe bedroht ist.**

(2) **Der Versuch ist strafbar.**

(3) **In besonders schweren Fällen ist die Strafe Freiheitsstrafe von einem Jahr bis zu zehn Jahren.** § 94 Abs. 2 Satz 2 ist anzuwenden.

1 1. Die Vorschrift gliedert aus dem Landesverratstatbestand solches **Offenbaren von Staatsgeheimnissen** aus, das nicht besonders gefährlich oder verwerflich ist und daher die Brandmarkung als Landesverrat nicht verdient. Dadurch wird der früher unbefriedigend geregelte **publizistische Landesverrat** (dazu ua Stratenwerth, Publizistischer Landesverrat, 1965) angemessen berücksichtigt.

2 2. **Abs 1** unterscheidet sich von § 94 I Nr 2 allein dadurch, dass

a) das Staatsgeheimnis zurzeit der Tat **von einer amtlichen Stelle oder auf deren Veranlassung geheimgehalten** wird. Dieses zusätzliche Merkmal erhöht das allgemeine Sicherheitsrisiko, soll aber dem Täter (namentlich Journalisten) durch seine Warnfunktion hilfreich sein (krit Lüttger JR 69, 121, 125). – **Amtliche Stelle** ist die zur Erfüllung eines bestimmt umrissenen Kreises staatlicher Aufgaben berufene Stelle, ohne Rücksicht auf ihre Behördeneigenschaft, so dass auch Parlamentsausschüsse, militärische Dienststellen usw einbezogen sind. Erforderlich ist **faktische Geheimhaltung;** es müssen tatsächliche Vorkehrungen (zB formelle Sekretur [7 zu § 93] oder Verpflichtung der Eingeweihten zur Verschwiegenheit)

Landesverräterische Auspähung **§ 96**

getroffen sein, die auf die Erhaltung der Zugänglichkeit nur für einen begrenzten Personenkreis abzielen (2 zu § 93; Lüttger GA 70, 129, 149); sie sind schon vor Entstehung des Staatsgeheimnisses möglich (zB Entwicklungsauftrag mit Geheimhaltungsauflage, Krauth/Kurfess/Wulf JZ 68, 609, 611);

b) die Offenbarung nicht in **Schädigungs- oder Begünstigungsabsicht** begangen wird (6 zu § 94). — 3

3. Die Handlung nach Abs 1 bildet den **vollen Unrechtstatbestand**. Da auch 4 außerhalb des in § 93 II geregelten Sonderbereichs Fälle denkbar sind, in denen das Interesse an öffentlicher Auseinandersetzung um die sachrichtige Gestaltung mit dem Interesse an der äußeren Sicherheit kollidiert, ist **Rechtfertigung** auf Grund einer Güter- und Interessenabwägung nicht notwendig ausgeschlossen (ebenso Paeffgen NK 8, der aber auf § 34 abstellt). Maßstab sind die Grundsätze, die das BVerfG für das Verhältnis der Grundrechte zu den sie einschränkenden allgemeinen Gesetzen entwickelt hat (28 vor § 32; s auch BVerfGE 20, 162; BGHSt 20, 342).

4. Die Vorschrift ist gegenüber § 94 **subsidiär** und geht, auch als Versuch (aM 5 Paeffgen NK 11), dem § 96 II als einer Vorbereitungshandlung vor (BGHSt 6, 385). Im Übrigen vgl 3–5, 8–10 zu § 94.

§ 96 Landesverräterische Auspähung; Auskundschaften von Staatsgeheimnissen

(1) **Wer sich ein Staatsgeheimnis verschafft, um es zu verraten (§ 94), wird mit Freiheitsstrafe von einem Jahr bis zu zehn Jahren bestraft.**

(2) **Wer sich ein Staatsgeheimnis, das von einer amtlichen Stelle oder auf deren Veranlassung geheimgehalten wird, verschafft, um es zu offenbaren (§ 95), wird mit Freiheitsstrafe von sechs Monaten bis zu fünf Jahren bestraft. Der Versuch ist strafbar.**

1. a) Landesverräterische Auspähung nach Abs 1 ist eine zum Tatbestand 1 verselbstständigte **Vorbereitungshandlung** zum Landesverrat (§ 94), bei der auch strafbarer Versuch (BGHSt 6, 385) und versuchte Beteiligung nach § 30 (BGHSt 6, 346) möglich sind (str).

b) Auskundschaften von Staatsgeheimnissen nach Abs 2 ist verselbstständigte **Vorbereitungshandlung** zu § 95, bei der versuchte Beteiligung (§ 30) nicht mit Strafe bedroht ist. — 2

2. Verschaffen ist jede Handlung, durch die der Täter bei körperlichen Gegenständen Gewahrsam (ohne Rücksicht auf Kenntnis), in den übrigen Fällen Kenntnis erlangt. Wer ohne sein Zutun ein Staatsgeheimnis erfährt, verschafft es sich nicht. — 3

3. Der **Vorsatz** (bedingter genügt) muss mit Verrats- oder Offenbarungs**absicht** (Zielvorstellung, 20 zu § 15) verbunden sein; dass sie erst nach der Tathandlung gefasst wird, genügt nicht (ebenso Paeffgen NK 7). — 4

4. Rücktritt vom Versuch des Landesverrats oder der Offenbarung von Staats- 5 geheimnissen (§§ 94, 95) macht die vollendete Tat nach § 96 trotz ihres bloßen Vorbereitungscharakters (vgl 1) nicht straffrei; auch § 98 II ist auf diese Tat nicht entsprechend anwendbar (hM; anders Sch/Sch-Stree/Sternberg-Lieben 16 mwN).

5. Über das **Verhältnis zu §§ 94, 95, 98 und 99** vgl 9 zu § 94; 5 zu § 95; 7 6 zu § 98; 8 zu § 99.

6. Räumlicher Geltungsbereich § 5 Nr 4 (dort 3). DDR-Alttaten 23 zu § 2. 7 Nebenfolgen, Einziehung §§ 101, 101a. Anzeigepflicht § 138 I Nr 3. Vermögensbeschlagnahme § 443 StPO. Zuständigkeit und Verfahren 6 zu § 80; 10 zu § 94.

§§ 97, 97a

§ 97 Preisgabe von Staatsgeheimnissen

(1) **Wer ein Staatsgeheimnis, das von einer amtlichen Stelle oder auf deren Veranlassung geheimgehalten wird, an einen Unbefugten gelangen läßt oder öffentlich bekanntmacht und dadurch fahrlässig die Gefahr eines schweren Nachteils für die äußere Sicherheit der Bundesrepublik Deutschland verursacht, wird mit Freiheitsstrafe bis zu fünf Jahren oder mit Geldstrafe bestraft.**

(2) **Wer ein Staatsgeheimnis, das von einer amtlichen Stelle oder auf deren Veranlassung geheimgehalten wird und das ihm kraft seines Amtes, seiner Dienststellung oder eines von einer amtlichen Stelle erteilten Auftrags zugänglich war, leichtfertig an einen Unbefugten gelangen läßt und dadurch fahrlässig die Gefahr eines schweren Nachteils für die äußere Sicherheit der Bundesrepublik Deutschland verursacht, wird mit Freiheitsstrafe bis zu drei Jahren oder mit Geldstrafe bestraft.**

(3) **Die Tat wird nur mit Ermächtigung der Bundesregierung verfolgt.**

1. Die Vorschrift betrifft die **fahrlässige** Gefährdung der äußeren Sicherheit durch **Preisgabe von Staatsgeheimnissen**.

2. **Abs 1** unterscheidet sich von § 95 allein dadurch, dass dem Täter im Hinblick auf die Gefährdung der äußeren Sicherheit nur **Fahrlässigkeit** (35 zu § 15) zur Last fällt (MDR 63, 426); die Tathandlung muss jedoch **vorsätzlich** begangen sein. Zur Behandlung dieser Vorsatz-Fahrlässigkeits-Kombination als Vorsatztat im Hinblick auf Teilnahme usw 23–25 zu § 11.

3. Auch **Abs 2**, der nur für Täter gilt, denen das Staatsgeheimnis dienstlich oder kraft Auftrages zugänglich ist, lässt für die Gefährdung Fahrlässigkeit genügen (vgl 2). Für das Staatsgeheimnis selbst und seine Zugänglichkeit wird dagegen **Vorsatz** (bedingter genügt; aM Sch/Sch-Stree/Sternberg-Lieben 14: Leichtfertigkeit) und für die Tathandlung **Leichtfertigkeit** (55 zu § 15) vorausgesetzt (ebenso Paeffgen NK 15, 16). Hauptanwendungsfall ist das Liegenlassen oder Verlieren von geheimen Akten.

4. Zwischen Abs 1 und §§ 98, 99 ist **Tateinheit** möglich.

5. Räumlicher Geltungsbereich § 5 Nr 4 (dort 3). Ermächtigung 1, 2 zu § 77e. Nebenfolgen, Einziehung §§ 101, 101a. Zuständigkeit und Verfahren 6 zu § 80; 10 zu § 94.

§ 97a Verrat illegaler Geheimnisse

Wer ein Geheimnis, das wegen eines der in § 93 Abs. 2 bezeichneten Verstöße kein Staatsgeheimnis ist, einer fremden Macht oder einem ihrer Mittelsmänner mitteilt und dadurch die Gefahr eines schweren Nachteils für die äußere Sicherheit der Bundesrepublik Deutschland herbeiführt, wird wie ein Landesverräter (§ 94) bestraft. § 96 Abs. 1 in Verbindung mit § 94 Abs. 1 Nr. 1 ist auf Geheimnisse der in Satz 1 bezeichneten Art entsprechend anzuwenden.

1. Die Vorschrift ist eine **Folgerung aus § 93 II** (dort 8–12). Da nach dem Gesetz im Kollisionsfalle das Allgemeininteresse an der Wahrung der äußeren Sicherheit hinter dem an der Aufdeckung und Beseitigung einer im Sinne des § 93 II rechtswidrigen Tatsache zurückzutreten hat (11 zu § 93), ist deren Mitteilung oder öffentliche Bekanntmachung grundsätzlich nicht (nach § 94 I Nr 2, §§ 95, 96 I oder § 96 II) mit Strafe bedroht und deshalb nicht tatbestandsmäßig (krit Breithaupt NJW 68, 1712). Ausgenommen ist nur, wer die Tatsache unmittelbar der fremden Macht oder einem ihrer Mittelsmänner mitteilt (2 zu § 94)

oder im Falle der Ausspähung (§ 96 I) mitzuteilen beabsichtigt; denn er entzieht die Tatsache zugleich der öffentlichen Erörterung und schließt damit schon die Möglichkeit der beschriebenen Interessenkollision aus.

2. Die Anwendung des § 97 a besteht darin, dass in § 94 I Nr 1, II und in § 96 I iVm § 94 I Nr 1 an die Stelle des Staatsgeheimnisses das Geheimnis im Sinne des § 93 II tritt. Die Ausführungen unter 2, 4, 5, 8–10 zu § 94; 1, 4–6 zu § 96 gelten daher sinngemäß. Ob der Täter das Geheimnis für ein Staatsgeheimnis oder ein solches nach § 93 II hält, ist unerheblich; denn zwischen §§ 94 I Nr 1, 96 I einerseits und § 97 a andererseits ist Wahlfeststellung zulässig (ebenso Sch/Sch-Stree/Sternberg-Lieben 2).

§ 97 b Verrat in irriger Annahme eines illegalen Geheimnisses

(1) Handelt der Täter in den Fällen der §§ 94 bis 97 in der irrigen Annahme, das Staatsgeheimnis sei ein Geheimnis der in § 97 a bezeichneten Art, so wird er, wenn

1. dieser Irrtum ihm vorzuwerfen ist,

2. er nicht in der Absicht handelt, dem vermeintlichen Verstoß entgegenzuwirken, oder

3. die Tat nach den Umständen kein angemessenes Mittel zu diesem Zweck ist,

nach den bezeichneten Vorschriften bestraft. Die Tat ist in der Regel kein angemessenes Mittel, wenn der Täter nicht zuvor ein Mitglied des Bundestages um Abhilfe angerufen hat.

(2) War dem Täter als Amtsträger oder als Soldat der Bundeswehr das Staatsgeheimnis dienstlich anvertraut oder zugänglich, so wird er auch dann bestraft, wenn nicht zuvor der Amtsträger einen Dienstvorgesetzten, der Soldat einen Disziplinarvorgesetzten um Abhilfe angerufen hat. Dies gilt für die für den öffentlichen Dienst besonders Verpflichteten und für Personen, die im Sinne des § 353 b Abs. 2 verpflichtet worden sind, sinngemäß.

1. Die **besondere Irrtumsvorschrift** des § 97 b, für die es kein Vorbild gibt, ist ebenso wie § 97 a eine Folgerung aus § 93 II. Sie gilt nur, wenn der Tathandlung **objektiv** ein **wirkliches Staatsgeheimnis** zugrundeliegt, der Täter **subjektiv** – in Folge Tatbestands- oder Subsumtionsirrtums (Hirsch NJW 68, 2330) – aber ein Geheimnis nach § 93 II annimmt.

2. Der Täter ist **ungeachtet seines Irrtums** (vgl 1) nach den §§ 94–97 strafbar, wenn **eine** der Voraussetzungen des **Abs 1 S 1 Nr 1–3** erfüllt ist.

a) Nr 1: Der Irrtum ist dem Täter vorzuwerfen, wenn dieser den Sorgfaltsmaßstab, der für die Fahrlässigkeit gilt (37, 39, 40 zu § 15), verletzt hat. Maßgebend ist danach, ob er bei Anwendung der Sorgfalt, die in seiner Lage objektiv geboten und zu welcher er subjektiv auch fähig war, erkennen bzw durch Nachforschung klären konnte, dass er es mit einem Staatsgeheimnis zu tun hatte (Bedenken bei Paeffgen NK 8). Auf eine besondere Gewissensanspannung (7 zu § 17) kommt es nicht an (BT-Dr V/2860 S 20).

b) Nr 2: Die **Absicht,** deren Fehlen erwiesen sein muss (sonst in dubio pro reo), bedeutet hier zielgerichtetes Wollen (hM; vgl 20 zu § 15; anders Paeffgen, Der Verrat in irriger Annahme eines illegalen Geheimnisses [§ 97 b StGB] und die allgemeine Irrtumslehre, 1979, S 196 und NK 10). Dass der Täter neben dieser Absicht noch andere Zwecke verfolgt, schadet ihm nicht. – Da **in Fällen des § 97 II** (leichtfertige Preisgabe von Staatsgeheimnissen) die erforderliche Absicht

§ 98

notwendig fehlt, ist Nr 2 (und daraus folgend auch Nr 3) insoweit nicht anwendbar (hM; vgl Träger LK 3 mwN).

4 c) **Nr 3:** Die hier in Anlehnung an § 34 S 2 (dort 6) formulierte **Mittel-Zweck-Relation** erfordert eine Güter- und Interessenabwägung, für die namentlich bedeutsam sind: die Schwere der vermeintlich dem Geheimnis zu Grunde liegenden Rechtsverletzung, die Eignung des Täterverhaltens zu deren Aufdeckung und Beseitigung, das Maß und die Nähe der Gefahr für die äußere Sicherheit und etwa bestehende Möglichkeiten, den Zweck mit schonenderen Mitteln zu erreichen. – Satz 2 weist auf ein idR schonenderes Mittel hin und begründet zugleich die Befugnis des Abgeordneten, in solchen Fällen von einem Staatsgeheimnis Kenntnis zu nehmen (3 zu § 94).

5 **3. Abs 2** liegt die generelle Wertentscheidung zugrunde, dass eine unter seinen Voraussetzungen begangene Tat niemals ein angemessenes Mittel ist, um dem vermeintlichen Verstoß entgegenzuwirken; die Notwendigkeit der Anrufung des Vorgesetzten kann daher nicht wegen Aussichtslosigkeit verneint werden.

6 **4.** Der **dogmatische Gehalt** des § 97b ist zweifelhaft. Der BTag hält ihn für einen selbstständigen Tatbestand (BT-Dr V/2860 S 20). Dem ist das Schrifttum überwiegend gefolgt (Sch/Sch-Stree/Sternberg/Lieben 1 mwN). Demgegenüber versteht Paeffgen aaO (vgl 3) S 229 ihn als Sonderregelung des Erlaubnistatbestands- und des Erlaubnisirrtums (9–19 zu § 17) in Bezug auf den Rechtfertigungsgrund des § 93 II (dort 10), während Jescheck (Engisch-FS, S 584) ihn als negativ formulierten Rechtfertigungsgrund einordnet. Nach allen Lösungsansätzen ist die Vorschrift mit dem Schuldprinzip nicht voll vereinbar (hM; anders Träger LK 13–18). Verfassungskonforme Auslegung erfordert mindestens eine Milderung des Strafrahmens (Paeffgen aaO S 170 und NK 23); darüber hinaus werden jedoch auch – allerdings in verschiedenem Umfang – Teile der Vorschrift für verfassungswidrig gehalten oder weiterreichende Einschränkungen durch verfassungskonforme Auslegung gefordert (zB Lüttger JR 69, 121, 130; Klug, Baumgärtel-FS, S 249, 252; Tröndle/Fischer 2, 8; Rudolphi SK 5, 7, 12, 13).

§ 98 Landesverräterische Agententätigkeit

(1) **Wer**

1. **für eine fremde Macht eine Tätigkeit ausübt, die auf die Erlangung oder Mitteilung von Staatsgeheimnissen gerichtet ist, oder**

2. **gegenüber einer fremden Macht oder einem ihrer Mittelsmänner sich zu einer solchen Tätigkeit bereit erklärt,**

wird mit Freiheitsstrafe bis zu fünf Jahren oder mit Geldstrafe bestraft, wenn die Tat nicht in § 94 oder § 96 Abs. 1 mit Strafe bedroht ist. In besonders schweren Fällen ist die Strafe Freiheitsstrafe von einem Jahr bis zu zehn Jahren; § 94 Abs. 2 Satz 2 Nr. 1 gilt entsprechend.

(2) **Das Gericht kann die Strafe nach seinem Ermessen mildern (§ 49 Abs. 2) oder von einer Bestrafung nach diesen Vorschriften absehen, wenn der Täter freiwillig sein Verhalten aufgibt und sein Wissen einer Dienststelle offenbart. Ist der Täter in den Fällen des Absatzes 1 Satz 1 von der fremden Macht oder einem ihrer Mittelsmänner zu seinem Verhalten gedrängt worden, so wird er nach dieser Vorschrift nicht bestraft, wenn er freiwillig sein Verhalten und sein Wissen unverzüglich einer Dienststelle offenbart.**

1 **1.** Die Vorschrift ist ein **abstrakter Gefährdungstatbestand.** Sie erfasst nicht nur Vorbereitungshandlungen zum Landesverrat (§ 94) oder zur Ausspähung (§ 96 I), sondern deckt deren Vorfeld ohne Rücksicht darauf ab, ob schon ein be-

Landesverräterische Agententätigkeit **§ 98**

stimmter Tatplan besteht. Mit § 99 überschneidet sie sich weit. Der Unterschied zwischen beiden Vorschriften besteht darin, dass § 98 nur die letztlich auf Landesverrat abzielende Ausforschung im Auge hat, dafür aber die Art der Tätigkeit nicht kennzeichnet, während § 99 nur geheimdienstliche Tätigkeit betrifft, dafür aber jede Ausforschung genügen lässt. – Zur Entstehungsgeschichte Paeffgen NK 1, 2.

2. a) Abs 1 Nr 1: Eine **Tätigkeit,** dh positives Tun (BT-Dr V/2860 S 21; 2 Paeffgen NK 6), ist **auf die Erlangung oder Mitteilung von Staatsgeheimnissen gerichtet,** wenn sie den Zweck verfolgt, entweder zu erreichen oder dem Ziel näherzukommen (dazu BGHSt 25, 145), dass Staatsgeheimnisse (1–7 zu § 93) – sei es unmittelbar oder mittelbar durch weitere Handlungen oder mit Hilfe anderer – erlangt oder mitgeteilt werden; dass sich der Täter zuvor dem Beziehungspartner gegenüber zu solcher Tätigkeit bereit erklärt hat, ist nicht erforderlich (BGH aaO). Die Erlangung oder Mitteilung braucht – ohne Konkretisierung auf bestimmte Geheimnisse – nur Endzweck der Tätigkeit zu sein. Auf ihn muss es dem Täter ankommen; dass lediglich der Beziehungspartner diesen Zweck verfolgt, genügt nicht (BGHSt 18, 336 ist überholt). Auch die sog Scheintätigkeit, die zwar äußerlich betrachtet auf die Erlangung von Staatsgeheimnissen gerichtet ist, aber unter dem geheimen Vorbehalt steht, den Endzweck in Wahrheit nicht zu wollen, erfüllt den Tatbestand nicht (hM; vgl Paeffgen NK 11; Rudolphi SK 8, 10; krit Lackner ZStW 78, 695, 702). – **Fremde Macht** 3 zu § 93; Handeln **„für"** die Macht setzt nicht unbedingt einen Auftrag oder eine schon bestehende Beziehung voraus (BGHSt 25, 145).

b) Abs 1 Nr 2: Sich-bereit-erklären erfordert wie § 30 II (dort 6) die ernst 3 gemeinte, dem Empfänger zugegangene (hM; vgl Celle NJW 91, 579; Paeffgen NK 13; anders Sch/Sch-Stree/Sternberg-Lieben 13) Kundgabe der Bereitwilligkeit zur Tätigkeit nach Nr 1 (BT-Dr V/2860 S 21).

3. Rechtfertigung namentlich möglich durch amtlichen Auftrag (Träger 4 LK 15 zu § 99 mwN).

4. Zu Abs 1 S 2 (besonders schwere Fälle) 11–21 zu § 46; 8 zu § 94. 5

5. Zur tätigen Reue (Abs 2) 29 zu § 24. Abweichend von § 87 III (dort 7) 6 kommt es bei Satz 1 auf Rechtzeitigkeit der Offenbarung nicht an; zum umstrittenen Umfang der Offenbarungspflicht Jeßberger, Kooperation und Strafzumessung, 1999, 562 mwN. „Gedrängt worden" (Satz 2) erfordert als Erfolg eine psychische Drucksituation des Täters (BT-Dr V/2860 S 22; Paeffgen NK 22; Rudolphi SK 22; hier ist unverzügliches Offenbaren nach Beendigung der Zwangssituation verlangt, Sch/Sch-Stree/Sternberg-Lieben 31).

6. Agententätigkeit (iS der §§ 98, 99) ist kein Dauerdelikt (so zu § 99 BGHSt 7 42, 215; 43, 1, 3 mit Bespr Rudolphi NStZ 97, 487, Schlüchter/Duttge/Klumpe JZ 97, 995, Paeffgen JR 99, 89, Lampe/Schneider GA 99, 105 und Popp Jura 99, 577; Rissing-van Saan, BGH-FS, S 475, 483; 11 vor § 52; krit Lampe, in: Geisler [Hrsg], Zur Rechtswirklichkeit nach Wegfall der „fortgesetzten Tat", 1998, S 95, 101; str). Mehrere Tätigkeitsakte, die der Täter im Rahmen derselben Beziehung und deren normalem Ablauf entsprechend vornimmt, werden durch den Tatbestand zu einer Bewertungseinheit verbunden (BGH jeweils aaO; Rissing-van San aaO S 485; Brähler, Die rechtliche Behandlung von Serienstraftaten ... 2000, S 358; krit Rudolphi und Paeffgen, jeweils aaO). Beendigt (iS des § 78a) werden soll die Tat nach der Rspr erst durch den endgültigen Abbruch der Beziehung (BGHSt 43, 1, 7 und 125, 127 sowie 321, 323; Tröndle/Fischer 10 zu § 99; aM Paeffgen NK 12; beachte die Kritik in 6 zu § 78a). Wenn die strafbare Tätigkeit jedoch schon vorher nicht nur ganz vorübergehend aus Gründen unterbrochen wird, die nicht durch den Inhalt der Beziehung vorgegeben sind, kann das zeitliche Intervall der Annahme einer durchgehenden Handlungseinheit entgegenstehen (BGHSt 42, 215; Brähler aaO S 359; Rissing-van Saan aaO; krit dazu Lampe aaO S 103; weiter noch BGHSt 28, 169; str). – Treffen mit den Tätigkeitsakten der Bewertungseinheit schwerer wiegende Taten zusammen, so kommt Entklammerung in Frage (5 zu § 52). – Gegenüber §§ 94, 96 I (einschl § 30) besteht **formelle Subsidiarität**, die auch dann gilt, wenn sich die vorausgegangene Tätigkeit nicht nur auf das durch den Landesverrat oder die Ausspähung erfasste bestimmte Staatsgeheimnis bezogen hat (BGHSt 24, 72, 79; aM Sch/Sch-Stree/Sternberg-Lieben 35 zu § 98 und 36 zu § 99; zw); jedoch ist uU die Sperrwirkung des verdrängten Gesetzes zu beachten, wenn die Tätigkeit als besonders schwerer Fall nach Abs 1 S 2 zu beurteilen wäre (29 vor § 52; ebenso Paeffgen NK 19). – Dem § 109 f geht § 98 vor (Bay MDR 59, 1029). Mit §§ 99, 109 g (dort 5), 353 b ist **Tateinheit** möglich.

8 7. Räumlicher Geltungsbereich § 5 Nr 4 (dort 3). DDR-Alttaten 23 zu § 2. Nebenfolgen, Einziehung §§ 101, 101 a. Zuständigkeit und Verfahren 6 zu § 80; 10 zu § 94.

§ 99 Geheimdienstliche Agententätigkeit

(1) **Wer**

1. für den Geheimdienst einer fremden Macht eine geheimdienstliche Tätigkeit gegen die Bundesrepublik Deutschland ausübt, die auf die Mitteilung oder Lieferung von Tatsachen, Gegenständen oder Erkenntnissen gerichtet ist, oder

2. gegenüber dem Geheimdienst einer fremden Macht oder einem seiner Mittelsmänner sich zu einer solchen Tätigkeit bereit erklärt,

wird mit Freiheitsstrafe bis zu fünf Jahren oder mit Geldstrafe bestraft, wenn die Tat nicht in § 94 oder § 96 Abs. 1, in § 97 a oder in § 97 b in Verbindung mit § 94 oder § 96 Abs. 1 mit Strafe bedroht ist.

(2) **In besonders schweren Fällen ist die Strafe Freiheitsstrafe von einem Jahr bis zu zehn Jahren. Ein besonders schwerer Fall liegt in der Regel vor, wenn der Täter Tatsachen, Gegenstände oder Erkenntnisse, die von einer amtlichen Stelle oder auf deren Veranlassung geheimgehalten werden, mitteilt oder liefert und wenn er**

1. eine verantwortliche Stellung mißbraucht, die ihn zur Wahrung solcher Geheimnisse besonders verpflichtet, oder

2. durch die Tat die Gefahr eines schweren Nachteils für die Bundesrepublik Deutschland herbeiführt.

(3) **§ 98 Abs. 2 gilt entsprechend.**

1 1. Die Vorschrift schützt als umfassender **Spionagetatbestand** gegen spezifisch **geheimdienstliche Tätigkeit** (zusf und zT krit Schroeder NJW 81, 2278; s auch Lackner ZStW 78, 695; 1 zu § 98). Zu ihrer Verfassungsmäßigkeit BVerfGE 57, 250 (krit Paeffgen NK 4).

2 2. a) Abs 1 Nr 1: **Geheimdienst** erfordert eine idR im staatlichen Bereich (BT-Dr V/2860 S 22) organisierte Einrichtung (einschl Tarneinrichtungen), die ganz oder zum Teil der Beschaffung und Auswertung von Nachrichten aus fremden Machtbereichen dient, ihre Tätigkeit in diesen Bereichen vor den fremden Behörden geheimhält und daher konspirative Methoden anwendet.

3 aa) **Ausüben geheimdienstlicher Tätigkeit** erfordert positives Tun (2 zu § 98), das nicht notwendig auf gewisse Dauer angelegt sein muss, sondern auch in einem einmaligen Verhalten bestehen kann (BGHSt 31, 317 mit Anm Schroeder

Geheimdienstliche Agententätigkeit **§ 99**

JZ 83, 671 und Stree NStZ 83, 551; Träger LK 2). Es muss aber nach seinem äußeren Erscheinungsbild Umstände enthalten, die für Agenten und Hilfspersonen solcher Dienste kennzeichnend sind und deutlich machen, dass unmittelbar oder mittelbar (NStZ 86, 165) Nachrichten oder Gegenstände zugespielt werden sollen. Regelmäßig, aber nicht notwendig, geht das mit Heimlichkeit und konspirativer Zusammenarbeit einher (BT-Dr V/2860 S 22; einschr Paeffgen NK 10; krit Stree aaO); eine Eingliederung in die Organisation des Geheimdienstes ist nicht unbedingt erforderlich (BGHSt 24, 369; NJW 77, 1300; s auch BGHSt 25, 145). Wer lediglich in einer nicht von ihm selbst herbeigeführten Vernehmung – sei es auch freiwillig – Angaben macht und sich dabei nicht durch aktive Mitarbeit funktionell in den fremden Dienst einordnet, übt keine solche Tätigkeit aus (BVerfGE 57, 250, 265; BGHSt 24, 369; 30, 294; Paeffgen NK 8, 15; s auch BGHSt 43, 125, 127; Träger/Mayer/Krauth, BGH-FS, S 227, 246; weiter Bay NJW 71, 1417; Sch/Sch-Stree/Sternberg-Lieben 8, 10; zu eng Pabst JZ 77, 427). – Nach dem Zweck der Vorschrift scheidet **Beihilfe** aus, wenn jemand dem Täter (zB beim Verhör) Auskünfte erteilt, ohne selbst geheimdienstlich tätig zu sein (BGH aaO). – **Handeln für** den Geheimdienst einer fremden Macht 3 zu § 93; 2 zu § 98. Die Tätigkeit ist auch dann auf die **Mitteilung oder Lieferung von Tatsachen, Gegenständen oder Erkenntnissen** (1 zu § 93) gerichtet, wenn der Täter nur mittelbar (etwa als Inspekteur, Kurier, Probeagent usw) diesem Zweck dient (BGHSt 31, 317 mit Anm Schroeder JZ 83, 671). Von Abs 1 nicht erfasst werden dagegen die Repräsentanten des fremden Geheimdienstes (näher dazu 2 zu § 94).

bb) Tätigkeit **„gegen die Bundesrepublik Deutschland"** setzt voraus, dass 4 sie in deren Gebiet belegene Angelegenheiten betrifft (BGHSt 32, 104, 107) und deren Interessen, also nicht lediglich Interessen einzelner Personen oder Gruppen, verletzt; danach werden nicht nur staatliche Angelegenheiten im strengen Sinne und „gemeinschaftliche" Angelegenheiten der NATO (bei Holtz MDR 80, 105) erfasst, sondern uU auch Angelegenheiten der Parteipolitik, Wirtschaft, Wissenschaft usw, sofern sie zugleich eigene Interessen der Bundesrepublik sind (BT-Dr 5/2860 S 23; einschr Sch/Sch-Stree/Sternberg-Lieben 19–21; s auch Schroeder NJW 81, 2278, 2282; Jerouschek/Kölbel NJW 01, 1601); selbst Angelegenheiten von Ausländerorganisationen sind nicht notwendig ausgeschlossen (sehr weit BGHSt 29, 325), wenn das ausländische Zielobjekt „im Lager" der Bundesrepublik steht (KG NStZ 04, 209; krit zu diesem Lager-Argument Lampe NStZ 04, 210, 212, die 3 Fallgruppen geheimdienstlicher Tätigkeit gegenüber Ausländern bildet). Ausforschungsbemühungen, die auf die internen Verhältnisse der ehemaligen DDR gerichtet sind, erfüllen den Tatbestand (BGHSt 43, 125).

b) Abs 1 Nr 2: Sich bereit erklären 3 zu § 98. 5

3. Der **Vorsatz** muss namentlich das Ausüben geheimdienstlicher Tätigkeit 6 umfassen. Hinsichtlich der Merkmale „Geheimdienst einer fremden Macht" und „gegen die Bundesrepublik Deutschland" genügt bedingter Vorsatz (BGHSt 31, 317 mit krit Anm Stree NStZ 83, 551, beide mwN), allerdings mit der Einschränkung, dass der Täter sich jedenfalls zielgerichtet für einen (ihm möglicherweise nicht näher bekannten) „anderen" einsetzt (so überzeugend Stree aaO).

4. Zu **Abs 2** (besonders schwere Fälle) BGHSt 28, 318 mit Bespr Bruns JR 79, 7 353; 11–21 zu § 46.

5. Im Übrigen gelten die Ausführungen unter 4, 6–8 zu § 98 mit den aus dem 8 Sachzusammenhang ersichtlichen Abweichungen auch für § 99 (zu einem Grenzfall im Verhältnis zu § 94 beachte NStZ 96, 492).

§§ 100, 100a

§ 100 Friedensgefährdende Beziehungen

(1) **Wer als Deutscher, der seine Lebensgrundlage im räumlichen Geltungsbereich dieses Gesetzes hat, in der Absicht, einen Krieg oder ein bewaffnetes Unternehmen gegen die Bundesrepublik Deutschland herbeizuführen, zu einer Regierung, Vereinigung oder Einrichtung außerhalb des räumlichen Geltungsbereichs dieses Gesetzes oder zu einem ihrer Mittelsmänner Beziehungen aufnimmt oder unterhält, wird mit Freiheitsstrafe nicht unter einem Jahr bestraft.**

(2) In besonders schweren Fällen ist die Strafe lebenslange Freiheitsstrafe oder Freiheitsstrafe nicht unter fünf Jahren. Ein besonders schwerer Fall liegt in der Regel vor, wenn der Täter durch die Tat eine schwere Gefahr für den Bestand der Bundesrepublik Deutschland herbeiführt.

(3) **In minder schweren Fällen ist die Strafe Freiheitsstrafe von einem Jahr bis zu fünf Jahren.**

1   1. Die Vorschrift schützt den **Bestand der Bundesrepublik** (2–4 zu § 92) gegen friedensgefährdende Agententätigkeit.

2   2. **Täter** kann nur ein Deutscher (Art 116 GG) mit Lebensgrundlage im räumlichen Geltungsbereich des Gesetzes sein (5 vor § 3; 2 zu § 5). Die Tat ist echtes Sonderdelikt (33 vor § 13; ebenso Paeffgen NK 2), die Täterqualität strafbegründendes besonderes persönliches Merkmal nach § 28 I (dort 2–7).

3   3. **Aufnehmen** von Beziehungen setzt Übereinstimmung der Partner über den Beginn einer auf gewisse Dauer berechneten geistigen Verbindung voraus (so zu § 100 e aF JZ 61, 505; zu weit Bay GA 63, 52 und Celle NJW 65, 457, die schon das Angebot an die fremde Stelle genügen lassen; wie hier jedoch Tröndle/Fischer 3; Rudolphi SK 5; Paeffgen NK 6: Klarer Verstoß gegen die Wortlautgrenze). – Das **Unterhalten** von Beziehungen ist nach bisheriger Rspr Dauerdelikt (BGHSt 15, 230; 16, 252; im Hinblick auf NJW 96, 3424 [7 zu § 98] probl abl Paeffgen NK 7); zum Begriff des Unterhaltens Celle NJW 66, 1133. – **Vereinigung** 2 zu § 129.

4   4. Die **Absicht** (iS zielgerichteten Wollens, 20 zu § 15) nach Abs 1 muss der Täter haben; dass der Beziehungspartner sie hat, genügt nicht. **Krieg und bewaffnetes Unternehmen** sind in der Vorstellung des Täters konkretisierte, dh nach Angriffsgegenstand, Ziel, Zeit, Ort und Art der Durchführung in den Grundzügen umrissene (Prot 5, 1323) Aktionen mit Waffengewalt gegen die Bundesrepublik von außen, nicht die Herbeiführung von inneren Unruhen oder Bürgerkrieg (ebenso Paeffgen NK 10).

5   5. Zu **Abs 2, 3** (besonders schwere, minder schwere Fälle) 7–21 zu § 46. **Schwer** ist eine Gefahr im Sinne von Abs 2 S 2, wenn der drohende Nachteil den Bestand der Bundesrepublik (dazu 2–4 zu § 92) ernstlich in Frage stellt.

6   6. Räumlicher Geltungsbereich § 5 Nr 4 (dort 3). DDR-Alttaten 23 zu § 2. Nebenfolgen, Einziehung §§ 101, 101 a. Anzeigepflicht § 138 I Nr 3. Vermögensbeschlagnahme § 443 StPO. Zuständigkeit und Verfahren 6 zu § 80; 10 zu § 94.

§ 100a Landesverräterische Fälschung

(1) **Wer wider besseres Wissen gefälschte oder verfälschte Gegenstände, Nachrichten darüber oder unwahre Behauptungen tatsächlicher Art, die im Falle ihrer Echtheit oder Wahrheit für die äußere Sicherheit oder die Beziehungen der Bundesrepublik Deutschland zu einer fremden Macht von Bedeutung wären, an einen anderen gelangen läßt oder öffentlich bekanntmacht, um einer fremden Macht vorzutäuschen, daß es sich um**

Nebenfolgen **§ 101**

echte Gegenstände oder um Tatsachen handele, und dadurch die Gefahr eines schweren Nachteils für die äußere Sicherheit oder die Beziehungen der Bundesrepublik Deutschland zu einer fremden Macht herbeiführt, wird mit Freiheitsstrafe von sechs Monaten bis zu fünf Jahren bestraft.

(2) Ebenso wird bestraft, wer solche Gegenstände durch Fälschung oder Verfälschung herstellt oder sie sich verschafft, um sie in der in Absatz 1 bezeichneten Weise zur Täuschung einer fremden Macht an einen anderen gelangen zu lassen oder öffentlich bekanntzumachen und dadurch die Gefahr eines schweren Nachteils für die äußere Sicherheit oder die Beziehungen der Bundesrepublik Deutschland zu einer fremden Macht herbeizuführen.

(3) **Der Versuch ist strafbar.**

(4) **In besonders schweren Fällen ist die Strafe Freiheitsstrafe nicht unter einem Jahr. Ein besonders schwerer Fall liegt in der Regel vor, wenn der Täter durch die Tat einen besonders schweren Nachteil für die äußere Sicherheit oder die Beziehungen der Bundesrepublik Deutschland zu einer fremden Macht herbeiführt.**

1. § 100 a schützt abweichend von den Vorschriften über den Schutz von Staatsgeheimnissen (§§ 93–98) nicht nur die äußere Sicherheit, sondern **die äußere Machtstellung der Bundesrepublik im ganzen gegen landesverräterische Fälschung** (ähnlich Paeffgen NK 2).

2. Abs 1: Gegenstände sind **gefälscht oder verfälscht,** wenn sie zum Zwecke der Täuschung in einer Weise angefertigt oder verändert worden sind, dass sie den Anschein einer nach Abs 1 bedeutsamen Tatsache erwecken (der Fälschungsbegriff des § 267 ist enger, dort 17–22; ebenso Paeffgen NK 4). **Behauptung tatsächlicher Art** 3, 5 zu § 186. **Äußere Sicherheit** 5 zu § 93; **Beziehungen** zu einer fremden Macht sind alle tatsächlichen und rechtlichen Verhältnisse, die für die äußere Stellung der beiden Mächte zueinander erheblich sind. – **Wider besseres Wissen** 1 zu § 187. „**Um zu**" bedeutet Absicht im Sinne zielgerichteten Wollens (20 zu § 15). – Im Übrigen vgl zu den **Tathandlungen,** zur **Gefährdung** und zum **Vorsatz** 3–5 zu § 94.

3. **Abs 2** ist zum Tatbestand verselbstständigte **Vorbereitungshandlung** zu Abs 1, bei der auch der Versuch strafbar ist (Abs 3). **Verschaffen** 3 zu § 96.

4. Zu **Abs 4** (besonders schwere Fälle) 11–21 zu § 46; 4 zu § 12; 8 zu § 94.

5. **Tateinheit** mit § 267 möglich. Keine **Wahlfeststellung** zwischen Landesverrat und landesverräterischer Fälschung (BGHSt 20, 200; Paeffgen NK 18; krit Rudolphi SK 17).

6. Räumlicher Geltungsbereich § 5 Nr 4 (dort 3). Nebenfolgen, Einziehung §§ 101, 101 a. Zuständigkeit und Verfahren 6 zu § 80; 10 zu § 94.

§ 101 Nebenfolgen

Neben einer Freiheitsstrafe von mindestens sechs Monaten wegen einer vorsätzlichen Straftat nach diesem Abschnitt kann das Gericht die Fähigkeit, öffentliche Ämter zu bekleiden, die Fähigkeit, Rechte aus öffentlichen Wahlen zu erlangen, und das Recht, in öffentlichen Angelegenheiten zu wählen oder zu stimmen, aberkennen (§ 45 Abs. 2 und 5).

Vgl 4 zu § 45. Amtsfähigkeit, Wählbarkeit und Stimmrecht können auch einzeln aberkannt werden.

§101a Einziehung

Ist eine Straftat nach diesem Abschnitt begangen worden, so können
1. Gegenstände, die durch die Tat hervorgebracht oder zu ihrer Begehung oder Vorbereitung gebraucht worden oder bestimmt gewesen sind, und
2. Gegenstände, die Staatsgeheimnisse sind, und Gegenstände der in § 100 a bezeichneten Art, auf die sich die Tat bezieht,

eingezogen werden. § 74 a ist anzuwenden. Gegenstände der in Satz 1 Nr. 2 bezeichneten Art werden auch ohne die Voraussetzungen des § 74 Abs. 2 eingezogen, wenn dies erforderlich ist, um die Gefahr eines schweren Nachteils für die äußere Sicherheit der Bundesrepublik Deutschland abzuwenden; dies gilt auch dann, wenn der Täter ohne Schuld gehandelt hat.

1 1. Zu **Satz 1, 2** vgl die Anm zu § 92 b.

2 2. Für die besondere Einziehungsvorschrift des **Satzes 3** gelten die Einschränkungen nach §§ 74 II, 74a nicht. Die begangene Tat muss eine rechtswidrige (3 zu § 74) sein. Gefahr eines schweren Nachteils für die äußere Sicherheit 4, 5 zu § 93.

3. Abschnitt. Straftaten gegen ausländische Staaten

Vorbemerkung

1 In den Tatbeständen des Abschnitts werden auf Grund der neueren völkerrechtlichen Entwicklung nicht nur die guten Beziehungen zu den ausländischen Staaten, sondern auch **diese selbst, ihre Organe und Organträger geschützt** (Lüttger, Jescheck-FS, S 121, 130; Deiters, in: Thiel [Hrsg], Wehrhafte Demokratie, 2003, S 291, 293; aM Wohlers NK 3). Beachte auch Nr 210 RiStBV.

§ 102 Angriff gegen Organe und Vertreter ausländischer Staaten

(1) **Wer einen Angriff auf Leib oder Leben eines ausländischen Staatsoberhaupts, eines Mitglieds einer ausländischen Regierung oder eines im Bundesgebiet beglaubigten Leiters einer ausländischen diplomatischen Vertretung begeht, während sich der Angegriffene in amtlicher Eigenschaft im Inland aufhält, wird mit Freiheitsstrafe bis zu fünf Jahren oder mit Geldstrafe, in besonders schweren Fällen mit Freiheitsstrafe nicht unter einem Jahr bestraft.**

(2) **Neben einer Freiheitsstrafe von mindestens sechs Monaten kann das Gericht die Fähigkeit, öffentliche Ämter zu bekleiden, die Fähigkeit, Rechte aus öffentlichen Wahlen zu erlangen, und das Recht, in öffentlichen Angelegenheiten zu wählen oder zu stimmen, aberkennen (§ 45 Abs. 2 und 5).**

1 1. Der Geschützte muss **zurzeit der Tat** eine der genannten Stellungen bekleiden und sich in amtlicher Eigenschaft im Inland aufhalten. Ob er gerade amtlich tätig ist oder ob sich die Tat gegen sein Amt richtet, ist unerheblich.

2 2. **Angriff auf Leib oder Leben** ist eine feindselige, unmittelbar auf den Körper zielende Einwirkung (RGSt 59, 264), bei der die Gefahr einer nicht ganz unerheblichen Verletzung besteht (ebenso Wohlers NK 5); auf den Eintritt des Verletzungserfolges kommt es nicht an.

Verletzung von Flaggen und Hoheitszeichen ausländischer Staaten **§§ 103, 104**

3. Abs 2: Vgl 4 zu § 45. Amtsfähigkeit, Wählbarkeit und Stimmrecht können auch einzeln aberkannt werden. 3

4. Tateinheit ist mit den meisten Tatbeständen zum Schutz des Lebens und der körperlichen Unversehrtheit möglich. 4

5. Verfolgungsvoraussetzungen § 104 a. Zuständigkeit §§ 120 I, 142 a GVG. 5

§ 103 Beleidigung von Organen und Vertretern ausländischer Staaten

(1) **Wer ein ausländisches Staatsoberhaupt oder wer mit Beziehung auf ihre Stellung ein Mitglied einer ausländischen Regierung, das sich in amtlicher Eigenschaft im Inland aufhält, oder einen im Bundesgebiet beglaubigten Leiter einer ausländischen diplomatischen Vertretung beleidigt, wird mit Freiheitsstrafe bis zu drei Jahren oder mit Geldstrafe, im Falle der verleumderischen Beleidigung mit Freiheitsstrafe von drei Monaten bis zu fünf Jahren bestraft.**

(2) **Ist die Tat öffentlich, in einer Versammlung oder durch Verbreiten von Schriften (§ 11 Abs. 3) begangen, so ist § 200 anzuwenden. Den Antrag auf Bekanntgabe der Verurteilung kann auch der Staatsanwalt stellen.**

1. Abs 1 sieht einen erhöhten, nach Stellung und Funktion abgestuften (s auch 1 zu § 102) Strafschutz **ausländischer Staatsmänner** gegen **Beleidigung** vor (rechtsvergleichend Simson, Heinitz-FS, S 737). 1

2. Spezialität gegenüber den Beleidigungstatbeständen nach §§ 185 bis 187 (aM Wohlers NK 6). Die §§ 190, 192, 193 (BVerwGE 64, 55) bleiben jedoch anwendbar, weil sie sich auf das gesamte Beleidigungsrecht beziehen; § 199 wird ausgeschlossen, da er dem Schutzzweck des § 103 widerspricht (hM; diff Laufhütte LK 4; zw). Kann aus § 103 – sei es auch nur wegen Fehlens einer Verfolgungsvoraussetzung (§ 104 a) – nicht bestraft werden, so greift das allgemeine Beleidigungsrecht ein, weil sonst bestimmten Personen der Ehrenschutz entzogen würde. 2

3. Abs 2: Vgl die Anm zu § 200. Der StA tritt nur neben die sonst Antragsberechtigten (BT-Dr 7/550 S 218). 3

4. Verfolgungsvoraussetzungen § 104 a. 4

§ 104 Verletzung von Flaggen und Hoheitszeichen ausländischer Staaten

(1) **Wer eine auf Grund von Rechtsvorschriften oder nach anerkanntem Brauch öffentlich gezeigte Flagge eines ausländischen Staates oder wer ein Hoheitszeichen eines solchen Staates, das von einer anerkannten Vertretung dieses Staates öffentlich angebracht worden ist, entfernt, zerstört, beschädigt oder unkenntlich macht oder wer beschimpfenden Unfug daran verübt, wird mit Freiheitsstrafe bis zu zwei Jahren oder mit Geldstrafe bestraft.**

(2) **Der Versuch ist strafbar.**

1. Geschützt sind ausländische Flaggen usw in Anlehnung an § 90 a II. Ob die Flagge von einer ausländischen Vertretung oder privat gezeigt wird, macht keinen Unterschied. 1

2. Zur Öffentlichkeit und zu den Tathandlungen 5, 7 zu § 90 a. Verfolgungsvoraussetzungen § 104 a. 2

§§ 104a, 105

§ 104a Voraussetzungen der Strafverfolgung

Straftaten nach diesem Abschnitt werden nur verfolgt, wenn die Bundesrepublik Deutschland zu dem anderen Staat diplomatische Beziehungen unterhält, die Gegenseitigkeit verbürgt ist und auch zur Zeit der Tat verbürgt war, ein Strafverlangen der ausländischen Regierung vorliegt und die Bundesregierung die Ermächtigung zur Strafverfolgung erteilt.

1   1. Nach ihrem Wortlaut sieht die Vorschrift unterschiedslos vier **Prozessvoraussetzungen** (Voraussetzungen der Strafverfolgung) vor. Da jedoch die Unterhaltung diplomatischer Beziehungen und die Verbürgung der Gegenseitigkeit vornehmlich für die sachliche Charakterisierung der Tat wesentlich sind, werden sie im Schrifttum mit Recht überwiegend als **objektive Bedingungen der Strafbarkeit** (30 vor § 13) aufgefasst (Laufhütte LK 1; Wohlers NK 4 und 8; zT abw Geisler, Zur Vereinbarkeit objektiver Bedingungen der Strafbarkeit mit dem Schuldprinzip, 1998, S 537, 551, der das Unterhalten diplomatischer Beziehungen als Tatbestandsmerkmal, die Verbürgung der Gegenseitigkeit als Prozessvoraussetzung einordnet).

2   2. Die **Gegenseitigkeit** ist verbürgt, wenn eine im Wesentlichen entsprechende Norm (dazu Laufhütte LK 3) des anderen Staates nicht nur besteht, sondern auch in Anwendung ist (RGSt 38, 75, 89). Strafverlangen und Ermächtigung 1, 2 zu § 77e.

4. Abschnitt. Straftaten gegen Verfassungsorgane sowie bei Wahlen und Abstimmungen

§ 105 Nötigung von Verfassungsorganen

(1) **Wer**

1. **ein Gesetzgebungsorgan des Bundes oder eines Landes oder einen seiner Ausschüsse,**
2. **die Bundesversammlung oder einen ihrer Ausschüsse oder**
3. **die Regierung oder das Verfassungsgericht des Bundes oder eines Landes**

rechtswidrig mit Gewalt oder durch Drohung mit Gewalt nötigt, ihre Befugnisse nicht oder in einem bestimmten Sinne auszuüben, wird mit Freiheitsstrafe von einem Jahr bis zu zehn Jahren bestraft.

(2) **In minder schweren Fällen ist die Strafe Freiheitsstrafe von sechs Monaten bis zu fünf Jahren.**

1   1. Die Vorschrift **schützt** bestimmte **Verfassungsorgane** und deren Untergliederungen (Ausschüsse) als ganze gegen Nötigung, während § 106 die einzelnen Mitglieder betrifft (ebenso Wohlers NK 1, 2).

2   2. a) Gesetzgebungsorgan, Regierung, Verfassungsgericht 2 zu § 90 b; **Bundesversammlung** Art 54 GG.

3   b) **Gewalt** und **Drohung** sind ebenso wie in § 81 (dort 5, 6) auszulegen (BGHSt 32, 165 mit Bespr Willms JR 84, 120 und Arzt JZ 84, 428).

4   c) Das **abgenötigte Verhalten** (Tun oder Unterlassen) ist schon dann als Ausübung oder Nichtausübung von Befugnissen zu werten, wenn es in den Aufgabenbereich des Verfassungsorgans fällt (BGHSt 32, 165, 177); dass es als solches rechtlich erlaubt oder sogar geboten ist, stellt die Tatbestandsmäßigkeit nicht in Frage. – Zur Vollendung der Tat beachte 26 zu § 240.

Nötigung des Bundespräsidenten §§ 106, 106a

3. Die Rechtswidrigkeit bestimmt sich nach den zu § 240 II entwickelten 5
Regeln (hM; vgl etwa BT-Dr V/2860 S 25; anders Laufhütte LK 16–18 mwN; zw). Als Rechtfertigungsgründe kommen Art 37 GG (Bundeszwang) und Art 20 IV GG (Widerstandsrecht) theoretisch, aber wohl kaum praktisch in Frage. Auch das Streik- und das Demonstrationsrecht bieten keine zureichende Rechtfertigungsgrundlage (Laufhütte LK 20, 21). Da überdies die (hier sehr eng umschriebene) Gewalt regelmäßig für die Rechtswidrigkeit indiziell sein dürfte (19 zu § 240; ebenso Wohlers NK 9), kommt rechtmäßiges Handeln nur gegenüber schweren, die Verfassungsgrundlagen oder existentielle Lebensbedürfnisse der Bevölkerung gefährdenden Pflichtverletzungen von Verfassungsorganen in Frage; der Zweck, ein verfassungswidriges Gesetz zu verhindern, reicht allein nicht aus (Rudolphi SK 16; aM Sch/Sch-Eser 10).

4. Zu **Abs 2** (minder schwere Fälle) 7–10 a zu § 46; 4 zu § 12. 6

5. Mit §§ 81, 106 ist **Tateinheit** möglich. Dem § 240 geht die Vorschrift als 7
die speziellere vor und verdrängt ihn als abschließende Sonderregelung auch für den Fall, dass die eingesetzten Nötigungsmittel hinter den Anforderungen des Abs 1 zurückbleiben (BGHSt 32, 165, 176; Arzt JZ 84, 428, 429; aM Wallau JR 00, 312, 316).

6. Zuständigkeit und Verfahren §§ 120 I, 142 a GVG, §§ 153 d, 153 e StPO. 8

§ 106 Nötigung des Bundespräsidenten und von Mitgliedern eines Verfassungsorgans

(1) **Wer**

1. den Bundespräsidenten oder

2. ein Mitglied
   a) eines Gesetzgebungsorgans des Bundes oder eines Landes,
   b) der Bundesversammlung oder
   c) der Regierung oder des Verfassungsgerichts des Bundes oder eines Landes

rechtswidrig mit Gewalt oder durch Drohung mit einem empfindlichen Übel nötigt, seine Befugnisse nicht oder in einem bestimmten Sinne auszuüben, wird mit Freiheitsstrafe von drei Monaten bis zu fünf Jahren bestraft.

(2) **Der Versuch ist strafbar.**

(3) **In besonders schweren Fällen ist die Strafe Freiheitsstrafe von einem Jahr bis zu zehn Jahren.**

1. Die Vorschrift **schützt** den **Bundespräsidenten und die Mitglieder** der 1
genannten **Verfassungsorgane** (dazu 2 zu § 90 b; 5 zu § 105) gegen Nötigung in dem Aufgabenbereich, der sich aus ihrer Organstellung ergibt (beachte auch 1 zu § 105). Soweit aus dieser auch Befugnisse zu bloßem Verwaltungshandeln folgen, etwa beim Minister als Leiter oberster Bundes- oder Landesbehörden, gehören sie zum Aufgabenbereich des Organs und werden daher erfasst (aM Düsseldorf NJW 78, 2562 mit abl Bespr Schoreit MDR 79, 633). Die Nötigung anderer Amtsträger genügt dagegen nicht, auch wenn sie bei Wahrnehmung der Aufgaben des Verfassungsorgans unmittelbar mitwirken (Düsseldorf aaO).

2. Nötigen, Gewalt, Drohung mit einem empfindlichen Übel 4–15 zu 2
§ 240. **Abs 3** (besonders schwere Fälle) 11–21 zu § 46. Im Übrigen gelten die Ausführungen unter 2, 4, 5, 7, 8 zu § 105 sinngemäß.

§ 106 a *(aufgehoben)*

§§ 106b, 107

§ 106b Störung der Tätigkeit eines Gesetzgebungsorgans

(1) **Wer gegen Anordnungen verstößt, die ein Gesetzgebungsorgan des Bundes oder eines Landes oder sein Präsident über die Sicherheit und Ordnung im Gebäude des Gesetzgebungsorgans oder auf dem dazugehörenden Grundstück allgemein oder im Einzelfall erläßt, und dadurch die Tätigkeit des Gesetzgebungsorgans hindert oder stört, wird mit Freiheitsstrafe bis zu einem Jahr oder mit Geldstrafe bestraft.**

(2) **Die Strafvorschrift des Absatzes 1 gilt bei Anordnungen eines Gesetzgebungsorgans des Bundes oder seines Präsidenten weder für die Mitglieder des Bundestages noch für die Mitglieder des Bundesrates und der Bundesregierung sowie ihrer Beauftragten, bei Anordnungen eines Gesetzgebungsorgans eines Landes oder seines Präsidenten weder für die Mitglieder der Gesetzgebungsorgane dieses Landes noch für die Mitglieder der Landesregierung und ihre Beauftragten.**

1. Die Vorschrift schützt die **Polizeigewalt** in Gebäuden der Gesetzgebungsorgane des Bundes und der Länder (2 zu § 90b; aM Wohlers NK 1). Sie bildet einen **Mischtatbestand** mit § 112 OWiG (12 zu § 28), dessen Verwirklichung sie bei Hinzutreten schädlicher Wirkungen zur Straftat qualifiziert.

2. Einschlägige **Anordnungen** kann namentlich auch die GO des Gesetzgebungsorgans enthalten (Celle NStZ 86, 410).

3. Der Begriff **Gebäude** ist funktionsbezogen; gemeint ist das jeweilige Gebäude, in dem das Gesetzgebungsorgan (uU in einer auswärtigen Sitzung) gerade tagt und für das die Anordnung erlassen ist (BT-Dr 7/1261 S 11). – **Hindern** heißt, die Tätigkeit des Gesetzgebungsorgans, sei es auch nur für kurze Dauer, unmöglich machen, **stören** sie unmittelbar erschweren (vgl Wohlers NK 5: mehr als nur unerheblich erschweren). Die angewendeten Mittel sind gleichgültig; das Verhalten muss nur gegen die Anordnung verstoßen.

4. **Tateinheit** ua möglich mit §§ 123, 240.

§ 107 Wahlbehinderung

(1) **Wer mit Gewalt oder durch Drohung mit Gewalt eine Wahl oder die Feststellung ihres Ergebnisses verhindert oder stört, wird mit Freiheitsstrafe bis zu fünf Jahren oder mit Geldstrafe, in besonders schweren Fällen mit Freiheitsstrafe nicht unter einem Jahr bestraft.**

(2) **Der Versuch ist strafbar.**

1. Die Vorschriften über **Wahlen und Abstimmungen** schützen, wenn nicht das persönliche Wahlrecht einer Einzelperson beeinträchtigt wird (zB §§ 107c I, 108, 108a), nur das Allgemeininteresse an der Freiheit der demokratischen Willensbildung (hM; vgl BGHSt 39, 54, 60 mwN; anders KreisG Dresden NStZ 92, 438 und Lorenz NStZ 92, 422, 427, die das Individualinteresse des Bürgers an wahrheitsgemäßer Auswertung seiner Stimme als selbstständig mitgeschütztes Rechtsgut ansehen). Außerdem schützen sie nur **inländische Belange,** dh nur Wahlen in der Bundesrepublik (BGH aaO). In diesem Rahmen dient § 107 dem Schutz des **Wahlvorgangs in seinem Gesamtablauf** (RGSt 63, 382, 387).

2. **Gewalt** und **Drohung** sind ebenso wie in § 81 (dort 5, 6) und § 105 (dort 3) auszulegen (Laufhütte LK 3); es genügt nur Drohung mit Gewalt, nicht mit einem anderen Übel.

3. **Besonders schwere Fälle** 7–10a zu § 46.

4. **Spezialität** gegenüber § 240 (25 vor § 52).

5. Nebenfolgen § 108c. Geltungsbereich 108d.

§ 107 a Wahlfälschung

(1) **Wer unbefugt wählt oder sonst ein unrichtiges Ergebnis einer Wahl herbeiführt oder das Ergebnis verfälscht, wird mit Freiheitsstrafe bis zu fünf Jahren oder mit Geldstrafe bestraft.**

(2) **Ebenso wird bestraft, wer das Ergebnis einer Wahl unrichtig verkündet oder verkünden läßt.**

(3) **Der Versuch ist strafbar.**

1. Abs 1 (zu seiner Verfassungsmäßigkeit BVerfG NVwZ 93, 55) stellt die **Herbeiführung eines falschen Ergebnisses vor Beendigung der Wahlhandlung** und **die Verfälschung des Ergebnisses nach diesem Zeitpunkt** unter Strafe (Koblenz NStZ 92, 134 mwN; beachte auch 1 zu § 107). – Es genügt die Verursachung jedes Ergebnisses, das unrichtig, dh nicht der unverfälschte Ausdruck des gesetzmäßig erklärten Willens des Wählers ist (Zweibrücken NStZ 86, 554 mwN), wie zB die Vornahme von Handlungen nach § 107b Nr 2–4, die zum Erfolg führen, die Veränderung des Inhalts der Wahlurnen und das Wählen unter Missbrauch des Namens eines Wahlberechtigten; im letzten Falle ist unerheblich, wie der wirklich Berechtigte gewählt hätte (BGHSt 29, 380 mit Anm Oehler JR 81, 519). Unbefugtes Wählen (dh insbesondere Wählen ohne Wahlrecht und mehrmaliges Wählen) ist nur ein Beispiel. – **Verfälschen** geschieht zB durch falsches Auszählen oder durch Verwertung ungültiger Stimmen als gültig (s auch RGSt 62, 6).

2. Abs 2 betrifft die **falsche Verkündung** eines Wahlergebnisses. Täter kann hier nur sein, wer die amtliche Aufgabe hat, das Ergebnis öffentlich bekannt zu machen oder bekannt machen zu lassen, oder wer sich die Befugnis zur Wahrnehmung dieser amtlichen Aufgabe anmaßt (BT-Dr I/1307 S 41; aM Wohlers NK 2).

3. Der **Vorsatz** (bedingter genügt) muss in den Fällen des Abs 1 auch den Mangel der Befugnis umfassen, weil das Wählen für sich betrachtet keinen Unrechtstypus bildet und außerdem die Unrichtigkeit des Ergebnisses Tatumstand ist (Schröder JZ 57, 584; Warda Jura 79, 286, 295; aM Hamm NJW 57, 638; s auch 6 zu § 15).

4. Mit § 108 (RGSt 63, 382; str), § 267 (Köln NJW 56, 1609), § 274 I Nr 1 (RGSt 22, 182) und § 348 (RGSt 56, 387) ist **Tateinheit** möglich. Über das Verhältnis zu § 107b dort 2; zu § 108a dort 2.

5. Nebenfolgen § 108c. Geltungsbereich § 108d.

§ 107 b Fälschung von Wahlunterlagen

(1) **Wer**

1. **seine Eintragung in die Wählerliste (Wahlkartei) durch falsche Angaben erwirkt,**
2. **einen anderen als Wähler einträgt, von dem er weiß, daß er keinen Anspruch auf Eintragung hat,**
3. **die Eintragung eines Wahlberechtigten als Wähler verhindert, obwohl er dessen Wahlberechtigung kennt,**
4. **sich als Bewerber für eine Wahl aufstellen läßt, obwohl er nicht wählbar ist,**

wird mit Freiheitsstrafe bis zu sechs Monaten oder mit Geldstrafe bis zu einhundertachtzig Tagessätzen bestraft, wenn die Tat nicht in anderen Vorschriften mit schwererer Strafe bedroht ist.

(2) **Der Eintragung in die Wählerliste als Wähler entspricht die Ausstellung der Wahlunterlagen für die Urwahlen in der Sozialversicherung.**

§§ 107c–108a   BT. 4. Abschnitt. Straftaten gegen Verfassungsorgane

1 1. Die Vorschrift stellt einige gefährliche **Vorbereitungshandlungen zur Wahlfälschung** selbstständig unter Strafe.
2 2. **Subsidiarität** gegenüber § 107a (beachte dort 1).

§ 107c Verletzung des Wahlgeheimnisses

Wer einer dem Schutz des Wahlgeheimnisses dienenden Vorschrift in der Absicht zuwiderhandelt, sich oder einem anderen Kenntnis davon zu verschaffen, wie jemand gewählt hat, wird mit Freiheitsstrafe bis zu zwei Jahren oder mit Geldstrafe bestraft.

1 1. Die Vorschrift ist ein dem Schutz des Wahlgeheimnisses dienender **Blankettatbestand**, der die Verletzung einer das Blankett ausfüllenden Norm (zB § 34 BWG, §§ 50, 51 BWO) voraussetzt (Karlsruhe GA 77, 312). Zur „Wahlhilfe" bei Briefwahl Celle NdsRpfl 61, 134; Greiser NJW 78, 927.
2 2. **Absicht** bedeutet hier zielgerichtetes Wollen (20 zu § 15); es muss dem Täter – sei es auch nur neben anderen Zwecken – auf die Kenntnisverschaffung ankommen. Die Absicht zu erfahren, ob jemand gewählt hat, genügt nicht.

§ 108 Wählernötigung

(1) Wer rechtswidrig mit Gewalt, durch Drohung mit einem empfindlichen Übel, durch Mißbrauch eines beruflichen oder wirtschaftlichen Abhängigkeitsverhältnisses oder durch sonstigen wirtschaftlichen Druck einen anderen nötigt oder hindert, zu wählen oder sein Wahlrecht in einem bestimmten Sinne auszuüben, wird mit Freiheitsstrafe bis zu fünf Jahren oder mit Geldstrafe, in besonders schweren Fällen mit Freiheitsstrafe von einem Jahr bis zu zehn Jahren bestraft.

(2) Der Versuch ist strafbar.

1 1. Die Vorschrift **schützt** den einzelnen Bürger gegen **Nötigung bei der Ausübung des Wahlrechts**, nicht den Wahlvorgang im ganzen (dazu 1 zu § 107).
2 2. Die **Nötigungshandlung** kann darauf gerichtet sein, jemanden vom Wählen abzuhalten, ihn zum Wählen zu veranlassen oder ihn zu einer von seinem Willen abweichenden Stimmabgabe zu bringen. **Gewalt und Drohung** mit einem empfindlichen Übel 5–15 zu § 240; das durch Beispiele erläuterte Merkmal wirtschaftlichen Drucks (dazu BVerfGE 66, 369, 380) erweitert den Anwendungsbereich (aM Wohlers NK 3: Spezialfall der Drohung; str).
3 3. Die **Rechtswidrigkeit** bestimmt sich nach § 240 II (hM; anders Laufhütte LK 5 mwN).
4 4. **Besonders schwere Fälle** 7–10a zu § 46.
5 5. Dem § 240 geht die Vorschrift als die speziellere vor. Mit § 107a ist **Tateinheit** möglich (dort 3; aM Tröndle/Fischer 8: § 108 als lex specialis).
6 6. Nebenfolgen § 108c. Geltungsbereich § 108d.

§ 108a Wählertäuschung

(1) Wer durch Täuschung bewirkt, daß jemand bei der Stimmabgabe über den Inhalt seiner Erklärung irrt oder gegen seinen Willen nicht oder ungültig wählt, wird mit Freiheitsstrafe bis zu zwei Jahren oder mit Geldstrafe bestraft.

(2) Der Versuch ist strafbar.

1 1. Die Vorschrift schützt den Wähler (beachte 1 zu § 107) gegen **Täuschung beim Wahlakt**, nicht gegen Täuschung bei der Willensbildung (Motivirrtum),

Geltungsbereich **§§ 108b–108d**

also zB nicht gegen lügnerische Wahlpropaganda (ebenso Wohlers NK 2). Sie erfasst namentlich Fälle, in denen der Wähler dazu gebracht wird, ein seinem Willen nicht entsprechendes Feld im Wahlzettel anzukreuzen, durch Anbringen mehrerer Kreuze ungültig zu wählen oder eine Handlung vorzunehmen, von der er nicht erkennt, dass sie eine Wahl bedeutet (BGHSt 9, 338).

2. Dem § 107a geht die Vorschrift als die speziellere vor (aM Wohlers NK 4; str). Mit § 267 ist **Tateinheit** möglich. Geltungsbereich § 108d.

§ 108b Wählerbestechung

(1) **Wer einem anderen dafür, daß er nicht oder in einem bestimmten Sinne wähle, Geschenke oder andere Vorteile anbietet, verspricht oder gewährt, wird mit Freiheitsstrafe bis zu fünf Jahren oder mit Geldstrafe bestraft.**

(2) **Ebenso wird bestraft, wer dafür, daß er nicht oder in einem bestimmten Sinne wähle, Geschenke oder andere Vorteile fordert, sich versprechen läßt oder annimmt.**

1. Die Vorschrift **schützt** die Sachlichkeit der Stimmabgabe des wahlberechtigten Bürgers (BGHSt 33, 336 mwN). Sie betrifft nicht die sog Abgeordnetenbestechung (§ 108e).

2. Geschenke, Vorteile und **Tathandlungen** 3–7 zu § 331; 3 zu § 333. Wie allgemein bei Bestechung und Bestechlichkeit muss der (uU auch nur mittelbare, BGHSt 33, 336) Vorteil „Gegenleistung" für das Wahlverhalten sein (10 zu § 331), namentlich also auch das für die jeweils getroffene oder angestrebte Unrechtsvereinbarung erforderliche Beziehungsverhältnis aufweisen (BGH aaO mit Bespr Geerds JR 86, 253, Dölling NStZ 87, 69 und Wagner JZ 87, 594, 604). Ob und wie der Wähler tatsächlich wählt, ist unerheblich. Sozialadäquate Vorteile, zB die üblichen Wahlversprechen der Parteien, werden nicht erfasst (hM; weiter einschr Laufhütte LK 4).

3. a) Abs 1: Es genügt, dass der Wähler nicht in einem bestimmten Sinne wählen, aber sonst Freiheit haben soll (Wohlers NK 3 mwN).

b) Abs 2: Der geheime Vorbehalt des Stimmverkäufers, sich nicht an die Unrechtsvereinbarung zu halten, ist wie bei der Bestechlichkeit bedeutungslos (5 zu § 332).

4. Verfall der Vorteile §§ 73–73c, 73e. Nebenfolgen § 108c. Geltungsbereich § 108d.

§ 108c Nebenfolgen

Neben einer Freiheitsstrafe von mindestens sechs Monaten wegen einer Straftat nach den §§ 107, 107a, 108 und 108b kann das Gericht die Fähigkeit, Rechte aus öffentlichen Wahlen zu erlangen, und das Recht, in öffentlichen Angelegenheiten zu wählen oder zu stimmen, aberkennen (§ 45 Abs. 2 und 5).

Vgl 4 zu § 45. Die Vorschrift betrifft nur die Wählbarkeit und das Stimmrecht, die auch einzeln aberkannt werden können.

§ 108d Geltungsbereich

Die §§ 107 bis 108c gelten für Wahlen zu den Volksvertretungen, für die Wahl der Abgeordneten des Europäischen Parlaments, für sonstige Wahlen und Abstimmungen des Volkes im Bund, in den Ländern, Gemeinden und Gemeindeverbänden sowie für Urwahlen in der Sozialver-

§ 108e BT. 4. Abschnitt. Straftaten gegen Verfassungsorgane

sicherung. Einer Wahl oder Abstimmung steht das Unterschreiben eines Wahlvorschlags oder das Unterschreiben für ein Volksbegehren gleich.

1   1. Der **Geltungsbereich** der Wahldelikte ist eingeschränkt. Einerseits sind der Wahl in einer wenig geglückten Fassung die Abstimmung (zB Art 118 GG), das Unterschreiben eines Wahlvorschlags (§ 21 II BWG) und das Unterschreiben für ein Volksbegehren (zB Art 29 II GG) gleichgestellt. Andererseits werden aber nur allgemeine Wahlen und Abstimmungen des Volkes, auch wenn sie landesgesetzlich (zB Landtags- und Kommunalwahlen) geregelt sind (BVerfG NVwZ 93, 55), und Urwahlen in der Sozialversicherung (§§ 45 ff SGB IV) erfasst, also nicht andere Wahlen in öffentlichen Angelegenheiten, zB in den Richterwahlausschüssen, den Gerichten und den Berufsorganisationen (zur Abgeordnetenbestechung beachte jedoch § 108 e).

2   **2. Landesgesetzliche** Erstreckung des Geltungsbereichs auf andere landesrechtlich geregelte Wahlen ist mit Art 3 I, 4 II EGStGB unvereinbar (Lenzen JR 80, 133).

§ 108 e Abgeordnetenbestechung

(1) **Wer es unternimmt, für eine Wahl oder Abstimmung im Europäischen Parlament oder in einer Volksvertretung des Bundes, der Länder, Gemeinden oder Gemeindeverbände eine Stimme zu kaufen oder zu verkaufen, wird mit Freiheitsstrafe bis zu fünf Jahren oder mit Geldstrafe bestraft.**

(2) **Neben einer Freiheitsstrafe von mindestens sechs Monaten wegen einer Straftat nach Absatz 1 kann das Gericht die Fähigkeit, Rechte aus öffentlichen Wahlen zu erlangen, und das Recht, in öffentlichen Angelegenheiten zu wählen oder zu stimmen, aberkennen.**

1   1. Die Vorschrift schützt ebenso wie die §§ 331–334 (1 zu § 331) ein **komplexes Rechtsgut.** Der Schwerpunkt liegt auf dem Prinzip der demokratischen Gleichheit der Bürger sowie dem öffentlichen Vertrauen in die Unkäuflichkeit der Mandatsausübung und die Funktionsfähigkeit des repräsentativen Systems (BT-Dr 12/5927 S 4; aM M-Schroeder/Maiwald BT 2 86/31: Sachlichkeit der Wahlen und Abstimmungen; ähnlich Wohlers NK 2; weiter diff Rudolphi SK 5, 6; Sch/Sch-Eser 1). – Zur Entstehungsgeschichte BT-Dr 12/5927 und LG Köln NStZ-RR 03, 364; Übersichtsbeitrag Barton NJW 94, 1098; rechtsvergleichend Becker, Korruptionsbekämpfung im parlamentarischen Bereich, 1998, S 60; Heisz, Die Abgeordnetenbestechung nach § 108 e StGB-Schließung einer Regelungslücke, 1998, S 67. – Zur Reform Heisz aaO S 108; für Streichung der Vorschrift Ransiek StV 96, 446, 452.

2   2. Bezugsobjekt der Tat sind nur Wahlen und Abstimmungen in **Volksvertretungen,** dh in solchen Körperschaften, deren Mitglieder durch Urwahl des Volkes bestimmt werden (beachte dazu 1 zu § 108 d). Volksvertretung des Bundes ist der BTag, nicht der BRat. Die übrigen inländischen Volksvertretungen sind landesrechtlich geregelt; speziell zu Gemeinderäten, die aber auch von §§ 331 ff erfasst sind (LG Köln aaO), Deiters NStZ 03, 453, 458 und Marel StraFo 03, 259. Abstimmungen in den Ausschüssen der Volksvertretungen werden erfasst (Rudolphi SK 9), nicht dagegen in den Fraktionen (BT-Dr 12/5927 S 6) oder in anderen Arbeitskreisen von Parteien oder Gruppen zur Vorbereitung der Parlamentsarbeit (Laufhütte/Kuschel LK-Nachtrag 3; krit Heisz aaO [vgl 1] S 109, 131, 144).

3   3. **Tathandlung** ist das Unternehmen, für eine der genannten Wahlen oder Abstimmungen eine Stimme zu kaufen oder zu verkaufen.

Abgeordnetenbestechung **§ 108e**

a) Kaufen und Verkaufen erfordert eine Unrechtsvereinbarung. Es verweist nicht auf die zivilrechtlichen Voraussetzungen eines Kaufvertrags, sondern soll in Anlehnung an den allgemeinen Sprachgebrauch das Element der Käuflichkeit in dem Sinne verdeutlichen, dass die Stimme wie eine Ware zum Gegenstand eines Geschäfts gemacht wird, das den Missbrauch des Stimmrechts zu eigennützigen oder sonst unerlaubten Zwecken zum Inhalt hat (Begr zu § 404 E 1962 S 590; ähnlich BT-Dr 12/5927 S 7; Schlüchter aaO [vgl vor 1] S 730; krit Barton NJW 94, 1098). Sozialadäquate und politisch übliche Verhaltensweisen werden deshalb nicht erfasst (BT-Dr aaO S 4; Rudolphi SK 14 mwN). Im Übrigen ist aber die Abgrenzung äußerst schwierig (krit deshalb Becker aaO [vgl 1] S 58, und Wohlers NK 7). Als Auslegungshilfe können die (wenig ergiebigen, Tröndle/Fischer 10; krit Heisz aaO [vgl 1] S 137) Verhaltensregeln für Mitglieder des BTages dienen, die der GO als Anlage beigefügt sind. Soweit sie bestimmte Verhaltensweisen als zulässig ansehen, wird auch ein Missbrauch des Stimmrechts regelmäßig zu verneinen sein (diff Rudolphi aaO). Das Entgelt braucht nicht notwendig in Geld zu bestehen, muss aber als unmittelbare materielle (Tröndle/Fischer 10; krit Heisz aaO [vgl 1] S 137) Gegenleistung für die Stimmabgabe vereinbart sein. Das Versprechen von Geschenken, festen Bezügen oder anderen Vermögensvorteilen in der allgemeinen Erwartung, dass sich der Abgeordnete in seinem Verhalten, auch seinem Stimmverhalten, nach den Interessen des Vorteilsgebers richten werde, genügt nicht, obwohl auch solche Vorgänge durchaus strafwürdig sein können. Abweichend von den Bestechungsvorschriften kann die Tat nur künftige Stimmabgaben betreffen (BT-Dr aaO S 6); auch werden hier keine Vorteile für Dritte erfasst (Laufhütte/Kuschel LK-Nachtrag 6).

b) Die Unrechtsvereinbarung muss sich auf eine **bestimmte** Wahl oder Ab- 4 stimmung beziehen. Jedoch schließt das die Einbeziehung mehrerer oder aller Wahlen oder Abstimmungen nicht aus, die in einem bestimmten Zusammenhang oder in einer bestimmten Körperschaft vorgenommen werden (ebenso Tröndle/Fischer 7).

c) Da schon das **Unternehmen** (19 zu § 11) ausreicht, ist die Tat mit dem – sei 5 es auch untauglichen – Versuch des Stimmkaufs oder -verkaufs vollendet. Zur Unrechtsvereinbarung braucht es nicht zu kommen. Es genügt das unmittelbare Ansetzen dazu (§ 22) mit der Folge, dass – ebenso wie bei den Bestechungsdelikten (7 zu § 331; 3 zu § 333) – schon das Fordern oder Anbieten des Vorteils für die Stimmabgabe tatbestandsmäßig ist. Rücktritt vom Versuch ist ausgeschlossen (29 zu § 24).

4. Der **Vorsatz** (bedingter genügt) erfordert Bedeutungskenntnis (14 zu § 15) 6 namentlich im Hinblick auf das Beziehungsverhältnis zwischen Stimmabgabe und Vorteil; dass der Täter sein Verhalten – etwa weil kein Geld versprochen wurde – nicht als Stimmkauf oder -verkauf angesehen hat, ist dann unerheblich (Subsumtionsirrtum; ebenso Wohlers NK 8).

5. Für die **Teilnahme** des Stimmkäufers oder -verkäufers an der Tat des jeweils 7 anderen und die Teilnahme Dritter gelten die Ausführungen unter 19 zu § 331 sinngemäß.

6. Tateinheit ua möglich mit § 263 (Sch/Sch-Eser 15 mwN). Ein Zusam- 8 mentreffen mit den §§ 331–334 scheidet idR aus, weil der Abgeordnete im Parlament kein Amtsträger (11 zu § 11; ebenso Deiters NStZ 03, 453, 458) und seine Stimmabgabe keine Diensthandlung (8 zu § 331) ist. Ausnahmen kommen bei Vertretungen von Gemeinden und Gemeindeverbänden in Frage, soweit diese im Sinne des § 11 I Nr 2c Aufgaben der öffentlichen Verwaltung wahrnehmen (11 zu § 11).

§ 109 BT. 5. Abschnitt. Landesverteidigung

9 7. Der **Geltungsbereich** erstreckt sich nach dem Zweck des Abs 1 auf **alle Abgeordneten des Europäischen Parlaments,** nicht nur auf die von der Bundesrepublik entsandten (BT-Dr 13/10424 S 6; Sch/Sch-Eser 5; aM Laufhütte/Kuschel LK-Nachtrag 3; zw). Jedoch bedarf es für deren Strafbarkeit einer internationalrechtlichen Anknüpfung, die meist nur auf die §§ 3, 7 II Nr 1 oder § 9 gestützt werden kann (ebenso Tröndle/Fischer 3). Zur Ausdehnung der Strafbarkeit der Bestechung ausländischer Abgeordneter im Zusammenhang mit internationalem geschäftlichen Verkehr s Art 2 § 2 IntBestG (Anh V 2); da diese Vorschrift nicht nur den Stimmen(ver)kauf (s oben 3) erfasst (BT-Dr 13/10428 S 7), geht der Strafrechtsschutz hinsichtlich der Bestechung ausländischer Abgeordneter weiter als bezüglich nationaler Abgeordneter (krit Zieschang NJW 99, 105, 107, der die Vorschrift für „zu weit geraten" hält); zur Notwendigkeit der Einfügung der Versuchsstrafbarkeit durch Art 2 § 2 II IntBestG s BT-Dr 13/10973 S 4. Räumlicher Geltungsbereich § 5 Nr 14 a.

5. Abschnitt. Straftaten gegen die Landesverteidigung

Vorbemerkung

1 1. Der auf dem 4. StÄG beruhende Abschnitt (zusf Lackner JZ 57, 401; Kohlhaas NJW 57, 929) dient dem Schutz der **Landesverteidigung** (zu ihr als Rechtsgut Schroeder, Der Schutz von Staat und Verfassung im Strafrecht, 1970, S 392; sie ist jegliche vorbereitende oder akute militärische Tätigkeit zur Abwehr eines Angriffs auf die Bundesrepublik Deutschland (Müller NStZ 02, 633, 635). Neben dem WStG, dessen Vorschriften vorwiegend für Soldaten gelten, soll er Angriffen entgegenwirken, die von jedermann ausgehen können. – Zur Reformbedürftigkeit dieser Straftaten Müller aaO S 636.

2 2. Zu Besonderheiten der **Zuständigkeit** und des **Verfahrens** vgl namentlich §§ 74 a I, II, 120 II, 142 a GVG, §§ 100 a Nr 1 b, 153 c–153 e StPO.

§ 109 Wehrpflichtentziehung durch Verstümmelung

(1) **Wer sich oder einen anderen mit dessen Einwilligung durch Verstümmelung oder auf andere Weise zur Erfüllung der Wehrpflicht untauglich macht oder machen läßt, wird mit Freiheitsstrafe von drei Monaten bis zu fünf Jahren bestraft.**

(2) **Führt der Täter die Untauglichkeit nur für eine gewisse Zeit oder für eine einzelne Art der Verwendung herbei, so ist die Strafe Freiheitsstrafe bis zu fünf Jahren oder Geldstrafe.**

(3) **Der Versuch ist strafbar.**

1 1. Die den § 17 WStG ergänzende Vorschrift schützt das **personelle Potential** der Landesverteidigung (Schroeder LK 1; ähnlich Bauer, Die Straftatbestände der Selbstverstümmelung und der Dienstentziehung durch Täuschung im deutschen Recht, 1996, S 34; nach Wohlers NK 1: die Funktionsfähigkeit der Bundeswehr und des zivilen Ersatzdienstes als Institution).

2 2. **Wehrpflicht** §§ 1–3 WehrpflG. Sie umfasst jede Dienstpflicht des Bürgers nach dem WehrpflG, also auch den Zivildienst (§ 3 I aaO). Die Tat kann nur an einem gegenwärtig oder künftig Wehrpflichtigen begangen werden.

3 3. **Tathandlung** ist das Herbeiführen der Wehrdienstunfähigkeit oder einer Beeinträchtigung der Wehrdienstfähigkeit (§§ 8 a, 9 WehrpflG), dh eines Zustandes, in dem der Wehrpflichtige wegen körperlicher oder geistiger Mängel (nicht aus rechtlichen Gründen, zB nach § 10 WehrpflG) nicht mehr in der Art oder dem Umfang wehrtauglich ist wie vorher (RGSt 44, 264). Nach Abs 1, 2 ist zwischen **absoluter** (vollständiger und dauernder) und **relativer** (auf eine gewisse Zeit oder einzelne Arten der Verwendung beschränkte) Untauglichkeit zu unterscheiden. Bei **zeitlicher** Beeinträchtigung genügen kurze Zeiträume, wenn während ihrer Dauer Erfüllung der Wehrpflicht ansteht. **Art der Verwendung** bezeichnet die allgemeinen Einsatzmöglichkeiten in den einzelnen Dienstbereichen, uU auch nur in der Ausbildung, als Schreiber oder als Sanitäter (Bay NJW 73, 2257); Untauglichkeit zu einer einzelnen Dienstverrichtung genügt nicht.

4. Verstümmelung ist unmittelbare mechanische Einwirkung (weiter Wohlers 4 NK 6; str) auf den Körper (zB Entfernen oder Zerstören eines Körpergliedes oder Organs); **Untauglichmachen auf andere Weise** bezeichnet alle übrigen Möglichkeiten der Einwirkung, die nur idR (zB Einnehmen von gesundheitsschädlichen Mitteln), aber nicht notwendig (zB medizinische Behandlungen) in einer Körperverletzung besteht (Bay NJW 73, 2257 mit Anm Schroeder NZWehrr 74, 33; str). Auch Unterlassen in Garantenstellung (11 zu § 13) kommt in Frage (einschr Schroeder LK 18 und Wohlers NK 8; s auch Bauer aaO [vgl 1] S 39, 45); die Verweigerung einer zur Abwendung der Untauglichkeit dienenden Operation genügt jedoch nicht (§ 17 IV S 3 SoldG).

5. Der Täter kann die Tathandlung **selbst** vornehmen oder durch einen ande- 5 ren vornehmen lassen. Bei der Fremdverstümmelung gehört die **Einwilligung** des Betroffenen zum Tatbestand; fehlt sie, so sind nur die §§ 223 ff ohne eine aus § 109 herzuleitende Sperrwirkung anwendbar (M-Schroeder/Maiwald BT 2 87/8; Wohlers NK 2; aM Kohlhaas NJW 58, 135).

6. Neben dem **Vorsatz** (bedingter genügt) fordert das Gesetz keine zusätzliche 5a Täuschungsabsicht (Schroeder LK 19).

7. Führt ein **Soldat** Dienstuntauglichkeit an sich oder einem anderen Soldaten 6 herbei, so geht § 17 WStG als Spezialvorschrift vor. Soweit dieser jedoch nicht verwirklicht wird (der Verstümmelte ist zB nicht Soldat), ist § 109 auch auf Soldaten anwendbar. Beteiligung eines Nichtsoldaten an einer Haupttat nach § 17 WStG ist nur dann als Teilnahme nach § 17 I, III WStG, §§ 26, 27 StGB zu behandeln, wenn nicht zugleich die Voraussetzungen des § 109 erfüllt sind; andernfalls folgt aus § 28 II, dass der Nichtsoldat Täter oder Teilnehmer des Vergehens nach § 109 ist (Schölz/Lingens 22 ff zu § 17 WStG; Schroeder LK 24; aM Sch/Sch-Eser 17).

8. Zwischen Versuch nach Abs 1 und Vollendung nach Abs 2 ist **Tateinheit** 7 möglich (Schroeder LK 23; str). Körperverletzung nach §§ 223–227 wird nicht durch Einwilligung gerechtfertigt (§ 228) und kann nach Verschärfung der Strafdrohungen in §§ 223, 224 durch das VerbrBG (4 vor § 38) nunmehr unterschiedslos mit § 109 tateinheitlich zusammentreffen (Wohlers NK 14; aM Lilie K 26 zu § 223).

9. Räumlicher Geltungsbereich § 5 Nr 5 a. 8

§ 109 a Wehrpflichtentziehung durch Täuschung

(1) **Wer sich oder einen anderen durch arglistige, auf Täuschung berechnete Machenschaften der Erfüllung der Wehrpflicht dauernd oder für eine gewisse Zeit, ganz oder für eine einzelne Art der Verwendung entzieht, wird mit Freiheitsstrafe bis zu fünf Jahren oder mit Geldstrafe bestraft.**

(2) **Der Versuch ist strafbar.**

1. Die den § 18 WStG ergänzende Vorschrift schützt den **Personalbestand** 1 **der Bundeswehr** (Schroeder LK 1).

§§ 109b–109d

2   **2. Wehrpflicht** 2 zu § 109. Der Täter **entzieht** sich oder einen anderen der Erfüllung der Wehrpflicht, wenn er bewirkt, dass er oder der andere in Folge ausdrücklicher oder stillschweigender Freistellung durch die zuständige Behörde nicht mehr in der Art und dem Umfang für die Erfüllung der Wehrpflicht zur Verfügung steht wie zuvor (Hamm NJW 74, 568). Die Ursächlichkeit der Tathandlung (vgl 3) für die Entziehung kann nur psychisch, idR durch einen Irrtum der Behörde, vermittelt werden; jedoch genügt es, wenn die Behörde den Täter nur freistellt, weil sie seine Angaben nicht für widerlegbar hält (Celle NStZ 86, 168). Wie in § 109 (dort 3) wird absolute und relative Entziehung unterschieden.

3   **3. Machenschaften** bezeichnen ein methodisches, berechnetes (Tröndle/Fischer 3; aM Schroeder LK 5; s auch Bauer, Die Straftatbestände der Selbstverstümmelung und der Dienstentziehung durch Täuschung im deutschen Recht, 1996, S 98) und außerdem auch besonders verwerfliches Gesamtverhalten (Celle NStZ 86, 168; aM Hamm NJW 74, 568; s auch Bay 61, 222; Celle NZWehrr 62, 75). Sie sind **auf Täuschung berechnet,** wenn sie einen Irrtum der zuständigen Behörde verursachen sollen. Das erfordert nicht notwendig ein Handeln gegenüber der Behörde (Hamburg NJW 65, 1674) und auch nicht den Einsatz gegenständlicher Mittel, wie gefälschter oder unwahrer Schriftstücke; es genügt auch ein System wohlüberlegter Lügen, jedoch nicht die einfache Lüge (Kohlhaas NJW 57, 929, 930; aM Wohlers NK 9). Die weitere Kennzeichnung des Verhaltens als **arglistig** ist tautologisch (Dreher JZ 57, 397; Bohnert GA 78, 353, 363; Schölz/Lingens 9 zu § 18 WStG; aM Schroeder LK 6). – Hauptanwendungsfälle sind das systematische Vortäuschen von körperlichen Mängeln (RGSt 29, 218) und die Scheinverlegung des Wohnsitzes (Hamburg aaO; Celle NJW 65, 1675).

4   **4.** Für das Verhältnis zu **§ 18 WStG** gelten die Ausführungen unter 6 zu § 109 sinngemäß.

5   **5.** Räumlicher Geltungsbereich § 5 Nr 5 b.

§§ 109 b, 109 c *(weggefallen)*

§ 109 d Störpropaganda gegen die Bundeswehr

(1) Wer unwahre oder gröblich entstellte Behauptungen tatsächlicher Art, deren Verbreitung geeignet ist, die Tätigkeit der Bundeswehr zu stören, wider besseres Wissen zum Zwecke der Verbreitung aufstellt oder solche Behauptungen in Kenntnis ihrer Unwahrheit verbreitet, um die Bundeswehr in der Erfüllung ihrer Aufgabe der Landesverteidigung zu behindern, wird mit Freiheitsstrafe bis zu fünf Jahren oder mit Geldstrafe bestraft.

(2) Der Versuch ist strafbar.

1   **1.** Die Vorschrift schützt die **Funktionsfähigkeit der Bundeswehr** gegen **geistige Sabotage** (Sch/Sch-Eser 1). Wegen ihrer strengen, meist nicht beweisbaren Voraussetzungen (Jescheck NZWehrr 69, 121, 128; Schwenck NZWehrr 69, 134, 136; Greiser NJW 73, 231) ist sie bisher kaum praktisch geworden (vgl jedoch Kreutz NZWehrr 00, 230, der eine vermehrte Anwendung wegen des Einsatzes der Bundeswehr bei multi- und internationalen Militäraktionen erwartet). Die Tat ist potenzielles Gefährdungsdelikt (32 vor § 13; aM Zieschang, Die Gefährdungsdelikte, 1998, S 307 Fn 422: Konkretes Gefährlichkeitsdelikt; ebenso Wohlers NK 6; diff Kreutz aaO S 233).

2   **2. Behauptungen tatsächlicher Art** 3, 5 zu § 186 (beachte auch JR 77, 28 mit Anm Schroeder). Eine Behauptung ist entstellt, wenn ein Teil von ihr nicht unerheblich von der Wahrheit abweicht; die Entstellung ist gröblich, wenn der wahre Teil hinter dem unwahren so zurücktritt, dass ein im Wesentlichen unrichtiges Gesamtbild entsteht (Sch/Sch-Eser 5).

3. Verbreiten ist hier wie in § 74 d (aber abw von § 186; dort 5) Weitergabe mit der Tendenz des Zugänglichmachens für einen größeren Personenkreis (5 zu § 74 d). Es ist **geeignet**, die Tätigkeit der Bundeswehr zu stören, wenn die behauptete Tatsache, abstrakt betrachtet, so beschaffen ist, dass sie im Falle der Verbreitung die Tätigkeit der Bundeswehr konkret gefährden würde (Hoyer, Die Eignungsdelikte, 1987, S 153; Rudolphi SK 6); dabei ist nach dem Schutzzweck der Vorschrift (vgl 1) nur auf die Tätigkeit der Bundeswehr bei Erfüllung ihrer Verteidigungsaufgabe, nicht auch auf andere Aufgabenbereiche wie out-of-area Einsatz zB im Kosovo oder in Afghanistan abzustellen (Sch/Sch-Eser 7; aM Schroeder LK 8; de lege ferenda auch Kreutz NZWehrr 00, 230, 243 und Müller NStZ 02, 633, 636); schon nach geltendem Recht sind auf deutschem Boden stationierte mitgeschützt (Müller aaO S 635 mN zur Gesetzeslage).

4. a) Für den Gesamtbereich des **inneren Tatbestandes** ist Vorsatz (bedingter genügt) erforderlich. Darüber hinaus müssen in Teilbereichen die unter 5, 6 bezeichneten Voraussetzungen erfüllt sein.

b) Wider besseres Wissen 1 zu § 187.

c) „Zum Zwecke" erfordert, dass es dem Täter auf die Verbreitung, die nicht Motiv sein muss, ankommt (Schroeder LK 9; aM Sch/Sch-Eser 9: direkter Vorsatz genügt). Dasselbe gilt für die **Absicht** der Behinderung (hM; anders Celle NJW 62, 1581).

5. Tateinheit ua möglich mit §§ 89, 164 sowie mit §§ 186, 187 (hM; anders Fischer JZ 90, 68, 74).

6. Räumlicher Geltungsbereich § 5 Nr 5 b (dort 3). Einziehung § 109 k. Zuständigkeit und Verfahren 2 vor § 109.

§ 109 e Sabotagehandlungen an Verteidigungsmitteln

(1) **Wer ein Wehrmittel oder eine Einrichtung oder Anlage, die ganz oder vorwiegend der Landesverteidigung oder dem Schutz der Zivilbevölkerung gegen Kriegsgefahren dient, unbefugt zerstört, beschädigt, verändert, unbrauchbar macht oder beseitigt und dadurch die Sicherheit der Bundesrepublik Deutschland, die Schlagkraft der Truppe oder Menschenleben gefährdet, wird mit Freiheitsstrafe von drei Monaten bis zu fünf Jahren bestraft.**

(2) **Ebenso wird bestraft, wer wissentlich einen solchen Gegenstand oder den dafür bestimmten Werkstoff fehlerhaft herstellt oder liefert und dadurch wissentlich die in Absatz 1 bezeichnete Gefahr herbeiführt.**

(3) Der Versuch ist strafbar.

(4) **In besonders schweren Fällen ist die Strafe Freiheitsstrafe von einem Jahr bis zu zehn Jahren.**

(5) **Wer die Gefahr in den Fällen des Absatzes 1 fahrlässig, in den Fällen des Absatzes 2 nicht wissentlich, aber vorsätzlich oder fahrlässig herbeiführt, wird mit Freiheitsstrafe bis zu fünf Jahren oder mit Geldstrafe bestraft, wenn die Tat nicht in anderen Vorschriften mit schwererer Strafe bedroht ist.**

1. Die Vorschrift schützt die **Funktionsfähigkeit** von Verteidigungsmitteln iwS (krit Wohlers NK 1).

§ 109f

BT. 5. Abschnitt. Landesverteidigung

2 **2. a) Wehrmittel** sind Gegenstände, die ihrer Natur nach oder auf Grund besonderer Zweckbestimmung für den bewaffneten Einsatz der Truppe geeignet und bestimmt sind (uU auch Ausrüstungsgegenstände, technische Geräte, Nachrichtenmittel, Meldehunde usw).

3 **b) Einrichtungen und Anlagen** (dh feste und auf Dauer angelegte Einrichtungen) dienen der Landesverteidigung nicht nur, wenn sie unmittelbar von der Truppe benutzt werden. Auch Munitionsanstalten, militärische Versuchsanstalten, Befestigungswerke, Rüstungsbetriebe usw gehören hierher. – Dem Schutz der Zivilbevölkerung dienen namentlich Einrichtungen und Anlagen des zivilen Luftschutzes.

4 **3. Zerstören,** Beschädigen 3–7 zu § 303. **Beseitigen,** Unbrauchbarmachen 2 zu § 87. **Herstellen** oder **Liefern** ist fehlerhaft, wenn es Vorschriften oder technischen Erfahrungen widerspricht und die Tauglichkeit des Gegenstandes zum bestimmungsgemäßen Gebrauch aufgehoben oder gemindert ist.

5 **4. Unbefugt** ist die Tathandlung, wenn sie der außerstrafrechtlichen Rechtsordnung widerspricht. Deshalb wird zB der nach bürgerlichem oder öffentlichem Recht befugte Unternehmer auch dann nicht erfasst, wenn er durch Aufgabe seines Betriebes die in Abs 1 bezeichnete Gefahr herbeiführt.

6 **5.** Die Tathandlung muss eine **konkrete Gefahr** (21, 22 zu § 315c) für eines der folgenden Rechtsgüter herbeiführen (s auch § 2 Nr 3 WStG; Schölz/Lingens 48 ff, 53 zu § 2 WStG):

a) Die (äußere oder innere) **Sicherheit** der Bundesrepublik (9 zu § 92; 5 zu § 93).

7 **b)** Die **Schlagkraft der Truppe,** dh deren volle Einsatzbereitschaft und -fähigkeit (NJW 71, 441); uU genügt schon der Ausfall einer wichtigen Waffe (Celle NZWehr 62, 74), nicht aber eines ohne größere Schwierigkeit ersetzbaren Kraftfahrzeugs (LG Flensburg NZWehrr 84, 80).

8 **c)** Das **Leben** eines beliebigen Menschen oder einer Mehrzahl von ihnen (23 zu § 315c); bloße Leibesgefahr und Gefahr für Sachwerte genügen nicht.

9 **6.** Im Falle des **Abs 1** muss sich der **Vorsatz** (bedingter genügt) auch auf die Gefährdung beziehen (zum Gefährdungsvorsatz 28 zu § 15). **Abs 2** setzt für Tathandlung und Gefährdung **Wissentlichkeit** (21 zu § 15) voraus, so dass bedingter Vorsatz ausscheidet. Im Falle des **Abs 5** reichen Fahrlässigkeit und bei Verstößen gegen Abs 2 auch bedingter Vorsatz für die Gefährdung aus; an dem Erfordernis des Vorsatzes (in Abs 2 des direkten Vorsatzes) für die Tathandlung wird dadurch nichts geändert. Zur Behandlung der Vorsatz-Fahrlässigkeits-Kombination als Vorsatztat im Hinblick auf Teilnahme usw 23–25 zu § 11. – Ein Irrtum über die Befugnis zum Handeln ist idR, aber nicht notwendig Verbotsirrtum (6 zu § 15; 6 zu § 17).

10 **7.** Gegenüber der Sachbeschädigung (§§ 303–305) **Spezialität** (25 vor § 52; str). Das Verhältnis zu anderen Sabotagedelikten (zB §§ 88, 316b) hängt von den einzelnen Begehungsformen und den jeweils betroffenen Rechtsgütern ab; meist wird wegen Verschiedenartigkeit der Rechtsgüter Tateinheit vorliegen (Herzog 14 zu § 316b; aM Kohlhaas NJW 57, 929, 931).

11 **8.** Räumlicher Geltungsbereich § 5 Nr 5a (dort 3). Nebenfolgen, Einziehung §§ 109i, 109k. Zuständigkeit und Verfahren 2 vor § 109.

§ 109f Sicherheitsgefährdender Nachrichtendienst

(1) **Wer für eine Dienststelle, eine Partei oder eine andere Vereinigung außerhalb des räumlichen Geltungsbereichs dieses Gesetzes, für eine verbotene Vereinigung oder für einen ihrer Mittelsmänner**

Sicherheitsgefährdendes Abbilden § 109g

1. Nachrichten über Angelegenheiten der Landesverteidigung sammelt,
2. einen Nachrichtendienst betreibt, der Angelegenheiten der Landesverteidigung zum Gegenstand hat, oder
3. für eine dieser Tätigkeiten anwirbt oder sie unterstützt

und dadurch Bestrebungen dient, die gegen die Sicherheit der Bundesrepublik Deutschland oder die Schlagkraft der Truppe gerichtet sind, wird mit Freiheitsstrafe bis zu fünf Jahren oder mit Geldstrafe bestraft, wenn die Tat nicht in anderen Vorschriften mit schwererer Strafe bedroht ist. Ausgenommen ist eine zur Unterrichtung der Öffentlichkeit im Rahmen der üblichen Presse- oder Funkberichterstattung ausgeübte Tätigkeit.

(2) **Der Versuch ist strafbar.**

1. Die Vorschrift über **militärischen Nachrichtendienst** liegt im **Vorfeld** des Landesverrats und der Gefährdung der äußeren Sicherheit (§§ 93 ff; Lüttger MDR 66, 629, 713). 1

2. Geschützt sind nur **Angelegenheiten der Landesverteidigung,** dh alles, was Aufgaben und Interessen der Landesverteidigung, nicht lediglich des Schutzes der Zivilbevölkerung (aM Schroeder LK 2 mwN; zw), betrifft. Ob es geheim gehalten wird und ob die Kenntnis der fremden Einrichtung nützt, ist unerheblich (BGHSt 15, 161). 2

3. Die **Tathandlungen** setzen ein auf gewisse Dauer und Systematik angelegtes Tun voraus (Lüttger MDR 66, 629, 630; aM Wohlers NK 4). Sie sind jedoch nicht auf typisch nachrichtendienstliche Tätigkeit beschränkt (BGHSt 15, 167) und brauchen auch nicht in konspirativen Formen, namentlich nicht geheim, begangen zu werden (Tröndle/Fischer 2; aM Willms JZ 58, 601 zu § 92 aF). Ihr Gegenstand können daher auch offene Nachrichten (unstr), nicht aber der Desinformation dienende Falschnachrichten sein (Schroeder LK 3; aM Lüttger aaO S 634; zw). – **Sammeln** liegt schon vor, wenn mit dem Beschaffen nur einer Nachricht begonnen wurde (BGHSt 16, 15; aM Ostendorf AK 9). Mehrere Einzelakte des Sammelns bilden idR eine Bewertungseinheit (BGHSt 16, 26, 32; 10 vor § 52). – **Unterstützen** ist zur Täterschaft verselbstständigte Beihilfe (BGHSt 23, 308; 12 zu § 27). 3

4. Zu **Bestrebungen gegen die Sicherheit der Bundesrepublik** bei Holtz MDR 80, 454; 9 zu § 92; zur Schlagkraft der Truppe 7 zu § 109 e. Der Täter dient den genannten Bestrebungen, wenn er sich ihnen dienstbar, dh zu ihrem Werkzeug macht (weiter Wohlers NK 9); dass die Handlung solchen Bestrebungen nur nützt, reicht nicht (zu weit BGHSt 19, 344). 4

5. Das problematische **Presseprivileg** in Abs 1 S 2 (Lüttger MDR 66, 713) schließt schon den Tatbestand aus (hM). 5

6. Gegenüber §§ 93 ff, namentlich § 99, **Subsidiarität** (26 vor § 52). 6

7. Räumlicher Geltungsbereich § 5 Nr 5 a (dort 3); erfasst werden danach auch deutsche, im Ausland belegene militärische Angelegenheiten. Nebenfolgen, Einziehung §§ 109 i, 109 k. Zuständigkeit und Verfahren 2 vor § 109. 7

§ 109 g Sicherheitsgefährdendes Abbilden

(1) **Wer von einem Wehrmittel, einer militärischen Einrichtung oder Anlage oder einem militärischen Vorgang eine Abbildung oder Beschreibung anfertigt oder eine solche Abbildung oder Beschreibung an einen anderen gelangen läßt und dadurch wissentlich die Sicherheit der Bundesrepublik Deutschland oder die Schlagkraft der Truppe gefährdet, wird mit Freiheitsstrafe bis zu fünf Jahren oder mit Geldstrafe bestraft.**

§ 109h BT. 5. Abschnitt. Landesverteidigung

(2) **Wer von einem Luftfahrzeug aus eine Lichtbildaufnahme von einem Gebiet oder Gegenstand im räumlichen Geltungsbereich dieses Gesetzes anfertigt oder eine solche Aufnahme oder eine danach hergestellte Abbildung an einen anderen gelangen läßt und dadurch wissentlich die Sicherheit der Bundesrepublik Deutschland oder die Schlagkraft der Truppe gefährdet, wird mit Freiheitsstrafe bis zu zwei Jahren oder mit Geldstrafe bestraft, wenn die Tat nicht in Absatz 1 mit Strafe bedroht ist.**

(3) **Der Versuch ist strafbar.**

(4) **Wer in den Fällen des Absatzes 1 die Abbildung oder Beschreibung an einen anderen gelangen läßt und dadurch die Gefahr nicht wissentlich, aber vorsätzlich oder leichtfertig herbeiführt, wird mit Freiheitsstrafe bis zu zwei Jahren oder mit Geldstrafe bestraft. Die Tat ist jedoch nicht strafbar, wenn der Täter mit Erlaubnis der zuständigen Dienststelle gehandelt hat.**

1   1. Die im **Vorfeld des Landesverrats** liegende Vorschrift **schützt die äußere Sicherheit der Bundesrepublik.**

2   2. **Abs. 1: Wehrmittel,** militärische Einrichtungen und Anlagen 2, 3 zu § 109e. – **Abs 2:** Geschützt sind **Objekte jeder Art** im Geltungsbereich des Gesetzes (5 vor § 3) gegen Luftaufnahmen (auch aus dem Luftraum außerhalb des Geltungsbereichs).

3   3. Zur **Gefährdung** 6, 7 zu § 109e.

4   4. **Abs 1, 2** erfordern für die Tathandlung **Vorsatz** (bedingter genügt), für die Gefährdung jedoch Wissentlichkeit (20 zu § 15); fehlt sie, so kommt **Abs 4** in Frage (vgl auch 9 zu § 109e). Die von der zuständigen Dienststelle befugt erteilte Erlaubnis (Abs 4 S 2) wirkt rechtfertigend (beachte dazu Träger LK 15 zu § 99). Die unbefugt erteilte Erlaubnis bildet weder einen Rechtfertigungsgrund noch einen Schuldausschließungsgrund (so aber wohl Sch/Sch-Eser 15; Schroeder LK 13), sondern einen sachlich wirkenden **Strafausschließungsgrund** bzw eine negative Bedingung der Strafbarkeit (so BT-Dr II/3039 S 16; zw).

5   5. Gegenüber §§ 94 bis 96 **Subsidiarität** (26 vor § 52). Mit §§ 98, 99 (BGHSt 27, 133), § 109f ist Tateinheit möglich.

6   6. Räumlicher Geltungsbereich § 5 Nr 5a (dort 3). Einziehung § 109k. Zuständigkeit und Verfahren 2 vor § 109.

§ 109h Anwerben für fremden Wehrdienst

(1) **Wer zugunsten einer ausländischen Macht einen Deutschen zum Wehrdienst in einer militärischen oder militärähnlichen Einrichtung anwirbt oder ihren Werbern oder dem Wehrdienst einer solchen Einrichtung zuführt, wird mit Freiheitsstrafe von drei Monaten bis zu fünf Jahren bestraft.**

(2) **Der Versuch ist strafbar.**

1   1. Mit dem Verbot der **Werbung für fremden Wehrdienst** soll nicht nur das einzelne Opfer (krit Schroeder LK 1), sondern auch das Allgemeininteresse an der Erhaltung der Wehrkraft geschützt werden.

2   2. **Objekt** der Tat kann nur ein Deutscher (7 vor § 3) sein. **Ausländische Macht** ist ein Staat oder ein zwischen- oder überstaatliches Machtgebilde außerhalb des Inlandes (4 vor § 3). **Wehrdienst** ist der Dienst in einer militärischen oder militärähnlichen (etwa als Polizei- oder Wehrsportorganisation getarnten) Einrichtung als Soldat oder in einer anderen Funktion (hM; anders Schroeder LK 3), jedoch nicht der Dienst in Rüstungsbetrieben.

Öffentliche Aufforderung zu Straftaten **§§ 109i–111**

3. Anwerben setzt Übereinkommen zwischen dem zum Abschluss befugten 3
Täter und dem Angeworbenen voraus. Die dem Übereinkommen vorausgehende
Einwirkung kann Versuch sein (Abs 2). **Zuführen** bedeutet, den Deutschen so in
den Einflussbereich des Werbers, dh eines geschäftsmäßig tätigen Vermittlers, oder
der ausländischen Wehrdienststelle bringen, dass diese zur Anwerbung (vgl LG
Hamburg NJW 58, 1053; str) unmittelbar auf ihn einwirken können; ob die Anwerbung scheitert, ist unerheblich.

4. Die Tat ist **nicht rechtswidrig,** wenn sie von der zuständigen Behörde ge- 4
nehmigt oder zugunsten einer Einrichtung begangen ist, auf die der Bund Hoheitsrechte übertragen hat (Art 24 GG; aM Wohlers NK 5: Tatbestandsausschluss).

5. Räumlicher Geltungsbereich § 5 Nr 5 b. 5

§ 109 i Nebenfolgen

Neben einer Freiheitsstrafe von mindestens einem Jahr wegen einer Straftat nach den §§ 109 e und 109 f kann das Gericht die Fähigkeit, öffentliche Ämter zu bekleiden, die Fähigkeit, Rechte aus öffentlichen Wahlen zu erlangen, und das Recht, in öffentlichen Angelegenheiten zu wählen oder zu stimmen, aberkennen (§ 45 Abs. 2 und 5).

Vgl 4 zu § 45. Amtsfähigkeit, Wählbarkeit und Stimmrecht können auch ein- 1
zeln aberkannt werden.

§ 109 k Einziehung

Ist eine Straftat nach den §§ 109 d bis 109 g begangen worden, so können

1. **Gegenstände, die durch die Tat hervorgebracht oder zu ihrer Begehung oder Vorbereitung gebraucht worden oder bestimmt gewesen sind, und**
2. **Abbildungen, Beschreibungen und Aufnahmen, auf die sich eine Straftat nach § 109 g bezieht,**

eingezogen werden. § 74 a ist anzuwenden. Gegenstände der in Satz 1 Nr. 2 bezeichneten Art werden auch ohne die Voraussetzungen des § 74 Abs. 2 eingezogen, wenn das Interesse der Landesverteidigung es erfordert; dies gilt auch dann, wenn der Täter ohne Schuld gehandelt hat.

Vgl die Anm zu §§ 92 b, 101 a. 1

6. Abschnitt. Widerstand gegen die Staatsgewalt

§ 110 *(weggefallen)*

§ 111 Öffentliche Aufforderung zu Straftaten

(1) **Wer öffentlich, in einer Versammlung oder durch Verbreiten von Schriften (§ 11 Abs. 3) zu einer rechtswidrigen Tat auffordert, wird wie ein Anstifter (§ 26) bestraft.**

(2) **Bleibt die Aufforderung ohne Erfolg, so ist die Strafe Freiheitsstrafe bis zu fünf Jahren oder Geldstrafe. Die Strafe darf nicht schwerer sein als die, die für den Fall angedroht ist, daß die Aufforderung Erfolg hat (Absatz 1); § 49 Abs. 1 Nr. 2 ist anzuwenden.**

1. Die Vorschrift sieht **ergänzende Auffangtatbestände** für die Anstiftung 1
nach § 26 und die versuchte Anstiftung nach § 30 I vor (hM; vgl etwa Paeffgen

§ 111 BT. 6. Abschnitt. Widerstand gegen die Staatsgewalt

NK 3; krit Rogall GA 79, 11, 18; anders Dreher, Gallas-FS, S 307). Sie unterscheidet sich von der Anstiftung vor allem dadurch, dass sie die individuelle Einwirkung auf bestimmte Einzelpersonen nicht erfasst und an die Konkretisierung der Haupttat geringere Anforderungen stellt (vgl 4, 5). Der Strafgrund liegt in der **besonderen Gefährlichkeit der Begehensweise,** durch die entweder eine unbestimmte oder jedenfalls eine größere Zahl von Menschen zu Straftaten bestimmt werden kann; die Tat ist daher ein abstraktes Gefährdungsdelikt (Bay NJW 94, 396; Zieschang, Die Gefährdungsdelikte, 1998, S 338 Fn 554; Kindhäuser 1; ähnlich Horn SK 2; krit Paeffgen, Hanack-FS, 591, 597). Weitergehender Erklärung der Vorschrift, etwa durch Annahme eines selbstständigen Rechtsgutes des „inneren Gemeinschaftsfriedens" (so die hM; vgl BGHSt 29, 267; Karlsruhe NStZ 93, 389; Bay aaO; Joecks 1: öffentlicher Frieden) oder der „empirischen Geltung der Rechtsordnung" (so Plate ZStW 84, 294, 303) oder durch Deutung der Vorschrift als Partialunrecht (so Jakobs ZStW 97, 751, 777), bedarf es nicht (Schroeder, Die Straftaten gegen das Strafrecht, 1985, S 13; Kissel, Aufrufe zum Ungehorsam und § 111 StGB, 1996, der für eine Abschaffung der Vorschrift plädiert; krit dazu Schroeder JZ 98, 1006). – Zur Entstehungsgeschichte Paeffgen aaO 591.

2 **2. Öffentlich,** in einer Versammlung 2 zu § 80 a; aus einer „Vielzahl" von Menschen braucht die (uU geschlossene) Versammlung nicht zu bestehen (v Bubnoff LK 14; aM Paeffgen NK 24; Sch/Sch-Eser 7–10, beide mwN; str). **Verbreiten von Schriften** 26–28 zu § 11; 5 zu § 74 d; bloßes Auslegen zum Verkauf ist als solches noch kein Verbreiten und wird deshalb nur erfasst, wenn es öffentlich geschieht (KG JR 84, 249).

3 **3. a) Auffordern** ist – enger als Bestimmen im Sinne des § 26 (Rogall GA 79, 11, 16 mwN) – eine über bloßes Befürworten hinausgehende Äußerung (uU auch durch schlüssiges Verhalten, RGSt 47, 411), die erkennen lässt, dass von einem anderen, von einer unbestimmten Personenmehrheit oder von irgendeinem aus einer solchen Mehrheit ein bestimmtes Tun oder Unterlassen verlangt (Köln NJW 88, 1102; KG NJW 01, 2896 und NStZ-RR 02, 10; Rudolphi RdA 87, 160, 162; Kindhäuser 3, 4; Paeffgen NK 12: „Appellcharakter"; probl LG Bremen StV 86, 439; zust aber Paeffgen aaO [vgl 1] S 604). Das erfordert eine – nicht notwendig ernst gemeinte – „Erklärung an die Motivation anderer", die mindestens den Eindruck der Ernstlichkeit macht und auch machen soll (BGHSt 32, 310 mit Anm Bloy JR 85, 206; KG NJW 01, 2896 [mit krit Anm JR 01, 474] und NStZ-RR 02, 10; Frankfurt NStZ-RR 03, 327; s auch Celle NJW 88, 1101 mit Anm Geerds JR 88, 435; Karlsruhe NStZ 93, 389; Jena NStZ 95, 445, alle mwN). Dass die Aufforderung (irgend-)einen Adressaten, der ihr entsprechen könnte, erreicht und von ihm verstanden wird, ist nicht erforderlich (Bay NJW 94, 396; aM Paeffgen aaO [vgl 1] S 591, 616). – Wird eine fremde Aufforderung lediglich mitgeteilt, so genügt das nur, wenn der Mitteilende sie unmißverständlich zu seiner eigenen macht (BGHSt 36, 364, 368; Frankfurt NJW 83, 1207; Bay NJW 98, 1087; Frankfurt NStZ-RR 03, 327). Bloßes Ansetzen zur Aufforderung (§ 22) wird nicht erfasst (Paeffgen NK 28).

4 **b)** Die Aufforderung muss sich im Rahmen der besonderen Begehensweise (LG Berlin StV 82, 203) **allgemein** an den angesprochenen Personenkreis richten; richtet sie sich nur an bestimmte Einzelpersonen (NStZ 98, 403, 404 mit Bespr Bär MMR 99, 30 und Geerds JR 99, 426; Bay NJW 98, 2542, 2544), so fehlt es an der typischen, den Strafgrund bildenden Gefährlichkeit; weiterreichende Restriktionen, etwa durch das Erfordernis einer Aufforderung an „unbestimmt viele Menschen" (so Dreher NJW 70, 1153, 1156 und Gallas-FS, S 307, 311) oder durch einschränkende Auslegung des Begriffs der Versammlung (vgl 2), führen zu Rechtsunsicherheit.

Öffentliche Aufforderung zu Straftaten **§ 111**

c) **Rechtswidrige Tat** 18 zu § 11; erfasst wird auch die Teilnahme, aber nicht 5
die Ordnungswidrigkeit. Die rechtswidrige Tat muss nur ihrer Art und ihrem
rechtlichen Wesen nach konkretisiert sein (NStZ 98, 403, 404 mit Bespr Bär und
Geerds; LG Berlin aaO [vgl 4]; LG Lübeck StV 84, 207; Paeffgen aaO [vgl 1]
S 610). Zeit, Ort, Tatobjekt usw brauchen dagegen – zum Teil abweichend von
§ 26 (hM; anders Rogall GA 79, 11, 17 mwN) – auch in den Umrissen noch
nicht festzustehen (RGSt 65, 200; Dreher, Gallas-FS, S 307, 315; Horn SK 14b;
beachte jedoch BGHSt 31, 16, 22 und 32, 310, 312). – Zur (inzwischen weitgehend
überholten; vgl jedoch Paeffgen NK 36) Problematik der Aufforderung zur
Teilnahme an Sitzblockaden BVerfG NStZ 91, 279 und NJW 92, 2688; Bay JR
93, 117 mit Anm Nehm; Koblenz NJW 96, 3351; Schmitt Glaeser JR 91, 16;
Otto JR 93, 258, 259; Graul JR 94, 51, 55, alle mwN; zur aktuellen Problematik
der Aufforderung zur Schienendemontage bei Castor-Transporten LG Dortmund
NStZ-RR 98, 139, sowie zur Gehorsamsverweigerung und Fahnenflucht beim
Kosovoeinsatz der Bundeswehr AG Tiergarten NStZ 00, 144 (mit abl Anm Hussels
NStZ 00, 650, 651 und 652); KG NJW 01, 2896 (mit krit Anm Schroeder JR
01, 474) und NStZ-RR 02, 10, wo eine nicht hinreichend konkretisierte Aufforderung
für die Parole „Kriegsdienste verweigern! Desertiert aus allen kriegsführenden
Armeen" angenommen wurde (zust Tröndle/Fischer 4a, der aber zu Recht
die von KG NJW 01, 2896 zu beurteilende, an „alle Soldaten der Bundeswehr,
die am Jugoslawienkrieg beteiligt sind" gerichtete Äußerung: „Verweigern Sie ihre
Einsatzbefehle! Entfernen Sie sich von der Truppe" als hinreichend konkretisierte
Tat einordnet; vgl auch Busse NStZ 00, 631; Jahn KJ 00, 489, 498 und Geppert,
Meurer-GS, S 315, der die Verfassungsmäßigkeit der militärischen Auseinandersetzung
zur objektiven Bedingung der Strafbarkeit erheben will).

4. Der **Vorsatz** (bedingter genügt; Frankfurt NStZ-RR 03, 327; aM Paeffgen 6
aaO [vgl 1] S 620) unterscheidet sich vom Anstiftervorsatz (4–6 zu § 26) idR dadurch,
dass keine bestimmte Person (oder Personenmehrheit) zur Tat veranlasst,
sondern nur ein unbestimmter Personenkreis angesprochen werden soll. Außerdem
braucht er sich nicht darauf zu erstrecken, dass die Aufgeforderten die Tat
vollenden; abweichend von § 26 (dort 4) ist also der agent provocateur einbezogen
(hM; anders Paeffgen NK 32; Sch/Sch-Eser 17). – Ob der Täter das Unrecht der
Tat erkennt, zu der er auffordert, ist für den Vorsatz ebenso wie bei der Anstiftung
unerheblich; die enge Anlehnung an § 26 gebietet eine Gleichbehandlung dieses
Irrtums (Dreher, Gallas-FS, S 307, 327; v Bubnoff LK 30, 30a; Paeffgen NK 33;
aM Sch/Sch-Eser 16). Dasselbe gilt für die irrige Annahme, die Tat sei nur eine
Ordnungswidrigkeit; in diesem Falle scheidet idR auch ein Verbotsirrtum aus
(Düsseldorf MDR 89, 89; s auch 2 zu § 17).

5. a) Abs 1 setzt für die Bestrafung „wie ein Anstifter" (§ 26) voraus, dass die 7
Aufforderung Erfolg hat, dh die Begehung der rechtswidrigen Tat oder deren mit
Strafe bedrohten Versuch verursacht. Dazu ist erforderlich, dass die Aufforderung
die Tat unmittelbar (mit-)motiviert hat (Paeffgen aaO [vgl 1] S 619 und in NK 29:
„motivationaler Beitrag"); daher genügt es nicht, wenn die Tat nur Folge der
durch die Aufforderung hervorgerufenen allgemeinen Aufregung war (Dreher aaO
[vgl 6] S 327; v Bubnoff LK 24) oder wenn die Aufgeforderten zur Tat bereits
entschlossen waren (RGSt 65, 200, 202; Horn SK 4).

b) Abs 2 sieht bei erfolgloser Aufforderung – abweichend von § 30 I – nicht 8
lediglich eine Strafmilderung vor, sondern einen selbstständigen Strafrahmen, der
nach oben durch die gemäß § 49 I Nr 2 gemilderte Strafdrohung für die rechtswidrige
Tat begrenzt ist. Die daraus folgende unterschiedliche Unrechtsbewertung
in Abs 1 und 2 ist schwer verständlich; die dazu im Gesetzgebungsverfahren angestellten
Erwägungen (BT-DR 7/3030 S 7 und 7/4549 S 7; Prot 7, 2237) tragen
diese Differenzierung nicht (krit der BRat, BT-Dr 7/3030 S 10; zust jedoch Stree

NJW 76, 1177, 1179). Ein Rücktritt analog § 31 scheidet aus (Kindhäuser 19; aM Paeffgen NK 41).

8 a 6. Zur uU möglichen Rechtfertigung durch die Meinungsfreiheit nach Art 5 I GG s AG Tiergarten NStZ 00, 144 mit krit Anm Hussels NStZ 00, 650; Busse NStZ 00, 631, 634, oder durch die Kunstfreiheit nach Art 5 III 1 GG s LG Mainz NJW 00, 2220; Kissel aaO (vgl 1) S 179; Töndle/Fischer 5 a, alle mwN. Die Rspr verneint zT schon das „Auffordern" (oben 3) im Hinblick auf die Meinungsäußerungsfreiheit (KG NJW 01, 2896 und NStZ-RR 02, 10; krit Schroeder JR 01, 474).

9 7. **Teilnahme** an Taten nach § 111 ist wegen dessen formeller Selbstständigkeit nach den allgemeinen Regeln (§§ 26, 27) möglich (so zur Beihilfe BGHSt 29, 258, 266; Horn SK 9 a, beide mwN; beachte auch BGHSt 36, 364).

10 8. Wegen seines Auffangcharakters **tritt § 111 zurück,** wenn der Auffordernde wegen der Tat, auf welche sich die Aufforderung bezieht, schon als Täter nach § 25 oder als (uU erfolgloser) Anstifter nach §§ 26, 30 (hM; vgl etwa Paeffgen aaO [vgl 1] S 609; anders Dreher aaO [vgl 6] S 324; v Bubnoff LK 33 mwN) strafbar ist. **Tateinheit** ua möglich mit §§ 125, 130 a (dazu Rogall GA 79, 11, 21).

11 9. Ein **Strafantrag** oder die Bejahung des besonderen öffentlichen Interesses (zB im Falle des § 232 I) ist wegen der Unbestimmtheit des geschützten Personenkreises nicht erforderlich, wenn zu Straftaten aufgefordert wurde, die nur unter dieser Voraussetzung verfolgbar sind (Stuttgart NJW 89, 1939; aM Horn SK 9 b).

§ 112 *(weggefallen)*

§ 113 Widerstand gegen Vollstreckungsbeamte

(1) **Wer einem Amtsträger oder Soldaten der Bundeswehr, der zur Vollstreckung von Gesetzen, Rechtsverordnungen, Urteilen, Gerichtsbeschlüssen oder Verfügungen berufen ist, bei der Vornahme einer solchen Diensthandlung mit Gewalt oder durch Drohung mit Gewalt Widerstand leistet oder ihn dabei tätlich angreift, wird mit Freiheitsstrafe bis zu zwei Jahren oder mit Geldstrafe bestraft.**

(2) **In besonders schweren Fällen ist die Strafe Freiheitsstrafe von sechs Monaten bis zu fünf Jahren. Ein besonders schwerer Fall liegt in der Regel vor, wenn**
1. **der Täter oder ein anderer Beteiligter eine Waffe bei sich führt, um diese bei der Tat zu verwenden, oder**
2. **der Täter durch eine Gewalttätigkeit den Angegriffenen in die Gefahr des Todes oder einer schweren Gesundheitsschädigung bringt.**

(3) **Die Tat ist nicht nach dieser Vorschrift strafbar, wenn die Diensthandlung nicht rechtmäßig ist. Dies gilt auch dann, wenn der Täter irrig annimmt, die Diensthandlung sei rechtmäßig.**

(4) **Nimmt der Täter bei Begehung der Tat irrig an, die Diensthandlung sei nicht rechtmäßig, und konnte er den Irrtum vermeiden, so kann das Gericht die Strafe nach seinem Ermessen mildern (§ 49 Abs. 2) oder bei geringer Schuld von einer Bestrafung nach dieser Vorschrift absehen. Konnte der Täter den Irrtum nicht vermeiden und war ihm nach den ihm bekannten Umständen auch nicht zuzumuten, sich mit Rechtsbehelfen gegen die vermeintlich rechtswidrige Diensthandlung zu wehren, so ist die Tat nicht nach dieser Vorschrift strafbar; war ihm dies zuzumuten, so kann das Gericht die Strafe nach seinem Ermessen mildern (§ 49 Abs. 2) oder von einer Bestrafung nach dieser Vorschrift absehen.**

Fassung: Abs 2 Nr 2 durch das 6. StrRG (13 vor § 1) technisch geändert.

§ 113

1. Die Vorschrift **schützt die rechtmäßige Betätigung des Staatswillens** 1
als solche und auch in den zu seiner Vollstreckung berufenen Organen (hM; anders Schmid JZ 80, 56; Deiters GA 02, 259; Horn SK 22, 3; krit Schulz, in: Bemmann/Manoledakis [Hrsg], Der strafrechtliche Schutz des Staates, 1987, S 71; Backes/Ransiek JuS 89, 624; Paeffgen NK 3–7, alle mwN). Ihre 1. Alternative ist ein privilegierter Spezialfall der Nötigung (BT-Dr VI/502 S 3; aM Zopfs GA 00, 527, 542). – Zur Entwicklungsgeschichte Zopfs S 529.

2. Zur Vollstreckung im Sinne des Abs 1 **berufen (Vollstreckungsbeamter** 2
iwS) ist jeder inländische (Hamm NJW 60, 1536; s auch 4, 9 vor § 3) Amtsträger (3–11 zu § 11) oder Soldat der Bundeswehr (Heinen NZWehrr 94, 89), auch Feldjäger (KG NStZ 04, 45, 46), dem die Verwirklichung des auf den Einzelfall konkretisierten Staatswillens übertragen ist (Schleswig bei Ernesti/Lorenzen SchlHA 83, 83). Es kommen nicht nur Polizeibeamte (Bay JR 89, 24; s jedoch Bay NJW 62, 2072), Zollbeamte (Bay 51, 374, 377) und Gerichtsvollzieher (RGSt 41, 85) in Frage, sondern uU auch Vollstreckungsbeamte der Finanzämter und gesetzlichen Versicherungsanstalten (Frankfurt NJW 72, 268), Strafvollzugsbeamte (Radtke/Britz ZfStrVO 01, 134, Richter in Ausübung der Sitzungspolizei (RGSt 15, 227), Volksschullehrer (RGSt 35, 182) usw (beachte auch § 114).

3. a) Der Vollstreckungsbeamte wird nach § 113 nur geschützt, wenn und so- 3
lange er eine **Diensthandlung** vornimmt, die der Vollstreckung eines materiellen Gesetzes (also auch einer RechtsVO) oder des Staatsaktes eines Gerichts oder einer Verwaltungsbehörde dient (Vollstreckungshandlung). Sie muss stets auf die Verwirklichung des konkretisierten, dh auf einen bestimmten Fall anzuwendenden, notfalls durch Zwang durchzusetzenden Staatswillens gerichtet sein (BGHSt 25, 313; Frankfurt NJW 74, 572; Hamm NJW 74, 1831; Küper BT S 399). Die Durchführung allgemeiner Verkehrskontrollen (BGH aaO mit Anm Ehlen/Meurer NJW 74, 1776 und Krause JR 75, 118) oder das Suchen nach dem Täter einer rechtswidrigen Tat (NJW 82, 2081) soll dazu ausreichen (Rengier BT II 53/5; zw). Schlichte Überwachungs- oder Ermittlungstätigkeit genügt dagegen nicht (NJW 82, 2081; s auch Hassemer JuS 74, 669 mwN), zB die Streifenfahrt von Polizeibeamten, der Streifengang im Kasernengelände (GA 83, 411), die Begleitung eines Demonstrationszuges (KG JR 88, 522), die Beobachtung von Personengruppen, von denen möglicherweise Straftaten ausgehen (KG NStZ 89, 121; zw), die nur der Information dienende Befragung von Verkehrsteilnehmern (Frankfurt NJW 73, 1806; Celle NJW 73, 2215) oder von anderen Beteiligten an polizeirechtlich erheblichen Vorgängen (Schleswig bei Ernesti/Lorenzen SchlHA 83, 84) und die nicht durchsetzbare Vernehmung des Beschuldigten.

b) Die Vollstreckungshandlung muss **unmittelbar bevorstehen** (RGSt 41, 4
181, 183) oder schon **begonnen** haben und darf **noch nicht beendigt** sein (AG Tiergarten NJW 88, 3218 mwN). Dabei sind solche Verhaltensakte einzubeziehen, die in so engem Zusammenhang mit der jeweils ergriffenen Maßnahme stehen, dass sie nach natürlicher Auffassung als deren Bestandteil erscheinen (NJW 82, 2081; Bay MDR 88, 517, beide mwN); str); ferner kann eine in dem maßgebenden Zeitraum noch fortwirkende Tathandlung uU schon früher, jedoch nur in engem zeitlich-räumlichen Zusammenhang mit der drohenden Vollstreckungshandlung, vorgenommen sein (BGHSt 18, 133; Kindhäuser BT I 36/15; v Bubnoff LK 12; str). – Für Angriffe vorher und nachher kommt § 240 in Frage (beachte auch 26). Auch Drohungen zur Verhinderung künftiger Vollstreckungshandlungen gehören nicht hierher, selbst wenn sie während einer anderen Vollstreckungshandlung ausgesprochen werden (Köln NJW 65, 1192).

4. a) Widerstand gegen die Vornahme der Vollstreckungshandlung ist nicht 5
lediglich passiver (zB durch Sitzstreik begangener) Ungehorsam (hM; offen gelas-

§ 113 BT. 6. Abschnitt. Widerstand gegen die Staatsgewalt

sen in BGHSt 23, 46, 51), sondern zielgerichtetes aktives Tun, das allerdings nicht erfolgreich oder auch nur tauglich sein muss (Koblenz NStE 2; Küper BT S 445; v Bubnoff LK 13a). Täter kann jedermann sein, nicht nur der von der Diensthandlung Betroffene (hM; zweifelnd Joecks 34; anders Sander JR 95, 491; Horn SK 16); das folgt aus dem Gesetzeswortlaut und wird durch die Erwägung gestützt, dass der Dritte typischerweise das Interesse des Betroffenen wahrnimmt und deshalb im Verhältnis zu ihm strafrechtlich nicht schlechter gestellt werden sollte (ebenso Rengier BT II 53/27). – **Gewalt** 5–11 zu § 240 (speziell zu § 113 BGHSt 14, 395, 398; Düsseldorf NJW 82, 1111; Bay JR 89, 24; Paeffgen NK 21–30). Nach dem Schutzzweck der Vorschrift muss die Gewalt gegen die Person des Amtsträgers gerichtet und für ihn – unmittelbar oder mittelbar über Sachen – körperlich spürbar sein (BGHSt 18, 133; Hamm NStZ 95, 547 mit zust Bespr Ostendorf JZ 97, 1104 und Geppert JK 2; v Bubnoff LK 14; weiter einschr Backes/Ransiek JuS 89, 624, 625; str), so dass Gewalt gegen Sachen, die den Amtsträger psychisch beeinflussen soll, ausscheidet (ebenso Horn SK 13); dagegen kann es genügen, wenn die Vollstreckungshandlung durch Schaffung eines körperlich wirkenden Hindernisses (zB Verriegeln von Türen, Düsseldorf NZV 96, 458 mit krit Bespr Seier/Rohlfs, Ostendorf JZ 97, 1104 und Geppert JK 4; Rengier BT II 53/9; Paeffgen NK 26; zw) vereitelt oder erschwert wird; ebenso wenn ein Polizeifahrzeug am Überholen gehindert und zu „starkem Abbremsen" gezwungen wird (BGHSt 48, 233, 238). Andererseits soll es nach der Rspr ausreichen, wenn die physische Kraft schon vor Beginn der Diensthandlung zur Vorbereitung des Widerstandes entfaltet wird (BGH aaO; zw). – **Drohung** 12, 15 zu § 240; es genügt nur Drohung mit Gewalt. – Eine **teleologische Reduktion** bei nichtkommunikativem Verhalten des Vollstreckungsbeamten (so Backes/Ransiek JuS 89, 624, 626) ist aus dem Schutzzweck des Tatbestandes nicht hinreichend begründbar.

6 **b) Tätlicher Angriff** ist die in feindseliger Willensrichtung unmittelbar auf den Körper eines anderen zielende Einwirkung ohne Rücksicht auf ihren Erfolg (RGSt 59, 264; s auch BSG NJW 03, 164). Er muss während der Diensthandlung begangen werden, braucht sich aber nicht gegen diese zu richten (hM; vgl etwa Zopfs GR 00, 527, 541; Küper BT S 22, anders Paeffgen NK 31).

7 **5. Abs 3 S 1** schließt die Strafbarkeit der Tat nach § 113 für den Fall aus, dass die Diensthandlung **nicht rechtmäßig** ist. Die auf das 3. StrRG (6 vor § 1) zurückgehende Neufassung des § 113 beruht auf der ausdrücklich erklärten Vorstellung der Gesetzgebungsorgane, dass die Beurteilung der Rechtmäßigkeit dem sog **strafrechtlichen Rechtmäßigkeitsbegriff** (vgl 10–14; Heinrich, Der Amtsträgerbegriff im Strafrecht, 2001, S 202; Küper BT S 401) zu folgen, dh die dazu im früheren Recht von Rspr und Lehre entwickelten besonderen Grundsätze zu beachten habe (BT-Dr VI/502 S 4). Mit dieser Konzeption sollte der für den Tatbestand typische Widerstreit zwischen den Interessen des Bürgers und des Vollstreckungsbeamten auf mittlerer Linie ausgeglichen werden. Sie ist mit dem Gesetzeswortlaut vereinbar, weil sie in Anknüpfung an die historische Entwicklung zwischen den extremen Deutungsmöglichkeiten – Rechtmäßigkeit einerseits erst bei voller Übereinstimmung mit dem materiellen Verwaltungsrecht und andererseits schon bei verbindlicher verwaltungsrechtlicher Wirkung – einen vermittelnden Standpunkt einnimmt (näher Vitt ZStW 106, 581 mwN; beachte auch Rühl JuS 99, 521, 528; krit zu ihrer Kompliziertheit Bergmann, Die Milderung der Strafe nach § 49 Abs. 2 StGB, 1988, S 112). Auch nur auf dieser Grundlage ist die für den Irrtum geltende Sonderregelung (Abs 4) sinnvoll anwendbar (vgl 16–22). Die im Schrifttum unternommenen Versuche, grundsätzlich anders abzugrenzen, laufen daher auf eine Korrektur der gesetzgeberischen Entscheidung hinaus (zu solchen Modellen vgl etwa Meyer NJW 72, 1845 und 73, 1074 sowie Wagner,

Amtsverbrechen, 1975, S 324 und JuS 75, 224, die auf die verwaltungsrechtliche Wirksamkeit abstellen; ebenso für die Zwangsvollstreckung nach der ZPO Lüke, Kaufmann [Arth]-FS, S 565, 567, nach dem es auf die prozessuale Wirksamkeit ankommt; ferner Schünemann GA 85, 341, 366 und Coimbra-Sym, S 149, 169; Thiele JR 75, 353 und 79, 397, Ostendorf JZ 81, 165, Amelung JuS 86, 329, 334, Roxin, Pfeiffer-FS, S 45, Bottke JR 89, 25, Backes/Ransiek JuS 89, 624, 626; Horn SK 10; Paeffgen NK 41 und Spendel LK 64–68 zu § 32, die mit gewissen Unterschieden die materiellen öffentlich-rechtlichen Vollstreckungsvoraussetzungen und die bei sog Anscheinsgefahr bestehenden verwaltungsprozessualen Möglichkeiten zugrundelegen; schließlich auch Reinhart StV 95, 101 und NJW 97, 911, der die Strafbarkeit von der [uU nachträglichen] Feststellung der materiellen und formellen Eingriffsvoraussetzungen abhängig macht; das BVerfG (E 87, 399, 408; 92, 191, 199) hat die materielle Rechtmäßigkeit bisher nur bei der Sanktionierung von Ordnungswidrigkeiten verlangt (Küper BT S 404), doch bedeutet dies keinen „Abschied vom strafrechtlichen Rechtmäßigkeitsbegriff" (so Reinhart aaO), da es bei § 113 nicht um den Schutz der materiellen Rechtsgüter wie bei belastenden Verwaltungsakten zB im Umweltstrafrecht (9 zu § 325) geht, sondern um die flankierende Absicherung von Vollstreckungshandlungen in „brenzliger" Situation (vgl Rühl aaO 529). **Im Einzelnen** setzt die Rechtmäßigkeit der Diensthandlung voraus:

a) Sachliche (Schleswig MDR 83, 249; Düsseldorf NJW 91, 580) **und örtliche Zuständigkeit** (BGHSt 4, 110 und 161, 164; Hamm NJW 73, 2117); allerdings kann ein Polizeibeamter auch außerhalb seines Bezirks zur Verhinderung von Straftaten zuständig sein (BGHSt 4, 110; s auch Koblenz MDR 87, 957). **8**

b) Die Einhaltung **wesentlicher Förmlichkeiten** (AG Schwandorf NStZ 87, 280; krit zur Uneinheitlichkeit der Rspr Reinhart StV 95, 101; zust Reil JA 98, 143), zB die Beachtung von § 759 (BGHSt 5, 93; Hamm NStZ 96, 281) und § 761 I ZPO (KG GA 75, 213), von § 105 II (Bay JZ 80, 109 mit Bespr Küper JZ 80, 633 und Thiele JR 81, 30; Zweibrücken NStZ 02, 256; Meyer-Goßner 11 zu § 105 StPO; aM Stuttgart NJW 71, 629 mit krit Bespr Küper NJW 71, 1681), von § 81a (Dresden NJW 01, 3643 mit Bespr Geppert JK 3 zu § 81 a) und § 163 b I iVm § 163 a IV S 1 StPO (Köln StV 82, 359; Düsseldorf NJW 91, 580; KG NJW 02, 3789; s auch KG StV 01, 260 mit Bespr Geppert JK 5) sowie von § 56 II OWiG (Düsseldorf NJW 84, 1571). **9**

c) Ein im Sinne des **strafrechtlichen Rechtmäßigkeitsbegriffs** von Inhalt und Rechtsgrundlage der Diensthandlung abhängiges Mindestmaß an sachlicher Richtigkeit (beachte auch 7). Danach gilt Folgendes: **10**

aa) Vollzieht der Vollstreckungsbeamte unmittelbar ein **materielles Gesetz** (auch eine RechtsVO), so hängt die Rechtmäßigkeit davon ab, ob das Gesetz die konkrete Diensthandlung zulässt (Bay NJW 89, 1815 mit Anm Bottke JR 89, 475; Karlsruhe NStZ-RR 97, 37; nur im Ergebnis probl AG Tiergarten StV 88, 438 mit abl Bespr Geppert Jura 89, 274). Für Maßnahmen der Strafverfolgung kommt als solches Gesetz nur die StPO in Frage (NJW 62, 1020; s auch Köln NJW 82, 296); so ist zB zur Durchsetzung der Blutentnahme zwecks Feststellung des Alkoholgehalts uU zwangsweises Verbringen zum Arzt zulässig (Bay NJW 64, 459; Köln VRS 71, 183; aM Naucke SchlHA 63, 183; Geerds GA 65, 321, 331, alle mwN); dagegen ist nicht erzwingbar, dass jemand zur Prüfung der Atemluft in ein Teströhrchen bläst (VRS 39, 184; Bay NJW 63, 772); ohne Hinzuziehung eines Arztes erzwingbar ist das Verhindern des Verschluckens von im Mund befindlichen Betäubungsmitteln (Celle NJW 97, 2463); zur zwangsweisen Entnahme einer Speichelprobe nach § 81g StPO durch (möglicherweise nicht zuständige) Vollzugsbedienstete s Köln StraFo 01, 104. – Soweit bei der Vollziehung von Gesetzen ein unbestimmter Rechtsbegriff zu beurteilen oder dem Amtsträger ein

§ 113 BT. 6. Abschnitt. Widerstand gegen die Staatsgewalt

Ermessen eingeräumt ist, genügt das verantwortungsbewusste Bemühen um Wahrung des Beurteilungs- oder Ermessensspielraums. In solchen Fällen sind fehlerhafte, dh verwaltungsrechtlich nicht gedeckte, Diensthandlungen nur dann im Sinne des § 113 rechtswidrig, wenn sie auf Sorgfaltsmängel bei der Abwägung, auf Willkür oder auf Amtsmissbrauch zurückzuführen sind (BGHSt 4, 161, 164; 21, 334, 363; Bremen NJW 77, 158 mit krit Anm Thomas NJW 77, 1072; Hirsch ZStW 82, 411, 417; Paeffgen JZ 79, 516, 520; Puppe AT 1 24/6; krit Rehbinder GA 63, 33, 39; Ostendorf JZ 81, 165, 168; str). Das gilt zB bei Beurteilung des Fluchtverdachts nach § 127 II StPO (VRS 38, 115) oder der Voraussetzungen polizeilichen Einschreitens zur Gefahrenabwehr (Celle NJW 79, 57; Köln StV 82, 359; Bay JR 89, 24 mit Anm Bottke; einschr Triffterer, FS für W Mallmann, 1978, S 373; str). Entspricht umgekehrt eine Diensthandlung inhaltlich den Bedingungen ihrer Zulässigkeit, so kann das Fehlen einer sorgfältigen Abwägung allein ihre Rechtswidrigkeit nicht begründen (Küper JZ 80, 633, 636 mwN; str).

11 bb) Vollzieht der Vollstreckungsbeamte den **Staatsakt** (Urteil, Beschluss oder Verfügung) eines Gerichts oder den Verwaltungsakt (Verfügung) einer Verwaltungsbehörde, so ist nur dessen rechtliche Wirksamkeit, nicht zugleich dessen materielle Richtigkeit zu fordern (MDR 64, 71; Günther NJW 73, 309; Ostendorf JZ 81, 165, 172). Die Diensthandlung ist daher idR nur dann rechtswidrig, wenn sie selbst (unabhängig von dem Staatsakt) dem Gesetz widerspricht (Hamburg NJW 84, 2898) oder wenn der Staatsakt nichtig (also nicht nur vernichtbar) oder nicht (auch noch nicht) vollstreckbar ist (NStZ 81, 22; Rehbinder GA 63, 33, 37; zu Unrecht weiter Spendel LK 104–111 zu § 32). Hinsichtlich der Vollstreckung nicht rechtsförmlicher Verwaltungsakte ist allerdings noch manches umstritten (vgl Ostendorf aaO S 171; eingehend Thiele JR 75, 353).

12 cc) Ein **Irrtum des Vollstreckungsbeamten über tatsächliche Voraussetzungen** der Diensthandlung, der trotz pflichtmäßiger Prüfung der Sachlage entsteht (zB wenn der Gerichtsvollzieher in die falsche Wohnung gerät, RGSt 61, 297), schließt die Rechtmäßigkeit nicht aus, sondern begründet nur die verwaltungsrechtliche Anfechtbarkeit (Bay 54, 59 und NJW 65, 1088; aM Ostendorf JZ 81, 165, 173); das gilt aber nicht, wenn dem Beamten Fahrlässigkeit (BGHSt 21, 334, 363; 24, 125, 130; Herzberg, Stree/Wessels-FS, S 203, 206; Vitt ZStW 106, 581, 591; W-Hettinger BT 1 Rdn 639; s auch Triffterer aaO [vgl 10]), nicht erst wenn ihm grobe Fahrlässigkeit zur Last fällt (so aber Celle NJW 71, 154; Bay JR 89, 24; Neuheuser, Die Duldungspflicht gegenüber rechswidrigem hoheitlichen Handeln im Strafrecht, 1996, S 196; v Bubnoff LK 33; Paeffgen NK 59).

13 dd) Ein **Irrtum über die Grenzen der Amtsbefugnis,** der nicht lediglich den unter 10 behandelten Beurteilungs- oder Ermessensspielraum, sondern Existenz oder Reichweite eines Erlaubnissatzes betrifft, kann dagegen die Rechtmäßigkeit der Diensthandlung nicht begründen (hM; expl BGHSt 24, 125, 127; Koblenz MDR 87, 957; Zweibrücken NStZ 02, 256, 258; Paeffgen JZ 79, 516, 520; Triffterer aaO [vgl 10] S 398; Horn SK 11 a; anders Stratenwerth, Verantwortung und Gehorsam, 1958, S 190; v Bubnoff LK 34).

14 ee) Handelt der Vollstreckungsbeamte auf **Anordnung (auch auf Befehl) eines Vorgesetzten**, so ist die Diensthandlung rechtmäßig, wenn die Anordnung entweder ein nach außen wirksam gewordener Staatsakt (Urteil, Beschluss oder Verfügung) ist (vgl 11) oder wenn sie im Sinne der Ausführungen unter 10, 12 rechtmäßig ist; im letzten Falle gilt das jedoch nicht, wenn der Vollstreckungsbeamte erkennt, dass die Anordnung auf einem Irrtum über tatsächliche Voraussetzungen der Diensthandlung (vgl 12) beruht (Bay DAR 65, 275; Sch/Sch-Eser 31). Die Rspr nimmt darüber hinaus an, dass auch die Ausführung einer rechtswidrigen Anordnung rechtmäßig sein kann, wenn der Untergebene zur Prüfung der Rechtmäßigkeit weder berechtigt noch verpflichtet war (BGHSt 4, 161; Karlsruhe NJW 74, 2142; KG NJW 75, 887; Köln MDR 76, 67; krit Wagner JuS 75, 224;

Rostek NJW 75, 862; Thiele JR 75, 353, 357; Ostendorf JZ 81, 165, 173; Sch/Sch-Eser 31; zw). Im Einzelnen ist die Rechtslage – namentlich im Hinblick auf Anordnungen und Befehle, die nach Beamtenrecht (§ 56 II BBG) oder Wehrrecht (§ 11 SoldG; § 5 I WStG) verbindlich sind – umstritten (vgl etwa Stratenwerth aaO [vgl 13] S 165; Schwenck, Dreher-FS, S 495; Amelung JuS 86, 329, 337; Schumann, Strafrechtliches Handlungsunrecht und das Prinzip der Selbstverantwortung der Anderen, 1986, S 36; Schölz/Lingens 28–32 zu § 2 WStG; Spendel LK 90–103 zu § 32).

6. Abs 3 S 2 bestätigt den anerkannten Grundsatz, dass die irrige Annahme des Täters, die Diensthandlung sei rechtmäßig, keine Strafbarkeit begründet. Aus dieser gesetzgeberischen Ausgangslage folgt, dass **Notwehr** gegen Diensthandlungen nicht ausgeschlossen (BGHSt 4, 161, 164; Zweibrücken NStZ 02, 256, 258; Stöckel JR 67, 281; Kühl AT 7/70–73; Hohmann/Sander BT II 26/36; beachte auch 17 zu § 32; krit Schulz aaO [vgl 1] S 77), wohl aber auf rechtswidrige Handlungen im Sinne des § 113 beschränkt ist (LG Bonn NStZ 84, 169); denn die Bewertung einer rechtmäßigen Diensthandlung als „rechtswidriger" Angriff nach § 32 wäre widersprüchlich. Notwehr darf auch gegen widerrechtliche Begleithandlungen einer sonst rechtmäßigen Diensthandlung (der Täter wird zB bei der Festnahme grundlos geschlagen) geübt werden (Oldenburg NJW 52, 1189; Stöckel aaO S 284).

7. Abs 4 enthält eine komplexe Sonderregelung, die vornehmlich den **Irrtum über die Rechtmäßigkeit** der Diensthandlung betrifft, darüber hinaus aber auch die Voraussetzungen angibt, unter denen es zumutbar ist, vermeintlich widerrechtliche Handlungen von Staatsorganen hinzunehmen.

a) Die Vorschrift verfolgt den **pragmatischen Zweck,** den Interessenkonflikt auszugleichen, der bei rechtmäßigen Vollstreckungshandlungen zwischen dem Schutzbedürfnis des Vollstreckungsbeamten und dem vermeintlichen Verteidigungsinteresse des irrenden Bürgers besteht.

aa) Ihre **dogmatische Einordnung** in den Verbrechensaufbau ist umstritten (Schünemann, Coimbra-Sym, S 149, 170 hält sie unter keinem rechtlichen Gesichtspunkt für möglich, Abs 4 daher für verfassungswidrig; zust Paeffgen NK 63–70): In einem Teil der Lehre wird die Rechtmäßigkeit der Diensthandlung als Tatbestandselement verstanden (sog Tatbestandslösung) und die Irrtumsregelung alsdann in unterschiedlicher Weise als problematisch behandelt (vgl etwa Naucke, Dreher-FS, S 459, 471; Sch/Sch-Eser 19, 20). Andere ordnen die Frage der Rechtswidrigkeitsstufe zu (sog Rechtfertigungslösung) und charakterisieren die Irrtumsregelung als Sonderform des Erlaubnistatbestands- und des Erlaubnisirrtums (Dreher, Schröder-GS, S 359 und JR 84, 401; Krümpelmann ZStW Beiheft 78, 6, 54; Paeffgen JZ 79, 516, 521; s auch Niemeyer JZ 76, 314, 315; v Bubnoff LK 23; für den vergleichbaren § 22 III WStG ferner Schölz, Dreher-FS, S 479, 481). Teilweise wird im Sinne einer modifizierten Rechtfertigungslösung der Widerstand gegen jegliche Diensthandlung für rechtswidrig gehalten, sofern er die Voraussetzungen des § 32 nicht erfüllt (so Hirsch, Klug-FS, S 235, 243) oder statt der zumutbaren Wahrnehmung eines Rechtsbehelfs begangen wird (so Thiele JR 79, 397; Bergmann aaO [vgl 7] S 118; Horn SK 22); den überschießenden Inhalt des Abs 3 deuten dann Hirsch als einen der Notwehrüberschreitung (§ 33) entsprechenden Entschuldigungsgrund, Thiele, Bergmann und Horn dagegen als objektiven Strafausschließungsgrund. Daneben wird schließlich auch an der traditionellen Einordnung der Rechtmäßigkeit als einer – allerdings „modifizierten" – objektiven Bedingung der Strafbarkeit festgehalten (KG NJW 72, 781; Hohmann/Sander BT II 26/21; W-Hettinger BT 1 Rdn 633).

bb) Von den verschiedenen systematischen Erklärungen ist **keine ohne innere Spannung** mit den allgemeinen Regeln vereinbar. Am ehesten trifft das noch für

§ 113

die inhaltlich nicht ganz übereinstimmenden Rechtfertigungslösungen zu. Vor allem die Konzeptionen, die in den Unrechtstatbestand auch den Widerstand gegen rechtswidrige Diensthandlungen einbeziehen, wenn er ungeachtet zumutbarer Wahrnehmung eines Rechtsbehelfs begangen wird, sind mit dem Schuldprinzip vereinbar (Bergmann aaO [vgl 7] S 118), bieten aber noch keine überzeugende Abgrenzung zu § 32 an. Der Kern der Schwierigkeiten liegt in der singulären, kriminalpolitisch aber berechtigten Intention des Gesetzgebers, das Opferinteresse kompromißhaft in die Bewertung einzubeziehen und dem Täter gewisse Risiken aufzubürden, von denen er sonst freigestellt ist. Erkennt man – was bei der für § 113 typischen Interessenspannung bejaht werden muss (hM; anders Schünemann JA 72, 703, 707) – die Befugnis des Gesetzgebers zu einer dieser Lage angepassten Ausnahmeregelung an, so wird damit zugleich deren mindestens partielle Unvereinbarkeit mit den allgemeinen Prinzipien vorausgesetzt. Da die Rechtfertigungslösungen die Friktion auf den kleinsten Nenner bringen und überdies den Vorstellungen des historischen Gesetzgebers am nächsten kommen, verdienen sie den Vorzug.

19   **b)** Abs 4 **geht** den allgemeinen für den Tatbestands- und den Verbotsirrtum geltenden Regeln **vor** (beachte auch 26).

20   aa) **Irrige Annahme,** die Diensthandlung sei nicht rechtmäßig, ist positiv falsche Vorstellung, nicht bloßes Fehlen einer Vorstellung (Köln VRS 71, 183; Dreher NJW 70, 1153, 1158; Paeffgen NK 78). Ob sie auf der Unkenntnis tatsächlicher Umstände oder auf falscher rechtlicher Wertung beruht, ist hier – anders als beim Irrtum über einen Rechtfertigungsgrund (Horstkotte Prot 6, 310; Schölz, Dreher-FS, S 479, 488; s auch 9, 10 zu § 17) – unerheblich.

21   bb) Konnte der Täter **den Irrtum vermeiden,** so werden weder seine Schuld noch seine Strafbarkeit nach Abs 1, 2 ausgeschlossen. Die Vermeidbarkeit des Irrtums bestimmt sich nach denselben Maßstäben wie die des Verbotsirrtums (7 zu § 17; diff Bergmann aaO [vgl 7] S 130). Zur Strafmilderung und zum Absehen von Strafe 5–7 zu § 49 (zur Ausübung des Ermessens Bergmann aaO S 133).

22   cc) Konnte der Täter **den Irrtum nicht vermeiden,** so werden seine Schuld und die Strafbarkeit nach Abs 1, 2 nur unter den Voraussetzungen der sog **Rechtsbehelfsklausel** ausgeschlossen. Die Vorwerfbarkeit folgt hier aus der gewaltsamen Gegenwehr trotz ausreichender Möglichkeiten zur Wahrung des Rechts durch Beschreiten des Rechtsweges. – Eine Vollstreckungshandlung zunächst widerstandslos hinzunehmen und sich mit Rechtsbehelfen gegen sie zu wehren, ist dem Täter dann nicht zuzumuten, wenn eine konkrete Interessenabwägung ergibt, dass nicht nur der Irrtum unvermeidbar, sondern auch das Wagnis des Widerstandes nicht vorwerfbar war. Das kann etwa zutreffen, wenn bei Verzicht auf Widerstand ein nicht wiedergutzumachender Schaden oder ein Zuspätkommen rechtlicher Hilfe zu befürchten ist (BGHSt 21, 334, 366). Der Beurteilung der Zumutbarkeit sind nur die dem Täter bekannten (einschl der für möglich gehaltenen; zw) Umstände zu Grunde zu legen; ein Bewertungsirrtum über die Zumutbarkeit (der Täter hält trotz Kenntnis der Sachlage die Beschränkung auf den Rechtsweg irrig für unzumutbar) ist unerheblich (v Bubnoff LK 47; aM Hirsch, Klug-FS, S 235, 252; Paeffgen NK 79, alle mwN). – Sind diese Voraussetzungen nicht erfüllt, so bleibt die Strafbarkeit nach Abs 1, 2 unberührt. Zur Strafmilderung und zum Absehen von Strafe in diesen Fällen vgl 21.

23   8. Der **Vorsatz** (bedingter genügt) braucht mit Rücksicht auf die spezielle Irrtumsregelung des Abs 4 nur die Tatumstände des Abs 1 zu umfassen.

24   9. Zu **Abs 2** (besonders schwere Fälle) 7–21 zu § 46.

a) Nr 1: Waffe ist nicht im technischen Sinne zu verstehen (BT-Dr VI/502 S 5). Es genügt jedes gefährliche (dh nach Beschaffenheit und konkreter Art der

Verwendung zur erheblichen Verletzung von Menschen geeignete) Werkzeug (Celle NStZ-RR 97, 265; Kindhäuser 33; 2–5 zu § 224), uU auch das als Nötigungsmittel dienende Kraftfahrzeug (BGHSt 26, 176) oder der als Wurfgeschoss mitgeführte Stein (Bay JR 87, 466 mit Anm Dölling; LG Berlin NStZ 92, 37); nicht jedoch, wie sich aus dem Erfordernis der Verwendungsabsicht ergibt, die bloße Scheinwaffe, dh der ungefährliche, nur zum Einsatz als Drohmittel bestimmte Gegenstand (Tenckhoff/Arloth JuS 85, 129, 131; Paeffgen NK 82). – Die Waffe muss von einem **am Tatort anwesenden Beteiligten** (uU auch Gehilfen) zu irgendeinem Zeitpunkt vom Beginn des Versuchs bis zur Vollendung (ebenso W-Hettinger BT 1 Rdn 645; nach der Rspr bis zur Beendigung, 2 zu § 244) mitgeführt werden. Dabei muss der Täter entweder selbst die **Absicht** (iS zielgerichteten Wollens, 20 zu § 15) haben, sie im Bedarfsfalle (dazu Horstkotte Prot 6, 324) als unmittelbar oder mittelbar gegen Menschen (nicht nur gegen Sachen) gerichtetes Werkzeug (Bay aaO mwN; str) zu verwenden, oder um diese Absicht eines anderen Beteiligten – auch in der Form nur bedingten Vorsatzes – wissen (weiter Horn SK 27). Auch wenn er sich erst im Augenblick der Widerstandsleistung dazu entschließt, einen geeigneten – uU erst jetzt vorgefundenen und ergriffenen (Dölling JR 87, 467) – Gegenstand als Waffe einzusetzen, genügt das (BGHSt 26, 176, 179; Düsseldorf NJW 82, 1111 mwN).

b) Nr 2: Gewalttätigkeit 4 zu § 125. Durch sie muss der Täter vorsätzlich **25** (BGHSt 26, 176, 244; Küper NJW 76, 543; Meyer-Gerhards JuS 76, 228, 231; Backmann MDR 76, 969, alle mwN) eine konkrete Gefahr (21, 22 zu § 315c) des Todes oder einer schweren Gesundheitsschädigung (3 zu § 250) verursacht haben (zum Gefährdungsvorsatz 28 zu § 15); die schwere Gesundheitsschädigung muss nicht in einer schweren Folge iS des § 226 bestehen; es reicht zB aus, wenn das Opfer in eine ernste langwierige Krankheit verfällt oder seine Arbeitskraft erheblich beeinträchtigt wird (BT-Dr 13/8587 S 28; s auch 20 zu § 218; 2 zu § 330).

10. Tateinheit ua möglich mit § 123 (Bay JR 57, 148), § 142 (VRS 13, 135), **26** §§ 211 ff, 223 (Zopfs GA 00, 527, 540; Deiters GA 02, 259, 273; jedoch wird der § 223 – Versuch als notwendiges Mittel des tätlichen Angriff verdrängt; aM Horn/Wolters 28 b zu § 223: Tateinheit aus Klarstellungsgründen), 239, 303. – Gegenüber § 240 besteht Spezialität (BGHSt 48, 233, 238; Zopfs aaO 539; aM Schmid JZ 80, 56, 58; anders auch Deiters aaO S 269, 275: Exklusivität), was beim Versuch Straflosigkeit zur Folge hat (Herzberg JuS 73, 234, 238; Zopfs aaO; Paeffgen NK 91 mwN); jedoch ist auch Tateinheit möglich, wenn das Verhalten des Täters über § 113 hinausgreift, zB wenn die Anwendung des Nötigungsmittels sowohl dem Widerstand gegen eine gegenwärtige als auch der Verhinderung oder Erzwingung einer künftigen Diensthandlung dient (Bay aaO) oder wenn der Täter nicht nur mit Gewalt, sondern auch mit einem anderen Übel droht; insoweit sind die für das Verhältnis zu § 114 aF entwickelten Grundsätze weiter anwendbar (zB Celle NJW 57, 1847; Köln NJW 65, 1192). Wenn schließlich beim Widerstand das eingesetzte Nötigungsmittel nicht das für § 113, wohl aber das für eine Nötigung erforderliche Maß erreicht (keine Drohung mit Gewalt, sondern nur mit einem empfindlichen Übel), ist § 240 anwendbar; jedoch ist zur Vermeidung ungerechtfertigter Schlechterstellung § 113 III, IV zu Gunsten des Täters entsprechend anzuwenden und die Strafrahmen des § 240 auf den des § 113 zu reduzieren (Hirsch, Klug-FS, S 235, 242; ähnlich Dreher NJW 70, 1153, 1158; v Bubnoff LK 65; anders Backes/Ransiek JuS 89, 624, 629; Deiters GA 02, 259, 261; Küpper, Meurer-GS, S 123, 125; W-Hettinger BT 1 Rdn 629; Horn SK 23; Joecks 40; Paeffgen NK 90 und Sch/Sch-Eser 43, 68, die Straflosigkeit annehmen; zw). – Über das Verhältnis zu § 241 dort 4.

§ 114 Widerstand gegen Personen, die Vollstreckungsbeamten gleichstehen

(1) Der Diensthandlung eines Amtsträgers im Sinne des § 113 stehen Vollstreckungshandlungen von Personen gleich, die die Rechte und Pflichten eines Polizeibeamten haben oder Hilfsbeamte der Staatsanwaltschaft sind, ohne Amtsträger zu sein.

(2) § 113 gilt entsprechend zum Schutz von Personen, die zur Unterstützung bei der Diensthandlung zugezogen sind.

1. Die Vorschrift erstreckt den Schutzbereich des § 113 auf weitere, den Vollstreckungsbeamten gleichgestellte Personengruppen.

2. **Abs 1:** Für die Amtsträgereigenschaft der hier genannten Personen fehlt es nur an dem öffentlich-rechtlichen Bestellungsakt (6 zu § 11). In Frage kommen vor allem die bestätigten Jagdaufseher, die Berufsjäger oder forstlich ausgebildet sind (§ 25 II S 1 BJagdG), nicht Jagdausübungsberechtigte (hM; anders Paeffgen NK 5 mwN).

3. **Abs 2:** Die Hilfspersonen, die nicht selbst Amtsträger zu sein brauchen (RGSt 25, 253), müssen von einem Vollstreckungsbeamten iwS (2 zu § 113) oder einem Nichtamtsträger mit Hoheitsbefugnissen (Abs 1) bei einer Diensthandlung zugezogen, also nicht nur freiwillig eingesprungen sein.

§§ 115–119 *(weggefallen)*

§ 120 Gefangenenbefreiung

(1) Wer einen Gefangenen befreit, ihn zum Entweichen verleitet oder dabei fördert, wird mit Freiheitsstrafe bis zu drei Jahren oder mit Geldstrafe bestraft.

(2) Ist der Täter als Amtsträger oder als für den öffentlichen Dienst besonders Verpflichteter gehalten, das Entweichen des Gefangenen zu verhindern, so ist die Strafe Freiheitsstrafe bis zu fünf Jahren oder Geldstrafe.

(3) Der Versuch ist strafbar.

(4) Einem Gefangenen im Sinne der Absätze 1 und 2 steht gleich, wer sonst auf behördliche Anordnung in einer Anstalt verwahrt wird.

1. Die Vorschrift schützt die (inländische, 9 vor § 3) **amtliche Gewalt,** die in der Gefangenhaltung einer Person sichtbar wird (BGHSt 9, 62, 64; KG JR 80, 513; Heinrich, der Amtsträgerbegriff im Strafrecht, 2001, S 274; einschr Ostendorf NK 3: der formell-gesetzlich legitimierte Gewahrsam), nicht die Rechtspflege als solche (v Bubnoff LK 6 mwN; str).

2. **Täter** kann jeder sein, mit Ausnahme des Gefangenen selbst, für den es – vom Fall der Gefangenenmeuterei (§ 121) abgesehen – aus kriminalpolitischen Gründen an einer Strafdrohung gegen Selbstbefreiung fehlt (BGHSt 4, 396, 400; krit Ostendorf NK 1, der die Straffreiheit grundrechtlich begründet).

3. a) **Gefangener** ist, wem in Ausübung von Polizei- oder Strafgewalt auf Grund des Haftrechts des Staates (Bay MDR 84, 511) die Freiheit in gesetzlich zulässiger Form, dh formal ordnungsmäßig, nicht unbedingt materiell zu Recht (hM; vgl KG JR 80, 513; Küper BT S 151, beide mwN), und im öffentlichen Interesse entzogen ist, so dass er sich in der Gewalt einer zuständigen Behörde befindet (RGSt 73, 347; krit v Bubnoff LK 13); zB wer sich in Straf- oder Untersuchungshaft, in Auslieferungshaft (v Bubnoff LK 14a; aM Vogler, Jescheck-FS, S 1379, 1397), in Zwangs- oder Ordnungshaft (etwa nach §§ 380, 390, 888, 890

Gefangenenbefreiung **§ 120**

ZPO, §§ 51, 70 StPO, §§ 177, 178 GVG) oder im Jugendarrest (§§ 16, 90 JGG) befindet, wer von einem Strafverfolgungsorgan nach § 127 StPO vorläufig festgenommen ist (Bay bei Rüth DAR 82, 248) oder wer dem Gericht vorzuführen ist (RGSt 12, 163). – Im **Strafvollzug,** der durch ein Behandlungssystem mit schrittweiser Annäherung an die Verhältnisse in der Freiheit gekennzeichnet ist (vgl etwa §§ 3, 7, 15 StVollzG), besteht die – allerdings zunehmend gelockerte – amtliche Gewalt grundsätzlich bis zur Entlassung fort, erfasst also auch die durch Lockerungsmaßnahmen (§§ 10 I, 11, 13 StVollzG) herbeigeführten freien Vollzugsformen, namentlich den offenen Vollzug, den Ausgang, den Freigang und den Urlaub (Rössner JZ 84, 1065; Grünebaum, Zur Strafbarkeit des Therapeuten im Maßregelvollzug bei fehlgeschlagenen Lockerungen, 1996, S 137, auch für Lockerungen im Maßregelvollzug [vgl 4]; Otto GK 2 92/3; W-Hettinger BT 1 Rdn 659). Diese Auslegung verdient den Vorzug, weil sie einerseits einen Wertungsunterschied zum StVollzG vermeidet, andererseits aber die gebotene Begrenzung des Tatbestandes aus dem Merkmal des Befreiens ableiten kann (dazu 7; ebenso Ostendorf NK 6). Demgegenüber hat die (nicht ganz einheitliche) hM schon den Gefangenenbegriff auf solche Vollzugsformen eingeschränkt, die mit Einschließung (geschlossener Vollzug) oder ständiger unmittelbarer Beaufsichtigung (zB Außenbeschäftigung, Ausführung) verbunden sind (v Bubnoff LK 23–23 c; Horn SK 5; Joecks 8; einschr Kusch NStZ 85, 385, 387, beide mwN) und für Untersuchungsgefangene auch die Krankenhausunterbringung (RGSt 19, 330) und die Beobachtung im psychiatrischen Krankenhaus nach § 81 StPO einbezogen (GA 65, 205; aM Tröndle/Fischer 3). Die Rspr stimmt dem zu, nimmt aber an, dass die Gefangeneneigenschaft nicht schon deshalb entfällt, weil im Rahmen des Vollzugs Möglichkeiten des Verlassens der Anstalt (Ausgang, täglicher Freigang) eingeräumt sind (BGHSt 37, 388 mit abl Anm Zielinski StV 92, 227).

b) Kein Gefangener im Sinne der Abs 1, 2 ist der in einem psychiatrischen 4 Krankenhaus oder einer Entziehungsanstalt nach §§ 63, 64 oder nach Landesrecht Untergebrachte und der Sicherungsverwahrte nach § 66 (beachte § 121 IV). Sie sind jedoch nach **Abs 4** als sonst auf behördliche Anordnung in einer Anstalt **Verwahrte** (11 zu § 44) für den Anwendungsbereich des § 120 den Gefangenen gleichgestellt (beachte aber 2 zu § 121).

c) Weder Gefangene noch Verwahrte sind der nur zwangsweise nach § 81a 5 StPO zur Entnahme einer Blutprobe Verbrachte (Bay MDR 84, 511), der von einer Privatperson nach § 127 I StPO vorläufig Festgenommene (RGSt 67, 293), der Schularrestant (RGSt 39, 7) und der von einem Vormund oder Betreuer Untergebrachte (BGHSt 9, 262; v Bubnoff LK 18 mwN).

4. a) Befreien bedeutet, die amtliche Gewalt über den Gefangenen trotz beste- 6 henden, mindestens formal wirksamen Haftrechts aufheben. Für eine Einschränkung des Begriffs auf den Haftbruch gegen oder ohne Willen des Gewahrsamshalters (so die hM zum früheren Recht; vgl etwa RGSt 34, 8) ist nach Wegfall der §§ 121, 347 aF kein Raum mehr (Siegert JZ 73, 308; Rössner JZ 84, 1065, 1069; Küper BT S 51; v Bubnoff LK 26 mwN); Maßnahmen der Vollzugsbehörde sind daher nicht schon aus diesem Grunde kein Befreien (aM Zielinski StV 92, 227). Erst wenn das Haftrecht selbst, etwa durch rechtswidrige Aufhebung des Haftbefehls, in Wegfall gebracht wird, ist der Schutzbereich überschritten (Krey Jura 79, 316, 322; Kusch NStZ 85, 385, 387, beide mwN). – Die Tat ist erst vollendet, wenn der Gefangene die Freiheit wiedererlangt (NStZ-RR 00, 139).

b) Nach dem **Schutzzweck der Vorschrift** genügt nicht lediglich die Aufhe- 6 a bung der amtlichen Gewalt als solcher; hinzukommen muss die Überwindung von Sicherungsmaßnahmen, die in Einschließung oder in Vorkehrungen zu ständiger unmittelbarer Beaufsichtigung bestehen können (anders die hM; vgl 3; wie hier

§ 120 BT. 6. Abschnitt. Widerstand gegen die Staatsgewalt

Ostendorf NK 11); unter diesem Gesichtspunkt bildet der in BGHSt 37, 388 entschiedene Sachverhalt einen Grenzfall, weil der Gefangene Freigänger war und jedenfalls am Tage keinen Aufsichtsmaßnahmen unterlag.

7 **c)** Für den **Straf- und Maßregelvollzug** folgt daraus, dass Lockerungsmaßnahmen der Vollzugsbehörde schon deshalb kein Befreien bedeuten, weil sie die amtliche Gewalt nicht aufheben (Rössner JZ 84, 1065; Grünebaum aaO [vgl 3] S 135; Kaiser/Schöch Strafvollzug 7/61; str). Zur Befreiung kann es hier erst kommen, wenn der Gefangene die gewährte Lockerung missbraucht und sich der amtlichen Gewalt entzieht (dazu 9). – Andererseits ist der Gefangene, der – etwa im offenen Vollzug, beim Freigang oder im Urlaub – keinen Sicherungs- oder Aufsichtsmaßnahmen, sondern nur der Rückkehrpflicht oder Weisungen nach § 14 StVollzG unterliegt, kein taugliches Objekt der Befreiung (nur im Ergebnis ebenso die hM); seine Einbeziehung wäre weder historisch noch sachlich zu rechtfertigen (aM Rössner aaO; offen gelassen in BGHSt 37, 388).

8 **5. a)** Die **beiden anderen Begehungsformen** umschreiben die zu selbstständigen Tatbeständen erhobene **Teilnahme** (Anstiftung und Beihilfe) an der als solcher nicht mit Strafe bedrohten Selbstbefreiung (Siegert JZ 73, 308, 309; für den Verteidiger Lüderssen 138 vor § 137 StPO). Das Gesetz stellt sie, nicht zuletzt wegen der fließenden Übergänge zwischen den verschiedenen Beteiligungsformen, in der Unrechtsbewertung dem Befreien gleich; das mag für die Strafbarkeit der erfolglosen Anstiftung, für den Ausschluss der Strafmilderung bei der Beihilfe und für den Beginn des Versuchsstadiums zu gewissen Spannungen führen (Siegert aaO S 309), ist aber als gesetzgeberische Entscheidung hinzunehmen (Kindhäuser 14; aM Tenckhoff/Arloth JuS 85, 129, 134; v Bubnoff LK 31; zw).

9 **b)** Die Anordnung von **Vollzugslockerungen** (vgl 7) kann objektiv eine Förderung der Selbstbefreiung bedeuten, weil die Ausführung der Maßnahme uU das Entweichen erleichtert; sie ist aber nur tatbestandsmäßig, wenn der mindestens bedingte Vorsatz auch das Entweichen umfasst (Grünebaum aaO [vgl 3] S 140; einschr Rössner JZ 84, 1065, 1070). Rechtmäßig ist sie nicht schon deshalb, weil sie als Verwaltungsakt nach außen wirksam ist (so aber Horn SK 8); sie ist jedoch gerechtfertigt, wenn sie sich im Rahmen der für sie geltenden vollzugsrechtlichen Vorschriften (§§ 11, 13 StVollzG) hält, namentlich den verwaltungsrechtlich anerkannten Beurteilungs- und Ermessensspielraum nicht überschreitet (Rössner aaO S 1068; Kaiser/Schöch Strafvollzug 7/61; beachte auch Schaffstein, Lackner-FS, S 795; grundsätzlich abw Kusch NStZ 85, 385, 387; str); eine Inhaltskontrolle der Lockerungsmaßnahmen steht dem Strafrichter nicht zu (Rössner aaO).

10 **6.** Befreien und Fördern des Entweichens können auch durch **unechtes Unterlassen in Garantenstellung** (6 zu § 13) begangen werden (Sturm JZ 75, 6, 8), zB dadurch, dass ein Beamter oder sonst mit der Beaufsichtigung Beauftragter einen Gefangenen entweichen lässt.

11 **7.** Nach unzutreffender Ansicht der Rspr zum früheren Recht soll strafbare **Teilnahme** auch des Gefangenen selbst an seiner eigenen Befreiung (Abs 1) möglich sein (BGHSt 4, 396, 400). Damit wird der mit der Straflosigkeit der Selbstbefreiung verfolgte Zweck weitgehend vereitelt (hM; vgl v Bubnoff LK 35 mwN; s auch Schmidhäuser, Form und Gehalt der Strafgesetze, 1988, S 18; Schneider, Grund und Grenzen des strafrechtlichen Selbstbegünstigungsprinzips auf der Basis eines generalpräventivfunktionalen Schuldmodells, 1991, S 187; zusf Herrlein/Werner JA 94, 561); deshalb erkannte auch die Rspr zu § 120 aF an, dass die Vorschrift in allen Beteiligungsformen unanwendbar war, wenn gemeinschaftlich fliehende Gefangene sich gegenseitig nur die für die eigene Selbstbefreiung für erforderlich gehaltene Hilfe leisteten (BGHSt 17, 369; Joecks 22; ohne diese Einschränkung Arzt/Weber BT 45/65; beachte auch 16 zu § 258).

Gefangenenmeuterei § 121

8. Abs 2 sieht eine **Strafschärfung** für Amtsträger und für den öffentlichen Dienst besonders Verpflichtete (3–11, 13–17 zu § 11) vor (beachte auch § 48 I, II WStG). Begeht der Täter ungeachtet seiner Pflichtenstellung die Tat durch positives Tun, so ist bei der Strafzumessung vom Rahmen des Abs 2 auszugehen. Begeht er die Tat durch Unterlassen, so ist ebenfalls nicht auf Abs 1 zurückzugreifen, sondern nur § 13 II (fakultative Milderung nach Abs 2) anwendbar (hM; anders Siegert JZ 73, 308, 310). 12

9. Tateinheit ua möglich mit §§ 212, 223, 303, aber auch mit §§ 113, 258, 258 a. § 258 VI gilt für Gefangenenbefreiung nicht (RGSt 57, 301). 13

§ 121 Gefangenenmeuterei

(1) **Gefangene, die sich zusammenrotten und mit vereinten Kräften**

1. **einen Anstaltsbeamten, einen anderen Amtsträger oder einen mit ihrer Beaufsichtigung, Betreuung oder Untersuchung Beauftragten nötigen (§ 240) oder tätlich angreifen,**
2. **gewaltsam ausbrechen oder**
3. **gewaltsam einem von ihnen oder einem anderen Gefangenen zum Ausbruch verhelfen,**

werden mit Freiheitsstrafe von drei Monaten bis zu fünf Jahren bestraft.

(2) **Der Versuch ist strafbar.**

(3) **In besonders schweren Fällen wird die Meuterei mit Freiheitsstrafe von sechs Monaten bis zu zehn Jahren bestraft. Ein besonders schwerer Fall liegt in der Regel vor, wenn der Täter oder ein anderer Beteiligter**

1. **eine Schußwaffe bei sich führt,**
2. **eine andere Waffe bei sich führt, um diese bei der Tat zu verwenden, oder**
3. **durch eine Gewalttätigkeit einen anderen in die Gefahr des Todes oder einer schweren Gesundheitsschädigung bringt.**

(4) **Gefangener im Sinne der Absätze 1 bis 3 ist auch, wer in der Sicherungsverwahrung untergebracht ist.**

Fassung: Abs 3 Nr 3 durch das 6. StrRG (13 vor § 1) technisch geändert.

1. Dem Tatbestand der **Gefangenenmeuterei** liegen die **Schutzgüter** der §§ 120 (dort 1) und 113 (dort 1) zugrunde. 1

2. Täter können nur Gefangene sein, zu denen nach Abs 4 auch Sicherungsverwahrte (§ 66), aber nicht die nach §§ 63, 64 Untergebrachten gehören (4 zu § 120). Außenstehende kommen nur als Teilnehmer in Frage; da jedoch die Eigenschaft als Gefangener nur die Positionsnähe zum Rechtsgut charakterisiert, ist § 28 I (dort 6) nicht anwendbar (Blauth, Handeln für einen anderen nach geltendem und kommendem Strafrecht, 1968, S 77, 107; Horn SK 13; Roxin LK 67 zu § 28; Tröndle/Fischer 14; aM Ostendorf NK 6). 2

3. Zusammenrotten ist das räumliche Zusammentreten oder Zusammenhalten von mindestens zwei Gefangenen (BGHSt 20, 305; aM Ostendorf NK 8) zu einem gemeinschaftlichen, im Sinne des Abs 1 gewaltsamen oder bedrohlichen Zweck, wobei der die Rotte beherrschende friedensstörende Wille äußerlich erkennbar in Erscheinung treten muss (NJW 54, 1694); beim Zusammenrotten von nur zwei Gefangenen genügt allerdings nicht, wenn einer lediglich zum Schein mitmacht (Hamm JZ 53, 342; dagegen ist ein Zusammenrotten auch dann gegeben, wenn der andere Gefangene wegen alkoholbedingter Schuldunfähigkeit nur nach § 323 a bestraft werden kann (Karlsruhe NJW 99, 804). 3

§§ 122, 123

4 4. **Mit vereinten Kräften** erfordert keine Mittäterschaft und daher auch kein gemeinschaftliches Handeln der Rotte im ganzen. Es genügt, wenn die Tathandlung der psychischen Grundhaltung der Rotte oder einer Gruppe in der Rotte entspricht und nur von einzelnen, die vom Gemeinschaftswillen getragen sind, verübt wird (RGSt 30, 391; krit Ott NJW 69, 454, 457), nicht jedoch, wenn nur einer handelt, während die nicht anwesenden anderen den Plan nur gebilligt haben (RGSt 54, 313).

5 5. a) In **Abs 1 Nr 1** kommen neben den Anstaltsbeamten als **andere Amtsträger** (3–11 zu § 11) namentlich der Haftrichter und der StA und als **mit der Beaufsichtigung, Betreuung oder Untersuchung Beauftragte** (soweit sie nicht schon Amtsträger sind) Unternehmer, die Gefangene beschäftigen, Ärzte, Krankenwärter usw in Frage. – **Nötigen** (4 zu § 240), das den Fall des Widerstandleistens im Sinne von § 113 I einschließt (BT-Dr 7/550 S 220), setzt die Anwendung der in § 240 vorausgesetzten Mittel der Gewalt oder Drohung mit einem empfindlichen Übel voraus (dort 5–15). **Tätlich angreifen** 6 zu § 113.

6 b) **Abs 1 Nr 2, 3** ist für den **Ausbruch** und das Verhelfen dazu praktisch bedeutsam nur, wenn die Tat nicht durch Nötigung im Sinne der Nr 1 begangen wird (hM; anders v Bubnoff LK 32 mwN). Zu denken ist daher vornehmlich an Gewalt gegen sachliche Verwahrungseinrichtungen, zB Durchschneiden von Drähten oder Erbrechen einer Kammer zum Beschaffen von Zivilkleidern (zum früheren Recht zB Hamburg JZ 51, 656; Bay GA 66, 280; Küper BT S 28). Die Benutzung falscher Schlüssel genügt allein nicht (BGHSt 16, 34). Die Gefangenen müssen bei Ausführung des Ausbruchs (nicht lediglich vorher) zusammengerottet sein.

7 6. Die Tat ist erst **vollendet,** wenn der Nötigungserfolg (26 zu § 240) eingetreten (v Bubnoff LK 28; aM Horn SK 8; Joecks 9; Sch/Sch-Eser 8, alle mwN) oder der Ausbruch gelungen ist (bei Dallinger MDR 75, 542).

8 7. Zu **Abs 3** (besonders schwere Fälle) 7–21 zu § 46 (beachte auch NStZ 95, 339 mit Anm Wolters). – **Nr 1:** 3 zu § 244. – **Nr 2:** 24 zu § 113. – **Nr 3:** 25 zu § 113.

9 8. Die Nummern 1–3 des Abs 1, deren Anwendungsbereich sich weit überschneidet, von denen aber keine gegenüber der anderen die speziellere ist (25 vor § 52; aM v Bubnoff LK 48) sind nur **verschiedene Begehungsformen** desselben Delikts (3 zu § 52), deren Zusammentreffen keine Konkurrenz begründet (Sch/Sch-Eser 23; aM Tröndle/Fischer 16). Abs 1 Nr 3 ist ein qualifizierter Fall des § 120 I, so dass dieser zurücktritt. Gegenüber den §§ 113, 240 geht Abs 1 als der speziellere Tatbestand vor (hM). Mit §§ 211 ff, 223 ff ist Tateinheit möglich; ebenso mit § 303 (hM; anders Tröndle/Fischer 16 mwN).

§ 122 *(weggefallen)*

7. Abschnitt. Straftaten gegen die öffentliche Ordnung

§ 123 Hausfriedensbruch

(1) **Wer in die Wohnung, in die Geschäftsräume oder in das befriedete Besitztum eines anderen oder in abgeschlossene Räume, welche zum öffentlichen Dienst oder Verkehr bestimmt sind, widerrechtlich eindringt, oder wer, wenn er ohne Befugnis darin verweilt, auf die Aufforderung des Berechtigten sich nicht entfernt, wird mit Freiheitsstrafe bis zu einem Jahr oder mit Geldstrafe bestraft.**

(2) **Die Tat wird nur auf Antrag verfolgt.**

Hausfriedensbruch **§ 123**

1. a) Die Vorschrift **schützt das Hausrecht,** nicht die öffentliche Ordnung 1
oder den öffentlichen Frieden (1 zu § 126). **Hausrecht** ist das Interesse an ungestörter Betätigung des eigenen Willens in der Wohnung oder den übrigen Schutzbereichen unter dem Aspekt, nicht durch die Anwesenheit Unbefugter gestört zu werden (hM; vgl Heinrich JR 97, 89; Sch/Sch-Lenckner 1 mwN; im Ergebnis auch Kargl JZ 99, 930, 933; krit Amelung ZStW 98, 355, der „physisch gesicherte Territorialität" als geschütztes Rechtsgut ansieht; ähnlich Engeln, Das Hausrecht und die Berechtigung zu seiner Ausübung, 1989, S 26; aM Artkämper, Hausbesetzer – Hausbesitzer – Hausfriedensbruch, 1995, S 90: die Freiheit des Besitzes); demgegenüber nimmt eine Mindermeinung (differenzierende Betrachtungsweise) auf Grund soziologischer Analyse je nach der Art der Schutzräume eine Mehrheit von Rechtsgütern an (Schall, Die Schutzfunktionen der Strafbestimmung gegen den Hausfriedensbruch, 1974; s auch Amelung/Schall JuS 75, 565; Schall NStZ 83, 241; Kargl JZ 99, 930, 936; Olizeg, Hausrecht und Hausfriedensbruch ... in Gerichtsgebäuden, 2001, S 151; Ostendorf NK 4–11; Rudolphi SK 1–7).

b) Der **Inhaber des Hausrechts** braucht nicht Eigentümer oder unmittelbarer 2
Besitzer des Raumes zu sein (RGSt 57, 139; auch nicht eine natürliche Person; KG NJW 00, 2210); dies ist bei einer Tankstelle der Eigentümer oder Pächter (Brandenburg NJW 02, 632); es genügt, wenn ihm die Befugnis zusteht, über Zugang und Aufenthalt in dem Raum zu bestimmen, und wenn er insoweit ein stärkeres Recht als der Störer hat. Deshalb kann zB auch der Vermieter die Tat gegenüber dem Mieter begehen (RGSt 15, 391). Bei vermieteten Wohnräumen steht das Hausrecht idR dem Mieter zu (zu Ausnahmen, bei denen die Rspr zT sehr weit geht, Hamm GA 61, 181; Braunschweig NJW 66, 263; Bernsmann Jura 81, 337, 342; Seier JA 82, 232, 236; s auch 10). Dem Strafgefangenen steht das Hausrecht am Haftraum gegenüber anderen Strafgefangenen zu, nicht aber gegenüber dem Anstaltspersonal (Kretschmer ZfStrVO 03, 212). Bei gemeinschaftlichem Hausrecht mehrerer, zB von Ehegatten in der ehelichen Wohnung, muss die von einem Mitberechtigten gestattete Anwesenheit Dritter von dem anderen nur im Rahmen des Zumutbaren geduldet werden (Hamm NJW 55, 761 und 65, 2067; Heinrich JR 97, 89; krit Bernsmann aaO S 344; Amelung, Die Einwilligung in die Beeinträchtigung eines Grundrechtsgutes, 1981, S 59; Sternberg-Lieben, Die objektiven Schranken der Einwilligung im Strafrecht, 1997, S 87; aM Arzt/Weber BT 8/11: Einverständnis aller präsenten Hausrechtsinhaber). Mehrere Hausrechtsinhaber können einander das Betreten der Räumlichkeiten nicht verwehren (Heinrich aaO S 90; Sternberg-Lieben aaO S 88: Bestimmungsrecht nur gegenüber „Außenstehenden"). Ausdrückliche oder stillschweigende Delegierung des Hausrechts ist möglich (Lilie LK 37). Im ganzen hängt es von den Umständen ab, wer im Einzelfall zur Ausübung des Hausrechts befugt ist (eingehend dazu Engeln aaO [vgl 1] S 102).

2. a) Wohnung ist der Inbegriff der Räume, die einer oder mehreren Perso- 3
nen, namentlich einer Familie, zur Unterkunft dienen oder zur Benutzung freistehen (RGSt 12, 132; Küper BT S 449; zum personalen Schutzinteresse Kargl JZ 99, 930, 934); je nach den Umständen kommen auch Einzelräume (hM), Obdachlosenunterkünfte (Köln NJW 66, 265; Bremen NJW 66, 1766), Hafträume von Strafgefangenen (Kretschmer ZfStrVO 03, 212) und Campingzelte in Frage (W-Hettinger BT 1 Rdn 579). Der **Geschäftsraum** muss dazu bestimmt sein, für eine gewisse Dauer zum Betrieb von Geschäften irgendwelcher, also nicht notwendig erwerbswirtschaftlicher (Köln NJW 82, 2740 mit abl Anm Bernsmann StV 82, 578), Art zu dienen (RGSt 32, 371; Küper BT S 158; zum geschäftlichen Schutzinteresse an reibungsloser Arbeitsorganisation Kargl aaO S 935). **Beide** können sich in einem Schiff (RGSt 13, 312) oder Wohnwagen befinden. Sie schließen auch außerhalb des Wohn- oder Geschäftsbereichs liegende, ihnen aber

§ 123 BT. 7. Abschnitt. Öffentliche Ordnung

für jedermann erkennbar räumlich-funktional zugeordnete **Nebenräume** ein (W-Hettinger aaO Rdn 581; Lilie LK 11, 15; enger Behm GA 02, 153, 163, der auf die „Wohnungstür" als Grenze abstellt). – **Befriedetes Besitztum** ist ein in äußerlich erkennbarer Weise gegen Betreten durch zusammenhängende, nicht notwendig ganz lückenlose, Schutzwehren gesichertes (Köln NJW 82, 2674 mwN) bebautes oder unbebautes Grundstück (Küper BT S 91), nicht lediglich ein beweglicher Gegenstand (RGSt 32, 371; aM Schweizer GA 68, 81). Funktion und Zweckbestimmung des Besitztums sind nach hM, die sich auf historische Auslegung und auf eine teleologisch gebotene Formalisierung des geschützten Rechtsgutes stützt, unerheblich (Hamm NJW 82, 1824; Amelung NJW 86, 2075, 2079, beide mwN). Danach kommen als Schutzobjekte ua auch in Frage: Auf Dauer leer stehende Gebäude bei **Hausbesetzungen** (Hamm NJW 82, 2676; Köln aaO mit Anm Degenhart JR 84, 30; Stuttgart NStZ 83, 123; AG Wiesbaden NJW 91, 188; Schall NStZ 83, 241; Lilie LK 19; Ostendorf NK 23; eingehend Artkämper aaO [vgl 1] S 99, alle mwN; str), ferner Lagerplätze, Friedhöfe (RGSt 36, 395) und Geländeabschnitte, die für eine Veranstaltung abgesperrt sind (Celle NdsRpfl 76, 40; beachte jedoch LG Lübeck StV 89, 157). Landesrechtliche Ersatzvorschriften für den weggefallenen § 368 Nr 9 (unbefugtes Betreten von Äckern, Wiesen und Weiden) gehen dem § 123 vor (Art 4 V EGStGB). Wird ein privates Besitztum dem öffentlichen Verkehr gewidmet, so tritt mit den Rechten aus dem Eigentum auch das Hausrecht insoweit zurück, als es mit der öffentlichen Zweckbindung unvereinbar ist (Karlsruhe MDR 79, 73 mwN). – Sog **Zubehörflächen**, dh selbst nicht abgeschlossene, aber für jedermann erkennbar mit geschützten Räumen örtlich und funktional eng verbundene Grundstücksflächen (Höfe, Vorgärten, Kaufhauspassagen usw), sind auch bei Fehlen besonderer Schutzwehren „befriedet" und daher in den Schutzbereich einbezogen (Bay MDR 69, 778; Oldenburg NJW 85, 1352 mit zT abl Bespr Bloy JR 86, 80, Amelung JZ 86, 247, Behm JuS 87, 950 und Müller-Christmann JuS 87, 19; krit Volk JR 81, 167; Amelung NJW 86, 2075, 2079; abl Behm GA 02, 153); die werkseigene Zufahrtsstraße zum Haupttor eines Kernkraftwerks ist keine Zubehörfläche (Bay NJW 95, 269). – Für **Betriebsbesetzungen** im Rahmen von Streikmaßnahmen gelten keine Besonderheiten; sie werden erfasst, soweit die Betriebsräume und -grundstücke in den Schutzbereich des Abs 1 fallen (vgl auch 6).

4 **b) Abgeschlossene,** dh baulich abgegrenzte, Räume sind **zum öffentlichen Dienst** bestimmt, wenn in ihnen Tätigkeiten auf Grund öffentlichrechtlicher Vorschriften ausgeübt werden, zB Behördenräume, aber auch Schulen, Universitäten, Wahllokale und in öffentlichrechtlicher Form betriebene kommunale Tiefgaragen (Bay NJW 86, 2065 mit abl Bespr Allgaier MDR 87, 723; zw); auch hier sind Zubehörflächen (vgl 3) einbezogen (aM Oldenburg JR 81, 166 mit abl Anm Volk). **Zum öffentlichen Verkehr bestimmt** sind Räume, die dem Personen- oder Gütertransportverkehr dienen und allgemein zugänglich sind, zB Bahnabteile, Straßenbahnwagen, Flugzeuge, Wartesäle und Bahnhofshallen (Bremen NJW 62, 1453; Celle MDR 66, 944; Bay aaO; Köln NStE 6; KG NJW 00, 2210).

5 **3. a) Eindringen** setzt voraus, dass der Körper des Täters mindestens zum Teil (zB Stellen des Fußes in die Wohnungstür, bei Dallinger MDR 55, 144) in den Raum gebracht wird, und zwar gegen den erkennbaren oder zu vermutenden Willen (nach aM auch: ohne den Willen) des Hausrechtsinhabers (bei Dallinger MDR 68, 551; Bay JR 69, 466; zusf zu dem Meinungsstreit über das Willenselement Seier JA 78, 622; Bernsmann Jura 81, 337, 341; Bohnert GA 83, 1; Geppert Jura 89, 378, 379; krit Ludwig/Lange JuS 00, 446; grundsätzlich abw Schild NStZ 86, 346 und Kargl JZ 99, 930; zusf Küper BT S 116). Wer das Einverständnis des Berechtigten ohne nötigende Einwirkung erschleicht, dringt nicht ein (Ostendorf JuS 80, 664; Amelung aaO [vgl 2] S 59; Hellmann JuS 96, 522; W-Hettinger

Hausfriedensbruch § 123

BT 1 Rdn 587, 588; Joecks 28; aM München NJW 72, 2275; Rudolphi SK 18, zusf Küper BT S 117, alle mwN); dies gilt auch für Verdeckte Ermittler (§ 110a StPO), selbst wenn sie prozeßordnungswidrig (§ 110c S 2 StPO) ein Zutrittsrecht vortäuschen (Nitz JR 98, 211, 212; Sch/Sch-Lenckner 22; Ostendorf NK 32); anders jedoch, wenn der Täter ein ihm gegenüber bestehendes Hausverbot durch Täuschung vereitelt (Sch/Sch-Lenckner 22, 24, 25; aM Schild aaO). Begehung der Tat durch unechtes Unterlassen ist trotz der 2. Alternative des Abs 1 nach den allgemeinen Regeln möglich (BGHSt 21, 224; Janiszewski JA 85, 570; Heinrich JR 97, 89, 94; Kareklas, Lenckner-FS, S 459; Kindhäuser 25 und BT I 33/32; einschr Bernsmann aaO S 404; Geppert aaO S 382; aM Herzberg/Hardtung JuS 94, 492, 493; Rengier BT II 30/17; Lilie LK 58; Ostendorf NK 27; zusf Küper BT S 118, alle mwN; zw).

b) Die **Widerrechtlichkeit** des Eindringens fehlt bei Vorliegen eines Rechtfertigungsgrundes, uU auch des rechtfertigenden Notstandes (probl München NJW 72, 2275 mit krit Bespr Otto NJW 73, 667, Amelung/Schall JuS 75, 565 und Grebing GA 79, 81, 99) und überhaupt bei öffentlich- oder privatrechtlichen Berechtigungen, die dem Hausrecht vorgehen (zB Verhaftung, Durchsuchung usw; auch das Betreten einer Wohnung durch Verdeckte Ermittler nach § 110c StPO, Meyer-Goßner 1 zu § 110c StPO, den Schneider NStZ 04, 359, 365 für verfassungswidrig hält). Betriebsbesetzungen (vgl 3) sind danach – mindestens idR – widerrechtlich, weil der Arbeitsvertrag meist keine Berechtigung zum Betreten der Arbeitsstätte zu anderen Zwecken als zur Arbeit einräumt und auch das Streikrecht keine entsprechende Befugnis begründet (Rudolphi RdA 87, 160; aM Ostendorf, Kriminalisierung des Streikrechts, 1987, S 43, beide mwN). Auch Hausbesetzungen sind grundsätzlich weder verfassungsrechtlich noch einfachgesetzlich gerechtfertigt (W-Hettinger BT 1 Rdn 601; Artkämper aaO [vgl 1] S 212, der jedoch eine Entschuldigung symbolischer Regelverletzungen befürwortet, S 248). – Auf die Berechtigung des mit dem Eindringen verfolgten Zwecks kommt es unmittelbar nicht an; jedoch ist der rechtswidrige Zweck regelmäßig ein Indiz für den entgegenstehenden Willen (bei Dallinger MDR 68, 551). 6

c) Für die Annahme widerrechtlichen Eindringens gelten folgende **Einschränkungen:** 7
aa) Bei Räumen, die dem **allgemeinen Publikumsverkehr offen stehen** (zB Warenhäuser, Banken, Gaststätten, Sportstadien), bildet die Verfolgung eines rechtswidrigen Zwecks – zB beim Betreten eines Raumes zur Begehung von Raub oder Diebstahl – jedenfalls dann kein Indiz für den entgegenstehenden Willen des Hausrechtsinhabers, wenn das äußere Verhalten des Eintretenden den Rahmen der Zutrittserlaubnis nicht überschreitet (Düsseldorf NJW 82, 2678; Geppert Jura 89, 378, 381; Lagodny Jura 92, 659, 660; Lilie LK 52; zT abw Seier JA 78, 622, 633; Bernsmann Jura 81, 403, 407; Bohnert GA 83, 1, 16; Steinmetz JuS 85, 94; zusf Küper BT S 118, alle mwN). Eine **generell** erteilte Eintrittserlaubnis kann zB bestimmte Personengruppen ausschließen, doch muss der Ausschlusswille deutlich zum Ausdruck gebracht werden (Sch/Sch-Lenckner 23 mwN; krit Kargl JZ 99, 930, 938); daran fehlt es bei der „höflichen Bitte" an Kunden zur Abgabe mitgeführter Taschen (BGHZ 124, 39 mit Bespr v Westphalen NJW 94, 367 und Christensen JuS 96, 873; Ostendorf NK 30). Zum Fall der vorübergehenden Öffnung geschützter Räume für den allgemeinen Publikumsverkehr (zB Tag der „Offenen Tür") Zweibrücken NStZ 85, 456 mit krit Anm Amelung.
bb) In **öffentlichen Dienst- und Verkehrsräumen** kann es schon am Eindringen fehlen, wenn die Räume einer Mehrzahl von Personen, darunter auch dem Eintretenden, dienen und dieser als Interner nur innerdienstliches Ordnungsrecht verletzt (LG Lüneburg NJW 77, 1882; Sch/Sch-Lenckner 14, 15 mwN). Außerdem unterliegt die Befugnis des Hausrechtsinhabers, einzelnen Per- 8

§ 123

sonen den Zutritt zu verbieten (zB durch Haus- oder Bahnhofsverbot), auf Grund der öffentlichrechtlichen Zweckbestimmung der Räume Einschränkungen (zB beim Bahnhofsverbot durch die Beförderungspflicht nach § 3 Eisenbahnverkehrsordnung aF [neu: § 10 Allgemeines Eisenbahngesetz], Köln NStE 6). Ob solche Verbote privatrechtlichen, öffentlichrechtlichen oder je nach dem Verbotsanlass unterschiedlichen Charakter haben (vgl etwa NJW 67, 1911; BVerwGE 35, 103; Bay NJW 77, 261 mit Anm Stürner JZ 77, 312; zusf Zeiler DVBl 81, 1000; Lilie LK 39–44) und wie die Zulässigkeitsgrenzen im Einzelnen zu ziehen sind, ist umstritten (Ipsen/Koch JuS 92, 809, 813); die Beurteilung hängt auch von den jeweils betroffenen Dienstbereichen (zB Schulen, Bahnhöfe, Kasernen, Gerichtssäle), von etwaigen, den Zutritt regelnden Vorschriften (zB Öffentlichkeit von Verhandlungen, Sitzungspolizei, BGHSt 30, 350 mwN), von der Zugehörigkeit des Täters zu den geschützten Bereichen (zB Störungen durch Studenten in Universitätsräumen) und von zahlreichen weiteren Umständen ab (vgl zB NJW 82, 189; Hamburg NJW 78, 2520; Karlsruhe JR 80, 342 mit Anm Schwabe; Bay NVwZ 90, 899; OVG Münster NJW 98, 1425; KG NJW 00, 2210; zusf Bernsmann Jura 81, 465, 466). Ist ein Zutrittsverbot (zB Haus- oder Bahnhofsverbot) durch **Verwaltungsakt** erlassen (zu den Ermächtigungsgrundlagen Beaucamp JA 03, 231, 233), so kommt es nach hM auf dessen Vollziehbarkeit, für die eine Möglichkeit hemmender Rechtsbehelfe nicht mehr besteht (BGHSt 23, 86, 91; Hamm MDR 79, 516; zu Recht abl Rengier BT II 30/24), nicht auf seine Bestandskraft an (NJW 82, 189 mit Anm Dingeldey NStZ 82, 160; Oehler JR 81, 33; Lilie LK 56, 57); zu fordern ist aber die materielle Rechtmäßigkeit des Verwaltungsaktes, da nur dann das Rechtsgut wirklich betroffen ist (vgl Arnhold JZ 77, 789; Bernsmann aaO S 469; Ostendorf JZ 81, 165, 170, 173; Olizeg aaO [vgl 1] S 237; Gössel BT 1 38/38; Rudolphi SK 35a; Sch/Sch-Lenckner 20; s auch 8, 9 zu § 325).

9 **4. a) Verweilen** ist Fortsetzung des Aufenthalts in dem geschützten Raum. – Einmalige (auch schlüssig zum Ausdruck gebrachte) **Aufforderung** zum Verlassen genügt (RGSt 5, 109). Zu ihr berechtigt sind der Inhaber des Hausrechts (vgl 2) sowie seine rechtlichen oder tatsächlichen Vertreter, zB Angehörige (uU auch minderjährige, BGHSt 21, 224; str); Hausangestellte (RGSt 12, 132) und Polizeibeamte (Schleswig SchlHA 73, 183). – Das **Sich-nicht-Entfernen** ist echtes Unterlassen; objektive oder subjektive Unmöglichkeit des Weggehens schließt daher den Tatbestand aus (RGSt 75, 355, 358; 5 zu § 13).

10 **b) Ohne Befugnis** entspricht der Widerrechtlichkeit beim Eindringen (vgl 6). – Die Grundrechte der Art 5, 8 GG gewähren auch an allgemein zugänglichen Orten (zB Universitäten, Bibliotheken, Bahnhofshallen, Wartesälen) keine Befugnis zum Verweilen; diese kann vor allem nicht auf die Rspr über die Wechselwirkung zwischen den Grundrechten des Art 5 GG und den diese beschränkenden allgemeinen Gesetzen (BVerfGE 7, 198) gestützt werden (Tiedemann JZ 69, 717, 725; aM Maul JR 70, 81, 85). – Das Erlöschen vertraglicher Berechtigung macht das Verweilen regelmäßig, aber nicht notwendig unbefugt; so nicht beim Mieter, der im Allgemeinen (beachte jedoch Düsseldorf NJW 91, 186 mit Anm Dölling JR 92, 167) das Hausrecht nicht schon mit dem Ende des Mietverhältnisses verliert (hM; vgl RGSt 36, 322).

11 **5.** Der **Vorsatz** (bedingter genügt) erfordert namentlich das Bewusstsein, gegen den Willen des Berechtigten zu handeln, nicht aber die Absicht, den Hausfrieden zu stören (RGSt 13, 312). – Da die **Widerrechtlichkeit** des Eindringens und das Fehlen der Befugnis zum Verweilen allgemeine Verbrechensmerkmale sind (str), ist die irrige Annahme einer nicht aus dem Willen des Hausrechtsinhabers abgeleiteten Berechtigung je nach den Umständen als Verbotsirrtum (2–8 zu § 17) oder als Erlaubnistatbestandsirrtum (9–16 zu § 17) zu behandeln (Hamburg NJW 77, 1831 mit krit Anm Gössel JR 78, 292; Hamburg NJW 80, 1007; str).

Schwerer Hausfriedensbruch § 124

6. Der Hausfriedensbruch ist **kein eigenhändiges Delikt** (3 zu § 25), so dass 12
die allgemeinen Regeln über Mittäterschaft und mittelbare Täterschaft anwendbar
sind (hM; vgl etwa Lilie LK 76; anders Herzberg ZStW 82, 896, 927; zusf Mewes
Jura 91, 628; s auch Emde Jura 92, 275; Fincke Jura 92, 387).

7. Das Verweilen ohne Befugnis ist gegenüber dem widerrechtlichen Eindrin- 13
gen **subsidiär** (BGHSt 21, 225; str). – Zu Taten, die notwendig oder idR durch
Hausfriedensbruch begangen werden (zB § 243 I S 2 Nr 1 oder § 244 I Nr 3),
steht § 123 in **Gesetzeseinheit** (Spezialität, Konsumtion, 25, 27 vor § 52). – Da
der Hausfriedensbruch **Dauerstraftat** ist, können die während des rechtswidrigen
Zustandes begangenen Taten in Tateinheit stehen; meist wird jedoch Tatmehrheit
vorliegen (7 zu § 52; Bay JR 57, 148; zusf Seier JA 78, 622; Geppert Jura 89, 378,
382 und Rengier BT II 30/27–31).

8. Strafantrag §§ 77 bis 77 d; Verletzter ist der Inhaber des Hausrechts (Düssel- 14
dorf StV 82, 228; Brandenburg NJW 02, 693). Privatklage, Sühneversuch §§ 374 I
Nr 1, 380 StPO.

§ 124 Schwerer Hausfriedensbruch

Wenn sich eine Menschenmenge öffentlich zusammenrottet und in der Absicht, Gewalttätigkeiten gegen Personen oder Sachen mit vereinten Kräften zu begehen, in die Wohnung, in die Geschäftsräume oder in das befriedete Besitztum eines anderen oder in abgeschlossene Räume, welche zum öffentlichen Dienst bestimmt sind, widerrechtlich eindringt, so wird jeder, welcher an diesen Handlungen teilnimmt, mit Freiheitsstrafe bis zu zwei Jahren oder mit Geldstrafe bestraft.

1. Die Vorschrift **schützt das Hausrecht**, daneben auch den öffentlichen 1
Frieden (1 zu § 126; krit Ostendorf NK 3).

2. Menschenmenge 3 zu § 125. **Zusammenrotten** 3 zu § 121; die Zusam- 2
menrottung der Menschenmenge ist **öffentlich**, wenn die (konkrete, Tiedemann
JZ 68, 761, 767) Möglichkeit der Beteiligung für eine unbestimmte Zahl von
Personen besteht (NJW 53, 1031). – **Wohnung**, Geschäftsraum usw 3, 4 zu § 123;
die Angegriffenen brauchen sich nicht in den geschützten Räumen aufzuhalten
(RGSt 53, 64; Lilie LK 14; aM Ostendorf NK 8; Sch/Sch-Lenckner 13). – **Widerrechtliches Eindringen** 5–8 zu § 123; es genügt, wenn einzelne Beteiligte,
getragen vom Willen der Zusammenrottung, in einer Zahl eindringen, dass sich
unter ihnen massenpsychologische Phänomene unkontrollierter Reaktionen entwickeln können (Lilie LK 7 mwN; str).

3. Teilnehmen muss der Täter sowohl an der Zusammenrottung wie an dem 3
widerrechtlichen Eindringen. Das setzt voraus, dass er

a) sich der Rotte in Kenntnis ihres gewalttätigen oder bedrohlichen Zwecks
(von vornherein oder erst später, bei Dallinger MDR 68, 895) selbst anschließt
oder in ihr verbleibt und durch sein körperliches Dabeisein die von der Zusammenrottung ausgehende Gefahr steigert (NJW 54, 1694) und

b) sich auch dem Eindringen der Menge räumlich anschließt (RGSt 51, 422); 4
dabei genügt es, wenn ihm das Eindringen anderer nach den für die Mittäterschaft
geltenden Grundsätzen (9–18 zu § 25), nicht jedoch als bloße Teilnahme zugerechnet werden kann (RGSt 55, 35; Sch/Sch-Lenckner 19; aM Kindhäuser BT I
34/11).

4. Bedingter **Vorsatz** genügt. – Die **Absicht** zur Begehung von Gewalttätig- 5
keiten (4 zu § 125) braucht nicht der Täter selbst zu haben; es genügt, wenn diese
Absicht anderer Teilnehmer von seinem Vorsatz umfasst wird (Joecks 5; Lilie
LK 10; einschr Kindhäuser 9 und Sch/Sch-Lenckner 20; Tröndle/Fischer 13; aM

§ 125 BT. 7. Abschnitt. Öffentliche Ordnung

Ostendorf NK 17). Abweichend von § 125 (dort 2) ist auch unerheblich, ob die Gewalttätigkeiten wirklich verübt werden. **Mit vereinten Kräften** 4 zu § 121.

6   5. **Tateinheit** möglich namentlich mit § 125.

§ 125 Landfriedensbruch

(1) **Wer sich an**
1. **Gewalttätigkeiten gegen Menschen oder Sachen oder**
2. **Bedrohungen von Menschen mit einer Gewalttätigkeit,**

die aus einer Menschenmenge in einer die öffentliche Sicherheit gefährdenden Weise mit vereinten Kräften begangen werden, als Täter oder Teilnehmer beteiligt oder wer auf die Menschenmenge einwirkt, um ihre Bereitschaft zu solchen Handlungen zu fördern, wird mit Freiheitsstrafe bis zu drei Jahren oder mit Geldstrafe bestraft, wenn die Tat nicht in anderen Vorschriften mit schwererer Strafe bedroht ist.

(2) **Soweit die in Absatz 1 Nr. 1, 2 bezeichneten Handlungen in § 113 mit Strafe bedroht sind, gilt § 113 Abs. 3, 4 sinngemäß.**

1   1. Die Vorschrift schützt nebeneinander die **öffentliche Sicherheit,** die einen Teilaspekt des öffentlichen Friedens (1 zu § 126) bildet (krit Hefendehl, Kollektive Rechtsgüter im Strafrecht, 2002, S 288), ferner durch Vorverlegung des Strafschutzes zugleich auch die jeweils bedrohten **Individualrechtsgüter** (Celle NJW 01, 2734 mit zust Bespr Hoyer JR 02, 34; v Bubnoff LK 1; Ostendorf NK 5, 6; für vorrangigen Schutz der öffentlichen Sicherheit M-Schroeder/Maiwald BT 2 60/6; im Ansatz abweichend Meiski, Der strafrechtliche Versammlungsschutz, 1995, S 133, 158: Schutz der Versammlungsfreiheit durch Pönalisierung der Umfunktionierung einer friedlichen Versammlung in eine unfriedliche). – Sie ist nicht nur für Ausschreitungen bei Demonstrationen, sondern zB auch bei Sportveranstaltungen (Foth, in: Schriftenreihe des Württ Fußballverbandes Nr 31, 1993, S 43) und handfesten Dorfstreitigkeiten von Bedeutung (v Bubnoff LK 1 vor und 3 zu § 125 mit Hinweisen zu weiteren Fallgestaltungen). – Zur **Reform:** Am dringlichsten erscheint die Erfassung von Demonstrationsteilnehmern, die sich trotz rechtmäßiger Auflösungsverfügung nicht aus der unfriedlichen Menschenmenge entfernen (v Bubnoff LK 23, 24 vor § 125; Sch/Sch-Lenckner 1; krit Ostendorf NK 11; zum Rechtmäßigkeitserfordernis bei der Auflösungsverfügung nach § 29 I Nr 2 VersG BVerfG NJW 93, 581).

2   2. Jeder Landfriedensbruch setzt als **allgemeine Ausgangslage** voraus, dass aus einer Menschenmenge (dh von Angehörigen der Menge gegen Menschen oder Sachen außerhalb der Menge, BGHSt 33, 306 mit Anm Otto NStZ 86, 70; Hamm NStZ 95, 547) die in Abs 1 beschriebenen Gewalttätigkeiten oder Bedrohungen in einer die öffentliche Sicherheit gefährdenden Weise mit vereinten Kräften begangen werden.

3   a) **Menschenmenge** ist eine räumlich vereinigte (NStZ 93, 538), zwar nicht notwendig ungezählte, aber doch so große Personenmehrheit, dass die Zahl nicht sofort überschaubar und deshalb das Hinzukommen oder Weggehen einzelner für den äußeren Eindruck unwesentlich ist (BGHSt 33, 306; NStZ 93, 538 und 94, 483; Köln NStZ-RR 97, 234); dafür ist zwar nicht unbedingt erforderlich (so aber LG Berlin StV 83, 464; Tröndle/Fischer 4 zu § 124), aber doch in hohem Maße indiziell (LG Frankfurt StV 83, 463), dass nicht mehr jeder Einzelne in der Menge imstande ist, mit jedem anderen in unmittelbare Kommunikation zu treten (dazu Düsseldorf NJW 90, 2699). – Die Menge braucht nicht im ganzen unfriedlich zu sein (Dreher NJW 70, 1153, 1160; v Bubnoff LK 36; aM Rudolphi SK 10; diff Strohmaier, Die Reform des Demonstrationsstrafrechts, 1985, S 85).

Landfriedensbruch **§ 125**

b) Gewalttätigkeit ist Einsatz physischer (nicht psychischer, BGHSt 12, 129) 4
Kraft durch aggressives positives Tun von einiger Erheblichkeit, mit dem unmittelbar auf Menschen oder Sachen in ihrer körperlichen Substanz (Hamburg NJW
83, 2273), uU auch mittelbar auf Menschen (bei Dallinger MDR 68, 895), eingewirkt wird (BGHSt 23, 46; NJW 95, 2643; Küper BT S 172; krit Martin, BGH-
FS, S 211, 221; enger LG Köln JZ 69, 80; Eilsberger JuS 70, 164); auch Einwirkung auf einen einzigen Menschen oder auf eine Sache kommt in Frage (hM; anders Brause NJW 83, 1640; Ostendorf NK 25). Der Eintritt einer Verletzung ist
nicht erforderlich; fehlgegangene Steinwürfe (RGSt 47, 1178) oder durch Schutzschilde abgewehrte Würfe mit Lehmklumpen (Bay NStZ 90, 37 mit Anm Geerds
JR 90, 384; zw), Eiern, Tomaten und Farbbeuteln (Köln NStZ-RR 97, 234; zw)
können daher genügen (vgl Kindhäuser 5: unechtes Unternehmensdelikt). Die
Einwirkung muss aber geeignet sein, Menschen körperlich zu verletzen oder
Sachen im Sinne des § 303 zu beschädigen (Düsseldorf NJW 93, 869; Köln aaO,
beide mwN). Daher reicht die Herbeiführung bloß passiver Zwangswirkung (zB
durch einen Sitzstreik zum Versperren von Zu- oder Durchgängen) nicht aus
(BGHSt 23, 46, 51; aM Bay NJW 69, 63 und 1127); ebenso wenig die unbehinderte Errichtung von Barrikaden, selbst wenn die Menge sie verteidigen will
(Kreuzer NJW 70, 670; aM Celle NJW 70, 206; Köln NJW 70, 260; Tröndle/Fischer 8 zu § 124). Dagegen kann das Vorrücken der Menge gegen die Polizei
(RGSt 54, 88, 90; aM Ostendorf NK 18) sowie uU auch das Abdrängen von
Polizeibeamten und das Umwerfen von Gegenständen (BGHSt 23, 46, 53; aM
Rudolphi SK 5) genügen (einschr Wolter NStZ 85, 245, 251).

c) Bedrohung entspricht der Drohung im Sinne des § 240 (dort 12–15). Das 5
angedrohte Übel muss eine – sei es auch nur gegen Sachen gerichtete (v Bubnoff
LK 54; krit Tröndle/Fischer 6) – Gewalttätigkeit sein (vgl 4). Die Drohung, sich
selbst zu verbrennen, wird nicht erfasst, da damit kein aggressives Verhalten gegen
eine andere Person angekündigt wird (Hamm NStZ 95, 547).

d) Die **öffentliche Sicherheit** ist gefährdet, wenn die Gewalttätigkeiten oder 6
Bedrohungen für unbestimmte Personen – uU auch für bestimmte, nicht als Individuen betroffene einzelne (NStZ 93, 538; Bay NStZ-RR 99, 269; probl Hamburg NJW 83, 2273 mit abl Anm Rudolphi JR 83, 252) – die Gefahr von Schäden solchen Ausmaßes begründen, dass dadurch in der Allgemeinheit das Gefühl
ausreichender Sicherheit gegen die Verletzung von Rechtsgütern durch weitere
entsprechende Ausschreitungen beeinträchtigt wird (Köln NStZ-RR 97, 234;
Meyer GA 00, 459, 470; zusf v Bubnoff LK 39–46 mwN).

e) Mit vereinten Kräften 4 zu § 121. Die Tathandlungen (vgl 4, 5) müssen 7
von einer in der Menschenmenge (vgl 3) vorhandenen feindseligen Grundstimmung getragen sein (Köln NStZ-RR 97, 234; AG Tiergarten NJW 88, 3218;
Meyer GA 00, 459, 468; Ostendorf NK 14; Sch/Sch-Lenckner 10).

3. a) Täter des Landfriedensbruchs ist, wer sich an Handlungen, die Vorausset- 8
zung jedes Landfriedensbruchs sind (vgl 2–7), als **Täter oder Teilnehmer beteiligt,** dh die Gewalttätigkeiten oder Bedrohungen entweder als Täter (auch Mittäter oder mittelbarer Täter) selbst begeht oder zu ihnen anstiftet oder bei ihnen
Hilfe leistet **(gewalttätiger oder bedrohlicher Landfriedensbruch).** Die Abgrenzung des Täterkreises bestimmt sich nach den für Täterschaft und Teilnahme
geltenden Regeln (§§ 25–27), die hier nicht auf den Tatbestand des Landfriedensbruchs, sondern auf die Begehung der Gewalttätigkeiten usw zu beziehen sind
(hM; vgl etwa BGHSt 32, 165 mit Anm Willms JR 84, 120 und Arzt JZ 84, 430;
anders Kostaras, Zur strafrechtlichen Problematik der Demonstrationsdelikte, 1982,
S 141, der den Landfriedensbruch für ein nur von Angehörigen der Menschenmenge begehbares Sonderdelikt hält; ähnlich auch Strohmaier aaO [vgl 3] S 87).

§ 125 BT. 7. Abschnitt. Öffentliche Ordnung

9 aa) Von diesen Regeln hängt ua ab, ob sich der **Mittäter** der Gewalttätigkeiten usw der Menschenmenge angeschlossen haben muss. Für die subjektive Teilnahmelehre (4 vor § 25; 11 zu § 25) kommt es auf diesen Anschluss häufig nicht an (BGHSt 32, 165; zu Recht krit Sch/Sch-Lenckner 14; s auch BVerfGE 82, 236, 269 mit krit Bespr Rinken StV 94, 95); nach der Tatherrschaftslehre, die eine Mitwirkung des Mittäters in der Ausführungsphase oder mindestens einen gegenseitige Abhängigkeit begründenden wesentlichen Tatbeitrag in der Vorbereitungsphase fordert (11 zu § 25), kommt Mittäterschaft von nicht anwesenden Beteiligten nur ganz ausnahmsweise in Frage.

10 bb) Bei **bloßer Teilnahme** (Anstiftung oder Beihilfe) an den Gewalttätigkeiten usw ist eine teleologische Reduktion insofern geboten, als die Teilnahmehandlung in unmittelbarem räumlichen Zusammenhang mit der Menschenmenge begangen sein muss (M-Schroeder/Maiwald BT 2 60/29; Rudolphi SK 13 a; krit Meyer GA 00, 459, 464; aM Dreher NJW 70, 1153, 1160; v Bubnoff LK 9, alle mwN; zw); denn die Aufwertung bloßer Teilnahme zur Täterschaft lässt sich nur damit rechtfertigen, dass der Teilnehmer in der Menge mitagiert und dadurch deren Gefährlichkeit erhöht (Kindhäuser 12; Sch/Sch-Lenckner 13; krit Meyer aaO S 467). Als Teilnehmer an den Gewalttätigkeiten usw wird daher idR erfasst, wer aus der Menge heraus durch anfeuernde Rufe oder in ähnlicher Weise die gewalttätige Gruppe zu ihren Aktionen auffordert oder sie darin bestärkt (Köln NStZ-RR 97, 234), bei der Abschirmung dieser Gruppe gegen das Vorgehen der Polizei mitwirkt oder deren Einsatz durch Ablenkungsmanöver auf andere Vorgänge ableitet. Wer sich dagegen nur in der Menge befindet, etwa von Berufs wegen (zB als Arzt, Rot-Kreuz-Helfer oder Reporter), als Neugieriger oder als sog Weitermacher, der nur das Anliegen einer zuvor friedlichen Demonstration weiter verfolgen will, begeht noch keine psychische Beihilfe, die hier im Hinblick auf den Zweckzusammenhang des Tatbestandes (Ausscheidung der Mitläufer) eng zu verstehen ist (NStZ 84, 549; Werle, Lackner-FS, S 481, 495; Spaniol LdR S 240; aM Arzt JA 82, 269, 271; krit zum Tatbestand Otto GK 2 63/12). Das gilt auch noch für den Fall, dass sich jemand nach Ausbruch von Gewalttätigkeiten aus einer besonders gewalttätigen Teilgruppe nicht entfernt (Werle aaO). Die Grenze dürfte aber überschreiten, wer seine Solidarität mit den Gewalttätern dadurch erkennbar macht, dass er sich einer solchen Teilgruppe erst nach Beginn der gewalttätigen Auseinandersetzungen anschließt und dort ohne äußeren Zwang verbleibt (NJW 84, 1226, 1232; NStZ 84, 549; Bay NStZ-RR 96, 101; Naumburg NJW 01, 2034; Werle aaO S 497; zw). In diesem Falle erscheint er auch für die Gewalttäter selbst als Förderer der friedensstörenden Aktion und leistet ihnen deshalb, wenn nicht besondere Umstände entgegenstehen, über die bloße Anwesenheit hinaus psychischen Beistand (str). Namentlich wenn sich passiv Bewaffnete oder Vermummte (vgl § 17 a VersG) unter solchen Umständen anschließen, ist das ein wichtiges Indiz für die Annahme der erforderlichen Solidarisierung (Werle aaO; aM Ostendorf NK 22; Rudolphi SK 13 b).

11 cc) **Anstiftung oder Beihilfe** zur 1. Alternative des Abs 1 kann nur begehen, wer sich der Menge nicht selbst angeschlossen hat (vgl Meyer GA 00, 459, 471, nach der alle Außenstehenden in Anwendung von § 28 I lediglich als Teilnehmer in Betracht kommen); andernfalls ist er Täter (vgl 8, 10).

12 b) **Täter** eines Landfriedensbruchs ist ferner, wer in einer Lage, in der Gewalttätigkeiten oder Bedrohungen begangen werden, die Voraussetzung jedes Landfriedensbruchs sind (vgl 2–7), **auf die Menschenmenge** (dh nicht nur auf einzelne bestimmte Personen) **einwirkt, um ihre Bereitschaft zu solchen Handlungen zu fördern (aufwieglerischer Landfriedensbruch). Einwirken** ist psychische, nicht notwendig verbale, Beeinflussung (BT-Dr VI/502 S 9; einschr Beck, Unrechtsbegründung und Vorfeldkriminalisierung, 1992, S 199, der eine aktuelle Enthemmung des Adressaten der Einwirkung verlangt). **„Um zu"** bedeutet Absicht im Sinne zielgerichteten Wollens (20 zu § 15). **Fördern** ist nicht nur Verstärken einer bereits vorhandenen Bereitschaft zu solchen Handlungen, sondern auch das Wecken solcher Bereitschaft (Braunschweig NStZ 91, 492; v Bubnoff LK 58 mwN; aM Dreher NJW 70, 1153, 1160; zw). – IdR wird die Einwirkung zugleich Beteiligung an den Gewalttätigkeiten usw sein. Selbstständige Bedeutung hat die Alternative wohl nur, wenn die konkrete Einwirkung entweder von einer außerhalb der Menge stehenden Person ausgeht (vgl 8) oder wenn ihre Mitursächlichkeit für die tatsächlich begangenen Gewalttätigkeiten usw fehlt oder nicht beweisbar ist (vgl Meyer GA 00, 459 mwN). – Ob der Täter vor oder nach Begehung der Gewalttätigkeiten usw gehandelt hat, ist nicht entscheidend (v Bubnoff LK 61 mwN; im Ansatz, nicht notwendig im Ergebnis, unrichtig LG München StV 82, 119; str); es kommt nur darauf an, ob sein Verhalten und die aus der Menge begangenen Handlungen nach natürlicher Betrachtung ein einheitliches Geschehen bilden. – Gibt der Täter die Einwirkung auf, bevor aus der Menge zur Aktion geschritten wird, so erscheint die analoge Anwendung von § 31 diskutabel (Berz, Stree/Wessels-FS, S 331, 341; zw).

4. Der **Vorsatz** (bedingter genügt) muss in beiden Alternativen des Tatbestandes sämtliche Umstände umfassen, der Voraussetzung jedes Landfriedensbruchs sind (vgl 2–7). Außerdem muss der Täter in den Fällen der **1. Alternative des Abs 1** in Bezug auf diese Handlungen Täter-, Anstifter- (4, 5 zu § 26) oder Gehilfenvorsatz (7 zu § 27) haben; die bloßen Mitläufer werden idR nicht erfasst, weil entweder ihr Verhalten schon objektiv keine psychische Beihilfe ist (vgl 10) oder weil sie sich jedenfalls einer konkreten Förderung der Gewalttätigkeiten usw häufig nicht aktuell bewusst sind (zu weit Arzt JA 82, 269, 271). – In Fällen der **2. Alternative des Abs 1** bedarf es nicht der Vorstellung, dass die Einwirkung gerade zu den tatsächlich begangenen Gewalttätigkeiten usw beiträgt. 13

5. Eine **Rechtfertigung** der Tat auf Grund Gewährleistung der Meinungs- oder Versammlungsfreiheit ist ausgeschlossen, weil die Tathandlungen schon nach ihrem Inhalt die Grundrechtsschranken stets überschreiten (hM; anders Arzt JA 82, 269, 271). Verfassungswidrige Ergebnisse sind allerdings denkbar, wenn die Tatbestandsmäßigkeit verbaler Äußerungen (zB Aufruf zu Großdemonstration) der am Geschehen Beteiligten auf Grund einer Auslegung bejaht wird, die im Lichte der Art 5, 8 GG fehlsam ist (BVerfGE 82, 236 mit krit Bespr Rinken StV 94, 95, 101). 14

6. Zu **Abs 2** (Rechtmäßigkeit der Vollstreckungshandlung und Irrtum darüber) 7–22 zu § 113. 15

7. Abs 1 tritt namentlich hinter den §§ 211, 212, 223–227 zurück (formelle **Subsidiarität**, 26 vor § 52); der Wortlaut gestattet keine einschränkende Auslegung (BGHSt 43, 237 mit krit Anm Rudolphi JZ 98, 471, zust aber Martin JuS 98, 375; Tröndle/Fischer 19). Mit §§ 111, 113 (str), 124, 241 (Bay NStZ-RR 99, 269) StGB, §§ 21 (Köln NStZ-RR 97, 234), 22, 27 I VersG ist Tateinheit möglich, § 27 II VersG wird dagegen von § 125 I verdrängt (Rudolphi SK 31; diff Tröndle/Fischer 22). Für das Zusammentreffen mit § 29 VersG und mit § 113 OWiG gilt § 21 OWiG. 16

§ 125 a Besonders schwerer Fall des Landfriedensbruchs

In besonders schweren Fällen des § 125 Abs. 1 ist die Strafe Freiheitsstrafe von sechs Monaten bis zu zehn Jahren. Ein besonders schwerer Fall liegt in der Regel vor, wenn der Täter
1. eine Schußwaffe bei sich führt,
2. eine andere Waffe bei sich führt, um diese bei der Tat zu verwenden,

§ 126 BT. 7. Abschnitt. Öffentliche Ordnung

3. durch eine Gewalttätigkeit einen anderen in die Gefahr des Todes oder einer schweren Gesundheitsschädigung bringt oder
4. plündert oder bedeutenden Schaden an fremden Sachen anrichtet.

Fassung: Technische Änderung in Nr 3 durch das 6. StrRG (13 vor § 1).

1   1. Zu den **besonders schweren Fällen** 7–21 zu § 46.
2   2. **Nr 1:** 3 zu § 244. – **Nr 2, 3:** 24, 25 zu § 113; ergänzend zu Nr 3 v Bubnoff LK-Nachtrag 2. Es genügt jedoch nicht, wenn nur ein anderer Beteiligter (Täter oder Teilnehmer) eine Waffe bei sich führt oder durch eine Gewalttätigkeit andere gefährdet (BGHSt 27, 56; Bay NStZ-RR 96, 101; vgl auch BGHSt 42, 368; Ostendorf NK 8; aM Eisele, Die Regelbeispielsmethode im Strafrecht, 2004, S 351; Sch/Sch-Lenckner 10); es kommt aber ein unbenannter schwerer Fall in Betracht (BGHSt 43, 237, 240, für Mittäter; vgl auch NStZ 00, 194). – **Nr 4: Plündern** ist die eigenhändige (Schleswig SchlHA 93, 222; aM Sch/Sch-Lenckner 13; str) Wegnahme oder das Abnötigen von Sachen in der Absicht rechtswidriger Zueignung (str) unter Ausnutzung der Ordnungsstörung (RGSt 52, 34). Ob ein Schaden **bedeutend** ist, hängt vom Verkehrswert ab (24 zu § 315 c). Das Bemühen um Schadenswiedergutmachung ist zugunsten des Täters zu bewerten (NStZ 00, 194).
3   3. Nr 2 geht dem § 27 I VersG vor (**Konsumtion,** NJW 85, 501 mwN).

§ 126 Störung des öffentlichen Friedens durch Androhung von Straftaten

(1) **Wer in einer Weise, die geeignet ist, den öffentlichen Frieden zu stören,**
1. **einen der in § 125 a Satz 2 Nr. 1 bis 4 bezeichneten Fälle des Landfriedensbruchs,**
2. **einen Mord (§ 211), Totschlag (§ 212) oder Völkermord (§ 6 des Völkerstrafgesetzbuches) oder ein Verbrechen gegen die Menschlichkeit (§ 7 des Völkerstrafgesetzbuches) oder ein Kriegsverbrechen (§§ 8, 9, 10, 11 oder 12 des Völkerstrafgesetzbuches),**
3. **eine schwere Körperverletzung (§ 226),**
4. **eine Straftat gegen die persönliche Freiheit in den Fällen der §§ 234, 234 a, 239 a oder 239 b,**
5. **einen Raub oder eine räuberische Erpressung (§§ 249 bis 251 oder 255),**
6. **ein gemeingefährliches Verbrechen in den Fällen der §§ 306 bis 306 c oder 307 Abs. 1 bis 3, des § 308 Abs. 1 bis 3, des § 309 Abs. 1 bis 4, der §§ 313, 314 oder 315 Abs. 3, des § 315 b Abs. 3, des § 316 a Abs. 1 oder 3, des § 316 c Abs. 1 oder 3 oder des § 318 Abs. 3 oder 4 oder**
7. **ein gemeingefährliches Vergehen in den Fällen des § 309 Abs. 6, des § 311 Abs. 1, des § 316 b Abs. 1, des § 317 Abs. 1 oder des § 318 Abs. 1**
androht, wird mit Freiheitsstrafe bis zu drei Jahren oder mit Geldstrafe bestraft.

(2) **Ebenso wird bestraft, wer in einer Weise, die geeignet ist, den öffentlichen Frieden zu stören, wider besseres Wissen vortäuscht, die Verwirklichung einer der in Absatz 1 genannten rechtswidrigen Taten stehe bevor.**

Fassung: Abs 1 Nr 3, 6 und 7 durch das 6. StrRG (13 vor § 1) technisch geändert; Erweiterung von Abs 1 Nr 2 durch Art 2 Nr 5 EGVStGB (14 vor § 1).

Androhung von Straftaten **§ 126**

1. Die Vorschrift schützt den **öffentlichen Frieden** (bei Schmidt MDR 81, 1
92), dh den Zustand eines von der Rechtsordnung gewährleisteten, frei von
Furcht voreinander verlaufenden Zusammenlebens der Bürger und das Vertrauen
in der Bevölkerung, mindestens einer nicht unbeträchtlichen Personenzahl, in die
Fortdauer dieses Zustandes (hM; vgl Wehinger, Kollektivbeleidigung – Volksverhetzung, 1994, S 74; Sternberg-Lieben, Die objektiven Schranken der Einwilligung im Strafrecht, 1997, S 389; v Bubnoff LK 8; ähnlich Ostendorf NK 6; anders
Schroeder, Die Straftaten gegen das Strafrecht, 1985; Jakobs ZStW 97, 751, 775;
Hefendehl, Kollektive Rechtsgüter im Strafrecht, 2002, S 284, 295: Schutz der
Individualrechtsgüter der Betroffenen; Fischer, GA 89, 445, 450 und Tröndle/Fischer 3: Schutz der Rechtsordnung als Ganzer und ihrer Legitimität; s auch
Kargl Jura 01, 176, 180, der die Ordnungsfunktion iS von Rechtsbewährung im
Wege der Strafverfolgung und der Sanktionierung von Straftätern betont).

2. Zu den **Tathandlungen:** 2

a) Androhen nach Abs 1 entspricht der Drohung im Sinne des § 240 (dort
12); Gegenstand der Drohung kann nur ein zukünftiges Ereignis sein (Frankfurt
NStZ-RR 02, 209; Hoffmann GA 02, 385, 387; vgl auch NStZ 84, 545). Es muss
eine sog Katalogtat, dh eine bestimmte Tat (des Täters oder eines Dritten) in Aussicht gestellt werden, die die Merkmale einer der in Abs 1 genannten rechtswidrigen Taten (18 zu § 11) aufweist, selbst wenn sie nicht schuldhaft begangen werden
soll oder nach Zeit, Ort und Opfer noch nicht näher konkretisiert ist (zeitlich
einschr Ostendorf NK 13); dagegen genügt es nicht, wenn bloß die nach § 30
strafbare Vorbereitung einer Katalogtat angedroht wird (Schnarr NStZ 90, 257,
258). – Auch soweit in Nr 1 auf die Regelbeispiele des § 125 a verwiesen wird,
sind diese hier Tatbestandsmerkmale, so dass es nicht darauf ankommt, ob der angedrohte Landfriedensbruch als besonders schwerer Fall zu beurteilen wäre (krit zu
der enumerativen Methode Stree NJW 76, 1177, 1180; zu den geänderten Nr 3,
6, 7 vgl v Bubnoff LK-Nachtrag 2–4; zur Erweiterung der Nr 2 auf Verbrechen
gegen die Menschlichkeit und Kriegsverbrechen nach dem VStGB vgl BT-Dr 14/8892 S 4).

b) Vortäuschen nach Abs 2 ist zur Irreführung bestimmtes Gesamtverhalten, 3
das auf Erregung oder Unterhaltung des Irrtums gerichtet ist, die Begehung einer
Katalogtat stehe bevor; im Hinblick auf die Eignung zur Friedensstörung muss
diese Tat als unmittelbar oder doch so nahe bevorstehend hingestellt werden, dass
sie schon in der Gegenwart als bedrohlich erscheint (ähnlich Stree NJW 76, 1177,
1180). Die Variante des Vortäuschens ist zu bejahen, wenn der Täter auf die bevorstehende Verwirklichung von Katalogtaten hinweist, die andere Personen (etwa
Terroristen) begehen werden (falsche Warnung; Sch/Sch-Lenckner 6; Arzt/
Weber BT 9/99). Das Merkmal erstreckt sich aber auch auf Fälle, in denen der
Täter die Verwirklichung eines gerade von ihm selbst eingeleiteten Verbrechens
als bevorstehend und nicht mehr beeinflussbar vorspiegelt (Schramm NJW 02,
319, 320). Insbesondere kann der Täter etwa die bevorstehende Verwirklichung
des § 212 durch dessen scheinbaren Versuch vortäuschen, zB durch eine von ihm
angeblich gelegte tickende Zeitbombe oder von ihm versandte vorgebliche Milzbranderreger (OLG Frankfurt NStZ-RR 02, 209 m Bspr Martin JuS 02, 929;
Schramm aaO; Weidemann JA 02, 43, 46; krit zur Täuschung beim bereits vorgenommenen Scheinanschlag Hoffmann GA 02, 385, 387, und bei beendeten Versuchshandlungen Tröndle/Fischer 8).

c) Die Tathandlungen brauchen nur **nach der „Weise" ihrer Begehung** 4
geeignet zu sein, den öffentlichen Frieden zu stören. Danach ist die Tat ein sog
potenzielles, kein konkretes Gefährdungsdelikt (32 vor § 13; aM Hirsch, Kaufmann [Arth]-FS, S 545, 562: konkretes Gefährlichkeitsdelikt; ebenso Zieschang,

§ 127

Die Gefährdungsdelikte, 1998, S 275). Dass der öffentliche Frieden konkret gefährdet ist, ist nicht unbedingt notwendig (BGHSt 16, 49, 56; Köln NJW 82, 657; Düsseldorf NJW 86, 2518; Hoyer, Die Eignungsdelikte, 1987, S 134; Fischer GA 89, 445, 453 und Tröndle/Fischer 9; Wehinger aaO [vgl 1] S 100, 112; Sch/Sch-Lenckner 9; aM Rudolphi SK 7; einschr Beck, Unrechtsbegründung und Vorfeldkriminalisierung, 1992, S 190); es genügt vielmehr, dass Art und Inhalt der Handlung unter den Umständen ihrer Vornahme die konkrete (BGHSt 34, 329) Besorgnis rechtfertigen, der Angriff werde den Friedenszustand oder das Vertrauen in seine Fortdauer erschüttern (BGHSt 46, 36 und 212, jeweils zu § 130; Frankfurt NStZ-RR 02, 209, 210), sei es auch nur in den Teilen der Bevölkerung, die durch den Angriff bedroht erscheinen oder deren Neigung zu Rechtsbrüchen angereizt werden kann (BGHSt 29, 26; Hamburg MDR 81, 71; Koblenz GA 84, 575 mit abl Bespr Giehring StV 85, 30, 35; Nürnberg CR 98, 686; Frommel KJ 94, 323, 337; aM Fischer NStZ 88, 159). Androhung oder Täuschung brauchen daher **nicht öffentlich** zu geschehen. Vielmehr kann Handeln gegenüber einem Einzelnen genügen, wenn nach den Umständen mit dem Bekanntwerden in der Bevölkerung zu rechnen ist (BGH aaO; einschr Tröndle/Fischer 10); das soll bei sog Leserbriefen an Zeitungsredaktionen selbst dann in Frage kommen, wenn nicht der kommentarlose Abdruck, immerhin aber ein Publizität erzeugender Bericht über den Vorgang zu erwarten ist (BGHSt 29, 26 mit krit Anm Wagner JR 80, 120; aM Ostendorf NK 17; zw); das Versenden von SMS oder E-Mails an eine handvoll Personen reicht hingegen nicht (Hörnle NStZ 02, 113, 117).

5   **3.** Der **Vorsatz** (bedingter genügt) muss namentlich auch die Eignung zur Friedensstörung umfassen; das schließt notwendig die Vorstellung und Billigung ein, dass die Androhung oder Täuschung (möglicherweise) in die Öffentlichkeit dringt (Geilen NJW 76, 279). Dagegen gehört nicht zum Vorsatz, dass der Täter sein Verhalten unter die Katalogtatbestände subsumiert; insoweit genügt Bedeutungskenntnis im Hinblick auf alle Tatumstände des angedrohten oder vorgetäuschten Verhaltens (BGHSt 17, 307; s auch Laufhütte MDR 76, 441, 442). – Zum Vorsatz des Androhens (Abs 1) beachte 12, 16 zu § 240. – **Wider besseres Wissen** (Abs 2) 1 zu § 187.

6   **4. Tateinheit** ua möglich zwischen Abs 1 und §§ 125, 240, 241 sowie zwischen Abs 2 und § 145 d I Nr 2.

§ 127 Bildung bewaffneter Gruppen

Wer unbefugt eine Gruppe, die über Waffen oder andere gefährliche Werkzeuge verfügt, bildet oder befehligt oder wer sich einer solchen Gruppe anschließt, sie mit Waffen oder Geld versorgt oder sonst unterstützt, wird mit Freiheitsstrafe bis zu zwei Jahren oder mit Geldstrafe bestraft.

Fassung des 6. StrRG (13 vor § 1).

1   **1.** Die Vorschrift schützt den **inneren Rechtsfrieden** (v Bubnoff LK-Nachtrag 2; BT-Dr 13/8587 S 28; ähnlich Lenckner, Keller-FS, S 151, 154: „der innere (öffentliche) Frieden"), daneben auch die Wehrhoheit des Bundes und dessen Interesse an der Wahrung seiner Neutralität in Kriegen zwischen anderen Staaten (hM; anders Ostendorf RuP 82, 139, der das Gewaltmonopol des Staates als geschützt ansieht). Die Tat ist abstraktes Gefährdungsdelikt (32 vor § 13; Lenckner aaO S 153; krit wegen der Vorverlagerung der Strafbarkeit Volkersen, in: Irrwege, S 285, 295); die im RegEntw (BT-Dr aaO) vorgesehene Eignungsklausel wurde nicht in die Neufassung aufgenommen (BT-Dr 13/9064 S 9). – Zur Entstehungsgeschichte Lenckner aaO S 152, der die unbestimmte Vorschrift für verzichtbar hält (S 164).

Bildung bewaffneter Gruppen § **128**

2. Gruppe ist die (nicht notwendig räumliche, BT-Dr 13/8587 S 28) Vereinigung einer größeren Zahl von Menschen (RGSt 56, 281); die notwendige Mindestzahl hängt von den Umständen des Einzelfalls ab (näher v Bubnoff LK-Nachtrag 5), eine Zahl von drei Personen soll bereits ausreichen (BT-Dr 13/9046 S 9; anders noch BT-Dr 13/8587 S 28; krit Volkersen aaO [vgl 1] S 286; Lenckner aaO [vgl 1] S 156; Rudolphi SK 2; Ostendorf NK 9: mindestens 10 Personen; zw); anders als die Vereinigung (2 zu § 129) setzt die Gruppe keine organisierte Willensbildung voraus (v Bubnoff LK-Nachtrag 4; Kindhäuser 2; BT-Dr aaO; 1 zu § 88; aM Ostendorf NK 8), auch keine militärähnliche Organisation (so aber Tröndle/Fischer 3), doch wird man einen gemeinsamen Zweck verlangen müssen (Lenckner aaO). Die Gruppe, nicht jedes Gruppenmitglied, muss über Waffen oder andere gefährliche Werkzeuge (krit zu dieser Erweiterung Volkersen aaO S 287 und Lenckner aaO S 160) verfügen (enger Tröndle/Fischer 4); im Gegensatz zum bisherigen Recht sind damit nicht nur Waffen im technischen Sinne erfasst, es reichen auch Gegenstände aus, die wie zB Baseballschläger zur Herbeiführung erheblicher Körperverletzungen geeignet sind (Lenckner aaO S 158; v Bubnoff LK-Nachtrag 9; zur vergleichbaren Problematik bei § 244 I Nr 1 a dort 3). **Bilden** bedeutet bewaffnete Personen zusammenbringen oder zusammengebrachte bewaffnen (v Bubnoff LK – Nachtrag 12). **Befehligen** ist Ausübung tatsächlicher Kommandogewalt, die Unterführer nur innehaben, wenn die ihnen unterstellten Personen eine selbstständige Gruppe bilden (näher zu dieser sprachlich missglückten Variante Lenckner aaO S 157, 161).

3. Anschließen an eine Gruppe; der Täter braucht nicht selbst bewaffnet zu sein (RGSt 30, 391), muss sich aber eingliedern (RGSt 56, 281). **Unterstützen** ist der Oberbegriff, Versorgen nur ein Beispiel; erfasst ist zB das Anwerben oder Zuführen neuer Mitglieder (BT-Dr 13/8587 S 28; aM Ostendorf NK 15); es handelt sich wie bei §§ 129, 129a um eine der zur Täterschaft verselbstständigte Teilnahme eines Nichtmitglieds (6 zu § 129). **Versorgen** ist das Verschaffen der (technischen) Waffen oder des Geldes, das die Gruppe für die Erfüllung ihrer Zwecke benötigt (näher v Bubnoff LK-Nachtrag 16); trotz des unvollständigen Wortlauts sind auch hier gefährliche Werkzeuge einzubeziehen (Lenckner aaO [vgl 1] S 162).

4. Bedingter **Vorsatz** genügt für alle Alternativen (hM).

5. „**Unbefugt**" ist nach hM (vgl v Bubnoff LK-Nachtrag 18 mwN) allgemeines Verbrechensmerkmal (aM mit beachtlichen Gründen Lenckner aaO [vgl 1] S 162 und Sch/Sch-Lenckner 3: Tatbestandsbegrenzungsmerkmal). Das Merkmal soll das Kriterium zur Ausscheidung unbedenklicher Personenmehrheiten wie zB Schützengesellschaften bilden (BT-Dr 13/9064 S 9; krit hinsichtlich der Eignung dieses Merkmals zur Tatbestandbegrenzung Volkersen aaO [vgl 1] S 290; der Reg-Entw hatte diese Funktion noch der nicht ins Gesetz aufgenommenen Eignungsklausel zugedacht, BT-Dr 13/8587 S 28). Einigkeit besteht jedenfalls nach wie vor darüber, dass nach dem Schutzzweck der Vorschrift Jagd- und Schützengesellschaften und deren Veranstaltungen nicht hierher gehören, weil ihre Waffen nicht dem **Einsatz gegen Menschen** dienen (Rudolphi SK 3; v Bubnoff LK-Nachtrag 11; krit Ostendorf NK 11). Irrtümer über die Befugnis sind nach den für den Erlaubnistatbestands- und den Verbotsirrtum geltenden Regeln zu behandeln (2–20 zu § 17).

6. Tateinheit ua möglich mit § 129, ferner mit § 53 WaffG und § 22 a KWKG.

7. § 129 V, VI sind analog anzuwenden (Lenckner aaO [vgl 1] S 164).

§ 128 *(weggefallen)*

§ 129 Bildung krimineller Vereinigungen

(1) Wer eine Vereinigung gründet, deren Zwecke oder deren Tätigkeit darauf gerichtet sind, Straftaten zu begehen, oder wer sich an einer solchen Vereinigung als Mitglied beteiligt, für sie um Mitglieder oder Unterstützer wirbt oder sie unterstützt, wird mit Freiheitsstrafe bis zu fünf Jahren oder mit Geldstrafe bestraft.

(2) Absatz 1 ist nicht anzuwenden,
1. wenn die Vereinigung eine politische Partei ist, die das Bundesverfassungsgericht nicht für verfassungswidrig erklärt hat,
2. wenn die Begehung von Straftaten nur ein Zweck oder eine Tätigkeit von untergeordneter Bedeutung ist oder
3. soweit die Zwecke oder die Tätigkeit der Vereinigung Straftaten nach den §§ 84 bis 87 betreffen.

(3) Der Versuch, eine in Absatz 1 bezeichnete Vereinigung zu gründen, ist strafbar.

(4) Gehört der Täter zu den Rädelsführern oder Hintermännern oder liegt sonst ein besonders schwerer Fall vor, so ist auf Freiheitsstrafe von sechs Monaten bis zu fünf Jahren zu erkennen.

(5) Das Gericht kann bei Beteiligten, deren Schuld gering und deren Mitwirkung von untergeordneter Bedeutung ist, von einer Bestrafung nach den Absätzen 1 und 3 absehen.

(6) Das Gericht kann die Strafe nach seinem Ermessen mildern (§ 49 Abs. 2) oder von einer Bestrafung nach diesen Vorschriften absehen, wenn der Täter
1. sich freiwillig und ernsthaft bemüht, das Fortbestehen der Vereinigung oder die Begehung einer ihren Zielen entsprechenden Straftat zu verhindern, oder
2. freiwillig sein Wissen so rechtzeitig einer Dienststelle offenbart, daß Straftaten, deren Planung er kennt, noch verhindert werden können;

erreicht der Täter sein Ziel, das Fortbestehen der Vereinigung zu verhindern, oder wird es ohne sein Bemühen erreicht, so wird er nicht bestraft.

Fassung: Das 34. StÄG (14 vor § 1) hat in Abs 1 vor „wirbt" die Worte „um Mitglieder oder Unterstützer" eingefügt.

1   1. Die Vorschrift **schützt die öffentliche Sicherheit und Ordnung** (hM; vgl BGHSt 41, 47, 51; Gössel JR 83, 118; Hofmann NStZ 98, 249), und zwar speziell auch unter dem Aspekt des öffentlichen Friedens (Düsseldorf NJW 94, 398, 399; Bay StV 98, 265; Lampe ZStW 106, 683, 706; Sch/Sch-Lenckner 1; aM Otto GK 2 90/4: staatliche Zwangsgewalt). Ihr Schutzzweck beschränkt sich im Hinblick auf die von kriminellen Vereinigungen ausgehende Bedrohung der Allgemeinheit nicht auf eine bloße Vorverlegung des Strafschutzes in das Vorbereitungsstadium (so aber Rudolphi, Bruns-FS, S 315, 317 und ZRP 79, 214; Giehring StV 83, 296, 302; Schroeder, Die Straftaten gegen das Strafrecht, 1985, S 9, 28; Langer-Stein, Legitimation und Interpretation der strafrechtlichen Verbote krimineller und terroristischer Vereinigungen, 1987, S 88, 187; Fürst, Grundlagen und Grenzen der §§ 129, 129a StGB, 1989, S 55; Hohmann wistra 92, 85; Scheiff, Wann beginnt der Strafrechtsschutz gegen kriminelle Vereinigungen?, 1997, S 15; Hefendehl, Kollektive Rechtsgüter im Strafrecht, 2002, S 287; Ostendorf NK 5); krit zur Rechtsgutsdiskussion Meindl, Die Selbstverpflichtung im Strafrecht, 1993, S 67, der den Unrechtsgehalt in einer Selbstverpflichtung des

Täters sehen will, und Müssig, Schutz abstrakter Rechtsgüter und abstrakter Rechtsgüterschutz, 1994, S 13 und 210, der die polizeilich-präventive Aushöhlung der Subjektstellung als entscheidende Problematik thematisiert, sowie Krüger, Die Entmaterialisierungstendenz beim Rechtsgutsbegriff, 2000, S 167. – Vorschläge zur Reform der Organisationsdelikte Albrecht ua (Hrsg), Strafrecht – ultima ratio, 1992, S 81; Cording, Der Strafklageverbrauch bei Dauer- und Organisationsdelikten, 1993, S 246. Krit zur Pönalisierung des Gründungsaktes Beck, Unrechtsbegründung und Vorfeldkriminalisierung, 1992, S 206; s jedoch Lampe aaO S 726, demzufolge das Gründen – anders als die Unterstützung und das Werben – Systemverantwortung begründet. – Rechtsvergleichend Arzt, in: Schmid (Hrsg), Einziehung – Organisiertes Verbrechen – Geldwäsche, Bd I, 1998, S 263, 300; Federle ZStW 110, 767, 793.

2. a) Vereinigung ist ein auf gewisse Dauer berechneter organisatorischer Zusammenschluss von mindestens drei Personen, die bei Unterordnung des Willens des einzelnen unter den Willen der Gesamtheit (BGHSt 31, 239 mit Anm Rudolphi JR 84, 32; NStZ-RR 02, 300; Düsseldorf NJW 94, 398; Bay StV 98, 265; Scheiff aaO [vgl 1] S 33, 84; krit zu dieser Beschränkung, die der Gefährlichkeit hierarchisch aufgebauter Straftätergruppen nicht gerecht wird, Sieber/Bögel, Logistik der Organisierten Kriminalität, 1993, S 358) gemeinsame Zwecke verfolgen und unter sich derart in Beziehung stehen, dass sie sich als einheitlicher Verband fühlen (BGHSt 31, 202; 45, 26, 35; wistra 99, 300, 301; NStZ 99, 503; NStZ-RR 02, 300; zu eng nach Lampe aaO [vgl 1] S 696; s auch Volk JR 79, 425; Herzog, Solidarität unter Verdacht, 1995, S 151; Federle aaO [vgl 1] S 794); weniger streng sind die Anforderungen des Rahmenbeschlusses des Rates der EU zur Terrorismusbekämpfung v 13. 6. 2002 (ABl EG L 164/4), die aber der Gesetzgeber bisher nicht aufgegriffen hat (Altvater NStZ 03, 179, 184, der eine „europafreundliche" Auslegung des Vereinigungsbegriffs erwägt). Erforderlich ist daher – im Unterschied zur Bande (§ 244 I Nr 2) – ein Mindestmaß an fester Organisation (BGH aaO; NStZ 82, 68; Ostendorf NK 12), die aus dem gemeinsamen Gruppenwillen erwachsen ist (NJW 92, 1518). Gefordert war bisher außerdem auch mindestens eine Teilorganisation im Bundesgebiet (BGHSt 30, 328 mit abl Anm Rudolphi NStZ 82, 198; 45, 26, 35; Bay NStZ-RR 97, 251; Krehl DtZ 92, 113; krit zu dieser Privilegierung ausländischer krimineller Vereinigungen Sieber/Bögel aaO S 360); dies ist durch den seit dem 30. 8. 2002 geltenden § 129 b geändert worden, der „Vereinigungen im Ausland" in die §§ 129, 129 a einbezieht, auch wenn sie keine „räumlich-organisatorische Inlandsverankerung" haben (v Bubnoff NJW 02, 2672, 2675). § 30 b BtMG, der für den unbefugten Vertrieb von Betäubungsmitteln (§ 6 Nr 5) auch ausländische Organisationen einbezieht (diese Beschränkung ist vom Wortlaut nicht gefordert und zumindest für den Bereich der EU äußerst fragwürdig; Dannecker, BGH-FG, S 338, 354), ist davon unberührt (BT-Dr 14/7025 S 6; Tröndle/Fischer 9). Eine Beschränkung der Vorschrift auf politische oder politisch motivierte Vereinigungen wird durch die Entstehungsgeschichte zwar nahegelegt, findet im Gesetz aber keine Stütze (hM; anders Hohmann wistra 92, 85 und Walischewski StV 00, 583).

b) Voraussetzung ist, dass die Vereinigung zurzeit der Tat nach dem Willen der führenden Funktionäre (auch solcher ohne förmliche Organstellung, BGHSt 7, 222, 225) die Begehung einer **Mehrheit von Straftaten** – sei es auch nur von gleichartigen Taten im Rahmen einer geplanten zusammenhängenden Aktionseinheit (NJW 75, 985; Bay NStZ-RR 97, 251; einschr Rudolphi aaO [vgl 1] S 321 und S 216; Ostendorf JA 80, 499, 501 und JuS 81, 640, 642; Sch/Sch-Lenckner 7 a; zw) – anstrebt oder dass ihre Tätigkeit in der Begehung solcher Taten besteht. Die bezweckten Taten brauchen nicht im Einzelnen konkretisiert zu sein (BGHSt 27, 325, 328; NStZ 99, 503). Auch dass sie im Ausland begangen werden sollen,

§ 129

ist unerheblich, wenn auf sie deutsches Strafrecht (§§ 4–7) anwendbar ist (NJW 66, 310; NStZ-RR 02, 300); der tragende Grund für diese Einschränkung ist durch den neuen § 129 b entfallen (Altvater NStZ 03, 179, 180); gefordert ist aber für die Anwendung deutschen Strafrechts auf die Beteiligungshandlungen iS der §§ 129, 129 a nach wie vor eine Legitimation nach den §§ 3–7 (Altvater NStZ 03, 179; Tröndle/Fischer 10). Die Begehung braucht nicht Endziel, alleiniger Zweck oder ausschließliche Tätigkeit zu sein (BGHSt 15, 229; NJW 75, 985; Bay NStZ-RR 97, 251); es genügt, dass sie Mittel zur Erreichung anderer Zwecke ist (BGHSt 27, 325). Die Begehung von Straftaten muss anderen Zwecken der Vereinigung in dem Sinne gleichgeordnet sein, dass durch sie das Erscheinungsbild der Vereinigung mitgeprägt wird (BGHSt 41, 47, 56 mit krit Bespr Krehl JR 96, 208; Ostendorf NK 13). Nur Zwecke oder Tätigkeiten von untergeordneter Bedeutung reichen nicht aus **(Abs 2 Nr 2);** diese weit auszulegende (BT-Dr V/2860 S 27) Ausnahme soll vornehmlich politische Vereinigungen im Hinblick auf etwa verfolgte Nebenzwecke und Nebentätigkeiten (zB Abreißen von Plakaten, Beschmieren von Hauswänden, politische Beleidigungen) ausscheiden (BGHSt 20, 87; krit Ostendorf JA 80, 499, 501; vgl auch Düsseldorf NJW 94, 398), darüber hinaus eine Begrenzung auf solche Vereinigungen ermöglichen, die eine erhebliche Gefahr für die öffentliche Sicherheit bedeuten (BGHSt 31, 202; 41, 47, 51 mit krit Anm Ostendorf JZ 96, 55 und Krehl JR 96, 208; NJW 95, 3395, 3396; NStZ 00, 27; Düsseldorf aaO und NStZ 98, 249 mit Anm Hofmann; Bay StV 98, 265), nicht aber den Tatbestand allgemein auf Kapitalverbrechen oder besonders schwerwiegende Straftaten einschränken (probl LG Berlin NStZ 82, 203; Hohmann wistra 92, 85; Herzog aaO [vgl 2] S 164; wie hier Tröndle/Fischer 12). Bei Sachbeschädigungen durch sog (ausländerfeindliche) Farbsprühaktionen ist im Hinblick auf den Grad der Gefährdung für die öffentliche Sicherheit nicht nur die Substanzverletzung, sondern auch der Inhalt der aufgesprühten Parolen, Bilder oder Zeichen zu berücksichtigen (BGHSt 41, 47, 52 mit Bespr Schittenhelm NStZ 95, 343 und Geppert JK 5; krit Ostendorf NK 24; Rudolphi SK 10 b; zust aber v Bubnoff LK 37, 40; zw). Demselben Zweck dienen die anderen Nummern des **Abs 2,** die bei Vorliegen ihrer Voraussetzungen den Tatbestand ausschließen (zu **Nr 1** vgl Art 21 II GG – sog Parteienprivileg; BVerfGE 17, 155; NJW 74, 565; dieser Vorbehalt ist nicht auf ausländische Vereinigungen anwendbar, Altvater NStZ 03, 179, 180). **Nr 3** will verhindern, dass die bloße Verfolgung verfassungswidriger Ziele unter Verstoß gegen §§ 84–87 schon vor einem Vereinigungsverbot als Organisationsdelikt bestraft werden kann (zu diesem Verbots- und Feststellungsprinzip 1 zu § 84), doch endet dieser Freiraum bei der Begehung von Allgemeindelikten wie Sachbeschädigungen (BGHSt 41, 47, 53 mit zust Anm Schittenhelm NStZ 95, 343, 344).

4 **3. a) Gründen** erfordert führende Mitwirkung (nicht notwendig als Mitglied) bei der Schaffung des Zusammenschlusses (NJW 54, 1254; Scheiff aaO [vgl 1] S 89, 120; weiter Tröndle/Fischer 23); auch in der Umwandlung einer legalen Vereinigung in eine kriminelle liegt eine Gründung (BGHSt 27, 325; Scheiff aaO S 117, 123), bei der schon der Versuch strafbar ist (Abs 3; näher zu dessen Beginn NStZ-RR 04, 40: Ansprechen der zu rekrutierenden Person, und Scheiff aaO S 171, 189, der ein Werben von Mitgliedern verlangt).

5 **b)** Für die **Beteiligung als Mitglied** ist förmliche Mitgliedschaft weder erforderlich noch ausreichend (BGHSt 29, 114 mwN; s auch 3 zu § 84). Vorauszusetzen ist vielmehr eine einvernehmliche (NStZ 93, 37), auf Dauer gerichtete, sei es auch zunächst nur erstmalige Teilnahme am Verbandsleben (BGHSt 29, 114), die sich in aktiven, dem Organisationswillen untergeordneten Handlungen zur Förderung von Aufbau, Zusammenhalt oder Tätigkeit der Vereinigung äußern muss (Karlsruhe NJW 77, 2222; weitergehend Meindl aaO [vgl 1] S 189, der schon den

Bildung krimineller Vereinigungen § 129

verpflichtenden Zusammenschluss genügen lässt); nach der Rspr soll uU auch der einvernehmliche Eintritt in die Vereinigung genügen, wenn er sich als gewichtige Unterstützungshandlung darstellt (BGH aaO; am Ostendorf JA 80, 499, 501). Ob die Beteiligung von RAF-Häftlingen an Hungerstreiks erfasst wird, hängt von den Umständen ab (NJW 89, 2827, 2828). – Die Tathandlungen sind nicht notwendig Beteiligung (Täterschaft oder Teilnahme) an den der Tätigkeit oder den Zwecken der Vereinigung entsprechenden Straftaten (BGHSt 28, 110); auch ist nicht erforderlich, dass das Mitglied bei diesen Straftaten mitwirkt oder mitwirken soll (Karlsruhe aaO; aM Rudolphi SK 16; diff Meindl aaO S 194; str); jedoch ist solche Mitwirkung im Rahmen der auf Dauer gerichteten Teilnahme am Verbandsleben fast immer tatbestandsmäßig, weil für sie die Förderung der Organisationszwecke oder -tätigkeiten typisch ist (BGHSt 29, 288; s auch Gössel JR 82, 111; str). Die mitgliedschaftliche Beteiligung kann sich auf Jahre erstrecken und wird durch Pausen zwischen den einzelnen Betätigungsakten nicht berührt; dagegen kann ein längeres Abtauchen zur Beendigung der Beteiligung führen, auch wenn sie danach an anderer Stelle und für eine andere Organisation neu aufgenommen wird (BGHSt 46, 249 mit Bespr Paeffgen NStZ 02, 281 und Verrel JR 02, 212).

c) Unterstützen ist zur Täterschaft verselbstständigte Beihilfe eines Nichtmit- 6 glieds (hM; krit Sommer JR 81, 490; Sch/Sch-Lenckner 15). Eine Vereinigung unterstützt, wer durch organisationsbezogene Betätigung ihren Fortbestand oder die Verwirklichung ihrer Ziele fördert, wenn sein Tun ihren Bestrebungen oder ihrer Tätigkeit irgendwie vorteilhaft ist oder ihre Mitglieder in dem Entschluss bestärkt, die geplanten Taten zu begehen (BGHSt 32, 243; 33, 16; NJW 88, 1677; Bay StV 87, 392, alle mwN; einschr Rudolphi, Bruns-FS, S 315, 327 und ZRP 79, 214, 217; Ostendorf JA 80, 499, 502; Bottke JR 85, 122, 123; Fürst aaO [vgl 1] S 110; s auch Kuckuck NJW 80, 298; Müller-Dietz JR 81, 76; Weisert, Der Hilfeleistungsbegriff bei der Begünstigung, 1999, S 182; zw). – Beim Verbreiten von Schriften muss darüber hinaus der Text – mit denselben Maßgaben wie beim Werben (vgl 7) – in seiner Zielrichtung eindeutig erkennbar und objektiv geeignet sein, von dem angesprochenen Adressatenkreis als Unterstützung der Vereinigung aufgefasst zu werden (BGHSt 33, 16, 18; 43, 41, 44; NJW 89, 2002; Düsseldorf NStZ 90, 145). – Bloßes Vorrätighalten von Werbematerial genügt nicht (Bay StV 84, 77). Dasselbe gilt idR auch für die Verbreitung fremder Äußerungen, die sich der Täter nicht zu eigen macht (Hamburg StV 86, 253; s auch 6 zu § 90a).

d) aa) Werben ist eine mit Mitteln der Propaganda betriebene Tätigkeit, die 7 nicht schon als mitgliedschaftliche Beteiligung (vgl 5) erfasst wird (BGHSt 31, 16, 17) und auf Weckung oder Stärkung der Bereitschaft Dritter zur Förderung einer bestimmten existenten (KG StV 81, 525; Koblenz StV 89, 205; Bay NJW 98, 2542 mit Anm Radtke JR 99, 84; Sch/Sch-Lenckner 14; aM v Bubnoff LK 49) Vereinigung gerichtet ist (Bay NStZ-RR 96, 7; zusf Rebmann NStZ 81, 457); dabei ist unerheblich, ob ein Werbeerfolg eintritt (hM; vgl etwa Altvater NStZ 03, 179; Ostendorf NK 19, der auf die Neufassung – werben „um" – abstellt) oder ob das Handeln auch nur zu dessen Herbeiführung geeignet ist (Rudolphi SK 20, 89; Tröndle/Fischer 9). Erfasst wurde bisher auch die sog Sympathiewerbung, die nicht unmittelbar die Gewinnung von Anhängern oder die Herbeiführung bestimmter Unterstützungshandlungen bezweckt (BGHSt 28, 26 mit abl Anm Rudolphi JR 79, 33; Gössel JR 83, 118; aM Ostendorf NK 19); einschränkend wurde jedoch schon bisher gefordert, dass sie die Zielrichtung auf Förderung der Vereinigung als solcher (nicht nur einzelner Mitglieder), ihrer Bestrebungen oder ihrer Tätigkeit eindeutig erkennbar macht und deshalb geeignet ist, von den angesprochenen Adressaten als Werbung gerade für die Vereinigung verstanden zu werden (BGHSt 33, 16 mit Anm Bruns NStZ 85, 22; 43, 41, 43; NJW 88, 1679 und 95, 3395; bei Schmidt MDR 93, 504; Schleswig NJW 88, 352; KG StV 90,

§ 129 BT. 7. Abschnitt. Öffentliche Ordnung

210; Bay NStZ-RR 96, 7 und 135 sowie NJW 98, 2542, 2543). Durch das 34. StÄG (14 vor § 1) wurde diese sog Sympathiewerbung aus der Strafbarkeit herausgenommen (Altvater NStZ 03, 179; v Bubnoff NJW 02, 2672, 2676 und LK 48; Ostendorf NK 19; Tröndle/Fischer 25); strafbar ist danach nur noch das **Werben um Mitglieder oder Unterstützer.** Diese Einschränkung ist trotz ihrer Umstrittenheit im Gesetzgebungsverfahren (vgl BT-Dr 14/9336 S 1) begrüßt worden (Altvater aaO; v Plottnitz ZRP 02, 351, 353; Ostendorf NK 5 zu §§ 129a, b und Tröndle/Fischer aaO); ob die vom Gesetzgeber angestrebte klare Umgrenzung der Tathandlung (BT-Dr 14/8893 S 8) gelungen ist, wird jedoch bezweifelt (Tröndle/Fischer 25 a). Gemeint ist die unmittelbare Gewinnung von tätiger Anhängerschaft (v Bubnoff NJW 02, 2672, 2676). Die Mitglieder-Werbung muss auf die Gewinnung von Personen gerichtet sein, die sich mitgliedschaftlich in die Organisation einfügen (BT-Dr aaO; Altvater aaO). Unterstützer-Werbung muss auf die Gewinnung von Gehilfen ausgerichtet sein, mit denen nicht notwendig eine länger dauernde Zusammenarbeit geplant sein muss (BT-Dr aaO). Neben öffentlichen Aufrufen kommen auch Werbemaßnahmen in Betracht, die an einen Einzelnen gerichtet sind (BT-Dr aaO). – Ob ein Werben vorliegt, bestimmt sich nach dem durch Auslegung zu ermittelnden Sinngehalt der Äußerung, wie er sich unter den konkreten Umständen für den Verständnishorizont eines unbefangenen Durchschnittsadressaten darstellt (NJW 88, 1679 und 95, 3395; s auch Frankfurt StV 83, 285; Stuttgart StV 84, 76; Koblenz StV 89, 205).

8 bb) **Beihilfe zum Werben** bestimmt sich nach den allgemeinen Regeln (zur Abgrenzung von der Mittäterschaft beachte BGHSt 36, 363), ist also von der Strafbarkeit nicht ausgenommen (BGHSt 29, 258, 263 mwN; aM Schlothauer/Tscherch StV 81, 22; Sommer JR 81, 490, 494; Fürst aaO [vgl 1] S 242; Ostendorf NK 28).

9 4. Am **Vorsatz** fehlt es, wenn der Täter infolge Verbotsirrtums die Strafbarkeit der Zwecke oder der Tätigkeit der Vereinigung nicht erkennt (LM Nr 6). **Bedingter** Vorsatz genügt (BGHSt 29, 99, 101; Bay NStZ 83, 123); er muss beim Unterstützen die fördernde Wirkung gerade für die Vereinigung umfassen (bei Schmidt MDR 91, 186) und beim Werben mit der propagandistischen Förderungstendenz (vgl 7) verbunden sein (NStZ 87, 552; NJW 90, 2828, 2830; bei Schmidt MDR 93, 505; Bay NStZ-RR 96, 7).

10 5. Handlungen von Beschuldigten und **Verteidigern** (§§ 137ff StPO), die der materiellen oder formellen Verteidigung dienen, sind meistens schon nicht tatbestandsmäßig. Andernfalls sind sie gerechtfertigt, wenn sie sich in den – allerdings umstrittenen und zum Teil noch ungeklärten (vgl etwa Ostendorf JZ 79, 252) – Grenzen prozessual zulässiger Verteidigung halten (BGHSt 29, 99; 31, 16 mit abl Anm Gössel JR 83, 118; NStZ 90, 183; krit Lüderssen 115 vor § 137 StPO; zust Widmaier, BGH-FG, S 1043, 1046; weiter Rudolphi, Bruns-FS, S 315, 336 und ZRP 79, 214, 217; s auch 8–10 zu § 258); die Annahme, dass bei rechtmäßigem Verteidigerhandeln schon der Tatbestand entfalle (so ua Müller-Dietz JR 81, 76; Müller StV 81, 90, 97; Bottke JR 85, 122, 124), ist angesichts der offensichtlichen Erfüllung der Tatbestandselemente problematisch, aber für das Ergebnis bedeutungslos (BGHSt 32, 243, 248).

11 6. Die in **Abs 4** genannten Erschwerungsgründe (Rädelsführer, Hintermann, 2 zu § 84) sind zwingende Beispiele für besonders schwere Fälle (11 zu § 46; beachte auch NJW 78, 174).

12 7. Zur **tätigen Reue** (Abs 6 Nr 1) 29 zu § 24; 7 zu § 87; Meindl aaO [vgl 1] S 228, 234; krit Jung ZRP 86, 38. Abs 6 Nr 2 enthält eine sog „kleine" Kronzeugenregelung (Peglau ZRP 01, 103; zum Auslaufen der sog „großen" Kronzeugenregelung mit Ablauf des 31. 12. 1999 s Sch/Sch-Lenckner 28; Anläufe zu einer

Bildung terroristischer Vereinigungen **§ 129a**

neuen [allgemeinen oder bereichsspezifischen] Kronzeugenregelung sind im Gang; vgl 18 zu § 261 und 12 vor § 38); zum Offenbaren 7 zu § 87.

8. Tateinheit ua möglich mit §§ 84, 85 (aM Ostendorf NK 31), 126, 140; **13** § 129a geht vor. Mehrere auf demselben Vorsatz beruhende Handlungen der Beteiligung als Mitglied bilden nach der Rspr bereits eine tatbestandliche Handlungseinheit (10 vor § 52; BGHSt 29, 288, 290; Rissing-van Saan, BGH-FS, S 475, 482; zur „Zäsur" der Beteiligung s oben 5). Es stehen hier zeitlich gestreckte Gesetzesverletzungen ganz im Vordergrund, so dass die Frage der Verklammerung mit anderen selbstständigen Taten (5 zu § 52) häufig zu beantworten ist (vgl etwa BGHSt 29, 288 mit Anm Rieß NStZ 81, 74; Rissing-van Saan aaO). Gerade im Bereich des § 129 sind die Ergebnisse der Rspr oft unbefriedigend (krit Werle NJW 80, 2671, 2674 und Die Konkurrenz bei Dauerdelikt, Fortsetzungstat und zeitlich gestreckter Gesetzesverletzung, 1981, S 161; Fezer, in: Schmidt [Hrsg], Rechtsdogmatik und Rechtspolitik, 1990, S 125; Cording aaO [vgl 1] passim; Paeffgen NStZ 02, 281, 286; s jedoch Lampe aaO [vgl 1] S 727; Beulke, BGH-FG, S 781, 798 und Ranft JuS 03, 417, 420).

9. Zuständigkeit und Verfahren §§ 74a I, II, 120 II, 142a GVG, §§ 98a I **14** Nr 2, 100a Nr 1c (BGHSt 28, 122 mit Anm Rieß JR 79, 167 und Vogel NJW 79, 2524), 100c Nr 2 und 3 (hier nur bei § 129 IV), 110a I Nr 2, 153c–153e StPO.

§ 129a Bildung terroristischer Vereinigungen

(1) **Wer eine Vereinigung gründet, deren Zwecke oder deren Tätigkeit darauf gerichtet sind,**
1. **Mord (§ 211) oder Totschlag (§ 212) oder Völkermord (§ 6 des Völkerstrafgesetzbuches) oder Verbrechen gegen die Menschlichkeit (§ 7 des Völkerstrafgesetzbuches) oder Kriegsverbrechen (§§ 8, 9, 10, 11 oder 12 des Völkerstrafgesetzbuches) oder**
2. **Straftaten gegen die persönliche Freiheit in den Fällen des § 239a oder des § 239b**

zu begehen, oder wer sich an einer solchen Vereinigung als Mitglied beteiligt, wird mit Freiheitsstrafe von einem Jahr bis zu zehn Jahren bestraft.

(2) **Ebenso wird bestraft, wer eine Vereinigung gründet, deren Zwecke oder deren Tätigkeit darauf gerichtet sind,**
1. **einem anderen Menschen schwere körperliche oder seelische Schäden, insbesondere der in § 226 bezeichneten Art, zuzufügen,**
2. **Straftaten nach den §§ 303b, 305, 305a oder gemeingefährliche Straftaten in den Fällen der §§ 306 bis 306c oder 307 Abs. 1 bis 3, des § 308 Abs. 1 bis 4, des § 309 Abs. 1 bis 5, der §§ 313, 314 oder 315 Abs. 1, 3 oder 4, des § 316b Abs. 1 oder 3 oder des § 316c Abs. 1 bis 3 oder des § 317 Abs. 1,**
3. **Straftaten gegen die Umwelt in den Fällen des § 330a Abs. 1 bis 3,**
4. **Straftaten nach § 19 Abs. 1 bis 3, § 20 Abs. 1 oder 2, § 20a Abs. 1 bis 3, § 19 Abs. 2 Nr. 2 oder Abs. 3 Nr. 2, § 20 Abs. 1 oder 2 oder § 20a Abs. 1 bis 3, jeweils auch in Verbindung mit § 21, oder nach § 22a Abs. 1 bis 3 des Gesetzes über die Kontrolle von Kriegswaffen oder**
5. **Straftaten nach § 51 Abs. 1 bis 3 des Waffengesetzes**

zu begehen, oder wer sich an einer solchen Vereinigung als Mitglied beteiligt, wenn eine der in den Nummern 1 bis 5 bezeichneten Taten

§ 129a

bestimmt ist, die Bevölkerung auf erhebliche Weise einzuschüchtern, eine Behörde oder eine internationale Organisation rechtswidrig mit Gewalt oder durch Drohung mit Gewalt zu nötigen oder die politischen, verfassungsrechtlichen, wirtschaftlichen oder sozialen Grundstrukturen eines Staates oder einer internationalen Organisation zu beseitigen oder erheblich zu beeinträchtigen, und durch die Art ihrer Begehung oder ihre Auswirkungen einen Staat oder eine internationale Organisation erheblich schädigen kann.

(3) Sind die Zwecke oder die Tätigkeit der Vereinigung darauf gerichtet, eine der in Absatz 1 und 2 bezeichneten Straftaten anzudrohen, ist auf Freiheitsstrafe von sechs Monaten bis zu fünf Jahren zu erkennen.

(4) Gehört der Täter zu den Rädelsführern oder Hintermännern, so ist in den Fällen der Absätze 1 und 2 auf Freiheitsstrafe nicht unter drei Jahren, in den Fällen des Absatzes 3 auf Freiheitsstrafe von einem Jahr bis zu zehn Jahren zu erkennen.

(5) Wer eine in Absatz 1, 2 oder Absatz 3 bezeichnete Vereinigung unterstützt, wird in den Fällen der Absätze 1 und 2 mit Freiheitsstrafe von sechs Monaten bis zu zehn Jahren, in den Fällen des Absatzes 3 mit Freiheitsstrafe bis zu fünf Jahren oder mit Geldstrafe bestraft. Wer für eine in Absatz 1 oder Absatz 2 bezeichnete Vereinigung um Mitglieder oder Unterstützer wirbt, wird mit Freiheitsstrafe von sechs Monaten bis zu fünf Jahren bestraft.

(6) Das Gericht kann bei Beteiligten, deren Schuld gering und deren Mitwirkung von untergeordneter Bedeutung ist, in den Fällen der Absätze 1, 2, 3 und 5 die Strafe nach seinem Ermessen (§ 49 Abs. 2) mildern.

(7) § 129 Abs. 6 gilt entsprechend.

(8) Neben einer Freiheitsstrafe von mindestens sechs Monaten kann das Gericht die Fähigkeit, öffentliche Ämter zu bekleiden, und die Fähigkeit, Rechte aus öffentlichen Wahlen zu erlangen, aberkennen (§ 45 Abs. 2).

(9) In den Fällen der Absätze 1, 2 und 4 kann das Gericht Führungsaufsicht anordnen (§ 68 Abs. 1).

Fassung: Abs 1 Nr 3 durch das 6. StrRG (13 vor § 1) technisch geändert; Erweiterung von Abs 1 Nr 1 durch Art 2 Nr 6 EGVStGB (14 vor § 1); das 34. StÄG (14 vor § 1) hat in Abs 3 aF (jetzt Abs 5) vor „wirbt" die Worte „um Mitglieder oder Unterstützer" eingefügt; zahlreiche Änderung und Umnummerierung der Abs 2–7 durch das TerrBeKG 03 (15 vor § 1).

1   **1.** Die durch das StGB/StPOÄndG (7 vor § 1) eingeführte und seitdem mehrmals, namentlich durch das TerrBekG (10 vor § 1; krit dazu Fürst, Grundlagen und Grenzen der §§ 129, 129 a StGB, 1989, S 143; Kühl NJW 87, 737; v Plottnitz ZRP 02, 351; Sch/Sch-Lenckner 1), verschärfte Vorschrift gehört in den Bereich der Sicherheitsgesetze, die seit den Auseinandersetzungen um das 3. StrRG (6 vor § 1) durch eine ständig schwankende Haltung des Gesetzgebers in der Beurteilung der Sicherheitslage gekennzeichnet sind. Die Streichung der rechtsstaatlich bedenklichen Vorschrift forderte die Fraktion Bündnis 90/Die Grünen BT-Dr 13/9460 v 11. 12. 97 und die Fraktion der PDS BT-Dr 14/5832 v 5. 4. 01. Der Gesetzgeber ist diesen Forderungen nicht nachgekommen, sondern hat die Vorschrift 2002/2003 mehrfach geändert (s Fassungshinweis; beachte auch das TerrorismusbekämpfungsG v 11. 1. 2002, BGBl I 361). – Zu den Schwierigkeiten einer Definition des Terrorismus v Bubnoff NJW 02, 2672.

2   **2.** Die **Absätze 1, 2** sind **Qualifikationstatbestände** zu § 129 I; sie sind Verbrechen, § 30 ist deshalb anwendbar (Bay NJW 98, 2542, 2543, auch bei er-

Bildung terroristischer Vereinigungen § **129a**

folgloser Aufforderung zur Gründung; zust Radtke JR 99, 84; ebenso Tröndle/ Fischer 20; einschr Ostendorf NK 7; aM v Bubnoff LK 38). Dessen Voraussetzungen (dort 2–10) müssen daher – bezogen auf die in den Nummern 1, 2 genannten Straftaten (Katalogtaten; deren Erweiterung, vor allem durch Abs 2, ist eine Umsetzung des Rahmenbeschlusses des Rates der EG v 13. 6. 2002 zur Terrorismusbekämpfung [ABl EG L 164 S 3] durch das TerrBeKG 03 [BT-Dr 15/813 S 5]) – sämtlich erfüllt sein (BGHSt 30, 328; eine weitere teleologisch begründete Einschränkung auf solche Vereinigungen, die für besonders gefährliche terroristische Akte Hilfsdienste leisten, fordert Dencker StV 87, 117, 121; für eine restriktive Auslegung von Abs 3 Junker, Analyse und Kritik der strafverfahrensrechtlichen Terrorismusgesetzgebung, 1996, S 72). Für Abs 2 (einzuschüchtern „bestimmt ist") ist direkter Vorsatz in Form der Wissentlichkeit (21 zu § 15) erforderlich (BT-Dr 15/1730 S 7 mit Bezug auf BGHSt 46, 238, 252; ähnlich Tröndle/Fischer 22). § 129 II ist nicht anwendbar. Allerdings ist der Ausschluss auch des Parteienprivilegs (§ 129 II Nr 1) verfassungsrechtlich unzulässig (BVerfGE 17, 155); jedoch dürften terroristische Vereinigungen als Parteien kaum in Frage kommen (Laufhütte Prot 7, 2444; Dahs NJW 76, 2145, 2147). Der neue **Abs 3** nimmt die Androhung terroristischer Straftaten in die Katalogtaten auf, wegen des geringen Unrechtsgehalts als Vergehen (BT-Dr 15/813 S 7).

3. Abs 4 enthält – anders als § 129 IV (dort 11) – eine benannte Strafschärfung **3** (4 zu § 12), die eine Einbeziehung auch anderer vergleichbar schwerer Fälle ausschließt; sie gilt jetzt nicht mehr nur für Abs 1, sondern auch für die Absätze 2 und 3. – Rädelsführer, Hintermann 2 zu § 84 (BT-Dr 15/813 S 8).

4. Abs 5 hat namentlich bei terroristischen Publikationen, auch Werbebro- **4** schüren (NJW 95, 3395), und bei „Werbung am Mann" (Bay NStZ-RR 96, 7) praktische Bedeutung. Das Werben setzt hier nicht nur die objektive Existenz (7 zu § 129) irgendeiner, sondern gerade einer den Anforderungen des Abs 1 genügenden Vereinigung voraus (Bay NJW 98, 2542 mit Anm Radtke JR 99, 84). Da er nur einen Vergehenstatbestand beschreibt, ist der Versuch – abweichend von den Absätzen 1, 2 – nicht strafbar (§ 23 I). Satz 2 verlangt Werbung um Mitglieder oder Unterstützer (BT-Dr 15/813, S 8; 7 zu § 129).

5. Abs 6 (Milderung nach Ermessen) § 49 II (dort 5–7, 10, 11). **Abs 7** (tätige **5** Reue) 29 zu § 24; 12 zu § 129; auch hier besteht nach Auslaufen der sog „großen" Kronzeugenregelung mit Ablauf des 31. 12. 99 nur noch die sog „kleine" Kronzeugenregelung des § 129 VI Nr 2 fort (Peglau ZRP 01, 103; Sch/ Sch-Lenckner 8; zu geplanten neuen Kronzeugenregelungen 12 zu § 129 und Tröndle/Fischer 33). – **Abs 8** bezieht sich nur auf Amtsfähigkeit und Wählbarkeit (im Übrigen vgl 4 zu § 45). – **Abs 9** (Führungsaufsicht) 1, 2 vor § 68; 1–8 zu § 68.

6. Konkurrenzen 13 zu § 129. Abs 1 iVm § 30 I geht Abs 3 vor (Bay NJW **6** 98, 2542 mit Anm Radtke JR 99, 84). – **Anzeigepflicht** § 138 II. – **Zuständigkeit** und Verfahren § 120 I Nr 6, II S 1 Nr 2, 3 und § 142a GVG (dazu BGHSt 29, 341; MDR 77, 156; Rebmann NStZ 86, 289; Schnarr MDR 88, 89; zur Inbezugnahme von § 129a I Nr 2 und II durch das TerrBeKG 03, s BT-Dr 15/813 S 8), §§ 100a Nr 1 c, 100c Nr 2 und 3, 103 I S 2, 110a I Nr 2, 111, 112 III [jetzt auch bezüglich §129a II, BT-Dr aaO], 138a II, V, 148 II (BGHSt 30, 38; Hamburg JZ 77, 142), 153c–153e StPO (krit zur Anknüpfung gravierender prozessualer Folgen an § 129a Rudolphi JA 79, 1, 3; Bemmann ua, Die Verteidigung, 1979, S 26; ebenso für § 129 Walischewski StV 00, 583: „Wunderwaffe im Ermittlungsverfahren"). – **Kontaktsperre** §§ 31–38 EGGVG (s auch BVerfGE 49, 24; BGHSt 27, 276).

§ 129b BT. 7. Abschnitt. Öffentliche Ordnung

§ 129b Kriminelle und terroristische Vereinigungen im Ausland; Erweiterter Verfall und Einziehung

(1) Die §§ 129 und 129a gelten auch für Vereinigungen im Ausland. Bezieht sich die Tat auf eine Vereinigung außerhalb der Mitgliedstaaten der Europäischen Union, so gilt dies nur, wenn sie durch eine im räumlichen Geltungsbereich dieses Gesetzes ausgeübte Tätigkeit begangen wird oder wenn der Täter oder das Opfer Deutscher ist oder sich im Inland befindet. In den Fällen des Satzes 2 wird die Tat nur mit Ermächtigung des Bundesministeriums der Justiz verfolgt. Die Ermächtigung kann für den Einzelfall oder allgemein auch für die Verfolgung künftiger Taten erteilt werden, die sich auf eine bestimmte Vereinigung beziehen. Bei der Entscheidung über die Ermächtigung zieht das Ministerium in Betracht, ob die Bestrebungen der Vereinigung gegen die Grundwerte einer die Würde des Menschen achtenden staatlichen Ordnung oder gegen das friedliche Zusammenleben der Völker gerichtet sind und bei Abwägung aller Umstände als verwerflich erscheinen.

(2) In den Fällen der §§ 129 und 129a, jeweils auch in Verbindung mit Absatz 1, sind die §§ 73d und 74a anzuwenden.

Fassung des 34. StÄG (14 vor § 1).

1   1. Die Erstreckung der §§ 129, 129a auf im Ausland tätige Vereinigungen ist eine Umsetzung der Gemeinsamen Maßnahme der EU vom 21. 12. 1998 (Abl EU L 351; BT-Dr 14/8893 S 1; v Bubnoff LK 3). Nach bisherigem Recht waren nur solche Vereinigungen erfasst, die mindestens eine Teilorganisation im Bundesgebiet aufwiesen (2 zu § 129). Die ins Stocken gekommene Erstreckung erhielt die entscheidende Stimulanz durch terroristische Anschläge in den USA (BT-Dr 14/7025 S 1). Die effektive Bekämpfung des **Internationalen Terrorismus** ist der sachliche Grund für die neue Vorschrift (BT-Dr 14/8893 S 1; zust Brähler, in: Thiel [Hrsg], Wehrhafte Demokratie, 2003, S 250, 268). – Skeptisch hinsichtlich der Effektivität v Plottnitz ZRP 02, 351, 353 und Tröndle/Fischer 2–4, die noch den Rechtsgutsbezug das Verhältnis zu §§ 3ff problematisieren.

2   2. Vereinigung **im Ausland (Abs 1 S 1),** dh Vereinigungen auch außerhalb der Mitgliedstaaten der EU. Dabei können „Spannungen" bei der Bewertung von sog Befreiungsbewegungen auftreten (BT-Dr 14/8893 S 8). „Bedenken" können sich einstellen, wenn ein Verständigungsprozess zwischen den Beteiligten an einem bewaffneten Konflikt begonnen hat (BT-Dr aaO).

3   3. Einschränkungen bei Vereinigungen, die außerhalb der Mitgliedstaaten der EU bestehen.

a) Abs 1 S 2 verlangt hinsichtlich dieser Vereinigungen einen spezifischen **Inlandsbezug** (näher zu den 5 Fallgruppen Altvater NStZ 03, 179, 181). Damit werden einer uferlosen Ausdehnung des deutschen Strafrechts Grenzen gesetzt (BT-Dr 14/8893 S 8). Ein solcher Inlandsbezug liegt bei Tatbegehung im Inland vor (vgl § 3), aber auch beim Bereisen Deutschlands durch ein Mitglied einer Nicht-EU-Vereinigung ohne Entfaltung einer vereinsbezogenen Tätigkeit (BT-Dr aaO; krit Tröndle/Fischer 10). Inlandsbezug liegt auch vor, wenn das Opfer Deutscher ist (vgl § 7 II) oder in Deutschland verletzt wurde (BT-Dr aaO).

4   **b) Abs 1 S 3–5** stellt ein **Ermächtigungserfordernis** auf. Ermächtigungserfordernisse kennt das deutsche Strafrecht auch bei anderen Vorschriften (1 zu § 77e). Zuständig **(Satz 3)** ist wegen der Eilbedürftigkeit zB in Haftsachen nicht die Bundesregierung, sondern das BMJ (BT-Dr 14/8893 S 9); das grundsätzliche Bedenken der Politisierung der Justiz (v Plottnitz ZRP 02, 351, 353; Gössner NKrimPol 02, 82), wird dadurch nicht ausgeräumt (für „rechtsstaatlich unbedenk-

Volksverhetzung § 130

lich" hält die Regelung Altvater aaO; eine „systemfremde Verfolgungshürde" sieht v Bubnoff NJW 02, 2672, 2675). – Bedenklich erscheint auch die Regelung des **Satz 4,** nach der die Ermächtigung hinsichtlich einer bestimmten Vereinigung auch für zukünftige Taten erteilt werden kann. Diese Abweichung vom bisherigen Recht kann mit der Geringhaltung bürokratischen Aufwands und der Notwendigkeit der internationalen Koordination des Kampfes gegen den Terrorismus (BT-Dr aaO) nur notdürftig legitimiert werden. Immerhin gibt **Satz 5** Hinweise für die **Ausübung des Ermessens.** Dass dabei nicht die deutsche verfassungsrechtliche Ordnung zum Maßstab erhoben wurde, ist positiv zu bewerten; der vorgegebene „internationale" Maßstab ist aber konkretisierungsbedürftig. Die Probleme hinsichtlich der Bestimmung der Verwerflichkeit sind von § 240 her bekannt. Immerhin ermöglicht dieses Kriterium Handlungen der oben (2) genannten sog Freiheitsbewegungen von der Strafbarkeit auszunehmen, wenn sie als verstehbare Reaktion auf staatliche Willkür erscheinen (BT-Dr 14/8893 S 9). – Die Ermessensentscheidung ist inhaltlich nicht durch Gerichte überprüfbar (BT-Dr aaO; Altvater aaO).

4. Abs. 2: sog Dritteinziehung ist auch unter den erweiterten Voraussetzungen **5** des § 74a möglich (dort 1–3); Erweiterter Verfall 1–12 zu § 73d. Mit diesem eigentlich für die Organisierte Kriminalität geschaffenen Instrumentarium soll den kriminellen und terroristischen Vereinigungen der finanzielle Nährboden entzogen werden (BT-Dr 14/8893 S 7). – Ergänzt werden diese Regelungen durch den geänderten § 443 StPO, der die Beschlagnahme des Vermögens des Beschuldigten zur Sicherung des Verfahrens vorsieht.

5. Die Sonderregelung des § 30b BtMG geht vor (BT-Dr 14/8893 S 9). **6**

6. Zuständigkeit §§ 74a I Nr 4, 120 I Nr 6 GVG; **Verfahren** §§ 100c I S 1 **7** Nr 3e, 103 I S 2, 111 I S 1, 138a II S 1 und V S 1, 148 II S 1, 112 III S 1, 153c I Nr 4 StPO; zu § 443 StPO oben 5.

§ 130 Volksverhetzung

(1) **Wer in einer Weise, die geeignet ist, den öffentlichen Frieden zu stören**
1. **zum Haß gegen Teile der Bevölkerung aufstachelt oder zu Gewalt- oder Willkürmaßnahmen gegen sie auffordert oder**
2. **die Menschenwürde anderer dadurch angreift, daß er Teile der Bevölkerung beschimpft, böswillig verächtlich macht oder verleumdet,**
wird mit Freiheitsstrafe von drei Monaten bis zu fünf Jahren bestraft.

(2) **Mit Freiheitsstrafe bis zu drei Jahren oder mit Geldstrafe wird bestraft, wer**
1. **Schriften (§ 11 Abs. 3), die zum Haß gegen Teile der Bevölkerung oder gegen eine nationale, rassische, religiöse oder durch ihr Volkstum bestimmte Gruppe aufstacheln, zu Gewalt- oder Willkürmaßnahmen gegen sie auffordern oder die Menschenwürde anderer dadurch angreifen, daß Teile der Bevölkerung oder eine vorbezeichnete Gruppe beschimpft, böswillig verächtlich gemacht oder verleumdet werden,**
   a) verbreitet,
   b) öffentlich ausstellt, anschlägt, vorführt oder sonst zugänglich macht,
   c) einer Person unter achtzehn Jahren anbietet, überläßt oder zugänglich macht oder
   d) herstellt, bezieht, liefert, vorrätig hält, anbietet, ankündigt, anpreist, einzuführen oder auszuführen unternimmt, um sie oder aus ihnen gewonnene Stücke im Sinne der Buchstaben a bis c zu ver-

§ 130 BT. 7. Abschnitt. Öffentliche Ordnung

wenden oder einem anderen eine solche Verwendung zu ermöglichen, oder

2. eine Darbietung des in Nummer 1 bezeichneten Inhalts durch Rundfunk, Medien- oder Teledienste verbreitet.

(3) Mit Freiheitsstrafe bis zu fünf Jahren oder mit Geldstrafe wird bestraft, wer eine unter der Herrschaft des Nationalsozialismus begangene Handlung der in § 6 Abs. 1 des Völkerstrafgesetzbuches bezeichneten Art in einer Weise, die geeignet ist, den öffentlichen Frieden zu stören, öffentlich oder in einer Versammlung billigt, leugnet oder verharmlost.

(4) Absatz 2 gilt auch für Schriften (§ 11 Abs. 3) des in Absatz 3 bezeichneten Inhalts.

(5) In den Fällen des Absatzes 2, auch in Verbindung mit Absatz 4, und in den Fällen des Absatzes 3 gilt § 86 Abs. 3 entsprechend.

Fassung: In Abs 3 wurde durch Art 2 Nr 7 EG VStGB (14 vor § 1) § 220a I durch § 6 I VStGB ersetzt; Abs 2 Nr 2 durch SexÄG (15 vor § 1) erweitert.

1   1. Die Vorschrift **schützt** in erster Linie den **öffentlichen Frieden** (1 zu § 126; v Bubnoff LK 4 mwN; aM für Abs 2 M-Schroeder/Maiwald BT 2 89/10; krit Kargl Jura 01, 176, 181 und Mitsch, in: Klein [Hrsg], Rassische Diskriminierung, 2002, S 147, 166; krit für Abs 3 Stratenwerth, Lenckner-FS, 377, 388 und Junge, Das Schutzgut des § 130 StGB, 2000, S 26, die auf die Individualrechtsgüter von Mitgliedern der betroffenen Bevölkerungsteile abstellt), da mit Ausnahme von Abs 2 (für dessen Verfassungswidrigkeit als abstraktes Gefährdungsdelikt Popp JR 98, 80, 82) eine Eignung zu dessen Störung vorausgesetzt wird. Darüber hinaus ist auch die **Würde des Einzelmenschen** geschützt (Stegbauer, Rechtsextremistische Propaganda im Lichte des Strafrechts, 2000, S 163, 246; aM Beisel, Die Kunstfreiheitsgarantie des Grundgesetzes und ihre strafrechtlichen Grenzen, 1997, S 341; Mitsch aaO S 167; Sch/Sch-Lenckner 1a), ausdrücklich freilich nur noch von Abs 1 Nr 2 und Abs 2 Nr 1 (Niggli SchZStr 1999, 84, 91). Das für Abs 3 angeführte Allgemeininteresse daran, dass das politische Klima nicht vergiftet wird (BT-Dr 12/8588 S 8; BGHSt 46, 36, 40; 47, 278; Geilen LdR S 1168: Klimadelikt), verschafft der Vorschrift keine zusätzliche Legitimation (Kühl, Geilen-Sym, S 103, 111; Brugger AöR 03, 372, 391; Hefendehl, Kollektive Rechtsgüter im Strafrecht, 2002, S 299 und Tröndle/Fischer 24, die – unter Missverstehen von Kühl aaO – auf die Beziehung solcher Äußerungen zur Anwendung physischer Gewalt abstellen, 24a [unter Berufung auf Kübler AöR 00, 109, 126]); für Abs 3 wird als Rechtsgut auch der postmortale Anspruch der Opfer angeführt (Stegbauer NStZ 00, 281, 282 und Streng, JZ 01, 205, der auch noch die Verteidigung einer der zentralen moralischen Grundlagen der staatlichen Gemeinschaft einbezieht; ähnlich Ostendorf NK 4: Delikt gegen die Menschlichkeit). Es handelt sich um ein **potenzielles Gefährdungsdelikt** (32 vor § 13; BGHSt 46, 212 mit Bespr Hörnle NStZ 01, 309 und Geppert JK 1 zu § 9; Wandres, Die Strafbarkeit des Auschwitzleugnens, 2000, S 225; krit Mitsch aaO S 172; aM Zieschang, Die Gefährdungsdelikte, 1998, S 275: Konkretes Gefährlichkeitsdelikt). – Zur Entwicklungsgeschichte Frommel KJ 95, 402; Geilen aaO; Junge aaO S 7 und Kübler, Äußerungsfreiheit und rassistische Propaganda, 2000, S 11; zu Abs 3 s auch 8a.

2   2. In **Abs 1, 2** sind unmittelbarer **Angriffsgegenstand Teile der Bevölkerung,** dh im Inland lebende (Geilen LdR S 1169; Sch/Sch-Lenckner 3) Personenmehrheiten nicht ganz geringfügiger Größe und Bedeutung, die von der Gesamtheit der Bevölkerung auf Grund äußerer oder innerer (aM KG JR 98, 213) Merkmale als unterscheidbare Teile abgegrenzt werden können (BGHR Nr 1; Stuttgart NJW 02, 2893), zB – jetzt von Abs 2 Nr 1 ausdrücklich hervorgehobene (BT-Dr 12/6853 S 24) – **nationale, rassische, religiöse oder durch ihr Volks-**

Volksverhetzung **§ 130**

tum bestimmte Gruppen (anknüpfend an den Völkermord gem § 220a aF, jetzt § 6 VStGB, der sprachlich modernisiert die Volkstumsgruppe durch die „ethnische Gruppe" ersetzt; vgl Werle/Jeßberger JZ 02, 725, 727; Zimmermann NJW 02, 3069) sowie politische, wirtschaftliche, berufliche (beachte jedoch GA 79, 391; Hamm NJW 81, 591; LG Bremen StV 97, 358) oder soziale Gruppierungen; hierher gehören namentlich die Juden (BGHSt 21, 371; 31, 226, 231; Köln NJW 81, 1280; Celle NStZ 97, 495; Wehinger, Kollektivbeleidigung – Volksverhetzung, 1994, S 124, 130), aber zB auch die Zigeuner (Karlsruhe NJW 86, 1276), die dunkelhäutigen Menschen (Hamburg NJW 75, 1088; Zweibrücken NStZ 94, 490; vgl auch ArbG Mannheim BB 95, 985), die Ausländer (Hamm NStZ 95, 136; AG Linz NStZ-RR 96, 358; Frankfurt NStZ-RR 00, 368 mit zust Bespr Kargl Jura 01, 176, soweit sie ihren Lebensunterhalt nicht aus eigenen Mitteln bestreiten und Sozialhilfe beanspruchen), die ausländischen Gastarbeiter (Celle NJW 70, 2257; Lohse NJW 71, 1245; vd Horst ZUM 93, 508, 511), speziell die Türken unter ihnen (Lohse NJW 85, 1677), die Asylbetrüger (Bay NJW 94, 952 [mit Anm Otto JR 94, 473] und 95, 145; Karlsruhe MDR 95, 735; Frankfurt NJW 95, 143; KG JR 98, 213, soweit alle Asylbewerber oder solche ohne Anerkennungsanspruch gemeint sind; anders für die Asylbetrüger, die sich in Bereicherungsabsicht Vorteile erschleichen wollen, KG aaO) bzw die Asylbewerber (Düsseldorf MDR 95, 948, soweit ohne Anerkennungsanspruch), die Behinderten (Schramm, Lenckner-FS, S 539, 558) und die Soldaten der Bundeswehr (Düsseldorf NJW 86, 2518; Frankfurt NJW 89, 1367; KG NJW 03, 685; aM Streng, Lackner-FS, S 501, 522); nicht dagegen Religionsgesellschaften in der Rechtsform der juristischen Person (Stuttgart NJW 02, 2893).

3. In **Abs 1, 2** müssen die **Tathandlungen** unmittelbar **gegen Teile der Bevölkerung** (beir antisemitischen Angriffen also nicht lediglich gegen den Staat Israel, Hamburg NJW 70, 1649) gerichtet sein. Die Tathandlung des Abs 1 Nr 2 und die des Abs 2 Nr 1 müssen zudem einen Angriff auf die **Menschenwürde** anderer enthalten. Das setzt voraus, dass diese im Kern ihrer Persönlichkeit getroffen, dh dass ihnen das Lebensrecht in der Gemeinschaft bestritten oder sie als unterwertig behandelt werden sollen (BGHSt 21, 371; 31, 226, 231; 36, 83, 90; 40, 97, 100; 46, 212; Düsseldorf MDR 95, 948; Frankfurt NJW 89, 1367; 95, 143 und NStZ-RR 00, 368 mit krit Bespr Kargl Jura 01, 176, 178; Bay NJW 91, 1493, 94, 952 [mit Bespr Hufen JuS 94, 977 und Otto JR 94, 473] und 95, 145 [Bestreiten des „sozialen Lebensrechts" soll genügen]; Hamm NStE 7 und probl NStZ 95, 136 [„Ausländer raus"]; KG JR 98, 213, 215 und NJW 03, 685; beachte auch BVerfG NJW 01, 61 zu § 130 aF; Streng, Lackner-FS, S 501, 511; Maiwald JR 89, 485, 488; Wehinger aaO [vgl 2] S 124; Otto, Jura 95, 277; Stegbauer aaO [vgl 1 „Propaganda"] S 193; Geilen LdR S 1172; Küper BT S 217; einschr Giehring StV 85, 30, 34; im Ergebnis probl Frankfurt NJW 85, 1720 mit krit Bespr Blau JR 86, 82 und Wolfrum, FS für P Schneider, 1990, S 515, 521; zT abw Beisel aaO [vgl 1] S 338, alle mwN). Als nicht sehr weittragende, aber bisweilen doch in Frage kommende Auslegungshilfe kann die Rspr zur „entwürdigenden Behandlung" nach § 31 WStG (dazu Schölz/Lingens 3–6 zu § 31) dienen (hM; vgl etwa Kargl Jura 01, 176, 179; krit Streng aaO S 513 mwN). Ein Angriff auf einzelne Persönlichkeitsrechte wie die Ehre zB durch die Bezeichnung eines anderen als Jude (BVerfG aaO) oder zB durch die beleidigende Einstufung von Soldaten als „Mörder" (5 zu § 185) reicht nicht (Lorenz NJ 94, 561, 563; Junge aaO [vgl 1] S 179; nach Herdegen NJW 94, 2933, 2934 fehlt dieser Beleidigung die erforderliche Eignung zur Störung des öffentlichen Friedens [vgl 10]; BVerfG NJW 94, 2943, 2944 versteht entsprechende Aufkleber schon nicht als Beschuldigung von Bundeswehrsoldaten mit der Begehung von Mordtaten; vgl auch LG Bremen StV 97, 358), erst recht nicht der Vorwurf an Soldaten: „Ja Morden" (KG NJW 03,

§ 130

685); allgemein krit zum Unterschied zwischen Angriffen auf die Menschenwürde und Ehrverletzungen Rühl, Tatsachen – Interpretationen – Wertungen, 1998, S 340. – Auf dieses einschränkende Merkmal wird in Abs 1 Nr 1 und Abs 2 Nr 1 mit der Begründung verzichtet, dass solche Äußerungen bzw Schriften idR einen Angriff auf die Würde der betroffenen Menschen darstellten (so BT-Dr 12/6853 S 24; krit Neumann StV 94, 273, 274 und Rudolphi SK 1 b); da dies aber nicht notwendig so ist, muss bei Abs 1 Nr 1 trotz Vorliegens der tatbestandlichen Voraussetzungen die Meinungsfreiheit des Art 5 I GG berücksichtigt werden, insb bei Werturteilen wie zB rhetorischen Fragen (BVerfG NJW 03, 660). Im Einzelnen:

4   a) **Abs 1 Nr 1 Alt 1: Zum Hass aufstacheln** bedeutet nachhaltig auf Sinne und Gefühle anderer mit dem Ziel einwirken, Hass im Sinne von Feindschaft, nicht bloßer Ablehnung oder Verachtung, zu erzeugen oder zu steigern (BGHSt 40, 97, 102; NStZ 94, 140; Köln NJW 81, 1280; Bay NJW 90, 2479 mit Anm Horn JR 91, 83; Brandenburg NJW 02, 1440; KG JR 98, 213, 215; LG Mannheim NJW 94, 2494, 2497 mit Bespr Bertram NJW 94, 2397 und Sendler ZRP 94, 377; AG Linz NStZ-RR 96, 358; Geilen LdR S 1171, alle mwN; vgl auch BVerfGE 90, 241 mit Bespr Heselhaus JA 95, 272 und BVerfG NJW 03, 660, 662; zum sog „Auschwitz-Mythos" AG Hamburg NJW 95, 1039 mit krit Bespr Hufen JuS 95, 638, 639 und LG Hamburg NStZ-RR 96, 262; zu weit Lohse NJW 71, 1245 und 85, 1677, 1679 sowie Kargl Jura 01, 176, 177); bei antisemitischer Agitation (zB bei der sog „qualifizierten Auschwitzlüge" BGHSt 46, 212; NStZ 94, 140; Rudolphi SK 4; krit zu deren Abhebung von der sog „einfachen Auschwitzlüge" Frommel KJ 94, 323, 334 mit Erwiderung Wallrabenstein KJ 95, 223 und Duplik Frommel KJ 95, 402), die sich bewusst an das nationalsozialistische Vorbild hält, wird das idR zutreffen (2 StR 508/76 v. 10. 11. 1976; v Bubnoff LK 18 mwN). Zu ausländerfeindlichen Wahlspots im Fernsehen vd Horst ZUM 93, 508, 511.

5   b) **Abs 1 Nr 1 Alt 2: Auffordern** ist ebenso wie in § 111 I (dort 3) auszulegen (BGHSt 32, 310; Brandenburg NJW 02, 1440; krit vd Horst aaO [vgl 4] S 511; Geilen LdR S 1171). – **Gewalt- oder Willkürmaßnahmen** sind anders als in §§ 234a, 241a nicht nur staatliche Verfolgungsmaßnahmen, sondern auch Privataktionen (Geilen, aaO; Sch/Sch-Lenckner 5 b). Parolen wie „Juden raus" oder „Ausländer raus" genügen dem nicht ohne weiteres (BGH aaO; Bloy JR 85, 266; so aber Hamm NStZ 95, 136; Rühl NJW 95, 561, 564; v Bubnoff LK 20).

6   c) **Abs 1 Nr 2: Beschimpfen, böswillig verächtlich machen** 6 zu § 90a (probl Koblenz GA 84, 575 mit abl Bespr Giehring StV 85, 30 und LG Frankfurt NJW 88, 2683 mit abl Bespr Dau NJW 88, 2650); zu § 130 BGHSt 46, 212; Bay NJW 95, 145; Frankfurt NJW 95, 143 und KG JR 98, 213, 215 (jeweils zu Asylbewerber als „Schmarotzer") sowie Frankfurt NStZ-RR 00, 368 mit krit Bespr Kargl Jura 01, 176, 177 (eingereiste Ausländer, die Sozialhilfe beanspruchen, als „Sozialparasiten"). – **Verleumden** 1 zu § 187; der Angriff bezieht sich hier anders als in § 187 nicht auf bestimmte Einzelpersonen, was jedoch im Hinblick auf den Inhalt des Verleumdungsbegriffs keinen Unterschied begründet.

7   **4. Abs 2: Schriften** (Nr 1) 27, 28 zu § 11; für Darbietungen durch **Rundfunk, Medien-** oder **Teledienste** (Nr 2; zur Aufnahme der „Dienste" BT-Dr 15/1311 S 22) gelten die Ausführungen unter 3 zu § 184c sinngemäß (vgl AG Linz NStZ-RR 96, 358; krit zur „Privilegierung" des Theaters Geilen LdR S 1175); **Verbreiten** usw (Nr 1 a–d) s § 74d (dort 5) und § 184 I Nr 1, 184a Nr 1, 184b Nr 1 (speziell bei § 130 Celle NStZ 97, 496 mit Anm Popp JR 98, 80; KG JR 98, 213, 215; Bay NStZ 02, 258 mit Bespr Beisel JR 02, 348 und Schroeder JZ 02, 405) auch im Internet von einem Ausländer auf einen ausländischen Server (BGHSt 46, 212, mit krit Bespr Heghmanns JA 01, 276, Jeßberger

JR 01, 432, Kudlich StV 01, 397 und Sieber ZRP 01, 97, zust aber Hörnle NStZ 01, 309 und Geppert JK 1 zu § 9; eingehend Körber, Rechtsradikale Propaganda im Internet – der Fall Többen, 2003, S 113; s auch v Bubnoff LK-Nachtrag 16–18 zu §§ 130, 131), nicht jedoch durch Versenden von SMS (Hörnle NStZ 02, 113, 118). – Verfassungsrechtliche Bedenken bei Junge aaO [vgl 1] S 154, die die Aufnahme des Eignungsmerkmals ohnehin auch in Abs 2 fordert.

5. Abs 3: Öffentlich oder in einer Versammlung 2 zu § 80a (krit zu dieser **8**
Einschränkung Partsch EuGRZ 94, 429, 434). – **Billigen** heißt, eine konkrete Tat (NJW 90, 2828; Sch/Sch-Lenckner 17) – auch die eigene (NJW 78, 58) – nach ihrer Begehung gutheißen (BGHSt 22, 282; Karlsruhe NJW 03, 1200 [zu § 140]; Geilen LdR S 1177: positive Parteinahme). Erforderlich ist danach die eindeutige, aus sich heraus verständliche Kundgabe eigener Zustimmung, die nach dem Sinn der (uU nur schlüssigen) Erklärung (NJW 95, 3395, 3396), nicht nach der Verwendung bestimmter Worte zu beurteilen ist und sich auch schon aus der Form der Darstellung ergeben kann (NJW 78, 58); bloßes Verbreiten fremder Erklärungen genügt allein nicht (BGHSt 36, 363; probl Braunschweig NJW 78, 2044). Außerdem muss die Beziehung auf die konkrete Tat für den Durchschnittsadressaten so eindeutig und unmittelbar aus der Kundgebung selbst hervorgehen, dass er sie als Zustimmung zu einer konkreten, objektiv und subjektiv verwirklichten Katalogstat verstehen kann (NJW 90, 2828 und 98, 1087, 1088; krit zur früher uneinheitlichen Rspr Rudolphi ZRP 79, 214, 219; Hanack LK 14–25 zu § 140).
– **Verharmlosen** ist das der wirklichen Bedeutung widersprechende Bagatellisieren der Wertwidrigkeit, der Gefährlichkeit und der Folgen von Gewalttätigkeiten (hM; vgl Koblenz NJW 86, 1700 und NStZ 98, 40 [zu § 131]; Tröndle/Fischer 31; anders BT-Dr 10/2546 S 22 und Greger NStZ 86, 8, 10, die auch „beiläufige" und „emotionsneutrale" Schilderungen ohne ein „Herunterspielen" genügen lassen, auch in der „verbrämten" Form eines polemischen Wortspiels; ähnlich weit BGHSt 46, 36, 42 mit zust Anm Streng JZ 01, 205). Es wird idR darin bestehen, dass die Gewalt in dem konkreten Zusammenhang zu Unrecht als akzeptable oder wenigstens nicht verwerfliche Möglichkeit der Konfliktslösung hingestellt wird (BT-Dr VI/3521 S 7). Die Verharmlosung kann in einem quantitativen „Herunterspielen" (vgl BGH aaO), aber auch in einem qualitativen „Bagatellisieren" bestehen (Geilen LdR S 1177; Sch/Sch-Lenckner 21; für qualitative Verharmlosung als Unterform des Billigens Wandres aaO [vgl 1] S 245; für eine restriktive Auslegung im Hinblick auf Art 5 I GG Stegbauer NStZ 00, 281, 285). – **Leugnen** ist das bloße Bestreiten (Wandres aaO S 231; krit zur Weite des Merkmals König/Seitz NStZ 95, 1, 3 und Geilen LdR S 1176), das mehr als ein Infragestellen ist (vgl Beisel NJW 95, 997, 1000; aM Stegbauer aaO S 284 und v Bubnoff LK 44). Wer von der Nichtexistenz der geleugneten Handlung ausgeht, leugnet sie nicht im Sinne eines bewusst wahrheitswidrigen Bestreitens; zumindest ist der „Leugnungs"-Vorsatz zu verneinen (Geilen LdR S 1178; Kindhäuser 25; Sch/Sch-Lenckner 20; Tröndle/Fischer 35; aM BGHSt 47, 278 mit zust Anm Stegbauer JR 03, 74; M-Schroeder/Maiwald BT 2 60/68; Ostendorf NK 30; Rudolphi SK 23 und beim Verharmlosen auch BGHSt 46, 36 mit zu Recht abl Anm Streng JZ 01, 205, 206). – Alle drei Tathandlungen müssen sich auf **eine unter der Herrschaft des Nationalsozialismus** begangene Katalogstat des § 6 I VStGB beziehen (krit zu dieser Beschränkung Beisel aaO; dagegen aber v Bubnoff LK 45). An die Stelle des § 220a aF ist in Abs 3 § 6 I VStGB getreten, der weitgehend mit § 220a aF übereinstimmt (vgl 2 sowie BT-Dr 14/8524 S 14; Werle/Jeßberger JZ 02, 725, 727; Zimmermann NJW 02, 3068). Durch die Formulierung „Handlung der in § 6 Abs 1 VStGB bezeichneten Art" werden auch vor dem In-Kraft-Treten des § 6 VStGB am 30. 6. 2002 und des § 220a am 22. 5. 55 (BGBl II 210) begangene Taten erfasst (BT-Dr 12/8588 S 8).

§ 130

BT. 7. Abschnitt. Öffentliche Ordnung

8 a Abs 3 erfasst damit insbesondere das bloße Bestreiten der Gaskammermorde zB in Auschwitz (sog „Auschwitzlüge"; als besondere Erscheinungsform des Leugnens eingeordnet bei Wandres aaO [vgl 1] S 93, der auch eine neue Terminologie vorschlägt, S 97, s auch S 253), das von § 130 aF wegen des dort geforderten Angriffs auf die Menschenwürde nicht ohne weiteres erfasst wurde (BGHSt 40, 97 mit Bespr Baumann NStZ 94, 392, Bertram NJW 94, 2002, Jakobs StV 94, 540 und Geppert JK 1; vgl jedoch BVerfGE 90, 241 mit zust Bespr Berkemann JR 94, 451; krit Brugger AöR 03, 372, 402: „Meinungsdiskriminierung"), und dessen beleidigungsrechtliche Erfassung problematisch ist (3 vor § 185; 5 zu § 185; 2 zu § 189; 3 zu § 194; Wandres aaO [vgl 1] S 177). Auf die Rspr des BGH zu § 130 aF reagiert der Gesetzentwurf des Bundesrates ausdrücklich (BR-Dr 534/94 S 10; im Gesetzentwurf der Fraktionen der CDU/CSU und FDP war eine solche Vorschrift noch nicht vorgesehen, BT-Dr 12/6853 S 5; zur Genese des Abs 3 Stegbauer NStZ 00, 281 und Wandres aaO [vgl 1] S 123). Auch wenn diese Reaktion der öffentlichen Meinung (vgl nur die Presseerklärung des Deutschen Richterbundes, DRiZ 94, 229) und einem internationalen Trend (vgl Müller ZBJV 94, 241, 255; nach Partsch EuGRZ 94, 429, 434 stellt die Vorschrift auch die Erfüllung einer völkerrechtlichen Verpflichtung dar; zur „Rassenhetze" im Völkerrecht Kübler aaO [vgl 1] S 23, nach US-amerikanischem Recht Brugger aaO S 396) zur strafrechtlichen Erfassung der „Auschwitzlüge" (dafür Werle/Wandres, Auschwitz vor Gericht, 1995, S 214; trotz Bedenken auch Sreng JZ 01, 205) entspricht, so ist doch die Legitimität der Vorschrift zumindest zweifelhaft (vgl Beisel aaO [vgl 8] S 1000: Verstoß gegen die Freiheit der Meinungsäußerung nach Art 5 I GG; ähnlich, aber vorsichtiger Dietz KJ 95, 210, 220; Huster NJW 96, 487 und Schößler, Anerkennung und Beleidigung, 1997, S 152; aM Stegbauer aaO S 283; diff Kübler aaO S 30; s auch Jahn, Strafrechtliche Mittel gegen Rechtsextremismus, 1998, S 163, 232: Verstoß gegen Art 2 I GG; diff nach Erscheinungsformen Wandres aaO S 275; diff nach zu Grunde gelegtem Rechtsgut Junge aaO [vgl 1] S 128; Hörnle, in: Hefendehl/Hirsch/Wohlers [Hrsg], Die Rechtsgutstheorie, S 268, 278: „Tabubruch"); bezweifeln kann man schon, ob eine Lüge überhaupt strafwürdiges Unrecht ist (vgl Köhler NJW 85, 2390), bezweifeln muss man, ob das bloße Leugnen einer historischen Tatsache ohne Agitationscharakter gerade als Volksverhetzung erfasst werden darf (näher Kühl, Geilen-Sym, S 103; Zweifel hinsichtlich der Vereinbarkeit mit dem Tatstrafrecht hegt Hirsch, Lüderssen-FS, S 253, 261). Der Gesetzgeber wollte ein politisches Signal gegen rechtsextremistische und neonazistische Entwicklungen setzen (v Bubnoff LK 42 mwN). – Zur Einordnung als Dienstvergehen nach SoldatenG bzw WDO BVerwG NJW 97, 2338 und 00, 1433. – Rechtsvergleichend Wandres aaO S 142 und Brugger aaO S 396.

9 **6. Abs 4:** Verbreiten von Schriften usw (oben 7) mit dem in Abs 3 beschriebenen Inhalt (oben 8).

10 **7.** Zu der nur von Abs 1, 3, 4 geforderten **Eignung** der Tathandlung, den **öffentlichen Frieden** zu stören, 4, 5 zu § 126 (krit Fischer GA 89, 445, 463 und Tröndle/Fischer 13, 14 sowie Stegbauer NStZ 00, 281, 285; zu § 130 I und III BGHSt 46, 212; 47, 278; krit Kühl, Geilen-Sym, S 103, 114); diese Eignung kann je nach der betroffenen Gruppe, namentlich ihrer Größe, ihrer Homogenität und dem Ausmaß ihrer faktischen Ausgrenzung aus der Gesamtbevölkerung (zB rassische und ethnische Gruppen, Randgruppen) unterschiedlich zu beurteilen sein (Streng, Lackner-FS, S 501, 515), aber nicht auf die bloße „Öffentlichkeitsfähigkeit" der Äußerung (dazu 4 zu § 126) reduziert werden (v Bubnoff LK 7; aM Streng aaO; speziell zu Abs 3 beachte auch BGHSt 46, 36, 42 [mit Anm Stegbauer JR 01, 37 und Streng, JZ 01, 205, der eine „Mindestintensität" der Tathandlung im Hinblick auf die geschützten Rechtsgüter verlangt], wo auf die „unruhestiftende öffentliche Wirkung abgestellt wird, sowie BGHSt 47, 278 [mit krit Anm

Stegbauer JR 03, 74], wo die Öffentlichkeit der Hauptverhandlung und die Beobachtung durch Öffentlichkeit und Presse für ausreichend erachtet wird; krit zu beiden Begründungen Kühl aaO). – An der Eignung mag es bei der Soldaten-Mörder-Parole fehlen (Herdegen aaO [vgl 3]; Sch/Sch-Lenckner 11), nicht jedoch bei Asylbetrüger-Pamphleten (Bay NJW 95, 145; Frankfurt NJW 95, 143; KG JR 98, 213, 216; ebenso für „Sozialparasiten" NStZ-RR 00, 368 mit krit Bespr Kargl Jura 01, 176, 181; der Rspr zust Junge aaO [vgl 1] S 173); auch nicht bei der Parole: „Ausländer raus" (Brandenburg NJW 02, 1440); bei der sog „Auschwitzlüge" wird man trotz ihrer evidenten Haltlosigkeit die Tauglichkeit als friedensstörende Aussage noch annehmen müssen (Geilen LdR S 1178; Werle/Wandres aaO [vgl 8a]; ebenso für die „qualifizierte Auschwitzlüge" BGHSt 46, 212 mit Anm Jeßberger JR 01, 432). Da Abs 2 keine Eignung zur Störung des inländischen Rechtsguts öffentlicher Frieden voraussetzt, ist auch das Verbreiten von Schriften erfasst, die sich auf im Ausland lebende Gruppen beziehen (BT-Dr 12/6853 S 24; Hörnle NStZ 02, 113, 116; krit zu dieser „Globalisierung" Geilen aaO S 1174).

8. Zu der nach **Abs 5** für Abs 2–4 analog anwendbaren Sozialadäquanzklausel **11** des § 86 III s dort 8; krit zu dieser Klausel, vor allem im Hinblick auf Abs 3 (Geilen LdR S 1179). Ein „ähnlicher Zweck" iS des § 86 III ist die Strafverteidigung, doch greift der Tatbestandsausschluss (BGHSt 46, 36; 47, 278) nicht ein, wenn die Erklärung des Verteidigers ohne Bezug zur Verteidigung oder „verteidigungsfremd" ist (BGHSt 46, 36 [mit zust Anm Stegbauer JR 01, 37 und Streng JZ 01, 205, 208, der aber Rechtfertigung wegen Wahrnehmung berechtigter Interessen annimmt; zust auch Wohlers StV 01, 420, 428 und Widmaier BGH-FG, S 1043, 1046]; 47, 278 mit Bespr Martin JuS 02, 1127 und Stegbauer JR 03, 74, der § 193 analog heranziehen will). – Zur (wohl kaum) möglichen Rechtfertigung durch die Meinungsäußerungsfreiheit (Art 5 I GG) s AG Linz NStZ-RR 96, 358, 359 und Frankfurt NStZ-RR 00, 368, 369; wie bei §§ 185ff (12 zu § 193) darf bei mehrdeutigen Äußerungen nur dann die zur Bejahung von § 130 führende Deutungsalternative zugrundegelegt werden, wenn die anderen möglichen Deutungen mit nachvollziehbaren Gründen ausgeschlossen werden können (BVerfG NJW 01, 61 und 2072); zu möglichen Konflikten mit der Kunstfreiheit (Art 5 III GG) s Beisel aaO (vgl 1) S 336 und JR 02, 348, 349 – Volksverhetzende Äußerungen von V-Leuten sind allenfalls nach § 34 gerechtfertigt (Kubiciel NStZ 03, 57).

9. Eine Mehrheit von Einzelbetätigungen aller Varianten der Absätze 1 und 3 **12** können zu einer tatbestandlichen Handlungs- bzw Bewertungseinheit zusammengefasst werden (näher zu den Kriterien Wolf, Geilen-Sym, S 199). Der **Vorsatz** (bedingter genügt) muss bei Abs 1, 3, 4 namentlich auch die Eignung zur Friedensstörung umfassen (5 zu § 126). Hinsichtlich des Aufstachelns (vgl 4) ist zielgerichteter Wille erforderlich (Sch/Sch-Lenckner 5a, 24; aM v Bubnoff LK 29). Zum Vorsatz hinsichtlich des Leugnens vgl 8.

10. Tateinheit besteht zwischen Abs 1 und Abs 3 (BGHSt 46, 212; Geilen aaO **13** S 217) und ist sonst ua möglich mit §§ 111, 140, 185–187a. Abs 3 Alt 1 geht § 140 Nr 2 aus Gründen der Spezialität vor (NJW 99, 1561; s auch 25 vor § 52). Abs 1 soll bei Äußerungen in Schriften dem Abs 2 vorgehen, wenn der Äußernde der geistige Urheber des Textes ist (Hörnle NStZ 02, 113, 116).

§ 130a Anleitung zu Straftaten

(1) **Wer eine Schrift (§ 11 Abs. 3), die geeignet ist, als Anleitung zu einer in § 126 Abs. 1 genannten rechtswidrigen Tat zu dienen, und nach ihrem Inhalt bestimmt ist, die Bereitschaft anderer zu fördern oder zu wecken, eine solche Tat zu begehen, verbreitet, öffentlich ausstellt, an-**

§ 130a

schlägt, vorführt oder sonst zugänglich macht, wird mit Freiheitsstrafe bis zu drei Jahren oder mit Geldstrafe bestraft.

(2) **Ebenso wird bestraft, wer**

1. eine Schrift (§ 11 Abs. 3), die geeignet ist, als Anleitung zu einer in § 126 Abs. 1 genannten rechtswidrigen Tat zu dienen, verbreitet, öffentlich ausstellt, anschlägt, vorführt oder sonst zugänglich macht oder
2. öffentlich oder in einer Versammlung zu einer in § 126 Abs. 1 genannten rechtswidrigen Tat eine Anleitung gibt,

um die Bereitschaft anderer zu fördern oder zu wecken, eine solche Tat zu begehen.

(3) § 86 Abs. 3 gilt entsprechend.

1   1. Die Vorschrift schützt den **öffentlichen Frieden** (1 zu § 126). Ebenso wie § 140 (dort 1) soll sie dem Entstehen eines „psychischen Klimas" entgegenwirken, in dem schwere, sozialschädliche Gewalttaten gedeihen können (BT-Dr 10/6286 S 8; Kindhäuser 1; krit Dencker StV 87, 117, 121; Demski/Ostendorf StV 89, 30). Sie hat die Anleitung zur Begehung bestimmter Gewalttaten zum Gegenstand (vgl 2) und differenziert nach den Begehungsformen des Verbreitens oder Zugänglich machens von Schriften (vgl 6, 7) und der Äußerung in der Öffentlichkeit oder in Versammlungen (vgl 8).

2   2. Grundlage **aller Tatbestandsalternativen** ist die Anleitung zu einer in § 126 I genannten rechtswidrigen Tat (Katalogstat). – **Anleiten** zu einer Tat erfordert, dass über die Möglichkeiten der Tatausführung einschließlich ihrer Vorbereitung, namentlich durch Hinweise technischer Art, Informationen mit der Tendenz zur Förderung der Tatbegehung gegeben werden (Sturm JZ 76, 347, 349; Laufhütte MDR 76, 441, 445; vgl auch Bay NJW 98, 1087); ein Auffordern (3 zu § 111) setzt es nicht voraus (Rogall GA 79, 11, 19; v Bubnoff LK 10, beide mwN; str). – **Bezugsgegenstand** des Anleitens ist ein bestimmtes – sei es auch nur allgemein beschriebenes – tatsächliches Verhalten, das die Merkmale einer, nicht notwendig schuldhaften, Katalogstat aufweist (2 zu § 126; 18 zu § 11).

3   3. Zu den Begehungformen des **Abs 1**:

   a) Schriften (und andere Darstellungen) 27, 28 zu § 11. Von den Darbietungen im Rundfunk (Bild- und Hörfunk) gehören nur Ausstrahlungen von Bild- oder Tonaufzeichnungen hierher (7 zu § 184); Äußerungen in Live-Sendungen können unter Abs 2 Nr 2 fallen (ebenso Tröndle/Fischer 5).

4   **b)** Das Merkmal **geeignet, als Anleitung** (iS der Ausführungen unter 2) **zu dienen,** bedarf zur Wahrung der Meinungsfreiheit (Art 5 GG) einschränkender Auslegung (aM Zieschang, Die Gefährdungsdelikte, 1998, S 310, der auf Abs 3 verweist). Es ist nicht schon dann erfüllt, wenn die Schrift als Informationsquelle für die Planung einer Katalogtat benutzt werden kann. Erforderlich und zugleich ausreichend ist vielmehr, dass sie spezielle unterweisende Ausführungen enthält, die gerade für die Vorbereitung oder Ausführung von Gewalt- oder Zerstörungsakten der in den Katalogtatbeständen beschriebenen Art hilfreich sein sollen (aM Tröndle/Fischer 9). Erfasst werden danach nicht nur Schriften, die unmittelbar zu Katalogstaten anleiten (vgl 2), sondern auch solche, die sich erkennbar auf äußerlich entsprechende, aber nicht rechtswidrige Handlungen (etwa Brückensprengungen im Verteidigungsfall) beziehen (BT-Dr 10/6286 S 8). Auszuscheiden sind vor allem wissenschaftliche Untersuchungen, Patentschriften und alle anderen Schriften technischen Inhalts, wenn ihnen der besondere Bezug zur Förderung gerade von Handlungsakten im Sinne der Katalogstatbestände fehlt. Das trifft ua für

Anleitung zu Straftaten **§ 130a**

Schriften zu, denen es darauf ankommt, mögliche Ansatzpunkte für die Abwehr von Katalogtaten aufzuzeigen (Sturm JZ 76, 347, 349), und für Darstellungen von Gewalttaten in Kriminalfilmen und -romanen, es sei denn, dass diese Darstellungsformen zur Tarnung der Anleitungstendenz gewählt werden.

c) Die **Bereitschaft anderer,** eine Katalogstat zu begehen, wird **gefördert** 5 **oder geweckt,** wenn bei anderen der Wille zur Tatbegehung verursacht oder bestärkt wird (zum früheren Recht Rogall GA 79, 11, 19). Ob die **Schrift nach ihrem Inhalt** zu diesem Zweck **bestimmt** ist, hängt ausschließlich von dem in ihr objektivierten Inhalt ab (BGHSt 28, 312; Zieschang aaO [vgl 4] S 308; Kindhäuser 6, alle mwN), allerdings auch, soweit er erkennbar zwischen den Zeilen steht oder sich erst aus anderen Schriften, auf die verwiesen wird, voll erschließt (4 zu § 86). Erforderlich ist danach mindestens eine auf Förderung der Bereitschaft gerichtete Tendenz (Sch/Sch-Lenckner 5; enger Rudolphi SK 8), die im Inhalt wenigstens ansatzweise zum Ausdruck kommt (krit Ostendorf NK 9). Hinzukommen muss nach dem Schutzzweck der Vorschrift die aus den Umständen herzuleitende objektive Eignung der Schrift, dieses Ziel zu erreichen (im Ergebnis ebenso BT-Dr 10/6286 S 8); daran wird es bei älteren, nur für eine bestimmte Zeit verfassten Schriften regelmäßig fehlen (Sturm JZ 76, 347, 348).

d) Die **Tathandlungen** (Verbreiten usw) decken sich mit den wichtigsten Tat- 6 handlungen des § 184 I (dort 5).

4. Zu den Begehungsformen des **Abs 2:** 7

a) Nr 1: Sie weicht von Abs 1 nur insofern ab, als an die Stelle des im Inhalt der Schrift verkörperten Zwecks, die Bereitschaft anderer zur Begehung von Katalogstaten zu fördern oder zu wecken (vgl 5), die entsprechende Absicht des Täters tritt (dazu 10; einschr Dencker StV 87, 117, 121; Beck, Unrechtsbegründung und Vorfeldkriminalisierung, 1992, S 192 und Kindhäuser 8).

b) Nr 2: Öffentlich, in einer Versammlung 2 zu § 80 a. – **Tathandlung** ist 8 das Anleiten (vgl 2).

5. a) Der **Vorsatz** (bedingter genügt) erfordert hinreichend konkretisierte 9 Vorstellungen von den Tatumständen der Katalogstatbestände (5 zu § 126). Außerdem bedarf es in den Fällen des **Abs 1** namentlich der Bedeutungskenntnis (14 zu § 15) im Hinblick auf die vorausgesetzte Eignung der Schrift und ihre Bestimmung. Ob die Förderung oder Weckung der Bereitschaft anderer erreicht wurde (Sturm JZ 76, 347, 349) oder ob der Täter das Förderungsziel selbst verfolgt oder den Inhalt der Schrift als solchen auch nur gebilligt hat (Stree NJW 76, 1177, 1179), ist unerheblich (Tröndle/Fischer 18; aM Ostendorf NK 12).

b) Abs 2 erfordert die **Absicht** (kein besonderes persönliches Merkmal nach 10 § 28 I, dort 3–5) der Förderung oder Weckung fremder Bereitschaft (vgl 5) im Sinne zielgerichteten Wollens (Stree aaO; 20 zu § 15); ob das Ziel erreicht wurde, ist auch hier unerheblich.

6. Zu **Abs 3** vgl 8 zu § 86. Für Abs 2 ist die Adäquanzklausel praktisch bedeu- 11 tungslos (aM Ostendorf NK 11), weil die privilegierten Zwecke – mindestens idR – nicht mit der Absicht, fremde Tatbereitschaft zu fördern (vgl 10), zusammentreffen können.

7. Für die **Einziehung** von Schriften gilt in Fällen des Abs 1 § 74 d I, II und in 12 Fällen des Abs 2 § 74 d III. Selbstständige Einziehung § 76 a.

8. Tateinheit ua möglich mit §§ 111 (dort 10; anders v Bubnoff LK 34: Subsi- 13 diarität von § 130 a), 125, 129.

§ 131 Gewaltdarstellung

(1) **Wer Schriften (§ 11 Abs. 3), die grausame oder sonst unmenschliche Gewalttätigkeiten gegen Menschen oder menschenähnliche Wesen in einer Art schildern, die eine Verherrlichung oder Verharmlosung solcher Gewalttätigkeiten ausdrückt oder die das Grausame oder Unmenschliche des Vorgangs in einer die Menschenwürde verletzenden Weise darstellt,**

1. **verbreitet,**
2. **öffentlich ausstellt, anschlägt, vorführt oder sonst zugänglich macht,**
3. **einer Person unter achtzehn Jahren anbietet, überläßt oder zugänglich macht oder**
4. **herstellt, bezieht, liefert, vorrätig hält, anbietet, ankündigt, anpreist, einzuführen oder auszuführen unternimmt, um sie oder aus ihnen gewonnene Stücke im Sinne der Nummern 1 bis 3 zu verwenden oder einem anderen eine solche Verwendung zu ermöglichen,**

wird mit Freiheitsstrafe bis zu einem Jahr oder mit Geldstrafe bestraft.

(2) Ebenso wird bestraft, wer eine Darbietung des in Absatz 1 bezeichneten Inhalts durch Rundfunk, Medien- oder Teledienste verbreitet.

(3) Die Absätze 1 und 2 gelten nicht, wenn die Handlung der Berichterstattung über Vorgänge des Zeitgeschehens oder der Geschichte dient.

(4) **Absatz 1 Nr. 3 ist nicht anzuwenden, wenn der zur Sorge für die Person Berechtigte handelt; dies gilt nicht, wenn der Sorgeberechtigte durch das Anbieten, Überlassen oder Zugänglichmachen seine Erziehungspflicht gröblich verletzt.**

Fassung: Das SexÄG (15 vor § 1) hat Abs 1 und 2 erweitert, Abs 4 neu gefasst und eingeschränkt.

1   1. Die Vorschrift **schützt den öffentlichen Frieden** (1 zu § 126; hM; aM Ostendorf NK 3: Individualschutz; ähnlich Tröndle/Fischer 2; krit Weigend FS für G Herrmann, 2002, S 35, 40, nach dem es um „Empfindungsschutz" geht; krit auch Hefendehl, Kollektive Rechtsgüter im Strafrecht, 2002, S 305). Sie soll die Darstellung von Aggressionen, die möglicherweise für **Gewalttätigkeiten** stimulierend wirken, in der Allgemeinheit hintanhalten und zugleich den einzelnen vor der Fehlentwicklung zu einer aggressiven Haltung bewahren (NStZ 00, 307; BT-Dr VI/3521 S 6; 10/2546 S 21). Es handelt sich um ein abstraktes Gefährdungsdelikt (hM; anders Weigend aaO S 42: „Risikodelikt"; ebenso Rackow, in: Momsen ua [Hrsg], Fragmentarisches Strafrecht, 2003, S 195, 201). Sie war von Anbeginn heftig umstritten (vgl etwa Lange, Heinitz-FS, S 593; Gehrhardt NJW 75, 375; Rudolphi JA 79, 1, 2; aber auch Geilen LdR S 413: hinlänglich legitim; zur Verfassungsgemäßheit der Vorschrift Meirowitz, Gewaltdarstellungen auf Videokassetten, 1993, S 345; einen Verstoß gegen das Bestimmtheitsgebot des Art 103 II GG nimmt hinsichtlich der „Gewaltverharmlosungs"- und der „Menschenwürde"-Alternative Erdemir, Filmzensur und Filmverbot, 2000, S 110, an, der eine Verletzung der Filmfreiheit des Art 5 I GG und der Kunstfreiheit des Art 5 III GG verneint, S 113 und 122). Obwohl kein Zweifel besteht, dass Gewaltdarstellungen der im Tatbestand beschriebenen Art (namentlich in Video-Kassetten) massenhaft vertrieben werden, hat die Vorschrift auch nach ihrer Erweiterung – offenbar wegen der Häufung schwer fassbarer normativer Merkmale – nur selten zu Verurteilungen geführt (vgl Joerden ZRP 95, 325, der deshalb eine „Gewaltdarstellungssteuer" vorschlägt; krit Bartsch ZRP 96, 370 und Rössel ZRP 97, 79 mit Erwiderung Joerden ZRP 97, 463; krit dazu Naujocks ZRP 99, 74; zur gerin-

Gewaltdarstellung **§ 131**

gen praktischen Bedeutung s auch Rackow aaO S 196 und Weigand aaO S 46). Das VerbrBG hat immerhin das Merkmal der Aufstachelung zum Rassenhass gestrichen und es wegen Auslegungsproblemen auch im neuen allgemeinen Diskriminierungstatbestand des § 130 II nicht weiterverwendet (BT-Dr 12/6853 S 24). Die Hauptbedeutung der Vorschrift dürfte nach wie vor in der plakativen Mißbilligung der in der Gesellschaft sichtbar gewordenen Brutalisierungstendenzen liegen (BT-Dr 7/514 S 4; ähnlich Kaiser, in: Kaiser/Schöch Krim 3/45, Rackow aaO S 213 und Weigand aaO). – Zur Einschätzung der präventiven Funktion der Vorschrift Kaiser aaO 3/40–44. – Der Gesetzgeber hat die Vorschrift durch das SexÄG novelliert (s 3, 4 und 13), um die Bekämpfung von Gewaltdarstellungen zu verbessern (BT-Dr 15/1311 S 22; zweifelnd Köhne GA 04, 180, 187); Anlass war die Tötung mehrerer Lehrer und Schüler in Erfurt (BT-Dr aaO).

2. Schriften (und andere Darstellungen) 27, 28 zu § 11. **2**

3. Für Darbietungen durch **Rundfunk, Medien-** oder **Teledienste** (Abs 2) **3** gelten die Ausführungen unter 2, 3 zu § 184c sinngemäß. Theatervorstellungen und Varietéveranstaltungen sind nicht erfasst (v Bubnoff LK 32 mwN).

4. a) Gewalttätigkeiten gegen Menschen setzen den Einsatz physischer **4** (nicht lediglich psychischer) Kraft durch aggressives positives Tun (nicht bloßes Unterlassen) voraus, mit dem unmittelbar auf den Körper eines anderen (nicht auf Tiere oder Sachen) in einer die körperliche Unversehrtheit konkret gefährdenden Weise eingewirkt wird (ähnlich NJW 80, 65, 66 zu § 184 III aF, jetzt § 184a; v Bubnoff LK 15; weiter Geilen LdR S 414: auch mittelbare Einwirkungen). Nach dem Schutzzweck des Tatbestandes ist der Begriff hier enger auszulegen als in § 125 (dort 4); jedoch werden nicht nur Formen der Nötigung erfasst, sondern uU auch einverständliche sadomasochistische Exzesse (Karlsruhe MDR 77, 864 mwN) und Anwendung rechtmäßiger Gewalt (v Bubnoff LK 15 mwN). Durch das SexÄG (15 vor § 1) sind jetzt auch Gewalttätigkeiten gegen **menschenähnliche Wesen** erfasst. Damit wurde die Lücke geschlossen, die die Rspr wegen des vom BVerfG (E 87, 209) hochgehaltenen Analogieverbots nicht schließen durfte (ebenso Geilen LdR S 413; Sch/Sch-Lenckner 6). Diese Wesen müssen bei objektiver Betrachtung ihrer äußeren Gestalt nach Ähnlichkeit mit dem Menschen aufweisen (BT-Dr 15/1311 S 2). Dies ist im Hinblick auf den den Schutzzweck (vgl 1) sinnvoll, wirft aber im Hinblick auf den Bestimmtheitsgrundsatz (2 zu § 1) Probleme auf (Köhne GA 04, 180, 183; s auch BT-Dr 15/1642 S 1), zB bei denkenden, sprechenden Tierfiguren und Außerirdischen (für Einbeziehung Letzterer BT-Dr aaO; dagegen Duttge/Hörnle/Renzikowski NJW 04, 1065, 1070 und Köhne aaO). Als Gewaltausübende kamen schon bisher menschenähnliche Wesen in Betracht (NStZ 00, 307; krit Köhne aaO S 187). – **Grausam** ist ebenso wie in § 211 I (dort 10) auszulegen (hM; vgl BT-Dr 10/2546 S 22). – **Unmenschlich** ist eine Gewalttätigkeit, wenn sie eine menschenverachtende Tendenz des Gewalttäters zum Ausdruck bringt; zB wenn jemand aus roher und unbarmherziger Gesinnung (Koblenz NStZ 98, 40) oder einfach deshalb, weil es ihm Spass macht, völlig bedenkenlos Menschen erschießt (BT-Dr VI/3521 S 7).

b) Schildern heißt, mit Hilfe des verwendeten Mediums die Vorstellung von **5** einem unter 4 beschriebenen Vorgang vermitteln. Auf die Eignung der Schilderung, verrohend zu wirken oder allgemein andere zu aggressivem Verhalten anzureizen, kommt es mangels wissenschaftlicher Beweisbarkeit im Einzelfall nicht an (BT-Dr VI/3521 S 7).

c) Verherrlichen bedeutet, die unter 4 beschriebenen Gewalttätigkeiten mit **6** einem positiven Wertakzent versehen, dh sie als Ausfluss einer anerkennenswerten Grundhaltung erscheinen lassen; zB dadurch, dass sie als verdienstvoll, als erstrebenswertes Abenteuer, als Bewährungsprobe für männliche Tugenden oder Fähig-

§ 131

keiten oder als billigenswerte Möglichkeit zur Erlangung von Ruhm, Anerkennung oder Auszeichnung dargestellt werden (BT-Dr VI/3521 S 7; Köhne GA 04, 180, 184; enger Erdemir ZUM 00, 699, 702). – **Verharmlosen** 8 zu § 130. – Die **Art der Schilderung** muss Verherrlichung oder Verharmlosung **ausdrücken** (weiter Sch/Sch-Lenckner 10 mwN). Entgegen diesem vom früheren Recht abweichenden (vgl 1), nur als klarstellende Vereinfachung gedachten (BT-Dr 10/2546 S 22) Wortlaut genügt es nicht, wenn aus einer wie immer gearteten Darstellungsweise lediglich eine im vorstehenden Sinne positive oder bagatellisierende Bewertung hervorgeht (Greger NStZ 86, 8). Damit ginge ein wesentliches, früher unbestrittenes Element der Einschränkung verloren, wonach gerade das Grausame oder Unmenschliche des Vorgangs – etwa die Art und das Ausmaß der Verletzungen, die Qualen des Opfers und die menschenverachtende Gesinnung des Gewalttäters – den wesentlichen Inhalt und zugleich Sinn der Schilderung ausmachen muss (NJW 78, 58; zum geltenden Recht NJW 00, 307). Die „distanzierte oder verfremdete" Beschreibung eines an sich grausamen oder unmenschlichen Vorgangs reicht daher selbst dann nicht aus, wenn sie mit einer verharmlosenden Tendenz einhergeht (ebenso Tröndle/Fischer 11; s auch Rackow aaO [vgl 1] S 208); andernfalls würden in schwer abschätzbarem Umfang auch Kriminal- und Wildwestfilme sowie Comic Strips erfasst, die bisher weitgehend ausgeschieden waren (Erdemir ZUM 00, 699, 702; v Bubnoff LK 20 mwN).

7 d) Das Merkmal einer die **Menschenwürde verletzenden Darstellungsart** ist in hohem Maße unbestimmt und deshalb im Hinblick auf Art 103 II GG problematisch (BVerfGE 87, 209 akzeptiert es nur mit dem Vorbehalt verfassungskonformer Auslegung; zust Beisel/Heinrich NJW 96, 491, 496; krit Weigend aaO [vgl 1] S 43; abl Erdemir ZUM 00, 699; vgl auch Geilen LdR S 415: bedenklicher Grenzfall). Da es nach dem Sachzusammenhang nur als objektiver, von bestimmten Individuen abstrahierter Maßstab verstehbar ist (BT-Dr 10/2546 S 23; dagegen Köhne GA 04, 180, 185), kommt es darauf an, ob die Art und Weise der Darstellung unabhängig von der Grausamkeit oder Unmenschlichkeit der ihr zu Grunde liegenden Vorgänge darauf angelegt ist, beim Betrachter eine Einstellung zu fördern, die den „fundamentalen Wert- und Achtungsanspruch leugnet, der jedem Menschen zukommt" (BVerfG aaO; Koblenz NStZ 98, 40; enger Rudolphi SK 11); so etwa, wenn solche Vorgänge dargestellt werden, um ein sadistisches Vergnügen an dem Geschehen zu vermitteln oder um Personen oder Gruppen als menschenunwert erscheinen zu lassen (BVerfG aaO; ähnlich v Hartlieb NJW 85, 830, 834). Es ist Aufgabe der Rspr, mit Hilfe der genannten verfassungskonformen Auslegung die hier besonders breite Grauzone zweifelhafter Fälle soweit wie möglich aus dem Anwendungsbereich auszuscheiden (Sch/Sch-Lenckner 2, 11). Sicher erfasst werden jedenfalls zahlreiche Auswüchse auf dem Videomarkt, in dessen Erzeugnissen häufig widerwärtige Gewalttätigkeiten und die aus ihnen erwachsenden Folgen zur Stimulierung sadistischer Emotionen abgebildet und beschrieben werden (ebenso Ostendorf NK 11).

8 e) Ob die Art der Schilderung ein Verherrlichen oder Verharmlosen ausdrückt oder die Menschenwürde verletzt, entscheidet allein ihr **objektiver Sinngehalt,** wie ihn ein unbefangener Betrachter (Empfänger) versteht (Bay NJW 90, 2479 mwN), also auch, soweit er erkennbar zwischen den Zeilen steht (ebenso Tröndle/Fischer 11; zur ähnlichen Rechtslage bei verfassungsfeindlicher Propaganda 4 zu § 86); selbst eine in der Schrift enthaltene ausdrückliche Stellungnahme gegen Gewalt schließt das nicht notwendig aus (BT-Dr VI/3521 S 7). Ob es dem Verfasser auf Verherrlichung oder Verharmlosung ankommt, ist materiellrechtlich unerheblich, aber als Beweisanzeichen bedeutsam.

9 5. Die **Tathandlungen** (Verbreiten der Schriften usw) stimmen mit denen des §§ 184 I Nr 1, 184a, 184b I überein. Theateraufführungen und sog „Liveshows"

Amtsanmaßung **§ 132**

sind von Abs 1 nicht erfasst, doch kann die Verbreitung von Aufzeichnungen davon nach Abs 2 strafbar sein (Köhne GA 04, 180, 186).

6. Bedingter **Vorsatz** genügt. Danach braucht der Täter nicht selbst die in der Schrift (vgl 2) ausgedrückte Tendenz zu verfolgen oder ihren Inhalt als solchen auch nur zu billigen (ebenso Tröndle/Fischer 18). **10**

7. a) Das sog **Berichterstatterprivileg des Abs 3,** das schon den Tatbestand ausschließt (BT-Dr VI/3521 S 8; Tröndle/Fischer 15), erfasst jede Form der Nachrichtenübermittlung oder Dokumentation, die – sei es auch in gestellten Szenen oder in fiktiver Nachgestaltung (Prot 6, 1899) – auf die Reproduktion wirklicher Vorgänge des Zeitgeschehens oder der Geschichte gerichtet ist. Das ist auch in Theaterstücken und Spielfilmen nicht unbedingt ausgeschlossen (Prot 6, 1797); jedoch scheiden solche Schriften aus, die nur an Vorgänge des Zeitgeschehens oder der Geschichte anknüpfen, ohne Berichterstattung zu bezwecken (krit Sch/Sch-Lenckner 15, 16). – Auf den Wahrheitsgehalt des Berichts im Einzelnen kommt es nur (zw) insoweit an, als die Berichtsform nicht zum Vorwand für erdichtete Schilderungen werden darf (einschr Rudolphi SK 16); Übertreibungen und Verfälschungen, die schon im Kern die Übereinstimmung der wirklichen mit den berichteten Vorgängen aufheben, werden daher nicht gedeckt. **11**

b) Für **Kunstwerke** ist die Möglichkeit eines Konflikts mit § 131 nicht grundsätzlich auszuschließen (Bay NJW 90, 2479). Für diesen Fall gelten die Ausführungen unter 14 zu § 193 sinngemäß (eingehend Meirowitz aaO [vgl 1] S 372 und Fischer, Die strafrechtliche Beurteilung von Werken der Kunst, 1995, S 150 mwN); jedoch wird die erforderliche verfassungsrechtliche Wertung häufiger zum Vorrang der Kunstfreiheit führen (aM Geilen LdR S 416: Priorität des Strafschutzes; ebenso für den Regelfall Tröndle/Fischer 19). **12**

c) Zum sog **Erzieherprivileg** (Abs 4) 9–13 zu § 180; 10 zu § 184. Durch das SexÄG wird – wie schon bei § 180 I S 2 – dieses Privileg für den Fall ausgeschlossen, dass der Sorgeberechtigte seine Erziehungspflicht gröblich verletzt (zu dieser unbestimmten Einschränkung 9 zu § 180 mwN), hier durch die Tathandlungen des Anbietens, Überlassens und Zugänglichmachens (BT-Dr 15/1311 S 22). **13**

8. Für die **Einziehung** gilt § 74d I, II. Im Übrigen vgl 11 zu § 184. **14**

9. Tateinheit ua möglich mit §§ 130, 184a, 185. Dasselbe gilt für das Zusammentreffen von Abs 1 Nr 1, 2, 4 mit § 21 GjSM aF (vgl jetzt § 27 JuSchG und § 23 JMSt [14 zu § 184], weil in diesen Fällen die besondere Verletzung von Interessen des Jugendschutzes in einer Verurteilung nach § 131 nicht zum Ausdruck kommt (zw). **15**

§ 132 Amtsanmaßung

Wer unbefugt sich mit der Ausübung eines öffentlichen Amtes befaßt oder eine Handlung vornimmt, welche nur kraft eines öffentlichen Amtes vorgenommen werden darf, wird mit Freiheitsstrafe bis zu zwei Jahren oder mit Geldstrafe bestraft.

1. Die Vorschrift dient dem **Schutz der Autorität des Staates und seiner Behörden,** nicht auch dem von Privatpersonen vor Übergriffen (BGHSt 3, 241; 12, 30; 40, 8, 12; BayNJW 03, 1616 mit zust Bespr Sternberg-Lieben JR 04, 74 und Otto JK 3; krit Düring, Amtsanmaßung und Missbrauch von Titeln, 1990, S 246; aM Ostendorf NK 4). **1**

2. Zwei Tatbestände sind zu unterscheiden (zusf Geppert Jura 86, 590): **2**

a) Der Täter befasst sich mit der **Ausübung eines öffentlichen Amtes,** dh er gebärdet sich (ausdrücklich oder stillschweigend) als Inhaber eines solchen (nicht

§ 132
BT. 7. Abschnitt. Öffentliche Ordnung

notwendig wirklich existierenden, Oetker NJW 84, 1602 mwN) Amtes und nimmt eine Handlung vor, die sich als Ausübung des angemaßten oder eines anderen Amtes darstellt (BGHSt 40, 8, 11; Karlsruhe NStZ-RR 02, 302; Rengier BT II 55/2; Küper BT S 11 mwN). Bloßes Auftreten als Amtsinhaber genügt daher nicht (GA 67, 114; Joecks 4). Dass die Handlung nur einem solchen zusteht, ist dagegen nicht unbedingt erforderlich; sie darf jedoch nicht rein privater (zu eng Koblenz NStZ 89, 268 mit abl Bespr Krüger NStZ 89, 477 und Geppert JK 1) oder fiskalischer Natur sein (BGHSt 12, 30; Oldenburg MDR 87, 604).

3   **b)** Der Täter nimmt eine Handlung vor, die **nur kraft öffentlichen Amtes vorgenommen werden darf,** zB eine Durchsuchung (RGSt 59, 291). Praktische Bedeutung hat diese Alternative nur, wenn der Täter den Eindruck hoheitlichen Handelns hervorruft, ohne Amtseigenschaft vorzuspiegeln. Erforderlich und zugleich ausreichend ist, dass sich das Verhalten nach den äußeren Umständen als Amtshandlung darstellt (BGHSt 40, 8; Küper BT S 12 mwN), bei der die wesentlichen Erfordernisse erfüllt erscheinen (Frankfurt NJW 64, 61); dabei braucht der Täter nicht unbedingt als Urheber der Handlung (zB dem heimlichen Aufstellen oder Verändern von Verkehrsschildern, Köln NJW 99, 1042, 1044 mit Bespr Jahn JA 99, 98, 101 und [abl] Wrage NStZ 00, 32) in Erscheinung zu treten (hM; vgl Oetker NJW 84, 1602 mwN). Das Abhören von Telefongesprächen durch dazu nicht ermächtigte Dienststellen des MfS erfüllt zwar dem Wortlaut nach den zweiten Tatbestand, doch wird diese Handlung nach Sinn und Zweck der Vorschrift deshalb nicht erfasst, weil die Autorität des Staates und seiner Behörden nur durch Handlungen beeinträchtigt wird, die nach den sie begleitenden Umständen bei einem objektiven Beobachter den Anschein einer Amtshandlung hervorrufen (BGHSt 40, 8; v Bubnoff LK 20, der den Gesichtspunkt der Verwechselbarkeit betont; aM Dresden DtZ 93, 287; KG JR 93, 388; zw). Auch die irreführende Anbringung eines einem anderen geltenden Verwarnungszettels am eigenen Fahrzeug wird nicht erfasst (Schünemann JA 74, 105, 107; Küper BT S 15). In der bloßen Verfälschung einer amtlichen Schrift liegt idR keine Amtsanmaßung, auch wenn mit ihr zB die Freigabe eines eingezogenen Motorrads erreicht wird (bei Holtz MDR 93, 719).

4   **3.** Für beide Tatbestände gilt:

a) Öffentlich ist ein Amt, dessen Träger Organ der Staatsgewalt ist (RGSt 10, 199), zB auch das Organ einer Kommunalverwaltung (AG Göttingen NJW 83, 1209); der Notar (NJW 98, 3791); der ehrenamtliche Richter; nicht der Rechtsanwalt (aM Celle NdsRpfl 48, 249). Erfasst sind auch öffentliche Ämter der EG (Satzger, Die Europäisierung des Strafrechts, 2001, S 572; Rudolphi SK 6; aM v Bubnoff LK 10: Verstoß gegen das Analogieverbot).

5   **b) Unbefugt** handelt, wer nicht durch seine Amtsstellung oder aus anderem Grunde zur Vornahme der Handlung berechtigt ist; nicht jedoch, wer die Amtsstellung erschlichen hat (Braunschweig NdsRpfl 50, 127; aM Freiburg DRZ 48, 66).

6   **c)** Beide Tatbestände können auch von **Amtsträgern** (3–11 zu § 11) verwirklicht werden, der Erste durch Anmaßung eines anderen Amtes, der zweite durch eine Amtshandlung, welche die sachliche (BGHSt 3, 241; Bay NJW 03, 1616 mit zust Bespr Sternberg-Lieben JR 04, 74 und Otto JK 3) oder die nicht nur innerdienstlich geregelte örtliche Zuständigkeit (BGHSt 12, 85; 37, 207, 211; NJW 98, 3791; Hamm NJW 51, 245) überschreitet.

7   **d)** Die Vornahme einer angeblichen, aber schlechthin unzulässigen Amtshandlung erfüllt den Tatbestand nicht (Ostendorf NK 7; str).

8   **4.** Zum **Vorsatz** (bedingter genügt) gehört auch das Bewusstsein, dass die zur Vornahme der Tathandlung erforderliche öffentliche Amtsstellung fehlt (BGHSt

40, 8, 15); insoweit enthält das Merkmal „unbefugt" einen Tatumstand, der die Handlung erst zum Unrechtstypus macht (Warda Jura 79, 286, 295; str). − Die irrige Annahme, die nach ihrem sachlichen Gehalt richtig begriffene Tathandlung sei keine Straftat, sondern nur eine Ordnungswidrigkeit, begründet keinen **Verbotsirrtum** (Oetker NJW 84, 1602; am AG Göttingen NJW 83, 1209; s auch 2 zu § 17).

5. Die Tat ist **kein eigenhändiges Delikt** (3 zu § 25), und zwar auch nicht in ihrer 1. Alternative (aM RGSt 59, 79, 81; OGHSt 1, 303, 304), weil der Schwerpunkt beider Tatbestände nicht in einem spezifischen Handlungsunwert, sondern in der Rechtsgutsgefährdung liegt (v Bubnoff LK 37 mwN). 9

6. Die 2. Alternative des § 132 wird durch die Erste konsumiert (**Gesetzeskonkurrenz;** vgl Herzberg JuS 73, 234; aM Spezialität: W-Hettinger BT 1 Rdn 608; Sch/Sch-Cramer/Sternberg-Lieben 16; Idealkonkurrenz: RGSt 59, 291, 295; Heterogenität auf Grund einschr Auslegung der 2. Alternative: Küper JR 67, 451; Rudolphi SK 2). **Tateinheit** ua möglich mit § 263 (GA 64, 151), § 242 (RGSt 54, 255), § 253, § 267 (LG Paderborn NJW 89, 178) und §§ 331, 332 (RGSt 76, 62). 10

§ 132 a Mißbrauch von Titeln, Berufsbezeichnungen und Abzeichen

(1) **Wer unbefugt**

1. **inländische oder ausländische Amts- oder Dienstbezeichnungen, akademische Grade, Titel oder öffentliche Würden führt,**
2. **die Berufsbezeichnung Arzt, Zahnarzt, Psychologischer Psychotherapeut, Kinder- und Jugendlichenpsychotherapeut, Psychotherapeut, Tierarzt, Apotheker, Rechtsanwalt, Patentanwalt, Wirtschaftsprüfer, vereidigter Buchprüfer, Steuerberater oder Steuerbevollmächtigter führt,**
3. **die Bezeichnung öffentlich bestellter Sachverständiger führt oder**
4. **inländische oder ausländische Uniformen, Amtskleidungen oder Amtsabzeichen trägt,**

wird mit Freiheitsstrafe bis zu einem Jahr oder mit Geldstrafe bestraft.

(2) **Den in Absatz 1 genannten Bezeichnungen, akademischen Graden, Titeln, Würden, Uniformen, Amtskleidungen oder Amtsabzeichen stehen solche gleich, die ihnen zum Verwechseln ähnlich sind.**

(3) **Die Absätze 1 und 2 gelten auch für Amtsbezeichnungen, Titel, Würden, Amtskleidungen und Amtsabzeichen der Kirchen und anderen Religionsgesellschaften des öffentlichen Rechts.**

(4) **Gegenstände, auf die sich eine Straftat nach Absatz 1 Nr. 4, allein oder in Verbindung mit Absatz 2 oder 3, bezieht, können eingezogen werden.**

Fassung: Art 4 des Gesetzes über die Berufe des Psychologischen Psychotherapeuten und des Kinder- und Jugendlichenpsychotherapeuten, zur Änderung des 5. Buches SGB und anderer Gesetze v 16. 6. 98 (BGBl I 1311, 1312) hat die Berufsbezeichnungen des Abs 1 Nr 2 erweitert.

1. Die Vorschrift dient vornehmlich dem **Schutz der Allgemeinheit,** die gegenüber Inhabern von bestimmten, die Person qualifizierenden Bezeichnungen und gegenüber Trägern von Uniformen, Amtskleidungen oder Amtsabzeichen uU anders reagiert und dadurch Hochstaplern leichter zum Opfer fällt (BGHSt 36, 277; NJW 94, 808; Bay 93, 97 und NStZ-RR 97, 135; LG Düsseldorf NJW 00, 1

§ 132a BT. 7. Abschnitt. Öffentliche Ordnung

1052; Dresden NJW 00, 2519 mit Bespr Otto JK 1; Köln NJW 00, 1053, 1054; LG Saarbrücken NJW 96, 2665, alle mit mwN; weiter diff Düring, Amtsanmaßung und Missbrauch von Titeln, 1990, S 251; Rudolphi SK 2; anders Ostendorf NK 4: Vertrauen in die Honorigkeit vom Staat ausgezeichneter Personen; wieder anders Kahle, Der Missbrauch von Titeln, Berufsbezeichnungen und Abzeichen – Rechtsgut, Schutzzweck und Anwendungsbereich des § 132a StGB, 1995, S 65, der das Monopol zur Verleihung und Verwendung bestimmter Zeichenfolgen und Kennzeichen als Rechtsgut betrachtet). Das begründet einerseits die Einbeziehung auch ausländischer Bezeichnungen usw (Abs 1 Nr 1, 4) in den Strafschutz (GA 66, 279; NJW 94, 808; weiter Lüttger, Jescheck-FS, S 121, 171 mwN); andererseits erfordert dieser Schutzzweck aber einschränkende Auslegung (BGHSt 31, 61 mwN; zusf Geppert Jura 86, 590, 594). – Zur Reform Kahle aaO S 353, der für eine Ordnungswidrigkeitenlösung plädiert; ebenso Müller, in: Jung (Hrsg), Das Recht und die schönen Künste, 1998, S 45, 50.

2 **2. a) Amts- und Dienstbezeichnungen** umfassen nur die förmlichen (BGHSt 26, 267; Kahle aaO [vgl 1] S 165; str) Kennzeichnungen von Ämtern und Dienststellungen im Staat, in den Gemeinden oder in öffentlich-rechtlichen Körperschaften, wie zB Richter, Regierungsrat, Inspektor, Bürgermeister usw, ferner iVm Abs 3 Erzbischof (Köln NJW 00, 1053), Kirchenrat, Pfarrer, Dekan (LG Mainz MDR 84, 511), uU auch Pastor (Düsseldorf NJW 84, 2959), nicht jedoch „Pater" (LG Offenburg NJW 04, 1609); die Berufe ohne öffentliches Amt, aber mit öffentlich-rechtlichen Befugnissen (zB Rechtsanwalt) sind dagegen den Berufsbezeichnungen des Abs 1 Nr 2 zugeordnet (BT-Dr 7/550 S 222). – Ausländische Amts- und Dienstbezeichnungen dürfen im Allgemeinen nur in der durch Verleihungsakt zuerkannten ausländischen Originalfassung verwendet werden (Bay NJW 78, 2348); die entsprechende deutschsprachige Form (zB Professor; näher Krause, Führung von ausländischen Professorenbezeichnungen in der BRD, 1996) ist allenfalls zulässig, wenn die Voraussetzungen für die ausländische Verleihung denen für die inländische mindestens annähernd gleichwertig sind (BVerwG NVwZ 88, 366; Bay 93, 97; näher Kahle aaO S 171, 186); sie dürfen auch nur in der genehmigten Form geführt werden (Düsseldorf NJW 00, 1052; s auch 8a). – Zu den **akademischen Graden** vgl das GFaG (Göhler [Lexikon] 10; Erbs/Kohlhaas-Senge A 111 Rdn 5–21 vor § 1 GFaG; eingehend Kahle aaO S 187; zusf Deumeland HSW 90, 291). – **Titel** sind zur Ehrung verliehene persönliche Bezeichnungen, zB Justizrat, Sanitätsrat, Titularprofessor (LG Saarbrücken NJW 76, 1160); näher Kahle S 247). – **Öffentliche Würden** sind auf öffentlichem Recht beruhende Ehrungen, zB Ehrenbürger, Ehrensenator (einschr Kahle S 263). – Zur umstrittenen Einordnung der Bezeichnung „Professor" Kahle aaO S 270.

3 **b)** Zu den **Berufsbezeichnungen** (Abs 1 Nr 2), die abschließend geregelt sind und sämtlich verantwortliche, Abhängigkeit des Klienten begründende Funktionen in der Gesellschaft beschreiben, beachte: **Arzt** § 2a BÄO; **Zahnarzt** §§ 1 I, 20 ZahnHKG; **Psychologischer Psychotherapeut** usw §§ 1, 2 PsychThG (vgl BT-Dr 13/8035 S 23 und 9212 S 42; Schlund NJW 98, 2722; Haage MedR 98, 291; Schirmer MedR 98, 435); **Tierarzt** § 3 BTÄO; **Apotheker** § 3 BApothO; **Rechtsanwalt** § 12 III BRAO (nach § 42 I 2 EuRAG ist die Vorschrift auf die in Anlage 1 genannten Berufsbezeichnungen, zB Avvocato, entsprechend anzuwenden); **Patentanwalt** § 19 III PatAnwO; **Wirtschaftsprüfer, vereidigter Buchprüfer** §§ 1 I, 128 I WirtschPrüfO; **Steuerberater, Steuerbevollmächtigter** §§ 35, 42, 43 StBerG. – Eingehend zu den Berufsbezeichnungen Kahle aaO [vgl 1] S 286.

4 **c) Öffentlich bestellte Sachverständige** (Abs 1 Nr 3) sind solche, die durch Verwaltungsakt als Sachverständige für ein bestimmtes Sachgebiet bestellt sind (Meyer-Goßner 16 zu § 73 StPO).

Mißbrauch von Titeln, Berufsbezeichnungen **§ 132a**

d) Uniformen (Abs 1 Nr 4) sind die auf Grund öffentlich-rechtlicher Bestim- 5
mung eingeführten Kleidungen. **Amtskleidungen** zB die Roben der Richter,
Staatsanwälte und Rechtsanwälte, aber auch kirchliche Amtskleidungen (LG Offenburg NJW 04, 1609). **Amtsabzeichen** sind Zeichen, die den Träger als Inhaber eines bestimmten öffentlichen Amtes und wohl auch als Träger eines militärischen Dienstgrades (AG Bonn NZWehrr 83, 156; zweifelnd NStZ 92, 490)
kenntlich machen; jedoch ist das Tragen von bestimmungsmäßig mit einer Uniform verbundenen Dienstgradabzeichen nur tatbestandsmäßig, wenn die vorgeschriebene Verbindung oder im Sinne des Abs 2 Verwechslungsgefahr besteht
(BGH aaO). – Näher zu Abs 1 Nr 4 Kahle aaO [vgl 1] S 310.

3. Hängt das Führen der Bezeichnungen usw, was nicht notwendig, aber doch 6
meistens zutrifft, vom Bestehen einer zugehörigen Amts-, Dienst- oder Berufsstellung ab, so wird es unbefugt, wenn diese Stellung durch Entlassung oder auf
andere Weise – es sei auch nur auf Grund eines nach § 80 II Nr 4 VwGO sofort
vollziehbaren Verwaltungsakts (BGHSt 36, 277) – wirksam beendigt wird.

4. a) Führen (Abs 1 Nr 1 bis 3) ist aktive Äußerung des Täters gegenüber sei- 7
ner Umwelt (aM Kahle aaO [vgl 1] S 96), mit der er die Bezeichnung in einer die
geschützten Interessen (vgl 1) berührenden Weise (Bay NJW 79, 2359; LG Saarbrücken NJW 96, 2665 mit krit Bespr Müller aaO [vgl 1] S 45) und Intensität in
Anspruch nimmt (BGHSt 31, 61; Küper BT S 140, beide mwN). Bloßes Dulden
der Anrede genügt daher nicht (RGSt 33, 305). Ob Gebrauch der Bezeichnung
im privaten Verkehr oder nur einmaliger (Kahle aaO S 90) oder vorübergehender
Gebrauch ausreicht, hängt von den Umständen ab (Bay MDR 73, 778; Saarbrücken NStZ 92, 236; Köln NJW 00, 1053; s auch BGH aaO).

b) Tragen (Abs 1 Nr 4) setzt ebenso wie das Führen (vgl 7) voraus, dass die in 8
der Uniform usw zum Ausdruck kommende Amtseigenschaft in einer die geschützten Interessen berührenden Weise (vgl 1) in Anspruch genommen wird. Es
liegt daher nicht vor, wenn die Uniform usw erkennbar nur zur Maskerade (Bay
NStZ-RR 97, 135), im Rahmen eines Schauspiels oder sonst ohne solche Inanspruchnahme (Zweibrücken NJW 03, 982; probl Oldenburg NJW 84, 2231 mit
Anm Meurer JR 84, 470) benutzt wird, namentlich wenn sich der Träger darin
nicht zeigt (zT abw RGSt 61, 7).

5. Das Führen eines ausländischen akademischen Grades (näher Kahle aaO [vgl 8 a
1] S 190) ist nicht nur dann **unbefugt,** wenn die nach §§ 2, 3 S 2 GFaG erforderliche Genehmigung fehlt, sondern auch dann, wenn die Genehmigung mittels gefälschter Urkunden erschlichen ist (NJW 94, 808 mit krit Anm Zimmerling NStZ
94, 238; dem Ergebnis zust Kahle aaO S 232). – Zum Tragen einer Amtskleidung
der römisch-katholischen Kirche ist nur der gültig geweihte Priester **befugt** (LG
Offenburg NJW 04, 1609).

6. Zum Verwechseln ähnlich (Abs 2) setzt voraus, dass nach dem Gesamt- 9
eindruck eines durchschnittlichen, den jeweils angesprochenen Beurteilers Verwechslung möglich ist (GA 66, 279; KG JR 64, 68; Bay NStZ-RR 00, 236; Dresden
NJW 00, 2519 mit Bespr Otto JK 1; Köln NJW 00, 1053; Zweibrücken NJW 03,
982, 983; s auch StA Ulm Rpfleger 90, 108 mit Anm Reiß; einschr Kahle aaO
[vgl 1] S 344). Bei den Bezeichnungen kommt es nicht so sehr auf die sprachliche
Ähnlichkeit als vielmehr darauf an, ob der Anschein der Zugehörigkeit zu der jeweiligen Gruppe erweckt wird; daher ist zB der „Spezialist für Frauenheilkunde"
mit dem Arzt verwechslungsfähig (BT-Dr 7/550 S 222).

7. Der **Vorsatz** (bedingter genügt) braucht sich nicht auf das Merkmal 10
„unbefugt" als solches zu erstrecken (6 zu § 15; ebenso Herzberg JuS 99, 1073,
1076). Da aber das Fehlen der Amts-, Berufs- oder Würdenstellung zum Unrechtstypus gehört (Kahle aaO [vgl 1] S 114), muss der Täter wissen, dass er nicht Funk-

§ 133 BT. 7. Abschnitt. Öffentliche Ordnung

tions- oder Würdenträger ist (Warda Jura 79, 286, 295). Der Irrtum über die Befugnis kann daher je nach den Umständen Tatbestands- oder Verbotsirrtum sein (BGHSt 14, 223, 228; Bay GA 61, 152; KG aaO [vgl 9]). – Zum Vorsatz hinsichtlich des Tragens Bay NStZ-RR 97, 135.

11 8. Die Tat ist **eigenhändiges Delikt** (3 zu § 25; ebenso Ostendorf NK 15; str). Mehrere natürliche Handlungen, die auf demselben Entschluss beruhen, werden schon durch den Tatbestand zu einer **Handlungseinheit** (10 vor § 52) verbunden (GA 65, 373). Zwischen Sicherbieten zur Vermittlung nach § 5 GFaG und Beihilfe zu § 132a besteht Tatmehrheit (Erbs/Kohlhaas-Senge A 111 Rdn 9 zu § 5 GFaG).

12 9. Abs 4 ist eine besondere Vorschrift im Sinne des § 74 IV, welche die **Einziehung** über § 74 I hinaus zulässt. Die Voraussetzungen des § 74 II, III müssen daher erfüllt sein. § 74a ist nicht anwendbar. Im Übrigen vgl §§ 74 bis 74c, 74e bis 76a.

13 10. § 132a wird ergänzt durch zahlreiche **Bußgeldvorschriften**, zB zum Schutz von anderen Berufsbezeichnungen (namentlich von Heilhilfsberufen; vgl etwa § 25 KrPflG), von Berufstrachten und Berufsabzeichen in der Kranken- oder Wohlfahrtspflege oder in religiösen Vereinigungen (§ 126 OWiG) und von Orden und Ehrenzeichen (§ 15 I TitelG).

§ 133 Verwahrungsbruch

(1) **Wer Schriftstücke oder andere bewegliche Sachen, die sich in dienstlicher Verwahrung befinden oder ihm oder einem anderen dienstlich in Verwahrung gegeben worden sind, zerstört, beschädigt, unbrauchbar macht oder der dienstlichen Verfügung entzieht, wird mit Freiheitsstrafe bis zu zwei Jahren oder mit Geldstrafe bestraft.**

(2) **Dasselbe gilt für Schriftstücke oder andere bewegliche Sachen, die sich in amtlicher Verwahrung einer Kirche oder anderen Religionsgesellschaft des öffentlichen Rechts befinden oder von dieser dem Täter oder einem anderen amtlich in Verwahrung gegeben worden sind.**

(3) **Wer die Tat an einer Sache begeht, die ihm als Amtsträger oder für den öffentlichen Dienst besonders Verpflichteten anvertraut worden oder zugänglich geworden ist, wird mit Freiheitsstrafe bis zu fünf Jahren oder mit Geldstrafe bestraft.**

1 1. Die Vorschrift (zusf Geppert Jura 86, 590, 595) **schützt** die **staatliche Gewalt** über Sachen in dienstlichem Verwahrungsbesitz und das Vertrauen in deren sichere Aufbewahrung (BGHSt 5, 155, 159; 38, 381, 385; Heinrich, Der Amtsträgerbegriff im Strafrecht, 2001, S 274; diff Ostendorf NK 4).

2 2. **Angriffsobjekt** kann jede bewegliche Sache sein, die sich in dienstlicher Verwahrung befindet (vgl 3) oder dienstlich in Verwahrung gegeben worden ist (vgl 4); Schriftstücke (uU auch nur für den inneren Dienst bestimmte, RGSt 67, 226; zw) sind nur beispielhaft erwähnt.

3 a) **Dienstliche Verwahrung** (Abs 1, 1. Alternative) setzt voraus, dass fürsorgliche Hoheitsgewalt (idR eine Behörde, aber zB auch eine militärische Dienststelle, BT-Dr 7/550 S 224; auch Behörden der EG, Satzger, Die Europäisierung des Strafrechts, 2001, S 573) den Gegenstand in Gewahrsam genommen hat, um ihn für bestimmte, über das bloße Funktionsinteresse der Behörde hinausgehende Zwecke zu erhalten und vor unbefugtem Zugriff zu bewahren (BGHSt 18, 312; AG Koblenz wistra 99, 397; Brammsen Jura 89, 81, 83; Küper BT S 396, alle mwN). Das kann zB auch für Gegenstände zutreffen, die in zugänglichen Räumen oder offenen Behältnissen (Bay JZ 88, 726) aufbewahrt werden; **nicht dagegen**

Verwahrungsbruch **§ 133**

Gegenstände des schlichten Amtsbesitzes, bei denen der besondere Zweck der Bestanderhaltung fehlt, wie etwa Sachen, die zum Gebrauch (RGSt 62, 240), zum Verbrauch (BGHSt 4, 236, 241), zum Verkauf (BGHSt 9, 64), zur Ausbildung (Köln NJW 80, 898 mit Bespr Otto JuS 80, 490 und Rudolphi JR 80, 383), zur Auszahlung (BGHSt 18, 312) oder (zB in Museen) zur Besichtigung (Waider GA 61, 366; diff Brüggemann aaO S 123) bereitgehalten werden; außerdem wohl auch solche Gegenstände, die aus dem Verwahrungsbesitz durch Verfügung des dienstlich Berechtigten der – sei es auch gesetzwidrigen – dienstlichen Verwendung zugeführt werden (BGHSt 33, 190 mit Bespr Marcelli NStZ 85, 500 und Wagner JZ 87, 705, 706, alle mwN; zw). Keinen von § 133 geschützten dienstlichen Gewahrsam haben Angehörige des MfS an Briefen, die ihnen von der Deutschen Post zum Zwecke der Bespitzelung der Bevölkerung zur Verfügung gestellt wurden (BGHSt 40, 8, 24 mit Bespr Weiß JR 95, 29, 32 und Geppert JK 8 zu § 246); die Briefe können jedoch der dienstlichen Verfügung der Deutschen Post durch weisungsgemäße, willentliche Übertragung des Gewahrsams auf das MfS entzogen worden sein (JR 95, 120 [Vorlagebeschluss] mit zust Bespr Schroeder JR 95, 95, 97; zw). Nach der Privatisierung von Bahn und Post befinden sich die der Bahn oder Post zum Beförderung übergebenen Sachen nicht mehr in dienstlicher Verwahrung (v Bubnoff LK 10 a; Rudolphi SK 6 a); anders nur beim Handeln als beliehener Unternehmer mit Hoheitsbefugnissen gem § 33 I S 2 PostG. – Der **Verwahrungsort** ist nicht ausschlaggebend. Er kann auch für den Einzelfall und vorübergehend bestimmt werden (Bay GA 59, 350) und ein nichtdienstlicher Ort (zB die Privatwohnung eines Amtsträgers) sein (RGSt 28, 107).

b) Dienstlich, dh auf Grund dienstlicher Anordnung und zu dienstlichen 4 Zwecken (RGSt 51, 226), **in Verwahrung gegeben** (Abs 1, 2. Alternative) ist ein Gegenstand nur dann, wenn dem Empfänger dienstliche Herrschaftsgewalt übertragen wurde; daran fehlt es beim Schuldner oder Gläubiger, dem der Gerichtsvollzieher eine nach §§ 808 II, 809 ZPO gepfändete Sache im Besitz belässt (Meyer JuS 71, 643, 645). Praktisch bedeutsam ist diese Alternative nur, wenn der Empfänger den Gewahrsam als Privater (zB als Abschleppunternehmer im Auftrag der Polizei, Bay NJW 92, 1399) übernimmt, weil andernfalls schon die 1. Alternative anwendbar ist (v Bubnoff LK 12 mwN). Deshalb muss hier erkennbar sein, dass dienstlich verwahrt werden soll (Hamburg NJW 64, 737; Küper BT S 396).

3. Täter kann jedermann sein, auch der Eigentümer der verwahrten Sache, uU 5 sogar der Inhaber des dienstlichen Gewahrsams, zB der StA, der einen ihm zu den Ermittlungsakten gegebenen, dienstlich zu verwendenden Scheck sachfremd verwertet (BGHSt 38, 381, 385 mit zust Anm Brammsen NStZ 93, 543, beide mwN). – Bei **rechtlich fehlerhaften dienstlichen Verwahrungen** kommt es nur auf die Bestandskraft der zugrunde liegenden Anordnung, nicht auf deren Rechtmäßigkeit an (Brüggemann aaO [vgl 3] S 94); ob der Inhaber des Gewahrsams für die Verwahrung zuständig ist und ob die vorgeschriebenen Förmlichkeiten gewahrt sind, ist daher unerheblich (BGHSt 5, 155, 160; Lüke, Kaufmann [Arth]-FS, S 565, 573).

4. Zerstören, Beschädigen 3–7 zu § 303. **Unbrauchbarmachen** 2 zu § 87. 6 Der **dienstlichen Verfügung entziehen** bedeutet, dem dienstlich Berechtigten die Möglichkeit jederzeitiger Verfügung über die Sache im Sinne ihrer bestimmungsmäßigen Verwendung – sei es auch nur vorübergehend oder ohne Ortsveränderung – zu nehmen oder erheblich zu erschweren (Düsseldorf NStZ 81, 25; Bay JZ 88, 726, beide mwN). Dass der Berechtigte die Sache zunächst nur suchen muss, aber leicht und ohne Hindernisse auffinden kann, genügt nicht (BGHSt 35, 340 mwN); wohl aber, wenn ihm durch konkludentes Verheimlichen der Sache zugleich jeder Anlass zum Suchen genommen wird (Brammsen Jura 89, 81; aM BGH aaO; zw). Entziehen setzt eine Entfernung des amtlich verwahrten Objekts

§ 134 BT. 7. Abschnitt. Öffentliche Ordnung

gegen den Willen des Verwahrers voraus; eine durch Täuschung veranlasste, einverständliche Herausgabe reicht nicht (bei Holtz MDR 93, 719). Auch Unterlassen in Garantenstellung (6 zu § 13) kommt in Frage, etwa wenn ein Amtsträger eine Urkunde, die er ordnungswidrig besitzt, nach Aufforderung nicht herausgibt (zum früheren Recht BGHSt 3, 82; Klein NJW 53, 636).

7 5. Bedingter **Vorsatz** genügt (BGHSt 35, 340 mwN).

8 6. **Abs 2** stellt nur klar, dass auch die kirchenamtliche Verwahrung erfasst wird (BT-Dr 7/550 S 224).

9 7. a) **Täter** des qualifizierten Tatbestandes nach **Abs 3** kann nur ein **Amtsträger** (auch Kirchenamtsträger) oder ein **für den öffentlichen Dienst besonders Verpflichteter** (3–11, 13–17 zu § 11) sein. Der Teilnehmer (Anstifter oder Gehilfe), dem diese Eigenschaft fehlt, fällt unter Abs 1, 2 (8, 9 zu § 28).

10 b) Eine Sache ist dem Täter „**als**" Amtsträger usw **anvertraut**, wenn er auf Grund dienstlicher (allg oder für den Einzelfall gegebener) Anordnung Verfügungsmacht über sie hat und kraft seines Amtsverhältnisses verpflichtet ist, für ihre Erhaltung und Gebrauchsfähigkeit zu sorgen (BGHSt 3, 304, 306; GA 78, 206; AG Koblenz wistra 99, 397; beachte jedoch BGHSt 33, 190); auch ein amtliches Schriftstück, das der Täter in amtlicher Eigenschaft zum Missbrauch für private Zwecke hergestellt hat, kann anvertraut sein (NJW 75, 2212 mit zust Bespr Wagner JZ 87, 705; krit Brüggemann aaO [vgl 3] S 208). Die in der Privatwohnung angenommene Sache ist meist erst anvertraut, wenn der Amtsträger usw sie in die Dienststelle bringt (BGHSt 4, 54). – **Zugänglich** sind Sachen im Dienstraum des Amtsträgers usw auch außerhalb der Dienststunden (OGHSt 1, 253); nicht aber solche Gegenstände, die sich dort in einem verschlossenen Behältnis befinden, das der Amtsträger mit einem Nachschlüssel öffnet (RGSt 61, 334).

11 8. Zwischen den Tathandlungen des Abs 1 (vgl 6), die sich weit überschneiden, ist **Wahlfeststellung** zulässig (bei Dallinger MDR 55, 270; s auch 14 zu § 1). – **Tateinheit** ua möglich mit § 136 (BGHSt 5, 155, 160), § 242 (Joecks 5), § 246 (BGHSt 5, 295; gegenüber Abs 3 ist § 246 aber subsidiär, Wagner, Grünwald-FS, S 797, 806) und § 274 I Nr 1 (AG Koblenz wistra 99, 397). Im Verhältnis zu § 148 II kommt Tatmehrheit in Frage (BGHSt 3, 289). Zu § 206 dort 16.

§ 134 Verletzung amtlicher Bekanntmachungen

Wer wissentlich ein dienstliches Schriftstück, das zur Bekanntmachung öffentlich angeschlagen oder ausgelegt ist, zerstört, beseitigt, verunstaltet, unkenntlich macht oder in seinem Sinn entstellt, wird mit Freiheitsstrafe bis zu einem Jahr oder mit Geldstrafe bestraft.

1 1. Die Vorschrift **schützt** gegen die **Beeinträchtigung der öffentlichen Wirksamkeit** amtlicher Kundmachungen (v Bubnoff LK 1; ähnlich Ostendorf NK 3).

2 2. a) **Dienstlich** ist jedes im Rahmen von Behörden (20 zu § 11) oder anderen Dienststellen öffentlich-rechtlicher Körperschaften gefertigte **Schriftstück,** das dienstlichen Inhalt hat, aber nicht notwendig hoheitliche Anordnungen enthält, und Mitteilungszwecken dient. **Zur Bekanntmachung öffentlich angeschlagen oder ausgelegt** ist es, wenn es durch Aushängen, Anheften oder in anderer Weise in eine Lage gebracht ist, die der Allgemeinheit die Möglichkeit gibt und geben soll, von seinem Inhalt Kenntnis zu nehmen. Dass es sich letztlich nur an einen einzelnen richtet (zB öffentliche Zustellung), ist unerheblich; jedoch reicht eine nicht zur Kenntnis der Allgemeinheit bestimmte Mitteilung, etwa der polizeiliche Verwarnungszettel an einem Kfz, nicht aus (Baumann NJW 64, 708).

b) Nicht geschützt, sind Schriftstücke offensichtlich verfassungs- oder gesetz- 3
widrigen Inhalts (Hamburg MDR 53, 247; Sch/Sch-Cramer/Sternberg-Lieben 1;
einschr M-Schroeder/Maiwald BT 2 73/22; diff Ostendorf NK 7).

3. Zerstören 7 zu § 303. **Beseitigen** bedeutet, dem Berechtigten ohne dessen 4
Willen durch Ortsveränderung entziehen. **Verunstalten** ist zB durch karikierende
Veränderungen an ausgehängten Fotos in Suchmeldungen, **Unkenntlichmachen**
durch Überkleben möglich.

4. Als **Vorsatz** ist Wissentlichkeit (21 zu § 15) erforderlich. Der Täter muss si- 5
cher wissen oder davon überzeugt sein, dass es sich um ein Schriftstück der bezeichneten Art handelt.

5. Zwischen den Tathandlungen, die sich überschneiden, ist **Wahlfeststellung** 6
möglich (14 zu § 1). – Gegenüber § 303 **geht** die Vorschrift **vor.**

§ 135 *(weggefallen)*

§ 136 Verstrickungsbruch; Siegelbruch

(1) **Wer eine Sache, die gepfändet oder sonst dienstlich in Beschlag genommen ist, zerstört, beschädigt, unbrauchbar macht oder in anderer Weise ganz oder zum Teil der Verstrickung entzieht, wird mit Freiheitsstrafe bis zu einem Jahr oder mit Geldstrafe bestraft.**

(2) **Ebenso wird bestraft, wer ein dienstliches Siegel beschädigt, ablöst oder unkenntlich macht, das angelegt ist, um Sachen in Beschlag zu nehmen, dienstlich zu verschließen oder zu bezeichnen, oder wer den durch ein solches Siegel bewirkten Verschluß ganz oder zum Teil unwirksam macht.**

(3) **Die Tat ist nicht nach den Absätzen 1 und 2 strafbar, wenn die Pfändung, die Beschlagnahme oder die Anlegung des Siegels nicht durch eine rechtmäßige Diensthandlung vorgenommen ist. Dies gilt auch dann, wenn der Täter irrig annimmt, die Diensthandlung sei rechtmäßig.**

(4) **§ 113 Abs. 4 gilt sinngemäß.**

1. Die Vorschrift (zusf Geppert Jura 87, 35) **schützt** die durch Beschlagnahme 1
oder Siegelung begründete, grundsätzlich nur **innerstaatliche** (Cornils, Die Fremdenrechtsanwendung im Strafrecht, 1978, S 96; beachte jedoch 5) **Herrschaftsgewalt** über Sachen (auch unbewegliche) gegen unbefugte Eingriffe (BGHSt 5, 155; Geppert/Weaver Jura 00, 46; krit Kienapfel, Urkunden und andere Gewährschaftsträger, 1979, S 142).

2. Täter kann jeder sein, nicht nur der von der Beschlagnahme oder Siegelung 2
Betroffene, uU sogar der Amtsträger (3–11 zu § 11), der die staatliche Herrschaft
begründet hat, wenn er nicht selbst zur Freigabe befugt ist (BGHSt 3, 306; 5, 155).

3. Zum **Tatbestand des Verstrickungsbruchs (Abs 1):** 3

a) Dienstliche (dazu 3, 4 zu § 133) **Beschlagnahme** ist zwangsweise Sicherstellung einer Sache zur behördlichen Verfügung (RGSt 65, 248), die Pfändung
ein Spezialfall der Beschlagnahme zur Sicherung oder Verwirklichung eines vermögensrechtlichen Anspruchs. Welcher Einzelmaßnahmen es zur Pfändung oder
Beschlagnahme bedarf, bestimmt sich nach den Vorschriften, die zu diesen Verstrickungsakten ermächtigen, zB nach §§ 808 ff ZPO (Lüke, Kaufmann [Arth]-FS,
S 565, 573; Geppert/Weaver Jura 00, 46), nach §§ 94 ff, 111 b ff StPO (BGHSt
15, 149) oder nach Polizeirecht (Zweibrücken NStZ 89, 268). Die Pfändung setzt
idR tatsächliche oder symbolische Besitzergreifung durch das Staatsorgan voraus
(RGSt 36, 135; Ostendorf NK 8); Ausnahmen gelten zB für § 80 I InsO und § 20

§ 136   BT. 7. Abschnitt. Öffentliche Ordnung

ZVG (hM; vgl etwa RGSt 41, 256; 65, 248; aM Geppert Jura 87, 35, 36, alle mwN; zw). – Ein Verzicht des Gläubigers auf die Rechte aus einer Pfändung hebt die Verstrickung noch nicht auf (Oldenburg JR 54, 33; str), wohl aber die Freigabe der gepfändeten Sache durch den Gerichtsvollzieher, der sich durch diese in seiner Kompetenz stehende Entscheidung (§§ 775, 776 ZPO) auch dann nicht nach Abs 1 strafbar macht, wenn er hierbei eigenmächtig handelt (Lüke aaO S 574; Sch/Sch-Cramer/Sternberg-Lieben 17; str und zw).

4   **b) Zerstören, Beschädigen** 3–7 zu § 303. **Unbrauchbarmachen** 2 zu § 87. Der **Verstrickung entziehen** bedeutet, die Verfügungsgewalt der Behörde (20 zu § 11) vollständig oder teilweise, dauernd oder vorübergehend ausschalten (Hamm NJW 56, 1889; Lüke aaO [vgl 3] S 574; Küper BT S 395), jedoch nicht lediglich in ganz unerheblichem Maße (Hamm NJW 80, 2537); vorübergehende Benutzung des gepfändeten Kraftfahrzeugs kann genügen (Hamm VRS 13, 34). Entziehen ist auch durch Täuschung möglich (RGSt 58, 353), nicht aber durch bloß verpflichtenden Vertrag, der den Zugriff der Behörde nicht beeinträchtigt (Hamm NJW 56, 1889).

5   **4. Zum Tatbestand des Siegelbruchs (Abs 2):**

a) aa) Dienstliches (dazu 3, 4 zu § 133) **Siegel** ist eine von einer Behörde oder einem Amtsträger (3–11 zu § 11) herrührende Kennzeichnung mit Beglaubigungscharakter (M-Schroeder/Maiwald BT 2 73/19). Danach scheiden Siegel ausländischer Stellen grundsätzlich aus (s auch 1; aM Satzger, Die Europäisierung des Strafrechts, 2001, S 573), es sei denn, dass der ausländischen Siegelung auf Grund völkerrechtlicher Vereinbarung innerstaatliche Wirkung beigelegt ist (Krehl NJW 92, 604 mwN), wie zB Verplombungen, die von der Zollverwaltung eines anderen Mitgliedsstaates der EU im Rahmen gemeinschaftlicher Versandverfahren zum Zwecke der zollamtlichen Überwachung von Waren im gesamten Zollgebiet der Gemeinschaft angelegt werden (NStZ 96, 229; zust Dannecker, BGH-FG, S 339, 355). – Erfasst werden namentlich auch die Siegelmarke (RGSt 3, 286), die Plombe am Feuermelder (RGSt 65, 133) oder Breitbandkabelnetz (Krause/Wuermeling NStZ 90, 526), der Stempel des Fleischbeschauers (RGSt 39, 367) und die mit dem Siegel des Gerichtsvollziehers versehene Pfandanzeige (5 StR 433/52 v 9. 10. 1952); abgekürzte Angabe der Herkunftsbehörde genügt (Frankfurt GA 74, 83).

5 a   bb) Das Siegel ist **angelegt,** wenn es mit einer Sache verbunden (RGSt 61, 101), sei es auch nur mit einer Stecknadel befestigt (bei Dallinger MDR 52, 658), nicht aber, wenn es nur hingelegt ist (RG DR 41, 847).

6   **b) Beschädigen** 3–6 zu § 303 (s auch Köln MDR 69, 69). **Ablösen** ist die Beseitigung des Siegels im ganzen. **Unwirksammachen des Verschlusses** ist Mißachtung der dienstlichen Sperre, die durch das (zZ der Tathandlung noch angebrachte, Köln NStZ 87, 330) Siegel gebildet wird (Bay 41, 299; Frankfurt NJW 59, 1288), zB wenn der Täter durch das Fenster in einen Raum einsteigt, dessen Tür versiegelt ist; zur Schließung einer Baustelle soll sogar das bloße Anheften der Versiegelungsverfügung an der Baubude genügen (Köln MDR 71, 67; v Bubnoff LK 21; aM Geppert Jura 87, 35, 43, alle mwN; zw).

7   **5.** Die Regelung der **Absätze 3, 4** deckt sich mit § 113 III, IV. Danach kommt es bei Vorliegen der schon für den Tatbestand notwendigen, dh rechtlich nicht völlig wirkungslosen (hM; vgl Geppert/Weaver Jura 00, 46, 48 mwN), Verstrickung oder Siegelung auf deren materielle Berechtigung nur nach Maßgabe des strafrechtlichen Rechtmäßigkeitsbegriffs an (7–22 zu § 113; krit Ostendorf NK 18; enger Krey BT 1 Rdn 542, der auf die Wirksamkeit der Verstrickung abstellt, und Lüke aaO [vgl 3] S 573, nach dem es auch hier auf die prozessuale Wirksamkeit ankommt); ob eine Pfändung ein Pfandrecht begründet hat, ist daher idR unerheblich.

6. Der **Vorsatz** (bedingter genügt) muss mit Rücksicht auf die spezielle Irrtumsregelung des Abs 4 nur die Tatumstände der Abs 1, 2 umfassen. Der auf falscher rechtlicher Wertung beruhende Irrtum, die Verstrickung oder Siegelung sei nicht entstanden oder – etwa infolge Verzichts des Gläubigers auf die Rechte aus einer Pfändung (vgl 3) – erloschen, ist kein Irrtum über die Rechtmäßigkeit, sondern über das Bestehen der staatlichen Herrschaft und daher Tatbestandsirrtum (aM Rudolphi SK 16; zusf zu den Irrtumsfragen Niemeyer JZ 76, 314; Geppert Jura 87, 35, 41; str).

7. Zwischen Abs 1 und 2 ist **Tateinheit** möglich (hM; vgl etwa Geppert/Weaver Jura 00, 46, 49; anders Rudolphi SK 31: Subsidiarität von Abs 2); dient jedoch der Siegelbruch an einer nach §§ 808 II, 809 ZPO gepfändeten Sache nur der Verdeckung eines Verstrickungsbruchs, so wird er von Abs 1 konsumiert (Meyer JuS 71, 643, 646; str). Tateinheit ist ferner möglich ua zwischen Abs 1 (RGSt 54, 244; str), 2 und § 133, zwischen Abs 1 und § 288 (RGSt 17, 42) sowie zwischen Abs 2 und § 274 I Nr 1 (NStZ 96, 229; aM Kienapfel, Urkunden und andere Gewährschaftsträger, 1979, S 140; Hoyer SK 28 zu § 274).

§ 137 *(weggefallen)*

§ 138 Nichtanzeige geplanter Straftaten

(1) **Wer von dem Vorhaben oder der Ausführung**

1. **einer Vorbereitung eines Angriffskrieges (§ 80),**
2. **eines Hochverrats in den Fällen der §§ 81 bis 83 Abs. 1,**
3. **eines Landesverrats oder einer Gefährdung der äußeren Sicherheit in den Fällen der §§ 94 bis 96, 97 a oder 100,**
4. **einer Geld- oder Wertpapierfälschung in den Fällen der §§ 146, 151, 152 oder einer Fälschung von Zahlungskarten mit Garantiefunktion und Vordrucken für Euroschecks in den Fällen des § 152 b Abs. 1 bis 3,**
5. **eines schweren Menschenhandels in den Fällen des § 181 Abs. 1 Nr. 2 oder 3,**
6. **eines Mordes (§ 211) oder Totschlags (§ 212) oder eines Völkermordes (§ 6 des Völkerstrafgesetzbuches) oder eines Verbrechens gegen die Menschlichkeit (§ 7 des Völkerstrafgesetzbuches) oder eines Kriegsverbrechens (§§ 8, 9, 10, 11 oder 12 des Völkerstrafgesetzbuches),**
7. **einer Straftat gegen die persönliche Freiheit in den Fällen der §§ 234, 234 a, 239 a oder 239 b,**
8. **eines Raubes oder einer räuberischen Erpressung (§§ 249 bis 251 oder 255) oder**
9. **einer gemeingefährlichen Straftat in den Fällen der §§ 306 bis 306 c oder 307 Abs. 1 bis 3, des § 308 Abs. 1 bis 4, des § 309 Abs. 1 bis 5, der §§ 310, 313, 314 oder 315 Abs. 3, des § 315 b Abs. 3 oder der §§ 316 a oder 316 c**

zu einer Zeit, zu der die Ausführung oder der Erfolg noch abgewendet werden kann, glaubhaft erfährt und es unterläßt, der Behörde oder dem Bedrohten rechtzeitig Anzeige zu machen, wird mit Freiheitsstrafe bis zu fünf Jahren oder mit Geldstrafe bestraft.

(2) **Ebenso wird bestraft, wer von dem Vorhaben oder der Ausführung einer Straftat nach § 129 a, auch in Verbindung mit § 129 b Abs. 1 Satz 1 und 2, zu einer Zeit, zu der die Ausführung noch abgewendet werden kann, glaubhaft erfährt und es unterlässt, der Behörde unverzüglich Anzeige zu erstatten. § 129 b Abs. 1 Satz 3 bis 5 gilt entsprechend.**

§ 138

BT. 7. Abschnitt. Öffentliche Ordnung

(3) **Wer die Anzeige leichtfertig unterläßt, obwohl er von dem Vorhaben oder der Ausführung der rechtswidrigen Tat glaubhaft erfahren hat, wird mit Freiheitsstrafe bis zu einem Jahr oder mit Geldstrafe bestraft.**

Fassung: Abs 1 Nr 4 und 9 durch das 6. StrRG (13 vor § 1) technisch geändert; Erweiterung von Abs 1 Nr 6 durch Art 2 Nr 8 EGVStGB (14 vor § 1); Neufassung von Abs 2 durch das 34. StÄG (14 vor § 1); technische Änderung von Abs 1 Nr 4 durch das 35. StÄG (15 vor § 1).

1   1. Die Vorschrift dient dem **Schutz** derjenigen Rechtsgüter, die durch die anzeigepflichtigen Straftaten verletzt werden (Schmidhäuser, Bockelmann-FS, S 683, 690; Schroeder, Die Straftaten gegen das Strafrecht, 1985, S 11; Westendorf, Die Pflicht zur Verhinderung geplanter Straftaten durch Anzeige, 1999, S 39, 61; Hanack LK 1, 2; Tröndle/Fischer 3; so wohl auch BGHSt 42, 86; für die Rechtspflege als zusätzliches Rechtsgut Tag JR 95, 133, 134; Rengier BT II 52/1). Die Tat ist echtes **Unterlassungsdelikt** (4 zu § 13; Loos/Westendorf Jura 98, 403, 406 und Westendorf aaO S 127, begreifen § 138 I zugleich als konkretes Gefährdungsdelikt; ähnlich M-Schroeder/Maiwald BT 2 98/7: „In-Gefahr-Lassungsdelikt"). – Zur Reform Westendorf S 302. – Von einer Erweiterung der Anzeigepflicht für den sexuellen Missbrauch von Kindern (so noch BT-Dr 15/350 S 14) wurde im Verlauf des Gesetzgebungsverfahrens zu Recht abgesehen (BT-Dr 15/1311 S 23; Frommel NKrimPol 04, 6).

2   2. Nur die genannten **Straftaten** (auch Teilnahme, Schwarz, Die unterlassene Verbrechensanzeige, 1968, S 44; aM Westendorf aaO [vgl 1] S 75; Rudolphi SK 8), mit Ausnahme der §§ 129a V, 310 I Nr 2 sämtlich Verbrechen, sind anzeigepflichtig; durch die Einbeziehung des § 129b in Abs 2 müssen auch Beteiligungshandlungen an ausländischen Vereinigungen angezeigt werden (Altvater NStZ 03, 179, 183), wegen der Verweisung auf § 129b I S 3–5 ist bei Vereinigungen außerhalb der EU eine Ermächtigung des Bundesministeriums der Justiz erforderlich (Altvater aaO; Tröndle/Fischer 10). Taten, die nur untauglicher Versuch wären, scheiden aus (Schwarz aaO S 45; Lagodny JZ 97, 48; Westendorf aaO S 73), bei irriger Annahme der Tauglichkeit liegt strafloser (untauglicher) Versuch des § 138 vor (M-Schroeder/Maiwald BT 2 98/12). Obwohl in der Überschrift und in Abs 1 Nr 7, 9 abweichend vom früheren Recht und im Gegensatz zu § 140 von Straftaten gesprochen wird, kann die anzeigepflichtige Tat auch die eines Schuldunfähigen sein (Westendorf S 72; Sch/Sch-Cramer/Sternberg-Lieben 4); dies wird auch durch den Wortlaut des Abs 3 bestätigt (Schroeder aaO [vgl 1] S 16). – **Vorhaben** setzt die ernsthafte Planung der Begehung einer Katalogtat voraus (hM); daran fehlt es nicht schon deshalb, weil der Täter noch nicht feststeht (RGSt 60, 254); eine versuchte Beteiligung iS des § 30, deren Erfolg ungewiss ist, reicht jedoch nicht (vgl BGHSt 42, 86, 89 mit Bespr Loos/Westendorf Jura 98, 403, 404). – **Ausführung** ist die Versuchsphase bis zur Vollendung; nach hM soll auch die Beendigungsphase (2 vor § 22) einbezogen sein (Joecks 7; einschr M-Schroeder/Maiwald BT 2 98/11); dies ist bei noch ausstehenden und deshalb zu verhindernden Schäden überzeugend (Westendorf aaO S 67).

3   3. a) **Glaubhaft erfahren** hat der Täter, wenn objektiv die Tat – sei es auch nur bedingt (RGSt 60, 254) – ernstlich geplant oder wenn sie ausgeführt wird (RGSt 71, 385) und wenn subjektiv der Täter mindestens mit der Möglichkeit ihrer Verübung (uU auch nur weiteren Ausführung) rechnet (ähnlich Westendorf aaO [vgl 1] S 78, 84), also nicht schon dann, wenn er nur damit rechnen muss (bei Holtz MDR 76, 987). Die Kenntnis braucht sich nur auf die Tat, nicht auf die Person des Täters zu beziehen (RGSt 60, 254).

4   b) Die Anzeigepflicht kann danach frühestens mit der Existenz eines ernstlichen Tatplans **beginnen.** Sie dauert fort bis zur Beendigung der Tat, solange noch der

Erfolg (im weitesten Sinne) oder Teile von ihm abwendbar sind (NJW 90, 722). Jedoch gehört die Begehung der geplanten Tat als solche nicht zum Tatbestand (1 zu § 139).

4. Anzeigen muss der Täter lediglich die Tat, den Täter nur, wenn Verhütung 5 sonst nicht möglich wäre (RGSt 60, 254). Anonyme Anzeige genügt, es sei denn, dass die Gefahr besteht, sie werde nicht ernst genommen (hM; vgl Westendorf aaO [vgl 1] S 114; Hanack LK 37; krit Schomberg/Korte ZRP 90, 417, beide mwN; zw). – Die Anzeige ist **rechtzeitig,** wenn die Ausführung oder (bei Kenntniserlangung erst nach Tatbeginn) der Erfolg noch abgewendet werden kann (BGHSt 42, 86 mit Bespr Puppe NStZ 96, 597, Lagodny JZ 97, 48, Loos/ Westendorf Jura 98, 403 und Otto JK 2; enger Ostendorf NK 14; Rudolphi, Roxin-FS, S 827 und in: SK 14; alle mwN); die Verwirklichung einer nach § 30 selbständig strafbaren Vorstufe der geplanten Katalogtat (zB eines Mordes) steht dem nicht entgegen (BGH aaO). Ausführung ist im Falle des § 310 die Ausführung der Vorbereitungshandlung und im Falle des § 129 a die Ausführung der Organisationshandlung des Gründens, Beteiligens, Werbens oder Unterstützens (krit dazu Rudolphi JA 79, 1, 3; Schroeder aaO [vgl 1] S 33). Zeigt der Anzeigepflichtige zwar nicht rechtzeitig, aber doch so an, dass dadurch die Abwendung des Erfolgs der Katalogtat erreicht wird, so ist Strafbefreiung wegen tätiger Reue analog § 24 möglich (Loos/Westendorf aaO S 407; für eine analoge Anwendung von § 139 IV Puppe aaO). – Der Pflichtige kann die Anzeige idR nach seiner Wahl (beachte aber Abs 2 und RGSt 43, 342, 344) an eine Behörde (20 zu § 11), die einschreiten kann, oder an den Bedrohten erstatten (Westendorf aaO S 103); wäre aber Anzeige an die Behörde verspätet, so muss er sich an den Bedrohten wenden.

5. Nicht anzeigepflichtig ist der Bedrohte selbst (hM; vgl etwa Tröndle/ 6 Fischer 17 mwN; str), es sei denn, dass sich die Tat auch gegen andere (oder die Allgemeinheit) richtet (RG JW 32, 57; weiter einschr für Abs 1 Nr 6 Westendorf aaO [vgl 1] S 129). Das gilt ferner für die am Tatplan Beteiligten, auch wenn sie nur straflos an der Vorbereitung teilgenommen haben (hM; vgl etwa NStZ 82, 244; mit beachtlichen Gründen anders Schmidhäuser, Bockelmann-FS, S 683 und: Form und Gehalt der Strafgesetze, 1988, S 29; krit dazu Westendorf aaO S 133, 141, die zwischen Alleintäter und mehreren Beteiligten differenziert); die Anzeigepflicht soll dagegen nach der Rspr nicht entfallen, wenn sich ein am Tatplan Unbeteiligter durch die Anzeige lediglich in den Verdacht der Beteiligung bringen würde (BGHSt 36, 167 mit krit Bespr Joerden Jura 90, 633; krit auch Westendorf S 153). Bleibt offen, ob Verletzung der Anzeigepflicht oder Beteiligung an der geplanten Tat vorliegt, so ist nach hM wegen Unzulässigkeit einer Wahlfeststellung (13 zu § 1) Freispruch geboten (zB BGHSt 36, 167, 174; 39, 164, 167 mit zust Bespr Tag JR 95, 133; s auch die Nachw bei Hanack LK 74). Das Ergebnis ist höchst unbefriedigend, zumal die Einbeziehung des nur Tatverdächtigen in den Tatbestand die schon zuvor bestehenden Spannungen weiter verschärft hat. Angesichts des geschützten Rechtsgutes (vgl 1) dürfte es vertretbar sein, zwischen der Verletzung der Anzeigepflicht und der Teilnahme ein „normativ-ethisches Stufenverhältnis" anzunehmen (so Hanack LK 75; Kindhäuser 7; Rudolphi SK 35; s auch Joerden JZ 88, 847, 853 und Westendorf S 162, 168), das die Anwendung des Zweifelssatzes ermöglicht (11 zu § 1; im Ergebnis auch Joerden Jura 90, 633, 640, der sich jedoch auf konkurrenzrelevante Postpendenz stützt).

6. Abs 1, 2 setzen für das Unterlassen der Anzeige **Vorsatz,** Abs 3 Leichtfertig- 7 keit (55 zu § 15; näher und krit Westendorf aaO [vgl 1] S 173) voraus; das Erfordernis glaubhafter Kenntnis bleibt davon unberührt. Ein Irrtum über das Bestehen der Anzeigepflicht ist Gebotsirrtum (BGHSt 19, 295; bei Dallinger MDR 70, 897; Westendorf S 171; 7 zu § 15; 6 zu § 17); irrt sich der Täter hingegen über die optimale Rettungseignung oder den Zeitpunkt der rechtzeitigen Anzeigeerstattung,

§ 139 BT. 7. Abschnitt. Öffentliche Ordnung

so liegt ein vorsatzausschließender Tatbestandsirrtum vor (Rudolphi SK 14 a; vgl 3 zu § 16).

8   7. Bei Vorliegen der hier streng zu beurteilenden (RGSt 66, 222, 227) Voraussetzungen des entschuldigenden Notstandes (§ 35) entfällt wegen Unzumutbarkeit nicht schon der (Unterlassungs-)Tatbestand (5 zu § 13; RGSt 43, 342; Hanack LK 66). – Im Übrigen begründet die Anzeigepflicht **keine Garantenstellung** (7 zu § 13); eine Garantenpflicht geht uU weiter als die Anzeigepflicht (NJW 64, 731; vgl auch Geilen JuS 65, 426).

9   8. **Zuständigkeit** und Verfahren §§ 120 I Nr 7, 142 a GVG, §§ 153 d, 153 e StPO (beachte auch NStZ 93, 50).

§ 139 Straflosigkeit der Nichtanzeige geplanter Straftaten

(1) **Ist in den Fällen des § 138 die Tat nicht versucht worden, so kann von Strafe abgesehen werden.**

(2) **Ein Geistlicher ist nicht verpflichtet anzuzeigen, was ihm in seiner Eigenschaft als Seelsorger anvertraut worden ist.**

(3) **Wer eine Anzeige unterläßt, die er gegen einen Angehörigen erstatten müßte, ist straffrei, wenn er sich ernsthaft bemüht hat, ihn von der Tat abzuhalten oder den Erfolg abzuwenden, es sei denn, daß es sich um**

1. einen Mord oder Totschlag (§§ 211 oder 212),

2. einen Völkermord in den Fällen des § 6 Abs. 1 Nr. 1 des Völkerstrafgesetzbuches oder ein Verbrechen gegen die Menschlichkeit in den Fällen des § 7 Abs. 1 Nr. 1 des Völkerstrafgesetzbuches oder ein Kriegsverbrechen in den Fällen des § 8 Abs. 1 Nr. 1 des Völkerstrafgesetzbuches oder

3. einen erpresserischen Menschenraub (§ 239 a Abs. 1), eine Geiselnahme (§ 239 b Abs. 1) oder einen Angriff auf den Luft- und Seeverkehr (§ 316 c Abs. 1) durch eine terroristische Vereinigung (§ 129 a, auch in Verbindung mit § 129 b Abs. 1)

handelt. Unter denselben Voraussetzungen ist ein Rechtsanwalt, Verteidiger, Arzt, Psychologischer Psychotherapeut oder Kinder- und Jugendlichenpsychotherapeut nicht verpflichtet anzuzeigen, was ihm in dieser Eigenschaft anvertraut worden ist. Die berufsmäßigen Gehilfen der in Satz 2 genannten Personen und die Personen, die bei diesen zur Vorbereitung auf den Beruf tätig sind, sind nicht verpflichtet mitzuteilen, was ihnen in ihrer beruflichen Eigenschaft bekannt geworden ist.

(4) **Straffrei ist, wer die Ausführung oder den Erfolg der Tat anders als durch Anzeige abwendet. Unterbleibt die Ausführung oder der Erfolg der Tat ohne Zutun des zur Anzeige Verpflichteten, so genügt zu seiner Straflosigkeit sein ernsthaftes Bemühen, den Erfolg abzuwenden.**

Fassung: Abs 3 Satz 1 Nr 3 wurde durch das 6. StrRG (13 vor § 1) auf den Seeverkehr erstreckt; Abs 3 Satz 1 Nr 2 wurde durch Art 2 Nr 9 EGVStGB (14 vor § 1) erweitert; das 34. StÄG (14 vor § 1) hat Abs 3 Satz 1 Nr 3 um § 129 b erweitert; Erweiterung von Abs 3 Satz 2 und Einfügung von Satz 3 in Abs 3 durch das SexÄG (15 vor § 1).

1   1. Aus **Abs 1** folgt, dass der Anzeigepflichtige bei Unterbleiben der Anzeige (BGHSt 42, 86) strafbar bleibt, wenn die geplante Tat weder begangen noch versucht worden oder wenn sie infolge Rücktritts straffrei geworden ist. Zum **Absehen von Strafe** § 153 b StPO.

2. Die **Freistellung von der Anzeigepflicht** nach **Abs 2** und **Abs 3 S 2, 3** 2
bildet einen Rechtfertigungsgrund (hM; vgl Hanack LK 13, 31 mwN; anders
Kielwein GA 55, 225, 230: Tatbestandsausschluss, und Westendorf, Die Pflicht zur
Verhinderung geplanter Straftaten durch Anzeige, 1999, S 241, 247: Schuldausschluss wegen Unzumutbarkeit; für Abs 3 S 2 auch M-Schroeder/Maiwald BT 2
98/26: Strafaufhebungsgrund; zum Grund der Privilegierung s Wolff-Reske, Berufsbedingtes Verhalten als Problem mittelbarer Erfolgsverursachung, 1995, S 178:
rollenwahrende Ausübung des Berufs). Sie gilt nur für Geistliche (näher Westendorf S 218) und mit den Einschränkungen in Abs 3 S 1 (krit dazu Dahs NJW 76,
2145, 2148) für die genannten Berufsträger (europäische Rechtsanwälte stehen den
Rechtsanwälten und Anwälten gleich [§ 42 I EuRAG]) und deren Gehilfen (Abs 3
S 3), nicht aber für Notare, Rechtsberater und (die hier – anders als etwa in
§ 203 I Nr 1 – nicht genannten) Zahnärzte. Neben Ärzten sind im Hinblick auf
das PsychThG auch Psychotherapeuten einbezogen (BT-Dr 15/305 S 14 und
15/1311 S 23). Abs 3 S 3 bezieht sinnvollerweise auch die Berufshelfer ein (BT-Dr aaO; Duttge/Hörnle /Renzikowski NJW 04, 1065, 1068; zum Personenkreis
der Gehilfen 11 b zu § 203). Was dem Geistlichen (Abs 2) nicht als Seelsorger und
den Berufsträgern nicht in ihrer Berufseigenschaft, sondern in anderem Zusammenhang (zB bei karitativer Tätigkeit; krit Hanack LK 11) anvertraut worden oder
was ihnen auf andere Weise bekannt geworden ist, entbindet nicht von der Anzeigepflicht.

3. Abs 3 S 1 beschreibt einen **persönlichen Strafaufhebungsgrund** (29 vor 3
§ 13; Tröndle/Fischer 5; aM Westendorf aaO [vgl 2] S 237, 241; Hanack LK 23,
der einen Schuldausschließungsgrund annimmt; str). Die Vorschrift privilegiert
auch den **Angehörigen** (2 zu § 11; NStZ-RR 98, 204) eines von mehreren
Tätern (Geilen JuS 65, 426, 430).

4. Abs 4 gilt für jedermann; auch er bedeutet einen persönlichen Strafauf- 4
hebungsgrund (Hanack LK 37; Tröndle/Fischer 11; aM Westendorf aaO S 263
und Rudolphi SK 16: Tatbestandsausschluss). Die Vergünstigung ist ausgeschlossen, wenn die geplante Tat mit Erfolg ausgeführt wird (beachte auch 29 zu § 24).

§ 140 Belohnung und Billigung von Straftaten

Wer eine der in § 138 Abs. 1 Nr. 1 bis 5 und in § 126 Abs. 1 genannten rechtswidrigen Taten oder eine rechtswidrige Tat nach § 176 Abs. 3, nach den §§ 176a und 176b, nach den §§ 177 und 178 oder nach § 179 Abs. 3, 5 und 6, nachdem sie begangen oder in strafbarer Weise versucht worden ist,
1. belohnt oder
2. in einer Weise, die geeignet ist, den öffentlichen Frieden zu stören, öffentlich, in einer Versammlung oder durch Verbreiten von Schriften (§ 11 Abs. 3) billigt,
wird mit Freiheitsstrafe bis zu drei Jahren oder mit Geldstrafe bestraft.

Fassung: Erweiterung der Katalogtaten durch des SexÄG (15 vor § 1).

1. Die Vorschrift schützt den **öffentlichen Frieden** (Karlsruhe NStZ-RR 96, 1
58; 1 zu § 126; aM M-Schroeder/Maiwald BT 2 102/2: Schutz der grundlegenden Wertauffassungen der Gemeinschaft; ähnlich Ostendorf NK 3); sie soll namentlich der Entstehung eines „psychischen Klimas" um sich greifender Verbrechensbereitschaft entgegenwirken (Hamm MDR 80, 159; krit Bemmann, Meinungsfreiheit und Strafrecht, 1981, S 16; Schroeder, Die Straftaten gegen das Strafrecht, 1985, S 12; Jakobs ZStW 97, 751, 779; Kühl NJW 87, 737, 745; Dencker StV 87, 117, 121; Beck, Unrechtsbegründung und Vorfeldkriminalisierung, 1992, S 195;

§§ 141, 142

Hefendehl, Kollektive Rechtsgüter im Strafrecht, 2002, S 305; Hörnle, in: Hefendehl/v Hirsch/Wohlers [Hrsg], Die Rechtsgutstheorie, 2003, S 268, 277: „einfacher Gefühlsschutztatbestand"); auch die Einbeziehung bestimmter Sexualstraftaten durch das SexÄG (15 vor § 1) wurde mit der Verhinderung eines „psychischen Klimas", das Sexualstraftaten begünstige, begründet (BT-DR 15/29 S 10 und 15/350 S 15; zu Recht krit Duttge/Hörnle/Renzikowski NJW 04, 1065, 1068). – Zur **historischen Entwicklung** Ebert, Spendel-FS, S 115.

2 **2.** Die **Katalogtat** muss als rechtswidrige Tat (18 zu § 11), sei es auch nur von einem Schuldunfähigen, wirklich begangen worden sein (1 StR 318/78 v 10. 10. 1978), und zwar mindestens als ein mit Strafe bedrohter Versuch, also nicht lediglich als eine nach § 30 strafbare Vorbereitung (Schnarr NStZ 90, 257, 259). Der Gesetzeswortlaut „in strafbarer Weise" ist insofern unexakt, als nach dem Sinnzusammenhang auch der von einem Schuldunfähigen begangene Versuch erfasst wird (Stree NJW 76, 1177, 1181). Rücktritt von diesem Versuch berührt die Strafbarkeit nach § 140 nicht. Zur Frage, ob eine Auslandstat genügt, BGHSt 22, 282; Hanack LK 10 mwN (str); für die Anschläge auf das World Trade Center bejahend Karlsruhe NJW 03, 1200.

3 **3. a) Belohnen** ist Zuwenden eines Vorteils jeder, auch nicht materieller, Art (Sturm JZ 76, 347, 350).

4 **b) Billigen** 8 zu § 130; speziell für § 140 Karlsruhe NJW 03, 1200, wo dies wegen einer ansatzweise inhaltlichen Auseinandersetzung mit den Ursachen der Bezugstat verneint wird. – **Öffentlich,** in einer Versammlung 2 zu § 80a; Verbreiten von Schriften 27, 28 zu § 11; 5 zu § 74d. – Zur **Eignung, den öffentlichen Frieden zu stören,** 4, 5 zu § 126; die Billigung einer weit zurückliegenden, nur noch historisch bedeutsamen Tat genügt idR nicht (Stree NJW 76, 1177, 1181).

5 **4.** Die Vorschrift **tritt zurück,** wenn die Belohnung oder Billigung deshalb Teilnahme an der Tat ist, weil sie zuvor zugesagt wurde (Laufhütte MDR 76, 441, 444). Nr 2 tritt hinter § 130 III Alt 1 (dort 13) zurück.

§ 141 *(weggefallen)*

§ 142 Unerlaubtes Entfernen vom Unfallort

(1) **Ein Unfallbeteiligter, der sich nach einem Unfall im Straßenverkehr vom Unfallort entfernt, bevor er**
1. **zugunsten der anderen Unfallbeteiligten und der Geschädigten die Feststellung seiner Person, seines Fahrzeugs und der Art seiner Beteiligung durch seine Anwesenheit und durch die Angabe, daß er an dem Unfall beteiligt ist, ermöglicht hat oder**
2. **eine nach den Umständen angemessene Zeit gewartet hat, ohne daß jemand bereit war, die Feststellungen zu treffen,**

wird mit Freiheitsstrafe bis zu drei Jahren oder mit Geldstrafe bestraft.

(2) **Nach Absatz 1 wird auch ein Unfallbeteiligter bestraft, der sich**
1. **nach Ablauf der Wartefrist (Absatz 1 Nr. 2) oder**
2. **berechtigt oder entschuldigt**

vom Unfallort entfernt hat und die Feststellungen nicht unverzüglich nachträglich ermöglicht.

(3) **Der Verpflichtung, die Feststellungen nachträglich zu ermöglichen, genügt der Unfallbeteiligte, wenn er den Berechtigten (Absatz 1 Nr. 1) oder einer nahe gelegenen Polizeidienststelle mitteilt, daß er an dem**

Unfall beteiligt gewesen ist, und wenn er seine Anschrift, seinen Aufenthalt sowie das Kennzeichen und den Standort seines Fahrzeugs angibt und dieses zu unverzüglichen Feststellungen für eine ihm zumutbare Zeit zur Verfügung hält. Dies gilt nicht, wenn er durch sein Verhalten die Feststellungen absichtlich vereitelt.

(4) **Das Gericht mildert in den Fällen der Absätze 1 und 2 die Strafe (§ 49 Abs. 1) oder kann von Strafe nach diesen Vorschriften absehen, wenn der Unfallbeteiligte innerhalb von vierundzwanzig Stunden nach einem Unfall außerhalb des fließenden Verkehrs, der ausschließlich nicht bedeutenden Sachschaden zur Folge hat, freiwillig die Feststellungen nachträglich ermöglicht (Absatz 3).**

(5) **Unfallbeteiligter ist jeder, dessen Verhalten nach den Umständen zur Verursachung des Unfalls beigetragen haben kann.**

Fassung: Das 6. StrRG (13 vor § 1) hat einen neuen Abs 4 eingefügt (Vorschlag des BRates, BT-Dr 13/8587 S 57; Gegenäußerung der BReg, BT-Dr aaO S 80; Bericht des BT-Rechtsaussschusses, BT-Dr 13/9064 S 9) und den bisherigen Abs 4 zu Abs 5 umnummeriert.

1. a) Die Vorschrift **schützt das private Interesse der Unfallbeteiligten** 1 **und Geschädigten,** das an möglichst umfassender Aufklärung des Unfallhergangs zu dem Zweck besteht, Schadensersatzansprüche zu sichern oder abzuwehren (BT-Dr 7/3503 S 3; ebenso schon BVerfGE 16, 191; BGHSt 8, 263; 24, 382; Dünnebier GA 57, 33; krit Steenbock, Über die Unfallflucht als Straftat, 2004, S 31; einschr Schild NK 16–21); dass daneben auch das private Interesse, unbegründeten staatlichen Verfolgungsmaßnahmen zu entgehen, mitgeschützt sei, wird nach anfänglichen Zweifeln heute nahezu einhellig verneint (hM; vgl Magdowski, Die Verkehrsunfallflucht in der Strafrechtsreform, 1980, S 38; Geppert Jura 90, 78). Zweifelsfrei nicht mehr bezweckt ist der Schutz der Rechtspflege sowie des öffentlichen Interesses an der Strafverfolgung und der Ausschaltung ungeeigneter Verkehrsteilnehmer.

b) Die Vorschrift beschreibt daher ein **abstraktes Vermögensgefährdungs-** 2 **delikt** zum Schutz des Individuums (Sch/Sch-Cramer/Sternberg-Lieben 1). Sie ist mit dem GG vereinbar (hM; vgl etwa Jagusch NJW 75, 1631; Arloth GA 85, 492, 494; Schneider, Grund und Grenzen des strafrechtlichen Selbstbegünstigungsprinzips, 1991, S 137 mit krit Bespr Rogall StV 96, 63, 65; Verrel, Die Selbstbelastungsfreiheit im Strafverfahren, 2001, S 93; eingehend Zopfs, Unfallflucht bei eindeutiger Haftungslage? 1993, S 136 und VersR 94, 266, 268; für eine verfassungskonforme Auslegung der „Aktivpflichten" Geppert LK 64; krit Hahn NJW 76, 509; Rogall, Der Beschuldigte als Beweismittel gegen sich selbst, 1977, S 163; Reiss NJW 80, 1806; Ruck, § 142 StGB als Vermögensdelikt, 1985, S 62; Dietrich, § 142 StGB und das Verbot zwangsweiser Selbstbelastung, 1998, S 103, 135; Schünemann DAR 98, 424, 427 und 03, 207, 212; Schild NK 27–32; s auch BVerfGE 16, 191, alle mwN). – Zu ihrer **Reformbedürftigkeit** ua Heublein DAR 85, 15 und 86, 133; Ruck aaO S 112; Berz DAR 86, 251; Geppert BA 86, 157 und 91, 31; Seib JR 86, 397; Scholz ZRP 87, 7; Cramer ZRP 87, 157; Weigend, Tröndle-FS, S 753; Eisenberg ua, Verkehrsunfallflucht, 1989; Thirolf, Kollision von Täterinteressen und Opferschutz bei § 142 StGB, 1992, S 120; Gössel, 60. DJT, Bd I, Gutachten, Teil C S 14; Janiszewski DAR 94, 1; Zopfs DRiZ 94, 87; Müller-Metz NZV 94, 89; Steenbock aaO [vgl 1] S 175; zur „Historie der missglückten Reformversuche Schünemann DAR 03, 207; rechtsvergleichend Leipold, Verkehrsunfallflucht, 1987; Weigend/Geuenich DAR 88, 258; Thirolf aaO S 103; insb zur Reformbedürftigkeit des Abs 4 aF, jetzt Abs 5, Engelstädter, Der Begriff des Unfallbeteiligten in § 142 Abs. 4 StGB, 1998, mit Gesetzes-

§ 142

BT. 7. Abschnitt. Öffentliche Ordnung

vorschlag S 291 und Dutz, Der Unfallbeteiligte gem § 142 Abs 5 StGB, 2001, S 143. – Rechtsvergleichend Duttge SchwZStr 01, 147. – Rechtsgeschichtlich Dutz aaO S 13 und Steenbock aaO S 13. – Zur **Kriminologie** der Verkehrsunfallflucht vgl ua Eisenberg, in: Eser (Hrsg), Strafrechtsreform in Polen und Deutschland, 1991, S 389; Barbey BA 92, 252; Laumann, Kriminologie der Unfallflucht, 1998; Eisenberg Krim 46/42; Schild NK 1–10; speziell aus Sicht der Polizei Karl NZV 03, 457, aus der Sicht des technischen Sachverständigen Schmedding NZV 03, 24.

3 **2. Täter** kann nur ein **Unfallbeteiligter** (Abs 5) sein (zur Beteiligung mehrerer 39, 40).

a) Es genügt die nicht ganz unbegründete, aus dem äußeren Anschein der Unfallsituation zu folgernde Möglichkeit der **(Mit-)Verursachung** (BGHSt 15, 1; Frankfurt NJW 83, 2038; Köln NZV 92, 80 und NStZ-RR 99, 251; Düsseldorf NZV 93, 157; Bay NStZ-RR 00, 140; Küper BT S 285; Dutz aaO [vgl 2] S 88; Kindhäuser 6; krit Engelstädter aaO [vgl 2] S 195, Schild NK 62, alle mwN). Auf wirkliche Unfallbeteiligung (BGHSt 8, 263; VRS 24, 118) oder deren spätere Feststellung (Hamm VRS 15, 264) kommt es ebenso wenig an wie auf die Möglichkeit oder Gewissheit schuldhafter (BGHSt 12, 253; Bay 54, 48) oder auch nur verkehrswidriger (hM; anders Arloth GA 85, 492, 501) Verursachung. Nicht ausreichend ist jedoch, dass jemand als Verursacher eines Schadens erscheint, der möglicherweise überhaupt nicht auf einem Geschehen am (vermeintlichen) Unfallort beruht, sondern schon vorher bestanden hat (weiter einschr Bay NJW 90, 335 mit abl Bespr Kreissl NJW 90, 3134; aM M-Schroeder/Maiwald BT 1 49/22). Auch eine nur inadäquate oder mittelbare Kausalität (eingehend Dutz aaO [vgl 1] S 47), die für eine Haftung keinen konkreten Anhaltspunkt bietet (Bay 71, 180; Karlsruhe NStZ 88, 409; Koblenz NZV 89, 200 mit krit Bespr Geppert JK 13), genügt nicht; bei solch entfernterer Ursächlichkeit ist nur regelwidriges Verhalten für die Annahme der Unfallbeteiligung tragfähig (Stuttgart NStZ-RR 03, 278 mit krit Bespr Geppert JK 22; Sch/Sch-Cramer/Sternberg-Lieben 21).

4 **b)** Als Unfallbeteiligter kommt danach auch in Frage, wer beim **nicht Verkehrsteilnehmer,** aber beim aktuellen Unfallgeschehen mit der Möglichkeit unmittelbaren Eingreifens anwesend war, namentlich auch der Mitfahrer (krit Rspr-Analyse Engelstädter aaO [vgl 2] S 54); zB wenn der nicht ganz unbegründete Verdacht besteht, dass er das Fahrzeug selbst gesteuert (Köln NZV 89, 78 mit krit Anm Schild und VRS 86, 279, 281; Bay NJW 93, 410 und NStZ-RR 00, 140 mit Bespr Hentschel NJW 01, 711, 719; Frankfurt NStZ-RR 96, 86 und NZV 97, 125), den Fahrer abgelenkt oder behindert (Bay bei Rüth DAR 77, 203; zu weit BGHSt 15, 1), ihn in seinem verkehrswidrigen Verhalten bestärkt (bei Spiegel DAR 81, 189) oder Pflichten verletzt hat, die ihn als Beifahrer treffen (Karlsruhe VRS 53, 426); ferner wenn er als Fahrzeughalter die Führung des Fahrzeugs einem ungeeigneten oder fahruntüchtigen Fahrer überlassen (Köln VRS 86, 279; Frankfurt NStZ-RR 96, 86) oder einer Garantenpflicht zuwider einen solchen Fahrer nicht an der Fahrt gehindert hat (VRS 24, 34; Bay VRS 57, 27, 31; Arzt/Weber BT 38/59; einschr Stuttgart VRS 72, 186; Magdowski aaO [vgl 1] S 99; Arloth GA 85, 492, 500, alle mwN; zw). Erforderlich ist aber stets, dass er beim aktuellen Unfallgeschehen anwesend war (Frankfurt NZV 97, 125). Späteres Hinzukommen genügt nicht (Köln NJW 89, 1683; Stuttgart NStZ 92, 384 mit abl Anm Berz NStZ 92, 591; Rengier BT II 46/10; Tröndle/Fischer 16; aM Geppert LK 38, alle mwN; zw); der selbst nicht mitfahrende (BGHSt 15, 1, 3; Stuttgart NJW 81, 2369; Frankfurt NJW 83, 2038), namentlich der erst nachträglich am Unfallort eintreffende (KG VRS 46, 434), Fahrzeughalter scheidet daher aus.

5 **3. Unfall im Straßenverkehr** ist ein plötzliches Ereignis im öffentlichen Verkehr auf Wegen oder Plätzen, das mit dessen Gefahren in ursächlichem Zusam-

Unerlaubtes Entfernen vom Unfallort § 142

menhang steht (dazu Bay NJW 80, 299 und JR 93, 114 mit krit Anm Weigend) und zu einem nicht völlig belanglosen Personen- oder Sachschaden führt (BGHSt 8, 263; 12, 253; 24, 382; Bay NZV 92, 326; Küper BT S 283).

a) Straßenverkehr 2 zu § 315c. Nicht erfasst werden alle anderen (öffent- 6 lichen und privaten) Verkehrsarten (zu Sondervorschriften für den Seeverkehr Schünemann ZfB 79, 91). – Es genügen Vorkommnisse im ruhenden Verkehr (Stuttgart NJW 69, 1726; Köln VRS 65, 431; aM Schild NK 48), ausschließlich unter Fußgängern (hM; vgl Stuttgart VRS 18, 117; Eichberger JuS 96, 1078, 1080; anders Geppert LK 25; Sch/Sch-Cramer/Sternberg-Lieben 17; zw) oder mit nicht allgemein für den Verkehr bestimmten Fahrzeugen (zB Einkaufswagen auf Supermärkten, Koblenz MDR 93, 366; LG Bonn NJW 75, 178; aM Schild aaO, alle mwN). Auch Vorgänge auf nichtöffentlichem Grund, die mit dem Straßenverkehr unmittelbar zusammenhängen, reichen aus (VRS 59, 185; Düsseldorf NJW 82, 2391; s auch Karlsruhe NZV 93, 77; einschr Wieland, FS für E Schlüchter, 1998, S 111).

b) Der **Personenschaden** muss im Tod oder einer nicht ganz unerheblichen 7 Körperverletzung bestehen (Bay VRS 15, 42; Hamm DAR 58, 308). – Ein **Sachschaden** liegt auch bei der Beschädigung einer Leiche durch Überfahren vor (AG Rosenheim NStZ 03, 318); er ist völlig belanglos, wenn seinetwegen üblicherweise (dh unabhängig von den Verhältnissen des Geschädigten, Karlsruhe VRS 18, 47) keine Schadensersatzansprüche geltend gemacht werden (Bay NJW 60, 832; krit Loos DAR 83, 209, 210) und wenn außerdem die Wiederherstellung aus Sicherheitsgründen nicht unbedingt erforderlich ist (Köln VRS 22, 275; KG VRS 61, 206). Das ist nach objektiven Maßstäben und nach dem Eindruck zu beurteilen, der zur Tatzeit im Hinblick auf den unter gewöhnlichen Umständen zu erwartenden Wiederherstellungsaufwand zu gewinnen ist (Hamm VRS 61, 430; Geppert LK 31; aM Magdowski aaO [vgl 1] S 73, die auf eine ex-post-Betrachtung abstellt); dabei kann sich die Belanglosigkeit nach dem Schutzzweck des Abs 1 uU auch daraus ergeben, dass der Täter vor der Tathandlung (dem Sich-Entfernen) schadensmindernde Maßnahmen getroffen hat (aM Düsseldorf NJW 86, 2001 mit krit Bespr Hentschel NJW 87, 999, Horn/Hoyer JZ 87, 973, Kuhlen StV 87, 437 und Freund GA 87, 536). – Die Rspr hat früher Belanglosigkeit schon bei Schäden von 10.– DM aufwärts verneint (zB Hamm NJW 71, 1469). Die Grenze ist heute nach dem Maßstab der fortschreitenden Geldwertminderung – jedoch nicht darüberhinaus (Grohmann DAR 78, 176; aM AG Nürnberg MDR 77, 66) – höher anzusetzen; sie liegt zurzeit bei etwa 20 € (Düsseldorf VRS 93, 165; Hentschel 27).

c) Ob alle Beteiligten den Unfall **ungewollt** verursacht haben, ist nach der 8 Rspr unerheblich. Sie lässt es vielmehr genügen, wenn die Unfallfolgen ganz oder teilweise mindestens von einem Unfallbeteiligten unvorsätzlich (mit-)verursacht worden sind (BGHSt 12, 253; VRS 36, 23); dass (auch) das Opfer, zB der den Täter verfolgende Polizeibeamte, selbst Unfälle während der Verfolgung vorsätzlich herbeigeführt hat, steht der Annahme eines Unfalls nicht entgegen (BGHSt 48, 233, 239 mit krit Bespr Seier/Hillebrand NZV 03, 490, Müller/Kraus NZV 03, 559 und Hentschel NJW 04, 651, 657; zw). Zu weitgehend hat sie das allgemein auch bei vorsätzlicher Schadensverursachung durch den Täter angenommen, wenn nur einem anderen ein von diesem ungewollter Schaden entstanden ist (BGHSt 24, 382 mit Anm Forster NJW 72, 2319; Bay JZ 85, 855; beachte ferner Ulsenheimer GA 72, 1, 13, 22; Berz JuS 73, 558; Jäger, Der objektive Tatbestand der Verkehrsunfallflucht, 1973, S 78; Bringewat JA 77, 231, 232; Kopp JA 99, 943, 948); hier kommt es für die Abgrenzung darauf an, ob sich in dem Schadensereignis ein verkehrstypisches Unfallrisiko realisiert hat (sog straßenverkehrsspezifischer Gefahrenzusammenhang; Hamm NJW 82, 2456; LG Frankfurt VRS 61,

§ 142 BT. 7. Abschnitt. Öffentliche Ordnung

349; Magdowski aaO [vgl 1] S 89; Joecks 15; zu weit Bay MDR 86, 1046 mit krit Bespr Janiszewski NStZ 86, 540 und Hentschel JR 87, 247; krit zu dieser Einschränkung Hartmann-Hilter NZV 95, 340; s auch Geppert Jura 90, 78, 80; W-Hettinger BT 1 Rdn 1005); daran fehlt es, wenn das Schadensereignis schon nach seinem äußeren Erscheinungsbild die Folge einer deliktischen Planung ist (BGHSt 47, 158 mit zust Bespr Baier JA 02, 631; Sternberg-Lieben JR 02, 385 und Geppert JK 20). Ist diese einschränkende Voraussetzung gegeben, so entfällt die Strafbarkeit weder wegen Unzumutbarkeit noch aus Konkurrenzgründen (M-Schroeder/Maiwald BT 1 49/19; Geppert LK 23; aM Hartmann-Hilter aaO S 341, 342).

9   **4. Tathandlung nach Abs 1** ist das Sich-Entfernen vom Unfallort vor Erfüllung der Voraussetzungen der Nummern 1 oder 2; da deren Nichterfüllung den Kern des Unrechts bildet (diff Küper GA 94, 49, 66, der die relative Eigenständigkeit der Tathandlung bei der Verletzung der Vorstellungspflicht hervorhebt), ist die Tat ein „verkapptes" Unterlassungsdelikt (Schaffstein, Dreher-FS, S 147, 151; Volk DAR 82, 81, 83; Sch/Sch-Cramer/Sternberg-Lieben 2; aM Küper GA 94, 49, 71; Hartmann-Hilter, Warten am Unfallort – eine unabwendbare Pflicht?, 1996, S 13, 33; Jescheck/Weigend AT S 602; M-Schroeder/Maiwald BT 1 49/5, alle mwN; zw).

10   **a) Sich-Entfernen** erfordert eine Ortsveränderung, die eine für die Durchführung sofortiger Feststellungen beeinträchtigende räumliche Trennung des Unfallbeteiligten vom Unfallort bewirkt.

11   aa) Nach dem Schutzzweck der Vorschrift und den tatsächlichen Gegebenheiten bei Verkehrsunfällen muss das Merkmal **erfolgsbezogen** und nicht lediglich als Tätigkeit verstanden werden (Sturm JZ 75, 406, 407; Küper JZ 81, 209, 213; aM Gössel BT 2 29/28). Auch das mindestens vorauszusetzende Überschreiten der Stelle des schädigenden Ereignisses einschließlich des unmittelbaren Umkreises, innerhalb dessen die beteiligten Fahrzeuge zum Stillstand gekommen sind oder hätten angehalten werden können, genügt nicht in jedem Falle (aM Sch/Sch-Cramer/Sternberg-Lieben 43). Es muss vielmehr hinzukommen, dass der Unfallbeteiligte deshalb nicht mehr uneingeschränkt zu Feststellungen an Ort und Stelle zur Verfügung steht, weil er den Bereich verlassen hat, in dem der Zusammenhang mit dem Unfall noch ohne weiteres erkennbar ist (Stuttgart NJW 81, 878 mit Anm Hentschel JR 81, 211), dh in dem feststellungsbereite Personen ihn vermuten und ggf durch Befragen ermitteln würden (Bay NJW 79, 436; Karlsruhe NStZ 88, 409 mit Anm Janiszewski; Köln NJW 89, 1683; Hentschel 55; Küper aaO S 214, alle mwN; str). Deshalb entfernt sich nicht, wer mit Wissen der anderen Unfallbeteiligten in unmittelbarer Nähe des Unfallorts einen vom Verkehr ungefährdeten Platz (Bremen VRS 52, 423; Bay bei Rüth DAR 79, 237), eine Gaststätte (Bay JR 69, 429) oder seine Wohnung (Karlsruhe GA 70, 311) aufsucht oder wer – bei Anwesenheit von Unfallbeteiligten mit deren Wissen – nur zu einem nahe gelegenen Streckentelefon oder Haus geht, um die Polizei oder den Geschädigten zu benachrichtigen (aM Küper aaO; Geppert LK 55; zw); erst wenn er sich von dort entfernt oder sich entschließt, nicht mehr zurückzukehren, tritt die Beeinträchtigung des Feststellungsinteresses ein. Auf der anderen Seite ist – abweichend vom früheren Recht (zB BGHSt 14, 89) – nicht zu fordern, dass der Täter nicht mehr ohne weiteres erreichbar und als Unfallbeteiligter feststellbar ist (Bay MDR 76, 330; aM Rudolphi SK 35). Damit ist eine nicht sehr weittragende Vorverlegung der Vollendung verbunden (Celle NdsRpfl 77, 169); dass sie beabsichtigt war, ergibt sich aus den Entwurfsberatungen (BT-Dr 7 2434 S 7).

12   bb) Im Bereich des Abs 1 kommt nur **willentliches Verlassen** des Unfallorts in Frage (Hamm NJW 79, 438 und 85, 445; Bay NJW 93, 410; Küper GA 94, 49, 63; krit Volk DAR 82, 81, 83); dabei ist nach den für unechtes Unterlassen geltenden Regeln (6, 11 zu § 13) auch der Fall einzubeziehen, dass der Unfallbeteiligte als Mitfahrer zwar ohne seinen Willen vom Unfallort entfernt wird, es aber versäumt, das ihm Mögliche und Zumutbare zu tun, um den Fahrer zum Anhalten zu bringen (Düsseldorf VRS 65, 364; Volk aaO; Joerden JR 84, 51). Dagegen ist eine bei Bewußtlosigkeit von einem anderen veranlasste oder eine durch Gewalt oder Festnahme erzwungene Ortsveränderung idR schon keine Handlung im Sinne des Strafrechts (Bär JR 82, 379; s auch 7 vor § 13) oder kein vorsätzliches Tun (Bay VRS 59, 27; Klinkenberg ua NJW 82, 2359; weiter Bär aaO; Geppert Jura 90, 78, 83); soweit in solchen Fällen vorsätzliches Sich-Entfernen ausnahmsweise zu bejahen ist, kann es berechtigt oder entschuldigt sein (vgl 23, 24). Zur Anwendbarkeit des Abs 2 in solchen Fällen beachte 25.

cc) Die Möglichkeit des Sich-Entfernens auch von einem anderen als dem Unfallort (zB BGHSt 5, 124, 128) sieht das Gesetz nicht mehr vor (Karlsruhe NJW 81, 881; Köln NJW 81, 2367; beachte jedoch 26).

b) Feststellungen **zugunsten der anderen Unfallbeteiligten und der Geschädigten** (der Berechtigten; vgl Abs 3) sind nur solche, die nach den Umständen im Interesse aller oder einzelner in dieser Eigenschaft Beteiligter zur Sicherung oder Abwehr zivilrechtlicher Ersatzansprüche (vgl 1) angezeigt, dh objektiv hilfreich, also nicht lediglich subjektiv wünschbar erscheinen (zusf Sch/Sch-Cramer/Sternberg-Lieben 23; diff zwischen Erforderlichkeit und Legitimität der Feststellungsmaßnahmen Küper GA 94, 49, 58). Danach entfällt, weil solche Feststellungen nicht oder nicht mehr im Spiele sind, schon der Tatbestand (zur Rechtfertigung bei Verzicht auf Feststellungen vgl 33), wenn 13

aa) der Täter allein unfallbeteiligt und geschädigt ist und dabei Ersatzansprüche Dritter (mit Ausnahme des Versicherers, nicht jedoch des Eigentümers des Unfallwagens, BGHSt 9, 267; Celle JR 79, 79; Hamm NJW 90, 1925; str) ausscheiden (BGHSt 8, 263; VRS 24, 118) oder 14

bb) die im Interesse der Berechtigten angezeigten (dazu 13) Feststellungen vollständig getroffen sind (Hamburg NJW 79, 439; Hamm NJW 85, 445; Zweibrücken NZV 92, 371), auch wenn noch Feststellungen zur Strafverfolgung oder zur Entziehung der Fahrerlaubnis in Frage kommen (Oldenburg NJW 68, 2019 mit abl Bespr Ulsenheimer JuS 72, 24; KG VRS 67, 258, 264; Zweibrücken DAR 91, 431) oder auch wenn ein Beteiligter (nicht angezeigte) weitere Feststellungen verlangt (Zweibrücken NJW 89, 2765 mit Anm Herzog OLGSt Nr 9). 15

c) Abs 1 Nr 1 betrifft den Fall, dass **feststellungsbereite Personen** entweder von vornherein **am Unfallort anwesend** sind oder jedenfalls eintreffen, solange sich der Unfallbeteiligte – selbst wenn seine Wartezeit (vgl 17) schon abgelaufen ist (Stuttgart NJW 82, 1769; W-Hettinger BT 1 Rdn 1011; aM Küper NJW 81, 853, 854; M-Schroeder/Maiwald BT 1 49/34) – dort noch aufhält; feststellungsbereit können nicht nur Unfallbeteiligte oder die Polizei, sondern auch beliebige Dritte sein (Koblenz NZV 96, 324), wenn sie erkennbar den Willen haben, ihr Wissen zur Kenntnis der Berechtigten zu bringen (KG VRS 67, 258, 262; Zweibrücken DAR 91, 431; Köln NJW 02, 1359; einschr Bär DAR 83, 215, alle mwN). In solchen Fällen hat der Unfallbeteiligte eine **Warte- und eine Vorstellungspflicht.** 16

aa) Die **Wartepflicht** (Feststellungsduldungspflicht) dauert so lange, wie Feststellungen über die Person, das Fahrzeug und die Art der Beteiligung angezeigt (vgl 13) und nach dem Willen feststellungsbereiter Personen noch zu treffen sind (Bremen NJW 55, 113; Küper JZ 88, 473); sie wird allerdings, wie bei allen Unterlassungsdelikten (beachte dazu oben 9 sowie 5 zu § 13), durch das Regulativ der Zumutbarkeit begrenzt (zusf Magdowski aaO [vgl 1] S 139 mwN; str). Solche Feststellungen können sich auf den gesamten tatsächlichen Unfallablauf erstrecken, jedoch nicht lediglich auf die Klärung rechtlicher Folgerungen aus dem Sachverhalt (Frankfurt NJW 83, 293). Erforderlich ist stets, dass das unter 13 beschriebene Aufklärungsinteresse besteht. Unter dieser Voraussetzung genügen das Zurücklas- 17

§ 142 BT. 7. Abschnitt. Öffentliche Ordnung

sen einer Visitenkarte (Hamm NJW 71, 1469; Köln VRS 64, 115; Hentschel 44), der Hinweis auf das polizeiliche Kennzeichen (BGHSt 16, 139; Stuttgart NJW 81, 878), die bloße Namensangabe ohne Beleg durch Ausweispapiere (Frankfurt NJW 60, 2066; Köln DAR 89, 151) und auch ein pauschales Schuldanerkenntnis (Stuttgart NJW 78, 900; Bay VRS 60, 111; Schwab MDR 84, 538) für sich allein nicht, wohl aber die Übergabe eines detaillierten Merkblatts durch den Fahrer eines Straßenbahnzuges (LG Leipzig NZV 94, 373). Feststellungen über den **Trunkenheitsgrad** betreffen die Art der Beteiligung und sind daher nicht von vornherein bedeutungslos (hM; vgl etwa Köln NJW 81, 2367 und NStZ-RR 99, 251; KG VRS 67, 258, 262; Hauser BA 89, 237; s jedoch Saarbrücken ZfS 01, 518; anders Schild NK 77; s auch Dvorak MDR 82, 804; Schwab aaO S 540; Weigend NZV 90, 79; Herzog OLGSt Nr 9 S 8; Hartmann-Hilter aaO [vgl 9] S 71, 91); sie sind aber regelmäßig nur angezeigt (vgl 13), wenn ein Mitverschulden des Geschädigten oder dessen Haftung aus Betriebsgefahr in Frage kommt, was bei Unfällen mit Sachschaden im ruhenden Verkehr (Zopfs VersR 94, 266, 271 mwN) wie zB beim Auffahren auf ein ordnungsmäßig geparktes Fahrzeug nicht zutrifft (Zweibrücken NJW 89, 2765 mit krit Bespr Geppert JK 14). – Solange die einschlägigen Feststellungen noch nicht vollständig getroffen sind, besteht die Wartepflicht fort (Koblenz VRS 71, 187; vgl auch BGHSt 48, 233, 239). Daher darf der Unfallbeteiligte den Unfallort nicht vorher ohne Einverständnis mit den feststellungsbereiten Personen verlassen. Vor allem hat er auf ausdrückliches oder schlüssiges (Bay NZV 92, 245) Verlangen die polizeiliche Unfallaufnahme abzuwarten (Bay NJW 66, 558 mit abl Anm Rupp JuS 67, 163; KG VRS 63, 46; Köln DAR 89, 151; Küper NJW 81, 853, 854; einschr Schneider aaO [vgl 2] S 144; Hartmann-Hilter aaO S 102, 118; Schild NK 80; str); auch bei dieser darf er sich nicht entfernen, bevor die Beamten ihm dies gestatten (VRS 16, 267). – Umstritten und noch nicht abschließend geklärt ist die Rechtslage, wenn der Unfallbeteiligte das **Einverständnis** zum Verlassen des Unfallorts durch falsche Angaben **erschlichen** hat. Hier ist die Auffassung vorzugswürdig, dass bei einem rechtsgutsbezogenen Irrtum des Feststellungsinteressenten (dazu Bernsmann NZV 89, 49, 53; 8 zu § 228) das Entfernen des Täters vom Unfallort tatbestandsmäßig (beachte dazu 33) und wegen Unwirksamkeit des Verzichts auf Anwesenheit auch nicht durch Einwilligung gerechtfertigt ist (Stuttgart NJW 82, 2266; Bay NJW 84, 1365; Sch/Sch-Cramer/Sternberg-Lieben 71; aM Schild NK 105; Rudolphi SK 31; krit auch Loos JR 85, 165; Küper JZ 88, 473; zw); das gilt unabhängig davon, ob der Unfallort vor oder nach dem faktischen Abschluss der Feststellungen verlassen wurde (hM; anders Bay aaO; Frankfurt NJW 90, 1198 mit Bespr Geppert JK 16; Küper JZ 90, 510, alle mwN; zw). – Die Wartepflicht begründet nur eine **passive Feststellungsduldungspflicht** („durch seine Anwesenheit"). Wer bloß seine Mitwirkung durch positives Tun versagt (Zweibrücken NJW 89, 2765 mwN) oder wer durch Verdunklungsmaßnahmen, namentlich Spurenbeseitigung (BGHSt 5, 124, 130; beachte aber § 34 III StVO) oder Nachtrunk zur Verschleierung der Alkoholkonzentration (Oldenburg NJW 55, 192; Hamm VRS 18, 198), die Feststellungen beeinträchtigt, wird nicht erfasst (hM; krit Volk DAR 82, 81, 82); jedoch kann solches Verhalten als Strafschärfungsgrund beachtlich sein (BGHSt 17, 143; s auch 40 zu § 46; zw).

18   bb) Die **Vorstellungspflicht,** die verfassungsrechtlich unbedenklich ist (hM; vgl etwa Verrel aaO [vgl 2] S 95; anders Rogall aaO [vgl 2] S 163; Seebode JA 80, 493, 497; Schünemann DAR 98, 424, 429; Arzt/Weber BT 38/49, 52, 53), fordert nur die Angabe, dass sich ein – sei es auch vom Geschädigten noch nicht entdeckter (Tröndle/Fischer 28) – Unfall ereignet hat (Berz DAR 75, 309, 311) und dass eigene (Mit-)Verursachung in Frage kommt (Küper JuS 88, 212 und 286; Hartmann-Hilter aaO [vgl 9] S 57, 67; Sch/Sch-Cramer/Sternberg-Lieben 30). Soweit das den anderen Beteiligten bereits bekannt ist, bedarf es der Angabe nicht

Unerlaubtes Entfernen vom Unfallort **§ 142**

(Celle NdsRpfl 78, 286); auch schlüssiges Verhalten kann genügen. Die Vorstellungspflicht kann entfallen, wenn sich der Feststellungsberechtigte entfernt (Oldenburg NZV 95, 159). – Eine über die bloße Angabe hinausgehende Mitwirkungspflicht – sei es auch nur zur Angabe des Namens und der Anschrift (Bay NJW 84, 1365; LG Baden-Baden DAR 96, 246; Küper JZ 88, 473, beide mwN), zur Vorweisung des Führerscheins und der Fahrzeugpapiere oder zu Auskünften über die jeweilige Rolle als Fahrer, Mitfahrer oder Fußgänger – lässt sich, soweit sie überhaupt besteht, nur auf andere Vorschriften stützen, namentlich auf § 34 StVO und § 111 OWiG (Maier NJW 76, 1190; Berz DAR 75, 309, 311; Bringewat JA 77, 231; Kindhäuser BT I 70/19; aM Jagusch NJW 75, 1631 und 76, 504; M-Schroeder/Maiwald BT 1 49/36). Der Sinn der Feststellungsduldungs- und Vorstellungspflicht erschöpft sich darin, die Unfallbeteiligten als solche erkennbar zu machen und sie an den Unfallort zu binden. Damit ist der Schutzzweck hinreichend gewährleistet; denn wenn ein erkannter Unfallbeteiligter seine Mithilfe bei den Feststellungen versagt, muss er länger warten und uU die Hinzuziehung der Polizei dulden (Bay NJW 84, 66). Ein weiterreichender Sinn der Vorstellungspflicht ergibt sich auch nicht aus Abs 3: dass den Täter dort gewisse Mitwirkungs- und Beweissicherungspflichten treffen, ist nur ein Ausgleich dafür, dass bei nachträglichen Feststellungen die Bindung an den Unfallort nicht mehr besteht (Geppert Jura 90, 78, 84 mwN). Deshalb sind auch unwahre oder unvollständige Angaben am Unfallort über die Rolle als Unfallbeteiligter unschädlich; so etwa die Einlassung, nicht Fahrer, sondern nur Beifahrer gewesen zu sein, oder die verschleiernde Auskunft des Fahrzeugführers, sich „im Fahrzeug" befunden zu haben (zu den Beispielen Müller-Emmert/Maier DRiZ 75, 176; Maier JZ 75, 721; aM Jagusch aaO); jedoch darf durch solche Angaben nicht die Unfallbeteiligung als solche geleugnet werden (Frankfurt NJW 77, 1833; Karlsruhe MDR 80, 160; Küper JuS 88, 286, 287). – Die Vorstellungspflicht besteht gegenüber den Berechtigten und solchen Personen, die sich als feststellungsbereit zu erkennen gegeben haben, also auch gegenüber den Polizeibeamten bei der Unfallaufnahme (aM Magdowski aaO [vgl 1] S 110, 121; zw). Sie beginnt sofort nach dem Unfall (Berz DAR 75, 309, 311) und besteht so lange, wie die Feststellungen noch nicht vollständig getroffen (Hamm NJW 85, 445; Maier aaO S 724), namentlich also noch Feststellungen über die Beteiligung des Vorstellungspflichtigen angezeigt sind. Deshalb handelt tatbestandsmäßig auch, wer sich erst nach Abschluss der Unfallaufnahme ohne die vorgeschriebene Vorstellung entfernt. Das gilt jedenfalls, wenn noch feststellungsbereite Personen anwesend sind (Bay NJW 81, 834), aber auch, wenn der Täter als letzter den Unfallort verlässt. In diesem Falle erfüllt er alle Voraussetzungen des Abs 1 Nr 1; sein „Sich-Entfernen" deshalb als „berechtigt" anzusehen, weil nach den Umständen weiteres Warten keine sinnvolle Funktion mehr erfülle (so Bay NJW 84, 1365 mit Anm Loos JR 85, 164; Frankfurt NJW 90, 1189; Rengier BT II 46/20, 30), widerspricht dem Schutzzweck der Vorschrift, deren Unrechtskern (vgl 9) in der Nichterfüllung der Warte- und Vorstellungspflicht liegt (so im Ergebnis die hM; vgl etwa Hamm NJW 79, 438; Horn/Hoyer JZ 87, 965, 973; Bernsmann NZV 89, 49, 53; Küper GA 94, 49, 68; W-Hettinger BT 1 Rdn 1007).

d) Abs 1 Nr 2 betrifft den Fall, dass **keine feststellungsbereiten Personen** 19 am Unfallort erschienen sind (vgl 16). Er soll die Rechtsprechungsergebnisse zur Wartezeit nach § 142 aF (vgl etwa BGHSt 4, 144; 5, 124, 127; 7, 112, 116; 20, 258, 260) gesetzlich bestätigen (BT-Dr 7/2423 S 7). Jedoch ergibt sich aus dem Verhältnis zwischen Abs 1 und 2, dass die **Wartepflicht** auch dann besteht, wenn nach den Umständen mit dem alsbaldigen Eintreffen feststellungsbereiter Personen nicht zu rechnen ist (Koblenz NZV 96, 324; Küper NJW 81, 853; Dietrich aaO [vgl 2] S 91; Zopfs VersR 94, 266, 273; M-Schroeder/Maiwald BT 1 49/34; aM

§ 142

Dornseifer JZ 80, 299; Loos DAR 83, 209, 212, alle mwN; zw). – Die **Länge der Wartefrist** bestimmt sich nach dem Grad des Feststellungsbedürfnisses und der Zumutbarkeit. Dafür sind namentlich Art und Schwere des Unfalls, die Verkehrsdichte, die Tageszeit, die Witterung und alle sonstigen Chancen wirksamer Aufklärung am Unfallort und die entgegenstehenden Interessen des Täters bedeutsam (BGHSt 4, 144; Stuttgart NJW 81, 1107 und VRS 73, 191; Düsseldorf VRS 87, 290; Köln NJW 02, 1359; zur Wartezeitbestimmung mittels Computer Philipps, Kaufmann [Arth]-FS, S 265). Auch positive Maßnahmen zur Förderung oder Sicherung der Feststellungen, etwa durch Zurücklassen der Personalien (KG JR 67, 469; Hamm NJW 71, 1469; Zweibrücken NZV 91, 479; Koblenz aaO) oder durch Benachrichtigung des Geschädigten (Hamm VRS 41, 155; s auch Bay GA 86, 453), wirken sich auf die Länge der Wartefrist aus (Hentschel 40). Bei unbedeutenden Unfallfolgen mit einfacher Sach- und Rechtslage kann das Hinterlassen von Namen und Anschrift am Unfallort uU genügen, um die Wartefrist auf die für die Ausführung dieser Maßnahme erforderliche Zeit abzukürzen (so zum früheren Recht Bay NJW 70, 717; s auch Bay bei Bär DAR 91, 366; aM Küper JZ 81, 209, 211 und Krey/Hellmann BT 2 Rdn 634; zusf zu Bagatellunfällen dieser Art Hartman-Hilter NZV 92, 429; zw); bei Verwendung einer aufklebbaren Schadensmeldung nach Unfällen mit Sachschaden reichen zehn Minuten (Zopfs VersR 94, 266, 273); jedoch ist der Unfallbeteiligte vor Ablauf der Frist zu solcher Förderung nicht nach § 142, sondern nur im Rahmen des § 34 StVO verpflichtet. Umgekehrt bewirken auf Verhinderung oder Erschwerung von Feststellungen gerichtete Täuschungshandlungen des Täters, dass ihm die bis dahin verstrichene Wartezeit nicht zugute kommt (hM; vgl etwa Köln NJW 02, 1359; probl Bay NJW 87, 1712 mit abl Anm Hentschel JR 88, 297). Ob der Täter durch sein Warten dem Feststellungszweck dienen will, ist unerheblich (Hamm VRS 32, 204; Köln aaO). Speziell zur Länge der Wartefrist in konkreten Fällen Saarbrücken MDR 74, 770; Stuttgart NJW 81, 1107 und VRS 73, 191; Bay bei Rüth DAR 85, 241; die zusätzliche Sicherung der Feststellungsinteressen, die Abs 2 über das frühere Recht hinaus gewährt (vgl 21–30), dürfte eine allgemeine Abkürzung der Wartefrist rechtfertigen (Hamm VRS 59, 258; Köln aaO mit zust Bespr Geppert JK 21; Berz DAR 75, 309, 312; Zopfs VersR 94, 266, 267 Fn 19).

20 e) Wer nach dem Unfall zunächst, sei es auch nur eine kurze Strecke, davonfährt und dann **zurückkehrt**, hat die Tat idR schon vollendet, es sei denn, dass noch kein Sich-Entfernen vorgelegen (vgl 10) oder dass es am Vorsatz (vgl 31; aM Hentschel 42) gefehlt hat. Hier wird sich häufig Einstellung nach §§ 153, 153a StPO empfehlen.

21 **5. Abs 2** begründet eine Pflicht zur **unverzüglichen nachträglichen Ermöglichung der Feststellungen** im Sinne des Abs 1 (zusf Hauser BA 89, 237); anders als bei Abs 1 gibt es neben dieser Pflichtverletzung keine besondere, davon abtrennbare Tathandlung (Küper GA 94, 49, 53). Sie trifft nur den Unfallbeteiligten, der die Feststellungen nicht ermöglicht, sich aber ohne zurechenbaren Verstoß gegen Abs 1 vom Unfallort entfernt hat (beachte Karlsruhe NStZ 88, 409 mit Anm Janiszewski). Bei Strafbarkeit nach Abs 1 hilft also nachträgliche Ermöglichung der Feststellungen nicht mehr (Hamburg MDR 78, 859), wie sich überhaupt die beiden Absätze ausschließen (Bay VRS 59, 340; Köln VRS 63, 352). Möglich bleibt bei reiner Wortauslegung allerdings, dass zunächst Abs 1 als Rauschtat im Rahmen des § 323a I und später auch unmittelbar Abs 2 verwirklicht wird (dazu 24). Abs 2 ersetzt weitgehend die früher von der Rspr angenommene Rückkehrpflicht (BGHSt 18, 114, 119 mwN), greift darüber aber weit hinaus (Bay VRS 67, 211). – Die Tat ist **echtes Unterlassungsdelikt** (Bay NJW 90, 1861 mit krit Bespr Seelmann JuS 91, 290; diff Küper JZ 81, 209, 210; s auch 4 zu § 13).

Unerlaubtes Entfernen vom Unfallort § 142

a) Nr 1: Zum Ablauf der Wartefrist vgl 19. Dass die Frist wegen der Einfachheit der Sach- und Rechtslage praktisch auf ein Minimum reduziert war, hindert die Anwendung nicht (Hartman-Hilter NZV 92, 429). 22

b) Nr 2: Sich-Entfernen vgl 10. 23

aa) **Berechtigtes** Sich-Entfernen kann namentlich auf der Hilfspflicht nach § 323 c, auf rechtfertigender Notlage nach §§ 32, 34 (Bay VRS 60, 112; Düsseldorf NJW 89, 2763 mit krit Anm Werny NZV 89, 440) oder auf mutmaßlicher Einwilligung (vgl 33, 34) beruhen; jedoch befreien dringende geschäftliche Angelegenheiten (KG VRS 40, 109; Koblenz VRS 45, 33) oder die Befürchtung, wegen einer anderen Straftat verfolgt oder festgenommen zu werden (BGHSt 9, 267; zusf Ulsenheimer GA 72, 1, 13), idR nicht von der Wartepflicht. Berechtigt ist das Sich-Entfernen auch, wenn die Beteiligten sich darauf geeinigt hatten, zu (weiteren) Feststellungen, also nicht lediglich zu Verhandlungen über die Schadensregulierung auf bereits feststehender Tatsachengrundlage (Hamburg NJW 79, 439), an einem anderen Ort zusammenzukommen (Köln NJW 81, 2367 mit abl Bespr Beulke JuS 82, 815; Düsseldorf NJW 85, 2725; Berz DAR 75, 309, 313; aM Bernsmann NZV 89, 49, 56, alle mwN; zw).

bb) **Entschuldigt** im Sinne der Nr 2 ist das vorsätzliche Sich-Entfernen nicht nur bei Vorliegen von Entschuldigungsgründen ieS (so aber Paeffgen NStZ 90, 365), etwa bei Notstand angesichts der drohenden Haltung der Umstehenden (VRS 36, 23; Bay DAR 56, 15; krit Rudolphi SK 39), sondern auch bei anderen Schuldausschließungsgründen, etwa bei vorübergehender Schuldunfähigkeit (hM; vgl ua Koblenz VRS 53, 339; Berz Jura 79, 125, 127; Küper NJW 90, 209, 210; aM Beulke NJW 79, 400, 404; Werner NZV 88, 88, alle mwN) oder bei dem unvermeidbaren Verbotsirrtum, die Wartefrist (vgl 36) sei bereits abgelaufen (Stuttgart VRS 51, 431; aM Beulke aaO). Erfasst wird ferner – sei es wegen Schuldausschlusses oder mindestens aus einem argumentum a maiore ad minus (dazu Berz aaO; krit Dornseifer JZ 80, 302) – der Fall, dass der Unfallbeteiligte irrig Umstände angenommen hat, die ihn zum Verlassen des Unfallorts berechtigt oder ihn entschuldigt hätten (unstr; BT-Dr 7/2434 S 8). – Auf dieser Grundlage macht der Fall Schwierigkeiten, dass der Täter zunächst im Rahmen des § 323 a I den Abs 1 als Rauschtat verwirklicht und dann später nach „entschuldigtem" Entfernen vom Unfallort auch die Pflichten aus Abs 2 nicht erfüllt. Rspr und Schrifttum verneinen mit verschiedenartigen Lösungsansätzen die offensichtlich zweckwidrige selbstständige Strafbarkeit aus jedem der beiden Tatbestände, indem sie schon tatbestandlich oder auf der Konkurrenzebene entweder den § 323 a I (so Keller JR 89, 343; Miseré Jura 91, 298, beide mwN) oder umgekehrt den Abs 2 (so Bay NJW 89, 1685; Paeffgen NStZ 90, 365, beide mwN) für unanwendbar halten. Die hier unvermeidbaren Friktionen dürften am erträglichsten sein, wenn man die Strafbarkeit wegen Vollrauschs unberührt lässt, den Anwendungsbereich des Abs 2 aber durch teleologische Reduktion auf Fälle beschränkt, in denen sich der Täter straflos vom Unfallort entfernen konnte (so überzeugend Küper NJW 90, 209; ebenso Rengier BT II 46/32 und Geppert LK 132; anders Kindhäuser BT I 70/40). 24

cc) Nach der Rspr soll auch das **unvorsätzliche** Sich-Entfernen hierher gehören, sofern der Täter noch innerhalb eines zeitlichen und räumlichen Zusammenhangs von dem Unfall Kenntnis erlangt hat (BGHSt 28, 129 mwN; s auch Karlsruhe NJW 81, 881; Düsseldorf JZ 85, 544). Sie knüpft damit an die Rspr zum früheren Recht an, die diesen Fall einer Rückkehrpflicht unterworfen hatte (BGHSt 14, 89; 18, 114), gerät aber in den äußersten Grenzbereich zwischen Auslegung und verbotener Analogie (6 zu § 1). Die Entscheidung der BGH ist auch deshalb problematisch, weil sie die psychologischen Unterschiede zwischen bewusstem und unbewusstem Sich-Entfernen vom Unfallort nicht würdigt (diff Volk DAR 82, 81, 85) und mit dem zeitlichen und räumlichen Zusammenhang 25

§ 142

eine im Gesetz nicht vorgesehene Begrenzung postuliert, die als solche jedenfalls nicht aus dem allgemeinen Erfordernis der Zumutbarkeit abgeleitet werden kann (Römer MDR 80, 89; relativierend daher auch Bay NJW 81, 879). Die im Schrifttum überwiegend ablehnende Haltung ist daher vorzugswürdig (Beulke NJW 79, 400; Rudolphi JR 79, 210; Magdowski aaO [vgl 1] S 160; Bottke JA 80, 510, 516; Eisenberg Jura 83, 267; Loos DAR 83, 209, 212; Kindhäuser BT I 70/43; W-Hettinger BT 1 Rdn 1014; Joecks 58; Schild NK 138; Tröndle/Fischer 52; aM Volk DAR 82, 81, 85; Küper, Heidelberg-FS, S 451; Rengier BT II 46/27, 28; Geppert LK 136; zw). Nicht annehmbar ist dann auch die aus dieser Rspr abgeleitete weitere Folgerung, nach der eine unvorsätzliche, von Dritten veranlasste oder erzwungene Entfernung des Täters vom Unfallort (vgl 12) das Merkmal berechtigten oder entschuldigten Sich-Entfernens verwirklichen soll (so Bay NJW 82, 1059 mit Bespr Klinkenberg ua NJW 82, 2359 und MDR 83, 808, Schwab MDR 83, 454 und Jacob MDR 83, 461; diff Bay NJW 93, 410; wie hier Kindhäuser BT I 70/44 und Rengier BT II 46/31; s auch BGHSt 30, 160 mit Anm Bär JR 82, 379).

26   c) **Unverzüglich** erfordert Handeln ohne vorwerfbares Zögern (Koblenz VRS 61, 432); welche Anforderungen im Einzelfall zu stellen sind, ist unter Berücksichtigung von Sinn und Zweck des § 142 nach den Umständen zu beurteilen (hM; vgl etwa BGHSt 29, 138 mit krit Anm Beulke JR 80, 523; Köln VRS 60, 434; Hamm VRS 64, 16; für ein funktionales Verständnis Zopfs aaO [vgl 2 „Unfallflucht"] S 71) und unterliegt daher tatrichterlicher, nur auf Rechtsfehler nachprüfbarer Würdigung (VRS 55, 420). Danach muss der Unfallbeteiligte zwar nicht notwendig (vgl zB Bay VRS 58, 406, 408, 410), aber idR doch bald nach Wegfall der Gründe, die ihm ein strafloses Verlassen des Unfallorts gestattet haben, das zur nachträglichen Ermöglichung der Feststellungen Erforderliche veranlassen (dazu 27–30). Der maßgebende Zeitpunkt ist jeweils dann überschritten, wenn der Unfallbeteiligte gegenüber der konkreten Gefahr erheblichen Beweisverlustes, deren Gewicht ua auch von den zivilrechtlichen Anspruchsgrundlagen abhängt (Bay JZ 80, 579; Stuttgart VRS 60, 196 und 300, 303), vorwerfbar passiv geblieben ist (str; vgl Hentschel NJW 82, 1073, 1079; Beulke aaO; Loos DAR 83, 209, 212; W-Hettinger BT 1 Rdn 1017; Schild NK 154, alle mwN); ob im Ergebnis die Feststellungen erschwert oder vereitelt worden sind, ist dann nicht mehr erheblich (Küper GA 94, 49, 53 Fn 13; aM Hamm NJW 77, 207 und VRS 61, 263; Köln VRS 54, 350; Bringewat JA 77, 231, 236). – Im Allgemeinen darf der Unfallbeteiligte zunächst versuchen, mit den Berechtigten (uU noch am Unfallort) Kontakt zu bekommen. Sind diese jedoch ohne Verletzung des Unverzüglichkeitsgebots nicht zu ermitteln oder zu erreichen, muss er sich an die Polizei wenden (BGHSt 29, 138 mit abl Anm Reiß NJW 80, 1806; Bay JR 77, 427 mit abl Anm Rudolphi; Stuttgart NJW 78, 1445; krit Joecks 70; aM Berz DAR 75, 309, 314; Geppert Jura 90, 78, 86, BA 91, 31, 41 und in: LK 156; zw); bei nächtlichen Unfällen mit einfacher Sach- und Rechtslage (zB Beschädigung von Verkehrszeichen, Leitplanken, Zäunen usw) ist die Unterrichtung der Berechtigten bis etwa 9 oder 10 Uhr des folgenden Morgens idR noch unverzüglich (vgl etwa Köln NZV 89, 357; Stuttgart VRS 73, 191; Haubrich DAR 81, 211; Zopfs VersR 94, 266, 272; s auch Zweibrücken DAR 91, 33 mit abl Bespr Hentschel NJW 91, 1267, 1273; Köln DAR 92, 152, alle mwN). Umgekehrt kann der Weg zur Polizei ein verzögerlicher Umweg sein, so dass der Unfallbeteiligte uU an den in der Nähe liegenden Unfallort zurückkehren oder das ihm angekündigte alsbaldige Eintreffen des Berechtigten abwarten muss, wenn nur so die nach Abs 3 gebotene unverzügliche Unterrichtung ausführbar ist (Bay NJW 79, 436 mit Anm Janiszewski JR 79, 341; Bay VRS 67, 221; s auch Karlsruhe NJW 81, 881; Köln NJW 81, 2367 mit abl Bespr Beulke JuS 82, 815; abl auch M-Schroeder/Maiwald BT 1 49/34; str).

d) **Abs 3** definiert den **Begriff der nachträglichen Ermöglichung der** 27
Festellungen nicht, bildet auch nicht nur einen Beispielsfall (so aber Böse StV 98, 509, 512; Sch/Sch-Cramer/Sternberg-Lieben 56), sondern umschreibt die Mindestvoraussetzungen, deren Erfüllung **in jedem Falle** tatbestandsmäßiger, aber nicht zurechenbarer Entfernung vom Unfallort ausreicht (hM; vgl etwa BGHSt 29, 138; Karlsruhe NJW 81, 881; anders M-Schroeder/Maiwald BT 1 49/58, 59: „Maximalvoraussetzungen", alle mwN); die Ansicht von Sch/Sch-Cramer/Sternberg-Lieben (56; zust Loos DAR 83, 209, 214; Hartman-Hilter NZV 92, 429, 431, alle mwN), diese vom Gesetzgeber gewollte Auslegung finde im Wortlaut keine genügende Stütze, beruht auf einem zu engen Verständnis der Auslegungsgrenzen. – Danach kann der Täter seiner nachträglichen Feststellungspflicht sowohl nach den Regeln des Abs 3 als auch in anderer Weise, etwa durch Rückkehr an den Unfallort, nachkommen. Da aber Abs 3 – insoweit über Abs 1 hinausgehend (BT-Dr 7/2434 S 8) – als Ausgleich für den Wegfall der Bindung an den Unfallort gewisse Mitwirkungspflichten und das Verbot des absichtlichen Vereitelns der Feststellungen vorsieht, müssen auch die in Frage kommenden anderen Formen nachträglichen Ermöglichens gleichwertig sein. Daher kann im Einzelfall einerseits eine Rückkehrpflicht dadurch begründet werden, dass keine andere Alternative unverzüglicher Vornahme der nach Abs 3 geforderten Handlungen zur Verfügung steht (vgl 26); andererseits werden mit Rückkehr des Täters die über Abs 1 hinausgehenden Pflichten, namentlich das Verbot absichtlicher Vereitelung der Feststellungen, nicht hinfällig (hM; vgl Geppert LK 151; anders Joecks 67; Sch/Sch-Cramer/Sternberg-Lieben 68, 69, alle mwN; zw); das ergibt sich daraus, dass durch die Abwesenheit Feststellungschancen beeinträchtigt worden sein können. Im Einzelnen:

aa) Die Verpflichtung **zur Mitteilung der Unfallbeteiligung,** die uU auch 28
durch Beauftragung eines Dritten erfüllt werden kann (Stuttgart VRS 51, 431; Bay bei Rüth DAR 79, 238; Zopfs VersR 94, 266, 268), schließt auch hier keine Angaben über die Art der Beteiligung ein (hM; anders Jagusch NJW 75, 1631, 1633; vgl 17, 19). **„Sein Fahrzeug"** ist das am Unfall beteiligte ohne Rücksicht auf den Eigentümer (Müller-Emmert/Maier DRiZ 75, 176). Die **Dauer** der Bereitstellungspflicht wird begrenzt durch ihre Beschränkung auf „unverzügliche" Feststellungen einerseits und auf eine „zumutbare" Zeit andererseits. Sie endet also, entweder wenn die Berechtigten nicht unverzüglich Feststellungen getroffen haben oder wenn dem Täter nach den Umständen weitere Bereitstellung nicht mehr zumutbar ist (Berz DAR 75, 309, 315). Die Einhaltung von Absprachen mit den Berechtigten oder der Polizei ist idR zumutbar (krit Bernsmann NZV 89, 49, 57); diese können auch auf Bereitstellung verzichten. Der nicht unfallbeteiligte Fahrzeughalter (zB Arbeitgeber, Vermieter) hat als solcher keine Bereitstellungspflicht (Bay DAR 90, 230; Müller-Emmert/Maier aaO; aM Jagusch aaO); jedoch hat der Unfallbeteiligte das ihm Mögliche und Zumutbare zur Bewirkung der Bereitstellung zu tun, da er andernfalls seine eigene Bereitstellungspflicht verletzt.

bb) Ob der Unfallbeteiligte seine Mitteilung an die **Berechtigten oder an** 29
eine nahe Polizeidienststelle (dazu Berz DAR 75, 309, 314) macht, steht in seiner Wahl, die jedoch durch das allgemeine Erfordernis unverzüglichen Handelns eingeschränkt ist (vgl 26; krit Schneider aaO [vgl 2] S 149). Er ist grundsätzlich allen Berechtigten (vgl 13) zur Mitteilung verpflichtet (einschr Rudolphi SK 43), darf sich aber auf den nächst Erreichbaren beschränken, wenn eine ex-ante-Beurteilung ergibt, dass dieser die übrigen Berechtigten informieren wird (Magdowski aaO [vgl 1] S 189; Geppert LK 141; str).

cc) **Absichtliches Vereiteln** der Feststellungen setzt zielgerichtetes Wollen 30
voraus (Berz aaO [vgl 29] S 316). Es liegt namentlich vor, wenn der Unfallbeteiligte vor oder in engem zeitlichen Zusammenhang nach der vorgeschriebenen Mitteilung Unfallspuren am Fahrzeug beseitigt, Zeugen zu falschen Aussagen ver-

§ 142 BT. 7. Abschnitt. Öffentliche Ordnung

leitet, etwa seine nüchterne Ehefrau als angebliche Fahrzeugführerin vorschiebt (Janiszewski DAR 75, 169, 175), oder durch irreführende Angaben die Ermittlungen so in eine falsche Richtung lenkt, dass Anhaltspunkte für den wirklichen Unfallhergang nicht mehr weiterverfolgt werden (zT abw Jagusch NJW 75, 1631, 1633; Maier JZ 75, 721, 725; Joecks 71, 72; Rudolphi SK 48). Bloßes Leugnen oder Schweigen genügt nicht (Beulke JuS 82, 815, 818; aM KG VRS 67, 258, 263).

31 **6. a)** Der **Vorsatz nach Abs 1** (bedingter genügt, VRS 5, 41) setzt namentlich das Bewusstsein voraus, (möglicherweise) einen Unfall verursacht (Bay NStZ-RR 00, 140, 141) und nach den Umständen angezeigte Feststellungen im Sinne des Abs 1 nicht ermöglicht zu haben (Koblenz NZV 96, 324; Achenbach JuS 76, 592, 594 mwN); auf Vereitelungsabsicht kommt es nicht an. Im Falle des Abs 1 Nr 2 muss der Täter außerdem die Umstände kennen, aus denen sich die Unangemessenheit der bisher verstrichenen Wartezeit ergibt; ob er sie auch als unangemessen bewertet, ist für den Vorsatz unerheblich (16 zu § 15; anders M-Schroeder/Maiwald BT 1 49/51: Verstehen des Sinngehalts). – Sind die äußeren, dem Täter bekannten Umstände so beschaffen, dass sich einem verantwortungsbewussten Fahrer nach allgemeiner Lebenserfahrung die Annahme aufdrängt, dass sich ein Unfall mit nicht ganz belangloser Schadensfolge ereignet hat, zB bei heftigem Aufprall auf einen Gegenstand (NJW 54, 728; VRS 37, 263; Hamm NStZ-RR 97, 90), so liegt regelmäßig, aber nicht notwendig Vorsatz vor (Frankfurt VRS 64, 265; s jedoch Schleswig VRS 59, 112 und Hamm NJW 03, 3286, 3287); einen Erfahrungssatz, dass die Berührung zweier Fahrzeuge immer von den Insassen „gefühlt" werde, gibt es nicht (Köln NZV 92, 37). Durch Unfallschock oder posttraumatische Dämmerzustände verursachte, schon den Vorsatz ausschließende Kopflosigkeit kommt tatsächlich nur selten vor (VRS 20, 47; Köln NJW 67, 1521; Laubichler BA 77, 247), bildet aber eine häufige Schutzbehauptung (Zabel BA 83, 328). – Sofern der Täter nicht zugleich mit der Möglichkeit einer dem Tatbestand entsprechenden Sachlage rechnet, schließen folgende irrigen Annahmen seinen Vorsatz aus: Es fehle schon an der Möglichkeit seiner Unfallbeteiligung (BGHSt 15, 1; Zweibrücken VRS 75, 292; Frankfurt NStZ-RR 96, 86; probl Stuttgart NStZ-RR 03, 278, 279 mit krit Bespr Geppert JK 22); er sei nur selbst beteiligt und geschädigt (Celle NJW 56, 1330); der andere habe den Unfall nur vorgetäuscht (Bay bei Rüth DAR 79, 237); es sei kein (Düsseldorf VRS 20, 118; Bär DAR 91, 271) oder nur ganz belangloser Schaden entstanden (Koblenz VRS 48, 337; Karlsruhe VRS 62, 186; Hamm NStZ-RR 97, 90; Düsseldorf StV 98, 489; Himmelreich DAR 97, 82; s aber Köln NZV 01, 526; beachte auch 7); es sei keine feststellungsbereite Person anwesend (Mitsch, Keller-GS, S 165, 169); die angezeigten (vgl 13) Feststellungen seien vollständig getroffen (Stuttgart NJW 78, 900; Schroth, Vorsatz und Irrtum, 1998, S 54) oder es kämen nur noch Feststellungen zur Strafverfolgung in Frage (Oldenburg NJW 68, 2019; Hamm VRS 40, 19; s auch Koblenz VRS 48, 112; Hartmann-Hilter aaO [vgl 9] S 141 mwN). Zu Irrtümern über die Rechtswidrigkeit vgl 36.

32 **b)** Der **Vorsatz nach Abs 2** muss neben dem Verkehrsunfall namentlich auch den Umstand umfassen, dass nachträgliche Feststellungen erschwert oder vereitelt werden. Er ist entweder gegeben, wenn sich der Täter der Unterlassung der nach Abs 3 gebotenen Handlungen bewusst ist, obwohl er ein Feststellungsinteresse der Berechtigten mindestens für möglich hält, oder wenn er die Feststellungen absichtlich vereitelt.

33 **7. a)** Die **Rechtswidrigkeit** kann namentlich durch Einwilligung (10–18 vor § 32), mutmaßliche Einwilligung (19–21 vor § 32) oder rechtfertigenden Notstand (§ 34) ausgeschlossen sein. Nach den allgemeinen, allerdings umstrittenen Regeln wirkt die Einwilligung hier nicht schon tatbestandsausschließend (so aber Berns-

mann NZV 89, 49, 51; Geppert LK 76; Schild NK 101, alle mwN), sondern erst rechtfertigend (Stuttgart NJW 82, 2266; Bay JZ 83, 268; Berz DAR 75, 313; Horn/Hoyer JZ 87, 972, alle mwN; zw); im Übrigen gelten für sie keine Besonderheiten, so dass die Ergebnisse weitgehend von dem Meinungsstreit um die Voraussetzungen wirksamer Einwilligung (3–9 zu § 228) abhängen (zusf Bernsmann aaO). Einwilligung oder mutmaßliche Einwilligung (dazu Küper JZ 81, 209, 212; Bernsmann aaO S 55) kommen in Frage:

aa) wenn die Berechtigten ausdrücklich oder stillschweigend (Bay NZV 92, **34** 246; Oldenburg NZV 95, 195) auf Feststellungen am Unfallort wirksam (dazu Düsseldorf NZV 91, 77) **verzichtet** haben (Bay NJW 58, 269, 511; Stuttgart MDR 82, 952; Düsseldorf NZV 92, 246, alle mwN; nach einem solchen Verzicht lebt die Pflicht zur Ermöglichung solcher Feststellungen auch bei Rückkehr an die Unfallstelle nicht wieder auf, Bay bei Bär DAR 93, 372),

bb) nach den Umständen – zB bei Bestehen verwandtschaftlicher oder freund- **34a** schaftlicher Beziehungen (Zweibrücken DAR 82, 332; Bay JZ 83, 268 und bei Janiszewski NStZ 87, 113), bei Schädigung nur des Eigentümers des vom Täter geführten Fahrzeugs (Bay NZV 92, 413; Köln NJW 02, 2334 mit zust Bespr Geppert JK 21) oder bei eindeutigen Bagatellschäden (Köln VRS 64, 115) – mutmaßlich an solchen Feststellungen uninteressiert sind (Hamburg NJW 60, 1482; Köln DAR 89, 151; Düsseldorf aaO) oder

cc) wenn der neben dem Täter allein geschädigte Unfallbeteiligte sich selbst in **35** Kenntnis des Unfallgeschehens vom Unfallort entfernt hat, weil darin häufig ein stillschweigender Verzicht auf sofortige Feststellungen liegt (Bay NJW 58, 511 und DAR 90, 471 mwN; einschr Bernsmann NZV 89, 49, 51).

b) Die **irrigen Annahmen,** alle Berechtigten hätten auf Feststellungen ver- **36** zichtet (Bay NZV 92, 245; Düsseldorf NZV 92, 246; aM Stuttgart MDR 59, 508), es liege eine unter 34 beschriebene Nähebeziehung oder Bagatellschädigung vor (Schleswig SchlHA 69, 148; Rüth JR 79, 80 mwN) oder der andere Unfallbeteiligte habe sich in Kenntnis des Unfallgeschehens vom Unfallort entfernt (Bay DAR 90, 471), sind danach regelmäßig Erlaubnistatbestandsirrtümer (9–18 zu § 17). Die nach der jeweiligen Sachlage irrigen Annahmen dagegen, das Zurücklassen einer Visitenkarte (Celle NJW 56, 560), die bloße Angabe von Namen und Anschrift (Schleswig SchlHA 69, 149) oder ein pauschales Schuldanerkenntnis (Stuttgart NJW 78, 900) reiche zur Erfüllung der Feststellungspflicht aus, die angemessene Wartezeit sei abgelaufen (Oldenburg NJW 68, 2019; aM Hartman-Hilter NZV 92, 429, 430) oder die Wartepflicht treffe nur Fahrer unfallbeteiligter Fahrzeuge (Bay 56, 241) oder setze schuldhafte Beteiligung voraus (VRS 24, 34; Düsseldorf NZV 93, 157), sind Verbotsirrtümer (6 zu § 17).

c) Für die **Schuldfähigkeit** sind Unfallschocks und posttraumatische Dämmer- **37** zustände – ebenso wie für den Vorsatz (vgl 31) – nur in Ausnahmefällen bedeutsam (KG VRS 67, 258; Barbey BA 92, 252). Zur Bedeutung des Alkohols für die Begehung der Tat Hauser BA 82, 193.

8. Der **Versuch,** namentlich auch der untaugliche (Bay VRS 71, 189), ist nicht **38** mit Strafe bedroht. – **Tätige Reue** (Abs 4; allgemein dazu 29 zu § 24) durch freiwilliges (21 zu § 24) Ermöglichen nachträglicher Feststellungen iS des Abs 3 (näher zu Zweifelsfällen Schulz NJW 98, 1440) führt unter bestimmten Voraussetzungen (zwingend) zu Strafmilderung nach § 49 I oder (fakultativ) Absehen von Strafe. Der Gesetzgeber ist erst während des Gesetzgebungsverfahrens der seit längerem erhobenen Forderung (vgl Park DAR 93, 247; Loos ZRP 93, 310; krit Zopfs DRiZ 94, 87, 91) nachgekommen, dem unfallflüchtigen Verkehrsteilnehmer eine „goldene Brücke" zu bauen (BT-Dr 13/8587 S 57; krit Schulz aaO 1443: „juristische Fehlkonstruktion"; Schünemann DAR 98, 424, 429; Mitsch ZStW 111, 65, 122 und Rudolphi SK 55; grundsätzlich zust aber Böse StV

§ 142

98, 509; Bönke NZV 98, 129). Einschränkend wird verlangt, dass die Ermöglichung der Feststellungen innerhalb von 24 Stunden „nach dem Unfall", dh nicht erst nach der Vollendung der Tat iS der Abs 1 und 2 (vgl 10 und 26), erfolgt (Rudolphi SK 57); das Risiko, davor entdeckt zu werden, trägt der flüchtende Unfallbeteiligte (BT-Dr aaO; Böse aaO S 512: nicht freiwillig; Tröndle/Fischer 65). Erfasst werden nur Unfälle im ruhenden Verkehr (vgl 6; Köln VRS 98, 122 mit zust Bespr Himmelreich/Lessing NStZ 00, 299; weiter Rudolphi SK 56), dh vor allem die häufigen Parkunfälle (BT-Dr 13/9064 S 10; Hentschel 69) mit nicht bedeutenden Sachschäden (Böse S 510; vgl 7 zu § 69; nach Joecks 80: unter 750–1000 €). Ein Irrtum über die objektiven Voraussetzungen (zB die irrige Annahme eines unbedeutenden Sachschadens) führt nicht zur Anwendung von Abs 4 (Böse aaO S 512; Bönke aaO S 130). Fehlt es an einer der gesetzlichen Voraussetzungen, so kann sich eine nachträgliche Meldung bei der Strafzumessung und der Entscheidung nach §§ 69, 69a zugunsten des Täters auswirken (LG Gera StraFo 00, 356; Schulz aaO S 1442; Schäfer NZV 99, 190). Eine analoge Anwendung von § 306e kommt wegen der abschließenden Regelung des Abs 4 nicht in Betracht (ebenso Geppert LK 181, 203; aM Otto GK 2 80/70).

39 **9. a)** Weil die Tat echtes Sonderdelikt ist (33 vor § 13; aM Deichmann, Grenzfälle der Sonderstraftat, 1994, S 170), kann nur der Unfallbeteiligte **Täter**, und zwar auch Mittäter (Köln NZV 92, 80) oder mittelbarer Täter, sein (3, 9 zu § 25). Für **Tatbeiträge anderer** kommt nur **Teilnahme** in Frage (Hamm BA 74, 279); da die Unfallbeteiligung nur die Positionsnähe zum Rechtsgut charakterisiert, ist § 28 I nicht anwendbar (Herzberg GA 91, 145, 170; Deichmann aaO S 172; Geppert LK 182; Roxin LK 68 zu § 28; aM Hoyer SK 34 zu § 28).

40 **b) Beihilfe,** deren Struktur bei § 142 schwer durchschaubar ist (Küper JZ 81, 251, 255; Seelmann JuS 91, 290), kann auch durch Unterlassen (in Garantenstellung, 6 zu § 13) begangen werden (Stuttgart NJW 81, 2369; Zweibrücken VRS 75, 292; Köln NZV 92, 80 mit krit Bespr Geppert JK 18, alle mwN; s auch Bay NJW 90, 1861 mit Anm Herzberg NZV 90, 375; Arloth GA 85, 492, 504; Küpper BT 1 II 5/59; W-Hettinger BT 1 Rdn 1023; 5 zu § 27). Nach der Rspr soll sie auch nach Vollendung, aber vor Beendigung (2 vor § 22) möglich sein (Bay NJW 80, 412 mit krit Bespr Bottke JA 80, 379 und Küper aaO S 209, 251; zw). Die Tathandlung des Sich-Entfernens ist vollendet, wenn der Täter den zum Unfallort gehörenden Bereich überschritten hat (vgl 10, 11); sie soll nach der Rspr beendigt sein, wenn er sich so weit entfernt hat, dass keine Chance mehr besteht, ihn unmittelbar zu verfolgen und als Unfallbeteiligten festzustellen (noch weiter Bay aaO); ein solcher Beendigungszeitpunkt ist aber dem Gesetz nicht zu entnehmen, so dass die Phase nach der Vollendung eine tatbestandlose Phase ist, in der keine strafbare Beihilfe geleistet werden kann (näher Kühl JuS 82, 189, 191 und JuS 02, 730, 731).

41 **10.** Das als Tatmittel verwendete Fahrzeug kann unter den Voraussetzungen des § 74 **eingezogen** werden (BGHSt 10, 337; aM Schild NK 173).

42 **11. Tateinheit** ua möglich mit § 113 (VRS 13, 136), § 145d II Nr 1 (Bay NJW 81, 834 mit Anm Stein JR 81, 437; Bay VRS 60, 112), § 263 (dort 60), §§ 315c, 316 (Bay MDR 81, 1035) und § 323c (VRS 14, 194 und 32, 437; Geppert LK 219; aM Jescheck/Weigend AT S 723; Sch/Sch-Cramer/Sternberg-Lieben 91; str). – Im Verhältnis zu der **für den Unfall ursächlichen Tat** (zB fahrlässige Tötung oder Körperverletzung, Straßenverkehrsgefährdung) besteht idR Tatmehrheit (hM; vgl BGHSt 24, 185; LG Gera StraFo 00, 356; anders Werner DAR 90, 11, beide mwN). Das gilt auch, wenn der Täter vor und nach dem Unfall Dauerstraftaten begangen hat (zB Trunkenheit im Verkehr nach § 316, Fahren ohne Fahrerlaubnis nach § 21 StVG [Düsseldorf VRS 87, 290]), die mit den anderen Taten jeweils in Tateinheit zusammentreffen; denn meistens, aber nicht notwendig, wird hier zum Weiterfahren ein neuer Entschluss gefasst, so dass nach dem Unfall eine neue (zweite) Dauerstraftat beginnt (11 vor § 52; Düsseldorf VRS 97, 111, 113; Brückner NZV 96, 266). Selbst wenn aber das strafbare Fahren ausnahmsweise nur eine Tat (zB natürliche Handlungseinheit) bilden sollte, kommt in Frage, dass das für den Unfall ursächliche Delikt und das Vergehen nach § 142 zu entklammern sind (5 zu § 52). Zur Zusammenfassung der während einer Flucht vom Unfallort (sog Polizeiflucht) begangenen Taten zu Tateinheit 3 zu § 52; zum Verhältnis zu § 34 StVO (Pflichten nach einem Verkehrsunfall) LG Flensburg DAR 78, 279; Bürgel MDR 76, 353; Heß, in: Janiszewski/Jagow/Burmann 5 zu § 34 StVO und Tröndle/Fischer 69. Tateinheit ist auch zwischen mehreren Taten nach § 142 möglich, wenn sich der Täter durch seine Weiterfahrt der Feststellung mehrerer von ihm verursachter Unfälle entzieht (NStE 25; beachte auch NZV 04, 265 mit krit Bespr Geppert JK 19: Tateinheit des unerlaubten Sichentfernens in zwei Fällen mit Straßenverkehrsgefährdung in drei Fällen, und BGHSt 48, 233, 238). – Zwischen Abs 1 und 2 ist **Wahlfeststellung** (14 zu § 1) zulässig (Köln VRS 64, 115, 119 mwN).

§ 143 Unerlaubter Umgang mit gefährlichen Hunden

(1) *Wer einem durch landesrechtliche Vorschriften erlassenen Verbot, einen gefährlichen Hund zu züchten oder Handel mit ihm zu treiben, zuwiderhandelt, wird mit Freiheitsstrafe bis zu zwei Jahren oder mit Geldstrafe bestraft.*

(2) **Ebenso wird bestraft, wer ohne die erforderliche Genehmigung oder entgegen einer vollziehbaren Untersagung einen gefährlichen Hund hält.**

(3) **Gegenstände, auf die sich die Straftat bezieht, können eingezogen werden. § 74 a ist anzuwenden.**

Fassung des Gesetzes zur Bekämpfung gefährlicher Hunde (14 vor § 1); Abs 1 ist durch Urteil des BVerfG v 16. 3. 2004 (1 BvR 1778/01 mit Bespr Pestalozza NJW 04, 1840, 1842) mit Gesetzeskraft für verfassungswidrig und nichtig erklärt worden (BGBl I, 2004, S 543).

1. Das Bundesverfassungsgericht hat mit Urteil vom 16. 3. 2004 **Abs 1** des erst im Jahre 2001 in das StGB eingestellten § 143 für mit dem Grundgesetz unvereinbar und daher **nichtig** erklärt, weil eine bundeseinheitliche Strafbewehrung der inhaltlich höchst unterschiedlichen landesrechtlichen, zT ihrerseits nichtigen (vgl Rottmann ZRP 03, 439), Zucht- und Handelsverbote in Bezug auf gefährliche Hunde zur Wahrung der Rechts- oder Wirtschaftseinheit iS des Art 74 I Nr 1 GG nicht nach Art 72 II GG erforderlich ist (1 BvR 1778/01; so schon v Coelln NJW 01, 2834). Anders als der verwaltungsrechtsakzessorische Abs 1 ist der verwaltungsaktsakzessorisch ausgestaltete **Abs 2** trotz der sprachlich nunmehr unglücklichen Bezugnahme auf Abs 1 von dessen Nichtigkeit nicht betroffen (aM Hamburg NStZ-RR 04, 231: Vorlagebeschluss) und dient als **abstraktes Gefährdungsdelikt** (32 vor § 13) dem Schutz von **Leib** und **Leben** von Menschen (BR-Dr 802/1/00 S 2). 1

2. Tatobjekt von Abs 2 ist ein **gefährlicher Hund,** wobei die Legaldefinition des § 1 HundVerbrEinfG (= Art 1 des Gesetzes zur Bekämpfung gefährlicher Hunde; 14 vor § 1) trotz deren sprachlicher Beschränkung auf „dieses Gesetz" auch für § 143 anwendbar ist (aM Schild NK 19); ob die Einbeziehung weiterer Hunderassen durch Landesrecht nach dem Urteil des BVerfG zu Abs 1 (vgl 1) noch statthaft ist (so noch Voraufl), erscheint allerdings fraglich. 2

3. Tathandlung von Abs 2 ist das **Halten** eines gefährlichen Hundes, dh die Innehabung der tatsächlichen Bestimmungsmacht über den Hund (so unter Rück- 3

§§ 144, 145 BT. 7. Abschnitt. Öffentliche Ordnung

griff auf § 833 BGB oder § 68 b I Nr 6 Krüger JR 02, 1, 4; Lilie LK 6; Halten als Tathandlung für zu unbestimmt hält Schild NK 31); damit ist Abs 2 ein Dauerdelikt, das erst mit Abschluss des verbotswidrigen Haltens endet. Tatbestandsmäßig ist nur ein Handeln **ohne Genehmigung** (10 zu § 325; § 330 d Nr 5 gilt nicht, doch schließt dies nicht aus, rechtsmissbräuchlich erlangten Genehmigungen ihre Wirkung zu versagen [vgl 10 zu § 324]); entgegen einer **vollziehbaren Untersagung** 7 zu § 325, deren materielle Rechtmäßigkeit von der hM zu Unrecht nicht verlangt wird (zur Kritik 9 zu § 325).

4 **4. Abs 3** ist eine besondere Vorschrift im Sinne des § 74 IV (dort 12); darüber hinaus ist § 74 a anwendbar.

5 **5.** Soweit die Tat zugleich den Bußgeldtatbestand des § 121 OWiG (Halten gefährlicher Tiere) oder entsprechende landesrechtliche Bußgeldtatbestände erfüllt, geht § 143 II vor (§ 21 OWiG).

§ 144 *(weggefallen)*

§ 145 Mißbrauch von Notrufen und Beeinträchtigung von Unfallverhütungs- und Nothilfemitteln

(1) **Wer absichtlich oder wissentlich**

1. **Notrufe oder Notzeichen mißbraucht oder**
2. **vortäuscht, daß wegen eines Unglücksfalles oder wegen gemeiner Gefahr oder Not die Hilfe anderer erforderlich sei,**

wird mit Freiheitsstrafe bis zu einem Jahr oder mit Geldstrafe bestraft.

(2) **Wer absichtlich oder wissentlich**

1. **die zur Verhütung von Unglücksfällen oder gemeiner Gefahr dienenden Warn- oder Verbotszeichen beseitigt, unkenntlich macht oder in ihrem Sinn entstellt oder**
2. **die zur Verhütung von Unglücksfällen oder gemeiner Gefahr dienenden Schutzvorrichtungen oder die zur Hilfeleistung bei Unglücksfällen oder gemeiner Gefahr bestimmten Rettungsgeräte oder anderen Sachen beseitigt, verändert oder unbrauchbar macht,**

wird mit Freiheitsstrafe bis zu zwei Jahren oder mit Geldstrafe bestraft, wenn die Tat nicht in § 303 oder § 304 mit Strafe bedroht ist.

1 **1. Abs 1,** ein Gegenstück zu § 323 c, soll die **Allgemeinheit** namentlich davor schützen, dass nicht erforderliche fremde Hilfe zur Gefahrenabwehr angefordert wird (Begr zu § 300 E 1962 S 471; Sch/Sch-Stree/Sternberg-Lieben 1). **Abs 2** richtet sich gegen die Beeinträchtigung von Präventivmaßnahmen, die zur Verhütung oder Bewältigung von Unglücksfällen oder gemeiner Gefahr getroffen werden. – Die Tat ist in allen Begehungsformen abstraktes Gefährdungsdelikt (v Bubnoff LK 1; Schild NK 4; 32 vor § 13).

2 **2. Unglücksfall, gemeine Gefahr oder Not** 2, 3 zu § 323 c.

3 **3. a) Abs 1 Nr 1: Notrufe und Notzeichen** sind in ihren Voraussetzungen und der Art ihrer Ausführung durch Gesetz, behördliche Anordnung, Vereinbarung oder Übung im Wesentlichen festgelegte Rufe oder Zeichen (Begr zu § 300 E 1962 S 471), die auf das Bestehen einer Not- oder schweren Gefahrenlage und meist auch auf das Bedürfnis nach fremder Hilfe aufmerksam machen, zB der Hilferuf, das SOS-Morsezeichen, die Alarmsirene, die Feuerglocke uvm. Auch der bloße Anruf bei dem Fernsprechnotanschluss („Notruf") einer Polizeidienststelle gehört hierher, weil er wegen der technischen Besonderheiten des Notrufsystems die Einleitung von Hilfsmaßnahmen auch ohne weitere Erklärungen des Anrufers

ermöglicht (BGHSt 34, 4; v Bubnoff LK 10; einschr Schild NK 9 mwN). – **Missbrauch** ist Anwendung des Notrufs oder des Zeichens trotz Fehlens der Voraussetzungen; Aufnahme durch einen Empfänger ist nicht erforderlich.

b) Abs 1 Nr 2 betrifft Hilfsanforderungen, die keine Notrufe oder Notzeichen 4 (Nr 1) sind (Begr zum E 1962 S 471). Hier muss stets (nicht oder nicht mehr bestehende) Erforderlichkeit fremder Hilfe (5 zu § 323 c) vorgetäuscht werden; konkludentes Verhalten (Frankfurt NStZ-RR 02, 209; Weidemann JA 02, 42, 47) genügt ebenso wie ein Vortäuschen in verkehrserzieherischer Absicht (Köln NJW 99, 1042, 1043 mit Anm Dedy NZV 99, 136, Jahn JA 99, 98 und Wrage NStZ 32; Scheffler NZV 94, 261; Rudolphi SK 3).

4. a) Ob ein Gegenstand **Schutzobjekt** des **Abs 2** ist, hängt von seiner kon- 5 kreten Zweckbestimmung ab. Verkehrszeichen werden idR, aber nicht ausnahmslos erfasst (Köln NJW 99, 1042, 1043 mit Anm Dedy NZV 99, 136, Jahn JA 99, 98 und Wrage NStZ 00, 32; Händel DAR 75, 57, 59).

b) Alle **Tathandlungen** setzen nach dem Schutzzweck des Abs 2 voraus, dass 6 die Funktion des Zeichens oder die Möglichkeit der bestimmungsmäßigen Verwendung des Gegenstandes vereitelt oder erschwert wird. **Beseitigen** erfordert räumliche Entfernung (weiter Sch/Sch-Stree/Sternberg-Lieben 19). **In seinem Sinn entstellt** ist ein Richtungsweiser schon dann, wenn er in die falsche Richtung gedreht wird. **Unbrauchbarmachen** 2 zu § 87.

5. Absichtlich oder wissentlich 20–22 zu § 15; bedingter Vorsatz genügt 7 nicht (Bay VRS 73, 45; LG Köln MDR 78, 860).

6. a) In **Abs 1** bilden die Nummern 1, 2 nur verschiedene Begehungsformen 8 desselben Delikts, so dass beim Zusammentreffen **Tateinheit** ausscheidet (3 zu § 52).

b) Abs 2 tritt gegenüber §§ 303, 304 zurück (spezielle **Subsidiarität**, 26 vor 9 § 52), zB beim Überkleben eines Verkehrsschildes (4 zu § 303 und 3 zu § 304; krit Wrage NStZ 00, 32). Das gilt nach dem eindeutigen Gesetzeswortlaut auch, wenn der nach § 303 c erforderliche Strafantrag fehlt (Schild NK 26; aM Stree JR 79, 253; v Bubnoff LK 31; Rudolphi SK 8); kriminalpolitisch ist das verfehlt, weil § 145 ein Allgemeininteresse schützt (vgl 1). Im Übrigen ist **Tateinheit** ua möglich mit §§ 222, 230, 242, 315, 315 b (Händel DAR 75, 57, 60).

§ 145 a Verstoß gegen Weisungen während der Führungsaufsicht

Wer während der Führungsaufsicht gegen eine bestimmte Weisung der in § 68 b Abs. 1 bezeichneten Art verstößt und dadurch den Zweck der Maßregel gefährdet, wird mit Freiheitsstrafe bis zu einem Jahr oder mit Geldstrafe bestraft. Die Tat wird nur auf Antrag der Aufsichtsstelle (§ 68 a) verfolgt.

1. Die verfassungsrechtlich wohl noch akzeptable (Groth NJW 79, 743; für ein- 1 zelne Weisungen einschr Hanack LK 6), kriminalpolitisch aber problematische (Schild NK 6–9; Sch/Sch-Stree/Sternberg-Lieben 2; 1 vor § 68) Blankettvorschrift pönalisiert den **Verstoß gegen Weisungen** im Sinne des § 68b I (dort 2), nicht des § 68 b II, um die Wirksamkeit der Führungsaufsicht auch in Fällen sicher zu stellen, in denen der Widerruf einer Straf- oder Maßregelaussetzung nicht mehr in Frage kommt. Die Tat ist echtes Sonderdelikt (33 vor § 13), die Tätereigenschaft jedoch wegen ihrer Rechtsgutsbezogenheit kein besonderes persönliches Merkmal nach § 28 I (Hanack LK 29; Schild NK 21; aM Horn SK 4).

2. Als Grundlage kommt nur eine **rechtlich zulässige,** dh auch zumutbare, und 2 im Zeitpunkt des Verstoßes **wirksame Weisung** in Frage. Sie muss **bestimmt**

§§ 145b, 145c

sein, dh den Anforderungen entsprechen, die nach Art 103 II GG an die Tatbestandsbeschreibung einer Deliktsnorm zu stellen sind (KG JR 87, 124 mit krit Anm Groth JR 88, 258; Hanack LK 7–12; enger Schild NK 12, alle mwN). – Gegen sie wird **verstoßen,** wenn der Täter das ihm abverlangte Verhalten nicht oder nicht vollständig erfüllt; eine Mehrheit von Zuwiderhandlungen kann nur nach den allgemeinen Regeln zur natürlichen oder rechtlichen Handlungseinheit zusammengefasst werden (4, 9 vor § 52); wird gegen mehrere verschiedene Weisungen verstoßen, so ist Tateinheit oder Tatmehrheit möglich (Horn SK 20 mit Beispielen).

3 3. Die **Gefährdung des Maßregelzwecks** (1 zu § 68) ist Tatbestandsmerkmal (hM; vgl Groth NJW 79, 743, 746 mwN), nicht lediglich objektive Bedingung der Strafbarkeit (so aber Horn SK 2, 3). Sie setzt voraus, dass der Weisungsverstoß – sei es auch nur iVm dem Gesamtverhalten des Verurteilten, uU auch vorausgegangenen Zuwiderhandlungen (krit Hanack LK 24) – die bestimmte Wahrscheinlichkeit künftiger Straftaten begründet oder vergrößert hat (hM; vgl Groth aaO; ähnlich Sch/Sch-Stree/Sternberg-Lieben 7). Die Voraussetzung bedarf allerdings zur Verhütung unangemessener Ausdehnung der Strafbarkeit zurückhaltender Auslegung (Hanack LK 25); sie wird meist nur bei groben oder beharrlichen Verstößen, selten bei bloßen Nachlässigkeiten und kaum jemals bei Zuwiderhandlungen gegen eine Weisung nach § 68b I Nr 9 erfüllt sein. Ob die Gefährdung zurzeit der Aburteilung noch fortbesteht, ist für die Strafbarkeit unerheblich (hM; anders Horn SK 14).

4 4. Der **Vorsatz** (bedingter genügt) muss auch das Gefährdungselement (vgl 3) umfassen (Hamburg NJW 85, 1232; zum Gefährdungsvorsatz 28 zu § 15).

5 5. Die **Strafzumessung** begegnet typischen Schwierigkeiten: Geldstrafe wird meist zur Einwirkung auf den Täter nicht ausreichen (§ 47), Strafaussetzung zur Bewährung wegen Fehlens einer günstigen Prognose (8–14 zu § 56) unbegründet sein und die danach allein übrigbleibende kurzfristige Freiheitsstrafe bei der besonderen Eigenart dieser Tätergruppe keinen Erfolg versprechen. Die kriminalpolitische Wirksamkeit der Vorschrift ist deshalb höchst unwahrscheinlich (krit auch Schöch NStZ 92, 364, 370; Hanack LK 37–40, beide mwN).

6 6. **Strafantrag** §§ 77, 77b, 77d. Antragsberechtigt ist nur die Aufsichtsstelle (§ 68a). Sie sollte von ihrem Antragsrecht nur sparsam Gebrauch machen. Wenn die Gefährdung des Maßregelzwecks nachträglich entfallen ist (vgl 3) oder wenn wirksamere Möglichkeiten – etwa der Widerruf einer Aussetzung – zur Verfügung stehen, ist der Antrag meist unangebracht (weiter einschr Mrozynski JZ 78, 255, 259; Antons BewH 92, 282, 285). – Zur Anhörung des Bewährungshelfers vor Antragstellung § 68a VI.

§ 145 b *(weggefallen)*

§ 145 c Verstoß gegen das Berufsverbot

Wer einen Beruf, einen Berufszweig, ein Gewerbe oder einen Gewerbezweig für sich oder einen anderen ausübt oder durch einen anderen für sich ausüben läßt, obwohl dies ihm oder dem anderen strafgerichtlich untersagt ist, wird mit Freiheitsstrafe bis zu einem Jahr oder mit Geldstrafe bestraft.

1 1. Erfasst wird jede Handlung (Handlungseinheit), die sich als die **untersagte Berufs- oder Gewerbeausübung** darstellt. Die Untersagung muss **bestimmt** sein, dh den Anforderungen des Art 103 II GG an die Tatbestandsbeschreibung entsprechen; dies ist bei der Untersagung, ein selbstständiges Gewerbe auszuüben, nicht der Fall (Karlsruhe NStZ 95, 446 mit im Ergebnis zust Anm Stree und Cra-

Vortäuschen einer Straftat   § 145 d

mer NStZ 96, 136, der jedoch die gesetzliche Bestimmtheit der Strafbarkeit verneint und die Vorschrift für verfassungswidrig hält). Wiederholungsabsicht ist nicht erforderlich (Düsseldorf NJW 66, 410; einschr Schild NK 9; aM Horstkotte LK 15). Aufhebung des Berufsverbots im Wiederaufnahmeverfahren berührt die Strafbarkeit zuvor begangener Verstöße nicht (1 StR 690/78 v 20. 2. 1979; Horstkotte LK 7; krit Sch/Sch-Stree/Sternberg-Lieben 3: Pönalisierung von Ungehorsam). – Die Strafdrohung gilt nicht nur dem der Maßregel Unterworfenen; Täter ist vielmehr auch, wer für den Verurteilten Tätigkeiten ausübt, die unter das Verbot fallen, oder wer durch einen Verurteilten solche Tätigkeiten für sich ausüben lässt (§ 70 III).

2. Geschäftspartner des Täters, die sich lediglich als solche betätigen, sind als **notwendige Teilnehmer** nicht wegen Beihilfe strafbar (12 vor § 25); sonst ist Teilnahme möglich.

3. Der **Vorsatz** (bedingter genügt) wird durch die irrige Annahme materieller Unrichtigkeit der bestandskräftigen Untersagung nicht ausgeschlossen, wohl aber durch die Annahme ihrer formellen Unwirksamkeit (zB die Annahme, die gegen ein vorläufiges Berufsverbot eingelegte Beschwerde habe aufschiebende Wirkung, NJW 89, 1939 mit abl Anm Dölp NStZ 89, 475; Schild NK 12).

4. § 145 c betrifft nur die Berufsverbote nach § 70 und § 132 a StPO, nicht gewerberechtliche Verbote der Verwaltungsbehörden (Otto GK 2 96/25; Kindhäuser 2).

5. Tateinheit ua möglich mit § 263 (NStZ 91, 549 mwN).

§ 145 d Vortäuschen einer Straftat

(1) **Wer wider besseres Wissen einer Behörde oder einer zur Entgegennahme von Anzeigen zuständigen Stelle vortäuscht,**

1. daß eine rechtswidrige Tat begangen worden sei oder

2. daß die Verwirklichung einer der in § 126 Abs. 1 genannten rechtswidrigen Taten bevorstehe,

wird mit Freiheitsstrafe bis zu drei Jahren oder mit Geldstrafe bestraft, wenn die Tat nicht in § 164, § 258 oder § 258 a mit Strafe bedroht ist.

(2) **Ebenso wird bestraft, wer wider besseres Wissen eine der in Absatz 1 bezeichneten Stellen über den Beteiligten**

1. an einer rechtswidrigen Tat oder

2. an einer bevorstehenden, in § 126 Abs. 1 genannten rechtswidrigen Tat

zu täuschen sucht.

1. Die Vorschrift **schützt** durch die Nummern 1 der Abs 1, 2 die **Rechtspflege** gegen ungerechtfertigte Inanspruchnahme des inländischen (NStZ 84, 360; Düsseldorf NJW 82, 1242 mit Anm Bottke JR 83, 76) staatlichen Verfolgungsapparates (BGHSt 6, 251, 255; 19, 305; knapp Fezer, Stree/Wessels-FS, S 663, 673 und Geppert Jura 00, 383; eingehend Krümpelmann ZStW 96, 999, 1009 und Hefendehl, Kollektive Rechtsgüter im Strafrecht, 2002, S 327; krit Stübinger GA 04, 338). In diesem Bereich schließt sie Lücken des § 164 (RGSt 71, 306). – Durch die Nummern 2 der beiden Absätze schützt sie weitergehend auch die **Präventivorgane** des Staates gegen Inanspruchnahme zur Abwehr nur vorgetäuschter Gefahren (Sturm JZ 76, 347, 351; Laufhütte MDR 76, 441, 444; Stree NJW 76, 1177, 1181; Geppert aaO). – Beiden „Endrechtsgütern" wird im Schrifttum das behördliche Arbeitspotential als „Zwischenrechtsgut" vorangestellt (so Saal, Das Vortäuschen einer Straftat [§ 145 d StGB] als abstraktes Gefährdungs-

§ 145d

delikt, 1997, S 103; krit dazu Paul GA 99, 304). – Zur **Kriminologie** der verschiedenen Begehungsformen und zur Reform der Vorschrift Geerds Jura 85, 617, 621 und Schild NK 3.

2 2. **Behörde** 20 zu § 11. **Zur Entgegennahme von Anzeigen zuständige Stellen** ohne Behördencharakter sind ua bestimmte militärische Dienststellen und die Untersuchungsausschüsse der Parlamente (Ruß LK 5 mwN). Regelmäßig genügt es, wenn die Tathandlung gegenüber einem in dienstlicher Eigenschaft tätigen Angehörigen der Behörde oder Stelle (zB einem Polizeibeamten, StA oder Disziplinarvorgesetzten) vorgenommen wird (KG JR 89, 26 mwN; beachte jedoch Kühne JuS 87, 188, 190; Velten StV 87, 544, 550).

3 3. Zu den **Tathandlungen:**

a) Abs 1 Nr 1 betrifft nur **angeblich bereits geschehene rechtswidrige Taten jeder Art** (18 zu § 11), auch Versuch und Teilnahme.

4 aa) Die Vortäuschung muss **geeignet** sein (vgl Hirsch, Kaufmann [Arth]-FS, S 545, 562 und Zieschang, Die Gefährdungsdelikte, 1998, S 330: konkretes Gefährlichkeitsdelikt; aM Saal aaO [vgl 1] S 64, 97; Sch/Sch-Stree/Sternberg-Lieben 1: abstraktes Gefährdungsdelikt), ein ungerechtfertigtes („sinnloses") Einschreiten auszulösen (Geppert Jura 00, 383, 384; Küper BT S 404; W-Hettinger BT 1 Rdn 706); ob sie diesen Erfolg hat oder auch nur zu einem Irrtum der Behörde führt (Laufhütte MDR 76, 441, 444 mwN), ist ebenso unerheblich wie das Motiv des Täters (Köln VRS 54, 196); geeignet sind auch verfahrensfehlerhaft zustandegekommene Äußerungen (Geppert JK 7 gegen Hamburg StV 95, 588; Otto GK 2 95/14; aM Rudolphi/Rogall SK 4; Schild NK 5). Das Vortäuschen eines strafrechtlich unerheblichen Verhaltens, das der Täter irrig für eine rechtswidrige Tat hält, reicht mangels Strafbarkeit des Versuchs nicht aus, auch nicht die unwahre Behauptung, in Notwehr getötet zu haben (hM; vgl etwa Rengier BT II 51/3; anders Oldenburg NJW 52, 1225; Saal aaO [vgl 1] S 144; Sch/Sch-Stree/Sternberg-Lieben 7); Letztere kann aber als Fingieren einer Straftat des Angreifers bedeutsam sein. – Noch nicht abschließend geklärt ist die Frage, wie Täuschungen zu behandeln sind, in denen erkennbar ein Wahrheitskern insofern steckt, als der ihnen zugrundeliegende wirkliche Sachverhalt eine rechtswidrige und verfolgungsbedürftige Tat bildet. Hier hat sich die Auslegung am Schutzzweck zu orientieren, dh an der ex-ante zu beurteilenden Eignung des Täterverhaltens zur Auslösung erheblicher ungerechtfertigter Verfolgungsarbeit (hM; vgl Bay NJW 88, 883; diff Krümpelmann ZStW 96, 999; einschr Geppert aaO S 385; Joecks 11, 12; Rudolphi/Rogall SK 18–20; weiter Saal aaO S 148; krit W-Hettinger aaO Rdn 710). Daran fehlt es regelmäßig bei bloßen Übertreibungen, uU auch bei der Umfälschung einer wirklich begangenen Tat in eine qualifizierte Begehungsform, eines Versuchs in eine vollendete Tat (Hamm NStZ 87, 558 mit Anm Stree, beide mwN) oder eines Verbrechens in eine mit anderen minder schweren Gesetzesverletzungen konkurrierende Tat (Karlsruhe MDR 92, 1166). Ausreichend ist dagegen jedenfalls die Vortäuschung einer Tat, die mit dem wirklichen Geschehen weder ganz noch teilweise identisch ist (Rudolphi/Rogall SK 19). Darüber hinaus reicht es häufig aber auch aus, wenn die vorgetäuschte Tat einen anderen Ermittlungsgegenstand hat als die wirklich begangene (Krümpelmann aaO S 1032, 1038 und JuS 85, 763) oder wenn ein Vergehen in ein Verbrechen umgefälscht wird (Krümpelmann aaO; aM 4 StR 406/73 v 30. 8. 1973; Rudolphi/Rogall SK 20; zw).

5 bb) Das Vortäuschen kann durch **unrichtige Anzeige,** auch durch Selbstanzeige, geschehen (Düsseldorf JMBlNRW 51, 132), deren schriftliche Fixierung nicht erforderlich ist (Hamburg StV 95, 588). Es genügt aber auch die Inszenierung einer Scheintat, die der Behörde zur Kenntnis kommt (Braunschweig NJW 55, 1935; Frankfurt NStZ-RR 02, 209; Köln VRS 54, 196; Schramm NJW 02, 419, 421; enger Hoffmann GA 02, 385, 394).

Vortäuschen einer Straftat **§ 145d**

b) Abs 1 Nr 2 betrifft nur solche **angeblich bevorstehenden rechtswidri-** 6
gen Taten, die in § 126 I aufgeführt sind (dort 2). Zum Vortäuschen des Bevorstehens 3 zu § 126. Auch hier kommt in Frage, dass die Behörde durch Zuspielen irreführenden Materials zu dem Schluss veranlasst wird, eine der genannten Taten stehe bevor. Wird zugleich vorgetäuscht, dass bereits eine strafbare Vorbereitungs- oder Versuchshandlung begangen sei, so überschneiden sich die Nummern 1, 2 (Laufhütte MDR 76, 441, 444; Stree NJW 76, 1177, 1182).

c) Abs 2 Nr 1 setzt voraus, dass der Täter über den **Beteiligten** (Täter oder 7
Teilnehmer) an einer **bereits geschehenen rechtswidrigen Tat** zu täuschen sucht (zusf Geppert Jura 00, 383, 385; Stree, Lackner-FS, S 527 und Saal aaO [vgl 1] S 180). Nach dem Schutzzweck der Vorschrift (vgl 1) ist dazu stets erforderlich, dass das Strafverfolgungsorgan auf eine konkrete falsche Spur gelenkt werden soll (Bay NJW 84, 2303 mit krit Anm Kühl JR 85, 296; Küper BT S 274; W-Hettinger BT 1 Rdn 713). Auch ein Hinweis, der dem Verdächtigen lediglich ein falsches Alibi verschaffen soll, reicht dazu aus (aM Bay aaO; Rudolphi/Rogall SK 26; krit Schneider, Grund und Grenzen des strafrechtlichen Selbstbegünstigungsprinzips, 1990, S 253, 260; wie hier Otto GK 2 95/19; Saal aaO S 189; s auch Geppert aaO S 386). Ebenso kann eine Anzeige gegen Unbekannt, die den Verdacht der Beteiligung von sich selbst oder von einem bekannten anderen ablenken soll, in Ausnahmefällen genügen (sehr weit BGHSt 6, 251 und Otto aaO Rdn 18 sowie Saal aaO S 202; krit Stree aaO S 534; Fezer, Stree/Wessels-FS, S 663, 674). Die Vorschrift gilt also grundsätzlich auch, wenn der Täter seine eigene Bestrafung vereiteln will (Bay NJW 78, 2563 mit Bespr Stree JR 79, 253 und Rudolphi JuS 79, 859; für die Schuldlosigkeit selbstbegünstigender Beteiligtentäuschungen Schneider aaO S 298 mit krit Bespr Rogall StV 96, 63, 67, der eine Restriktion des Unrechtstatbestandes annimmt; ebenso Sch/Sch-Stree/Sternberg-Lieben 15; b auch Torka, Nachtatverhalten und nemo tenetur, 2000, S 160; Verrel, Die Selbstbelastungsfreiheit im Strafverfahren, 2001, S 88; für eine Berücksichtigung de lege ferenda Saal aaO 237; zusf Geppert S 387). Jedoch muss der Täuschende die Verfolgung durch konkrete Angaben in bestimmter Richtung irreleiten (Celle NJW 64, 733; Zweibrücken NStE 1; Fahrenhorst JuS 87, 707, 709; Ruß LK 16–18 mwN). Dazu genügt es nicht, dass er bei Einräumen der von ihm begangenen Tat lediglich falsche Personalien angibt (KG JR 89, 26; LG Dresden NZV 98, 217 mit abl Anm Saal; Rengier BT II 51/14; aM Saal aaO [vgl 1] S 215; Sch/Sch-Stree/Sternberg-Lieben 14) oder dass er den Verdacht auf einen Dritten lenkt, für den (zB weil er Inhaber einer Fahrerlaubnis ist) die Handlung keine rechtswidrige Tat wäre (BGHSt 19, 305; Frankfurt NJW 75, 1895; Geppert aaO S 384; s auch Zweibrücken NStZ 91, 530; aM Saal aaO [vgl 1] S 205). – Ob die rechtswidrige Tat wirklich begangen sein muss (so zB Hamburg MDR 49, 309; Frankfurt aaO; Otto aaO Rdn 20; Rengier BT II 51/8, 9; Tröndle/Fischer 7), ist umstritten (Küper BT S 276 mwN). Nach dem Schutzzweck der Vorschrift dürfte auch die irrige Annahme der für eine rechtswidrige Tat notwendigen Umstände (Hamm NJW 63, 2138), nicht dagegen die bloß rechtliche Fehlbeurteilung eines strafrechtlich irrelevanten Sachverhalts (Morner NJW 64, 310; aM Stree, Lackner-FS, S 539; Saal aaO S 170; Sch/Sch-Stree/Sternberg-Lieben 13 zw) ausreichen; dabei ist allerdings stets erforderlich, dass die Tathandlung überhaupt geeignet ist, ein ungerechtfertigtes behördliches Einschreiten auszulösen (ähnlich Stree aaO und Geppert aaO S 386; strenger Joecks 14; Kindhäuser 17; Ruß LK 14 und Rudolphi/Rogall SK 24, die auf einen objektiv begründeten Verdacht abstellen).

d) Abs 2 Nr 2 setzt eine in § 126 I aufgeführte (dort 2), wirklich **bevorste-** 8
hende Tat voraus; es genügt jedoch auch, wenn der Täter das auf Grund falscher Einschätzung der Sachlage nur irrig annimmt (zw).

§ 146 BT. 8. Abschnitt. Geld- und Wertzeichenfälschung

9 4. Der **Vorsatz** muss in den Fällen der Nummern 1 der Abs 1, 2 die strafrechtliche Relevanz des Vorgangs mindestens insoweit umfassen, als die Eignung der Täuschung zur Auslösung eines ungerechtfertigten Einschreitens der Strafverfolgungsbehörde billigend in Kauf genommen wird (Krümpelmann ZStW 96, 999, 1011; Geppert Jura 00, 383, 388; aM Sch/Sch-Stree/Sternberg-Lieben 21). In den Fällen der Nummern 2 der beiden Absätze braucht der Täter die bevorstehende Tat nicht unter § 126 I zu subsumieren; Bedeutungskenntnis in Bezug auf die Tatumstände genügt (5 zu § 126). „**Wider besseres Wissen**" (1 zu § 187) schließt bedingten Vorsatz nur insoweit aus, als der Täter mindestens davon überzeugt sein muss (Frankfurt NJW 75, 1895), dass eine rechtswidrige Tat nicht vorliegt (bei Abs 2: vorliegt, Karlsruhe NStZ-RR 03, 234) oder bevorsteht oder dass die Angaben über den Beteiligten unwahr sind (Saal aaO [vgl 1] S 240). Die Motive des Täters sind unerheblich (Celle NJW 64, 2213).

10 5. **Vollendet** ist die Tat, wenn die Behörde von der Täuschung Kenntnis erlangt hat, es sei denn, dass ihr vorher oder zugleich eine Berichtigung zugegangen ist (Ruß LK 22); ob sie irrt oder tätig wird, ist unerheblich (Hamburg StV 95, 588). Für die Berichtigung nach Vollendung gelten die Ausführungen unter 10 zu § 164 sinngemäß; für eine Vorschrift über tätige Reue, die sich an § 24 orientieren sollte, Saal aaO (vgl 1) S 260.

11 6. Es liegt **keine neue Tat** vor, wenn der Täter in einem wegen § 145 d eingeleiteten Verfahren bei seiner Darstellung bleibt (Hamm NJW 57, 152). Wer einen Kfz-Diebstahl vortäuscht (Abs 1 Nr 1) macht sich durch Ablenken des Verdachts, am Unfallgeschehen mit diesem Kfz beteiligt gewesen zu sein, nicht nochmals nach § 145 d (jetzt: Abs 2 Nr 1) strafbar (BGHR Abs 2 Nr 1 Täuschen 1). Im Übrigen tritt Abs 1 nur gegenüber den §§ 164, 258, 258 a zurück (spezielle **Subsidiarität,** 26 vor § 52); er bleibt anwendbar, wenn eine Bestrafung wegen Strafvereitelung nach § 258 V (Bay NJW 78, 2563; Geppert Jura 00, 383, 388) oder § 258 VI (Celle NJW 80, 2205 mit Anm Geerds JR 81, 35; Bay NJW 84, 2302 mit Anm Kühl; Kuhlen JuS 90, 396, 397, alle mwN) ausgeschlossen ist. Aus dem Subsidiaritätsverhältnis zur falschen Verdächtigung folgt, dass § 145 d I Nr 1, II Nr 1 idR, aber nicht immer (Hamm NJW 56, 1530; Celle NJW 61, 1416), unanwendbar ist, wenn eine bestimmte lebende Person verdächtigt wird. Mit anderen Tatbeständen, namentlich auch mit § 257, ist **Tateinheit** möglich; nach der Rspr auch mit § 242, wenn das Vortäuschen eines Überfalls dessen Verdeckung dienen soll (bei Holtz MDR 94, 129: natürliche Handlungseinheit; vgl 4–8 vor § 52 und 3 zu § 52). Tateinheit zwischen Abs 1 Nr 2 und Abs 2 Nr 1 ist wegen deren unterschiedlicher Anforderungen an das Vorliegen einer Tat ausgeschlossen (Bay NStZ 04, 97).

8. Abschnitt. Geld- und Wertzeichenfälschung

§ 146 Geldfälschung

(1) **Mit Freiheitsstrafe nicht unter einem Jahr wird bestraft, wer**

1. **Geld in der Absicht nachmacht, daß es als echt in Verkehr gebracht oder daß ein solches Inverkehrbringen ermöglicht werde, oder Geld in dieser Absicht so verfälscht, daß der Anschein eines höheren Wertes hervorgerufen wird,**
2. **falsches Geld in dieser Absicht sich verschafft oder feilhält oder**
3. **falsches Geld, das er unter den Voraussetzungen der Nummern 1 oder 2 nachgemacht, verfälscht oder sich verschafft hat, als echt in Verkehr bringt.**

Geldfälschung **§ 146**

(2) **Handelt der Täter gewerbsmäßig oder als Mitglied einer Bande, die sich zur fortgesetzten Begehung einer Geldfälschung verbunden hat, so ist die Strafe Freiheitsstrafe nicht unter zwei Jahren.**

(3) **In minder schweren Fällen des Absatzes 1 ist auf Freiheitsstrafe von drei Monaten bis zu fünf Jahren, in minder schweren Fällen des Absatzes 2 auf Freiheitsstrafe von einem Jahr bis zu zehn Jahren zu erkennen.**

Fassung: Das 6. StrRG (13 vor § 1) hat in Abs 1 die Mindeststrafe herabgesetzt, Abs 2 neu eingefügt und den bisherigen Abs 2 als Abs 3 neu gefasst; Erweiterung von Abs 1 Nr 2 durch das 35. StÄG (15 vor § 1).

1. Geschütztes Rechtsgut der §§ 146, 147 ist das **Allgemeininteresse** **1** **an der Sicherheit und Zuverlässigkeit des Geldverkehrs** (NJW 96, 2802; Hefendehl JR 96, 353 und ders, Kollektive Rechtsgüter im Strafrecht, 2002, S 113 und 194: Vertrauensrechtsgüter). – Für eine Erweiterung des Tatbestandes de lege ferenda Hefendehl aaO und – im Hinblick auf Vorgaben für das deutsche Recht, die sich aus dem „europäischen Rechtsrahmen" für den strafrechtlichen Schutz des Euro vor Geldfälschung ergeben – Vogel ZRP 02, 7, 8. – **Rspr-Übersicht** über die Geldfälschungsdelikte bei Puppe JZ 97, 490, 497.

2. a) Geld (Papier- und Metallgeld) ist jedes vom Staat (auch einem ausländi- **2** schen, § 152) oder von einer durch ihn ermächtigten Stelle als Wertträger beglaubigte, zum Umlauf im öffentlichen Verkehr bestimmte Zahlungsmittel, ohne Rücksicht auf einen allgemeinen Annahmezwang (BGHSt 27, 255, 258; 32, 198, beide mwN; zusf Prost, Lange-FS, S 419; einschr Geisler GA 81, 497). Als tatsächlich emittiertes Zahlungsmittel fällt der Euro seit dem 1. 1. 02 unter den Begriff Geld (Vogel ZRP 02, 7, 9; b auch Satzger, Die Europäisierung des Strafrechts, 2001, S 584). In den Schutzbereich fallen auch noch nicht in Umlauf gegebene Zahlungsmittel (Sch/Sch-Stree/Sternberg-Lieben 2; im Hinblick auf vor dem 1. 1. 02 gefälschte Euro ebenso Vogel aaO: rahmenbeschlusskonforme Auslegung; aM Geisler NJW 78, 708; zw), nicht dagegen außer Kurs gesetzte Geldscheine und Münzen, es sei denn, dass für die Banken noch eine Einlösungspflicht besteht (LM Nr 2 zu § 146 aF; Ruß LK 5; aM Geisler GA 81, 497, 515; Puppe NK 8 vor § 146, alle mwN; für Münzen beachte jedoch § 11a ScheideMG). Als Geld ausgegebene und nicht außer Kurs gesetzte Gold- und Silbermünzen verlieren ihre Geldeigenschaft nicht durch Gewohnheitsrecht, selbst wenn sie nur noch als Sammelobjekte oder als Wertgegenstände zur Vermögensanlage gehandelt werden (hM; einschr Geisler GA 81, 497, 506 mwN; beachte auch 2 zu § 152; zw).

b) Geld ist **falsch,** wenn es nicht oder nicht in der vorliegenden Form von **3** demjenigen stammt, der aus ihm als Aussteller hervorgeht; die in echtem Geld verkörperten Gedankenerklärungen, dass und in welcher Höhe es jeweils gesetzliches Zahlungsmittel ist, müssen daher vom Staat, dem Träger des Geldmonopols, „geistig herrühren", die Scheine und Münzen also in seinem Auftrag hergestellt sein (BGHSt 27, 255; Wessels, Bockelmann-FS, S 669, 672; Zielinski CR 95, 286, 290, alle mwN).

3. Zu den Tathandlungen nach Abs 1: **4**

a) Nr 1, 1. Alternative: Nachmachen ist Herstellen falschen Geldes (vgl 3), das geeignet ist, im gewöhnlichen Verkehr den Arglosen zu täuschen, ohne dass insoweit allzu hohe Anforderungen zu stellen sind (NJW 95, 1844; Küper BT S 153; Puppe NK 4, alle mwN); unaufgeschnittene Druckbogen reichen nicht (NStZ 94, 124 mit zust Bespr Bartholme JA 94, 97; Hefendehl JR 96, 353, 356 und Puppe aaO [vgl 1]); ebenso wenig Banknoten mit ins Auge springenden Werbeaufdrucken (NJW 95, 1844 mit Bespr Sonnen JA 96, 95; StV 03, 330; Hefendehl aaO S 357 und Puppe aaO; aM Düsseldorf NJW 95, 1846. Auch in einer

§ 146

staatlichen Münzanstalt von deren Angehörigen auftragswidrig hergestellte Münzen gehören hierher (BGHSt 27, 255 mit Bespr Dreher JR 78, 45), ferner bei Eignung zur Täuschung auch sog Systemnoten (zusammengeklebte Teile verschiedener echter Geldscheine, BGHSt 23, 229) und Papiergeldnachahmungen mit gleicher Vorder- und Rückseite (NJW 54, 564). Kein nachgemachtes Geld sind dagegen idR die sog Systemmünzen (hinsichtlich der Jahreszahl, Serie oder ähnlicher Merkmale veränderte echte Münzen), weil bei ihnen die Manipulation die Echtheit meist nicht berührt, sondern nur der Täuschung von Sammlern dient (LG Karlsruhe NJW 77, 1301; aM Hafke MDR 76, 278). Dass die Fälschung ein (echtes) Vorbild hat, ist nicht unbedingt erforderlich (hM; vgl BGHSt 30, 71 mit Anm Stree JR 81, 427, beide mwN).

5 **b) Nr 1, 2. Alternative: Verfälschen** ist Verändern echten Geldes in der Weise, dass für den Arglosen der Anschein eines höheren Wertes hervorgerufen wird; das Breitklopfen einer Münze, um sie für einen Automaten passend zu machen, gehört nicht hierher (RGSt 68, 65, 69).

6 **c) Nr 2, 1. Alternative: Sichverschaffen** setzt voraus, dass der Täter falsches Geld (vgl 3) irgendwie (auch durch Rücknahme des selbst in Verkehr gebrachten Falschgeldes; BGHSt 42, 162 mit Bespr Puppe JZ 97, 490, 499; NJW 95, 1845 mit Anm Wohlers StV 96, 28) in seine eigene (Mit-)Verfügungsgewalt übernimmt (GA 84, 427; NStZ-RR 97, 198; Küper BT S 134; W-Hettinger BT 1 Rdn 928; krit Frister GA 94, 553, 559, der einen „quasi-rechtsgeschäftlichen", entgeltlichen Erwerb des Falschgeldes als unecht verlangt; einschr auch Puppe NK 25, 28); er muss also selbst verfügen, nicht etwa nur den Gewahrsam für einen Dritten (zB als Verteilungs- oder Verwahrungsgehilfe) ausüben wollen (BGHSt 3, 154; 44, 62 mit Bespr Puppe NStZ 98, 460, Krüßmann JA 98, 747 und Otto JK 2; NStZ 00, 530; StV 03, 331; LG Gera NStZ-RR 96, 73 mit krit Anm Cramer NStZ 97, 84; sehr weit BGHSt 35, 21 [aufgegeben von BGHSt 44, 62, 65] mit krit Bespr Schroeder JZ 87, 1133, Jakobs JR 88, 121, Hauser NStZ 88, 453 und Prittwitz NStZ 89, 8; dieser weiten Auslegung zust Otto GK 2 75/9; europarechtlich ist Täterschaft gefordert, Vogel ZRP 02, 7, 9). Aktive Tätigkeit ist nicht erforderlich, bloße Annahme genügt (BGHSt 3, 154). Der Beschaffungsgehilfe ist Gehilfe der Geldfälschung und nicht nur zu § 147, da das Sichverschaffen kein besonderes persönliches Merkmal iS des § 28 II ist (BGHSt 44, 62, 66 mit zust Bespr Martin JuS 98, 959; Puppe NK 33; aM Stein/Onusseit JuS 80, 104, 107).

6a **d) Nr 2, 2. Alternative: Feilhalten** ist das äußerlich als solches erkennbare Bereitstellen zum Zwecke des Verkaufs (BGHR Nr 1 zu § 152a I aF); durch die Einfügung dieser Tathandlung soll der Schutzbereich von § 146 (auch iVm § 151 Nr 2) an denjenigen der §§ 152a, 152b angeglichen werden (BR-Dr 564/03 S 10).

7 **e) Nr 3: aa) Inverkehrbringen** heißt, das Falschgeld derart aus dem Gewahrsam (oder sonstiger eigener Verfügungsgewalt, Wessels, Bockelmann-FS, S 669, 674) entlassen, dass ein anderer (nicht lediglich ein Mittäter, bei Dallinger MDR 71, 16) tatsächlich in die Lage versetzt wird, sich seiner zu bemächtigen und nach Belieben damit umzugehen (NJW 96, 2802; StV 03, 331; Küper BT S 131; Joecks 11), auch durch Einwurf in einen Automaten oder Opferstock (BGHSt 35, 21), oder durch Übergabe an eine Bank zum Umtausch nach Außer-Kurs-Setzung (vgl 2; str). Sogar bloßes Wegwerfen soll genügen, wenn dadurch die nahe liegende Gefahr begründet wird, dass Dritte es auffinden und als echt weitergeben (BGHSt 35, 21 mit der unter 6 nachgewiesenen Kritik; zw), ferner auch Weggabe an einen Sammler (BGHSt 27, 255, 259; Stree JuS 78, 236; aM Dreher JR 78, 45, 46; zw). Abgabe als Schmuck reicht dagegen nicht (GA 67, 215). – Täter nach Nr 3 ist auch, wer den ersten Teilakt selbst verwirklicht hat und zum Inverkehrbringen

Geldfälschung **§ 146**

einen Absatzgehilfen ohne Verfügungsgewalt einschaltet (Woelk, Täterschaft bei zweiaktigen Delikten, 1994, S 123, 141, 167 mwN).

bb) Inverkehrbringen **als echt** ist nicht nur Weitergabe an einen Gutgläubigen, **8** sondern auch an einen Eingeweihten (BGHSt 42, 162; NStZ 02, 593), sofern sie den ersten Schritt des Inverkehrbringens als Zahlungsmittel bedeutet (2 zu § 147; str); dies gilt nicht, wenn es sich bei der Überlassung von Falschgeld um einen internen Vorgang zwischen Mittätern oder die Übergabe an einen Boten handelt (NStZ-RR 03, 302 mit krit Bespr Baier JA 03, 189 und Geppert JK 3).

cc) Als tatbezogene Voraussetzung, also nicht als besonderes persönliches **9** Merkmal nach § 28 II (hM; anders Stein/Onusseit JuS 80, 104, 106 und Rudolphi SK 11), erfordert Abs 1 Nr 3 ferner, dass der Täter das Falschgeld **durch eine Tat nach Abs 1, 2** erlangt hat (krit Zielinski JZ 73, 193, 194). IdR läuft die Vorschrift für die Begründung der Strafbarkeit leer, weil bei einheitlichem Tatplan das Inverkehrbringen als Schlussakt der Geldfälschung mit den vorausgegangenen, nur formell selbstständigen Vorbereitungshandlungen des Nachmachens, Verfälschens oder Verschaffens eine einheitliche Tat bildet (vgl 14). Sie ist jedoch relevant, wenn der Täter nach rechtskräftiger Verurteilung wegen einer Tat nach Nr 1 oder 2 weiteres Falschgeld aus der alten Quelle in Umlauf setzt (BT-Dr 7/1261 S 13; aM Kindhäuser BT I 61/22) oder wenn er die Absicht des Inverkehrbringens zunächst endgültig aufgibt, später aber auf Grund neuen Entschlusses dennoch verwirklicht (hM; anders Zielinski aaO; Kienapfel JR 87, 424; Puppe NK 32, die nur den § 147 für anwendbar halten).

4. a) Der **Vorsatz** muss sich auch auf die Eignung des Falschgeldes erstrecken, **10** einen Arglosen zu täuschen (bei Dallinger MDR 53, 596). Bedingter Vorsatz genügt (BGHSt 35, 21, 25), und zwar in den Fällen des Abs 1 Nr 2, 3 auch hinsichtlich der Unechtheit (Stree JuS 78, 236, 238).

b) Die in Abs 1 Nr 1, 2 vorausgesetzte **Absicht** ist zielgerichtetes Wollen **11** (BGHSt 35, 21, 22; Gehrig, Der Absichtsbegriff in den Straftatbeständen des Besonderen Teils des StGB, 1986, S 92; ähnlich Neuhaus GA 94, 224, 230; aM Puppe NK 13: einfacher Vorsatz; nach Vogel ZRP 02, 7, 9, ist die Streichung der Absicht in Abs 1 Nr 1 europarechtlich geboten). In Folge ihrer Erstreckung auf das Ermöglichen des Inverkehrbringens (2 zu § 147) genügt zweifelsfrei die Absicht, dass das Geld überhaupt – sei es auch durch andere – als echt in Verkehr gebracht oder dass solches Inverkehrbringen auch nur gefördert oder sonst ermöglicht werde (BT-Dr 7/550 S 226).

5. Die Tat nach Abs 1 Nr 1, 2 ist mit dem Nachmachen, Verfälschen oder **12** Verschaffen **vollendet**, beim Verschaffen mit der Erlangung tatsächlicher Sachherrschaft, auch zu Prüfungszwecken (BGHSt 44, 62, 63). Daher ist unerheblich, ob das Falschgeld tatsächlich in Verkehr gebracht wird oder ob der Täter die Absicht des Inverkehrbringens später aufgibt; die §§ 24, 149 II sind nicht anwendbar (krit Zielinski JZ 73, 193, 197). Erreicht das Nachmachen oder Verfälschen die Verwechslungsfähigkeit mit echtem Geld nicht (vgl 4), so kommt Versuch in Frage (bei Dallinger MDR 53, 596; übersehen von NStZ 94, 124, krit deshalb Bartholme JA 94, 97, 99; aM Hefendehl JR 96, 353, 356). – Das Inverkehrbringen nach Abs 1 Nr 3 ist nicht vollendet, wenn die Übergabe des Falschgelds irrtümlich an einen Polizeibeamten erfolgt (NStZ 00, 530; NStZ-RR 00, 105 und 02, 302 mit Bespr Baier JA 03, 189 und Geppert JK 3). Der Versuch beginnt erst mit Handlungen, die in die Gewahrsamaufgabe (oben 7) einmünden sollen; das setzt voraus, dass der Täter das Geld in eigener Verfügungsgewalt hat und es sich nicht erst von einem Dritten beschaffen muss (NStZ 03, 423).

6. Zu **Abs 2: Gewerbsmäßig** 20 vor § 52; **Mitglied einer Bande** 6, 7 zu **13** § 244; vgl auch 2–5 zu § 260. – Zu **Abs 3** (minder schwere Fälle) 7–10 zu § 46; 4 zu § 12.

§ 147 BT. 8. Abschnitt. Geld- und Wertzeichenfälschung

14 7. a) Zwischen den Begehungsformen des Abs 1 Nr 1, 2 einerseits und Nr 3 andererseits besteht grundsätzlich **dasselbe Verhältnis** wie zwischen dem Fälschen und dem Gebrauchmachen bei der Urkundenfälschung (27 zu § 267). Verwirklicht daher der Täter auf Grund eines einheitlichen Vorsatzes zunächst die Nr 1 oder 2 und bringt er dann das Falschgeld als echt in Verkehr, so bedeutet die letzte Tathandlung nur den Vollzug der vorausgegangenen Vorbereitungshandlung, die zwar als solche formell tatbestandsmäßig ist, materiell aber in der anschließenden Rechtsgutsverletzung aufgeht (Zielinski JZ 73, 193, 195; Stree JuS 78, 236, 239 mwN; str). Daraus folgt, dass ferner nur eine Tat vorliegt, wenn sich nach einer einheitlichen Vorbereitungshandlung (Nr 1, 2) die Verletzungshandlung (Nr 3) in mehreren Einzelakten vollzieht (NStZ-RR 00, 105) oder wenn umgekehrt mehrere solcher Vorbereitungshandlungen in derselben Verletzungshandlung aufgehen (NStZ 82, 25; aM Puppe NK 46: Idealkonkurrenz). Bleibt die Verletzungshandlung im Versuch stecken, so hat die einheitliche Tat im Hinblick auf die Nr 1 oder 2 das Vollendungsstadium bereits erreicht und ist daher als vollendete Tat nach Abs 1 zu behandeln (BGHSt 34, 108 mit Anm Kienapfel JR 87, 424; NStZ 97, 80; NStZ-RR 00, 105). Auch der Rücktritt vom Versuch der Verletzungshandlung schlägt nicht auf die vollendete Vorbereitungshandlung durch (hM; vgl Ruß LK 30 mwN). – Hat der Täter nach Begehung einer Tat nach Nr 1 oder 2 die Absicht des Inverkehrbringens endgültig aufgegeben, später aber auf Grund neuen Entschlusses dann doch verwirklicht (vgl 9), so liegt Tatmehrheit vor (Sch/Sch-Stree/Sternberg-Lieben 26; beachte jedoch BGHSt 35, 21, 27). Keine „deliktische Einheit" liegt vor, wenn derselbe Täter dasselbe Falschgeld sich mehrfach verschafft und mehrfach erneut in Verkehr bringt (BGHSt 42, 162 mit Bespr Puppe JZ 97, 490, 499; s auch BGHSt 43, 252, 260 zu § 29 BtMG, alle mwN).

15 b) Die Geldfälschungstatbestände gehen gegenüber §§ 267 ff vor **(Spezialität).** Zwischen Abs 1 Nr 3 und Betrug besteht idR Tateinheit (hM; vgl BGHSt 31, 380 mit zust Anm Kienapfel JR 84, 161; anders Rudolphi SK 19, beide mwN).

16 8. Räumlicher Geltungsbereich § 6 Nr 7 (Weltrechtsgrundsatz); dessen Grundlage ist das Internationale Abkommen zur Bekämpfung der Falschmünzerei v 20. 4. 1929 (RGBl 1933 II S 914). Vorbereitung der Geldfälschung § 149. Erweiterter Verfall und Einziehung § 150. Geld fremder Währungsgebiete § 152. Fälschung von Zahlungskarten, Schecks und Wechseln sowie Zahlungskarten mit Garantiefunktion und Vordrucken für Eurochecks §§ 152 a, 152 b. Anzeigepflicht § 138 I Nr 4. Beachte auch Nr 215–220 RiStBV.

§ 147 Inverkehrbringen von Falschgeld

(1) **Wer, abgesehen von den Fällen des § 146, falsches Geld als echt in Verkehr bringt, wird mit Freiheitsstrafe bis zu fünf Jahren oder mit Geldstrafe bestraft.**

(2) **Der Versuch ist strafbar.**

1 1. Die Vorschrift erfasst alle Fälle des **Inverkehrbringens von Falschgeld als echt,** die nicht unter § 146 I Nr 3 fallen (Puppe NK 20: Subsidiaritätsklausel). Ist nicht erweislich, ob dessen Voraussetzungen erfüllt sind, so bleibt § 147 anwendbar (Sch/Sch-Stree/Sternberg-Lieben 6).

2 2. Was Inverkehrbringen (7 zu § 146) **als echt** bedeutet, ist zweifelhaft. Im früheren Recht war umstritten, ob damit nur die Weitergabe an einen Gutgläubigen erfasst wurde (so BGHSt 1, 143) oder auch die an einen Eingeweihten, sofern sie den ersten Schritt des Inverkehrbringens als Zahlungsmittel bedeutete (so die im Schrifttum hM; vgl Herdegen LK 9, 12 zu § 146 aF mwN). Um die Streitfrage zu klären, hat das EGStGB in § 146 I Nr 1 (2. Alternative) neben der Absicht des Inverkehrbringens als echt ausdrücklich auch die des Ermöglichens solchen Inverkehrbringens vorausgesetzt und damit sichergestellt, dass auch das beabsichtigte Einschleusen von Falschgeld durch Vermittlung anderer genügt (BT-Dr 7/550 S 226). Eine entsprechende Erweiterung bei den Tathandlungen des § 146 I Nr 3 und des § 147 I fehlt, so dass der Gegenschluss die frühere Rspr des BGH zu bestätigen scheint. Danach würde aber keine Tat nach Abs 1 begehen, wer nicht unter den Voraussetzungen des § 146 erlangtes Falschgeld an einen Eingeweihten weitergibt; er wäre vielmehr, je nachdem, ob sich der Eingeweihte das Geld zu eigener Verfügung verschafft oder nur als Verteilungsgehilfe fungiert (6 zu § 146), entweder Teilnehmer an dessen Verbrechen nach § 146 I Nr 2 oder Teilnehmer an dessen nachfolgendem Vergehen nach § 147. Ein solches Ergebnis widerspricht aber dem im SchriftlBer des Sonderausschusses ausgedrückten Standpunkt, dass unter Abs 1 falle, wer gutgläubig erlangtes Geld an einen Eingeweihten abschiebe (BT-Dr 7/1261 S 13). Diese kriminalpolitisch vorzugswürdige Ansicht ist dogmatisch nur vertretbar, wenn Inverkehrbringen als echt auch die Weitergabe an einen Eingeweihten bedeutet, sofern sie nur der erste Schritt der Einschleusung als echtes Zahlungsmittel ist (BGHSt 29, 311 [mit Anm Otto JR 81, 78] und 42, 162; Düsseldorf JR 86, 512 [mit Anm Keller] und NJW 98, 2067; Schroth, Theorie und Praxis subjektiver Auslegung im Strafrecht, 1983, S 90; Hefendehl Jura 92, 374, 378; Rengier BT II 39/13; aM Stuttgart NJW 80, 2089; Puppe JZ 86, 992, 994 und NK 12 sowie 34–37 zu § 146; Jakobs JR 88, 121; Prittwitz NStZ 89, 8; Otto GK 2 75/11; W-Hettinger BT 1 Rdn 933a; Joecks 12 zu § 146; Rudolphi SK 12 zu § 146, alle mwN; zw).

3. Danach (vgl 2) ist § 147 **namentlich anwendbar** auf das Inverkehrbringen von zunächst ohne Verbreitungsabsicht – etwa zu Lehrzwecken – nachgemachtem Geld und auf das Abschieben von als echt empfangenem Falschgeld an Gutgläubige oder Eingeweihte (BGHSt 44, 62; BT-Dr 7/1261 S 13); im letzten Falle tritt – zur Vermeidung eines Wertungswiderspruchs – die Teilnahme an der Tat des Empfängers zurück (BGHSt 29, 311; bei Holtz MDR 82, 102; Wessels, Bockelmann-FS, S 669, 679; Rengier BT II 39/17; Ruß LK 8). 3

4. Im Übrigen vgl 1–10, 15, 16 zu § 146. Der Weltrechtsgrundsatz gilt jedoch nicht (§ 6 Nr 7). Einziehung § 150 II. Erweiterter Verfall ist nicht vorgesehen. 4

§ 148 Wertzeichenfälschung

(1) **Mit Freiheitsstrafe bis zu fünf Jahren oder mit Geldstrafe wird bestraft, wer**

1. **amtliche Wertzeichen in der Absicht nachmacht, daß sie als echt verwendet oder in Verkehr gebracht werden oder daß ein solches Verwenden oder Inverkehrbringen ermöglicht werde, oder amtliche Wertzeichen in dieser Absicht so verfälscht, daß der Anschein eines höheren Wertes hervorgerufen wird,**
2. **falsche amtliche Wertzeichen in dieser Absicht sich verschafft oder**
3. **falsche amtliche Wertzeichen als echt verwendet, feilhält oder in Verkehr bringt.**

(2) **Wer bereits verwendete amtliche Wertzeichen, an denen das Entwertungszeichen beseitigt worden ist, als gültig verwendet oder in Verkehr bringt, wird mit Freiheitsstrafe bis zu einem Jahr oder mit Geldstrafe bestraft.**

(3) **Der Versuch ist strafbar.**

§ 148

BT. 8. Abschnitt. Geld- und Wertzeichenfälschung

1   1. Die Vorschrift schützt das **Allgemeininteresse an der Sicherheit und Zuverlässigkeit des Rechtsverkehrs** mit Wertzeichen (Schmidt ZStW 111, 388; krit Puppe NK 6, 7).

2   2. a) **Amtliche Wertzeichen** sind vom Staat, einer Gebietskörperschaft oder sonst einer Körperschaft oder Anstalt des öffentlichen Rechts ausgegebene Marken oder ähnliche Zeichen, die Zahlungen gleicher Art (zB von Gebühren, Steuern, Abgaben oder Beiträgen) vereinfachen oder sicherstellen und nachweisen sollen (BGHSt 32, 68, 75 mwN). Sie müssen einen bestimmten Geldwert verkörpern und in dem Sinne öffentlichen Glauben genießen, dass sie im Rahmen ihrer bestimmungsmäßigen Verwendung Beweis für und gegen jedermann erbringen (BGH aaO; Schmidt aaO [vgl 1]). – § 148 fasst damit die Wertzeichen unter einem einheitlichen Gesichtspunkt zusammen und erstreckt den Strafschutz auf alle amtlichen Wertzeichen, auch soweit sie im früheren Recht nicht geschützt waren (BT-Dr V/770 S 27; krit Zielinski JZ 73, 193). Ob Briefmarken seit der Privatisierung der Post noch amtliche Wertzeichen sind, ist zweifelhaft und sollte deshalb vom Gesetzgeber klargestellt werden (Bohnert NJW 98, 2879; gegen die Einbeziehung Schmidt aaO S 403, 414; Sch/Sch-Stree/Sternberg-Lieben 2; Tröndle/Fischer 2; dafür Puppe NK 9, die auch Telefonkarten als Wertzeichen einstuft, NK 15). Außer Kurs gesetzte, ungültige und entwertete Zeichen werden nicht erfasst.

3   b) **Falsch** 3 zu § 146.

4   3. a) Zu den **Tathandlungen des Abs 1 Nr 1–3** vgl 4–9 zu § 146. **Verwenden** bedeutet bestimmungsmäßiges Gebrauchen; dieses zusätzliche Merkmal berücksichtigt, dass nicht alle Wertzeichen zur Erfüllung ihrer Aufgabe in den Verkehr gebracht werden müssen (BT-Dr 7/550 S 227). Die Einbeziehung auch des **Feilhaltens** soll sicherstellen, dass es nicht als bloße Vorbereitungshandlung straflos bleibt (BT-Dr aaO; näher Puppe NK 28). Für die Wertzeichenfälschung erfasst Nr 3 auch die Fälle des § 147, so dass es für das Inverkehrbringen auf die Unterscheidung von doloser und nichtdoloser Erlangung der falschen Wertzeichen (9 zu § 146) nicht ankommt. – Dass ein falsches Wertzeichen nicht zu seinem bestimmungsmäßigen Zweck, sondern als Sammelobjekt in Verkehr gebracht wird, ist für den Tatbestand unerheblich (BT-Dr aaO).

5   b) Für den **inneren Tatbestand** des Abs 1 gelten die Ausführungen unter 10, 11 zu § 146 sinngemäß.

6   4. Abs 2: Erforderlich ist die vorausgegangene **Beseitigung des Entwertungszeichens,** gleichgültig ob sie rechtswidrig oder mit der Absicht der Wiederverwendung vorgenommen wurde und ob sie auf den Täter oder einen anderen zurückgeht. Es genügt, dass der Täter die Beseitigung im Rahmen **bedingten Vorsatzes** für möglich hält. – Der **Versuch** des Verwendens (vgl 4) beginnt erst, wenn der Täter unmittelbar zum bestimmungsmäßigen Gebrauch des manipulierten Wertzeichens ansetzt (§ 22); bei Postsendungen reichen Präparierung der Briefmarkenoberfläche, Ablösung des Entwertungszeichens und andere Manipulationen nur aus, wenn sie unmittelbar in die Verwendung, dh in die Zuführung der Sendung mit dem bereits verwendeten Wertzeichen in den Postbereich, einmünden (zu weit Koblenz NJW 83, 1625 mit abl Bespr Küper NJW 84, 777, Lampe JR 84, 164 und Puppe JZ 86, 992, 995).

7   5. Zum **Verhältnis der Tathandlungen** nach Abs 1 Nr 1–3 untereinander 14 zu § 146. **Abs 1** und § 267 schließen sich idR aus; soweit das nicht zutrifft, geht Abs 1 vor **(Spezialität).** Mit § 263 kann Abs 1 Nr 3 in Tateinheit stehen (hM; vgl BGHSt 31, 380 mit Anm Kienapfel JR 84, 162; aM Rudolphi SK 12, alle mwN). **Abs 2** verdrängt dagegen den § 263 (Koblenz NJW 83, 1625; Kienapfel

Vorbereitung der Fälschung von Geld und Wertzeichen **§ 149**

aaO). Zwischen ihm und dem Delikt zur Beschaffung verwendeter Wertzeichen (zB §§ 133, 242, 246) besteht Tatmehrheit (BGHSt 3, 289).

6. Der Weltrechtsgrundsatz gilt nicht (§ 6 Nr 7). Vorbereitungshandlungen 8 § 149. Erweiterter Verfall und Einziehung § 150. Wertzeichen fremder Währungsgebiete § 152.

§ 149 Vorbereitung der Fälschung von Geld und Wertzeichen

(1) **Wer eine Fälschung von Geld oder Wertzeichen vorbereitet, indem er**

1. **Platten, Formen, Drucksätze, Druckstöcke, Negative, Matrizen, Computerprogramme oder ähnliche Vorrichtungen, die ihrer Art nach zur Begehung der Tat geeignet sind,**
2. **Papier, das einer solchen Papierart gleicht oder zum Verwechseln ähnlich ist, die zur Herstellung von Geld oder amtlichen Wertzeichen bestimmt und gegen Nachahmung besonders gesichert ist, oder**
3. **Hologramme oder andere Bestandteile, die der Sicherung gegen Fälschung dienen,**

herstellt, sich oder einem anderen verschafft, feilhält, verwahrt oder einem anderen überläßt, wird, wenn er eine Geldfälschung vorbereitet, mit Freiheitsstrafe bis zu fünf Jahren oder mit Geldstrafe, sonst mit Freiheitsstrafe bis zu zwei Jahren oder mit Geldstrafe bestraft.

(2) **Nach Absatz 1 wird nicht bestraft, wer freiwillig**
1. **die Ausführung der vorbereiteten Tat aufgibt und eine von ihm verursachte Gefahr, daß andere die Tat weiter vorbereiten oder sie ausführen, abwendet oder die Vollendung der Tat verhindert und**
2. **die Fälschungsmittel, soweit sie noch vorhanden und zur Fälschung brauchbar sind, vernichtet, unbrauchbar macht, ihr Vorhandensein einer Behörde anzeigt oder sie dort abliefert.**

(3) **Wird ohne Zutun des Täters die Gefahr, daß andere die Tat weiter vorbereiten oder sie ausführen, abgewendet oder die Vollendung der Tat verhindert, so genügt an Stelle der Voraussetzungen des Absatzes 2 Nr. 1 das freiwillige und ernsthafte Bemühen des Täters, dieses Ziel zu erreichen.**

Fassung: Das EU-Rechtsinstrumente-AG (14 vor § 1) hat Abs 1 Nr 1 ergänzt und Nr 3 eingefügt.

1. Die Vorschrift bedroht bestimmte **Vorbereitungshandlungen** zur Geld- 1 oder Wertzeichenfälschung selbstständig mit Strafe (3 vor § 22; zur Legitimität der Vorschrift unter dem Gesichtspunkt des vorgelagerten Rechtsgüterschutzes Hefendehl, Kollektive Rechtsgüter im Strafrecht, 2002, S 241). Sie gilt auch für geldähnliche Wertpapiere (§ 151) und für fremde Währungen (§ 152). – Beachte ferner § 152a I Nr 2, III, IV StGB sowie §§ 127, 128 OWiG. – Zu europarechtlich geforderten Gesetzesänderungen Vogel ZRP 02, 7, 9.

2. a) **Abs 1 Nr 1** beschreibt die zur unmittelbaren Hervorbringung von Falsifi- 2 katen erforderlichen Vorrichtungen ebenso wie § 74d I S 2. **Formen** sind Gegenstände, die ein Bild dessen enthalten, was durch Guss oder Druck als Zeichen oder Figur im Papier oder Metall hervorgebracht werden soll (RGSt 55, 46). – **Ähnliche Vorrichtungen** – ergänzt durch die davon nicht erfassten „Computerprogramme" (BT-Dr 14/8998 S 9; Vogel ZRP 02, 7, 9; Tröndle/Fischer 3) – sind nur solche, die nach ihrem Erscheinungsbild und ihrer Eigenschaft als Fälschungsmittel den ausdrücklich aufgeführten vergleichbar sind (BT-Dr 7/550 S 229). Das

§ 149 BT. 8. Abschnitt. Geld- und Wertzeichenfälschung

Merkmal „**ihrer Art nach zur Begehung der Tat geeignet**" bezieht sich auf alle genannten Vorrichtungen und setzt eine spezifische Verwendbarkeit gerade zur Ausführung von Geld- oder Wertzeichenfälschungen voraus (einschr Hoyer, Die Eignungsdelikte, 1987, S 193); ein einfacher Hammer oder Meißel scheidet daher aus (BT-Dr aaO), ebenso leistungsfähige Farbkopierer (Puppe NK 4 mwN).

3 b) **Abs 1 Nr 2: Gegen Nachahmung besonders gesichert** ist eine Papierart, wenn – etwa durch Wasserzeichen oder Einstreuung unsichtbarer Fasern – gezielte Vorkehrungen getroffen sind, die ein Nachahmen wirksam erschweren sollen (BT-Dr aaO [vgl 2]). **Zum Verwechseln ähnlich** ist das Papier, wenn es nach seinem Gesamteindruck geeignet ist, bei einem durchschnittlichen, über besondere Sachkunde nicht verfügenden und auch nicht genau prüfenden Beurteiler die irrige Vorstellung von einer besonders gesicherten Papierart zu erwecken (BT-Dr aaO; NStZ 94, 124 mit zust Bespr Bartholme JA 94, 97; Joecks 5; s auch 9 zu § 132a).

3 a c) **Abs 1 Nr 3** ist eine Umsetzung des Rahmenbeschlusses des Rates der EU v 29. 5. 2000 (ABl EG L 140, S 1). **Hologramme** sind idR mit Metall beschichtete Kunststofffolien (BT-Dr 14/8998 S 9). **Andere Bestandteile** zur Sicherung gegen Fälschung sollen zukünftige Entwicklungen in der Sicherheitstechnik erfassen, zB Kinegramme (BT-Dr aaO; Tröndle/Fischer 4 a).

4 3. **Herstellen** bedeutet Fertigstellen einer Sache so weit, dass sie, von unbedeutenden Korrekturen abgesehen, gebrauchsfertig ist (Ruß LK 5 mwN). **Verschaffen** 6 zu § 146. **Feilhalten** 6 a zu § 146. **Verwahren** bedeutet in Gewahrsam haben. **Überlassen** ist Verschaffen (auch unentgeltliches) des Gewahrsams.

5 4. Die Vorbereitungshandlung erfordert **Vorsatz** (bedingter genügt). – Außerdem muss der Täter oder ein anderer, wie sich aus dem Merkmal des **Vorbereitens** ergibt, eine Geld- oder Wertzeichenfälschung in Aussicht genommen haben, die ihrer Art und ihrem rechtlichen Wesen nach konkretisiert ist und für die durch die Tathandlung günstigere Vorbedingungen geschaffen werden sollen; die Herstellung einer Form für einen bloßen Probedruck genügt, wenn die Fälschung später nachfolgen soll (RGSt 69, 305). Gegenstand, Zeit, Ort und Begehungsweise der späteren Tat brauchen auch in ihren Grundzügen noch nicht festzustehen (im Ergebnis ebenso Puppe NK 3; aM Sch/Sch-Stree/Sternberg-Lieben 7 und Tröndle/Fischer 5; zw); im Hinblick auf den Schutzzweck der Vorschrift und ihren abweichenden Wortlaut dürften die Anforderungen an die Konkretisierung weniger streng sein als bei der Vorbereitung eines Explosionsverbrechens (3 zu § 311b; s auch NJW 77, 540).

6 5. Allgemein zur **tätigen Reue nach Abs 2, 3** vgl 29 zu § 24. In Abs 2 Nr 1 bedeutet Aufgeben der Tatausführung das endgültige Abstehen von der geplanten Geld- oder Wertzeichenfälschung. Abweichend von § 83a II schließt auch das Nichtabwenden einer unerkannten Gefahr, dass andere die Tat weiter vorbereiten oder sie ausführen, und die bloße Minderung einer solchen, sei es auch erkannten, Gefahr der Vergünstigung aus. Im Übrigen gelten für Nr 1 die Ausführungen unter 2, 3 zu § 83a sinngemäß. Abs 2 Nr 2 muss kumulativ erfüllt sein; diese zusätzliche Voraussetzung soll sicherstellen, dass die Fälschungswerkzeuge unschädlich gemacht werden (BT-Dr 7/550 S 229; krit Zielinski JZ 73, 193, 197).

7 6. Abs 1 ist gegenüber §§ 146, 148 **subsidiär** (aM Puppe NK 16: Idealkonkurrenz kraft Erfolgseinheit). Er tritt zurück, sobald der Versuch der Fälschungstat begonnen hat (RG JW 34, 2850). Bei Rücktritt des Täters von diesem Versuch nach § 24 lebt er nur wieder auf, wenn nicht zugleich die Voraussetzungen der Abs 2, 3 erfüllt sind (Tröndle/Fischer 12); trifft dies jedoch zu, so wird auch der (nach § 21 OWiG zurücktretende) § 127 OWiG nicht wieder anwendbar (Ruß LK 8 mwN; zw).

Wertpapiere **§§ 150, 151**

7. **Räumlicher Geltungsbereich** § 6 Nr 7; der Weltrechtsgrundsatz gilt nur für die Vorbereitung der Geld- oder Wertpapierfälschung (§§ 146, 151). Erweiterter Verfall und Einziehung § 150. 8

§ 150 Erweiterter Verfall und Einziehung

(1) **In den Fällen der §§ 146, 148 Abs. 1, der Vorbereitung einer Geldfälschung nach § 149 Abs. 1, der §§ 152 a und 152 b ist § 73 d anzuwenden, wenn der Täter gewerbsmäßig oder als Mitglied einer Bande handelt, die sich zur fortgesetzten Begehung solcher Taten verbunden hat.**

(2) **Ist eine Straftat nach diesem Abschnitt begangen worden, so werden das falsche Geld, die falschen oder entwerteten Wertzeichen und die in § 149 bezeichneten Fälschungsmittel eingezogen.**

Fassung: Abs 1 durch OrgKG (1, 2 vor § 73) eingefügt; technische Änderung durch 35. StÄG (15 vor § 1).

1. Erweiterter Verfall (Abs 1): 1

a) Die **Verweisungsvorschrift** betrifft nur die Geldfälschung (§ 146), die Wertzeichenfälschung (§ 148 I), die Vorbereitung einer Geldfälschung nach § 149 I (also nicht einer dort ebenfalls mit Strafe bedrohten Wertzeichenfälschung), die Fälschung von Zahlungskarten, Schecks und Wechseln (§ 152a) und von Zahlungskarten mit Garantiefunktion und Vordrucken für Euroschecks (§ 152b). Soweit die §§ 151, 152 den Anwendungsbereich der genannten Vorschriften durch Gleichstellung von Wertpapieren mit Geld oder durch Erstreckung auf ausländische Wertträger erweitern, sind auch diese einbezogen.

b) **Mitglied einer Bande** 6, 7 zu § 244. Die Verbindung muss sich hier auf die fortgesetzte Begehung der genannten Delikte (oder auch nur eines dieser Delikte) beziehen. Abweichend von § 244 I Nr 3 (dort 8) kommt es auf die Mitwirkung mehrerer Bandenmitglieder am Tatort nicht an. **Gewerbsmäßig** 20 vor § 52. Im Übrigen vgl 1–12 zu § 73 d. 2

2. Einziehung: Abs 2 ist eine besondere Vorschrift im Sinne des § 74 IV, welche die Einziehung über § 74 I hinaus vorschreibt. Die Voraussetzungen des § 74 II, III müssen daher erfüllt sein. § 74a ist nicht anwendbar. Zur Geltung des Verhältnismäßigkeitsgrundsatzes auch bei obligatorischer Einziehung 1, 3, 5 zu § 74b. – Im Übrigen vgl §§ 74–74c, 74e–76a. 3

§ 151 Wertpapiere

Dem Geld im Sinne der §§ 146, 147, 149 und 150 stehen folgende Wertpapiere gleich, wenn sie durch Druck und Papierart gegen Nachahmung besonders gesichert sind:
1. **Inhaber- sowie solche Orderschuldverschreibungen, die Teile einer Gesamtemission sind, wenn in den Schuldverschreibungen die Zahlung einer bestimmten Geldsumme versprochen wird;**
2. **Aktien;**
3. **von Kapitalanlagegesellschaften ausgegebene Anteilscheine;**
4. **Zins-, Gewinnanteil- und Erneuerungsscheine zu Wertpapieren der in den Nummern 1 bis 3 bezeichneten Art sowie Zertifikate über Lieferung solcher Wertpapiere;**
5. **Reiseschecks.**

Fassung: Streichung der Einschränkung in Nr 5 durch das 35. StÄG (15 vor § 1).

1. Dem Geld (2 zu § 146) sind **nicht nur Inhaberpapiere, sondern auch bestimmte Wertpapiere anderer Art** gleichgestellt. Maßgebendes Kriterium 1

§ 152

für die Auswahl ist ihr massenhaftes Vorkommen im Wirtschaftsverkehr und ihre dem Papiergeld ähnliche tatsächliche Ausstattung (BT-Dr 7/550 S 229). Der Katalog ist nicht durch analoge Anwendung auf andere Wertpapiere erweiterungsfähig; sonstige Schecks und Wechsel fallen unter § 152 a, andere Wertpapiere idR unter die §§ 267 ff.

2 2. a) **Gegen Nachahmung besonders gesichert** 3 zu § 149. Die Sicherung muss sich sowohl auf die Gestaltung des Drucks wie auch die Ausstattung der Papierart erstrecken; Vorkehrungen nur nach der einen oder der anderen Richtung genügen nicht (BT-Dr 7/550 S 231). Bei den im Börsenverkehr der Bundesrepublik gehandelten Wertpapieren ist die Voraussetzung allgemein erfüllt (BT-Dr aaO; Puppe NK 5).

3 b) Die Fälschung braucht – ebenso wie beim Geld (4 zu § 146) – kein (echtes) **Vorbild** zu haben (so zum Reisescheck BGHSt 30, 71 mit Bespr Stree JR 81, 427 und Puppe JZ 86, 993) und als Aussteller auch keine wirklich existierende Person anzugeben (hM; anders Otto NStZ 81, 478). Jedoch muss sie nach der Art ihrer Ausführung gerade diejenigen Eigenschaften von Druck und Papier aufweisen, die bei echten Wertpapieren die besondere Sicherung gegen Nachahmung ausmachen (NJW 81, 1965 mit Anm Kienapfel JR 81, 473).

4 3. **Nr 1:** Zu Inhaberschuldverschreibungen vgl § 793 BGB; Orderpapiere haben kaum noch praktische Bedeutung (näher Puppe NK 10 mwN). – **Nr 2** gilt für Inhaber- und Namensaktien; vor der Ausgabe von Aktienurkunden erteilte Interimsscheine und Quittungen werden nicht erfasst. – **Nr 3** betrifft die sog Investmentzertifikate nach dem KAGG. – **Nr 4:** Zertifikate sind Schuldverschreibungen, die häufig anstelle der ihnen zugrundeliegenden, in Verwahrung befindlichen Wertpapiere gehandelt werden (BT-Dr 7/550 S 230). – **Nr 5:** Reisechecks sind nach Inhalt und rechtlicher Gestaltung gesetzlich nicht geregelt, beruhen vielmehr nur auf Vereinbarungen der beteiligten in- und ausländischen Kreditinstitute; in Umsetzung der EU-Vorgabe (1 zu § 152 a) wurde die bisherige Beschränkung auf Reisechecks, die schon im Wertpapiervordruck auf eine bestimmte Geldsumme lauten, gestrichen, so dass jetzt auch die individuelle Eintragung einer Geldsumme hierunter fällt (BT-Dr 564/03 S 11). – Abweichend vom früheren Recht sind **Banknoten** nicht mehr erwähnt. Deutsche Banknoten sind zweifelsfrei Geld; ob das auch für Banknoten fremder Währungsgebiete zutrifft, bestimmt sich nach den unter 2 zu § 146 beschriebenen Voraussetzungen.

5 4. Räumlicher Geltungsbereich § 6 Nr 7 (Weltrechtsgrundsatz).

§ 152 Geld, Wertzeichen und Wertpapiere eines fremden Währungsgebiets

Die §§ 146 bis 151 sind auch auf Geld, Wertzeichen und Wertpapiere eines fremden Währungsgebiets anzuwenden.

1 1. Für **Geld** (2 zu § 146) folgt die Verpflichtung der Bundesrepublik zum Strafschutz auch fremder Währungen aus Art 5 des internationalen Abkommens zur Bekämpfung der Falschmünzerei v 20. 4. 1929 (RGBl 1933 II 913), für **Postwertzeichen** aus Art 14 des Weltpostvertrages v 10. 7. 1964 (BGBl 1965 II 1609). Insoweit ist die Erstreckung des Strafschutzes auf ausländische Rechtsgüter (dazu Lüttger, Jescheck-FS, S 121, 173) völkerrechtlich verbindlich. – Dass darüber hinaus auch **Wertpapiere** fremder Währungsgebiete Schutz genießen, ergibt sich aus ihrem massenhaften Umlauf auch im eigenen Währungsgebiet und der damit verbundenen, der Geldfälschung vergleichbaren Gefährlichkeit von Fälschungshandlungen. Die Einbeziehung der Wertzeichenfälschung im Ganzen wird auf die nahe Verwandtschaft mit der Geldfälschung gestützt (BT-Dr 7/550 S 231);

für gewisse Gruppen nicht umlauffähiger Wertzeichen ist sie jedoch nicht gerechtfertigt (krit Schlüchter JR 84, 517, 522).

2. Ausländische Zeichen oder Urkunden sind Geld, Wertzeichen oder 2
Wertpapiere, wenn sie nach ihrer Ausgestaltung im ausländischen Recht (so für Wertzeichen BGHSt 32, 68, 76 mit Bespr Schlüchter, Oehler-FS, S 307 und Puppe JZ 86, 993), die im deutschen Strafrecht vorgesehenen Voraussetzungen (2 zu § 146; 2 zu § 148; 1–4 zu § 151) erfüllen (BGHSt 32, 198; NStZ 87, 504). Danach ist die von der Republik Südafrika ausgegebene Krügerrand-Goldmünze, der die Bestimmung zum Umlauf im öffentlichen Verkehr fehlt, kein Geld (BGHSt 32, 198). Der englische Goldsovereign hat dagegen seine Geldeigenschaft (2 zu § 146) bisher nicht verloren (BGHSt 19, 357; aM Oldenburg NdsRpfl 64, 19; Rudolphi SK 3 zu § 146; zw). Postwertzeichen aus EU-Staaten sind nach der Binnenmarktregelung inländische Wertzeichen (Schmidt ZStW 111, 388, 416).

§ 152 a Fälschung von Zahlungskarten, Schecks und Wechseln

(1) **Wer zur Täuschung im Rechtsverkehr oder, um eine solche Täuschung zu ermöglichen,**

1. **inländische oder ausländische Zahlungskarten, Schecks oder Wechsel nachmacht oder verfälscht oder**

2. **solche falschen Karten, Schecks oder Wechsel sich oder einem anderen verschafft, feilhält, einem anderen überlässt oder gebraucht,**

wird mit Freiheitsstrafe bis zu fünf Jahren oder mit Geldstrafe bestraft.

(2) **Der Versuch ist strafbar.**

(3) **Handelt der Täter gewerbsmäßig oder als Mitglied einer Bande, die sich zur fortgesetzten Begehung von Straftaten nach Absatz 1 verbunden hat, so ist die Strafe Freiheitsstrafe von sechs Monaten bis zu zehn Jahren.**

(4) **Zahlungskarten im Sinne des Absatzes 1 sind Karten,**

1. **die von einem Kreditinstitut oder Finanzdienstleistungsinstitut herausgegeben wurden und**

2. **durch Ausgestaltung oder Codierung besonders gegen Nachahmung gesichert sind.**

(5) **§ 149, soweit er sich auf die Fälschung von Wertzeichen bezieht, und § 150 Abs. 2 gelten entsprechend.**

1. Die Vorschriften der §§ 152 a, 152 b **schützen die Sicherheit und Funk-** 1
tionsfähigkeit des bargeldlosen Zahlungsverkehrs (BT-Dr 10/5058 S 26 und 13/8587 S 29; BGHSt 46, 48 und 146; Otto GK 2 75/25; krit Puppe NK 3; eingehend Chiampi, Totalfälschung von Kreditkarten, 1999, S 133–184; alle zu § 152 a [aF]) und dienen der Umsetzung von Art 2 c des EU-Rahmenbeschlusses 2001/413/JI vom 28. 5. 2001 zur Bekämpfung von Betrug und Fälschung im Zusammenhang mit unbaren Zahlungsmitteln (ABl 2001 L 149/1; vgl BR-Dr 564/03 S 11; Husemann NJW 04, 104, 105). Die bei Einführung von § 152 a verfolgte Zielsetzung eines verbesserten Schutzes des Eurocheck-Systems (BT-Dr 10/5058 S 26; vgl Voraufl) ist allerdings durch das Auslaufen der Garantiefunktion der Eurochecks zum 31. 12. 2001 und der daraus resultierenden Abschaffung des Eurocheckverkehrs überholt (vgl Baier ZRP 01, 454; Husemann NJW 04, 104, 109). Dem seit der Einbeziehung von Zahlungskarten in § 152 a IV aF durch das 6. StrRG (13 vor § 1) mit verfolgten Schutz der Kreditkartensysteme (vgl BT-Dr 13/8587 S 29) dient nunmehr § 152 b, der als Spezialvorschrift zu § 152 a nF für Zahlungskarten mit Garantiefunktion weitgehend inhaltsgleich zu § 152 a aF aus-

§ 152a

gestaltet ist. Der Vermögensschutz hat für §§ 152a, b keine selbstständige Bedeutung (Sch/Sch-Stree/Sternberg-Lieben 1 zu § 152a [aF]). Vor allem das Fälschen von Schecks und Wechseln, aber auch das von nicht garantierten Zahlungskarten weist eine besondere Nähe zu § 267 auf, an dessen Strafrahmen sich daher § 152a nF orientiert (BR-DR 564/03 S 13). – Während § 152b wie bisher § 152a aF ein Verbrechen gem § 12 I darstellt, ist § 152a nF angesichts der weniger intensiven Gefährdung des Zahlungsverkehrs durch den Einsatz von Zahlungskarten ohne Garantiefunktion als Vergehen ausgestaltet (BR-Dr 564/03 S 13).

2 2. **Tatobjekt** von § 152a sind **Zahlungskarten, Schecks und Wechsel.** Anders als in § 152a IV aF werden in- oder ausländische Zahlungskarten von § 152a IV nunmehr unabhängig davon erfasst, ob ihnen im Zahlungsverkehr eine Garantiefunktion (dann ist § 152b lex spezialis) zukommt oder nicht, mithin Karten im Zwei- und im Drei-Partner-System. Die **Zahlungskarte** muss allerdings gem § 152a IV Nr 1 von einem Kredit- oder Finanzdienstleistungsinstitut iS des § 1 KWG herausgegeben worden sein (anders § 152b IV Nr 1) wie zB die zur Abhebung an Automaten der ausstellenden Bank berechtigende Bankkarte, so dass weder Telefonkarten noch andere Leistungskarten (zB Kantinenkarten) erfasst sind (Husemann NJW 04, 104, 106); sie muss durch Ausgestaltung oder Codierung besonders gegen Nachahmung gesichert sein (Abs 4 Nr 2) und den Inhaber oder Benutzer in die Lage versetzen können, Geld oder einen monetären Wert zu übertragen, so dass eine Karte, die zB nur zum Ausdrucken von Kontoauszügen eingesetzt werden kann, nicht erfasst ist (BR-DR 564/03 S 12). Unabhängig von den Einschränkungen des Abs 4 stets erfasst sind **Schecks und Wechsel,** nicht auch deren bloße Vordrucke (für Euroscheck-Vordrucke § 152b). Anders als für Reiseschecks gem § 151 Nr 5 ist für Schecks und Wechsel ein drucktechnischer Nachahmungsschutz nicht erforderlich. Für Schecks und Wechsel gilt mangels Garantiefunktion § 152b nicht (Husemann NJW 04, 104, 106); zwar entfaltet bei einem Wechsel das Indossament eine bestimmte Garantiewirkung (Art 15 I WechselG), doch macht dieses aus einem Wechsel noch kein nahezu geldgleiches Zahlungsmittel wie zB eine Zahlungskarte mit Garantiefunktion (BR-Dr 564/03 S 13). Da mit dem Wegfall der Garantiefunktion vormalige Euroschecks wie „normale" Schecks behandelt werden, ist zwar das Fälschen eines Euroscheck-Vordrucks von § 152b erfasst, nicht aber die Vornahme einer Tathandlung auf einem ordnungsgemäß hergestellten Euroscheck-Vordruck, für die nur § 152a gilt. – Wie für § 152a aF (BGHSt 46, 146 mit zust Bespr Otto JK 2 und Eisele JA 01, 747, abl Puppe JZ 01, 471; NJW 00, 3580; Eisele/Fad Jura 02, 305, 310) genügt es im Hinblick auf den Schutzzweck (oben 1) trotz des im Tatbestand verwendeten Plurals, dass sich die Tathandlung auf **eine** Zahlungskarte, einen Scheck oder einen Wechsel bezieht, zumal § 152a nF eine gegenüber § 152a aF niedrigere Strafdrohung enthält (vgl 2 zu § 152b).

3 3. Wie nach einer Urkundenfälschung muss als Folge oder Grundlage einer der Tathandlungen des Abs 1 das jeweilige **Tatobjekt falsch** sein. **Zahlungskarten** sind falsch, wenn ihr Inhalt nicht vom berechtigten, aus der Karte ersichtlichen Aussteller herrührt (vgl BGHSt 46, 48 zu § 152a [aF] in Bezug auf Euroscheck-Vordrucke). **Schecks und Wechsel** sind falsch, wenn sie von vornherein fälschlich hergestellt (17 zu § 267) oder durch Verfälschung echter Schecks und Wechsel gewonnen worden sind (20 zu § 267); Schecks und Wechsel – anders als die Euroschecks – erfordern keine Vordrucke, so dass sich der Aussteller nicht bereits aus dem Vordruck ergeben muss. Soweit Schecks und Wechsel, wie idR, einheitlich ausgestaltet sind, ist gem Abs 5 auch § 149 anwendbar (BR-Dr 564/03 S 14).

4 4. Die **Tathandlungen** sind denen des § 152a aF nachgebildet (vgl BR-Dr 564/03 S 13) und damit wie auch die jeweils erforderliche **Absicht** des Täters (nach aM Puppe NK 25 zu § 152a [aF], genügt einfacher Vorsatz) eng an die

Fälschung von Zahlungskarten, Schecks und Wechseln **§ 152a**

§§ 146, 148, 149 angelehnt. Sie erfassen für das Rechtsgut gefährliche Fälschungshandlungen, die allerdings auf Grund der fehlenden Garantiefunktion der Tatobjekte nicht so schwer wiegen wie die aus § 152a aF übernommenen Vorbereitungs- und Fälschungshandlungen des § 152b. Unter Berücksichtigung der bei Schaffung von § 152a aF vom Gesetzgeber gegenüber §§ 146, 148, 149 vorgenommenen Vereinfachung und der Anpassung an das jeweilige Schutzobjekt (BT-Dr 10/5058 S 27), woran mit Einfügung des § 152a nF im Zuge des 35. StÄG nichts geändert werden sollte (BR-Dr 564/03 S 13), kann **verwiesen** werden:

a) Für **Abs 1 Nr 1** auf 4, 5 zu § 146. Nachmachen ist das Herstellen einer falschen Zahlungskarte; erfasst ist auch die Manipulation an einem Falsifikat (BGHSt 46, 146 mit Bespr Puppe JZ 01, 471, Martin JuS 01, 300 und Otto JK 2). Das Verfälschen einer Zahlungskarte setzt eine Veränderung an einer echten Karte voraus (BGH aaO); erfasst sind zB Manipulationen am Gültigkeitsdatum, Veränderungen des Lichtbildes oder Namens des Inhabers (BT-Dr 13/8587 S 30; vgl BGHSt 46, 48 zum Herstellen nach § 152a aF). Bei Geldkarten reicht die Erhöhung der elektronischen Werteinheiten aus, ohne dass der Anschein eines höheren Wertes erweckt werden muss (BT-Dr aaO). 5

b) Für **Abs 1 Nr 2** auf 6, 6a, 10, 11 zu § 146, 4 zu § 148, 4 zu § 149 und 23 zu § 267. Die Bezugnahme auf Abs 1 Nr 1 („solche") betrifft nur die Tatobjekte, da sonst ein Sichverschaffen ausgeschlossen wäre (Tröndle/Fischer 5); dass der Täter die falschen Karten usw selbst nachgemacht oder verfälscht hat, ist also nicht erforderlich. Auf die Einbeziehung der Tathandlungen des Verwahrens und des Transports (vgl Art 2c des EU-Rahmenbeschlusses 2001/413/JI; dazu 1) wurde verzichtet, weil angesichts der Einschränkungen der EU-Vorgabe die praktisch denkbaren Begehungsweisen insoweit bereits durch andere Straftatbestände erfasst sind (Husemann NJW 04, 104, 106). 6

c) Zur Täuschung im Rechtsverkehr vgl 25 zu § 267. Ob für § 152a nF – wie zu § 152a aF (dazu Voraufl und 5 zu § 152b) – die falsche Codierung des Magnetstreifens eines unbedruckten Kartenblanketts ausreichen kann, ist zweifelhaft, weil zwar auch hier Abs 4 Nr 2 auf die Codierung abstellt, es sich aber gem Abs 4 Nr 1 um eine von einem Kreditinstitut usw herausgegebene Karte handeln muss, woran es bei einem neutralen Blankett idR fehlen dürfte. – **Um eine solche Täuschung zu ermöglichen** vgl 11 zu § 146; erfasst ist insb die Ermöglichung der Täuschung durch andere. 7

5. Abs 2 bestimmt die Versuchsstrafbarkeit von Abs 1; für die Vergehensqualifikation des **Abs 3** (vgl dazu 13 zu § 146) fehlt es daher an einer Versuchsstrafbarkeit, so dass bei im Versuchsstadium stecken gebliebenen Tathandlungen iS von Abs 3 nur eine Versuchsstrafbarkeit des Grundtatbestandes in Betracht kommt. Dieser Wertungswiderspruch dürfte daher rühren, dass der Gesetzgeber sich bei Strafrahmen und Anordnung der Absätze von § 152a nF an § 267 orientiert hat (vgl BR-Dr 564/03 S 13), dabei aber § 152a III – wie bisher die Verbrechensqualifikation des § 152a II aF – als Qualifikation ausgestaltet hat, während § 267 III als Strafzumessungsregel (11 zu § 46) von einer Versuchsstrafbarkeit nicht erfasst werden kann. 8

6. Abs 5 ist gegenüber Abs 1 Nr 1 **subsidiär** (aM Puppe NK 38); die Ausführungen unter 7 zu § 149 gelten sinngemäß. – Mehrere Ausführungshandlungen stehen mangels Teilidentität in Tatmehrheit (BGHSt 46, 146); bei engem räumlichen und zeitlichen Zusammenhang kommt natürliche Handlungseinheit in Betracht (BGH aaO). Zwischen den Begehungsformen des Verschaffens und Gebrauchens besteht dasselbe Verhältnis wie zwischen Sichverschaffen und Inverkehrbringen von Falschgeld bei § 146 (dort 14; NStZ-RR 01, 240). Gegenüber § 267 I ist § 152a spezieller (BR-Dr 564/03 S 13, 15; zur abw Rspr zu § 152a aF 9

§ 152b BT. 8. Abschnitt. Geld- und Wertzeichenfälschung

vgl 7 zu § 152b); zu § 263 bleibt Tateinheit möglich. Für nur versuchte gewerbs- oder bandenmäßige Tathandlungen hätte dies die vom Gesetzgeber wohl nicht bedachte problematische Konsequenz, dass nur der Strafrahmen von § 152a I, nicht der von § 267 III zur Anwendung kommen kann (vgl 8). Es ist daher zu erwägen, ob die Spezialität nur das Verhältnis von § 152a I und § 267 I, nicht aber das zwischen § 152a III und § 267 I iVm III erfassen soll. Da der Gesetzgeber Spezialität von § 152a nur gegenüber § 267 I erwähnt und bewusst auf die Schaffung eines weiteren Qualifikationstatbestandes zu § 152a III für gewerbs- und bandenmäßige Tatbegehung verzichtet hat (BR-Dr 564/03 S 13), ist jedenfalls mit § 267 IV Tateinheit möglich. Dagegen tritt § 152a für Tathandlungen an Zahlungskarten mit Garantiefunktion hinter § 152b und für Reiseschecks hinter § 151 Nr 5 iVm § 146 zurück. Wird nach der Fälschung eines Euroscheck-Vordrucks gem § 152b darauf ein falscher Scheck iS des § 152a erstellt, ist zur Klarstellung Tateinheit anzunehmen.

10 7. Anders als für § 152a aF und § 152b gilt für § 152a nF weder das Weltrechtsprinzip (§ 6 Nr 7 nF) noch die Anzeigepflicht des § 138 I Nr 4. – Zum erweiterten Verfall § 150 I.

§ 152b Fälschung von Zahlungskarten mit Garantiefunktion und Vordrucken für Euroschecks

(1) Wer eine der in § 152a Abs. 1 bezeichneten Handlungen in Bezug auf Zahlungskarten mit Garantiefunktion oder Euroscheckvordrucke begeht, wird mit Freiheitsstrafe von einem Jahr bis zu zehn Jahren bestraft.

(2) Handelt der Täter gewerbsmäßig oder als Mitglied einer Bande, die sich zur fortgesetzten Begehung von Straftaten nach Absatz 1 verbunden hat, so ist die Strafe Freiheitsstrafe nicht unter zwei Jahren.

(3) In minder schweren Fällen des Absatzes 1 ist auf Freiheitsstrafe von drei Monaten bis zu fünf Jahren, in minder schweren Fällen des Absatzes 2 auf Freiheitsstrafe von einem Jahr bis zu zehn Jahren zu erkennen.

(4) Zahlungskarten mit Garantiefunktion im Sinne des Absatzes 1 sind Kreditkarten, Euroscheckkarten und sonstige Karten,

1. die es ermöglichen, den Aussteller im Zahlungsverkehr zu einer garantierten Zahlung zu veranlassen, und

2. durch Ausgestaltung oder Codierung besonders gegen Nachahmung gesichert sind.

(5) § 149, soweit er sich auf die Fälschung von Geld bezieht, und § 150 Abs. 2 gelten entsprechend.

1 1. Die Vorschrift ist zT **Verbrechensqualifikation zu § 152a**; in Bezug auf Vordrucke für Euroschecks und Zahlungskarten mit Garantiefunktion, die nicht von einem Kredit- oder Finanzdienstleistungsinstitut herrühren, ist sie **Grundtatbestand** (BR-Dr 564/03 S 14; Husemann NJW 04, 104, 106). Im Übrigen entspricht § 152b inhaltlich § 152a aF; die sprachlichen Änderungen in Abs 1 sind nur redaktioneller Natur (BR-Dr 564/03 S 14).

2 2. **Tatobjekt** sind Zahlungskarten (dazu 2 zu § 152a) und Vordrucke für Euroschecks. Anders als § 152a erfasst § 152b aber nur **in- und ausländische Zahlungskarten mit Garantiefunktion im Drei-Partner-System** (BT-Dr 564/03 S 12: nicht erfasst ist die Bankkarte, die nur Abhebungen bei der ausstellenden Bank gestattet) wie zB Kreditkarten oder als sonstige Karten iS des Abs 4 ec-Karten (nicht mehr als Euroscheckkarten; vgl Husemann NJW 04, 104, 109), Geldkarten (BT-Dr 13/8587 S 29 zu § 152a aF) und auch umprogrammierte Bankkarten (NJW 00, 3580), auch wenn diese nicht von einem Kredit- oder

Fälschung von Zahlungskarten **§ 152b**

Finanzdienstleistungsinstitut iS des § 1 KWG herausgegeben worden sind. Über § 152a hinaus sind Tatobjekt hier auch **Vordrucke für Euroschecks** – nicht nur Blanko-Euroschecks, sondern auch mit der Kodierzeile (Schecknummer, Kontonummer, Bankleitzahl) bedruckte Scheckformulare (BGHSt 46, 48 mit Bespr Krack NStZ 01, 139 und Otto JK 1 zu § 152a [aF]) –, denen seit 1. 1. 2002 keine Garantiefunktion mehr zukommt. Die Zahlungskarten mit Garantiefunktion muss der Täter allerdings nicht im Rahmen des Garantieversprechens einsetzen, so dass wie schon von § 152a aF auch der Einsatz einer ec-Karte im Rahmen des elektronischen Lastschriftverfahrens erfasst ist (Husemann NJW 04, 104, 105; zu § 152a aF BGHSt 46, 146 mit Bespr Otto JK 2 zu § 152a [aF]; Eisele JA 01, 747). Ausreichend ist, wenn sich die Tathandlung auf eine Zahlungskarte mit Garantiefunktion oder einen Vordruck bezieht (2 zu § 152a; krit wegen des Wortlautes und der hohen Strafdrohung von § 152a aF, Rudolphi SK 6 und Puppe NK 22, 23, beide zu § 152a [aF]).

3. Vordrucke für Euroschecks sind **falsch,** wenn ihr Inhalt nicht von dem berechtigten, aus dem Vordruck ersichtlichen Aussteller herrührt (BGHSt 46, 48); für Zahlungskarten vgl 3 zu § 152a. 3

4. Die **Tathandlungen** entsprechen denjenigen in § 152a (vgl 4–7 zu § 152a). **Falsche** Euroscheckvordrucke verschafft sich, wer Vordrucke erwirbt, auf die die Kontonummer in der Kodierzeile (oben 2) unberechtigt aufgedruckt war (BGHSt 46, 48). 4

5. Zur Täuschung im Rechtsverkehr und **um eine solche Täuschung zu ermöglichen** vgl 7 zu § 152a. Da die Beschränkung des § 152a IV Nr 1 auf von Kreditinstituten usw herausgegebene Karten in § 152b nicht übernommen ist (vgl 2), ist hier – wie bei § 152a aF – auf Grund § 270 auch das Herstellen gefälschter Zahlungskarten erfasst, die an Geldautomaten eingesetzt werden können, selbst wenn die Fälschung von vornherein nur diesem Zweck dienen sollte und es sich dabei um ein unbedrucktes Kartenblankett mit lediglich falsch codiertem Magnetstreifen handelt (Tröndle/Fischer 11; vgl Voraufl 7 zu § 152a [aF]; aM Puppe NK 16 zu § 152a [aF]). 5

6. Im Übrigen vgl zu **Abs 2** (Qualifikationstatbestand) 13 zu § 146; zu **Abs 3** (minder schwere Fälle) 7–10a zu § 46; 4 zu § 12; speziell zu § 152a aF NJW 00, 3580. **Abs 5** erfasst Vorbereitungshandlungen zur Fälschung durch Verweis auf § 149 (dort 2–5); er übernimmt die Regelung über tätige Reue in § 149 Abs 2, 3 (dort 6); zur Einziehung vgl 3 zu § 150. 6

7. Zu den **Konkurrenzen** vgl 9 zu § 152a. Da der Gesetzgeber (anders als für § 152a nF) für § 152b nicht ausdrücklich von dessen Spezialität gegenüber § 267 ausgegangen ist, kann weiterhin zwischen § 152b und §§ 263, 267 Tateinheit angenommen werden (so zu § 152a aF BGHSt 46, 48 mit zust Anm Krack 01, 139; 46, 146; Weber JZ 87, 215, 218). 7

8. Für den räumlichen Geltungsbereich gilt nach § 6 Nr 7 der Weltrechtsgrundsatz (zur Begr BT-Dr 10/5058 S 25); er umfasst auch die Vorbereitungshandlungen nach Abs 5. Dagegen ist die Anzeigepflicht nach § 138 I Nr 4 auf Fälle der Abs 1–3 beschränkt. – Erweiterter Verfall § 150 I. – Für das Fälschen von Euroscheckvordrucken vor dem 1. 1. 2002 gilt weiterhin § 152a aF (dazu Voraufl); die Aufhebung der Garantiewirkung von Euroschecks ist kein milderes Gesetz iS von § 2 III (BR-Dr 564/03 S 15; Husemann NJW 04, 104, 108). Da allerdings § 152a aF nach dem Willen des Gesetzgebers (BT-Dr 13/8587 S 29) Euroscheckvordrucke allein wegen der Garantiewirkung von Euroschecks schützte, erfasste nach deren Wegfall § 152a aF auf Grund teleologischer Reduktion trotz des weiteren Wortlautes nach dem 31. 12. 2001 gefälschte Euroscheckvordrucke und Euroscheckkarten nicht, so dass für Tathandlungen bis zum In-Kraft- 8

Treten des § 152 b am 28. 12. 2003 keine Strafbarkeit besteht (Husemann NJW 04, 104, 108). Diese Straflosigkeit für spätere Tathandlungen ist allerdings während des unveränderten Fortbestandes von § 152 a aF nicht für Tathandlungen vor dem 1. 1. 2002 als milderes Gesetz gem § 2 III anzusehen, weil § 152 a aF Tathandlungen gegen bargeldlose Zahlungsmittel erfasste, die wie Eurochecks bis zum 31. 12. 2001 zur Tatzeit auf Grund einer Garantie geldähnlichen Charakter hatte. Mit Ablösung des § 152 a aF durch § 152 b ändert sich nichts, weil dieser gegenüber § 152 a aF nicht milder iS des § 2 III ist.

9. Abschnitt. Falsche uneidliche Aussage und Meineid

Vorbemerkung

1   **1. a) Geschütztes Rechtsgut** der Aussagedelikte (zusf zu ihnen Otto JuS 84, 161) ist idR die staatliche Rechtspflege (BGHSt-GS-8, 301, 309; 45, 16, 25; krit M-Schroeder/Maiwald BT 2 75/11; nach Vormbaum NK 2: die Erreichung des jeweiligen Verfahrenziels im Bereich der Rechtspflege; nach Kargl GA 03, 791, 806: die wahrheitsgemäße Tatsachenfeststellung bei Gerichten und Behörden), in Ausnahmefällen auch die Wahrheitsfindung in anderen staatlichen Verfahren, die der Feststellung tatsächlicher Verhältnisse dienen (Wagner GA 76, 257). Das gilt auch für den Meineid, dem kein sakrales Schutzgut zugrundeliegt (BVerfGE 33, 23). – Eingehend zur Problematik des Rechtsguts bei den Aussagedelikten und zu ihrer Reform Schulz, Probleme der Strafbarkeit des Meineids nach geltendem und künftigem Recht, 1970; Zipf, Maurach-FS, S 415; Herrmann, Die Reform der Aussagetatbestände, 1973; Vormbaum, Der strafrechtliche Schutz des Strafurteils, 1987, S 143, Eid, Meineid und Falschaussage, 1990, Reform der Aussagetatbestände, 1992 sowie NK 1–29; Deichmann, Grenzfälle der Sonderstraftat, 1994, S 52; Müller, Falsche Zeugenaussage und Beteiligungslehre, 2000, S 69; Hefendehl, Kollektive Rechtsgüter im Strafrecht, 2002, S 323; s auch Dahs, Rebmann-FS, S 161; Wolf JuS 91, 177, 182; Grünwald, Schmitt-FS, S 311; Fezer, Stree/Wessels-FS, S 663, 672; Kargl GA 03, 791, 803; zusf Geppert Jura 02, 173.

2   **b)** Die Aussagetatbestände schützen grundsätzlich nur die **innerstaatliche Rechtspflege** (Gribbohm LK 181–185 vor § 3; Vormbaum NK 31–41; eingehend Lüttger, Jescheck-FS, S 121, 159; zur Rspr Stoffers JA 94, 76, alle mwN). Sie sind daher auf Falschaussagen vor ausländischen oder internationalen Institutionen nur zu erstrecken, wenn ein Gesetz – meist ein ratifizierter völkerrechtlicher Vertrag (dazu Gribbohm LK 183 vor § 3) – dies ausdrücklich vorsieht (zB § 5 Nr 10). Auch für supranationale Institutionen, an denen die Bundesrepublik beteiligt ist, namentlich für Gerichte der NATO (Obermüller, Der Schutz ausländischer Rechtsgüter ..., 1999 S 205; aM AG Tauberbischofsheim NStZ 81, 221; M-Schroeder/Maiwald BT 2 69/9, 75/44; Rudolphi SK 4; zw), der EG und des Europarates, gilt nichts anderes (Lüttger aaO S 160; Obermüller aaO S 206; für eine weitergehende gemeinschaftskonforme Auslegung, insb für die Einbeziehung des EuGH, Satzger, Die Europäisierung des Strafrechts, 2000, S 575, alle mwN; zw).

3   **2. a)** Eine Aussage ist **falsch,** wenn sie mit ihrem Gegenstand inhaltlich nicht übereinstimmt. Nach der **objektiven Theorie** kommt es auf den Widerspruch zur Wirklichkeit an, ohne Rücksicht darauf, welche Vorstellungen der Aussagende von dem Sachverhalt hat. Die Rspr folgt, wenngleich mit einigen Schwankungen (zB LM 2 zu § 153 aF; Bremen NJW 60, 1827), dieser Theorie (BGHSt 7, 147; LM 6 zu § 153; Koblenz NStZ 84, 552 mit Bespr Kargl GA 03, 791, 803), die auch im Schrifttum überwiegt (Hruschka/Kässer JuS 72, 709, 710; Wolf JuS 91, 177; Arthur Kaufmann, Baumann-FS, S 119; Hilgendorf GA 93, 547, 554; Rengier BT II 49/8; Küper BT S 31; im Ausgangspunkt auch Kargl GA 03, 791, der

aber de lege ferenda auf die subjektive Unwahrhaftigkeit abstellen will). Den Gegensatz bildet die **subjektive Theorie,** die auf das Vorstellungsbild des Täters, auf die Diskrepanz zwischen seinem Wissen und dem Aussageinhalt, abstellt (Gallas GA 57, 315; Ruß LK 8–14). Obwohl sie gewichtige Argumente für sich hat, liegt sie dem Gesetz nicht zugrunde; denn sie kann den § 160 nicht erklären und muss dem § 163 einen offensichtlich nicht gewollten eingeschränkten Anwendungsbereich zuweisen. Der Vorschlag von Gallas (aaO), den Begriff „falsch" grundsätzlich subjektiv, in den §§ 160, 163 aber objektiv auszulegen, widerspricht dem Sinnzusammenhang des Gesetzes; auch der Versuch von Willms (LK¹⁰ 10), in dem „erreichbaren" Wissen das gemeinsame Element aller Aussagetatbestände zu finden, befriedigt nicht, weil dieser Maßstab nur mittels objektiver Kriterien bestimmt werden kann. Wegen nicht vollständig aufhebbarer innerer Widersprüche hat sich neben differenzierenden Zwischenlösungen (vgl etwa Dedes JR 77, 441; Bohnert JR 84, 425; Vormbaum aaO [Schutz des Strafurteils; vgl 1] S 253 und NK 56–95 zu § 153; Müller aaO [vgl 1] S 85: „Wahrnehmungstheorie"; Rudolphi SK 40–43) die sog **Pflichttheorie** entwickelt, die auf den jeweiligen Inhalt der Aussagepflicht abstellt (Schmidhäuser, Celle-FS, S 207; Otto JR 82, 296, JuS 84, 161 und Jura 85, 389; krit Hilgendorf GA 93, 547, 548 und 558). Sie hat sich gegenüber der hM bisher nicht durchsetzen können (krit zum Theorienstreit im ganzen Paulus, Küchenhoff-GS, S 435, der eine andersartig differenzierende Lösung anbietet). – Zusf zur Falschheit der Aussage Geppert Jura 02, 173–175.

b) Gegenstand der Aussage können äußere oder innere Tatsachen, bei Sach- 4 verständigenaussagen auch Werturteile sein. Danach ist eine Aussage falsch, wenn die Aussageperson eine äußere Tatsache behauptet und diese nicht der Wirklichkeit entspricht (vgl 3), zB „A hat den B geschlagen"; wenn sie eine innere Tatsache (zB Wahrnehmung, Überzeugung, Erinnerung, Wissen) behauptet und der behauptete psychische Vorgang oder Zustand sich nicht oder anders zugetragen oder bestanden hat (bei Holtz MDR 90, 254), zB „ich habe gesehen, dass A den B geschlagen hat" oder „ich erinnere mich, dass A den B geschlagen hat"; oder wenn ein Sachverständiger ein Werturteil abgibt und dieses nicht seiner Überzeugung entspricht (krit zur Beurteilung von Sachverständigengutachten Steinke MDR 84, 272). – Einfache oder allgemein bekannte **Rechtsbegriffe,** die typische Lebenssachverhalte bezeichnen (zB Eigentum, Kauf, Miete), und einfache Bewertungen können uU wie Tatsachen behandelt werden (NJW 02, 2724, 2727; Oldenburg NdsRpfl 50, 163). Ob eine äußere oder innere Tatsache bekundet oder ein Werturteil abgegeben wurde, entscheidet nicht der Wortlaut der Aussage, sondern ihr durch Auslegung zu ermittelnder Sinn (Koblenz StV 88, 531; s auch BGHSt 7, 147). Für die Ermittlung des tatsächlichen Gehalts einer Behauptung ist auf den Kontext der Aussage abzustellen (wistra 99, 222).

c) Eine Aussage kann auch falsch sein, wenn sie **unvollständig** ist (einschr 5 Zweibrücken wistra 93, 231: nur wenn die Unvollständigkeit nicht offenbart, sondern die Aussage als vollständige ausgegeben wird). Wieweit die Aussagepflicht unter diesem Gesichtspunkt reicht, hängt von den Umständen, namentlich von der Prozessrolle der Beweisperson, ab (dazu 6 zu § 154).

3. Die **Verletzung strafprozessualer Vorschriften** bei der Herbeiführung 6 von Aussagen, Eiden oder eidesstattlichen Versicherungen berührt die Tatbestandsmäßigkeit grundsätzlich nicht (hM; vgl etwa Köln NJW 88, 2485; aM Rudolphi SK 34; diff nach dem Schutzzweck der verletzten Norm Müller aaO [vgl 1] S 108 und NStZ 02, 356; zusf und krit Geppert Jura 88, 496 und 02, 173, 175 sowie Vormbaum NK 26–32 zu § 153). Nur wenn sie bewirkt, dass einzelne Tatbestandsmerkmale nicht erfüllt werden, entfällt der Tatbestand; das trifft namentlich zu, wenn keine Aussage im Sinne des § 153 vorliegt (zusf Sch/Sch-Lenckner 22 mwN), etwa weil es infolge eines groben Verfahrensverstoßes an der freien

Vor § 153 BT. 9. Abschnitt. Falsche uneidliche Aussage und Meineid

Mitteilung eigenen Wissens fehlt (Köln aaO; Rengier BT II 49/39; Ruß LK 30, alle mwN), wenn die vorgeschriebenen Beteuerungsformen nicht gewahrt sind (4 zu § 154; 2 zu § 155; 5 zu § 156) oder wenn die abnehmende Behörde unzuständig ist (3 zu § 153; 3 zu § 154; 2, 2a zu § 156); nicht bei Unterbleiben der von § 55 StPO geforderten Belehrung (Karlsruhe StV 03, 505 mit krit Anm Müller). Die bloße Unverwertbarkeit einer Aussage entbindet dagegen nicht von der Wahrheitspflicht (im Einzelnen 2 zu § 153; 2, 6 zu § 154), wirkt jedoch strafmildernd (16 zu § 154).

7 **4.** Die Aussagedelikte sind **eigenhändige** Delikte (hM; zur Erkärung der Eigenhändigkeit mit der Personengebundenheit der Aussage Müller aaO [vgl 1] S 144; zur umstrittenen Sonderdeliktsnatur [33 vor § 13] der §§ 153, 154, 156 eingehend Deichmann aaO [vgl 1] S 42, 57, 95 und 124). Sie können weder in Mittäterschaft noch, wie sich aus § 160 ergibt, in mittelbarer Täterschaft begangen werden (RGSt 61, 201; s auch 3, 9 zu § 25). Dagegen ist Teilnahme (Anstiftung und Beihilfe) nach den allgemeinen Regeln möglich. – **Beihilfe durch Unterlassen** kann nach der Rspr auch eine Prozesspartei leisten, die vorsätzlich die falsche Aussage eines Zeugen (oder die Leistung eines Meineides) geschehen lässt, obwohl sie verpflichtet und imstande ist, das Aussagedelikt dadurch zu verhindern, dass sie die Wahrheit bekennt (BGHSt 1, 22, 27; 2, 129; anders LG Münster StV 94, 134 mit abl Anm Brammsen) oder wenigstens auf den Zeugen einwirkt, die Aussage zu verweigern (NJW 53, 1399). Zur Begründung der Garantenstellung (6 zu § 13) lässt sie es – nach früher noch weiterreichender Ausdehnung der Strafbarkeit (zB BGHSt 3, 18) – genügen, dass die Partei den Zeugen durch ihr vorausgegangenes Verhalten in eine besondere, dem Prozess nicht mehr eigentümliche (inadäquate) Gefahr der Falschaussage gebracht hat (BGHSt 2, 129; 14, 229; 17, 321; NStZ 93, 489 mit krit Bespr Geppert JK 2 zu § 154; Köln NStZ 90, 594; Hamm NJW 92, 1977 mit abl Bespr Seeboge NStZ 93, 83, Bartholme JA 93, 221, Tenter wistra 94, 247 und Brammsen StV 94, 135; Düsseldorf NJW 94, 272 mit krit Bespr Geppert JK 3 zu § 154). Im Strafprozess ist eine Garantenstellung des Angeklagten im Hinblick auf seine besondere Rechtsstellung nur ausnahmsweise anzunehmen (Heinrich JuS 95, 1115, 1119; Bartholme JA 98, 204, 207; Müller aaO [vgl 1] S 292; Krey BT 1 Rdn 580; Sch/Sch-Lenckner 39, 40 mwN, auch zu den im Zivilprozess in Frage kommenden Konstellationen). Dieser Rspr steht das Schrifttum mit Recht überwiegend kritisch gegenüber (Ebert JuS 70, 400; Otto JuS 84, 161, 169; Hillenkamp, Wassermann-FS, S 861, 865; Scheffler GA 93, 341; Heinrich aaO; Kelker Jura 95, 89, 95; Prittwitz StV 95, 270; Sering, Beihilfe durch Unterlassen, 2000, S 137, 151; Joecks 8–14; Rudolphi SK 52; Vormbaum NK 114 zu § 153; s auch 12–15 zu § 13) und betont zum Recht die Eigenverantwortlichkeit des Aussagenden (Geppert Jura 02, 173, 179). Keine Garantenstellung begründen jedenfalls die Wahrheitspflicht nach § 138 ZPO (BGHSt 4, 327), das eheliche Verhältnis, wenn die Eheleute getrennt und in Scheidung leben (BGHSt 6, 322), bloße Verwandtschaft (zu weit KG JR 69, 27 mit abl Anm Lackner) und das Bestehen einer Liebesbeziehung (Düsseldorf NJW 94, 272). – Es kommt auch eine (die Beihilfe durch Unterlassen verdrängende) **Teilnahme** (Anstiftung und Beihilfe) durch **aktives Tun** in Betracht, doch sind deren Grenzen ebenfalls noch nicht befriedigend geklärt (Brammsen, Heinrich, Kelker, Prittwitz jeweils aaO; Sering aaO S 143; Müler aaO S 205; stark einschränkend wegen der Eigenverantwortlichkeit des Zeugen Krischer, Die innerprozessuale Teilnahme an der uneidlichen Falschaussage und am Meineid, 2000, S 30, 261, 279; Vormbaum NK 112, 112a zu § 153; – zur Abgrenzung von Tun und Unterlassen bei der Beihilfe Ebert JuS 70, 400, 403 mwN). – Speziell zur Beteiligung des Strafverteidigers an Aussagedelikten, zB durch Benennung von Zeugen und Nichteinschreiten gegen falsche Zeugenaussagen, Beulke, Die Strafbarkeit des Strafverteidigers, 1989, Rdn 92, 93;

Falsche uneidliche Aussage **§ 153**

aus der Rspr BGHSt 4, 327; 29, 99, 107; 31, 10 [mit Anm Beulke NStZ 82, 329]; 46, 53, 59; zur versuchten Anstiftung NStZ 01, 145 mit Bespr Müller NStZ 02, 356, 358; positive Bilanz der Rspr bei Widmaier, BGH-FG, S 1043, 1059.

5. Das Merkmal der **Zuständigkeit** der Stelle oder Behörde in §§ 153, 154 **8** und 156 ist keine Eigenschaft bestimmter Stellen oder Behörden und somit keine institutionelle Tatsache, sondern ein Blankettmerkmal, das durch die in Bezug genommenen tatsächlichen und rechtlichen Zuständigkeitsvoraussetzungen ausgefüllt wird (Puppe GA 90, 145, 163; Dannecker, Das intertemporale Strafrecht, 1993, S 493; zw).

§ 153 Falsche uneidliche Aussage

(1) **Wer vor Gericht oder vor einer anderen zur eidlichen Vernehmung von Zeugen oder Sachverständigen zuständigen Stelle als Zeuge oder Sachverständiger uneidlich falsch aussagt, wird mit Freiheitsstrafe von drei Monaten bis zu fünf Jahren bestraft.**

(2) **Einer in Absatz 1 genannten Stelle steht ein Untersuchungsausschuss eines Gesetzgebungsorgans des Bundes oder eines Landes gleich.**

Fassung: Absatz 2 durch Art 2 des UntersuchungsausschussG (14 vor § 1) eingefügt.

1. Allgemein zu den Aussagedelikten, namentlich zum geschützten Rechtsgut, **1** zu dessen Beschränkung auf die inländische Rechtspflege, zu den Voraussetzungen, unter denen eine Aussage falsch ist, und zur grundsätzlichen Bedeutung von Verfahrensmängeln 1–7 vor § 153.

2. Zum **äußeren Tatbestand:** **2**

a) Der Täter muss im Rahmen einer Vernehmung (nicht einer bloßen Information) als Zeuge oder Sachverständiger, also nicht als Angeklagter, der mit seiner Einlassung strukturell nicht als Mittel der Wahrheitserforschung vorgesehen ist (Fezer, Stree/Wessels-FS, S 663, 672), als „Aufklärungsgehilfe" im Verfahren vor dem BVerfG (Karlsruhe NStZ 96, 282 mit krit Anm Kunert und Kindhäuser JR 97, 301, 304; zw) oder als Partei im Zivilprozess (Geppert Jura 02, 173, 176) **falsch aussagen**, unabhängig davon, ob er nach § 57 StPO belehrt worden ist, zu den Personen gehört, die nach § 60 StPO nicht zu vereidigen sind (hM; anders Rudolphi GA 69, 129; Otto JuS 84, 161, 165; Meinecke, Die Auswirkungen von Verfahrensfehlern auf die Strafbarkeit nach den Aussagedelikten, 1996, S 171), oder die Unwahrheit sagt, um die Gefahr gerichtlicher Bestrafung abzuwenden (zur Einbeziehung des „tatverdächtigen" Zeugen beachte NJW 85, 76 mit krit Bespr Montenbruck JZ 85, 976).

b) Abs 1: Gericht bedeutet hier die inländische Behörde (20 zu § 11), die **3** unter staatlicher Autorität Aufgaben der Rspr wahrnimmt; daher genügt die Aussage vor dem Rechtspfleger, soweit dieser nach §§ 3, 4 RPflG richterliche Aufgaben wahrnimmt und insoweit das Gericht repräsentiert (Hamburg NJW 84, 935 mit krit Bespr Geilen JK 1; krit auch Rudolphi SK 4; aM Geppert Jura 02, 173, 176). Private Schiedsgerichte werden nicht erfasst; ausländische Gerichte sind nur in den Grenzen von Sonderregelungen (namentlich des § 5 Nr 10) einbezogen (2 vor § 153); nicht erfasst sind Aussagen vor der Polizei und Staatsanwaltschaft (Geppert aaO). Auf die Verfahrensart kommt es nicht an, so dass zB auch das Verfahren über Prozesskostenhilfe ausreicht (Frankfurt NJW 52, 902). – Die **andere Stelle** iS von Abs 1 muss zur **eidlichen** Vernehmung von Zeugen oder Sachverständigen **zuständig** sein, zB das Patentamt nach § 46 I PatG. Zuständigkeit nach § 156 genügt nicht. – **Abs 2** stellt den in Abs 1 genannten Stellen Untersuchungsausschüsse eines Gesetzgebungsorgans des Bundes und eines Landes gleich (krit Vormbaum JZ 02, 166 und NK 120 a). Diese Anpassung war erforderlich, weil im

§ 154 BT. 9. Abschnitt. Falsche uneidliche Aussage und Meineid

UntersuchungsausschussG auf eine Bestimmung über die mögliche Vereidigung eines Zeugen verzichtet worden ist (BT-Dr 14/5790 S 21; Vormbaum NK 52), und deshalb der Untersuchungsausschuss nicht mehr (zum bisherigen Recht vgl die 23. Aufl) eine andere Stelle iS von Abs 1 ist.

4 **3.** Für die Frage, wieweit die Aussage der **Wahrheitspflicht** unterliegt und die Tat auch durch **Verschweigen** begangen werden kann, gelten die Ausführungen zum Zeugen- und Sachverständigeneid (6, 7 zu § 154) sinngemäß (einschr Vormbaum NK 98).

5 **4.** Der **Vorsatz** (bedingter genügt; krit Arzt, Jescheck-FS, S 391) muss sich darauf erstrecken, dass die Aussage falsch ist, dass sie unter die Wahrheitspflicht fällt und dass die vernehmende Stelle zuständig ist (9 zu § 154).

6 **5. Vollendet** ist die Tat, wenn die Aussage abgeschlossen ist, dh wenn der Aussagende nichts mehr bekunden und kein Verfahrensbeteiligter mehr Fragen an ihn stellen will (beachte dazu Bay StV 89, 251 mit Anm Wächtler; Geppert Jura 02, 173, 176), spätestens mit dem Schluss der Verhandlung im jeweiligen Rechtszug (BGHSt-GS-8, 301; Vormbaum NK 17). Es kann also jemand in einer Verhandlung mehrere Aussagen machen; umgekehrt kann sich auch eine Aussage über mehrere Verhandlungen erstrecken. Deshalb können bei falscher Aussage in mehreren Terminen je nach den Umständen mehrere Taten oder eine einzige Tat vorliegen (BGH aaO; str). Danach bestimmt sich auch, ob strafloser Versuch oder nur Berichtigung (§ 158) vorliegt, wenn der Aussagende zum Schluss richtigstellt (NStZ 82, 431).

7 **6.** Zu **Mittäterschaft,** mittelbarer Täterschaft und Teilnahme, namentlich auch zur Beihilfe durch Unterlassen, 7 vor § 153. Da die Zeugen- oder Sachverständigeneigenschaft nur die Positionsnähe zum Rechtsgut charakterisiert, ist § 28 I nicht anwendbar (Müller aaO [vgl 1 vor § 153] S 356; Sch/Sch-Lenckner 42 vor § 153; aM Langer, Wolf-FS, S 335, 345; Herzberg GA 91, 145, 182; Deichmann aaO [vgl 1 vor § 153] S 57; Rudolphi SK 9 vor § 153; Hoyer SK 37 zu § 28; Vormbaum NK 111).

8 **7.** Mehrere falsche Angaben in einer Aussage bilden eine (natürliche oder tatbestandliche) **Handlungseinheit** (Köln StV 83, 507 mwN; s auch 4–10 vor § 52); bei Falschaussagen in mehreren in sich abgeschlossenen Vernehmungen nimmt die Rechtsprechung Tatmehrheit an (NJW 99, 2378, 2380; aM Geppert NStZ 02, 173, 180: rechtliche Handlungseinheit wegen einheitlichen Rechtsgutsangriffs). Über das Verhältnis zu § 154 dort 12–14. Beihilfe zu § 153 geht in Anstiftung zu § 154 auf (BGHSt 4, 244); dagegen steht Anstiftung zu § 153 mit Beihilfe zu § 154 in **Tateinheit** (NStZ 93, 489). Mit § 163 ist Tateinheit möglich (BGHSt 4, 214), ebenso zB mit §§ 164, 187, 258, 263 (zu weit aber BGHSt 43, 317 mit abl Bespr Momsen NStZ 99, 306 und Geppert JK 10 zu § 52: Prozessbetrug mit Anstiftung zu § 153).

§ 154 Meineid

(1) **Wer vor Gericht oder vor einer anderen zur Abnahme von Eiden zuständigen Stelle falsch schwört, wird mit Freiheitsstrafe nicht unter einem Jahr bestraft.**

(2) **In minder schweren Fällen ist die Strafe Freiheitsstrafe von sechs Monaten bis zu fünf Jahren.**

1 **1. a)** Allgemein zu den Aussagedelikten, namentlich zum geschützten Rechtsgut, zu dessen Beschränkung auf die innerstaatliche Rechtspflege, zu den Voraussetzungen, unter denen eine Aussage falsch ist, und zur grundsätzlichen Bedeutung von Verfahrensmängeln 1–7 vor § 153; zur eidesgleichen Bekräftigung § 155.

Meineid **§ 154**

b) Täter kann jeder sein, der das Wesen einer Aussage und des Eides versteht, 2
auch der nach § 60 StPO, § 393 ZPO Eidesunmündige oder -unfähige, wenn er
versehentlich vereidigt wird (BGHSt 10, 142, 144 mwN; aM Rudolphi GA 69,
129; Otto JuS 84, 161, 165; Hohmann/Sander BT II 22/4; Rengier BT II 49/20;
W-Hettinger BT 1 Rdn 754; zum Eidesunmündigen auch Hruschka/Kässer JuS
72, 709, 711; Deichmann aaO [vgl 1 vor § 153] S 109; Meinecke [vgl 2 zu § 153]
S 200; zusf Geppert Jura 02, 173, 177).

2. Gericht 3 zu § 153; zur Ausscheidung des Rechtspflegers beachte § 4 II 3
Nr 1 RPflG. Das Gericht (oder die sonst abnehmende Stelle) ist nur **zuständig**,
wenn der Eid in einem Verfahren geschworen wird, in dem das Gesetz einen Eid
dieser Art überhaupt zulässt (BGHSt 3, 248, 309), gleichgültig aber, ob der abnehmende Richter nach seinem Geschäftsbereich zur Abnahme eines derartigen
Eides allgemein zuständig ist (BGHSt 3, 235), ob er im konkreten Fall, zB nach
§§ 22 ff StPO, von der Ausübung des Richteramtes ausgeschlossen ist (BGHSt 10,
142), ob der Vereidigung sonst Verfahrensvorschriften entgegenstehen (BGHSt 16,
232; aM Rudolphi GA 69, 129; Joecks 6) oder ob bei der Vernehmung gegen die
§§ 69, 241 II StPO verstoßen worden ist (KG JR 78, 77 mit Anm Willms). Nach
der Rspr soll im Verfahren der freiwilligen Gerichtsbarkeit die Vereidigung der
Beteiligten ausgeschlossen sein (BGHSt 10, 272; 12, 56; Hamm NStZ 84, 551;
anders die im Schrifttum zum FGG hM). Zur Zuständigkeit von parlamentarischen Untersuchungsausschüssen Wagner GA 76, 257, 258. – Der Amtsträger, der
die zuständige Stelle verkörpert, muss nach den allgemeinen Grundsätzen des
Staats- und Gerichtsverfassungsrechts berufen sein; deshalb keine Zuständigkeit des
Referendars (RGSt 65, 206) oder des unzulässigerweise mit richterlichen Geschäften beauftragten StA (RGSt 60, 25).

3. Die wesentlichen **Förmlichkeiten** der Eidesabnahme müssen gewahrt sein; 4
namentlich die Worte „ich schwöre" dürfen nicht fehlen (RGSt 62, 147, 149; 67,
331). Beachte aber § 155.

4. § 154 betrifft Eide aller Art, die zur Bekräftigung von Aussagen geleistet 5
werden, gleichgültig, ob **Nacheid** (assertorischer) oder **Voreid** (promissorischer
Eid); jedoch sind die Grenzen der eidlichen Wahrheitspflicht je nach Verfahren
und Prozessrolle der Aussageperson verschieden (Bruns GA 60, 161; Otto JuS 84,
161, 163). In Frage kommen vor allem:

a) Der **Zeugeneid** (zB §§ 59 ff StPO, §§ 391 ff ZPO). Hier erstreckt sich die 6
Wahrheitspflicht jedenfalls auf alle tatsächlichen Angaben, die nach den für die jeweilige Prozessart geltenden Regeln den Gegenstand der Vernehmung bilden
(BGHSt 25, 244 mit Anm Demuth NJW 74, 757 und Rudolphi JR 74, 293;
Hamburg NJW 81, 237; krit Bruns GA 60, 161, 164), einschließlich der Personalien (RGSt 60, 407). Im Zivilprozess wird der Gegenstand der Vernehmung durch
den Beweisbeschluss begrenzt (BGHSt 1, 22); jedoch sind Antworten auf Fragen
des Richters oder auf andere vom Richter zugelassene Fragen der Prozessbeteiligten stets Vernehmungsgegenstand (BGHSt 2, 90; KG JR 78, 77 mit Anm Willms;
beachte jedoch bei Holtz MDR 91, 1021). Im Strafprozess ist Gegenstand der
Zeugenvernehmung die Tat iS des § 264 I StPO, doch kann der Richter diesen
Gegenstand begrenzen; durch unzulässige (zB bloßstellende iS des § 68a StPO)
Fragen von Verfahrensbeteiligten (zB des Verteidigers) kann das Beweisthema und
damit die Wahrheitspflicht des Zeugen nicht erweitert werden (Rudolphi SK 23
vor § 153; anders NStE 3 zu § 153 mit zust Bespr Otto JK 2 vor §§ 153 ff., wo
nur die Verpflichtung abgelehnt wird, über den genauen Inhalt solcher Fragen
hinausgehende ergänzende und vervollständigende Angaben zu machen). Darüber
hinaus unterliegen auch spontane Äußerungen der Wahrheitspflicht, wenn sie
entscheidungserheblich und nach den jeweiligen Verfahrensregeln bei der Beweis-

§ 154   BT. 9. Abschnitt. Falsche uneidliche Aussage und Meineid

würdigung verwertbar sind (Rudolphi JR 74, 293; Müller aaO [vgl 1 vor § 153] S 102; aM BGHSt 25, 244; NStZ 82, 464, die eine Wahrheitspflicht erst für die Bestätigung der spontanen Äußerung nach Erweiterung des Beweisthemas durch den vernehmenden Richter annehmen; ebenso Küpper BT 1 II 2/11; Sch/Sch-Lenckner 15 vor § 153; zw). – Ungefragt hat der Zeuge auch solche Tatsachen (nicht auch bloße Vermutungen, StV 90, 110) anzugeben, die erkennbar mit der Beweisfrage in untrennbarem Zusammenhang stehen und entscheidungserheblich sind (BGHSt 3, 221), auch wenn er die Aussage verweigern könnte; das muss er ausdrücklich sagen (BGHSt 7, 127). Insoweit kommt Meineid durch Verschweigen in Frage (BGHSt 1, 22, 148; 3, 235), der ein normales Begehungs-, kein unechtes Unterlassungsdelikt ist (Schmidhäuser, Celle-FS, S 207, 211). Wird allerdings eine Zeugin nur nach Mehrverkehr mit bestimmten Männern gefragt, besteht keine Offenbarungspflicht über den Verkehr mit anderen Männern (BGHSt 3, 221). Auch braucht der Zeuge seine Personalien und Umstände, die seine Glaubwürdigkeit betreffen, nicht ungefragt zu offenbaren (BGHSt 5, 25).

7   **b)** Der **Sachverständigeneid** (§ 79 StPO, § 410 ZPO). Er umfasst nicht die Personalien (RGSt 20, 235). Inhalt eines Sachverständigengutachtens können Mitteilungen über sog Befundtatsachen (RGSt 69, 97) und Werturteile sein. Im letzteren Falle ist der Eid falsch, wenn das Urteil nicht der Überzeugung des Sachverständigen entspricht (4 vor § 153). Der vereidigte Dolmetscher begeht Meineid, wenn er bewusst unrichtig übersetzt (BGHSt 4, 154; aM Vormbaum NK 28).

8   **c)** Der **Parteieid** (§ 452 ZPO). Die Ausführungen unter 6 gelten sinngemäß (MDR 68, 597).

9   **5.** Der **Vorsatz** (bedingter genügt) muss sich darauf erstrecken, dass die Aussage falsch ist, dass sie unter den Eid fällt und dass die abnehmende Stelle zuständig ist (BGHSt 1, 148; Herzberg JuS 99, 1073, 1075). Hat der Täter Zweifel an der Wahrheit (dh an der Richtigkeit oder Vollständigkeit seines Erinnerungsbildes), ohne sie zu offenbaren, so liegt idR bedingter Vorsatz vor (Arzt/GA 73, 376; krit Arzt, Jescheck-FS, S 391; aM Krey BT 1 Rdn 568, der auf dem Boden der objektiven Theorie zu Unrecht direkten Vorsatz annimmt). Die irrige Annahme, der Eid beziehe sich nicht auf bestimmte Teile der Aussage, schließt den Vorsatz aus (BGHSt 2, 74, 76; 4, 214). Umfasst der Vorsatz nicht alle vorstehenden Merkmale (Tatbestandsirrtum), kommt § 163, ggf in Tateinheit mit § 153 (BGHSt 4, 214; Geppert Jura 02, 173, 177; str), in Frage. Hält der Täter seine wahre Aussage irrig für falsch, so liegt untauglicher Versuch vor (12 zu § 22). Zu den irrigen Annahmen, die falsche Aussage falle unter den Eid oder die abnehmende Stelle sei zuständig, beachte 15 zu § 22 sowie Deichmann aaO (vgl 1 vor § 153) S 118 und Rengier BT II 49/25; zu Grenzfällen BGHSt 5, 111; 10, 8.

10   **6.** Der **Versuch** beginnt beim Nacheid erst mit dem Anfang der Eidesleistung (BGHSt 1, 241; 4, 172; Geppert Jura 02, 173, 177), beim Voreid mit dem Anfang der Aussage (RGSt 54, 117, 121; Geppert aaO); vollendet ist der Meineid in diesem Fall mit dem Abschluss der Aussage (RGSt 14, 19), beim Nacheid mit der Beendigung des Schwurs.

11   **7.** Zu **Mittäterschaft,** mittelbarer Täterschaft und Teilnahme 7 vor § 153 sowie 7 zu § 153.

12   **8.** Zum **Verhältnis der §§ 153, 154** hat die Rspr folgende Grundsätze entwickelt (BGHSt-GS-8, 301):

a) Die uneidliche Aussage (§ 153) ist das Grunddelikt, der Meineid eine qualifizierte Form der Falschaussage.

13   **b)** § 153 ist grundsätzlich (zu einer Ausnahme BGHSt 4, 214) nur auf Aussagen anwendbar, die nicht beschworen werden. Er tritt gegenüber § 154 auch dann zurück (Subsidiarität), wenn der Täter im selben Rechtszug mehrmals, sei es auch mit wechselnden Angaben vernommen worden ist. Wird eine Falschaussage jedoch erst nach einem Eid oder in einem neuen Rechtszug wiederholt, so liegt in Fällen, in denen die mehreren Aussagen Grundlage derselben Entscheidung werden, eine tatbestandliche Handlungseinheit (10 vor § 52) vor.

c) Die Beeidigung ist nicht Teil der Aussage. Diese ist beim Nacheid schon 14 vorher abgeschlossen und bleibt deshalb als uneidliche Falschaussage übrig, wenn der Täter durch nachträgliche Berichtigung (beachte § 158) ein Eidesdelikt ganz vermeidet (hM; anders Vormbaum JR 89, 133 mwN; zw) oder vom Versuch des Meineids wirksam zurücktritt (23 zu § 24).

9. **Wahlfeststellung** (9–20 zu § 1) ist möglich, wenn nicht festgestellt werden 15 kann, welche von zwei sich widersprechenden eidlichen Aussagen (BGHSt 2, 351; zw) oder welche von zwei Bekundungen, die durch eidliche oder uneidliche Aussage und durch eidesstattliche Versicherung gemacht worden sind (Hamm GA 74, 84; zw), falsch ist. Bleibt ungeklärt, ob eine eidliche oder uneidliche Aussage, die einander widersprechen, falsch ist, so ist nach dem Grundsatz in dubio pro reo aus § 153 zu verurteilen (BGHSt 2, 351; 13, 70; Bay NJW 65, 2211 mit abl Anm Koffka JR 65, 430 und Sax JZ 65, 745; Ruß LK 14 zu § 153).

10. Zu **Abs 2** (minder schwere Fälle) 7–10a zu § 46 (s auch Bay NJW 86, 202 16 mit Anm Krümpelmann/Heusel JR 87, 39 sowie Bay NStZ-RR 99, 174).

a) Strafmildernd wirkt, wenn der Täter auf ein ihm zustehendes **Zeugnis- oder Auskunftsverweigerungsrecht** nicht hingewiesen worden ist (NStZ 84, 134; StV 88, 427), es sei denn, dass er selbst bei Belehrung falsch ausgesagt hätte (JR 81, 248 mit Anm Bruns; bei Detter NStZ 91, 478). Mildernd wirkt ferner, wenn er **vereidigt** worden ist, obwohl er hätte unvereidigt bleiben müssen oder können (BGHSt 23, 30; StV 82, 521; Stuttgart NJW 78, 711; Bay JZ 91, 315; Düsseldorf NStZ-RR 96, 137; Frankfurt NStZ-RR 01, 299); ob bei der Eidesabnahme die Voraussetzungen für das Unterbleiben der Vereidigung erkennbar waren, ist unerheblich (StV 88, 427; Hamburg JR 81, 158). – Nach der Rspr soll dieser Milderungsgrund wegen der typischen Zwangslage nur der Aussageperson nicht auch dem Anstifter zugute kommen (BGHSt 27, 74 mit abl Anm Lenckner JR 77, 74; krit Krümpelmann/Heusel JR 87, 39; zw). Von § 157 ist er unabhängig und daher neben diesem zu berücksichtigen (NStZ 91, 280).

b) Liegt einer dieser Verfahrensmängel vor (vgl 16), so ist die Annahme eines 17 minder schweren Falles im Hinblick auf das Erfordernis einer Gesamtwürdigung von Tat und Täter (9 zu § 46) zwar **nicht zwingend** (aM für § 60 Nr 2 StPO JR 81, 248), wohl aber so nahe liegend, dass ein Übergehen des Abs 2 einen sachlich-rechtlichen Fehler bedeutet (Stuttgart aaO S 712).

§ 155 Eidesgleiche Bekräftigungen

Dem Eid stehen gleich
1. die den Eid ersetzende Bekräftigung,
2. die Berufung auf einen früheren Eid oder auf eine frühere Bekräftigung.

1. **Bekräftigung** (Nr 1) und **Berufung** (Nr 2) stehen für die Anwendung des 1 § 154 (Meineid), des § 160 (Verleitung zum Falscheid) und des § 163 (fahrlässiger Falscheid) dem Eide gleich (beachte dazu BVerfGE 33, 23).

2. **Nr 1**: Vgl namentlich § 66d StPO, § 484 ZPO. Beteuerungsformeln von 2 Religionsgesellschaften können nicht anstelle des Eides abgegeben werden, sondern nur dem Eid angefügt werden.

§ 156 BT. 9. Abschnitt. Falsche uneidliche Aussage und Meineid

3 **3. Nr 2:** Vgl namentlich §§ 67, 72, 79 III StPO, §§ 398 III, 402, 410 II, 451 ZPO. Berufung auf einen früheren Eid oder eine frühere Bekräftigung ist nicht nur die Berufung auf einen in derselben Sache früher geleisteten Partei-, Zeugen- oder Sachverständigeneid oder eine entsprechende frühere Bekräftigung, sondern auch die Berufung eines allgemein vereidigten Sachverständigen auf den von ihm geleisteten Eid und die Berufung eines Beamten auf seinen Diensteid (BT-Dr 7/2526 S 26); ist in dem jeweiligen Verfahren die Berufung auf die früheren Eid überhaupt vorgesehen, so kommt es auf die prozessuale Zulässigkeit der Berufung im konkreten Fall nicht an (Sch/Sch-Lenckner 5; aM Ruß LK 2, 3 mwN; zw).

§ 156 Falsche Versicherung an Eides Statt

Wer vor einer zur Abnahme einer Versicherung an Eides Statt zuständigen Behörde eine solche Versicherung falsch abgibt oder unter Berufung auf eine solche Versicherung falsch aussagt, wird mit Freiheitsstrafe bis zu drei Jahren oder mit Geldstrafe bestraft.

1 1. Allgemein zu den Aussagedelikten, namentlich zum geschützten Rechtsgut (speziell zu § 156 BGHSt 45, 16, 24), zu dessen Beschränkung auf die innerstaatliche Rechtspflege, zu den Voraussetzungen, unter denen eine Aussage falsch ist, und zur grundsätzlichen Bedeutung von Verfahrensmängeln 1–7 vor § 153.

2 2. a) Behörde 20 zu § 11. **Zuständigkeit** der Behörde setzt nicht nur allgemeine Zuständigkeit zur Abnahme eidesstattlicher Versicherungen voraus (StV 85, 55), sondern darüber hinaus, dass die konkrete Versicherung über den Gegenstand, auf den sie sich bezieht, und in dem Verfahren, zu dem sie eingereicht wird, abgenommen werden darf und dass sie nicht rechtlich völlig wirkungslos ist (BGHSt 5, 69; Bay NJW 98, 1577; Frankfurt NStZ-RR 96, 294; Stuttgart NStZ-RR 96, 265; krit zu der im Kern unrichtigen Formel Schubath MDR 72, 744; Leibinger, Rebmann-FS, S 259, 266). Ob ihre Entgegennahme dagegen im Einzelfall geboten, angemessen oder auch nur sinnvoll war, ist unerheblich (RGSt 47, 37; Vormbaum/Zwiehoff NK 30 mwN). – Während die Zuständigkeit früher nur vereinzelt ausdrücklich, zB in §§ 294, 807 ZPO und § 15 II FGG, geregelt war, dürfen heute Behörden nach § 27 VwVfG und den VwVfG der Länder in Verwaltungsverfahren eidesstattliche Versicherungen nur verlangen und abnehmen, wenn deren Abnahme über den jeweiligen Gegenstand und in dem jeweiligen Verfahren durch Gesetz oder RechtsVO vorgesehen und die Behörde durch Rechtsvorschrift für zuständig erklärt worden ist (Düsseldorf NStZ 91, 38; Frankfurt aaO). Im Steuerverfahren sind die Finanzbehörden nur in den Grenzen des § 95 AO zuständig. Damit sind alle eidesstattlichen Versicherungen, die Behörden in Verwaltungs- und Steuerverfahren unter Überschreitung ihrer Zuständigkeit abnehmen, strafrechtlich (auch als Versuch) unerheblich (vgl 6). Die früher oft schwer zu beantwortende Frage, ob einer Behörde die Durchführung förmlicher Beweisverfahren übertragen worden ist (BGHSt 2, 218; NJW 66, 1037), kann deshalb nur noch außerhalb dieses Regelungsbereichs Bedeutung gewinnen.

2 a b) Nach wie vor steht **in der Praxis** die Zuständigkeit der Gerichte in Verfahren nach der ZPO, der StPO, dem FGG, der InsO usw im Vordergrund, und zwar meist zur Glaubhaftmachung von Tatsachen als Grundlage für Verfahrensentscheidungen oder vorläufige Regelungen. Dagegen darf eine eidesstattliche Versicherung des Beschuldigten niemals (BGHSt 25, 89, 92; Bay NStZ 90, 340, beide mwN) und die von anderen Personen regelmäßig dann nicht abgenommen werden, wenn sie nur die vorgeschriebene und mögliche (eidliche oder uneidliche) Vernehmung der Beweisperson für die endgültige Sachentscheidung (GA 73, 109) vorwegnehmen oder ersetzen soll (krit zur Unklarheit dieser Abgrenzung Leibinger aaO [vgl 2] S 268); zB Versicherung des Zeugen im Strafverfahren

(BGHSt 5, 69; einschr Bay NJW 98, 1577), auch im Wiederaufnahmeverfahren (BGHSt 17, 303; am Hamm NJW 54, 363), des Zeugen im ordentlichen Zivilprozess (Ruß LK 12; am BGHSt 7, 1; beachte jedoch die abw Grundsätze in BGHSt 5, 69) oder des Vollstreckungsschuldners im Verfahren auf Gewährung von Vollstreckungsschutz (Bay wistra 90, 70). Eine Zuständigkeit der StA und der Polizei im Ermittlungsverfahren wird, weil sie kein förmliches Beweisverfahren durchführen, ganz verneint (hM; vgl Bay NJW 98, 1577; Herrmann, Die Reform der Aussagetatbestände, 1973, S 200; zweifelnd im Hinblick auf § 161a StPO Sch/Sch-Lenckner 12, alle mwN), während die Verwaltungsbehörde im Bußgeldverfahren in bestimmten Fällen der Glaubhaftmachung (zB eines Zeugnisverweigerungsrechts nach § 56 StPO iVm § 46 I OWiG) zuständig sein soll (hM; vgl Göhler 62 zu § 59 OWiG mwN; krit Leibinger aaO S 260, der eine zureichende Begr für die Unterscheidung gegenüber der StA vermisst). – Eine Begrenzung der Zuständigkeit auch insoweit, als spontan abgegebene Erklärungen nur erfasst werden, wenn eidesstattliche Versicherungen in dem jeweiligen Verfahren (zB beim Arrest und der einstweiligen Verfügung) institutionell zur Glaubhaftmachung vorgesehen sind (so Ruß LK 7–8 mwN), ist dem Gesetz nicht zu entnehmen (GA 73, 109; Leibinger aaO S 269; beachte jedoch auch Bay NJW 98, 1577, alle mwN).

3. a) Umfang und Grenzen der Wahrheitspflicht bestimmen sich nach 3 dem Verfahrensgegenstand und den Regeln des Verfahrens in dem die eidesstattliche Versicherung abgegeben wird (NJW 90, 918, 920 mit Anm Keller JR 90, 480; Düsseldorf NJW 85, 1848; Karlsruhe NStZ 85, 412; Frankfurt NStZ-RR 98, 72, alle mwN). Davon hängt es auch ab, ob eine Versicherung wegen Verschweigens wesentlicher Umstände (5 vor § 153; 6 zu § 154) falsch ist (NJW 59, 1235; Cramer Jura 98, 337). Bei unverlangt abgegebenen Versicherungen bedarf es einer thematischen Eingrenzung; nicht erfasst werden hier solche Angaben, die nach einer auf den Zeitpunkt der Vorlage der Versicherung bezogenen Beurteilung für den Ausgang des Verfahrens ohne jede mögliche Bedeutung sind (BGH, Düsseldorf und Karlsruhe aaO, alle mwN; s auch Cramer aaO; Leibinger, Rebmann-FS, S 259, 271 und W-Hettinger BT 1 Rdn 776).

b) Bei der den Offenbarungseid ersetzenden **eidesstattlichen Versicherung** 4 (vgl namentlich §§ 807, 883 II ZPO, § 153 II InsO) hat sich der Umfang der Wahrheitspflicht gegenüber dem früheren, zum Offenbarungseid geltenden Recht nicht geändert; lediglich der (idR untaugliche) Versuch ist nicht mehr mit Strafe bedroht. – Bei der Versicherung nach fruchtloser Pfändung fallen unter die Wahrheitspflicht nur die Angaben, die der Schuldner nach § 807 I ZPO zu machen verpflichtet ist (BGHSt 19, 126; NJW 68, 1388). Sie sollen dem Gläubiger eine Übersicht der Vermögensstücke verschaffen, die möglicherweise seinem Zugriff durch Zwangsvollstreckung unterliegen (BGHSt 8, 399). Deshalb hat der Schuldner sein gesamtes Ist-Vermögen anzugeben (RGSt 71, 360; Bay NStZ 03, 665), und zwar auch unpfändbare Sachen (NJW 56, 756), Forderungen, die rechtlich oder tatsächlich zweifelhaft sind (NJW 53, 390), Anwartschaftsrechte (BGHSt 13, 345; 15, 128), noch nicht zu Ende geführte Mandate des Rechtsanwalts, Steuerberaters oder Arztes (BGHSt 37, 340 mwN), fortlaufende, in Abwicklung begriffene Maklergeschäfte (BGH aaO), dem Schuldner fiduziarisch übertragene Rechte (KG JR 85, 161 mwN), der Aufrechnung unterliegende Forderungen (bei Herlan GA 58, 51) und anfechtbare Rechte (RGSt 60, 69). Nach objektivem Maßstab offensichtlich unpfändbare (Bay MDR 91, 1079; s auch Bay StV 92, 324) und völlig wertlose Gegenstände brauchen (auch in den vorstehenden Fällen) nicht angegeben zu werden (BGHSt 13, 345, 348; Bay wistra 93, 73 und 99, 398). Umgekehrt verletzt die Angabe fingierter Vermögensstücke die Wahrheitspflicht (BGHSt 7, 375; Stuttgart NJW 61, 2319; str). Zu der Aufstellung des Ist-Vermögens kommen noch die Angaben über gewisse rechtsgeschäftliche Verfügungen

§ 157 BT. 9. Abschnitt. Falsche uneidliche Aussage und Meineid

nach § 807 I Nr 1–3 ZPO hinzu und solche weiteren Angaben, auf die der Gläubiger zur Klärung der Vollstreckungsmöglichkeiten angewiesen ist, zB Angaben über persönliche Verhältnisse des Schuldners, soweit sie für die Vollstreckung wichtig sind (BGHSt 11, 223; Hamm GA 75, 180), über die Verwendung des dem Schuldner gezahlten Arbeitsentgelts (BGHSt 10, 149) oder über den Stand einer Erbauseinandersetzung (NJW 57, 1200). Weitergehende Angaben (auch auf Fragen des Richters), zB über tatsächliches Ausüben von Geschäftstätigkeit (bei Holtz MDR 80, 813; beachte jedoch BGHSt 37, 340), über bloße Erwerbsmöglichkeiten oder über bevorstehende Zuwendungen von rechtlich nicht verpflichteten Dritten, fallen nicht unter die Wahrheitspflicht (BGHSt 8, 399; NJW 68, 2251; StV 90, 111; Frankfurt GA 73, 154; speziell zum Arbeitseinkommen nach § 850 II ZPO Bay NStZ 03, 665 mit zust Anm Vormbaum JR 04, 168). Diese wird aber idR nicht dadurch eingeschränkt, dass der Schuldner sich durch die Offenbarung einer Straftat bezichtigen müsste (BGHZ 41, 318, 326; BGHSt 37, 340 mwN; str).

5   **4.** Die eidesstattliche Versicherung ersetzt nicht wie die Bekräftigung nach § 155 den Eid; sie ist eine **selbstständige Beteuerungsform.** Die Formel „an Eides Statt" ist nicht zwingend (RGSt 70, 266); gleichbedeutende Ausdrücke reichen aus. Die Versicherung kann – soweit das Gesetz nichts anderes bestimmt (zB in §§ 807 II S 2, 883 IV ZPO, § 95 II AO) – mündlich oder schriftlich (einschr für „spontane" Versicherungen Vormbaum/Zwiehoff NK 19; dagegen Sch/Sch-Lenckner 4), auch durch Vermittlung eines Dritten (RGSt 67, 408) abgegeben werden. Bei schriftlichen Versicherungen genügt, dass sie bei der Behörde in Urschrift (RGSt 70, 130), uU auch in notariell beglaubigter Abschrift (GA 71, 180) oder durch ein Telefax (Bay NJW 96, 406 mit im Ergebnis zust Anm Vormbaum/Zwiehoff JR 96, 295), eingehen; einer inhaltlichen Kenntnisnahme bedarf es nicht (BGHSt 45, 16, 24). Deshalb noch keine Abgabe, wenn ein Notar die beurkundete Erklärung nicht weiterleitet oder ein Anwalt nur eine beglaubigte Abschrift der vor ihm abgegebenen Versicherung einreicht (RGSt 70, 130). Bei mündlichen Versicherungen muss die Erklärung abgeschlossen sein (Stuttgart aaO).

6   **5.** Der **Vorsatz** (bedingter genügt, RGSt 70, 266) muss sich darauf erstrecken, dass die Versicherung falsch ist, dass sie unter die Wahrheitspflicht fällt (KG JR 85, 161; Bay wistra 93, 73) und dass die Behörde zuständig ist (BGHSt 1, 13; 24, 38; s auch 9 zu § 154). Mangels Strafbarkeit des Versuchs ist die irrige Annahme dieser Voraussetzungen unschädlich (für strafloses Wahndelikt Geppert Jura 02, 173, 178).

7   **6.** Zu **Mittäterschaft,** mittelbarer Täterschaft und Teilnahme 7 vor § 153 sowie 7 zu § 153.

8   **7.** Mehrere Versicherungen in demselben Rechtszug bilden eine (natürliche oder tatbestandliche) Handlungseinheit (aM BGHSt 45, 16, 24). **Tateinheit** ua möglich mit §§ 263, 267 (RGSt 69, 117), wohl auch mit §§ 153, 154 (Deichmann aaO [vgl 1 vor § 153] S 124; zw).

§ 157 Aussagenotstand

(1) **Hat ein Zeuge oder Sachverständiger sich eines Meineids oder einer falschen uneidlichen Aussage schuldig gemacht, so kann das Gericht die Strafe nach seinem Ermessen mildern (§ 49 Abs. 2) und im Falle uneidlicher Aussage auch ganz von Strafe absehen, wenn der Täter die Unwahrheit gesagt hat, um von einem Angehörigen oder von sich selbst die Gefahr abzuwenden, bestraft oder einer freiheitsentziehenden Maßregel der Besserung und Sicherung unterworfen zu werden.**

(2) **Das Gericht kann auch dann die Strafe nach seinem Ermessen mildern (§ 49 Abs. 2) oder ganz von Strafe absehen, wenn ein noch nicht Eidesmündiger uneidlich falsch ausgesagt hat.**

Aussagenotstand **§ 157**

1. Abs 1 ist anwendbar auf Taten nach §§ 153, 154 (nicht nach §§ 156, 163), 1 auch soweit sie als strafbarer Versuch begangen werden (BGHSt 4, 172). Mit Rücksicht auf seinen Zweck, die Härte des Aussagezwanges abzumildern, den das Prozessrecht in gewissen Fällen vorsieht (BGHSt 7, 2; weiter Heusel JR 91, 521), gilt er grundsätzlich nur für Zeugen und Sachverständige, weil diese als Beweispersonen solchem Zwange unterliegen (Schneider, Grund und Grenzen des strafrechtlichen Selbstbegünstigungsprinzips, 1991, S 226); deshalb zB nicht für die Partei im Zivilprozess (NJW 51, 809; für Ausnahmefälle aM Bemmann, Mayer-FS, S 485, 491; krit Ruß LK 2) und für den Teilnehmer (BGHSt 1, 22; Geppert Jura 02, 173, 181), namentlich den Anstifter, und zwar auch dann nicht, wenn dieser bei wahrheitsgemäßer Aussage seine eigene Strafverfolgung zu befürchten hätte (BGHSt 3, 320; Müller aaO [vgl 1 vor § 153] S 363; aM Bemmann aaO S 491; Heusel JR 89, 428; s auch bei Lürken NJW 56, 721; zw). Dass der Täter die Aussage verweigern konnte (BGHSt 1, 22, 28; StV 95, 250 mit Bespr Geppert JK 4; Düsseldorf StV 93, 423; Bay NStZ-RR 99, 174), dass er sich freiwillig als Beweisperson gestellt hat (Stuttgart NJW 78, 711; Bay aaO) oder dass er den Notstand verschuldet hat (BGHSt 7, 332; StV 95, 250; aM Sch/Sch-Lenckner 11 mwN; str), schließt die Milderung nicht notwendig aus, ist aber für die Ermessensentscheidung über deren Gewährung relevant (vgl 12, 13; beachte auch 3).

2. Der Täter muss die Unwahrheit gesagt haben, um die nicht ganz entfernte 2 (RGSt 64, 105) **Gefahr** von sich oder einem Angehörigen abzuwenden, wegen einer vor dem Aussagedelikt begangenen, noch verfolgbaren Tat bestraft oder einer freiheitsentziehenden Maßregel (§§ 63–66) unterworfen zu werden. Dabei genügt die Absicht, sich nur eine mildere Bestrafung zu sichern (BGHSt 29, 293 mwN; str), und bei schon rechtskräftiger Aburteilung die Absicht, nachteilige Vollstreckungsfolgen abzuwenden (Hamburg NJW 52, 634; Bay JR 56, 559). Die Gefahr der Ahndung wegen einer Ordnungswidrigkeit (Bay NJW 71, 630 mit abl Anm Gross NJW 71, 1620) oder eines Dienstvergehens (Tröndle/Fischer 5) scheidet dagegen aus (BT-Dr 7/1261 S 13). Bei Tatsachenzweifeln am Vorliegen der Absicht gilt der Grundsatz in dubio pro reo (NJW 88, 2391; bei Detter NStZ 95, 172; Düsseldorf JR 91, 520). Im Einzelnen:

a) In Frage kommt zB die Gefahr der Bestrafung wegen einer durch falsche 3 Angaben im Ermittlungsverfahren begangenen Strafvereitelung (BGHSt 4, 172), wegen falscher Verdächtigung (BGHSt 7, 332), wegen eines abgeschlossenen Aussagedelikts aus einem früheren Rechtszug (BGHSt 2, 233; bei Holtz MDR 80, 984; Geppert Jura 02, 173, 181; s auch bei Holtz MDR 83, 280; aM Rudolphi SK 10, 14) oder wegen der vorausgegangenen Verabredung eines Meineids nach §§ 154, 30 II (Stuttgart NJW 78, 711; aM Sch/Sch-Lenckner 11); nicht dagegen wegen der später beschworenen, zunächst uneidlichen Falschaussage, die im Meineid aufgeht (BGHSt 5, 269; 8, 301; Geppert aaO; W-Hettinger BT 1 Rdn 761).

b) An einer Gefahr **fehlt** es, wenn der Bestrafung oder Maßregelung ein **Ver-** 4 **folgungshindernis** (zB Verjährung, Amnestie, Ablauf der Antragsfrist) entgegensteht.

c) Ob Aussagenotstand vorliegt, ist nach der **Aussage im Ganzen** zu beurtei- 5 len (RGSt 60, 56). Droht die Gefahr nur im Hinblick auf einen Aussageteil, so genügt das mindestens dann, wenn zwischen den einzelnen Punkten ein innerer Zusammenhang besteht (bei Dallinger MDR 52, 658); droht sie jedoch nur durch den wahren Teil, so scheidet § 157 aus (RGSt 73, 310).

d) Die Gefahr muss **gerade aus der Offenbarung der Wahrheit** erwachsen, 6 der Täter also unter dem Druck stehen, sich selbst (oder einen Angehörigen) zu bezichtigen (Vormbaum JuS 80, 367, 369; Rengier BT II 49/47). Daran fehlt es, wenn der Täter aussagt, um einem Angehörigen ein falsches Alibi zu verschaffen

§ 158 BT. 9. Abschnitt. Falsche uneidliche Aussage und Meineid

(Bergmann, Die Milderung der Strafe nach § 49 Abs. 2 StGB, 1988, S 83) oder um einen anderen von der Erstattung einer Anzeige abzuhalten (BGHSt 7, 2).

7 **e)** Nicht das objektive Vorhandensein der Gefahr, sondern das **Vorstellungsbild** des Täters entscheidet (BGHSt-GS-8, 301; bei Detter NStZ 90, 222). Auch wer unschuldig ist, kann an die Gefahr der Bestrafung glauben (Düsseldorf NJW 86, 1822). Erkennt der Täter eine objektiv bestehende Gefahr nicht, so ist die Vorschrift unanwendbar.

8 **f)** Die Abwendung der Gefahr braucht **nicht der alleinige** oder der Endzweck gewesen zu sein (BGHSt 2, 379; StV 95, 249 mit Bespr Geppert JK 4; Bay NJW 96, 2244).

9 **g)** Es genügt nur eine Gefahr **für den Täter selbst** oder einen Angehörigen (2 zu § 11). Eine analoge Einbeziehung auch anderer nahe stehender Personen ist zur Wahrung der Rechtssicherheit abzulehnen (Bay NJW 86, 202 mit Bespr Krümpelmann/Heusel JR 87, 39 und Ostendorf JZ 87, 335, 338; Braunschweig NStZ 94, 344 mit abl Anm Hauf NStZ 95, 35; Celle NJW 97, 1084; Moldenhauer, in: Momsen ua [Hrsg], Fragmentarisches Strafrecht, 2003, S 187; aM Geppert Jura 02, 173, 180; Weber, Keller-GS, S 325, 339; Rudolphi SK 1 und Vormbaum NK 14).

10 **h)** Die Voraussetzungen des Aussagenotstandes sind **von Amts wegen** zu prüfen, sobald sich ausreichende Anhaltspunkte für sein Vorliegen ergeben haben (Düsseldorf JR 91, 520 mit Anm Heusel, beide mwN); § 157 ist dann auch in den Urteilsgründen zu erörtern (Bay NJW 96, 2244).

11 **3. Abs 2** gilt nur für die uneidlich falsche Aussage (§ 153), aber ohne Rücksicht darauf, ob der Eidesunmündige unter Notstandsvoraussetzungen gehandelt hat. Auf dessen Meineid ist nur Abs 1 anwendbar (vgl auch 2 zu § 154).

12 **4. a)** Zur **Milderung der Strafe nach Ermessen** 5–11 zu § 49 (vgl auch Stuttgart NJW 78, 711 und Bay NStZ-RR 99, 174; speziell zur Ermessensausübung gegenüber „tatverdächtigen" Zeugen Montenbruck JZ 85, 976). Die Milderung ist zu versagen, wenn die Inanspruchnahme eines Zeugnis- oder Auskunftsverweigerungsrechts einen als ungefährlich erkannten Ausweg aus der Zwangslage bot, wenn der Täter diese selbst vorsätzlich herbeigeführt hat (bei Theune NStZ 89, 216) oder wenn die Abwendung der Gefahr angesichts des Gewichts der Falschaussage grob unverhältnismäßig war (zusf Düsseldorf JR 91, 520 mit krit Anm Heusel; eingehend Bergmann aaO [vgl 6] S 81, 108, der im Übrigen mit guten Gründen herausarbeitet, dass die von der Rspr entwickelten Einschränkungen der Strafmilderung nicht ausnahmslos zu deren Voraussetzungen gehören, sondern zum Teil nur auf den fakultativen Charakter der Vorschrift gestützt werden können).

13 **b)** Das **Absehen von Strafe** (7 zu § 49) ist nur zulässig, wenn die Tat eine falsche uneidliche Aussage ist (bei Dallinger MDR 52, 658) und entweder unter den Voraussetzungen des Abs 2 oder von einem Eidesunmündigen begangen wurde.

§ 158 Berichtigung einer falschen Angabe

(1) **Das Gericht kann die Strafe wegen Meineids, falscher Versicherung an Eides Statt oder falscher uneidlicher Aussage nach seinem Ermessen mildern (§ 49 Abs. 2) oder von Strafe absehen, wenn der Täter die falsche Angabe rechtzeitig berichtigt.**

(2) **Die Berichtigung ist verspätet, wenn sie bei der Entscheidung nicht mehr verwertet werden kann oder aus der Tat ein Nachteil für einen anderen entstanden ist oder wenn schon gegen den Täter eine Anzeige erstattet oder eine Untersuchung eingeleitet worden ist.**

Berichtigung einer falschen Angabe § 158

(3) **Die Berichtigung kann bei der Stelle, der die falsche Angabe gemacht worden ist oder die sie im Verfahren zu prüfen hat, sowie bei einem Gericht, einem Staatsanwalt oder einer Polizeibehörde erfolgen.**

1. Mit Rücksicht auf ihren **Zweck** (näher dazu Rudolphi JR 81, 384), der Wahrheit zum Siege zu verhelfen und Nachteile aus falschen Aussagen abzuwenden, ist die Vorschrift weit auszulegen (Hamburg NJW 81, 237). Sie gilt anders als § 157 (dort 1) für alle Fälle der §§ 153–156, für den Anstifter (NJW 51, 727), den Gehilfen (BGHSt 4, 172; Müller, Falsche Zeugenaussage und Beteiligungslehre, 2000, S 365; Geppert Jura 02, 173, 176) und, soweit nicht schon § 24 eingreift, auch für den strafbaren Versuch (BGH aaO). Sie erstreckt sich nur auf die in Abs 1 genannten Aussagedelikte, also zB nicht auf eine tateinheitlich begangene Strafvereitelung (hM; vgl Hamm JMBlNRW 80, 65), und wirkt als **persönlicher Strafaufhebungsgrund** (Vormbaum NK 6; 29 vor § 13) nur zu Gunsten des Berichtigenden.

2. Berichtigen heißt, die eingestanden falsche Aussage (einschr Hamburg NJW 81, 237 mit Bespr Rudolphi JR 81, 384 und Dencker NStZ 82, 461) in allen nicht völlig nebensächlichen Punkten durch die Mitteilung der Wahrheit (nicht etwa durch eine neue falsche, RGSt 59, 87, oder nicht vollständig wahre, BGHSt 9, 99, Aussage) ersetzen (BGHSt 18, 348); dabei muss der Täter die Unrichtigkeit der früheren Aussage eindeutig zu erkennen geben (BGHSt 21, 115). Der Teilnehmer muss auf den Zeugen einwirken, um diesen zur Berichtigung zu bewegen, oder auf seine „Berichtigung" hin muss eine Berichtigung durch den Zeugen erfolgt sein (Müller aaO S 367). Bleibt die Wahrheit der Berichtigung zweifelhaft, so gilt der Grundsatz in dubio pro reo (Bay NJW 76, 860 mit Anm Stree JR 76, 470; Küper NJW 76, 1828, alle mwN; str).

3. Es kommt nur auf objektive, dh durchgängig nicht nach den Vorstellungen des Täters zu bestimmende (diff Sch/Sch-Lenckner 7 mwN; zw), **Rechtzeitigkeit** an, die sich nach dem Eingang der Berichtigung bei der Stelle bestimmt, der gegenüber berichtigt werden kann (RGSt 61, 123; s auch 8). Ob freiwillig berichtigt wird (BGHSt 4, 172), das Motiv der Berichtigung sittlich billigenswert ist (RGSt 62, 303) oder der wahre Sachverhalt schon anderweitig bekannt geworden ist (Vormbaum NK 14), ist unerheblich. Im Übrigen gilt Folgendes **(Abs 2)**:

a) Für die **Verwertbarkeit** kommt es auf die den Rechtszug abschließende, nicht notwendig rechtskräftig werdende Entscheidung in der Sache an (JR 54, 31; Hamm NJW 50, 358).

b) Nachteil ist eine über die Verschlechterung der Beweislage hinausgehende Einbuße nicht nur ideeller Art (NJW 62, 2164), zB Erhebung einer Klage, Einleitung eines Straf- oder Dienststrafverfahrens (RGSt 60, 159), Entstehung von Verfahrenskosten (RGSt 70, 142). Ein Nachteil für die Strafverfolgung (zB Entlassung eines Beschuldigten aus der UHaft) genügt als solcher nicht (Ruß LK 13 mwN; zw).

c) Als **Anzeige** genügt nur die Strafanzeige (RGSt 62, 303), nicht die Selbstanzeige (RGSt 67, 81, 88). **Untersuchung** ist nur die einer Strafverfolgungsbehörde.

4. Die Berichtigung ist nur wirksam, wenn sie gegenüber einer der in **Abs 3** bezeichneten **Stellen** vorgenommen wird.

5. Zur Milderung der Strafe und zum Absehen von ihr 5–11 zu § 49; ist die Gewährung der Vergünstigung kriminalpolitisch problematisch (zB bei einer Berichtigung zu dem Zweck, einer unmittelbar drohenden Anzeige zuvorzukommen), so kommt auch in Frage, nach pflicht-mäßigem Ermessen (50 zu § 46) jegliche Milderung zu versagen (Bottke, Strafrechtswissenschaftliche Methodik und Systematik bei der Lehre vom strafbefreienden und strafmildernden Täterverhalten, 1979, S 643).

§ 159 Versuch der Anstiftung zur Falschaussage

Für den Versuch der Anstiftung zu einer falschen uneidlichen Aussage (§ 153) und einer falschen Versicherung an Eides Statt (§ 156) gelten § 30 Abs. 1 und § 31 Abs. 1 Nr. 1 und Abs. 2 entsprechend.

1. Die Vorschrift gilt **nur** für die falsche uneidliche Aussage und die falsche eidesstattliche Versicherung, nicht für den Meineid; dieser wird unmittelbar von § 30 erfasst.

2. Obwohl der Versuch eines Vergehens nach §§ 153, 156 nicht strafbar ist, bedroht das Gesetz die **versuchte Anstiftung** zu einem solchen Vergehen wegen ihrer besonderen Gefährlichkeit gerade bei den Aussagedelikten selbstständig mit Strafe (Dreher JZ 53, 421, 425; krit Vormbaum GA 86, 353 und NK 5–11 sowie Heinrich JuS 95, 1115, 1117).

3. Zur **versuchten Anstiftung** vgl die Anm zu § 30 I. Warum die Anstiftung nicht zum Erfolg führt, ist auch hier gleichgültig (Heinrich aaO; Geppert Jura 02, 173, 179), zB weil es nicht zur Aussage kommt oder die Aussage nur einen straflosen tauglichen (hM; vgl etwa W-Hettinger BT 1 Rdn 781; anders Vormbaum GA 86, 353, 359 und M-Schroeder/Maiwald BT 2 75/89) oder untauglichen (BGHSt 17, 303; aM BGHSt 24, 38 mit abl Bespr Dreher MDR 71, 410, Schröder JZ 71, 563 und Otto JuS 84, 161, 170, alle mwN; zw) Versuch bildet, weil die Beweisperson entgegen der Annahme des Täters schon zur Falschaussage entschlossen ist (RGSt 74, 303) oder gutgläubig falsch aussagt (Karlsruhe Justiz 82, 141; s auch 5 zu § 160), weil die Aussage wahr ist, die der Täter für falsch hält (RGSt 64, 223, 224), oder weil die Beweisperson die Wahrheit sagt. Gleichgültig ist ferner, ob die Haupttat durch ausdrückliche Falschaussage oder durch Verschweigen begangen werden soll (RGSt 42, 103). Die Aufforderung an einen Zeugen, mit unwahrer Begründung die Aussage zu verweigern, wird nicht erfasst (Bay NJW 55, 1120).

4. Der sog doppelte **Anstiftervorsatz** (bedingter genügt, RGSt 53, 220; 4–6 zu § 26) muss sich darauf erstrecken, dass die Beweisperson den Tatentschluss fasst und dass die Haupttat nach §§ 153 oder 156 begangen wird. Der Täter muss sich namentlich vorstellen, dass die Beweisperson vorsätzlich falsch (3–5 vor § 153) aussagt; sonst kommt § 160 in Frage. Ob die Beweisperson schuldfähig ist und der Täter dies richtig einschätzt, ist nach den Regeln der limitierten Akzessorietät (§ 29) unerheblich (Gallas, Engisch-FS, S 600, 606; Sch/Sch-Lenckner 6).

5. **Teilnahme** am Delikt des § 159 ist in der Form der Kettenanstiftung (8 zu § 26) möglich (hM). Dagegen werden versuchte Kettenanstiftung wegen des von § 30 I abweichenden Gesetzeswortlauts (Vormbaum GA 86, 353, 368 mwN; str) sowie Beihilfe in jeder Form (wie bei § 30, dort 4) nicht erfasst.

6. § 159 ist **subsidiär** gegenüber §§ 153, 156, 26. Über das Verhältnis zu § 160 dort 2–6.

§ 160 Verleitung zur Falschaussage

(1) **Wer einen anderen zur Ableistung eines falschen Eides verleitet, wird mit Freiheitsstrafe bis zu zwei Jahren oder mit Geldstrafe bestraft; wer einen anderen zur Ableistung einer falschen Versicherung an Eides Statt oder einer falschen uneidlichen Aussage verleitet, wird mit Freiheitsstrafe bis zu sechs Monaten oder mit Geldstrafe bis zu einhundertachtzig Tagessätzen bestraft.**

(2) **Der Versuch ist strafbar.**

1. Da die Vorschrift für die wesentlichen Fälle der **Falschbekundung in mittelbarer Täterschaft** selbstständige Tatbestände mit milderen Strafdrohungen

vorsieht, zeigt sie, dass die Aussagedelikte als eigenhändige Straftaten aufzufassen sind (7 vor § 153). Zu der im Übrigen umstrittenen Struktur des § 160 (Grundtatbestand, Auffangtatbestand, privilegierte Anstiftung, Spezialfall der Urheberschaft) Gallas, Engisch-FS, S 600; Hruschka JZ 67, 210; Eschenbach Jura 93, 407; Vormbaum NK 11–13.

2. Verleiten ist hier das Bestimmen eines anderen zur unvorsätzlichen Tat 2 (Geppert Jura 02, 173, 179; Küper BT S 126). Anders als im Falle des § 159 (dort 4) will der Täter, dass die Beweisperson gutgläubig (wenn auch vielleicht fahrlässig, RGSt 64, 225) falsch (3–5 vor § 153) aussagt und auch sonst den äußeren Tatbestand eines Aussagedelikts erfüllt (hM; anders Hruschka aaO [vgl 1], der nicht auf Gutgläubigkeit abstellt). Hierher gehört auch das Verleiten eines anderen zur Unterzeichnung eines Schriftstücks, das eine eidesstattliche Versicherung enthält (RGSt 34, 298).

3. Die Strafbarkeit des **Versuchs** (Abs 2) hat hier dieselben Gründe wie im 3 Falle des § 159 (dort 2, unrichtig Hirsch JZ 55, 234). Versuch liegt namentlich vor, wenn es nicht zur Aussage (einschl Eid und eidesstattlicher Versicherung) kommt oder diese wahr ist (RGSt 15, 148). Wird falsch ausgesagt, so gilt Folgendes:

a) War die Beweisperson entgegen der Annahme des Täters **bösgläubig,** so ist 4 § 160 vollendet (BGHSt 21, 116; Heinrich JuS 95, 1115, 1118; Küpper BT 1 II 2/33; Rengier BT II 49/57; Sch/Sch-Lenckner 9). Zwar ist es nicht zu der bezweckten unvorsätzlichen Tat der Beweisperson gekommen. Deren Vorsatztat schließt aber als die weitergehende die unvorsätzliche ein (argumentum a maiore ad minus); mindestens handelt es sich um eine für die Beurteilung unwesentliche Abweichung der Vorstellung von der Wirklichkeit (11 zu § 15). Die Annahme nur eines fehlgeschlagenen Versuchs ist zwar mit beachtlichen dogmatischen Gründen vertretbar, aber im sachlichen Ergebnis schwer erträglich (aM RGSt 11, 418; Gallas, Engisch-FS, S 600; Otto JuS 84, 161, 171; Eschenbach Jura 93, 407, 411; Geppert Jura 02, 173, 180; Hohmann/Sander BT II 21/32; M-Schroeder/Maiwald BT 2 75/102; W-Hettinger BT 1 Rdn 783; Joecks 6).

b) War die Beweisperson entgegen der Annahme des Täters **gutgläubig,** so ist 5 § 160 nicht erfüllt (hM; anders Hruschka JZ 67, 210; Hruschka/Kässer JuS 72, 709, 713). Auch eine vollendete Anstiftung liegt nicht vor (hM; jetzt auch Tröndle/Fischer 3; s auch 9a vor § 25). Verwirklicht ist vielmehr nur eine versuchte Anstiftung nach § 30 allein oder iVm § 159 (Karlsruhe Justiz 82, 141; Gallas aaO [vgl 4] S 620; Heinrich JuS 95, 1115, 1118).

c) War die Behörde entgegen der Annahme des Täters **unzuständig,** so liegt 6 Versuch nach § 160 vor (beachte BGHSt 1, 13; 24, 38; s auch 9 zu § 154).

§§ 161, 162 *(weggefallen)*

§ 163 Fahrlässiger Falscheid; fahrlässige falsche Versicherung an Eides Statt

(1) **Wenn eine der in den §§ 154 bis 156 bezeichneten Handlungen aus Fahrlässigkeit begangen worden ist, so tritt Freiheitsstrafe bis zu einem Jahr oder Geldstrafe ein.**
(2) **Straflosigkeit tritt ein, wenn der Täter die falsche Angabe rechtzeitig berichtigt. Die Vorschriften des § 158 Abs. 2 und 3 gelten entsprechend.**

1. Der äußere Tatbestand setzt **objektiv falsche Angaben** (3–5 vor § 153) 1 und die Beteuerung durch Eid, eidesgleiche Bekräftigung oder eidesstattliche Versicherung (§§ 154–156) voraus. Fahrlässig falsche uneidliche Aussage und fahrlässige Verleitung genügen nicht.

§ 164   BT. 10. Abschnitt. Falsche Verdächtigung

2   **2. Fahrlässigkeit** 35–54 zu § 15. Sie kann hier namentlich auf folgenden Gründen beruhen:
   a) Der Täter kennt die **Unwahrheit** seiner Angaben nicht, obwohl er sie kennen muss. Beim Zeugen trifft das zu, wenn er aus Nachlässigkeit sein Erinnerungsbild nicht so wiedergibt, wie es noch in seinem Gedächtnis besteht, wenn er etwas Unwahres als sicheres Erinnerungsbild hinstellt, obwohl er es wegen mangelnder Überlegung nicht als sicheres Wissen ausgeben darf, oder wenn er es schuldhaft unterlässt, tatsächliche Anhaltspunkte oder äußere Hilfsmittel zu benutzen, die sich ihm während der Vernehmung darbieten und die geeignet sind, mindestens Zweifel an der Richtigkeit seines Erinnerungsbildes zu wecken (GA 73, 376; Koblenz NStZ 84, 511 mit Anm Bohnert JR 84, 425; zusf Krehl NStZ 91, 416; Rspr-Analyse bei Duttge, Zur Bestimmtheit des Handlungsunwerts von Fahrlässigkeitsdelikten, 2001, S 314, 445). Eine Pflicht zur Vorbereitung auf die Vernehmung hat der Zeuge grundsätzlich nicht (hM). Die auf ungenügender Vorbereitung beruhende Unsicherheit seines Erinnerungsbildes kann ihm deshalb ebenso wenig zur Last gelegt werden wie ein eingewurzeltes falsches Erinnerungsbild, das er nicht mehr korrigieren kann (GA 67, 215; Köln MDR 80, 421; krit Dedes JR 83, 99). Eine „gesteigerte Vergewisserungspflicht" kommt nur für Zeugen in Frage, die über Beobachtungen im Rahmen ihrer amtlichen Tätigkeit (zB als Polizeibeamte über Verkehrsvorgänge) aussagen (hM; anders Nöldeke NJW 79, 1644; Krehl NStZ 91, 416 Vormbaum NK 28, alle mwN; zw). Der Sachverständige (4 vor § 153; 7 zu § 154), die Prozesspartei (hM; anders Vormbaum NK 35) und der zur Offenbarung seines Vermögens verpflichtete Schuldner (4 zu § 156) haben auf Grund ihrer Verfahrensstellung eine Informationspflicht vor der Aussage, so dass hier der Vorwurf auch auf mangelnde Vorbereitung gestützt werden kann (RGSt 62, 126). Dasselbe gilt bei schriftlichen, freiwillig abgegebenen eidesstattlichen Versicherungen (Celle NJW 57, 1609; Karlsruhe GA 71, 59).

3   **b)** Der Täter erkennt nicht, dass seine Angaben **unter den Eid fallen** oder dass die abgegebene Erklärung eine eidesstattliche Versicherung ist (RGSt 60, 407; 70, 266; beachte 9 zu § 154).

4   **c)** Er hält die Behörde irrig für **unzuständig** (9 zu § 154).

5   **3.** Fahrlässige Eidesverletzung geht in vorsätzlicher auf (RGSt 60, 58). Mit § 153 ist **Tateinheit** möglich (BGHSt 4, 214).

6   **4.** Die **Berichtigung** (1–7 zu § 158) bewirkt hier, dass Straflosigkeit eintritt (Abs 2 S 1; zusf Bottke, Strafrechtswissenschaftliche Methodik und Systematik bei der Lehre vom strafbefreienden und strafmildernden Täterverhalten, 1979, S 622).

10. Abschnitt. Falsche Verdächtigung

§ 164 Falsche Verdächtigung

(1) **Wer einen anderen bei einer Behörde oder einem zur Entgegennahme von Anzeigen zuständigen Amtsträger oder militärischen Vorgesetzten oder öffentlich wider besseres Wissen einer rechtswidrigen Tat oder der Verletzung einer Dienstpflicht in der Absicht verdächtigt, ein behördliches Verfahren oder andere behördliche Maßnahmen gegen ihn herbeizuführen oder fortdauern zu lassen, wird mit Freiheitsstrafe bis zu fünf Jahren oder mit Geldstrafe bestraft.**

(2) **Ebenso wird bestraft, wer in gleicher Absicht bei einer der in Absatz 1 bezeichneten Stellen oder öffentlich über einen anderen wider besseres Wissen eine sonstige Behauptung tatsächlicher Art aufstellt, die geeignet ist, ein behördliches Verfahren oder andere behördliche Maßnahmen gegen ihn herbeizuführen oder fortdauern zu lassen.**

Falsche Verdächtigung **§ 164**

1. Die Vorschrift **schützt** nebeneinander die **inländische staatliche Rechts-** 1
pflege gegen ungerechtfertigte Beanspruchung und Irreführung sowie den **einzelnen** gegen unbegründete Zwangsmaßnahmen der (auch ausländischen) Staatsgewalt (BGHSt 5, 66; 9, 240; Geilen Jura 84, 251; Hefendehl, Kollektive Rechtsgüter im Strafrecht, 2002, S 326; W-Hettinger BT 1 Rdn 686–688; Ruß LK 1–3; aM Langer, Die falsche Verdächtigung, 1973, S 64; GA 87, 289, 290 und Schlüchter-GS, S 361, 364 sowie Rudolphi/Rogall SK 1, 2, die das Individualinteresse des Einzelnen nur als Schutzreflex anerkennen, während Hirsch, Schröder-GS, S 307, Vormbaum, Der strafrechtliche Schutz des Strafurteils, 1987, S 449 und NK 10 sowie Schmidhäuser BT 6/6 umgekehrt das Rechtspflegeinteresse als bloßen Schutzreflex ansehen; für ausschließlichen Schutz eines Individualrechtsguts Schneider, Grund und Grenzen des strafrechtlichen Selbstbegünstigungsprinzips, 1991, S 314; für ausschließlichen Schutz der innerstaatlichen Sanktionsrechtspflege Deutscher, Grundfragen der falschen Straftatverdächtigung, 1992, S 22; zust Otto Jura 00, 217, 218). Ist nur eines der Rechtsgüter verletzt, so ist § 164 anwendbar (Schröder NJW 65, 1888; krit Langer aaO [Verdächtigung] S 36 und Schlüchter-GS, S 361, 363). – Zur **Kriminologie** der falschen Verdächtigung Geerds Jura 85, 617; zu ihrer **Reform** Britsch JZ 73, 351; Langer aaO und Bernhard, Falsche Verdächtigung ..., 2003, S 136; zu ihrer **Geschichte** Bernhard aaO S 5 und Vormbaum NK 2–6.

2. Der **äußere Tatbestand der Abs 1, 2** setzt übereinstimmend voraus, dass 2
die Tat

a) sich gegen einen **bestimmten** anderen richtet, also gegen eine vom Täter verschiedene lebende Person, die nicht unbedingt namentlich bezeichnet, aber so weit erkennbar gemacht sein muss, dass sie identifiziert werden kann (BGHSt 13, 219; Brandenburg NJW 96, 141, 142; zusf Geilen Jura 84, 300, 304). Sonst, zB bei Selbstbezichtigung oder Anzeige gegen Unbekannt, kommt § 145 d in Frage (uU auch §§ 189, 258);

b) gegenüber einer **Behörde** (20 zu § 11), auch einer ausländischen (NJW 52, 3
1385; Köln NJW 52, 117; Vormbaum NK 32; einschr Rudolphi/Rogall; SK 32 mwN; str), einem zur Entgegennahme von Anzeigen zuständigen Beamten oder militärischen Vorgesetzten (zB einem Polizeibeamten, einem StA oder einem Disziplinarvorgesetzten) oder öffentlich (2 zu § 80 a) begangen wird.

3. Zu den **Tathandlungen:** 4

a) aa) Abs 1: Verdächtigen ist das Lenken eines Verdachts (auch Verstärken eines schon bestehenden Verdachts, BGHSt 14, 240, 246) auf einen anderen (zusf Geilen Jura 84, 251, 252), sei es durch ausdrückliche oder stillschweigende Äußerung, durch sog Beweismittelfiktion, dh durch versteckte Manipulation wie zB Vorlegen oder Unterschieben belastenden Beweismaterials (hM; vgl BGHSt 9, 240; Blei GA 57, 139; Rengier BT II 50/7; Küper BT S 321; Rudolphi/Rogall SK 12: sog isolierte Beweismittelfiktion; anders Langer, Lackner-FS, S 541, 542 und Schlüchter-GS, S 361, 366; Fuhr, Die Äußerung im StGB, 2001, S 93; W-Hettinger BT 1 Rdn 692–694; Vormbaum NK 20, 21; zw), oder durch unechtes Unterlassen in Garantenstellung (BGHSt 14, 240, 246; Welp JuS 83, 865, 867; eingehend Fuhr aaO S 231; einschr Rudolphi/Rogall SK 17). Dabei muss der Täter **Tatsachen** behaupten (darauf einschr Langer aaO S 545) oder auch nur sprechen lassen (so die hM), die nach den konkreten Umständen (Deutscher aaO [vgl 1] S 76; Langer aaO S 550; Zieschang, Die Gefährdungsdelikte, 1998, S 323) geeignet sind, den für behördliches Einschreiten erforderlichen Verdachtsgrad zu begründen (Rudolphi/Rogall SK 4, 5; Ruß LK 7); daher genügt weder das Äußern eines reinen, nicht durch Tatsachen gestützten Verdachtsurteils (Langer aaO S 558 und Schlüchter-GS, S 361, 369) noch im Falle der Beweismittelfiktion eine zur

§ 164 BT. 10. Abschnitt. Falsche Verdächtigung

Verschlechterung der Beweislage des Betroffenen von vornherein ungeeignete Manipulation (Geilen aaO S 254). Verdächtigung liegt danach regelmäßig nicht vor: wenn die Angaben des Täters Gründe enthalten, die das Vorliegen einer rechtswidrigen Tat (zB wegen eines Rechtfertigungsgrundes) ausschließen; wenn er nur Rechtsausführungen macht, ohne Tatsachen (einschl einfacher Rechtsbegriffe, die im Verkehr als Tatsachen gelten) zur Begründung des Verdachts vorzubringen (Sch/Sch-Lenckner 6, 7); wenn er aus nicht belastenden Tatsachen lediglich falsche rechtliche (Bay NJW 57, 1644; Köln MDR 61, 618; KG JR 63, 351), uU auch nur falsche tatsächliche (RGSt 71, 167, 169) Schlüsse zieht; oder wenn er eine fremde Verdächtigung an die zuständige Behörde nur weiterleitet (BGHSt 14, 240; Rudolphi/Rogall SK 13; s auch Fuhr aaO S 169). – Die Einbettung in **strafprozessuale Formen** (Strafanzeige, Strafantrag, Vernehmung) ist für das Verdächtigen unerheblich (Langer aaO S 560; einschr Bay NJW 86, 441). Namentlich durch **Selbstbegünstigungsabsicht** wird es nicht ausgeschlossen (BGHSt 18, 204; Schneider aaO [vgl 1] S 302, 322; speziell zu Ermittlungsverfahren auf Grund einer Anzeige eines gedopten Sportlers Karakaya/Kölling SpuRt 01, 49); jedoch werden seine Voraussetzungen – allerdings mit unterschiedlicher Begründung – verneint, wenn der Täter sich auf das Leugnen einer ihm vorgeworfenen Tat beschränkt und daraus lediglich auf die Täterschaft eines bestimmten anderen geschlossen werden muss (Hamm VRS 32, 441), und zwar nach hM (anders Langer aaO S 562; Schneider NZV 92, 471 mit Erwiderung Bienko NZV 93, 98; Deutscher aaO [vgl 1] S 121) selbst dann, wenn er in dieser Lage den anderen als Täter bezeichnet, ohne zusätzliche irreführende Hinweise zu geben (Düsseldorf NJW 92, 1119 mit krit Bespr Mitsch JZ 92, 979, Langer, Schlüchter-GS, S 361, 367 und Geppert JK 3; Frankfurt DAR 99, 225 mit Bespr Geppert JK 4; zu weit Bay NJW 86, 441 mit Bespr Keller JR 86, 30, Fahrenhorst JuS 87, 707, 708 und Langer JZ 87, 804; vgl auch Fezer, Stree/Wessels-FS, S 663, 674; Torka, Nachtatverhalten und nemo tenetur, 2000, S 165; Verrel, Die Selbstbelastungsfreiheit im Strafverfahren, 2001, S 88; Rengier BT II 50/19, 20; W-Hettinger aaO Rdn 697; Rudolphi/Rogall SK 15, alle mwN).

5   bb) **Rechtswidrige Tat** (18 zu § 11) ist nicht die Ordnungswidrigkeit, die uU allerdings unter Abs 2 fällt (vgl 6). Nach der Rspr muss die Tat auch zurzeit der Aburteilung noch mit Strafe bedroht sein (4 zu § 2; Dannecker, Das intertemporale Strafrecht, 1993, S 495; zw); außerdem muss sie nach dem Schutzzweck des Abs 1 und seinem Verhältnis zu Abs 2 geeignet sein, ein behördliches Verfahren oder andere behördliche Maßnahmen herbeizuführen oder fortdauern zu lassen (StV 02, 303; StraFo 03, 321; Hamm NStZ-RR 02, 167; Rengier BT II 50/8; W-Hettinger BT 1 Rdn 695). Es genügt daher idR nicht, wenn jemand einer zwar rechtswidrigen, aber (zB wegen Notstandes) entschuldigten, sonst (zB wegen Rücktritts) strafrechtlich nicht sanktionierten oder auch nur (zB wegen Verjährung) nicht verfolgbaren Tat verdächtigt wird (hM; vgl Hamm aaO; Geilen Jura 84, 251, 257; Langer, Schlüchter-GS, S 362, 363); umgekehrt kann der Tatbestand aber erfüllt sein, wenn die Verdächtigung eine wirklich begangene rechtswidrige Tat betrifft, aber Umstände (zB Entschuldigungsgründe, Strafausschließungsgründe oder Verfolgungshindernisse) verschwiegen werden, die einen behördlichen Zugriff ausschließen würden (hM; vgl Brandenburg NJW 96, 141; Geilen Jura 84, 300; anders Rudolphi/Rogall SK 24; zum Verschweigen rechtfertigender Umstände Karlsruhe NStZ-RR 97, 37). – Die Verletzung der **Dienstpflicht** muss disziplinarisch ahndbar sein, was auch bei Soldaten in Frage kommt; bloße Standespflichten in Berufen mit Ehrengerichtsbarkeit, zB Rechtsanwälte und Ärzte, gehören jedoch nicht hierher (hM; vgl etwa Sch/Sch-Lenckner 11 mwN; zw).

6   b) **Abs 2: Aufstellen von Behauptungen tatsächlicher Art** 3, 5 zu § 186. Beweismanipulationen (vgl 4) werden hier nicht erfasst (Rudolphi/Rogall SK 37).

Falsche Verdächtigung **§ 164**

Behördliche Verfahren oder andere behördliche Maßnahmen (krit Geilen Jura 84, 300, 304) sind zB Sicherungsverfahren, Bußgeldverfahren (bei Holtz MDR 78, 623) und Verfahren zur Entziehung der Fahr- oder Gewerbeerlaubnis oder des Sorgerechts (Bay NJW 58, 1103), nicht jedoch Maßnahmen im Zivilprozess (RG JW 38, 2733).

4. Die Verdächtigung oder Behauptung muss **objektiv unwahr** sein. Bei der 7 Verdächtigung setzt das nicht notwendig Unschuld des Betroffenen voraus; da die Tat nach dem Schutzzweck der Vorschrift als Täuschungs-(Behauptungs-)delikt, nicht als Beschuldigungsdelikt zu verstehen ist, kommt es auf den Wahrheits- und Vollständigkeitsgehalt, den **Tatsachenkern**, des unterbreiteten Materials an (hM; vgl etwa W-Hettinger BT 1 Rdn 700). Eine Verdächtigung kann daher schon falsch sein, wenn ein Verdacht, der nach dem Grundsatz in dubio pro reo begründet ist und dem Täter auch – sei es nur möglicherweise – begründet erscheint, durch unwahre Tatsachenbehauptungen untermauert wird (hM; vgl etwa Langer, Tröndle-FS, S 265; Otto Jura 00, 217; Küper BT S 323; Vormbaum NK 54; anders BGHSt 35, 50 mit abl Bespr Fezer NStZ 88, 177 und Deutscher JuS 88, 526; Schilling, Kaufmann [Arm]-GS, S 595; Krey BT 1 Rdn 596 c). Andererseits muss sie noch nicht falsch sein, wenn Behauptungen nur aufgebauscht (JR 53, 181) oder in Einzelheiten unrichtig, in dem für die Begründung des Verdachts notwendigen Gehalt (dazu Karlsruhe Justiz 86, 195) aber wahr sind (bei Dallinger MDR 56, 270; Bay NJW 53, 353; 56, 273); Hinzudichten eines Strafverschwerungsgrundes (zB § 211 statt § 212) kann jedoch genügen (5 StR 168/68 v 21. 5. 1968; RGSt 15, 391, 395; Rudolphi/Rogall SK 28).

5. Zum **inneren Tatbestand der Abs 1, 2:** 8

a) Der Täter muss die Unwahrheit der Verdächtigung oder Behauptung sowie die Relevanz der verschwiegenen Umstände (Brandenburg NJW 96, 141; Karlsruhe NStZ-RR 97, 37) **sicher kennen** (wider besseres Wissen, 1 zu § 187; Düsseldorf NJW 00, 3582 mit Bespr Müller NStZ 02, 356, 357 und Otto JK 5) und die übrigen Merkmale des objektiven Tatbestandes mit **Vorsatz** (bedingter genügt) verwirklichen. Wenn der Verdacht auf eine andere als die vom Täter gemeinte Person fällt, so liegt nach hM (anders Herzberg ZStW 85, 867, 892; Schroth, Vorsatz und Irrtum, 1998, S 106) eine unwesentliche Abweichung des Kausalverlaufs (11 zu § 15) und daher eine vollendete Tat vor (vgl etwa BGHSt 9, 240; Prittwitz GA 83, 110, 131; Rudolphi/Rogall SK 41); wegen des Schutzes auch des Einzelnen (oben 1) ist eine aberratio ictus und damit strafloser Versuch anzunehmen (Kühl AT 13/40; Roxin AT I 12/158).

b) Für die neben dem Vorsatz erforderliche **Absicht** genügt direkter Vorsatz 9 (20–22 zu § 15). Sie ist also nicht auf den Beweggrund oder auf zielgerichtetes Wollen beschränkt (BGHSt 13, 219; 18, 204; Düsseldorf NStZ-RR 96, 198; Lenckner NJW 67, 1890; Schneider aaO [vgl 4] S 311; Deutscher aaO [vgl 1] S 84; Saal NZV 98, 218; aM Langer GA 87, 289, 302 und JZ 87, 804, 808 sowie Vormbaum NK 64, alle mwN; zw). Regelmäßig (aber nicht notwendig, Bay NJW 86, 441) liegt sie vor, wenn jemand eine Tat bestreitet und den Verdacht auf einen bestimmten anderen lenkt (Bay JZ 60, 707; Hamm NJW 65, 62). Es genügt, wenn der Täter das behördliche Verfahren als solches will, auch wenn er an dessen Erfolg, etwa wegen Fehlens des Strafantrags, nicht glaubt.

6. Vollendet ist die Tat, wenn die Verdächtigung der Behörde oder Stelle zu- 10 gegangen oder wenn die Vernehmung, in der die Verdächtigung geäußert wurde, abgeschlossen ist (Düsseldorf NJW 00, 3582 mit Bespr Müller NStZ 02, 356, 357 und Otto JK 5); Verdacht braucht der Adressat noch nicht geschöpft zu haben (Langer GA 87, 289, 300 und JZ 87, 804, 806). Vorherige oder gleichzeitige Richtigstellung hindert die Vollendung (Düsseldorf und Müller, jeweils aaO).

§§ 165, 166 BT. 11. Abschnitt. Religion und Weltanschauung

Spätere freiwillige Berichtigung ist kein Rücktritt nach § 24. Jedoch ist § 158 im Hinblick auf die der Falschaussage und der Falschverdächtigung übereinstimmend zugrundeliegenden Zwecke analog anzuwenden (hM; vgl etwa Rengier BT II 50/26; anders Deutscher aaO [vgl 1] S 174; Rudolphi/Rogall SK 45; zu möglichen Friktionen Berz, Stree/Wessels-FS, S 331, 337, der deshalb eine analoge Anwendung der §§ 83 a I, III, 311 e II Nr 1 aF [jetzt § 314 a II Nr 1] befürwortet; zw). – Mangels Strafbarkeit des **Versuchs** wird eine objektiv wahre Anschuldigung, die der Täter irrig für falsch hält, nicht erfasst.

11   7. Als **Rechtfertigungsgrund** ist § 193 nicht anwendbar (dort 2). Auch **Einwilligung** des Verdächtigten rechtfertigt im Regelfall einen Angriff auf die Rechtspflege nicht (hM; vgl BGHSt 5, 66; Rudolphi/Rogall SK 46; anders Hirsch aaO [vgl 1] S 318; Mitsch Jura 88, 203, 204; Vormbaum NK 66). Auch andere, über den allgemein anerkannten Bestand hinausgehende Möglichkeiten des Unrechts-, Schuld- oder Strafausschlusses scheiden regelmäßig aus (Langer JZ 87, 804, 809; zu umstrittenen Möglichkeiten der Rechtfertigung oder schon der Tatbestandseinschränkung bei nachrichtendienstlichem Handeln von Behörden beachte 17 vor § 32).

12   8. Abs 2 tritt hinter dem **spezielleren** Abs 1 zurück (W-Hettinger BT 1 Rdn 690; Sch/Sch-Lenckner 3). **Tateinheit** ua möglich mit §§ 153 ff, 187, 187 a. Zur Verdächtigung mehrerer Personen in einer Schrift GA 62, 24 und Rudolphi/Rogall SK 49. – **Wahlfeststellung** zwischen § 164 und §§ 153 oder 154 ist zulässig (14 zu § 1; aM Vormbaum NK 82; zw).

13   9. Beachte § 154 e StPO.

§ 165 Bekanntgabe der Verurteilung

(1) **Ist die Tat nach § 164 öffentlich oder durch Verbreiten von Schriften (§ 11 Abs. 3) begangen und wird ihretwegen auf Strafe erkannt, so ist auf Antrag des Verletzten anzuordnen, daß die Verurteilung wegen falscher Verdächtigung auf Verlangen öffentlich bekanntgemacht wird. Stirbt der Verletzte, so geht das Antragsrecht auf die in § 77 Abs. 2 bezeichneten Angehörigen über. § 77 Abs. 2 bis 4 gilt entsprechend.**

(2) **Für die Art der Bekanntmachung gilt § 200 Abs. 2 entsprechend.**

1   1. **Inhalt und Zweck** der Vorschrift decken sich weitgehend mit § 200. Die Ausführungen dort unter 1, 2, 4–6 gelten sinngemäß.

2   2. Abweichend von § 200 kann den Antrag grundsätzlich **nur der Verletzte**, unter den Voraussetzungen des § 77 III auch oder nur der gesetzliche Vertreter oder Sorgeberechtigte stellen. Zum Übergang des Antragsrechts auf die Angehörigen 8 zu § 77. – Wer in die Tat eingewilligt hat, ist nicht Verletzter (BGHSt 5, 66, 69; Rudolphi/Rogall SK 2).

11. Abschnitt. Straftaten, welche sich auf Religion und Weltanschauung beziehen

§ 166 Beschimpfung von Bekenntnissen, Religionsgesellschaften und Weltanschauungsvereinigungen

(1) **Wer öffentlich oder durch Verbreiten von Schriften (§ 11 Abs. 3) den Inhalt des religiösen oder weltanschaulichen Bekenntnisses anderer in einer Weise beschimpft, die geeignet ist, den öffentlichen Frieden zu stören, wird mit Freiheitsstrafe bis zu drei Jahren oder mit Geldstrafe bestraft.**

Beschimpfung von Bekenntnissen § **166**

(2) **Ebenso wird bestraft, wer öffentlich oder durch Verbreiten von Schriften (§ 11 Abs.** 3) **eine im Inland bestehende Kirche oder andere Religionsgesellschaft oder Weltanschauungsvereinigung, ihre Einrichtungen oder Gebräuche in einer Weise beschimpft, die geeignet ist, den öffentlichen Frieden zu stören.**

1. Die Vorschrift **schützt den öffentlichen Frieden** (1 zu § 126), nicht das 1 religiöse Empfinden des einzelnen, nicht den sachlichen Inhalt religiöser oder weltanschaulicher Bekenntnisse und auch nicht die in Abs 2 genannten Organisationen als solche (hM; vgl etwa BT-Dr V/4094 S 28; Dippel LK 6–11; Herzog NK 1 vor und 1 zu § 166; Rudolphi/Rogall 1, 2 vor § 166; Sch/Sch-Lenckner 2 vor § 166; ebenso Hufen JuS 99, 911, der aber als „eigentliches Schutzgut" Art 4 GG betrachtet; ähnlich Stumpf GA 04, 104, 109, der neben der Religionsfreiheit das staatliche Kulturinteresse betont; krit zur hM Stratenwerth, Lenckner-FS, S 377, 386; anders Fischer GA 89, 445, der die Struktur des Tatbestandes für verfehlt hält; abl zu jeder Form strafrechtlichen Schutzes von Religion und Weltanschauung Hassemer, in: Vallauri/Dilcher [Hrsg], Christentum, Säkularisation und modernes Recht, 1981, S 1309; für ersatzlose Streichung der Vorschrift Beisel, Die Kunstfreiheitsgarantie des Grundgesetzes und ihre strafrechtlichen Grenzen, 1997, S 360, und Hefendehl, Kollektive Rechtsgüter im Strafrecht, 2002, S 297 sowie Hörnle, in: Hefendehl/v Hirsch/Wohlers [Hrsg], Die Rechtsgutstheorie, 2003, S 268, 274, die § 166 zu den „einfachen Gefühlsschutztatbeständen" zählt; krit zu den Kritikern der Legitimität der Vorschrift Rudolphi/Rogall SK 4–9). Dass auch weltanschauliche Bekenntnisse und Vereinigungen geschützt sind, beruht auf dem verfassungsrechtlichen Gebot ihrer Gleichstellung (Art 4 I, 140 GG iVm Art 137 VII WRV). – Für eine Umgestaltung der Vorschrift in ein Delikt zum Schutz der Achtung des religiösen und weltanschaulichen Toleranzgebotes vgl den GesEntw der CDU/CSU-Fraktion BT-Dr 14/4558 (krit Renzikowski, Meurer – GS, S 179, der den Schlüssel zur Erklärung des § 166 in der liberalen Begründung der Toleranz sieht, S 187).

2. a) Abs 1 betrifft sowohl kollektive wie individuelle **Bekenntnisse** (BT-Dr 2 V/4094 S 29). **Religiös** ist ein Bekenntnis, wenn sein Inhalt durch den Glauben an ein höheres göttliches Wesen (oder an mehrere) geprägt ist, **weltanschaulich,** wenn es ohne Rückgriff auf ein göttliches Wesen die Welt im ganzen zu begreifen und die Stellung des Menschen in der Welt zu bestimmen sucht (Dippel LK 18–21 mwN). Gegenstand der Tat ist nur der Inhalt des Bekenntnisses; Beschimpfung ohne den erforderlichen Bezug zum Inhalt genügt daher nicht (aM Koblenz NJW 93, 1808 und Sch/Sch-Lenckner 4). Darüber hinaus ist restriktive Auslegung insofern geboten, als nur essentielle Bestandteile des Bekenntnisses in den Schutzbereich fallen (Zipf NJW 69, 1944; Herzog NK 6; aM Eser aaO [vgl 1] S 828; Dippel LK 15; zw).

b) Abs 2 erfasst neben den christlichen Kirchen **jede Religionsgesellschaft,** 3 ohne Rücksicht auf ihre Anerkennung als Körperschaft des öffentlichen Rechts. – **Weltanschauungsvereinigung** ist eine Vereinigung (2 zu § 129), die sich zu einer Weltanschauung (vgl 2) bekennt und gemeinsame Erfüllung der daraus erwachsenden Aufgaben bezweckt (Dippel LK 72–74); speziell zur „Scientologie-Organisation abl Tröndle/Fischer 7, in strafvollzugsrechtlichem Zusammenhang auch Schöch, Müller-Dietz-FS, S 803, beide mwN. – **Inland** 4 vor § 3 (s auch Dippel LK 81, 82 mwN). – **Einrichtungen** sind die von befugten Stellen geschaffenen allgemeinen Ordnungen für die innere und äußere Verfassung und für die Religionsausübung, zB Christusverehrung, Marienkult, Taufe, Eucharistie, Kommunion, Konfirmation, Messe, Abendmahl, Beichte, Priestertum, Predigtamt (vgl etwa Bay 54, 144; Düsseldorf NJW 83, 1211; Karlsruhe NStZ 86, 363; Nürnberg NStZ-RR 99, 238; zusf Dippel LK 75–78 mwN). – **Gebräuche** sind in der

§ 167 BT. 11. Abschnitt. Religion und Weltanschauung

Gesellschaft oder Vereinigung allgemein anerkannte tatsächliche Übungen, zB das Kreuzzeichen (Bay aaO; Joecks 3; Herzog NK 20 mwN).

4 **3. a) Beschimpfen** 6 zu § 90a. Das besonders Verletzende kann hier namentlich darin liegen, dass die von den Anhängern des Bekenntnisses als heilig angesehenen geistigen Inhalte in den Schmutz gezogen werden (Köln NJW 82, 657; Celle NJW 86, 1275; Nürnberg NStZ-RR 99, 238; LG Düsseldorf NStZ 82, 290; einschr LG Frankfurt NJW 82, 658); im Hinblick auf die Freiheit der Meinungsäußerung ist enge Auslegung geboten (zu eng jedoch Karlsruhe NStZ 86, 363 mit Anm Ott; abl Katholnigg NStZ 86, 555). Die Äußerung muss sich gegen die in Abs 1, 2 genannten Schutzobjekte als solche richten; Beschimpfungen, die sie nur mittelbar treffen, genügen nicht (Dippel LK 84–87; Rudolphi/Rogall SK 3; aM Sch/Sch-Lenckner 4). – **Wissenschaftliche Kritik** in sachlicher Form scheidet aus. Für Angriffe, die in einem **Kunstwerk** enthalten sind, gelten die Ausführungen unter 14 zu § 193 sinngemäß; da der öffentliche Frieden und die Religionsfreiheit (Hufen aaO [vgl 1]) ebenso wie die Kunstfreiheit hohe Gemeinschaftswerte sind, hängt das Ergebnis der gebotenen Wertabwägung von den Umständen des Einzelfalls ab (Köln NJW 82, 657; BVerwG NJW 99, 304 mit Bespr Hufen aaO; OVG Koblenz NJW 97, 1174; Fischer, Die strafrechtliche Beurteilung von Werken der Kunst, 1995, S 134; Rudolphi/Rogall SK 13; speziell zu Karikaturen und satirischen Darstellungen LG Bochum NJW 89, 727; Würtenberger NJW 82, 610).

5 **b) Öffentlich** 2 zu § 80a. **Verbreiten** von Schriften oder anderen Darstellungen 27, 28 zu § 11; 5, 6 zu § 74d. – Speziell zur Tatbegehung über das Internet Nürnberg NStZ-RR 99, 238.

6 **4.** Zur **Eignung** der Beschimpfung, den **öffentlichen Frieden** zu stören, 4 zu § 126 (beachte ua Düsseldorf NJW 83, 1211; Celle NJW 86, 1275; Nürnberg aaO [vgl 5] mit Bespr Otto JK 1; Herzog NK 13–16; Rudolphi/Rogall 2 und 16–18; krit Eser aaO [vgl 1] S 831 und Tröndle/Fischer 14); für die Streichung dieses Erfordernis ist der GesEntw der CDU/CSU-Fraktion aaO [vgl 1].

7 **5.** Der **Vorsatz** (bedingter genügt, Koblenz NJW 93, 1808) muss auch die Eignung zur Friedensstörung umfassen (5 zu § 126).

8 **6. Tateinheit** ua möglich mit §§ 167–168, 185–187.

§ 167 Störung der Religionsausübung

(1) Wer

1. **den Gottesdienst oder eine gottesdienstliche Handlung einer im Inland bestehenden Kirche oder anderen Religionsgesellschaft absichtlich und in grober Weise stört oder**
2. **an einem Ort, der dem Gottesdienst einer solchen Religionsgesellschaft gewidmet ist, beschimpfenden Unfug verübt,**

wird mit Freiheitsstrafe bis zu drei Jahren oder mit Geldstrafe bestraft.

(2) **Dem Gottesdienst stehen entsprechende Feiern einer im Inland bestehenden Weltanschauungsvereinigung gleich.**

1 **1.** Die Vorschrift schützt zur Wahrung des **öffentlichen Friedens** (1 zu § 166; darauf beschränkend Rudolphi/Rogall SK 1; aM Hörnle, in: Hefendehl/v Hirsch/Wohlers [Hrsg], Die Rechtsgutstheorie, 2003, S 268, 279: „Tabuschutz") die **ungestörte Ausübung von Religion und Weltanschauung** (Art 4 GG); im Gegensatz zu § 166 muss die Eignung der Tathandlung zur Friedensstörung nicht festgestellt werden (Herzog NK 1). Sie gilt zu Gunsten aller im Inland (5 vor § 3) bestehenden Religionsgesellschaften und Weltanschauungsvereinigungen (3 zu § 166).

Störung einer Bestattungsfeier **§ 167a**

2. a) In **Abs 1 Nr 1** bedeutet **Gottesdienst** die Vereinigung von Mitgliedern 2
einer Religionsgesellschaft zur religiösen Verehrung oder Anbetung Gottes nach
den Vorschriften, Gebräuchen und Formen ihrer Gemeinschaft sowohl im
geschlossenen Raum wie auch im Freien (zweifelnd für Mahnwachen Celle
NJW 97, 1167); nicht der religiöse Unterricht, mag er auch in einer Kirche stattfinden. **Gottesdienstliche Handlung** ist eine auf dem religiösen Kult beruhende,
idR vom Geistlichen vorgenommene Handlung, die außerhalb des Gottesdienstes
der Gottesverehrung dient, zB Taufe, Trauung, Prozession.

b) Stören heißt, den Gottesdienst oder die gottesdienstliche Handlung unmit- 3
telbar behindern oder erschweren. „**In grober Weise**" schränkt auf objektiv besonders schwerwiegende Störungen ein (ebenso Joecks 2); dabei ist auch das eigene Verhalten des geschützten Personenkreises zu berücksichtigen (Celle aaO). Auf
das Störungsmittel (zB Erregen von Lärm, auch von außen) kommt es nicht an.

3. a) Nach **Abs 1 Nr 2** dem Gottesdienst gewidmet ist ein Ort, wenn er aus- 4
schließlich oder überwiegend dem Gottesdienst, also nicht lediglich religiösen
Versammlungen oder ähnlichen Zwecken, zu dienen bestimmt ist (zusf Dippel
LK 19, 20 mwN). Das trifft idR zu bei Kirchen, Kapellen und Synagogen, kommt
uU aber auch in Frage bei Sakristeien (BGHSt 21, 64; zw), Kirchenvorräumen
(BGHSt 9, 140) und Betsälen (zB der Heilsarmee).

b) Beschimpfender Unfug ist eine grob ungehörige Missachtenskundgebung, 5
die das religiöse Empfinden zu verletzen geeignet ist (BGHSt 9, 140).

4. Weltanschauungsvereinigung (Abs 2) 3 zu § 166. **Entsprechende Fei-** 6
ern sind nur solche, die der gemeinsamen kultischen Pflege eines Weltanschauungswertes dienen, nicht bloße Versammlungen und Diskussionsveranstaltungen
(Sch/Sch-Lenckner 6, 7; krit Herzog NK 7).

5. Absichtlich (Abs 1 Nr 1) erfordert zielgerichtetes Wollen (20 zu § 15). Für 7
alle anderen Merkmale der beiden Tatbestände genügt bedingter **Vorsatz**.

6. Die **Rechtswidrigkeit** kann zB entfallen bei erlaubtem Gewerbebetrieb 8
(RGSt 37, 151) oder bei der Abwehr beleidigender Äußerungen des Predigers, die
in der älteren Rspr unter dem Gesichtspunkt der Notwehr (§ 32) erfasst wurde
(RGSt 21, 168), richtiger aber als rechtfertigender Notstand (§ 34) zu behandeln
ist (Joecks 5; Dippel LK 16; Rudolphi/Rogall SK 10).

7. Tateinheit ua möglich mit §§ 166, 167a, 168, 185 bis 187. 9

§ 167a Störung einer Bestattungsfeier

**Wer eine Bestattungsfeier absichtlich oder wissentlich stört, wird mit
Freiheitsstrafe bis zu drei Jahren oder mit Geldstrafe bestraft.**

1. Die Vorschrift schützt das **Pietätsgefühl** (hM; anders Rudolphi/Rogall SK 3 1
vor § 166 und 1 zu § 167a: den öffentlichen Frieden; vermittelnd Herzog NK 1).
Sie gewährt Bestattungsfeiern ohne Rücksicht darauf Strafschutz, ob sie Religionsausübung sind.

2. Bestattungsfeier umfasst Beerdigungen und Einäscherungen, und zwar 2
nicht nur Feiern an einem dazu bestimmten Ort, sondern auch den Leichenzug
und die im Trauerhaus abgehaltene Feier (zusf Dippel LK 16). – **Stören** 3 zu
§ 167.

3. Bedingter **Vorsatz** genügt nicht (20–22 zu § 15). 3

4. Tateinheit ua möglich mit §§ 166, 167 (Tröndle/Fischer 4), 168. 4

§ 168 Störung der Totenruhe

(1) **Wer unbefugt aus dem Gewahrsam des Berechtigten den Körper oder Teile des Körpers eines verstorbenen Menschen, eine tote Leibesfrucht, Teile einer solchen oder die Asche eines verstorbenen Menschen wegnimmt oder wer daran beschimpfenden Unfug verübt, wird mit Freiheitsstrafe bis zu drei Jahren oder mit Geldstrafe bestraft.**

(2) **Ebenso wird bestraft, wer eine Aufbahrungsstätte, Beisetzungsstätte oder öffentliche Totengedenkstätte zerstört oder beschädigt oder wer dort beschimpfenden Unfug verübt.**

(3) **Der Versuch ist strafbar.**

Fassung des 6. StrRG (13 vor § 1).

1 1. Die Vorschrift schützt das **Pietätsempfinden** gegenüber den Verstorbenen und ihren Ruhestätten (Begr zu § 191 E 1962 S 346; ähnlich Rüping GA 77, 299; Sternberg-Lieben, Die objektiven Schranken der Einwilligung im Strafrecht, 1997, S 396 Fn 312 und Czerner ZStW 115, 91, 97; aM Rudolphi/Rogall SK 3 vor § 166: den öffentlichen Frieden; ähnlich Tröndle/Fischer 2: vorverlagerter Schutz eines Tabus; „Tabuschutz" für Abs 2 nimmt an Hörnle, in: Hefendehl/v Hirsch/Wohlers [Hrsg], Die Rechtsgutstheorie, 2003, S 268, 279). Die Einbeziehung auch der toten Leibesfrucht in diesen Schutzbereich, die erst auf das 24. StÄG (10 vor § 1) zurückgeht, ist problematisch; sie war als erste, noch der Weiterführung bedürftige gesetzgeberische Maßnahme gedacht, der missbräuchlichen kommerziellen Verwertung toter menschlicher Embryonen und Feten entgegenzuwirken (BT-Dr 10/3758 und 10/6568; zusf Sternberg-Lieben NJW 87, 2962; krit Koch NJW 88, 2286; s auch 2 vor § 211). – Die Strafbarkeit der Organentnahme beim gesamthirntoten Spender ohne Einwilligung bestimmt sich nach § 19 I TPG (Schroth JZ 97, 1149, 1152; Rudolphi/Rogall SK 1; Erbs/Kohlhaas-Pelchen T 120 Rdn 2 zu § 19 TPG; näher zum neuen TPG unter 4). Zur **Reform** Stellpflug, Der strafrechtliche Schutz des menschlichen Leichnams, 1996, S 152 und Czerner aaO S 99; für eine Neufassung von Abs 1 Alt 1 Müller, Postmortaler Rechtsschutz, 1996, S 90, und Rixen ZRP 01, 374: Schutz vor rechtswidrigen Sektionen durch Einwilligung auch des Totensorgerecht; krit zur Neufassung von Abs 2 Lassak, in: Irrwege, S 75: einzelfallorientierte Gesetzgebung.

2 2. a) **Körper eines verstorbenen Menschen** (zum Todeszeitpunkt 4 vor § 211), auch der eines tot geborenen Kindes, besteht als solcher so lange fort, wie der Zusammenhang seiner Teile zur Einheit einer menschlichen Gestalt im Wesentlichen noch vorhanden, seine Individualität noch erkennbar ist (Dippel LK 23 mwN); jedoch entfällt der Strafschutz für Moorleichen, Mumien usw, die nicht mehr Gegenstand der Pietät sind (hM). – Keine **Teile des Körpers eines verstorbenen Menschen** sind bei der Obduktion entnommene, zur gesonderten Vernichtung bestimmte Körperteile (AG Tiergarten NJW 96, 3092 mit abl Bespr Schmeissner/Wolfslast NStZ 97, 548; Herzog NK 6; aM Rudolphi/Rogall SK 5) und dem Körper eingefügte fremde Bestandteile, wie zB Prothesen, Herzschrittmacher usw (aM Tröndle/Fischer 5; diff Sch/Sch-Lenckner 3; Dippel LK 25; s auch Görgens JR 80, 140; Bringewat JA 84, 61, 62; Gropp JR 85, 181; Schünemann, Die Rechte am menschlichen Körper, 1985; Stellpflug aaO [vgl l] S 10; str), wohl aber Leichenblut (Frankfurt NJW 75, 271 und JZ 77, 355 mit Anm Brackmann BA 77, 347; Roxin JuS 76, 505; Grebing GA 79, 81, 96; str), „Kleinstteile" wie Gehörknöchelchen und Augenhornhäute (Kopp MedR 97, 544) sowie von einem Verstorbenen entnommene Transplantate (dazu 4). Die Entnahme von Organteilen bei toten Organspendern ohne Einwilligung des Spenders oder seiner nächsten Angehörigen ist durch § 19 I TPG unter Strafe gestellt. – **Leibesfrucht** ist die menschliche Frucht vom Zeitpunkt der Einnistung an (BT-Dr 10/3758 S 4;

Spranger, Bestattungsgesetz NRW, 2003, § 19 II 2; s auch 8 zu § 218). Regelmäßig wird sie aus einem Schwangerschaftsabbruch herrühren. – **Asche** auch außerhalb der Urne (Spranger aaO; enger Herzog NK 7).

b) aa) Wegnahme ist hier Bruch des Gewahrsams, nicht notwendig Begründung neuen Gewahrsams (hM; vgl etwa Küper BT S 426). Gewahrsam setzt keine Sachherrschaft im Sinne des § 242 voraus; es genügt ein weniger konkretisiertes tatsächliches Obhutsverhältnis, das über **Leichen** idR von den nächsten Angehörigen als den gewohnheitsrechtlich Berechtigten mit der Todesnachricht übernommen und alsdann von den zufälligen Gewalthabern, etwa der Krankenanstalt, dem Altenheim, der Polizei oder der Friedhofsverwaltung, nur für diese ausgeübt wird (ähnlich KG NJW 90, 782; Tröndle/Fischer 8; zw). Die Abgrenzung im Einzelnen ist umstritten (zusf Zweibrücken JR 92, 212 mit Anm Laubenthal). Während die hM sich enger an § 242 anlehnt und deshalb Gewahrsam zB der Krankenanstalt bis zur Entfernung der Leiche aus deren Herrschaftsbereich bejaht (vgl etwa München NJW 76, 1805; Schleswig SchlHA 02, 147; AG Tiergarten NJW 96, 3092; Czerner ZStW 115, 91, 93; Joecks 5; Dippel LK 31, 33; Rudolphi/Rogall SK 8; Sch/Sch-Lenckner 6; ebenso auch BT-Dr 10/3758 S 4; s auch BVerfG NJW 02, 2861), wird auf der anderen Seite ausschließlich auf das Obhutsrecht der Angehörigen abgestellt (Sternberg-Lieben NJW 87, 2062; Stellpflug aaO [vgl 1] S 17; Kopp MedR 97, 544, 547). Die Streitfrage bedarf dringend gesetzlicher Klärung (vgl Müller aaO [vgl 1] S 88; Freund ZStW 109, 455, 486); das 6. StrRG (8–11 vor § 38) hat diese Klärung trotz Neufassung der Vorschrift nicht gebracht; der Anwendungsbereich der Vorschrift ist aber durch § 19 TPG erheblich verringert worden (Dippel LK 33). Keine Wegnahme ist jedenfalls die Weiterbehandlung einer Toten (Kiesecker, Die Schwangerschaft einer Toten, 1996, S 200; Dippel LK 29). – Gewahrsam an der **Leibesfrucht** wird meistens der Leiter der Krankenanstalt haben, in der die tote Leibesfrucht (durch Schwangerschaftsabbruch oder Fehlgeburt) angefallen ist (BT-Dr aaO); wegen der grundsätzlich andersartigen Ausgangslage scheidet hier eine Gleichsetzung des Gewahrsams mit dem Obhutsrecht der Angehörigen von vornherein aus (Rudolphi/Rogall SK 8; aM Sternberg-Lieben aaO; krit Koch NJW 88, 2286).

bb) Für die **Entnahme von Leichenteilen** im Rahmen einer **Sektion** oder **zu wissenschaftlichen Zwecken** bedarf es grundsätzlich der Einwilligung des Verstorbenen oder der nächsten Angehörigen. Eine Sektion ohne Entnahme fällt mangels Verübens beschimpfenden Unfugs nicht unter § 168 (M-Schroeder/Maiwald BT 262/16). Ist jedoch der ausführende Arzt selbst Alleingewahrsamsinhaber oder handelt er im Einvernehmen mit der den Alleingewahrsam ausübenden Anstaltsleitung (beachte dazu 3), so fehlt es schon an der Wegnahme und damit trotz des Einwilligungsmangels am Tatbestand (Stellpflug aaO [vgl 1] S 62). Wurde diese Einwilligung erteilt, so ist der Tatbestand ebenfalls, da kein Gewahrsam gebrochen wird, regelmäßig selbst dann ausgeschlossen, wenn der Verstorbene vor seinem Tod die Einwilligung versagt hatte (Sch/Sch-Lenckner 6; aM v Bubnoff GA 68, 73). Umgekehrt bindet aber dessen ausdrückliche Gestattung die Angehörigen und rechtfertigt die Entnahme auch dann, wenn sie tatbestandsmäßig ist (Frankfurt JZ 77, 355; Hanack DÄBl 69, 1320, 1329; Lilie MedR 83, 131; für Tatbestandsausschluss Herzog NK 15; str); zur Wirkung sog Sektionsklauseln in Krankenhausverträgen Sch/Sch-Lenckner 8 mwN. – Zur **klinischen Sektion** vgl ua auch Brugger/Kühn, Sektion der menschlichen Leiche, 1979; Laufs, Berufsfreiheit und Persönlichkeitsschutz im Arztrecht, 1982, S 16; Hirsch/Schmidt-Didczuhn, Transplantation und Sektion, 1992; Stellpflug aaO S 63; Dufkora MedR 98, 304; zu **Leichenversuchen** Pluisch/Heifer NJW 94, 2377; Stellpflug aaO S 64; zur **Plastination** Tag MedR 98, 387 und in: Wetz/Tag (Hrsg), Schöne neue Körperwelten, 2001, Rdn 143.

§ 168 BT. 11. Abschnitt. Religion und Weltanschauung

4 a cc) Mit dem **Transplantationsgesetz** (TPG) ist die **Transplantation** von Organen Verstorbener auf der Basis der sog Einwilligungslösung und des Hirntodkonzepts (dazu rechtsvergleichend Lilie, in: Fischer/Lilie, Ärztliche Verantwortung im europäischen Rechtsvergleich, 1999 S 127–143; zur Geschichte vgl die 23. Aufl u Dippel Hanack-FS S 665–688) gesetzlich geregelt worden (vgl Dippel LK 17–20; Tröndle/Fischer 13–15; zu verfassungsrechtlichen Bedenken gegen die Regelungen zur postmortalen Organspende vgl den Nichtannahmebeschluss des BVerfG [NJW 99, 3401 mit krit Bspr Rixen NJW 99, 3389]; zur Lebendspende vgl 23 zu § 228). Da in § 19 I TPG die Entnahme von Organen bei Verstorbenen unter Verstoß gegen bestimmte, in §§ 3, 4 TPG normierte Pflichten strafbewehrt ist, scheidet hierfür eine Strafbarkeit auch nach § 168 aus (Schroth JZ 97, 1149, 1152; Heger JZ 98, 506; diff Dippel, Hanack-FS, S 665, S 693). Das muss wegen § 19 I iVm § 3 I Nr 3 TPG auch für eine Organentnahme durch einen Nichtarzt gelten (aM Herzog NK 14). Trotz der in §§ 3, 4 TPG abschließend formulierten Voraussetzungen für eine Organentnahme beim Verstorbenen ist eine darüber hinausgehende Notstandsrechtfertigung im Einzelfall nicht ausgeschlossen (vgl Kühl AT 8/72 mwN; eingehend Diettrich, Organentnahme und Rechtfertigung durch Notstand, 2003); es könnte jedoch die Angemessenheit iS des § 34 S 2 wegen der abschließenden Regelung der Organentnahme zu Transplantationszwecken im TPG (so Herzog NK 14; Rudolphi/Rogall SK 8 a und Sch/Sch-Lenckner 8; ähnlich Tröndle/Fischer 15) zu verneinen sein. – **Übersichtsbeiträge:** Kintzi DRiZ 97, 499; Deutsch NJW 98, 777; Laufs NJW 98, 1750, 1754; Kühn MedR 98, 455; Schreiber/Heuer, in: Korff ua (Hrsg), Lexikon der Bioethik, Bd 2, 1998, S 811.

5 dd) **Beschimpfender Unfug** ist eine grob ungehörige Mißachtenskundgebung, durch die der Täter dem Toten bewusst Verachtung bezeigen, dh ihm Schimpf antun will (NStZ 81, 300). Er kann an allen Schutzobjekten des Abs 1, also auch an der Asche (AG Solingen MDR 68, 65) oder der Leibesfrucht (Sternberg-Lieben NJW 87, 2062), und außerdem auch unmittelbar an einer Beisetzungsstätte begangen werden, sei es durch deren Beschädigung oder durch andere Handlungen in deren Nähe (str); kommerzielle Verwertung von Leichenteilen oder Leibesfrüchten genügt für sich allein nicht (Dippel LK 47; aM Sternberg-Lieben aaO).

6 c) Das Merkmal **unbefugt** ist allgemeines Verbrechensmerkmal, weil die 1. Alternative des Abs 1 das Unrecht abschließend beschreibt (6 zu § 15; Dippel LK 41; Rudolphi/Rogall SK 13). – Die Forschungsfreiheit des Art 5 III 1 GG ist kein Rechtfertigungsgrund (Czerner ZStW 115, 91, 113; Rudolphi/Rogall SK 15).

7 **3. Abs 2: Aufbahrungsstätte** ist zB die Leichenhalle (BT-Dr 13/8587 S 23; Tröndle/Fischer 19 mit weiteren Beispielen). – **Beisetzungsstätte** ist nicht nur das Grab, der Grabhügel und die Aschenurne, sondern alles, was zu ihr gehört und mit ihr verbunden ist, namentlich auch das Grabdenkmal und die Umfriedung (Rüping GA 77, 299, 303). Sie muss der Ruhe und dem Andenken eines Verstorbenen gewidmet sein; daran fehlt es bei Grabfeldern um Massengräber, in denen Verstorbene anonym verscharrt worden sind (Jena NJW 01, 1078). Keine Beisetzungsstätte ist ein durch Kriegseinwirkung gesunkenes U-Boot, auch wenn sich darin Überreste der ertrunkenen Schiffsbesatzung befinden (NJW 94, 2613). – **Öffentliche Totengedenkstätten** sind nicht nur Gedenkstätten für Opfer einer Gewalt- und Willkürherrschaft, sondern auch Denkmäler, denen Pietätsempfinden entgegengebracht wird, wie zB Denkmäler für Kriegsgefallene oder für Opfer von Terroranschlägen (BT-Dr 13/8587 S 30; Dippel LK 59), auch Massengräber (Jena aaO); **öffentliche:** schützenswerte und allgemein zugängliche (2, 3 zu § 304). – Beschimpfender Unfug (vgl 5); **dort** erfasst Tathandlungen in einer Gedenkstätte und solche, die der Person des Verstorbenen gelten (BT-Dr 13/9064 S 10).

Personenstandsfälschung **§ 169**

4. Zerstören, Beschädigen 3–7 zu § 303. Eine etwaige Befugnis zur Einwirkung auf die Aufbahrungsstätte usw schließt hier die Rechtswidrigkeit aus (str). **8**

5. Bedingter **Vorsatz** genügt für alle Begehungsformen. **9**

6. Die **Wegnahme** einer Leiche, die (zB durch Überlassen an eine Anatomie) Gegenstand des Eigentums geworden ist, fällt ausschließlich unter § 242 (ebenso Dippel LK 69). – Ist bei Zerstörung oder Beschädigung einer **Beisetzungsstätte** nur das Grabmal betroffen, so ist allein § 304 anwendbar (Celle NdsRpfl 66, 225; Herzog NK 26; aM Rudolphi/Rogall SK 20; diff Dippel LK 69); sonst ist **Tateinheit** mit § 168 möglich. Im Übrigen kommt Tateinheit zB mit §§ 166, 167, 167a in Frage. Zum Verhältnis zu § 19 I TPG s oben 4a. **10**

12. Abschnitt. Straftaten gegen den Personenstand, die Ehe und die Familie

§ 169 Personenstandsfälschung

(1) **Wer ein Kind unterschiebt oder den Personenstand eines anderen gegenüber einer zur Führung von Personenstandsbüchern oder zur Feststellung des Personenstands zuständigen Behörde falsch angibt oder unterdrückt, wird mit Freiheitsstrafe bis zu zwei Jahren oder mit Geldstrafe bestraft.**

(2) **Der Versuch ist strafbar.**

1. Die Vorschrift schützt die **Allgemeinheit** (daher keine Rechtfertigung durch Einwilligung des Verletzten, 13 vor § 32; Bottke, in: Bottke [Hrsg], Familie als zentraler Grundwert demokratischer Gesellschaften, 1994, S 101, 106) und mittelbar auch den im Einzelfall rechtlich Interessierten vor den Gefahren aus falschen behördlichen Personenstandsfeststellungen (Dippel LK 4 mwN). **Personenstand** ist der Familienstand (weiter Günther SK 3; Frommel NK 2), dh das familienrechtliche, auf Abstammung (auch nichtehelicher, RGSt 41, 301) oder Rechtsakt (zB Vaterschaftsanerkennung, Legitimation, Annahme als Kind, Ehelichkeitserklärung, Eheschließung) beruhende Verhältnis einer Person (uU auch einer schon verstorbenen, RGSt 25, 188, nicht aber eines tot geborenen Kindes, RGSt 43, 402; aM Günther SK 3) zu einer anderen Person; der lediglich aus Name, Stand und Staatsangehörigkeit folgende Personenstand ist nicht gemeint (M-Schroeder/Maiwald BT 2 63/11). Nicht geschützt ist der eigene Personenstand (Stuttgart NJW 68, 1341) oder der einer erfundenen Person (dann uU Strafbarkeit nach §§ 263, 271; s auch § 111 OWiG). **1**

2. Zu den **Tathandlungen:** **2**

a) Als **Unterschieben** (auch „Verwechseln") eines Kindes hat die frühere Rspr (RGSt 36, 137) das Herbeiführen des Anscheins gegenüber der Umwelt verstanden, ein bestimmtes Kind (eine Person, die in Folge ihres geringen Alters noch keine richtigen Vorstellungen über ihren Personenstand hat, Frank II 1) sei das leibliche Kind einer Frau, die es nicht geboren hat (RGSt 36, 137). Angesichts der Einschränkung der übrigen Begehungsformen auf Handlungen gegenüber Behörden (vgl 5) ist diese Auslegung zu weit. Zwar muss der Täter nicht gegenüber einer zuständigen Behörde handeln; jedoch muss er mindestens die behördliche Feststellung des Personenstandes dadurch **gefährden,** dass er das Kind mittels Täuschung anderer in eine solche tatsächliche, namentlich räumliche, Beziehung zu einer bestimmten Frau mit dem Ziel bringt, es nach der äußeren Sachlage als deren leibliches Kind auch für die Behörde erscheinen zu lassen (Sturm JZ 74, 1, 2; Tröndle/Fischer 5; aM M-Schroeder/Maiwald BT 2 63/19).

§ 169 BT. 12. Abschnitt. Personenstand, Ehe und Familie

3 b) aa) **Falsches Angeben** muss durch unwahre (ausdrückliche oder stillschweigende [aM Dippel LK 19]) Erklärung geschehen; die bloße Schaffung eines irreführenden, zur Kenntnis der Behörde bestimmten tatsächlichen Zustandes genügt nicht (hM; vgl etwa Kindhäuser BT I 19/4). – Den wichtigsten Anwendungsfall bilden unwahre Angaben über den Erzeuger eines Kindes im gerichtlichen Feststellungsverfahren nach § 1600 d BGB, vor allem die substantiierte Aussage der nichtehelichen Mutter, in der Empfängniszeit nur mit einem bestimmten Mann geschlechtlich verkehrt zu haben (Dippel LK 23; Frommel NK 5). Angaben im Zusammenhang mit der Anerkennung einer Vaterschaft nach § 1594 BGB genügen dagegen nicht, weil das bürgerliche Recht die biologisch nicht begründete Anerkennung als rechtliche Möglichkeit ausdrücklich zulässt und damit zugleich anerkennt (BT-Dr VI/3521 S 11; Tröndle/Fischer 6; s auch Goeschen ZRP 72, 108; zw). Entsprechendes gilt für die Anmeldung eines im Ehebruch gezeugten Kindes als ehelich, weil sie im Hinblick auf § 1592 Nr 1 BGB den Personenstand richtig angibt. – **Unterdrücken** ist das Herbeiführen eines Zustandes, in dem die behördliche Feststellung verhindert oder wenigstens erschwert wird (RGSt 77, 51), zB durch Aufrechterhaltung eines Antrags auf Todeserklärung, wenn der Täter erfährt, dass der Betroffene noch lebt (Kassel NJW 49, 518), oder durch Bewirken der Blutentnahme bei einem anderen im Feststellungsverfahren nach § 1600 d BGB (Oldenburg NdsRpfl 51, 37). Im Falle des Unterlassens ist Garantenstellung (6 zu § 13) erforderlich (Neuheuser NStZ 01, 175, 177; aM M-Schroeder/Maiwald BT 2 63/16); schon wegen ihres Fehlens ist das Schweigen der Mutter eines nichtehelichen Kindes über den Erzeuger (Maier MDR 71, 883; Dippel LK 28) oder des Arztes über die Herkunft des Samens bei heterologer Insemination nicht strafbar (Frommel NK 6; Tröndle/Fischer 7; zweifelnd Hanack NJW 74, 1, 2); das Recht des Kindes auf Kenntnis seiner biologischen Abstammung zwingt nicht zur Strafbarkeit (Baumann, Kaufmann [Arth]-FS, S 537, 538; Günther SK 20); speziell zum Abgeben des Kindes in eine „Babyklappe" Benöhr/Muth KJ 01, 405, 410, zur anonymen Geburt S 415.

4 bb) Über die **Zuständigkeit zur Führung von Personenstandsbüchern** vgl das PStG. Zur **Feststellung des Personenstandes zuständig** sind diejenigen Behörden, die dazu berufen sind, durch Entscheidung von Rechtsangelegenheiten mit Wirkung für und gegen jedermann den Personenstand eines Menschen amtlich festzustellen oder zu verändern oder bei einer Veränderung amtlich mitzuwirken. IdR ist das der Standesbeamte, das in Statussachen (§ 640 ZPO) zuständige Gericht und das Vormundschaftsgericht; jedoch kommt zB auch das für Todeserklärungen zuständige Gericht in Frage.

5 cc) **Gegenüber der zuständigen Behörde** ist die Tathandlung nur dann vorgenommen, wenn die falsche Angabe oder der herbeigeführte irreführende oder die Personenstandsfeststellung erschwerende Zustand der Auswertung der Behörde unterliegt, außerdem zu deren Kenntnis bestimmt (str) und so in ihren Wahrnehmungsbereich gebracht ist, dass sie Kenntnis nehmen kann (ebenso Frommel NK 8). Falsche Angaben gegenüber der Umwelt oder gegenüber der Polizei, der Meldebehörde, dem Finanzamt oder einem unzuständigen Gericht scheiden aus (BT-Dr VI/3521 S 11), es sei denn, dass sich der Täter ihrer als Mittel zur Täuschung der zuständigen Behörde bedient (Günther SK 12).

6 3. Zum **Vorsatz** (bedingter genügt) gehört auch die Annahme der Zuständigkeit der Behörde. Handeln „gegenüber" der Behörde setzt jedoch voraus, dass deren Kenntnisnahme – sei es auch nur neben anderen Zwecken – angestrebt wird (weiter die hM; wie hier Frommel NK 9; diff Dippel LK 30 mwN; zw).

7 4. Die Tat ist **Zustands-,** nicht Dauerdelikt (11 vor § 52); sie kann strafbar erneuert werden (Nürnberg MDR 51, 119).

8 5. **Tateinheit** ua möglich mit § 271 (RGSt 25, 188). Vgl auch § 68 PStG.

§ 170 Verletzung der Unterhaltspflicht

(1) **Wer sich einer gesetzlichen Unterhaltspflicht entzieht, so daß der Lebensbedarf des Unterhaltsberechtigten gefährdet ist oder ohne die Hilfe anderer gefährdet wäre, wird mit Freiheitsstrafe bis zu drei Jahren oder mit Geldstrafe bestraft.**

(2) **Wer einer Schwangeren zum Unterhalt verpflichtet ist und ihr diesen Unterhalt in verwerflicher Weise vorenthält und dadurch den Schwangerschaftsabbruch bewirkt, wird mit Freiheitsstrafe bis zu fünf Jahren oder mit Geldstrafe bestraft.**

Fassung: Das SFHÄndG (13 vor § 1) hat Abs 2 angefügt; Umnummerierung durch das 6. StrRG (13 vor § 1).

1. Abs 1 dient dem **Schutz des Unterhaltsberechtigten vor Gefährdung seines materiellen Lebensbedarfs** und daneben – allerdings nur zweitrangig – der Verhütung unberechtigter Inanspruchnahme öffentlicher Mittel (hM; vgl BVerfGE 50, 142 mwN; eingehend Eggert, Der strafrechtliche Schutz des gesetzlichen Unterhaltsanspruchs, Diss Bonn 1973; Bottke, in: Bottke [Hrsg], Familie als zentraler Grundwert demokratischer Gesellschaften, 1994, S 101, 107; Zieschang, Die Gefährdungsdelikte, 1998, S 318; krit Seebode JZ 72, 389). Nicht bezweckt ist dagegen der Ausgleich eines gegen die Bande des Blutes und der Familie begangenen Unrechts (so noch BGHSt 5, 106; Hamm NJW 60, 1632). Zur Verfassungsmäßigkeit von Abs 1 BVerfG aaO; für eine Überprüfung ihrer kriminalpolitischen Notwendigkeit Ostermann ZRP 95, 204. Rechtsvergleichend Kunz NJW 95, 1519. – Mit **Abs 2** versucht der Gesetzgeber der Forderung des Bundesverfassungsgerichts nachzukommen, Strafvorschriften gegen Gefahren zu schaffen, die vom familiären und weiteren sozialen Umfeld der Schwangeren ausgehen (24 vor § 218; vgl auch Breuer, in: Ipsen [Hrsg], Verfassungsrecht im Wandel, 1995, S 25, 57), zB von Personen, die ihr „den ihnen zuzumutenden Beistand ... in verwerflicher Weise vorenthalten" (BVerfG E 88, 203, 298). Geschützte Rechtsgüter sind zusätzlich zu Abs 1 die **Entscheidungsfreiheit der Schwangeren** und das **ungeborene Leben.** Die Ausgestaltung der verselbstständigten qualifizierten Unterhaltspflichtverletzung (BT-Dr 13/1850 S 25; Tröndle/Fischer 11; Günther SK 1, 38 zu § 170b aF; zweifelnd Sch/Sch-Lenckner 1a; aM Schittenhelm NStZ 97, 169 und Kindhäuser 1: eigenständiger Tatbestand) lässt befürchten, dass sie diese Schutzzwecke nicht erreichen wird (Günther SK 10 zu § 170b aF: symbolische Bedeutung; 24 vor § 218 mwN); die praktische Bedeutung ist im Gegensatz zu der des Abs 1 gering (Frommel NK 4).

Vor allem gegenüber dem nichtehelichen Vater wird sie leerlaufen, da dessen Unterhaltspflicht nach § 1615l I BGB regelmäßig 6 Wochen vor der Geburt (Tröndle NJW 95, 3009, 3017) und nach § 1615l II BGB frühestens 4 Monate vor der Entbindung beginnt (Sch/Sch-Eser 8 vor § 218). Die Vorschrift reicht andererseits bedenklich weit, weil sie die Strafbarkeit nur an die Unterhaltspflicht knüpft (krit Günther SK 40 zu § 170b aF), ohne eine besondere Beziehung des Unterhaltspflichtigen zum nasciturus vorauszusetzen (Schittenhelm aaO; aM Dippel LK 57).

2. Die **gesetzliche Unterhaltspflicht** kann namentlich beruhen auf §§ 1360ff, 1569ff, 1601ff, 1615a ff, 1751 IV BGB, bei eingetragenen Lebenspartnern auf §§ 5, 12, 16 LPartG (näher Dippel LK 19). Verträge (AG Schönau MDR 66, 346) und Vergleiche (Köln NJW 62, 929; LG Itzehoe SchlHA 02, 19) reichen als solche nicht aus (zusf Dippel LK 20). Auch ausländisches Unterhaltsrecht kommt (zB bei Gastarbeitern) als Grundlage in Frage (Hamm JMBlNRW 59, 269; aM Oehler JR 75, 292; zw). Der Tatbestand ist jedoch wegen der stark differierenden ausländischen Regelungen und mangels Verletzung inländischer Interessen nicht an-

§ 170   BT. 12. Abschnitt. Personenstand, Ehe und Familie

wendbar, wenn ein in der Bundesrepublik lebender Ausländer (oder auch Deutscher, Bay NJW 82, 1243) sich seiner auf ausländischem Recht beruhenden Unterhaltspflicht gegenüber im Ausland lebenden Unterhaltsberechtigten nichtdeutscher Staatsangehörigkeit entzieht (BGHSt 29, 85 mit Bespr Kunz NJW 80, 1201 und Oehler JR 80, 381; Obermüller, Der Schutz ausländischer Rechtsgüter …, 1999, S 210; aM Kunz NJW 87, 881 und 95, 1519; s auch 9 vor § 3).

3   a) Das **Bestehen der Unterhaltspflicht** bestimmt sich nach bürgerlichem Recht (Lüke, Kaufmann [Arth]-FS, S 565). Zu diesem gehören auch die gesetzlichen Beweisvermutungen, namentlich der §§ 1600 c I, 1600 d II BGB, so dass der Strafrichter sie zu beachten hat (Dippel LK 26). Nach überwiegender Meinung bindet dagegen weder das stattgebende noch das abweisende (aM Schwab NJW 60, 2169; Dippel LK 27) Unterhaltsurteil den Strafrichter (BGHSt 5, 106; Bay NJW 67, 1287; aM Kaiser NJW 72, 1847; zw); dieser hat vielmehr seine Feststellungen selbstständig zu treffen und nach dem Grundsatz in dubio pro reo zu verfahren, soweit sich aus den Beweisvermutungen und den aus ihnen folgenden Beweislastregeln des bürgerlichen Rechts nichts anderes ergibt (Koffka JR 68, 228; str). Im Gegensatz dazu ist das inter omnes wirkende Statusurteil nicht nur in Fällen der Feststellung der Vaterschaft (vgl 4), sondern allgemein auch für den Strafrichter verbindlich (Sch/Sch-Lenckner 11; aM zu § 170 b aF FamRZ 54, 170; Eggert MDR 74, 445).

4   b) Für das **Kind, dessen Eltern nicht miteinander verheiratet sind** (nichteheliches Kind), ergibt sich nach den familienrechtlichen Änderungen durch das KindRG (vgl Diederichsen NJW 98, 1977; Gaul FamRZ 97, 1441) und KindUG (dazu Schumacher/Grün, FamRZ 98, 778; Weber NJW 98, 1992) Folgendes: Das Institut des Regelunterhalts (§§ 1615 b–k aF BGB) für nichteheliche Kinder wurde abgeschafft; der Vater ist jetzt gem § 1615 a BGB nach den allgemeinen Vorschriften (§§ 1601 ff BGB) unterhaltspflichtig. Er ist somit als Verwandter Unterhaltsschuldner, wenn er iS des § 1592 BGB Vater des Kindes ist, dh die Vaterschaft anerkannt hat (§§ 1592 Nr 2, 1594 ff BGB) oder diese gerichtlich festgestellt ist (§§ 1592 Nr 3, 1600 d BGB); da diese Feststellung nach § 640 h S 1, 3 ZPO für und gegen alle wirkt, ist auch der Strafrichter an sie gebunden (zu § 1600 a S 1 aF BGB vgl Stuttgart NJW 73, 2305; Hamm NJW 73, 2306; Bay NJW 91, 2919). Darüber hinaus gilt nach Art 12 § 3 I NEG als Vater auch, wer vor dem In-Kraft-Treten des Gesetzes zur Erfüllung des Unterhaltsanspruchs nach § 1708 aF BGB verurteilt worden ist oder sich in näher bezeichneter Weise zu seiner Vaterschaft bekannt hat; da diese Fiktion ebenfalls inter omnes wirkt, steht dem Strafrichter auch insoweit eine Nachprüfung nicht zu (BGHSt 26, 111 mit Bespr Heimann-Trosien JR 76, 235; Köln FamRZ 76, 118; str). – Solange in diesem Sinne die Vaterschaft nicht festgestellt ist, können ihre Rechtswirkungen nur in den gesetzlich bestimmten Fällen geltend gemacht werden (§ 1600 d IV BGB) und Unterhaltsleistungen daher nur im Wege einstweiliger Regelung nach § 1615 o BGB oder §§ 641 d ff ZPO beansprucht werden (Diederichsen aaO S 1981; Gaul aaO S 1449); ist eine solche Regelung nicht getroffen, so scheidet auch § 170 aus (beachte Dippel LK 23, 25); im anderen Falle gelten die unter 3 dargelegten Grundsätze: der Strafrichter ist nicht an die vorläufige Beurteilung der Vaterschaft durch den Zivilrichter, wohl aber an die Vermutung des § 1600 d II BGB gebunden (Dippel LK 26).

5   c) Die **Art des Unterhalts** richtet sich **nach bürgerlichem Recht** (namentlich §§ 1360 a II, 1612 II BGB; zu der durch das KindUG eingeführten Möglichkeit einer dynamisierten monatlichen Unterhaltsrente nach § 1612 a I BGB iVm der RegBetrV vgl Weber aaO [vgl 4] S 1992). Auch die Pflicht zur Haushaltsführung (§ 1360 BGB) oder zur Pflege und Erziehung des Kindes (§ 1606 III BGB; beachte jedoch Zweibrücken NJW 87, 1899) wird erfasst (hM; vgl BVerfGE 50,

142, 153; aM Günther SK 19 zu § 170 b aF; s auch Geilen FamRZ 67, 419; Seebode JZ 73, 601).

d) Zur Rangfolge mehrerer Berechtigter § 1609 I BGB; § 850 d II ZPO. **6** Ehegatten und Kinder iS des § 1603 BGB sind grundsätzlich gleichrangig und gehen anderen Berechtigten vor (beachte jedoch den Vorrang des geschiedenen vor dem neuen Ehegatten nach § 1582 BGB). – Solange eine abweichende vollstreckungsrechtliche Regelung nach § 850 d II Buchst a S 3 ZPO fehlt, hat der Schuldner, dessen Leistungsfähigkeit zur Erfüllung aller Ansprüche nicht ausreicht, grundsätzlich zunächst vorrangige Ansprüche zu befriedigen (Köln FamRZ 82, 1105) und bei gleichrangigen die verfügbaren Mittel anteilsmäßig (Köln FamRZ 76, 119), und zwar jeweils nach dem Verhältnis des Bedarfs (Stuttgart MDR 77, 1034), zu verteilen. Soweit er für ein bestimmtes Kind Kindergeld bezieht, hat er es für dessen Unterhalt zu verwenden (Celle NJW 84, 317).

e) Die Unterhaltspflicht ist **besonderes persönliches Merkmal** nach § 14 **7** (auch nach § 28 I, Dippel LK 69 und Roxin LK 66 zu § 28), so dass uU auch **gesetzliche Vertreter** (§ 14 I Nr 3) erfasst werden (Wiesener, Die strafrechtliche Verantwortlichkeit von Stellvertretern und Organen, 1971, S 176; Roxin LK 17 zu § 14 mwN; str).

3. Zur Verhütung unangemessener Kriminalisierung bildet die **Leistungsfä- 8 higkeit** des Pflichtigen ein zusätzliches ungeschriebenes **Tatbestandsmerkmal** (Zweibrücken StV 86, 531; Köln StraFo 03, 9; LG Itzehoe SchlHA 02, 19; Joecks 3; aM Günther SK 26 zu § 170 b aF). Danach muss der Täter **imstande** sein, wenigstens teilweise zu leisten, ohne seinen eigenen Lebensbedarf (Köln NJW 53, 517; Bay StV 83, 418) oder die Ansprüche von vorrangig Berechtigten (Celle FamRZ 62, 315) zu gefährden (Koblenz GA 75, 28; Köln StV 83, 419; Frommel NK 8; zum Fall schwankenden Einkommens Köln NJW 62, 1527, 1630). Diese Einschränkung wird allerdings nur bedeutsam, wenn die Unterhaltspflicht nicht schon selbst entfällt (näher dazu und zu dem differenzierenden Maßstab bei der Berücksichtigung der verschiedenen Unterhaltsberechtigungen Dippel LK 38–48). Deshalb sind im Urteil sowohl über die Unterhaltspflicht als auch die Leistungsfähigkeit des Täters nähere Angaben zu machen (Hamburg StV 89, 206; Stuttgart FamRZ 91, 624). – In Fällen weitestgehender Unterhaltspflicht muss der Täter – jeweils soweit zumutbar (Düsseldorf JMBlNRW 64, 166) – Schenkungen und die Übernahme fremder Schulden vermeiden (Dippel LK 41), arbeiten (Schleswig SchlHA 85, 44), sich einschränken, auf weitere Ausbildung verzichten (Stuttgart NJW 62, 1631), eine berufliche Tätigkeit aufnehmen (Bay NJW 88, 2750), den Beruf wechseln (Bremen NJW 55, 1606; Celle FamRZ 71, 106; LG Stuttgart NStZ 95, 408; beachte dazu BVerfGE 68, 256) oder einen wirtschaftlich nachteiligen Berufswechsel unterlassen (Köln NStZ 92, 337; LG Stuttgart NStZ 96, 234), uU auch Ansprüche auf eine Vergütung für Mitarbeit im Geschäft der Ehefrau (Köln NJW 62, 1527), auf Taschengeld (Bremen NJW 58, 639; Dippel LK 40; zw) oder auf Kinderzuschläge (Bay 61, 85) geltend machen. Die Arbeit aufzugeben, ist auch im Hinblick auf höheres Arbeitslosengeld unzumutbar (Hamm NJW 65, 877). – Wird die Leistungsfähigkeit auf **erzielbare Einkünfte** gestützt, muss das Urteil nähere Angaben über die tatsächlichen und möglichen Einkünfte des Täters, über seine Verpflichtungen sowie über den Betrag enthalten, der ihm zu belassen ist (Selbstbehalt) und den er mindestens hätte leisten können (Bay NJW 90, 3284; Düsseldorf NJW 94, 672; Hamm NStZ-RR 98, 207; Köln StraFo 03, 9). – Wird auf die erweiterte Leistungsfähigkeit eines Elternteils nach § 1603 II BGB abgestellt, muss die Leistungsfähigkeit des anderen Elternteils festgestellt werden (Düsseldorf aaO).

4. Das **Entziehen** ist im Kern echtes Unterlassen (4 zu § 13), weil es in der **9** Nichtleistung von Unterhalt besteht (Dippel LK 43; aM BGHSt 14, 165; str). Je-

§ 170 BT. 12. Abschnitt. Personenstand, Ehe und Familie

doch kann positives Tun, zB unmittelbares Herbeiführen von Leistungsunfähigkeit durch leichtfertige Arbeitsaufgabe (Bay FamRZ 88, 1323; LG Stuttgart NStZ 96, 234) oder Verschwendung (BGH aaO), einen zwingenden, dem Täter zurechenbaren Grund für das Unterlassen bilden. Das Entziehen setzt weder eine vorherige Abmahnung noch eine feindliche Einstellung voraus (str); bewusste Nichterfüllung genügt (Düsseldorf NJW 53, 1805).

10 5. Der **Lebensbedarf** – der angemessene iS des § 1610 BGB (Sch/Sch-Lenckner 28), nicht nur der notwendige – muss gefährdet sein; das trifft uU schon zu, wenn der Berechtigte übermäßig arbeiten muss (Bay GA 63, 345). – Der Gefährdung steht es gleich, wenn die Gefahr nur dadurch abgewendet wird, dass **andere** in innerem Zusammenhang mit der Entziehung helfend eingreifen, dh wenn sie mit ihrer Hilfe Sicherung des erforderlichen Lebensbedarfs bezwecken (BVerfGE 50, 142; BGHSt 26, 312; Düsseldorf NJW 90, 399; Zieschang, Die Gefährdungsdelikte, 1998, S 320, alle mwN). Solche Hilfe ist auch die überanteilsmäßige, wegen Ausbleibens des Unterhalts (4 StR 687/79 v 22. 1. 1980) erbrachte Leistung der Mutter (§§ 1606 III, 1615a BGB; NJW 64, 2118; Hamm FamRZ 64, 581), uU auch des Vaters (Hamm NJW 64, 2316). Hilfe anderer ist vor allem auch das Eingreifen öffentlicher Stellen (etwa nach dem SGB III oder BSHG; speziell zur Weggabe eines Neugeborenen in eine sog „Babyklappe" Neuheuser NStZ 01, 175 und Benöhr/Muth KJ 01, 405, 410). Konkurriert bei öffentlicher Hilfe die Unterhaltssicherung mit anderen Zwecken (zB Abwendung drohender Verwahrlosung), so genügt es, wenn die Unterhaltsverweigerung allein schon für das Eingreifen ausreichenden Anlass geboten oder wenn sie die Verfolgung auch der anderen Zwecke überhaupt erst notwendig gemacht hat (BVerfG aaO mwN). Nachdem das SGB III durchgängig die Subsidiarität der öffentlichen Jugendhilfe hergestellt hat, ist die bisherige, unter dem Stichwort „primäre oder subsidiäre Unterhaltspflicht öffentlicher Stellen" diskutierte Abgrenzungsfrage (vgl etwa Kraemer NJW 73, 793; Klussmann MDR 73, 157) weitgehend überholt.

11 6. Der **Vorsatz** (bedingter genügt, BGHSt 14, 165, 168; Hamm MDR 69, 500) muss auch die Gefährdung oder die Möglichkeit der Gefährdung bei Ausbleiben der Hilfe anderer umfassen (zum Gefährdungsvorsatz 28 zu § 15). Wegen der Weite des Entziehungsbegriffs (vgl 9) sind strenge Anforderungen zu stellen. Der Vorsatz kann namentlich fehlen, wenn der Täter lediglich nähere Aufklärung oder eine gerichtliche Entscheidung über seine Pflichten abwarten will (Hamburg NStZ 84, 167 mwN; s auch Frisch, Vorsatz und Risiko, 1983, S 368). – Irrtümer über das Bestehen der Unterhaltspflicht (NStZ 85, 166) und über die Rangfolge der Unterhaltsberechtigten (Köln NJW 81, 63) sind Tatbestandsirrtümer; auch die irrigen Annahmen, dass die Leistungsfähigkeit eingeschränkt sei (probl Köln NStZ 92, 337) oder dass ein anderer Gläubiger Vorrang habe (Bay StV 94, 429), können Tatbestandsirrtümer sein.

12 7. Die Tat ist idR **Dauerdelikt** (11 vor § 52). Sie kann – trotz des grundsätzlichen Verzichts der Rspr auf dieses Rechtsinstitut (13 vor § 52) – bei Gesamtvorsatz uU eine fortgesetzte Tat bilden, wenn die Unterhaltspflicht, zB durch Freiheitsentziehung oder Krankheit, vorübergehend entfällt (Sch/Sch-Lenckner 36; weiter Düsseldorf MDR 62, 922 und LG Berlin MDR 66, 1017, die eine einheitliche Dauerstraftat annehmen); bei neuem Vorsatz jedoch Tatmehrheit (Hamm NJW 65, 877; MDR 73, 690). Bei Nichterfüllung mehrerer Unterhaltsansprüche je nach Sachlage Tateinheit oder -mehrheit (BGHSt 18, 376; Düsseldorf aaO; eingehend Struensee, Die Konkurrenz bei Unterlassungsdelikten, 1971, S 77). – Mit § 171 ist Tateinheit möglich.

13 8. **Abs 2** (vgl 1) setzt wie Abs 1 das Bestehen einer **gesetzlichen Unterhaltspflicht** voraus (BT-Dr 13/1850 S 25; Dippel LK 56; vgl 2–7). – Der Unterhalt muss der Schwangeren **vorenthalten** werden; trotz dieser von Abs 1 abweichenden Umschreibung der Tathandlung entspricht das Vorenthalten dem Entziehen und besteht in der Nichtleistung von Unterhalt (vgl 9). Einschränkend muss das Vorenthalten des Unterhalts in **verwerflicher Weise** erfolgen (krit Schittenhelm NStZ 97, 169, 171 und Sch/Sch-Lenckner 34 c: keine eigenständig einschränkende Bedeutung). Damit folgt die Vorschrift zwar den Vorgaben des Bundesverfassungsgerichts (E 88, 203, 298), doch wird dies ihre Anwendbarkeit erschweren (krit deshalb Tröndle NJW 95, 3009, 3018). Gefordert ist ein Vorenthalten, das in besonderer Weise sozialethisch negativ zu beurteilen ist (Otto Jura 96, 135, 144; Günther SK 47 zu § 170 b aF; vgl 33 zu § 46; 18, 19 vor § 211; 17, 18 zu § 240). – Durch das Vorenthalten muss der Schwangerschaftsabbruch **bewirkt,** dh verursacht (9 und 12 vor § 13) werden (krit wegen der Nachweisschwierigkeiten Tröndle aaO). Daran fehlt es etwa, wenn die Schwangere andere Gründe (zB gestörte Partnerbeziehung) für den Abbruch hatte (Günther SK 50 zu § 170 b aF), wohl auch, wenn ihr angemessener Lebensbedarf (vgl 10) durch Leistungen Dritter gesichert ist (Schittenhelm aaO). – Auch hier genügt wie bei Abs 1 (vgl 11) bedingter **Vorsatz** (BT-Dr aaO); er muss namentlich auch das Bewirken des Schwangerschaftsabbruchs durch das Vorenthalten umfassen (aM M-Schroeder/Maiwald BT 2 63/47, die ein erfolgsqualifiziertes Delikt annehmen und nach § 18 Fahrlässigkeit hinsichtlich des Bewirkens genügen lassen).

9. Obwohl **Geldstrafe** nach § 170 problematisch ist, weil der Verurteilte sein verfügbares Geld zur Unterhaltsleistung verwenden soll (Ostermann ZRP 95, 204, 206), gilt § 47 uneingeschränkt (BT-Dr VI/1552 S 12; LG Koblenz MDR 82, 70); § 459 f StPO hilft nicht immer. Soweit jedoch Freiheitsstrafe nach § 47 unerlässlich ist und Strafaussetzung angeordnet wird, kommt idR die Weisung nach § 56 c II Nr 5 in Frage (dort 7). **14**

§ 171 Verletzung der Fürsorge- oder Erziehungspflicht

Wer seine Fürsorge- oder Erziehungspflicht gegenüber einer Person unter sechzehn Jahren gröblich verletzt und dadurch den Schutzbefohlenen in die Gefahr bringt, in seiner körperlichen oder psychischen Entwicklung erheblich geschädigt zu werden, einen kriminellen Lebenswandel zu führen oder der Prostitution nachzugehen, wird mit Freiheitsstrafe bis zu drei Jahren oder mit Geldstrafe bestraft.

Fassung: Umnummerierung durch das 6. StrRG (13 vor § 1).

1. Die Vorschrift sichert den Fürsorge- und Erziehungsanspruch des (eigenen oder fremden) Kindes unter 16 Jahren und soll dadurch dessen **ungestörte Entwicklung** schützen (Neuheuser NStZ 00, 174; Dippel LK 3; ähnlich Bottke, in: Bottke [Hrsg], Familie als zentraler Grundwert demokratischer Gesellschaften, 1994, S 101, 109; krit Horn/Wolters SK 2). Die Tat ist konkretes Gefährdungsdelikt (32 vor § 13). – Für eine intensivere Bestrafung der Eltern Thomas ZRP 99, 193; dagegen Ostendorf, Die strafrechtliche Inpflichtnahme von Eltern wegen Verletzung der Fürsorge- und Erziehungspflicht, 1999, und in: ZRP 99, 348. **1**

2. Die **Fürsorge- oder Erziehungspflicht** kann auf Gesetz (zB Eltern [§ 1631 BGB], Vormund, Pfleger), Vertrag (zB Pflegeeltern) oder öffentlich-rechtlichem Aufgabenbereich (zB Sozialarbeiter des Jugendamts; Düsseldorf NStZ-RR 01, 199), aber auch auf den tatsächlichen Gegebenheiten (zB Aufnahme in eine Wohngemeinschaft, Prot 6, 1193; in eine eheähnliche Lebensgemeinschaft, NStE 1) beruhen (näher zum Inhalt dieser „Gesamtpflicht" Neuheuser NStZ 00, 174, 175). Sie muss **gröblich**, dh in erheblichem Umfang und in auffälligem Missverhältnis zur Leistungsfähigkeit des Täters (Neuheuser aaO S 178, will zusätzlich auf den deutlichen objektiven Widerspruch zu den „Grundsätzen ordnungsgemäßer Erzie- **2**

§ 171 BT. 12. Abschnitt. Personenstand, Ehe und Familie

hung" abstellen), durch ein Tun oder Unterlassen **verletzt** werden (Düsseldorf aaO; LG Bremen StV 00, 501; AG Wermelskirchen NJW 99, 590; Neuheuser aaO), zB durch wiederholten geschlechtlichen Verkehr der Mutter mit einem Bekannten in Anwesenheit der fünfjährigen Tochter (NStZ 95, 178; Tröndle/Fischer 6 mit weiteren Einzelfällen); ein nur allgemeiner Mangel an Zuwendung zu dem Kind genügt nicht (MDR 79, 949). – Häufig, aber nicht notwendig (NStZ 82, 809), wird erst eine Mehrzahl von Handlungen, die der Tatbestand zu einer Bewertungseinheit verbindet (BGHSt 8, 92; 10, 16 vor § 52), den gröblichen Verstoß ergeben.

3   **3. a)** Eine **erhebliche Entwicklungsschädigung** liegt vor, wenn der normale Ablauf des körperlichen oder psychischen Reifungsprozesses dauernd und nachhaltig gestört ist (NStZ 82, 809; Kindhäuser BT I 19/9; Frommel NK 7); es reicht das Bestehenlassen oder Intensivieren einer bereits vorhandenen Gefahr durch Untätigbleiben (Düsseldorf NStZ-RR 01, 199; Dippel LK 11). Die **körperliche** Entwicklung braucht nicht unbedingt durch eine unmittelbare Gesundheitsschädigung beeinträchtigt zu sein (Köln JR 68, 308). Für die **psychische** Schädigung kommt es nicht auf das Verfehlen der Integration in ein sozialethisches Normensystem als solches an (Bottke aaO [vgl 1] S 111; vgl aber Sch/Sch-Lenckner 7), sondern auf die Beeinträchtigung des biologischen Entwicklungsprozesses, in dem sich die seelischen Fähigkeiten zur Bewältigung der Lebensaufgaben herausbilden (BT-Dr VI/3521 S 16; Neuheuser NStZ 00, 174, 175; einschr Horn/Wolters SK 6; str); psychisch bedeutet daher dasselbe wie „seelisch" in § 20 (dort 3; krit zur Konkretisierbarkeit dieses Elements Hanack NJW 74, 1, 3). Ob die Schädigung auf fehlender Ernährung, Pflege oder ärztlicher Behandlung (dazu BT-Dr VI/3521 S 16), auf psychischer Beeinflussung oder Vernachlässigung oder auch nur auf der Verletzung von Abwehrpflichten, etwa der Duldung von Alkohol- (BGHSt 2, 348) oder Drogenmissbrauch (Bottke und Neuheuser, jeweils aaO), beruht, macht keinen Unterschied; jedoch dürfte eine einmalige Pflichtwidrigkeit, durch die der Schutzbefohlene in die Gefahr der körperlichen Verletzung gerät, nicht genügen (KG JR 75, 297; Dippel LK 9; zw).

4   **b)** Das Führen eines **kriminellen Lebenswandels** ist regelmäßig Ergebnis einer psychischen Entwicklungsschädigung und daher meist zugleich ein Fall der 1. Alternative (BT-Dr VI/3521 S 16). Es erfordert einen Hang zu nicht nur unerheblichen Straftaten (AG Wermelskirchen NJW 99, 590; Neuheuser NStZ 00, 174, 177), die allerdings den „erheblichen Straftaten" im Sinne des § 66 I Nr 3 (dort 14) nicht gleichkommen müssen.

5   **c)** Der **Prostitution nachgehen** 1 zu § 180a (krit im Hinblick auf das ProstG Frommel NK 4; dagegen Tröndle/Fischer 9).

6   **4. Gefahr** setzt die Herbeiführung eines Zustandes voraus, in dem nach den konkreten Umständen der Eintritt eines in den verschiedenen Tatbestandsalternativen (vgl 3, 4) beschriebenen Schadens naheliegt (BGHSt 3, 256; Neuheuser aaO; s auch 21, 22 zu § 315c); ob der Schaden dann eintritt, ist unerheblich; die aktualisierte Vertiefung einer vorhandenen psychischen Gefährdung, zB einer kriminellen Veranlagung, reicht (AG Wermelskirchen NJW 99, 590; Sch/Sch-Lenckner 5).

7   **5.** Der **Vorsatz** (bedingter genügt) muss namentlich die Gefährdung des Schutzbefohlenen umfassen (MDR 64, 772; zum Gefährdungsvorsatz 28 zu § 15). Jedoch braucht der Täter seine Pflichtverletzung nicht selbst als pflichtwidrig oder als gröblich zu bewerten; insoweit genügt die Kenntnis der Umstände, die diese Wertung begründen (Neuheuser aaO S 179; Dippel LK 17; 17 zu § 15).

8   **6. Täter** kann nur der Fürsorge- oder Erziehungsberechtigte sein (Sonderdelikt, 33 vor § 13). Im Hinblick auf die enge Verwandtschaft seiner Pflichtenstellung mit der Garantenstellung beim Unterlassungsdelikt (6 zu § 13) kann die Täterschaft

Doppelehe **§ 172**

nicht als besonderes persönliches Merkmal nach § 28 I verstanden werden (dort 6; ebenso Sch/Sch-Lenckner 11; aM Dippel LK 18; Frommel NK 10; Horn SK 12 und Roxin LK 66 zu § 28, alle mwN; zw).

7. Tateinheit ua möglich mit § 170 (Hamm NJW 64, 2316), §§ 174, 180, 9 180b II Nr 2 (Horn/Wolters SK 15; aM Frommel NK 11), 211ff, 221 (aM Baier JA 00, 307), 222, 223ff, namentlich § 225 (Sturm JZ 74, 1, 3; Sch/Sch-Lenckner 12).

§ 172 Doppelehe
Wer eine Ehe schließt, obwohl er verheiratet ist, oder wer mit einem Verheirateten eine Ehe schließt, wird mit Freiheitsstrafe bis zu drei Jahren oder mit Geldstrafe bestraft.

Fassung: Umnummerierung durch das 6. StRG (13 vor § 1).

1. Die Vorschrift schützt die **staatliche Eheordnung**, die auf dem Grundsatz 1 der Einehe beruht (§ 1306 BGB; aM Frommel NK 2: Sicherung der wechselseitigen Rechtsansprüche).

2. Verheiratet ist, wer in formell gültiger, sei es auch materiell aufhebbarer, 2 Ehe lebt, solange diese nicht durch Tod oder rechtskräftige Scheidung (§ 1564 BGB) aufgelöst oder durch rechtskräftiges Urteil aufgehoben (§ 1313 BGB) ist. Formell gültig ist jede Ehe (nur) zwischen Mann und Frau (Bosch NJW 98, 2004, 2009), die unter Wahrung von § 1310 BGB zustande gekommen ist; zur formellen Gültigkeit in besonderen Fällen Art 11 EGBGB (Ausländerehen im Ausland), § 8 KonsG (Ehen von Deutschen im Ausland) und Art 13 III EGBGB (Ausländerehen im Inland; s auch LG Hamburg NStZ 90, 280 mit krit, im Ergebnis aber zust Bespr Liebelt NStZ 93, 544 und GA 94, 20, 37).

Personen, die eine gleichgeschlechtliche, eingetragene **Lebenspartnerschaft** iS 2 a des § 1 I LPartG eingehen, schließen dabei keine Ehe iS des Art 6 GG (BVerfGE 105, 313, 342), und sind zivilrechtlich an sich nicht daran gehindert, darüber hinaus auch noch eine (heterosexuelle) Ehe einzugehen (zur Problematik der durch das LPartG nicht geänderten Eheverbotsregelung in § 1306 BGB vgl Dethloff NJW 01, 2598, 2599; Leipold ZEV 01, 218, 222). Ein gegenläufiges strafrechtliches Eheverbot für eingetragene Lebenspartner lässt sich daher nicht mit den außerstrafrechtlichen Grundlagen des § 172 in Einklang bringen. Lebenspartner fallen somit nicht unter das Tatbestandsmerkmal „verheiratet" (Horn/Wolters SK 3c; Tröndle/Fischer 5). Im umgekehrten Fall darf eine verheiratete Person gem § 1 II Nr 1 LPartG zwar keine Lebenspartnerschaft begründen (vgl Dethloff aaO; Leipold aaO). Dieses partnerschaftsrechtliche Gebot der Einpaarigkeit wird jedoch nicht vom strafrechtlichen Schutzzweck des § 172 (vgl 1) erfasst, weshalb der Ehepartner, der außerdem eine Lebenspartnerschaft eingeht, keine (weitere) „Ehe schließt". Ebensowenig tatbestandsmäßig ist die – § 1 II Nr 2 LPartG zuwiderlaufende – Begründung mehrerer Lebenspartnerschaften (zum Ganzen wie hier Weber, Keller-GS, S 325, 335).

3. a) Tathandlung ist das Schließen einer formell gültigen Ehe in einem Zeit- 3 punkt, in dem der Täter oder der Partner verheiratet ist; nicht erfasst wird daher, wer eine im Ausland geschlossene, deutschem Strafrecht nicht unterliegende Doppelehe im Inland fortsetzt, wohl aber, wer im Inland eine Doppelehe schließt, auch wenn das nach seinem Heimatrecht zulässig ist (Dippel LK 8 mwN). Einzubeziehen ist auch der Ehegatte eines für tot Erklärten, der in Kenntnis der Unrichtigkeit der Todeserklärung mit einem gutgläubigen Partner eine neue Ehe schließt (so schon BGHSt 4, 6); denn nach § 1319 II BGB bewirkt erst die vollendete Schließung der Ehe die Auflösung der früheren; das Bestehen einer Doppelehe gehört nicht zum Tatbestand (hM; anders Sch/Sch-Lenckner 4 zu § 171 aF).

§ 173 BT. 12. Abschnitt. Personenstand, Ehe und Familie

4 b) Die §§ 3–7 sind anwendbar; uU bestimmt sich die Formgültigkeit nach ausländischem Recht (vgl StA München NStZ 96, 436 mwN).

5 4. Bedingter **Vorsatz** genügt (BT-Dr VI/3521 S 17).

6 5. Die Tat ist **Zustands-**, nicht Dauerdelikt (11 vor § 52); sie ist mit Abgabe der Erklärungen nach § 1310 BGB vollendet und auch beendet. Daher ist von diesem Zeitpunkt ab keine Teilnahme mehr möglich (2 vor § 22), auch besteht keine Pflicht zur Beseitigung des „rechtswidrigen Zustandes" (Horn/Wolters SK 5), wohl aber beginnt die Verfolgungsverjährung (Tröndle/Fischer 6).

7 6. Für den **Teilnehmer** gilt § 28 I nicht (4, 6 zu § 28). Das Unrecht erschöpft sich in der – hier allerdings nur vom Täter vollziehbaren – Verletzung des Rechtsguts der staatlichen Eheordnung; ein selbstständiger personaler Unwert fehlt (Herzberg GA 91, 145, 171; Horn/Wolters SK 7; Roxin LK 68 zu § 28).

8 7. IdR keine **Tateinheit** mit Unterhaltspflichtverletzung gegenüber dem ersten Ehegatten (LM Nr 1). Tateinheit ua möglich mit §§ 156, 263 (Horn/Wolters SK 8).

§ 173 Beischlaf zwischen Verwandten

(1) **Wer mit einem leiblichen Abkömmling den Beischlaf vollzieht, wird mit Freiheitsstrafe bis zu drei Jahren oder mit Geldstrafe bestraft.**

(2) **Wer mit einem leiblichen Verwandten aufsteigender Linie den Beischlaf vollzieht, wird mit Freiheitsstrafe bis zu zwei Jahren oder mit Geldstrafe bestraft; dies gilt auch dann, wenn das Verwandtschaftsverhältnis erloschen ist. Ebenso werden leibliche Geschwister bestraft, die miteinander den Beischlaf vollziehen.**

(3) **Abkömmlinge und Geschwister werden nicht nach dieser Vorschrift bestraft, wenn sie zur Zeit der Tat noch nicht achtzehn Jahre alt waren.**

1 1. Schutzzweck der Vorschrift ist die **Freihaltung der engsten Familie von sexuellen, mit der Ehe unvereinbaren Beziehungen** (BGHSt 39, 326, 329; str); er stützt sich namentlich auf die familienzerstörenden Wirkungen inzestuöser Beziehungen sowie auf die mit ihnen verbundenen aktuellen und potenziellen Gefahren, die sich auf die Möglichkeit psychischer, eugenischer und genetischer Schäden beziehen (BT-Dr VI/1552 S 14; BT-Dr VI/3521 S 17; Bottke, in: Bottke [Hrsg], Familie als zentraler Grundwert demokratischer Gesellschaften, 1994, S 101, 113; Kindhäuser BT I 19/11; krit Jung, Leferenz-FS, S 311; Dippel NStZ 94, 182; Stratenwerth, Lenckner-FS, S 377, 390 und Frommel NK 5–8; für verfassungswidrig hält die Vorschrift Klöpper, Das Verhältnis von § 173 StGB zu Art 6 Abs 1 GG, 1995, S 131; für die Streichung der Vorschrift Dippel LK 16).

2 2. Nur die **blutsmäßige Abstammung** ist für die erforderliche Verwandtschaft maßgebend (so schon zum früheren Recht BGHSt 7, 245; GA 57, 218); zu deren Erlöschen, das bei der Annahme als Kind oder der Aufhebung einer solchen Annahme in Frage kommt, §§ 1755, 1756, 1764 II BGB. – Bindungen des Strafrichters an Unterhalts- und Statusurteile gibt es im Bereich des § 173 nicht (zw).

3 3. **Beischlaf** ist das der Art nach zur Zeugung geeignete, sei es auch nur unvollständige, Eindringen des männlichen Gliedes in das weibliche Geschlechtsorgan (nicht in das eines Transsexuellen, LG Mannheim NStZ 97, 85 zu § 177); er ist daher **vollzogen,** sobald das Eindringen in dieses Organ, nicht etwa erst in die eigentliche Scheide, seinen Anfang genommen hat (BGHSt 16, 175; 46, 176; aM Renzikowski NStZ 99, 377, 381 Fn 54; M-Schroeder/Maiwald BT 1 17/34; Sch/Sch-Lenckner 3; krit Tröndle/Fischer 62–64 zu § 177; str). Nur beischlafsähnliche Handlungen genügen nicht. – Nach dem Schutzzweck des § 173 scheidet

Vorbemerkung **Vor § 174**

der eheliche Beischlaf zwischen Verwandten aus, deren Ehe nach § 1307, 1314 BGB aufhebbar ist (teleologische Reduktion; Dippel LK 19; Sch/Sch-Lenckner 5, jeweils zu § 21 EheG aF; Horn/Wolters SK 5: formell gültige Ehe als Rechtfertigungsgrund; die Gegenauffassung von RGSt 5, 159 und Blei BT S 139 dürfte durch das EheschRG überholt sein).

4. Der **Vorsatz** (bedingter genügt) muss sich auf die wirklichen blutsmäßigen **4** Verhältnisse beziehen; deren falsche rechtliche Bewertung (zB die nichteheliche Täterin hält sich mit ihrem leiblichen Vater nicht für verwandt) ist Subsumtionsirrtum (14 zu § 15; 6 zu § 17).

5. Mangels Strafbarkeit des **Versuchs** ist die irrige Annahme der Verwandt- **5** schaft unerheblich.

6. Die Tat ist **eigenhändiges Delikt,** so dass mittelbare Täterschaft ausscheidet **6** (hM; vgl Roxin LK 44 zu § 25 mwN). Die **Beteiligung des Deszendenten** (Abs 1) **oder Aszendenten** (Abs 2 S 1) jeweils an der Tat des anderen bestimmt sich nach den Regeln über die notwendige Teilnahme (12 vor § 25), so dass jeder nur aus dem für ihn geltenden Tatbestand bestraft werden kann; die Strafe für den dritten Teilnehmer bestimmt sich in diesem Fall nach Abs 1 (Sch/Sch-Lenckner 8). Auf den nicht verwandten Teilnehmer findet § 28 keine Anwendung; die Verwandtschaft ist hier kein besonderes persönliches Verhältnis, weil § 173 Ehe und Familie ohne Rücksicht auf eine persönliche Pflicht des Täters schützt (BGHSt 39, 326 mit zust Anm Dippel NStZ 94, 182 und Stein StV 95, 251, 253; Horn/Wolters SK 8; Roxin LK 67 zu § 28; aM bei Miebach NStZ 92, 174; Otto GK 2 65/17).

7. Abs 3 bildet für Deszendenten und Geschwister unter 18 Jahren einen auf **7** Schulderwägungen beruhenden **persönlichen Strafausschließungsgrund** (29 vor § 13; Horn/Wolters SK 9; für Entschuldigungsgrund Roxin AT I 22/136 und 23/16; bei notstandsähnlichen Situationen ebenso Klimsch, Die dogmatische Behandlung des Irrtums über Entschuldigungsgründe..., 1993, S 166; für „formalisierten Schuldausschließungsgrund" M-Schroeder/Maiwald BT 2 63/89; str); Teilnahme an ihrer Tat ist daher möglich (hM; vgl bei Miebach NStZ 92, 174; Sturm JZ 71, 1, 3).

8. Tateinheit ua möglich mit § 174 I Nr 3 (bei Dallinger MDR 75, 21), **8** §§ 176a I Nr 1, 177 II, 182. Fortsetzungszusammenhang scheidet auch bei wiederholter Begehung mit derselben Person aus (16 vor § 52; Sch/Sch-Lenckner 11 mwN); es kommt nur Tatmehrheit in Frage (Horn/Wolters SK 10).

13. Abschnitt. Straftaten gegen die sexuelle Selbstbestimmung

Vorbemerkung

1. Dass die **sexuelle Selbstbestimmung geschütztes Rechtsgut** aller Tat- **1** bestände des Abschnitts ist, wird durch dessen Überschrift, die ebenso wie der größte Teil des Abschnitts auf das 4. StrRG (7 vor § 1) zurückgeht, zwar nahegelegt, durch den differenzierten Inhalt der Tatbestände und die Gesetzesgeschichte aber nur mit dem Vorbehalt bestätigt, dass der Begriff der Selbstbestimmung sehr weit und allgemein zu verstehen ist. In dem Initiativentwurf zum 4. StrRG (BT-Dr 7/80) war noch die Überschrift „Sexualstraftaten" vorgesehen. Erst kurz vor Schluss seiner Beratungen hat sich der Sonderausschuss dafür entschieden, die Freiheit der sexuellen Selbstbestimmung als geschütztes Rechtsgut aller Tatbestände in den Vordergrund zu rücken. Er wollte damit erreichen, dass sich der Abschnitt in die überwiegend am Schutzzweck orientierte Ordnung des Besonderen

Vor § 174 BT. 13. Abschnitt. Sexuelle Selbstbestimmung

Teils einfügt, musste zugleich aber in Kauf nehmen, dass diese Freiheit angesichts der Vielfalt der Tatbestände nur in einem vagen Sinne gemeint sein kann. Namentlich das Interesse an der ungestörten sexuellen Entwicklung der Jugend, die sich als besonderer Aspekt dieser Freiheit begreifen lässt, muss eingeschlossen bleiben (Prot 7, 48, 53; Schroeder, Welzel-FS, S 859, 876; krit Schetsche MschrKrim 94, 201). Dass in einzelnen Tatbeständen auch andere Rechtsgüter (mit-)geschützt sind, sollte durch die Überschrift nicht in Frage gestellt werden (BT-Dr 7/514 S 5; vgl auch Horn LdR S 839 sowie Bottke, in: Schünemann/Dubber [Hrsg], Die Stellung des Opfers in Strafrechtssystem, 2000, S 231, 235, der vom „Recht auf Sexualhoheit" spricht; krit zur Leistungsfähigkeit des Rechtsgutskonzepts im Sexualstrafrecht Stratenwerth, Lenckner-FS, S 377, 389 und Pott KritV 99, 91, 111, die auf „das subjektive Recht auf sexuelle Selbstbestimmung" abstellt). Einzelne Tatbestände wie etwa die §§ 174–176 schützen Personen, denen die Fähigkeit zur sexuellen Selbststimmung fehlt (näher Sternberg-Lieben, Die objektiven Schranken der Einwilligung im Strafrecht, 1997, S 164: „weicher Paternalismus"). – Zur Liberalisierung des Sexualstrafrechts durch das 4. StrRG zusf Rengier, in: JMBW (Hrsg), Schutz vor Sexualstraftaten, 2003, S 9.

2   **2. a)** Auch bei den Tatbeständen im zweiten Teil des Abschnitts, die sich gegen die **Förderung sexueller Handlungen Minderjähriger und der Prostitution sowie gegen Menschenhandel und Zuhälterei wenden (§§ 180–181 a)**, steht – neben dem Jugendschutz (§§ 180, 180 a II Nr 1) – als geschütztes Rechtsgut die **Freiheit der Selbstbestimmung** in dem unter 1 beschriebenen Sinne im Vordergrund (Horn LdR S 843). Nachdem bereits mit dem 4. StrRG die Förderung fremder „Unzucht" als bloße Moralwidrigkeit entkriminalisiert wurde, ist mit Art 2 des ProstG (14 vor § 1) zum 1. 1. 2002 auch die Strafbarkeit der Förderung der Prostitution gem § 180 a I Nr 2 aF gestrichen worden; der Tatbestand des § 181 a II wurde eingeschränkt (vgl Rautenberg NJW 02, 650, 652; Schroeder JR 02, 408 f; Heger StV 03, 350, 351 f). Die geänderte Zielrichtung von einer zumindest mit intendierten Bekämpfung der Prostitution als unerwünschter Institution hin zu einer Verteidigung der sexuellen Selbstbestimmung der Prostituierten verdeutlicht auch die Änderung der amtlichen Überschrift von § 180 a aF („Förderung der Prostitution") zu „Ausbeutung von Prostituierten" in § 180 a nF. – Zur Logistik der organisierten Ausbeutung von Prostituierten Sieber/Bögel, Logistik der Organisierten Kriminalität, 1993, S 132, 196, die sich von einer Anerkennung der Prostitution als Beruf eine bessere Bekämpfung dieser Ausbeutung erwarten (S 309); ebenso Sieber JZ 95, 758, 767. – Zur Geschichte der Prostitution Gleß, Die Reglementierung von Prostitution in Deutschland, 1999, S 15, 132.

3   **b)** Da §§ 180–181 a idR nunmehr allein die sexuelle Selbstbestimmung der Prostituierten schützt und die Begehungsformen kein qualitativ unterschiedliches Unrecht beschreiben, geht bei Handlungseinheit (3–19 vor § 52) die mildere Variante in der schwereren auf (Subsidiarität); das gilt etwa für das Zusammentreffen von § 180 a I und § 181 a I. Weiterhin kommt Tateinheit in Frage, wenn der eine Tatbestand allgemein den Schutz der Unabhängigkeit junger Menschen im Auge hat, während es im anderen um eine spezifische, altersindifferente Abhängigkeit geht (zB § 180 b II Nr 2 im Verhältnis zu § 181 I Nr 3; so jetzt auch BGHSt 42, 179).

4   **c)** Die Vorschriften gegen **Ausbeutung von Prostituierten, Menschenhandel und Zuhälterei (§§ 180 a–181 a)** dienen seit dem ProstG vor allem der sexuellen Selbstbestimmung der Prostituierten; deren persönliche und wirtschaftliche Unabhängigkeit ist nur als Reflex dieses Schutzzwecks mittelbar geschützt, wenn und soweit diese Abhängigkeit dazu instrumentalisiert wird, Prostituierte gegen ihren Willen zu sexuellen Handlungen zu veranlassen (vgl Heger StV 03, 350, 351; Renzikowski MK 1 zu § 181 a; zB durch Verstricken in Schulden, die durch

Vorbemerkung Vor § 174

Prostitution abzuarbeiten sind). Da Art 1 §§ 1, 2 ProstG Vereinbarungen zwischen Prostituierten und Freiern sowie den Arbeitgebern von Prostituierten zivilrechtlich grundsätzlich für wirksam erklären, kann der Verlust der Einkünfte durch die Nichtvornahme entgeltlicher sexueller Handlungen nicht als wirtschaftliche Zwangslage der Prostituierten strafbewehrt sein (BGHSt 48, 314; Heger StV 03, 350, 351). Mit Streichung der Strafbarkeit des bloßen Förderns der Prostitution durch Art 2 ProstG sowie der zivil- und sozialversicherungsrechtlichen Anerkennung der Prostitution als einer grundsätzlich legalen Einnahmequelle durch Art 1 ProstG ist allein das Verstricken oder Festhalten von Personen, die freiwillig der Prostitution nachgehen, in ihrem Gewerbe nicht mehr vom Schutzzweck der §§ 180 a–181 a umfasst. Obwohl der Gesetzgeber der Auffassung war, über die Änderungen der §§ 180 a I, 181 a II durch Art 2 ProstG sei an den Strafbestimmungen der §§ 180 a–181 a unverändert festzuhalten (zust Rautenberg NJW 02, 650, 652), zwingen die zivil- und sozialversicherungsrechtlichen Änderungen durch Art 1 §§ 1–3 ProstG jedenfalls zu einer Entkriminalisierung solcher, insb gem § 181 I Nr 2 als dirigierende Zuhälterei tatbestandsmäßiger, Verhaltensweisen, die sich als zulässige Einwirkung des Täters als Arbeitgeber auf die freiwillig in seinem Betrieb beschäftigten Prostituierten darstellen (BGHSt 48, 314; Heger StV 03, 350, 352 f), auch wenn durch das Beschäftigungsverhältnis iS des § 1 ProstG gegen sonstige Rechtsvorschriften (zB ausländerrechtlicher, steuerrechtlicher und sozialversicherungsrechtlicher Art) verstoßen wird (BGHSt 48, 314). Das gilt wegen § 2 III auch für vor dem 1. 2. 2002 beendete Tathandlungen (Heger StV 03, 350, 355). Aber auch für die Auslegung der neu gefassten §§ 180 a I, 181 a II sowie für den unverändert bestehenden einfachen Menschenhandel gem § 180 b I 1 sind die Wertungen von Art 1 §§ 1–3 ProstG zu berücksichtigen (vgl Heger StV 03, 350, 351 f u 354). In der strafrechtlichen Rspr (StV 03, 616) und Lit (Kühl, Meurer-GS, S 546, 553 und Schreiber-FS, S 957, 967; Heger StV 350, 355 mwN; zu den zivilrechtlichen Folgen Armbrüster NJW 02, 2763) besteht Einigkeit, dass mit der zivilrechtlichen Anerkennung der Ansprüche der Prostituierten deren Vereinbarung mit dem Freier nicht mehr iSd § 138 I, 817 BGB sittenwidrig ist. – Wegen der zivilrechtlichen Anerkennung der Zahlungsansprüche von Prostituierten ist überdies seit Inkrafttreten des ProstG auch eine Strafbarkeit wegen Betrugs und Erpressung durch den Freier möglich (vgl 35 zu § 263 sowie Ziethen NStZ 03, 184).

d) aa) Die **§§ 180 b und 181,** die dem Weltrechtsgrundsatz unterliegen (§ 6 Nr 4), sollen zugleich zwischenstaatliche Verpflichtungen erfüllen, die sich für die Bundesrepublik aus Art 2 des Internationalen Übereinkommens zur Bekämpfung des Mädchenhandels v 4. 5. 1910 (RGBl 1913, 31) und Art 3 der Internationalen Übereinkunft zur Unterdrückung des Frauen- und Kinderhandels v 30. 9. 1921 (RGBl 1924 II 180, 202) ergeben (krit Oehler IntStR, S 18, 514; zur Gesetzesgeschichte BGHSt 2, 27). Die Regelung trägt darüber hinaus auch dem UNO-Abkommen zur Unterdrückung des Menschenhandels und der Ausbeutung der Prostitution anderer v 31. 3. 1950, dem die Bundesrepublik bisher nicht beigetreten ist, weitgehend – allerdings nicht vollständig (BT-Dr VI/1552 S 25; VI/3521 S 49) – Rechnung. – Zur Entstehungsgeschichte des „Menschenhandels" Schroeder JZ 99, 827, 832. – Zur Logistik des Menschenhandels Sieber/Bögel aaO [vgl 2] S 200, 230. – Ein Gesetzentwurf der Koalitionsfraktionen sieht eine Erweiterung der strafrechtlichen Definition des Menschenhandels entsprechend den Vorgaben der UN und der EU vor und will die §§ 180 b, 181 in den 18. BT-Abschnitt als §§ 232–233 b verschieben (BT-Dr 15/3045). 5

bb) Das **26. StÄG** (12 vor § 1) hat die §§ 180 a III–V, 181 aF durch die §§ 180 b, 181 (Menschenhandel und schwerer Menschenhandel) mit dem Ziel ersetzt, den strafrechtlichen Schutz namentlich ausländischer Mädchen und Frauen 6 vor sexueller Ausbeutung, besonders vor Menschenhandel und Zwangsprostitution, zu verbessern. Dazu hat es Lücken des bisher geltenden Rechts geschlossen, den Anwendungsbereich einzelner Tatbestände durch Herabsetzung der Strafbarkeitsschwelle erweitert und zum Teil auch verschärfte Strafen angedroht. Ausgelöst wurden die gesetzgeberischen Vorarbeiten durch die besorgniserregende Entwicklung des internationalen Menschenhandels und die damit verbundenen Schwierigkeiten, die völkerrechtlichen Verpflichtungen der Bundesrepublik (vgl 5) angemessen zu erfüllen (vgl etwa die Äußerung der BReg in BT-Dr 11/3250 [neu] S 15; Heine-Wiedenmann MschrKrim 92, 121). Ob allerdings die Verschärfung des Strafrechts spürbare Abhilfe schaffen wird, ist zweifelhaft; denn die tatsächliche Lage ist weniger durch Defizite im materiellen Recht gekennzeichnet als durch die Problematik, die mit der Bekämpfung der organisierten Kriminalität verbunden ist und die Gegenstand des OrgKG ist (1, 2 vor § 73). – Aus den **Gesetzesmaterialien** vgl ua die Bundesratsvorlage (BT-Dr 12/2046) sowie die Beschlussempfehlung und den Bericht des BT-Rechtsausschusses (BT-Dr 12/2589). Inkrafttreten: 22. 7. 1992. **Übersichtsbeiträge:** Jung JuS 92, 979; Kelker KritV 93, 291. Kritische Bestandsaufnahme Schroeder JZ 95, 231: „Irrwege aktionistischer Gesetzgebung"; positiver Hofmann, Menschenhandel, 2002, S 383. Zum 26., 27., 29., 30. und 33. StÄG sowie zum 6. StrRG Schroeder JZ 99, 827: „Die Revolution des Sexualstrafrechts 1992–1998" sowie Rengier aaO (vgl 1) S 12–23.

7 3. Das **27. StÄG** (12 vor § 1) hat in § 184 zur Eindämmung von Auswüchsen am Videomarkt (BT-Dr 12/4883 S 1, 6) verschärfte Strafen angedroht, wenn in Fällen des Abs 3 die Schrift (26–28 zu § 11) den sexuellen Missbrauch von Kindern zum Gegenstand hat oder wenn der Täter in Bezug auf solche Schriften gewerbsmäßig oder als Mitglied einer Bande handelt (im neu eingeführten Abs 4; der bisherige Abs 4 wurde – um einen Satz ergänzt – Abs 6). Im neuen Abs 5 wird außerdem schon das Unternehmen der Besitzverschaffung und der Besitz solcher Schriften mit Strafe bedroht. Die Voraussetzungen der Einziehung erweitert der neue Abs 7. – Aus den **Gesetzesmaterialien** vgl ua den RegEntw (BT-Dr 12/3001) sowie die Beschlussempfehlung und den Bericht des BT-Rechtsausschusses (BT-Dr 12/4883). **In-Kraft-Treten:** 1. 9. 1993. – **Übersichtsbeitrag:** Schroeder NJW 93, 2581.

8 4. Das **29. StÄG** (12 vor § 1) hat § 182 zu einer einheitlichen Schutzvorschrift für männliche und weibliche Jugendliche unter 16 Jahren umgestaltet (Schroeder NJW 94, 1501, 1502; Laubenthal 495, 496). Diese sollen geschlechtsneutral (BT-Dr 12/4584 S 7) gegen bestimmte Formen sexuellen Missbrauchs durch Erwachsene geschützt werden. Das Gesetz hat außerdem die Geltung unterschiedlichen Rechts beseitigt (BT-Dr 12/7035 S 8). § 175 (Homosexuelle Handlungen), der nur in den alten Bundesländern galt, wurde aufgehoben (Art 1 Nr 1); § 149 StGB/DDR (Sexueller Missbrauch von Jugendlichen), der nur im Beitrittsgebiet fortgalt, wurde außer Kraft gesetzt (Art 4). – Mit der Aufhebung des § 175 ist die alte Forderung nach Abschaffung der besonderen Strafbarkeit homosexueller Handlungen (Schroeder aaO S 1502) erfüllt worden. Auch die 1973 durch das 4. StrRG (7 vor § 1) erfolgte Ausrichtung der Vorschrift auf den Jugendschutz entkräftete die Bedenken gegen sie nicht: § 175 konnte den angestrebten Schutz der ungestörten sexuellen Entwicklung des männlichen Jugendlichen nicht bewirken, weil die Hetero- oder Homosexualität bei Jugendlichen schon festgelegt ist (BT-Dr 12/4584 S 6; BT-Dr 12/4232 S 4; Schroeder aaO S 1502); außerdem trug die Vorschrift zur Diskriminierung der Homosexualität bei (BT-Dr 12/4232 S 4). Als Standort der neuen einheitlichen Jugendschutzvorschrift erschien der rechtshistorisch belastete § 175 nicht angebracht (so die Begründung des RegEntw BT-Dr 12/4584 S 7; nach Schroeder aaO S 1504: verständlich). – Die kriminalpolitisch problematische Vorschrift des § 182 aF, welche die Verführung von

Vorbemerkung **Vor § 174**

Mädchen vor allem wegen der angeblichen Gefahr vorzeitiger Schwangerschaft verbot, war mit dieser Begründung nicht mehr zu halten und schon während ihrer Geltung praktisch bedeutungslos geworden (vgl näher BT-Dr 12/4232 S 4; BT-Dr 12/4584 S 6). Von dem außer Kraft gesetzten § 149 StGB/DDR hat der neue § 182 zwar die Überschrift (Sexueller Missbrauch von Jugendlichen) übernommen, doch sind die Abhängigkeiten neu umschrieben und die Missbrauchshandlungen erweitert worden. – Aus den **Gesetzesmaterialien** vgl die Gesetzentwürfe der Gruppe PDS/Linke Liste (BT-Dr 12/850), der Gruppe Bündnis 90/Die Grünen (BT-Dr 12/1899), des BRates (BT-Dr 12/4232) und der BReg (BT-Dr 12/4584) sowie das Protokoll der 93. Sitzung des BT-Rechtsausschusses, die Beschlussempfehlung und den Bericht des BT-Rechtsausschusses (BT-Dr 12/7035), den Änderungsantrag der Fraktion der SPD (BT-Dr 12/7044) und die Beratungen im Plenum des BTages (SBer 12, 18 698). **In-Kraft-Treten:** 11. 6. 1994. – **Übersichtsbeitrag:** Schroeder NJW 94, 1501 und JZ 99, 827, 831.

5. a) Das **33. StÄG** (13 vor § 1) hat die lange vorbereitete Reform der 9 §§ 177–179 in Kernpunkten zu einem Abschluss gebracht. §§ 177, 178 aF werden durch den geschlechtsneutral formulierten „§ 177 Sexuelle Nötigung; Vergewaltigung" in einem einheitlichen (Verbrechens-)Tatbestand zusammengefasst; Opfer kann jetzt auch ein Mann sein. Die „Vergewaltigung" ist Regelbeispiel eines besonders schweren Falles der „sexuellen Nötigung"; ihr werden ähnliche, das Opfer besonders erniedrigende Handlungen gleichgestellt, insbesondere, wenn sie mit einem Eindringen in den Körper verbunden sind. Zur Schließung von möglichen Strafbarkeitslücken wird den bisherigen Nötigungsmitteln (Gewalt und Drohung) die Ausnutzung einer schutzlosen Lage als weiteres Tatmittel hinzugefügt; § 237 wurde dadurch überflüssig und deshalb aufgehoben. Durch die **Streichung** des Merkmals **außerehelich** wird die bisher nur als Nötigung (§ 240) strafbare Vergewaltigung in der Ehe als Straftat gegen die sexuelle Selbstbestimmung erfasst; damit ist das Hauptanliegen der Reform verwirklicht. Der Hauptstreitpunkt in der letzten Phase der Reformgesetzgebung, der diese zwischenzeitlich zum Scheitern zu bringen drohte, war die sog Widerspruchsklausel, die dem mit dem Täter verheirateten Opfer zwar kein Antragsrecht, aber ein Widerspruchsrecht gegen die Strafverfolgung der Tat einräumte. Diese problematische Widerspruchsklausel ist nach einem gescheiterten Vermittlungsverfahren und einem Einspruch des Bundesrates nicht ins Gesetz aufgenommen worden, obwohl sie vom Bundestag als § 177 Abs 5 beschlossen worden war (krit Folkers NJW 00, 3317, 3319). – In § 179 wurde das Merkmal „außerehelich" gestrichen und der fragwürdige Begriff der „seelischen Abartigkeit" durch den der „seelischen Störung" ersetzt. – Aus den **Gesetzesmaterialien** vgl die Gesetzentwürfe des BRates (BT-Dr 13/199), der Fraktionen der SPD (BT-Dr 13/323), der Gruppe PDS (BT-Dr 13/536), der Fraktionen von CDU/CSU und F.D.P. (BT-Dr 13/2463) und von Bündnis 90/Die Grünen (BT-Dr 13/3026); Beschlussempfehlung und Bericht des BT-Rechtsausschusses (BT-Dr 13/4543), Anrufung des Vermittlungsausschusses durch den BRat (BT-Dr 13/4939), Beschlussempfehlung des Vermittlungsausschusses (BT-Dr 13/5011), Gesetzentwurf von Abgeordneten (BT-Dr 13/7324), Beschlussempfehlung und Bericht des BT-Rechtsausschusses (BT-Dr 13/7663), Beratungen im Plenum des BTages (SBer 13, 15 492 und 15 785); Gesetzesbeschluss des BTages (BR-Dr 320/97). **In-Kraft-Treten:** 5. 7. 1997. **Übersichtsbeiträge:** Hoffmann JA 97, 998; Lenckner NJW 97, 2801; Dessecker NStZ 98, 1; Otto Jura 98, 210; s auch Mildenberger, Schutzlos-Hilflos-Widerstandsunfähig ..., 1998, S 1–5. – Aus dem **Schrifttum** zum StÄG: Helmken ZRP 96, 241; Frommel KJ 96, 164; Schünemann GA 96, 307; aus der älteren Reformdiskussion vgl ua Helmken ZRP 80, 171; 85, 170; 93, 459; 95, 302; Laubenthal GA 92, 41; Walter, Schüler-Springorum-FS, S 189; Sick, Sexuelles Selbstbestimmungsrecht und Ver-

Vor § 174 BT. 13. Abschnitt. Sexuelle Selbstbestimmung

gewaltigungsbegriff, 1993; Jäger, in: Irrwege, S 49, 55; Schroeder JZ 99, 827, 828 und 830; Folkers NJW 00, 3317; Harbeck, Probleme des Einheitstatbestandes sexueller Nötigung/Vergewaltigung, 2001, S 15, 20. – Zur historischen Entwicklung hinsichtlich der Strafbarkeit der ehelichen Vergewaltigung Wetzel, Die Neuregelung der §§ 177–179 StGB ..., 1998, S 33; – rechtsvergleichend Wetzel aaO S 91 und Harbeck aaO S 198, 217.

10 b) Das **6. StrRG** (13 vor § 1) hat zahlreiche Änderungen auch im 13. Abschnitt des BT gebracht. So „mussten" sich die gerade neu geregelten §§ 177, 179 Änderungen im Bereich der Regelbeispiele für besonders schwere Fälle (jetzt § 177 Abs 3), der Qualifikationstatbestände (jetzt § 177 Abs 3, 4; § 179 Abs 4) und der Strafdrohung „gefallen lassen" (vgl BT-Dr 13/9064, S 12; Otto Jura 98, 210, 213; Folkers NJW 00, 3317). § 179 wurde nur „unter Vorbehalt" beibehalten; der Rechtsausschuss des Bundestages hat die Bundesregierung aufgefordert, nach drei Jahren zu berichten, inwieweit die Vorschrift nach der Neufassung des § 177 noch einen Anwendungsbereich in der gerichtlichen Praxis hat (BT-Dr aaO S 13; Kreß NJW 98, 633, 639; Schroeder JZ 99, 827, 830). Ein neuer § 178 erfasst die „Sexuelle Nötigung und Vergewaltigung mit Todesfolge". Neu ist auch § 174c, der – entsprechend einem Gesetzentwurf der Bundesregierung (BT-Dr 13/8267; vgl Dessecker NStZ 98, 1, 3; Kreß aaO S 638) – den strafrechtlichen Schutz geistig oder seelisch beeinträchtigter Menschen vor sexuellen Übergriffen, insbesondere im Rahmen von Beratungs-, Behandlungs- oder Betreuungsverhältnissen, verbessern will. Der geänderte (Vergehens-)Grundtatbestand des § 176 wird durch einen (Verbrechens-)Qualifikationstatbestand § 176a und einen (Todes-)erfolgsqualifizierten Tatbestand § 176b ergänzt (BT-Dr 13/7164 und BT-Dr 13/8587 jeweils S 31; Kreß aaO; Stächelin StV 98, 98, 99; Rosenau StV 99, 388, 393; Jäger aaO [vgl 9] S 58; Schroeder aaO; Renzikowski NStZ 99, 440). Die Vorschrift über die Führungsaufsicht – § 181b – wird entsprechend dem SexBG (6–15 vor § 38), das sonst das Maßregelrecht zur Bekämpfung von Sexualdelikten und anderen gefährlichen Straftaten ausweitet, angepasst (BT-Dr 13/9064 S 14).

11 c) Das zweimalige Eingreifen des Gesetzgebers innerhalb eines Jahres hat zu tiefgreifenden Umgestaltungen des 13. Abschnittes des BT geführt (krit Nelles, 6. StrRG Einf, 3/46: „Reformeifer" und Pott KritV 99, 91, 100). Es sind durch Kumulation verschiedener Regelungen Vorschriften entstanden, „die in sich und untereinander so unsystematisch geworden sind, dass sie sich einer sinnvollen Auslegung sperren oder nur um den Preis von Wertungswidersprüchen interpretierbar sind" (Nelles aaO). Besonders missglückt ist die Einstufung der bisher selbstständigen Vergewaltigung (§ 177 aF) als Regelbeispiel eines besonders schweren Falles der sexuellen Nötigung in § 177 II Satz 2 Nr 1 (vgl 11 zu § 177; Horn/Wolters SK 26b zu § 177; krit Pott aaO S 102); der Hinweis auf die misslichen Konsequenzen ua für den Urteilstenor (vgl auch Bittmann/Merschki, NJ 98, 41; Renzikowski NStZ 99, 377, 381) und die Kriminalstatistik durch Sachverständige hat diese Einstufung leider nicht verhindern können (vgl das Protokoll Nr 35 des BT-Rechtsausschusses v 6. 12. 95: Schroeder S 18 und 66, Vollmer S 20 und 74, Weber S 22 und 85; Wetzel aaO [vgl 9] S 194; für einen einheitlichen Tatbestand mit der Vergewaltigung als Regelbeispiel sprechen sich dagegen aus Frommel S 2 und 111, Nelles S 14, 33 und 125, König S 45; ebenso Mildenberger aaO [vgl 9] S 9; zusf Renzikowski aaO S 378).

12 **6.** Das **ProstG** (oben 2; 14 vor 1) hat § 180a I „liberalisiert" um bessere Rahmenbedingungen für die Ausübung der Prostitution zu schaffen (BT-Dr 14/5958 S 1) und § 181a II eingeschränkt (Heger StV 03, 350). – Trotz der Überarbeitung und Verschärfung der §§ 174ff durch das 6. StrRG hat das **SexÄG** (15 vor § 1) weitere Tatbestandsausdehnungen (zB § 176 III Nr 3, V) und Strafschärfungen (zB in den §§ 174–174c, 176, 176a, 179; krit zu diesen „populären" Strafverschärfungen Duttge/Hörnle/Renzikowski NJW 04, 1065, 1066; krit zur Verschärfung der Mindeststrafrahmen Frommel NKrimPol 04, 6, 7). Außerdem hat es die Vorschriften über Pornographie, jetzt §§ 184–184 c (die bisherigen §§ 184 a–184 c sind jetzt §§ 184 d–184 f), neu gestaltet (Materialien: GesEntw der CDU/CSU-Fraktion BT-Dr 15/29; Regierungskoalitionen-Entw BT-Dr 15/350; Beschlussempfehlung und Bericht des BT-Rechtsausschusses BT-Dr 15/1311; Übersichtsbeitrag Amelung/Funcke-Auffermann StraFo 04, 114). – Zu Plänen, §§ 180 b, 181 in den 18. BT-Abschnitt zu verschieben, oben 5. – Zu den „Determinanten" der Sexualstrafrechtsreform Albrecht ZStW 111, 863. – Zur Reformbedürftigkeit des österreichischen Sexualstrafrechts Schmoller Journal für Rechtspolitik 9 (2001), 64–82.

§ 174 Sexueller Mißbrauch von Schutzbefohlenen

(1) Wer sexuelle Handlungen

1. **an einer Person unter sechzehn Jahren, die ihm zur Erziehung, zur Ausbildung oder zur Betreuung in der Lebensführung anvertraut ist,**
2. **an einer Person unter achtzehn Jahren, die ihm zur Erziehung, zur Ausbildung oder zur Betreuung in der Lebensführung anvertraut oder im Rahmen eines Dienst- oder Arbeitsverhältnisses untergeordnet ist, unter Mißbrauch einer mit dem Erziehungs-, Ausbildungs-, Betreuungs-, Dienst- oder Arbeitsverhältnis verbundenen Abhängigkeit oder**
3. **an seinem noch nicht achtzehn Jahre alten leiblichen oder angenommenen Kind**

vornimmt oder an sich von dem Schutzbefohlenen vornehmen läßt, wird mit Freiheitsstrafe von drei Monaten bis zu fünf Jahren bestraft.

(2) **Wer unter den Voraussetzungen des Absatzes 1 Nr. 1 bis 3**

1. **sexuelle Handlungen vor dem Schutzbefohlenen vornimmt oder**
2. **den Schutzbefohlenen dazu bestimmt, daß er sexuelle Handlungen vor ihm vornimmt,**

um sich oder den Schutzbefohlenen hierdurch sexuell zu erregen, wird mit Freiheitsstrafe bis zu drei Jahren oder mit Geldstrafe bestraft.

(3) **Der Versuch ist strafbar.**

(4) **In den Fällen des Absatzes 1 Nr. 1 oder des Absatzes 2 in Verbindung mit Absatz 1 Nr. 1 kann das Gericht von einer Bestrafung nach dieser Vorschrift absehen, wenn bei Berücksichtigung des Verhaltens des Schutzbefohlenen das Unrecht der Tat gering ist.**

Fassung: Strafrahmenanhebung in Abs 1 durch das SexÄG (15 vor § 1).

1. Die Vorschrift schützt vornehmlich die **ungestörte geschlechtliche Entwicklung** junger, vom Täter durch ein Unterordnungsverhältnis oder durch enge familienrechtliche Verbundenheit abhängiger Personen (NJW 95, 2234, 2235; s auch 1 vor § 174). Daneben sollen auch bestimmte Überordnungs- und Betreuungsverhältnisse um ihrer sozialen Funktion willen von geschlechtlichen Einflüssen freigehalten werden (BT-Dr VI/3521 S 20; s auch Horn/Wolters SK 2: Strafbewehrung einer bestimmten „Sexualverfassung"). Aus dem Schutzzweck folgt, dass es idR unerheblich ist, ob der Schutzbefohlene in die sexuelle Handlung einwilligt oder sie anregt; nur im Falle des Abs 1 Nr 2 kann das für den Missbrauch der Abhängigkeit bedeutsam werden (vgl 9). 1

2. Abs 1, 2 unterscheiden nach den **persönlichen und sachlichen Voraussetzungen der Tathandlung** drei Gruppen von Schutzbefohlenen, die nach ihrem Alter und dem Grad ihrer Abhängigkeit differenzierten Schutz genießen. 2

§ 174 BT. 13. Abschnitt. Sexuelle Selbstbestimmung

2 a **a) Abs 1 Nr 1:** Personen unter 16 Jahren, die dem Täter zur Erziehung, zur Ausbildung oder zur Betreuung in der Lebensführung anvertraut sind (vgl 5–7). Auf einen Missbrauch des Schutzbefohlenen kommt es hier nicht an. Das Gesetz hält vielmehr sexuelle Kontakte mit dieser Altersgruppe generell für missbräuchlich (BT-Dr VI/3521 S 22; zur Möglichkeit des Absehens von Strafe nach Abs 4 beachte jedoch unten 16).

3 **b) Abs 1 Nr 2:** Personen unter 18 Jahren (auch 16jährige Personen, die nach Recht und Anschauung ihrer Religion volljährig sind, Zweibrücken NJW 96, 330), wenn sie dem Täter entweder im Sinne der Nr 1 anvertraut oder ihm im Rahmen eines Dienst- oder Arbeitsverhältnisses untergeordnet sind (vgl 8) und wenn der Täter die mit dem jeweiligen Verhältnis verbundene Abhängigkeit missbraucht (vgl 9).

4 **c) Abs 1 Nr 3:** Das noch nicht 18 Jahre alte leibliche (auch das nach § 1755 BGB nicht mehr verwandte) oder angenommene (§§ 1741 ff BGB) Kind, nicht dagegen das Stiefkind, auch nicht das nach §§ 1592 ff BGB nur als von einem bestimmten Vater abstammend geltende Kind (BGHSt 29, 387 zur Ehelichkeitsfiktion nach §§ 1591 ff BGB aF). Wegen der natürlichen Verbundenheit von Eltern und Kindern und der daraus folgenden, regelmäßig intensiven Abhängigkeit soll diese Beziehung von sexuellen Handlungen völlig frei bleiben (BT-Dr VI/3521 S 24). Das Ausnutzen eines Betreuungs- oder Abhängigkeitsverhältnisses ist kein Merkmal des gesetzlichen Tatbestandes iS von § 46 III (45 zu § 46) und kann deshalb bei der Strafzumessung berücksichtigt werden (NJW 94, 1078); nicht dagegen die durch den Verstoß gegen Abs 1 Nr 3 zwangsläufig bewirkte Zerstörung der Familie und des Vertrauensverhältnisses zum geschädigten Kind (bei Miebach NStZ 94, 223).

5 **3.** Das Merkmal **zur Erziehung, zur Ausbildung oder zur Betreuung in der Lebensführung anvertraut** (vgl zunächst 2 a) weicht vom früheren Recht (§ 174 I aF) nur insofern ab, als das durch „Aufsicht" begründete Abhängigkeitsverhältnis gestrichen und das Betreuungsverhältnis durch einen Hinweis auf die Lebensführung konkretisiert worden ist (BT-Dr VI/3521 S 21).

6 **a)** Wie sich aus den Aufgaben der Erziehung und der Betreuung in der Lebensführung ergibt und wie ebenso für den Bereich der Ausbildung zu fordern ist, muss der Täter auf Grund und im Rahmen seiner Aufgabe eine **Mitverantwortung auch für die Persönlichkeitsbildung des Schutzbefohlenen im Ganzen** tragen, dh in einem tatsächlichen Überordnungsverhältnis stehen, das sich – uU über das spezielle Aufgabengebiet hinaus – auch auf den allgemein menschlichen Bereich erstreckt (BGHSt 21, 196; 41, 137 mit Anm Bellay NStZ 95, 496). – Ob ein solches Verhältnis besteht, bestimmt sich nach den tatsächlichen Umständen (BGHSt 1, 55). Eine ausdrückliche oder stillschweigende Übertragung der Sorgepflicht ist zwar die Regel, aber nicht unbedingt notwendig. Es genügt die Schaffung einer Lage, in welcher der Schutzbefohlene dem Täter tatsächlich „in die Hut" gegeben, dh ihm nach den Umständen untergeordnet und von seiner Betreuung abhängig ist (BGHSt 21, 196, 200; 41, 137 mit zust Anm Bellay aaO; bei Miebach NStZ 97, 119; bei Pfister NStZ-RR 00, 353; Horn/Wolters SK 6;). Deshalb kann der entlaufene Minderjährige auch dem zur Betreuung in der Lebensführung anvertraut sein, der die Sorge für ihn tatsächlich übernimmt (BGHSt 1, 292). Bei solchen nur tatsächlichen Beziehungen müssen besondere Umstände für ein – nicht nur ganz kurzfristiges, sondern auf gewisse Dauer angelegtes (M-Schroeder/Maiwald BT 1 20/24; Lauffhütte LK 13; aM NJW 55, 1934; GA 59, 276; zw) – Überordnungsverhältnis sprechen. Dieses kann sich uU schon daraus ergeben, dass ein Pfarrer oder Beichtvater seine kirchliche Autorität zur Ausübung tatsächlichen Einflusses auf junge Gemeindemitglieder einsetzt (Jakobs

NStZ 86, 216; aM BGHSt 33, 340 mit Anm Gössel JR 86, 516; zw). Es kann auch bei vorübergehender Abwesenheit, zB zwecks Heimerziehung, bestehen bleiben (NJW 60, 2156) oder umgekehrt durch Aufnahme einer eheähnlichen Lebensgemeinschaft beendet werden (BGHSt 22, 314).

b) Die Begriffe **Erziehung** (Leitung und Überwachung der Lebensführung zur Förderung der körperlichen und seelischen Entwicklung), **Ausbildung** (Vermittlung größeren Wissens oder besseren Könnens auf einem beliebigen Gebiet zu einem bestimmten Ausbildungsziel, namentlich zum Erwerb von Berufserfahrung, BGHSt 21, 196, 198) und **Betreuung in der Lebensführung** überschneiden sich. Ihre Grenzen sind fließend; ihre nähere Bestimmung hat sich am Schutzzweck der Vorschrift zu orientieren. **Im Einzelnen** sind im Sinne der Nr 1 häufig anvertraut: das Pflegekind den Pflegeeltern (zum Kind vgl 4); das Mündel dem Vormund, wenn dieser die Personensorge hat (Laufhütte LK 7); der Schüler neben seinen eigenen Lehrern auch dem Schulleiter (BGHSt 13, 352; Bay MDR 53, 503), meist aber nicht den übrigen Lehrern (BGHSt 19, 163; zum Nachhilfelehrer NStZ 03, 661); der Bewohner eines Erziehungsheims (Heimerziehung, Internat, Jugendwohnheim usw) dem für seine Erziehung allgemein oder in Teilbereichen verantwortlichen Personal, namentlich dem Heimleiter; der Proband dem Bewährungshelfer oder Erziehungsbeistand; der Lehrling dem Lehrherrn (NJW 51, 530), uU auch dann, wenn das vereinbarte Lehrverhältnis noch nicht begonnen hat (NJW 58, 2123) oder beim kaufmännischen Lehrling die Ausbildung dem Prokuristen übertragen ist (BGHSt 2, 157); der Jugendliche dem Trainer des Fußballvereins (BGHSt 17, 191, nicht aber ohne weiteres dem Tennistrainer, NStZ 03, 661) oder dem Reitlehrer (bei Pfister NStZ-RR 03, 353), dem einen Jugendkreis leitenden Pfarrer (BGHSt 4, 212) oder auch dem Jugendherbergsvater (NJW 57, 1201; aM M-Schroeder/Maiwald BT 1 20/27; Frommel NK 15), wenn die Beziehung nicht nur ganz vorübergehender Art ist (vgl 6); die junge Hausangestellte dem Haushaltungsvorstand (BGHSt 1, 55); die jugendliche Afrikanerin dem sie langjährig in seinen Haushalt Aufnehmenden (Zweibrücken NJW 96, 330). Auch bei Berufsausbildungsverhältnissen nach dem BBiG und nach öffentlichem Recht und bei den Volontär- und Praktikantenverhältnissen nach § 19 BBiG werden die Voraussetzungen häufig erfüllt sein (BT-Dr VI/3521 S 21). – **Nicht ohne weiteres,** dh nicht ohne Hinzutreten besonderer Umstände, sind anvertraut: die Arbeitnehmerin dem Arbeitgeber (BGHSt 1, 231; NJW 55, 1237; s jedoch 8), das Enkelkind den Großeltern (bei Pfister NStZ-RR 00, 353), das in den Haushalt aufgenommene Kind dem Stiefvater (NStE 2 und 3; Frommel NK 13; zur Beendigung dieses Obhutsverhältnisses bei Pfister NStZ-RR 00, 354; zur Stiefochter bei Pfister NStZ-RR 02, 353), dem mit der Mutter in häuslicher Gemeinschaft lebenden Mann (NStZ 89, 21; bei Miebach NStZ 96, 120; zur Beendigung dieses Obhutsverhältnisses NStZ-RR 99, 360) oder dem Mann der verheirateten Schwester (MDR 59, 139); die Patientin dem Arzt (München MDR 51, 52); die Fahrschülerin dem Fahrlehrer (BGHSt 21, 196 mit Anm Lackner JR 68, 190; Stuttgart NJW 61, 2171 mit Anm Seibert NJW 62, 61).

4. Im Rahmen eines Dienst- oder Arbeitsverhältnisses untergeordnet (vgl 3) ist, wer für einen anderen (freiwillig oder unfreiwillig) Dienste oder Arbeiten zu verrichten hat und bei deren Ausführung einem Vorgesetzten (zB leitenden Angestellten, Abteilungsleiter, Meister, Gesellen, Gruppenführer, Vorarbeiter oder Einrichter am Fließband) unterstellt ist; die bloße Befugnis des Täters zu Einzelweisungen aus arbeitstechnischen Gründen genügt nicht (BT-Dr VI/3521 S 24), auch nicht die gelegentliche Tätigkeit als „Babysitter" (Düsseldorf NStZ-RR 01, 201). Auf die rechtliche Wirksamkeit des Verhältnisses kommt es nicht an.

5. Missbrauch der mit den Unterordnungsverhältnissen des Abs 1 Nr 2 (vgl 3) verbundenen Abhängigkeit bedeutet zunächst deren Ausnutzung; dazu ist erfor-

§ 174

derlich, dass die Abhängigkeit des Schutzbefohlenen die Tathandlung ermöglicht oder erleichtert und dass der Täter die dadurch gebotene Gelegenheit wahrnimmt (7 zu § 179). Die Ausnutzung ist missbräuchlich, wenn in dem Schutzbefohlenen und für diesen erkennbar – sei es durch ausdrückliche oder versteckte Drohung, sei es auch nur durch Ausspielen der Überlegenheit – die Befürchtung von Nachteilen oder des Ausbleibens von Vorteilen hervorgerufen oder aufrechterhalten werden soll (ähnlich BT-Dr VI/3521 S 22, wo von einer „Drucksituation" gesprochen wird). Mindestens muss der Täter seine Macht gegenüber dem Schutzbefohlenen erkennen und beide Teile müssen sich des Zusammenhangs zwischen dem Abhängigkeitsverhältnis und den sexuellen Handlungen bewusst sein (BGHSt 28, 365; NStZ 91, 81; Zweibrücken NJW 96, 330; Düsseldorf NStZ-RR 01, 201, alle mwN). Das auf die Abhängigkeit bezogene Missbrauchselement bewirkt eine wesentlich stärkere Einschränkung des Tatbestandes, als sie in § 174 I aF durch das Merkmal des „Missbrauchs zur Unzucht" (zB BGHSt 1, 71; 8, 278; 13, 352) vorgesehen war (BGHSt 28, 365). Auch ein bloßer Missbrauch der Stellung des Täters genügt, wie sich aus dem Gegensatz zu § 174a I (dort 4) ergibt, für sich allein nicht (BGH aaO). Es kommt vielmehr auf den Missbrauch gerade der Abhängigkeit an (NStZ-RR 97, 293). Initiative Anregung der Tathandlung durch den Schutzbefohlenen oder spontane Bereitwilligkeit dazu schließen den Missbrauch nicht notwendig aus, sind aber für sein Fehlen häufig indiziell (BGHSt 28, 365).

10 6. **Tathandlungen nach Abs 1** sind nur **sexuelle Handlungen** (§ 184f Nr 1), die der Täter **„an"** dem Schutzbefohlenen, dh an dessen Körper, vornimmt oder die er von diesem am eigenen Körper vornehmen lässt.

11 a) Unerlässlich ist **körperliche Berührung** in dem Sinne, dass der Täter mit der sexuellen Handlung – sei es auch nur durch einen Griff über der Kleidung oder durch Einwirkung mit einem Gegenstand (NStZ 92, 433) – den Körper des Schutzbefohlenen in Mitleidenschaft zieht (BGHSt 41, 242 mit abl Anm Schroeder JR 96, 211). Kontakte ohne Körperberührung scheiden grundsätzlich aus (beachte jedoch Abs 2 und §§ 176 III, 180). Von den Beteiligten jeweils an sich selbst vorgenommene Handlungen genügen daher nicht, wohl aber Handlungen an Schlafenden (BGHSt 15, 197; M-Schroeder/Maiwald BT 1 17/28; zw).

12 b) **An sich vornehmen lassen** bedeutet nicht nur Bestimmen des Schutzbefohlenen zur Vornahme, sondern auch bloßes Dulden einer sexuellen Handlung am eigenen Körper (Horn/Wolters SK 7 mit Hinweis auf Abs 4).

13 7. a) Zu den **Tathandlungen des Abs 2** (Vornahme der Handlung vor einem anderen) 8 zu § 184f. **Bestimmen** nach Nr 2 ist Verursachen (auch Mitverursachen) des Entschlusses zur Vornahme (2 zu § 26; aM Frommel NK 22: unmittelbare Einwirkung; dagegen Tröndle/Fischer 13). Das angewendete Mittel (zB Überredung, Täuschung, Drohung) ist gleichgültig (BGHSt 41, 242). Deshalb genügt auch eine sog „Kettenbestimmung", bei welcher der Obhutspflichtige den Entschluss des Schutzbefohlenen, vor ihm sexuelle Handlungen vorzunehmen, durch Einschaltung eines Dritten verursacht (Laufhütte LK 20; aM Horn/Wolters SK 33; Sch/Sch-Lenckner 20; zw).

14 b) **„Um zu"** bedeutet Absicht im Sinne zielgerichteten Wollens (20 zu § 15). Es genügt, wenn es dem Täter darauf ankommt, eine bereits bestehende geschlechtliche Erregung zu steigern oder fortdauern zu lassen (BT-Dr VI/3521 S 25; Frommel NK 24), nicht aber, wenn er nur Aufklärung bezweckt (Sturm JZ 74, 1, 5).

15 8. Der **Vorsatz** (bedingter genügt) erfordert namentlich Bedeutungskenntnis im Hinblick auf die sexuelle Handlung (dh auch deren Geschlechtsbezogenheit, 2–4a zu § 184f) und auf das jeweilige Abhängigkeitsverhältnis, in Abs 1 Nr 2 außerdem die Kenntnis der Umstände, aus denen sich der Missbrauch ergibt

(17 zu § 15). Daneben muss sich der Vorsatz auch auf das Alter erstrecken; hier ist zwar aktuelles Wissen erforderlich, jedoch setzt dieses nicht unbedingt ein Reflektieren voraus; unmittelbares Begreifen des Sachzusammenhangs genügt (9 zu § 15; weiter einschr Frisch, Kaufmann [Arm]-GS, S 311, 332).

9. Das **Absehen von Strafe nach Abs 4** ist auf Taten beschränkt, die sich gegen die in Abs 1 Nr 1 genannten Schutzbefohlenen (vgl 2a) richten. Selbst bei Vorliegen seiner Voraussetzungen ist es nur **fakultativ,** kann daher auch bei geringem Tatunrecht nach pflichtmäßigem Ermessen (50 zu § 46) versagt werden (krit Jung/Kunz NStZ 82, 409). Es liegt namentlich nahe bei tragischen Konflikten in echten Liebesbeziehungen (BT-Dr VI/3521 S 21) und bei Verführung durch einen geschlechtlich erfahrenen Schutzbefohlenen, kommt aber auch in anderen Fällen erheblicher Unrechtsminderung in Frage (Jung/Kunz aaO). **16**

10. Bei **Teilnahme Dritter** ist § 28 I nicht anwendbar; da die Strafbarkeit durch die besondere Schutzbedürftigkeit des Opfers begründet wird, ist das Schutzverhältnis tatbezogen (hM; vgl Frommel NK 27; Horn/Wolters SK 10 und Sch/Sch-Lenckner 20; aM Jakobs AT 23/25; Roxin LK 63 zu § 28; s auch 5, 6 zu § 28). Das Opfer bleibt straflos, auch wenn sein Tatbeitrag die Grenzen notwendiger Teilnahme überschreitet (12 vor § 25). **17**

11. Abs 1 Nr 1 ist gegenüber Nr 3 und Abs 1 Nr 2 gegenüber Nr 1 und 3 **subsidiär** (26 vor § 52). Das ergibt sich daraus, dass § 174 durchgängig den Schutz abhängiger Schutzbefohlener bezweckt und die Strafbarkeitsvoraussetzungen je nach der Art der Abhängigkeit stufenweise verschärft (hM; anders BGHSt 30, 355 mwN). Jedenfalls ist Abs 1 Nr 2 gegenüber Nr 1 keine Spezialvorschrift (so aber BGH aaO), weil er im Verhältnis zur Nr 1 keine Sonderregelung enthält, sondern mit ihr auf der Grundlage selbstständiger Voraussetzungen nur einen Überschneidungsbereich bildet, innerhalb dessen zwar beide Tatbestände verwirklicht sind, es für den anwendbaren Strafrahmen aber auf das zusätzliche Merkmal der Nr 2 (Missbrauch eines Abhängigkeitsverhältnisses) gerade nicht ankommen soll. – **Tateinheit** ist ua möglich mit § 173 (bei Dallinger MDR 75, 21), §§ 174a, 174b, 174c, 176 (lässt sich nicht feststellen, ob das Opfer zur Tatzeit schon vierzehn Jahre alt ist, bleibt es in dubio pro reo bei § 174, auch wenn hierfür, nicht aber für § 176, die Verjährungsfrist abgelaufen sein könnte [BGHSt 46, 85; Tröndle/Fischer 44 zu § 176; 17 zu § 1]), 177 (NStZ 97, 337 zu § 177 aF), 179, 182 (dort 11), 240. § 185 wird, wenn er überhaupt vorliegt, idR verdrängt (BGHSt 8, 357, 359). **18**

12. Sicherungsverwahrung § 66 III (dort 10a–10e). – Führungsaufsicht § 181b. **19**

§ 174a Sexueller Mißbrauch von Gefangenen, behördlich Verwahrten oder Kranken und Hilfsbedürftigen in Einrichtungen

(1) **Wer sexuelle Handlungen an einer gefangenen oder auf behördliche Anordnung verwahrten Person, die ihm zur Erziehung, Ausbildung, Beaufsichtigung oder Betreuung anvertraut ist, unter Mißbrauch seiner Stellung vornimmt oder an sich von der gefangenen oder verwahrten Person vornehmen läßt, wird mit Freiheitsstrafe von drei Monaten bis zu fünf Jahren bestraft.**

(2) **Ebenso wird bestraft, wer eine Person, die in einer Einrichtung für kranke oder hilfsbedürftige Menschen aufgenommen und ihm zur Beaufsichtigung oder Betreuung anvertraut ist, dadurch mißbraucht, daß er unter Ausnutzung der Krankheit oder Hilfsbedürftigkeit dieser Person sexuelle Handlungen an ihr vornimmt oder an sich von ihr vornehmen läßt.**

(3) **Der Versuch ist strafbar.**

§ 174a

Fassung des 6. StrRG (10 vor § 174); zur sprachlichen Umgestaltung insb von Abs 2 vgl BT-Dr 13/8267 S 6. Strafrahmenanhebung in Abs 1 und Streichung von „stationär" in Abs 2 durch das StÄG (15 vor § 1).

1 1. Die Vorschrift schützt in beiden Absätzen vornehmlich die **geschlechtliche Selbstbestimmung**, Abs 1 daneben auch das Allgemeininteresse an sachrichtiger und gleicher Behandlung von gefangenen und verwahrten Personen sowie das Vertrauen in die Objektivität der für diese Behandlung Verantwortlichen (hM; vgl BT-Dr VI/3521 S 25; bei Pfister NStZ-RR 00, 354; Laubenthal, Gössel-FS, S 359, 360; Otto GK 2 66/36; Frommel NK 7; anders M-Schroeder/Maiwald BT 1 19/3, die nur die geschlechtliche Selbstbestimmung als Rechtsgut anerkennen; wieder anders Horn/Wolters SK 2: Gewährleistung der Störungsfreiheit des Verwahrverhältnisses). – Zur Kriminologie Fegert (Hrsg), Sexueller Missbrauch durch Professionelle in Institutionen, 2002.

2 2. a) **Gefangene Person (Abs 1)** 3–5 zu § 120; **auf behördliche Anordnung verwahrte Person** 11 zu § 44. Es kommt nicht auf den Ort der Verwahrung (zB Strafanstalt), sondern auf das Bestehen der Anstaltsgewalt an; die Tat kann sich daher auch gegen gefangene Personen auf Außenarbeit oder während eines Transports richten (BT-Dr VI/3521 S 25).

3 b) **Zur Erziehung, Ausbildung, Beaufsichtigung oder Betreuung anvertraut** 5–7 zu § 174. Das dort fehlende Merkmal der **Beaufsichtigung** dient hier der Erfassung des reinen, konkret mit der Aufsicht betrauten (NJW 83, 404) Wachpersonals (weiter Laubenthal, Gössel-FS, S 359, 364); Richtern, Staatsanwälten und Polizeibeamten ist die Beaufsichtigung von gefangenen Personen, die sie lediglich in der Anstalt vernehmen, idR nicht anvertraut (beachte jedoch § 174b). Die **Betreuung** braucht sich abweichend von § 174 (dort 6) nicht auf die Lebensführung als solche zu erstrecken; es genügen auch Betreuungsaufgaben in Teilbereichen (zB Krankenpfleger) oder vorübergehender Art (BT-Dr VI/3521 S 25). Freiwillige Vollzugshelfer werden nur erfasst, wenn ihnen faktisch ein selbstständiger Verantwortungsbereich zugewiesen ist.

4 c) **Missbrauch der Stellung** liegt im Hinblick auf die intensive Abhängigkeit der geschützten Personen idR schon dann vor, wenn der Täter eine durch die Stellung gebotene Gelegenheit zur Tathandlung wahrnimmt. Abweichend von Abs 2 (vgl 7–9) und von § 174 I Nr 2 (dort 9) kommt es auf eine Ausnutzung der Abhängigkeit nicht an. Auch bedarf es besonderer Umstände zur Begründung des Missbrauchs nicht (BT-Dr VI/3521 S 26; ebenso schon BGHSt 2, 93; 8, 24, 26); dieses Merkmal soll nur die Ausscheidung exzeptioneller Fälle ermöglichen, in denen die Abhängigkeit völlig in den Hintergrund tritt (vgl NStZ 99, 29 und 349: echte Liebesbeziehung) und die Tathandlung auch bei Berücksichtigung des mitgeschützten Allgemeininteresses (vgl 1) keinen sozialethischen Tadel verdient (vgl BT-Dr VI/3521 S 26 und Laubenthal, Gössel-FS, S 359, 366).

5 3. a) **Hilfsbedürftige (Abs 2)** sind nur die in den genannten – öffentlichen oder privaten (BGHSt 19, 131) – Einrichtungen zur Behandlung oder Pflege Aufgenommenen, dh die in den räumlichen Einrichtungsbereich aufgenommenen Personen, nicht das Personal; die Tat kann auch außerhalb des Einrichtungsbereichs (zB auf einem Spaziergang) begangen werden. Durch das SexÄG (15 vor § 1) wurde die Beschränkung auf die stationäre Aufnahme gestrichen; damit wird klargestellt, dass auch die Aufnahme in teilstationäre Einrichtungen wie zB Werkstätten für Behinderte, beschützte Wohnstätten und Tageskliniken reicht (BT-Dr 15/350 S 16; ebenso zum bisherigen Recht die Voraufl und Frommel NK 12); eine Übernachtung ist also nicht (mehr) erforderlich, weshalb auch der Besuch einer Tagesklinik ausreichen kann.

b) Zur Beaufsichtigung oder Betreuung anvertraut vgl 3. Als Täter **6** kommen nicht nur die für Behandlung, Pflege und Beaufsichtigung allgemein Verantwortlichen (zB Ärzte, Krankenschwestern [einschr NStZ 99, 29], Pfleger und Wärter), sondern auch andere Personen in Frage, denen im Einzelfall Betreuungsaufgaben übertragen sind (zB Angehörige des Verwaltungsdienstes, der Hausmeister, uU sogar der Gärtner; Laubenthal, Gössel-FS, S 359, 363; krit Horn/Wolters SK 15).

c) Missbrauch der Abhängigkeit nach Abs 2 setzt (kumulativ) voraus: **7**
aa) Einen objektiven Zustand der Krankheit oder Hilfsbedürftigkeit (Laufhütte LK 8; aM Horn/Wolters SK 14).

bb) Das Ausnutzen dieses Zustandes durch den Täter. Dazu ist erforderlich, dass **8** die durch den Zustand geschwächte Widerstandskraft des Patienten die Tathandlung ermöglicht oder erleichtert und dass der Täter die dadurch gebotene Gelegenheit wahrnimmt (ebenso Otto GK 2 66/40; 7 zu § 179); daran wird es häufig, aber nicht notwendig, fehlen, wenn die Initiative vom Patienten ausgegangen ist (Sturm JZ 74, 1, 5); ein entgegenstehender Wille des Opfers wird nicht verlangt (Tröndle/Fischer 12). Dass nur die tatsächliche Abhängigkeit eines vor der Entlassung stehenden, gesundheitlich voll wiederhergestellten Patienten ausgenutzt wird, genügt nicht (aM Hamm NJW 77, 1499 mwN; zw).

cc) Einen **Missbrauch** des Patienten, der besonderer Feststellung bedarf. Ob- **9** wohl der Wortlaut dafür spricht, dass jede Ausnutzung der Krankheit oder Hilfsbedürftigkeit den Missbrauch begründet, soll das Merkmal nach den Gesetzesmaterialien (BT-Dr VI/3521 S 27) den Tatbestand auf Fälle missbräuchlicher Ausnutzung beschränken; jedoch kann es sich auch hier, wenn man das Erfordernis der Ausnutzung ernst nimmt, nur darum handeln, exzeptionelle Fälle nach dem unter 4 konkretisierten Maßstab auszuscheiden (weiter einschr Laufhütte LK 16).

4. Tathandlungen nach Abs 1, 2 sind nur **sexuelle Handlungen** (§ 184f **10** Nr 1) mit körperlicher Berührung („an") zwischen den Partnern (10–12 zu § 174).

5. Der **Vorsatz** (bedingter genügt) muss namentlich die abhängige Stellung der **11** geschützten Person und die Umstände umfassen, aus denen sich der Missbrauch ergibt (17 zu § 15).

6. Für die **Teilnahme Dritter** gelten die Ausführungen unter 17 zu § 174 **12** sinngemäß (für die Anwendung von § 28 I Otto GK 2 66/32 mwN).

7. Tateinheit möglich ua zwischen Handlungen nach Abs 1 und 2, ferner mit **13** §§ 174, 174 b (dort 6), 174 c (dort 11), 176 bis 179, 240, 331 und 332.

8. Sicherungsverwahrung § 66 III (dort 10a–10e). – Führungsaufsicht § 181 b. **14**

§ 174 b Sexueller Mißbrauch unter Ausnutzung einer Amtsstellung

(1) **Wer als Amtsträger, der zur Mitwirkung an einem Strafverfahren oder an einem Verfahren zur Anordnung einer freiheitsentziehenden Maßregel der Besserung und Sicherung oder einer behördlichen Verwahrung berufen ist, unter Mißbrauch der durch das Verfahren begründeten Abhängigkeit sexuelle Handlungen an demjenigen, gegen den sich das Verfahren richtet, vornimmt oder an sich von dem anderen vornehmen läßt, wird mit Freiheitsstrafe von drei Monaten bis zu fünf Jahren bestraft.**

(2) **Der Versuch ist strafbar.**

Fassung: Strafrahmenanhebung in Abs 1 durch das SexÄG (15 vor § 1).

1. Der **Schutzzweck** der Vorschrift entspricht dem des § 174a (hM; nur für **1** den Schutz des sexuellen Selbstimmungsrechts Heinrich, Der Amtsträgerbegriff im

§ 174c

Strafrecht, 2001, S 274; einschr Horn/Wolters SK 2 und Laufhütte LK 1 mwN), bezieht sich jedoch auf einen anderen, zum Teil allerdings auch dort erfassten Personenkreis.

2. **Amtsträger** 3–11 zu § 11; obwohl die Tat Amtsdelikt ist, ist die Anwendung von § 28 I auf Teilnehmer umstritten (dafür Sch/Sch-Lenckner/Perron 10; dagegen Horn/Wolters SK 12). Zu den **Verfahren** im Sinne des Abs 1 und den danach in Frage kommenden Tätern 2 zu § 343; nicht erforderlich ist, dass im Verfahren konkret Freiheitsentzug droht (Laufhütte LK 2; aM M-Schroeder/Maiwald BT 1 19/7).

3. **Missbrauch der Abhängigkeit** 9 zu § 174. Da die einschlägigen Verfahren im Allgemeinen eine intensive Abhängigkeit begründen, ist deren Ausnutzung idR, aber nicht notwendig, als Missbrauch zu beurteilen (BT-Dr VI/3521 S 29; aM M-Schroeder/Maiwald BT 1 19/17).

4. Erfasst werden nur **sexuelle Handlungen** (§ 184f Nr 1) mit körperlicher Berührung („an") zwischen den Partnern (10–12 zu § 174; ebenso Frommel NK 8).

5. Der **Vorsatz** (bedingter genügt) muss auch die Zuständigkeit zur Mitwirkung in dem Verfahren umfassen. Im Übrigen vgl 11 zu § 174a.

6. Zwischen §§ 174a, 174b ist **Tateinheit** möglich, weil die in beiden Tatbeständen vorausgesetzte Abhängigkeit unterschiedlicher Qualität hat (zB beim Untersuchungsgefangenen, der dem Richter zur Beaufsichtigung anvertraut und zugleich im Strafverfahren von ihm abhängig ist). Im Übrigen decken sich die Möglichkeiten der Konkurrenz mit denen bei § 174a (dort 13).

7. Sicherungsverwahrung § 66 III (dort 10a–10e). – Führungsaufsicht § 181b.

§ 174c Sexueller Mißbrauch unter Ausnutzung eines Beratungs-, Behandlungs- oder Betreuungsverhältnisses

(1) **Wer sexuelle Handlungen an einer Person, die ihm wegen einer geistigen oder seelischen Krankheit oder Behinderung einschließlich einer Suchtkrankheit oder wegen einer körperlichen Krankheit oder Behinderung zur Beratung, Behandlung oder Betreuung anvertraut ist, unter Mißbrauch des Beratungs-, Behandlungs- oder Betreuungsverhältnisses vornimmt oder an sich von ihr vornehmen läßt, wird mit Freiheitsstrafe von drei Monaten bis zu fünf Jahren bestraft.**

(2) **Ebenso wird bestraft, wer sexuelle Handlungen an einer Person, die ihm zur psychotherapeutischen Behandlung anvertraut ist, unter Mißbrauch des Behandlungsverhältnisses vornimmt oder an sich von ihr vornehmen läßt.**

(3) **Der Versuch ist strafbar.**

Fassung des 6. StrRG (10 vor § 174). Das SexÄG (15 vor § 1) hat Abs 1 erweitert und dessen Strafrahmen angehoben.

1. Der Schutzzweck der Vorschrift entspricht dem des § 174a, bezieht sich jedoch auf einen anderen, zum Teil allerdings auch dort erfassten Personenkreis (aM Horn/Wolters SK 2: Störungsfreiheit des Behandlungsverhältnisses; kumulativ mit der sexuellen Selbstbestimmung Zauner, Sexueller Missbrauch ..., 2004, S 28, 37).

2. a) Der in **Abs 1** geschützte Personenkreis umfasst Menschen mit bestimmten intellektuellen, psychischen oder physischen Beeinträchtigungen (zur Erweiterung um körperliche Krankheiten s 2a; zum enger gefassten § 174c I aF vgl die Voraufl). Das Gesetz knüpft dabei an die Terminologie des Behindertenrechts an (BT-

Dr aaO S 7; vgl etwa § 14 II SGB XI oder §§ 1896, 1906 BGB), wobei wegen der unterschiedlichen Regelungsbereiche eine am Schutzzweck des § 174 c ausgerichtete Auslegung der Begriffe zu anderen Ergebnissen führen kann (s auch 4 zu § 179). Keine Rolle spielt die vor allem im Sozialrecht (zB hinsichtlich der Gewährung bestimmter Hilfen) bedeutsame Unterscheidung zwischen (seelischer oder geistiger) Krankheit und Behinderung (s etwa § 39 I BSHG), da beide Formen in Abs 1 genannt werden. Die psychische oder geistige Beeinträchtigung muss erwiesenermaßen bestanden haben; ein lediglich darauf gerichtetes Behandlungsverhältnis genügt nicht (anders die hM; vgl Tröndle/Fischer 8; Horn/Wolters SK 3; Kindhäuser LPK 3), da jemand, der zwar in Behandlung ist, diese Beeinträchtigung aber in Wahrheit nicht aufweist, der tatbestandsspezifischen Gefahr für seine sexuelle Selbstbestimmung in Ermangelung eines krankheits- oder behinderungsbedingten Abhängigkeitsverhältnisses nicht ausgesetzt sein dürfte.

Der Begriff der **geistigen Krankheit**, der im medizinischen Fachgebrauch kaum noch verwendet wird (vgl Schwab, Münchener Kommentar zum BGB, 4. Aufl 2002, § 1896 Rdn 7), erfasst Intelligenzdefizite verschiedener Schweregrade, die, wenn sie länger andauern, als geistige Behinderung einzustufen sind (s unten). Erkrankungen, die nach dem Verständnis der klassischen Psychiatrie ebenfalls zu den Geisteskrankheiten gehörten (zB Psychosen), werden im Behindertenrecht, das sich begrifflich an der modernen Psychiatrie orientiert, der seelischen Krankheit oder Behinderung zugeordnet (so etwa bei § 3 SchwBG aF oder § 1896 BGB; vgl Großmann/Schimanski, Gemeinschaftskommentar zum SchwBG aF, 1992, § 3 Rdn 34; Schwab aaO Rdn 9). Die **seelische Krankheit** bezieht sich daher auf die der anerkannten psychiatrischen Krankheitsbilder der endogenen und exogenen Psychosen (dazu 4 zu § 20; vgl auch Jürgens, Betreuungsrecht, 2. Aufl 2001, § 1896 Rdn 4; Schwab aaO Rdn 9, 10). Psychopathien, Neurosen und andere Persönlichkeitsstörungen, die keine nachgewiesene oder postulierte organische Ursache haben, stellen wegen ihrer Ähnlichkeit mit normalen menschlichen Unzulänglichkeiten erst dann psychische Krankheiten dar, wenn sie auf Grund ihres Beeinträchtigungsgrades den Psychosen gleichwertig sind, dh einen Krankheitswert von klinischem Ausmaß erreichen (zur ähnlichen Problematik bei den anderen schweren seelischen Abartigkeiten in § 20 vgl dort 11 und bei § 1896 BGB Schwab aaO Rdn 12 und Jürgens aaO Rdn 4). – **Geistige Behinderungen** sind Intelligenzdefizite verschiedener Schweregrade von gewisser Dauer (sog Oligophrenien). Hierbei wird – entsprechend der Unterscheidung beim „Schwachsinn" in § 20 (dort 10) – üblicherweise anhand des Intelligenzquotienten zwischen leichter, mittelgradiger und schwerer Oligophrenie differenziert (vgl Jürgens aaO Rdn 7). Im Unterschied zur geistigen oder psychischen Krankheit, die einen behandlungsbedürftigen aber vorübergehenden Zustand beschreibt, kennzeichnet die geistige Behinderung eine gewisse Dauerhaftigkeit des regelwidrigen geistigen Zustands oder der darauf beruhenden Beeinträchtigungen (Otto Jura 98, 210, 214; s auch § 2 I SGB IX, § 3 I SchwBG aF, § 39 I BSHG und Hoffmann, Sterilisation geistig behinderter Menschen, 1996, S 25). Sie kann angeboren (zB Down-Syndrom) oder frühzeitig erworben sein (Otto aaO; Schwab aaO Rdn 16); beruht sie auf einer hirnorganischen Schädigung (exogene Psychose), kommt es zu begrifflichen Überschneidungen mit der seelischen Behinderung. Die **seelische Behinderung** ist zwar kein psychiatrischer Terminus, wird aber im Zivil- und Sozialrecht häufig verwendet (so zB in § 1896 BGB, § 2 I SGB IX, § 3 SchwBG aF). Er beschreibt bleibende oder jedenfalls lang anhaltende psychische Beeinträchtigungen, die Folge einer seelischen Krankheit sind (ebenso Frommel NK 7; zu § 1896 BGB vgl BT-Dr 11/4528 S 116; Jürgens aaO Rdn 6; Hoffmann aaO S 26).

Suchtkrankheit ist die Alkohol-, Drogen- (BT-Dr 13/8267 S 6) und Medikamentenabhängigkeit. Soweit der Genuss des Suchtmittels zu hirnorganischen Schädigungen geführt hat, liegt zugleich eine psychische Erkrankung vor (exogene

2 a

2 b

§ 174c

Psychose; vgl 4 zu § 20). Nicht stoffgebundene Suchtformen (zB Spielsucht) fallen hingegen unter den Begriff der psychischen Krankheit, wenn sie in ihrem Schweregrad einen entsprechenden Krankheitswert erreichen.

2 c **Körperlich krank** oder **behindert** sind Menschen mit vorübergehenden oder dauerhaften physischen Beeinträchtigungen, wozu etwa Funktionsstörungen des Stütz- und Bewegungsapparats, der inneren Organe oder der Sinnesorgane gehören (so zu § 1896 BGB Jürgens aaO [vgl 2 a] 8; Schwab aaO [vgl 2 a] 17). Erfasst werden insbesondere auch mehrfach behinderte Menschen, die sowohl ein körperliches als auch ein seelisches bzw geistiges Handicap aufweisen; ihr Abhängigkeits- und Vertrauensverhältnis zum Therapeuten usw wird damit genauso vor sexuellen Übergriffen geschützt wie dasjenige von „nur" körperlich, geistig oder seelisch behinderten Menschen (BT-Drs 15/350 S 16). Vor diesem Hintergrund erscheint es indes problematisch, dass nach dem Wortlaut („körperliche Krankheit") nunmehr selbst Arztbesuche wegen gewöhnlicher Erkrankungen des Körpers (zB Erkältungs- oder Zahnkrankheit) in den Schutzbereich der Vorschrift fallen.

3 **b) Geschützt** sind psychisch, geistig oder körperlich kranke bzw behinderte **Personen** – anders als in § 174 a II – in ambulanter Behandlung und – in Überschneidung mit § 174 a II (dort 5) – in teilstationären Einrichtungen wie Werkstätten für Behinderte und Tagesförderstätten; auch Personen in beschützten Einzelwohnungen, Wohngruppen, Wohngemeinschaften sowie Wohn- und Übergangsheimen sind erfasst (BT-Dr aaO). Suchtkranke sind namentlich geschützt in Tageskliniken, aber auch in teilstationären und ambulanten Beratungs- oder Behandlungsstellen.

4 **c) Zur Beratung, Behandlung oder Betreuung anvertraut. Beratung** ist die einer möglichen Behandlung vorausgehende Besprechung (enger Tröndle/Fischer 7: Beistand zur Bewältigung krankheitsspezifischer Probleme). **Behandlung** erfasst sowohl diagnostische Untersuchungen als auch Rehabilitationsmaßnahmen (BT-Dr aaO S 11; Frommel NK 9). **Betreuung** 3 zu § 174a. **Anvertraut** setzt den Abschluss eines (nicht notwendig rechtswirksamen) Beratungs-, Behandlungs- oder Betreuungsvertrages voraus (Horn/Wolters SK 3; aM Zauner aaO [vgl 1] S 135; Tröndle/Fischer 7).

5 **d) Missbrauch des Beratungs-, Behandlungs- oder Betreuungsverhältnisses** liegt – ähnlich wie bei § 174 a (dort 4) – im Hinblick auf die geschützten Personen idR schon dann vor, wenn der Täter eine durch das Vertrauensverhältnis gebotene Gelegenheit zur Tathandlung wahrnimmt (vgl BT-Dr aaO S 7). Eine Ausnutzung der krankheitsbedingten Bedürftigkeit oder Hilflosigkeit des Opfers ist ebenso wenig erforderlich wie die Feststellung einer tatsächlichen Abhängigkeit des Opfers vom Täter im Tatzeitpunkt (BT-Dr aaO; Otto GK 2 66/33). Der Missbrauch wird durch das Einverständnis des Opfers nicht ausgeschlossen (Zauner aaO [vgl 1] S 111, 140; Horn/Wolters SK 5; anders Tröndle/Fischer 10), da die Einhaltung von Berufspflichten nicht disponibel ist (Frommel NK 10); echte Liebesbeziehungen können einen Missbrauch ausschließen (Sch/Sch-Lenckner/Perron 6). Auf die Aufzählung bestimmter Berufsgruppen verzichtet die Vorschrift; es kommen deshalb als Täter alle Berater, Betreuer und Therapeuten mit unterschiedlichsten beruflichen Qualifikationen in Betracht, sofern ihnen nur die Behandlung der genannten Krankheiten und Behinderungen anvertraut ist.

6 **3. a) Abs 2: Psychotherapeutisch behandelte Personen.** Die gesonderte Regelung des psychotherapeutischen Behandlungsverhältnisses soll der Klarstellung dienen, dass auch Behandlungen nur leichterer oder vorübergehender Beeinträchtigungen der seelischen Befindlichkeit geschützt sind (BT-Dr aaO). Geschützt sind Personen in ambulanter psychiatrischer oder nervenärztlicher Behandlung und in

teilstationären Einrichtungen wie Tageskliniken, Institutsambulanzen, sozialpsychiatrische Dienste sowie Beratungsstellen.

b) Zur psychotherapeutischen Behandlung anvertraut. Behandlung vgl 7 oben 3. Wie in Abs 1 (vgl 4) werden die möglichen Täter nicht durch Aufzählung bestimmter Berufsgruppen bestimmt. In Betracht kommen jedenfalls Psychiater und Nervenärzte, aber auch sonstige Psychotherapeuten.

c) Missbrauch des Behandlungsverhältnisses vgl oben 4. Obwohl eine 8 Person, die sich in psychotherapeutische Behandlung begibt, im Unterschied zu den von Abs 1 geschützten Personen aus eigenem Antrieb ihre inneren Schutz- und Abwehrmechanismen ablegt, wiegt die Tat hier nicht leichter, weil das entgegengebrachte Vertrauen missbraucht wird (BT-Dr aaO).

4. Tathandlungen nach Abs 1, 2 sind nur **sexuelle Handlungen** (§ 184f 9 Nr 1) mit körperlicher Berührung („an") zwischen den Partnern (10–12 zu § 174). Die sexuelle Handlung muss nicht während eines konkreten Behandlungstermins vorgenommen werden; sie kann auch nach formeller Beendigung des Behandlungsverhältnisses ausgeführt werden (BT-DR aaO; Schumacher, in: Schlüchter, 6. StrRG, S 12; Zauner aaO [vgl 1] S 136; Horn/Wolters SK 4; Tröndle/Fischer 8). Vom Arzt lege artis unternommene Kontakte am Körper der kranken Patienten erfüllen den Tatbestand nicht (Horn/Wolters aaO).

5. Vorsatz (bedingter genügt) muss namentlich die abhängige Stellung der ge- 10 schützten Person und die Umstände umfassen, aus denen sich der Missbrauch ergibt (17 zu § 15).

6. Für die **Teilnahme Dritter** gelten die Ausführungen unter 17 zu § 174 11 sinngemäß.

7. Mit §§ 174a II, 174b I ist **Tateinheit** möglich, weil die in beiden Tatbe- 12 ständen vorausgesetzte Abhängigkeit unterschiedliche Qualität hat; das gilt auch für die Absätze 1 und 2 des § 174c (vgl 7). Im Übrigen decken sich die Möglichkeiten der Konkurrenz mit denen bei § 174a (dort 13).

8. Sicherungsverwahrung § 66 III (dort 10a–10e). – Führungsaufsicht § 181b. 13 – Berufsverbot § 70.

9. Zur **Kriminologie** vgl die Nachweise in BT-Dr 13/8267 S 4f sowie Desse- 14 cker NStZ 98, 1, 2 mwN.

§ 175 *(weggefallen)*

§ 176 Sexueller Mißbrauch von Kindern

(1) **Wer sexuelle Handlungen an einer Person unter vierzehn Jahren (Kind) vornimmt oder an sich von dem Kind vornehmen läßt, wird mit Freiheitsstrafe von sechs Monaten bis zu zehn Jahren bestraft.**

(2) **Ebenso wird bestraft, wer ein Kind dazu bestimmt, daß es sexuelle Handlungen an einem Dritten vornimmt oder von einem Dritten an sich vornehmen läßt.**

(3) **In besonders schweren Fällen ist auf Freiheitsstrafe nicht unter einem Jahr zu erkennen.**

(4) **Mit Freiheitsstrafe von drei Monaten bis zu fünf Jahren wird bestraft, wer**

1. **sexuelle Handlungen vor einem Kind vornimmt,**
2. **ein Kind dazu bestimmt, daß es sexuelle Handlungen an sich vornimmt,**

§ 176

3. auf ein Kind durch Schriften (§ 11 Abs. 3) einwirkt, um es zu sexuellen Handlungen zu bringen, die es an oder vor dem Täter oder einem Dritten vornehmen oder von dem Täter oder einem Dritten an sich vornehmen lassen soll, oder

4. auf ein Kind durch Vorzeigen pornographischer Abbildungen oder Darstellungen, durch Abspielen von Tonträgern pornographischen Inhalts oder durch entsprechende Reden einwirkt.

(5) Mit Freiheitsstrafe von drei Monaten bis zu fünf Jahren wird bestraft, wer ein Kind für eine Tat nach den Absätzen 1 bis 4 anbietet oder nachzuweisen verspricht oder wer sich mit einem anderen zu einer solchen Tat verabredet.

(6) **Der Versuch ist strafbar; dies gilt nicht für Taten nach Absatz 4 Nr. 3 und 4 und Absatz 5.**

Fassung des 6. StrRG (10 vor § 174); aus Abs 3 aF wird in erweiterter Form der neue Qualifikationstatbestand des § 176a, aus Abs 4 der neue § 176b. Das SexÄG (15 vor § 1) hat den Strafrahmen in Abs 1 angehoben und Abs 3, 4 Nr 3 und 5 eingefügt.

1 1. Die Vorschrift bezweckt, das **Kind** von vorzeitigen sexuellen Erlebnissen freizuhalten (StV 89, 432; NJW 00, 3726), um dadurch seine ungestörte **geschlechtliche Entwicklung** zu schützen (BGHSt 45, 131, 132; BT-Dr VI/3521 S 34; Frommel NK 8; s auch 1 vor § 174). Kind ist jede männliche und weibliche, sei es auch geschlechtlich bereits erfahrene, Person unter 14 Jahren. Kinder sollen unabhängig vom Schadenspotential des Täterverhaltens für das individuelle Opfer schlechthin vor sexuellen Kontakten geschützt werden (BT-Dr aaO S 35; Hörnle NStZ 00, 310 mwN). – Eine Aufstufung zum Verbrechen sieht ein Entwurf des BRates vor (BR-Dr 261/99; ZRP 99, 269).

2 2. Die **Begehungsformen** setzen mit Ausnahme des Abs 3 Nr 3 voraus, dass sexuelle Handlungen an oder vor bestimmten Partnern vorgenommen werden. Die insoweit in den Absätzen 1, 2 und 3 Nr 1, 2 beschriebenen Kontaktmöglichkeiten sind erschöpfend; der Fall, dass jemand ein Kind dazu bestimmt, eine sexuelle Handlung an sich selbst vorzunehmen (BGHSt 1, 168), war bisher als solcher nicht mit Strafe bedroht; diese Strafbarkeitslücke ist durch die Neufassung von Abs 3 Nr 2 beseitigt worden; mit dieser erweiterten Fassung soll auch der Fall erfasst werden, dass sog Verbalerotiker Kinder durch Telefonanrufe zu sexuellen Handlungen an sich veranlassen (BT-Dr 13/9064 S 10; Kreß NJW 98, 633, 639; Becker, in: Schlüchter, 6. StrRG, S 14; Renzikowski NStZ 99, 440). Im Einzelnen vgl: **Sexuelle Handlung** 2–7 zu § 184f. „**an**" (Abs 1, 2) 11, 12 zu § 174; „**vor**" (Abs 5 Nr 1, 2) 8 zu § 184f. „**An sich vornehmen lassen**" (Abs 1, 2) 12 zu § 174. **Bestimmen** (Abs 2, 3 Nr 2) 13 zu § 174; Dritter kann auch ein anderes Kind sein (BGHSt 45, 41, 42); das angewendete Mittel gleichgültig ist, genügt uU das bloße Wecken kindlicher Neugierde, auch wenn der Täter sonst nicht durch Worte, Gesten oder anderes Verhalten einwirkt (NJW 53, 710); ein schlafendes Kind kann nicht bestimmt werden (BGHSt 43, 366, 369).

3 3. a) Die **Absätze 1 und 2** (vgl zunächst 2) betreffen nur Fälle unmittelbaren körperlichen Kontaktes zwischen dem Täter oder einem Dritten einerseits und dem Kind andererseits (für das Verhältnis zwischen Täter und Kind BGHSt 41, 242 mit abl Anm Schroeder JR 96, 211); auch das schlafende Kind ist einbezogen (BGHSt 38, 68 mit Anm Molketin NStZ 92, 179; Horn/Wolters SK 3; aM Laufhütte LK 4, alle mwN). – Der neue **Abs 3** sieht für unbenannte schwere Fälle Freiheitsstrafe nicht unter einem Jahr vor (krit Duttge/Hörnle/Renzikowski NJW 04, 1065, 1066); die Tat bleibt entgegen Forderungen im Gesetzgebungsverfahren

(BT-Dr 15/29) Vergehen, um eine Verfahrenseinstellung nach § 153 a StPO zu ermöglichen (BT-Dr 15/350 S 17). Ein besonders schwerer wird bei Handlungen vorliegen, die das Opfer erniedrigen.

b) Abs 4 Nr 1, 2 erstreckt die (mildere, aber angehobene, BT-Dr 13/9064 S 11) Strafdrohung auf sexuelle Handlungen ohne unmittelbaren Körperkontakt (zur Abgrenzung vgl oben 2; s auch bei Pfister NStZ-RR 353, 354 und Saarbrücken NStZ-RR 97, 236). – Die hier nach bisherigem Recht zusätzlich erforderliche Absicht, jemanden sexuell zu erregen, ist gestrichen worden, um Spannungen im Verhältnis zu § 176a II nF und der dort geforderten Verbreitungsabsicht zu vermeiden (BT-Dr aaO; krit Bussmann StV 99, 613, 618 und Renzikowski NStZ 99, 440). – Nach ihrem Wortlaut und den Intentionen des Gesetzgebers (BT-Dr VI/3521 S 37) erfasst die Vorschrift nicht nur Fälle, die nach früherem Recht als Vornahme unzüchtiger Handlungen mit einem Kind oder als Verleitung eines Kindes zur Verübung oder Duldung solcher Handlungen mit Strafe bedroht waren. Die sexuelle Handlung „vor" setzt – abweichend von der Rspr zu § 176 I Nr 3 aF (zB BGHSt 1, 168; GA 66, 309) – die Benutzung des fremden Körpers oder die geflissentliche Anteilnahme des Kindes an dem sexuellen Geschehen nicht zwingend voraus, so dass auch exhibitionistische Handlungen, die das Kind lediglich wahrnimmt (8 zu § 184f), unter den Tatbestand fallen (BT-Dr VI/3521 S 37; beachte jedoch § 183 IV Nr 2). Dennoch wird weiterhin verlangt, dass der Täter das Kind so einbezieht, dass gerade die Wahrnehmung durch das Kind für ihn ein entscheidender Faktor ist (Stuttgart NStZ 02, 34). Abs 5 Nr 2 aF setzte eine räumliche Nähe zwischen Kind und Täter voraus; telefonischer Kontakt reichte nicht (BGHSt 41, 285 mit Bespr Schmidt JuS 96, 654); diese Einschränkung ist durch die Neufassung des Abs 3 Nr 2 beseitigt worden (vgl oben 2; Horn/Wolters SK 19; Tröndle/Fischer 11).

c) Abs 4 Nr 3 erfasst die bisher straflose Vorbereitungshandlung (BT-Dr 15/ 4 a 350 S 18) des **Einwirkens** (vgl 3 zu § 180b) auf ein Kind in sexueller Absicht (BT-Dr aaO). Als sexuelle Handlungen kommen namentlich solche nach §§ 176 I, II, 176a I Nr 1 in Betracht; sexuelle Handlungen „an", „vor", „an sich vornehmen lassen" (oben 2). Das Einwirken muss durch **Schriften** geschehen, zu denen nach § 11 III auch Datenspeicher gehören (28 zu § 11), und auf ein konkretes Kind gerichtet sein (BT-Dr aaO). Hinsichtlich des Bringens zu sexuellen Handlungen ist Absicht iS zielgerichteten Wollens (20 zu § 15) erforderlich; daran fehlt es, wenn auf Kinder zugegangen wird, um sie darin zu unterstützen, ein positives Gefühl zu ihrem Körper und ihrer Sexualität zu entwickeln (BT-Dr aaO). Anlass dieser Tatbestandvariante waren Zeitungsberichte über die Anbahnung und Verabredung sexueller Handlungen in sog Chatrooms (BT-Dr aaO). Trotz dieses Anlasses ist die Vorschrift nicht unbedenklich, weil sie – anders als § 30 II Var 3 – die Vorbereitung durch einen Einzeltäter unter Strafe stellt und vergleichbar intensive Einwirkungen durch Geschenke straflos lässt (Duttge/Hörnle/Renzikowski NJW 04, 1065).

d) Abs 4 Nr 4 erstreckt die Strafbarkeit auf Handlungen, die als solche nicht 5 dem § 184f entsprechen; auch sie müssen eine gewisse Erheblichkeitsschwelle (5 zu § 184f) überschreiten (bei Dallinger MDR 74, 546). Im Ergebnis soll mit dieser Regelung – allerdings aus einer anderen Perspektive – der strafwürdige Teil derjenigen Fälle einbezogen werden, die von der Rspr zu § 176 I Nr 3 aF unter dem Gesichtspunkt des geflissentlichen Betrachtens von unzüchtigen Darstellungen (BGHSt 1, 288, 291) oder des aufmerksamen Anhörens oder Führens unzüchtiger Reden (BGHSt 1, 168; 15, 118) erfasst worden sind.
Abbildungen, Darstellungen, Tonträger 27, 28 zu § 11; unbebilderte Schriften werden nicht erfasst (hM; vgl etwa Düsseldorf NJW 00, 1129 mwN). **Pornographisch** 2 zu § 184. **Entsprechende Reden** (auch Lieder, Dreher JR

§ 176

74, 45, 49) sind solche, die nach Art und Inhalt pornographischem Material entsprechen (BGHSt 29, 29; NJW 91, 3162 mwN). – **Einwirken** ist tiefergehende psychische Einflussnahme auf das Kind (BGHSt 29, 29). Dazu ist nicht unbedingt körperliche Nähe erforderlich, so dass zB telefonischer Kontakt genügt (BGH aaO). Auch auf die Tendenz, dem Kind die Geschlechtsbezogenheit des Vorgangs begreiflich zu machen, kommt es nicht an (ebenso Horn/Wolters SK 24; aM Frommel NK 18).

6   4. **Abs 5: Anbieten** (vgl 5 zu § 184) eines Kindes. **Nachzuweisen verspricht** soll Fälle erfassen, in denen der Täter bekundet, willens und in der Lage zu sein, selbst oder über einen Dritten den Kontakt mit einem (noch nicht notwendig konkretisierten) Kind herzustellen (BT-Dr 15/350 S 18). Als Reaktion auf den sog „Rosenheimer-Fall" (NStZ 98, 403) soll es – bei bedingtem Vorsatz – ausreichen, dass das Versprechen ernstlich gemeint erscheint (krit Duttge/Hörnle/Renzikowski NJW 04, 1065, die den Rechtsgutsbezug vermissen; der CDU/CSU-Entw wollte auf das zusätzliche Rechtsgut des öffentlichen Friedens abstellen, BT-Dr 15/29 S 10). **Verabreden** (6 zu § 30).

7   5. Der **Vorsatz** (bedingter genügt, NJW 53, 152) muss in allen Tatbeständen namentlich auch das Alter des Kindes umfassen (dazu 15 zu § 174; StV 03, 393). Hält der Täter das kindliche Opfer für über 13 Jahre, aber für einen Jugendlichen unter 16 Jahren, so kommt nur § 182 in Betracht (BGHSt 42, 51, 55).

8   6. Für die **Beteiligung** (namentlich Anstiftung und Beihilfe) gelten die allgemeinen Regeln (§§ 25–27); Beihilfe durch Unterlassen kommt für die Mutter in Betracht, die nicht gegen den Missbrauch ihrer Kinder einschreitet (bei Miebach NStZ 96, 121). Danach ist der Verkauf von Verhütungsmitteln oder die Verordnung von Contrazeptiva an Kinder (mit oder ohne Wissen der Erziehungsberechtigten) nicht notwendig strafrechtlich bedeutungslos; vielmehr können die Voraussetzungen von Anstiftung oder Beihilfe zu dem nachfolgenden sexuellen Missbrauch des Kindes erfüllt sein (Tröndle MedR 92, 320; aM Ulsenheimer, Arztstrafrecht Rn 109 h).

9   7. Der bisher für minder schwere Fälle in den Absätzen 1, 2 aF stark ermäßigte Strafrahmen ist durch das SexÄG abgeschafft worden. Dafür sieht der neue Abs 3 für unbenannte besonders schwere Fälle Freiheitsstrafe nicht unter einem Jahr vor. Bei der Strafzumessung ist weiterhin der geringe Unrechts- und Schuldgehalt strafmildernd zu berücksichtigen, zB bei Verführung durch geschlechtserfahrene Kinder, bei partnerschaftlichen Liebesbeziehungen ganz junger Menschen (beachte 13 a zu § 46), bei Manipulationen kontaktschwacher, meist älterer Täter von geringer Intensität (BT Dr VI/3521 S 36) und allgemein bei Handlungen, welche die Erheblichkeitsschwelle des § 184 f Nr 1 (dort 5) nur unwesentlich überschreiten (Schäfer StrZ Rdn 863; Sch/Sch-Lenckner/Perron 21; weiter Jena NStZ-RR 96, 294). – Schwängerung des Kindes ist zulässiger Strafschärfungsgrund (bei Dallinger MDR 67, 14).

10   8. Zwischen Abs 1 und 2 ist **Tateinheit** möglich (BGHSt 26, 167, 174) auch zwischen versuchten schwerem sexuellen Missbrauch und vollendetem § 176 I (bei Pfister NStZ-RR 03, 353, 354). Treffen Handlungen nach Abs 3 mit solchen nach Abs 1, 2 in einer Handlungseinheit zusammen, so tritt die leichtere Begehungsform (Abs 3) zurück (BGHSt 43, 366, 368; NStZ 96, 383); wird jedoch die schwerere nur versucht, so liegt Tateinheit zwischen Abs 3 und Versuch nach Abs 1, 2 vor (bei Dallinger MDR 74, 722). Bei mehreren sexuellen Handlungen gegenüber einem Opfer (NStZ-RR 00, 139) und bei Missbrauch mehrerer Kinder durch dieselbe Handlung (zB Bestimmung von zwei Kindern durch eine Aufforderung) liegt nur ein Fall des sexuellen Missbrauchs von Kindern vor (BGHSt 43, 366, 367); bei Nötigung mehrerer Opfer zur Duldung sexueller Handlungen

kommt trotz der Verletzung höchstpersönlicher Rechtsgüter Tateinheit in Betracht (NStZ-RR 00, 139; bei Pfister NStZ-RR 03, 353, 354 und [zu § 176a] 355). – Tateinheit ist ua möglich mit §§ 173–174c, 177–179, 180 (dort 15), 183 (dort 11), 184 I, 184b II–IV (dort 11), 211, 212, 223, 240; idR nicht mit § 185 (dort 6). § 182 wird bei Kindern von § 176 verdrängt (11 zu § 182). – Zwischen den Begehungsformen mit ihren zum Teil fließenden Übergängen ist **Wahlfeststellung** (14 zu § 1) möglich (im Ergebnis ebenso bei Miebach NStZ 92, 176). – Zu den Anforderungen an die **Anklageschrift** bei einer großen Zahl gleichartiger Übergriffe auf dasselbe Opfer NStZ 96, 294; StV 96, 362; 98, 470 und 02, 523; NStZ-RR 99, 79 sowie Tolksdorff KK 6–11 zu § 200 StPO und Meyer-Goßner 9 zu § 200 StPO, beide mwN.

9. Sicherungsverwahrung § 66 III (dort 10a–10e). – Führungsaufsicht § 181b. **11**

10. Zur **Kriminologie** des sexuellen Missbrauchs von Kindern vgl ua Endres/Scholz NStZ 94, 466 und 95, 6; Schneider Universitas 94, 951; Kühne/Kluck FamRZ 95, 981; Laubenthal JZ 96, 335; Wilmer, Sexueller Missbrauch von Kindern, 1996 mit krit Bespr Erdmann MschrKrim 97, 192; Fürniss (Hrsg), Multiprofessionelles Handbuch sexueller Kindesmisshandlung, 1997; Walter/Wolke MschrKrim 97, 93; Rehder/Meilinger KrimPäd 97, 31; Streng, Bemmann-FS, S 441; Kröber/Dahle (Hrsg), Sexualstraftaten und Gewaltdelinquenz, 1998 mit Bespr Dessecker MschrKrim 99, 303 und Schneider GA 00, 46; Dessecker NStZ 98, 1, 4; Egg (Hrsg), Sexueller Missbrauch von Kindern, 1999; Rosenau StV 99, 388; Walter/Wolke/Fegert, in: Hof/Schulte (Hrsg), Wirkungsforschung zum Recht III, 2001, S 75; Bange (Hrsg), Handwörterbuch sexueller Missbrauch, 2002; Bauer Rechtsmedizin 02, 25; Fegert (Hrsg), Sexueller Missbrauch durch Professionelle in Institutionen, 2002; Bundesarbeitsgemeinschaft der Kinderschutzzentren (Hrsg), Sexueller Missbrauch im Spannungsfeld der Institutionen, 2002; Jäger-Helleport, Konstruktive Tatverarbeitung des sexuellen Missbrauchs von Kindern im Strafrecht, 2002; Hofmann/Wehrstedt/Stark MschrKrim 03, 44; Eisenberg Krim 45/57; Kaiser Krim 65/33–46; Schwind Krim 19/22: „Beziehungsdelikt"; krit Lautmann ZRP 80, 44, 46; Schetsche MschrKrim 94, 201; Frommel NK 2–6, alle mwN. **12**

§ 176a Schwerer sexueller Mißbrauch von Kindern

(1) **Der sexuelle Missbrauch von Kindern wird in den Fällen des § 176 Abs. 1 und 2 mit Freiheitsstrafe nicht unter einem Jahr bestraft, wenn der Täter innerhalb der letzten fünf Jahre wegen einer solchen Straftat rechtskräftig verurteilt worden ist.**

(2) **Der sexuelle Missbrauch von Kindern wird in den Fällen des § 176 Abs. 1 und 2 mit Freiheitsstrafe nicht unter zwei Jahren bestraft, wenn**

1. **eine Person über achtzehn Jahren mit dem Kind den Beischlaf vollzieht oder ähnliche sexuelle Handlungen an ihm vornimmt oder an sich von ihm vornehmen lässt, die mit einem Eindringen in den Körper verbunden sind,**

2. **die Tat von mehreren gemeinschaftlich begangen wird oder**

3. **der Täter das Kind durch die Tat in die Gefahr einer schweren Gesundheitsschädigung oder einer erheblichen Schädigung der körperlichen oder seelischen Entwicklung bringt.**

(3) **Mit Freiheitsstrafe nicht unter zwei Jahren wird bestraft, wer in den Fällen des § 176 Abs. 1 bis 3, 4 Nr. 1 oder Nr. 2 oder des § 176 Abs. 6 als Täter oder anderer Beteiligter in der Absicht handelt, die Tat zum Gegenstand einer pornographischen Schrift (§ 11 Abs. 3) zu machen, die nach § 184b Abs. 1 bis 3 verbreitet werden soll.**

§ 176a

BT. 13. Abschnitt. Sexuelle Selbstbestimmung

(4) In minder schweren Fällen des Absatzes 1 ist auf Freiheitsstrafe von drei Monaten bis zu fünf Jahren, in minder schweren Fällen des Absatzes 2 auf Freiheitsstrafe von einem Jahr bis zu zehn Jahren zu erkennen.

(5) Mit Freiheitsstrafe nicht unter fünf Jahren wird bestraft, wer das Kind in den Fällen des § 176 Abs. 1 bis 3 bei der Tat körperlich schwer misshandelt oder durch die Tat in die Gefahr des Todes bringt.

(6) In die in Absatz 1 bezeichnete Frist wird die Zeit nicht eingerechnet, in welcher der Täter auf behördliche Anordnung in einer Anstalt verwahrt worden ist. Eine Tat, die im Ausland abgeurteilt worden ist, steht in den Fällen des Absatzes 1 einer im Inland abgeurteilten Tat gleich, wenn sie nach deutschem Strafrecht eine solche nach § 176 Abs. 1 oder 2 wäre.

Fassung des 6. StrRG (10 vor § 174; vgl auch den Fassungshinweis vor 1 zu § 176); das SexÄG (15 vor § 1) hat die Absätze 1–5 neu gefasst.

1 1. Die Vorschrift enthält (Verbrechens-)**Qualifikationstatbestände** (Nelles, 6. StrRG Einf, 3/51; Renzikowski NStZ 99, 440, 441; Horn/Wolters SK 2; krit zur Hochstufung zum Verbrechen Rengier, in: JMBW [Hrsg], Schutz vor Sexualstraftaten, 2003, S 9, 20) mit abgestuften Mindeststrafen zum sexuellen Missbrauch von Kindern. § 30 ist anwendbar, zB beim Anbieten von Kindern zum sexuellen Missbrauch über Datennetze (BT-Dr 13/9064 S 23).

2 **2. Abs 1** enthält eine neuartige Qualifikation für rechtskräftig verurteilte Wiederholungstäter (BT-Dr 13/9064 S 22; Nelles aaO [vgl 1]; krit Renzikowski aaO: „Ungehorsamszuschlag"); sie sollte durch das SexÄG abgeschafft werden (BT-Dr 15/350 S 18), doch kam es in den Beratungen des BT-Rechtsausschusses zu Empfehlungen ihrer Beibehaltung (BT-Dr 15/1311 S 24); es reicht die einmalige Wiederholung der Tat innerhalb einer Fünfjahresfrist nach einer rechtskräftigen Verurteilung wegen § 176. Für die frühere Verurteilung kommt es nicht darauf an, ob sie Täterschaft oder Teilnahme (Laufhütte/Roggenbuck aaO 5; aM Renzikowski aaO; Frommel NK 10), Versuch oder Vollendung (NStZ 02, 198, 199, wo aber eine Berücksichtigung bei Abs 3 Alt 1 in Erwägung gezogen wird) zum Gegenstand hatte oder auf Geld- oder Freiheitsstrafe lautete (aM Horn/Wolters SK 3i). In der Literatur wird häufig gefordert, dass von den Gerichten in jedem Einzelfall zu prüfen sei, ob dem Täter vorzuwerfen ist, dass er sich die frühere Verurteilung nicht habe zur Warnung dienen lassen (Renzikowski NStZ 99, 440, 441; offen gelassen von NStZ 02, 198). Zur Fristberechnung vgl ergänzend Abs 5 S 1 sowie 11 zu § 44. Zur möglichen Einbeziehung ausländischer Verurteilungen vgl Abs 5 S 2 sowie 12 zu § 66. Der Vorsatz muss sich auf die Rückfallumstände beziehen (Horn SK 4a). – Zu **Abs 2 Nr 1** vgl 11 zu § 177; Analverkehr (bei Pfister NStZ 02, 353), Oralverkehr (bei Pfister NStZ-RR 02, 353); Eindringen setzt nicht das Überwinden eines entgegenstehenden Willens voraus (BGHSt 45, 131 mit zust Anm Hörnle NStZ 00, 310); eine besondere Erniedrigung des Opfers ist hier im Gegensatz zu § 177 II 2 Nr 1 nicht erforderlich (NJW 00, 672 mit Anm Renzikowski NStZ 00, 367); jedoch ist der Kreis möglicher Täter auf Personen über 18 Jahre eingeschränkt, um jugendliche Täter mit geschlechtlichen Beziehungen zu weit entwickelten, noch nicht 14-jährigen Mädchen aus dem Verbrechenstatbestand herauszunehmen (BT-Dr 13/8587 S 32). Beischlaf 3 zu § 173 (BGHSt 46, 176); das Führen des erregten Gliedes an die Scheide des Kindes genügt nicht (NStZ-RR 98, 270). – Zu **Abs 2 Nr 2** vgl 11 zu § 177. – Zu **Abs 2 Nr 3** vgl 12 zu § 177; die Gefahr muss vorsätzlich herbeigeführt werden (Frommel NK 9); zusätzlich ist die Gefahr einer erheblichen Schädigung der körperlichen oder seelischen Entwicklung des Kindes erfasst (3, 4 und 6 zu § 171; Laufhütte/Roggenbuck LK-Nachtrag 4; krit zur Praktikabilität Renzikowski NStZ 99, 440, 441).

Sexueller Mißbrauch von Kindern mit Todesfolge § **176b**

3. Abs 3 enthält einen neuen Qualifikationstatbestand zu § 176 Abs 1–4, nicht **3** aber für bereits nach Abs 1 qualifizierte Taten (aM Nelles aaO [vgl 1]). Die Qualifikation will das gesteigerte Unrecht einer auf Vermarktung abzielenden Kinderschändung erfassen (BT-Dr 13/8587 S 32); er bezieht sich deshalb auf sämtliche Varianten der in Bezug genommenen Absätze 3 und 4 des § 184 aF nicht nur auf die Verbreitensalternative des § 184 III Nr 1 aF (BGHSt 47, 3558 mit zust Bespr Kudlich JZ 02, 310 und Lindemann/Wachsmuth JR 02, 206); durch das SexÄG ist die Verweisung auf die neu gefasste Vorschrift des § 184b Abs 1–3 umgestellt worden (BT-Dr 15/350 S 18). **Beteiligter** erfasst Täter, auch Mittäter, und Teilnehmer (Otto GK 2 66/51; Horn/Wolters SK 5b). **Absicht** 20 zu § 15 (Becker, in: Schlüchter, 6. StrRG, S 18). **Pornographische Schriften** 2 zu § 184, **Verbreiten** 5 zu § 74d; 5 zu § 184, **Zugänglichmachen** 5 zu § 184.

4. Zu **Abs 4** (minder schwere Fälle) 7–10a zu § 46; 4 zu § 12; zu den abge- **4** stuften Strafrahmen in minder schweren Fällen des Abs 1 und des Abs 2 vgl BT-Dr 15/350 S 18. Ein minder schwerer Fall kommt bei Abs 2 Nr 1 zB bei sexuellen Handlungen im Rahmen einer Liebesbeziehung in Betracht (BT-Dr aaO).

5. Abs 5 enthält 2 Qualifikationen zu § 176 Abs 1–3 vgl 12 zu § 177. – Es fehlt **5** eine Vorschrift für minder schwere Fälle (Schäfer StrZ 865; Horn/Wolters SK 6: „Redaktionsversehen").

6. Mehrere Strafschärfungsgründe nach Abs 1, 2, 3 und 5 stehen nicht in Ideal- **6** konkurrenz (aM Frommel NK 15); Tateinheit kommt zwischen Abs 1 und dem sich nur auf § 176 I–III, IV Nr 1, 2, VI beziehenden Abs 3 in Betracht; die Ausführungen unter 14 zu § 177 gelten sinngemäß.

7. Führungsaufsicht § 181b. **7**

§ 176b Sexueller Mißbrauch von Kindern mit Todesfolge
Verursacht der Täter durch den sexuellen Mißbrauch (§§ 176 und 176a) wenigstens leichtfertig den Tod des Kindes, so ist die Strafe lebenslange Freiheitsstrafe oder Freiheitsstrafe nicht unter zehn Jahren.

Fassung des 6. StrRG (10 vor § 174; vgl auch den Fassungshinweis vor 1 zu § 176).

Das erfolgsqualifizierte Delikt (1–13 zu § 18) entspricht in seiner Struktur weit- **1** gehend der Erfolgsqualifikation des § 251 beim Raub (dort 1–4; s auch NJW 55, 1327); jedoch ist die Strafschärfung auf den Tod des Kindes beschränkt. Der Tod muss daher auf die Tat, dh die vorgenommenen sexuellen oder sonstigen Handlungen nach §§ 176, 176a (zB auch der schweren körperlichen Misshandlung iS von § 176a IV Nr 1; Sch/Sch-Lenckner/Perron 2; Tröndle/Fischer 2) und deren spezifische Gefährlichkeit, zurückführbar sein (vgl. Hardtung, Versuch und Rücktritt bei den Tatvorsatzdelikten des § 11 Abs 2 StGB, 2002, S 134); als mittelbare Folge ist uU auch der Selbstmord des missbrauchten Kindes erfassbar (Horn/Wolters SK 2; Sch/Sch-Lenckner/Perron 2; aM Laufhütte LK 27, beide zu § 176 Abs 4 aF und mwN). Leichtfertigkeit 55 zu § 15. Durch die Einfügung des Wortes „mindestens" ist auch die vorsätzliche Herbeiführung der Todesfolge erfasst. Mit den vorsätzlichen Tötungsdelikten ist daher Tateinheit möglich. – Zum Versuch des entsprechenden § 176 Abs 4 aF bei Dallinger MDR 71, 363; Laufhütte LK 28 zu § 176 aF; zum erfolgsqualifizierten Versuch Hardtung aaO; zur versuchten Erfolgsqualifizierung Tröndle/Fischer 4. – Mit § 178 ist Tateinheit möglich, wenn der Missbrauch auch unter § 177 I Nr 3 fällt (Sch/Sch-Lenckner/Perron 5; zusätzlich für Vorrang des § 178 Frommel NK 3 zu § 178).

§ 177 Sexuelle Nötigung; Vergewaltigung

(1) Wer eine andere Person
1. mit Gewalt,
2. durch Drohung mit gegenwärtiger Gefahr für Leib oder Leben oder
3. unter Ausnutzung einer Lage, in der das Opfer der Einwirkung des Täters schutzlos ausgeliefert ist,

nötigt, sexuelle Handlungen des Täters oder eines Dritten an sich zu dulden oder an dem Täter oder einem Dritten vorzunehmen, wird mit Freiheitsstrafe nicht unter einem Jahr bestraft.

(2) In besonders schweren Fällen ist die Strafe Freiheitsstrafe nicht unter zwei Jahren. Ein besonders schwerer Fall liegt in der Regel vor, wenn
1. der Täter mit dem Opfer den Beischlaf vollzieht oder ähnliche sexuelle Handlungen an dem Opfer vornimmt oder an sich von ihm vornehmen läßt, die dieses besonders erniedrigen, insbesondere, wenn sie mit einem Eindringen in den Körper verbunden sind (Vergewaltigung), oder
2. die Tat von mehreren gemeinschaftlich begangen wird.

(3) Auf Freiheitsstrafe nicht unter drei Jahren ist zu erkennen, wenn der Täter
1. eine Waffe oder ein anderes gefährliches Werkzeug bei sich führt,
2. sonst ein Werkzeug oder Mittel bei sich führt, um den Widerstand einer anderen Person durch Gewalt oder Drohung mit Gewalt zu verhindern oder zu überwinden, oder
3. das Opfer durch die Tat in die Gefahr einer schweren Gesundheitsschädigung bringt.

(4) Auf Freiheitsstrafe nicht unter fünf Jahren ist zu erkennen, wenn der Täter
1. bei der Tat eine Waffe oder ein anderes gefährliches Werkzeug verwendet oder
2. das Opfer
   a) bei der Tat körperlich schwer mißhandelt oder
   b) durch die Tat in die Gefahr des Todes bringt.

(5) In minder schweren Fällen des Absatzes 1 ist auf Freiheitsstrafe von sechs Monaten bis zu fünf Jahren, in minder schweren Fällen der Absätze 3 und 4 auf Freiheitsstrafe von einem Jahr bis zu zehn Jahren zu erkennen.

Fassung: Das 33. StÄG (9 vor § 174) hat die bisherigen §§ 177, 178 zu einer Vorschrift zusammengefasst; § 177 galt in dieser Fassung vom 5. 7. 1997 bis zum 1. 4. 1998. Das 6. StrRG (10 vor § 174) hat die Abs 2–5 neu gefasst und Abs 4 idF des 33. StÄG bzw Abs 3 aF in § 178 ausgegliedert. – Zu beiden Gesetzen Folkers NJW 00, 3317; zum 6. StrRG Renzikowski NStZ 99, 377 und 440.

1 **1.** Die Vorschrift schützt die **Freiheit der sexuellen Selbstbestimmung** (1 vor § 174); sie erstreckt diesen Schutz im Gegensatz zum bisherigen Recht auch auf den ehelichen Bereich (BT-Dr 13/7324 S 5 und 7663 S 2; krit Schünemann GA 96, 307, 313); in Übereinstimmung mit § 178 aF, aber im Gegensatz zu § 177 aF sind Männer in den Schutz einbezogen (Frommel NK 21).

2 **2. Täter** der sexuellen Nötigung kann jedermann, auch eine Frau sein. Die Tat ist weder ein Sonderdelikt (33 vor § 13) noch ein eigenhändiges Delikt (3 zu § 25; ebenso schon BGHSt 6, 226); daher kommt namentlich in Frage, dass von meh-

reren Beteiligten der eine nötigt und der andere die sexuelle Handlung vollzieht (NStZ 85, 71; beachte jedoch NJW 86, 77 mit Anm Keller JR 86, 343). Ob die in unterschiedlicher Rolle Beteiligten Täter oder Teilnehmer sind, bestimmt sich nach den allgemeinen Regeln und ist wegen der verschiedenen Teilnahmelehren (3–6 vor § 25) umstritten (vgl etwa M-Schroeder/Maiwald BT 1 18/20); da sich jedoch das tatbestandsmäßige Verhalten in der Nötigung zugunsten eines Dritten erschöpfen kann, ist auch nach subjektiver Lehre (5 vor § 25) Mittäter, wer sich als Tatgenosse auf das Nötigen beschränkt (BGHSt 27, 205). – Abweichend vom bisherigen Recht verlangt die Vergewaltigung iS des Abs 2 Nr 1, dass der Täter die erschwerende sexuelle Handlung **selbst** begeht (NJW 99, 2909; NStZ 00, 418; Tröndle/Fischer 72).

3. Nötigen durch Gewalt oder Drohung 4 zu § 240 (zur uneinheitlichen Rspr   3 Wetzel, Die Neuregelung der §§ 177–179 StGB ..., 1998, S 157); Nötigen unter Ausnutzung einer schutzlosen Lage unten 6 a. Erforderlich ist das Fortdauern des entgegenstehenden Willens des Opfers, dh seines ernstlichen inneren Widerstandes, bis zur Vollendung der Tat (BGHSt 39, 244); ein Andauern des Widerstandes bis zur Beendigung (2 vor § 22) ist für die Begründung der Strafbarkeit, nicht dagegen für den Tatumfang (NStZ 82, 26) unerheblich. Eines äußeren Widerstandes bedarf es nicht unbedingt, weil der Wille hierzu wegen der damit verbundenen Gefährdung schon von vornherein gebrochen sein kann (bei Miebach NStZ 92, 176; Kindhäuser BT I 21/2); auch das spätere Aufgabe solchen Widerstandes bei Fortbestehen des Nötigungsdrucks hebt den inneren Widerstand idR nicht auf (bei Holtz MDR 76, 812 mwN). Willigt jedoch das durch die Nötigung sexuell erregte Opfer freiwillig in die sexuelle Handlung ein, so scheidet Vollendung aus (GA 64, 377; aM Sick ZStW 103, 43, 62, beide zur „Einwilligung" in den „Beischlaf" nach § 177 aF). Auch „nicht unwillkommene" Gewalt (vis haud ingrata) ist nicht tatbestandsmäßig, wenn das Opfer den erforderlichen inneren Widerstandswillen nicht hat, die Zwangsausübung vielmehr als Bestandteil der sexuellen Handlung bejaht (hM zu § 177 aF; einschr Sick aaO S 57; M-Schroeder/Maiwald BT 1 18/17); sie wird uU aber als Versuch erfasst (beachte auch 10). Umgekehrt ist die erzwungene Fortsetzung der zunächst freiwillig geduldeten sexuellen Handlung ausreichend (NStZ 91, 431; JR 93, 163; Kindhäuser BT I 21/2).

4. a) Gewalt 5–11 zu § 240 (Rspr-Übersicht bei Folkers NJW 00, 3317;   4 s auch Schroeder, BGH-FG, S 485, 490). Sie muss als vis absoluta oder vis compulsiva (GA 65, 57) ein geeignetes (bei Miebach NStZ 92, 176) Mittel sein, um die Duldung oder Vornahme der sexuellen Handlung zu erzwingen (MDR 59, 589; NStZ-RR 97, 199; NStZ-RR 03, 42; LG Saarbrücken NStZ 81, 222). Dazu braucht sie dieser Handlung nicht unbedingt vorauszugehen (BGHSt 17, 1, 5); eine erste im Verlauf des Geschlechtsverkehrs einsetzende Gewaltanwendung reicht (NStZ 03, 165) auch kann es ausreichen, wenn die Gewaltanwendung Gegenwehr verhindern soll, die erst durch das Eingreifen Dritter (zB der Eltern zu Gunsten des gewaltsam am Schreien gehinderten Kindes) wirksam werden könnte (NStZ 92, 433). Die Gewalt muss sich gegen eine Person (st Rspr; ebenso Küpper BT 1 I 3/69; aM Gössel BT 1 24/10), uU auch gegen eine dem Opfer nahe stehende (bei Dallinger MDR 66, 893; 11 zu § 240; aM Reuter-Stracke, Gewalt oder Drohung gegen Dritte als [qualifizierte] Nötigung, 1993, S 137; str); die unmittelbar gegen einen schutzbereiten Dritten ausgeübte Gewalt reicht nur, wenn sie auch beim Opfer eine körperliche Zwangswirkung auslöst (weiter BGHSt 42, 378 mit krit Bespr Otto JK 1 zu § 178 aF; Kindhäuser 3; krit auch Paeffgen, Grünwald-FS, S 443, 447, Otto GK 2 66/12 und Horn/Wolters SK 12). Auf das Maß der Gewalt kommt es nicht an (NStZ 85, 71); es genügt, dass die Gesamtsituation vom Opfer als körperliche Zwangslage empfunden wird (hM; weiter Rössner, Leferenz-FS, S 257; Hillenkamp NStZ 89, 529; Kruse/Sczesny KJ 93, 336; Sick,

§ 177 BT. 13. Abschnitt. Sexuelle Selbstbestimmung

Sexuelles Selbstbestimmungsrecht und Vergewaltigungsbegriff, 1993, S 148; Horn/Wolters SK 10); deshalb reicht das Einsperren des Opfers aus (GA 81, 168; NStZ 93, 340 und 95, 229, 230 mit Bespr Otto JK 3; NStZ-RR 03, 42; Horn/Wolters aaO; krit Paeffgen aaO S 454), auch das Festhalten des Opfers (NStZ-RR 03, 42). Nach der weiten Rspr zu §§ 177, 178 aF kamen auch das Verbringen des Opfers gegen seinen Willen an einen entlegenen Ort (NStZ 94, 429), das Herbeiführen körperlicher Erschöpfung zB durch einen mehrstündigen Waldlauf (NStZ 96, 276; zust Sch/Sch-Lenckner/Perron 5; abl Renzikowski NStZ 99, 377, 380) oder das Ausspielen der körperlichen Überlegenheit in einer für das Opfer ausweglosen Situation in Frage (probl JR 93, 163 mit krit Anm Sick; ähnlich NStZ 90, 335; enger NJW 81, 2204 mit abl Anm Goy/Lohstöter StV 82, 20); diese Verhaltensweisen können jetzt zT mit der Ausnutzungsalternative (vgl 6) erfasst werden. Ferner genügt – ebenso wie bei Raub und Erpressung (4 zu § 249; 7 zu § 253) – eine zunächst zu anderem Zweck angewendete Gewalt, wenn das Nötigungsverhalten fortgesetzt wird oder der Nötigungsdruck durch tatbestandsmäßige konkludente Drohung (vgl 5) aufrechterhalten und final als Mittel zur Erzwingung der sexuellen Handlung eingesetzt wird (NJW 84, 1632; NStZ 86, 409; bei Miebach NStZ 94, 224; NStZ 03, 424; weiter NStZ 81, 344); ein solches Fortwirken der Gewalt scheidet aber aus, wenn zwischen der Gewaltanwendung und dem späteren Geschlechtsverkehr Wochen liegen (NStZ-RR 03, 42). An der Mittel-Zweck-Beziehung fehlt es häufig bei sexuellen Gewaltakten, die unter Ausnutzung des Überraschungsmoments ausgeführt werden (BGHSt 31, 76 mit krit Anm Lenckner JR 83, 159; NStZ 93, 78 und 95, 230; NJW 03, 1263; NStZ-RR 03, 42; Sch/Sch-Lenckner/Perron 5) und bei sadistischen Gewaltakten, die jeweils mit der sexuellen Handlung zusammenfallen (BGHSt 17, 1, 4; Köln StraFo 04, 178). – Da auch die Einwirkung mit einem betäubenden, berauschenden oder ähnlich wirkenden Mittel ohne den Willen des Betroffenen (nicht dagegen mit dessen Einverständnis, BGHSt 14, 81) Gewalt ist, wenn sie eine körperliche Zwangswirkung herbeiführt (bei Holtz MDR 91, 485; 7 zu § 240), werden Fälle, in denen das Opfer von der Anwendung des Mittels nichts weiß, von § 177 und nicht lediglich von § 179 erfasst.

5   **b) Drohung** 12 zu § 240. **Gegenwärtige Gefahr für Leib oder Leben** 21–23 zu § 315c; die bloße Androhung von Schlägen reicht nicht (StV 94, 127 und 01, 679; Folkers NJW 00, 3317, 3318; s aber auch NStZ 99, 505: Schaffung eines Klimas der Angst und Einschüchterung, und NStZ 01, 246: Drohung mit Vergewaltigung der Tochter); die Drohung kann sich unmittelbar gegen eine dem Opfer nahe stehende Person richten (NStZ 94, 31; speziell zur Drohung gegen abwesende Dritte SchlH SchlHA 03, 185; vgl 15 zu § 240; 1 zu § 255), jedoch nicht in einer Selbstmorddrohung bestehen (NStZ 82, 286; aM Sch/Sch-Lenckner/Perron 7). Eine zunächst zu anderen Zwecken ausgesprochene Drohung kann als (konkludente) Drohung fortwirken (NStZ-RR 03, 42).

6   **c) Ausnutzung einer schutzlosen Lage.** Das Opfer muss sich in einer Lage befinden, in der es sexuellen Übergriffen durch den Täter nichts entgegenzusetzen hat; der Täter hat das Opfer „in seiner Gewalt" (Otto Jura 98, 210, 212). **Schutzlos** ausgeliefert ist das Opfer der Einwirkung des Täters, wenn es in seinen Abwehrmöglichkeiten erheblich eingeschränkt und von dritter Seite keine Hilfe zu erwarten ist (BGHSt 44, 228, 232 [mit Anm Laubenthal JZ 99, 583, der die Wehrlosigkeit betont]; 45, 253; NStZ 99, 30; Renzikowski NStZ 99, 377, 379; Fischer ZStW 112, 75, 80; Laubenthal 150, 156; Sch/Sch-Lenckner/Perron 9; eingehend Harbeck, Probleme des Einheitstatbestandes sexueller Nötigung/Vergewaltigung, 2001, S 86, 116, 138; vgl NJW 89, 917 mit Anm Otto JR 89, 340 zu § 237 aF); der gänzlichen Beseitigung jeglicher Verteidigungsmöglichkeit bedarf es nicht (NStZ 03, 165). Die schutzlose Lage setzt nicht das Verbringen an

einen entlegenen Ort voraus (bei Pfister NStZ-RR 03, 353, 357), sie kann auch in der Abgeschiedenheit der familiären Wohnung gegeben sein (NStZ-RR 03, 42); bloße „soziale Schutzlosigkeit" reicht nicht (Fischer ZStW 112, 75, 82; Tröndle/ Fischer 32; Laufhütte/Roggenbuck LK-Nachtrag 2; krit Mildenberger, Schutzlos-Hilflos-Widerstandsunfähig..., 1998, S 58). **Unter Ausnutzung** setzt voraus, dass die schutzlose Lage nach den Umständen die Tathandlungen ermöglicht oder erleichtert und der Täter die dadurch gebotene Gelegenheit wahrnimmt (7 zu § 179; ebenso Sch/Sch-Lenckner/Perron 9; ähnlich Mildenberger aaO S 65; Tröndle/ Fischer 39). Dieses weitere Tatmittel soll Strafbarkeitslücken schließen (zu den bisherigen Strafbarkeitslücken Mildenberger aaO S 31), die bei einem engeren Gewaltbegriff (2 zu § 240) von der Drohungsalternative nicht sicher geschlossen werden können (BT-Dr 13/2463 S 6 und 13/7324 S 6; näher zur Reform Fischer ZStW 112, 75, 76). Erfasst werden sollen vor allem Fälle, in denen der Täter das Opfer an einen Ort verbringt, an dem es fremde Hilfe nicht erwarten kann, dem körperlich überlegenen Täter ausgeliefert ist und angesichts seiner hilflosen Lage eine Verteidigung für sinnlos hält (BT-Dr jeweils aaO; BGHSt 44, 228, 230 [mit Bespr Laubenthal JZ 99, 583 und Otto JK 4]; 45, 253; NJW 99, 30 und 03, 2250; StV 03, 393; bei Pfister NStZ-RR 03, 353, 357; Mildenberger aaO S 53, 62, die die Opferperspektive betont). Ob diese Erweiterung der Nötigungsmittel geboten war (zweifelnd Lenckner NJW 97, 2801, 2802; für die Strafwürdigkeit der neuen Alternative Mildenberger aaO S 46 und Wetzel aaO [vgl 3] S 174), wird sich erst zeigen, wenn die Rspr entsprechende Fallkonstellationen zu entscheiden haben wird. Die Herausnahme solcher Fälle aus dem Gewaltbegriff erscheint angesichts der Rspr des Bundesverfassungsgerichts jedenfalls dann geboten, wenn sowohl eine körperliche Kraftentfaltung des Täters als auch eine körperliche Zwangswirkung beim Opfer fehlt (vgl Mildenberger aaO S 44); inwieweit die Konstruktion einer konkludenten Drohung zur Lösung solcher Fälle beitragen kann, ist auch noch nicht ausgemacht (vgl Helmken ZRP 95, 302, 304; Lenckner aaO; Mildenberger aaO S 41, 69). Wird das neue Tatmittel eingesetzt, so stellt sich die Frage nach dem verbleibenden Anwendungsbereich des § 179 (dort 1, 7 und 14). Eine Abgrenzung wird möglich, wenn man für § 177 verlangt, dass der Täter die danach ausgenutzte schutzlose Lage des Opfers zuvor verursacht hat, während der Täter nach § 179 den Schwächezustand des Opfers nur vorgefunden hat (so Horn SK[6] [aufgegeben in der 7. Aufl von Horn/Wolters] 14 und Folkers NJW 00, 3317, 3318); dieser Vorschlag findet zwar eine Stütze im Wortlaut der Vorschriften (Mildenberger aaO S 56; Laubenthal JZ 99, 583; Tröndle/Fischer 27), doch wird er der Abstufung der Strafrahmen gerecht. Die Rspr hat dieser Abgrenzung im Hinblick auf den Wortlaut und die Entstehungsgeschichte eine verständliche Absage erteilt; danach muss die schutzlose Lage nicht vom Täter herbeigeführt worden sein, sie kann sich sowohl aus äußeren Gegebenheiten als auch aus in der Person des Opfers liegenden Umständen ergeben (BGHSt 45, 253 mit Bespr Fischer NStZ 00, 142 und Graul JR 01, 117; NJW 03, 2250; NStZ 03, 424; zust Fischer ZStW 112, 75, 99; Laubenthal 152, 153; Sch/Sch-Lenckner/Perron 9); der Täter muss diese schutzlose Lage erkannt und sich zu Nutze gemacht haben (BGHSt 45, 253, 257; NJW 03, 2250; StraFo 04, 179; Sch/Sch-Lenckner/Perron 10); bei in der Person des Opfers liegenden Umständen, sind an die Feststellung der schutzlosen Lage erhöhte Anforderungen zu stellen (NJW 03, 2250). Eine ähnliche Abgrenzungsmöglichkeit liegt darin, eingeschränkt Widerstandsunfähige wie Angstopfer und Behinderte durch § 177 zu erfassen, im engeren Sinne Widerstandsunfähige, die auf Grund ihrer schweren seelischen Behinderung einen Widerstandswillen nicht fassen oder auf Grund hirnorganischer Schädigungen einen solchen Willen nicht mehr bilden können, dagegen durch § 179 (so Mildenberger aaO S 75, 81, die jedoch im geringeren Strafrahmen des § 179 einen Verstoß gegen Art 3 I GG sieht, S 83; ähnlich hinsichtlich der Abgrenzung zu

§ 177

§ 179 Renzikowski NStZ 99, 377, 380; Harbeck aaO S 123, 128 und Wetzel aaO S 178, hinsichtlich Art 3 III 2 GG S 207). Eine weitere Abgrenzungsmöglichkeit wird darin gesehen, dass § 179 die Ausnutzung der Widerstandsunfähigkeit erfasst und § 177 I Nr 3 erst eingreift, wenn der entgegenstehende Wille der widerstandsunfähigen Person gebeugt wird (so Frommel NK 27, 48). Schließlich kann man in § 177 den Bezug des Opfers zur Umwelt umschrieben sehen, in § 179 dagegen eine davon unabhängige subjektive Beeinträchtigung der Widerstandsfähigkeit (so Tröndle/Fischer 30).

6a **Nötigen** unter Ausnutzung einer schutzlosen Lage ist nach Rspr nicht mit dem Nötigen iS von § 240 gleichzusetzen, sondern ist bereits dann gegeben, wenn durch dieses Ausnutzen ein der Tat entgegenstehender Wille des Opfers gebeugt wird (BGHSt 45, 253 mit krit Anm Graul JR 01, 117; Laufhütte/Roggenbuck LK-Nachtrag 2). Diese Differenzierung verstärkt zwar den Opferschutz im Sinne des Gesetzgebers, doch lässt sie die tatbestandsmäßige Handlung unbestimmt (Fischer NStZ 00, 142 und ZStW 112, 75, 84: Verstoß gegen Art 103 II GG). In der Literatur wird deshalb eine Angleichung von Nr 3 an die Nr 1, 2 hinsichtlich der Intensität der Gefahrschaffung für das Rechtsgut und eine Ausübung von Zwang verlangt (Laubenthal 157; Sch/Sch-Lechner/Perron 11); die Befürchtung von Nachteilen nicht körperlicher Art (zB Verlassenwerden oder Kündigung) soll danach nicht ausreichen (Laubenthal aaO; Mästle AuR 02, 410); ebenso wenig sollen Fälle erfasst sein, in denen das Opfer keinen entgegenstehenden Willen artikulieren kann oder in denen der Täter sich über den entgegenstehenden Willen durch Nichtbeachtung hinwegsetzt (Fischer ZStW 112, 75, 90; Sch/Sch-Lenckner/Perron aaO).

7 **5. a)** Erfasst werden nur **sexuelle** (auch gleichgeschlechtliche) **Handlungen** (§ 184f Nr 1) „**an**" einer vom Handelnden verschiedenen Person (NStZ 90, 490; 10, 11 zu § 174), und zwar auch Handlungen, die das Opfer selbst vornimmt. Dessen Nötigung zu Handlungen an sich selbst (NStZ 82, 286) oder ohne körperliche Berührung (zB Zwang zum Nacktausziehen oder -umhergehen) fällt nur unter § 240.

8 **b) Dulden** erfordert keinen Willensentschluss, sondern deckt auch Erdulden absoluter Gewalt (1 StR 530/73 v 11. 12. 73; s auch 4 zu § 240), zB das gewaltsame Führen der Hand des Opfers an das Glied des Täters (NJW 65, 1087) oder die Vornahme sexueller Handlung an dem durch die Gewaltanwendung bewusstlos oder sonst widerstandsunfähig gewordenen Opfer (LG Mosbach NJW 78, 1868). In dem erzwungenen Zusehen homosexueller Handlungen des Täters mit Dritten liegt kein Dulden einer sexuellen Handlung „an sich", dh unter Körperberührung (bei Miebach NStZ 94, 225).

9 **c)** Die Tat ist mit dem Vornehmen oder Dulden einer ausgeführten sexuellen Handlung **vollendet,** Der **Versuch** beginnt mit dem unmittelbaren Ansetzen zu den Tatmitteln (5–7 zu § 22; NStZ 00, 418; mit abl Anm Bellay NStZ 00, 591; Horn/Wolters SK 19); zum Rücktritt vom Versuch Horn/Wolters SK 20.

10 **6.** Der **Vorsatz** muss die Geschlechtsbezogenheit der sexuellen Handlung (2–4a zu § 184f) umfassen; er muss sich namentlich auf den Einsatz des Nötigungsmittels (NStZ 91, 431) zur Überwindung des erwarteten (bei Miebach NStZ 92, 176) oder geleisteten ernstlichen – sei es auch nur inneren (vgl 3) – Widerstands erstrecken (NStZ 83, 71 mwN; unrichtig JR 93, 163 mit abl Anm Sick, wo ungeachtet der Gewissheitsvorstellung des Täters [19 zu § 15] das voluntative Vorsatzelement verneint wird), bei Abs 1 Nr 3 auch auf die schutzlose Lage des Opfers und deren Ausnutzung (NJW 03, 2250; näher Mildenberger aaO [vgl 6] S 84). Wer den sexuellen Handlungen entgegenstehenden Willen des Opfers nicht erkennt, befindet sich im Tatbestandsirrtum (NStZ-RR 03, 325; s auch NStZ 02,

494). Die irrige Annahme, der Widerstand sei nicht ernst gemeint, ist Tatbestandsirrtum (bei Holtz MDR 91, 701; s auch NJW 93, 1807; krit Mildenberger aaO S 86 und Hörnle ZStW 112, 356, die für „absurde", leichtfertige Irrtümer de lege ferenda eine Fahrlässigkeitsstrafbarkeit fordert, S 357). Jedoch liegt bedingter Vorsatz vor, wenn der Täter die Ernstlichkeit des Widerstands für möglich hält und das Risiko der Tatbestandsverwirklichung auf sich nimmt (24, 25 zu § 15; ebenso Tröndle/Fischer 53; strenger GA 56, 316 mit krit Bespr Maurach GA 56, 305). Das ist fast immer zu bejahen, wenn das Opfer seinen entgegenstehenden Willen – sei es auch nur verbal – artikuliert und dem Täter keinen Grund für die Annahme seines Einverständnisses gegeben hat; in diesem Bereich, der noch näherer kriminologischer Erforschung bedarf, ist die Berufung auf vis haud ingrata (vgl 3) jedenfalls im Regelfall eine bloße Schutzbehauptung (Jerouschek JZ 92, 227; Kruse/Sczesny KJ 93, 336, 345; zur Opferperspektive und rechtsvergleichend Hörnle aaO S 361; weniger einschr die nicht widerspruchsfreie Rspr).

7. Abs 2 regelt besonders schwere Fälle mit Regelbeispielen; zu deren rechtlicher Struktur und allgemein zur Anwendung dieser Strafschärfung (auch bei Versuch, Teilnahme und Vorliegen gesetzlicher Milderungsgründe) 6–21 zu § 46. Durch die Aufnahme der **„Vergewaltigung"** in die gesetzliche Überschrift wird diese besondere Begehungsform nur hervorgehoben; die vom Wortlaut, der Systematik und der Entstehungsgeschichte her gebotene rechtliche Einordnung als Regelbeispiel und damit als Strafzumessungsvorschrift bleibt davon unberührt (NJW 98, 2987). Das Regelbeispiel kann auch versucht werden (14 zu § 46), zB wenn der Täter Abs 1 vollendet, die angestrebte Vergewaltigung aber nicht erreicht (vgl den Fall NJW 98, 2987; Horn/Wolters SK 26 a). Neben dem vollendeten Grundtatbestand des § 177 I ist aber im Schuldspruch für den Versuch der Verwirklichung eines Regelbeispiels nach Abs 2 kein Raum (NJW 98, 2987; NStZ 03, 602; Frommel NK 71; krit Schäfer StrZ 868). Dass dabei das eigentliche „Tatcharakteristikum" – der „Versuch der Vergewaltigung" – nicht zum Ausdruck kommt, ist eine ärgerliche Konsequenz der neuen Gesetzessystematik (ohne „ärgerlich" auch NJW 98, 2987). Es kann jedoch in solchen Fällen bei Vorliegen besonders gravierender Umstände ein unbenannter schwerer Fall vorliegen (NJW 98, 2987; NStZ 03, 602; 14 zu § 46). Ist das Regelbeispiel des Abs 2 Satz 2 Nr 1 verwirklicht, so darf der Täter wegen „Vergewaltigung" verurteilt werden (NJW 98, 2987; NStZ-RR 99, 78; NJW 01, 218; Tröndle/Fischer 75; s auch 21 zu § 46; weitere Tenorierungsvorschläge bei Bittmann/Merschky KJ 98, 461; Folkers NJW 00, 3317, 3320 und Harbeck aaO [vgl 6] S 154; s auch LG Berlin NJ 98, 382 mit abl Bespr Mildenberger). Wegen „versuchter Vergewaltigung" ist nach der Rspr zu Regelbeispielen dann zu verurteilen, wenn der Täter nach Einsatz des Nötigungsmittels, aber vor Vollendung des § 177 I an der geplanten Vollziehung des Beischlafs gehindert wird (BGH aaO; krit zu dieser Rspr 15 zu § 46; zum „Regelbeispielsversuch" Renzikowski NStZ 99, 377, 382). Ein Rücktritt vom Versuch der Vergewaltigung (NStZ-RR 01, 199; bei Pfister NStZ-RR 03, 357) ist bis zum Beginn des Eindringens möglich (Horn SK 26a; zur Freiwilligkeit 17 zu § 24); es wird dann häufig der vollendete § 177 I eingreifen (23 zu § 24; ebenso Zarczyk NK 126 zu § 24). – **Nr 1** erfasst als in Klammer gesetzte „Vergewaltigung" die bisher von § 177 aF erfasste Vergewaltigung durch Vollziehen des Beischlafs und die bisher nur von § 178 aF (allerdings nicht als schwere Fälle) erfassten ähnlichen sexuellen Handlungen. Der Täter muss die sexuelle Handlung selbst ausführen (bei Pfister NStZ-RR 01, 353, 355). **Beischlaf** 3 zu § 173; das Regelbeispiel ist vollendet, sobald der Beischlaf vollzogen ist. **Ähnliche sexuelle Handlungen** sind Handlungen, die das Opfer besonders **erniedrigen**, von ihm als entwürdigend empfunden werden (BT-Dr 13/7324 S 5; krit zur komplizierten Sprachregelung Wetzel aaO [vgl 3] S 198). **Eindringen in den Körper** durch das

§ 177
BT. 13. Abschnitt. Sexuelle Selbstbestimmung

männliche Glied zB beim Anal- oder Oralverkehr (Hamm NStZ-RR 01, 270; einschr zum Oralverkehr NStZ 00, 27; für eine teleologische Reduktion bei anderen Formen des Eindringens in den Mund Renzikowski NStZ 00, 367), aber auch durch das Benutzen von Gegenständen (BT-Dr 13/2463 S 7 und 7324 S 6; krit zu letzterem Helmken ZRP 95, 302, 303; für restriktive Auslegung bei letzterem Folkers NStZ 00, 471); zB Drücken des Fingers (auch mit Badeanzug) in die Scheide (NJW 00, 672 mit zust Anm Renzikowski NStZ 00, 366; NStZ 00, 254 mit krit Anm Folkers NStZ 00, 471). Die besondere Erniedrigung bedarf nur in Fällen des Oral- und Analverkehrs keiner positiven Feststellung (BGH aaO mit krit Anm Renzikowski aaO; Tröndle/Fischer 67; weiter NStZ 00, 254); zu berücksichtigen sind Umstände wie das junge Alter des Opfers, öffentliche Tatbegehung und Schmerzverursachung zB beim Griff in die Scheide (BGH aaO; LG Augsburg NStZ 99, 307 mit krit Anm Renzikowski 377), nach der Rspr auch die grundsätzliche Bereitschaft des Tatopfers zu sexuellen Handlungen (NJW 01, 2185; krit Gaede NStZ 02, 238 und Tröndle/Fischer 34; zw). **An sich vornehmen lassen** 12 zu § 174 (vgl BT-Dr 13/9064 S 21 f: zur Klarstellung), zB Vornahme des Oralverkehrs durch das Opfer am Täter (BGHSt 45, 131 [zu § 176a I Nr 1] mit krit Anm Hörnle NStZ 00, 310, 311; krit auch Folkers NJW 00, 3317, 3319 und Bauer StraFo 00, 196; aM noch LG Oldenburg NStZ 99, 408; aM zu § 177 III 2 Nr 1 idF des 33. StÄG JR 00, 475 mit Anm Kudlich). Am „Vergewaltigungs"-Vorsatz fehlt es, wenn der Täter Gewalt nur zu dem Zweck anwendet, um das Opfer in eine Lage zu versetzen, in der es infolge sexueller Erregung ohne Nachwirken der Nötigung in den Beischlaf oder in die ähnliche sexuelle Handlung einwilligen soll (NJW 65, 1284; GA 68, 84; aM Sick ZStW 103, 43, 64 und aaO [vgl 4] S 191). Das Regelbeispiel ist nicht vollendet, wenn der Täter bereits bei Beginn des Beischlafs oder der ähnlichen sexuellen Handlung an ein Einverständnis des Opfers glaubt (vgl BGHSt 39, 244 mit Anm Vitt JR 94, 199 zu § 177 aF). – **Nr 2: Gemeinschaftlich** 7 zu § 224; die Strafschärfung hat ihren Grund in der Verringerung der Abwehrchancen des Opfers und in der erhöhten Gefahr massiver sexueller Handlungen (BT-Dr 13/2463 S 7 und 7324 S 6; Wetzel aaO S 199). **Tat** ist nicht die sexuelle Handlung iS der Nr 1, sondern die Begehung einer der in Abs 1 genannten Handlungen (bei Pfister NStZ-RR 01, 353, 356). Gemeinschaftlich spricht für Beschränkung auf Mittäter (Renzikowski NStZ 99, 377, 388).

12   **8. Abs 3, 4** enthalten Qualifikationstatbestände mit abgestuften Mindeststrafen. **Abs 3 Nr 1, 2:** Beisichführen einer Waffe (zB Schlagstock, StV 02, 80), eines (gefährlichen) Werkzeugs oder eines Mittels 2–5 zu § 244 (zB einer Scheinwaffe NStZ-RR 01, 199); Ergreifen am Tatort reicht (NStZ 99, 242; NStZ-RR 03, 202) ebenso wie der Einsatz ausschließlich zur Vornahme der sexuellen Handlung reicht (BGHSt 46, 225; NStZ 02, 431); die Gefährlichkeit kann sich durch die konkrete Art des Einsatzes des Werkzeugs, zB eines Schraubenschlüssels, ergeben (NStZ-RR 03, 202; abl für Schreckschusspistole bei Pfister NStZ-RR 02, 353, 357); ebenso kann auch das Verwenden eines nicht gefährlichen Werkzeugs oder Mittels (zB Handschellen) bei der Tat ein Beisichführen darstellen (NStZ 01, 246; Laufhütte/Roggenbuck LK-Nachtrag 8); zum erforderlichen Vorsatz bei Pfister NStZ-RR 02, 353, 356. **Abs 3 Nr 3:** Erforderlich ist eine konkrete Gefahr (21, 22 zu § 315c) einer schweren Gesundheitsschädigung (3 zu § 250), die nicht in einer schweren Folge iS des § 226 bestehen muss (BT-Dr 13/2463 S 7 und 7324 S 6; s auch 20 zu § 218; 2 zu § 330); als Ursachen der Gefahr kommen die Nötigungsakte und der erzwungene Sexualkontakt in Betracht (Renzikowski NStZ 99, 377, 383); der Täter muss das Opfer vorsätzlich in die Gefahr bringen (Renzikowski aaO; Horn/Wolters SK 31); zum Gefährdungsvorsatz 28 zu § 15. – **Abs 4 Nr 1:** Verwenden einer Waffe oder eines gefährlichen Werkzeugs 4 zu § 250; zB

ein als Schlaginstrument eingesetzter Cowboystiefel (NStZ 00, 419), ein als Drohmittel eingesetztes Messer (NStZ 01, 369) oder eine Metallfigur (BGHSt 46, 225 mit Anm Laubenthal NStZ 01, 367), nicht aber ein leicht zerbrechlicher Plastikkugelschreiber (StV 04, 201 mit krit Anm Deiters). **Abs 4 Nr 2 a:** körperliche Misshandlung 4 zu § 223, schwere 4 zu § 250; sie liegt nicht schon bei jeder herabwürdigenden sexuellen Handlung vor (NJW 00, 3655 mit zust Anm Kudlich JR 01, 379; Horn/Wolters SK 33). **Abs 4 Nr 2 b:** Bringen in Todesgefahr 3, 4 zu § 250 setzt das Verursachen einer konkreten Gefahr (21, 22 zu § 315 c) des Todes voraus; da es sich nicht um ein erfolgsqualifiziertes Delikt handelt, ist Vorsatz hinsichtlich des Eintritts der Gefahr erforderlich (BGHSt 46, 225 mit Anm Laubenthal aaO; zum Gefährdungsvorsatz 28 zu § 15).

9. Zu **Abs 5** (minder schwere Fälle) 7–10 a zu § 46; 4 zu § 12. Seine Anwendung kommt namentlich in Frage, wenn der Täter ein ernsthaftes Liebesverhältnis angestrebt (krit Tröndle/Fischer 94) oder wenn das Opfer durch sein vorausgegangenes, falsche Hoffnungen erweckendes Verhalten Anlass zur Tat gegeben (bei Theune NStZ 87, 496; NStE 29; StV 93, 693; krit Frankfurt StV 88, 389; Sick ZStW 103, 43, 66; Schäfer StrZ 871; probl LG Saarbrücken NStZ 81, 222 und LG Berlin NJ 98, 382 mit abl Bespr Mildenberger; s auch NStZ 86, 149 mit krit Anm Hillenkamp) oder zu dem Täter schon zuvor intime Beziehungen unterhalten hat (BT-Dr VI/3521 S 40; NStZ 82, 26; NStZ-RR 03, 168; M-Schroeder/Maiwald BT 1 18/23; krit Reichenbach NStZ 04, 12); krit zu beiden Fallgruppen Sick aaO (vgl 4) S 236. – Für Abs 2 sind keine minder schweren Fälle vorgesehen (krit Renzikowski NStZ 99, 377, 381), doch können mildernde Umstände zum Entfallen des Regelbeispiels führen (StV 00, 557; Laufhütte/Roggenbuck LK-Nachtrag 13; Tröndle/Fischer 74); in Ausnahmefällen kann eine weitere Milderung des Normalstrafrahmens (Abs 1) zur Anwendung des Strafrahmens für minder schwere Fälle (Abs 5) führen (StV 00, 306 und 556; NStZ 04, 32; Schäfer StrZ 873; krit Harbeck aaO [vgl 6] S 189); die Erfüllung von zwei Qualifikationstatbeständen steht der Annahme eines minderschweren Falles nicht entgegen (StV 03, 395); betrifft die nach Abs 3, 4 qualifizierte Tat ein Regelbeispiel des Abs 2, so entfaltet dessen Strafrahmen bei Anwendung von Abs 5 eine Sperrwirkung (NStZ 00, 419 und 01, 646). – Zur **Strafzumessung** beachte 45 zu § 46; zu Fällen, in denen das Schwergewicht des Tatunrechts bei §§ 223, 240 liegt, den Holtz MDR 96, 118.

10. Die Ausnutzungsalternative des Abs 1 ist gegenüber der Gewaltalternative nicht subsidiär; alle 3 Alternativen des Abs 1 stehen gleichrangig nebeneinander (BGHSt 44, 228 [mit zust Anm Laubenthal JZ 99, 583, aber krit Bespr Otto JK 4, nach dem die Ausnutzungsalternative nur Fälle erfasst, in denen die hilflose Lage nicht durch Gewalt oder Drohung geschaffen wurde]; 45, 253, 259; NStZ-RR 03, 42, 44); die Erfüllung mehrerer Begehungsalternativen ist nur eine Gesetzesverletzung (3 zu § 52), kann sich aber strafverschärfend auswirken (BGHSt 44, 228; NStZ-RR 03, 42, 44). Auch bei Verwirklichung beider Regelbeispiele des Abs 2 liegt nur eine Tat vor (Tröndle/Fischer 99). Zwischen Abs 1 und Abs 2 gibt es bei Handlungseinheit **keine Konkurrenz** (18 zu § 46); auch nicht zwischen vollendeter sexueller Nötigung und versuchter Vergewaltigung (Tröndle/Fischer 59; aM Horn/Wolters SK 26 d). Mehrere Strafschärfungsgründe nach Abs 3, 4 stehen nicht in Idealkonkurrenz, sondern sind lediglich als Begehungsformen derselben sexuellen Nötigung zu werten (3 zu § 52). Die Erfüllung von Erschwerungsgründen nach Abs 2 geht bei Verwirklichung der Qualifikationstatbestände nach Abs 3, 4 in diesen auf; möglich bleibt Tateinheit zwischen versuchter Tat nach Abs 3, 4 und vollendeter Tat nach Abs 1, 2. Beim Rücktritt vom Versuch einer Qualifikationstat nach Abs 3, 4 kann Strafbarkeit nach Abs 1, 2 übrig bleiben (13 zu § 24). Abs 4 Nr 1 verdrängt Abs 3 Nr 1 (bei Pfister NStZ-RR 02, 353, 357). **Mehrere** sexuelle Handlungen, die durch Aufrechterhaltung desselben Nöti-

§ 178

gungsdrucks erzwungen werden, bilden eine **tatbestandliche Handlungseinheit** (6, 10 vor § 52; NStZ 00, 419; bei Pfister NStZ-RR 03, 353, 360; diff Schäfer StrZ 867); anders bei einer Zäsur zwischen den sexuellen Handlungen (NStZ 99, 505); mehrere sexuelle Handlungen, die unter Ausnutzung derselben schutzlosen Lage vollzogen werden, führen nur unter den Voraussetzungen der natürlichen Handlungseinheit zur Tateinheit (NJW 02, 381). – Erreicht der Täter sein Ziel mit schwächeren als den in Abs 1 genannten Mitteln, so kann Nötigung nach § 240 (NStZ 82, 286; Laufhütte LK 22 zu § 177 aF; aM Arzt JZ 84, 428, 429: abschließende Sonderregelung), in Ausnutzungsfällen ohne Beugung des Opferwillens sexueller Missbrauch nach § 179 (vgl BT-Dr 13/7663 S 5 und 9064 S 29) übrigbleiben. – **Tateinheit** ua möglich mit § 174 (vgl NStZ 97, 337 zu § 177 aF; s auch Wetzel aaO [vgl 3] S 180), §§ 174a, 174b, 176 (bei Dallinger MDR 74, 546), § 185 (Frankfurt NJW 67, 2075, beachte jedoch 6 zu § 185), § 218 (bei Miebach NStZ 94, 225), § 249 (bei Miebach aaO), und § 316a (VRS 60, 102). – § 223 (bei Dallinger MDR 74, 546; Sick aaO [vgl 4] S 310; anders für § 224 I Nr 5 bei Pfister NStZ-RR 02, 353, 355), § 239 (BGHSt 28, 18; bei Holtz MDR 91, 1021; NStE 10 zu § 178 aF; bei Pfister NStZ-RR 03, 353, 360; s auch NStZ 88, 70) und § 240 (bei Dallinger MDR 56, 144 und 71, 721; ebenso für § 241 bei Pfister NStZ-RR 02, 353, 355) werden regelmäßig durch die „Vergewaltigung" iS des Abs 2 verdrängt (Konsumtion, 27 vor § 52); dies gilt jedoch nur, wenn die Begleittat typischerweise der Ermöglichung oder Förderung des Beischlafs oder ähnlicher sexueller Handlungen dient und nicht ein weitergehendes Ziel verfolgt (NStZ 93, 38; 96, 31 und 99, 83; NStZ-RR 96, 227 und 97, 292; s auch NStZ 00, 419). Bei irriger Annahme des Einverständnisses können § 185 (GA 56, 316; beachte jedoch dort 6) und § 229 (Jerouschek JZ 92, 227), bei fehlendem Nachweis der Gewaltanwendung § 182 (dort 6) übrig bleiben. – Zur Frage des **milderen Gesetzes** iS des § 2 III im Vergleich zwischen der alten Rechtslage und der (zT durch das 6. StrRG überholten) Rechtslage des 33. StÄG (5a vor § 174) s NStZ-RR 97, 353, 354 und 98, 103 sowie Tröndle/Fischer 106 mwN.

15   11. Führungsaufsicht § 181 b.

16   12. Zur **Kriminologie** der sexuellen Nötigung, Vergewaltigung vgl ua Steck/Pauer MschrKrim 92, 187; Kruse/Sczesny KJ 93, 336; Heynen, Vergewaltigt, 2000; Migutsch, in: Flossmann (Hrsg), Sexualstrafrecht, 2000, S 65; Habenicht NKrimPol 02, 101; Haas/Killias, in: Schmelze ua (Hrsg), Therapie unter Zwang, 2002, S 27; Kury ua Kriminalistik 02, 241; Straub/Witt, Polizeiliche Vorkenntnisse von Vergewaltigern, 2002; Künzel (Hrsg), Unzucht, Notzucht, Vergewaltigung, 2003; Eisenberg Krim 45/64, 58/32 und 61/13; Kaiser Krim 65/1–32; Schwind Krim 2/25, 19/23; s auch Schäfer, Dünnebier-FS, S 465; Steinhilper, Definitions- und Entscheidungsprozesse bei sexuell motivierten Gewaltdelikten, 1986. – Zur **Strafzumessung** Schäfer StrZ 866–878; unter historisch-kriminologischen Gesichtspunkten krit zur Strafzumessungspraxis der Gerichte Middendorff, Leferenz-FS, S 593. Bei der Strafzumessung differenzierend zwischen Taten gegen Frauen, die sich dem Täter zu sexuellen Handlungen anbieten, und Taten gegen Opfer, die dem Täter keinerlei Anlass zu der Annahme geben, sie wären zu sexuellem Kontakt bereit, StV 01, 453 mit krit Anm Hörnle. – Zur Rechtsgeschichte Sick aaO (vgl 4) S 26.

§ 178 Sexuelle Nötigung und Vergewaltigung mit Todesfolge

Verursacht der Täter durch die sexuelle Nötigung oder Vergewaltigung (§ 177) wenigstens leichtfertig den Tod des Opfers, so ist die Strafe lebenslange Freiheitsstrafe oder Freiheitsstrafe nicht unter zehn Jahren.

Fassung des 6. StrRG (10 vor § 174).

Das erfolgsqualifizierte Delikt (1–13 zu § 18) entspricht in seiner Struktur weitgehend der Erfolgsqualifikation des § 251 beim Raub (dort 1–4); jedoch ist die Strafschärfung auf den Tod des Opfers (1 zu § 177) beschränkt. Der Tod muss daher auf die Tat, dh auf die Gewaltanwendung, die Drohung, die Ausnutzung, die sexuellen Handlungen oder den Beischlaf iS des § 177 I, II zurückführbar sein (vgl Renzikowski NStZ 99, 377, 384; Horn/Wolters SK 2; Sch/Sch-Lenckner/Perron 2; ebenso Hardtung, Versuch und Rücktritt bei den Teilvorsatzdelikten des § 11 Abs 2 StGB, 2002, S 139, ist aber der Vollendung von § 177 I zur Tatbestandsvoraussetzung erhebt). Die spezifische Gefährlichkeit der Tatmittel oder Tathandlungen muss sich im Todeserfolg niederschlagen; daran fehlt es bei einer beendeten Vergewaltigung, selbst wenn die Gewaltlage fortdauert (NStZ-RR 99, 170; ebenso Renzikowski aaO und Küpper BT 1 I 4/88). Leichtfertigkeit 55 zu § 15. Durch die Einfügung des Wortes „wenigstens" ist auch die vorsätzliche Herbeiführung der Todesfolge erfasst. Mit den vorsätzlichen Tötungsdelikten ist daher Tateinheit möglich; ebenso mit § 227-Versuch (NStZ 00, 420; Tröndle/Fischer 6; aM Sch/Sch-Lenckner/Perron 4). – Zum möglichen erfolgsqualifizierten Versuch Hardtung aaO S 143; Roxin AT II 29/332; Horn/Wolters SK 4; Tröndle/Fischer 6. 1

§ 179 Sexueller Mißbrauch widerstandsunfähiger Personen

(1) **Wer eine andere Person, die**

1. **wegen einer geistigen oder seelischen Krankheit oder Behinderung einschließlich einer Suchtkrankheit oder wegen einer tiefgreifenden Bewußtseinsstörung oder**

2. **körperlich**

zum Widerstand unfähig ist, dadurch mißbraucht, daß er unter Ausnutzung der Widerstandsunfähigkeit sexuelle Handlungen an ihr vornimmt oder an sich von ihr vornehmen läßt, wird mit Freiheitsstrafe von sechs Monaten bis zu zehn Jahren bestraft.

(2) **Ebenso wird bestraft, wer eine widerstandsunfähige Person (Absatz 1) dadurch mißbraucht, daß er sie unter Ausnutzung der Widerstandsunfähigkeit dazu bestimmt, sexuelle Handlungen an einem Dritten vorzunehmen oder von einem Dritten an sich vornehmen zu lassen.**

(3) **In besonders schweren Fällen ist auf Freiheitsstrafe nicht unter einem Jahr zu erkennen.**

(4) **Der Versuch ist strafbar.**

(5) **Auf Freiheitsstrafe nicht unter zwei Jahren ist zu erkennen, wenn**

1. **der Täter mit dem Opfer den Beischlaf vollzieht oder ähnliche sexuelle Handlungen an ihm vornimmt oder an sich von ihm vornehmen läßt, die mit einem Eindringen in den Körper verbunden sind,**

2. **die Tat von mehreren gemeinschaftlich begangen wird oder**

3. **der Täter das Opfer durch die Tat in die Gefahr einer schweren Gesundheitsschädigung oder einer erheblichen Schädigung der körperlichen oder seelischen Entwicklung bringt.**

(6) **In minder schweren Fällen des Absatzes 5 ist auf Freiheitsstrafe von einem Jahr bis zu zehn Jahren zu erkennen.**

(7) **§ 177 Abs. 4 Nr. 2 und § 178 gelten entsprechend.**

Fassung des 6. StrRG (10 vor § 174); die Vorschrift galt in der Fassung des 33. StÄG (9 vor § 174) vom 5. 7. 97 bis zum 1. 4. 98. Das SexÄG (15 vor § 1) hat neue Absätze 3, 6 und 7 eingefügt und in Abs 5 den Strafrahmen angehoben.

§ 179

1. Die Vorschrift schützt ebenso wie § 177 die **freie geschlechtliche Selbstbestimmung** (BT-Dr VI/1552 S 18; s auch 1 vor § 174; aM Frommel NK 10; str). Die neu gefasste Vorschrift ist nur unter Vorbehalt beibehalten worden, weil ihr Anwendungsbereich wegen der neuen Ausnutzungsalternative in § 177 I Nr 3 nicht gesichert erscheint (10 vor § 174; der Bericht der BReg kommt zu dem Ergebnis, dass für § 179 ein eigenständiger Anwendungsbereich besteht [Tröndle/Fischer 3]). Gedacht ist § 179 als Auffangtatbestand für Fälle nicht-willensbeugender Ausnutzung einer Widerstandsunfähigkeit (BT-Dr 13/7663 S 4 und 9064 S 29; Renzikowski NStZ 99, 377, 384; so jetzt auch BGHSt 45, 253 mit Bespr Fischer NStZ 00, 142 und Graul JR 01, 117; Fischer ZStW 112, 75, 95; Frommel NK 5; krit Dessecker NStZ 98, 1, 2; Nelles, 6. StrRG Einf, 3/55; Zinsmeister, in: Fegert [Hrsg], Sexueller Missbrauch durch Professionelle in Institutionen, 2002, S 101 und Oberlies ZStW 114, 130, 135: „Ausweichtatbestand" bei geistig behinderten Opfern). – Für eine kriminalpolitisch sinnvolle und verfassungsrechtlich gebotene **Reform** Reichenbach GA 03, 550, mit Gesetzesvorschlag (S 567).

2. Täter nach Abs 1 kann nur sein, wer die sexuelle Handlung unmittelbar selbst vornimmt oder von dem anderen an sich vornehmen lässt. Die Tat ist daher **eigenhändiges Delikt** (KG NJW 77, 817 mit abl Bespr Schall JuS 79, 104; Laufhütte LK 17; Tröndle/Fischer 7; aM Woelk, Täterschaft bei zweiaktigen Delikten, 1994, S 42; Otto GK 2 66/30; M-Schroeder/Maiwald BT 1 18/36, alle mwN; str); das folgt vor allem daraus, dass hier der konkrete Inhalt der sexuellen Beziehung, also ein spezifischer Handlungsunwert, besonderes Gewicht hat (s auch 3 zu § 25).

3. Die andere Person ist widerstandsunfähig, wenn sie zurzeit der Tathandlung – sei es auch nur bei deren Beginn (BGHSt 38, 68) oder sonst vorübergehend (BGHSt 36, 145) zB bewusstlos (BGHSt 38, 68, 71; NStZ 00, 140) – gegenüber dem Ansinnen des Täters nicht imstande ist, einen zur Abwehr ausreichenden Widerstandswillen zu bilden, zu äußern oder zu betätigen (BGHSt 32, 183; NStZ 98, 83 und 03, 602; bei Pfister NStZ-RR 01, 353, 362 und 03, 353, 361; Otto GK 2 66/22).

a) Die psychische Widerstandsunfähigkeit (Abs 1 Nr 1) ist durch die Neufassung von den in § 20 angeführten biologischen Faktoren (mit Ausnahme der tiefgreifenden Bewusstseinsstörung) sprachlich weitgehend gelöst und durch Begriffe des Behindertenrechts (2 zu § 174c) ersetzt worden (BT-Dr 13/8267 S 8). Der Sache nach wird sie weiterhin meist auf einem der biologischen Gründe beruhen, die nach § 20 die Schuldfähigkeit ausschließen können (dort 2–11; Otto GK 2 66/23); allerdings ist diese Anknüpfung an die verschiedenen Behinderungsbegriffe im Sozial- und Zivilrecht sowie an § 20 problematisch, weil die Verschiedenartigkeit der Regelungsbereiche zu unterschiedlichen Auslegungsergebnissen zwingen kann (zum entsprechenden Problem bei § 179 aF Hanack NJW 74, 1, 3; s auch 2 zu § 174c); allein die Feststellung einer § 20 unterfallenden geistigen oder seelischen Krankheit oder Behinderung reicht für die Annahme einer psychischen Widerstandsunfähigkeit nicht (NStZ 03, 602); das Gericht hat sich zu ihrer Feststellung eines Sachverständigen zu bedienen (BGH aaO). So schließen etwa die **tiefgreifenden Bewusstseinsstörungen,** die uU Folge völliger Erschöpfung sein können (NStZ 85, 70), abweichend von § 20 auch Fälle der Handlungsunfähigkeit ein (zB Bewußtlosigkeit und Schlaf, BGHSt 38, 68, 71, bei Holtz MDR 83, 280, Fahl Jura 98, 456, 459; krit Oberlies ZStW 114, 130, 140: in Wahrheit Fälle des § 177, weil das Opfer seinen Widerstandswillen mit in den Schlaf nehme [zu Recht krit Tröndle/Fischer 9a: verkehrtes Rechtsgutsverständnis]). Stets müssen die geistigen und seelischen Beeinträchtigungen – sei es auch nur auf Grund Zusammenwirkens verschiedener Störungen (zB Zusammentreffen seelischer Störung mit situationsbedingter Einwirkung durch Überraschung, Schreck oder Schock, BGHSt 36, 145 zu § 179 aF) – **so schwer** sein, dass sie die geforderte Widerstandsunfähigkeit (vgl 3) bewirken (NJW 86, 77 mit Anm Keller JR 86, 343, beide zu § 179 aF); bei psychischen Krankheiten, die in Schüben verlaufen (zB Schizophrenie, Zyklothymie), trifft dies während der latenten Phasen idR nicht zu (speziell zur „Agoraphobie" NStZ 98, 83). Die Widerstandsunfähigkeit auf Grund der Einnahme alkoholischer Getränke oder anderer Rauschmittel kann nur in Auseinandersetzung mit psychodiagnostischen Beurteilungskriterien festgestellt werden (NStZ-RR 98, 270). – Die geistige und seelische Krankheit umfasst auch Suchtkrankheiten (vgl 4 zu § 20; Frommel NK 22); gleichgestellt wird der Krankheit die entsprechende Behinderung (2 zu § 174c).

b) Körperliche Widerstandsunfähigkeit (Abs 1 Nr 2) setzt voraus, dass das 5 Opfer infolge eines körperlichen Gebrechens oder Hemmnisses ganz außerstande, also nicht nur in der Fähigkeit beeinträchtigt ist, seinen dem sexuellen Ansinnen entgegenstehenden Willen zu äußern (NJW 83, 636; bei Holtz MDR 91, 702) oder zu betätigen (Geerds JR 83, 254). Die Widerstandsunfähigkeit kann auf äußerer Einwirkung (zB Fesselung) oder auf körperlichem Defekt (zB Querschnittslähmung, völlige Erschöpfung, NJW 86, 77) beruhen, nicht aber nur auf der kindlichen Entwicklungsstufe des Opfers (BGHSt 30, 144 mwN).

4. a) Missbrauchen 9 zu § 174a (s auch KG NJW 77, 817; Horn/Wolters 6 SK 9, 10, beide mwN); daran kann es fehlen, wenn die sexuelle Handlung aus einer von Zuneigung und Fürsorge gekennzeichneten Liebesbeziehung erwachsen ist (im Ergebnis probl BGHSt 32, 183 mit abl Anm Herzberg/Schlehofer JZ 84, 481 und Geerds JR 84, 431; s auch Lenckner, in: Färber ua [Hrsg], Sexualität und Behinderung, 1998, S 182) oder wenn der andere vor Eintritt der Widerstandsunfähigkeit in eine solche Handlung eingewilligt hat (bei Dallinger MDR 58, 13; diff Sch/Sch-Lenckner/Perron 9, 10; s auch Geerds JR 83, 254, 255).

b) Die Widerstandsunfähigkeit wird ausgenutzt, wenn sie nach den Um- 7 ständen die Tathandlung ermöglicht oder erleichtert, der Täter dies bewusst einkalkuliert (bei Pfister NStZ-RR 03, 353, 361) und der Täter die dadurch gebotene Gelegenheit wahrnimmt (ähnlich Schall JuS 79, 104, 105; M-Schroeder/Maiwald BT 1 18/32; Otto GK 2 66/24; Sch/Sch-Lenckner/Perron 9; enger LG Mainz MDR 84, 773; zw). Bei sexuellen Beziehungen, die nach Eintritt der seelischen Störung nur fortgesetzt werden, trifft das idR nicht zu (Sturm JZ 74, 1, 7); umgekehrt fehlt es meist an der Ausnutzung, wenn der Täter die sexuelle Handlung mit den Nötigungsmitteln des § 177 I Nr 1, 2 erzwingt (NStZ 81, 23; Horn/Wolters SK 13; aM Frommel NK 27); das Verhältnis zur Ausnutzungsalternative des § 177 I Nr 3 ist unklar (vgl 1, 14 sowie 6 zu § 177). Wer den Zustand herbeigeführt hat, ist unerheblich; jedoch kommt sexuelle Nötigung (oder Vergewaltigung) in Frage, wenn der Täter sein Opfer ohne dessen Willen widerstandsunfähig macht (4 zu § 177).

5. Abs 1: Zur Vornahme **sexueller Handlungen** (§ 184f Nr 1) „an" dem 8 Opfer oder dem Täter (Abs 1) 10–12 zu § 174.

6. Abs 2: Bestimmen, sexuelle Handlungen an einem Dritten vorzunehmen 9 oder von einem Dritten an sich vornehmen zu lassen; dieser weitere Grundtatbestand ist § 176 II und § 182 I Nr 2, II Nr 2 nachgebildet (BT-Dr 13/9064 S 31; vgl 2 zu § 176); Abs 2 ist kein eigenhändiges Delikt (Becker, in: Schlüchter, 6. StrRG, S 27).

7. Der Vorsatz (bedingter genügt) muss sich namentlich auf die Widerstands- 10 unfähigkeit des Opfers (Becker aaO [vgl 9]) und die Umstände erstrecken, aus denen sich dessen Missbrauch ergibt (17 zu § 15); fehlt der Vorsatz, kommt die fahrlässige Körperverletzung in Betracht (NStZ 96, 188).

§ 180 BT. 13. Abschnitt. Sexuelle Selbstbestimmung

11 8. **Abs 5** enthält drei Qualifikationstatbestände: **Nr 1, 2:** 11 zu § 177; bei Nr 1 wird keine besondere Erniedrigung verlangt (krit Schroeder JZ 99, 827, 830). **Nr 3:** 12 zu § 177; zusätzlich ist wie in § 176 I Nr 3 die Gefahr einer erheblichen Schädigung der körperlichen oder seelischen Entwicklung erfasst (2 zu § 176 a).

12 9. Zu **Abs 6** (minder schwere Fälle) 7–10 a zu § 46; 4 zu § 12; durch das SexÄG (15 vor § 1) auf Fälle des Abs 5 beschränkt und mit einer Mindestfreiheitsstrafe von einem Jahr.

13 10. **Abs 7** durch die Verweisung auf § 177 IV Nr 2 weitere Qualifikationen (12 zu § 177) und durch die auf § 178 eine Erfolgsqualifikation (1 zu § 178).

14 11. **Handlungseinheit** mit § 177 scheidet idR (nicht notwendig; unklar NStZ 81, 23) aus, weil es bei Verwirklichung von § 177 I Nr 1, 2 schon am Tatbestand des § 179 fehlt (vgl 5, 7; ebenso Horn/Wolters SK 19); treffen ausnahmsweise der Einsatz des Nötigungsmittels mit dem Missbrauch widerstandsunfähiger Personen zusammen, so ist § 179 **subsidiär** (Sch/Sch-Lenckner/Perron 16); dies gilt auch für den Fall des Zusammentreffens der Ausnutzungsalternative des § 177 I Nr 3 mit § 179 I, II (aM Wetzel, Die Neuregelung der §§ 177–179..., 1998, S 179). Im Übrigen ist **Tateinheit** zB möglich mit §§ 174–176 b (BGHSt 38, 68, 71 mit Anm Molketin NStZ 92, 179), mit § 182 und § 185 (zw).

15 12. Sicherungsverwahrung § 66 III (dort 10 a–10 e). – Führungsaufsicht § 181 b.

§ 180 Förderung sexueller Handlungen Minderjähriger

(1) **Wer sexuellen Handlungen einer Person unter sechzehn Jahren an oder vor einem Dritten oder sexuellen Handlungen eines Dritten an einer Person unter sechzehn Jahren**

1. durch seine Vermittlung oder

2. durch Gewähren oder Verschaffen von Gelegenheit

Vorschub leistet, wird mit Freiheitsstrafe bis zu drei Jahren oder mit Geldstrafe bestraft. Satz 1 Nr. 2 ist nicht anzuwenden, wenn der zur Sorge für die Person Berechtigte handelt; dies gilt nicht, wenn der Sorgeberechtigte durch das Vorschubleisten seine Erziehungspflicht gröblich verletzt.

(2) **Wer eine Person unter achtzehn Jahren bestimmt, sexuelle Handlungen gegen Entgelt an oder vor einem Dritten vorzunehmen oder von einem Dritten an sich vornehmen zu lassen, oder wer solchen Handlungen durch seine Vermittlung Vorschub leistet, wird mit Freiheitsstrafe bis zu fünf Jahren oder mit Geldstrafe bestraft.**

(3) **Wer eine Person unter achtzehn Jahren, die ihm zur Erziehung, zur Ausbildung oder zur Betreuung in der Lebensführung anvertraut oder im Rahmen eines Dienst- oder Arbeitsverhältnisses untergeordnet ist, unter Mißbrauch einer mit dem Erziehungs-, Ausbildungs-, Betreuungs-, Dienst- oder Arbeitsverhältnis verbundenen Abhängigkeit bestimmt, sexuelle Handlungen an oder vor einem Dritten vorzunehmen oder von einem Dritten an sich vornehmen zu lassen, wird mit Freiheitsstrafe bis zu fünf Jahren oder mit Geldstrafe bestraft.**

(4) **In den Fällen der Absätze 2 und 3 ist der Versuch strafbar.**

1 1. Vgl zunächst 1–3 vor § 174.

1 a 2. § 180 schützt die **ungestörte geschlechtliche Entwicklung Minderjähriger** durch das Verbot, unter bestimmten Voraussetzungen sexuelle Kontakte der geschützten Personen **mit Dritten** (also nicht mit dem Täter selbst) zu fördern (BT-Dr VI/1552 S 22); unerheblich ist dabei, ob es dem Täter auch oder sogar

§ 180

in erster Linie auf eigene sexuelle Beteiligung ankommt (Laufhütte LK 7 mwN; einschr Sch/Sch-Lenckner/Perron 3; str).

3. Sämtliche Förderungshandlungen nach Abs 1–3 beziehen sich auf **sexuelle Handlungen** (2–4a zu § 184f) der geschützten Person „**an**" (10, 11 zu § 174) oder „**vor**" (8 zu § 184f) einem **Dritten,** dh einer vom Täter verschiedenen Person, oder eines Dritten an der geschützten Person. Diese Möglichkeiten sind erschöpfend; Formen des Triolenverkehrs, bei denen der Minderjährige nur als zuschauender Partner beteiligt ist, werden daher nicht erfasst. **An sich vornehmen lassen** 12 zu § 174.   2

4. Die **Absätze 1–3** unterscheiden nach dem Alter der geschützten Personen, ihrer Abhängigkeit vom Täter und der Entgeltlichkeit der sexuellen Betätigung drei verschiedene Gruppen von Förderungshandlungen. Im Einzelnen: 3

a) Abs 1 (Schutzaltersgrenze 16 Jahre): Förderungshandlung ist hier das **Vorschubleisten** in den Formen der Nummern 1 (vgl 5) oder 2 (6). Allgemein setzt das die Schaffung günstigerer Bedingungen für eine nach Zeit, Ort und Beteiligten konkretisierte (KG NJW 98, 3791; s auch Weisert, Der Hilfeleistungsbegriff bei der Begünstigung, 1999, S 184; str) sexuelle Handlung (vgl 2) voraus, die zu einer unmittelbaren Gefährdung des Opfers geführt haben muss (Laubenthal 453); sie deckt sich insoweit mit (erfolgreicher und erfolgloser) Beihilfe (str). Die Tat ist mit dem Vorschubleisten vollendet; zu der geförderten sexuellen Handlung braucht es nicht zu kommen (BT-Dr VI/3521 S 44; Laubenthal aaO; Sch/Sch-Lenckner/Perron 6; s auch BGHSt 1, 115; 24, 249; aM Kindhäuser 2; Tröndle/Fischer 8). Durch **Unterlassen** ist Vorschubleisten möglich, wenn der Täter Garantenstellung hat (KG aaO), wenn seine Unterlassung nicht nur allgemein dem Vorschubleisten durch ein Tun, sondern gerade auch dem tätigen Vermitteln oder Gewähren bzw Verschaffen von Gelegenheit entspricht (2–16 zu § 13; zweifelnd hinsichtlich des Vorliegens dieser Voraussetzungen Horn/Wolters SK 9) und wenn nicht das Erzieherprivileg den Tatbestand ausschließt (vgl 9–13). – Im Übrigen ist das Vorschubleisten beschränkt auf die folgenden **typischen Förderungshandlungen** (BGHSt 21, 272, 276; Köln NJW 67, 455):   4

aa) Das **Vermitteln** (Abs 1 Satz 2 Nr 1), dh die Herstellung einer persönlichen – bisher nicht bestehenden (Prot 6, 1641, 1647) – Beziehung zwischen dem Dritten und der geschützten Person, welche die sexuellen Handlungen zum Gegenstand hat (BGHSt 1, 113). Gegenüber dem bloßen Gewähren oder Verschaffen von Gelegenheit bedarf es wegen der Unterschiede in Abs 2 (vgl 7) und beim Erzieherprivileg (vgl 9–13) eindeutiger Abgrenzung: Es liegt nur vor, wenn die persönliche Beziehung dadurch zustande kommt (Sch/Sch-Lenckner/Perron 8), dass der Täter – unmittelbar oder über Mittelsmänner – der geschützten Person oder dem Dritten den jeweils anderen, nach seiner Vorstellung zur Aufnahme der Beziehung allgemein oder für den Einzelfall bereiten Partner (uU auch unter einer Sammelbezeichnung eine begrenzte Mehrheit) nachweist und erst dadurch die Beziehung ermöglicht (KG NJW 77, 2223, 2225 mwN; zT abw Horstkotte JZ 74, 84, 87; Dreher JR 74, 45, 51; zw). Bei Adressenvermittlung in einem Call-Girl-Ring trifft das stets zu. Dagegen genügt das Benennen einer oder das Hinführen zu einer Dirnenunterkunft nur, wenn diese nicht allgemein bekannt und daher ohne Vermittlung nicht zugänglich ist. Das Organisieren von Zusammenkünften, Reisen, Zeltlagern usw reicht, selbst wenn dabei sexuelle Kontakte ermöglicht werden sollen, nur dann aus, wenn das Verhalten der Teilnehmer nicht ihrer Initiative überlassen, sondern durch Herstellung konkreter Beziehungen gesteuert wird.   5

bb) Das **Gewähren oder Verschaffen von Gelegenheit** (Abs 1 Satz 2 Nr 2), dh die Bereitstellung auf Verlangen (NJW 59, 1284) oder die sonstige Herbeiführung äußerer Umstände, unter denen die sexuelle Handlung unmittelbar erleichtert wird (Kindhäuser 3). Bloß psychische Einwirkung auf die geschützte Person   6

§ 180

genügt nicht (Sch/Sch-Lenckner/Perron 9; aM BGHSt 9, 71; NJW 59, 1284), auch nicht die nur mittelbare, dh nicht in enger Verbindung mit der sexuellen Handlung stehende (GA 66, 337), Förderung, wie etwa das bloße Unterhalten eines Homosexuellenlokals (hM; anders Düsseldorf JMBlNRW 50, 81) oder das Erbringen allgemeiner Dienstleistungen im Bordell (zB als Putzfrau, RGSt 29, 108). In Frage kommen ua: Zurverfügungstellen von Räumlichkeiten; Benennen von Dirnenunterkünften (zw) sowie Organisieren von Zusammenkünften, Reisen usw zur Anbahnung sexueller Kontakte, soweit kein Vermitteln (vgl 5) vorliegt; Verbringen der geschützten Person an einen Ort, wo sie der Prostitution nachgehen kann (bei Dallinger MDR 66, 558; zw); Geben von Geld zur Bezahlung einer Dirne (RGSt 51, 46; zw).

7   **b) Abs 2** (Schutzaltersgrenze 18 Jahre): Geschützt sind **alle** Angehörigen der Altersgruppe, auch wenn sie schon der Prostitution nachgegangen sind (bei Holtz MDR 77, 809). **Bestimmen** 13 zu § 174; speziell zu § 180 NJW 85, 924 mwN. **Entgelt** 22 zu § 11; auch Sachwerte (NJW 97, 334); Reisen usw kommen in Frage; die Abgrenzung gegenüber Geschenken zur Gewinnung der Zuneigung kann im Einzelfall schwierig sein. Ob das Entgelt dem Opfer oder einem Dritten zufließt oder zufließen soll, ist unerheblich; Täter und Opfer müssen sich nur darüber einig sein, dass es die Gegenleistung für die sexuelle Handlung sein soll (NStZ 95, 540). **Vorschubleisten** genügt hier nur in der Form der Vermittlung (vgl 5); im Hinblick auf die in Abs 4 angeordnete Versuchsstrafbarkeit setzt die Vollendung anders als in Abs 1 (vgl 4) voraus, dass es zu sexuellen Handlungen gekommen ist (NJW 97, 334; bei Pfister NStZ-RR 01, 353, 362; Horn/Wolters SK 37; Tröndle/Fischer 16). – Für die geschützten Personen unter 16 Jahren überschneiden sich die Anwendungsbereiche der Abs 1, 2 weit, decken sich aber nicht: Bestimmen ist einerseits enger als Vorschubleisten, das keine Willensbeeinflussung erfordert, andererseits aber auch weiter, weil es sich anders als das Gewähren oder Verschaffen von Gelegenheit (vgl 6) in bloß psychischer Einwirkung erschöpfen kann.

8   **c) Abs 3** (Schutzaltersgrenze 18 Jahre): Zu dem erforderlichen **Unterordnungsverhältnis** und dem **Missbrauch der Abhängigkeit** 5–9 zu § 174. **Bestimmen** 13 zu § 174.

9   **5. a)** Das umstrittene **Erzieherprivileg nach Abs 1 S 2** schließt die Anwendung des Abs 1 Nr 2 (vgl 6) aus, wenn der (nach bürgerlichem Recht, vgl namentlich §§ 1626 ff, 1671 ff, 1705 ff, 1738, 1754, 1793 BGB; Düsseldorf NJW 59, 2120) **Personensorgeberechtigte** (idR Eltern, nichteheliche Mutter oder Vormund, uU auch ein Pfleger) die Tathandlung begeht und dadurch **nicht seine Erziehungspflicht gröblich verletzt.** Die letztere höchst unbestimmte Abgrenzung macht das ganze Institut verfassungsrechtlich fragwürdig (Becker/Ruthe FamRZ 74, 508). Nach den Gesetzesmaterialien (BT-Dr VI/3521 S 45) soll es einerseits Förderungshandlungen im „pädagogischen Notstand", namentlich Handlungen im Grenzbereich von Tun und Unterlassen, bei denen nach den Umständen ein Andershandeln nicht zumutbar ist, straffrei stellen, andererseits aber auch dem „pädagogischen Experiment" Raum geben (krit Schroeder, Lange-FS, S 391). Während die Ausscheidung der Unzumutbarkeitsfälle nicht problematisch ist, sind verlässliche Maßstäbe für die Begrenzung pädagogisch motivierter Förderungshandlungen kaum auffindbar (krit auch Hanack NJW 74, 1, 8). Fraglich bleibt vor allem, bis zu welcher Grenze ideologisch bestimmte Tendenzen zur Auflösung der Sexualmoral hinzunehmen sind. Bei den auseinanderstrebenden sozialethischen Wertvorstellungen in der Gesellschaft fehlt es an hinreichend eindeutigen Kriterien. Der Richter wird auf das „Moralisieren" verwiesen (Becker/Ruthe aaO S 512; aM Horstkotte JZ 74, 84, 86, der die Grenze nur bei der Gefahr des Abgleitens in die Promiskuität oder Prostitution und bei „aktiven sexualpädagogi-

Förderung sexueller Handlungen Minderjähriger **§ 180**

schen Experimenten" für überschritten hält; anders auch Laufhütte LK 12, der auf „schlechterdings" unvertretbares Verhalten abstellt; strenger Dreher JR 74, 45, 51, der Anhaltspunkte aus den §§ 175, 176 herleitet). Immerhin ist die Grenze idR überschritten, wenn der Erziehungsberechtigte Gelegenheit zur Prostitutionsausübung (BT-Dr VI/3521 S 45) oder zum Geschlechtsverkehr mit häufig wechselnden Partnern (Prot 6, 1663) verschafft, wenn er sexuelle Handlungen fördert, die als solche mit Strafe bedroht sind (Horn/Wolters SK 15), oder wenn er Gewinn aus seinem Verhalten zieht (Laufhütte LK 12). – Der Sorgeberechtigte braucht sein Verhalten nicht selbst für eine „gröbliche" Pflichtverletzung zu halten; es genügt, dass er die Umstände kennt, die diese Bewertung rechtfertigen (17 zu § 15).

b) Das Erzieherprivileg **wirkt nur für Taten nach Abs 1 Nr 2.** Ist die Tat zugleich aus einem anderen Grunde strafbar, zB als Vorschubleisten durch Vermittlung (Abs 1 Nr 1) oder als Teilnahme an dem Sexualdelikt des Dritten, so kommt eine Ausdehnung des Privilegs nicht in Frage (BT-Dr VI/3521 S 46; Horstkotte JZ 74, 84, 87); bei den fließenden Übergängen zwischen den verschiedenen Formen des Vorschubleistens (vgl 4–6) und bei dem im Einzelfall uU völlig gleichwertigen Unrecht kann das zu sachlich nicht erklärbaren Unterschieden führen. **10**

c) Das Erzieherprivileg begründet, worauf auch der Gesetzeswortlaut hinweist, einen **Tatbestandsausschluss** (BT-Dr VI/3521 S 45; nach Wolter GA 96, 201, 208: Strafrechtsausschließungsgrund vor der 1. Deliktsstufe). Ein Rechtfertigungs- oder Entschuldigungsgrund scheidet schon deshalb aus, weil im Einzelfall durchaus eine rechtswidrige und vorwerfbare, wenn auch nicht gröbliche, Pflichtverletzung vorliegen kann; daher bleibt auch die Möglichkeit von Maßnahmen nach § 1666 BGB unberührt (BT-Dr VI/3521 S 46). – Für die **Beteiligung mehrerer** folgt daraus: **11**

aa) Der **Sorgeberechtigte** handelt bei Vorliegen der Voraussetzungen des Abs 1 S 2 nicht tatbestandsmäßig und kann daher nicht Täter (auch nicht Mittäter) sein. Auch als Teilnehmer (Anstifter oder Gehilfe) scheidet er aus; das ergibt sich aus der weiten Fassung des Gesetzes, das schlechthin vom „Handeln" des Sorgeberechtigten spricht, und aus der Erwägung, dass die Teilnahmehandlung idR dieselben vom Gesetz tolerierten Zwecke verfolgt, wie die Täterhandlung (Horstkotte JZ 74, 84, 87; aM Schroeder, Lange-FS, S 391, 400). **12**

bb) Ist **ein anderer Täter,** so kommt ihm die Vergünstigung des Abs 1 S 2 auch bei Einwilligung des Sorgeberechtigten nicht zugute. Die bis in die letzten Stadien des Gesetzgebungsverfahrens noch vorgesehene Erstreckung des Privilegs auf Dritte, die mit Einwilligung des Sorgeberechtigten handeln, ist auf Vorschlag des Vermittlungsausschusses gestrichen worden (BT-Dr 7/1166). Darin liegt eine verbindliche gesetzgeberische Entscheidung (Schroeder, Lange-FS, S 391; aM Sch/Sch-Lenckner/Perron 14, 17; diff Tröndle/Fischer 13). – Strafbare **Teilnahme an der Tat des Sorgeberechtigten** ist dagegen nicht möglich, weil es an einer mit Strafe bedrohten Haupttat fehlt (Horstkotte JZ 74, 84, 87; 9 vor § 25; beachte auch Schroeder aaO S 400). **13**

6. Die Personen, deren sexuelle Handlungen der Täter fördert, sind – auch im Falle der Anstiftung – als **notwendige Teilnehmer** straflos. Für die notwendige Teilnahme dieser Person folgt das bereits aus den allgemeinen Regeln (12 vor § 25). Aber auch der Dritte bleibt straflos. Die Tat nach § 180 ist eine tatbestandlich verselbstständigte Teilnahme an den nicht oder anderweit mit Strafe bedrohten sexuellen Handlungen der geschützten Person und des Dritten; für diesen liegt daher nur mittelbare Teilnahme am eigenen straflosen Tun vor (Armin Kaufmann MDR 58, 177; Bindokat NJW 61, 1713; Herzberg GA 71, 1, 10; aM BGHSt 10, 386; 15, 377; Laufhütte LK 19, 20; diff Sowada, Die „notwendige Teilnahme" als funktionales Privilegierungsmodell im Strafrecht, 1992, S 225, alle mwN; zw). **14**

§ 180a BT. 13. Abschnitt. Sexuelle Selbstbestimmung

15 7. Zu den **Konkurrenzen** vgl zunächst 3 vor § 174. Nach den dort entwickelten Grundsätzen wird Abs 1 von den Absätzen 2, 3 verdrängt (NStZ-RR 98, 299 für Abs 2; Sch/Sch-Lenckner/Perron 34; zw). Dagegen ist zwischen Abs 2 und 3 **Tateinheit** möglich; dasselbe gilt für alle Begehungsformen des § 180 im Verhältnis zu den meisten Tatbeständen der §§ 180a–181a (NStZ-RR 98, 299 für § 180b II Nr 2) sowie zur Teilnahme an den Sexualdelikten des Dritten (namentlich nach §§ 174–176; NStZ 96, 599).

16 8. Sicherungsverwahrung § 66 III (dort 10a–10e). – Führungsaufsicht § 181b.

§ 180a Ausbeutung von Prostitution

(1) **Wer gewerbsmäßig einen Betrieb unterhält oder leitet, in dem Personen der Prostitution nachgehen und in dem diese in persönlicher oder wirtschaftlicher Abhängigkeit gehalten werden, wird mit Freiheitsstrafe bis zu drei Jahren oder mit Geldstrafe bestraft.**

(2) **Ebenso wird bestraft, wer**

1. **einer Person unter achtzehn Jahren zur Ausübung der Prostitution Wohnung, gewerbsmäßig Unterkunft oder gewerbsmäßig Aufenthalt gewährt oder**

2. **eine andere Person, der er zur Ausübung der Prostitution Wohnung gewährt, zur Prostitution anhält oder im Hinblick auf sie ausbeutet.**

Fassung des 6. StrRG (10 vor § 174); Änderungen in Abs 1 durch Art 2 ProstG (14 vor § 1).

1 1. Vgl zunächst 1–4 vor § 174.

1a 2. **Prostitution** setzt voraus, dass jemand auf gewisse, nicht unbedingt längere Dauer sexuelle Handlungen gegen Entgelt, das auch einem anderen zufließen kann (BT-Dr VI/1552 S 25), an oder vor wechselnden Partnern vornimmt oder von ihnen an sich vornehmen lässt (NStZ 00, 86; Joecks zu § 180a; enger M-Schroeder/Maiwald BT 1 21/7; Horn SK 4 und Sch/Sch-Lenckner/Perron 5: Nur Praktiken mit Partnern, nicht solche vor diesen); sexuelle Handlungen (zB einer Stripteasetänzerin) lediglich vor einer Mehrzahl von Zuschauern genügen jedoch nicht (Laufhütte LK 4 mwN; zw). – **Prostitutionsausübung** umfasst nicht nur das Vornehmen oder Geschehenlassen der sexuellen Handlungen selbst, sondern auch alle Handlungen, die dem sexuellen Vorgang unmittelbar vorausgehen oder nachfolgen und zusammen mit ihm ein einheitliches Geschehen bilden, namentlich also die Kontaktaufnahme mit den Kunden, die Verhandlungen über das Entgelt und die unmittelbar dem Vollzug der sexuellen Handlungen dienenden Vorbereitungen. – Der **Prostitution nachgehen** bedeutet nicht nur Prostitutionsausübung, sondern schon das unmittelbare Aufsuchen von Gelegenheiten dazu (Bay JZ 89, 51 mwN), zB öffentliches Anbieten auf dem Straßenstrich; Aufenthalt in Animierlokalen zur Kontaktaufnahme; telefonische Anbahnungsgespräche als Callgirl (Bay aaO mit abl Anm Behm JZ 89, 301; Bay GA 89, 489, alle mwN; zw); nicht aber Verhandlungen mit dem Betreiber eines Bordells (NStZ-RR 97, 294). Zu sexuellen Handlungen braucht es nicht zu kommen (BVerfG NStZ 85, 131 mwN).

2 3. **Abs 1** beschränkt sich nach der Streichung der Förderung der Prostitution gem § 180a I Nr 2 aF auf das bisher in Nr 1 erfasste Unterhalten oder Führen eines Betriebs, in dem Frauen oder Männer der Prostitution nachgehen und in persönlicher oder wirtschaftlicher Abhängigkeit gehalten werden. Der inhaltliche Zusammenhang zum früheren Verbot der Unterhaltung von **Bordellen und bordellartigen Betrieben** ist damit endgültig aufgehoben. – **Tathandlungen** sind das **Unterhalten** und das **Führen** eines Betriebes; als Täter erfasst sind damit sowohl der Betriebsinhaber als auch der Betriebsleiter (vgl Tröndle/Fischer 13),

Ausbeutung von Prostitution　§ 180a

soweit sie gewerbsmäßig handeln (20 vor § 52). Die Tat ist ein **Sonderdelikt** (NStZ 89, 68; 33 vor § 13); für andere Betriebsmitarbeiter kommt nur Teilnahme in Betracht.

a) In dem **Betrieb** (15 zu § 11; s auch Frankfurt NJW 78, 386), der auch, zB 3 als sog Massagesalon (Köln NJW 74, 1830 mit Anm Loos JR 75, 248; KG NJW 76, 813), getarnt sein kann, muss mehr als eine Prostituierte tätig sein (Bay NJW 94, 2370; aM Horn/Wolters SK 3); doch reicht es aus, wenn von mehreren im Betrieb tätigen Prostituierten nur eine in Abhängigkeit gehalten wird (NJW 95, 1686; zw). Das sog **Dirnenwohnheim** bleibt ausgenommen. – Die Frage nach der Erheblichkeit einer Einwilligung der Prostituierten, die zum alten Recht wegen der Deliktsnatur des § 180a I aF als abstraktes Gefährdungsdelikt verneint wurde (Nachweise in der Voraufl), ist jetzt bedeutungslos; soweit die Prostituierte in dem Betrieb selbstbestimmt und freiwillig ihrem Gewerbe nachgeht, wird im Lichte von Art 1 ProstG keine persönliche und wirtschaftliche Abhängigkeit (näher dazu 4) mehr anzunehmen sein (BGHSt 48, 314; StV 03, 617).

b) In dem Betrieb müssen Prostituierte alternativ **in persönlicher oder wirt-** 4 **schaftlicher Abhängigkeit gehalten** werden; dies muss nicht unbedingt durch den Betriebsinhaber oder -leiter als Täter des § 180a I selbst geschehen, sondern kann auch zB durch andere Mitarbeiter als deren Zuhälter erfolgen (Tröndle/ Fischer 12). Zu § 180a I Nr 1 aF wurde eine persönliche Abhängigkeit angenommen, wenn die Prostituierte in ihrer Lebensführung, zB durch Festlegung ihrer Arbeitszeiten oder Kleidung, entscheidend vom Betrieb bestimmt wurde (Laufhütte LK 8). Diese weite Auslegung ist angesichts des für eine Sozialversicherungspflicht iS des Art 1 § 3 ProstG vorausgesetzten eingeschränkten Weisungsrechts des Betriebsinhabers als Arbeitgebers und der sexuellen Selbstbestimmung der Prostituierten als des geschützten Rechtsgutes (2–4 vor § 174) nicht mehr entscheidend (Renzikowski MK 26); rechtsgutsbezogen muss die **persönliche Abhängigkeit** dazu führen, dass die Prostituierte nicht mehr frei über die Vornahme der sexuellen Handlungen entscheiden kann (Heger StV 03, 350, 351 f), zB wenn durch Wegnahme des Passes eine Person zur Prostitution gezwungen werden soll (BGHSt 45, 158; Tröndle/Fischer 12). – Eine wirtschaftliche Abhängigkeit war zu § 180a I Nr 1 aF anzunehmen, wenn die wirtschaftliche Bewegungsfreiheit der Prostituierten derart eingeschränkt war, dass ihr ein Abstandnehmen von der Prostitution entscheidend erschwert wurde (Laufhütte LK 7). Die dahinter stehende Unterscheidung einer „freiberuflich tätigen" und einer – unzulässig – „abhängig beschäftigten" Prostituierten ist aber durch Art 1 §§ 1 S 2, 3 ProstG überholt (vgl Tröndle/Fischer 12), so dass eine **wirtschaftliche Abhängigkeit** nur noch anzunehmen ist, wenn auf Grund unzulässigen wirtschaftlichen Zwangs (zB Verstrickung in Schulden) die Prostituierte nicht frei über die Vornahme der sexuellen Handlung entscheiden kann (Heger StV 03, 350, 352); ein einvernehmlich begründetes Beschäftigungsverhältnis, das Prostituierten eine jederzeitige Selbstbefreiung oder Loslösung aus dieser vertraglichen Beziehung ermöglicht, fällt nicht unter § 180a I nF (StV 03, 617). – **Gehalten** werden Prostituierte in einem der genannten Abhängigkeitsverhältnisse nur, wenn der Zustand durch eine gezielte und fortdauernde Einwirkung einseitig, also gegen den Willen der Prostituierten, herbeigeführt oder aufrechterhalten wird (StV 03, 617; Düsseldorf StV 03, 165). – Eine **Ausbeutung** (3 zu § 181a) der Prostituierten ist jedoch auch nach Änderung der Tatbestandsüberschrift nicht erforderlich (Tröndle/Fischer 10; zu Nr 1 aF NStZ 95, 180); werden Prostituierte von dem Betriebsinhaber oder -leiter ausgebeutet, ergibt sich die Strafbarkeit aus § 181a I Nr 1, so dass Raum für § 180a I nur bleibt, wenn der Betriebsinhaber oder -leiter von der Ausbeutung der Prostituierten durch eine andere Person im Betrieb (vgl Schroeder JR 02, 408, 409) Kenntnis hat.

§ 180b BT. 13. Abschnitt. Sexuelle Selbstbestimmung

5   **4.** Abs 2 soll namentlich verhindern, dass Inhaber von Dirnenwohnheimen Personen unter 18 Jahren überhaupt aufnehmen und dass sie die von ihnen Aufgenommenen (gleichgültig welchen Alters) zur Prostitution anhalten oder sie ausbeuten.

6   **a) Nr 1:** Die Prostitution muss gerade in der Wohnung usw, nicht anderswo, ausgeübt werden sollen und die Beteiligten über diese Zweckbestimmung einig sein (1 StR 419/80 v 30. 9. 1980; s auch BGHSt 9, 71). – Gewähren von **Wohnung** ist (mittelbare oder unmittelbare, BGHSt 10, 192) Raumüberlassung zu längerem Aufenthalt, sei es auch ohne Mietvertrag (BGH aaO) oder Begründung eines Wohnsitzes (Bremen MDR 51, 53). – Das **Gewähren von Unterkunft** (zB im Absteigequartier) oder **Aufenthalt** (zB in einer Bar) erfordert zusätzlich **Gewerbsmäßigkeit** (20 vor § 52); danach kann uU ein Barbesitzer erfasst werden, der es zulässt, dass eine noch nicht 18jährige Prostituierte in seinem Lokal Kontakte anknüpft (BT-Dr 7/514 S 9).

7   **b) Nr 2:** Im Gegensatz zu Nr 1 ist hier nur das Wohnunggewähren (vgl 6) tatbestandsmäßig (krit M-Schroeder/Maiwald BT 1 21/3). – **Anhalten** ist andauernde und nachhaltige, nicht nur gelegentlich geäußerte psychische Einwirkung (NStZ 83, 220), die nicht notwendig erfolgreich sein muss (Laufhütte LK 16 mwN; str). – **Ausbeuten** ist hier und in § 181a I Nr 1 (dort 3) gleich auszulegen (GA 87, 261 mwN); regelmäßig, aber nicht notwendig (aM M-Schroeder/Maiwald BT 1 21/17), werden beide Tatbestände verwirklicht sein.

8   **5.** Zu den **Konkurrenzen** vgl zunächst 3 vor § 174; 15 zu § 180. Nach den dort entwickelten Grundsätzen wird Abs 1 Nr 2 von Nr 1 verdrängt (NStZ 90, 80). Zwischen Abs 2 Nr 1 und Nr 2 sowie zwischen Abs 2 und § 181a I ist **Tateinheit** möglich. Tateinheit liegt auch bei gleichzeitigen Maßnahmen gegen zwei Prostituierte vor (bei Pfister NStZ-RR 02, 353, 357). Da nach Art 1 §§ 1, 2 ProstG der Prostituierten ein Anspruch auf das vereinbarte Entgelt zusteht (zur alten Rechtslage Zweibrücken StV 03, 160 mit Anm Lüderssen), ist sie die durch ihre Ausbeutung Verletzte iS des § 73 I S 2 (6 zu § 73), so dass eine Verfallsanordnung hinsichtlich der Prostitutionserlöse ausscheidet (StV 03, 616).

§ 180b Menschenhandel

(1) **Wer auf eine andere Person seines Vermögensvorteils wegen einwirkt, um sie in Kenntnis einer Zwangslage zur Aufnahme oder Fortsetzung der Prostitution zu bestimmen, wird mit Freiheitsstrafe bis zu fünf Jahren oder mit Geldstrafe bestraft. Ebenso wird bestraft, wer auf eine andere Person seines Vermögensvorteils wegen einwirkt, um sie in Kenntnis der Hilflosigkeit, die mit ihrem Aufenthalt in einem fremden Land verbunden ist, zu sexuellen Handlungen zu bringen, die sie an oder vor einer dritten Person vornehmen oder von einer dritten Person an sich vornehmen lassen soll.**

(2) **Mit Freiheitsstrafe von sechs Monaten bis zu zehn Jahren wird bestraft, wer**
1. **auf eine andere Person in Kenntnis der Hilflosigkeit, die mit ihrem Aufenthalt in einem fremden Land verbunden ist, oder**
2. **auf eine Person unter einundzwanzig Jahren**
einwirkt, um sie zur Aufnahme oder Fortsetzung der Prostitution zu bestimmen, oder sie dazu bringt, diese aufzunehmen oder fortzusetzen.

(3) **In den Fällen des Absatzes 2 ist der Versuch strafbar.**

1   **1.** Vgl zunächst 1–6 vor § 174. Die Vorschrift will Personen davor schützen, noch stärker in das Prostitutionsgewerbe verstrickt zu werden (BGHSt 42, 179;

Menschenhandel **§ 180b**

45, 158). Sie übernimmt im Wesentlichen die Absätze 3–5 des § 180a aF, erweitert aber deren Anwendungsbereich, vereinheitlicht den Sprachgebrauch und sieht in Fällen des Abs 2 Nr 1 eine Strafschärfung vor. Die bisherige Rspr ist zum Teil noch verwertbar. Obwohl mit der Entkriminalisierung der bloßen Förderung der Prostitution die Erwartung nach effektiverer Bekämpfung des Menschenhandels verbunden wurde (Rautenberg NJW 02, 650, 652), und bei §§ 180b, 181 keine Änderung vorgenommen worden ist, sind doch die Wertungen von Art 1 §§ 1–3 ProstG auch bei der Auslegung von § 180b I S 1 zu berücksichtigen (Heger StV 03, 350, 354; Tröndle/Fischer 6). – Rechtsvergleichend zur „Schlepperei" Schmoller, in: Wolf (Hrsg), Kriminalität im Grenzgebiet, Bd 2, 1998, S 33. Zu internationalen und europäischen Vorgaben hinsichtlich der Bekämpfung des Menschenhandels Renzikowski MK 14–22.

2. Abs 1 richtet sich vor allem gegen Agenturen, die Prostitutionsbetriebe mit 2 Nachwuchs versorgen (so schon BT-Dr VI/1552 S 27) oder sich durch ihre Vermittlung am internationalen Menschenhandel beteiligen. Nach der Neufassung (vgl 1) kommt jedoch auch nichtgewerbsmäßiges Handeln in Frage.

a) Einwirken ist intensive (BGHSt 45, 158; NJW 85, 924 und 90, 196) Ein- 3 flussnahme auf den Willen des Opfers, gleichgültig durch welches Mittel (2 zu § 26; Schroeder JZ 95, 231, 235) und unabhängig vom Eintritt eines Erfolges (NJW 90, 196; NStZ 00, 86). Da Art 1 § 1 S 2 ProstG das Anwerben von Personen zur Ausübung der Prostitution zulässt, genügt ein legales Einwirken durch Überredung oder zutreffende Versprechungen nicht mehr; ein Einwirken verlangt deshalb eine vom ProstG nicht gedeckte Vorgehensweise, zB Ausübung von Zwang oder wahrheitswidrige Versprechungen (Heger StV 03, 350; Renzikowski MK 25; Tröndle/Fischer 6); eine suggestive Steuerung (vgl BGHSt 45, 158) kann nur noch in Ausnahmefällen ausreichen, zB wenn zugleich mit dem Unterlassen rechtlich nicht gebotener Handlungen gedroht wird (Tröndle/Fischer aaO).

b) Seines Vermögensvorteils wegen (besonderes persönliches Merkmal iS 4 des § 28 I, dort 2–6) bezeichnet den Beweggrund. Er ist die den Täter motivierende, dh ausschlaggebende Zielvorstellung (20 zu § 15); ob der Vorteil erreicht wird und ob weitere Motive konkurrieren, ist unerheblich. **Vermögensvorteil** ist jede wirtschaftliche Verbesserung der Vermögenslage (59 zu § 263), also auch jeglicher Geschäftsgewinn aus dem Betrieb eines Bordells (Heger StV 03, 350, 354).

c) „Um zu" bedeutet Absicht im Sinne zielgerichteten Wollens (20 zu § 15; 5 Gössel, Zipf GS, S 217, 233).

aa) In der **1. Alternative** muss sie darauf gerichtet sein, das Opfer zur Aufnahme oder Fortsetzung der Prostitution (1a zu § 180a) zu bestimmen (2 zu § 26). Dieses muss daher unentschlossen sein; einvernehmliche Änderung von Art, Ort oder Umfang der Prostitutionsausübung genügt daher idR nicht (zum bisherigen Recht NJW 82, 454), wohl aber Einwirkung (vgl 3) auf das Opfer, die Prostitution unter veränderten, seine Lage verschlechternden Bedingungen fortzusetzen (BGHSt 42, 179 mit zust Bespr Bottke JR 97, 250, aber abl Bespr Schroeder JZ 97, 155; krit Wolters NStZ 97, 339 und Schroeder, BGH-FG, S 485, 493), zB nach internationaler Vermittlung in einem fremden Land weiterzumachen (dazu BT-Dr 12/2046 S 7) oder von einer nur gelegentlichen und unabhängigen zu einer organisierten und abhängigen Tätigkeit überzugehen (Bay NJW 85, 277 mit Anm Bottke JR 85, 381; s auch BT-Dr 12/2589 S 8 und Schroeder Sexuologie 95, 189, 193, der die Fortsetzungsalternative aus beweistechnischen Gründen für erforderlich hält [schwer widerlegbare Behauptung einer Prostitutionsausübung vor der Anwerbung]). Einwirken zur Fortsetzung setzt nicht voraus, dass das Opfer den aktuellen Willen zur Beendigung der Prostitutionsausübung hat; es reicht, dass der Täter von dieser Möglichkeit ausgeht (BGHSt 45, 158; NStZ 00, 368 [zu § 180a IV aF]; krit Tröndle/Fischer 17).

§ 180b

6 Dabei muss der Täter in **Kenntnis** (zur Funktion dieses Merkmals Schroeder, Lenckner-FS, S 333, 344) **einer** (tatsächlich bestehenden, insoweit zum objektiven Tatbestand gehörenden) **Zwangslage** handeln (vgl Gössel, Zipf GS, S 217, 232: Wissentlichkeit). **Zwangslage** ist eine ernste persönliche oder wirtschaftliche, nicht notwendig existenzgefährdende, Bedrängnis, gleichgültig ob sie für das Opfer vermeidbar war (BGHSt 42, 399 zu § 182 I Nr 1; BT-Dr 12/2589 S 8; s auch 8 zu § 302 a). **Kenntnis** der Zwangslage setzt voraus, dass der Täter die Umstände kennt, aus denen sich die Lage des Opfers ergibt, und dass er sie als Bedrängnis begreift; ihre rechtliche Bewertung gerade als Zwangslage braucht er nicht nachzuvollziehen (ebenso Sch/Sch-Lenckner/Perron 8; 14 zu § 15).

7 bb) In der 2. **Alternative** muss die Absicht darauf gerichtet sein, das Opfer zu sexuellen Handlungen zu bringen, wie sie auch in § 180 beschrieben sind (dort 2). Praktische Bedeutung hat diese Alternative nur, wenn die Handlungen, was zB beim Heiratstourismus (Schroeder aaO [vgl 3]) und bei der Anwerbung von Haremsdamen in Frage kommt, nicht schon Prostitutionsausübung sind, weil dann die schwerere Strafdrohung des Abs 2 Nr 1 eingreift (Wolters NStZ 97, 340). Da die Aufnahme oder Ausübung der Prostitution von § 180 b I S 2 nicht vorausgesetzt wird, spielt Art 1 ProstG für die Auslegung keine Rolle (Heger StV 03, 350, 354).

8 Die auch hier erforderliche **Kenntnis** (vgl 6; zur Funktion dieser Kenntnis Schroeder aaO [vgl 6] S 345) muss sich auf die (objektiv bestehende oder zu erwartende) Hilflosigkeit des Opfers beziehen, die mit seinem Aufenthalt in einem fremden Land verbunden ist. **Hilflosigkeit** liegt vor, wenn das Opfer in der konkreten Lage nach seinen persönlichen Fähigkeiten nicht imstande ist, sich dem Ansinnen der ihm unerwünschten sexuellen Betätigung aus eigener Kraft zu entziehen. Sie muss spezifisch (BT-Dr 7/514 S 10 und 12/2589 S 8) darauf beruhen, dass sich das Opfer in einem für das **fremden Land** (uU auch als Ausländer in der Bundesrepublik, BT-Dr VI/3521 S 49) aufhält oder aufhalten soll und gerade deswegen besonderen Schwierigkeiten (zB Sprachunkenntnis, Unkenntnis der Lebensverhältnisse; BGHSt 45, 158; NStZ 99, 349, beide zu Abs 2 Nr 1; Schroeder aaO [vgl 3] S 233) ausgesetzt wird; daher muss der Täter entweder in einem für das Opfer fremden Land handeln oder die Absicht haben, es dorthin zu vermitteln. Ob die Hilflosigkeit zurzeit des Einwirkens schon besteht oder erst durch die Verbringung in das fremde Land entstehen wird, bleibt sich gleich. Kenntnis der Hilflosigkeit schließt daher auch deren Voraussicht ein (BT-Dr 12/2589 S 8; Schroeder aaO S 234; Renzikowski MK 49).

9 3. **Abs 2** soll vor allem verhindern, dass noch nicht 21jährige zur Prostitution gebracht oder dort festgehalten werden (Nr 2). In diesen Schutz werden auch Erwachsene einbezogen, wenn es sich um Prostitution in einem für das Opfer fremden Land handelt (Nr 1). Im Unterschied zu Abs 1 ist weder Vorteilsabsicht (vgl 4) noch in den Fällen der Nr 2 eine Zwangslage (vgl 6) erforderlich.

10 a) **Einwirken, um zur Aufnahme oder Fortsetzung der Prostitution zu bestimmen** vgl 3, 5. – **Dazu bringen** heißt, das Opfer – sei es auch auf Grund seiner Initiative – so in den Einwirkungsbereich des Prostitutionsmilieus bringen, dass es sich trotz vorausgegangener Unentschlossenheit (beachte dazu 5) der Prostitutionsausübung zuwendet. Das kann zB durch Vermitteln in einen Zuhälter oder Mitnehmen in ein Animierlokal, aber auch durch jede andere tatsächliche Erleichterung der Prostitutionsaufnahme oder -fortsetzung geschehen (NJW 82, 454); einer unmittelbaren Einwirkung auf den Willen bedarf es nicht. Kommt es nicht zur Prostitutionsausübung, so bleibt Versuch (Abs 2) übrig.

11 b) In **Nr 1** muss die unter 8 beschriebene **Kenntnis** des Täters hinzukommen.

12 c) Da **Nr 2** keine Unerfahrenheit oder Hilflosigkeit des Opfers voraussetzt (so schon § 180 a III aF; Horstkotte JZ 74, 84, 88), kann die Vorschrift auch Fälle erfassen, in denen die angedrohte Mindeststrafe unverhältnismäßig ist (zB Einwirkungen unter Freundinnen in demselben Dirnenwohnheim).

4. Der **Versuch** ist nur in den Fällen des Abs 2 strafbar. Diese Beschränkung ist problematisch (zu ihrer Begr BT-Dr 12/2589 S 9); sie stellt den Täter, der irrig eine Zwangslage oder Hilflosigkeit des Opfers annimmt (untauglicher Versuch), ohne zureichenden Grund straflos. Krit zur weiten Vorverlagerung der Versuchsstrafbarkeit, die bei Abs 2 Alt 1 schon mit dem Versuch des Einwirkens beginnt (Kelker KritV 93, 309; Tröndle/Fischer 22). 13

5. Zu den **Konkurrenzen** vgl zunächst 3 vor § 174; 15 zu § 180. Danach geht Abs 2 Nr 1 dem Abs 1, 2. Alternative vor (zw). Auch § 181 dürfte Abs 1 und Abs 2 Nr 1 vorgehen (BGHSt 42, 179 mit zust Anm Wolters JR 97, 340; zw), während mit Abs 2 Nr 2 **Tateinheit** möglich ist (BGH aaO für § 181 Nr 3; Horn/Wolters SK 19). Diese kommt ua ferner in Frage: zwischen Abs 1, 1. Alternative und Abs 2 Nr 2; zwischen Abs 1 und § 181 a I Nr 2, II (zum früheren Recht bei Holtz MDR 85, 284); und zwischen Abs 2 Nr 2 und § 181 a I Nr 2. 14

6. Weltrechtsgrundsatz § 6 Nr 4; 5 vor § 174. **Führungsaufsicht** § 181 b. **Erweiterter Verfall** § 181 c. 15

§ 181 Schwerer Menschenhandel

(1) **Wer eine andere Person**

1. **mit Gewalt, durch Drohung mit einem empfindlichen Übel oder durch List zur Aufnahme oder Fortsetzung der Prostitution bestimmt,**
2. **durch List anwirbt oder gegen ihren Willen mit Gewalt, durch Drohung mit einem empfindlichen Übel oder durch List entführt, um sie in Kenntnis der Hilflosigkeit, die mit ihrem Aufenthalt in einem fremden Land verbunden ist, zu sexuellen Handlungen zu bringen, die sie an oder vor einer dritten Person vornehmen oder von einer dritten Person an sich vornehmen lassen soll, oder**
3. **gewerbsmäßig anwirbt, um sie in Kenntnis der Hilflosigkeit, die mit ihrem Aufenthalt in einem fremden Land verbunden ist, zur Aufnahme oder Fortsetzung der Prostitution zu bestimmen,**

wird mit Freiheitsstrafe von einem Jahr bis zu zehn Jahren bestraft.

(2) **In minder schweren Fällen ist die Strafe Freiheitsstrafe von sechs Monaten bis zu fünf Jahren.**

1. Die Vorschrift schützt gegen die schwersten Formen der **Rekrutierung von Menschen** beiderlei Geschlechts für die Befriedigung sexueller Bedürfnisse Dritter (s auch 2, 4, 5 vor § 174). Sie ist im Hinblick auf den Verbrechenscharakter der Tat eng auszulegen (BGHSt 27, 27; Dencker NStZ 89, 249). 1

2. Abs 1 ist gegenüber § 180 b kein bloßer Qualifikationstatbestand (Otto GK 2 66/100; Tröndle/Fischer 3; ähnlich Schroeder JZ 95, 231, 236: „faktische Qualifikation"), sondern ihm nur in der Struktur und der Beschreibung der Handlungszwecke nachgebildet. 2

a) Zu den **in § 180 b nicht vorkommenden** Merkmalen: **Gewalt** (Nr 1, 2) 5–11 zu § 240. – **Drohung mit einem empfindlichen Übel** (Nr 1, 2) 12–15 zu § 240; speziell zu § 181 NStZ 00, 86, 87. – **List** (Nr 1, 2) 2 zu § 234 (krit zu diesem Tatbestandsmerkmal Schroeder JZ 99, 827, 832). – **Anwerben** (Nr 2, 3) setzt das vom Täter durch psychische Einwirkung erreichte (dazu NStZ 92, 434) Einvernehmen mit der angeworbenen Person voraus, wonach diese sich verpflichtet fühlt, bestimmte Tätigkeiten nach Anweisung des Anwerbers auszuführen 2 a

§ 181a BT. 13. Abschnitt. Sexuelle Selbstbestimmung

(BGHSt 42, 179; NStZ 94, 78 und 293); ob die erforderliche Absicht des Täters („um zu") später verwirklicht wird, ist unerheblich (bei Holtz MDR 85, 284). Scheitert die Anwerbung, so kommt Versuch in Frage (§ 23 I). – **Entführen** (Nr. 2) 3 zu § 239a, **gegen den Willen** vgl 19 zu § 218; hier kann es auch einen Mann treffen. – **Gewerbsmäßig** (Nr 3) 20 vor § 52.

3 b) Zu den **übrigen Merkmalen** 5, 7, 8 zu § 180b.

4 c) aa) In den Fällen der **Nr 1** (beachte Schroeder JR 77, 357) muss die Tathandlung für den Erfolg (Aufnahme oder Fortsetzung der Prostitution) mindestens mitursächlich sein (bei Holtz MDR 85, 749). Nach der Neufassung steht jetzt außer Zweifel, dass es wie im bisherigen Recht genügt, wenn das zur Aufgabe der Prostitution entschlossene Opfer zu deren Fortsetzung (BGHSt 33, 353 mit Anm Bottke JR 87, 33 und Bürger StV 87, 64; krit Sieber/Bögel, Logistik der Organisierten Kriminalität, 1993, S 319) oder das der Prostitution nachgehende Opfer zu einer qualitativ andersartigen, von ihm nicht gewollten Form der Prostitutionsausübung (BGHSt 42, 179 mit krit Anm Schroeder JZ 97, 155; StV 96, 481; bei Pfister NStZ-RR 01, 353, 362 und 363; Dencker NStZ 89, 249, 251; aM M-Schroeder/Maiwald BT 1 21/31) bestimmt wird; letzteres ist nicht anzunehmen, wenn die Prostituierte zur Ablieferung eines Teils ihrer Einnahmen gezwungen wird (StV 95, 23 und 96, 481). Das bloß listige Schaffen eines Anreizes gegenüber einer erwachsenen Person, die sich im Übrigen frei zur Prostitution entschließt (BGHSt 27, 27), reicht auch bei dem Schutzzweck auch der Neufassung nicht aus (Horn/Wolters SK 5). Die Tat ist mit der nötigungsbedingten Prostitutionshandlung vollendet (NStZ 00, 86, 87); sie ist kein Dauerdelikt (bei Miebach NStZ 96, 125; bei Pfister NStZ-RR 01, 353, 362; 11 vor § 52).

5 bb) Da **Nr 2** abweichend vom früheren Recht (§ 181 Nr 2 aF) Anwerben durch List voraussetzt, wird der Fall, dass das Opfer den Zweck der Anwerbung kennt und auch sonst keiner Täuschung erliegt (NStZ 83, 262; krit Sieber/Bögel aaO [vgl 4] S 320 und Sieber JZ 95, 758, 767), hier zweifelsfrei nicht erfasst.

6 cc) In den Fällen der **Nr 3** ist das Merkmal des Anwerbens (vgl 2a) im Hinblick auf die Höhe der Strafdrohung einschränkend auszulegen; Fälle, in denen die durch einen anderen bereits erfolgte Anwerbung ohne erneute intensive Einwirkung (vgl 3) nur ausgenutzt wird, scheiden aus (NStZ 92, 434). Da hier Gewerbsmäßigkeit, nicht aber List vorausgesetzt wird, wirkt das täuschungsfreie Wissen des Opfers um den Zweck der Anwerbung (vgl 5) nicht tatbestandseinschränkend (BGHSt 42, 179 mit zust Anm Wolters NStZ 97, 340).

7 3. **Abs 2**: Zu den **minder schweren Fällen** 7–10a zu § 46; 4 zu § 12.

8 4. Zum **Konkurrenzverhältnis** zwischen den §§ 180–181a vgl 3 vor § 174; 15 zu § 180; 14 zu § 180b. Tateinheit besteht mit Handlungen, die mit der Aufnahme der Prostitution verbunden sind (zB §§ 180a, 181a) und zugleich der Beendigung (2 vor § 22) des schweren Menschenhandels dienen (NStZ 95, 588). Die §§ 239, 240 werden verdrängt. Mit § 234 ist Tateinheit möglich.

9 5. Weltrechtsgrundsatz § 6 Nr 4; 5 vor § 174. Führungsaufsicht § 181b. Erweiterter Verfall § 181c. Anzeigepflicht (Nr 2, 3) § 138 I Nr 5.

§ 181a Zuhälterei

(1) **Mit Freiheitsstrafe von sechs Monaten bis zu fünf Jahren wird bestraft, wer**

1. **eine andere Person, die der Prostitution nachgeht, ausbeutet oder**
2. **seines Vermögensvorteils wegen eine andere Person bei der Ausübung der Prostitution überwacht, Ort, Zeit, Ausmaß oder andere Umstände der Prostitutionsausübung bestimmt oder Maßnahmen trifft, die sie davon abhalten sollen, die Prostitution aufzugeben,**

Zuhälterei **§ 181a**

und im Hinblick darauf Beziehungen zu ihr unterhält, die über den Einzelfall hinausgehen.

(2) Mit Freiheitsstrafe bis zu drei Jahren oder mit Geldstrafe wird bestraft, wer die persönliche oder wirtschaftliche Unabhängigkeit einer anderen Person dadurch beeinträchtigt, dass er gewerbsmäßig die Prostitutionsausübung der anderen Person durch Vermittlung sexuellen Verkehrs fördert und im Hinblick darauf Beziehungen zu ihr unterhält, die über den Einzelfall hinausgehen.

(3) Nach den Absätzen 1 und 2 wird auch bestraft, wer die in Absatz 1 Nr. 1 und 2 genannten Handlungen oder die in Absatz 2 bezeichnete Förderung gegenüber seinem Ehegatten vornimmt.

Technische Änderungen durch das 6. StrRG (6 vor § 38, 10 vor § 174); weitere Änderung des Abs 2 durch das ProstG (14 vor § 1); sprachliche Änderung in Abs 2 durch das SexÄG (15 vor § 1).

1. Vgl zunächst 1–5 vor § 174. Obwohl durch Art 2 ProstG nur Abs 2 verschärft wurde, sind die Wertungen von Art 1 ProstG auch bei der Auslegung von Abs 1 Nr 2 zu berücksichtigen (BGHSt 48, 314; Heger StV 03, 350, 352). – **Täter** und Prostituierte können Männer oder Frauen sein; jedoch ist bisher der weibliche Zuhälter wenig und der von einem Zuhälter abhängige männliche Prostituierte nur selten in Erscheinung getreten (BT-Dr VI/3521 S 49). 1

2. Alle Formen der Zuhälterei setzen voraus, dass der Täter zu der (dem) Prostituierten **im Hinblick auf die Tathandlung Beziehungen unterhält, die über den Einzelfall hinausgehen.** Das ist nicht gleichbedeutend mit dem spezifisch „zuhälterischen" Verhältnis, das die Rspr als Merkmal des § 181a aF entwickelt hatte (zB BGHSt 15, 5; 21, 272). Es brauchen nicht unbedingt unmittelbare, in charakteristischer Weise persönlich geartete und mit der Deckung des Lebensunterhalts oder dem Schutz der Prostituierten zusammenhängende Beziehungen zu sein. Erforderlich ist vielmehr ein auf gewisse Dauer angelegtes, speziell an die Prostitutionsausübung anknüpfendes Einvernehmen, das der Täter – sei es auch durch Nötigung (Hamburg NJW 75, 127) – herstellt und aufrecht erhält, um die Prostituierte von sich abhängig zu machen (vgl etwa StV 84, 334; KG MDR 77, 862 und NJW 77, 2223, 2226) und sich dadurch die Möglichkeit der Bereicherung durch die Tathandlungen zu eröffnen und zu erhalten (BT-Dr VI/3521 S 50). Erfasst wird daher nicht nur die persönliche, sondern auch die von anderen vermittelte Beziehung, durch die etwa der Boss einer Zuhälterbande eine ihm persönlich nicht bekannte Dirne ausbeutet oder dirigiert. Dagegen genügt es nicht, wenn es dem Täter nur auf die persönlichen oder geschlechtlichen Beziehungen ankommt (BGHSt 21, 272; GA 62, 307); auch Friseure, Kaufleute, Vermieter (beachte dazu § 180a II Nr 2), Ärzte usw, die sich für ihre Leistungen im Hinblick auf das gute Einkommen der Prostituierten überhöhte Preise zahlen lassen, gehören nicht hierher. Dagegen unterhält auch ein Bordellbetreiber als **Arbeitgeber** von Prostituierten zu diesen über den Einzelfall hinausgehende Beziehungen (Heger StV 03, 350, 354); soweit das Arbeitsverhältnis nach Art 1 ProstG zulässig ist, fehlt jedoch der erforderliche Bezug zu den Tathandlungen von Abs 1 Nr 1 und 2 (Renzikowski MK 49). 2

3. Abs 1 regelt die **schwereren Begehungsformen:** 3

a) Nr 1: Ausbeuterische Zuhälterei. Das Opfer muss der **Prostitution nachgehen** (1 zu § 180a); dass es früher die Prostitution ausgeübt hat und noch über dern Erträge verfügt, genügt nicht (Hamm NJW 72, 882). – **Ausbeuten** ist nicht schon das bloß eigennützige Ausnutzen der Prostitutionsausübung als Erwerbsquelle (hM). Vorauszusetzen ist vielmehr ein – auch in Fällen freiwilliger Unterwerfung mögliches (NJW 93, 3209 mit abl Anm Oetjen StV 94, 482) – Ab-

§ 181a BT. 13. Abschnitt. Sexuelle Selbstbestimmung

hängigkeitsverhältnis (NStZ 96, 188), auf dessen Grundlage die Prostitutionsausübung als Erwerbsquelle in gewinnsüchtiger Absicht ausgenutzt wird und die Prostituierte eine spürbare Verschlechterung ihrer wirtschaftlichen Lage erleidet (NStZ 83, 220; 89, 67 und 99, 349; NJW 93, 3209; Köln StV 94, 244, alle mwN; zu eng M-Schroeder/Maiwald BT 1 21/16; zu stark einschr Leo, Die strafrechtliche Kontrolle der Prostitution, 1995, S 172); dies ist bei 50-prozentiger Abgabe der Einnahmen anzunehmen (NStZ-RR 02, 232; anders bei Pfister NStZ-RR 02, 353, 358); daran fehlt es, wenn der Täter aus seinem hälftigen Anteil die Unkosten trägt (Düsseldorf StV 03, 165). Ausnutzung gerade der Notlage, des Leichtsinns oder der Unerfahrenheit ist nicht erforderlich. — Die Art der vermögenswerten Ausbeute (Geld, Sachwerte, Benutzung von Wohnung oder Kraftfahrzeug, gemeinsame Reisen usw) ist unerheblich, ebenso auch, ob sie für den Lebensunterhalt bestimmt ist oder einem anderen, etwa einer Zuhälterorganisation, zugeführt wird (BT-Dr VI/1552 S 30). Entnahme ohne oder gegen den Willen der Prostituierten kann genügen (BGHSt 19, 350).

4   **b) Nr 2: Dirigierende Zuhälterei.** Sie setzt **bestimmende Einflussnahme** auf die Prostitutionsausübung voraus (NStZ 83, 220); bloße Unterstützung reicht nicht (bei Pfister NStZ-RR 02, 353, 358 Nr 40, 41; StV 03, 617). Das Verhalten des Täters muss geeignet sein, Prostituierte in Abhängigkeit zu halten, sie zu nachhaltigerer Prostitutionsausübung anzuhalten oder ihre Entscheidungsfreiheit in sonstiger Weise nachhaltig zu beeinflussen (BGHSt 48, 314; NStZ-RR 02, 232; Düsseldorf StV 03, 165). Während die bisherige Rspr eine Strafbarkeit gem § 181a I Nr 2 auch bei freiwilliger Unterwerfung der Prostituierten nicht ausgeschlossen hat (NJW 87, 3209) und daran zunächst auch unter Geltung des ProstG festzuhalten schien (NStZ-RR 02, 232), soll nunmehr die Eingliederung einer der freiwillig darin tätigen Prostituierten in die Organisationsstruktur kein Bestimmen iS des § 181a I Nr 2 mehr sein (BGHSt 48, 314). Dieser Tatbestandsausschluss bei Vorliegen einer **Einwilligung** der Prostituierten, der von Teilen der Lit bereits vor dem ProstG vertreten wurde (Horn/Wolters SK 1a) und gelegentlich auch in der Rspr Zustimmung gefunden hatte (NStZ 94, 32; für Alt 3 auch NStZ-RR 02, 232) und nunmehr ausdrücklich auf § 181a I Nr 2 Alt 2 ausgedehnt worden ist (BGHSt 48, 314), lässt sich auch auf Alt 1 – das Überwachen der Prostituierten – übertragen, so dass die Einwilligung der Prostituierten den Tatbestand des § 181a I Nr 2 ausschließt (Heger StV 03, 350, 354; Renzikowski MK 45). Ein Bestimmen iS des § 181a I Nr 2 kann deshalb bei Einwilligung der Prostituierten nicht schon in der Vorgabe von Arbeitszeiten, Arbeitsorten und einer festen Organisationsstruktur gesehen werden; es liegt vielmehr erst vor, wenn sich die Prostituierte den Weisungen auf Grund wirtschaftlicher oder persönlicher Abhängigkeit, zB auf Grund einer Wegnahme der Personalpapiere, nicht entziehen kann, wenn sie nicht jederzeit kündigen kann und bestimmte sexuelle Handlungen oder Kunden nicht ablehnen darf (BGHSt 48, 314). — Diese bestimmende Einflussnahme kann durch drei verschiedene Handlungsalternativen ausgeübt werden:

4a   aa) Ein **Überwachen einer Person bei der Prostitutionsausübung (Alt 1)** setzt voraus, dass der Täter kontrolliert, wie und wieviel die Prostituierte verdient (NStZ-RR 02, 232). Weil der Begriff des Überwachens einen über die bloße Kenntnisnahme und Billigung der Einnahmen hinausgehenden Überwachungszweck voraussetzt, genügt nicht bereits die bloße Kenntnisnahme zB bei Inempfangnahme der Einnahmen und deren Vermerk zum Zwecke späterer Abrechnung mit den Prostituierten (Düsseldorf StV 03, 165, 166). Die Einkommenskontrolle muss vielmehr als Teil von auf Dauer angelegten Überwachungsmaßnahmen kraft tatsächlicher Überlegenheit des Täters den Einsatz der Prostituierten regeln und deren Entscheidungsfreiheit nachteilig beeinflussen. Als Überwachungsmaßnahme müssen die Einnahmen ständig kontrolliert werden; ein auch regelmäßiges „Vorbeischauen" des Täters reicht nicht aus (NStZ 02, 232). Eine Kontrolle der Tätigkeit der Prostituierten im Rahmen eines nach Art 1 § 1 S 2 ProstG zulässigen Vertragsverhältnisses ist nicht tatbestandsmäßig (Heger StV 03, 350, 353; Renzikowski MK 41). Das Gleiche gilt für ein bloß schützendes Bewachen oder Fernhalten anderer Prostituierter aus dem „Revier" (BT-Dr VI/1552 S 30) und für Überwachungsmaßnahmen in allgemein zugänglichen Räumen eines Bordells (zB Gaststättenbereich; Heger aaO).

bb) Ein **Bestimmen von Ort, Zeit, Ausmaß oder anderer Umstände der Prostitutionsausübung (Alt 2)** setzt voraus, dass der Täter kraft seiner tatsächlichen Überlegenheit bestimmte Umstände der Prostitutionstätigkeit des Opfers einseitig festsetzt (Tröndle/Fischer 14). Die Erzwingung der Herausgabe der Einnahmen mittels Gewalt oder Drohungen genügt nicht (NStZ-RR 02, 232). Soweit die bisherige Rspr auch in der Vorgabe von Umständen der Prostitutionsausübung, die für die Freiheit der sexuellen Selbstbestimmung der Prostituierten unbeachtlich sind (wie zB einer einheitlichen Bekleidung oder der Einteilung von Schichten), ein tatbestandsmäßiges Verhalten iS des § 181a I Nr 2 Alt 2 gesehen hat, ist dies durch die in Art 1 § 3 ProstG zum Ausdruck gebrachte Anerkennung eines eingeschränkten Weisungsrechts des Bordellbetreibers gegenüber den angestellten Prostituierten überholt. So darf dieser als Arbeitgeber der Prostituierten etwa sein Bordell als Arbeitsort vorgeben und sie einer Schicht zuweisen, solange die Prostituierte jederzeit das Vertragsverhältnis lösen kann. Ein weiterhin unzulässiges Bestimmen von Ausmaß und anderen Umständen liegt hingegen vor, wenn der Bordellbetreiber Art, konkrete Modalitäten (zB ungeschützten Geschlechtsverkehr) oder Anzahl der sexuellen Kontakte vorschreibt (vgl Heger StV 03, 350, 353; Renzikowski MK 44). 4 b

cc) **Maßnahmen, die eine Person von der Aufgabe der Prostitution abhalten sollen (Alt 3),** umfassen alle Vorkehrungen äußerer (zB Entzug von Geldmitteln, Unterbindung von Kontakten zur Umwelt) oder psychischer Art (zB Drohung, Irreführung), die das Opfer in seiner Entscheidungsfreiheit zu beeinträchtigen geeignet und darauf gerichtet sind, ihm den Weg aus der Prostitution zu verbauen; das Opfer muss sich vom Täter durch Zwang oder Drohung gerade in der Prostitution festgehalten fühlen (NStZ-RR 02, 232; NStZ 94, 32); daran fehlt es, wenn das Opfer sich zwar vom Täter, nicht aber von der Prostitution lösen wollte (NStZ-RR 02, 232). Nicht ausreichend ist auch ein bloßes Zureden, Bitten oder Raten, die Prostitution nicht aufzugeben (Bay NJW 77, 1209); schon bisher genügte auch ein Hinweis auf den mit einer Aufgabe der Prostitution verbundenen Verdienstausfall nicht (NJW 93, 3209), was sich angesichts von Art 1 §§ 1, 2 ProstG nunmehr von selbst versteht. Nach dem Wortlaut von Alt 3 ist weiterhin nicht erforderlich, dass das Opfer aus der Prostitution' auszusteigen beabsichtigt (offen gelassen von NStZ-RR 02, 232 mwN), so dass auch zum Festhalten in der Prostitution unnötige oder untaugliche Maßnahmen erfasst sein können (Heger StV 03, 350, 353). Die Maßnahmen müssen allerdings auf einen längerfristigen Verbleib in der Prostitution gerichtet sein; eine nur kurzfristige Verschiebung des Ausstiegs bis zB nach Schichtende genügt nicht (Heger aaO). 4 c

dd) **Seines Vermögensvorteils wegen** 4 zu § 180b; dafür genügt das Streben nach einem Geschäftsgewinn aus dem Betrieb eines Bordells, der wegen Art 1 ProstG als solcher kein Unrecht begründen kann (Heger StV 03, 350, 353). – Zur systematischen Einordnung dieses eigennützigen Moments Beisheim, Eigennutz als Deliktsmerkmal, 1994, S 131. Zu den in Frage kommenden vermögenswerten Vorteilen vgl 3. 5

4. Abs 2 regelt die **gewerbsmäßig fördernde Zuhälterei;** die in § 181a II aF geregelte **kupplerische Zuhälterei** ist, um die reine Vermittlung freiwilligen sexuellen Verkehrs von der Strafdrohung auszunehmen, von Art 2 ProstG dadurch 6

§ 181a

erheblich eingeschränkt worden, dass die Tathandlung objektiv zu einer konkreten **Beeinträchtigung der persönlichen oder wirtschaftlichen Unabhängigkeit geführt haben muss;** die durch das ProstG (14 vor § 1) eingefügte Beeinträchtigung der persönlichen oder wirtschaftlichen Bewegungsfreiheit wurde durch das SexAG (15 vor § 1) in Anpassung an § 180a I (dort 4) in eine Beeinträchtigung der Unabhängigkeit umformuliert (BT-Dr 15/350 S 19); die bloße Beeinträchtigungsabsicht genügt ebenso wenig wie die bloße Gefahr einer Beeinträchtigung. Alle bisherigen Voraussetzungen einer kupplerischen Zuhälterei müssen zusätzlich weiterhin vorliegen; so muss das gewerbsmäßige (20 vor § 52) Fördern der tatsächlich erfolgten Prostitution (NStZ 99, 615) durch Vermittlung (5 zu § 180; einschr Sch/Sch-Lenckner/Perron 14) des Täters erfolgen. Diese Vermittlung sexuellen Verkehrs muss kausal (vgl Schroeder JR 02, 408, 409) für die Beeinträchtigung der persönlichen oder wirtschaftlichen Unabhängigkeit der Prostituierten sein; die persönliche oder wirtschaftliche Einschränkung muss so schwer wiegen, dass das Opfer dadurch in der Prostitution verhaftet bleibt (Heger StV 03, 350, 352; vgl auch Tröndle/Fischer 19). – Der Täterkreis ist gegenüber § 181a II aF erheblich verengt; selbst die Unternehmer von Call-Girl-Ringen (zu § 181a II aF namentlich genannt in BT-Dr VI/3521 S 50) scheiden als Täter aus, wenn ihre Vermittlung nicht zu einer Beeinträchtigung der persönlichen oder wirtschaftlichen Bewegungsfreiheit führt oder die Vereinbarung mit den Prostituierten gem Art 1 ProstG zulässig ist. Häufig wird die Tat aber bereits nach § 181a I Nr 1 oder 2 strafbar sein, so dass daneben § 181a II weitgehend leer laufen dürfte (Tröndle/Fischer 20; Schroeder aaO).

7   **5. Abs 3** bedroht zuhälterische, in Bezug auf den **Ehegatten** vorgenommene Handlungen im Sinne der Absätze 1, 2 ohne Rücksicht darauf mit Strafe, ob die sonst vorausgesetzten, über den Einzelfall hinausgehenden Beziehungen (vgl 2) vorliegen.

8   **6.** Die Tat erfordert **Vorsatz**; bedingter genügt insoweit, als nicht schon einzelne Merkmale des objektiven Tatbestandes (zB ausbeuten, überwachen, Beziehungen unterhalten) eine weiterreichende subjektive Tendenz voraussetzen.

9   **7. a)** Mehrere Tathandlungen innerhalb derselben Beziehung (vgl 2) bilden eine **tatbestandliche Handlungseinheit** (BGHSt 39, 390; s auch bei Pfister NStZ-RR 00, 359 Nr 43 und 45; NStZ-RR 01, 170; 10 vor § 52); das Gleiche gilt bei teilweiser Identität der Ausführungshandlungen (4 zu § 52), wenn sich die Maßnahmen nach § 181a I Nr 2 gegen mehrere Personen gleichzeitig oder sukzessive richten (NJW 04, 81, 83). – Die weiterreichenden Tatbestände des Abs 1 gehen dem Abs 2 vor (bei Dallinger MDR 74, 723; KG NJW 77, 2223, 2225; aM Horn/Wolters SK 8). Abs 1 Nr 2 geht bei Handlungseinheit in dessen Nr 1 auf, weil beide Tatbestände denselben Schutzzweck verfolgen und die ausbeuterische Zuhälterei gegenüber der dirigierenden als die umfassendere, das Vorfeld lediglich nicht ganz so weit abdeckende Begehungsform desselben Delikts verstanden werden muss (Sch/Sch-Lenckner/Perron 26; aM StV 03, 617, 618: Idealkonkurrenz; ebenso M-Schroeder/Maiwald BT 1 21/21).

10   **b) Tateinheit** ua möglich zwischen Abs 1 Nr 1 und § 223 (bei Holtz MDR 83, 984), §§ 253, 255 (bei Holtz MDR 83, 793). Als minder schwere Tat kann § 181a Taten nach § 177 und nach § 181 I Nr 1 nicht zu einer Tat verbinden (BGHSt 39, 390, 392). Zur Konkurrenz mit den §§ 180–181 vgl 3 vor § 174; 15 zu § 180; 8 zu § 180a.

11   **8.** Führungsaufsicht § 181b. Erweiterter Verfall § 181c.

12   **9.** Zur **Kriminologie** der Zuhälterei ua Schroeder MschrKrim 78, 62; Bargon, Prostitution und Zuhälterei, 1982; Gleß, Die Reglementierung von Prostitution in Deutschland, 1999; Paulus, Frauenhandel und Zwangsprostitution, 2003; zu ihren Erscheinungsformen Dieckmann, Das Bild des Zuhälters in der Gegenwart, 1975.

Sexueller Mißbrauch von Jugendlichen §§ 181b–182

§ 181 b Führungsaufsicht

In den Fällen der §§ 174 bis 174 c, 176 bis 180, 180 b bis 181 a und 182 kann das Gericht Führungsaufsicht anordnen (§ 68 Abs. 1).

Fassung des 6. StrRG (13 vor § 1).

Vgl 1, 2 vor § 68, 1–8 zu § 68. 1

§ 181 c *Vermögensstrafe* und Erweiterter Verfall

In den Fällen der §§ 181 und 181 a Abs. 1 Nr. 2 sind die §§ *43a*, 73 d anzuwenden, wenn der Täter als Mitglied einer Bande handelt, die sich zur fortgesetzten Begehung solcher Taten verbunden hat. § 73 d ist auch dann anzuwenden, wenn der Täter gewerbsmäßig handelt.

Fassung des OrgKG (1, 2 vor § 73). Die Vermögensstrafe gem § 43 a ist durch Urteil des BVerfG v 20. 3. 2002 mit Gesetzeskraft für nichtig erklärt worden (BGBl I 1340).

1. Die **Verweisungsvorschrift** betrifft nur den schweren Menschenhandel 1 (§ 181) und die dirigierende Zuhälterei (§ 181 a I Nr 2).

2. Da mit § 150 I Strukturgleichheit besteht, gelten die Ausführungen dort unter 2 sinngemäß. 2

§ 182 Sexueller Mißbrauch von Jugendlichen

(1) Eine Person über achtzehn Jahre, die eine Person unter sechzehn Jahren dadurch mißbraucht, daß sie
1. unter Ausnutzung einer Zwangslage oder gegen Entgelt sexuelle Handlungen an ihr vornimmt oder an sich von ihr vornehmen läßt oder
2. diese unter Ausnutzung einer Zwangslage dazu bestimmt, sexuelle Handlungen an einem Dritten vorzunehmen oder von einem Dritten an sich vornehmen zu lassen,

wird mit Freiheitsstrafe bis zu fünf Jahren oder mit Geldstrafe bestraft.

(2) Eine Person über einundzwanzig Jahre, die eine Person unter sechzehn Jahren dadurch mißbraucht, daß sie
1. sexuelle Handlungen an ihr vornimmt oder an sich von ihr vornehmen läßt oder
2. diese dazu bestimmt, sexuelle Handlungen an einem Dritten vorzunehmen oder von einem Dritten an sich vornehmen zu lassen,

und dabei die fehlende Fähigkeit des Opfers zur sexuellen Selbstbestimmung ausnutzt, wird mit Freiheitsstrafe bis zu drei Jahren oder mit Geldstrafe bestraft.

(3) In den Fällen des Absatzes 2 wird die Tat nur auf Antrag verfolgt, es sei denn, daß die Strafverfolgungsbehörde wegen des besonderen öffentlichen Interesses an der Strafverfolgung ein Einschreiten von Amts wegen für geboten hält.

(4) In den Fällen der Absätze 1 und 2 kann das Gericht von Strafe nach diesen Vorschriften absehen, wenn bei Berücksichtigung des Verhaltens der Person, gegen die sich die Tat richtet, das Unrecht der Tat gering ist.

1. Die Vorschrift schützt die sexuelle Selbstbestimmung (BGHSt 42, 27, 51 und 1 399) und **ungestörte sexuelle Entwicklung** von Jugendlichen (nicht im techni-

§ 182 BT. 13. Abschnitt. Sexuelle Selbstbestimmung

schen Sinne des § 1 II JGG) unter 16 Jahren (vgl NJW 00, 3726; 1 vor § 174; Schroeder NJW 94, 1501, 1502; Kusch/Mössle NJW 94, 1504; Schetsche Mschr-Krim 94, 201; aM Frommel NK 4; Tröndle/Fischer 2; s auch Amelung GA 99, 182, 186 und 201: Verbot der Ausnutzung von Unfreiheit). Sie reiht sich damit in die Jugend- und Kinderschutzvorschriften der §§ 174, 176, 180 ein, die den gleichen Schutzzweck verfolgen (ebenso Laubenthal 486; vgl 1 zu §§ 174, 176 und 2 zu § 180). Dieser Schutzzweck ist zwar in den Gesetzesmaterialien, insbesondere im Bericht des BT-Rechtsausschusses, nicht deutlich genug herausgestellt (krit deshalb Kusch/Mössle aaO S 1505), doch lässt er sich der Begründung des Regierungsentwurfs entnehmen. Danach kann bei Jugendlichen zwischen 14 und 16 Jahren ein sexueller Missbrauch durch Erwachsene deshalb „zu nachteiligen Folgen für die sexuelle Entwicklung" führen, weil bei ihnen der sexuelle Reifeprozess in sozialer und psychischer Hinsicht noch nicht so abgeschlossen ist, dass von ihrer Fähigkeit zur sexuellen Selbstbestimmung ausgegangen werden kann (BT-Dr 12/4584 S 6). Dieser Einschätzung wird man zustimmen können (krit Schetsche aaO S 205, 212 und Harzer, ZustStR, S 31, 44), doch fragt es sich, ob diese Fähigkeit bei männlichen Jugendlichen wirklich schon mit 16 Jahren angenommen werden kann (krit zur Einebnung der Schutzaltersstufen Schroeder aaO S 1502). – Für ersatzlose Streichung der Vorschrift Stephan, Sexueller Missbrauch von Jugendlichen, 2002.

2   **2. a) Sämtliche Tathandlungen** nach Abs 1 und 2 müssen sich als sexueller **Missbrauch** von männlichen oder weiblichen Jugendlichen (BT-Dr 12/4584 S 6) unter 16 Jahren darstellen. Ob diesem Merkmal eigenständige Bedeutung im Verhältnis zu den übrigen Tatbestandsmerkmalen zukommt oder ob es diese nur unter einem inhaltsleeren Begriff verklammert, ist umstritten (für eigenständige Bedeutung Schroeder NJW 94, 1501, 1504; dagegen Kusch/Mössle NJW 94, 1504, 1507). Anders als in den Materialien des 4. StrRG (vgl 9 zu § 174 a) findet sich in den Materialien des 29. StÄG kein durchgehender Hinweis (vgl aber BT-Dr 12/4232 S 5) auf die mögliche Einschränkung des Tatbestandes durch die Missbrauchsklausel (krit deshalb Schroeder aaO S 1504). Da die Tathandlungen des § 182 aber die Ausnutzung des Opfers oder sexuelle Handlungen gegen Entgelt verlangen, kommt allenfalls in Betracht, mit diesem Merkmal exzeptionelle Fälle auszuscheiden (ebenso Tröndle/Fischer 17; vgl 4 und 9 zu § 174 a). Solche Fälle sind schwer vorstellbar (ebenso Sch/Sch-Lenckner/Perron 7); in Betracht kommen etwa motivierende Geschenke in einer echten Liebesbeziehung (BT-Dr 12/4232 S 5), soweit sie überhaupt ein Entgelt darstellen (weitere problematische Beispiele bei Schroeder aaO).

3   **b)** In sämtlichen Begehungsformen nach Abs 1 und 2 werden **sexuelle Handlungen** unter anderem Beschreibung mit § 176 I, II (Missbrauch von Kindern) übereinstimmt (dort 2). Im Hinblick auf das von § 182 geschützte Rechtsgut (vgl 1) wäre eine Einschränkung auf schwerer wiegende Handlungen wie etwa den Geschlechtsverkehr und geschlechtsverkehrsähnliche Handlungen zu erwägen gewesen (diese Einschränkung entspricht dem außer Kraft gesetzten § 149 StGB/DDR); doch hat der Gesetzgeber von solchen Einschränkungen abgesehen (BGHSt 42, 51, 53), weil sie ihm willkürlich und kaum bestimmbar erschienen (vgl BT-Dr 12/4232 S 5 und BT-Dr 12/4584 S 9). Versuche, sie im Wege teleologischer Auslegung zu erreichen, werden zwar von § 184 f Nr 1 ausdrücklich gefordert, doch würde die Einschränkung der sexuellen Handlungen in § 182 auf den Geschlechts-, Anal- und Oralverkehr (so Kusch/Mössle NJW 94, 1504, 1506; dagegen Laubenthal 501; Otto GK 2 66/68) nur dann überzeugen, wenn die sexuelle Entwicklung der geschützten Jugendlichen erst durch diese Handlungen erheblich iS des § 184 f Nr 1 gestört würde. Davon kann aber nicht ausgegangen werden.

§ 182

3. Die **Absätze 1 und 2** unterscheiden nach dem Alter des Täters und nach den Umständen des Missbrauchs der geschützten Personen (vgl 2). **4**

a) Abs 1 verlangt als Mindestalter für den Täter achtzehn Jahre. – **Nr 1: Zwangslage** 6 zu § 180b (s auch BT-Dr 12/4232 S 5; 12/4584 S 8); sie setzt Umstände voraus, denen die Gefahr anhaftet, sexuellen Übergriffen Vorschub zu leisten, denen sich der Jugendliche nicht ohne weiteres entziehen kann (BGHSt 42, 399; Laubenthal 505). Sie wird **ausgenutzt,** wenn sie nach den Umständen die Tathandlung ermöglicht oder erleichtert und der Täter die dadurch gebotene Gelegenheit wahrnimmt (7 zu § 179). Es sollen vor allem Fälle erfasst werden, in denen die Bedrängnis wohnungsloser oder drogenabhängiger Jugendlicher oder Heimentwichener ausgenutzt wird (BT-Dr 12/4232 S 5; BGHSt 42, 399, 401); nicht genügen bloße Überraschungssituationen, die sich für den Täter aus Neugier des Jugendlichen auf sexuelle Erfahrungen ergeben (BGH aaO). Geschieht dies aber durch Inaussichtstellen einer Schlafgelegenheit oder von Drogen, so ist die Alt 2 („gegen Entgelt") erfüllt (Kusch/Mössle aaO S 1506). Wird hingegen die Weitergewährung der zunächst uneigennützig gewährten Vorteile von sexuellem Entgegenkommen abhängig gemacht, so liegt Alt 1 vor (Kusch/Mössle aaO; aM Horn/Wolters SK 5). – **Entgelt** 22 zu § 11. Danach ist die Zuwendung oder Vereinbarung (BT-Dr 12/7035 S 9) jedes noch so geringen Vermögensvorteils wie zB das Angebot einer warmen Mahlzeit erfasst (krit deshalb Kusch/Mössle aaO). Immaterielle Vorteile wie zB die Aufnahme ins Schulorchester genügen nicht, obwohl sie Jugendliche uU mehr als materielle Vorteile motivieren können (krit deshalb Schroeder NJW 94, 1501, 1502; aM Frommel NK 9). Der Vermögensvorteil muss die Gegenleistung zur sexuellen Handlung sein; außerhalb des Austauschverhältnisses gewährte Vermögensvorteile scheiden auch dann aus, wenn sie den persönlichen Kontakt zum Jugendlichen aufrechterhalten (BGHSt 42, 399, 402; Kusch/Mössle aaO). – **Nr 2:** Beim Bestimmen (dazu BT-Dr 12/7035 S 9; Laubenthal 500 und 476, 477; vgl 13 zu § 174) zu sexuellen Handlungen mit Dritten fehlt die Alternative des Handelns gegen Entgelt.

b) Abs 2 verlangt als Mindestalter für den Täter einundzwanzig Jahre. Der damit geforderte erhebliche Altersunterschied von mindestens 5 Jahren soll das „Machtgefälle" zwischen Täter und Opfer kennzeichnen (BT-Dr 12/4584 S 8; vgl Kusch/Mössle aaO S 1505). Die Vorschrift war im Gesetzgebungsverfahren vor allem wegen ihrer behaupteten Unbestimmtheit und der möglichen nachteiligen Folgen eines Strafverfahrens für das Opfer heftig umstritten (vgl den Bericht des BT-Rechtsausschusses BT-Dr 12/7035 S 9, den Änderungsantrag der Fraktion der SPD BT-Dr 12/7044 sowie Kusch/Mössle aaO S 1507). Daran hat auch die Ersetzung des Begriffs der (beim Opfer auszunutzenden) „Unreife" (so noch der RegEntw BT-Dr 12/4584 S 3 mit Begründung S 8) durch den der „**fehlenden Fähigkeit** des Opfers **zur sexuellen Selbstbestimmung**" nichts geändert. Mit diesem Merkmal ist die noch nicht abgeschlossene sexuelle und psychische Reifung des jugendlichen Opfers gemeint (BT-Dr 12/4584 S 8; Schroeder aaO [vgl 5] S 1502; Laubenthal 514, unterscheidet eine intellektuelle und eine voluntative Ebene); diese Eigenschaft des Opfers ist vom Gericht in jedem Einzelfall festzustellen (BGHSt 42, 399, 402; NStZ-RR 97, 98; näher Horn/Wolters SK 13, 15). Auch wenn man das Schwergewicht des Tatbestandes auf das Merkmal „Ausnutzen" legt (so die Begr des RegEntw BT-Dr 12/4584 S 8), so bleibt Abs 2 wegen des Bezugspunkts dieses Ausnutzens relativ unbestimmt (vgl Tröndle/Fischer 15); denn er wiederholt nur den Schutzzweck der Vorschrift, ohne ihn durch nähere Umschreibung der Ausnutzungssituation zu präzisieren. Durch ein Abstellen auf unlauteres Verhalten des Täters (so die Begr des RegEntw aaO) wird keine zusätzliche Bestimmtheit erreicht. Auch in Verbindung mit dem durch den großen Altersunterschied begründeten „Machtgefälle", das in Bezug auf das geschützte **6**

§ 183

Rechtsgut eine erhöhte „Überrumpelungs-Gefahr" (Kusch/Mössle aaO 1507) bedeuten kann, ist der Unrechtsgehalt von Abs 2 durch das Merkmal des Ausnutzens der fehlenden sexuellen Autonomie des Opfers nicht deutlich genug erkennbar. Für eine Beschränkung seines Anwendungsbereichs auf den ersten oder zweiten persönlichen Kontakt des Täters mit dem Jugendlichen oder gar auf den Fall der „Diskotheken-Bekanntschaft" (so Kusch/Mössle aaO), enthält der Tatbestand keinen Anhaltspunkt (Tröndle/Fischer 15). Die Herausarbeitung hinreichend gefährlicher Ausnutzungssituationen bleibt damit Rechtsprechung und Wissenschaft überlassen.

7 4. Der **Vorsatz** (bedingter genügt) muss namentlich auch das Alter der geschützten Person umfassen (dazu 15 zu § 174).

8 5. Die geschützte Person ist als **notwendiger Teilnehmer** straflos (12 vor § 25).

9 6. Abs 3 verlangt für die Verfolgung der Fälle des Abs 2 einen Strafantrag; eine Amtsverfolgung bei öffentlichem Interesse ist möglich (vgl 3–5 zu § 232). Mit dem Antragsrecht soll den Personensorgeberechtigten die Möglichkeit eingeräumt werden, das jugendliche Opfer vor den mit der Durchführung eines Strafverfahrens verbundenen erheblichen Belastungen zu bewahren (BT-Dr 12/4584 S 9). Ein öffentliches Interesse soll dann anzunehmen sein, wenn der Täter „besonders rücksichtslos oder verwerflich" gehandelt oder „nachteilige Wirkungen von einigem Ausmaß" beim Opfer verursacht hat (BT-Dr 12/4584 S 9). – Zu den Bedenken gegen diese Regelung Kusch/Mössle aaO S 1507 und Schroeder aaO S 1504.

10 7. Zum **Absehen von Strafe nach Abs 4** vgl § 153b StPO. Hier ist vor allem das Verhalten des Opfers zu berücksichtigen (BT-Dr 12/7035 S 10). Dass es sich schon auf dem Weg zur Berufs-Prostitution befindet, lässt das Verhalten des Täters noch nicht als geringes Unrecht erscheinen (vgl Kusch/Mössle aaO S 1507, die die Einstellungsmöglichkeit aber im Interesse des Opfers, das vor den Belastungen des Strafverfahrens bewahrt würde, begrüßen; krit dagegen Schroeder aaO S 1504).

11 8. Abs 1 geht Abs 2 vor (Horn/Wolters SK 11; aM Laufhütte LK 8: Tateinheit möglich); zwischen den beiden Alternativen von Abs 1 und 2 ist jeweils Tateinheit möglich, da es sich nicht um gleichwertige Begehungsformen handelt (ebenso Tröndle/Fischer 25; vgl 3 zu § 52; 12 zu § 176). § 176 geht § 182 bei Opfern unter 14 Jahren vor (BGHSt 42, 51; NStZ-RR 97, 66; Horn/Wolters SK 11; Sch/Sch-Lenckner/Perron 16; ebenso für § 182 LK 8 BGHSt 42, 27: Spezialität; Bay NStZ 95, 500 mit abl Anm Schroeder JR 96, 40: Konsumtion; aM für § 182 I Nr 1 Alt 2 NJW 00, 3726 [Vorlagebeschluss; von Vorlage abgesehen NJW 01, 2186]; Laufhütte LK 8; Tröndle/Fischer 25). **Tateinheit** ist ua möglich mit §§ 173–174b (NStZ 01, 194 zu § 174 I Nr 2: aus Klarstellungsgründen), 177–179, 240; idR nicht mit § 185 (dort 6).

12 9. Sicherungsverwahrung § 66 III (dort 10a–10e). – Führungsaufsicht § 181b.

§ 183 Exhibitionistische Handlungen

(1) **Ein Mann, der eine andere Person durch eine exhibitionistische Handlung belästigt, wird mit Freiheitsstrafe bis zu einem Jahr oder mit Geldstrafe bestraft.**

(2) **Die Tat wird nur auf Antrag verfolgt, es sei denn, daß die Strafverfolgungsbehörde wegen des besonderen öffentlichen Interesses an der Strafverfolgung ein Einschreiten von Amts wegen für geboten hält.**

(3) **Das Gericht kann die Vollstreckung einer Freiheitsstrafe auch dann zur Bewährung aussetzen, wenn zu erwarten ist, daß der Täter erst nach**

Exhibitionistische Handlungen **§ 183**

einer längeren Heilbehandlung keine exhibitionistischen Handlungen mehr vornehmen wird.

(4) Absatz 3 gilt auch, wenn ein Mann oder eine Frau wegen einer exhibitionistischen Handlung
1. nach einer anderen Vorschrift, die im Höchstmaß Freiheitsstrafe bis zu einem Jahr oder Geldstrafe androht, oder
2. nach § 174 Abs. 2 Nr. 1 oder § 176 Abs. 3 Nr. 1
bestraft wird.

Technische Änderung von Abs 4 Nr 2 durch das 6. StrRG (10 vor § 174).

1. a) Die Vorschrift schützt die **psychische und körperliche Integrität** von Personen beiderlei Geschlechts, also ein Individualrechtsgut (hM; anders Benz, Sexuell anstößiges Verhalten, 1982, S 179: die öffentliche Ordnung; s auch 1 vor § 174), gegen die spezifischen Auswirkungen exhibitionistischer Handlungen, die uU bis zu schweren, auch körperlich nachteiligen, psychischen Schocks reichen können (BT-Dr VI/3521 S 53; bei Dallinger MDR 74, 546; Benz aaO S 104; ähnlich M-Schroeder/Maiwald BT 1 22/3; krit v Hören ZRP 87, 19; Sick ZStW 103, 43, 83). – Zur **Kriminologie** exhibitionistischer Handlungen Sander, Zur Beurteilung exhibitionistischer Handlungen, 1994, S 26, der für eine Ordnungswidrigkeitenlösung plädiert (S 123 und in: ZRP 97, 447; zust Bespr Böllinger MschrKrim 00, 200; ebenso Hörnle MschrKrim 01, 212); von symbolischer Gesetzgebung spricht Jäger, in: Irrwege, S 49, 52. 1

b) Täter kann nur ein Mann sein (kein besonderes persönliches Merkmal iS des § 28 I, Herzberg GA 91, 145, 169; Roxin LK 67 zu § 28). 1a

2. Eine **exhibitionistische Handlung** ist eine – nicht notwendig öffentlich vorgenommene – sexuelle Handlung im Sinne des § 184f Nr 1 (dort 2–4), deren Schwerpunkt darin liegt, dass jemand (idR ein Mann) einem anderen (idR einer Frau oder einem Minderjährigen) sein entblößtes Geschlechtsteil vorweist, um sich entweder allein dadurch oder zusätzlich durch Beobachten der Reaktion des anderen oder durch Masturbation sexuell zu erregen oder zu befriedigen (BT-Dr VI/3521 S 53; Düsseldorf NStZ 98, 412; Bay NJW 99, 72; krit Glatzel Forensia 85, 167); das Vorzeigen eins „Kunstpenis" genügt nicht (LG Koblenz NStZ-RR 97, 104). Während im Rahmen des Abs 1 nur das Vorweisen des männlichen Gliedes in Frage kommt (vgl 1), ist bei Abs 4 auch die exhibitionistische Handlung einer Frau denkbar, aber praktisch bedeutungslos. Handlungen ohne diese spezifische sexuelle Tendenz, zB zur Provokation, zur Demonstration der Nacktheit oder zur Vorbereitung eines weitergehenden sexuellen Angriffs oder eines erwarteten, einvernehmlichen sexuellen Kontakts (Bay aaO), werden nicht erfasst (krit Villwock DRiZ 77, 117). 2

3. Belästigen setzt voraus, dass die Tathandlung nach den Umständen – etwa der geringen räumlichen Distanz zwischen den Beteiligten (bei Miebach NStZ 93, 227), uU auch wegen ihrer Wiederholung gegenüber derselben Person (Horstkotte JZ 74, 84, 90) – objektiv geeignet ist, das psychische Wohlbefinden nicht unerheblich zu beeinträchtigen, und dass sie diesen Erfolg bei dem Betroffenen tatsächlich erreicht. Dessen Gefühl, belästigt zu sein, ist deshalb erheblich; ob es vorliegt, hängt auch von dem Aufklärungsstand des Betroffenen und seiner Einstellung zu sexuellen Vorgängen ab (krit Sander aaO [vgl 1] S 13). 3

4. a) Das Vorweisen des Geschlechtsteils kann wegen der zugleich erforderlichen sexuellen Absicht (vgl 2) nur mit direktem **Vorsatz** begangen werden (Düsseldorf NJW 77, 262 und NStZ 98, 412; zweifelnd Tröndle/Fischer 7). Im Übrigen muss der (uU nur bedingte) Vorsatz auch den Belästigungserfolg umfassen. 4

§ 183 BT. 13. Abschnitt. Sexuelle Selbstbestimmung

5   b) Da Exhibitionismus auf einer neurotischen Verhaltensstörung beruht, kann das **Hemmungsvermögen** in einem Maße beeinträchtigt sein, dass § 21, uU sogar § 20, anwendbar ist (11 zu § 20; 2 zu § 21; s auch Zweibrücken StV 86, 436).

6   **5. Abs 2** enthält für den Strafantrag eine dem § 230 I S 1 entsprechende Regelung (dort 3–5). Die StA wird ein Einschreiten namentlich für geboten erachten, wenn der Täter wegen seiner sexuellen Abnormität behandlungsbedürftig ist und die Behandlungsbereitschaft durch Verurteilung und Strafaussetzung zur Bewährung gestützt werden kann (vgl 7).

7   **6. a) Abs 3** lässt in den Fällen des Abs 1 – um dem Interesse an Heilung und Resozialisierung der Exhibitionisten Rechnung zu tragen – über § 56 hinaus (dort 8–14) auch bei ungünstiger Prognose Strafaussetzung zu, wenn nur erwartet werden kann, dass eine längere Heilbehandlung, sei es auch über einzelne Rückfälle, in nicht allzu ferner Zeit, uU erst nach Ablauf mehrerer Jahre, zu einer günstigen Prognose führen wird (BGHSt 34, 150 mit Bespr Schall JR 87, 397 und Rössner EzSt Nr 2; NStZ 91, 485; s auch NJW 98, 3428 und NStZ-RR 03, 73). Inhaltlich bedeutet das nur eine Herabsetzung der Prognoseanforderungen mit der Folge, dass die Anwendbarkeit der §§ 56–56g im Übrigen, namentlich auch die des § 56 III (Verteidigung der Rechtsordnung, BGH und Schall aaO; aM Rössner aaO) unberührt bleibt (nach NStZ-RR 03, 73, bleiben die § 56 II und III-Voraussetzungen für die Strafaussetzung zur Bewährung unberührt).

8   aa) Abs 3 ist **Kann-Vorschrift**, eröffnet also nur eine pflichtmäßigem Ermessen (50 zu § 46) unterliegende Möglichkeit. Von ihr sollte stets Gebrauch gemacht werden, wenn psychotherapeutische Behandlung des Täters angezeigt und dessen Mitarbeit zu erwarten ist, soweit einschlägig, die Voraussetzungen des § 47 (Einwirkung auf den Täter) vorliegen und wenn die Strafaussetzung als aussichtsreiches Mittel erscheint, um zur Behandlung zu motivieren. – Im Hinblick auf den fakultativen Charakter der Vorschrift ist es nicht zwingend ausschließbar, regelmäßig aber nicht zureichend begründbar, die Aussetzung über § 56 III hinaus mit dem Hinweis zu versagen, dass das Interesse an der Verhütung des nahen Rückfalls gegenüber dem Resozialisierungsinteresse überwiege (weiter einschr BGHSt 34, 150, wonach für die Entscheidung nur spezialpräventive Gesichtspunkte maßgebend sein dürfen; vgl auch NStZ-RR 96, 57). Erfolglosigkeit früherer Strafverfahren genügt als Ablehnungsgrund allein nicht (Stuttgart MDR 74, 685).

9   bb) Da dem Abs 3 die Vorstellung zugrunde liegt, dass bis zum Abschluss der Behandlung mit weiteren exhibitionistischen Handlungen zu rechnen ist, zeigt die Begehung einer weiteren gleichartigen Tat während der Bewährungszeit regelmäßig nicht, dass sich im Sinne des § 56f I Nr 1 (dort 4) die der Strafaussetzung zugrundeliegende Erwartung nicht erfüllt hat (Düsseldorf NStZ 84, 263; Hörnle MschrKrim 01, 212, 218, die sich für eine Anwendung von § 59 analog § 183 III ausspricht).

10 **b) Abs 4** erstreckt diese Regelung auf Taten, die als exhibitionistische Handlungen unter einem anderen rechtlichen Gesichtspunkt – sei es selbstständig oder in Idealkonkurrenz mit § 183 – strafbar sind; neben den in Nr 2 genannten Handlungen kommt namentlich Beleidigung (§ 185) in Frage (krit dazu Haß SchlHA 75, 123), möglicherweise auch § 183a (so Koblenz NStZ-RR 97, 104). Wird wegen einer Tat nach Nr 2 Freiheitsstrafe (bei mehreren Taten auch Gesamtstrafe) von mehr als einem Jahr verhängt, so müssen auch die Voraussetzungen des § 56 II erfüllt sein (BGHSt 28, 357 mwN; s auch NJW 98, 3428, 3429; str); jedoch werden sie bei der Eigenart der einschlägigen Taten und ihrer Täter häufig bejaht werden können (Schall JR 87, 397, 401).

11 **7. Tateinheit** ua möglich mit §§ 174 II Nr 1; 176 III Nr 1 (ebenso NStZ-RR 99, 298 zu § 176 V aF); Spezialität scheidet hier schon deshalb aus, weil die Tat-

bestände zum Schutz der Entwicklung Minderjähriger keinen Ausschnitt aus § 183 bilden (25 vor § 52), außerdem weil der Unwert exhibitionistischer Belästigung in der Verurteilung wegen eines anderen Sexualangriffs nicht zum Ausdruck kommt (Otto GK 2 66/81; Sch/Sch-Lenckner/Perron 15; aM Sander aaO [vgl 1] S 14; M-Schroeder/Maiwald BT 1 22/7; Laufhütte LK 14; Horn/Wolters SK 8). Auch mit § 185 ist Tateinheit möglich, weil die exhibitionistische Belästigung eine andere Unrechtsqualität hat als die bisweilen mit ihr verbundene Missachtenskundgebung (Stuttgart MDR 74, 685; aM Horstkotte JZ 74, 84, 90; M-Schroeder/ Maiwald BT 1 22/7; Laufhütte LK 14).

§ 183 a Erregung öffentlichen Ärgernisses

Wer öffentlich sexuelle Handlungen vornimmt und dadurch absichtlich oder wissentlich ein Ärgernis erregt, wird mit Freiheitsstrafe bis zu einem Jahr oder mit Geldstrafe bestraft, wenn die Tat nicht in § 183 mit Strafe bedroht ist.

1. Die Vorschrift schützt **das Allgemeininteresse** an der Respektierung der verbreiteten sozial-moralischen Grundanschauung, dass sexuelle Handlungen nicht in die Öffentlichkeit gehören; es soll also jedermann vor dem „Wahrnehmenmüssen" solcher Vorgänge bewahrt werden (krit Stratenwerth, Lenckner-FS, S 377, 389; aM BT-Dr VI/3521 S 56, Schroeder, Welzel-FS, S 859, 872, Graalmann-Scheerer GA 95, 349, 354, Horn SK 1 und Laufhütte LK 1, nach denen das Individualinteresse des jeweils Betroffenen geschützt ist, und Benz, Sexuell anstößiges Verhalten, 1982, S 179, der die öffentliche Ordnung als Schutzgut ansieht). Infolge der Ausscheidung exhibitionistischer Handlungen (§ 183) und der Beschränkung des inneren Tatbestandes auf direkten Vorsatz (vgl 4) ist der Anwendungsbereich der Vorschrift gering; von symbolischer Gesetzgebung spricht Jäger, Irrwege, S 49, 52.

2. Sexuelle Handlungen (2–4a zu § 184f) sind **öffentlich** vorgenommen, wenn entweder eine unbestimmte Vielzahl oder eine bestimmte, nicht durch persönliche Beziehungen miteinander verbundene Mehrzahl von Personen sie wahrgenommen hat oder hätte wahrnehmen können (BGHSt 11, 282; krit Marx JZ 72, 112); wirklich anwesend brauchen sie nicht zu sein (NJW 69, 853; Celle GA 71, 251). In die persönlichen Beziehungen, welche die Öffentlichkeit ausschließen, muss auch der Täter eingeschlossen sein (RGSt 49, 147; Schröder JR 70, 429; Otto GK 2 66/82; aM BGHSt 11, 282; Köln NJW 70, 670; Laufhütte LK 4 mwN; zw). Bei der Auslegung orientiert sich die Rspr am geschützten Rechtsgut und weicht zum Teil erheblich von den Anforderungen ab, die sonst an die Öffentlichkeit gestellt werden (zB BGHSt 10, 196; 12, 42, 46; 15, 118, 124). Da sich das Merkmal auf die sexuelle Handlung, nicht auf das Ärgernis bezieht, genügt eine nichtöffentliche Handlung selbst dann nicht, wenn noch so viele Personen Ärgernis nehmen. Keine Öffentlichkeit, wenn die Wahrnehmung besonderer Bemühung verlangt oder der Täter, zB auf einer öffentlichen Straße, ausreichende Vorkehrungen zur Verhinderung der Wahrnehmung durch einen unbestimmten Personenkreis getroffen hat (NJW 69, 853).

3. **Ärgernis erregen** setzt voraus, dass die sexuelle Handlung nach den Umständen zur Verletzung des – nicht überspannten – Wertgefühls, das sich aus der unter 1 beschriebenen Grundanschauung ergibt, objektiv geeignet ist, und dass sie diesen Erfolg bei mindestens einer Person tatsächlich erreicht (Erfolgsdelikt, RGSt 51, 167; krit Benz aaO [vgl 1] S 59); nach dem Schutzzweck scheiden jedoch solche Fälle aus, in denen es dem anderen darum ging, sexuelle Handlungen der vom Täter vorgenommenen Art wahrzunehmen (zB bei sexuellen Schaustellungen in Bars, Stripteaselokalen usw; weiter einschr BT-Dr VI/3521 S 57). – Maßgebend

§ 184 BT. 13. Abschnitt. Sexuelle Selbstbestimmung

ist das Ärgernis des Wahrnehmenden; daran fehlt es zB, wenn ein Kind den Sexualbezug des Vorgangs nicht begreift (NJW 70, 1855 mit Anm Geilen NJW 70, 2304; KG JR 65, 29) oder wenn erst ein Dritter auf Grund Berichts über den Vorgang Ärgernis nimmt.

4 4. Der **Vorsatz,** öffentlich eine sexuelle Handlung vorzunehmen, kann bedingt sein (23–27 zu § 15). Dagegen ist für die Ärgerniserregung direkter Vorsatz erforderlich; er setzt voraus, dass es entweder dem Täter darauf ankommt (20 zu § 15), bei mindestens einer – uU von ihm speziell ins Auge gefassten – Person Ärgernis zu erregen, oder dass er das Ärgernis als sichere Folge seiner Handlung voraussieht (21 zu § 15). Wissentlichkeit fehlt idR, wenn der Täter Maßnahmen gegen Wahrnehmungen Dritter getroffen hat; Absicht und Wissentlichkeit fehlen idR auch bei der Prostituierten und dem Freier (Graalmann-Scheerer aaO [vgl 1] S 355).

5 5. **Tateinheit** ua möglich mit § 185 (RGSt 75, 207). Gegenüber § 183 Subsidiarität (aM BT-Dr 7/514 S 10: Spezialität). Nehmen mehrere Personen an einer Handlung Ärgernis, so liegt nur eine Tat vor (BGHSt 4, 303).

§ 184 Verbreitung pornographischer Schriften

(1) **Wer pornographische Schriften (§ 11 Abs. 3)**

1. einer Person unter achtzehn Jahren anbietet, überläßt oder zugänglich macht,
2. an einem Ort, der Personen unter achtzehn Jahren zugänglich ist oder von ihnen eingesehen werden kann, ausstellt, anschlägt, vorführt oder sonst zugänglich macht,
3. im Einzelhandel außerhalb von Geschäftsräumen, in Kiosken oder anderen Verkaufsstellen, die der Kunde nicht zu betreten pflegt, im Versandhandel oder in gewerblichen Leihbüchereien oder Lesezirkeln einem anderen anbietet oder überläßt,
3 a. im Wege gewerblicher Vermietung oder vergleichbarer gewerblicher Gewährung des Gebrauchs, ausgenommen in Ladengeschäften, die Personen unter achtzehn Jahren nicht zugänglich sind und von ihnen nicht eingesehen werden können, einem anderen anbietet oder überläßt,
4. im Wege des Versandhandels einzuführen unternimmt,
5. öffentlich an einem Ort, der Personen unter achtzehn Jahren zugänglich ist oder von ihnen eingesehen werden kann, oder durch Verbreiten von Schriften außerhalb des Geschäftsverkehrs mit dem einschlägigen Handel anbietet, ankündigt oder anpreist,
6. an einen anderen gelangen läßt, ohne von diesem hierzu aufgefordert zu sein,
7. in einer öffentlichen Filmvorführung gegen ein Entgelt zeigt, das ganz oder überwiegend für diese Vorführung verlangt wird,
8. herstellt, bezieht, liefert, vorrätig hält oder einzuführen unternimmt, um sie oder aus ihnen gewonnene Stücke im Sinne der Nummern 1 bis 7 zu verwenden oder einem anderen eine solche Verwendung zu ermöglichen, oder
9. auszuführen unternimmt, um sie oder aus ihnen gewonnene Stücke im Ausland unter Verstoß gegen die dort geltenden Strafvorschriften zu verbreiten oder öffentlich zugänglich zu machen oder eine solche Verwendung zu ermöglichen,

wird mit Freiheitsstrafe bis zu einem Jahr oder mit Geldstrafe bestraft.

Verbreitung pornographischer Schriften **§ 184**

(2) **Absatz 1 Nr. 1 ist nicht anzuwenden, wenn der zur Sorge für die Person Berechtigte handelt; dies gilt nicht, wenn der Sorgeberechtigte durch das Anbieten, Überlassen oder Zugänglichmachen seine Erziehungspflicht gröblich verletzt. Absatz 1 Nr. 3 a gilt nicht, wenn die Handlung im Geschäftsverkehr mit gewerblichen Entleihern erfolgt.**

Fassung: Art 4 Nr 4 IuKDG (13 vor § 1) hat in Abs 4 aF (jetzt § 184b II) und Abs 5 Satz 1 aF (jetzt § 184b IV) die Worte „oder wirklichkeitsnahes" eingefügt. Das 6. StrRG (10 vor § 174) hat in Abs 3, 4 aF die Strafrahmen erhöht. Das SexAG (15 vor § 1) hat Abs 2 neu gefasst und die Absätze 3–7 aufgehoben.

1. Da § 184 kein umfassendes Herstellungs- und Verbreitungsverbot für Porno- 1 graphie enthält, ist sein **Schutzzweck** uneinheitlich (dazu BT-Dr VI/1552 S 33; VI/3521 S 58, 61; 7/514 S 11; s auch 1 vor § 174; Beisel, Die Kunstfreiheitsgarantie des Grundgesetzes und ihre strafrechtlichen Grenzen, 1997, S 168; Schreibauer, Das Pornographieverbot des § 184 StGB, 1999, S 71, 85; Horn LdR S 841; Joecks 1; krit zu den ungeklärten Basishypothesen Weigend ZUM 94, 133, 136): Die Vorschriften in Abs 1 Nr 1–5, 7, 8 dienen vorwiegend dem Jugendschutz (zu diesem Schutzgut Erdemir MMR 03, 628, 630). Das Interesse, nicht unerwünscht mit Pornographie konfrontiert zu werden (dazu Erdemir aaO; krit Schreibauer aaO S 76, 265), liegt vornehmlich dem Abs 1 Nr 6, daneben aber auch dessen Nummern 3–5, 7, 8, zugrunde. Abs 1 Nr 9 schließlich bildet einen Fremdkörper, weil er nur Konflikten der Bundesrepublik mit dem Ausland vorbeugen soll (hM; anders Lüttger, Jescheck-FS, S 121, 168, der ausländische Rechtsgüter als geschützt ansieht; dagegen Schreibauer aaO S 85). – Die Vorschriften des Abs 1 sind auch dann anzuwenden, wenn eine Gefahr für die ungestörte sexuelle Entwicklung der unter achtzehnjährigen Person (Nr 1) zB wegen umfangreicher Erfahrungen im konkreten Fall offensichtlich ausgeschlossen ist (Horn/Wolters SK 2: „abstrakte Gefährdungsdelikte"; aM Sch/Sch-Lenckner/Perron 6 und Sch/Sch-Heine 4a vor § 306; s auch Schreibauer S 87: Risikodelikt). – **Rechtsvergleichend** zu den strafrechtlichen Pornographieverboten in Europa und deren unterschiedlichen Schutzzwecken Weigend ZUM 94, 133, der den Jugendschutz als gemeineuropäischen Kern des Pornographieverbotes ausmacht, und Liesching MMR 03, 156. – Zur **Reform** mit eigenem Gesetzesvorschlag Schreibauer S 369. Das SexAG (15 vor § 1) hat gerade den reformbedürftigen Abs 1 von der Umgestaltung der Pornographievorschriften ausgenommen (Hörnle KritV 03, 299; vgl 6).

2. a) Pornographisch sind Schriften (nach § 11 III auch Ton- und Bildträger, 2 Datenspeicher, Abbildungen und andere Darstellungen, 26–28 zu § 11; speziell für den Kinofilm, auch auf Videokassette und DVD, Erdemir MMR 03, 628, 629), wenn sie nach ihrem objektiven Gehalt (nicht unbedingt auch nach der Absicht des Verfassers) „zum Ausdruck bringen, dass sie ausschließlich oder überwiegend auf die Erregung eines sexuellen Reizes bei dem Betrachter abzielen, und dabei die im Einklang mit allgemeinen gesellschaftlichen Wertvorstellungen gezogenen Grenzen des sexuellen Anstandes eindeutig überschreiten" (BT-Dr VI/3521 S 60; Laufhütte JZ 74, 46, 47; Erdemir, Filmzensur und Filmverbot, 2000, S 142 und MMR 03, 628, 630; Otto GK 2 66/110; zT abw Dreher JR 74, 45, 56; Beisel aaO [vgl 1] S. 183; Schreibauer aaO [vgl 1] S 116; M-Schroeder/Maiwald BT 1 23/5). Diese weiterer Präzisierung bedürftige (Karlsruhe NJW 74, 2015) Formel will im Wesentlichen die Begriffsbestimmung widerspiegeln, die der BGH zum Begriff der „unzüchtigen Schriften" im Sinne des § 184 aF (BGHSt 23, 40; Schroeder, BGH-FG, S 485, 489) entwickelt hat (BT-Dr aaO; s auch Düsseldorf NJW 74, 1474 mit Anm Möhrenschlager; Bay 74, 175, 181 mwN). Für die Beurteilung maßgebend ist der auf dem jeweiligen – dh zeitbedingten und dem Wandel unterworfenen (Düsseldorf NJW 70, 671; Honig, Dreher-FS, S 39, 40) – Kulturstand beruhende Grundbestand gemeinsamer Anschauungen auf sexuellem

§ 184

Gebiet (krit Karlsruhe aaO). Danach sind Darstellungen des nackten menschlichen Körpers und Schilderungen sexueller Vorgänge nicht schon als solche pornographisch; sie werden es idR erst durch eine auf die sexuelle Stimulierung reduzierte und der Lebenswirklichkeit widersprechende, aufdringlich vergröbernde, verzerrende oder anreißerische Darstellungsweise (BGH aaO; Koblenz MDR 79, 516; Hanack JZ 71, 41, 45; s auch BVerwG NJW 02, 2969 mit Bespr Hörnle JZ 02, 1063 und Dörr JuS 02, 1118; diff Schroeder, Pornographie, Jugendschutz und Kunstfreiheit, 1992, S 16; aM Schumann, Lenckner-FS, S 577, nach dem sich der pornographische Charakter einer Sexualdarstellung nur aus ihrer Verbindung mit der Präsentation und Billigung von Verhaltensweisen ergeben kann, die die Menschenwürde verletzen [dagegen BVerwG und Hörnle, jeweils aaO, sowie Ostendorf MschrKrim 02, 372, 381]; krit zur Verbindung von Pornographie und Menschenwürdeverletzung Erdemir MMR 03, 628, 631). Im Allgemeinen charakteristisch, aber nicht notwendig ist, dass die Schrift keine über den sexuellen Zweck hinausgehenden gedanklichen Inhalte vermittelt (BT-Dr aaO; zu eng Düsseldorf NJW 74, 1474). Das Problem einer hinreichend bestimmten Abgrenzung des Begriffs („das Dilemma der Toleranzgrenze") bleibt ebenso wie im früheren Recht ungelöst (Hanack NJW 74, 1, 7; einen Art 103 II GG-Verstoß nimmt an Liesching JMS 2/98, 56; aM Erdemir aaO „Filmzensur" S 153 und MMR 03, 628, 632). – Ob eine Schrift nach diesen Maßstäben pornographisch ist, unterliegt nur begrenzt nachprüfbarer tatrichterlicher Würdigung (Frankfurt JZ 74, 516).

3 **b)** Für **Kunstwerke** folgt aus dieser einschränkenden Auslegung, dass es einen Konflikt mit den Tatbeständen des § 184 im Regelfall nicht mehr gibt (krit Beisel aaO [vgl 1] S 198; Dierksmeier JZ 00, 883, 888). Angesichts der zunehmenden Formalisierung des Kunstbegriffs in der Rspr des BVerfG (14 zu § 193) lässt sich allerdings in Grenzfällen eine vollständige Scheidung von Kunst und Pornographie nicht mehr durchführen (BVerfGE 83, 130 mit Bespr Gusy JZ 91, 470 und Borgmann JuS 92, 916; BGHSt 37, 55 mit Anm Maiwald JZ 90, 1141 und Jean d'Heur StV 91, 165; Liesching/v Münch AfP 99, 37; Erdemir MMR 03, 628, 632; Tröndle/Fischer 8). Für diesen engen Überschneidungsbereich gelten daher die Ausführungen unter 14 zu § 193 sinngemäß; da Kunstfreiheit und Jugendschutz gleichrangige Verfassungsgüter sind, bedarf es zur Konfliktslösung einer einzelfallbezogenen Abwägung (BGH aaO; Fischer, Die strafrechtliche Beurteilung von Werken der Kunst, 1995, S 150; Liesching/v Münch aaO; Laubenthal 729, 730; krit Schroeder aaO [vgl 2] S 47 und in: BGH-FG, S 485, 497; Kreckl MschrKrim 94, 128, 130 und Laubenthal 731 mwN; krit Schreibauer aaO [vgl 1] S 154, der auf die Erforderlichkeit eines zumutbaren Betriebs und die Unkontrollierbarkeit sowie die Wesentlichkeit der Einschränkung des Jugendschutzes abstellt); keine Ausübung der Kunstfreiheit ist die Menschenwürde missachtende Pornographie, zB der künstlerisch verbrämte Kindesmissbrauch (Dierksmeier aaO; ebenso für Kinderpornographie Erdemir aaO [vgl 2] S 160).

4 **c)** Der bisherige, hier kommentierte Abs 3 ist durch das SexÄG inhaltlich unverändert in den neuen § 184a eingestellt worden, soweit er sich auf die Verbreitung gewalt- und tierpornographischer Schriften bezog (BT-Dr 15/350 S 20).

5 **3. Die Tathandlungen** (im einzelnen Schreibauer aaO [vgl 1] S 186–315; krit zu der mit ihnen verbundenen Vorverlagerung des Strafschutzes Schroeder aaO [vgl 2] S 39).

a) Zu den **in den Tatbeständen der §§ 184 I, 184 a, 184 b mehrfach verwendeten Begriffen: Anbieten** ist einseitige (ausdrückliche oder stillschweigende) Erklärung der Bereitschaft zur Überlassung (Horn NJW 77, 2328, 2332); Annahme ist nicht erforderlich. Ist das Angebot (in den Fällen des Abs 1 Nr 5) an einen unbestimmten Personenkreis gerichtet, so muss es für den durchschnittlich interessierten und informierten Betrachter erkennbar machen, dass es sich auf Pornographie bezieht (BGHSt 34, 94 mit abl Anm Greger JR 87, 210; Deblitz, Die Strafbarkeit der Werbung für pornographische Schriften, 1995, S 57; krit Schreibauer aaO [vgl 1] S 243; aM München NJW 87, 453, alle mwN; zw); wird dagegen (in den Fällen des Abs 1 Nr 1, 3, 3 a) einer bestimmten geschützten Person konkret angeboten, so braucht für diese der pornographische Charakter nicht erkennbar zu sein (Horn/Wolters SK 8; aM Laufhütte LK 20; zw). In den Fällen des Abs 1 Nr 3a wird „einem anderen" schon dann angeboten, wenn der pornographische Gegenstand in dem Ladengeschäft zur Entnahme durch den Interessenten dargeboten wird (Hamburg NJW 92, 1184). – **Überlassen** ist Verschaffung (auch unentgeltliche) des Gewahrsams (einschr Schreibauer aaO S 191: „zur eigenen Verfügung"). – **Zugänglichmachen** erfordert, dass einem anderen, sei es auch nur durch bloßes Auslegen in einem Raum (BT-Dr VI/1552 S 34), durch Angebot im Btx-Verfahren (Stuttgart NStZ 92, 38; Walther NStZ 90, 523; Sieber JZ 96, 494) oder durch Bereitstellung auf einem „Server" in Computernetzen wie dem Internet (BGHSt 47, 55; Hinterseh jur-pc 96, 460, 464; Sieber aaO; Stange CR 96, 424, 426; Beisel/Heinrich CR 97, 360, 362; Derksen NJW 97, 1878, 1881; Schreibauer aaO S 200; v Bubnoff LK-Nachtrag 6 zu §§ 130, 131; zur Einrichtung sog Hyperlinks und der strafrechtlichen Problematik im Übrigen s unten 7a), die Möglichkeit eröffnet wird (Weigend ZUM 94, 133, 134; Ramberg ZUM 94, 140), sich durch sinnliche Wahrnehmung vom (pornographischen, Karlsruhe NJW 84, 1975) Inhalt der Schrift Kenntnis zu verschaffen; **Ausstellen, Anschlagen und Vorführen** sind nur Beispiele dafür (Uschold NJW 76, 2249). Im Internet reicht das Ermöglichen des Internetzugriffs aus (BGHSt 47, 55, 60 mit Anm Gehrke ZUM 02, 283, Kudlich JZ 02, 310 und Lindemann/Wachsmuth JR 02, 206). Strahlt ein (Bezahl-)Fernsehsender pornographische Filme aus, so entfällt ein Zugänglichmachen nur dann, wenn er durch wirksame Sicherungsmaßnahmen eine effektive Barriere für die Wahrnehmung durch Minderjährige errichtet hat; dafür reicht die bloße Verschlüsselung der Filme und die Aushändigung des Decoders nur an Erwachsene nicht (BVerwG NJW 02, 2966, 2968 mit Bespr Hörnle JZ 02, 1062 und Dörr JuS 02, 1118). Im Internet wird mit einem Dialer keine effektive Zwangsbarriere zu pornographischem Material geschaffen, sofern das entsprechende Programm bereits mit Eingabe einer Personalausweis- oder Kreditkartennummer heruntergeladen werden kann (Düsseldorf JMBL NRW 04, 106; Matzky Jura 04, 339; Erdemir MMR 04, 410). – Geschützten Personen **zugänglich** sind Orte (auch Räume), die von ihnen – sei es auch gegen Eintrittsgeld – ohne Überwindung eines im Allgemeinen wirksamen tatsächlichen oder rechtlichen (zB § 123) Hindernisses betreten werden können (hM). Zugangsverbote, namentlich Verbotsschilder, genügen nur, wenn ihre Beachtung durch Kontrollen oder sonst ausreichend gewährleistet ist (NJW 88, 292; Laufhütte LK 23) und wenn sie nicht schon durch rechtswidriges Eindringen geschützter Personen unterlaufen sind (Horn/Wolters SK 17). **Eingesehen werden** können Orte, wenn die Vorgänge im Innern von außen beobachtet werden können (Hamburg NJW 92, 1184 mwN; str), es sei denn, dass dies nur mit ungewöhnlichem Aufwand (zB Klettern auf einen Laternenmast; Verwendung eines Fernrohrs) oder in ganz geringfügigem Umfang (zB Öffnen und Schließen der Zugangstür beim Ein- und Austritt, Stuttgart MDR 87, 1047) möglich ist; ob auch die pornographischen Gegenstände wahrgenommen werden können, ist unerheblich (Hamburg aaO; aM für Abs 1 Nr 5 Deblitz aaO S 47; str); akustische Wahrnehmung reicht nicht (aM Horn/Wolters SK 18). – **Verbreiten** 5 zu § 74d; auch das „vertrauliche" Zuleiten an einen größeren Personenkreis ist Verbreiten, idR auch das Versenden aus dem Ausland an einzelne inländische Bezieher (Hamm NJW 70, 1754; Zweibrücken NJW 70, 1758), das allerdings meist zugleich als Einführen im Wege des Versandhandels nach Abs 1 Nr 4 erfasst wird; Nr 4 erfasst aber nicht den ohne Weiter-

§ 184
BT. 13. Abschnitt. Sexuelle Selbstbestimmung

verbreitungsabsicht handelnden privaten Besteller oder Empfänger von Schriften, die vom ausländischen Versandhandel ins Inland verschickt werden (Hamm NJW 00, 1965 mit Bespr Behm AfP 02, 22; LG Freiburg NStZ-RR 98, 11). Im Internet reicht es, dass die Datei auf dem Rechner des Nutzers (zB in einem Arbeitsspeicher) angekommen ist; eine darüber hinausgehende Verkörperung ist nicht erforderlich (BGHSt 47, 55, 59 mit krit Anm Kudlich aaO; nach Lindemann/Wachsmuth aaO: nur Zugänglichmachen). – **Versandhandel** erfordert die entgeltliche Auslieferung an Endverbraucher (Düsseldorf MDR 87, 604 mwN) ohne persönlichen Kontakt (Düsseldorf NJW 84, 1977; Eckstein wistra 97, 47), schließt aber nicht nur das Verkaufen, sondern auch das Vermieten ein (BVerfG NJW 82, 1512). – **Ankündigen,** das auch im Hinweis auf eine Bezugsmöglichkeit bestehen kann, und **Anpreisen** brauchen nicht selbst pornographisch zu sein, müssen aber auf einen pornographischen Gegenstand, der nicht nur fälschlicherweise als solcher bezeichnet wird, hinweisen (Hamburg MDR 78, 506) und dessen pornographischen Charakter in demselben Maße wie beim Anbieten gegenüber einem unbestimmten Personenkreis erkennbar machen (BGHSt 34, 94 mwN; beachte die abw Rspr zu dem vergleichbaren § 5 II GjS aF BGHSt 33, 1; s auch BVerfG NJW 86, 1241; BVerwG NJW 77, 1411). – **Herstellen** umfasst das gesamte von Menschen bewirkte Geschehen, das ohne weiteres oder in fortschreitender Entwicklung ein bestimmtes (im Tatbestand beschriebenes) Endprodukt hervorbringt. Es ist erst bei dessen Vorliegen vollendet; jedoch ist am Herstellen jeder beteiligt, der in irgendeiner Phase der Entwicklung bewusst zur Fertigstellung beigetragen hat (Laufhütte LK 16 zu § 86); das Herstellungsverbot hält wegen Verstoßes gegen den „Werkbereich" des Art 5 III GG für verfassungswidrig Beisel aaO (vgl 1) S 311. – **Vorrätighalten** ist das Bereithalten, uU nur eines Stücks oder als mittelbarer Besitzer (RGSt 42, 209; 47, 223, 227), zum Verkaufen, Vermieten, Verschenken oder zu sonstiger Abgabe. – Für **Einführen** (LG Bayreuth NJW 70, 574; Bremen NJW 72, 1678) und **Ausführen,** die auch das bloße Durchführen umfassen (Schleswig NJW 71, 2319), genügt Versuch (19 zu § 11); sämtliche in der Vorschrift enthaltenen Ein- und Ausfuhrverbote sind sog Verbringungsverbote, die nach § 1 I S 2, IV ZollG zollamtlicher Überwachung unterliegen und insoweit nach § 6 VII ZollG das Brief- und Postgeheimnis einschränken (BGHSt 23, 329; beachte jedoch 11). – **Öffentlich** 6 zu § 74d; speziell zur öffentlichen Filmvorführung Bay NJW 76, 527; KG JR 78, 166; NStZ 85, 220 und Laubenthal 825, 826.

6 **b) Abs 1.** – **Nr 1:** Erforderlich ist Handeln unmittelbar gegenüber der geschützten Person. – **Nr 2:** Es soll verhindert werden, dass Pornographie ihrem Inhalt nach in den Wahrnehmungsbereich geschützter Personen kommt; deshalb gehört das Ausstellen einer Schrift mit neutralem Umschlag im Schaufenster einer Buchhandlung nicht hierher (beachte jedoch Nr 5). Pornographische Sendungen, die via Satellit ins häusliche Wohnzimmer kommen, sind Jugendlichen auch dann zugänglich gemacht, wenn ihr Empfang nur mit Hilfe eines ausschließlich an Erwachsene abgegebenen Decoders möglich ist (Ramberg ZUM 94, 140; aM Beisel/Heinrich JR 96, 95, 97; Sch/Sch-Lenckner/Perron 15; zw); wie bereits unter 5 angesprochen sollen nach dem BVerwG (NJW 02, 2966, 2968 mit Anm Hörnle JZ 02, 1057) pornographische Filme im Fernsehen dann nicht erfasst sein, wenn effektive technische Vorkehrungen zum Ausschluss minderjähriger Zuschauer getroffen sind (Duttge/Hörnle/Renzikowski NJW 04, 1065, 1069, sehen in dieser [und der aE von 6a zitierten BGH-]Entscheidung einen Trend, neue Formen der Verbreitung bei technischen Sicherungen zu akzeptieren; wegen des restriktiveren Wortlauts des § 184 I halten sie eine Gesetzesänderung für erforderlich; s auch Hörnle KritV 03, 299). Mangels tragfähigen Schutzgutes hält die Nr 2 für verfassungswidrig Beisel aaO [vgl 1] S 211.

Verbreitung pornographischer Schriften § 184

Nr 3, 3a, 4: Hier wird nur das für die Pornographie ohnehin nach § 3 I Nr 3, § 4 I iVm § 6 Nr 2 GjSM aF bzw für pornographische Medienträger nach § 15 I Nr 3, 4, II Nr 1 JuSchG geltende allgemeine Verbot der genannten Formen gewerblichen Vertriebs (dazu Uschold NJW 76, 2249) und gewerblicher Gebrauchsüberlassung wiederholt. Da der gewerbliche Filmverleih als Leihbücherei nicht erfassbar war (BGHSt 27, 72 mwN), hat das JÖSchNG (10 vor § 1) in Nr 3a das gewerbliche Vermieten und vergleichbare gewerbliche Gewähren des Gebrauchs (zB Verkauf mit Rückkaufsrecht oder vorübergehendes Überlassen an Mitglieder eines gewerblichen Videoclubs, BT-Dr 10/2546 S 24) selbstständig verboten, für Ladengeschäfte, die ausschließlich Erwachsenen vorbehalten sind, und für den Geschäftsverkehr mit gewerblichen Entleihern (Abs 2 S 2; unten 8) aber Ausnahmen vorgesehen (krit zu dieser als unzureichend bezeichneten und im Verhältnis zu Nr 3 widersprüchlichen Regelung Greger NStZ 86, 8, 12 und Schroeder Sexuologie 95, 189, 191). – **Ladengeschäft** ist die räumlich und organisatorisch selbstständige, nicht notwendig ortsgebundene (Hamm NStZ 88, 415 mit Anm Greger) Geschäftseinheit, die von der Straße oder einer sonstigen allgemeinen Verkehrsfläche her zugänglich ist (NJW 88, 272 mit Anm Greger JR 89, 28); sie ist für abhängige, nur vom Hauptgeschäft aus zugängliche Nebenräume nicht herstellbar (aM LG Essen NJW 85, 2841) und auch bei abgetrennten Geschäftsräumen innerhalb eines einheitlichen Warenhauses nicht gegeben (BGH aaO); sind jedoch unabhängige Einzelgeschäfte unter einem Dach vereinigt (zB in einem Einkaufszentrum), so hängt die Abgrenzung von der jeweiligen näheren Gestaltung ab (BGH aaO). Die früher allgemeine Praxis in Videotheken, pornographische Videokassetten in einem vom Hauptgeschäftsraum lediglich durch Türen oder Vorhänge abgetrennten Nebenraum zur Vermietung feilzuhalten, ist daher nicht mehr zulässig (BT-Dr aaO S 25; probl LG Hamburg NJW 89, 1046), es sei denn, dass die zusammenhängenden Räume zeitweise ganz für die geschützten Personen gesperrt und nur in dieser Zeit solche Kassetten angeboten werden (StA Konstanz MDR 90, 742 mwN; zw). Darüber hinaus ist eine teleologische Reduktion des Verbots dieser Vertriebsformen auf mindestens abstrakt jugendgefährdende Verhaltensweisen (so unter Ausnahme des Versandhandels Sch/Sch-Lenckner/Perron 17, 25; vgl aber auch Eckstein wistra 97, 47) mangels zureichender Überwachungsmöglichkeiten mit Wortlaut und Zweck des Gesetzes nicht vereinbar (Stuttgart NJW 76, 529; Düsseldorf NJW 84, 1977 mit Anm Lampe JR 85, 159; aM M-Schroeder/Maiwald BT 1 23/13, alle mwN; str). Allerdings fällt eine automatisierte Videothek, bei der kein Personal anwesend ist, unter das Merkmal des Ladengeschäfts, wenn durch technische Sicherungen ein vergleichbarer Jugendschutz wie bei der Überwachung durch Ladenpersonal gewährleistet ist (NJW 03, 2838 mit Bespr Liesching MMR 03, 585 und Hörnle NStZ 04, 150).

Nr 5: Die Werbeverbote sind verfassungsrechtlich unbedenklich (NJW 77, 1695; aM Schumann NJW 78, 1134) und in ihrer Reichweite erst durch BGHSt 34, 94 bis zu einem gewissen Grade geklärt (vgl 5; beachte auch BGHSt 34, 218; München NJW 87, 453; Frankfurt NJW 87, 454); bei Werbung durch Zeitungsanzeigen muss sich der Eindruck, dass für pornographisches Material geworben wird, aus der Anzeige selbst ergeben (NJW 89, 409). Bei den für geschützte Personen nicht zugänglichen Orten ist namentlich an sog Sex-Shops gedacht (Prot 7, 71). Einschlägiger Handel setzt nicht voraus, dass gerade mit pornographischen Schriften Handel getrieben wird (hM; vgl Deblitz aaO [vgl 5] S 54; Schreibauer aaO [vgl 1] S 254).

Nr 6: Hier geht es vor allem um die unverlangte Zusendung von Werbematerial, das als solches pornographisch ist. **Gelangen lassen** bedeutet Überführung der Schrift, auch durch bloßes Liegenlassen (BT-Dr VI/3521 S 61; einschr Schreibauer aaO [vgl 1] S 261; Sch/Sch-Lenckner/Perron 36), in den Machtbereich des – bei der Tathandlung nicht unbedingt schon konkretisierten (BT-Dr aaO) – Empfän-

6a

6b

6c

§ 184

gers; ob dieser Kenntnis nimmt, ist unerheblich, es genügt, dass er es kann. **Hierzu aufgefordert** ist, wer sich im Rahmen eines, uU auch durch schlüssiges Verhalten geäußerten (RGSt 47, 411, 413), Verlangens auf Überlassung pornographischen Materials gehalten hat; nur vermutetes Einverständnis genügt nicht (Laufhütte JZ 74, 46, 48).

6 d Nr 7 (zu ihrer Verfassungsmäßigkeit BVerfGE 47, 109 und NJW 77, 2207; für ihre Streichung Beisel aaO [vgl 1] S 236): **Entgelt** ist die in einem Vermögensvorteil bestehende Gegenleistung für die **Filmvorführung** (dazu Schreibauer aaO [vgl 1] S 268 und Laubenthal 824; zu der Öffentlichkeit oben 5 aE), die sich auch in überhöhten Preisen für andere Leistungen verbergen kann (Laufhütte aaO). Werden solche Leistungen mit der Vorführung verbunden, aber ohne inneren Zusammenhang mit ihr erbracht (zB Abgabe von Pornoheften), so kommt es nicht auf das „Gesamtentgelt", sondern allein auf die uU verdeckte Gegenleistung für die Vorführung an (BVerfGE 47, 109; BGHSt 29, 68 mwN); die filmtheaterähnliche Struktur eines Betriebes (dazu KG JR 77, 379 mit Anm Rudolphi) ist idR, aber nicht notwendig (BVerfG aaO; str) ein Indiz dafür, dass Vorführung und „Zugaben" kein zusammengehöriges Leistungsgefüge bilden. Bei sinnvoll kombinierten Leistungsangeboten, wie sie namentlich in Gaststätten, Bars oder Striptease-Lokalen üblich sind (zB unmittelbare sexuelle Schaustellungen, Speisen, Getränke, Rauchwaren usw), wird dagegen das Entgelt nur dann überwiegend für die Vorführung verlangt, wenn deren konkreter wirtschaftlicher Wert (iS des für sie angemessenen und üblichen Entgelts) höher ist als der entsprechende Wert der übrigen Leistungen (ähnlich BVerfG aaO; BGHSt 29, 68; KG JR 78, 176; Stuttgart NStZ 81, 262; Laubenthal 827; krit Rogall JZ 79, 715); die vom Täter nach außen vorgenommene Aufschlüsselung des Gesamtentgelts und das Verhältnis der betrieblichen Aufwendungen in den beiden Leistungsbereichen haben nur indizielle Bedeutung (MDR 78, 768; s auch Koblenz MDR 78, 776). Nicht erfasst werden unentgeltliche Vorführungen sowie Vorführungen in privaten Clubs und Privatwohnungen (BT-Dr VI/3521 S 61); zur Vorführung durch sog Filmautomaten LG Dortmund MDR 75, 163; Bay NJW 76, 527; KG NStZ 85, 220.

6 e **Nr 8:** Die Vorschrift beschreibt Vorbereitungshandlungen zu den Taten nach den Nummern 1–7 (näher Schreibauer aaO [vgl 1] S 277).

6 f **Nr 9:** Die konkret im Ausland beabsichtigte Verbreitung usw muss gegen das dort geltende Strafrecht verstoßen (krit Gross JZ 74, 139); Strafbarkeit daher auch, wenn die Schriften zunächst durch ein Land ohne entsprechende Strafdrohung durchgeführt werden (Prot 6, 1938). Die Vorschrift bildet keine abschließende Regelung (Karlsruhe NJW 87, 1957); es kommt daher in Frage, dass auch andere, das Ausland berührende Taten nach § 184 deutschem Strafrecht unterliegen (§§ 3–7).

7 **4.** Werden pornographische Schriften über (internationale, s unten 15 sowie 5 zu § 9) **Computernetze** wie zB das Internet zugänglich gemacht oder verbreitet (vgl 5), ist hinsichtlich einer strafrechtlichen (Mit-)Verantwortlichkeit zunächst nach der von den Beteiligten jeweils wahrgenommenen Funktion im Hinblick auf die konkret in Frage stehende Darstellung zu differenzieren (zu den Funktionsträgern in Computernetzen Sieber CR 97, 581, 597; rechtsvergleichend Schmoll, Die deliktische Haftung der Internet-Service-Provider, 2001; zum schweizerischen StGB Niggli/Schwarzenegger SchwJZ 02, 61). Wer danach selbst pornographische Inhalte in Computernetze einspeist, so dass Dritte davon Kenntnis nehmen können (sog Content-Provider), macht sich ggf als Begehungstäter strafbar (vgl etwa Conradi/Schlömer NStZ 96, 472; Jäger/Collardin CR 96, 236, 238). Bei den Betreibern von Computernetzen, die durch das Bereitstellen der technischen Infrastruktur zu fremden Inhalten entweder nur den Zugang vermitteln (sog Access-

Provider) oder solche als zusätzliche Dienstleistung (zB durch Betreiben eines News- und/oder WWW-Servers) auch abrufbar halten (sog Host-Service-Provider), kann der strafrechtliche Vorwurf demgegenüber idR nur an ein Unterlassen anknüpfen (Sieber JZ 96, 494, 499; Derksen NJW 97, 1880, 1882; Hilgendorf JuS 97, 323, 330; Weitzel DRiZ 97, 424, 427; GBA MMR 98, 93, 94; aM Altenhain CR 97, 485, 491; Pichler MMR 98, 79, 82), doch fehlt es insb bei den Access-Providern regelmäßig an einer Garantenstellung (Conradi/Schlömer aaO S 473; Sieber JZ 96, 494, 500; Derksen aaO S 1883). Anders kann dies aber dann sein, wenn ein Host-Service-Provider Dritten den Zugriff auf seine Rechner dergestalt ermöglicht, dass diese dort unkontrolliert Daten für andere zugänglich machen können (zB über eine sog „Homepage" oder eine Newsgroup). Hier ergibt sich eine Garantenstellung des Host-Service-Providers aus dem Gesichtspunkt der Herrschaft über eine Gefahrenquelle (vgl Kühl AT 18/115b; eingehend Popp, Die strafrechtliche Verantwortung von Internet-Providern, 2002, S 121–179; s auch 12 zu § 13), weil gerade durch diese Möglichkeit die von ihm beherrschten, an ein weltweites Computernetz angebundenen Rechner zum Mittel einer erleichterten Tatausführung werden, indem sie die darauf abgelegten Daten allgemein und ständig verfügbar halten (ebenso Park GA 01, 23, 33; vgl auch Haft/Eisele, in: Kilian ua [Hrsg], Beiträge zur juristischen Informatik, Bd 23, 2000, S 68; Jäger/Collardin aaO S 238; Pätzel CR 98, 625, 627; Pelz wistra 99, 53, 56; Römer, Verbreitungs- und Äußerungsdelikte im Internet, 2000, S 238; Satzger CR 01, 109; Sch/Sch-Lenckner/Perron 66h; ferner BT-Dr 13/7385 S 20; zu weitgehend allerdings GBA aaO S 94; aM Heghmanns JA 01, 71, 75; Rudolphi SK 30a zu § 13; zum vielbeachteten Fall „CompuServe" vgl die Vorauft mwN; LG München NJW 00, 1051 mit Bespr Heghmanns ZUM 00, 463; Kühne NJW 00, 1003; Moritz CR 00, 119; Vassilaki NStZ 00, 535).

a) Diese begrenzte strafrechtliche Verantwortlichkeit der Service- und Access- **7a** Provider schränkt das **TDG,** das durch das Gesetz zum elektronischen Geschäftsverkehr neu geregelt wurde (EGG v 14. 12. 2001, BGBl I 3721; vgl Spindler NJW 02, 921), in den §§ 8–11 TDG für sog Teledienste nach § 2 TDG weiter ein (zu § 5 TDG aF krit Altenhain AfP 98, 457, 461 und 463; zum Adressatenkreis Hoeren/Sieber 19/237 ff). Die §§ 8–11 TDG enthalten eine zum Strafrecht akzessorische und – soweit sie die Verantwortlichkeit beschränken – abschließende Regelung (BT-Dr 14/6098 S 22; zu § 5 TDG aF vgl 24. Aufl mwN) mit rechtsgebietsübergreifendem Charakter, deren systematische Stellung umstritten ist. Während sie nach dem Willen des Gesetzgebers einer strafrechtlichen Prüfung vorgelagert sein soll (sog „Vorfilterlösung"; BT-Dr 13/7385 S 51; Park GA 01, 23, 29; ähnlich Pelz wistra 99, 53, 58), erscheint ihre Berücksichtigung bei der Auslegung des jeweiligen Straftatbestandes vorzugswürdig (näher Haft/Eisele JuS 01, 112, 117 [„Integrationsmodell"]; für eine Modifikation auf Tatbestandsebene auch Hilgendorf NStZ 00, 518, 519; Römer aaO [vgl 7] S 162; Satzger aaO [vgl 7] S 111; v Bubnoff LK-Nachtrag 8 zu §§ 130, 131; Sch/Sch-Lenckner/Perron 66e; vgl auch Bleisteiner, Rechtliche Verantwortlichkeit im Internet, 1999, S 153; Hoeren/Sieber 19/236 [„tatbestandsintegrierte Vorfilterlösung"]; aM Vassilaki MMR 98, 630, 632 [„eigenständiges „Teledienstseinhaltsdelikt"]; LG München NJW 00, 1052 [Element des Verschuldens]; Heghmanns JA 01, 71, 78 [persönlicher Strafausschließungsgrund]). Etwas anderes gilt für sog Mediendienste nach § 2 MDStV, da §§ 6 ff MDStV – eine den §§ 8 ff TDG entsprechende Regelung – mangels Gesetzgebungskompetenz der Länder nicht die strafrechtliche Verantwortlichkeit nach Bundesstrafrecht einschränken können (vgl Koch CR 97, 193, 198; Gounalakis NJW 97, 2993, 2995; Mann AfP 98, 129, 132; aber auch Engel-Flechsig ZUM 97, 231, 239; aM Müller-Terpitz MMR 98, 468; Park aaO S 28; Hoeren/Sieber 19/228; ferner auch Sch/Sch-Lenckner/Perron 66c [§ 5 TDG

§ 184   BT. 13. Abschnitt. Sexuelle Selbstbestimmung

analog]; krit zur Differenzierung zwischen Tele- und Mediendiensten angesichts ihrer weitgehenden Überlagerung Kröger/Moos AfP 97, 675). Für eigene Informationen, die ein Content-Provider bereithält, bleibt es nach § 8 I TDG bei der allgemeinen strafrechtlichen Haftung (BT-Dr 14/6098 S 23; Hörnle NJW 02, 1009; Horn/Wolters SK 6 h; vgl auch BGHSt 47, 55, 56 zu § 5 TDG aF). Für das Anbieten fremder Informationen schreibt § 8 II 1 TDG zunächst vor, dass den Diensteanbieter nach §§ 9–11 TDG keine Kontroll- und Nachforschungspflicht bezüglich des Bereithaltens fremder rechtswidriger Inhalte trifft (vgl Kudlich JA 02, 800; Spindler NJW 02, 922). Allerdings kann sich eine Garantenstellung aus anderen Gründen ergeben (vgl 7 a) und so eine Pflicht zum Einschreiten auslösen (zweifelnd Tröndle/Fischer 29). Für Host-Service-Provider, die fremde Informationen für einen Nutzer speichern, bestimmt sich die strafrechtliche Verantwortlichkeit nach § 11 TDG (Tröndle/Fischer 31; Hörnle NJW 02, 1011). Ob für die von § 11 TDG verlangte „Kenntnis" auch bedingter Vorsatz ausreicht, war bereits beim insoweit gleich lautenden § 5 II TDG aF zweifelhaft (vgl 24. Aufl mwN); die Neuregelung setzt nach dem Willen des Gesetzgebers eine „positive Kenntnis" (BT-Dr 14/6098 S 25) der rechtswidrigen Handlung oder rechtswidrigen Information (Spindler NJW 02, 924) voraus, die bei einem für den dolus eventualis charakteristischen Für-Möglich-Halten (23 zu § 15) noch nicht gegeben ist (Hörnle NJW 02, 1012; Kudlich JA 02, 801). Die technische Möglichkeit und Zumutbarkeit der Nutzungsverhinderung wird, anders als in § 5 II TDG aF (vgl 24. Aufl mwN), zwar nicht mehr ausdrücklich verlangt, aber vom Gesetzgeber als selbstverständlich vorausgesetzt (Horn/Wolters SK 6 i). Für das länger andauernde, zeitlich befristete Zwischenspeichern (sog Caching) greift das Haftungsprivileg des § 10 TDG ein (vgl Spindler NJW 02, 923). Access- und Network-Provider sind nach § 9 TDG für die Durchleitung fremder Informationen (einschließlich des Betriebs eines Proxy-Crash-Servers, § 9 II TDG) nicht zu belangen (Hörnle NJW 02, 1011; zu § 5 III TDG aF vgl 24. Aufl mwN sowie NJW 02, 361, 362), es sei denn, es handelt sich um eine der in § 9 I 1, 2 TDG aufgeführten funktionsunspezifischen Tätigkeiten (Kudlich JA 02, 801). Keine Bedeutung für das Strafrecht erlangt § 8 II 2 TDG, der sich auf behördlich angeordnete, außerstrafrechtliche Sperrverpflichtungen erstreckt (Kudlich JA 02, 802; zur entspr Problematik bei § 5 IV TDG aF vgl die 24. Aufl mwN).

7 b   **b)** Von §§ 9–11 TDG nicht unmittelbar erfasst wird jedoch der Fall, dass der Zugriff auf fremde Inhalte mittels interaktiver Verknüpfungen **(Hyperlinks)** vereinfacht wird. Der Gesetzgeber hat bei der Reform durch das EGG (vgl 7 a) bewusst darauf verzichtet, eine Regelung hierfür in das TDG aufzunehmen (BT-Dr 614/6098 S 37; Spindler MMR 03, 498). Im Übrigen erschiene es problematisch, das Setzen eines Hyperlinks als Speichern fremder Informationen für einen Nutzer (§ 11) oder als bloße Durchleitung von Informationen (§ 9 TDG) einzustufen (vgl Spindler MMR 03, 496; zu § 5 III TDG aF vgl 24. Aufl mwN). Es bleibt daher bei der Verantwortlichkeit des Link-Providers nach allgemeinen Regeln (BT-Dr aaO; Schwarzenegger, FS für M Rehbinder, 2002, S 731), wobei allerdings für bestimmte Fälle der Verlinkung eine analoge Anwendung der §§ 9–11 TDG oder zumindest eine Anlehnung daran vertretbar erscheint (Kudlich JA 02, 803 Fn 39; enger Spindler aaO). Die allgemeinen Vorschriften greifen auch dann ein, wenn der Link als eigene Information zur Nutzung iS des § 8 I TDG bereitgehalten wird (vgl dazu Hörnle NJW 02, 1010; zu § 5 I TDG aF vgl 24. Aufl mwN). Es macht sich also ggf wegen Beihilfe strafbar, wer Hyperlinks anbietet, die – auch über eine Kette von mehreren, jeweils weiter verweisenden Hyperlinks – zu rechtlich missbilligten Inhalten führen, soweit sich diese noch in einer gewissen Nähe befinden oder zwingend zu erreichen sind (Löhnig JR 97, 496; vgl auch Ernst CoR 97, 224; Mann aaO S 132; offen gelassen von AG Tiergarten MMR 98, 49 mit Anm

Hütig und Vassilaki CR 98, 111; zur Frage der Überprüfungspflicht bzgl bereits gesetzter Links vor dem Hintergrund des neu gefassten TDG bejahend Spindler MMR 03, 503, verneinend Hörnle NJW 02, 1010). Nicht geregelt wurden im TDG sog **Suchmaschinen,** deren Bewertung sich deshalb nach den allgemeinen Regeln richten soll (vgl BT-Dr 14/6098 S 37; Spindler NJW 02, 924), wobei auch hier Wertungswidersprüche zu den Privilegierungen der §§ 9–11 TDG vermieden werden sollten (Kudlich JA 02, 803).

5. Der **Vorsatz** (bedingter genügt) erfordert vor allem Bedeutungskenntnis im Hinblick auf den pornographischen Gehalt der Darstellung (Schroth, Vorsatz und Irrtum, 1998, S 555; 14 zu § 15). Der Täter braucht nicht selbst einen sexuellen Zweck verfolgen oder auch nur den Inhalt der Darstellung zu billigen. **8**

6. Abs 2 S 1 enthält das sog **Erzieherprivileg** mit der Einschränkung bei gröblicher Verletzung der Erziehungspflicht (vgl 13 zu § 131; 9–13 zu § 180). Es bezieht sich nach seinem Wortlaut nur auf Taten nach Abs 1 Nr 1, ist aber auf gleichwertige Taten nach Abs 1 Nr 2 analog anwendbar, zB wenn Eltern ihren Kindern zu Hause einen Film vorführen. Trotz der Einwände gegen ein solches Privileg hält es der Gesetzgeber „weiterhin für erforderlich", dem Sorgeberechtigten einen „gewissen erzieherischen Freiraum" zu gewähren (BT-Dr 15/1350 S 20). Ob dieses Privileg durch die geringere Gefährlichkeit der Zugänglichmachung von Schriften pornographischen Inhalts durch Sorgeberechtigte begründet werden kann, erscheint eher fraglich (Duttge/Hörnle/Renzikowski NJW 04, 1065, 1069); auch die „Vermittlung von Medienkompetenz" (BT-Dr aaO) ist kein die Tatbestandslosigkeit tragender Grund. Immerhin ist das Erzieherprivileg durch Halbs 2 eingeschränkt („begrüßenswert" nach Duttge/Hörnle/Renzikowski aaO), allerdings äußerst unbestimmt (9 zu § 180). Für die Gröblichkeit der Pflichtverletzung dürfte die Häufigkeit des Kontakts mit pornographischen Inhalten ein Kriterium sein (Duttge ua aaO); das unsorgfältige Verwahren pornographischen Materials erfolgt zwar nicht aus erzieherischen Gründen, ist aber keine gröbliche Pflichtverletzung (Duttge ua aaO). – Abs 2 S 2 nimmt – wie bisher schon Abs 6 S 2 aF – Handlungen nach Abs 1 Nr 3a (oben 6a) von der Strafbarkeit aus, wenn sie im Geschäftsverkehr mit gewerblichen Entleihern, zB Nachtclubbesitzern, erfolgen. **9**

7. Für die **Einziehung** pornographischer Schriften gelten die allgemeinen Vorschriften, und zwar § 74d III für Taten nach Abs 1, 4. Sind bei pornographischen Rundfunkdarbietungen Ton- oder Bildträger reproduziert worden, so sind diese nach § 74d III einziehbar, weil sie im Sinne des § 74d IV durch Vorführen öffentlich zugänglich gemacht worden sind (zw). Die Frage der Einziehung aus dem Ausland eingeführter Schriften (Abs 1 Nr 4, 8 und Abs 3) ist im Hinblick auf das Brief- und Postgeheimnis umstritten und bisher nicht abschließend geklärt (vgl etwa BGHSt 23, 329 mit Anm Meyer JR 71, 162; Karlsruhe NJW 73, 208 mit Anm Meyer JR 73, 381; Welp JuS 71, 239). **10**

8. a) Tateinheit ist möglich zwischen den **einzelnen Begehungsformen des § 184,** soweit sie untereinander einen selbstständigen Unwert verkörpern, also etwa zwischen den Nummern 1 und 6 sowie zwischen Nr 5 (2. Alternative) und den Nummern 1–3a, wenn das Angebot, die Ankündigung oder die Anpreisung selbst pornographisch ist (zT abw Tröndle/Fischer 46; Sch/Sch-Lenckner/Perron 68); dagegen bilden die Nummern 1–3a und 5 (1. Alternative) gleichwertige Begehungsformen desselben Delikts, so dass nur eine Tat vorliegt, wenn sie hinsichtlich desselben Gegenstandes in einer Handlungseinheit zusammentreffen (3 zu § 52; nur im Ergebnis ebenso Tröndle/Fischer 46; aM Sch/Sch-Lenckner/Perron 68; zw). – Auch zwischen Taten nach § 184 einerseits und §§ 184a, 184b andererseits ist wegen der nur teilweisen Identität des Schutzzwecks Tateinheit möglich **11**

§ 184a

(Tröndle/Fischer 46; M-Schroeder/Maiwald BT 1 23/28; aM Sch/Sch-Lenckner/ Perron 68; Horn/Wolters SK 23, 44, 56). – Die **Vorbereitungshandlungen** des Abs 1 Nr 8 gehen, wenn und soweit (NJW 76, 720) der Täter die Schriften seinem Plan entsprechend in strafbarer Weise selbst verwendet, in dieser Verwendung auf; im Übrigen bilden sie einander gleichwertige Begehungsformen, so dass nur eine Straftat vorliegt, wenn hinsichtlich desselben Gegenstandes die strafbare Verwendung mehrfach vorbereitet wird (BGHSt 5, 381; s auch MDR 66, 687).

12 b) Zwischen Abs 1 Nr 1 einerseits und § 131 andererseits ist **Tateinheit** möglich. Von § 176 III Nr 3 wird Abs 1 Nr 1 verdrängt (NJW 76, 1984). Von Vorschriften des JÖSchG aF bleibt Abs 1 Nr 5 unberührt (NJW 89, 409).

13 c) Noch nicht geklärt ist das Verhältnis des § 184 zu den jüngst reformierten jugendschutzbezogenen Pornographieverboten, wie sie in dem – an die Stelle des GjSM und JÖSchG getretenen – **JuSchG** (dazu Liesching NJW 02, 3281) sowie dem **JMStV** (dazu Bornemann NJW 03, 787) angeordnet sind (zu § 21 GjSM aF vgl die Vorauf). So hat das JuSchG die durch eine gegenständliche Weitergabe gekennzeichneten sog Trägermedien zum Gegenstand (§ 1 II JuSchG; zB CD-ROM, DVD, Videocassette; vgl BT-Dr 14/9013 S 17) und erklärt in **§ 27 JuSchG** bestimmte Zuwiderhandlungen gegen die Vertriebs- und Werbebeschränkungen des § 15 JuSchG für strafbar. Die (jeweils landesrechtliche) Strafnorm des **§ 23 JMStV** erstreckt sich dagegen auf Angebote im Bereich der Rundfunksendungen und sog Telemedien (§ 3 II JMStV; zB Internet, Chat-Rooms, Newsgroups, E-Mails und andere Ausprägungen von Tele- und Mediendiensten [vgl 7 a]; s auch LT-Dr BW 13/1551 S 21), stellt aber nur die Verbreitung oder das Zugänglichmachen schwer jugendgefährdender Medien (§ 4 II S 1 Nr 2, S 2 JMStV) unter Strafe. Hinsichtlich des Konkurrenzverhältnisses dieser Strafnormen wird man wie bei § 21 GjSM aF von einem Vorrang des § 184, der erkennbar den Jugendschutz besonders hervorheben soll, ausgehen können, sofern die jeweiligen Regelungen inhaltsgleich sind (vgl Vorauf sowie Hörnle MK 112–115). Soweit § 27 JuSchG bzw § 23 JMStV darüber hinausgehen (etwa in der Erfassung fahrlässigen Verhaltens in § 27 II, III JuSchG bzw § 23 S 2 JMStV), behalten sie jedoch ihre selbstständige Bedeutung.

14 d) Zur Behandlung jugendgefährdender oder -beeinträchtigender Schriften im Ganzen §§ 11–15, 27 JuSchG bzgl Schriften und anderer Trägermedien sowie §§ 4–6, 11–13 JMStV bzgl elektronischer Informations- und Kommunikationsmedien; zum anstößigen öffentlichen Zugänglichmachen von Schriften sexuellen Inhalts § 119 III OWiG.

15 9. Räumlicher Geltungsbereich § 6 Nr 6 (Weigend ZUM 94, 133). – Zur umstrittenen Anwendbarkeit der Vorschrift in Fällen, in denen die Darstellungen auf Computern im Ausland gespeichert, aber über internationale Datennetze wie das Internet auch im Inland zugänglich sind, vgl 5 zu § 9.

16 10. Beachte Nr 223–228 RiStBV.

§ 184a Verbreitung gewalt- oder tierpornographischer Schriften

Wer pornographische Schriften (§ 11 Abs. 3), die Gewalttätigkeiten oder sexuelle Handlungen von Menschen mit Tieren zum Gegenstand haben,

1. verbreitet,

2. öffentlich ausstellt, anschlägt, vorführt oder sonst zugänglich macht oder

§ 184a

3. **herstellt, bezieht, liefert, vorrätig hält, anbietet, ankündigt, anpreist, einzuführen oder auszuführen unternimmt, um sie oder aus ihnen gewonnene Stücke im Sinne der Nummer 1 oder Nummer 2 zu verwenden oder einem anderen eine solche Verwendung zu ermöglichen, wird mit Freiheitsstrafe bis zu drei Jahren oder mit Geldstrafe bestraft.**

Fassung des SexÄG (15 vor § 1).

1. Zweck der Vorschrift ist der **Schutz Jugendlicher** vor der Beeinträchtigung 1
ihrer psychischen Entwicklung. § 184a enthält jedoch, ebenso wie § 184b und anders als die meisten Tatmodalitäten in § 184 I, keine jugendschutzspezifischen Altersgrenzen, sondern schreibt ein **absolutes Verbreitungsverbot** auch unter Erwachsenen vor (Laubenthal 853 zu § 184 III aF); der Gesetzgeber wollte hier offenbar, neben der Furcht vor Nachahmung und anderer schädlicher Effekte (s auch 1 zu § 184b) nach entsprechendem Konsum gewalttätiger oder sodomischer Pornographie, etwaige Lücken im Jugendschutz, die mit der Freigabe einfacher Pornographie an Erwachsene zwangsläufig entstehen, nicht hinnehmen (Horn/Wolters SK 1 zu § 184 III aF). Die Vorschrift war früher in § 184 als dessen Abs 3 enthalten und wurde durch das SexÄG (15 vor § 1), in den neuen § 184a verschoben, ohne dass damit eine inhaltliche Änderung verbunden ist (Duttge/Hörnle/Renzikowski NJW 04, 1065, 1069).

2. Gewalttätigkeiten 4 zu § 131 (s auch NJW 80, 65; NStZ 00, 307 [ein- 2
vernehmlich im Rahmen sadomasochistischer Handlungen]; Köln NJW 81, 1458; Hanack NJW 74, 1, 7; Schreibauer, Das Pornographieverbot des § 184 StGB, 1999, S 135). **Sexuelle Handlungen von Menschen mit Tieren** erfordern körperlichen Kontakt (Schreibauer S 150; Erdemir, Filmzensur und Filmverbot, 2000, S 150). – Pornographische Schriften haben solche Handlungen schon dann zum **Gegenstand,** wenn sie nicht den alleinigen oder den in erster Linie zu vermittelnden (Koblenz MDR 79, 516) Inhalt der Darstellung ausmachen; nach dem Schutzzweck des Tatbestandes dürften hier lediglich solche Schriften ausscheiden, bei denen diese besondere Thematik gegenüber dem Gesamtinhalt völlig zurücktritt (ähnlich Hanack aaO; s auch Laufhütte LK 13 mwN). – Für verfassungswidrig hält das Verbot von Schriften sodomistischen Inhalts Beisel ZUM 96, 859.

3. Der **Pornographiebegriff** des § 184 (vgl 2) gilt auch für § 184a (zu 3
§ 184 III aF bei Holtz MDR 78, 804; aM M-Schroeder/Maiwald BT 1 23/20). – Zu den **Verbreitungs-** (Nr 1, 2) und **Vorbereitungshandlungen** (Nr 3) vgl 5 zu § 184. In Nr 3 bedeutet „um zu" Absicht im Sinne zielgerichteten Wollens (BGHSt 29, 68, 72; 20 zu § 15); es muss dem Täter darauf ankommen, die Darstellung oder aus ihr gewonnene Stücke entweder selbst zu verwenden oder dies einem anderen zu ermöglichen; die Absicht muss nicht verwirklicht sein (bei Pfister NStZ-RR 03, 353, 362). Erfasst werden danach auch Darstellungen, die nicht als solche verbreitet werden sollen, sondern nur als Grundlage für die Gewinnung der schließlich zu verbreitenden Endstücke dienen, wie zB Platten, Drucksätze, Negative und Matrizen (BGHSt 32, 1); auch das zur Drucklegung bestimmte Manuskript gehört hierher, allerdings nur unter der Voraussetzung, dass sein Inhalt – vom Vorbehalt geringfügiger Änderungen im üblichen Korrekturverfahren abgesehen – endgültig feststeht und der Weg zur technischen Vervielfältigung mit diesem Inhalt frei ist (BGH aaO). Versenden aus dem Ausland an einzelne inländische Bezieher, das idR zugleich von Abs 1 Nr 1 erfasst wird, geschieht im Allgemeinen mit der erforderlichen Verbreitungsabsicht (BT-Dr VI/1552 S 36).

4. Über das Verhältnis zur einfachen Pornographie 11 zu § 184; zu § 130 dort 4
13 und § 131 dort 15.

§ 184b   BT. 13. Abschnitt. Sexuelle Selbstbestimmung

§ 184b Verbreitung, Erwerb und Besitz kinderpornographischer Schriften

(1) **Wer pornographische Schriften (§ 11 Abs. 3), die den sexuellen Missbrauch von Kindern (§§ 176 bis 176b) zum Gegenstand haben (kinderpornographische Schriften),**

1. **verbreitet,**
2. **öffentlich ausstellt, anschlägt, vorführt oder sonst zugänglich macht oder**
3. **herstellt, bezieht, liefert, vorrätig hält, anbietet, ankündigt, anpreist, einzuführen oder auszuführen unternimmt, um sie oder aus ihnen gewonnene Stücke im Sinne der Nummer 1 oder Nummer 2 zu verwenden oder einem anderen eine solche Verwendung zu ermöglichen, wird mit Freiheitsstrafe von drei Monaten bis zu fünf Jahren bestraft.**

(2) **Ebenso wird bestraft, wer es unternimmt, einem anderen den Besitz von kinderpornographischen Schriften zu verschaffen, die ein tatsächliches oder wirklichkeitsnahes Geschehen wiedergeben.**

(3) **In den Fällen des Absatzes 1 oder des Absatzes 2 ist auf Freiheitsstrafe von sechs Monaten bis zu zehn Jahren zu erkennen, wenn der Täter gewerbsmäßig oder als Mitglied einer Bande handelt, die sich zur fortgesetzten Begehung solcher Taten verbunden hat, und die kinderpornographischen Schriften ein tatsächliches oder wirklichkeitsnahes Geschehen wiedergeben.**

(4) **Wer es unternimmt, sich den Besitz von kinderpornographischen Schriften zu verschaffen, die ein tatsächliches oder wirklichkeitsnahes Geschehen wiedergeben, wird mit Freiheitsstrafe bis zu zwei Jahren oder mit Geldstrafe bestraft. Ebenso wird bestraft, wer die in Satz 1 bezeichneten Schriften besitzt.**

(5) **Die Absätze 2 und 4 gelten nicht für Handlungen, die ausschließlich der Erfüllung rechtmäßiger dienstlicher oder beruflicher Pflichten dienen.**

(6) **In den Fällen des Absatzes 3 ist § 73d anzuwenden. Gegenstände, auf die sich eine Straftat nach Absatz 2 oder Absatz 4 bezieht, werden eingezogen. § 74a ist anzuwenden.**

Fassung des SexÄG (15 vor § 1).

1   1. Rechtsgut der Vorschrift ist zunächst ebenso wie bei § 184 (dort 1) der **Jugendschutz.** Darüber hinaus soll sie dem **Schutz von Kindern** dienen, die „Darsteller" in kinderpornographischen Schriften sind und dabei sexuell missbraucht werden (BT-Dr 12/3001 S 4; 12/4883 S 8; Schroeder NJW 93, 2581, 2582 und JZ 99, 827, 831; Weigend ZUM 94, 133, 140). § 184b soll außerdem der wissenschaftlich nicht auszuschließenden kriminogenen und sozial desintegrierenden Wirkung pädophiler Pornographie durch ein Herstellungs- und Verbreitungsverbot begegnen (zur vergleichbaren Schutzrichtung bei gewalttätiger und sodomitischer Pornographie 1 zu § 184a).

2   2. Die pornographischen Schriften müssen den sexuellen Missbrauch von Kindern **zum Gegenstand** (2 zu § 184a) haben. **Sexueller Missbrauch von Kindern** setzt Handlungen voraus, die iS des § 176 tatbestandsmäßig und rechtswidrig sind (Koblenz MDR 79, 516); daher genügen auch Handlungen von Kindern untereinander (KG NJW 79, 1897) und Handlungen nach § 176 IV (zu § 176 III aF BGHSt 43, 366, 368; 45, 41; Sch/Sch-Lenckner/Perron 55; aM Schreibauer, Das Pornographieverbot des § 184 StGB, 1999, S 145; bei § 176 IV Nr 2 muss die

Aufnahme nur zum Ausdruck bringen, dass das Kind aufgefordert worden ist, zu § 176 III aF BGHSt 45, 41, 43 mit Anm Renzikowski NStZ 00, 28), nicht dagegen Handlungen an toten Kindern (Laufhütte LK 15; Tröndle/Fischer 40); dass sich das Geschehen in einem fiktiven Land mit abweichenden Sexualvorstellungen abspielt, ist unerheblich (NStZ 00, 307, 309).

3. Die **Tathandlungen** des **Abs 1**: Zu den **Verbreitungs-** (Nr 1, 2) und **Vorbereitungshandlungen** (Nr 3) vgl 5 zu § 184. Wie bei § 184a I (dort 3) beutet in Nr 3 „um zu" Absicht im Sinne zielgerichteten Wollens (20 zu § 15).

4. Abs 2 erfasst das Verschaffen des Besitzes von Kinderpornographie für einen anderen. Durch das SexÄG wurde die Besitzverschaffung für andere, anders als das Sich-Beschaffen in Abs 4, im Strafrahmen demjenigen des Abs 1 gleichgestellt, da der Austausch oder die Weitergabe kinderpornographischen Materials in pädophilen Benutzerkreisen (etwa über das Internet) vielfach zwar nicht die Voraussetzungen eines Verbreitens oder Zugänglichmachens iS des Abs 1 Nr 1, 2 erfüllt, diesen aber im Unwertgehalt entspricht (BT-Dr 15/350 S 20; aM Duttge/Hörnle/Renzikowski NJW 04, 1065, 1070: Verdachtsstrafe).

a) Unter Strafe gestellt ist das Verschaffen des **Besitzes für andere** (allgemein zu den sog Besitzdelikten Struensee, Grünwald-FS, S 713, und eingehend Eckstein, Besitz als Straftat, 2001 [speziell zu § 184 V S 109], der von einer Zustandsverantwortung des Besitzers ausgeht [S 265]; krit dazu Deiters GA 04, 58). Einem anderen Besitz zu verschaffen, erfordert das Herbeiführen oder Aufrechterhalten eines tatsächlichen Herrschaftsverhältnisses (näher Laufhütte LK 48); Übermittlung von (Bild-)Dateien per E-Mail oder deren Abspeichern auf Datenträger genügt (Bay NJW 00, 2911; Hamburg NStZ-RR 99, 329 mit zust Anm Bertram JR 00, 126; AG Hamburg CR 98, 33 mit Anm Vassilaki; Hilgendorf JuS 97, 330). Anderen wird Besitz verschafft zB durch elektronisches Versenden von Bilddateien (Hamburg aaO). Wie bei § 29 I Nr 3 BtMG werden die Fälle des unmittelbaren und mittelbaren Besitzes sowie der Besitzdienerschaft im zivilrechtlichen Sinne erfasst (aM für den Besitzdiener Sch/Sch-Lenckner/Perron 65); auf Rspr und Lit zur Auslegung des Merkmals „besitzen" in dieser Vorschrift kann zurückgegriffen werden (BT-Dr 12/3001 S 6; ebenso Struensee aaO S 717; demgegenüber will Schroeder [NJW 93, 2581, 2583] auf Rspr und Lit zur Auslegung des Merkmals „Sich-oder-einem-Dritten-Verschaffen" in § 259 zurückgreifen). Die Schriften müssen ein tatsächliches oder wirklichkeitsnahes Geschehen (vgl 6) wiedergeben. Die Abbildung eines nackt auf einem Bett liegenden Mädchens hat nicht dessen „sexuellen Missbrauch" zum Gegenstand, wohl aber, wenn durch gespreizte Beine die unbedeckte Scheide zur Schau gestellt wird (BGHSt 43, 366). – Abs 2 ist als **Unternehmenstatbestand** (19 zu § 11; Hamburg aaO; Horn/Wolters SK 78) ausgestaltet und vorverlagert damit die Strafbarkeit bedenklich weit auf alle Erwerbs- und Gebrauchsüberlassungsgeschäfte vor der Begründung neuen Besitzes (BT-Dr aaO; einschr Schreibauer aaO [vgl 2] S 308).

b) Die pornographischen (vgl 2 zu § 184) Schriften (§ 11 III) müssen den sexuellen Missbrauch von Kindern (vgl 2) zum Gegenstand haben und ein **tatsächliches oder wirklichkeitsnahes Geschehen** wiedergeben. Nicht erfasst werden zB Zeichnungen oder wörtliche Darstellungen, da diese regelmäßig nicht mit einem tatsächlichen sexuellen Missbrauch eines Kindes verbunden sind (BT-Dr 12/4883 S 8); der Anwendungsbereich der Vorschrift ist damit auf Foto- und Filmaufnahmen beschränkt (Schroeder Sexuologie 95, 189, 194: „Kinderrealpornographie"). Wirklichkeitsnah sind Darstellungen, die ihrem äußeren Erscheinungsbild nach ein reales Geschehen wiedergeben auch dann, wenn nicht auszuschließen ist, dass es sich um fiktive, zB computergenerierte Darstellungen handelt (BT-Dr 13/7934 S 41). Erfasst sind seit der Änderung durch das IuKDG (13 vor

§ 184b

§ 1) in § 184 IV, V aF auch „Scheinwirklichkeiten" die wie zB beim sich in aufreizenden Posen schlafend Stellen für den Betrachter lediglich wie ein tatsächlicher Kindesmissbrauch aussieht (vgl BGHSt 43, 366; aM M-Schroeder/Maiwald BT 1 23/24). Ist ein tatsächlich begangener sexueller Missbrauch an einem Kind unter 14 Jahren abgebildet, so fällt diese Darstellung idR auch dann unter Abs 2–4, wenn das Opfer aus der Sicht eines „verständigen" Betrachters älter erscheint (BGHSt 47, 55 mit Anm Lindemann/Wachsmuth JR 02, 206).

7   **5. Abs 3** enthält einen Qualifikationstatbestand zu Abs 2. Der Täter muss **gewerbsmäßig** (20 vor § 52) oder **bandenmäßig** (6, 7 zu § 244) handeln.

8   **6. Abs 4 S 1** stellt das **Sichverschaffen** des Besitzes (vgl 5) kinderpornographischer Schriften unter Strafe. Seit dem SexÄG ist dies mit höherer Strafe als in § 184 V aF bedroht, um der Vorgabe eines Rahmenbeschlusses des EU-Rats zu folgen (BT-Dr 15/350 S 21; Duttge/Hörnle/Renzikowski NJW 04, 1065, 1070 Fn 35). Jedoch ist das Anschauen von Kinderpornographie im Internet sowie das lediglich temporäre Speichern der Dateien im Cachespeicher (dazu Harms NStZ 03, 646, 650) ohne dauerhaftes Abspeichern auf eigenen Datenträgern bzw ohne einen solchen Vorsatz beim Surfen straffrei (hM; LG Stuttgart NStZ 03, 36; Sch/Sch/Lenckner-Perron 65; aM Tröndle/Fischer 50; für eine Bestrafung des Betrachters de lege ferenda Harms aaO). – Dem gleichgestellt ist in **Abs 4 S 2** der bloße **Besitz** solcher Schriften. Dies wird wenig überzeugend damit begründet, dass der Konsument solcher Schriften – vergleichbar dem Hehler – eine Nachfrage insbesondere für attraktive, amateurhaft hergestellte Privatvideos schaffe und also mittelbar für den mit der Herstellung verbundenen sexuellen Missbrauch von Kindern verantwortlich sei (BT-Dr aaO S 5 sowie 12/4883 S 8; Schroeder NJW 93, 2581, 2582; Nestler, ZustStR, S 76 Fn 61; zu Recht krit Jäger, Schüler-Springorum-FS, S 229, 232; dagegen aber Schreibauer aaO [vgl 2] S 301). Bedenken erweckt auch der Umstand, dass von dem Besitzer, der unvorsätzlich in den Besitz kinderpornographischer Darstellungen gelangt ist, zur Vermeidung der Strafbarkeit verlangt wird, sich durch Vernichtung oder Ablieferung bei einer Behörde von ihnen zu trennen (vgl BT-Dr 12/3001 S 6; nach Horn/Wolters SK 78 dogmatisch ein Unterlassungsdelikt; ebenso Schreibauer S 304; ähnlich M-Schroeder/Maiwald BT 1 23/23; gegen das Besitzen als Unterlassen der Besitzaufgabe Struensee aaO S 719). Abs 4 ist wie Abs 2 (oben 5) ein **Unternehmenstatbestand.**

9   **7. Abs 5.** – Der durch das 27. StÄG (7 vor § 174) dem § 184 VI S 3 aF angefügte und durch das SexÄG (15 vor § 1) in § 184b verlagerte Abs 5 nimmt Handlungen von den Tatbeständen des Abs 2 und 4 aus, die ausschließlich der Erfüllung rechtmäßiger dienstlicher oder beruflicher Pflichten dienen. Hierzu zählen neben Handlungen von Behörden in Wahrnehmung staatlicher Aufgaben wie zB Maßnahmen im Rahmen der Strafverfolgung auch solche von Anwälten, Sachverständigen, Wissenschaftlern bei der Durchführung konkreter Forschungsaufträge und von behandelnden Ärzten (BT-Dr 12/4883 S 8; anders Schroeder [NJW 93, 2581, 2583], der Rechte wie zB die Freiheit der Forschung nach Art 5 III GG von der Gesetzesformulierung nicht als erfasst ansieht). Das Erfordernis der Ausschließlichkeit stellt sicher, dass die Ausübung der Berufspflicht der einzige Grund für den Besitz der kinderpornographischen Darstellungen sein darf (BT-Dr 12/4883 S 9).

10 **8. Abs 6 S 1,** der durch das 27. StÄG (7 vor § 174) in § 184 VII aF eingefügt und durch das SexÄG (15 vor § 1) in § 184b verschoben wurde, eröffnet zusätzlich die Möglichkeit, in Fällen gewerbs- und bandenmäßiger Verbreitung (Abs 3) den Erweiterten Verfall nach § 73d anzuordnen (BT-Dr 12/4883 S 9). **Abs 6 S 2** ist eine besondere Vorschrift iS des § 74 IV, welche für eine Tat nach Abs 2 oder 4 die Einziehung über § 74 I zulässt. Die Einziehung darf daher nur unter den Voraussetzungen des § 74 II, III und in Folge der Verweisung in Abs 6 S 3 auf § 74a auch unter dessen Voraussetzungen angeordnet werden.

9. Konkurrenzen: Der nach Abs 4 S 2 strafbare Besitz verklammert das Sich-Verschaffen iS des Abs 4 S 1 und das spätere Dritt-Verschaffen iS des Abs 2 zu einer Tat (zu § 184 V aF vgl Hamburg NStZ-RR 99, 329 mit zust Bespr Bertram JR 00, 126; 5–7 zu § 52), während beim sukzessiven Zugriff auf verschiedene Datenbestände Tatmehrheit vorliegt (Bay NJW 03, 839). Zwischen Abs 4 und § 176 ist Tateinheit anzunehmen (BGHSt 43, 366, 368 zu § 184 V aF). Zum Verhältnis der Vorbereitungshandlungen nach Abs 1 Nr 3 zur verbotenen Verwendung nach Abs 1 Nr 1, 2 und Abs 2 vgl entsprechend 11 zu § 184.

§ 184c Verbreitung pornographischer Darbietungen durch Rundfunk, Medien- oder Teledienste

Nach den §§ 184 bis 184b wird auch bestraft, wer eine pornographische Darbietung durch Rundfunk, Medien- oder Teledienste verbreitet. In den Fällen des § 184 Abs. 1 ist Satz 1 bei einer Verbreitung durch Medien- oder Teledienste nicht anzuwenden, wenn durch technische oder sonstige Vorkehrungen sichergestellt ist, dass die pornographische Darbietung Personen unter achtzehn Jahren nicht zugänglich ist.

Fassung des SexÄG (15 vor § 1).

1. Rechtsgut des § 184c ist der **Jugendschutz.** Der durch das SexÄG (15 vor § 1) neu geschaffene Tatbestand knüpft an die alte Regelung in § 184 Abs 2 aF an, geht aber darüber hinaus, in dem jetzt nicht mehr nur Darbietungen im Rundfunk, sondern auch im Internet und in anderen Tele- und Mediendiensten erfasst werden (BT-Dr 15/350 S 21).

2. Rundfunk ist der für die Allgemeinheit bestimmte (str) Bild- (Fernsehen) und Hörfunk. **Medien-** oder **Teledienste** sind elektronische Informations- und Kommunikationsdienste iS des § 2 MDStV bzw 2 TDG; erfasst werden damit – im Unterschied zu § 184 II aF, der auf den Rundfunk beschränkt war – auch Darbietungen im Internet. Für die Anbieter dieser Dienste sind die besonderen Haftungsregeln des TDG und MDStV zu beachten (7, 7a zu § 184).

3. Darbietung umfasst die sog live-Darbietung (Echtzeitübertragung; BT-Dr 15/350 S 21). Ob § 184c auf diesen (kleinen) Anwendungsbereich beschränkt ist oder er – wie in § 184 II aF – darüber hinaus auch die Ausstrahlung einer Bild- oder Tonaufzeichnung erfasst (so die Voraufl 7 zu § 184; Weigend ZUM 94, 133 Fn 3; aM Beisel, Die Kunstfreiheitsgarantie ..., 1997, S 238; vgl auch BT-Dr VI/3521 S 8), erscheint angesichts der Gesetzesbegründung (BT-Dr 15/350 S 21) fraglich. Live-Sendungen sind auch im Geltungsbereich des § 130 (dort Abs 2 Nr 2) und des § 131 (dort Abs 2) pönalisiert (zu § 21 GjSM aF vgl Lackner, in: Expertenkommission Neue Medien, Abschlussbericht, 1981, Bd II, S 187; zur Ergänzung durch den JMStV vgl Erdemir MMR 03, 628, 629). – Als **Täter** kommen beim Rundfunk die nach Rundfunkrecht für die Sendung jeweils Verantwortlichen (uU auch nur Mitverantwortlichen), namentlich Autor, Produzent und Regisseur, in Frage (BT-Dr VI/3521 S 8; aM für Autor und Produzent Sch/Sch-Lenckner/Perron 51). Bei den Medien- und Telediensten kommen insbes die verantwortlichen Diensteanbieter als Täter in Betracht. Die mit der technischen Durchführung Befassten können Teilnehmer sein. – Die Darbietung muss pornographisch (2 zu § 184) sein.

4. Tathandlung ist das **Verbreiten** (5 zu § 184) einer pornographischen Darbietung. Das Verbreiten bezieht sich auf alle Formen der Pornographie iS der §§ 184–184b (BT-Dr 15/350 S 21).

5. Für die harte Pornographie (§§ 184a, 184b) besteht ein absolutes Verbreitungsverbot auch durch Rundfunk und die Tele- oder Mediendienste. Das Ver-

§ 184d

breiten von Live-Darbietungen, die sich als weiche Pornographie darstellen, ist aber nach **S 2 straflos,** wenn sichergestellt ist, dass die Darbietungen Kindern und Jugendlichen nicht zugänglich sind (BT-Dr 15/350 S 22). Dagegen ist für **gespeicherte** live-Shows und andere pornographische Schriften, namentlich die Ausstrahlung pornographischer Filme im Privatfernsehen oder im Video-on-Demand-Verfahren, weiterhin § 184 Abs 1 einschlägig (Duttge/Hörnle/Renzikowski NJW 04, 1065, 1069; s auch oben 3 und BT-Dr 15/1311 S 24), wobei aber auch dort die Straflosigkeit bei Errichten einer effektiven Zugangsbarriere für Jugendliche eintreten kann (5, 6 zu § 184).

§ 184d Ausübung der verbotenen Prostitution

Wer einem durch Rechtsverordnung erlassenen Verbot, der Prostitution an bestimmten Orten überhaupt oder zu bestimmten Tageszeiten nachzugehen, beharrlich zuwiderhandelt, wird mit Freiheitsstrafe bis zu sechs Monaten oder mit Geldstrafe bis zu einhundertachtzig Tagessätzen bestraft.

1   **1. Prostitution** – heterosexuelle, homosexuelle und lesbische – ist als solche nur unter den besonderen Voraussetzungen der §§ 184d, 184e mit Strafe bedroht. Ihrer Zurückdrängung dienen ferner die §§ 119, 120 OWiG. – Zur Reform Gleß, Die Reglementierung von Prostitution in Deutschland, 1999, S 139; für Streichung der Vorschrift im Hinblick auf die Entkriminalisierung der bloßen Förderung der Prostitution nach Art 2 ProstG (Heger StV 03, 350, 354). – Rechtsvergleichend mit Schweden Hamdord/Lernestedt KJ 00, 352.

2   **2.** Die Vorschrift bildet einen **Mischtatbestand** mit § 120 I Nr 1 OWiG, dessen Verwirklichung sie bei „beharrlicher" Zuwiderhandlung gegen eine SperrbezirksVO zur Straftat qualifiziert. Für ihre ersatzlose Streichung Leo, Die strafrechtliche Kontrolle der Prostitution, 1995, S 199 mwN.

3   **3.** Zur Ausfüllung des Blanketts bedarf es einer **Rechtsverordnung,** zu deren Erlass Art 297 EGStGB ermächtigt. Danach kann in einem bestimmten, näher umschriebenen Rahmen verboten werden, der Prostitution in Gemeinden, in Teilen von Gemeinden, an öffentlichen Orten oder zu bestimmten Zeiten nachzugehen. Die Verbotsmöglichkeiten sind je nach der Größe der Gemeinde differenziert. Die Ermächtigung ist abschließend (BGHSt 11, 31) und lässt daher weitergehende Verbote nicht zu. Die in ihren Grenzen erlassenen Rechtsverordnungen sind ebenso wie das Blankettatbestand selbst (BVerfG NJW 85, 1767) verfassungsrechtlich unbedenklich (VGH Mannheim DÖV 78, 848; BayVerfGH NJW 83, 2188).

4   **4. a)** Der **Prostitution nachgehen** 1 zu § 180a. Maßgebend ist allein der Widerspruch der Tathandlung zu einem wirksamen Verbot; eine teleologische Reduktion zur Ausscheidung nichtstrafwürdiger Fälle (zB Beschränkung auf Handlungen, die zur Belästigung anderer geeignet sind) scheidet wegen der damit verbundenen Abgrenzungsschwierigkeiten aus (Bay GA 89, 469 mwN; zw).

5   **b) Beharrlich** setzt wiederholte (BGHSt 23, 167, 172) Zuwiderhandlung in einer Haltung voraus, die gesteigerte Missachtung oder Gleichgültigkeit gegenüber dem Verbot offenbart und deshalb weitere Wiederholung indiziert (Köln GA 84, 333). Abmahnung durch Bußgeldbescheid oder in anderer Weise ist nicht unbedingt erforderlich (Sch/Sch-Lenckner/Perron 5; aM Laufhütte LK 4, beide mwN; str), Beharrlichkeit aber ohne sie idR nicht beweisbar.

6   **5.** Bedingter **Vorsatz** genügt (zum früheren Recht BGHSt 23, 167).

7   **6.** Die Tat ist **eigenhändiges Delikt** (Bay NJW 85, 1566 mit Anm Geerds JR 85, 472; s auch 3 zu § 25). – **Teilnahme** (Anstiftung und Beihilfe) ist nicht

Begriffsbestimmungen §§ 184e, 184f

grundsätzlich ausgeschlossen. Jedoch ist die Beharrlichkeit besonderes persönliches Merkmal (aM Otto GK 2 66/85), so dass Beteiligte, bei denen es fehlt, nur eine Ordnungswidrigkeit begehen (12 zu § 28). Ferner ist der Partner der Prostituierten, wenn sich sein Tatbeitrag auf die Rolle des zahlenden Freiers beschränkt, als notwendiger Teilnehmer straflos (12 vor § 25; nur im Ergebnis ebenso Sowada, Die „notwendige Teilnahme" als funktionales Privilegierungsmodell im Strafrecht, 1992, S 241; aM Graalmann-Scheerer GA 95, 349). Da überdies die Überlassung von Wohnung, Unterkunft oder Aufenthalt zur Förderung der Prostitution in § 180a abschließend geregelt ist, erscheint ihre Kriminalisierung auf dem Umweg über die Teilnahme an Taten nach § 184a problematisch (ebenso Joecks 3; aM Bay NJW 81, 2766; Geerds JR 85, 472).

§ 184e Jugendgefährdende Prostitution

Wer der Prostitution

1. in der Nähe einer Schule oder anderen Örtlichkeit, die zum Besuch durch Personen unter achtzehn Jahren bestimmt ist, oder

2. in einem Haus, in dem Personen unter achtzehn Jahren wohnen,

in einer Weise nachgeht, die diese Personen sittlich gefährdet, wird mit Freiheitsstrafe bis zu einem Jahr oder mit Geldstrafe bestraft.

1. Vgl zunächst 1a zu § 180a; 1, 7 zu § 184d. – Kritisch zur Legitimität der Vorschrift als Strafbarkeitsvorschrift Leo, Die strafrechtliche Kontrolle der Prostitution, 1995, S 215; zur Reform Gleß, Die Reglementierung von Prostitution in Deutschland 1999, S 143. 1

2. Eine Örtlichkeit ist nur dann **zum Besuch durch Personen unter 18 Jahren bestimmt,** wenn ihre Eigenart gerade darin besteht, diesem Personenkreis zu dienen (zB Kindergärten, Spielplätze und Jugendheime). 2

3. Das (sachgemäß kaum konkretisierbare, Hanack NJW 74, 1, 6) Erfordernis **sittlicher Gefährdung** (krit wegen der Anerkennung der Prostitution durch Art 1 ProstG Heger StV 03, 350, 355 und Tröndle/Fischer 3) beschränkt den Strafschutz auf Fälle, in denen nach den konkreten Umständen naheliegt, dass die Prostitutionsausübung oder ihre Begleiterscheinungen von tatsächlich anwesenden geschützten Personen wahrgenommen und in ihrer sexuellen Bedeutung erfasst werden (ähnlich Sch/Sch-Lenckner/Perron 5; auf tatsächliche Wahrnehmung einschr Laufhütte LK 5, beide mwN; str). 3

4. **Der Vorsatz** (bedingter genügt) muss auch die sittliche Gefährdung umfassen (zum Gefährdungsvorsatz 28 zu § 15). 4

§ 184f Begriffsbestimmungen

Im Sinne dieses Gesetzes sind

1. sexuelle Handlungen
nur solche, die im Hinblick auf das jeweils geschützte Rechtsgut von einiger Erheblichkeit sind,

2. sexuelle Handlungen vor einem anderen
nur solche, die vor einem anderen vorgenommen werden, der den Vorgang wahrnimmt.

1. Den Begriff der **sexuellen Handlung** (vgl §§ 174 I, II, 174a I, II, 174b I, 174c I, II, 176 I, II, III, 177 I, 179 I, II, 180 I–III, 181 Nr 2, 182 I, II, 183a, 184a, 184f) hat das 4. StrRG (7 vor § 1) eingeführt. Er soll die Begriffe „Unzucht" und „unzüchtige Handlung" des früheren Rechts ersetzen. 1

§ 184f
BT. 13. Abschnitt. Sexuelle Selbstbestimmung

2 a) **Sexuelle Handlung** ist jede menschliche Handlung, die entweder schon nach ihrem äußeren Erscheinungsbild für das allgemeine Verständnis eine Beziehung zum Geschlechtlichen aufweist, dh objektiv geschlechtsbezogen erscheint (NStZ 85, 24 und 96, 31; bei Miebach NStZ 96, 124), oder die bei mehrdeutigem äußerem Erscheinungsbild, zB einer gynäkologischen Untersuchung, einer sexuellen Ersatzhandlung (bei Holtz MDR 80, 454), einer körperlichen Misshandlung (Lenckner JR 83, 159) oder Turnübungen (Jena NStZ-RR 96, 294), durch die Absicht motiviert ist, sich selbst oder einen anderen geschlechtlich zu erregen oder zu befriedigen (abw die Rspr, die auf das Gesamturteil eines informierten objektiven Betrachters abstellt, zB NJW 92, 325 und Jena NStZ-RR 96, 294). Handlungen lediglich zur Ermöglichung eines beabsichtigten Geschlechtsakts, zB das Herunterreißen von Kleidung, sind nicht schon als solche geschlechtsbezogen, sondern nur dann, wenn sie schon selbst sexuelle Erregung bezwecken (NStZ 90, 490; NStZ-RR 97, 292; aM Frommel NK 1).

3 aa) **Weder** eine ausschließliche Anknüpfung an das äußere Erscheinungsbild (so aber die hM; vgl etwa Maiwald GA 79, 153, 154; Benz, Sexuell anstößiges Verhalten, 1982, S 53; Laufhütte LK 6–8 mwN) **noch** an der früheren Rspr zum Begriff der „unzüchtigen Handlung" orientiertes ausnahmsloses Abstellen auf die „wollüstige Absicht" (von der Rspr nicht mehr gefordert, bei Miebach NStZ 96, 124); subjektiver jedoch NStZ 02, 431) wird der Funktion des Begriffs gerecht (diff daher Sch/Sch-Lenckner/Perron 6–11; für die Einbeziehung der Opferperspektive Zinsmeister, in: Fegert [Hrsg], Sexueller Missbrauch durch Professionelle in Institutionen, 2002, S 101, 108). In den gesetzgeberischen Beratungen war deshalb die hier vertretene gemischt objektiv-subjektive Deutung vorherrschend (Prot 6, 2007); sie führt zu einem relativ weiten Anwendungsbereich und sucht die gebotene normative Einschränkung erst in dem Merkmal der Erheblichkeit (vgl 5).

4 bb) Da also auch eine nur objektiv geschlechtsbezogene Handlung ausreicht (NStZ 83, 167), kommt es nicht darauf an, ob der Handelnde (etwa ein Kind) die Geschlechtsbezogenheit des Vorgangs begreift (BGHSt 29, 336 mit Anm Horn JR 81, 251; KG JR 82, 507) oder ob er (etwa eine Prostituierte bei Einnehmen sexualtypischer Stellungen zur Anfertigung von Aktfotos) eine sexuelle Absicht hat (zum früheren Recht BGHSt 15, 276). Allerdings muss der **Vorsatz** des Täters die Geschlechtsbezogenheit umfassen (NJW 93, 2252, 2253).

4a cc) Dass das Opfer (zB im Schlaf oder bei Bewußtlosigkeit) die sexuelle Handlung nicht sinnlich wahrnimmt, ist unerheblich, es sei denn, dass das Gesetz etwas anderes bestimmt (vgl 8) oder dass Schutzzweckerwägungen beim einzelnen Tatbestand eine Ausnahme rechtfertigen (Laufhütte LK 17; weitergehend M-Schroeder/Maiwald BT 1 17/31; s auch 3 zu § 176).

5 b) **Von einiger Erheblichkeit für das jeweils geschützte Rechtsgut** (beachte dazu die Hinweise, die bei allen einschlägigen Vorschriften die Erläuterungen einleiten; s auch 1 vor § 174; krit zu dieser Beschränkung für einen Straftatbestand der sexuellen Belästigung [§ 183b] Schaefer/Wolf ZRP 01, 27) ist die sexuelle Handlung, wenn sie einen solchen Grad der Gefährlichkeit erreicht hat, dass sie nach Art, Intensität und Dauer eine sozial nicht mehr hinnehmbare Beeinträchtigung eines bestimmten, im Tatbestand (allein oder mit-) geschützten Rechtsguts (uU auch mehrerer) bedeutet (ebenso Kindhäuser 2; einschr Horn LdR S 840). Die Bewertung umfasst den Gesamtvorgang, richtet sich also nach den konkreten Umständen, und zwar nicht nur nach dem äußeren Erscheinungsbild der Tat, sondern auch nach deren Begleitumständen, der Persönlichkeit des Täters und den Beziehungen der Beteiligten untereinander (NStZ 92, 432 mwN; krit Frommel NKrimPol 93, 27 und Kruse/Sczesny KJ 93, 336, 343). Im Ganzen muss eine gewisse Erheblichkeitsschwelle überschritten sein, die nicht für alle Rechtsgüter und Tatbestände gleich ist (NStZ 83, 553); sie bestimmt sich vielmehr

Vorbemerkung **Vor § 185**

nach dem Grad der Gefährlichkeit für das jeweils betroffene Rechtsgut (StV 00, 197; NStZ 01, 370; Frommel NK 3); unter diesem Gesichtspunkt darf es sich nicht um Belanglosigkeiten handeln (bei Holtz MDR 91, 702 mwN). Gegenüber der früheren Rspr, die auf die Schwere des Verstoßes gegen das allgemeine Scham- und Sittlichkeitsgefühl abgestellt hat (FamRZ 66, 632), bedeutet das zwar eine Veränderung des Maßstabs, die aber deshalb nur geringfügig ist, weil die Gefährlichkeit der Handlung für das betroffene Rechtsgut und die Schwere der jeweiligen Strafdrohung schon immer für das Ergebnis mitbestimmend waren (BGHSt 17, 280, 288). Deshalb ist die Rspr, mit deren Hilfe nur unangebrachte, unanständige oder anstößige Zudringlichkeiten ausgeschieden wurden (BGH aaO), mit Vorsicht noch verwertbar (bei Dallinger MDR 74, 545; Koblenz NJW 74, 870).

aa) Soweit in den Tatbeständen die **ungestörte geschlechtliche Entwicklung** 6 des jungen Menschen im Vordergrund steht, wird die Schwelle bei jüngeren Opfern niedriger anzusetzen sein als bei solchen, die der Altersgrenze schon nahe sind (krit Schüler-Springorum MschrKrim 77, 364; s auch Ehebald MschrKrim 77, 347). Ein bloßer Kuss wird jedoch ganz allgemein nicht ausreichen (s auch BGHSt 1, 293, 298; Zweibrücken NStZ 98, 357 mit zust Anm Michel), während das Abtasten der Brust (BGHSt 1, 168; bei Miebach NStZ 94, 226) und der Zungenkuss (BGHSt 18, 169) idR bei Kindern, nicht ohne weiteres auch bei geschlechtlich gereifteren Partnern, genügen (StV 83, 415; Michel NStZ 98, 357; aM Sick ZStW 103, 43, 69 und Horn/Wolters SK 15). Das Streicheln des bedeckten Beines einer 16Jährigen und ein Kussversuch reichen nicht (NStZ 01, 370 mit krit Anm Lindenau JR 02, 72).

bb) Sexuelle Handlungen, die **äußerlich nicht geschlechtsbezogen** erschei- 7 nen (vgl 2, 3), werden idR, aber nicht notwendig (zB bei Körperverletzungen aus sadistischer Motivation), unter der Erheblichkeitsschwelle bleiben (Prot 6, 2008).

2. Das Merkmal der **sexuellen Handlung vor einem anderen** (vgl §§ 174 II, 8 176 IV Nr 1 und 180) erfordert eine bewusste sinnliche (uU auch nur akustische) Wahrnehmung des Vorgangs durch den anderen; dieser muss den Vorgang in räumlicher Nähe wahrnehmen, so dass die Wahrnehmung sexualbezogener Äußerungen über Telefon nicht erfasst wird (BGHSt 41, 285 mit Bespr Schmidt JuS 96, 654; Laubenthal 81; Horn/Wolters SK 18; aM Frommel NK 5; Tröndle/ Fischer 9; beachte jedoch 4 zu § 176). Dass er die sexuelle Bedeutung begreift (bei Dallinger MDR 74, 546; NStZ 95, 228; Kindhäuser 6; Horn/Wolters SK 19; aM Sch/Sch-Lenckner/Perron 21 a) oder dass sein Körper in das sexuelle Geschehen mit einbezogen wird, wie es die Rspr zum früheren Recht für die unzüchtige Handlung „mit" einem anderen vorausgesetzt hat (zB BGHSt 4, 323; 5, 88; 8, 1; NJW 65, 2308), ist nicht erforderlich; jedoch wird weiterhin gefordert, dass der Täter das Kind so einbezieht, dass gerade die Wahrnehmung durch den anderen für ihn ein entscheidender Faktor ist (für § 176 III aF [jetzt § 176 IV] Stuttgart NStZ 02, 34; Sch/Sch-Lenckner/Perron 23; Tröndle/Fischer 9).

14. Abschnitt. Beleidigung

Vorbemerkung

1. Geschütztes Rechtsgut der §§ 185–187 a ist die Ehre (hM; anders 1 Knittel, Ansehen und Geltungsbewusstsein, 1985). Dass sie nur einen Teilbereich der Personenwürde bildet, mit ihr und dem aus ihr fließenden Persönlichkeitsrecht also nicht identisch ist, entspricht allgemeiner Ansicht (BGHSt 36, 145). Im Übrigen sind Inhalt und Grenzen der Ehre aber umstritten (eingehend Tenckhoff, Die Bedeutung des Ehrbegriffs für die Systematik der Beleidigungstatbestände, 1974, S 26); ein umfassender Schutz des allgemeinen Persönlichkeitsrechts kann den Be-

Vor § 185

leidigungsdelikten nicht zugeordnet werden (Peglau, Der Schutz des allgemeinen Persönlichkeitsrechts durch das Strafrecht, 1997, S 133; gegen eine Erweiterung des Rechtsguts zu sonstigen Persönlichkeitsrechten Stegbauer, Rechtsextremistische Propaganda im Lichte des Strafrechts, 2000, S 122). Die Rspr (zB BGHSt 1, 288; 11, 67) vertritt einen gespaltenen normativ-faktischen Ehrbegriff, der dem § 185 als Rechtsgut die innere Ehre, dh den aus dem sittlichen und sozialen Persönlichkeitswert entspringenden Achtungsanspruch, und dem § 186 die äußere Ehre, dh den in Bezug auf diesen Persönlichkeitswert guten Ruf des Menschen, zuordnet (sog Aliudtheorie; ob sie auch noch der neueren Rspr zu Grunde liegt, ist zweifelhaft; vgl Küper BT S 113 und Zaczyk NK 7 mwN; krit zur Rspr Rühl, Tatsachen-Interpretationen-Wertungen, 1998, S 309). Im Schrifttum wird die Ehre teils als faktischer Begriff in der dualistischen Ausformung von äußerer Ehre (Leumund) und subjektiver Ehre (Ehrgefühl) verstanden (Stern, FS für Heinz Hübner, 1984, S 815); teils wird sie nur normativ als der auf die Personenwürde gegründete personale Geltungswert des Menschen (Hirsch, Ehre und Beleidigung, 1967, S 29 und ZStW 90, 965, 978 sowie Wolff-FS, S 125, 127; Herdegen LK[10] 5–17) oder als der aus diesem Wert entspringende verdiente soziale Geltungsanspruch (so Begr zu § 173 E 1962) gedeutet (kombinierend Küper BT S 112; ähnlich Gössel, Schlüchter-GS, S 295); teils sieht man sie als ein zugleich faktisch und normativ zu verstehendes Beziehungsverhältnis zur Umwelt an (so Wolff ZStW 81, 886; Otto, Schwinge-FS, S 71; Schramm, Lenckner-FS, S 539, 545; Zaczyk NK 1; ähnlich Ignor, Der Straftatbestand der Beleidigung, 1995, S 174; Schößler, Anerkennung und Beleidigung, 1997; Rudolphi SK 5; s auch Kargl, Wolff-FS, S 189, 217); teils wird der bisher durchgängig anerkannte rein personale Charakter des Rechtsguts auch geleugnet und Ehre als die im öffentlichen Interesse zu Gunsten einer Person angebrachte Zurechnung als verdienstlich definiert (Jakobs, Jescheck-FS, S 637); neuerdings wird die Ehre funktional als Voraussetzung der Kommunikation mit anderen als ebenbürtige Partner aufgefasst (Amelung, Die Ehre als Kommunikationsvoraussetzung, 2002 mit Bespr Jakobs GA 03, 232); zum Begriff der Ehre im Rechtsdiskurs (Rühl KJ 02, 197). Mit Recht zeichnet sich im ganzen eine zunehmend normative Deutung des Begriffs ab, die allerdings die Verschlingung mit dem Faktischen nicht leugnen kann (Hirsch aaO S 1; Tenckhoff aaO S 71; Engisch, Lange-FS, S 401; Arzt JuS 82, 717; Erhardt, Kunstfreiheit und Strafrecht, 1989, S 114; krit Kübler JZ 84, 541, 543). Jedenfalls wird die Verletzung der Ehre heute überwiegend darin gesehen, dass dem Betroffenen zu Unrecht Mängel nachgesagt werden, die, wenn sie vorlägen, seinen Geltungswert mindern würden (BGHSt 36, 145). Dieser Wert ist aus dem allgemeinen Menschenwert sowie dem sittlichen und sozialen Wert der jeweils betroffenen Person abzuleiten (hM; vgl etwa M-Schroeder/Maiwald BT 1 24/5; anders Hirsch aaO S 77 ff, der ein soziales Element des Ehrbegriffs verneint, aber den sittlichen Aspekt auf den Gesamtbereich der Sozialethik erstreckt; offen gelassen in BGHSt 36, 145, 148, alle mwN). – Zusf zum Rechtsgut, zur Systematik und zu den Grundfragen der Beleidigung Geppert Jura 83, 530; Küpper JA 85, 453; Tenckhoff JuS 88, 199, 457, 787 und 89, 35, 198; Herdegen LdR S 90; Küper BT S 71. – Zur „Historie" Regge MK 1–6. – Rechtsvergleichend Kretschmer, Strafrechtlicher Ehrenschutz und Meinungs- und Pressefreiheit ..., 1994; Brömmekamp, Die Pressefreiheit und ihre Grenzen in England und in der Bundesrepublik Deutschland, 1997, S 87; Spinellis, Hirsch-FS, S 739 und Brugger AöR 03, 372, 388. – Zur grundrechtlichen „Verortung" der Ehre Isensee und Stark, Kriele-FS, S 5 und 235. – Rechtsgeschichtlich Waldow, Der strafrechtliche Ehrenschutz in der NS-Zeit, 2000, mit Ausblick auf die heutige Entwicklungen der Nachkriegszeit, S 516. – Für eine Reformvorschrift, die Ehrverletzungen nur dann erfasst, wenn sie zugleich Verletzungen der Menschenwürde enthalten, Bemmann, Wolff-FS, S 33, 38. – Für die Abschaffung des strafrechtlichen Ehrenschutzes Kubiciel/Winter ZStW 113, 305.

Vorbemerkung Vor § 185

2. a) Beleidigungsfähig ist jeder lebende (beachte 1 zu § 189) Mensch, da 2
ihm mindestens auf Grund seines allgemeinen Menschenwerts Ehre zukommt, also
auch der Geisteskranke und das Kind (BGHSt 7, 129, 132; diff Zaczyk NK 10, 11)
sowie der Behinderte (Schramm aaO [vgl 1] S 539, der die Ausstrahlungswirkung
von Art 3 III 2 GG auf die Auslegung der Beleidigung hervorhebt; einschr Regge
MK 45).

aa) Die Beleidigung kann sich unter einer **Kollektivbezeichnung** auch gegen 3
jeden einzelnen Angehörigen einer Personenmehrheit richten (Wehinger, Kollektivbeleidigung – Volksverhetzung, 1994, S 17; zusf Joecks 19–24), wenn diese so
aus der Allgemeinheit hervortritt, dass der Kreis der betroffenen Personen klar
umgrenzt und die Zuordnung des einzelnen zweifelsfrei ist (BGHSt 11, 207; 36,
83; zusf Wagner JuS 78, 674, 677; Geppert Jura 83, 430, 438; krit aus US-
amerikanischer Sicht Brugger AöR 03, 372, 390). Die uneinheitliche und zum
Teil zu weite Rspr (Rspr-Übersicht bei Wehinger aaO S 33; krit zur Handhabung
des Kriteriums durch Rspr Dencker, Bemmann-FS, S 291) hat das zB bejaht für
die „Spitze der Großbanken" (Hamm DB 80, 1215), für die „Patentanwälte" (Bay
NJW 53, 554 mit Anm Bockelmann), für die „Soldaten der Bundeswehr" (BGHSt
36, 83; Frankfurt NJW 89, 1367 mit Bespr Arzt JZ 89, 647, Dau NStZ 89, 361
und Maiwald JR 89, 485; Bay NJW 91, 1493; s auch KG NJW 03, 685; krit
Giehring StV 92, 194, 196 und Goerlich Jura 93, 471, 476; vgl auch BVerfG NJW
94, 2943, 2944 mit krit Bespr Herdegen NJW 94, 2933, 2934, Lorenz NJ 94, 561,
562 und Campbell NStZ 95, 329, zust aber Dencker aaO S 297; BVerfGE 93,
266, 298 mit Bespr Heselhaus JA 96, 539, Hufen JuS 96, 738, Otto NStZ 96, 127,
Gounalikis NJW 96, 481, 485, Sendler NJW 96, 825; zw), für die noch in einem
Wehrdienstverhältnis stehenden „Reservisten" (Köln NStE 3 zu § 77), für die
Sondereinheit des Bundesgrenzschutzes „GSG 9" (Köln OLGSt S 12), für die
kommunalen Messbeamten (AG Gießen DAR 93, 274), für die „Beamten der
Schutz- und Kriminalpolizei" (Düsseldorf MDR 81, 868) und allgemein für
„Polizei", wenn damit erkennbar nur die Beteiligten an einem bestimmten Einsatz
(Frankfurt NJW 77, 1353; zu weit Bay NJW 90, 921 mit abl Anm Seibert StV 90,
212) oder einer bestimmten Veranstaltung (Bay NStZ 88, 365 mit Anm Volk JR
89, 74) gemeint sind, nicht dagegen für die „Polizei" im Ganzen (Düsseldorf NJW
81, 1522 und StraFo 03, 316; Bay NJW 90, 1742; Wehinger aaO S 59: keine Individuumsbezogenheit), und zwar auch dann nicht, wenn die Äußerung auf Träger bestimmter Ausrüstungen (zB von Helmen, Schutzschilden und Schlagstöcken)
beschränkt wird (aM KG JR 90, 124), für die Mitglieder des Freundeskreises „Ein
Herz für Deutschland" (AG Pforzheim NStZ-RR 03, 202). Allgemeine Bezeichnungen, die sich auf keinen fest umrissenen Personenkreis fixieren lassen oder erkennbar auf die Sicht des Täters nicht auf alle Angehörigen eines solchen Kreises
gemünzt sind, genügen nicht (BGHSt 36, 83; KG JR 78, 422); zB „die Katholiken", „die Christen" (LG Köln MDR 82, 771), „die Akademiker" (BGHSt 11,
207, 209), „die an der Entnazifizierung Beteiligten" (BGHSt 2, 38) und „alle Soldaten der Welt" (BVerfGE 93, 266, 302 mit zust Bespr Mager Jura 96, 405, 409;
Rudolphi SK 13). Als in diesem Sinne klar umgrenzte Gruppe hat die Rspr auch
die jetzt in Deutschland lebenden, vom Nationalsozialismus verfolgten Juden anerkannt (BVerfG NStZ 92, 535 und NJW 89, 916; BGHSt 11, 207; 16, 49, 57; s
auch Bay JR 97, 341 mit krit Anm Jakobs; noch weitergehend BGHZ 75, 160 mit
Anm Deutsch NJW 80, 1100; zu Recht krit Zaczyk NK 36 mwN). Nur auf der
Grundlage dieser extensiven Rspr kann der auf dem 21. StÄG (10 vor § 1) beruhende § 194 I S 2–4 für den Beleidigungsschutz der Juden, namentlich für Fälle
der sog „Auschwitzlüge", praktisch werden (BGHSt 40, 97; Peglau aaO [vgl 1]
S 62, 102, 116 und 120; krit Wehinger aaO S 61; Stegbauer aaO [vgl 1] S 135;
Wandres, Die Strafbarkeit des Auschwitz-Leugnens, 2000, S 203 und Sch/Sch-
Lenckner 1 zu § 194); bei Verfolgten anderer Gruppen (etwa den vom Vertrei-

§ 185 BT. 14. Abschnitt. Beleidigung

bungsschicksal betroffenen „Schlesiern") sind die Voraussetzungen der Kollektivbeleidigung auch bei weitester Auslegung regelmäßig nicht erfüllt. Hier ist nicht hinreichend bedacht worden, dass der Anwendungsbereich dieser Rechtsfigur durch den Verzicht auf das Antragserfordernis nicht berührt wird und dass seine schon heute problematische Weite nicht noch mehr ausgedehnt werden kann, ohne den Charakter der Beleidigung als eines gegen das Individuum gerichteten Delikts preiszugeben (krit auch Stegbauer S 142).

4   bb) Ein Angriff gegen das Mitglied einer begrenzten, ohne weiteres überschaubaren (KG JR 78, 422; Dolde ZRP 73, 217; diff Wehinger aaO [vgl 3] S 30) Gruppe, **das nicht näher bezeichnet wird** (zB „ein bayerischer Minister"), kann alle Mitglieder kränken (BGHSt 14, 48; 19, 235; zu weit Lamprecht ZRP 73, 215).

5   **b)** Auch **Personengemeinschaften,** die eine anerkannte soziale Funktion erfüllen, einen einheitlichen Willen bilden können und nicht vom Wechsel ihrer Mitglieder abhängen, sind beleidigungsfähig (hM; vgl ua Frankfurt NJW 77, 1353 mit abl Bespr Wagner JuS 78, 674; Küper BT S 75; einschr Hirsch, Wolff-FS, S 125, 140; aM Schößler aaO [vgl 1] S 250, 259; Gössel, Schlüchter-GS, S 295, 302; Rudolphi SK 9; Zaczyk NK 12 und Amelung aaO [vgl 1] S 53, der das „zurechnende Urteil potenzieller Kommunikationspartner" für maßgeblich hält, S 54; zw). Für Behörden, Gesetzgebungsorgane und politische Körperschaften ergibt sich das aus § 194 III, IV (hM; BVerfGE 93, 266, 291; NJW 00, 3421; anders Fischer JZ 90, 68 mwN). Die Rspr dehnt den Schutz in zum Teil problematischer Weise sehr weit aus und bezieht zB die Bundeswehr (BGHSt 36, 83; Frankfurt NJW 89, 1367; krit Giehring StV 92, 194, 195; zusf Dau NJW 88, 2650, alle mwN; zw), die politischen Parteien und deren Untergliederungen (Düsseldorf MDR 79, 692; aM Hirsch aaO [vgl 1] S 91, 113), Kapitalgesellschaften (BGHSt 6, 186) sowie ein bestimmtes Dezernat der Kriminalpolizei (AG Weinheim NJW 94, 1543; LG Mannheim NStZ-RR 96, 360), nicht dagegen die Polizei im Ganzen (Bay NJW 90, 1742; Düsseldorf StraFo 03, 316) ein (eingehend Krug, Ehre und Beleidigungsfähigkeit von Verbänden, 1965; krit Brackert JA 91, 189; zusf Tenckhoff JuS 88, 457). – Eine besondere **Familienehre** wird dagegen nicht als solche geschützt (hM; vgl etwa BGHSt 6, 186, 192; anders Arthur Kaufmann ZStW 72, 433; beachte Gössel aaO S 305). Die dadurch entstehende Lücke ist allerdings unbedeutend, weil idR zugleich eine Beleidigung der Familienmitglieder unter einer Kollektivbezeichnung vorliegt.

§ 185 Beleidigung

Die Beleidigung wird mit Freiheitsstrafe bis zu einem Jahr oder mit Geldstrafe und, wenn die Beleidigung mittels einer Tätlichkeit begangen wird, mit Freiheitsstrafe bis zu zwei Jahren oder mit Geldstrafe bestraft.

1   **1.** Zum **Rechtsgut** und zum geschützten Personenkreis 1–5 vor § 185. Die Verfassungsmäßigkeit der Vorschrift (Bestimmtheitsgrundsatz, 2 zu § 1) wird in stRspr vorausgesetzt und wegen der näheren Strukturierung des Tatbestandes in Theorie und Praxis nur vereinzelt in Frage gestellt (so aber Finkeisen ua ZRP 91, 245 mit Erwiderung Küpper ZRP 91, 249; krit auch Ignor, Der Straftatbestand der Beleidigung, 1995, S 158). Die Vorschrift enthält unter Berücksichtigung des § 193 keine übermäßige Einengung der von Art 5 I GG geschützten Meinungsfreiheit und verstößt im Hinblick auf die gefestigte Rechtsprechung der Strafgerichte nicht gegen den Bestimmtheitsgrundsatz des Art 103 II GG (BVerfGE 93, 266, 290; krit Rühl, Tatsachen-Interpretationen-Wertungen, 1998, S 299). Für einen Verzicht auf § 185 Kargl, Wolff-FS, S 189, 223.

2   **2.** § 185 umfasst **drei Begehungsformen:** die Äußerung eines beleidigenden Werturteils gegenüber dem Betroffenen („Du Lümmel") und gegenüber einem

Dritten („er ist ein Lümmel") sowie – nach hM (zB Bay NJW 59, 57) – die Behauptung einer ehrenrührigen Tatsache gegenüber dem Betroffenen („Du hast gestohlen"); im letzten Falle muss allerdings die Behauptung nach hM unwahr (1 zu § 187) sein (vgl 11). Die Behauptung ehrenrühriger Tatsachen gegenüber einem Dritten („er hat gestohlen") fällt als üble Nachrede unter § 186 oder als Verleumdung unter § 187 (vgl auch § 187 a). – Zusf zur Systematik der Beleidigungsdelikte Geppert Jura 02, 820.

3. Beleidigung ist ein Angriff auf die Ehre durch **Kundgabe** eigener (hM; vgl **3** Köln NJW 93, 1486 und 96, 2878; diff M-Schroeder/Maiwald BT 1 25/4; anders Tenckhoff JuS 88, 787, 791, beide mwN) **Missachtung oder Nichtachtung** (BGHSt 1, 288; stRspr).

a) aa) Eine Äußerung bringt **Missachtung oder Nichtachtung** zum Aus- **4** druck, wenn sie dem Betroffenen den elementaren Menschenwert oder seinen ethischen oder sozialen Wert ganz oder teilweise abspricht und dadurch seinen grundsätzlich (aber nicht notwendig, Frankfurt JR 72, 515 mit Anm Hirsch) uneingeschränkten Achtungsanspruch verletzt (Tenckhoff, Die Bedeutung des Ehrbegriffs für die Systematik der Beleidigungstatbestände, 1974, S 39, 120; zusf Geppert Jura 83, 580, 589); maßgebend ist dabei ihr objektiver, durch Auslegung zu ermittelnder Sinn (KG JR 80, 290 mit Anm Volk; Düsseldorf NJW 89, 3030 mit Anm Laubenthal JR 90, 127; s auch BVerfGE 93, 266, 295, alle mwN), für den auch die gesamten Begleitumstände bedeutsam sind (Köln NStZ 81, 183; Düsseldorf NJW 98, 3214 mit Bespr Otto JK 9; Regge MK 9; zu eng Frankfurt NJW 84, 1128 und Bay NStZ-RR 02, 210 mit krit Anm Zaczyk JR 03, 36, 37; beachte auch BVerfGE 82, 43; speziell zu Anträgen von Strafverteidigern Wohlers StV 01, 420, 428). Mag es sich um Äußerungen durch Wort, Schrift, Bild, Gesten oder Tätlichkeiten handeln, stets kommt es auf die Einzelumstände an (Bay NJW 83, 2040); abstrakt beleidigende Äußerungen gibt es nicht (Celle NdsRpfl 77, 88). Verletzungen des Persönlichkeitsrechts, auch der Intimsphäre (Bay NJW 80, 1969 mit krit Anm Rogall NStZ 81, 102), und Unhöflichkeiten (Rüping/Kamp JuS 76, 660) sind häufig schon keine Äußerungen und drücken jedenfalls nicht schon als solche Nichtachtung aus. Jedoch gestattet auch der Straßenverkehr – trotz gewisser Konzessionen an den Verkehrston – keine Angriffe auf die Menschenwürde (Düsseldorf NJW 60, 1072). Bei Äußerungen durch Bilder, Gesten (Düsseldorf NJW 96, 2245) oder Tätlichkeiten ist der gedankliche Kern zu ermitteln; das gilt namentlich auch für Karikaturen, satirische Darstellungen (Bay NJW 57, 1607; Hamburg MDR 67, 146; AG Hamburg NJW 89, 410) und Glossen (Düsseldorf NJW 92, 1335), bei denen der zum Ausdruck gebrachte Gedankeninhalt idR bewusst verzerrend über den wirklich gemeinten Gedankenkern erstreckt wird (Hamm NJW 82, 659; Hamburg NJW 85, 1654 mit Anm Geppert JR 85, 430; KG NStZ 92, 385 mit Anm Liesching/v Münch NStZ 99, 85; zusf Würtenberger NJW 82, 610 und 83, 1144; Otto JR 83, 1; Würkner JA 88, 183; Steffen, Simon-FS, S 359; eingehend Erhardt, Kunstfreiheit und Strafrecht, 1989, S 114, alle mwN).

bb) Die **Rechtsprechung** hat zB – stets allerdings auf der Grundlage der jewei- **5** ligen Umstände – **genügen** lassen: die herabsetzend gemeinte Bezeichnung als Jude (BGHSt 8, 325; s auch Celle NStZ-RR 04, 107; aM Tenckhoff aaO [vgl 4] S 46 und Amelung, Die Ehre als Kommunikationsvoraussetzung, 2002, S 47; zw) oder „Zigeunerjude" (Bay NStZ-RR 02, 210 mit Anm Zaczyk JR 03, 36; die Bezeichnung eines Polizeibeamten als „Bulle" (Hamm JMBlNRW 82, 22; Bay JR 89, 72 mit Anm Volk; einschr KG JR 84, 165 mit Anm Otto) oder als „Scheißbulle" (Oldenburg JR 90, 127 mit Anm Otto); die Bezeichnung eines Polizeidezernats mit dem Zusatz „stasi" (AG Weinheim NJW 94, 1543; LG Mannheim NStZ-RR 96, 360; vgl auch Koblenz NStZ-RR 00, 44); die Bezeichnung von kommunalen Messbeamten als „Wegelagerer" (AG Gießen DAR 93, 274; hinsicht-

§ 185

lich eines Polizisten, Düsseldorf StraFo 03, 316); die Bezeichnung als „Jungfaschist" (Karlsruhe MDR 78, 421; s auch Hamm NJW 82, 659); die Bezeichnung von Soldaten als „Mörder" oder als „potenzielle Mörder" (LG Frankfurt NStZ 90, 233; Bay NJW 91, 1493; Otto GK 2 32/12; aM Giehring StV 92, 194, 199 und Goerlich Jura 93, 471, 476; vgl auch BVerfG NJW 92, 2750 und 94, 2943 mit krit Bespr Herdegen NJW 94, 2933, Grasnick JR 95, 162, Campbell NStZ 95, 329 und Stark JuS 95, 689, aber zust Bespr Hill DRiZ 94, 458, Lorenz NJ 94, 561 und Hufen JuS 95, 352 sowie BVerfGE 93, 266, 297 mit krit Bespr Otto NStZ 96, 127, zust aber Amelung aaO S 46; aus US-amerikanischer Sicht auch Brugger AöR 03, 372, 388); die auf Bundeswehrsoldaten bezogene Aussage: „Morden, Ja" (KG NJW 03, 685); die unverlangte Zusendung von Werbeschriften für sexuelle, in den Intimbereich eindringende Aufklärungsliteratur (BGHSt-GS-11, 67; beachte bei Dallinger MDR 70, 730; Stuttgart MDR 75, 330 mit Bespr Lüthge-Bartholomäus MDR 75, 815; zw); uU auch die sog „Auschwitzlüge" (BGHSt 40, 97, 103 mit insoweit abl Anm Jakobs StV 94, 540, 542, zust dagegen Otto Jura 95, 277, 280; Zweibrücken NStZ 94, 490; Bay NStZ 97, 283 mit krit Anm Jakobs JR 97, 344, im Ergebnis zust Peglau NStZ 98, 196, der eine unter § 185 fallende Verletzung des Persönlichkeitsrechts annimmt; LG Mannheim NJW 94, 2494, 2498; vgl auch BVerfGE 90, 241 mit Bespr Heselhaus JA 95, 272 und Hufen JuS 95, 638; krit Stegbauer, Rechtsextremistische Propaganda im Lichte des Strafrechts, 2000, S 143; Amelung aaO S 48; Sch/Sch-Lenckner 3; Zaczyk NK 10; beachte 8a zu § 130). – **Nicht dagegen:** die provozierend gemeinte Anrede mit „Du" (Düsseldorf JR 90, 345 mit Anm Keller; Geppert Jura 02, 820, 825); den wahren Vorhalt tatsächlichen ehrenrührigen Verhaltens gegenüber dem Betroffenen (Bay NJW 59, 57; Tenckhoff JuS 89, 35, 36); das Werfen von Steinen an des Nachbarn Fenster (Bay JR 63, 468 mit Anm Schröder); das Fotografieren eines Gefangenen gegen dessen Willen (Oldenburg NJW 63, 920); der Vorwurf der dilatorischen (zögerlichen) Behandlung eines Verfahrens gegenüber einem Richter (NJW 04, 1541: anders aber der Vorwurf willkürlichen Vorgehens).

6   cc) **Geschlechtliche Angriffe** hat die frühere Rspr in ursprünglich viel zu weitem, neuerdings jedoch zunehmend eingeschränktem Umfang als Kundgabe von Missachtung gedeutet und solche Angriffe auf Kinder, Jugendliche oder Ehegatten zugleich (oder nur) als Beleidigung der Eltern oder des anderen Ehegatten gewertet (BGHSt 7, 129; krit Hirsch, Ehre und Beleidigung, 1967, S 61; Schubarth JuS 81, 726, 728; Hillenkamp, Wassermann-FS, S 861, 870; Sternberg-Lieben, Die objektiven Schranken der Einwilligung im Strafrecht, 1997, S 513; Amelung aaO [vgl 4] S 68; Herdegen LK^{10} 27–29 vor § 185, alle mwN). Diese lückenbüßende Aufgabe (krit dazu auch BGHSt 16, 58, 63; Arzt JuS 82, 717, 725), die sich aus einer unzutreffenden Gleichsetzung von Ehr- und Schamverletzung herleitet (Hirsch aaO); offen gelassen in NJW 86, 2442), ist dem Beleidigungstatbestand von der Rspr in unterschiedlichem Ausmaß zugewiesen worden (BGHSt 36, 145 mwN). Sie hat aber spätestens seit Inkrafttreten des 4. StrRG (7 vor § 1) ihre Grundlage verloren, weil mit der Reform des Sexualstrafrechts eine nachhaltige und differenzierte Einschränkung der Strafbarkeit erreicht werden sollte, deren Unterlaufen durch § 185 den Reformzweck vereiteln würde (NJW 86, 2442; Zweibrücken NJW 86, 2960; krit NStZ 87, 21, alle mwN). Eine tatbestandsmäßige Beleidigung liegt daher nur vor, wenn der geschlechtliche Angriff über das gewöhnliche Erscheinungsbild eines Sexualdelikts hinausgeht und nach seinen gesamten Umständen dem Ausdruck bringt, der Betroffene weise einen seine Ehre mindernden Mangel auf (BGHSt 36, 145 mit Bespr Otto JZ 89, 803, Hillenkamp NStZ 89, 529, Kiehl NJW 89, 3003 und Frommel NKrimPol 93, 26; NStZ 92, 33 mit Anm Keller JR 92, 246; ähnlich BGHSt 35, 76; NStZ 93, 182 und 95, 129; Bay NJW 99, 72, 73; Düsseldorf NJW 01, 3562; Karlsruhe NJW 03, 1263; LG Freiburg NJW 02, 3645 mit Bespr Martin JuS 03, 300; Kindhäuser BT I 25/6;

Zaczyk NK 25 vor § 185); die nähere Abgrenzung ist in der Rspr bisher noch nicht gelungen (unklar NJW 86, 2442 mit krit Bespr Hillenkamp JR 87, 126 und Laubenthal JuS 87, 700; zu weit NJW 89, 3029 mit abl Bespr Kiehl aaO; krit Ignor aaO [vgl 1] S 47, Mästle AuR 02, 410, 412 und Schroeder, BGH-FG S 485, 495) und zum Teil widersprüchlich (krit Sick JZ 91, 330 sowie Sexuelles Selbstbestimmungsrecht und Vergewaltigungsbegriff, 1993, S 310, jeweils mwN). Auch der Ehebruch ist nur bei Hinzutreten solcher Umstände eine Beleidigung des anderen Ehegatten (Zweibrücken NJW 71, 1225; krit Pauli JR 71, 194).

b) Kundgabe ist **Äußerung** der Miss-(Nicht-)achtung gegenüber einem **anderen.** Sie erfordert idR positives Tun, kann ausnahmsweise aber, wenn die Entsprechensklausel des § 13 (dort 16) nicht entgegensteht (dazu Welp JuS 83, 865, 868), auch durch unechtes Unterlassen in Garantenstellung begangen werden (hM; vgl Köln NJW 96, 2878; Geppert Jura 83, 660, 662; Meyer JuS 88, 554, 556, alle mwN). – Der Empfänger muss den ehrenrührigen Sinn der Äußerung verstehen (BGHSt 9, 17; W-Hettinger BT 1 Rdn 487; Joecks 18; Regge MK 28; Rudolphi SK 17; aM Schramm, Lenckner-FS, S 539, 560; Schößler, Anerkennung und Beleidigung, 1997, S 248), braucht jedoch die beleidigte Person nicht zu kennen; es genügt, dass diese feststellbar ist (BGH aaO).

7

aa) Als Kundgabe genügt das Diktat eines Briefentwurfs an die Sekretärin (LG Hannover NdsRpfl 66, 23; Rengier BT II 28/30; aM Koblenz OLGSt 2; Kindhäuser BT II 22/18; Zaczyk NK 19 vor § 185); sie kann über das Medium einer Videokamera erfolgen (Bay NJW 00, 1584). Tagebuch und Monolog scheiden jedoch aus, wenn kein Dritter sie wahrnehmen soll (RGSt 71, 159; Bay JZ 51, 786; Regge MK 27). Dasselbe gilt für das versteckte Beobachten eines Liebespaares (Bay NJW 62, 1782; W-Hettinger BT 1 Rdn 480).

8

bb) Gespräche unter **Eheleuten oder in der engeren Familie** werden nach ganz hM nicht erfasst, wenn die Vertraulichkeit nach den Umständen erkennbar ist und gewährleistet erscheint (Celle NdsRpfl 64, 174; krit Otto, Schwinge-FS, S 71, 87; eingehend Engisch GA 57, 326). Das wird mit Recht auf eine teleologische (allerdings unterschiedlich begründete) Reduktion schon des Tatbestandes gestützt (so zB Wasmuth NStZ 95, 100, 101; Wolff-Reske Jura 96, 184; Hillenkamp, JuS 97, 821, 824 und in: Hirsch-FS, S 555, 568; Gillen, Das Verhältnis von Ehren- und Privatsphärenschutz im Strafrecht, 1999, S 75; Krey BT 1 Rdn 418; Roxin AT I 10/40; Rudolphi SK 18 vor § 185), teils aber auch als Rechtfertigungsgrund (so zB Otto GK 2 32/52 und Herdegen LK[10] 14; Schendzielorz, Umfang und Grenzen der straffreien Beleidigungssphäre, 1993, S 214, zieht das Grundrecht auf freie Kommunikation in der ehelich-familiären Privatsphäre zur Rechtfertigung heran) oder als bloßer Strafausschluss (so zB Sch/Sch-Lenckner 9a vor § 185) gedeutet (zusf Geppert Jura 83, 530, 533; Küper BT S 77, beide mwN). Entsprechendes dürfte entgegen der hM auch für Gespräche unter eng vertrauten Personen (BVerfGE 90, 255 mit zust Anm Wasmuth NStZ 95, 100; Frankfurt NStZ 94, 404; Wolff-Reske aaO S 188; Gillen aaO S 150; aM Bay MDR 76, 1036), für Äußerungen einer Ärztin in einem vertraulichen, der ärztlichen Verschwiegenheitspflicht unterliegenden Gesprächskreis (München NJW 93, 2998; krit Gillen S 160; zw), für schriftliche Mitteilungen innerhalb des privilegierten Personenkreises (aM bei Dallinger MDR 54, 335) und für Informationen an den Anwalt (Praml NJW 76, 1967; Gillen S 164; Rengier BT II 28/28; aM Hamburg NJW 90, 1246 mit Bespr Dähn JR 90, 516 und Geppert JK 8; W-Hettinger BT 1 Rdn 486, alle mwN) anzunehmen sein (Schendzielorz aaO S 221, 288; Sch/Sch-Lenckner 9b vor § 185; Zaczyk NK 40 vor § 185; aM Rudolphi SK 19 vor § 185: allein Rechtfertigung nach § 193, alle mwN; zw). Die Vertraulichkeit der Äußerung geht nicht dadurch verloren, dass sich der Staat zB durch Briefüberwachung nach §§ 29 III, 31 StVollzG Kenntnis von der Äußerung verschafft und der

9

§ 185

Verfasser von der Überwachung weiß (BVerfGE 90, 255 mit im Ergebnis zust Anm Wasmuth NStZ 95, 100, aber krit Bespr Popp NStZ 95, 413, Muckel JA 95, 452 und Kunig JK 23 zu Art 5 I GG; BVerfG NJW 95, 1477 [gegen Bamberg NJW 94, 1972] mit krit Anm Kiesel JR 95, 381; BVerfG NJW 97, 185; Frankfurt aaO; der Rspr zust Wolff-Reske aaO S 188; vgl auch BVerfGE 33, 1 mit Bespr Beaucamp JA 03, 937 sowie Kaiser/Schöch Strafvollzug 7/111–114).

10 4. a) Die Tat erfordert **Vorsatz** (bedingter genügt; auch bei mehrdeutigen Erklärungen, Haas GA 96, 473). Er muss die Bedeutung der Kundgabe als Miss- oder Nichtachtung (BGHSt 1, 288, 291; Bay NStZ-RR 02, 210, 212) und deren Wahrnehmung durch den Äußerungsempfänger umfassen. Eine Beleidigungsabsicht ist nicht erforderlich (NJW 04, 1541, 1542; beachte 3 zu § 192; 13 zu § 193). Vorsätzlich handelt auch, wer den Äußerungsempfänger (unmittelbar oder am Telefon) mit einem anderen verwechselt (error in persona, 13 zu § 15) und deshalb eigentlich den anderen meint (Bay JR 87, 431 mwN); jedoch ist der objektive Tatbestand in Bezug auf den Empfänger nicht verwirklicht, wenn für ihn – und bei Anwesenheit weiterer Personen auch für diese – objektiv erkennbar ist, dass der Ehrangriff dem anderen gilt (Streng JR 87, 431; aM Bay aaO, das darauf abstellt, ob der Empfänger den Irrtum bemerkt; ebenso Zaczyk NK 16; zw).

11 b) Wird dem Betroffenen gegenüber eine **ehrenrührige Tatsache** behauptet (vgl 2), so muss sich der Vorsatz auch auf die Unwahrheit erstrecken (hM; vgl etwa Bay NJW 59, 57; Köln NJW 64, 2121; Koblenz MDR 77, 864; Welp JuS 83, 865, 866; Hirsch, Wolff-FS, S 125, 143; Rudolphi SK 4; aM Frankfurt MDR 80, 495; Herdegen LK[10] 36–39); dasselbe gilt, wenn über den Betroffenen ein bloßes Werturteil abgegeben wird, das sich aber auf ein diesem Urteil entsprechendes Fehlverhalten stützt (hM; anders Hirsch JR 72, 516; Tenckhoff aaO [vgl 4] S 135; zw). Obwohl diese Abweichung von § 186 (dort 7) mit Rechtsgutserwägungen begründbar und vor allem mit der besonderen Gefährlichkeit von Äußerungen gegenüber Dritten erklärbar ist (zusf Geppert Jura 02, 820, 823), kann sie nicht voll befriedigen, weil sie den Betroffenen partiell schutzlos stellt (aM daher Hirsch aaO [vgl 6] S 204; Otto, Schwinge-FS, S 71, 83; Tenckhoff JuS 89, 35, 36; zusf Küper BT S 73, alle mwN).

12 5. Die **Einwilligung** (10–18 vor § 32; 3–12 zu § 228) nimmt bei Zugrundelegung eines normativen Ehrbegriffs (1 vor § 185) der Äußerung regelmäßig den ehrverletzenden Charakter und wirkt deshalb meist tatbestandsausschließend (Tenckhoff JuS 88, 787, 788 und 89, 198 mwN weiter Zaczyk NK 14: tatbestandsausschließendes Einverständnis). Nach der Rspr entfällt idR nur die Rechtswidrigkeit (BGHSt 11, 67, 72; 23, 1, 3); danach kann auch die Einwilligung eines minderjährigen Mädchens in eine sexuelle Handlung – wenn überhaupt eine Beleidigung vorliegt (vgl 6) – rechtfertigend wirken (BGHSt 5, 362), aber nur, wenn das Mädchen die Bedeutung der Geschlechtsehre erfasst (BGHSt 8, 357; GA 63, 50; krit Arzt JuS 82, 717, 726). Auf dieser Grundlage ist der Irrtum über die Einwilligung je nach Sachlage ein Tatbestands- oder Erlaubnistatbestandsirrtum (9–16 zu § 17), uU auch nur ein Verbotsirrtum (Bay MDR 63, 333). – Die erschlichene Einwilligung ist jedenfalls dann unwirksam, wenn sie auf einer rechtsgutsbezogenen Täuschung beruht (8 zu § 228; enger M-Schroeder/Maiwald BT 1 24/23: nur bei rechtsgutsbezogener Fehlvorstellung).

13 6. Die qualifizierte mittels einer **Tätlichkeit** begangene Beleidigung erfordert neben ihrem beleidigenden Sinn (vgl 4) eine unmittelbar gegen den Körper gerichtete Einwirkung (zB Ohrfeige, Anspucken); auch der fehlgehende, den Körper nicht berührende Angriff wird nach dem Schutzzweck der Vorschrift erfasst (Sch/Sch-Lenckner 18 mwN; anders die hM; vgl etwa Karlsruhe NJW 03, 1263; Kindhäuser BT I 25/12).

Üble Nachrede § 186

7. Über das **Verhältnis zu** § 186 dort 11. Gegenüber speziellen Beleidigungs- 14
vorschriften, zB §§ 90, 90b (dort 6), 103, tritt § 185 zurück. Mit § 189 ist **Tateinheit** möglich (dort 1, 2); ferner zwischen tätlicher Beleidigung und § 223 (hM; vgl etwa bei Dallinger MDR 75, 196; anders Lilie LK 27 zu § 223; zw); in Ausnahmefällen (vgl 6) auch mit §§ 174 (LM Nr 6), 177 (LM Nr 8 zu § 177 aF) und 182 (BGHSt 8, 357; GA 66, 338).

8. Wahrnehmung berechtigter Interessen § 193. Strafantrag § 194. Kompensati- 15
on § 199. Bekanntmachung § 200.

§ 186 Üble Nachrede

Wer in Beziehung auf einen anderen eine Tatsache behauptet oder verbreitet, welche denselben verächtlich zu machen oder in der öffentlichen Meinung herabzuwürdigen geeignet ist, wird, wenn nicht diese Tatsache erweislich wahr ist, mit Freiheitsstrafe bis zu einem Jahr oder mit Geldstrafe und, wenn die Tat öffentlich oder durch Verbreiten von Schriften (§ 11 Abs. 3) begangen ist, mit Freiheitsstrafe bis zu zwei Jahren oder mit Geldstrafe bestraft.

1. Zum **Rechtsgut** und zum geschützten Personenkreis 1–5 vor § 185. 1

2. Die Vorschrift verbietet **das Ermöglichen fremder Missachtung.** Darin 2
weicht sie von § 185 (dort 3) ab, der nach hM die Kundgabe eigener Missachtung betrifft.

3. Eine **Tatsache** ist (im Gegensatz zu dem unter § 185 fallenden Werturteil) 3
etwas Geschehenes oder Bestehendes, das in die Wirklichkeit getreten und daher dem Beweis zugänglich ist (RGSt 55, 129, 131; NJW 94, 2614; BGHZ 132, 13, 21; NJW 98, 3047 mit Bespr Dietlein JR 99, 246; Brandenburg NJW 96, 1002 und 99, 3339; Bay JZ 01, 717 mit Anm Otto; ähnlich Amelung, Die Ehre als Kommunikationsvoraussetzung, 2002, S 72 und Zaczyk NK 2; krit Hilgendorf, Tatsachenaussagen und Werturteile im Strafrecht, 1998, S 123, 127, der für Tatsachenbehauptungen auf die empirische Überprüfbarkeit abstellt und Tatsachenaussagen mit geringerem Geltungsanspruch ausscheidet [S 185, 203]; krit Gössel GA 01, 84, 87; s auch 4 zu § 263). Hierunter können auch innere Tatsachen (Beweggründe, Zwecke, Charaktereigenschaften) fallen, wenn sie zu bestimmten äußeren Geschehnissen in eine erkennbare Beziehung gesetzt werden (bei Dallinger MDR 51, 404; Hilgendorf aaO S 128, 141, 188, der aber sprecherbezügliche Umformulierungen von Werturteilen nicht als Tatsachenbehauptungen behandeln will). Den Gegensatz zur Behauptung einer Tatsache bildet das **Werturteil,** dem subjektive Wertungen, Schlussfolgerungen und Prognosen zuzuordnen sind (zT abw Hilgendorf S 179). Beide enthalten danach eine Aussage, die auch die Form einer (rhetorischen) Frage annehmen kann (BVerfGE 85, 23; Hilgendorf S 150). Die Grenze zwischen ihnen ist fließend (zusf Geppert Jura 83, 530, 540 und 02, 820, 821; Tenckhoff JuS 88, 618; Küper BT S 279; aus zivilrechtlicher Sicht Hager Jura 95, 566 und AcP 96, 168, 213; vgl auch BVerfGE 90, 241; 94, 1, 8; BVerfG NJW 99, 2262 und 00, 3196; zur Rspr des BVerfG Soehring/Seelmann-Eggebert NJW 00, 2466, 2468; aus verfassungsrechtlicher Sicht Grimm NJW 95, 1697, 1698; Rühl, Tatsachen-Interpretation-Wertungen, 1998, S 191 und AfP 00, 17). Sie bestimmt sich nicht allein nach dem Wortlaut und der Form der Äußerung, sondern auch nach ihrem Sinn, so wie er im Gesamtzusammenhang von dem angesprochenen Adressatenkreis verstanden wird (NJW 93, 930; 94, 2614 und 00, 3421; Brandenburg NJW 99, 3339; probl München ZIP 04, 19 mit zutreffender Kritik Tiedemann ZIP 04, 294, 297; speziell zur Auslegung eines Fragesatzes im Gesamtzusammenhang NJW 04, 1034). Die Abgrenzung ist daher im Wesentlichen eine Sache tatrichterlicher Würdigung (Frankfurt NJW 89, 1367;

§ 186

Köln NJW 93, 1486), die nicht zuletzt auch durch die Interessenlage zwischen Täter und Opfer mitbestimmt wird (Arzt JuS 82, 717, 719; zu Äußerungen im öffentlichen Meinungsstreit beachte BVerfGE 85, 1; BVerfG NJW 93, 1845; NJW 98, 3047; 12 zu § 193). So kann das allgemeine Schimpfwort „Lump" eine Tatsachenbehauptung darstellen, wenn es sich erkennbar auf ein bestimmtes Geschehen bezieht (sog abgekürzter tatsächlicher Vorhalt). Umgekehrt kann die Bezeichnung eines Widerstandskämpfers als „Landesverräter" (BGHSt 11, 329) oder eines Mitbürgers als „Jude" (BGHSt 8, 325), als „alter Nazi" (Düsseldorf NJW 70, 905; s auch Hamburg NJW 92, 2035) oder als „Altkommunist im Geiste des Massenmörders Stalin" (AG Weinheim NJW 94 1543) als bloß abwertendes (verdecktes) Werturteil zu verstehen sein (s auch BGHSt 6, 159, 357; JR 77, 28 mit krit Anm Schroeder; Bay NStZ 83, 126; Hilgendorf S 188); ebenso die Bezeichnung von Soldaten als „Mörder" (so in Übereinstimmung mit den aufgehobenen Strafurteilen BVerfGE 93, 266, 289 mit Bespr Mager Jura 96, 405, 408), eines als Zeugen vernommenen Polizeibeamten als „bedenkenloser Berufslügner" (Hamburg NStZ-RR 97, 103 mit zust Anm Foth JR 97, 5222) und eines Richters oder Staatsanwalts als Rechtsbeuger (Bay NStZ-RR 02, 40; Frankfurt NJW 03, 77; Jena NJW 02, 1890; zur unterschiedlichen Einordnung des Vorwurfs der Rechtsbeugung Tröndle/Fischer 3 mwN). Eine Tatsachenbehauptung verliert ihren Charakter nicht dadurch, dass aus den behaupteten Tatsachen zusätzlich Werturteile abgeleitet werden (BGHSt 12, 287; Celle NJW 88, 353), auch nicht dadurch, dass einer schwerwiegenden Behauptung ein unbedeutendes Schimpfwort beigefügt wird (sog substantiiertes Werturteil). Das überwiegende Element entscheidet (BGHSt 6, 159; NJW 55, 311; Stuttgart JZ 69, 77; Otto JR 83, 1, 5; Regge MK 9; krit Hilgendorf S 183); dabei kommt es darauf an, ob das Werturteil von den Tatsachen noch gedeckt, dh ihnen adäquat ist, oder ob es darüber erheblich hinausgeht (sog Wertungsexzess). Auch Tateinheit mit § 185 ist nicht ausgeschlossen (vgl 11).

4 4. Die **Eignung** der Tatsache **zum Herabwürdigen** oder Verächtlichmachen genügt (hM; einschr Hoyer, Die Eignungsdelikte, 1987, S 142; Zieschang, Die Gefährdungsdelikte, 1998, S 301). Ein solcher Erfolg braucht nicht einzutreten (aM Zaczyk NK 6). Öffentliche Meinung ist die eines größeren, individuell unbestimmten Kreises.

5 5. a) **Behaupten** heißt, eine Tatsache als nach eigener Überzeugung wahr hinstellen (Hilgendorf aaO [vgl 3] S 191), selbst wenn man sie nur von dritter Seite erfahren hat. Das kann auch dadurch geschehen, dass eine Frage gestellt, eine Schlussfolgerung nahegelegt oder ein Verdacht geäußert wird (Köln NJW 62, 1121 und 63, 1634; München NJW 93, 2998, 2999; Stapper ZUM 95, 590, 596); jedoch genügt das Ziehen erkennbar persönlicher Schlussfolgerungen aus richtig mitgeteilten Tatsachen allein nicht (Sch/Sch-Lenckner 7 mwN). – **Verbreiten** ist Weitergeben einer fremden Äußerung (hM; vgl Hilgendorf aaO; anders Streng GA 85, 214, der auch Manipulationen zum Nachteil des anderen einbezieht); jedoch wird nach dem Schutzzweck der Vorschrift die Weitergabe vom Betroffenen selbst herrührender Mitteilungen nicht erfasst (KG NJW 55, 1368; Bockelmann JR 54, 327; aM Sch/Sch-Lenckner 16, der aber einen Strafausschließungsgrund annimmt; ebenso Tröndle/Fischer 14). Anders als in den Fällen des § 74 d (dort 5) genügt es, wenn der Täter die Äußerung nur an eine Person gelangen lässt. Verbreitung eines als „grundlos" bezeichneten Gerüchts kann reichen (Hamm NJW 53, 596), uU bei Handeln im Interesse des vom Gerücht Betroffenen auch durch mutmaßliche Einwilligung (19–21 vor § 32) gerechtfertigt sein (ähnlich Hansen JuS 74, 104, 106 und JR 74, 406; aM Rudolphi SK 11: Tatbestandseinschränkung; str). – Zur vertraulichen Mitteilung 9 zu § 185; zur Begehung durch Strafanzeige Müller MDR 65, 629; Ranft MDR 66, 107; zum Verbreiten durch

Setzen eines sog Hyperlink LG Hamburg NJW 98, 3650 mit Bespr Bettinger/ Freytag CR 98, 549 und Waldenberger AfP 98, 373.

b) In **Beziehung auf einen anderen** erfordert, dass Empfänger der Kundgabe **6** und Betroffener verschiedene Personen sind (2 zu § 185). Außerdem muss erkennbar sein, dass hinter der Äußerung ein anderer als der Betroffene als (angeblicher oder wirklicher) Urheber steht. Wer diesen „Drittbezug" verbirgt und lediglich eine den Betroffenen kompromittierende Sachlage schafft, wird nicht erfasst (NStZ 84, 216; Küper BT S 280; Kindhäuser 4 zu § 185; Regge MK 16; Rudolphi SK 10; aM Streng GA 85, 214; Otto GK 2 32/18; diff Fuhr, die Äußerung im Strafgesetzbuch, 2001, S 45); in Betracht kommt aber eine Beleidigung nach § 185 (Rengier BT II 29/8 mwN).

6. Die **Nichterweislichkeit der Tatsache** ist objektive Bedingung der Straf- **7** barkeit (hM; vgl Bay NJW 65, 58; s auch 30 vor § 13).

a) Mit Rücksicht auf den zwischen Täter und Verletztem bestehenden Interes- **7a** senkonflikt gehört die Unwahrheit nicht zum Tatbestand (hM; vgl etwa Geppert Jura 02, 820, 822; anders Sax JZ 76, 80, 81 und 429, 434); auch nicht, dass sich der Täter in Bezug auf die Wahrheit sorgfaltswidrig verhalten hat (so aber mit beachtlichen, allerdings die Interessen des Verletzten nicht genügend berücksichtigenden Gründen Hirsch, Ehre und Beleidigung, 1967, S 168 und ZStW 90, 978, 980 sowie Wolff-FS, S 125, 144; Streng GA 85, 214, 226; Küpper JA 85, 453, 459; Kindhäuser, Gefährdung als Straftat, 1986, S 298; Miseré, Die Grundprobleme der Delikte mit strafbegründender schwerer Folge, 1997, S 144; Geisler, Zur Vereinbarkeit objektiver Bedingungen der Strafbarkeit mit dem Schuldprinzip, 1998, S 437; W-Hettinger BT 1 Rdn 501; Regge MK 28; Rudolphi SK 15; Tröndle/Fischer 13; Zaczyk NK 19; krit Bock, Begriff, Inhalt und Zulässigkeit der Beweislastumkehr im materiellen Strafrecht, 2001, S 11, 87, der hier eine echte Beweislastumkehr erkennt [zust Rzepka GA 03, 885]; beachte andererseits Amelung aaO [vgl 3] S 59, der von einem Verletzungsdelikt hinsichtlich des auch schon in einer Situation der Ungewissheit bestehenden Achtungsanspruchs ausgeht). Es ist unerheblich, warum der Wahrheitsbeweis nicht erbracht werden kann (zB Tod oder Aussageverweigerung von Zeugen) und ob der Täter an die Erweislichkeit geglaubt hat (hM). Dieser trägt also das volle Beweisrisiko und damit die Gefahr der Verurteilung auch bei möglicherweise wahren Behauptungen (zusf Tenckhoff JuS 88, 618, 622 mwN; zur abw Beweislastverteilung im zivilrechtlichen Ehrenschutzprozess Hager AcP 96, 168, 186 mwN). – Die **Beweisführungslast** obliegt dagegen dem Gericht, das von Amts wegen die Wahrheit erforschen muss. Es darf von der Erhebung des Wahrheitsbeweises auch dann nicht absehen, wenn ohnehin wegen der Form der Äußerung nach §§ 192 iVm 185 zu verurteilen (BGHSt 27, 290 mwN; aM Tenckhoff, Die Bedeutung des Ehrbegriffs für die Systematik der Beleidigungstatbestände, 1974, S 143; s auch Rogall, Hirsch-FS, S 665, 679) oder wegen Wahrnehmung berechtigter Interessen nach § 193 freizusprechen ist (BGHSt 11, 273); denn nur so kann einerseits dem Anspruch des Verletzten auf Wiederherstellung seiner Ehre Rechnung getragen (Hamm JMBl-NRW 53, 139) und andererseits der Täter vom Makel der Lüge befreit werden (Roxin NJW 67, 792); außerdem hängt bei § 192 die Strafzumessung ganz wesentlich vom Wahrheitsgehalt ab. – **Der Wahrheitsbeweis ist geführt,** wenn die Behauptung in ihrem Kern zutrifft (BGHSt 18, 182; krit Hilgendorf aaO [vgl 3] S 225, nach dem die bewiesenen Behauptungselemente den ehrverletzenden Vorwurf tragen müssen); geringe Abweichungen oder Übertreibungen sind unschädlich (Hamm JMBlNRW 58, 112; Tenckhoff JuS 89, 35, 38).

b) Der **schrankenlos zugelassene Wahrheitsbeweis** birgt schwere Gefahren, **8** die den Verletzten oft auf gerichtlichen Schutz verzichten lassen (Arzt JuS 82, 717, 721). Deshalb ist mindestens sein Missbrauch durch uferlose Beweisanträge zur

§ 187 BT. 14. Abschnitt. Beleidigung

weiteren Schädigung des Beleidigten zu verhüten (bei Dallinger MDR 55, 269; Nr 230 RiStBV); behauptet und zu beweisende Tatsachen müssen identisch sein (VersR 63, 943). – **Weitergehenden Forderungen,** den Wahrheitsbeweis einzuschränken, steht die Erwägung entgegen, dass es im Allgemeinen gestattet sein sollte, die Wahrheit zu sagen (Roeder, Maurach-FS, S 347, 352 mwN).

9 7. **Öffentlich** 2 zu § 80 a. **Verbreiten** von Schriften oder anderen Darstellungen 26–28 zu § 11; 5 zu § 74 d. Begehen in einer Versammlung (2 zu § 80 a) genügt – abweichend von § 187 (dort 3) – zur Qualifizierung nicht.

10 8. Der **Vorsatz** (bedingter genügt) muss auch die Kundgabe an einen Dritten umfassen, nicht dagegen die Wahrheit oder die Erweislichkeit (hM; vgl Helle NJW 64, 841). Eine Beleidigungsabsicht ist nicht erforderlich.

11 9. **Tateinheit** ua möglich mit §§ 130, 164. § 90 b liegt vor (dort 6; str). § 185 tritt gegenüber § 186 zurück (ebenso für den Regelfall Amelung aaO [vgl 3] S 78); auf Grund der Aliudtheorie (1 vor § 185) soll hier ausnahmsweise Tateinheit in Frage kommen, wenn die Tatsachenbehauptung sowohl an einen anderen als auch an den Beleidigten gerichtet oder wenn ihr eine selbstständige Formalbeleidigung hinzugefügt wird (hM; vgl BGHSt 12, 287, 292; Bay NJW 62, 1120; aM Rudolphi SK 21 vor § 185, alle mwN; zw).

12 10. Die Verweisungen in 15 zu § 185 gelten auch hier.

§ 187 Verleumdung

Wer wider besseres Wissen in Beziehung auf einen anderen eine unwahre Tatsache behauptet oder verbreitet, welche denselben verächtlich zu machen oder in der öffentlichen Meinung herabzuwürdigen oder dessen Kredit zu gefährden geeignet ist, wird mit Freiheitsstrafe bis zu zwei Jahren oder mit Geldstrafe und, wenn die Tat öffentlich, in einer Versammlung oder durch Verbreiten von Schriften (§ 11 Abs. 3) begangen ist, mit Freiheitsstrafe bis zu fünf Jahren oder mit Geldstrafe bestraft.

1 1. Im Gegensatz zu § 186 muss feststehen, dass die behauptete Tatsache **unwahr** ist. Dabei kommt es auf den wesentlichen Kern an; geringfügige Abweichungen oder Übertreibungen sind unschädlich (7 zu § 186); jedoch genügt die unvollständige Mitteilung wahrer Tatsachen, wenn bei Hinzufügung der weggelassenen Teile beim Empfänger eine andere Schlussfolgerung nahe liegen würde (NJW 00, 656). Vertrauliche Äußerungen (9 zu § 185) werden von § 187 nicht erfasst (Hillenkamp JuS 97, 821, 826; anders die hM; vgl etwa W-Hettinger BT 1 Rdn 486; Joecks 2). – **Wider besseres Wissen** ist sichere Kenntnis der Unwahrheit; dass der Täter diese nur für möglich hält, genügt nicht (Tiedemann, Kohlmann-FS, S 307, 316), wohl aber, dass er von der Unwahrheit einer aus der Luft gegriffenen Behauptung überzeugt ist.

2 2. Der zusätzliche Tatbestand der **Kreditgefährdung** schützt nicht die Ehre, sondern das Vertrauen, das jemand hinsichtlich der Erfüllung seiner vermögensrechtlichen Verbindlichkeiten genießt (zusf und krit Lampe, Oehler-FS, S 275; aM Otto GK 2 32/26). Die Aussage über die fehlende Kreditwürdigkeit ist eine auf Gegenwärtiges bezogene und dem Beweis zugängliche Tatsachenbehauptung, weil es um die (gegenwärtige) Bereitschaft der Kreditinstitut geht, einem Bankkunden weiteren Kredit zu gewähren (Tiedemann aaO [vgl 1] S 316 und ZIP 04, 294, 297 [gegen München ZIP 04, 19]). Die Tat kann auch gegen Handelsgesellschaften und juristische Personen begangen werden (5 vor § 185).

3 3. Im Übrigen vgl 1–5 vor § 185; 2, 15 zu § 185; 3–5, 9 zu § 186; 3 zu § 193. Abweichend von § 186 (dort 9) genügt für die qualifizierte Tat auch die Begehung in einer Versammlung (2 zu § 80 a); für diese auf das EGStGB (5 vor § 1) zurückgehende Änderung ist ein Grund aus den Gesetzesmaterialien nicht ersichtlich (Redaktionsversehen?).

§ 188 Üble Nachrede und Verleumdung gegen Personen des politischen Lebens

(1) **Wird gegen eine im politischen Leben des Volkes stehende Person öffentlich, in einer Versammlung oder durch Verbreiten von Schriften (§ 11 Abs. 3) eine üble Nachrede (§ 186) aus Beweggründen begangen, die mit der Stellung des Beleidigten im öffentlichen Leben zusammenhängen, und ist die Tat geeignet, sein öffentliches Wirken erheblich zu erschweren, so ist die Strafe Freiheitsstrafe von drei Monaten bis zu fünf Jahren.**

(2) **Eine Verleumdung (§ 187) wird unter den gleichen Voraussetzungen mit Freiheitsstrafe von sechs Monaten bis zu fünf Jahren bestraft.**

Fassung: Umnummerierung durch das 6. StrRG (16–22 vor § 38).

1. Die Vorschrift, die eine **Qualifizierung nur der §§ 186, 187,** nicht des § 185 enthält, soll der Vergiftung des politischen Lebens entgegenwirken, also nicht den Politikern um ihrer selbst willen erhöhten Ehrenschutz gewähren (zu ihrer Vereinbarkeit mit Art 3 GG BVerfGE 4, 352).

2. Im politischen Leben des Volkes stehen nur Personen, die sich für eine gewisse Dauer mit den grundsätzlichen, den Staat, seine Verfassung, Gesetzgebung und Verwaltung unmittelbar berührenden Angelegenheiten befassen und auf Grund der ausgeübten Funktion das politische Leben maßgeblich beeinflussen (Bay NJW 82, 2511 mwN), zB Regierungsmitglieder, Bundesverfassungsrichter (BGHSt 4, 338), Abgeordnete, Parteiführer (Düsseldorf NJW 83, 1211) und andere hervorgehobene Vertreter der Regierungsparteien und der Opposition, uU auch Journalisten, Geistliche, Gewerkschaftler und Verbandsvertreter, wenn sie sich – nach außen sichtbar – mit wichtigen Angelegenheiten des Staates oder der Allgemeinheit befassen (aM Rudolphi SK 3; Zaczyk NK 5 zu § 187a aF); dagegen nicht ohne weiteres Landräte (Frankfurt NJW 81, 1569; anders für bayerische Landräte Bay JZ 89, 699), Verwaltungsbeamte und Gemeinderatsmitglieder (Bay NJW 82, 2511).

3. a) Öffentlich, in einer **Versammlung** 2 zu § 80a. **Verbreiten** von Schriften oder anderen Darstellungen 26–28 zu § 11; 5 zu § 74d. – In die Beurteilung der Frage, ob die Tat geeignet ist, das **Wirken zu erschweren,** bezieht die hM weder die Glaubwürdigkeit des Verbreiters (2 StR 641/81 v 4. 3. 1981) noch die Art der Verbreitung und die Größe des angesprochenen Personenkreises (bei Holtz MDR 80, 455) ein, stellt vielmehr allein auf den Inhalt der Behauptung und deren abstrakte Eignung zu negativen Auswirkungen ab (NJW 54, 649; NStZ 81, 300; Herdegen LK 4 zu § 187a aF); das widerspricht jedoch dem Gesetz, weil das Eignungselement nicht an die ehrenrührige Behauptung, sondern an die Tat im ganzen anknüpft (mit Recht anders daher Hoyer, Die Eignungsdelikte, 1987, S 146 und Zieschang, Die Gefährdungsdelikte, 1998, S 304, der ein konkretes Gefährlichkeitsdelikt annimmt).

b) Die **Tatmotive** müssen mit der Stellung des Politikers zusammenhängen. Jedoch muss die Tat selbst weder politisch motiviert sein noch politische Ziele verfolgen; die Hoffnung auf absatzfördernde Sensation für eine Zeitung genügt (BGHSt 4, 119).

4. Gegenüber §§ 186, 187 geht die Vorschrift vor **(Spezialität).** Über das Verhältnis zu § 90b dort 6.

5. Die Verweisungen in 15 zu § 185 gelten auch hier.

§§ 189, 190

§ 189 Verunglimpfung des Andenkens Verstorbener

Wer das Andenken eines Verstorbenen verunglimpft, wird mit Freiheitsstrafe bis zu zwei Jahren oder mit Geldstrafe bestraft.

1 1. **Geschütztes Rechtsgut** ist nicht die Ehre des Toten (so aber Hirsch, Ehre und Beleidigung, 1967, S 125 und Wolff-FS, S 125, 141; Hunger, Das Rechtsgut des § 189 StGB, 1996, S 114; Herdegen LK[10] 1, 2; de lege ferenda auch Müller, Postmortaler Rechtsschutz, 1996, S 94; für den Schutz eines Persönlichkeitsrechts eigener Art Sch/Sch-Lenckner 1, zust Regge MK 11), auch nicht die „Familienehre", sondern das **Pietätsgefühl** der Angehörigen und der Allgemeinheit (Düsseldorf NJW 67, 1142; Rüping GA 77, 299, 304; vermittelnd BGHSt 40, 97, 105; ähnlich Zaczyk NK 1: die Ehre des Adressaten in ihrem besonderen Verhältnis zum Andenken des Verstorbenen; krit aber Stegbauer, Rechtsextremistische Propaganda im Lichte des Strafrechts, 2000, S 127; Rudolphi SK 1 sowie 7 vor § 185; zw). Die Verunglimpfung eines Toten kann aber zugleich (tateinheitlich, 14 zu § 185) einen Hinterbliebenen beleidigen (RGSt 76, 226). Der für tot Erklärte steht einem Toten gleich. – Zur historischen Entwicklung der Vorschrift und zu entsprechenden Regelungen in den europäischen Nachbarstaaten Hunger aaO S 17 und 57.

2 2. Die Grundsätze über Beleidigung unter einer **Kollektivbezeichnung** (3 vor § 185) gelten auch für § 189 (LM Nr 1). Dabei kann dieselbe Äußerung, wie das zB bei der sog „Auschwitzlüge" (BGHSt 40, 97, 103 mit abl Anm Jakobs StV 94, 540; vgl auch Bay NStZ 97, 283 mit krit Anm Jakobs JR 97, 344) zutreffen kann, tateinheitlich zugleich Lebende beleidigen und Verstorbene verunglimpfen.

3 3. **Verunglimpfen** ist mehr als beleidigen; es setzt eine nach Form, Inhalt oder Motiv besonders schwere Kränkung voraus (Bay JZ 51, 786; Küper BT S 395). Diese kann auch tätlich an dem Leichnam begangen werden (Bay 51, 455; einschr Zaczyk NK 5). Bei „übler Nachrede" über einen Toten ist Wahrheitsbeweis zulässig (hM).

4 4. Der **Vorsatz** (bedingter genügt, Bay JZ 51, 786) muss sich auch darauf erstrecken, dass der Verunglimpfte verstorben ist. Die Annahme grundsätzlich verschiedener Rechtsgüter in den Beleidigungstatbeständen einerseits und § 189 andererseits (vgl 1) zwingt zu dem misslichen Ergebnis, dass straflos bleibt, wer einen anderen beleidigt, den er irrig für tot hält, oder wer das Andenken eines Verstorbenen verunglimpft, von dem er irrig glaubt, er lebe noch (vgl Sch/Sch-Lenckner 3; krit Hunger aaO [vgl 1] S 121; diff Zaczyk NK 8, alle mwN; str).

5 5. Wahrnehmung berechtigter Interessen 3 zu § 193. Strafantrag § 194 II (für dessen Erweiterung in Anlehnung an § 232 Hunger aaO [vgl 1] S 123). Bekanntmachung § 200.

§ 190 Wahrheitsbeweis durch Strafurteil

Ist die behauptete oder verbreitete Tatsache eine Straftat, so ist der Beweis der Wahrheit als erbracht anzusehen, wenn der Beleidigte wegen dieser Tat rechtskräftig verurteilt worden ist. Der Beweis der Wahrheit ist dagegen ausgeschlossen, wenn der Beleidigte vor der Behauptung oder Verbreitung rechtskräftig freigesprochen worden ist.

1 1. Die beiden **Beweisregeln** schränken die freie Beweiswürdigung nach § 261 StPO ein, um das Wiederaufrollen abgeschlossener Strafsachen durch Beleidigungsverfahren zu verhindern. Sie gelten für §§ 186–189; auch für § 185, sofern es sich um eine Tatsachenbehauptung gegenüber dem Betroffenen handelt (Bay NJW 61, 85; 11 zu § 185; str).

2. **Verurteilung** durch Strafbefehl genügt; auch der für straffrei Erklärte (zB § 199) ist verurteilt. Tilgung oder Tilgungsreife (§ 51 BZRG) schließen die Anwendung der Beweisregel nicht aus (BT-Dr VI/1550 S 22; aM Dähn JZ 73, 51; zw). – Der **Freispruch** muss eine Sachentscheidung sein, nicht zB Einstellung wegen Verjährung.

§ 191 *(weggefallen)*

§ 192 Beleidigung trotz Wahrheitsbeweises

Der Beweis der Wahrheit der behaupteten oder verbreiteten Tatsache schließt die Bestrafung nach § 185 nicht aus, wenn das Vorhandensein einer Beleidigung aus der Form der Behauptung oder Verbreitung oder aus den Umständen, unter welchen sie geschah, hervorgeht.

1. Die Vorschrift **gilt für die §§ 186–188**; ferner für § 189 (str) und für tatsächliche Vorhalte ehrenrührigen Verhaltens gegenüber dem Betroffenen (Bay NJW 59, 57; s auch 11 zu § 185). Sie verbietet, die Wahrheit über einen anderen in unnötig herabsetzender Weise zu sagen. Der Wahrheitsbeweis muss auch dann erhoben werden, wenn die Bestrafung nach §§ 192, 185 feststeht (7 zu § 186).

2. **Aus der Form** kann die Beleidigung hervorgehen; zB bei gehässiger Einkleidung, begleitenden Schimpfworten, Lautstärke, anonymer Übermittlung. **Aus den Umständen** kann sich die Beleidigung zB ergeben bei unsachlicher Veröffentlichung einer weit zurückliegenden Verfehlung (Tenckhoff JuS 89, 35, 38 mwN) oder sonst einer wahren Tatsache ausgerechnet bei der Hochzeitsfeier, im öffentlichen Lokal, in der Presse, im Schaukasten (sog Publikationsexzess; vgl LG Hamburg MDR 92, 522; Peglau ZRP 98, 249, 250; Rühl, Tatsachen-Interpretationen-Wertungen, 1998, S 319; Joecks 5, 6; Zaczyk NK 4, beide mwN); erfasst wird auch das Gebaren des „Schwarzen Mannes" bei der Schuldeneintreibung (LG Leipzig NJW 95, 3190; Scheffler NJ 95, 573, 575; Edenfeld JZ 98, 645, 648; Regge MK 9). Jedoch muss man sich in öffentlichen Angelegenheiten auch öffentliche Kritik gefallen lassen.

3. Der Täter muss erkennen (Bedeutungskenntnis, 14 zu § 15), dass in Form oder Umständen eine über die ehrenrührige Tatsache hinausgehende Kundgabe von Missachtung oder Nichtachtung liegt. **Beleidigungsabsicht** ist nicht erforderlich (Oppe MDR 62, 947; Herdegen LK[10] 4–6; M-Schroeder/Maiwald BT 1 26/21; anders die früher hM, RGSt 40, 317, alle mwN).

§ 193 Wahrnehmung berechtigter Interessen

Tadelnde Urteile über wissenschaftliche, künstlerische oder gewerbliche Leistungen, desgleichen Äußerungen, welche zur Ausführung oder Verteidigung von Rechten oder zur Wahrnehmung berechtigter Interessen gemacht werden, sowie Vorhaltungen und Rügen der Vorgesetzten gegen ihre Untergebenen, dienstliche Anzeigen oder Urteile von seiten eines Beamten und ähnliche Fälle sind nur insofern strafbar, als das Vorhandensein einer Beleidigung aus der Form der Äußerung oder aus den Umständen, unter welchen sie geschah, hervorgeht.

1. **a)** Die Vorschrift gibt die Befugnis, zur **Wahrnehmung berechtigter Interessen** die Ehre anderer Menschen zu verletzen. Nach hM wird hier eine Interessenkollision nach den Grundsätzen der **Güter- und Interessenabwägung** gelöst (bei Dallinger MDR 53, 401; krit Merz, Strafrechtlicher Ehrenschutz und Meinungsfreiheit, 1998, S 93); zum Teil greift man – jedenfalls für § 186 mit Recht (überzeugend Sch/Sch-Lenckner 8) – auch auf den Gesichtspunkt des er-

§ 193

laubten Risikos (29 vor § 32) zurück (Lenckner, Mayer-FS, S 165, 179; Jescheck/Weigend AT S 402; krit Merz aaO S 96; aM Preuß, Untersuchungen zum erlaubten Risiko im Strafrecht, 1974, S 220). Es handelt sich jedenfalls um einen **Rechtfertigungsgrund** (BGHSt 18, 182; Eser, Wahrnehmung berechtigter Interessen als allgemeiner Rechtfertigungsgrund, 1969, S 18; zusf Geppert Jura 85, 25 mwN), nicht lediglich um einen Strafunrechtsausschließungsgrund (so Günther, Spendel-FS, S 189, 196) und auch nicht um einen Schuldausschließungsgrund (so Erdsiek JZ 69, 311; Roeder, Heinitz-FS, S 229). Soweit Gesichtspunkte der Meinungsbildung eine Rolle spielen, wird § 193 schlechthin als eine Ausprägung des Grundrechts der freien Meinungsäußerung nach Art 5 GG verstanden (BVerfGE 42, 143, 152; BVerfG NJW 99, 2262 und 00, 3196; BGHSt 12, 287, 293; BVerwG NJW 82, 1008, 1010; Bay NStZ 83, 126 und NStZ-RR 02, 210 mit abl Anm Zaczyk JR 03, 36, 37; KG StV 97, 485; Düsseldorf NJW 98, 3214 und StraFo 03, 316; Koblenz NStZ-RR 00, 44; Meurer, Hirsch-FS, S 651, 655; s auch EuGH NJW 87, 2145; aM Merz aaO S 59; Zaczyk, Hirsch-FS, S 819 und in: NK 6). Durch die These des BVerfG von der „Wechselwirkung" zwischen dem Grundrecht des Art 5 GG und den dieses begrenzenden „allgemeinen Gesetzen" (BVerfGE 7, 198; Grimm NJW 95, 1697; Hager AcP 96, 168, 178; Schößler, Anerkennung und Beleidigung, 1997, S 288; krit Stern, FS für Heinz Hübner, 1984, S 815; Mackeprang, Ehrenschutz im Verfassungsstaat, 1990, S 119; Kiesel NVwZ 92, 1129; Tröndle, Odersky-FS, S 259, 264: „Inversionsformel der Wechselwirkung"; Merz aaO S 63; s auch Isensee, Kriele-FS, S 5, 28 und Kübler KritV 00, 313) ist die Auslegung des Beleidigungsrechts zwar nicht vollständig, aber doch in weitem Umfang auf das BVerfG übergegangen (vgl etwa BVerfGE 61, 1 mit krit Bespr Schmidt Glaeser JZ 83, 95 und vd Decken NJW 83, 1400; BVerfGE 82, 43 und 236 mit Anm Tettinger JZ 90, 1074; BVerfGE 85, 1 und 90, 241; BVerfGE 93, 266, 290 mit krit Bespr Otto NStZ 96, 127, 128 und Zuck JZ 96, 364, 365; s auch Henschel NJW 90, 1937, 1943; Hufen JuS 94, 165; Hirsch, BGH-FS S 199, 228 und M-Schroeder/Maiwald BT 1 26/8).

2   b) § 193 deckt nur die Verletzung **fremder Ehre** (hM); seine vorsichtige Erstreckung auf einige **weitere Tatbestände** mit besonders gemeinschaftsbezogenen Rechtsgütern (zB Verletzung der Vertraulichkeit des Wortes, Verletzung von Privatgeheimnissen, § 201 I, II Nr 1, § 203) wird im Schrifttum teils befürwortet (Noll ZStW 77, 1, 31; Eser aaO [vgl 1] S 15, 40; Tiedemann JZ 69, 717, 721; Geppert Jura 85, 25, 28), teils aber auch nachdrücklich abgelehnt (Suppert, Studien zur Notwehr und „notwehrähnlichen Lage", 1973, S 223; Krey ZStW 90, 173, 181; Lenckner, Noll-GS, S 243; Tenckhoff JuS 89, 198; Kretschmer, Strafrechtlicher Ehrenschutz und Meinungs- und Pressefreiheit..., 1994, S 73; Bohnert NStZ 04, 301 305; Hoyer SK 14–16 vor § 201); darüber hinaus ist er jedenfalls unanwendbar, zB wenn § 123 (Stuttgart NStZ 87, 121 mit Bespr Lenckner JuS 88, 349), § 164 (RGSt 71, 34, 37; Oldenburg NdsRpfl 51, 51), § 267 (RGSt 50, 55) oder § 303 (Stuttgart aaO) verletzt ist.

3   c) Innerhalb des **14. Abschnitts** kommt § 193 namentlich in Frage bei der üblen Nachrede (§§ 186, 187a I), daneben auch bei Tatsachenbehauptungen gegenüber dem Beleidigten (2 zu § 185) sowie bei öffentlichen Meinungsäußerungen, dienstlichen Urteilen und tätlichen Beleidigungen (str) im Rahmen des § 185 (zu eng bei Dallinger MDR 53, 401). Bei reinen Formalbeleidigungen (Düsseldorf NStZ-RR 96, 5, 7; Sch/Sch-Lenckner 2; krit Graul NStZ 91, 457, 461; Scheffler NJ 95, 573, 575) und bei Verleumdungen (BGHSt 14, 48; NStZ 95, 78 mit zust Anm Jahn StV 96, 259; Hamm NJW 71, 853; s aber RGSt 48, 414; 63, 94; für die Heranziehung von § 34 M-Schroeder/Maiwald BT 1 26/30; Regge MK 21 zu § 187) scheidet er dagegen idR, aber nicht notwendig aus. Auch die Verunglimpfung des Andenkens Verstorbener (§ 189) kann ausnahmsweise gerechtfertigt sein

(LG Göttingen NJW 79, 1558, 1559 mwN); sie ist jedoch wegen Unangemessenheit der Zweckverfolgung (vgl 10) regelmäßig ausgeschlossen, wenn die Kränkung schon der Form nach besonders schwer war (unrichtig Bemmann, Meinungsfreiheit und Strafrecht, 1981, S 6, 12).

2. § 193 beschreibt einen **besonderen Rechtfertigungsgrund,** der speziell den Ehrenschutz relativiert und deshalb nur die Beleidigungstatbestände zur Grundlage hat. Wegen dieser inneren Verknüpfung lässt er sich regelmäßig abschließend erst beurteilen, wenn der objektive und subjektive Tatbestand einer Beleidigung erfüllt (Frankfurt NJW 89, 1367; Bay NJW 99, 1982), ein in Frage kommender Wahrheitsbeweis gescheitert (7, 8 zu § 186) und die Tat nicht schon aus allgemeinen Gründen (zB Notwehr, Einwilligung) gerechtfertigt ist (Tenckhoff JuS 89, 198). Die Annahme der hM (vgl Frankfurt und Bay jeweils aaO), dass der Richter die Tatbestandsmäßigkeit stets zuerst festzustellen habe, findet im Prozessrecht keine zureichende Stütze (Graul NStZ 91, 457; Hardtung JuS 96, 807, 810, beide mwN).

3. a) Dem verletzten Rechtsgut der Ehre muss ein – durch die gesetzlichen Beispiele zum Teil näher konkretisierte – **berechtigtes Interesse** des Täters gegenüberstehen, das sich im Einzelfall auch aus einer gesetzlichen Pflicht (zB Aussagen vor Gericht, Vorhaltungen und Rügen von Dienstvorgesetzten, dienstliche Anzeigen und Urteile von Beamten) ergeben kann. Als **Interesse** kommt jedes öffentliche oder private, ideelle oder vermögensrechtliche Interesse in Frage, soweit es von der Rechtsordnung als schutzwürdig anerkannt ist (Merz aaO [vgl 1] S 103); Belange, die dem Recht oder dem Sittengesetz zuwiderlaufen, sind daher ausgeschlossen (RGSt 34, 222; Rudolphi SK 11 mwN).

b) Das Interesse ist **berechtigt,** wenn es ein **unmittelbares oder mittelbares eigenes Interesse** des Täters ist (Merz aaO [vgl 1] S 104). Es genügt, wenn es ihn so nahe berührt, dass er sich nach vernünftigem Ermessen zu seinem Verfechter aufwerfen darf (RGSt 63, 231). Das ist zB der Fall bei Handeln kraft Stellung oder Auftrags (Anwalt: Köln NJW 79, 1723; Saarbrücken AnwBl 79, 193; Düsseldorf NStZ-RR 96, 5, 7 und NJW 98, 3214 mit Bespr Otto JK 9 zu § 185; KG StV 97, 485 und NStZ-RR 98, 12; LG Köln MDR 73, 65; Gemeinderatsmitglied: Bay NJW 56, 354; Landtagsabgeordneter: bei Dallinger MDR 55, 270; Auskunfteien: Jäger NJW 56, 1224), bei Belangen von nahen Angehörigen, Freunden (Bay NJW 65, 58; Meurer, Hirsch-FS, S 651, 658) oder langjährigen Angestellten (Braunschweig NJW 47/48, 697); ferner bei Meldungen zur Aufklärung von Betriebsdiebstählen (KG DRZ 50, 418) und bei sonstigen gemeinsamen Belangen eines engeren Personenkreises (Verein, Schutzverband, Gemeinde).

c) Interessen der Allgemeinheit berühren jeden Bürger nahe (BVerfGE 12, 113, 125 und 93, 266, 293; BGHZ 31, 308, 312; BGHSt 18, 182, 187). Der Bürger hat daher ein eigenes Interesse daran, dass Straftaten verfolgt, Verfehlungen von Abgeordneten, Beamten und anderen Staatsbediensteten (Düsseldorf VRS 60, 115) aufgedeckt oder Angriffe auf die rechtsstaatliche Ordnung abgewehrt werden (bei Dallinger MDR 56, 397). § 193 deckt daher bei Vorliegen auch seiner weiteren Voraussetzungen die (freiwillige) Zeugenaussage vor der Polizei (Stuttgart NJW 67, 792 mit Anm Roxin) und die Anzeige bei der zuständigen Behörde oder dem Parlament, uU sogar die sog Flucht in die Öffentlichkeit. Der Bürger nimmt sein Interesse auch wahr bei Auskünften an politische Parteien über einen Wahlkandidaten (Bay NJW 53, 1361) oder eine Behörde auf Grund eines Auskunftsersuchens (Schleswig SchlHA 60, 313). Die Publikation einer Stasi-Akte durch den Betroffenen kann ein wichtiger Beitrag zur zeitgeschichtlichen Diskussion sein; an ihr besteht ein erhebliches öffentliches Interesse (Hamburg DtZ 93, 349); kein überwiegendes Interesse besteht an der Veröffentlichung einer Liste, wenn

§ 193

diese Angaben zu Personen enthält, die weder im IM-Gefüge des MfS eine exponierte Stellung innehatten, noch heute eine herausgehobene Stellung besitzen (JZ 95, 253 mit krit Anm Trute; vgl dazu auch den Nichtannahmebeschluss BVerfG NJW 00, 2413 mit Bespr Enders JZ 00, 1108 und Britz JAR 00, 189; zur Veröffentlichung der Gehaltsliste des MfS s BVerfG NJW 99, 3326).

8 **d)** Die früher umstrittene Frage, ob **auch die Presse** nur unmittelbare oder mittelbare eigene Interessen wahrnehmen darf, ist heute im Grundsatz geklärt. Im Hinblick auf ihre Funktion im demokratischen Staat genießt die Presse im Rahmen ihrer öffentlichen Aufgabe, die in den meisten Landespressegesetzen ausdrücklich anerkannt ist (Groß JR 95, 485, 487 mwN), den Schutz des § 193 (BVerfGE 12, 113, 126; BGHZ 31, 308; weiter Rudolphi SK 16). Zu ihrer öffentlichen Aufgabe (vgl Löffler NJW 82, 91) gehört es, in Angelegenheiten von öffentlichem Interesse Nachrichten zu beschaffen und zu verbreiten, Stellung zu nehmen, Kritik zu üben oder auf andere Weise an der Meinungsbildung mitzuwirken (Düsseldorf NStZ 92, 283; Fuhrmann JuS 70, 70; krit Rehbinder NJW 63, 1387 und 69, 1616), nicht aber ausschließlich auf Skandal und Sensation gerichtete Äußerungen zu verbreiten (BGHSt 18, 182).

9 **4.** Nach hM muss als **subjektives Rechtfertigungselement** hinzukommen, dass es dem Täter – sei es auch neben anderen Zwecken (NStZ 87, 554; Düsseldorf VRS 60, 115, beide mwN) – auf die **Interessenwahrnehmung** ankommt (BGHSt 18, 182, 186; Merz aaO [vgl 1] S 188; Otto GK 2 32/41; Zaczyk NK 46). Jedoch dürfte auch hier die Mindermeinung, die Kenntnis der Rechtfertigungslage genügen lässt (dazu 6 vor § 32), vorzugswürdig sein (Roxin AT I 18/48; Sch/Sch-Lenckner 23, beide mwN; zw).

10 **5. a)** Die **Abwägung** der widerstreitenden Interessen muss ergeben, dass das Interesse des Beleidigers mindestens gleich- (Frankfurt NJW 91, 2032, 2035; Rengier BT II 29/43), wenn nicht höherwertig (Lenckner, Noll-GS, S 243, 248) ist als der Anspruch des Beleidigten auf Unverletztheit seiner Ehre (krit Merz aaO [vgl 1] S 137; Zaczyk NK 2 und 16). Vor allem muss die Ehrverletzung nach den Umständen ein geeignetes und zugleich das schonendste Mittel der Interessenwahrnehmung sein (ähnlich Merz aaO S 117, 123, 135, die außer der Geeignetheit und Erforderlichkeit noch die Angemessenheit verlangt; beachte jedoch 12). Dabei trifft den Beleidiger die Pflicht zur Prüfung, ob der Angriff das unerlässliche – auch in dieser Form nötige – Mittel zur Interessenverfolgung ist (Herdegen LK[10] 17). Deshalb besteht im Rahmen der Zumutbarkeit auch eine **Informationspflicht** über den Wahrheitsgehalt einer Äußerung, wenn der Angriff eine Tatsachenbehauptung enthält (BGHSt 14, 48, 51; Gropp AT 6/223; Jescheck/Weigend AT S 403; Köhler AT S 323; Regge MK 54–56; aM Roxin AT I 18/47; s auch Merz aaO S 185 und Hirsch, BGH-FG, S 199, 226; speziell zur Informationspflicht bei Berichten über inoffizielle „Stasi-" Mitarbeiter Hamburg ZIP 92, 117; Bork ZIP 92, 90, 101; einschr bei zu Grunde liegenden staatlichen Berichten EGMR NJW 00, 1015, bei Behördenauskünften, nicht aber bei inoffiziellen Angaben aus den Reihen der Polizei, Dresden NJW 04, 1181). Der Umfang dieser Pflicht richtet sich nach allen äußeren und inneren Umständen, zB nach dem Grad der Wahrscheinlichkeit, der nach den bisherigen Informationen für die Richtigkeit der Behauptung spricht, den zeitlichen, beruflichen und persönlichen Möglichkeiten weiterer Aufklärung durch den Täter, seinen Motiven, seiner etwaigen Erregung, der Schwere des erhobenen Vorwurfs und den Anschauungen der beteiligten Kreise (zusf Geppert Jura 85, 25, 30; aus zivilrechtlicher Sicht Hager AcP 96, 168, 193). Fehlt es in diesem Sinne an gewissenhaftem Bemühen um Aufklärung des Wahrheitsgehalts, hat der Täter seine Behauptung also „leichtfertig" aufgestellt, so ist ihm (auch im Falle der leichtfertig falschen Anzeige; zu Recht einschr für sog Aufklärungsanzeigen Köln NJW 97, 1247 mit zust Bespr

Fahl JA 98, 365 und Otto JK 4) der Schutz des § 193 zu versagen (bei Dallinger MDR 54, 335; Hamburg MDR 80, 953; Celle NJW 88, 353; beachte auch BVerfG NJW 00, 199 mit krit Bespr Otto JK 5; Soehring/Seelmann-Eggebert NJW 00, 2466, 2471; Schulz, Die rechtlichen Auswirkungen von Medienberichterstattung auf Strafverfahren, 2002, S 53). Soweit die Informationspflicht reicht, sind die für den Erlaubnistatbestandsirrtum geltenden Regeln (9–16 zu § 17) nicht anwendbar (hM; vgl etwa Fuhrmann JuS 70, 70, 75; Geppert Jura 85, 25, 31; anders Rudolphi SK 28). – Zur Information des eigenen Anwalts und zu dessen Sachvortrag im Verfahren NStZ 87, 554; Hamburg MDR 80, 953; Celle NJW 91, 1189; LG Hechingen NJW 84, 1766, alle mwN; s auch Köln FamRZ 92, 1170; 9 zu § 185).

b) Auch bei **öffentlichen Äußerungen,** namentlich Äußerungen in der **11** Presse (zusf Rehbinder, Die öffentliche Aufgabe und rechtliche Verantwortlichkeit der Presse, 1962; Fuhrmann JuS 70, 70; Schmid, Freiheit der Meinungsäußerung und strafrechtlicher Ehrenschutz, 1972; rechtsvergleichend Schwinge MDR 73, 801), besteht die Pflicht zur Prüfung, ob eine Tatsachenbehauptung wahr (BVerfGE 12, 113, 130; Hamburg ZIP 92, 117; AG Mainz NStZ 95, 347 mit krit Anm Otto; vgl auch BGHZ 132, 13) und ob die Veröffentlichung unerlässlich ist. Dabei ist grundsätzlich ein strenger Maßstab anzulegen (BGHSt 3, 73; NJW 52, 194; Stuttgart NJW 72, 2320; Hager Jura 95, 566, 568; Stapper ZUM 95, 590, 597; Groß JR 95, 485, 486). Namentlich während eines schwebenden Strafverfahrens ist es idR nicht gerechtfertigt, den Beschuldigten auf der Grundlage eigener Recherchen schon als Täter und nicht lediglich als Verdächtigen hinzustellen; auch wenn die Unschuldsvermutung nach Art 6 II MRK keine unmittelbare Drittwirkung ist, sie doch als wichtiges Interesse an der Verhütung von „Vorverurteilungen" in die Abwägung einzubeziehen (BVerfGE 35, 202, 232; BGHZ 143, 199; probl Frankfurt NJW 80, 597 mit krit Bespr Grave NJW 81, 209; s auch Düsseldorf NJW 80, 599; Köln NJW 87, 2682; Brandenburg NJW 95, 886; Nürnberg NJW 96, 530; Stuttgart NJW 01, 3797; Dresden NJW 04, 1181; LG Düsseldorf NJW 03, 2536; VG Berlin NJW 01, 3799; VG Saarlouis NJW 03, 3431; Marxen aaO 80, 365; Zielemann, Der Tatverdächtige als Person der Zeitgeschichte, 1982, S 67; Kühl, FS für H Hubmann, 1985, S 241 und Müller-Dietz-FS, S 401; Hassemer NJW 85, 1921; Roxin NStZ 91, 153, 157; Hager aaO 569; Stapper aaO 597; Groß aaO 487; Merz aaO [vgl 1] S 115, 131; Soehring/eelmann-Eggebert NJW 00, 2466, 2470; Löffler/Ricker 16/10; s auch BVerfG NJW 98, 2889; zur vergleichbaren Rechtslage in der Schweiz SchwBG StV 91, 527; rechtsvergleichend Brömmekamp, Die Pressefreiheit und ihre Grenzen in England und in der Bundesrepublik Deutschland, 1997, S 190, 216, 226). – Zur öffentlichen Identifizierung von Beschuldigten in Ermittlungsverfahren durch Ermittlungsbehörden 15, 21 und 25 zu § 203, 6 und 11 zu § 353b, 4 zu § 353d.

c) Bei Äußerungen in der **politischen Auseinandersetzung oder sonst im** **12** **Bereich der öffentlichen Meinungsbildung,** zB im Wahlkampf (BVerfGE 61, 1 mit Bespr Schmidt Glaeser JZ 83, 95 und van der Decken NJW 83, 1400; Stuttgart JZ 69, 77), bei Kritik an Staatsorganen (etwa der Bundeswehr, BGHSt 36, 83; BVerfGE 93, 266, 291), bei Petitionen nach Art 17 GG (Düsseldorf NJW 72, 650), bei Anprangerung von Missständen (BVerfGE 60, 234; BGH JZ 82, 724; auch im Strafvollzug BVerfG NStZ 94, 300) beim Verteidigungsvorbringen des Angeklagten (BVerfG NJW 00, 3196) oder seines Verteidigers (BVerfG NJW 00, 199 mit zust Bespr Otto JK 5; s auch NJW 04, 1541), beim Stellen eines Beweisantrags (LG Düsseldorf StV 02, 660 mit Bespr Fahl JA 03, 452) und beim Sachvortrag in gerichtlichen Auseinandersetzungen (NJW 91, 2074; NStZ 95, 78 mit zust Anm Jahn StV 96, 259; Hamburg NStZ-RR 97, 103 mit zust Anm Foth JR 97, 522; KG StV 97, 485 und NStZ-RR 98, 12; Düsseldorf NJW 98, 3214

§ 193

mit Bespr Otto JK 9 zu § 185; Bremen NStZ 99, 621; Bay NJW 00, 3079; Frankfurt NJW 03, 77; Jena NJW 02, 1890; Bay 01, 1511 und NStZ-RR 02, 40, 41: „Kampf ums Recht"; s auch BVerfG NJW 96, 3268 und Ignor, Schlüchter-GS, S 317), legt die Rspr zur Wahrung der Meinungsfreiheit andere, für den Täter günstigere Maßstäbe an (zusf Kübler JZ 84, 541 mwN; s auch Zippelius, FS für H Hubmann, 1985, S 511 und Schmitt Glaeser, FS für G Dürig, 1990, S 91, 102) und dehnt damit den Schutzbereich dieses Grundrechts nachhaltig aus (Heselhaus NVwZ 92, 740 mwN); in diesem Bereich soll eine Vermutung zugunsten der freien Rede gelten (BVerfGE 7, 198, 208; 61, 1, 12; BVerfG NJW 92, 2815 und 99, 2262; KG NJW 03, 685, 687; AG Pforzheim NStZ-RR 03, 202; zu Recht krit Kriele NJW 94, 1898; Tettinger, Die Ehre – ein ungeschütztes Verfassungsgut?, 1995, S 28; Tröndle, Odersky-FS, S 266; Buscher NVwZ 97, 1057, 1059; Stark, Kriele-FS, S 235, 237; Merz aaO [vgl 1] S 174; Otto GK 2 32/43). Vor allem begründet schon die bloße Teilnahme an politischen Auseinandersetzungen ein berechtigtes Interesse (Frankfurt NJW 89, 1367). Auch wird hier nicht unbedingt der Einsatz des jeweils schonendsten Mittels der Interessenwahrnehmung, sondern bloße Verhältnismäßigkeit gefordert (BVerfGE 24, 278; Düsseldorf NStZ 92, 283) und bei Äußerungen mit zugleich tatsächlichem und wertendem Gehalt der Schwerpunkt (vgl dazu 3 zu § 186) zum Werturteil hin verschoben (BVerfGE 85, 1; BVerfG NJW 93, 1845; Karlsruhe NJW 96, 1140; Grimm NJW 95, 1697, 1699); bewusst oder erwiesen unwahre Tatsachenbehauptungen fallen jedoch nicht in den Schutzbereich (BVerfG NJW 93, 916 mit Bespr Hufen JuS 94, 165; vgl auch BVerfGE 90, 241 mit Bespr Schulze-Fielitz JZ 94, 902, Heselhaus JA 95, 272, Hufen JuS 95, 638 und Huster NJW 96, 487 zur sog „Auschwitzlüge"; Grimm aaO; Erichsen Jura 96, 84; Hager AcP 96, 168, 184; Brugger AöR 03, 372, 396; s auch Kyrill-A. Schwarz JZ 00, 126, 129); bei Meinungsäußerungen mit wertenden und tatsächlichen Elementen kann die Unrichtigkeit der Tatsache, auf der das Werturteil aufbaut, bei der Abwägung berücksichtigt werden (BVerfG NJW 04, 277; s auch BVerfG NJW 03, 1856). Ferner darf, wenn eine Äußerung objektiv mehrere Deutungen zulässt, die zur Verurteilung führende nur zu Grunde gelegt werden, wenn die anderen überzeugend ausgeschlossen werden können (BVerfG NJW 92, 2013; 94, 2943; 01, 3613 [mit Bespr Hufen JuS 02, 391] und 02, 3315 sowie NZV 94, 486; Grimm aaO S 1700, alle mwN; s auch BVerfG NJW 92, 2750 und 93, 916 sowie 96, 1529); umgangssprachlich zu verstehenden Äußerungen darf kein fachspezifischer Sinn zugrundegelegt werden (BVerfGE 93, 266, 296 mit nicht überzeugender Sinnermittlung der Bezeichnung von Soldaten als „Mörder"; zu Recht krit das Sondervotum Haas S 315, Mager Jura 96, 405, 409, Otto NStZ 96, 127, Zuck, JZ 96, 364, Gounalakis NJW 96, 481, Sendler NJW 96, 825, Tröndle aaO S 276, Isensee JZ 96, 1085, 1088 und in Kriele-FS, S 5, 42; Jescheck/Weigend AT S 404; weniger krit Braum KritV 95, 371, 390 und Dencker, Bemmann-FS, S 291; vgl auch LG Mainz NStZ-RR 96, 330 mit Anm Schmittmann NStZ 96, 496). Schließlich kommen Gesichtspunkte der Wechselwirkung zwischen den Grundrechten und den allgemeinen Gesetzen ins Spiel (vgl 1), so dass uU auch übertreibende oder verallgemeinernde Kennzeichnungen des Gegners sowie scharfe und drastische Formulierungen, namentlich im Rahmen eines sog „Gegenschlags" auf ehrverletzende Angriffe, gerechtfertigt sein können (zB BVerfG NJW 92, 2815; BGHSt 36, 83; NJW 00, 3421 mit Bespr Otto JK 6 [„Babycaust"]; Düsseldorf NStZ-RR 96, 164, 166; Hamm NJW 82, 659; Bay NStZ 83, 265 und NStZ-RR 02, 210 mit krit Anm Zaczyk JR 03, 36; Hamburg NJW 84, 1130 mit Anm Otto JR 83, 511; Frankfurt NJW 89, 1367 und NStZ 91, 493 mit Anm Brammsen JR 92, 82; KG JR 90, 124; AG Spaichingen NJW 91, 1496; Otto JR 83, 1, 6; Tettinger JZ 83, 317; Hager AcP 96, 168, 211; krit Arzt JuS 82, 722, 727; Geppert Jura 85, 25, 33; Kiesel NVwZ 92, 1129; Stark aaO S 240; Merz aaO S 153; Meurer, Hirsch-FS S 651, 661; zu weit LG Frankfurt

NStZ 90, 233 mit abl Anm Brammsen; zust jedoch Giehring StV 92, 194, 200, alle mwN; s auch 1).

d) Erst jenseits der zum Teil bedenklich weitgehenden verfassungsgerichtlichen Rspr (zB BVerfGE 86, 1 mit Bespr Hillgruber/Schemmer JZ 92, 946 und Schmidt-De Caluwe NVwZ 92, 1166; BVerfG NJW 92, 2815 [mit abl Bespr Otto JK 3]; 03, 1109 [mit Bespr Hufen JuS 03, 910]; 03, 961 und 3760 mit Bespr Otto JK7; 04, 277, 278 und 590, 591; s auch Otto JR 93, 258, 259; krit zu dieser Rspr Isensee AfP 93, 619, 626, Forkel JZ 94, 637, 641, Stürner JZ 94, 865, Kriele NJW 94, 1897 mit Erwiderung Soehring NJW 94, 2926, Krey JR 95, 221, 224, Tettinger aaO [„Die Ehre"] S 25, Ossenbühl JZ 95, 633, Schmitt Glaeser NJW 96, 873, Brohm NJW 01, 1, 7, Tröndle aaO S 274; zu dieser Kritik, die Rspr des BVerfG verteidigend, Grimm NJW 95, 1697, 1701; Ignor, Der Straftatbestand der Beleidigung, 1995, S 118 und Schößler aaO [vgl 1] S 1293; s auch Kübler NJW 99, 1281); wird die Grenze zur eng auszulegenden sog **Schmähkritik** überschritten, bei der nicht mehr die Auseinandersetzung in der Sache, sondern die Diffamierung der Person im Vordergrund steht (BVerfGE 82, 272, 283; 93, 266, 294 und NJW 93, 1462 mit Bespr Hufen JuS 94, 165; BGHZ 143, 199; Bay NJW 91, 1493 [mit Anm Brammsen JR 92, 82]; 00, 3079 sowie NStZ-RR 02, 40, 41 und 210 mit Anm Zaczyk JR 03, 36; Brandenburg NJW 96, 1002 und 99, 3339; Frankfurt JR 96, 250 mit krit Anm Foth; Celle NStZ 98, 88; Düsseldorf StraFo 03, 316; LG Mannheim NStZ-RR 96, 360; LG Göttingen NJW 96, 1138; s auch NJW 94, 124 mit Bespr Emmerich JuS 94, 346 und Würkner NJW 94, 914; Hamburg NJW 92, 2035; KG DtZ 92, 286 und NJW 03, 685, 687; Düsseldorf NStZ-RR 96, 5, 7; München NJW 96, 2515; Groß JR 95, 485, 487; Merz aaO [vgl 1] S 165; krit Rühl, Tatsachen-Interpretation-Wertungen, 1998, S 322, alle mwN). Enthält die Äußerung einen Angriff auf die Menschenwürde eines anderen, so tritt die Meinungsfreiheit (wie die Kunstfreiheit, vgl 15) stets zurück (BVerfGE 93, 266, 293; Grimm aaO S 1703; s auch BayJZ 01, 717 mit Anm Otto).

6. Trotz Wahrnehmung berechtigter Interessen ist die Tat strafbar, wenn sich aus der Form oder den Umständen eine unnötige (dh nicht gerechtfertigte, Graul NStZ 91, 457, 461) Ehrverletzung ergibt (BVerwGE 64, 55, 63; probl KG JR 88, 522); Beleidigungsabsicht ist nicht erforderlich (Merz aaO [vgl 1] S 192; 2, 3 zu § 192; str).

7. a) Ehrverletzungen in **Kunstwerken,** zB künstlerisch gestalteten Karikaturen und satirischen Darstellungen (4 zu § 185), sind grundsätzlich tatbestandsmäßig (Hamburg JR 83, 508; Geppert JR 85, 430; Roggemann JZ 92, 934, 941; aM KG NStZ 92, 385 mit Anm Liesching/v Münch NStZ 99, 85; Erhardt, Kunstfreiheit und Strafrecht, 1989, S 178; s auch KG NJW 03, 685, 688); jedoch kann sich ihre Rechtfertigung unabhängig von der allgemeinen Reichweite des § 193 schon aus dem Grundrecht der Kunstfreiheit ergeben (Fischer, Die strafrechtliche Beurteilung von Werken der Kunst, 1995, S 69 mwN; abl Trifftterer/Schmoller ÖJZ 93, 547, 551, die eine verfassungskonform einengende Interpretation des Tatbestandes vorschlagen; ebenso Beisel, Die Kunstfreiheitsgarantie des Grundgesetzes und ihre strafrechtlichen Schranken, 1997, S 163; im Ansatz abw Zaczyk NK 40, 41). Rechtlich setzt ein Gegenstand der Kunst „freie schöpferische Gestaltung" voraus, „in die Eindrücke, Erfahrungen, Erlebnisse des Künstlers durch das Medium einer bestimmten Formensprache zu unmittelbarer Anschauung gebracht werden" (BVerfGE 30, 173). Auf dem Boden dieser oder vergleichbarer materialer Deutungen wird häufig ein Element „vergeistigter Auseinandersetzung" gefordert (Würtenberger, Dreher-FS, S 79, 89; M-Schroeder/Maiwald BT 1 26/50). Die neuere Rspr des BVerfG (umfassend dazu Würkner, Das Bundesverfassungsgericht und die Freiheit der Kunst, 1994, S 72; knapper Fischer aaO S 30; Wolf, Spötter vor

§ 193

Gericht, 1996, S 30 und Enderlein, Der Begriff der Freiheit als Tatbestandsmerkmal der Grundrechte, 1995, S 4, der dem Bundesverfassungsgericht die verfassungskonforme Auslegung der Beleidigungstatbestände vorenthalten will, S 191) hält es dagegen nicht für möglich, „Kunst generell zu definieren" und bezieht deshalb zusätzliche (formale, zeichentheoretische) Beurteilungsmaßstäbe ein, die zu einer weiten Erstreckung des Lebensbereichs „Kunst" führen (BVerfGE 67, 213 mit Bespr Zöbeley NJW 85, 254; krit Würkner NJW 88, 317; s auch Erhardt aaO S 86, der einen „strukturellen" Kunstbegriff entwickelt; zust dazu Beisel aaO S 108; nach Fischer aaO S 43 sind die Strukturmerkmale der Formensprache und des Eigenschöpferischen, das sich auf die äußere Gestaltung beziehen muss, entscheidend; zur österreichischen Diskussion um den Kunstbegriff Triffterer/Schmoller ÖJZ 93, 547, 549). Zu ihm gehören nicht nur der „Werkbereich", die eigentliche künstlerische Betätigung, sondern auch der „Wirkbereich", in dem der Öffentlichkeit – sei es auch nur durch Werbung – der Zugang zu dem Werk verschafft wird (BVerfGE 77, 240, 251 mit Anm Würkner NJW 88, 327; BVerfGE 82, 1, alle mwN). – Obwohl die Freiheit der Kunst im Sinne des Art 5 III S 1 GG nicht durch Gesetzesvorbehalt eingeschränkt, vor allem nicht dem Vorbehalt des Art 5 II GG unterworfen ist, besteht keine grundsätzlich schrankenlose Freiheit (Seetzen NJW 76, 497; Würtenberger aaO und JR 79, 309, alle mwN). Sie ist vielmehr nach Maßgabe der grundgesetzlichen Wertordnung und unter Berücksichtigung der Einheit dieses grundlegenden Wertsystems begrenzt (BVerfGE 30, 173; vgl Isensee AfP 93, 619, 625; Fischer aaO S 56). Das bedeutet aber nur eine Abwägung zwischen der jeweils kollidierenden Verfassungswerten nach dem Verhältnismäßigkeitsprinzip (BVerfGE 81, 278 mit krit Anm Gusy JZ 90, 640; BGHSt 37, 55 mit Anm Maiwald JZ 90, 1141; Bay MDR 94, 80, alle mwN) mit dem Ziel der Herbeiführung praktischer Konkordanz (dazu Henschel NJW 90, 1937, 1942). Schon damit wird eine gegenüber der früheren Rspr der Strafgerichte (vgl etwa NJW 65, 983; Bay NJW 64, 1149) wesentlich weiterreichende Gewährleistung der Kunstfreiheit erreicht, die noch dadurch verstärkt wird, dass bei mehreren möglichen Deutungen einer Äußerung die zur Bestrafung führende nur dann zugrundegelegt werden darf, wenn dafür besondere, dem Täter zurechenbare Gründe vorliegen (BVerfGE 82, 43 mit Anm Kübler JZ 90, 916).

15 b) Im Bereich der **Beleidigung** kommt es darauf an, ob nach den konkreten Umständen des Einzelfalls (beachte dazu LG Baden-Baden NJW 85, 2431) die verfassungsrechtlich gewährleistete Kunstfreiheit (bei politischen Karikaturen und Satiren uU zugleich die Meinungsfreiheit, Bay MDR 94, 80; Gounalakis NJW 95, 809; allein darauf abstellend JZ 04, 577 mit zust Anm Kübler) gegenüber dem Grundwert des Persönlichkeitsrechts den Vorzug verdient, was bei eindeutigen Verletzungen der Menschenwürde niemals zutrifft (BVerfGE 75, 369 mit Bespr Würkner NStZ 88, 23 und JA 88, 183 sowie Hufen JuS 89, 136; Karlsruhe NJW 94, 1963; Bay NJW 94, 952 [mit krit Anm Otto JR 94, 473] und 95, 145, 146; Fischer aaO S 90; Ignor aaO [vgl 12] S 127, 195; krit Enders, Die Menschenwürde in der Verfassungsordnung, 1997, S 485) und bei anderen schweren Beeinträchtigungen des Persönlichkeitsrechts vom Einzelfall abhängt (BVerfGE 30, 173, 193; Hamm NJW 82, 659, 660; Hamburg NJW 85, 1654 mit Anm Geppert JR 85, 430; Bay MDR 94, 80 und JR 98, 385 mit Anm Foth; Otto JR 81, 1, 8 und NJW 86, 1206; zu weit BVerfGE 67, 213 mit krit Anm Otto NStZ 85, 213; Hamburg NJW 84, 1130 mit abl Anm Otto JR 83, 511; s auch Emmerich/Würkner NJW 86, 1195; Steffen, Simon-FS, S 359; Fischer aaO S 94; Buscher NVwZ 97, 1057, 1062; die Rspr des BVerfG zusf Henschel NJW 90, 1937, krit zu dieser Rspr Isensee aaO S 628; Tröndle aaO [vgl 1] S 278; zur vergleichbaren österreichischen Diskussion Triffterer/Schmoller ÖJZ 93, 573, 575; rechtsvergleichend Wolf aaO passim).

Strafantrag **§ 194**

§ 194 Strafantrag

(1) Die Beleidigung wird nur auf Antrag verfolgt. Ist die Tat durch Verbreiten oder öffentliches Zugänglichmachen einer Schrift (§ 11 Abs. 3), in einer Versammlung oder durch eine Darbietung im Rundfunk begangen, so ist ein Antrag nicht erforderlich, wenn der Verletzte als Angehöriger einer Gruppe unter der nationalsozialistischen oder einer anderen Gewalt- und Willkürherrschaft verfolgt wurde, diese Gruppe Teil der Bevölkerung ist und die Beleidigung mit dieser Verfolgung zusammenhängt. Die Tat kann jedoch nicht von Amts wegen verfolgt werden, wenn der Verletzte widerspricht. Der Widerspruch kann nicht zurückgenommen werden. Stirbt der Verletzte, so gehen das Antragsrecht und das Widerspruchsrecht auf die in § 77 Abs. 2 bezeichneten Angehörigen über.

(2) Ist das Andenken eines Verstorbenen verunglimpft, so steht das Antragsrecht den in § 77 Abs. 2 bezeichneten Angehörigen zu. Ist die Tat durch Verbreiten oder öffentliches Zugänglichmachen einer Schrift (§ 11 Abs. 3), in einer Versammlung oder durch eine Darbietung im Rundfunk begangen, so ist ein Antrag nicht erforderlich, wenn der Verstorbene sein Leben als Opfer der nationalsozialistischen oder einer anderen Gewalt- und Willkürherrschaft verloren hat und die Verunglimpfung damit zusammenhängt. Die Tat kann jedoch nicht von Amts wegen verfolgt werden, wenn ein Antragsberechtigter der Verfolgung widerspricht. Der Widerspruch kann nicht zurückgenommen werden.

(3) Ist die Beleidigung gegen einen Amtsträger, einen für den öffentlichen Dienst besonders Verpflichteten oder einen Soldaten der Bundeswehr während der Ausübung seines Dienstes oder in Beziehung auf seinen Dienst begangen, so wird sie auch auf Antrag des Dienstvorgesetzten verfolgt. Richtet sich die Tat gegen eine Behörde oder eine sonstige Stelle, die Aufgaben der öffentlichen Verwaltung wahrnimmt, so wird sie auf Antrag des Behördenleiters oder des Leiters der aufsichtführenden Behörde verfolgt. Dasselbe gilt für Träger von Ämtern und für Behörden der Kirchen und anderen Religionsgesellschaften des öffentlichen Rechts.

(4) Richtet sich die Tat gegen ein Gesetzgebungsorgan des Bundes oder eines Landes oder eine andere politische Körperschaft im räumlichen Geltungsbereich dieses Gesetzes, so wird sie nur mit Ermächtigung der betroffenen Körperschaft verfolgt.

1. Das **Erfordernis des Strafantrags** (§§ 77–77 d) gilt – vorbehaltlich der Ausnahmen nach Abs 1 S 2, Abs 2 S 2 und Abs 4 – für alle Beleidigungen nach §§ 185–189. Eine Ersetzung des Antrags durch eine Entscheidung der StA in entsprechender Anwendung des § 230 I ist nicht möglich (BGHSt 7, 256; krit Günther, Lüderssen-FS, S 205, 215). **1**

2. Abs 1 S 1: Antragsberechtigt ist der Beleidigte, bei Kollektivbeleidigungen (3, 4 vor § 185) also jeder durch die Beleidigung Gekränkte (6 zu § 77), allerdings nur mit Wirkung für sich selbst, nicht für das Kollektiv (Frankfurt JR 91, 390 mit Anm Hilger). **2**

3. Abs 1 S 2–4: Diese auf dem 21. StÄG (10 vor § 1) beruhende Regelung ist das umstrittene Ergebnis langwieriger Auseinandersetzungen um die Verstärkung des Strafschutzes gegen **rechtsextremistische Bestrebungen,** namentlich um die strafrechtliche Behandlung der sog „Auschwitzlüge" (vgl etwa die Entwürfe BT-Dr 9/2090, 10/891 und 10/1286; krit dazu v Bubnoff ZRP 82, 118; Eschen ZRP **3**

§ 194 BT. 14. Abschnitt. Beleidigung

83, 10; Köhler NJW 85, 2389; Wehinger, Kollektivbeleidigung – Volksverhetzung, 1994, S 63). Dass gerade dieses Gesetz sich nicht auf einen Konsens der beteiligten Kräfte stützen kann, ist zu bedauern, sein unausgereifter Inhalt (dazu 3 vor § 185) eine Hypothek für die Rspr (krit Sch/Sch-Lenckner 1).

4 a) **Satz 2** schließt nur das Antragserfordernis aus, setzt das Vorliegen einer Beleidigung also voraus. In den einschlägigen Fällen wird es sich idR um Beleidigungen unter einer Kollektivbezeichnung handeln, deren ohnehin problematischer Anwendungsbereich durch den Wegfall des Antragserfordernisses nicht erweitert wird (3 vor § 185). Im Einzelnen:

5 aa) **Verbreiten von Schriften** 26–28 zu § 11; 5 zu § 74 d. – **Zugänglichmachen** 5 zu § 184; namentlich Ausstellen, Anschlagen (Plakatieren) und Vorführen gehören hierher (BT-Dr 10/3242 S 10). Zugänglichmachen ist **öffentlich,** wenn die Schrift für einen nach Zahl und Individualität unbestimmten Kreis oder für einen nicht durch persönliche Beziehungen innerhalb verbundenen größeren bestimmten Kreis von Personen wahrnehmbar gemacht wird, und zwar auch dann, wenn der Ort der Tat kein öffentlicher ist (BT-Dr aaO). – **Versammlung** 2 zu § 80a; das Beisammensein von nur wenigen Personen genügt nicht (BT-Dr aaO). – **Darbietung im Rundfunk** 7 zu § 184; erfasst wird uU auch der Teilnehmer an einer Gesprächsrunde, der selbst für den Inhalt der Sendung nicht verantwortlich ist (ebenso Tröndle/Fischer 19; einschr Zaczyk NK 7). – Andere in Satz 2 nicht genannte Formen der Äußerung, namentlich auch öffentliche mündliche Äußerungen außerhalb einer Versammlung, scheiden aus (BT-Dr aaO; krit Vogelgesang NJW 85, 2386, 2388).

6 bb) **Verletzter** 6 zu § 77. – **Gruppe** ist eine durch gemeinsame Merkmale verbundene Mehrzahl von Menschen, die sich auf Grund dieser Verbundenheit aus der übrigen Bevölkerung abhebt und sich auch als ein besonderer Teil dieser Bevölkerung begreift (ebenso Rudolphi SK 5). In Frage kommen namentlich nationale, rassische, religiöse und ethnische Gruppen (§ 6 I VStGB), darüber hinaus aber auch andere, namentlich politische (zB der Verfolgung ausgesetzte politische Parteien, BT-Dr 10/3242 S 10, Widerstandsgruppen) und gesellschaftliche (zB Gewerkschaften, Fremdarbeiter) Gruppierungen (ebenso M-Schroeder/Maiwald BT 1 27/12; s auch 2 zu § 130). – **Gewalt- und Willkürherrschaft** 6 zu § 92; der Hinweis auf die nationalsozialistische Herrschaft bezeichnet rechtlich nur ein offenkundiges Beispiel, macht zugleich aber deutlich, dass der Begriff eng auszulegen und auf solche Systeme zu beschränken ist, die sich über elementare Menschenrechte hinwegsetzen (Sch/Sch-Lenckner 5). – **Verfolgt** worden sein muss der Verletzte selbst, nicht lediglich die Gruppe als solche. Er muss also selbst wegen seiner Gruppenzugehörigkeit Verfolgungsmaßnahmen ausgesetzt gewesen sein, was bei den unter nationalsozialistischer Herrschaft in Deutschland lebenden Juden schon im Hinblick auf die gegen sie gerichteten Rassengesetze ausnahmslos zutrifft, bei anderen Verfolgten aber nach den jeweiligen Umständen beurteilt werden muss (BT–D aaO).

7 cc) Zur Begrenzung des Anwendungsbereichs von Satz 2 muss die Gruppe im ganzen oder mindestens in Teilen (Sch/Sch-Lenckner 5a) zurzeit der Beleidigung, also nicht notwendig schon zurzeit der Verfolgung, **Teil der** (inländischen, BT-Dr 10/3242 S 11) **Bevölkerung** sein.

8 dd) Der erforderliche **Zusammenhang** mit der Verfolgung kann sich auch allein aus den Umständen ergeben (Sch/Sch-Lenckner 6).

9 b) **Sätze 3, 4:** Der **Widerspruch** begründet iVm der Unzulässigkeit seiner Rücknahme ein endgültiges Prozesshindernis (BT-Dr 10/3242 S 11). Er wirkt nur für die Tat im Sinne einer Beleidigung des Verletzten (BT-Dr aaO), also nicht für andere ideal konkurrierende Gesetzesverletzungen, namentlich auch nicht für die in gleichartiger Idealkonkurrenz begangene Beleidigung anderer Verletzter (Vogel-

Strafantrag **§§ 195–198**

gesang NJW 85, 2386, 2389); der Widerspruch steht deshalb der Fortführung eines Verfahrens im Hinblick auf andere, durch dieselbe Handlung Betroffene nicht entgegen (ebenso M-Schroeder/Maiwald BT 1 27/12). – Form, Inhalt und Adressat der Widerspruchserklärung bestimmen sich nach den für die Rücknahme eines Strafantrags geltenden Regeln (5 zu § 77 d).

4. Abs 1 S 5: Zum **Übergang des Antragsrechts** auf die Angehörigen 8 zu § 77. – Geht das **Widerspruchsrecht** (S 3) auf mehrere Angehörige über, so kann es in Analogie zu § 77 d II nur gemeinsam ausgeübt werden (BT-Dr 10/3242 S 11). **10**

5. a) Abs 2 S 1: Das Antragsrecht steht den in § 77 II genannten Angehörigen in derselben Rangfolge zu, in der es sonst beim Tod des Verletzten übergeht. Wenn ein zunächst Antragsberechtigter vor Ablauf der Antragsfrist stirbt und kein anderer Angehöriger derselben Ranggruppe vorhanden ist, geht es daher nach Maßgabe des § 77 II S 2 auf die Angehörigen der nächsten Gruppe über. Davon abgesehen endet der Schutz des Totengedächtnisses praktisch mit dem Tod der Antragsberechtigten, soweit nicht Satz 2 eingreift. **11**

b) Abs 2 S 2–4: Die Vorschriften übernehmen im Kern das frühere Recht (Abs 2 S 2 aF). Diesem gegenüber bestehen Unterschiede lediglich insofern, als es auf das Fehlen von Antragsberechtigten nicht mehr ankommt (statt dessen Widerspruchsrecht) und als die Handlungsmodalitäten entsprechend Abs 1 eingeschränkt sind (BT-Dr 10/3242 S 11). **12**

6. a) Abs 3 S 1: Vgl § 77 a. Der Dienstvorgesetzte tritt selbstständig neben den Beleidigten. Er kann damit sowohl die durch die Beleidigung verletzten Interessen der Behörde oder Dienststelle wahren als auch sich schützend vor seine Untergebenen stellen (Lenckner ZStW 106, 502, 538). Letzteres hat nicht nur ideelle, sondern wegen des Kostenrisikos des Beleidigten (bei Privatklagen) auch materielle Bedeutung (vgl etwa § 470 StPO). Die Antragstellung durch den Dienstvorgesetzten macht die Prüfung des öffentlichen Interesses durch die StA nicht überflüssig (§ 376 StPO; Nr 229 II RiStBV). Wird es verneint, so hat der Dienstvorgesetzte ein selbstständiges Privatklagerecht (§ 374 II StPO). – **Während der Ausübung des Dienstes** ist die Beleidigung begangen, wenn sie mit der Dienstausübung zusammentrifft (Sch/Sch-Lenckner 14); also auch dann, wenn dem Amtsträger usw ein beleidigender Brief in das Amt geschickt (RGSt 76, 366), nicht aber wenn er nur während einer auf seinen dienstlichen Kenntnissen beruhenden Tätigkeit (etwa der Hochschullehrer während der Erstattung eines Gutachtens als gerichtlicher Sachverständiger, Bay JZ 78, 482) beleidigt wird. Sie ist **in Beziehung auf den Dienst** begangen, wenn sie die dienstliche Tätigkeit oder Stellung erkennbar zum Gegenstand hat (RGSt 66, 128) oder wenn sonst ein erkennbarer Zusammenhang dazu hergestellt wird (Bay aaO); dafür genügt, dass ein erhobener Vorwurf wegen außerdienstlichen Verhaltens den Amtsträger usw als amtsunwürdig erscheinen lassen soll (RGSt 76, 366, 369; Regge MK 27; Rudolphi SK 19). **13**

b) Abs 3 S 2 (beachte 5 vor § 185): **Behörde** 20 zu § 11; **Sonstige Stelle,** die Aufgaben der öffentlichen Verwaltung wahrnimmt, 8, 9 zu § 11. **14**

7. In **Abs 4** tritt die Ermächtigung (§ 77 e) an die Stelle des Strafantrags. Damit wird die sonst für die Strafverfolgung erforderliche Initiative des Antragsberechtigten auf die StA verlagert, die sich um die Ermächtigung zu bemühen hat. – **Gesetzgebungsorgan** 2 zu § 36. Andere politische Körperschaften sind zB Gemeinderäte und Stadtverordnetenversammlungen, aber nicht deren Fraktionen (Düsseldorf NJW 66, 1235), auch nicht politische Parteien (Düsseldorf aaO). Räumlicher Geltungsbereich 5 vor § 3. Beachte auch § 374 I Nr 2 StPO. **15**

§§ 195–198 *(weggefallen)*

§§ 199, 200

§ 199 Wechselseitig begangene Beleidigungen

Wenn eine Beleidigung auf der Stelle erwidert wird, so kann der Richter beide Beleidiger oder einen derselben für straffrei erklären.

1. **1.** Das **Wesen der Kompensation** ist umstritten (Küster NJW 58, 1659; Reiff NJW 59, 181; Küper JZ 68, 651; Kiehl, Strafrechtliche Toleranz wechselseitiger Ehrverletzungen, 1986; Frister, Die Struktur des „voluntativen Schuldelements", 1993, S 225; Kargl, Wolff-FS, S 189, 194). Sie berücksichtigt, dass dem ersten Täter bereits ein Übel zugefügt worden ist (1 StR 305/60 v 18. 10. 1960) und dass beim zweiten Unrecht und Schuld im Hinblick auf die Provokation und die dadurch häufig ausgelöste Erregung gemindert sind (Tenckhoff JuS 89, 198, 202 mwN).

2. **2.** Der Täter, dem die Vergünstigung zugute kommen soll, muss eine **prozessual verfolgbare Straftat** begangen haben; andernfalls ist freizusprechen oder das Verfahren einzustellen (ebenso Regge MK 6). Die Tat des Gegners muss nicht immer eine Straftat (Rudolphi SK 5; aM M-Schroeder/Maiwald BT 1 27/29 mwN; str), mindestens aber eine rechtswidrige (18 zu § 11), dh auch nicht gerechtfertigte (Hamm GA 74, 62), Tat sein. Im Allgemeinen treffen die der Kompensation zugrundeliegenden Zweckvorstellungen schon unter dieser Voraussetzung zu (Küper JZ 68, 651, 659); bei Beleidigung eines erkanntermaßen Schuldunfähigen ist die Vergünstigung jedoch zu versagen (Sch/Sch-Lenckner 7; weiter Bay NJW 91, 2031; Kiehl aaO [vgl 1] S 204, alle mwN; str). Die Vorschrift ist auch anwendbar, wenn die behauptete **Gegenbeleidigung nicht erwiesen** ist (hM; vgl BGHSt 10, 373; Bay aaO; trotz kriminalpolitischer Bedenken auch M-Schroeder/Maiwald aaO; aM Schwarz NJW 58, 10). Folgerichtig muss das dann auch für den Fall der irrigen Annahme eines rechtswidrigen Angriffs gelten (Hamburg NJW 65, 1611; Hamm GA 72, 29 und 74, 62; aM Rudolphi SK 8 und Zaczyk NK 6: analoge Anwendung des § 35 II). Zur Frage, ob es beim Irrtum des Täters über die Rechtswidrigkeit der Erstbeleidigung auf die Vermeidbarkeit des Irrtums ankommt, Herdegen LK[10] 3 gegen Hamburg NJW 66, 1977 mit Anm Deubner NJW 67, 63.

3. **3.** „**Auf der Stelle**" ist nicht lediglich zeitlich, sondern vor allem psychologisch zu verstehen (Bay NJW 91, 2031; diff Paeffgen NK 12 zu § 233, beide mwN); der erforderliche **Kausalzusammenhang** ist gewahrt, solange die Erregung anhält oder in engem zeitlichem Zusammenhang wieder hervortritt. Identität zwischen Beleidigtem und Gegenbeleidiger ist nicht unbedingt erforderlich; Handeln in Erregung über die Kränkung einer nahe stehenden Person genügt (Hamburg NJW 65, 1611; str). Die Gegenbeleidigung kann auch gegenüber einem Dritten kundgegeben werden (Braunschweig MDR 48, 186).

4. **4.** Die Straffreierklärung steht im **pflichtmäßigen Ermessen** (50 zu § 46) des Gerichts (einschr Kiehl aaO [vgl 1] S 207). Dass hinsichtlich der anderen Beleidigung bereits ein rechtskräftiger Freispruch vorliegt, hindert die Vergünstigung nicht (Celle MDR 59, 511); umgekehrt darf sie nicht deshalb versagt werden, weil einer der Streitenden schon zu Strafe verurteilt ist (Hamm NJW 57, 392). Abweichend von § 233 ist eine Milderung der Strafe nach § 49 II nicht vorgesehen.

5. **5.** Einziehung nach § 74 und Bekanntgabe der Verurteilung nach § 200 sind hier nicht zulässig, weil ihr poenaler Charakter mit der Freistellung von Strafe nicht vereinbar ist und § 200 außerdem eine Hauptstrafe voraussetzt.

§ 200 Bekanntgabe der Verurteilung

(1) Ist die Beleidigung öffentlich oder durch Verbreiten von Schriften (§ 11 Abs. 3) begangen und wird ihretwegen auf Strafe erkannt, so ist auf Antrag des Verletzten oder eines sonst zum Strafantrag Berechtigten anzuordnen, daß die Verurteilung wegen der Beleidigung auf Verlangen öffentlich bekanntgemacht wird.

Vorbemerkung   Vor § 201

(2) **Die Art der Bekanntmachung ist im Urteil zu bestimmen.** Ist die Beleidigung durch Veröffentlichung in einer Zeitung oder Zeitschrift begangen, so ist auch die Bekanntmachung in eine Zeitung oder Zeitschrift aufzunehmen, und zwar, wenn möglich, in dieselbe, in der die Beleidigung enthalten war; dies gilt entsprechend, wenn die Beleidigung durch Veröffentlichung im Rundfunk begangen ist.

1. Die Anordnung der Bekanntgabe (krit Schomburg ZRP 86, 65) ist eine der **1 Genugtuung für den Beleidigten dienende strafähnliche Nebenfolge** (zu ihrer Rechtsnatur Häger LK 49 vor § 38; Streng Sanktionen 25; s auch Zaczyk NK 1: Nebenstrafe; ebenso Regge MK 1). Auf Antrag (vgl 3) muss auf sie bei Vorliegen der Voraussetzungen in allen Fällen der Verurteilung zu Strafe wegen Beleidigung, auch nach § 189 (Bay MDR 51, 758), nicht jedoch bei Straffreierklärung nach §§ 199, 233 (5 zu § 199) erkannt werden. Das gilt auch dann, wenn die Beleidigung mit einem schwereren Delikt in Tateinheit zusammentrifft (RGSt 73, 148; 9 zu § 52).

2. Öffentlich 2 zu § 80a; s auch Celle MDR 66, 347. **Verbreiten von 2 Schriften** (oder anderen Darstellungen) 26–28 zu § 11; 5 zu § 74d. § 200 gilt auch, wenn eine Tat nach § 103 I in einer **Versammlung** (2 zu § 80a) begangen wurde (§ 103 II S 1).

3. Erforderlich ist ein **Antrag** des Verletzten (6 zu § 77), eines sonst zum Straf- **3** antrag Berechtigten (§§ 194 I S 4, II S 1, III, 77 II, III, 77a) oder im Falle des § 103 (dort Abs 2 S 2) auch des StA. Der Antrag ist analog § 77d I S 2 bis zum rechtskräftigen Abschluss des Strafverfahrens rücknehmbar.

4. Wie weit die **Art der Bekanntmachung** zu bestimmen ist (Abs 2 S 1), **4** unterliegt pflichtmäßigem Ermessen (50 zu § 46); jedoch ist die Zeitung oder Zeitschrift, in der im Falle des Abs 2 veröffentlicht werden soll, im Hinblick auf § 463c III StPO stets anzugeben. Bei Verurteilung wegen mehrerer Taten in Tateinheit ist vorzusehen, dass die konkurrierenden andersartigen Taten ungenannt bleiben und über die Beleidigung hinaus nur die Tatsache der Konkurrenz und die Strafe angegeben werden (BGHSt 10, 306, 312; Formulierungsvorschlag bei Regge MK 9; gegen die Einbeziehung der Konkurrenz Rudolphi/Rogall SK 5 zu § 165); bei Tatmehrheit ist auf die Verurteilung wegen Beleidigung zu beschränken (Bay 61, 141).

5. Anordnung im **Urteil** (oder Strafbefehl, § 407 II Nr 1 StPO). Der Name des **5** Beleidigten ist in die Urteilsformel aufzunehmen (Nr 231 RiStBV). Das Übergehen des Antrags ist nicht nachholbar, aber Revisionsgrund (BGHSt 3, 73).

6. Vollstreckung § 463c StPO. **6**

15. Abschnitt. Verletzung des persönlichen Lebens- und Geheimbereichs

Vorbemerkung

1. Die Vorschriften über den Schutz des **persönlichen Lebens- und Ge- 1 heimbereichs** sind durch das EGStGB (5 vor § 1) in einem Abschnitt vereinigt worden, um damit das Interesse an der Unverletzlichkeit dieses Bereichs als selbstständiges, allerdings in den einzelnen Tatbeständen sehr differenziertes, Rechtsgut anzuerkennen (näher zum Rechtsgut der §§ 201–206 Hoyer SK 1–9 mwN) und zugleich die Bedeutung zu unterstreichen, die einer ungefährdeten Intim- und Geheimsphäre des Menschen zukommt (BT-Dr 7/550 S 235; Arzt LdR S 692; zusf Schmitz JA 95, 31; vgl auch Jena NStZ 95, 502). – Für eine Strafvorschrift

§ 201 BT. 15. Abschnitt. Persönlicher Lebens- und Geheimbereich

gegen das unbefugte Fotografieren von Personen und die Veröffentlichung der Bilder votiert der Bundesdatenschutzbeauftragte (BT-Dr 14/5555). Einen verbesserten Schutz der Intimsphäre bzw Privatsphäre vor unbefugten Bildaufnahmen und optischen Beobachtungen durch einen neuen § 201a streben Entwürfe der FDP-Fraktion vom 29. 1. 03 (BT-Dr 15/361), des Landes Baden-Württemberg vom 11. 3. 03 (BR-Dr 164/03) und der CDU/CSU-Fraktion vom 11. 3. 03 (BT-Dr 15/533) an.

2   **2.** Sämtliche Tatbestände des Abschnitts setzen voraus, dass der Täter **unbefugt** handelt. Das Gesetz nimmt zur dogmatischen Bedeutung dieses Merkmals nicht Stellung (BT-Dr 7/550 S 236). Im früheren Recht war – namentlich im Zusammenhang mit § 300 aF – umstritten, ob die Einwilligung (das Einverständnis) des von der Tat Betroffenen schon den Tatbestand ausschließt oder erst einen Rechtfertigungsgrund bildet. Unabhängig von dem grundsätzlichen Meinungsstreit über die Einordnung der Einwilligung (10 vor § 32) wurde hier für die Annahme eines Tatbestandsausschlusses geltend gemacht, dass erst das Fehlen der Einwilligung den Unrechtstypus begründe (Köln NJW 62, 686 mit zust Anm Bindokat; zust ferner M-Schroeder/Maiwald BT 1 29/13, 45; Sch/Sch-Lenckner 21, 22 zu § 203; abl Dreher MDR 62, 592, alle mwN); diese Ansicht erweckt jedoch Bedenken, weil die Offenbarung eines Geheimnisses iS des § 203 für den Betroffenen stets einen erheblichen Interessenverlust bedeutet und daher zur Begründung des Unrechts ausreicht (Warda Jura 79, 286, 296; Rogall NStZ 83, 1, 6; Klug, Oehler-FS, S 401; Eisele, in: Haft/v Schlieffen [Hrsg], Handbuch Mediation, 2002, § 30 Rn 20; aM Meurer, in: Szwarc [Hrsg], AIDS und Strafrecht, 1996, S 133, 144; Niedermair, in: Roxin/Schroth [Hrsg], Medizinstrafrecht, 2. Aufl 2001, S 393, 398 Fn 23; zusf Schünemann LK 91–93, alle mwN). Wie weit dasselbe auch für die übrigen Tatbestände des Abschnitts gilt, hängt davon ab, ob schon die Tatbestandsverwirklichung allein als nicht unerheblicher Interessenverlust zu bewerten ist (dazu 9, 9a zu § 201; 7 zu § 202; 7 zu § 202a). – Soweit die Befugnis aus anderen Rechtfertigungsgründen (2–28 vor § 32) abgeleitet wird, ergeben sich für die Einordnung keine Besonderheiten (BGHSt 31, 304, 306); denkbar ist allerdings, dass sie in gewissen Fällen auch mit (tatbestandsausschließender, 29 vor § 32) Sozialadäquanz begründet wird (14 zu § 201). – Ein **Irrtum** über die Befugnis ist je nach Sachlage Erlaubnistatbestandsirrtum (9–20 zu § 17; zB bei irriger Annahme der Einwilligung des Geheimnisanvertrauenden bei § 203; Hoyer SK 61 zu § 203) oder Verbotsirrtum (6 zu § 17; s auch BGHSt 4, 355; 9, 370, sowie Gropp JR 96, 478).

§ 201 Verletzung der Vertraulichkeit des Wortes

(1) **Mit Freiheitsstrafe bis zu drei Jahren oder mit Geldstrafe wird bestraft, wer unbefugt**

1. **das nichtöffentlich gesprochene Wort eines anderen auf einen Tonträger aufnimmt oder**

2. **eine so hergestellte Aufnahme gebraucht oder einem Dritten zugänglich macht.**

(2) **Ebenso wird bestraft, wer unbefugt**

1. **das nicht zu seiner Kenntnis bestimmte nichtöffentlich gesprochene Wort eines anderen mit einem Abhörgerät abhört oder**

2. **das nach Absatz 1 Nr. 1 aufgenommene oder nach Absatz 2 Nr. 1 abgehörte nichtöffentlich gesprochene Wort eines anderen im Wortlaut oder seinem wesentlichen Inhalt nach öffentlich mitteilt.**

Die Tat nach Satz 1 Nr. 2 ist nur strafbar, wenn die öffentliche Mitteilung geeignet ist, berechtigte Interessen eines anderen zu beeinträchtigen. Sie

ist nicht rechtswidrig, wenn die öffentliche Mitteilung zur Wahrnehmung überragender öffentlicher Interessen gemacht wird.

(3) Mit Freiheitsstrafe bis zu fünf Jahren oder mit Geldstrafe wird bestraft, wer als Amtsträger oder als für den öffentlichen Dienst besonders Verpflichteter die Vertraulichkeit des Wortes verletzt (Absätze 1 und 2).

(4) Der Versuch ist strafbar.

(5) **Die Tonträger und Abhörgeräte, die der Täter oder Teilnehmer verwendet hat, können eingezogen werden. § 74 a ist anzuwenden.**

1. Die Vorschrift schützt die **Eigensphäre** (Privatsphäre) des Menschen unter dem Aspekt, die Unbefangenheit seiner mündlichen Äußerungen zu wahren und in den Fällen des Abs 1 auch die Perpetuierung des flüchtig gesprochenen Wortes zu verhüten (vgl Gallas ZStW 75, 16 und M-Schroeder/Maiwald BT 1 29/6; str). Im Schrifttum wird teils nur ein einheitliches Rechtsgut der Vertraulichkeit bzw Unbefangenheit des Wortes anerkannt (Jung NK 2; Graf MK 2; beachte auch Helle JR 00, 353, 359), teils auch eine größere Selbstständigkeit der Schutzbereiche von Abs 1, 2 angenommen (Sch/Sch-Lenckner 2; Schünemann LK 2; eingehend Arzt, Der strafrechtliche Schutz der Intimsphäre, 1970, S 237; Suppert, Studien zur Notwehr und „notwehrähnlichen Lage", 1973, S 142; Klug, Sarstedt-FS, S 101, 103; Lenckner, Baumann-FS, S 135 und Kattanek, Die Verletzung des Rechtes am gesprochenen Wort durch das Mithören anderer Personen, 2000, S 29).

2. Schutzgegenstand aller Tatbestände (Abs 1–3) ist das nichtöffentlich gesprochene Wort eines anderen. Dabei bedeutet **Wort** die gesprochene Äußerung eines Gedankens, also nicht Gesang (Schünemann LK 6; aM W-Hettinger BT 1 Rdn 526; Jung NK 3; Sch/Sch-Lenckner 5; zw) oder Hervorbringen anderer Laute (Schünemann LK 6; aM Tröndle/Fischer 3); nach dem Schutzzweck wohl auch nicht bloßes Deklamieren von Gedichten und dgl (Blei, Henkel-FS, S 109, 118; Meyer JR 87, 215, 216; krit Maiwald ZStW 91, 923, 951; aM Graf MK 10; Hoyer SK 7). Im Übrigen kommt es aber nicht auf seinen gedanklichen Inhalt (Hoyer SK 2) und auch nicht auf seine Geheimhaltungsbedürftigkeit oder Vertraulichkeit an (Karlsruhe NJW 79, 1513 mit Anm Weber ArchPF 79, 292; Frank, Die Verwertbarkeit rechtswidriger Tonbandaufnahmen Privater, 1996, S 47; Graf MK 10, alle mwN). **Nicht öffentlich** ist das Wort, wenn es nach dem Willen des Sprechers nicht an einen nach Zahl und Individualität unbestimmten oder durch persönliche Beziehungen innerlich unverbundenen größeren bestimmten Kreis von Personen gerichtet und auch objektiv für einen solchen Kreis nicht im Sinne verstehenden Mithörens wahrnehmbar ist (Frankfurt NJW 77, 1547 mit Anm Arzt JR 78, 170; Frank aaO S 44); dabei begründet die Anwesenheit einzelner, vom Sprecher nicht bemerkter Personen keine Öffentlichkeit (aM Celle JR 77, 338 mit abl Anm Arzt). Bei nicht öffentlichen Großveranstaltungen wie Erörterungsterminen im umweltrechtlichen Genehmigungsverfahren oder Aktionärsversammlungen muss der Ausschluss der Öffentlichkeit durch Kontrollmaßnahmen auch tatsächlich sichergestellt sein (Nürnberg NJW 95, 974; aM Graf MK 14). Auf die Öffentlichkeit des Ortes, an dem gesprochen wird, oder auf den dienstlichen oder privaten Charakter der Äußerung (Frankfurt aaO; Karlsruhe aaO mit Bespr Ostendorf JR 79, 468 und Alber JR 81, 495; Jena NStZ 95, 502) kommt es nicht an. **Öffentlich** gesprochen wird dagegen im Taxi- und Polizeifunk, weil ein Abhören trotz der Benutzung von Sonderfrequenzen mit entsprechendem Empfänger jedermann möglich ist (Schmitz JA 95, 118; Hoyer SK 12; Sch/Sch-Lenckner 9 mwN; zum Abhören des Polizeifunks vgl §§ 89, 148 TKG; Erbs/Kohlhaas-Kalf T 50 Rdn 2 zu § 86 TKG).

§ 201

3   **3. Zu den Tathandlungen nach Abs 1:**

a) Nr 1: Aufnehmen muss nicht notwendig heimlich geschehen (Jena NStZ 95, 502 mit zust Bespr Joerden JR 96, 265 und Otto JK 2; W-Hettinger BT 1 Rdn 529; Graf MK 21, alle mwN; str; vgl 11). Auch durch Vermittlung eines Abhörgeräts oder von einem Fernsprecher im Telefonverkehr (BGHSt 31, 304, 306; Karlsruhe NJW 79, 1513 mwN) kann aufgenommen werden. Nach dem Schutzzweck der Vorschrift, der nur den unmittelbaren Eingriff in die Intimsphäre im Auge hat, genügt dagegen die Aufnahme von einem anderen Tonträger nicht (Sch/Sch-Lenckner 12; Schünemann LK 12). **Tonträger** ist jede Vorrichtung zur wiederholten Wiedergabe von Tonfolgen, namentlich das Ton-(Magnet-)band und die Schallplatte (Hoyer SK 13).

4   **b) Nr 2: Gebrauchen** setzt das Verwenden zum Abspielen, Kopieren oder Überspielen einer nach Nr 1 hergestellten Aufnahme voraus (Düsseldorf NJW 95, 975); ob der Täter die Aufnahme nur für sich selbst oder einem Dritten gegenüber abspielt oder abspielen lässt, ist unerheblich (Graf MK 25), die mittelbare Verwertung (zB die Publikation eines Tonbandprotokolls) wird dagegen nicht erfasst (Hoyer SK 19; krit Arzt LdR S 693). – **Zugänglichmachen** ist die Eröffnung des Zugriffs für einen Dritten (idR durch Aushändigen) in einer Weise, dass dieser die Aufnahme gebrauchen oder einem anderen zugänglich machen kann.

5   **4. Zu den Tathandlungen nach Abs 2:**

a) Nr 1: Abhören mit einem Abhörgerät erfordert den Einsatz eines besonderen technischen Mittels, mit dem das gesprochene Wort über dessen normalen Klangbereich hinaus durch Verstärkung oder Übertragung unmittelbar wahrnehmbar gemacht wird (zB Mikrofonanlagen, „Mini-Spione", Stethoskope); Lauschen an der Wand genügt nicht. Keine Abhörgeräte sind jedoch nach dem Schutzzweck des Abs 2 Fernsprechapparate im normalen Telefonverkehr, wenn sie infolge technischer Störungen das Mithören fremder Gespräche ermöglichen (Begr zu § 183 E 1962 S 332), und Lautsprecher, Zweithörer oder sonstige Mithöreinrichtungen, die bestimmungsmäßig in solche Apparate eingebaut sind (BGHSt 39, 335, 343 mit krit Bespr Jung JuS 94, 617; krit auch Schmitz JA 95, 118, 120, zust aber Helle JR 00, 353, 359; Sternberg-Lieben Jura 95, 299, 303; Graf MK 32; Hoyer SK 24 und Joecks 10; aM Sch/Sch-Lenckner 19; Schünemann LK 18, alle mwN; beachte auch Arzt aaO [vgl 1] S 246 und Kattanek aaO [vgl 1] S 115; zw). Ist das Abgehörte zur Kenntnis des Täters bestimmt (zB Abhören des Ferngesprächs eines Geschäftspartners mit dem Prokuristen durch den Geschäftsinhaber), so entfällt der Tatbestand (Schünemann LK 21; aM Schmitz JA 95, 118, 119; Jung NK 10; Sch/Sch-Lenckner 21; zw).

6   **b) Nr 2:** Die Vorschrift (vgl vor 1) knüpft an Abs 1 Nr 1 und Abs 2 S 1 Nr 1 an. Sie setzt daher voraus, dass die Tathandlung sich auf ein nichtöffentlich gesprochenes Wort bezieht, das **zuvor** (unbefugt, vgl 9) **aufgenommen oder abgehört** wurde (krit zur systematisch unbefriedigenden und zum Teil auch widersprüchlichen Einordnung der Vorschrift in den Zusammenhang des § 201 Lenckner aaO [vgl 1] S 135; ähnlich Hoyer SK 5: „Fremdkörper"; die Nähe zu einem allgemeinen Indiskretionsdelikt betont Rogall, Hirsch-FS, S 665, 677).

7   aa) **Öffentlich mitteilen** bedeutet, das Aufgenommene oder Abgehörte für einen nach Zahl und Individualität unbestimmten oder für einen nicht durch persönliche Beziehungen innerlich verbundenen größeren bestimmten Kreis von Personen zugänglich machen (Stuttgart NJW 04, 622; AG Weinheim NJW 94, 1543, 1544 und LG Mannheim NStZ-RR 96, 360 alle zu § 353d; Schünemann LK 23; Hoyer SK 27; s auch BT-Dr 11/6714 S 3). – **Im Wortlaut** setzt wortgetreue, nicht notwendig vollständige, aber doch wesentliche Teile umfassende Wiedergabe voraus (ebenso Graf MK 35). – Der **wesentliche Inhalt** ist mitgeteilt,

wenn die veröffentlichten Informationen geeignet sind, von der jeweils in Frage stehenden Äußerung (dem „Wort") eine im Großen und Ganzen zutreffende Vorstellung zu vermitteln; ob auf der zugehörigen Aufnahme oder Fixierung des Abgehörten noch weitere (nicht veröffentlichte) Äußerungen festgehalten sind, ist unerheblich.

bb) Die sog **Bagatellklausel** (Abs 2 S 2) verfolgt den Zweck, schon den Tatbestand des Abs 2 S 1 Nr 2 (nicht erst die Rechtswidrigkeit) auf strafwürdige Fälle zu beschränken (BT-Dr 11/7414 S 4; näher Schünemann LK 25); sie gilt nicht für Abs 1 (Jena NStZ 95, 502). – **Berechtigte Interessen** 5–8 zu § 193. Es genügt, dass Art und Inhalt der Veröffentlichung unter den Umständen ihrer Vornahme zur **Beeinträchtigung** solcher Interessen geeignet sind (BT-Dr aaO; Graf MK 37; Hoyer SK 29: abstrakt-konkrete Gefährdung); dass die Interessenverletzung eingetreten ist oder auch nur die konkrete Gefahr ihres Eintritts bestand, ist nicht unbedingt erforderlich (32 vor § 13). Für die Wahrnehmung privater Interessen kommt nur § 34 (vgl 13) in Betracht (Schmitz JA 95, 118, 120). 8

5. **Unbefugt** 2 vor § 201. Da hier bei Einvernehmen mit dem Betroffenen die unrechtsindizierende Kraft des Tatbestandes wegen der mit der Perpetuierung des Wortes allgemein verbundenen Missbrauchsgefahren zwar nicht ganz wegfällt, aber doch erheblich schwächer ist als bei der Geheimnisoffenbarung, wirkt das Einverständnis tatbestandsausschließend (Lenckner aaO [vgl 1] S 146; Kindhäuser BT I 28/28; M-Schroeder/Maiwald BT 1 29/13; Roxin AT I 13/22; Jung NK 6; aM Schünemann LK 32, 34). 9

a) In den Fällen des Abs 1 Nr 2 muss auch die Herstellung der Aufnahme unbefugt gewesen sein (Düsseldorf NJW 95, 975 mit Bespr Schmidt JuS 95, 651; Schmitz JA 95, 118, 119, 120; W-Hettinger BT 1 Rdn 535, 536; Schünemann LK 13; anders Suppert aaO [vgl 1] S 229; Wölfl Jura 03, 742, der hier eine Frage der Rechtswidrigkeit bzw Rechtmäßigkeit sieht; mit beachtlichen Gründen diff Lenckner aaO [vgl 1] S 146; zum Abspielen eines privat aufgenommenen Tonbandes durch den Strafrichter Frank aaO [vgl 2] S 119). Dasselbe gilt in Fällen des Abs 2 S 1 Nr 2 für das Aufnehmen und das Abhören (BT-Dr 11/6714 S 3; 11/7414 S 3, 4). 9a

b) Als **Grundlagen der Befugnis** kommen namentlich in Frage:
aa) Eine **besondere gesetzliche Vorschrift**, zB die §§ 100a, 100b (dazu BGHSt 31, 296, 304; 34, 39; Düsseldorf NJW 95, 975; einschr Hoyer SK 47) und 100c I Nr 2, 3 StPO (Schünemann LK 29), §§ 1, 3 G 10, §§ 39–42 AWG sowie Befugnisse auf Grund der Verfassungsschutz- und Polizeigesetze des Bundes und der Länder (näher Hoyer SK 46); ferner § 41 II AuslG, § 16 I AsylVfG und §§ 32, 27 StVollzG, bei denen jeweils die Betroffenen vorher in Kenntnis zu setzen sind (Graf MK 43, 44). 10

bb) Die **Einwilligung** des Betroffenen (2 vor § 201). Sie muss sich stets auf die Tathandlung beziehen; sie ist daher zB für das Zugänglichmachen gegenüber einem Dritten unerheblich, wenn sie nur zur Aufnahme erteilt war (aM Schünemann LK 35). Auch stillschweigende Einwilligung (6 zu § 228) ist denkbar. Sie liegt idR (nicht zwingend, vgl Jena NStZ 95, 502 mit zust Bespr Joerden JR 96, 265 und Otto JK 2) vor, wenn der Betroffene **trotz Kenntnis** des Abhörens/Aufnehmens **weiterspricht** (Schünemann LK 33; Graf MK 40; Tröndle/ Fischer 10; aM AG Hamburg NJW 84, 2111; Arzt aaO [vgl 1] S 266 und Sch/ Sch-Lenckner 13, nach denen schon der Tatbestand entfällt; zw), oder wenn die Beteiligten nach ihren persönlichen oder geschäftlichen Beziehungen mit der Aufnahme oder dem Abhören rechnen. 11

cc) **Notwehr** (zB Aufnahme der Stimme des anrufenden Erpressers, 4, 15 zu § 32; Hoyer SK 39; Schünemann LK 40; beachte 15 zu § 354; Wölfl Jura 00, 231, 232; eine teleologische Reduktion des Tatbestandes erwägt Frank aaO [vgl 2] S 52). 12

§ 201 BT. 15. Abschnitt. Persönlicher Lebens- und Geheimbereich

13 dd) Die Grundsätze der **Güter- und Interessenabwägung** (6 zu § 34; s auch Evers ZRP 70, 147), soweit auch die übrigen Voraussetzungen des rechtfertigenden Notstandes erfüllt sind (Tenckhoff JR 81, 255; Rose, Grenzen der journalistischen Recherche, 2001, S 85; Sch/Sch-Lenckner 31, 31a; krit Kattanek aaO [vgl 1] S 86, 158 mwN; str). Das kann zB zutreffen beim Aufnehmen von Telefonanrufen zur Abwehr krimineller Handlungen (Klug, Sarstedt-FS, S 101; Hoyer SK 40; Schünemann LK 41), ferner – allerdings nur ausnahmsweise (BGHSt 31, 304, 307 mwN; einschr auch Frank aaO [vgl 2] S 55; Graf MK 49) – beim Aufnehmen oder Abhören zur Beschaffung von Beweismitteln (vgl etwa Frankfurt NJW 77, 1547; Karlsruhe NJW 79, 1513; Bay NJW 94, 1671 mit krit Anm Preuß StV 95, 66; probl KG JR 81, 254 mit krit Anm Tenckhoff; s auch BGHSt 14, 358, 364; krit zur Rspr Jung NK 21) und bei der Verwertung zufällig erlangter Beweismittel (Frankfurt NJW 79, 1172); dass die Rspr sich hier vielfach auch auf eine sog notwehrähnliche Lage (4 zu § 32) stützt, begründet keinen selbstständigen, von § 34 verschiedenen Rechtfertigungsgrund (Wölfl Jura 00, 231, 233; Küpper BT 1 I 5/25; Sch/Sch-Lenckner 32). – Eine Erweiterung der gesetzlich konkretisierten Befugnisse zur Strafverfolgung nach §§ 100a, 100b, 100c I Nr 2, 3 StPO kann auf diese Rspr grundsätzlich nicht gestützt werden (BGHSt 34, 39 mit Bespr Wolfslast NStZ 87, 103, Meyer JR 87, 215, Wagner JZ 87, 705, 707 und Bottke Jura 87, 356; s auch 14 zu § 34). Überhaupt sind hoheitliche Eingriffe in diesen Bereichen nur auf Grund gesetzlicher Ermächtigung zulässig (BVerfGE 85, 386).

14 ee) Sozialadäquanz (29 vor § 32). Hierher soll namentlich das Aufnehmen zur Fixierung von Verhandlungen im Rahmen allgemein üblicher, sozialethisch nicht missbilligenswerter Gepflogenheiten im Geschäftsleben gehören (so die probl hM; anders Suppert aaO [vgl 1], der die kritischen Fälle durch eine Analogie zu § 32 löst; ferner Klug, Sarstedt-FS, S 101, Sch/Sch-Lenckner 32, die nur die Möglichkeit der Rechtfertigung anerkennen; dagegen Wölfl aaO S 234; stark einschr Jung NK 16).

15 c) Für die **öffentliche Mitteilung** (Abs 2 S 1 Nr 2) regelt Abs 2 S 3 den möglichen Konflikt zwischen den Verfassungsgütern der Eigensphäre nach Art 1 I, 2 I GG einerseits und der Meinungs- und Pressefreiheit nach Art 5 GG andererseits ausdrücklich. Insoweit wird hier nur die nach der verfassungsgerichtlichen Rspr ohnehin erforderliche Wertabwägung, die bei einer Kollision von Grundwerten der Verfassung vorzunehmen ist (BVerfGE 66, 116; BGHZ 73, 120; s auch Lenckner aaO [vgl 1] S 151; 28 vor § 32), punktuell kodifiziert (BT-Dr 11/7414 S 4, 5). Ein **überragendes öffentliches Interesse** kann namentlich vorliegen, wenn es sich um die Aufdeckung schwerwiegender Missstände handelt, etwa die Begehung von Katalogstraftaten nach §§ 129a I, 138 I oder von schweren Verstößen gegen § 34 AWG (zB illegale Lieferungen an ausländische C-Waffenfabriken) mitgeteilt wird (BT-Dr aaO). Einer „gegenwärtigen Notstandsgefahr" (2 zu § 34) bedarf es hier nicht. – Auch in den **übrigen Fällen des § 201** ist eine entsprechende Grundwertekollision denkbar (Klug, Oehler-FS, S 397); jedoch ist nicht gerechtfertigt, wer durch die Tat zufällig Missstände erfährt, auch wenn er sie alsdann öffentlich mitteilen darf (BT-Dr aaO; Hoyer SK 36).

16 d) Zum **Irrtum** über die Befugnis 2 vor § 201. – In Fällen des Abs 1 Nr 2 muss sich der Vorsatz auf die unbefugte Herstellung der Aufnahme beziehen (Düsseldorf NJW 95, 975; M-Schroeder/Maiwald BT 1 29/62).

17 6. **Abs 3** ist als Qualifikationstatbestand für Amtsträger (3–11 zu § 11; s auch § 48 I WStG) und für den öffentlichen Dienst besonders Verpflichtete (13–17 zu § 11) uneigentliches Amtsdelikt (2 vor § 331). Die Amtseigenschaft ist besonderes persönliches Merkmal nach § 28 II (Schmitz JA 95, 118, 120; Hoyer SK 32). Der Täter muss „als" Amtsträger usw, dh in innerem Zusammenhang mit seiner Amtseigenschaft, handeln (Schmitz aaO; weiter Schünemann LK 48). Soweit kein staatliches Interesse entgegensteht, kommt die Einwilligung (vgl 11) auch hier als Rechtfertigungsgrund in Frage (Amelung, Dünnebier-FS, S 487, 511).

7. Abs 5 ist eine besondere Vorschrift im Sinne des § 74 IV, welche die **Einziehung** über § 74 I hinaus zulässt. Daher müssen die Voraussetzungen des § 74 II, III oder – auf Grund der Verweisung in Satz 2 – die des § 74a erfüllt sein. Im Übrigen vgl §§ 74–74 c, 74 e–76 a. 18

8. Die Begehungsformen der Absätze 1, 2 können nach den verschiedenen Möglichkeiten des Zusammentreffens in **Tateinheit** stehen, sich als unselbstständige Formen derselben Tat darstellen oder als mitbestrafte Nachtaten verdrängt werden (3 zu § 52; 32 vor § 52). Das Verhältnis des Aufnehmens auf einen Tonträger und des Gebrauchens der Aufnahme ist ebenso zu beurteilen wie das Fälschen einer Urkunde und deren Gebrauch im Falle des § 267 (dort 27; Schmitz JA 95, 118, 121; aM Sch/Sch-Lenckner 38; zw). Bei einheitlichem Vorsatz bildet auch das Aufnehmen und Abhören mit dem nachfolgenden öffentlichen Mitteilen eine Handlungseinheit, bei der das Herstellen als bloße Vorbereitungshandlung verdrängt wird (Hoyer SK 49). Tateinheit ist ferner möglich mit § 148 TKG). 19

9. Strafantrag § 205. 20

§ 201 a Verletzung des höchstpersönlichen Lebensbereichs durch Bildaufnahmen

(1) **Wer von einer anderen Person, die sich in einer Wohnung oder einem gegen Einblick besonders geschützten Raum befindet, unbefugt Bildaufnahmen herstellt oder überträgt und dadurch deren höchstpersönlichen Lebensbereich verletzt, wird mit Freiheitsstrafe bis zu einem Jahr oder mit Geldstrafe bestraft.**

(2) **Ebenso wird bestraft, wer eine durch eine Tat nach Absatz 1 hergestellte Bildaufnahme gebraucht oder einem Dritten zugänglich macht.**

(3) **Wer eine befugt hergestellte Bildaufnahme von einer anderen Person, die sich in einer Wohnung oder einem gegen Einblick besonders geschützten Raum befindet, wissentlich unbefugt einem Dritten zugänglich macht und dadurch deren höchstpersönlichen Lebensbereich verletzt, wird mit Freiheitsstrafe bis zu einem Jahr oder mit Geldstrafe bestraft.**

(4) **Die Bildträger sowie Bildaufnahmegeräte oder andere technische Mittel, die der Täter oder Teilnehmer verwendet hat, können eingezogen werden. § 74a ist anzuwenden.**

Fassung des 36. StÄG (15 vor § 1).

1. Die Vorschrift schützt den **höchstpersönlichen Lebensbereich** (BT-Dr 15/2466 S 1 = fraktionsübergreifender Entwurf). Sie geht damit über den Schutz der Intimsphäre (so noch der FDP-Entwurf BT-Dr 15/361 S 2) hinaus und beschränkt sich deshalb nicht auf die Erfassung von Nacktheit und Sexualität, bleibt aber hinter dem Schutz des persönlichen Lebensbereichs (so noch der CDU-Entwurf BT-Dr 15/533 S 2) zurück. Sie führt ohne Not einen im Strafrecht bisher unbekannten Begriff ein (krit Kühl und Schöch in der Anhörung des BT-Rechtsausschußes v 24. 9. 03, 15. Wahlperiode, Prot 27, S 14, 82 und 28, 118 sowie Borgmann NJW 04, 2133, 2134); sie verlässt damit die Orientierung an der Abschnittsüberschrift („Verletzung des persönlichen Lebensbereichs") und begibt sich so des Rückgriffs auf einen im Strafrecht verwendeten Begriff (§ 68a I StPO, § 171b I GVG), zu dem auch schon Rechtsprechung vorhanden ist (vgl BGHSt 30, 212, 214). Es bleibt dennoch ein relativ offenes, unbestimmtes 1

§ 201a

BT. 15. Abschnitt. Persönlicher Lebens- und Geheimbereich

Rechtsgut, so dass die genaue Bestimmung des Strafbaren den Angriffsformen und deren Eingriffstiefe überlassen bleibt (vgl Schünemann LK 3 vor § 201). Hinter dem höchstpersönlichen Lebensbereich steht das allgemeine Persönlichkeitsrecht und das Recht auf informationelle Selbstbestimmung über Bildaufnahmen (Kühl AfP 04, 190). Die Vorschrift erfüllt alte Forderungen nach der Gleichstellung von Abhören (§ 201) und Abbilden (Schünemann ZStW 90, 11, 33), wie sie der AE (PersStR) im nicht Gesetz gewordenen § 146 vorgeschlagen hatte, und ergänzt den strafbewehrten Bildnisschutz des § 33 KUG (BT-Dr 15/2466 S 4), der erst das Verbreiten von Bildnissen erfasst (Ernst NJW 04, 1277, 1278), sowie den zivilrechtlichen Persönlichkeitsschutz hinsichtlich von Bildaufnahmen, dessen Durchsetzung Aufklärungsschwierigkeiten und finanzielle Risiken entgegenstehen (Kühl AfP 04, 190). Konkreter Anlass waren die technisch verbesserten Bildaufnahmemöglichkeiten, insb die zunehmende Digitalisierung und Miniaturisierung von Geräten wie Handy-Kameras und Webcams (BT-Dr 15/ 1891 S 6; vgl auch den Tätigkeitsbericht des Bundesbeauftragten für den Datenschutz, BT-Dr 14/5555 S 2). – **Zur Verfassungsgemäßheit** der Vorschrift Wendt AfP 04, 181. – **Kriminalpolitische und** verfassungsrechtliche Bedenken bei Pollähne KritV 03, 387. – Zur **Entstehungsgeschichte** Eisele JR 04, Heft 8.

2   2. **Schutzgegenstand** aller Tatbestände ist das aufgenommene **Bild** einer anderen Person; Zeichnungen und Karikaturen sind also nicht erfasst. Der **Schutzbereich ist räumlich** beschränkt auf die Wohnung und einen sichtgeschützten Raum. Dieser letzte persönliche Rückzugsbereich (BT-Dr 15/2995 S 5; 15/2466 S 4) passt zum höchstpersönlichen Rechtsgut, ist aber wie dieses zu eng, denn nicht alles, was sich außerhalb dieses Rückzugbereichs abspielt, sollte straffrei abgebildet werden dürfen, zB das schwer verletzte, entstellte Unfallopfer auf der Straße oder die von Trauer überwältigten Eltern am Grab ihres Kindes (vgl Kühl und Schöch aaO [vgl 1] mit weiteren Beispielen); dass der Einzelne im öffentlichen Lebensraum damit rechnen müsse, durch Bildaufnahmen abgebildet zu werden (BT-Dr 15/2466 S 4), gilt nicht in dieser Pauschalität und ist selbst für Nacktaufnahmen am öffentlichen Badestrand zweifelhaft (Kühl AfP 04, 190; aM Eisele JR 04, Heft 8). Immerhin wird der Tatbestand mit der räumlichen Begrenzung durch ein objektives Merkmal eingeschränkt und bestimmter, als wenn nur die Tathandlungen und der Erfolg den Tatbestand umschreiben würden (Kühl aaO: Borgmann NJW 04, 2133, 2134). Die **Wohnung** ist ohne Einschränkungen erfasst (Eisele JR 04, Heft 8: „absolut" geschützt), auch wenn sie wegen großer Glaselemente den Einblick ermöglicht. Der Wohnungsbegriff ist in Übereinstimmung mit § 244 I Nr 3 (dort 11) enger als in § 123 (dort 3) als Zentrum des höchstpersönlichen Lebensbereichs zu verstehen. Es kann die eigene Wohnung des Opfers sein, aber auch eine fremde (BT-Dr 15/1891 S 7) oder die von Täter und Opfer gemeinsam bewohnte. Erfasst sind auch Gästezimmer; erfasst sein sollen auch Hotelzimmer (so BT-Dr 15/2466 S 5; zw). Der alternativ („oder") genannte **Raum** muß ein gegen Einblick besonders geschützter sein. Solchen Sichtschutz bieten etwa Toiletten, Umkleidekabinen oder ärztliche Behandlungszimmer (BT-Dr 15/2466 S 5); auch der sichtgeschützt umzäunte Garten soll erfasst sein (BT-Dr aaO), doch fragt es sich, ob er - auch bei Sichtschutz - überhaupt ein Raum ist. Nicht erfasst sind die einer (beschränkten) Öffentlichkeit zugänglichen Dienst- und Geschäftsräume (BT-Dr aaO).

3   3. Der tatbestandsmäßige **Erfolg** besteht in der **Verletzung des höchstpersönlichen Lebensbereichs.** Damit wird nicht nur klargestellt, dass nicht jede Bildaufnahme in einer Wohnung usw zur Tatbestandserfüllung führt; sie muß zusätzlich eine Verletzung des höchstpersönlichen Lebensbereichs sein. Es wird auch ein relativ offenes Rechtsgut zum Tatbestandsmerkmal erhoben; das könnte die Schwachstelle der Vorschrift in der praktischen Rechtsanwendung werden (ebenso Borgmann NJW 04, 2133, 2134). Eine erste Orientierung gibt die Trias von

Krankheit, Tod und Sexualität (BT-Dr 15/2466 S 5), der Schwerpunkt dürfte jedoch bei Nacktaufnahmen liegen (BT-Dr 15/1891 S 7). Hinzukommen Aufnahmen von gynäkologischen Untersuchungen und der Benutzung von Toiletten, Saunen, Solarien und Umkleidekabinen (BT-Dr 15/2466 S 4). Erfasst sollen auch bestimmte Tatsachen aus dem Familienleben sein, die Dritten nicht zugänglich sind und vor dem Einblick Außenstehender geschützt sind (BT-Dr aaO); dies ist zu begrüßen, zeigt aber, dass man trotz der Begrenzung auf den höchstpersönlichen Lebensbereich gewillt ist, auch den weiteren persönlichen Lebensbereich zu schützen, denn diese Formulierungen zur Familie entstammen einer BGH-Entscheidung zum persönlichen Lebensbereich iS des § 172 Nr 2 StPO aF (BGHSt 30, 212, 214). Beispiele für unbefugte Bildaufnahmen in einer Wohnung usw, die den höchstpersönlichen Lebensbereich nicht verletzen, sucht man in den Gesetzesmaterialien vergebens; es wäre an Gäste einer Abendgesellschaft oder an den am Schreibtisch arbeitenden Professor zu denken. – **Tatobjekt** muß eine **andere Person** sein. Damit scheiden nicht nur Selbstaufnahmen aus, sondern auch Bildaufnahmen gerade Verstorbener, zB des Unfallopfers oder des in der Badewanne seines Hotelzimmers Verstorbenen. – Es reicht, dass sich die andere Person in einer Wohnung usw **befindet.** Nicht verlangt ist also, dass der Täter den Sichtschutz von außen durch das Bildaufnahmegerät überwindet (BT-Dr 15/1891 S 6; Eisele JR 04, Heft 8; Kühl AfP 04, 190); dennoch wird das die typische Vorgehensweise sein. Der Täter kann sich bei der Bildaufnahme schon in der Wohnung befinden; ist er aber ein geladener Gast, der nur mal einen „Schnappschuß" machen will, so könnte der geschützte, weil geöffnete Rückzugsbreich (oben 2) oder der og Erfolg verneint werden (Kühl aaO).

4. Zu den Tathandlungen nach Abs 1:

a) Herstellen einer Bildaufnahme. Herstellen meint Hervorbringen (17 zu § 267) und ist sachlich dem Aufnehmen iS des § 201 (dort 3) gleichzustellen. Bezogen auf Bildaufnahmen umfasst es alle Handlungen, mit denen das Bild auf einem Bild- oder Datenträger abgespeichert wird (BT-Dr 15/2466 S 5). Damit wird der strafwürdige Unrechtskern, der im dauerhaften bildlichen Festhalten einer momentanen, vergänglichen Erscheinung einer Person liegt (Kühl AfP 04, 190), zutreffend erfasst. Einer Vorverlegung der Strafbarkeitsgrenze auf das Beobachten mit einem Aufnahmegerät, wie sie noch im FDP-Entwurf (BT-Dr 15/361 S 2) im Anschluß an Art 179 quater 3 des schweizerischen StGB vorgesehen war, ist zu Recht nicht Gesetz geworden, weil das Beobachten, auch mit einem Fernglas oder einem nicht benutzten Bildaufnahmegerät, so vergänglich ist wie sein Gegenstand (Kühl aaO [vgl 1 „Prot 27"] S 15 und 88). Der „freche Blick" in Nachbars Garten mag moralische Anstandsgrenzen verletzen (BT-Dr 15/2466 S 4 unter zutreffender Berufung auf Arzt, Der strafrechtliche Schutz der Intimsphäre, 1970, S 65), verletzt aber noch nicht die Freiheit des Betroffenen hinsichtlich des Umgangs mit seinem Erscheinungsbild. – Eine Bildaufnahme von einer anderen Person liegt nur vor, wenn diese auf dem Bild erkennbar ist, da sonst, zB bei verschwommener oder verfremdeter Aufnahme, das Recht am eigenen Bild nicht betroffen ist.

b) Übertragen einer Bildaufnahme erfasst inzwischen mögliche sog Echtzeitübertragungen zB mittels Webcams oder Spycams, bei denen es nicht zu einer dauerhaften Speicherung der aufgenommenen Bilder kommt (BT-Dr 15/2466 S 5); es ist also nicht erforderlich, dass der Täter die Bildaufnahme selbst sofort zur Kenntnis nimmt (BT-Dr aaO).

5. Zu den Tathandlungen des Abs 2:

a) Gebrauchen einer nach Abs 1 hergestellten **Bildaufnahme:** vgl zunächst 23 zu § 267 und vor allem 4 zu § 201. Erfasst wird die Nutzung der Bildaufnahme zB durch Archivieren, Speichern oder Kopieren (BT-Dr 15/2466 S 5). Unerheb-

§ 201a BT. 15. Abschnitt. Persönlicher Lebens- und Geheimbereich

lich ist, ob die Nutzung durch einen anderen als den Hersteller erfolgt (BT-Dr aaO) oder der Täter die Aufnahme für sich selbst sichtbar macht, indem er zB einen gefertigten Film ansieht (BT-Dr 15/1891 S 7).

7 **b) Dritten Zugänglichmachen** (vgl 4 zu § 201) ist das Ermöglichen des Zugriffs auf das Bild (zB durch Aushändigen) oder der Kenntnisnahme vom Gegenstand für einen oder mehrere Dritte (BT-Dr 15/2466 S 5).

8 **6. Zur Tathandlung des Abs 3:**
Dritten Zugänglichmachen (oben 7); **befugt hergestellte Bildaufnahme.** Von der weiteren Tathandlung des Gebrauchens, die noch im interfraktionellen Entwurf vorgesehen war (BT-Dr 15/2466 S 2), ist erst in der Beschlussempfehlung des BT-Rechtsausschußes abgesehen worden, weil dabei keine strafbaren Handlungen denkbar seien (BT-Dr 15/2995 S 6). Befugt ist die Bildaufnahme etwa hergestellt, wenn dies mit Einwilligung des Abgebildeten erfolgt; das spätere Zugänglichmachen muß dagegen **unbefugt** erfolgen. Diese Tathandlung erweckt im Hinblick auf das geschützte Rechtsgut Bedenken, denn der Betroffene hat sich seines höchstpersönlichen Lebensbereichs begeben und ist nun Opfer eines Vertrauensbruchs; dennoch ist sie nicht ohne Berechtigung, denn das (enttäuschte) Vertrauen des Abgebildeten bezieht sich doch auch auf den Schutz des höchstpersönlichen Lebensbereichs gegen späteres unbefugtes Zugänglichmachen für Dritte und darüber sollte er auch dann disponieren können, wenn er in die Herstellung der Aufnahme eingewilligt hat (Eisele JR 04, Heft 8; Kühl AfP 04, 190; Schöch aaO [vgl 1] S 30 und 121). Zu verlangen ist allerdings im Hinblick auf die Vorhersehbarkeit der Strafbarkeit durch den potentiellen Täter, dass der Betroffene seinen entgegenstehenden Willen ausdrücklich oder konkludent (zB durch das Bild) erklärt. – Der Täter erfüllt diese Tatbestandsalternative nur, wenn er **wissentlich** unbefugt vorgeht; dieses einschränkende Erfordernis ist erst durch die Beschlussempfehlung des BT-Rechtsausschußes in § 201a III eingefügt worden (BT-Dr 15/2995 S 6). Wissentlichkeit (21 zu § 15) schließt nicht nur den bedingten Vorsatz aus, sondern macht ihr Bezugsobjekt – die Unbefugtheit –zum Tatbestandsmerkmal. Dies könnte zu einem „Bruch im System" innerhalb derselben Vorschrift führen, wenn man die sonstige Unbefugtheit zutreffend der Rechtswidrigkeits- bzw Rechtfertigungsebene zuordnet (Eisele aaO). Doch ist dieser „Systembruch" nur ein scheinbarer, weil es sich bei der speziellen Unbefugtheit des Abs 3 um ein notwendiges Tatbestandsmerkmal handelt: das Zugänglichmachen befugt hergestellter Bildaufnahme umschreibt ohne dieses Merkmal noch kein typisches Unrecht, sondern sozialübliches Verhalten; zum Unrecht wird es erst, wenn es gegen den Willen des Abgebildeten geschieht (Kühl aaO).

9 **7. Unbefugt** (2 vor § 201) ist in Abs 1 ein Hinweis auf mögliche **Rechtfertigungsgründe** (ebenso Eisele JR 04, Heft 8: betrifft die „Rechtfertigungsebene"), weil sich das typische Unrecht der Tat schon aus den sonstigen Tatbestandsmerkmalen ergibt (spezifizierte Tathandlung, Befinden im persönlichen Rückzugsbereich wie zB der Wohnung und Verletzung des höchstpersönlichen Lebensbereichs als tatbestandsmäßiger Erfolg). Wichtigster Rechtfertigungsgrund wird die Einwilligung sein. Angesichts der (zu) sehr eingeschränkten Tatumschreibung sind spezielle Rechtfertigungsgründe wie zB die Wahrnehmung berechtigter Interessen zu Recht nicht in die Vorschrift aufgenommen worden (ebenso Eisele aaO). Sollte die journalistische Recherche oder gar der sog investigative Journalismus (so die Befürchtung von Jochum NJW-Editorial Heft 25/2004) durch § 201a übermäßig behindert werden, so kann dem durch die unmittelbare Anwendung des Art 5 GG abgeholfen werden (näher Kühl AfP 04, 190). Ob und wie die in §§ 23, 24 KUG normierten Sachgesichtspunkte in die Auslegung des § 201a einfließen können, ist im Gesetzgebungsverfahren nicht geklärt worden (vgl Schöch aaO [vgl 1] S 120 und Kühl aaO).

Verletzung des Briefgeheimnisses § 202

8. Zu **Abs 4** vgl 17 zu § 201. 10

9. Zu den **Konkurrenzen** vgl 19 zu § 201. Unklar ist das Verhältnis zu § 33 11
KUG, wenn das unbefugt aufgenommene Bild verbreitet wird; da die Verbreitung
der intensivste Eingriff ist, könnten die davor liegenden Eingriffe wie zB die Bildaufnahme mitbestrafte Vortaten sein; dagegen spricht aber, dass die Tathandlungen
des § 201a qualitativ intensiver sind, weil sie im Gegensatz zu § 33 KUG den
persönlichen Rückzugsbereichs verletzen; deshalb ist Tatmehrheit anzunehmen.

10. Strafantrag § 205. – § 201a ist im Gegensatz zu § 33 KUG kein Privatkla- 12
gedelikt.

§ 202 Verletzung des Briefgeheimnisses

(1) **Wer unbefugt**
1. **einen verschlossenen Brief oder ein anderes verschlossenes Schriftstück, die nicht zu seiner Kenntnis bestimmt sind, öffnet oder**
2. **sich vom Inhalt eines solchen Schriftstücks ohne Öffnung des Verschlusses unter Anwendung technischer Mittel Kenntnis verschafft,**

wird mit Freiheitsstrafe bis zu einem Jahr oder mit Geldstrafe bestraft, wenn die Tat nicht in § 206 mit Strafe bedroht ist.

(2) **Ebenso wird bestraft, wer sich unbefugt vom Inhalt eines Schriftstücks, das nicht zu seiner Kenntnis bestimmt und durch ein verschlossenes Behältnis gegen Kenntnisnahme besonders gesichert ist, Kenntnis verschafft, nachdem er dazu das Behältnis geöffnet hat.**

(3) **Einem Schriftstück im Sinne der Absätze 1 und 2 steht eine Abbildung gleich.**

Technische Änderung in Abs 1 durch das BegleitG (13 vor § 1).

1. Die Vorschrift schützt die (hier nicht materiell, sondern nur formal begrenz- 1
te) **Geheimsphäre** gegen den Bruch des verfassungsrechtlich gewährleisteten
(Art 10 GG) Briefgeheimnisses (aM Hoyer SK 3) und gegen gleichwertige Formen
der Kenntnisverschaffung vom Inhalt fremder verkörperter, unmittelbar wahrnehmbarer Gedankenäußerungen (zusf Lenckner JR 78, 424 und Schmitz JA 95, 297,
beide mwN). Schutz nicht unmittelbar wahrnehmbarer Daten § 202a.

2. Schriftstück ist jeder Träger von Schriftzeichen (auch Druck- oder Ge- 2
heimschrift), die einen gedanklichen Inhalt ergeben (Schünemann LK 5), der
Brief (die an einen anderen gerichtete schriftliche Mitteilung) nur eine Unterart
davon (BT-Dr 7/550 S 237; Hoyer SK 5); nicht erfasst werden jedoch Schriftträ-
ger ohne jeglichen Persönlichkeitsbezug, so dass idR nicht nur Bücher und sonst
öffentlich verbreitete Schriften ausscheiden, sondern uU auch Mitteilungen allgemeiner Art, die etwa in Gebrauchsanweisungen zur Bedienung eines technischen
Geräts oder zur Einnahme eines Medikaments enthalten sind (Blei JA 74, 601,
605; einschr Schmitz aaO [vgl 1] und Schünemann LK 10; aM Graf MK 9 und
Hoyer SK 8). Zur Gleichstellung von **Abbildungen** (zB Erinnerungsphotos) mit
den Schriftstücken beachte Abs 3 (vgl auch 26–28 zu § 11). – Das Schriftstück usw
ist **verschlossen,** wenn es mit einer an ihm befindlichen Vorkehrung versehen ist,
die (auch) dazu bestimmt und geeignet ist, dem Vordringen zum gedanklichen Inhalt ein Hindernis zu bereiten (BT-Dr aaO); ob das zutrifft, hängt in Grenzfällen
von den Umständen ab und unterliegt daher tatrichterlicher Würdigung (Stuttgart
NStZ 84, 25 mwN). – **Nicht zur Kenntnis bestimmt** ist ein Schriftstück usw
auch dann, wenn der Täter nach dem Willen des Berechtigten noch nicht oder
nicht mehr Kenntnis nehmen soll (Schünemann LK 27; einschr Jung NK 5). –
Verschlossenes Behältnis 15 zu § 243; der Verschluss muss sich speziell gegen
fremde Kenntnisnahme richten (ähnlich Graf MK 16: zumindest auch).

§ 202a BT. 15. Abschnitt. Persönlicher Lebens- und Geheimbereich

3   3. Zu den **Tathandlungen:**

a) Abs 1 Nr 1: Öffnen ist Beseitigen oder Unwirksammachen des Verschlusses (RGSt 54, 295); auf Kenntnisnahme vom Inhalt kommt es hier abweichend von Abs 1 Nr 2, Abs 2 nicht an (Graf MK 20).

4   **b) Abs 1 Nr 2: Anwendung technischer Mittel** erfordert den Einsatz spezifischer technischer Hilfsmittel, zB einer Durchleuchtungseinrichtung; dass jemand das Schriftstück nur von außen abtastet oder gegen das Licht hält, genügt nicht (BT-Dr 7/550 S 237; Kindhäuser BT I 29/12). **Kenntnis verschafft** hat sich schon, wer bis zum Inhalt durch visuelle oder optische Wahrnehmung vorgedrungen ist (Schmitz aaO [vgl 1] S 299; W-Hettinger BT 1 Rdn 554; Joecks 8; enger Graf MK 22 und Schünemann LK 21); dass er auch den Sinngehalt verstanden hat, ist nicht erforderlich (diff Rengier II 31/11; Sch/Sch-Lenckner 10, 11; zw).

5   **c) Abs 2** ist zweiaktiges Delikt (Woelk, Täterschaft bei zweiaktigen Delikten, 1994, S 40); beide Akte müssen vom selben Täter vorgenommen werden (Hoyer SK 20). Erforderlich sind Öffnen (vgl 3) zum Zwecke (iS zielgerichteten Wollens) der Kenntnisnahme und Verschaffen der Kenntnis. Aufbrechen in Diebstahlsabsicht und nachträgliche Kenntnisnahme genügen nicht (BT-Dr aaO; W-Hettinger BT 1 Rdn 553). – Zur umstrittenen Möglichkeit der Begehung in mittelbarer Täterschaft durch den Kenntnisnehmenden mit dem ohne Kenntnisnahmeabsicht Öffnenden als Werkzeug vgl Sch/Sch-Lenckner 19 und (abl) Hoyer SK 21, beide mwN.

6   **4.** Der **Vorsatz** (bedingter genügt) braucht sich im Falle des Abs 1 Nr 1 nicht auf Kenntnisnahme zu erstrecken (Schünemann LK 30; einschr Schmitz aaO [vgl 1] S 300). Im Falle des Abs 2 muss er auf sie schon beim Öffnen des Behältnisses gerichtet sein (ebenso Graf MK 34 und Hoyer SK 24).

7   **5. Unbefugt** 2 vor § 201. Die Tat kann zB durch Gesetz (etwa §§ 99, 100 StPO; § 99 II InsO; § 2 ÜberwachungsG; §§ 1, 3 Art 1 G 10), Erziehungsrecht (Schünemann LK 35 mwN) oder mutmaßliche Einwilligung (19–21 vor § 32) gerechtfertigt sein; die Einwilligung des Berechtigten schließt bereits den Tatbestand aus, weil dann idR eine Berechtigung zur Kenntnisnahme vorliegt (M-Schroeder/Maiwald BT 1 29/18; Roxin AT I 13/22; W-Hettinger BT 1 Rdn 555; Sch/Sch-Lenckner 12; Schünemann LK 38); bei Handlungen unter Ehegatten, die als solche zur Öffnung von Briefen des anderen nicht befugt sind, wird die Einwilligung häufig stillschweigend (6 zu § 228) erteilt sein (einschr Jung NK 8); ansonsten wird oft eine Rechtfertigung durch mutmaßliche Einwilligung in Betracht kommen (W-Beulke AT Rdn 385; Sch/Sch-Lenckner 14). Berechtigter ist beim Brief bis zum Eingang beim Empfänger der Absender, danach der Empfänger (M-Schroeder/Maiwald BT 1 29/20; Hoyer SK 15).

8   **6.** Die Vorschrift verdrängt den § 303 (**Konsumtion**; Schünemann LK 45; diff Sch/Sch-Lenckner 22). Hinter § 206 tritt sie zurück (Subsidiarität). Mit §§ 242, 246 ist Tateinheit möglich (NJW 77, 590 mit Bespr Küper JZ 77, 464 und Lenckner JR 78, 424; Hoyer SK 28; beachte jedoch Wagner, Grünwald-FS, S 797, 803).

9   **7.** Strafantrag § 205.

§ 202 a Ausspähen von Daten

(1) **Wer unbefugt Daten, die nicht für ihn bestimmt und die gegen unberechtigten Zugang besonders gesichert sind, sich oder einem anderen verschafft, wird mit Freiheitsstrafe bis zu drei Jahren oder mit Geldstrafe bestraft.**

Ausspähen von Daten **§ 202a**

(2) **Daten im Sinne des Absatzes 1 sind nur solche, die elektronisch, magnetisch oder sonst nicht unmittelbar wahrnehmbar gespeichert sind oder übermittelt werden.**

1. Die Vorschrift **schützt** nicht nur den persönlichen Lebens- und Geheimbereich, sondern weitergehend – ähnlich wie § 202 (dort 1) – ein allgemeines, durch das Erfordernis besonderer Sicherung **formalisiertes Interesse an der Geheimhaltung** von Daten, die nicht unmittelbar wahrnehmbar gespeichert sind oder übermittelt werden (Möhrenschlager wistra 86, 128, 140; Lenckner/Winkelbauer CR 86, 483, 485; Granderath DB 86, Beil 18, 1; Haß, in: Lehmann [Hrsg], Rechtsschutz und Verwertung von Computerprogrammen, 2. Aufl 1993, S 480 Rdn 20; Jessen, Zugangsberechtigung und besondere Sicherung im Sinne von § 202a StGB, 1994, S 37; Schulze-Heiming, Der strafrechtliche Schutz der Computerdaten gegen die Angriffsformen der Spionage, Sabotage und des Zeitdiebstahls, 1995, S 37; krit Arzt/Weber BT 8/49–54; aM Haft NStZ 87, 6, 9: das Vermögen; zusf Krutisch, Strafbarkeit des unberechtigten Zugangs zu Computerdaten und -systemen, 2003); zum Schutz unmittelbar wahrnehmbarer Daten vgl §§ 201, 202. – **Träger** des Rechtsgutes ist der Berechtigte, dh der über die Daten Verfügungsberechtigte (Lenckner/Winkelbauer aaO; Schlüchter LdR S 228; Jung NK 2; zweifelnd Tiedemann JZ 86, 865, 871), der allerdings nicht mit dem Anlagenbetreiber identisch sein muss (4 zu § 303a); mitgeschützt ist jedoch auch der vom Dateninhalt Betroffene, wenn er ein Recht auf Wahrung der Vertraulichkeit gegenüber dem Berechtigten hat (aM Lenckner/Winkelbauer aaO; Schmitz JA 95, 478; Dauster/Braun NJW 00, 313, 315; M-Schroeder/Maiwald BT 1 29/79; Schünemann LK 2; zw). – **Grundfälle** bei Hilgendorf JuS 96, 509, 511, 702.

2. Abs 2: Daten 3 zu § 263a (eingehend Krutisch aaO [vgl 1] S 74–93); ob sie Geheimnisse sind (etwa iS des § 203 I, dort 14), ist unerheblich (Lenckner/ Winkelbauer aaO [vgl 1] S 485). – **Nicht unmittelbar wahrnehmbar** sind Daten, wenn ihr Bedeutungsgehalt nicht ohne weiteres, sondern erst nach technischer Umformung mit den menschlichen Sinnen erfassbar ist (Hoyer SK 4). Neben den beispielhaft genannten Formen elektronischer oder magnetischer Fixierung gehören zB auch Daten auf technisch andersartigen Trägern (Tonbänder, Schallplatten, Bildträger, Mikrofilme usw) hierher (BT-Dr 10/5058 S 29; Binder RDV 95, 57, 58; Schmitz aaO [vgl 1] S 480; Schulze-Heiming aaO [vgl 1] S 48; Hilgendorf aaO [vgl 1] S 511; str); bloße Lochkarten scheiden jedoch aus, weil ihre Bedeutung unmittelbar visuell aufgenommen wird und nur der Entschlüsselung bedarf (Lenckner/Winkelbauer CR 86, 483, 484; Welp IuR 88, 443, 446; v Gravenreuth NStZ 89, 201, 206; aM Graf MK 12; zw). – Neben den **gespeicherten,** dh zur Wiederverwendung erfassten, aufgenommenen oder aufbewahrten (§ 3 IV Nr 1 BDSG; die Daten müssen ihr Aufbewahrungsstadium erreicht haben, Schmitz aaO S 481; aM Hilgendorf aaO S 512; Jessen aaO [vgl 1] S 53), fallen auch im **Übermittlungsstadium** befindliche Daten in den Schutzbereich; damit soll namentlich das praktisch bedeutsame „Anzapfen" von Datenübertragungsleitungen im Bereich datenfernverarbeitender Systeme einbezogen werden (BT-Dr aaO S 28; s auch Welp, Hilgendorf und Schmitz jeweils aaO).

3. a) Nicht für ihn (den Täter) **bestimmt** sind Daten, die nach dem Willen des Berechtigten nicht (auch noch nicht oder nicht mehr) in den Herrschaftsbereich des Täters gelangen sollen. Berechtigter ist auch derjenige, dem eine Zugangserlaubnis versehentlich erteilt oder nicht entzogen wurde (Ernst NJW 03, 3233, 3236, zw bei Erschleichen), bei Übermittlungen auch der Datenempfänger (Möhrenschlager wistra 86, 128, 140; Graf MK 17). Die (den Tatbestand ausschließende, BT-Dr 10/5058 S 28) Bestimmung für den Täter wird nicht allein schon dadurch begründet, dass sich die Daten auf ihn selbst beziehen (Möhrenschlager und Ernst, jeweils aaO; Schmitz aaO [vgl 1] S 481; Graf MK 17), dass

§ 202a BT. 15. Abschnitt. Persönlicher Lebens- und Geheimbereich

sie gegen Entgelt nach Anschluss an eine Datenbank allgemein zugänglich sind (BT-Dr aaO; Haß aaO [vgl 1] S 483 Rdn 24), dass er Kenntnis vom Passwort hat (Ernst aaO) oder dass er Eigentümer des Datenträgers ist; Letzteres kommt zB in Frage, wenn ihm die Nutzung des Programms, nicht aber der Zugriff auf die zu Grunde liegenden Daten eröffnet ist (Lenckner/Winkelbauer CR 86, 483, 486; Schlüchter NStZ 88, 53; Richter CR 89, 303, 305; Meier JZ 92, 657; Bühler, Die strafrechtliche Erfassung des Missbrauchs von Geldspielautomaten, 1995, S 178; Hilgendorf aaO [vgl 1] S 512 und JuS 97, 326; Kindhäuser BT I 30/12; Hoyer SK 6; aM Heinrich, Die Strafbarkeit der unbefugten Vervielfältigung und Verbreitung von Standardsoftware, 1993, S 304; diff Schulze-Heiming aaO [vgl 1] S 56). Wer für ihn bestimmte Daten vertragswidrig verwendet, wird nicht erfasst (Dauster/Braun NJW 00, 313, 315; Graf MK 19; Sch/Sch-Lenckner 6). Für den Polizeibeamten bestimmte Daten bleiben solche, auch wenn dieser sie ohne dienstlichen Anlass abruft (Bay NJW 99, 1727 mit krit Bespr Pätzel NJW 99, 3246; Bay StV 99, 214 mit Anm Kühn). Ein Arbeitnehmer darf nur während der Arbeitszeit auf Betriebsdaten zugreifen (Ernst aaO). Zu weiteren Einzelfällen Krutisch aaO [vgl 1] S 93, 98–103.

4 **b) Gegen unberechtigten Zugang besonders gesichert** sind Daten, wenn – ähnlich wie in den Fällen der §§ 202 II, 243 I Nr 2 (BT-Dr aaO [vgl 3]; s auch 16 zu § 243) – Vorkehrungen speziell zu dem Zweck getroffen sind, den Zugang Unbefugter zu verhindern oder zu erschweren (Schmitz aaO [vgl 1] S 482; Graf MK 31). Neben verschlossenen Behältnissen (zB Kassetten für Magnetbänder) und mechanischen Schließeinrichtungen (zB Schlösser an Computeranlagen) kommen auch systemimmanente Vorkehrungen (zB Verwendung von Erkennungssignalen, Passwörtern, Magnetkarten oder Verschlüsselungen) in Frage (Hilgendorf aaO [vgl 1] S 702 und JuS 97, 324; Haß aaO [vgl 1] S 481 Rdn 22; Graf MK 32; diff zum Passwort Jessen aaO [vgl 1] S 154; Ernst aaO [vgl 3] S 3236, 3237; Krutisch aaO [vgl 1] S 112 und Graf MK 38), neuerdings auch biometrische Verfahren (näher Graf MK 36). Es kommt darauf an, ob die Sicherung geeignet erscheint, einen wirksamen, wenn auch nicht absoluten Schutz zu erreichen und namentlich auch das Interesse an der Geheimhaltung deutlich zu dokumentieren (BT-Dr aaO; Hilgendorf aaO; Ernst aaO; Hoyer SK 8; eingehend Leicht IuR 87, 45; Binder, Strafbarkeit intelligenten Ausspähens von programmrelevanten DV-Informationen, 1994, S 51; Heinrich aaO [vgl 3] S 301; Jessen aaO S 63; Schulze-Heiming aaO [vgl 1] S 64); zur Überwindung der Sicherung vgl 5. Computerprogramme sind idR nicht hinreichend wirksam gesichert, so dass sog Softwarepiraterie (Raubkopien von solchen Programmen) nur selten in den Schutzbereich der Vorschrift fällt (Meier JZ 92, 657, 661; Jessen aaO S 190 und Beermann Jura 95, 610; Rengier aaO 31/20; zur möglichen Strafbarkeit nach § 106 UrhG eingehend Heinrich aaO S 176). Auch das mit der Datenverarbeitung befasste Personal ist von der Zugangssperre meist nicht betroffen (zu teilweise schwierigen Abgrenzungsfragen Lenckner/Winkelbauer CR 86, 483, 487; weiter Hilgendorf aaO S 704), selbst wenn es die Daten treuwidrig verwendet (beachte dazu § 17 UWG).

5 **4. Sich oder einem anderen verschaffen** bedeutet Herstellen der eigenen Herrschaft oder derjenigen eines anderen über die Daten. Dazu genügt es – ähnlich wie bei § 96 (dort 3) –, dass der Täter entweder von ihnen Kenntnis nimmt bzw dem anderen die Kenntnisnahme ermöglicht oder – ohne Kenntnisnahme (BT-Dr 10/5058 S 29) – sich oder dem anderen den Besitz an den Datenträgern verschafft (Lenckner/Winkelbauer aaO [vgl 4] S 488; Graf MK 43; einschr Schmitz aaO [vgl 1] S 483 und Sch/Sch-Lenckner 10; str). Die besondere Sicherung muss zwar nicht beim Verschaffen, aber im weiteren Verlauf überwunden werden (Hilgendorf JuS 96, 702, 703; Krutisch aaO [vgl 1] S 215; Rengier BT II 31/17; Kindhäuser 5; Schünemann LK 7, anders die Vorauﬂ in Rdn 4). Auf der

anderen Seite soll aber nach der problematischen Intention des Gesetzgebers das bloße Eindringen in einen Datenspeicher oder Übermittlungsvorgang, mit dem ein Computersystem nur „geknackt" werden soll (sog „hacking"), nicht erfasst werden (BT-Dr aaO S 28; krit Dannecker BB 96, 1285, 1289; eingehend Krutisch aaO S 130; zu Tendenzen auf europäischer Ebene Schnabl wistra 04, 211); um den Zweck dieser Einschränkung nicht zu vereiteln, muss auch bloße Kenntnisnahme von den fremden Daten aus dem Tatbestand ausscheiden, wenn sie notwendig mit dem Hacking verbunden ist und ihr keine Weiterverwendungsabsicht zu Grunde liegt (für eine teleologische Reduktion Hilgendorf aaO [vgl 1] S 704 und Schmitz aaO; ähnlich Binder aaO [vgl 2] S 59 und Hoyer SK 13; krit Ernst aaO [vgl 3] S 3236 und Graf MK 50, 51; für Strafbarkeit des Hackings dagegen Jessen aaO [vgl 1] S 179 und Tröndle/Fischer 11). – Der Missbrauch von Dialer-Programmen wird nur bei Installation von Spionageprogrammen erfasst (Buggisch NStZ 02, 178, 179).

5. Bedingter **Vorsatz** genügt. – Zu Irrtumsfragen Hilgendorf aaO [vgl 1] S 705.

6. Unbefugt 2 vor § 201. Ohne Befugnis handelt ua auch, wer sich ohne Anschluss Daten aus einer Datenbank verschafft (vgl 3). – Die Tat kann zB durch Gesetz (etwa § 94 StPO; §§ 1, 3 G 10; weitere gesetzliche Ermächtigung für staatliche Maßnahmen bei Graf MK 55–59) oder durch Einwilligung des Berechtigten (beachte dazu die sinngemäß auch hier geltenden Ausführungen unter 9 zu § 201; für tatbestandsausschließendes Einverständnis Haß aaO [vgl 1] S 484 Rdn 26; Hoyer SK 15; Schünemann LK 9, 11), nicht des vom Dateninhalt Betroffenen (Hilgendorf aaO [vgl 1] S 705; Jessen aaO [vgl 1] S 61; Hoyer SK 15), gerechtfertigt sein. Mutmaßliche Einwilligung (19–21 vor § 32) kommt namentlich in Frage, wenn der Täter die Daten einem anderen, für den sie bestimmt sind, verschafft (BT-Dr 10/5058 S 29; Sch-Sch/Lenckner 11; einschr Jung NK 10; Schünemann LK 18). Erfolgt ein Eingriff (zB in die Software) in urheberrechtlich zulässiger Weise (§§ 69 a ff UrhG), so ist er nicht unbefugt (LG Mannheim NJW 95, 3322 mit zust Bespr König 3293).

7. Tateinheit ua möglich mit §§ 123, 242 (aM Haft NStZ 87, 6, 10), 263 a, 269, 274 I Nr 2, 303 (aM Hilgendorf aaO [vgl 1] S 703: Tatmehrheit), 303 a, 303 b. § 44 BDSG tritt zurück (§ 1 III BDSG), sofern der Verfügungsberechtigte auch von den Daten Betroffener ist oder der nicht von den Daten Betroffene ein Recht auf Vertraulichkeit hat (aM Graf MK 84; Hoyer SK 16). Zum Zusammentreffen mit § 17 UWG Schlüchter NStZ 88, 53.

8. Strafantrag § 205. – Für die Umwandlung in ein relatives Antragsdelikt (1 zu § 77) Jessen aaO [vgl 1] S 216.

§ 203 Verletzung von Privatgeheimnissen

(1) Wer unbefugt ein fremdes Geheimnis, namentlich ein zum persönlichen Lebensbereich gehörendes Geheimnis oder ein Betriebs- oder Geschäftsgeheimnis, offenbart, das ihm als

1. **Arzt, Zahnarzt, Tierarzt, Apotheker oder Angehörigen eines anderen Heilberufs, der für die Berufsausübung oder die Führung der Berufsbezeichnung eine staatlich geregelte Ausbildung erfordert,**
2. **Berufspsychologen mit staatlich anerkannter wissenschaftlicher Abschlußprüfung,**
3. **Rechtsanwalt, Patentanwalt, Notar, Verteidiger in einem gesetzlich geordneten Verfahren, Wirtschaftsprüfer, vereidigtem Buchprüfer, Steuerberater, Steuerbevollmächtigten oder Organ oder Mitglied eines**

§ 203 BT. 15. Abschnitt. Persönlicher Lebens- und Geheimbereich

Organs einer Rechtsanwalts-, Patentanwalts-, Wirtschaftsprüfungs-, Buchprüfungs- oder Steuerberatungsgesellschaft,
4. Ehe-, Familien-, Erziehungs- oder Jugendberater sowie Berater für Suchtfragen in einer Beratungsstelle, die von einer Behörde oder Körperschaft, Anstalt oder Stiftung des öffentlichen Rechts anerkannt ist,
4 a. Mitglied oder Beauftragten einer anerkannten Beratungsstelle nach den §§ 3 und 8 des Schwangerschaftskonfliktgesetzes,
5. staatlich anerkanntem Sozialarbeiter oder staatlich anerkanntem Sozialpädagogen oder
6. Angehörigen eines Unternehmens der privaten Kranken-, Unfall- oder Lebensversicherung oder einer privatärztlichen Verrechnungsstelle

anvertraut worden oder sonst bekanntgeworden ist, wird mit Freiheitsstrafe bis zu einem Jahr oder mit Geldstrafe bestraft.

(2) Ebenso wird bestraft, wer unbefugt ein fremdes Geheimnis, namentlich ein zum persönlichen Lebensbereich gehörendes Geheimnis oder ein Betriebs- oder Geschäftsgeheimnis, offenbart, das ihm als
1. Amtsträger,
2. für den öffentlichen Dienst besonders Verpflichteten,
3. Person, die Aufgaben oder Befugnisse nach dem Personalvertretungsrecht wahrnimmt,
4. Mitglied eines für ein Gesetzgebungsorgan des Bundes oder eines Landes tätigen Untersuchungsausschusses, sonstigen Ausschusses oder Rates, das nicht selbst Mitglied des Gesetzgebungsorgans ist, oder als Hilfskraft eines solchen Ausschusses oder Rates,
5. öffentlich bestelltem Sachverständigen, der auf die gewissenhafte Erfüllung seiner Obliegenheiten auf Grund eines Gesetzes förmlich verpflichtet worden ist, oder
6. Person, die auf die gewissenhafte Erfüllung ihrer Geheimhaltungspflicht bei der Durchführung wissenschaftlicher Forschungsvorhaben auf Grund eines Gesetzes förmlich verpflichtet worden ist,

anvertraut worden oder sonst bekanntgeworden ist. Einem Geheimnis im Sinne des Satzes 1 stehen Einzelangaben über persönliche oder sachliche Verhältnisse eines anderen gleich, die für Aufgaben der öffentlichen Verwaltung erfaßt worden sind; Satz 1 ist jedoch nicht anzuwenden, soweit solche Einzelangaben anderen Behörden oder sonstigen Stellen für Aufgaben der öffentlichen Verwaltung bekanntgegeben werden und das Gesetz dies nicht untersagt.

(3) Einem in Absatz 1 Nr. 3 genannten Rechtsanwalt stehen andere Mitglieder einer Rechtsanwaltskammer gleich. Den in Absatz 1 und Satz 1 Genannten stehen ihre berufsmäßig tätigen Gehilfen und die Personen gleich, die bei ihnen zur Vorbereitung auf den Beruf tätig sind. Den in Absatz 1 und den in Satz 1 und 2 Genannten steht nach dem Tod des zur Wahrung des Geheimnisses Verpflichteten ferner gleich, wer das Geheimnis von dem Verstorbenen oder aus dessen Nachlaß erlangt hat.

(4) Die Absätze 1 bis 3 sind auch anzuwenden, wenn der Täter das fremde Geheimnis nach dem Tod des Betroffenen unbefugt offenbart.

(5) Handelt der Täter gegen Entgelt oder in der Absicht, sich oder einen anderen zu bereichern oder einen anderen zu schädigen, so ist die Strafe Freiheitsstrafe bis zu zwei Jahren oder Geldstrafe.

Verletzung von Privatgeheimnissen § 203

Fassung: Das SFHÄndG (13 vor § 1) hat Abs 1 Nr 4a an das SchKG angepasst. Das BRAOÄndG (13 vor § 1) hat Abs 1 Nr 3 um Rechtsanwalts- und Patentanwaltsgesellschaften ergänzt; das BNotOÄndG (13 vor § 1) hat Abs 3 neu gefasst; das StVÄG 1999 (14 vor § 1) hat die Nr 6 in Abs 2 eingefügt.

1. Die Vorschrift schützt vorrangig die **Geheimsphäre des Einzelnen**, 1 daneben in Abs 1 auch das Allgemeininteresse an der Verschwiegenheit der in Krankheit und Rechtsnot helfenden Berufe (NJW 68, 2288; Jung SÄB 81, 244 und NK 3; Geppert, Die ärztliche Schweigepflicht im Strafvollzug, 1983, S 11 und in: Gössel-FS, S 303, 309; Timm, Grenzen der ärztlichen Schweigepflicht, 1988, S 22; Cramer, Strafprozessuale Verwertbarkeit ärztlicher Gutachten aus anderen Verfahren, 1995, S 43; Michalowski ZStW 109, 519; Wichmann, Das Berufsgeheimnis als Grenze des Zeugenbeweises, 2000, S 165, 181; Ulsenheimer, Arztstrafrecht Rdn 361; Tröndle/Fischer 2; Cierniak MK 5; gegen diese Beschränkung auf Abs 1 Otto GK 2 34/26). Demgegenüber wird teils das Allgemeininteresse als vorrangig angesehen (Köln NStZ 83, 412; EbSchmidt NJW 62, 1745; Schlund JR 77, 265, 269; Sch/Sch-Lenckner 3), teils aber auch nur das Individualinteresse als Schutzgut anerkannt (Schünemann ZStW 90, 11 und LK 14; Rogall NStZ 83, 1, 3; Meurer, in: Szwarc [Hrsg], AIDS und Strafrecht, 1996, S 133, 137; Schmitz JA 96, 772; diff Ostendorf JR 81, 444; Eser ZStW 97, 1, 40; Eisele, in: Haft/v Schlieffen [Hrsg], Handbuch Mediation, 2002, § 30 Rdn 5, 6; Hoyer SK 4–9 vor § 201 und 1–3 zu § 203; zusf Müller-Dietz, in: Jung ua (Hrsg), Aktuelle Probleme und Perspektiven des Arztrechts, 1989, S 39; rechtsvergleichend Jung, Constantinesco-GS, S 355; Lilie, in: Fischer/Lilie [Hrsg], Ärztliche Verantwortung im europäischen Rechtsvergleich, 1999, S 83, 97). Ihre verfassungsrechtliche Legitimation bezieht die Vorschrift aus Art 2 I iVm 1 GG, die das allgemeine Persönlichkeitsrecht und insbesondere das Recht auf informationelle Selbstbestimmung garantieren (BVerfG NJW 02, 2164; KG NJW 92, 2771; Eisele aaO Rdn 5). Nicht geschützt sind Daten von Ungeborenen (eingehend Grabsch, Die Strafbarkeit der Offenbarung höchstpersönlicher Daten des ungeborenen Menschen, 1994, S 17 und 109, mit Bespr Helle MedR 95, 257; Kiesecker, Die Schwangerschaft einer Toten, 1996, S 218). – Der Schweigepflicht nach Abs 1 steht das – inhaltlich nicht voll entsprechende (für die unterschiedliche persönliche und sachliche Reichweite von § 203 und § 53 StPO Rogall SK StPO 12–30 zu § 53; krit Foth JR 76, 7; Schmitz JA 96, 949, 954; Michalowski aaO; Ulsenheimer, Arztstrafrecht Rdn 385; Jung NK 2 und Schünemann LK 9) – verfahrensrechtliche Schweigerecht (zB §§ 53, 53a StPO, § 383 ZPO) gegenüber.

2. Täter (nach hM besonderes persönliches Merkmal iS des § 28 I; vgl etwa 2 Arzt/Weber BT 8/35 und Schünemann LK 160; aM Sch/Sch-Lenckner 73) können nur sein:

a) Angehörige der Berufsgruppen nach Abs 1. aa) Nr 1: Für die **Heil-** 3 **berufe** bedürfen neben den Ärzten, (auch Pathologen, Laufs NJW 80, 1315, 1319 mwN), Zahnärzten, Tierärzten und Apothekern (3 zu § 132a) einer geregelten Ausbildung ua: Krankenschwestern und -pfleger, Kinderkrankenschwestern und -pfleger, Krankenpflegehelferinnen und -helfer (§§ 1, 2 KrPflG) sowie Hebammen und Entbindungspfleger (§§ 1, 2 HebG). Nachw zu zahlreichen weiteren einschlägigen Heilberufen bei Tröndle/Fischer 12 zu § 203 und 1 zu § 132a. – Nicht erfasst sind Heilpraktiker, da für sie keine staatliche Berufsausbildung gefordert wird (HeilprG).

bb) Nr 2: Berufspsychologen müssen eine psychologische Tätigkeit auf mindestens einem der Hauptanwendungsgebiete der Psychologie, zB auch der analytischen Psychotherapie, beruflich ausüben (BT-Dr 7/550 S 239; Bay NStZ 95, 187; speziell im Bereich der Mediation Eisele aaO [vgl 1] § 30 Rdn 8; krit Blau NJW 73, 2234 und Jung NK 8). **Staatlich anerkannte wissenschaftliche Ab-**

§ 203 BT. 15. Abschnitt. Persönlicher Lebens- und Geheimbereich

schlussprüfungen schließen mit der Erlangung des Grades eines „Diplom-Psychologen" oder mit der Promotion im Hauptfach Psychologie ab (BT-Dr aaO). Bei der Gruppenpsychotherapie ist nur der Therapeut, nicht aber die Mitpatienten schweigepflichtig (krit Riemer, Gruppenpsychotherapie und Gruppendynamik, 02, 372).

4 cc) **Nr 3:** Die genannten Berufe in der **Rechtspflege und Wirtschaftsberatung** sind erschöpfend (europäische Rechtsanwälte stehen Rechtsanwälten und Anwälten gleich [§ 42 I EuRAG]; s auch 3 zu § 132a). Neben Verteidigern im Strafverfahren (§§ 138, 139, 142 StPO; Köln NJW 00, 3656) werden auch Verteidiger im Bußgeld-, Disziplinar-, Berufs- und Ehrengerichtsverfahren erfasst, nicht dagegen Rechtsbeistände (soweit sie keine Kammermitglieder sind, BVerfG NJW 02, 2308), Rechtskonsulenten und Prozessagenten (§ 157 ZPO); speziell zu Anwälten und Verteidigern im Bereich der Mediation Eisele aaO [vgl 1] § 30 Rdn 8. Einbezogen sind jetzt auch Rechtsanwalts- und Patentanwaltsgesellschaften, da die Offenbarung eines ihnen anvertrauten Geheimnisses ebenso strafwürdig erscheint wie Taten von Organen der anderen in Nr 3 genannten Gesellschaften (BT-Dr 13/9820 S 22).

5 dd) **Nr 4–5:** Alle in Nr 4 genannten Berater müssen in einer **staatlich oder anderweit öffentlich anerkannten Beratungsstelle** tätig sein. Deren Anerkennung ist Ländersache (BT-Dr 7/1261 S 15). – Zu den in Nr 4a genannten **Beratungsstellen für Schwangere** §§ 3 und 8 SchKG (zum geheimhaltungspflichtigen Täterkreis Rudolphi, Bemmann-FS, S 412, 416; zusf zu deren Schweigepflicht Lenckner, in: Eser/Hirsch [Hrsg], Sterilisation und Schwangerschaftsabbruch, 1980, S 227 und Rudolphi aaO S 418; beachte auch 12 vor § 218). – Die **staatliche Anerkennung von Sozialarbeitern und Sozialpädagogen** nach Nr 5 erfordert eine abgeschlossene Hochschul- oder Fachhochschulausbildung (BT-Dr aaO). Hauptamtliche Bewährungshelfer gehören nicht hierher (Schenkel NStZ 95, 67; Cierniak MK 43; aM Sch/Sch-Lenckner 40; zw).

6 ee) **Nr 6: Angehörige eines Versicherungsunternehmens oder einer Verrechnungsstelle** sind deren Inhaber, Organe, Mitglieder von Organen und Bedienstete, nach dem Gesetzeszweck auch die nicht als Angestellte tätigen Versicherungsvertreter (zusf Rein VersR 76, 117). Keine privatärztliche Verrechnungsstelle ist ein gewerbliches Factoring-Unternehmen, dem von Ärzten Forderungen abgetreten worden sind (Hoyer SK 46; Sch/Sch-Lenckner 41; aM Stuttgart NJW 87, 1490; Graf MK 37; Schünemann LK 70).

7 b) **Amtsträger und amtsnahe Personen nach Abs 2.** aa) **Nr 1, 2: Amtsträger, für den öffentlichen Dienst besonders Verpflichteter** 3–17 zu § 11; gleichgestellt sind nach §§ 1 III, 48 I WStG Offiziere und Unteroffiziere, nach § 2 SAEG-ÜbermittlungsschutzG (v 16. 3. 93, BGBl I 336) bestimmte Bedienstete des Statistischen Amtes der EG sowie nach Art 2 § 8 EuropolG (Anh V 1) bestimmte Europolbedienstete. Ehemalige Bedienstete der DDR werden nicht erfasst; die Bundesregierung bemüht sich, diese Strafbarkeitslücke zu schließen (BT-Dr 13/58). – Das Bankgeheimnis genießt nur bei öffentlich-rechtlichen Kreditinstituten Strafrechtsschutz (zu Recht krit Schünemann LK 71 und Tiedemann, Kohlmann-FS, S 307, 308, 317, der eine Aufnahme von Bankangestellten in § 203 I fordert, weil §§ 55a, 55b KWG nur eine beschränkte Reichweite hätten).

8 bb) **Nr 3:** Das **Personalvertretungsrecht** umfasst alle Rechtsnormen, die für die Interessenvertretung der Angehörigen von Dienststellen gelten, auch der Richter (§§ 49, 72, 74 DRiG), Soldaten (§§ 35, 70 SoldG) und Zivildienstleistenden (§ 37 ZDG). **Aufgaben und Befugnisse** sind nur solche, die spezifisch der Personalvertretung dienen (BT-Dr 7/550 S 241).

9 cc) **Nr 4: Gesetzgebungsorgan** 2 zu § 36. Nicht hierher gehören die Ausschüsse der Gesetzgebungsorgane, wohl zB aber die Enquête-Kommissionen und

Sachverständigenräte (BT-Dr aaO). Als Hilfskräfte kommen Personen in Betracht, deren Tätigkeit von den Aufgaben des Gremiums bestimmt sind, also nicht das technische oder die Verwaltung durchführende Personal (Hoyer SK 58).

dd) **Nr 5:** Für die Bestellung der freiberuflich tätigen **Sachverständigen** gilt § 36 GewO.

ee) **Nr 6:** Erweiterung des Täterkreises auf Personen, die zur Geheimhaltung bei der Durchführung wissenschaftlicher Forschungsvorhaben auf Grund des VerpflG förmlich verpflichtet sind (Sch/Sch-Lenckner 61 a); die Vorschrift ist im Zusammenhang mit § 476 III StPO zu sehen (BT-Dr 14/1484 S 35; Tröndle/Fischer 29).

c) Mitglieder einer Rechtsanwaltskammer, Gehilfen, in Ausbildung befindliche Personen und Nachfolger von Schweigepflichtigen nach Abs 3.

aa) **Andere Mitglieder einer Rechtsanwaltskammer als Rechtsanwälte (Abs 3 S 1)** sind Kammerrechtsbeistände, die berechtigt sind, sich mit Rechtsanwälten in einer Sozietät zu verbinden (BT-Dr 13/4184 S 41).

bb) **Gehilfen (Abs 3 S 2)** der Berufsträger nach Abs 1 sind abweichend von § 53a StPO nur berufsmäßig, nicht auch gelegentlich tätige Helfer (Schmitz JA 96, 772, 773; Rudolphi aaO [vgl 5] S 417; Cierniak MK 116; aM Meurer aaO [vgl 1] S 139; Sch/Sch-Lenckner 64; Schünemann LK 82; für eine gesetzliche Präzisierung Eichelbrönner, Die Grenzen der Schweigepflicht des Arztes und seiner berufsmäßig tätigen Gehilfen ..., 2001, S 45, 212). Sie müssen bei der eigentlichen Berufsausübung helfen, also zB: der Bürovorsteher, der rechtskundige Mitarbeiter des Rechtsanwalts (NJW 95, 2915), die Sekretärin, die Sprechstundenhilfe, uU auch die Frau des Landarztes; das technische Bedienungs- und Wartungspersonal nur, soweit es in die Praxisorganisation eingebunden ist (Ehmann CR 91, 293; Otto wistra 99, 201, 203); aber nicht die Putzfrau, der Chauffeur usw (ebenso Cierniak MK 114; krit Kohlhaas NJW 72, 1502); auch nicht die vorgesetzte Aufsichtsbehörde (Kreuzer MedKlinik 76, 1467, 1469; aM Middelhauve MedKlinik 77, 775). Bei Outsourcing von Versicherungsdaten ist eine organisatorische Anbindung der Datenverwalter an den Auftraggeber erforderlich (näher Hilgendorf in: ders [Hrsg], Informationsstrafrecht und Rechtsinformatik, 2004, S 81, 91). Das Hilfs- und Ausbildungspersonal des Sachverständigen nach Abs 2 Nr 5 wird nicht erfasst (BT-Dr 7/550 S 243).

cc) Zur **Vorbereitung auf einen Beruf (Abs 3 S 2) nach Abs 1** sind zB der Rechtsreferendar in der Anwaltsstation sowie der famulierende Medizinstudent und die Lehrschwester im Krankenhaus tätig.

dd) Der Strafschutz nach **Abs 3 S 3** beginnt erst **mit dem Tod des zunächst Schweigepflichtigen** (krit Sch/Sch-Lenckner 68 mwN). Ob dieser das Geheimnis dem Täter befugt oder unbefugt offenbart hat, ist unerheblich (aM Cierniak MK 125; Hoyer SK 52; einschr Schmitz JA 96, 772, 774).

3. a) Fremde Geheimnisse (Abs 1, 2) sind nur Privatgeheimnisse, dh solche Tatsachen, die nur einem beschränkten Personenkreis bekannt sind (sog faktisches Begriffselement; so etwa Rogall SK StPO 14 zu § 53) und nach dem verständlichen Interesse des Geheimnisträgers nicht weiter bekannt werden sollen (Köln NJW 00, 3656); es entscheidet nicht allein der Geheimhaltungswille (Hamm NJW 01, 1957; gegen diese Tatbestandsvoraussetzung Hoyer SK 11), sondern auch die objektive Geheimhaltungswürdigkeit (hM; sog normatives Begriffselement; vgl etwa Arzt LdR S 694; Küper BT S 152; Cierniak MK 11; Rogall aaO und Schünemann LK 19; krit Schmitz JA 96, 772, 774; einschr Hoyer SK 8; speziell zum Bankgeheimnis Otto wistra 99, 201, 202). Eine Tatsache verliert den Geheimnischarakter nicht notwendig, wenn sie schon einmal verraten worden oder gerüchtweise bekannt geworden ist (Schmitz aaO; Rudolphi aaO [vgl 5] S 418; Jung

§ 203 BT. 15. Abschnitt. Persönlicher Lebens- und Geheimbereich

NK 5). Eine öffentlich bekannt gewesene Tatsache kann durch Zeitablauf zu einem Geheimnis werden, so etwa die Vorstrafe nach zehn Jahren (Köln NJW 00, 3656 mit krit Anm Peglau StraFo 01, 106). – Das Geheimnis muss personenbezogen sein (dazu Rogall NStZ 83, 1, 5 und Cierniak MK 12); daran fehlt es zB, wenn die anonymisierten Daten keinen Rückschluss auf den Betroffenen zulassen (zum sog Outsourcing von Versicherungsdaten Hilgendorf aaO [vgl 11 b] S 89). Es kann sich auf jeden, dh den persönlichen, wirtschaftlichen oder beruflichen, Lebensbereich des Betroffenen, uU sogar auf amtliche Vorgänge beziehen, sofern nur das erforderliche Geheimhaltungsinteresse besteht (hM; vgl etwa Eisele aaO [vgl 1] § 30 Rdn 9; einschr Rogall aaO S 6; speziell zum sog „therapeutischen" Lebensbereich Niedermair, in: Roxin/Schroth [Hrsg], Medizinstrafrecht, 2. Aufl 2001, S 393, 397). Das zum persönlichen Lebensbereich gehörende Geheimnis und das Betriebs- oder Geschäftsgeheimnis (dazu Baumbach/Hefermehl UWG 2–9 zu § 17 und Cierniak MK 24; hierzu gehört auch das Know-how eines Unternehmens, Eisele aaO) sind nur Beispiele. Auch juristische Personen können (Geschäfts-) Geheimnisträger sein (Cierniak MK 27). Nicht nur Geheimnisse des Patienten (zB sein Name, die Tatsache seiner Behandlung und die Höhe seiner Honorarforderung des Arztes, LG Memmingen NJW 96, 793 mwN; vgl außerdem Langkeit NStZ 94, 6; Schlund DAR 95, 50; Ulsenheimer, Arztstrafrecht Rdn 362; Cierniak MK 24) oder sonst Anvertrauenden, sondern in gewissen Grenzen auch sog **Drittgeheimnisse** sind geschützt (Hamburg NJW 62, 689, 691; Müller-Dietz SÄB 80, 356, 358; Rogall NStZ 83, 413; Schünemann LK 39; Cierniak MK 24; abl Arzt/Weber BT 8/23; krit zum Begriff M-Schroeder/Maiwald BT 1 29/25; speziell zum Anwaltsgeheimnis Rüpke NJW 02, 2835, 2837; für den Bereich der Mediation Eisele aaO Rdn 12; s auch BVerfG NJW 02, 2307), zB die Krankheit eines Angehörigen des Patienten (vgl Bender MedR 02, 626, 628; Krey BT 1 Rdn 458).

15 **b) Einzelangaben über persönliche oder sachliche Verhältnisse eines anderen,** dh einer bestimmten oder bestimmbaren (natürlichen oder juristischen) Person (beachte § 3 I BDSG; BT-Dr 7/550 S 242), sind nur in den Fällen des Abs 2 in den Strafschutz einbezogen (Satz 2). Praktisch bedeutsam ist die Vorschrift nur für Angaben ohne Geheimnischarakter (zu deren Abgrenzung vom Geheimnis Goll, Offenbarungsbefugnis im Rahmen des § 203 Abs 2 StGB, 1980, S 74), weil andernfalls schon Satz 1 verwirklicht wäre (BGHSt 48, 28); offenkundige Tatsachen fallen aber nicht in den Schutzbereich von Satz 2 (BGH aaO; Schmitz JA 96, 772, 776). Fahrzeug- und Halterdaten, die im Rahmen einer einfachen Registerauskunft nach § 39 I StVG übermittelt werden, sollen wegen des geforderten „berechtigten Interesses" nicht offenkundig sein und deshalb dem Schutz des § 203 II Satz 2 unterfallen (BGH aaO mit zust Bespr Behm JR 03, 292; zust auch Hoyer SK 27; diff Cierniak MK 92 und 100; anders noch Hamburg NStZ 98, 358 und Bay NJW 99, 1727); dies erscheint wegen der tatsächlich nur geringen Schwierigkeiten, eine solche Auskunft zu erhalten, bedenklich. Damit werden an sich nicht geheimhaltungsbedürftige Angaben einem Offenbarungsverbot unterworfen, so dass der Täter unbefugt handelt, wenn kein Rechtfertigungsgrund (vgl 18–25) vorliegt (hM; krit Arzt/Weber BT 8/40, 41); offenkundige (dazu BGHSt 6, 293 und Hamburg NStZ 98, 358) Angaben genügen jedoch nach dem Schutzzweck der Vorschrift nicht (Cierniak MK 100; Sch/Sch-Lenckner 48). – Seinen **Schwerpunkt** hat Satz 2 im Bereich statistischer Erhebungen (vgl etwa das BStatG); er führt aber auch in anderen Zusammenhängen, zB für die Zulässigkeit öffentlicher Identifizierung von Beschuldigten im Ermittlungsverfahren (Stendorf GA 80, 445; Roxin NStZ 91, 153, 159; Dalbkermeyer, Der Schutz des Beschuldigten vor identifizierenden und tendenziösen Pressemitteilungen der Ermittlungsbehörden, 1994, S 53, 168; Schulz, Die rechtlichen Auswirkungen von Medien-

Verletzung von Privatgeheimnissen **§ 203**

berichterstattung auf Strafverfahren, 2002, S 53; Cierniak MK 105; aus der Rspr vgl Hamm NJW 00, 1278), zu Einschränkungen (vgl auch 21 und 25). – Einzelangaben sind **erfasst**, wenn sie handschriftlich, kartei- oder formularmäßig, auf Lochkarten, Magnetbändern und dergl festgehalten sind; sie brauchen auf dem Weg zur Speicherung oder sonstigen Einordnung nicht schon zum Endpunkt gelangt sein (BT-Dr aaO). – **Für Aufgaben der öffentlichen Verwaltung** 9 zu § 11. – Die Ausnahme des 2. **Halbsatzes von Satz 2** wirkt tatbestandsausschließend, nicht erst rechtfertigend (Cierniak MK 100; zw); sie betrifft nur die Weitergabe von Angaben ohne Geheimnischarakter, weil andernfalls die Verbotsnorm des Satzes 1 die Weitergabe untersagt (Sch/Sch-Lenckner 46, 52; aM Marx GA 83, 160, 170, 174). Die Bedeutung der Ausnahme ist gering, seit die Übermittlung personenbezogener Daten auch aus Akten nur noch unter engen Voraussetzungen zulässig ist (§§ 15, 16 BDSG). Im Übrigen dürfte ein kriminalpolitisches Bedürfnis für die Vorschrift nach Neuregelung des Datenschutzrechts nicht mehr bestehen.

4. Auf welche Weise der Täter von dem Geheimnis oder der Einzelangabe **16** (Abs 2 S 2) Kenntnis erlangt hat, ist unerheblich, wenn er es nur **„als"** Berufs- oder Amtsperson getan hat, die Kenntnisnahme also in innerem Zusammenhang mit seiner Berufs- oder Amtseigenschaft steht (Hamburg NJW 62, 689, 691; Köln NJW 00, 3656 mit Bespr Otto JK 1; Rudolphi aaO [vgl 5] S 419; W-Hettinger BT 1 Rdn 565; probl Karlsruhe NJW 84, 676; Schlund DAR 95, 50; einschr Ostendorf JR 81, 444, 448; Schmitz JA 96, 772, 776; Schünemann LK 40; s auch BGHSt 33, 148 mit Anm Rogall NStZ 85, 374 und Hanack JR 86, 35, alle mwN; str); unerheblich ist daher auch, ob er zurzeit der Tat noch Berufs- oder Amtsträger ist (ebenso Cierniak MK 30; nach § 1 III WStG gilt das auch für Soldaten). Meist wird das Geheimnis ausdrücklich oder stillschweigend anvertraut sein (dazu Köln NStZ 83, 412). Jedoch erfahren zB Haus-, Amts-, Werks-, Truppen- und Fürsorgeärzte auch ohne Anvertrauen viele private Geheimnisse. So muss zB der Arzt über die Morphiumspritze, die er bei dem bewusstlosen Opfer eines Unfalls findet, ebenso schweigen wie über die Krankheit eines Patienten seines Kollegen, der ihn – auch nur freundschaftlich – um Rat fragt.

5. Offenbaren ist jede Mitteilung über die geheimzuhaltende Tatsache (einschl **17** der Person, auf die sie sich bezieht) an einen Dritten – auch einen nach § 203 Schweigepflichtigen (BGHZ 116, 268; Bay NJW 95, 1623 mit zust Anm Fabricius StV 96, 485; Gropp JR 96, 478 und Niedermair aaO [vgl 14] S 400; Schmitz JA 96, 772, 777; Gramberg-Danielsen/Kern NJW 98, 2708, 2709; Rudolphi aaO [vgl 5] S 421; Schöch, Schreiber-FS, S 437; Cierniak MK 49; speziell im Bereich der Mediation Eisele aaO [vgl 1] § 30 Rdn 15–18) –, der das Geheimnis oder die Einzelangabe noch nicht oder noch nicht sicher kennt (NJW 95, 2915; Bay NJW 95, 1623; Michalski/Römermann NJW 96, 1305, 1308; Otto wistra 99, 201, 202; Niedermair aaO S 397; Hoyer SK 31). Das über die bloße Wahrnehmung hinausgehende intellektuelle Verstehen der Mitteilung seitens des Dritten ist nicht erforderlich (Hilgendorf aaO [vgl 11 b] S 99). Die Form der Mitteilung ist gleichgültig; auch Gewähren von Akteneinsicht und Unterlassen in Garantenstellung (6–15 zu § 13; Schmitz aaO), zB das Liegenlassen von Patientenakten auf dem Schreibtisch des unverschlossenen Dienstzimmers (Langkeit NStZ 94, 6; Tröndle/Fischer 30; aM Cierniak MK 52; Sch/Sch-Lenckner 20; zw), kommen in Frage (beachte auch BAG MedR 88, 100); zu den erforderlichen Schutzmaßnahmen bei Outsourcing von Versicherungsdaten Hilgendorf aaO S 101. Ein Offenbaren scheidet aus, wenn innerhalb bestimmter Funktionseinheiten (zB Behörde, Krankenhaus) Bedienstete im Rahmen ihrer Tätigkeit Zugang zu den Privatgeheimnissen (LG Bonn NJW 95, 2419 mwN) oder ein dienstliches Interesse an der Information haben (Frankfurt NStZ-RR 97, 69; einschr Hoyer SK 33–37; s auch 21).

§ 203 BT. 15. Abschnitt. Persönlicher Lebens- und Geheimbereich

18 **6. a) Unbefugt** 2 vor § 201. Als Grundlage der Befugnis kommen namentlich in Frage:

aa) **Einwilligung** des Betroffenen (10–18 vor § 32; 2 vor § 201), dh des mit dem Anvertrauenden nicht notwendig identischen Geheimnisträgers (hM; vgl Sternberg-Lieben, Die objektiven Schranken der Einwilligung im Strafrecht, 1997, S 89; Rudolphi aaO [vgl 5] S 422; anders Köln NStZ 83, 412 mit abl Anm Rogall; Schmitz JA 96, 949, 951; Rüpke NJW 02, 2835; Eisele aaO [vgl 1] § 30 Rdn 24; Otto GK 2 34/36: der Anvertrauende; diff Schünemann ZStW 90, 11, 57 und LK 99 sowie Hoyer SK 68–71 und Sch/Sch-Lenckner 23). Bei Fehlen eines entgegenstehenden staatlichen Interesses wird ihre Wirksamkeit nicht dadurch ausgeschlossen, dass der Täter Amtsträger oder amtsnahe Person ist (Amelung, Dünnebier-FS, S 487, 511). – In den Fällen des Abs 1 ist die Einwilligung idR **stillschweigend** (6 zu § 228) erteilt bei beruflicher Notwendigkeit (aM Cierniak MK 50, 51: schon kein tatbestandsmäßiges Offenbaren), zB für Mitteilungen des Rechtsanwalts an seinen rechtskundigen Mitarbeiter (NJW 95, 2915 und 01, 2463; Hoyer SK 77 mwN) oder des Arztes an den Vertreter, Assistenten (Kamps NJW 92, 1545; weitergehend Langkeit NStZ 94, 6, 7), auch an den Partner in der Gemeinschaftspraxis (Kamps aaO) und den Konsiliarius (Ulsenheimer, Arztstrafrecht Rdn 373b; einschr Langkeit aaO S 7; Niedermair aaO [vgl 14] S 400 und Jung NK 23; str), ferner an den Hausarzt, der den Patienten zur Spezialuntersuchung oder -beratung überwiesen hat und auf die Auswertung des Ergebnisses angewiesen ist (NJW 83, 350; München NJW 93, 797; Hamm MedR 95, 328), ausnahmsweise auch an die Krankenhausleitung (Langkeit aaO S 8; beachte jedoch 20) und an das Rechenzentrum des Krankenhauses zwecks Abrechnung (LG Bonn NJW 95, 2419). Wer sich vor Einstellung als Beamter oder vor Abschluss eines Arbeits- oder Versicherungsvertrages untersuchen lässt, erteilt damit idR schlüssig auch dem Privatarzt im Rahmen des Untersuchungsauftrags die Einwilligung zur Mitteilung an die Behörde, Betriebsleitung oder Versicherung. Die Erfüllung von Auskunftsersuchen einer Versicherung durch einen Arzt ohne Vorlage einer Schweigepflichtentbindung ist unbefugt (Weichert NJW 04, 1695, 1699). Ob der Berufspsychologe, der Tatsachen aus psychologischen Einstellungsuntersuchungen an Arbeitgeber oder Vorgesetzte weiterleitet, durch schlüssige Einwilligung gedeckt ist, hängt von den Umständen ab (Scholz NJW 81, 1987; einschr Cierniak MK 63). Zum Betriebs-(Werks-)Arzt Kierski BB 76, 842 und MedKlinik 77, 773, 775; Schlund JR 77, 265, 268. – Auch bei Mitteilungen an nahe Angehörige ist häufig, aber keineswegs notwendig (Schlund aaO S 266; Langkeit aaO S 8), stillschweigende Einwilligung gegeben. Dasselbe wird bei Mitteilungen an den gesetzlichen Vertreter eines im Hinblick auf die Einwilligung schon urteilsfähigen Minderjährigen anzunehmen sein; jedoch kann dieser dem Arzt solche Mitteilungen untersagen (Laufs NJW 79, 1230, 1233; Schünemann LK 94). – Die Vorlage einer ärztlichen Arbeitsunfähigkeitsbescheinigung durch den Angeklagten, der sein Ausbleiben entschuldigen will, enthält die konkludente Einwilligung zur Beantwortung von erforderlichen Nachfragen des Gerichts durch den ausstellenden Arzt (Karlsruhe NStZ 94, 141); die Einwilligung des Arbeitnehmers in die Verlautbarung einer Diagnose durch eine dem Arbeitgeber vorgelegte Arbeitsunfähigkeitsbescheinigung umfasst auch deren Widerruf durch ein neues Attest (LG Oldenburg MedR 95, 278). – Die Weitergabe von Patientendaten an Verrechnungsstellen zum Inkasso oder nach Abtretung zur Einziehung durch Dritte kann dagegen nicht auf Konkludenz (auch nicht auf mutmaßliche Einwilligung) gestützt werden, bedarf vielmehr der ausdrücklichen Erklärung (BGHZ 115, 123 mit Bespr Emmerich JuS 92, 153; NJW 92, 2348 mit Anm Schlund JR 93, 25; NJW 93, 2371 und 96, 775; Karlsruhe NJW 98, 831; Niedermair aaO [vgl 14] S 399; Cierniak MK 65; krit Berger NJW 95, 1584, alle mwN; ebenso für die der einzelnen Abtretung zugrundeliegende Rahmenvereinbarung Hamm NJW 93, 791 und Düsseldorf NJW 94, 2421), die unter den – häufig vorliegenden – Voraussetzungen des § 4 a I BDSG vorher schriftlich eingeholt werden muss (Bremen NJW 92, 757; Körner-Dammann NJW 92, 729, 730; Gramberg-Danielsen/Kern NJW 98, 2708, 2710; aM Schmitz JA 96, 949, 953, alle mwN); dies gilt auch für privatärztliche Verrechnungsstellen, obwohl diese nach Abs 1 Nr 6 selbst schweigepflichtig sind (Gramberg-Danielsen/Kern aaO 2709); zur Abtretung von Honorarforderungen des Tierarztes ebenso LG Bochum NJW 93, 1537 mit abl Anm Wilhelms, anders aber Celle NJW 95, 786 und LG Lüneburg NJW 93, 2994. Im Wesentlichen dasselbe gilt für die Abtretung von Honorarforderungen des Rechtsanwalts (BGHZ 122, 115 mit Bespr Emmerich JuS 93, 866; NJW 93, 1912 und 2795 sowie 95, 2026; Cierniak MK 67; einschr LG Darmstadt NJW 94, 2962), doch gilt dies nicht, wenn der Zessionar zuvor als Mitarbeiter des Zedenten die Angelegenheiten des Mandanten umfassend kennengelernt hat (NJW 95, 2915), oder wenn er vor der Abtretung zum Abwickler der Kanzlei des Zedenten bestellt worden war (NJW 97, 188). An der Strafbarkeit gem § 203 I ändert auch die Neufassung von § 49 b BRAO und § 64 II StBerG nichts, weil damit nur sichergestellt wird, dass auch der Zedent selbst zur Verschwiegenheit verpflichtet ist (Koblenz DStRE 00, 555; AG München NJW-RR 97, 1559; aM LG Baden-Baden NJW-RR 98, 202; Cierniak MK 68 und Sch/Sch-Lenckner 29, die eine gesetzliche Offenbarungsbefugnis annehmen; s auch Hoyer SK 78; zur Diskussion vgl auch die 23. Aufl; str). Zur Abtretung von Honorarforderungen des Steuerberaters beachte Hamm DStR 92, 557 und LG Konstanz NJW 92, 1241. Der Verkauf einer Steuerberaterpraxis mit uneingeschränkter Verpflichtung zur Aktenübergabe verstößt gegen § 203 I Nr 3 (NJW 96, 2087); zum Verkauf einer Anwaltskanzlei NJW 95, 2026 mit krit Bespr Michalski/Römermann NJW 96, 1305; NJW 96, 393; 99, 1404 und 01, 2462; München NJW 00, 2592; zum Outsourcing von Versicherungsdaten Hilgendorf aaO (vgl 11 b) S 105.

bb) **Mutmaßliche Einwilligung** (19–21 vor § 32), so namentlich bei Benachrichtigung der Angehörigen von bewusstlosen oder geisteskranken Patienten (Schlund DAR 95, 50, 51). Sie scheidet als Rechtfertigungsgrundlage aus, wenn der Patient unschwer befragt werden kann (21 vor § 32; BVerfG NJW 02, 2164; Hoyer SK 79; Schünemann LK 130). Die Überlassung der Patientenkartei anlässlich der Übernahme einer Arztpraxis ist daher nicht auf diese Rechtsfigur zu stützen (so aber NJW 74, 602; anders jetzt BGHZ 116, 268 mit Bespr Schlund JR 92, 203, Körner-Dammann NJW 92, 1543, Kamps NJW 92, 1545 und Rieger MedR 92, 147; beachte aber NJW 01, 2462). Angesichts der tatsächlichen Schwierigkeiten, die in solchen Fällen mit der Einholung der erforderlichen Einwilligungen und der Aufbewahrung der Patientenunterlagen verbunden sind (dazu Taupitz MDR 92, 421, 423; Kamps und Rieger aaO; s auch die Münchener Empfehlungen zur Wahrung der ärztlichen Schweigepflicht bei Veräußerung einer Arztpraxis MedR 92, 207), wäre allenfalls eine konkludente Einwilligung in Betracht zu ziehen; deren Voraussetzungen können aber im Regelfall wegen der Bedeutung des Rechts auf informationelle Selbstbestimmung nicht bejaht werden (BGH aaO; Schmitz JA 96, 949, 952; Hülsmann/Maser MDR 97, 111; Schünemann LK 110 mwN; zw); dieses Recht kann auch einer Mitteilung von Prämienrückständen des Versicherten an Dritte durch die Versicherung entstehen (BVerfG aaO).

cc) **Dienstliche Befugnis des beamteten Arztes** und anderer Personen, die zugleich als Berufs- und als Amtspersonen schweigepflichtig sind. Sie fallen unter die Absätze 1 und 2 (beachte 29), mit der Folge, dass sie nach den für die Berufspersonen geltenden strengeren Regeln zu behandeln sind (im Ergebnis ebenso Geppert aaO [vgl 1] S 20; Goll aaO [vgl 15] S 144; Arloth MedR 86, 295; Cierniak MK 98 und 110; aM Kierski MedKlinik 77, 773, 774, alle mwN). Mitteilungen beamteter Ärzte in Krankenhäusern (auch Universitätskliniken) an ihre vorgesetzte

§ 203 BT. 15. Abschnitt. Persönlicher Lebens- und Geheimbereich

Dienstbehörde sind daher regelmäßig nicht durch eine dienstrechtliche Befugnis gedeckt (OVG Lüneburg NJW 75, 2263; Kreuzer NJW 75, 2232, MedKlinik 76, 1396, 1467, 1520 und 77, 776; Kierski MedKlinik 77, 773; Laufs NJW 80, 1315, 1319, alle mwN). Allgemeine Leitungs-, Kontroll- und Akteneinsichtsrechte, die das Verwaltungsorganisationsrecht der vorgesetzten Dienstbehörde einräumt, sind durch das Grundrecht auf informationelle Selbstbestimmung nachhaltig eingeschränkt (Oebbecke MedR 88, 123; s auch BVerfGE 65, 1; speziell zu Sozialdaten § 76 SGB X; Neuhaus Jura 90, 624, 630). Regelmäßig gilt das auch für Mitteilungen von Ärzten, Berufspsychologen (Kühne NJW 77, 1478) und Beratern in den Beratungsstellen nach Absatz 1 Nr 4, 4a. Dagegen haben Amts-, Truppen- und Vollzugsanstaltsärzte weiterreichende Befugnisse zu Mitteilungen an die Dienstbehörde, für die sie tätig sind (ebenso Schünemann LK 154; aM Cierniak MK 110 Fn 580). Die Grenzen ihrer Befugnis sind nach Sinn und Zweck der Rechtsvorschriften, die ihren Dienstauftrag und ihre Einbindung in den Aufgabenbereich ihrer Behörde regeln, in einem noch nicht abschließend geklärten Umfang so weit zu ziehen, dass einerseits die jeweils notwendigen dienstlichen Maßnahmen nicht vereitelt oder unangemessen erschwert, andererseits aber die Mindestanforderungen des Datenschutzes (§§ 15, 16 BDSG) nicht unterschritten werden. Namentlich für Truppenärzte (BGH NJW 63, 409) und für Vollzugsanstaltsärzte (Karlsruhe NStZ 93, 405 mit zust Bespr Bringewat BewH 93, 456; beachte Kaiser/Schöch Strafvollzug 7/223 mit Hinweis auf § 182 II 3 StVollzG) ermächtigen diese Vorschriften zu den dienst- oder vollzugsbedingt notwendigen Einschränkungen der Schweigepflicht (Geppert aaO S 31; aM Zieger StV 81, 559; zu weit einschr auch Marx GA 83, 160, alle mwN). Auf dieser Grundlage ist der Anstaltsarzt ua auch befugt, uU sogar verpflichtet, AIDS-infizierte Gefangene dem Anstaltsleiter zu melden (Arloth aaO; Eberbach NStZ 87, 141 und in: Schünemann/Pfeiffer [Hrsg], Die Rechtsprobleme von AIDS, 1988, S 249, 254; Bottke, in: Schünemann/Pfeiffer aaO S 171, 239; Geppert, in: Szwarc [Hrsg], AIDS und Strafrecht, 1996, S 235, 245; Meurer aaO [vgl 1] S 143; Schünemann, in: Busch [Hrsg], HIV/AIDS und Straffälligkeit, 1991, S 93, 153 sowie in Szwarc aaO S 42; einschr auch Bruns StV 87, 504, 506; Eisenberg/Fischer JuS 91, 754, 756; s auch Wellbrock StV 87, 507; Dargel NStZ 89, 207, Schöch, Schreiber-FS, S 437, 442 und Kaiser/Schöch Strafvollzug 7/235). – **Ärztliche Satzungen oder Standesregeln** verleihen keine dienstliche Befugnis; sie können die Schweigepflicht ohne gesetzliche Ermächtigung nicht einschränken (AG Düsseldorf MedR 86, 83 mwN).

21 dd) **Dienstliche Befugnis des Amtsträgers** oder der amtsnahen Person in den Fällen des **Abs 2** (zusf Rogall NStZ 83, 1, 6). Sie ist nach partieller Erstreckung des **Datenschutzes** auf die Verarbeitung und Nutzung von Daten auch aus Akten durch die §§ 14–16 BDSG und durch einige Spezialvorschriften, etwa für **Sozialdaten** nach §§ 67–78 SGB X (speziell zum str Auskunftsrecht der StA und der Strafgerichte gegenüber den Sozialbehörden Kerl NJW 84, 2444; Hardtung NJW 92, 211; Riekenbrauk StV 92, 37, alle mwN) und für das **Ausländerrecht** nach §§ 76–79 AuslG, eingeschränkt. – Im Übrigen liegt im **internen Dienstbetrieb** einer Behörde schon kein Offenbaren vor, wenn das Geheimnis dem für die Bearbeitung zuständigen Amtsträger mitgeteilt (Frankfurt NStZ-RR 97, 69 und 03, 170; Cierniak MK 97; Sch/Sch-Lenckner 45) oder sonst bestimmungsgemäß, etwa zur innerdienstlichen Berichterstattung, verwendet wird (s auch § 14 III BDSG; Haß SchlHA 76, 3). – **Offenbaren nach außen,** namentlich im Behördenverkehr, ist befugt, wenn und soweit es durch Rechtsvorschrift vorgesehen oder zwingend vorausgesetzt ist (Schünemann LK 44), zB bei der **Amtshilfe** nach §§ 4–7, 30 VwVfG (beachte jedoch § 1 IV BDSG), bei der **Auskunftspflicht gegenüber den Strafverfolgungsbehörden** nach § 161 StPO iVm § 15 I und 14 II Nr 7 BDSG (s auch Karlsruhe NJW 86, 145; LG Berlin NStZ 99, 86; Ostendorf DRiZ 81, 4; Jakobs JR 82, 359) oder bei angemessener, die schutzwür-

Verletzung von Privatgeheimnissen **§ 203**

digen Interessen des Geheimnisträgers und der Unschuldsvermutung berücksichtigender Erfüllung des in den Landespressegesetzen normierten **presserechtlichen Informationsanspruchs** gegenüber den Medien (Schleswig NJW 85, 1090 mit Anm Wente NStZ 86, 366; Hamm NJW 00, 1278; Stuttgart NJW 01, 3797; LG Düsseldorf NJW 03, 2536; VG Berlin NJW 01, 3799; VG Saarlouis NJW 03, 3431; Wagner JZ 87, 705, 708; Sch/Sch-Lenckner 53a; enger Schünemann LK 149; Cierniak MK 105; zu eng Ostendorf GA 80, 445, 460; Bornkamm NStZ 83, 102, 108; beachte auch § 16 BDSG). Der früher nur durch Verwaltungsvorschriften geregelte **Informationsverkehr zwischen Strafverfolgungs- und Verwaltungsbehörden** ist mit dem **Justizmitteilungsgesetz** v 18. 7. 97 (JuMiG) auf eine gesetzliche Grundlage gestellt worden (vgl §§ 12–22 EGGVG [dazu Meyer-Goßner A 2] und die Änderungen anderer Gesetze durch Art 2–31 JuMiG sowie durch das StVÄG 1999 §§ 474 II, 481, 482 StPO), doch begründet dieses keine eigenen Mitteilungspflichten, sondern ermächtigt nur zum Erlass von diese betreffenden Verwaltungsvorschriften (§ 12 V EGGVG), so dass die Begründung von Mitteilungspflichten weiterhin ua der Mistra (abgedruckt bei Meyer-Goßner A 16) überlassen bleibt (Schünemann LK 151; Cierniak MK 104). – Im ganzen sind die Rechtfertigungsmöglichkeiten in diesem Bereich noch nicht abschließend geklärt, so dass bei der Weitergabe von Geheimnissen und Einzelangaben im Behördenverkehr weiterhin Vorsicht geboten ist (zust Sch/Sch-Lenckner 57; eingehend, allerdings nicht auf neuestem Stand Goll aaO [vgl 15] S 73; zu weiteren bereichsspezifischen Vorschriften Cierniak aaO; speziell zur Datenweitergabe im strafrechtlichen Ermittlungsverfahren Groß/Fünfsinn NStZ 92, 105, und im Behördenverkehr zwischen den Staatsanwaltschaften und dem Justizministerium Landau/Dames DRiZ 92, 130).

ee) **Gesetzliche Anzeigepflicht,** zB § 138 mit den Einschränkungen des **22** § 139 II, III (Bender MedR 02, 626, 629); bei ansteckenden Krankheiten § 6 iVm § 8 JfSG; bei Transplantationen § 11 IV TPG (Deutsch NJW 98, 777, 779); bei Finanztransaktionen §§ 1, 3 I Satz 1 Alt 2, 12 GwG (Schünemann LK 120) und Geldwäscheverdacht § 11 I GwG (Hoyer SK 86); zu Offenbarungspflichten und -befugnissen im Strafvollzug § 182 II 2 StVollzG (krit Callies/Müller-Dietz Rdn 6 zu § 182; Kaiser/Schöch Strafvollzug 7/227–229); zur Weitergabepflicht des Arztes von Daten der Leichenschau LG Berlin NJW 99, 878; zum insoweit umstrittenen § 49b BRAO s oben 18. Weitere gesetzliche Meldepflichten bei Schlund DAR 95, 50, 51 und Cierniak MK 88–90.

ff) Bestellung zum **Sachverständigen,** die vor allem bei Ärzten häufig zu typi- **23** schen Spannungen führt. Hier ist die Offenbarung gegenüber dem Auftraggeber stets tatbestandsmäßig (Krauß ZStW 97, 81, 92 mwN; str), aber nicht unbefugt, soweit der Sachverständige durch den amtlichen Auftrag (oder durch Einwilligung, vgl 18) gedeckt ist (hM; vgl BGHZ 40, 288; BGHSt 38, 369; Cierniak MK 70; Schünemann LK 125, alle mwN). Der nähere Umfang der amtlichen Befugnis ist allerdings umstritten. Aufgrund eines Gutachtenauftrags im Strafprozess hält Krauß (aaO S 110) nur die Mitteilung sog Befundtatsachen für zulässig, weil daneben ermittelte sog Zusatztatsachen schon prozessual nur durch Zeugenbeweis (dazu 24) in das Verfahren eingeführt werden können (BGHSt 18, 107). Demgegenüber wird eine Schweigepflicht des Sachverständigen mit gewissen Einschränkungen teils überhaupt verneint (so Krause LR 2 zu § 76 mwN); teils werden Begrenzungen aus dem Rahmen des Gutachtenauftrags (so Sch/Sch-Lenckner 16 mwN), aus der Pflicht des Betroffenen zur Duldung der Untersuchung (so BGHZ 40, 288, 294) oder aus einer Aufspaltung der Rollen als Arzt und Sachverständiger (so Kühne JZ 81, 647) hergeleitet. Schwierigkeiten können namentlich entstehen, wenn der Sachverständige zunächst behandelnder Arzt war (Schleswig SchlHA 54, 25) oder wenn er Tatsachenkenntnisse aus anderen Verfahren hatte (BGH aaO). – Bei der **Bestellung zum Bewährungshelfer** (vgl 5) oder dem **Ermittlungs-**

§ 203 BT. 15. Abschnitt. Persönlicher Lebens- und Geheimbereich

auftrag an einen Sozialarbeiter oder Sozialpädagogen ist die Rechtslage nach sinngemäß entsprechenden Grundsätzen zu beurteilen.

23 a gg) **Befugnis des Insolvenzverwalters** im Rahmen des § 80 InsO (Cierniak MK 56). Betrifft aber ein Geschäftsgeheimnis zugleich den persönlichen Geheimbereich eines Insolvenzschuldners, so bedarf es seines zusätzlichen Einverständnisses (Sch/Sch-Lenckner 23; Cierniak MK 80; vgl Koblenz NStZ 85, 426 m zust Anm Herrmann NStZ 85, 565; aM Schünemann LK 101).

24 hh) **Zeugnispflicht.** Sie geht der Schweigepflicht vor, soweit kein prozessuales Schweigerecht (vgl 1) besteht (hM; vgl BFH NJW 93, 2831; Lenckner NJW 65, 321, 323; Rogall SK StPO 16 zu § 53; anders Foth JR 76, 7, 9) und auch keine Begrenzung des Zeugniszwangs unmittelbar aus der Verfassung abgeleitet werden kann (BVerfGE 33, 367 mit Bespr Kühne JuS 73, 685; s auch BVerfGE 44, 353 mit Anm Knapp NJW 77, 2119). Solange die zeugnisverweigerungsberechtigte Berufs- oder Amtsperson von der Schweigepflicht nicht entbunden ist, macht die Tatsache allein, dass sie als Zeuge aussagt, ihre Offenbarung noch nicht befugt (hM; vgl Woesner NJW 57, 692; Schilling JZ 76, 617, 620 mwN). Die Offenbarung muss vielmehr gerechtfertigt sein (BGHSt 18, 146, 148; Rogall SK StPO 17 zu § 53 mwN); jedoch ist die materiell unbefugte Aussage nach der Rspr mangels Vernehmungsverbots prozessual verwertbar (BGHSt 9, 59; 15, 200, 202; Jung, Constantinesco-GS, S 355, 371; Meyer-Goßner 6 zu § 53 StPO; Rogall SK StPO 20–30 zu § 53, der jedoch beim Verwertungsverbot Einschränkungen macht, Rdn 213, 214; aM Lenckner aaO S 325; Haffke GA 73, 65; Krauß ZStW 97, 81, 116, Freund GA 93, 49; Wichmann aaO [vgl 1] S 153, 197 und 271 [krit dazu Rogall aaO 29 zu § 53]; Beulke StPR Rdn 462; Fezer StPR S 206, alle mwN; zw). – Der von der Schweigepflicht nach § 53 II StPO Entbundene muss auch über solche Umstände aussagen, von denen der Geheimnisträger nicht wusste, dass der andere sie kannte (hM; anders Lenckner aaO S 323 mwN). Ferner müssen die Gehilfen usw nach § 53a StPO aussagen, wenn der Berufsträger von der Schweigepflicht entbunden ist oder wenn dieser entscheidet, dass sie aussagen sollen (BGHSt 9, 59; einschr Lenckner aaO S 323, 327); die Reichweite ihres Zeugnisverweigerungsrechts ist für den Fall umstritten, dass sich das Verfahren gegen den Berufsträger richtet (vgl Schliwienski NJW 88, 1507 mwN).

25 ii) Die Grundsätze der **Güter- und Interessenabwägung** (6–13 zu § 34), soweit auch die übrigen, hier nicht eng auszulegenden Voraussetzungen des rechtfertigenden Notstandes erfüllt sind. Darüber bestehen geringfügige, nur für Grenzfälle bedeutsame Meinungsverschiedenheiten: Die hM (Karlsruhe NJW 84, 676; Köln NJW 00, 3656 mit krit Bespr Rüpke NJW 02, 2835 und Otto JK 1) lässt schlichte Güter- und Interessenabwägung ohne Rückgriff auf § 34 genügen, während im Schrifttum teils die Wahrnehmung berechtigter Interessen (1, 2 zu § 193) ins Spiel gebracht (Rogall NStZ 83, 1, 6; Geppert aaO [vgl 1] S 26; Meurer aaO [vgl 1] S 145; dagegen Bohnert NStZ 04, 301, 305; Schünemann LK 131, 138), teils aber auch jede Auflockerung gegenüber § 34 abgelehnt wird (Schmitz JA 96, 949, 953; Bender MedR 02, 626, 629; Geppert, Gössel-FS, S 303, 310; Eichelbrönner aaO [vgl 11 b] S 164; Cierniak MK 84; Schünemann LK 132–144; diff Sch/Sch-Lenckner 30). – Rechtfertigung kann danach zB in Frage kommen: wenn der Täter zur Herbeiführung von Rettungsmaßnahmen die Eltern über den lebensbedrohlichen Zustand ihres volljährigen Kindes unterrichtet (JZ 83, 151 mit Anm Geiger; aM Jung NK 26; zw); wenn der Psychotherapeut zur Abwendung einer Suizidgefahr Heimtherapeuten über sexuelle Übergriffe des Heimleiters auf seine Patienten informiert (Bay NJW 95, 1623, 1624 [mit Anm Gropp JR 96, 478], das jedoch im konkreten Fall eine solche Notstandsgefahr nicht feststellen konnte; vgl dazu auch Niedermair aaO [vgl 14] S 403); wenn ein Anwalt zur Verhinderung eines Prozessbetrugs den Bedrohten warnt (Dahs JR 87, 476) oder zur Geltendmachung seines Honorars im Zivilprozess (NJW 96, 775, 776; Schmitz aaO S 954; Schünemann LK 133) oder zu seiner Verteidigung in einem gegen ihn gerichteten Strafprozess die zur Rechtsverfolgung notwendigen Tatsachen vorträgt (BGHSt 1, 366, 368; MDR 56, 625; KG NJW 94, 462, 463; Schäfer wistra 93, 281, 285; Henssler NJW 94, 1817, 1823; Schünemann LK 134; beachte auch Sieber, Roxin-FS, S 1113, 1131); oder wenn ein Arzt (für eine gesetzliche Präzisierung der befugten Offenbarung von Privatgeheimnissen durch den Arzt Eichelbrönner aaO [vgl 11b] S 214) eine Fahruntüchtigkeit begründende Krankheit seines Patienten der Verwaltungsbehörde (NJW 68, 2288 mit Anm Händel NJW 69, 555; Schünemann LK 140; s auch Middendorff JZ 76, 252; Schlund DAR 95, 50, 53; Riemenschneider MedR 98, 17, 21; Geppert, Gössel-FS, aaO; str) oder dessen AIDS-Infektion einem ansteckungsgefährdeten Lebenspartner (Frankfurt NJW 00, 875 mit Bespr Bender VersR 00, 322, Spickhoff NJW 00, 848, Engländer MedR 01, 143, Wolfslast NStZ 01, 151 und Otto JK 2; Ulsenheimer, Arztstrafrecht Rdn 376c) oder Dritten mitteilt (Meurer aaO; Rudolphi aaO [vgl 5] S 422; Joecks 21; Schünemann LK 139; näher zum Kreis der Adressaten dieser Information Hirsch LK 68a zu § 34; die Meldepflicht des § 7 III S 1 Nr 2 IfSG rechtfertigt die Offenbarung der Identität des Patienten nicht, Cierniak MK 89); wenn ein Arzt sexuellen Missbrauch von Eltern an ihren Kindern anzeigt (Bender MedR 02, 626, 629). Dagegen sind Mitteilungen des Arztes über die Drogensucht seines Patienten zur Wahrung der inneren Ordnung im Krankenhaus oder zur Verhütung künftiger, auf die Beschaffung von Suchtstoffen gerichteter Straftaten idR nicht gerechtfertigt (Kauder StV 81, 564). Nur ausnahmsweise ist eine Veröffentlichung mit namentlicher Identifizierung des Beschuldigten im Ermittlungsverfahren gerechtfertigt (NJW 94, 1950 und Köln NJW 00, 1278 [jeweils Presseverlautbarungen der Staatsanwaltschaft]; Karlsruhe NJW 95, 899 [Presseerklärung der Polizei]; Sch/Sch-Lenckner 53a, 54, alle mwN); vgl Nr 4a, 23 RiStBV (skeptisch zu deren Wirkung Dalbkermeyer aaO [vgl 15] S 169). Der beschuldigte Amtsträger kann sich zu seiner Entlastung nicht auf § 34 berufen (näher Bohnert NStZ 04, 301, 306, der aber bei drohender Freiheitsstrafe § 35 erwägt). Eine Rechtfertigung der ärztlichen Schweigepflichtverletzung zum Zwecke der Straftatverfolgung, nicht dagegen zum Zwecke der Straftatverhinderung, scheidet regelmäßig aus (Michalowski ZStW 109, 519, 530; Schünemann LK 141, beide mwN). Das Interesse der Bank am Betrieb ihres Netzwerks kann einen Eingriff in das Geheimhaltungsinteresse ihrer Kunden nur unter bestimmten Voraussetzungen rechtfertigen (näher Otto wistra 99, 201, 204; ähnlich für das Outsourcing von Versicherungsdaten Hilgendorf aaO [vgl 11b] S 106).

b) Zum **Irrtum über die Offenbarungsbefugnis** 2 vor § 201. **26**

7. Abs 4 bejaht die früher umstrittene (Düsseldorf NJW 69, 821) Frage, ob die **27** Schweigepflicht über den Tod des Betroffenen fortdauert. Soweit es sich um Geheimnisse außerhalb des persönlichen Lebensbereichs handelt, unterliegen sie der Verfügung des Erben (Sch/Sch-Lenckner 25; Schünemann LK 117). Meist war aber die Verfügungsbefugnis des Verstorbenen über das Geheimnis höchstpersönlich; sie geht deshalb nicht auf die Angehörigen oder Erben über, so dass eine Entbindung von der Schweigepflicht nicht mehr möglich ist (hM; vgl zB RGSt 71, 21; EbSchmidt NJW 62, 1745, 1758; Kiesecker aaO [vgl 1] S 212; Müller, Postmortaler Rechtsschutz, 1996, S 96; Hoyer SK 79; anders Rein VersR 77, 121; zur zivilrechtlichen Rechtslage beachte auch NJW 83, 2627; Stein FamRZ 86, 7, 10; zur verwaltungsrechtlichen Rechtslage OVG Lüneburg NJW 97, 2468, alle mwN; zw).

8. Abs 5: Entgelt 22 zu § 11 (näher Schmitz JA 96, 949). **Bereicherungsab- 28 sicht** ist die Absicht, sich oder einem anderen einen Vermögensvorteil zu verschaffen (58, 59 zu § 263). Rechtswidrig braucht der Vermögensvorteil nicht zu sein (Cierniak MK 127; Hoyer SK 63; aM Sch/Sch-Lenckner 74); die auf Realisierung der Bereicherung gerichtete Handlung erweitert das Unrecht der mit der

§§ 204, 205 BT. 15. Abschnitt. Persönlicher Lebens- und Geheimbereich

unbefugten Offenbarung nicht nur vollendeten, sondern auch beendeten Tat nicht (NStZ 93, 538; vgl 63 zu § 263). **Schädigungsabsicht** setzt zielgerichteten Willen voraus (20 zu § 15); unbedingter Vorsatz genügt nicht (1 zu § 272); es reicht jeder beabsichtige Nachteil, es muss keine Vermögensminderung beabsichtigt sein (Sch/Sch-Lenckner 74; aM Hoyer SK 64). Beide Absichten sind besondere persönliche Merkmale iS des § 28 II (Cierniak MK 127; Hoyer SK 65; Schünemann LK 165; aM Sch/Sch-Lenckner 75).

29 **9.** Verstößt der Täter, zB als Amtsarzt, **zugleich** gegen Abs 1 und 2, so liegt nur eine Gesetzesverletzung vor (Sch/Sch-Lenckner 43; s auch 3 zu § 52). § 19 III TPG ist kraft ausdrücklicher Klausel subsidiär; der Verzicht auf ein Strafantragserfordernis (zur Begr BT-Dr 13/8017 S 4; anders noch „im Einklang mit der Rechtssystematik der §§ 203 ff" BT-Dr 13/4355 S 32) kann zu Wertungswidersprüchen führen (Heger JZ 98, 506; Sch/Sch-Lenckner 76; Schünemann LK 166; aM Schroth JZ 98, 506; Dippel LK 17 zu § 168). – **Abs 2 S 2** überschneidet sich weit mit § 44 BDSG, der jedoch zurücktritt (§ 1 IV BDSG; Schünemann aaO); dies gilt trotz des Fehlens einer Subsidiaritätsanordnung auch für § 37 SÜG (aM Cierniak MK 135; zw). – Mit § 353 b ist **Tateinheit** möglich. Zu § 354 dort 16; zu § 355 dort 8.

30 **10.** Strafantrag § 205. Zur Anwendbarkeit des deutschen Strafrechts bei Outsourcing von Versicherungsdaten Hilgendorf aaO (vgl 11 b) S 86.

§ 204 Verwertung fremder Geheimnisse

(1) **Wer unbefugt ein fremdes Geheimnis, namentlich ein Betriebs- oder Geschäftsgeheimnis, zu dessen Geheimhaltung er nach § 203 verpflichtet ist, verwertet, wird mit Freiheitsstrafe bis zu zwei Jahren oder mit Geldstrafe bestraft.**

(2) § 203 Abs. 4 gilt entsprechend.

1 **1.** Der **Schutzzweck** der Vorschrift entspricht dem des § 203, ist aber auf die Wahrung materieller Interessen beschränkt; zusf Schmitz JA 96, 949, 950.

2 **2. Täter** können nur die nach § 203 Schweigepflichtigen sein (dort 2–13).

3 **3. Geheimnis, Geschäfts- und Betriebsgeheimnis** 14 zu § 203. Auch wenn einem Geheimnis der Zusammenhang mit einem Betrieb oder Geschäft fehlt oder noch fehlt, zB bei der Erfindung eines Privatmanns, ist es geschützt (Graf MK 7); jedoch muss es seiner Natur nach überhaupt zur wirtschaftlichen Auswertung geeignet sein (BT-Dr 7/550 S 244; Hoyer SK 2).

4 **4. Verwerten** ist wirtschaftliches Ausnutzen des Geheimnisses zur Gewinnerzielung (BT-Dr aaO; Schünemann LK 5; krit Rein VersR 76, 117, 123), sei es für den Täter selbst oder für einen Dritten (Bay NStZ 84, 169); das setzt einen Verwertungserfolg (Wagner JZ 87, 658, 666; aM Bay aaO; Graf MK 10; Hoyer SK 7, alle mwN) und nach dem Schutzzweck der Vorschrift auch eine Verletzung der Interessen des Geheimnisträgers voraus (Maiwald JuS 77, 353, 362; Schünemann LK 6, 7; aM Bay aaO mit abl Anm Maiwald; Hoyer SK 8).

5 **5. Unbefugt** 2 vor § 201.

6 **6.** § 203 **geht vor**, wenn das Verwerten durch Offenbaren, zB durch „Verkaufen" des Geheimnisses, begangen wird (BT-Dr 7/550 S 244); zu § 355 dort 8.

§ 205 Strafantrag

(1) **In den Fällen des § 201 Abs. 1 und 2 und der §§ 201 a bis 204 wird die Tat nur auf Antrag verfolgt.**

(2) **Stirbt der Verletzte, so geht das Antragsrecht nach § 77 Abs. 2 auf die Angehörigen über; dies gilt nicht in den Fällen des § 202 a. Gehört**

Verletzung des Post- oder Fernmeldegeheimnisses § 206

das Geheimnis nicht zum persönlichen Lebensbereich des Verletzten, so geht das Antragsrecht bei Straftaten nach den §§ 203 und 204 auf die Erben über. Offenbart oder verwertet der Täter in den Fällen der §§ 203 und 204 das Geheimnis nach dem Tod des Betroffenen, so gelten die Sätze 1 und 2 sinngemäß.

Fassung: Abs 1 durch das (voraussichtlich sog) 36. StÄG (15 vor § 1) geändert.

1. Das **Erfordernis des Strafantrags** (§§ 77–77 d) gilt mit Ausnahme der Fälle des § 201 III für alle Straftaten nach diesem Abschnitt.

2. **Antragsberechtigt** ist – vorbehaltlich der Ausnahmen nach Abs 2 (vgl 3– 5) – **nur der Verletzte** (6 zu § 77). Das ist bei Taten nach § 201 der Sprecher des nichtöffentlichen Wortes (Hoyer SK 2), bei Taten nach §§ 202, 202 a der über das Schriftstück oder die Daten Verfügungsberechtigte (7 zu § 202; 1 zu § 202 a); in den Fällen des § 202 a ist auch der vom Dateninhalt Betroffene verletzt, wenn ihm gegenüber dem Berechtigten ein Recht auf Vertraulichkeit zusteht (1 zu § 202 a; aM Jung NK 1; Schünemann LK 5; zw). Bei Taten nach §§ 203, 204 kommt es auf den Geheimnisträger an; im Hinblick auf den Schutz auch von Drittgeheimnissen (14 zu § 203) braucht das nicht unbedingt der Anvertrauende zu sein, der als solcher kein selbstständiges Antragsrecht hat (Hackel NJW 69, 2257, 2277; Eisele, in: Haft/v Schlieffen [Hrsg], Handbuch Mediation, 2002, § 30 Rdn 29; Hoyer SK 5; aM Jung NK 1; diff Schünemann ZStW 90, 11, 57; zw); das gilt auch für den vom Drittgeheimnis Betroffenen (Niedermair, in: Roxin/Schroth [Hrsg], Medizinstrafrecht, 2. Aufl 2001, S 393, 412).

3. a) Zu dem nicht durchgängig vorgesehenen **Übergang des Antragsrechts nach Abs 2 S 1** auf die Angehörigen 8 zu § 77.

b) In den Fällen des **Abs 2 S 2** treten die Erben an die Stelle der Angehörigen (Graf MK 10). Ein Geheimnis **gehört nicht zum persönlichen Lebensbereich**, wenn es mit den materiellen Gütern des Verstorbenen, nicht mit seiner Person verbunden ist, namentlich also das Betriebs- oder Geschäftsgeheimnis (Schmitz JA 95, 31; Hoyer SK 7). Stirbt der Erbe vor Ablauf der Antragsfrist, so gibt es einen weiteren Übergang auf seine Erben nicht (zw).

c) Soweit in den Fällen des **Abs 2 S 3** das Antragsrecht den Angehörigen zusteht, gelten die Ausführungen unter 10 zu § 194 sinngemäß.

§ 206 Verletzung des Post- oder Fernmeldegeheimnisses

(1) **Wer unbefugt einer anderen Person eine Mitteilung über Tatsachen macht, die dem Post- oder Fernmeldegeheimnis unterliegen und die ihm als Inhaber oder Beschäftigtem eines Unternehmens bekanntgeworden sind, das geschäftsmäßig Post- oder Telekommunikationsdienste erbringt, wird mit Freiheitsstrafe bis zu fünf Jahren oder mit Geldstrafe bestraft.**

(2) Ebenso wird bestraft, wer als Inhaber oder Beschäftigter eines in Absatz 1 bezeichneten Unternehmens unbefugt
1. eine Sendung, die einem solchen Unternehmen zur Übermittlung anvertraut worden und verschlossen ist, öffnet oder sich von ihrem Inhalt ohne Öffnung des Verschlusses unter Anwendung technischer Mittel Kenntnis verschafft,
2. eine einem solchen Unternehmen zur Übermittlung anvertraute Sendung unterdrückt oder
3. eine der in Absatz 1 oder in Nummer 1 oder 2 bezeichneten Handlungen gestattet oder fördert.

§ 206 BT. 15. Abschnitt. Persönlicher Lebens- und Geheimbereich

(3) Die Absätze 1 und 2 gelten auch für Personen, die
1. Aufgaben der Aufsicht über ein in Absatz 1 bezeichnetes Unternehmen wahrnehmen,
2. von einem solchen Unternehmen oder mit dessen Ermächtigung mit dem Erbringen von Post- oder Telekommunikationsdiensten betraut sind oder
3. mit der Herstellung einer dem Betrieb eines solchen Unternehmens dienenden Anlage oder mit Arbeiten daran betraut sind.

(4) Wer unbefugt einer anderen Person eine Mitteilung über Tatsachen macht, die ihm als außerhalb des Post- oder Telekommunikationsbereichs tätigem Amtsträger auf Grund eines befugten oder unbefugten Eingriffs in das Post- oder Fernmeldegeheimnis bekanntgeworden sind, wird mit Freiheitsstrafe bis zu zwei Jahren oder mit Geldstrafe bestraft.

(5) Dem Postgeheimnis unterliegen die näheren Umstände des Postverkehrs bestimmter Personen sowie der Inhalt von Postsendungen. Dem Fernmeldegeheimnis unterliegen der Inhalt der Telekommunikation und ihre näheren Umstände, insbesondere die Tatsache, ob jemand an einem Telekommunikationsvorgang beteiligt ist oder war. Das Fernmeldegeheimnis erstreckt sich auch auf die näheren Umstände erfolgloser Verbindungsversuche.

Fassung: Das BegleitG (13 vor § 1) hat die Vorschrift umnummeriert, da die bisherige Strafvorschrift (§ 354) ein Amtsdelikt war, das durch die Umstrukturierung des Post- und Telekommunikationswesens seinen Deliktscharakter verloren hat (BT-Dr 13/8016 S 28); die Neufassung passt die Vorschrift an das veränderte Post- und Telekommunikationsrecht an.

1 1. Die Vorschrift schützt das **Post- und Fernmeldegeheimnis** (Art 10 GG; zusf Welp ArchPF 76, 763, 764; auch nach der Privatisierung, Groß JZ 99, 326) sowie das öffentliche Interesse an der Sicherheit und Zuverlässigkeit des Post- und Telekommunikationsverkehrs (BT-Dr 13/8453 S 12; Otto GK 2 34/45; Kindhäuser 1; Graf MK 2 vor § 201; Hoyer SK 3 vor § 201 und 4 zu § 206; Träger LK 4; aM Welp, Lenckner-FS, S 619, 629, der nach der Neufassung – unter Ausnahme des Abs 4 – nur noch Individualinteressen geschützt sieht; ebenso Altenhain MK 1–4); geschützt ist nur die Beförderungs- und Übermittlungsphase (BGHSt 42, 139, 154; NJW 97, 1934; Welp aaO; Sch/Sch-Lenckner 6).

2 2. Der **Täterkreis der Absätze 1, 2** umfasst nach seiner Neufassung nicht mehr Bedienstete der Post, sondern Inhaber und Beschäftigte von Unternehmen, die geschäftsmäßig Post- oder Telekommunikationsdienste erbringen. Die Vorschrift ist kein Amtsdelikt mehr, weil an Stelle der Deutschen Bundespost nun privatrechtlich organisierte Unternehmen wie die Deutsche Post AG, die Deutsche Telekom AG sowie weitere Wettbewerber Post- und Telekommunikationsdienste erbringen (BT-Dr 13/8016 S 29; zur verfassungsrechtlichen Wirkung dieser Strukturveränderungen Welp, Lenckner-FS, S 619, 626; Groß JZ 99, 326). Sie enthält auf bestimmte Täter bezogene Sonderdelikte; auf Teilnehmer ist aber § 28 nicht anwendbar, weil die Sondereigenschaft des Täters rechtsgutsbezogen ist (Sch/Sch-Lenckner 38; aM Hoyer SK 6, beide mwN). – **Geschäftsmäßiges Erbringen** von Post- und Telekommunikationsdiensten ist das nachhaltige Betreiben der Beförderung von Postsendungen für andere (§ 4 Nr 4 PostG; Altenhain MK 17) bzw das nachhaltige Angebot von Telekommunikation (§ 3 Nr 16 TKG) einschließlich des Angebots von Übertragungswegen für Dritte (§ 3 Nr 5 TKG), ohne dass es dabei auf eine Gewinnerziehungsabsicht ankommt. Erfasst sind damit auch Telekommunikationsnetze für geschlossene Benutzergruppen (BT-Dr aaO; Träger LK 6a; näher Erbs/Kohlhaas-Kalf T 50 Rdn 8 zu § 85 TKG).

Verletzung des Post- oder Fernmeldegeheimnisses **§ 206**

a) Inhaber und Beschäftigte (Abs 1, 2) sind Angehörige des Unternehmens. 3
Inhaber sind nach der Gesetzesbegründung natürliche Personen als Träger einzelkaufmännischer Unternehmen oder als (Mit-) Eigner von unternehmenstragenden Personenhandels- oder Kapitalgesellschaften (BT-Dr 13/8016 S 29; Hoyer SK 8). Diese Definition legt jedoch eine gewerbliche Funktionswahrnehmung nahe, die nach dem Gesetzeswortlaut, der nur von einer geschäftsmäßigen Erbringung spricht, gerade nicht erforderlich sein soll, so dass entgegen der Annahme des Gesetzgebers (BT-Dr aaO) der nach §§ 39 PostG, 85 TKG geheimhaltungspflichtige Personenkreis weiter ist und sich nicht mit dem Kreis tauglicher Täter deckt (auf diesen und weitere Widersprüche weist zu Recht Welp, Lenckner-FS, S 619, 631 ff hin; gegen einen institutionellen und für einen weiten funktionalen Unternehmensbegriff Altenhain MK 13, 14). – Beschäftigte sind sämtliche Mitarbeiter, auch die in (auslaufenden) öffentlich-rechtlichen Dienstverhältnissen (ebenso Hoyer SK 8).

b) Wahrnehmung mit Aufgaben der Aufsicht (Abs 3 Nr 1) erfolgt vor 4
allem durch Beschäftigte der verbliebenen Hoheitsverwaltung des Bundes, zB des Bundesamtes für Post und Telekommunikation oder der Regulierungsbehörde für Telekommunikation und Post (BT-Dr aaO). Entscheidend ist die berufsspezifische Funktion, die ihnen die Erlangung von dem Geheimnisschutz unterliegenden Kenntnissen ermöglichen muss (ebenso Träger LK 39).

c) Mit dem **Erbringen von Post- oder Telekommunikationsdiensten** 5
betraut (Abs 3 Nr 2) sind andere (dh nicht bei dem Unternehmen beschäftigte) Personen und Unternehmen, wenn sie in die Abwicklung der geschäftsmäßigen Erbringung von Post- und Telekommunikationsleistungen irgendwie eingeschaltet sind, zB zur Postsackbeförderung (BT-Dr 7/550 S 285 zu § 354 aF), aber auch zur Wahrnehmung von Aufgaben des präventiven Betriebsschutzes (Welp ArchPT 94, 5, 35 zu § 354 aF; aM Altenhain MK 26).

d) Mit der Herstellung von Anlagen oder mit Arbeiten daran betraut 6
(Abs 3 Nr 3) sind namentlich die Inhaber, Angestellten und Arbeiter von Privatfirmen, die Post- und Telekommunikationsanlagen (§ 3 Nr 17 TKG) einrichten oder ausbessern, zB Brief- oder Paketsortiermaschinen (Welp ArchPT 94, 5, 35). Ihre Gleichstellung beschränkt sich nicht mehr auf Fälle des Abs 1 (krit zur Strafbarkeitslücke in § 354 aF Welp ArchPT 94, 5, 37; Sch/Sch-Lenckner 30), sondern erstreckt sich auch auf Fälle des Abs 2 (BT-Dr 13/8016 S 29). – **Anlagen** 2 zu § 325; Altenhain MK 27.

3. Abs 1 schützt gegen das **Mitteilen von Tatsachen,** die dem Post- oder 7
Fernmeldegeheimnis unterliegen (vgl 13), an andere. **Mitteilung über eine Tatsache** (3 zu § 186) macht, wer mit der Tendenz der Unterrichtung einen anderen, gleichgültig auf welche Weise, Kenntnis von der Tatsache verschafft oder wer mit derselben Tendenz – jedoch ohne dass ihm die Tatsache selbst bekannt ist – einen Nachrichtenträger (zB Brief, Telegramm, Tonträger usw) so in den Wahrnehmungsbereich des anderen bringt, dass dieser Kenntnis nehmen kann (Sch/Sch-Lenckner 10; Welp, Lenckner-FS, S 619, 636, der die Strafwürdigkeit im „Erfolgsunwert der Offenbarung" sieht; Träger LK 15 a, 16; aM Hoyer SK 22: Verstoß gegen Art 103 II GG; zw). – **Bekanntwerden** können dem Täter nur Tatsachen, die ihm bisher noch unbekannt waren (Sch/Sch-Lenckner 9). Zum Bekanntwerden im Zusammenhang mit der beruflichen Tätigkeit **(„als")** genügt ein innerer Zusammenhang (Kindhäuser 3; Hoyer SK 10); ob der Täter geschäftlich mit dem Geheimnis befasst war und wie er Kenntnis erlangt hat, ist unerheblich (Träger LK 8); auch braucht der Täter im Zeitpunkt der Mitteilung nicht mehr Bediensteter usw zu sein (Altenhain MK 34).

4. Abs 2 schützt die dem Unternehmen anvertrauten Sendungen gegen Aus- 8
forschung und Unterdrückung. **Anvertraut** ist ein besonderes persönliches

§ 206 BT. 15. Abschnitt. Persönlicher Lebens- und Geheimbereich

Merkmal iS des § 28 II (vgl 13 zu § 246; Otto GK 2 34/58). – Der **Täter** muss in innerem Zusammenhang mit seiner beruflichen Tätigkeit (**„als"**), nicht lediglich während der Dauer seines Beschäftigungsverhätignisses handeln (BT-Dr 7/550 S 285; Otto GK 2 34/54; Träger LK 20 a); einer geschäftlichen Befassung mit der Sendung bedarf es dazu nicht. – **Sendung** ist jeder körperliche Gegenstand, der auf dem Postweg übermittelt wird, neben Briefen und Paketen zB auch Telegramme, Postanweisungen, Paketkarten, Empfängerabschnitte von Nachnahmeüberweisungen (Hamm NJW 80, 2320) und Zeitungen unter Kreuzband; unverschlossene Sendungen werden aber nicht erfasst (Stuttgart NStZ 84, 25; Otto GK 2 34/52). Für den unkörperlich vermittelten Telekommunikationsverkehr hat Abs 2 nur geringe Bedeutung (vgl Welp, Lenckner-FS, S 619, 639). – Dem **Unternehmen anvertraut** sind Sendungen, die ordnungsgemäß in den Postverkehr gelangt sind, auch von dem Unternehmen selbst abgesandte (aM Altenhain MK 46), sogar Fangbriefe (RGSt 65, 145; Träger LK 23; aM Hoyer SK 26 und Altenhain MK 51); Einwurf in den Briefkasten oder Aushändigung an den Briefträger genügt.

9 **a) Nr 1: Verschlossen, Öffnen** und **unter Anwendung technischer Mittel Kenntnis verschaffen** 2–4 zu § 202; s auch BVerwG NJW 84, 2111 (aM Maiwald JuS 77, 353, 361, der das Merkmal „Kenntnis verschaffen" selbstständig auslegt; ebenso Träger LK 26).

10 **b) Nr 2: Unterdrücken** heißt, dem ordnungsmäßigen Verkehr entziehen, auch wenn der Gewahrsam des Unternehmens bestehen bleibt (RGSt 52, 248) oder die Entziehung nur vorübergehend ist (Celle NJW 57, 1290; Hoyer SK 30), zB durch Verstecken im Sortierraum oder durch Ausschließen von der Zustellung (Köln NJW 87, 2596 mwN); eine Veränderung der räumlichen Lage oder ein Verheimlichen der Zurückstellung ist nicht erforderlich (Köln aaO). Bloße Ordnungsverstöße gegen innerdienstliche Vorschriften genügen nicht, auch wenn sie verzögerlich wirken (Celle und Köln aaO; Träger LK 32; krit Altenhain MK 53, der das Unterdrücken weiter einschränkt, Rdn 54). – Krit zur Beibehaltung dieser Tatbestandsvariante Welp, Lenckner-FS, S 619, 643, der hier ein dem Unrechtstyp fremdes, durch den Wettbewerb ausreichend gewährleistetes Verkehrsinteresse geschützt sieht.

11 **c) Nr 3: Gestatten** umfasst einerseits die Anstiftung (Otto GK 2 34/55) und andererseits schon das pflichtwidrige Unterlassen des Einschreitens, sofern der Täter tatsächliche Herrschaft über die Sendung hat (Küpper BT 1 I 5/49; Tröndle/Fischer 16; einschr auf konkludente Erlaubniserteilung bzw „grünes Licht" geben Altenhain MK 59; Hoyer SK 33 und Sch/Sch-Lenckner 23). – **Fördern** ist Hilfeleisten (2 zu § 27) durch positives Tun oder pflichtwidriges Unterlassen (Otto aaO). – Die Vorschrift bewirkt, dass der nur gestattende oder helfende Bedienstete stets als Täter erfasst wird und die Strafmilderung nach § 27 II S 2 entfällt.

12 **5. Abs 4** erstreckt den Strafschutz über den Post- und Telekommunikationsbereich hinaus. **Täter** können nur Amtsträger (3–11 zu § 11; s auch §§ 1 III, 48 I WStG) sein, die weder bei einem Unternehmen iS des Abs 1 noch in der verbliebenen Hoheitsverwaltung des Bundes (vgl 4) beschäftigt sind; möglicherweise auch Angehörige einer unternehmensfremden Ermittlungsorganisation (Welp ArchPT 94, 5, 36 zu § 354 aF zw). Die Tat ist eigentliches Amtsdelikt (2 vor § 331; Otto GK 2 34/56). – **Auf Grund befugten Eingriffs** setzt voraus, dass eine dem Post- oder Fernmeldegeheimnis unterliegende Tatsache (vgl 13) in einem Dienstbereich außerhalb des Post- und Telekommunikationsbereichs wegen des Vorliegens eines Rechtfertigungsgrundes (zB bei Eingriffen nach §§ 99–100 b StPO) rechtmäßig und gerade durch den Eingriff (Kausalzusammenhang; 9 vor § 13) bekannt geworden ist und der Täter von ihr im Zusammenhang mit seinem Dienst („als"; vgl 7

Verletzung des Post- oder Fernmeldegeheimnisses § 206

zu § 353 b) Kenntnis erlangt hat; dass er den befugten Eingriff selbst vorgenommen hat, ist nicht erforderlich (BT-Dr 7/550 S 286 zu § 354 aF; Tröndle/Fischer 10). Dem befugten ist nunmehr der **unbefugte** Eingriff gleichgestellt worden, um die bisherige Besserstellung von Amtsträgern zu beseitigen, die den unbefugten Eingriff zwar nicht selbst vornehmen, die ihnen hierdurch bekanntgewordenen Tatsachen aber unbefugt weitergeben (BT-Dr 13/8016 S 29).

6. Abs 5: Dem **Post- oder Fernmeldegeheimnis** unterliegen nicht nur der 13 Inhalt von Sendungen oder der Telekommunikation, sondern auch die näheren Umstände des Postverkehrs oder des Telekommunikationsvorgangs, zB die bloße Tatsache, dass ein Verkehr oder Vorgang zwischen bestimmten Personen (auch juristischen Personen, Behörden oder sonstigen Stellen, BT-Dr 7/550 S 287) stattgefunden hat (BVerfGE 85, 386, 395; BGHSt 35, 32, 33, beide zu § 354; Altenhain MK 30; Träger LK 11); beim Fernmeldegeheimnis sind sogar die näheren Umstände erfolgloser Verbindungsversuche erfasst (Satz 3); statistische Erhebungen ohne Offenlegung der Beteiligten bleiben daher möglich. Die unterschiedlichen Formulierungen des Postgeheimnisses (Satz 1, in Anlehnung an § 39 PostG) und des Fernmeldegeheimnisses (Sätze 2, 3, die § 88 I TKG nachgebildet sind) bedeuten keine Änderung des sachlichen Regelungsgehalts im Vergleich zu § 354 aF (BT-Dr 13/8016 S 29). Außerhalb des Schutzbereichs liegen deshalb die von einem der beiden Kommunikationspartner an den anderen erbrachten sog „dialogisch" organisierten Telekommunikationsdienste, die zwar von der Geheimhaltungspflicht des § 88 TKG umfasst sind, deren Einbeziehung aber eine Ausdehnung des Anwendungsbereichs von § 206 auch auf die Kommunikationspartner selbst zur Folge hätte (Welp, Lenckner-FS, S 619, 638; ebenso Altenhain MK 22, der das aus § 2 IV Nr 1 TDG und dem Begriff Telekommunikation herleitet). – Geschützt ist weiterhin der Verkehr als solcher.

7. Der **Vorsatz** (bedingter genügt) braucht den in allen Begehungsformen vo- 14 rausgesetzten Mangel der Befugnis (vgl 15) nicht zu umfassen (6 zu § 15).

8. Unbefugt 2 vor § 201. Im Hinblick auf das geschützte (auch Allgemein- 15 heits-) Rechtsgut (vgl 1) ist schon die Tatbestandsverwirklichung als Interessenverlust zu bewerten. Eine (deshalb nur) rechtfertigende Befugnis kann sich hier namentlich aus §§ 99–100 b, 100 g, 100 h StPO, § 2 G 10 (Altenhain MK 75), § 12 FAG (vgl Art 2 Abs 35 BegleitG), § 39 III 3, IV, V, 42 I PostG bzw § 85 III 3, IV (Altenhain MK 70–72, 84) TKG (Hoyer SK 36), § 39 V AWG, § 5 ZollG, §§ 6, 7 TDSV, § 3 VerbrVerbG) oder § 99 InsO (Tröndle/Fischer 9), nicht dagegen aus der allgemeinen Zeugnispflicht ergeben (Kurth NStZ 83, 541 mwN). Die Anzeigepflicht nach § 138 kommt in Frage (Welp ArchPF 76, 763, 784; s jetzt auch § 39 III 4 PostG, § 85 III 4 TKG; dazu Altenhain MK 69); Nothilfe (§ 32) und rechtfertigender Notstand (§ 34) scheiden dagegen aus, weil sie sich nicht ausdrücklich auf Postsendungen oder -verkehr bzw Telekommunikationsvorgänge beziehen (§§ 39 III 3 PostG, 85 III 3 TKG; Altenhain MK 68; Hoyer SK 35; Sch/Sch-Lenckner 14; aM Träger LK 54; vgl dazu auch Büchner, BeckTKG, 2. Aufl 2000 § 85 Rdn 20; Erbs/Kohlhaas-Kalf T 50 Rdn 14 zu § 85 TKG). Die Beobachtung des Fernmeldeverkehrs durch Fangschaltungen oder Zählervergleichseinrichtungen zur Abwehr anonymer bedrohender oder belästigender Anrufe ist ein Grundrechtseingriff; die Befugnis zur Identifizierung von Anschlüssen durch Fangschaltungen usw regelt § 8 TDSV.

9. Tateinheit ua möglich zwischen den Absätzen 1, 3 und § 353 b I sowie 16 zwischen den Absätzen 2, 3 und § 242; § 246 ist subsidiär (krit Wagner, Grünwald-FS, S 797, 803). Dagegen **treten zurück:** § 202 hinter Abs 2 Nr 1 (Altenhain MK 93); § 203 II hinter den Absätzen 1, 3 (Kindhäuser 12; Tröndle/Fischer 21); § 133 hinter Abs 2 Nr 2 (Hoyer SK 40; so auch für § 133 III KG

Vor § 211 BT. 16. Abschnitt. Straftaten gegen das Leben

JR 77, 426; aM Sch/Sch-Lenckner 39; Tröndle/Fischer 21: Tateinheit möglich).

17   10. Auch die neue Vorschrift ist kein Antragsdelikt (BT-Dr 13/8453 S 29). – Zur Ergänzung vgl § 148 TKG, der neben der unbefugten Weitergabe nun auch das unbefugte Abhören erfasst (Erbs/Kohlhaas-Kalf T 50 Rdn 1 zu § 95 TKG).

§§ 207–210 *(weggefallen)*

16. Abschnitt. Straftaten gegen das Leben

Vorbemerkung

1   1. a) **Geschütztes Rechtsgut** der Tötungstatbestände ieS (§§ 211–213, 216, 222) ist das Leben, **Angriffsobjekt** der (geborene) Mensch (Heine LdR S 1010; Jähnke LK 2; krit zu dieser Gegenüberstellung Kargl ZStW 96, 485, 491). Das ungeborene Leben genießt Schutz durch § 218 (dort 1), der als Angriffsobjekt eine im Mutterleib eingenistete Leibesfrucht voraussetzt (3, 8 zu § 218); davor ist der Embryo nicht durch das StGB geschützt. – Zu diesen Stufungen des Lebensschutzes aus verfassungsrechtlicher Sicht Dreier ZRP 02, 377; krit dazu Beckmann ZRP 03, 97.

2   b) **Außerhalb dieses Schutzbereichs** liegende Eingriffe, zB die Tötung eines in-vitro fertilisierten Eies, der Embryotransfer, das Humanexperiment an einem Foetus nach Schwangerschaftsabbruch und die in der Humangenetik und Biotechnik möglich gewordene Genmanipulation, sind während der 11. Wahlperiode im ESchG (Übersichtsbeitrag: Jung JuS 91, 431; zu den geschützten Rechtsgütern Schroeder, Miyazawa-FS, S 533) und im GenTG einer (auch strafrechtlichen, zB § 39 GenTG) Regelung außerhalb des StGB zugeführt worden (speziell zur Präimplantationsdiagnostik 15 zu § 218 a mwN); hinzu gekommen ist am 1. 7. 2002 das Stammzellengesetz (BGBl I 2277; dazu Gehrlein NJW 02, 3680; zu den strafrechtlichen Auswirkungen Dahs/Müssig MedR 03, 617; krit mit Reformforderung Merkel, Forschungsobjekt Embryo, 2002, S 190, 270 mit zust Bespr Ipsen JZ 04, 240; s auch Hufen JZ 04, 313, 318). Jedoch sind diese Fragenkreise unter verfassungs-, zivil- und strafrechtlichen Gesichtspunkten nach wie vor umstritten. Gesetzgeberische Bemühungen um Erweiterung, Konkretisierung und Differenzierung des Strafschutzes sind daher wahrscheinlich. Das einschlägige **Schrifttum** hat inzwischen einen kaum mehr übersehbaren Umfang erreicht. Da es für die Anwendung des StGB nicht relevant ist, muss aus Raumgründen auf seinen Nachweis verzichtet werden.

3   2. a) Das Leben **als Mensch beginnt** für das Gebiet des Strafrechts mit dem Anfang der Geburt (hM auch nach Wegfall von § 217; vgl Küper GA 01, 515 [mit Berufung auf § 218 I] und BT S 143; Saliger KritV 01, 382, 405; Otto Jura 03, 612, 614; Jäger ZStW 115, 765, 775; Schmoller, Gössel-FS, S 369, 378; Jähnke LK 3; Schneider MK 7, 11; zweifelnd Struensee, 6. StrRG Einf, 2/6; aM Herzberg/Herzberg JZ 01, 1106 und Herzberg, Geilen-Sym, S 39, die auf die Vollendung der Geburt [§ 1 BGB] abheben; zust Merkel NK 33–42 zu § 218, anders noch ders, Früheuthanasie, 2001, S 102). Bei regulärem Geburtsverlauf ist dafür nicht erst der Beginn der Treib- und Preßwehen (so aber Saerbeck, Beginn und Ende des Lebens als Rechtsbegriffe, 1974, S 95 sowie jetzt auch Neumann NK 9), sondern schon der tatsächliche – auch der "künstlich" vorgezogene oder hinausgeschobene (Karlsruhe NStZ 85, 314 mit Anm Jung) – Beginn der sog Eröffnungswehen maßgebend (hM; vgl BGHSt 32, 194; Ingelfinger, Grundlagen und Grenzbereiche des Tötungsverbots, 2004, S 129); ein noch früherer Zeitpunkt

Vorbemerkung **Vor § 211**

scheidet auf jeden Fall aus (BGHSt 31, 348 mit Bespr Lüttger NStZ 83, 481, Arzt FamRZ 83, 1019 und Hirsch JR 85, 336; zweifelnd für sog „Spätschwangerschaftsabbrüche" Gropp GA 00, 1 [und MK 54 vor § 218], der de lege ferenda auf die Lebensfähigkeit des Ungeborenen abstellen will; krit dazu Küper GA 01, 515, 532; 16 zu § 218a). Bei operativ durchgeführter Geburt entscheidet die Öffnung des Uterus (Sch/Sch-Eser 13), nicht der Bauchdecke (so aber Lüttger, Heinitz-FS, S 359, 366 und Tag, Der Körperverletzungstatbestand ..., 2000, S 136; zw), erst recht nicht die Narkoseeinleitung bei der Schwangeren (so aber aus medizinischer Sicht Cremer MedR 93, 421 mit Erwiderungen Ratzel, Hiersche und Opderbecke MedR 94, 472). Auf Lebensfähigkeit kommt es nicht an (hM; zum Problemfall „extremer Frühgeburten" Merkel aaO [„Früheuthanasie"] S 105); auch die lebend zur Welt gebrachte unreife Leibesfrucht und die Missgeburt werden daher erfasst, nicht dagegen das lediglich krankhaft entartete Ei (sog Mole). Die vorsätzliche oder fahrlässige (auch durch unechtes Unterlassen begangene) Einwirkung auf eine Leibesfrucht vor Geburtsbeginn ist daher kein Tötungsdelikt (BVerfG NJW 88, 2945; Bamberg NJW 88, 2963, beide mwN), und zwar auch dann nicht, wenn der Tod erst nach der Geburt eintritt (BGHSt 31, 348; Neumann NK 13, 14 s auch 4 zu § 218; 2 zu § 223). – Zum Lebensbeginn von in-vitro erzeugten Embryonen, die (möglicherweise bei Weiterentwicklung der Reproduktionsmedizin) in einer künstlichen Gebärmutter herangezogen werden können, Hilgendorf MedR 94, 429, 432 (krit Hoerster MedR 95, 394 mit Erwiderung Hilgendorf 396) und Günther, in: Kitagawa (Hrsg), Das Recht vor der Herausforderung eines neuen Jahrhunderts, 1998, S 435.

b) Wann rechtlich das **Leben als Mensch** endet, ist neuerdings wieder heftig **4** umstritten (vgl Tröndle/Fischer 6–8 vor § 211; s auch 5 zu § 168). Während man früher auf den endgültigen Stillstand von Kreislauf und Atmung abgestellt hatte, wird heute – nach den Fortschritten der modernen Medizin (zB Organverpflanzung) – als Todeszeitpunkt mit Recht der **Hirntod** angesehen (hM; vgl Lüttger JR 71, 309; Leopold, Salger-FS, S 675, 680; Schreiber, FS für W Remmers, 1995, S 593 und FS für E Steffen, 1995, S 451, 453; Klinge, Todesbegriff, Totenschutz und Verfassung, 1996, S 125, 147; Sternberg-Lieben JA 97, 80; Sengler/Schmidt MedR 97, 241; Steffen NJW 97, 1619; Günther, in: Bien/Conzelmann [Hrsg], Hirntodkriterium und Organtransplantation, 1998, S 19; Tag aaO [vgl 3] S 145; Merkel aaO [vgl 3 „Früheuthanasie"] S 111, 113; Otto GK 2 2/10; W-Hettinger BT 1 Rdn 21; Kindhäuser 3; Jähnke LK 7; Neumann NK 24; Sch/Sch-Eser 19, alle mwN; funktional diff Madea ua MedR 99, 162; weiter Dencker NStZ 92, 311 [mit Erwiderung Joerden NStZ 93, 268] und Funck MedR 92, 182, die schon den sog Kortikaltod, dh den endgültigen, nicht mehr umkehrbaren Bewusstseinsverlust in Todesnähe für ausreichend halten; krit zum Kortikaltod, aber auch zum Hirntod Schick, in: Bernat [Hrsg], Ethik und Recht an der Grenze zwischen Leben und Tod, 1993, S 121, 125 sowie in: Schwarz ua [Hrsg], Schädel-Hirn-Trauma, 1995, S 315; verfassungsrechtliche Bedenken gegen die Hirntodkonzeption erhebt Höfling, JZ 95, 26, 31 mit Erwiderung Heun JZ 96, 213 und Schlusswort Höfling JZ 96, 615; gegen diese Bedenken Seewald VerwArch 97, 199, 212 und Schneider MK 20–26; vgl auch Keller ZStW 107, 457, 470; Höfling/Rixen, Verfassungsfragen der Transplantationsmedizin, 1996; Spittler JZ 97, 747; Merkel Jura 99, 113; Rixen, Lebensschutz am Lebensende, 1999; Schmidt-Jortzig, Wann ist der Mensch tot? 1999; Tröndle, Hirsch-FS, S 779; Wolf, in: Joerden [Hrsg], Der Mensch und seine Behandlung in der Medizin, 1999, S 289; aus moralphilosophischer Sicht Stoecker, Der Hirntod, 1999; aus philosophischer, theologischer Sicht Rosenboom, Ist der irreversible Hirnausfall der Tod des Menschen?, 2000, S 129; aus medizinethischer Sicht Oduncu, in: Roxin/Schroth [Hrsg] Medizinstrafrecht, 2. Aufl 2001, S 199 und Spittler, Gehirn, Tod und

Vor § 211

Menschenbild, 2003 mit Bespr Schmidt-Recla MedR 03, 542). Der Gesetzgeber hat den Hirntod als Todeszeitpunkt im TPG nicht allgemein festgeschrieben, sondern nur als Voraussetzung für eine zulässige Organentnahme bestimmt (§ 3 TPG; vgl Lilie, in: Medizin-Recht-Ethik, 1998, S 89, 91). Er tritt mit dem irreversiblen Erlöschen der gesamten Hirntätigkeit, also namentlich auch des Stammhirns ein (näher Krösl/Scherzer [Hrsg], Die Bestimmung des Todeszeitpunkts, 1973; Eser ZStW 97, 1, 27; Schreiber, Schewe-FS, S 120, 129; Angstwurm MedR 94, 467; beachte ferner die Richtlinien der Deutschen Gesellschaft für Chirurgie, in: Chirurg 68, 196; dritte Fortschreibung DÄBl 95, A 1861); damit ist die den Menschen ausmachende körperlich-geistige Einheit unwiderruflich aufgelöst (Sternberg-Lieben aaO S 83; Klinge aaO S 248). Sog Anenncephale (5 zu § 218), deren Stammhirn bei der Geburt regelmäßig funktionsfähig ist, sind daher nicht hirntot; ihre Ausnahme von den maßgebenden Kriterien zur Erleichterung von Transplantationen ist als nicht vertretbare Relativierung des Lebensschutzes abzulehren (Wolfslast MedR 89, 163; Kloth MedR 94, 180; Höfling JZ 95, 26, 30; Bottke in: ders ua aaO [vgl 6] S 59, 69; Klinge aaO S 181; W-Hettinger BT 1 Rdn 26).

5 c) Danach ist das Leben **auch geschützt,** wenn es dem Menschen oder seiner Umwelt nicht oder nicht mehr lebenswert erscheint. Die mehr oder minder begrenzte Zulassung der Tötung **„lebensunwerten Lebens"** (Euthanasie iwS) ist zwar häufig gefordert worden, anerkannt ist sie – wenn man von der sog Sterbehilfe (vgl 6–8) und von gewissen Grenzfällen absieht, die im Bereich der Sterbehilfe eine Entsprechung haben (dazu Hanack Gynäkologe 82, 104, 116), – in keiner Form (OGHSt 1, 321, 324; Engisch, Euthanasie und Vernichtung lebensunwerten Lebens in strafrechtlicher Beleuchtung, 1948; Ehrhardt, in: Göppinger [Hrsg], Arzt und Recht, 1966, S 96; eingehend zur medizinischen und theologischen Problematik Lohmann, Euthanasie in der Diskussion, 1975). Namentlich auch die sog Früheuthanasie (Tötung von körperlich oder geistig geschädigten Neugeborenen durch positives Tun oder „Liegenlassen") ist nur erlaubt, wenn die Voraussetzungen der Sterbehilfe durch passiven oder tätigen Behandlungsabbruch (vgl 8) vorliegen oder in gleichwertiger, bisher allerdings noch nicht abschließend geklärter Weise erfüllt sind (vgl etwa Eser in: Auer/Menzel/Eser [Hrsg], Zwischen Heilauftrag und Sterbehilfe, 1977, S 75, 141 und in: Narr-FS, S 47; Arthur Kaufmann JZ 82, 421; Hanack, Noll-GS, S 197, 202 und MedR 85, 33; Schmitt, Klug-FS, S 329 und JZ 85, 365, 368; v Loewenich MedR 85, 30; Hiersche/ Hirsch/Graf-Baumann [Hrsg], Grenzen ärztlicher Behandlungspflicht bei schwerstgeschädigten Neugeborenen, 1987; Everschor, Probleme der Neugeboreneneuthanasie ..., 2001; Stratenwerth, Schreiber-FS, S 893, 898; Jähnke LK 20 d; Neumann NK 124–126; eingehend Merkel, Früheuthanasie, 2001, der für eine „moralische Lösung" des Arztes im Rahmen des § 34 plädiert [S 638]; krit Birnbacher ARS 01, 587 und Rixen GA 02, 293; die sog Einbecker-Empfehlungen [Revidierte Fassung] 1992 MedR 92, 206; Ulsenheimer MedR 94, 425; Merkel JZ 96, 1145; Saliger KritV 98, 118, 150 und 01, 382, 425; s auch Keyserlingk ZStW 97, 178; Hiersche MedR 85, 45; Peters, Der Schutz des Neugeborenen, insbesondere des missgebildeten Kindes, 1988; Saati, Früheuthanasie, 2001; speziell zur Frühgeburt nach einem erfolglosen indizierten Schwangerschaftsabbruch 16 zu § 218a mwN; str).

6 d) **Sterbehilfe,** im Schrifttum häufig auch als Euthanasie ieS bezeichnet (krit zu Unschärfe und uneinheitlicher Verwendung dieser Begriffe Langer, in: Kruse/Wagner [Hrsg], Sterbende brauchen Solidarität, 1986, S 103; Saliger KritV 01, 382, 392; gegen die Verwendung des Begriffs ‚Euthanasie' Neumann NK 90), kann als tatbestandsmäßige Tötungshandlung nur relevant werden, wenn sie nicht lediglich Teilnahme an einer Selbsttötung ist (vgl 9–16) und wenn sie objektiv (oder im Versuchsfalle nach der Vorstellung des Täters) eine Lebensverkürzung

Vorbemerkung **Vor § 211**

verursacht; das kann auch bei einem bereits Todgeweihten durch Setzen einer weiteren Bedingung geschehen (überholende Kausalität, 11 vor § 13). – Der Fragenkreis ist seit langem **umstritten.** Die bis in die Gegenwart anhaltende Diskussion hat zu einer kaum mehr übersehbaren Fülle von Äußerungen, aber doch auch zu beachtlichen Fortschritten in der Meinungsbildung geführt (vgl dazu die Verhandlungen der strafrechtlichen Abteilung des 56. DJT, Sitzungsbericht M, und die Beiträge zu deren Vorbereitung: Otto, 56. DJT, Bd I, Gutachten, Teil D; Arzt JR 86, 309; Eser JZ 86, 786; Heine JR 86, 314; Hoerster NJW 86, 1786; Leonardy DRiZ 86, 281; Schmitt MDR 86, 617; Schöch ZRP 86, 236; Schreiber NStZ 86, 337; Uhlenbruck ZRP 86, 209; Wassermann DRiZ 86, 291). In Einzelheiten ist noch vieles offen, und zwar vor allem die Frage, ob es einer weiteren Klärung der Rechtslage durch Gesetz bedarf (so namentlich der AE [SterbeH] mit Bespr Herzberg JZ 86, 1021 und 87, 132, Lauter/Meyer MschrKrim 88, 370 und Pohlmeier MschrKrim 92, 278; Uhlenbruck NJW 01, 2770; Witteck KritV 03, 163, 179; speziell zur passiven und indirekten Sterbehilfe Strätling ua MedR 03, 483 [sog „Göttinger Empfehlungen"]; W-Hettinger BT 1 Rdn 30, 37 und 39 a sowie der Bericht einer ua vom BMJ eingesetzten Arbeitsgruppe „Patientenautonomie am Lebensende" v 10. 6. 2004, S 50 [www.bmj.bund.de]; aM Otto aaO S 90; Hirsch, Lackner-FS, S 597, 610; zusf Muschke, Gesetzliche Regelung der Sterbehilfe?, 1988) und ob diese Regelung auf die Problematik der Sterbehilfe beschränkt (so der AE; v Lutterotti MedR 88, 55) oder nur im Zusammenhang mit dem ebenfalls noch regelungsbedürftigen ärztlichen Heileingriff (8 zu § 223) getroffen werden kann (so namentlich Tröndle, 56. DJT, Sitzungsbericht M, S 29, ZStW 99, 25, MedR 88, 163 und Göppinger-FS, S 595).

Aus dem **Schrifttum** sei exemplarisch auf folgende Sammelwerke, Monographien und gutachtlichen Äußerungen verwiesen: Engisch, Der Arzt an den Grenzen des Lebens, 1973; Geilen, Euthanasie und Selbstbestimmung, 1975; Hiersche (Hrsg), Euthanasie, 1975; Heifetz/Mangel, Das Recht zu sterben, 1976; Joachim-Jungius-Gesellschaft (Hrsg), Der Grenzbereich zwischen Leben und Tod, 1976; Eser (Hrsg), Suizid und Euthanasie, 1976; Auer ua, Zwischen Heilauftrag und Sterbehilfe, 1977; Gehrig (Hrsg), Zur Problematik der Euthanasie, 1977; Möllering, Der Schutz des Lebens – Recht auf Sterben, 1977; Eid/Frey (Hrsg), Sterbehilfe oder wie weit reicht die ärztliche Behandlungspflicht?, 1978; Blaha ua (Hrsg), Schutz des Lebens – Recht auf Tod, 1978; v Dellingshausen, Sterbehilfe und Grenzen der Lebenserhaltungspflicht des Arztes, 1981; Koch, Euthanasie, Sterbehilfe, 1984; Eid (Hrsg), Euthanasie oder soll man auf Verlangen töten?, 2. Aufl 1985; v Lutterotti, Menschenwürdiges Sterben, 1985; AE (SterbeH), 1986; Eibach, Sterbehilfe – Tötung auf Verlangen?, 1988 (2. Aufl 1998); Bade, Der Arzt an den Grenzen von Leben und Recht, 1988; Schöttler, Menschenrechte für jeden oder „Sterbehilfe" von Anfang bis zum Ende?, 1990; Atrott/Pohlmeier (Hrsg), Sterbehilfe in der Gegenwart, 1990; Eser/Koch (Hrsg), Materialien zur Sterbehilfe, 1991; s auch Matouschek, Gewandelte Auffassungen über Leben und Tod, 1991, der sich allerdings nicht auf den Bereich der Sterbehilfe beschränkt; Ochsmann (Hrsg), Lebens-Ende, 1991; Student (Hrsg), Das Recht auf den eigenen Tod, 1993; Jens/Küng, Menschenwürdig Sterben, 1995; Bottke ua (Hrsg), Lebensverlängerung aus medizinischer, ethischer und rechtlicher Sicht, 1995; Wettstein, Leben- und Sterbenkönnen, 3. Aufl 2000; Laber, Der Schutz des Lebens im Strafrecht, 1997, S 185; Müller, Tötung auf Verlangen – Wohltat oder Untat?, 1997, S 95; Gose/Hoffmann/Wirtz (Hrsg), Aktive Sterbehilfe?, 1997; Hoerster, Sterbehilfe im säkularen Staat, 1998 mit Bespr Brocker ZRP 99, 305; Nagel, Passive Euthanasie, 2002; aus verfassungsrechtlicher Sicht Hufen NJW 01, 849; aus philosophischer Sicht Birnbacher, Rechtsphilosophische Hefte Nr 8 [1998] S 75; aus ethischer Sicht Frewer/Winau (Hrsg), Ethische Kontroversen am Ende des menschlichen Lebens, 2002; aus rechtsphilosophischer Sicht Duttge GA 01, 158; aus theologischer Sicht Eibach MedR 00, 10; s auch den Infobrief 01/03 des Nationalen Ethikrates.

843

Vor § 211

– **Rechtsvergleichend** Lilie, in: Fischer/Lilie (Hrsg), Ärztliche Verantwortung im europäischen Rechtsvergleich, 1999, S 83, 145; Wernstedt, Sterbehilfe in Europa, 2004; zur vergleichbaren Diskussion in Österreich Schick aaO (vgl 4) S 130 und in: Zipf-GS, S 393, 398; Bernat, in: FS für E Deutsch, 1999, S 443; Schmoller ÖJZ 00, 361 und in: Bernatzky/Likar (Hrsg), Schmerztherapie ..., 2002, S 165; zur schweizerischen Diskussion Baumgarten, The right to die, 1998; Giger, Reflexionen über Tod und Recht, 2000, S 103; zur japanischen und polnischen Diskussion Nishihara und Janiszewski, Strafrechtskolloquium, 1998, S 51 und 59; zu Japan auch Ida, Gössel-FS, S 383; zur Diskussion in den Vereinigten Staaten Brunner, Die vorsätzliche Tötung im Strafrecht der Vereinigten Staaten ..., 1998, S 68, 143, 188; Nußbaum, The Right to Die, 2000, S 54; Schmaltz, Sterbehilfe, Rechtsvergleich Deutschland – USA, 2001 und Halliday JZ 02, 752; zur gesetzlichen Regelung der Euthanasie in den Niederlanden Sagel-Grande ZStW 111, 742; Janssen ZRP 01, 179 und Gordijn KritV 01, 457, unter Einbezug Belgiens Kintzi DRiZ 02, 256 und Khorrami MedR 03, 19; zu europäischen Entwicklungen Knopp MedR 03, 379; internationaler Vergleich bei Oduncu/Eisenmenger MedR 02, 327. – Zu beruflichen Richtlinien in Deutschland und der Schweiz Laufs NJW 96, 763; zum Entwurf der Richtlinien zur Sterbehilfe der Bundesärztekammer v 25. 4. 97 krit Tolmein MedR 97, 534; zur Debatte über diesen Entwurf Laufs NJW 98, 1750, 1752; Schreiber, FS für E Deutsch, 1999, S 773 und Hanack-FS, S 735; die Richtlinien, die die Kritik am Entwurf berücksichtigen, sind am 11. 9. 98 veröffentlicht worden und betonen das Selbstbestimmungsrecht des Patienten (NJW 98, 3406; dazu Laufs NJW 99, 1758, 1761); Grundsätze der Bundesärztekammer zur ärztlichen Sterbebegleitung NJW 04, Heft 23, S XXIX = www.bundesaerztekammer.de; internationaler Vergleich der Richtlinien bei Buchardi, FS für E Deutsch, 1999, S 477. – Kritische Analyse der **Rechtsprechung** bei Schreiber, BGH-FG, S 503, 517. – Überblick über Rspr, Richtlinien und die internationale Gesetzeslage bei Wolfslast/Conrads (Hrsg), Textsammlung Sterbehilfe, 2001. – Neuerdings werden vermehrt **prozedurale Lösungen** der Problematik der Sterbehilfe diskutiert (zusf Neumann NK 130–135 mwN).

7   aa) Durch **positives Tun** geleistete (täterschaftliche, 3 zu § 216) Sterbehilfe **(aktive Euthanasie)** ist, wenn sie auf Lebensverkürzung abzielt **(direkte Euthanasie)**, strafbare Tötung (hM; vgl BGHSt 37, 376 mit Bespr Langer JR 93, 133; Kutzer, in: Student aaO [vgl 6] S 44, 57; Rilinger GA 97, 418; Günther aaO [vgl 3] S 443; Jähnke LK 14; Schneider MK 91). Sie ist grundsätzlich (beachte jedoch 6 zu § 216) nicht durch Notstand (§ 34) zu rechtfertigen, weil es wegen des hohen Ranges und der Unverfügbarkeit des Eingriffsgutes sowie der Möglichkeiten des Behandlungsabbruchs (vgl 8) und der bloßen Teilnahme an einer Selbsttötung (vgl 9–16) am „wesentlichen Überwiegen" des geschützten Interesses fehlt (hM; vgl NJW 01, 1802; Ingelfinger aaO [vgl 3] S 244; anders Simson, Schwinge-FS, S 89, 108; für Extremfälle auch Hirsch, Welzel-FS, S 775, 795; Herzberg NJW 86, 1635, 1639; Otto aaO [vgl 6] S 60 und Jura 99, 434, 441; Schroeder ZStW 106, 565, 580; Herzberg NJW 96, 3043, 3047; Chatzikostas, Die Disponibilität des Rechtsguts Leben, 2001, S 320; Scheffler, in: Joerden/Neumann [Hrsg], Medizinethik 2, 2001, S 45; Saliger KritV 01, 382, 435; Kutzer MedR 01, 2770; Neumann NK 127; zusfAchenbach Jura 02, 542, 548; zw). Ob sie wenigstens einen übergesetzlichen Schuld- oder Strafausschluss begründen kann, wird zum Teil bejaht, ist aber dogmatisch noch wenig geklärt (vgl etwa Roxin, in: Blaha ua aaO [vgl 6] S 85, 93 und in: Roxin/Schroth [Hrsg] Medizinstrafrecht, 2. Aufl 2001, S 93, 109; Langer aaO [vgl 6] S 120, 122; Hirsch, Lackner-FS, S 597, 609; Pelzl KJ 94, 179, 194; Sch/Sch-Lenckner 117 vor § 32). – Dagegen wird es überwiegend für zulässig gehalten (anders Gössel BT 1 2/30), wenn sie zur Erleichterung des Sterbens nur Schmerzlinderung bezweckt und dabei eine Lebensverkürzung als mögliche oder sogar unvermeidliche Folge in Kauf nimmt **(indirekte Euthana-**

Vorbemerkung   Vor § 211

sie; BGHSt 42, 301 mit zust Bespr Schöch, NStZ 97, 409, Verrel MedR 97, 248, Dölling JR 98, 160 und Otto JK 3 zu § 212, vgl ua Otto aaO [vgl 6] S 53; Hirsch, Lackner-FS, S 597, 608; Achenbach, in: Ochsmann aaO [vgl 6] S 137, 154; Langer JR 93, 133, 134; Kutzer NStZ 94, 110, 114; Günther aaO S 444; Roxin aaO [Medizinstrafrecht], S 96; Witteck KritV 03, 163, 169; Jähnke LK 15; Horn SK 26e zu § 212; Neumann NK 95–99; krit Scheffler aaO S 50; s auch § 214a AE [SterbeH]). Die Begründung dafür ist umstritten. Meist wird sie zutreffend aus § 34 hergeleitet (NJW 01, 1802; Schreiber NStZ 86, 337, 340 und in: Bottke ua aaO [vgl 6] S 132; Bottke, in: ders ua aaO [vgl 6] S 116; Otto Jura 99, 434, 440; Achenbach Jura 02, 542, 547; Kutzer, Schlüchter-GS, S 347, 350; Neumann NK 99; Schneider MK 99–103; diff Dölling MedR 87, 6, 7; abl Merkel aaO [vgl 3 „Früheuthanasie"] S 154, 195, der sich gegen die subjektivierende Sonderstellung der indirekten Sterbehilfe ausspricht, S 587, 597; abl auch Tröndle/Fischer 18, wo auf „mitmenschliche Solidarität" abgehoben wird); daneben wird sie auch auf Schutzzweckerwägungen (zB Krey BT 1 Rdn 14; Ingelfinger aaO S 273: fehlende Rechtsgutsverletzung), auf den sozialen Sinn- und Bedeutungsgehalt (W-Hettinger BT 1 Rdn 33; Jäger ZStW 115, 765, 770 Fn 14), auf erlaubtes Risiko (v Dellingshausen aaO [vgl 6] S 111; Kindhäuser 15), auf Sozialadäquanz (Herzberg NJW 96, 3043, 3048), auf tatsächliche oder mutmaßliche Einwilligung (Verrel JZ 96, 224, 226; Roxin aaO „Medizinstrafrecht" S 96; für eine Kombination von Einwilligung und § 34 Schöch NStZ 97, 409; ebenso Dölling, Gössel-FS, S 209, 212; krit im Hinblick auf § 216 Achenbach Jura 02, 542, 547), auf einverständliche Fremdgefährdung (Scheffler, in: Joerden [Hrsg], Der Mensch und seine Behandlung in der Medizin, 1999, S 249, 264) oder auf rechtfertigende Pflichtenkollision (Leonardy DRiZ 86, 281, 287; Pelzl KJ 94, 179, 190) gestützt (krit Tröndle ZStW 99, 25, 29; krit zu allen Tatbestandslösungen Merkel JZ 96, 1145, 1148 und aaO S 200, 215). Die Einschaltung des Vormundschaftsgerichts in analoger Anwendung von § 1904 BGB ist hier – anders als bei der passiven Sterbehilfe (vgl 8) – nicht geboten, da der Sterbeprozess bereits eingesetzt hat (Kutzer, Schlüchter-GS, S 347, 354).

bb) Durch **Unterlassen** geleistete Sterbehilfe **(passive Euthanasie)** kann als 8
Tötungsdelikt nur bei Garantenstellung (6 zu § 13) relevant werden. Nichtaufnahme oder Beendigung einer Intensivbehandlung, die das Leiden nicht mehr bessern, sondern nur noch das bevorstehende Sterben hinausschieben kann, ist trotz der Garantenstellung des Arztes erlaubt, wenn sie auf einer frei verantwortlichen (dazu 13–13b) Entscheidung des Patienten oder dessen mutmaßlicher Einwilligung beruht (hM; vgl BGHSt 37, 376; Otto aaO [vgl 6] S 37; „offene Fragen" formuliert Schöch, Hirsch-FS, S 693; s auch § 214 I Nr 1, 3 AE [SterbeH]; Dölling MedR 87, 6, 8; Achenbach, in: Ochsmann aaO [vgl 6] S 137, 150 und in: Jura 02, 542, 545; v Lutterotti ZME 93, 3, 5; Kutzer NStZ 94, 110, 113; Bernat aaO [vgl 7] S 445; Albrecht, Schreiber-FS, S 551, 562). Der Arzt hat den auf Unterbleiben weiterer Behandlung gerichteten Patientenwillen zu respektieren, auch wenn dadurch der Eintritt des Todes beschleunigt wird (hM; vgl Kutzer MDR 85, 710, 711; Schreiber NStZ 86, 337, 341 und in: Bottke ua aaO [vgl 6] S 134; Otto Jura 99, 434, 437; Giesen JZ 90, 929, 936; Verrel JZ 96, 224, 227; Saliger KritV 01, 382, 398, 438; Neumann NK 103–106; Schneider MK 105; zum Sterbewillen des Suizidenten beachte 15).

Für die Ermittlung dieses Willens kann das sog „Patiententestament" als Indiz zu Buch schlagen (zur umstrittenen Bedeutung im einzelnen Uhlenbruck NJW 78, 566, ZRP 86, 209, 215 und MedR 92, 134; Spann MedR 83, 13; Sternberg-Lieben NJW 85, 2734 und Lenckner-FS, S 349; Saueracker, Die Bedeutung des Patiententestaments in der Bundesrepublik Deutschland aus ethischer, medizinischer und juristischer Sicht, 1990; Bottke, in: ders ua [vgl 6] S 99; Schöch NStZ 95, 153, 155 prognostiziert einen

Vor § 211 BT. 16. Abschnitt. Straftaten gegen das Leben

Bedeutungszuwachs; ebenso Saliger KritV 98, 118, 137, Roxin aaO [vgl 7 „Medizinstrafrecht"] S 106 und Albrecht, Intensiv- und Notfallbehandlung 00, 185; Frankfurt NJW 98, 2747, 2749; Eisenbart, Patienten-Testament und Stellvertretung in Gesundheitsangelegenheiten, 1998; für grundsätzliche Rechtsverbindlichkeit Neumann NK 110; einschr Rieger, Die mutmaßliche Einwilligung in den Behandlungsabbruch, 1997, S 78; aus zivilrechtlicher Sicht Schöllhammer, Die Rechtsverbindlichkeit des Patiententestaments, 1993; Uhlenbruck, Selbstbestimmtes Sterben durch Patienten-Testament, Vorsorgevollmacht, Betreuungsverfügung, 1997; Spickhoff NJW 00, 2297, 2301 und 04, 1710, 1719; Roth JZ 04, 494; rechtsvergleichend Füllmich NJW 90, 2301, Eisenbart aaO S 29 und Bernat aaO S 449; zu den gesetzlichen Wirksamkeitsvoraussetzungen Vossler ZRP 02, 295 mit Erwiderung Strätling ua ZRP 03, 289; zur verfassungsrechtlich nicht zu beanstandenden „Auslegung" der Patientenverfügung durch den Arzt s BVerfG NStZ-RR 02, 169).

Nach jetzt wohl überwiegender Meinung besteht auch bei Einwilligungsunfähigen keine Rechtspflicht des Arztes, unaufhaltsam verlöschendes oder infolge irreversiblen Bewusstseinsverlusts geschädigtes Leben durch Reanimatoren, Stimulantien oder andere Mittel künstlich zu verlängern (Eser ZStW 97, 1, 32; Anschütz MedR 85, 17; Otto aaO [vgl 6] S 34; Hirsch, Lackner-FS, S 597, 601; Dölling aaO S 9; Pelzl KJ 94, 179, 183; Joecks 32–39; aus ärztlicher Sicht v Lutterotti ZME 93, 3, 7; zur ethischen Problematik Gründel MedR 85, 2). Diese Grundsätze gelten nicht nur für die passive Sterbehilfe ieS (auch sog „Hilfe beim Sterben") sondern nach der Rspr auch für Fälle, in denen der Sterbevorgang noch nicht eingesetzt hat (passive Sterbehilfe iwS, auch sog „Hilfe zum Sterben"; insb beim sog „apallischen Syndrom" oder Wachkoma): Entscheidend ist bei einwilligungsunfähigen Patienten deren (zB in einem „Patiententestament" geäußerte; insoweit übereinstimmend BGHSt 40, 257, 263 und NJW 03, 1588 mit Bespr Otto JK 6 zu § 216) mutmaßlicher Wille, an dessen Annahme hier erhöhte Anforderungen gestellt werden; kann dieser nicht ermittelt werden, so ist auf allgemeine Wertvorstellungen zurückzugreifen, wobei im Zweifel der Schutz des Lebens Vorrang hat (BGHSt 40, 257 mit zust Bespr Helgerth JR 95, 338, Schöch NStZ 95, 153, Zielinski Arztrecht 95, 188, Verrel JZ 96, 224, Günther aaO [vgl 3] S 445, und Otto JK 2 zu § 212; zust auch Albrecht, Schreiber-FS, S 551, 573; Witteck KritV 03, 163, 175 und Neumann NK 113–120; krit aber Merkel ZStW 107, 545, Vogel MDR 95, 337, Bernsmann ZRP 96, 87, Rönnau JA 96, 108; Scheffler aaO [vgl 7] S 268 und aaO [vgl 8] S 52; Höfling JuS 00, 111, 116; Hirsch BGH-FG, S 199, 222; s auch Otto Jura 99, 434, 436, Roxin aaO S 98, Bernat aaO S 455, Arzt, Schreiber-FS, S 583 und Stratenwerth, Schreiber-FS, S 893; zusf Achenbach Jura 02, 542, 546; aus ärztlicher und medizinischer Sicht Weißauer/Opderbecke MedR 95, 456, Dörner ZRP 96, 93 und Hiersche, Hanack-FS, S 697). Die so vom BGH in Strafsachen gestaltete Rechtslage ist durch die Entscheidung eines Zivilsenats insofern unsicher geworden, als man diese so verstehen kann, dass das Selbstbestimmungsrecht des Patienten selbst bei Vorliegen eines „Patiententestaments" nur beachtlich sei, wenn das Grundleiden noch keinen irreversiblen tödlichen Verlauf genommen hat (NJW 03, 1588, 1590 mit überwiegend krit Bespr Deutsch NJW 03, 1567, Höfling/Rixen JZ 03, 884, Hohloch JuS 03, 818, Hufen ZRP 03, 248, Kutzer ZRP 03, 209, Sonnen NKrimPol 03, 116, Spickhoff JZ 03, 732, Stackmann NJW 03, 1568, Uhlenbruck NJW 03, 1710, Verrel NStZ 03, 449, Heyers JuS 04, 100, 101, Holzbauer ZRP 04, 41 und Otto JK 6 zu § 216; krit auch W-Hettinger BT 1 Rdn 39 a; im Gefolge dieser Entscheidung überzeugend bei feststellbarem mutmaßlichen Willen LG Heilbronn mit zust Bespr Bertram NJW 04, 988). Ungeklärt ist das Verhältnis der mutmaßlichen Einwilligung zum Betreuungsrecht, insbesondere die Frage, ob und wann die Entscheidung eines Betreuers sowie die Genehmigung von dessen Entscheidung durch das

Vorbemerkung Vor § 211

Vormundschaftsgericht herbeigeführt werden muss (vgl dazu Helgerth, Lilie, Schöch, Vogel, Weißauer/Opderbecke, Zielinski, Bernsmann, Verrel jeweils aaO sowie Deichmann MDR 95, 983, Steffen NJW 96, 1581, Weise ZRP 97, 344, Tolmein MedR 97, 534, 535, Schreibauer Betreuungsrechtliche Praxis 97, 217, Saliger KritV 98, 118 und JuS 99, 16, Eisenbart aaO S 198, Sternberg-Lieben, Lenckner-FS, S 349, 370, Coeppicus NJW 98, 3381, Rieger aaO S 115, Ankermann MedR 99, 387, Lipp, in: Wolter ua [Hrsg], Einwirkungen der Grundrechte an das Zivilrecht, Öffentliches Recht und Strafrecht, 1999, S 75, Otto Jura 99, 434, 439, Schöch, Hirsch-FS, S 693, 708, Zöller ZRP 99, 317, Kutzer ZRP 00, 402 und MedR 01, 77, Scheffen ZRP 00, 313; Spickhoff NJW 00, 2297, 2301); beides ist beim Vorliegen eines Patiententestaments nicht erforderlich (Eisenbart aaO S 241). Die Zivilgerichte beginnen, die vom BGH vorgezeichnete Lösung zu übernehmen, und verlangen analog § 1904 BGB eine vormundschaftliche Genehmigung der Einwilligung des Betreuers bei Einwilligungsunfähigkeit des Betroffenen (Frankfurt NJW 98, 2747 [mit Bespr Knieper NJW 98, 2720, Bienwald FamRZ 98, 1138, Laufs NJW 98, 3399 und 99, 1761, Müller-Freienfels JZ 98, 1123, Seitz ZRP 98, 417, Hohloch JuS 98, 1062, Nickel MedR 98, 520, Alberts NJW 99, 835, Frister JR 99, 73, Saliger JuS 99, 16; Verrel JR 99, 5 und KritV 01, 440] und NJW 02, 689; Düsseldorf NJW 01, 2807; Karlsruhe NJW 02, 685; LG Duisburg NJW 99, 2744 mit krit Anm Albrecht MedR 00, 431 und in: Schreiber-FS, S 551, 565; der Rspr zust Lipp DRiZ 00, 231 und Fröschle JZ 00, 72, 79; anders jetzt aber LG München NJW 99, 1788 mit zust Bespr Schlund JR 00, 65 und Stockmann MedR 03, 490, 493 [dazu Spickhoff NJW 02, 1758, 1766] abl aber Gründel NJW 99, 3391; LG Augsburg NJW 00, 2363; Brandenburg NJW 00, 2361; gegen die Analogie auch Dodegge NJW 00, 2704, 2710; für eine gesetzliche Regelung Eberbach MedR 00, 267 und Laufs NJW 01, 1757, 1765; aus zivilrechtlicher Sicht Heyers, Passive Sterbehilfe bei entscheidungsfähigen Patienten und das Betreuungsrecht, 2001); gegen eine Analogie zu § 1904 BGB jetzt NJW 03, 1588, wo aber die Entscheidungszuständigkeit des Vormundschaftsgerichts im Wege der Rechtsfortbildung aus einem unabweisbaren Bedarf des Betreuungsrechts abgeleitet wird (krit Deutsch NJW 03, 1567; Hufen ZRP 03, 248; Spickhoff JZ 03, 732; Stackmann NJW 03, 1568; eher zust Heyers JuS 04, 100, 103; erläuternd Hahne FamRZ 03, 1619); diese Entscheidung hat nicht die erforderliche Rechtsklarheit gebracht (Spickhoff NJW 04, 1710, 1719); Vorschläge zur Änderung der §§ 1901b und 1904 BGB enthält der Bericht einer ua vom BMJ eingesetzten Arbeitsgruppe „Patientenautonomie am Lebensende" v 10. 6. 2004, S 42; sie haben Chancen, umgesetzt zu werden (www.bmj.bund.de).

In allen Fällen der Aussichtslosigkeit ist auch der **tätige Behandlungsabbruch** 8a nicht tatbestandsmäßig (hM; zusf Achenbach Jura 02, 542, 547; anders Bockelmann, Strafrecht des Arztes, 1968, S 114, 125); er kommt zB nicht beim Abschalten des Reanimators auf Veranlassung des behandelnden Arztes, nicht eines außenstehenden Dritten (beachte jedoch 6 zu § 216) in Frage, aber zB auch bei einer schriftlichen Anweisung des Arztes an das Pflegepersonal, den Patienten nur noch mit Tee zu ernähren (BGH aaO S 265; zust Helgerth, Schöch, Vogel, Zielinski und Verrel jeweils aaO; krit aber Merkel und Rönnau jeweils aaO). Seine Einbeziehung wird überwiegend mit seinem Sinngehalt als bloßes Unterlassen der Weiterbehandlung erklärt (so zutreffend zB Geilen JZ 68, 145, 151; Roxin, Engisch-FS, S 380, 395 und AT II 31/115–123; Engisch, Dreher-FS, S 309, 325; Herzberg JZ 88, 182, 186; Bottke aaO S 122; Verrel aaO S 227; Albrecht, Schreiber-FS, S 551, 553; Jäger ZStW 115, 765, 769; Neumann NK 122; Schneider MK 109; aM Kargl GA 99, 459, 478; Otto Jura 99, 434, 438; Winter, Der Abbruch rettender Kausalität, 2000, S 86; Gropp, Schlüchter-GS, S 173; Herzberg, FS für KF Röhl, 2003, S 270, 283; B-Weber/Mitsch AT 15/33; Jescheck/Weigend AT S 604; Horn SK 22, 26a und d zu § 212; Jähnke LK 18; krit Pelzl KJ 94, 179, 186 und Witteck

Vor § 211

KritV 03, 163, 171), teils auch mit Erwägungen über den Schutzzweck der Norm (zB Sax JZ 76, 429, 438; Samson, Welzel-FS, S 579, 601; Jähnke LK[10] 17 mwN), mit dem Gesichtspunkt zulässigen Abbruchs eines rettenden Kausalverlaufs (Hirsch aaO S 603; Küpper BT 1 I 1/22; Stoffers MDR 92, 621, der zu Unrecht auch Eingriffe Dritter voll einbezieht; dagegen auch Roxin AT II 31/123 Fn 174), mit der „Erwartung der Rechtsordnung" (Schneider, Tun und Unterlassen beim Abbruch lebenserhaltender medizinischer Behandlung, 1997, S 175) oder mit einer Differenzierung nach Organisationskreisen von Arzt und Patient (Jakobs, Schewe-FS, S 72; ähnlich Merkel aaO [vgl 3 „Früheuthanasie"] S 241, 245).

9 3. **Ein anderer Mensch** muss getötet werden. Die Selbsttötung ist weder grundrechtlich garantiert (hM; aus verfassungsrechtlicher Sicht v Münch/Kunig 36 zu Art 1 GG [Selbsttötung] und 50 zu Art 2 mwN; anders ua Wagner, Selbstmord und Selbstmordverhinderung, 1975, S 84; Bottke, Suizid und Strafrecht, 1982, S 55 und GA 82, 346 sowie in: ders ua aaO [vgl 6] S 44, 96 und 106; Bemmann, Klug-FS, S 563, 568; Ostendorf GA 84, 308; Wassermann DRiZ 86, 291; Günzel, Das Recht auf Selbsttötung ..., 2000, S 19, 99; M-Schroeder/Maiwald BT 1 1/19; einschr Neumann NK 41–43: Recht auf menschenwürdiges Sterben; diff Fink, Selbstbestimmung und Selbsttötung, 1992 mit krit Bespr Bottke JR 94, 42 und Neumann GA 95, 86) noch umgekehrt rechtlich verboten (nach Zaczyk, Strafrechtliches Unrecht und die Selbstverantwortung des Verletzten, 1993, S 26, ist die Selbstverletzung als solche kein Unrecht, die Selbsttötung kein Totschlag; kein Fremdverletzungsunrecht nach Jakobs AT 21/58) und daher auch kein Straftatbestand (Mitsch JuS 95, 787, 790; Schroeder ZStW 106, 565, der § 216 zur Begründung anführt; Jähnke LK 21; Neumann NK 36–40; rechtsvergleichend Simson, Die Suizidtat, 1976; Baumgarten, The right to die, 1998; interdisziplinär Haesler/Schuh [Hrsg], Der Selbstmord, 1986; Pohlmeier ua [Hrsg], Suizid zwischen Medizin und Recht, 1996; rechtshistorisch Rehbach DRiZ 86, 241; geschichtlich Jakobs, Tötung auf Verlangen, Euthanasie und Strafrechtssystem, 1998, S 5).

10 a) aa) „**Versuch, Anstiftung und Beihilfe**" hierzu sind folglich nicht tatbestandsmäßig (hM; vgl etwa BGHSt 32, 367; Achenbach Jura 02, 542; Jähnke LK 22; anders Bringewat JuS 75, 155 und ZStW 87, 623, der einen gewohnheitsrechtlich anerkannten Tatbestand der Selbsttötung postuliert und darauf die Strafbarkeit des Teilnehmers nach § 28 II gründet; Schmidhäuser, Welzel-FS, S 801 sowie Klinkenberg JR 78, 441 und 79, 183, die den Unrechtstatbestand bejahen, aber Entschuldigung des Suizidenten annehmen; Schilling JZ 79, 159, der das Teilnahmeargument ganz verwirft und das Ergebnis an den für die Einwilligung geltenden Regeln orientiert; methodisch abw auch Neumann JA 87, 244 und Hohmann/König NStZ 89, 304 [krit Krack KJ 95, 60, 62], die mit Recht darauf hinweisen, dass die Abgrenzung nicht in den Regelungsbereich der Vorschriften über die Beteiligung mehrerer [§§ 25 II, 26, 27] falle). – Für eine durch Art 3 I GG gebotene Gleichbehandlung der Mitwirkung an einer freiverantwortlichen Selbstverletzung und der konsentierten Fremdverletzung de lege ferenda Krack aaO S 75.

11 bb) Aus Gründen der Widerspruchsfreiheit des Rechts muss auch die **fahrlässige Mitverursachung** ausscheiden (BGHSt 24, 342 mit Anm Welp JR 72, 427; Roxin, Gallas-FS, S 241, 243; Zaczyk aaO [vgl 9] S 48; Mitsch JuS 95, 787, 790; Achenbach Jura 02, 542, 545; Roxin, Schreiber-FS, 399, 400; Neumann NK 57; krit Geilen JZ 74, 145; Neumann JA 87, 244, 248; Freund AT 5/70–77; Krey BT 1 Rdn 117; aM Weber, Spendel-FS, S 371, 379), soweit sie sich in der Veranlassung, Ermöglichung oder Förderung eines frei verantwortlich (dazu 12–13 b) begangenen Selbsttötungsakts erschöpft, also keine selbstständigen Bedingungen für den Tod setzt (Jähnke LK 23); wäre die Mitwirkung im Falle des Vorsatzes wegen

Vorbemerkung **Vor § 211**

der eigenhändigen Vornahme der irreversiblen Tötungshandlung eine Tötung auf Verlangen nach § 216, so soll bei fahrlässiger Unkenntnis der tödlichen Wirkung des eingesetzten Mittels (die Waffe wurde zB für ungeladen gehalten) eine fahrlässige Tötung nach § 222 vorliegen (NJW 03, 2326 mit zT krit Bespr Herzberg NStZ 04, 1, Martin JuS 03, 1137, Engländer Jura 04, 234, 237, Rautenkranz JA 04, 190 und Otto JK 7 zu § 216; Nürnberg NJW 03, 454 mit Bespr Herzberg aaO, Engländer JZ 03, 747 und Martin JuS 03, 408); dies erscheint aber dann nicht berechtigt, wenn der die Tötungshandlung Ausführende als Werkzeug des allein das Tötungsgeschehen überblickenden Opfers agiert (krit auch Stratenwerth/Kuhlen AT I 15/38 Fn 51, W-Hettinger BT 1 Rdn 65a und Neumann NK 4 zu § 222; zum Fall fahrlässiger Nichtverhinderung eines § 216 Roxin aaO: kein § 222). – Auch positives Tun sog „Beschützergaranten" gehört hierher; es kann nicht als Fremdtötung durch Unterlassen gedeutet werden (hM; anders Geilen aaO S 153; Herzberg NJW 86, 1635, 1638 und JZ 88, 182, 183; zw). Fehlt die freie Verantwortlichkeit des Suizidenten, so kommt fahrlässige Tötung oder Körperverletzung in Betracht (Stuttgart NJW 97, 3103; Günzel aaO [vgl 9] S 189; dabei ist eine Begrenzung der Sorgfaltspflicht von Ärzten bei der Behandlung suizidgefährdeter Patienten aus therapeutischen Gründen geboten (näher Schöch in: Pohlmeier ua aaO [vgl 6] S 81, 90).

cc) Aus dieser Rechtslage folgert die Rspr zutreffend weiter, dass **frei verant-** **12** **wortlich gewollte und verwirklichte Selbstgefährdungen** nicht als Tötung oder Körperverletzung tatbestandsmäßig sind und dass deshalb auch nicht wegen eines solchen Delikts strafbar sein kann, wer die Selbstgefährdung lediglich veranlasst, ermöglicht oder erleichtert (BGHSt 32, 262 [mit Bespr Seier JA 84, 533, Kienapfel JZ 84, 751, Roxin NStZ 84, 411, Otto Jura 84, 536, Horn JR 84, 513, Dach NStZ 85, 24, Herzberg JA 85, 265, 269 und Stree JuS 85, 179] und 46, 279, 288 [mit Bespr Duttge NStZ 01, 546, Heuchemer JA 01, 627, Rigizahn JR 02, 430, Sternberg-Lieben JZ 02, 153 und Otto JK 3 zu § 34]; NJW 85, 690, 691; NStZ 87, 406; NJW 00, 2286 mit Bespr [abl] Hardtung NStZ 01, 206, Renzikowski JR 01, 248 und Geppert JK 5 zu § 222; NJW 03, 2326 und 04, 1054; Bay NJW 95, 797; NZV 96, 461 [mit Bespr Fahl JA 97, 834 und Otto JK 12 vor § 13] sowie NStZ 97, 341 mit Anm Otto JZ 97, 522; Zweibrücken NStZ 95, 89 mit Bespr Horn JR 95, 304, Körner MedR 95, 332 und Otto JK 7 vor § 13; krit Biewald, Regelmäßiges Verhalten und Verantwortlichkeit, 2003, S 120; zusf Geppert Jura 01, 490 und Christmann Jura 02, 679; für Gefährdung durch Missbrauch von Betäubungsmitteln anders Weber, Spendel-FS, S 371 und Zaczyk aaO [vgl 9] S 60 mit insoweit krit Bespr Neumann GA 95, 36; für die Gefährdung durch Doping-Mittel dagegen der Rspr folgend Otto SpuRt 94, 10, Ahlers, Doping und strafrechtliche Verantwortlichkeit, 1994, S 109, Rain, Die Einwilligung des Sportlers beim Doping, 1998, S 30; Kühl, in: Vieweg [Hrsg], Doping, 1998, S 77, 81; Mitsch NStZ 00, 641, 642). Das gilt nur dann nicht, wenn er in Folge **überlegenen Sachwissens** die Größe des Risikos besser erkennt (NStZ 86, 266; NJW 00, 2286 und 03, 2326; Bay NJW 03, 371 mit Bespr Freund/Klapp JR 03, 431 und Otto JK 14 vor § 13; Riemenschneider MedR 98, 17, 21; Roxin LK 115 zu § 25; eine determinierende Risikoförderung verlangt zusätzlich Walther, Eigenverantwortlichkeit und strafrechtliche Zurechnung, 1991, S 177; einschr auf beim Opfer fehlende Risikokenntnis Neumann NK 3 zu § 222 und Puppe NK 181 vor § 13; s auch Bay NStZ 97, 341), dies vorgibt (SchiffObGer Karlsruhe NZV 96, 325) oder bei Fahrlässigkeitsdelikten besser erkennen kann als der andere (Jähnke LK 21 zu § 222 mwN; ebenso Hardtung NStZ 01, 206, 207 gegen NJW 00, 2286, 2287; zu erwägen nach Horn SK 21a zu § 212). Mit dieser Neuorientierung ist die frühere Rspr überholt, die Strafbarkeit wegen fahrlässiger Tötung oder Körperverletzung häufig ohne Prüfung der Eigenverantwortlichkeit des Opfers bejaht hatte (vgl etwa BGHSt 7, 112; 17, 359; NStZ 81, 350; zu Ausnahmen und

Vor § 211 BT. 16. Abschnitt. Straftaten gegen das Leben

Grenzfällen beachte jedoch BGHSt 37, 179 [nach BtMG verbotene Beteiligungshandlung] mit Anm Rudolphi JZ 91, 572, Beulke/Schröder NStZ 91, 393 und Hohmann MDR 91, 1117 [krit zu dieser Entscheidung auch Roxin AT I 11/96 und Neumann NK 7 zu § 222, zust aber Hardtung MK 24 zu § 222]; NStZ 92, 489 mit Anm Helgerth JR 93, 419 sowie BGHSt 39, 322 mit Bespr Alwart NStZ 94, 84, Amelung NStZ 94, 338, Sowada JZ 94, 663, Derksen NJW 95, 240, Günther StV 95, 78, Bernsmann/Zieschang JuS 95, 775, Kretschmer SpuRt 02, 4 und Otto JK 3 zu § 13 [s auch Frisch, Nishihara-FS, S 66; Schünemann GA 99, 207, 222], wo dem Brandstifter der Tod des „freiwilligen" Retters als fahrlässige Tötung zugerechnet wird, weil der Retter, dem ein einsichtiges Motiv für die gefährliche Rettungshandlung gesetzt werde, in den Schutzbereich der vom Täter verletzten Norm falle [der Entscheidung zust Hardtung MK 23 zu § 22 und Puppe NK 168 vor § 13, abl aber Neumann NK 8 zu § 222]; beachte Biewald aaO S 208; beachte auch Celle NJW 01, 2816 mit krit Anm Walther StV 02, 367). Der Sache nach ist die Straflosigkeit bloßer Förderung frei verantwortlicher Selbstgefährdungen weithin anerkannt (diff Köhler MDR 92, 739). Jedoch sind Grund, Grenzen und dogmatische Einordnung umstritten. Teils wird die Straflosigkeit aus dem Teilnahmeargument (so namentlich die Rspr), daneben aber auch aus dem Schutzzweck der Norm (Roxin AT I 11/91–104), dem Prinzip der Eigenverantwortlichkeit (Neumann JA 87, 244) viktimodogmatisch (Schünemann GA 99, 207, 222) oder den allgemeinen Regeln zur Bestimmung des erlaubten Risikos abgeleitet (Frisch NStZ 92, 1, 62, der die Fälle der Opferbeteiligung auf der Grundlage der von ihm vertretenen Unrechtslehre [Tatbestandsmäßiges Verhalten und Zurechnung des Erfolgs, 1988] in die Fragestellung einordnet, ob das von dem anderen eingegangene Risiko nach der jeweiligen Interessenlage rechtlich zu „missbilligen" ist; ähnlich Freund, Erfolgsdelikt und Unterlassen, 1992, S 199, der schon einen Verhaltensnormverstoß verneint). Die Anerkennung der Selbstgefährdung macht eine Abgrenzung von der **einverständlichen Fremdgefährdung** (2 b zu § 228) erforderlich (Dölling GA 84, 71, 80; Zaczyk aaO [vgl 9] S 55; Schroeder LK 181 zu § 16; Roxin AT I 11/105–110; s auch Otto, Tröndle-FS, S 157 und SpuRt 94, 10, 14 sowie Walther aaO S 227; aM Frisch aaO; anders auch Fiedler, Zur Strafbarkeit der einverständlichen Fremdgefährdung, 1990, S 152, 170, der die Unterscheidung verwirft und die nichtstrafwürdigen Fälle nach dem sog „viktimologischen Prinzip" ausscheidet; krit zur Unterscheidung als Grundlage der dogmatischen Behandlung des Opferverhaltens Cancio ZStW 111, 357, 368, der auf den Selbstverantwortungsgrundsatz abstellt; dafür auch Hellmann, Roxin-FS, S 271, 282). Wegen des Strukturunterschieds zwischen den beiden Formen der Opferbeteiligung (dazu Neumann aaO S 251) ist ihre wertmäßige Gleichstellung nicht überzeugend begründbar (hM; vgl etwa Dölling, Gössel-FS, S 209, 213; anders Göbel, Die Einwilligung im Strafrecht als Ausprägung des Selbstbestimmungsrechts, 1992, S 99; Jakobs AT 7/120; abw auch Roxin AT I 11/107, der eine solche Gleichstellung für bestimmte einverständliche Fremdgefährdungen befürwortet [krit zu Roxins Gleichstellungsvoraussetzungen Hellmann aaO S 280]; ebenso Geppert Jura 01, 490, 493 und Zweibrücken JR 94, 518 mit zust Anm Dölling und Bespr Otto JK 4 vor § 13, für den Fall, dass das spätere Opfer seine Gefährdung durch die ungesicherte Mitnahme im Laderaum eines Pkw-Kombi im selben Umfang wie der Fahrzeugführer erkannt hat; s auch Koblenz BA 02, 483 mit Anm Heghmanns). Die Abgrenzung dürfte denselben (umstrittenen) Regeln folgen, die für die Unterscheidung der Selbsttötung von der Tötung auf Verlangen entwickelt worden sind (3 zu § 216; krit Roxin AT I 11/109; str); die Rspr nimmt als Abgrenzungskriterium die „Trennungslinie zwischen Täterschaft und Teilnahme" (NJW 03, 2326, 2327 und 04, 1054, 1055 mit Bespr Martin JuS 04, 350; wer einem anderen eigenhändig Heroin injiziert, begeht wegen der Tatherrschaft über die Gefährdungshandlung eine Fremdgefährdung (BGH NJW 04,

Vorbemerkung **Vor § 211**

1054). Außerdem hängt der Anwendungsbereich strafloser Selbstgefährdungen auch von den umstrittenen Fragen ab, unter welchen Voraussetzungen das Opfer frei verantwortlich handelt (dazu 13–13b; speziell zur Freiverantwortlichkeit Drogenabhängiger für Selbstschädigungen durch den Gebrauch von Suchtstoffen Amelung NJW 96, 2393) und wie weit das Prinzip auch auf Tun und Unterlassen von Garanten anwendbar ist (dazu 14–16).

Sexualkontakte mit **AIDS-Risiko** sind danach regelmäßig Selbstgefährdungen 12 a oder -verletzungen (dazu Otto, Tröndle-FS, S 157, 166), wenn die beteiligten Partner mit gleichem Gefahrwissen handeln (Bay NJW 90, 131 mit Anm Dölling JR 90, 474; ebenso Bottke, in: Schünemann/Pfeiffer [Hrsg], Die Rechtsprobleme von AIDS, 1988, S 171, 182; Prittwitz JA 88, 427, 431; Wokalek/Köster MedR 89, 286; Zaczyk aaO [vgl 9] S 58; Rengier BT II 20/6; mit anderem Ansatz für Straflosigkeit auch Hugger JuS 90, 972; offen gelassen in BGHSt 36, 1, 17; aM Helgert NStZ 89, 114; Schünemann, JR 89, 89, 92 und in: Busch ua [Hrsg], HIV/AIDS und Straffälligkeit, 1991, S 93, 231 sowie in: Szwarc [Hrsg], AIDS und Strafrecht, 1996, S 9; Frisch JuS 90, 362, 363 und NStZ 92, 62, 66; Roxin AT I 11/108, die einverständliche Fremdgefährdung annehmen). Verschweigt jedoch ein Partner seine Ansteckungsfähigkeit, so kommt wegen seines überlegenen Sachwissens eine in mittelbarer Täterschaft begangene (versuchte oder vollendete) Fremdverletzung in Frage, und zwar auch dann, wenn er zu einer sog Risikogruppe gehört (hM; vgl BGH aaO mwN; Herzberg JZ 89, 470, 473; Rengier Jura 89, 225, 230; Meier GA 89, 207, 220; Schünemann GA 99, 207, 222; aM Bruns MDR 89, 200; diff Schünemann JR 89, 89, 90); allerdings bedarf dann der (regelmäßig nur bedingte) Vorsatz besonderer Prüfung (10 zu § 224). Sexualkontakte unter sachgerechter und lückenloser Verwendung eines Kondoms bewegen sich im Rahmen des erlaubten Risikos (29 vor § 32) und sind daher nicht tatbestandsmäßig (Prittwitz JA 88, 427, 437; Herzberg JR 89, 470, 474; Kunz SchwZStR 90, 39, 49; Knauer AIFO 94, 463, 466 und GA 98, 428, 439; so ist wohl auch BGHSt 36, 1, 16 zu verstehen; aM Rengier Jura 89, 225, 231; diff Herzberg, in: Szwarc [Hrsg], AIDS und Strafrecht, 1996, S 61, 82, dagegen Bottke ebenda S 277, 293).

b) Ein Suizid kann auch als **Fremdtötung in mittelbarer Täterschaft** zu be- 13 urteilen sein (München NJW 87, 2940 mwN). Das setzt voraus, dass sich das Gesamtgeschehen als Werk des steuernden Hintermanns darstellt, dieser also den Suizidenten in der Hand hat (2 zu § 25). Der Maßstab für die Abgrenzung ist umstritten (zusf Mitsch JuS 95, 888; Achenbach Jura 02, 542, 543; Otto Jura 03, 100, 101; Günzel aaO [vgl 9] S 189).

aa) In Fällen **beeinträchtigter Verantwortungsfähigkeit und des Zwanges** 13 a hält ein Teil der Lehre den Tötungsakt nur dann für unfrei, wenn er unter Voraussetzungen vorgenommen wird, die denen der §§ 19, 20, 35 (OGHSt 2, 5, 7) StGB oder des § 3 JGG (NStZ 85, 25 mit Bespr Fahl JA 98, 105) entsprechen (Roxin, Dreher-FS, S 331, 343 und LK 66–68 sowie 125–127 zu § 25; Hirsch JR 79, 429, 432; Bottke, Suizid und Strafrecht, 1982, S 247, 256 und GA 83, 22, 31; Dölling GA 84, 71; Zaczyk aaO [vgl 9] S 36, 43; Günzel aaO [vgl 9] S 178; Schneider MK 54–63, alle mwN; für Fälle des Zwanges ähnlich Göbel aaO [vgl 12] S 113, der jedoch eine Analogie zum rechtfertigenden Nötigungsnotstand [2 zu § 34] annimmt; s auch Sch/Sch-Cramer/Heine 10 zu § 25). Mit überzeugenden Gründen, vor allem gestützt auf den Strukturunterschied zwischen Selbst- und Fremdschädigung (vgl 12), auf die Notwendigkeit einer Harmonisierung mit § 216 und auf die Ergebnisse der Suizidforschung (dazu Bochnik MedR 87, 216; Pohlmeier in: ders ua aaO [vgl 6] S 33, beide mwN), wird demgegenüber der Bereich unfreien Handelns weiter ausgedehnt (M-Gössel AT 2 48/91) und eine frei verantwortliche Entscheidung nur bejaht, wenn der Suizidentschluss nach der

Vor § 211

Einwilligungslehre Ausdruck eines ernstlichen (autonomen) Verlangens nach dem eigenen Tod ist (vgl etwa Geilen JZ 74, 145, 151; Herzberg NJW 86, 1635, 1636 und JZ 88, 182, 183; Brandts Jura 86, 495, 496; Otto Jura 87, 246, 256; Frisch, Tatbestandsmäßiges Verhalten und Zurechnung des Erfolgs, 1988, S 165; Freund aaO [vgl 12] S 205; Krack KJ 95, 60, 64; Laber aaO [vgl 6] S 254; Krey BT 1 Rdn 89; W-Hettinger BT 1 Rdn 48; Jähnke LK 25–32; Neumann NK 61; Schild NK 327 vor § 25 und 48 zu § 25; krit Bernsmann, Geilen-Sym, S 9, 16, alle mwN; s auch Meyer, Ausschluss der Autonomie durch Irrtum, 1984, S 221; Horn SK 11–15 zu § 212). Krit zu beiden Ansätzen Achenbach, in: Ochsmann aaO [vgl 6] S 137, 144; zusf Gropp in: Pohlmeier ua aaO [vgl 6] S 13, 24.

13 b bb) In Fällen der **Täuschung** genügt die Herbeiführung eines Motivirrtums für sich allein nicht. Irrtumsherrschaft liegt hier nur vor, wenn das Opfer die Bedeutung des Todes als Lebensbeendigung verkennt (BGHSt 32, 38 mit Bespr Roxin NStZ 84, 71, Schmidhäuser JZ 84, 195, Sippel NStZ 84, 357, Neumann JuS 85, 677, Munoz Conde ZStW 106, 547, 559 und Freund AT 10/60f, 98, str) oder wenn der Suizidentschluss infolge des Irrtums nicht mehr als Ausdruck eines ernstlichen (autonomen) Verlangens nach dem Tode gedeutet werden kann (weiter einschr die strengere Lehre, die folgerichtig das Herbeiführen einer den §§ 20 oder 35 entsprechenden psychischen Verfassung voraussetzt, Charalambakis GA 86, 485; Roxin LK 106 zu § 25 mwN; einschr verlangt Zaczyk aaO [vgl 9] S 45 eine solche Verengung der Entscheidungssituation des Opfers, dass in Wahrheit der Täter die Entscheidung trifft). Entscheidungserheblich ist deshalb namentlich, ob die dem Verlangen zugrundeliegende Einwilligung nach den für sie geltenden allgemeinen, allerdings zum Teil umstrittenen Regeln (8 zu § 228) wirksam ist (dazu Brandts/Schlehofer JZ 87, 442; ähnlich Neumann JA 87, 244, 249, der zwischen Irrtümern verschiedener Rechtsgutsnähe unterscheidet). Als Maßstab ungeeignet ist dagegen – ebenso wie bei § 216 – bloße Herrschaft über das Geschehen, wenn sie nicht zugleich die Mitherrschaft des Opfers aufhebt und dessen Selbsttötung zu einer im vorstehenden Sinne unfreien macht (3 zu § 216).

14 c) aa) Auch für **Garanten** (6 zu § 13) gelten grundsätzlich die unter 10–12 beschriebenen Regeln (hM; vgl München NJW 87, 2940, 2942; Zweibrücken NStZ 95, 89 mit Anm Horn JR 95, 304; Roxin AT I 11/95; Sch/Sch-Cramer/Sternberg-Lieben 166 zu § 15; zT oben Herzberg JA 85, 177, 265, 271 und JZ 88, 182, 183; offengelassen in BGHSt 32, 262; beachte ferner NStZ 83, 117 mit krit Bespr Eser NStZ 84, 49, 56 und NJW 01, 1802, 1805; zum Verhältnis von Eigenverantwortlichkeit und Garantenpflichten s Walther aaO [vgl 12] S 207). Die hM lässt von diesem Grundsatz keine Ausnahmen zu, verkennt dabei aber, dass die Garantenpflicht nach den besonderen Umständen des Einzelfalls auch die Pflicht zur Verhütung von Selbstgefährdungen einschließen kann, zB beim Arbeitgeber, der die zur Unfallverhütung erforderlichen Schutzvorkehrungen unterlässt (Naumburg NStZ-RR 96, 229 mit abl Bespr Puppe Jura 97, 408, 411 und Otto JK 9 vor § 13; Seier JuS 84, 706, 708; Freund, aaO [vgl 12] S 209; Neumann NK 5 zu § 222), oder beim Arzt, dessen Hilfe der Patient gerade im Hinblick auf seine Neigung zur Selbstgefährdung (zB zum Drogenmissbrauch) oder zum Suizid in Anspruch genommen hat (Herzberg NJW 86, 1635, 1638). Ob und bis zu welchen Grenzen solche Ausnahmen anzuerkennen sind, ist noch wenig geklärt (s dazu auch Herzberg JZ 86, 1021).

15 bb) Von dieser letzten Einschränkung abgesehen ist ein Garant, der eine **frei verantwortliche Selbsttötung nur geschehen lässt,** nicht als Unterlassungstäter strafbar (hM; vgl etwa Gallas JZ 60, 649; Engisch, Dreher-FS, S 309, 317; Roxin, Dreher-FS, S 331, 349; Bottke GA 83, 22, 33; Dölling MedR 87, 6, 10; Laber aaO [vgl 6] S 266; Günzel aaO [vgl 9] S 190; Freund AT 6/52–56; Neumann NK 73–78; abl Herzberg JA 85, 177; Horn SK 18 zu § 212; zusf Achenbach

Jura 02, 542, 544; Otto Jura 03, 100, 102), es sei denn, dass nach der Tötungshandlung der Wille des Suizidenten weiterzuleben erkennbar wird (hM; krit Herzberg aaO). Demgegenüber nimmt die uneinheitliche und im Kern widersprüchliche (dazu Schreiber, BGH-FG, S 503, 525 und Jähnke LK 24) Rspr grundsätzlich, dh vorbehaltlich von Ausnahmen auf Grund einer Abwägung im Einzelfall, Strafbarkeit an, wenn der Suizident – etwa in Folge von Bewußtlosigkeit – die Herrschaft über das Geschehen verloren hat und der Garant eine noch bestehende Rettungsmöglichkeit nicht nutzt (BGHSt 32, 367 mit abl Bespr Schmitt JZ 84, 866, Eser MedR 85, 6, Sowada Jura 85, 75, Gropp NStZ 85, 97, Schultz JuS 85, 270 und Ranft JZ 87, 908, 911; abl auch Otto aaO [Gutachten DJT; vgl 6] S 65; Tröndle ZStW 99, 25, 44; Pelzl KJ 94, 179, 182; Verrel JZ 96, 224, 229; zust jedoch Herzberg aaO, JZ 86, 1021 und 88, 182, 184; Kutzer MDR 85, 710; Laufs, Arztrecht, Rdn 214, alle mwN; s auch BGHSt 2, 150; NJW 60, 1821; Bay NJW 73, 565; einschr BGHSt 13, 162; Düsseldorf NJW 73, 2215). Abgesehen davon, dass die frei verantwortliche Verwirklichung des Sterbewillens häufig als Entlassung des Garanten aus seiner Beschützerstellung gedeutet werden muss (so mit Recht München NJW 87, 2940, 2943; Küpper BT 1 I 1/9; Rengier BT II 8/14; s auch Achenbach aaO und Albrecht, Schreiber-FS, S 551, 577; ähnlich Mitsch JuS 96, 309, 310: die Entbindung von der Garantenpflicht macht die tatbestandliche Tötung durch Unterlassen zu einer nicht rechtswidrigen Tötung), ist schon die Annahme, dass die Garantenpflicht gegenüber diesem Willen vorrangig sei (so BGHSt 32, 367; krit NStZ 88, 127 mit Anm Rippa NStZ 88, 553), mit den allgemeinen, für das Selbstbestimmungsrecht des Patienten geltenden Regeln unvereinbar (hM; vgl etwa Otto aaO; Herzberg JZ 88, 182, 184; Freund aaO [vgl 12] S 269, alle mwN).

cc) Eine **Rettungspflicht aus Ingerenz** (11 zu § 13) lässt sich nicht auf das **16** Fördern eines frei verantwortlich begangenen Selbsttötungsversuchs stützen, weil sich der erforderliche Schutzzweckzusammenhang (43 zu § 15) nicht ohne Wertungswiderspruch begründen lässt (München NJW 87, 2940, 2944; aM NStZ 84, 452 mit abl Bespr Fünfsinn StV 85, 57 und Stree JuS 85, 179; NJW 85, 690, 691 mit abl Anm Roxin NStZ 85, 320; s auch Schultz JuS 85, 270, 274; Mitsch JuS 96, 309, 310); in solchen Fällen kommt nur § 323 c (dort 2) in Frage (ebenso Neumann NK 78 und Sch/Sch-Cramer/Sternberg-Lieben 166 zu § 15).

dd) Wie weit eine **unfrei** ausgeführte Selbsttötung dem **Garanten** zugerechnet werden kann, bestimmt sich nach den allgemeinen für mittelbare Täterschaft (vgl 13–13b) und für fahrlässige Begehung (54 zu § 15) geltenden Regeln (str); allerdings ist im Bereich ärztlichen Handelns, namentlich bei Suiziden während psychiatrischer Behandlung (dazu Wolfslast NStZ 84, 105), der Sorgfaltsmaßstab noch wenig geklärt.

d) Zur Selbstmordverhinderung durch **Zwangsernährung** von Häftlingen im **17** Hungerstreik beachte § 101 StVollzG (zu deren Problematik vgl ua Geppert Jura 82, 177; Ostendorf, Das Recht zum Hungerstreik, 1983, S 158 und GA 84, 308, 320; Bemmann, Klug-FS, S 563; Heim [Hrsg], Zwangsernährung und Zwangsbehandlung von Gefangenen, 1983; Tröndle, Kleinknecht-FS, S 411; Jähnke LK 34, alle mwN).

4. Die §§ **211–213** unterscheiden in Anknüpfung an eine jahrhundertealte Tra- **18** dition die Tötungsformen **des Mordes und des Totschlags** (vgl Küpper, Kriele-FS, S 777 mwN). Diese wurden früher nach dem Kriterium der Überlegung voneinander abgegrenzt. Das auf dem Gesetz v 4. 9. 1941 (RGBl I 549) beruhende geltende Recht bestimmt dagegen – für ein Tatstrafrecht höchst ungewöhnlich – die Begriffe **des Mörders und des Totschlägers** und stützt sich dabei auf die sog Mordmerkmale (3–13 zu § 211), die sich auf den allgemeinen Gesichtspunkt besonderer Verwerflichkeit (krit Schroeder JuS 84, 275; diff Neumann NK 139), in Teilbereichen auch auf besondere Gefährlichkeit, zurückführen lassen (hM; krit Rüping JZ 79, 617; Köhler GA 80, 121).

19 a) Nicht zuletzt auf dieser unklaren Ausgestaltung beruhen **zahlreiche Meinungsverschiedenheiten,** die allerdings überwiegend nicht die grundsätzliche Unterscheidung von Mord und Totschlag in Frage stellen, sondern nur die Methode der Abgrenzung der beiden Tötungstypen betreffen (dazu Kerner, Heidelberg-FS, S 419): Zweifelhaft ist zunächst, ob die subjektiven Mordmerkmale, namentlich die niedrigen Beweggründe, Unrechts- (so BGHSt 1, 368, 370; Jähnke LK 46–49 mwN) oder bloße Schuldelemente sind (so Schmidhäuser BT 2/13–15), oder ob sie eine Unrecht und Schuld umgreifende Doppelfunktion haben (so Paeffgen GA 82, 255, 270 mwN; vgl auch Otto Jura 94, 141, 143); im Hinblick auf den Vorrang des § 28 vor § 29 ist dieser Meinungsstreit allerdings ohne praktische Relevanz (1, 5, 9 zu § 28; ebenso Neumann NK 140). Bisher nicht überwundene Schwierigkeiten ergeben sich aber daraus, dass der historische Gesetzgeber die in seiner Zeit aktuelle Lehre vom normativen Tätertyp in die Tötungstatbestände integrieren wollte (Frommel JZ 80, 559; Braum KritV 95, 371, 380; Jähnke LK 36, alle mwN). Zwar hat er damit schon in der Rspr des RG keine Gefolgschaft gefunden (RGSt 76, 297); auch heute ist ganz unbestritten, dass dem § 211 kein bestimmter Tätertyp zugrundeliegt. Immerhin hält ein Teil der Lehre daran fest, dass zur Annahme eines Mordes das bloße Vorliegen eines Mordmerkmals nicht ausreicht; sie fordert vielmehr darüber hinaus eine Gesamtwürdigung von Tat und Täter, die nach einer Meinung zum positiven Nachweis besonderer Verwerflichkeit der Tötung führen muss (sog positive Typenkorrektur, Lange, Schröder-GS, S 217 mwN) oder nach einer anderen Auffassung jedenfalls die Möglichkeit eröffnet, ausnahmsweise die besondere Verwerflichkeit zu verneinen (sog negative Typenkorrektur, Geilen JR 80, 309, 310; Eser JR 81, 177; Horn SK 6 zu § 211; Sch/Sch-Eser 10 zu § 211; krit Arzt, in: Göppinger/Bresser [Hrsg], Tötungsdelikte, 1980, S 49, 52; Otto Jura 94, 141, 143; Mitsch JuS 96, 121). Überwiegend aber wird eine solche generelle Typenkorrektur abgelehnt (Arzt/Weber BT 2/15; Schneider MK 38 zu § 211); eine im Hinblick auf Schwere und Verwerflichkeit der Tat möglicherweise erforderliche restriktive Auslegung hat deshalb bei den einzelnen Mordmerkmalen anzusetzen (W-Hettinger BT 1 Rdn 133; Neumann NK 150).

20 b) Die **Rechtsprechung** hat dagegen die Mordmerkmale bis in die jüngere Vergangenheit (1981) nach jeder Richtung für abschließend gehalten (BGHSt 3, 180, 330; 9, 385; Jähnke LK 37; Häger LK 32 zu § 38, alle mwN; zweifelnd BVerfGE 45, 187, 266) und nur versucht, der Würdigung des Täters und seiner verwerflichen Gesinnung durch einschränkende Auslegung einzelner Mordmerkmale Raum zu geben. Dabei hat sich allerdings gezeigt, dass die Möglichkeit der Persönlichkeitswürdigung im Rahmen der ungleichartigen Mordmerkmale sehr verschieden ist. Im Vordergrund steht sie in den Fällen, die durch die niedrigen Beweggründe gekennzeichnet sind (BGHSt 3, 330; krit Woesner NJW 78, 1025), während sie bei der Tötung mit gemeingefährlichen Mitteln ganz zurücktritt. Bei den insoweit besonders problematischen Merkmalen der Heimtücke und der Absicht, eine andere Straftat zu verdecken, haben sich dagegen immer wieder Spannungen ergeben (vgl 6, 12, 13 zu § 211; eingehend Kerner, Heidelberg-FS, S 419, 429). Sie haben einerseits das BVerfG dazu veranlasst, die Verfassungsmäßigkeit des § 211 nur unter der Voraussetzung zu bejahen, dass seine Auslegung nicht zu unverhältnismäßigen Strafen führt (BVerfGE 45, 187, 262, 264; eingehend zu den Vorgaben der verfassungsgerichtlichen Rspr Veh, Mordtatbestand und verfassungskonforme Rechtsanwendung, 1986, S 42). Andererseits hat der GS des BGH in Fällen heimtückischer Tötung – nicht in Fällen der Tötung aus Habgier (BGHSt 42, 301 mit zust Bespr Schöch NStZ 97, 409 und Dölling JR 98, 160) – bei Vor-

Vorbemerkung   Vor § 211

liegen außergewöhnlicher Umstände zwar an der Charakterisierung der Tat als
Mord festgehalten, aber zur Vermeidung unverhältnismäßiger Strafen eine übergesetzliche Strafmilderung nach dem Maßstab des § 49 I Nr 1 anerkannt (BGHSt-GS-30, 105). Diese Auflockerung der starren Strafdrohung des § 211 auf der
Rechtsfolgenseite ist teils auf Zustimmung (zB Kratzsch JA 82, 401; Rengier NStZ
82, 225 und 84, 21; Frommel StV 82, 533; Gössel BT 1 4/13–19; Tiedemann,
Verfassungsrecht und Strafrecht, 1991, S 14; Jähnke, Spendel-FS, S 537; Weigend,
Hirsch-FS, S 917, 920), überwiegend aber auf berechtigte Kritik gestoßen, und
zwar namentlich unter den Gesichtspunkten, ob die hier vorgenommene Rechtsfortbildung die Grenzen richterlicher Rechtsschöpfung überschreitet, ob sie sich
auf das Heimtückemerkmal beschränken lässt und ob nicht eine begrenztere, namentlich eine tatbestandsinterne Lösung, zB durch Restriktion des Heimtückebegriffs (so der Vorlagebeschluss des 4. StS NStZ 81, 181 mit Bespr Eser JR 81,
177), im Interesse der Rechtsbestimmtheit den Vorzug verdient hätte (vgl etwa
Lackner NStZ 81, 348; Bruns JR 81, 358, JR 83, 28 und Kleinknecht-FS, S 49;
Eser NStZ 81, 383, 384; Günther NJW 82, 353 und JR 85, 268; Spendel JR 83,
269, StV 84, 45 und LK 62a zu § 339; Ebert JR 83, 633, 638; Hassemer JZ 83,
967; Köhler JuS 84, 762; Langer, Wolf-FS, S 335, 341; Veh aaO S 123; Hirsch,
Tröndle-FS, S 19, 27; Otto Jura 94, 141, 144; Mitsch JuS 96, 121, 122; Müller-Dietz, Nishihara-FS, S 248; Saliger ZStW 109, 302, 330; Meurer NJW 00, 2936,
2938; Küper JuS 00, 740, 746; Krey BT 1 Rdn 62–73b). – Zur Frage, ob außergewöhnliche Umstände nur tatbestandsbezogene Umstände sein können (vgl 6 zu
§ 211) oder ob auch ein langer Zeitablauf zwischen Tat und Urteil in Betracht
kommt, BGHSt 41, 72, 93 mit Bespr Schuster NJW 95, 2698. – Zur Bedeutung
der Rechtsfolgenlösung bei außergewöhnlichen Umständen nach der Tat Börgers
JR 04, 139.

c) Mit der neuen Rspr ist nur **ein Teil der Schwierigkeiten behoben,** zu 21
denen die absolute Strafdrohung iVm dem abschließenden Katalog unausgewogener Mordmerkmale geführt hat (Kerner, Heidelberg-FS, S 419; zusf Müller-Dietz
Jura 83, 568, 571). Namentlich im Bereich des Verdeckungsmordes (12, 13 zu
§ 211) und bei den NS-Gewaltverbrechen gibt es nach wie vor schwer erträgliche
Spannungen (vgl ua BVerfGE 54, 100 mit abl Bespr Hirsch JZ 80, 801; NJW 68,
1339, 77, 1544 und 78, 1336; LG Hamburg NJW 76, 1756 mit Anm Hanack; s
auch Hanack JZ 67, 227, 329; Kreuzer ZRP 77, 49; Bertram, in: Büttner [Hrsg],
Das Unrechtsregime, 1986, Bd 2, S 421; Backes, Maihofer-FS, S 41, 51). Vergleichbare Probleme gibt es auch bei politisch motivierten Taten, wenn nach den
Umständen nur die Verwirklichung des unbestimmten und für die Bewertung politischen Terrors kaum geeigneten Merkmals des niedrigen Beweggrundes in Frage
steht (Geilen, Bockelmann-FS, S 613). Das an sich begrüßenswerte Bemühen um
Auflockerung der starren Strafdrohung (Küpper aaO [vgl 18] S 788) durch einschränkende Auslegung der Mordmerkmale und notfalls auch durch Milderung der
Rechtsfolge hat zwar die Gefahr ungerechter Ergebnisse abgemildert, ist aber mit
einem ständigen, kaum kalkulierbaren und auch nicht widerspruchsfreien Wandel
der Auslegungsergebnisse (zusf Möhrenschlager NStZ 81, 57) und einer in ihren
Folgen nicht absehbaren Relativierung des gesetzlichen Systems der Strafdrohungen erkauft worden (beachte dazu 25).

5. Das **systematische Verhältnis** der Tatbestände vorsätzlicher Tötung 22
(§§ 211–213, 216, 217) ist umstritten (zusf Mitsch JuS 96, 26):

a) Im Verhältnis der **§§ 211, 212** bildet der Totschlag den **Grundtatbestand**
(hM; anders Kargl JZ 03, 1141, der ein dreistufiges Strukturmodell entwickelt). Zu
Unrecht und ohne zureichende inhaltliche Begründung hält die Rspr Mord und
Totschlag für selbstständige Tatbestände (stRspr; vgl etwa BGHSt 1, 368; 22, 375;
krit Rspr-Analyse bei Küper JZ 91, 761, 862, 910; krit zur Rspr auch Otto Jura

855

Vor § 211

94, 141, 142 und 03, 612, 614 sowie mit argumentationstheoretischen Erwägungen Neumann, Lampe-FS, S 643) und die Mordmerkmale des § 211 II für strafbegründend (zu den Folgerungen für die Beteiligung am Tötungsdelikt 16 zu § 211). Schon aus dem Leitgesichtspunkt besonderer Verwerflichkeit der Tötung (vgl 18) ergibt sich zwingend, dass hier nur eine quantitative Abstufung der Strafwürdigkeit, die ihren Grund in einer Unrechts- oder Schuldsteigerung haben kann (str), in Frage steht. Mit Recht sieht daher das Schrifttum entweder in § 212 (hM; vgl Jähnke LK 39 mwN) oder in § 211 (EbSchmidt DRZ 49, 241, 272) den Grundtatbestand, der jeweils in dem anderen Tatbestand qualifiziert bzw privilegiert wird. Der E 1962 (§§ 134, 135) wollte das Verhältnis in dem Sinne klären, dass der Totschlag Grundtatbestand ist. Diese Auffassung verdient schon für das geltende Recht den Vorzug, weil sie der inneren Struktur der Begehungsformen entspricht (Jähnke LK 45 mwN).

23 b) § 213 (minder schwere Fälle des Totschlags) sieht eine Strafmilderung nur für § 212 vor („Totschläger"); auf § 211 ist er nicht anwendbar (stRspr; Mitsch JuS 96, 121; krit Geilen, Dreher-FS, S 357, 383 und JR 80, 309, 316; teilweise aM Rengier MDR 80, 1; Bernsmann JZ 83, 45, 51; Laber MDR 89, 861, 869; Küpper aaO [vgl 18] S 792; M-Schroeder/Maiwald BT 1 2/28; Neumann NK 154 und 4 zu § 213 für Vorrang der Privilegierung Zwiehoff, Die provozierte Tötung, 2001, S 25).

24 c) § 216 (Tötung auf Verlangen) enthält eine **Privilegierung** gegenüber dem Grundtatbestand des § 212 (Otto GK 2 2/14) und geht zugleich als abschließende Spezialregelung dem § 211 vor (Küpper, Meurer-GS, S 123, 124; Kindhäuser BT I 1/2; Rengier BT II 6/2; Jähnke LK 45; aM hinsichtlich der Begründung Bernsmann JZ 83, 45, 49; Herzberg JZ 00, 1093). Soweit die Rspr (BGHSt 13, 162, 165 mwN) und zum Teil auch das Schrifttum (Sch/Sch-Eser 7 mwN) den § 216 als selbstständigen Tatbestand (Sondertatbestand) ansehen, ist das für die Auslegungsergebnisse ohne praktische Bedeutung (Horn SK 2 zu § 216).

25 6. Die Tötungsdelikte sind **reformbedürftig**. Nach nahezu einhelliger Auffassung gewährleistet das geltende Recht Schutzwirkung, Einzelfallgerechtigkeit und Rechtssicherheit nicht in ausgewogenem Maße (Eser, 53. DJT, Bd I, Gutachten, Teil D S 34 mwN; s auch 18–24). Vor allem die Verbindung der absoluten Strafdrohung des § 211 mit der bisher abschließenden Kasuistik der Mordmerkmale hat die Rspr zu einer Strategie fallorientierter Anpassungen gedrängt, die der Rechtssicherheit abträglich ist (beachte dazu namentlich 3–9, 12, 13 zu § 211). Die zeitweise sehr intensiven Reformbemühungen haben allerdings nicht zu einer allgemein anerkannten Konzeption, sondern nur zu einer Vielzahl umstrittener Vorschläge geführt, die teils auf dem Leitprinzip besonderer Verwerflichkeit (sog Verwerflichkeitslösung) und teils auf dem besonderer Gefährlichkeit (sog Gefährlichkeitslösung) beruhen (krit zu dieser Unterscheidung Albrecht JZ 82, 697). Wie der 53. DJT gezeigt hat, wird überwiegend eine Gefährlichkeitslösung bevorzugt (eingehend dazu Eser aaO S 154), die in ihren Einzelheiten allerdings noch weiterer Klärung bedarf (zusf Fuhrmann, 53. DJT, Sitzungsbericht M, S 7; Lackner, 53. DJT, Sitzungsbericht M, S 25; Wehling JZ 81, 109; Möhrenschlager NStZ 81, 57, 59). Aus der Reformliteratur vgl ua auch §§ 134–139 E 1962; §§ 100–104 AE (PersStR); Arzt ZStW 83, 1; Otto ZStW 83, 39; Lackner JZ 77, 502; Zipf, Würtenberger-FS, S 151; Woesner NJW 78, 1025, 1027 und 80, 1136; Rüping JZ 79, 617; Rengier ZStW 92, 459; Geilen JR 80, 309; Gössel DRiZ 80, 281; Gribbohm ZRP 80, 222; Jähnke MDR 80, 705; Beckmann GA 81, 337; Müller-Dietz Jura 83, 568, 578; Baltzer StV 89, 42; Kintzi DRiZ 93, 341, 348; Küpper aaO [vgl 18] S 785; Heine GA 00, 305 und in: Ehrengabe für A-E Brauneck, 1999, S 315; Grasberger MschrKrim 99, 147; Kargl StraFo 01, 365, 374; rechtsvergleichend Moos ZStW 89, 796; Schultz, in: Göppinger/Bresser (Hrsg), Tötungsdelikte, 1980, S 13; Tschulik, in: Göppinger/Bresser aaO S 31; Eser/Koch ZStW 92, 491; Brunner aaO [vgl 6] passim; Heine aaO [00] S 313 und [99] S 330. – Eine Reform der Tötungsdelikte wird von der Bundesregierung geplant (BT-Dr 13/4830 S 7, 8587 S 55, 78). – Das 6. StrRG (16–22 vor § 38) hat diese Reform nicht gebracht (Kreß NJW 98, 633, 643; Lesch JA 98, 474; Stächelin StV 98, 98, 99; Jäger JuS 00, 31; Otto Jura 03, 612). Es hat bei § 213 eine fragwürdige Erhöhung des Strafrahmens vorgenommen (Struensee, 6. StrRG Einf, 2/3; krit auch Sander/Hohmann NStZ 98, 273, 274; Stächelin aaO), den nicht mehr als zeitgemäß empfundenen § 217 (Kindestötung) aufgehoben (BT-Dr 13/8587 S 34; krit die Stellungnahme des BRates BT-Dr 13/8587 S 59; s auch Jäger aaO S 32) und mit einem „schlimmen Missgriff" (Struensee aaO Rdn 58) die Aussetzung gem § 221 vollständig neu gestaltet und dabei erheblich erweitert (krit Küper BT S 34). – Zum Arbeitsentwurf des BMJ v 21. 3. 2001 Otto Jura 03, 612, 622. – Ein dreistufiges Strukturmodell schlägt vor Kargl JZ 03, 1141, 1147.

7. Zur **Kriminologie** der Tötungsdelikte vgl ua Schorsch/Becker, Angst, Lust, Zerstörung. Sadismus als soziales und kriminelles Handeln. Zur Psychodynamik sexueller Tötungen, 1977; Göppinger/Bresser (Hrsg), Tötungsdelikte, 1980; Sessar, Rechtliche und soziale Prozesse einer Definition der Tötungskriminalität, 1981; Kreuzer Kriminalistik 82, 428, 491; Rode/Scheld, Sozialprobleme bei Tötungsdelikten, 1986; Glatzel, Mord und Totschlag, 1987; Legnaro/Aengenheister KJ 95, 188; Oberlies MschrKrim 97, 133; Koslowski, Die Kriminologie der Tötungsdelikte, 1999; Rückert, Tote haben keine Lobby, 2000; Scheib, Die Dunkelziffer bei Tötungsdelikten, 2002; Egg (Hrsg), Tötungsdelikte, 2002; Häßler, in: Häßler (Hrsg), Begutachtungspraxis von Tötungsdelikten, 2003, S 61; Pierschke, in: Fabian (Hrsg), Qualitätssicherung in der Rechtspsychologie, 2003, S 337; Eisenberg Krim 45/13, 55/15 und 61/1; Kaiser Krim 59/1–17; Schwind Krim 19/18: „Beziehungsdelikt"; speziell zu bestimmten Tätergruppen Rasch, Tötung des Intimpartners, 1964; Trube-Becker, Frauen als Mörder, 1974; Lempp, in: Leygraf (Hrsg), Die Sprache des Verbrechens, 1993, S 7; Krieg, Kriminologie des Triebmörders 1996; Robertz, Wenn Jugendliche morden, 1999; Marneros, Sexualmörder, 1997 mit Bespr Rössner MschrKrim 99, 218; zum Vatermord Schaffstein, Stutte-FS, S 253; zur Elterntötung Schöch, FS für M Usteri, 1997, S 119; zur weiblichen Tötungsdelinquenz Burgheim MschrKrim 94, 232; Lamott ua MschrKrim 98, 235; bei Partnertrennung Burgheim, Psychologische Bedingungen bei Entstehung und Verlauf von Tötungsdelikten in der Situation der Partnertrennung, 1993; speziell zum Raubmord Steck/Post/Schrader MschrKrim 04, 117. – Zur **Rechtsgeschichte** Thomas, Die Geschichte des Mordparagraphen, 1985.

§ 211 Mord

(1) **Der Mörder wird mit lebenslanger Freiheitsstrafe bestraft.**

(2) **Mörder ist, wer**

aus Mordlust, zur Befriedigung des Geschlechtstriebs, aus Habgier oder sonst aus niedrigen Beweggründen,

heimtückisch oder grausam oder mit gemeingefährlichen Mitteln oder um eine andere Straftat zu ermöglichen oder zu verdecken,

einen Menschen tötet.

1. Allgemein zu den **Tötungsdelikten** ieS, namentlich zum geschützten Rechtsgut, zur zeitlichen Erstreckung des Strafschutzes und zur Beteiligung an der Selbsttötung 1–17 vor § 211; zur Systematik der Tatbestände vorsätzlicher Tötung 18–24 vor § 211; zu ihrer Reformbedürftigkeit und Kriminologie 25, 26 vor

§ 211

§ 211; krit zur „Gesetzesverständlichkeit" hinsichtlich der „lebenslangen Freiheitsstrafe" Luttermann ZRP 99, 334.

2 **2. Töten** 2 zu § 212. Auch hier kommt Unterlassen in Garantenstellung (6 zu § 13) in Frage (bei Dallinger MDR 66, 24; Sch/Sch-Eser 3 mwN; krit Jescheck JZ 61, 752), zB bei einem von anderen auf den Vater verübten Mordanschlag (BGHSt 19, 167; dazu Geilen FamRZ 64, 385); jedoch können sich Einschränkungen aus dem Inhalt des einzelnen Mordmerkmals ergeben (Sch/Sch-Eser 35; zB bei der Verdeckungsabsicht Mitsch JuS 96, 213, 218; Schlüchter BGH-FG, S 933, 944; Arzt, Roxin-FS, S 855; Roxin, Lüderssen-FS, S 577, 584; Rengier BT II 4/60–64; Weiß, Die Problematik der Verdeckungsabsicht im Mordtatbestand, 1997, S 236, aus der Rspr zur Verdeckungsabsicht vgl NJW 03, 1060 mit Bespr Otto JK 40).

3 **3. Die Mordmerkmale** (zu ihrer Bedeutung im Tatbestandsgefüge 19, 20 vor § 211; aus psychiatrischer Sicht krit Janzarik NervA 92, 656) haben von ihrem ausschlaggebenden Gewicht für die Anwendung des § 211 auch nach BGHSt-GS-30, 105 nichts eingebüßt; vor allem wird ihre Auslegung durch diese Entscheidung nicht oder allenfalls mittelbar berührt (Rspr-Übersicht bei Eser NStZ 81, 383, 429 und 83, 433 sowie bei Otto Jura 94, 141). – **Grundfälle** bei Mitsch JuS 96, 121, 123.

4 a) **Niedrige Beweggründe** (krit Eser, 53. DJT, Bd I, Gutachten Teil B, S 39; Heine, Tötung aus „niedrigen Beweggründen", 1988; rechtsstaatliche Bedenken bei Kargl StraFo 01, 365, 366 und Wolf, Schreiber-FS, S 519, 529):

aa) Mordlust, Befriedigung des Geschlechtstriebs und Habgier bezeichnen nur gesetzliche Beispiele **niedriger Beweggründe** („sonst", OGHSt 1, 95, 99). – **Mordlust** liegt vor, wenn der Tötungsvorgang als solcher den alleinigen Tötungsantrieb bildet, wenn es also an einem in der Person des Opfers oder der Tötungssituation liegenden Tatanlass und an einem über das Interesse am Tötungsakt hinausgehenden Tatzweck fehlt (BGHSt 34, 59 [mit Anm Geerds JR 86, 519]; 47, 128, 133 mit Bespr Otto JZ 02, 567, 568 und Saliger StV 03, 38, 39; NJW 94, 2629 mit krit Anm Fabricius StV 95, 637; Otto Jura 03, 612, 615; Küper BT S 222; Schneider MK 49); namentlich Handeln aus Freude am Töten, aus Neugierde, einen Menschen sterben zu sehen, aus reinem Mutwillen (Küpper BT 1 I 1/37) und aus Zeitvertreib (Otto Jura 94, 141, 144) kommt in Frage; anders als bei den niedrigen Beweggründen (s unten 5 b) soll es hier nicht auf die Steuerbarkeit gefühlsmäßiger Regungen ankommen (NJW 94, 2629 mit krit Bespr Grotendiek/Göbel NStZ 03, 118: Verstoß gegen das Schuldprinzip). – **Zur Befriedigung des Geschlechtstriebs** tötet, wer das Töten als Mittel zur geschlechtlichen Befriedigung benutzt (NJW 82, 2565); danach wird namentlich erfasst, wer in der Tötungshandlung selbst sexuelle Befriedigung sucht („Lustmord", BGHSt 7, 353), wer tötet, um sich an der Leiche zu vergehen (BGH aaO; bei Holtz MDR 82, 102) oder wer bei einer Vergewaltigung den Tod des Opfers billigend in Kauf nimmt (BGHSt 19, 101; bei Miebach NStZ 92, 229; Otto Jura 94, 141, 144; Schroeder JuS 94, 294, 296). Dagegen handelt derjenige nicht zur Befriedigung des Geschlechtstriebs, den das Bedürfnis nach sexueller Befriedigung erst überkam, nachdem er die maßgeblichen Ursachen für den Tod des Opfers gesetzt hatte (NStZ 01, 598; Otto Jura 03, 612, 616). – **Habgier** erfordert ungehemmte, überzogene und sittlich anstößige Steigerung des Erwerbssinns (krit Sch/Sch-Eser 17; Horn SK 12), die sich auch im Streben nach wirtschaftlicher Entlastung (zB Unterhaltsentziehung) äußern kann (BGHSt 10, 399; Jähnke LK 8; Neumann NK 22; vgl Küper BT S 178; aM Mitsch JuS 96, 121, 124; s auch bei Altvater NStZ 03, 21, 22: Ziel, Darlehen nicht zurückzahlen zu müssen. Das setzt Streben nach einer durch den Tod herbeizuführenden unmittelbaren Vermögensvermehrung oder Aussicht auf solche Vermehrung voraus (NJW 93, 1664 mit zust

Mord **§ 211**

Bespr Otto JK 24; s auch Paeffgen GA 82, 255, 257; krit Küper BT S 179; aM Tröndle/Fischer 8 a); ausreichend ist, dass durch die Tötungshandlung die aus dem zuvor vollendeten Raub stammende Beute gesichert werden soll (NJW 01, 763 mit Bespr Otto JK 36; Schneider MK 61, auch zum klassischen Fall des „Raubmordes"). Streben nach außergewöhnlicher Bereicherung ist nicht unbedingt erforderlich; auch die Motivation, um jeden Preis und ohne jede Rücksicht einen dem Opfer zustehenden Vermögensgegenstand zu erwerben, kann genügen (BGHSt 29, 317 mit krit Anm Alwart JR 81, 293). Sie fehlt idR, aber nicht notwendig (aM Hamburg NJW 47/48, 350), bei gewaltsamer Durchsetzung eines Anspruchs (Schmidhäuser, FS für W Reimers, 1979, S 445; Otto Jura 94, 141, 145; Küper, Meurer-GS, S 191, 205, auch eines nur vermeintlichen Anspruchs Mitsch aaO; aM Neumann NK 23; diff Otto GK 2 4/12; ein Ausweichen auf niedrige Beweggründe befürwortet beim Hinzutreten weiterer Umstände Schneider MK 64). Bei Vorliegen eines Motivbündels (vgl 5 c) muss die Habgier für das Gesamtbild der Tat prägend, dh „bewusstseinsdominant" sein (BGHSt 42, 301, 304; NJW 81, 932 mit Bespr Franke JZ 81, 525; s auch NJW 91, 1189; krit Alwart GA 83, 433; str); daran fehlt es, wenn durch die Tötung des gefesselten (Raub-)Opfers nur der Raub verdeckt werden soll (NJW 01, 763 mit zust Bespr Otto JK 36; unten 12).

bb) **Niedrig** sind Beweggründe, die nach allgemeiner sittlicher Wertung auf **5** tiefster Stufe stehen und deshalb besonders verwerflich, ja verächtlich sind (stRspr; vgl etwa BGHSt 3, 132; NStZ 97, 81; 98, 352; 99, 129 und 04, 34; NStZ-RR 00, 168 und 333; Küper BT S 96; Jähnke LK 24–31; einschr Heine aaO [vgl 4] S 210). Die Wertung erstreckt sich auf die Motivation im ganzen, namentlich auf die Mittel-Zweck-Relation. Sie ist also eine Gesamtwürdigung (NJW 69, 2292 und 81, 1382; NStZ 93, 182; NJW 96, 471; NStZ 99, 129; 01, 87 und 03, 146; alle mwN). Dabei können einerseits die Verschuldung der Konfliktslage und das Missverhältnis zwischen Anlass und Erfolg (StV 83, 503; Otto Jura 94, 141, 145; ähnlich Neumann NK 27; krit Geilen, Bockelmann-FS, S 613, 641), andererseits Persönlichkeitsmängel (bei Dallinger MDR 69, 723) und bei ausländischen Tätern auch Anschauungen ihrer Heimat berücksichtigt werden (NJW 80, 537 mit Anm Köhler JZ 80, 238; NJW 96, 602; StV 97, 565; NJW 04, 1466; einschr NStZ 02, 369 mit zT krit Bespr Hermanns/Klein JA 02, 749, Momsen NStZ 03, 237, Saliger StV 03, 22 und Otto JK 39). Bei sog Spontantaten sind niedrige Beweggründe nicht ausgeschlossen, bedürfen aber sorgfältiger Prüfung (NStZ-RR 96, 99; 98, 67 und 00, 333; NStZ 01, 87; NStZ-RR 03, 78 [mit Bespr Baier JA 03, 538] und 04, 108; s aber auch bei Altvater NStZ 99, 19). Politische Motive sind auch in demokratisch verfassten Staaten zwar häufig, aber nicht notwendig niedrig; entscheidend ist auch hier die Mittel-Zweck-Relation (hM; vgl etwa Neumann NK 39–41 anders Brocker JR 92, 13 und RuP 92, 211; Jähnke LK 27; Schneider MK 85).

In Frage kommen je nach den Umständen ua folgende Motivationen, sofern **5 a** sie ihrerseits auf einer niedrigen Gesinnung beruhen (bei Holtz MDR 80, 629, 985; NStZ 84, 261; weiter konkretisierend Jakobs NJW 69, 489; Paeffgen GA 82, 255, 266): Ausländerhass (NJW 00, 1583), Rassenhass oder Anmaßung einer Überlegenheit der eigenen Rasse (BGHSt 18, 37; auch wenn sich der Täter die rassistische Beweggründe anderer, denen er durch die Tat imponieren will, zu eigen macht, NJW 94, 395; Mitsch JuS 96, 121, 125; s auch NStZ 99, 129: „Imponiergehabe"); Aufwerfen zum Herrn über Leben und Tod aus reiner Willkür (NJW 71, 571; auch bei „grundloser" Tötung, die bei direktem Vorsatz zur Mordlust führt, BGHSt 47, 128 mit zust Anm Otto JZ 03, 567; krit aber Neumann JR 02, 471, und Saliger StV 03, 38); menschenverachtender Vernichtungswille (NStZ-RR 03, 78); Blutrache (NJW 96, 602); Rachsucht (NJW 58, 189; anders für „berechtigte" Racheaktionen StV 98, 25; NStZ-RR 03, 147, 149 und 04, 79); Eifersucht (BGHSt 3, 180; bei Altvater NStZ 02, 20, 23; zu Recht diff

§ 211

Rengier BT II 4/21 und W-Hettinger BT 1 Rdn 98); übersteigerter Geltungsdrang (MDR 75, 542; probl BGHSt 9, 180 mit Bespr Dreher MDR 56, 498); hemmungslose Eigensucht (VRS 17, 187; bei Dallinger MDR 71, 122; s auch bei Holtz MDR 87, 280), die in Parallele zum Verdeckungsmord (vgl 12, 13) auch darauf gerichtet sein kann, sich der Verantwortung für begangenes Unrecht zu entziehen (bei Holtz MDR 88, 276; NJW 92, 919 mit abl Anm Hohmann NStZ 93, 183; NStZ 97, 81 mit krit Anm Walter NStZ 98, 36; Miehe JuS 96, 1000, 1005; NStZ-RR 99, 234 mit zust Bespr Otto JK 33; bei Altvater NStZ 03, 21, 23; NStZ 03, 146; krit aber Bosch/Schindler Jura 00, 78, 83 und Neumann NK 37; beachte jedoch zum Vorrang des Verdeckungsmordes NStZ-RR 99, 235); Wut oder Enttäuschung über verweigerten Geschlechtsverkehr (BGHSt 2, 60); Tötung der Ehefrau, um sich einer anderen Frau zuzuwenden (BGHSt 3, 132; LM Nr 34); Tötung eines anderen, um statt seiner als tot zu gelten (NStZ 85, 454); Tötung eines anderen, um die Frau des Opfers zu heiraten und in den Genuss der auf das Opfer abgeschlossenen Lebensversicherung gelangen zu können (NStZ 98, 352); Tötung eines Unbeteiligten als Bestrafungsaktion für die vermeintliche Unterstützung einer Person, an der Rache geübt werden sollte (NStZ-RR 00, 168); bewusstes Abreagieren frustrationsbedingter Aggressionen an einem Unbeteiligten (BGHSt 47, 128 mit krit Bespr Saliger StV 03, 38, 41). Allgemein können auch Wut (NJW 96, 471; NStZ-RR 96, 99 und 04, 108) und Haß (NStZ-RR 99, 106) genügen, wenn sie ihrerseits auf niedrigen Beweggründen beruhen (NStZ 95, 181; StV 95, 301; NStZ-RR 96, 99; StV 01, 228; bei Altvater NStZ 03, 21, 23; NStZ 04, 34, alle mwN); daran kann es fehlen, wenn die Wut nicht einer gewissen Berechtigung entbehrt (NStZ 02, 368) oder wenn Gefühle der Verzweiflung und der inneren Auswegslosigkeit beim verlassenen Ehepartner auch tatauslösend und tatbestimmend sind (NStZ 04, 34). Bei politischen Motiven genügen regelmäßig selbstsüchtiges oder gruppenegoistisches Machtstreben und persönlicher Hass (NStZ 04, 89 mit Anm Schneider; v Selle NJW 00, 992; zusf Zielke JR 91, 136 und 92, 230; zur unterschiedlichen Bewertung der Gruppendynamik bei Altvater NStZ 04, 23, 25); nicht dagegen eine Protesthaltung gegen eine Flughafenerweiterung (NStZ 93, 341 mit krit Bespr Otto JK 24 und Brocker NStZ 94, 33, der jede politisch motivierte Tötung außerhalb der Grenzen des Art 20 IV GG genügen lässt). Auf niedrigen Beweggründen können auch die Tötungshandlungen sog Mauerschützen zur Verhinderung der Republikflucht (16 zu § 2) beruhen (im konkreten Fall verneinend NJW 95, 2732; vgl Jakobs NStZ 95, 26 und Gropp JuS 96, 13, 18; sowie Momsen NStZ 03, 237).

5 b Der Umstände, die den Antrieb zum Handeln sittlich besonders verwerflich machen, muss der Täter **sich bewusst sein** (NStZ 83, 19; NJW 96, 602; NStZ-RR 99, 234) und die Bedeutung seiner Beweggründe und Ziele für die Bewertung der Tat erfassen; soweit dabei emotionale Regungen in Frage stehen, muss er diese nach stRspr auch gedanklich beherrschen und willensmäßig steuern können (zB BGHSt 6, 329; 47, 128, 132 mit krit Bespr Neumann JR 02, 471, 473; NStZ 93, 281; NJW 93, 3210 mit krit Anm Fabricius StV 94, 373; NJW 96, 602; NStZ 96, 384; NStZ-RR 98, 133; 00, 168, 169 und 333; StV 01, 228; NStZ-RR 03, 78 mit Bespr Baier JA 03, 538; NStZ 04, 34; Otto Jura 94, 141, 146); dies kann bei schweren Persönlichkeitsstörungen zweifelhaft sein (bei Altvater NStZ 02, 20, 23 und 03, 21, 24) und bei entsprechender geistig-seelischer Verfassung, zB Verzweiflung, zu verneinen sein (NStZ-RR 04, 44); ebenso bei ausländischen Tätern (NJW 04, 1466). Jedoch braucht er seine Beweggründe nicht selbst als niedrig zu beurteilen (NJW 67, 1140; NStZ 93, 182; NJW 94, 395, 396 und 2629, 2630; 17 zu § 15; aM Köhler aaO); zur Wahrung des Schuldprinzips genügt seine Fähigkeit zu solcher Beurteilung (NStZ 81, 258).

5 c Handelt der Täter aus **mehreren Beweggründen** (sog Motivbündel), so müssen die niedrigen in der Gesamtwürdigung überwiegen, dh der Tat das Gepräge geben (NStZ 89, 19 und 97, 81; NStZ-RR 04, 14; Neumann NK 31; s auch BGHSt 47, 128, 131 mit krit Bespr Neumann JR 02, 471). Läßt das Verhalten im Hinblick auf die Motivation verschiedene Deutungen zu, so muss jede der in Frage kommenden Möglichkeiten einen niedrigen Beweggrund ergeben (GA 80, 23; s auch bei Holtz MDR 81, 267). Kommen nur niedrige Beweggründe in Betracht, so kommt es nicht darauf an, welcher tatsächlich vorherrschend war (NStZ-RR 98, 133).

b) Heimtückisch tötet, wer in feindlicher Willensrichtung die objektiv gegebene (hM) Arg- und Wehrlosigkeit seines Opfers bewusst zur Tötung ausnutzt (BGHSt 32, 382; 39, 353, 368; Küper BT S 180; krit zu dieser Definition Otto Jura 94, 141, 147). Grundgedanke dieser Definition ist die für das Opfer gesteigerte Gefährlichkeit der Tatausführung (BGHSt 11, 139, 143; Küper JuS 00, 740, 742). Dennoch ist diese weite, in ständiger Rspr gefestigte, aber in Grenzbereichen immer wieder korrigierte (krit dazu Kerner, Heidelberg-FS, S 419, 433; nach Kargl StraFo 01, 365, 370: „regelrechte Bastlertechnik") Begriffsbestimmung verfassungsrechtlich problematisch (BVerfGE 45, 187, 262; beachte jedoch BVerfG NJW 01, 669, wo NJW 00, 3079 trotz der weiten Definition bestätigt wird). Zwar hat der BGH einige Möglichkeiten der Restriktion wahrgenommen, jedoch einschneidendere Korrekturen, etwa durch Einschränkung auf überlegtes Handeln (BGHSt-GS-11, 139) oder durch das Erfordernis verwerflicher Gesinnung (BGHSt-GS-9, 385), stets abgelehnt. – Im **Schrifttum** wird dagegen überwiegend ein Missbrauch von Vertrauen vorausgesetzt (so zB Schaffstein, Mayer-FS, S 419; Schmidhäuser JR 78, 265, 269; Lange, Schröder-GS, S 217, 233; Otto JR 91, 382; Sch/Sch-Eser 26 mwN; mit Recht krit jedoch Geilen, Schröder-GS, S 235, 253 und Bockelmann-FS, S 613, 617; Rengier MDR 80, 1, 4; Mitsch JuS 96, 213; W-Hettinger BT 1 Rdn 108; Jähnke LK 48–50; Neumann NK 49); zum Teil wird auch auf den Missbrauch zuvor „verlangten" Vertrauens (Jakobs JZ 84, 996), auf den „Missbrauch sozialpositiver Verhaltensmuster" (Meyer JR 79, 441, 485), auf die Ausnutzung „begründeter" Arglosigkeit (Arzt JR 79, 7, 12), auf „unrechtsbewusst-überlegtes" Ausnutzen der Arg- und Wehrlosigkeit (Köhler JuS 84, 762, 765), auf den Missbrauch von Vertrauen unter Ausnutzung der Arg- und Wehrlosigkeit „in menschenverachtender Gesinnung" (Langer JR 93, 133, 138), auf „tückisch-verschlagenes" (Spendel JR 83, 269, 271 und StV 84, 45; Schild JA 91, 48, 55; W-Hettinger BT 1 Rdn 114; Neumann NK 70) oder „heimlich-verschlagenes" (Veh, Mordtatbestand und verfassungskonforme Rechtsanwendung, 1986, S 161) Vorgehen, auf „hinterhältiges" Verhalten (Küpper, Kriele-FS, S 777, 787), auf „besonders weitgehende, dem Opfer nicht erkennbare Tatvorbereitung" (Schmoller ZStW 99, 389) oder allgemeiner auf das Fehlen eines „achtenswerten Grundes" (Schwalm MDR 57, 260 und 58, 396) abgestellt (zusf Miehe JuS 96, 1000, 1003; Küper JuS 00, 740, 745; Bürger JA 04, 298, 301). – Die nach der Rspr nicht zureichend eingrenzbare Weite des Begriffs hat zur Anerkennung einer **übergesetzlichen Strafmilderung** nach dem Maßstab des § 49 I Nr 1 für den Fall geführt, dass **außergewöhnliche Umstände** die Verhängung der lebenslangen Freiheitsstrafe als unverhältnismäßig erscheinen lassen (20 vor § 211; näher konkretisierend Günther JR 85, 268; s auch Frommel StV 87, 292); ob solche Umstände, die zB bei Tötungen in großer Verzweiflung, aus tiefem Mitleid (beachte jedoch 6 a), aus gerechtem Zorn über grundlos erlittene schwere Kränkungen, in lebensgefährlichen Zwangssituationen (NStZ 95, 231) oder in einem nicht vom Opfer verursachten zermürbenden und ausweglosen Konflikt in Frage kommen (BGHSt-GS-30, 105, 119; NStZ 82, 69; NJW 83, 54 und 55), im Einzelfall vorliegen, ist erst nach Erschöpfung aller gesetzlichen Milderungsmöglichkeiten zu prüfen (BGHSt 48, 255, 262 mit Bespr Widmaier NJW 03, 142, Beckemper JA 04, 99, Hillenkamp JZ 04, 48, Kargl Jura 04, 189, Otto NStZ 04,

§ 211

142; NJW 83, 2456 mit Bespr Hassemer JZ 83, 967, Rengier NStZ 84, 21 und Spendel StV 84, 45) und nur in wirklichen „Grenzfällen" zu bejahen (NStZ 83, 553; s auch NJW 90, 2896; Fünfsinn Jura 86, 136; Otto Jura 03, 612, 620), unterliegt im Übrigen aber tatrichterlicher Würdigung mit der Folge, dass eine Nachprüfung durch das Revisionsgericht nur begrenzt möglich ist. – Zum Heimtückebegriff **im Einzelnen:**

6a aa) An der **feindlichen Willensrichtung** fehlt es, wenn der Täter zum Besten des Opfers zu handeln glaubt (BGHSt 30, 105, 119 mwN), was etwa beim Selbsttötungsversuch unter Mitnahme von Familienangehörigen (StV 89, 390; NStZ 95, 230 mit Bespr Winckler/Foerster NStZ 96, 32; unter Berücksichtigung des Willens der Opfer zu Recht einschr NStZ-RR 00, 327 [mit Bespr Baier JA 01, 97 und Otto JK 35]; bei Altvater NStZ 02, 20, 22; vgl auch Mitsch JuS 96, 213, 214 und Mielke NStZ 96, 477; Arzt/Weber BT 2/46) oder bei mitleidmotivierter verbotener Sterbehilfe (BGHSt 37, 376 mit Anm Roxin NStZ 92, 35; krit zur tatsächlichen Würdigung der Tätermotivation als Mitleid Geilen, Spendel-FS, S 521 und Otto Jura 94, 141, 147 und 03, 612, 619) in Frage kommt.

7 bb) **Arglos** ist, wer sich keines Angriffs von Seiten des Täters (bei mittelbarer Täterschaft des Tatmittlers, Bürger JA 04, 298, 301) versieht (BGHSt 32, 382; 39, 353, 368; 41, 72, 79), also die allgemeine Erwartung hegt, es werde ihm von dessen Seite nichts Arges zustoßen (BGHSt 27, 322). Arglos ist danach nicht, wer tatsächlich mit einem Angriff rechnet, soll aber – normativ gesehen – auch derjenige nicht sein, der zB wegen der Fortsetzung seines rechtswidrigen Angriffs auf das Vermögen des Täters mit dessen auch überzogener Gegenwehr rechnen muss (BGHSt 48, 207 mit zust Bespr Roxin JZ 03, 966, Widmaier NJW 03, 2788, 2790 und Trüg JA 04, 272; krit aber Otto Jura 03, 612, 618; Schneider NStZ 03, 428, Hillenkamp JZ 04, 48 und Bürger JA 04, 298, 299; unentschieden Geppert JK 41). – Für die Arglosigkeit ist das positive Bewusstsein erforderlich, vor einem Angriff sicher zu sein (hM; anders Dreher MDR 70, 248; Kindhäuser BT I 2/23; Horn SK 30); ein Besinnungsloser ist danach nicht arglos (NJW 66, 1823; StV 98, 545; Bürger JA 04, 298; W-Hettinger BT 1 Rdn 120; Jähnke LK 42; aM Hohmann/Sander BT II 2/14; Krey BT 1 Rdn 45), ebenso wenig eine Person, die infolge von Krankheit die Absicht des Täters nicht erkennen kann (NStZ 97, 490 mit krit Bespr Otto JK 31), wohl idR aber der Schlafende, weil er die Arglosigkeit mit in den Schlaf nimmt (BGHSt 23, 119; 32, 382, 386; 48, 255 mit Anm Hillenkamp JZ 04, 48, Kargl Jura 04, 189 und Rengier NStZ 04, 233, 235, krit Otto NStZ 04, 142; bei Altvater NStZ 02, 20, 22; NStZ-RR 04, 139; krit zu dieser Differenzierung Otto Jura 94, 141, 149 und 03, 612, 618; Kutzer NStZ 94, 110; Bosch/Schindler Jura 00, 77, 79; Küper JuS 00, 740, 744; Neumann NK 57; s auch Fahl Jura 98, 456, 457); auch ein dreijähriges Kind kann arglos sein (NStZ 95, 230 mit Bespr Geppert JK 27; vgl auch 9). Nach einer früher wesentlich strengeren Rspr (BGHSt 7, 218; 20, 301; GA 67, 244) hat der BGH vorübergehend angenommen, dass Arglosigkeit schon entfalle, wenn eine offene Auseinandersetzung von vornherein im Zeichen feindseligen Verhaltens stehe, und zwar unabhängig davon, ob sich das Opfer gerade eines tätlichen Angriffs versehe oder nicht (BGHSt 27, 322; NStZ 83, 34; krit BGHSt-GS-30, 105, 113; Geilen, Schröder-GS, S 235; zusf Eser NStZ 83, 433, 436); inzwischen stellt er aber wieder auf Arglosigkeit im Hinblick auf einen **tätlichen,** dh gegen die körperliche Unversehrtheit gerichteten, erheblichen **Angriff** ab (BGHSt 33, 363 mit krit Anm Rengier NStZ 86, 505 und Frommel StV 87, 292; NJW 91, 1963 mit krit Bespr Otto Jura 94, 141, 149; NStZ 93, 341; 99, 506 [mit Bespr Jahn/Risberg JA 00, 272] und 02, 368; NStZ-RR 02, 233 [dazu Otto Jura 03, 612, 618], alle mwN). Zweifelsfrei arglos ist, wer nach vorausgegangenem Streit jedenfalls zu dieser Zeit kein feindseliges Verhalten mehr erwartet (BGHSt 7, 218; 28, 210; 39, 353, 369; NStZ-RR 96, 322 und 97, 168). Arglosigkeit entfällt, wenn das Opfer einen An-

griff des Täters für möglich hält und ihm deshalb die Möglichkeit bleibt, dem Angriff zu begegnen (StV 98, 543 und 544); sie entfällt nicht schon wegen eines generellen Misstrauens, das zB Polizisten „rollenbedingt" vor Menschengruppen hegen (BGHSt 41, 72, 79 mit krit Bespr Schuster NJW 95, 2698). – IdR muss die Arglosigkeit bei **Beginn der (ersten) mit Tötungsvorsatz geführten Angriffshandlung,** dh bei Eintritt der Tat in das Versuchsstadium, bestehen (BGHSt 32, 382, 384 mit Bespr Meyer JR 86, 133; NJW 91, 1963 mit krit Anm Otto JR 91, 382; NStZ 93, 438; NStZ-RR 96, 98; 99, 101 und 234 [mit krit Bespr Bosch/Schindler Jura 00, 78] sowie 01, 14; NStZ 03, 146; Küper JuS 00, 740, 742; Bürger JA 04, 298, 299; Neumann NK 62); dabei können auch Vorkehrungen, mit denen der Täter eine günstige Gelegenheit zur Tötung zu schaffen sucht, die Heimtücke begründen, wenn sie bei der Tatausführung noch fortwirken (NStZ 89, 364 mit krit Bespr Otto JK 19). Danach genügt es nicht, wenn der Täter das zunächst arglose Opfer mit Körperverletzungsvorsatz angreift, dann aber während der feindseligen Auseinandersetzung zur Tötung übergeht (BGHSt 19, 321; StV 98, 545), oder wenn er es ohne Tötungsvorsatz wehrlos macht und dann erst einen offenen tödlichen Angriff anschließt (BGHSt 32, 382), wohl aber, wenn sich das Opfer, in eine Falle gelockt, plötzlich dem feindseligen Täter gegenübersieht (BGHSt 22, 77; 32, 382, 384; NJW 91, 1963; Küper aaO S 743, 744; vorgreifender und fortwirkender Entzug von Verteidigungsmöglichkeiten; krit Arzt/Weber BT 2/48). – Nach der Rspr ist heimliches Vorgehen nicht erforderlich; auch ein offener Angriff trifft danach auf ein argloses Opfer, wenn er so überraschend erfolgt, dass eine Gegenwehr unmöglich gemacht wird (NStZ-RR 97, 168 mit Bespr Lesch JA 97, 536; NStZ 99, 506; bei Altvater NStZ 02, 20, 22; 02, 368 [dazu Otto Jura 03, 612, 618] und 03, 146; NStZ-RR 04, 14; ebenso Küpper BT 1 I 1/45).

cc) **Wehrlos** ist, wer bei Beginn des Angriffs (GA 67, 244) infolge seiner Arglosigkeit in seiner natürlichen Abwehrbereitschaft und -fähigkeit stark eingeschränkt ist (GA 71, 113; NStZ 97, 490; Küper JuS 00, 740, 741); daran fehlt es, wenn das Opfer über effektive Abwehrmittel verfügt, zB fliehen oder Hilfe herbeirufen kann (Küper aaO; Jähnke LK 44 mwN). 8

dd) **Ausgenutzt** werden muss die Arg- und Wehrlosigkeit; Ausnutzung nur der Wehrlosigkeit genügt nicht (BGHSt 32, 382, 388; 39, 353, 369). Besonderer Überlegung oder eines **zuvor erwogenen Tatplans** bedarf es dazu nicht (BGHSt 2, 60; StV 81, 339 mit Anm Burgsmüller); namentlich nicht in dem Sinne, dass der Täter seinen Tötungsentschluss davon abhängig gemacht hat, die Tat unter Ausnutzung der Arg- und Wehrlosigkeit ausführen zu können (NStZ 87, 173); auch wer auf jeden Fall, dh unabhängig von den Ausführungsmöglichkeiten, töten will, kann heimtückisch handeln (NStZ 85, 216; NStZ-RR 97, 294 mit krit Bespr Martin JuS 98, 85); jedoch muss dem Täter nach der Rspr der Arg- und Wehrlosigkeit in ihrer Bedeutung für die hilflose Lage **bewusst** sein (BGHSt 6, 120; 22, 77, 80; 39, 353, 369; NStZ 93, 341 und 97, 490; NStZ-RR 97, 294; 01, 14 und 296, 297 sowie 04, 79; krit Rengier MDR 80, 1, 2; beachte auch NStZ 84, 506), was bei hochgradiger Erregung häufig, aber nicht notwendig ausgeschlossen ist (NStZ 87, 555; bei Holtz MDR 90, 1066; NStZ 01, 86; NStZ-RR 01, 296, 297; beachte aber auch bei Altvater NStZ 99, 19, alle mwN); dasselbe gilt bei plötzlich aufwallender Wut und Verbitterung (bei Altvater NStZ 02, 20, 22); das Ausnutzungsbewusstsein kann auch wegen erheblich verminderter Schuldfähigkeit fehlen (NStZ 02, 368, 369); ein spontaner Tatentschluss kann ein Indiz gegen ein bewusstes Ausnutzen sein (bei Altvater NStZ 03, 21, 23). – Erforderlich ist ferner, dass sich das Opfer ohne das Verhalten des Täters **aus eigener Kraft** – nicht jedoch nur durch instinktives Ausspucken vergifteter Nahrung (Rengier BT II 4/29; W-Hettinger BT 1 Rdn 121; Neumann NK 58; aM BGHSt 8, 216 mit krit Bespr Fahl JA 99, 284; Haft BT S 86) – oder mit Hilfe Dritter hätte wehren können 9

§ 211 BT. 16. Abschnitt. Straftaten gegen das Leben

(BGHSt 4, 11; 18, 38). Das kann schon bei verhältnismäßig kleinen Kindern in Frage kommen (NJW 78, 709; bei Altvater NStZ 04, 23, 26); auch kann die Tötung von Kleinkindern durch Ausnutzen der Arglosigkeit einer schutzbereiten Person begangen werden (BGHSt 8, 216; krit BVerfGE 45, 187, 266; vgl auch NStZ 97, 490). – Der Täter braucht die schutzlose Lage **nicht selbst** herbeigeführt zu haben (BGHSt 18, 87); es genügt, dass er eine zufällig vorhandene Lage bewusst (bei Holtz MDR 79, 455) ausnutzt (BGHSt 32, 382, 384; Küper JuS 00, 740, 741).

10 c) **Grausam** tötet, wer dem Opfer besonders starke Schmerzen oder Qualen körperlicher oder seelischer Art (schon das einjährige Kind kann Verhungern und Verdursten als solche Qualen empfinden, bei Dallinger MDR 74, 14) aus gefühlloser, unbarmherziger Gesinnung zufügt (hM; vgl etwa BGHSt 3, 180, 264 und Küper BT S 175; weiter Witt, Das Mordmerkmal „grausam", 1996, S 156, 169 und Sch/Sch-Eser 27, alle mwN); daran fehlt es, wenn das Opfer alsbald bewusstlos wird (bei Altvater NStZ 02, 20, 24). Dabei muss die Grausamkeit nicht notwendig in der eigentlichen Ausführungshandlung liegen (Otto Jura 94, 141, 150; krit Küper aaO S 177); sie kann sich auch aus Umständen ergeben, unter denen nach dem Tatplan die Tötung eingeleitet oder vollzogen wird (NJW 71, 1189; StV 97, 565, beide mwN); ein bloß enger zeitlicher Zusammenhang zwischen grausamen, ohne Tötungsvorsatz begangenen Körperverletzungshandlungen und der anschließenden (NJW 86, 265 mit Bespr Amelung NStZ 86, 265) oder vorausgegangenen (BGHSt 37, 40; krit Neumann NK 81), selbst nicht grausamen Tötungshandlung genügt jedoch nicht. Die erforderliche Gesinnung (dazu NStZ 82, 379; krit Kargl StraFo 01, 365, 371 und Neumann NK 77) braucht nicht im Wesen des Täters zu wurzeln; sie muss ihn nur bei der Tat beherrschen (BGH aaO). Sie wird nicht dadurch ausgeschlossen, dass der Täter aus einem niedrigen Beweggrund handelt (NJW 88, 2682), kann aber bei hochgradiger Erregung oder heftiger Gemütsbewegung fehlen (bei Holtz MDR 87, 623 mwN; krit Jähnke LK 55).

11 d) **Gemeingefährlich sind Mittel,** deren Wirkung auf Leib oder Leben einer Mehrzahl anderer Menschen der Täter nach den konkreten Umständen nicht in der Hand hat (NJW 85, 1477 mit Bespr Brandts JA 85, 491, Horn JR 86, 32 und Rengier StV 86, 405; bei Holtz MDR 93, 720; Küper BT S 221; einschr auf Gefahr für das Leben Neumann NK 84; für Streichung des Merkmals Kargl StraFo 01, 365, 372; eingehend v Danwitz Jura 97, 569). Die Verwendung einer Pistole zur Tötung eines bestimmten Menschen genügt jedoch nicht, auch wenn der Täter in Kauf nimmt, dass der Schuss fehlgehen und einen Unbeteiligten aus einer Vielzahl von Menschen treffen kann (BGHSt 38, 353 mit Bespr Rengier JZ 93, 364, Jung JuS 93, 518, Geppert JK 23 und v Heintschel-Heinegg JA 93, 222). Dasselbe gilt für bloß abstrakte Gemeingefährlichkeit (v Danwitz aaO S 573; anders wohl Horn SK 49, 50, der aber auch die Nichtbeherrschung des Mittels durch den Täter im konkreten Falle verlangt), während der Eintritt einer konkreten Gefahr (20–22 zu § 315 c) nicht unbedingt erforderlich ist (Otto Jura 94, 141, 150; aM Rengier aaO), auch nicht die Vornahme einer Handlung im Sinne des 28. Abschnitts. – Der Täter muss das Mittel zur Tötung einsetzen; die bloße Ausnutzung einer – sei es auch vom Täter selbst ohne Tötungsvorsatz herbeigeführten – gemeingefährlichen Lage reicht nicht aus (BGHSt 34, 13; s auch NJW 03, 1058, 1059, wo die Frage, ob ein Mord mit gemeingefährlichen Mitteln durch Unterlassen begangen werden kann, offen gelassen wird).

12 e) aa) **Um eine andere Straftat** (nicht lediglich Ordnungswidrigkeit, BGHSt 28, 93; bei Altvater NStZ 03, 21, 23; Mitsch JuS 96, 213, 218; str) **zu ermöglichen oder zu verdecken** setzt die – nicht notwendig ausschließliche (bei Holtz MDR 84, 276; NStZ 03, 261) – Absicht im Sinne zielgerichteten Wollens (20 zu

Mord **§ 211**

§ 15) voraus (NStZ 96, 81 [mit Bespr Fischer, NStZ 96, 416 und Otto JK 29] zur Ermöglichungsabsicht); daran kann es bei demjenigen fehlen, der nur einen lästigen Verfolger loswerden will (vgl NStZ-RR 97, 132; Küper BT S 326: „bloße Verfolgungsvereitelung"; zur Vereinbarkeit von Flucht mit Verdeckungsabsicht s jedoch NJW 99, 1039 mit Bespr Kudlich JAR 99, 21, Schroth NStZ 99, 554, Hefendehl StV 00, 107, 110, Momsen JR 00, 29, 31; krit Sowada JZ 00, 1035, 1045). Die andere Straftat kann die des Täters oder eines Dritten sein (BGHSt 9, 180) und auch nur – sei es infolge eines Tatsachen- oder Bewertungsirrtums (Jähnke LK 10, 18; zw) – in der Vorstellung des Täters bestehen (hM; vgl BGHSt 11, 226; 28, 93); die (irrige) Annahme, die andere Tat sei nicht strafbar, genügt jedoch nicht (JR 93, 163 mit Anm Sick; Grundst Jura 02, 252, 253; enger Sch/Sch-Eser 33). Andere Straftat ist bei der Ermöglichungsabsicht auch der Betrug zum Nachteil der Lebensversicherung (NJW 00, 2517, 2519 mwN). Andere Straftat ist bei der Verdeckungsabsicht der vorausgegangene Raub, auch wenn die Tötung schon vor dem Raub geplant war, aber erst nach dessen Ausführung ausgeführt werden sollte (NJW 01, 763 mit Bespr Otto JK 36). – **Verdeckung der Täterschaft,** die nach der Vorstellung des Täters den Strafverfolgungsbehörden noch unbekannt ist (GA 79, 108; NStZ-RR 97, 132), bedeutet zugleich Verdeckung der (uU bereits bekannten) Tat (NJW 88, 2682 mwN); es genügt daher, wenn der Täter den von ihm angefahrenen Fußgänger (VRS 23, 207) oder den ihn nach einem Verkehrsdelikt anhaltenden (BGHSt 15, 291; VRS 26, 202) oder verfolgenden (NJW 68, 660) Polizeibeamten tötet, um unerkannt zu entkommen. – **Ziel** der Verdeckungshandlung kann nach der Rspr außer der Abwehr der Strafverfolgung auch die Vermeidung außerstrafrechtlicher Konsequenzen wie zB die Entziehung der erschlichenen Beute durch die Geschädigten der Vortat sein (BGHSt 41, 8 mit zust Anm Saliger StV 98, 19; NStZ 99, 243 [mit Bespr Otto JK 99 § 211/6] und 615); diese weite Auslegung ist zwar mit dem Wortlaut der Verdeckungsmodalität vereinbar, doch verfehlt sie deren Qualifikationsgrund, den Schutz staatlicher Strafverfolgungsinteressen gegen massive, straftatverdeckende Eingriffe (Küper JZ 95, 1158; ähnlich Brocker MDR 96, 228; Buttel/Rotsch JuS 96, 327, 329; Otto JK 26; Sowada JZ 00, 1035; Joecks 51, 52; Krey BT 1 Rdn 79; Rengier BT II 4/56; aM Saliger ZStW 109, 302, 317; Hohmann/Sander BT II 2/83; Kindhäuser BT I 2/43; Jähnke LK 15; Neumann NK 95, 96; Tröndle/Fischer 29a); die von der Rspr aufgestellte These von der „Verknüpfung von Unrecht mit weiterem Unrecht" trägt die Qualifikation nicht (Küper aaO S 1162; Sowada aaO S 1037; Heine, in: Ehrengabe für A-E Brauneck, 1998, S 315, 328, 336). Die andere Tat kann mit dem Mord **tateinheitlich zusammentreffen,** zB wenn in natürlicher Handlungseinheit eine Körperverletzung oder ein abgeschlossener Tötungsversuch und zu deren Verdeckung unmittelbar anschließend eine Tötung begangen wurde (BGHSt 35, 116, 123; NJW 92, 919; beachte auch NStZ-RR 99, 234 mit krit Bespr Bosch/Schindler Jura 00, 78, 81 und Otto JK 33), auch wenn sich in natürlicher Handlungseinheit ein versuchtes Tötungsdelikt an den noch nicht beendeten Versuch einer räuberischen Erpressung anschließt (NStZ 03, 371, 372), nicht aber, wenn eine vorsätzlich begangene Tötung lediglich vollendet wurde (NJW 90, 2758 mit Anm Hohmann JR 91, 212; NStZ 00, 498 und 02, 253 mit Bespr Hermanns JAR 01, 178, Baier JA 02, 842, Freund JuS 02, 642 und Otto JK 38); anders soll dies bei einer deutlichen zeitlichen Zäsur zwischen der ersten und zweiten aktiven Tötungshandlung sein (NStZ 03, 259; krit zu dieser Differenzierung Freund aaO S 644 und Rengier BT II 4/65); dagegen soll kein Verdeckungsmord durch Unterlassen vorliegen, wenn zwischen dem Handlungs- und Unterlassungsteil eine zeitliche Zäsur liegt (NJW 03, 1060 mit krit bespr Freund JuS 04, 123, Stein JR 04, 79 und Otto JK 40). – Zur Vereinbarkeit bedingten Vorsatzes mit der erforderlichen Absicht beachte 15. – Zur „Verdeckung" durch Unterlassen s oben 2 sowie Küper BT S 329 und Neumann

§ 211 BT. 16. Abschnitt. Straftaten gegen das Leben

NK 100–102. – Rechtsgeschichtlich und rechtsvergleichend Weiß, Die Problematik der Verdeckungsabsicht im Mordtatbestand, 1997. – Zusf zur Verdeckungsabsicht Geppert Jura 04, 242.

13 bb) Zur **Wahrung der Verhältnismäßigkeit** ist in Grenzfällen der **Verdeckungsabsicht** eine enge Auslegung geboten (BVerfGE 45, 187, 266; krit zur Berechenbarkeit Kargl StraFo 01, 365, 373), die allerdings nicht so weit geht, dass nur noch solche Verdeckungstaten erfasst werden, die schon im Voraus geplant waren (BGHSt 27, 281; bei Holtz MDR 83, 622) oder mit Überlegung begangen wurden (hM; anders Köhler JZ 81, 548; Wohlers JuS 90, 20, 23). Unter dem Eindruck verfassungsgerichtlicher Kritik (BVerfG aaO S 266; s auch 18–21 vor § 211) hatte der 2. StS des BGH gewisse Grenzfälle unmittelbaren nahtlosen Übergehens einer gegen Leib oder Leben gerichteten Vortat in die Verdeckungstat aus dem Anwendungsbereich des Mordmerkmals ausgeschieden (vgl etwa BGHSt 27, 346; NStZ 84, 453), ist davon aber mit Recht wieder abgerückt (BGHSt 35, 116 mit krit Bespr Schmidhäuser NStZ 89, 55, Timpe NStZ 89, 70, Hohmann/Matt JA 89, 134 und Wohlers aaO; die Entwicklung zusf Laber MDR 89, 861, Otto Jura 94, 141, 151, Weiß aaO [vgl 12] S 262, Freund JuS 02, 642 und Küper BT S 328). Stattdessen erwägt er jetzt, die Verdeckungsabsicht als spezielle Ausprägung und damit als bloßes Regelbeispiel eines niedrigen Beweggrundes zu verstehen und auf diese Weise die Möglichkeit einer abschließenden Gesamtwürdigung (vgl 5) zu eröffnen (BGH aaO S 126). Dieses Modell ist zwar der Rechtsfolgenlösung bei der Heimtücke (vgl 6) überlegen (für eine Übertragung der Rechtsfolgenlösung auf die Verdeckungsabsicht Jähnke LK 13), aber wegen seines offenbaren Widerspruchs zum Gesetzeswortlaut nicht unbedenklich (krit Timpe, Laber und Wohlers aaO und Sowada JZ 00, 1035, 1041); dies gilt auch für das Modell der doppelten (finalen und psychologischen) Motivprüfung von Groth (Der Verdeckungsmord als doppelmotivierter Handlungsakt, 1993, S 179); beide Modelle bestätigen nur ein weiteres Mal die Reformbedürftigkeit der Tötungstatbestände (25 vor § 211; Küpper BT 1 1/57; ebenso Saliger ZStW 109, 302, 329, der für das geltende Recht eine negative Typenkorrektur zur Ausscheidung nicht höchststrafwürdiger Tötungen vorschlägt; krit Sowada aaO S 1044).

14 **4. a)** Der **Vorsatz** muss neben der Tötungshandlung (dazu 2 zu § 212) auch die äußeren Merkmale umfassen, die die Tat als Mord gegenüber dem Totschlag kennzeichnen (LM Nr 2). Dabei kommt es auf das Bewusstsein im Augenblick der Tat (nicht der Planung) an; fehlt das aktuelle Bewusstsein (9 zu § 15) – selbst in Folge eines verschuldeten Affekts –, so ist das Merkmal nicht zurechenbar (BGHSt 6, 329; s auch NJW 00, 3079); zu dem entsprechenden Bewusstsein bei den Motiv- und Absichtsmerkmalen vgl 5 b, 9; beim Verdeckungsmord sind strenge Anforderungen an den vorsatzausschließenden affektiven Erregungszustand zu stellen (NJW 99, 1039 mit zust Anm Momsen JR 00, 29, 31); zur Bedeutung des Affekts für die Mordmerkmale und ihre innere Tatseite vgl Kleszcewski, in: ders (Hrsg), Affekt und Strafrecht, 2004, S 63. – Zu Irrtumsproblemen bei den Mordmerkmalen Grunst Jura 02, 252.

15 **b) Bedingter Vorsatz** genügt (DAR 82, 297). Er ist mit Mordlust nicht vereinbar (bei Dallinger MDR 74, 547; aM Otto JK 15; zw), wohl aber mit einem anderen niedrigen Beweggrund (BGHSt 19, 101, 105), mit Habgier (Küper BT S 179 mwN und der Einschränkung für Fälle, in denen der Erwerb des Vorteils den Tod des Opfers nach der Tätervorstellung notwendig voraussetzt, wie zB bei Tötung zur Erlangung der Lebensversicherungssumme) und mit Grausamkeit (NJW 88, 2682; Witt aaO [vgl 10] S 164 mwN). Das gilt grundsätzlich auch für die Absicht, eine Straftat zu ermöglichen oder zu verdecken (BGHSt 11, 268, 270; 15, 291, 297; 21, 283; eingehend Geilen, Lackner-FS, S 571; zusf Miehe JuS 96, 1000, 1004). Die bisherige Rspr hat – allerdings nicht einheitlich – ein solches

Mord **§ 211**

Zusammentreffen weitgehend ausgeschlossen, weil sie nicht nur verlangte, dass die in Kauf genommene Tötung als Mittel zur Ermöglichung oder Verdeckung der anderen Straftat eingesetzt wurde (BGHSt 23, 176, 194), sondern darüber hinaus zu Unrecht auch, dass der Todeserfolg notwendiges Mittel zur Zweckerreichung war (bei Holtz MDR 80, 629). Diese im Schrifttum schon lange bekämpfte Einschränkung (vgl etwa Geilen aaO S 573; Schall JuS 90, 623, 624) hat die Rspr inzwischen aufgegeben (BGHSt 39, 159 mit Bespr Graul JR 93, 510, Jung JuS 93, 873, Geppert JK 25 und Schroeder JuS 94, 293; NJW 99, 1039 mit Bespr Kudlich JAR 99, 21, Schroth NStZ 99, 554, Hefendehl StV 00, 107, 110 und Momsen JR 00, 29, 30); auch bei Tötung durch Unterlassen (NJW 00, 1730 mit Bespr Kudlich JAR 00, 142 und Otto JK 34; Joecks 59). Erfasst wird deshalb sowohl der Fall, dass ein Kraftfahrer nach einem Unfall flieht und den Tod des Unfallopfers hinnimmt (Mitsch JuS 96, 213, 217; Arzt/Weber BT 2/65; M-Schroeder/Maiwald BT 1 2/36; aM BGHSt 7, 287), als auch der bisher schon unbestrittene Fall, dass der flüchtige Kraftfahrer Zusammenstöße mit dem verfolgenden Polizeiwagen herbeiführt, um unerkannt zu entkommen, und den – an sich nicht erwünschten – Tod des Beamten in Kauf nimmt (NJW 68, 660; VRS 37, 28); ebenfalls erfasst wird der Fall, dass von dem durch die Verdeckungshandlung (zB Brandstiftung mit bedingtem Tötungsvorsatz) Gefährdeten bzw Getöteten selbst Entdeckung nicht zu befürchten war (BGHSt 41, 358 mit überwiegend zust Bespr Fischer NStZ 96, 416, Schroeder JZ 96, 688, Mitsch JuS 97, 788, Saliger ZStW 109, 302, 328 und StV 98, 22 sowie Otto JK 28). In Verdeckungsfällen ist ein Zusammentreffen mit bedingtem Vorsatz allerdings ausgeschlossen, wenn nach der Vorstellung des Täters die erstrebte Verdeckung nur durch den Tod des Opfers erreichbar ist (NStZ 85, 166; StV 92, 259; bei Holtz MDR 93, 406; Otto Jura 94, 141, 152; Jähnke LK 22); in der Rspr ist diese Voraussetzung häufig auf einer verkürzten Sachverhaltsbasis zu Unrecht bejaht worden (krit Geilen aaO S 588; beachte auch NJW 88, 2682 mit krit Anm Frister StV 89, 343). Fährt der Täter mit bedingtem Tötungsvorsatz auf einen anderen zu, um ihn zum Ausweichen zu zwingen, so ist die Nötigung keine andere, zu ermöglichende Tat (bei Altvater NStZ-RR 02, 20, 23). In Ermöglichungsfällen reicht es, dass sich der Täter deshalb für die Tötung entscheidet, weil er glaubt, dadurch die andere Straftat schneller oder leichter begehen zu können (NStZ 98, 352 mwN).

5. Für die **Beteiligung am Mord** (Täterschaft und Teilnahme) ist davon auszugehen, dass der Totschlag (§ 212) den Grundtatbestand der Tötungsdelikte bildet (22 vor § 211). Unter dieser Voraussetzung sind sämtliche Mordmerkmale strafschärfend, die Motivmerkmale (BGHSt 22, 375; NStZ 89, 19; Jakobs NJW 69, 489) und die Absichtsmerkmale (BGHSt 23, 39; bei Holtz MDR 80, 628; Jakobs NJW 70, 1089; aM Dreher JR 70, 146) darüber hinaus persönlicher Natur nach § 28 II (Schröder JZ 69, 132; Maurach JuS 69, 249; Neumann NK 112 und in: Lampe-FS, S 643; diff je nach Auslegung des einzenen Merkmals Hoyer SK 40, 41). Dagegen sind die Merkmale „heimtückisch" (BGHSt 23, 103; krit Jakobs NJW 70, 1089), „grausam" (BGHSt 24, 106; NJW 72, 832; diff Herzberg ZStW 88, 68, 108; Schünemann Jura 80, 568, 578; Roxin LK 76–78 zu § 28) und „mit gemeingefährlichen Mitteln" tatbezogen (4 zu § 28; zust Geppert/Schneider Jura 86, 106; Engländer JA 04, 410; Jähnke LK 59–65). – Im Gegensatz zur Strafrechtswissenschaft hält die Rspr (vgl 22 vor § 211) die Mordmerkmale für strafbegründend (BGHSt 22, 375; NJW 93, 2125, 2126 mwN; krit Küper JZ 91, 910). Danach macht sich der aus niedrigen Beweggründen handelnde Anstifter eines Totschlägers nur nach §§ 212, 26 (BGHSt 1, 368) und umgekehrt der nicht selbst aus niedrigen Beweggründen handelnde Gehilfe eines Mörders nach §§ 211, 27, allerdings mit der Milderung nach § 28 I, strafbar (BGHSt 22, 375; NStZ 96, 384; NJW 03, 1060 mit Anm Stein JR 04, 79; ebenso für den nicht habgierig handeln- **16**

§ 212

den Gehilfen des Raubmörders und den ohne Verdeckungsabsicht handelnden Gehilfen des „Verdeckungsmörders", NStZ-RR 02, 139 mit krit Bespr Baier JA 02, 925 und Otto JK 37; bei Altvater NStZ 04, 23, 25; krit Arzt/Weber BT 2/41); erfüllen jedoch Täter und Teilnehmer auch nur verschiedene, einander aber verwandte Mordmerkmale, so soll das – trotz Überschreitung der Akzessorietätsgrenzen des § 28 (Arzt JZ 73, 681) – für Mordteilnahme genügen (BGHSt 23, 39; NJW 82, 2738; zu den gekreuzten Mordmerkmalen mit Aufbauhinweisen Vietze Jura 03, 394). Von diesem Standpunkt aus ist auch die Möglichkeit von Mittäterschaft zwischen §§ 211 und 212 problematisch, wird neuerdings aber von der Rspr zutreffend bejaht (BGHSt 36, 231 mit Bespr Timpe JZ 90, 97, Beulke NStZ 90, 278 und Küpper JuS 91, 639, alle mwN).

17   6. **Mehrere Mordmerkmale**, die in einer Handlung zusammentreffen, begründen **keine Tateinheit**, sondern nur verschiedene Begehungsformen desselben Delikts (3 zu § 52); jedoch kann das Zusammentreffen strafschärfend berücksichtigt werden (45 zu § 46). Zum Konkurrenzverhältnis des § 211 zu den §§ 212, 213, 216 vgl 22–24 vor § 211. Im Übrigen gibt es bei den vorsätzlichen Tötungsdelikten für die Möglichkeiten der **Konkurrenz** mit anderen Gesetzesverletzungen (dazu 6–10 zu § 212) keine relevanten Unterschiede. – Zwischen den Mordmerkmalen ist **Wahlfeststellung** möglich (14 zu § 1).

18   7. Unverjährbarkeit des Mordes § 78 II. Anzeigepflicht § 138 I Nr 6.

§ 212 Totschlag

(1) **Wer einen Menschen tötet, ohne Mörder zu sein, wird als Totschläger mit Freiheitsstrafe nicht unter fünf Jahren bestraft.**

(2) **In besonders schweren Fällen ist auf lebenslange Freiheitsstrafe zu erkennen.**

1   1. Allgemein zu den Tötungsdelikten, namentlich zum geschützten Rechtsgut, zur zeitlichen Erstreckung des Strafschutzes und zur Beteiligung an der Selbsttötung 1–17 vor § 211; zur Systematik der Tatbestände vorsätzlicher Tötung 18–24 vor § 211; zu ihrer Reformbedürftigkeit und Kriminologie 25, 26 vor § 211.

2   2. **Töten** bedeutet, als Täter den Tod eines anderen (beachte 3, 4 vor § 211) in objektiv zurechenbarer Weise verursachen (ebenso Neumann 2; ähnlich Kindhäuser BT I 1/13; zur Beteiligung an einer Selbsttötung 9–17 vor § 211). Meist wird es durch Verletzen, Vergiften (aM für lebensverkürzende Verletzungen zB durch eine AIDS-Infizierung Schünemann, in: Busch ua [Hrsg], HIV/AIDS und Straffälligkeit, 1991, S 93, 96; vgl 1a zu § 224), Aussetzen oder durch Unterlassen gebotener Hilfe geschehen; auch Töten durch Erschrecken ist nicht ausgeschlossen. Bei positivem Tun genügt die Herbeiführung jeder – sei es auch nur kurzfristigen – Beschleunigung des Todeseintritts (BGHSt 21, 59, 61; StV 86, 59; der Rspr zust Schreiber, BGH-FG, S 503, 510; Jähnke LK 3; Neumann NK 3; krit Puppe JR 94, 517; Ulsenheimer, Arztstrafrecht Rdn 221–225). Beim Unterlassen kommt es nach hM darauf an, ob die unterbliebene Handlung mit an Sicherheit grenzender Wahrscheinlichkeit das Leben nicht nur unwesentlich verlängert hätte (StV 94, 425 mit Bespr Puppe JR 94, 515 und Otto JK 5 vor § 13; Düsseldorf StV 93, 477; Jähnke LK 4 mwN; 12 vor § 13; krit Merkel, Früheuthanasie, 2001, S 277); jedoch kann auch die kurze Zeitspanne von nur einem Tag oder von wenigen Stunden namentlich dann ausreichen, wenn durch das Unterlassen Überlebenschancen vereitelt worden sind (NStZ 81, 218 mit Anm Wolfslast; NStZ 85, 26; im Ergebnis zust Wachsmuth/Schreiber NJW 82, 2094; krit Neumann NK 5; abl Ulsenheimer MedR 84, 161, 163; Ranft JZ 87, 863, alle mwN; zw). – Im Übrigen gelten für die objektive Zurechnung des Todeserfolges die allgemeinen Regeln (14 vor § 13). Die Zurechnung des Todes zu einem von zwei Teilakten

Totschlag **§ 212**

scheidet aus, wenn nicht zu klären ist, welcher von beiden ursächlich war, und erst beim zweiten Teilakt Tötungsvorsatz vorliegt (NStZ 99, 101; Neumann NK 3; vgl 6 zu § 52). – Totschlag ist kein eigenhändiges Delikt; mittelbarer oder Mit-Täter kann auch sein, wer die den Tod herbeiführende Handlung nicht selbst vornimmt (NStZ-RR 00, 327 mit Bespr Martin JuS 00, 1234; Baier JA 01, 194).

3. Der **Vorsatz** braucht nur die Herbeiführung des Todes eines anderen zu **3** umfassen; die Abgrenzungsformel „ohne Mörder zu sein" ist kein Tatbestandsmerkmal (22 vor § 211; krit Puppe JR 84, 229, 233). – **Bedingter** Vorsatz genügt (BGHSt 14, 193). Für seine Abgrenzung von der bewussten (uU auch unbewussten) Fahrlässigkeit (53 zu § 15) stellt die Rspr im Hinblick auf die hohe Hemmschwelle vor Tötungshandlungen höhere als die sonst maßgebenden (25 zu § 15) Anforderungen (krit Puppe NStZ 92, 576 und NK 135, 136 zu § 15; Mühlbauer, Die Rechtsprechung des Bundesgerichtshofs zur Tötungshemmschwelle, 1999, S 53, 163 mit Bespr Grasberger MschrKrim 00, 330; Verrel NStZ 04, 309; Roxin AT I 12/73, Horn SK 23 c; Neumann NK 10, 14 und 18–20; zusf Hermanns/Hülsmann JA 02, 140, 142), die sie namentlich bei gefährlichen Gewalttätigkeiten ohne nachvollziehbares Tötungsmotiv, weniger bei Unterlassungen (NJW 92, 583 mit abl Anm Schwarz JR 93, 31; vgl aber NZV 93, 197 und StV 95, 512), besonders betont und dadurch zu einer bisweilen problematischen Einschränkung des Vorsatzbereichs kommt (vgl etwa NJW 83, 2268 und 85, 2428; NStZ 86, 549, 87, 424, 88, 175 und 361, 92, 384 und 587 sowie 94, 483; MDR 85, 794; StV 88, 93 sowie 92, 420 und 575; bei Holtz MDR 91, 295; NZV 92, 370 und 93, 237; NStZ 94, 585; StV 97, 7 und 8; NJW 99, 2533 mit Anm Ingelfinger JR 00, 299; NStZ-RR 00, 327 mit Bespr Baier JA 01, 194; NStZ-RR 01, 369; NStZ 02, 314, 315; 03, 431 und 603; StV 04, 74; LG Rostock NStZ 97, 391 mit krit Anm Fahl; Geppert Jura 01, 55, 59; speziell zum bedingten Vorsatz beim Schütteln eines Kleinkindes NStZ 04, 201 mit Anm Schneider, beim Durchbrechen einer Polizeisperre NZV 96, 156 und Jähnke LK 22, zum Mitschleifen einer Person durch einen Kleintransporter NZV 01, 266 mit Bespr Martin JuS 01, 924 und bei Brandanschlägen StV 94, 654; NStZ 94, 483 und 584 sowie bei Altvater NStZ 99, 18; 00, 18; 01, 19; 02, 20; 03, 21, 22; Puppe NK 94, 134 zu § 15; NStZ-RR 00, 165; StV 03, 557; zu diesen und weiteren Fallgruppen eingehend Schneider MK 12–45). – Bei Sexualkontakten mit **AIDS-Risiko** (12 a vor § 211; 10 zu § 224) ist sie umstritten und noch nicht abschließend geklärt. Überwiegend wird Vorsatz zutreffend – allerdings mit unterschiedlichen, schon im Ansatz abweichenden Begründungen (zB Fehlen des voluntativen Elements, Ausschluss der Zurechnung von Spätfolgen) – für den Regelfall verneint (BGHSt 36, 1, 15 und 262, 267; dem Ergebnis zust Schünemann JR 89, 89, 93; Herzberg JZ 89, 470, 478; Schlehofer NJW 89, 2017; krit Prittwitz StV 89, 123, 126; Bottke AIFO 89, 468, 473; Frisch JuS 90, 362, 365; aM LG München MedR 87, 288; Meier GA 89, 227; Mayer JuS 90, 784; vgl auch die Beiträge von Schünemann, Herzberg und Bottke, in: Szwarc [Hrsg], AIDS und Strafrecht, 1996, S 9, 61 und 277, sowie Geppert Jura 01, 55, 57). – Unwesentliche **Abweichungen** des wirklichen vom vorgestellten Geschehensablauf schließen weder den unbedingten (BGHSt 7, 325) noch den bedingten (BGHSt 14, 193) Tötungsvorsatz aus (bei Altvater NStZ 03, 21; 11 zu § 15).

4. Die **Rechtswidrigkeit** kann namentlich ausgeschlossen sein durch Notwehr **4** (§ 32), uU auch durch Waffengebrauchsrechte von Amtsträgern oder durch das Völkerrecht bei Kampfhandlungen im Kriege und im bewaffneten Konflikt (24 vor § 32; zusf Jähnke LK 11–21). – Zur **Perforation** beachte 9 zu § 34.

5. Zu **Abs 2** (besonders schwere Fälle) 7–10 a zu § 46 (zu seiner Verfassungs- **5** mäßigkeit BVerfG JR 79, 28 mit krit Anm Bruns; krit auch Hirsch, Gössel-FS, S 287, 298; für seine Streichung Küpper, Kriele-FS, S 777, 792). Die Schuld des

§ 212

BT. 16. Abschnitt. Straftaten gegen das Leben

Totschlägers muss ebenso schwer wiegen wie die eines Mörders (NJW 81, 2310 mit Anm Bruns MDR 82, 65; NStZ 91, 431; JR 93, 163). Es genügt daher nicht, wenn die Tatumstände den Mordmerkmalen nach § 211 II nur nahekommen; es müssen vielmehr zusätzliche schulderhöhende Momente hinzutreten, die das Minus gegenüber dem Mord ausgleichen (NStZ 81, 258; 93, 342 und 01, 647; NStZ-RR 99, 101, 102; s auch NJW 82, 2264 mit Anm Bruns JR 83, 28). Beachte ferner Eser NStZ 84, 49, 51 und einschr Momsen NStZ 98, 487. Eine paranoide Persönlichkeitsstörung, die zur Verneinung der subjektiven Voraussetzungen von Mordmerkmalen geführt hat, lässt auch die „Nähe" zu diesen Merkmalen entfallen (NStZ 04, 200); eine weitere Milderung nach §§ 21, 49 I ist nach Ablehnung von § 212 II möglich (BGH aaO).

6   6. a) Bei einem Angriff auf mehrere Menschen ist **gleichartige Tateinheit** idR nur anzunehmen, wenn eine natürliche Handlung vorliegt (zB Tötung mehrerer durch einen Feuerstoß aus der Maschinenpistole, BGHSt 16, 397; vgl Jähnke LK 38 mwN); mit Rücksicht auf die Verletzung verschiedener höchstpersönlicher Rechtsgüter sind der Annahme einer natürlichen Handlungseinheit bei mehreren Willensbetätigungen enge Grenzen gesetzt (NStZ 96, 129; JR 98, 516, 517; NStZ-RR 04, 14, 16; 7 vor § 52).

7   b) Eine **Konkurrenz von Tötungs- und Körperverletzungsdelikten** ist nicht begrifflich ausgeschlossen. Die Körperverletzung bildet schon objektiv ein notwendiges Durchgangsstadium zur Tötung mit der Folge, dass die Kongruenz von objektivem und subjektivem Tatbestand die Anerkennung dieses Stufenverhältnisses auch für den Vorsatz erfordert (Jakobs, Die Konkurrenz von Tötungsdelikten mit Körperverletzungsdelikten, 1967, S 96, 119; krit Arzt/Weber BT 2/86). Die sog Gegensatztheorie, die ein Ausschlussverhältnis zwischen Tötungs- und Körperverletzungsvorsatz postuliert (RGSt 61, 375), ist daher überholt und durch die nahezu einhellig anerkannte sog Einheitstheorie verdrängt worden. Daraus folgt:

8   aa) In jedem Tötungsvorsatz ist ein unbedingter oder bedingter **Verletzungsvorsatz** enthalten (hM; vgl BGHSt 16, 122; 21, 265; 44, 196, 199; NJW 01, 980; Lilie LK 15, 16 vor § 223), und zwar idR auch dann, wenn die Körperverletzung das für die Tötung typische Maß überschreitet (Hirsch ZStW 81, 917, 928; aM Jakobs aaO [vgl 7] S 111) oder wenn der Täter im Rahmen einer natürlichen Handlungseinheit zunächst nur verletzen und erst während der Tatausführung töten wollte (bei Holtz MDR 81, 99; NStZ 92, 277). Dieses Nebeneinander ist namentlich für die Strafbarkeit der Körperverletzung nach Rücktritt vom Tötungsversuch bedeutsam (23 zu § 24; NJW 01, 980 zu § 226 II mit Bespr Martin JuS 01, 513 und Joerden JZ 02, 414; Joecks 30 zu § 226). Auch scheidet eine Körperverletzung auf Grund von Mindestfeststellungen nicht deshalb aus, weil der Täter möglicherweise mit Tötungsvorsatz gehandelt hat (NJW 91, 990).

9   bb) Hinter der **vollendeten Tötung** tritt die Körperverletzung als **subsidiäres** (26 vor § 52) Delikt zurück (hM; vgl BGHSt 16, 122; Neumann NK 30; diff Sch/Sch-Eser 17 ff, 20 mwN). Überwiegend wurde von der Rspr das auch für das Zusammentreffen eines **Tötungsversuchs** mit vollendeter einfacher oder gefährlicher Körperverletzung angenommen (BGHSt 21, 265; NStZ 95, 79; NStZ-RR 98, 42; krit Maatz NStZ 95, 209; W-Hettinger BT 1 Rdn 320). Darüber hinaus bejaht die Rspr es sogar für § 224 aF, jetzt § 226 I (BGHSt 22, 248; Tateinheit erwägend bei Holtz MDR 95, 880; aM Schmitt JZ 62, 389, 392; Jakobs NJW 69, 437), und schließt es nur für § 225 I aF, jetzt § 226 II (NStZ 95, 589; vgl auch NStZ 97, 233 mit Bespr Geppert JK 1 zu § 225), und für § 226 aF, jetzt § 227, aus (bei Holtz MDR 77, 282; s auch NStZ 88, 565). Im Hinblick auf die allgemeinen Grundsätze, die für das Zusammentreffen des Versuchs eines schwereren mit der Vollendung eines zurücktretenden leichteren Delikts gelten, ist diese Lö-

sung problematisch (28 vor § 52). Der BGH hat sie deshalb zu Recht aufgegeben und nimmt zur Klarstellung, dass es sich nicht um einen folgenlosen Tötungsversuch handelt, Tateinheit zwischen diesem und der vollendeten vorsätzlichen Körperverletzung an (BGHSt 44, 196 mit Bespr Kudlich JA 99, 452, Satzger JR 99, 203, Martin JuS 99, 298 und Geppert JK 4; Lilie LK 18 vor § 223; Neumann NK 37; gefestigte Rspr nach Altvater NStZ 01, 19, 25 mwN).

c) Zum **Verhältnis** der vorsätzlichen Tötung zu den erfolgsqualifizierten Delikten 13 zu § 18; 4 zu § 251; zum Schwangerschaftsabbruch 21 zu § 218. **10**

7. Anzeigepflicht § 138 I Nr 6. **11**

§ 213 Minder schwerer Fall des Totschlags

War der Totschläger ohne eigene Schuld durch eine ihm oder einem Angehörigen zugefügte Mißhandlung oder schwere Beleidigung von dem getöteten Menschen zum Zorn gereizt und hierdurch auf der Stelle zur Tat hingerissen worden oder liegt sonst ein minder schwerer Fall vor, so ist die Strafe Freiheitsstrafe von einem Jahr bis zu zehn Jahren.

Fassung: Das 6. StrRG (13 vor § 1) hat den Strafrahmen erhöht (zur Kritik im Schrifttum 25 vor § 211) und die Vorschrift hinsichtlich des Opfers sprachlich den §§ 211, 212 angepasst (BT-Dr 13/9064 S 14).

1. Die Vorschrift gibt eine **Strafzumessungsregel** (hM; vgl etwa Jähnke LK 2; Neumann NK 3; anders für die Provokationsvariante Zwiehoff, Die provozierte Tötung, 2001, S 7: „echte Privilegierung") ausschließlich für den Totschlag (23 vor § 211; aM Deckers, Rieß-FS, S 651, 668: auch für §§ 224, 227). Auch der minder schwere Fall des Totschlags ist Verbrechen, der Versuch deshalb strafbar. **1**

2. Der Strafmilderungsgrund der **Reizung zum Zorn (Provokation)** ist zwingend (BGHSt 25, 222; Deckers aaO [vgl 1] S 663; Jähnke LK 2; krit Maatz aaO [vgl 1] S 98, der eine normativ-ethische Reduktion fordert; für eine restriktive Auslegung Schneider NStZ 01, 455; aM Horn SK 10); zu seiner umstrittenen Deutung vgl Hillenkamp, Vorsatztat und Opferverhalten, 1981, S 272; Frister, Die Struktur des „voluntativen Schuldelements", 1993, S 224; Zwiehoff aaO [vgl 1] S 19 und Schneider aaO; zur historischen Entwicklung Zwiehoff S 10 und Deckers aaO S 659. **2**

a) Als **Misshandlung** kommt körperliche oder seelische in Frage; letztere kann auch in einem fehlgeschlagenen Angriff auf Leib und Leben, zB in einem Messerstich ohne Verletzungsfolgen, liegen (NJW 95, 1910; bei Holtz MDR 97, 20; s auch NStZ 01, 477: Angriff mit Flasche unter Todesdrohung ist jedenfalls schwere Beleidigung). – **Beleidigung** ist nicht technisch zu verstehen (aM Schneider NStZ 01, 455, 456); Kränkung durch Ehebruch (bei Holtz MDR 78, 110; Neumann NK 9; aM Schneider aaO und Tröndle/Fischer 6) oder durch Hausfriedensbruch (bei Holtz MDR 79, 987) kann genügen, Bedrohung mit künftigem Verhalten dagegen idR nicht (bei Holtz MDR 79, 280). Ob die Beleidigung **schwer** ist, bestimmt sich nicht nach der Auffassung des Täters, sondern nach objektivem Maßstab (NStZ 81, 300 und 82, 27), für den auch der Wahrheitsgehalt der Äußerung relevant sein kann (StV 90, 204). Dabei ist jedoch von dem konkreten Geschehensablauf (bei Holtz MDR 79, 280; StV 90, 205) und den Anschauungen im Lebenskreis der Beteiligten (NStZ 96, 33; Schneider aaO S 457: sog personaler Einschlag) auszugehen; auch das eigene Verhalten des Täters (NStZ 98, 191), das frühere des Opfers (bei Holtz MDR 78, 110, 280) und das gesamte Verhältnis zwischen beiden mit seiner Vorgeschichte (NJW 85, 870 und 87, 3143) sind zu berücksichtigen (bei Holtz MDR 91, 483 mwN; s auch BGHSt 21, 14). Der erforderliche Schweregrad kann auch durch fortlaufende, für sich ge-

§ 213 BT. 16. Abschnitt. Straftaten gegen das Leben

sehen nicht als schwer zu wertende Kränkungen erreicht werden (GA 70, 214; NStZ 82, 27 und 84, 507; NStZ-RR 96, 259; s auch StV 91, 105; krit Maatz aaO S 99).

3 **b)** Misshandlung oder Beleidigung müssen durch den **getöteten Menschen,** nicht durch einen Dritten, begangen (bei Dallinger MDR 73, 901) und nach der Rspr als bewusster Angriff auch wirklich geschehen sein (bei Holtz MDR 89, 111 und die Voraufl); selbst ein nach seinem objektiven Erklärungswert beleidigendes Verhalten soll nicht genügen (BGHSt 34, 37; aM M-Schroeder/Maiwald BT 1 9/56); für den nur vermeintlich gekränkten Totschläger sollte aber § 16 II zumindest analog angewendet werden (Sch/Sch-Eser 12; dagegen Maatz aaO [vgl 1] S 100; Mitsch JuS 96, 26, 28; Schneider NStZ 01, 455, 459; Jähnke LK 9; Neumann NK 17, alle mwN; beachte 9).

4 **c) Angehöriger** 2 zu § 11; auch Lebenspartner nach dem LPartG (Weber, Keller-GS, S 325, 329). Eine analoge Einbeziehung auch anderer nahe stehender Personen (zB Partner einer eheähnlichen Gemeinschaft) widerspricht nicht nur allgemeinen Auslegungsgrundsätzen, sondern ist kriminalpolitisch (vgl 9) auch nicht geboten (Otto JK § 11/2; Jähnke LK 3; aM Strätz FamRZ 80, 308; Weber aaO S 339; Neumann NK 11; s auch Bay NJW 86, 202, alle mwN).

5 **d) Eigene Schuld** (zur Erklärung dieser Einschränkung auf der Grundlage eines funktionalen Schuldbegriffs [25 vor § 13] Jakobs, Das Schuldprinzip, 1993, S 32) trifft den Täter, wenn er dem Getöteten im gegebenen Augenblick (NStZ 81, 300 mwN), unter Berücksichtigung allerdings auch früheren Verhaltens (NStZ 92, 588 und 98, 191; krit zu dessen meist unzureichender Berücksichtigung Geilen, Dreher-FS, S 357, 363), schuldhaft genügenden Anlass zu der Provokation gegeben hat (bei Holtz MDR 86, 272; Jähnke LK 10; s auch StV 85, 367); eine zunächst berechtigte Notwehr führt nicht zur Schuldlosigkeit, wenn der Täter nicht nur aus Angst, sondern auch aus spontanem Zorn unmittelbar anschließend das Opfer tötet (NStZ 01, 478).

6 **e) Zum Zorn gereizt und zur Tat hingerissen** schließt das Mitwirken anderer Motive nicht aus, es sei denn, dass diese den Affekt völlig überlagern (NJW 77, 2086 mit krit Anm Geilen JR 78, 341; bei Holtz MDR 79, 107; NStZ 98, 84; enger Schneider NStZ 01, 455, 458). Nicht privilegiert ist jedoch der Täter, der auch ohne die Provokation zur Tat entschlossen war (BGHSt 21, 14). – **Auf der Stelle** setzt nicht unbedingt voraus, dass die Tat der Provokation unmittelbar folgt (aM Schneider aaO). Liegt zwischen beiden eine gewisse Zeitspanne, die zwar nicht allzu lange (4 StR 524/72 v 22. 2. 1973), uU aber doch einige Stunden dauern kann (bei Dallinger MDR 75, 542; NStZ 84, 216), so muss der Täter beim Entschluss zur Tat und bei dessen Verwirklichung noch bestimmend unter dem Einfluss der vom Opfer ausgelösten Gemütsbewegung stehen (GA 70, 214; NStZ 95, 83; NStZ-RR 00, 80: „motivationspsychologischer Zusammenhang").

7 **f)** Im Ganzen ist eine gewisse **Verhältnismäßigkeit** zwischen dem Schweregrad der Provokation und der Tat im Sinne einer Nachvollziehbarkeit des ausgelösten Affekts zu fordern (Geilen, Dreher-FS, S 357, 374, 382; Neumann, Zurechnung und „Vorverschulden", 1985, S 253; aM NStZ 85, 216; M-Schroeder/Maiwald BT 1 2/56; Horn SK 5, alle mwN; bzw).

8 **g) Zweifel** über das Vorliegen einer Provokation sind nach dem Grundsatz in dubio pro reo zu lösen (bei Detter NStZ 92, 170; Neumann NK 18; Schneider MK 43). – Bei **Beteiligung** mehrerer gilt § 28 II (dort 8, 10).

9 **3.** Ob sonst ein **minder schwerer Fall** vorliegt, ist auf Grund einer Gesamtwürdigung von Tat und Täter zu entscheiden (9 zu § 46; s auch GA 80, 143; StV 84, 283, 284; NStZ 85, 72, 310 und 89, 318; JR 86, 75 mit Anm Timpe; bei

Holtz MDR 96, 550; NStZ 98, 84; LG Osnabrück StV 94, 430; W-Hettinger BT 1 Rdn 175); auf die Vergleichbarkeit mit den Fällen der Provokation ist nicht abzustellen (NStZ-RR 02, 140). Hier können die Beleidigung oder Misshandlung einer anderen nahe stehenden Person (vgl 4) und ein zwar nicht ohne eigene Schuld entstandener, aber begreiflicher Erregungszustand (NJW 68, 757) sinnvoll berücksichtigt werden (beachte auch NJW 88, 1153), nach der Rspr auch eine nur vermeintliche Kränkung (BGHSt 34, 37 mwN; vgl 3). Auch gesetzlich vertypte Milderungsgründe wie die verminderte Schuldfähigkeit nach § 21 können einen sonst minder schweren Fall begründen (W-Hettinger BT 1 Rdn 170; krit Schneider NStZ 01, 455, 459). Nach Aufhebung von § 217 kann die psychische Ausnahmesituation der Mutter, die ihr Kind in oder gleich nach der Geburt tötet, einen minder schweren Fall darstellen (BT-Dr 13/8587 S 34; Jähnke LK 15; zur inneren Spannung, die sich aus der sozial-medizinischen Indikation ergibt, vgl 16 zu § 218 a); es ist eine Gesamtwürdigung aller Umstände, die für die Wertung von Tat und Täter in Betracht kommen, erforderlich (NStZ-RR 04, 80; LG Erfurt NStZ 02, 260). Selbst die Tötung durch einen willkürlichen Richterspruch kann wegen der Einbindung des Täters in ein Unrechtssystem und eines ungewöhnlich langen Zeitablaufs ein minder schwerer Fall sein (BGHSt 41, 317, 341).

4. Zum **Zusammentreffen** mit anderen Milderungsgründen 2–4 zu § 50; s **10** auch W-Hettinger BT 1 Rdn 177–182. Da das Gesetz bei der Provokation keine für verminderte Schuldfähigkeit hinreichende Affektintensität voraussetzt, können §§ 213 und 21 nebeneinander anwendbar sein (bei Holtz MDR 77, 106; StV 93, 421 und 94, 315; NJW 96, 1910; NStZ 98, 190; 01, 477, 478 und 02, 542; Schneider NStZ 01, 455, 457; Deckers, Rieß-FS, S 651, 673; Salger, Tröndle-FS, S 201, 216; Streng Sanktionen 541 und 742; Neumann NK 19; Schneider MK 44; einschr Maatz aaO [vgl 1] S 102; probl nach Jähnke LK 12 zu § 21 und Schneider MK 53; aM Blau, Tröndle-FS, S 109, 120; aus psychiatrischer Sicht krit auch Glatzel StV 87, 553; zw). Bei solchem Zusammentreffen ist daher eine weitere Strafmilderung nach §§ 21, 49 I weder notwendig ausgeschlossen (JZ 83, 400 mit Anm Schmitt; NStZ 86, 115; Herde ZRP 90, 458, alle mwN), noch zwingend geboten (NStZ 86, 71 und 02, 542).

§§ 214, 215 *(weggefallen)*

§ 216 Tötung auf Verlangen

(1) **Ist jemand durch das ausdrückliche und ernstliche Verlangen des Getöteten zur Tötung bestimmt worden, so ist auf Freiheitsstrafe von sechs Monaten bis zu fünf Jahren zu erkennen.**

(2) **Der Versuch ist strafbar.**

1. Allgemein zu den Tötungsdelikten, namentlich zur Systematik der Tatbe- **1** stände vorsätzlicher Tötung, 1–24 vor § 211. Die Vorschrift **privilegiert** die Tötung auf Verlangen gegenüber § 212 und geht als abschließende Spezialregelung auch dem § 211 vor (24 vor § 211; für merkmale Neufassung von § 216, die berücksichtigt, dass die Tat zugleich Mordmerkmale verwirklichen kann Herzberg JZ 00, 1093). Ihren gesetzgeberischen Grund bildet nicht allein die schuldmindernde Konfliktslage des Täters, sondern daneben auch die Unrechtsminderung, die sich aus der gesteigerten Einwilligung des Opfers herleiten lässt (Hillenkamp, Vorsatztat und Opferverhalten, 1981, S 243; Mitsch JuS 96, 309; Rengier BT II 6/1; Sch/Sch-Eser 1; allein auf die Unrechtsminderung wegen Verletzung „nur" des kollektiven Interesses an der Aufrechterhaltung des Tötungstabus Neumann NK 2). – Die geforderte **Beseitigung** (zB Marx, Zur Definition des Begriffs „Rechtsgut", 1972, S 64, 82; Schmitt, Maurach-FS, S 113, 117 und JZ 79, 462) ist verfassungs-

§ 216

BT. 16. Abschnitt. Straftaten gegen das Leben

rechtlich problematisch (dazu Wilms/Jäger ZRP 88, 41 mit Erwiderung Hoerster ZRP 88, 185; Schroeder ZStW 106, 565, 573 begründet die Vorschrift mit der in Art 2 II GG iVm Art 1 II GG verankerten Unverzichtbarkeit des Lebens; ähnlich aus verfassungsrechtlicher Sicht v Münch/Kunig 36 zu Art 1 GG [Sterbehilfe]; beachte aber auch Zippelius, in: Lübbe ua, Anfang und Ende des Lebens als normatives Problem, 1988, S 45, 49; vgl auch Singer JZ 95, 1133, 1141 und aus „Kantischer Perspektive" abl Mosbacher, Strafrecht und Selbstschädigung, 2001, S 147, 231; Kühl, Der Einfluss der Rechtsphilosophie auf das Strafrecht, 2001, S 44; anders aber Köhler AT S 255 und Maatsch, Selbstverfügung als intrapersonaler Rechtspflichtverstoß, 2001 mit krit Bespr Jakobs GA 03, 65); auch aus dem Lebensschutzartikel 2 MRK lässt sich kein Recht auf Sterben mit Hilfe anderer herleiten; dieser Ausschluss der Wahlfreiheit verstößt zwar gegen das Recht auf Achtung des Privatlebens nach Art 8 MRK, doch soll er im Hinblick auf die Bedeutung des Rechts auf Leben und [zw] auf die öffentliche Gesundheit und Sicherheit nach Art 8 II MRK gerechtfertigt sein (EGMR NJW 02, 2851 mit Bespr Faßbender Jura 04, 115, Heymann JuS 02, 957, Kneihs EuGRZ 02, 234, Kutzer ZRP 03, 209, 212 und Otto JK 5), weder dogmatisch geboten noch rechtspolitisch verantwortbar (hM; vgl etwa Hirsch, Welzel-FS, S 775; Möllering, Der Schutz des Lebens – Recht auf Sterben, 1977, S 93; Tröndle ZStW 99, 55, 38; Bade, Der Arzt an den Grenzen von Leben und Recht, 1988, S 179; Giesen JZ 90, 929, 933; Hofmann, Krause-FS, S 115, 121; Achenbach, in: Ochsmann [Hrsg], Lebens-Ende, 1991, S 137, 155; v Lutterotti MedR 92, 7; Schöttler ZRP 92, 132; Göbel, Die Einwilligung im Strafrecht als Ausprägung des Selbstbestimmungsrechts, 1992, S 39; Pelzl KJ 94, 179; Fritsche und Schreiber in: Bottke ua (Hrsg), Lebensverlängerung aus medizinischer, ethischer und rechtlicher Sicht, 1995, S 23 und 144; Verrel JZ 96, 224, 226; Laber, Der Schutz des Lebens im Strafrecht, 1997, S 133 mit krit Bespr Ingelfinger GA 99, 294; Sternberg-Lieben, Die objektiven Schranken der Einwilligung im Strafrecht, 1997, S 114; Chatzikostas, Die Disponibilität des Rechtsguts Leben, 2001, S 267; Kutzer, Schlüchter-GS, S 347, 357; Jähnke LK 1; s auch § 216 I AE [SterbeH]). Ob allerdings der Strafbarkeit einer Einschränkung durch Gesetz oder Auslegung bedarf, wird zwar überwiegend verneint, ist aber unter verschiedenen Gesichtspunkten umstritten (vgl etwa Engisch, Dreher-FS, S 309, 318; v Dellingshausen, Sterbehilfe und Grenzen der Lebenserhaltungspflicht des Arztes, 1981, S 489; Arthur Kaufmann MedR 83, 121; Dölling GA 84, 71, 85; Kutzer MDR 85, 710, 715; Weigend ZStW 98, 44, 66; Herzberg NJW 86, 1635, 1643 und 96, 3043; Hoerster NJW 86, 1786 und ZRP 88, 1; Jakobs, Kaufmann [Arth]-FS, S 459 und Tötung auf Verlangen, Euthanasie und Strafrechtssystem, 1998, S 25; Krack KJ 95, 60, 73; Lampe, Strafphilosophie, 1999, S 233; speziell zur „tötenden" Organentnahme von „lebenden Hirntoten" Rixen, Lebensschutz am Lebensende, 1999, S 370; Tröndle, Hirsch-FS, S 779, 788 und Wolf, in: Joerden [Hrsg], Der Mensch und seine Behandlung in der Medizin, 1999, S 289, 304). Häufiger wird dagegen die Eröffnung einer gesetzlichen Möglichkeit befürwortet, in extremen Konfliktsfällen direkter Euthanasie (7 vor § 211) von Strafe abzusehen (so zB § 216 II AE [SterbeH]; Beschlüsse der strafrechtlichen Abteilung des 56. DJT, Sitzungsbericht M, S 193; Wilms/Jäger aaO S 46; Schreiber aaO S 144; krit Hirsch, Lackner-FS, S 597, 618; Tröndle aaO S 41; für eine rechtliche Neuordnung des § 216 Wolfslast, Schreiber-FS, S 913); einen neuen Abs 3, der die indirekte und die passive Sterbehilfe „legalisiert", enthält der Bericht einer ua vom BMJ eingesetzten Arbeitsgruppe „Patientenautonomie am Lebensende" v 10. 6. 2004 (www.bmj.bund.de).

2 **2. a) Verlangen** ist mehr als Einwilligung (RGSt 68, 306); seiner Beachtlichkeit steht die Bewußtlosigkeit des Verlangenden im Zeitpunkt der Tötung nicht entgegen, sofern nicht Anzeichen für einen mutmaßlichen Widerruf des Verlan-

Tötung auf Verlangen **§ 216**

gens vorhanden sind (Mitsch JuS 96, 309, 310 mwN; vgl auch 15 vor § 211). **Ausdrücklich** heißt in eindeutiger, nicht misszuverstehender Weise, sei es auch nur mit Bedingungen oder in Form einer Frage (NJW 87, 1092 mit Anm Kühl JR 88, 338) oder durch zweifelsfrei deutbare Gesten. **Ernstlich** schließt unüberlegte Äußerungen aus und macht auch das Verlangen nicht frei verantwortlich Handelnder unbeachtlich (NJW 81, 932; eingehend Meyer, Ausschluss der Autonomie durch Irrtum, 1984, S 223 mit krit Bespr Küper JZ 86, 219, 227; Mitsch JuS 96, 309, 313; Küper BT S 342; Neumann NK 14). – Das Verlangen muss den Täter in dem Sinne zur Tat bestimmt haben, dass es als entscheidender Tatantrieb gewirkt hat (hM; vgl etwa Jähnke LK 8 mwN); mitwirkende Nebenmotive (auch Bereicherungsabsicht) sind daher unschädlich (einschr Bernsmann JZ 83, 45, 52). – Die Motivierung durch das Verlangen ist **besonderes persönliches Merkmal** nach § 28 II (Hassemer, Delictum sui generis, 1974, S 60; Mitsch JuS 96, 309, 312; Horn SK 13; Jähnke LK 10; Sch/Sch-Eser 18; diff Schünemann Jura 80, 568, 579; Roxin LK 82 zu § 28; für Anwendung von § 29 Hoyer SK 42 zu § 28; aM Otto GK 2 6/73 und Neumann NK 20, alle mwN; zw).

b) aa) Die **Rechtsprechung** fordert für die (durch positives Tun begangene) 3 Tathandlung, dass sie **täterschaftliche Tötung eines anderen ist** (Fremdtötung). Das nimmt sie auch bei sog „Quasi-Mittäterschaft" an. Dabei stellt sie – wohl zu Unrecht – auf die bloße Mitbeherrschung des unmittelbar zur Tötung führenden Gesamtgeschehens durch den Täter ab (BGHSt 19, 135 mit abl Bespr Dreher MDR 64, 335; GA 86, 508; München NJW 87, 2940 mit abl Bespr Kutzer NStZ 94, 110; für bloße Selbstgefährdung abw NStZ 84, 452; Bay JZ 89, 1073) und bejaht deshalb – insoweit mit Recht – dessen volle Tatherrschaft über positive Eingriffe nach Eintritt der Bewußtlosigkeit des Opfers (NJW 87, 1092; zust Herzberg JuS 88, 771 und NStZ 89, 559; aM Roxin NStZ 87, 345; Hohmann/König NStZ 89, 304; zweifelnd Kühl JR 88, 338; vgl auch Jakobs, Kaufmann [Arth]-FS, S 459, 467 und Schroeder ZStW 106, 565, 570, 575). – Im **Schrifttum** besteht inzwischen Einigkeit, dass jedenfalls die nach § 25 II vorgesehene wechselseitige Zurechnung der Tatbeiträge (9 zu § 25) nicht zulässig ist (Herzberg aaO S 774 und 560; nach Dencker, Kausalität und Gesamttat, 1996, S 246, fehlt es schon an einer gemeinschaftlich zu begehenden „Gesamttat"). Deshalb rechtfertigt der Fall gleichwertigen Zusammenwirkens von Täter und Opfer eine selbstständige, von den allgemeinen Regeln losgelöste Beurteilung auf Grund der hier vorliegenden besonderen Interessenlage. Vorzugswürdig ist insoweit die im Schrifttum überwiegende Meinung, nach der die volle Herrschaft des Suizidenten über den unmittelbar lebensbeendenden Akt eine frei verantwortliche Selbsttötung begründet und der Annahme einer täterschaftlichen Fremdtötung entgegensteht (Engländer Jura 04, 234, 235; Neumann JA 87, 244, 249 und in: NK 48 vor § 211 sowie 5 zu § 216; Rengier BT II 8/8; Roxin aaO S 347 und GA-FS, S 177; Schünemann, in: Schünemann/Pfeiffer [Hrsg], Die Rechtsprobleme von AIDS, 1988, S 373, 477; Zaczyk, Strafrechtliches Unrecht und die Selbstverantwortung des Verletzten, 1993, S 40; im Ergebnis, aber mit anderem Ansatz ebenso Hugger JuS 90, 972, 977; ähnlich Otto, Tröndle-FS, S 157, der „Quasi-Mittäterschaft" für unzureichend hält und darauf abstellt, ob der Täter durch seine letzte positive Handlung unmittelbar über das Leben des Suizidenten verfügt; im Ansatz abw Jakobs, Schewe-FS, S 72, der die Zurechnung nach den Organisationskreisen von Täter und Opfer bestimmt). Mit § 25 I nicht vereinbar ist dagegen der Vorschlag von Hohmann/König aaO, den Zurechnungsausschluss für mitwirkende Dritte allgemein, also nicht nur im Bereich der „Quasi-Mittäterschaft", von einem aus der Eigenverantwortlichkeit abgeleiteten affirmativen Element, das eine Monopolisierung der Zuständigkeit aufseiten des Suizidentschlossenen bewirke, abhängig zu machen (mit Recht abl Herzberg NStZ 89, 559). Nach allem genügt

§ 217

es jedenfalls nicht, wenn der Getötete dem Tatplan zufolge auch nach der letzten Handlung des Partners noch die freie Entscheidung über sein Leben behalten hat (hM; vgl etwa Geilen Jura 79, 201, 202; Dölling GA 84, 71, 78; Eser MedR 85, 6, 8; Jakobs AT 21/58a; aM Herzberg JA 85, 131, 136 und NJW 86, 1635, 1641; Jähnke LK 12–15, alle mwN); ob allerdings diese Begründung der hM auch für den in BGHSt 19, 135 entschiedenen einseitig fehlgeschlagenen Doppelselbstmord tragfähig ist, erscheint zweifelhaft (krit Otto aaO S 164; nach Schroeder ZStW 106, 565, 569 liegt keine von § 216 erfasste Abschiebung des Vollzugs der Tötung auf einen anderen vor, wenn es nur von zufälligen technischen Gegebenheiten [zB Sitzen auf dem Fahrersitz] abhängt, wer die zur Tötung führenden Kräfte [zB durch Treten des Gaspedals] auslöst).

4   bb) Wer sich – sei es auch als Garant (6–15 zu § 13) – nur bestimmen lässt, eine frei verantwortliche Selbsttötung **geschehen** zu lassen, ist idR straflos (9–16 vor § 211; W-Hettinger BT 1 Rdn 161; Jähnke LK 9; ebenso Rengier BT II 7/9, der die Garantenhandlungspflicht für aufgehoben hält); die Einwilligungssperre des § 216 gilt nur für die aktive Fremdtötung (Chatzikostas aaO [vgl 1] S 290; Küpper BT 1 I 1/62; Kindhäuser 6; Neumann NK 9; Sch/Sch-Eser 10; aM Merkel, Früheuthanasie, 2001, S 242; Horn SK 14; zw).

5   3. Der **Vorsatz** (bedingter genügt) muss auch das ausdrückliche und ernstliche Verlangen umfassen, weil es als solches schon zum Tatbestand gehört (hM; anders Horn SK 3) und lediglich darüber hinaus motivierend wirken muss (vgl 2). Fehlt diese Vorstellung, so sind die §§ 211, 212 anwendbar; nimmt umgekehrt der Täter ein solches Verlangen irrig an, so begründet § 16 II (dort 6) die Anwendung des § 216 (Mitsch JuS 96, 309, 311; Jähnke LK 18; Neumann NK 18; str).

6   4. **Zulässige Sterbehilfe** schließt je nach den Umständen schon den Tatbestand oder jedenfalls die Rechtswidrigkeit aus (6–8 vor § 211). Wird eine Intensivbehandlung gegen den Willen des Patienten (widerrechtlich) fortgesetzt, so bilden Eingriffe Dritter, die den Behandlungsabbruch zu Gunsten des Patienten erzwingen (zB Abschalten des Reanimators) keine rechtswidrige Tat; teils wird schon die Tatbestandsmäßigkeit solchen Verhaltens verneint (so Roxin NStZ 87, 345, 348; Tröndle, Göppinger-FS, S 595, 606; Stoffers MDR 92, 621, 629; Mitsch JuS 96, 309, 311; Herzberg NJW 96, 3043, 3049 Fn 32; Jakobs AT 7/64), jedenfalls ist die Tat aber als Herstellung des vom Recht geforderten Zustandes gerechtfertigt (LG Ravensburg NStZ 87, 229; Herzberg JZ 88, 182, 187; Otto JK 2; Rengier BT II 7/8; vgl auch Schneider, Tun und Unterlassen beim Abbruch lebenserhaltender medizinischer Behandlung, 1997, S 242, der § 34 heranzieht).

7   5. Beim **Tötungsversuch** ist die Beteiligung des Opfers schon deshalb straflos, weil sie notwendige Teilnahme ist (12 vor § 25) und auch dann keine Strafbarkeit begründet, wenn sie das erforderliche Maß der Mitwirkung überschreitet (Wolter JuS 82, 343, 345; im Ergebnis ebenso Mitsch JuS 96, 303, 312 und Neumann NK 21, alle mwN). – Beim **Rücktritt** vom Versuch ist eine etwa vollendete Körperverletzung (23 zu § 24) nur nach §§ 223, 224, nicht nach § 226 strafbar (Sperrwirkung des milderen Gesetzes, Hirsch ZStW 81, 917, 931; Küpper, Meurer-GS, S 123, 126; Neumann NK 24; Jäger JuS 00, 31, 37, der aber für §§ 223, 224 einen minderschweren Fall annehmen will [zust Wallschläger JA 02, 390, 394]; Krey BT 1 Rdn 244, der aber nur § 223 anwenden will; aM Jakobs, Die Konkurrenz von Tötungsdelikten mit Körperverletzungsdelikten, 1967, S 134).

§ 217 *(weggefallen)*

Vorbemerkung   Vor § 218

Vorbemerkung zu den §§ 218–219 b

I. 1. Die **erste Phase** der von Anfang an umstrittenen **Reformbestrebungen** 1
zur Ablösung des früher geltenden allgemeinen Abtreibungsverbots durch eine
differenziertere Regelung des sog Schwangerschaftsabbruchs war im Jahre 1976
mit der Verkündung des **15. StÄG** (7 vor § 1) zu einem vorläufigen Abschluss
gekommen (Übersichtsbeiträge: Laufhütte/Wilkitzki JZ 76, 329; Müller-Emmert
DRiZ 76, 164; Lackner NJW 76, 1233; Jung JuS 76, 476; Beulke FamRZ 76,
596; s auch Muth, Die Diskussion über eine Reform des strafrechtlichen Abtreibungsverbots in der Bundesrepublik Deutschland bis zum 15. Strafrechtsänderungsgesetz vom 18. 5. 1976, 1994).

a) Zunächst hatte das **5. StrRG** (7 vor § 1) in Abkehr von den Vorschlägen des 2
RegEntw eines 5. StrRG (BT-Dr VI/3434) eine **Fristenregelung** eingeführt, die
den §§ 105–107 AE (PersStR) nachgebildet war und den Schwangerschaftsabbruch durch einen Arzt innerhalb der ersten drei Monate seit Empfängnis zulassen
wollte, wenn nur zuvor eine Beratung der Schwangeren stattgefunden hatte. Die
Fristenregelung konnte jedoch nicht in Kraft treten, weil das BVerfG durch Urteil
vom 25. 2. 1975 (BVerfGE 39, 1) den ihr zugrundeliegenden § 218 a im Kern für
verfassungswidrig erklärt hat.

b) Um der durch das Urteil entstandenen Lage Rechnung zu tragen, hat das 3
15. StÄG eine **Indikationenlösung** eingeführt, die zwar an dem grundsätzlichen
Verbot des Schwangerschaftsabbruchs festgehalten, aber die damals schon jahrelang
in der Diskussion befindlichen Indikationen bis hin zur sozialen Indikation anerkannt hat. Die Neuregelung ist aber von Anfang an Gegenstand polarisierter Auseinandersetzungen geblieben und hat dazu geführt, dass sich zahlreiche, zum Teil
extrem gegensätzliche Meinungsfronten gebildet haben, die entweder eine weitere
Freigabe des Schwangerschaftsabbruchs anstrebten oder unter Berufung auf die
Vorgaben des BVerfG eine effektivere Gesamtregelung einforderten. Trotz aller
oder vielleicht gerade wegen der bestehenden Meinungsgegensätze haben bis zum
Beitritt der DDR alle Versuche, eine Änderung des geltenden Rechts oder auch
nur der Abtreibungspraxis zu erreichen, nicht zum Ziel geführt.

c) In dieser ersten Phase der Reformbestrebungen ist ein unübersehbar kontro- 4
verses **Schrifttum** entstanden, das infolge der inzwischen weiter fortgeschrittenen
Entwicklung entweder nicht mehr aktuell ist oder im späteren Schrifttum, was die
Argumentation zur Sache betrifft, mehr oder weniger unverändert wiederkehrt.

II. Das **Wirksamwerden des Beitritts der DDR** (Art 1 I EV) hat gesetzge- 5
berisch **eine neue Lage geschaffen:** Im Beitrittsgebiet waren, weil zwischen den
Vertragsparteien keine Einigung erzielt werden konnte, die §§ 153–155 StGB/
DDR iVm Vorschriften des DDR-Gesetzes über die Unterbrechung der Schwangerschaft (mit DurchfBest) vorläufig in Geltung geblieben. Zugleich hat Art 31 IV
EV dem **gesamtdeutschen Gesetzgeber** die Aufgabe gestellt, eine Regelung zu
treffen, die den Schutz des vorgeburtlichen Lebens besser gewährleistet, als das „in
den beiden Teilen Deutschlands derzeit der Fall" sei. Damit wurde die **zweite
Phase der Reformbestrebungen** eingeleitet.

1. Weder die BReg noch der BRat haben zur Erfüllung dieses Auftrages eigene 6
Entwürfe vorgelegt. Vielmehr wurden aus der Mitte des BTages zunächst sechs
Entwürfe eingebracht, die das ganze Spektrum der tiefgreifenden Meinungsverschiedenheiten widerspiegelten und von völliger Abschaffung des Strafschutzes,
verbunden mit einem Rechtsanspruch auf Schwangerschaftsabbruch, bis hin zu
einer erheblichen Verschärfung des in den alten Bundesländern geltenden Rechts
reichten. Als sich in den Beratungen des BT-Sonderausschusses herausstellte, dass
für keinen der eingebrachten Entwürfe die erforderliche Mehrheit erreichbar war,

Vor § 218

wurde auf Grund fraktionsübergreifender Verhandlungen der sog Gruppenantrag von Wettig-Danielmeier ua als Entwurf eines **Schwangeren- und Familienhilfegesetzes (SFHG)** eingebracht (BT-Dr 12/2605 [neu]). Er fand im BTag die erforderliche Mehrheit (SBer 12/8223–8456) und wurde nach Zustimmung des BRates (BR-Dr 451/91 [Beschluss]) am 4. 8. 1992 verkündet (BGBl I 1398). In seinem strafrechtlichen Teil hat das SFHG vor allem die §§ 218–219 d durch die neuen §§ 218–219 b ersetzt (Art 13 Nr 1).

7 2. Das SFHG ist dadurch **gekennzeichnet, dass es eine Fristenregelung mit Beratungspflicht** vorgesehen (§ 218 a I aF) und für die Zeit nach Ablauf der Frist weitgehend die Regelungen des früher geltenden Rechts (medizinische Indikation; embryopathische Indikation; Feststellungsverfahren) übernommen (§§ 218 a II, III, 218 b aF), die flankierenden Maßnahmen verstärkt (Art 1–12 SFHG) und den Schwangerschaftsabbruch mit der Folge seiner Einbeziehung in die Krankenversicherung (§ 24 b SGB V) für nicht rechtswidrig erklärt hat, wenn er im Rahmen der gesetzlichen Voraussetzungen vorgenommen wurde (§ 218 a I–III). Der Inhalt der Beratung sollte nicht nur ergebnis-, sondern auch zieloffen sein. Danach war der Berater nicht verpflichtet, die Schwangere zur Fortsetzung der Schwangerschaft zu ermutigen; § 219 I aF forderte nur, der Schwangeren zur Bewältigung des Schwangerschaftskonflikts Rat und Hilfe zu gewähren und sie in die Lage zu versetzen, eine verantwortungsbewusste eigene Gewissensentscheidung zu treffen.
– Mit dieser Lösung hat das Gesetz – übereinstimmend mit der gefestigten verfassungsgerichtlichen Rechtsprechung – immerhin ein uneingeschränktes Lebensrecht der Ungeborenen anerkannt und damit weitergehenden Bestrebungen, schon dieses Recht zu verneinen oder zu mindern, eine Absage erteilt (anders im Anschluss an den Ethiker Peter Singer namentlich Hoerster, Abtreibung im säkularen Staat, 1991, JuS 91, 190, NJW 91, 2540, ZRP 91, 398, ARSP 91, 385, JZ 91, 1128, GA 93, 364, JR 95, 51 und MedR 95, 394 mit Erwiderung Hilgendorf MedR 95, 396; Papageorgiou ARSP 92, 108; Lübbe KritV 93, 313; ähnlich auch Kindl, Philosophische Bewertungsmöglichkeiten der Abtreibung, 1996, S 101, 158 mit abl Bespr Heuermann MedR 97, 247; Wetz ARSP 97, 555; ausdrücklich gegen Hoerster ua Schroeder JuS 91, 362; Stürner JZ 91, 505; Hruschka JZ 91, 507; Tröndle NJW 91, 2542 und GA 95, 249; Pöltner LebSchrR, Nr 8, S 7; Leist ARSP 92, 94; Joerden JZ 92, 456; Spaemann, in: Thomas [Hrsg], Menschlichkeit in der Medizin, S 261; Lohner, Rechtfertigung der Abtreibung. Eine Auseinandersetzung mit Peter Singer und Norbert Hoerster, 1993; Kluth, in: Thomas/Kluth [Hrsg], Das zumutbare Kind, 1993, S 99; Viefhues GA 93, 359; Weiß JR 95, 53; Ferber ARSP 95, 149; s auch Müller, Tötung auf Verlangen – Wohltat oder Untat?, 1997 mit Bespr Thomas ZfL 99, 23). Davon abgesehen hat das Gesetz aber den Meinungsstreit nicht beenden können. Schon unmittelbar nach seiner Verkündung hat das BVerfG durch einstweilige Anordnung bestimmt, dass die strafrechtlichen Vorschriften des SFHG einstweilen nicht in Kraft treten.

8 3. Im Zusammenhang mit dem Gesetzgebungsverfahren und der Verkündung des SFHG ist wiederum ein umfangreiches kontroverses **Schrifttum** entstanden, in dem teils die vorliegenden Entwürfe unterstützt oder kritisiert, teils aber auch selbstständige Lösungsmodelle unterbreitet wurden. Das ganze Ausmaß der Meinungsverschiedenheiten zeigte sich namentlich im Anhörungsverfahren des BTages, in dem die widerstreitenden Gutachten der strafrechtlichen Sachverständigen vorgetragen wurden (dokumentiert bei Baumann ua [Hrsg], § 218 StGB im vereinten Deutschland, 1992). Für das in diesem vorbereitenden Stadium entstandene Schrifttum gilt das oben unter 4 Gesagte sinngemäß. – Entsprechend kontrovers waren die Stellungnahmen zum Gesetz selbst (zust ua Eser NJW 92, 2913; abl Büchner, Lebensrecht unter Gewissensvorbehalt, 1992; Beckmann MDR 92, 1093; Rauscher KuG Nr 194, S 3; krit Schroeder ZRP 92, 409 mit Erwiderung

Rahardt-Vahldieck ZRP 93, 41; Rudolphi SK 28–31). Das setzte sich fort in zahlreichen Äußerungen zum Normenkontrollverfahren, die zum Teil als Gutachten in das Verfahren eingeführt worden sind (expl Kriele, Die nichttherapeutische Abtreibung vor dem Grundgesetz, 1992; Langer JR 93, 1; Denninger/Hassemer KritV 93, 78; Eser, Schwangerschaftsabbruch: Auf dem verfassungsgerichtlichen Prüfstand, 1994; Stürner, Der straffreie Schwangerschaftsabbruch in der Gesamtrechtsordnung, 1994).

4. Das **BVerfG** hat durch Urteil vom 28. 5. 1993 (BVerfGE 88, 203) neben anderen das Strafrecht nicht berührenden Vorschriften die §§ 218a I und 219 für nichtig erklärt und sie für die Zeit bis zum Inkrafttreten einer gesetzlichen Neuregelung durch eine vorläufige AO nach § 35 BVerfGG ersetzt (zur verfassungsrechtlichen Problematik der AO Eser KritV [Sonderheft 1] 1993, 138; Geiger/v Lampe Jura 94, 20, 29; Weiß JR 94, 315, 316; Lerche, FS für W Gitter, 1995, S 509). In der Begründung hat es weitgehend die Grundsätze seines vorausgegangenen Urteils (BVerfGE 39, 1) bestätigt (vgl namentlich die Leitsätze zu dem Urteil unter 1–5, 7 und 8), darüber hinaus aber die Möglichkeit eines Beratungskonzepts, das im Kern eine Fristenregelung mit Beratungspflicht ist, mit der Einschränkung eingeräumt, dass der beratene Schwangerschaftsabbruch ohne Feststellung einer anerkannten Indikation nicht für rechtmäßig erklärt werden darf und dass die Rahmenbedingungen für eine solche Regelung auf einen höchstmöglichen Schutz des ungeborenen Lebens angelegt sein müssen (vgl namentlich die Leitsätze 6, 10–12 und 15). Diesen Anforderungen werde das SFHG nicht gerecht, weil § 218a I auch den indikationslosen Schwangerschaftsabbruch für rechtens erkläre (BVerfGE 88, 203, 299) und § 219 eine nicht nur ergebnis-, sondern auch zieloffene Beratung vorsehe (aaO S 301). Das Urteil beanstandet ferner ua, dass nach dem SFHG weder der abbrechende Arzt noch das familiäre und weitere soziale Umfeld der Schwangeren in das Schutzkonzept einbezogen sei, und fordert insoweit (strafrechtspolitisch problematische) Strafdrohungen, die verantwortungslosem Handeln des Arztes und verwerflichem Druck auf die Schwangere zur Abtreibung entgegenwirken sollen (vgl die Leitsätze 9, 13).

5. a) Die Resonanz auf das **Urteil des BVerfG** (vgl 9) war sowohl in der Öffentlichkeit als auch in der Fachwelt wiederum sehr kontrovers. Eine starke Meinungsgruppe, namentlich viele Anhänger der Fristenregelung des SFHG, haben mit bisweilen übergezogenen Äußerungen reagiert und dem Gericht vorgeworfen, es sei mit seinem Schutzkonzept auf halbem Wege stehengeblieben und habe eine von Grund auf widersprüchliche Lösung angeboten (expl KritV [Sonderheft 1] 1993 mit abl Beiträgen v Baross, Bergmann, Denninger, Eser, Frommel, Gerhard, Hassemer, Landfried, Schlink/Bernsmann, Wettig-Danielmeier und de With; Frommel KJ 93, 324 und 471; Sommer AuR 93, 241; Hartmann NStZ 93, 483; Hermes/Walther NJW 93, 2337; Schulz StV 94, 38; Gropp GA 94, 147 und MK 3–12; Denninger, Raasch und Hassemer, Mahrenholz-FS, S 561, 607, 731; Kayßer, ZustStR, S 143 und Abtreibung und die Grenzen des Strafrechts, 1997 mit Bespr Wohlers GA 99, 504; Freudiger, Selbstbestimmung der Frau und Verfassung, 1995; Lamprecht NJW 94, 3272; Merkel, Forschungsobjekt Embryo, 2002, S 64). Die Gegner jeglicher durch die Letztentscheidung der Schwangeren gekennzeichneten Fristenregelung sehen in dem Urteil die Durchbrechung der bisher jedenfalls verbal noch aufrechterhaltenen verfassungsrechtlichen Schranke, die es ausschließt, die Entscheidung über Leben und Tod des Ungeborenen unüberprüfbar in die Hand der Schwangeren zu legen; außerdem halten sie das Schutzkonzept für aussichtslos und – hier treffen sich die Argumente gegensätzlicher Positionen – schon wegen der unvertretbar widersprüchlichen Bestimmung seiner Grenzen für unannehmbar (expl Geiger LebSchrR, Nr 10, S 33; Kluth FamRZ 93, 1382; Weiß JR 93, 449 und 94, 315; die Beiträge von Geis, Antretter und

Vor § 218

Schmid-Tannwald, in: Reiter/Keller [Hrsg], Urteil und Urteilsbildung, 1993; Spieker in: Thomas/Kluth aaO [vgl 7] S 317; Geiger/v Lampe Jura 94, 20; Tröndle MedR 94, 356; Hofmann, FS für B Sutor, 1995, S 333; Hettinger, Entwicklungen im Strafrecht und Strafverfahrensrecht der Gegenwart, 1997, S 17 und W-Hettinger BT 1 Rdn 236: widersprüchlich und dogmatisch nicht nachvollziehbar; s auch Bernard, Der Schwangerschaftsabbruch aus zivilrechtlicher Sicht unter besonderer Berücksichtigung der Rechtsstellung des nasciturus, 1995, S 23; Tröndle, Kaiser-FS, S 1387). Dazwischen steht eine Meinungsgruppe, die Zustimmung mit mehr oder weniger weitreichender Einzelkritik ausdrückt (expl die Beiträge von Berghofer-Weichner, Eylmann, Lerche, Maier, Männle, Michalk, Ossenbühl und Steiner in KritV [Sonderheft 1] 1993; die Beiträge von Steiner, Lerche, Keller, Günther, Lehmann, Reiter und Männle, in: Reiter/Keller [Hrsg] aaO; die Beiträge von Lerche, Steiner, Graßhof und Friauf, in: Thomas/Kluth [Hrsg] aaO; Rüfner ZfL 93, 21; Würfel FuR 93, 124; Nientiedt HK 93, 339; Starck JZ 93, 816; Stoffels DB 93, 1718; Berkemann JR 93, 441, 442; Stürner, Der straffreie Schwangerschaftsabbruch in der Gesamtrechtsordnung – Rechtsgutachten für das BVerfG mit seiner Vorgeschichte und einer Stellungnahme zur Entscheidung, 1994, S 19; Eylmann, Helmrich-FS, S 921; Dreier DÖV 95, 1036; Breuer, in: Ipsen ua [Hrsg], Verfassungsrecht im Wandel, 1995, S 25; mit Einschränkungen Demel, Abtreibung zwischen Straffreiheit und Exkommunikation, 1995, S 197; aus evangelisch-theologischer Sicht Creutz, Die „Zweiheit in Einheit" von Mutter und ungeborenem Kind, 1997).

11 b) Das **Urteil des BVerfG** ist als **Kompromiss zwischen mehreren, zum Teil extrem divergierenden Positionen** zu verstehen. Dass damit Widersprüche im Verhältnis zu sonst anerkannten allgemeinen Grundsätzen verbunden sind, ist unausweichlich und kann deshalb nicht schon aus diesem Grunde für die Ablehnung des Schutzkonzepts ausschlaggebend sein (str; anders ua Philipp ZfL 96, 50, Hoerster NJW 97, 773 und Tröndle, Kaiser-FS, S 1387, nach denen die Widersprüche rechtsstaatswidrig oder mit dem Grundrechtsverständnis des BVerfG nicht vereinbar sind). Das Urteil ist vielmehr als **Angebot an alle Lager** zu verstehen, einen Teil ihrer jeweiligen Zielvorstellungen zu opfern, um zu einem zwar aus gegensätzlichen Gründen wenig befriedigenden, aber immerhin von einer breiten Mehrheit mitgetragenen Konsens zu kommen. – Es ist ein Verdienst des BVerfG, durch die **grundsätzliche Betonung der Unrechtsqualität** des nichtindizierten Schwangerschaftsabbruchs im SFHG angestrebte vollständige Legalisierung der Letztentscheidung der Schwangeren vereitelt und damit einen wichtigen Gefährdungsfaktor für das allgemeine Rechtsbewusstsein (allerdings nur geringfügig) gemindert zu haben (krit Jakobs LebSchrR Nr 17 S 17, 38, nach dem der beratende Schwangerschaftsabbruch nur nominell rechtswidrig, in der Rechtswirklichkeit aber rechtmäßig ist; ebenso Merkel, Müller-Dietz-FS, S 493, 504, in: NK 63 und aaO [vgl 10] S 76, 110 [zust Ipsen JZ 04, 240]; krit auch Schmid, Das Verhältnis von Tatbestand und Rechtswidrigkeit aus rechtstheoretischer Sicht, 2002 S 36, 103; zur rechtsethischen Rechtfertigung der vom BVerfG intendierten Einwirkung auf das Rechtsbewusstsein vd Pfordten, Rechtsethik, 2001, S 91). Vielleicht war diese Lösung unter den gegebenen Verhältnissen das äußerste, was in unserer (hedonistischen) Gesellschaft, die sich zwei Jahrzehnte lang im Westen an eine „verkappte" (dazu schon Lackner NJW 76, 1233, 1243) und im Osten an eine uneingeschränkte Fristenregelung gewöhnt hat, eine hinreichende Akzeptanz erhoffen ließ. Dass weite Teile der Bevölkerung eine gegenüber dem früheren Recht entschieden strengere, aber mehrheitlich nicht akzeptierte Indikationenlösung unterlaufen und dadurch unerträgliche Zustände der Verlogenheit und Heuchelei herbeiführen könnten, ist eine ernst zu nehmende Sorge. Unter diesem Gesichtspunkt ist das Schutzkonzept des Gerichts verstehbar als Resignation vor dem

Vorbemerkung **Vor § 218**

(nicht zuletzt auch von den Massenmedien manipulierten) Zeitgeist und als Anpassung des Rechts an eine „soziale Wirklichkeit, wie sie sich nun einmal entwickelt hat" (Graßhof, in: Thomas/Kluth aaO [vgl 7] S 338; krit Weinacht ZfL 99, 30).

c) Für den Anhänger eines wirksamen Lebensschutzes ist allerdings der **Ausgangspunkt des Urteils problematisch.** Nach ihm soll die Einschätzung des Gesetzgebers, das Beratungskonzept biete eine reelle Chance für die Verbesserung des Lebensschutzes der Ungeborenen, vertretbar und deshalb verfassungsrechtlich hinnehmbar sein (BVerfGE 88, 203, 264). Das erscheint jedoch schwer nachvollziehbar, wenn Folgendes bedacht wird: Die Möglichkeiten und Wirkungen der schon im früheren Recht vorgeschriebenen Pflichtberatung sind bekannt. Danach kann eine zum Abbruch entschlossene Frau nur in seltenen Ausnahmefällen zur Fortsetzung der Schwangerschaft bewegt werden (vgl dazu das unter 30 nachgewiesene kriminologische Schrifttum). An diesem Befund wird auch die auf den Schutzzweck auszurichtende Beratung (aaO S 270, 282) und die staatliche Kontrolle der Beratungsstellen (aaO S 286), so wie sie das Urteil fordert, kaum Entscheidendes ändern. Die geforderte Umstrukturierung des Beratungssystems wird vor allem durch erhebliche Widerstände aus dem Lager der Anhänger einer uneingeschränkten Fristenregelung behindert. Bei der Organisation, die den größten Anteil an der Beratungstätigkeit hat, ist das Verlangen des BVerfG nach einer nicht in jeder Richtung offenen Beratung als „Katastrophe" empfunden worden (v Baron aaO [vgl 10] S 119; s auch Kindl aaO [vgl 7] S 193; Kausch ARSP 95, 496). Dass bei diesen Bedingungen, unter denen doch dieselben Menschen mit ihren unveränderten Einstellungen tätig sind, eine durchschlagende Neuorientierung erreicht werden kann, ist unwahrscheinlich. Das gilt umso mehr, als das Beratungskonzept eine unmittelbare staatliche Kontrolle ausschließt, sich der Staat vielmehr nur mittelbar über nicht nachprüfbare Protokolle und Berichte informieren kann, die von den hier offensichtlich nicht uninteressierten Beratungsstellen und deren Trägern erstellt werden. Auch die Neuordnung der Datenerhebung für die amtliche Abbruchsstatistik durch die §§ 15–18 SchKG gewährleistet wegen ihrer Lücken keine vollständige Erfassung auch nur der vom Gesetz tolerierten Schwangerschaftsabbrüche (dazu Giesen ZfL 97, 57). Hinzu kommt, dass bei den meisten Landesregierungen, wie die bisherigen Erfahrungen gezeigt haben (dazu Büchner ZfL 99, 85), das Interesse an einer wirksamen Kontrolle der Beratungsstellen gering ist. Die Aussichten für eine Verbesserung des Lebensschutzes gegenüber der früheren unbefriedigenden Lage sind daher schlecht (zusf Hofmann, FS für B Sutor, 1995, S 333; Tröndle, Kaiser-FS, S 1387; Rudolphi SK 39–42 a; krit insoweit auch Hoerster JuS 95, 192).

d) Diese Skepsis gegenüber dem Beratungskonzept verleiht den **zu seiner Stützung in Kauf genommenen Abweichungen von allgemeinen Rechtsgrundsätzen** großes Gewicht (näher dazu Philipp ZfL 96, 50). Exemplarisch sei nur auf folgende verwiesen:

aa) Sehr unbefriedigend ist namentlich die **Stellung der Ärzte** (dazu BVerfGE 88, 203, 289) geregelt. Einerseits räumt das Gesetz ihnen die Befugnis zur Vornahme rechtswidriger Schwangerschaftsabbrüche ein. Dabei erwartet es, dass sie sich in genügender Zahl an „ambulanten und stationären Einrichtungen zur Vornahme von Schwangerschaftsabbrüchen" beteiligen und verpflichtet zugleich die Länder, „ein ausreichendes Angebot" solcher Einrichtungen sicherzustellen (§ 13 SchKG). Andererseits sollen sie aber neben der Prüfung, ob die Voraussetzungen der Beratungsregelung erfüllt sind, selbst zugunsten des Lebens beraten und den Eingriff nur vornehmen, wenn sie ihn verantworten können. Legen sie nun aber für sich selbst den Maßstab des BVerfG an, können sie Schwangerschaftsabbrüche nur verantworten, wenn nach ihrer Überzeugung eine anerkannte Indikation vor-

12

13

14

Vor § 218

liegt (§ 218a II, III). Es ist offensichtlich, dass bei einer durchgängigen, berufsrechtlich gebotenen Verweigerung der Ärzte, einen nichtindizierten Schwangerschaftsabbruch vorzunehmen, das Beratungskonzept nicht umsetzbar wäre. Ihm ist unausweichlich die Zumutung an einen Teil der Ärzteschaft immanent, etwas zu tun und zu verantworten, was das BVerfG selbst als Unrecht missbilligt und deshalb auch nicht für verantwortbar halten kann. Darin liegt eine Aufforderung zur Unrechtsteilnahme, die selbst Beteiligung am Unrecht ist. Bei der geringen Erfolgschance des Beratungskonzepts im Ganzen (vgl 12) fällt es schwer, darin eine Maßnahme zur Unrechtsminderung zu sehen (so Günther, in: Reiter/Keller aaO [vgl 10] S 217, 228) und deshalb den gravierenden Widerspruch hinzunehmen, der sich in der Unrechtsbeteiligung ausdrückt (krit auch Esser, Der Arzt im Abtreibungsstrafrecht, 1992; Laufs, Gante und Esser, in: Thomas/Kluth aaO [vgl 7] S 13, 53, 75; Hepp, LebSchrR Nr 10, S 13; Wuermeling ZfL 94, 35; Schmid-Tannwald, LebSchrR Nr 11, S 43; Hillgruber ZfL 00, 46; Büchner [ZfL 99, 2, 4] bemängelt, dass die gängigen Lehrbücher der Gynäkologie und Geburtshilfe nur spärliche Hinweise auf die Problematik der ärztlichen Verantwortung enthalten); an diesen und die weiteren im Urteil enthaltenen Widersprüche knüpft die Kritik von Kluth an (ZfL 99, 35). – Das widersprüchliche Konzept hat auch Folgewirkungen im Zivilrecht, mit dessen Mitteln sich Ärzte gegen Handzettel wehren müssen, in denen ihr Handeln als „rechtswidrig" bezeichnet wird (NJW 03, 2011: gerichtliche Untersagung wegen „Prangerwirkung"; anders Karlsruhe NJW 03, 2029: nach geltender Rechtslage zutreffend; s auch W-Hettinger BT 1 Rdn 236: „Verwerfungen" auch im Zivilrecht).

15   bb) Das Beratungskonzept soll es erfordern, **einen Teil der Unrechtsfolgen,** die an sich nach allgemeinen Grundsätzen verwirkt wären (Nothilfe, Arztverträge, Lohnfortzahlung), **nicht eintreten zu lassen** (BVerfGE 88, 203, 279, 295, 322; zu der auch nach dem Urteil ungeklärten Rechtslage bei der Lohn-[Entgelt-] fortzahlung Pallasch NJW 95, 3025 mwN). Im Ergebnis wird allein die Einbeziehung rechtswidriger Schwangerschaftsabbrüche in das Krankenversicherungs- und das staatliche Beihilfesystem für verfassungswidrig erklärt. Wenn für diese Fokussierung der Unrechtsfolgen auf einen einzigen Punkt auch einige nachvollziehbare Gründe sprechen, so bedeutet das doch eine Privilegierung rechtswidriger Handlungen. Sie schwächt das Bewusstsein vom Wert des ungeborenen Lebens; die Ausscheidung lediglich der Kostenerstattung für Nichtbedürftige führt in Verbindung mit der Regelhaftigkeit der Abläufe dazu, dass der Schwangerschaftsabbruch auch weiterhin in der Mehrheit der Bevölkerung als normaler sozialer Vorgang verstanden wird.

16   cc) Der Einbau des Beratungskonzepts in das **allgemeine Verbrechenssystem,** so wie das BVerfG (E 88, 203, 270) ihn vornimmt, ist problematisch. Das Gericht geht davon aus, dass es verfassungsrechtlich zulässig und uU sogar geboten ist (LS Nr 5), Schwangerschaftsabbrüche insoweit zu rechtfertigen, als im Einzelfall die Auferlegung der Pflicht zum Austragen des Kindes für die Schwangere unzumutbar ist. Neben der hergebrachten medizinischen bejaht es das auch für die embryopathische und die kriminologische Indikation (dazu 14–20 zu § 218a); darüber hinaus bezieht es auch solche Notlagen ein, deren Umschreibung die Schwere der vorauszusetzenden Konflikts so deutlich erkennbar macht, dass unter dem Gesichtspunkt der Unzumutbarkeit die Kongruenz mit den anderen Indikationen gewahrt bleibt (BVerfGE 88, 203, 257). Damit bestätigt das Gericht die von der Rspr (BGHSt 38, 144, 158 mwN) und Teilen des Schrifttums (auch in diesem Erläuterungsbuch) vertretene sog **Rechtfertigungsthese** (expl Rudolphi SK 9, 10 zu § 218a mwN). Allerdings lässt die Begründung jede Auseinandersetzung mit zahlreichen Gegenpositionen vermissen. Teils wurden die Indikationen nämlich dem sog „rechtsfreien Raum" zugeschlagen (Schild JA 78, 631, 635; Kerber und Priester, Kaufmann [Arth]-FS, S 161 und 499) oder als „unverboten" charakterisiert (Arthur Kaufmann JZ 92, 981, 1173 mit Erwiderung Löwisch JZ 92, 1172; s auch Priester, Stree/Wessels-FS, S 869; Kayßer aaO [ZustStR; vgl 11] S 102), teils im Rahmen einer von der hM abweichenden Straftatsystematik als bloße, für die Rechtmäßigkeit unerhebliche „Strafwürdigkeitsvoraussetzungen" (Sax JZ 77, 326) oder „Strafunrechtsausschließungsgründe" (Günther, Strafrechtswidrigkeit und Strafunrechtsausschluss, 1983, S 314 und in: Reiter/Keller aaO [vgl 10] S 217) gedeutet und teils auch unter Ausschluss der klassischen vitalen Indikation den Schuldausschließungs- bzw Entschuldigungsgründen (Tröndle MedR 86, 32 und ZRP 89, 54, 58) oder den objektiven Strafausschließungsgründen (Otto NStZ 90, 178) zugeordnet. Im Vordergrund standen dabei Einwendungen, die in Übereinstimmung mit den allgemeinen Grundsätzen des Lebensschutzes den Vorzug von nichtvitalen Interessen der Schwangeren vor dem Lebensrecht des Ungeborenen für verfassungwidrig hielten (expl Esser MedR 83, 57; Reis, Das Lebensrecht des ungeborenen Kindes als Verfassungsproblem, 1984, S 157; Bosch FamRZ 84, 262; Müller NJW 84, 1798; Geiger, Tröndle-FS, S 617; Belling, Ist die Rechtfertigungsthese zu § 218a StGB haltbar?, 1987; Laufs NJW 87, 1449, 1451; Kluth GA 88, 547; v Hippel, Loewe und Lenzen, in: Voss ua [Hrsg], Chancen für das ungeborene Leben, 1988, S 69, 82, S 127, 129 und S 229, 230; Beckmann MedR 90, 301; Demel aaO [vgl 10] S 202). – Schon dieser Streitstand lässt erkennen, dass die Frage erörterungsbedürftig war, ob wirklich ein Verfassungsgebot begründbar ist, nach dem schwere Konfliktslagen der Schwangeren im Verbrechensaufbau nur durch Annahme eines Rechtfertigungsgrundes und nicht auf andere Weise berücksichtigt werden können. Diese Prüfung hat das Gericht versäumt. Dennoch hat es die Rechtfertigungsthese ausdrücklich bestätigt (so auch Burmeister, LebSchrR Nr 12, S 55, 59; Krey BT 1 Rdn 148c; W-Hettinger BT 1 Rdn 231, 232) und allen Gegenmeinungen für die praktische Anwendung des Gesetzes, nicht aber für die weitere wissenschaftliche Auseinandersetzung (vgl etwa Belling MedR 95, 184), den Boden entzogen. – Die strafrechtssystematischen Bedenken setzen sich bei der Einstufung des beratenen Schwangerschaftsabbruchs als Tatbestandsausschluss fort. Es ist ein Novum, dass eine durch positives Tun verursacht und objektiv zurechenbare Rechtsgutsverletzung, die in das Zentrum des Schutzbereichs eines Tatbestandes fällt, schon als nichttatbestandsmäßig ausgesondert wird. Ob das dafür geltend gemachte, aus dem Schutzkonzept abgeleitete Bedürfnis diese Anomalie wirklich rechtfertigt, ist zweifelhaft und in der Strafrechtsdogmatik ungeklärt (krit ua W-Hettinger BT 1 Rdn 236; krit ferner Hassemer, Mahrenholz-FS, S 731; Wolter GA 96, 207, 223 und Eser, FS für R Süssmuth, 2002, S 117, 132, die nur eine prozedurale Rechtfertigung für vertretbar halten; krit schließlich mit einem eigenen probl Lösungsvorschlag Langer ZfL 99, 47; diesen abl Rudolphi SK 3a zu § 218a). Jedenfalls ist dogmatisch nicht erklärbar, warum allein die Verletzung der Beratungspflicht Strafbarkeit nach § 218 – und zwar abweichend vom früheren Recht, das nur Ungehorsamsstrafe vorsah (§ 218b I aF) – zur Folge hat, obwohl sich doch das dadurch begangene Unrecht qualitativ nicht vom Tötungsunrecht des beratenen Abbruchs unterscheidet (krit daher ua Frommel NKrimPol 93, 13; v Hippel, Geerds-FS, S 137, 147, Fn 37; Otto Jura 96, 135, 138; M-Schroeder/Maiwald BT 6/12, aber auch 6/16; Merkel MK 4 zu § 218). Überdies führt die Annahme eines Tatbestandsausschlusses schon im Rahmen des § 218a zu inneren Widersprüchen, für die es keine überzeugende Auflösung gibt (dort 21a).

dd) Schließlich liegt eine aus Gründen der Gerechtigkeit fragwürdige Konsequenz des Beratungskonzepts in der vom BVerfG (E 88, 203, 270, 271) umschriebenen Ausgestaltung darin, dass es alle beratenen Schwangerschaftsabbrüche als rechtswidrig qualifizieren muss, obwohl sich **in der Gesamtheit auch Fälle rechtfertigender Notlagen** befinden können (vgl 16). Mag deren Anteil bei der gebotenen nachhaltigen Einschränkung der Notlagenindikation auch klein sein, **17**

Vor § 218

ganz lässt sich nicht ausschließen, dass eine Schwangere, die nach den Maßstäben des BVerfG materiell rechtmäßig handelt, ins Unrecht gesetzt und wirtschaftlich benachteiligt wird (krit namentlich das Sondervotum von Böckenförde [BVerfGE 88, 359]; s auch Krey BT 1 Rdn 148 m; 21, 21 a zu § 218 a).

18   **7. a)** Noch in der 12. Wahlperiode sind **Gesetzgebungsverfahren** zur Anpassung des SFHG an die neue verfassungsrechtliche Lage eingeleitet worden. Nach Einbringung von fünf **Entwürfen** hat sich in den Ausschussberatungen der Koalitionsentwurf von CDU/CSU und FDP (BT-Dr 12/6643) durchgesetzt (Beschlussempfehlung [BT-Dr 12/7660] und Bericht [BT-Dr 12/8609] des BT-Sonderausschusses) und zur Verabschiedung eines SFHÄndG geführt (BR-Dr 592/94), das aber im BRat gescheitert ist (BT-Dr 12/8276).

19   **b)** In der 13. Wahlperiode sind wiederum sechs **Entwürfe** eingebracht worden (vgl die Vorlagen der Fraktionen der CDU/CSU [BT-Dr 13/285], der SPD [BT-Dr 13/27], der FDP [BT-Dr 13/286] und von Bündnis 90/Die Grünen [BT-Dr 13/402], sowie der Gruppe der PDS [BT-Dr 13/397] und der Abgeordneten Hüppe ua [BT-Dr 13/395]). Auf ihrer Grundlage wurde nach langwierigen Ausschussberatungen ein fraktionsübergreifender Kompromiss erreicht (Beschlussempfehlung und Bericht des BT-Ausschusses für Familie, Senioren, Frauen und Jugend BT-Dr 13/1850), der im Plenum mit großer Mehrheit verabschiedet wurde (BR-Dr 390/95) und dem der BRat zugestimmt hat (BR-Dr 390/95). Aus den Gesetzesmaterialien vgl ferner die Beratungen im Plenum des BTages (SBer 13, 3755) und im Plenum des BRates (Plenarprotokoll 687 S 338). – **Übersichtsbeiträge** sowie Stellungnahmen zu den Entwürfen und dem Gesetz im ganzen: Burmeister, LebSchrR Nr 12, S 55; Beckmann ZfL 95, 24; Reiter StimmZt 95, 730; Tröndle NJW 95, 3009; Laufs NJW 95, 3042; Gropp LdR 8/1350; Otto Jura 96, 135. – **In-Kraft-Treten:** 1. 10. 1995.

20   **8.** Das **SFHÄndG** ist dadurch **gekennzeichnet,** dass es an der Beratungsregelung festhält und die meisten Vorgaben des BVerfG – zum Teil bis in die Formulierungen hinein – umsetzt. Es ist aber von der Tendenz geleitet, die Interpretationsspielräume, die das Urteil offenlässt, zu nutzen (BT-Dr 13/1850 S 19), und zwar überwiegend zu Lasten des Lebensschutzes; in Einzelpunkten geht es auch offen darüber hinaus. Da im Gesetzgebungsverfahren zwischen den das Gesetz tragenden Fraktionen nur umstritten war, wie weit diese Vorgaben ohne unvertretbares verfassungsrechtliches Risiko abgeschwächt werden können, bezieht sich der gefundene Kompromiss letztlich nur auf diese Frage. – Exemplarisch sei zum Abweichen des Gesetzes von der Position des BVerfG auf Folgendes verwiesen:

21   **a)** Das BVerfG hatte in Nr 2 S 2 seiner vorläufigen AO (vgl 9) den **ausdrücklichen Hinweis** für erforderlich gehalten, dass das **grundsätzliche Verbot des beratenen Schwangerschaftsabbruchs** (§ 218 I) **unberührt** bleibt. Auf diesen Hinweis hat das Gesetz in Übereinstimmung mit allen Entwürfen (vgl 19) verzichtet. Wenngleich das Gericht diese ausdrückliche Klarstellung nicht zwingend vorgegeben hatte (BVerfGE 88, 203, 279), bedeutet der Verzicht auf sie doch ein deutliches Zurückbleiben hinter dem verfassungsgerichtlichen Maßstab: In der Gesetz gewordenen Gesamtregelung ist das grundsätzliche Verbot des Schwangerschaftsabbruchs noch weniger deutlich als im Beratungskonzept des BVerfG ausgeprägt; denn jetzt wird die Kostenerstattung für Bedürftige nicht mehr über die Sozialhilfe, sondern über die Krankenkassen abgewickelt (Art 5 SFHÄndG). Überdies wird den Gegnern des Beratungskonzepts dadurch ein willkommener Ansatzpunkt geboten, die Rechtswidrigkeit des nichtindizierten Schwangerschaftsabbruchs überhaupt in Frage zu stellen, weil sie nun im Gesetz nicht mehr verankert sei (vgl nur Sch/Sch-Eser 14–18 zu § 218 a; beachte auch die Kritik von Rudolphi SK 2 zu § 218 a).

Vorbemerkung **Vor § 218**

b) Das Gesetz hat die bisher vorgesehene (§ 218 a III idF des SFHG) und vom 22
BVerfG (E 88, 203, 257) gebilligte **embryopathische Indikation** auf Grund berechtigter Einwendungen der Behindertenverbände und der Kirchen beseitigt, aber durch Erweiterung der medizinischen (§ 218 a II idF des SFHG) zur **sozial-medizinischen Indikation** des früheren Rechts (§ 218 a I Nr 2 idF des 15. StÄG) gezielt einen Auffangtatbestand geschaffen, der die embryopathische Indikation in sich aufnehmen soll (BT-Dr 13/1850 S 26; NJW 02, 2636), aber die Überlebenschancen der Ungeborenen weiter verschlechtert (näher 14–17 zu § 218 a). Überdies bildet die weite und unbestimmte Fassung der sozial-medizinischen Indikation im Rahmen einer Beratungsregelung einen – auch verfassungsrechtlich problematischen – Fremdkörper (dazu Tröndle NJW 95, 3009, 3015; zust Stürner JZ 03, 155); sie lädt zu extensiver und uU auch missbräuchlicher Auslegung geradezu ein, nicht nur um den Anwendungsbereich der bisherigen embryopathischen Indikation erweitern, sondern auch einen Teil der im früheren Recht ausgeuferten Notlagenindikation einbeziehen zu können.

c) aa) Die **Pflichtenstellung des Arztes** wird gegenüber der ohnehin proble- 23
matischen (vgl 14) Position des BVerfG dadurch weiter verschlechtert und verunklart, dass der Arzt der Schwangeren nur Gelegenheit zur Darlegung der Gründe für die Abbruchsverlangen geben muss (§ 218 c I Nr 1), obwohl das BVerfG (E 203, 284) die Darlegung dieser Gründe für unerlässlich hält. Das ist eine eindeutige Missachtung der Bindung des Gesetzgebers. Dessen ungeachtet steht aber das Gesetzlichkeitsprinzip (6 zu § 1) der Bestrafung des Arztes entgegen, wenn er den Eingriff trotz Verweigerung dieser Offenlegung vornimmt. Dadurch wird verschleiert, dass er sich notwendig eines Berufsvergehens schuldig macht, weil ihm wegen Unkenntnis der Motivationslage der Schwangeren die pflichtgemäße Prüfung, ob er selbst den Eingriff verantworten kann (dazu BVerfGE 88, 203, 293), offensichtlich unmöglich ist (krit daher Otto Jura 96, 135, 143 mwN).

bb) Das Land Bayern hatte versucht, in dem BaySchwBerG und dem BaySchw- 23 a
HEG, namentlich auf Grund seiner ausschließlichen Zuständigkeit für das ärztliche Berufsrecht, den Vorgaben des BVerfG Geltung zu verschaffen (sog **„Bayerischer Sonderweg"**). Die einschlägigen Vorschriften wurden jedoch vom 1. Senat des BVerfG überwiegend für nichtig erklärt (BVerfGE 98, 265; mit überzeugenden Gründen aM die dissentierenden Richter aaO S 329). Daraus folgt, dass in Bayern Beratungsbescheinigungen auch dann nicht verweigert werden dürfen, wenn die Schwangere die Gründe für ihr Abbruchsverlangen nicht angibt, und dass auch reine Abbruchskliniken ihre Tätigkeit weiter fortsetzen dürfen; das BVerfG bejaht damit ein Berufsrecht (Art 12 GG) auf Vornahme rechtswidriger Tötungen (mit Recht abl die dissentierenden Richter aaO S 352; Beckmann ZfL 98, 38 und MedR 99, 138; Büchner NJW 99, 833; Rüfner ZfL 99, 39; Rudolphi SK 42 a). Der 1. Senat meint, dass die Abweichung von der Entscheidung des 2. Senats nur durch eine erneute, gegen § 218 c I Nr 1 gerichtete Normenkontrollklage, dh nicht inzident in einem anderen Verfahren, festgestellt werden könne. Die Entscheidung offenbart tiefgreifende Meinungsverschiedenheiten zum Abtreibungsrecht zwischen den beiden Senaten. Für die Fachgerichte hat sie im Hinblick auf die Bindungswirkung der verfassungsgerichtlichen Entscheidungen eine schlechthin unlösbare Rechtslage geschaffen und dadurch das Vertrauen in die Rspr des BVerfG schwer beschädigt.

cc) Schließlich ist die bindend erhobene Forderung des Gerichts, die medizi- 23 b
nisch nicht veranlasste **Offenbarung des Geschlechts des Ungeborenen** während der ersten zwölf Schwangerschaftswochen mit Strafe zu bedrohen (BVerfGE 88, 203, 293), übergangen worden. Die dafür gegebene Begründung, dass die Frage in Deutschland nicht praktisch relevant sei (BT-Dr 13/1850 S 26), ist nicht tragfähig; sie macht nur einen Dissens zwischen Gesetzgeber und Gericht im Hin-

blick auf das verfassungsrechtliche Untermaßverbot (dazu BVerfGE 88, 203, 254; krit Denninger, Mahrenholz-FS, S 561; Staechelin, ZustStR, S 267) sichtbar.

24 d) Im Gesetz fehlt die vom BVerfG (E 88, 203, 296) um der Wirksamkeit des Schutzkonzepts willen für notwendig gehaltene Strafvorschrift gegen Gefahren, die vom **familiären und weiteren sozialen Umfeld** der Schwangeren ausgehen. Die vorgesehene Ergänzung der §§ 170 b aF (jetzt § 170) und 240 entspricht der Vorgabe des BVerfG nicht. Die qualifizierte Unterhaltspflichtverletzung (§ 170 II) ist wegen ihrer inneren Widersprüche gesetzestechnisch missglückt und von vornherein so angelegt, dass sie für den Lebensschutz kaum praktische Bedeutung erlangen kann (zur Kritik 13 zu § 170; s auch Sch/Sch-Eser 8); das Regelbeispiel für einen besonders schweren Fall der Nötigung (§ 240 I S 2 Nr 2) stellt nur die Rechtslage klar, die sich bei richtiger Auslegung schon aus dem bisher geltenden Recht ergibt (Meyer, SBer 13, 6775). Mag auch ein Tatbestand, der sich gegen verwerfliche Einflussnahmen auf die Schwangere richtet, unter dem Gesichtspunkt der Gesetzesbestimmtheit problematisch sein (vgl dazu die öffentliche Anhörung v 11. 5. 1995 im BT-Unterausschuss „Schwangeren- und Familienhilfeänderungsgesetz", Prot Nr 3), so geht doch der Verzicht auf ihn eindeutig zu Lasten des Schutzes der Ungeborenen (näher dazu Tröndle, Kaiser-FS, S 1387, 1399).

25 e) Das Gesetz übergeht die ausdrückliche Forderung des BVerfG (E 88, 203, 279) sicherzustellen, „dass gegen das Handeln der Frau und des Arztes von Dritten **Nothilfe** ... nicht geleistet werden kann". Die dafür gegebene Begründung, mit der „bewussten Herausnahme aus dem strafrechtlich vertypten Unrecht" werde zum Ausdruck gebracht, dass beratene Schwangerschaftsabbrüche „im Bereich des Strafrechts nicht als Unrecht zu behandeln" seien (BT-Dr 13/1850 S 25), ist unzutreffend. Es ist unbestritten, dass Nothilfe gegen rechtswidrige Angriffe jeder Art unabhängig von ihrer strafrechtlichen Relevanz zulässig ist (5 zu § 32). Wenn die Rspr der Vorgabe des BVerfG gerecht werden will, wird sie eine Ausnahme von diesem anerkannten Prinzip allenfalls dogmatisch vertretbar, aber nicht zwingend begründen können (näher Otto Jura 96, 135, 139; Tröndle, LebSchrR Nr 12, S 91, 100; Wolker GA 96, 207, 224; Satzger JuS 97, 800; Lesch ZfL 01, 2; Kühl AT 7/138; Gropp MK 12 zu § 218a; Herzog NK 19 zu § 32; Sch/Sch-Eser 14 zu § 218 a; Sch/Sch-Lenckner/Perron 19, 20 zu § 32; s auch 5 und 15 zu § 32).

26 f) Im Ganzen hat das Gesetz danach die **Vorgaben des BVerfG erheblich verwässert** und die ohnehin geringen Chancen des Beratungskonzepts (vgl 12) weiter verschlechtert. Da in der gegenwärtigen sozialen Wirklichkeit vielleicht mehr nicht erreichbar gewesen ist (vgl 11, 12), werden für die künftige Entwicklung alle Anstrengungen darauf zu richten sein, in der Bevölkerungsmehrheit ungeachtet der Unzulänglichkeit des Gesetzes das Bewusstsein wiederzugewinnen, dass es den Grundlagen menschlicher Existenz widerspricht, allein um der eigenen „Lebensqualität" willen menschliches Leben zu opfern. Auf Grund schwerwiegender Mängel bei der Umsetzung des Gesetzes bezeichnet Philipp mit gutem Grund den Schutz des ungeborenen Lebens als nahezu wirkungslos (ZfL 00, 71).

27 III. 1. Ein Schwangerschaftsabbruch darf nur in einer **Einrichtung** vorgenommen werden, in der auch die notwendige medizinische Nachbehandlung gewährleistet ist (§ 13 SchKG). – Zu **jedermanns Recht,** seine Mitwirkung an Schwangerschaftsabbrüchen – von Notfällen abgesehen (krit Esser, Der Arzt im Abtreibungsstrafrecht, 1992, S 87) – **zu verweigern,** § 12 SchKG (zusf Maier NJW 74, 1405; s auch BVerfGE 88, 203, 294; Rudolphi SK 49–51 zu § 218a). – Zur **Bundesstatistik über Schwangerschaftsabbrüche** §§ 15–18 SchKG. – Zum Rückzug der katholischen Amtskirche aus dem staatlichen Beratungssystem und dem daraus erwachsenen sog „Schein-Streit" Beckmann, Der Streit um den Beratungsschein, 2000, mit Bespr Reimann ZfL 00, 34; Jakobs LebSchrR Nr 17, S 17; Tillmanns NJW 01, 873; Sala NJW 01, 1773; Tettinger, Ipsen-FS, 2000, S 767.

2. Auf der Grundlage des SchKG sind **Anerkennung und Kontrolle der** 28
Beratungsstellen Sache der **Länder.** Diese haben überwiegend ohne nähere
eigene Prüfung der Zulassungsvoraussetzungen (dazu Büchner ZfL 95, 2 und
LebSchrR Nr 12, S 9) die zuvor schon tätigen Beratungsstellen anerkannt (beachte
§ 11 SchKG). Die Materie ist in den meisten Ländern durch verwaltungsinterne
(zT noch vorläufige) Richtlinien und nur im Land Bayern durch (teilweise für
nichtig erklärtes) Gesetz (BaySchwHEG) geregelt.
3. Zu den für das Beratungskonzept wichtigen sog **flankierenden Maßnah-** 29
men Art 1–12 SFHG; Art 2–7, 9 SFHÄndG (s auch BVerfGE 88, 203, 258).
4. Zur **Kriminologie** des Schwangerschaftsabbruchs ua Wimmer/Puchinger, 30
Empirische Untersuchung der Motive zum Schwangerschaftsabbruch, 1983;
Häußler/Holzhauer ZStW 100, 817; Arnold/Geissler ZStW 100, 855; Holzhauer,
Schwangerschaft und Schwangerschaftsabbruch, 1989; Häußler-Sczepan, Arzt und
Schwangerschaftsabbruch, 1989; Liebl, Ermittlungsverfahren, Strafverfolgungs-
und Sanktionspraxis beim Schwangerschaftsabbruch, 1990; Kaiser Krim 61/14–24;
soziologisch: Heitzmann, Rechtsbewusstsein in der Demokratie. Schwangerschafts-
abbruch und Rechtsverständnis, 2002. – Zur **Rechtsvergleichung** ua Ketting/
v Praag, Schwangerschaftsabbruch – Gesetz und Praxis im internationalen Vergleich, 1985; Brugger NJW 86, 896; Koch ZStW 97, 1043; Eser/Koch (Hrsg),
Schwangerschaftsabbruch im internationalen Vergleich, Teil 1: Europa, 1988,
Teil 2: Außereuropa, 1989 und Teil 3: Rechtsvergleichender Querschnitt, 1999;
v Hippel in: Voss ua (Hrsg), Chancen für das ungeborene Leben, 1988, S 69; Mir
Puig JZ 92, 985; Bruch ZStW 105, 637; E Weigand/Zielinska GA 00, 320;
Schmidt, in: Dannecker ua (Hrsg), Sexualität und Gesellschaft, 2000, S 396. – Zur
historischen Entwicklung ua Dähn, in: Baumann (Hrsg), Das Abtreibungsver-
bot des § 218, 2. Aufl 1972, S 329; Jerouschek, Lebensschutz und Lebensbeginn.
Kulturgeschichte des Abtreibungsverbots, 2. Aufl 2002; Gante, § 218 in der Dis-
kussion. Meinungen und Willensbildung 1945–1976, 1991 und in: Thomas/Kluth
aaO (vgl 7) S 53; Muth aaO (vgl 1); Müller, Die Abtreibung – Anfänge der Kri-
minalisierung 1140–1650, 2000; Deutsch ZRP 03, 332; Kaiser Krim 36/55–58;
M-Schroeder/Maiwald BT 1 5/9–18. – Zu den Auswirkungen auf das **Zivilrecht**
Bernhard, Der Schwangerschaftsabbruch aus zivilrechtlicher Sicht unter besonderer
Berücksichtigung der Rechtsstellung des nasciturus, 1995. – Eine **vergleichende
Darstellung der Kommentierungen zu Grundfragen des Abtreibungs-
rechts** in den StGB-Kommentaren (Sch/Sch-Eser, Tröndle/Fischer, SK, Lackner/
Kühl) bietet Büchner ZfL 99, 60.

§ 218 Schwangerschaftsabbruch

(1) **Wer eine Schwangerschaft abbricht, wird mit Freiheitsstrafe bis zu
drei Jahren oder mit Geldstrafe bestraft. Handlungen, deren Wirkung vor
Abschluß der Einnistung des befruchteten Eies in der Gebärmutter eintritt, gelten nicht als Schwangerschaftsabbruch im Sinne dieses Gesetzes.**

(2) **In besonders schweren Fällen ist die Strafe Freiheitsstrafe von sechs
Monaten bis zu fünf Jahren. Ein besonders schwerer Fall liegt in der Regel vor, wenn der Täter**
1. **gegen den Willen der Schwangeren handelt oder**
2. **leichtfertig die Gefahr des Todes oder einer schweren Gesundheitsschädigung der Schwangeren verursacht.**

(3) **Begeht die Schwangere die Tat, so ist die Strafe Freiheitsstrafe bis
zu einem Jahr oder Geldstrafe.**

(4) **Der Versuch ist strafbar. Die Schwangere wird nicht wegen Versuchs bestraft.**

§ 218

1 1. Die Vorschrift schützt **das ungeborene Leben** (hM; vgl BGHSt 28, 11, 15). In zweiter Linie berücksichtigt sie auch **Gesundheitsinteressen der Schwangeren;** ob sich daraus die Annahme eines sekundär mitgeschützten Rechtsgutes (so Sch/Sch-Eser 9 vor § 218; weitergehend für den Abbruch durch Nichtärzte M-Schroeder/Maiwald BT 1 6/13) oder nur eines bloßen Schutzreflexes ableiten lässt (so Kröger LK 28 vor § 218; ähnlich Otto GK 2 13/6), ist eine im Wesentlichen rechtstheoretische Frage, deren Beantwortung von Inhalt und Grenzen des umstrittenen Rechtsgutsbegriffs abhängt.

2 2. Abs 1 enthält den **Tatbestand des Schwangerschaftsabbruchs** (krit zu diesem das geschützte Rechtsgut verschleiernden Begriff Lackner NJW 76, 1233, 1235; Schroeder JuS 91, 362, 363; Tröndle, Kaiser-FS, S 1387, 1389; krit ferner zum Aufbau der Gesamtregelung, die den überwiegend straflosen Schwangerschaftsabbruch [§ 218a] der Wirklichkeit zuwider als die Ausnahme, dessen Verbot aber als die Regel erscheinen lasse, Otto Jura 96, 135, 138; M-Schroeder/Maiwald BT 1 6/1). **Schutzobjekt** ist die Leibesfrucht (Merkel NK 6; krit zur Terminologie Gropp MK 5, der vom „ungeborenen Menschen" spricht). Zwischen Handlungen, die früher als „Fremd-" oder „Selbstabtreibung" bezeichnet wurden, unterscheidet das Gesetz nicht mehr (Merkel NK 45).

3 a) **Abbrechen der Schwangerschaft** setzt einen Eingriff gleich welcher Art voraus, mit dem während der Schwangerschaft, also vor Beginn der Geburt (3 vor § 211; Küper GA 01, 515, 535: restriktive Auslegung des § 218 I, die der Sprachsinn von „Schwangerschaft" ermöglicht und die gewohnheitsrechtlich legitimiert ist; aM Merkel NK 33–42), auf die Leibesfrucht – sei es auch nur eine von mehreren (Hirsch MedR 88, 292; Hülsmann NJW 92, 2331; Sch/Sch-Eser 8 mwN) – eingewirkt und dadurch deren Absterben herbeigeführt wird (BGHSt 31, 348 mit Bespr Lüttger NStZ 83, 481, Hirsch JR 85, 336; Karlsruhe NStZ 85, 314 mit Anm Jung). Er ist nur in Ausnahmefällen durch Unterlassen in Garantenstellung (6 zu § 13) begehbar (BGH, Karlsruhe und Lüttger aaO; Hilgendorf JuS 93, 97, 98; Rudolphi SK 18; einschr Hansen MDR 74, 797); als „Beschützergarant" kommt auch der Erzeuger in Frage (Kröger LK 36; Merkel NK 100 und 124–126). Jedoch kann der durch positives Tun bewirkte Abbruch nicht im Hinblick auf die Pflicht der Schwangeren zum Austragen in ein Unterlassen dieser Pflichterfüllung umgedeutet werden, um dadurch allgemein die Unterlassungsregeln anwendbar zu machen (Lennartz MedR 93, 179; Unberath JahrbRuE 95, 437; Rudolphi SK 15; Sch/Sch-Eser 3; krit Jakobs, Die strafrechtliche Zurechnung von Tun und Unterlassen, 1996, S 39; aM Geilen ZStW 103, 829, 846; Bernsmann JuS 94, 9 mit Erwiderung Lennartz JuS 94, 903; Jäger ZStW 115, 765, 773); dies gilt insb für das Zulassen des Eingriffs durch die Schwangere, da es zwingend die Darbietung des eigenen Körpers voraussetzt (Schöne, Unterlassene Erfolgsabwendungen und Strafgesetz, 1974, S 215; Arzt/Weber BT 5/33; iE auch Merkel NK 90; aM v Renesse ZRP 91, 321, 322: stets Unterlassen; diff Rudolphi SK 17). Das Unterlassungselement gibt allenfalls Anlass zur Prüfung der Frage, ob an die Rechtfertigung eines Schwangerschaftsabbruchs ein weniger strenger Maßstab anzulegen ist, als er sonst bei der Kollision von grundrechtlich geschützten Positionen gilt (BVerfGE 88, 203, 256; näher dazu 16 vor § 218).

4 aa) Erforderlich ist danach vor allem, dass der Eingriff den **Tod der Frucht** herbeiführt (Sch/Sch-Eser 19; s auch NJW 02, 2636, 2639 mit zust Anm Stürner JZ 03, 155). Ob dieser schon im Mutterleib unmittelbar (zB durch Absaugen, Ausschaben oder andere direkte Einwirkung) oder mittelbar (zB durch Einnehmen von biologisch oder chemisch wirkenden Mitteln) herbeigeführt wird oder ob die Frucht zunächst lebend abgeht und erst danach – sei es auch schon als Kind (beachte dazu BGHSt 13, 291; Geilen ZStW 103, 829, 835) – infolge der durch den Eingriff bedingten Lebensunfähigkeit oder Schädigung stirbt, ist unerheblich

Schwangerschaftsabbruch **§ 218**

(Sch/Sch-Eser 22 mwN; zw). Nach dem Schutzzweck der Vorschrift (vgl 1, 2) wird auch der Fall erfasst, dass nach Eintritt des Hirntodes der Schwangeren (4 vor § 211) Bemühungen um künstliche Aufrechterhaltung der Vitalfunktionen des mütterlichen Körpers zur Rettung der Leibesfrucht eingestellt werden (Erlanger Schwangerschaftsfall; AG Hersbruck FamRZ 92, 1471; Hilgendorf JuS 93, 97; Beckmann MedR 93, 121; Kiesecker, Die Schwangerschaft einer Toten, 1996, S 224; M-Schroeder/Maiwald BT 1 6/25; Merkel NK 28 und 118–125; Tröndle/Fischer 7; Rudolphi SK 9; aM Giesen/Poll JR 93, 177; Koch, in: Bockenheimer-Lucius/Seidler [Hrsg], Hirntod und Schwangerschaft, 1993, S 77; Sch/Sch-Eser 27; beachte auch Hilgendorf NJW 96, 758 und 97, 3074 mit Erwiderung Heuermann NJW 96, 3063, Weiß NJW 96, 3064 und Hoerster NJW 97, 773; 7 zu § 218 a). – Der Tod der Leibesfrucht erst nach ihrem Abgang muss nicht notwendig auf ungenügender Ausreifung des Kindes beruhen (aM BGHSt 10, 5; 13, 21, 24; Tröndle/Fischer 6); es genügt, wenn er sich als unmittelbare Auswirkung des Eingriffs darstellt (ähnlich Gropp, Der straflose Schwangerschaftsabbruch, 1981, S 18; Rudolphi SK 12) und alsbald nach dem Fruchtabgang, also nicht erst als Spätfolge des Eingriffs, eintritt (Kröger LK 15; Merkel NK 72; Arzt/Weber BT 5/28; aM Gropp MK 20; Sch/Sch-Eser 23). – Ist das Kind lebend geboren und wird es erst durch eine neue Einwirkung zu Tode gebracht, so liegt nach den für überholende Kausalität geltenden Regeln (11 vor § 13; aM Merkel NK 84) oder mindestens wegen einer wesentlichen Abweichung des Kausalverlaufs (12 zu § 15; krit Merkel NK 129) keine vollendete Tat nach § 218 vor (BGHSt 13, 21, 24; bei Altvater NStZ 04, 23, 25; einschr BGHSt 10, 291, 294; str). Das gilt unabhängig davon, ob das Kind auf längere Dauer lebensfähig war (W-Hettinger BT 1 Rdn 241; offen gelassen in BGHSt 13, 21, 24; eingehend und krit zur Lebensfähigkeit Merkel NK 75–82). Fehlt es aus diesem oder einem anderen Grunde an dem erforderlichen Kausalzusammenhang oder ist er nicht feststellbar, so kommt Versuch (Abs 4) in Frage (Kröger LK 13).

bb) Der Eingriff muss ferner **während der Schwangerschaft auf die Leibesfrucht einwirken** (krit zum „Einwilligungs"-Erfordernis Merkel NK 51–71, der die mit diesem Erfordernis erzielten Ergebnisse de lege lata als „zutreffend" bezeichnet, Rdn 69). Einwirkungen, die erst nach Beginn der Geburt das Kind treffen oder die der Beseitigung einer bereits abgestorbenen Frucht oder eines krankhaft entarteten Eies (Mole) dienen, scheiden daher aus. Ob auch der sog Anencephalus, dh eine Frucht ohne Großhirn und Hirnschale, straflos beseitigt werden kann, ist im Ergebnis unbestritten: zwar kann man ihm nicht schon die Qualität einer Leibesfrucht absprechen (Kröger LK 4; Merkel NK 18 und jetzt auch Jähnke LK 6 vor § 211) oder ihn ohne Differenzierung einem Hirntoten (4 vor § 211) gleichsetzen (Isemer/Lilie MedR 88, 66; Wolfslast MedR 89, 163; aM Hiersche MedR 84, 215; s auch Hanack, Noll-GS, S 197, 204), wohl aber ist die Annahme der medizinischen Indikation (§ 218 a II) vertretbar (dort 17; zum sog Acardius s Merkel NK 22, 23. – Anwendung von **wehenfördernden Mitteln** zur Beschleunigung oder Eingriffe zur Herbeiführung der Geburt eines vermeintlich lebensfähigen Kindes sind nicht tatbestandsmäßig, weil es an der auf die Frucht bezogenen Handlungstendenz (BT-Dr VI/3434 S 13), mindestens aber am Vorsatz fehlt.

b) Ein Schwangerschaftsabbruch kann auch vorliegen, wenn die **Schwangere** 6 den Eingriff **nicht überlebt** (BGHSt 1, 278, 280) oder wenn ein ihr geltender Angriff den Tod der Leibesfrucht bewirkt (BGHSt 11, 15 mit abl Anm Jescheck JZ 58, 749; Geilen Jura 79, 201, 204; Krey BT 1 Rdn 181; Sch/Sch-Eser 25; aM Otto Jura 96, 135, 144). Auch Selbstmordversuche der Schwangeren begründet, Vorsatz vorausgesetzt, versuchten (für die Schwangere nicht mit Strafe bedrohten) oder vollendeten Schwangerschaftsabbruch (BGH aaO; Roxin JA 81, 542, 543; Krey BT 1 Rdn 180–183, alle mwN; str); jedoch kommt Schuldausschluss wegen

§ 218

Verbotsirrtums oder Absehen von Strafe nach § 218a IV S 2 (Ostendorf JuS 82, 200, 201) in Frage.

7 **c)** Die Tathandlung kann von **jedermann,** auch der Schwangeren selbst, begangen werden. Daher gehört auch das früher besonders geregelte „Zulassen" des Eingriffs durch die Schwangere hierher (zur umstrittenen Einordnung als Tun oder Unterlassen vgl 3). Auch mittelbare Täterschaft sowohl der Schwangeren als auch eines Dritten kommt in Frage (Sch/Sch-Eser 29, 30).

8 **d)** Tatbestandsmäßig und deshalb für die §§ 218–219b erheblich sind nur Handlungen, deren Wirkung nach der **Nidation** eintritt, dh nach Abschluss der Einnistung des befruchteten Eies in der Gebärmutter (Abs 1 S 2), gleichgültig ob diese auf natürlicher, künstlicher oder extrakorporaler Befruchtung beruht. Der Strafschutz beginnt danach nicht schon mit der Empfängnis, dem Zeitpunkt der Befruchtung, obwohl diese nach naturwissenschaftlicher Erkenntnis den Anfang individuellen menschlichen Lebens markiert (Schlingensiepen-Brysch ZRP 92, 418 mwN; zur Unterscheidung von Empfängnis und Nidation sowie deren Relevanz vgl Gropp MK 71 und 73 vor § 218); diese Einschränkung ist materiellrechtlich zwar nicht begründet, aber mit den typischen Beweisproblemen erklärbar, die während der Zeit vor der Einnistung bestehen, und daher verfassungsrechtlich hinnehmbar (hM; anders Esser, Der Arzt im Abtreibungsstrafrecht, 1992, S 92; krit auch Hirsch MedR 87, 13). Die Verhütung der Nidation durch die morning-after-Pille, durch intrauterine Pessare, Spiralen, Schleifen usw und durch vorsorgliche Ausschabung wird daher nicht erfasst, wohl aber das Abtreibungsmittel Mifegyne (früher RU 486), wenn es, was regelmäßig zutrifft, erst nach der Einnistung wirkt (Sch/Sch-Eser 21; zu seiner medizin-technischen Wirksamkeit Hepp StimmZt 92, 590, 598). In das geltende Beratungssystem ist es sinnvoll nicht integrierbar (näher dazu Starck NJW 00, 2714). Im statistischen Durchschnitt ist die Nidation mit dem 13. Tag nach der Empfängnis abgeschlossen; sie kann jedoch auch einige Tage früher oder später eintreten (Laufhütte/Wilkitzki JZ 76, 329, 330). In der Praxis ist der Zeitpunkt meist nur durch Rückrechnung auf die letzte Menstruation (ungefähr 4 Wochen danach) in etwa konkretisierbar (krit Sch/Sch-Eser 11 mwN; beachte auch 9 und zum Embryonenschutz außerhalb des Schutzbereichs der §§ 218ff 2 vor § 211).

9 **3. a)** Der **Vorsatz** (bedingter genügt) muss sich namentlich auch auf das **Absterben der Leibesfrucht** beziehen; dabei reicht es aus, wenn er je nach den sich entwickelnden Umständen den Tod der Frucht im Mutterleib oder des Kindes in oder nach der Geburt umfasst (BGHSt 10, 5; Gropp MK 26). – Ein **Eingriff vor der Nidation** (vgl 8), den der Täter trotz Kenntnis der Sachlage irrig für tatbestandsmäßig hält, ist ein Wahnverbrechen (15 zu § 22), kein untauglicher Versuch (unrichtig Kohlhaas NJW 70, 501). Im Übrigen ergeben sich aus den Schwierigkeiten, den Zeitpunkt der Nidation aufzuklären, aus der verbreiteten Unkenntnis über deren Wesen und aus dem oft unzureichenden Wissen der Ärzte über die (nur nidationshemmende oder auch abortive) Wirkung von Medikamenten zahlreiche Möglichkeiten des Irrtums, der je nach seinem Inhalt einen Verbotsirrtum, ein Wahnverbrechen oder einen untauglichen Versuch begründen kann (dazu Lüttger, Sarstedt-FS, S 169, 178; Sch/Sch-Eser 42; s auch Gropp aaO [vgl 4] S 195, alle mwN). – Auch eine **unrichtige Beratung** (§ 219) kann für die Schwangere, soweit nicht schon § 218a I zum Tatbestandsausschluss führt, Quelle eines Tatbestands- oder Verbotsirrtums sein (zusf zu den hier möglichen Irrtümern Roxin JA 81, 542, 543).

10 **b) Fahrlässiger** Schwangerschaftsabbruch ist nicht mit Strafe bedroht.

11–13 **4.** Zur **Straflosigkeit** (einschl Rechtfertigung) des Schwangerschaftsabbruchs § 218a.

Schwangerschaftsabbruch **§ 218**

5. Der **Versuch** ist nur für den Dritten, nicht die Schwangere strafbar; für sie 14 enthält Abs 4 S 2 einen persönlichen Strafausschließungsgrund (Tröndle/Fischer 14). – Zur Abgrenzung bloßer Vorbereitungshandlungen vom Versuch vgl die unter 5 zu § 22 angeführten, zum Teil auch den Schwangerschaftsabbruch betreffenden Beispiele. – Untauglicher Versuch (12 zu § 22) kommt sowohl bei Untauglichkeit des Mittels wie auch des Objekts (keine Schwangerschaft, bereits abgestorbene Frucht) in Frage (AG Albstadt MedR 88, 261 mit Bespr Mitsch Jura 89, 193; Merkel NK 146). Bei Anwendung offensichtlich ungeeigneter Mittel (zB Spülungen mit warmem Wasser) kann § 23 III anwendbar sein (dort 4–8), bei abergläubischen Handlungen auch irrealer Versuch vorliegen (14 zu § 22).

6. Für die **Beteiligung (Täterschaft und Teilnahme)** gelten die allgemeinen 15 Regeln:

a) Die Schwangere, die den Eingriff nur zulässt, ist idR (Mit-)Täterin (BT-Dr VI/3434 S 14), weil sie im Allgemeinen nach subjektiver Lehre Täterwillen (5 vor § 25) und nach der Tatherrschaftslehre wegen der Notwendigkeit und des Gewichts ihrer Mitwirkung funktionelle Tatherrschaft hat (11 zu § 25; Roxin JA 81, 542; diff Gropp MK 40; Rudolphi SK 17; krit Hansen MDR 74, 797); im Schrifttum wird zum Teil auch angenommen, dass ihr als „Beschützergarantin" nach allgemeinen Unterlassungsgrundsätzen die Nichthinderung des Schwangerschaftsabbruchs als Täterschaft zugerechnet werde (Sch/Sch-Eser 31).

b) Die Schwangerschaft ist ein **besonderes persönliches Merkmal** nach 16 § 28 II (dort 8, 10; zusf Roxin JA 81, 542). Die Beteiligung eines Dritten unterliegt daher stets den Rechtsfolgen der Abs 1, 2, die der Schwangeren stets denen des Abs 3. Wer also die Schwangere anstiftet oder ihr hilft, ist Teilnehmer nach Abs 1 (ggf iVm Abs 2), während für die Tat der Schwangeren Abs 3 gilt. Hat die Schwangere den Schwangerschaftsabbruch zugelassen (vgl 15), so ist sie idR Mittäterin, wobei wiederum für sie selbst Abs 3 gilt, während für den, der den Eingriff vorgenommen hat, Abs 1, 2 anzuwenden ist. Entsprechendes gilt beim Versuch: Während die Schwangere in allen Beteiligungsformen nach Abs 4 S 2 straflos bleibt, werden die anderen Beteiligten als Versuchstäter oder als Teilnehmer an dem Versuch (AG Albstadt aaO [vgl 14]) erfasst.

c) Ist jemand an demselben Schwangerschaftsabbruch **zugleich als Täter** (auch 17 Mittäter) **und Teilnehmer** beteiligt, so geht die Teilnahme regelmäßig in der Täterschaft auf (ebenso Gropp MK 38; 13 vor § 25). Daher ist die Schwangere, die einen Dritten zum Schwangerschaftsabbruch anstiftet und alsdann den Eingriff an sich zulässt, idR nur Mittäterin nach Abs 3.

7. Zu **Abs 2** (besonders schwere Fälle), der für die Schwangere nicht gilt, vgl 18 6–21 zu § 46 (krit Wagner JR 79, 295). Als unbenannter besonders schwerer Fall kommt auch gewerbsmäßiges Handeln in Frage (Laufhütte/Wilkitzki JZ 76, 329, 330).

a) Nr 1: „Gegen den Willen" setzt eine Manifestation des entgegenstehenden 19 natürlichen Willens voraus, der auch bei Vorliegen einer Indikation (§ 218a II, III) maßgebend ist (Rudolphi SK 30); bloß innere Missbilligung genügt nicht (Arzt/Weber BT 5/35 Fn 38). Ist jedoch das Einverständnis abgenötigt oder die Freiheit der Entschließung durch berauschende, betäubende oder ähnliche Mittel beeinträchtigt, so reicht der mutmaßlich entgegenstehende Wille aus (Sch/Sch-Eser 58; krit Gropp MK 63, der einen sonstigen atypischen besonders schweren Fall annimmt).

b) Nr 2: Erforderlich ist die konkrete Gefahr (21, 22 zu § 315c) des Todes 20 oder einer schweren Gesundheitsschädigung (3 zu § 250). Einwilligung der Schwangeren in das Risiko ist unerheblich (Arzt/Weber BT 5/36). – **Leichtfertig**

§ 218a BT. 16. Abschnitt. Straftaten gegen das Leben

55 zu § 15; bei vorsätzlicher Gefährdung, die nicht unter Nr 2 fällt (trotz Fehlens des Wortes „wenigstens" aM Kröger LK 65 und Merkel NK 167), liegt idR ein unbenannter besonders schwerer Fall vor (Laufhütte/Wilkitzki JZ 76, 329, 330).

21 8. Mit vorsätzlicher (BGHSt 11, 15; NStZ 96, 276) und fahrlässiger (BGHSt 15, 345) Tötung ist **Tateinheit** möglich. Der vollendete Schwangerschaftsabbruch (nicht der Versuch, BGHSt 28, 11; vgl 28 vor § 52) verdrängt nicht nur die für ihn notwendige einfache (§ 223), sondern auch die gefährliche (jetzt § 224) Körperverletzung der Schwangeren (BGH aaO mit krit Anm Wagner JR 79, 295; Kröger LK 58; aM Kindhäuser 6; Merkel NK 153; Rudolphi SK 40); im Falle des § 224 gilt das ungeachtet der Verschärfung des Strafrahmens durch das VerbrBG (4 vor § 38), weil sie keine wesentliche Verschiedenheit des Unrechtsgehalts der beiden zusammentreffenden Tatbestände bewirkt hat. Früher hat die Rspr Gesetzeseinheit auch für Körperverletzung mit schwerer Folge (jetzt §§ 226, 227) bejaht (BGHSt 10, 312; 15, 345), nach der starken Ermäßigung der Strafdrohung für § 218 aber zutreffend Tateinheit mit § 227 angenommen (BGHSt 28, 11), was dann entsprechend auch für § 226 (W-Hettinger BT 1 Rdn 242; Kröger LK 59) gelten muss. Bei weiterreichenden, dh für den Schwangerschaftsabbruch nur teilweise notwendigen, Verletzungen kommt Tateinheit in Frage (GA 66, 339). – Führt ein Eingriff nach § 218 zu einer Frühgeburt und wird das Kind alsdann durch neue Einwirkung getötet (vgl 4), so liegt idR Tatmehrheit zwischen versuchtem Schwangerschaftsabbruch, der allerdings für die Schwangere nicht mit Strafe bedroht ist (Abs 4 S 2), und vorsätzlicher Tötung vor (BGHSt 13, 21; Gropp MK 60; anders BGHSt 10, 291; s auch Roxin JA 81, 542, 545). – **Wahlfeststellung** ist nicht möglich zwischen §§ 218 und 263 bei Lieferung eines möglicherweise untauglichen Mittels (15 zu § 1), wohl aber zwischen §§ 218 und 211 ff bei Zweifeln, ob das Kind den Eingriff überlebt hat und erst durch nachträgliche Einwirkung oder Unterlassung zu Tode gebracht wurde (hM; vgl etwa Kröger LK 69; anders Sch/Sch-Eser 70).

22 9. Geltungsbereich § 5 Nr 9 (dort 3).

§ 218a Straflosigkeit des Schwangerschaftsabbruchs

(1) Der Tatbestand des § 218 ist nicht verwirklicht, wenn

1. die Schwangere den Schwangerschaftsabbruch verlangt und dem Arzt durch eine Bescheinigung nach § 219 Abs. 2 Satz 2 nachgewiesen hat, daß sie sich mindestens drei Tage vor dem Eingriff hat beraten lassen,

2. der Schwangerschaftsabbruch von einem Arzt vorgenommen wird und

3. seit der Empfängnis nicht mehr als zwölf Wochen vergangen sind.

(2) **Der mit Einwilligung der Schwangeren von einem Arzt vorgenommene Schwangerschaftsabbruch ist nicht rechtswidrig, wenn der Abbruch der Schwangerschaft unter Berücksichtigung der gegenwärtigen und zukünftigen Lebensverhältnisse der Schwangeren nach ärztlicher Erkenntnis angezeigt ist, um eine Gefahr für das Leben oder die Gefahr einer schwerwiegenden Beeinträchtigung des körperlichen oder seelischen Gesundheitszustandes der Schwangeren abzuwenden, und die Gefahr nicht auf eine andere für sie zumutbare Weise abgewendet werden kann.**

(3) **Die Voraussetzungen des Absatzes 2 gelten bei einem Schwangerschaftsabbruch, der mit Einwilligung der Schwangeren von einem Arzt vorgenommen wird, auch als erfüllt, wenn nach ärztlicher Erkenntnis an der Schwangeren eine rechtswidrige Tat nach den §§ 176 bis 179 des**

Strafgesetzbuches begangen worden ist, dringende Gründe für die Annahme sprechen, daß die Schwangerschaft auf der Tat beruht, und seit der Empfängnis nicht mehr als zwölf Wochen vergangen sind.

(4) **Die Schwangere ist nicht nach § 218 strafbar, wenn der Schwangerschaftsabbruch nach Beratung (§ 219) von einem Arzt vorgenommen worden ist und seit der Empfängnis nicht mehr als zweiundzwanzig Wochen verstrichen sind. Das Gericht kann von Strafe nach § 218 absehen, wenn die Schwangere sich zur Zeit des Eingriffs in besonderer Bedrängnis befunden hat.**

Fassung: Abs 1–3 durch SFHÄndG (19 vor § 218) neu gefasst.

1. § 218a beschreibt die Voraussetzungen, unter denen ein Schwangerschaftsabbruch straflos, dh entweder schon nicht tatbestandsmäßig (Abs 1) oder nicht rechtswidrig (Abs 2, 3) oder lediglich straffrei ist (Abs 4). Nachdem das Gesetz in Übereinstimmung mit der Entscheidung des BVerfG die Fälle der Beratungsregelung als nicht tatbestandsmäßig eingestuft und in den Fällen der Abs 2, 3 die Rechtmäßigkeit des Schwangerschaftsabbruchs ausdrücklich bestimmt hat (beachte 16 vor § 218), ist zwischen tatbestandslosen (vgl 3), gerechtfertigten (vgl 7) und rechtswidrigen, aber straffreien (vgl 22) Schwangerschaftsabbrüchen zu unterscheiden.

2. a) Allgemeine Voraussetzung jedes straflosen Schwangerschaftsabbruchs ist die Vornahme des Eingriffs durch einen **approbierten Arzt** der Humanmedizin, der nicht notwendig Gynäkologe oder Chirurg sein muss (krit Sch/Sch-Eser 58). Erfasst wird danach auch der Eingriff einer Ärztin im Falle der „Selbstabtreibung" (Laufhütte/Wilkitzki JZ 76, 329, 331; Sch/Sch-Eser 58; aM Kröger LK 16; krit Gössel JR 76, 1; zw). Approbation nach ausländischem Recht genügt nicht, weil die dem Arzt auferlegten, verfassungsrechtlich begründeten Pflichten (vgl 14 vor § 218) nur den in der Bundesrepublik approbierten Arzt treffen (Sch-Sch-Eser 58; aM Merkel NK 6–8). Der im Ausland vorgenommene Eingriff ist daher im Allgemeinen rechtswidrig; jedoch unterliegt der ausländische Arzt regelmäßig nicht dem Strafrecht der Bundesrepublik (§§ 3–7) und die beteiligte Frau bleibt unter den Voraussetzungen des Abs 4 S 1 straffrei (Kröger LK 15). – Wird die Schwangerschaft durch Einnahme von Mitteln abgebrochen, so kommt es meist nur darauf an, ob ein Arzt das Mittel verschrieben und seine ordnungsmäßige Einnahme überwacht hat (expl Laufhütte/Wilkitzki JZ 76, 329, 330); sind jedoch mit dem weiteren Verlauf – wie zB bei der sog Abtreibungspille RU 486 – Risiken verbunden, muss auch der Fruchtabgang in die Überwachung einbezogen sein (Jähnke LK[10] 19 zu § 218a aF mwN; zw). – Der Eingriff eines **Nichtarztes** ist rechtswidrig, es sei denn, dass in einer gegenwärtigen, nicht anders abwendbaren Gefahr für Leib oder Leben keine andere Hilfe erreichbar ist; in solchen Fällen kann auf § 34 zurückgegriffen werden (Gropp, Schreiber-FS, S 113, 116 und in: MK 30 und Sch/Sch-Eser 37, alle zu § 218; gegen diese Beschränkung Merkel NK 139 zu § 218).

b) Weitere allgemeine Voraussetzung ist nach herrschender, nicht unproblematischer Meinung die **kunstgerechte Ausführung** (9 zu § 223) des Eingriffs (Sch/Sch-Eser 59; Kröger LK 19, 20; diff Gropp MK 26); zu bedenken ist jedoch, dass hier ausschließlich Interessen der Schwangeren betroffen sind, die durch die Tötungs- und Körperverletzungstatbestände umfassenden Schutz genießen (Arzt/Weber BT 5/55; Merkel NK 9–13).

3. Abs 1: Die Neufassung durch das SFHÄndG (vgl 19 vor § 218) dient der Anpassung an die durch das Urteil des BVerfG entstandene Rechtslage. Sie stimmt mit dem nichtigen Abs 1 aF insoweit überein, als sie zur Straflosigkeit (aller am

§ 218a

Eingriff Beteiligten) das Verlangen der Schwangeren, den Nachweis der mindestens drei Tage zurückliegenden Beratung (§ 219) und den Abbruch der Schwangerschaft durch einen Arzt (vgl 2) innerhalb der 12-Wochen-Frist voraussetzt. Auf die Gründe für die Letztentscheidung der Schwangeren kommt es danach nicht an. Der grundlegende Unterschied besteht aber darin, dass die Einhaltung des Beratungsverfahrens den Eingriff schon aus dem Tatbestand ausnimmt und damit das grundsätzliche Verbot des Schwangerschaftsabbruchs unberührt lässt (zur Kritik 16 vor § 218).

4 **a) Verlangen** ist mehr als Einwilligung. Nach dem Gesetzeszweck ist hier – abw von § 216 I (dort 2) – die ausdrückliche, an den Arzt (uU vermittelt durch die Arztgehilfen) gerichtete Aufforderung notwendig, den Eingriff vorzunehmen. Bloß konkludente oder auch ausdrückliche Einwilligung nach (nicht selten von Angehörigen veranlasster) Überredung durch den Arzt genügt nicht (ebenso Gropp MK 16). – Die Wirksamkeit des Verlangens bestimmt sich nach den für die Einwilligung geltenden Regeln (3–9 zu § 228).

5 **b)** Der **Beratungsnachweis** erfordert, dass eine Beratung tatsächlich stattgefunden hat (BT-Dr 13/1850 S 21; Sch/Sch-Eser 6) und dass die vorgelegte **Bescheinigung** echt ist, von einer anerkannten Beratungsstelle (§ 219 II iVm §§ 8, 9 SchKG) stammt und insoweit der Wahrheit entspricht, als sie die Einhaltung der Drei-Tages-Frist (in die der Tag der Erteilung nicht eingerechnet wird, § 187 I BGB) beweisen soll. Fehlt es daran, so ist der Schwangerschaftsabbruch rechtswidrig und bei Kenntnis der Sachlage für alle Beteiligten nach § 218 strafbar. Bei irriger Annahme der Voraussetzungen kommt je nach den Umständen ein Tatbestandsirrtum in Frage. Nicht nachprüfbar ist dagegen die inhaltliche Richtigkeit und Vollständigkeit der Beratung, auch wenn im Einzelfall durch Überschreitung der Grenze des noch Vertretbaren die Berufspflicht verletzt wurde (dazu 6 zu § 219). Nur reine Scheinberatung, die alle wichtigen Informationen unterdrückt oder wider besseres Wissen falsch vermittelt, ist keine Beratung im Sinne der Vorschrift (weiter einschr Sch/Sch-Eser 22–26 zu § 219). – Hat der abbrechende Arzt entgegen § 219 II S 3 zuvor die Konfliktberatung durchgeführt, so macht er sich nach § 218c I Nr 4 strafbar (dort 5). Die Existenz dieses Tatbestandes zwingt zu der Annahme, dass die Zuwiderhandlung nicht die Unwirksamkeit der Beratungsbescheinigung und Strafbarkeit nach § 218, sondern bloße Ungehorsamsstrafe nach § 218c zur Folge haben soll (Sch/Sch-Eser 10 zu § 218c).

6 **c)** Die **12-Wochen-Frist** ist nach dem jeweiligen Stand der wissenschaftlichen Erkenntnis zu ermitteln. In der Praxis ist sie nur innerhalb einer gewissen Schwankungsbreite durch ärztliche Untersuchung (namentlich Ultraschalluntersuchung) näher konkretisierbar. Da sie vornehmlich dem Gesundheitsschutz der Schwangeren dient, darf sie auch dann nicht überschritten werden, wenn die Beratungsbescheinigung (vgl 5) – gleich aus welchen Gründen – verspätet erteilt wurde.

7 **4. Abs 2, 3** beschreiben die sog **Indikationen,** die als **Rechtfertigungsgründe** zu deuten sind (16 vor § 218).

a) Gemeinsame notwendige, für sich allein aber nicht hinreichende (Sch/Sch-Eser 61) Voraussetzung ist die **Einwilligung der Schwangeren.** Ihr Inhalt, ihre Wirksamkeit, ihre Ersetzung durch den gesetzlichen Vertreter und die Möglichkeit mutmaßlicher Einwilligung (19–21 vor § 32) bestimmen sich nach den zum Teil umstrittenen Regeln, die allgemein für die rechtfertigende Einwilligung gelten (3–9 zu § 228; zusf Lenckner, in: Eser/Hirsch [Hrsg], Sterilisation und Schwangerschaftsabbruch, 1980, S 173; ansatzw zum Merkel NK 16–49, speziell zum „Kausalitätszusammenhang" zwischen Aufklärungsfehler und Einwilligung Rdn 38–43); zur näheren Konkretisierung können die Vorschriften über die Einwilligung, die in zahlreichen Entwürfen mit Indikationsmodellen enthalten sind (zB BT-Dr

§ 218a Straflosigkeit des Schwangerschaftsabbruchs

VI/3434 S 3, 28; 7/1983 S 15, 27; 7/4211 S 3), als vorsichtig zu handhabende Auslegungshilfe dienen (vgl auch Henke NJW 76, 1773, 1775). – Ob auch eine Minderjährige auf der Grundlage des SFHÄndG (19 vor § 218) selbstständig, dh unabhängig von ihrem gesetzlichen Vertreter, einwilligungsfähig sein kann, ist umstritten, dürfte aber zu bejahen sein (Merkel NK 28–30; aM Hamm JR 99, 333 mit abl, den Diskussionsstand umfassend dokumentierender Anm Schlund; s auch Wiebe ZfL 00, 12), und zwar schon deshalb, weil im Strafrecht allein die natürliche Einsichts- und Urteilsfähigkeit maßgebend ist (ebenso Gropp MK 19; enger Merkel NK 21; 5 zu § 228; s auch 16 vor § 32). Die nach den Maßstäben des BtG zu beurteilende Frage, wem bei fehlender oder zweifelhafter selbstständiger Einwilligungsfähigkeit der Minderjährigen die letzte Entscheidungskompetenz zusteht (der Schwangeren, dem gesetzlichen Vertreter oder dem Vormundschaftsgericht), bedarf noch weiterer Klärung (expl Hamm NJW 98, 3424; Belling/Eberl FuR 95, 287; Scherer FamRZ 97, 589). – Kommt eine Einwilligung der Schwangeren infolge ihres Hirntodes nicht mehr in Betracht (Erlanger Schwangerschaftsfall; vgl 4 zu § 218), so dürfte eine Aufrechterhaltung der Vitalfunktionen des mütterlichen Körpers zur Rettung der Leibesfrucht ethisch nur vertretbar und rechtlich nur zulässig sein, wenn sich aus den konkreten Umständen mutmaßliche Einwilligung ableiten lässt (aM Beckmann MedR 93, 121, 125; Rudolphi SK 20 zu § 218) und wenn nach den allgemeinen Regeln des § 34, namentlich einer umfassenden Chancen- und Risikoabwägung, das Lebensinteresse des Ungeborenen vorzugswürdig erscheint (str; näher zum Streitstand Hilgendorf JuS 93, 97; Heuermann JZ 94, 133; Kiesecker, Die Schwangerschaft einer Toten, 1996, S 255; Sch/Sch-Eser 27 zu § 218; zur ethischen Problematik Bockenheimer-Lucius/Seidler [Hrsg], Hirntod und Schwangerschaft, 1993).

7 a b) Abweichend von § 218a III idF des SFHG ist für alle gerechtfertigten Schwangerschaftsabbrüche eine **Konfliktberatung (§ 219) nicht mehr vorgeschrieben.** Die dafür (nur für die kriminologische Indikation) gegebene Begründung, dass in diesen Fällen das Beratungsangebot der §§ 2ff SchKG ausreiche (BT-Dr 13/1850 S 26), überzeugt nicht. Namentlich bei der sozialmedizinischen Indikation (vgl 12, 13, 16; beachte auch die Erklärung der Bundesärztekammer zum Schwangerschaftsabbruch nach Pränataldiagnostik [MedR 99, 31], die in diesen Fällen eine eingehende Beratung für unverzichtbar hält), aber auch bei der kriminologischen (vgl 18–20) haben allgemeine soziale Gesichtspunkte großes Gewicht. Die Rechtsänderung bedeutet deshalb eine Schwächung des Lebensschutzes (krit auch Sch/Sch-Eser 1 zu § 219 und Tröndle/Fischer 29).

8 c) Da nach hM die Indikationen Notlagen beschreiben, die auf einer **speziellen, unmittelbar vom Gesetz vorgenommenen Güter- und Interessenabwägung** beruhen (expl Laufhütte/Wilkitzki JZ 76, 329, 331; Lackner NJW 76, 1233, 1236; s auch 16 vor § 218), sind die allgemeinen für den rechtfertigenden Notstand geltenden **subjektiven Voraussetzungen** zu beachten. Ebenso wie dort sind daher die Fragen zu beurteilen, die sich aus dem Erfordernis des **Willens zur Gefahrabwendung** (des Rettungswillens, 5 zu § 34), aus dem Meinungsstreit um die **Pflicht zur Prüfung der Rechtfertigungsvoraussetzungen** (17 zu § 17; s auch JZ 77, 139; Roxin JA 81, 542, 543; abl Kröger LK 65) und aus den verschiedenen Möglichkeiten des Irrtums ergeben (zusf Sch/Sch-Eser 63, 64).

9 d) Neben der allgemein erforderlichen Vornahme des Eingriffs durch einen Arzt (vgl 2) und der Einwilligung der Schwangeren (vgl 7) muss eine in **Abs 2, 3 beschriebene Indikation** vorliegen. Zwar ist an sich nur **eine** Indikation, die soziai-medizinische, vorgesehen (Abs 2), während die kriminologische formell als ihr Unterfall behandelt wird (Abs 3). Materiell verwirklicht aber diese „Unterindikation" die Voraussetzungen des Abs 2 nicht notwendig, so dass ihre kraft unwiderleglicher Vermutung (Laufhütte/Wilkitzki JZ 76, 329, 331; aM Schmitt FamRZ

§ 218a BT. 16. Abschnitt. Straftaten gegen das Leben

76, 595: Fiktion) vorgenommene Gleichstellung nichts daran ändert, dass sie unabhängig von Abs 2 geprüft werden muss (krit zur selben Problematik im früheren Recht Lackner NJW 76, 1233, 1236; Schmitt aaO; Beulke FamRZ 76, 596, 598; Rudolphi SK 11, 12).

10 e) Beide Indikationen sind **„nach ärztlicher Erkenntnis"** zu beurteilen. Nach hM zum früheren Recht soll dieser Begriff nicht rein objektiv im Sinne der Erkenntnisse und Erfahrungen der medizinischen Wissenschaft und Praxis (9 zu § 223), sondern unter Einbeziehung auch der konkreten subjektiven Bewertung durch den abbrechenden Arzt auszulegen sein, mit der Folge, dass diesem ein gewisser, gerichtlich nicht überprüfbarer „ärztlicher Beurteilungsspielraum" verbleibt, solange das Ergebnis noch vertretbar erscheint (BGHSt 38, 144 mit zT krit Bespr Frommel StV 92, 114, Otto JR 92, 210, Lackner NStZ 92, 331, Kluth JZ 92, 533, Hassemer JuS 92, 703 und Vultejus NJ 92, 198; zust Ulsenheimer, Arztstrafrecht Rdn 334b; Sch/Sch-Eser 36; Tröndle/Fischer 18; weiter BGHZ 95, 199; Düsseldorf NJW 87, 2306). Diese Subjektivierung der Rechtfertigungsvoraussetzungen widerspricht allgemein anerkannten, für die Begründung der Rechtmäßigkeit tatbestandsmäßiger Handlungen geltenden Regeln. Sie ist auch nicht erforderlich, weil die Ärzteschaft nach neuem Recht mit der berufsfremden Aufgabe, Notlagenindikationen zu beurteilen, nicht mehr belastet ist und weil überdies auch die gebotene objektive Auslegung den Rückgriff auf die „ärztliche Erkenntnis" erfordert (Merkel NK 133). Damit werden die arztrechtlichen Standards unter Einbeziehung auch von Außenseiterpositionen (9 zu § 223) sowohl für den Umfang der Ermittlungspflichten des Arztes, die durch die allgemein in der ärztlichen Berufspraxis verfügbaren Erkenntnismittel begrenzt sind (dazu BGHSt 38, 144, 154), als auch für die normative Beurteilung der Indikationen zur Grundlage gemacht. Schon dadurch entsteht ein hinreichender, gerichtlich nicht überprüfbarer Spielraum (ähnlich Rudolphi SK 37–39; Kröger LK 47; aM Bay NJW 90, 2328 mit Anm Eser JZ 91, 1003). – Die Zivilgerichte verlangen zur Feststellung der „ärztlichen Erkenntnis" im Schadensersatzprozess (zB der Mutter gegen fehldiagnostizierenden Arzt) die Einholung eines Sachverständigengutachtens (NJW 03, 3411; Müller NJW 03, 697, 703).

11 f) Die **sozial-medizinische Indikation** nach Abs 2 (zur Kritik 22 vor § 218).
12 aa) **Angezeigt** (indiziert) ist der Schwangerschaftsabbruch, wenn er auf Grund eines ex-ante-Urteils nach ärztlicher Erkenntnis (vgl 10) geeignet und zugleich ein angemessenes Mittel ist, um die beschriebene konkrete Gefahr abzuwenden (BT-Dr VI/3434 S 20; Gropp, Schreiber-FS, S 113, 119; Kröger LK 34). Gegenwärtig braucht die Gefahr nicht zu sein; der drohende Schaden muss nur – auch wenn sein Eintritt erst später, uU nach der Geburt, zu erwarten ist – bei Fortbestehen der Schwangerschaft voraussichtlich unvermeidbar sein; der jeweils erforderliche Wahrscheinlichkeitsgrad ist nicht absolut bestimmbar, weil er auch von der Schwere der drohenden Gefahr abhängt (BT-Dr aaO). Erforderlich ist der Wille zur Gefahrabwendung (vgl 8); an ihm fehlt es idR, aber nicht notwendig (aM JZ 77, 139 mit Anm Schroeder), wenn der abbrechende Arzt sich nicht selbst vergewissert, ob überhaupt eine Gefahr droht. – Als **Lebensgefahr** kommt auch Selbstmordgefahr in Frage (BGHSt 3, 7; krit Merkel NK 86–89, der auf die unzumutbare Bedrohung des seelischen Gesundheitszustandes abstellen will). – **Beeinträchtigung des körperlichen oder seelischen Gesundheitszustandes** ist namentlich die Verursachung oder Steigerung einer physischen oder psychischen Krankheit (zB erhebliche Depression mit Krankheitswert, NJW 02, 2636, 2638 mit krit Bespr Stürner JZ 03, 155). Darüber hinaus werden aber auch solche Zustände, dh Störungen von erheblicher Dauer (Kröger LK 39), erfasst, die keinem medizinisch fest umschriebenen Krankheitsbild entsprechen, sondern erst auf Grund einer Gesamtwürdigung auf dem Hintergrund der **gegenwärtigen und**

zukünftigen **Lebensverhältnisse** eine biologisch signifikante Verschlechterung der körperlichen oder seelischen Verfassung der Schwangeren erkennbar machen (BT-Dr aaO; Gropp MK 44; für seelische Beeinträchtigungen stellt die Zivilrechtsprechung hohe Anforderungen, NJW 02, 886 mit Bespr Gehrlein NJW 02, 870; s auch NJW 02, 2636, 2639). Deshalb kann uU die Summierung familiärer und wirtschaftlicher Belastungen bei psychisch Labilen die Gefahr psychoneurotischer, neurasthenischer oder depressiver Fehlentwicklungen begründen (BT-Dr aaO). – Das zusätzliche Erfordernis **schwerwiegender** Beeinträchtigung scheidet alle Belastungen aus, die normalerweise mit einer Schwangerschaft verbunden sind, darüber hinaus aber auch solche, deren Hinnahme bei einer Gesamtabwägung mit dem Lebensinteresse des Ungeborenen keine Überforderung der Schwangeren bedeutet (BT-Dr aaO; ähnlich Kröger LK 41).

bb) Auch bei Vorliegen dieser Voraussetzungen ist der Schwangerschaftsabbruch **13** nur als **ultima ratio** zulässig (Subsidiaritätsgrundsatz). Eine zur Verfügung stehende ärztliche oder sozialpflegerische Abhilfe schließt daher die Indikation grundsätzlich aus. Sie kann aber **unzumutbar** sein, wenn sie die Schwangere in einem mit dem Sinn der Indikation unvereinbaren Maße belasten würde (dazu BVerfGE 88, 203, 256). Ob das zutrifft, ist auf Grund einer **Gesamtwürdigung** nach den Umständen des Einzelfalls zu beurteilen, wobei der Maßstab umso strenger ist, je mehr sich die Schwangerschaft ihrem Ende zuneigt (Sch/Sch-Eser 34). Unzumutbarkeit kommt namentlich bei einer sonst unumgänglichen langfristigen Einweisung in eine Klinik oder ein psychiatrisches Krankenhaus in Frage (hM; vgl BT-Dr VI/3434 S 21; Kröger LK 45; Merkel NK 126). Dasselbe gilt auch für die Unterbringung des zu erwartenden Kindes in einem Heim oder einer anderen Familie, vor allem für seine Adoption. Die Frage ist früher im Rahmen der Notlagenindikation behandelt worden, stellt sich in eingeschränktem Maße aber auch bei der sozialmedizinischen. Eine solche Weggabe des Kindes unmittelbar nach der Geburt ist weder grundsätzlich zumutbar (so aber AG Celle NJW 87, 2307), noch ist sie grundsätzlich unzumutbar (so aber LG Memmingen NStZ 89, 227; Kröger LK 44; Merkel NK 130), sondern auch hier nach den Umständen des Einzelfalls zu beurteilen (Bay NJW 90, 2328; s auch Pesch und Hattenhauer, LebSchrR Nr 14, S 15 und 35); allerdings ist die Zumutbarkeit regelmäßig zu verneinen, wenn nicht auszuschließen ist, dass mit der Weggabe des Kindes eine schwere seelische Belastung der Schwangeren verbunden wäre (ähnlich BGHSt 38, 144, 161; s auch Beulke FamRZ 76, 596, 600; Arzt/Weber BT 5/65; Sch/Sch-Eser 35, alle mwN). Unzumutbarkeit wird ferner bei einer Mehrlingsschwangerschaft zu bejahen sein, wenn durch partiellen Schwangerschaftsabbruch (zB Reduktion von Fünflingen auf Zwillinge) eine hinreichende Verminderung der zu erwartenden Belastung erreichbar wäre, die Schwangere aber diesen Eingriff verweigert (Eberbach JR 89, 265, 271; Sch/Sch-Eser 34; aM de lege lata Merkel NK 113–122; zur zivilgerichtlichen Beurteilung des für beide tödlichen Abbruchs einer Zwillings-Schwangerschaft NJW 02, 886 mit Bespr Gehrlein NJW 02, 870).

g) aa) Nachdem die im SFHG (vgl 7) noch vorgesehene (dort § 218a III) und **14** im Urteil des BVerfG (E 88, 203, 257) gebilligte **embryopathische Indikation** weggefallen ist (zur Kritik 22 vor § 218), geht der Gesetzgeber davon aus, dass sie durch die **sozial-medizinische** aufgefangen werden kann (BT-Dr 13/1850 S 26). Im Hinblick darauf, dass bei dieser Indikation auch die gegenwärtigen und künftigen Lebensverhältnisse der Schwangeren zu berücksichtigen sind und dass nach der Intention des Gesetzgebers auch die erst nach der Geburt drohende Beeinträchtigung ihres seelischen Gesundheitszustandes relevant ist (dazu Otto Jura 96, 135, 141), kann die sozial-medizinische Indikation regelmäßig bejaht werden, wenn die zu erwartende, nicht behebbare Schädigung der Leibesfrucht nach Art und Schwere (Kröger LK 50) so erheblich ist, dass die Pflege und Erziehung des kran-

§ 218a

ken Kindes auch bei voller Anerkennung seines Lebensrechts eine zeitlich, kräftemäßig oder wirtschaftlich unzumutbare Überforderung der Schwangeren, uU auch im Hinblick auf bereits vorhandene Kinder, bedeuten würde (BT-Dr VI/3434 S 24; s auch BVerfGE 39, 1, 49; 88, 203, 256). Zwar decken sich die rechtlichen Voraussetzungen der beiden Indikationen nicht (näher Schumann/Schmidt-Recla MedR 98, 497; Rudolphi SK 8); bei der in der Rspr und überwiegend auch im Schrifttum unangefochtenen weiten Auslegung der sozial-medizinischen Indikation (vgl 12) führt die Subsumtion unter beide Rechtfertigungstatbestände aber zu weitgehend gleichen Ergebnissen und macht deshalb die sozial-medizinische Indikation als Auffangtatbestand geeignet.

15   bb) Mit dieser Gesetzesänderung ist deshalb die **vielschichtige Problematik** der embryopathischen Indikation **nicht gelöst, sondern nur verlagert.** Im früheren Recht sind gegen diesen Rechtfertigungsgrund nicht nur wegen der mit ihm verbundenen Diskriminierung der Behinderten Einwendungen erhoben worden. Mit Recht gerügt wurde vor allem der innere Widerspruch, der darin liegt, dass die Schwangere in ihrer Entscheidung für den Abbruch nicht ihre eigene künftige Belastung, sondern ausschließlich den ihr unzureichend erscheinenden Lebenswert des Ungeborenen im Auge haben und zum ausschlaggebenden Motiv machen kann (Boland ua [Hrsg], Kindliche Indikation zum Schwangerschaftsabbruch, 1982, S 50, 51; Hepp, Geburtshilfe und Frauenheilkunde 83, 131; Hanack, Noll-GS, S 197; s auch Jakobs, in: Zentrum für medizinische Ethik. Medizinethische Materialien, Heft 90, 1994; M-Schroeder/Maiwald BT 1 6/36, 40). Leider hat sich die pränatale Diagnostik (Amniocentese, Chorionbiopsie, Fetoskopie, Hautbiopsie usw) in Verbindung mit der problematischen Rspr zur Haftung des Artzes, der ihre Möglichkeiten nicht oder fehlerhaft nutzt (vgl etwa BGHZ 89, 96; 124, 128; 143, 389; krit dazu Picker, Schadensersatz für das unerwünschte Leben: „wrongful life", 1995 und AcP 95, 483; Zimmermann JZ 97, 131; Laufs NJW 98, 796; zum „Kind als Schaden" gegensätzlich BVerfGE 88, 203, 296 und 96, 375 [mit kontroverser Bespr Stürner JZ 98, 317, Beckmann ZfL 98, 1 und MedR 99, 138, Lamprecht NJW 98, 1039, Sangmeister JuS 99, 21, Losch/Radau NJW 99, 821 und Looscheiders Jura 00, 169]; NJW 01, 886; 02, 2636 mit krit Anm Stürner JZ 03, 155; 03, 3411) zunehmend zu einem Mittel der Familienplanung entwickelt, das die „Schwangerschaft auf Probe" ermöglicht (krit Laufs NJW 90, 1505, 1511 sowie Fortpflanzungsmedizin und Arztrecht, 1992, S 90; Wisser ZfL 99, 11). Das Fortschreiten der Fetaldiagnostik und -therapie, nicht zuletzt auch der Techniken selektiver Abtreibung (3 zu § 218), hat eine Lage geschaffen, in der die Indikation unhaltbar oder mindestens von Grund auf änderungsbedürftig geworden ist (krit daher ua Eberbach JR 89, 265; Cramer ZRP 92, 136; Pluisch, Der Schwangerschaftsabbruch aus kindlicher Indikation im Spannungsfeld der pränatalen Diagnostik, 1992; krit auch aus feministischer Sicht Hochreuter KritV 96, 171). Die Auffassung von Reichenbach (Jura 00, 623), der alle diese Bedenken nicht nur für unbegründet, sondern den Eintritt der geschilderten Folgen für wünschenswert hält, ist abzulehnen. – Das Problem einer zu selektiver „Verwerfung" führenden Qualitätskontrolle des Nachwuchses stellt sich unter etwas anderem Blickwinkel auch bei der **Präimplantationsdiagnostik.** Im Hinblick auf eine mögliche Strafbarkeit nach dem ESchG ist hier hinsichtlich der Verwendung pluripotenter Zellen vieles umstritten; die Entnahme totipotenter Zellen verstößt gegen das Klonverbot des § 6 I ESchG. Die Methode ist jedenfalls ethisch höchst bedenklich (näher v Renesse und Beckmann ZfL 01, 10 und 12; Herzog ZRP 01, 393; Renzikowski NJW 01, 2753; Böckenförde-Wunderlich, Präimplantationsdiagnostik als Rechtsproblem [mit Bespr Duttge JZ 03, 411]; Schlink, Aktuelle Fragen des pränatalen Lebensschutzes, 2002, S 16, 20; Duttge GA 02, 241; Hörnle GA 02, 659; Neidert ZRP 02, 467; Hufen und Reiter ZRP 02, 372; Lüderssen, Meurer-GS, S 209, 211; Eibach MedR 03, 441; Eser/Koch, Keller-GS, S 15, 31;

Lübbe MedR 03, 148; Schreiber MedR 03, 367, 369; Hufen JZ 04, 313, 317 und M-Schroeder/Maiwald BT 1 7/5).

Die Ausgestaltung der sozial-medizinischen Indikation als Auffangtatbestand für die embryopathische **bringt die gebotene Klärung nicht.** Sie erweitert nur die Möglichkeit erlaubter Eingriffe zu Lasten des Lebensschutzes, und zwar vor allem dadurch, dass sie wegen ihrer größeren Unbestimmtheit (Burmeister, LebSchrR Nr 12, S 51, 73: „Verstecken" einer speziellen in einer allgemeinen Indikation; Tröndle NJW 95, 3009, 3015: „Akt gesetzgeberischer Verhüllungskunst"; krit auch Otto ZfL 99, 55; Krey BT 1 Rdn 169; Rudolphi SK 8, 8a und Kröger LK 54: Akt symbolischer Gesetzgebung; krit zu dieser Sicht Merkel NK 82 und 95– 99) zum Missbrauch einlädt (s aber Kröger LK 53, die wegen der schweren seelischen Belastung davon ausgeht, dass Schwangere nicht ohne zwingende Gründe eine Spätabtreibung auf sich nehmen werden) und auf die bisher vorgesehene – wenn auch problematische – 22-Wochen-Frist und das Erfordernis vorausgegangener Pflichtberatung (vgl 7a) verzichtet hat; dass die sonstigen Voraussetzungen des Abs 2 strenger sind als bei der früheren embryopathischen Indikation, ändert daran nichts (aM Schumann/Schmidt-Recla MedR 98, 497, 503; Kröger LK 50, die von einer engeren bzw restriktiveren Rechtslage ausgehen). Dadurch wird der bisher schon bestehende, aber nur in engen zeitlichen Grenzen mögliche innere Widerspruch verschärft, der darin besteht, dass in der letzten Schwangerschaftsphase eine bereits lebensfähige Leibesfrucht rechtmäßig abgetrieben werden darf, während das frühgeborene Kind vollen Lebensschutz nach den §§ 211ff genießt (dazu Helmke ZRP 95, 441 und Gropp GA 01, 1, 8). Führt nämlich der Versuch eines nach Abs 2 indizierten Schwangerschaftsabbruchs **zur Geburt eines** – geschädigten oder ungeschädigten – **lebenden Kindes,** so ist dessen Tötung nicht deshalb erlaubt, weil der Schwangerschaftsabbruch gerechtfertigt war. Der Arzt ist vielmehr Garant für das Leben des Kindes und zur Unterlassung von Behandlungsmaßnahmen nur nach den allgemein für die sog Früheuthanasie geltenden Regeln (5 vor § 211) befugt (Weiß GA 95, 373; Merkel, Früheuthanasie, 2001, S 237; zu Unrecht aM StA Oldenburg NStZ 99, 461 mit abl Anm Tröndle; s auch Tröndle LebSchrR Nr 16 S 95; zur medizinischen Problematik Hepp aaO [vgl 15] und in: Jung/Müller-Dietz [Hrsg], § 218 StGB – Dimensionen einer Reform, 1983, S 1; Hiersche/Jähnke MDR 86, 1). Die Verschärfung des Strafrahmens in § 213 und die Aufhebung des § 217 durch das 6. StrRG (8–11 vor § 38) haben die Relevanz dieses Widerspruchs noch weiter vergrößert. Für die beteiligten Ärzte können daraus unlösbare Gewissenskonflikte erwachsen. In der politischen Diskussion sind deshalb auch unter Befürwortern des SFHÄndG (19–21 vor § 218) Forderungen nach Abhilfe laut geworden (beachte auch die Erklärung der Bundesärztekammer [vgl 7a] und die Richitlinien der Bundesärztekammer zur pränatalen Diagnostik von Krankheiten und Krankheitsdispositionen [DÄBl 98, 3236]; Deutsch ZRP 03, 332). **Spätabtreibungen** sind nicht nur moralisch (dazu Merkel NK 107 mwN), sondern auch rechtlich bedenklicher als frühe Abtreibungen (Deutsch ZRP 03, 332; Gropp MK 63 und GA 00, 1, der vorschlägt, den strafrechtlichen Begriff „Mensch" de lege ferenda auch auf Ungeborene mit Beginn ihrer Lebensfähigkeit, spätestens jedoch mit Ablauf der 20. Schwangerschaftswoche zu erstrecken [krit Küper GA 01, 515, 532]; aM Merkel aaO, der einen einheitlichen Schutz früher und später Embryonen grundrechtlich für geboten hält; aus der Zivilrechtsprechung vgl NJW 02, 2636, 2638); teilweise wird auch die Wiedereinführung einer Frist gefordert (Deutsch aaO; Schumann/Schmidt-Recla MedR 98, 497, 504; wohl auch Gropp MK 64; dagegen wegen der Gefahr von Panikabbrüchen Kröger LK 52; kein verfassungsrechtliches Gebot zur Befristung erkennt BGH aaO).

cc) Ein Vorteil gegenüber dem früheren Recht besteht lediglich darin, dass infolge Wegfalls der 22-Wochen-Frist eine Fallgruppe ohne Auslegung contra legem

§ 218a BT. 16. Abschnitt. Straftaten gegen das Leben

lösbar wird: Wenn die bisweilen mögliche **sichere Diagnose perinataler Lebensunfähigkeit** des Fötus (zB bei Anencephalen, 5 zu § 218) gestellt werden muss, die unmittelbar nach der Geburt einen Behandlungsabbruch rechtfertigen würde (5 vor § 211), so dürfte Abs 2 regelmäßig deshalb erfüllt sein, weil die mit der Fortsetzung der Schwangerschaft verbundene sinnlose Belastung der Schwangeren unzumutbar wäre (ähnlich Kröger LK 4).

18 h) Die **kriminologische Indikation** nach Abs 3. Sie wird häufig auch als ethische, humanitäre oder Vergewaltigungsindikation bezeichnet.

19 aa) **Vorausgesetzt wird eine rechtswidrige,** nicht notwendig schuldhafte, **Tat** (18 zu § 11; 1 zu § 29) nach §§ 176–179, welche die Schwangerschaft verursacht hat; Inzest (§ 173) genügt nicht. Ob die Schwangere, soweit das nach den Tatbeständen überhaupt in Frage kommt (zB in Fällen der §§ 176 I, 179 I), in die Tat eingewilligt hatte, ist unerheblich (Sch/Sch-Eser 47 mwN); nach dem Sinn der Regelung gilt dasselbe auch – und zwar ungeachtet der umstrittenen systematischen Stellung des Vorsatzes im Verbrechensaufbau (34 zu § 15) – für vorsatzausschließende Irrtümer des Täters, etwa über das Alter des Kindes in Fällen des § 176 I oder über das Einverständnis des Opfers in Fällen des § 177 I (Kröger LK 59; für gesetzgeberische Klarstellung Merkel NK 151). – **Dringende Gründe** für die Annahme, dass die Schwangerschaft auf der rechtswidrigen Tat beruht, erfordert keinen sicheren Nachweis; es genügt ein solcher Grad von Wahrscheinlichkeit, dass dieser Zusammenhang ernstlich in Betracht zu ziehen ist (ebenso Merkel NK 152; enger Gropp MK 74: „hoher Wahrscheinlichkeitsgrad". Dabei ist auf den Sachstand unmittelbar vor dem Schwangerschaftsabbruch abzustellen. Zur Aufklärung braucht der Arzt nicht wie eine Ermittlungsbehörde tätig zu werden, sondern sich nur der Erkenntnismittel bedienen, die allgemein in der Berufspraxis verfügbar sind (BT-Dr 13/1850 S 26; s auch 10); bei Zweifeln an der Glaubwürdigkeit der Schwangeren kommt in Frage, mit deren Einwilligung die Staatsanwaltschaft um Auskunft oder Einsicht in etwa vorhandene Ermittlungsakten zu bitten (vgl dazu Nr 9 der vorläufigen AO des BVerfG [E 88, 203, 223]; krit Rudolphi SK 51 vor § 218; Sch/Sch-Eser 49).

20 bb) Einer besonderen Prüfung, ob die Konfliktslage von solchem Gewicht war, dass **die Fortsetzung der Schwangerschaft nicht verlangt werden kann,** bedarf es hier nicht, weil das nach der Wertung des Gesetzes stets zutrifft (Lackner NJW 76, 1233, 1238; Sch/Sch-Eser 51).

cc) Zur **Zwölf-Wochen-Frist** vgl oben 6. Zur Problematik in Fällen, in denen den Sorge- und Entscheidungsberechtigten die Schwangerschaft des Kindes oder der geisteskranken Frau erst nach dieser Frist bekannt wird (Merkel NK 156).

21 e) Über diesen anerkannten Bereich hinaus schließt das BVerfG die Möglichkeit einer rechtfertigenden **Notlagenindikation** unter der Voraussetzung ihrer Gleichwertigkeit (Kongruenz) mit den anderen Indikationen nicht aus, hält aber ihre zur Begründung der Rechtmäßigkeit unerlässliche Feststellung mit dem Schutzkonzept der Beratungsregelung für unvereinbar (16, 17 vor § 218).

21a 5. Wie die **grundsätzlich verschiedenen Möglichkeiten der Straflosigkeit nach Abs 1–3** nebeneinander bestehen können, ist widerspruchsfrei nicht zu erklären. Nach den (bindenden) Bewertungsmaßstäben des BVerfG ist von folgenden Prämissen auszugehen: Der Schwangerschaftsabbruch ist **verfassungsrechtlich verboten,** wenn er vorgenommen wird, obwohl die Fortsetzung der Schwangerschaft zumutbar ist (dazu 16 vor § 218). Er ist gerechtfertigt, wenn eine Indikation nach Abs 2, 3 vorliegt, und zwar unabhängig davon, ob und mit welchem Ergebnis ein Feststellungsverfahren stattgefunden hat (2 zu § 218b). Für andere Notlagen, die so schwer wiegen, dass die Fortsetzung der Schwangerschaft nicht zumutbar ist, sieht das Gesetz, weil die Abs 2, 3 abschließend sind, keine förmliche Rechtfertigung vor. Diese Fälle müssen deshalb – im Interesse der Wirksamkeit des Beratungskonzepts (BVerfGE 88, 203, 271) – in den nach Abs 1 straflosen Schwangerschaftsabbrüchen aufgehen, wenn dessen Voraussetzungen erfüllt sind; sie bilden in der Gesamtheit dieser Abbrüche einen – wenn auch geringfügigen – Anteil materiell rechtmäßiger Eingriffe (16, 17 vor § 218); für alle übrig bleibenden ändert das aber nichts an dem verfassungsrechtlichen Verbot. Aus dieser Rechtslage folgt: Der ausdrückliche Hinweis des BVerfG in Nr 2 der vorläufigen AO, dass das grundsätzliche Verbot des Schwangerschaftsabbruchs unberührt bleibe, entspricht diesen Prämissen; denn er stellt nur klar, dass Abs 1 den für den Schwangerschaftsabbruch geltenden Verbotsbereich nicht verändert. Damit ist auch jeder Versuch, das Verbot materiell nicht zu rechtfertigender Eingriffe mit dogmatischen oder verfahrensrechtlichen Argumenten zu bestreiten oder zu relativieren, mit den Vorgaben des BVerfG unvereinbar (anders zB Hassemer, Mahrenholz-FS, S 731; Eser, FS für R Süssmuth, 2002, S 117, 132 und Sch/Sch-Eser 12–18 mwN). – Bisher nicht geklärt ist die Frage, ob sich eine Schwangere auch noch nach durchgeführter Konfliktberatung dem Feststellungsverfahren stellen kann, um auf dieser Grundlage die Rechtfertigung des Eingriffs zu erreichen (so mit Recht Sch/Sch-Eser 17). Abs 1, der bei beratenen Abbrüchen schon den Tatbestand ausschließt (vgl 3), bildet dafür kein unüberwindbares Hindernis. Wenn sich die Schwangere nach § 219 hat beraten lassen, wozu sie beim Vorliegen einer Indikation nicht verpflichtet ist (zur Kritik vgl 7 a), kann der Eingriff zwar nach Abs 1 ohne Verwirklichung des Tatbestandes vorgenommen werden; solange das aber nicht geschieht, bleibt offen, ob es im weiteren Verlauf zu einem tatbestandslosen oder einem gerechtfertigten Eingriff kommt. Der Schwangeren diese Möglichkeit zu versperren, wäre rechtsstaatswidrig, weil die bloße Inanspruchnahme der Konfliktberatung einen Rechtsverlust (vgl § 24 b I SGB V) nicht legitimieren kann. Wurde der Eingriff jedoch unter den Voraussetzungen des Abs 1 vorgenommen, so ist für eine nachträgliche Rechtfertigung im Hinblick auf die Tatbestandslosigkeit des Eingriffs kein Raum mehr (aM M-Schroeder/Maiwald BT 1 6/49). – Wurde eine Schwangerschaft abgebrochen, obwohl weder die Voraussetzungen des Abs 1 erfüllt noch das vorgeschriebene Feststellungsverfahren beachtet wurde, so ist die – wenn auch entfernte – Möglichkeit nicht ganz auszuschließen, dass das Gericht auf Grund der Sachlage eine Indikation nach Abs 2, 3 bejahen muss (2 zu § 218 b).

6. Abs 4: Die Vorschrift entspricht im Wesentlichen dem § 218 III S 2, 3 aF, der schon im früheren Recht unter verschiedenen Gesichtspunkten als verfassungsrechtlich problematisch und kriminalpolitisch verfehlt eingestuft wurde (krit namentlich Lackner NJW 76, 1233, 1242; Beulke FamRZ 76, 596, 602; Roxin JA 81, 226, 229; Rudolphi SK 19, 20 vor § 218 und 52 zu § 218 a). Als geltendes Recht ist sie zu respektieren, praktisch aber nahezu bedeutungslos. Sie setzt nämlich einen rechtswidrigen Schwangerschaftsabbruch voraus, an dem es fehlt, wenn die Tat schon nicht unter § 218 fällt (Einhaltung des Beratungsverfahrens) oder wenn sie gerechtfertigt ist (vgl 7–20).

a) Satz 1 beschreibt einen (auf § 218 beschränkten) persönlichen Strafausschließungsgrund für die Schwangere (hM; vgl Kröger LK 71; einschr Rudolphi SK 52). Die Rechtswidrigkeit der Tat und die Strafbarkeit aller anderen Beteiligten bleiben daher unberührt; auch ein Irrtum über die Arzteigenschaft des Täters oder die Rechtzeitigkeit des Eingriffs (22-Wochen-Frist) kommt der Schwangeren nicht zugute (Arzt/Weber BT 5/77), wohl aber die irrige Annahme der Voraussetzungen einer Indikation (vgl 7–20). – Es kommt allein darauf an, ob die nach § 219 vorgeschriebene Konfliktberatung stattgefunden hat; ob sie inhaltlich fehlerhaft war (dazu 5 zu § 219) oder ob eine Bescheinigung über sie ausgestellt wurde (aM Tröndle/Fischer 35), ist unerheblich. – Der abbrechende Arzt kann auch im Ausland tätig und dort approbiert sein (im Erg auch Merkel NK 158).

§ 218b

24 b) Da **Satz 2** ausscheidet, wenn die Tat gerechtfertigt ist, kommt hier als Rechtfertigungsgrund neben den ausdrücklich geregelten Indikationen (vgl 7–20) auch die (vom Gericht jeweils festzustellende) **Notlagenindikation** (vgl 21) in Frage, wenn sie den vom BVerfG umschriebenen, im Verhältnis zum früheren Recht wesentlich strengeren Voraussetzungen genügt; der Schwangeren in diesen Fällen die Rechtfertigung zu versagen (beachte dazu oben 21 a), wäre rechtsstaatswidrig. Im Übrigen ist S 2 nur bei solcher Bedrängnis anwendbar, die einerseits nach ihrer Schwere oder wegen anderweitiger Abwendungsmöglichkeit zur Rechtfertigung nicht ausreicht (Laufhütte/Willlkitzki JZ 76, 329, 330; Krey BT 1 Rdn 160), andererseits aber signifikant schwerere Belastungen mit sich bringt, als sie üblicherweise mit einer Schwangerschaft verbunden sind. – Obwohl der neue Wortlaut von S 2 nicht ganz eindeutig ist, betrifft die Vergünstigung nach historischer und teleologischer Auslegung nur die Schwangere, nicht die übrigen an der Tat Beteiligten (Sch/Sch-Eser 77; Kröger LK 73; Merkel NK 161; aM Otto Jura 96, 135, 148; Rudolphi SK 54; zw). – Zum **Absehen von Strafe** 7 zu § 49.

§ 218b **Schwangerschaftsabbruch ohne ärztliche Feststellung; unrichtige ärztliche Feststellung**

(1) **Wer in den Fällen des § 218 a Abs. 2 oder 3 eine Schwangerschaft abbricht, ohne daß ihm die schriftliche Feststellung eines Arztes, der nicht selbst den Schwangerschaftsabbruch vornimmt, darüber vorgelegen hat, ob die Voraussetzungen des § 218 a Abs. 2 oder 3 gegeben sind, wird mit Freiheitsstrafe bis zu einem Jahr oder mit Geldstrafe bestraft, wenn die Tat nicht in § 218 mit Strafe bedroht ist. Wer als Arzt wider besseres Wissen eine unrichtige Feststellung über die Voraussetzungen des § 218 a Abs. 2 oder 3 zur Vorlage nach Satz 1 trifft, wird mit Freiheitsstrafe bis zu zwei Jahren oder mit Geldstrafe bestraft, wenn die Tat nicht in § 218 mit Strafe bedroht ist. Die Schwangere ist nicht nach Satz 1 oder 2 strafbar.**

(2) **Ein Arzt darf Feststellungen nach § 218 a Abs. 2 oder 3 nicht treffen, wenn ihm die zuständige Stelle dies untersagt hat, weil er wegen einer rechtswidrigen Tat nach Absatz 1, den §§ 218, 219 a oder 219 b oder wegen einer anderen rechtswidrigen Tat, die er im Zusammenhang mit einem Schwangerschaftsabbruch begangen hat, rechtskräftig verurteilt worden ist. Die zuständige Stelle kann einem Arzt vorläufig untersagen, Feststellungen nach § 218 a Abs. 2 und 3 zu treffen, wenn gegen ihn wegen des Verdachts einer der in Satz 1 bezeichneten rechtswidrigen Taten das Hauptverfahren eröffnet worden ist.**

Fassung: Abs 1, 2 durch das SFHÄndG (19 vor § 218) technisch geändert.

1 **1.** Die mit den §§ 219, 219 a aF sachlich übereinstimmende Vorschrift ist auf die Feststellung von rechtfertigenden Indikationen (§ 218 a II, III) beschränkt. Sie schützt die **Ordnungsmäßigkeit des Feststellungsverfahrens** und damit mittelbar dasselbe Rechtsgut wie § 218 (dort 1; ähnlich Kröger LK 30 vor § 218 und 2 zu § 218 b). Sie wendet sich nicht gegen die Vornahme eines Schwangerschaftsabbruchs, sondern nur gegen die Mißachtung oder verfälschende Beeinflussung des für die Zulassung des Eingriffs vorgeschriebenen Verfahrens (Sch/Sch-Eser 1).

2 **2.** Zum Feststellungsverfahren nach **Abs 1 S 1, 3:**

a) Die schriftliche **Feststellung** ist nur insofern relevant, als ohne ihr „Vorliegen" auch ein rechtmäßiger Schwangerschaftsabbruch gesperrt und bei Zuwiderhandlung Ungehorsamsstrafe verwirkt ist. Sie bindet den Arzt, der den Eingriff vornimmt, weder positiv noch negativ (Kröger LK 9); ob dessen Handeln gerechtfertigt ist, hängt allein von den Voraussetzungen des § 218 a II, III ab.

b) Die **Feststellung** darf sich nach hM nicht auf bloße Bejahung oder Vernei- 3 nung beschränken, muss vielmehr die wesentlichen Gründe für das Vorliegen oder Fehlen einer bestimmten Indikation angeben (Rudolphi SK 6; Sch/Sch-Eser 4). Sie muss dem abbrechenden Arzt vor dem Eingriff **vorgelegen** haben, deshalb von ihm auch zur Kenntnis genommen sein (Müller-Emmert DRiZ 76, 164, 168; Rudolphi SK 10; aM Ulsenheimer, Arztstrafrecht Rdn 339; Sch/Sch-Eser 13; krit Tröndle/Fischer 4; zw). Sie kann von **jedem anderen Arzt** getroffen sein, wenn dieser nur – im Hinblick auf den engen Zusammenhang mit dem Berufsrecht – in der Bundesrepublik approbiert ist (BT-Dr 7/4696 S 14; Sch/Sch-Eser 8; aM Rudolphi SK 7) und wenn ihm kein Feststellungsverbot nach Abs 2 auferlegt ist (vgl 8). Handelt danach der Arzt unbefugt, so ist die von ihm getroffene Feststellung unbeachtlich (hM; vgl etwa Müller-Emmert aaO; Sch/Sch-Eser 8, 9, 33).

c) Der **Vorsatz** (bedingter genügt) muss sich auf das Nichtvorliegen der schrift- 4 lichen Feststellung beziehen; er wird daher durch die irrige Annahme, die (schriftliche oder mündliche) Feststellung eines anderen Arztes sei lediglich getroffen, nicht berührt. Weiß der Täter nicht, dass dem feststellenden Arzt die Befugnis gefehlt hat (vgl 3), handelt er im Tatbestandsirrtum. Im Übrigen kann die irrige Annahme, den Abbruch vornehmen zu dürfen, je nach den Umständen Tatbestands- oder Verbots-(Subsumtions-)Irrtum sein (näher dazu Sch/Sch-Eser 19).

d) Rechtfertigender Notstand (§ 34) kommt in Frage, wenn die Schwangere 5 durch den mit der Einholung der Feststellung verbundenen Zeitaufwand in die Gefahr des Todes oder einer schweren Beeinträchtigung ihres Gesundheitszustandes käme (Kröger LK 12).

e) Satz 3 enthält für jegliche Form **der Beteiligung der Schwangeren** einen 6 persönlichen Strafausschließungsgrund, dessen Wirkung allerdings ihre mögliche Strafbarkeit wegen Beteiligung an dem Schwangerschaftsabbruch nach § 218 nicht berührt (dort 7, 15). – Für die **Beteiligung Dritter** gelten die allgemeinen Regeln. Nach dem Wortlaut der Vorschrift kann an sich jeder Dritte **Täter** sein (Kröger LK 10); praktisch kommt jedoch nur ein Arzt in Frage, weil der Laienabort in der Regel (2 zu § 218a) nach § 218 strafbar ist.

3. Zum Tatbestand gegen **unrichtige ärztliche Feststellung nach Abs 1** 7 **S 2:**
Die Vorschrift entspricht in ihrer Struktur dem des Ausstellens unrichtiger Gesundheitszeugnisse. Die Ausführungen unter 2–5 zu § 278 über die inhaltliche Unrichtigkeit, die Zweckbestimmung zum Gebrauch bei einer Behörde (hier zur Vorlage nach S 1), die Vollendung der Tat und das Handeln wider besseres Wissen gelten daher sinngemäß (vgl auch BT-Dr 7/4696 S 12; zusf Sch/Sch-Eser 23–31).

4. Zum **Feststellungsverbot nach Abs 2** (zusf Sch/Sch-Eser 32–37): 8
a) Die **zuständige Stelle** bestimmt sich nach Landesrecht (Art 83 GG).

b) Zuwiderhandlungen gegen eine Untersagung sind nicht mit Strafe bedroht (Laufhütte/Wilkitzki JZ 76, 329, 336), sondern nur berufsrechtlich relevant; jedoch ist die Feststellung des zuwiderhandelnden Arztes unwirksam, so dass sie die Tatbestandsverwirklichung nicht hindert (vgl 3).

5. Auf Grund seiner **Subsidiaritätsklauseln** tritt Abs 1 hinter § 218 (einschl 9 Versuch; Kröger LK 14) zurück (26 vor § 52). Er hat daher in Fällen, in denen es zum Schwangerschaftsabbruch kommt, nur geringe praktische Bedeutung; meist liegt dann Beihilfe zu § 218 I vor, die Vorrang hat. Deren Voraussetzungen bleiben durch Abs 1 unberührt, so dass als Teilnehmer am Schwangerschaftsabbruch auch strafbar sein kann, wer eine unrichtige Feststellung nach S 2 nur mit bedingtem Vorsatz getroffen hat (Lackner NJW 76, 1233, 1242; Gropp, Der straflose Schwangerschaftsabbruch, 1981, S 236; Sch/Sch-Eser 53 zu § 218; aM Rudolphi SK 22 mwN). – Zwischen Abs 1 S 2 ist **Tateinheit** ua möglich mit § 278 (Kröger LK 21).

§ 218c Ärztliche Pflichtverletzung bei einem Schwangerschaftsabbruch

(1) Wer eine Schwangerschaft abbricht,

1. ohne der Frau Gelegenheit gegeben zu haben, ihm die Gründe für ihr Verlangen nach Abbruch der Schwangerschaft darzulegen,
2. ohne die Schwangere über die Bedeutung des Eingriffs, insbesondere über Ablauf, Folgen, Risiken, mögliche physische und psychische Auswirkungen ärztlich beraten zu haben,
3. ohne sich zuvor in den Fällen des § 218a Abs. 1 und 3 auf Grund ärztlicher Untersuchung von der Dauer der Schwangerschaft überzeugt zu haben oder
4. obwohl er die Frau in einem Fall des § 218a Abs. 1 nach § 219 beraten hat,

wird mit Freiheitsstrafe bis zu einem Jahr oder mit Geldstrafe bestraft, wenn die Tat nicht in § 218 mit Strafe bedroht ist.

(2) **Die Schwangere ist nicht nach Absatz 1 strafbar.**

Fassung des SFHÄndG (19 vor § 218).

1. Die Vorschrift dient der **Umsetzung der Verhaltensanforderungen des BVerfG an den abbrechenden Arzt**, bleibt hinter ihnen aber in mehrfacher Hinsicht zurück (zur Kritik 23 vor § 218). Nach dem Beratungskonzept soll sie dem Arzt bewusst machen, dass er dem Lebensschutz verpflichtet ist und dass er auch selbst für den Schwangerschaftsabbruch Verantwortung trägt (zur Kritik 14 vor § 218). Sie wendet sich nicht unmittelbar gegen die Vornahme des Eingriffs, sondern nur gegen die Mißachtung der durch Abs 1 begründeten Pflichten. Diese gelten für jeden Schwangerschaftsabbruch, gleichgültig, ob er rechtlich indiziert (§ 218a II, III), lediglich straflos (§ 218a I), für die Schwangere straffrei (§ 218a IV) oder sogar strafbar ist (§ 218 I); dass die Vorschrift in den beiden letzten Fällen hinter § 218 zurücktritt (vgl 9), beruht nur auf Konkurrenzgründen. In Notfällen kommt jedoch eine Rechtfertigung nach § 34 in Frage.

2. Die **Pflichten nach Abs 1** im Einzelnen:

a) Nr 1: Gelegenheit zur Darlegung der Abbruchsgründe wird vom Arzt nur dann nicht gegeben, wenn er den Eingriff vornimmt, ohne zuvor nach den Gründen für das Abbruchsverlangen gefragt zu haben, oder wenn er die erklärungsbereite Schwangere nicht darüber sprechen, namentlich sie nicht ausreden lässt (Sch/Sch-Eser 4). Danach (wohl aber nach dem allgemeinen Berufsrecht; vgl 6) ist er nicht verpflichtet, auf der Darlegung der Gründe zu bestehen, wenn die Schwangere sich weigert. Zur Unvereinbarkeit dieser vom Gesetzgeber gewollten Beschränkung mit den Vorgaben des BVerfG 23 vor § 218.

b) Nr 2: Die Gesichtspunkte, die nach der Vorschrift **Gegenstand der Beratung** sein müssen, decken sich mit denen, über die ein nicht schon informierter Patient vor jedem ärztlichen Eingriff aufzukären ist (dazu 14–17 zu § 228; ebenso Kröger LK 8; aM Beulke FamRZ 76, 596, 600; Sch/Sch-Eser 4). Unterschiede bestehen jedoch insofern, als die Beratung nicht unterbleiben darf, wenn die Schwangere auf Aufklärung verzichtet oder über die Zusammenhänge schon voll unterrichtet erscheint (Gropp MK 8), und als sie ebenso wie die Beratung nach § 219 im Hinblick auf den Lebensschutz zielorientiert, aber ergebnisoffen geführt werden muss (dazu 1–5 zu § 219). Daraus folgt: Wenn die Beratung den Anforderungen der gebotenen Aufklärung nicht genügt, ist die Einwilligung der Schwangeren unwirksam, der Eingriff deshalb rechtswidrig (7 zu § 218a) und meist auch strafbar; § 218c tritt dann zurück (Sch/Sch-Eser 5). In den übrigen Fällen wirkt die Beratung tatbestandsausschließend auch dann, wenn sie fehlerhaft oder unvollständig ist; insoweit verletzt sie nur die Berufspflicht (vgl 6). Bloße Scheinberatung, die wesentliche Informationen unterdrückt oder wider besseres Wissen falsch vermittelt, ist jedoch keine Beratung im Sinne der Vorschrift (Kröger LK 9; weiter einschr Sch/Sch-Eser 6 sowie 22–26 zu § 219).

c) **Nr 3** soll die **Einhaltung der Fristen in § 218a I und III sichern**; zu 4 weitergehenden Untersuchungspflichten beachte 6. Praktisch bedeutsam ist die Vorschrift nur, wenn zurzeit des Eingriffs die Frist noch nicht abgelaufen ist; andernfalls ist der Arzt regelmäßig nach § 218 strafbar, es sei denn, dass ihm ausnahmsweise im Hinblick auf die Fristüberschreitung bedingter Vorsatz nicht nachweisbar ist (beachte dazu 18 zu § 17; strenger Kröger LK 12).

d) **Nr 4** soll Interessenkonflikte verhüten und eine unvoreingenommene Bera- 5 tung sicherstellen (Sch/Sch-Eser 10 mwN). Sie betrifft nur Fälle des § 218a I, weil beim Abbruch nach § 218a II oder III eine Beratung nicht zwingend vorgeschrieben ist (zur Kritik dort 7a) und beim Abbruch nach § 218a IV die Strafbarkeit des Arztes nach § 218 unberührt bleibt. Nach ihrem Schutzzweck bezieht sie sich nur auf den jeweils anstehenden Eingriff; Beratung bei früheren Schwangerschaftsabbrüchen sind nicht relevant (Sch/Sch-Eser 10). – Dass der abbrechende Arzt nach § 219 II S 3 von der Beratung ausgeschlossen ist, begründet nur seine Strafbarkeit nach Nr 4, nicht nach § 218 (5 zu § 218a).

3. Die Pflichten nach Abs 1 bilden nur einen vertatbestandlichten **Teilbereich** 6 **der allgemeinen ärztlichen Berufspflichten** (Sch/Sch-Eser 2). Deshalb sind Zuwiderhandlungen nicht nur strafrechtlich, sondern auch berufsrechtlich relevant mit der Folge, dass die Verletzung strengerer Berufspflichten zwar nicht mit Strafe bedroht, aber ein Berufsvergehen ist (beachte dazu 23 vor § 218).

4. **Mangels Strafbarkeit des Versuchs** ist Abs 1 nur anwendbar, wenn der 7 Schwangerschaftsabbruch vollendet wurde (Sch/Sch-Eser 3).

5. Für die **Beteiligung** der Schwangeren oder Dritter gelten die Ausführungen 8 unter 6 zu § 218b sinngemäß.

6. Die Vorschrift tritt hinter § 218 (einschl Versuch) zurück (**formelle Subsi-** 9 **diarität**, 26 vor § 52). Gegenüber einer Ordnungswidrigkeit nach § 14 SchKG (Schwangerschaftsabbruch in einer unzureichend ausgestatteten Einrichtung) geht sie vor (§ 21 OWiG).

§ 219 Beratung der Schwangeren in einer Not- und Konfliktlage

(1) **Die Beratung dient dem Schutz des ungeborenen Lebens. Sie hat sich von dem Bemühen leiten zu lassen, die Frau zur Fortsetzung der Schwangerschaft zu ermutigen und ihr Perspektiven für ein Leben mit dem Kind zu eröffnen; sie soll ihr helfen, eine verantwortliche und gewissenhafte Entscheidung zu treffen. Dabei muß der Frau bewußt sein, daß das Ungeborene in jedem Stadium der Schwangerschaft auch ihr gegenüber ein eigenes Recht auf Leben hat und daß deshalb nach der Rechtsordnung ein Schwangerschaftsabbruch nur in Ausnahmesituationen in Betracht kommen kann, wenn der Frau durch das Austragen des Kindes eine Belastung erwächst, die so schwer und außergewöhnlich ist, daß sie die zumutbare Opfergrenze übersteigt. Die Beratung soll durch Rat und Hilfe dazu beitragen, die in Zusammenhang mit der Schwangerschaft bestehende Konfliktlage zu bewältigen und einer Notlage abzuhelfen. Das Nähere regelt das Schwangerschaftskonfliktgesetz.**

(2) **Die Beratung hat nach dem Schwangerschaftskonfliktgesetz durch eine anerkannte Schwangerschaftskonfliktberatungsstelle zu erfolgen. Die**

§ 219

BT. 16. Abschnitt. Straftaten gegen das Leben

Beratungsstelle hat der Schwangeren nach Abschluß der Beratung hierüber eine mit dem Datum des letzten Beratungsgesprächs und dem Namen der Schwangeren versehene Bescheinigung nach Maßgabe des Schwangerschaftskonfliktgesetzes auszustellen. Der Arzt, der den Abbruch der Schwangerschaft vornimmt, ist als Berater ausgeschlossen.

Fassung des SFHÄndG (19 vor § 218).

1 1. Die Vorschrift stellt Grundsätze für die **Ausgestaltung der Beratung** auf, schließt den Arzt, der den Schwangerschaftsabbruch vornimmt, von der Beratung aus und verweist im Übrigen zur näheren Konkretisierung auf das SchKG (Anh IV). Das Beratungskonzept (zur Kritik 12 vor § 218) beruht auf der Prämisse, dass von der rechtlichen Ausgestaltung der Beratung und ihrer Umsetzung in der Praxis die lebensschützende Wirkung des Gesetzes abhängt (BVerfGE 88, 203, 270). Dass die damit gebotene Zielorientierung der Beratung nur in § 219 I entsprechend den Vorgaben des BVerfG Ausdruck findet, während in dem umfassenderen § 5 SchKG – von wenig aussagekräftigen pauschalen Hinweisen abgesehen – der Schwerpunkt auf das Selbstbestimmungsrecht der Frau und die ihr anzubietenden Informationen und Hilfen gelegt wird, ist für das Verständnis der Gesamtregelung nicht förderlich. Es bietet nur einen unnötigen Ansatzpunkt für die Fehldeutung, dass die beiden Vorschriften wegen ihres unterschiedlichen Inhalts widersprüchlich seien und deshalb allein § 5 SchKG den für die Beratungsstellen verbindlichen Maßstab festlege (näher dazu Otto Jura 96, 135, 143). Nach allgemeinen Auslegungsregeln bilden aber § 219 und die ihn ergänzenden Vorschriften der §§ 5–11 SchKG eine Einheit (BT-Dr 13/1850 S 20), die deshalb auch „zusammen gelesen", dh sämtlich ohne Einschränkung beachtet werden müssen (Sch/Sch-Eser 1).

2 2. Für **Struktur und Inhalt der Beratung** sind § 219 I und § 5 SchKG (Anh IV) maßgebend. In ihrer Zusammenschau (vgl 1) bestätigen sie, dass die Beratung dem Lebensschutz mit dem Ziel zu dienen hat, der Frau ihre Verpflichtung gegenüber dem Lebensrecht des Ungeborenen bewusst zu machen, dafür ihr Verständnis zu wecken und sie durch umfassende Unterrichtung über die Rechtslage und die bestehenden Hilfsmöglichkeiten zur Fortsetzung der Schwangerschaft zu ermutigen (so schon zum früheren Recht expl BVerfGE 39, 1, 61; Laufhütte/Wilkitzki JZ 76, 329, 333; Tröndle ZRP 89, 54, 56; Schroeder JuS 91, 362, 365). Die daraus folgenden näheren Konkretisierungen der Zielorientierung in § 219 I und § 5 I S 3, 4 SchKG entsprechen im Wesentlichen den Vorgaben des BVerfG (E 88, 203, 281). Da jedoch die Letztverantwortung für den Schwangerschaftsabbruch nach dem Beratungskonzept bei der Schwangeren verbleibt (aaO S 270), ist deren Entscheidungsfreiheit zu respektieren. Die Beratung muss deshalb ergebnisoffen geführt werden; sie soll der Schwangeren helfen, eine verantwortliche und gewissenhafte Entscheidung zu treffen, darf ihr also durch Belehrung, Bevormundung oder sogar Irreführung kein bestimmtes Verhalten abverlangen. – Die nach den beiden Vorschriften zu beachtenden Gesichtspunkte sind überwiegend allgemeine Leitlinien, die aus sich heraus verständlich sind und keine spezifisch juristischen Probleme aufwerfen. Erläuternd ist lediglich auf Folgendes hinzuweisen:

3 a) Die vom BVerfG geforderte zielorientierte, aber ergebnisoffene Beratung ist möglich und keineswegs – wie vereinzelt auch im juristischen Schrifttum behauptet wird (expl Köhler JZ 88, 904, 907; Kausch, Soziale Beratung Schwangerer, 1990, S 60 und ARSP 95, 496) – widersprüchlich. Zu einer redlichen Beratung gehört eine Erörterung der Pflichtenlage nach den Maßstäben des § 219 I ebenso wie ein takt- und verständnisvolles Eingehen auf die konkreten Probleme der Schwangeren, das keinen Zweifel über deren Letztverantwortung aufkommen lässt (so auch Demel, Abtreibung zwischen Straffreiheit und Exkommunikation, 1995,

Beratung der Schwangeren in einer Not- und Konfliktlage **§ 219**

S 161; krit aber Tröndle, Kaiser-FS, S 1387, 1394). Wer selbst vom Vorrang des Lebensrechts vor dem Selbstbestimmungsrecht der Frau überzeugt ist, kann bei der Beratung idR den richtigen Weg finden. Die jetzt vorgeschriebene Zielorientierung entspricht einer festen Praxis der christlichen Beratungsstellen und hat bei Frauen, die noch nicht endgültig festgelegt waren, nicht nur in Ausnahmefällen zu positiven Ergebnissen geführt (vgl dazu die Stellungnahmen der Vertreter christlicher Beratungsstellen in der öffentlichen Anhörung des Unterausschusses „Schwangeren- und Familienhilfeänderungsgesetz" v 11. 5. 1995, Prot Nr 3). Wer allerdings dem Selbstbestimmungsrecht Vorrang einräumt, wird kaum willens sein, den Anforderungen des Gesetzes zu genügen (beachte dazu 12 vor § 218).

b) In der Beratung hat die Schwangere, wie sich zwingend aus § 5 II Nr 1 **4** SchKG ergibt, **keine Mitteilungspflicht** über die Gründe für ihr Abbruchsverlangen. Hier liegt eine gravierende Schwäche des Beratungskonzepts; die Schwangere hat es nämlich in der Hand, durch Verweigerung jeder Mitwirkung die Beratung zu blockieren und die beratende Person außer Stand zu setzen, sinnvoll zu informieren und Vorschläge zu unterbreiten (krit Tröndle NJW 95, 3009, 3017; Beckmann ZfL 95, 24, 25; s auch 23 vor § 218; 2 zu § 218 c).

c) Die **nähere Ausgestaltung der Beratung** im Rahmen der in § 219 I und **5** § 5 SchKG vorgegebenen Leitlinien hängt von den Umständen des Einzelfalls ab und unterliegt **pflichtmäßigem Ermessen**. Inhaltliche Mängel und Unvollständigkeit sind unerheblich, solange das Vorgehen noch vertretbar bleibt. Unter diesem Gesichtspunkt dürfte es hinnehmbar sein, dass in Fällen, in denen ein strafloser (§ 218 I) oder gerechtfertigter (§ 218 II, III) Eingriff in Frage steht, über die dazu bestehenden Möglichkeiten (abbruchsbereiter Arzt, ambulante oder stationäre Einrichtung, Versicherungsschutz usw) informiert wird (Kröger LK 11). Ermessensmissbrauch, namentlich bloße Scheinberatung, die wichtige Informationen unterdrückt oder wider besseres Wissen falsch vermittelt, verletzt dagegen die Berufspflicht (zur strafrechtlichen Relevanz 5 zu § 218a).

3. Zum **zeitlichen Ablauf** der Beratung, namentlich zu ihrer unverzüglichen **6** Durchführung auch in Fällen, in denen ein Fortsetzungsgespräch notwendig ist, und zu dem Verbot, die Ausstellung der Beratungsbescheinigung zu verweigern, wenn dadurch die Beachtung der Fristen in § 218a I unmöglich werden könnte, §§ 6 I, 7 II, III SchKG (zur Rechtswidrigkeit des verspäteten Schwangerschaftsabbruchs auch im Falle der Missachtung dieses Verbots 6 zu § 218c).

4. a) Zugang zur Beratung hat jede Schwangere, auch die minderjährige, die **7** insoweit nicht der Einwilligung ihres gesetzlichen Vertreters bedarf (Sch/Sch-Eser 15); dieser darf auch nur im Einvernehmen mit ihr zur Beratung herangezogen werden (vgl 8). – Zu der vom BVerfG gebilligten (E 88, 203, 288) **anonyme Beratung** und ihren Grenzen §§ 6 II, 7 I SchKG.

b) Zuziehung von Fachkräften und von Personen aus dem Umfeld der **8** **Schwangeren** kann je nach den Umständen des Einzelfalls erforderlich sein (§ 6 III SchKG). Sie ist jedoch nur im **Einvernehmen mit der Schwangeren** zulässig. Wenn von dem Erzeuger oder von Angehörigen schädliche Einflüsse zu befürchten sind, kann es angezeigt sein, nach einem ersten gemeinsamen Gespräch ein Fortsetzungsgespräch allein mit der Schwangeren zu führen (BVerfGE 88, 203, 285; BT-Dr 13/1850 S 20).

5. Eine bestimmte **äußere Form der Beratung** schreibt das Gesetz nicht aus- **9** drücklich vor. Aus dem Zweckzusammenhang und dem Erfordernis des „Eintretens in eine Konfliktberatung" (§ 5 II Nr 1 SchKG) folgt aber, dass ein **unmittelbarer persönlicher Kontakt mit dem Berater** – sei es auch an einem Ort außerhalb der Beratungsstelle (Kröger LK 12) – unerlässlich ist; die Aushändigung oder Übersendung allgemein gehaltener Merkblätter und fernmündliche Beratung genügen nicht (Sch/Sch-Eser 15).

10 6. Zur Erteilung der **Beratungsbescheinigung** Abs 2 S 2 iVm § 7 SchKG. – Zur **Zuständigkeit**, zu dem Erfordernis der **Anerkennung** der Konfliktberatungsstelle, ihrer **Aufzeichnungs- und Berichtspflicht** und ihrer **periodischen Überprüfung durch staatliche Behörden** §§ 8–11 SchKG (zur Kritik 12 vor § 218; s auch 28 vor § 218).

11 7. Zur Rechtslage bei Abbruch der Schwangerschaft durch einen nach Abs 2 S 3 ausgeschlossenen Arzt 5 zu § 218 a.

§ 219 a Werbung für den Abbruch der Schwangerschaft

(1) **Wer öffentlich, in einer Versammlung oder durch Verbreiten von Schriften (§ 11 Abs. 3) seines Vermögensvorteils wegen oder in grob anstößiger Weise**

1. **eigene oder fremde Dienste zur Vornahme oder Förderung eines Schwangerschaftsabbruchs oder**
2. **Mittel, Gegenstände oder Verfahren, die zum Abbruch der Schwangerschaft geeignet sind, unter Hinweis auf diese Eignung**

anbietet, ankündigt, anpreist oder Erklärungen solchen Inhalts bekanntgibt, wird mit Freiheitsstrafe bis zu zwei Jahren oder mit Geldstrafe bestraft.

(2) **Absatz 1 Nr. 1 gilt nicht, wenn Ärzte oder auf Grund Gesetzes anerkannte Beratungsstellen darüber unterrichtet werden, welche Ärzte, Krankenhäuser oder Einrichtungen bereit sind, einen Schwangerschaftsabbruch unter den Voraussetzungen des § 218 a Abs. 1 bis 3 vorzunehmen.**

(3) **Absatz 1 Nr. 2 gilt nicht, wenn die Tat gegenüber Ärzten oder Personen, die zum Handel mit den in Absatz 1 Nr. 2 erwähnten Mitteln oder Gegenständen befugt sind, oder durch eine Veröffentlichung in ärztlichen oder pharmazeutischen Fachblättern begangen wird.**

1 1. Die Vorschrift schützt gegen **offene oder als Information getarnte Propagierung** des (legalen oder illegalen, hM) Schwangerschaftsabbruchs und gegen dessen **Kommerzialisierung** (BT-Dr 7/1981 [neu] S 17; krit Schroeder ZRP 92, 409, 410).

2 2. Abs 1 Nr 1: Als **Dienste** kommen auch bloße Vermittlungshilfe und Hinweise auf Bezugsquellen für Gegenstände und Mittel zum Schwangerschaftsabbruch in Frage. – Nr 2: Die **Mittel, Gegenstände oder Verfahren** (Methoden praktischer Anwendung) müssen lediglich – sei es auch nur bei bestimmungswidrigem Gebrauch (zB Überdosis bestimmter Hormone) – zum Schwangerschaftsabbruch geeignet sein (hM; einschr Hoyer, Die Eignungsdelikte, 1987, S 150); spezifisch abortive Zweckbestimmung ist nicht erforderlich (BT-Dr 7/1981 [neu] S 18). Der **Hinweis** auf die Eignung kann auch in versteckter Form gegeben werden (BT-Dr aaO). Werbung für ein vermeintlich abortives, in Wahrheit aber nur empfängnisverhütendes oder nidationshemmendes (8 zu § 218) Mittel wird mangels Strafbarkeit des Versuchs nicht erfasst.

3 3. **Anbieten, Ankündigen, Anpreisen** 5 zu § 184. Stets – auch bei „Erklärungen solchen Inhalts" – ist erforderlich, dass die Dienste usw dem Adressaten als zugänglich dargestellt werden (BT-Dr 7/1981 [neu] S 18; Gropp MK 6). Bloße Aufklärung und Hinweise bei Arzneimitteln auf abortive Nebenwirkungen scheiden aus (BT-Dr VI/3434 S 16; Kröger LK 4). Die Werbung braucht nicht ernst gemeint zu sein; es genügen auch schwindelhafte Angebote, sofern sie nur für Dienste oder geeignete Mittel usw werben (aM Kröger LK 4; Sch/Sch-Eser 6). – **Öffentlich, in einer Versammlung** 2 zu § 80a; **Verbreiten von Schriften** 26–28 zu § 11; 5 zu § 74d.

4. a) Seines Vermögensvorteils wegen bezeichnet das Motiv. Der Vermögensvorteil (59 zu § 263) muss die für den Täter letztlich maßgebende Zielvorstellung sein (ebenso Gropp MK 12). Auf seine Rechtswidrigkeit kommt es nicht an, so dass auch das Streben nach dem üblichen Arzthonorar genügt (Kröger LK 7).

b) Grob anstößig ist eine Werbung, mit der die nach den allgemeinen gesellschaftlichen Wertvorstellungen gezogenen Grenzen des Anstandes weit überschritten werden, namentlich die anreißerische Werbung.

5. Abs 2, 3: Sie schließen schon den Tatbestand aus (Sch/Sch-Eser 9; Tröndle/Fischer 5). Abs 2 bezieht sich nur auf Eingriffe, die den Voraussetzungen des § 218a I–III genügen.

6. Wegen der allgemeinen Schutzrichtung des Abs 1 ist mit § 218 **Tatmehrheit** möglich (hM), auch mit § 219b. Mit § 111 kommt **Tateinheit** in Frage (Sch/Sch-Eser 14).

§ 219b Inverkehrbringen von Mitteln zum Abbruch der Schwangerschaft

(1) **Wer in der Absicht, rechtswidrige Taten nach § 218 zu fördern, Mittel oder Gegenstände, die zum Schwangerschaftsabbruch geeignet sind, in den Verkehr bringt, wird mit Freiheitsstrafe bis zu zwei Jahren oder mit Geldstrafe bestraft.**

(2) **Die Teilnahme der Frau, die den Abbruch ihrer Schwangerschaft vorbereitet, ist nicht nach Absatz 1 strafbar.**

(3) **Mittel oder Gegenstände, auf die sich die Tat bezieht, können eingezogen werden.**

1. Die Vorschrift schützt gegen das **Inverkehrbringen von Mitteln** zum Schwangerschaftsabbruch, der den Voraussetzungen des § 218a I–III nicht genügt; obwohl die Vorschrift alle rechtswidrigen Eingriffe einbezieht, ergibt sich in Fällen des § 218a I aus dem Fehlen schon der Tatbestandsmäßigkeit des Eingriffs, dass keine rechtswidrige Tat im Sinne des § 11 I Nr 5 vorliegt (Sch/Sch-Eser 7; Tröndle/Fischer 4).

2. Zur Eignung der **Mittel und Gegenstände** für den Schwangerschaftsabbruch (Verfahren scheiden hier aus) 2 zu § 219a; auf konkrete Wirksamkeit im Einzelfall kommt es nicht an (Gropp MK 5; Sch/Sch-Eser 2).

3. Inverkehrbringen 7 zu § 146 (s auch Laufhütte/Wilkitzki JZ 76, 329, 337; enger Ulsenheimer, Arztstrafrecht Rdn 344: Abgeben für den Publikumsverkehr); die bloß leihweise Überlassung eines Absauggeräts für einen bestimmten Eingriff wird nicht erfasst (Kröger LK 4). Auf Entgeltlichkeit, zivilrechtliche Wirksamkeit, Gewerbsmäßigkeit oder Entschlossenheit des Empfängers zum Schwangerschaftsabbruch kommt es nicht an.

4. a) Der **Vorsatz** (bedingter genügt) braucht sich nicht darauf zu erstrecken, dass ein bestimmter Schwangerschaftsabbruch begangen oder versucht werden soll.

b) Absicht im Sinne des Abs 1 ist unbedingter Vorsatz (Kröger LK 5). Es würde dem Schutzzweck der Vorschrift widersprechen, ihren Anwendungsbereich auf zielgerichtetes Wollen (20 zu § 15) zu beschränken (aM Sch/Sch-Eser 7); denn dem Veräußerer eines Abtreibungsmittels kommt es auf das Entgelt an, also idR

§§ 220–221

nicht auf die Förderung von Schwangerschaftsabbrüchen (aM Rudolphi SK 5). **Fördern** entspricht dem Hilfeleisten im Sinne des § 27 I (dort 2). **Rechtswidrige Tat** 18 zu § 11; der Täter muss danach die Verwendung des Mittels oder Gegenstandes zu (irgend-)einem, nicht notwendig konkretisierten (Herzberg JR 77, 469, 470), rechtswidrigen Schwangerschaftsabbruch (beachte 1) fördern wollen, wobei im Hinblick auf die Rechtswidrigkeit bedingter Vorsatz genügt (Tröndle/Fischer 4).

6   **5.** Für **Täterschaft und Teilnahme** gelten die allgemeinen Regeln. Abs 2 begründet einen persönlichen Strafausschließungsgrund; die Ausführungen unter 6 zu § 218 b gelten – beschränkt auf hier allein in Frage kommende Teilnahmehandlungen – sinngemäß.

7   **6. Abs 3** ist eine besondere Vorschrift im Sinne des § 74 IV, welche die Einziehung über § 74 I hinaus zulässt. Die Voraussetzungen des § 74 II, III müssen daher erfüllt sein. § 74 a ist nicht anwendbar. Im Übrigen vgl §§ 74–74 c, 74 e–76 a.

8   **7.** Mit § 218 und mit Beihilfe dazu kommt je nach den Umständen **Tateinheit oder Tatmehrheit** in Frage; das abstrakte Gefährdungsdelikt tritt wegen seiner allgemeinen Schutzrichtung nicht hinter das Verletzungsdelikt zurück (Sch/Sch-Eser 12; aM M-Schroeder/Maiwald BT 1 6/70; Kröger LK 8). Mit §§ 222, 229 ist Tateinheit möglich (Kröger LK 8).

§ 220 *(weggefallen)*

§ 220 a *(weggefallen)*

§ 221 Aussetzung

(1) Wer einen Menschen
1. in eine hilflose Lage versetzt oder
2. in einer hilflosen Lage im Stich läßt, obwohl er ihn in seiner Obhut hat oder ihm sonst beizustehen verpflichtet ist,

und ihn dadurch der Gefahr des Todes oder einer schweren Gesundheitsschädigung aussetzt, wird mit Freiheitsstrafe von drei Monaten bis zu fünf Jahren bestraft.

(2) Auf Freiheitsstrafe von einem Jahr bis zu zehn Jahren ist zu erkennen, wenn der Täter
1. die Tat gegen sein Kind oder eine Person begeht, die ihm zur Erziehung oder zur Betreuung in der Lebensführung anvertraut ist, oder
2. durch die Tat eine schwere Gesundheitsschädigung des Opfers verursacht.

(3) **Verursacht der Täter durch die Tat den Tod des Opfers, so ist die Strafe Freiheitsstrafe nicht unter drei Jahren.**

(4) **In minder schweren Fällen des Absatzes 2 ist auf Freiheitsstrafe von sechs Monaten bis zu fünf Jahren, in minder schweren Fällen des Absatzes 3 auf Freiheitsstrafe von einem Jahr bis zu zehn Jahren zu erkennen.**

Fassung des 6. StrRG (13 vor § 1).

1   **1.** Die Vorschrift schützt nach der Neufassung (dazu Hörnle Jura 98, 169, 176; Struensee, 6. StrRG Einf, 2/7–10; sie geht weitgehend auf § 139 E 62 zurück, BT-Dr 13/8587 S 34, Küper ZStW 111, 30 und 36) hilflose Personen **vor der konkreten Gefährdung des Lebens** (BGHSt 21, 44, 48) und – was bisher um-

Aussetzung **§ 221**

stritten war – **der Gesundheit** (Küper aaO S 36; Neumann NK 3; s unten 5). – Historischer Rückblick bei Küper aaO S 33.

2. a) Gemeinsame Voraussetzung der Tathandlungen in Nr 1 und 2 ist, dass 2 sich das Opfer in hilfloser Lage wiederfindet, dh entweder in eine solche versetzt oder während deren Fortbestand im Stich gelassen wird. Eine hilflose Lage wurde nach altem Recht nur für das Verlassen verlangt; die für beide Varianten nach § 221 I aF erforderliche Hilflosigkeit des Opfers wegen jugendlichen Alters, Gebrechlichkeit oder Krankheit ist entfallen, so dass eine Unterscheidung der Hilflosigkeit der Person von deren hilfloser Lage nicht mehr notwendig ist. Danach ist eine hilflose Lage zumindest gegeben, wenn sich das Opfer in seiner konkreten Lage gegenüber potenziellen Gefahren für Leben und Gesundheit nicht mehr aus eigener Kraft schützen könnte (Sternberg-Lieben/Fisch Jura 99, 45, 46; Küpper JuS 00, 225; Neumann NK 6, 7; Horn/Wolters SK 3; aus der Rspr vgl BGHSt 26, 35; Zweibrücken VRS 98, 284 mit Bespr Otto JK 30 zu § 13; vgl auch Hardtung MK 5–7: abstrakte Gefahrenlage für Leib oder Gesundheit ohne die Möglichkeit eigener oder fremder Hilfe), nicht aber schon wegen bestimmter Merkmale der Person als solcher (zB Alter); erweitert wurde damit der Kreis der geschützten Opfer, so dass nunmehr auch zB der vom Bergführer zurückgelassene bergunkundige Bergsteiger erfasst wird (BT-Dr aaO sowie schon E 62, Begr S 276; Lesch JA 98, 474; Küper BT S 35, 200; krit Küper ZStW 111, 30, 32 und Struensee aaO [vgl 1] Rdn 22: Schritt in Richtung auf ein allgemeines Lebens- und Gesundheitsgefährdungsdelikt; zum Fall vgl Jäger JuS 00, 31, 33: Imstichlassen [zust Ebel NStZ 02, 404, 408]; aM W-Hettinger BT 1 Rdn 201: Versetzen). Ob zu dieser potentiell gefährlichen Lage noch eine konkrete Gefahr hinzutreten muss, wie zu § 221 I aF allgemein verlangt (BGHSt 21, 44, 45), ist wegen der neuen Gefahrverursachungsklausel in Abs 1 aE (dazu 5), die bei einer Erfassung der konkreten Gefahr bereits bei der hilflosen Lage weitgehend inhaltsleer wäre, umstritten (dafür Otto GK 2 10/2; Jähnke LK 3, 7; dagegen Sternberg-Lieben/Fisch aaO; Schroth NJW 98, 2861, 2863; ebenso Küper ZStW 111, 30, 48 für Abs 1 Nr 1); denkbar ist insoweit auch eine differenzierende Auslegung der geforderten hilflosen Lage in Abs 1 Nr 1 und Nr 2 (so Küper BT S 201; ähnlich Hardtung MK 16), bei der nur für Abs 1 Nr 2 bereits eine konkrete Gefahrenlage vorauszusetzen wäre (Küper ZStW 111, 30, 54; dagegen Ebel NStZ 02, 404, der er eine „drohende Gefahr" ausreichen lässt und die „Ausweglosigkeit der Situation" als Charakteristikum der hilflosen Lage bestimmt). Jedenfalls setzt eine „Lage" eine gewisse Dauer voraus (M-Schroeder/Maiwald BT 1 4/5).

b) Versetzen (Abs 1 Nr 1) bedeutet eine Zustandsveränderung beim Opfer 3 vornehmen (zB durch Gewalt oder Täuschung, uU sogar durch Unterlassen in Garantenstellung, Jäger JuS 00, 31, 33; Küper BT S 37; M-Schroeder/Maiwald BT 1 4/8; Horn/Wolters SK 5; Jähnke LK 21; aM Schroth NJW 98, 2861, 2863), deren Folge eine hilflose Lage ist, und es darin allein lassen. Nicht zwingend ist, dass sich das Opfer vorher nicht in einer (anderen) hilflosen Lage befunden hat (so aber Jäger S 33; Horn/Wolters SK 4; wie hier Hardtung MK 8–11; Neumann NK 15); eine bloße Gefahrverursachung ohne sonstige Lageveränderung genügt nur, wenn man in der konkreten Gefahr ein Element der hilflosen Lage sieht (dazu 2). Eine Veränderung der örtlichen Lage des Opfers ist jedenfalls nicht mehr erforderlich (Küper ZStW 111, 30, 42; Jäger S 32; Küpper JuS 00, 225; Joecks 6; Neumann NK 11; aM Haft BT S 101; Hohmann/Sander BT II 5/4; Krey BT 1 Rdn 134); begründet der Täter die hilflose Lage des Opfers durch räumliches Verlassen, so ist das der typische Fall der Nr 2, die deshalb vorrangig eingreift, aber eine Garantenstellung des Täters voraussetzt (Küper BT S 35 mwN); ob weiterhin die geschaffene Lage eine das Opfer konkret gefährdende sein muss (so BGHSt 4, 113, 115; NStZ 85, 501 mit krit Anm Ulsenheimer StV 86, 201 [jeweils zu § 221

§ 221 BT. 16. Abschnitt. Straftaten gegen das Leben

aF]; Jähnke LK 9, 18; Küper BT S 36), hängt nach der Neufassung vom Inhalt der geforderten hilflosen Lage ab (vgl 2). Ob der Anwendungsbereich der Nr 1 durch den Begriff Versetzen (statt Aussetzen) darüber hinaus erweitert wird (so Hörnle aaO [vgl 1] S 177; Otto GK 2 10/2; Rengier BT II 10/7), erscheint angesichts der Verwendung von Worten mit nahezu identischer Bedeutung eher fraglich; das bloße Abschneiden von der Hilfe Dritter reicht mangels Zustandsveränderung beim Opfer idR nicht aus (im Ergebnis auch Struensee aaO [vgl 1] Rdn 23, der aber entscheidend auf das Fehlen der Gefahrverursachung abstellt [dazu 5]; aM Otto aaO; einschr Schroth aaO; Horn SK 4). Nr 1 greift für Veranlasser nicht ein, wenn das Opfer seine hilflose Lage freiverantwortlich selbst herbeiführt (W-Hettinger BT 1 Rdn 199; Neumann NK 12). Eine Sorgepflicht des Täters ist bei diesem „Allgemeindelikt" (Küper Jura 94, 513) im Gegensatz zu Nr 2 nicht erforderlich (W-Hettinger aaO).

4   **c) Das Imstichlassen (Abs 1 Nr 2)** erfasst zum einen (wie das bisherige Verlassen) Fälle, in denen eine räumliche Änderung der Beziehung zum Hilflosen erfolgt (hM zu § 221 aF; vgl BGHSt 38, 78; zum geltenden Recht Küper ZStW 111, 30, 59); daher genügt es, wenn die Krankenschwester das Krankenzimmer verlässt. Zum anderen genügt es jetzt auch, wenn sie dort untätig verweilt (BT-Dr aaO; Hörnle aaO [vgl 1] S 177; Struensee aaO [vgl 1] Rdn 37; Küper BT S 200; M-Schroeder/Maiwald BT 1 4/9; Tröndle/Fischer 8). Nach der Rspr zur aF verließ auch die Mutter ihr Kind, die entgegen ihrer Absicht von einer Besorgung oder einem Vergnügen nicht zurückkehrt (BGHSt 21, 44); dies ist jetzt vom Imstichlassen unmittelbar umfasst (Küper ZStW 111, 30, 63 und in: BT S 202; W-Hettinger BT 1 Rdn 202). Das Imstichlassen begründet als positives Tun ein Begehungsdelikt (BGHSt 38, 78, 81 zum Verlassen; wie hier zum Imstichlassen Jähnke LK 22; aM Struensee aaO Rdn 35 und 41; Hardtung MK 2; Neumann NK 4 und 18–20; Horn/Wolters SK 6: echtes Unterlassungsdelikt; dagegen Küper ZStW 111, 30, 55, 58), kann uU aber auch – was zu Überschneidungen mit der Nr 1 führt – durch Unterlassen begangen werden (BGH aaO; Jähnke LK 28; krit Horn JR 92, 248); das setzt voraus, dass der Täter die subjektive Möglichkeit zur Erfolgsabwendung hat und die Rettung nicht aus objektiv-situativen Gründen völlig aussichtslos erscheint (so zum Verlassen nach bisherigem Recht Küper Jura 94, 513, 522; Mitsch JuS 96, 407, 409; vgl auch Zweibrücken NStZ 97, 601 [mit Bespr Otto JK 5] und NJW 98, 841; ebenso zum Imstichlassen Küper ZStW 111, 30, 61). In beiden Fällen ist es nur strafbar, wenn der Täter eine Garantenstellung hat (6 zu § 13; echtes „Sonderdelikt", Küper ZStW 111, 30, 49 und in: BT S 514; Jäger JuS 00, 31, 33; Mitsch aaO S 408; ebenso zur Neufassung Hörnle aaO gegen BT-Dr aaO, wo zu Unrecht von einer Erweiterung der Beistandspflicht ausgegangen wird; zutr dagegen BT-Dr 13/9064 S 14), die durch die Merkmale der Obhut und der Beistandspflicht lediglich näher konkretisiert wird (BGHSt 25, 218; 26, 35; NStZ 83, 454; zur Garantenstellung unter Geschwistern LG Kiel NStZ 04, 157; aus freiwilliger Übernahme NJW 93, 2628; Zweibrücken VRS 98, 284 mit Bespr Otto JK 30 zu § 13 und 9 zu § 13 mwN; probl zur Garantenstellung aus vorsätzlicher Gefahrschaffung NStZ-RR 96, 131 mit abl Anm Stein JR 99, 265, abl auch Jähnke LK 33; einschr auf „echte" Garantenstellungen unter Ausschluss der Ingerenz Schünemann, in: Gimbernat [Hrsg], Internationale Dogmatik der objektiven Zurechnung und der Unterlassungsdelikte, 1995, S 49, 60; einschr auch Neumann NK 29, der zusätzlich eine „Vertrauensbeziehung" verlangt).

5   **d)** Das Opfer muss **konkret der Gefahr des Todes oder einer schweren Gesundheitsschädigung** (dazu 3 zu § 250; ergänzend Küper ZStW 111, 30, 37) ausgesetzt worden sein. Diese muss vom Täter durch eine der beiden Tathandlungen verursacht worden sein (Struensee aaO [vgl 1] Rdn 11; Rengier BT II 10/13; 27 zu § 315 c); dafür genügt, dass eine bestehende Gefahr verstärkt wird (BT-

Dr 13/9064 S 14; M-Schroeder/Maiwald BT 1 4/13; Otto GK 2 10/2; aM Neumann NK 31). Eine Gefahr für eines der Schutzgüter liegt vor, wenn ohne rettenden Zufall der Verletzungserfolg eintreten würde (22 zu § 315c; Küpper JuS 00, 225; Jähnke LK 6); daran fehlt es allerdings nach der Neufassung, wenn der Täter Dritte von Rettungshandlungen abhält und es dem Zufall überlässt, ob andere dem Opfer helfen, solange noch keine konkrete Gefahr für dieses eingetreten ist (Struensee aaO [vgl 1] Rdn 23).

3. Der **Vorsatz** (bedingter genügt, Zweibrücken NStZ 97, 601) muss vor allem **6** die Gefährdung umfassen (zum Gefährdungsvorsatz 28 zu § 15; beachte auch NStZ 97, 485 mit Bespr Küpper JuS 00, 225). – Der Versuch des Abs 1 ist nicht unter Strafe gestellt (Kühl AT 15/16; krit Bussmann GA 99, 21, 23).

4. Die Qualifikation des **Abs 2 Nr 1** entspricht in der 2. Alt § 174 I Nr 1 (dort **7** 3), allerdings ohne Altersbegrenzung (BT-Dr 13/9064 S 15); damit sind Kinder von Stief- und Pflegeeltern einbezogen; Kinder von Adoptiveltern sind bereits durch die 1. Alt erfasst; „sein Kind" ist in personenstandsrechtlicher Hinsicht gemeint, so dass auch Kinder über 14 Jahre Opfer sein können (Sternberg-Lieben/Fisch Jura 99, 45, 49), doch sind volljährige Personen ausgeschlossen (Neumann NK 37; einschr auf Jugendliche auch Horn/Wolters SK 14; anders die Voraufl). Die Tat ist Verbrechen (M-Schroeder/Maiwald BT 1 4/17), der Versuch deshalb strafbar (Kühl aaO [vgl 6]; Rengier BT II 10/19). – Zu den Erfolgsqualifikationen des **Abs 2 Nr 2** und des **Abs 3** vgl § 18 (vgl außerdem Hardtung, Versuch und Rücktritt bei den Teilvorsatzdelikten des § 11 Abs 2 StGB, 2002, S 86 und MK 39, der den Aussetzungserfolg zur Tatbestandsvoraussetzung erhebt; ebenso Küpper BT I I 1/91); zur schweren Gesundheitsschädigung vgl oben 1. Die schweren Folgen müssen wenigstens fahrlässig verursacht worden sein; zur „Unmittelbarkeit" der Verursachung Küpper BT 1 I 1/91 und Zweibrücken VRS 98, 284 mit Bespr Otto JK 30 zu § 13; ein erfolgsqualifizierter Versuch (9 zu § 18) ist mangels Strafbarkeit des Grunddeliktsversuchs nicht möglich (11 zu § 18; Kühl, Gössel-FS, S 191, 204; Rengier BT II 10/22; Jähnke LK 40; Neumann NK 42; krit auch Bussmann GA 99, 21, 23; aM Otto GK 2 10/9; Horn/Wolters SK 16; Hardtung MK 44). – Zu **Abs 4** (minder schwere Fälle) 7–10a zu § 46; 4 zu § 12.

5. Bei der **Strafzumessung** darf die Gefährdung nicht als solche, sondern nur **8** im Hinblick auf ihr besonderes Ausmaß strafschärfend berücksichtigt werden (Verbot der Doppelverwertung, 1 StR 591/75 v 4. 11. 1975; 45 zu § 46).

6. Tateinheit ua möglich mit §§ 142, 169, 171 (str); ferner mit §§ 223–227 **9** und zwar namentlich auch in Fällen des Abs 2 Nr 1 und des Abs 3 (BGHSt 4, 113; str) sowie mit § 315c (aM Struensee aaO [vgl 1] Rdn 33, der § 315c als Privilegierung versteht). Die Vorschrift verdrängt den § 323c, ihr Abs 2 Nr 2 und Abs 3 auch die §§ 222, 229 (Horn/Wolters SK 17). Gegenüber §§ 211, 212 tritt sie zurück (BGH aaO; NStZ-RR 96, 131); mit versuchten Tötungsdelikten besteht aus Klarstellungsgründen Tateinheit (28 vor § 52; Neumann NK 47). Erfüllt die Kindstötung (§ 217 aF) die Voraussetzungen des § 213 (dort 9), so könnte es die Sperrwirkung des milderen Gesetzes gestatten, den Strafrahmen des Abs 3 bis zum Mindestmaß des § 213 zu unterschreiten, doch ist dafür angesichts von Abs 4 Alt 2 kein Bedürfnis zu erkennen (vgl Sternberg-Lieben/Fisch Jura 99, 45, 50).

§ 222 Fahrlässige Tötung

Wer durch Fahrlässigkeit den Tod eines Menschen verursacht, wird mit Freiheitsstrafe bis zu fünf Jahren oder mit Geldstrafe bestraft.

1. Allgemein zu den **Tötungsdelikten** ieS, namentlich zum geschützten Rechts- **1** gut und zur zeitlichen Erstreckung des Strafschutzes 1–8 vor § 211; die Abgrenzung gegenüber der Leibesfrucht (3 vor § 211) ist wegen der Straflosigkeit fahrläs-

Vor § 223 BT. 17. Abschn. Straftaten gegen die körperl. Unversehrtheit

sigen Schwangerschaftsabbruchs wichtig (BGHSt 31, 348 mit Anm Lüttger NStZ 83, 481, 483; Sternberg-Lieben, Die objektiven Schranken der Einwilligung im Strafrecht, 1997, S 517, alle mwN). – Für eine Anhebung der Strafbarkeitsschwelle auf leichtfertiges Verhalten Koch, die Entkriminalisierung im Bereich der fahrlässigen Körperverletzung und Tötung, 1998 mit Reformvorschlag (S 248).

2 2. Der **äußere Tatbestand** entspricht dem der vorsätzlichen Tötung; die Ausführungen unter 2 zu § 212 gelten daher sinngemäß. Der Tod kann von mehreren untereinander unabhängigen Personen (Nebentäter) (mit-)verursacht werden (BGHSt 4, 20; Bay NJW 60, 1964; s auch 8 zu § 25). Zur Mitverursachung einer Selbsttötung 11, 14–16 vor § 211.

3 3. **Fahrlässigkeit** 35–54 zu § 15. Im Vordergrund der unübersehbaren Fülle von gerichtlichen Entscheidungen steht die Konkretisierung der Sorgfaltspflicht und des Vertrauensgrundsatzes bei gefahrgeneigten Tätigkeiten, namentlich im Straßenverkehr und im Beruf (39 zu § 15).

4 4. Allgemein zur **Rechtfertigung** einer fahrlässigen Tötung 48 zu § 15; speziell durch Einwilligung 14 vor § 32; 1–2 a zu § 228.

5 5. Wird eine **Vorsatztat** durch fahrlässige oder leichtfertige Verursachung der Todesfolge qualifiziert (zB §§ 176b, 178, 221 III, 227, 239 IV, 306c, 316a III, 330a II), so tritt § 222 hinter dem erfolgsqualifizierten Delikt zurück (Horn/Wolters SK 8; Jähnke LK 24).

17. Abschnitt. Straftaten gegen die körperliche Unversehrtheit

Vorbemerkung

1 Das **VerbrBG** (12 vor § 1) hat im Abschnitt über die Körperverletzung vor allem die **Strafrahmen** der §§ 223–225 aF **erweitert** (krit zur Abstimmung der neuen Strafdrohungen Hettinger GA 95, 399, 404 und 420). Die Strafdrohungen für Körperverletzungsdelikte sind denen für Eigentums- und Vermögensdelikte angepasst (vgl näher BT-Dr 12/6853 S 25; zust Hauf ZRP 95, 52 mwN). Die erhöhten Strafrahmen sollen dem verfassungsrechtlichen Rang des Rechtsguts der körperlichen Unversehrtheit (1 zu § 223) Rechnung tragen und den strafrechtlichen Schutz vor tätlichen Angriffen – namentlich gegen ausländische, aber auch zB gegen behinderte Mitbürger – verbessern (BT-Dr aaO). – Darüber hinaus sind einige Tatbestände geändert worden. § 223 ist geschlechtsneutral formuliert und die Qualifizierung des Abs 2 aF zum Schutz der Aszendenten entfallen (BT-Dr aaO S 26; vertretbar nach König/Seitz NStZ 95, 1, 3; krit Schautes ZRP 95, 232). Eine Erweiterung der Versuchsstrafbarkeit auf § 223 ist trotz einer entsprechenden Anfrage nicht vorgenommen worden (BT-Dr 12/6893). – Dies ist durch das **6. StrRG** (13 vor § 1) zur Vermeidung von Wertungswidersprüchen zu §§ 242, 246, 263, 303 nachgeholt worden (BT-Dr 13/8587 S 36; zust Rengier ZStW 111, 1, 2; Jäger JuS 00, 31, 34; Wallschläger JA 02, 390; krit Sander/Hohmann NStZ 98, 273, 275 und Struensee, 6. StrRG Einf, 2/61–64; krit auch schon Hettinger, Entwicklungen im Strafrecht..., 1997, S 34); es hat außerdem die Abschnittsüberschrift auf das geschützte Rechtsgut hin ausgerichtet (Struensee aaO Rdn 59; Wolters JuS 98, 582, 583) und die einzelnen Tatbestände mehr oder weniger neu gefasst und umnumeriert (vgl den Überblick bei Rengier BT II 12/1–3); §§ 228 (Führungsaufsicht), 229 (Vergiftung; vgl 1a zu § 224), 233 (wechselseitig begangene Straftaten; krit Freund ZStW 109, 455, 488 und Wolters aaO S 586) sind gestrichen worden. Zudem sind in Verfolgung der Zielsetzung des VerbrBG die Strafrahmen der meisten Vorschriften erhöht worden (vgl Hörnle Jura 98, 169,

177; Kreß StV 98, 633, 639; Wolters aaO S 585; zum Referentenentwurf Freund aaO S 458 und Hettinger, Entwicklungen im Strafrecht ..., 1997, S 34).

§ 223 Körperverletzung

(1) **Wer eine andere Person körperlich mißhandelt oder an der Gesundheit schädigt, wird mit Freiheitsstrafe bis zu fünf Jahren oder mit Geldstrafe bestraft.**

(2) **Der Versuch ist strafbar.**

1. Die Körperverletzungstatbestände **schützen** die **körperliche Unversehrtheit** (hM; vgl etwa Lilie LK 1 vor § 223; nach Kargl GA 01, 538, 552, auch das Interesse an körperlicher Unberührtheit; weiter Tag, Der Körperverletzungstatbestand ..., 2000, S 68 und Horn/Wolters SK 35: auch das Selbstbestimmungsrecht, und Tolmein KritV 98, 52, 57: auch das Selbstbestimmungsrecht Einwilligungsunfähiger; noch weiter Freund/Heubel MedR 95, 194: Kernbestand des Freiheitspotentials einer Person [dagegen Schroeder, Hirsch-FS, S 725, 736]; vgl auch die weite Auslegung der Körperverletzung iSv § 823 I BGB durch den BGH in Zivilsachen [BGHZ 124, 52 mit Bespr Laufs/Reiling NJW 94, 775; Rohe, JZ 94, 465; Schnorbus JuS 94, 830, 835; aus strafrechtlicher Sicht Freund/Heubel aaO; Otto Jura 96, 219 und Schroeder S 737], die zu einem Auseinanderfallen von strafrechtlichem und zivilrechtlichem Integritätsschutz führt, Taupitz NJW 95, 745, 749). Angriffsobjekt ist der geborene Mensch (Paeffgen NK 3; Sch/Sch-Eser 1). – Zur **Reform** Hirsch ZStW 83, 140; Lampe ZStW 83, 177. – Zur historischen Entwicklung und zur Reformdiskussion Korn, Körperverletzungsdelikte – §§ 223 ff, 340 StGB, 2003, S 8, 93. – Zur Begriffsgeschichte der Körperverletzung Schroeder aaO S 724. – Für die Integrität der Person als Rechtsgut de lege ferenda Espinosa/Hamdorf MschrKrim 00, 163, 173.

2. Zu **Beginn und Ende** des Lebens als Mensch 3, 4 vor § 211. Eine Einwirkung auf die Leibesfrucht vor Geburtsbeginn, die einen Dauerschaden verursacht, genügt danach nicht (Lüttger JR 71, 133, 139 und NStZ 83, 481, 485; Armin Kaufmann JZ 71, 569; Bruns, Heinitz-FS, S 317, 322; Roxin JA 81, 542, 548; Ostendorf JuS 82, 200; Lilie LK 7 vor § 223; Paeffgen NK 4; aM LG Aachen JZ 71, 507; Tepperwien, Pränatale Einwirkungen als Tötung oder Körperverletzung?, 1973; Weiß GA 95, 373; Arzt/Weber BT 5/98; Gössel BT 1 13/33, alle mwN; zw). – Ferner muss eine **andere** Person verletzt werden. Selbstverletzung ist ebenso wie Selbsttötung nicht mit Strafe bedroht (Ausnahme: Selbstverstümmelung nach § 109 StGB, § 17 WStG), so dass insoweit auch Teilnahme entfällt (10 vor § 211); mittelbare Täterschaft des Hintermanns bleibt jedoch möglich (13 vor § 211; 4 zu § 25).

3. Die **Tathandlungen** können durch positives Tun und durch Unterlassen in Garantenstellung, zB durch Vorenthalten der Nahrung oder ärztlicher Versorgung (6 zu § 13), begangen werden (beachte dazu Meurer JR 92, 38; Lilie LK 17; Horn/Wolters SK 25; speziell zur unterlassenen Schmerzbehandlung Andreas Arztrecht 99, 232 mwN). Als Erfolg (diesen betont auch für die körperliche Misshandlung Rackow GA 03, 135) müssen sie eine körperliche Beeinträchtigung (vgl 4, 5) verursachen, für deren objektive Zurechnung die allgemeinen Regeln gelten (9–14 vor § 13).

a) Körperliche Mißhandlung ist eine üble, unangemessene Behandlung (dazu Lilie LK 6; nach Murmann Jura 04, 102: verzichtbar; anders Rackow aaO), durch die das körperliche Wohlbefinden nicht nur unerheblich (dazu Düsseldorf NJW 91, 2918 und Karlsruhe Justiz 01, 193) beeinträchtigt wird (BGHSt 25, 277; Küper BT S 219; ähnlich Kargl GA 01, 538, 548, der die Beeinträchtigung des körperlichen Wohlbefindens als „Oberbegriff" wählt; krit zu dieser Kombination

§ 223

zweier Fallgruppen Horn/Wolters SK 8). Schmerzzufügung ist nicht unbedingt erforderlich (BGH aaO; krit Schroeder aaO [vgl 1] S 729; str); umgekehrt kann das pflichtwidrige Unterlassen der Schmerzlinderung genügen (Hamm NJW 75, 604; Düsseldorf NStZ 89, 269; Uhlenbruck MedR 93, 296, 298). – Bei unmittelbarer Einwirkung auf den Körper werden die Voraussetzungen oft erfüllt sein, zB bei einem Faustschlag in das Gesicht (Düsseldorf NJW 94, 1232; anders für einen Schlag auf den Brustkorb StV 01, 680 mit Bespr Fahl JA 02, 275), auch bei einer Ohrfeige (NJW 90, 3156; Bay NJW 91, 2031), nach hM sogar beim Abschneiden der Haare (NJW 53, 1440; aM Paeffgen NK 6) und bei der Defloration (RGSt 56, 64; W-Hettinger BT 1 Rdn 256; zw); nicht dagegen beim ungeschützten Sexualkontakt unter Verschweigung der eigenen Infektiosität (aM Herzberg, in: Szwarc [Hrsg], AIDS und Strafrecht, 1996, S 61, 81; dagegen Bottke ebenda S 290, Knauer GA 98, 428, 429 und Horn/Wolters SK 22b). Auch mittelbare Einwirkungen können genügen. Bei Erregung eines Unfallschocks mit nicht unerheblichen Auswirkungen trifft das idR zu (Stuttgart NJW 59, 831; Hamm GA 73, 347); bei Überanstrengung eines Soldaten in der Geländeausbildung (LG Köln NZWehrr 82, 110) oder eines Arbeitnehmers am Arbeitsplatz (eingehend Stöckel, Der strafrechtliche Schutz der Arbeitskraft, 1993, S 63, 166) und bei nächtlichen Störanrufen (Düsseldorf NJW 02, 2118 mit Anm Pollähne StV 03, 563; Herzog GA 75, 257, 264) kann es zutreffen; die Verursachung von Schrecken (NStZ 86, 166 und 00, 25; NStZ-RR 00, 106; Hamm MDR 58, 939; auch nicht bei Auftreten von Durchfall, Köln NJW 97, 2191), Ekel (Zweibrücken NJW 91, 240; Küpper BT 1 I 2/3) oder Erregung (BGHSt 25, 277; Köln StV 85, 17) beeinträchtigt das körperliche Wohlbefinden im Regelfall nicht; das gilt auch für Angst- und Panikgefühle auf Grund einer Verfolgung (BGHSt 48, 34, 36 mit Bespr Kühl JZ 03, 637). Nicht erfasst ist das sog „Stalking" in Form des ständigen, wiederholten Nachstellens und Bedrängens (Meyer ZStW 115, 249, 261; Kerbein/Probsting ZRP 02, 76; Pollähne NKrimPol 02, 56), auch nicht das sog „Cyberstalking" über das Internet (Hilgendorf/Hong K & R 03, 168, 170); zu beachten ist jedoch die Strafvorschrift des § 4 GewSchG (dazu Grziwotz NJW 02, 872). Unerheblich ist die Beeinträchtigung durch einen Stromstoß, wenn das Opfer lediglich ein Kribbeln in den Beinen verspürt (NStZ 97, 123, weitere Beispiele zu unerheblichen Beeinträchtigungen bei Lilie LK 9).

5 **b) Gesundheitsschädigung** ist jedes Hervorrufen oder Steigern eines vom normalen Zustand der körperlichen Funktionen nachteilig abweichenden (pathologischen) Zustandes, gleichgültig, auf welche Art und Weise er verursacht wird und ob das Opfer dabei Schmerz empfindet (hM; vgl etwa BGHSt 36, 1, 6; 43, 346, 354 und Küper BT S 159; zusf Lilie LK 12–15; einschr Krauß, Bockelmann-FS, S 557, 559). Bei schweren Infektionskrankheiten, zB bei AIDS (8 zu § 224; s auch BGHZ 114, 284), bedeutet schon die Ansteckung eine solche Abweichung (Paeffgen NK 23; Sch/Sch-Eser 7, beide mwN); bei einer Vielzahl von Röntgenstrahlen reicht die Zerstörung der Zellstrukturen und die damit verbundene Erhöhung des Schadensrisikos, auch wenn klinisch erkennbare Schäden nicht sogleich wahrnehmbar sind und sich der Eintritt von Langzeitschäden nicht sicher voraussagen lässt (BGHSt 43, 346, 353 mit krit Anm Jung/Wigge MedR 98, 329 und Wolfslast NStZ 99, 133 sowie Bespr Detter JA 98, 535, Martin JuS 98, 563, Rigizahn JR 98, 523, Götz/Hinrichs/Seibert/Sommer MedR 98, 505, 510; Jerouschek JuS 99, 746 und Geppert JK 2; krit auch Horn/Wolters SK 20a; zur Körperverletzung durch Gammastrahlen BGHSt 43, 306 mit krit Anm Wolfslast aaO). Auch durch Anwendung von Doping-Mitteln (Linck NJW 87, 2545, 2548 und MedR 93, 55, 59; Turner MDR 91, 569, 573; Otto Sp*u*Rt 94, 10, 12; Müller, Doping im Sport als strafbare Gesundheitsbeschädigung [§§ 223 Abs 1, 230 StGB]?, 1993, S 37; Ahlers, Doping und strafrechtliche Verantwortlichkeit, 1994,

Körperverletzung **§ 223**

S 29; Heger JA 03, 76, 78; speziell zum Unterlassen von Trainern und Ärzten ua Karakaya, Doping und Unterlassen als strafbare Körperverletzung, 2003, S 81) oder durch unbegründetes Verschreiben von Betäubungs- (Frankfurt NStZ 88, 25 mwN) oder sonst suchtfördernden Mitteln (Frankfurt NJW 91, 763 mit Bespr Geppert JK 1; Bay StV 93, 641 mit Anm Dannecker/Stoffers; Bay NJW 03, 371, 373 mit Bespr Otto JK 14 vor § 13; Bienik, Entkriminalisierung von Drogenabhängigen durch Substitutionsbehandlung, 1993, S 364, 410; Körner MedR 93, 257, 259; Horn/Wolters SK 42 a; anders für die Verschreibung von Suchtersatzmitteln im Rahmen einer Substitutionsbehandlung Bay NJW 95, 797) wird sie nicht selten bewirkt. Bloße Störung des seelischen Befindens reicht dagegen als solche nicht (Hamm MDR 58, 993; str), wohl aber, wenn sie auch den körperlichen Zustand nicht nur unerheblich verschlechtert (hM; vgl etwa NStZ 97, 123; Köln NJW 97, 2191, 2192). Entsprechendes gilt für die Verursachung von Lärm (Koblenz und AG Hannover ZMR 65, 223; StA Hannover NStZ 87, 175), für die Verabreichung bewusstseinstrübender Schlafmittel (NStE 12; NStZ-RR 96, 100) und für die Erregung von Trunkenheit jedenfalls dann, wenn dies zum Verlust des Bewusstseins führt (NStZ 86, 266); ausreichend ist auch, dass sich der Verletzte in Folge Alkoholgenusses übergeben muss oder Entziehungserscheinungen wie Zittern, Schlafstörungen und Alpträume erleidet (NJW 83, 462; vgl auch NJW 96, 1068, 1069 mit Bespr Schmidt JuS 96, 654). – Auch die Beschneidung von Kindern, insb Mädchen, aus religiösen Gründen kann erfasst sein (vgl Gropp AT 6/231 und Tröndle/Fischer 6).

4. Bedingter **Vorsatz** genügt (beachte auch 10 zu § 224). Auch hier soll die 6 affektive Erregung den Vorsatz ausschließen können (NStZ 04, 201 mit Anm Schneider, der sich gegen die Übertragung der sog Hemmschwellentheorie [3 zu § 212] bei den Tötungs- auf die Körperverletzungsdelikte ausspricht).

5. Die **Rechtswidrigkeit** kann namentlich ausgeschlossen sein durch Einwilli- 7 gung (§ 228), Notwehr (§ 32) und Festnahmerecht.

a) Nach der Rspr erfüllt der indizierte und kunstgerecht ausgeführte **ärztliche** 8 **Heileingriff** zwar den äußeren Tatbestand des § 223, wird aber durch wirkliche oder mutmaßliche Einwilligung (BGHSt 11, 111; 43, 306, 308; NStZ 96, 34 mit Anm Ulsenheimer NStZ 96, 132 [der Rspr zust Jäger JuS 00, 31, 34; Rengier, BGH-FG, S 467, 477 und Schreiber BGH-FG, S 503]; ebenso Eisenbart, Patienten-Testament und Stellvertretung in Gesundheitsangelegenheiten, 1998, S 47; Kargl GA 01, 538, 553; abl Ulsenheimer, Arztstrafrecht Rdn 56, alle mwN), uU auch durch Notstand nach § 34 (Trockel NJW 70, 489; str), gerechtfertigt (3–17 zu § 228; 19 vor § 32; 2–8 zu § 34; speziell zum Handeln nichtärztlicher Hilfspersonen in Notfällen Boll, Strafrechtliche Probleme bei Kompetenzüberschreitungen ..., 2000, S 68, 197). Demgegenüber verneint die im Schrifttum hM mit unterschiedlicher Begründung, im Ergebnis aber wohl mit Recht (aM Schwalm, Bockelmann-FS, S 539; Arthur Kaufmann ZStW 73, 341; Mitsch, Strafrechtlicher Schutz gegen medizinische Behandlung, 1999, S 518; Arzt/Weber BT 6/100; Horn/Wolters SK 33; zw) schon den Tatbestand (zusf Tag aaO [vgl 1] S 18, 28, 441; Joecks 11–22 vor § 223; Lilie LK 3–6 vor § 223; zur historischen Entwicklung der Lehrmeinungen Bockelmann ZStW 93, 105). Während es nach Ansicht eines Teils der Lehre jedenfalls beim gelungenen Eingriff an einer Misshandlung und Gesundheitsbeschädigung fehlt (Bockelmann, Das Strafrecht des Arztes, 1968, S 62), stellt man überwiegend, allerdings mit Unterschieden im Einzelnen, auf das Fehlen einer objektiv verstandenen „Körperinteressenverletzung" ab, die Voraussetzung jeder Schädigung der körperlichen Integrität sei (Engisch ZStW 58, 1, 5; s auch Laufs NJW 74, 2025; Sch/Sch-Eser 32 ff mwN; aM Krauß, Bockelmann-FS, S 557, der auch das subjektive Interesse des Betroffenen einbezieht; ebenso Tag aaO S 91). – Die seit langem vorliegenden Entwürfe zur eigenständigen Re-

§ 223

gelung der Heilbehandlung (zB §§ 161, 162 E 1962 und § 123 AE [PersStr]) sind bisher leider nicht verwirklicht worden (vgl ua auch Zipf, Bockelmann-FS, S 577; Jung, in: Schreiber [Hrsg], Arzt und Patient zwischen Therapie und Recht, 1981, S 189; Bottke, Suizid und Strafrecht, 1982, S 136; Eser ZStW 97, 1, 17; Tröndle ZStW 99, 25, 33 und Göppinger-FS, S 595; Mitsch aaO S 23; Hartmann, Eigenmächtige und fehlerhafte Heilbehandlung, 1999, S 76; krit Krauß aaO S 575). Auch der jüngste Versuch, Sondervorschriften zur eigenmächtigen und fehlerhaften Heilbehandlung im Rahmen der 6. Strafrechtsreform einzuführen, scheiterte, nachdem die §§ 229, 230 des Referentenentwurfs zum 6. StrRG auf vielfache Kritik gestoßen waren (vgl Cramer, Lenckner-FS, S 761; Freund, ZStW 109, 455, 475; Katzenmeier ZRP 97, 156; Müller DRiZ 98, 155; Meyer GA 98, 415; Schroeder, Besondere Strafvorschriften gegen eigenmächtige und fehlerhafte Heilbehandlungen?, 1998, S 9, 49; Tag aaO S 215; Schreiber, Hirsch-FS, S 713; Hirsch, Zipf GS, S 353; Mitsch aaO S 8; Hartmann aaO S 79, 242; Wallschläger JA 02, 390, 391; gegen einen Neuanfang Kargl GA 01, 538). − Rechtsvergleichend Eser, Hirsch-FS, S 465.

9   aa) **Ärztlicher Heileingriff** ist eine in die Körperintegrität eingreifende Behandlung, die vorgenommen wird, um Krankheiten, Leiden, Körperschäden, körperliche Beschwerden oder seelische Störungen zu verhüten, zu erkennen, zu heilen oder zu lindern (§ 161 E 1962 mit Begr; zusf Lenckner, in: Forster [Hrsg], Praxis der Rechtsmedizin, 1986, S 592 und Tag aaO [vgl 1] S 40). − Er ist **indiziert,** wenn er nach den Erkenntnissen und Erfahrungen der Heilkunde und den Grundsätzen eines gewissenhaften Arztes zur Erreichung eines der genannten Zwecke angezeigt ist (E 1962 aaO; zur Bedeutung der Arztethik für die Gewinnung der rechtlichen Maßstäbe Schreiber, Dünnebier-FS, S 633). Er ist **kunstgerecht** (lege artis) ausgeführt, wenn bei seiner Vornahme die anerkannten Regeln der Heilkunst beachtet worden sind (Tag aaO S 199, 252). Abweichungen von diesen, nicht unbedingt mit einer bestimmten „Schulmedizin" gleichzusetzenden (RGSt 67, 12, 16; s auch BGHSt 37, 383 mit Bespr Moll NJW 91, 2334, Hellebrand NStZ 92, 13 und MedR 92, 71, Laufs/Reiling JZ 92, 106, Hassemer JuS 92, 110, Helgerth JR 92, 170 und Kühne NJW 92, 1547; Haffke MedR 90, 243; Köhler NJW 93, 762) Regeln, die sich sowohl auf die Beurteilung der Indikation wie auch die Ausführung des Eingriffs beziehen können, sind im Allgemeinen als **Behandlungsfehler** (Kunstfehler) zu bewerten (vgl ua BGHZ 8, 138; BGHSt 43, 306, 308; NJW 70, 1963; 72, 335; 73, 554; 74, 1424; NStZ 83, 134; zur Haftung bei arbeitsteiliger Behandlung 40 zu § 15); an einem solchen kann es jedoch bei gewissenhafter Prüfung der Gründe für die Abweichung (zu sog Außenseitermethoden vgl etwa NJW 60, 2253 und 62, 1780; Laufs NJW 84, 1383, 1384; Eser ZStW 97, 1, 11; Jung ZStW 97, 47; Grupp MedR 92, 256, 258) und beim Heilversuch (22 zu § 228) fehlen. Der Behandlungsfehler erfüllt idR die Voraussetzungen einer objektiven Sorgfaltspflichtverletzung (37−40 zu § 15), die bei Hinzutreten eines zurechenbaren schädlichen Erfolges meist auch (beachte 41−45 zu § 15) nach §§ 222 oder 229 tatbestandsmäßig ist (zusf Schwalm, Bockelmann-FS, S 539; Krauß, in: Jung/Schreiber [Hrsg], Arzt und Patient zwischen Therapie und Recht, 1981, S 141; Ulsenheimer, Arztstrafrecht Rdn 38−42; Schlund MedR 93, 185; Lilie LK 5 vor § 223; zum Behandlungsfehler im zivilrechtlichen Sinne beachte auch Giesen JZ 82, 345; Schreiber MedKlinik 83, 468; Laufs, Arztrecht, Rdn 469−553, alle mwN; überzogen die Kritik von Thoss NJW 79, 1909). − Die für den ärztlichen Heileingriff geltenden Regeln sind − soweit tatsächliche Besonderheiten nichts anderes ergeben − auch auf **psychotherapeutische Behandlungen** durch Ärzte und Nichtärzte (namentlich Psychologen) anwendbar (Wegener JZ 80, 590). Zu den Besonderheiten bei Eingriffen durch **Heilpraktiker** Cramer, Strafrechtliche Grenzen der Therapiefreiheit und der Heilbehandlung durch den Heilpraktiker, 1995, S 85 und Ehlers, Medizin in den

Händen von Heilpraktikern, 1995, S 242. – Zur speziellen Regelung der freiwilligen Kastration 20, 21 zu § 228.

bb) Vom Heileingriff zu unterscheiden sind anderen Zwecken dienende, in die **10** Körperintegrität eingreifende ärztliche Behandlungen, namentlich die (ausschl) kosmetische Operation (Sch/Sch-Eser 50 b), das Doping (zusf Linck NJW 87, 2545; Turner MDR 91, 569, 573; Ahlers aaO [vgl 5] S 45; ebenso für das therapeutische Doping Müller aaO [vgl 5] S 43), der Schwangerschaftsabbruch (§ 218), die freiwillige Sterilisation (18, 19 zu § 228), die Entnahme eines Organtransplantats (23 zu § 228), das wissenschaftliche Humanexperiment (22 zu § 228) und die künstliche Insemination (zusf Lüttger, Abh, S 85). Sie sind im Allgemeinen als Körperverletzung tatbestandsmäßig.

b) Auch die **Züchtigung** aus erzieherischen Gründen erfüllt bei Überschreitung der Erheblichkeitsschwelle (vgl 4) den Tatbestand (hM; vgl BGHSt 12, 62, **11** 64; anders Kienapfel, Körperliche Züchtigung und soziale Adäquanz im Strafrecht, 1961, S 31; anders für die angemessene Züchtigung durch die Eltern W-Beulke AT Rdn 387).

aa) Das Züchtigungsrecht kann vor allem auf einem **familienrechtlichen Erziehungsrecht** beruhen. Es lässt sich entweder unmittelbar aus dem Gesetz, zB für die Eltern aus §§ 1626 I, 1631 I BGB (Kindhäuser 15), für die Mutter des nichtehelichen Kindes aus § 1626a II BGB und für den Vormund aus § 1800 BGB, oder jedenfalls aus Gewohnheitsrecht ableiten (hM; anders Petri ZRP 76, 64; Thomas ZRP 77, 181; Schneider, Körperliche Gewaltanwendung in der Familie, 1987, S 202; eingehend und rechtstatsächlich fundiert Bussmann, Verbot familiärer Gewalt, 2000, alle mwN); daran hat auch das Gesetz zur Neuregelung des Rechts der elterlichen Sorge v 18. 7. 1979 (BGBl I 1061) nichts geändert (NStZ 87, 173 mit abl Anm Reichert-Hammer JZ 88, 617). Eine neue (nach 2 Jahren schon überholte; s unten) Rechtslage ergab sich aber möglicherweise wegen des durch das KindRG geänderten § 1631 II BGB, wonach „entwürdigende Erziehungsmaßnahmen, insbesondere körperliche und seelische Misshandlungen ... unzulässig" sind; denn darin konnte eine Definition der entwürdigenden Erziehungsmaßnahmen durch die genannten Misshandlungen gesehen werden (Diederichsen NJW 98, 1977, 1984 mit Kritik an der Förderung von Illusionen durch nicht sanktionierbare Rechtspflichten), welche die Begründung des Züchtigungsrechts durch das elterliche Erziehungsrecht bei „körperlichen Misshandlungen" hätte entfallen lassen können (eine Beseitigung des Züchtigungsrechts, soweit es körperliche Misshandlungen rechtfertigte, nahm Bohnert Jura 99, 533, 534 an; zweifelnd Pieper FuR 98, 1, 2 und Schwab, Familienrecht, 9. Aufl 1998, Rdn 547). Doch ging der Gesetzgeber bei dieser Änderung davon aus, dass sie keine Ausweitung der Strafbarkeit der Eltern bedeutet (BT-Dr 12/6343 und 13/8511; krit dazu der Gesetzentwurf der SPD BT-Dr 13/8558 S 2); kriminalpolitische Bedenken gegen die Ausweitung der Strafbarkeit bei Roxin AT I 17/36 und M-Schroeder/Maiwald BT 1 8/19: radikaler Eifer). Das damit gewollte Fortbestehen des familienrechtlichen Züchtigungsrechts konnte angesichts des Wortlauts von § 1631 II BGB damit begründet werden, dass eine „körperliche Misshandlung" iS dieser Vorschrift – anders als in § 223 I – zusätzlich eine „entwürdigende Erziehungsmaßnahme" sein muss, um unzulässig zu sein. Man konnte aber auch von einer identischen Auslegung der „körperlichen Misshandlung" in BGB und StGB ausgehen; dann war das Fortbestehen des Züchtigungsrechts nur durch einschränkende verfassungskonforme Auslegung von § 223 I (so Beulke, Hanack-FS S 539 und W-Beulke aaO im Hinblick auf Art 6 GG) oder durch Anerkennung eines echten Strafunrechtsausschließungsgrundes (Günther FS für H Lange, 1992, S 877, 899 und SK 63 vor § 32; zust Heghmann GA 04, 189, 190; krit Kargl NJ 03, 57, 62) zu erreichen (für eine Beschränkung des § 1631 II BGB auf die

§ 223 BT. 17. Abschn. Straftaten gegen die körperl. Unversehrtheit

„Wertungsebene des Zivilrechts" Moritz JA 98, 704, 709; abl Kargl aaO 58). Die Rechtslage hat sich durch Art 1 Nr 3 des Gesetzes zur Ächtung der Gewalt in der Erziehung v 2. 11. 00 im Ergebnis nicht geändert (aM Otto Jura 01, 670; Horn/Wolters SK 13; Lilie NK 10). Der neue, seit dem 8. 11. 00 geltende § 1631 II BGB erklärt (neben dem Programmsatz vom Recht auf gewaltfreie Erziehung in Satz 1; nach Däubler-Gmelin ein „moralisches Recht" und ein „Appell" [BT-Prot v 6. 7. 00 S 10897]) in Satz 2 „körperliche Bestrafungen ... und andere entwürdigende Maßnahmen" für „unzulässig". Damit ist der § 223 entnommene Begriff der körperlichen Mißhandlung fallengelassen und das Erziehungsrecht nur insoweit „abgeschafft" worden, als es um körperliche Bestrafungen geht, die zugleich entwürdigende Maßnahmen darstellen (Kühl AT 9/77b; ebenso Krey BT 1 Rdn 312 und Marxen AT 11/11d; im Ergebnis auch Beulke, Schreiber-FS, S 29, 39 und Kargl NJ 03, 57, 58; nach Otto GK 1 8/150 lässt sich angesichts des Wortlauts immer noch so argumentieren; dagegen Tröndle/Fischer 18a). Von einer völligen „Abschaffung" des Erziehungsrechts kann also nicht mehr ausgegangen werden (ebenso Kindhäuser 61 vor § 32 und in: BT I 7/14; anders die Entwurfsbegründung BT-Dr 14/1247 S 3, 6, nach der der „früher gewohnheitsrechtlich anerkannte Rechtfertigungsgrund des elterlichen Züchtigungsrechts" schon durch das KindRG entfallen war, und die Neuregelung deshalb die Strafbarkeit nicht ausgeweitet habe; anders auch Kellner NJW 01, 796, nach dem erst durch die Neuregelung das Züchtigungsrecht vollständig entfallen sein soll [dies muss „verwundern" und nicht die zutreffende Kommentierung von Diederichsen in der 60. Aufl 2001 des Palandt § 1631 Rdn 1]; ebenso Hoyer FamRZ 01, 521; Roxin JuS 04, 177; M-Schroeder/Maiwald BT 1 8/18; Otto GK 1 8/150; Joecks MK 61–66; Rengier BT II 13/14; Lilie LK 10; Tröndle/Fischer 18; im Erg auch Hillenkamp JuS 01, 159, 165 für körperliche Strafen, die zugleich körperliche Mißhandlungen sind; vgl auch Ebert AT S 90). Der Berechtigte kann die Ausübung des Züchtigungsrechts bei Vorliegen eines zureichenden Grundes ganz oder teilweise übertragen, etwa auf eine der Familie nahe stehende Person, uU auch – allerdings nicht zur Erweiterung schulischer Befugnisse – auf den Lehrer (BGHSt 12, 62, 66 mwN; str). – Die Rspr billigt dem **Lehrer** auch ein selbstständiges, dh nicht aus dem familienrechtlichen Erziehungsrecht abgeleitetes, Züchtigungsrecht gegenüber jüngeren Schülern kraft Gewohnheitsrechts zu (BGHSt 11, 241; 14, 52; Zweibrücken NJW 74, 1772; Bay NJW 79, 1371). Sie nimmt an, dass dieses Recht nicht durch Verwaltungsvorschriften, sondern nur durch Rechtsnormen beseitigt werden kann (GA 63, 82). Im größeren Teil der landesrechtlichen Schulgesetze, aber nicht in allen, sind inzwischen gesetzliche Züchtigungsverbote erlassen worden (dazu für Baden-Württemberg NStZ 93, 591, für Bayern Bay aaO mit abl Anm Vormbaum JR 79, 477); für die übrigen Landesschulgesetze gilt im Ergebnis dasselbe, denn sie enthalten abschließende Kataloge von Erziehungsmaßnahmen, die körperliche Maßnahmen nicht enthalten. Die Annahme, dass im Übrigen das schulische Züchtigungsrecht gewohnheitsrechtlich noch fortbestehe, ist heute nicht mehr vertretbar (AG Dortmund ZBlJR 80, 235; Jung, Das Züchtigungsrecht des Lehrers, 1977; Wagner JZ 87, 658, 662; Lilie LK 10; Sch/Sch-Eser 20; aM Bay aaO; offen gelassen in NJW 76, 1949). Auch die Annahme eines hinter der Rechtfertigung zurückbleibenden Strafunrechtsausschlusses zugunsten des Lehrers (so Günther, Strafrechtswidrigkeit und Strafunrechtsausschluss, 1983, S 355, Spendel-FS, S 189, 200 und SK 69 vor § 32) erweckt Bedenken, weil Strafwürdigkeitsgesichtspunkte allein für eine hinreichend zuverlässige Abgrenzung nicht tauglich sind (hM; vgl Roxin AT I 17/42; anders Reichert-Hammer JZ 88, 617).
– Das Züchtigungsrecht in **Erziehungsheimen** ist noch nicht abschließend geklärt (vgl etwa BGHSt 3, 105; Vormbaum JR 77, 492, 495). Für den **gewerblichen Lehrherrn** (BGHSt 6, 263, 267), für den **Seelsorger** (RGSt 67, 324) und für die Züchtigung **fremder Kinder** (Saarbrücken NJW 63, 2379) ist es zu verneinen.

Gefährliche Körperverletzung **§ 224**

bb) **Art und Maß** der Züchtigung müssen angemessen sein, sich namentlich 12
der Körperbeschaffenheit des Kindes (BGHSt 14, 52), seinem Alter, der Größe der
Verfehlung und den konkreten erzieherischen Bedürfnissen anpassen (NJW 53,
1440; Köln FamRZ 72, 403). Die Grenze der Angemessenheit ist überschritten,
wenn die Züchtigung gefährlich, entwürdigend (sehr weit NStZ 87, 173 mit abl
Anm Rolinski StV 88, 63) oder sonst eindeutig erziehungsschädlich ist oder wenn
sie zu mehr als vorübergehender körperlicher Beeinträchtigung führt (BGHSt 6,
223; krit Reichert-Hammer JZ 88, 617, 619). – Als subjektives Rechtfertigungselement (6 vor § 32) ist **Erziehungswille** erforderlich (BGHSt 11, 241, 260; zu
den Folgen seines Fehlens 16 zu § 22). – Der **Irrtum** über Art oder Umfang des
Züchtigungsrechts ist Verbotsirrtum (BGHSt 3, 105; Bay NJW 55, 184).

6. Über das **Konkurrenzverhältnis** zu den Tötungsdelikten 7–9 zu § 212; zu 13
§ 109 dort 7; zu § 113 dort 26; zu § 177 dort 14; zu § 218 dort 21. Von § 25
WStG wird die einfache Körperverletzung verdrängt (Frankfurt NJW 70, 1333);
ebenso von § 19 II TPG (Niedermair, Körperverletzung mit Einwilligung und die
Guten Sitten, 1999, S 230; aM Erbs/Kohlhaas-Pelchen T 120 Rdn 6 zu § 19
TPG, die Tateinheit für möglich halten; offengelassen vom Gesetzgeber, BT-Dr
13/8017 S 44). – **Wahlfeststellung** zwischen den beiden Alternativen des Abs 1
ist zulässig (14 zu § 1; ebenso Horn/Wolters SK 27 und Paeffgen NK 35).

7. Fahrlässige Körperverletzung § 229. Körperverletzung im Amt § 340. Zur 14
Strafbarkeit bestimmter Formen des Dopings durch Arzneimittel §§ 6a, 95 I
Nr 2a, III Nr 4 AMG (näher Heger SpuRt 01, 92); zwischen Körperverletzungsdelikten und § 95 AMG besteht Tateinheit (Heger JA 03, 76, 80).

§ 224 Gefährliche Körperverletzung

(1) **Wer die Körperverletzung**

1. **durch Beibringung von Gift oder anderen gesundheitsschädlichen Stoffen,**
2. **mittels einer Waffe oder eines anderen gefährlichen Werkzeugs,**
3. **mittels eines hinterlistigen Überfalls,**
4. **mit einem anderen Beteiligten gemeinschaftlich oder**
5. **mittels einer das Leben gefährdenden Behandlung**

begeht, wird mit Freiheitsstrafe von sechs Monaten bis zu zehn Jahren, in minder schweren Fällen mit Freiheitsstrafe von drei Monaten bis zu fünf Jahren bestraft.

(2) **Der Versuch ist strafbar.**

Fassung des 6. StrRG (13 vor § 1).

1. Bei dieser **qualifizierten Körperverletzung** ist Erschwerungsgrund die in 1
fünf Nummern beschriebene, besonders gefährliche Art der Tatausführung (zusf
Stree Jura 80, 281; ähnlich Heinrich, Die gefährliche Körperverletzung, 1993,
S 586, 612, 644, der den bewussten Einsatz eines in besonderem Maße die Wirkungsmacht des Angriffs erhöhenden Faktors zum Zwecke der Körperverletzung
als verbindendes Kriterium aufstellt; zusf Paeffgen NK 3–5). „Begehung" ist nicht
nur die eigenhändige, sondern jede Tatbestandsverwirklichung (BGHSt 5, 344).

2. Nach Aufhebung von § 229 aF wird die Giftbeibringung von der **Nr 1** erfasst (BT-Dr 13/8587 S 35 und 9064 S 16; vgl auch E 62, Begr S 282); sie ist das **1 a**
mildere Gesetz iS des § 2 III (NJW 98, 3366).

a) Gift ist jeder organische oder anorganische Stoff, der unter bestimmten Bedingungen durch chemische oder chemisch-physikalische Wirkung die Gesundheit

§ 224

zu schädigen geeignet ist (vgl Joecks 7; Lilie LK 8; Paeffgen NK 7; Sch/Sch-Stree 2b). Die **anderen Stoffe** können zB Bakterien, Viren (zweifelnd hinsichtlich des HI-Virus Knauer AIFO 94, 463, 475 und GA 98, 428, 433; Jäger JuS 00, 31, 36; Schünemann, in: Busch ua [Hrsg], HIV/AIDS und Straffälligkeit, 1991, S 93, 108 dagegen qualifiziert den AIDS-Erreger sogar als Gift) oder Dopingsubstanzen (Heger JA 03, 76, 78) sein, aber auch mechanisch wirken (zB zerstoßenes Glas). Beide Substanzen müssen nach ihrer Art, der beigebrachten Menge, der Form der Beibringung und der Körperbeschaffenheit des Opfers geeignet sein (NJW 79, 556; bei Holtz MDR 86, 272; Paeffgen NK 7; aM Hoyer, Die Eignungsdelikte, 1987, S 156; Horn/Wolters SK 8), dessen **Gesundheit zu schädigen** (Rengier BT II 14/2). Im Unterschied zu § 229 aF wird eine Eignung zur Zerstörung nicht verlangt. Trotz der fehlenden Erwähnung des Eignungserfordernisses ist an ihm festzuhalten (Wolters JuS 98, 582, 583; Zieschang, Die Gefährdungsdelikte, 1998, S 282), da sonst die in allen übrigen Nummern geforderte besonders gefährliche Art der Tatausführung (vgl 1) fehlen würde; letzteres spricht auch dafür, nur Stoffe mit der Eignung zur Herbeiführung erheblicher Gesundheitsschäden zu erfassen (Jäger JuS 00, 31, 35; Hilgendorf ZStW 112, 811, 828; Wallschläger JA 02, 390, 391; W-Hettinger BT 1 Rdn 267; Küpper BT 1 I 2/7b; M-Schroeder/Maiwald BT 1 9/13; Joecks 11; Kindhäuser 4; Lilie LK 11; Paeffgen NK 7; Rengier ZStW 111, 1, 8 und in: BT II 14/4; aM Struensee, 6. StrRG Einf, 2/69; Arzt/Weber BT 6/52). Unabhängig davon, welche Anforderungen an die Gefährlichkeit des Stoffes gestellt werden, ist nach der Neufassung zu verlangen, dass der beigebrachte Stoff einen Gesundheitsschaden herbeiführt (Küper BT S 67; W-Hettinger aaO Rdn 266: „Verletzungsdelikt"; Sch/Sch-Stree 2d; Tröndle/Fischer 3). – Gesundheitsschädigung (5 zu § 223).

1 b b) Für das **Beibringen** genügt jede Art des Einführens oder Anwendens (auch Infizieren durch Körperkontakt, aM Bottke AIFO 88, 628, 635; zw), durch die der Stoff seine gesundheitszerstörende Wirkung im Inneren des Körpers (unstr) oder auch von außen her, wie zB durch Salzsäure (BGHSt 32, 130 mit Anm Stree JR 84, 335 und Schall JZ 84, 337; Küper BT S 64; Rengier BT II 14/5; enger Hohmann/Sander BT II 7/16; aM Jäger JuS 00, 31, 35; Wallschläger JA 02, 390, 392; Paeffgen NK 10; Horn/Wolters SK 8b), entfalten kann.

2 3. Durch den Wortlaut klargestellt (Struensee aaO [vgl 1a] Rdn 66) ist in **Nr 2** das **gefährliche Werkzeug** der Oberbegriff, während die Waffe, die auch hier im technischen Sinn zu verstehen ist (3 zu § 244; ebenso StV 02, 21, 22 und W-Hettinger BT 1 Rdn 273), nur ein Beispiel bildet (Lilie LK 19 mwN); das Messer wird nicht mehr als Beispiel hervorgehoben, fällt aber entweder unter den Begriff Waffe (Hörnle Jura 98, 169, 178; Hilgendorf ZStW 112, 811) oder den des gefährlichen Werkzeugs (Tröndle/Fischer 9d: idR).

3 a) Danach muss der Täter ein **gegenständliches Mittel**, nicht lediglich eigene Körperteile (aM Hilgendorf aaO [vgl 2] S 822; dagegen Wallschläger JA 02, 390, 393), zur Verletzung einsetzen **(Mittel-Zweck-Beziehung);** bloß gefährlicher Einsatz der Hand (zB Boxhieb, Handkantenschlag), des Knies (GA 84, 124) oder des Fußes (hM) sowie bloße Verletzung an einem gefährlichen Gegenstand als Folge der Tathandlung (Stree Jura 80, 281, 287) genügen daher nicht.

4 b) Unter **Werkzeugen** verstand die Rspr zunächst nur Gegenstände, die durch mechanische Einwirkung eine Verletzung herbeiführen können (zur Entwicklung der Rspr Hilgendorf aaO [vgl 2] S 813). Später bezog sie chemische Einwirkungen (BGHSt 1, 1), etwa durch eine Gaspistole (BGHSt 4, 125), und das Hetzen von Hunden auf Menschen ein (BGHSt 14, 152; Hamm NJW 65, 164; einschr Hilgendorf aaO S 817). Jedoch muss es sich um einen beweglichen Gegenstand handeln, der durch menschliche Kraft zum Zwecke der Verletzung gegen einen Kör-

Gefährliche Körperverletzung **§ 224**

per in Bewegung gesetzt werden kann, wobei es allerdings nicht darauf ankommt, ob im konkreten Fall das Werkzeug gegen den Menschen oder der Mensch gegen das Werkzeug geführt wird (BGHSt 22, 235); der Wortsinn schließt es aber aus (6 zu § 1; Krey BT 1 Rdn 250), auch unbewegliche Gegenstände, etwa die Wand eines Gebäudes einzubeziehen (BGH aaO mit krit Anm Schmitt JZ 69, 304; NStZ 88, 361; Hilgendorf S 819; Joecks 21, 22; aM Stree Jura 80, 281, 284; Heinrich JA 95, 718, 725; Küpper JuS 00, 225, 226; Lilie LK 27; Horn/Wolters SK 17, 18; Sch/Sch-Stree 8, alle mwN; zw).

c) **Gefährlich** ist ein Werkzeug, das nach objektiver Beschaffenheit (nach Hil- 5 gendorf ZStW 112, 811: überflüssig) und nach Art der Benutzung im konkreten Fall (bei Holtz MDR 79, 988; Köln VRS 70, 273) erhebliche Verletzungen herbeizuführen geeignet ist (hM; vgl NStZ 87, 174 und 02, 594 mit Bespr Baier JA 03, 362; Zieschang aaO [vgl 1 a] S 290; Küper BT S 430; Sch/Sch-Stree 4; einschr Horn/Wolters SK 13–16; krit Heinrich aaO [vgl 1] S 494, 615 und JA 95, 601, 605, alle mwN), nach teilweise vertretener Auffassung allerdings nur, wenn es als Angriffs- oder Verteidigungsmittel benutzt wird (NJW 78, 1206 mwN; zw). In Frage kommen zB: Stich mit der Nadel ins Auge; Tritt mit dem Schuh in den Unterleib (bei Dallinger MDR 71, 16; Neustadt JR 58, 228), ins Gesicht (NStZ 84, 328 und 99, 616; Braunschweig NdsRpfl 60, 233; beachte aber auch Hamm StV 01, 350; krit Tröndle/Fischer 9 a–c), uU auch ins Gesäß (2 StR 91/50 v 27. 1. 1953; s auch Düsseldorf NJW 89, 920), gegen das Schienbein (Stuttgart NJW 92, 850) oder mit einem Turnschuh auf den Oberschenkel und in den Rücken des am Boden liegenden Opfers (NStZ 03, 662). Schlag mit dem „Gipsarm" (Schleswig bei Ernesti/Jürgensen SchlHA 78, 185); Anfahren mit einem Kraftfahrzeug (4 StR 618/78 v 21. 12. 1978); Schütten von Salzsäure ins Gesicht (beachte auch 1 a, 1 b); Streuen von Pfeffer (LM Nr 7) oder Sprühen von Pfefferspray jeweils in die Augen (NZV 01, 352, 353 mit Bespr Fahl JA 02, 18); Trinkenlassen von Brennspiritus (bei Dallinger MDR 56, 526); Zufügen einer Brandverletzung mittels einer brennenden Zigarette (NStZ 02, 30 und 86). **Nicht dagegen** bestimmungsmäßige Verwendung ärztlicher Instrumente durch eine dafür qualifizierte Heilperson (NJW 78, 1206; Hilgendorf aaO S 818; diff Tag, Der Körperverletzungstatbestand ..., 2000, S 424; probl NStZ 87, 174 mit Bespr Wolski GA 87, 527 und Sowada JR 88, 123; zw); Zopfabschneiden mit Schere (aM Heinrich JA 95, 718, 726); leichter Rippenstoß mit geladener Pistole; Fesselung der Fußgelenke mit Schnürsenkel (NStZ 02, 482 mit Bespr Baier JA 03, 362).

4. Nr 3: Hinterlistig ist ein Überfall (dh unvorhergesehener Angriff) nicht 6 schon durch die bewusste Ausnutzung des Überraschungsvorteils (GA 61, 241; bei Holtz MDR 81, 267). Hinzukommen muss ein planmäßiges, auf Verdeckung der wahren Absicht berechnetes Vorgehen (Küper BT S 282), wie zB Auflauern, Vortäuschen von Friedfertigkeit (NStZ 04, 93), heimliches Zuführen eines Betäubungsmittels (NStZ 92, 490; NStZ-RR 96, 100) usw, um dadurch dem Gegner die Abwehr des nicht erwarteten Angriffs zu erschweren (GA 89, 132; NStZ 04, 93; beachte auch Bohnert GA 78, 353, 364 sowie Heinrich aaO [vgl 1] S 584, 694 und JA 95, 718, 720); eine konkrete Gefahr erheblicher Verletzungen ist dagegen nicht unbedingt erforderlich (hM; vgl etwa Kindhäuser BT I 9/17; Lilie LK 3, 32; anders Paeffgen NK 21, alle mwN).

5. Nr 4: Gemeinschaftlich mit einem anderen Beteiligten setzt voraus, dass 7 mindestens zwei Personen bei der Körperverletzung zusammenwirken und dem Verletzten unmittelbar – allerdings nicht notwendig unter eigenhändiger Mitwirkung jedes einzelnen an der Verletzungshandlung (GA 86, 229; NJW 98, 465; NStZ 00, 194) – gegenüberstehen (Küper BT S 54 mwN); daran fehlt es, wenn das Tatopfer von der Beteiligung einer zweiten Person nichts weiß (Joecks 35), diese sich nicht am Tatort befindet, mit dem unmittelbar Handelnden nicht in

§ 224

Verbindung steht und auch notfalls nicht zu dessen Unterstützung bereit ist (StV 94, 542). Da der Grund für die Strafschärfung lediglich in der erhöhten Gefährlichkeit des Angriffs liegt (vgl 1), ist auch hier eine konkrete Gefahr erheblicher Verletzungen nicht erforderlich (hM; vgl Küper GA 97, 301 und 03, 363, 368: qualifizierendes „Gefahrerhöhungsdelikt" mit „genereller" Gefahrsteigerung; aM Horn/Wolters SK 25). – Obwohl schon die bisherige Voraussetzung „gemeinschaftlich" nicht voll mit Mittäterschaft (9–11 zu § 25) gleichgesetzt wurde, musste diese doch regelmäßig gegeben sein (Düsseldorf NJW 89, 2003 mit Anm Otto NStZ 89, 531 und Deutscher NStZ 90, 125; aM Heinrich aaO [vgl 1] S 723 und JA 95, 601); Beihilfe genügte nur in Ausnahmefällen (beachte Baumann JuS 63, 51; Stree Jura 80, 281, 289; Küper aaO S 321), Anstiftung nie (Küper aaO). Dies ist durch die Neufassung zweifelhaft geworden, denn die auf Mittäterschaft hindeutende Voraussetzung „gemeinschaftlich" (§ 25 II) ist durch die Formulierung „mit einem anderen Beteiligten" ergänzt worden; Beteiligte sind aber auch Teilnehmer (§ 28 II), so dass nach dem allerdings mehrdeutigen Wortlaut (zur beschränkten Aussagekraft des neuen Wortlauts vgl Küper GA 03, 363, 372–374) künftig Gehilfen und Anstifter einbezogen sein könnten (ebenso Hörnle Jura 98, 169, 178; Lesch JA 98, 474; Schumacher, in: Schlüchter, 6. StrRG, S 37; Struensee aaO [vgl 1a]; Rengier ZStW 111, 1, 9; Küper BT S 57; Joecks 32, 33; Lilie LK 34). Die Beschränkung der gemeinschaftlichen Begehung auf mittäterschaftliche Begehung ist jetzt auch (anders wohl noch NStZ 00, 104 mit abl Bespr Geppert JK 1 zu § 224 I) vom BGH aufgegeben worden (BGHSt 47, 383 mit überwiegend zust Bespr Baier JA 03, 365, Heinrich JR 03, 213, Küper GA 03, 363, Martin JuS 03, 301, Schroth JZ 03, 215, Stree NStZ 03, 203, Paeffgen StV 04, 77 und Geppert JK 2 zu § 224 I Nr 4; dagegen Krey BT 1 Rdn 252b; Paeffgen aaO und NK 23; Schroth aaO); das Zusammenwirken des Täters mit einem Gehilfen soll jedenfalls dann ausreichen, wenn der am Tatort anwesende Gehilfe die Wirkung der Körperverletzung des Täters bewusst in einer Weise verstärkt, welche die Lage des Opfers zu verschlechtern geeignet ist (BGH aaO). Damit stellt der BGH zu Recht auf den Qualifikationsgrund der Nr 4 ab, der in der erhöhten Gefährdung des Opfers zu sehen ist, das am Tatort der „Übermacht" mehrerer, aktiv miteinander zusammenwirkender Gegner unmittelbar – körperlich gegenübersteht (Küper GA 03, 363, 367). Dabei betont der BGH einseitig die durch Einschüchterung geschwächte Verteidigungsbereitschaft des Opfers und die Reduzierung von dessen Abwehr- und Ausweichmöglichkeiten (dem aber zust Heinrich und Stree, jeweils aaO) und vernachlässigt das bei mehreren Gegnern gesteigerte Risiko gravierender Verletzungsfolgen (Küper aaO S 368). Unter Berücksichtigung aller Gefährdungsfaktoren reicht – wie hier schon vor der BGH-Entscheidung vertreten – die Tatortanwesenheit eines Anstifters (Jäger JuS 00, 31, 36) ebensowenig wie die eines den Täter in seinem Vorgehen bestärkenden psychischen Gehilfen (Hardtung MK 26; diff bzgl Letzterem Küper aaO S 381, wenn dieser die Bereitschaft zum aktiven Eingreifen erkennen lässt). Bei mittäterschaftlich verbundenen Gegnern ist – soweit sie am Tatort zusammenwirken – die erhöhte Gefährlichkeit im gegenseitigen „Aufschaukelungs-Risiko" (Paeffgen StV 04, 77, 79), bei physischen Gehilfen, die zB das Opfer festhalten, ihm den Fluchtweg versperren oder dem Täter Tatwerkzeuge verschaffen, in der Steigerung des „Aggressionspotenzials" zu sehen (Küper aaO S 380). „Gemeinschaftlich" bedeutet hier nur einverständliches Zusammenwirken; deshalb scheidet eine sog „heimliche" Beihilfe aus (Rengier BT II 14/15). Im Übrigen gelten für die Beteiligung mehrerer keine Besonderheiten (Düsseldorf MDR 63, 521). – Zum Versuchsbeginn NStZ 00, 422.

8 **6. Nr 5:** Für **lebensgefährdende Behandlung** (uU auch durch Unterlassen in Garantenstellung, JR 56, 347 mit Anm Maurach; vgl auch BGHSt 37, 106) genügt

Gefährliche Körperverletzung **§ 224**

nach der Rspr objektive Eignung der Behandlung zur Lebensgefährdung; eine konkrete Gefahr braucht nicht eingetreten zu sein (BGHSt 2, 160, 163; 36, 1, 9; Köln StV 94, 247; Düsseldorf JZ 95, 908; Gallas, Heinitz-FS, S 171, 183; Zieschang aaO [vgl 1] S 294; Hilgendorf ZStW 112, 811, 829; Horn/Wolters SK 30; Lilie LK 3, 36; aM Paeffgen NK 27; eingehend zur Deliktsstruktur Küper, Hirsch-FS, S 595 und in: BT S 60, 63, der verlangt, dass das Opfer in eine so kritische Lage gebracht wird, dass ein Verletzungserfolg naheliegt, alle mwN; zw). Jede intensivere Einwirkung kann zusammen mit anderen Umständen eine solche Behandlung sein (BGHSt 2, 160; NStZ 86, 166), zB Stoß in tiefes oder winterkaltes Wasser (LG Saarbrücken NStZ 83, 414); Würgegriff am Hals (StV 93, 26; NStZ-RR 97, 67; NStZ 02, 594 mit Bespr Baier JA 03, 362; StV 02, 649; Küper BT S 63); lang andauernde Fesselung ohne Flüssigkeitszufuhr (NStE 17); Anfahren mit Kfz (VRS 14, 286; s auch Schleswig SchlHA 70, 194); Abschütteln vom fahrenden Moped (bei Dallinger MDR 57, 652); kräftiger Kopfstoß (Düsseldorf aaO; anders für kräftigen Faustschlag auf die Nase); Anwendung von Röntgenstrahlen (BGHSt 43, 346, 356 mit abl Bespr Jung MedR 98, 329). Auch ungeschützter Geschlechtsverkehr eines AIDS-Positiven gehört hierher (hM; vgl BGHSt 36, 262 mit abl Bespr Lüderssen StV 90, 83 und Prittwitz/Scholderer NStZ 90, 385; krit Meier GA 89, 207, 210; aM Schünemann, in: Busch ua [Hrsg], HIV/AIDS und Straffälligkeit, 1991, S 93, 107; Heinrich aaO [vgl 1] S 754; Knauer AIFO 94, 463, 474, alle mwN).

7. a) Der **Vorsatz** (bedingter genügt) muss bei der Nr 1 auch die Eignung des **9** Stoffes zur Gesundheitsschädigung, bei der Nr 2 die Umstände, aus denen die Eigenschaft als gefährliches Werkzeug folgt, und bei der Nr 5 die Umstände umfassen, die das Verhalten als lebensgefährdende Behandlung kennzeichnen (BGHSt 2, 160). Nach der Rspr soll darüber hinaus nicht erforderlich sein, dass der Täter das Werkzeug für gefährlich (Düsseldorf NJW 89, 920 mwN) oder sein Verhalten für lebensgefährdend hält (BGHSt 19, 352; 36, 1, 15; NJW 90, 3156; ebenso Tröndle/Fischer 13); soweit damit auch auf das Bewusstsein der objektiven Gefährlichkeit verzichtet wird, ist das mit den Grundsätzen über die Parallelwertung in der Laiensphäre (14 zu § 15) nicht vereinbar (Backmann MDR 76, 969, 976; Schroth, Vorsatz und Irrtum, 1998, S 57; Küpper BT 1 I 2/15; W-Hettinger BT 1 Rdn 284; krit Frisch, Kaufmann [Arm]-GS, S 311, 348).

b) Da **Ansteckung mit AIDS** (vgl 8) aus tatsächlichen Gründen nur selten **10** beweisbar ist (beachte jedoch BGHSt 36, 262; Wokalek/Köster MedR 89, 286), wird **bedingter Vorsatz** hier regelmäßig nur bei Versuch (Abs 2; aM Herzberg, in: Szwarc [Hrsg], AIDS und Strafrecht, 1996, S 61, 84) und auch nur dann relevant, wenn keine frei verantwortliche Selbstgefährdung vorliegt (12, 12a vor § 211). Für seine Voraussetzungen gelten **keine Besonderheiten**. Leider haben die Unsicherheiten um Erheblichkeit, Inhalt und beweismäßige Feststellung des voluntativen Elements (24, 25 zu § 15) zu zahlreichen Versuchen geführt, den Vorsatzbereich je nach der gesundheits- und kriminalpolitischen Einstellung zur AIDS-Bekämpfung – zum Teil extrem – restriktiv oder extensiv zu interpretieren (ausgewogen zusf Eberbach, in: Jäger [Hrsg], AIDS und HIV-Infektionen, 1988, 3. ErgLfg 1/90, Kap IX-2.3). Da jedenfalls ein Sonderrecht für den AIDS-Bereich dem Gesetz widerspricht, kann nur der allgemeine Vorsatzbegriff Bewertungsgrundlage sein. Diesen Ausgangspunkt hat die höchstrichterliche, den Vorsatz in Einzelfällen bejahende Rspr mit Recht nicht verlassen (BGHSt 36, 1 mit teils zust, teils abl und teils krit Bespr Bottke AIFO 89, 468, Bruns MDR 89, 199, Frisch JuS 90, 362 und Meyer-FS, S 533, Herzberg JZ 89, 470, Prittwitz StV 89, 123, Schlehofer NJW 89, 2017 und Schünemann JR 89, 89 und in: Szwarc [Hrsg], AIDS und Strafrecht, 1996, S 9, 17; BGHSt 36, 262 mit Bespr Lüderssen StV 90, 83, Prittwitz/Scholderer NStZ 90, 385 und Rudolphi JZ 90, 197; zusf Rengier

§ 225 BT. 17. Abschn. Straftaten gegen die körperl. Unversehrtheit

Jura 89, 225; Enquête-Kommission des BTages, AIDS: Fakten und Konsequenzen, 1990, S 366, 694; Knauer AIFO 94, 463, 470; Wisuschil ZRP 98, 61; Lilie LK 14 vor § 223; krit zur deutschen Lehre und Rspr Canestari GA 04, 210, 225). Zu beachten ist, dass die psychische Einstellung von Sexualpartnern zur Tatbestandsverwirklichung sehr verschiedenartig sein kann. Das voluntative Element hängt daher weitgehend von der Beurteilung des Einzelfalls ab, namentlich von Art, Intensität und Häufigkeit des Kontakts, bei dem auch die Anwendung besonders gefahrträchtiger oder gezielt gefahrmindernder (zB coitus interruptus) Sexualpraktiken erheblich zu Buch schlagen kann (Knauer aaO S 473), sowie von Aufklärungsstand und Intelligenzgrad des Täters (beachte auch 25 zu § 15). Häufig wird die erforderliche Risikobereitschaft nicht beweisbar sein, was übrigens in dem BGHSt 36, 1 zugrundeliegenden Fall keineswegs fern liegend war (Schünemann aaO S 94; Rengier aaO S 228). Einer Verallgemeinerung der Ergebnisse (zB durch Bildung typischer Fallgruppen) sind wegen der Komplexität der Sachverhalte und des Fehlens zureichender Erfahrungen enge Grenzen gesetzt.

11 8. Zu **Abs 1 Halbsatz 2** (minder schwere Fälle) 7–10a zu § 46; 4 zu § 12.

12 9. Das **Zusammentreffen** mehrerer Alternativen des Abs 1 begründet nur eine Gesetzesverletzung (3 zu § 52), kann aber strafschärfend berücksichtigt werden (45 zu § 46). § 224 wird **verdrängt,** wenn die Tat notwendiges Mittel eines Schwangerschaftsabbruchs ist (BGHSt 28, 11) oder wenn sie zu einer schweren Folge nach §§ 226 oder 227 führt (BGHSt 21, 194, 195; NJW 67, 297; Schmitt ZStW 75, 43, 50; Hirsch LK 39 zu § 226 und 11 zu § 227; aM Vogler, Bockelmann-FS, S 715, 723; Jescheck/Weigend AT S 734; Lilie LK 41, alle mwN; zw); mit versuchter schwerer Körperverletzung kann er aber in Tateinheit stehen (BGHSt 21, 194; aM Schröder JZ 67, 368 und JR 67, 146; zw).

13 10. Sicherungsverwahrung § 66 III (dort 10a–10e).

§ 225 Mißhandlung von Schutzbefohlenen

(1) **Wer eine Person unter achtzehn Jahren oder eine wegen Gebrechlichkeit oder Krankheit wehrlose Person, die**

1. **seiner Fürsorge oder Obhut untersteht,**

2. **seinem Hausstand angehört,**

3. **von dem Fürsorgepflichtigen seiner Gewalt überlassen worden oder**

4. **ihm im Rahmen eines Dienst- oder Arbeitsverhältnisses untergeordnet ist,**

quält oder roh mißhandelt, oder wer durch böswillige Vernachlässigung seiner Pflicht, für sie zu sorgen, sie an der Gesundheit schädigt, wird mit Freiheitsstrafe von sechs Monaten bis zu zehn Jahren bestraft.

(2) **Der Versuch ist strafbar.**

(3) **Auf Freiheitsstrafe nicht unter einem Jahr ist zu erkennen, wenn der Täter die schutzbefohlene Person durch die Tat in die Gefahr**

1. **des Todes oder einer schweren Gesundheitsschädigung oder**

2. **einer erheblichen Schädigung der körperlichen oder seelischen Entwicklung**

bringt.

(4) **In minder schweren Fällen des Absatzes 1 ist auf Freiheitsstrafe von drei Monaten bis zu fünf Jahren, in minder schweren Fällen des Absatzes 3 auf Freiheitsstrafe von sechs Monaten bis zu fünf Jahren zu erkennen.**

Mißhandlung von Schutzbefohlenen § **225**

Fassung des 6. StrRG (13 vor § 1), das Abs 1 deutlicher gegliedert, in Abs 2 die Versuchsstrafbarkeit eingeführt hat; die Regelbeispiele des Abs 2 aF wurden in Abs 3 zu Qualifikationsmerkmalen (Rengier ZStW 111, 1, 23).

1. Die Vorschrift normiert im Wesentlichen eine **qualifizierte Körperverletzung,** bei der die verwerfliche Mißachtung einer besonderen Schutzpflicht den Erschwerungsgrund bildet; sie hat darüber hinaus aber noch einen geringfügigen selbstständigen Anwendungsbereich (hM; vgl etwa Paeffgen NK 2; ähnlich Hirsch LK 1; anders M-Schroeder/Maiwald BT 1 10/2 und Sch/Sch-Stree 1, die einen insgesamt selbstständigen Tatbestand annehmen). – Eingehend zur rechtlichen, rechtspolitischen oder kriminologischen Problematik der Kindsmisshandlung Stutte Jahrbuch für Jugendpsychiatrie 71, 122; Würtenberger, in: Neidhardt ua (Hrsg), Aggressivität und Gewalt in unserer Gesellschaft, 1973, S 63; Jung MschrKrim 77, 89; Zenz, Kindesmisshandlung und Kindesrechte, 1979; Trube-Becker, Gewalt gegen das Kind, 1982; Haesler (Hrsg), Kindesmisshandlung, 1983; Geerds Mschr für Kinderheilkunde 86, 327; Bußmann, Verbot familiärer Gewalt gegen Kinder, 2000; Helfer (Hrsg), Das misshandelte Kind, 2002; Melzer, in: Krüger (Hrsg), Handbuch Kindheits- und Jugendforschung, 2002, S 837; Fabian (Hrsg), Gefährdete Kinder, 2003; Herrmann, in: Sturzbecher (Hrsg), Kinder stark machen, 2003, S 77; Lamnek/Boatca (Hrsg), Geschlecht, Gewalt, Gesellschaft, 2003; Eisenberg Krim 45/25, 58/21 und 61/4; Kaiser Krim 61/7–11; Schwind Krim 19/19–21; s auch Schneider, Körperliche Gewaltanwendung in der Familie, 1987; zur Misshandlung alter Menschen Schreiber/Schreiber ZRP 93, 146 und Kaiser Krim 61/12, 13. – Rechtsvergleichend Meurer, Probleme des Tatbestandes der Misshandlung Schutzbefohlener, 1997, S 117.

2. Geschützt sind nur Minderjährige und Wehrlose. Die Wehrlosigkeit (nicht gleichbedeutend mit Hilflosigkeit) muss auf Gebrechlichkeit (durch Alter, körperliche Fehler, auch Taubstummheit) oder Krankheit (jeder pathologische Zustand) beruhen; normale Schwangerschaft ist keine Krankheit (RGSt 77, 68), uU aber starke alkoholische Beeinflussung (BGHSt 26, 35; NStZ 83, 454; str).

3. Es muss eines der **vier Schutzverhältnisse** bestehen: Das Fürsorge- oder Obhutsverhältnis (Abs 1 Nr 1) kann namentlich auf Gesetz (zB Eltern), freiwilliger Übernahme (zB Kindergärtnerin) oder behördlichem Auftrag (zB Aufsichtsperson) beruhen; ein rechtlich unverbindliches Gefälligkeitsverhältnis genügt nicht (NJW 82, 2390). Zum Hausstand gehören (Abs 1 Nr 2) etwa Stief- und Pflegekinder, uU auch Hauspersonal und Auszubildende. Die Überlassung durch den Fürsorgepflichtigen (Abs 1 Nr 3) ist ein tatsächlicher Vorgang, der keine Obhutspflicht zu begründen braucht (aM Paeffgen NK 7). Im Rahmen des Dienst- oder Arbeitsverhältnisses (Abs 1 Nr 4) muss ein Unterordnungsverhältnis bestehen (näher 8 zu § 174). – Alle Schutzverhältnisse sind, soweit § 225 die Körperverletzung qualifiziert (vgl 1), besondere persönliche Verhältnisse nach § 28 II (hM; ebenso jetzt Hirsch LK 1, der aber § 28 II als bloße Strafzumessungsregelung versteht), in den übrigen Fällen nach § 28 I (ebenso Rengier BT II 17/1; str).

4. Quälen ist Zufügen länger dauernder oder sich wiederholender erheblicher Schmerzen oder Leiden (BGHSt 41, 113; NStZ 04, 94) körperlicher oder seelischer Art (RG JW 38, 1879; Küper BT S 234); die Leidenszufügung muss nicht einer gefühllosen und unbarmherzigen Gesinnung entspringen (ebenso Paeffgen NK 13; aM Horn/Wolters SK 10); wird das Quälen durch Vornahme mehrerer Handlungen verwirklicht, so bilden diese eine tatbestandliche Handlungseinheit (10 und 16 vor § 52; Geppert NStZ 96, 59; Warda, Hirsch-FS, S 391, 414; Otto JK 2; Rissing-van Saan, BGH-FS, S 475, 480; zu weitgehend BGH aaO [mit krit Anm Hirsch NStZ 96, 36 und Wolfslast/Schmeissner JR 96, 338]; krit auch Brähler, Die rechtliche Behandlung von Serienstraftaten …, 2000, S 363; Meurer

§ 225 BT. 17. Abschn. Straftaten gegen die körperl. Unversehrtheit

aaO [vgl 1] S 95); auch Begehen durch unechtes Unterlassen (6 zu § 13) ist nicht ganz ausgeschlossen (hM; vgl BGH aaO mit krit Anm Hirsch aaO; NStZ-RR 96, 197; NStZ 04, 94; str) aber durch das Erfordernis der Modalitätenäquivalenz (16 zu § 13) eingeschränkt (Sch/Sch-Stree 11). – Nach der Rspr soll es uU ausreichen, wenn ein Kind auch nur für einige Minuten in Todesangst versetzt wird (LM Nr 3; zw).

5 **5. Misshandeln** 4 zu § 223; jedoch ist hier – abweichend von § 223, wo ausdrücklich ein körperlicher Bezug gefordert wird – die seelische Misshandlung einbezogen (anders die hM; vgl Hirsch LK 13 mwN). Auch Begehung durch Unterlassen ist ebenso wie beim Quälen (vgl 4) möglich (NStZ 91, 234 und 04, 94). – **Roh:** Handeln aus gefühlloser, fremde Leiden missachtender Gesinnung, die sich in erheblichen Handlungsfolgen für das Wohlbefinden des Opfers offenbart (BGHSt 25, 277; Küper BT S 218, beide mwN) und keine Dauereigenschaft zu sein braucht (NStZ 04, 94); Erregung erheblicher Schmerzen ist idR, aber nicht ausnahmslos, zB bei Kranken mit reduzierter Schmerzempfindlichkeit, erforderlich (BGH aaO mit krit Anm Jakobs NJW 74, 1829; str). Handeln allein aus großer Erregung ist nicht roh (BGHSt 3, 105).

6 **6. Gesundheitsschädigung** (5 zu § 223) liegt uU schon vor, wenn die gesunde Entwicklung beeinträchtigt oder gehemmt wird (RGSt 76, 371). Die dem Täter obliegende **Sorgepflicht** kann auf denselben Gründen beruhen wie die Garantenstellung beim unechten Unterlassungsdelikt (6–15 zu § 13). **Böswillig** handelt, wer die Pflichtverletzung aus besonders verwerflichem Motiv (zB Bosheit, Hass, Eigensucht, Sadismus, nicht aber aus Gleichgültigkeit oder Schwäche) begeht (Niedermair ZStW 106, 388, 391; Joecks 9); dieser Vorwurf erfordert sorgfältige Persönlichkeitserforschung (BGHSt 3, 20). – § 13 II ist nicht entsprechend anwendbar (dort 19).

7 **7. Bedingter Vorsatz** genügt, auch bei Unterlassen (NStZ 04, 94, 95); jedoch steht seiner Annahme in Fällen der Nichtabwendung einer Gesundheitsschädigung das Gesinnungselement „böswillig" entgegen (Hirsch LK 19; Joecks 10; zur Bedeutungskenntnis der Merkmale roh und böswillig beachte 17 zu § 15).

8 **8. Rechtfertigung** der Tat nach § 228 kommt nicht in Frage, weil bei Vorliegen einer wirksamen Einwilligung regelmäßig schon die Handlungsmerkmale des Tatbestandes nicht erfüllt sind (Hirsch LK 27), mindestens aber die Tat trotz der Einwilligung gegen die guten Sitten verstößt (M-Schroeder/Maiwald BT 1 10/4).

9 **9. Abs 3** enthält in der Neufassung zwei Qualifikationstatbestände, die sachlich mit den bisherigen Regelbeispielen fast identisch sind (statt der schweren Körperverletzung wird nun eine schwere Gesundheitsschädigung verlangt). **Nr 1** verlangt, dass die schutzbefohlene Person in die konkrete Gefahr des Todes (23 zu § 315c) oder einer schweren Gesundheitsschädigung (3 zu § 250; Wallschläger JA 02, 390, 395) gebracht worden ist; die Gefahr muss vorsätzlich herbeigeführt werden (Struensee, 6. StrRG Einf, 2/75; Wolters JuS 98, 582, 584; Rengier ZStW 111, 1, 23; zum Gefährdungsvorsatz 28 zu § 15). **Nr 2** setzt die konkrete Gefahr einer erheblichen Entwicklungsschädigung iSv § 171 voraus (dort 3; ergänzend Paeffgen NK 27). – Zu **Abs 4** (minder schwere Fälle) 7–10a zu § 46; 4 zu § 12.

10 **10. Tateinheit** ua möglich mit §§ 224, 171 (dort 9); auch mit § 212, wenn bei einem Teilakt einer fortgesetzt begangenen (12–19 vor § 52) Körperverletzung Tötungsvorsatz hinzutritt (NStZ 94, 79); Tateinheit ist zur Klarstellung des schuldhaft verwirklichten Unrechts auch mit § 227 (BGHSt 41, 113 mit Bespr Hirsch NStZ 96, 37; Wolfslast/Schmeissner JR 96, 338 und Otto JK 2, der Subsidiarität erwägt) sowie mit § 226 (NJW 99, 72 unter Aufgabe von GA 75, 85; Paeffgen NK 58 zu § 226) anzunehmen.

11 **11. Sicherungsverwahrung** § 66 III (dort 10a–10e).

Schwere Körperverletzung **§ 226**

§ 226 Schwere Körperverletzung
(1) Hat die Körperverletzung zur Folge, daß die verletzte Person
1. das Sehvermögen auf einem Auge oder beiden Augen, das Gehör, das Sprechvermögen oder die Fortpflanzungsfähigkeit verliert,
2. ein wichtiges Glied des Körpers verliert oder dauernd nicht mehr gebrauchen kann oder
3. in erheblicher Weise dauernd entstellt wird oder in Siechtum, Lähmung oder geistige Krankheit oder Behinderung verfällt,
so ist die Strafe Freiheitsstrafe von einem Jahr bis zu zehn Jahren.

(2) Verursacht der Täter eine der in Absatz 1 bezeichneten Folgen absichtlich oder wissentlich, so ist die Strafe Freiheitsstrafe nicht unter drei Jahren.

(3) In minder schweren Fällen des Absatzes 1 ist auf Freiheitsstrafe von sechs Monaten bis zu fünf Jahren, in minder schweren Fällen des Absatzes 2 auf Freiheitsstrafe von einem Jahr bis zu zehn Jahren zu erkennen.

Fassung des 6. StrRG (13 vor § 1), das §§ 224, 225 aF in einer Vorschrift zusammengefasst hat.

1. Bei dieser **qualifizierten Körperverletzung** (NJW 01, 980 mit Bespr Martin JuS 01, 513 und Joerden JZ 02, 414; Hardtung MK 1) ist Erschwerungsgrund das Ausmaß der schuldhaft verursachten Körperschäden; ihre Aufzählung ist abschließend (StV 92, 115); es handelt sich um ein Delikt mit „andauerndem" Erfolg (Schmitz, Unrecht und Zeit, 2001, S 69, 244). Die Tat nach Abs 1 ist **erfolgsqualifiziertes Delikt** (§ 18; ebenso Rengier BT II 15/2; W-Hettinger BT 1 Rdn 285; Paeffgen NK 4, 47; zu Abs 2 unten 5). Die Körperverletzung, die nach der Rspr auch durch einen ärztlichen Heileingriff (9 zu § 223) verursacht sein kann (Köln JMBlNRW 86, 273 mwN; str), muss **vorsätzlich,** die in Abs 1 beschriebene schwere Folge kann fahrlässig, leichtfertig oder bedingt vorsätzlich herbeigeführt werden, bei unbedingtem Vorsatz (Absicht oder Wissentlichkeit) geht Abs 2 vor. Die Tat ist selbst bei leicht fahrlässiger Herbeiführung der schweren Folge Verbrechen (anders noch der RegEntw, BT-Dr 13/8587 S 37 und 9064 S 38). Für die Unmittelbarkeit der schweren Folge (8 zu § 18) gelten die Ausführungen unter 2 zu § 227 sinngemäß (näher Puppe, Die Erfolgszurechnung im Strafrecht, 2000, S 231; Paeffgen NK 6–16; abweichend Horn/Wolters SK 18); ebenso für die Strafbarkeit eines Versuchs in Fällen, in denen der vom Vorsatz umfasste Tätigkeitsakt zu einer schweren Folge führt (9 zu § 18 sowie Paeffgen NK 38; beachte auch Hardtung, Versuch und Rücktritt bei den Teilvorsatzdelikten des § 11 Abs 2 StGB, 2002, S 122); Versuch ist auch möglich, wenn der Täter die schwere Folge bedingt (Abs 1; dann: versuchte Erfolgsqualifizierung) oder unbedingt vorsätzlich (Abs 2) herbeiführen will (vgl etwa NJW 01, 1075, 1076; 10 zu § 18 sowie Kühl, Gössel-FS, S 191, 196; Rengier BT II 15/16; Roxin AT II 29/319; Horn/Wolters SK 23; Paeffgen NK 55).

2. **Nr 1: Sehvermögen** ist die Fähigkeit, Gegenstände visuell wahrzunehmen; **Sprechvermögen** die Fähigkeit zu artikuliertem Reden; **Fortpflanzungsfähigkeit** auch die Empfängnisfähigkeit (BT-Dr 13/9064 S 38; so schon bisher zur „Zeugungsfähigkeit" BGHSt 10, 312, 315; Scheffler Jura 96, 505 mwN). Die Fähigkeit ist verloren, wenn sie im Wesentlichen, also nicht unbedingt vollständig (Hamm GA 76, 304), aufgehoben ist (Hardtung MK 19: „praktisch verloren"), der Ausfall langzeitig ist und die Heilung sich entweder gar nicht mehr oder doch auf unbestimmte Zeit nicht absehen lässt (RGSt 72, 321); wird die durch Operation mögliche Wiedererlangung der verlorenen Sehkraft vom Blinden nicht gewollt, so kann er das fehlende Sehvermögen nicht mehr durch einen Faustschlag verlieren

§ 226 BT. 17. Abschn. Straftaten gegen die körperl. Unversehrtheit

(Oldenburg NStE 5). Ebenso wie bei der dauernden Entstellung (vgl 4) dürfte entgegen der früher hM (RGSt 27, 80) die Möglichkeit operativer Beseitigung die Annahme eines Dauerschadens ausschließen, wenn sie aussichtsreich ist und kein unzumutbares Risiko enthält (van Els NJW 74, 1074; Hirsch LK 9 mwN).

3   **3. Nr 2: Wichtiges Glied** ist jeder in sich abgeschlossene und mit dem Rumpf oder einem anderen Körperteil durch ein Gelenk verbundene Körperteil (str; noch enger Hardtung MK 26), der eine herausgehobene Funktion erfüllt, also nicht das innere Organ (zB die Niere, BGHSt 28, 100 mit Anm Hirsch JZ 79, 109 und Ebert JA 79, 278; Wallschläger JA 02, 390, 396; W-Hettinger BT 1 Rdn 288; Joecks 9–12; methodische Kritik bei Rengier, BGH-FG, S 467, 471; aM Otto GK 2 17/6; Rengier BT II 15/7; str; der Gesetzgeber des 6. StrRG hat in diesen Meinungsstreit nicht eingegriffen, Hörnle Jura 98, 169, 179 und Wallschläger aaO; vgl jedoch Jäger JuS 00, 31, 37). Die Rspr bestimmt die Wichtigkeit allein nach der generellen Bedeutung des Gliedes für den Gesamtorganismus und erfasst damit den Daumen (RGSt 64, 201) und den Zeigefinger (bei Dallinger MDR 53, 597), nicht ohne weiteres auch einen anderen Finger (NJW 91, 990 mwN), etwa den Ringfinger (RGSt 62, 161). Demgegenüber hält die im Schrifttum überwiegende Meinung mit Recht auch die besonderen Verhältnisse des Verletzten (zB Musiker) für bedeutsam (Rengier BT II 15/8; Sch/Sch-Stree 2; aM Küpper BT 1 I 2/21; Hohmann/Sander BT II 8/13; Joecks 13–15; Paeffgen NK 24; diff Horn/Wolters SK 10 und Hirsch LK 15). – **Verloren** ist das Glied nicht schon bei bloßer Funktionseinbuße (so die bisher überwiegende Meinung im Schrifttum; Küper BT S 118 mwN), sondern im Hinblick auf die Wortlautschranke des Art 103 II GG (6 zu § 1) erst bei völligem physischen Verlust (NJW 88, 2622 mit abl Anm Kratzsch JR 89, 295; Struensee, 6. StrRG Einf, 2/77; Horn/Wolters SK 11). Gleichgestellt ist dem jetzt der Fall, dass die verletzte Person das wichtige Glied **dauernd nicht mehr gebrauchen** kann; damit ist die dauernde Funktionsunfähigkeit, zB die Versteifung eines Kniegelenks, erfasst (BT-Dr 13/9064 S 16; Rengier ZStW 111, 1, 15; Küper BT S 175; Hirsch LK 17; krit zum Beispiel Struensee aaO).

4   **4. Nr 3: Dauernde Entstellung** ist Verunstaltung der Gesamterscheinung, die einen unästhetischen Eindruck vermittelt; sie muss erheblich, dh nach ihrem Gewicht mindestens der geringsten der in § 226 genannten Folgen in etwa gleichkommen (StV 92, 115; Küper BT S 124). Sie ist nicht ausgeschlossen, wenn sie nach allgemeiner Lebensgewohnheit verdeckt zu werden pflegt (BGHSt 17, 161, 163; LG Saarbrücken NStZ 82, 204; str), nach hM wohl aber, wenn sie durch kosmetische Operation (zB bei Narben im Gesicht; aM NJW 67, 297 mit krit Bespr Wegner NJW 67, 671 und Schröder JR 67, 146), durch Prothese (zB beim Verlust mehrerer Schneidezähne, BGHSt 24, 315 mit Anm Hanack JR 72, 472 und Ulsenheimer JZ 73, 64; s auch NJW 78, 1206) oder auf andere Weise behoben wurde oder wenn ihre Behebung medizinisch-technisch in absehbarer Zeit ausführbar und zumutbar ist (zusf Hirsch LK 20, 21; krit zur Zumutbarkeit Hardtung MK 42; str). Ob der Verlust anderer Zähne (Bay JR 55, 106) oder die Verursachung von Narben am Hals (Bremen MDR 59, 777; LG Berlin NStZ 93, 286) ausreicht, hängt von den Umständen ab. Ob auch die Verstümmelung der äußeren Geschlechtsorgane einer Frau erfasst werden kann, ist noch ungeklärt (vgl Rosenke ZRP 01, 377; Möller ZRP 02, 186; Horn/Wolters SK 14a. – **Siechtum** bezeichnet einen chronischen Krankheitszustand, der den Gesamtorganismus in Mitleidenschaft zieht und die Schwindung der körperlichen und geistigen Kräfte sowie allgemeine Hinfälligkeit zur Folge hat (bei Dallinger MDR 68, 17; krit Eisenmenger/Liebhardt, Spann-FS, S 415). – **Lähmung** ist eine mindestens mittelbar den ganzen Menschen ergreifende Bewegungsunfähigkeit; Lähmung einzelner Glieder kann genügen, wenn sie die Integrität des gesamten Körpers aufhebt

Körperverletzung mit Todesfolge § **227**

(NJW 88, 2622 mit krit Anm Kratzsch JR 89, 295, beide mwN). – **Geisteskrankheiten** sind die exogenen und endogenen Psychosen (3–5 zu § 20); die **Behinderung** ist nach dem Wortlaut („oder") als **geistige Behinderung** (2 zu § 174c) zu verstehen (Hörnle Jura 98, 169, 179; Wolters JuS 98, 582, 585; Rengier ZStW 111, 1, 17; Otto GK 2 17/10; Horn/Wolters SK 15; so auch Schroth NJW 98, 2861, 2862, der aber einschränkend nur Schädelverletzungen mit Gehirnbeteiligung und offene Gehirnverletzungen erfassen will; ebenso Jäger JuS 00, 31, 38); die körperliche Behinderung kann über andere Alternativen (Lähmung, Verlust eines wichtigen Gliedes) erfasst werden (Hörnle aaO). – Alle Krankheitszustände müssen **chronisch** (RGSt 44, 59), nicht notwendig unheilbar sein (bei Dallinger MDR 68, 17).

5. Die **schwere Folge** kann in **Abs 1** fahrlässig (35 zu § 15), leichtfertig (55 zu § 15) oder bedingt vorsätzlich (23 zu § 15) herbeigeführt werden, bei **Abs 2** absichtlich (20 zu § 15) oder wissentlich (NJW 01, 980 mit Anm Joerden JZ 02, 414; 21 zu § 15); Abs 2 ist auch bei alternativem direktem Tötungsvorsatz anwendbar (BGH aaO mit krit Bespr Martin JuS 01, 513 und Joerden aaO; BGHR § 226 Abs 2 schwere Körperverletzung 2 mit krit Bespr Eisele JA 03, 105; krit auch Hardtung MK 46; s auch 8 zu § 212), obwohl die schweren Folgen das Überleben des Opfers voraussetzen (Rengier BT II 15/19; W-Hettinger BT 1 Rdn 295a) und idR kein vom Tötungsvorsatz umfasstes Durchgangsstadium zur Tötung sind (Eisele aaO). Bei vorsätzlicher Herbeiführung sind unwesentliche Abweichungen der Verletzung unerheblich (Bremen MDR 59, 777; LG Berlin NStZ 93, 286; krit Paeffgen NK 51). 5

6. Zu **Abs 3** (minder schwere Fälle) 6–10a zu § 46. Bei Vorliegen der besonderen Provokationsvoraussetzungen des § 213 ist die Annahme eines minder schweren Falles ebenso wie in § 227 zwingend (dort 4). 6

7. Über das Verhältnis zu den Tötungsdelikten 7–9 zu § 212; zu § 109 dort 7; zu § 218 dort 21; zu § 224 dort 12; zu § 225 dort 10. 7

§ **227** Körperverletzung mit Todesfolge

(1) **Verursacht der Täter durch die Körperverletzung (§§ 223 bis 226) den Tod der verletzten Person, so ist die Strafe Freiheitsstrafe nicht unter drei Jahren.**

(2) **In minder schweren Fällen ist auf Freiheitsstrafe von einem Jahr bis zu zehn Jahren zu erkennen.**

Fassung des 6. StrRG (13 vor § 1).

1. Bei dieser **qualifizierten Körperverletzung** ist Erschwerungsgrund die schuldhaft verursachte Todesfolge. Die Tat ist **erfolgsqualifiziertes Delikt** (§ 18). Als Grundtatbestand ist auch § 225 einbezogen (Bay 60, 286; Rengier ZStW 111, 1, 20; Paeffgen NK 3; aM für die Fälle rein seelischer Beeinträchtigungen Hirsch LK 2). 1

2. a) Die Körperverletzung muss den Tod **unmittelbar** verursacht haben (hM; vgl etwa NJW 71, 152 mit krit Anm Schröder JR 71, 206; Küpper, Hirsch-FS S 615, 621; zusf Sowada Jura 94, 643, 646; zur Rspr Kühl, BGH-FG, S 237, 251, 256 und Puppe, Die Erfolgszurechnung im Strafrecht, 2000, S 204; zur Begründung dieses einschränkenden Erfordernisses durch systematische Auslegung Kudlich ZStW 115, 1, 7). Die nähere Konkretisierung dieses Erfordernisses ist umstritten (vgl die Nachw unter 8 zu § 18; ergänzend Rengier BT II, 16/6–11; Paeffgen NK 6–11b; krit Horn/Wolters SK 5–11). Einigkeit besteht nur darüber, dass sich in dem Todeserfolg die der Verwirklichung des Grundtatbestandes eigentümliche Gefahr niedergeschlagen haben muss (BGHSt 32, 25; StV 93, 75; 2

§ 227 BT. 17. Abschn. Straftaten gegen die körperl. Unversehrtheit

NStZ 94, 394 und 97, 341; StV 98, 203; LG Kleve NStZ-RR 03, 235, alle mwN). Danach wird der Zurechnungszusammenhang jedenfalls durch eigenes Verhalten des Opfers oder durch Eingreifen Dritter regelmäßig ausgeschlossen. Die Rspr (zusf Kühl aaO S 256) macht jedoch auch bei § 227 Ausnahmen: so soll es genügen, wenn die Verletzung eine Benommenheit des Opfers verursacht, die zu einem selbstschädigenden Panikverhalten führt (NJW 92, 1708 mit Bespr Graul JR 92, 344, Mitsch Jura 93, 18 und Bartholme JA 93, 127; s auch Kühl AT 17 a/26), wenn das verfolgte Opfer „Hals über Kopf" flieht (BGHSt 48, 43 mit Bespr Kühl JZ 03, 637, Hardtung NStZ 03, 261; Heger JA 03, 455, 457, Laue JuS 03, 743, Martin JuS 03, 503, Puppe JR 03, 123 und Sowada Jura 03, 549, in einem Versuchsfall; zu diesem Fall vgl auch Rengier BT II 16/7, 8 und W-Hettinger BT 2 Rdn 301), wenn sich das alkoholkranke und schwerverletzte Opfer einer stationären Krankenhausbehandlung trotz eines bestehende Lebensgefahr widersetzt (NStZ 94, 394 mit krit Bespr Otto JK 6) oder wenn ein im Interesse des Täters handelnder Dritter den Tod des bewusstlosen, von ihm schon für tot gehaltenen Opfers nur unbeabsichtigt beschleunigt (NStZ 92, 333 mit krit Bespr Dencker NStZ 92, 311, Puppe JR 92, 511 und Pütz JA 93, 285; vgl auch Kühl AT 17 a/28 mwN aus der Rspr). – Obwohl die Strafschärfung ihren Grund nur in der Gefährlichkeit der Tathandlung haben kann, ergibt sich aus dem Wortlaut des § 227 („Tod der verletzten Person"; vgl Freund ZStW 109, 455, 473; Wolters JZ 98, 397, 399), seiner Struktur und dem typischen Geschehensablauf bei Verletzungshandlungen mit tödlichem Ausgang, dass der Tod aus der vorsätzlich zugefügten **Körperschädigung als solcher** hervorgehen muss (bei Dallinger MDR 54, 150; Mitsch aaO S 20; Bussmann GA 99, 21, 30; Kühl BGH-FG, S 255; Hardtung, Versuch und Rücktritt bei den Teilvorsatzdelikten des § 11 Abs 2 StGB, 2002, S 122 und MK 11; Roxin AT I 10/115 und AT II 29/329; Krey BT 1 Rdn 271; Küpper, Hirsch-FS, S 615, 619 und in: BT 1 I 2/29; Joecks 8; Hirsch LK 4; Hillenkamp LK 112 vor § 22; Sch/Sch-Sternberg-Lieben 4 zu § 18; ähnlich Jakobs JR 86, 380; Puppe aaO [Erfolgszurechnung] S 223, verlangt zur Präzisierung ein Zwangsläufigkeits- und Durchgangserfordernis [krit Paeffgen NK 11 b]; weiter Altenhain GA 95, 19, der Mitursächlichkeit der Beschädigung für den Tod ausreichen lässt; ebenso bei Mitursächlichkeit des Opfers Laue JuS 03, 743). Demgegenüber stellen die Rspr (zusf Kühl aaO S 253 und Puppe aaO [Erfolgszurechnung] S 215) und ein Teil der Lehre ausschließlich auf den vom Körperverletzungsvorsatz umfassten (dazu NJW 85, 2958) Tätigkeitsakt ab und wenden die Vorschrift zB auch an, wenn sich beim Zuschlagen mit einer Pistole ein tödlicher Schuss löst (BGHSt 14, 110; bei Holtz MDR 95, 444; Wolter JuS 81, 168 und GA 84, 443; Rengier, Erfolgsqualifizierte Delikte und verwandte Erscheinungsformen, 1986, S 214 und BT II 16/4; Laubenthal JZ 87, 1065, 1068; Paeffgen JZ 89, 220, 226 und in: NK 11; W-Hettinger BT 1 Rdn 299, 300; Sch/Sch-Stree 5; aM trotz Abstellens auf den Tätigkeitsakt Otto GK 2 18/5: keine Realisierung der Schlaggefahr). Dabei lässt es die neuere, nicht widerspruchsfreie Rspr genügen, wenn sich das Verletzungshandlung, also nicht erst das dem Verletzungserfolg, spezifisch anhaftende Risiko des tödlichen Ausgangs irgendwie vorhersehbar realisiert hat (BGHSt 31, 96 mit Bespr Puppe NStZ 83, 22, Stree JZ 83, 75, Hirsch JR 83, 78, Schlapp StV 83, 62, Küpper JA 83, 229 und Maiwald JuS 84, 439; NStZ 95, 287 und 97, 341; NStZ-RR 98, 171; LG Gera NStZ-RR 96, 37; LG Kleve NStZ-RR 03, 235); dass die Körperverletzungshandlungen nur zusammen mit der Vorschädigung des Opfers dessen Tod herbeigeführt haben, soll der Zurechnung nicht entgegenstehen (NStZ 97, 341 mit krit Bespr Fahl JA 98, 9 und Geppert JK 1; LG Kleve aaO). An einer Realisierung des Risikos fehlt es, wenn die Täter das bewusstlose und vermeintlich tote Opfer zur Spurenbeseitigung in einen Fluss werfen (NStZ-RR 98, 171 mit zust Bespr Otto JK 8).

Körperverletzung mit Todesfolge **§ 227**

b) Die Körperverletzung muss − sei es auch nur durch einen bloß zurechenbaren mittäterschaftlichen Tatbeitrag (bei Holtz MDR 86, 795) oder durch Unterlassen in Garantenstellung (bei Holtz MDR 82, 624 und NJW 95, 3194 mit krit Bespr Schmidt JuS 96, 270, Wolters JR 96, 471, Ingelfinger GA 97, 573 und Otto JK 7; eingehend Köhler, Beteiligung und Unterlassen beim erfolgsqualifizierten Delikt …, 2000, S 106; krit Küpper, Hirsch-FS, S 615, 627; str; zum Vorsatz des Unterlassungstäters BGHSt 41, 113, 118 mit Anm Hirsch NStZ 96, 37; NStZ-RR 00, 329; Tröndle/Fischer 6), wobei das Unterlassen die Todesgefahr zumindest wesentlich erhöht haben muss (näher Ingelfinger aaO S 589, der diese Einschränkung der sog Entsprechensklausel des § 13 entnimmt; ebenso Köhler aaO S 138, der aber schon die Vertiefung einer schon bestehenden Todesgefahr ausreichen lässt) − **vorsätzlich** begangen, der Tod wenigstens **fahrlässig** verursacht sein (§ 18; enger Paeffgen NK 13; krit dazu Küpper aaO S 624); tatbestandsmäßig (jedoch nach Konkurrenzregeln auszuscheiden) ist daher auch die vorsätzliche Herbeiführung des Todes (BGHSt 20, 269, 271; Paeffgen JZ 89, 220, 223; Hardtung MK 19; aM Rengier aaO [vgl 2] S 98 [aufgegeben von Rengier BT II 16/12]; Hirsch LK 1). Zur Fahrlässigkeit 35−54 zu § 15; speziell in Fällen des § 226 aF (= § 227 nF) BGHSt 24, 213; NStZ 82, 27 und 95, 287; NStZ-RR 97, 296; NStZ 97, 485 mit Bespr Küpper JuS 00, 225, 226; Köln NJW 63, 2381; speziell zu § 227 NStZ 01, 478: Vorhersehbarkeit des Todes des Opfers. Bei gemeinschaftlicher Körperverletzung (7 zu § 224) kann der von einem Mittäter verursachte Tod auch den anderen Mittätern zugerechnet werden, wenn die körperverletzende Handlung im Rahmen des gemeinschaftlichen Tatentschlusses lag (10 zu § 25; bei Holtz MDR 95, 444; auch ein stillschweigend gefasster Entschluss reicht, NStZ 94, 394 und 97, 82 mit Anm Stein StV 97, 582) und wenn hinsichtlich des Todes auch den anderen Mittätern Fahrlässigkeit zur Last fällt (NStZ 94, 339 mit Bespr Otto JK 5; weiter Tröndle/Fischer 10; zusf Kudlich JA 00, 511, 514). − Versuch ist als versuchte Erfolgsqualifizierung möglich, doch tritt dieser Versuch hinter dem § 212-Versuch zurück (näher Kühl Jura 03, 19; aM Roxin AT II 29/319: tatbestandlich nur Tötungsversuch); ein erfolgsqualifizierter Versuch ist nur möglich, wenn man mit der Rspr einen Unmittelbarkeitszusammenhang zwischen Körperverletzungshandlung und Todesfolge genügen lässt (o 2; so etwa BGHSt 48, 43 mit Bespr Heger JA 03, 455, Kühl JZ 03, 637, Hardtung NStZ 03, 261, Laue JuS 03, 743, Martin JuS 03, 503, Puppe JR 03, 123 und Sowada Jura 03, 549; zur Gegenansicht Kühl AT 17a/50; den „Versuch einer todbringenden Körperverletzung" ganz ablehnend Hardtung MK 25, der aber über eine „Strafschärfungslösung" zum Strafrahmen des § 227 kommt). − Der von § 227 und vom Totschlag durch Unterlassen umfasste Todeserfolg soll § 227 und § 212 zur Tateinheit verbinden (NStZ 00, 29; Hardtung MK 26).

3. Zu **Abs 2** (minder schwere Fälle) 7−10a zu § 46 (krit zum Strafrahmen Bussmann GA 99, 21, 26, 29). Bei Vorliegen der besonderen Provokationsvoraussetzungen des § 213 ist die Annahme eines minder schwereren Falles zwingend (BGHSt 25, 222; NStZ-RR 00, 80; Hardtung MK 27); weitere gesetzliche Milderungsgründe können daneben für eine zusätzliche Milderung des Strafrahmens und für die Strafzumessung (ieS) ungeschmälert berücksichtigt werden (StV 92, 115; s auch NStZ-RR 00, 329).

4. Erstreckt sich der Vorsatz, wenn auch nur bedingt (BGHSt 21, 265), auf den Tod, so **verdrängen** die §§ 211, 212 den § 227 (BGHSt 20, 269, 271; s auch 9 zu § 212). Umgekehrt wird die fahrlässige Tötung durch § 227 verdrängt (BGHSt 8, 54). Tateinheit aus Klarstellungsgründen besteht mit § 251 − Versuch (BGHSt 46, 24 mit Bespr Kudlich JA 00, 748, Stein JR 01, 72, Kindhäuser NStZ 01, 31 und Geppert JK 7 zu § 251). Über das Verhältnis zu § 109 dort 7; zu § 218 dort 21; zu § 224 dort 12; zu § 225 dort 10. Mit § 30 WStG

3

4

5

§ 228

BT. 17. Abschn. Straftaten gegen die körperl. Unversehrtheit

Tateinheit (NJW 70, 1332). § 30 I Nr 3 BtMG in der Tatvariante des Verabreichens von Betäubungsmitteln mit Todesfolge steht zu § 227 I nicht im Verhältnis privilegierender Spezialität (NJW 04, 1054 mit Bespr Martin JuS 04, 350).

§ 228 Einwilligung

Wer eine Körperverletzung mit Einwilligung der verletzten Person vornimmt, handelt nur dann rechtswidrig, wenn die Tat trotz der Einwilligung gegen die guten Sitten verstößt.

Fassung: Neunummerierung durch 6. StrRG (13 vor § 1).

1 1. a) Die **Einwilligung des Verletzten** kommt als Rechtfertigungsgrund (10 vor § 32; ebenso Paeffgen NK 8) bei Körperverletzungen jeder Art in Frage. Größere praktische Bedeutung hat sie für ärztliche Eingriffe (vgl 14–23) und nach der nicht unbestrittenen (vgl 2 a) Rspr auch für fahrlässige Verletzungen durch andere gefahrträchtige Tätigkeiten.

2 b) Grundsätzlich muss sich die Einwilligung auf die **Verletzungshandlung und den Verletzungserfolg** erstrecken (Sternberg-Lieben, Die objektiven Schranken der Einwilligung im Strafrecht, 1997, S 214 [mit Bespr Kühl ZStW 115, 385]; Otto GK 2 15/16; Rönnau, Willensmängel bei der Einwilligung im Strafrecht, 2001, S 193; aM Paeffgen NK 10, alle mwN), doch gilt dies nicht für Fahrlässigkeitstaten (aM Krey AT 1 Rdn 629, 633).

2 a aa) Die **Rechtsprechung** (zust Hirsch, BGH-FG, S 199, 217) und ein Teil der Lehre wenden – allerdings unter umstrittenen weiteren Voraussetzungen – die Einwilligungsregeln zu Recht auch auf bloße Risikohandlungen mit Verletzungstendenz an (sog **Risiko-Einwilligung**) und ermöglichen damit die Entscheidung zahlreicher Fallgruppen fahrlässiger Verletzung (Weber, Baumann-FS, S 43; Dölling, Gössel-FS, S 209, 214; Rengier BT II 7–13; Paeffgen NK 9, 106; Schroeder LK 178 zu § 16). Bedeutsam ist das etwa für das Eingehen lebensgefährdender Risiken (BGHSt 4, 88, 93; Schaffstein, Welzel-FS S 557, 563; Weigend ZStW 98, 44, 69; speziell zum Handeln nichtärztlicher Hilfspersonen in Notfällen Boll, Strafrechtliche Probleme bei Kompetenzüberschreitungen …, 2000, S 72), im Kraftverkehr für besonders gefährliche Fahrten (MDR 59, 856; vgl auch Zweibrücken NZV 94, 35; speziell zum sog Autosurfen Düsseldorf NStZ-RR 97, 325 mit krit Bespr Hammer JuS 98, 785, Saal NZV 98, 49, 52 und Geppert JK 7), Fahrten mit Angetrunkenen (BGHSt 6, 232, 234; DAR 92, 348; Hamm DAR 72, 77; Koblenz BA 02, 483 mit Anm Heghmanns; diff nach dem Grad der Fahruntüchtigkeit Zaczyk, Strafrechtliches Unrecht und die Selbstverantwortung des Verletzten, 1993, S 59) oder Epileptikern (BGHSt 40, 341, 347) sowie für Gefälligkeitsfahrten (Hamm VRS 7, 202); im Sport für regelgemäßes und regelwidriges Verhalten (Bay JR 61, 73 und NJW 61, 2072; Karlsruhe NJW 82, 394; Jescheck/Weigend AT S 591; Paeffgen NK 103; Horn/Wolters SK 21, 22; zusf Schroeder, in: Schroeder/Kauffmann [Hrsg], Sport und Recht, 1972, S 21, 28). Mit beachtlichen Gründen wird dagegen im **Schrifttum** die Beurteilung solcher Risikohandlungen zunehmend auf andere Gesichtspunkte gestützt (für eine strikte Trennung von Einwilligung und Risiko-Einwilligung Sternberg-Lieben aaO [vgl 2]), namentlich auf erlaubtes Risiko (Eser JZ 78, 368, 372), auf das Sportrisiko als tatbestandliche Strafbarkeitsgrenze (Rössner, Hirsch-FS, S 313, 319 [zust Tröndle/Fischer 22]; Kubink JA 03, 257, 259) oder allgemein auf die Voraussetzungen objektiver Zurechnung (Göbel, Die Einwilligung im Strafrecht als Ausprägung des Selbstbestimmungsrechts, 1992, S 26; Roxin AT I 24/101; speziell auf die Eigenverantwortlichkeit des Verletzten Hellmann, Roxin-FS, S 271, 282), daneben auch auf soziale Adäquanz (Zipf, Einwilligung und Risikoübernahme im Strafrecht, 1970, S 77; Dölling ZStW 96, 36 und in: Gössel-FS, S 209, 215; s auch 29 vor § 32) oder die Annahme eines rechtsfreien Raumes (Schild Jura 82, 464, 520, 585; s auch 31 vor § 32).

bb) Die Risikohandlung kann nur in einer sog **einverständlichen Fremdgefährdung** bestehen, weil die Beteiligung an einer frei verantwortlichen Selbstgefährdung schon keinen Tatbestand verwirklicht (12 vor § 211). 2b

2. Die Einwilligung ist kein bloß passives Geschehenlassen, sondern das **bewusste Einverstandensein** mit der Rechtsverletzung (Oldenburg NJW 66, 2132). Im Einzelnen: 3

a) Die – jederzeit widerrufliche (Göbel aaO [vgl 2] S 137; Rönnau Jura 02, 665, 666) – Einwilligung muss **vor der Tat** (BGHSt 17, 359) erteilt sein und bei deren Begehung noch fortbestehen; nachträgliche Genehmigung genügt nicht (Köln MDR 92, 447 mwN; anders für Verfügungen Nichtberechtigter, die allerdings nur außerhalb des Körperverletzungsbereichs denkbar sind, Weber, Baur-FS, S 133, 140). 4

b) Die Einwilligung muss **wirksam** sein. Das setzt voraus, dass sie von einem im Hinblick auf die konkrete Sachlage einsichts- und urteilsfähigen – sei es auch noch minderjährigen (BGHSt 12, 379, 382; Bay JR 78, 296; AG Schlüchtern NJW 98, 3424 und Bay NJW 99, 372 mit Bespr Amelung NStZ 99, 458, Otto JR 99, 124, Martin JuS 99, 403 und Geppert JK 1) – Verletzten erteilt worden ist (BGHSt 4, 88; NStZ 00, 87 mit Bespr Otto JK 2), und zwar ernstlich (Stuttgart NJW 68, 1200), freiwillig (BGHSt 19, 201; Hamburg JZ 63, 374 mit Anm EbSchmidt) und in Kenntnis ihrer Tragweite (BGHSt 12, 379; Frankfurt NStZ 91, 235; probl NJW 78, 1206 mit Bespr Rogall NJW 78, 2344, Hruschka JR 78, 519, Horn JuS 79, 29, Rüping Jura 79, 90 und Bichlmeier JZ 80, 53; krit auch Rönnau Jura 02, 665, 668; eingehend zur Einwilligungsfähigkeit Neyen, Die Einwilligungsfähigkeit im Strafrecht, 1991; Amelung ZStW 104, 525, 821 und ders, Vetorechte beschränkt Einwilligungsfähiger in Grenzbereichen medizinischer Intervention, 1995, mit einer Definition der Einwilligungsunfähigkeit, S 11 sowie JR 99, 45, wo auf die Fähigkeit, eine vernünftige Entscheidung zu treffen, abgestellt wird; Voll, Die Einwilligung im Arztrecht, 1996, S 61; zum österreichischen Recht Hinterhofer, Die Einwilligung im Strafrecht, 1998, S 62). 5

aa) Einer zivilrechtlich wirksamen Willenserklärung (Willenserklärungstheorie) bedarf es dazu nicht (zum Unterschied von Willenserklärung und Einwilligung klärend Amelung ZStW 109, 491), umgekehrt reicht aber der bloße, der Preisgabe des Rechtsguts zustimmende Wille (Willensrichtungstheorie) für sich allein nicht aus (hM; vgl KG JR 54, 428; anders Göbel aaO [vgl 2] S 135). Erforderlich ist vielmehr die ausdrückliche oder stillschweigende (dazu ua Oldenburg NJW 66, 2132; Bay NJW 68, 665; Celle MDR 69, 69; Amelung/Eymann JuS 01, 937, 941) **Kundgabe des Willens**, auf den Rechtsschutz zu verzichten (Sch/Sch-Lenckner 43 vor § 32 mwN; krit Rönnau Jura 02, 665, 666; aM Hinterhofer aaO [vgl 5] S 82; Joecks 21 vor § 32). 6

bb) Die Herbeiführung der erforderlichen Einsichtsfähigkeit kann je nach den Umständen Aufklärung erfordern und deshalb eine – namentlich für den ärztlichen Eingriff bedeutsame (vgl 14–17) – **Aufklärungspflicht** begründen. 7

cc) Bei Vorliegen erheblicher **Willensmängel** (Drohung, Täuschung, Erklärungsirrtum) nimmt die **Rechtsprechung** wegen Fehlens der Freiwilligkeit regelmäßig Unwirksamkeit an (BGHSt 4, 113; 16, 309; NJW 98, 1784 mit Anm Kern MedR 98, 518; Hamm NJW 87, 1043; zu Willensmängeln beim tatbestandsausschließenden Einverständnis 11 vor § 32). – Im **Schrifttum** ist namentlich die Behandlung der auf Täuschung beruhenden Einwilligung umstritten. Teils wird die Rspr gebilligt (B-Weber/Mitsch AT 17/111; Hirsch LK 119 vor § 32; eingehend Mitsch, Rechtfertigung und Opferverhalten, [1991] 2004, S 507, 639) und teils im Anschluss an Arzt (Willensmängel bei der Einwilligung, 1970, S 15 8

§ 228

und Baumann-FS, S 201; krit dazu Amelung ZStW 109, 489, 497; Rönnau aaO [vgl 2] S 282) die Gegenmeinung vertreten, dass nur die rechtsgutsbezogene, dh Art oder Umfang der Rechtsgutsverletzung verschleiernde, Täuschung zur Unwirksamkeit führe, während die täuschungsbedingte Vereitelung des mit der Einwilligung verfolgten rechtsgutsfremden Zwecks unerheblich sei (Rudolphi ZStW 86, 68, 82; Meyer, Ausschluss der Autonomie durch Irrtum, 1984, S 202; Schröder/Taupitz, Menschliches Blut: Verwendbar nach Belieben des Arztes?, 1991, S 26; Sternberg-Lieben aaO [vgl 2] S 532; Hinterhofer aaO [vgl 5] S 97; Jescheck/Weigend AT S 383, alle mwN). Beide Extrempositionen befriedigen nicht. Die engere Auslegung verdient nur für den Regelfall den Vorzug; denn unter den nach dieser Abgrenzung nichtrechtsgutsbezogenen Täuschungen kommen bisweilen auch solche vor, die eine normativ wesentliche Einschränkung der Selbstbestimmung bewirken und die deshalb entweder durch extensive Auslegung als rechtsgutsbezogen erfasst (dazu Brandts/Schlehofer JZ 87, 442) oder ihnen jedenfalls gleichgestellt werden müssen (dazu Roxin, Noll-GS, S 275; Otto, Geerds-FS, S 603, 615; Tag, Der Körperverletzungstatbestand..., 2000, S 369, 372; Sch/Sch-Lenckner 47 vor § 32; mit ähnlicher Zielsetzung schon Kühne JZ 79, 241, 242, der zwischen entgeltlicher und unentgeltlicher Rechtsgutspreisgabe unterscheidet, sowie Schlehofer, Einwilligung und Einverständnis, 1985, S 82, Göbel aaO [vgl 2] S 119 und Jakobs AT 7/116–123, die sich auf eine Analogie zur mittelbaren Täterschaft stützen, sowie Joerden Rechtstheorie 91, 165, der die gebotene Erweiterung aus einer Analyse des Verhältnisses der jeweils in Frage kommenden Zweckverfolgungen herleitet). Weitergehend wird die Einwilligung schon dann für unwirksam erklärt, wenn der Einwilligende auf Grund eines Irrtums nicht überblickt, welche Folgen seine Erklärung für seine Werte hat (Amelung ZStW 109, 489, 516 und GA 99, 182, 198); danach schließen einfache Irrtümer wie Erklärungs- oder Entscheidungsfehler einschließlich Motivirrtümer und nichtrechtsgutsbezogene Irrtümer die Wirksamkeit der Einwilligung regelmäßig ebenso aus wie täuschungsbedingte Irrtümer; zum Schutz des Vertrauens des Erklärungsempfängers ist dann aber die Zurechnung des von ihm bewirkten Erfolgs gesondert zu prüfen (Amelung, Irrtum und Täuschung als Grundlage von Willensmängeln bei der Einwilligung des Verletzten, 1998, S 46, 72 mit zust Bespr Mitsch JZ 99, 513, krit aber Weber GA 00, 77; s auch Paeffgen NK 28–30); eine ähnliche Korrekturüberlegung ist auch nach Rönnau (aaO S 221, 230, 454 [mit Bespr Amelung ZStW 115, 710] und in: Jura 02, 665, 672) anzustellen, der sich bei einem rechtsgutsbezogenen Irrtum über Art, Umfang und Gefährlichkeit des Eingriffs bereits die Einwilligung verneint; ansonsten hält er alle Einwilligungen für wirksam, die der Eingreifende nicht unlauter beeinflusst hat und bei denen für ihn auch keine (Garanten-)Pflicht zur Aufklärung oder zum Abbau der Zwangslage besteht. – Eine Drohung macht die daraufhin erfolgte Einwilligung nicht erst dann unwirksam, wenn sie eine Gefahr iS des § 35 bewirkt (so Joecks 26 vor § 32), sondern schon, wenn sie für den Bedrohten eine verwerfliche Nötigung iS des § 240 darstellt (Kühl AT 9/36; krit B-Weber/Mitsch AT 17/108; eingehend Mitsch aaO [2004] S 553, 569). – Zur Freiwilligkeit bei Einwilligungen, die von Unfreien (namentlich Gefangenen) erteilt werden, Amelung, Die Einwilligung in die Beeinträchtigung eines Grundrechtsgutes, 1981, S 91 und ZStW 95, 1.

9 c) Als **subjektives Rechtfertigungselement** muss hinzukommen, dass der Täter **auf Grund** (so die Rspr und die überwiegende Meinung, BGHSt 4, 199) oder mindestens **in Kenntnis** der Einwilligung handelt (dazu 6 vor § 32). Fehlt es daran, so bleibt die Tat rechtswidrig, entspricht aber nur dem Unwert eines Versuchs (16 zu § 22).

10 d) aa) Die begangene Tat darf **nicht sittenwidrig** sein. Ob das zutrifft, ist nicht nach der Einwilligung (krit Amelung aaO [vgl 8] S 56), sondern nach der Tat zu

Einwilligung **§ 228**

beurteilen (BGHSt 4, 88; NStZ 00, 87; NJW 04, 1054, 1055; Berz GA 69, 145; str); dabei ist zweifelhaft, ob Beurteilungsgrundlage nur Art und Umfang der Körperverletzung sind (so zB Arzt aaO [vgl 8] S 36; Weigend ZStW 98, 44, 64; Otto, Tröndle-FS, S 157, 168; Göbel aaO [vgl 2] S 48; Hirsch LK 9; vgl auch Dölling, Gössel-FS, S 209, 211) oder auch der mit ihr verfolgte Zweck (so mit Recht die hM; krit zur Rspr Hirsch, BGH-FG, S 199, 218; offen gelassen von NJW 04, 1054, 1056; nur der Zweck der Vorbereitung, Vornahme, Verdeckung oder Vortäuschung einer Straftat macht nach Horn/Wolters SK 9 die Körperverletzung sittenwidrig; ähnlich Roxin AT I 13/37, der aber auch noch die Einwilligung in lebensgefährliche Verletzungen einbezieht; so auch NJW 04, 1054, 1056 [mit Bespr Martin JuS 04, 350] für das eine konkrete Lebensgefahr verursachende Verabreichen von Betäubungsmitteln; zu eng Duttge, Kohlmann-FS, S 775, 786: nur bei menschenunwürdiger Unterwerfung des Opfers). – Speziell zur Bestimmungsmensur BGHSt 4, 24, 32; zu lebensgefährlichen Sportarten Kubink JA 03, 257, 262; zur Anwendung von Doping-Mitteln Linck NJW 87, 2545, 2550 und MedR 93, 55, 60; Turner NJW 91, 2943; Jung JuS 92, 131, 132; Otto SpuRt 94, 10, 14; Müller, Doping im Sport als strafbare Gesundheitsbeschädigung?, 1993, S 109; Ahlers, Doping und strafrechtliche Verantwortlichkeit, 1994, S 164; Kühl, in: Vieweg (Hrsg), Doping, 1998, S 77, 82 und in: Meurer-GS, S 545, 554; Rain, Die Einwilligung des Sportlers beim Doping, 1998, S 111; Niedermair, Körperverletzung mit Einwilligung und die Guten Sitten, 1999, S 146; Heger SpuRt 01, 92, 94 und JA 03, 76, 79; Kargl JZ 02, 389; Bottke, Kohlmann-FS, S 85, 101; rechtsvergleichend mit Italien Maiwald, Gössel-FS, S 339; zu sado-masochistischen Handlungen Sitzmann GA 91, 71; May, Strafrecht und Sadomasochismus, 1997; Sternberg-Lieben aaO [vgl 2] S 367; Frisch, Hirsch-FS, S 485, 502 und Niedermair aaO S 185; zum sog Autosurfen LG Mönchengladbach NStZ-RR 97, 169 und Düsseldorf NStZ-RR 97, 325 mit krit Bespr Hammer JuS 98, 785 und Geppert JK 7; zur Substitutionsbehandlung Drogenabhängiger Bienik, Entkriminalisierung von Drogenabhängigen durch Substitutionsbehandlung, 1993, S 140; Ulsenheimer, Arztstrafrecht Rdn 234a; Horn/Wolters SK 42a zu § 223; zu gefährlichen Körperverletzungen als Voraussetzung für die Aufnahme in eine Jugend-Gang Bay NJW 99, 372 mit Bespr Amelung NStZ 99, 458, 460, Otto JR 99, 124 und Geppert JK 1; Rengier BT II 20/2. – Maßstab ist das Anstandsgefühl aller billig und gerecht Denkenden (krit dazu Roxin JuS 64, 373, 379; Lenckner JuS 68, 249, 304; Berz aaO; Niedermair aaO S 49, 72); nur was für dieses – also nicht lediglich für einzelne Gesellschaftsgruppen – als zweifellos strafwürdiges Unrecht erscheint, ist auszuscheiden (BGHSt 4, 24, 32; Otto aaO [vgl 8] S 619). Risikohandlungen (vgl 2) sind nicht schon deshalb sittenwidrig, weil sie – etwa als Ordnungswidrigkeiten im Straßenverkehr – rechtlich verboten sind (Bay JR 78, 296 mit Anm Kienapfel). Mit dem Wortlaut kaum vereinbar ist die Deutung der Sittenwidrigkeit als fehlende Begreifbarkeit der Einwilligung als Ausdruck der autonomen Willensentscheidung eines Vernünftigen (so aber Frisch aaO S 498; ähnlich Köhler AT S 255: „Mindestmaß inhaltlicher Vernünftigkeit"; vgl auch Stratenwerth AT/Kuhlen I 9/17; krit zu Frisch jetzt Hirsch, BGH-FG, S 199, 219, Rönnau aaO [vgl 2] S 167, Mosbacher, Strafrecht und Selbstschädigung, 2001, S 180, Kargl JZ 02, 389, 397 und Sternberg-Lieben, Keller-GS, S 289, 308).

bb) Im Schrifttum wird vereinzelt die **Legitimation des Gesetzgebers**, die **11** Verfügbarkeit des Rechtsguts der körperlichen Unversehrtheit zu beschränken, überhaupt in Frage gestellt (Schmitt, Maurach-FS, S 113, 118 und in Schröder-GS, S 263; Kargl JZ 02, 387, 399; mit Recht abl Hirsch, Welzel-FS, S 775, 797); die Vorschrift wird wegen fehlender Gesetzesbestimmtheit (Art 103 II GG) auch für verfassungswidrig gehalten (Sternberg-Lieben aaO [vgl 2] S 136, 162 und in: Keller-GS, S 289; Paeffgen NK 43, 50; vgl auch Rönnau aaO [vgl 2] S 165); für die Streichung der Vorschrift plädierte ein Arbeitskreis von Strafrechtslehrern

§ 228 BT. 17. Abschn. Straftaten gegen die körperl. Unversehrtheit

(Freund ZStW 109, 455, 473). Die Vorschrift wird in strafbegründender Hinsicht für funktionslos gehalten, weil ihre Rechtsordnung kein Wertungsmaterial zur Konkretisierung der Sittenwidrigkeit zur Verfügung stelle (Niedermair aaO [vgl 10] S 257). Ein weiterer Kritikpunkt betrifft die Konzeption der Vorschrift, die das Unrecht der Körperverletzung verfehle (Frisch aaO [vgl 10] S 488). – Zur Reform mit Gesetzesvorschlag Mosbacher aaO [vgl 10] S 188.

12 3. Die Einwilligung rechtfertigt nur, soweit das Einverständnis mit der Tat reicht, also **nicht den Exzess** des Täters, eine weiterreichende Folge (beachte jedoch 2) oder eine konkurrierende Tat (BGHSt 6, 232; Frankfurt VRS 29, 457), in die nicht wirksam eingewilligt wurde oder werden konnte.

13 4. **Stellvertretung** des Verletzten im Willen ist nur möglich, soweit sie mit dem Wesen der Einwilligung als Rechtsschutzverzicht vereinbar ist (str); namentlich die Sorgeberechtigten (vgl zB § 1629 I BGB) und Betreuer (vgl zB § 1896 BGB; Paeffgen NK 65–67) sind – allerdings nur mit Einschränkungen (hM) – befugt, die Einwilligung anstelle des Einsichtsunfähigen zu erteilen (Bay JR 61, 73; Lenckner ZStW 72, 446; Eberbach MedR 86, 14; Kern NJW 94, 753 und Amelung aaO [vgl 5 „Vetorechte"] S 12, der die Vetorechte der vertretenen Einwilligungsunfähigen betont; speziell zur Problematik bei Sterilisationen vgl 19, bei medizinischer Forschung an Kindern und Geisteskranken vgl 22 und bei Vorab-Erklärungen, die Dritte zur Einwilligung in ärztliche Behandlungen oder zu deren Verweigerung ermächtigen, Uhlenbruck MedR 92, 134, 138).

14 5. a) Da die Rspr jeden **ärztlichen Eingriff** in die körperliche Unversehrtheit als tatbestandsmäßige Körperverletzung wertet (8 zu § 223), hat die rechtfertigende Einwilligung in diesem Bereich große praktische Bedeutung. Für ihre Voraussetzungen gelten keine Besonderheiten (eingehend Voll aaO [vgl 5] S 61). Neben der Einwilligung des einsichts- und urteilsfähigen Minderjährigen (vgl 5) ist daher die Einwilligung des gesetzlichen Vertreters zwar häufig empfehlenswert, aber nicht unbedingt erforderlich (hM; einschr BGHSt 12, 379, 383; NJW 72, 335, 337; Düsseldorf FamRZ 84, 1221; Hamm NJW 98, 3424; zusf Lesch NJW 89, 2309, alle mwN). Zur Einwilligung von Patienten, die (zB im psychiatrischen Krankenhaus) untergebracht sind, Schünemann VersR 81, 307; Ukena MedR 92, 202; Helle MedR 93, 134, alle mwN.

aa) Mit Rücksicht darauf, dass ihre Wirksamkeit Kenntnis der Tragweite des Eingriffs voraussetzt (vgl 5, 7), ist der Patient, der nicht schon im Bilde ist und auch nicht auf die Aufklärung wirksam verzichtet hat (NJW 71, 1887; diff Tag aaO [vgl 8] S 355; zusf Roßner NJW 90, 2291), über den Befund (hM; einschr Grünwald ZStW 73, 5, 18; Eser ZStW 97, 1, 22) sowie über Art, Chancen und Risiken des Eingriffs insoweit **aufzuklären,** als ein verständiger Mensch in der Lage des Patienten (dazu Steffen MedR 83, 88) für seine Entscheidung über die Einwilligung darauf angewiesen ist (stRspr seit BVerfGE 52, 131, 167; BGHSt 11, 111; BGHZ 29, 46 und NJW 56, 1106 mit Bespr Giesen/Walter Jura 91, 182; NJW 96, 777; Rspr-Analyse bei Schreiber, BGH-FG, S 503, 513; speziell zur Aufklärung durch nichtärztliche Hilfspersonen in Notfällen Boll aaO [vgl 2a] S 73, 197). Dabei schlagen auch die mit der Aufklärung verbundenen Gefahren erheblicher Gesundheitsschäden (unstr) und die konkrete, uU herabgesetzte psychische Belastbarkeit des Patienten zu Buche (sog therapeutisches Privileg; Deutsch NJW 80, 1305; Laufs, in: Jung/Schreiber [Hrsg], Arzt und Patient zwischen Therapie und Recht, 1981, S 71, 78; Paeffgen NK 75; Hirsch LK 25; krit Eberbach MedR 84, 201; Giesen JZ 87, 282, 286; zur österreichischen Rechtslage Schmoller, in: Mayer-Maly/Prat [Hrsg], Ärztliche Aufklärungspflicht und Haftung, 1998, S 75, 115); das ist namentlich für die Aufklärung bei Krebs bedeutsam (Bauer/Engisch, Bockelmann-FS, S 497, 519; Herrmann MedR 88, 1). – Das **Mindestmaß der Aufklärung** ist nach den differenzierten, nicht immer einheit-

Einwilligung **§ 228**

lichen und vor allem im Zivilrecht zum Teil auch überzogenen Maßstäben der Rspr (dazu Tröndle MDR 83, 881; Demling MedR 83, 207; Knoche NJW 89, 757; Ulsenheimer MedR 92, 127, 133 und in: Arztstrafrecht Rdn 60) von den Umständen des Einzelfalls abhängig (vgl etwa NJW 77, 337 mit krit Bespr Wachsmuth, Bockelmann-FS, S 473; NJW 84, 1397; 89, 1541; 90, 1528; 92, 2354); über Behandlungsalternativen (zB Chemotherapie) muss aufgeklärt werden (StV 94, 425; Karlsruhe MedR 03, 229; Zweibrücken MedR 03, 810; Laufs NJW 95, 1590, 1598; Spickhoff NJW 04, 1710, 1717), wenn es eine konkret verfügbare und durchführbare Alternative mit geringeren Risiken oder Belastungen oder besseren Erfolgsaussichten gibt (Schelling/Erlinger MedR 03, 331 mit 4 Fallgruppen und Rspr-Nachweisen). Je dringender der Eingriff, umso leichter wiegt namentlich die Pflicht zur Aufklärung über mögliche Risiken (zur sog Risikoaufklärung s Brandenburg MedR 98, 470; Köln NJW 98, 3422; Sch/Sch-Eser 41 zu § 223, alle mwN). Hält der Arzt einen sofortigen lebensrettenden Eingriff für notwendig, so „braucht er mit der Einwilligung nicht viel Umstände zu machen" (BGHSt 12, 379, 382). Streng sind dagegen die Anforderungen namentlich: bei Operationen, die nur vorsorglich (zB Blinddarm, BGH aaO), sonst aufschiebbar (zB Leistenbruch, NJW 80, 2751; Hüftgelenk, MedR 87, 237; Oldenburg NJW 97, 1642) oder rein kosmetischer Natur sind (zB Bauchdeckenstraffung, Celle NJW 87, 2304; Brustreduktionsplastik, München MedR 88, 187; Beseitigung von Kinnfalten, NJW 91, 2349); bei unsicherer Diagnose (JZ 64, 231); bei zweifelhafter Operationsindikation mit hohem Misserfolgsrisiko (NJW 88, 1514; Köln NJW 87, 2302; s auch NJW 90, 2928; 91, 2344 und 92, 1558 sowie zur nur „relativ" indizierten Operation NJW 00, 1788); bei Fremdbluttransfusion im Hinblick auf die Infektionsgefahr mit Hepatitis oder AIDS (BGHZ 116, 379 mit Anm Deutsch JZ 92, 423); bei alternativen Therapiemöglichkeiten mit unterschiedlichen Chancen und Risiken (BGHZ 106, 391; NJW 88, 765; NStZ 96, 34 mit Anm Rigizahn JR 96, 72 und Ulsenheimer NStZ 96, 132; krit Ludolph MedR 88, 120; beachte auch NJW 88, 763, 1516; NJW 92, 2353 und 96, 776 mit zust Anm Giesen JZ 96, 519; speziell bei der Erweiterungsoperationen nach Schnellschnitt-Diagnostik Dettmeyer/Madea MedR 98, 247; zur möglichen Rechtfertigung einer eigenmächtigen Operationserweiterung durch mutmaßliche Einwilligung BGHSt 45, 219 mit Bespr Hoyer JR 00, 473, Wasserburg StVO 04, 373 und Geppert JK 9 zu § 226 aF; Fischer, FS für E Deutsch, 1999, S 545, 551; Laufs NJW 01, 1757, 1760; Ulsenheimer, Arztstrafrecht Rdn 103a; Sch/Sch-Eser 44 zu § 223; s auch 21 vor § 32), zB auch bei der Möglichkeit, Fremdblut- durch Eigenbluttransfusion zu ersetzen (BGHZ 116, 379 mit Bespr Weißauer/Opderbecke MedR 92, 307; Köln VersR 97, 1534) oder die Wahl zwischen einer Schnittoder einer Vaginalentbindung zu treffen (NJW 92, 741 mit Anm Schlund JR 92, 243; Ulsenheimer, Arztstrafrecht Rdn 117g; beachte auch Bender NJW 99, 2706); bei bloßen Diagnosemaßnahmen (NJW 84, 1395); bei einem sog medizinischen Neulandschritt (Oldenburg NJW-RR 97, 533) und bei Anwendung sog Außenseitermethoden (Düsseldorf MedR 84, 28 und VersR 91, 1176; Frankfurt NJW 91, 763; Koblenz NJW 96, 1600; Siebert MedR 84, 216, 220; Jung ZStW 97, 47). Über den Einsatz eines nicht zugelassenen Arzneimittels muss immer aufgeklärt werden (NStZ 95, 34 mit zust Anm Ulsenheimer NStZ 96, 132, krit aber Jordan JR 97, 32). – Die Aufklärung über Chancen und Risiken ist vor allem auf die **möglichen Auswirkungen** des Eingriffs zu erstrecken, während eine nähere Unterrichtung über die für die Prognose maßgebenden medizinischen Gründe im Allgemeinen nicht geboten ist (NJW 90, 2929; Köln NJW 92, 1564). – **Zeitlich** ist so rechtzeitig aufzuklären, dass der Patient noch hinreichende Gelegenheit hat, das Für und Wider des Eingriffs abzuwägen (NJW 92, 2351 [mit Anm Giesen JZ 93, 315]; NJW 94, 3009; 96, 777, 779; 98, 1784 [mit Anm Kern MedR 98, 518] und 2734 sowie 03, 2012 [bei Bandscheibenoperation nicht erst am Tag des Eingriffs;

§ 228 BT. 17. Abschn. Straftaten gegen die körperl. Unversehrtheit

Spickhoff NJW 04, 1710, 1716: sog Vorabendaufklärung]; strenger Köln aaO; krit zu Rspr Hoppe NJW 98, 782; zusf Wertenbruch MedR 95, 306, alle mwN). − Eine bestimmte **Form** ist nicht vorgeschrieben. Jedoch wird ein zureichender Informationsstand des Patienten häufig nur durch ein **Aufklärungsgespräch** erreichbar sein (Giebel ua NJW 01, 863), das durch Aushändigung und Unterzeichnung von Formularen oder Merkblättern nicht ersetzt (NJW 85, 1399; Köln aaO; Oldenburg NJW 97, 1642), wohl aber erleichtert werden kann. − Zur Problematik der sog **Blankoeinwilligung** hinsichtlich der Person des behandelnden Arztes Arzt, Baumann-FS, S 201.

15 bb) Bei **Blutentnahmen** bedarf es im Allgemeinen einer Aufklärung nur über den Eingriff als solchen, nicht über die im Einzelnen vorgesehenen Blutuntersuchungen (Janker NJW 87, 2897, 2899 mwN). Über geplante **AIDS-Tests** ist jedoch stets aufzuklären, wenn die Blutentnahme ausschließlich der Gewinnung wissenschaftlich-statistischer Daten oder dem Schutz Dritter, zB des medizinischen Personals in Kliniken oder der Insassen und Bediensteten in Strafanstalten, dienen soll (hM; weiter Bottke, in: Schünemann/Pfeiffer [Hrsg], Die Rechtsprobleme von AIDS, 1988, S 171, 226, der bei heimlichen Tests rechtfertigenden Defensivnotstand [9 zu § 34] nicht ausschließt; ebenso Schünemann, in: Busch [Hrsg], HIV/AIDS und Straffälligkeit, 1991, S 93, 144; enger Hirsch LK 68a zu § 34). Sind sie diagnostisch indiziert (vgl 9 zu § 223), kann in begründeten Fällen jedenfalls dann von einer ausdrücklichen Information abgesehen werden, wenn der Test zur Aufhellung eines unklaren Krankheitsbildes erforderlich und deshalb im Patientenauftrag enthalten ist (Laufs/Laufs NJW 87, 2257, 2263; Michel JuS 88, 8, 10; Eberbach AIFO 88, 307, 310; Solbach/Solbach MedR 88, 241; Schröder/Taupitz aaO [vgl 8] S 26; Schünemann aaO S 140; aM StA Mainz NJW 87, 2946 mit abl Anm Solbach/Solbach JA 88, 114, alle mwN; s auch StA beim KG NJW 87, 1495 mit Bespr Sonnen JA 87, 461; Langkeit Jura 90, 452). In anderen Fällen wird jedoch wegen der besonderen Interessenlage eine Information über den Entnahmezweck, die allerdings nicht auch die psycho-sozialen Folgen einer möglichen positiven Diagnose umfassen muss (hM; anders Buchborn MedR 87, 263), regelmäßig notwendig sein (Koblenz StV 89, 163; Eberbach NJW 87, 1470; Bruns MDR 87, 353, 355; einschr StA Aachen DRiZ 89, 20; aM Solbach/Solbach aaO, alle mwN). − Das gilt auch für Blutentnahmen zum Zwecke von **Genomanalysen,** weil deren heimliche Durchführung das informationelle Selbstbestimmungsrecht vergleichbar schwer verletzt (Sternberg-Lieben GA 90, 289, 291; Buchborn MedR 96, 441), und für Blutentnahmen zum Zwecke der Dopingkontrolle (Kühl, in: Blut und/oder Urin zur Dopingkontrolle, Schriftenreihe des Bundesinstituts für Sportwissenschaft Bd 86, 1996, S. 31, 53). − Ob bei einer − aus welchen Gründen auch immer − diagnostisch indizierten Blutentnahme das Verschweigen des geplanten AIDS- bzw Gen-Tests oder die Täuschung über ihn zur Unwirksamkeit der Einwilligung führt, ist noch nicht abschließend geklärt; das Ergebnis hängt davon ab, ob dafür die Herbeiführung oder Unterhaltung jeglichen Irrtums über die (auch mittelbaren) Folgen der Einwilligung genügt (so zB Eberbach und Bruns aaO) oder ob eine Einschränkung auf rechtsgutsbezogene Irrtümer (vgl 8) geboten ist (so Solbach/Solbach JA 87, 298; Janker aaO S 2899; Michel aaO S 10; Schlehofer Jura 89, 263, 264; Lesch NJW 89, 2309, 2312; Sternberg-Lieben GA 90, 282, 292 und aaO [vgl 2] S 533; eingehend zum Ganzen Pfeffer, Durchführung von HIV-Tests ohne den Willen des Betroffenen, 1989; Joerden Rechtstheorie 91, 165; s auch Schünemann aaO S 141 und Paeffgen NK 101). − Bei bloßer Ausnutzung einer bereits vorhandenen Blutprobe zur Durchführung eines AIDS- bzw Gen-Tests fehlt es schon am Tatbestand (Janker, Michel, Solbach/Solbach, Sternberg-Lieben und Schünemann aaO; Geppert, in: Szwarc [Hrsg], AIDS und Strafrecht, 1996, S 235, 239, alle mwN).

16 cc) Aus dem neueren **Schrifttum** zur Aufklärungspflicht vgl ferner ua Laufs, Arztrecht, Rdn 160–266; Ulsenheimer, Arztstrafrecht Rdn 61–65 [speziell zur

Einwilligung **§ 228**

Risikoaufklärungspflicht Rdn 66–89]; Knauer, in: Roxin/Schroth [Hrsg], Medizinstrafrecht, 2. Aufl 2001, S 11–30; Scholz MDR 96, 649; Voll aaO [vgl 5] S 113; Tag aaO [vgl 8] S 332; Paeffgen NK 70–88; Sch/Sch-Eser 40–42 zu § 223; Hirsch LK 19–28; vierzehn Leitsätze zur Aufklärungspflicht formuliert Schlund MedR 93, 185, 187; Rechtsprechungsgrundsätze Schlund MedR 94, 190; speziell zur sog Stufenaufklärung Ulsenheimer aaO Rdn 121; zur Aufklärung bei Behandlung mit Arzneimitteln Hart MedR 91, 300, 306; zur Aufklärung über Behandlungsfehler Taupitz NJW 92, 713; zur Aufklärung von Gefangenen im Strafvollzug Sigel NJW 84, 1390; zur Aufklärung bei Eingriffen durch Heilpraktiker Cramer, Strafrechtliche Grenzen der Therapiefreiheit und der Heilbehandlung durch den Heilpraktiker, 1995, S 95.

dd) Die Aufklärung **obliegt** grundsätzlich dem Arzt, der den Eingriff vornimmt **17** (NStZ 81, 351; MedR 83, 30), es sei denn, dass sich aus dem Arztvertrag (MDR 90, 808) oder aus den Beziehungen zwischen den arbeitsteilig mitwirkenden Ärzten (NJW 90, 2929 mit Anm Giesen JZ 91, 985) etwas anderes ergibt.

ee) **Aufklärungsmängel** können die Strafbarkeit des Arztes nur begründen, **17 a** wenn der Patient bei einer den Anforderungen genügenden Aufklärung in den Eingriff nicht eingewilligt hätte (auch sog hypothetische Einwilligung, 21 a vor § 32; vgl NStZ 96, 34 mit zust Anm Rigizahn JR 96, 72 und Ulsenheimer NStZ 96, 132; (NStZ-RR 04, 16; vgl auch JR 94, 514 mit Anm Puppe, sowie Rönnau aaO [vgl 2] S 428); diese **Kausalität** des Aufklärungsmangels für die Verweigerung der Einwilligung ist dem Arzt nachzuweisen (NStZ-RR 04, 16 mit Bespr Kuhlen JR 04, 227; Ulsenheimer Arztstrafrecht Rdn 132; Sch/ Sch-Eser 40 zu § 223; scharf dagegen Puppe GA 03, 764). Inwieweit eine Haftungseinschränkung nach dem Erfordernis der objektiven Zurechnung (14 vor § 13), etwa nach dem **Schutzbereich** der verletzten Aufklärungspflicht, in Betracht kommt, bedarf noch der Klärung (vgl NStZ 96, 34, 35 mit zust Anm Ulsenheimer aaO S 133, krit aber Rigizahn aaO S 74 und Jordan JR 97, 32, 33; grundsätzlich zust auch Kuhlen, Roxin-FS, S 331, 334, 341 und Müller-Ditz-FS, S 431, 434 sowie Stratenwerth/Kuhlen AT I 9/28; ebenso Dreher, Objektive Erfolgszurechnung bei Rechtfertigungsgründen, 2003).

b) aa) Für die **freiwillige Sterilisation** gilt nach der gegenwärtigen Rechtslage, **18** namentlich der Aufhebung des ErbgesundheitsG durch Art 8 Nr 1 des 5. StrRG (7 vor § 1), § 228 unmittelbar (hM; vgl etwa Hirsch LK 38). Demgegenüber hält die Rspr nicht sehr überzeugend die freiwillige Sterilisation für gesetzlich überhaupt nicht geregelt und hat deshalb in einem Fall der Tubenligatur freigesprochen (BGHSt 20, 81 mit abl Anm Hanack JZ 65, 221; zum Meinungsstand im Übrigen NJW 76, 1790; Hanack, in: Göppinger [Hrsg], Arzt und Recht, 1966, S 11, 28; Röhmel JA 77, 183; Eser, in: Eser/Hirsch [Hrsg], Sterilisation und Schwangerschaftsabbruch, 1980, S 55, 245; Kunz JZ 82, 788; Eser/Koch MedR 84, 6; Laufs, Fortpflanzungsmedizin und Arztrecht, 1992, S 126; Hoffmann, Sterilisation geistig behinderter Menschen, 1996, S 51, 56 und 171; Niedermair aaO [vgl 10] S 240).

bb) Die **Sterilisation Einwilligungsunfähiger (geistig Behinderter)** ist bis **19** in die jüngste Vergangenheit kontrovers beurteilt (zusf Eser, Tröndle-FS, S 625; Gaidzik/Hiersche MedR 99, 58; eingehend Hiersche/Hirsch/Graf-Baumann [Hrsg], Die Sterilisation geistig Behinderter, 1988; Hoffmann aaO [vgl 18] passim und Voll aaO [vgl 5] S 197) und in der Praxis in bedenklich weitem Umfang durchgeführt worden. Inzwischen hat das BtG (11 vor § 1) die Frage geregelt: Es schließt Sterilisationen Minderjähriger ganz aus (§ 1631 c BGB), lässt sie aber bei einwilligungsunfähigen Erwachsenen unter engen, den Indikationen des § 218 a I, II Nr 3 aF nachgebildeten und dem Erforderlichkeitsgrundsatz besonders betonten Voraussetzungen zu (§ 1905 BGB); näher zu diesen beiden (in Auslegung und Anwendung nicht unproblematischen) Vorschriften Kern/Hiersche MedR 95, 463,

§ 228 BT. 17. Abschn. Straftaten gegen die körperl. Unversehrtheit

465; Gaidzik/Hiersche aaO 61; speziell zum Vetorecht der Betroffenen Amelung aaO [vgl 5 „Vetorechte"] S 13; zu § 1905 Hoffmann aaO S 91, 139. Ob diese Lösung trotz ihrer restriktiven Tendenz der Sterilisation zu breiten Raum lässt, ist zweifelhaft und erfordert eine sorgfältige Beobachtung der künftigen Praxis (vgl BT-Dr 11/4528 S 73, 76; 11/6949 S 73; krit zur Volljährigkeitsgrenze des § 1631 c BGB Kern/Hiersche aaO S 467). Nach dem Bericht der BReg über die praktischen Auswirkungen der im BtG enthaltenen Regelungen zur Sterilisation vom 20. 2. 1996 ist die Zahl der Sterilisationen deutlich zurückgegangen (BT-Dr 13/3822 S 6 mwN; krit Gaidzik/Hiersche aaO). Zur möglichen Strafbarkeit des Arztes, zB auch bei Mißachtung von § 1905 II S 2 BGB Hoffmann aaO S 171, 185.

20 c) aa) Die **freiwillige Kastration** hat das KastrG auf eine bundesgesetzliche Grundlage gestellt. Es lässt die Kastration zur Behandlung eines abnormen Geschlechtstriebes beim Mann nur mit Einwilligung zu und bestimmt, unter welchen näheren Voraussetzungen der Eingriff selbst und auch andere Behandlungen (idR Hormonbehandlungen), welche die dauernde Funktionsunfähigkeit der Keimdrüsen zur Folge haben können, nicht als Körperverletzung strafbar sind. Zu den Rechtfertigungsgründen der §§ 2, 4 KastrG Dölling, Gössel-FS, S 209.

21 bb) Das KastrG **gilt nicht für Heilbehandlungen und körperliche Eingriffe anderer Art.** Die Entfernung der Keimdrüsen aus anderen medizinischen Gründen, zB wegen einer Krebsgeschwulst, bestimmt sich daher nach den allgemeinen Regeln über den ärztlichen Heileingriff. Wird ein solcher Eingriff mit Einwilligung weder unter den Voraussetzungen des KastrG noch auf Grund medizinischer Indikation vorgenommen, zB zur Geschlechtsanpassung Transsexueller (Walter JZ 72, 263; Niedermair aaO [vgl 10] S 215 mit Hinweis auf das TSG), so beurteilt sich seine Strafbarkeit nach § 228. Mindestens dort, wo der Eingriff eine Beeinflussung des Geschlechtstriebs bezweckt, wird die Sittenwidrigkeit regelmäßig zu bejahen sein, weil das KastrG insoweit die Grenzen festgelegt hat, innerhalb deren eine Kastration als sozialethisch vertretbar hingenommen wird (Prot 5, 2525; Hirsch LK 42; aM Niedermair aaO S 212 und Paeffgen NK 97). Soweit neue medizinische Methoden der Beeinflussung des Geschlechtstriebs nicht die Funktion oder Funktionsfähigkeit der Keimdrüsen tangieren (zB die stereotaktische Hypothalamotomie, Hamm NJW 76, 2311; s auch Hamm NJW 80, 1909), liegen sie nicht im Verbotsbereich des KastrG (Sch/Sch-Eser 57 zu § 223; aM Schmitt, Schröder-GS, S 263, 268; zur Frage ihrer Einbeziehung durch Gesetz Jung NJW 73, 2241; Hauptmann ZRP 74, 231).

22 d) Bei **wissenschaftlichen Humanexperimenten** und (experimentellen) **therapeutischen Heilversuchen,** deren rechtsethische Vertretbarkeit von einer positiven Risiko-Nutzen-Analyse abhängt, sind die Anforderungen an Inhalt und Grenzen der Aufklärung strenger als beim Heileingriff, im Hinblick auf die besonderen Bedürfnisse medizinischer Forschung aber noch nicht abschließend geklärt (speziell zur klinischen Prüfung von Arzneimitteln §§ 40–42 AMG; zusf Laufs/Uhlenbruck, Handbuch des Arztrechts, 3. Aufl 2002, § 148; zum Einfluss des EG-Rechts Rosenau RPG 02, 94; s auch Holzhauer NJW 92, 2325 und Niedermair aaO [vgl 10] S 199). Dazu ist ein kaum mehr übersehbares Schrifttum entstanden.

Exemplarisch sei verwiesen auf: BGHZ 20, 61; Grahlmann, Heilbehandlung und Heilversuch, 1977; Laufs, Medizin und Recht im Zeichen des technischen Fortschritts, 1978, S 17 und VersR 78, 385, ferner in: Jung/Schreiber (Hrsg), Arzt und Patient zwischen Therapie und Recht, 1981, S 71, 83, Berufsfreiheit und Persönlichkeitsschutz im Arztrecht, 1982, S 19 und Arztrecht, Rdn 671–706; Eser, Schröder-GS, S 191; Deutsch, Das Recht der klinischen Forschung am Menschen, 1979, NJW 81, 614 und VersR 83, 1; Fischer, Medizinische Versuche am Menschen, 1979; Schimikowski, Experiment am Menschen, 1980; Schreiber, in: Martini (Hrsg), Medizin und Gesellschaft,

Einwilligung **§ 228**

1982, S 181 und in: Helmchen/Winau (Hrsg), Versuche mit Menschen, 1986, S 15; Siebert MedR 83, 216; Schmidt-Elsaeßer, Medizinische Forschung an Kindern und Geisteskranken, 1987; Eberbach MedR 88, 7; Held, Strafrechtliche Beurteilung von Humanexperimenten und Heilversuchen in der medizinischen Diagnostik, 1990; Keller MedR 91, 11; Tiedemann/Tiedemann, Schmitt-FS, S 139; Freund/Heubel MedR 97, 347: „Marburger Richtlinien" zur Forschung mit einwilligungsunfähigen und beschränkt einwilligungsfähigen Personen; Tolmein KritV 98, 52; Elzer, Allgemeine und besondere klinische Prüfungen an Einwilligungsunfähigen, 1998; Fröhlich, Forschung wider Willen?, 1999; Niedermair aaO S 203; Fischer, FS für E Deutsch, 1999, S 545, 556; Höfling/Demel MedR 99, 540; Radau/Losch ARSP 00, 423; Wachenhausen, Medizinische Versuche und Klinische Prüfung an Einwilligungsunfähigen, 2001; Seelmann, Trechsel-FS, S 569 und Schreiber-FS, S 853; Köhler NJW 02, 853; zu weit einschr Fincke, Arzneimittelprüfung, strafbare Versuchsmethoden, 1977 und NJW 77, 1094 mit krit Bespr Wartensleben, Bruns-FS, S 339 und Jakobs ZStW 91, 649; zur vergleichbaren schweizerischen Diskussion Seelmann, Trechsel-FS, S 569; beachte auch Art 17 II der von der Bundesrepublik noch nicht ratifizierten Biomedizin-Konvention des Europarates (zu dessen Diskussion Eser und Taupitz/Schelling, in: Eser [Hrsg], Biomedizin und Menschenrechte, 1999, S 9 und 94, 95; dort ist auch die umstrittene Vorschrift abgedruckt [S 16]; gegen Ratifizierung Höfling/Demel aaO S 546) sowie die europäische Richtlinie über die Anwendung der klinischen Praxis bei der Durchführung von klinischen Prüfungen mit Humanarzneimitteln v 1. 5. 2001, ABl 2001 Nr L 121/34 (dazu Rosenau RPG 02, 94).

Zur Einordnung des „Erlanger Falles" (Erhaltung der Leibesfrucht einer hirntoten Schwangeren) als nicht gebotener Heilversuch Laufs NJW 94, 1569; Kiesecker, Die Schwangerschaft einer Toten, 1996, S 220. – Zur Aufklärungspflicht bei **psychologischen Experimenten** Eberbach/Schuler JZ 82, 356.

e) Die Organentnahme vom lebenden Spender zum Zwecke der **Transplantation** ist als tatbestandsmäßige Körperverletzung (10 zu § 223) nur bei dessen Einwilligung gerechtfertigt (§ 8 I Nr 1 b TPG; vgl dazu Seidenath MedR 98, 253; Kühn MedR 98, 455, 456; Schreiber/Heuer, in: Korff ua [Hrsg], Lexikon der Bioethik, Bd 2 1998, S 812; König, Strafbarer Organhandel, 1999, S 44; Tag aaO [vgl 8] S 374; so bisher schon die allgemeine Meinung, vgl etwa Bottke, in: Bottke ua [Hrsg], Lebensverlängerung aus medizinischer, ethischer und rechtlicher Sicht, 1995, S 35, 77; Schreiber, FS für E Steffen, 1995, S 451, 452; Sasse, Zivil- und strafrechtliche Aspekte der Veräußerung von Organen Verstorbener und Lebender, 1996, S 123; Voll aaO [vgl 5] S 232); § 19 II TPG stellt ua die Organentnahme ohne Einwilligung unter Strafe (Schroth JZ 97, 1149, 1152; Niedermair aaO [vgl 10] S 225, der darin eine abschließende Festlegung der Strafbarkeit für einverständliche Explantation sieht). Sie kommt nur bei paarigen Organen (Niere) und Teilen bestimmter Organe (zB der Leber, der Lunge oder der Bauchspeicheldrüse) in Betracht. Weitgehend ungeklärt war die Problematik der Spendeeinsichtsfähigkeit von Minderjährigen und der Ersetzung ihrer Einwilligung bei Einwilligungsunfähigkeit durch die Sorgeberechtigten und/oder einen Betreuer (Amelung aaO [vgl 5 „Vetorechte"], S 16 und 29; Sasse und Voll jeweils aaO). § 8 I Nr 1 a TPG verlangt, dass der Spender volljährig und einsichtsfähig ist; § 19 II TPG stellt ein Zuwiderhandeln unter Strafe. Da die Einwilligung Minderjähriger selbst unter Verwandten nicht rechtfertigend wirkt, können auch die Eltern nicht stellvertretend für ihre minderjährigen Kinder einwilligen. Die Aufklärung hat neben den unmittelbaren Risiken der Entnahme auch deren Langzeitfolgen zu umfassen (vgl § 8 I Nr 1 b TPG iVm § 8 II S 1 TPG; strafbewehrt in § 19 II TPG). Eine Beschränkung der Übertragung des Organs auf Verwandte (so die gegenwärtige Praxis) und nahe stehende Personen war dem bisher geltenden Recht nicht zu entnehmen. Die Freiwilligkeit der Spende kann sowohl bei Angehörigen („Druck"

23

§ 229

der Familie) als auch bei Dritten (finanzielle Gründe) zweifelhaft sein. § 8 I S 2 TPG enthält jetzt eine ausdrückliche Regelung für die Spende von Organen, die sich nicht wieder bilden können; sie dürfen nur zum Zwecke der Übertragung auf „Verwandte ersten und zweiten Grades, Ehegatten, Verlobte und andere Personen, die dem Spender in besonderer persönlicher Verbundenheit offenkundig nahe stehen", entnommen werden (gegen diese Beschränkung bestehen keine verfassungsrechtlichen Bedenken [BVerfG NJW 99, 3399 mit krit Bespr Gutmann NJW 99, 3387]; zu weit Seidenath aaO S 254; krit dazu Schroth MedR 99, 67; vgl auch Dufková MedR 00, 408 zu sog Cross-Spenden und Rittner/Besold/Wandel MedR 01, 118 mit Vorschlägen de lege lata et ferenda); Strafbewehrung in § 19 II TPG (krit Schroth aaO S 1153; Kühn aaO S 458; Niedermair aaO S 228; Hirsch LK 46). Kommerzielle Motive des Spenders machten nach bisher hM die Organentnahme noch nicht sittenwidrig (Bottke aaO S 83; König aaO S 63; Sch/Sch-Stree 9), doch könnte sich das durch die Einführung eines (strafbewehrten) Verbots des Organhandels (§§ 17, 18 TPG) geändert haben, weil der Gesetzgeber durch das Verbot zugleich einen Verstoß gegen die guten Sitten markiert (so Schroth aaO S 1152; aM Horn/Wolters SK 8a; Paeffgen NK 48; Tröndle/Fischer 24 und Niedermair aaO S 223, 230, der die Pönalisierungsentscheidungen im TPG für abschließend hält, so dass § 228 nicht zur Begründung der Strafbarkeit der Körperverletzung, zB bei der Organentnahme, führen könne; ähnlich König aaO S 227). Der Arzt, der eine Transplantation zum Zwecke des verbotenen Organhandels vornimmt, begeht auch eine Körperverletzung; bei fehlender Kenntnis dieses Zwecks befindet er sich im Vorsatz ausschließenden Erlaubnistatbestandsirrtum (9–15 zu § 17), womit sich sachwidrige Ergebnisse (sie befürchtet Dippel LK 19 zu § 168) idR vermeiden lassen.

24 6. Zur Einwilligung **außerhalb des Bereichs der Körperverletzung** 16–18 vor § 32.

§ 229 Fahrlässige Körperverletzung

Wer durch Fahrlässigkeit die Körperverletzung einer anderen Person verursacht, wird mit Freiheitsstrafe bis zu drei Jahren oder mit Geldstrafe bestraft.

Fassung: Umnummerierung und sprachliche Änderung durch das 6. StRG (13 vor § 1).

1 1. Die Vorschrift entspricht in ihrer Struktur der fahrlässigen Tötung (2, 3 zu § 222). – Zur **Reform** Cramer DAR 74, 317; Zipf, Krause-FS, S 437, 443; in Auseinandersetzung mit Vorschlägen von hessischen und niedersächsischen Strafrechtsreform-Kommissionen Hoffmann NZV 93, 209 und Müller-Metz NZV 94, 89; vgl auch Weigend, Miyazawa-FS, S 549, Schünemann DAR 98, 424, 431 und Koch, Die Entkriminalisierung im Bereich der fahrlässigen Körperverletzung und Tötung, 1998.

2 2. **Körperverletzung** umfasst die körperliche Mißhandlung und die Gesundheitsbeschädigung im Sinne von § 223 (dort 4, 5). Zwischen leichter und schwerer Verletzung wird hier nicht unterschieden. Führt die Verletzung zum Tode, so ist § 229 anwendbar, wenn nur die Körperverletzung, aber nicht der Tod vorhersehbar war.

3 3. Strafantrag § 230. Mit vorsätzlicher Körperverletzung ist ausnahmsweise **Tateinheit** möglich, wenn die Verletzungen des Opfers nicht durch eine Handlung des Täters herbeigeführt wurden (NStZ 97, 493 mit nur im Ergebnis zust Bespr Paul JZ 98, 297). Für den Fall des Zusammentreffens mit Ordnungswidrigkeiten beachte Bay MDR 77, 246; Kellner MDR 77, 626.

Strafantrag **§ 230**

§ 230 Strafantrag

(1) Die vorsätzliche Körperverletzung nach § 223 und die fahrlässige Körperverletzung nach § 229 werden nur auf Antrag verfolgt, es sei denn, daß die Strafverfolgungsbehörde wegen des besonderen öffentlichen Interesses an der Strafverfolgung ein Einschreiten von Amts wegen für geboten hält. Stirbt die verletzte Person, so geht bei vorsätzlicher Körperverletzung das Antragsrecht nach § 77 Abs. 2 auf die Angehörigen über.

(2) Ist die Tat gegen einen Amtsträger, einen für den öffentlichen Dienst besonders Verpflichteten oder einen Soldaten der Bundeswehr während der Ausübung seines Dienstes oder in Beziehung auf seinen Dienst begangen, so wird sie auch auf Antrag des Dienstvorgesetzten verfolgt. Dasselbe gilt für Träger von Ämtern der Kirchen und anderen Religionsgesellschaften des öffentlichen Rechts.

Fassung: Technische und sprachliche Änderung durch das 6. StrRG (13 vor § 1).

1. Von allen Körperverletzungen sind nur die einfache vorsätzliche (§ 223) und die fahrlässige (§ 229) **Antragsdelikte.** − Zur Reform bei fahrlässigen Körperverletzungen im Straßenverkehr Loos ZRP 93, 310; Janiszewski DAR 94, 1, 6. **1**

2. Strafantrag §§ 77–77 d. Kein Übergang des Antragsrechts auf die Angehörigen (8 zu § 77) bei fahrlässiger Körperverletzung (Abs 1 S 2). Antragsrecht des Dienstvorgesetzten (Abs 2) § 77 a sowie 13 zu § 194. **2**

3. a) Die Verfolgung der Antragsdelikte nach Abs 1 S 1 auf Grund eines **besonderen öffentlichen Interesses** kommt nur in Frage, wenn ein wirksamer Antrag fehlt; andernfalls ist nach § 376 StPO zu verfahren (Paeffgen NK 27; Hirsch LK 6; aM M-Schroeder/Maiwald BT 1 9/8). Ob die StA ein Einschreiten wegen dieses Interesses für geboten erachtet, liegt allein in ihrer nach pflichtmäßigem Ermessen (50 zu § 46) zu treffenden Entscheidung. Sie kann daher die Tat auch gegen den Willen des Verletzten (Hamm JMBlNRW 51, 196) und auch dann verfolgen, wenn dieser auf das Antragsrecht verzichtet hat (bei Dallinger MDR 56, 270) oder die Antragsfrist verstrichen ist; die Verfolgung gegen den Willen des verletzten Angehörigen sollte aber idR unterbleiben. − Haben mehrere Personen durch dieselbe Handlung, etwa bei einem Verkehrsunfall, eine Körperverletzung erlitten (gleichartige Idealkonkurrenz), so ist die Annahme des besonderen öffentlichen Interesses ebenso wie der Strafantrag (4 zu § 77) auf einzelne Verletzungserfolge beschränkbar, sofern dem nicht der Gleichheitssatz entgegensteht (ebenso Sch/Sch-Stree 6; aM Braunschweig MDR 75, 862). **3**

b) Ob ein besonderes öffentliches Interesse an der Strafverfolgung besteht, hängt von den Umständen ab, kommt aber nur **ausnahmsweise** in Frage, etwa wenn der Täter schwere Verletzungen verursacht (vgl Tiedemann, Kohlmann-FS, S 307, 317 zu § 22 I UWG) oder besonders leichtfertig gehandelt hat, wenn er einschlägig vorbestraft ist, wenn ihm als Arzt ein grober Behandlungsfehler zur Last fällt (zu streng Günter DRiZ 92, 96, der die Verfolgung von Behandlungsfehlern zur Regel machen kann und Ausnahmen nur zulassen will, wenn sie aus der Interessenlage der Beteiligten begründbar sind) oder wenn er die Tat im Straßenverkehr unter Alkohol- oder Rauschmitteleinfluss begangen hat (Nr 234, 243 III RiStBV; krit zur Uneinheitlichkeit der Praxis Havekost DAR 77, 289; Rebmann DAR 78, 296, 304; speziell zu Verletzungen im Sport Kauffmann, Kleinknecht-FS, S 203 und Reinhart SpuRt 97, 1; bei Gewalt gegen Frauen in Lebensgemeinschaften Schall/Schirrmacher, Gewalt gegen Frauen und Möglichkeiten staatlicher Intervention, 1995, S 42); auch die Verletzung einer besonderen Berufspflicht kommt als Kriterium in Betracht (Hirsch LK 8: zB Verstoß gegen Arbeitsschutzvorschrif- **4**

§ 231 BT. 17. Abschn. Straftaten gegen die körperl. Unversehrtheit

ten; Tiedemann aaO S 313: Bankgeheimnis). Mit Rücksicht auf das Erfordernis eines „besonderen" Interesses sind die Voraussetzungen strenger als in §§ 153, 376 StPO (Oehler JZ 56, 630; Hirsch LK 9; aM v Weber MDR 63, 169); nicht vertretbar daher die Annahme, dass die StA dieses Interesse bejahen, zugleich aber einer Einstellung nach § 153 II StPO zustimmen könne (so Düsseldorf DAR 71, 160; krit Ulsenheimer, Arztstrafrecht Rdn 242).

5   c) Die Entscheidung der StA über das Einschreiten ist weder im Klageerzwingungsverfahren noch im Verfahren nach §§ 23 ff EGGVG (BGHSt 16, 225; aM Strubel/Sprenger NJW 72, 1734, 1737; str) noch im Verwaltungsrechtsweg (BVerwG NJW 59, 448; str) **nachprüfbar** und daher allenfalls im Aufsichtswege durchsetzbar. Die positive Entscheidung kann nach der Rspr auch vom Strafgericht nicht nachgeprüft werden (BVerfGE 51, 176; BGHSt 16, 225; Bay NJW 91, 1765; aM LG München StV 90, 400; Kröpil NJW 92, 654; Horn/Wolters SK 4; Paeffgen NK 15; Hirsch LK 13–16; eingehende Kritik der „aM" bei Hardtung MK 13–18). Jedoch muss die StA – sei es auch nur formlos (BGHSt 16, 225; str) oder konkludent (bei Dallinger MDR 74, 546; Bay NJW 90, 461) – erklären, dass sie wegen dieses Interesses einschreite; eine solche Erklärung liegt nicht schon in jeder – gleichgültig unter welchem rechtlichen Gesichtspunkt erhobenen – Anklage (BGHSt 19, 377; LG Kempten NJW 81, 933; aM RGSt 75, 341). Sie ist nicht fristgebunden und kann grundsätzlich jederzeit, also auch noch vor dem Revisionsgericht (BGHSt 6, 282; 16, 225; NJW 91, 3292) oder nach vorausgegangener verneinender Erklärung (Hamburg NStZ 86, 81 mwN; zw), nachgeholt werden (beachte jedoch KG VRS 70, 8). Verweigert die StA eine Erklärung, obwohl die Verfahrenslage sie erfordert, so ist das öffentliche Interesse verneint (BGHSt 19, 377; beachte jedoch bei Dallinger MDR 75, 367). Erklärt sie während des Verfahrens, das zunächst bejahte öffentliche Interesse bestehe nicht mehr, so ist wegen Wegfalls einer Prozessvoraussetzung Einstellung nach §§ 206 a, 260 III StPO geboten (BGHSt 19, 377; Düsseldorf NJW 70, 1054; aM Bremen JZ 56, 663; Oehler JZ 56, 630; v Weber MDR 63, 169).

6   d) Neben Abs 1 ist die Amtsverfolgung von Antragsdelikten wegen des besonderen öffentlichen Interesses nur in den Fällen der §§ 182 III, 183 II, 248 a (uU iVm §§ 257 IV S 2, 259 II, 263 IV, 263 a II, 265 a III, 266 III, 266 b II) und des § 303 c zulässig. Entsprechende Anwendung auf andere Tatbestände ist ausgeschlossen (zur Beleidigung BGHSt 7, 256).

§ 231 Beteiligung an einer Schlägerei

(1) **Wer sich an einer Schlägerei oder an einem von mehreren verübten Angriff beteiligt, wird schon wegen dieser Beteiligung mit Freiheitsstrafe bis zu drei Jahren oder mit Geldstrafe bestraft, wenn durch die Schlägerei oder den Angriff der Tod eines Menschen oder eine schwere Körperverletzung (§ 226) verursacht worden ist.**

(2) **Nach Absatz 1 ist nicht strafbar, wer an der Schlägerei oder dem Angriff beteiligt war, ohne daß ihm dies vorzuwerfen ist.**

Fassung des 6. StrRG (13 vor § 1).

1   1. Die Vorschrift stellt zur Vorbeugung und wegen der für solche Fälle typischen Beweisnot **die bloße Beteiligung** an besonders gefährlichen tätlichen Auseinandersetzungen unter Strafe (BGHSt 16, 130; Eisele JR 01, 270; krit Hund, Beteiligung an einer Schlägerei – Ein entbehrlicher Straftatbestand?, 1987; Rönnau/Bröckers GA 95, 549; zusf Henke Jura 85, 585). Die Tat ist **abstraktes Gefährdungsdelikt** (hM; vgl 32 vor § 13 und Geisler, Zur Vereinbarkeit objektiver Bedingungen der Strafbarkeit mit dem Schuldprinzip, 1998, S 275; ähnlich

Beteiligung an einer Schlägerei **§ 231**

W-Hettinger BT 1 Rdn 343: Gefährlichkeitsdelikt; Paeffgen NK 2 und Horn/ Wolters SK 2; anders Montenbruck JR 86, 138, der ein konkretes Gefährdungsdelikt annimmt). – Zur Reformbedürftigkeit der Vorschrift Rönnau/Bröckers aaO S 567. Die vom RegEntw des 6. StrRG vorgesehene Streichung der „entbehrlichen" Vorschrift (BT-Dr 13/8587 S 35) ist nach der Stellungnahme des BRates (aaO S 61) nicht vollzogen worden (BT-Dr 13/9064 S 39; krit zur beabsichtigten Streichung Freund ZStW 109, 455, 487; Hettinger, Entwicklungen im Strafrecht ..., 1997, S 39; Geisler aaO S 590, der für ein abstraktes Gefährdungsdelikt ohne schwere Folge plädiert; ebenso Rengier ZStW 111, 1, 25). – Zur Entwicklungsgeschichte Zopfs Jura 99, 172, 173.

2. Schlägerei ist eine mit gegenseitigen Körperverletzungen verbundene Auseinandersetzung, bei der mehr als zwei Personen aktiv mitwirken (BGHSt 31, 124; Küper BT S 245, beide mwN). Dabei wird der Angegriffene, der wegen Notwehr straflos bleibt, mitgezählt (BGHSt 15, 369; NJW 97, 2123; Paeffgen NK 5); an der aktiven Mitwirkung von drei Personen fehlt es aber, wenn sich eine davon auf bloße Schutzwehr beschränkt (BGH aaO S 371; Eisele ZStW 110, 69, 73; Horn/ Wolters SK 3; krit Paeffgen NK 5); ebenso wenn jemand bei einem Zweikampf schlichtungswillige Dritte abhält (Zopfs Jura 99, 172; aM BGH aaO). Hingegen setzt der **Angriff** (2 zu § 102) weder zwei Parteien noch beiderseitige Tätlichkeiten voraus (zB längere Zeit fortgesetztes Quälen eines Geisteskranken, BGHSt 2, 160); eine im Angriffswillen einheitliche, nicht notwendig mittäterschaftliche, unmittelbar auf den Körper eines anderen abzielende Einwirkung mehrerer genügt (BGHSt 31, 124; Küper BT S 16), wobei der Beginn des Angriffs nicht notwendig mit dem Beginn der Tätlichkeiten zusammenfallen muss (BGHSt 33, 100 mit Anm Günther JZ 85, 585 und Schulz StV 86, 250; Henke Jura 85, 585, 587; Berz, Geilen-Sym, S 17, 23; s auch NStZ-RR 00, 331 mit Bespr Geppert JK 1; zw). 2

3. Beteiligung deckt sich hier nicht mit dem Oberbegriff der Teilnahme (1 vor § 25). Für (täterschaftliche) Beteiligung an einer Schlägerei soll vielmehr nach hM Anwesenheit am Tatort und irgendeine physische (tätliche) oder psychische (intellektuelle) Mitwirkung in feindseliger Willensrichtung erforderlich und zugleich ausreichend sein (Hirsch LK 7; mit Recht diff Stree, Schmitt-FS, S 215, 216, der psychische Mitwirkung nur als Beihilfe zu der Schlägerei oder dem Angriff einstuft; ähnlich diff Küper GA 97, 301, 326; Zopfs Jura 99, 172, 173 und Paeffgen NK 7; zusf Küper BT S 246, der zwischen „konstitutiver" und „sekundärer" Schlägereibeteiligung unterscheidet). 3

4. Ohne dass ihm dies vorzuwerfen ist (Abs 2) bedeutet eine auf Rechtfertigungs- und Entschuldigungsgründe verweisende Tatbestandseinschränkung (Hohmann MK 19), mindestens einen deklaratorischen Hinweis auf Rechtfertigungs- und Entschuldigungsmöglichkeiten (so Eisele JR 01, 270; Horn/Wolters SK 6; Hirsch LK 9, 16; krit zu beiden Erklärungen Paeffgen NK 13). Die schuldhafte Beteiligung – zu irgendeinem Zeitpunkt des Gesamtvorgangs (Celle MDR 70, 608; aM Eisele ZStW 110, 69, 76, der zur aF auf das anfängliche Hineingezogenwerden abstellt; vgl auch BT-Dr 13/8587 S 83 und 9064 S 16) – muss positiv festgestellt werden (RGSt 65, 340; NJW 97, 2123). 4

5. a) Die **schwere Folge** (Tod oder schwere Körperverletzung, 2–5 zu § 226) ist objektive Bedingung der Strafbarkeit, braucht also nicht vom Vorsatz umfasst oder auch nur voraussehbar zu sein (hM; vgl etwa Kindhäuser 1; Paeffgen NK 3, 19; Sch/Sch-Stree 1, 13; anders Miseré, Die Grundprobleme der Delikte mit strafbegründender besonderer Folge, 1997, S 135; Roxin AT I 23/12; Hirsch LK 1, 15). Sie muss durch den Gesamtvorgang der Schlägerei (des Angriffs), nicht notwendig durch eine rechtswidrige Tat oder durch die Beteiligung eines bestimmten einzelnen verursacht sein (BGHSt 16, 130, 132) und damit sachlich innerhalb die- 5

§§ 232, 233

ses Rahmens liegen (RGSt 61, 272). Zugleich muss sie sich nach den für die objektive Zurechnung geltenden Regeln als Realisierung der in diesem Vorgang angelegten Gefahr darstellen (näher Stree aaO [vgl 3] S 221 und Geisler aaO [vgl 1 „Schuldprinzip"] S 304 und GA 00, 166, 176; Rengier, Roxin-FS, S 811, 816 und in: BT II 18/7–9; iE auch Hohmann MK 27 und Horn/Wolters SK 8a, die verlangen, dass die schwere Folge ein Indiz für die Gefährlichkeit der Schlägerei darstellt; s auch 8 zu § 18). Die schwere Folge kann jede beliebige Person, zB auch einen einschreitenden Polizeibeamten oder einen in Notwehr getöteten Angreifer (BGHSt 33, 100; Montenbruck JR 86, 138; Stree aaO S 224; Eisele ZStW 110, 69, 87; aM Günther und Henke aaO [vgl 2]; diff Schulz StV 86, 250; zw), getroffen haben; letzteres gilt auch dann, wenn der an der Schlägerei Beteiligte durch seine Notwehrhandlung selbst die objektive Bedingung der Strafbarkeit setzt (BGHSt 39, 305 mit zust Bespr Seitz NStZ 94, 185, Stree JR 94, 370 und Wagner JuS 95, 296; Geisler aaO S 331; Zopfs Jura 99, 172, 180; krit aber Rönnau/Bröckers GA 95, 549, 564; zw). Daher kann strafbar auch sein, wer durch seine eigene Verletzung die Anwendbarkeit des § 231 erst begründet (BGHSt 33, 100; Stree aaO; Zopfs aaO S 179; Küpper BT 1 I 2/55; aM Günther und Henke aaO; Rengier BT II 18/9; zw) oder – wegen fortwirkender Gefährlichkeit seines Beitrags – wer sich schon vor Verursachung der Folge entfernt (BGHSt 14, 132; GA 60, 213; aM Krey BT 1 Rdn 297; Welzel S 297; zw), umgekehrt aber mangels Gefahrrealisierung nicht, wer sich erst nach deren Verursachung beteiligt hat (aM BGHSt 16, 130; Geisler aaO S 337; Hohmann/Sander BT II 10/14; W-Hettinger BT 1 Rdn 360 und die Voraufl; wie hier Stree JuS 62, 94; Rengier BT II 18/11; Hirsch LK 8; Horn/Wolters SK 8; Joecks 10; Paeffgen NK 8; zusf Zopfs aaO S 177–179; zw); die rein sprachliche Änderung der Vorschrift (Lesch JA 98, 473, 474) hat hier keine Klarstellung gebracht (Schumacher, in: Schlüchter, 6. StrRG, S 49; Wolters JZ 98, 397, 399). Voraussetzung ist jedoch stets, dass die Schlägerei (der Angriff), aus der die Folge erwachsen ist, sich als dieselbe erweist, an der sich der Täter beteiligt hat; daran kann es namentlich bei mehreren aufeinander folgenden Schlägereien fehlen (2 StR 143/79 v 25. 4. 1979; Paeffgen NK 10); außerdem aber auch, wenn sich der Täter aus einer Schlägerei von drei Personen entfernt; denn dann ist die anschließende, die schwere Folge verursachende Auseinandersetzung unter zwei Personen (vgl 2) nicht mehr tatbestandsmäßig (Köln NJW 62, 1688).

5 a **b)** Das Ausmaß der **schweren Folge** ist als solches für die Schwere der Tatschuld unerheblich (30 vor § 13). Es kann jedoch als Indiz für die Gefährlichkeit der Schlägerei (des Angriffs) bei der Strafzumessung zu Buch schlagen (Stree aaO [vgl 3] S 228).

6 **6. Tateinheit** ua möglich mit § 125. Hat ein Beteiligter die schwere Folge (vgl 5) gewollt oder sonst während der Schlägerei oder des Angriffs einen anderen getötet oder verletzt, so kommt auch Tateinheit mit §§ 211 ff, 223 ff (zu § 223 a aF, jetzt § 224, BGHSt 33, 100; einschr Montenbruck JR 86, 138, 141; Stratenwerth/Kuhlen AT I 18/14; aM M-Schroeder/Maiwald BT 1 11/12; Paeffgen NK 21) in Frage.

§§ 232 und 233 *(weggefallen)*

18. Abschnitt. Straftaten gegen die persönliche Freiheit

Vorbemerkung

Zu den unterschiedlichen Rechtsgütern dieses Abschnitts Müller-Dietz LdR **1** S 681; zur (umstrittenen) Systematik der Freiheitsdelikte M-Schroeder/Maiwald BT 1 12/1–8 und Otto GK 2 26/2–4; zur Notwendigkeit einer Reform Müller-Dietz aaO S 690. – Nach einem GesEntw des BRates sollte § 234 eine Strafvorschrift gegen Kinderhandel werden; der bisherige § 234 sollte teils aufgehoben, teils in § 221 eingestellt werden; § 236 sollte aufgehoben werden (BT-Dr 13/6038). Letzteres hat das 6. StrRG (13 vor § 1) umgesetzt; außerdem hat es § 235 in eine Vorschrift über die Entziehung Minderjähriger umgewandelt und in den „frei gewordenen" § 236 eine Vorschrift über Kinderhandel eingestellt. § 238 wurde aufgehoben, die übrigen Vorschriften wurden mit Ausnahme der §§ 234 a, 239 c und 241 a mehr oder weniger neu gestaltet oder technisch bzw sprachlich geändert. § 237 war schon durch das 33. StÄG (9 vor § 174) aufgehoben worden. Die (umstrittene) Systematik ist damit nicht geklärt (Nelles, 6. StrRG Einf, 3/3). – Der 18. BT-Abschnitt soll nach einem Gesetzentwurf der Koalitionsfraktionen die bisherigen Vorschriften über Menschenhandel (§§ 180 b, 181) in erweiterter Form aufnehmen und mit Teilbereichen des § 234 in den neuen §§ 232–233 b verbinden (BT-Dr 15/3045). – Zur Erfassung des sog „Stalking", dh des ständigen, wiederholten Nachstellens und Bedrängens, bietet sich eine Vorschrift in diesem Abschnitt an, der – wie § 241 – die Freiheit vor Furcht schützt (so der Gesetzentwurf eines neuen § 241 a Hessens, BR-Dr 551/04 v 5. 7. 2004; vgl auch Meyer ZStW 115, 249, 284, mit eigenem Gesetzesvorschlag; ähnlich Kerbein/Pröbsting ZRP 00, 76; zu der zivilrechtlichen Regelung im GewSchG Pollähne NKrimPol 02, 56 und Gropp NKrimPol 02, 112); gegen neue Strafbestimmungen zur Erfassung des sog „Cyberstalking", dh der permanenten Überwachung, Belästigung oder Bedrohung über das Internet Hilgendorf/Hong K & R 03, 168.

§ 234 Menschenraub

(1) **Wer sich eines Menschen mit Gewalt, durch Drohung mit einem empfindlichen Übel oder durch List bemächtigt, um ihn in hilfloser Lage auszusetzen, in Sklaverei oder Leibeigenschaft zu bringen oder dem Dienst in einer militärischen oder militärähnlichen Einrichtung im Ausland zuzuführen, wird mit Freiheitsstrafe nicht unter einem Jahr bestraft.**

(2) **In minder schweren Fällen ist die Strafe Freiheitsstrafe von sechs Monaten bis zu fünf Jahren.**

Fassung des 6. StrRG (13 vor § 1). – Zur geplanten Aufteilung der Vorschrift 1 vor § 234.

1. Die Vorschrift behandelt einen **Spezialfall der Freiheitsberaubung** (§ 239; **1** ebenso Wieck-Noodt MK 2), hat darüber hinaus aber noch einen geringfügigen selbstständigen Anwendungsbereich (Bohnert JuS 77, 746, 747). Die Tat dauert an, solange die Bemächtigung anhält (Dauerdelikt, 11 vor § 52; ebenso Wieck-Noodt MK 2). – Zur geringen praktischen, aber unverzichtbaren symbolischen Bedeutung der Vorschrift vgl Sonnen NK 7–12.

2. Gewalt (einschr Gribbohm LK 13–18: gewaltloses Beibringen von Betäu- **2** bungsmitteln reiche nicht) und **Drohung** mit einem empfindlichen Übel 5–15 zu § 240. – **List** umschreibt ein Verhalten, mit dem der Täter darauf abzielt, unter geflissentlichem und geschicktem Verbergen der wahren Zwecke oder Mittel seine Ziele durchzusetzen (BGHSt 32, 267, 269; 44, 355, 360 [zu § 235]; NStZ 96,

276; Celle NJW 96, 2666; Küper BT S 216; krit Krack, List als Straftatbestandsmerkmal, 1994, S 18). Irrige Vorstellungen braucht er nicht hervorzurufen; es genügt, dass er die Unkenntnis von der wahren Sachlage ausnutzt (hM; einschr Wieck-Noodt MK 32; anders Bohnert GA 78, 353 und Krack aaO S 25, der sogar eine tatsächliche Beeinflussung des Denk- und Vorstellungsvermögens des Opfers verlangt). Sie kann zB durch Irreführung über die wahren Verhältnisse (BGHSt 1, 199, 364), durch Ausnutzen eines Irrtums (BGHSt 10, 376; aM Krack aaO S 75) und durch Vorspiegeln von Fluchtwilligkeit (BGHSt 43, 125, 128 zu § 234 a) oder verlockender Reisen (MDR 62, 750) verwirklicht und nicht nur gegenüber dem Opfer, sondern auch gegenüber Obhuts- oder Mittelspersonen angewendet werden (BGHSt 16, 58; Meyer-Gerhards JuS 74, 566; Geppert, Kaufmann [H]-GS, S 759, 784). Das Verstecken des Opfers oder die Verweigerung der Auskunft über seinen Aufenthalt reicht aber nicht (Celle NJW 96, 2666 mwN). – **Bemächtigen** ist Begründen der physischen Herrschaft (3 zu § 239 a); dafür müssen die angewendeten Mittel ursächlich sein, so dass es nicht genügt, wenn der Täter sich nur entschließt, das bereits in seiner Gewalt befindliche Opfer den tatbestandsmäßigen Zwecken zuzuführen (Horn/Wolters SK 3; Sonnen NK 15).

3   3. Die neben dem **Vorsatz** erforderliche **Absicht** („um zu") setzt den auf das Ziel gerichteten Willen voraus (20 zu § 15; Gribbohm LK 34), das Opfer in eine der (erschöpfend) beschriebenen Lagen zu bringen. **In hilfloser Lage Aussetzen** erfordert wie im gleich lautenden § 221 I aF (zur hilflosen Lage und dem Versetzen iSv § 221 I nF vgl 3, 4 zu § 221) eine daraus resultierende konkrete Leibes- oder Lebensgefährdung für das Opfer (NStZ 01, 247 mit Bespr Heger JA 01, 631); umstr ist, ob sich die Absicht auch auf diese Gefahr beziehen muss (so etwa Sonnen NK 24) oder insoweit bedingter Vorsatz ausreicht (so etwa Horn/Wolters SK 4; offen gelassen in NStZ 01, 247 mwN; zum Gefährdungsvorsatz 28 zu § 15). – **Sklaverei** und **Leibeigenschaft** sind im Sinne des Übereinkommens über die Sklaverei vom 25. 9. 1926 idF des Zusatzübereinkommens über die Sklaverei vom 25. 9. 1926 idF des Änderungsprotokolls v 7. 12. 1953 (BGBl 1972 II 1473) und des Zusatzübereinkommens über die Abschaffung der Sklaverei, des Sklavenhandels und sklavereiähnlicher Einrichtungen und Praktiken vom 7. 9. 1956 (BGBl 1958 II 203) zu verstehen. Das erfordert die Absicht des Täters, das Opfer einer (ausländischen) Rechtsordnung zu unterwerfen, die die Rechtsstellung eines Sklaven oder Leibeigenen – sei es auch nur in der Form behördlicher Duldung – noch kennt (BGHSt 39, 212; Kindhäuser BT II 18/3). – **Zuführen** (3 zu § 109 h) **dem Dienst in einer militärischen oder militärähnlichen Einrichtung** (2 zu § 109 h) **im Ausland,** dh nicht im Heimatstaat des Opfers (aM Gribbohm LK 64, 65).

4   4. Anzeigepflicht § 138 I Nr 7. Vgl auch das SklavRG.

§ 234 a Verschleppung

(1) **Wer einen anderen durch List, Drohung oder Gewalt in ein Gebiet außerhalb des räumlichen Geltungsbereichs dieses Gesetzes verbringt oder veranlaßt, sich dorthin zu begeben, oder davon abhält, von dort zurückzukehren, und dadurch der Gefahr aussetzt, aus politischen Gründen verfolgt zu werden und hierbei im Widerspruch zu rechtsstaatlichen Grundsätzen durch Gewalt- oder Willkürmaßnahmen Schaden an Leib oder Leben zu erleiden, der Freiheit beraubt oder in seiner beruflichen oder wirtschaftlichen Stellung empfindlich beeinträchtigt zu werden, wird mit Freiheitsstrafe nicht unter einem Jahr bestraft.**

(2) **In minder schweren Fällen ist die Strafe Freiheitsstrafe von drei Monaten bis zu fünf Jahren.**

(3) **Wer eine solche Tat vorbereitet, wird mit Freiheitsstrafe bis zu fünf Jahren oder mit Geldstrafe bestraft.**

1. Die Vorschrift schützt die **Freiheit** des einzelnen, seine **körperliche Unversehrtheit** und seine **wirtschaftliche Betätigungsfreiheit** (Gribbohm LK 1; weiter Sonnen NK 3, beide mwN). Sie soll eine Lücke schließen, wenn das Schicksal von Verschleppten und Denunzierten nicht aufklärbar ist (Denkschrift des BMJ im BAnz v 28. 6. 1951, S 7; Wagner MDR 67, 629, 709, 797). Die Tat ist konkretes Gefährdungsdelikt (32 vor § 13; Gribbohm LK 17; Wieck-Noodt MK 2). Unerheblich ist daher, ob es zu der Verfolgung gekommen ist; erforderlich (LG Koblenz NStZ 83, 508) und zugleich ausreichend (Düsseldorf NJW 79, 59 mwN) ist vielmehr die konkrete Gefahr (21, 22 zu § 315c) der in Abs 1 beschriebenen Verfolgung und der durch sie drohenden Schädigung.

2. Mittel der Gefährdung sind **List** (2 zu § 234), **Drohung** (12–15 zu § 240, obwohl der Zusatz „mit einem empfindlichen Übel" hier fehlt; vgl Gribbohm LK 15) und **Gewalt** (5–11 zu § 240).

3. Politische Gründe können schon dann vorliegen, wenn die Verfolgung auf der Machtausübung eines fremden staatlichen Regimes beruht (Arndt SJZ 50, 112). Erfasst werden daher auch Verschleppung zur Zwangsarbeit und Verfolgung wegen „Republikflucht" (BGHSt 14, 104; NJW 97, 2609) oder aus religiösen oder weltanschaulichen Gründen (Gribbohm LK 24); je nach den Umständen (beachte dazu BGHSt 33, 238 mit krit Anm Schroeder JR 86, 162) kann sogar die Gefahr der Verfolgung wegen solcher Taten genügen, die auch im Rechtsstaat verfolgbar sind, zB wegen Zuwiderhandlungen gegen Wirtschafts-, Devisen- (Wagner GA 66, 77) oder Betäubungsmittelgesetze (LG Koblenz NStZ 83, 508), wenn sie eine politische Auswertung und eine daraus abgeleitete Schädigung durch Gewalt- oder Willkürmaßnahmen erwarten lassen (BGHSt 6, 166; krit Horn SK 6). – **Rechtsstaatliche Grundsätze** sind namentlich verletzt, wenn kein geordnetes oder nur ein Scheinverfahren gewährt wird (Gribbohm LK 35; Sonnen NK 12).

4. Der **Vorsatz** (bedingter genügt) muss auch die spezielle Art der Gefährdung umfassen (weiter LG Dortmund NJW 54, 1539).

5. Zu **Abs 2** (minder schwere Fälle) 7–10a zu § 46.

6. Abs 3 (dazu Wagner GA 66, 307) gilt praktisch nur für den die Verschleppung allein vorbereitenden Täter, da bei Zusammenwirken mehrerer Personen § 30 II vorgeht (BGHSt 6, 85). Auf den freiwillig zurücktretenden Alleintäter ist § 31 entsprechend anwendbar (BGH aaO; NJW 56, 30).

7. Räumlicher Geltungsbereich 5 vor § 3. Verjährung 5 zu § 78a. Anzeigepflicht § 138 I Nr 7.

8. Zur Rechtslage bei **DDR-Alttaten** 25 zu § 2.

§ 235 Entziehung Minderjähriger

(1) **Mit Freiheitsstrafe bis zu fünf Jahren oder mit Geldstrafe wird bestraft, wer**
1. **eine Person unter achtzehn Jahren mit Gewalt, durch Drohung mit einem empfindlichen Übel oder durch List oder**
2. **ein Kind, ohne dessen Angehöriger zu sein,**
den Eltern, einem Elternteil, dem Vormund oder dem Pfleger entzieht oder vorenthält.

§ 235 BT. 18. Abschnitt. Straftaten gegen die persönliche Freiheit

(2) Ebenso wird bestraft, wer ein Kind den Eltern, einem Elternteil, dem Vormund oder dem Pfleger
1. entzieht, um es in das Ausland zu verbringen, oder
2. im Ausland vorenthält, nachdem es dorthin verbracht worden ist oder es sich dorthin begeben hat.

(3) In den Fällen des Absatzes 1 Nr. 2 und des Absatzes 2 Nr. 1 ist der Versuch strafbar.

(4) Auf Freiheitsstrafe von einem Jahr bis zu zehn Jahren ist zu erkennen, wenn der Täter
1. das Opfer durch die Tat in die Gefahr des Todes oder einer schweren Gesundheitsschädigung oder einer erheblichen Schädigung der körperlichen oder seelischen Entwicklung bringt oder
2. die Tat gegen Entgelt oder in der Absicht begeht, sich oder einen Dritten zu bereichern.

(5) Verursacht der Täter durch die Tat den Tod des Opfers, so ist die Strafe Freiheitsstrafe nicht unter drei Jahren.

(6) In minder schweren Fällen des Absatzes 4 ist auf Freiheitsstrafe von sechs Monaten bis zu fünf Jahren, in minder schweren Fällen des Absatzes 5 auf Freiheitsstrafe von einem Jahr bis zu zehn Jahren zu erkennen.

(7) Die Entziehung Minderjähriger wird in den Fällen der Absätze 1 bis 3 nur auf Antrag verfolgt, es sei denn, daß die Strafverfolgungsbehörde wegen des besonderen öffentlichen Interesses an der Strafverfolgung ein Einschreiten von Amts wegen für geboten hält.

Fassung des 6. StRG (13 vor § 1).

1 1. Der bisherige Tatbestand des **Muntbruchs** (§ 235 aF: Kindesentziehung) **schützte** das **elterliche** (oder sonst familienrechtliche) **Sorgerecht,** mittelbar auch den Minderjährigen selbst (vgl Schroeder, Rolinski-FS, S 155, 161; str), so dass dessen Teilnahme auch dann straflos war, wenn sein Tatbeitrag die Grenze der notwendigen Beteiligung überschritt (12 vor § 25). Umgekehrt war ebenfalls straflos, wer an einer Selbstentziehung des Minderjährigen nur als Anstifter oder Gehilfe teilnimmt (str). An diesen Ergebnissen hat sich nichts geändert, denn nach der Neufassung (Abs 4 Nr 1 Alt 3) schützt die Vorschrift unmittelbar auch die entzogene Person (BGHSt 44, 355, 357; BT-Dr 13/8587 S 38; Kreß StV 98, 633, 641; Schroth BT S 201; W-Hettinger BT 1 Rdn 438; Tröndle/Fischer 2; aM Nelles, 6. StRG Einf, 3/27, 28, die die „familiäre Ordnung" als Schutzgut betrachtet, innerhalb dieser aber den Rechten der Kinder größeren Raum zukommen lassen will). – Zu Kriminologie, Rechtsvergleichung und Reform Albrecht, Kinderhandel 1994. – Zur geschichtlichen Entwicklung der Kindesentziehung Albrecht aaO S 49 und Sonnen NK 2–4.

2 2. **Eltern** sind auch die Adoptiveltern; die Pflege- und Stiefeltern dagegen nur, wenn ihnen das Sorgerecht übertragen ist (Düsseldorf JR 81, 386 mit Anm Bottke; Gribbohm LK 13). Die Tat kann auch von dem sorgeberechtigten Elternteil begangen werden, und zwar nicht nur gegenüber dem (mit-)sorgeberechtigten, sondern auch gegenüber dem nur zum persönlichen Umgang berechtigten **Elternteil** (BGHSt 44, 355 mit Bespr Baier JA 99, 835; W-Hettinger BT 1 Rdn 438; aM M-Schroeder/Maiwald BT 2 63/59; Otto GK 2 65/36). – **Vormund** §§ 1773 ff BGB. Als Amtsvormund nach § 1791c BGB ist das Jugendamt geschützt, wenn ihm das volle Sorgerecht (BGHSt 1, 364) oder das der Mutter nach §§ 1666, 1666a BGB entzogene Aufenthaltsbestimmungsrecht (Bremen JR 61, 107) zusteht. – **Pfleger** §§ 1909 ff BGB. – Heime, zB bei Heimerziehung nach § 34 SGB

VIII, haben kein eigenes Sorgerecht (NJW 63, 1412). IdR richtet sich aber die Entziehung aus der Obhut Dritter zugleich gegen die Sorgeberechtigten, so dass der Tatbestand aus diesem Grunde erfüllt ist (Düsseldorf aaO).

3. Entzogen ist der Minderjährige (eine Person unter 18 Jahren [Abs 1 Nr 1] oder ein Kind [Abs 1 Nr 2, Abs 2], dh eine Person unter 14 Jahren [1 zu § 176]), wenn das Recht zur Erziehung, Beaufsichtigung und Aufenthaltsbestimmung (§ 1631 BGB) durch räumliche Trennung (hM; vgl etwa M-Schroeder/Maiwald BT 2 63/60) für eine gewisse, nicht nur ganz vorübergehende Dauer so beeinträchtigt wird, dass es nicht ausgeübt werden kann (BGHSt 1, 199; NStZ 96, 333). Nach der Rspr sollen hierfür beim Kleinkind (BGHSt 16, 58; Gribbohm LK 56, 57; krit Hillenkamp, Wassermann-FS, S 861, 871; Krack, List als Straftatbestandsmerkmal, 1994, S 6; Horn/Wolters SK 5) und beim Recht zum persönlichen Umgang (BGHSt 10, 376) schon sehr kurze Zeiträume genügen (krit für Entziehungsfälle unter Eltern Geppert aaO [vgl 2] S 781). Entziehung durch Unterlassen in Garantenstellung (6 zu § 13) ist möglich, zB wenn ein Auskunftspflichtiger den Aufenthalt verschweigt (bei Dallinger MDR 68, 728; Gribbohm LK 74–77; aM für das Beispiel M/Schroeder/Maiwald BT 2 63/62: Keine Modalitätenäquivalenz); sie kann auch durch die Alternative des Vorenthaltens erfasst werden. Nicht hierher gehört die durch Täuschung erschlichene richterliche Entziehung der elterlichen Sorge (Stuttgart NJW 68, 1341; aM Gribbohm LK 44). Bei Einverständnis des Sorgeberechtigten, das nicht abgenötigt oder durch List erschlichen ist (dazu BGHSt 1, 200, 364, 366), liegt keine Entziehung vor (M-Schroeder/Maiwald BT 2 63/69; Sch/Sch-Eser 8). Die Einwilligung des Minderjährigen ist dagegen unerheblich (12 vor § 32; Krack aaO; Gribbohm LK 103). – **Vorenthalten** (vgl § 1632 I BGB) entspricht dem Entziehen (vgl 13 zu § 170) und meint die Aufrechterhaltung der räumlichen Trennung (Otto GK 2 65/35). Es deckt sich weitgehend mit dem Entziehen durch Unterlassen (BT-Dr 13/8587 S 38; Horn/Wolters SK 6); erfasst wird nicht nur das Verweigern der Herausgabe des Minderjährigen, sondern auch deren Erschwerung zB durch Verheimlichen des Aufenthaltsortes (Nelles aaO [vgl 1] Rdn 31; Rengier BT II 26/3); die bloße Gewährung von Unterkunft und Verpflegung bei ansonsten passivem Verhalten reicht nicht (BT-Dr aaO; Tröndle/Fischer 7).

4. Mittel des Entziehens oder Vorenthaltens sind in den Fällen des **Abs 1 Nr 1**, dh bei Taten durch einen Angehörigen (2 zu § 11; weiter Wieck-Noodt MK 23: auch durch Dritten) an einer Person unter 18 Jahren (Jugendliche und Kinder), **List** (2 zu § 234), **Drohung** mit empfindlichem Übel oder **Gewalt** (5–15 zu § 240), uU auch gegenüber dem Minderjährigen oder Dritten (BGHSt 16, 58, 62; NJW 63, 1412; einschr Gribbohm LK 70, 71). Zur Schließung von Strafbarkeitslücken bei heimlicher Wegnahme von Kleinkindern (zB zum Verkauf, vgl Albrecht aaO [vgl 1] S 67 und 122) erfasst jetzt **Abs 1 Nr 2** das bloße Entziehen oder Vorenthalten von Kindern, dh Personen unter 14 Jahren (1 zu § 176), durch **Nichtangehörige** (Nelles aaO [vgl 1] Rdn 32; Tröndle/Fischer 10); diese Erweiterung der Strafbarkeit, auch hinsichtlich des Versuchs (Abs 3), hat ihren Grund in der besonderen Schutzbedürftigkeit von Kindern, insb Säuglingen und Kleinkindern, denen gegenüber Gewalt, Drohung und List nicht eingesetzt werden muss; ihnen gegenüber reicht jetzt die schlichte Wegnahme (Horn/Wolters SK 13).

5. Abs 2 Nr 1 (sog „aktive Entführung"; Nelles aaO [vgl 1] Rdn 33) erfasst das Entziehen eines Kindes (vgl 3) durch einen Angehörigen oder Dritten mit der Absicht (20 zu § 15; Nelles aaO; Wieck-Noodt MK 23; weiter Schumacher aaO [vgl 3] S 53), **es in das Ausland zu verbringen. Abs 2 Nr 2** (sog „passive Entführung"; Nelles aaO Rdn 34) betrifft das Vorenthalten des Kindes **im Ausland;** erfasst werden damit die bisher straflosen Fälle, in denen sich der Täter

§ 236 BT. 18. Abschnitt. Straftaten gegen die persönliche Freiheit

rechtmäßig mit dem Kind ins Ausland begeben hat, sich dort aber entschließt, es nicht wieder herauszugeben (Nelles aaO; zu weiteren „typischen Sachverhaltsgestaltungen" Sonnen NK 21); wegen der besonderen Gefährdung des Sorgerechts in diesen Fällen ist in Nr 1 und 2 auf das Erfordernis des Einsatzes der Tatmittel des Abs 1 Nr 1 (vgl oben 4) verzichtet und für Nr 2 die Versuchsstrafbarkeit angeordnet worden (Abs 3). Nr 2 setzt voraus, dass das Sorgerecht bereits („nachdem") in der Bundesrepublik ausgeübt worden ist (BT-Dr 13/9064 S 17).

6 6. Der **Vorsatz** (bedingter genügt) muss sich namentlich beziehen auf das Alter des Opfers (dazu 15 zu § 174), die Tathandlungen und bei Abs 1 Nr 2 auf die Tatmittel, die bewusst als Mittel zur Entziehung bzw zum Vorenthalten eingesetzt werden müssen. Die irrige Annahme des Einverständnisses des Sorgeberechtigten ist Tatbestandsirrtum (Horn/Wolters SK 12); ebenso die irrige Annahme eines eigenen Sorgerechts (Tröndle/Fischer 13).

7 7. **Abs 4** enthält zwei Qualifiaktionstatbestände. **Nr 1:** konkrete Gefahr (21, 22 zu § 315 c) des Todes, einer schweren Gesundheitsschädigung (3 zu § 250) oder einer Entwicklungsschädigung (3 zu § 171); zum erforderlichen Gefährdungsvorsatz 28 zu § 15. **Nr 2** ersetzt das bisherige Regelbeispiel der Gewinnsucht durch die den Tatbestand erweiternden Merkmale „gegen Entgelt" (22 zu § 11) oder in „Bereicherungsabsicht" (58, 59 zu § 263); die beabsichtigte Bereicherung muss nicht rechtswidrig sein (W-Hettinger BT 1 Rdn 443; aM Nelles aaO [vgl 1] Rdn 37). Mit Nr 2 sollen Erscheinungsformen des kommerziellen und organisierten Kinderhandels erfasst werden (BT-Dr 13/8587 S 39; krit Nelles aaO Rdn 36, 37).

8 8. Zu **Abs 5** vgl § 18; der Tod des Opfers, dh des entzogenen Minderjährigen oder Kindes (Hardtung, Versuch und Rücktritt bei den Teilvorsatzdelikten des § 11 Abs. 2 StGB, 2002, S 144), muss wenigstens fahrlässig verursacht worden sein und unmittelbar auf Gewalt, Drohung, List oder Entziehen, Vorenthalten zurückführbar sein (einschr verlangt Hardtung aaO S 145 die Vollendung des Grunddelikts). Ein sog erfolgsqualifizierter Versuch (9 zu § 18) kommt in Fällen, zB des Entziehens eines Jugendlichen durch Drohung (Abs 1 Nr 1), für die Abs 3 die Versuchsstrafbarkeit nicht angeordnet hat, nicht in Betracht (11 zu § 18; Ebert AT S 128; aM Hardtung aaO S 148; M-Schroeder/Maiwald BT 2 63/68).

9 9. Zu **Abs 6** (minder schwere Fälle) 7–10 a zu § 46; 4 zu § 12.

10 10. **Tateinheit** ua möglich mit § 120 (NJW 63, 1412), § 234 (BGHSt 1, 199, 203; str), § 239 (BGHSt 39, 239) und wegen der Verschiedenheit der Rechtsgüter auch mit § 239 a (hM). § 240 tritt zurück (diff Horn/Wolters SK 21).

11 11. Strafantrag Abs 7; öffentliches Interesse ist etwa bei besonders rücksichtslosem Verhalten gegenüber Eltern oder Kind zu bejahen (BT-Dr 13/8587 S 39); nicht klar ist, ob das mitgeschützte Kind (s oben 1) antragsberechtigt ist (krit deshalb Nelles aaO [vgl 1] Rdn 39). – Räumlicher Geltungsbereich § 5 Nr 6 a.

§ 236 Kinderhandel

(1) **Wer sein noch nicht achtzehn Jahre altes Kind oder seinen noch nicht achtzehn Jahre alten Mündel oder Pflegling unter grober Vernachlässigung der Fürsorge- oder Erziehungspflicht einem anderen auf Dauer überlässt und dabei gegen Entgelt oder in der Absicht handelt, sich oder einen Dritten zu bereichern, wird mit Freiheitsstrafe bis zu fünf Jahren oder mit Geldstrafe bestraft. Ebenso wird bestraft, wer in den Fällen des Satzes 1 das Kind, den Mündel oder Pflegling auf Dauer bei sich aufnimmt und dafür ein Entgelt gewährt.**

Kinderhandel § 236

(2) **Wer unbefugt**
1. **die Adoption einer Person unter achtzehn Jahren vermittelt oder**
2. **eine Vermittlungtätigkeit ausübt, die zum Ziel hat, daß ein Dritter eine Person unter achtzehn Jahren auf Dauer bei sich aufnimmt,**

und dabei gegen Entgelt oder in der Absicht handelt, sich oder einen Dritten zu bereichern, wird mit Freiheitsstrafe bis zu drei Jahren oder mit Geldstrafe bestraft. Bewirkt der Täter in den Fällen des Satzes 1, daß die vermittelte Person in das Inland oder in das Ausland verbracht wird, so ist die Strafe Freiheitsstrafe bis zu fünf Jahren oder Geldstrafe.

(3) **Der Versuch ist strafbar.**

(4) **Auf Freiheitsstrafe von sechs Monaten bis zu zehn Jahren ist zu erkennen, wenn der Täter**
1. **aus Gewinnsucht, gewerbsmäßig oder als Mitglied einer Bande handelt, die sich zur fortgesetzten Begehung eines Kinderhandels verbunden hat, oder**
2. **das Kind oder die vermittelte Person durch die Tat in die Gefahr einer erheblichen Schädigung der körperlichen oder seelischen Entwicklung bringt.**

(5) **In den Fällen der Absätze 1 und 3 kann das Gericht bei Beteiligten und in den Fällen der Absätze 2 und 3 bei Teilnehmern, deren Schuld unter Berücksichtigung des körperlichen oder seelischen Wohls des Kindes oder der vermittelten Person gering ist, die Strafe nach seinem Ermessen mildern (§ 49 Abs. 2) oder von Strafe nach den Absätzen 1 bis 3 absehen.**

Fassung des 6. StrRG (13 vor § 1); das SexÄG (15 vor § 1) hat Abs 1 neu gefasst und erweitert und in Abs 5 die Verweisungen ausgedehnt.

1. Die neue Vorschrift schützt in **Abs 1** die **ungestörte Entwicklung des** 1 **Kindes** (BT-Dr 13/8587 S 40; Otto GK 2 65/43; Schumacher, in: Schlüchter, 6. StrRG, S 57; Schroeder, Rolinski-FS, S 155, 160; vgl 1 zu § 171), nach der Vorstellung des Gesetzgeber auch die Menschenwürde des Kindes (BT-Dr 13/6038 S 6; ebenso Sonnen NK 9). Da ein tatsächlicher Schaden nicht eingetreten zu sein braucht, handelt es sich um ein abstraktes Gefährdungsdelikt (Otto aaO; W-Hettinger BT 1 Rdn 445; Gribbohm LK 24, 44; Horn/Wolters SK 2). Der § 14a AdVermiG aF nachgebildete **Abs 2** sichert die Vermittlungsverbote des AdVermiG ab (BT-Dr 13/8587 S 40) und schützt damit Kinder und Jugendliche vor unbefugten, meist gewerblichen Adoptionsvermittlungen (vgl BT-Dr aaO); damit ist neben dem „Verkäufer" und dem „Käufer" (Abs 1) auch der „Makler" erfasst (BT-Dr aaO S 10). Anlass für die Erweiterung des durch Art 4 Abs 3 des 6. StrRG aufgehobenen § 14a AdVermiG durch den neuen Abs 1 war die deutliche Zunahme von Fällen, in denen Kinder von ihren leiblichen Eltern wie Handelsware zum Kauf angeboten worden sind (BT-Dr aaO; Kreß NJW 98, 633, 642). – Zur geschichtlichen Entwicklung Sonnen NK 5–8.

2. Als Opfer kommen in **Abs 1** Kinder, Mündel und Pfleglinge unter 18 Jahren 2 in Betracht (damit trägt der Gesetzgeber einem Fakultativprotokoll eines UN-Übereinkommens v 20. 11. 1989 und einem Rahmenbeschluss des Rates der EU v 19. 7. 2002, Abl L 203 S 1, Rechnung; BT-Dr 15/350 S 22).

a) Als Täter kommen in **Satz 1** („sein Kind") zunächst die Eltern oder ein Elternteil in Betracht, neben den leiblichen auch Adoptiveltern und „Scheinväter" iS des § 1591 aF BGB (BT-Dr 13/8587 S 40) sowie Väter iS des § 1592 BGB; die Tat ist echtes Sonderdelikt (Nelles, 6. StrRG Einf, 3/41), die Elterneigenschaft

§ 236 BT. 18. Abschnitt. Straftaten gegen die persönliche Freiheit

strafbegründendes Merkmal is des § 28 I (Horn/Wolters SK 7; Tröndle/Fischer 3); andere Verwandte und Außenstehende können Teilnehmer an der Tat der Eltern sein oder sich als Täter nach Abs 2 strafbar machen (BT-Dr aaO), bei Handeln gegen den Willen eines Elternteils kommt auch § 235 in Betracht (Nelles aaO). Als weitere Täter („seinen Mündel oder Pflegling") kommen jetzt (s Fassungshinweis) auch Vormund und Pfleger in Betracht (auch dies entspricht dem og Fakultativprotokoll); damit sollen Strafbarkeitslücken geschlossen werden (näher BT-Dr 15/350 S 22). – Das Kind ist einem anderen **überlassen,** wenn diesem die **tatsächliche** Gewalt, zB durch Übergabe, verschafft worden ist (ähnlich Tröndle/Fischer 4; s auch 3 zu § 225); wird die Übernahme der Gewalt geduldet (Schumacher aaO [vgl 1] S 57), so genügt dies, wenn dadurch dem anderen die Herrschaft über das Kind tatsächlich ermöglicht wird (ebenso Wieck-Noodt MK 18). **Auf Dauer** meint nicht nur die endgültige Überlassung, auch nicht jede vorübergehende Überlassung zB während eines längeren Auslandsaufenthalts; es reicht ein mehrmonatiges Überlassen, wenn dadurch eine nachhaltige Entfremdung des Kindes von seinen Eltern eingetreten ist (Schumacher aaO; weiter Sonnen NK 15). Die Überlassung des Kindes zu anderen Zwecken wie zB als Arbeitskraft wird nicht erfasst (BT-Dr 13/6038 S 9). – **Grobe Vernachlässigung der Fürsorge oder Erziehungspflicht** 2 zu § 171, jedoch soll hier schon das einmalige Überlassen eines Kindes reichen (krit Gribbohm LK 42); mit diesem strafbarkeitseinschränkenden Merkmal sollen sozial akzeptierte Vorgänge wie die Unterbringung eines Kindes bei Verwandten oder die Begründung anderer ähnlich anerkennenswerter Pflegeverhältnisse aus dem Tatbestand ausgeschieden werden (BT-Dr 13/8587 S 40; krit dazu die Stellungnahme des BRates, BT-Dr aaO S 62 [zust W-Hettinger BT 1 Rdn 446]; dagegen jedoch die Gegenäußerung der BReg, BT-Dr aaO S 84). – Gegen **Entgelt** (22 zu § 11), idR Geldzahlungen, aber auch Sachleistungen (BT-Dr 13/6038 S 9). – **Bereicherungsabsicht** 68, 59 zu § 263.

3   **b) Satz 2** ist akzessorisch zu Satz 1 gestaltet („in den Fällen des Satzes 1"); es muss deshalb ein Fall grober Vernachlässigung der Fürsorge- oder Erziehungspflicht durch die Eltern vorliegen (BT-Dr 13/8587 S 40; Nelles aaO [vgl 2] Rdn 42). – Bei sich **Aufnehmen** ist das Übernehmen des Kindes in eigene tatsächliche Gewalt zB durch Unterbringung in der eigenen Wohnung. – Entgelt (22 zu § 11) ist **gewährt,** wenn als Gegenleistung für das Kind („dafür") ein Vermögensvorteil geflossen ist (BT-Dr 13/6038 S 9); Leistungen, die dem Kind selbst zufließen, sind auch dann nicht erfasst, wenn sie zu einer finanziellen Entlastung zB durch Freistellung von Unterhaltsleistungen führen (BT-Dr aaO).

4   **3.** Als Opfer kommen in **Abs 2** nur vermittelte Personen unter 18 Jahren, dh Kinder und Jugendliche, in Betracht; damit sind alle nicht volljährigen Personen, deren Möglichkeiten begrenzt sind, sich der Adoptionsvermittlung zu widersetzen, in den Schutzbereich einbezogen (BT-Dr 13/6038 S 9). Für beide Nummern des **Satzes 1** ist ein Handeln gegen Entgelt (22 zu § 11) oder in Bereicherungsabsicht (58, 59 zu § 263; BT-Dr aaO S 10) erforderlich. Außerdem muss der Täter **unbefugt** handeln. **Nr 1** erfasst den Verstoß gegen das Adoptionsvermittlungsverbot des § 5 I AdVermiG (BT-Dr aaO; bisher war dieses Verbot durch § 14 I Nr 1 und § 14a I AdVermiG aF bußgeld- und strafbewehrt, Erbs/Kohlhaas-Wache K 96 Rdn 1 zu § 5 AdVermiG); danach ist die Adoptionsvermittlung anderen als den nach § 2 I AdVermiG befugten Jugendämtern und Landesjugendämtern und den nach § 2 II AdVermiG berechtigten Stellen untersagt. **Nr 2** erfasst den Verstoß gegen das Verbot bestimmter anderer Vermittlungstätigkeiten des § 5 IV S 1 AdVermiG (BT-Dr aaO; bisher war dieses Verbot durch § 14 I Nr 1 und § 14a I AdVermiG aF bußgeld- und strafbewehrt, Wache aaO § 5 Rdn 14). Danach ist jede Vermittlungsaktivität unter Umgehung der Adoptionsvermittlung untersagt, wenn sie zum Ziel hat, dass ein Dritter ein fremdes Kind bei sich aufnimmt

Freiheitsberaubung §§ 237–239

(Wache aaO Rdn 13); so etwa das Zusammenbringen Schwangerer mit kindersuchenden Männern (Bach FamRZ 1990, 574, 576; Schumacher aaO [vgl 1] S 59; Wache aaO). – **Satz 2:** Inland 4 vor § 3, Ausland 6 vor § 3. **Verbrachtwerden** ist jedes Befördertwerden im Sinne einer grenzüberschreitenden Ortsveränderung, gleichgültig mit welchem Beförderungsmittel, auch zu Fuß. Ein solches Verbrachtwerden der vermittelten Person muss vom unbefugten Vermittler bewirkt, dh kausal veranlasst, werden, zB durch Bereitstellen des Transportmittels oder durch Bestimmen des Kindes, jemanden zu Fuß zu begleiten (ebenso Wieck-Noodt MK 44).

4. Der **Vorsatz** (bedingter genügt) muss in allen Tatbeständen namentlich auch 5 das Alter der geschützten Personen umfassen (dazu 15 zu § 174). Bei Abs 1 Satz 2 muss er sich zudem auf die grobe Pflichtverletzung der Eltern beziehen (BT-Dr 13/8587 S 40; Nelles aaO [vgl 2] Rdn 42; krit dazu die Stellungnahme des BRates, BT-Dr aaO S 62); daran kann es fehlen, wenn die „Aufnehmer" davon ausgehen, dass die Eltern zum Besten ihrer Kinder handeln (Schumacher aaO [vgl 1] S 58).

5. **Abs 4** enthält zwei Qualifikationstatbestände für Abs 1 und 2; der Versuch 6 ist trotz der ungeschickt plazierten Strafbarkeitsandrohung in Abs 3 auch in Fällen des Abs 4 strafbar (Wieck-Noodt MK 59; Sonnen NK 25). – **Nr 1: Gewinnsucht** ist Steigerung des Erwerbssinns auf ein ungehemmtes, überzogenes, sittlich anstößiges Maß (BGHSt 1, 388; GA 53, 154); sie muss sich von der in Abs 1 und 3 geforderten Bereicherungsabsicht deutlich abheben (W-Hettinger BT 1 Rdn 448), kann aber auch beim Streben nach wirtschaftlicher Entlastung (zB Unterhaltsentziehung) vorliegen (vgl 4 zu § 211). **Gewerbsmäßig** 20 vor § 52. **Mitglied einer Bande** 6, 7 zu § 244; die Verbindung muss sich hier auf die fortgesetzte Begehung eines Kinderhandels beziehen; im Übrigen gelten die Ausführungen unter 2–5 zu § 260 sinngemäß. – **Nr 2:** 6 zu § 235.

6. **Abs 5** sieht alternativ Strafmilderung und Absehen von Strafe für Beteiligte 7 (Täter und Teilnehmer) nach Abs 1 und 3 und für Teilnehmer (Anstifter und Gehilfen) nach Abs 2 und 3 vor; bei Letzteren ist vor allem an Eltern und aufnahmewillige Personen gedacht, die sich eines unbefugten Vermittlers bedienen (BT-Dr 13/8587 S 41); bei nur versuchten Taten nach Abs 3 war bisher nur Absehen von Strafe, nicht aber Strafmilderung vorgesehen (krit Nelles aaO [vgl 2] Rdn 45: insoweit verunglückte Vorschrift); das ist durch Art 1 Nr 19 SexAG (15 vor § 1) dahingehend geändert worden, dass eine Strafmilderung auch bei Versuch in Betracht kommt (BT-Dr 15/350 S 22: „Widerspruch" beseitigt). Voraussetzung ist **geringe Schuld,** die an den Folgen für das seelische oder körperliche Wohl des Opfers (Kind oder vermittelte Person) zu messen ist; sie kann bei einer unverschuldeten Notlage der Eltern oder bei aufnahmewilligen Personen vorliegen, die sich von einem anders nicht erfüllbarem Kinderwunsch leiten ließen (BT-Dr aaO). Liegen die Voraussetzungen für ein Absehen von Strafe vor, kann das Verfahren nach § 153b StPO beendet werden (BT-Dr aaO; krit Nelles aaO).

7. Tateinheit ist ua möglich mit §§ 171, 235, 239 (vgl Gribbohm LK 116:Ö 8 auch mit §§ 169, 235).

§§ 237, 238 *(weggefallen)*

§ 239 Freiheitsberaubung

(1) **Wer einen Menschen einsperrt oder auf andere Weise der Freiheit beraubt, wird mit Freiheitsstrafe bis zu fünf Jahren oder mit Geldstrafe bestraft.**

(2) **Der Versuch ist strafbar.**

§ 239 BT. 18. Abschnitt. Straftaten gegen die persönliche Freiheit

(3) Auf Freiheitsstrafe von einem Jahr bis zu zehn Jahren ist zu erkennen, wenn der Täter
1. das Opfer länger als eine Woche der Freiheit beraubt oder
2. durch die Tat oder eine während der Tat begangene Handlung eine schwere Gesundheitsschädigung des Opfers verursacht.

(4) Verursacht der Täter durch die Tat oder eine während der Tat begangene Handlung den Tod des Opfers, so ist die Strafe Freiheitsstrafe nicht unter drei Jahren.

(5) In minder schweren Fällen des Absatzes 3 ist auf Freiheitsstrafe von sechs Monaten bis zu fünf Jahren, in minder schweren Fällen des Absatzes 4 auf Freiheitsstrafe von einem Jahr bis zu zehn Jahren zu erkennen.

Fassung des 6. StRG (13 vor § 1).

1   **1.** Die Vorschrift schützt die potentielle persönliche **Bewegungsfreiheit** (hM; vgl etwa BGHSt 14, 314; 32, 183; Müller-Dietz LdR S 686; Träger/Schluckebier LK 1; Wieck-Noodt MK 1, 12; krit Schumacher, Stree/Wessels-FS, S 431, 434; anders Bloy ZStW 96, 703; Arzt/Weber BT 9/13; Horn/Wolters SK 2a; Sonnen NK 8; Tröndle/Fischer 4; klärend zum unübersichtlichen Meinungsstand Küpper BT S 137; zu den Auswirkungen der Streichung des Wortes „Gebrauchs" [der Freiheit] und der Einführung der Versuchsstrafbarkeit in Abs 2 auf die Rechtsgutsdiskussion Kargl JZ 99, 72, der – im Anschluss an Küper BT S 138 – die Verfügbarkeit über einen Bewegungsraum geschützt sieht; ebenso Kindhäuser 3). Deshalb kommt es nicht darauf an, ob der Betroffene sich überhaupt fortbewegen will, sondern darauf, ob ihm diese Möglichkeit genommen wird (Köln NJW 86, 333). Geschützt sind mithin auch Betrunkene, Geisteskranke, Gelähmte und Kinder, sofern sie zu willkürlicher Ortsveränderung überhaupt imstande sind (Träger/Schluckebier LK 4–10); nicht aber Kleinstkinder (Bay 50/51, 525).

2   **2. a) Ein Mensch ist seiner Freiheit beraubt,** wenn und solange er – sei es auch nur vorübergehend (BGHSt 14, 314; kurzfristiges Festhalten reicht aber nicht, NStZ 03, 371) und ohne sein Wissen (Jakobs, Roxin-FS, S 793, 804) – zB durch Gewalt, List, Drohung, Betäubung, Nichtanhalten eines Fahrzeugs (NStZ 92, 33) gehindert wird, seinen Aufenthaltsort frei zu verlassen (hM; vgl etwa Küpper BT S 136; nur im Ergebnis probl BGHSt 32, 183 mit krit Anm Herzberg/Schlehofer JZ 84, 481 und Geerds JR 84, 430); dabei muss seine Fortbewegungsfreiheit vollständig aufgehoben werden (NJW 93, 1807 mit zust Bespr Otto JK 2), das Verlassen des Ortes also unmöglich oder mindestens so erschwert erscheinen, dass es nach den Umständen als Verhaltensalternative nicht in Frage kommt (NStZ 01, 420; Park/Schwarz Jura 95, 294, 296; Wieck-Noodt MK 27). Drohung mit einem empfindlichen Übel (BGH aaO mwN; str) oder Anwendung entsprechender List reicht danach häufig nicht aus, wohl aber Drohung mit gegenwärtiger Gefahr für Leib oder Leben (BGH aaO) oder Verweisen auf einen lebensgefährlichen Ausweg (Koblenz VRS 49, 347). – Auch Handeln gegenüber einem Schlafenden oder Bewußtlosem kommt – allerdings unter umstrittenen Voraussetzungen (vgl etwa Meyer-Gerhards JuS 74, 566, 569; Geppert JuS 75, 384, 387; Bloy ZStW 96, 703, 724; Schumacher, Stree/Wessels-FS, S 431, 438 [speziell für alte Menschen in Endstadien dementiver Erkrankungen]; Jakobs aaO; Horn/Wolters SK 3; Joecks 10, 11; zusf Geppert/Bartl Jura 85, 221; Park/Schwarz aaO S 294 und Fahl Jura 98, 456, 460, alle mwN) – ebenso in Frage wie Unterlassen in Garantenstellung (zB Untätigbleiben nach versehentlicher Einsperrung, 6, 11 zu § 13; b auch NJW 04, 528).

3   **b) Einsperren** (Verhinderung des Verlassens eines Raumes durch äußere Vorrichtungen; Küper BT S 122) ist als häufigste Begehungsform nur ein hervorgeho-

Freiheitsberaubung **§ 239**

benes Beispiel; ob es die Unterbringung in einer geschlossenen psychiatrischen Anstalt erfasst, hängt vom Einzelfall ab (Sack/Denger MDR 82, 972); ebenso bei Einrichtungen der stationären Altenhilfe (Schumacher, Stree/Wessels-FS, S 431, 440).

c) Auch **mittelbare Täterschaft** (2–4 zu § 25) ist praktisch bedeutsam; sie 4 kann zB vorliegen bei Herbeiführen einer Verhaftung auf Grund unwahrer Anzeige (BGHSt 3, 4; 10, 306; 42, 275), in Ausnahmefällen auch auf Grund wahrer Anzeige oder Aussage trotz Zeugnisverweigerungsrechts (BGHSt 3, 110; 40, 218; 42, 275 mit zust Bespr König JR 97, 317, 321; Träger/Schluckebier LK 31) oder auf Grund wahrer Aussage vor einem Gericht außerhalb der Bundesrepublik (NJW 58, 874; Düsseldorf NJW 79, 59, 60). Beruht die Haft auf dem Urteil eines Gerichts, so ist Täterschaft des falsch Anzeigenden bzw die Werkzeugeigenschaft des Gerichts zweifelhaft (dagegen Otto GK 2 28/7 mwN).

d) **Einwilligung** schließt schon den Tatbestand aus, weil die Begriffe des Be- 5 raubens und Einsperrens Handeln gegen oder ohne den Willen des Betroffenen erfordern (hM; vgl etwa W-Hettinger BT 1 Rdn 374; krit Kargl JZ 99, 72, 75; anders Jescheck/Weigend AT S 373 und Otto GK 2 28/9; s auch 11 vor § 32); das gilt jedoch idR nicht für das erschlichene Einverständnis, weil auch List als Tatmittel anerkannt ist (Zipf, Einwilligung und Risikoübernahme im Strafrecht, 1970, S 17; Horn/Wolters SK 8, 9; Wieck-Noodt MK 46; aM Park/Schwarz Jura 95, 294, 297; s auch Zweibrücken GA 81, 94; str) und weil überdies der Charakter der Tat als Verletzung fremder, auf das geschützte Rechtsgut bezogener Autonomie durch ein solches Einverständnis nicht berührt wird (Bloy ZStW 96, 703, 713).

3. Der **Vorsatz** (bedingter genügt) muss sich nach dem klarstellenden Eingrei- 6 fen des Gesetzgebers nicht mehr auf das gestrichene Merkmal der „Widerrechtlichkeit" beziehen (Nelles, 6. StrRG Einf, 3/8; s auch Kargl JZ 99, 72, 73; ebenso schon die bisher hM).

4. Die **Rechtswidrigkeit** kann namentlich aus folgenden Gründen ausge- 7 schlossen sein: Notwehr (§ 32); erlaubte Selbsthilfe (§§ 229, 562 b BGB); amtliche Befugnis (beachte bei Holtz MDR 78, 624; Schleswig NStZ 85, 74 mit krit Anm Otto und Amelung/Brauer JR 85, 474; LG Mainz MDR 83, 1044); rechtmäßige (7 zu § 113) Vollstreckungshandlung (Köln NStZ 86, 234 mit krit Bespr Geppert Jura 86, 532); Festnahmerecht (§ 127 StPO, Fincke GA 71, 41); Erziehungsrecht (Otto Jura 01, 670, 671; Küpper BT 1 II 3/9; Wieck-Noodt MK 32; Horn/Wolters SK 12 a: wenn sie keine „entwürdigende Erziehungsmaßnahme" darstellt); Familienpflege eines Geisteskranken (BGHSt 13, 197 mit Anm Sax JZ 59, 778); vormundschaftsgerichtliche Genehmigung (Sack/Denger MDR 82, 972; Schumacher, Stree/Wessels-FS, S 431, 446); zur Rechtfertigung der zwangsweisen Bergung und Einsperrung schwimmender DDR-Flüchtlinge durch den Kapitän eines unter DDR-Flagge fahrenden Passagierschiffes JZ 98, 366 mit Bespr Schroeder, Lemke NJ 98, 265 und Fahl NJ 98, 573. – Die **irrige Annahme** der Rechtfertigung ist je nach den Umständen Erlaubnistatbestands- oder Verbotsirrtum (BGHSt 3, 357; 6, 9–17 zu § 17).

5. Die Tat ist **Dauerdelikt** (11 vor § 52), also mit Eintritt des Freiheitsentzugs 8 vollendet und erst mit dessen Wiederaufhebung beendigt (Kühl, Roxin-FS, S 665, 676). Der **Versuch** nach Abs 1 ist nach der Neufassung strafbar (**Abs 2;** krit zur Begründung Nelles aaO [vgl 6] Rdn 9), so dass nicht mehr auf die versuchte Nötigung zurückgegriffen werden muss (Nelles aaO Rdn 10).

6. Abs 3, 4 qualifizieren die Tat zum Verbrechen (2, 3 zu § 12). Bei schwerer 9 Gesundheitsschädigung (3 zu § 250) iS des Abs 3 Nr 2 oder Tod des Opfers iS des Abs 4 fordert § 18 mindestens Fahrlässigkeit (beachte BGHSt 21, 288, 291), die auch bei Dauer von mehr als einer Woche nach der bisherigen Rspr genügte

§ 239a BT. 18. Abschnitt. Straftaten gegen die persönliche Freiheit

(BGHSt 10, 306); dies ist nach der „aktivischen" Neufassung von Abs 1 Nr 1 zwar zweifelhaft geworden (Vorsatz verlangen deshalb Nelles aaO [vgl 6] Rdn 12; W-Hettinger BT 1 Rdn 377; Horn/Wolters SK 16; Joecks 17; Sonnen NK 27; Tröndle/Fischer 15), doch war vom Gesetzgeber keine Umwandlung der Erfolgsqualifikation in eine tatbestandliche Qualifikation gewollt (BT-Dr 13/8587 S 84; Kühl, BGH-FS, S 237, 242; Küpper BT 1 I 3/11; Otto GK 2 28/12; Rengier BT II 22/11; Kindhäuser 15; Träger/Schluckebier LK 33). Auch im Tod bei einem Fluchtversuch (BGHSt 19, 382; diff Bussmann GA 99, 21, 32; aM Widmann MDR 67, 972) und im Selbstmord des Opfers (LM Nr 4) kann sich die der Freiheitsentziehung eigentümliche Gefahr realisieren (Kühl aaO S 265; Puppe, Die Erfolgszurechnung im Strafrecht, 2000, S 237, 244; Küpper BT 1 I 3/12; 8 zu § 18). Zum Versuch der erfolgsqualifizierten Delikte 9, 10 zu § 18; der erfolgsqualifizierte Versuch kommt für Abs 3 Nr 1 und Abs 4 (abl Bussmann aaO S 33; dagegen Puppe aaO S 239; beachte auch Hardtung, Versuch und Rücktritt bei den Teilvorsatzdelikten des § 11 Abs. 2 StGB, 2002, S 96, der den Freiheitsberaubungserfolg zur Tatbestandsvoraussetzung erhebt) in Betracht, nachdem der Wortlaut nicht mehr auf den „der Freiheit Beraubten", sondern auf das „Opfer" abstellt (vgl Kühl, Gössel-FS, S 191, 207 mwN); für Abs 3 Nr 1 kommt, sofern man weiterhin von einer Erfolgsqualifizierung ausgeht, die versuchte Erfolgsqualifizierung, ansonsten der „normale" Versuch eines Qualifikationstatbestandes, in Betracht (Kühl aaO S 198). – Zu **Abs 5** (minder schwere Fälle) 7–10 a zu § 46; 4 zu § 12.

10 7. **Tateinheit** ua möglich mit §§ 113, 132 (RGSt 59, 291, 298), §§ 153, 154, 164 sowie zur Klarstellung zwischen vollendeter einfacher und versuchter schwerer Freiheitsberaubung (NStZ 01, 247 mit Bespr Heger JA 01, 631). Freiheitsberaubungen, die als bloße Nebenfolgen anderer Taten (zB Körperverletzungen) verursacht werden oder die nur Mittel oder Bestandteil anderer, regelmäßig mit Freiheitsentziehung verbundener Taten sind (zB Raub und Vergewaltigung oder Nötigung [NStZ-RR 03, 168]), werden verdrängt, wenn ihnen keine Eigenbedeutung zukommt (Horn/Wolters SK 13; Träger/Schluckebier LK 40). – Ist die dem Opfer „widerfahrene Behandlung" als solche mit Strafe bedroht (zB als vorsätzliche Tötung oder Körperverletzung) und erfüllt sie zugleich die Voraussetzungen der Abs 3 oder 4, so liegt Tateinheit vor (BGHSt 28, 18; NStZ 99, 83; Jescheck/Weigend AT S 723). Über das Verhältnis zu § 239 a dort 11; zu § 240 27; zu § 241 a dort 3.

§ 239 a Erpresserischer Menschenraub

(1) **Wer einen Menschen entführt oder sich eines Menschen bemächtigt, um die Sorge des Opfers um sein Wohl oder die Sorge eines Dritten um das Wohl des Opfers zu einer Erpressung (§ 253) auszunutzen, oder wer die von ihm durch eine solche Handlung geschaffene Lage eines Menschen zu einer solchen Erpressung ausnutzt, wird mit Freiheitsstrafe nicht unter fünf Jahren bestraft.**

(2) **In minder schweren Fällen ist die Strafe Freiheitsstrafe nicht unter einem Jahr.**

(3) **Verursacht der Täter durch die Tat wenigstens leichtfertig den Tod des Opfers, so ist die Strafe lebenslange Freiheitsstrafe oder Freiheitsstrafe nicht unter zehn Jahren.**

(4) **Das Gericht kann die Strafe nach § 49 Abs. 1 mildern, wenn der Täter das Opfer unter Verzicht auf die erstrebte Leistung in dessen Lebenskreis zurückgelangen läßt. Tritt dieser Erfolg ohne Zutun des Täters ein, so genügt sein ernsthaftes Bemühen, den Erfolg zu erreichen.**

Fassung des 6. StRG (13 vor § 1).

Erpresserischer Menschenraub **§ 239a**

1. Die Vorschrift schützt vornehmlich die **persönliche Freiheit und Unver-** 1
sehrtheit des Opfers, daneben die persönliche Freiheit des Dritten, dessen Sorge
ausgenutzt werden soll (W-Hillenkamp BT 2 Rdn 741), und erst in letzter Linie
das Vermögen. Nach ihrem Schwerpunkt ist die Tat daher kein Vermögensdelikt
(Träger/Schluckebier LK 1; aM Sch/Sch-Eser 3), sondern ein durch die erpresserische Absicht qualifiziertes Delikt gegen die persönliche Freiheit und Unversehrtheit (ähnlich Müller-Emmert/Maier MDR 72, 97; Renzikowski JZ 94, 492, 496
und MK 6, 9, der ein potentielles Gefährdungsdelikt annimmt; Brambach, Probleme der Tatbestände des erpresserischen Menschenraubes und der Geiselnahme,
2000, S 47, 67, der den Lebensschutz der Geisel in den Vordergrund rückt, und
Rheinländer, Epresserischer Menschenraub und Geiselnahme, 2000, S 206, 226,
256, der auf die gesteigerte Realisierungswahrscheinlichkeit der Drohung und damit den Schutz der Geisel abstellt; den Angriff auf Leib und Leben des Opfers
rückt in den Vordergrund Immel, Die Gefährdung von Leib und Leben durch
Geiselnahme, 2001, S 61, mit krit Bespr Zöller GA 03, 188; Nikolaus, Zu den
Tatbeständen des erpresserischen Menschenraubs und der Geiselnahme, 2003,
S 199, die die Freiheit der Geisel und die Willensentschließungsfreiheit des Er-
pressungsadressaten als gleichrangige Rechtsgüter einstuft; s auch BGHSt 16, 316;
abw Bohlinger JZ 72, 230 und Hansen GA 74, 353, 368). – Zur geschichtlichen
Entwicklung Nikolaus aaO S 24; Renzikowski MK 13–26 und Sonnen NK 10,
11. – Zur Reform Rheinländer aaO S 268 mit Gesetzesvorschlag S 291 und
Nikolaus S 207 mit Gesetzesvorschlag.

2. Angriffsobjekt kann jeder Mensch sein, auch der Erwachsene und das eige- 2
ne Kind (BGHSt 26, 70 und GA 75, 53).

3. a) Abs 1 Alt 1: Entführen ist das Verbringen des Opfers an einen anderen 3
Aufenthaltsort mit der Wirkung, dass es dem ungehemmten Einfluss des Täters
ausgesetzt ist (BGHSt 22, 178; 24, 90; 39, 350; NStZ 94, 283 und 430; Brambach
aaO [vgl 1] S 92; Küper BT S 123; Renzikowski MK 29, 30). Daran fehlt es,
wenn der Täter das Ofper schon vorher in seiner Gewalt hatte (GA 66, 310 und
68, 246; Britz/Müller-Dietz Jura 97, 313, 317; Renzikowski MK 31, der ein Sichbemächtigen annimmt); es genügt aber, dass das Verbringen die schon vorher bestehende Herrschaftgewalt des Täters erheblich verstärkt (unklar insoweit BGHSt
25, 237 mit krit Bespr Geilen JZ 74, 540). Eine ständige aktuelle physische Gewalt
über das zB eingesperrte Opfer wird nicht verlangt (Renzikowski JZ 94, 492, 495;
Träger/Schluckebier LK 5); bis zur Aufhebung der persönlichen Freiheit braucht
der Einfluss des Täters nicht zu gehen. Als Mittel der Entführung reicht der Einsatz von List aus (NStZ 96, 276; einschr Sonnen NK 20; 2 zu § 234). – **Sich bemächtigen** bedeutet Begründung eigener physischer Herrschaft (iS von Verfügungsgewalt) über den Körper eines anderen (BGHSt 26, 70; NStZ 96, 277;
Renzikowski aaO S 495 und MK 34; krit Küpper Jura 83, 206, 210); bloßes Bedrohen mit einer Waffe („in-Schach-halten") – nach der Rspr auch mit einer
Scheinwaffe wie zB einer Bombenattrappe (StV 99, 647 mit zu Recht krit Bespr
Renzikowski; NStZ 99, 509; NStZ-RR 02, 213) – kann genügen (NJW 90,
1055; NStE 4; Rengier GA 85, 314; Renzikowski aaO S 495; Mitsch BT 2,2
2/84); einer Ortsveränderung (NStZ 96, 277 und 99, 509; Zöller JA 00, 476, 477;
Brambach aaO S 96) oder einer Freiheitsberaubung (NStZ-RR 97, 100) nach
§ 239 bedarf es nicht (zB Festhalten eines zur Ortsveränderung unfähigen Kleinst-
kindes, Bay JZ 52, 237; Horn/Wolters SK 4 mit weiteren Beispielen). Begehen
durch Unterlassen in Garantenstellung (6 zu § 13) ist möglich (krit Lampe JR 75,
424; aM Brambach S 98 und Renzikowski MK 38). – Beide Begriffe decken sich
weitgehend; jedoch hat jeder von ihnen einen selbstständigen Anwendungsbereich
(Bohlinger JZ 72, 230; Britz/Müller-Dietz Jura 97, 313, 317; Nikolaus aaO [vgl 1]
S 201; aM Maurach, Heinitz-FS, S 403, 407; Sch/Sch-Eser 6). – Stellt sich jemand

§ 239a BT. 18. Abschnitt. Straftaten gegen die persönliche Freiheit

freiwillig als Geisel (nicht nur als Ersatzgeisel; dazu Immel aaO S 275 und Mitsch BT 2,2 2/73) zur Verfügung, so entfällt der Tatbestand (Backmann JuS 77, 444, 449; Zöller aaO; Nikolaus aaO S 200; W-Hettinger BT 1 Rdn 454, 455; str); das Einverständnis eines noch willensunfähigen Kindes kann jedoch nicht durch den Erziehungsberechtigten ersetzt werden (BGHSt 26, 70; Kindhäuser BT I 16/11).

4 b) aa) In dieser 1. Alternative muss mit dem **Vorsatz** die **Absicht** verbunden sein (StV 87, 483), Sorge um das Wohl des Opfers (W-Hillenkamp BT 2 Rdn 742) zu erregen oder zu unterhalten und diese für eine – sei es auch noch nicht konkretisierte (NStZ 03, 151 mit Bespr Geppert JK 8 zu § 253; Backmann/Müller-Dietz JuS 75, 38, 41) – Erpressung des besorgten Opfers selbst (BT-Dr 11/4359 S 17; krit Kunert/Bernsmann NStZ 89, 449, 450) oder eines besorgten Dritten, der nicht notwendig eine nahe stehende Person sein muss (Backmann/Müller-Dietz aaO), auszunutzen (hM; vgl NStZ 03, 328; anders Hansen GA 74, 353, 366). Die Erregung oder Unterhaltung von Sorge muss danach Zwischenziel (20 zu § 15) und die Erlangung eines Vermögensvorteils durch Erpressung (8 zu § 253) Endziel (oder auch nur ein weiteres Ziel) sein; als Endziel kommt auch (schwerer) Raub in Betracht (NStZ 02, 31 mit Bespr Geppert JK 9; NStZ 03, 604). Nach der Tatbestandserweiterung durch das 2. StGB/VersGÄndG (vor 1) genügt es jetzt idR auch, wenn sich der Täter mehrerer Personen bemächtigt, den Erpressungserfolg aber nur durch den drohenden Einfluss auf den Verfügenden selbst zu erreichen sucht (anders zum früheren Recht bei Holtz MDR 89, 305).

4 a Eine einschränkende Auslegung der Vorschrift für sog **Zweipersonenverhältnisse** nach Kriterien der Außenwirkung (BGHSt 39, 36 mit krit Bespr Graul, ZustStR, S 345; Tenckhoff/Baumann JuS 94, 836) oder der besonderen Zwangslage aus der Sicht des Opfers (BGHSt 40, 90) ist vom Großen Senat in Strafsachen unter Betonung des Wortlauts und der Entstehungsgeschichte verworfen worden (BGHSt – GS – 40, 350, 358 mit überwiegend zust Bespr Hauf NStZ 95, 184, Jung JuS 95, 556, Lesch JA 95, 449, Müller-Dietz JuS 96, 110, Renzikowski JR 95, 349 und Geppert JK 6a und b; vgl auch Hellmann JuS 96, 522, 527; Tag JuS 96, 904, 910; Heinrich NStZ 97, 365; Zöller JA 00, 476, 479; Brambach aaO [vgl 1] S 186 und Küper BT S 253). Gefordert wird jetzt ein **funktionaler Zusammenhang** zwischen den beiden Teilakten der sog unvollkommen zweiaktigen Delikte § 239a und § 239b; der Täter muss danach beabsichtigen, die durch die Tathandlung geschaffene Lage zur Erpressung (§ 239a) oder zur qualifizierten Drohung und dadurch bewirkten Nötigung (§ 239b) auszunutzen (NStZ 03, 328 und 604). Während bei der Entführung das Opfer in seinen Schutz- und Verteidigungsmöglichkeiten eingeschränkt und deshalb dem ungehemmten Einfluss des Täters ausgesetzt ist, wird es an einer derartig „stabilisierten Lage" beim Sichbemächtigen vielfach fehlen (BGH – GS – aaO S 359; NStZ-RR 96, 141); nicht tatbestandsmäßig sind Bemächtigungen, bei denen der Bemächtigungssituation keine „eigenständige Bedeutung" zukommt, die abgenötigte oder abgepresste Handlung vielmehr schon durch die Bedrohung (zB Vorhalten einer Schusswaffe, StV 96, 266; NStZ 96, 277, 278; Küper BT S 256; ähnlich die „Zweiaktigkeitstheorie" von Brambach aaO S 192; ähnlich auch Immel aaO [vgl 1] S 218: „hinreichend lang dauerndes Herrschaftsverhältnis"; krit Tröndle/Fischer 8; vgl aber Horn/Wolters SK 7) durchgesetzt wird. Ob mit dieser differenzierten Behandlung der beiden Tathandlungen der richtige Weg zur Einschränkung der Vorschriften gefunden ist, erscheint zweifelhaft (krit auch Hauf, Müller-Dietz, Renzikowski, Geppert und Heinrich jeweils aaO; Renzikowski JR 98, 126 und MK 58, 59; Rheinländer aaO [vgl 1] S 245; krit wegen des Offenlassens der Konkurrenzfrage Fahl NJ 96, 70 und Jura 96, 456); der Ruf nach dem Gesetzgeber ist durch die Entscheidung nicht verstummt (Sch/Sch-Eser 13a und Tröndle/Fischer 8a, beide mwN; zum Änderungsbedarf mit Regelungsvorschlag Brambach S 243, 254). Am erforderlichen **zeitlichen Zusammenhang** fehlt es, wenn die zu erpressende Leistung nach dem Tatplan erst nach der Beendigung der Bemächtigungslage erfolgen soll (NStZ 96, 277; StV 97, 302 und 303; Zöller aaO S 478, Rengier BT II 24/13; Horn/Wolters SK 6); dies soll aber dann nicht gelten, wenn bereits während der Zwangssituation eine Handlung (zB ein Ehrenwort) abgenötigt wird, die aus der Sicht des Täters gegenüber dem erstrebten Endzweck selbstständige Bedeutung hat (NJW 97, 1082 mit Bespr Fahl JA 97, 746, Martin JuS 97, 757, Renzikowski JR 98, 126 und Geppert JK 1 zu § 239b). – Die Erfordernisse der „stabilisierten Lage" und des funktionalen Zusammenhangs gelten nach der Rspr auch im Dreipersonenverhältnis (NStZ 99, 509 mit Bespr Baier JA 00, 193; Immel NStZ 01, 67 und Geppert JK 7; NStZ 02, 31 mit zust Bespr Geppert JK 9; Renzikowski StV 99, 647, 649; Rengier BT II 24/18; Sonnen NK 34); im Dreipersonenverhältnis ist eine solche stabile Bemächtigungslage regelmäßig gegeben (NStZ-RR 02, 213).

bb) Die **Sorge um das Wohl** setzt die Befürchtung voraus, das Opfer könne 5 bei Fortbestehen der vom Täter geschaffenen Lage körperliche oder seelische Unbill erleiden (BGHSt 25, 35; enger Mitsch BT 2,2 2/95; weiter Horn/Wolters SK 9); die Besorgnis unmittelbarer Gefahr für Leib oder Leben ist nicht unbedingt erforderlich (hM; vgl etwa Renzikowski MK 53; anders Hansen GA 74, 353, 368; zw). Ob daneben auch noch andere Motive des Opfers oder des Dritten (zB außenpolitische Rücksichtnahme der erpressten Regierung) ausgenutzt werden sollen, ist unerheblich.

cc) Die Tat ist mit der Tathandlung in dieser Absicht **vollendet** (näher Bram- 6 bach aaO [vgl 1] S 128, 132, 202); ob es zu deren Verwirklichung kommt (vgl jedoch 10), ob der Täter das Opfer nach erfolgreicher Erpressung freigeben will und wie er überhaupt mit ihm verfährt oder zu verfahren vorhat (BGHSt 16, 316), ist für den Tatbestand bedeutungslos.

4. Abs 1 Alt 2: Hier wird die Tathandlung nicht in erpresserischer Absicht, 7 sondern zu anderen Zwecken (zB in sexueller Absicht) begangen. Die Ausnutzung der Sorge muss durch eine vollendete oder wenigstens versuchte Erpressung geschehen (ebenso Kindhäuser BT I 16/20 und Mitsch BT 2,2 2/111), die sich auch gegen das Bemächtigungsopfer selbst (BT-Dr 11/4359 S 17) oder gegen ein anderes Opfer richten kann, dessen sich der Täter bemächtigt hat (StV 87, 483 mit Anm Horn); dass er nur die Unfreiheit des Opfers in Erwartung eines Lösegeldangebots aufrechterhält, genügt nicht (2 StR 340/76 v 21. 7. 1976; aM Maurach, Heinitz-FS, S 403, 408; zw).

5. Zu Abs 2 (minder schwere Fälle) 6–10a zu § 46. 8

6. Die **Erfolgsqualifikation nach Abs 3** entspricht ihrer Struktur nach dem 9 Raub mit Todesfolge (1–3 zu § 251); jedoch ist die Strafschärfung auf den Tod des Opfers, der Geisel, beschränkt (Brambach aaO [vgl 1] S 135). Nach der Rspr ist auch die vorsätzliche Tötung erfasst (NStZ 94, 481, 482); dies ist jetzt durch die Einfügung des Worts „wenigstens" gesetzlich klargestellt (Nelles, 6. StrRG Einf, 3/17; Zöller JA 00, 476, 481). – Auch mittelbare Verursachung der Todesfolge (vgl 8 zu § 18) im Rahmen einer Befreiungsaktion zur Beendigung der Geiselnahme kann genügen (nur im Ergebnis zu eng BGHSt 33, 322 mit Bespr Küpper NStZ 86, 117, Fischer NStZ 86, 314, Krehl StV 86, 432, Wolter JR 86, 465 und Sowada Jura 94, 643, 650; Kühl, BGH-FG, S 237, 266; Puppe, Die Erfolgszurechnung im Strafrecht, 2000, S 241; Brambach aaO S 139; W-Hettinger BT 1 Rdn 460; Horn/Wolters SK 28; Joecks 28–29a; Renzikowski MK 77–84). – Zum möglichen erfolgsqualifizierten Versuch Hardtung, Versuch und Rücktritt bei den Teilvorsatzdelikten des § 11 Abs. 2 StGB, 2002, S 154; Roxin AT II 29/335; Renzikowski MK 91; Träger/Schluckebier LK 31).

§ 239b BT. 18. Abschnitt. Straftaten gegen die persönliche Freiheit

10 7. Abweichend von anderen Fällen **tätiger Reue** nach vollendeter Tat (29 zu § 24) erfordert **Abs 4** keine Freiwilligkeit (16–18 zu § 24; 3 zu § 239b), unterwirft aber die fakultative Strafmilderung nicht dem Maßstab des § 49 II (zu den Gründen BT-Dr VI/2722 S 2), sondern dem strengeren des § 49 I (2–4, 8–11 zu § 49; 2–4 zu § 50). – **In seinen Lebenskreis zurückgelangt** ist das Opfer, wenn es nach Entlassung aus der Gewalt des Täters die Möglichkeit verwirklicht hat, seinen Aufenthaltsort frei zu bestimmen und zu erreichen (NStZ 03, 605 mit Bespr Otto JK 10; Küpper BT 1 I 3/30; Renzikowski MK 94; enger Tröndle/Fischer 19; weiter Immel aaO [vgl 1] S 358); bei Minderjährigen und Hilfsbedürftigen ist uU Mitwirkung der Obhutspflichtigen erforderlich (Sch/Sch-Eser 37). **Erstrebte Leistung** ist die Beute (uU auch ein an ihre Stelle getretenes Surrogat, zw), auf deren erpresserische Erlangung es dem Täter ankam (vgl 4). Er **verzichtet** auf sie, wenn er entweder die Bemühungen um ihre Erlangung endgültig aufgibt oder das bereits Erlangte zugunsten des Erpressten wieder preisgibt; da Verzicht aber Wahlmöglichkeit voraussetzt, reicht bloßes Unvermögen, die bereits verwertete Beute herauszugeben, nicht aus (Joecks 32; Renzikowski MK 96; Träger/Schluckebier LK 37; aM Müller-Emmert/Maier MDR 72, 97; Bohlinger JZ 72, 230, 233; Horn/Wolters SK 23, zw), es sei denn, dass sich das Unvermögen nur auf einen unwesentlichen Teil des Erlangten bezieht (Renzikowski MK 96; Tröndle/Fischer 20; BT-Dr VI/2722 S 3).

11 8. Die §§ 239, 239b (dort 4), 240 werden verdrängt (Subsidiarität; ebenso Renzikowski MK 104; für §§ 239, 240 nimmt Zöller JA 00, 476, 481, Spezialität an); geht die Freiheitsentziehung zeitlich über die für § 239a erforderliche Freiheitseinschränkung hinaus, so besteht mit § 239 Tateinheit (NStZ-RR 03, 45, 46). Mit § 235 (dort 10; ebenso Träger/Schluckebier LK 41) und §§ 253, 255 (BGHSt 16, 316, 320; 26, 24; NStZ 93, 39 mit Bespr Geppert JK 3a und b; str) ist **Tateinheit** möglich. Zur Konkurrenz mit den vorsätzlichen Tötungsdelikten gelten die Ausführungen unter 4 zu § 251 sinngemäß. § 222 tritt hinter Abs 3 zurück.

12 9. Anzeigepflicht § 138 I Nr 7.

§ 239b Geiselnahme

(1) **Wer einen Menschen entführt oder sich eines Menschen bemächtigt, um ihn oder einen Dritten durch die Drohung mit dem Tod oder einer schweren Körperverletzung (§ 226) des Opfers oder mit dessen Freiheitsentziehung von über einer Woche Dauer zu einer Handlung, Duldung oder Unterlassung zu nötigen, oder wer die von ihm durch eine solche Handlung geschaffene Lage eines Menschen zu einer solchen Nötigung ausnutzt, wird mit Freiheitsstrafe nicht unter fünf Jahren bestraft.**

(2) **§ 239a Abs. 2 bis 4 gilt entsprechend.**

Fassung des 6. StrRG (13 vor § 1).

1 1. Die Vorschrift richtet sich gegen **Geiselnahmen,** mit denen der Täter andere als Bereicherungszwecke (zB Gefangenenbefreiung) verfolgt. Sie unterscheidet sich von § 239a nur dadurch, dass an die Stelle der erpresserischen Absicht jegliche Absicht der Nötigung eines anderen tritt, dafür aber als Nötigungsmittel eine qualifizierte Drohung beabsichtigt sein muss (krit zu dieser Konzeption Renzikowski JZ 94, 492, 494). Er schützt deshalb – ebenso wie § 239a (dort 1) – vorrangig die persönliche Freiheit und Unversehrtheit der Geisel (W-Hettinger BT 1 Rdn 452; enger Arzt/Weber BT 18/32: konkret-abstraktes Lebensgefährdungsdelikt bei Dreierbeziehung; zust Sonnen NK 6); eine einschränkende Auslegung in Fällen, in denen eine Gefährdung der Geisel ausgeschlossen ist, lässt sich jedoch daraus nicht herleiten (hM; anders Backmann JuS 77, 444 mwN; zw). – Zu den Möglichkeiten **internationaler Bekämpfung** der Geiselnahme Jescheck GA 81, 49, 64 und Renzikowski MK 9–14.

2. Zu den Tathandlungen und zum inneren Tatbestand vgl zunächst 3–7 zu § 239a (s auch BGHSt 26, 309); für sexuelle Nötigungen gelten die Ausführungen unter 4a zu § 239a (diff bei § 239b aber Graul, ZustStR, S 345, 356). **Drohung** 12 zu § 240 (zu einer konkludenten Todesdrohung s NStZ 01, 247 mit Bespr Heger JA 01, 631); **Handlung, Duldung oder Unterlassung** 4 zu § 240; **schwere Körperverletzung** 2–5 zu § 226 (krit zu dieser Beschränkung Sch/Sch-Eser 4). Wegen des Fehlens der Gewalt als Nötigungsmittel reicht auch eine Duldung der Gewalt als Nötigungsziel nicht aus (einschr Renzikowski MK 21); erforderlich ist, dass der Täter ein Verhalten erstrebt, bei dem das Opfer selbst aktiv mitwirken und dabei einen gewissen Entscheidungsspielraum besitzen muss (Heinrich NStZ 97, 365, 369; krit Renzikowski JR 98, 126, 127 Fn 13). Nötigungsadressat kann nicht nur eine Person, sondern zB auch eine staatliche Stelle sein (BT-Dr VI/2722 S 4); in diesen Fällen braucht eine Bedrohung der Geisel selbst nicht beabsichtigt zu sein (NStZ 85, 455). – Im Sinne der 2. Alternative liegt eine „**solche Nötigung**" vor, wenn sie durch Drohung mit dem Tode, einer schweren Körperverletzung nach § 226 (nicht lediglich einer gefährlichen nach § 224, NJW 90, 57) oder einer Freiheitsentziehung von über einer Woche Dauer begangen wird. In Fällen mit Dreiecksstruktur fehlt es am erforderlichen funktionalen Zusammenhang (4a zu § 239a), wenn der Nötigungsadressat nach der Vorstellung des Täters keine Kenntnis von der Bemächtigungslage des Opfers hat (NStZ-RR 97, 100; NStZ 02, 317). – § 240 II ist nicht anwendbar, weil die Verwerflichkeit der Mittel-Zweck-Relation ohne Rücksicht auf eine mögliche Wertneutralität des Nötigungszwecks (BT-Dr VI/2722 S 3) schon aus dem Nötigungsmittel folgt (Renzikowski MK 18; krit Bohlinger JZ 72, 230, 233).

3. Zu Abs 2 vgl 8–10 zu § 239a. **Verzicht auf die erstrebte Leistung** bedeutet hier Aufgabe der Nötigungsabsicht (NStZ 03, 605; beachte dazu bei Theune NStZ 87, 497; LG Mainz MDR 84, 687) oder Verzicht auf Ausnutzung des bereits erzielten Nötigungserfolgs; die Regelung kann auch nach Vollendung der Geiselnahme eingreifen (NStZ 03, 605 mit Bespr Otto JK 10 zu § 239a); sie setzt bei Freilassung der Geisel kein freiwilliges Handeln voraus (NJW 01, 2895 [mit Bespr Baier JA 02, 188, Heinrich JR 02, 161 und Geppert JK 8 zu § 239a]; NStZ-RR 02, 235).

4. Gegenüber § 239a ist die Vorschrift subsidiär (NStZ 02, 31 und 03, 604; Kindhäuser BT I 17/8); jedoch ist **Tateinheit** möglich, wenn mit derselben Tathandlung zugleich Bereicherung und ein anderer Zweck verfolgt werden (BGHSt 25, 386; 26, 24; NStZ 93, 39). Im Übrigen decken sich die Möglichkeiten der Konkurrenz weitgehend mit § 239a.

5. Anzeigepflicht § 138 I Nr 7.

§ 239c Führungsaufsicht

In den Fällen der §§ 239a und 239b kann das Gericht Führungsaufsicht anordnen (§ 68 Abs. 1).

Vgl 1, 2 vor § 68, 1–8 zu § 68.

§ 240 Nötigung

(1) **Wer einen Menschen rechtswidrig mit Gewalt oder durch Drohung mit einem empfindlichen Übel zu einer Handlung, Duldung oder Unterlassung nötigt, wird mit Freiheitsstrafe bis zu drei Jahren oder mit Geldstrafe bestraft.**

§ 240 BT. 18. Abschnitt. Straftaten gegen die persönliche Freiheit

(2) Rechtswidrig ist die Tat, wenn die Anwendung der Gewalt oder die Androhung des Übels zu dem angestrebten Zweck als verwerflich anzusehen ist.

(3) Der Versuch ist strafbar.

(4) In besonders schweren Fällen ist die Strafe Freiheitsstrafe von sechs Monaten bis zu fünf Jahren. Ein besonders schwerer Fall liegt in der Regel vor, wenn der Täter
1. eine andere Person zu einer sexuellen Handlung nötigt,
2. eine Schwangere zum Schwangerschaftsabbruch nötigt oder
3. seine Befugnisse oder seine Stellung als Amtsträger mißbraucht.

Fassung des 6. StrRG (13 vor § 1).

1 **I. 1.** Die Vorschrift **schützt die freie Willensentschließung und Willensbetätigung** (BVerfGE 73, 206, 237; zur Konkretisierung des im Kern umstrittenen Rechtsguts ua Jakobs, Peters-FS, S 69 und Kaufmann [H]-GedSchr, S 791; Arzt, Welzel-FS, S 823; Fezer JZ 74, 599 und GA 75, 353; Keller, Strafrechtlicher Gewaltbegriff und Staatsgewalt, 1982, S 44, 215; Bergmann, Das Unrecht der Nötigung [§ 240 StGB], 1983, S 44; Köhler, Leferenz-FS, S 511; Timpe, Die Nötigung, 1989, S 19; Hruschka JZ 95, 737, 743; Sinn, Die Nötigung im System des heutigen Strafrechts, 2000, S 53, 371; krit Amelung GA 99, 182, 184, 191 und Schroeder, Gössel-FS, S 415, 425).

2 **2.** Die **Verfassungsmäßigkeit** der Vorschrift ist vom BVerfG wiederholt – jeweils aus Anlass von Sitzblockaden – anerkannt worden (E 73, 206; 92, 1; 104, 92; für Verfassungswidrigkeit Calliess NJW 85, 1506). In der Entscheidung aus dem Jahre 1986 ist dies mit der Maßgabe erfolgt, dass die Bejahung nötigender Gewalt nicht allein schon die Rechtswidrigkeit der Tat indiziere (E 73, 206 mit Bespr Kühl StV 87, 122, Otto NStZ 87, 212, Starck JZ 87, 145 und Meurer/Bergmann JR 88, 49). Eine Klärung in den jahrelangen Auseinandersetzungen um die Verwerflichkeitsklausel hat die Entscheidung selbst nicht gebracht; doch haben sich Rspr und Lit in der Folgezeit mit zunehmendem Erfolg darum bemüht (vgl 22; ebenso die Einschätzung von Amelung NJW 95, 2584, 2587 und Scholz NStZ 95, 417, 422). In der Entscheidung aus dem Jahre 1995 hat das BVerfG überraschend die in der ersten Entscheidung unbeanstandet gebliebene Gewaltalternative des Abs 1 ins Visier genommen und deren Auslegung durch die Strafgerichte insoweit für verfassungswidrig (Verstoß gegen das Bestimmtheitsgebot des Art 103 II GG; diesem Ansatz zust Küper JuS 96, 783, 785 Fn 11) erklärt, als „die Gewalt lediglich in körperlicher Anwesenheit besteht und die Zwangswirkung auf den Genötigten nur psychischer Natur ist" (E 92, 1, 18). Die Entscheidung ist von der Lit überwiegend kritisch aufgenommen worden (Altvater NStZ 95, 278, Amelung NJW 95, 2584, Krey JR 95, 265, Lesch JA 95, 889 und 921, Roellecke NJW 95, 1525, Scholz NStZ 95, 417, Schroeder JuS 95, 875, Herzberg GA 96 557, Isensee JZ 96, 1085, 1089, Tröndle, Odersky-FS, S 259, 284 und BGH-FG, S 526 sowie Otto JK 15; weniger krit Braum KritV 95, 371, 381, Gusy JZ 95, 783, Heselhaus JA 95, 875, Ostendorf AuR 95, 274; Arnold JuS 97, 289 [krit dazu Herzberg JuS 97, 1067] und Kunig JK 3 zu Art 103 II GG). Angesichts ihrer – in ihren Grenzen allerdings ungeklärten (Priester, Bemmann-FS, S 361; Rheinländer, Bemmann-FS, S 387; Buchwald DRiZ 97, 513; Sch/Sch-Eser 10 a vor § 234; Träger/Altvater LK 29) – Bindungswirkung (vgl BVerfG NStZ-RR 00, 297) bemühen sich Strafgerichte (und Schrifttum) um die verfassungsrechtlichen Grenzen des Gewaltbegriffs nicht nur bei Sitzblockaden (vgl 8), sondern auch in anderen Bereichen wie zB dem Straßenverkehr neu zu bestimmen (vgl 9–11); ein Abstellen auf Drohung bei Sitzblockaden ist nicht von der Bindungswirkung ausgeschlossen (AG

Lüneburg NdsRpfl 04, 49). In der Entscheidung vom 24. 10. 2001 hat das BVerfG für die Ankettung von Demonstranten vor einer Baustelleneinfahrt nötigende Gewalt angenommen (BVerfGE 104, 92, 102 [mit Sondervoten Haas, S 115, und Jaeger/Bryde, S 123] mit Bespr Mittelsdorf JuS 02, 1062, Sinn NJW 02, 1024 und Heger Jura 03, 112), zugleich jedoch eine Abkehr von den bisher anerkannten Grundsätzen hinsichtlich der Berücksichtigung von politischen Fernzielen vorgenommen (unten 18 a).

3. Zur **Reform** ua § 170 E 1962; § 116 AE (PersStR); H Mayer, Mat Bd 1, 259, 270; Fezer JR 76, 95; Wolter NStZ 86, 241, 248; Baumann ZRP 87, 265; Dreher MDR 88, 19; Arthur Kaufmann NJW 88, 2581; König, in: Bundeskriminalamt (Hrsg), Was ist Gewalt?, Bd 3, 1989, S 61; Schwind/Baumann ua (Hrsg), Ursachen, Prävention und Kontrolle von Gewalt, 1990, Bd I S 136, 216, Bd II S 811, 888, 901; Albrecht ua (Hrsg), Strafrecht-ultima ratio, 1992, S 65. Die Reformdiskussion ist durch die verfassungsgerichtliche Straffreistellung von Sitzblockaden (BVerfG 92, 1) neu entfacht worden (vgl ua Amelung NJW 95, 2584, 2590; Berkemann JR 95, 453; Gusy JZ 95, 782; Hruschka JZ 95, 737, 745; Ostendorf AuR 95, 274; Scholz NJW 95, 417, 423; Schroeder NJW 96, 2627). Am dringlichsten erscheint die Forderung nach Schließung der dadurch entstandenen Strafbarkeitslücken (vgl den Gesetzesantrag Bayerns BR-Dr 247/95 sowie Scholz und Schroeder jeweils aaO; dagegen Ostendorf aaO); doch ist durch die Reaktion der Strafgerichte, insbesondere durch die Entscheidungen des BGH zur Anwendung der Vorschrift auf Autobahnblockaden (St 41, 182; NJW 95, 2862), eine gewisse Beruhigung eingetreten (nicht bei Schroeder aaO, der nicht zu Unrecht die Gefahr sieht, dass diese Entscheidungen „wiederum für verfassungswidrig erklärt" werden). – Zur (kontrovers beurteilten) **historischen Entwicklung** Schaffstein, Lange-FS, S 983; Ostendorf, Kriminalisierung des Streikrechts, 1987, S 28; Timpe aaO [vgl 1] S 36; Bertuleit, Sitzdemonstrationen zwischen prozedural geschützter Versammlungsfreiheit und verwaltungsrechtsakzessorischer Nötigung, 1994, S 61; Hruschka JZ 95, 737, 740.

II. Nötigen bedeutet, einen Menschen (nicht einer juristischen Person; zur Problematik; Wallau JR 00, 312) ein von ihm nicht gewolltes Verhalten (Handeln, Dulden oder Unterlassen) aufzwingen (hM; vgl etwa Küper BT S 228 mwN; krit Kargl, Roxin-FS, S 905; einschr Bergmann aaO [vgl 1] S 61, der auf das absichtliche Bewirken einer Zwangslage abstellt; ähnlich Eschenbach Jura 95, 14, 16; anders auch Jakobs JZ 86, 1063 und Kaufmann [H]-GS, S 791, 797, Timpe aaO [vgl 1] S 27 und JuS 92, 748, Lesch StV 93, 579 sowie Wallau aaO, die nur den Eingriff in „rechtlich garantierte Freiheit" als Nötigungserfolg genügen lassen; die gesetzestechnisch verkürzten drei Modalitäten werden aufgefächert von Schroeder, Gössel-FS, S 415, der die der Arten der Erzwingungs-, Duldungs- und Verhinderungsnötigung unterscheidet). Erfasst wird danach auch, wer den anderen durch absoluten Zwang daran hindert, einen Entschluss zu fassen oder einen gefassten Entschluss zu verwirklichen (hM; anders Köhler aaO [vgl 1] und NJW 83, 10, 11; Hruschka JZ 95, 737; Sinn aaO [vgl 1] S 75, 102 und 371 [mit krit Bespr Schroeder GA 02, 288]; krit auch Marxen KJ 84, 54 und Braum KritV 95, 371, 388). Daraus folgt, dass das Einverständnis des Betroffenen mit dem verlangten Verhalten den Tatbestand ausschließt (11 vor § 32); wenn jedoch der Zwang das Verhalten des Betroffenen bestimmt und dieser sich lediglich ohne inneres Widerstreben mit der Situation abfindet, liegt darin kein Einverständnis (Stuttgart NJW 89, 1620 mwN; str).

III. 1. Gewalt ist nach einer ursprünglich in der Rspr verwendeten, im Laufe der Zeit aber zunehmend relativierten (vgl 6, 7) Formel der Einsatz physischer (körperlicher) Kraft zur Beseitigung eines wirklichen oder vermuteten Widerstandes (RGSt 64, 113, 115; zu weit BGHSt 25, 237 mit krit Bespr Geilen JZ 74,

§ 240

540). Der Einsatz eines kraftentfaltenden Werkzeugs, etwa eines Kraftwagens, genügt (bei Dallinger MDR 55, 145; Koblenz VRS 46, 31; vgl 9). Die Gewalt kann als **vis absoluta** die Willensentschließung oder -betätigung unmöglich machen oder als **vis compulsiva** auf Beugung des Willens gerichtet sein (zur Definition Küper BT S 398, 399 mwN; gegen die Nötigung mit vis absoluta Sinn aaO [vgl 1] S 195; krit auch Paeffgen, Grünwald-FS, S 433, 441; vgl 4). – Dass dieser die Einwirkung bemerkt, ist (zB bei starker Trunkenheit oder Bewußtlosigkeit) nicht unbedingt erforderlich (BGHSt 4, 210; diff Wolter NStZ 85, 245, 247).

6 a) Die **Rechtsprechung** hat den Gewaltbegriff im Wege kasuistischer Abgrenzung zunächst durch Verlagerung des Schwerpunktes auf die beim Genötigten eintretende körperliche **Zwangswirkung** und später auch durch Einbeziehung gewisser psychischer Wirkungen zunehmend ausgedehnt und dabei in differenzierter und zum Teil problematischer Weise einzelne Elemente der Begriffsbestimmung als unerheblich angesehen. Das hat zu uneinheitlichen und nicht immer widerspruchsfreien Ergebnissen geführt (zu den Phasen dieser sog „Entmaterialisierung" des Gewaltbegriffs zusf BVerfGE 73, 206, 239; 92, 1, 15; Krey ua, in: Bundeskriminalamt [Hrsg], Was ist Gewalt?, Bd 1, 1986, S 28; Ostendorf aaO [vgl 3] S 21; Küper BT S 163; Träger/Altvater LK 9–33; krit Starck JZ 87, 145; Otto NStZ 87, 212 und 92, 568, 569; Timpe aaO [vgl 1] S 36, 59; Paeffgen, Grünwald-FS, S 433, 440; s auch Brohm JZ 85, 501, 504; Tröndle, Lackner-FS, S 627, 629). Auf dem Boden der Rspr ist deshalb eine umfassende, für alle Fallgruppen allgemeiner und spezialisierter (zB §§ 113, 177, 249, 253, 255) Nötigung passende Bestimmung des Gewaltbegriffs nicht möglich (krit wegen der fehlenden formalen Gleichbehandlung Frommel NKrimPol 93, 23), eine nähere Konkretisierung vielmehr nur auf der Grundlage der jeweiligen Tatbestände (zusf dazu Krey ua aaO, Bd 2, 1988, S 22) und auch nur im Wege fallgruppenorientierter Annäherung durchführbar (ähnlich Schäfer aaO).

7 aa) Nach gefestigter Rspr wird zB als genügend angesehen, wenn der Täter einen anderen in einem Raum einsperrt (BGHSt 20, 194, 195; auch durch vorzeitiges Schließen einer Straßenbahntür, AG Stuttgart-Bad Cannstatt NZV 98, 477). Dies sollte auch gelten, wenn er Schreckschüsse abgibt (GA 62, 145) oder drohend eine durchgeladene und entsicherte Pistole auf einen anderen richtet (BGHSt 23, 126; Bay JR 94, 112 mit krit Anm Dölling); das ist aber nach der gewalteinschränkenden Entscheidung des BVerfG (E 92, 1) wegen der vor allem psychischen Auswirkungen solchen Verhaltens beim Opfer kaum mehr haltbar (Krey JR 95, 265, 270; Paeffgen, Grünwald-FS, S 433, 447). Dagegen ist die Beibringung betäubender Mittel wegen der körperlichen Zwangswirkung beim Opfer weiterhin (bisher schon BGHSt 1, 145) als Gewalt anzusehen (ebenso Rengier BT II 23/25; W-Hettinger BT 1 Rdn 396; Sch/Sch-Eser 10 vor § 234; aM Paeffgen aaO S 444; Gribbohm LK 14 zu § 234); anders jedoch bei Täuschung des Opfers über die betäubende Substanz, die zur Selbstschädigung führt = List (Gribbohm LK 17 zu § 234); Gewalt ist auch die physische Einwirkung durch Spritzen einer Deodorantflüssigkeit in die Augen, die eine physische Reaktion (Schließen des Auges) auslöst (NStZ 03, 89 zu § 249).

8 bb) Ebenso gefestigt war auch die höchstrichterliche Rspr, die Gewalt in Fällen bejahte, in denen der Täter (zB **bei Demonstrationen oder Streiks**) zusammen mit anderen Verkehrswege, Straßenbahnen oder Zu- und Durchgänge körperlich blockierte und dadurch bei dem am Passieren Gehinderten eine unausweichliche (physische oder psychische) Zwangswirkung verursachte (BGHSt 23, 46; Köln NJW 86, 333; Düsseldorf StV 87, 393; Koblenz NJW 88, 720). Das sollte dann gelten, wenn diese Wirkung nicht aus unmittelbarer Konfrontation oder aus der blockierenden Wirkung der anderen aufgehaltenen Nötigungsopfer erwächst, sondern erst durch zeitlich und örtlich unmittelbar mit der Blockade zusammen-

Nötigung **§ 240**

hängende Anhaltemaßnahmen der Polizei vermittelt wird (BGHSt 37, 350 mit zust Bespr Dierlamm NStZ 92, 573; Küpper/Bode Jura 93, 187, 193; Träger/ Altvater LK 47; aM Bay NJW 90, 59; Brammsen/Kaiser Jura 92, 35, 42; Wohlers NJW 92, 1432; Eschenbach Jura 95, 14; Altvater NStZ 95, 278, 281; s auch Sinn aaO [vgl 1] S 137; zw). Diese Rspr haben die Strafgerichte der gewalteinschränkenden Entscheidung des BVerfG (E 92, 1; vgl 2) angepasst. Offengeblieben ist dabei die Frage nach der Notwendigkeit einer Korrektur der Rspr (BGHSt 37, 350) im Fall eines zwischengeschalteten, nach eigenem Ermessen handelnden Dritten (BGHSt 41, 182, 186; Horn/Wolters SK 6). Keine Korrektur der Rspr erfolgt für Blockaden, bei denen durch Betreten der Fahrbahn Personen und ihre Fahrzeuge angehalten und als Werkzeuge zur tatsächlichen Sperrung der Durchfahrt für nachfolgende Fahrer benutzt werden (BGHSt 41, 182 mit zust Bespr Krey/Jaeger NStZ 95, 542, Schmidt JuS 95, 1135, Buchwald DRiZ 97, 513, 522 und Geppert JK 17; zust auch Tröndle, BGH-FG, S 527; Tröndle/Fischer 23; Joecks 27 vor § 234 und 17 zu § 240; W-Hettinger BT 1 Rdn 392; krit bis abl Amelung NStZ 96, 230, Hoyer JuS 96, 200 mit krit Echo Kudlich 664, Herzberg GA 96, 557, Hruschka NJW 96, 160, Kniesel NJW 96, 2606, 2610, Lesch StV 96, 152; Sinn aaO S 182, 215; Gropp/Sinn MK 48; Sch/Sch-Eser 10 vor § 234). Dies gilt auch für Fälle, in denen Fahrzeuge, die zu Blockadezwecken auf der Fahrbahn abgestellt worden waren, als Barriere weiterbenutzt werden (NJW 95, 2862). Damit wird zwar der Wortlaut der Begründung des BVerfG aufgenommen, denn „Sich-Hinsetzen oder das Sich-auf-die-Fahrbahn-Begeben" ist mehr als nur „körperliche Anwesenheit" und das Unterbinden der beabsichtigten Fortbewegung durch tatsächlich nicht überwindbare Hindernisse geht über eine „psychische Zwangswirkung" hinaus (Krey JR 95, 265, 270; vgl auch Zweibrücken NJW 96, 866); doch wird man bezweifeln müssen, ob damit der (allerdings nur undeutlich zum Ausdruck gebrachten) „Kernaussage des BVerfG" Rechnung getragen ist (Amelung aaO 231; Priester aaO [vgl 2] S 383; Rheinländer aaO [vgl 2] S 402; vgl auch Koblenz NJW 96, 3351 [mit Bespr Otto JK 18 zu § 240 I] und NStZ-RR 98, 44, 47; ob die „Zweite-Reihe-Rspr" des BGH verfassungsgemäß ist, wird von BVerfGE 104, 92, 103 und BVerfG NJW 02, 2308, bislang ausdrücklich offen gelassen). Eher haltbar erscheint die Annahme von Gewalt bei Straßensperren unter Einsatz von Sachen (wie zB Fahrzeugen) als technischen Blockademitteln (Karlsruhe NJW 96, 1551; vgl auch Amelung und Rheinländer jeweils aaO), beim lärmenden Umringen eines blockierten Busses (KG NStZ-RR 98, 12), beim Sich-Stemmen gegen die Motorhaube eines Pkw (Naumburg NStZ 98, 623), bei Sich-Legen mit dem Körper auf die Motorhaube eines Pkw (NStZ-RR 02, 236; krit Tröndle/Fischer 23 b; abl W-Hettinger BT 1 Rdn 396 sowie bei der Unterbindung von Bahntransporten durch Befestigen von Stahlkörpern auf den Gleisen (BGHSt 44, 34, 40 mit Bespr Krüßmann JA 98, 626, Dietmeier JR 98, 470, 472, Otto NStZ 98, 513 und Martin JuS 98, 957). Das BVerfG (E 104, 92, 102) bejaht Gewalt zB beim Bremsen eines Pkw oder beim Anketten an Torpfosten trotz der geringen körperlichen Kraftentfaltung wegen der dadurch vermittelten körperlichen Zwangswirkung (zust Mittelsdorf JuS 02, 1062; krit Sinn NJW 02, 1024 und Gropp/Sinn MK 39: „hypothetischer Gewaltbegriff"); ob Gewalt auch ohne körperliche Kraftentfaltung angenommen werden kann, bleibt offen (Heger Jura 03, 112, 117). − Speziell zu Betriebsblockaden Löwisch/Krauß DB 95, 1330 und Ostendorf AuR 95, 274. − Bloßes Einreden auf einen anderen scheidet dagegen aus, weil sonst die Grenze zur Drohung aufgehoben würde (NStZ 81, 218); anders jedoch, wenn die Zwangswirkung nicht durch den Inhalt der Äußerung, sondern (zB bei Vorlesungsstörungen) durch körperlich empfundene Geräuschentwicklung (zB Geschrei, Absingen von Liedern) erreicht wird (NJW 82, 189 mit Bespr Dingeldey NStZ 82, 160, Schroeder JuS 82, 491, Köhler NJW 83, 10, 1595 und Brendle NJW 83, 727; Koblenz MDR 87, 162).

§ 240 BT. 18. Abschnitt. Straftaten gegen die persönliche Freiheit

9   cc) Für **verkehrswidriges Verhalten** hat § 240 durch die Betonung der Zwangswirkung große praktische Bedeutung erlangt und in der Rspr zu einer uneinheitlichen Kasuistik geführt (zusf zur „Verkehrsnötigung" Heß, in: Janiszweski/Jagow/Burmann 86 a zu § 1 StVO und Träger/Altvater LK 98–103 mwN): Erzwingen oder Verhindern des Überholens (BGHSt 18, 389; 19, 263; Karlsruhe NJW 72, 962; Hamm NJW 91, 3230; Köln NZV 92, 371; Bay NJW 93, 2882; s auch Bay DAR 90, 231); Schneiden nach Überholen (Celle NdsRpfl 62, 68); willkürliches scharfes Abbremsen (Düsseldorf VRS 73, 71 mwN); Blockieren einer Ausfahrt (Koblenz MDR 75, 243) oder eines geparkten Fahrzeugs (Koblenz VRS 20, 436; Düsseldorf JMBl NRW 93, 129; vgl auch OVG Saarlouis NJW 94, 878 mit Bespr Gornig JuS 95, 208); Erzwingen der Durchfahrt durch einen widerrechtlich versperrten Weg (VRS 30, 281); Sperrung eines tatsächlich öffentlichen Wegs (Bay NZV 94, 116); Verhindern der Weiterfahrt durch Dazwischentreten (Bay NJW 70, 1803). – Diese, schon immer Kritik hervorrufende, weite Rspr (vgl Krey BT 1 Rdn 336, 346 mwN) bedarf nach der Entscheidung des BVerfG (E 92, 1) der Einschränkung. Dieser Aufgabe stellen sich die Strafgerichte. Im Bereich des fließenden Straßenverkehrs führt dies jedoch wegen der im Einsatz eines Fahrzeuges liegenden Kraftentfaltung und des (über die Errichtung physischer Hindernisse vermittelt auch) körperlich oder (vergleichbar schweren) psychisch wirkenden Zwangs zu keiner Änderung der Rspr (Rheinländer aaO [vgl 2] S 401; Janiszewski, Verkehrsstrafrecht, 5. Aufl 2004, Rdn 561 a). Weiterhin als Gewalt erfasst wird: sog „Ausbremsen" (NJW 95, 3131, 3133; zust Berz NZV 95, 297, 298; Hentschel NJW 96, 628, 637); bei sog „Vollbremsung" bei massiver Reduzierung der Geschwindigkeit (Bay NJW 02, 628); dichtes Auffahren zur Erzwingung des Überholens (Köln NZV 95, 405; Berz aaO S 299; Suhren DAR 96, 310; einschr Karlsruhe NStZ-RR 98, 58; aM Paeffgen, Grünwald-FS, S 433, 456); Schneiden nach Überholen (Stuttgart NJW 95, 2647 mit zust Bespr Geppert JK 16; zust auch Berz und Hentschel jeweils aaO sowie Buchwald DRiZ 97, 513, 522; beachte jedoch auch Karlsruhe Justiz 99, 25). Keine Gewalt wird angenommen bei andauerndem Hupen (Düsseldorf NJW 96, 2245); beim bewusst verkehrswidrigen Gehen auf der Fahrbahn in Fahrtrichtung (BGHSt 41, 231, 240 mit krit Anm Meurer BA 96, 161, 163) und beim Einscheren mit einem Kraftfahrzeug in eine Fahrzeugkolonne bei stockendem Verkehr (Köln NZV 00, 99 mit Bespr Geppert JK 20); das gilt auch für das Verhindern des Überholens (Berz aaO; Suhren aaO; speziell durch Radfahrer Koblenz bei Himmelreich/Lessing NStZ 02, 301, 302), zB durch Aufleuchtenlassen des angetippten Bremspedals (Köln NZV 97, 318 mit zust Bespr Fahl JA 98, 274) oder zB kurzfristiges Anhalten auf der linken Spur der Autobahn vor einer Baustelle (LG Dresden NZV 98, 83 mit krit Bespr Paul NZV 98, 312), anders jedoch bei absichtlichem Langsamfahren und beharrlichem Linksfahren auf der Autobahn (Düsseldorf NStZ-RR 00, 369). Nicht mehr haltbar erscheint die Annahme von Gewalt in Fällen des Blockierens von Ausfahrten oder geparkter Fahrzeuge und des Versperrens eines Weges oder der Weiterfahrt, soweit dazu nur der Körper eingesetzt wird (NStZ-RR 02, 236; Karlsruhe NJW 03, 1263; ebenso jetzt W-Hettinger BT 1 Rdn 396; weiter Berz aaO S 300: auch beim Einsatz eines stehenden Fahrzeuges; ähnlich Suhren aaO S 311; vgl Sch/Sch-Eser 5; s auch Düsseldorf NJW 99, 2912 [mit Einkaufswagen den Weg zum Ausgang versperren] mit zu Recht krit Anm Erb NStZ 00, 200: effektive physische Barriere); das gilt auch für das Freihalten eines Parkplatzes (Berz aaO; Geppert JK 16; offengelassen von Bay NJW 95, 2646 mit Bespr Schmidt JuS 95, 1134; aM Krey BT 1 Rdn 359 mwN), nicht jedoch für das Zufahren auf den „Parkplatzreservierer" (Berz aaO; Geppert JK 16; Krey BT 1 Rdn 366; Küpper BT 1 I 3/45; allgemein zum Zufahren mit einem Kfz auf einen Menschen Düsseldorf StraFo 01, 178 mit krit Bespr Heger JA 01, 833). – Zu den Fallkonstellationen der Gewalt im Straßenverkehr, ihrem Umfang und ihren Entstehungs-

bedingungen Kaiser, Salger-FS, S 55. – Kritisch zur Erfassung verkehrswidrigen Verhaltens über § 240 und für die Schaffung spezialgesetzlicher Regelungen bei §§ 315 ff Nehm NZV 97, 432; krit zum „Fremdkörper" Nötigung im Verkehrsstrafrecht Kölbel, Rücksichtslosigkeit und Gewalt im Straßenverkehr, 1997, S 401, der den §§ 315 b, 315 c abschließenden Charakter zuerkennen und dadurch die Anwendung des § 240 im Straßenverkehr ausschließen will (S 413, 427); für Strafverschärfung der Nötigung im Straßenverkehr Kropp ZRP 04, 4 mit Gesetzesvorschlag.

dd) In der Konsequenz dieser Entwicklung liegt es schließlich, dass auch **Unterlassen** in Garantenstellung ausreichen kann (Düsseldorf bei Janiszewski NStZ 87, 401; Timpe JuS 92, 748; zu weit Bay NJW 63, 1261; einschr Träger/Altvater LK 53). Auch hier ist nach der gewalteinschränkenden Entscheidung des BVerfG (E 92, 1) das Erfordernis der nicht nur psychischen Zwangswirkung zu beachten, so dass nur die Aufrechterhaltung oder Nichthinderung körperlich wirkenden Zwangs in Betracht kommt (NJW 04, 528; ganz abl Sinn aaO [vgl 1] S 214). Das Unterlassen des Garanten (6 zu § 13) muss der aktiven gewaltsamen Verwirklichung der Nötigung entsprechen (16 zu § 13; dazu Toepel NK 82–84). 9 a

b) Im **Schrifttum** ist die Erweiterung des Gewaltbegriffs zunächst überwiegend gebilligt (dazu M-Schroeder/Maiwald BT 1 13/11–23) und teils noch ausgedehnt worden, um dadurch ein „Gleichgewicht" (krit Sommer NJW 85, 769 mwN) zwischen der Drohung als dem Inaussichtstellen eines empfindlichen Übels und der Gewalt als Zufügung eines solchen Übels herstellen zu können (Knodel, Der Begriff der Gewalt im Strafrecht, 1962; Herdegen LK 4–8 zu § 249, beide mwN). Sie ist jedoch wegen ihrer Weite und wegen der nicht immer widerspruchsfreien Vermengung physischer und psychischer Elemente zunehmend in Frage gestellt worden. Weniger im Streit ist dabei die Verlagerung des Schwerpunktes auf die Zwangswirkung. Mit einer gewissen Berechtigung wurde aber in Teilen des Schrifttums an dem Erfordernis festgehalten, dass die Zwangswirkung mindestens in dem Sinne körperlich vermittelt sein muss, dass der Genötigte sie körperlich empfindet, ihr also entweder überhaupt nicht, nur mit erheblicher Gegengewalt oder in nicht zumutbarer Weise begegnen kann (ähnlich Tröndle, Rebmann-FS, S 481, 494; Otto NStZ 92, 568; Träger/Altvater LK 32; mit gewissen Einschränkungen auch Krey ua aaO [vgl 6], Bd 1, S 61; Brammsen/Kaiser Jura 92, 35, 42; Dierlamm NStZ 92, 573, 575). Ob diese (über physische Hindernisse vermittelte) körperliche Zwangswirkung den Vorgaben des BVerfG ausreichend Rechnung trägt, erscheint zweifelhaft (vgl Altvater NStZ 95, 278; Schroeder NJW 96, 2627); die Begründung geht auf diese Art der körperlichen Zwangswirkung nicht ausdrücklich ein, obwohl sie von den Richtern, die ihre abweichende Meinung geäußert haben, als (Nötigungs-)Gewalt eingestuft wird (BVerfGE 92, 1, 21; ebenso Krey JR 95, 265, 268; Scholz NStZ 95, 417, 420, Otto JK 15 und wohl auch Amelung NJW 95, 2584, 2588; offen gelassen in NJW 95, 2862). – Im ganzen geht die Kritik von den verschiedenartigsten methodischen Ansätzen aus und verwendet ebenso unterschiedliche Bewertungsmaßstäbe mit der Folge, dass der gegenwärtige Diskussionsstand von einem Konsens weit entfernt ist (vgl etwa Geilen, Mayer-FS, S 445; Calliess, Der Begriff der Gewalt im Systemzusammenhang der Straftatbestände, 1974 und NJW 85, 1506; Keller aaO [vgl 1] und JuS 84, 109; Bergmann aaO [vgl 1] S 123 und Jura 85, 457; Köhler, Leferenz-FS, S 511; Krauß NJW 84, 905; Wolter NStZ 85, 193, 245 und 86, 241; Dearing StV 86, 125; Prittwitz JA 87, 17, 27; Kühl StV 87, 122, 125; Ostendorf aaO [vgl 3] S 35; Schultz, Maihofer-FS, S 517; Hirsch, Tröndle-FS, S 19, 20; Velten/Mertens ARSP 90, 516, 531; Timpe aaO [vgl 1] S 70; Küpper/Bode Jura 93, 187; zusf Küper BT S 167). Daran hat sich auch nach der gewalteinschränkenden Entscheidung des BVerfG (E 92, 1) und deren „zurückhaltender Umsetzung" durch die 10

§ 240 BT. 18. Abschnitt. Straftaten gegen die persönliche Freiheit

Strafgerichte (vgl 8, 9 und 11) nichts geändert. Die bisherigen Positionen werden in der Lehrbuch- und Kommentarliteratur allenfalls modifiziert (vgl die unterschiedlichen Gewaltdefinitionen von Horn/Wolters SK 9; Krey BT 1 Rdn 342; Küpper BT 1 I 3/44; Otto GK 2 27/14; W-Hettinger BT 1 Rdn 383; Sch/Sch-Eser 10 vor § 234). Außer dem körperlich vermittelten Zwang (Krey und Otto aaO) wird die gegenwärtige, sich körperlich auswirkende Übelszufügung (Eser und Wessels aaO), die gegenwärtige Zufügung eines Übels (Horn/Wolters aaO) und die Verletzung garantierter Rechte (Lesch JA 95, 889, 896; krit dazu Paeffgen Grünwald-FS, S 433, 459, der eine körperliche Kraftentfaltung mit „aggressiver Dynamik" und Kommunikation abschneidender „Schroffheit" verlangt [S 463]) als das wesentliche Definitionselement der Gewalt angesehen (weiterführend Herzberg GA 96, 557, 565; sehr eng Sinn aaO [vgl 1] S 202, 209: unmittelbar ausgeübter physisch wirkender Zwang, der durch körperliche Kraftentfaltung hervorgerufen wird). Neu ist die Einbeziehung des Merkmals des Abschneidens oder Versperrens der dem Opfer physisch möglichen Ausweichbewegungen (Buchwald DRiZ 97, 513, 521) und das Abstellen auf das reale Schaffen von Tatsachen, die beim Opfer antreibenden oder hemmenden Zwang bewirken (Herzberg GA 97, 251, 272). Schließlich wird Gewalt unter Ausklammerung passiver und defensiver Verhaltensweisen als feindselig-aggressives Verhalten des Täters verstanden, durch das beim Opfer ein als gegenwärtiges Übel empfundener Zustand in Gestalt zumindest (erheblichen) psychischen Zwangs hervorgerufen wird (Zöller GA 04, 147, 161).

11 **2.** Die Gewalt kann sich unmittelbar auch gegen einen **Dritten,** namentlich einen nahe stehenden, richten, wenn sie geeignet ist, von dem Genötigten als nicht notwendig körperlicher (aM Träger/Altvater LK 46; Toepel NK 69) Zwang empfunden zu werden (Bay JZ 52, 237; Paeffgen, Grünwald-FS, S 433, 447; Krey BT 1 Rdn 355; für überflüssig hält diese Konstruktion Bohnert JR 82, 397; ganz abl Sinn aaO [vgl 1] S 212). Dasselbe gilt für Gewalt **gegen Sachen,** soweit sie vom Genötigten als körperlich wirkender Zwang empfunden wird (JR 88, 73 mit zust, die Begründung verbessernder Bespr Otto JK 11; Köln StV 90, 266; Küpper BT 1 I 3/46; krit Wolter NStZ 85, 245, 249; Paeffgen aaO S 449, 463, alle mwN); auch das Abdrehen von Wasser, Licht oder Heizung beim räumungsunwilligen Mieter kommt als solcher Eingriff in Frage (Hamm NJW 83, 1505 mwN; str). Das Ausräumen einer Wohnung wird auch nach der gewalteinschränkenden Entscheidung des BVerfG (E 92, 1) wegen der Entfaltung erheblicher körperlicher Kraft und der Empfindung körperlichen Zwangs, dem gar nicht oder allenfalls mit erheblicher Kraftentfaltung begegnet werden kann, als Gewalt eingestuft (Köln NJW 96, 472); ob die Begründung des körperlich über den Entzug von Sachen vermittelten Zwangs (Küper BT S 168; Otto GK 2 27/15, 16; Toepel NK 75) den Vorgaben des BVerfG entspricht, erscheint zweifelhaft (ganz abl Sinn aaO S 210; vgl auch Sch/Sch-Eser 13, 17a und 18 vor § 234).

12 **IV. 1. Drohung** ist das – ausdrückliche oder schlüssige (bei Holtz MDR 87, 281; NStZ 03, 424) – In-Aussicht-Stellen eines Übels, dessen Eintritt davon abhängen soll, dass der Bedrohte sich nicht dem Willen des Drohenden beugt; dieser muss es daher, anders als bei der bloßen Warnung (NStZ-RR 01, 171), als in seiner Macht stehend hinstellen, das Übel – sei es auch nur mittelbar durch Einschaltung eines Dritten (BGHSt 7, 197; vgl auch NStZ 96, 435 mit Bespr Otto JK 46 zu § 263) – zu verwirklichen (hM; vgl Küper BT S 99; weiter Puppe JZ 89, 596; Gutmann, Freiwilligkeit als Rechsbegriff, 2001, S 269; krit Sinn aaO [vgl 1] S 231, 371, der auf die Instrumentalisierung des Opfers und die überlegene Stellung des Täters abstellt; speziell zu Reaktionen von Unternehmen auf Straftaten von Mitarbeitern Kuhlen, Lüderssen-FS, S 649). Ob der Täter die Drohung wahr machen will oder kann, ist unerheblich (BGHSt 23, 294 mit Anm Küper NJW 70, 2253; str; zum Streitstand Kindhäuser 28–30 vor § 234); es kommt nur darauf an, ob sie objektiv als ernstlich erscheint, dh beim Bedrohten mindestens Zweifel zu erwecken geeignet ist, ob sie verwirklicht werden soll (BGHSt 26, 309); bei Drohung mit einem Übel, das erst später oder nach Eintritt einer Bedingung verwirklicht werden soll, bedarf das besonderer Prüfung (BGHSt 16, 386). Eine Drohung kann auch in der unmittelbaren Zufügung eines Übels (Hamm NJW 83, 1505; Koblenz NJW 93, 1808) oder in der Ausnutzung eines bereits zugefügten Übels (NJW 84, 1632) liegen, wenn damit die Fortsetzung des Nötigungsverhaltens in Aussicht gestellt wird und die Befürchtung dieser Fortsetzung den Genötigten motivieren soll (Träger/Altvater LK 56; beachte jedoch NStZ 84, 454; Köln NZV 92, 371; speziell zu Sperrmaßnahmen im Rahmen eines Boykotts Bergerhoff, Nötigung durch Boykott, 1998, S 280; dazu Hellmann JR 01, 483). Eine Drohung wird schließlich auch nicht dadurch ausgeschlossen, dass der Bedrohte den ersten Schritt tut, um der Verwirklichung des Übels durch den Täter zu begegnen (NJW 93, 1484). – Einschränkend wird im Schrifttum die Ankündigung einer durch die Mitwirkung des Opfers bedingten Übelszufügung verlangt (Hoyer GA 97, 451, 455; krit dazu Herzberg GA 98, 211; vgl auch Schroeder NJW 96, 2627, 2629); danach läge bei Sitzblockaden keine Drohung vor (so aber AG Lüneburg NdsRpfl 04, 49; Herzberg GA 96, 577; aM Paeffgen, Grünwald-FS, S 433, 464: Keine Drohung mit einem empfindlichen Übel; abl auch Priester, Bemmann-FS, S 362, 368; Gropp/Sinn MK 91, 92; zusf Schroeder, Meurer-FS, S 237).

2. a) Empfindliches Übel setzt als normatives Tatbestandselement voraus, dass **13** die Drohung bei objektiver Betrachtung geeignet ist, einen besonnenen Menschen in der konkreten Situation zu dem damit erstrebten Verhalten zu bestimmen (NStZ 82, 287 mwN); nach neuerer, wegen ihrer Unbestimmtheit aber problematischer Rspr soll es schon dann entfallen, „wenn von *diesem* Bedrohten in *seiner* Lage erwartet werden kann, dass er der Drohung in besonnener Selbstbehauptung standhält" (sog Selbstverantwortungsprinzip, BGHSt 31, 195, 201; NStZ 92, 278; Karlsruhe NStZ-RR 96, 296 [mit krit Bespr Otto JK 4 zu § 240 II] und JZ 04, 101; s auch BGHSt 32, 165, 174 mit Anm Arzt JZ 84, 428, 429; s auch Sinn aaO [vgl 1] S 254 und Gutmann aaO [vgl 12] S 270, 329; abl Roxin JR 83, 333, 334). Für die Empfindlichkeit ist es unerheblich, ob die Zufügung des Übels erlaubt ist (hM; vgl etwa Träger/Altvater LK 59; anders Jakobs, Peters-FS, S 69, 76 und Geilen-Sym, S 63, 68; Horn NStZ 83, 497; s auch LG Ulm wistra 99, 113). In Frage kommt zB Drohen mit Entlassung (Kuhlen aaO [vgl 12] S 651), Gewaltanwendung, Strafanzeige (BGHSt 5, 254), öffentlicher Bekanntmachung (Hamm NJW 57, 1081), Bloßstellung des Schuldners (Edenfeld JZ 98, 645, 648 mwN), Abbruch geschäftlicher Beziehungen (Bergerhoff aaO [vgl 12] S 63, 120), Boykottaufruf (Bergerhoff S 286, 336); Nichterscheinen des Pflichtverteidigers in der anberaumten Hauptverhandlung (Frankfurt StV 01, 407 mit krit Bespr Wohlers StV 01, 420, 428) oder der Verhinderung der in Aussicht gestellten Ausreise aus der DDR (LG Berlin NJ 96, 484). Auch die Drohung mit Selbsttötung, die einen Gewissens- oder Meinungsdruck (etwa durch Hungerstreik) erzeugen soll, scheidet nicht grundsätzlich aus (hM; anders Ostendorf, Das Recht zum Hungerstreik, 1983, S 211 und GA 84, 308, 323), wird allerdings häufig wegen des nur mittelbaren Übelscharakters für den Bedrohten zur erstrebten Willensbeugung nicht hinreichend geeignet sein (vgl etwa BGHSt 27, 325, 329; Böhm JuS 75, 287, 288; Jakobs ZStW 95, 669, 677, alle mwN; str); zur Drohung, als Lokführer auf den Gleisen sitzende Demonstranten überfahren zu müssen, AG Lüneburg NdsRpfl 04, 49. Das In-Aussicht-Stellen einer Dienstaufsichtsbeschwerde (Koblenz VRS 51, 208) oder nicht näher konkretisierter Schwierigkeiten oder Weiterungen (NJW 76, 760) genügt idR nicht.

b) Für die Ankündigung eines **Unterlassens** soll es nach neuerer, allerdings **14** umstrittener Rspr grundsätzlich nicht mehr darauf ankommen, ob der Täter zum

§ 240 BT. 18. Abschnitt. Straftaten gegen die persönliche Freiheit

Handeln verpflichtet ist (anders noch NStZ 82, 287; heute noch Amelung GA 99, 182, 192 und 201); vielmehr sollen die Voraussetzungen des empfindlichen Übels ausnahmslos nach dem Selbstverantwortungsprinzip (vgl 13) zu beurteilen und alsdann alle Fälle als nicht verwerflich (vgl 18) auszuscheiden sein, in denen nur der Handlungsspielraum des Bedrohten erweitert, die Autonomie seiner Entschlüsse jedoch nicht in strafwürdiger Weise angetastet wurde (BGHSt 31, 195; 44, 68, 74 und 251 [beide zu § 253, dort 2 mwN], alle mwN; zust Stoffers JR 88, 492; abl Horn NStZ 83, 497; vgl auch NStZ 97, 494, wo auf ein Abhängigkeitsverhältnis des Opfers vom Täter abgestellt wird). Im Hinblick auf die Unbestimmtheit der Verwerflichkeitsklausel (vgl 17–25) geht das bedenklich weit (Frohn StV 83, 365) und bedarf daher der Konkretisierung oder Modifizierung nach differenzierenden Kriterien, die im Schrifttum – etwa unter den Gesichtspunkten eines rechtspflichtbezogenen Umkehrprinzips (Schroeder JZ 83, 284), einer materialen Umdeutung phänomenologischer Unterlassungen in positives Tun (Schubarth NStZ 83, 312; s auch Mästle AuR 02, 410, 411), einer Einschränkung des sog Autonomieprinzips (Roxin JR 83, 333) und einer widerspruchsfreien Abgrenzung von Nötigung und Wucher (Arzt, Lackner-FS, S 641; Pelke, Die strafrechtliche Bedeutung der Merkmale „Übel" und „Vorteil", 1990, S 87) – erörtert werden, aber noch nicht abschließend geklärt sind (vgl auch Lampe, Stree/Wessels-FS, S 449, 452; Hillenkamp JuS 94, 769; Zopfs JA 98, 813; König, Strafbarer Organhandel, 1999, S 51; Küpper BT 1 I 3/53; W-Hettinger BT 1 Rdn 407–416; Träger/Altvater LK 62–64; Herdegen LK 4 zu § 253).

15 3. Im Übrigen genügt, ähnlich wie bei der Gewaltanwendung, die **Bedrohung eines Dritten,** wenn das angedrohte Übel geeignet ist, den Genötigten – sei es auch nur auf Grund seines Verantwortungsgefühls für den Dritten (Seelmann JuS 86, 201, 203) – im Sinne des Täterverlangens zu motivieren (BGHSt 16, 316; NStZ 85, 408; diff Jakobs JR 87, 340); das kommt nicht nur bei nahe stehenden Dritten in Frage (NStZ 87, 222; Schünemann JA 80, 349, 353, beide mwN), liegt bei ihnen aber näher (Zaczyk JZ 85, 1059; krit Bohnert JR 82, 397).

16 V. Der **Vorsatz** (bedingter genügt, BGHSt 5, 245; einschr Küpper BT 1 I 3/57 und Sch/Sch-Eser 34; vermittelnd W-Hettinger BT 1 Rdn 419; str) muss alle Umstände des Abs 1 umfassen (enger Sinn aaO [vgl 1] S 298, 371, der hinsichtlich des abgenötigten Willensentschlusses Absicht verlangt; beachte auch 25). Dazu gehört bei der Drohung auch, dass sie vom Bedrohten als ernstlich verstanden werden (vgl 12), nicht dass sie wahrgemacht werden soll.

17 VI. Die **Rechtswidrigkeit** der Nötigung ist ausgeschlossen, wenn ein allgemein anerkannter Rechtfertigungsgrund (8–29 vor § 32; speziell zum Streikrecht dort 26) vorliegt (zB Notwehr; Bay JR 94, 112 mit insoweit zust Anm Dölling). Nur wenn das nicht zutrifft (hM; vgl Träger/Altvater LK 84 mwN), bedarf es – und zwar in jedem Falle (Zweibrücken StV 92, 469) – einer selbstständigen Prüfung nach der **Verwerflichkeitsklausel des Abs 2,** ob die Tat zu Nötigungsunrecht zu qualifizieren ist (vgl 25). Die Zuordnung dieser Klausel zum Grundsatz der Verhältnismäßigkeit (so BVerfGE 104, 92, 109) ist verfehlt, weil sie nicht erst die Verhängung unverhältnismäßiger Sanktionen verhindern, sondern nicht verwerfliche Handlungen bereits aus dem Nötigungsunrecht herausnehmen soll (Heger Jura 03, 112, 115; s auch Sondervotum Haas aaO S 119).

18 1. Das Ergebnis ist aus der Verknüpfung von Nötigungsmittel und -zweck (sog **Mittel-Zweck-Relation**) herzuleiten, also nicht isoliert nach dem eingesetzten Mittel oder dem angestrebten Zweck zu beurteilen (hM; vgl etwa Küper BT S 229 mwN; anders Timpe aaO [vgl 1], S 149, 187, der die Ankündigung eines rechtmäßigen Verhaltens als Nötigungsmittel ausscheidet und die Verwerflichkeitsklausel für funktionslos hält). Die Rspr hat bisher meist darauf abgestellt, ob die Nötigung auf Grund dieser Relation nach allgemeinem Urteil so verwerflich, dh sittlich so missbilligenswert ist, dass sie ein gesteigertes, als Vergehen strafwürdiges Unrecht darstellt (vgl etwa BGHSt 17, 328; 18, 389; 19, 263; Zweibrücken NJW 88, 716; Bay NJW 88, 718; Frankfurt StV 01, 407; Koblenz NJW 88, 720; Köln DAR 89, 150 und NZV 00, 99 mit Bespr Geppert JK 20; Düsseldorf StraFo 01, 178 mit Bespr Heger JA 01, 833; LG Dresden NZV 98, 83 mit krit Bespr Paul NZV 98, 312; Düsseldorf NStZ-RR 00, 369; relativierend BGHSt 35, 270 und 39, 133 mit insoweit zust Anm Roxin NStZ 93, 335, s auch NJW 98, 2612, 2614, alle mwN). Das Schrifttum lehnt diesen Maßstab nahezu einhellig ab und hält mit Recht überwiegend – im Einklang mit einer sich auch in der Rspr zunehmend durchsetzenden Sicht (vgl Bay NJW 95, 269) – für ausschlaggebend, ob die Nötigung sozialwidrig bzw sozial unerträglich ist (vgl namentlich Roxin JuS 64, 373, der zur näheren Konkretisierung die Prinzipien der Rechtswidrigkeit des abgenötigten Verhaltens, der Güterabwägung, der Geringfügigkeit, des Vorrangs staatlicher Zwangsmittel, des mangelnden Zusammenhangs und der Autonomie herausarbeitet; zu weiteren Konkretisierungsversuchen Küper BT S 231). Nach allen Auffassungen ist aber stets ein Werturteil erforderlich, das nach objektiven Maßstäben zu gewinnen ist (BGHSt 19, 263, 268; Dreher JZ 53, 428).

Aus der Struktur des dem Individualschutz dienenden Nötigungsverbots folgt **18 a** zwingend, dass die Mittel-Zweck-Relation auf das **Nötigungsopfer** und dessen Freiheitsinteresse bezogen werden muss. Der Einsatz von Zwangsmitteln zur Verhinderung eines rechtlich geschützten oder zur Durchsetzung eines rechtlich oder sozialethisch nicht geschuldeten Verhaltens schmälert den gewährleisteten Freiheitsraum des Genötigten und macht ihn zum Instrument fremder Zwecksetzung auch dann, wenn der mit der Nötigung verfolgte Endzweck rechtlich oder ethisch Anerkennung verdient. Deshalb geht der BGH davon aus, dass unter dem „angestrebten Zweck" nur das zu erzwingende Verhalten des Genötigten verstanden werden kann, und scheidet darüber hinausgehende Zwecke, namentlich die sog Fernziele des Täters, aus der Bewertung aus (BGHSt 35, 270 mit teils zust, teils abl Bespr Arzt JZ 88, 775, Hassemer JuS 88, 822, Jahn JuS 88, 946, Ostendorf StV 88, 488, Schmitt Glaeser BayVBl 88, 454, Bertuleit/Herkströtter KJ 88, 331, Bertuleit JA 89, 16 und aaO [vgl 3] S 203 sowie Roxin, Schüler-Springorum-FS, S 441, 450; s auch Zweibrücken GA 91, 323; Bay NJW 93, 212, alle mwN). Als grundsätzlicher Ausgangspunkt und als Schwerpunkt der Abwägung verdient das Zustimmung (zust auch Jakobs JZ 86, 1063; Arzt, Welzel-FS, S 823; Tröndle, Lackner-FS, S 627, 631 und Rebmann-FS, S 481, 496; Miebach NStZ 88, 130; Gössel, Tröndle-FS, S 357, 366; Tröndle/Fischer 43; Träger/Altvater LK 81). Jedoch ist der unmittelbare Nötigungszweck (das Herbeiführen des Nötigungserfolges) regelmäßig in die Gesamtzielsetzung des Täters eingebettet und mit ihr zu einer nicht vollständig auflösbaren Einheit verbunden. Sie kann deshalb nicht ganz ausgeblendet werden, muss vielmehr die Gesamtabwägung mindestens insoweit beeinflussen, als die bezweckten unmittelbaren Auswirkungen des Nötigungserfolges (zB Herbeiführung von Aufsehen in der Öffentlichkeit bei Sitzblockaden) in Frage stehen (ähnlich Bay JZ 86, 404 und NJW 88, 717; Otto NStZ 87, 212, 213 und 91, 324; str); sie müssen sich nicht notwendig zu Gunsten der Blockierer auswirken (so aber Bertuleit JA 89, 16, 24; dagegen Graul JR 94, 51, 52 Fn 23, die auf die Instrumentalisierung der Blockierten hinweist; vgl 22). Notwendig ist danach eine differenzierende Gesamtwürdigung (Otto NStZ 92, 568, 571), deren Ergebnis davon abhängt, ob das Mißverhältnis zwischen Mittel und Zweck eine gewisse Mindestgrenze überschritten hat (BGH aaO S 277; Düsseldorf MDR 89, 840; Bay DAR 90, 187), die nach dem Maßstab des sozial noch Erträglichen zu bestimmen ist (beachte auch 21, 22). Diese Deutung ist allerdings höchst umstritten und von einem Konsens weit entfernt (vgl dazu die Nachw in BVerfGE 73, 206 und BGH aaO; abl ferner LG Kreuznach NJW 88, 2624; LG Zweibrücken StV 89, 395;

§ 240 BT. 18. Abschnitt. Straftaten gegen die persönliche Freiheit

Kühl StV 87, 122, 134; Fritz, Simon-FS, S 403; Meurer/Bergmann JR 88, 49, 51; Arthur Kaufmann NJW 88, 2581; Roggemann JZ 88, 1108; Hirsch, Tröndle-FS, S 19, 24; Eser, FS für G Jauch, 1990, S 35; Reichert-Hammer, Politische Fernziele und Unrecht, 1991; Bertuleit ZRP 92, 46; Günther, Baumann-FS, S 213; Küpper/Bode Jura 93, 187, 191; Gusy JA 93, 321, 329).

19 a) Durch **Anwendung von Gewalt** wird Nötigungsunrecht zwar nicht notwendig (BVerfGE 73, 206, 252; BGHSt 34, 71), aber doch häufig begründet; trotz der Einschränkung des Gewaltbegriffs bei Demonstrationen (oben 8) indiziert diese Gewalt die Verwerflichkeit und damit das Nötigungsunrecht nicht (BVerfGE 104, 92, 103 mit zust Bespr Heger Jura 03, 112, 114; ebenso schon Krey JR 95, 265, 266 [zu BVerfGE 92, 1]; aM Sondervotum Haas BVerfGE 104, 92, 120); bei Begehung von Gewalttätigkeiten liegt es regelmäßig, aber nicht notwendig vor (hM).

20 aa) Verhältnismäßig am weitesten ist der Spielraum des sozial Tolerablen in Fällen, in denen das abgenötigte Verhalten auch **vom Recht gefordert oder erwartet** wird, zB bei Verhinderung einer Straftat oder sonst widerrechtlichen Verhaltens (Celle NZV 90, 239) oder bei formal rechtswidriger (kein Selbsthilferecht) Durchsetzung eines unbedingten und fälligen Rechtsanspruchs (Träger/Altvater LK 90–92); aber auch hier bleibt allenfalls die Anwendung mäßiger Gewalt, nicht aber rücksichtslose Durchsetzung des Faustrechts unter der Strafbarkeitsschwelle (JR 88, 75; Bay bei Janiszewski NStZ 86, 541). Nicht verwerflich sind auch Widerstandshandlungen gegen menschenrechtswidrige Vollstreckungshandlungen von DDR-Vollzugspersonen (v Bubnoff LK 11 vor § 110). – In diesen Zusammenhang gehört auch das schulmeisterliche Verhindern des Überholens auf Autobahnen, um die Einhaltung der Höchstgeschwindigkeit zu erzwingen. Es ist nicht schon als solches verwerflich (hM; anders Helmken NZV 91, 372 mwN); die uneinheitliche Rspr (Nachw bei Helmken aaO) scheidet mit Recht nur kurzfristige und gefahrlose Einwirkungen aus (zB Bay DAR 90, 187; Stuttgart Justiz 91, 63; Naumburg NZV 98, 163, s auch Köln NZV 93, 36 und 00, 99; Düsseldorf NStZ-RR 00, 369); es ist der Verkehrssicherheit aber abträglich, dass sie in Einzelfällen die Anforderungen an das Ausmaß der vom Täter verursachten Gefahrenlage überspannt hat; sozial tolerabel dürften nur solche Fälle sein, in denen nach den Umständen Gefährdungen anderer ausgeschlossen sind. – Hierher gehört ferner die sog präventive Notwehr (4 zu § 32) in der Form der Nötigung zur Unterlassung eines noch nicht gegenwärtigen rechtswidrigen Angriffs, wenn sie nicht schon als Defensivnotstand gerechtfertigt ist (9 zu § 34); sie ist jedoch regelmäßig verwerflich, wenn sie unter bewusster Ausschaltung der vorrangigen staatlichen Zwangsmittel geübt wird (BGHSt 39, 133 mit zust Anm Roxin NStZ 93, 335 und abl Anm Lesch StV 93, 580; s auch 11 a zu § 32). – Schließlich bezieht die Rspr hier zutreffend auch die Verhinderung einer Selbsttötung mittels mäßiger Gewalt ein (BGHSt 6, 147, 153); die im Schrifttum dazu kontroversen Meinungen hängen im Wesentlichen davon ab, ob und wieweit ein Recht auf den eigenen Tod (dazu 9 vor § 211) anerkannt wird (vgl etwa Wagner, Selbstmord und Selbstmordverhinderung, 1975, S 128; Bottke, Suizid und Strafrecht, 1982, S 81 und GA 82, 346, 354; Jakobs ZStW 95, 669; Günzel, Das Recht auf Selbsttötung ..., 2000, S 136; s auch Wolter NStZ 93, 1, 8 und GA-FS, S 269, 282, alle mwN).

21 bb) Wird der Genötigte dagegen durch die Gewaltanwendung **innerhalb seines rechtlich gewährleisteten Freiheitsspielraums** getroffen (vgl 18 a), so kommt es auf die Qualität der vom Täter verfolgten weiteren Ziele nur nachrangig, schwerpunktmäßig aber allein auf solche Gründe an, die dafür tragfähig sind, gerade dem Genötigten ein Stück seiner Freiheit durch Entzug des Strafschutzes zu nehmen. Solche Gründe können sich ua aus dem Geringfügigkeitsprinzip (Düsseldorf MDR 89, 181), aus dem Vorliegen unrechtsmindernder, für die Rechtfertigung aber nicht ausreichender Umstände (Stuttgart NJW 92, 2713; sehr weit

Nötigung **§ 240**

Stuttgart NJW 91, 994 mit krit Anm Otto NStZ 91, 334) oder aus einem konkreten Sachbezug des Genötigten zum Nötigungsgegenstand, etwa dessen provozierendem Vorverhalten (Stuttgart NZV 91, 119), ergeben (BVerfGE 73, 206, 257; 76, 211, 217). Allein die Gesinnung des Täters charakterisierende Umstände sind dagegen irrelevant, weil damit eine Bewertung der Fernziele des Täters verbunden wäre (Otto aaO; insoweit probl BVerfG NStZ 91, 279 und NJW 91, 971 mit abl Anm Schmitt Glaeser JR 91, 16; Stuttgart NJW 92, 2714 [mit Bespr Jung JuS 93, 257] und 2716).

cc) Für Blockadeaktionen bei **Demonstrationen und Streiks** (vgl 8; speziell **22** zu Streiks Müller-Roden ZRP 88, 409; einschr Ostendorf aaO [vgl 3] S 40 und Träger/Altvater LK 107, alle mwN) gilt nichts anderes. Durch die den Gewaltbegriff bei Sitzblockaden einschränkende Entscheidung des BVerfG (E 92, 1) ist für die Fälle bloß körperlicher Anwesenheit mit psychischer Zwangswirkung mangels Gewalt keine Verwerflichkeitsprüfung mehr erforderlich; es verbleiben aber genügend (folgt man dem BGH [vgl 8] sogar viele) Blockadeaktionen, bei denen Gewalt angewendet wird und die Verwerflichkeit geprüft werden muss (Sch/Sch-Eser 26 ff). Dabei ist besonders zu beachten, dass Verkehrsbehinderungen schon durch die Grundrechte der Meinungs- und Versammlungsfreiheit (Art 5, 8 GG) gerechtfertigt werden, wenn sie vorübergehend als Nebenwirkung der Grundrechtsausübung eintreten und auf Grund der verfassungsrechtlich gebotenen Güter- und Interessenabwägung hinzunehmen sind (BVerfGE 73, 206, 250; Roxin, Schüler-Springorum-FS, S 441, 448; Joecks 42, 43; Träger/Altvater LK 110, alle mwN). Darüber hinaus sind aber solche Aktionen verfassungsrechtlich nicht gedeckt, wenn sie darauf abzielen, durch die mit ihnen verbundene Zwangswirkung gesteigertes Aufsehen in der Öffentlichkeit zu erregen (BVerfG aaO), andere zur Anhörung einer bestimmten Meinungsäußerung zu zwingen (Bay NJW 69, 1127; Celle NJW 70, 206) oder bestimmte sachliche Anliegen (zB Herabsetzung von Straßenbahntarifen) leichter durchzusetzen (BGHSt 23, 46); das gilt auch für Aktionen, die wie die Unterbindung von Bahntransporten dazu führen sollen, dass sich die andere Seite ohne Möglichkeit zu eigener Willensentscheidung einem auf sie ausgeübten Zwang beugt (BGHSt 44, 34, 41). Das gilt unabhängig davon, ob versammlungsrechtlich Sitzblockaden schon als solche die Friedlichkeit einer Versammlung ausschließen (verneinend BVerfG aaO) und ob im Einzelfall die Auflösung der Versammlung bereits wirksam angeordnet war (Schwabe NStZ 98, 22; offengelassen in BVerfG aaO [„jedenfalls"]; aM Weichert StV 89, 459; Kniesel NJW 92, 865; Rinken StV 94, 94, 104; Bertuleit aaO [vgl 3] S 90; vgl auch Horn/Wolters SK 48a). Das folgt schon daraus, dass Zwang als Zweckelement der Grundrechtsausübung nach Art 5, 8 GG mit dem Wesen dieser Grundrechte, die ausschließlich die geistige Auseinandersetzung gewährleisten, nicht vereinbar ist (BVerfG aaO). Die Instrumentalisierung des Genötigten ist daher auch bei politisch motivierten Blockadeaktionen nur in engen Grenzen sozial tolerabel (weiter zT die nachfolgend referierte Rspr). Hier kann auf kurze Frist angelegte und im Wesentlichen nur symbolhafte Anwendung passiver Gewalt auf Grund der gebotenen Gesamtwürdigung (vgl 18a) unter der Strafbarkeitsschwelle bleiben (vgl etwa Stuttgart NJW 89, 1870 und 92, 2713; Zweibrücken NJW 91, 53; Köln VRS 83, 420; Bay NJW 93, 213 und 95, 269, 270; LG Kaiserslautern MDR 91, 175). Dabei sind als maßgebliche Tatumstände regelmäßig zu berücksichtigen: der zum Blockadetermin zu erwartende Dienstbetrieb, die Dauer und Intensität der Aktionen, deren vorherige Bekanntgabe, Ausweichmöglichkeiten über andere Zufahrten und der Sachbezug der betroffenen Personen zum Protestgegenstand, uU auch die Zahl der Demonstranten und die Dringlichkeit der blockierten Dienstfahrten (BVerfG NJW 91, 971; BGHSt 44, 34, 42; Stuttgart NJW 91, 993 und 994 sowie 92, 2714, 2716; Bay NJW 92, 521 und JR 93, 117 mit Anm Nehm; krit Offenloch JZ 92, 438, 441; dem Umständekatalog zust Graul JR 94,

§ 240 BT. 18. Abschnitt. Straftaten gegen die persönliche Freiheit

51, die aber eine Differenzierung zwischen den die Verwerflichkeit begründenden und den diese nur erhöhenden Umständen für erforderlich hält). Soweit Fernziele des Täters überhaupt in die Beurteilung einfließen können (dazu 18 a), darf die Abwägung nicht auf eine inhaltliche Bewertung der mit der Zwangswirkung verfolgten (rechtmäßigen) politischen Ziele (zB Eintreten für den Frieden) gestützt werden; eine solche Differenzierung widerspricht der Anerkennung des Meinungspluralismus (BVerfGE 73, 206, 258; BGHSt 35, 270, 275; AG Lüneburg NdsRpfl 04, 49; s ua auch Klein, in: Rüthers/Stern [Hrsg], Freiheit und Verantwortung im Verfassungsstaat, 1984, S 177, 189; Brohm JZ 85, 501, 510; Offenloch JZ 86, 11; Starck JZ 87, 145; Baumann NJW 87, 36 und JZ 87, 265; Schmitt Glaeser, Private Gewalt im politischen Meinungskampf, 2. Aufl 1992, S 114; Roxin, Schüler-Springorum-FS, S 441, 456; Gusy JA 93, 321, 329; Sinn aaO [vgl 1] S 215). Das BVerfG (E 104, 92, 110) wendet sich nun zwar gegen die Berücksichtigung der inhaltlichen Fernziele der Demonstranten (zB Ausstieg aus der Nutzung der Kernenergie), verlangt aber im Rahmen von Art 8 GG die Beachtung des „Anliegens der Erzielung öffentlicher Aufmerksamkeit" (Mittelscharf JuS 02, 1062, 1065); die Beschränkung auf Themen, die die Öffentlichkeit angehen, entspricht nicht dem Schutzbereich der Demonstrationsfreiheit (Sinn NJW 02, 1024; Heger Jura 03, 112, 116; s auch Sondervotum Haas aaO S 123).

23 dd) Nicht nur auf dem Gebiet der politischen Demonstration, sondern auch in **zahlreichen anderen Bereichen** sind Rspr und Schrifttum zur Rechtswidrigkeit der Gewalt uneinheitlich (krit Calliess NJW 85, 1506, 1511). So wird zB hingenommen, dass ein Kraftfahrer sich die Einfahrt in eine von einem Fußgänger reservierte Parklücke unter Einsatz seines Pkw erzwingt (Stuttgart NJW 66, 745 mit abl Anm Bockelmann; Hamburg NJW 68, 662; Naumburg NZV 98, 163; mit Recht aM Rasehorn NJW 68, 1246; Berz JuS 69, 367; diff Hamm NJW 70, 2074; Bay NJW 95, 2646; Träger/Altvater LK 101) bzw so auf einen Polizisten zufährt, dass dieser auch ohne Beiseitetreten einer konkreten Gefahr des Angefahren – oder Überrollwerdens noch nicht ausgesetzt ist (Düsseldorf StraFo 01, 178 mit Bespr Heger JA 01, 833; zw) oder dass umgekehrt – soweit hier noch Gewalt angenommen werden kann (vgl 9; verneinend Träger/Altvater aaO) – der Fußgänger die Parklücke gegen den einfahrenden Kraftfahrer verteidigt, um sie für einen anderen freizuhalten (Köln NJW 79, 2056; Hamm VRS 59, 426; s auch Düsseldorf NZV 92, 199), während die Nötigung eines die Zufahrt zu einem Privatparkplatz versperrenden Wächters als verwerflich angesehen wird (Schleswig SchlHA 68, 265). Zu mutwilligen Verkehrsbehinderungen näher Busse aaO [vgl 10] S 141; Hansen, Die tatbestandliche Erfassung von Nötigungsunrecht, 1972, S 195; Voß-Broemme NZV 88, 2.

24 b) Auch bei der **Drohung** entscheidet die Mittel-Zweck-Relation, die wie bei der Gewalt eine Gesamtwürdigung erfordert (vgl 18, 18 a; s auch BVerfG NJW 93, 1519). Danach ist die Nötigung idR rechtswidrig, wenn die Drohung nach ihrer Schwere außer Verhältnis zu dem angestrebten Zweck steht (Bay NJW 63, 824) oder wenn es an einem inneren Zusammenhang zwischen Mittel und Zweck fehlt (Bay NJW 71, 768; vgl auch NStZ 97, 494 mit Bespr Otto JK 19; mit derselben Maßgabe wie bei der Gewaltanwendung (vgl 19–23) nimmt auch hier die Austragung von Meinungsgegensätzen in der politischen Auseinandersetzung oder sonst im öffentlichen Leben keine aus den Grundrechten der Art 5, 8 GG herzuleitende Sonderstellung ein (Hamm NJW 82, 2676 mit abl Bespr Schöne NJW 82, 2649; speziell für den Hungerstreik aM Ostendorf aaO [vgl 13] S 70, 74; str). Andererseits reicht aber nicht jedes unanständige (Hamm JMBlNRW 63, 206) oder im Sinne des OWiG ordnungswidrige (Lampe, Stree/Wessels-FS, S 449, 457; s aber AG Lüneburg NdsRpfl 04, 49) Druckmittel aus. Die Androhung einer Strafanzeige ist nicht rechtswidrig, wenn ein begründeter (dh auch rechtlich nicht umstrittener, Koblenz JR 76, 69 mit krit Anm Roxin) und mit der Straftat zusammenhängender (Bay MDR 57, 309) zivilrechtlicher Anspruch durchgesetzt werden soll (BGHSt 5, 254; Düsseldorf NStZ-RR 96, 5; ebenso für die Anzeige [nebst Kündigung] als Reaktion von Unternehmen auf Straftaten von Mitarbeitern Kuhlen, Lüderssen-FS, S 649, 652); sie kann es unter anderen Umständen sein (NJW 57, 596; vgl Scheffler NJ 95, 573 und Edenfeld JZ 98, 645, 648); dies gilt auch für die Drohung mit persönlicher Vorsprache und der Beschreitung des Rechtsweges zur Durchsetzung eines Anspruchs wegen einer sittenwidrigen Leistung (Telefonsex), sofern sie nicht mit einer Bloßstellung des Gemahnten verbunden ist (Karlsruhe NStZ-RR 96, 296 mit zust Bespr Otto JK 4 zu § 240 II). Im ganzen hängt alles von den Umständen des Einzelfalles ab, so dass eine gewisse Rechtsunsicherheit unvermeidlich ist (Bay NJW 65, 163; Stuttgart VRS 78, 205; Träger/Altvater LK 91). Speziell zur Androhung einer wirtschaftlichen Sperre im Rahmen eines Boykotts diff Bergerhoff aaO [vgl 12] S 199, 237, zur Androhung eines Boykottaufrufs S 295, 325, 337. Speziell für Strafverteidiger wird im Hinblick auf den sonst gefährdeten Anspruch des Angeklagten nach Art 6 IIIc MRK eine „zurückhaltende" Auslegung der Verwerflichkeit praktiziert (so von Frankfurt StV 01, 407 mit Bespr Wohlers StV 01, 420, 423).

2. Die **Rechtswidrigkeit** nach Abs 2 ist als solche allgemeines Verbrechensmerkmal (hM). Das **Bewusstsein der Rechtswidrigkeit** gehört daher nicht zum Vorsatz; sein Fehlen ist Verbotsirrtum (6 zu § 15; Träger/Altvater LK 116). Jedoch erfordert Nötigungsunrecht mehr als nur die Rechtswidrigkeit des eingesetzten Mittels. Es wird erst durch die Verwerflichkeit der Mittel-Zweck-Relation begründet. Da also Abs 1 für sich allein das Unrecht nicht indiziert, ist aus systematischen Gründen anzunehmen, dass die tatsächlichen Umstände, auf denen das Verwerflichkeitsurteil beruht, zum Tatbestand gehören (Bay NJW 92, 521; Herdegen, BGH-FS, S 195, 200; Armin Kaufmann, Klug-FS, S 277, 282; Sch/Sch-Eser 16; wohl auch BVerfGE 104, 92, 103: „tatbestandsregulierendes, den Täter begünstigendes Korrektiv"; aM BGHSt-GS-2, 194, 196, der sie als Rechtfertigungsvoraussetzungen einordnet; anders auch Reichert-Hammer aaO [vgl 18a] S 231 und Günther, Baumann-FS, S 213, nach denen die Verwerflichkeitsklausel als Strafunrechtsausschließungsgrund zu verstehen ist; s auch Bergmann aaO [vgl 1] S 178; Herzberg JA 89, 243, 248; Hansen aaO [vgl 23] S 67 und Sinn aaO [vgl 1] S 308, 372). Jedenfalls ist aber der Irrtum über diese Voraussetzungen entweder ein Tatbestandsirrtum (Bockelmann ZStW 69, 275; M-Schroeder/Maiwald BT 1 13/41) oder ein Erlaubnistatbestandsirrtum (LM Nr 3; Schroth, Vorsatz und Irrtum, 1998, S 65; W-Beulke AT Rdn 286 und W-Hettinger BT 1 Rdn 424), was für die Rechtsfolgen keinen Unterschied macht (9–20 zu § 17; s auch Roxin JR 76, 71).

VII. Vollendet ist die Nötigung, sobald der Betroffene sich dem Zwang entsprechend verhalten oder mindestens damit – sei es auch nur mit dem durch vis absoluta verursachten Dulden – begonnen hat (hM; vgl NStZ 87, 70 mit abl Bespr Otto JK 10; StraFo 04, 250, 251; Träger/Altvater LK 66; für Grenzfälle wie das Versperren eines Weges anders Jakobs, Roxin-FS, S 793, 805; einschr Horn SK 27 mwN); solange es an einer solchen Auswirkung des Zwanges fehlt, kommt nur Versuch in Frage (bei Holtz MDR 79, 280; StraFo 04, 250; Hamburg MDR 74, 330; Träger/Altvater LK 118; beachte auch 8).

VIII. Tateinheit ua möglich mit §§ 123, 132, auch mit § 223, wenn die Körperverletzung als Nötigungsmittel dient (NStZ-RR 97, 34). § 240 wird verdrängt von allen Tatbeständen, die eine Nötigung voraussetzen **(Spezialität)**, zB von §§ 177, 239 (BGHSt 30, 235; Köln NStZ 85, 550, 552; zusf Otto Jura 89, 497 und Park/Schwarz Jura 95, 294, 298), §§ 249, 253, 255 (NStZ-RR 00, 106, soweit das abgenötigte Verhalten der Beutesicherung dient); wird jedoch mit dem Nötigungsmittel zugleich ein anderer Zweck verfolgt, dem Eigenbedeutung zu-

§ 241 BT. 18. Abschnitt. Straftaten gegen die persönliche Freiheit

kommt und der in diesen Vorschriften nicht mit Strafe bedroht ist, so liegt Tateinheit vor (vgl zB 14 zu § 253). – Über das Verhältnis zu § 105 dort 7; zu § 113 dort 26; zu § 239a dort 11; zu § 241 dort 4.

28 IX. Zu den **besonders schweren Fällen** des **Abs 4** vgl 7–21 zu § 46. Als ein besonders schwerer Fall konnte immer schon die Nötigung zu einem Schwangerschaftsabbruch beurteilt werden (Otto Jura 96, 135, 144; 24 vor § 218). Dies hatte der Gesetzgeber durch ein Regelbeispiel (Abs 1 Satz 2 aF) klargestellt (BT-Dr 13/1850 S 26); dieses Regelbeispiel ist jetzt in **Nr 2** eingestellt worden. Er ist damit der Forderung des Bundesverfassungsgerichts nach Schaffung von Strafvorschriften – allerdings nur unzureichend (Tröndle NJW 95, 3009, 3018) – nachgekommen, die Gefahren entgegenwirken sollen, die vom familiären und weiteren sozialen Umfeld der Schwangeren ausgehen, insb Verhaltensweisen, welche „die Frau zum Schwangerschaftsabbruch ... drängen" (BVerfGE 88, 203, 298); Schwangerschaftsabbruch 2–17 zu § 218; in der Praxis spielt Abs 4 Nr 2 nur eine geringe Rolle (Träger/Altvater LK 122). Die Hervorhebung nur eines Regelbeispiels erleichterte die Einstufung sonstiger Fälle als besonders schwere nicht. Es sind jetzt zwei weitere Regelbeispiele hinzugekommen. **Nr 1:** sexuelle Handlung 4, 7 zu § 177; 1–7 zu § 184f (näher Nelles, 6. StrRG Einf, 3/20 und Lehmann NStZ 02, 353); abgenötigte Handlungen unterhalb der Erheblichkeitsschwelle des § 184c Nr 1 erfüllen nur Abs 1 (vgl Mästle AuR 02, 410). Zu **Nr 3:** 26 zu § 264 (krit zur Begr Nelles aaO Rdn 21); tauglicher Täter kann nur der Amtsträger sein (Nelles aaO Rdn 22, 23; Träger/Altvater LK 123); auf den beteiligten Nichtamtsträger ist nach § 28 II der Abs 1 anzuwenden (Horn/Wolters SK 61). Auf das Regelbeispiel der Bedrohung mit einem Verbrechen wurde im Gesetzgebungsverfahren verzichtet, um Unstimmigkeiten im Verhältnis zu § 241 zu vermeiden (BT-Dr 13/9064 S 17).

29 X. Für das Opfer der Nötigung beachte § 154c StPO; Nr 102 RiStBV (Krause, Spendel-FS, S 547).

§ 241 Bedrohung

(1) **Wer einen Menschen mit der Begehung eines gegen ihn oder eine ihm nahestehende Person gerichteten Verbrechens bedroht, wird mit Freiheitsstrafe bis zu einem Jahr oder mit Geldstrafe bestraft.**

(2) **Ebenso wird bestraft, wer wider besseres Wissen einem Menschen vortäuscht, daß die Verwirklichung eines gegen ihn oder eine ihm nahestehende Person gerichteten Verbrechens bevorstehe.**

Fassung: Technische Änderungen durch das 6. StrRG (13 vor § 1).

1 1. Die Vorschrift schützt das **Gefühl der Rechtssicherheit des einzelnen,** namentlich sein Vertrauen in deren Fortbestand (hM; vgl etwa Horn/Wolters SK 2; krit Schroeder, Lackner-FS, S 665 und Spendel, Schmitt-FS, S 205, die zutreffend die Unzulänglichkeit des Schutzes vor Bedrohungen durch Gewalttäter hervorheben; anders Wallau JR 00, 312, 315, der normativ auf das „Vertrauen-Dürfen" abstellt, und Teuber, Die Bedrohung, 2001, S 4, 63: „Freisein von Angst und Schrecken"; dazu Schroeder GA 03, 54). Die durch das 14. StÄG (7 vor § 1) eingeführte Beschränkung auf Verbrechen gegen den bedrohten Menschen (nicht die juristische Person; krit Wallau aaO) oder eine (tatsächlich existierende, BVerfG NJW 95, 2776 mit dem Ergebnis zust Bespr Küper JuS 96, 783 und Otto JK 14 zu § 1, die jedoch die Ausdehnung der Prüfungs-Kompetenz des Bundesverfassungsgerichts hinsichtlich der Auslegung des einfachen Rechts kritisieren) ihm nahe stehende Person (4 zu § 35), die der hM zu § 241 aF entspricht, folgt aus dem Schutzzweck (Individualrechtsgut) und dient der Abgrenzung von § 126. – Zur Rechtsgeschichte Teuber aaO S 7, der auch einen ausformulierten Gesetzesvorschlag präsentiert (S 100); Vorschläge für eine bessere Bekämpfung bei v Hippel ZRP 02, 442.

2. Bedrohen und Vortäuschen 2, 3 zu § 126. Dabei muss eine bestimmte künftige (NStZ 84, 454) Tat in Aussicht gestellt oder vorgetäuscht werden, die die Merkmale eines Verbrechens aufweist (bei Holtz MDR 86, 795), auch wenn sie nicht schuldhaft begangen werden soll (1 zu § 12; 18 zu § 11). Das Bedrohen kann auch durch konkludentes Verhalten, zB Abgabe von Schreckschüssen, erfolgen (Köln NStE 1). Bloße Verwünschungen und Prahlereien genügen nicht (NJW 53, 1440). Auch müssen sich die Tathandlungen (unmittelbar oder mittelbar) an einen bestimmten Adressaten (uU mehrere) wenden, den der Täter als Opfer ins Auge gefasst hat (Frankfurt NStZ-RR 02, 209), und geeignet sein, dessen Rechtsfrieden zu stören (Zieschang, Die Gefährdungsdelikte, 1998, S 340; Träger/Altvater LK 2; krit zum Eignungserfordernis Küper aaO [vgl 1] S 788 mwN); zum Widerruf der Drohung Teuber aaO [vgl 1], S 99.

3. Zum **Vorsatz** (bedingter genügt) gehört nicht, dass der Täter das angedrohte oder vorgetäuschte Verhalten selbst als Verbrechen wertet; insoweit genügt die Vorstellung der wesentlichen Merkmale eines Verbrechens (BGHSt 17, 307). Im Falle des Abs 1 kommt es auf das Bewusstsein an, dass die Bedrohung von dem anderen als (möglicherweise) ernstlich verstanden wird (Köln NStE 1; 12 zu § 240); ob sie auch wahrgemacht werden soll, ist unerheblich (bei Dallinger MDR 75, 22).

4. Tateinheit ua möglich mit § 126. Von § 113 (bei Dallinger MDR 73, 902; aM Schmid JZ 80, 56, 58), § 177 (GA 77, 306), § 240 (bei Holtz MDR 79, 281; Freund AT 11/26) und §§ 253, 255 (Träger/Schluckebier LK 27) wird Abs 1 auch dann verdrängt, wenn die konkurrierende Nötigung nur versucht wurde (GA 70, 372; Koblenz MDR 84, 1040); dies ist trotz des qualifizierten Übels bei der Bedrohung (vgl Maatz NStZ 95, 209, 212) deshalb richtig, weil § 241 anders als § 240 nur die bloße Einschüchterung des Opfers erfasst (M-Schroeder/Maiwald BT 1 16/3); Tateinheit aus Klarstellungsgründen (28 vor § 52) anzunehmen, ist mangels zusätzlichen Erfolgs bei der vollendeten Bedrohung nicht erforderlich (vgl jedoch die Voraufl; Bay NJW 03, 911 mit abl Anm Jäger JR 03, 477; Toepel NK 212 zu § 240; Tröndle/Fischer 7); § 241 tritt jedenfalls dann hinter § 240 zurück, wenn die (Todes)Bedrohung allein der Durchsetzung des vom § 240-Täter angestrebten Endziels dient (NJW 03, 3283, 3286 mit zust Anm Kühl NStZ 04, 387: Subsidiarität).

§ 241 a Politische Verdächtigung

(1) **Wer einen anderen durch eine Anzeige oder eine Verdächtigung der Gefahr aussetzt, aus politischen Gründen verfolgt zu werden und hierbei im Widerspruch zu rechtsstaatlichen Grundsätzen durch Gewalt- oder Willkürmaßnahmen Schaden an Leib oder Leben zu erleiden, der Freiheit beraubt oder in seiner beruflichen oder wirtschaftlichen Stellung empfindlich beeinträchtigt zu werden, wird mit Freiheitsstrafe bis zu fünf Jahren oder mit Geldstrafe bestraft.**

(2) Ebenso wird bestraft, wer eine Mitteilung über einen anderen macht oder übermittelt und ihn dadurch der im Absatz 1 bezeichneten Gefahr einer politischen Verfolgung aussetzt.

(3) Der Versuch ist strafbar.

(4) **Wird in der Anzeige, Verdächtigung oder Mitteilung gegen den anderen eine unwahre Behauptung aufgestellt oder ist die Tat in der Absicht begangen, eine der im Absatz 1 bezeichneten Folgen herbeizu-**

§ 242 BT. 19. Abschnitt. Diebstahl und Unterschlagung

führen, oder liegt sonst ein besonders schwerer Fall vor, so kann auf Freiheitsstrafe von einem Jahr bis zu zehn Jahren erkannt werden.

1 1. Vgl zunächst 1, 3–5 zu § 234a.

1a 2. Die **Mittel der Gefährdung** sind hier Anzeigen (an Behörden) und Verdächtigungen sowie nach Abs 2 einfache Mitteilungen (BGHSt 11, 91). Anzeigen wegen noch nicht beendeter „Republikflucht" erfüllen den von der Rspr äußerst restriktiv gedeuteten Tatbestand nur dann, wenn sie für den Angezeigten die konkrete Gefahr begründen, durch Gewalt- oder Willkürmaßnahmen Schaden an den in Abs 1 genannten Rechtsgütern zu erleiden, dh es muss mit schweren Verstößen gegen Menschenrechte zB durch völlig unverhältnismäßige Strafen oder durch Ermittlungsmaßnahmen gerechnet werden, die eine Strafbarkeit der dafür verantwortlichen DDR-Organe begründen können (BGHSt 40, 125 mit zu Recht krit Bespr Reimer NStZ 95, 83, Seebode JZ 95, 417 und Wassermann NJW 95, 931; NStZ 95, 288; krit auch König JR 97, 317, 320; Sch/Sch-Eser 4; vgl 25 zu § 2 und Marxen/Werle Bil S 66, 72). Auf dieses menschenrechtswidrige Vorgehen muss sich der Vorsatz (bedingter reicht) iS der Bedeutungskenntnis (14 zu § 15) erstrecken (BGH aaO S 137). – Abs 2 richtet sich namentlich gegen den Agenten; andererseits schützt § 241a uU auch den Agenten (KG NJW 57, 684).

2 3. Zu **Abs 4** (besonders schwere Fälle) 7–10a zu § 46; 4 zu § 12; ergänzend s Horn/Wolters SK 12.

3 4. **Tateinheit** ua möglich mit §§ 99, 164 (str), 186, 187, 187a. Versuchte Freiheitsberaubung wird verdrängt (NJW 60, 1211; Gropp/Sinn MK 14; krit Träger/ Schluckebier LK 24; für Tateinheit Toepel NK 26).

4 5. Zuständigkeit §§ 74a I, 120 II, 142a GVG. Verfahren §§ 153c–153e StPO.

19. Abschnitt. Diebstahl und Unterschlagung

§ 242 Diebstahl

(1) **Wer eine fremde bewegliche Sache einem anderen in der Absicht wegnimmt, die Sache sich oder einem Dritten rechtswidrig zuzueignen, wird mit Freiheitsstrafe bis zu fünf Jahren oder mit Geldstrafe bestraft.**

(2) **Der Versuch ist strafbar.**

Fassung des Abs 1 durch 6. StrRG (13 vor § 1).

1 1. Geschützte Rechtsgüter sind **Eigentum und Gewahrsam** (hM; vgl Lampe GA 66, 225; aM Mitsch BT 2,1 1/5; W-Hillenkamp BT 2 Rdn 57a; Kindhäuser NK 5; zw). Verletzter kann also auch der Gewahrsamsinhaber sein (BGHSt 10, 400; Hoyer SK 12 vor § 242; aM Sch/Sch-Eser 2 mwN). Unbestellt zugesandte Waren sind trotz § 241a BGB für den Empfänger fremd (Haft/Eisele, Meurer-GS, S 245, 249; Matzky NStZ 02, 458, 460; zur möglichen Strafbarkeit wegen Unterschlagung 10 zu § 246, wegen Sachbeschädigung 9 zu § 303 und wegen Betrugs durch Veräußerung Haft/Eisele aaO S 259). – Zum Diebstahl im französischen Recht Walter, Betrugsstrafrecht in Frankreich und Deutschland, 1999, S 325. – Kritisch zur (angeblich) schichtspezifischen Formulierung des Tatbestandes und der schichtspezifischen Auswahl der Täter Smaus, Das Strafrecht und die gesellschaftliche Ordnung, 1998, S 220, 238.

2 2. **Objekt des Diebstahls** sind fremde bewegliche Sachen.

a) Sachen sind grundsätzlich alle körperlichen Gegenstände (§ 90 BGB), auch Körper eines verstorbenen Menschen (§ 168; Hoyer SK 4 unter Hinweis auf das Verfügungsrecht der Angehörigen nach § 4 I TPG; Joecks 8 vor § 242; Kindhäu-

Diebstahl **§ 242**

ser BT II 2/32; aM M-Schroeder/Maiwald BT 1 32/19: „Rückstand der Persönlichkeit"), nicht aber lebende Menschen, Embryonen (Feten) und Tiere; letztere werden jedoch auch nach der gesetzestechnisch missglückten Einführung des § 90a BGB (krit Braun JuS 92, 558; Küper JZ 93, 435) unverändert erfasst (Bay NJW 93, 2760), weil die für Sachen geltenden Vorschriften, soweit nichts anderes bestimmt ist, kraft Gesetzes (also nicht auf Grund lückenfüllender Analogie, BT-Dr 11/7369 S 6, 7) auf Tiere entsprechend anzuwenden sind (Gropp JuS 99, 1041, 1042; für einen autonomen strafrechtlichen Sachbegriff Küper Jura 96, 205, 206; Graul JuS 00, 215 mit krit Echo Krüger JuS 00, 1040). – Natürliche und künstliche Körperimplantate werden mit der Einpflanzung Bestandteile des Körpers (hM; vgl Otto Jura 89, 137, 138; anders Bringewat JA 84, 61, 63; nach Ersatz- und Zusatzimplantaten diff Gropp JR 85, 181; Sch/Sch-Eser 10, alle mwN). – Auf den wirtschaftlichen Wert (auch völlig wertlose Gegenstände, Düsseldorf NJW 89, 115; aM Sch/Sch-Eser 7) und auf den Aggregatzustand (auch Gas, Dampf, Wasser; für elektrische Energie beachte § 248c) kommt es nicht an. – Keine Sachen sind Forderungen und sonstige Rechte (namentlich auch nicht das sog Buch- oder Giralgeld, München JZ 77, 408), wohl aber die Urkunden, in denen sie verbrieft sind, zB im Sparbuch, Scheck, Grundschuldbrief (NJW 78, 710) oder Schuldschein (Düsseldorf NJW 90, 1492 mwN). Keine Sachen sind Computerprogramme, wohl aber Disketten oder sonstige Programmträger (Heinrich, Die Strafbarkeit der unbefugten Vervielfältigung und Verbreitung von Standardsoftware, 1993, S 314 mwN; vgl auch König NJW 93, 3121, 3123 und Müller-Hengstenberg NJW 94, 3129 zu § 90 BGB).

b) Beweglich sind – unabhängig von dem bürgerlich-rechtlichen Begriff – Sachen, die tatsächlich fortgeschafft werden können; also auch beweglich gemachte Sachen, zB ausgebrochene Goldzähne (Gera HESt 2, 296) oder spätestens durch die Tathandlung vom Grundstück getrennte Bodenbretter, Türen, Fenster, Heizkörper usw (Samson JA 90, 5, 6; Streng JuS 02, 454, 456), auch das von der Weide abgefressene Gras (LG Karlsruhe NStZ 93, 543). **3**

c) Fremd ist die Sache, die einem anderen als dem Täter gehört. Maßgebend ist das Eigentum nach bürgerlichem Recht (NStZ-RR 00, 234; Düsseldorf NJW 88, 1335; Küper BT S 244; Mitsch BT 2,1 1/21, alle mwN). Erfasst wird also das Eigentum aller Rechtssubjekte, auch des Staates (Frankfurt NJW 84, 2303), nicht aber das sog wirtschaftliche Eigentum (hM; krit Otto, Die Struktur des strafrechtlichen Vermögensschutzes, 1970, S 143; JZ 93, 559 und Jura 04, 389: wirtschaftliche Betrachtungsweise; Lampe, in: Müller-Dietz [Hrsg], Strafrechtsdogmatik und Kriminalpolitik, 1971, S 59, 63; s auch Liver, Schultz-Festg, S 108, 121). **4**

aa) Fremd sind deshalb **beispielsweise** der vorausgezahlte Dirnenlohn für den Freier (BGHSt 6, 377; anders für Kaufgeld, dessen Übereignung nach § 134 BGB nichtig ist, BGHSt 31, 145, 147; NStZ-RR 00, 234; Sch/Sch-Eser 12), die der Einmann-GmbH gehörenden Sachen für den Alleingesellschafter (RGSt 71, 355; Hoyer SK 11; Kindhäuser NK 14, alle mwN; zw) und die durch Inkassovertreter eingetriebenen Versicherungsprämien für den Vertreter (Düsseldorf NStZ-RR 99, 41), nicht fremd dagegen beschlagnahmte oder unter Eigentumsvorbehalt (Düsseldorf NJW 84, 810) verkaufte Sachen für deren Eigentümer (beachte §§ 136 I, 288, 289) und unter aufschiebender Bedingung übereignete Sachen für deren Veräußerer (Saarbrücken NJW 76, 65). Vom Körper eines lebenden Menschen abgetrennte Teile oder Substanzen (Haare, Zähne, entnommenes Blut usw) sind dessen Eigentum (hM; vgl bei Dallinger MDR 58, 739; zur Plazenta Gropp, in: Eser-Beitr, S 299; zum Blut eingehend Schröder/Taupitz, Menschliches Blut: Verwendbar nach Belieben des Arztes?, 1991, S 34). In einzelnen Fallgruppen sind die Eigentumsverhältnisse noch nicht abschließend geklärt, zB bei unbezahltem, durch Tanken mit Fremd- oder Selbstbedienung erlangtem Kraftstoff (für Übereignung **5**

§ 242 BT. 19. Abschnitt. Diebstahl und Unterschlagung

erst an der Kasse Koblenz NStZ-RR 98, 364 mit abl Bespr Baier JA 99, 364, zust aber Otto JK 11 zu § 246; Borchert/Hellmann NJW 83, 2799; Ranft JA 84, 1, 4; Otto JZ 85, 21, 22; Charalambakis MDR 85, 975; Streng JuS 02, 454; Lange/Trost JuS 03, 961, 965; Krey/Hellmann BT 2 Rdn 158, 159; für Eigentumsvorbehalt bis Bezahlung Hamm NStZ 83, 266; für Übereignung schon beim Tankvorgang Düsseldorf NStZ 82, 249 und JR 85, 207 mit zust Anm Herzberg; Herzberg NJW 84, 896; Baier aaO; zw; offen gelassen von NJW 83, 2827 mit krit Anm Gauf und Deutscher NStZ 83, 505, 507; Schroeder JuS 84, 846; 2 zu § 246), bei (wegen Zurückziehen des mit Tesafilm präpariert eingegebenen Geldscheins) unbefugt aus einem Geldwechselautomaten entnommenem Geld (Fremdheit bejahend Düsseldorf NJW 00, 158 mit zust Bespr Biletzki NStZ 00, 406 und JAR 00, 79, Martin JuS 00, 406, Otto JR 00, 214 und Geppert JK 20; krit Kudlich JuS 01, 20, 23), bei unbefugt aus einem Bankautomaten mittels Codekarte entnommenem Geld (vgl die Nachw unter 23) und bei illegal erlangten Betäubungsmitteln (Engel NStZ 91, 520 mit Erwiderung Marcelli NStZ 92, 220 und Vitt NStZ 92, 521).

6 bb) Fremd sind ferner Sachen im **Miteigentum** (auch Gesamthandseigentum, NStZ 91, 432), weil sie dem Täter nicht allein gehören (unstr).

7 cc) Nicht fremd sind Sachen, die in niemandes Eigentum stehen oder stehen können **(herrenlose Sachen),** namentlich freie Luft, fließendes Wasser, wilde Tiere in Freiheit (§ 960 BGB; s jedoch Hammer NuR 92, 62; unten 19 sowie §§ 292, 293), vom Eigentümer nach § 959 BGB derelinquierte Sachen (Düsseldorf NJW 83, 2153 mit Anm Bottke JR 84, 35; beachte Bay JR 87, 128 mit Anm Keller; Düsseldorf JMBlNRW 92, 191) und regelmäßig, aber nicht notwendig (10 zu § 168), auch der Körper oder Teile des Körpers eines verstorbenen Menschen, deren Schutz sich nach § 168 bestimmt (Pluisch/Heifer NJW 94, 2377, 2379; Kopp MedR 97, 544, 546; Stellpflug, Der strafrechtliche Schutz des menschlichen Leichnams, 1996, S 22; Joecks 15–19 vor § 242; Sch/Sch-Eser 21; Kindhäuser NK 27–29). Lediglich verlorene, verlegte oder vergessene Sachen sind nicht herrenlos; idR gilt das auch für militärisches Gerät, Geschosse und Geschossteile im Kampfgelände (NJW 53, 1271) und auf dem Übungsplatz (Hamm JMBlNRW 63, 145).

8 **3. Wegnehmen** ist Bruch fremden und Begründung neuen Gewahrsams (Apprehensionstheorie, hM; eine Neubestimmung dieser Theorie unternimmt Ling ZStW 110, 919; anders Kargl JuS 96, 971, 976: einmalige Erlangung des Zugriffs auf die Sache, der gegenüber der frühere Gewahrsamsinhaber in eine Rechtfertigungsdefensive gerät; nach Wallau JA 00, 248, 256, ist die Notwendigkeit der Neubegründung zu überdenken).

8a a) **Gewahrsam** ist ein **tatsächliches von einem Herrschaftswillen getragenes Herrschaftsverhältnis** (hM; vgl etwa Küper BT S 420 mwN; krit Samson JA 80, 285, 287 mwN). Es ist nicht gleichbedeutend mit Besitz im Sinne der §§ 854 ff BGB (hM).

9 aa) **Objektiv** setzt Gewahrsam voraus, dass **nach den Anschauungen des täglichen Lebens** (BGHSt 16, 271; NJW 81, 997, sog normativ-soziales Moment; dieses betonend W-Hillenkamp BT 2 Rdn 71–71b; weiterführend Gössel ZStW 85, 591, 619, Kahlo, ZustStR, S 123, 135 und Kargl JuS 96, 971, 974; krit Schmidhäuser, Henkel-FS, S 229, 233; Seelmann/Pfohl JuS 87, 199; Keller ZStW 107, 457, 478; Ling ZStW 110, 919; Hoyer SK 30, 31; zusf Martin JuS 98, 890 und Gropp JuS 99, 1041, 1042; krit zu neuen Wegnahmebegriffen M-Schroeder/Maiwald BT 1 33/27) **der Verwirklichung des Willens zur unmittelbaren Einwirkung auf die Sache keine Hindernisse entgegenstehen** (hM). Das trifft auch zu bei einer räumlichen Trennung von der Sache, die im Rahmen des sozial Üblichen liegt, wenn nur die Sachherrschaft nach einer gewissen Zeit ausgeübt werden kann (GA 69, 25). Eine solche Herrschaft hat zB der abwesende Wohnungsinhaber über die Sachen in der Wohnung und der Autofahrer über den

Diebstahl **§ 242**

geparkten Wagen (VRS 62, 274) oder das an bekannter Stelle zurückgelassene Wagenwrack (Köln VRS 14, 299), nicht aber der Reisende über die im abgefahrenen Zug zurückgelassenen Sachen; hieran wird die Bahn Gewahrsam haben (hM). Die Beurteilung hängt weitgehend vom Einzelfall ab (GA 62, 77).

bb) **Subjektiv** ist ein **Herrschaftswille** erforderlich (hM; vgl W-Hillenkamp 10 BT 2 Rdn 75; anders Lampe JR 86, 294 und Schmitz MK 59), dh der Wille, sich die Möglichkeit ungehinderter Einwirkung auf die Sache zu erhalten (KG GA 79, 427). Er setzt weder einen Eigentumswillen (§ 872 BGB) noch rechtliche Willensfähigkeit voraus (Kinder können Gewahrsam haben, aber nicht juristische Personen). Durch vorübergehende Ausschaltung der tatsächlichen Willensfähigkeit (zB im Schlaf) wird der (latente) Herrschaftswille nicht aufgehoben; jedoch fehlt er beim Toten, dagegen nach den Anschauungen des täglichen Lebens nicht schon beim Kranken, der die Willensfähigkeit verloren und bis zum Tode nicht wieder erlangt hat (NJW 85, 1911 mit Bespr Lampe aaO; anders Seelmann/Pfohl JuS 87, 199, die eine Nutzungsmöglichkeit verlangen; dagegen Otto Jura 89, 14; s auch Fahl Jura 98, 456, 458).

cc) Der Herrschaftswille kann sich auch auf einen **generellen Gewahrsams-** 11 **bereich** erstrecken, den der Gewahrsamsinhaber allgemein beherrschen will (zB seine Wohnung, seinen gewerblichen oder landwirtschaftlichen Betrieb usw). Unter dieser Voraussetzung ist die genaue Kenntnis der im Gewahrsam stehenden Sachen nicht erforderlich, zB die Post im Hausbriefkasten, das Münzgeld im Postfernsprecher (Düsseldorf NJW 88, 1335), die in der Frühe vor der Ladentür abgestellte Ware (NJW 68, 662 mit Anm Schmitt JZ 68, 307), die vor einem Geschäft im Freien aufgestellte Verkaufsware (Bay NJW 97, 3326 mit zust Bespr Martin JuS 98, 890), der vom Entleiher zurückgebrachte und vor dem Haus abgestellte Wagen (GA 62, 78). In einem generellen Gewahrsamsbereich verlorene Sachen (zB das im Haus verlorene Schmuckstück) sind − anders als sonst verlorene Sachen − nicht gewahrsamslos.

dd) Der Gewahrsam braucht **nicht rechtlich** begründet zu sein; auch der Dieb 12 kann bestohlen werden (NJW 53, 1358; Kargl JuS 96, 971, 973; Mitsch BT 2,1 1/49; aM Roth, Eigentumsschutz nach der Realisierung von Zueignungsunrecht, 1986, S 115); die Wegnahme der ungeteilten Beute durch einen Mittäter ist aber kein neuer Angriff auf fremdes Eigentum (RGSt 11, 438).

ee) Haben mehrere Personen gleichrangigen **Mitgewahrsam,** so kann diesen 13 jeder von ihnen brechen (hM; anders Haffke GA 72, 225). In Abhängigkeitsverhältnissen kann der Untergeordnete den Gewahrsam des Übergeordneten brechen, nicht aber umgekehrt; dieses allgemein anerkannte Ergebnis erklärt die Rspr mit der Annahme mehrstufigen Gewahrsams (BGHSt 10, 400; NStZ-RR 96, 131; Hamm JMBlNRW 65, 10), während im Schrifttum sachentsprechender schon der Gewahrsam des Untergeordneten verneint wird (Schünemann GA 69, 46, 52; Mitsch BT 2,1 1/55; Hoyer SK 45; Sch/Sch-Eser 32, alle mwN). Danach können je nach den Umständen Mitgewahrsam oder mehrstufigen Gewahrsam im Sinne der Rspr zB haben: Post und Briefträger oder sonst mit der Ausgabe von Postsendungen betraute Bedienstete (wistra 89, 18); Hausfrau und Angestellte (BGHSt 16, 271, 274); Bank und Schließfachkunde; Pensionswirtin und Gast (NJW 60, 1357); Garageninhaber und Autoeinsteller (BGHSt 18, 221); Geschäftsführer und Sekretärin (NStZ-RR 96, 131 mit Bespr Otto JK 10 zu § 246). Der Transportfahrer, der unterwegs nicht beaufsichtigt werden kann, hat Alleingewahrsam (BGHSt 2, 318; GA 79, 390; StV 01, 13; Kühl HRR BT Nr 44; W-Hillenkamp BT 2 Rdn 91); ebenso der alleinverantwortliche Kassierer bei Bank, Warenhaus und Amtsstelle (BGHSt 8, 273; wistra 89, 60; NStZ-RR 01, 268 mit Bespr Geppert JK 21; Joecks 21) und der zur Postkontrolle eingesetzte MfS-Mitarbeiter (BGHSt 40, 8, 23; anders NStZ 95, 131: Gewahrsam an den den Postsendungen entnommenen Gegenständen haben die in der Leitungsebene Verantwortlichen; nicht

§ 242

entschieden von BGHSt-GS-41, 187, 198); sogar am Inhalt eines verschlossenen Behältnisses, zB einem Fernsehgerät mit Münzeinwurf, kann der legitimierte Besitzer (Mieter, Pächter usw) Alleingewahrsam haben, selbst wenn nur der Eigentümer dazu den Schlüssel hat (BGHSt 22, 180; zw); anders beim fest einmontierten Gasautomaten (BGH aaO).

14 b) **Der Täter muss fremden Gewahrsam** (nicht unbedingt den des Eigentümers) **brechen,** dh ohne Willen des Gewahrsamsinhabers aufheben (enger Ludwig/Lange JuS 00, 446, 449: gegen dessen Willen; alternativ Küper BT S 420 und W-Hillenkamp BT 2 Rdn 103: gegen oder ohne dessen Willen). Dessen Einverständnis schließt daher den Tatbestand aus (ebenso Mitsch BT 2,1 1/69 mwN). Beim sog Selbstbedienungstanken ist idR ein dem Gewahrsamsinhaber zurechenbares Einverständnis anzunehmen, weil nach der Struktur des automatisierten Ablaufs der Gewahrsam immer dann als freigegeben angesehen werden muss, wenn der Automat äußerlich ordnungsgemäß betätigt wird (vgl die Nachw unter 5; ergänzend Joecks 41; Rengier BT I 2/35; W-Hillenkamp BT 2 Rdn 184; aM Walter aaO [vgl 1] S 441; zur möglichen Unterschlagung 2 zu § 246; zum möglichen Betrug[sversuch] 9, 26 zu § 263). Dasselbe gilt, wenn jemand einen Glücksspielautomaten unter Ausnutzung anderweit erlangter Programmkenntnis „leerspielt" (Neumann JuS 90, 535, 538; Bühler, Die strafrechtliche Erfassung des Missbrauchs von Geldspielautomaten, 1995, S 159; Arloth CR 96, 359, 361, alle mwN; beachte 14 a zu § 263 a; anders, wenn der Automat ohne Einverständnis des Aufstellers mit Falschgeld bedient wird, Celle NJW 97, 1518 mit zust Bespr Hilgendorf JR 97, 347 und Mitsch JuS 98, 307; aM Hoyer SK 55, oder wenn ein Geldwechselautomat mittels eines mit Tesafilm beklebten Geldscheins „überlistet" wird, Düsseldorf NJW 00, 153 mit zust Bespr Biletzki NStZ 00, 424 und JAR 00, 79, Martin JuS 00, 406, Kudlich JuS 01, 20, 23 und Geppert JK 20; zust auch W-Hillenkamp BT 2 Rdn 108 und Joecks 33; aM aber Otto JR 00, 214) oder wenn er – was inzwischen unter § 263 a fallen kann (dort 13, 14) – eine echte (und wohl auch eine unechte, BGHSt 38, 120; Achenbach NStZ 93, 430; Otto JZ 93, 559, 562 und GK 2 40/39; Schlüchter JR 93, 496; aM Richter CR 89, 303, 307; Rengier BT I 2/35; zw) Codekarte zum Geldabheben aus Bankautomaten missbraucht (BGHSt 35, 152 mit Anm Huff NJW 88, 981 und Schmitt/Ehrlicher JZ 88, 364; Löhnig JR 99, 362, 364; aM Mitsch BT 2,1 1/77, alle mwN; str). Auch die sog Diebesfalle erfüllt den Tatbestand regelmäßig nicht; häufig fehlt es schon an der Gewahrsamsverschiebung (BGHSt 4, 199), jedenfalls läuft diese aber dem Willen des Gewahrsamsinhabers nicht zuwider (Celle JR 87, 253; Düsseldorf NJW 88, 83 und NStZ 92, 237 mit abl Anm Janssen; Hefendehl NStZ 92, 544; LG Gera StraFo 00, 358; Gropp JuS 99, 1041, 1042; aM Otto JZ 93, 559, 562, alle mwN; zur möglichen Unterschlagung beachte 3, 5 zu § 246). Gewahrsamsbruch liegt dagegen vor, wenn der Betroffene (zB bei Vortäuschen einer Beschlagnahme) die Sache unabhängig von seinem Einverständnis oder seiner Mitwirkung dem Zugriff des Täters preisgegeben glaubt (hM; vgl etwa GA 60, 277 und 65, 107; Rengier BT I 13/32 und 34; Joecks 38; diff Miehe, Unbewusste Verfügungen, 1987, S 71; krit Walter aaO S 225; aM Kindhäuser, Bemmann-FS, S 339, 353 und NK 63; anders auch Schmitt, Spendel-FS, S 575, der ausschl nach dem äußeren Nehmen oder Geben unterscheidet); Diebstahl liegt dann auch vor, wenn der Betroffene die Sache herausgibt (Krey/Hellmann BT 2 Rdn 405; W-Hillenkamp BT 2 Rdn 629; aM Mitsch BT 2,1 1/79). Duldet der Gewahrsamsinhaber (uU auch ein bloßer Gewahrsamshüter, bei Dallinger MDR 74, 15) auf Grund irrtumsbedingten, im Übrigen aber innerlich freien Willensentschlusses die Besitzergreifung, so liegt keine Wegnahme, sondern Vermögensverfügung nach § 263 vor (BGHSt 18, 221). – Zur weiteren Abgrenzung gegenüber Erpressung, Betrug und Erschleichen von Leistungen 2 zu § 255; 26 zu § 263; 2 zu § 265 a. – Eine auf das

Diebstahl **§ 242**

Opferverhalten abstellende Systematisierung der Sachentziehungsdelikte schlägt Hruschka (Jahrb RuE 94, 177) vor: während der Bestohlene schon nicht „willentlich" beim Gewahrsamswechsel mitwirkte, fehle es beim Erpressten und Betrogenen an einer „freiwilligen" Mitwirkung.

c) Neuer Gewahrsam, der nicht unbedingt der des Täters zu sein braucht (zB 15 Abholenlassen durch Gutgläubigen), ist **begründet,** wenn der Täter (oder der Dritte) die Herrschaft über die Sache derart erlangt hat, dass er sie unbehindert durch den alten Gewahrsamsinhaber ausüben und dieser seinerseits über die Sache nicht mehr verfügen kann, ohne die Verfügungsgewalt des Täters zu beseitigen (GA 66, 78; Köln StV 89, 156; Kühl JuS 82, 110, 112; eingehend Gössel ZStW 85, 591, 614; einschr Ling ZStW 110, 919, 942, der eine günstige Bestandsprognose verlangt). Endgültig geborgen braucht die Beute noch nicht zu sein (BGHSt 20, 194; Hamburg MDR 70, 1027). Dabei kann sich der Wechsel im Gewahrsam in einer oder in mehreren Phasen vollziehen.

aa) Bei **unauffälligen,** leicht beweglichen Sachen, wie Geldscheinen, Schmuck- 16 stücken usw, genügt im Allgemeinen schon ein Ergreifen und Festhalten (BGHSt 23, 254; Düsseldorf NJW 88, 1335; Martin JuS 98, 890, 893, alle mwN). – Sonst begründet an **Sachen geringen Umfangs** neuen Gewahrsam idR schon, wer die Beute in seine Kleidung oder in ein leicht zu transportierendes Behältnis steckt (BGHSt 26, 24; NJW 81, 997; Düsseldorf NJW 90, 1492; LG Gera NJW 00, 159 mit zust Bespr Otto JK 7 zu § 249; Mitsch BT 2,1 1/63: bereits mit dem Ergreifen) oder wer sie in dem fremden Gewahrsamsbereich unauffällig wie seine eigene Sache fortträgt (Köln MDR 71, 595). Nicht hindern hier sofortige Festnahme (GA 63, 147), zufällige oder planmäßige Beobachtung (NStZ 87, 71; Geilen JR 63, 446; Joecks 17, 18; aM Sch/Sch-Eser 40; s auch BGHSt 41, 198, 204 mit Anm Scheffler JR 96, 342; NStZ 88, 270; Zweibrücken NStZ 95, 448; LG Gera NJW 00, 159; probl LG Köln StV 97, 27 mit krit Bespr Otto Jura 97, 465 und Geppert JK 18; krit zur uneinheitlichen Rspr Kahlo aaO [vgl 9] S 130 und Martin aaO S 891; aM Ling aaO [vgl 15], alle mwN) oder der Einsatz von elektromagnetischen Sicherungsetiketten (Bay NJW 95, 3000 mit Bespr v Heintschel-Heinegg JA 95, 833, Kargl JuS 96, 971 und Schmidt JuS 96, 78; Kindhäuser 59; aM Borsdorff JR 89, 4; Ling aaO; Sch/Sch-Eser aaO, alle mwN; s auch 16 zu § 243) die Vollendung der Wegnahme nicht, es sei denn, dass der eingriffsbereite Dritte noch auf die Sache zugreifen kann, ohne in die höchstpersönliche Sphäre des Täters eindringen zu müssen (Düsseldorf NJW 86, 2266 mit krit Bespr Roßmüller/Rohrer Jura 94, 469, 474). Das alles gilt auch für Entwendungen im Warenhaus (zur kriminalpolitischen Problematik des Ladendiebstahls 5 a vor § 13) und im Selbstbedienungsladen (BGHSt 16, 271; Gropp JuS 99, 1041, 1043; aM Kahlo aaO S 137); jedoch muss bei Sachen, die in einem bestimmungsmäßiger Kontrolle unterliegendes Behältnis (zB den Einkaufswagen im Selbstbedienungsladen) gelegt werden, auch diese Kontrolle durchlaufen sein (Köln NJW 84, 810 und 86, 392; beachte auch Düsseldorf NJW 88, 922 und 93, 1407; Kindhäuser NK 43; 26 zu § 263); auf offen getragene kleinere Gegenstände hat der Geschäftsinhaber auch auf der Verkaufsfläche im Freien noch die Zugriffsmöglichkeit (Bay NJW 97, 3326 mit zust Bespr Martin JuS 98, 890). – Bei **sperrigen oder sonst schwer beweglichen** Gegenständen sowie bei Sachen, die wegen ihrer **Vielzahl** auffälligen Abtransports bedürfen, ist Gewahrsam erst begründet, wenn der Täter die Sache aus dem fremden Machtbereich herausgeschafft hat (NStZ 81, 435) oder wenn er sie aus ihm ohne Gefahr der Behinderung oder Entdeckung herausschaffen kann (BGHSt 16, 271, 276). – Dasselbe gilt für leichter bewegliche Beute, die von Arbeitern auf dem Werksgelände (Celle MDR 65, 315) oder von Angestellten in der Küche versteckt wird (KG JR 66, 308); hier vollendet häufig erst das spätere Abholen den Diebstahl. – Bei **Kraftwagen** genügt es idR, wenn der Täter das Fahr-

§ 242

zeug von dem Platz wegfährt, auf dem es der Gewahrsamsinhaber abgestellt hatte (NStZ 82, 420).

17   bb) Auf die Mittel, mit denen der Wechsel im Gewahrsam herbeigeführt wird, kommt es nicht an (zB Hühnerdiebstahl durch dressierten Hund oder Grasdiebstahl durch weidende Schafe [LG Karlsruhe NStZ 93, 543; krit Mitsch BT 2,1 1/85]), es sei denn, dass das Mittel die Tat zu einem eigenständigen Delikt macht (zB bei Gewalt § 249).

18   d) Die Wegnahme ist **vollzogen** (und damit die Tat im Ganzen **vollendet** [Kühl JuS 02, 729, 730]; beendet soll der Diebstahl mit der Sicherung des Gewahrsams an den entwendeten Gegenständen sein [BGHSt 8, 390; 20, 194; NStZ 01, 88; W-Hillenkamp BT 2 Rdn 119]; gegen eine solche, mangels Wegnahme tatbestandslose Phase Kühl aaO 731), sobald der neue Gewahrsam begründet ist (vgl 15, 16; eingehend Gössel ZStW 85, 591, 614, 617). Dieser Zeitpunkt ist nicht nur für die Abgrenzung zum Versuch wichtig; auf ihn ist vielmehr auch die Beurteilung folgender, zum Teil umstrittener Fragen zu beziehen: ob die weggenommene Sache fremd ist und ob Zueignungsabsicht besteht (Herzberg/Seier Jura 85, 49, 51; beachte auch Herzberg, Oehler-FS, S 163, 173; Küper JuS 86, 862, 869; Freund StV 91, 23); ob der Helfer beim Abtransport der Beute Beihilfe, Begünstigung oder Hehlerei begeht (3 zu § 27; gegen Beihilfe Wolff, Begünstigung, Strafvereitelung und Hehlerei, 2002, S 106 und Kindhäuser BT II 2/140), ob nach vollendeter Wegnahme bis zur Beendigung der Tat (dazu NJW 85, 814; JZ 89, 759; abl Kühl aaO 734) noch erschwerende Merkmale (zB Waffenführen nach § 244 I 1 a) verwirklicht werden können (2 vor § 22 und 2 zu § 244), und ob in der Phase zwischen Vollendung und Beendigung noch Tateinheit mit hinzutretenden Delikten begründet werden kann (3, 4 zu § 52); zu Recht krit zu diesen strafbegründenden und -schärfenden Konsequenzen Mitsch BT 2,1 1/90 und W-Hillenkamp BT 2 Rdn 120; eingehend Kühl aaO S 733–736.

19   4. Der **Vorsatz** (bedingter genügt) muss die Wegnahme einer fremden beweglichen Sache umfassen. Hält der Täter die Sache nicht für fremd, was auch bei voller Kenntnis der zugrundeliegenden Tatsachen denkbar ist (14, 15 zu § 15), hält er sie für gewahrsamslos oder den Gewahrsamsinhaber für einverstanden, so handelt er nicht vorsätzlich. Nimmt er irrig das Einverständnis des Eigentümers an, so irrt er idR über die Rechtswidrigkeit der Zueignung (vgl 27). Zum umgekehrten Irrtum (7 zu § 16) beachte 29. – Ob der Vorsatz von vornherein auf ein bestimmtes Objekt konkretisiert oder nur allgemein auf stehlenswerte Sachen gerichtet war, bleibt sich gleich. Erstreckt der Täter während der Tat, dh vor deren Beendigung, den Vorsatz auf weitere Objekte, so ergibt das keinen neuen selbständigen Diebstahl (Sch/Sch-Eser 45; zur Problematik des Vorsatzwechsels beim Übergang zum besonders schweren Fall und beim Raub 6 zu § 243; 5 zu § 249).

20   **5. Die Absicht** (kein besonderes persönliches Merkmal iS des § 28 I, dort 6), **die Sache sich oder einem Dritten rechtswidrig zuzueignen** (komprimierte Zusammenfassung der wesentlichen Gesichtspunkte bei Gropp JuS 99, 1041, 1043 und Küper BT S 450), muss der Täter (auch der Mittäter, MDR 86, 864; 8 zu § 249) bei der Wegnahme (beachte 18) haben (NJW 85, 812 mwN). Fasst er sie erst später, so kommt § 246 in Frage (GA 62, 78).

21   a) **Zueignen** bedeutet, die Sache selbst oder wenigstens den in ihr verkörperten Sachwert unter dauerndem Ausschluss des Berechtigten dem eigenen Vermögen einverleiben (BGHSt 1, 262; 16, 190); zu den Besonderheiten der Drittzueignung s unten 26 a. Erforderlich ist danach, dass der Täter unter Anmaßung einer eigentümerähnlichen Stellung (se ut dominum gerere) dem Berechtigten die Sache ihrer Substanz nach oder ihren spezifischen Funktionswert (das sog lucrum ex re) dauernd (hM; anders Otto Jura 96, 383) entzieht (Enteignung) und – sei es auch

Diebstahl **§ 242**

nur vorübergehend (hM; anders Kargl ZStW 103, 136, 152) – seinem Vermögen zuführt (Aneignung). Aneignung bedeutet nicht notwendig wirtschaftliche Bereicherung (GA 69, 306), so dass auch wertlose Sachen gestohlen werden können (VRS 62, 274 mwN); an ihr fehlt es aber, wenn der Täter die Sache nur preisgeben oder vernichten (NJW 77, 1460 mit krit Anm Lieder NJW 77, 2272 und Geerds JR 78, 172; Düsseldorf NJW 87, 2526; Kindhäuser, Geerds-FS, S 655, 669; aM Wallau JA 00, 248, 255, der auch die Beschädigung als Zueignung versteht), den Berechtigten durch die Sachentziehung nur ärgern (bei Holtz MDR 82, 810; Bay NJW 92, 2040 mit Anm Meurer JR 92, 347; Schild, in: Schild [Hrsg] Rechtliche Aspekte bei Sportgroßveranstaltungen, 1994, S 63, 88; krit Wallau aaO S 256), schädigen (StV 90, 407) oder sich an ihm nur rächen will (NJW 85, 812; Köln NJW 97, 2611 mit Bespr Martin JuS 97, 1140). Im Einzelnen ist die Abgrenzung des Aneignungselements noch nicht abschließend geklärt (näher BGH aaO). Ob es bei der Wegnahme von Behältnissen (mit oder ohne Inhalt), die alsbald wieder preisgegeben werden, erfüllt ist, hängt von den Umständen ab (NJW 90, 2569; NStZ-RR 00, 343; diff Kindhäuser aaO S 670; zusf Ruß, Pfeiffer-FS, S 61, alle mwN).

aa) Diese **kombinierte Substanz- und Sachwerttheorie** (Vereinigungstheorie) ist hM (zusf Ulsenheimer Jura 79, 169; Tenckhoff JuS 80, 723; Hillenkamp, BT-Problem 20, S 95; krit Samson JA 80, 285, 290; Kindhäuser, Geerds-FS, S 655; Behrendt, Der Begriff der Zueignung in den Tatbeständen des Diebstahls und der Unterschlagung, 1996, S 15, alle mwN). Sie ist jedoch keineswegs ausdiskutiert. Bei den wissenschaftlichen Auseinandersetzungen geht es vorwiegend um die nähere Klärung der Elemente von Substanz- und Sachwertzueignung, ihr Verhältnis zueinander und ihre Vereinigung auf einer höheren Ebene (Eser JuS 64, 477; Wessels NJW 65, 1153; Paulus, Der strafrechtliche Begriff der Sachzueignung, 1969; Rudolphi JR 85, 252; Behrendt aaO S 25, 34; krit zu diesen Neubestimmungen der Zueignung M-Schroeder/Maiwald BT 1 33/49), außerdem auch um Schwierigkeiten, die bei der Zueignung vertretbarer Sachen – namentlich bei eigenmächtigem Wechseln, Vermengen und vorübergehendem Gebrauchen fremden Geldes – entstehen (Celle NJW 74, 1833; Roxin, Mayer-FS, S 467; Ebel JZ 83, 175; Bollweg Jura 85, 605, 606; Baumgartner, Der Schutz zivilrechtlicher Forderungen ..., 1996, S 104, alle mwN) und in Teilen des Schrifttums mit Unterschieden im Einzelnen durch teleologische Reduktion des Zueignungsbegriffs auf Fälle der „Verletzung von Eigentümerinteressen" gelöst werden (vgl etwa Sax JZ 76, 429; Maiwald ZStW 91, 923, 954; Rheineck, Zueignungsdelikte und Eigentümerinteresse, 1977; Witthaus, Probleme der Rechtswidrigkeit und Zueignung bei den Eigentumsdelikten der §§ 242, 246 StGB, 1981). Daneben wird aber auch grundsätzliche Kritik an der Vereinigung von Substanz- und Sachwertzueignung geübt (zusf Gössel, GA-FS, S 39). Mit den beiden Elementen können zwar die verschiedenen Möglichkeiten der Verletzung von Eigentum vollständig erfasst werden (Schmidhäuser, Bruns-FS, S 345, 351), sie schließen sich aber im dogmatischen Ausgangspunkt aus (Rudolphi GA 65, 333; Kleb-Braun JA 86, 249; Miehe, Heidelberg-FS, S 481; Kargl ZStW 103, 136, 148); diesen Gegensatz versucht Maiwald (Der Zueignungsbegriff im System der Eigentumsdelikte, 1970 und JA 71, 579, 634) durch Rückgriff auf das gemeinsame Element der Eigentumsverletzung als Oberbegriff zu überwinden. Aus psychoanalytischer Sicht erscheint die Zueignung als „oraler Zugriff", der sich strafrechtlich als „Einverleibung" verstehen lassen müsse (Behrendt aaO S 34, 45 mwN).

bb) Nach der Vereinigungstheorie hat die **Sachwertzueignung** nur subsidiäre Bedeutung (hM; vgl Ulsenheimer Jura 79, 169, 176 mwN; zu den Funktionen des Sachwertgedankens auf der Enteigungs- und der Aneignungsseite klärend Küper BT S 456). Nach ihr eignet sich etwa zu, wer ein Sparbuch (hM; vgl RGSt 22, 2; anders Miehe aaO [vgl 22] S 497; Gössel aaO [vgl 22] S 39, 51; Otto JZ 93,

22

23

§ 242
BT. 19. Abschnitt. Diebstahl und Unterschlagung

559, 563, alle mwN; zw) oder Biermarken (RGSt 40, 10) wegnimmt, die er nach völliger oder teilweiser Abhebung der Sparsumme oder Eintausch gegen Bier an den Eigentümer zurückgelangen lassen will (hM; vgl etwa W-Hillenkamp BT 2 Rdn 160). Wer dagegen als Soldat einem Kameraden einen Dienstgegenstand wegnimmt, um ihn anstelle eines verlorenen auf der Kammer abzugeben oder sonst an diese zurückgelangen zu lassen, strebt kein lucrum ex re an (BGHSt 19, 387; Mitsch BT 2,1 1/117; aM Frankfurt NJW 62, 1879; Hamm NJW 64, 1427; s auch Wessels JZ 65, 631); ebenso wenig wer individualisiertes Leergut eines bestimmten Herstellers wegnimmt, um es gegen Zahlung eines Pfandes unter Verwendung eines Automaten an den Eigentümer/Hersteller zurückgelangen zu lassen (Hellmann JuS 01, 353, 355 und Joecks 38 vor § 242, beide auch zur möglichen Strafbarkeit nach § 289, dort 1). Auch wer eine Codekarte wegnimmt, um sie zur Geldabhebung aus einem Bankautomaten zu missbrauchen und dann zurückzugeben, entzieht keinen Sachwert aus der Karte (hM; vgl BGHSt 35, 152; Köln StV 91, 468, 471; Mitsch BT 2,1 1/145; W-Hillenkamp BT 2 Rdn 164–167; Kindhäuser NK 125, alle mwN; das gilt auch für Wegnahme der Scheckkarte mit electronic-cash-Funktion und der Chipkarte, Altenhain JZ 97, 752). Das aus dem Automaten entnommene Geld bleibt jedoch fremd (vgl 4), weil eine interessengemäße Auslegung der einschlägigen Geschäftsbedingungen ergibt, dass die Bank ein konkludentes Übereignungsangebot nur an den Berechtigten, jedenfalls nicht zugunsten des Unbefugten abgibt (BGH aaO mit zT abl Bespr Huff NJW 88, 981, Schmitt/Ehrlicher JZ 88, 364, Thaeter wistra 88, 339 und Ranft JR 89, 165; aM Spahn Jura 89, 513, 517; Ennuschat StV 90, 498; Löhnig JR 99, 362, 364; W-Hillenkamp BT 2 Rdn 171; krit Weber, Krause-FS, S 427, 429); das gilt sinngemäß auch, wenn der Kontoinhaber selbst unter Überschreitung seiner Kreditlinie unbefugt Geld abhebt (AG Berlin-Tiergarten wistra 84, 114; AG Hamburg NJW 86, 945; Ranft wistra 87, 79, 85; zusf Streng JuS 02, 454, 455; anders für die Bezahlung von Waren mittels ec-Karte im POS-System unter Überziehung des Kreditrahmens Rossa CR 97, 219, 222). Danach war die Geldentnahme vor In-Kraft-Treten des 2. WiStG (2 vor § 263) zwar nicht als Diebstahl (vgl 14), wohl aber als Unterschlagung strafbar (BGH aaO); im geltenden Recht wird § 246 jedoch durch § 263a (Computerbetrug) ausgeschlossen (dort 28), falls dieser eingreift (Krey/Hellmann BT 2 Rdn 513d und W-Hillenkamp aaO).

24 cc) Das sog **furtum usus**, dh der bloß unbefugte vorübergehende Gebrauch ohne erhebliche Substanzverletzung, ist keine Zueignung und idR straflos (Ausnahmen in §§ 248b, 290). Es liegt vor, wenn der Eigentümer die Sache ohne erhebliche Veränderung oder Wertminderung (BGHSt 34, 309, 312) zurückerhalten soll (NStZ 81, 63; NJW 85, 1564 mit Bespr Rudolphi JR 85, 252 und Joerden Jura 86, 80); das Schrifttum geht hier zum Teil weiter und nimmt Zueignung erst an, wenn der Sachwert um mehr als 50% vermindert (so Fricke MDR 88, 538; dagegen Kindhäuser, Geerds-FS, S 655, 671), mindestens eine Teilfunktion der Sache vollständig entzogen (so Rudolphi GA 65, 33, 46) oder sogar ihre Gesamtfunktion ganz aufgehoben wurde (so Kargl ZStW 103, 136, 184). – Die Rspr nimmt keine bloße Gebrauchsanmaßung an, wenn dem Täter der unbedingte Rückführungswille fehlt (BGHSt 22, 45; NStZ 96, 38 mit Bespr v Heintschel-Heinegg JA 96, 271 und Otto JK 3 zu § 248b; Küper BT S 209 mwN), namentlich wenn er die Rückführung von dem ungewissen Eintritt einer Bedingung abhängig macht (NJW 85, 812), oder wenn er die Sache preisgeben will und ihm – und zwar schon zurzeit der Wegnahme (NJW 87, 266) – deren Rückgewinnung durch den Eigentümer gleichgültig ist (BGHSt 16, 190; NStZ 82, 420); dafür ist in hohem Maße indiziell, wenn er sich der Sache irgendwo entledigen will, wo sie dem Zugriff Dritter preisgegeben ist und es deshalb dem Zufall überlassen bleibt, ob der Eigentümer sie zurückerhält (NJW 87, 266 mit Anm Keller JR 87, 343; NStZ 96, 38, alle mwN). Diese vornehmlich für Fälle unbefugten

Diebstahl **§ 242**

Gebrauchs von Fahrzeugen nach § 248 b (dort 6) entwickelte Abgrenzung ist umstritten (vgl etwa Schaffstein GA 64, 97; Rudolphi GA 65, 33, 50; Schaudwet JR 65, 413; Seelmann JuS 85, 288; Kargl aaO S 150; Joecks 43, 44 vor § 242). Auch sonst sind die Grenzen zweifelhaft (NJW 85, 812 mit Bespr Gropp JR 85, 518). Zueignung wurde zB verneint, wenn von einer Diskette lediglich Daten kopiert und verwertet wurden (Bay NJW 92, 1777 mit Anm Julius JR 93, 255; Heinrich aaO [vgl 2] S 315; anders für den Fall anschließender Vernichtung des einzigen Originaldatenträgers Cramer CR 97, 693), wenn ein polizeilicher Parkzettel zur Irreführung missbraucht wurde (Hamburg NJW 64, 736 mit Bespr Baumann NJW 64, 705; aM Schünemann JA 74, 37) oder wenn die Dienstwaffe eines die Festnahme versuchenden Polizeibeamten vom Festzunehmenden zur Absicherung seiner Flucht verwendet wird (LG Zweibrücken NStZ-RR 99, 327), dagegen bejaht bei Wegnahme eines – später nicht mehr als neu verkäuflichen – Taschenbuches im Laden, um es nach Lektüre zurückzubringen (Celle NJW 67, 1921 mit Bespr Deubner, Schröder JR 67, 390, Androulakis JuS 68, 409, Widmann MDR 69, 529 und Fahl JA 02, 649; diff Mitsch BT 2,1 1/114; krit Kindhäuser, Geerds-FS, S 655, 664; Joecks 33 vor § 242; Naucke 2/76; zw), und bei Wegnahme eines Lottoscheins, um ihn zu Täuschungszwecken auszufüllen und an den Eigentümer zurückgelangen zu lassen (Stuttgart NJW 70, 672 mit abl Anm Widmaier).

b) Absicht ist hier der auf Zueignung (nicht notwendig auf Bereicherung, MDR 60, 689) zielgerichtete Wille (20 zu § 15); dabei ist unerheblich, ob die erstrebte Zueignung durch einen andersartigen Beweggrund, etwa das sexuelle Motiv des Fetischisten, überlagert (Krauß, Bruns-FS, S 11, 18) oder ob sie überhaupt erreicht wird (str). Dieser Zweckrichtung bedarf es nur für das Aneignungselement der Zueignung (vgl 21), während für die Enteignung, dh den dauernden Ausschluss des Berechtigten, jede Form des Vorsatzes genügt (hM; vgl Kindhäuser 73; Ruß LK 51; anders Seelmann JuS 85, 454, beide mwN). Immerhin muss sich danach der Täter aber zurzeit der Wegnahme aktuell (9 zu § 15) der Möglichkeit bewusst sein, dass der Eigentümer auf Dauer verdrängt wird (NStZ 81, 63; aM Tenckhoff/Arloth JuS 85, 129, 131; Krehl Jura 89, 646, 649; krit auch Ranft JA 84, 277, 279; zw); daran kann es fehlen, wenn ein Gefangener aus der Vollzugsanstalt unter Mitnahme der Anstaltskleidung flieht oder wenn er zur Ermöglichung des Ausbruchs dem Wärter einen Schlüssel wegnimmt (probl MDR 60, 689 mit zust Bespr Ranft und Krehl aaO; anders Seelmann JuS 85, 288, 291; diff zwischen beiden Fällen v Selle JR 99, 309, 313). Zueignungsabsicht fehlt auch bei der sog „eigenmächtigen In-Pfand-Nahme", wenn der Täter diese nur als Druckmittel zur Durchsetzung seiner Forderung einsetzen oder im Wege der Zwangsvollstreckung verwerten will (StV 83, 329; NStZ-RR 98, 235 mit Bespr Otto JK 19; Bernsmann NJW 82, 2214; aM Mohrbotter NJW 70, 1857), nicht aber, wenn er es dabei für möglich hält, dass die Sache dem Berechtigten auf andere Weise endgültig entzogen wird (Gropp JR 85, 518, 520). 25

c) Die Sache sich oder einem Dritten zueignen. Die Alternative der Drittzueignung ist durch das 6. StrRG (16–22 vor § 38) nach dem Vorbild des § 235 E 62, der sich seinerseits frühere Entwürfe zum Vorbild nahm (Begr S 400), eingefügt worden (positiv bewertet von Rengier, Lenckner-FS, S 801, 802; Murmann NStZ 99, 14, 15 zu § 246; krit aber Dencker, 6. StrRG Einf, 1/30–39). 26

aa) Ein **sich** zueignen beabsichtigt nicht nur, wer eine Sache behalten, benutzen oder verbrauchen will, sondern auch, wer sie wie ein Eigentümer verschenken (BGHSt 4, 236; Maiwald ZStW 91, 923, 940; Rengier BT I 2/72; aM Seelmann JuS 85, 288, 290) oder sonst überlassen (BGHSt 17, 87; Düsseldorf JZ 86, 203; Schenkewitz NStZ 03, 17, 21), sie dem ahnungslosen Eigentümer zurückverkaufen (RGSt 57, 199; Ranft JA 84, 277, 282; W-Hillenkamp BT 2 Rdn 158, 159; aM Seelmann aaO; vgl auch Stoffers Jura 95, 113, 116 und Jäger JuS 00, 651, 652)

§ 242 BT. 19. Abschnitt. Diebstahl und Unterschlagung

oder als angeblicher Bote einem Kunden des Eigentümers bringen will, um den Kaufpreis zu kassieren (Bay JR 65, 26 mit krit Anm Schröder; aM Rudolphi JR 85, 252, 253; zw). Nach der Rspr soll es ausreichen, wenn der Täter durch die unentgeltliche Zuwendung der Sache an einen Dritten einen mittelbaren wirtschaftlichen Vorteil im weitesten Sinne erstrebt (BGHSt-GS-41, 187, 194 mit krit Anm Otto JZ 96, 582; Rönnau GA 00, 410, 412, 414; Küper BT S 458). Das Schrifttum ging bisher (nach neuem Recht ist das nicht mehr vertretbar, Dencker aaO Rdn 40; Rönnau S 420; nach Rengier BT I 2/74: „überholt") zum Teil noch weiter, indem es jede Verfügung zugunsten eines Dritten als Zueignung an sich selbst genügen ließ (Rudolphi GA 65, 33, 41, 51; Tenckhoff JuS 80, 723, 725; Otto aaO; Wolfslast NStZ 94, 542, 544; krit Werle Jura 79, 485, 486; Küper JuS 86, 862, 867; Kindhäuser, Geerds-FS, S 655, 666; erwogen auch von NStZ 95, 131 und 442 mit Bespr Brocker wistra 95, 292 und Schroeder JR 95, 95); zum Teil scheidet es umgekehrt die Fälle, in denen der Täter keinen aus der Sache abgeleiteten Vorteil erstrebt, aus dem Anwendungsbereich aus (Sch/Sch-Eser 55).

26a bb) Eine Zueignung **an einen Dritten** beabsichtigt, wer über die Sache zugunsten eines Dritten verfügen will. Die Verfügung setzt eine Position voraus, die es dem Täter ermöglicht, sachherrschaftsverändernde Dispositionen vorzunehmen (Otto Jura 98, 550, 551); die Ermöglichung der Zueignung durch Dritte (zB durch Diebe, denen das Eindringen in einen Laden erleichtert wird) reicht nicht (Otto aaO; Rönnau GA 00, 410, 418; Rengier BT I 2/70; Sch/Sch-Eser 58). Drittzueignungsabsicht ist nicht nur anzunehmen, wenn der Täter sie dem Dritten unentgeltlich zuwenden will, sondern auch dann, wenn er einen mittelbaren wirtschaftlichen Vorteil im weitesten Sinne erstrebt (zur bisherigen Rspr vgl 26; ebenso Rengier BT I 2/68–76; Sch/Sch-Eser 57; speziell zur Schenkung Gropp JuS 99, 1041, 1045, Jäger JuS 00, 651 und W-Hillenkamp BT 2 Rdn 154). Drittzueignungen sind zB Zuwendungen von Angestellten oder Organen an das Unternehmen (Hörnle Jura 98, 169, 170). Die Aneignungskomponente bei der Drittzueignung umfasst zwar alle Verfügungen, die zu Gunsten Dritter gehen (Küper BT S 459: „Ermöglichung der ‚Fremdaneignung'"; W-Hillenkamp BT 2 Rdn 127a, 153; krit Rönnau aaO S 418, der verlangt, dass der Täter selbst die Aneignungshandlung vornimmt), doch muss ein Dritter Adressat der Verfügung sein. Auch müssen auf der Seite des Dritten die Aneignungsvoraussetzungen vorliegen (Krey/Hellmann BT 2 Rdn 84; Küper BT S 459, 460; Rengier BT I 2/78); ein auf bloße Sachentziehung oder Sachzerstörung durch den Dritten (vgl 21) gerichteter Wille reicht deshalb nicht aus (Mitsch BT 2,1 1/135; W-Hillenkamp aaO Rdn 153; Hoyer SK 92); die auf bloß unbefugten vorübergehenden Gebrauch (vgl 24) durch den Dritten gerichtete Absicht reicht dagegen mangels Enteignungsvorsatzes nicht aus (W-Hillenkamp aaO). Zur Frage der (notwendigen) Beteiligung des Dritten 8 zu § 246 (für § 242 bejahend Kindhäuser NK 132–135) – Wer für einen Dritten eine Sache wegnimmt, ist danach idR Täter mit Drittzueignungsabsicht und nicht mehr bloß „absichtslos doloses Werkzeug" (4 zu § 25; ebenso Mitsch ZStW 111, 65, 68); der Dritte ist dann nicht mehr mittelbarer Täter, sondern – bei Vorliegen der Voraussetzungen – Anstifter (Rengier BT I 2/77; ebenso Mitsch BT 2,1 1/165, der auch Mittäterschaft erwägt); fehlt dem Wegnehmenden freilich auch noch die Drittzueignungsabsicht, weil er etwa meint, dem Auftraggeber die fremde Sache nur zum vorübergehenden Gebrauch zu übergeben (vgl das Beispiel bei W-Beulke AT Rdn 537), so ist die umstrittene Rechtsfigur des absichtslos-dolosen Werkzeugs (4 zu § 25) weiterhin zu erwägen (ebenso Jäger JuS 00, 651, 652; Rönnau aaO S 417; Fahl JA 04, 287, 288; Kühl AT 20/56a; Küper BT S 460; W-Hillenkamp BT 2 Rdn 153a). Mittelbare Täterschaft kommt außerdem in Betracht, wenn der auftragserteilende Hintermann den für ihn wegnehmenden Vordermann in den den Vorsatz hinsichtlich der Rechtswidrigkeit der Zueignung ausschließenden Irrtum (s unten 28) versetzt, er habe die wegzuneh-

Diebstahl **§ 242**

mende Sache bereits gekauft (Krüger Jura 98, 616; Mitsch aaO Rdn 166; s auch Fahl JuS 98, 24 mit Kritik Maultzsch JuS 99, 104). Der Bereich der Mittäterschaft wird sich zu Lasten der Beihilfe in noch nicht absehbarem Umfang vergrößern (vgl Schroth BT S 97), weil die wegen fehlender Sichzueignungsabsicht bisher als Gehilfen eingestuften Beteiligten Mittäter mit Drittzueignungsabsicht sein können (krit Rönnau aaO S 421); so etwa, wenn nur ein Mittäter sich die gemeinschaftlich weggenommene Sache zueignen will, der andere aber sie nicht sich, sondern ihm zueignen will, dh in Drittzueignungsabsicht zugunsten seines in Sichzueignungsabsicht handelnden Partners handelt (vgl das Beispiel bei Mitsch BT 2,1 1/127; zur Mittäterschaft bei Drittzueignungsabsicht eines Beteiligten Küper BT S 460; zur fortbestehenden Möglichkeit einer Beihilfe W-Hillenkamp aaO).

d) aa) Rechtswidrig ist die erstrebte Zueignung, wenn sie der materiellen **27** Eigentumsordnung widerspricht (hM). Daran fehlt es bei (vorheriger) Einwilligung des Eigentümers und beim Aneignungsrecht; ebenso bei einem fälligen und einredefreien Anspruch auf Übereignung der weggenommenen Sache (BGHSt 17, 87 mit Anm Schröder JR 62, 346; Schleswig StV 86, 64; Schmidhäuser, Bruns-FS, S 345, 359; Dencker, 6. Aufl; aM Hirsch JZ 63, 149, der das Vorliegen der Selbsthilfevoraussetzungen verlangt; dagegen Küper, Gössel-FS, S 429, 439). Ein Anspruch auf Übereignung einer Gattungssache genügt dagegen nur, wenn – was regelmäßig bei Geldschulden zutrifft – kein wirtschaftliches Interesse des Schuldners an der Bestimmung der konkret geschuldeten Sache verletzt wird (Joecks 50, 51 vor § 242; Sch/Sch-Eser 59; für mutmaßliche Einwilligung W-Hillenkamp BT 2 Rdn 189; ganz abl Gropp JuS 99, 1041, 1044; krit Mitsch BT 2, 1 1/156; s auch 22; str). In Fällen der Drittzueignung (s oben 26a) reicht ein fälliger, einredefreier Anspruch des Dritten (aM Schmitz MK 148) ebenso wie ein solcher des Täters (Dencker aaO Rdn 44; Sch/Sch-Eser 59; diff Mitsch ZStW 111, 65, 69).

bb) Die **systematische Einordnung der Rechtswidrigkeit** (der Zueignung) **28** ist umstritten (eingehend Otto, Die Struktur des strafrechtlichen Vermögensschutzes, 1970, S 212 und Kösch, Der Status des Merkmals „rechtswidrig" in Zueignungsabsicht und Bereicherungsabsicht, 1999; s auch Maiwald ZStW 91, 923, 955 und Gössel, Zipf-GS, S 217, 226; zu ihrem nicht hinreichend geklärten Verhältnis zu den allgemeinen Rechtfertigungsgründen s Küper BT S 474). Ein Teil des Schrifttums und überwiegend auch die Rspr verstehen sie mit Recht, allerdings mit unterschiedlicher Begründung, als normatives Tatbestandsmerkmal (zB GA 68, 121; Herdegen, BGH-FS, S 195, 200; Kindhäuser 119; Krey/Hellmann BT 2 Rdn 96) und behandeln daher den Irrtum über den Widerspruch zur materiellen Eigentumsordnung, gleichgültig ob er auf einer Verkennung von Tatsachen oder falscher rechtlicher Wertung beruht, unterschiedslos als Tatbestandsirrtum (NJW 90, 2832; StV 04, 207; krit Mitsch BT 2,1 1/162) oder im Hinblick darauf, dass die Rechtswidrigkeit nur der Charakterisierung eines Elements des subjektiven Tatbestandes dient (8 zu § 15), jedenfalls wie einen Tatbestandsirrtum (Warda Jura 79, 71, 77; Schroth, Vorsatz und Irrtum, 1998, S 63; Gössel aaO S 228). Soweit ein anderer Teil des Schrifttums diesen Widerspruch schon als Element des Zueignungsbegriffs versteht (so Hirsch JZ 63, 149, 154), ist der Irrtum über die ihn begründenden Tatsachen Tatbestandsirrtum, während die irrige Annahme als solche, die Zueignung sei erlaubt, als Verbotsirrtum erscheint. Schließlich hält die Rspr häufig auch an der Einordnung als allgemeines Verbrechensmerkmal fest, behandelt aber den Irrtum, einen Anspruch auf Übereignung der konkreten Sache zu haben, als Erlaubnistatbestandsirrtum (9–20 zu § 17) und scheidet nur die allgemein irrige Annahme, sich einen Gegenstand aus der Gattung nehmen zu dürfen, als Verbotsirrtum aus (zB BGHSt 17, 87, 90; StV 90, 546 und 00, 78; ebenso auch

§ 243

Schröder DRiZ 56, 71 und JR 62, 346). Hält es der Täter nur für möglich, dass er einen Anspruch auf die weggenommene Sache hat, so liegt die rechtswidrige Zueignungsabsicht vor (Gössel BT 2 7/112). Weiß der Täter nicht, dass ihm ein Anspruch auf Übereignung der weggenommenen Sache zusteht, liegt nur ein (untauglicher) Diebstahlsversuch vor (Küper, Gössel-FS, S 429, 446; W-Hillenkamp BT 2 Rdn 190; aM Gössel, Zipf-GS, S 217, 228).

29 **6. Versucht** ist der Diebstahl, sobald der Täter zum Bruch fremden Gewahrsams unmittelbar angesetzt hat (4–7 zu § 22 und die dort angeführten, zT auch den Diebstahl betr Beispiele; ergänzend Meyer GA 02, 367, 382); das erfordert nicht unbedingt, dass Vorsatz und diebische Absicht schon auf eine bestimmte Sache konkretisiert sind (Hamm NJW 76, 119; Seier JuS 78, 692 mwN). – Hält der Täter die Sache (zB auch herrenloses Wild, 1 zu § 292) irrig – sei es auch nur auf Grund falscher Wertung (14, 15 zu § 15) – für fremd (sog umgekehrter Irrtum, 7 zu § 16), so kommt untauglicher Versuch in Frage (15 zu § 22), uU in Tateinheit mit vollendeter Wilderei (5 zu § 292); ein solcher Versuch liegt regelmäßig auch vor, wenn es infolge Stellens einer Diebesfalle am Gewahrsamsbruch fehlt (vgl die Nachw unter 14; beachte ferner 3 zu § 246).

30 **7. a)** Die §§ 249–252 gehen gegenüber dem Diebstahl vor **(Spezialität);** ist jedoch der Raub nur versucht, § 242 dagegen hinsichtlich anderer Tatobjekte vollendet, so liegt Tateinheit vor (BGHSt 21, 78; Kindhäuser NK 54 zu § 249). Dasselbe gilt für die Entwendungstatbestände der Forstdiebstahls- sowie Feld- und Forstpolizeigesetze der Länder, die nach Art 4 IV EGStGB durch das Strafrecht des Bundes nicht berührt werden). – **Mitbestrafte Nachtaten** (32 vor § 52) sind alle tatbestandsmäßigen Handlungen, die der Dieb nach der Tat zur weiteren Einverleibung der Sache in sein Vermögen und zu ihrer Verwertung begeht (zB Bay NJW 58, 1597 und NStZ-RR 97, 6; LG Karlsruhe NStZ 93, 543, 544; das gilt auch, wenn der Dieb die gestohlene Sache beschädigt oder zerstört, NStZ-RR 98, 294; aM Wolff LK 22 zu § 303: ausschließlich Anwendung von § 242). Es dürfen jedoch keine neuen Rechtsgüter verletzt werden (zB Fälschung des gestohlenen Wechsels; Verkauf der gestohlenen Sache als eigene, bei dem der betrogene Käufer wegen § 935 BGB kein Eigentum erwirbt); auch neues, selbstständiges schadensverursachendes (Betrugs-)Verhalten (zB Beseitigung einer Kontensperre oder Fertigung und Vorlage einer gefälschten Vollmacht, NStZ 93, 591 mit im Ergebnis zust Bespr Otto JK 39) ist nicht mitbestraft.

31 **b) Tateinheit** ua möglich mit § 132 (RGSt 54, 255), § 133 (RGSt 54, 122), §§ 134, 136, 146 (NJW 52, 311), § 211 (OGHSt 3, 34), §§ 223, 266 (LM Nr 4 zu § 266), § 267 (Bay NStZ-RR 97, 6; ferner mit § 21 StVG (VRS 46, 105) und § 29 I Nr 1 BtMG. – § 242 einerseits und §§ 253, 255, 263 andererseits schließen sich idR aus (2 zu § 255; 67 zu § 263). – Zur **Wahlfeststellung** zwischen Diebstahl und anderen Delikten 14 zu § 1.

32 **8.** Haus- und Familiendiebstahl § 247. Diebstahl geringwertiger Sachen § 248a. Führungsaufsicht § 245.

§ 243 Besonders schwerer Fall des Diebstahls

(1) In besonders schweren Fällen wird der Diebstahl mit Freiheitsstrafe von drei Monaten bis zu zehn Jahren bestraft. Ein besonders schwerer Fall liegt in der Regel vor, wenn der Täter
1. zur Ausführung der Tat in ein Gebäude, einen Dienst- oder Geschäftsraum oder in einen anderen umschlossenen Raum einbricht, einsteigt, mit einem falschen Schlüssel oder einem anderen nicht zur ordnungsmäßigen Öffnung bestimmten Werkzeug eindringt oder sich in dem Raum verborgen hält,

§ 243

2. eine Sache stiehlt, die durch ein verschlossenes Behältnis oder eine andere Schutzvorrichtung gegen Wegnahme besonders gesichert ist,
3. gewerbsmäßig stiehlt,
4. aus einer Kirche oder einem anderen der Religionsausübung dienenden Gebäude oder Raum eine Sache stiehlt, die dem Gottesdienst gewidmet ist oder der religiösen Verehrung dient,
5. eine Sache von Bedeutung für Wissenschaft, Kunst oder Geschichte oder für die technische Entwicklung stiehlt, die sich in einer allgemein zugänglichen Sammlung befindet oder öffentlich ausgestellt ist,
6. stiehlt, indem er die Hilflosigkeit einer anderen Person, einen Unglücksfall oder eine gemeine Gefahr ausnutzt oder
7. eine Handfeuerwaffe, zu deren Erwerb es nach dem Waffengesetz der Erlaubnis bedarf, ein Maschinengewehr, eine Maschinenpistole, ein voll- oder halbautomatisches Gewehr oder eine Sprengstoff enthaltende Kriegswaffe im Sinne des Kriegswaffenkontrollgesetzes oder Sprengstoff stiehlt.

(2) **In den Fällen des Absatzes 1 Satz 2 Nr. 1 bis 6 ist ein besonders schwerer Fall ausgeschlossen, wenn sich die Tat auf eine geringwertige Sache bezieht.**

Fassung: Das 6. StrRG (13 vor § 1) hat die Vorschrift technisch geändert und „die Wohnung" in Abs 1 Satz 2 Nr 1 gestrichen; der Wohnungseinbruchdiebstahl ist jetzt von § 244 Abs 1 Nr 3 erfasst (s unten 9).

1. Die auf dem 1. StrRG (4 vor § 1) beruhende grundlegende Umgestaltung des § 243 hat die kriminalpolitisch unbefriedigende Kasuistik der Tatbestände des schweren Diebstahls beseitigt und durch eine elastischere Lösung ersetzt, die – von § 244 abgesehen – keine qualifizierten Tatbestände, sondern nur die Bildung einer erhöhten Strafrahmenstufe in besonders schweren Fällen vorsieht (zusf Corves JZ 70, 157; Wessels, Maurach-FS, S 295; s auch die Nachw unter 11 zu § 46). Obwohl sie dadurch Ungereimtheiten des früheren Rechts behoben hat, die zum Teil unerträglich waren, ist sie im Schrifttum auf erhebliche Kritik gestoßen (zB Hirsch ZStW 84, 380, 385; Arzt JuS 72, 385; Blei, Heinitz-FS, S 419; Calliess JZ 75, 112; eingehend Eisele, Die Regelbeispielsmethode im Strafrecht, 2004, S 407).

2. Die der Verdeutlichung der Strafschärfung dienenden **Regelbeispiele** sind überwiegend aus den Merkmalen gebildet, die früher in früherem Recht straferhöhende Umstände des schweren Diebstahls nach § 243 aF waren. Die dazu entstandene umfangreiche Rspr ist daher zum Teil noch verwertbar.

3. a) Zur **rechtlichen Struktur der besonders schweren Fälle mit Regelbeispielen** und allgemein zur Anwendung dieser Strafschärfung (auch bei Versuch, Teilnahme und Vorliegen besonderer gesetzlicher Milderungsgründe) 7–21 zu § 46; zur Relevanz in der Klausur Kudlich JuS 99 L 89.

b) Der zwingende **Ausschluss der Strafschärfung** nach **Abs 2** (zusf Zipf, Dreher-FS, S 389) gilt dem missglückten Wortlaut nach nur für die Nummern 1–6 (zu den Gründen für die Ausnahme der Nr 7 BT-Dr 11/2834 S 10); daran hat sich nach der korrigierten Fassung des 6. StrRG nichts geändert (Mitsch ZStW 111, 65, 73); seiner ratio nach gilt er jedoch auch für die „ungeregelten" schweren Fälle des Abs 1 S 1 (Küper NJW 94, 349, 351; Eisele aaO [vgl 1] S 327; W-Hillenkamp BT 2 Rdn 239; aM Mitsch aaO und in: BT 2,1 1/213). Die Ausschlusswirkung tritt nur ein, wenn der Gegenstand der Tat objektiv und subjektiv eine geringwertige Sache (3 zu § 248a) ist, die Geringwertigkeit also beim vollendeten Diebstahl wirklich und vom Vorsatz umfasst vorliegt (hM; vgl etwa Kudlich JuS 99 L 89, L 92; Küper BT S 155; grundsätzlich anders Gribbohm NJW 75,

§ 243

1153, 2213; Braunsteffer NJW 75, 1570; Eisele aaO S 332, der die allgemeinen Regeln über Vorsatz und Versuch anwendet) und beim Versuch im Tatentschluss enthalten ist (Karlsruhe MDR 76, 335; Zipf aaO S 393).

5   aa) Die Ausschlusswirkung **tritt nicht ein,** wenn der Täter eine Sache jeweils im Widerspruch zur objektiven Sachlage und nicht nur auf Grund eines Subsumtionsirrtums (14 zu § 15) für geringwertig (W-Hillenkamp BT 2 Rdn 241; Sch/Sch-Eser 53 mwN; diff Zipf aaO [vgl 4] S 396; aM Eisele aaO [vgl 1] S 332, der § 16 II anwenden will; Kindhäuser 43; für entsprechende Anwendung von § 16 II Arzt/Weber BT 14/31) oder für nicht geringwertig hält (Gribbohm aaO [vgl 4], W-Hillenkamp aaO; aM M-Schroeder/Maiwald BT 1 33/102; anders auch Seelmann JuS 85, 454, 457, Eisele aaO S 333 und Hoyer SK 49, die Diebstahl in einem versuchten besonders schweren Fall annehmen; str). Im ersten Fall rechtfertigt der verwirklichte volle Erfolgsunwert und im zweiten der volle Handlungsunwert eine zwingende Privilegierung nicht (Küper NJW 94, 349, 351); jedoch kann die objektive Geringwertigkeit oder ihre irrige Annahme uU die Indizwirkung des Regelbeispiels überspielen und deshalb einen besonders schweren Fall ausschließen (13 zu § 46).

6   bb) Die Ausschlusswirkung **tritt ferner nicht ein,** wenn der Täter seinen auf eine geringwertige Sache gerichteten Vorsatz nach Verwirklichung des Regelbeispiels über die Grenzen der Geringwertigkeit hinaus erweitert (Zipf aaO [vgl 4] S 396; aM Hoyer SK 53; Kindhäuser 47; s auch BGHSt 9, 253). Bezieht sich umgekehrt der Diebstahlsvorsatz zunächst nicht auf eine geringwertige Sache, begnügt sich der Täter aber mit einer solchen, so kann ein besonders schwerer Fall des vollendeten Diebstahls vorliegen, weil sich die Tat im Versuchstadium nicht auf eine geringwertige Sache bezogen hat (BGHSt 26, 104; NStZ 87, 71; Eisele aaO [vgl 1] S 339, der jedoch unter der Voraussetzung des § 24 einen Teilrücktritt zulassen und daher § 243 II anwenden will; aM Hoyer SK 53). Das gilt nur dann nicht, wenn der Täter den auf eine nicht geringwertige Sache gerichteten Tatentschluss endgültig aufgibt oder sogar wirksam vom Versuch zurücktritt und erst danach einen neuen, auf geringwertige Beute gerichteten Entschluss fasst; in diesen Fällen sind beide Vorgänge getrennt zu beurteilen (Zipf aaO S 395; offen gelassen in BGHSt 26, 104, 105).

7   cc) Bei Mittäterschaft, Teilnahme und im Rahmen einer Handlungseinheit kommt es auf den **Gesamtwert** des Erlangten an (3 zu § 248a).

8   **4. Die Regelbeispiele: a) Nr 1: Einbruchs- und Nachschlüsseldiebstahl.** Die hier beschriebenen Tathandlungen müssen der **Ausführung des Diebstahls dienen.** Dazu ist nicht erforderlich, dass aus dem Raum gestohlen wird, in den der Täter eingedrungen ist (hM; beachte 11 zu § 244); es genügt, wenn durch die Handlung Hindernisse beseitigt werden sollen, die dem Diebstahl entgegenstehen oder ihn erschweren, zB Aufbrechen eines Pkw, um ihn zu stehlen, Einbrechen oder Einschleichen zur Beschaffung des bestimmungsmäßigen Schlüssels, nicht jedoch Aufbrechen eines Raumes zur Aufnahme der Beute bis zum Abtransport (M-Schroeder/Maiwald BT 1 33/77; Mitsch BT 2,1 1/186; Kindhäuser NK 10; aM Ruß LK 6).

9   aa) Der **umschlossene Raum** bildet den Oberbegriff (Küper BT S 235); die übrigen genannten Räume sind nur Beispiele. Umschlossener Raum ist ein Raumgebilde, das – mindestens auch – zum Betreten von Menschen bestimmt und mit – mindestens teilweise künstlichen – Vorrichtungen zur Abwehr des Eindringens versehen ist (BGHSt-GS-1, 158); zB auch: abgetrennte Abteilungen innerhalb eines Gebäudes (BGH aaO); eingehegte Obstgärten (BGH aaO) oder Viehpferche (Köln MDR 69, 237); umzäunte Lagerplätze (NStZ 00, 143 mit Bespr Fahl JAR 00, 145 und Otto JK 4) und umzäunte Friedhöfe zur Nachtzeit (NJW 54, 1897); unter Tage liegende Bergwerksteile (NJW 52, 984); Wohnwagen, Schiffe (BGHSt

Besonders schwerer Fall des Diebstahls **§ 243**

1, 158, 166), Bürowagen von Baugeschäften und Personenkraftwagen (BGHSt 2, 214; krit Bockelmann JZ 51, 296); der zum Betreten bestimmte Gepäckraum von Lieferwagen (BGHSt 4, 16). **Dagegen nicht:** öffentliche Fernsprechzellen (Hamburg NJW 62, 1453; zw) und nur mit Drahtzaun umgebene Weiden (Bremen JR 51, 88). – **Gebäude** ist ein durch Wände und Dach begrenztes, mit dem Erdboden fest – wenn auch nur durch eigene Schwere – verbundenes Bauwerk, das den Eintritt von Menschen gestattet und Unbefugte abhalten soll (BGHSt 1, 158, 163); neben Häusern zB auch Baracken, Baubuden und dgl; in die Mauer eingelassene, wenn auch nur von außen zugängliche Schaukästen sind Teil des Gebäudes (BGHSt 15, 134; zw). **Dienst- und Geschäftsräume** 3, 4 zu § 123. – Die Wohnung ist von § 244 I Nr 3 erfasst (dort 11), der §§ 242, 243 I S 2 Nr 1 verdrängt (Fahl NJW 01, 1699).

bb) **Einbrechen** ist gewaltsames Öffnen einer den Zutritt verwehrenden Umschließung von außen; diese braucht nicht in ihrer Substanz verletzt zu werden (hM; vgl etwa Küper BT S 114 mwN). Keine Gewalt wendet an, wer durch den Türspalt greift und einen Riegel zurückschiebt. Obwohl Gewalt nicht unbedingt eine beträchtliche Kraftanstrengung voraussetzt, genügt Aufdrücken des unverriegelten Lüftungsfensters eines Pkw idR nicht (Gropp JuS 99, 1041, 1049; Krey/Hellmann BT 2 Rdn 103; aM NJW 56, 389; VRS 35, 416), auch nicht das Hochheben und Beiseitedrücken eines beweglichen Zaunes (NStZ 00, 143 mit Bespr Fahl und Otto, jeweils aaO [vgl 9]). Eintreten des Täters in den gewaltsam geöffneten Raum ist nicht erforderlich (NStZ 85, 217 mit krit Anm Arzt StV 85, 103; Düsseldorf MDR 84, 961), auch nicht ein Stehlen aus ihm; erfasst wird daher auch, wer nur Sachen herausreicht oder einen umschlossenen Raum (zB Pkw, Schiff oder Wohnwagen) aufbricht, um ihn wegzunehmen (Begr zu § 236 E 1962 S 403). Dagegen genügt gewaltsames Öffnen einer Umschließung von innen nicht, zB zur Erleichterung der Flucht oder zur Fortschaffung der Beute (1 StR 596/77 v 20. 12. 1977; Bremen JR 51, 88; W-Hillenkamp BT 2 Rdn 215). **10**

cc) **Einsteigen** setzt voraus, dass der Täter in den Raum unter Überwindung von Hindernissen, die den Zugang nicht unerheblich erschweren (StV 84, 204; NJW 93, 2252, 2253; NStZ 00, 143 mit Bespr Fahl und Otto jeweils aaO [vgl 9]), auf außergewöhnliche Weise eindringt (BGHSt 10, 132), zB auch Einkriechen oder Übersteigen einer Umfriedung (Oldenburg HESt 1, 104; Bremen MDR 50, 753) oder Hindurchzwängen durch enge, hindernde Zaunlücken oder Gartenhecken (bei Holtz MDR 82, 810). Der Täter braucht nicht mit dem ganzen Körper einzudringen (BGHSt 10, 132; Küper BT S 122; str); er muss nur im Inneren einen Stützpunkt gewonnen haben, von dem aus er entweder die Wegnahme (NJW 68, 1887) oder eine andere der Tatausführung dienende Handlung vornimmt. Wer schon im Gebäude ist, kann dort noch in andere umschlossene Räume einsteigen. **11**

dd) **Eindringen** 5 zu § 123; Gropp JuS 99, 1041, 1050. **Schlüssel** sind nicht nur metallische Öffnungsinstrumente, sondern auch mechanische oder elektronische Kunststoffkartenschlüssel (Küper BT S 249). **Falsch** ist jeder Schlüssel, den der Berechtigte überhaupt nicht, nicht mehr oder noch nicht zur Öffnung des konkreten Schlosses bestimmt hat (2 StR 352/86 v 11. 7. 1986). Ein richtiger Schlüssel verliert diese Bestimmung nicht ohne weiteres durch Diebstahl (GA 65, 344), durch unbefugte Benutzung (StV 98, 204) oder Verlust, wohl aber durch Entwidmung, die spätestens mit Ersatzbeschaffung, nach der Rspr schon durch bloße Entdeckung des Diebstahls eintritt (BGHSt 21, 189; bei Detter NStZ 93, 474; s auch Bay NJW 87, 663; zw). – Auch die gleichgestellten anderen Werkzeuge müssen auf den Verschluss einwirken; daher genügen Dietriche sowie Zangen und Drähte, mit denen der innen steckende Schlüssel gedreht wird, dagegen nicht Brechwerkzeuge (Küper BT S 250 mwN) oder das bloße Zurückschieben des Türdrückers nach Abreißen der Türklinke (NJW 56, 271). **12**

§ 243

13 ee) **Verborgenhalten** muss sich der Täter zum Zweck der Tatausführung, dh also idR vor deren Beginn. Wie er in den Raum gelangt ist, zB durch Einschleichen, ist unerheblich. „Verborgen" ist der unberechtigte Aufenthalt, wenn der Täter Vorkehrungen gegen ein Bemerktwerden trifft oder getroffen hat (Küper BT S 257).

14 ff) Täter **aller Begehungsformen** der Nr 1 kann auch sein, wer (wie zB der Mitbewohner) **an sich berechtigt ist,** sich in dem Gebäude oder umschlossenen Raum aufzuhalten (BGHSt 22, 127 mit abl Anm Säcker NJW 68, 2116; BGH NJW 60, 1357; Wittkämper NJW 60, 2036; zw).

15 b) **Nr 2: Diebstahl von besonders gesicherten Sachen.** aa) **Schutzvorrichtung** ist der Oberbegriff, das verschlossene Behältnis nur ein Beispiel. Schutzvorrichtungen sind von Menschenhand geschaffene Einrichtungen (zB Auto- und Fahrradschlösser; Lenkradschlösser usw), die ihrer Art nach geeignet und auch dazu bestimmt sind, die Wegnahme einer Sache erheblich zu erschweren (Bay NJW 81, 2826 mwN, wo allerdings zu Unrecht schon dem Spielwerk eines Automaten, also nicht erst dessen Gehäuse diese Funktion beigemessen wird; krit Meurer JR 82, 292, 293). Bloß unerhebliche Erschwerungen, zB das Verschließen eines Schriftstücks durch einen Briefumschlag oder das Festbinden einer Sache mit einer einfachen Schnur am Gepäckträger des Fahrrades, genügen nicht (Begr zu § 236 E 1962 S 403). Auch Sicherungen, die sich aus der Beschaffenheit der Sache selbst, zB ihrem großen Eigengewicht, ergeben oder nur die spätere Wiedererlangung des verlorenen Gewahrsams erleichtern sollen (Stuttgart NStZ 85, 76 mit Bespr Dölling JuS 86, 688), scheiden aus. – **Behältnis** ist ein – die Voraussetzungen einer Schutzvorrichtung erfüllendes – Raumgebilde, das zur Aufnahme von Sachen und deren Umschließung, nicht aber zum Betreten durch Menschen bestimmt ist (BGHSt 1, 158, 163), zB Schränke, Schreibtische, Koffer, Säcke (Bremen MDR 55, 628), Kassetten sowie Waren- und Geldautomaten, auch der Kofferraum im Pkw, dagegen nicht der einfache Briefumschlag (Stuttgart NJW 64, 738). **Verschlossen** ist das Behältnis, wenn sein Inhalt mittels einer technischen Schließeinrichtung oder auf andere Weise (zB durch Verschnüren) gegen den unmittelbaren ordnungswidrigen Zugriff von außen gesichert ist; das trifft nicht zu bei einer durch Kurbeln (NJW 74, 567), durch einen verdeckt angebrachten Nothebel (aM Frankfurt NJW 88, 3028; Hohmann/Sander BT I 1/147) oder durch eine unauffällig angebrachte Schnellöffnungstaste (aM AG Freiburg NJW 94, 400 mit krit Bespr Murmann NJW 95, 935; Otto Jura 97, 464, 471; zw) zu öffnenden Registrierkasse oder einem Behältnis, in dem der Schlüssel steckt (Begr zu § 236 E 1962 S 403; W-Hillenkamp BT 2 Rdn 237) oder dessen zugehörigen Schlüssel der Täter befugtermaßen in Verwahrung hat (Hamm NJW 82, 777 mit abl Anm Schmid JR 82, 119; diff Ruß LK 18 mwN; zw).

16 bb) **Gegen Wegnahme besonders gesichert** erfordert einen spezifischen Schutzzweck der Vorrichtung gegen Wegnahme gerade der konkreten Sache (NJW 74, 567; Schleswig NJW 84, 67); wenn daneben noch andere Zwecke mitspielen, so ist das unerheblich. Die Beurteilung hängt ganz von den Umständen ab (Zweibrücken NStZ 86, 411). Jedoch fehlt dieser spezifische Zweck idR bei leicht transportierbaren Behältnissen, wie Koffern, verschnürten Paketen usw (Krüger NJW 72, 648; krit Ruß LK 19), weil es hier meist nicht um Diebstahlssicherung, sondern um das Zusammenhalten der Gegenstände und deren Schutz gegen Transportschäden geht (weiter Hamm NJW 78, 769), ferner beim Einsatz von elektromagnetischen Sicherungsetiketten in Kaufhäusern, weil diese im Regelfall nicht gegen Wegnahme, sondern nur gegen die Entfernung der bereits weggenommenen Sache aus dem Hause schützen (Stuttgart NStZ 85, 76 mit Bespr Seier JA 85, 387, Kadel JR 85, 386 und Dölling JuS 86, 688; Düsseldorf NJW 98, 1002; aM Sch/Sch-Eser 24; s auch 16 zu § 242). Der auf die Sache bezogene Schutzzweck fehlt auch bei nur allgemeiner Sicherung von Grundstücken durch Mauern oder Umzäunungen (Bay NJW 73, 1205 mit Anm Schröder JR 73, 507).

cc) Von **§ 243 I Nr 2 aF unterscheidet** sich die Nr 2 namentlich dadurch, dass nicht mehr aus einem umschlossenen Raum gestohlen werden muss. Dass die Schutzvorrichtung bei der Wegnahme überwunden wird, ist nicht unbedingt erforderlich (enger Stuttgart NJW 82, 1659 mit Bespr Albrecht JuS 83, 101); erfasst wird zB auch, wer eine Kassette mit einem zufällig passenden Schlüssel öffnet oder wer sie ungeöffnet mitnimmt und erst später aufbricht, unverändert veräußert (BGHSt 24, 248 mit Anm Krüger NJW 72, 648 und Schröder NJW 72, 778; str) oder infolge Entdeckung nicht mehr zum Öffnen kommt (W-Hillenkamp BT 2 Rdn 224; Joecks 24; aM Sch/Sch-Eser 25). Immerhin muss aber die Schutzvorrichtung im weiteren Verlauf überwunden werden sollen; Manipulationen, die den Zugriff ohne Einwirkung auf die Schutzvorrichtung ermöglichen, zB die spielplanwidrige, nicht durch Eingriff von außen (dazu Bay NJW 81, 2826) erzielte Herbeiführung von Gewinnstellungen in Geldspielautomaten (Stuttgart aaO; Ruß LK 18, beide mwN; str); ebenso die unbefugte, aber äußerlich ordnungsmäßige (vgl 14 zu § 242) Entnahme von Geld aus einem Geldwechselautomaten (Düsseldorf NJW 00, 158 mit krit Bespr Biletzki NStZ 00, 424; Kudlich JuS 01, 20, 24 und Geppert JK 20 zu § 242) oder aus einem Bankautomaten (Bay NJW 87, 663; Gropp JZ 83, 487, 491; Huff NStZ 85, 438; aM Bay NJW 87, 665; LG Köln NJW 87, 667; Mitsch JuS 86, 767, 771, alle mwN; zw), genügen nicht. 17

c) Nr 3: Gewerbsmäßiger Diebstahl. Gewerbsmäßig 20 vor § 52. 18

d) Nr 4: Kirchendiebstahl. Die Sachen müssen unmittelbar dem Gottesdienst (2 zu § 167; zB Kelche, Altarbilder und -kerzen) oder der religiösen Verehrung (zB Votivtafeln, BGHSt 21, 64; Madonnenbilder in Kapellen) gewidmet sein. Sachen, die nur mittelbar der Religionsausübung dienen oder zum Inventar gehören, wie zB Opferstöcke (LM Nr 1), Gesangbücher, religiöse Schriften und Kirchenstühle, werden nicht erfasst; ebenso nicht die in einer Kirche vorhandenen Kunstwerke als solche (Prot 5, 2462). Die angebaute Sakristei ist Teil der Kirche (RGSt 45, 243). – Der Diebstahl vergleichbarer Kultgegenstände von Weltanschauungsvereinigungen (3 zu § 166) wird zwar durch das Regelbeispiel nicht erfasst, legt aber die Annahme eines unbenannten besonders schweren Falles nahe (Prot 5, 2471; W-Hillenkamp BT 2 Rdn 231; s auch 14 zu § 46). 19

e) Nr 5: Diebstahl öffentlicher Sachen. Das Merkmal **„Bedeutung für"** scheidet alle Sachen aus, deren Verlust für den jeweils betroffenen Bereich keine empfindliche Einbuße bedeutet. **Allgemein,** dh für einen nach Zahl und Individualität unbestimmten oder für einen nicht durch persönliche Beziehungen innerlich verbundenen größeren bestimmten Kreis von Personen, **zugänglich** ist eine Sammlung auch dann, wenn das übliche Entgelt verlangt oder wenn der Nachweis bestimmter persönlicher Voraussetzungen oder Erlaubnisse zwar gefordert, der Zutritt aber regelmäßig gewährt wird (Prot 5, 2462; Joecks 27). Die Sammlung kann eine öffentliche oder private sein (zB Museen, Gemäldegalerien, Staats- und Universitätsbibliotheken, nicht aber Gerichtsbüchereien, BGHSt 10, 285). – **Öffentlich ausgestellt** 6 zu § 74d; die Sache muss an einem öffentlich zugänglichen Ort aufgestellt, dh nicht nur allgemein zugänglich, sondern zur Besichtigung dargeboten sein. 20

f) Nr 6: Diebstahl unter Ausnutzung fremder Bedrängnis. aa) **Hilflosigkeit** liegt vor, wenn jemand sich aus eigener Kraft nicht gegen die dem Rechtsgut (dazu Bay NJW 73, 1808 mit Anm Schröder JR 73, 427) konkret drohenden Gefahren schützen kann; Schlaf gehört nicht ohne weiteres hierher (NJW 90, 2569 mwN; str); allein hohes Alter begründet die Hilflosigkeit nicht (NStZ 01, 532). Dass die Hilflosigkeit unverschuldet (aM M-Schroeder/Maiwald BT 1 33/99) oder von längerer Dauer ist, wird nicht vorausgesetzt (Küper BT S 197); sie 21 kann – da der Grund der Hilfslosigkeit ohne Bedeutung ist – auch vom Täter aus anderen Gründen herbeigeführt sein (NStZ-RR 03, 186, 188). – **Unglücksfall** 2 zu § 323 c (einschr Joecks 32; Ruß LK 33); auf Verschulden des Verunglückten kommt es auch hier nicht an. – **Gemeine Gefahr** 3 zu § 323 c.

22 bb) **Ausnutzen** bedeutet hier, die infolge der Hilfslosigkeit usw entstandene Lockerung des Eigentumsschutzes (NStZ 85, 215) als Gelegenheit zur Erleichterung des Diebstahls wahrnehmen (ebenso Kindhäuser NK 49).

23 g) **Nr 7: Diebstahl von Waffen oder Sprengstoff.** Erlaubnispflichtige **Handfeuerwaffe** § 28 WaffG. – **Maschinengewehr, Maschinenpistole, voll- oder halbautomatisches Gewehr** Teil B V Nr 29 KWL. – **Kriegswaffe** § 1 KWKG iVm der KWL. – **Sprengstoff** ist ein explosionsgefährlicher Stoff (§ 1 SprengG), der Druckenergien von ungewöhnlicher Beschleunigung nach außen freizusetzen geeignet ist (zB Dynamit, Nitroglyzerin, Schießbaumwolle, Schwarzpulver). Sprengstoff enthaltende Kriegswaffen sind namentlich Handgranaten und Panzerfäuste (BT-Dr 11/2834 S 10; Sch/Sch-Eser 41 a).

24 **5.** Zwischen §§ 242 und 243 gibt es bei Handlungseinheit **keine Konkurrenz,** und zwar auch nicht zwischen vollendetem einfachen und versuchtem Diebstahl in einem besonders schweren Fall (18 zu § 46; Sch/Sch-Eser 59; str). Einbruchsdiebstahl (vgl 8–14) und Diebstahl besonders gesicherter Sachen (vgl 15–17) gehen einer Sachbeschädigung (§ 303; nur regelmäßig, NJW 02, 150 mit Bespr Fahl JA 02, 541, Kargl/Rüdiger NStZ 02, 202, Rengier JuS 02, 850, Sternberg-Lieben JZ 02, 514 und Geppert JK 5; krit W-Hillenkamp BT 2 Rdn 236; 27 vor § 52), den Einbruchsdiebstahl außerdem auch einem Hausfriedensbruch (§ 123) vor (Konsumtion, 27 vor § 52; Eisele aaO [vgl 1] S 355; aM Gössel, Tröndle-FS, S 357, 366; M-Schroeder/Maiwald BT 1 33/109; Rengier BT I 3/34; krit Schmitt, Tröndle-FS, S 313, 316), allerdings nur unter der Voraussetzung, dass auf Grund des Regelbeispiels ein besonders schwerer Fall bejaht wird (KG JR 79, 249 mit Anm Geerds; zw). Soweit § 242 mit anderen Tatbeständen in Tateinheit oder Gesetzeskonkurrenz zusammentreffen kann oder im Verhältnis zu ihnen Wahlfeststellungen (14 zu § 1; näher Eisele aaO [vgl 1] S 364) gestattet, gilt das unmittelbar auch für die Fälle des § 243.

§ 244 Diebstahl mit Waffen; Bandendiebstahl; Wohnungseinbruchdiebstahl

(1) **Mit Freiheitsstrafe von sechs Monaten bis zu zehn Jahren wird bestraft, wer**

1. **einen Diebstahl begeht, bei dem er oder ein anderer Beteiligter**
    a) eine Waffe oder ein anderes gefährliches Werkzeug bei sich führt,
    b) sonst ein Werkzeug oder Mittel bei sich führt, um den Widerstand einer anderen Person durch Gewalt oder Drohung mit Gewalt zu verhindern oder zu überwinden,
2. **als Mitglied einer Bande, die sich zur fortgesetzten Begehung von Raub oder Diebstahl verbunden hat, unter Mitwirkung eines anderen Bandenmitglieds stiehlt oder**
3. **einen Diebstahl begeht, bei dem er zur Ausführung der Tat in eine Wohnung einbricht, einsteigt, mit einem falschen Schlüssel oder einem anderen nicht zur ordnungsmäßigen Öffnung bestimmten Werkzeug eindringt oder sich in der Wohnung verborgen hält.**

(2) **Der Versuch ist strafbar.**

(3) **In den Fällen des Absatzes 1 Nr. 2 sind die §§ *43 a,* 73 d anzuwenden.**

Diebstahl mit Waffen; Bandendiebstahl; Wohnungseinbruchdiebstahl **§ 244**

Fassung: Das 6. StRG (13 vor § 1) hat Abs 1 Nr 1 technisch umgestaltet, Nr 3 zu Nr 2 gemacht und Nr 3 neu eingefügt. Der in Abs 3 genannte § 43 a ist durch Urteil des BVerfG v 20. 3. 2002 mit Gesetzeskraft für nichtig erklärt worden (BGBl I 1340).

1. Da der **Diebstahl mit Waffen und der Bandendiebstahl** besonders gefährliche Formen des Diebstahl sind, wird hier in Übereinstimmung mit dem früheren Recht (§ 243 I Nr 5, 6 aF) an der Strafschärfung durch **abschließende Beschreibung der qualifizierenden Merkmale** festgehalten; neu aufgenommen wurde der Wohnungseinbruchsdiebstahl, der bisher nur über das Regelbeispiel Nr 1 von § 243 I S 2 erfasst war (vgl 11). Die Tat ist nur Vergehen, § 30 daher nicht anwendbar.

2. Diebstahl mit Waffen nach Abs 1 Nr 1a und b (Grundfälle zu § 244 I Nr 1 aF bei Haft JuS 88, 364).

a) Waffe, Werkzeug oder Mittel müssen **von einem am Tatort anwesenden Beteiligten** (uU auch Gehilfen; mittäterschaftliche Zurechnung der Bewaffnung über § 25 II ist deshalb nicht erforderlich, BGHSt – GS – 48, 189 mit Bespr Martin JuS 03, 1238) mitgeführt werden (zusf Geppert Jura 92, 496). Das kann zu **irgendeinem Zeitpunkt** (BGHSt 13, 259; NStZ 85, 547; bei Holtz MDR 93, 720 und 94, 434; NJW 94, 1166, 1167 mit Bespr Kelker StV 94, 657 und Hauf JR 95, 172) vom Beginn des versuchten Grunddelikts bis zu dessen vollständiger – uU eine Mehrzahl von Einzelakten umfassender (BGHSt 43, 8, 10) – Vollendung geschehen, es sei denn, dass es ausnahmsweise schon an jeder Möglichkeit einer Realisierung der in der Schusswaffe liegenden Gefährlichkeit fehlt (Zaczyk NStZ 84, 217; vgl auch BGHSt 43, 8, 12; zum Erfordernis der Funktionsfähigkeit des Werkzeugs NStZ-RR 03, 186, 188; Tröndle/Fischer 12). Die Rspr bezieht zu Unrecht die Phase nach Vollendung bis zur Beendigung (2 vor § 22) auch dann ein, wenn nichts mehr weggenommen wird (BGHSt 20, 194; StV 88, 429 [mit abl Anm Scholderer sowie Erwiderung Salger StV 89, 66 und Scholderer StV 89, 153]; NStZ 98, 354 und 04, 263; ebenso Hauf AT S 106; M-Schroeder/ Maiwald BT 1 33/121; Sch/Sch-Eser 7 sowie Rdn 10 zu § 250; aM Kühl JR 83, 425, 427 und JuS 02, 729, 734; Zaczyk JR 98, 256; Becker, Waffe und Werkzeug als Tatmittel im Strafrecht, 2003, S 151, 158; Schmid, Das gefährliche Werkzeug, 2003, S 220; Hohmann/Sander BT I 2/12; Mitsch BT 2,1 1/238; Rengier BT I 4/17; W-Hillenkamp BT 2 Rdn 256; Herdegen LK 11 zu § 250; Hoyer SK 16; Joecks 15; Kindhäuser NK 13; zusf Geppert Jura 99, 599, 604 und Küper BT S 69). Mitführen unmittelbar vor Beginn des Versuchs oder auf der Flucht nach einem mißlungenen Versuch genügt nicht (BGHSt 31, 105 mit Anm Hruschka JZ 83, 217). – Tragen der Waffe in der Hand oder am Körper ist nicht erforderlich; es reicht aus, wenn sie dem Beteiligten zur Verfügung steht, dh von ihm bei Annäherung anderer jederzeit ergriffen und gebraucht werden kann (BGHSt 31, 105; 43, 8, 10 mit Anm Zaczyk JR 98, 256; NStZ 98, 354; StV 02, 120, 121), oder wenn sie dem Opfer oder einem Dritten erst entwendet wird (BGHSt 29, 184; Rengier BT I 4/19; aM Kindhäuser 17). – Zur Möglichkeit des Teilrücktritts von der qualifizierten Begehungsweise beachte 13 zu § 24 (str).

b) Nr 1a: Es genügt das bloße Mitführen einer **Waffe oder eines anderen gefährlichen Werkzeugs.** Wie bei § 224 I Nr 2 (dort 2) ist das gefährliche Werkzeug der Oberbegriff (BGHSt 44, 103, 105; Geppert Jura 99, 599, 600; Küper, Hanack-FS, S 569, 572), die Waffe nur ein Beispiel. **Gefährlich** ist ein Werkzeug, das nach objektiver Beschaffenheit geeignet ist, erhebliche Verletzungen herbeizuführen (BGHSt 4, 125, 127 zur „Waffe im technischen Sinne"; Küpper BT S 414; Mitsch BT 2,1 1/235); die Eignung kann sich nach dem Wortlaut – anders als bei § 224 I Nr 2 (dort 5) – anscheinend nicht erst aus der Art der Benutzung im konkreten Fall ergeben, da es hier nicht um die Verwendung, sondern

§ 244

um das Beisichführen eines gefährlichen Werkzeugs geht (Hörnle Jura 98, 169, 172; Dencker, 6. StrRG Einf, 1/20 und JR 99, 33, 35; Küper JZ 99, 187, 188; Mitsch BT 2,1 1/236; Otto GK 2 41/52). Zur näheren Bestimmung der schon nach ihrer objektiven Beschaffenheit gefährlichen Werkzeuge werden unterschiedliche, meist generalisierende bzw abstrakte Kriterien angeboten: Werkzeuge, die potentiell zu Verletzungshandlungen eingesetzt werden können (Hörnle aaO); Werkzeuge, die für die Verletzung nicht zweckentfremdet werden müssen (Krey/Hellmann BT 2 Rdn 134 a); Werkzeuge, deren typische, bestimmungsgemäße Anwendungsart gefährlich ist (Mitsch aaO; und in: ZStW 111, 65, 77; ähnlich Dencker aaO; Kargl StraFo 00, 7, 10; Deiters StV 04, 202); Werkzeuge, die bereits nach ihrer Art einen bestimmten gefährlichen Einsatz nahelegen (Otto aaO 41/53); Werkzeuge, denen nach allgemeiner Anschauung eine besondere Gefährlichkeit innewohnt und zu denen Täter in Bedrängnissituationen erfahrungsgemäß greifen (Schroth NJW 98, 2861, 2864; ähnlich Hoyer SK 11; ähnlich auch M-Schroeder/Maiwald BT 1 33/116, die die „schnelle Einsatzbereitschaft" hervorheben [zust Heghmanns GA 04, 189, 190]); Werkzeuge, die in der konkreten Situation keine andere Verwendung haben können als die, Leibes- und Lebensgefahr zu begründen (Schlothauer/Sättle StV 98, 505, 508; ebenso Bussmann StV 99, 613, 621; ähnlich Joecks 13; Sch/Sch-Eser 5; Laufhütte/Kuschel LK-Nachtrag 6 zu § 250; Schmitz MK 14); Werkzeuge von äußerer waffenähnlicher Beschaffenheit, die sich unschwer zur Herbeiführung erheblicher körperlicher Verletzungen einsetzen lassen (Kindhäuser NK 5; ähnlich Seier JA 99, 666, 669; Zieschang JuS 99, 49, 51; Deiters StV 04, 202 und Streng GA 01, 359: „Waffenersatzfunktion"; ähnlich auch Tröndle/Fischer 9 c, d). Als gefährliche Werkzeuge werden danach etwa eingestuft: Beil, (größerer) Hammer, (Tapeten-)Messer, (größerer) Schraubenzieher, Stein, Schlagring oder Salzsäure (vgl BT-Dr 13/9064 S 18; krit zu dieser unvollständigen Aufzählung Rengier BT I 4/24), auch ein (großes) Küchenmesser (NStZ-RR 03, 186, 188) oder ein Teppichmesser (Schleswig NStZ 04, 212 mit Bespr Hardtung StV 04, 399); zusf die Diss von Becker und Schmid, jeweils aaO (vgl 2). Wegen der Weite der objektiven Kriterien werden von den Vertretern der „objektiven Lehre" Einschränkungen vorgeschlagen, nach denen etwa „deliktstypische" Werkzeuge wie zB ein beim Einbruchsdiebstahl mitgeführtes Stemmeisen ausgeschlossen werden sollen (vgl Seier aaO; Jäger JuS 00, 651, 654; Krüger Jura 02, 766, 770). – Wer die Bestimmung der Gefährlichkeit eines gefährlichen Werkzeugs schon auf Grund seiner objektiven Beschaffenheit für unmöglich hält (so dezidiert Lesch JA 99, 30; ebenso Küper JZ 99, 187, 191, 193 und Schlüchter-GS, S 331; Rengier BT I 4/24 d; W-Hillenkamp BT 2 Rdn 262 a), muss – wofür es im Wortlaut des Gesetzes allerdings keine Anhaltspunkte gibt – auf andere Kriterien abstellen. Lesch (aaO S 36 und in: GA 99, 365) will rigoros nur Gegenstände erfassen, die – wie zB verbotene Waffen – nach dem Gesetz nicht frei verfügbar sind („ersichtlich zu eng" nach W-Hillenkamp BT 2 Rdn 262). Der Bericht des BT-Rechtsausschusses verweist, ohne den Unterschied zwischen Beisichführen und Einsetzen/Verwenden zu beachten, auf § 224 I Nr 2 (BT-Dr 13/9064 S 18; krit zu diesem „Verwirrung" stiftenden Verweis Rengier BT I 4/24; krit auch Tröndle/Fischer 6 a); dem scheint die Rspr ohne weiteres (NStZ-RR 98, 358) folgen zu wollen, wenn sie es ausreichen lässt, dass sich die die Gefährlichkeit begründende Eignung zur Herbeiführung erheblicher Verletzungen aus der Art der Benutzung des Werkzeugs im konkreten Einzelfall ergibt (BGHSt 44, 103 mit Bespr Mitsch JuS 99, 640; NJW 98, 3130 [mit krit Anm Dencker JR 99, 33] und 3131 [mit Bespr Baier JA 99, 9] sowie 00, 1050; NStZ-RR 98, 294; StV 04, 201 mit krit Anm Deiters; Hamm NJW 00, 3510 mit Anm Kindhäuser/Wallau StV 01, 352; Bay NJW 99, 2535 und NStZ-RR 01, 202 mit krit Anm Kindhäuser/Wallau StV 01, 18, Erb JR 01, 206 und Geppert JK 1; krit auch Küper JZ 99, 187, 189); tatsächlich ging es bei den sich unnötig zur Nr 1 a

Diebstahl mit Waffen; Bandendiebstahl; Wohnungseinbruchdiebstahl § 244

(des parallelen § 250 I) äußernden BGH-Entscheidungen um Verwendungsfälle iS des § 250 II Nr 1, der denen sich die Problematik des Beisichführens eines gefährlichen Werkzeugs nicht stellt; die Entscheidung des Bay ist unhaltbar, wenn sie ein kleines zusammengeklapptes Taschenmesser einbezieht (zu Recht abl Braunschweig NJW 02, 1735 mit Bespr Krüger Jura 02, 766 und Müller JA 02, 929; Rengier BT I 4/25 d; W-Hillenkamp BT 2 Rdn 261). Will man auch Werkzeuge erfassen, die nicht schon nach ihrer objektiven Beschaffenheit gefährlich sind, so muss man auf die konkrete „Verwendungsabsicht" des Beisichführenden abstellen (so Küper JZ 99, 187, 192 und BT S 431; Zopfs JR 99, 1062, 1063; Graul Jura 00, 204, 205; Hilgendorf ZStW 111, 811, 813; Rengier BT I 4/25–25 b; sachlich übereinstimmend W-Hillenkamp BT 2 Rdn 262 b, wo ein „innerer Verwendungsvorbehalt" verlangt wird; ähnlich Geppert Jura 99, 599, 602 und Günther SK 8, 11 zu § 250; vgl auch Arzt, BGH-FG, S 755, 770, der von einer „Einsatzbereitschaftsvermutung" ausgeht); nach dieser sog „Widmungstheorie", der auch einzelne Entscheidungen der Rspr zugerechnet werden (so zB BGHSt 43, 266, 269; NStZ 99, 302; Frankfurt StV 02, 145; Braunschweig NJW 02, 1735; Schleswig NStZ 04, 212) ist jedes gefährliche Werkzeug iS des § 224 (dort 5) erfasst, zB die Schnur, die zum Würgen des Opfers verwendet werden soll. Damit würde zwar das gefährliche Werkzeug in der Nr 1 a der §§ 244 I, 250 I dem in § 250 II Nr 1 genannten gefährlichen Werkzeug entsprechen, doch gälten in den beiden Alternativen der Nr 1 a der §§ 244 I, 250 I – Waffe oder gefährliches Werkzeug – unterschiedliche subjektive Voraussetzungen (s unten 5). Innerhalb der konkret-subjektiven Lehre ist umstritten, ob der innere Vorbehalt genügt, das Werkzeug als Mittel einer (gefährlichen) Drohung einzusetzen (dafür Küper BT S 435; W-Hillenkamp BT 1 Rdn 262 b; dagegen Rengier BT I 4/25 a). – Der vom Gesetzgeber (unvorsätzlich) verursachte Streit sollte von ihm durch eine Neuregelung beendet werden (dies ist zwingend, wenn man – so Braum, in: Irrwege, S 27, 46 – von der Verfassungswidrigkeit der Vorschrift ausgeht). Eine objektive Bestimmung kann nicht überzeugend gelingen, die subjektive Ergänzung des Gesetzes liegt am äußersten Rand einer noch zulässigen Auslegung (aM Krey/Hellmann BT 2 Rdn 134: unzulässig Rechtsfindung contra legem). Solange aber der Gesetzgeber nicht eingreift, muss versucht werden, objektive und täterbezogene Indikatoren für die Wahrscheinlichkeit, dass das Werkzeug zur Gefährdung des Opfers eingesetzt werden könnte, zu entwickeln; – ein „steiniger Weg" ohne absehbar gutes Ende (aufgegriffen von Küper, Schlüchter-GS, S 331, 341; zust Fischer NStZ 03, 569, 576; Deiters StV 04, 202; die Figur eines „Unrechts aus struktureller Überlegenheit" – so Maatsch GA 01, 75 – erscheint eher zweifelhaft). Die Rspr hat es bisher jedenfalls nicht geschafft, die Rechtslage zu klären (der Vorlagebeschluss NJW 02, 2889 mit Bespr Martin JuS 02, 1128, Sander NStZ 02, 596 und Geppert JK 3 zu § 250 II erhielt von BGHSt-GS-48, 197 [mit Bespr Baier JA 04, 12, Fischer NStZ 03, 569, Martin JuS 03, 824 und Geppert JK 4 zu § 250 II] nicht die klärende Antwort für § 244 I Nr 1 a; das bedauert auch Schleswig NStZ 04, 212; auch der Vorlagebeschluss Braunschweig NJW 02, 1735 führte nicht weiter, s NStZ-RR 03, 12 mit Bespr Geppert JK 2 zu § 244 I Nr 1 a; Fischer NStZ 03, 569, 570).

Weiterhin erfasst ist die in der Neufassung nicht mehr gesondert hervorgehobene **Schusswaffe** als Untergruppe der Waffe im technischen Sinne (vgl BGHSt 43, 266, 269 zu § 30 a II Nr 2 BtMG; Küper JZ 99, 187, 190; Mitsch BT 2,1 1/234); sie ist ein Werkzeug, bei dem ein festes, mechanisch wirkendes Geschoss (oder mehrere zugleich) mittels Explosions- oder Luftdruck aus einem Lauf abgefeuert werden kann (ähnlich Sch/Sch-Eser 3; vgl § 1 II Nr 1 WaffG); auch das Luftgewehr (bei Dallinger MDR 74, 547) und die Luftpistole sind daher Schusswaffen. In Grenzfällen (zB bei Bolzenschussapparaten) ist nicht der Schusswaffenbegriff des WaffG, sondern der Schutzzweck des § 244 ausschlaggebend (Hamm MDR 75,

3 a

§ 244
BT. 19. Abschnitt. Diebstahl und Unterschlagung

420; gegen die Einbeziehung des Bolzenschussapparats M-Schroeder/Maiwald BT 1 33/113). **Waffen** sind neben Schusswaffen auch sonstige Waffen im technischen Sinne wie Hieb-, Stoß- oder Stichwaffen nach § 1 II Nr 2a WaffG (vgl BGHSt 43, 266, 269; Küper BT S 417; Mitsch BT 2,1 1/233; W-Hillenkamp BT 2 Rdn 255; weiter Otto GK 2 41/51); hierher gehört auch eine mit Gaspatronen geladene und das Gas nach vorne verschießende Gaspistole (BGHSt 45, 92 mit zust Bespr Zopfs JZ 99, 1062 und Geppert JK 1 zu § 250 II; NStZ 99, 301; 01, 532; 02, 31, 33; zust Rengier BT I 4/9), nicht aber ein mit Platzpatronen geladener Gasrevolver (aM JR 99, 33 mit zu Recht abl Anm Dencker). Nach längerem Hin und Her (vgl Fischer NStZ 03, 569, 570) hat nun der Große Senat **Schreckschusswaffen** als Waffen eingeordnet, wenn beim Abfeuern der Explosionsdruck nach vorne austritt (BGHSt – GS – 48, 197 mit Bespr Baier JA 04, 12, Fischer NStZ 03, 569, Martin JuS 03, 824 und Geppert JK 4 zu § 250 II); er hat sie damit Gaspistolen gleichgestellt (Rengier BT I 4/12a) und dies – neben dem methodisch fragwürdigen Hinweis auf die Begründung des neuen WaffG (BT-Dr 14/7758 S 49) – mit der besonderen (Lebens-)Gefährlichkeit (dazu Rothschild NStZ 01, 406) begründet; Letzteres überzeugt nicht, weil diese Gefährlichkeit erst durch eine bestimmte Verwendung durch den Täter entsteht (W-Hillenkamp BT 2 Rdn 255). Die Abgrenzung von Waffen und anderen gefährlichen Werkzeugen ist im Hinblick auf § 250 II Nr 2 (dort 4) erforderlich (Dencker aaO [vgl 3] Rdn 21); sie kann etwa bei Messern schwierig sein (Dencker aaO; s auch StV 98, 487). – Ob die Waffe bei der Tat verwendet werden soll, ist unerheblich; denn schon das Bewusstsein der Verfügung über ein so gefährliches und handliches Angriffsmittel kann zur Anwendung verführen (NStZ 85, 547). Dieser Grundgedanke erfordert einschränkende Auslegung: Die Schusswaffe muss als solche einsatzfähig, wenn auch nicht schon geladen (NStZ 81, 301; StV 82, 574), sein. Dies gilt auch nach der Neufassung, die von der Waffe eine objektive Gefährlichkeit verlangt; daran fehlt es bei einer echten, aber ungeladenen Schusswaffe (NJW 98, 2915 und 3130; ebenso für ungeladene Gas-/Schreckschusspistolen NJW 98, 3131 mit Bespr Baier JA 99, 9; StV 98, 487; NStZ-RR 00, 43 und 04, 169; krit Laufhütte/Kuschel LK-Nachtrag 4 zu § 250). Eine defekte oder nicht mit „griffbereiter" (bei Holtz MDR 83, 91) Geschossmunition, zB nur mit Schreckschusspatronen (StV 87, 67 und 88, 469, 472), ausgestattete Waffe genügt daher nicht, wohl aber eine einsatzbereite Waffe, die nicht zur Sicherung des Diebstahls, sondern aus anderen Gründen mitgeführt wird, etwa im Dienst als Soldat, Polizeibeamter, Nachtwächter usw; denn in diesem Falle bleibt die Gefährlichkeit bestehen, der gegenüber die Zulassung von Ausnahmen nach einem konkretisierbaren Maßstab nicht möglich erscheint (BGHSt 30, 44 mit krit Anm Lenckner JR 82, 424; NStZ 85, 547; Hettinger GA 82, 525; Seelmann JuS 85, 454, 457; W-Hillenkamp BT 2 Rdn 257, 258; aM Kotz JuS 82, 97, 99; Scholderer StV 88, 429, 431; Schroth NJW 98, 2861, 2864; Seier JA 99, 666, 672; zusf Küper BT S 418, alle mwN; dies ist verfassungsrechtlich nicht zu beanstanden, BVerfG NStZ 95, 76).

4 **c) Nr 1 b: Sonst ein Werkzeug oder Mittel** ist nur ein Gegenstand, der nach seiner Art und seinem Verwendungszweck in der konkreten Situation (BGHSt 30, 375) dazu geeignet ist, Widerstand durch Gewalt (5–11 zu § 240) oder durch Drohung (12–15 zu § 240) mit Gewalt zu verhindern oder zu überwinden (ebenso Mitsch BT 2,1 1/247). Das war nach dem Schutzzweck von § 244 I Nr 2 aF einschränkend dahin zu verstehen, dass der geplante Einsatz geeignet sein muss, für den Betroffenen mindestens Leibesgefahr zu schaffen. Dies hat der Gesetzgeber des 6. StrRG (16–22 vor § 38) ändern wollen (vgl Dencker aaO [vgl 3] Rdn 14, 16); danach soll Nr 1 b ein Auffangstatbestand sein, der Gegenstände wie zB ein Kabelstück oder ein Tuch erfasst, die zu Nötigungszwecken eingesetzt werden sollen, ohne hierbei objektiv wenigstens Leibesgefahr zu begründen (BT-Dr

Diebstahl mit Waffen; Bandendiebstahl; Wohnungseinbruchdiebstahl § 244

13/9064 S 18). Abgesehen davon, dass die Schwere der Strafdrohung für das Beisichführen solch ungefährlicher Gegenstände trotz der hier geforderten Gebrauchsabsicht überzogen erscheint (für eine einschränkende Auslegung deshalb W-Hillenkamp BT 2 Rdn 264), kommt die Absicht des Gesetzgebers nicht in der wünschenswerten Deutlichkeit zum Ausdruck. Immerhin aber ist nach der Neufassung erkennbar und deshalb als gesetzgeberische Entscheidung zu respektieren, dass nur Nr 1 a gefährliche Werkzeuge voraussetzt, während Nr 1 b − anders als Nr 2 aF, der auch Waffen umfasste − nur noch sonstige Werkzeuge oder Mittel verlangt (ebenso Küper BT S 443). Der Grund der Strafschärfung ist nach dem Wortlaut der Nr 1 b nur noch die objektive Tauglichkeit des Gegenstandes als Nötigungsmittel. Auf die objektive Gefährlichkeit des Tatmittels ist damit verzichtet worden; die Einbeziehung auch gänzlich ungefährlicher Gegenstände, namentlich sog **Scheinwaffen** (zB Spielzeugpistolen, Schusswaffenattrappen, Dekowaffen), ist damit ermöglicht worden (auch dies entspricht der Absicht des Gesetzgebers, BT-Dr aaO). Ob das Schrifttum diese vom Gesetzgeber gewollte Erweiterung des Schutzzweckes für die neue Nr 1 b billigt, bleibt abzuwarten (für Respektierung des gesetzgeberischen Willens Küper aaO und in: Hanack-FS, S 569, 580; Dencker aaO Rdn 22; Kudlich JR 98, 357; Schroth NJW 98, 2861, 2865; Geppert Jura 99, 599, 603; Seier JA 99, 666, 670; Mitsch BT 2, 1 1/247, 248; Otto GK 2 41/59; Rengier BT I 4/31; W-Hillenkamp aaO Rdn 265; Hoyer SK 3, 8; Joecks 18; Sch/Sch-Eser 13; zweifelnd Hörnle Jura 98, 169, 174; aM Kindhäuser 26 und BT II 4/24, der Nr 1 b auf subjektiv gefährliche Tatmittel beschränkt; zur bisher gegenteiligen hM zu § 244 I Nr 2 aF vgl Eser JZ 81, 761; Geppert Jura 92, 496; Hauf GA 94, 319; Saal JA 97, 859 und Küper BT S 441 mwN). Demgegenüber leitete die Rspr schon aus dem durch das 1. StrRG (4 vor § 1) veränderten Wortlaut der Nr 2 aF ab, dass die damalige Neufassung solche Gefährlichkeit nicht mehr voraussetze und daher den Schutzbereich der Vorschrift entsprechend erweitert habe (BGHSt 24, 339; NJW 89, 2549; s auch Hellmann JuS 96, 522, 526; Arzt, BGH-FG, S 755, 774 und Ruß LK 9); die Rspr wird sich durch den neugefassten § 244 I Nr 1 b in ihrer bisherigen Linie bestätigt finden (dies zeigt schon NJW 98, 2914 [mit krit Bespr Lesch StV 99, 93 und Otto JK 9 zu § 250] und BGHSt 44, 103 mit Bespr Martin JuS 98, 1166 und Mitsch JuS 99, 640; s auch NJW 98, 3130 mit zust Anm Dencker JR 99, 33; NStZ-RR 98, 295 und 358; StV 99, 92; NStZ 04, 263; zur Rspr zusf Boetticher/Sander NStZ 99, 292, 293). Auf dieser Basis hat sie bisher unterschiedslos den geplanten Einsatz eines Kraftwagens (bei Holtz MDR 78, 987; LG München NStZ 93, 188) oder „des Schuhs am Fuße des Täters" (BGHSt 30, 375 mit abl Bespr Hettinger JuS 82, 895) zur Gewaltausübung, eines Stücks Kabel oder eines Kleidungsstücks zur Fesselung (NJW 89, 2549) und einer Pistole ohne Munition oder einer Pistolenattrappe zur Drohung (BGHSt 24, 339) genügen lassen, und zwar im letzten Fall selbst dann, wenn das Opfer die Ungefährlichkeit der Scheinwaffe erkannt hat (NJW 90, 2570 mit abl Bespr Herzog StV 90, 547 und Hauf aaO S 321, 328); lediglich den Einsatz von bloßen Fähigkeiten oder Körperkräften des Täters hat sie ausgeschieden (NStZ 85, 547 mwN). Neuerdings schränkt sie allerdings insoweit ein, als der Gegenstand immerhin aus der Sicht des Täters ohne weiteres, namentlich ohne weitere Erklärungen, geeignet sein muss, dem Opfer den Eindruck eines zur Gewaltanwendung geeigneten und deshalb gefährlichen Gegenstandes zu vermitteln (BGHSt 38, 116 mit krit Bespr Mitsch NStZ 92, 434, Kelker NStZ 92, 539, Grasnick JZ 93, 267 und Hauf aaO S 321, im Ergebnis zust Müther MDR 93, 931; bei Holtz MDR 93, 1040; NJW 94, 1166 mit krit Anm Kelker StV 94, 657, im Ergebnis zust Hauf JR 95, 172; krit Tröndle/Fischer 4 b zu § 250); ihrem äußeren Erscheinungsbild nach offensichtlich ungefährliche Gegenstände (zB ein Lippenpflegestift) scheiden als taugliche Tatmittel aus (NJW 96, 2663 mit krit Bespr Hohmann NStZ 97, 185 und Geppert JK 8 zu § 250; krit auch Knupfer, in: FS für E Schlüchter, 1998, S 123; s auch NStZ-RR 96, 356 und 97, 129 sowie NStZ 98,

§ 244 BT. 19. Abschnitt. Diebstahl und Unterschlagung

38). Diese Auslegung bedeutet einen Fortschritt (Graul JR 92, 297), doch bleibt die Begründung für die Einschränkungen verbesserungsbedürftig (skeptisch zur Möglichkeit der Ausgrenzung plumper Imitate Dencker aaO Rdn 23; für deren Ausgrenzung Kudlich aaO S 359; Schroth aaO; Otto GK 2 41/59); ausreichend ist aber das Mitführen eines Deo-Sprays zum Spritzen in die Augen (NStZ 03, 89).

5   **d)** Zum **inneren Tatbestand**. – **Nr 1 a:** Der **Vorsatz** (bedingter genügt) muss sich nach dem Wortlaut der Vorschrift nur auf das Mitführen der Waffe oder – nach dem Wortlaut, der beide gleichbehandelt, auch – des gefährlichen Werkzeugs (namentlich ihrer Verfügbarkeit) durch einen der Beteiligten (Täter oder Teilnehmer) erstrecken (BayNJW 99, 2535; Dencker aaO [vgl 3] Rdn 17; Schroth NJW 98, 2861, 2864; Otto GK 2 41/56); wer einen einheitlichen Begriff des gefährlichen Werkzeugs in § 224 I Nr 2, §§ 244 I Nr 1 a, 250 I Nr 1 a und § 250 II Nr 1 will (s oben 3), muss hier „Verwendungsabsicht" iS der Nr 1b (s unten) verlangen (so Küper, Rengier, Günther jeweils aaO [vgl 3] und W-Hillenkamp BT 2 Rdn 262b). Ob der waffentragende Beteiligte selbst von der Waffe weiß, ist dabei für die Beurteilung aller anderen Beteiligten unerheblich (Herdegen LK 14 zu § 250; aM Sch/Sch-Eser 9). Wird die einsatzbereite Waffe zu anderen Zwecken, etwa im Dienst als Soldat (vgl 3), mitgeführt, so kann es am (aktuellen, 9 zu § 15) Bewusstsein des Mitführens fehlen (Hettinger GA 82, 525, 549; einschr Lenckner JR 82, 424, 425). – **Nr 1 b:** Hier muss der **Vorsatz** mit der **Absicht** (iS zielgerichteten Wollens, 20 zu § 15) verbunden sein, im Bedarfsfalle (NJW 99, 69, 70) oder „unter Umständen" (NStZ-RR 96, 3) durch Verwendung des Gegenstandes fremden Widerstand zu verhindern oder zu überwinden (Küper JuS 76, 645; Ruß LK 10; weiter Arzt JuS 72, 578; einschr für sog Scheinwaffen Saal JA 97, 859, 865; probl NJW 04, 528 mit krit Bespr Baier JA 04, 431, 433), oder um diese Absicht eines anderen Beteiligten wissen (auch in der Form nur bedingten Vorsatzes); dabei genügt es nicht, wenn der Täter (oder andere Beteiligte) beabsichtigt, sich bei Widerstand des Opfers zurückzuziehen und nur seine Flucht durch Verwendung des Gegenstandes zu sichern (Eser JZ 81, 761, 765; Mitsch BT 2,1 1/250; Kindhäuser NK 24; aM BGHSt 22, 230; NStZ-RR 96, 3). Der Entschluss, einen mitgebrachten oder am Tatort vorgefundenen Gegenstand zu dem angegebenen Zweck einzusetzen, kann auch noch während der Tatausführung gefasst werden (BGHSt 30, 375; NJW 89, 2549, beide mwN).

6   **3. Bandendiebstahl nach Abs 1 Nr 2. a) Bande** (eingehend Schild GA 82, 55) ist eine auf ausdrücklicher oder stillschweigender (bei Dallinger MDR 73, 555) Vereinbarung beruhende und für eine gewisse Dauer (GA 74, 308; einschr Hamm NJW 81, 2207 mit Anm Tenckhoff JR 82, 208) vorgesehene Verbindung einer Mehrzahl von Personen zur Begehung mehrerer selbstständiger, im Einzelnen noch ungewisser Taten nach §§ 242, 249 (NStZ 86, 408; StV 96, 545; NJW 98, 2913; Küper BT S 42; W-Hillenkamp BT 2 Rdn 271). Das Merkmal der **fortgesetzten** Begehung ist nicht mit dem von der Rspr aufgegebenen (13 vor § 52) Rechtsinstitut der fortgesetzten Tat identisch (Günther SK 38 zu § 250). Da die Täter auf Grund des Bandenzusammenschlusses meist gewerbsmäßig iS des § 243 I S 2 Nr 3 handeln werden, ist meist § 244a I anzuwenden (Zopfs GA 95, 320, 334); für § 244 I Nr 2 verbleiben Fälle, bei denen der Bandenzusammenschluss nicht auf das Schaffen einer Einnahmequelle gerichtet ist (Zopfs aaO S 335 mit Bsp; Erb NStZ 98, 537, 541; zur Erfassung von Jugendbanden Glandien NStZ 98, 197). – Die Bande setzt eine Verbindung von mindestens **drei Personen** voraus (BGHSt 46, 321, 325 mit überwiegend zust Bespr Altenhain Jura 01, 836, Erb NStZ 01, 561, Ellbogen wistra 02, 8, Franke JA 02, 106, Joerden JuS 02, 329; zust auch Toepel ZStW 115, 60, 72; s auch aus methodischer Sicht Kudlich/Christensen JuS 02, 144, 145 und schon in: Theorie richterlichen Begründens, 2001, S 381; Rückblick und Ausblick bei Rissing-van Saan, Geilen-Sym, S 131; ebenso

Diebstahl mit Waffen; Bandendiebstahl; Wohnungseinbruchdiebstahl **§ 244**

schon im Vorlagebeschluss der 4. StS NJW 01, 380 [mit zust Anm Engländer JR 01, 78] und NStZ 00, 473 mit Bespr Engländer JZ 00, 630 und GA 00, 579 sowie Müller JA 01, 12; anders noch NJW 00, 2907; zur Rspr bis zu diesem Vorlagebeschluss Sya NJW 01, 343; die neue Rspr gilt auch für sog „Altfälle", NStZ 02, 375). Dies entspricht nicht nur dem Wortlaut, sondern auch der Bindungs- und Anreizwirkung, die bei einer Zweiergruppe meist nicht oder nur schwach vorhanden sein wird (krit und der bisherigen Rspr zust Krings, Die strafrechtlichen Bandennormen ..., 2000, S 43, 156; aus kriminologischer Sicht Schöch NStZ 96, 166, 169). – Im Unterschied zur Vereinigung nach § 129 (dort 2) ist keine Organisation erforderlich (bei Holtz MDR 77, 282; anders Althain ZStW 113, 112, 140); doch reicht ein mittäterschaftliches Zusammenwirken nicht (NJW 98, 2913), es muss vielmehr – entgegen BGHSt 46, 321, 327 (nach Rengier BT I 4/52: „unklar", ob auf einen Bandenbezug verzichtet wird) – ein über das individuelle Interesse hinausgehendes übergeordnetes Bandeninteresse verfolgt werden (BGH NJW 98, 2913; NStZ 01, 32 mit Bespr Geppert JK 2; StV 98, 599 zu § 30a BtMG; Günther SK 37 zu § 250; aM Joecks 23; Kindhäuser 32; Tröndle/Fischer 18); daran fehlt es, wenn ein Bandenmitglied nebenbei in ausschließlich eigenem Interesse handelt, zB beim gescheiterten Kfz-Diebstahl Sachen aus dem Auto „mitgehen" lässt (NStZ 00, 30; Rengier aaO; W-Hillenkamp BT 2 Rdn 271). Eine Bande soll auch dann vorliegen, wenn die erforderliche dritte Person nur „Gehilfentätigkeit" leisten soll (BGHSt 47, 214 mit zT krit Bespr Erb JR 02, 338, Toepel StV 02, 540, Martin JuS 02, 717, Gaede StV 03, 78, Rath GA 03, 823 und Geppert JK 3 zu § 244 I Nr 2); die ist nicht nur unklar, sondern beim Verzicht auf ein übergeordnetes Bandeninteresse auch widersprüchlich (W-Hillenkamp BT 2 Rdn 271c; zust aber Tröndle/Fischer 18).

b) Die Strafschärfung gilt **nur für Bandenmitglieder.** Sie gründet sich auf die 7 erhöhte Gefährlichkeit sowohl der Tat als auch der Täterverbindung (dazu im einzelnen Schild GA 82, 55, 62). Die Qualität der Mitgliedschaft als besonderes persönliches Merkmal ist daher zweifelhaft. In den Vorarbeiten zum 1. StrRG (4 vor § 1) hat man den Schwerpunkt auf das personale Element gelegt und daher § 28 II für anwendbar gehalten (Begr zu § 236 E 1962 S 407); bei vergleichbarer Problemlage, aber abweichendem Gesetzeswortlaut hat der BGH den personalen Charakter teils verneint (BGHSt 8, 205; für die geänderte Nr 3 aF auch Vogler, Lange-FS, S 265, 278; Roxin LK 73 zu § 28; Sch/Sch-Eser 28; für Nr 2 nF ebenso Toepel ZStW 115, 60, 83; Rengier BT I 4/53; Kindhäuser 38; Hoyer SK 35) und teils bejaht (BGHSt-GS-12, 220); insgesamt sind die der Sachlage angemesseneren Ergebnisse mit § 28 II zu erzielen (ebenso BGHSt 46, 120, 128; NStZ 96, 128 mit zust Bespr Geppert JK 6; Arzt JuS 72, 576, 579; Schünemann JA 80, 393, 395; Schild aaO S 83; W-Hillenkamp BT 2 Rdn 270; Günther SK 41 zu § 250; Tröndle/Fischer 22).

c) Unter **Mitwirkung** eines anderen Bandenmitglieds ist demgegenüber tatbezogen 8 (BGHSt 46, 120, 128 mit Bespr Martin JuS 01, 84) und setzt nach der neuesten Rspr kein örtliches und zeitliches Zusammenwirken von zwei Bandenmitgliedern voraus; es reicht danach vielmehr aus, wenn ein Bandenmitglied als Täter und ein anderes Bandenmitglied in irgendeiner Weise zusammenwirken, wobei die Wegnahme sogar durch einen bandenfremden Täter ausgeführt werden kann (BGHSt 46, 321, 332 [= Kühl HRR BT Nr 51] mit krit Bespr Erb NStZ 01, 561, 564, krit auch Sowada, Schlüchter-GS, S 383, 395, zust aber Altenhain ZStW 113, 112, 144, Müller GA 02, 318, 332, Joecks 24, Kindhäuser 34 und Tröndle/Fischer 21b; s auch schon den Vorlagebeschluss des 4. StS NJW 01, 380 mit krit Anm Engländer JR 01, 78; NJW 00, 3364; enger noch BGHSt 46, 120 und 138 mit Bespr Baier JA 01, 368; nach Rissing-van Saan, Geilen-Sym, S 131, 139 haben diese Entscheidungen die Täterschaft nach § 244 von der Mitwirkung an der

§ 244

Wegnahme vor Ort abgekoppelt). Dies überzeugt insoweit, als es dadurch möglich wird, den im Hintergrund die Fäden ziehenden „Bandenchef" zu erfassen (M-Schroeder/Maiwald BT 1 33/127; dafür schon unter der strengeren älteren Rspr etwa W-Hillenkamp BT 2 Rdn 274). Dagegen bleiben Zweifel, ob – trotz der strengeren Anforderungen an die Bande (oben 6) und der daraus resultierenden Organisationsgefährlichkeit – der Verzicht auf die Aktions- oder Ausführungsgefahr, die von zwei Bandenmitgliedern am Tatort ausgeht, den Strafschärfungsgrund nicht teilweise verfehlt (vgl Küper BT S 48; W-Hillenkamp BT 2 Rdn 272; Schmitz MK 48; aber auch Hoyer SK 36). – Einschränkend lässt die Rspr Tatbeiträge von Gehilfen-Bandenmitgliedern (vgl 6), wenn sie nach Beendigung des Diebstahl erfolgen oder – ohne Bezug auf konkrete Diebstahlstaten – nur in der Zusage, bei der Beuteverwertung mitzuwirken, besteht (NStZ 03, 32 mit hinsichtlich der 2. Alt krit Bespr Geppert JK 7 zu § 244 I Nr 2; s auch 4 zu § 27, 9 zu § 257 und 18 zu § 259). Auch tippgebende Anstiftungsbeiträge und täterbestärkende psychische Gehilfenbeiträge sollten mangels Gefahrsteigerung ausscheiden (erwogen von Rissing-van Saan aaO S 144).

9 **d)** Schon der erste Diebstahl, den eine Bande begeht, fällt unter § 244 (bei Dallinger MDR 67, 369). Dieser und die weiteren Diebstähle müssen im Rahmen der mit der Bildung der Bande verfolgten Zwecke liegen (bei Dallinger MDR 72, 925; Kindhäuser 33); jedoch wird durch die Bandenmäßigkeit keine Handlungseinheit begründet (Ruß LK 12).

10 **e) Abs 3** (Erweiterter Verfall) betrifft nur den Bandendiebstahl (im Übrigen vgl 1–12 zu § 73 d).

11 **4. Wohnungseinbruchdiebstahl nach Abs 1 Nr 3** ist aus § 243 I S 2 Nr 1 aF als Regelbeispiel ausgegliedert und als Qualifikationstatbestand in § 244 als neue Nr 3 eingestellt worden; damit soll dem mit dieser Tat verbundenen Eindringen in die Intimsphäre der Opfer Rechnung getragen werden (näher BT-Dr 13/8587 S 43; krit Dencker, 6. StrRG Einf, 1/5). Zur Auslegung der einzelnen Voraussetzungen 8–14 zu § 243. **Wohnung** 3 zu § 123 (Jäger JuS 00, 651, 656; Küper BT S 449; Dencker aaO Rdn 6); einschränkend sind hier jedoch nur solche Räumlichkeiten erfasst, die den Mittelpunkt des privaten Lebens bilden (W-Hillenkamp BT 2 Rdn 267; zust Seier, Kohlmann-FS, S 29, 302, Schall, Schreiber-FS, S 423 und Trüg JA 02, 191, 193; ähnlich einschr Krumme, Die Wohnung im Recht, 2004, S 270; weiter M-Schroeder/Maiwald BT 1 33/130), also nicht Kellerverschläge eines Wohnblocks (Schleswig NStZ 00, 479 mit Bespr Hellmich NStZ 01, 511 und Hoffmann SchlHA 01, 25), freistehende Gartenhäuser (AG Saalfeld NStZ-RR 04, 141) oder ein vorübergehend genutztes Hotelzimmer (W-Hillenkamp BT 2 Rdn 267; aM StV 01, 624), wohl aber der Haftraum eines Strafgefangenen (Kretschmer ZfStrVo 03, 212, 214). Nr 3 ist auch erfüllt, wenn nach Einbruch oder Einsteigen in einen Wohnraum Sachen aus einem angrenzenden Geschäftsraum weggenommen werden (NJW 01, 3203 mit Bespr Martin JuS 01, 1231, Trüg JA 02, 191 und Geppert JK 1 zu § 244 I Nr 3; zust Schall, Roxin-FS, S 426, 435; abl W-Hillenkamp BT 2 Rdn 267: § 243 I Nr 1; s auch 8 zu § 243). Anders als beim Einbruchsdiebstahl in Gebäude iS des § 243 I S 2 Nr 1 ist vom Wohnungseinbruchdiebstahl auch der Diebstahl einer geringwertigen Sache iS des § 243 II erfasst (Dencker aaO Rdn 7). Der Versuch des Qualifikationstatbestandes ist unproblematischer möglich als der des ehemaligen Regelbeispiels (Mitsch BT 2, 1 1/263), beginnt jedoch nur dann mit dem Einbrechen, wenn darin zugleich ein unmittelbares Ansetzen zum Diebstahl liegt (Mitsch ZStW 111, 65, 84; Kühl AT 15/50; 10 zu § 22).

12 **6. a)** Mehrere Strafschärfungsgründe nach den Nummern 1 a, b des Abs 1 einerseits und dessen Nr 2, 3 andererseits stehen nicht in **Idealkonkurrenz,** sondern sind lediglich als verschiedene Begehungsformen desselben Diebstahls (3 zu

§ 52) zu werten (NJW 94, 2034 mit Bespr v Hippel JR 95, 125 und Geppert JK 7 zu § 250; vgl aber auch NStZ 94, 285 mit Bespr v Hippel aaO). Dagegen ist wegen der Unrechtsverwandtschaft die Nr 1 b des Abs 1 neben dessen Nr 1 a nicht anwendbar (ebenso Krey/Hellmann BT 2 Rdn 134 c; für Spezialität der Nr 1 a Mitsch BT 2,1 1/245; für Idealkonkurrenz Hoyer SK 39). – Zwischen den Begehungsformen ist **Wahlfeststellung** zulässig (14 zu § 1).

b) Verwirklicht die Tat zugleich Erschwerungsgründe nach § 243, so gehen 13 diese in dem Qualifikationstatbestand des § 244 auf (BGHSt 33, 50; NJW 70, 1279 mit Anm Schröder JR 70, 388; NStZ-RR 03, 186, 188; Hamm StraFo 74, 276), so zB der Gebäudeeinbruchdiebstahl (§ 243 I S 2 Nr 1) im neuen Wohnungseinbruchdiebstahl (§ 244 I Nr 3; Jäger JuS 00, 651, 657; Fahl NJW 01, 1699, 1700: Spezialität; W-Hillenkamp BT 2 Rdn 214: Subsidiarität), Tateinheit aber zwischen § 244 I Nr 3 – Versuch und vollendetem § 243 I S 2 Nr 1, wenn der Täter den Geschäftsraum für eine Wohnung hält (Mitsch ZStW 111, 65, 71). – Jedoch ist **Tateinheit** möglich zwischen versuchtem Diebstahl nach § 244 und vollendetem nach §§ 242, 243 (Kindhäuser NK 43), zB wenn der Täter irrig glaubt, eine Schusswaffe bei sich zu führen. – Die §§ 250 und 252 (dort 8) gehen vor (zur Anwendbarkeit von Erweitertem Verfall beachte jedoch 29 vor § 52). Über das Verhältnis zu § 244 a dort 6. § 247 ist anwendbar, dagegen nicht § 248 a.

§ 244 a Schwerer Bandendiebstahl

(1) **Mit Freiheitsstrafe von einem Jahr bis zu zehn Jahren wird bestraft, wer den Diebstahl unter den in § 243 Abs. 1 Satz 2 genannten Voraussetzungen oder in den Fällen des § 244 Abs. 1 Nr. 1 oder 3 als Mitglied einer Bande, die sich zur fortgesetzten Begehung von Raub oder Diebstahl verbunden hat, unter Mitwirkung eines anderen Bandenmitglieds begeht.**

(2) **In minder schweren Fällen ist die Strafe Freiheitsstrafe von sechs Monaten bis zu fünf Jahren.**

(3) **Die §§ *43a*, 73 d sind anzuwenden.**

Fassung: Technische Änderungen durch das 6. StrRG (13 vor § 1), das Abs 4 aufgehoben hat. Der in Abs 3 genannte § 43 a ist durch Urteil des BVerfG v 20. 3. 2002 mit Gesetzeskraft für nichtig erklärt worden (BGBl I 1340).

1. Der **schwere Bandendiebstahl** bedeutet gegenüber § 244 I Nr 3 eine 1 weitere **Qualifizierung,** die zur wirksameren Bekämpfung der organisierten Kriminalität beitragen soll (BT-Dr 12/989 S 25; zur Entstehungsgeschichte Zopfs GA 95, 320; krit wegen der mit § 244 identischen Höchststrafe Hettinger GA 95, 399, 412); er gilt auch für Jugendbanden (NStZ-RR 00, 343). Die Tat ist Verbrechen, § 30 daher anwendbar (Ruß LK 1).

2. Zunächst müssen **alle Merkmale des Bandendiebstahls** erfüllt sein. Als 2, 3 Erschwerungsgrund muss hinzukommen: entweder die vollständige (Zopfs aaO [vgl 1] S 325) Verwirklichung der Voraussetzungen eines der in § 243 I S 2 Nr 1–7 beschriebenen Regelbeispiele (dort 8–23) oder die Begehung der Tat mit Waffen im Sinne des § 244 I Nr 1 oder als Wohnungseinbruchdiebstahl nach § 244 I Nr 3 (dort 2–5 und 8). Danach bildet der schwere Bandendiebstahl eine Kombination des Erschwerungsgrundes der Bandenmäßigkeit mit einem der übrigen in den §§ 243, 244 vorgesehenen Erschwerungsgründe (krit Zopfs aaO S 326). Die Voraussetzungen der Regelbeispiele haben hier – abweichend von § 243 (dort 3; 11 zu § 46) – nicht bloß exemplifizierende Funktion; sie sind vielmehr gewöhnliche, für den Richter bindende Tatbestandsmerkmale (ebenso Kindhäuser NK 8; Ruß LK 2; krit zu dieser „Verwandlung" Sch/Sch-Eser 4 mwN).

3. Zu **Abs 2** (minderschwere Fälle) 6–10 a zu § 46; 4 zu § 12. 4

§§ 245, 246 BT. 19. Abschnitt. Diebstahl und Unterschlagung

5   4. Zu **Abs 3** (Erweiterter Verfall) 1–12 zu § 73 d.

6   5. Die Vorschrift geht den §§ 242–244 vor. **Tateinheit** ist jedoch möglich, wenn die Tat nach § 244 a nur versucht, ein weniger qualifizierter Diebstahl aber vollendet wurde, zB wenn der Täter irrig glaubt, ein mitwirkender Beteiligter sei Bandenmitglied. Die §§ 250 und 252 (dort 8) gehen vor (zur Anwendbarkeit von Erweitertem Verfall beachte jedoch 29 vor § 52). § 247 ist anwendbar, dagegen nicht § 248 a. – Mehrere Fälle des § 244 a können eine natürliche Handlungseinheit bilden (NStZ 96, 493).

§ 245 Führungsaufsicht

In den Fällen der §§ 242 bis 244 a kann das Gericht Führungsaufsicht anordnen (§ 68 Abs. 1).

1   Vgl 1, 2 vor § 68, 1–8 zu § 68.

§ 246 Unterschlagung

(1) **Wer eine fremde bewegliche Sache sich oder einem Dritten rechtswidrig zueignet, wird mit Freiheitsstrafe bis zu drei Jahren oder mit Geldstrafe bestraft, wenn die Tat nicht in anderen Vorschriften mit schwererer Strafe bedroht ist.**

(2) **Ist in den Fällen des Absatzes 1 die Sache dem Täter anvertraut, so ist die Strafe Freiheitsstrafe bis zu fünf Jahren oder Geldstrafe.**

(3) **Der Versuch ist strafbar.**

Fassung des 6. StrRG (13 vor § 1).

1   1. Die Vorschrift **schützt** abweichend von § 242 **nur das Eigentum.** Auf eine Abgrenzungsklausel zu § 242 wurde verzichtet; dafür enthält Abs 1 letzter Halbsatz eine Subsidiaritätsklausel (vgl 14), die „sicherstellen" soll, dass § 246 nicht der „Grundtatbestand aller Zueignungsdelikte", sondern ein „Auffangtatbestand" ist (BT-Dr 13/8587 S 43; Cantzler JA 01, 567; Schulz, Lampe-FS, S 653, 671; W-Hillenkamp BT 2 Rdn 58, 277; Hoyer SK 7; Tröndle/Fischer 2; aM Kindhäuser, Gössel-FS, S 451 und Otto GK 2 39/8: Grundtatbestand; verfassungsrechtliche Bedenken im Hinblick auf den Bestimmtheitsgrundsatz [2 zu § 1] erheben Duttge/Fahnenschmidt ZStW 110, 884, 910; Noak, Drittzueignung und 6. Strafrechtsreformgesetz, 1999, S 115; Jahn, in: Irrwege, S 195, 201; Kudlich JuS 01, 767, 768).

2   2. **Fremde bewegliche Sache** 2–7 zu § 242; erwirbt der „Selbstbedienungstanker" mit dem Einfüllen des Benzins in den Tank Eigentum (zw; vgl 5 zu § 242), so scheidet auch § 246 aus, wenn der Kunde den Entschluss zur Nichtzahlung erst danach fasst (Düsseldorf JR 85, 207 mit Anm Herzberg; Arzt/Weber BT 15/15; Diebstahl scheidet idR mangels Gewahrsamsbruchs aus, 14 zu § 242); § 246 kann dagegen eingreifen, wenn der Eigentumsübergang erst mit dem Bezahlen angenommen wird (Koblenz NStZ-RR 98, 364 mit abl Bespr Baier JA 99, 364, zust aber Otto JK 11; Borchert/Hellmann NJW 83, 2799; Streng JuS 02, 454, 455; Krey/Hellmann BT 2 Rdn 159). Miteigentümer können sich die im Miteigentum stehenden Sachen (Düsseldorf NJW 92, 60; Koblenz NStZ-RR 98, 364 mit zust Bespr Otto JK 11), Gesellschafter einer GmbH deren Eigentum (BGHSt 3, 32) zueignen. Immer muss sich aber die Zueignung auf konkrete Sachen, nicht auf unausgesonderte Teile einer Sachgesamtheit beziehen (Sch/Sch-Eser 4).

3   3. Die Sache musste bisher **im Gewahrsam** oder im Besitz des Täters sein; dieses tatbestandseinschränkende Erfordernis ist in der Neufassung zur Vermeidung von Strafbarkeitslücken nicht mehr enthalten (BT-Dr 13/8587 S 43; ebenso schon

Unterschlagung **§ 246**

§ 240 E 62 mit Begr S 408; krit Dencker, 6. StrRG Einf, 1/48; Duttge/Fahnenschmidt aaO [vgl 1] S 898; Mitsch BT 2, 1 2/18). Die Bemühungen um eine „kleine" oder „große" „berichtigende Auslegung" (vgl die Nachweise in der 22. Aufl) können deshalb eingestellt werden (Otto Jura 98, 550, 551; Jäger JuS 00, 1167; Cantzler JA 01, 567, 568; Kudlich JuS 01, 767, 768; M-Schroeder/Maiwald BT 1 34/3; Mitsch BT 2, 1 2/28; Laufhütte/Kuschel LK-Nachtrag 2). Fundunterschlagung (beachte jedoch 5) und Leichenfledderei (Mitsch ZStW 111, 65, 89; Rengier BT I 5/14; W-Hillenkamp BT 2 Rdn 292) sind ebenso erfasst wie die Zueignung einer vom Dieb aufgegebenen Sache (BGHSt 13, 43) sowie Fälle der sog Diebesfalle (14 zu § 242), wenn trotz Übergangs des Gewahrsams dessen Bruch zu verneinen ist (vgl 5). Selbst Fälle, in denen der Täter mit Einverständnis des Gewahrsamsinhabers eine fremde Sache, die er zu keinem Zeitpunkt in Gewahrsam hatte, veräußert, sind jetzt nach dem Wortlaut in den Tatbestand einbezogen (vgl Dencker aaO Rdn 50 und Duttge/Fahnenschmidt aaO S 899 mit noch weitergehenden Beispielsfällen). Zu Einschränkungsmöglichkeiten bei der Drittzueignung s unten 8.

4. Die Handlung besteht darin, dass der Täter die Sache sich oder einem 4 Dritten zueignet.

a) Für die **Zueignung** (21–24 zu § 242) genügt nicht der bloße innere Entschluss; dieser muss vielmehr durch eine „Manifestation des Zueignungswillens" betätigt werden (hM; anders Schmidhäuser, Bruns-FS, S 345, 357 und Samson JA 90, 5, 7; krit und unter Inkaufnahme großer Strafbarkeitslücken rigoros einschr Kargl ZStW 103, 136; weniger weitgehend Basak, in: Irrwege, S 173, 188 und in: GA 03, 109, der eine Rechtsgutsgefährdung verlangt; ähnlich Degener JZ 01, 388, 398: „Enteignungsgefahrerfolg"; krit auch Dencker aaO [vgl 3] Rdn 51 und Hoyer SK 12–22, der einen Zueignungserfolg fordert, zust Joecks 19; auch Maiwald, Schreiber-FS, S 315, 321 und M-Schroeder/Maiwald BT 1 34/27 betonen die Eigentumsverletzung und fordern eine Position von „gewisser Endgültigkeit"; gegen das Erfordernis eines Zueignungserfolgs Sinn NStZ 02, 64, 67, der eine „Herrschaftsmacht" des Eigentümers verlangt; den Erfolg von An- und Enteignung verlangt Schulz, Lampe-FS, S 653, 668; zur Kritik dieser „Gegentendenzen" [so Küper BT S 464] W-Hillenkamp BT 2 Rdn 279; zusf Duttge/Sotelsek Jura 02, 526 und Hillenkamp, BT-Problem 23, S 110; methodische Kritik übt Duttge JahrbRuE 10, 103, 107). Diese erfordert eine äußere Handlung, die auf den Willen schließen lässt, den Eigentümer dauernd (aM Otto Jura 96, 383) auszuschließen und die Sache (oder ihren Sachwert) dem eigenen Vermögen oder dem eines Dritten einzuverleiben (BGHSt 1, 262; 14, 38; Bay NJW 92, 1777 mit Anm Julius JR 93, 255; den „Einverleibungswunsch" betont aus psychoanalytischer Sicht Behrendt, Der Begriff der Zueignung in den Tatbeständen des Diebstahls und der Unterschlagung, 1996, S 33). Dabei genügt es, wenn in der Manifestation nur das Aneignungselement (21 zu § 242) eindeutig in einer Weise zu Tage tritt, dass nicht zugleich das Enteignungselement ausgeschlossen erscheint (Tenckhoff JuS 84, 775, 780 mwN; einschr Seelmann JuS 85, 699; zw). Handlungen, die nach den Umständen mehrdeutig und auch bei Fehlen des Zueignungswillens, zB beim Einkassieren von Geld im Rahmen eines erteilten Auftrags, zu erwarten sind, scheiden daher aus (BGHSt 14, 38, 41; weiter Bockelmann JZ 60, 621; str). – Die Notwendigkeit einer präzisen Bestimmung des Zueignungsbegriffs ergibt sich nach der Neufassung der Vorschrift vor allem deshalb, weil das begrenzende Gewahrsamselement (s oben 3) entfallen ist; der nur noch auf die Zueignung abstellende Tatbestand bedarf einer einschränkenden Auslegung besonders bei gewahrsamslosen Zueignungen (ebenso Sch/Sch-Eser 1; ähnlich Joecks 20–25; Laufhütte/Kuschel LK-Nachtrag 4; vgl Mitsch BT 2,1 2/19 und 28, der zB bloß verbale Eigentumsanmaßungen ausscheiden will [zust Jäger JuS 00, 1167, Sinn aaO und Schenkewitz

§ 246

NStZ 03, 17, 20]; speziell zur Begrenzung bei der gewahrsamlosen Drittzueignung s unten 8). – In Ausnahmefällen (beachte Koblenz StV 84, 287) ist die Manifestation auch durch garantenpflichtwidriges Unterlassen (2, 3, 6 zu § 13) möglich, zB bei Dulden der Pfändung und Versteigerung einer gemieteten Sache ohne Benachrichtigung des Vermieters (Oldenburg NJW 52, 1267; Lagodny Jura 92, 659, 664; krit Schmid MDR 81, 806 mwN; s auch Schürmann und Schmid MDR 82, 374; str); idR jedoch nicht schon bei der Nichtrückgabe einer gemieteten Sache nach Vertragsende (Hamm wistra 99, 112 mit Bespr Fahl JA 99, 539 und Otto JK 12; zur Weiterbenutzung s 5).

5   aa) IdR liegt Zueignung vor bei Verzehr, Verbrauch oder Verarbeitung (§ 950 BGB) der Sache, bei ihrer Verbindung mit einer anderen Sache (§§ 946, 947 BGB), auch bei Vermischung (§ 948 BGB) fremden Geldes mit eigenem, jedenfalls dann wenn der Täter zur sofortigen Rückzahlung nicht in der Lage ist (Düsseldorf NStZ-RR 99, 41; s auch 22 zu § 242), und bei rechtsgeschäftlicher Verfügung über sie, zB durch Verschenken (M-Schroeder/Maiwald BT 1 34/34; 26 zu § 242); im Falle einer Verpfändung schließt die sichere Möglichkeit der jederzeitigen Wiedereinlösung die Zueignung jedoch aus (BGHSt 12, 299; aM Kindhäuser NK 53). Die Veräußerung einer unter Eigentumsvorbehalt gekauften Sache (BGHSt 16, 280) ist dann keine Zueignung, wenn der Erwerber die weiteren Raten übernimmt (Oldenburg NdsRpfl 60, 236; Hamm JMBlNRW 61, 44; s auch Baumann ZStW 68, 522). Es genügt auch nicht, wenn eine solche Sache nur der Herrschaft des Vorbehaltskäufers ohne Beeinträchtigung der Position des Eigentümers entzogen wird (bei Dallinger MDR 74, 367). Die mehrfache Sicherungsübereignung derselben Sache kann Unterschlagung oder Betrug sein (BGHSt 1, 262; GA 65, 207). – Auch im Abschluss von obligatorischen Verträgen über die Sache kann eine Zueignung liegen; uU schon im Kaufangebot (Braunschweig HESt 2, 320; Schleswig SchlHA 70, 195; aM Maiwald, Schreiber-FS, S 315, 326 und Hoyer SK 27). – Im bloßen Nichtanzeigen eines Fundes liegt keinesfalls (Hamm JR 52, 204), selbst in der Ingebrauchnahme des gefundenen Gegenstandes nicht ohne weiteres (Schleswig SchlHA 53, 217) eine Zueignung (vgl Basak aaO [vgl 4 „Irrwege"] S 191). Dagegen ist bei der sog Diebesfalle (vgl 3) das Fehlen der (rechtswidrigen) Zueignung nicht überzeugend begründbar, wenn der Täter den „Lockgegenstand" ohne Gewahrsamsbruch an sich nimmt (Celle JR 87, 253 mit abl Anm Hillenkamp; LG Gera StraFo 00, 358; Paeffgen JR 79, 297; Otto Jura 97, 464, 468; aM Düsseldorf NStZ 92, 237 mit abl Bespr Geppert JK § 242/15; Krey/Hellmann BT 2 Rdn 35; Rengier BT I 2/33; W-Hillenkamp BT 2 Rdn 106). Ob das Ableugnen des Besitzes (Bay JR 55, 271) und die Weiterbenutzung eines befristet gemieteten Autos nach Vertragsablauf (Köln JMBlNRW 62, 175; Düsseldorf StV 90, 164; zur Abgrenzung von § 248b beachte Bay NJW 61, 280; Celle NJW 74, 2326) oder eines zur Sicherung übereigneten Gegenstandes nach berechtigtem Rückgabeverlangen des Eigentümers (BGHSt 34, 309, 311) genügen, hängt davon ab, ob sie den Zueignungswillen hinreichend eindeutig manifestieren (anders Basak aaO S 192, 193); dagegen begeht der wegen Diebstahls Beschuldigte durch die Einlassung, die bei ihm gefundenen Sachen seien sein Eigentum, idR noch keine Zueignung (Frankfurt SJZ 47, 676).

6   Im Bereich der **Amtsunterschlagung** dehnt die Rspr den Zueignungsbegriff in problematischer Weise über seine allgemeinen Grenzen aus (krit Sch/Sch-Eser 12) und lässt es genügen, wenn der Amtsträger amtliche Gelder zur – sei es auch nur vorübergehenden – Deckung von Fehlbeträgen verwendet (BGHSt 9, 348 mit abl Anm Koch NJW 57, 150; str); dabei soll es auf eine Entnahme aus der Kasse nicht ankommen, vielmehr die Vornahme einer falschen oder die Unterlassung einer vorgeschriebenen Buchung genügen (BGHSt 24, 115 mit abl Bespr Otto Jura 96, 383; Tenckhoff JuS 84, 775, 778; Seelmann JuS 85, 699, 701; aM auch Kindhäuser NK 54, alle mwN; zw). Ob der Amtsträger zum Ersatz des Fehlbetra-

Unterschlagung **§ 246**

ges verpflichtet war, ist für die Manifestation des Zueignungswillens unerheblich, sofern er nur eine solche Ersatzpflicht annahm.

bb) Hat der Täter sich die Sache zugeeignet, so kann er durch weitere Herrschaftsbetätigungen den Tatbestand nicht noch einmal erfüllen (BGHSt-GS-14, 38 mit Bespr Schünemann JuS 68, 114 und Eckstein JA 01, 25; Otto aaO [vgl 3] S 107; Maiwald, Der Zueignungsbegriff im System der Eigentumsdelikte, 1970, S 261 und M-Schroeder/Maiwald BT 1 34/22; Jäger JuS 00, 1167, 1170; Schulz, Lampe-FS, S 653, 669; Rengier BT I 5/22, 23; im Ergebnis ähnlich Roth, Eigentumsschutz nach der Realisierung von Zueignungsunrecht, 1986, S 107; im Ansatz abw Hoyer SK 32); ob dies auch für eine der Sichzueignung nachfolgende Drittzueignung (s unten 8) gilt, ist noch nicht entschieden (dafür Mitsch BT 2,1 2/51; Rengier aaO und Cantzler JA 01, 567, 573; für eine teleologische Reduktion des Tatbestandes wegen der bloßen Perpetuierung der rechtswidrigen Besitzlage Murmann NStZ 99, 14, 15, zust Schulz aaO S 654; dagegen Duttge/Sotelsek Jura 02, 526, 531). Dagegen sind nach der im Schrifttum überwiegenden Meinung die späteren Herrschaftsbetätigungen tatbestandlich Unterschlagung, aber als mitbestrafte Nachtaten (32 vor § 52) zu behandeln (Bockelmann JZ 60, 621; Tenckhoff JuS 84, 775, 778; Seelmann JuS 85, 699, 702; Mitsch ZStW 111, 65, 92; Duttge/ Sotelsek aaO S 532; W-Hillenkamp BT 2 Rdn 303; Sch/Sch-Eser 19); diese Konkurrenzlösung wird auch für die der Sichzueignung nachfolgende Drittzueignung vertreten (W-Hillenkamp BT 2 Rdn 303 a). Der Unterschied ist deshalb wichtig, weil die Förderung einer solchen Nachtat strafbare Beihilfe sein kann (8 zu § 27). Die neue Subsidiaritätsklausel (vgl 14) ändert an diesem Streitstand nichts (näher Küper BT S 469; ebenso Dencker aaO [vgl 3] Rdn 57; aM Gropp JuS 99, 1041, 1045; Eckstein JA 01, 25, 30). – Aus dieser Rspr folgt weiter, dass auch die neue Herrschaftsbetätigung desjenigen den Tatbestand nicht erfüllt, der den Berechtigten seiner Sachherrschaft bereits durch eine andere Vermögensstraftat (Diebstahl, Erpressung, Betrug, Untreue) entsetzt hat (BGH aaO; NStZ-RR 96, 131 mit zust Bespr Otto JK 10); anders wenn ein vorausgegangener Betrug nur den Fremdbesitz (zB Ratenkauf mit Eigentumsvorbehalt) verschafft hatte (BGHSt 16, 280). Allerdings sind hier solche Herrschaftsbetätigungen nicht gemeint, die – wie zB der gutgläubige Erwerb einer gestohlenen Sache – keine Herrschaftsanmaßung gegenüber dem Berechtigten enthalten (Otto aaO S 115); hier erfüllt erst die Manifestation des bösgläubig gewordenen Erwerbers den Tatbestand (1 StR 488/66 v 29. 11. 1966). – Nach dieser Rspr erfüllten auch Herrschaftsbetätigungen, die gleichzeitig mit einem anderen Zueignungsdelikt begangen werden, nicht noch zusätzlich den Tatbestand des § 246 (BGHSt 14, 38, 46; zust Krey/Hellmann BT 2 Rdn 173, 173 a, 182, 183; krit Küper Jura 96, 205, 207 mwN); diese sog Gleichzeitigkeitsfälle sind jetzt von der Subsidiaritätsklausel (vgl 14) erfasst (Küper BT S 470; W-Hillenkamp BT 2 Rdn 300; ebenso Murmann aaO S 16, der deren Anwendungsbereich aber vorsichtig erweitert; ähnlich Eckstein aaO; aM Krey/Hellmann aaO Rdn 173 a: tatbestandliche Subsidiarität [krit dazu Jäger aaO]).

b) Der Täter muss die Sache **sich oder einem Dritten** zueignen (26, 26 a zu § 242). Daran fehlt es namentlich, wenn er sich der Sache nur entledigen will, weil deren Besitz ihm zu gefährlich ist (Hamburg GA 61, 121) oder weil sie durch eine Beschädigung für ihn unverwendbar geworden ist (Celle NdsRpfl 62, 168). Anders als bei § 242 (dort 25) ist Absicht auch nicht hinsichtlich der Aneignung gefordert (W-Hillenkamp BT 2 Rdn 280; aM Küper BT S 463). **Drittzueignung** (zur Veränderung des tatbestandlichen Unrechts Maiwald, Schreiber-FS, S 315) – Anlass für die Einbeziehung der Drittzueignung war die (nicht zwingende) Verneinung der Sichzueignung durch die Rspr in den DDR-Postplünderungsfällen (BGHSt 41, 187; krit Naucke, Die strafjuristische Privilegierung staatsverstärkter

7

8

§ 246

BT. 19. Abschnitt. Diebstahl und Unterschlagung

Kriminalität, 1996, S 59; Bussmann StV 99, 613, 615; Rönnau GA 00, 410, 414) – liegt wie bei § 242 (dort 26 a) nicht schon bei Entziehung oder Zerstörung der Sache vor (ebenso Jäger JuS 00, 1167, 1168; Mitsch BT 2,1 2/37). Wer sich aber einer Sache in dem Bewusstsein entledigt, dass ein Dritter sie seinem Vermögen einverleibt, manifestiert dadurch je nach den Umständen den hier – anders als bei § 242 (dort 25) – auch hinsichtlich der Aneignung ausreichenden bedingten Drittzueignungswillen (vgl zu diesen sog „Quasi-Dereliktionen" Noak, in: Schlüchter, 6. StrRG, S 74 und Schenkewitz NStZ 03, 17, 20; einschr Sch/Sch-Eser 21; aM Dencker, 6. StrRG Einf, 1/42, der Absicht verlangt). An einer Drittzueignung fehlt es, wenn die Sache dem Dritten nur zum bloß unbefugten vorübergehenden Gebrauch zugewendet wird (24, 26 a zu § 242). Problematisch ist die Drittzueignung vor allem in Fällen, in denen der Täter im Zeitpunkt der Zueignung keinen Besitz oder Gewahrsam an der Sache hat (Dencker aaO Rdn 50–56; vgl die Beispiele bei Otto Jura 98, 550, 552, der eine Einschränkung auf „unmittelbar besitzändernde" Verfügungen fordert; ebenso Cantzler JA 01, 567, 569; ähnlich Mitsch ZStW 111, 65, 89 und in: BT 2,1 2/19, 28; Bussmann aaO S 616; Duttge/Fahnenschmidt aaO [vgl 1] S 917 und Duttge/Sotelsek Jura 02, 526, 531 formulieren eine „eingeschränkte Substanzformel", die auf Täterseite einen wirtschaftlichen Vorteil im weitesten Sinne verlangt [dagegen Schenkewitz aaO S 21]; einschr auch Rengier, Lenckner-FS, S 801, 811 und BT I 5/18, der mindestens mittelbaren Besitz des begünstigten Dritten verlangt; ebenso Kudlich JuS 01, 767, 772 und Krey/Hellmann BT 2 Rdn 161, 170 a; noch enger Jahn aaO [vgl 1] S 214, der ein ungeschriebenes Merkmal „in Besitz oder Gewahrsam" postuliert). Bloße Kundgabe oder Berührung reichen für die auch hier zu fordernde Betätigung des Zueignungswillens nicht (W-Hillenkamp BT 2 Rdn 293; Kindhäuser NK 41; Sch/Sch-Eser 10). Noch ungeklärt ist die Frage, ob es für die (vollendete) Drittzueignung auf die Mitwirkung und das Einverständnis des Dritten ankommt (dafür Rengier aaO S 805 und BT I 5/19 a, der „heimliche" und „aufgedrängte" Zueignungen ausscheidet; ähnlich Cantzler aaO S 571; dagegen Jäger JuS 00, 1167, 1168; Duttge/Sotelsek Jura 02, 526, 532; M-Schroeder/Maiwald BT 1 34/35; W-Hillenkamp aaO Rdn 281; Kindhäuser NK 60; diff Schenkewitz NStZ 03, 17, 18 und Kindhäuser, Gössel-FS, S 451, 464). Die Sache muss nicht vollständig in das Vermögen des Dritten eingeordnet sein (Jäger aaO; Schroth BT S 130; aM Noack aaO [vgl 1] S 133). – Der Zueignungswille ist kein besonderes persönliches Merkmal im Sinne des § 14 (BGHSt 40, 8, 19); jedoch eignet sich idR die Sache zu, wer als Organ oder Vertreter für eine juristische Person oder eine Personenmehrheit handelt (Karlsruhe Justiz 75, 314); es kommt in diesen Fällen auch eine Drittzueignung in Betracht (26 a zu § 242).

9   **5.** Der **Vorsatz** (bedingter genügt) muss sich namentlich auf die Fremdheit der Sache erstrecken (Bay NJW 63, 310; s auch 19 zu § 242) und reicht auch für die Zueignung (oben 8). Ob er auch die Rechtswidrigkeit der Zueignung umfassen muss, ist umstritten (vgl 11).

10   **6. a)** Zur **Rechtswidrigkeit** der Zueignung 27 zu § 242. – Eignet sich jemand eine ihm unter Eigentumsvorbehalt gelieferte (fremde, 5 zu § 242) Sache durch Weiterveräußerung zu, so ist die Zueignung nicht rechtswidrig, wenn sich aus den Vertragsbeziehungen zum Vorbehaltsverkäufer dessen (ausdrückliche oder stillschweigende) Einwilligung ergibt (Düsseldorf NJW 84, 810 mwN); nicht rechtswidrig ist die von § 241a BGB „gestattete" Zueignung unbestellt zugesandter Waren (Haft/Eisele, Meurer-GS, S 245, 257; für Rechtfertigung durch § 241a BGB Matzky NStZ 02, 458, 462; erwogen auch von W-Hillenkamp BT 2 Rdn 294; krit zur Begründung Otto Jura 04, 389, 390, der schon die Fremdheit der unbestellten Sache verneint). – Soweit man im Wechseln fremden Geldes überhaupt eine Zueignung sieht (22 zu § 242), ist die Rechtswidrigkeit idR durch mutmaßliche Einwilligung (19–21 vor § 32) ausgeschlossen.

b) Ob die Rechtswidrigkeit **zum Tatbestand gehört** und welchen Regeln der Irrtum über sie folgt, ist hier ebenso umstritten wie beim Diebstahl (dort 28). Jedenfalls ist aber eine unterschiedliche Behandlung bei Diebstahl und Unterschlagung ausgeschlossen (Hamm NJW 69, 619; str). 11

7. Täter, auch Mittäter, konnte bisher nach hM nur sein, wer Gewahrsam an der Sache hatte; diese schon bisher umstrittene Einschränkung (Küper Jura 96, 205, 209) ist durch die Neufassung entfallen (Dencker aaO [vgl 3] Rdn 49; Rengier, Lenckner-FS, S 801, 808; W-Hillenkamp BT 2 Rdn 292). Hat jemand die von einem anderen unterschlagene Sache mit dessen Einverständnis in seine Verfügungsgewalt gebracht, so kommt in Frage, dass er nur Teilnahme an der Unterschlagung oder nur Hehlerei begangen hat oder dass beide Gesetzesverletzungen in Tatmehrheit oder Tateinheit zusammentreffen (im Einzelnen 6, 18, 20 zu § 259). – Zur Abgrenzung von Täterschaft und Teilnahme nach der Neufassung Jäger JuS 00, 1167, 1169 und – auf die allgemeinen Kriterien verweisend – Kudlich JuS 01, 767, 769. 12

8. Die **Veruntreuung** nach **Abs 2** ist ein qualifizierter Fall der Unterschlagung. **Anvertraut** (besonderes persönliches Merkmal iS des § 28 II, StV 95, 84; Roxin LK 72 und Hoyer SK 36, beide zu § 28; str) ist eine Sache nicht erst bei Vorliegen eines besonderen Treueverhältnisses (BGHSt 9, 90), sondern schon dann, wenn sie dem Täter in dem Vertrauen überlassen wurde, er werde die Herrschaft nur im Sinne des Überlassenden ausüben, zB jede unter Eigentumsvorbehalt gekaufte (BGHSt 16, 280) oder gemietete (BGHSt 9, 90) Sache, nicht jedoch eine Sache, die ein Dritter im Widerspruch zu den Interessen des Eigentümers (zB die Diebesbeute) „anvertraut" hat (Sch/Sch-Eser 30 mwN); Gewahrsam des Täters an der ihm überlassenen Sache wird weiter vorausgesetzt (W-Hillenkamp BT 2 Rdn 295; Hoyer SK 43; aM Friedl wistra 99, 206; Mitsch ZStW 111, 65, 93; s auch Küper BT S 24, der eine „sonstige Verfügungsgewalt" einbeziehen will); im Übrigen wird das Anvertrautsein nicht dadurch ausgeschlossen, dass mit der Überlassung der Sache ein gesetz- oder sittenwidriger Zweck verfolgt wird oder das zugrunde liegende Rechtsgeschäft unwirksam ist (hM; vgl Küper BT S 24; W-Hillenkamp BT 2 Rdn 296; aM Kindhäuser NK 72; Hoyer SK 47; Joecks 28). 13

9. Jedenfalls gegenüber anderen Zueignungsdelikten iwS ist die Unterschlagung (auch die veruntreuende nach Abs 2 und die versuchte nach Abs 3, Duttge/Sotelsek Jura 02, 526, 533 und Mitsch BT 2,1 2/70; der versuchte Diebstahl verdrängt auch die vollendete Unterschlagung, Jäger JuS 00, 1167, 1171), sofern sie nicht schon tatbestandsmäßig ausscheidet (vgl 7) **subsidiär** (Abs 1, letzter Halbsatz); diese Einschränkung der Subsidiarität (BT-Dr 13/8587 S 43) ist freilich im Wortlaut nicht zum Ausdruck gekommen, so dass Subsidiarität zu allen Vorschriften mit schwererer Strafdrohung anzunehmen ist (vgl BGHSt 43, 237 zu § 125; 47, 238 [mit Bespr Cantzler/Zauner Jura 03, 483, Duttge/Sotelsek NJW 02, 3756, Freund/Putz NStZ 03, 242, Heghmanns JuS 03, 954, Hoyer JR 02, 517, Küpper JZ 02, 1115, Otto NStZ 03, 87 und Geppert JK 13]; Otto Jura 98, 550, 551; Wagner, Grünwald-FS, S 797, 803; aM Jäger aaO; Cantzler JA 01, 567, 571; Mitsch BT 2,1 2/75; M-Schroeder/Maiwald BT 1 34/43; W-Hillenkamp BT 2 Rdn 300 a; Sch/Sch-Eser 32; Tröndle/Fischer 23, 23 a). Wegen der wechselseitigen Subsidiaritätsklauseln ist mit § 248 b Tateinheit möglich. **Tateinheit** ua möglich mit §§ 133, 136 I. – **Wahlfeststellung** 14 zu § 1; speziell zwischen § 242 und § 246 ist nur noch unechte Wahlfeststellung auf Grund bloßer Tatsachenalternativität und damit Strafbarkeit aus § 246 anzunehmen (Jäger aaO; 9 zu § 1). 14

10. Unterschlagung in Haus und Familie § 247. Geringwertige Sachen § 248 a. 15

§§ 247–248a

§ 247 Haus- und Familiendiebstahl

Ist durch einen Diebstahl oder eine Unterschlagung ein Angehöriger, der Vormund oder der Betreuer verletzt oder lebt der Verletzte mit dem Täter in häuslicher Gemeinschaft, so wird die Tat nur auf Antrag verfolgt.

1 1. Das **Antragserfordernis** dient der Erhaltung des Familienfriedens (BGHSt 18, 123). Es gilt für Diebstahl (§§ 242–244a) und Unterschlagung (§ 246), nicht für Raub und räuberischen Diebstahl (§§ 249–252). Vgl auch §§ 248c III, 259 II, 263 IV, 263a II, 265a III, 266 III.

2 2. **Strafantrag** §§ 77–77d. – **Verletzte** (6, 7 zu § 77) sind bei § 246 nur der Eigentümer, bei §§ 242ff der Eigentümer und der Gewahrsamsinhaber (1 zu § 242; aM Kindhäuser NK 15); sind sie verschiedene Personen, so muss – wenn die Gewahrsamsposition auch dem Eigentümer gegenüber rechtlich geschützt ist (ähnlich einschr BGHSt 10, 400) – die persönliche Beziehung zu beiden bestehen. – **Angehöriger** 2 zu § 11. **Vormund** §§ 1773ff BGB. **Betreuer** §§ 1896ff BGB. Eine **häusliche Gemeinschaft** setzt den freien und ernstlichen Willen der Mitglieder zum Zusammenleben auf eine gewisse Dauer voraus (BGHSt 29, 54); am freien Willen fehlt es zB beim Soldaten in der Kaserne und beim Insassen einer Straf- oder Verwahrungsanstalt oder eines Flüchtlingslagers (hM; anders Seelmann JuS 85, 699, 703), nicht aber beim Bewohner eines Internats oder Altenheims (BT-Dr 7/550 S 247; Kindhäuser NK 8), am ernstlichen Willen zB beim Täter, der das Zusammenleben von vornherein nur zu Straftaten gegen die Mitglieder ausnutzen will (BGH aaO; zw). – Die persönliche Beziehung muss zurzeit der Tat bestanden haben (BGH aaO); ihr späterer Wegfall lässt – wie sich zum Teil schon aus § 11 I Nr 1a ergibt – das Antragsrecht unberührt (Celle NJW 86, 733 mit Anm Stree JR 86, 386; Hamm NJW 86, 734, alle mwN; str).

3 3. Das Antragserfordernis gilt nur für den **Beteiligten** (Täter oder Teilnehmer), bei dem die persönliche Beziehung tatsächlich besteht (NJW 03, 3283, 3285 mit Anm Kühl NStZ 04, 387; ebenso W-Hillenkamp BT 2 Rdn 308). Ein Irrtum hierüber ist unerheblich (Mitsch BT 2, 1 1/272 mwN).

§ 248 *(weggefallen)*

§ 248a Diebstahl und Unterschlagung geringwertiger Sachen

Der Diebstahl und die Unterschlagung geringwertiger Sachen werden in den Fällen der §§ 242 und 246 nur auf Antrag verfolgt, es sei denn, daß die Strafverfolgungsbehörde wegen des besonderen öffentlichen Interesses an der Strafverfolgung ein Einschreiten von Amts wegen für geboten hält.

1 1. Die Vorschrift lässt die Verfolgung von Diebstahl und Unterschlagung **geringwertiger** Gegenstände **nur auf Antrag oder bei Vorliegen eines besonderen öffentlichen Interesses** zu. Sie beschreibt keine selbstständigen Delikte (BVerfGE 20, 205; Hamm NJW 79, 117; aM Naucke NStZ 88, 220, alle mwN), sondern enthält nur zusammen mit den §§ 248c III, 257 IV S 2, 259 II, 263 IV, 263a II, 265a III, 266 III, 266b II eine insgesamt prozeßrechtliche Konzeption, die der Bewältigung der Bagatellkriminalität (5a vor § 13) im Bereich der Aneignungs-, Bereicherungs- und Begünstigungsdelikte dient (zu ihrer Verfassungsmäßigkeit im Hinblick auf Bagatelldiebstähle BVerfG aaO). Sie wird ergänzt durch die §§ 153 I, 153a StPO, die bei Vermögensdelikten mit geringem Schaden die Einstellung des Verfahrens von der Zustimmung des Gerichts unabhängig machen und darüber hinaus die Einstellungsmöglichkeiten wegen Geringfügigkeit allgemein erweitern (Eckl JR 75, 99; Boxdorfer NJW 76, 317; Hobe, Leferenz-FS, S 629).

2. Strafantrag §§ 77–77 d. Kein Übergang des Antragsrechts auf die Angehörigen (8 zu § 77). Zur Verfolgung von Amts wegen auf der Grundlage eines **besonderen öffentlichen Interesses** 3–6 zu § 232.

3. a) Ob **Sachen geringwertig** sind, bestimmt sich nach ihrem Verkehrswert (NJW 77, 1460; Kindhäuser NK 7) zurzeit der Tat, so dass nachträgliche Veränderungen zum Zwecke besserer Verwertung nicht zu Buch schlagen (NStZ 81, 62); bei der Beurteilung dürfen die Verhältnisse der Beteiligten, namentlich des Verletzten, nicht völlig außer Betracht bleiben (str). Gegenwärtig dürfte die Grenze im Regelfall etwa bei 50 € liegen (Hamm NJW 03, 3145 und wistra 04, 34; Kindhäuser 2; nach Tröndle/Fischer 3: 30 €; zur Möglichkeit, dennoch eine kurze Freiheitsstrafe zu verhängen, Hamburg NStZ-RR 04, 72). Die Rspr zu den Merkmalen der Geringwertigkeit und des unbedeutenden Wertes in §§ 247, 248a, 370 I Nr 5 aF (zB BGHSt 5, 263; 6, 41; GA 57, 17, 19 und 60, 181) ist weiterhin verwertbar (bei Dallinger MDR 75, 543; Hamm MDR 77, 424). Wird eine Sache ohne messbaren Verkehrswert nicht zur wirtschaftlichen Verwendung, sondern zu anderen Zwecken gestohlen (zB Diebstahl belastender Akten oder Diebstahl von Scheckformularen zur Fälschung), so entscheidet das Gewicht der funktionellen Möglichkeiten, die nach der Verkehrsanschauung generell mit der Herrschaft über solche Sachen verknüpft sind (ähnlich NJW 77, 1460; Bay NJW 79, 2218 mit Anm Paeffgen JR 80, 300; einschr Jungwirth NJW 84, 954; str). – Im Rahmen einer Handlungseinheit (4–19 vor § 52) entscheidet nicht die Geringwertigkeit der einzelnen Sache, sondern der Gesamtwert des Erlangten (Düsseldorf aaO; W-Hillenkamp BT 2 Rdn 313), bei Mittätern nicht deren Anteil, sondern die Gesamtmenge (Sch/Sch-Eser 15; ebenso schon zum früheren Recht NJW 64, 117; Schroeder GA 64, 225; Schwind Rpfleger 70, 126) bei Teilnehmern muss sich deren Tatbeitrag auf eine geringwertige Sache beziehen (Hohmann MK 11; aM Kindhäuser NK 18).

b) Da die Vorschrift nur für Taten nach §§ 242, 246 gilt, darf der Diebstahl (einschl Versuch) weder nach § 244 strafbar (Köln NJW 78, 652; aM Burkhardt NJW 75, 1687, der entspr Anwendung des § 243 II vorschlägt) noch ein besonders schwerer Fall nach § 243 sein, und zwar unabhängig davon, ob ein Regelbeispiel verwirklicht ist (BGHSt 26, 104 mit abl Anm Braunsteffer NJW 75, 1570). Ist die Annahme eines besonders schweren Falles zwar nach § 243 II (dort 4–7) nicht ausgeschlossen, aber trotz Vorliegens eines Regelbeispiels ausnahmsweise zu verneinen (13 zu § 46), so bleibt § 248a anwendbar (BGH aaO).

c) Im Übrigen entscheidet – abweichend von § 243 II (dort 4–7) – nur die objektive Geringwertigkeit (hM; vgl etwa W-Hillenkamp BT 2 Rdn 311; in Fällen des Vorsatzwechsels krit Sch/Sch-Eser 17), beim Versuch daher der Wert der Sache, zu deren Wegnahme (§ 242) oder Zueignung (§ 246) der Täter entschlossen war (anders Hoyer SK 11 und Hohmann MK 12). Wegen des prozessualen Charakters des Antragserfordernisses (2 zu § 77) ist ein Irrtum über den Wert unerheblich (Warda Jura 79, 113, 117).

§ 248 b Unbefugter Gebrauch eines Fahrzeugs

(1) **Wer ein Kraftfahrzeug oder ein Fahrrad gegen den Willen des Berechtigten in Gebrauch nimmt, wird mit Freiheitsstrafe bis zu drei Jahren oder mit Geldstrafe bestraft, wenn die Tat nicht in anderen Vorschriften mit schwererer Strafe bedroht ist.**

(2) **Der Versuch ist strafbar.**

(3) **Die Tat wird nur auf Antrag verfolgt.**

§ 248b

(4) **Kraftfahrzeuge im Sinne dieser Vorschrift sind die Fahrzeuge, die durch Maschinenkraft bewegt werden, Landkraftfahrzeuge nur insoweit, als sie nicht an Bahngleise gebunden sind.**

1 1. Erfasst werden soll das **furtum usus** an Fahrzeugen, das wegen fehlender Zueignungsabsicht oder Zueignung nicht nach §§ 242, 246 bestraft werden kann (24 zu § 242). Die Vorschrift schützt das Eigentum, uU auch die aus ihm abgeleitete, einem anderen eingeräumte Gebrauchsberechtigung; daher kein Schutz des Gebrauchsberechtigten oder anderer Verkehrsteilnehmer (NJW 57, 500) gegen den Eigentümer (Hoyer SK 3; aM W-Hillenkamp BT 2 Rdn 396; Kindhäuser NK 2; zw).

2 2. **Kraftfahrzeuge** (Abs 4) sind namentlich Autos, Motorräder, Flugzeuge, Schiffe, dagegen nicht Straßenbahnen, Autoanhänger, Schleppkähne ohne eigenen Antrieb usw.

3 3. **Ingebrauchnehmen** setzt nach der Rspr voraus, dass der Täter ein Fahrzeug nach seinem Willen – sei es auch nur im Leerlauf (BGHSt 11, 44) – zu einer Fahrt in Gang setzt oder in Gang hält (BGHSt 11, 47; Rengier BT I 6/5; einschr Franke NJW 74, 1803 und Hoyer SK 10–15; str). Danach genügen Übernachten im parkenden Wagen, bloßes Mitfahren (Hamm DAR 61, 92) und nur vertragswidriger Gebrauch während der Mietzeit nicht (LG Mannheim NJW 65, 1929), wohl aber Benutzen nach Ablauf der Mietzeit (GA 63, 344; Schleswig NStZ 90, 340 mit abl Anm Schmidhäuser; aM Otto JZ 93, 559, 567; Hentschel 8, alle mwN; zw), unbefugtes Entleihen eines Mietwagens durch einen Dritten (Neustadt MDR 61, 708) und unbefugtes Fortsetzen eines vermeintlich befugt begonnenen Gebrauchs (BGHSt 11, 47; Rengier BT I 6/6, 7; W-Hillenkamp BT 2 Rdn 398; aM Bay NJW 53, 193; Ebert DAR 54, 291; Hohmann/Sander BT I 4/11; Krey/Hellmann BT 2 Rdn 149; Hentschel 6; zw). – Die Tat ist Dauerdelikt (11 vor § 52), die mit der Ingebrauchnahme vollendet und mit deren Abschluss beendigt ist (Düsseldorf NStZ 85, 413; Mitsch BT 2,2 1/13); nicht mehr tatbestandsmäßig kann jedoch die Rückführung des Fahrzeugs an den Berechtigten (vgl 4) sein, weil sie dessen mutmaßlichem Willen entspricht (Düsseldorf aaO mit krit Bespr Otto JK 1; aM W-Hillenkamp BT 2 Rdn 401, der aber den Unterstützer dieser Rückführung wegen Risikoverringerung nicht als Gehilfe erfasst). – Die bloße Veranlassung zum Sich-Fahren-Lassen genügt mangels Tatherrschaft für eine täterschaftliche Begehung nicht (Küper BT S 210 mwN).

4 4. **Berechtigter** ist jeder, der aus irgendeinem rechtlichen Grunde (zB als Eigentümer, Mieter, Chauffeur während des Dienstes, Fahrzeughalter usw) befugt ist, das Fahrzeug als Fortbewegungsmittel zu benutzen (BGHSt 11, 47, 51; VRS 39, 199). – **Gegen den Willen** setzt keine ausdrückliche Erklärung, sondern nur erkennbar oder mutmaßlich entgegenstehenden Willen voraus (hM; vgl Ludwig/Lange JuS 00, 446, 449).

5 5. Der **Vorsatz** (bedingter genügt) muss auch den entgegenstehenden Willen des Berechtigten umfassen. Irrige Annahme des Einverständnisses ist daher Tatbestandsirrtum (3 zu § 16); Unkenntnis seines Vorliegens begründet untauglichen Versuch (12 zu § 22).

6 6. Die in Abs 1 bestimmte **formelle Subsidiarität** (26 vor § 52) bezieht sich nach dem zu respektierenden Wortlaut nicht nur auf Tatbestände gleicher oder ähnlicher Schutzrichtung (anders die hM; vgl W-Hillenkamp BT 2 Rdn 403). Die Vorschrift wird also verdrängt bei Wegnahme in Zueignungsabsicht von § 242 (zur Abgrenzung dort 24); bei sonstiger Zueignung von § 246 (Gössel JR 76, 1, 3), auch wenn diese erst während des unberechtigten Gebrauchs begangen wird; dies ist allerdings wegen der neuen Subsidiaritätsklausel in § 246 I (dort 14) und

Entziehung elektrischer Energie **§ 248c**

angesichts der gleichen Strafandrohung zweifelhaft geworden, so dass Tateinheit möglich erscheint (ebenso Mitsch BT 2,1 2/77). Der Verbrauch lediglich des Benzins im Tank wird als typische Begleittat des § 242 von diesem konsumiert (Kühl AT 21/62 mwN; bereits den Tatbestand ausschließend BGHSt 14, 386; GA 60, 182; Vogler, Bockelmann-FS, S 715, 731; krit Mitsch BT 2,2 1/42; aM Ranft JA 84, 277, 281; für Eingreifen der Subsidiaritätklausel Küper BT S 212 mwN).

7. Strafantrag §§ 77–77 d. Als Verletzter (6, 7 zu § 77) kommt auch der 7 Gebrauchsberechtigte in Frage (hL; aM Hoyer SK 17). Kein Übergang des Antragsrechts auf die Angehörigen (§ 77 II).

§ 248 c Entziehung elektrischer Energie

(1) **Wer einer elektrischen Anlage oder Einrichtung fremde elektrische Energie mittels eines Leiters entzieht, der zur ordnungsmäßigen Entnahme von Energie aus der Anlage oder Einrichtung nicht bestimmt ist, wird, wenn er die Handlung in der Absicht begeht, die elektrische Energie sich oder einem Dritten rechtswidrig zuzueignen, mit Freiheitsstrafe bis zu fünf Jahren oder mit Geldstrafe bestraft.**

(2) **Der Versuch ist strafbar.**

(3) **Die §§ 247 und 248 a gelten entsprechend.**

(4) **Wird die in Absatz 1 bezeichnete Handlung in der Absicht begangen, einem anderen rechtswidrig Schaden zuzufügen, so ist die Strafe Freiheitsstrafe bis zu zwei Jahren oder Geldstrafe. Die Tat wird nur auf Antrag verfolgt.**

Fassung: Das 6. StrRG (13 vor § 1) hat Abs 1 um die Drittzueignungsabsicht erweitert, Abs 3 neu eingefügt und den Abs 3 aF zu Abs 4 umnummeriert.

1. Die Vorschrift schließt eine bei §§ 242, 246 verbleibende Lücke, da fraglich 1 ist, ob elektrische Energie eine Sache im Rechtssinne ist (2 zu § 242). In wessen Gewahrsam sich die Energie befindet (zB Akkumulator), ist unerheblich. **Fremd** ist die Energie, auf deren Entziehung der Täter kein Recht hat (hM; krit Herzberg/Hardtung JuS 94, 494).

2. Entziehen ist Minderung des Energievorrats (Herzberg/Hardtung aaO). – 2 Hinzu kommen muss die Verwendung eines Leiters (jeder physikalisch geeignete Stromleiter), der ordnungswidrig ist; zB Anbringen eines nicht zur Anlage gehörenden Kabels (GA 58, 369), Anzapfen einer Hochspannung (auch mittels Induktion; aM Hoyer SK 5 mwN), Überbrücken oder Umgehen des Stromzählers (Celle MDR 69, 579), Anschließen an fremde Leitung. Nicht hierher gehören Einwirkungen auf den Zähler oder bloß vertragswidrige Benutzung einer vorhandenen Lichtquelle (Herzberg/Hardtung aaO), auch nicht der Missbrauch von Strom- und Fernsprechautomaten, der unter § 265 a fällt (Bay MDR 61, 619), und das Auffangen von Rundfunk- und Fernmeldewellen (Stimpfig MDR 91, 709; zum sog Schwarzhören 5 zu § 265 a).

3. Die Absicht (iS zielgerichteten Wollens, 20 zu § 15) muss bei Abs 1 auf 3 rechtswidrige Sich- oder Drittzueignung (20–28 zu § 242), bei Abs 4 auf Schadenszufügung (zB Anbringen eines Erdschlusses) gerichtet sein (aM Tröndle/Fischer 7, die nur bedingten Schädigungsvorsatz ausschließen). – Abs 1 ist durch die in Abs 3 angeordnete entsprechende Anwendung der §§ 247 und 248 a, Abs 4 durch dessen Satz 2 Antragsdelikt (§§ 77–77 d).

20. Abschnitt. Raub und Erpressung

§ 249 Raub

(1) **Wer mit Gewalt gegen eine Person oder unter Anwendung von Drohungen mit gegenwärtiger Gefahr für Leib oder Leben eine fremde bewegliche Sache einem anderen in der Absicht wegnimmt, die Sache sich oder einem Dritten rechtswidrig zuzueignen, wird mit Freiheitsstrafe nicht unter einem Jahr bestraft.**

(2) **In minder schweren Fällen ist die Strafe Freiheitsstrafe von sechs Monaten bis zu fünf Jahren.**

Fassung des 6. StrRG (13 vor § 1).

1   **1.** Raub ist – auch hinsichtlich der geschützten Rechtsgüter (1 zu § 240; 1 zu § 242) – eine eigenständige **Kombination von Diebstahl und Nötigung.** Es muss deshalb der volle äußere und innere Tatbestand des § 242 erfüllt sein, bei dessen Verwirklichung Gewalt oder Drohung als Mittel zur Wegnahme eingesetzt werden; die Wegnahme geringwertiger Sachen genügt (hM; vgl etwa NStZ-RR 98, 103; anders Burkhardt NJW 75, 1687 mwN).

2   **2.** Die **Nötigungsmittel und ihr Einsatz zur Wegnahme.**

a) Gewalt 5–11 zu § 240; auch durch Unterlassen (9 a zu § 240; Mitsch BT 2, 1 3/27, 28). Wie bei der Nötigung wird der Begriff auch hier von der Rspr weit ausgelegt (zusf und zT krit Geilen Jura 79, 54, 109; Schünemann JA 80, 349, 350; Seelmann JuS 86, 201; Küper BT S 169; Günther SK 7–16; Herdegen LK 4–8; für einen engeren Gewaltbegriff, ua mit höheren Anforderungen an die Erheblichkeit der Zwangswirkung, bei § 249 Krey/Hellmann BT 2 Rdn 187): die überraschend weggezogene Handtasche (BGHSt 18, 329; Saarbrücken NJW 69, 621; mit Recht einschr StV 90, 262; W-Hillenkamp BT 2 Rdn 320; Knodel JZ 63, 701; Frommel NKrimPol 93, 23; Günther SK 10; Joecks 25–27; Kindhäuser NK 14; ganz abl Mitsch BT 2,1 3/24); Spritzen von Deodorantflüssigkeit in die Augen (NStZ 03, 89); die weggeschobene Hand des fast Bewußtlosen (BGHSt 16, 341; zu Recht krit Rengier BT I 7/8); die Ausplünderung des Betrunkenen (BGHSt 4, 210); die Herbeiführung einer bedrohlichen Situation im Straßenverkehr (LG München NJW 93, 188). – Die Gewalt **gegen eine Person** braucht keine gegenwärtige Leibes- oder Lebensgefahr zu bewirken (BGHSt 18, 75; NStZ 03, 89); unbedeutende Beeinträchtigungen der Körperintegrität genügen jedoch nicht (BGHSt 7, 252, 254; LG Gera NJW 00, 159 zu § 252 mit abl Bespr Otto JK 7; abl auch Tröndle/Fischer 4). Sie kann sich auch gegen den Begleiter des Gewahrsamsinhabers oder eine – sei es auch nur vermeintlich (Herdegen LK 3 mwN) – zur Hilfe verpflichtete oder bereite Person richten (RGSt 69, 327, 330), jedoch nicht lediglich gegen Sachen, es sei denn, dass die Einwirkung eine körperliche Zwangswirkung verursacht, zB die Ausschaltung eines erwarteten Widerstandes durch Einsperren (BGHSt 20, 194; Mitsch BT 2,1 3/20; Rengier BT I 7/5).

3   **b) Drohung** 12 zu § 240. Sie kann sich auch gegen die unter 2 genannten Personen richten; gegen einen Bewußtlosen ist sie nicht möglich (DRiZ 72, 30). Auch Drohung durch schlüssiges Verhalten kommt in Frage (wistra 94, 225; Geilen Jura 79, 109, 110; Kindhäuser NK 19); ferner mittelbare Drohung, wenn die für den Dritten in Aussicht gestellte Gefahr geeignet ist, das Opfer zur Duldung zu motivieren (15 zu § 240; Küper BT S 110; Günther SK 20, beide mwN). – **Gefahr** für Leib oder Leben 21–23 zu § 315 c. – **Gegenwärtig** 2 zu § 34 (speziell zu §§ 249, 255 NStZ 96, 494; Geilen aaO; Kindhäuser 6; W-Hillenkamp BT 2 Rdn 326; krit Schünemann JA 80, 349, 351).

c) Die Nötigungsmittel muss der Täter **final zur Erzwingung der Weg-** 4
nahme einsetzen (BGHSt 4, 210; 18, 329, 331; StV 91, 516 und 95, 416; NStZ-
RR 97, 298 und 02, 304 mit krit Bespr Walter NStZ 04, 154, zust aber Geppert
JK 8; NStZ 99, 510 und 03, 431; Eser NJW 65, 377; Müller-Dietz JuS 71, 412,
417; Biletzki JA 97, 385, 387; Küper BT S 171; Herdegen LK 13–15); dass er damit zugleich noch ein weiteres Ziel verfolgt, steht dem nicht entgegen (NStZ 93,
79). Ob auch ein kausaler Zusammenhang hergestellt wird, ist unerheblich (hM;
vgl etwa Geilen Jura 79, 165, 221; Schünemann JA 80, 349, 351; Mitsch BT 2,1
3/38; Rengier BT I 7/14; W-Hillenkamp BT 2 Rdn 322; anders Seelmann
JuS 86, 201, 203; Günther SK 36; Joecks 22; Kindhäuser NK 30, der eine
„objektive Zweck-Mittel-Relation" verlangt; vermittelnd Brandts, Der Zusammenhang von Nötigungsmittel und Wegnahme beim Raub, 1990); die Drohung
muss deshalb auch keinen Erfolg in dem Sinne haben, dass sie vom Adressaten
ernst genommen wird (Küper BT S 101; W-Hillenkamp BT 2 Rdn 325; aM
Rengier, FS für H Maurer, 2001, S 1195; Kindhäuser NK 31 vor § 249). Es genügt, wenn eine zunächst zu anderem (zB sexuellem) Zweck angewendete Gewalt
bewusst auch als Mittel der (uU unbemerkten) Wegnahme eingesetzt wird
(BGHSt 20, 32; NStZ 82, 380 und 03, 431; Rengier BT I 7/15). Dazu ist ein
Fortdauern des Nötigungsverhaltens nach dem Vorsatzwechsel erforderlich (Küper
JZ 81, 568, 571; Günther SK 34; Kindhäuser NK 35). Die bloße Ausnutzung
einer – sei es auch vom Täter selbst geschaffenen – psychischen Zwangswirkung
reicht daher nicht aus (BGH NJW 84, 1632; NStZ 86, 409; StV 91, 516), wohl
aber die Fortsetzung des Zwanges durch tatbestandsmäßige konkludente Drohung
(BGHSt 41, 123, 124 mit Bespr Krack JuS 96, 493) oder durch pflichtwidriges
Aufrechterhalten einer in engem zeitlichen und räumlichen Zusammenhang wei-
terwirkenden physischen Zwangsmaßnahme, wie zB Fesselung oder Einsperrung
(NJW 04, 528 mit krit Bespr Otto JZ 04, 362, Baier JA 04, 431, Gössel JR 04,
254, Martin JuS 04, 447; Eser NJW 65, 377, 379; Schünemann JA 80, 349, 353;
Jakobs JR 84, 385, 386 und Geppert JK 9; Graul Jura 00, 204, 205; aM Küper JZ
81, 568, 571, JuS 86, 862 und in: BT S 172; Otto Jura 87, 498; Joerden JuS 85,
20, 26; W-Hillenkamp BT 2 Rdn 336; Herdegen LK 16; Günther SK 34; Kindhäuser NK 38; zw). Im Falle bloßer Ausnutzung der Zwangslage liegt nur ein
Diebstahl vor (NJW 69, 619; bei Holtz MDR 89, 858); ebenso wenn ein Dritter
als Werkzeug zum Gewahrsamsbruch genötigt wird (Mitsch NStZ 95, 499; aM
Krack JuS 96, 493, 496 und NStZ 99, 134, 135; Wolf JR 97, 73, 76). – Nur
§ 242 liegt vor, wenn die Nötigung im Vorbereitungsstadium eines späteren
Diebstahls erfolgt (Rengier BT I 7/14 mwN). Wird das Mittel erst nach der Wegnahme zur Sicherung der Beute eingesetzt, so liegt § 252 vor (dort 1, 2). Soll es
nicht die Wegnahme der Sache ermöglichen, sondern deren Herausgabe erzwingen, so kommt § 255 in Frage (dort 2).

3. Der **Vorsatz** (bedingter genügt) muss namentlich den Einsatz von Gewalt 5
oder Drohung umfassen. Außerdem ist der **volle subjektive Tatbestand des**
Diebstahls erforderlich (19–28 zu § 242), und zwar schon zurzeit des Nötigungsverhaltens (Küper JuS 86, 862, 867); ausreichend ist auch hier – im Gegensatz zu
§ 252 – Drittzueignungsabsicht. Zu Fällen des Vorsatzwechsels beachte 4. – Nimmt
der Täter nach Anwendung des Nötigungsmittels mehr weg, als ursprünglich geplant (Erweiterung des Wegnahmevorsatzes), so ergibt das keinen neuen selbstständigen Diebstahl, sondern fällt in den Rahmen des Raubes (BGHSt 22, 350;
Kindhäuser NK 41).

4. a) Vollendet ist der Raub erst mit Vollendung der Nötigung und der Weg- 6
nahme. Bis dahin ist Teilnahme möglich; nach der Rspr auch noch nach Vollendung
bis zur Beendigung (BGHSt 6, 248; 2 vor § 22; 18 zu § 242; s auch NJW 85, 814 mit
krit Bespr Küper JuS 86, 862); dies ist abzulehnen, weil es sich bei der Beutesiche-

§ 250 BT. 20. Abschnitt. Raub und Erpressung

rung um eine tatbestandslose Phase handelt (Kühl JuS 02, 729, 732 und 733; Kindhäuser BT II 13/32; Rengier BT I 7/25; W-Hillenkamp BT 2 Rdn 329).

7 **b) Versuch** ist der Raub nach der Struktur des Tatbestandes (dazu 10 zu § 22) erst, wenn die zur Wegnahme vorgenommene Nötigungshandlung die Versuchsschwelle überschreitet (hM; vgl etwa Berz Jura 82, 317, 320; Kindhäuser BT II 13/27; Rengier BT I 7/20b); ein uU vorausgehender Wegnahmebeginn begründet nur einen Diebstahlsversuch (Mitsch BT 2,1 3/50; aM Günther SK 45; im Übrigen vgl 5–7 zu § 22 und die dort angeführten, zT auch den Raub betr Beispiele). – Hat sich die Zueignungsabsicht bei der Wegnahme nur auf nicht vorgefundene Gegenstände erstreckt (vgl 5) und wurde sie erst nachträglich auf die vorgefundenen erweitert, so liegt nur Versuch vor (StV 90, 408 mwN).

8 **5.** Jeder **Mittäter** eines Raubes muss Zueignungsabsicht haben (StV 88, 526; NStZ-RR 97, 298; NStZ 99, 510, alle zu § 249 aF; Günther SK 47; dabei ist Mittäterschaft auch möglich zwischen einem mit Sich-Zueignungsabsicht Handelnden und einem in Drittzueignungsabsicht Handelnden, Mitsch BT 2,1 3/47; W-Hillenkamp BT 2 Rdn 328; s auch 20 und 26a zu § 242) und außerdem wissen und wollen, dass die Gewalt gegen das Opfer zum Zwecke eines Diebstahls verübt wird (subjektiv-finaler Konnex); bloße Ausnutzung der von einem anderen Beteiligten zu anderem Zweck angewendeten Gewalt genügt nicht (bei Holtz MDR 89, 858; Mitsch BT 2,1 3/43).

9 **6.** Zu **Abs 2** (minder schwere Fälle) 6–10 a zu § 46; 4 zu § 12.

10 **7.** § 249 ist **Spezialvorschrift** gegenüber §§ 240, 242 (beachte jedoch 30 zu § 242); er geht auch dem § 243 vor (dort 24; ebenso schon BGHSt 20, 235, 237; aM Vogler, Bockelmann-FS, S 715, 723); die §§ 247, 248a sind nicht anwendbar. Mit §§ 211ff (beachte auch 2 vor § 22), §§ 223, 224 (GA 69, 347), § 177 (bei Holtz MDR 90, 294) und § 316a (NJW 63, 1413) ist **Tateinheit** möglich. Über das Verhältnis zu §§ 253, 255 vgl 2 zu § 255. – **Wahlfeststellung** 14 zu § 1 sowie ergänzend Günther SK 51, 52.

11 **8.** Führungsaufsicht § 256. Anzeigepflicht § 138 I Nr 8.

§ 250 Schwerer Raub

(1) **Auf Freiheitsstrafe nicht unter drei Jahren ist zu erkennen, wenn**
1. **der Täter oder ein anderer Beteiligter am Raub**
    a) **eine Waffe oder ein anderes gefährliches Werkzeug bei sich führt,**
    b) **sonst ein Werkzeug oder Mittel bei sich führt, um den Widerstand einer anderen Person durch Gewalt oder Drohung mit Gewalt zu verhindern oder zu überwinden,**
    c) **eine andere Person durch die Tat in die Gefahr einer schweren Gesundheitsschädigung bringt oder**
2. **der Täter den Raub als Mitglied einer Bande, die sich zur fortgesetzten Begehung von Raub oder Diebstahl verbunden hat, unter Mitwirkung eines anderen Bandenmitglieds begeht.**

(2) **Auf Freiheitsstrafe nicht unter fünf Jahren ist zu erkennen, wenn der Täter oder ein anderer Beteiligter am Raub**
1. **bei der Tat eine Waffe oder ein anderes gefährliches Werkzeug verwendet,**
2. **in den Fällen des Absatzes 1 Nr. 2 eine Waffe bei sich führt oder**
3. **eine andere Person**
    a) **bei der Tat körperlich schwer mißhandelt oder**
    b) **durch die Tat in die Gefahr des Todes bringt.**

(3) **In minder schweren Fällen der Absätze 1 und 2 ist die Strafe Freiheitsstrafe von einem Jahr bis zu zehn Jahren.**

Fassung des 6. StrRG (13 vor § 1).

1. Die Vorschrift enthält – ebenso wie § 244 im Verhältnis zu § 242 – **Qualifikationstatbestände** zum einfachen Raub und nach §§ 252, 255 auch zum räuberischen Diebstahl und zur räuberischen Erpressung.

2. a) Zu **Abs 1 Nr 1 a, b und 2** vgl 2–9 zu § 244. Auch hier sind von Abs 1 Nr 1 b nach Wortlaut, Systematik (Kudlich ZStW 115, 1, 8) und gesetzgeberischem Willen (4 zu § 244) sog Scheinwaffen als taugliche Nötigungsmittel einbezogen (Joecks 13; aM Klesczewski GA 00, 257; Kindhäuser NK 6; s auch Mitsch ZStW 111, 65, 99, 102), obwohl die sog „leere Drohung" schon zur Begründung des Grunddelikts (3 zu § 249; 12 zu § 240) herangezogen wird (zu Recht krit deshalb Mitsch BT 2, 1 3/60; W-Hillenkamp BT 2 Rdn 344; Günther SK 24: teleologisch-systematisch nicht begründbarer Fremdkörper; überzogene Kritik bei Lesch JA 99, 30, 38, der zur Vermeidung axiologischer Widersprüche zu Nr 1 c [s unten 3] nur „nicht jedermann frei verfügbare" Gegenstände wie zB verbotene Waffen erfassen will). – Für den Bandenraub genügt es, dass die Verabredung nur auf Diebstähle (nicht auf Raub) ging (OGH NJW 49, 910); Ausführungstat muss aber ein Raub sein (W-Hillenkamp BT 2 Rdn 348).

b) Abs 1 Nr 1 c setzt eine **konkrete Gefahr** (21, 22 zu § 315 c) voraus (näher mit Beispielen Günther SK 30). Sie muss durch die Tat, dh den Einsatz der Raubmittel oder die Wegnahme (4 StR 652/76 v 10. 2. 1977; Krey/Hellmann BT 2 Rdn 200; Sch/Sch-Eser 23; aM Mitsch ZStW 111, 65, 103; Kindhäuser NK 12; zw), vorsätzlich (BGHSt 26, 176, 244; NJW 02, 2043; Küper NJW 76, 543; Meyer-Gerhards JuS 76, 228, 231) verursacht und auf deren typische Gefährlichkeit zurückzuführen sein (hM). Tatbeteiligte sind aus dem Schutzbereich ausgenommen (1 zu § 251). – **Schwere Gesundheitsschädigung** setzt keine schwere Körperverletzung iS der Nr 1–3 des § 226 I voraus, sondern liegt etwa auch bei einschneidenden oder nachhaltigen Beeinträchtigungen der Gesundheit vor, zB bei langwierigen ernsthaften Krankheiten oder erheblicher Beeinträchtigung der Arbeitskraft für lange Zeit (BT-Dr 13/8587 S 28; ebenso schon BT-Dr 12/192 S 28 zu § 330; ähnlich Schroth NJW 98, 2861, 2865 und Küper BT S 160); dabei ist auch die individuelle Schadensdisposition des Opfers zu berücksichtigen (NJW 02, 2043 mit Bespr Baier JA 03, 108, Degener StV 03, 332, Hellmann JuS 03, 17, Schroth JR 03, 250 und Otto JK 10 zu § 250 I Nr 1 c); der Schweregrad der in § 226 genannten Fälle ist nicht vorausgesetzt (NJW 02, 2043; aM Stein, 6. StRG Einf, 4/62). Die Gefahr, zB durch demonstrativ in einem Verkaufsregal aufgestellte Bierflaschen mit „verdünnter Salzsäure" Gesundheitsschäden hervorzurufen, reicht nicht, es greift aber die Nr 1 b ein (NJW 94, 1166 mit zust Anm Hauf JR 95, 172 zu § 250 aF); ausreichend kann ein heftiger Faustschlag ins Gesicht eines älteren Menschen sein (NStZ 03, 662). – Zum Gefährdungsvorsatz 28 zu § 15; er muss sich auch auf die individuelle Schadendisposition beziehen, wenn diese die schwere Gesundheitsschädigung begründet (NJW 02, 2043 mit Bespr Baier, Degener, Hellmann und Schroth, jeweils aaO).

3. Abs 2 enthält Qualifikationstatbestände mit erhöhter Mindeststrafe; sie haben andes als die Alternativen des Abs 1 „keine Parallele in § 244" (Mitsch ZStW 111, 65, 103). **Nr 1:** Waffe, gefährliches Werkzeug 3 zu § 244, **Verwenden** ist jeder Gebrauch, auch der zu Nötigungszwecken wie zB zur Drohung mit Gewalt (BGHSt 45, 92; NStZ 99, 301 und 02, 31, 33; BT-Dr 13/8587 S 45; Dencker, 6. StrRG Einf, 1/26; Küper JZ 99, 187, 189; Geppert Jura 99, 599, 605; einschr Schroth NJW 98, 2861, 2864); wer das Opfer mit einer ungeladenen Waffe bedroht, verwendet sie auch dann nicht, wenn er sich zB wegen des in der Jacken-

§ 250 BT. 20. Abschnitt. Raub und Erpressung

tasche mitgeführten auf munitionierten Magazins kurzfristig schussbereit machen könnte (BGHSt 45, 249 mit krit Bespr Hannich/Kudlich NJW 00, 3475 und Geppert JK 2 zu § 250 II Nr 1; krit auch Rengier BT I 8/9, zust aber W-Hillenkamp BT 2 Rdn 350a); dasselbe gilt für ein mitgeführtes Teppichmesser, dessen Klinge noch ausgefahren werden muss (NStZ-RR 01, 41; s auch NJW 02, 2889, 2891) und erst recht für ungefährliche Scheinwaffen (NStZ 99, 135 und 04, 263; Mitsch ZStW 111, 65, 104; Küper, Hanack-FS, S 569, 579; W-Hillenkamp BT 2 Rdn 350a; Laufhütte/Kuschel LK-Nachtrag 12), die nur Abs 1 Nr 1b unterfallen (oben 2), nicht aber für eine mit Platzpatronen geladene Schreckschusspistole (dazu 3a zu § 244), wenn sie dem Opfer an die Schläfe gehalten wird (NStZ-RR 99, 102 und 173, aber auch StV 01, 274; Joecks 23, 23a; krit Tröndle/Fischer 3d). Nicht verwendete Holzknüppel und Plastikklebeband zum Fesseln sind keine gefährlichen Werkzeuge (StV 99, 91; s jedoch NStZ-RR 04, 169), auch nicht das mitgeführte Elektroschockgerät (NStZ-RR 04, 169); beim Einsatz eines Schlafmittels muss die Dosierung geeignet sein, dem Opfer erhebliche Körperverletzungen zuzufügen (StV 98, 660). Dagegen reicht bei funktionsbereiten Waffen ihre abstrakte Gefährlichkeit für ein Verwenden auch dann aus, wenn sie dem Bedrohten (zB dem hinter kugelsicherem Glas stehenden Kassierer) nicht gefährlich werden können (BGHSt 45, 92 mit Bespr Martin JuS 99, 1135, Mitsch NStZ 99, 617, Zopfs JZ 99, 1062, Kargl StraFo 00, 7 und Geppert JK 1 zu § 250 II). Es wird zT verlangt, dass der Gegenstand ein immanentes „Eskalationspotenzial" aufweisen muss (Lesch JA 99, 30, 34, der dadurch wiederum axiologische Widersprüche zu Nr 1c [o 3] vermeiden will). **Bei der Tat** 2 zu § 244 (ergänzend NStZ 04, 263). – **Nr 2:** der bewaffnete Bandenraub ist eine weitere Qualifikation des Bandenraubes nach Abs 1 Nr 2 (oben 2) zur Erfassung besonders gefährlicher Banden (BT-Dr 13/9064 S 18; vgl auch NJW 98, 3130; krit W-Hillenkamp BT 2 Rdn 351); **nur Waffe** (nicht auch gefährliches Werkzeug) 3 zu § 244 (Mitsch ZStW 111, 65, 105), **Beisichführen** 2 zu § 244. – **Nr 3a: Körperliche Misshandlung** (4 zu § 223); sie ist eine **schwere** nicht schon bei einer erheblichen Beeinträchtigung der körperlichen Unversehrtheit; es muss sich vielmehr um eine gravierende Beeinträchtigung der körperlichen Unversehrtheit handeln; eine solche Beeinträchtigung liegt bei der Zufügung erheblicher Schmerzen, zB durch heftige Schläge, vor (NStZ 98, 461), nicht jedoch schon bei roher Mißhandlung iS des § 225 (aM W-Hillenkamp BT 2 Rdn 352); sie ist auch bei erheblichen Folgen für die Gesundheit gegeben (NStZ 98, 461; s auch NJW 00, 3655; zweifelnd Tröndle/Fischer 9), auf den Eintritt einer schweren Folge iS des § 226 kommt es aber nicht an. – **Nr 3b:** zur konkreten **Gefahr** und zum Gefährdungsvorsatz s oben 3; **Tod** 4 vor § 211. – Als **andere Person** iS der Nr 3 kommt außer dem Täter und den Tatbeteiligten grundsätzlich jedermann in Betracht (einschr Mitsch ZStW 111, 65, 106).

5 4. Zu **Abs 3** (minder schwere Fälle) 6–10a zu § 46; das Mitsichführen einer nicht funktionsfähigen Schusswaffe reicht für sich genommen nicht (NStZ-RR 01, 215).

6 5. Der **Anstifter** zum schweren Raub ist, wenn der Täter nur einen einfachen Raub begeht, nach §§ 250, 30 in Tateinheit mit §§ 249, 26 strafbar (so zum Straßenraub nach früherem Recht BGHSt 9, 131; s auch 28 vor § 52). – Zur sog Aufstiftung des zur Begehung von § 249 bereits entschlossenen Täters 2a zu § 26 sowie W-Hillenkamp BT 2 Rdn 330.

7 6. Abs 2 Nr 1 verdrängt Abs 1 Nr 1a, Abs 2 Nr 2 den Abs 1 Nr 2 (**Subsidiarität**). **Tateinheit** mit §§ 211, 212 ist auch in Fällen des Abs 1 Nr 3 aF, in erweiterter Form jetzt Abs 1 Nr 1c, Abs 2 Nr 3b, (einschl Versuch) möglich (1 StR 434/80 v 2. 9. 1980). Im Übrigen gelten zur **Konkurrenz** und zur Wahlfeststellung die Ausführungen unter 12 zu § 244 sinngemäß. Über das Verhältnis zu § 251 dort 4.

§ 251 Raub mit Todesfolge

Verursacht der Täter durch den Raub (§§ 249 und 250) wenigstens leichtfertig den Tod eines anderen Menschen, so ist die Strafe lebenslange Freiheitsstrafe oder Freiheitsstrafe nicht unter zehn Jahren.

Fassung des 6. StrRG (13 vor § 1).

1. Für die **Erfolgsqualifikation** muss der Tod durch eine Tathandlung des 1 Raubes (Einsatz der Nötigungsmittel oder Wegnahme) verursacht (9–12 vor § 13) und auf deren spezifische Gefährlichkeit zurückführbar sein (8 zu § 18). Die Vorschrift durch restriktive Auslegung von vornherein auf solche tödlichen Folgen zu beschränken, die unmittelbar durch den Einsatz der Nötigungsmittel verursacht wurden (so ua Küpper, Der „unmittelbare" Zusammenhang zwischen Grunddelikt und schwerer Folge beim erfolgsqualifizierten Delikt, 1982, S 100; Günther SK 15; Herdegen LK 2–6 mwN), ist vom Gesetzeswortlaut nicht gefordert; auch zwingt der Einsatz der Nötigungsmittel nicht selten dazu, auch die Wegnahme in generell gefährlicher Weise zu begehen (zB Hinauswerfen der Beute aus dem Fenster, um unmittelbar drohendem Widerstand zuvorzukommen; ebenso Krey/Hellmann BT 2 Rdn 202 und Sander MK 6; mit beachtlichen Gründen aM Hardtung, Versuch und Rücktritt bei den Teilvorsatzdelikten des § 11 Abs 2 StGB, 2002, S 104; Mitsch BT 2,1 3/94; W-Hillenkamp BT 2 Rdn 355; Kindhäuser NK 6; Günther SK 13). Entgegen der Rspr (vgl BGHSt 38, 295 mit zu Recht abl Bespr Rengier JuS 93, 460) hat aber die Todesverursachung zwischen Vollendung und Beendigung (2 vor § 22) keine erfolgsqualifizierende Wirkung, da es sich um eine tatbestandslose Geschehensphase handelt (Kühl, Roxin-FS, S 665, 685 und in: JuS 02, 729, 734; im Erg ebenso Günther, Hirsch-FS, S 543, 544; W-Hillenkamp BT 2 Rdn 355; Joecks 6; Kindhäuser NK 7; Sander MK 11); die zB zur Beutesicherung verursachte Todesfolge kann dem Täter nur über § 252 (dort 7) angelastet werden (ebenso Krey/Hellmann BT 2 Rdn 203; Rengier BT I 9/8). Am erforderlichen Unmittelbarkeits- oder Gefahrzusammenhang (8 zu § 18) fehlt es, wenn sich der Täter den Fluchtweg ohne Beute freischießt (näher Kühl, BGH-FG, S 237, 262; anders die Rspr, vgl etwa NJW 99, 1039 mit zu Recht krit Bespr Hefendehl StV 00, 107, zust aber Kudlich JAR 99, 21, Schroth NStZ 99, 554 und Momsen JR 00, 29; zum versuchten § 251 vgl NJW 98, 3361 mit krit Bespr Küpper, Hirsch-FS, S 785, 793 und Geppert JK 6, wo der Täter ohne finale Verknüpfung mit der Wegnahme Messerstiche zur Unterbindung der Gegenwehr und zur Verhinderung der Flucht des Opfers einsetzte); dass hier auch über § 252 nicht zu § 251 zu kommen ist, mag eine „empfindliche Sanktionslücke" (BGHSt 38, 295, 298) sein, doch ist sie eine vom Gesetz geschaffene und deshalb zu respektierende Lücke (Kühl, BGH-FG, S 237, 265; ebenso W-Hillenkamp aaO). Außerdem genügt es zB nicht, wenn der Tod nur infolge leichtfertigen Verhaltens beim Abtransport der Beute (zB Tod eines Passanten durch leichtfertiges Verkehrsverhalten) verursacht wurde (Blei JA 74, 236). Kein raubspezifisches Risiko verwirklicht sich in den sog Verfolgerfällen, bei denen das Opfer dem Täter nacheilt und dabei durch einen unglücklichen Sturz zu Tode kommt (Günther, Hirsch-FS, S 543, 549; Kühl, BGH-FG, S 237, 261; s auch BGHSt 22, 362), oder wenn der Täter nach Scheitern seines Raubvorhabens das Opfer aus Wut und in Panik erschießt (anders NStZ 03, 34). – Im Übrigen reicht aber der Tod irgendeines Menschen aus; ausgenommen sind auch die Tatbeteiligten (ebenso Rengier BT I 9/4 und Sch/Sch-Eser 3; aM Kunath JZ 72, 199, 201).

2. Abweichend von § 18 (dort 3) ist wenigstens **Leichtfertigkeit** erforderlich 2 (55 zu § 15). Für sie kommt es darauf an, ob Sorgfaltsmangel und Voraussehbarkeit (36–47 zu § 15) – lediglich bezogen auf die Herbeiführung des Todes – das Urteil grober Fahrlässigkeit rechtfertigen (bei Dallinger MDR 75, 543; s auch Nürnberg

NStZ 86, 556; Mitsch BT 2,1 3/97). Dass der Täter einen rechtswidrigen Zweck angestrebt und schon deshalb besonders verwerflich gehandelt hat, bleibt – unabhängig davon, ob dieser Gesichtspunkt allgemein zur Begründung von Leichtfertigkeit herangezogen werden darf (dazu Maiwald GA 74, 257) – außer Ansatz; denn andernfalls wäre nahezu jede vorhersehbare Todesfolge leichtfertig verursacht und damit zugleich der Zweck vereitelt, den das Gesetz mit der Einschränkung der Strafbarkeit gegenüber dem früheren Recht verfolgt hat (Tenckhoff ZStW 88, 897, 908; Rengier, Erfolgsqualifizierte Delikte und verwandte Erscheinungsformen, 1986, S 124; Günther, Hirsch-FS, S 543, 551; aM Maiwald aaO; s auch Arzt, Schröder-GS, S 119, 120). – **Wenigstens** leichtfertig stellt klar, dass die schwere Folge (erst recht) auch vorsätzlich herbeigeführt werden kann; der Gesetzgeber hat damit auf die hier (22. Aufl Rdn 4) vorgetragene Kritik am „Hineinlesen" des bisher fehlenden Wortes „wenigstens" reagiert und damit einen Konstruktionsfehler des § 251 aF beseitigt (Dencker, 6. StrRG Einf, 1/28; Mitsch ZStW 111, 65, 107).

3   **3.** Nach der Neufassung (oben 2) ist auch eine versuchte Erfolgsqualifizierung (10 zu § 18) möglich (NJW 01, 2187 mit Bespr Geppert JK 8; NStZ 01, 534; Kühl Jura 03, 19; Krey/Hellmann BT 2 Rdn 206a; Rengier BT I 9/15). Hat schon die **versuchte Tat** den Tod verursacht, so kommt ebenfalls Versuch nach § 251 in Frage (9 zu § 18; NStZ 98, 511; NJW 01, 2187 und 03, 911; Kühl aaO S 20; Roxin AT II 29/333; W-Hillenkamp BT 2 Rdn 358; krit Hardtung aaO [vgl 1] S 101, der einen Nötigungserfolg verlangt; diff Maurach, Heinitz-FS, S 403, 412); von diesem Versuch ist ein **Rücktritt** noch möglich (BGHSt 42, 158 mit Bespr Küper JZ 97, 229, Otto Jura 97, 464, 476, Jäger NStZ 98, 161 und Geppert JK 5; Kühl aaO S 22; W-Hillenkamp aaO; Joecks 14; Sander MK 15; 22 zu § 24). Mittäter, die den Tod nicht verursacht haben, sind wegen Versuch zu bestrafen, wenn sie vorsätzlich hinsichtlich der Nötigungsmittel und leichtfertig hinsichtlich des Todes handeln (NJW 98, 3361; NStZ-RR 00, 366; 4 zu § 18); wegen § 251 sind sie zu bestrafen, wenn sich ihr Vorsatz auf die gesamte Raubbegehung bezieht (Günther SK 24).

4   **4.** § 250 (BGHSt 21, 183; Günther SK 25; aM für Abs 1 Nr 1c, Abs 2 Nr 3b Sch/Sch-Eser 10) und die §§ 222, 227 (NJW 05, 2116; aM für § 227 Kindhäuser 14: zur Klarstellung Tateinheit) **treten zurück** (Sander MK 16); Tateinheit besteht jedoch zwischen § 251 – Versuch und § 227 (dort 5). **Tateinheit** ist nach Einfügung des Wortes „wenigstens" (vgl 2) auch mit den vorsätzlichen Tötungsdelikten möglich (so trotz der bisher entgegenstehenden Wortlautschranke des Art 103 II GG [6 zu § 1] schon die hM; vgl BGHSt-GS-39, 100 mit zahlreichen Nachw zum Streitstand; NStZ-RR 03, 44; ebenso Jescheck/Weigend AT S 262 und 572; s auch Schünemann JA 80, 393, 396; Arzt StV 89, 57; Alwart NStZ 89, 225; Lagodny NStZ 92, 490; Sowada Jura 95, 644; Otto Jura 97, 464, 475).

§ 252 Räuberischer Diebstahl

Wer, bei einem Diebstahl auf frischer Tat betroffen, gegen eine Person Gewalt verübt oder Drohungen mit gegenwärtiger Gefahr für Leib oder Leben anwendet, um sich im Besitz des gestohlenen Gutes zu erhalten, ist gleich einem Räuber zu bestrafen.

1   **1.** Die Vorschrift normiert einen selbstständigen **raubähnlichen Tatbestand** (hM; anders Kratzsch JR 88, 397; Perron GA 89, 145), der sich vom Raub dadurch unterscheidet, dass Gewalt und Drohung (2, 3 zu § 249) hier nicht Mittel der Wegnahme sind, sondern nach deren Vollendung zur Sicherung des gerade erlangten Gewahrsams (BGHSt 8, 162; s auch bei Dallinger MDR 72, 17) eingesetzt werden (zusf Geppert Jura 90, 554 mwN). Im Gegensatz zum Raub handelt

Räuberischer Diebstahl **§ 252**

es sich bei § 252 nicht um ein Verletzungsdelikt, sondern um ein – aus der Perspektive der (nicht notwendig erfolgreichen) Gewahrsamssicherung – erfolgskupiertes Delikt (Günther SK 2, 16; Küper Jura 01, 21, 25: „abstraktes Gefährdungsdelikt"; eingehend zu den verschiedenen Erklärungsmodellen der ratio legis Küper JZ 01, 730, 735).

2. Dem als **Vortat** erforderlichen Diebstahl genügt auch ein Raub (BGHSt 21, 377; NJW 02, 2043, 2044; eingehend Zöller JuS 97, L 89 mit „Ergänzung" Kudlich JuS 98, 966; Lask, Das Verbrechen des räuberischen Diebstahls, 1999, S 40), nicht aber ein Betrug (BGHSt 41, 198, 203). Dass der Diebstahl dem Antragserfordernis nach § 247 unterliegt oder die Sache im Sinne des § 248 a geringen Wert hat, ist unerheblich (hM; anders Burkhardt NJW 75, 1687). 2

3. Die Vortat (der Diebstahl) muss regelmäßig **vollendet** sein (BGHSt 16, 271, 277; 41, 198, 203; LG Gera NJW 00, 159 mit Zust Bespr Otto JK 7 zu § 249; dabei kann zB in Fällen der Mittäterschaft die irrige Annahme der Vollendung genügen, Küper Jura 01, 21, 23); ausnahmsweise reicht auch ein (untauglicher) Versuch, wenn der Täter dadurch Gewahrsam erlangt hat (Küper aaO); es kommt dann aber nur § 252-Versuch in Betracht (Küper aaO; Mitsch BT 2,1 4/22). Nach dem Vollendungszeitpunkt bestimmt sich zugleich die Abgrenzung von Raub und räuberischem Diebstahl, so dass der Einsatz der Raubmittel nach Vollendung der Vortat nicht unter § 249 fällt, sondern nach § 252 zu beurteilen ist (hM; vgl BGHSt 28, 224; Zöller aaO L 90; Herdegen LK 7–10; aA Dreher MDR 79, 529 [dagegen Lask aaO, vgl 2, S 53]; Schmidhäuser BT 8/51, alle mwN). Das gilt unabhängig von der Streitfrage, ob die Sicherung der Beute unmittelbar nach Vollendung der Wegnahme noch als deren Bestandteil verstanden werden kann (dazu 2 vor § 22); denn das qualifizierte Raubunrecht ist zureichend nur begründbar, wenn der Zwang Mittel der Gewahrsamsverschiebung und nicht lediglich der für die Vollendung unerheblichen Gewahrsamssicherung war (hM). 3

4. Auf frischer Tat betroffen ist nach der Rspr, wer bei Ausführung der Tat (Küper Jura 01, 21, 24 und BT S 94; W-Hillenkamp BT 2 Rdn 364) oder alsbald nach deren Vollendung am Tatort oder in dessen unmittelbarer Nähe von einem anderen bemerkt, dh namentlich durch Sehen, uU auch Hören, sinnlich wahrgenommen wird (BGHSt 9, 255; 28, 224, 227); da das Gesetz unscharf nur von Betreffen, nicht von Bemerken spricht, dürfte ohne Überschreitung der Auslegungsgrenzen auch der Fall erfassbar sein, dass der Täter, von dem anderen überrascht, dem unmittelbar bevorstehenden Bemerktwerden durch schnelles Zuschlagen zuvorkommt (BGHSt 26, 95; Rengier BT I 10/6; Herdegen LK 12; Günther SK 13; aM Dreher MDR 76, 529; Schnarr JR 79, 314; Lask aaO [vgl 2] S 93, 124; Joecks 5; krit auch BGHSt 28, 224, 227; Fezer JZ 75, 609; Mitsch BT 2,1 4/38; W-Hillenkamp BT 2 Rdn 368; Kindhäuser NK 14; krit zur historischen Sachgerechtigkeit Haas, in: Momsen ua [Hrsg], Fragmentarisches Strafrecht, 2003, S 145, 151, der ein Eingreifen des Gesetzgebers fordert, S 184). Ob dabei der Täter nur als Person oder auch in Bezug auf ein Verhalten betroffen wird, das der andere in Zusammenhang mit einem irgendwie strafbaren Tun bringt oder bringen würde, soll nach hM unerheblich sein (vgl etwa Geilen Jura 80, 43; Schünemann JA 80, 393, 398; aM Schnarr aaO). Für Fälle der Begegnung, dh des „raumzeitlichen Zusammentreffens" (BGHSt 28, 224, 227), führt das zu sinnvollen Ergebnissen. Es ist aber problematisch, wenn der andere schon bei der Tat – etwa einer gemeinsamen Autofahrt – mit dem Täter zusammen war (Seier/Brandts Jura 81, 215, 219); wenn es hier genügen soll, dass sich der Täter als Tatverdächtiger wahrgenommen glaubt (so Herdegen LK 12), wird auf das Element des Betreffens ganz verzichtet. – Auch wenn die Tat nicht beendet, dh noch nicht vollständig abgeschlossen und die Beute noch nicht gesichert ist, braucht sie nach der Rspr nicht mehr frisch zu sein (BGHSt 28, 224, 228; NJW 87, 2687 mit Bespr 4

1027

§ 252

Kratzsch JR 88, 397 und Herzog EzSt Nr 2; W-Hillenkamp aaO Rdn 366; aM Dreher aaO S 531; krit auch Herdegen LK 14, alle mwN; zw). Umgekehrt schließt aber die Beendigung die „Frische" nur idR, aber nicht notwendig aus (anders die hM; vgl etwa BGH aaO; StV 86, 530; JZ 88, 471; Perron GA 89, 145, 147; Otto GK 2 46/54; Mitsch BT 2, 1 4/39; Günther SK 8, 9; Kindhäuser NK 17; Sch/Sch-Eser 4; wie hier Gössel BT 2 15/15). Hier sind – etwa bei Diebstählen aus der Nachbarwohnung – Fälle so engen zeitlich-räumlichen Zusammenhangs denkbar, dass eine Tat trotz Beendigung noch frisch sein kann (so zB im Fall BGHSt 21, 377, 378; s auch BGHSt 22, 227, 229). Ihre Einbeziehung ist sachlich begründet; der dagegen erhobene formale und sprachlich nicht zwingende Einwand, die Worte „bei einem Diebstahl" müssten als zeitliche Begrenzung verstanden werden (so Hamm MDR 69, 238; Kratzsch aaO; Herdegen LK 6), schlägt nicht durch (im Ergebnis ebenso Dreher aaO; Herzog aaO; vgl auch Goosens, Zum Begriff der „frischen Tat" im Sinne des § 252 StGB, 1996, der einen ununterbrochenen Zusammenhang zwischen vollendeter Vortat und Folgegeschehen verlangt, S 141).

5 **5. Um sich im Besitz des gestohlenen Gutes zu erhalten,** bedeutet die Absicht (iS zielgerichteten Wollens, 20 zu § 15), eine bevorstehende – jedoch nicht notwendig nach der Vorstellung des Täters schon gegenwärtige oder unmittelbar drohende (Geilen Jura 80, 43, 44; Schünemann JA 80, 393, 399; Gehrig, Der Absichtsbegriff in den Straftatbeständen des Besonderen Teils des StGB, 1986, S 68; Rengier BT I 10/13; Günther SK 22; Herdegen LK 17; aM BGHSt 28, 224, 231; StV 87, 196; Perron GA 89, 145, 149, 169; Krey/Hellmann BT 2 Rdn 212; W-Hillenkamp BT 2 Rdn 371; zw) – Gewahrsamsentziehung zugunsten des Bestohlenen zu verhindern (bei Holtz MDR 87, 94; Küper BT S 87 mwN). Sie muss von demselben Bestreben geleitet sein, das schon die Zueignungsabsicht bei der Vortat kennzeichnet (MDR 87, 154; Zweibrücken JR 91, 383 mit Anm Perron und StV 94, 546 mit Bespr Geppert JK 5, alle mwN; s auch StV 91, 349 mit Bespr Ennuschat JR 91, 500; str). Jedoch braucht sie nicht der Einzige oder auch nur dominierende (aM Schünemann aaO) Zweck zu sein (BGHSt 13, 64; NStZ 84, 454). Anders als bei §§ 242, 249, die eine Drittzueignungsabsicht genügen lassen (26a zu § 242), reicht hier eine „Dritt-Besitzerhaltungsabsicht" für die Begründung von Täterschaft nicht aus (Mitsch ZStW 111, 65, 109; Günther SK 19; zur Problematik s auch schon Freund ZStW 109, 455, 482); einer Ergänzung um eine auf Drittbesitzerhaltung zielende Absicht steht das Analogieverbot entgegen (W-Hillenkamp aaO Rdn 360). – Dass der Täter bei Anwendung des Nötigungsmittels die Beute unmittelbar mit sich führt, ist nicht unbedingt erforderlich (NJW 68, 2386). Unerheblich ist auch, ob er sein Ziel der Gewahrsamsbehauptung erreicht (bei Holtz MDR 84, 981) oder ob er nur irrig annimmt, die Beute verteidigen zu müssen (Bach MDR 57, 402; aM Küper JZ 01, 730, 735, der wegen der objektiv nicht beeinträchtigten Restitutionsinteressen und der damit fehlenden Opfertauglichkeit nur Versuch annimmt); jedoch kann es im letzten Falle an dem Betreffen auf frischer Tat fehlen (vgl 4).

6 **6. Täter** (auch Mittäter) nach § 252 kann nur sein, wer entweder an dem vorausgegangenen Diebstahl täterschaftlich beteiligt war oder nach den Regeln sukzessiver Mittäterschaft (10, 12 zu § 25) in diesen Diebstahl eingetreten ist; denn nur unter dieser Voraussetzung sind die Elemente des Diebstahls und der Nötigung in einer dem Raub entsprechenden Weise verwirklicht (Geilen Jura 80, 43, 46; Mitsch BT 2,1 4/24; Rengier BT I 10/15; W-Hillenkamp BT 2 Rdn 373a; Herdegen LK 18; Kindhäuser NK 32; aM BGHSt 6, 248; bei Dallinger MDR 67, 727; M-Schroeder/Maiwald BT 1 35/40; Günther SK 25; zw). Alle anderen Beteiligten können nur Teilnehmer sein. Jedoch kommt eine Tat nach § 252 überhaupt nicht zur Entstehung, wenn die Raubmittel ohne Einvernehmen mit dem

Erpressung **§ 253**

Täter (auch Mittäter) des vorausgegangenen Diebstahls lediglich von Unbeteiligten oder Gehilfen angewendet werden (Blei BT S 209; krit zum Abstellen auf das „Einvernehmen" Mitsch aaO, der mittelbare Täterschaft mit einem qualifikationslosen dolosen Werkzeug für möglich hält). Der Mittäter dieses Diebstahls kann auch dann Täter nach § 252 sein, wenn er selbst nicht im Besitz der Beute ist (Stuttgart NJW 66, 1931; str). Hat sich der Mittäter des Diebstahls an diesem nur in Drittzueignungsabsicht beteiligt, so ist er nicht Täter nach § 252, wenn er durch seine Nötigungshandlung nur den übrigen Mittätern den Besitz der Beute sichern will (vgl W-Hillenkamp aaO Rdn 374; Günther SK 24).

7. Die Bestrafung gleich einem Räuber (§ 249) rechtfertigt auch die Anwendung der strafschärfenden §§ 250, 251 (zum früheren Recht BGHSt 17, 179; OGHSt 2, 323). 7

8. Der vorausgegangene Diebstahl (auch §§ 243, 244) oder die sonst ausreichende diebstahlsgleiche Tat (vgl 2) steht idR in **Gesetzeseinheit** (aM Lask aaO [vgl 2] S 270); wurde jedoch die Anwendung der Raubmittel nur versucht, so liegt zwischen dem vollendeten einfachen und dem versuchten räuberischen Diebstahl Tateinheit vor, weil nur so klargestellt werden kann, dass die Vortat vollendet und nicht lediglich untauglich versucht wurde (Geppert Jura 90, 554, 558; Otto GK 2 46/66; Herdegen LK 21; aM Karlsruhe MDR 78, 244; M-Schroeder/Maiwald BT 1 35/44; Günther SK 28; Sch/Sch-Eser 13). Sind die Raubmittel sowohl zur Wegnahme als auch später zur Sicherung des Gewahrsams eingesetzt worden, so geht der räuberische Diebstahl im Raub auf (BGHSt 21, 377; GA 69, 347; NJW 02, 2043 mit Bespr Baier JA 03, 108, 110; Hellmann JuS 03, 17, 20, Schroth JR 03, 250, 253 und Otto JK 10 zu § 250 I; s auch W-Hillenkamp BT 2 Rdn 377); erfüllt aber erst der räuberische Diebstahl einen erschwerenden Umstand nach §§ 250, 251 (vgl 7), so wird umgekehrt der vorausgegangene einfache oder weniger erschwerte Raub aufgezehrt (GA 69, 347; NJW 02, 2043; Zöller JuS 97, L 89, L 92; Kudlich JuS 98, 966; Günther SK 29; Kindhäuser NK 39; zT abw Geppert Jura 90, 554, 559; W-Hillenkamp BT 2 Rdn 377; Sch/Sch-Eser 13). – Über das Verhältnis zu § 255 vgl dort 3. 8

§ 253 Erpressung

(1) **Wer einen Menschen rechtswidrig mit Gewalt oder durch Drohung mit einem empfindlichen Übel zu einer Handlung, Duldung oder Unterlassung nötigt und dadurch dem Vermögen des Genötigten oder eines anderen Nachteil zufügt, um sich oder einen Dritten zu Unrecht zu bereichern, wird mit Freiheitsstrafe bis zu fünf Jahren oder mit Geldstrafe bestraft.**

(2) **Rechtswidrig ist die Tat, wenn die Anwendung der Gewalt oder die Androhung des Übels zu dem angestrebten Zweck als verwerflich anzusehen ist.**

(3) **Der Versuch ist strafbar.**

(4) **In besonders schweren Fällen ist die Strafe Freiheitsstrafe nicht unter einem Jahr. Ein besonders schwerer Fall liegt in der Regel vor, wenn der Täter gewerbsmäßig oder als Mitglied einer Bande handelt, die sich zur fortgesetzten Begehung einer Erpressung verbunden hat.**

Fassung des 6. StrRG (13 vor § 1).

1. **Erpressung** ist Vermögensbeschädigung durch Nötigung eines anderen in Bereicherungsabsicht (Grundfälle dazu Seelmann JuS 82, 914). Sie ist eine zugleich gegen die persönliche Entschlussfreiheit gerichtete Vermögensstraftat (BGHSt 1, 13, 20; 19, 342). Geschützte Rechtsgüter sind daher **das Vermögen und die** 1

§ 253

persönliche Freiheit, wobei allerdings der Schwerpunkt auf dem Vermögensschutz liegt (M-Schroeder/Maiwald BT 1 42/12; Mitsch BT 2, 1 6/1; Otto GK 2 53/2; für gleichrangigen Schutz Günther SK 2). Von dem verwandten Betrug unterscheidet sich die Erpressung im Wesentlichen dadurch, dass dort Täuschung, hier Zwang das Mittel der erstrebten Bereicherung ist (Hamburg MDR 66, 1018; s auch 14). Im Unterschied zum Raub, bei dem das Opfer die Wegnahme nur erduldet, nötigt es der Erpresser, die Sache selbst herauszugeben oder sich sonst vermögensschädigend zu verhalten (BGHSt 18, 75; Herdegen LK 1 mwN). – Zur **Kriminologie** der Erpressung von Hentig, Zur Psychologie der Einzeldelikte, Bd 4, Die Erpressung, 1959; Reinsberg, Die Erpressung, 1970; Schima, Erpressung und Nötigung, 1973; Ohlemacher, Verunsichertes Vertrauen?, 1998; Eisenberg Krim 45/46, 58/27 und 61/10; Kaiser Krim 60/8–12.

2   **2. a)** Die Tathandlung des **Nötigens mit Gewalt oder durch Drohung** entspricht der des § 240 (dort 4–15). Als Gewalt kommt hier jedoch – anders als bei der Nötigung – nur vis compulsiva, dh Einwirkung auf den Willen des Opfers in Frage. Da die Erpressung in Parallele zum Betrug eine Vermögensverfügung des Genötigten voraussetzt (vgl 3) und diese bei Motivierung durch Zwang denknotwendig in einem willensgesteuerten Verhalten besteht, scheidet vis absoluta aus (aM Gössel BT 2 31/18–20; Krey/Hellmann BT 2 Rdn 296, 305; Mitsch BT 2, 1 6/35; Kindhäuser NK 5; wie hier W-Hillenkamp BT 2 Rdn 707; Tröndle/Fischer 5). Die Problematik der (verwerflichen) Drohung durch Ankündigung eines Unterlassens (14 zu § 240) stellt sich auch hier; speziell in Erpressungsfällen BGHSt 44, 68, 74 (mit Bespr Lagodny/Hesse JZ 99, 313 und Sinn NStZ 00, 195; krit Tröndle/Fischer 6) und 251 (mit Bespr Otto JK 5; krit Tröndle/Fischer 6c; W-Hillenkamp aaO).

3   **b)** Die abgenötigte Handlung, Duldung oder Unterlassung muss die Voraussetzungen einer **Vermögensverfügung** erfüllen (Schröder ZStW 60, 33; Tenckhoff JR 74, 489; Rengier JuS 81, 654; Otto JZ 84, 143 und GK 2 53/4; Geppert/Kubitza Jura 85, 276; W-Hillenkamp BT 2 Rdn 711; Joecks 4 zu § 255; zusf Küper BT S 388). Wegen der andersartigen Struktur des Zwanges ist aber – abweichend von den für § 263 geltenden Grundsätzen (dort 22–27) – Unmittelbarkeit der Vermögensminderung nicht in jedem Falle erforderlich (krit W-Hillenkamp aaO Rdn 713); es genügt, wenn der Genötigte an der Vermögensverschiebung in einer Weise mitwirkt, die nach seiner Vorstellung für die Herbeiführung des Schadens unerlässlich ist (Tenckhoff aaO S 491; Küper NJW 78, 956 [anders in: Lenckner-FS, S 495, 505]; W-Hillenkamp aaO: „Schlüsselstellung"; aM Rengier aaO; Biletzki Jura 95, 635, 637; Hecker JA 98, 300, 301). Eine „freiwillige" Verfügung liegt auch vor, wenn die Entscheidung zur Übergabe eines Ersatzgegenstandes für das geforderte, aber nicht vorhandene Bargeld vom bedrohten Opfer ausgeht (NJW 03, 3283, 3285 mit Anm Kühl NStZ 04, 387). Demgegenüber lassen die Rspr und ein Teil des Schrifttums jede mittelbare Schädigung genügen, die darin besteht, dass der Genötigte dem Täter oder einem Dritten den schädigenden Eingriff in das Vermögen nur möglich oder leichter macht (BGHSt 14, 386; 25, 224; Lüderssen GA 68, 257; Geilen Jura 80, 43, 50; Schünemann JA 80, 486; Seier JA 84, 441, 442; Kindhäuser NK 60–70 vor § 249 und BT II 17/20–31; Krey/Hellmann BT 2 Rdn 302–305; Mitsch BT 2,1 6/40; Günther SK 10–18 vor § 249 und 16 zu § 253; Herdegen LK 5–11 und 21–24 zu § 249; zusf Hillenkamp, BT-Problem 33, S 170 sowie Küper, Lenckner-FS, S 495 und in: BT S 385, alle mwN; einschr Schlehofer, Einwilligung und Einverständnis, 1985, S 63, der darauf abstellt, ob dem Täter das Verhalten des Genötigten im Sinne mittelbarer Täterschaft zurechenbar ist). Das Erfordernis einer Vermögensverfügung ist begründet. Zwar spricht (neben der Entstehungsgeschichte, dazu Tausch, Die Vermögensverfügung des Genötigten – Notwendiges Merkmal des Erpressungstatbestandes?

Erpressung **§ 253**

S 79, 111) der Gesetzeswortlaut nicht dafür, weil er mit § 240 übereinstimmt und dort auch Fälle bloßen Erduldens einschließt (Träger/Altvater LK 1, 65 zu § 240). Misslich ist auch die Folge, dass einige, im Sinne des § 253 strafwürdige Fälle ausgeschieden werden (dazu Schünemann aaO S 487). Für die Einschränkung sollte aber die Erwägung ausschlaggebend sein, dass sie der Erpressung im Rahmen der Vermögensdelikte eine bestimmte, gegenüber den anderen Tatbeständen mit gleicher Schutzrichtung abgegrenzte Funktion zuweist, während bei Einbeziehung auch der mittelbaren Schädigung im Ergebnis ein konturloser Grundtatbestand aller mit Nötigungsmitteln begangenen Angriffe auf fremdes Vermögen iwS entsteht, der dem Element des Zwanges in diesem Bereich eine zusätzliche, für andere Deliktsgruppen nicht vorgesehene Schärfungswirkung beilegt. Außerdem kann die Gegenmeinung das systematische Verhältnis zwischen den §§ 249 und 255 nicht sinnvoll erklären (Tenckhoff aaO S 490) und muss der Erpressung die problematische Aufgabe zuweisen, zwischen Diebstahl und Raub, sozusagen als „kleinen Raub", eine besondere, nach der Gesetzessystematik offensichtlich nicht vorgesehene Qualifikationsstufe zu bilden. – Die Antwort auf die Streitfrage entscheidet über die Abgrenzung der Erpressung (einschl der räuberischen) von den Wegnahmedelikten, namentlich vom Raub (dazu 2 zu § 255) und damit zugleich auch darüber, ob die gewaltsame Wegnahme einer Sache ohne Zueignungsabsicht, etwa bei unbefugtem Fahrzeuggebrauch nach § 248b (BGHSt 14, 386; Biletzki aaO) oder bei Pfandkehr nach § 289 (RGSt 25, 436), zur Strafbarkeit nach § 255 führt.

3. a) Nachteil für das Vermögen (auch einer juristischen Person; Wallau JR 00, 312, 316) ist gleichbedeutend mit der Vermögensbeschädigung beim Betrug (BGHSt 34, 394; NStZ-RR 98, 233; Cramer JuS 66, 472; Lenckner JZ 67, 110; 32–53 zu § 263); speziell zum Vermögensnachteil in Erpressungsfällen BGHSt 4, 260; 14, 386; 20, 136; 32, 88; 44, 251, 254; StV 84, 377; 89, 149 und 96, 33; speziell zur erzwungenen Ausstellung eines Schuldscheins NStZ 99, 618 und 00, 197 sowie NStZ-RR 98, 233 und 00, 234, zur Durchsetzung von rechtlich nicht geschützten Ansprüchen gegen Tatgenossen einer Straftat NStZ 01, 534 mit Bespr Otto JK 64 zu § 263; geschädigt ist auch der Eigentümer einer ihm gestohlenen oder sonst widerrechtlich entzogenen Sache, wenn er unter Nötigungsdruck für die Wiedererlangung ein Lösegeld zahlt (BGHSt 26, 346 mit Anm Gössel JR 77, 32; Stoffers Jura 95, 113, 117; Graul JuS 99, 562, 566; krit Mitsch BT 2,1 6/56–58; aM Trunk JuS 85, 944, alle mwN). Zum Nachteil bei der Sicherungserpressung beachte 13.   4

b) Der Vermögensnachteil muss durch die Nötigung **verursacht** sein (9–13 vor § 13; Herdegen LK 15 mwN). Das setzt voraus, dass der Genötigte durch das Zwangsmittel zur Vermögensverfügung bestimmt wird, der Druck zurzeit des Nachgebens also noch fortwirkt (wistra 88, 348; Frankfurt NJW 70, 342). Die Kausalität entfällt nicht deshalb, weil die Geldübergabe zugleich der Überführung des Täters dienen soll (BGHSt 41, 368, 371; NJW 97, 265 mit Bespr Martin JuS 97, 471 und Geppert JK 8 zu § 255).   5

c) Genötigter und Verfügender müssen **identisch** sein, während der von dem Zwang unmittelbar Betroffene (BGHSt 16, 316, 318) und der Geschädigte (Dreieckserpressung; vgl RGSt 71, 291) andere – auch voneinander verschiedene – Personen sein können. Die Dreieckserpressung erfordert ebenso wie die entsprechende Betrugskonstellation (28–30 zu § 263) ein sog Näheverhältnis (Küper NJW 78, 956; Schünemann JA 80, 486, 489; W-Hillenkamp BT 2 Rdn 714; aM Röckrath Jura 93, 446, der eine Zuständigkeit des Vermögensinhabers für die Nötigungssituation verlangt [krit Krack JuS 96, 493, 495]; Mitsch BT 2,1 6/45, der eine „Leidensgenossenschaft" zwischen Genötigtem und Vermögensinhaber voraussetzt; auf den mutmaßlichen Willen des Vermögensinhabers stellen ab Krey/ Hellmann BT 2 Rdn 306a), dessen Abgrenzung im Einzelnen allerdings noch   6

§ 253

nicht abschließend geklärt ist (eingehend Rengier JZ 85, 565, knapper Rengier BT I 11/19, 20; zusf Küper BT S 393; Günther SK 18, alle mwN). Nach der Rspr muss der Genötigte spätestens im Zeitpunkt der Tatbegehung schutzbereit auf der Seite des Vermögensinhabers stehen; auf rechtliche Verfügungsmacht oder tatsächliche Herrschaftsgewalt über die Vermögensgegenstände kommt es nicht an (BGHSt 41, 123 mit Bespr Mitsch NStZ 95, 499, Otto JZ 95, 1020, Biletzki JA 96, 189, Krack JuS 96, 493, Wolf JR 97, 73; NStZ-RR 97, 321 mit Bespr Cramer NStZ 98, 299, Krack NStZ 99, 134 und Geppert JK 9 zu § 255; vgl auch BGHSt 41, 368, 371). Fehlt es an dieser Schutzbereitschaft des Dritten, so kommt Diebstahl in mittelbarer Täterschaft mit dem Dritten als genötigtem Werkzeug in Betracht, nicht jedoch Raub in mittelbarer Täterschaft, weil der genötigte Dritte dann kein zu überwindendes Hindernis für die Wegnahme darstellt (im Ergebnis ebenso Krey/Hellmann aaO; Rengier aaO Rdn 20).

7   **4.** Der **Vorsatz** (bedingter genügt) muss sich namentlich darauf erstrecken, dass der Genötigte infolge des Zwanges (bei Holtz MDR 78, 625) eine ihm selbst oder einem Dritten nachteilige Vermögensverfügung (vgl 3) vornimmt (beachte bei Holtz MDR 82, 280). Im Allgemeinen muss er schon bei Anwendung des Nötigungsmittels (NJW 53, 1400), mindestens aber zu einer Zeit vorliegen, in der die Zwangswirkung des zuvor eingesetzten Mittels noch andauert (Frankfurt NJW 70, 342). Jedoch genügt im Falle des Vorsatzwechsels das bloße Bewusstsein der noch andauernden Zwangswirkung nicht; erforderlich ist vielmehr – ebenso wie beim Raub – das Fortdauern des Nötigungsverhaltens, dh das Bestehen eines finalen Zusammenhangs in dem Sinne, dass der Täter dem mit anderer Motivation eingesetzten Zwang eine neue Richtung auf das Vermögen des Opfers gibt und ihn nunmehr als Mittel zur Herbeiführung des vermögensschädigenden Opferverhaltens (und zugleich auch zur Verwirklichung der Bereicherungsabsicht) aufrecht erhält (4 zu § 249).

8   **5.** Die **Absicht** („um zu"), sich oder einen Dritten zu Unrecht zu bereichern, ist mit der beim Betrug vorausgesetzten Absicht, sich oder einem Dritten einen rechtswidrigen Vermögensvorteil zu verschaffen (58–62 zu § 263) gleichbedeutend (hM; vgl NJW 88, 2623). Das ist namentlich wichtig für die Beschränkung des Absichtsbegriffs auf zielgerichtetes Handeln (BGHSt 16, 1, 4; 34, 329, 333; NStZ 96, 39), für das Erfordernis der Stoffgleichheit (NStZ-RR 98, 235 mit Bespr Otto JK 19 zu § 242; NStZ 02, 254 mit Bespr Baier JA 02, 457; NStZ 02, 481 [mit Bespr Geppert JK 7] und 597; NJW 02, 2117 mit krit Anm Kindhäuser/Wallau NStZ 03, 152, 154; sie fehlt etwa bei eigenmächtiger Inpfandnahme von Sachen, um das Opfer zur Zahlung seiner Schulden zu veranlassen, NStZ 88, 216, Kindhäuser BT II 17/49, Rengier BT I 11, 32 und W-Hillenkamp BT 2 Rdn 717), für das Wesen der Bereicherung (BGHSt 14, 386) sowie für die Unrechtmäßigkeit der Bereicherung und die Behandlung des Irrtums darüber (BGHSt 4, 105; 20, 136; NJW 03, 3283 [= BGHSt 48, Heft 6] mit Anm Kühl NStZ 04, 387 und Bespr Otto JK 10; NStZ-RR 04, 45; NJW 82, 2265 mit krit Bespr Bernsmann NJW 82, 2214; wistra 83, 28 und 91, 20; NJW 86, 1623; NStZ 88, 216; StV 90, 205; NStZ-RR 98, 235 mit Bespr Otto aaO; NStZ-RR 99, 6; wistra 99, 378 mit Bespr Otto JK 6 und StV 00, 79 mit Bespr Jahn/Dickmann JA 00, 541); auch hier kann statt der Unrechtmäßigkeit der Bereicherung schon der Vermögensnachteil und statt des Vorsatzes über die Rechtswidrigkeit der Bereicherung der Vorsatz hinsichtlich des Vermögensnachteils zu verneinen sein (Rengier BT I 11/33 mWN; 61, 47 zu § 263).

9   **6.** Die **Rechtswidrigkeit** ist auf zwei Ebenen zu prüfen (ebenso Mitsch BT 2, 1 6/72).

a) Die **Unrechtmäßigkeit der erstrebten Bereicherung** bedarf einer selbstständigen Beurteilung (vgl 8); für sie gelten die unter 61, 62 zu § 263 dargelegten

Erpressung **§ 253**

Grundsätze. Danach entfällt die Unrechtmäßigkeit der Bereicherung, wenn der Täter einen Anspruch auf sie hat. Einen solchen (Schadensersatz-)Anspruch auf Rückzahlung kann etwa der nicht belieferte Rauschgifthändler haben (NJW 02, 2117 mit zust Anm Engländer JR 03, 164, abl aber Kindhäuser/Wallau NStZ 03, 152, Mitsch JuS 03, 122 und Geppert JK 8), nicht aber der Rauschgifthändler, der dem Käufer nach Belieferung den Kaufpreis „abpresst", denn – anders als der Rauschgifthändler – stellt er keines rechtmäßigen, sondern einen rechtswidrigen (Besitz-) Zustand am Rauschgift oder an dessen (Geld-)Surrogat her (NJW 03, 3283 [= BGHSt 48, Heft 6] mit Anm Kühl NStZ 04, 387 und krit Bespr Otto JK 9).

b) Die **Rechtswidrigkeit der Tat im Ganzen** bestimmt sich nach der Mittel-Zweck-Relation des Abs 2, die mit § 240 II übereinstimmt (dort 17–25; ergänzend Herdegen LK 24–26; einschr Kindhäuser NK 51). Da bei dieser Prüfung die erstrebte Bereicherung als Nötigungszweck erscheint und die Rechtswidrigkeit des Zwecks ein wesentliches Element der Mittel-Zweck-Beziehung ist, wird die Unrechtmäßigkeit der Bereicherung idR für die Gesamtbeurteilung wesentlich und meist auch ausschlaggebend sein (Schünemann JA 80, 486, 489). Umgekehrt ist für die Erpressung charakteristisch, dass häufig auch Nachteile angedroht werden, deren Zufügung für sich betrachtet rechtmäßig wäre. Das gilt namentlich für die sog Chantage, dh die Erpressung von Schweigegeld durch Drohung mit der Enthüllung von bloßstellenden Begebenheiten, etwa von Jugendverfehlungen oder homosexuellen Beziehungen (RGSt 64, 381; Kindhäuser NK 71; s auch Krause MschrKrim 69, 213). **10**

7. Die Erpressung ist **vollendet**, wenn der Vermögensnachteil auch nur teilweise eintritt (BGHSt 41, 368, 371; NJW 97, 265 mit zust Bespr Geppert JK 8 zu § 255; beachte jedoch StV 90, 206); die Überwachung der Übergabe der geforderten Sache durch die Polizei kann die Entstehung des Vermögensschadens und damit die Vollendung der Tat im ganzen verhindern (BGHSt 41, 368, 372; bei Holtz MDR 94, 1071; StV 98, 80). Die Bereicherung braucht dagegen nicht (oder noch nicht) erreicht zu sein (BGHSt 19, 342); die Erpressung dauert nach Vollendung nicht bis zur Bereicherung („Beendigung") fort (Herdegen LK 29 mwN); Beihilfe ist deshalb nur bis zur Vollendung möglich (Kindhäuser NK 84 mwN). – Der **Versuch** beginnt, wenn der Täter zur Nötigungshandlung unmittelbar ansetzt (4 zu § 22). **11**

8. Abs 4 regelt in der Neufassung besonders schwere Fälle (6–21 zu § 46; 4 zu § 12). – **Gewerbsmäßig** 2 zu § 260; **bandenmäßige Begehung** 4, 5 zu § 260. – Ziel der Neuregelung ist es, §§ 253, 255 in den Anwendungsbereich von **Erweitertem Verfall** (§ 73 d) einzubeziehen (BT-Dr 12/6853 S 27). **12**

9. a) Verteidigt der Täter nach Begehung eines Aneignungs- oder Bereicherungsdelikts die erlangte Sache durch Nötigung, so wird dadurch idR kein neuer Schaden verursacht, der über den bereits aus der Vortat erwachsenen hinausgeht (NJW 84, 501 mit Anm Kienapfel JR 84, 388; anders jedoch NStZ 02, 33 mit Bespr Heger JA 02, 454, 456; krit zu diesen sich widersprechenden Urteilen Rengier BT I 11/29). Eine solche sog **Sicherungserpressung** ist mindestens als mitbestrafte Nachtat (32 vor § 52) mit der Folge auszuscheiden, dass Strafbarkeit nur wegen Nötigung übrigbleibt (StV 86, 530; zweifelnd für eine qualifizierte Erpressung nach §§ 255, 250 II Nr 1 Krey/Hellmann BT 2 Rdn 395 Fn 118); zum Teil wird auch angenommen, dass schon der Tatbestand mangels Vermögensnachteils nicht verwirklicht sei (NJW 84, 501; Seier NJW 81, 2152; Mitsch BT 2,1 6/64; W-Hillenkamp BT 2 Rdn 736; Herdegen LK 36; krit Herzberg JR 85, 209; beachte auch bei Holtz MDR 84, 625; zw). **13**

b) Die Vorschrift geht den §§ 240, 241 idR vor (Spezialität); richtet sich jedoch die der (räuberischen) Erpressung nachfolgende Nötigung zur Beutesicherung ge- **14**

1033

§§ 254, 255

gen einen bisher unbeteiligten Dritten, so liegt Tateinheit vor (NStZ-RR 02, 334 mit Bespr Geppert JK 6 zu § 252; s auch 8 zu § 252). **Tateinheit** ist außerdem möglich, wenn die Anwendung des Nötigungsmittels neben der Bereicherung auch einen anderen Zweck verfolgt (bei Dallinger MDR 72, 386; s auch NJW 91, 578). – Über das Verhältnis zu den Wegnahmedelikten 2, 3 zu § 255. – Bei § 263 ist zu unterscheiden (zusf Günther ZStW 88, 960; Stoffers Jura 95, 113, 120; Lackner LK¹⁰ 330 zu § 263; Herdegen LK 35; Kindhäuser NK 89–91): eine Täuschung, die nur dazu dient, eine zugleich angewendete Drohung gefährlicher erscheinen zu lassen, geht in der Drohung auf (BGHSt 23, 294 mit Bespr Küper NJW 70, 2253 und Herzberg JuS 72, 570; NStZ 85, 408; Hillenkamp JuS 94, 769, 771); hat in diesen Fällen ein Teilnehmer nur Kenntnis von der Täuschung, so ist er wegen Teilnahme am Betrug strafbar (BGHSt 11, 66; aM Günther aaO S 966; str). Soll jedoch die Täuschung andere, mit der Drohung nicht zusammenhängende Vorstellungen für eine irrige Entschließung des Opfers bewirken, so ist Tateinheit möglich (BGHSt 9, 245; str). Nur Betrug liegt vor, wenn jemand vortäuscht, er werde erpresst, auch wenn den Getäuschten ausschließlich die ihm angeblich selbst drohende Enthüllung motiviert (BGHSt 7, 197); ebenso bei einer Täuschung über eine Drohung durch andere, an deren Verwirklichung der Täter keine Beeinflussungsmöglichkeit vortäuscht (NStZ 96, 435 mit zust Bespr Otto JK 46; 12 zu § 240). – Mit § 239a (dort 11), § 291 (dort 12), § 308 (6 zu § 307), §§ 331, 332 (BGHSt 9, 245; str) ist Tateinheit möglich.

15 c) Nur **eine Tat** im Rechtssinne liegt vor, wenn durch die Einzelakte, die auf die Willensentschließung des Opfers einwirken sollen, letztlich nur die ursprüngliche Drohung durchgehalten wird (BGHSt 41, 368; NJW 98, 619 mit insoweit zust Bespr Satzger JR 98, 518 und Wilhelm NStZ 99, 80; krit aber Momsen NJW 99, 982, 984: „Gemengelage von rechtlicher und natürlicher Handlungseinheit"; NStZ-RR 00, 234, 235; NStZ 00, 532; vgl 6 vor § 52 und 6 zu § 52); diese tatbestandliche Einheit endet bei vollständiger Zielerreichung oder beim fehlgeschlagenen Versuch (BGHSt 41, 368 mit krit Bespr Puppe JR 96, 513; NJW 98, 619 mit krit Bespr Momsen aaO S 986, Wilhelm aaO; vgl 6 vor § 52); sie hat nicht die Kraft, mehrere Mordversuche zum Nachteil verschiedener Menschen zu einer Tat zu verklammern (NJW 98, 619 mit krit Anm Satzger aaO; Tröndle/Fischer 2 c vor § 52). Natürliche Handlungseinheit kann beim Übergang vom vollendeten § 255 zu einem weiteren § 255-Versuch vorliegen (NStZ 99, 406); sie soll auch dann möglich sein, wenn sich die Erpressungen nacheinander gegen verschiedene Personen richten (NJW 97, 265 mit Bespr Martin JuS 97, 471; vgl 7 vor § 52), Tateinheit liegt jedoch vor, wenn die Erpressung des zweiten Opfers unter Aufrechterhaltung und Ausnutzung der gegen das erste Opfer verübten Gewalt erfolgt (NStZ 99, 618). Tateinheit mit Verdeckungsmord soll auch dann möglich sein, wenn die tödlichen Schüsse in der sog Beendigungsphase der (räuberischen) Erpressung fallen und deren Beendigung dienen (NStZ-RR 00, 367).

16 10. **Führungsaufsicht** § 256. Zum Schutz des Erpressungsopfers beachte § 154c StPO, Nr 102 RiStBV (Krause, Spendel-FS, S 547).

§ 254 *(weggefallen)*

§ 255 Räuberische Erpressung

Wird die Erpressung durch Gewalt gegen eine Person oder unter Anwendung von Drohungen mit gegenwärtiger Gefahr für Leib oder Leben begangen, so ist der Täter gleich einem Räuber zu bestrafen.

1 1. **Qualifizierter Fall** der Erpressung. Die Nötigungsmittel entsprechen denen des Raubes (2, 3 zu § 249). Wie dort bezieht sich die Leib- oder Lebensgefahr

Räuberische Erpressung **§ 255**

(speziell zur Dauergefahr NJW 94, 1166 mit krit Bespr Schmidt JuS 94, 891; NJW 97, 265 mit Bespr Martin JuS 97, 471, Joerden JR 99, 120 und Geppert JK 8; NStZ-RR 99, 266 mit Bespr Kindhäuser/Wallau StV 99, 379 und Zaczyk JR 99, 343) nur auf die Drohung, nicht auf die Gewalt (BGHSt 18, 75; Herdegen LK 2; str). Richtet sich die Drohung gegen einen Dritten (15 zu § 240), so braucht der Erpresste sich nicht selbst als an Leib oder Leben bedroht zu fühlen; es genügt, dass sich ihm die entsprechende Bedrohung des Dritten als Übel darstellt (NStZ 87, 222; NJW 94, 1166; NStZ 96, 494; W-Hillenkamp BT 2 Rdn 727; aM Zaczyk JZ 85, 1059 und JR 99, 343, 345; Cramer NStZ 98, 299 und Reuter-Stracke, Gewalt oder Drohung gegen Dritte als [qualifizierte] Nötigung, 1993, S 97; beachte auch NJW 89, 176). Zur Abgrenzung des unbeendeten vom beendeten Versuch bei § 255 BGHSt 4, 180.

2. a) Das **Verhältnis zum Raub** (wie überhaupt das der Erpressung zu den Wegnahmedelikten) hängt davon ab, ob der Tatbestand des § 253 eine Vermögensverfügung voraussetzt (dort 3). Bei dieser Annahme scheidet **Tateinheit** idR aus, weil Vermögensverfügung und Wegnahme einander ausschließen (31 zu § 263). Auf dem Boden der Gegenmeinung hält die Rspr den Raub für einen Fall des § 255, der als der speziellere vorgeht (BGHSt 14, 386, 390 mit abl Anm Schnellenbach NJW 60, 2154; NStZ 99, 350 mit Bespr Otto JK 10; ähnlich Kindhäuser NK 70 vor § 249, 55 zu § 249 und 10 zu § 255). Aber auch auf dieser Grundlage ist es unbefriedigend, dass sich die Abgrenzung der beiden Tatbestände – abweichend von dem Verhältnis zwischen den §§ 242, 263 (14 zu § 242; 26 zu § 263) – nicht nach der inneren Willensrichtung des Genötigten, sondern nach dem äußeren Erscheinungsbild des Gebens und Nehmens bestimme (BGHSt 7, 252; NStZ 99, 350 mit Bespr Otto JK 10; zust die meisten Anhänger der weiten Auslegung des § 253; ebenso auch Schmitt, Spendel-FS, S 575; ähnlich Rengier JuS 81, 654, 656; krit Schünemann JA 80, 486, 491; Seelmann JuS 82, 914, 915; Schlehofer, Einwilligung und Einverständnis, 1985, S 52); dies soll auch für die Dreieckserpressung (6 zu § 253) gelten (NStZ-RR 97, 321 mit Anm Krack NStZ 99, 134). Wegnahme liegt vielmehr stets vor, wenn es in der Zwangslage für den Genötigten gleichgültig ist, wie er sich verhält, die Sache also unabhängig von seiner Mitwirkung dem Zugriff des Täters preisgegeben ist; deshalb ist unerheblich, ob er in dieser Lage lediglich das Nehmen duldet oder die Sache selbst herausgibt. Nur wenn der Gewahrsamsverlust nach seiner Vorstellung (Tenckhoff JR 74, 489, 492; str) von seiner Mitwirkung abhängt, scheidet Wegnahme aus (Schröder ZStW 60, 33, 95; Otto ZStW 79, 59, 86; Samson JA 80, 285, 289; Hohmann/Sander BT I 13/28; Küper BT S 391; W-Hillenkamp BT 2 Rdn 731; weiter Schlehofer aaO S 67, der zu Unrecht einen „Raub aus räumlicher Entfernung" für möglich hält, wenn dem Täter das Verhalten des Genötigten im Sinne mittelbarer Täterschaft zurechenbar ist). – Unabhängig von diesem Meinungsstreit ist Tateinheit mit einem Wegnahmedelikt ausnahmsweise möglich, wenn dasselbe Zwangsmittel zugleich zur Wegnahme der einen und zur Herausgabe der anderen Sache führt (BGHSt 7, 252, 254; 32, 88; bei Holtz MDR 91, 1040, 1041; str; anders auch Küper, Lenckner-FS, S 495, 517, der für den Raub eine persönliche Bemächtigungslage in direkter räumlich-persönlicher Konfrontation verlangt). – Sie ist nach der Rspr ferner möglich, wenn die Erpressung nach vollendeter, aber noch nicht beendigter Wegnahme zur Sicherung des Gewahrsams in natürlicher Handlungseinheit (4–7 vor § 52) begangen wird (2 vor § 22).

b) Im **Verhältnis zum räuberischen Diebstahl** (§ 252) kommt eine Konkurrenz im Allgemeinen nicht in Frage. IdR scheitert sie schon am Erfordernis der Vermögensverfügung (3 zu § 253; beachte auch StV 91, 349 mit Bespr Ennuschat JR 91, 500 und Otto JK 4 zu § 252). Aber auch wenn man darauf verzichtet, entsteht meist keine echte Konkurrenz, weil die der Vortat nachfolgende Siche-

§§ 256, 257

rungserpressung entweder schon wegen Fehlens eines Vermögensnachteils zu verneinen (W-Hillenkamp BT 2 Rdn 378) oder jedenfalls als mitbestrafte Nachtat auszuscheiden wäre (13 zu § 253; Kindhäuser NK 41–43 zu § 252; beachte jedoch bei Holtz MDR 84, 981 mit Bespr Brandts/Seier JA 85, 174).

4 c) Wegen der engen Verwandtschaft von Handlungen nach §§ 249, 255 ist **Wahlfeststellung** (BGHSt 5, 280) möglich (aM Günther SK 13). Ein versuchter Raub tritt als **mitbestrafte Vortat** hinter einer auf denselben Gegenstand gerichteten räuberischen Erpressung zurück (NJW 67, 60); dasselbe gilt im umgekehrten Falle (bei Holtz MDR 82, 280; Mohrbotter GA 68, 112).

5 **3. Bestrafung gleich einem Räuber** bedeutet Verweisung auf die §§ 249–251 (BGHSt 14, 386, 391; 21, 183), nicht auf § 252. – Zum erfolgsqualifizierten Versuch nach §§ 255, 251, 22, 23 NJW 03, 911 mit zu weitem Gefahrverwirklichungszusammenhang (zu Recht abl deshalb auch Hillenkamp BT 2 Rdn 355); ein solcher Versuch kann auch mit Tötungsvorsatz begangen werden, er steht dann mit § 212 in Tateinheit (BGH aaO).

6 4. Führungsaufsicht § 256. Anzeigepflicht § 138 I Nr 8

§ 256 Führungsaufsicht, Vermögensstrafe und Erweiterter Verfall

(1) **In den Fällen der §§ 249 bis 255 kann das Gericht Führungsaufsicht anordnen (§ 68 Abs. 1).**

(2) **In den Fällen der §§ 253 und 255 sind die §§ 43 a, 73 d anzuwenden, wenn der Täter als Mitglied einer Bande handelt, die sich zur fortgesetzten Begehung solcher Taten verbunden hat. § 73 d ist auch dann anzuwenden, wenn der Täter gewerbsmäßig handelt.**

1 1. Vgl 1, 2 vor § 68, 1–8 zu § 68. Der in Abs 2 genannte § 43 a ist durch Urteil des BVerfG v 20. 3. 2002 mit Gesetzeskraft für nichtig erklärt worden (BGBl I 1340).

2 2. Die **Verweisungsvorschrift** des Abs 2 betrifft nur die Erpressung (§ 253) und die Räuberische Erpressung (§ 255). Sie verlangt bei bandenmäßiger (2 zu § 150) Erpressung zB von Schutzgeldern (BT-Dr 12/6853 S 27) die Anwendung der durch das OrgKG (1, 2 vor § 73) eingeführten Vorschriften, die die Rechtsfolgen des Erweiterten Verfalls vorsehen; bei gewerbsmäßiger Begehung (20 vor § 52) ist nur der Erweiterte Verfall anzuwenden.

21. Abschnitt. Begünstigung und Hehlerei

§ 257 Begünstigung

(1) **Wer einem anderen, der eine rechtswidrige Tat begangen hat, in der Absicht Hilfe leistet, ihm die Vorteile der Tat zu sichern, wird mit Freiheitsstrafe bis zu fünf Jahren oder mit Geldstrafe bestraft.**

(2) **Die Strafe darf nicht schwerer sein als die für die Vortat angedrohte Strafe.**

(3) **Wegen Begünstigung wird nicht bestraft, wer wegen Beteiligung an der Vortat strafbar ist. Dies gilt nicht für denjenigen, der einen an der Vortat Unbeteiligten zur Begünstigung anstiftet.**

(4) **Die Begünstigung wird nur auf Antrag, mit Ermächtigung oder auf Strafverlangen verfolgt, wenn der Begünstiger als Täter oder Teilnehmer der Vortat nur auf Antrag, mit Ermächtigung oder auf Strafverlangen verfolgt werden könnte. § 248 a gilt sinngemäß.**

Begünstigung **§ 257**

1. Die Vorschrift betrifft nur die **sachliche Begünstigung** (persönliche Be- 1
günstigung § 258). Sie ist nachträgliche Unterstützung einer Tat und verletzt daher
das **Interesse an der Wiederherstellung des gesetzmäßigen Zustandes** (zusf
Geppert Jura 80, 269, 327). Auf Vermögensschutz ist sie nicht beschränkt (aM
Otto GK 2 57/1). Im Übrigen ist die nähere Konkretisierung des geschützten
Rechtsgutes – etwa die Rechtspflege iwS oder das durch die Vortat betroffene
Rechtsgut – zweifelhaft und noch nicht abschließend geklärt (BGHSt 23, 360;
Sch/Sch-Stree 1, 2 mwN). Die Annahme eines kumulativen Schutzes von Allge-
mein- und Individualinteressen dürfte der Sachlage am ehesten entsprechen (Stree
JuS 76, 137, 138; Amelung JR 78, 227, 229; Zipf JuS 80, 24, 25; Geppert Jura 94,
441, 442; Arzt/Weber BT 27/1; Mitsch BT 2,1 9/4; Hoyer SK 1; Ruß LK 2; aM
Schroeder, Die Straftaten gegen das Strafrecht, 1985, S 14; Janson, Begünstigung
und Hehlerei vor dem Hintergrund des Rückerwerbes der Diebesbeute, 1992,
S 94 und Seel, Begünstigung und Strafvereitelung durch Vortäter und Vortatteilnehmer, 1999, S 18, der auf die Sicherung der generalpräventiven Wirkung des
Strafrechts mittels Isolationsandrohung abstellt; ähnlich Weisert, Der Hilfeleistungsbegriff bei der Begünstigung, 1999, S 253; anders auch Altenhain, Das Anschlussdelikt, 2002 S 245, 369, der nur das staatliche Recht auf Entziehung der
Vorteile als geschützt ansieht, und eine Verschmelzung mit §§ 258, 259 zu einem
Anschlussdelikt gegen die strafrechtlichen Rechtsfolgen fordert, S 428; vgl dazu
die Bespr von Schroeder, JZ 03, 789 und Wohlers GA 03, 428). – Zu **Kriminologie** und Reform der Begünstigung Geerds GA 88, 243; Wolf, Begünstigung,
Strafvereitelung und Hehlerei, 2002. – Zur geschichtlichen Entwicklung der Begünstigung aus der Beihilfe nach der Tat Ebert ZRG Germ Abt 93, 1, 15; Altenhain aaO S 33, 74.

2. Ein anderer (der Vortäter) **muss eine rechtswidrige Tat** (die Vortat) 2
begangen haben. Zu deren Voraussetzungen 4 zu § 259 (krit hinsichtlich der
Unbeachtlichkeit von Verfahrenshindernissen und des Erfordernisses, dass die
Vortat deutscher Strafgewalt unterliegen muss Altenhain NK 8 und 14; auch
Versuch und Teilnahme kommen in Frage, soweit aus ihnen, was beim Versuch
praktisch kaum vorkommen wird, Vorteile erwachsen sind. Gegen fremdes
Vermögen braucht sich die Vortat – abweichend von der Hehlerei (dort 5) –
nicht gerichtet zu haben (Stree JuS 76, 137; Hoyer SK 4); jedoch muss sie dem
Vortäter öffentlich- oder zivilrechtlich entziehbare Vorteile (vgl 5) verschafft
haben (Ruß LK 10). Entfällt die Bezugstat (zB durch gesetzgeberische Abschaffung), so kommt eine Strafbarkeit nach § 257 nicht in Betracht (BGHSt 14, 156,
158; StV 03, 166).

3. Hilfeleisten ist jede Handlung (uU auch Unterlassung in Garantenstellung, 6 3
zu § 13; Mitsch BT 2,1 9/45; Altenhain NK 24; s auch NJW 79, 2621, 2622), die
objektiv geeignet ist, den Vortäter im Hinblick auf die Vorteilssicherung unmittelbar (Lenckner NStZ 82, 401, 403; zur Unmittelbarkeit des vorteilssichernden
Hilfeleistens beim Vortat-Vorteil Sachbesitz vgl 5) besserzustellen, und die subjektiv mit dieser Tendenz vorgenommen wird (hM; vgl BGHSt 4, 221; 46, 107, 116;
Vogler, Dreher-FS, S 405; Zieschang, Die Gefährdungsdelikte, 1998, S 333;
Küper BT S 189, 192: „objektiviertes Versuchsdelikt"; Rengier BT I 20/10; Altenhain NK 21; krit Weisert aaO [vgl 1] S 38, der Hilfeleisten als Förderung der
Vorteilssicherungsinteressen des Vortäters, dem diese nützlich erscheinen muss,
definiert [S 208, 270]; anders Seelmann JuS 83, 32, 34 und Hoyer SK 18; zur
Problematik vertiefend Arzt/Weber BT 27/5–10). Dass die Lage des Vortäters
tatsächlich gebessert wird, ist nicht erforderlich (anders noch BGHSt 2, 375). An
der objektiven Eignung fehlt es, wenn der zu sichernde Vorteil beim Vortäter
nicht mehr vorhanden ist (BGHSt 24, 166 mit Anm Maurach JR 72, 70; NStZ
94, 187; Weisert aaO S 230; Schünemann LdR S 87; Mitsch BT 2,1 9/33; Kind-

§ 257

häuser 12) oder wenn dieser ihn von Rechts wegen behalten darf (Ndschr 6, 107; Hoyer SK 13, 14).

4 **4.** Der **Vorsatz** (bedingter genügt) muss namentlich die Vortat umfassen (BGHSt 46, 107, 118). Das Maß der erforderlichen Konkretisierung der Vorstellungen über die Vortat ist umstritten (vgl zB Hartung JZ 54, 694; Weisert aaO [vgl 1] S 231; Sch/Sch-Stree 26). Nach der Rspr muss sich der Begünstiger von dieser Tat wenigstens eine allgemeine Vorstellung machen (Hamburg NJW 53, 1155; Düsseldorf NJW 64, 2123), es sei denn, dass er trotz der unvollständigen Kenntnis, der Vortäter habe irgendeine rechtswidrige Tat (18 zu § 11) begangen, auf jeden Fall Hilfe leisten will (BGHSt 4, 221). Hat er eine bestimmte irrige Vorstellung von der Vortat, so entfällt sein Vorsatz, wenn bei Richtigkeit dieser Vorstellung die Hilfeleistung zur Vorteilssicherung ungeeignet wäre (BGH aaO). Im Übrigen braucht er die rechtliche Subsumtion der Vortat unter ihre gesetzlichen Merkmale nicht nachzuvollziehen; es genügt Bedeutungskenntnis (14 zu § 15; ebenso Mitsch BT 2,1 9/48).

5 **5. a)** Die **Absicht**, die Vorteile der Vortat zu sichern, ist zielgerichtetes Wollen (20 zu § 15). Der Begünstigungserfolg braucht daher nicht Motiv (Endziel) des Täters zu sein; es genügt, dass es ihm auf diesen Erfolg – um seiner selbst willen oder zur Erreichung eines weiteren Ziels – ankommt (BGHSt 4, 107; 46, 107, 118; GA 85, 321; NStZ 92, 540; Gehrig, Der Absichtsbegriff in den Straftatbeständen des Besonderen Teils des StGB, 1986, S 110; Altenhain NK 31; Hoyer SK 28; aM Sch/Sch-Stree 22, der unbedingten Vorsatz genügen lässt; zweifelnd Lenckner, Schröder-GS, S 339, 341); das Bewusstsein der Beutesicherung als notwendige Konsequenz eines in anderer Absicht erfolgten Handelns reicht aber nicht (NStZ 00, 31). Ob der Sicherungserfolg erreicht wird, ist unerheblich. – **Vorteile** (nicht notwendig Vermögensvorteile, BT-Dr 7/550 S 248) sind nur die unmittelbaren (hM; vgl BGHSt 24, 166, 168; 36, 277 mit Anm Keller JR 90, 478; 46, 107, 117; NStZ 87, 22). Die Tragweite dieses Erfordernisses ist umstritten (klärend Küper BT S 194 und Rengier BT I 20/7–9, beide mwN): Während die Rspr bei der Ausgrenzung von Surrogaten uneinheitlich verfährt (zB Unvereinbarkeit von BGHSt 36, 277 und NStZ 87, 22), werden im Schrifttum Ersatzvorteile teils ganz ausgeschieden (Hruschka JR 80, 221, 224; Altenhain NK 16), teils unter Ausschaltung sog Kettenzwischenglieder einbezogen (Maurach JR 72, 70) und teils auch nur dann als ausreichend angesehen, wenn bei ihnen der bestimmungsmäßige nächste Verwendungszweck unverändert geblieben ist (so mit Recht Ruß LK 11 mwN). Die **Sicherung** der Vorteile ist beabsichtigt, wenn es dem Täter darauf ankommt, im Interesse des Vortäters (NJW 58, 1244) die Wiederherstellung des gesetzmäßigen Zustandes zu verhindern oder zu erschweren (BGHSt 46, 107, 118; Düsseldorf NJW 79, 2320 mit Bespr Zipf JuS 80, 24 und Seelmann JuS 83, 32, 35), etwa dadurch, dass er Diebesgut verheimlicht, nach hM auch dadurch, dass er beim Absatz zur Sicherstellung des Erlöses mitwirkt (BGHSt 2, 362; Düsseldorf aaO; aM RGSt 59, 129; Hruschka JR 80, 221, 224; Schünemann LdR S 87), dass er eine gestohlene Sache im Auftrag des Diebes an eine bestimmte Person verschenkt (BGHSt 4, 122) oder an den Eigentümer rückveräußert (Düsseldorf aaO; Stoffers Jura 95, 113, 123; einschr Kindhäuser 18; krit aber Hruschka aaO; Arzt/Weber BT 27/10, 13; Altenhain NK 32; eingehend Janson aaO [vgl 1] S 262, 294; zw). Keine Vorteilssicherung ist die Abwehr von Ersatzansprüchen des durch die Vortat Geschädigten (StV 94, 185; Sch/Sch-Stree 23); eine Vorteilssicherung kann aber in der Warnung des Vortäters vor Ermittlungen liegen (Ransiek wistra 99, 401).

6 **b)** Dass der Täter neben der Vorteilssicherung auch **andere Zwecke** verfolgt, ist unerheblich (Düsseldorf NJW 79, 2320 mwN). Zum Zusammentreffen der Begünstigungsabsicht mit dem Vorsatz der Strafvereitelung 16, 17 zu § 258.

Begünstigung **§ 257**

6. Die Tat ist mit dem Hilfeleisten **vollendet**. Ob die Vorteilssicherung erreicht wird, ist unerheblich (StV 94, 185). Ein Rücktritt in Analogie zu den Regeln, die für gewisse Unternehmensdelikte gelten (zB § 83a I), ist nicht möglich (hM; vgl etwa Mitsch BT 2,1 9/12; W-Hillenkamp BT 2 Rdn 817; Lenckner, Schröder-GS, S 339, 349; für eine analoge Anwendung von § 261 IX Schittenhelm, Lenckner-FS, S 519, 535 und Altenhain NK 27; für tätige Reue unter Hinweis auf §§ 306e, 314a, 330b Rengier BT I 20/20; vgl auch Berz, Stree/Wessels-FS, S 331, 341). 7

7. Selbstbegünstigung fällt nicht unter Abs 1 („einem anderen"; Seel aaO [vgl 1] S 30; Weisert aaO [vgl 1] S 237; zusf Fahrenhorst JuS 87, 707); wer aber einen anderen bei der Selbstbegünstigung unterstützt, leistet ihm Hilfe, nicht dagegen, wer ihn nur zur Selbstbegünstigung bestimmt oder in dem Willen zur Selbstbegünstigung durch eine Zusage bestärkt (Kindhäuser 10; Rengier BT I 20/19; Altenhain NK 40; Sch/Sch-Stree 20). – Die in **Abs 3** vorgesehene Ausnahme auch des an der Vortat Beteiligten (Mittäter, Teilnehmer) beruht auf dem Gedanken der mitbestraften Nachtat (Wolter GA 96, 201, 222; Weisert aaO; 32 vor § 52; krit Seel aaO S 78: formelle Subsidiaritätsklausel); daher keine Straflosigkeit, wenn die Beteiligung an der Vortat nicht erwiesen oder wenn sie zB wegen Schuldunfähigkeit nicht (BT-Dr 7/550 S 248; aM Hoyer SK 8)) oder wegen Tatbestandsirrtums nur nach einem milderen Gesetz (bei Holtz MDR 81, 454) strafbar ist, wohl aber, wenn nur ein Verfolgungshindernis besteht (Geppert Jura 94, 441, 444; aM Seel aaO S 83; s auch Altenhain NK 35), zB Verjährung (Ruß LK 21; aM Mitsch BT 2,1 9/61) oder Fehlen des Strafantrags (Stree JuS 76, 137, 138; Sch/Sch-Stree 31; zw). Die Gegenausnahme in Satz 2 für die Anstiftung eines Unbeteiligten ist nur aus der für die Teilnahme allgemein abgelehnten Schuldteilnahmetheorie (8 vor § 25) erklärbar und daher unbefriedigend (vgl ua Otto, Lange-FS, S 197, 213; Wolter JuS 82, 343, 347; Schneider, Grund und Grenzen des strafrechtlichen Selbstbegünstigungsprinzips, 1991, S 175; s auch BGHSt 17, 236); sie ist aber als verbindliche gesetzgeberische Entscheidung hinzunehmen (Herzberg JuS 75, 792, 795) und möglichst nicht erweiternd auszulegen (Horn JA 95, 218; Stree aaO; Mitsch BT 2,1 9/59; Hoyer SK 34; krit Seel aaO S 49, 88). 8

8. Ob eine vor Begehung der Vortat **zugesagte Begünstigung** Beihilfe ist, bestimmt sich nach den allgemeinen Regeln (2–4 zu § 27; nach Wolff aaO [vgl 1] S 126, soll sogar eine vorgeleistete Hilfe Begünstigung sein; dagegen 18 zu § 258). Ist Beihilfe zu bejahen, so bleibt die nachfolgende Begünstigung idR nach Abs 3 S 1 straflos. Tateinheit liegt vor, wenn dieselbe Handlung Begünstigung hinsichtlich begangener Taten und Beihilfe zu zukünftigen Taten ist (BGHSt 46, 107, 118 mit zust Bespr Jäger wistra 00, 344, 346; wistra 99, 103). – Hält man eine **nach Vollendung der Tat geleistete Beihilfe** für möglich (zu deren Problematik 2 vor § 22 und 3 zu § 27; zu Recht abl Kindhäuser BT II 46/25; Mitsch BT 2,1 9/40; W-Hillenkamp BT 2 Rdn 804; Joecks 8; Altenhain NK 11; Hoyer SK 23; zusf Geppert Jura 94, 441, 443; Horn JA 95, 218), so kann sie sich mit der Begünstigung überschneiden (3 zu § 27; näher Weisert aaO [vgl 1] S 217; str). 9

9. Abs 2: Durch die **Begrenzung der Strafe** auf den für die Vortat geltenden Strafrahmen wird nicht nur dessen Überschreitung unzulässig, sondern auch die Ausrichtung der Strafzumessung an dem engeren Rahmen geboten (Sch/Sch-Stree 36 mwN); das macht zugleich die Schwere der Vortat zum Strafzumessungsfaktor (Schroeder NJW 76, 980). – **Abs 4:** Zu den erforderlichen **Verfahrensvoraussetzungen** (S 1) vgl §§ 77–77e. – Die sinngemäße Anwendung des **§ 248a** (S 2) kann nach dem Sachzusammenhang nur auf die Begünstigungshandlung bezogen werden (Vogler, Dreher-FS, S 405, 420; Mitsch BT 2,1 9/65; Ruß LK 27; Altenhain NK 43; aM Stree JuS 76, 137, 139; Sch/Sch-Stree 38; zw). Es kommt des- 10

§ 258

BT. 21. Abschnitt. Begünstigung und Hehlerei

halb darauf an, ob die zu sichernden Vorteile, die nicht notwendig Sachen oder auch nur Vermögensvorteile sein müssen (vgl 2, 5), im Sinne des § 248 a (dort 3) geringwertig sind (ebenso W-Hillenkamp BT 2 Rdn 821). Die Gegenansicht übersieht, dass § 248 a in allen Zusammenhängen, in denen er sonst anwendbar ist, nicht auf die Geringfügigkeit einer Vortat, sondern der jeweils begangenen Tat abstellt und dass der Bagatellcharakter dieser Tat im Wesentlichen von der Geringfügigkeit der zu sichernden, also nicht von der Gesamtheit der aus der Vortat erwachsenen Vorteile abhängt; das anerkennt im Ergebnis auch Stree (aaO) für die wichtigste hier betroffene Fallgruppe, indem er bei Vermögensvorteilen eine dogmatisch schwer begründbare Rückausnahme macht. Die beschriebene Grundstruktur wird nicht dadurch in Frage gestellt, dass sich die Beihilfe in diesen Zusammenhang nicht spannungsfrei einfügt (dazu Stree aaO); denn für sie ist im Gegensatz zu den Anschlusstaten der Begünstigung und der Hehlerei keine Regelung im Sinne des § 248 a vorgesehen.

11 10. **Tateinheit** ua möglich mit §§ 258 (dort 16), 258 a, 259, 263. – **Wahlfeststellung** zwischen Begünstigung und Diebstahl ist zulässig (14 zu § 1; Geppert Jura 94, 441, 446; zw).

§ 258 Strafvereitelung

(1) **Wer absichtlich oder wissentlich ganz oder zum Teil vereitelt, daß ein anderer dem Strafgesetz gemäß wegen einer rechtswidrigen Tat bestraft oder einer Maßnahme (§ 11 Abs. 1 Nr. 8) unterworfen wird, wird mit Freiheitsstrafe bis zu fünf Jahren oder mit Geldstrafe bestraft.**

(2) **Ebenso wird bestraft, wer absichtlich oder wissentlich die Vollstreckung einer gegen einen anderen verhängten Strafe oder Maßnahme ganz oder zum Teil vereitelt.**

(3) **Die Strafe darf nicht schwerer sein als die für die Vortat angedrohte Strafe.**

(4) **Der Versuch ist strafbar.**

(5) **Wegen Strafvereitelung wird nicht bestraft, wer durch die Tat zugleich ganz oder zum Teil vereiteln will, daß er selbst bestraft oder einer Maßnahme unterworfen wird oder daß eine gegen ihn verhängte Strafe oder Maßnahme vollstreckt wird.**

(6) **Wer die Tat zugunsten eines Angehörigen begeht, ist straffrei.**

1 1. Die Vorschrift schützt die (inländische, BGHSt 44, 52, 57 mit Anm Schroeder JR 98, 428; BHGSt 45, 97, 101 mit Bespr Dölling JR 00, 379, Neumann StV 00, 425 und Müller NStZ 02, 356, 361; Altenhain NK 5) **staatliche Strafrechtspflege** (hM; vgl etwa BGHSt 43, 82, 84; OLG Düsseldorf StV 98, 65; Günther, Das Unrecht der Strafvereitelung, 1998, S 25; Stumpf, Die Strafbarkeit des Strafverteidigers wegen Strafvereitelung, 1993, S 50; diff Amelung JR 78, 227, 229; Rudolphi, Kleinknecht-FS, S 379, 384; Kusch NStZ 85, 385, 388; Jerouschek/ Schröder GA 00, 51, 52; krit Arzt/Weber BT 26/1, 17, 18; Hoyer SK 2). Sie will verhindern, dass dem Vortäter nach der Tat von außen Hilfe geleistet wird, und verfolgt den weiteren Zweck, den Vortäter durch Eindämmung späterer Hilfe zu isolieren (Fezer, Stree/Wessels-FS, S 663, 673; Sch/Sch-Stree 1; ähnlich Seel, Begünstigung und Strafvereitelung durch Vortäter und Vortatteilnehmer, 1999, S 24, der die Sicherung der generalpräventiven Wirkung des Strafrechts hervorhebt, und Schröder, Vortat und Tatobjekt der Strafvereitelung, 2000, S 34; anders Altenhain, Das Anschlussdelikt, 2002, S 257, 266, 269: staatliches Recht zur Bestrafung des Vortäters). Sie betrifft nur die sog persönliche Begünstigung. Das EGStGB (5 vor § 1) hat ihre Verbindung mit der sachlichen Begünstigung aufgelöst und sie abwei-

Strafvereitelung **§ 258**

chend vom früheren Recht als Erfolgsdelikt ohne überschießende Innentendenz konstruiert (Altenhain aaO S 218; Küper BT S 332); die sachlichen Änderungen, die die Neuformulierung des Tatbestandes bewirkte, hat der Gesetzgeber nur zum Teil beabsichtigt (Ebert ZRG Germ Abt 93, 1, 58; Ferber, Strafvereitelung – Zur dogmatischen Korrektur einer mißglückten Vorschrift, 1997). – Zur **historischen** Entwicklung Ebert aaO S 1; Wappler, Der Erfolg der Strafvereitelung, 1998, S 16; Altenhain aaO S 48, 54, 84. – Zur **Kriminologie** der Strafvereitelung Rodenhäuser, Die Strafvereitelung, 1970; Geerds Jura 85, 617, 624.

2. a) Ganz oder zum Teil Vereiteln, das in allen Begehungsformen als Tathandlung vorausgesetzt wird, deckt sich mit demselben in § 257a I aF verwendeten Begriff und entspricht zugleich dem „Entziehen" im Sinne des § 257 I aF; nur muss die Vereitelung nicht lediglich beabsichtigt, sondern wirklich eingetreten sein. 2

aa) Als **Täterverhalten** (Handlungsunrecht) reicht nicht jedes für den Vereitelungserfolg (vgl 4) ursächliche Tun oder Unterlassen (in Garantenstellung, 6 zu § 13; SchlHOLG SchlHA 99, 172; näher Arzt/Weber BT 26/8, 9) aus. Es muss mindestens mit einer „Besserstellung" des Vortäters verbunden, dh zur Herbeiführung des Vereitelungserfolges generell geeignet sein (BT-Dr 7/550 S 249). Zur Einschränkung des sonst unangemessen weiten Tatbestandes wird darüber hinaus überwiegend – allerdings mit unterschiedlicher dogmatischer Begründung – angenommen, dass auch im weiteren Sinne **sozialadäquates** Verhalten (29 vor § 32) ausscheidet. Für dessen nähere Konkretisierung dürfte zu fordern sein, dass die Tathandlung mit Vereitelungstendenz, dh im Hinblick gerade auf den Vereitelungserfolg, vorgenommen wird und nicht lediglich eine berechtigte Inanspruchnahme des jedermann gewährleisteten Freiheitsspielraums bedeutet (ähnlich, wenn auch mit Unterschieden im Einzelnen, Frisch JuS 83, 915 und NJW 83, 2471; Küpper GA 87, 385, 399; Kienapfel, FS für R Strasser, 1993, S 227 für § 299 öStGB; Hassemer wistra 95, 81, 83; Otto, Lenckner-FS, S 193, 217; Weisert, Der Hilfeleistungsbegriff bei der Begünstigung, 1999, S 197; Otto GK 2 96/8; Rengier BT I 21/19; Altenhain NK 26–41; Hoyer SK 24, 25; Kindhäuser 6; s auch Schumann, Strafrechtliches Handlungsunrecht und das Prinzip der Selbstverantwortung der Anderen, 1986, S 58; krit Günther aaO [vgl 1] S 126, der eine Handlung verlangt, die darauf gerichtet ist, den Erfolg durch das unmittelbare Bewirken eines primären Vereitelungsgrundes herbeizuführen, S 139, 146, 241, und Wolf, Das System des Rechts der Strafverteidigung, 2000, S 289, der jede Verhinderung einer gesetzmäßigen Verurteilung des Vortäters erfassen will). – Speziell zum Handeln von Verteidigern s unten 8–10. 3

bb) Der **Vereitelungserfolg** tritt nicht erst ein, wenn die Verfolgung oder Vollstreckung ganz oder zum Teil endgültig unmöglich wird, zB durch Herbeiführen der Verjährung (aM Hoyer SK 17); ebenso wie bei § 346 aF (BGHSt 15, 18, 21) genügt es schon, dass der staatliche Zugriff in Folge der Handlung (Altenhain NK 52; krit zum Kausalitätserfordernis Schroeder NJW 76, 980; Lenckner, Schröder-GS, S 339, 347; Ebert aaO [vgl 1] S 59) für **geraume Zeit** nicht verwirklicht worden ist (BGHSt 45, 97, 100: „erheblich verzögert"; NJW 84, 135; KG JR 85, 24; Karlsruhe NStZ 88, 503; Stree JuS 76, 137, 140; Jerouschek/ Schröder GA 00, 51, 57; Rengier BT I 21/3; aM Samson JA 82, 181; Vormbaum, Der strafrechtliche Schutz des Strafurteils, 1987, S 394; Hardtung JuS 98, 719, 720; Seebode JR 98, 338, 341; Schittenhelm, Lenckner-FS, S 519, 532; Günther aaO [vgl 1] S 85; Stumpf aaO [vgl 1] S 64, 75; Wappler aaO [vgl 1] S 172; Wolf aaO [vgl 3] S 283; Schmitz, Unrecht und Zeit, 2001, S 76; Altenhain NK 51; diff Lenckner aaO S 342; Rudolphi JuS 79, 859, 860; für die Vollstreckungsvereitelung abw Kusch NStZ 85, 385, 389; speziell für den Strafverteidiger Lüderssen LR 127 vor § 137 StPO); in Anlehnung an § 229 I StPO ist dies bei 10 Tagen anzu- 4

§ 258 BT. 21. Abschnitt. Begünstigung und Hehlerei

nehmen (Jahn ZRP 98, 103, 105; Hohmann/Sander BT II 25/5; zwei Wochen nach Kindhäuser BT I 51/8 und W-Hettinger BT 1 Rdn 727; enger Joecks 12 zu § 258 a: mehrwöchige Verzögerung). Bei der Verzögerung von Ermittlungshandlungen tritt der Vereitelungserfolg der Verfolgungsvereitelung (vgl 11) nur dann ein, wenn dadurch auch die Aburteilung für geraume Zeit verzögert wird (wistra 95, 143; Sch/Sch-Stree 16; Günther aaO [vgl 1] S 103 verlangt, dass ihr endgültiges Ausbleiben konkret zu befürchten ist). – **"Zum Teil"** vereiteln betrifft daher nur die Fälle, in denen mit der beschriebenen endgültigen oder vorübergehenden Wirkung ein inhaltlich begrenzter Teil der Strafe, Maßnahme oder Vollstreckung vereitelt wird, wenn also zB Bestrafung nur wegen eines Vergehens statt eines Verbrechens oder durch Heranziehung eines Strafmilderungsgrundes eine mildere Strafe (LG Hannover NdsRpfl 03, 73) erreicht, die Strafschärfung nur wegen eines bestimmten Erschwerungsgrundes ausgeschlossen, der strafbar erlangte Gewinn dem Verfall nur teilweise entzogen oder die Vollstreckung nur eines Strafrestes verhindert wird (BT-Dr 7/550 S 249).

5   cc) Schließlich genügt auch **nicht jede unmittelbare oder mittelbare Besserstellung** im Hinblick auf den Vereitelungserfolg (so aber BT-Dr 7/550 S 249). Einschränkungen ergeben sich vor allem aus den allgemeinen Regeln über die **Abgrenzung von Vorbereitung und Versuch;** die danach für das Überschreiten der Strafbarkeitsschwelle maßgebenden Voraussetzungen (4–10 zu § 22), müssen erfüllt sein (vgl etwa BGHSt 31, 10; NJW 82, 1601 mit Bespr Lenckner NStZ 82, 401; NJW 83, 2712 mit Anm Beulke NStZ 83, 503 und Bottke JR 84, 300; NJW 86, 2121 und 92, 1635; Bay NJW 86, 202 mit Anm Bottke JR 87, 33; Karlsruhe Justiz 93, 262; Küper BT S 335). Entsprechendes gilt grundsätzlich auch für die allgemeinen Regeln über **Täterschaft und Teilnahme,** deren Anwendung jedoch wegen der besonderen Struktur des Tatbestandes schwierig und umstritten ist (dazu 6, 10).

6   b) Aus dem Merkmal **"ein anderer"** folgt, dass Vereiteln zu eigenen Gunsten **(persönliche Selbstbegünstigung)** nicht tatbestandsmäßig ist (hM; Seel aaO [vgl 1] S 39; Lüderssen LR 120, 134 vor § 137 StPO; zusf Fahrenhorst JuS 87, 707; anders Schmidhäuser, Form und Gehalt der Strafgesetze, 1988, S 24; eingehend zu dem dieser Begrenzung zugrunde liegenden sog Selbstbegünstigungsprinzip Rogall, Der Beschuldigte als Beweismittel gegen sich selbst, 1977; Schneider, Grund und Grenzen des strafrechtlichen Selbstbegünstigungsprinzips, 1991). Zu beachten ist jedoch, dass die Tatbestände der Strafvereitelung nach ihrer historischen Entwicklung und ihrem erkennbaren Schutzzweck vor allem die Aussichten des Vortäters schmälern sollen, "Hilfe nach der Tat" zur Abwendung der drohenden strafrechtlichen Konsequenzen zu erlangen (Arzt/Weber BT 26/17; krit Ebert aaO [vgl 1] S 47). Bei diesem Ausgangspunkt liegt es noch im Rahmen zulässiger teleologischer Auslegung, dem Vortäter geleisteten **sachlichen Beistand** (zB durch Verschaffen von Unterkunft, gefälschten Papieren, Geld usw oder durch Erteilen von konkreten hilfreichen Ratschlägen) als Täterschaft nach Abs 1, 2 zu erfassen und ihn nicht als (straflose) Beihilfe zu einer nicht mit Strafe bedrohten Selbstbegünstigung auszuscheiden (hM; vgl etwa Lenckner aaO [vgl 4] S 352; Frisch JuS 83, 915, 919; Lackner, Heidelberg-FS, S 39, 42; Küper GA 87, 385, 391 und 97, 301, 315; Weisert aaO [vgl 3] S 206; Rengier BT I 21/18; Kindhäuser 6; Sch/Sch-Stree 33; diff Günther aaO [vgl 1] S 139; anders Rudolphi JR 84, 338 und Kleinknecht-FS, S 379, 389; Krekeler NStZ 89, 146, 148; Scholderer StV 93, 229; Ebert aaO [vgl 1] S 61; Ferber aaO [vgl 1] S 83, 138, 183; Stumpf aaO [vgl 1] S 110; Jerouschek/Schröder GA 00, 51, 60; M-Schroeder/Maiwald BT 2 100/18; Altenhain NK 24; Hoyer SK 29–31; Lüderssen LR 128, 133 vor § 137 StPO; anders auch Schmidhäuser aaO, der strafbare Beihilfe annimmt; die Rspr hat die Frage bisher nicht grundsätzlich entschieden, tendiert aber wohl zur

Strafvereitelung **§ 258**

hM, vgl BGHSt 44, 52 und 45, 97); die Behandlung von Fällen sog „Quasi-Mittäterschaft" (3 zu § 216) zwischen dem tatbestandslos handelnden Beschuldigten und dem Dritten ist noch nicht geklärt (diff Scholderer StV 93, 229 und Jerouschek/Schröder aaO; für Straflosigkeit Lüderssen, Miyazawa-FS, S 449, 452 und LR 133–135 vor § 137 StPO, der die Strafbarkeit erst bei mittelbarer Täterschaft des dominierenden Verteidigers annimmt, Rdn 132); die Annahme von Täterschaft auch bei bloßer Anstiftung eines anderen zur persönlichen Begünstigung (Lenckner aaO; Seel aaO S 41, 52) und bei bloßer Beihilfe durch psychisches Bestärken des Selbstbegünstigungsentschlusses (NJW 84, 135) wird dagegen durch den Schutzzweck nicht getragen (Karlsruhe StV 91, 519; Otto GK 2 96/7; W-Hettinger BT 1 Rdn 725; Lüderssen LR 129 vor § 137 StPO). Ob über diese Grenze hinaus Täterschaft auch angenommen werden kann, wenn jemand im Interesse des Vortäters einen Dritten zur Vornahme einer Vereitelungshandlung bestimmt, ist noch nicht abschließend geklärt, in der Rspr vorwiegend aber nur im Zusammenhang mit Handlungen von Strafverteidigern erörtert worden (dazu 10).

c) aa) Als **Vereitelungshandlungen** reichen idR aus (weitere Beispiele unter **7** 3, 4 zu § 258a): Vernichten von Beweismitteln (vgl Günther aaO [vgl 1] S 143); Beiseiteschaffen von Ermittlungs- oder Vollstreckungsakten; Verstecken einer Person, jedoch idR nicht schlichtes Beherbergen (Schubarth, Schultz-Festg, S 158; aM Ruß LK 10a) oder bloßes Zusammenwohnen (NJW 84, 135), wohl aber Gewähren von Wohnraum als Versteck zur Verheimlichung des Aufenthalts (Stuttgart NJW 81, 1569 mit Bespr Frisch JuS 83, 915; Koblenz NJW 82, 2785 mit Bespr Frisch NJW 83, 2471; Otto aaO [vgl 3] S 217; Günther aaO S 175, 192); Gefangenenbefreiung, nicht jedoch Verbinden eines flüchtigen Verbrechers durch einen Arzt; irreführende Aussagen, nicht dagegen die bloße Zusage an einen Beschuldigten, zu seinen Gunsten falsch auszusagen (BGHSt 31, 10; s auch die Nachw unter 5), auch nicht die von § 55 StPO gedeckte Verweigerung, eine Aussage zu vervollständigen (Zweibrücken wistra 93, 231); Veranlassen des Beschuldigten zum Widerruf eines Geständnisses (BGHSt 2, 375; zw); Informieren des Vortäters über gegen ihn unternommene Ermittlungsmaßnahmen (Ransiek wistra 99, 401).

bb) Auch **Unterlassen** einer gebotenen und nach den Umständen zumutbaren **7a** Anzeige oder Meldung kommt in Frage. Jedoch kann die hier erforderliche Garantenstellung (NStZ 92, 540; s auch 3) nur aus einer Pflicht hergeleitet werden, die dem Schutz der Rechtspflege in dem durch § 258a I (dort 2) umschriebenen Aufgabenbereich dient (hM); bloß zivilrechtliche (Ruß LK 18) oder öffentlich-rechtliche Pflichten, namentlich auch Dienstpflichten, reichen als solche nicht aus; deshalb begründet die Meldepflicht eines Vollzugsbediensteten, dem Straftaten von Gefangenen oder von Bediensteten an Gefangenen bekannt werden, keine Garantenstellung (BGHSt 43, 82 mit zust Bespr Rudolphi NStZ 97, 599, Sonnen JA 97, 837, Martin JuS 97, 1047, Seebode JR 98, 338 und Geppert JK 10; Rengier BT I 21/9; Altenhain NK 44; Hoyer SK 32; krit aber Kleszcewski JZ 98, 313; Wagner, Schleswig-FS, S 511; aM für den Anstaltsleiter bei schweren Straftaten von Gefangenen an Bediensteten und externen Mitarbeiterinnen Hamburg NStZ 96, 102 mit zust Anm Kleszcewski und abl Bespr Küpper JR 96, 524, Volckart StV 96, 608 und Geppert JK 9 sowie Verrel GA 03, 595; zust Tröndle/Fischer 6), auch nicht die „Pflicht" des Arztes, Trunkenheitsfahrern Blutproben abzunehmen (Schmelz, in: Schneider/Frister [Hrsg], Alkohol und Schuldfähigkeit, 2002, S 91, 98), wohl aber die Pflicht zur Meldung des Abbruchs einer Therapiebehandlung nach § 35 III BtMG (Bay NStZ 90, 85 mit Anm Kreuzer; krit Ostendorf JZ 94, 562). Auch rechtsgültige innerdienstliche Verwaltungsvorschriften sind danach als Grundlage nicht ganz auszuschließen, wenn sie die Verfolgung von Straftaten in bestimmten Bereichen sicherstellen sollen (aM Verrel aaO S 604: Art 103 II GG –

§ 258 BT. 21. Abschnitt. Begünstigung und Hehlerei

Verstoß); jedoch widerspricht die gebietsweise durch Richtlinien angeordnete Anzeigepflicht von Umweltbehörden dem Bundesrecht und ist auch organisationsrechtlich bedenklich (Schink DVBl 86, 1073; Papier NJW 88, 1113, 1115; aM Scheu NJW 83, 1707, 1708; zw). – Ein Dienstvorgesetzter verletzt seine Garantenpflicht meist nur bei Ermessensmissbrauch (BGHSt 4, 167, 170; vgl auch BGHSt 43, 82, 88).

8 **d) Prozessual zulässiges Handeln von Verteidigern,** dessen Grenzen umstritten und zum Teil noch ungeklärt sind (vgl etwa Welp ZStW 90, 804; Ostendorf NJW 78, 1345; Wassmann, Strafverteidigung und Strafvereitelung, 1982, S 12, 123; Vormbaum aaO [vgl 4] S 414; Beulke, Die Strafbarkeit des Verteidigers, 1989; Liemersdorf MDR 89, 204; Krekeler NStZ 89, 146; Paulus NStZ 92, 305; Scholderer StV 93, 229; Günther aaO [vgl 1] S 160; Pellkofer, Sockelverteidigung und Strafvereitelung, 1999, S 86; Wohlers StV 01, 420; Roxin, Hanack-FS S 1; krit zu allen prozessakzessorischen Ansätzen Stumpf aaO [vgl 1] S 16, 29, nach dem über die Strafbarkeit meist im materiellen Recht entschieden wird; krit zur „zirkulären Argumentation" Lüderssen LR 122, 137 vor § 137 StPO), schließt schon den Tatbestand aus, wirkt also nicht erst rechtfertigend (BGHSt 46, 53; Düsseldorf NJW 91, 996 und StV 98, 64 und 65 [mit Bespr Otto JK 11] sowie 552; LG Hannover NdsRpfl 03, 73; Müller-Dietz Jura 79, 244, 253 und JR 81, 76; Müller StV 81, 90, 95; Otto Jura 87, 329; Stumpf NStZ 97, 7; Pellkofer aaO S 85; Wohlers aaO S 426). – Fallkatalog bei Beulke StPR Rdn 176; sieben Leitlinien für den Strafverteidiger bei Arzt/Weber BT 26/11; einzelne Verteidigungshandlungen bei Fezer StPR S 43, Volk StPR 11/26, Jahn ZRP 98, 103, 106 und Meyer-Goßner, BGH-FS, S 615, 636–640. – Positive Analyse der Rspr bei Widmaier, BGH-FG, S 1042, 1050.

9 aa) Der Verteidiger **darf** die ihm zustehenden prozessualen Rechte voll ausschöpfen (BGHSt 38, 345, 347 mit zust Bespr Scheffler StV 93, 470, Beulke JR 94, 116 und Otto JK 17 zu § 267; Düsseldorf JZ 86, 408; Kölbel GA 02, 403, 422; Altenhain NK 32; krit zu dieser professionellen Adäquanz des Verteidigerverhaltens hebt Hassemer wistra 95, 81 ab, s oben 3). Diese schließen aber nicht die Befugnis ein, die Begehung anderer Straftaten (zB Urkundenfälschung, Anstiftung zum Meineid) als Verteidigungsmittel einzusetzen (BGH aaO mit zust Anm Beulke JR 94, 118; Scholderer StV 93, 230; für die Sperrwirkung des § 258 für andere tateinheitlich begangene Delikte v Stetten StV 95, 606; Wünsch StV 97, 45; Hilgendorf, Schlüchter-GS, S 497, 508; Küpper, Meurer-FS, S 123, 131: „mittelbare" Sperrwirkung; dagegen Stumpf NStZ 97, 7, der diese aber mittelbar aus dem Prozessrecht herleitet; dem zust Hilgendorf aaO 505, Rengier BT I 21/22 und Tröndle/Fischer 13–13 d; beachte zur Rspr auch Widmaier, BGH-FG, S 1043, 1056; vgl 14), oder selbst zu lügen (Roxin, Hanack-FS, S 1, 12). Auch darf der Verteidiger nicht auf Zeugen zur Herbeiführung einer Falschaussage einwirken (NJW 83, 2712 mit Anm Bottke JR 84, 300; Oldenburg StV 87, 523; s auch Düsseldorf StV 98, 552), zB durch ein Schmerzensgeldversprechen als „Erfolgshonorar für eine entlastende Aussage" (BGHSt 46, 53 mit zT krit Bespr Cramer/Papadopoulos NStZ 01, 148, Kudlich/Roy JA 01, 15, Scheffler JR 01, 294, Müller NStZ 02, 356, 358 und Geppert JK 14; zust Beulke, Roxin-FS, S 1173; s auch Müller-Christmann JuS 01, 60, 62 und Hilgendorf aaO S 502); ihre Vernehmung trotz Kenntnis ihrer Entschlossenheit zur Falschaussage beantragen (hM; vgl Beulke aaO [vgl 8 Strafbarkeit] S 83; anders Mehle, Koch-Festg, S 179; Hoyer SK 26) oder sonst auf die Wahrheitsfindung in bewusst verfälschender Weise Einfluss nehmen (NStZ 99, 188 mit krit Bespr Lüderssen StV 99, 537 und Stumpf wistra 01, 123; zust Widmaier aaO S 1051 und Meyer-Goßner 2 vor § 137 StPO; Frankfurt NStZ 81, 144 mit Bespr Seier JuS 81, 106; Düsseldorf StV 98, 64 und 65; LG Hannover NdsRpfl 03, 73;

Bottke ZStW 96, 726; Otto Jura 87, 329; Liemersdorf MDR 89, 204; Röhse JuS 91, 683; diff Krekeler NStZ 89, 146; Kühne StPR Rdn 203, 204; aM Strzyz, Die Abgrenzung von Strafverteidigung und Strafvereitelung, 1983, S 304, alle mwN). Mit dieser Beschränkung ist es zulässig: dem Mandanten von einem Geständnis oder einer Selbstanzeige abzuraten, auch wenn dieser schon dazu entschlossen ist (Krekeler aaO S 147; einschr Müller-Dietz Jura 79, 244, 251); ihm zu empfehlen, sich nicht zur Sache einzulassen (bei Holtz MDR 82, 970); für ihn trotz Kenntnis seiner Schuld mit korrekten prozessualen Mitteln einen Freispruch anzustreben (BGHSt 2, 375; Dahs, Handbuch des Strafverteidigers, 6. Aufl 1999, Rz 69; zu weit Ostendorf aaO [vgl 8]); ihn „stimulierungsneutral" (weiter Wassmann aaO [vgl 8] S 133, 137) über die Rechtslage und über etwaige Möglichkeiten zu informieren, dem Tatvorwurf durch unverbotenes, aber dem Verfahren abträgliches Verhalten, etwa durch Lügen, Widerruf eines wahren Geständnisses, Veränderung der Haartracht (Karlsruhe StV 91, 519) oder Flucht (ebenso Cramer MK 43), zu entgehen, selbst wenn damit das Risiko verbunden ist, dass eine solche Möglichkeit ergriffen wird (Bottke ZStW 96, 726, 755; Krekeler aaO S 148, beide mwN); dem Angehörigen (BGHSt 10, 393 mit Anm Ackermann MDR 58, 48) oder sonst einem Zeugen zur zulässigen Aussageverweigerung zuzureden (hM); einen Zeugen auch bei Zweifeln an der Richtigkeit von dessen Aussage benennen (BGHSt 46, 53, 56 mit Bespr Geppert JK 14; Stumpf aaO [vgl 1] S 189, 213). IdR darf der Verteidiger seinen Mandanten auch über Tatsachen unterrichten, die er aus den Akten erfahren oder selbst ermittelt hat, und ihm darüber Aktenauszüge oder -abschriften aushändigen (BGHSt 29, 99; Frankfurt aaO und StV 81, 28); die hM nimmt jedoch Ausnahmen an, wenn die Unterrichtung (zB über eine unmittelbar bevorstehende Durchsuchung oder Verhaftung) den Untersuchungszweck gefährden oder die Besorgnis eines Missbrauchs zu verfahrensfremden Zwecken begründen würde (BGH aaO; KG NStZ 83, 556 mit abl Anm Mehle; Pfeiffer DRiZ 84, 341; Liemersdorf aaO S 207; Tröndle/Fischer 9; diff Krekeler aaO S 149; Vogt, Berufstypisches Verhalten und Grenzen der Strafbarkeit im Recht der Strafvereitelung, 1992, S 233; Stumpf aaO S 161; aM Tondorf StV 83, 257; Welp, Peters-Festg, S 309; Gatzweiler StV 85, 248; Cramer MK 44; beachte auch Sieber, Roxin-FS, S 1113, 1135). In Fällen konfliktbehafteter Strafverteidigung soll, soweit sie nur das Verfahren und seinen Abschluss behindert, erschwert oder vereitelt, die objektive Zurechnung des Vereitelungserfolgs ausgeschlossen sein, wenn das Gericht vorhandene prozessuale Gestaltungsmöglichkeiten nicht ausnutzt (Jahn, Konfliktverteidigung und Inquisitionsmaxime, 1998, S 345, 358 und in: ZRP 98, 103, 107: sog „Strafjustizvereitelung"; zust Barton StV 00, 111; ähnlicher Ansatz bei Stumpf aaO S 188, 213; s auch Pellkofer aaO [vgl 8] S 134, die insb die sog „Sockelverteidigung", dh die Zusammenarbeit unter Verteidigern, aus dem Tatbestand heraushalten will, S 171, 199; zur „Sockelverteidigung" vgl auch Dahs aaO Rz 63 und Müller StV 01, 649, 652); bei einer gemeinsamen Verteidigungsstrategie kann der Verteidiger auch an Gesprächen teilnehmen, die der andere Verteidiger mit seinem Mandanten führt (Düsseldorf JR 03, 346 mit Anm Beulke); § 258 kommt erst in Betracht, wenn der Verteidiger an einer absichtlichen Absprache falscher Beschuldigteneinlassungen mitwirkt (Beulke aaO S 348; ähnlich auch Frankfurt NStZ 81, 144).

bb) Für Verteidigerhandeln, das durch das Prozessrecht **nicht gedeckt ist,** gelten keine Besonderheiten (hM; anders Müller StV 81, 90; Lüderssen LR 133h, 169, 170 vor § 137 StPO). Seine Strafbarkeit hängt von der Verwirklichung des Tatbestandes im Übrigen oder wenigstens der Versuchsvoraussetzungen (Abs 4) ab, zu denen namentlich die Überschreitung der Versuchsschwelle gehört (vgl die Nachw unter 5; näher Pellkofer aaO [vgl 8] S 159; Meyer-Goßner, BGH-FS, S 615, 639). Auch unechtes Unterlassen (6–16 zu § 13) ist nicht ganz ausgeschlossen, scheidet regelmäßig aber wegen Fehlens der erforderlichen Garantenstellung

10

§ 258   BT. 21. Abschnitt. Begünstigung und Hehlerei

aus (so zum Nichterscheinen des Verteidigers in der Hauptverhandlung Schneider Jura 89, 343; ebenso zur Nichtvorlage eines belastenden Privatgutachtens LG Koblenz StV 94, 378; zw). – Sucht ein Verteidiger im Interesse seines Mandanten einen **Dritten** zu einer Vereitelungshandlung (zB einer falschen Zeugenaussage) zu **bestimmen,** so nimmt die Rspr ohne nähere Begründung regelmäßig Täterschaft an, obwohl nach den allgemeinen Regeln (versuchte oder vollendete) Anstiftung des Dritten nicht von der Hand zu weisen ist (BGHSt 31, 10; NJW 82, 1601 und 83, 2712; StV 01, 108 mit Bespr Müller NStZ 02, 356, 360; Hamburg NJW 81, 771; Bremen NJW 81, 2711; KG JR 84, 250; s auch Karlsruhe MDR 93, 368). Auf dem Boden der subjektiven Teilnahmelehre (5 vor § 25) ist das vielleicht noch vertretbar (bejahend namentlich Beulke NStZ 82, 329 und 83, 504), mit der Tatherrschaftslehre aber schwerlich vereinbar (abl daher Frankfurt StV 92, 360; Rudolphi JR 84, 338 und Kleinknecht-FS, S 379, 387; Müller-Dietz JR 81, 475; Otto Jura 87, 329, 331; Krekeler NStZ 89, 146, 150; Scholderer StV 93, 230; Ferber aaO [vgl 1] S 85, 143; Pellkofer aaO S 153; Rengier BT I 21/21; Altenhain NK 39); zur Abgrenzung von täterschaftlicher Strafvereitelung und strafloser Teilnahme an strafloser Selbstbegünstigung (oben 6) vgl Beulke aaO (vgl 8 „Strafbarkeit") Rdn 153: ausnahmslos Täter; dagegen Meyer-Goßner, BGH-FS, S 615, 639. Die Straflosigkeit des Verteidigers, der erfolglos versucht, einen anderen zu einer Strafvereitelung zu bestimmen, ist freilich im Hinblick auf die prozessualen Fernwirkungen unbefriedigend (Ebert aaO [vgl 1] S 64). – Beim Verdacht einer Strafvereitelung (auch einer versuchten, nicht aber einer straflosen versuchten Anstiftung) ist der Verteidigung von der Mitwirkung im Strafverfahren auszuschließen (Meyer-Goßner 11 zu § 138 a StPO mwN).

11   **3. Abs 1 (Verfolgungsvereitelung). a)** Die Tathandlung (vgl 2–10) muss eine dem **Strafgesetz gemäße** Rechtsfolge vereiteln. Die Voraussetzungen einer Strafe oder Maßnahme müssen wirklich erfüllt gewesen sein (W-Hettinger BT 1 Rdn 719), der Begünstigte (in Ausnahmefällen auch ein Dritter; vgl 12) also mindestens eine rechtswidrige Vortat (18 zu § 11), nicht nur eine Ordnungswidrigkeit, begangen haben, deretwegen eine Strafe verhängt oder eine Maßnahme angeordnet werden könnte. Bei Vereitelung einer Bestrafung ist deshalb eine schuldhaft begangene Vortat erforderlich, bei der weder ein persönlicher Strafausschließungs- oder Strafaufhebungsgrund noch ein endgültig wirkendes Verfolgungshindernis eingreift (Düsseldorf NStE 1 mwN). Ist die Vortat nicht festgestellt oder hat der Täter sie irrig – sei es auch nur auf Grund falscher rechtlicher Wertung (BGHSt 15, 210; 15 zu § 22; für Anwendung des Abs 2 Schröder aaO [vgl 1] S 153 mit krit Bespr Heghmanns GA 00, 83; str) – angenommen, so liegt Versuch (Abs 4) vor (Jerouschek/Schröder GA 00, 51, 54, 56; W-Hettinger BT 1 Rdn 722; aM Günther aaO [vgl 1] S 52); dasselbe gilt, wenn nur die Strafschärfung wegen eines Erschwerungsgrundes vereitelt werden sollte, dieser Grund aber nicht festgestellt ist (Bay JZ 73, 385). Zur vorgeleisteten Strafvereitelung s unten Rdn 18.

12   **b)** Die Vereitelung kann sich auch auf **Maßregeln der Besserung und Sicherung, Verfall** (krit Stree JuS 76, 137, 140; dagegen und für die Einbeziehung des Verfalls in § 258 Altenhain aaO [vgl 1] S 360 mit zust Bespr Schroeder JZ 03, 789; die Einbeziehung von strafprozessualen Maßnahmen nach § 111 d StPO verstößt nicht gegen das Analogieverbot, wenn sie der Realisierung der späteren Verfallsanordnung dienen sollen, BVerfG wistra 04, 99), **Einziehung und Unbrauchbarmachung** (§ 11 I Nr 8) beziehen, und zwar unabhängig davon, ob sich die Maßnahme nach dem Gesetz gegen den Vortäter oder einen Dritten richtet (vgl namentlich § 74 II Nr 2, §§ 74 a, 74 d II) richtet (BT-Dr 7/550 S 249). Die Beschränkung auf Strafen und Maßnahmen (21 zu § 11) ist abschließend (weiter Schröder aaO [vgl 1] S 41); eine Erstreckung auf andere Sanktionen, zB die Einstellung des Verfahrens unter Auflagen oder Weisungen nach § 153 a StPO (Mom-

Strafvereitelung **§ 258**

berg ZRP 82, 70; Günther aaO [vgl 1] S 40; Schröder, S 54), auf Maßnahmen nach dem JGG (Hamm NJW 04, 1189 [zu Zuchtmitteln nach § 13 JGG]; Sch/Sch-Stree 13, 14; am Schröder, S 58 und Jerouschek/Schröder GA 00, 51, 53), auf die Abführung des Mehrerlöses nach § 8 WiStG oder auf die Vernichtungs- und Überlassungsansprüche nach §§ 98, 99 UrhG (Weber, Meyer-GS, S 633, 637) ist daher nicht möglich; jedoch kommt Begünstigung in Frage.

4. Abs 2 (Vollstreckungsvereitelung) setzt Vollstreckbarkeit der (inländi- **13** schen; Schröder aaO [vgl 1] S 160; Altenhain NK 60) Entscheidung voraus, die idR erst mit Rechtskraft eintritt (§ 449 StPO). Das Gericht darf die rechtskräftige Entscheidung nicht nachprüfen (RGSt 73, 331; Schröder, S 161; W-Hettinger BT 1 Rdn 731; anders Hoyer SK 6, der eine „wirklich begangene strafrechtswidrige Vortat" verlangt; vgl auch Altenhain NK 61). Lockerungsmaßnahmen der Vollzugsbehörden, die den verwaltungsrechtlich anerkannten Beurteilungs- und Ermessensspielraum nicht überschreiten, liegen im Rahmen gesetzmäßiger Vollstreckung und sind daher nicht tatbestandsmäßig (vgl dazu 3, 7, 9 zu § 120; beachte auch LG Berlin NStZ 88, 132 mit abl Bespr Ostendorf JZ 89, 579; Schaffstein, Lackner-FS, S 795; Kaiser/Schöch Strafvollzug 7/61; aM Peglau NJW 03, 3256); bei Überschreiten dieses Spielraums hängt die Tatbestandsverwirklichung vom Eintritt des Vereitelungserfolges (vgl 4; probl dazu Kusch NStZ 85, 385, 389) und von dem erforderlichen direkten Vorsatz (vgl 14) ab (ebenso Kaiser/Schöch aaO). – Die Zahlung einer Geldstrafe für einen anderen erfüllt nach der Rspr, die im Hinblick auf den Gesetzeswortlaut und die Schwierigkeiten sinnvoller Begrenzung vorzugswürdig, kriminalpolitisch aber bedauerlich ist (symptomatisch Kapp NJW 92, 2796), den Tatbestand nicht (BGHSt 37, 226 mit zT krit Bespr Wodicka NStZ 91, 487, Krey JZ 91, 889, Hillenkamp JR 92, 74 und Müller-Christmann JuS 92, 379; Günther aaO [vgl 1] S 193; Schröder S 159; Arzt/Weber BT 26/12; Kindhäuser BT I 51/22; Krey BT 1 Rdn 620b; Rengier BT I 21/11, 12; Streng Sanktionen 105; Altenhain NK 64; krit Häger LK 31 vor § 40; abl Scholl NStZ 99, 599, 603; zw; zur möglichen Strafbarkeit wegen Untreue Hoffmann/Wißmann StV 01, 249).

5. Absichtlich erfordert hier zielgerichtetes Wollen (20 zu § 15; s auch KG JR **14** 85, 24), **wissentlich** Handeln trotz sicherer Kenntnis oder Voraussicht der Tatbestandsverwirklichung (21 zu § 15; krit Lenckner aaO [vgl 4] S 354; Ebert aaO [vgl 1] S 65). Der danach erforderliche **direkte Vorsatz** (BGHSt 38, 345, 348; 46, 53, 59 mit Bespr Cramer/Papadopoulos NStZ 01, 148, 149, Kudlich/Roy JA 01, 15, Wohlers StV 01, 420, 421, Müller NStZ 02, 356, 358 und Geppert JK 14 sowie Hilgendorf, Schlüchter-GS, S 497, 504; Düsseldorf StV 98, 64 und 65 mit Bespr Otto JK 11) muss nur die Tathandlung und den daraus erwachsenden Vereitelungserfolg, und zwar auch dessen Element der „geraumen Zeit" (aM KG aaO), umfassen (Momberg ZRP 82, 70, 71), bei Jugendlichen als Vortäter auf das Unterbleiben der Verhängung einer Jugendstrafe (Hamm NJW 04, 1189, 1190); im Hinblick auf die Vortat (dazu 4 zu § 257) kann er dagegen bedingt sein (BGHSt 45, 97, 100 mit Bespr Dölling JR 00, 379; Sch/Sch-Stree 22, 23; Tröndle/Fischer 17; aM Müller StV 81, 90, 92). Das Erfordernis des direkten Vorsatzes ist auch bei verteidigerspezifischem Handeln nicht auf andere Straftatbestände wie Aussage- oder Urkundsdelikte zu übertragen (BGHSt 38, 345 mit zust Bespr Otto JK 17 zu § 267; anders Scheffler StV 93, 472; Wünsch StV 97, 45; vgl 9). Der Irrtum über die Alternativen des Abs 1 und des Abs 2 – der Täter meint eine Verfolgungsvereitelung zu begehen, begeht aber eine Vollstreckungsvereitelung oder umgekehrt – lässt den Vorsatz unberührt (aM Jerouschek/Schröder GA 00, 51, 61, die aber Versuch annehmen).

6. Die Tat ist erst mit Eintritt der Vereitelungswirkung **vollendet** (Bay NStZ **15** 91, 203; Schmitz aaO [vgl 4] S 76). Vorher kommt Versuch (auch untauglicher;

1047

§ 258

BT. 21. Abschnitt. Begünstigung und Hehlerei

zB bei irriger Annahme einer Vortat; näher Altenhain NK 67) in Frage (Abs 4; beachte auch 15 zu § 22; zum Versuchsbeginn vgl Günther aaO [vgl 1] S 234, Krey BT 1 Rdn 617 und W-Hettinger BT 1 Rdn 728; krit Ferber aaO [vgl 1] S 103, 132 und 176); noch kein Versuch liegt vor, wenn der Täter es erfolglos unternimmt, einen Zeugen zur Falschaussage zu bestimmen (Köln StV 03, 15 mit zust Bespr Geppert JK 15, der aber zu Recht schon eine täterschaftliche Begehung des § 258 bezweifelt).

16 **7. Abs 5** enthält einen auf Zumutbarkeitserwägungen beruhenden **persönlichen Strafausschließungsgrund** (29 vor § 13; aM Seel aaO [vgl 1] S 75; Roxin AT I 22/138 und 23/16 sowie Schünemann LdR S 86: Entschuldigungsgrund; str); mit Rücksicht auf die notstandsähnliche Lage (BGHSt 43, 356, 358 mit krit Bespr Seebode JZ 98, 781; Bay NStZ 96, 497; krit zu dieser individual-psychologischen Erklärung und für die Einräumung eines tatbestandlichen Freiraumes Fezer, Stree/Wessels-FS, S 663, 673; krit auch Schneider, aaO [vgl 6] S 157, 360 und 382) schließt er die Strafbarkeit aus, wenn die Vereitelungshandlung bezweckt, neben dem anderen zugleich auch den Täter selbst – auch wenn die Befürchtung eigener Strafverfolgung unbegründet ist (NStZ-RR 02, 215) – besserzustellen (persönliche Selbstbegünstigung; vgl 6; Seel aaO S 77), oder wenn dieser Zweck nicht auszuschließen ist (NJW 84, 135); in welchem Gewichtsverhältnis die konkurrierenden Zwecke zueinander stehen, ob sich die Tathandlung auf dieselbe oder auf verschiedene Vortaten bezieht und ob diese in bestimmter Weise voneinander abhängen, ist unerheblich (NJW 95, 3264; BT-Dr 7/550 S 250; W-Hettinger BT 1 Rdn 733; beachte jedoch 5 zu § 258 a). Einerseits kann danach nicht bestraft werden, wer einen anderen anstiftet, ihn selbst persönlich zu begünstigen (Bay NJW 78, 2563 mit Anm Stree JR 79, 253) und andererseits bleibt nur die Strafvereitelung als solche, nicht ein mit ihr zusammentreffender Betrug oder Meineid (BGHSt 15, 53), straflos. Das gilt auch für das Zusammentreffen mit § 257. Die durch das EGStGB hergestellte systematische Selbstständigkeit der §§ 257, 258 (vgl 1) bietet keinen Ansatz für die Annahme, dass der Anwendungsbereich des Abs 5 auch die Begünstigung einschließt (M-Schroeder/Maiwald BT 2 101/13; Ruß LK 32; aM Stree JuS 76, 137, 140; Amelung JR 78, 227; Geppert Jura 80, 327, 332; Seel aaO S 91; offengelassen von NStZ 00, 259 mit Bespr Cramer NStZ 00, 246 und Geppert JK 5 zu § 257); jedenfalls hat die früher weiterreichende Rspr und Lehre im Gesetz keinen Ausdruck gefunden. Strebt also jemand zugleich Vorteilssicherung für einen anderen und Strafvereitelung für sich selbst und den anderen an, so entfällt die Strafbarkeit nur nach § 258, es sei denn, dass sich aus § 257 III (dort 8) Straflosigkeit ergibt; jedoch bedarf es in solchen Fällen sorgfältiger Prüfung, ob es dem Täter auf die Vorteilssicherung ankam oder ob er sie nur – was die Regel sein wird – um seiner „Selbstbegünstigung" willen in Kauf genommen hat. – Strafvereitelung kann auch der an der Vortat Beteiligte zugunsten eines anderen Beteiligten begehen; jedoch schließt idR Abs 5 die Strafbarkeit aus (Seel aaO S 74). Dies soll jedoch dann nicht gelten, wenn die Vortat (zB Beihilfe zur Brandstiftung) und die Vereitelungshandlung im Verhältnis von vorheriger Zusage eines falschen Alibis zu deren Einlösung steht (BGHSt 43, 356 mit überwiegend krit Bespr Paul JZ 98, 739, Seebode JZ 98, 782, Geerds NStZ 99, 31, Gubitz/Wolters NJW 99, 764, Joerden JuS 99, 1063; Müller NStZ 02, 356, 362 und Otto JK 11; krit auch Rengier BT I 21/14 a und Altenhain NK 70); entscheidend ist aber, ob der Täter subjektiv seine eigene Bestrafung vereiteln will und in der – sei es auch irrigen – Vorstellung handelt, dies mit seiner Aussage erreichen zu können; die Angabe objektiver Gründe (so BGH aaO) reicht für die Ablehnung des Vereitelungswillens nicht. Mit der rechtskräftigen Verurteilung des Vortäters oder Vortatbeteiligten entfällt die Zwangslage und damit der Strafausschließungsgrund (Bay NStZ 96, 497).

Strafvereitelung im Amt **§ 258a**

8. Abs 6 enthält einen auf Schulderwägungen beruhenden persönlichen Strafausschließungsgrund (29 vor § 13; aM Günther aaO [vgl 1] S 218 und Roxin AT I 22/139 und 23/16: Entschuldigungsgrund) für den **Angehörigen** (2 zu § 11; nicht wie in § 35 auch für nahe stehende Personen, Sch/Sch-Stree 39a; aM M-Schroeder/Maiwald BT 2 100/24), und zwar auch dann, wenn dieser die Tat nicht selbst begeht, sondern einen anderen dazu anstiftet (BGHSt 14, 172; Horn JA 95, 218, 220). Aus dem Zusammenhang mit Abs 5 lässt sich ableiten, dass es für die Angehörigenbeziehung nicht auf die wirkliche Lage, sondern auf die – sei es auch irrige – Vorstellung des Täters ankommt (Stree JuS 76, 137, 141; Warda Jura 79, 286, 292; W-Beulke AT Rdn 501; Tröndle/Fischer 21; Altenhain NK 74; aM B-Weber/Mitsch AT 24/6; Otto GK 2 96/19; Ruß LK 37; anders auch Schünemann GA 86, 293, 303, der § 35 II analog anwendet; ebenso Joecks 17 zu § 258a und M-Schroeder/Maiwald aaO). Soll die Strafvereitelung zugleich einen Nichtangehörigen besserstellen, so ist das ebenso wie in den Fällen des Abs 5 unschädlich (Celle NJW 73, 1937 mit Bespr Ruß JR 74, 164, Kratzsch JR 74, 186 und Blei JA 74, 461; str); eine zugleich begangene sachliche Begünstigung bleibt dagegen, wenn sie überhaupt vorliegt (vgl 16), unberührt (offengelassen von NStZ 95, 595: allenfalls, wenn § 258 nach der Vorstellung des Täters nicht ohne gleichzeitige Begehung von § 257 erreicht werden kann; ebenso Mitsch BT 2,1 9/62; Tröndle/Fischer 21; ähnlich Sch/Sch-Stree 39; offengelassen auch von NStZ 00, 259 mit Bespr Cramer NStZ 00, 246 und Geppert JK 5 zu § 257).

9. Zur **Beihilfe** steht die Strafvereitelung weitgehend in demselben Verhältnis wie die Begünstigung (9 zu § 257); da Beihilfe nach Vollendung grundsätzlich nicht mehr geleistet werden kann (3 zu § 27), kommt es in der sog Beendigungsphase der Vortat zu Überschneidungen mit der Strafvereitelung (aM Schröder aaO [vgl 1] S 85 mwN); auch wenn man mit der Rspr Beihilfe bis zur Beendigung für möglich hält, ist hier die Möglichkeit von Überschneidungen mit der Beihilfe nach vollendeter Tat weniger problematisch (eingehend Plümer, Das Verhältnis zwischen Strafvereitelung und Beihilfe zur Vortat, 1979). Strafvereitelung kann anders als die Begünstigung auch schon vor der Vortatbegehung, zB durch Bereitung eines Verstecks, geleistet werden (Schröder aaO S 78–94; Wolff, Begünstigung, Strafvereitelung und Hehlerei, 2002, S 126; M-Schroeder/Maiwald BT 2 100/12; aM Günther aaO [vgl 1] S 61–65; Roxin LK 12 zu § 27).

10. Zur **Begrenzung der Strafe** nach Abs 3 vgl 10 zu § 257; diese Begrenzung ist wegen der rechtsgutsmäßigen Selbstständigkeit der Strafvereitelung gegenüber der Vortat des Begünstigten inkonsequent (Ebert aaO [vgl 1] S 90; krit zu Abs 3 auch Schröder aaO [vgl 1] S 173).

11. Tateinheit ua möglich mit § 120 (dort 13), §§ 153, 154, 257 (oben 16), § 263. Gegenüber § 145d (dort 11) geht die Vorschrift vor.

§ 258a Strafvereitelung im Amt

(1) **Ist in den Fällen des § 258 Abs. 1 der Täter als Amtsträger zur Mitwirkung bei dem Strafverfahren oder dem Verfahren zur Anordnung der Maßnahme (§ 11 Abs. 1 Nr. 8) oder ist er in den Fällen des § 258 Abs. 2 als Amtsträger zur Mitwirkung bei der Vollstreckung der Strafe oder Maßnahme berufen, so ist die Strafe Freiheitsstrafe von sechs Monaten bis zu fünf Jahren, in minder schweren Fällen Freiheitsstrafe bis zu drei Jahren oder Geldstrafe.**

(2) **Der Versuch ist strafbar.**

(3) § 258 Abs. 3 und 6 ist nicht anzuwenden.

1. Qualifikationstatbestand zu § 258 (BT-Dr 7/550 S 251). Die Tat ist **uneigentliches Amtsdelikt** (2 vor § 331; Altenhain NK 1), die Einschränkung des

§ 258a

Abs 3 daher nur auf solche Tatbeteiligte anwendbar, bei denen die persönlichen Voraussetzungen des Abs 1 erfüllt sind (Stree JuS 76, 137, 142).

2 **2. Amtsträger** 3–11 zu § 11. Zu den **Verfahren** iSd Abs 1 gehören neben dem Straf- und Strafvollstreckungsverfahren auch das Sicherungsverfahren nach §§ 413 ff StPO und das selbstständige Verfahren nach §§ 440, 441 StPO (vgl auch 2 zu § 343). Täter können namentlich Richter, Staatsanwälte (Frank, Schlüchter-GS, S 275), Hilfsbeamte der StA, Polizeibeamte (Koblenz NStZ-RR 98, 332), auch Geschäftsstellenbeamte des AG, Beamte der Finanzverwaltung (RGSt 58, 79) und der Bahnpolizei (RGSt 57, 19) sein. Der Innenminister eines Landes kann im Rahmen der Dienstaufsicht (LM Nr 3 zu § 346 aF), der Justizminister im Rahmen seines Weisungsrechts gegenüber der StA und der Bürgermeister je nach Landesrecht als Ortspolizeibehörde (BGHSt 12, 277) zur Mitwirkung berufen sein. IdR kommen als Täter nur der tatsächlich befasste, sachlich (nicht notwendig auch örtlich und nach der innerdienstlichen Regelung, NStZ 98, 194) zuständige Beamte und dessen Vorgesetzte in Frage (vgl Bay JZ 61, 453 mit abl Anm Geerds; Karlsruhe NStZ 88, 503 mit krit Anm Geerds JR 89, 212; Sch/Sch-Stree 4).

3 **3. a)** Die **Vereitelungshandlung** eines Amtsträgers kann zB vorliegen (weitere Beispiele schon unter 7, 7a zu § 258): wenn er ein Verfahren oder eine Vollstreckung nicht einleitet, von der Verfolgung unter Ermessensmissbrauch wegen Geringfügigkeit absieht (vgl Pott, ZustStR, S 79, 92; Frank, Schlüchter-GS, S 275, 280; Kölbel GA 02, 403, 421) oder durch Unterdrückung belastender Umstände auf eine mildere Bestrafung hinwirkt. Dem Ermittlungsbeamten muss für seine Entschließung eine angemessene Zeitspanne zugebilligt werden (LM Nr 1 zu § 346 aF; Frank aaO S 279); auch unzweckmäßige Ermittlungen sprechen nicht ohne weiteres für eine Vereitelung (BGHSt 19, 79). Bei Nichtbearbeitung wegen Überlastung muss der Amtsträger seinen Vorgesetzten unterrichten (BGHSt 15, 18), wenn er Rückstände nicht mehr in angemessener Zeit erledigen kann (DRiZ 77, 87; krit Hoyer SK 7). Der Vorgesetzte eines Polizeibeamten muss dessen Anzeige idR der StA zuleiten, auch wenn er an deren Richtigkeit zweifelt (MDR 56, 563); allerdings wird es in solchen Fällen meist am erforderlichen direkten Vorsatz fehlen (beachte 14 zu § 258). Ein Zurückstellen der Strafverfolgung durch Verdeckte Ermittler aus übergeordneten Ermittlungsinteressen erfüllt den Tatbestand nicht, wenn es von § 163 StPO gedeckt ist (Krey, Rechtsprobleme des strafprozessualen Einsatzes Verdeckter Ermittler, 1993, S 245; Vogt, Berufstypisches Verhalten und Grenzen der Strafbarkeit im Recht der Strafvereitelung, 1992, S 240; s auch Volk StPR 10/63). Das Angebot, einen auf der Flucht befindlichen Terroristen aufzunehmen, reicht ebenso wenig wie das Unterlassen der Auslieferung ohne entsprechende Rechtspflicht (BGHSt 44, 52, 58 mit krit Anm Schroeder JR 98, 428).

4 **b) Außerdienstlich erlangte Kenntnis** verpflichtet das Strafverfolgungsorgan nur bei schweren, die Öffentlichkeit besonders berührenden Straftaten zum Einschreiten (hM; vgl etwa BGHSt 5, 225; 12, 277; 38, 388 mit krit Bespr Mitsch NStZ 93, 384, Bergmann StV 93, 518, Laubenthal JuS 93, 907 und Rudolphi JR 95, 167; NStZ 98, 194 und 00, 147 mit Bespr Wollweber wistra 00, 338 und Otto JK 29 zu § 13; Karlsruhe NStZ 88, 503 mit krit Bespr Geerds JR 89, 212; Otto JuS 87, 761; Rengier BT I 21/25; Altenhain NK 7; Beulke StPR Rdn 91; diese Auslegung verstößt nicht gegen Art 103 II GG, BVerfG NJW 03, 1030 mit krit Anm Seebode JZ 04, 305; krit NJW 89, 914; Vormbaum, Der strafrechtliche Schutz des Strafurteils, 1987, S 435; Schünemann, in: Gimbernat [Hrsg], Internationale Dogmatik der objektiven Zurechnung und der Unterlassungsdelikte, 1995, S 49, 62; Pawlik ZStW 111, 335, 343 und Fezer StPR S 22; anders Koblenz NStZ-RR 98, 332 mit Bespr Martin JuS 99, 194 und Geppert JK 13 zu § 258; Krause JZ 84, 548; Wagner JZ 87, 705, 711; Roxin AT II 32/84; Hoyer SK 6;

Meyer-Goßner 10 zu § 160 StPO und Rieß LR 22 zu § 163 StPO, die eine Pflicht zum Einschreiten überhaupt verneinen; zw).

4. Da **Abs 3** den § 258 V (dort 16) nicht ausschließt, gilt dieser auch für den Amtsträger. Nach dem insoweit eindeutigen Gesetzeswortlaut kann auch hier ein bestimmter Bezug der Tathandlung zur Vortat nicht gefordert werden (Sch/Sch-Stree 19; einschr Geerds JR 89, 212, 214; Tröndle/Fischer 8; Ruß LK 12). Jedoch kann sich der Amtsträger nicht dadurch Straffreiheit verschaffen, dass er ungeachtet der Pflicht und der Möglichkeit, gegen die Vortat einzuschreiten, diese durch eine eigene Tat (zB Bestechlichkeit, Hehlerei) ausbeutet (BGHSt 4, 167; 5, 155, 166) oder sich an einer zeitlich nachfolgenden Tat des Vortäters beteiligt (Karlsruhe NStZ 88, 503).

5. Tateinheit möglich mit § 332 (Köln JMBlNRW 50, 254; aM Altenhain NK 16; Sch/Sch-Stree 23). Im Übrigen vgl 20 zu § 258.

§ 259 Hehlerei

(1) **Wer eine Sache, die ein anderer gestohlen oder sonst durch eine gegen fremdes Vermögen gerichtete rechtswidrige Tat erlangt hat, ankauft oder sonst sich oder einem Dritten verschafft, sie absetzt oder absetzen hilft, um sich oder einen Dritten zu bereichern, wird mit Freiheitsstrafe bis zu fünf Jahren oder mit Geldstrafe bestraft.**

(2) **Die §§ 247 und 248 a gelten sinngemäß.**

(3) **Der Versuch ist strafbar.**

1. Die Hehlerei ist **Vermögensdelikt** (NJW 78, 710; Stuttgart Justiz 04, 167, 168; zusf Rudolphi JA 81, 1; Arzt NStZ 81, 10; Otto Jura 85, 148; Seelmann JuS 88, 39; Roth JA 88, 193, 260; Geppert Jura 94, 100; Freund LdR S 447; nach Arzt/Weber BT 28/1 und Küper BT S 260: abstraktes Vermögensgefährdungsdelikt; ähnlich Krack NStZ 98, 462, 463; anders Rosenau NStZ 99, 352, 353: Konkretes Gefährdungsdelikt). Die Neufassung durch das EGStGB (5 vor § 1) stellt das in Anlehnung an die hM zum früheren Recht ausdrücklich klar (BT-Dr 7/550; Altenhain, Das Anschlussdelikt, 2002, S 219). § 259 wendet sich nach der herrschenden Perpetuierungstheorie gegen die Aufrechterhaltung der durch die Tat geschaffenen rechtswidrigen Vermögenslage (BGHSt – GS – 7, 134) durch einverständliches Zusammenwirken mit dem Vortäter (BGHSt 42, 196 mit krit Bespr Otto JK 16). Soweit abweichende Lehren in der Aufrechterhaltung jeder durch irgendeine Vortat geschaffenen rechtswidrigen Besitzposition (Theorie der Restitutionsvereitelung, Schröder MDR 52, 68, 71), in der Ausbeutung strafbaren Erwerbs (Nutznießungstheorie, Geerds GA 58, 129) oder im Verbot der Hilfe nach der Tat (Miehe, Honig-FS, S 91, 103) das wesentliche Element des Tatbestandes sehen, sind sie mit dem geltenden Recht nicht mehr vereinbar (Stree JuS 76, 137, 142; Stoffers Jura 95, 113, 115; diff Hruschka JR 80, 221); auch eine nur begrenzte Anerkennung der Nutznießungstheorie für Teilbereiche der Ersatzhehlerei (so Knauth NJW 84, 2666) muss ausscheiden (Roth NJW 85, 2242). Mindestens als gesetzgeberisches Motiv (Nelles NK 2), nach einem Teil der Lehre sogar als zusätzlicher Schutzzweck (Lenckner JZ 73, 797; Rudolphi JA 81, 1, 4; Schneider, Grund und Grenzen des strafrechtlichen Selbstbegünstigungsprinzips, 1991, S 180; Janson, Begünstigung und Hehlerei vor dem Hintergrund des Rückerwerbes von Diebesbeute, 1992, S 137; Hoyer SK 2; aM Roth JA 88, 193, 195; Geppert Jura 94, 100; Schittenhelm, Lenckner-FS, S 519, 523), steht hinter dem Tatbestand auch der Gedanke, allgemeine Sicherheitsinteressen zu wahren (vgl 17; Altenhain aaO S 246, 269, stellt – wie bei § 257 (dort 1) – auf den Schutz des staatlichen Rechts auf Entziehung der Vorteile der Tat ab. – Zu **Kriminologie** und Reform der Hehlerei Kreuzer/Oberheim, Praxistauglichkeit des Hehlereitatbestandes,

§ 259 BT. 21. Abschnitt. Begünstigung und Hehlerei

BKA-Schriftenreihe, 1986; Geerds GA 88, 243; Arzt/Weber BT 25/7–12. – Zum Aufbau einer § 259-Prüfung und zu Grundlagen der Hehlerei Kudlich JA 02, 672.

2 2. **Gegenstand der Tat** sind nur Sachen (2 zu § 242; s auch NJW 78, 710 mit Anm Lackner/Müller JR 78, 345), nicht Forderungen und geistige Erzeugnisse (Mitsch BT 2,1 10/22; Nelles NK 4, beide mwN); jedoch abweichend von den Zueignungsdelikten auch unbewegliche und herrenlose, ausnahmsweise (wistra 88, 25) sogar eigene Sachen des Hehlers (§ 289). Infolge dieser Beschränkung kommt als rechtswidrige Vermögenslage (vgl 1) nur der unrechtmäßige Sachbesitz in Frage (Ruß LK 1).

3 3. Die Sache muss **ein anderer** (der Vortäter) **gestohlen oder sonst durch eine gegen fremdes Vermögen gerichtete rechtswidrige Tat** (die Vortat) erlangt haben.

4 a) Die Vortat muss eine **rechtswidrige** (18 zu § 11), nicht notwendig schuldhafte Tat sein (hM; vgl etwa Zöller/Frohn Jura 99, 378, 379 und Nelles NK 5; s jedoch Otto Jura 85, 148, 150 und GK 2, 58/6 und 56/11–13); eine Ordnungs- oder Disziplinarwidrigkeit genügt nicht (Stree JuS 76, 137, 143). Außerdem darf bei Vorsatztaten der Vorsatz im Sinne des Wissens und Wollens der Tatbestandsverwirklichung (3–30 zu § 15; Arzt/Weber BT 28/9) und bei Fahrlässigkeitstaten der objektive Sorgfaltsmangel (37–40 zu § 15; aM BGHSt 4, 76, der in vollem Umfang Fahrlässigkeit fordert) nicht fehlen. Unerheblich ist dagegen, ob die Vortat zB wegen Begehung im Ausland nicht dem deutschen Strafrecht (§§ 3–7) unterworfen (RGSt 55, 234; Ruß LK 4; zw), wegen Schuldunfähigkeit oder Verbotsirrtums nicht vorwerfbar (BGHSt 1, 47; Neustadt NJW 62, 2312; Hoyer SK 5; aM Hamburg NJW 66, 2228; str), wegen eines persönlichen Strafausschließungsgrundes nicht strafbar oder wegen Verjährung oder Fehlens des Strafantrags nicht verfolgbar ist (Lenz, Die Abhängigkeit der Hehlerei von der Vortat, 1995, S 167).

5 b) **Gestohlen** § 242. **Gegen fremdes Vermögen gerichtet** setzt kein Vermögensdelikt im technischen Sinne (Betrug, Erpressung, Untreue) voraus (krit Otto Jura 85, 148, 150; Roth JA 88, 193, 198; aM Mitsch BT 2,1 10/15; eingehend zu den als Vortat geeigneten und ungeeigneten Delikten Lenz aaO [vgl 4] S 195, 245 und 304); nach der Rspr kann vielmehr jede Tat genügen, wenn sie fremde Vermögensinteressen verletzt und eine rechtswidrige Vermögenslage schafft. Das kommt auch in Frage bei Taten nach §§ 248b, 257 (Rudolphi JA 81, 1, 2), § 263 (krit Arzt NStZ 81, 10, 11), § 283 (bei Holtz MDR 77, 282), §§ 289, 290, 292, 293, uU sogar nach § 240 (bei Dallinger MDR 72, 571; Rengier BT I 22/4; Kindhäuser 11), § 267 (aM Sippel NStZ 85, 348, 349; Mitsch aaO) und § 274. Auch Hehlerei an gehehlten Sachen ist möglich (BGHSt 33, 44, 48; NStZ-RR 99, 208), jedoch nur, wenn der „Zwischenhehler" eigene Verfügungsgewalt über die Sache erlangt hat, also nicht nur „Absetzer" oder „Absatzhelfer" war (NStZ 99, 351 mit zust Bespr Kudlich JA 02, 672, 675 und Otto JK 20; W-Hillenkamp BT Rdn 872). – Verstöße gegen Bewirtschaftungs- und Steuervorschriften (bei Dallinger MDR 75, 543; beachte jedoch § 374 I AO) oder gegen das Verbot von Prostitution (§§ 184a, 184b) und Glücksspiel (§§ 284, 285) scheiden aus, weil hier nicht der Sacherwerb als solcher rechtswidrig ist, sondern nur mit ihm zusammenhängende Pflichten verletzt werden (Ruß LK 8). – Auch der Erwerb urheberrechtlich geschützter Werke (zB sog Raubkopien) gehört nicht hierher, weil – sofern es nicht schon an der Sache als Tatgegenstand fehlt (o Rdn 2; Nelles NK 6) – der Urheberrechtsverstoß des Vortäters zwar gegen fremdes Vermögen gerichtet ist, die Sache selbst (der Ton-, Bild- oder Datenträger) aber nicht durch die Vortat erlangt ist (str) und an ihr auch keine rechtswidrige Vermögenslage aufrechterhalten wird (KG NStZ 83, 561 mit abl Anm Flechsig;

Hehlerei § 259

Heinrich, Die Strafbarkeit der unbefugten Vervielfältigung und Verbreitung von Standardsoftware, 1993, S 309 und JZ 94, 938; aM Ganter NJW 86, 1479; diff v Gravenreuth, Das Plagiat aus strafrechtlicher Sicht, 1986, S 96, alle mwN; zw).

c) Durch die Vortat erlangt ist eine Sache, wenn tatsächliche Sachherrschaft 6 über sie, sei es auch nur als Mitgewahrsamsinhaber, erreicht wurde (weiter Martens JA 96, 248); dies kann auch durch eine nur versuchte Vortat geschehen (bei Holtz MDR 95, 881; Mitsch BT 2,1 10/20). Bei einer Unterschlagung des Vortäters genügt der Übergang von Fremd- in Eigengewahrsam (Ruß LK 9); daran kann es bei einer Unterschlagung in Form der Drittzueignung fehlen (Mitsch ZStW 111, 65, 88). Nach Rspr und hM muss die Erlangung vor Begehung der Hehlerei **abgeschlossen** sein (BGHSt 13, 403; NStZ 94, 486; StV 02, 542 mit zust Bespr Geppert JK 21; Düsseldorf NJW 90, 1492; Geppert Jura 94, 100, 102; Zöller/Frohn Jura 99, 378, 380; Rengier BT I 22/6; W-Hillenkamp BT 2 Rdn 834, 835; Hoyer SK 13–16; Ruß LK 11, 12). Danach ist, wer eine Sache von einem Fremdbesitzer, etwa dem Entleiher, erwirbt, nur an dessen Unterschlagung beteiligt, es sei denn, dass die Vortat schon vor dem Erwerb abgeschlossen wurde (Stuttgart NStZ 91, 285 mit abl Anm Stree). Demgegenüber wird von einer im Vordringen befindlichen Mindermeinung mit überzeugenden Gründen (eingehend Küper, Stree/Wessels-FS, S 467) Hehlerei zu Recht auch bejaht, wenn die Vortat erst durch die Verfügung zugunsten des Hehlers begangen wird (Rudolphi JA 81, 1, 6; Otto Jura 93, 652, 663; Nelles NK 13; Sch/Sch-Stree 15). Zur Beteiligung des Hehlers an der Vortat vgl 18.

d) aa) Im Hinblick auf das geschützte Rechtsgut (vgl 1) muss bei Vornahme der 7 Tathandlung die rechtswidrige Vermögenslage an der Sache **noch fortbestehen** (Ruß LK 7), sei es auch – etwa beim Betrug – nur in der Form eines Anfechtungsrechts gegenüber dem wirksamen Eigentumserwerb des Vortäters (Sippel NStZ 85, 348; Roth NJW 85, 2242; Freund LdR S 448; Mitsch BT 2,1 10/32; aM Knauth NJW 84, 2666, 2668); eine zunächst rechtswidrige Lage kann zB durch Genehmigung des Geschädigten (ebenso Nelles NK 14), durch Erwerb für ihn, durch Verarbeitung (Bay NJW 79, 2218 mit krit Anm Paeffgen JR 80, 300) oder durch Ersitzung entfallen. Hat der Vortäter durch Vermischung gestohlenen und eigenen Geldes Miteigentum gebildet, so ist Hehler, wer mehr erhält, als dem Vortäter gehörte (NJW 58, 1244 mit Anm Mittelbach JR 58, 466; krit Otto Jura 85, 148, 151; zw). – Die Gutgläubigkeit eines Zwischenerwerbers hebt die Rechtswidrigkeit der Vermögenslage nicht auf, wenn er nach §§ 932, 935 BGB kein Eigentum erlangt, so dass Hehlerei uU auch durch Vermittlung einer redlichen Zwischenperson möglich ist (BGHSt 15, 53, 57; Düsseldorf NJW 78, 713 mit abl Anm Paeffgen JR 78, 466 und Hruschka JZ 96, 1136; Celle NJW 88, 1225; einschr Rudolphi JA 81, 1, 6; zw). – Gelangt das Diebesgut an den bestohlenen Eigentümer durch Erwerb oder Veräußerung an ihn zurück, so liegt kein hehlerisches Verhalten (Ankauf oder Absetzen) vor, weil dadurch die rechtswidrige Besitzlage beendet wird (vgl 11 und 14; Sch/Sch-Stree 19 und 33 mwN; str).

bb) Aus dem Erfordernis des Fortbestehens der rechtswidrigen Vermögenslage, 8 nicht lediglich aus dem Wortlaut des Gesetzes, folgt die Straflosigkeit der **Ersatzhehlerei.** Nur unmittelbar aus der Vortat stammende Sachen können gehehlt werden (hM; vgl BGHSt 9, 137, 139; NJW 69, 1260; W-Hillenkamp BT 2 Rdn 837; aM für vertretbare Sachen Gribbohm NJW 68, 240), also nicht die für gestohlenes Geld erworbene Ersatzsache, auch nicht das dafür erlangte Wechselgeld (Berz Jura 80, 57, 60; Schroth, Theorie und Praxis subjektiver Auslegung im Strafrecht, 1983, S 118; Otto Jura 85, 148, 153; Arzt/Weber BT 28/7; Mitsch BT 2,1 10/31; Ruß LK 14; aM Roxin, Mayer-FS, S 467; Rudolphi JA 81, 1, 4; krit Miehe, Honig-FS, S 91, 118, alle mwN; zw). Die dadurch und durch rechtlich gleichliegende Fallkonstellationen (dazu Knauth NJW 84, 2666) entstehende

§ 259 BT. 21. Abschnitt. Begünstigung und Hehlerei

Strafbarkeitslücke ist klein, weil der Erwerb der Ersatzsache meist (allerdings nicht beim bloßen Wechseln von Geld) Betrug oder Hehlerei ist, die dann ihrerseits die Anwendbarkeit des § 259 begründet (ebenso Zöller/Frohn Jura 99, 378, 381); ernste Schwierigkeiten ergeben sich erst, wenn der Zusammenhang zwischen der Vortat und dem späteren Erwerb nicht rekonstruierbar ist (Arzt NStZ 90, 1, 2).

9 4. Die **Tathandlungen** (zusf Kudlich JA 02, 672, 673).

a) **Sich oder einem Dritten verschaffen** entspricht dem „Ansichbringen" des früheren Rechts in der Auslegung, die es durch die Rspr erfahren hat; die Neufassung will lediglich den vom BGH in Abweichung von der früheren Rspr (zB RGSt 55, 220; 62, 15, 17) aufgestellten Satz, dass zum Ansichbringen nicht unbedingt die Erlangung eigener Verfügungsgewalt gehört, sondern etwa auch der für den Geschäftsherrn ankaufende Gewerbegehilfe erfasst wird (BGHSt 2, 355; vgl auch LG Hanau NStZ-RR 96, 362), auf eine sichere gesetzliche Grundlage stellen (BT-Dr 7/550 S 252; Küper BT S 260; krit Arzt/Weber BT 28/14). Davon abgesehen sind Rspr und Schrifttum zum Begriff des Ansichbringens noch verwertbar.

10 aa) **Verschaffen** setzt, wie das gesetzliche Beispiel (hM) des **Ankaufens** zeigt, einen derivativen Erwerb (Waider GA 63, 321; Mitsch BT 2,1 10/36; krit Hruschka JR 80, 221), dh ein **einverständliches,** nicht notwendig kollusives (hM; vgl Küper BT S 264; anders Seelmann JuS 88, 39, 40), Zusammenwirken mit dem Vortäter (uU auch nur dem möglicherweise gutgläubigen Vorbesitzer; vgl 7) voraus (BGHSt 7, 134, 137; Ruß LK 17; aM Roth, Eigentumsschutz nach der Realisierung von Zueignungsunrecht, 1986, S 115 und JA 88, 193, 207). Eigenmächtiges Verschaffen genügt nicht (BGHSt 10, 151), wohl aber stillschweigende (nicht lediglich vermutete, RGSt 57, 203; aM M-Schroeder/Maiwald BT 1 39/24; zw) oder durch Täuschung bewirkte Herbeiführung des Einvernehmens (Arzt/Weber BT 28/12; Kudlich JA 02, 672, 674; Krey/Hellmann BT 2 Rdn 587a; aM Hruschka JZ 96, 1136; Zöller/Frohn Jura 99, 378, 381; Kindhäuser BT II 47/19; Mitsch BT 2,1 10/38; Rengier BT I 22/21a; W-Hillenkamp BT 2 Rdn 858); wird der Vortäter durch eine erpresserische Drohung zur Übertragung der Verfügungsmacht veranlasst, so fehlt es am einverständlichen Zusammenwirken (BGHSt 42, 196 mit zust Bespr Hruschka JZ 96, 1135 und Otto JK 16, alle mwN; einschr Arzt/Weber aaO; anders die bisher hM). – Außerdem muss der Täter auf der Grundlage dieses Einvernehmens eigene tatsächliche **Verfügungsgewalt** über die Sache erlangen (BGHSt 27, 45, 46) oder die entsprechende Verfügungsgewalt eines **Dritten** herstellen (näher Nelles NK 24 mwN); Drittverschaffung erfordert zur Abgrenzung von der Beihilfe zum Sichverschaffen eine weisungsunabhängige Begründung fremder Verfügungsgewalt (Küper BT S 261); dabei kann diese Gewalt auch in bloßer Mitverfügung bestehen (BGHSt 33, 44, 46), muss aber vom Vortäter unabhängig sein (BGHSt 35, 172; 43, 110, 112; wistra 93, 146 und 98, 264 mit Bespr Otto JK 19; Stuttgart NJW 73, 1385; Stoffers Jura 95, 113; Zöller/Frohn aaO S 382, alle mwN). Außerdem muss sie zu eigenen oder zu Zwecken des Dritten in dem Sinne gewollt sein, dass die Sache ihrem wirtschaftlichen Wert nach übernommen wird (Zueignung; vgl BGHSt 15, 53; Küper BT S 263; Rengier BT I 22/23); daran fehlt es bei Übernahme der Sache zur Entsorgung und damit zur Vernichtung (NStZ 95, 544). – Das Einvernehmen ist auf die Übernahme der selbstständigen Verfügungsgewalt und daher auf den Zeitpunkt des Verschaffens zu beziehen (BGHSt 5, 47, 49), das der Gewahrsamserlangung auch zeitlich nachfolgen kann (Celle MDR 65, 761).

11 bb) **Verfügungsgewalt** erlangt im Allgemeinen (beachte NStZ 92, 36) **nicht,** wer strafbar erlangte Sachen nur entleiht (wistra 93, 146), mietet, verwahrt (StV 92, 65), vorübergehend benutzt (StV 87, 197 mwN; s auch wistra 98, 264 mit Bespr Otto JK 19) oder mitverzehrt (hM; vgl etwa StV 99, 604; Zöller/Frohn Jura

Hehlerei § 259

99, 378, 382; Hoyer SK 27; anders Roth JA 88, 193, 203; M-Schroeder/Maiwald BT 1 39/31; Nelles NK 22, alle mwN; zw); wer einen Kaufvertrag abschließt, ohne dass ihm die Sache übergeben wird (1 StR 34/61 v 18. 4. 1961); wer Diebesgut des Ehepartners nach dessen Anweisung im Haushalt konserviert oder verbraucht (Köln MDR 49, 120) oder mit dessen gestohlenem Geld für den Haushalt einkauft (GA 65, 374; str); **wohl aber:** wer ein Darlehen annimmt (NJW 58, 1244); wer Diebesgut übernimmt, um es später gemeinsam mit dem Dieb zu verbrauchen (bei Dallinger MDR 75, 368); wer einen Pfand- (BGHSt 27, 160 mit abl Anm Schall NJW 77, 2221 und Meyer JR 78, 253; Rudolphi JA 81, 90, 91; zw) oder Gepäckschein erwirbt, wenn ihm damit ermöglicht werden soll, über die Sache zu eigenem Nutzen zu verfügen (Berz Jura 80, 57, 62; Ruß LK 19; zw). – Am **einverständlichen Zusammenwirken** fehlt es beim bloßen Behalten einer zunächst in Unkenntnis des Diebstahls erworbenen Sache (GA 67, 315), beim Vernichten einer vom Vortäter heimlich zugesteckten Sache (BGHSt 15, 53) und beim Sichverschaffen einer vom Vortäter bereits aufgegebenen Sache (Celle NdsRpfl 72, 22; s auch BGHSt 13, 43). – Im Hinblick auf das geschützte Rechtsgut (vgl 1) scheidet auch Verschaffen zur Verfügung des **Berechtigten,** namentlich zur Rückgabe an ihn, aus (NStE 2; Bay 59, 79; Hohmann/Sander BT I 19/44).

cc) Zu problematischen Fällen **versuchten** Sichverschaffens BGHSt 21, 267; 12 bei Dallinger MDR 71, 546 (s auch Celle NJW 86, 78).

b) Absetzen und Absetzen helfen entspricht weitgehend dem „Mitwirken 13 zu deren Absatz" im Sinne des früheren Rechts (zusf Stree GA 61, 33); die Neufassung will nur klarstellen, dass Hehler auch ist, wer die Sache zwar im Einverständnis mit dem Vortäter, aber sonst völlig selbstständig auf dessen Rechnung absetzt (BT-Dr 7/550 S 253). Jedoch besteht ein weiterer, vom Gesetzgeber nicht beabsichtigter Unterschied auch darin, dass sich der Vollendungszeitpunkt verschiebt: Während die Rspr zu Abs 1 aF jede auf den Absatz gerichtete Tätigkeit ohne Rücksicht auf ihren Erfolg genügen ließ (BGHSt 22, 206; NJW 55, 350), setzt die Neufassung den Eintritt des Absatzerfolges voraus (Köln NJW 75, 987 mit Bespr Meyer MDR 75, 721; Küper JuS 75, 633 und Fezer NJW 75, 1982; Zöller/Frohn Jura 99, 378, 383; Zieschang, Schlüchter-GS, S 403, 408; Krey/Hellmann BT 2 Rdn 591; Küper BT S 4, 8; Rengier BT I 21/35; Joecks 27; Nelles NK 26–28; Ruß LK 24–26; ebenso Mitsch BT 2,1 10/52, der aber diesen Erfolg schon bei Erlangung eines wirtschaftlichen Vorteils durch den Vortäter annimmt). Absetzen kann aus sprachlichen Gründen, die sich durch extensive Auslegung nur schwer überspielen lassen (6 zu § 1; Berz Jura 80, 57, 64; Rudolphi JA 81, 90, 92; Seelmann JuS 88, 39; Roth JA 88, 193, 203; Paeffgen JR 96, 346, 348), nicht mit dem bloßen Versuch des Absetzens gleichgesetzt werden (so zunächst NJW 76, 1698 mit Anm Küper NJW 77, 58; s auch Lackner, Heidelberg-FS, S 39, 40, 61). Dass dann für das Absetzen-Helfen nichts anderes gelten kann, ist eine nahe liegende Folgerung aus dem Erfordernis der Gleichbehandlung (Schall JuS 77, 179, 181). Die abweichende Auslegung des BGH, der inzwischen voll an der Rspr zum früheren Recht festhält (BGHSt 26, 358; zur Steuerhehlerei auch BGHSt 29, 239), fasst die beiden Handlungsbegriffe zu einer Sinneinheit zusammen und hält diese für geeignet, auch die nur auf den Absatz gerichtete Tätigkeit zu erfassen (BGHSt 27, 45; im Ergebnis zust Meyer JR 77, 80; Schünemann, Nulla poena sine lege?, 1978, S 22; Schroth aaO [vgl 8] S 131; Weisert, Der Hilfeleistungsbegriff bei der Begünstigung, 1999, S 187; Arzt/Weber BT 28/19; Gössel BT 2 27/42; W-Hillenkamp BT 2 Rdn 867). Sprachlich mag das vertretbar sein; es schließt aber die Möglichkeit aus, die beiden Handlungsbegriffe – und zwar jeden für sich – mit einem widerspruchsfreien Inhalt auszufüllen. Überdies stimmt nur die engere Auslegung mit dem Schutzzweck des § 259 überein, weil das für die Perpetuierungstheorie (vgl 1) wesentliche Moment das Weiterschieben der Sache in

1055

§ 259 BT. 21. Abschnitt. Begünstigung und Hehlerei

die nächste Hand ist; es führt zu Widersprüchen, wenn das Sich-Verschaffen Erlangung eigener Verfügungsgewalt voraussetzt, während für das Absetzen eine auf Übertragung von Verfügungsgewalt nur hinzielende Handlung ausreichen soll (Stree JuS 76, 137, 143; Küper JuS 75, 633, 635; Freund/Bergmann JuS 91, 221, 223; aM Meyer JR 77, 126; Mitsch aaO). Das von der neueren Rspr gelegentlich verwendete Kriterium der Eignung zur Erfolgsherbeiführung und Aufrechterhaltung des rechtswidrigen Vermögenszustandes (BGHSt 43, 110, 111; NStZ-RR 99, 208 und 00, 266; krit zum sog Eignungsansatz Krack NStZ 98, 462 und JR 99, 472; Zieschang JuS 99, 49, 53 und Schlüchter-GS, S 403, 411) bringt keine nennenswerte Einschränkung (Küper BT S 9 mwN); immerhin scheidet Vollendung beim Absetzen an einen Polizisten oder V-Mann aus (BGHSt 43, 110 mit Bespr Endriß NStZ 98, 463, Krack NStZ 98, 462, Seelmann JR 98, 342, Rosenau NStZ 99, 352 und Otto JK 18; zum Fall auch Zöller/Frohn Jura 99, 378, 383 und Kudlich JA 02, 672, 676; NStZ 99, 351 mit Bespr Otto JK 20; NStZ-RR 00, 266 mit Bespr Baier JA 00, 923).

14 aa) **Absetzen** ist die im Interesse des Vortäters und mit seinem Einverständnis (NJW 76, 1698) erfolgende wirtschaftliche Verwertung der Sache durch deren entgeltliche (NJW 76, 1950) Veräußerung an Dritte (hM; weiter Küper BT S 7; Nelles NK 29; Sch/Sch-Stree 32; zw); jedoch soll es nach der Rspr nicht auf das Gelingen des Absatzes (vgl 13), sondern nur auf ein selbstständiges Unterstützen des Vortäters (BGHSt 27, 45, 48), zB die Übernahme in eigene Verfügungsgewalt zum Zwecke der entgeltlichen Veräußerung (NStZ 83, 455), ankommen. Während Handeln ausschließlich im eigenen Interesse den Tatbestand nicht erfüllt, ist bloße Mitverfolgung von Eigeninteressen unerheblich (GA 84, 427). Veräußerung an den durch die Vortat Verletzten genügt nicht (Stree GA 61, 33, 39; Stoffers Jura 95, 113, 115; Mitsch BT 2,1 10/48; W-Hillenkamp BT 2 Rdn 868; Arzt/Weber BT 28/16; Joecks 24; Nelles NK 30; Ruß LK 27; aM RGSt 30, 401; Zöller/Frohn Jura 99, 378, 384; Hoyer SK 29).

15 bb) **Absetzen helfen** ist jede Hilfeleistung im Sinne des § 27 I (dort 2) bei den Bemühungen des Vortäters um Absatz (NJW 79, 2621). Deshalb muss der Täter auch hier im Interesse des Vortäters und mit dessen Einverständnis handeln (BGHSt 27, 45, 51; Düsseldorf wistra 89, 196 mwN); Hilfe, die einem im Interesse des Vortäters tätigen Absetzer oder Absatzhelfer geleistet wird, ist dagegen nur Beihilfe zu dessen Hehlerei (BGHSt 26, 358, 362; 33, 44, 49 mit Anm Arzt JR 85, 212; StV 89, 435; NStZ 99, 351; Nelles NK 32; s auch NStZ 00, 607, 608); sie kann auch schon vor Vollendung der Vortat geleistet werden (NStZ 94, 486). Die Rspr nimmt – in bedenklicher Ausweitung der Tatbestandsgrenzen, von ihrem Standpunkt aus (vgl 13) aber folgerichtig – vollendete Absatzhilfe nicht erst an, wenn der Absatz an einen Dritten durchgeführt oder versucht worden ist, zB wenn der Absatzhelfer das Diebesgut zum Erwerber transportiert oder mit diesem Verhandlungen über den Kaufpreis geführt hat, sondern schon dann, wenn er irgendeine vorbereitende, auf Förderung der Absatzmöglichkeiten gerichtete Tätigkeit entfaltet hat (BGHSt 29, 239; abl ua Küper JuS 75, 633, 636; Roth JA 88, 193, 204; zusf Ruß LK 31); zB wenn er Diebesgut zum Transport an den Umsatzort (NJW 90, 2897) oder in Verkaufskommission (2 StR 587/78 v. 6. 11. 1978) übernommen, Kaufinteressenten ermittelt oder benannt, Verkaufs- oder Lagerräume bereitgestellt (BGHSt 33, 44, 47), unechte Kennzeichen an dem abzusetzenden Kraftfahrzeug angebracht (NJW 78, 2042 mit krit Anm Sonnen JA 79, 108) oder den Vortäter zur Förderung des Umsatzes gestohlenen Geldes beraten hat (BGHSt 10, 1 mit krit Anm Maurach JZ 57, 184). Bloßes Mitverprassen solchen Geldes genügt jedoch nicht (BGHSt 9, 137). Nach neuerer Rspr sollen auch Unterstützungshandlungen ausscheiden, die lediglich der Vorbereitung späteren, noch nicht konkretisierten Absatzes dienen (NJW 89, 1490 mit krit Bespr Stree JR 89, 384; NStZ 93, 282); es kann jedoch Versuch vorliegen (vgl 19).

Hehlerei **§ 259**

5. Der **Vorsatz** (bedingter genügt, wistra 93, 264) setzt namentlich die Kenntnis (oder auch nur das Für-möglich-halten, 23 zu § 15), dass die Sache aus einer rechtswidrigen Vortat (vgl 4) stammt (NStZ-RR 00, 106; Hamm NStZ-RR 03, 237), und das Bewusstsein einverständlichen Zusammenwirkens voraus. Beim Absatz und der Absatzhilfe ist außerdem ein entsprechendes Wissen um die Förderung der Interessen des Vortäters, nicht eine darauf gerichtete Absicht erforderlich (BGHSt 10, 1). Die Vorstellungen über die Vortat brauchen nicht im Einzelnen konkretisiert zu sein; insoweit genügt für die Wissensseite des Vorsatzes (9–18 zu § 15) schon die Annahme verschiedener Möglichkeiten der Herkunft der Sache, wenn nur eine von ihnen die Voraussetzungen einer gegen fremdes Vermögen gerichteten Tat (also nicht lediglich einer Steuerstraftat, Schleswig SchlHA 75, 187) erfüllt (NStZ 83, 264 mwN; s auch 5). Hat der Täter zunächst nur Gewahrsam erlangt (vgl 10), so kommt es darauf an, ob der Vorsatz bei Übernahme der tatsächlichen Verfügungsgewalt (dem Zeitpunkt des Sichverschaffens) die erforderlichen Voraussetzungen erfüllt (BGHSt 15, 53, 58; bei Holtz MDR 80, 629). Die irrige Annahme (uU schon das bloße Für-möglich-halten, NStZ 83, 264) einer rechtswidrigen Vortat begründet untauglichen Versuch (NStZ 92, 84 mwN). – Nach Wegfall der im früheren Recht vorgesehenen Beweisregel („oder den Umständen nach annehmen muss"; vgl BGHSt 2, 146) ist der Vorsatz nach den allgemeinen Regeln des Prozessrechts festzustellen (25 zu § 15; beachte auch bei Dallinger MDR 71, 17; Celle NdsRpfl 72, 64). **16**

6. Die **Absicht** („um zu"), sich oder einen Dritten zu bereichern (kein besonderes persönliches Merkmal iS des § 28 I, JR 78, 344; Herzberg ZStW 88, 68, 92; aM Hoyer SK 45), entspricht der beim Betrug vorausgesetzten Absicht, sich oder einem Dritten einen Vermögensvorteil zu verschaffen (BT-Dr 7/550 S 253; 58, 59 zu § 263). Das bedeutet eine Beschränkung auf zielgerichtetes Wollen (20 zu § 15) und auf das Erstreben von – sei es auch nur mittelbaren (JR 78, 344; Bay NJW 79, 2218 mit abl Anm Paeffgen JR 80, 300; zw) – geldwerten Vorteilen (näher Nelles NK 44–46; zusf Ruß LK 36, 37). Daran fehlt es bei einem für den Täter wirtschaftlich nicht vorteilhaften Austausch von Leistungen (Düsseldorf NJW 78, 600; Hamm NStZ-RR 03, 17; s auch NJW 79, 2358); jedoch genügt der übliche Geschäftsgewinn (GA 78, 372; bei Holtz MDR 81, 267). Alle nicht vermögenswerten Vorteile scheiden aus (bei Holtz MDR 83, 92; wistra 86, 169; bei Holtz MDR 96, 118). Ob der Vorteil erreicht wird, ist unerheblich (GA 69, 62). Stoffgleichheit (59 zu § 263) ist hier nicht erforderlich (bei Holtz MDR 96, 118 mit Bespr Otto JK 15; Bay NJW 79, 2218; Rudolphi JA 81, 90, 94; aM Arzt NStZ 81, 10, 13; Seelmann JuS 88, 39, 41, alle mwN; zw); auch ein externer Vorteil, etwa eine vom Vortäter versprochene Belohnung für Absatzhilfe, reicht aus (diff Otto Jura 85, 148, 154 mwN). Vor allem braucht der erstrebte Vorteil, wie sich aus dem von §§ 253 I, 263 I abweichenden Wortlaut ergibt, nicht rechtswidrig zu sein (hM; anders Arzt aaO S 11 und Arzt/Weber BT 28/29, 30; einschr Roth JA 88, 258, 259; beachte auch Nelles NK 42); strafbar ist daher auch, wer aus einer rechtswidrigen Vortat stammendes Geld als Bezahlung einer Schuld annimmt. – Die Einbeziehung der Absicht, einen **Dritten** zu bereichern, soll den Fällen Rechnung tragen, in denen Sachen nicht zu Gunsten des Täters, sondern etwa des Geschäftsherrn oder des Ehegatten, hehlerisch erworben werden (BT-Dr 7/550 S 252; krit Arzt JA 79, 574). Der Vortäter scheidet als Dritter aus (NStZ 95, 595 mit zust Bespr v Heintschel-Heinegg JA 96, 273, Paeffgen JR 96, 346 und Geppert JK 13; zum Fall auch Kudlich JA 02, 672, 676; Rengier BT I 22/38; W-Hillenkamp BT 2 Rdn 876; Nelles NK 47; aM NJW 79, 2621, 2622 mit abl Anm Lackner/Werle JR 80, 214; Zöller/Frohn Jura 99, 378, 384; Mitsch BT 2,1 10/62; Sch/Sch-Stree 50); das ergibt sich schon aus dem Wortlaut des Abs 1, weil der dort als „anderer" bezeichnete Vortäter schwerlich zugleich Dritter **17**

§ 259

sein kann; außerdem hat die typische Gefährlichkeit der Hehlerei ihren Grund nicht nur in der Perpetuierung einer rechtswidrigen Vermögenslage, sondern auch in dem verbreiteten Bereicherungsstreben Dritter, also gerade nicht des Vortäters, das den Nährboden für das erfolgreiche Weiterschieben strafbar erlangter Beute bildet. Soll dem Vortäter ausschließlich der Besitz der rechtswidrig erlangten Sache erhalten werden, so greift § 257 ein (NStZ 95, 595 mit krit Anm Paeffgen JR 96, 346).

18   7. Der **Vortäter** (auch Mittäter) kann nicht zugleich Hehler sein, da er nach Abs 1 ein anderer sein muss (krit zu dem Wortlautargument Küper, Probleme der Hehlerei bei ungewisser Vortatbeteiligung, 1989, S 40; Geppert Jura 94, 100, 103) und außerdem durch seine Handlung kein neues Rechtsgut verletzt (W-Hillenkamp BT 2 Rdn 883; aM Kindhäuser BT II 47/9; zum früheren Recht BGH-St-GS-7, 134). Das dürfte auch für den Fall gelten, dass sich der Mittäter nach Teilung der Beute den Anteil des anderen verschafft (so schon RGSt 34, 304; Schneider aaO [vgl 1] S 183; Sch/Sch-Stree 54; aM BGHSt 3, 191). Die vom Vortäter begangene Anstiftung des Hehlers ist mitbestrafte Nachtat (Bay NJW 58, 1597; Geppert Jura 94, 100, 103; Mitsch BT 2,1 10/68, der jedoch in 2/79 Tateinheit zwischen § 246 und Beihilfe zur Hehlerei annimmt); ebenso der Rückerwerb der Beute vom Hehler durch den Vortäter (Krey/Hellmann BT 2 Rdn 578; W-Hillenkamp BT 2 Rdn 885, 886; aM Schneider aaO S 179, Geppert aaO, Kindhäuser 34 und Rengier BT I 22/43: Tatmehrheit). Ob auch Teilnehmer an der Vortat Hehlerei begehen können, ist umstritten; die Fassung des Abs 1 steht dieser Annahme nicht entgegen, weil sie nur den Vortäter ausschließt (BT-Dr 7/550 S 252; Küper Jura 96, 205, 211; zw). Nach längerem Schwanken (zB BGHSt 2, 315; 4, 41) bejaht der BGH die Frage jetzt selbst dann, wenn die Teilnehmer schon bei ihrem Tatbeitrag auf die Beute abgezielt haben (BGHSt-GS-7, 134; BGHSt 8, 390; 33, 50; MDR 86, 864; NStZ 02, 200 und 03, 32; beachte jedoch NStZ 96, 493 mit krit Bespr Otto JK 17; Zöller/Frohn Jura 99, 378, 380; aM Seelmann JuS 88, 39, 42; diff Roth JA 88, 193, 201; Sch/Sch-Stree 55–57).

19   8. Für den **Versuch** (Abs 3), auch den untauglichen (NStZ 92, 84), gelten die allgemeinen Regeln (§ 22). Die Sache muss zumindest nach der Vorstellung des Täters durch den Vortäter erlangt sein (bei Holtz MDR 95, 881 mit im Ergebnis zust Bespr Otto JK 14). Beim **Verschaffen** (einschl Ankaufen; vgl 10) erfordert daher der Versuchsbeginn unmittelbares Ansetzen zur Übernahme eigener Verfügungsgewalt; das ist beim Eintritt in Ankaufsverhandlungen nur zu bejahen, wenn der Käufer die Verfügungsgewalt unmittelbar nach Verhandlungsschluss übernehmen, das Geschehen also ohne Unterbrechung in die Tatbestandsverwirklichung einmünden soll (Ruß LK 40; s auch Celle MDR 86, 421; zu weit Koblenz VRS 64, 22). **Absetzen** (einschl Absetzen helfen; näher Küper BT S 11 und Nelles NK 53, die einen Absatzversuch durch den Vortäter voraussetzen) wird auch nach der sehr weiten Rspr (vgl 15) durch bloßes Verwahren der Sache im Hinblick auf ihre künftige Verwertung noch nicht begonnen, sondern nur vorbereitet (BGHSt 2, 135; anders für die Übernahme eines Geräts zur Reparatur, NStZ 94, 395 mit krit Bespr Otto JK 12); die Tat ist idR aber als Begünstigung strafbar.

20   9. a) Zwischen Hehlerei und Teilnahme an der Vortat (vgl 18) liegt idR **Tatmehrheit** vor (bei Holtz MDR 86, 793; NStZ 02, 200; Geppert Jura 94, 100, 104; Arzt/Weber BT 28/38; aM Roth JA 88, 258, 260 mwN); nach der Rspr soll in Ausnahmefällen aber auch Tateinheit in Frage kommen, obwohl § 259 eine abgeschlossene Vortat voraussetzt (BGHSt 13, 403; 22, 206 mit krit Anm Schröder JZ 69, 32; s auch BGHSt 11, 316, 318). Mit §§ 257, 261 (vgl NStZ 99, 83, 84 mwN), § 263 (KG JR 66, 307), § 267 und mit Steuerhehlerei (§ 374 AO) ist Tateinheit möglich. Mitwirken beim Absatz ist nur eine Tat, auch wenn die Beute aus mehreren Vortaten stammt (StV 03, 396).

b) Wahlfeststellung 9–20 zu § 1 (eingehend Küper, Probleme der Hehlerei   21
bei ungewisser Vortatbeteiligung, 1989; zusf Geppert Jura 94, 100, 104; Zöller/
Frohn Jura 99, 378, 385; Arzt/Weber BT 28/32–34; Ruß LK 48).

10. Abs 2: Im Falle des § 248a muss nur die Sache, nicht auch der erstrebte   22
Vermögensvorteil geringwertig sein (Stree JuS 76, 137, 144; Zöller/Frohn Jura 99,
378, 385; W-Hillenkamp BT 2 Rdn 888; Kindhäuser 2; anders die Voraufl).

11. Gewerbsmäßige Hehlerei, Bandenhehlerei § 260. Gewerbsmäßige Banden-   23
hehlerei § 260a. Führungsaufsicht § 262.

§ 260 Gewerbsmäßige Hehlerei; Bandenhehlerei

(1) **Mit Freiheitsstrafe von sechs Monaten bis zu zehn Jahren wird bestraft, wer die Hehlerei**
1. gewerbsmäßig oder
2. als Mitglied einer Bande, die sich zur fortgesetzten Begehung von Raub, Diebstahl oder Hehlerei verbunden hat,
begeht.

(2) **Der Versuch ist strafbar.**

(3) **In den Fällen des Absatzes 1 Nr. 2 sind die §§ *43a*, 73d anzuwenden.** § 73d ist auch in den Fällen des Absatzes 1 Nr. 1 anzuwenden.

Fassung: In der Abs 3 genannte § 43a ist durch Urteil des BVerfG v 20. 3. 2002 mit Gesetzeskraft für nichtig erklärt worden (BGBl I 1340).

1. Die Vorschrift enthält **Qualifikationstatbestände** zur Hehlerei (Ruß LK 1).   1
Während die gewerbsmäßige Hehlerei dem bisherigen Recht entspricht (§ 260 aF), bedeutet die Bandenhehlerei eine weitere Strafschärfung, die zur wirksameren Bekämpfung der organisierten Kriminalität beitragen soll (BT-Dr 12/989 S 25; krit zu dieser Verschärfung Erb NStZ 98, 537). Die Tat ist Vergehen, § 30 daher nicht anwendbar.

2. Die **gewerbsmäßige Hehlerei** (Abs 1 Nr 1):   2

a) Gewerbsmäßig (besonderes persönliches Merkmal iS des § 28 II; StV 94, 17; Mitsch BT 2,1 10/76) erfordert auch bei der Hehlerei keinen bestimmten Tätertyp, etwa einen „typischen gewerbsmäßigen Hehler" (BGHSt 1, 383; NStZ 95, 85); Erstreben einer Nebeneinnahmequelle genügt (GA 55, 212; Ruß LK 2; 20 vor § 52).

b) Einzeltaten werden nicht zu einer sog Sammelstraftat zusammengefasst (NJW   3
53, 955; 20 vor § 52). **Wahlfeststellung** mit § 242 ist zulässig (14 zu § 1).

3. Die **Bandenhehlerei** (Abs 1 Nr 2):   4

a) Mitglied einer Bande 6, 7 zu § 244; auch hier ist eine Verbindung von drei Bandenmitgliedern erforderlich (wistra 02, 57; ebenso für eine Betrugsbande NStZ 02, 200). Die Verbindung muss sich hier auf die fortgesetzte Begehung (Ruß LK 4) von Raub, Diebstahl oder Hehlerei beziehen, mit der Folge, dass nicht nur Taten im Rahmen einer Verbindung mehrerer Hehler zu einer „Hehlerbande" erfasst werden, sondern namentlich auch solche Taten, die Mitglieder einer Diebes- oder Räuberbande im Rahmen ihrer Bandentätigkeit als Hehler begehen (BT-Dr 12/989 S 25; Sch/Sch-Stree 2a; zur Problematik gemischter Banden Miehe StV 97, 247, 248; Erb aaO [vgl 1] S 539).

b) Die Ausführungen unter 9 zu § 244 gelten sinngemäß; auch ist keine festge-   5
fügte Organisation erforderlich (wistra 00, 135; NJW 00, 2034). Jedoch kommt es
– abweichend von § 244 (dort 8) – auf die Mitwirkung mehrerer Bandenmitglieder am Tatort nicht an (NStZ 95, 85 und 96, 495 mit Anm Miehe StV 97, 247;

§§ 260a, 261   BT. 21. Abschnitt. Begünstigung und Hehlerei

NStZ 00, 473, NJW 00, 2034; W-Hillenkamp BT 2 Rdn 890; Ruß LK 3; krit zu dieser „Ungleichbehandlung" Erb aaO [vgl 1] S 539). Einschränkend wird jedoch von manchen verlangt, dass sich auch bei der Bandenhehlerei die in der Bandenbildung steckende Arbeitsteilung in der Einzeltat niedergeschlagen haben muss (so Miehe aaO S 249 mwN).

6   4. Zu **Abs 3** (Erweiterter Verfall) 1–12 zu § 73 d.

7   5. § 259 wird verdrängt **(Spezialität).** Im Übrigen stimmen die Möglichkeiten der Konkurrenz weitgehend mit denen bei der Hehlerei überein (20 zu § 259). In Analogie zum Diebstahl (11 zu § 244; 1 zu § 247) dürfte § 247 iVm § 259 II auch hier anwendbar sein (zw), während § 248 a ausscheidet (ebenso Tröndle/Fischer 6). – **Wahlfeststellung** mit Diebstahl und Betrug ist möglich (Ruß LK 8), auch mit Bandendiebstahl (NStZ 00, 473 mit Bespr Baier JAR 00, 176).

§ 260 a Gewerbsmäßige Bandenhehlerei

(1) **Mit Freiheitsstrafe von einem Jahr bis zu zehn Jahren wird bestraft, wer die Hehlerei als Mitglied einer Bande, die sich zur fortgesetzten Begehung von Raub, Diebstahl oder Hehlerei verbunden hat, gewerbsmäßig begeht.**

(2) **In minder schweren Fällen ist die Strafe Freiheitsstrafe von sechs Monaten bis zu fünf Jahren.**

(3) **Die §§ 43 a, 73 d sind anzuwenden.**

Fassung: Der in Abs 3 genannte § 43 a ist durch Urteil des BVerfG v 20. 3. 2002 mit Gesetzeskraft für nichtig erklärt worden (BGBl I 1340).

1   1. Die **gewerbsmäßige Bandenhehlerei** ist ähnlich wie § 244 a im Diebstahlsbereich (dort 2) ein aus der Kombination der Erschwerungsgründe des § 260 abgeleiteter, **weiter qualifizierter Tatbestand** (ebenso Ruß LK 1; krit Erb NStZ 98, 537, 541). Deshalb muss die Tat sämtliche Merkmale der gewerbsmäßigen Hehlerei und der Bandenhehlerei erfüllen (2, 4, 5 zu § 260; NStZ 96, 495; StV 02, 302). Sie ist Verbrechen, § 30 daher anwendbar (Mitsch BT 2,1 10/79). Ein Tatbestandsausschluss bei geringwertigen Tatobjekten (vgl § 244 a Abs 4) ist nicht vorgesehen (krit Erb aaO 539).

2   2. Zu **Abs 2** (minder schwere Fälle) 6–10 a zu § 46; 4 zu § 12.

3   3. Zu **Abs 3** (Erweiterter Verfall) 1–12 zu § 73 d.

4   4. Die §§ 259, 260 werden verdrängt **(Spezialität).** Im Übrigen gelten die Ausführungen unter 7 zu § 260 sinngemäß.

§ 261 Geldwäsche; Verschleierung unrechtmäßig erlangter Vermögenswerte

(1) **Wer einen Gegenstand, der aus einer in Satz 2 genannten rechtswidrigen Tat herrührt, verbirgt, dessen Herkunft verschleiert oder die Ermittlung der Herkunft, das Auffinden, den Verfall, die Einziehung oder die Sicherstellung eines solchen Gegenstandes vereitelt oder gefährdet, wird mit Freiheitsstrafe von drei Monaten bis zu fünf Jahren bestraft. Rechtswidrige Taten im Sinne des Satzes 1 sind**

1. **Verbrechen,**
2. **Vergehen nach**
    a) **§ 332 Abs. 1, auch in Verbindung mit Abs. 3, und § 334,**
    b) **§ 29 Abs. 1 Satz 1 Nr. 1 des Betäubungsmittelgesetzes und § 29 Abs. 1 Nr. 1 des Grundstoffüberwachungsgesetzes,**

Geldwäsche § 261

3. Vergehen nach § 373 und, wenn der Täter gewerbsmäßig handelt, nach § 374 der Abgabenordnung, jeweils auch in Verbindung mit § 12 Abs. 1 des Gesetzes zur Durchführung der Gemeinsamen Marktorganisationen und der Direktzahlungen,
4. Vergehen
   a) nach den §§ 152a, 180b, 181a, 242, 246, 253, 259, 263 bis 264, 266, 267, 269, 284, 326 Abs. 1, 2 und 4 sowie § 328 Abs. 1, 2 und 4,
   b) nach § 96 des Aufenthaltsgesetzes und § 84 des Asylverfahrensgesetzes,
   die gewerbsmäßig oder von einem Mitglied einer Bande, die sich zur fortgesetzten Begehung solcher Taten verbunden hat, begangen worden sind, und
5. Vergehen nach §§ 129 und 129a Abs. 5, jeweils auch in Verbindung mit § 129b Abs. 1, sowie von einem Mitglied einer kriminellen oder terroristischen Vereinigung (§§ 129, 129a, jeweils auch in Verbindung mit § 129b Abs. 1) begangene Vergehen.

Satz 1 gilt in den Fällen der gewerbsmäßigen oder bandenmäßigen Steuerhinterziehung nach § 370a der Abgabenordnung für die durch die Steuerhinterziehung ersparten Aufwendungen und unrechtmäßig erlangten Steuererstattungen und -vergütungen sowie in den Fällen des Satzes 2 Nr. 3 auch für einen Gegenstand, hinsichtlich dessen Abgaben hinterzogen worden sind.

(2) Ebenso wird bestraft, wer einen in Absatz 1 bezeichneten Gegenstand
1. sich oder einem Dritten verschafft oder
2. verwahrt oder für sich oder einen Dritten verwendet, wenn er die Herkunft des Gegenstandes zu dem Zeitpunkt gekannt hat, zu dem er ihn erlangt hat.

(3) Der Versuch ist strafbar.

(4) In besonders schweren Fällen ist die Strafe Freiheitsstrafe von sechs Monaten bis zu zehn Jahren. Ein besonders schwerer Fall liegt in der Regel vor, wenn der Täter gewerbsmäßig oder als Mitglied einer Bande handelt, die sich zur fortgesetzten Begehung einer Geldwäsche verbunden hat.

(5) Wer in den Fällen des Absatzes 1 oder 2 leichtfertig nicht erkennt, daß der Gegenstand aus einer in Absatz 1 genannten rechtswidrigen Tat herrührt, wird mit Freiheitsstrafe bis zu zwei Jahren oder mit Geldstrafe bestraft.

(6) Die Tat ist nicht nach Absatz 2 strafbar, wenn zuvor ein Dritter den Gegenstand erlangt hat, ohne hierdurch eine Straftat zu begehen.

(7) Gegenstände, auf die sich die Straftat bezieht, können eingezogen werden. § 74a ist anzuwenden. Die §§ 43a, 73d sind anzuwenden, wenn der Täter als Mitglied einer Bande handelt, die sich zur fortgesetzten Begehung einer Geldwäsche verbunden hat. § 73d ist auch dann anzuwenden, wenn der Täter gewerbsmäßig handelt.

(8) Den in den Absätzen 1, 2 und 5 bezeichneten Gegenständen stehen solche gleich, die aus einer im Ausland begangenen Tat der in Absatz 1 bezeichneten Art herrühren, wenn die Tat auch am Tatort mit Strafe bedroht ist.

§ 261

(9) **Nach den Absätzen 1 bis 5 wird nicht bestraft, wer**
1. **die Tat freiwillig bei der zuständigen Behörde anzeigt oder freiwillig eine solche Anzeige veranlaßt, wenn nicht die Tat in diesem Zeitpunkt ganz oder zum Teil bereits entdeckt war und der Täter dies wußte oder bei verständiger Würdigung der Sachlage damit rechnen mußte, und**
2. **in den Fällen des Absatzes 1 oder 2 unter den in Nummer 1 genannten Voraussetzungen die Sicherstellung des Gegenstandes bewirkt, auf den sich die Straftat bezieht.**

Nach den Absätzen 1 bis 5 wird außerdem nicht bestraft, wer wegen Beteiligung an der Vortat strafbar ist.

(10) **Das Gericht kann in den Fällen der Absätze 1 bis 5 die Strafe nach seinem Ermessen mildern (§ 49 Abs. 2) oder von Strafe nach diesen Vorschriften absehen, wenn der Täter durch die freiwillige Offenbarung seines Wissens wesentlich dazu beigetragen hat, daß die Tat über seinen eigenen Tatbeitrag hinaus oder eine in Absatz 1 genannte rechtswidrige Tat eines anderen aufgedeckt werden konnte.**

Fassung: Der in Abs 7 S 3 genannte § 43a ist durch Urteil des BVerfG v 20. 3. 2002 mit Gesetzeskraft für nichtig erklärt worden (BGBl I 1340). Abs 1 S 3, der schon durch das SteuerverkürzungsBG v 19. 12. 2001 (BGBl I 3922, 3924) erweitert worden war, wurde durch Art 8 des SteuerG v 23. 7. 2002 (BGBl I 2715, 2722) erneut geändert. Abs 1 S 2 Nr 5 wurde durch das 34. StÄG (14 vor § 1) neu gefasst (technische Änderung durch Art 1 Nr 2 TerrBek 03 [15 vor § 1]), Nr 4a durch das 35. StÄG (15 vor § 1) erweitert; die Anpassung von Nr 4b an die ausländerrechtliche Rechtslage durch Art 11 Nr 13 ZuwanderungsG v 20. 6. 2002 (BGBl I 1946) trat wegen der Entscheidung des BVerfG v 18. 12. 2002 (E 106, 310) nicht in Kraft; technische Änderung des Abs 1 Nr 3 durch das Gesetz zur Umsetzung der Reform der Gemeinsamen Agrarpolitik (15 vor § 1); technische Änderung des Abs 1 Nr 4b durch das ZuwanderungsG v 30. 7. 2004 (BGBl. I S. 1950).

1 1. Der Tatbestand wurde durch das OrgKG in das StGB eingefügt, um einem bis dahin strafrechtlich nicht bekämpften Phänomen organisierter Kriminalität entgegenzuwirken, und bildet einen Ausschnitt des materiellrechtlichen Programms (zum erweiterten Verfall vgl 1 vor § 73), mit dem das in seinem Grundanliegen überwiegend anerkannte, in seiner Einzelausgestaltung aber sehr umstrittene OrgKG der wachsenden Bedrohung durch organisierte Kriminalität und Waffenhandel Rechnung zu tragen versucht hat (vgl Oswald, Die Implementation gesetzlicher Maßnahmen zur Bekämpfung der Geldwäsche in der Bundesrepublik Deutschland, 1997, S 31, 59; Remmers, Die Entwicklung der Gesetzgebung zur Geldwäsche, 1998). Die Vorschrift (zusf Otto Jura 93, 329) **schützt in Abs 1** die inländische **Rechtspflege** in ihrer Aufgabe, die Wirkung von Straftaten zu beseitigen (BT-Dr 12/989 S 27). Der **Schutzzweck des Abs 2** stimmt mit dem des § 257 (dort 1) überein (BT-Dr aaO; Rengier BT I 23/4; diff Barton StV 93, 156, 159; ähnlich Hartung AnwBl 94, 440, 442; aM Otto GK 2 96/28); Schutzgüter sind danach das durch die Vortat verletzte Interesse (Salditt LdR S 390; Mitsch BT 2,2 5/3; weiter Burr, Geldwäsche, 1995, S 26; Schroeder, in: Hirsch ua [Hrsg], Neue Erscheinungsformen der Kriminalität ..., 1996, S 165) und die inländische Rechtspflege (ebenso Ruß LK 4 mwN in Fn 4; ähnlich Leip, Der Straftatbestand der Geldwäsche, 2. Aufl 1999, S 41; Spiske, Pecunia non olet?, 1998, S 95; krit Knorz, Der Unrechtsgehalt des § 261 StGB, 1996, S 125, der als „wirkliches Globalrechtsgut" die innere Sicherheit herausarbeitet und kritisiert; nach Lampe JZ 94, 123, 125 auch der legale Wirtschafts- und Finanzkreislauf; str). Krit zu den von § 261 geschützten Rechtsgütern Schittenhelm, Lenckner-FS, S 519, 528, und Altenhain, Das Anschlussdelikt, 2002, S 401, der in NK 11–13

nach Vereitelungs-, Verschleierungs- und Isolierungstatbestand differenziert; krit insbesondere zur Volkswirtschaft als Schutzgegenstand Hassemer WM Sonderbeilage 3/1995, 1, 14 sowie Kargl NJ 01, 57, 60, der § 261 für „auslegungstechnisch irreparabel" hält (zust Fahl Jura 04, 160, 167); zur richtlinienkonformen Rechtsgutsbestimmung Vogel ZStW 109, 335, 350.

2. Als **Geldwäsche** werden nach einer amerikanischen phänomenologischen 2 Definition die Mittel bezeichnet, „mit denen man die Existenz, die illegale Quelle oder die illegale Verwendung von Einkommen verbirgt und dann dieses Einkommen so bemäntelt, dass es aus einer legalen Quelle zu stammen scheint". Sie ist ein weltweit eingesetztes Mittel organisierter Kriminalität. Durch die mit ihr erreichbaren Machtkonzentrationen (Monopolstellungen) in Händen von Kriminellen bedeutet sie eine Gefahr für den redlichen Wirtschaftsverkehr und damit zugleich für das Funktionieren der Marktwirtschaft im ganzen mit den möglichen Ausstrahlungen auf die Integrität der staatlichen und gesellschaftlichen Institutionen. Sie war deshalb Gegenstand mehrerer internationaler Vereinbarungen. Neben anderen hat das Übereinkommen der UNO gegen den unerlaubten Verkehr mit Suchtstoffen und psychotropen Stoffen v 20. 12. 1988 (Wiener Drogenkonvention) und die Richtlinie des Rates der EG zur Verhinderung der Nutzung des Finanzsystems zum Zwecke der Geldwäsche v 10. 6. 1991 (EuABl Nr L 166/77; zusf Carl wistra 91, 288) die Vertragsstaaten verpflichtet, Geldwäsche in einem näher umschriebenen Rahmen unter Strafe zu stellen. § 261 dient der Umsetzung dieser Verpflichtungen (BT-Dr 12/989 S 26; Vogel ZStW 109, 335; Dannecker Jura 98, 79, 83; Altenhain NK 1). Im Gesetzgebungsverfahren war die Notwendigkeit der Vorschrift überwiegend anerkannt. Meinungsverschiedenheiten bezogen sich nur auf die nähere Konkretisierung der Schutzrichtung und auf die Frage, wie in der Einzelausgestaltung ihre Effektivität gewährleistet werden kann.

Aus dem **Schrifttum** zur Geldwäsche Arzt NStZ 90, 1, JZ 93, 913 sowie Arzt/Weber BT 25/13–16 und 29/1–3; Obermaier DNP 90, 317; Fülbier WM 90, 2025; Pieth StV 90, 558; Löwe-Krahl, Die Verantwortung von Bankangestellten bei illegalen Kundengeschäften, 1990; Carl/Klos DStZ 91, 24; Forthauser, Geldwäscherei de lege lata et ferenda, 1992; Dessecker, Gewinnabschöpfung im Strafrecht und in der Strafrechtspraxis, 1992, S 368; Prittwitz StV 93, 498; Körner/Dach, Geldwäsche, 1994, S 9; Otto ZKredW 94, 63, 13; Lampe JZ 94, 123; Hassemer aaO (vgl 1) S 13; Bottke, wistra 95, 87; Salditt LdR S 387; Höreth, Die Bekämpfung der Geldwäsche, 1996; Werner, Die Bekämpfung der Geldwäsche in der Kreditwirtschaft, 1996; Geurts ZRP 97, 250; Gradowski/Ziegler, Geldwäsche, Gewinnabschöpfung, 1997, Oswald aaO (vgl 1); Hetzer ZRP 99, 245 und 01, 266 sowie JR 99, 141, ZRP 02, 407 und Mschr Krim 03, 353, Kaiser wistra 00, 121; Kilchling wistra 00, 241; Lütke wistra 01, 85; aus dem einschlägigen schweizerischen Schrifttum Bernasconi, Die Geldwäscherei im schweizerischen Strafrecht, 1986; Messerli SchwZStr 88, 418; Arzt SchwZStr 89, 160; Graber, Geldwäscherei, 1990; Ziegler, Die Schweiz wäscht weißer, 1990; Krauskopf SchwZStr 91, 385; Pieth (Hrsg), Bekämpfung der Geldwäscherei, 1992; Schubarth, Bemmann-FS, S 430; Trechsel (Hrsg), Geldwäscherei, 1997; Ackermann, in: Schmid (Hrsg), Einziehung – Organisiertes Verbrechen – Geldwäsche, Bd I, 1998, S 355; aus dem österreichischen Schrifttum Fuchs ÖJZ 90, 544; Schick LJZ 94, 122; rechtsvergleichend Vogel aaO S 342; Werner aaO S 267; beachte auch die „Gemeinsame Maßnahme ... betreffend Geldwäsche ..." der EU ABl L 333 v 9. 12. 98, den Rahmenbeschluss v 26. 6. 2001 (ABl EG L 182; dazu Vogel, in: Zieschang/Hilgendorf/Laubenthal [Hrsg], Strafrecht und Kriminalität in Europa, 2003, S 29, 44) sowie die Geldwäsche-Richtlinie 2001/97/EG (abgedruckt in NJW 02, 804; dazu Wegner NJW 02, 794 und 2276; Burger wistra 02, 1, 6 und Gentzik, Die Europäisierung des deutschen und englischen Geldwäschestrafrechts, 2002); zur fehlenden Harmonisierung in Europa Maiwald, Hirsch-FS, S 631; krit zur Europäisierung Braum, Europäische Strafgesetzlichkeit, 2003,

§ 261

S 536; weiteres Material in dem allgemeinen unter 1 vor § 73 nachgewiesenen kriminalistischen und kriminologischen Schrifttum zur organisierten Kriminalität.

Im Ganzen ist die Vorschrift **rechtsstaatlich vertretbar** (krit Barton StV 93, 156; Lampe JZ 94, 123; Knorz aaO [vgl 1] S 172; Ruß LK 3), wenn auch ihre relative Unbestimmtheit und vor allem der Umstand, dass ihr Anwendungsbereich nicht auf das Phänomen der Geldwäscherei begrenzt wurde (wer zB für einen Einzeltäter das erbeutete Raubobjekt verwahrt, ist Geldwäscher), ernste Bedenken erweckt (Schoreit StV 91, 535, 539; Löwe-Krahl wistra 93, 123, 124; krit auch Schittenhelm aaO [vgl 1] S 529, die einen Bezug der Tat zur organisierten Kriminalität fordert). – Zur Geldwäsche/Hehlerei-Regelung in Art 7 des Corpus Juris der strafrechtlichen Regelungen zum Schutz der finanziellen Interessen der EU s Maiwald aaO und Otto Jura 00, 98, 103.

2a Die Effektivität der Vorschrift hängt davon ab, welche konkreten Pflichten dem Bank- und Versicherungsgewerbe auferlegt werden, um eine hinreichende Kontrolle zur Erfassung von Geldwäschereien zu erreichen. Die gesetzgeberischen Vorarbeiten (vgl den RegEntw eines Gewinnaufspürungsgesetzes, BT-Dr 12/2704) sind inzwischen zu einem vorläufigen Abschluss gekommen. Das am 29. 11. 1993 in Kraft getretene Gesetz über das Aufspüren von Gewinnen aus schweren Gewalttaten **(GeldwäscheG – GwG)** vom 25. 10. 1993 (BGBl I S 1770) verpflichtete vor allem Kredit- und Finanzinstitute, bei Bargeschäften ab 30 000,– DM – inzwischen 15 000,– € (§ 2 II GwG 2002, BGBl I 3105) – den Einzahler oder Auftraggeber zu identifizieren, die gemachten Feststellungen aufzuzeichnen und aufzubewahren; geldwäscheverdächtige Transaktionen sind unabhängig von ihrer Summe anzuzeigen. Außerdem müssen bestimmte Unternehmen Sicherungsmaßnahmen treffen, um nicht zur Geldwäsche missbraucht werden zu können. Mit dieser Regelung wird den Geldinstituten erstmals eine aktive Rolle bei der Verbrechensbekämpfung zugewiesen. Sie werden dadurch in die Gefahr gebracht, sich entweder nach § 261 strafbar zu machen oder schadensersatzpflichtig zu werden, weil sie voreilig Verdachtsfälle anzeigen. Das GwG wurde einerseits als zu weitgehend, andererseits als lückenhaft und ineffizient kritisiert (vgl namentlich den in der 12. Wahlperiode abgelehnten [BT-Dr 12/8588 S 5] Entwurf der SPD-Fraktion zu einem 2. OrgKG [BT-Dr 12/6784]). Aus dem Schrifttum zum GwG Ungnade WM 93, 2069, 2074 und 2105; Hetzer NJW 93, 3298 und wistra 93, 286; Carl/Klos wistra 94, 161; Frey Kriminalistik 94, 337; Körner/Dach aaO (vgl 2) S 52 und 85; Krüger Kriminalistik 94, 37; Löwe-Krahl wistra 94, 121; Otto ZKredW 94, 63 und wistra 95, 323; Steuer, WM-Festgabe für Hellner, 1994, S 78; Hassemer aaO (vgl 1) S 14; Bottke wistra 95, 121, 125; Lehnhoff WM 95, 521; Haase WM 95, 1941; Höreth aaO (vgl 2) S 239; Werner aaO (vgl 2) S 65; Körner NJW 96, 2143; Salditt LdR S 391; Findeisen wistra 97, 121 und WM 00, 1234; speziell zu den Auswirkungen für Rechtsanwälte Aden WiB 94, 93; Henssler NJW 94, 1817, 1820; Hartung AnwBl 94, 440, 441; für Bankangestellte Keidel Kriminalistik 96, 406, Dittrich/Trinkaus DStR 98, 342 und Flatten, Zur Strafbarkeit von Bankangestellten bei der Geldwäsche, 1996; rechtsvergleichend mit schweizerischen Regelungen Pieth Kriminalistik 94, 442, mit der luxemburgischen Regelung Fülbier wistra 96, 46. Zusammen mit § 261 bildet das GwG ein „Fahndungskonzept", das strafprozessuale Ermittlungen hinsichtlich der Katalogtaten erleichtert (Altenhain NK 6 mwN; ähnlich Tröndle/Fischer 3). – Zum neuen GwG idF des GeldwäschebekämpfungsG v 14. 8. 2002 (BGBl I 3105) vgl Busch/Teichmann, Das neue Geldwäscherecht, 2003; zu den neuen Anzeigepflichten Rieß LR 5a zu § 158 StPO; krit Zuck NJW 02, 1397 und v Galen NJW 03, 117.

3 3. Das **Tatobjekt** der Geldwäsche:

a) Gegenstand ist jedes Rechtsobjekt, dh eine Sache oder ein Recht (BT-Dr 12/989 S 27; vgl Arzt JZ 93, 913; Knorz aaO [vgl 1] S 112; Körner/Dach aaO

Geldwäsche **§ 261**

[vgl 2] S 15 Rdn 12); die erweiterte Überschrift stellt klar, dass außer Geld jeder andere Vermögenswert (auch Forderungen) in Betracht kommt (BT-Dr 12/6853 S 28; Bottke wistra 95, 87, 90; vgl auch M-Schroeder/Maiwald BT 2 101/26 und Ruß LK 7). Darüber hinaus dürften auch tatsächliche Positionen einbezogen sein, die den Anschein eines Rechts erwecken und wie dieses auch verkehrsfähig sind, aber von der Rechtsordnung nicht anerkannt werden (zB nichtige Forderungen aus Bankguthaben; ebenso Altenhain NK 25; aM Hoyer SK 5). **Praktische Bedeutung** haben namentlich Bargeld, Wertpapiere, Immobilien, Edelmetalle, Edelsteine und Kunstgegenstände, vor allem aber das sog Buch- und Giralgeld (zu Letzterem Leip/Hardtke wistra 97, 281; für einen funktionalen Gegenstandsbegriff Cebulla wistra 99, 281, der auch das Know-how oder Computerprogramme einbeziehen will).

b) Der Gegenstand muss aus einer **schweren,** in Abs 1 (abschließend) genannten **rechtswidrigen Tat** (18 zu § 11; 1 zu § 29; krit zur Technik der Enumeration Maiwald, Hirsch-FS, S 631, 634) **herrühren;** schuldhafte Begehung ist nicht erforderlich (Altenhain NK 32); der konkrete Nachweis der Vortat ist unerlässlich (Lütke wistra 01, 85; Bernsmann StV 98, 46; W-Hillenkamp BT 2 Rdn 897; weiter wistra 00, 67: es muss ohne Zweifel ausgeschlossen sein, dass der Gegenstand aus einer Nichtkatalogtat stammt; Altenhain NK 51). **Abs 8** stellt diesen Gegenständen solche gleich, die aus Auslandstaten herrühren, sofern die Tat auch am Tatort mit Strafe bedroht ist; auch hier ist ein konkreter Nachweis erforderlich (Lütke aaO S 86). Klarstellend wird die „Tat" auf die in Abs 1 genannten Taten beschränkt; damit wird die uferlose Ausweitung des § 261 bei Auslandstaten, die der frühere Wortlaut ermöglichte (vgl die Nachweise in der 22. Aufl), verhindert (BT-Dr 13/8651 S 12). **4**

aa) **Verbrechen** (Abs 1 Satz 2 Nr 1) § 12 I (dort 1–4); es genügt jedes (zur Kritik vgl 2) Verbrechen, auch wenn eine unbenannte Strafmilderung vorliegt (4 zu § 12; ebenso Altenhain NK 37). Die Grenze dieser Alternative ist für einen Laien kaum abschätzbar (ob ob die Tat ein Raub oder nur ein Diebstahl ist, Otto ZKredW 94, 9, 11). – **Vergehen** (Abs 1 Satz 2 Nr 2) § 12 II. Die neue Nr 2 a erfasst Bestechungsvergehen und ergänzt damit das KorrBG (1 vor § 298; BT-Dr 13/8651 S 11). Nach § 4 IntBestG (Anh V 2) ist § 334 auch iVm § 1 IntBestG anzuwenden, der die Gleichstellung von ausländischen mit inländischen Amtsträgern bei Bestechungshandlungen regelt (BT-Dr 13/10428 S 7; 13/10973); aus § 4 IntBestG ergibt sich für diese Fälle auch die Anwendung aller Rechtsvorschriften, die wie das GwG auf § 261 verweisen (BT-Dr 13/10428 S 7). Auf einschränkende Merkmale wie zB banden- oder gewerbsmäßige Begehung wird hier verzichtet; damit wird entsprechenden EG- und EU-Verpflichtungen nachgekommen (BT-Dr 13/8651 S 11; Korte NJW 98, 1464, 1465). Die Verweisung in Nr 2 b auf **§ 29 I S 1 Nr 1 BtMG** bewirkt, dass zusammen mit den Verbrechenstatbeständen des Betäubungsmittelrechts (§§ 29 a–30 a BtMG) nahezu der Gesamtbereich des illegalen Umgangs mit Betäubungsmitteln (Anbau, Herstellung, Vertrieb) abgedeckt wird, soweit er weltweit verboten ist. Der durch das AusführungsG Suchtstoffübereinkommen 1988 (vgl vor 1) eingefügte Verweis auf den neuen § 29 I Nr 11 BtMG bewirkte, dass als Vortat einer Geldwäsche auch der unerlaubte Verkehr mit Stoffen und Zubereitungen erfasst wird, wenn sie zur unerlaubten Herstellung von Betäubungsmitteln verwendet werden sollen (sog Grundstoffe; BT-Dr 12/4901 S 19 [Bericht des BT-Gesundheitsausschusses]; BT-Dr 12/3533 S 29 [Gegenäußerung der BReg]). Der durch das GrundstoffüberwachungsG (vgl vor 1) eingefügte Verweis auf § 29 I Nr 1 GÜG ändert daran sachlich nichts. – Die neue Nr 3 erfasst Zolldelikte der AO; die Einfügung von § 12 MOG entspricht – klarstellend – einer EG-Verpflichtung (BT-Dr 13/8651 S 11; Korte aaO). Durch die neue Nr 4 a werden zusätzlich zu den bisher in Nr 3 **4 a**

§ 261

BT. 21. Abschnitt. Begünstigung und Hehlerei

aF aufgeführten Vergehen aus dem Bereich der Vermögens-, Urkunden- und Bestechungsdelikte auch Sexual- und Umweltstrafdelikte (BT-Dr 13/8651 S 12: „Lücken" schließend) zu Vortaten, wenn sie gewerbs- oder (bisher: „und") bandenmäßig begangen worden sind (BT-Dr aaO); gewerbsmäßig 2 zu § 260; Bande 6 zu § 244, im Unterschied zu § 129 ist kein Mindestmaß an fester Organisation vorausgesetzt (BT-Dr aaO); unter denselben einschränkenden Voraussetzungen erfasst die neue Nr 4b Vergehen aus dem Aufenthaltsgesetz und dem AsylVerfG. Die Verweisung in Nr 5 auf §§ 129, 129a V erfasst nach der Neufassung durch das 34. StÄG (14 vor § 1) neben den Organisationstaten (Tröndle/Fischer 16) jetzt ausdrücklich auch Vergehen, die Mitglieder von kriminellen und terroristischen Vereinigungen begehen (BT-Dr 14/8893 S 10; Altvater NStZ 03, 179, 183); die Verbrechen des § 129a I, II sind schon durch Abs 1 S 2 Nr 1 erfasst; die Verweisung auf § 129b I bezieht ausländische Vereinigungen ein. – Nach der Neufassung von Abs 1 S 3 sind von Halbs 1 die durch Steuerhinterziehung nach § 370a AO (Verbrechen) ersparten Aufwendungen und unrechtmäßigen Steuererstattungen und -vergütungen erfasst (Tröndle/Fischer 16a; zu Anwendungsschwierigkeiten Samson, Kohlmann-FS, S 263, 271; Zweifel an der Verfassungsmäßigkeit bei Oberloskamp StV 02, 611). Abs 1 Satz 3 Halbs 2 bewirkt, dass auch Schmuggelgut erfasst wird, obwohl es nicht aus einer Tat nach § 373 AO herrührt (Neuheuser MK 37).

5   bb) Unter welchen Voraussetzungen ein Gegenstand aus einer rechtswidrigen Tat **herrührt,** ist im Gesetzgebungsverfahren nur unzureichend geklärt worden und wegen der Unbestimmtheit des Begriffs auch schwer eingrenzbar (eingehend Burr aaO [vgl 1] S 66; Leip aaO [vgl 1] S 70 und Leip/Hardtke aaO [vgl 3]; Knorz aaO [vgl 1] S 117; Spiske aaO [vgl 1] S 110; krit Braum aaO [vgl 2] S 540; zusf mit Beispielsfällen Fahl Jura 04, 160, 162–165). Nach dem Schutzzweck der Vorschrift dürfte das Merkmal erfüllt sein, wenn der Gegenstand aus einer rechtswidrigen Tat (als Bruttogewinn) oder für eine solche Tat (als Entgelt) erlangt (5 zu § 73) oder durch eine rechtswidrige Tat hervorgebracht (productum sceleris, 4 zu § 74; Mitsch BT 2,2 5/18; Ruß LK 8) worden ist und häufig (aber nicht notwendig) auch, wenn er als sog Beziehungsgegenstand der Einziehung unterliegt (12 zu § 74; weiter Altenhain NK 66). Aus dem Schutzzweck folgt ferner, dass der Begriff nicht nur die unmittelbar aus der rechtswidrigen Tat herrührenden Gegenstände umfasst, sondern auch alle weiteren, die auf Grund nachfolgender Vermögenstransaktionen als Ersatzgegenstände (7 zu § 73) ohne wesentliche Wertveränderung an ihre Stelle getreten sind (BT-Dr 12/989 S 27; Bottke wistra 95, 87, 90; krit Lampe aaO [vgl 1] S 127; aM Altenhain NK 71; weiter Sch/Sch-Stree 7). Das gilt – in Anlehnung an die vergleichbare Rechtslage beim Verfall (BGHSt 38, 23) – so lange, wie der Ersatzgegenstand in dem jeweils neuen Vermögenszusammenhang noch identifizierbar ist, dh in einem umschreibbaren Vermögensbestandteil konkretisiert und nicht nur aus einem Wertvergleich der Vermögenslage vor und nach dem Zufluss nachweisbar ist (Vogel ZStW 109, 335, 354; Tröndle/Fischer 8; Ruß LK 8; weiter Barton NStZ 93, 159, der darauf abstellt, ob die jeweilige Vortat für die konkrete Gestalt oder die wirtschaftliche Zuordnung des Vermögensgegenstandes adäquat kausal war und die objektive Zurechnung nicht wegen fehlender rechtlicher Signifikanz der Vortat für den Gegenstand verneint werden muss; einschr Hoyer SK 13: auf den Gegenstand muss sich noch ein Anspruch des Verletzten oder des Staates beziehen). Gegenstände, die infolge Weiterverarbeitung im Wesentlichen auf einer selbstständigen späteren Leistung Dritter beruhen, scheiden aus (BT-Dr aaO; Otto GK 2 96/32). Schließlich dürften auch solche Gegenstände nicht erfasst werden, deren Eigentümer oder Rechtsinhaber zuvor ein Dritter durch makellosen Erwerbsakt geworden ist (ebenso Rengier BT I 23/14; W-Hillenkamp BT 2 Rdn 901; aM BGHSt 47, 68, 79; Altenhain NK 68, 85). Es ist Aufgabe der Rspr, nach den Erfahrungen der Praxis weitere Konkretisierungen

Geldwäsche **§ 261**

zu erarbeiten und vor allem zu prüfen, wie weit unter den Gesichtspunkten der Sozialadäquanz (M-Schroeder/Maiwald BT 2 101/37) oder des Verfassungsrechts Tatbestandseinschränkungen durch teleologische Reduktion geboten sind, etwa bei Geschäften zur Befriedigung notwendiger Lebensbedürfnisse, bei Bagatellgeschäften und bei Honorarzahlungen an Ärzte und Strafverteidiger (eingehend Barton StV 93, 156; s auch Löwe-Krahl wistra 93, 123, 125; Amelung/Cirener JuS 95, 48, 52; Salditt LdR S 390; Spiske aaO [vgl 1] S 181 und Otto ZKredW 94, 63, 66, der berufstypisches Verhalten ausklammern will; ähnlich Löwe-Krahl wistra 95, 201 und W-Hillenkamp BT 2 Rdn 900; beachte auch Bernsmann StV 00, 40 [vgl auch ders, Lüderssen-FS, S 683, 688]; der für den Strafverteidiger einen auf die Unschuldsvermutung gestützten Rechtfertigungsgrund annimmt; Hombrecher, Geldwäsche (§ 261 StGB) durch Strafverteidiger, 2001, der für eine Rechtfertigungslösung plädiert, und Grüner/Wasserburg GA 00, 430, die eine „institutionelle Vorsatzlösung" mit dem Erfordernis der Wissentlichkeit vorschlagen; krit zu diesen Einschränkungsversuchen Flatten aaO [vgl 2a] S 118, 150, Kargl NJ 01, 57, 58 und Altenhain NK 122–125; zur vergleichbaren Problematik bei der Strafvereitelung 3 zu § 258; zur Bedeutung der Geldwäscherichtlinie Vogel aaO S 355). Für Honorarzahlungen aus Geldern aus rechtswidrigen Taten nach Abs 1 Satz 2 an Strafverteidiger hat das OLG Hamburg mit verfassungsrechtlichen Gründen (freie Verteidigerwahl und freie Berufsausübung) bereits den objektiven Tatbestand der Geldwäsche im Regelfall verneint (NJW 00, 673 mit hinsichtlich der Begründung zT krit Bespr Baier JAR 00, 112, Burger/Peglau wistra 00, 161, v Galen StV 00, 575, Hamm NJW 00, 636, Hetzer wistra 00, 281, Lüderssen StV 00, 205, Reichert NStZ 00, 316, Schaefer/Wittig NJW 00, 1387, Kargl NJ 01, 57, 62, Müther Jura 01, 318, Otto JZ 01, 436, 439, Katholnigg NJW 01, 2041, Schmidt JR 01, 448 und Geppert JK 3; krit auch Hefendehl, Roxin-FS, S 145; W-Hillenkamp BT 2 Rdn 902 und Altenhain NK 128; zust Wohlers StV 01, 420, 424 und Lüderssen LR 116–117 vor § 137 StPO; im Ergebnis zust Hoyer SK 21); eine verfassungskonforme Auslegung ist zwar grundsätzlich ein zulässiges Mittel zur Einschränkung eines Tatbestandes, doch erscheint die Reichweite der angeführten Verfassungsgrundsätze für die vorliegende Problematik vom OLG Hamburg überschätzt, denn immerhin gibt es die Garantie einer (gleichwertigen) Pflichtverteidigung (Art 6 MRK; ebenso Kindhäuser BT II 48/18; krit Wohlers aaO S 426); darauf stellt jetzt auch der BGH ab, der zusätzlich darauf verweisen kann, dass Wortlaut, Entstehungsgeschichte und der von § 261 mitverfolgte Zweck der Isolierung des Vortäters einer einschränkenden Auslegung der Vorschrift für Strafverteidiger und ihre Honorare entgegenstehen (BGHSt 47, 68 mit krit, aber auch zust Bespr Bernsmann StraFo 01, 344 und Lüderssen-FS, S 683, Leitner StraFo 01, 388, Martin JuS 01, 1232, Nestler StV 01, 641, Neuheuser NStZ 01, 647, Peglau wistra 01, 461, Scherp NJW 01, 3242, Fad JA 02, 14, Gotzens/Schneider wistra 02, 121, Hilgendorf, Schlüchter-GS, S 497, 511, Katholnigg JR 02, 30, Matt GA 02, 137 und Rieß-FS S 739, Müller-Christmann JuS 02, 587, 588, Salditt StraFo 02, 181 und Otto JK 4; aus internationaler und rechtsvergleichender Sicht Ambos JZ 02, 70; zur Rechtslage nach der BGH-Entscheidung Schmidt StraFo 03, 2; krit Braum, Europäische Strafgesetzlichkeit, 2003, S 541; speziell zur Leichtfertigkeit in diesen Fällen Sauer wistra 04, 89; aus schweizerischer Sicht Wohlers SchwZStr 02, 197; dem BGH zust W-Hillenkamp StV 03; Altenhain NK 126; Neuheuser MK 75). Das BVerfG hat die umstrittene Rechtslage „salomonisch" dahingehend gelöst, dass § 261 II Nr 1 bei der im Hinblick auf die Berufsausübungsfreiheit und der Erhaltung des Instituts der Wahlfreiheit gebotenen verfassungskonformen Auslegung (insoweit auf der Linie des OLG Hamburg) die Annahme von Honorar durch den Verteidiger nur bei sicherer Kenntnis von der Herkunft des Geldes aus einer Katalogtat strafbar (insoweit dem BGH folgend) ist (BVerfG NJW 04, 1305 mit zust Bespr Dahs/Krause/Widmaier NStZ 04,

§ 261

261, krit Wohlers JZ 04, 670; Tröndle/Fischer 36; die Entscheidungsformel ist im BGBl I, 2004, S 715, mit Gesetzeskraft veröffentlicht worden: „§ 261 Absatz 2 Nummer 1 des Strafgesetzbuchs ist mit dem Grundgestz vereinbar, soweit Strafverteidiger nur dann mit Strafe bedroht werden, wenn sie im Zeitpunkt der Annahme ihres Honorars sichere Kenntnis von dessen Herkunft hatten"); zu Nachforschungen ist der Strafverteidiger nicht verpflichtet (LG Gießen NJW 04, 1966), Leichtfertigkeit iS des Abs 5 führt nicht zur Strafbarkeit (BVerfG aaO). Zum möglichen Ausschluss der Strafbarkeit von (verdeckten) Ermittlern W-Hillenkamp BT 2 Rdn 899 (s auch 4 zu § 26 und 24 vor § 32 mwN).

6 cc) **Abs 6** schränkt den Anwendungsbereich **des Abs 2** zum Schutz des allgemeinen Rechtsverkehrs ein (BT-Dr 12/989 S 28). Er setzt der Möglichkeit der Entstehung unangemessen langer Ketten von Straftaten, die sich bei häufigen Umsätzen entwickeln können (vgl 5), eine Schranke (ebenso Spiske aaO [vgl 1] S 156). Dabei geht es um den pragmatischen, unter Gerechtigkeitsgesichtspunkten problematischen Zweck, einer Ausuferung des Abs 2 entgegenzuwirken. Wer einen in Abs 1 bezeichneten Gegenstand ohne strafbaren Verstoß gegen § 261 erlangt (Maiwald, Hirsch-FS, S 631, 645), unterbricht die Kette und bewirkt, dass weitere auf den Gegenstand bezogene Handlungen nach Abs 2 (ggf iVm Abs 5) nicht mehr tatbestandsmäßig sind (Altenhain NK 87; krit Tröndle/Fischer 27; aM Mitsch BT 2,2 5/35). Sowohl für den am Anfang stehenden Erwerb des Dritten wie auch für alle nachfolgenden einschlägigen Handlungen kommt es auf deren zivilrechtliche Wirksamkeit und vor allem auch auf Bösgläubigkeit der Nachfolger nicht an (BGHSt 47, 68, 79; Kindhäuser 12; krit Maiwald aaO S 637; abl W-Hillenkamp BT 2 Rdn 895). Soweit der Gegenstand aus einer rechtswidrigen Tat herrührt, ist der Anwendungsbereich des Abs 1 nicht betroffen, mit der Folge, dass seine Voraussetzungen weiterhin erfüllt werden können (vgl 5; BGH aaO mit zust Bespr Otto JK 5; im Ergebnis auch Altenhain NK 85; diff Spiske aaO S 158).

7 4. Zu den **Tathandlungen** (zusf Otto ZKredW 94, 63, 64; Bottke wistra 95, 121; krit Lampe aaO [vgl 1] S 128 und Knorz aaO [vgl 1] S 137):

a) Abs 1: Verbergen und die **Herkunft verschleiern** erfordern zielgerichtete Vorkehrungen, um durch die Art der örtlichen Unterbringung, namentlich durch Ortsveränderung (zB auch durch Ablage von Akten im falschen Zusammenhang), durch täuschende Manipulationen (zB in der Buchführung) oder in ähnlicher Weise den behördlichen Zugriff auf den Gegenstand zu erschweren (Kraushaar wistra 96, 168, 169; Rengier BT I 23/9; enger Altenhain NK 103, der einen Erschwerungserfolg verlangt). – Die **Ermittlung vereiteln** setzt hier, weil auch das Gefährden tatbestandsmäßig ist, abweichend von § 258 (dort 4) voraus, dass die Ermittlung zum Scheitern gebracht wird (ebenso Spiske aaO [vgl 1] S 129; Altenhain NK 112). Für das **Gefährden der Ermittlung** genügt die Herbeiführung der konkreten Gefahr (20–22 zu § 315 c) des Scheiterns (Hamm wistra 04, 73; Mitsch BT 2,2 5/20). Dabei muss die Ermittlung die Aufklärung der Herkunft (vgl 5), das Auffinden oder die Vorbereitung des Verfalls (§§ 73 ff), der Einziehung (§§ 74 ff) oder der Sicherstellung (§§ 111 b ff StPO) des Gegenstandes bezwecken. Die Tathandlungen überschneiden sich weit; das folgt sowohl aus ihrem Inhalt als auch aus dem Umstand, dass mit einer Ermittlung oft mehrere Zwecke verfolgt werden. Dass Abs 1 neben der Gefährdung der Ermittlung auch deren Vereitelung besonders aufführt, widerspricht der üblichen Gesetzestechnik (vgl etwa § 315 c); da die Herbeiführung eines Schadens (hier Vereitelung der Ermittlung) begriffsnotwendig eine vorausgegangene Gefährdung voraussetzt, hätte es seiner besonderen Nennung im Gesetz nicht bedurft (ebenso Spiske aaO S 130). Vereiteln und Gefährden kann auch durch Unterlassen begangen werden (Burr aaO [vgl 1] S 86; Körner/Dach aaO [vgl 2] S 33; Leip aaO [vgl 1] S 138); die Garantenstellung des Bankangestellten folgt aus der Übertragung der Anzeigepflicht nach § 11 GWG

Geldwäsche **§ 261**

(Burr aaO; einschr auf Vorgesetzte Körner/Dach aaO; ähnlich Altenhain NK 92; aM Leip aaO S 139; Höreth aaO [vgl 2] S 135; zw). – Das **Auffinden gefährdet,** wer den tatsächlichen Zugriff auf den Gegenstand konkret erschwert, zB durch Verbringen ins Ausland (NJW 99, 436 mit Bespr Jahn JA 99, 186, Krack JR 99, 79 und Martin JuS 99, 300); der Täter muss den Gegenstand nicht selbst erlangt haben, es reichen vielmehr alle Aktivitäten, die den Zugriff der Strafverfolgungsbehörde zu verhindern trachten (BGH aaO); daran fehlt es, wenn der Täter den Gegenstand einem verdeckten Ermittler anbietet (BGH und Jahn, Krack, Martin, jeweils aaO; zur Versuchsstrafbarkeit unten 11).

b) Abs 2. Nr 1: Sich oder einem Dritten verschaffen 9–12 zu § 259 (Fahl **8** Jura 04, 160, 161); die für die Hehlerei entwickelten Grundsätze gelten auch hier (BT-Dr 12/989 S 27; Rengier BT I 23/10), doch kommt es nicht darauf an, dass die Vermögenslage im Einverständnis mit dem Vortäter oder in dessen Interesse perpetuiert wird (Spiske aaO [vgl 1] S 133; Kindhäuser BT II 48/12; Mitsch BT 2,2 5/33; Otto GK 2 96/35; aM W-Hillenkamp BT 2 Rdn 898); selbst für das Opfer der Vortat harmlose Vermögensverschiebungen können erfasst sein (Arzt JR 99, 79: „Prinzip der Unberührbarkeit schmutzigen Geldes"). – **Nr 2: Verwahren** bedeutet, eine Sache in Gewahrsam nehmen oder halten, um sie für einen Dritten oder für eigene spätere Verwendung zu erhalten (Joecks 10; weiter Altenhain NK 117). **Verwenden** ist bestimmungsmäßiges Gebrauchen (Rengier aaO) und erfasst vor allem die vielfältigen Geldgeschäfte (BT-Dr aaO; weiter Otto GK 2 96/36: jede wirtschaftliche Nutzung; zusf Fahl aaO). Im Falle der Nr 2 muss der Täter die Herkunft des Gegenstandes **im Zeitpunkt seiner Erlangung gekannt** haben. Als Kenntnis reicht hier ein dem bedingten Vorsatz genügendes Fürmöglich-Halten aus (Rengier BT I 23/12; zur entsprechenden Rechtslage bei der Erweiterten Einziehung 3 zu § 74a); eine Beschränkung auf sicheres Wissen (so Bottke wistra 95, 121, 123; Ambos JZ 02, 70, 72) würde einen Wertungswiderspruch zu Nr 1 ergeben, bei der ebenfalls bedingter Vorsatz in Bezug auf die Herkunft ausreicht (vgl 9).

5. Der **Vorsatz** (bedingter genügt; Hamm wistra 04, 73, 74) braucht sich nicht **9** darauf zu erstrecken, dass die Tat die für die Geldwäsche typische Qualität (vgl 2) aufweist. Auch brauchen die Vorstellungen über die vorausgegangene rechtswidrige Tat (vgl 4–6) nicht im Einzelnen konkretisiert zu sein (BGHSt 43, 158, 165); insoweit genügt für die Wissensseite (9–18 zu § 15) schon die Annahme verschiedener Herkunftsmöglichkeiten, wenn nur eine von ihnen die Voraussetzungen der Absätze 1 oder 2 erfüllt (ebenso Altenhain NK 133). Ferner braucht der Täter die rechtswidrige Vortat nicht selbst als Verbrechen oder als eines der genannten Vergehen (Abs 1 Nr 1–4) zu bewerten; insoweit reicht Bedeutungskenntnis im Hinblick auf die Umstände aus, die das Verbrechen oder Vergehen begründen (14 zu § 15; Flatten aaO [vgl 2a] S 109; Altenhain aaO). – Am Vorsatz fehlt es aber, wenn der Täter irrig annimmt, ein Vorgänger habe den Gegenstand durch makellosen Erwerbsakt (vgl 5; aM Flatten aaO S 110: Verbotsirrtum in der Form des Subsumtionsirrtums; ebenso Altenhain NK 134) oder in Fällen des Abs 2 durch eine nicht strafbare Tat (vgl 6) erlangt; dieser Tatbestandsirrtum könnte Einfallstor für schwer widerlegbare Schutzbehauptungen sein (ebenso Spiske aaO [vgl 1] S 146 und 184). – In Fällen des Abs 2 Nr 1 muss der Vorsatz dem Hehlereivorsatz (16 zu § 259) entsprechen, dh die Herkunft des Gegenstandes im Sinne mindestens bedingten Vorsatzes umfassen und auch das Bewusstsein einverständlichen Zusammenwirkens mit dem Vorgänger einschließen (zw; vgl 8).

6. Der **Vortäter** konnte nach dem früheren Wortlaut („ein anderer") nicht **10** selbst Geldwäscher sein; dies ist durch die – von der Wissenschaft geforderte (Oswald aaO [vgl 1] S 301; Schubarth aaO [vgl 2] S 432) – Streichung des in § 261 Abs 1 S 1 aF enthaltenen Merkmals „eines anderen" geändert worden (krit

§ 261 BT. 21. Abschnitt. Begünstigung und Hehlerei

zum Abstellen auf die „Vortat" Joerden, Lampe-FS, S 771, 775). Damit wird die Strafbarkeitslücke geschlossen, die bisher in den Fällen bestand, in denen eine Alleintäterschaft an der Vortat zwar nicht nachgewiesen, aber auch nicht ausgeschlossen werden konnte (BT-Dr 13/8651 S 10; BGHSt 48, 240 mit Anm Kudlich JR 03, 474; Meyer/Hetzer, NJW 98, 1020). Jedoch wird nach Abs 9 S 2 derjenige Täter oder Teilnehmer nicht wegen Geldwäsche bestraft, der wegen Beteiligung an der Vortat strafbar ist (persönlicher Strafausschließungsgrund; vgl BT-Dr aaO S 11; BGHSt 48, 240; NJW 00, 3725; Otto GK 2 96/29; W-Hillenkamp BT 2 Rdn 897); damit werden die bislang bei der Teilnahme gezogenen Parallelen zur Hehlerei aufgegeben (Kreß wistra 98, 125; Schittenhelm aaO [vgl 1] S 537). Abs 9 Satz 2 enthält zugleich eine Konkurrenzregel, die eine Strafbarkeit wegen Geldwäsche immer dann ausschließt, wenn der „Täter" bereits wegen der Beteiligung an einer Katalogtat strafbar ist (BGHSt 48, 240; NJW 00, 3725). Dabei kommt es nicht auf den zeitlichen Abstand zwischen Vortat und Geldwäschehandlung an; entscheidend ist allein, ob sich Hehlereihandlung als Vortat und Geldwäschehandlung auf denselben Gegenstand beziehen (NJW 00, 3725; Neuheuser NK 105). Die Neuregelung hat ferner zur Konsequenz, dass sich ein nicht an der Vortat beteiligter Teilnehmer nach Akzessorietätsgrundsätzen (9 vor § 25) auch dann strafbar machen kann, wenn zugunsten des Täters Abs 9 S 2 eingreift (vgl Schittenhelm aaO, die darin eine Diskrepanz zu §§ 258, 259 sieht; Altenhain NK 18; s auch 6 zu § 258).

11 7. Für den **Versuch** (Abs 3) gelten die allgemeinen Regeln (§ 22; krit wegen der weiten Ausdehnung des Strafbarkeitsbereichs Lampe aaO [vgl 1] S 131; M-Schroeder/Maiwald BT 2 101/39). Die irrige Annahme, die Herkunft des Gegenstandes entspreche den Voraussetzungen der Absätze 1 oder 2 begründet daher einen untauglichen Versuch (12 zu § 22). Mangels konkreter Gefährdung (oben 7) liegt nur Versuch vor, wenn die Bemühungen des Täters objektiv nur darauf gerichtet sind, den Gegenstand einem Verdeckten Ermittler auszuliefern (NJW 99, 436 mit Bespr Jahn JA 99, 186, Krack JR 99, 79 und Martin JuS 99, 300; vgl 15 zu § 259).

12 8. Zu **Abs 4** (besonders schwere Fälle) 7–21 zu § 46. – **Gewerbsmäßig** 20 vor § 52 (s NStZ 98, 622). – **Mitglied einer Bande** 6, 7 zu § 244. Die Verbindung muss hier – sei es auch neben anderen Zwecken – auf die Begehung von Geldwäsche gerichtet sein. Die Ausführungen unter 9 zu § 244 gelten sinngemäß; auf die Mitwirkung mehrerer Bandenmitglieder am Tatort kommt es nicht an (Hoyer SK 29; aM Altenhain NK 147).

13 9. **Abs 5: Leichtfertig** 55 zu § 15. Das Merkmal bezieht sich nur auf die in Abs 1, 2 vorausgesetzte Herkunft, entbindet also nicht vom Vorsatzerfordernis im Übrigen. Es kommt danach darauf an, ob der Täter die sich ihm aufdrängende Möglichkeit solcher Herkunft aus besonderem Leichtsinn oder besonderer Gleichgültigkeit verkannt hat (BGHSt 43, 158, 168; LG Berlin NJW 03, 2694). Die einzelnen Pflichten des GwG leisten nur einen beschränkten Beitrag zur Präzisierung der gebotenen Sorgfalt (Werner aaO [vgl 2] S 249). – Im Gesetzgebungsverfahren ist Abs 5 überwiegend für **unabdingbar** gehalten worden (Krey/Dierlamm JR 92, 353, 359; krit aber Lampe aaO [vgl 1] S 129 und Knorz aaO [vgl 1] S 189); er verstößt nicht gegen das Schuldprinzip oder den Bestimmtheitsgrundsatz (BGH aaO S 166, 167 mit zust Bespr Otto JK 2 und Arzt JR 99, 79; Altenhain NK 138; beachte jedoch Kargl NJ 01, 57, 59, 62). Leichtfertigkeit hinsichtlich der Herkunft des Geldes aus einer Katalogtat reicht ausnahmsweise bei der Annahme von Honoraren durch den Strafverteidiger nicht zur Strafbarkeit nach § 261 II Nr 1 (BVerfG aaO oben 5). Der weitergehenden Forderung, die Strafdrohung aus kriminalpolitischen Gründen allgemein auf fahrlässige Unkenntnis zu erstrecken, wurde jedoch mit Recht nicht entsprochen, weil das ein unvertretbares Risiko für alle am legalen Wirtschaftsver-

Geldwäsche **§ 261**

kehr Beteiligten begründet hätte (BT-Dr 12/2720 S 43); gegen neuere Reformforderungen nach Strafbarkeit fahrlässigen Verhaltens Otto ZKredW 94, 63; Hassemer aaO [vgl 1] S 25 und die Mehrheit des BT-Rechtsausschusses (BT-Dr 12/8588 S 5; vgl aber auch Meyer, Kaiser-FS, S 633, 639). Für ein Berufsgruppen-Privileg durch Neufassung von Abs 5 Flatten aaO (vgl 2 a) S 178.

10. Abs 7 (Einziehung, Erweiterter Verfall): 14
a) Satz 1 ist eine besondere Vorschrift im Sinne des § 74 IV, welche die **Einziehung** über § 74 I hinaus zulässt. Die Einziehung darf daher nur unter den Voraussetzungen des § 74 II, III und infolge der Verweisung auf § 74a auch unter dessen Voraussetzungen angeordnet werden. Im Übrigen vgl §§ 74–74 c, 74 e–76 a. Ergänzend LG Berlin wistra 04, 153.

b) Zu **Satz 3** (Erweiterter Verfall) 1–12 zu § 73 d. Die Anordnungsvoraussetzungen entsprechen denen der Regelbeispiele in Abs 4 (vgl 14). 15

11. Räumlicher Geltungsbereich 5 vor § 3. Beachte auch oben 4. 16

12. Allgemein zur **tätigen Reue** (Abs 9, 10) 29 zu § 24. Hier soll der Täter 17 durch Inaussichtstellen der Vergünstigung vor Entdeckung der Tat (21 zu § 24) zur Anzeige (BT-Dr 12/989 S 28) und danach zur Offenbarung seines Wissens motiviert werden (vgl Blum, Strafbefreiungsgründe und ihre kriminalpolitischen Begründungen, 1996, S 29).

a) Abs 9: Die hier vorgesehene **Strafaufhebung** (1 zu § 24) tritt bei vorsätzlicher Begehung (Abs 1, 2) ein, wenn die Nummern 1 und 2 kumulativ verwirklicht sind, während bei leichtfertiger Begehung (Abs 5) nur die Voraussetzungen der Nr 1 erfüllt sein müssen (zur Begründung BT-Dr aaO [vgl 17]; krit Löwe-Krahl wistra 93, 123, 126, Knorz aaO [vgl 1] S 209 und Fabel, Geldwäsche und tätige Reue, 1997, S 150). Abs 9 regelt nur den „Rücktritt" vom vollendeten Delikt; ein Rücktritt vom Versuch nach § 24 bleibt unberührt (Maiwald, Hirsch-FS, 631, 646). – **Anzeigen bei der zuständigen Behörde** (Polizei, StA, AG) § 158 I StPO. **Veranlassen** einer Anzeige erfordert (Mit-)Ursächlichkeit für deren Erstattung durch einen anderen (zB Anzeige der Bank auf Veranlassung ihres Angestellten); erstattet der Geldwäschebeauftragte keine Anzeige für das Geldinstitut, weil er anders als der Kassierer irrtümlich keinen Verdachtsfall sieht, so kommt der Kassierer trotz der bankinternen Meldung nicht in den Genuss der Strafaufhebung (Fülbier ZIP 94, 700, der eine Gesetzesänderung zugunsten des Kassierers fordert; ebenso Flatten aaO [vgl 2 a] S 178 und Fabel aaO S 165; in Fällen des Abs 5 wird es aber regelmäßig an der Leichtfertigkeit fehlen (Dittrich/Trinkaus DStR 98, 342, 343). Ob der Täter **bei verständiger Würdigung** mit Entdeckung **rechnen musste,** bestimmt sich nach den für die (objektive und subjektive) Sorgfaltspflichtverletzung bei Fahrlässigkeit entwickelten Maßstäben (37 ff, 49 zu § 15). **Sicherstellung** des Gegenstandes §§ 111 b ff StPO; sie muss bewirkt werden, freiwilliges und ernsthaftes Bemühen genügt nicht (M-Schroeder/Maiwald BT 2 101/41). Im Übrigen beachte zu **Nr 1** 16–18 zu § 24 und zu **Nr 2** 20 zu § 24. – Zu Abs 9 S 2 vgl oben 10. 17 a

b) Abs 10: Hier sind nur **Strafmilderung nach Ermessen oder Absehen** 18 **von Strafe** zugelassen (5–7 zu § 49). Die Vorschrift ist dem § 31 Nr 1 BtMG (sog kleine Kronzeugenregelung) nachgebildet (Jeßberger, Kooperation und Strafzumessung, 1999, S 52; Peglau ZRP 01, 103; Sch/Sch-Stree 26; Tröndle/Fischer 52; vgl auch 29 zu § 24). Rechtsprechung und Schrifttum dazu sind im Wesentlichen auch hier verwertbar (vgl etwa Körner 8–42 zu § 31 BtMG; einschr Fabel aaO [vgl 17] S 183); zur freiwilligen Offenbarung näher Jeßberger aaO S 54. Zur mangelnden Systemgerechtigkeit, solange die Regelung des Abs 10 nicht auf andere Delikte ausgedehnt wird, Krack NStZ 01, 505, 510; eine solche Ausdehnung sieht ein Gesetzentwurf der CDU/CSU-Fraktion (BT-Dr 15/2333) und ein Gesetzes-

§ 262, Vor § 263

antrag Bayerns/Niedersachsens (BR-Dr 958/03) vor; es wird aber auch eine zusätzliche oder alleinige Strafzumessungsvorschrift (§ 46 b) diskutiert (12 vor § 38).

19 13. Bei **Zusammentreffen** mehrerer Handlungen jeweils innerhalb der Absätze 1, 2 oder 5 liegt nur eine Gesetzesverletzung vor (3 zu § 52; s auch oben 7). Sind zugleich die Absätze 1 und 2 verwirklicht, so geht Abs 2 als die leichtere Begehungsform in Abs 1 auf (ebenso Altenhain NK 160). Sind die Voraussetzungen des Abs 1 nicht nachweisbar, so wirkt Abs 2 als Auffangtatbestand (BT-Dr 12/989 S 28); dasselbe gilt für Abs 5, wenn auch Abs 2 nicht nachweisbar verwirklicht ist. – **Tateinheit** ua möglich mit §§ 263, 266 und wegen der Verschiedenheit der Rechtsgüter auch mit §§ 257 (LG Mönchengladbach wistra 95, 157; ebenso Kindhäuser 26; vgl auch NStZ-RR 97, 359)–260 a. **Tatmehrheit** liegt beim Sichverschaffen von Geld bei verschiedenen Gelegenheiten auch dann vor, wenn diese aus einer Vortat stammen und die Tathandlungen einem einheitlichen Ziel dienen (BGHSt 43, 149; 43, 158, 165; zu beiden Entscheidungen Kreß wistra 98, 121, 128).

§ 262 Führungsaufsicht

In den Fällen der §§ 259 bis 261 kann das Gericht Führungsaufsicht anordnen (§ 68 Abs. 1).

1 Vgl 1, 2 vor § 68, 1–8 zu § 68.

22. Abschnitt. Betrug und Untreue

Vorbemerkung

1 1. Das gegen Ende der 7. Wahlperiode verkündete **1. WiKG** (7 vor § 1) hat die erste Phase der Reformarbeiten zur intensiveren **Bekämpfung der Wirtschaftskriminalität** (zu deren umstrittener Begriffsbestimmung Otto ZStW 96, 339 und Jura 89, 24; Weber ZStW 96, 376; Heinz ZStW 96, 417, 421; Geerds, Wirtschaftsstrafrecht und Vermögensschutz, 1990, S 5, 15) zum Abschluss gebracht. Aus dem großen Komplex der sozialschädlichen Handlungen im Bereich der Wirtschaft hat es für das StGB zunächst nur den **Subventions- und den Kreditbetrug** (§§ 264, 265 b), die **Insolvenzdelikte** (§§ 283–283 d) und den **Wucher** (§ 291) herausgegriffen. Es hat sich **nicht als bloßes Strafgesetz** verstanden, sondern versucht, Auswüchsen in der Wirtschaft nicht lediglich mit strafrechtlichen Mitteln, sondern auch durch Erlass eines besonderen Subventionsgesetzes (Art 2) und durch Änderung zahlreicher Vorschriften des Wirtschaftsrechts, namentlich des HGB (Art 4), der KO (Art 5) und des MOG (Art 6 Nr 7), erfolgreicher beizukommen. Seine Strafvorschriften bedeuten überwiegend eine nachdrückliche Vorverlegung der strafrechtlichen Verteidigungslinie, die vor allem darin deutlich wird, dass Verletzungstatbestände durch abstrakte Gefährdungstatbestände ergänzt, in Abkehr von einer alten Gesetzgebungstradition vereinzelt auch leichtfertige Verhaltensweisen einbezogen und zahlreiche unbestimmte Rechtsbegriffe zur Abgrenzung der Strafbarkeit verwendet werden. Das ist zunächst mit weitgehender Zustimmung von Wissenschaft und Praxis geschehen (vgl etwa Tiedemann, Subventionskriminalität in der Bundesrepublik, 1974 und ZStW 86, 897; Baumann NJW 74, 1364). So sehr jedoch einzuräumen ist, dass solche Ausdehnung der Strafbarkeit zur wirksameren Bekämpfung der sog „Weißen-Kragen-Kriminalität", namentlich zur Überwindung der gerade in diesem Bereich typischen Beweisnot, geeignet und hilfreich ist, sollte doch nicht verdrängt werden, dass sie den allgemeinen Reformbestrebungen sowohl nach Beschränkung des kriminellen Strafrechts auf rechtsgutsverletzende Handlungen (dazu Otto MschrKrim 80, 397, 400) als auch nach höchstmöglicher Bestimmtheit der

Vorbemerkung **Vor § 263**

Tatbestandsgrenzen zuwiderläuft. Es kam hier deshalb darauf an, dogmatisch und strafrechtspolitisch gegenläufige Tendenzen zu einem vernünftigen Ausgleich zu bringen. Unter diesem Gesichtspunkt hat das Gesetz – namentlich nach seinem Erlass – auch beachtenswerte Kritik erfahren (vgl etwa Götz, Bekämpfung der Subventionserschleichung, 1974; Haft ZStW 88, 365; Arzt, Der Ruf nach Recht und Ordnung, 1976, S 146; Löwer JZ 79, 621; Schubarth ZStW 92, 80; Volk JZ 82, 85 mit Erwiderung Baumann JZ 83, 935; Otto ZStW 96, 339, 368; Hillenkamp, in: OsnabrRAbh, Bd 1, S 221; krit speziell zur Gesetzestechnik Lenckner, Tübingen-FS, S 239, 258). Die bisherigen Erfahrungen haben gezeigt, dass einerseits das Gesetz nicht die erhoffte Breitenwirkung in der Praxis erzielt, andererseits aber auch nicht zu einer unangemessenen Ausuferung der Strafverfolgung geführt hat (vgl etwa Berckhauer, Die Strafverfolgung bei schweren Wirtschaftsdelikten, 1981; Liebl, Die bundesweite Erfassung von Wirtschaftsstraftaten nach einheitlichen Gesichtspunkten, 1984; Meinberg, Geringfügigkeitseinstellungen von Wirtschaftsstrafsachen, 1985).

2. Das **2. WiKG,** das dem ersten mit einer zeitlichen Verzögerung von fast **2** 10 Jahren gefolgt ist (10 vor § 1), hat die kriminalpolitische Linie des 1. WiKG fortgesetzt. Für den Bereich des StGB hat es namentlich Vorschriften über **Computerkriminalität** (§§ 202a, 263a, 269, 270, 271 I, 303a–303c), über **Kapitalanlagebetrug** (§ 264a), über **Vorenthalten und Veruntreuen von Arbeitsentgelt** (§ 266a), über **Missbrauch von Scheck- und Kreditkarten** (§ 266b) sowie über **Fälschung von Vordrucken für Euroschecks und Euroscheckkarten** (§ 152a) eingeführt. Ebenso wie das 1. WiKG hat es über den Bereich des Kernstrafrechts weit hinausgegriffen und zahlreiche Vorschriften des Wirtschaftsrechts, des Nebenstrafrechts und des Ordnungswidrigkeitenrechts geändert. Im ganzen hat es den Zweck verfolgt, alte oder durch die Entwicklung hervorgerufene neue Strafbarkeitslücken zu schließen, über die meist auf Grund der gesetzgeberischen Vorarbeiten keine grundlegenden Meinungsverschiedenheiten bestanden, deren Ausgestaltung im Detail aber keineswegs durchgängig gelungen ist (Näheres in den Erläuterungen). Gesetz geworden ist der seit langem umstrittene Tatbestand des sog **Ausschreibungs-(Submissions-)Betrugs** durch das KorrBG (1 vor § 298); § 298 erfasst jetzt „Wettbewerbsbeschränkende Absprachen bei Ausschreibungen"; durch dasselbe Gesetz ist jetzt auch die „Bestechlichkeit und Bestechung im geschäftlichen Verkehr" (§ 299; bisher § 12 UWG aF) als „Straftat gegen den Wettbewerb" unter Strafe gestellt. Zum Bedürfnis **weiterer Reform** des Wirtschaftsstrafrechts Weinmann, Pfeiffer-FS, S 87; Bottke wistra 91, 81 und 201; Albrecht ua [Hrsg], Rechtsgüterschutz durch Entkriminalisierung, 1992, S 65; zur Intensivierung präventiver Maßnahmen Schünemann, Kaufmann [Arm]-GS, S 629. Zur neuesten Gesetzgebung und Tendenzen Tiedemann WiStR 04 54.

3. Das **allgemeine Schrifttum** zur Wirtschaftskriminalität ist in jüngerer Vergangenheit so angewachsen, dass ein hinreichend vollständiger Nachweis aus Raumgründen nicht möglich ist. Exemplarisch sei jedoch auf folgende Sammelwerke, Gutachten, Monographien und Zusammenfassungen verwiesen: **3**

a) Gutachten und Sitzungsberichte zum 49. DJT 1972 (Bd I Teil C und Bd II Teil **4** F); Tiedemann, Die Verbrechen der Wirtschaft, 2. Aufl, 1972, Wirtschaftsstrafrecht und Wirtschaftskriminalität, Allgemeiner und Besonderer Teil, 1976, Dünnebier-FS, S 519 und Wirtschaftsstrafrecht, 2004; Jung, Die Bekämpfung der Wirtschaftskriminalität als Prüfstein des Strafrechtssystems, 1979; Schimmelpfeng (Hrsg), Beiträge über Wirtschaftskriminalität, 1979; Otto ZStW 96, 339; Weber ZStW 96, 376; Achenbach, in: OsnabrRAbh, Bd 1, S 147; Müller-Gugenberger/Bieneck (Hrsg), Wirtschaftsstrafrecht, 3. Aufl 2000; Geerds, Wirtschaftsstrafrecht und Vermögensschutz, 1990; Bottke wistra 91, 1, 52; zusf Otto Jura 89, 24; Tiedemann JuS 89, 689 und Stree/Wessels-FS, S 527; Kindhäuser, Madrid-Sym, S 125; Heinz in: Eser/Kaiser [Hrsg], Zweites deutschungarisches Kolloquium über Strafrecht und Kriminologie, 1995, S 155. – Allgemein

1073

§ 263

zur Computerkriminalität Sieber, Computerkriminalität und Strafrecht, 2. Aufl 1980, Informationstechnologie und Strafrechtsreform, 1985, ZStW 104, 697 und CR 95, 100; Dannecker BB 96, 1285; Heinz Hanyang Law Review 00, 287; Tiedemann, Kaiser-FS, S 1373; Kaiser Krim 74/46–61; zur Legitimation der „Computerdelikte" Wohlers, Deliktstypen des Präventionsstrafrechts, 2000, S 151.

5   **b) Rechtsvergleichend** Tiedemann/Cosson, Straftaten und Strafrecht im deutschen und französischen Bank- und Kreditwesen, 1973; Tiedemann, Wirtschaftskriminalität und Wirtschaftsstrafrecht in den USA und in der Bundesrepublik Deutschland, 1978 und ZStW 88, 231; Liebscher ZStW 88, 261; Milder ZStW 88, 281; Schaffmeister ZStW 88, 294; Sieber ZStW 96, 258; Egli, Grundformen der Wirtschaftskriminalität, 1985; Walter, Betrugsstrafrecht in Frankreich und Deutschland, 1999; beachte auch die Entschließungen des XII. Internationalen Strafrechtskongresses (Kairo 1984) ZStW 97, 707, 715, 735; zum wirtschaftsstrafrechtlichen Schutz des Europäischen Binnenmarkts Oehler, Baumann-FS, S 561; s auch Tiedemann NJW 93, 23; zum Schutz der EG-Finanzinteressen Prieß EuZW 94, 297; Stoffers EuZW 94, 304; Dannecker ZStW 108, 577; Sieber SchwZStr 1996, 357 und JZ 97, 369, 371; Tiedemann, in: Kreuzer ua (Hrsg), Die Europäisierung der mitgliedsstaatlichen Rechtsordnung in der Europäischen Union, 1997, S 133, 143 und in: Niggli/Queloz (Hrsg), Strafjustiz und Rechtsstaat, 2003, S 69; Zieschang EuZW 97, 78; Dannecker Jura 98, 79, 86; Korte NJW 98, 1464; Otto, Jura 00, 98; Hefendehl, Lüderssen-FS, S 411. Das Übereinkommen zum Schutz der finanziellen Interessen der Europäischen Gemeinschaften (sog PIF-Konvention; vgl Vogel, in: Zieschang/Hilgendorf/Laubenthal [Hrsg], Strafrecht und Kriminalität in Europa, 2003, S 29, 43) ist nebst zweier Zusatzprotokolle 2002 in Kraft getreten; konkurrierend dazu liegt ein Richtlinienvorschlag der Kommission vor; hinzu kommen Rahmenbeschlüsse zB zur Bekämpfung des Submissionsbetrugs (W-Hillenkamp BT 2 Rdn 8 b). – Zu internationalen Reaktionen auf die Computerkriminalität Tiedemann, Kaiser-FS, S 1373, 1379; zur strafrechtlichen Erfassung der Computerkriminalität in der Schweiz Weber, Kriminalistik 94, 662 und Wohlers aaO [vgl 4] S 152; in Frankreich Walter aaO S 433. – Zu Vorhaben des Bundesrates und des Europarates vgl wistra 00, Heft 8, V; zur Convention of Cybercrime v 23. 11. 01 Schwarzenegger, Trechsel-FS, S 305. – Vorschläge zur Harmonisierung des Wirtschaftsstrafrechts in der EU bei Tiedemann (Hrsg), Wirtschaftsstrafrecht in der Europäischen Union, 2002; dazu Tiedemann, Spinellis-FS, S 1097 und Ringelmann KJ 03, 373; zum Sarbanes-Oxley Act Hefendehl JZ 04, 18; zum strafrechtlichen Schutz des Kapitalmarkts in Europa Schmitz ZStW 115, 501; zur Politik der EU zur Bekämpfung der Wirtschaftskriminalität Beken/Vermeulen/De Busser NKrimPol 03, 94.

6   **c) Zu kriminologischen** Fragen der Wirtschaftsdelinquenz ua Berckhauer, Wirtschaftskriminalität und Staatsanwaltschaft, 1977 und ZStW 89, 1015; Albrecht ZStW 89, 1088; Volk MschrKrim 77, 265; Schwind/Gehrich JR 80, 228; Liebl Kriminalistik 82, 7; Heinz ZStW 96, 417; Boers MschrKrim 01, 335; Bussmann MschrKrim 03, 89; Albrecht (Hrsg), Kriminalität, Ökonomie und Europäischer Sozialstaat, 2003; BKA (Hrsg), Wirtschaftskriminalität und Korruption, 2003; Price Waterhouse Coopers, Wirtschaftskriminalität, 2003; Liebl MschrKrim 04, 1; Tiedemann WiStr Rdn 43, 44; Kaiser Krim 72/1–26, 73/1–12 und 74/1–23; Schwind Krim 21/1–49. Speziell zu ärztlichen Abrechnungsmanipulationen (9 und 56 zu § 263) gegenüber der gesetzlichen Krankenversicherung Ehlers, Schüler-Springorum-FS, S 163 (zu Teilgebieten beachte auch die Nachw bei den einzelnen Vorschriften).

§ 263 Betrug

(1) **Wer in der Absicht, sich oder einem Dritten einen rechtswidrigen Vermögensvorteil zu verschaffen, das Vermögen eines anderen dadurch beschädigt, daß er durch Vorspiegelung falscher oder durch Entstellung oder Unterdrückung wahrer Tatsachen einen Irrtum erregt oder unter-**

Betrug **§ 263**

hält, wird mit Freiheitsstrafe bis zu fünf Jahren oder mit Geldstrafe bestraft.

(2) Der Versuch ist strafbar.

(3) In besonders schweren Fällen ist die Strafe Freiheitsstrafe von sechs Monaten bis zu zehn Jahren. Ein besonders schwerer Fall liegt in der Regel vor, wenn der Täter

1. gewerbsmäßig oder als Mitglied einer Bande handelt, die sich zur fortgesetzten Begehung von Urkundenfälschung oder Betrug verbunden hat,

2. einen Vermögensverlust großen Ausmaßes herbeiführt oder in der Absicht handelt, durch die fortgesetzte Begehung von Betrug eine große Zahl von Menschen in die Gefahr des Verlustes von Vermögenswerten zu bringen,

3. eine andere Person in wirtschaftliche Not bringt,

4. seine Befugnisse oder seine Stellung als Amtsträger mißbraucht oder

5. einen Versicherungsfall vortäuscht, nachdem er oder ein anderer zu diesem Zweck eine Sache von bedeutendem Wert in Brand gesetzt oder durch eine Brandlegung ganz oder teilweise zerstört oder ein Schiff zum Sinken oder Stranden gebracht hat.

(4) § 243 Abs. 2 sowie die §§ 247 und 248a gelten entsprechend.

(5) Mit Freiheitsstrafe von einem Jahr bis zu zehn Jahren, in minder schweren Fällen mit Freiheitsstrafe von sechs Monaten bis zu fünf Jahren wird bestraft, wer den Betrug als Mitglied einer Bande, die sich zur fortgesetzten Begehung von Straftaten nach den §§ 263 bis 264 oder 267 bis 269 verbunden hat, gewerbsmäßig begeht.

(6) Das Gericht kann Führungsaufsicht anordnen (§ 68 Abs. 1).

(7) Die §§ 43a und 73d sind anzuwenden, wenn der Täter als Mitglied einer Bande handelt, die sich zur fortgesetzten Begehung von Straftaten nach den §§ 263 bis 264 oder 267 bis 269 verbunden hat. § 73d ist auch dann anzuwenden, wenn der Täter gewerbsmäßig handelt.

Fassung: Abs 3, 5 und 7 durch das 6. StrRG (13 vor § 1) geändert bzw neu eingefügt. Der in Abs 7 genannte § 43a ist durch Urteil des BVerfG v 20. 3. 2002 mit Gesetzeskraft für nichtig erklärt worden (BGBl I 1340).

I. **Betrug** ist Vermögensbeschädigung durch Täuschung eines anderen in Bereicherungsabsicht. Er setzt voraus: Im äußeren Tatbestand eine Täuschungshandlung des Täters (vgl 3–17), einen Irrtum des Getäuschten (18–20), eine Vermögensverfügung des Getäuschten (21–31) und einen Vermögensschaden des Getäuschten oder eines anderen (32–53) sowie im inneren Tatbestand einen erstrebten (nicht notwendig erreichten) rechtswidrigen Vermögensvorteil des Täters oder eines Dritten (58–62). Zwischen den Merkmalen des äußeren Tatbestandes muss ein kausaler und funktionaler Zusammenhang (54–56) und zwischen dem Schaden und dem Vorteil sog Stoffgleichheit (59) bestehen. – Zur **Entstehungsgeschichte** und Reichweite des Betrugs im 19. Jahrhundert Vogel, in: Schünemann (Hrsg), Strafrechtssystem und Betrug, 2002, S 89. – Zum Betrugsstrafrecht in **Rechtsprechung** und Wissenschaft der 2. Hälfte des 20. Jahrhunderts Tiedemann, BGH-FG, S 551. – Zur **Kriminologie** Kindhäuser 43. – Zur **Kriminalpolitik** Arzt/Weber BT 20/1–14. 1

II. **Geschütztes Rechtsgut** ist ausschließlich **das Vermögen** (hM; vgl BGHSt 16, 220, 221 und 321, 325; Hoyer SK 1–7), nicht die Redlichkeit im Geschäftsverkehr und auch nicht die Dispositionsfreiheit als solche (aM Kindhäuser 2

§ 263 BT. 22. Abschnitt. Betrug und Untreue

ZStW 103, 398 [einschr in: NK 16–18: „Verkürzung eines Freiheitspotenzials"] und Pawlik, Das unerlaubte Verhalten beim Betrug, 1999, S 65, die ein Recht auf Wahrheit in den Vordergrund rücken [dazu Tiedemann, BGH-FG, S 551, 567; Arzt/Weber BT 20/26, 27]; ähnlich Niggli SchwZStr 93, 236, 257; krit zu dieser „Rechtsgutsvertauschung" Sternberg-Lieben, Die objektiven Schranken der Einwilligung im Strafrecht, 1997, S 514). Geschützt ist auch ausländisches Staatsvermögen (Sch/Sch-Cramer 2) und das Vermögen der EG (Stoffers EuZW 94, 304, 308; Zieschang EuZW 97, 78, 79; Berger, Der Schutz öffentlichen Vermögens durch § 263 StGB, 2000, S 51). Der Betrug ist im Hinblick auf die überschießende Innentendenz **kupiertes Erfolgsdelikt.** Von der verwandten Erpressung unterscheidet er sich im Wesentlichen dadurch, dass die vermögensschädigende Handlung eines anderen dort durch Zwang (3, 5 zu § 253) und hier durch Täuschung erreicht wird. Von den Eigentumsdelikten hebt er sich dadurch ab, dass sein Schutzbereich das Vermögen im ganzen erfasst und dass der Täter sein Opfer nicht unmittelbar schädigt, sondern es durch Täuschung zur „Selbstschädigung" veranlasst (über das Verhältnis zum Diebstahl vgl 22, 26, 31).

3 **III.** Die **Tathandlung** besteht in einer **Täuschung über Tatsachen** (ebenso Hoyer SK 10; als Oberbegriff kommt auch das „Vorspiegeln von Tatsachen" in Betracht; Tiedemann, BGH-FG, S 551, 553; Küper BT S 269; M-Schroeder/ Maiwald BT 1 41/35). Ihre umständliche Umschreibung in § 263 ist unbefriedigend (Begr zu § 252 E 1962 S 423).

4 **1. a) Tatsachen** (3 zu § 186) sind nicht nur äußere Vorgänge oder Zustände der Vergangenheit oder Gegenwart (äußere Tatsachen), sondern nach hM (anders nur Naucke, Zur Lehre vom strafbaren Betrug, 1964, S 111, 214) auch psychische Gegebenheiten und Abläufe, wie zB Wissen, Vorstellungen, Überzeugungen, Absichten, Motive usw (innere Tatsachen; vgl etwa Düsseldorf wistra 96, 32; krit Hilgendorf, Tatsachenaussagen und Werturteile im Strafrecht, 1998, S 128; Pawlik aaO [vgl 2] S 94 und Kargl, Lüderssen-FS, S 613, 623). So ist etwa beim Kreditkauf oder Darlehen zwar die künftige Zahlungsfähigkeit keine Tatsache, wohl aber die gegenwärtige Überzeugung des Käufers oder Darlehensnehmers von dieser künftigen Fähigkeit (Stuttgart NJW 58, 1833; Braunschweig NJW 59, 2175; zur Kreditwürdigkeit als Tatsache LG München NJW 03, 1570 mit zust Bespr Tiedemann NJW 03, 2213) oder dessen Absicht oder Bereitschaft zu späterer Zahlung (BGHSt 15, 24; s auch NStZ 86, 556; BB 92, 523).

5 **b)** Den Gegensatz zur Tatsachenbehauptung bildet das **Werturteil** oder die **Meinungsäußerung** (krit Hoyer SK 20–22, der eine Begrenzung nach Schutzwürdigkeitsgesichtspunkten vornimmt; zT abw Hilgendorf aaO [vgl 4] S 188, der Meinungsäußerungen als Äußerungen mit vermindertem Geltungsanspruch definiert und darunter alle Werturteile, aber auch bestimmte Tatsachenaussagen einordnet). Die Abgrenzung ist fließend. Maßgebend ist, ob der Sinn der Äußerung einen objektiven, gerichtlicher Beweisführung zugänglichen (Düsseldorf JR 65, 303; krit Hilgendorf aaO [vgl 4] S 123, 127, der auf die prinzipielle empirische Überprüfbarkeit abstellt, ähnlich Bitzilekis, Hirsch-FS, S 29, 43 und M-Schroeder/ Maiwald BT 1 41/27: intersubjektive Nachprüfbarkeit) Kern von Tatsachen (NStZ 04, 218) ergibt, über dessen Vorhandensein oder Fehlen unrichtige Vorstellungen erweckt werden sollen. Nicht leicht zu bestimmen ist die Grenze häufig bei unsubstantiierten Behauptungen (Zweibrücken JR 89, 390 mit Anm Keller), bei Rechtsausführungen (JR 58, 106 mit Anm Schröder; Frankfurt NJW 96, 2172 mit krit Bespr Otto JK 47; Koblenz NJW 01, 1364 mit Bespr Otto Jura 02, 606 und Protzen wistra 03, 208; vgl auch Karlsruhe NStZ 96, 282 [mit krit Bespr Kunert, Kindhäuser JR 97, 301, Fahl JA 98, 361 und Otto JK 45] und JZ 04, 101 mit abl Anm Puppe; probl Stuttgart NJW 79, 2573 mit Bespr Loos NJW 80, 847, Frank NJW 80, 848, Müller JuS 81, 255 und 82, 25, Heid JuS 82, 22; krit Seier

ZStW 102, 563, 568; Graul JZ 95, 595, 600; Fahl Jura 96, 74, 76; Hilgendorf aaO S 205 mit krit Bespr Loos JR 00, 526, 527; Walter, Betrugsstrafrecht in Frankreich und Deutschland, 1999, S 66), bei Sachverständigenauskünften (Krey/Hellmann BT 2 Rdn 342, 343 mwN), bei Prognosen (wistra 92, 255; Cramer, Triffterer-FS, S 324, 332; Hilgendorf aaO S 143; zu weit Koblenz NJW 76, 63 mit Bespr Meyer MDR 76, 980, 981) und Erfahrungssätzen (Graul JZ 95, 595; Kindhäuser NK 99, 100), bei übertreibenden Anpreisungen oder marktschreierischer Reklame (BGHSt 34, 199 mit Bespr Müller-Christmann JuS 88, 108; Arzt/Weber BT 20/32; krit Hilgendorf aaO S 192; Pawlik aaO [vgl 2] S 94 und Joecks 25 mit Hinweis auf § 4 UWG aF; auf das erlaubte Risiko abstellend Walter aaO S 71, krit dazu Kargl, Lüderssen-FS, S 613, 625; – zum möglichen Einfluss von EG-Recht in Fällen irreführender Werbung Tiedemann, BGH-FG, S 551, 554; Hecker, Strafbare Produktwerbung im Lichte des Gemeinschaftsrechts, 2001, S 288, 296, der für eine gemeinschaftsfreundliche Auslegung von § 263 plädiert, S 320) und bei allgemeinen Redewendungen (Grenzfälle bei Tiedemann LK 14–19); speziell zur Behauptung, die Kapitalanlage sei „sicher" oder „risikolos" NJW 04, 375 mit Bespr Otto JK 73. Angaben über den Marktwert einer Leistung sind meistens dem Beweis zugänglich und daher insoweit Tatsachenbehauptungen (hM; anders Kühne, Geschäftstüchtigkeit oder Betrug?, 1978, S 63; s auch 10).

2. Täuschung ist ein zur Irreführung (uU auch nur zur Unterhaltung eines 6 Irrtums) bestimmtes und damit der Einwirkung auf die Vorstellung eines anderen dienendes Gesamtverhalten (hM; vgl etwa NJW 01, 2187; einschr auf sog dispositionsrelevante Tatsachen Graul, FS f H E Brandner, 1996, S 801, 813; anders Kindhäuser ZStW 103, 398 und Bemmann-FS, S 339, 354 sowie Pawlik aaO [vgl 2] S 143, die nur Täuschungen genügen lassen, die einen zur Ermöglichung einer selbstverantwortlichen Vermögensverwaltung bestehenden Wahrheitsanspruch des Opfers verletzen; krit Kargl, Lüderssen-FS, S 613 und Vogel, Keller-GS, S 313, 318, der auf die Verletzung kommunikativer Verkehrspflichten abstellt, S 322; dagegen Krack, List als Straftatbestandsmerkmal, 1994, S 71; für die Herausnahme von Täuschungen, die dem Opfer mutmaßlich willkommen sind, aus dem Tatbestand des § 263 Arzt, Hirsch-FS, S 431, 447); sie setzt das Bewusstsein der Unrichtigkeit der Behauptung voraus (Küper BT S 270; W-Hillenkamp BT 2 Rdn 493; aM Pawlik aaO S 81; Mitsch BT 2,1 7/25; Kindhäuser 46; s auch Kargl aaO S 619). Es kann positives Tun oder Unterlassen in Garantenstellung (6 zu § 13) sein. Täuschungsadressat kann nur ein (zum Irrtum fähiger) Mensch sein (s unten 19 sowie 2 zu § 263 a; 1 zu § 265 a). Bloßes Verändern von Tatsachen genügt als solches nicht, auch wenn es die zunächst richtige Vorstellung eines anderen unrichtig macht, also für dessen Irrtum ursächlich wird (hM; nur im Ergebnis weitgehend ebenso Pawlik S 88 und Kargl aaO S 632; anders Arzt/Weber BT 20/46; beachte auch Walter aaO [vgl 5] S 6, nach dem ein Unterlassungsdelikt auf Grund von Ingerenz in Betracht kommt).

a) Täuschung durch **positives Tun** ist entweder ausdrückliches Vorspiegeln 7 von Tatsachen (zB durch Worte, Zeichen, Gesten usw) oder Vorspiegeln durch schlüssiges Verhalten, dh ein auf Irreführung gerichtetes Gesamtverhalten, das nach der Verkehrsanschauung als stillschweigende Erklärung über eine Tatsache zu deuten ist (NJW 01, 2187; NStZ 02, 144; krit Kargl, Lüderssen-FS, S 613, 617 und Vogel, Keller-GS, S 313).

aa) Ausdrückliches Vorspiegeln setzt nicht notwendig eine Äußerung voraus; 8 es kann auch durch irreführende Veränderungen geschehen, zB: durch Unterschieben falscher Beweismittel, namentlich unwahrer oder unechter Urkunden (BGHSt 8, 46; NJW 69, 1260); durch Manipulationen an Verbrauchsmessern (Stromzählern, Gas- und Wasseruhren), Kilometerzählern (Bay MDR 62, 70; Hamm NJW 68, 903; Hoyer SK 25), Glücksspielautomaten (Hamm NJW 57,

§ 263

1162) oder dem Entwerterfeld von Mehrfahrtenausweisen (Düsseldorf NJW 83, 2341 und 92, 924 mwN); oder durch heimliches, billigeren Einkauf ermöglichendes Umtauschen von Preisschildern im Kaufhaus (Hamm NJW 68, 1895; s auch Nehrer und Labsch JuS 81, 603). Sogar die verbale Behauptung der Wahrheit kann Vorspiegeln sein, wenn sie nach der konkreten Situation oder einem verbreiteten unrichtigen Sprachverständnis schon objektiv einen anderen oder weitergehenden Sinn hat und der Täter das weiß, sich aber auf den Wortlaut berufen will (LG Osnabrück MDR 91, 468 mit Bespr Mayer Jura 92, 238; Schröder, Peters-FS, S 153; aM Schumann JZ 79, 588 und Hecker aaO [vgl 5] S 247, der wahre Werbebotschaften aus dem Anwendungsbereich des § 263 ausschließt; str). Dabei ist immer das Bewusstsein des Täters erforderlich, dass zwischen dem vorgeschobenen Sachverhalt und der Wirklichkeit eine Diskrepanz besteht (vgl BGHSt 32, 256).

9   bb) **Schlüssiges Vorspiegeln** (zusf Maaß GA 84, 264, 268; „Richtlinien" bei Küper BT S 271): Die Eingehung jeder vertraglichen (auch öffentlich-rechtlichen, NJW 90, 2476) Verpflichtung enthält – wenn sich aus den Umständen nichts anderes ergibt (vgl etwa wistra 84, 511) – die stillschweigende Erklärung des Schuldners, dass er zur Vertragserfüllung willens und nach seinem Urteil (beachte StV 85, 188) bei Fälligkeit auch in der Lage sei (BGHSt 15, 24; StV 91, 419; BB 92, 523; wistra 98, 177 mit Bespr Otto Jura 02, 606, 609; Hamm StraFo 02, 337; probl Düsseldorf NJW 93, 2694 mit krit Anm Ranft JR 94, 523). Die Abgabe rechtsgeschäftlicher Erklärungen schließt die stillschweigende Behauptung ein, dass die Wirksamkeitsvoraussetzungen, soweit sie von der eigenen Person abhängen, namentlich die Verfügungsbefugnis und die Geschäftsfähigkeit, gegeben seien (RGSt 39, 80; 41, 27, 31; beachte auch 19); deshalb spiegelt der unbefugte Autoabholer dem Garagenwärter durch sein „selbstsicheres" Auftreten Abholbefugnis vor (BGHSt 18, 221); der Verkäufer von Fanartikeln erklärt, dass es sich um „echte", vom Idol gebilligte Artikel handelt (Wolf, Der strafrechtliche Schutz der Persönlichkeit … 1999, S 134). Der „Spätwetter", der das Rennergebnis schon kennt, täuscht den Buchmacher über seine Bereitschaft zum Eingehen des Wettrisikos (RGSt 62, 415; Bockelmann NJW 61, 1934; Triffterer NJW 75, 612, 615; Rengier BT I 13/5, aM BGHSt 16, 120; Faber, Doping als unlauterer Wettbewerb und Spielbetrug, 1974, S 132; Weber, in: Pfister [Hrsg], Rechtsprobleme der Sportwette, 1989, S 39, 55 und Vogel, Keller-GS, S 313, 323); dasselbe gilt für den Wetter beim Pferderennen, der verschweigt, dass er zuvor durch Bestechung einzelner Reiter (BGHSt 29, 165 mit abl Anm Klimke JZ 80, 581; zust aber Pawlik aaO [vgl 2] S 170 und Joecks 36; krit auch Weber aaO S 58) oder durch Dopen des Rennpferdes (Wittig SpuRt 94, 134) das Wettrisiko zu seinen Gunsten vermindert hat; für den Veranstalter eines „Hütchenspiels" (Sack NJW 92, 2540; s auch LG Frankfurt NJW 93, 945) und für einen Spielbeteiligten wie den Bouleur bei einer Unterart des Roulettes (Bay NJW 93, 2820 mit zust Bespr Lampe JuS 94, 737), wenn diese durch Manipulationen jede Gewinnchance für die (Mit-)Spieler ausgeschaltet haben; der gedopte Sportler täuscht den Veranstalter über sein regelwidriges Verhalten (Otto SpuRt 94, 10, 15; Cherkeh/Momsen NJW 01, 1745, 1748; diff Heger JA 03, 76, 80). Auch bei einer freihändigen Vergabe enthält die Angebotsabgabe die Erklärung, dass das Angebot ohne vorherige Preisabsprache zwischen den Bietern zustande gekommen ist (BGHSt 47, 83 mit Bespr Best GA 03, 157, Rönnau JuS 02, 545, Rose NStZ 02, 41, Satzger JR 02, 391, Walter JZ 02, 254 und Otto JK 62; zum Irrtum vgl 18). Der zahlungsunfähige Zechpreller oder Hotelgast spiegelt durch Bestellen von Speisen oder Hotelleistungen dem Wirt (GA 72, 209; Bay 57, 146) und der zahlungsunwillige Selbstbedienungskunde an der Tankstelle durch Einfüllen des Benzins dem den Vorgang beobachtenden Kassierer (NJW 83, 2827; Krey/Hellmann BT 2 Rdn 155; vgl auch Köln NJW 02, 1059 mit Bespr Martin JuS 02, 618, das bei

Betrug **§ 263**

Nichtbeobachtung idR Versuch annimmt, es sei denn der Täter kann davon ausgehen, nicht wahrgenommen zu werden; s auch 5 zu § 242) Bereitschaft zur Barzahlung vor; dagegen enthält die Übersendung der Zulassungsmitteilung hinsichtlich eines Kraftfahrzeugs durch die Zulassungsstelle an die Versicherung, die durch eine „Doppelkarte" vorläufigen Versicherungsschutz gewährt hat, keinen Antrag auf dessen Gewährung und keine Täuschung des Versicherungsnehmers über seine Zahlungsfähigkeit und -willigkeit hinsichtlich der Versicherungsprämie (StraFo 01, 252); in der bloßen Ausnutzung eines ohne Täuschung abgeschlossenen Beherbergungsvertrags durch weitere Entgegennahme von Hotelleistungen liegt nicht die schlüssige Vorspiegelung, dass die Zahlungsfähigkeit fortbestehe (bei Holtz MDR 87, 623; Hamburg NJW 69, 335; Trifftterer JuS 71, 181; aM Hirsch NJW 69, 853). Überhaupt enthält die bloße Entgegennahme einer Leistung idR nicht die schlüssige Behauptung, dass sie von dem anderen geschuldet sei. Die Annahme versehentlich zu viel gezahlten Geldes genügt daher als solche nicht (JZ 89, 550; Köln NJW 87, 2527 mit Anm Joerden JZ 88, 103, dazu auch Pawlik, Lampe-FS, S 689, 705; beachte jedoch Hamm NJW 87, 2245), wohl aber die Anforderung einer nichtgeschuldeten Leistung (Köln aaO; Hamm NStZ 97, 130; Hellmann JuS 01, 353, 356; Tiedemann LK 39; einschr Lackner/Werle NStZ 85, 503, 504; speziell zum Abrechnungsbetrug durch einen Kassenarzt (beachte 56) NStZ 93, 388; 94, 188 und 585; 95, 85 mit zust Bespr Hellmann NStZ 95, 232, aber auch NJW 04, 454; W-Hillenkamp BT 2 Rdn 577; s auch BVerfG NStZ 98, 29; durch einen Nicht-Arzt NJW 94, 808; zur Gebührenüberhebung bei der Forderungsbeitreibung Lausen wistra 91, 279; zum sog Herzklappenskandal Tondorf/Waider MedR 97, 102). Beim Einfordern einer Versicherungsleistung liegt daher eine Täuschung vor, wenn kein Anspruch auf die Versicherungssumme besteht. Als Ausschlussgrund für diesen Anspruch kommt auch die praeter legem zu § 265 aF entwickelte sog Repräsentantenhaftung (näher dazu BGHZ 107, 229; 122, 250) in Frage (NJW 76, 2271 mit Bespr Gössel JR 77, 391 und Wagner JuS 78, 161; NJW 92, 1635; Arthur Kaufmann JuS 87, 306; Rengier BT I 15/9; zusf Ranft Jura 85, 393, 393; str); nimmt der Versicherungsnehmer den Ausschluss nur irrig an, liegt untauglicher Versuch vor, weil der Anwendungsbereich des außerhalb von § 263 liegenden versicherungsrechtlichen Repräsentantenbegriffs überdehnt wird (vgl 15 zu § 22; zu § 265 aF ebenso Küper NStZ 93, 313, anders aber NStZ 87, 505 mit krit Anm Ranft StV 89, 301; NJW 92, 1635); fordert der Versicherungsnehmer den auf Grund der Repräsentantenhaftung ausgeschlossenen Anspruch gutgläubig ein, kommt Betrug des Repräsentanten in mittelbarer Täterschaft in Betracht (W-Hillenkamp BT 2 Rdn 663). Die Abhebung oder Überweisung eines versehentlich, dh ohne zugrundeliegenden wirksamen Überweisungsauftrag, gutgeschriebenen Betrages kann die schlüssige Behauptung enthalten, dieser Betrag sei geschuldet (sog Fehlbuchung, Karlsruhe Justiz 78, 173; Putzo JuS 78, 550; krit Joerden JZ 94, 422 und Schmoller StV 94, 191), doch soll darin keine Täuschung zu sehen sein, weil bis zu einer möglichen Stornierung der Gutschrift durch die Bank dem Kunden aus der Gutschriftsanzeige als abstraktem Schuldversprechen oder Schuldanerkenntnis iS des § 780 BGB ein Anspruch in deren Höhe gegen die Bank zukommt (BGHSt 46, 196 mit Bespr Hefendehl NStZ 01, 281, Heger JA 01, 536, Joerden JZ 01, 614, Martin JuS 01, 403 und [krit] Geppert JK 58 sowie Krack JR 02, 25, der eine irrtumsbedingte Vermögensverfügung verneint; Kindhäuser NK 176; Hoyer SK 35). Nach bisher hM war davon die Buchung auf Grund wirksamer, aber irrig motivierter Überweisung (sog Fehlüberweisung, BGHSt 39, 392) zu unterscheiden, bei der es gegenüber der Empfängerbank schon an einer Täuschung und gegenüber dem Überweisenden idR (aber nicht notwendig; vgl 14) an einer Garantiestellung fehlt (BGHSt 39, 392 mit zust Anm Joerden JZ 94, 422); weil es jetzt nur noch auf das Vorliegen einer Gutschrift ankommen soll, kann der dieser zugrunde liegende Fehler keine Rolle spielen, so dass bei Fehlbuchung wie Fehl-

§ 263 BT. 22. Abschnitt. Betrug und Untreue

überweisung eine Täuschung ausscheidet, wenn die dadurch bewirkte Kontogutschrift eine spätere Überweisung abdeckt (BGHSt 46, 196; Joecks 43–46; iE zust Pawlik, Lampe-FS, S 689, 691, 702, der auf Zuständigkeitsverteilung und Orientierungsrisiken abstellt). Wer einer Bank einen Scheck zur Einlösung einreicht, den der Aussteller im Wege eines Bereicherungsausgleichs zurückverlangen kann, täuscht nicht, weil die Bank gegenüber dem berechtigten Einreicher zur Einlösung verpflichtet ist (NStZ 02, 144; Otto Jura 02, 606, 608; iE zust Pawlik aaO S 703). Die Gestaltung einer Anzeigenofferte als Rechnung stellt kein Vorspiegeln eines Inseratsauftrags dar, wenn sich aus deren Text der Angebotscharakter eindeutig ergibt und sie sich an im Geschäftsleben erfahrene Personen richtet (NStZ 97, 186; Frankfurt NStZ 97, 187 mit krit Anm Mahnkopf/Sonnberg; LG Frankfurt NStZ-RR 00, 7; Garbe NJW 99, 2868); anders soll das sein, wenn die Offerte typische Rechnungsmerkmale enthält, die den Angebotscharakter in den Hintergrund treten lässt (BGHSt 47, 1 [mit überwiegend krit Bespr Baier JA 02, 364, Franke DB 01, 1603, Geisler NStZ 02, 87, Krack JZ 02, 613, Loos JR 02, 77, Pawlik StV 03, 297, Rose wistra 02, 13 und Otto JK 62]; NStZ-RR 04, 110 mit Bespr Baier JA 04, 513; Frankfurt NStZ-RR 02, 47 und NJW 03, 3215 mit Bespr Martin JuS 04, 83 und Otto JK 72; krit auch Joecks 27–29 b; Kindhäuser BT II 27/25 und Rath, Gesinnungsstrafrecht, 2002, S 7, 51); dem ist zumindest bei nicht kaufmännischen Adressaten zuzustimmen, denn ihnen gegenüber muss der Absender den Angebotscharakter der „Scheinrechnung" deutlich machen (W-Hillenkamp BT 2 Rdn 499 mit Hinweis auf § 305 c BGB; Rengier BT I 13/5 a; aM Tröndle/Fischer 16; vgl auch Hoffmann GA 04, 610, 621, der auf die Inanspruchnahme eines konkreten Vertrauens abstellt). Beim Versenden von Gewinnbenachrichtigungen gemeinsam mit Bestellkatalogen wird darüber getäuscht, dass nur im Falle einer Bestellung ein Gewinn ausgehändigt wird (Rose wistra 02, 370, 372).

10 Wer einen Gegenstand **zu bestimmtem Preis anbietet,** erklärt damit nicht schlüssig dessen Angemessenheit oder Üblichkeit (hM; vgl NJW 90, 2005; Stuttgart NStZ 85, 503 [mit Anm Lackner/Werle] und NStZ 03, 554 mit krit Bespr Otto JK 71; Bay NJW 94, 1078); anders aber, wenn feste Taxen (Stuttgart NJW 66, 990; Joecks 35) oder Tarife (LM Nr 5) bestehen oder wenn es sich um ein Geschäft handelt, bei dem der Partner auf Vertrauen angewiesen ist, weil er die Angemessenheit nicht oder nur mit unverhältnismäßigem Aufwand nachprüfen kann (JZ 52, 46), etwa bei Käufen in gewissen Bereichen des Fachhandels (Apotheken-, Antiquitäten- und Schmuckgeschäfte; speziell zum sog Kunstbetrug unter Berücksichtigung der geschäftstypischen Risikoverteilung Sandmann, Die Strafbarkeit der Kunstfälschung, 2004, S 124, 159); oder bei Reparaturen von komplizierten Geräten (Celle NdsRpfl 63, 286; eingehend zum sog Preisgestaltungsbetrug Schauer, Grenzen der Preisgestaltungsfreiheit im Strafrecht, 1989, S 11). Die Rspr bezieht hier auch das Anbieten sog Warentermin-(Rohstoff-)Optionen ein, bei dem der Täter einen die Gewinnchance stark reduzierenden Prämienaufschlag verschweigt (BGHSt 30, 177 mit Anm Seelmann NJW 81, 2132 und Scheu JR 82, 121; wistra 95, 102; NStZ 00, 36; zu den Aufklärungspflichten des Terminoptionsvermittlers NJW 94, 512 mit Bespr Grün NJW 94, 1330; zw); da jedenfalls diejenigen Tatsachen schlüssig miterklärt sind, die nach dem Vertragsinhalt die Grundlage des Geschäfts bilden (Tiedemann LK 31 mwN), ist beim Anbieten solcher Optionen Konkludenz spätestens dann zu bejahen, wenn durch den versteckten Prämienaufschlag die Werthaltigkeit der Gewinnchance aufgehoben wird (Seelmann NJW 80, 2545; Sonnen NStZ 81, 24 und wistra 82, 123; aM Worms wistra 84, 123; zum Schaden in diesen Fällen 48 b); vergleichbare Fragen stellen sich auch bei dubiosen, meist die komplexen Sachverhalte verschleiernden Praktiken im Immobilienvertrieb (Gallandi wistra 92, 289, 333 und wistra 96, 323; Bachmann wistra 97, 253; zum Schaden in diesen Fällen 48 b; beachte auch § 264 a). Auch wer Weine verkauft oder liefert, deren Verkehrsfähigkeit auf einer erschlichenen Zuteilung von Prüfnummern beruht, erklärt idR schlüssig, dass der Prüfbescheid nicht der Gefahr der Rücknahme ausgesetzt sei (NJW 88, 150). Dagegen bieten Verhandlungen, die zum Abschluss eines Vergleichs (§ 779 BGB) geführt haben, wegen der Eigenart dieses Rechtsgeschäfts (Beseitigung von Streit und Ungewissheit zwischen den Parteien) für die Annahme schlüssigen Vorspiegelns nur selten eine zureichende Grundlage (Tiedemann, Klug-FS, S 405). Wer bei der Mitgliederwerbung für eine gemeinnützige Organisation den Eindruck ehrenamtlicher Tätigkeit erweckt, erklärt nicht stillschweigend, die Beiträge würden zum größten Teil für die Erfüllung der sozialen Aufgaben der Organisation eingesetzt (NJW 95, 539, 540 mit abl Bespr Deutscher/Körner JuS 96, 296, 299).

Das Angebot eines **Schecks** ist mindestens konkludent dafür, dass nach der 11 Überzeugung des Ausstellers Deckung bei Einlösung vorhanden sein wird (Scheckbetrug, BGHSt 3, 69; NJW 69, 1260; bei Holtz MDR 82, 811; Otto Jura 83, 16, 24; s auch Köln NJW 81, 1851 und Frankfurt NStZ-RR 98, 333, 334 mit Bespr Otto JK 52); ob auch schon vorhandene Deckung zugesichert wird, ist umstritten und hängt nach hM von den Umständen des Einzelfalls ab (Tiedemann LK 42 mwN; s auch Köln NJW 91, 1122). Die Einreichung eines Orderschecks ohne Überbringerklausel enthält die Erklärung, materiellberechtigter Scheckinhaber zu sein (Bay NJW 99, 1648 mit Bespr Otto JK 54). Für das Angebot eines durch Scheckkarte garantierten Schecks gilt jetzt die Spezialregelung des § 266 b (dort 9). – Das Angebot eines **Wechsels** an eine Bank zum Diskont enthält die stillschweigende Behauptung, dass es sich um einen Kunden- oder Warenwechsel handelt (Wechselbetrug, NJW 76, 2028; Tiedemann GmbHG 56 vor § 82, beide mwN; krit Lampe, Der Kreditbetrug [§§ 263, 265 b StGB], 1980, S 59; zusf zur Wechselreiterei Müller NJW 57, 1266 und 59, 2192; str). – Im **Lastschrift-Einzugsverfahren** (Otto GK 2 51/146) liegt in der Erteilung eines Einziehungsauftrags an das einziehende Kreditinstitut (die sog Inkassostelle) die konkludente Erklärung, dass der Auftraggeber eine ordnungsmäßige Einziehungsermächtigung hat (LG Oldenburg NJW 80, 1176) und dass ihm eine sofort fällige Geldforderung in der angegebenen Höhe zusteht (Hamm NJW 77, 1834, 1836; aM Labsch Jura 87, 343, 351, beide mwN; zw). Gleiches gilt für das POZ-System (elektronisches Lastschriftverfahren) unter Verwendung einer Scheckkarte (Altenhain JZ 97, 752, 759; Rossa CR 97, 219, 223).

b) Täuschung **durch Unterlassen** (zur problematischen Abgrenzung gegen- 12 über dem schlüssigen Vorspiegeln Maaß GA 84, 264; Krack aaO [vgl 6] S 86; Walter aaO [vgl 5] S 38, 58; Tiedemann LK 29, 51; s auch Volk JuS 81, 880; Riggert MDR 90, 203) ist nach den allgemeinen Regeln über das unechte Unterlassen zu behandeln (hM; anders Naucke aaO [vgl 4] S 214; Grünwald, Mayer-FS, S 291; s auch Dencker, Grünwald-FS S 75, 91 und Kargl, Lüderssen-FS, S 613, 632, der die Unterscheidung von Tun und Unterlassen bei der Einwirkung auf fremdes Bewusstsein für bedeutungslos hält). Vorauszusetzen ist danach, dass der Täter die ihm nach den Umständen mögliche Aufklärung eines anderen unterlässt (5 zu § 13), dass eine dem Vermögensschutz dienende (KG JR 84, 292) Garantenpflicht zur Aufklärung besteht (6 zu § 13) und dass das Unterlassen im Sinne der sog Entsprechensklausel (16 zu § 13) der Tatbestandsverwirklichung durch ein Tun entspricht (Bay NJW 87, 1654 mwN).

aa) Die **Zumutbarkeit** der Aufklärung bestimmt sich nach den allgemeinen 13 Regeln (5 zu § 13); sie entfällt idR nicht schon bei der Gefahr eigener Strafverfolgung (1 StR 45/76 v 13. 4. 1976; Tiedemann LK 75; aM AG Tiergarten NStZ 94, 243; Wessels JZ 65, 631, 635; zw).

bb) Die **Garantenpflicht zur Aufklärung** wird in der Rspr ua auf folgende 14 Entstehungsgründe (beachte dazu 7–15 zu § 13) gestützt (zusf Kindhäuser

§ 263

NK 194–207 und Tiedemann LK 54–72; eingehend und zT abw Maaß, Betrug verübt durch Schweigen, 1982; einschr Naucke NJW 94, 2809): auf gesetzliche Mitteilungs- oder Meldepflichten, zB nach § 60 I SGB I (Stuttgart NJW 86, 1767; Hamm NJW 87, 2245; Düsseldorf StV 91, 520; Köln NStZ 03, 374; Hamburg wistra 04, 151; – keine Offenbarungspflicht trifft nach § 120 ZPO den Empfänger von Prozesskostenhilfe, AG Plön SchlHA 93, 277) oder nach § 28a SGB IV (NJW 03, 1821, 182; zu §§ 317, 317a RVO aF ebenso schon Stuttgart wistra 90, 109; Franzheim JR 82, 89, 90; Schäfer wistra 82, 96; zum Irrtum beachte aber 18); auf öffentlich-rechtliche Beziehung (RGSt 67, 289; Köln JMBlNRW 83, 184); auf ausdrückliche Vereinbarung (zB in einem Unterhaltsvergleich, NJW 97, 1439); auf besonderes Vertrauensverhältnis (BGHSt 39, 392, 399; 46, 196 = Fall 46 bei Hillenkamp BT 2 Rdn 492 und 507; NJW 00, 3031 mit Bespr Otto JK 57; Bay NJW 99, 663 mit Bespr Bosch wistra 99, 410 und Rengier JuS 00, 644; für den Vertragsarzt gegenüber der Krankenkasse AG Minden MedR 04, 165 [aM Noack MedR 02, 76, 79]; speziell zwischen [gedoptem] Sportler und seinem Sponsor, Cherkeh, Betrug ... verübt durch Doping im Sport, 2000, S 102 und Cherkeh/Momsen NJW 01, 1745, 1749); oder sonst auf Verbindungen, die auf gegenseitigem Vertrauen beruhen (wistra 88, 262 und 92, 298); auf prozessuale Wahrheitspflicht nach § 138 I ZPO (Zweibrücken NJW 83, 694 mit krit Bespr Werle NJW 85, 2913; zw); bisweilen auch auf die Pflicht zur Überwachung von Gefahrenquellen (RGSt 59, 299, 305) oder auf Ingerenz (Stuttgart NJW 69, 1975; Joerden JZ 94, 422, 423, sieht im Auszahlungsbegehren bei Fehlbuchungen [vgl 9] eine pflichtwidrige Gefahrschaffung [anders BGHSt 46, 196 mit zust Anm Krack JR 02, 25, 26]; Mitsch BT 2,1 7/31; Hoyer SK 59). In ganz eindeutigen Fällen kann die Pflicht auch unmittelbar aus Treu und Glauben hergeleitet werden (mit Recht einschr BGHSt 39, 392, 400 mit zust Bespr Naucke NJW 94, 2809; NJW 95, 539, 540 mit zust Bespr Deutscher/Körner JuS 96, 296, 300; Stuttgart NStZ 03, 554 mit zust Bespr Otto JK 71; s auch BGHSt 46, 196, 202 mit Bespr Heger JA 01, 536, 539; Tiedemann, BGH-FG, S 551, 555; ganz abl wegen Verfassungswidrigkeit Kamberger, Treu und Glauben [§ 242 BGB] als Garantenstellung im Strafrecht? 1996, S 157, 266; abl auch Gauger, Die Dogmatik der konkludenten Täuschung, 2001, S 216, alle mwN). Danach muss etwa der Gebrauchtwagenhändler ungefragt offenbaren, dass er einen Unfallwagen anbietet (Nürnberg MDR 64, 693; Arzt/Weber BT 20/41 Fn 48), räumt er dies sowie den Umstand ein, dass es sich um mehr als einen Blechschaden handelte, so muss er das Ausmaß des Schadens von sich aus nicht näher angeben (Bay NJW 94, 1078; Hauf MDR 95, 21); bei Anforderung von Vorleistungen muss der Vertragspartner in laufenden Geschäftsbeziehungen auf die Verschlechterung seiner Kreditwürdigkeit hinweisen, wenn sie nicht nur auf vorübergehenden Zahlungsschwierigkeiten beruht (bei Dallinger MDR 68, 202; Stuttgart JR 78, 388 mit Anm Beulke); bei einer Eigenbedarfskündigung muss der Vermieter den Mieter jedenfalls bis zum Ablauf der Kündigungsfrist, nach hM auch noch später über den nachträglichen Wegfall des Eigenbedarfs unterrichten (Zweibrücken NJW 83, 694; Bay NJW 87, 1654 mit Bespr Hellmann JA 88, 73, 79, Seier NJW 88, 1617, Hillenkamp JR 88, 301, Runte Jura 89, 128 und Rengier JuS 89, 802, alle mwN); bei einer Vereinbarung über hohe Vorauszahlungen darf der Vermieter nicht die fehlende Baugenehmigung (GA 67, 94) und bei einer Honorarvereinbarung der Pflichtverteidiger nicht den Gebührenempfang aus der Staatskasse (LM Nr 40) verschweigen.

15 cc) Die für den Betrugstatbestand wissenschaftlich noch ungeklärte **Entsprechensklausel** hat – wovon die Rspr ohne Begründung schon immer ausgegangen ist – bei Aufklärungspflichten, die auf besonderen Beziehungen zwischen den Beteiligten beruhen, keine einschränkende Wirkung, weil insoweit Tun und Unterlassen gleichwertig sind (Lackner LK[10] 68, 69 mwN; str); zu ihrer Bedeutung bei den Garantenpflichten zur Überwachung von Gefahrenquellen und aus Ingerenz

Tiedemann LK 74 (s auch Maaß aaO [vgl 14] S 46; Ranft JA 84, 723, 730; Bloy, Die Beteiligungsform als Zurechnungstypus im Strafrecht, 1985, S 221; Hillenkamp JR 88, 301).

c) **Schweigen** erfüllt den Tatbestand nur, wenn es Täuschung durch schlüssiges **16** Verhalten (qualifiziertes Schweigen) oder durch Unterlassen in Garantenstellung ist (krit Bockelmann, EbSchmidt-FS, S 437; Hansen MDR 75, 533, 535; s auch Tiedemann LK 29, 30 und 51, 52). Das gilt entgegen einer im Schrifttum vordringenden Meinung (zB Kühne aaO [vgl 5] S 85; Seelmann NJW 80, 2547 und 81, 2132; Maaß aaO [vgl 14] S 26; Gauger aaO [vgl 14] S 218, der von einer Sperrwirkung des § 266 ausgeht) auch für fremdnützig typisierte Rechtsverhältnisse, die durch § 266 Schutz genießen (dort 4, 11); die untreuespezifische Vermögensfürsorgepflicht und die betrugsspezifische Aufklärungspflicht sind nach Voraussetzungen und Folgen verschieden (Worms wistra 84, 123, 127; Schauer aaO [vgl 10] S 182); ihr Nebeneinander zeigt aber, dass beim Betrug enge Auslegung geboten ist (Hoyer SK 56).

d) Im **Prozess** kommt eine Täuschung des Rechtspflegeorgans in allen Bege- **17** hungsformen in Frage (sog **Prozessbetrug**, BGHSt 24, 257; krit Fahl Jura 96, 74, 77), namentlich durch Benutzung falscher Beweismittel und durch falsche Angaben der nach §§ 445 ff ZPO vernommenen Partei. Im Hinblick auf die Wahrheitspflicht nach § 138 ZPO ist aber auch einseitiges, mit Beweismitteln nicht unterstütztes Vorbringen der Partei im Zivilprozess einbezogen (krit Eisenberg, Salger-FS, S 15, 20); allerdings ist hier die Abgrenzung im Einzelnen (und besonders auch die Frage des Versuchsbeginns; dazu unten 65 sowie 3 zu § 22) umstritten und noch nicht abschließend geklärt (eingehend Lenckner, Der Prozessbetrug, 1957; Seier ZStW 102, 563; Walter aaO [vgl 5] S 490; Tiedemann LK 90, 113, 234–238). – Falsche Angaben im Mahnverfahren genügen nicht, weil hier nach § 692 I Nr 2 ZPO nF keine inhaltliche Prüfung (Schlüssigkeitsprüfung) mehr stattfindet und damit zugleich die Grundlage für die Annahme einer konkludenten Täuschung entfällt (Otto JZ 93, 652, 654; Krey/Hellmann BT 2 Rdn 422 Fn 178; aM Düsseldorf NStZ 91, 586, alle mwN). Zum Irrtum auf Grund einer Täuschung im Versäumnisverfahren 19; zur Täuschung aus Beweisnot (Selbsthilfebetrug) 61. – Zum möglichen Prozessbetrug im Verfahren vor dem BVerfG s Karlsruhe NStZ 96, 282 mit Bespr Kindhäuser JR 97, 301, Fahl JA 98, 1 und Otto JK 45.

IV. Der Irrtum. Durch die Täuschung muss in dem Getäuschten ein Irrtum **18** erregt oder unterhalten werden.

1. a) Der **Irrtum** setzt eine Fehlvorstellung, dh die positive Vorstellung einer der Wirklichkeit widersprechenden Tatsache voraus; das bloße Fehlen der Vorstellung einer wahren Tatsache (ignorantia facti) ist kein Irrtum (BGHSt 2, 325; RGSt 42, 40; Krack aaO [vgl 6] S 36; W-Hillenkamp BT 2 Rdn 508; krit Walter aaO [vgl 5] S 172, 560; Arzt/Weber BT 20/53; Kindhäuser 97; aM Celle MDR 57, 436; str). Ein unreflektierter Bewusstseinsinhalt (Tiedemann LK 83 mwN) oder eine nur lückenhafte Vorstellung (zB „alles in Ordnung") kann jedoch genügen, Letztere allerdings nur, wenn sie sich mindestens auf konkrete Umstände und Verhältnisse bezieht, in deren Rahmen der vorgetäuschte Sachverhalt liegt (Küper BT S 215; krit Tiedemann, BGH-FG, S 551, 565); die bloße Nichterfüllung einer gesetzlichen Mitteilungs- oder Meldepflicht gegenüber einer Behörde oder einem Versicherungsträger (vgl 14) bewirkt daher bei Fehlen jeglicher konkreten Beziehung zwischen den Beteiligten keinen Irrtum (bei Holtz MDR 90, 296; wistra 92, 141; Martens JR 87, 211; aM Franzheim wistra 87, 313, 314; speziell zur ausschließlichen Beschäftigung von nicht angemeldeten Geringverdienern Siegle, Probleme bei der Bekämpfung der illegalen Beschäftigung mit den Mitteln

§ 263

des Straf- und Ordnungswidrigkeitenrechts, 1998, S 136 mit Hinweis auf § 111 I Nr 2 SGB IV). – Ob der Getäuschte von der ihm vorgespiegelten Tatsache überzeugt sein oder ob auch ein mehr oder minder intensives Für-möglich-Halten einbezogen werden muss, wird von der hM mit Recht im letzteren Sinne beantwortet (vgl etwa BGHSt 47, 83 mit Bespr Best GA 03, 157, Rönnau JuS 02, 545, Walter JZ 02, 254; wistra 90, 305 und 92, 95; der Rspr im Erg zust Kargl, Lüderssen-FS, S 613, 620), ist aber wissenschaftlich noch nicht abschließend geklärt (zum Streitstand Hillenkamp, BT-Problem 29, S 147); dasselbe gilt für die damit häufig verbundene, von der hM (BGHSt 34, 199, 201; MedR 92, 36, 39; NJW 95, 1844, 1845 und 03, 1198 mit Bespr Beckemper/Wegner NStZ 03, 315, Krüger wistra 03, 297, Krack JR 03, 384, Idler JuS 04, Heft 11/12 und Geppert JK 69; LG Mannheim NJW 93, 1488 mit zust Bespr Loos/Krack JuS 95, 204, 207; Tiedemann, BGH-FG, S 551, 565; Rengier, Roxin-FS, S 811, 821; Joecks 49) ebenfalls verneinte Frage, ob Leichtgläubigkeit oder Erkennbarkeit der Täuschung bei hinreichend sorgfältiger Prüfung die Schutzbedürftigkeit des Opfers ausschließt (näher zu beiden Fragen Giehring GA 73, 1; Amelung GA 77, 1; Herzberg GA 77, 289; Frisch, Bockelmann-FS, S 647; Hillenkamp, Vorsatztat und Opferverhalten, 1981, S 18; Tiedemann, Klug-FS, S 405, 411; Kurth, Das Mitverschulden des Opfers beim Betrug, 1984, S 109; Achenbach Jura 84, 602; Ellmer, Betrug und Opfermitverantwortung, 1986; Schünemann NStZ 86, 439 und in: Schünemann/Dubber [Hrsg], Die Stellung des Opfers im Strafrechtssystem, 2000, S 1, 5 sowie in: Schünemann [Hrsg], Strafrechtssystem und Betrug, 2002, S 80; Bottke JR 87, 428, 429; Krack aaO S 37; Hilgendorf JuS 94, 466, 467 und aaO [vgl 4] S 199; Kindhäuser, Bemmann-FS, S 339, 357; Hecker aaO [vgl 5] S 266; Arzt/Weber BT 20/5, 49 und 68; Krey/Hellmann BT 2 Rdn 371–374; Küper BT S 215; Tiedemann LK 84–86 und 34–40 vor § 263; Hoyer SK 67–75; zu angeblicher Zuneigung per SMS iVm 0190-Nummern Jaguttis/Parameswaran NJW 03, 2277, 2279; beachte auch 4 vor § 13).

19 b) Ob eine Fehlvorstellung vorliegt, ist **Tatfrage** (hM; vgl etwa NStZ 00, 375; W-Hillenkamp BT 2 Rdn 509; Hoyer SK 76; krit Kleb-Braun JA 86, 310, 320). Sie fehlt idR beim Automatenmissbrauch (vgl aber § 265 a) und oft auch beim blinden Passagier, beim Almosengeber auf Grund der üblichen Bettlerklagen (Gribbohm MDR 62, 950), beim Kassenbeamten, wenn er nur für die kassenmäßige Abwicklung der Auszahlungsanordnung zuständig ist (StV 94, 82; NStZ 97, 281 mit krit Bespr Otto JK 49; s auch Frankfurt NStZ-RR 98, 333 mit Bespr Otto JK 52), beim Bankmitarbeiter, wenn ihm eine formal korrekte Überweisung vorgelegt wird (NStZ 00, 375), beim Amtsträger, wenn er bei Vorliegen der Anspruchsvoraussetzungen an einen unter falschem Namen auftretenden Asylbewerber Leistungen erbringt (NStZ-RR 97, 358), beim öffentlich-rechtlichen Partner (zB beim Entsorgungspflichtigen), wenn er (zB auf Grund der Abfallabnahmepflicht) auch bei Ausbleiben des Entgelts zu seiner Leistung verpflichtet ist (NJW 90, 2476), und beim Richter (Rechtspfleger) im Versäumnisverfahren nach §§ 330 ff ZPO (aM Krey/Hellmann BT 2 Rdn 422) oder im Mahnverfahren nach früherem Recht (Giehring GA 73, 1; krit Walter aaO [vgl 5] S 513; aM BGHSt 24, 257; beachte 17). Kein Irrtum über die Bonität des Kunden liegt beim Schecknehmer vor, dem eine Scheckkarte vorgelegt wird (anders noch BGHSt 24, 386; wegen der Abschaffung der Eurochecks zurzeit bedeutungslos; vgl 3 zu § 266 b), und beim Vertragsunternehmer, der bei Vorlage einer Kreditkarte keine Barzahlung verlangt (hM; vgl BGHSt 33, 244, 247); die daraus folgende Gesetzeslücke hat das 2. WiKG (2 vor § 263) durch Einführung des § 266 b geschlossen (dort 1); ebenso liegt kein solcher Irrtum des Händlers vor bei Zahlungen im electronic-cash-Verfahren (wegen Zahlungsgarantie der Bank; Altenhain JZ 97, 752; str), dagegen ist der Irrtum bei Zahlung im POZ-Lastschriftverfahren nur ausnahmsweise dann zu verneinen, wenn der Händler durch eine Zahlungsausfallsgarantie eines Dritten abgesichert ist (Rengier, Gössel-FS, S 469). Bei Computermanipulationen (5–15 zu § 263a) hängt es von den – meist zufälligen – Umständen des Einzelfalles ab, ob der erforderliche Irrtum eines Menschen erregt oder unterhalten wird; zur Schließung dieser Lücke hat das 2. WiKG den § 263a eingeführt (dort 1). Eine Fehlvorstellung wird dagegen meist vorliegen, wenn ein Schecknehmer einen nicht garantierten Scheck einlöst (probl AG Tiergarten NJW 89, 846) oder wenn ein Bank- oder Postbediensteter auf ein Sparbuch oder ein anderes Legitimationspapier an einen Unbefugten zahlt (Maiwald JA 71, 643; Mitsch BT 2,1 7/59; Tiedemann LK 88; krit Kindhäuser NK 234; W-Hillenkamp aaO; aM Düsseldorf NJW 89, 2003; Miehe, Heidelberg-FS, S 481, 498). Ein Darlehensgeber, der die zweifelhafte Fähigkeit des Darlehensnehmers zur Rückzahlung kennt, irrt nicht; anders aber, wenn er über wichtige Umstände für dessen Leistungsfähigkeit, auch zB über den Verwendungszweck des Darlehens, falsch informiert wird (StV 02, 132).

2. Erregen eines Irrtums bedeutet Verursachen oder auch nur Mitverursachen (11 vor § 13, unten 54; StV 02, 132; NJW 02, 1643, 1645; s auch NStZ 03, 539) der Fehlvorstellung; daher sind Leichtgläubigkeit und Erkennbarkeit der Täuschung bei hinreichend sorgfältiger Prüfung oder sonst mitwirkende Fahrlässigkeit des Getäuschten unerheblich (BGHSt 34, 199; Hamburg NJW 56, 392; Krack aaO [vgl 6] S 63; Kindhäuser NK 65; aM Naucke, Peters-FS, S 109, der nur adäquaten Kausalzusammenhang genügen lässt; ähnlich Kurth aaO [vgl 18] S 169, 183, der sich auf Schutzzweckerwägungen stützt). Wegen der Pflicht des Gerichts zur eigenverantwortlichen Rechtsermittlung ist die Behauptung, gerichtliche Entscheidungen hätten eine bestimmte Rechtsauffassung vertreten, bei fehlender Angabe von Fundstellen nicht geeignet, beim zuständigen Richter einen Irrtum herbeizuführen (Koblenz NJW 01, 1364 mit abl Bespr Protzen wistra 03, 208). – **Unterhalten eines Irrtums** ist nicht nur Verhindern oder Erschweren seiner Aufklärung, sondern auch Bestärken einer bestehenden Fehlvorstellung (hM; vgl Celle StV 94, 188 mit abl Anm Schmoller; Kargl, Lüderssen-FS, S 613, 621; anders Sch/Sch-Cramer 46). Erregen und Unterhalten können auch durch Unterlassen in Garantenstellung begangen werden (vgl 12–15). – Von dem Unterhalten ist die **bloße Ausnutzung** eines Irrtums zu unterscheiden, bei welcher der Ausnutzende den Irrtum lediglich vorfindet, stillschweigend auf ihn eingeht und ihn zu seinen Gunsten weiter wirken lässt (ähnlich Kindhäuser 103), zB eine nichtgeschuldete Leistung ohne Verletzung einer Garantenpflicht (vgl 14) nur entgegennimmt (BGHSt 39, 392, 397 mit zust Anm Joerden JZ 94, 422, 424; W-Hillenkamp BT 2 Rdn 513; s auch 9). – Für den Irrtum kommt es allein auf die Person des Verfügenden an; eine an das Zivilrecht angelehnte Wissenszurechnung (Tiedemann LK 82 und in: Klug-FS, S 405, 413; vgl Rengier, Roxin-FS, S 811, 823) gibt es nicht (vgl Eisele ZStW 116, 15, 23: Problem der objektiven Zurechnung; offen gelassen von Bay NStZ 02, 91 mit Bespr Otto JK 68; vgl 54a).

V. Die Vermögensverfügung. Durch den Irrtum des Getäuschten muss dessen Vermögensverfügung veranlasst werden. Sie ist das notwendige, im Gesetz nicht besonders erwähnte Bindeglied zwischen Irrtum und Vermögensschaden (ungeschriebenes Tatbestandsmerkmal).

1. Verfügung ist jedes Handeln, Dulden oder Unterlassen, das sich **unmittelbar,** dh ohne zusätzliche deliktische Zwischenhandlungen des Täters, vermögensmindernd auswirkt (hM; vgl BGHSt 14, 170; W-Hillenkamp BT 2 Rdn 620–626; Joecks 54; Kindhäuser 136; krit M-Schroeder/Maiwald BT 1 41/72, die auf die „Vermögensrelevanz" abstellen); ob die Minderung durch ein Äquivalent kompensiert wird, ist unerheblich (BGHSt 31, 178). Grundvoraussetzung ist danach, dass der Getäuschte als „Werkzeug" des Täuschenden nach dessen Plänen die

§ 263 BT. 22. Abschnitt. Betrug und Untreue

Vermögensminderung selbst bewirkt (sog **Selbstschädigung**). Sein eigenes Verhalten muss für diese Minderung nicht nur (mit-)ursächlich, sondern deren tragender Grund sein, dh im weitesten Sinne als ein **Gebeakt** erscheinen. Diese vornehmlich durch das Unmittelbarkeitserfordernis gekennzeichnete Abgrenzung beruht nicht zuletzt auf dem Bestreben, die Tatbilder der Selbst- und der Fremdschädigungsdelikte so von einander zu trennen, dass zwischen ihnen kein Überschneidungsbereich entsteht (Exklusivität). Sie ist in jahrzehntelanger Auseinandersetzung mit großem dogmatischen Aufwand (Arzt JA 78, 557) entwickelt und im Kern vorübergehend allgemein anerkannt, im weiteren Verlauf dann aber zunehmend in Zweifel gestellt worden (vgl etwa Herzberg ZStW 89, 367; Puppe, Idealkonkurrenz und Einzelverbrechen, 1979, S 348 und JR 84, 229). Ausgearbeitete Gegenmodelle, die den Verfügungsbegriff grundsätzlich anders begrenzen, werden inzwischen namentlich von Joecks, Zur Vermögensverfügung beim Betrug, 1982, S 47 und Miehe, Unbewusste Verfügungen, 1987, S 52 angeboten. Sie haben nicht zu einem grundsätzlichen, auch für die Rspr annehmbaren Umbau der Betrugsstruktur geführt (vgl Tiedemann LK 97; Hoyer SK 160). Im Einzelnen:

23   **a)** Die Verfügung ist **nicht zivilrechtlich** zu verstehen. Auch die Handlung eines Geschäftsunfähigen oder ein nur tatsächliches Verhalten (BGHSt 31, 178) kann genügen, so etwa, wenn der Getäuschte als Finder dem vermeintlichen Eigentümer eine Sache herausgibt (Bay MDR 64, 343).

24   **b)** Dass der Getäuschte sich **bewusst** ist, eine Verfügung zu treffen, ist nicht unbedingt erforderlich (BGHSt 14, 170, 172; Hamm NJW 65, 702 mit abl Anm Knappmann NJW 65, 1931; Küper BT S 372; aM Hansen MDR 75, 533; Joecks aaO [vgl 22] S 108; Ranft Jura 92, 66, 71; Otto JZ 93, 652, 655; nur für den Sachbetrug aM Krey/Hellmann BT 2 Rdn 386a; mit Beschränkung auf das Bewusstsein einer „Vermögensbewegung" auch Miehe aaO [vgl 22] S 54). Dieses Bewusstsein kann zB fehlen, wenn der Täter über die Tragweite eines Vorgangs täuscht, etwa wenn er die Unterschrift unter einen Bestell- oder Schuldschein unter dem Vorwand erschleicht, das vorgelegte Schriftstück habe keinen für das Vermögen relevanten Inhalt (BGHSt 22, 88; KG JR 72, 28; aM Miehe aaO S 94), oder wenn er einen Sachverhalt vorspiegelt, der dem Verfügenden verschleiert, dass er zur Wahrung seines Vermögensstandes einen Anspruch geltend machen oder ein Recht ausüben muss (Stuttgart NJW 63, 825 und 69, 1975; Düsseldorf NJW 94, 3366; Bay StraFo 03, 321; Mitsch BT 2,1 7/66; zur Schadensproblematik Bublitz/Gehrmann wistra 04, 126, die neben der Bonität der Forderung auf die Kenntnis des Opfers von der Forderung abstellen; str), auch im Fall täuschungsbedingt heruntergeladener, manipulierter Dialer-Programme (Buggisch NStZ 02, 178, 181).

25   **c)** Mangels eines „Gebeaktes" trifft dagegen keine Verfügung, wer auf Grund der Täuschung nicht sich selbst **unmittelbar** schädigt, sondern dem Täter nur die Möglichkeit gibt, einen schädigenden Angriff zu unternehmen. Das bedeutet jedoch nicht zugleich, dass die Verfügung selbst in einem einzigen Akt bestehen müsste; vielmehr ist – namentlich in arbeitsteiligen Organisationsformen (Unternehmen, Behörden usw) – durchaus möglich, dass uU verschiedene Personen **stufenweise** Einzelhandlungen vornehmen, von denen erst die letzte die Vermögensminderung herbeiführt (BB 91, 713; Rengier BT I 13/27; krit Tiedemann LK 111).

26   aa) Das Unmittelbarkeitserfordernis ist vor allem für die **Abgrenzung gegenüber den Wegnahmedelikten** wichtig (hM; vgl 22). Danach ist zwar die auf Täuschung beruhende willentliche Preisgabe des Gewahrsams eine Verfügung (Hamm NJW 74, 1957), nicht aber dessen bloße Lockerung, wenn sich ihr der unfreiwillige Gewahrsamsverlust erst anschließt (GA 66, 212; JZ 68, 637 [dazu Kühl HRR BT Nr 45]; Köln MDR 73, 866 mit Bespr Bittner JuS 74, 156; Düsseldorf NJW 90, 923; Biletzki JA 95, 857; diff Herzberg ZStW 89, 367, 374;

Arzt/Weber BT 20/79, 80; krit zum ungenauen Unmittelbarkeitserfordernis Kindhäuser, Bemmann-FS, S 339, 352; Pawlik aaO [vgl 2] S 237 und Walter aaO [vgl 5] S 189). Der getäuschte Kassierer einer Selbstbedienungstankstelle (o 9) verfügt über das Benzin, dessen Einfüllen er dem zahlungsunwilligen Kunden gestattet (NJW 83, 2827; Arzt/Weber BT 20/37; Krey/Hellmann BT 2 Rdn 155; W-Hillenkamp BT 2 Rdn 184; vgl auch Köln NJW 02, 1059 mit Bespr Martin JuS 02, 618; anders Lange/Trost JuS 03, 961, 965, die § 246 annehmen). Dagegen verfügt nicht, wer wegen Vortäuschung einer Beschlagnahme die Wegnahme einer Sache nur duldet, selbst wenn er im Hinblick auf die vermeintlich unausweichliche Zwangslage selbst mitwirkt (Küper BT S 374; W-Hillenkamp BT 2 Rdn 629; 14 zu § 242; 2 zu § 255); dasselbe gilt, wenn er die Wegnahme einer Sache aus seinem generellen Gewahrsamsbereich (11 zu § 242) geschehen lässt oder bei ihr hilft, ohne zu erkennen, dass eine Gewahrsamsverschiebung zu seinen Lasten stattfindet (Hamm NJW 69, 620 mit Bespr Wedekind NJW 69, 1128 und Bittner MDR 70, 291; str). Entscheidend ist danach nicht allein das äußere Erscheinungsbild des Gebens oder Nehmens, sondern die innere Willensrichtung des Getäuschten (bei Holtz MDR 87, 446; Biletzki JA 95, 857, 858; aM Schmitt, Spendel-FS, S 575, beide mwN). – Ein einheitlicher Nehmeakt liegt vor, wenn der Täter nach einem Diebstahl im Selbstbedienungsladen an der Kasse die unbefugte Mitnahme von Waren verschweigt und deshalb unbehelligt passieren kann (BGHSt 17, 205, 208; Bay MDR 88, 5; Geiger JuS 92, 834; Tiedemann LK 120); das gilt auch für den Fall, dass der Täter die Frage des Kassierers, ob er sämtliche Waren vorgelegt habe, wahrheitswidrig bejaht (dazu „neigt" BGHSt 41, 198, 203). Wer in seinem Einkaufskorb Waren verbirgt und die Kasse ohne Bezahlung der versteckten Waren passiert, begeht jedenfalls deshalb einen (versuchten oder vollendeten, 16 zu § 242) Diebstahl, weil sich der für einen Betrug erforderliche Verfügungswille des Kassierers nicht auf die nicht wahrgenommenen Waren bezieht (BGHSt 41, 198, 202 mit Bespr Heintschel-Heinegg JA 96, 97, Scheffler JR 96, 342, Schmidt JuS 96, 117, Zopfs NStZ 96, 190, Hillenkamp JuS 97, 217 und Otto JK 17 zu § 242; Zweibrücken NStZ 95, 448; Hohmann/Sander BT I 1/62; Rengier BT I 13/38; Hoyer SK 168; aM Düsseldorf NJW 93, 1407 mit abl Bespr Schmitz JA 93, 350, Brocker JuS 94, 919, Roßmüller/Rohrer Jura 94, 469, 473, Stoffers JR 94, 205, Vitt NStZ 94, 133, Biletzki JA 95, 857, 859 und Otto Jura 97, 466); es fehlt wohl schon objektiv an einem Verhalten, das nach der allgemeinen Verkehrsauffassung als Gewahrsamsübertragung verstanden werden kann (Zopfs aaO; bereits ist eine konkludente Täuschung verneinen Pawlik aaO [vgl 2] S 87 und W-Hillenkamp BT 2 Rdn 499). Umstritten ist die Beurteilung des Falles, in dem der Täter Waren austauscht, die teurere Ware an der Kasse in falscher Verpackung vorlegt und passieren darf (für Diebstahl Sch/Sch-Eser 36 zu § 242 und Sch/Sch-Cramer 63a; für Betrug Rengier BT I 13/39; W-Hillenkamp BT 2 Rdn 635; Hoyer SK 169), und des Falles, in dem der Täter andere Waren zusätzlich in eine Verpackung legt (für Diebstahl W-Hillenkamp BT 2 Rdn 635; für Betrug Rengier BT I 13/39). Zur sog Wechselgeldfalle Celle NJW 59, 1981; Bay NJW 92, 2041 mit Anm Graul JR 92, 520; Roxin/Schünemann JuS 69, 372, 376; Hoyer SK 164 (str). – In Einzelheiten ist die Abgrenzung noch nicht abschließend geklärt (zusf Tiedemann LK 105, 118; beachte auch die krit Analyse der Grenzfälle zwischen Geben und Nehmen von Miehe aaO [vgl 22] S 29). Zu Unrecht fordert Backmann (Die Abgrenzung des Betrugs von Diebstahl und Unterschlagung, 1974) für den Sachbetrug (also nicht für die übrigen Betrugsformen) zur Vermeidung von Überschneidungen mit den Zueignungsdelikten eine bewusste Verfügung über das Eigentum (abl Gössel JA 76, 463; Herzberg aaO S 370; Maiwald ZStW 91, 923; Miehe aaO S 22).

bb) Das Unmittelbarkeitserfordernis gilt grundsätzlich auch für Fälle (zB des **27** Forderungsbetrugs), bei denen es auf die Abgrenzung zur Wegnahme nicht an-

§ 263 BT. 22. Abschnitt. Betrug und Untreue

kommt (hM; anders Miehe aaO [vgl 22] S 79 mwN). Jedoch ist seine Tragweite hier noch wenig geklärt (vgl etwa Saarbrücken NJW 68, 262; Düsseldorf NJW 74, 1833 mit Anm Oexmann NJW 74, 2296; Celle NJW 75, 2218; Hamm wistra 82, 152; Karlsruhe NStZ 96, 282 mit krit Bespr Otto JK 45; Paeffgen Jura 80, 479, 485; Tiedemann LK 105, 109). Problematisch sind vor allem die Fälle, in denen die Rspr eine konkrete Vermögensgefährdung (vgl 40) bejaht, obwohl der Täter zur Herbeiführung eines effektiven Schadens erst noch einen deliktischen Angriff führen muss, etwa wenn nur Vertragsbeziehungen zu einem zahlungsunwilligen Partner aufgenommen wurden (vgl 46) oder wenn durch Ausgabe einer Kreditkarte nur die Möglichkeit zum nachfolgenden Kartenmissbrauch nach § 266b eröffnet wurde (BGHSt 33, 244, 245 mit krit Bespr Bringewat NStZ 85, 536; Otto JZ 85, 1008; Labsch NJW 86, 105; Ranft Jura 92, 66, 69); zur entsprechenden Problematik beim electronic-cash-Zahlungsverfahren vgl Altenhain JZ 97, 752, 755.

28 2. Die Verfügung des Getäuschten kann **sein eigenes Vermögen oder das eines Dritten** mindern. Daher ist nur Identität zwischen Getäuschtem und Verfügendem, nicht aber zwischen Verfügendem und Geschädigtem erforderlich (BGHSt 18, 221, 223; NJW 02, 2117). Für den damit möglichen sog **Dreiecksbetrug** ist jedoch Voraussetzung, dass der Getäuschte in der Lage ist, rechtlich oder tatsächlich über das betroffene Vermögen zu verfügen (Schröder ZStW 60, 33, 66; Seebode JR 73, 117; Küper BT S 377, alle mwN).

29 a) Dass hierher alle Fälle gehören, in denen er **Alleingewahrsam** an der für ihn fremden Sache hat (Hamm NJW 74, 1957), ferner auch die, in denen er **befugt** ist, Rechtsänderungen mit unmittelbarer Wirkung für das fremde Vermögen vorzunehmen, ist weitgehend anerkannt. So kann etwa Betrug zum Nachteil des Geschäftsherrn durch Täuschung des Bevollmächtigten, eines Kindes durch Täuschung seines gesetzlichen Vertreters, einer juristischen Person durch Täuschung ihrer Organe oder sonst zur Verfügung über ihr Vermögen Befugte (hM; zu eng Gössel wistra 85, 125), des Gemeinschuldners durch Täuschung des Konkursverwalters, des Erben durch Täuschung des Testamentsvollstreckers oder des Erblassers (Schroeder NStZ 97, 585) und des Prozessgegners durch Täuschung des Richters oder Rechtspflegers (Prozessbetrug; vgl Kindhäuser 141 und Krey/Hellmann BT 2 Rdn 419–421), Gerichtsvollziehers oder Prozessbevollmächtigten begangen werden.

30 b) Ob darüber hinaus noch **weitere Möglichkeiten** rechtlicher oder tatsächlicher Einwirkung auf das fremde Vermögen unter dem Gesichtspunkt eines sog **Näheverhältnisses** einzubeziehen sind, ist umstritten. Die sog Befugnis- oder Ermächtigungstheorie bejaht das nur, wenn der Getäuschte zur tatsächlichen Einwirkung auf das fremde Vermögen rechtlich befugt ist (vgl etwa Otto ZStW 79, 59, 84; Schünemann GA 69, 46; Backmann aaO [vgl 26] S 127; Amelung GA 77, 1, 14; Samson JA 80, 285, 289; Küper BT S 380; Mitsch BT 2,1 7/74; Joecks 61–63; enger Kindhäuser ZStW 103, 398, 420 und in: Bemmann-FS, S 339, 359; krit dazu Pawlik aaO [vgl 2] S 217, der eine aus der Autonomie des Vermögensinhabers abgeleitete Kompetenz des Verfügenden verlangt, S 206; krit zu dieser sog Kompetenztheorie Kindhäuser 149, der selbst eine sog Wirksamkeitstheorie in NK 259–261 entwickelt hat). Die Rspr (zB BGHSt 18, 221, 223 mit Bespr Hauf JA 95, 458; NStZ 97, 32; Bay MDR 64, 343 und wistra 98, 157 mit Bespr Otto JK 51) und ein Teil des Schrifttums, namentlich die sog Lagertheorie (zB Schröder ZStW 60, 33, 70; Lenckner JZ 66, 321; Geppert JuS 77, 70, 72), gehen mit unterschiedlicher Begrenzung weiter (s auch Haffke GA 72, 225, 232; Herzberg ZStW 89, 367, 387; Biletzki JA 95, 857, 860; Tiedemann LK 112–117). Es geht dabei vor allem um die für die Abgrenzung zum Diebstahl (in mittelbarer Täterschaft) erhebliche Frage, ob ein sog Gewahrsamshüter (Inhaber von Mitgewahrsam oder Gewahrsamsdiener) eine Vermögensverfügung auch vornimmt, wenn er als gutgläubiges Werkzeug eine Sache aus fremdem Gewahrsam im vermeintlichen Interesse des Gewahrsamsinhabers entnimmt und dem Täter herausgibt, zB ein Parkwächter ein Kraftfahrzeug (BGHSt 18, 221 mit Bespr Gribbohm NJW 67, 1897; Köln MDR 66, 253) oder ein Vermieter eine Sache aus der Wohnung des Mieters (Stuttgart NJW 65, 1930; Dreher GA 69, 60; Roxin/Schünemann JuS 69, 372); hier dürfte es darauf ankommen, ob der Getäuschte bei Vornahme seiner Verfügung überhaupt eine Hüteraufgabe hatte und deshalb in einer (beschränkten) Herrschaftsbeziehung zur Sache stand und ob er sich subjektiv im Rahmen dieser Aufgabe gehalten hat (Kienapfel ÖJZ 75, 654; W-Hillenkamp BT 2 Rdn 643, 644; Tiedemann LK 116; weiter Rengier JZ 85, 565, 566 und in: Roxin-FS, S 811, 824, der hier Kriterien der objektiven Zurechnung anwenden will; anders Haas GA 90, 201; krit zu allen Theorien Offermann-Burckart, 1994, S 92, 112 und 120, die eine bewusste und gewollte Übertragung der Sachgewalt auf den Verfügenden verlangt und auf den wirklichen oder mutmaßlichen Willen des Geschädigten abstellt, S 148, 206; zusf Hillenkamp, BT-Problem 30, S 153; str). – Nach der Rspr verfügt der getäuschte Schuldner über das Vermögen des geschädigten Gläubigers, wenn er wegen einer Anscheinsvollmacht des Täters mit befreiender Wirkung an diesen zahlt; auf ein Näheverhältnis des Verfügenden zum Vermögen des Geschädigten kommt es wegen der gesetzlichen Anordnung des § 56 HGB nicht an (StV 93, 307); das gilt auch für die vom Recht verliehene Befugnis, fremde Forderungen durch gutgläubiges Handeln zum Erlöschen zu bringen (nach Celle NJW 94, 142 [mit krit Bespr Linnemann wistra 94, 167, 170 und Krack/Radtke JuS 95, 17] wird das erforderliche „Näheverhältnis" durch diese Befugnis begründet; zust Kindhäuser BT II 27/68; M-Schroeder/Maiwald BT 1 41/81; Rengier BT I 13/51; W-Hillenkamp BT 2 Rdn 649; enger Joecks 64–67; aM Offermann-Burckart aaO S 175; Mitsch BT 2,1 7/75; Hoyer SK 177; vgl zu den sog Rechtsscheinsfällen Tiedemann LK 117).

3. Vermögensverfügung und Wegnahme schließen sich – auch in den Fällen des Dreiecksbetrugs (BGHSt 18, 221; Otto ZStW 79, 59, 101; Haffke GA 72, 225, 232; Hansen MDR 75, 533, 534; Geppert JuS 77, 69, 74; aM Schröder ZStW 60, 33, 80; Lenckner JZ 66, 320; Miehe aaO [vgl 22] S 101; Haas GA 90, 201, 204) – begrifflich aus (BGHSt 17, 205, 209; für einzelne Fallgruppen aM Herzberg ZStW 89, 367; krit Puppe JR 84, 229 und Walter aaO [vgl 5] S 192, 214, 221). **31**

VI. Der Vermögensschaden. Das Ergebnis der Vermögensverfügung muss als Vermögensbeschädigung des Getäuschten oder eines anderen zu bewerten sein (beachte dazu 54). Dieselbe Verfügung, die den Täter oder einen Dritten bereichern soll, muss den Schaden unmittelbar herbeiführen (BGHSt 6, 115; Bay MDR 64, 776). **32**

1. a) Vermögen ist nach herrschender, aber zunehmend in Frage gestellter Meinung die Summe aller wirtschaftlichen (geldwerten) Güter einer natürlichen oder juristischen Person nach Abzug der Verbindlichkeiten (sog wirtschaftliche Vermögenslehre, BGHSt 16, 220 mwN; ausdrücklich einschr jetzt namentlich NStZ 87, 407; zur Entwicklung der Rspr Küper BT S 345 mwN; im Schrifttum vertreten etwa von Krey/Hellmann BT 2 Rdn 433–435). Den Gegensatz bildet die heute auch im Schrifttum nicht mehr vertretene Meinung, dass unter Vermögen die Summe der Vermögensrechte einer Person zu verstehen sei (sog juristische Vermögenslehre, Binding); nach einem „neuformulierten juristischen Vermögensbegriff" ist Vermögensgegenstand, was der Rechtsperson zur Ermöglichung freier Selbstdarstellung rechtlich zugeordnet ist (Pawlik aaO [vgl 2] S 259). Zwischen beiden Extremen stehen die sog ökonomisch-juristischen Vermittlungslehren (dazu zB Hirsch ZStW 81, 917, 944), nach denen das Vermögen durch die Summe der **33**

§ 263

wirtschaftlichen Güter einer Person gebildet wird, über welche diese rechtliche Verfügungsmacht hat (Gallas, EbSchmidt-FS, S 401, 409; Frank V 3) oder die ihr unter dem Schutz der Rechtsordnung (Franzheim GA 60, 269, 277; Gutmann MDR 63, 3, 5; Foth GA 66, 33, 42; Mitsch BT 2,1 7/84) oder wenigstens ohne deren Mißbilligung (Lenckner JZ 67, 105; Cramer, JuS 66, 472; Rengier BT I 13/55; W-Hillenkamp BT 2 Rdn 535; Tiedemann LK 132) zustehen (vgl auch Keller ZStW 107, 457, 479 und Kargl JA 01, 714). Eine weitere Spielart dieser Vermittlungslehren bildet der Vorschlag, als Vermögen einer Person alle ihr zuzuordnenden Dienstleistungen und wirtschaftlichen Güter zu verstehen, soweit sie innerhalb der durch Art 1, 2 GG, § 138 BGB gezogenen Grenzen gegen Geld tauschbar sind, ferner alle Rechte, soweit sie stellvertretend für diese Güter zum Tauschobjekt werden können (Nelles, Untreue zum Nachteil von Gesellschaften, 1991, S 347, 426; auf den Tauschwert und dessen Anerkennung durch die Rechtsordnung heben ab: Hoyer SK 116; Ahn, Das Prinzip der Schadensberechnung und die Vollendung des Betruges bei zweiseitigen Vertragsverhältnissen, 1995, S 34, 50; Hagenbucher, in: Schünemann [Hrsg], Strafrechtssystem und Betrug, 2002, S 153, 184; Walter aaO [vgl 5] S 181: „Nettotauschwert oder Nutzwert"). Daneben werden auch sog funktionale (Kindhäuser NK 44–50 und 332–345 sowie in Lüderssen-FS, S 635, 648) und sog personale Vermögenslehren vertreten (Bockelmann JZ 52, 461; Heinitz JR 68, 387; Otto, Die Struktur des strafrechtlichen Vermögensschutzes, 1970, S 34, JZ 93, 652, 655, Jura 93, 424, 425 und GK 2 38/3–7, 51/54; Labsch Jura 87, 411, 416; Alwart JZ 86, 563, 564; Niggli SchwZStr 93, 236, 254; Geerds, Wirtschaftsstrafrecht und Vermögensschutz, 1990, S 130, 178 und Jura 94, 309, 311; Winkler, Der Vermögensbegriff beim Betrug und das verfassungsrechtliche Bestimmtheitsgebot, 1995, S 173; Schmidhäuser BT 11/1–3; beachte auch den eigenständigen subjektiv/personalen Vermögensbegriff von Wolf, Die Strafbarkeit der rechtswidrigen Verwendung öffentlicher Mittel, 1998, S 41 mit krit Bespr Berger GA 00, 202), während der „dynamische" Vermögensbegriff (Eser GA 62, 289; ähnlich auch Mohrbotter GA 69, 225, 227; Weidemann MDR 73, 992) nur eine Spielart der wirtschaftlichen Vermögenslehre bildet (krit zu den Vermögenslehren Hefendehl, Vermögensgefährdungen und Exspektanzen, 1994, S 99, der Vermögen als Herrschaft versteht und dann annimmt, wenn einer Person zivilrechtlich anerkannte Durchsetzungsmöglichkeiten zur Verfügung stehen, die ihr die Freiheit lassen, über Vermögensgüter nach ihrem Belieben zu verfügen und externen Störfaktoren effektiv zu begegnen, S 117 sowie in: Schünemann [Hrsg], Strafrechtssystem und Betrug, 2002, S 185, 228). – Aus der Sicht des § 263 grundsätzlich zwischen **privatem und öffentlichem Vermögen** zu unterscheiden (so Tiedemann ZStW 86, 897, 911 und BGH-FG, S 551, 560, der aber nicht die Anwendbarkeit der Vermögensschutztatbestände auf öffentliches Vermögen bestreitet, sondern nur auf den Unterschied von privatem und öffentlichem Vermögen bei der Bestimmung des Vermögensschadens abhebt; krit dazu Berger aaO [vgl 2] S 201; offengelassen in BGHSt 31, 93, 95), besteht kein hinreichender Grund (hM; vgl etwa Hack, Probleme des Tatbestands Subventionsbetrug, § 264 StGB, 1982, S 28; Wolf aaO S 46; Berger aaO S 6, 57, 264, 268 [krit Bespr Pawlik GA 02, 680]; Sch/Sch-Cramer 78 a); geschützt ist auch das Vermögen der EG (vgl 2). Auch für die Schadensbegründung wegen Zweckverfehlung, wo diese Unterscheidung allenfalls relevant werden könnte, bedarf es einer Differenzierung nicht (vgl 55).

34 **b)** Nach hM gehören zum Vermögen alle Güter, soweit sie **wirtschaftlichen Wert** haben.

aa) Mit dieser Einschränkung (vgl zB bei Holtz MDR 83, 92; wistra 86, 24 und 169; Bay JZ 79, 694) kommen neben dem Eigentum und sonstigen Rechten, also zB auch gesetzlichen Pfandrechten (BGHSt 32, 88 mit Bespr Jakobs JR 84, 385

Betrug **§ 263**

und Joerden JuS 85, 20), Anwartschaftsrechten (BGHSt 31, 178; Radtke JuS 94, 589) und klaglosen Forderungen (RGSt 68, 379), auch bloße **Exspektanzen** (tatsächliche Anwartschaften) in Frage, wenn sie so weit konkretisiert sind, dass ihnen der Wirtschaftsverkehr schon für die Gegenwart wirtschaftlichen Wert beimisst (BGHSt 17, 147; bei Holtz MDR 81, 100; Beulke JuS 77, 35, 36; aM Gallas, EbSchmidt-FS, S 401, 411; Otto aaO [Vermögensschutz, vgl 33] S 46, 296; Geerds Jura 94, 309, 313; Kargl JA 01, 714, 720; zusf Mohrbotter GA 71, 321; Tiedemann LK 135–137; eingehend zu den unterschiedlichen Konstellationen Hefendehl, aaO [vgl 33] S 199 und in: Schünemann aaO [vgl 33] S 237; str); eine unbestimmte Aussicht (BGHSt 31, 232; GA 78, 332 mit Bespr Bruns, Schröder-GS, S 273, 280; Karlsruhe NStZ 96, 282 mit krit Bespr Otto JK 45) genügt daher ebenso wenig wie hochspekulative Zins- und Gewinnerwartungen (NStZ 96, 191, s auch LG Frankfurt NStZ-RR 03, 140); auch nicht die Gewinnerwartung des Käufers aus einem für ihn günstigen Kaufvertrag (Düsseldorf NJW 93, 2694 mit krit Anm Ranft JR 94, 523), die vom Kaufinteressenten abhängige, gewinnbringende Verkaufsmöglichkeit (Celle StV 96, 154), die Chance des Versenders, den Erstbesteller mittels einer Zugabe zu weiteren Käufen zu veranlassen (Bay NJW 94, 208 mit krit Bespr Hilgendorf JuS 94, 466 und Geppert JK 41; Sch/Sch-Cramer 87a und 105a), die Eintragung einer Auflassungsvormerkung (Stuttgart NJW 02, 384 mit krit Bespr Erb JR 02, 216) und Aussichten von Erben zu Lebzeiten des Erblassers (Stuttgart NJW 99, 1563 mit Bespr Thomas NStZ 99, 622 und Martin JuS 99, 824; Schroeder NStZ 97, 585; Jünemann NStZ 98, 393; Brand/Fett JA 00, 211; Milonidis, Die Strafbarkeit der Erbschleicherei, 2002, S 112, 146; Tröndle/Fischer 56). Hinreichend konkret können nach der Rspr etwa sein: die auf einem unechten Vertrag zugunsten Dritter beruhende Anwartschaft (Stuttgart NJW 62, 502); die Aussicht auf Erlangung der Abstammungspapiere eines gepfändeten Pferdes (Düsseldorf NJW 94, 3366); die Aussicht auf Zuschlag bei einer öffentlichen Verdingung (BGHSt 17, 147; NStZ 97, 542; einschr in Submissionsfällen Satzger ZStW 109, 357, 368); die Aussicht auf einen günstigen Kaufabschluss bei Vorliegen eines ernsthaften Angebots (Bremen NStZ 89, 228); die Aussicht auf Zuteilung von Aktien an einen aus sozialen Gründen privilegierten Personenkreis bei Privatisierung von Unternehmen der öffentlichen Hand (BGHSt 19, 37, 42; s auch BGHSt-GS-19, 206); die Aussicht eines abstiegsbedrohten Fußballvereins, in der Bundesliga verbleiben und sich dadurch höhere Einnahmen aus Fußballspielen erhalten zu können (NJW 75, 1234; Triffterer NJW 75, 612, 614; Paringer, Korruption im Profifußball, 2001, S 113; krit Schreiber/Beulke JuS 77, 656, 659; Bringewat JZ 77, 667), soweit nicht schon der Lizenz als solcher Vermögenswert zukommt. Wirtschaftlichen Wert können ferner der **Besitz** haben (Tiedemann LK 140, 141 mwN), auch der unrechtmäßige (Kühl JuS 89, 505, 510; Küper BT S 347; Hoyer SK 125; aM Pawlik aaO [vgl 2] S 260; Kindhäuser NK 295, 296), und die Möglichkeit, die **Arbeitskraft** gegen Entgelt zu verwerten (NStZ 98, 85 mit Bespr Otto JK 50; NJW 01, 981 mit Bespr Otto JK 61 [anders bei Erfüllung strafbarer Tatbestände, NStZ 01, 534 mit krit Bespr Otto JK 64, abl Krey/Hellmann BT 2 Rdn 439, 441, zust aber Hecker JuS 01, 228 und W-Hillenkamp BT 2 Rdn 566]; Cramer, Vermögensbegriff und Vermögensschaden im Strafrecht, 1968, S 236; Herzberg JuS 72, 185, 188; Heinrich GA 97, 24; Mitsch BT 2,1 7/86; krit Lampe, Maurach-FS, S 375; zusf Tiedemann LK 138, 139).

bb) Nach der wirtschaftlichen Vermögenslehre sollen auch **nichtige Ansprü-** 35 **che** aus sittenwidrigen oder verbotenen Rechtsgeschäften als Vermögenswerte Anerkennung verdienen (BGHSt 2, 364; zu Recht anders NStZ 87, 407 mit Anm Barton StV 87, 485 und Tenckhoff JR 88, 126; Hamm NJW 89, 2551 mit abl Anm Wöhrmann NStZ 90, 342; LG Mannheim NJW 95, 3398 mit Bespr Behm NStZ 96, 317; Krauss NJW 96, 2850; Scheffler JuS 96, 1070, Abrahams/Schwarz

§ 263 BT. 22. Abschnitt. Betrug und Untreue

Jura 97, 355 und Geppert JK 44 [„Telefonsex"; dazu auch NJW 98, 2895 mit Bespr Emmerich und Schulze JuS 99, 636]; s auch Bergmann/Freund JR 88, 189; Zieschang, Hirsch-FS, S 831; krit zur Rspr Gleß, Die Reglementierung der Prostitution ..., 1999, S 126; Arzt/Weber BT 20/116–118 und 119; ein Anspruch auf Beuteteilung unter Straftätern ist aber nicht geschützt, NStZ 01, 534 mit zust Bespr Otto JK 64); die bisher mit der Sittenwidrigkeit begründete Nichtigkeit des Zahlungsanspruchs der vorleistenden Prostituierten (sog „geprellte Dirne") ist durch das ProstG (14 vor § 1) aus dem Bereich der Sitte in den Rechtsbereich zurückgeholt worden (Kühl, Meurer-GS, S 543, 552 und Schreiber-FS, S 957, 967); nach § 1 ProstG hat die Prostituierte jetzt einen Zahlungsanspruch, um den sie durch den zahlungsunwilligen Kunden mit vermögensschädigender Wirkung gebracht werden kann (Heger StV 03, 350, 355; Kretschmer StraFo 03, 191; Krey/Hellmann BT 2 Rdn 435 Fn 196; Rengier BT I 13/57; W-Hillenkamp BT 2 Rdn 566; Tröndle/Fischer 68; ebenso für die nach Erbringung der sexuellen Dienstleistung täuschungsbedingte Nichterfüllung ihres Zahlungsanspruchs Ziethen NStZ 03, 184, 187); das ProstG hat auch auf die bisherige Bewertung von Telefonsex-Verträgen als „sittenwidrig" Einfluss, so dass mangels sittenwidrigkeitsbedingter Nichtigkeit (vgl NJW 02, 361; Jauernig 17 zu § 138 BGB) auch der strafrechtliche Schutz zu Gunsten der vorleistenden Sprechpartnerin eingreift (Tröndle/Fischer aaO; wohl auch Joecks 79 a). Diese weite Ausdehnung des Vermögensbegriffs auf nichtige Ansprüche ist bei wirtschaftlicher Betrachtung zwar konsequent, aber mit allgemeinen Rechtsgrundsätzen nicht vereinbar (Kargl JA 01, 714; W-Hillenkamp BT 2 Rdn 569; Tiedemann LK 151 mwN). Ausgeschlossen wird dadurch nicht, den als geschädigt anzusehen, der zur Erfüllung solcher Geschäfte Vermögenswerte einsetzt (hM; vgl etwa BGHSt 29, 300; NStZ 02, 33 [mit Bespr Heger JA 02, 454 und Otto JK 67]; NJW 02, 2117 [mit zust Anm Engländer JR 03, 164, Hillenkamp JuS 03, 163, krit bis abl aber Kindhäuser/Wallau NStZ 03, 152, Mitsch JuS 03, 122, 125 und Geppert JK 8 zu § 253; s auch Spickhoff JZ 02, 970]; KG NJW 01, 86 mit [abl] Bespr Hecker JuS 01, 228, Baier JA 01, 280, Gröseling NStZ 01, 515 und [zust] Otto JK 5; Dölling JuS 81, 570; Tenckhoff aaO; Neumann JuS 93, 749; Zieschang aaO S 845; Arzt/Weber BT 20/115; W-Hillenkamp BT 2 Rdn 564; Tiedemann LK 13, 151; auf der Grundlage des wirtschaftlichen Vermögensbegriffs auch Krey/Hellmann BT 2 Rdn 443; aM Maiwald NJW 81, 2777, 2780; Bergmann/Freund aaO S 191 und JR 91, 357; Renzikowski GA 92, 159, 174; Joecks 105; M-Schroeder/Maiwald BT 1 41/102; Hoyer SK 132; Sch/Sch-Cramer 150; mit abw Begr auch Pawlik aaO [vgl] S 147 [krit dazu Arzt/Weber BT 20/27]; diff Mitsch BT 2,1 7/41 und 43; zusf Kühl JuS 89, 505; Otto Jura 93, 424; Küper BT S 346; zw); zur möglichen Erpressungsstrafbarkeit, wenn sich der Getäuschte seine Vermögenswerte durch den Einsatz von Nötigungsmitteln wieder verschafft, 9 zu § 253.

36   **2. a)** Das Vermögen erleidet einen **Schaden,** wenn sein wirtschaftlicher Gesamtwert durch die Verfügung des Getäuschten vermindert wird (BGHSt 16, 220; NStZ 97, 32 und 99, 353), wenn also nicht lediglich eine Vermögensvermehrung ausbleibt (NJW 85, 2428 und 91, 2573; Köln NStZ 00, 481), sondern entweder die Aktiven ihrem Wert nach verringert werden oder neue Verbindlichkeiten entstehen, ohne dass diese Einbuße durch einen unmittelbaren Zuwachs voll ausgeglichen wird (sog Gesamtsaldierung). Zur Überzeugung des Gerichts feststehen muss danach nur das Ob der Verminderung; dessen Höhe kann dagegen unter Beachtung des Zweifelssatzes geschätzt werden (BGHSt 36, 320, 328; 38, 186, 193, beide mwN; zur Schätzung beachte auch 17 zu § 40).

36 a   **b)** Für die **Kompensation** nicht zu berücksichtigen sind jedoch die Anfechtbarkeit des Geschäfts (BGHSt 23, 300, 302; NJW 85, 1563; diff Luipold, Die Bedeutung von Anfechtungs-, Widerrufs-, Rücktritts- und Gewährleistungsrechten

Betrug **§ 263**

für das Schadensmerkmal des Betrugstatbestandes, 1998, S 143) und gesetzliche Ausgleichsansprüche, die dem Betroffenen gerade wegen der Täuschung erwachsen (bei Dallinger MDR 70, 13; KG NJW 65, 703), zB Rückgewähransprüche, Schadensersatzansprüche aus unerlaubter Handlung und Ansprüche aus ungerechtfertigter Bereicherung (diff Luipold aaO S 181; aM Ahn aaO [vgl 33] S 155 und Walter aaO [vgl 5] S 530), wohl aber das gesetzliche Unternehmerpfandrecht beim Werkvertrag (Hamm JMBlNRW 69, 100, 101; Amelung NJW 75, 624; Krey/Hellmann BT 2 Rdn 467; aM Bay JR 74, 336 mit abl Anm Lenckner) und alle Vertragsansprüche oder Leistungen, die zur Sicherung des Getäuschten gegen Schaden vereinbart oder gegeben werden (wistra 92, 142; 93, 265; 95, 28 und 222; StV 97, 416; NStZ 98, 570 und 99, 353; NStZ-RR 00, 331 und 01, 328 mit Bespr Otto JK 66; nach Rengier, Gössel-FS, S 469, 476, auch bei einer vom Händler mit einem Dritten vereinbarten Zahlungsausfallgarantie für Kundenzahlungen im POZ-Lastschriftverfahren); die Ansprüche müssen eine jederzeit und ohne Zeit- und Kostenaufwand zu erreichende Zahlung erwarten lassen (Karlsruhe wistra 97, 109 mwN).

3. Der **Maßstab für die Wertbemessung** ist nach hM ein **objektiv-individueller;** auf das subjektive Schadensgefühl des Betroffenen kommt es nicht an (BGHSt 16, 321, 325), auch nicht allein darauf, ob die Vermögensverfügung bei Kenntnis der wahren Sachlage unterblieben wäre (wistra 86, 169; NStZ 99, 555; Köln NJW 79, 1419; Düsseldorf JZ 96, 913 mit Anm Schneider). 37

a) Die **objektive Komponente** des Wertmaßstabs legt die Beurteilung des Schadens auf diejenigen Überzeugungen vom Wert der Wirtschaftsgüter fest, die im Wirtschaftsverkehr tatsächlich maßgebend sind; dabei sind jeweils die konkreten Umstände zu berücksichtigen (München NJW 78, 435), so dass als Bewertungsgrundlage nicht nur der Verkehrs- (Markt-)wert auf den verschiedenen Umsatzstufen des allgemeinen Marktes (NJW 91, 2573), etwa des Großhandels, des Einzelhandels (DRiZ 72, 287) oder des Versteigerungsgeschäfts, sondern zB auch der nachhaltig erzielbare Preis auf Spezialmärkten (zB Baumarkt, Börse, Gebrauchtwarenhandel, Kunsthandel usw) in Frage kommt; in Grenzbereichen kann das zu schwierigen und meist auch umstrittenen Schadensbewertungen führen, zB wenn bei öffentlichen Ausschreibungen Angebote auf Grund von Submissionsabsprachen gemacht (BGHSt 16, 137; 38, 186 [mit Bespr Geerds DWiR 92, 120 und Jura 94, 309, 312; Tiedemann ZRP 92, 142, Hassemer JuS 92, 616, Baumann NJW 92, 1661, Joecks wistra 92, 247, Cramer NStZ 93, 42, Kramm JZ 93, 422, Broß/Thode NStZ 93, 370, Hefendehl JuS 93, 805 und ZfBR 93, 164, Ranft wistra 94, 41 sowie Mitsch JZ 94, 877, 889; das Verfahren wurde nach § 153 II StPO eingestellt, NJW 95, 737 mit Bespr Lüderssen wistra 95, 243 und Rutkowsky NJW 95, 705]; 47, 83 mit zT krit Bespr Best GA 03, 157, Rönnau JuS 02, 545, Rose NStZ 02, 41, Satzger JR 02, 391, Walter JZ 03, 254 und Otto JK 62 [zu dieser Entscheidung, die die Schadensbegründung bei absprachebedingten Preisaufschlägen ohne Orientierung am Marktpreis vornimmt vgl auch Achenbach NStZ 02, 523, 524; Rengier BT I 13/101a und W-Hillenkamp BT 2 Rdn 698]; wistra 01, 103 mit Bespr Otto JK 60; Frankfurt NJW 90, 1057 mit Bespr Hassemer JuS 90, 669, Schaupensteiner ZRP 93, 250, Ranft wistra 94, 41, 43; zusf Achenbach, Frankfurter Kommentar zum Kartellrecht, 57–62 zu § 81 GWB; Satzger, Der Submissionsbetrug, 1994 und ZStW 109, 357; Cramer, Zur Strafbarkeit von Preisabsprachen in der Bauwirtschaft, 1995; Otto ZRP 96, 300; Oldigs, Möglichkeiten und Grenzen der strafrechtlichen Bekämpfung von Submissionsabsprachen, 1998, S 60 und wistra 98, 291, 292; Hoyer SK 254; beachte jetzt § 298) oder auf Kunstauktionen Scheingebote abgegeben worden sind (dazu und allg zum Schaden im Kunsthandel Locher, Das Recht der bildenden Kunst, 1970, S 190; Baumann NJW 71, 23; Locher/Blind NJW 71, 2290; Heinz/ 38

Mühleisen, Würtenberger-FS, S 219; Geerds Jura 94, 309, 314; Sandmann aaO [vgl 10] S 144; s auch Otto NJW 79, 681, 684; str).

39 aa) Für die Bewertung von **Waren** kommt es nicht nur auf ihre Qualität, sondern auch auf andere **preisbildende Umstände** an; deshalb kann die Lieferung von Hopfen aus einem weniger renommierten Anbaugebiet (BGHSt 8, 46), von Weinen, die wegen eines Verkehrsverbots gar nicht in den Handel kommen durften (NJW 95, 2933 mit krit Anm Samson StV 96, 93), von Musikinstrumenten anderer als der vereinbarten Herkunft (Köln BB 60, 340) oder von qualitätsgleicher Auslandsbutter bei geringerem Wert am Inlandsmarkt (BGHSt 12, 347) eine Schädigung bedeuten (beachte auch NJW 80, 1760); dasselbe gilt für Markenprodukte wie zB der Anzug von „Boss" oder „Joop" (Wolf aaO [vgl 9] S 137). Bei Verlagsverträgen über Druckwerke, die in Wahrheit Plagiate sind, und bei deren Verkauf hängt die Bewertung von den Umständen ab (weiter Deumeland AfP 73, 491 und SchwJZ 75, 205, 208).

39 a bb) Für die Bewertung entgeltlicher **Dienstleistungen** (etwa von Verkehrsbetrieben, Sporteinrichtungen, Theatern, Ausstellungen usw) bedeutet das Erbringen der Leistung ohne volles Entgelt einen Vermögensschaden (Düsseldorf NJW 92, 924; vgl auch NStZ 94, 189 und wistra 02, 138; Rengier BT I 13/93), und zwar auch dann, wenn von einem anderen Interessenten (zB halb leerer Zug) ein Entgelt nicht hätte erlangt werden können (Tiedemann LK 189 mwN).

40 cc) Aus der Maßgeblichkeit des Wertvergleichs folgt zugleich, dass ein Schaden nicht notwendig das Ausscheiden eines Gegenstandes (vgl 34) aus dem Vermögen oder die Begründung einer Verbindlichkeit voraussetzt. Die hM erkennt als Vermögensschaden auch eine konkrete (BGHSt 21, 112; 34, 394; StV 87, 535; BB 91, 713; NStZ 95, 232; 96, 203 und 98, 570; wistra 03, 60; NStZ 04, 264; zu weit BGHSt 23, 300 mit zu Recht krit Bespr Lenckner JZ 71, 320) **Vermögensgefährdung** an (krit Naucke StV 85, 187; Seelmann JR 86, 346; Otto JZ 93, 652, 657; Ranft wistra 94, 41, 43; Ahn aaO [vgl 33] S 96; zur Diskussion um ihren Ausschluss de lege ferenda s Albrecht ua [Hrsg], Rechtsgüterschutz durch Entkriminalisierung, 1992, S 63; Loos ZRP 93, 310, 311; rechtsvergleichend mit Österreich und der Schweiz Kessel JBl 99, 12). Diese setzt voraus, dass wirtschaftlich betrachtet das Vermögen deshalb schon vermindert erscheint, weil der Eintritt einer endgültigen Vermögenseinbuße – in einem Rspr (dazu in flächendeckender Fallgruppenbildung Hefendehl aaO [vgl 33] S 256) und Schrifttum allerdings umstrittenen Ausmaß (dazu Riemann, Vermögensgefährdung und Vermögensschaden, 1989, S 44 mwN) – näher gerückt ist (einschr im Hinblick auf Selbstschutzmöglichkeiten des Opfers Luipold aaO [vgl 36a] S 105; zusf Tiedemann LK 168–176 mwN); von dieser unterscheidet sie sich deshalb nur quantitativ (wistra 91, 307).

41 Häufig besteht sie darin, dass ein Anspruch minderwertig ist, weil ihm wegen Zahlungsunwilligkeit oder -unfähigkeit des Schuldners die erforderliche **Bonität** fehlt (BGHSt 15, 24; BB 92, 523; Bay NJW 99, 663 mit Bespr Martin JuS 99, 507 und Rengier JuS 00, 644). Im Vordergrund stehen hier die Fälle des Scheckbetrugs (vgl 11), namentlich der Scheckreiterei (zusf Otto, Bargeldloser Zahlungsverkehr und Strafrecht, 1978, S 41, 62 und Jura 83, 16, 24), und des (hier nicht iS des § 265b zu verstehenden) Kreditbetrugs (zB BGHSt 33, 244; 47, 160, 170; NJW 86, 1183; wistra 93, 341 und 95, 222 mit krit Bespr Achenbach NStZ 96, 535; NStZ-RR 98, 43 und 01, 328 mit Bespr Otto JK 66; NStZ-RR 03, 539; Hamm NJW 77, 1834; Düsseldorf NJW 93, 1872 mit abl Bespr Otto JK 38; Bockelmann ZStW 79, 28; Lampe, Der Kreditbetrug [§§ 263, 265b StGB], 1980, S 8; Hefendehl aaO [vgl 33] S 262; Ahn aaO [vgl 33] S 171; zusf Otto Jura 83, 16; Tiedemann LK 212; Hoyer SK 258), namentlich des Wechselbetrugs (wistra 96, 343) und der Wechselreiterei (zusf Tiedemann LK 222; s auch die Nachw unter 11). Allerdings kann es am Schaden fehlen, wenn ausreichende Sicherheiten gegeben wurden, die es dem Gläubiger ermöglichen, sich wegen des Anspruchs ohne

Betrug **§ 263**

Schwierigkeiten zu befriedigen (vgl 36 a). Dasselbe gilt, wenn der gestundete Anspruch schon vor der Verfügung wirtschaftlich wertlos war oder jedenfalls in seiner Bonität nicht verschlechtert wurde (BGHSt 1, 262; wistra 86, 170; s auch wistra 93, 17; StV 94, 185 und NStZ 03, 539; Haas GA 96, 117, 118).

Als Vermögensgefährdung kommt weiter in Frage: dass ein Anspruch minderwertig ist, weil ausbedungene Sicherheiten fehlen (wistra 88, 188 und 93, 265); dass bei hochspekulativen Anlagen die Rückgewähransprüche ungesichert sind (NStZ 96, 191; Köln NStZ 00, 481); dass durch Erschleichen falscher oder Entziehen richtiger Beweismittel für einen Schuldner die Gefahr unberechtigter Inanspruchnahme oder für einen Gläubiger die Gefahr der Rechtsvereitelung heraufbeschworen wird (sog **Beweismittelbetrug,** RGSt 58, 183; 66, 371; s auch StV 89, 478 mit krit Anm Sonnen; aM Riemann aaO [vgl 40] S 94, der nur Versuch annimmt; speziell zum Erschleichen eines Schuldscheins Hefendehl aaO [vgl 33] S 356, 398; Tiedemann LK 109, 230); dass ein Anspruch dem Gläubiger verschleiert wird (Hamm GA 58, 250; Stuttgart NJW 69, 1975); dass einzelne Vermögensgegenstände, etwa durch unrichtige Eintragungen im Grundbuch (Stuttgart NStZ 85, 365) oder durch falsche Buchungen (BGHSt 6, 115; Hefendehl aaO [vgl 33] S 385; aM Riemann aaO S 101) oder Erklärungen (Bay wistra 88, 35; speziell zum Prozessvergleich Bay StraFo 03, 321), der Gefahr des Verlustes ausgesetzt werden; oder dass eine sichere Prozesslage in eine unsichere verwandelt wird (**Prozessbetrug;** vgl Tiedemann LK 234–238 mwN). Dazu genügt ua das Erschleichen eines noch nicht rechtskräftigen, aber vorläufig vollstreckbaren Urteils (NStZ 92, 233 mwN), während der Erlass eines Mahnbescheids – wenn man überhaupt eine Täuschung und einen Irrtum bejaht (dazu 17, 19) – wegen Fehlens einer konkreten Gefahr noch keine Werteinbuße bedeutet (BGHSt 24, 257, 264). Die Rspr bejaht eine Vermögensgefährdung bei Erschleichen einer Scheck- oder Kreditkarte durch Täuschung über Vermögensverhältnisse (BGHSt 33, 244, 246; 47, 160, 170; ebenso Hefendehl aaO S 423; aM Labsch NJW 86, 104; Ranft JuS 88, 673, 680; Mühlbauer wistra 03, 650, 654) sowie beim AbListen einer Geldautomatenkarte (1 StR 412/02 v 17. 12. 2002 mit abl Bespr Mühlbauer aaO; aM Hecker JA 98, 300). Das Ablisten der persönlichen Geheimzahl führt noch nicht zu einer Vermögensgefährdung des Kontoinhabers (Hecker aaO).

Aus demselben Grunde dürfte meist auch nicht geschädigt sein, wer einen Gegenwert erlangt hat, der nach den Vorschriften über den **gutgläubigen Erwerb vom Nichtberechtigten** (§§ 405 ff, 932 ff, 1032, 1207 BGB, § 366 HGB) rechtlich unangreifbar ist; so etwa, wenn jemand gutgläubig Eigentum an einer Sache (BGHSt 15, 83), ein Pfandrecht (BGHSt 3, 370) oder eine Scheckforderung (BGHSt 1, 92) erworben hat. Jedenfalls müssen als vermögensirrelevante Gründe der sittliche Makel, der dem Gegenstand angeblich anhaftet (sog Makeltheorie; aM RGSt 73, 61), und die Gefahr der Strafverfolgung wegen Hehlerei (aM BGHSt 15, 83, 87) oder des Verlusts an Ansehen in der Umwelt (aM GA 56, 182) ausscheiden (str). Wirtschaftlich wertmindernd kann hier allenfalls die Gefahr prozessualer Auseinandersetzung mit dem Altberechtigten wirken (JR 90, 517 mit Anm Keller; auch im Hinblick auf § 935 BGB, wistra 03, 230); sie ist jedoch im Hinblick auf die zivilrechtlich starke Stellung des gutgläubigen Erwerbers nur dann „konkret", wenn dieser den Gegenstand unter regelwidrigen Umständen erlangt hat, die es wahrscheinlich machen, dass er ihn in einer Auseinandersetzung verteidigen muss und ihn möglicherweise nicht behaupten kann, oder wenn er aus Gründen wirtschaftlicher Rücksichtnahme zur Herausgabe gezwungen ist (eingehend Hefendehl aaO [vgl 33] S 350; Krey/Hellmann BT 2 Rdn 478; Mitsch BT 2,1 7/105; zusf Tiedemann LK 209 mwN; str). Scheitert der gutgläubige Erwerb zB einer gestohlenen Sache an § 935 BGB (Jauernig 2 zu § 935 BGB), so liegt der Schaden des Erwerbers darin, dass er kein Eigentum an der Sache erworben hat (ebenso Rengier BT I 13/90).

42

43

§ 263

44 In diesen Zusammenhang gehören ferner **Abschlüsse von Austauschverträgen,** in denen dem Veräußerer (zB beim Grundstückskauf; Stuttgart NJW 02, 384 mit Bespr Erb JR 02, 216) ausreichende Sicherheiten gewährt werden (StV 92, 465; Düsseldorf wistra 96, 32; s auch StV 85, 186; beachte jedoch BGHSt 15, 24 mit Bespr Bockelmann NJW 61, 145; BB 92, 523), und namentlich auch von **Kaufverträgen** ohne wirtschaftlich belastendes Risiko, zB: wenn der Grundstücksverkäufer nicht vorleistungspflichtig ist (wistra 92, 101; Köln JZ 67, 576 mit Anm Schröder); wenn der getäuschte Vertragspartner auf Vorleistung des Täuschenden bestehen kann (NJW 94, 1745; Vogel Jura 96, 265; aber auch NJW 53, 836; dagegen Cramer aaO [vgl 34] S 126; Riemann aaO [vgl 40] S 66); wenn „Leistung Zug um Zug" vereinbart ist (StV 95, 255; NStZ 98, 85 mit Bespr Otto JK 50; s auch NJW 02, 1643, 1644); wenn der Kaufpreis anlässlich der Übergabe der Sache „in bar" bezahlt werden muss (NStZ-RR 96, 34); wenn dem Käufer nach § 1 b I AbzG aF (ersetzt durch § 355 BGB) eine uneingeschränkte Widerrufsmöglichkeit zusteht (Bay MDR 86, 1046); wenn ihm ein befristetes, sonst aber bedingungsloses Rücktrittsrecht eingeräumt wird, das vor (bei Dallinger MDR 71, 546; Rengier BT I 13/86) oder nach (BGHSt 34, 199 mit Bespr Bottke JR 87, 428 und Müller-Christmann JuS 88, 108; Köln MDR 75, 244) Lieferung der Ware auszuüben ist; oder wenn nach allgemeiner Übung einer Firma Beanstandungen stets zur Stornierung des Auftrags führen (BGHSt 23, 300; Arzt/Weber BT 20/101). In solchen Fällen kann es an der konkreten (insoweit von der Rspr allerdings uneinheitlich beurteilten) Gefahr fehlen, dass der Käufer am Vertrag festgehalten wird (Hefendehl aaO [vgl 33] S 334; Luipold aaO [vgl 36 a] S 156, 163, 170; Küper BT S 363; Tiedemann LK 176, alle mwN).

45 Ferner genügt es nicht, wenn nur die Gefahr des Verlusts eines **wirtschaftlich wertlosen** (vgl 34) oder **für den Wirtschaftsverkehr irrelevanten Gegenstandes** verursacht wird. Letzteres kommt namentlich in Frage, wenn die Entdeckung einer Straftat oder Ordnungswidrigkeit oder deren Verfolgung zur Abwendung einer Vermögenssanktion (zB Geldstrafe, Verfall, Geldbuße und Verwarnung, mit Einschränkungen auch der Verfall einer Sicherheitsleistung nach § 116 StPO, BGHSt 38, 345; beachte auch BGHSt 43, 381, 404 zu § 370 AO) verhindert wird. Zwar ist die Vereitelung einer solchen Sanktion für den Staat auch wirtschaftlich fühlbar; jedoch wird das Wesen der pönalen Maßnahme nicht durch ihren wirtschaftlichen Gehalt, sondern durch den kriminalpolitischen Zweck der Repression und Prävention charakterisiert (hM; vgl Karlsruhe NStZ 90, 282; Bay JR 91, 433 mit Anm Graul; Köln NJW 02, 527 mit zT krit Bespr Hecker JuS 02, 224, Martin JuS 02, 402, Matzky Jura 03, 191 und Otto JK 29; aM Berger aaO [vgl 33] S 45; für die Verwarnung anders Wenzel DAR 89, 455); dieses Ergebnis lässt sich auch damit begründen, dass andernfalls die Straflosigkeit der persönlichen Selbstbegünstigung nach § 258 V unterlaufen werde (Köln, Hecker und Otto, jeweils aaO; ebenso Rengier BT I 13/54).

46 Die bloße Aufnahme **vertraglicher Beziehungen** zu einem zahlungsunwilligen Vertragspartner ist als solche keine Wertminderung (vgl aber NJW 53, 836, wo allerdings ein Vertragsschluss erfolgte); auch die erschlichene Unterschrift unter einem Kaufvertrag genügt als solche jedenfalls nicht (vgl BGHSt 22, 88).

47 dd) **Keinen Schaden** bedeutet schließlich eine Vermögensminderung, die eine entsprechende fällige und einredefreie Schuld tilgt (vgl Kösch, Der Status des Merkmals „rechtswidrig" in Zueignungsabsicht und Bereicherungsabsicht, 1999, S 68), weil der Wegfall der Verbindlichkeit der Einbuße schon aus Rechtsgründen gleichgestellt werden muss (BGHSt 20, 136; Köln StV 91, 209; Joecks 86; Tiedemann LK 186; diff Mitsch BT 2,1 7/100; zusf Kösch aaO S 59, 63; Küper BT S 367 und Kindhäuser NK 305, 426; str); dies gilt auch, wenn die Tilgung schwer beweisbarer Forderungen mittels Täuschung erreicht wird (wistra 99, 420 mit zust Bespr Otto JK 56). Aus demselben Grunde ist nicht geschädigt, wer im

Prozess, zB durch eine Beweismittelmanipulation, bei der Durchsetzung eines materiell unberechtigten Anspruchs scheitert (BGHSt 42, 268, 272; NStZ-RR 00, 140; Sch/Sch-Cramer 147 mwN; sog Selbsthilfebetrug; vgl 61). Aufwendungen eines Maklers sollen Einbußen sein, die von ihm nach der Rechtsordnung hinzunehmen sind (§ 652 BGB) und deshalb keinen Schaden begründen (BGHSt 31, 178 mit zust Bespr Bloy JR 84, 123 und Maaß JuS 84, 25; zu Recht abl Lenckner NStZ 83, 409 und Wagner, GS für J Sonnenschein, 2003, S 887; zur Problematik auch W-Hillenkamp BT 2 Rdn 577).

b) Die **individuelle Komponente** des Wertmaßstabes erfordert in gewissen Grenzen die Berücksichtigung der konkreten wirtschaftlichen Verhältnisse des Betroffenen (sog **persönlicher Schadenseinschlag**). Für die hM folgt daraus nicht, dass der Bewertung von Gegenständen eines individuellen Vermögens die Wertschätzungen und Präferenzen des Vermögensträgers zu Grunde zu legen sind. Maßgebend ist vielmehr das „vernünftige Urteil eines unbeteiligten Dritten" (BGHSt 16, 220, 222 mit Bespr Fahl JA 95, 198; NStZ-RR 01, 41). Dieser Ansatz ist allerdings problematisch (Tiedemann LK 177–180; zusammenfassende Kritik bei Otto, Die strafrechtliche Bekämpfung unseriöser Geschäftstätigkeit, 1990, S 65; Schmoller ZStW 103, 92, 96; Ranft Jura 92, 66, 72; Geerds Jura 94, 309, 314; Kessel JBl 99, 12, 18; Walter aaO [vgl 5] S 254; Joecks 107–112; Kindhäuser BT II 27/86 und in Lüderssen-FS, S 635, 638): zwar wirkt er einer unerwünschten Ausuferung des Schadensbegriffs entgegen, ermöglicht aber bis zu einem gewissen Grade „Fremdbestimmung des Vermögens nach Art und Ergebnis seiner Verwendung und damit Schutzlosigkeit" (Jakobs JuS 77, 228; ebenso Pawlik aaO [vgl 2] S 272, 293). Der optimale Ausgleich dieser Spannung ist ein rechtspolitisches Problem. Auch wenn man entgegen der hM eine weiterreichende Individualisierung des Schadensbegriffs mit der wirtschaftlichen Vermögenslehre (vgl 33) für vereinbar hält (so mit beachtlichen Gründen Schmoller aaO S 101), fehlt es für die Strafbedürftigkeit (3 vor § 13) von Taten, die den Betroffenen nach neutralem Urteil nicht ernstlich beschweren, jedenfalls bisher noch an einer zureichenden Begründung (dies gilt auch für den Vorschlag von Berger aaO [vgl 33] S 262, 288, bei Fehlleitung öffentlicher Mittel einen persönlichen Schadenseinschlag anzunehmen; s unten 56). – Im **Einzelnen** gilt nach der Rspr folgendes:

aa) Ein Schaden liegt vor, wenn einer Leistung eine abstrakt gleichwertige Gegenleistung gegenübersteht, diese aber für den Betroffenen nicht oder nicht in vollem Umfange **zu dem vertraglich vorausgesetzten Zweck brauchbar** ist und er sie auch **nicht in anderer zumutbarer Weise verwenden,** namentlich ohne besondere Schwierigkeit wieder veräußern kann (BGHSt 16, 220; wistra 86, 169). Beispiele: Grundstücke (NStZ-RR 01, 41; München NJW 78, 435 mit Anm Sonnen JA 78, 257; auch Eigentumswohnungen, NStZ 99, 555); Melkmaschinen (BGHSt 16, 321 mit Bespr Weidemann GA 67, 238); Automaten (NJW 68, 261; KG JR 66, 391 mit Anm Schröder; s auch bei Holtz MDR 79, 988); Zeitungen, Zeitschriften und Bücher (BGHSt 23, 300 mit Anm Graba NJW 70, 2221, Schröder JR 71, 74 und Meyer MDR 71, 718; Köln NJW 76, 1222 mit Bespr Jakobs JuS 77, 228; Köln NJW 79, 1419; Stuttgart NJW 80, 1177; Düsseldorf NJW 90, 2397 mit krit Bespr Endriß wistra 90, 335 und Küpper/Bode JuS 92, 642); Gebrauchtwagen (Düsseldorf JZ 96, 913 mit Anm Schneider; zusf Ranft JA 84, 723, 726 mwN); Milchpulver (NJW 90, 1921, 1923); Eingehen einer unnötigen Versicherung (bei Dallinger MDR 52, 408); nicht börsenmäßig gehandelte Anlageaktien (v Ungern-Sternberg ZStW 88, 653, 674; Otto, Pfeiffer-FS, S 69; beachte jedoch München NStZ 86, 168 mit Anm Schlüter); angebliche Zuneigung per SMS iVm 0190-Nummern (Jaguttis/Parameswaran NJW 03, 2277, 2280).

Nach welchen Regeln und mit welcher Begrenzung das Prinzip des persönlichen Schadenseinschlags auch für Manipulationen mit **Warentermin-(Roh-**

§ 263

stoff-)**Optionen** fruchtbar gemacht werden kann, ist noch nicht abschließend geklärt (Rspr-Übersicht bei Achenbach NStZ 88, 98, 91, 410 und 93, 429; krit Rspr-Analyse bei Imo, Börsentermin- und Börsenoptionsgeschäfte, 1988, Bd I S 718; zu ähnlichen Praktiken im Immobilienvertrieb beachte Gallandi wistra 92, 289, 293 und 94, 243; dagegen Bachmann wistra 97, 253). Die Beurteilung bestimmt sich idR nicht nur nach der Art der jeweiligen Manipulation, die zB im Fordern versteckter Aufschläge auf börsengehandelte Optionen, im Nichtplatzieren von Kundengeldern an der Börse oder im Handel mit Privatoptionen von zweifelhafter Bonität bestehen kann, sondern meist auch nach den näheren Umständen des Einzelfalls (vgl ua BGHSt 30, 177, 388; 31, 115; 32, 22; NJW 83, 292, 1917; StV 86, 299; wistra 91, 25 und 95, 102; München NJW 80, 794; Hamburg NJW 80, 2593; Rochus NJW 81, 736 und JR 83, 338; Sonnen wistra 82, 123 und StV 84, 175; Lackner/Imo MDR 83, 969, 971; Worms wistra 84, 123 und Anlegerschutz durch Strafrecht, 1987, S 190; Otto WM 88, 729, 732; Franke/Ristau wistra 90, 352; s auch NStZ 92, 602 mit Anm Molketin, alle mwN; zur Täuschungshandlung in diesen Fällen vgl 10).

49 Unter dem Gesichtspunkt zumutbarer anderweitiger Verwendung sind die Maßstäbe der Rspr uneinheitlich in Fällen der **Unterschriftserschleichung**, in denen der Getäuschte überhaupt nichts bestellen will (eingehend Bohnenberger, Betrug durch Vertragsschleichung, 1990, S 3, 40 und Ahn aaO [vgl 33] S 101), so etwa, wenn die Unterschrift unter ein Vertragsformular mit dem Hinweis erschlichen wird, es handle sich um die Bestätigung eines Vertreterbesuchs (BGHSt 22, 88). Hier liegt nicht ausnahmslos (so aber zB Hamm NJW 65, 702; KG JR 72, 28; Heinitz JR 68, 387; Kindhäuser, Bemmann-FS, S 339, 356), sondern nur dann ein Schaden vor, wenn nach objektiver Beurteilung die Verwendung des unerwünschten Gegenstandes mit den Zwecksetzungen des Vermögensträgers nicht sinnvoll vereinbar und daher unzumutbar ist (Hamm NJW 69, 624, 1778; Köln MDR 74, 157 und GA 77, 188; Lampe NJW 78, 679; diff Schlüchter MDR 74, 617, die einen Schaden schon bei Fehlen eines „aktuellen Bedürfnisses" bejaht, und Franzheim/Krug GA 75, 97, 102, die auf den Ge- oder Verbrauchswillen des Opfers abstellen; abw Walter aaO [vgl 5] S 536, der allenfalls einen Beweismittelbetrug [o 42] annehmen will).

50 bb) Die Rspr bejaht einen Schaden ferner in Fällen, in denen der Betroffene bei abstrakter Gleichwertigkeit der Leistungen **zu vermögensschädigenden Maßnahmen genötigt** wird oder nicht mehr über die Mittel verfügen kann, die zur ordnungsmäßigen Erfüllung seiner Verbindlichkeiten oder sonst für eine angemessene Wirtschafts- oder Lebensführung unerlässlich sind (BGHSt 16, 321; Bay NJW 73, 633 mit Bespr Berz NJW 73, 1337 und Weidemann MDR 73, 992; Köln MDR 74, 157; krit Mohrbotter GA 75, 41). Über diese Grenze hinaus genügt eine Beeinträchtigung der wirtschaftlichen Bewegungsfreiheit nicht (hM; krit Eser GA 62, 289; aM Schlüchter MDR 74, 617).

51 cc) In Fällen des Rechtsverzichts oder der Rechtsvereitelung kann umgekehrt der persönliche Schadenseinschlag auch in dem Sinne relevant werden, dass der Wert des preisgegebenen oder vereitelten Rechts für den Betroffenen höher zu veranschlagen ist als der Marktwert; zB beim Verzicht auf ein Vorkaufsrecht (Lackner/Werle JR 78, 299; anders NJW 77, 155, wo eine Individualisierung nicht erwogen wird) oder beim Kündigungsbetrug (eingehend dazu Seier, Der Kündigungsbetrug, 1989), wenn ein vertraglich eingeräumtes Mietbesitzrecht preisgegeben oder gerichtlich aberkannt wird (AG Kenzingen NStZ 92, 440; Werle NJW 85, 2913; Rengier JuS 89, 802, 803; aM Hellmann JA 88, 73, 75; Tröndle/Fischer 77; s auch Tiedemann, BGH-FG, S 551, 559).

52 c) Beim sog **Anstellungsbetrug** (vgl Sarstedt JR 52, 308; Haupt NJW 58, 938; eingehend Protzen, Der Vermögensschaden beim sog Anstellungsbetrug, 2000; zu

Betrug **§ 263**

seiner Verjährung 4 zu § 78a), der ein Eingehungsbetrug ist (vgl 53), kommt es für die Schadensberechnung darauf an, ob die vom Dienstberechtigten übernommene geldliche Leistung die vom Verpflichteten zugesagten Dienste wertmäßig übersteigt (NJW 61, 2027; W-Hillenkamp BT 2 Rdn 577). Das gilt auch für Angestellte des öffentlichen Dienstes und der Privatwirtschaft (gegen eine Unterscheidung zwischen privatem und öffentlichem Vermögen Berger aaO [vgl 33] S 269); ihre Leistung ist – auch bei unüblichem (Außenseiter) oder an sich unzureichendem Ausbildungsgang – an den Erwartungen zu messen, die allgemein an die jeweilige Vergütungs- oder Tarifgruppe gestellt werden (BGHSt 17, 254; AG Tiergarten NStZ 94, 243). Hängt jedoch die Höhe der Vergütung wesentlich davon ab, dass der Angestellte besonders vertrauenswürdig und zuverlässig ist, dass er sich durch eine abgeschlossene Ausbildung ausweist oder dass er schon früher in bestimmter Weise beschäftigt war, so begründet das Fehlen dieser Bedingungen einen Minderwert der Leistung (BGH aaO; NJW 78, 2042; Celle MDR 60, 696; aM Cramer, aaO [vgl 34] S 112; zur Verfassungsmäßigkeit dieser Rspr BVerfG NJW 98, 2589). Beim Beamten nimmt die Rspr unterschiedslos einen Schaden an, wenn der Bewerber über die fachliche Eignung, die Vorbildung oder die persönliche Würdigkeit falsche Angaben macht, wobei er hier nicht so sehr auf den Wert der übernommenen Dienste, als auf die Erfüllung der sachlichen Voraussetzungen der Amtsstellung ankomme (BGHSt 5, 358; 45, 1 mit zT krit Bespr Geppert NStZ 99, 305 und JK 53, Dammann/Kutscha NJ 99, 281, Jahn JA 99, 628, Martin JuS 99, 922, Otto JZ 99, 738, Prittwitz JuS 00, 335 und Seelmann JR 00, 164; GA 56, 121; Celle MDR 73, 242; zusf Tiedemann LK 224). Damit dürfte die äußerste Grenze eines noch verständlich zu machenden Vermögensschutzes erreicht sein (krit Bockelmann JZ 52, 461; Diekhoff DB 61, 1487; Geppert, Hirsch-FS, S 525, 549 [dagegen Arzt/Weber BT 20/109]; Protzen aaO S 252; Duttge JR 02, 271, 273). Nach hM nicht akzeptabel ist die in der Rspr (BGHSt 17, 254, 259; NJW 78, 2042) vertretene Auffassung, dass allein die Gefahr ausreiche, der Täter werde seine Tätigkeit zur Begehung von Straftaten ausnutzen (ebenso Kindhäuser 198; zusf Miehe JuS 80, 261). Zum Verschweigen ehemaliger Tätigkeit für das MfS bei der Überprüfung für eine Weiterbeschäftigung im Staatsdienst LG Berlin NStZ 98, 302; LG Dresden NJ 98, 154; KG JR 98, 434 (Vorlagebeschluss); Protzen NStZ 97, 525; s auch BVerfG aaO; zu diesen ersten gerichtlichen Entscheidungen Geppert, Hirsch-FS, S 525; der BGH (St 45, 1) ist aber bei seiner bisherigen Linie geblieben (aM hinsichtlich der dogmatischen Begründung Jerouschek/Koch GA 01, 273 und Duttge aaO); s auch Dresden NStZ 00, 259. – Das Erschleichen der kassenärztlichen Zulassung ist kein Anstellungsbetrug, sondern Vorbereitungshandlung für spätere betrügerische Abrechnungen (NJW 94, 808; s aber auch Koblenz MedR 01, 144 mit abl Bespr Stein MedR 01, 124; vgl 9, 56).

4. Maßgeblicher Zeitpunkt für den zur Gesamtsaldierung (vgl 36) erforder- **53** lichen Wertvergleich ist der Stand des Vermögens vor und nach der Verfügung (stRspr), nicht die spätere Entwicklung (GA 61, 114; Stuttgart NJW 63, 825; Düsseldorf NJW 94, 3366). Da Veränderungen im Vermögensstand nicht nur durch Zu- oder Abgang von stofflichen Vermögensbestandteilen, sondern auch durch Begründung von Ansprüchen oder Verbindlichkeiten eintreten können (übersehen von LG Mannheim NJW 93, 1488 mit krit Bespr Loos/Krack JuS 95, 204), besteht die Möglichkeit sowohl eines **Eingehungs- als auch eines Erfüllungsbetrugs** (zusf Tiedemann LK 173, 201, 202; zur Entwicklung der Rspr krit Klein, in: Schünemann [Hrsg], Strafrechtssystem und Betrug, 2002, S 137; beachte oben 44). Bei einem kommt es auf der Vergleich der einander gegenüberstehenden Ansprüche an (BGHSt 15, 24; 23, 300; 45, 1, 4; NJW 85, 1563 mit krit Bespr Ranft Jura 92, 66, 75; Düsseldorf NJW 93, 2694 mit Anm Ranft JR 94, 523; Küper BT S 362; Mitsch BT 2,1 7/97; aM Schröder JZ 65, 516, Meyer MDR 71,

§ 263

718 und Riemann aaO [vgl 40] S 75, die nur Versuch annehmen). Beim Erfüllungsbetrug ist dagegen darauf abzustellen, ob die erbrachten oder empfangenen Leistungen jeweils den schuldrechtlichen Verpflichtungen gleichwertig sind (BGHSt 32, 211 mit Anm Puppe JZ 84, 531; Stuttgart JR 82, 470 mit Anm Bloy; Rengier BT I 13/75; speziell zur Begründung des Erfüllungsschadens beim Stückkauf Schneider JZ 96, 917). Wird jedoch eine Täuschung – etwa die fälschliche Zusicherung einer Eigenschaft – schon im Rahmen des Verpflichtungsgeschäfts begangen und wirkt sie in der Erfüllungsphase fort (vgl NJW 94, 1745; sog unechter Erfüllungsbetrug, Küper BT S 366), so bilden Verpflichtungs- und Erfüllungsgeschäft eine Einheit mit der Folge, dass über den Schaden der Wertvergleich zwischen den jeweiligen Leistungen entscheidet (hM; vgl BGHSt 16, 220; Bay NJW 87, 2452 und 99, 663 mit Bespr Martin JuS 99, 507, Bosch wistra 99, 410 und Rengier JuS 00, 644; Schönfeld JZ 64, 206; Hefendehl JuS 93, 810; Rengier BT I 13/74 a und 91 a; anders Lenckner MDR 61, 652 und NJW 62, 59; Otto JZ 93, 652, 656; Geerds Jura 94, 309, 317; Ahn aaO [vgl 33] S 118, 132; Schneider JZ 96, 918; Seyfert JuS 97, 29, 32; Walter aaO [vgl 5] S 537; Sch/Sch-Cramer 138; zw); das gilt allerdings dann nicht, wenn sich Verpflichtungs- und Erfüllungsphase nicht als einheitlicher, auf der Täuschung bei Vertragsschluss beruhender Vorgang darstellen, der Täter vielmehr erst durch eine neue selbstständige Täuschung den Erfüllungsanspruch des Betroffenen vereitelt (Tenckhoff, Lackner-FS, S 677; anders die hM: sog echter Erfüllungsbetrug, Küper BT S 364). Über diese Besonderheiten hinaus sind zahlreiche weitere Fragen der Berechnung des Eingehungs- und des Erfüllungsschadens noch nicht abschließend geklärt (vgl etwa Lenckner JZ 71, 320; Cramer aaO [vgl 34] S 170, 181; speziell zum Baubetrug NStZ 97, 542; Geerds NStZ 91, 57 und Broß/Thode NStZ 93, 371; bei Submissionsabsprachen Achenbach NStZ 93, 429, Hefendehl JuS 93, 808, Ranft wistra 94, 41, 44, Cramer, Zur Strafbarkeit von Preisabsprachen in der Bauwirtschaft, 1995, S 7, 25 und Hoyer SK 248–254).

54 **VII. 1.** Zwischen den Merkmalen des objektiven Tatbestandes muss ein durchlaufender **Ursachenzusammenhang** (9–11 vor § 13) in der Weise bestehen, dass die Täuschungshandlung den Irrtum und dieser die Vermögensverfügung bewirkt (wistra 92, 145; StV 93, 523, beide mwN), die ihrerseits als unmittelbare (vgl 25) Vermögensbeschädigung zu bewerten ist (so überzeugend Schmidhäuser, Tröndle-FS, S 305; Hansen Jura 90, 510); die übliche Erstreckung des Kausalitätserfordernisses auch auf die Beziehung zwischen Verfügung und Schaden (so die hM) ist mißverständlich, weil das Element der Vermögensminderung schon dem Verfügungsbegriff immanent ist (vgl 22, 25, 36). Für die Ursächlichkeit des Irrtums ist unerheblich, ob er für die Vermögensverfügung allein- oder nur mitmotivierend war (BGHSt 13, 13 mit Anm Heinitz JR 59, 386; NStZ 99, 558 mit Bespr Otto JK 55; W-Hillenkamp BT 2 Rdn 520, 522; krit Kindhäuser 182; zu der hier psychisch vermittelten Kausalität 10 vor § 13; s auch KG JR 64, 350; Klauser NJW 59, 2245; Busch NJW 60, 950; Prinzing NJW 60, 952; Weidemann GA 67, 238, 243; Pawlik aaO [vgl 2] S 249).

54 a **2.** Auch die Lehre von der objektiven Zurechnung (14 vor § 13) kann innerhalb des Betrugstatbestands von Bedeutung sein, wobei Tragweite (vgl für die Tatbestandskonzeption allgemein Pawlik aaO [vgl 2], S 2, 221, 243; Suárez González, in: Schünemann [Hrsg], Strafrechtssystem und Betrug, 2002, S 115) und Anwendungsfälle (vgl Rengier, Roxin-FS, S 811, 819; Pérez Manzano, Madrid-Sym, S 213; Merz, Bewusste Selbstschädigung und die Betrugsstrafbarkeit, 1999, S 193; Kurth aaO [vgl 18] S 169; krit Ellmer aaO [vgl 18] S 163; vgl 55) noch nicht geklärt sind. Zu behandeln sind hier zB die Fälle, in denen eine „Wissenszurechnung" beim Irrtumsmerkmal (Tiedemann LK 82 und in: Klug-FS, S 405, 413; vgl 20) erörtert wird (Eisele ZStW 116, 15). Wenn die wissende Hilfsperson

Irrtum und Verfügung des Vermögensinhabers nicht verhindert, so ist deren Zurechnung zur Täuschung gleichwohl zu bejahen (Eisele aaO S 27, 30; aM Tiedemann LK 82). Wenn dagegen der wissende Vermögensinhaber die Verfügung seiner irrenden Hilfsperson nicht verhindert, so liegt eine eigenverantwortliche Selbstschädigung (und nur Betrugsversuch) vor (Eisele aaO S 23).

3. a) Ob darüber hinaus auch ein besonderer **funktionaler Zusammenhang** 55 vorliegen muss, der die sog bewusste Selbstschädigung aus dem Anwendungsbereich ausscheidet, ist umstritten, aber wohl zu bejahen (zusf Lackner LK^{10} 164–176; anders Tiedemann LK 181–186). Diese Restriktion beruht auf der Erwägung, dass sich bei bewusster Selbstschädigung, die den vom Getäuschten verfolgten Zweck erreicht, die Schutzwirkung des Tatbestandes nicht mehr auf das Vermögen als wirtschaftlichen Wert – diesen gibt der Getäuschte bewusst und freiwillig preis –, sondern nur noch auf die Dispositionsfreiheit bezieht (so namentlich Cramer JZ 71, 415; Maiwald NJW 81, 2777, 2780; Rudolphi, Klug-FS, S 315, 316; aM Ellscheid GA 71, 161; Herzberg MDR 72, 93 und JuS 72, 570; Dölling JuS 81, 570; Merz, aaO [vgl 54 a], S 118; s auch Graul, FS f H E Brandner, 1996, S 801, 819; Seier JuS 96, L 21, 23; Amelung GA 99, 182, 199; Rengier, Roxin-FS, S 811, 820). Obwohl die Rspr des RG diese Einschränkung zunächst nur für spezielle Fälle unerlaubter Geschäfte anerkannt (RGSt 42, 58) und später ganz verworfen hat (RGSt 44, 232; 52, 136; 70, 256), ist die neuere Rspr – von gelegentlichen verneinenden Hinweisen abgesehen (zB BGHSt 19, 37, 45; Köln NJW 72, 1823) – auf die Ausscheidung der bewussten Selbstschädigung nicht mehr näher eingegangen. Aus ihrer ablehnenden Haltung folgt aber, dass die unentgeltliche Entäußerung stets, also auch bei Zweckerreichung, einen Vermögensschaden bedeutet, weil der Betroffene infolge der täuschungsbedingten Verfügung ärmer geworden ist (Bay NJW 52, 798); denn die Zweckerreichung als solche ist ein für das Vermögen des Betroffenen irrelevanter Vorgang und kann daher nicht ohne Widerspruch zu den allgemeinen Grundlagen des Schadensbegriffs zur Kompensation herangezogen werden (ebenso Graul aaO S 807). Die Schwierigkeit lässt sich auch nicht mit Hilfe des sog Kommerzialisierungsgedankens ausräumen (so Gerhold, Zweckverfehlung und Vermögensschaden, 1988, S 36; W-Hillenkamp BT 2 Rdn 551; ähnlich Hack, Probleme des Tatbestands Subventionsbetrug, § 264 StGB, 1982, S 49), weil er nicht vorhandene wirtschaftliche Werte fingiert und überdies keine hinreichend bestimmte Abgrenzung ermöglicht (zust Graul aaO S 809). Aus der Sicht der Rspr ist es deshalb inkonsequent (Seier aaO), bei solchen Vermögensopfern dennoch auf die Zweckverfehlung abzustellen (vgl etwa BGHSt 19, 37, 44; NJW 92, 2167 und 95, 539; wistra 03, 457; KG JR 62, 26); dafür gibt es eine zureichende Begründung nur unter der von der Rspr abgelehnten Voraussetzung, dass die bewusste Selbstschädigung nicht in den Schutzbereich des § 263 fällt (zur Zweckverfehlungslehre vgl ferner Gallas, EbSchmidt-FS, S 401, 435; Mohrbotter GA 69, 225; Cramer aaO [vgl 34] S 202; Maiwald aaO S 2780; Hartmann, Das Problem der Zweckverfehlung beim Betrug, 1988; Walter aaO [vgl 5] S 543; aus der Sicht der personalen Vermögenslehre [33] Geerds Jura 94, 309, 318 und Winkler aaO [vgl 33] S 197; mit bedenkenswerten Gründen abl Schmoller JZ 91, 117; Sternberg-Lieben aaO [vgl 2] S 515 und Mitsch BT 2,1 7/39; krit auch Kindhäuser ZStW 103, 398, 407; Graul aaO S 805; Merz aaO S 93; Jordan JR 00, 133; Arzt, Hirsch-FS, S 431, 437 und Pawlik aaO [vgl 2] S 273; zusf Küper BT S 375).

b) Aus dem Erfordernis eines funktionalen Zusammenhangs **folgt:** Gibt der 56 Getäuschte ohne rechtliche Verpflichtung (dazu Lackner LK^{10} 165; mit abw Ansatz Tiedemann LK 185; s auch wistra 84, 23) bewusst einen Vermögenswert ganz oder teilweise (sog gemischter Vertrag) ohne Entgelt weg, zB beim **Bettel-, Spenden- oder Schenkungsbetrug** (vgl etwa wistra 87, 255), aber auch bei

§ 263

kommerzieller Mitgliederwerbung für eine gemeinnützige Organisation (vgl NJW 95, 539 mit zust Anm Rudolphi NStZ 95, 289; Deutscher/Körner JuS 96, 296 und Otto JK 43), so kommt es für die Annahme eines im Sinne des § 263 relevanten Schadens darauf an, ob der mit der Aufwendung verfolgte Zweck verfehlt wurde, obwohl seine Erreichung sich als Grundbedingung für das Vermögensopfer darstellt (ebenso Krey/Hellmann BT 2 Rdn 470; ähnlich Graul aaO [vgl 55] S 817; speziell zu den Voraussetzungen der Zweckverfehlung beim Spendenbetrug Rudolphi, Klug-FS, S 315; zum Erschleichen von Forschungs-Drittmitteln Jerouschek GA 99, 416, 422; krit zur Zweckverfehlungslehre Hilgendorf JuS 94, 466, 468; Arzt/Weber BT 20/111; Mitsch JA 95, 32, 42 und BT 2,1 7/35–40 sowie Merz aaO [vgl 54 a], S 125, die die Problematik schon bei der Täuschung einordnen; die objektive Zurechnung verneint Rengier, Roxin-FS, S 811, 821; im Ansatz abw Kindhäuser, Bemmann-FS, S 339, 355 und in: NK 337, 355; str). Entsprechendes gilt nach hM bei teilweise unentgeltlichen oder wirtschaftlich unausgeglichenen Geschäften für den überschießenden Teil, wenn dieser zB einen Spendenzweck verfolgt (Sch/Sch-Cramer 105 mwN). Auch beim **Subventionsbetrug** im Sinne des § 263 ist die Zuwendung des Subventionsgegenstandes, wenn auf sie kein Rechtsanspruch besteht (s wistra 84, 23) und auch die allgemeinen Voraussetzungen einer Exspektanz nicht erfüllt sind (vgl 34), eine Leistung ohne Entgelt (hM; einschr Schmoller JZ 91, 117, 124); hier ist darauf abzustellen, ob im Zeitpunkt der Subventionsbewilligung die materiellen Vergabevoraussetzungen, dh diejenigen Bedingungen, namentlich auch die zeitlichen Begrenzungen, erfüllt waren, die den Einsatz der Mittel nach den Zwecksetzungen des Subventionsgebers zu steuern bestimmt waren (ähnlich BGHSt 31, 93 mit Anm Tiedemann JR 83, 212 betr Erschleichen einer Investitionszulage; krit Berger aaO [vgl 33] S 192; zu sog „Transferrubelgeschäften" wistra 93, 339; NStZ-RR 98, 268 mit Bespr Jordan NJ 98, 381; LG Berlin DtZ 94, 40); unerheblich sind dagegen bloße Formalien der Subvention oder andere Bedingungen, die nicht in den Zweckzusammenhang der Subvention gehören, sondern nur die Verwaltungstätigkeit erleichtern oder der Beweissicherung dienen sollen (Lackner LK[10] 176; offen gelassen in BGH aaO; aM Tiedemann LK 184, 185); diese Grundsätze gelten nach hM und für sonstige (auch teilweise) unentgeltliche Leistungen öffentlicher Vermögensträger (Sch/Sch-Cramer 104a; anders bei § 264, dort 3–7), wobei § 263 stets einer durch die Falschangaben zugleich begangenen Ordnungswidrigkeit vorgeht (§ 21 OWiG; aM für § 58 BAföG Bohnert NJW 03, 3611; zw). Die Erlangung staatlicher Mittel iS des § 18 PartG nach Vorlage eines unvollständigen Rechenschaftsberichts ist trotz § 19a I 2 PartG nicht erfasst, weil nur das Transparenzgebot, nicht aber der materielle Zweck verfehlt wird (aM Maier NJW 00, 1006); anders dagegen, wenn durch Fingieren privater Spenden eine höhere Summe (§ 18 III Nr 3 PartG) erlangt wird (Grunst wistra 04, 95; vgl § 31d PartG). – Bei Austauschgeschäften mit ausgeglichenem Wertverhältnis, aber enttäuschter ideeller (zusätzlicher) Erwartung, ist mangels Beeinträchtigung des Vermögensstandes kein Schaden gegeben (Tiedemann LK 183, Sternberg-Lieben aaO [vgl 2] S 515 [speziell zu Gewinnbenachrichtigung zusammen mit Bestellkatalogen Rose wistra 02, 370, 373; zu bio- und öko-Produkten Arzt, Lampe-FS, S 673, 681]; aM Düsseldorf NJW 90, 2397 mit abl Bespr Küpper/Bode JuS 92, 642; diff Berger aaO [vgl 33] S 262, 268: individueller Schadenseinschlag bei Fehlleitung zweckgebundenen Vermögens; zw). – Das kassenärztliche Abrechnungssystem hat zwar Leistungsaustausch zum Gegenstand, ist aber rechtsnormativ und nicht marktwirtschaftlich geregelt; die Rspr nimmt in „streng formaler Betrachtung" bei jeder Täuschung über sozialversicherungsrechtliche Abrechnungsvoraussetzungen ohne Rücksicht auf erbrachte Behandlungsleistungen einen Vermögensschaden an (NStZ 95, 85 mit zust Bespr Hellmann NStZ 95, 232, abl aber Gaidzic wistra 98, 329 und [zu recht] diff Volk NJW 00, 3385; s auch BVerfG NStZ 98, 29; NJW

Betrug **§ 263**

03, 1198 mit abl Bespr Idler JuS 04, Heft 11/12, krit auch Ulsenheimer, Arztstrafrecht 14/36, zust aber Beckemper/Wegner NStZ 03, 315; Koblenz MedR 01, 144 mit abl Bespr Stein MedR 01, 124; umfassend zum Abrechnungsbetrug Ulsenheimer aaO 14/1–59; zur Täuschung s oben 9). § 661 II BGB ist auch auf Sportveranstaltungen anzuwenden und schließt einen Schaden des Veranstalters durch Zahlung des Preisgeldes an einen gedopten Sportler aus (Heger JA 03, 76, 80; diff Kerner/Trüg JuS 04, 140, 141; aM Cherkeh aaO [vgl 14] S 141).

VIII. Der **Vorsatz** (bedingter genügt, bei Dallinger MDR 75, 22; diff Dencker, Grünwald-FS, S 75, 79 und Hoyer SK 264; aM Walter aaO [vgl 5] S 279; aM für die Irrtumserregung durch konkludente Täuschung auch NJW 01, 2187, 2189) muss nicht nur alle Merkmale des äußeren Tatbestandes, sondern auch den zwischen ihnen notwendigen Kausalzusammenhang umfassen. Beim Vermögensschaden (beachte dazu wistra 88, 348) betrifft das nur die unmittelbare Wertminderung (vgl 36); weiß also der Täter beim Kreditbetrug (iS des § 263) oder rechnet er mit der Möglichkeit, dass der Rückzahlungsanspruch nicht die erforderliche Bonität hat, so genügt das, auch wenn er beabsichtigt oder hofft, den endgültigen Schaden durch Erfüllung abwenden zu können (bei Holtz MDR 81, 810; wistra 93, 265, 266; Karlsruhe wistra 97, 109; s auch NJW 94, 1745; Haft ZStW 88, 365, 366; Nack NJW 80, 1599, 1602); ebenso idR wenn der Täter beim Kapitalanlagebetrug (iS des § 263) die Umstände der Gefährdung des Rückzahlungsanspruchs des Anlegers kennt, aber hofft und glaubt, den endgültigen Schaden abwenden zu können (NJW 04, 375 mit Bespr Otto JK 73). Besteht der Schaden in einer Vermögensgefährdung (vgl 40), so reicht die Kenntnis von den die Gefährdung begründenden Umständen (wistra 96, 261; NStZ 04, 218, 220). – Zur Frage, ob der Vorsatz auch die Rechtswidrigkeit des Vermögensvorteils umfassen muss, vgl 62. **57**

IX. Die **Absicht**, sich oder einem Dritten einen rechtswidrigen Vermögensvorteil zu verschaffen (kein besonderes persönliches Merkmal iS des § 28 I, dort 6; aM Hoyer SK 273), ist der auf diesen Erfolg zielgerichtete Wille (20 zu § 15). Das setzt voraus, dass die Erfolgsvorstellung, die auch die Bedeutung des Vorteils als wirtschaftliche Besserstellung (vgl 59) umfassen muss (NJW 88, 2623 mit krit Bespr Otto JK § 253/3), auf den Handlungsentschluss (mit-)bestimmend einwirkt (vgl v Selle JR 99, 309, 311: Mindestbedingung; s auch Dencker, Grünwald-FS, S 75, 79, 86, der die Vorteilsabsicht als „Mischmerkmal" nach eigenen Kriterien differenzierend behandelt); jedoch braucht der Vorteil weder der Einzige, der maßgebende oder auch nur überwiegende Zweck, noch die letzte Triebfeder (Endziel, Beweggrund oder Motiv) zum Handeln zu sein. Es genügt, wenn der Täter ihn neben anderen Zielen oder nur als Mittel für einen anderweitigen Zweck anstrebt (BGHSt 16, 1; krit Arzt/Weber BT 20/132; weiter Jakobs AT 8/41; eingehend v Selle aaO; vgl auch Bay NStZ 94, 491 mit krit Bespr Otto JK 42), selbst dann, wenn er ihn nicht zu wirtschaftlichem Nutzen, sondern zur Schädigung anderer einsetzen will (Bay JZ 72, 25 mit Bespr Schröder, Herzberg JuS 72, 185, Maurach JR 72, 345 und Seelmann JuS 82, 748; s auch Tiedemann LK 250; str). Nicht ausreichend ist dagegen, wenn der Vorteil nur notwendige oder mögliche – sei es auch dem Täter nicht unerwünschte (Welzel NJW 62, 20; Geppert JK 26; aM BGHSt 16, 1, 6; Köln NJW 87, 2095; zusf Küper BT S 84, alle mwN) – Folge eines ausschließlich auf einen anderen Zweck gerichteten Verhaltens ist (hM; anders Rengier JZ 90, 321 und in: BT I 13/105, der die notwendige Folge und das Zwischenziel nicht für differenzierbar hält; krit dazu v Selle aaO S 310 und Dencker aaO S 77). **58**

1. Vermögensvorteil ist jede wirtschaftliche Verbesserung der Vermögenslage, also das genaue Gegenteil des Vermögensschadens (vgl 36; anders Dencker, Grünwald-FS, S 75, 82); auch das Nichterbringen einer Leistung genügt (Stuttgart NJW 62, 502). – Der erstrebte Vorteil muss – woran es bei bloßen Folgeschäden der **59**

§ 263

Vermögensverfügung regelmäßig fehlt (NJW 89, 918; NStZ 00, 260; Tröndle/Fischer 108) – dem zugefügten Schaden entsprechen, gleichsam seine Kehrseite bilden (BGHSt 6, 115; NStZ 98, 85 [mit Bespr Otto JK 50]; 01, 650 [mit Bespr Geppert JK 65] und 03, 264 mit Bespr Otto JK 70; Bay NJW 87, 1654, 1656 und NStZ 94, 491 mit Bespr Otto JK 42; Düsseldorf NJW 94, 3366; Stuttgart NJW 02, 384 mit zust Anm Erb JR 02, 216). Dieses Merkmal der sog **Stoffgleichheit** ist in Rspr und Lehre noch nicht abschließend geklärt (zusf Tiedemann LK 256–263). Es kann nicht im strengen Sinne des Wortes verstanden werden. Ausreichend ist vielmehr, dass Vorteil und Schaden auf derselben Vermögensverfügung beruhen und dass der Vorteil zu Lasten des geschädigten Vermögens geht (BGHSt 34, 379, 391). Das hat vor allem die – inzwischen durch Einführung des § 266b gegenstandslos gewordene (dort 9) – Diskussion um die Stoffgleichheit beim sog Scheckkartenbetrug (BGHSt 24, 386) gezeigt. Dabei hat sich überwiegend die Meinung durchgesetzt, dass die Annahme eines Betruges bei Hingabe eines ungedeckten garantierten Schecks jedenfalls nicht an der Stoffgleichheit scheitert: Wenn nämlich durch die Einlösung des Schecks nicht die einlösende, sondern infolge der Scheckgarantie die bezogene Bank einen unmittelbaren Schaden erleidet, dann bildet diese Einbuße zugleich das unmittelbare Äquivalent für die dem Bereicherten zufließende vermögenswerte Leistung (Köln NJW 78, 713 mit abl Bespr Gössel JR 78, 469 und Vormbaum JuS 81, 18, 24; Schroth NJW 83, 716, 721, alle mwN). Das Wesentliche des mit der Stoffgleichheit geforderten funktionalen Zusammenhangs wird in dem überkommenen Begriff nicht zutreffend ausgedrückt (Bay MDR 64, 776); namentlich bei der Vereitelung von Anwartschaftsrechten und Gewinnaussichten (vgl 34) ist er irreführend (Mohrbotter GA 71, 231, 325; s auch Beulke JuS 77, 35, 38 und Walter aaO [vgl 5] S 280); in Fällen des persönlichen Schadenseinschlages (oben 48) bereitet er Schwierigkeiten (Arzt/Weber BT 20/123; Rengier BT I 13/109). Der BGH lehnt inzwischen die Stoffgleichheit beim Erfüllungsbetrug mittels nicht geltend gemachter Schadensersatzansprüche als (mittelbaren) Schaden ab (NStZ 00, 260; wistra 01, 103 mit Bespr Otto JK 60; anders noch NJW 92, 921 mit abl Bspr Joecks wistra 92, 257, 252; Hefendehl JuS 93, 805; zust aber Baumann NJW 92, 1661, 1665 und Satzger aaO [vgl 38] S 181, 201 mwN).

60 Praktische Bedeutung hat das Merkmal vor allem beim **Provisionsvertreterbetrug.** Zur Herstellung der Stoffgleichheit muss dieser als fremdnütziger Betrug in dem Sinne konstruiert werden, dass der Vertreter aus dem Schaden des Kunden einen Vorteil für seine Firma erstrebt, der die Voraussetzung für seinen Provisionsanspruch bildet (hM; vgl zB NJW 61, 684; Saarbrücken NJW 68, 262); daneben kann auch ein Betrug zum Nachteil der Firma vorliegen (BGHSt 21, 384; s auch LG Frankfurt NStZ-RR 03, 140).

61 2. a) Der Vermögensvorteil ist **rechtswidrig,** wenn der Täter auf ihn (nach bürgerlichem oder öffentlichem Recht) keinen Anspruch hat (BGHSt 19, 206; zusf Mohrbotter GA 67, 199; Küper BT S 78 mwN). Nach der Rspr ist der mit der Abrechnung einer Gebührenziffer erstrebte Vermögensvorteil rechtswidrig, wenn die vom Kassenarzt erbrachte Leistung nicht der Gebührenordnung unterfällt und nicht abrechenbar ist (NStZ 93, 388; BVerfG NJW 98, 810); hier ist aber häufig bereits der Vermögensschaden problematisch (vgl 56). Wer die Erfüllung eines unbedingten und fälligen Anspruchs erstrebt oder die Durchsetzung eines unbegründeten Anspruchs abzuwehren sucht, scheidet daher – wenn man nicht schon den Schaden verneint (vgl 47; Hoyer SK 275; aM vom wirtschaftlichen Vermögensbegriff ausgehend Krey/Hellmann BT 2 Rdn 499) – jedenfalls aus diesem Grunde aus. Die Verfolgung und Abwehr von Ansprüchen mit rechtswidrigen Mitteln macht nicht zugleich auch ihr Ergebnis, den Vermögensvorteil, rechtswidrig (MDR 83, 419; NStZ 03, 663; Bay StV 90, 165 und 95, 303; Düsseldorf wistra

Betrug **§ 263**

92, 74 und NJW 98, 692 mit insoweit zust Anm Krack JR 98, 479; s auch NJW 82, 2265 mit krit Bespr Bernsmann NJW 82, 2214; bei Holtz MDR 90, 488); das gilt namentlich für den sog **Selbsthilfebetrug** (hM; vgl etwa W-Hillenkamp BT 2 Rdn 583; anders Arzt/Weber BT 20/125), dh für falsche Angaben im Prozess zu dem Zweck, einen begründeten, aber wegen Beweisschwierigkeiten gefährdeten Anspruch durchzusetzen oder einen unbegründeten, aber wegen der Beweislage aussichtsreichen Anspruch abzuwehren (BGHSt 3, 160), für das Beschaffen von Beweismitteln, die der wahren Rechtslage entsprechen (BGHSt 20, 136; Schröder JZ 65, 513), und für das Erschleichen eines Wechsels oder Schecks mit dem Ziel, dadurch der Erfüllung eines begründeten Anspruchs näher zu kommen (Bay 55, 3). Auch wer seinen Schuldner zur Hergabe eines Darlehens unter Verschweigen der Absicht bestimmt, sich von der Rückzahlung durch Aufrechnung zu befreien, erstrebt keinen rechtswidrigen Vorteil (NJW 53, 1479). Ob das Erschleichen einer Leistung, die jemand aus einem anderen als dem angegebenen Grunde schuldet, rechtswidrig ist, hängt von den Umständen ab (vgl ua bei Dallinger MDR 56, 10; bei Holtz MDR 82, 281; Schröder DRiZ 56, 70; Otto, Die Struktur des strafrechtlichen Vermögensschutzes, 1970, S 231; Küper BT S 81; Tiedemann LK 267, alle mwN; str).

b) Die **systematische Einordnung** der Rechtswidrigkeit des Vermögensvorteils ist umstritten. Die Rspr versteht sie mit Recht als Tatumstand und behandelt daher auch den **Bewertungsirrtum**, einen Anspruch auf den Vorteil zu haben, als Tatbestandsirrtum (BGHSt 3, 99; StV 92, 106; wistra 92, 95; NStZ-RR 97, 257; StV 00, 78 und 79; NStZ 03, 663; Bay StV 90, 165; W-Hillenkamp BT 2 Rdn 578; zur entspr Rechtslage bei der Erpressung 8 zu § 253; ein Vorsatz ausschließender Irrtum liegt nicht vor, wenn der Täter nur vage vom möglichen Bestehen eines Anspruchs ausgeht, JR 99, 336 mit Anm Graul), die umgekehrte irrige Annahme, keinen Anspruch zu haben, als untauglichen Versuch (BGHSt 42, 268 mit Bespr Arzt JR 97, 469, Kudlich NStZ 97, 432 und Geppert JK 48; NStZ 03, 663; Küper BT S 80; Hillenkamp LK 181 zu § 22; beachte aber NStZ 02, 433). Die Meinungen im Schrifttum sind ebenso differenziert wie bei der Rechtswidrigkeit der Zueignungsabsicht nach § 242 (dort 28; wie hier Kindhäuser BT II 27/99; eingehend Küper NStZ 93, 313; zusf Tiedemann LK 268–270). **62**

X. 1. a) Vollendet ist der Betrug, wenn der Vermögensschaden – sei es auch nur teilweise (RGSt 33, 78) – eintritt. Das gilt auch, wenn der Getäuschte durch Unterlassen (vgl 22) verfügt hat (Schaffstein, Dreher-FS, S 147, 159). Der erstrebte Vermögensvorteil braucht nicht (oder noch nicht) erreicht (BGHSt 19, 342) oder auch nur erreichbar zu sein (BGHSt 32, 236, 243; NStZ 87, 223). Ist er eingetreten, so ist der Betrug nach noch verbreiteter Meinung **beendigt** (Rengier BT I 13/117; Stratenwerth/Kuhlen AT I 12/134; Kindhäuser 222; vgl 2 vor § 22; M-Schroeder/Maiwald BT 1 41/149 stellen dagegen zu Recht auf den endgültigen Schädigungserfolg ab; zum sog „Verspätungsschaden", der erst im Laufe der Zeit vollständig eintritt, Schmitz, Unrecht und Zeit, 2001, S 149; zur eingeschränkten Möglichkeit einer Teilnahme zwischen Vollendung und Beendigung Bilda MDR 65, 541; Kühl, Die Beendigung des vorsätzlichen Begehungsdelikts, 1974, S 101 und in: Roxin-FS, S 665, 679; Wolff, Begünstigung, Strafvereitelung und Hehlerei, 2002, S 109; W-Hillenkamp BT 2 Rdn 587; Kindhäuser NK 443). **63**

b) Eingehungs- und Erfüllungsbetrug (vgl 53) bilden eine einheitliche Tat; jener ist nur ein Durchgangsstadium zur Erfüllungsphase, mit deren Abwicklung der Eingehungsschaden – sei es auch durch mehrere Einzelhandlungen (10 vor § 52) – vertieft und die endgültige Schädigung erreicht wird (BGHSt 47, 160, 171; NStZ 97, 542; Jescheck, Welzel-FS, S 683, 688; Tiedemann LK 274, 275; aM Otto, Lackner-FS S 715, 723); wiederholte Täuschungen während des Gesamtablaufs gewinnen daher keine selbstständige Bedeutung (Hamm GA 57, 121; aM **64**

§ 263 BT. 22. Abschnitt. Betrug und Untreue

Bay JR 74, 336 mit abl Anm Lenckner). – Speziell zur Beendigung als Anknüpfung für die **Verjährung** 4 zu § 78 a.

65 2. Der **Versuch** beginnt mit dem unmittelbaren Ansetzen zur (tatbestandsspezifischen, 3 zu § 22) Täuschung (4–7 zu § 22 und die dort angeführten, zT auch den Betrug betr Beispiele), beim Eingehungsbetrug mit einem von Täuschungshandlungen begleitetem ernst gemeinten Vertragsangebot (wistra 96, 343; speziell zum Kreditbetrug NStZ-RR 02, 433). Die Möglichkeiten des Versuchs beim Prozessbetrug (vgl 34) sind nicht nur im Hinblick auf das Überschreiten der Versuchsschwelle, sondern auch auf Bedeutung und Wirkung der einschlägigen Prozesshandlungen sowie die Verantwortungsbereiche der Prozessbeteiligten umstritten und noch nicht abschließend geklärt (vgl etwa Bamberg NStZ 82, 247 mit Anm Hilger; Bay NJW 96, 406, 408; Seier ZStW 102, 563; Tiedemann LK 279 mwN).

66 XI. Zu **Abs 3** (besonders schwere Fälle) 7–10 a zu § 46; 4 zu § 12 (speziell zu § 263 bei Dallinger MDR 75, 368 und 76, 16; NStZ 81, 391; wistra 84, 23, 25 und 88, 304, 345; NJW 91, 2574). Satz 2 enthält in der Neufassung fünf Regelbeispiele. **Nr 1:** gewerbsmäßig 20 vor § 52 und 2 zu § 260, aus der Rspr: NStZ 04, 265; Bande 6 zu § 244, 4 und 5 zu § 260; Begehung von §§ 263, 267 (weiter Tröndle/Fischer 120 mwN). **Nr 2** fasst zwei Alternativen zusammen (BT-Dr 13/8587 S 85); während Alt 1 objektiv einen Schaden großen Ausmaßes (NJW 04, 169, 170; ebenso schon NJW 01, 2485), dh eine aus dem Rahmen durchschnittlicher Betrugsschäden herausfallende Schädigung (W-Hillenkamp BT Rdn 591), verlangt (vgl 25 zu § 264; sie ist ab 50 000 Euro anzunehmen, NJW 04, 169), setzt Alt 2 eine spezielle Vermögensgefährdungsabsicht voraus, bei deren Vorliegen dann aber die einmalige Tatbegehung zur Erfüllung des Regelbeispiels ausreicht (NStZ 01, 319; BT-Dr aaO); große Zahl verlangt mehr als drei Personen, nicht aber eine unübersehbare Vielzahl (Peglau wistra 04, 7, 9; nach Pünder Jura 01, 588, 591: ab zehn Personen; auf die „Breitenwirkung" stellt ab Jena NJW 02, 2404); Absicht hinsichtlich der Gefährdung des Vermögens juristischer Personen reicht nicht (BGH aaO). Ein Vermögensverlust iSv Alt 1 liegt bei Abschluss eines Austauschvertrags mit schadensgleicher Vermögensgefährdung (oben 44) erst vor, wenn der Geschädigte die geschuldete Leistung erbracht hat (NJW 03, 3717 [= BGHSt 48, Heft 6] mit Bespr Gallandi NStZ 04, 268, Krüger wistra 04, 146 und Martin JuS 04, 171; krit Hannich/Röhm NJW 04, 2061; aM Peglau wistra 04, 7); der Vermögensverlust muss tatsächlich eingetreten, aber nicht von Dauer sein (NStZ 02, 547 mit abl Anm Joecks StV 04, 17). **Nr 3:** wirtschaftliche Not (2 zu § 283a; zust Rengier BT I 13/119) einer Person reicht (BT-Dr aaO S 64). **Nr 4:** Missbrauch von Befugnissen oder der Stellung als Amtsträger 26 zu § 264; zur Ausdehnung der Strafbarkeit durch die Gleichstellung von Gemeinschaftsbeamten und Mitgliedern der EG-Kommission mit inländischen Amtsträgern s Art 2 § 1 II Nr 1 EuBestG im Anh V 3. **Nr 5** übernimmt den wesentlichen Regelungsgehalt des § 265a aF (BT-Dr 13/9064 S 18; krit dazu Eisele, Die Regelbeispielsmethode im Strafrecht, 2004, S 426); Vortäuschen eines objektiv nicht gegebenen Versicherungsfalles (zur sog Repräsentantenhaftung s oben 9 sowie Arzt/Weber BT 21/143–145; Mitsch BT 2,1 7/133; Joecks 133; krit W-Hillenkamp BT 2 Rdn 661), nachdem der Täter oder ein anderer zum Zwecke der Vortäuschung eine der drei alternativ umschriebenen Handlungen ausgeführt hat; Sache von bedeutendem Wert 24 zu § 315c; In Brand setzen 3 zu § 306; Zerstören 7 zu § 303. – In **Abs 4** begründet die entsprechende Anwendung der §§ 243 II, 248a den obligatorischen Ausschluss eines besonders schweren Falles (Hoyer SK 277) und das Antragserfordernis nicht nur beim Sachbetrug, sondern auch bei betrügerischen Schädigungen anderer Art, sofern nur der Wertverlust gering ist (speziell zur materiell- und prozeßrechtlichen Behandlung des sog Kleinbetrugs Naucke, Lackner-

Betrug **§ 263**

FS, S 695). Beim Haus- und Familienbetrug (Abs 4 iVm § 247) kommt als Antragsberechtigter nur der Geschädigte (beachte BGHSt 7, 245), nicht der uU personenverschiedene Getäuschte in Frage (hM). – **Abs 5** enthält einen Qualifikationstatbestand für banden- und gewerbsmäßige Begehung bestimmter Taten (BT-Dr 13/8587 S 64); vgl 1, 2 zu § 244a; auch hier sind für die Bande drei Personen erforderlich (wistra 02, 21); zu den minder schweren Fällen vgl 6–10a zu § 46, 4 zu § 12. – Zu **Abs 7** (Erweiterter Verfall) 1–12 zu § 73d; Ziel der Regelung ist, für gewerbs- und bandenmäßiges Handeln den Anwendungsbereich von Erweitertem Verfall zu eröffnen (BT-Dr aaO S 65) und die organisierte Kriminalität wirksamer zu bekämpfen (BT-Dr 13/9064 S 19).

XII. 1. Tateinheit ua möglich mit § 132 (BGHSt 12, 30), § 142 (zweifelnd Köln VRS 50, 344; aM M-Schroeder/Maiwald BT 1 49/69), § 145d (wistra 85, 19), §§ 153–156 (RGSt 75, 19; auch mit Anstiftung zu § 153, BGHSt 43, 317 mit zu Recht abl Anm Momsen NStZ 99, 306, und Bespr Martin JuS 98, 761 sowie Geppert JK 10 zu § 52), § 246 (GA 65, 207), § 267 (BGHSt 5, 295), § 332 (Jescheck LK 18 zu § 332), mit verbotener Ausübung der Heilkunde (BGHSt 8, 237), mit Kursbetrug (Erbst/Kohlhaas-Fuhrmann B 155 Rdn 24 zu § 88 BörsG aF; Vogel, in: Assmann/Schneider [Hrsg] WpHG, 3. Aufl 2003, 11 zu § 20a WpHG), Verleitung zu Börsenspekulationen (Fuhrmann aaO Rdn 16 zu § 89 BörsG aF; M-G/B-Nack 68/32 zu § 89 BörsG aF), Insiderhandel (Assmann/Cramer, in: Assmann/Schneider [Hrsg] WpHG, 3. Aufl 2003, Rn 101 zu § 14 WpHG) und mit Erschleichung von Vergünstigungen nach dem BVFG (BGHSt 9, 30). – Da sich Vermögensverfügung und Wegnahme ausschließen (vgl 31), ist Tateinheit zwischen Betrug und Diebstahl nur ausnahmsweise denkbar, zB wenn der Täter mit Hilfe derselben Täuschung erreicht, dass jemand die Wegnahme einer Sache duldet und zugleich den Besitz einer anderen freiwillig aufgibt; Übergang vom versuchten Diebstahl zum Betrug kann uU in Tateinheit geschehen (Köln MDR 66, 253). – Über das Verhältnis zu § 146 (auch § 147) dort 15; zu § 253 dort 14; zu § 264 dort 30; zu § 265 dort 6; zu § 265a dort 8; zu § 265b dort 10; zu § 266 dort 23; zu § 266a dort 20; zu § 266b dort 9; zu § 291 dort 12; zu § 298 dort 9; zu § 315b dort 7; zu § 352 dort 7; zu § 353 dort 4. – Mehrere gleichartige Betrügereien können nicht zu einer fortgesetzten Tat (12 vor § 52) verbunden werden (wistra 96, 144); möglich ist eine natürliche Handlungseinheit von zwei einander folgenden Täuschungen, zB Anwaltsschreiben und Erhebung der Klage vor Zivilgericht (Stuttgart Justiz 02, 132).

2. Das **Steuerstrafrecht,** namentlich § 370 AO, geht als selbstständige und abschließende Sonderregelung, die meist ungenau als Spezialität bezeichnet wird, vor (stRspr; vgl etwa NJW 62, 2311; Herdemerten NJW 62, 781; Felix NJW 68, 1219; Lohmeyer MDR 69, 440); hier ist Tateinheit nur möglich, wenn der Täter neben Steuervorteilen auch andere Vermögensvorteile erstrebt (BGHSt 36, 100; zum Begriff des Steuervorteils Fuhrhop NJW 80, 1261). Jedoch soll nach der früher sehr weiten (GA 86, 419 mit abl Anm Würthwein wistra 86, 258; wistra 87, 177; Bay NJW 88, 2550), inzwischen aber mit Recht eingeschränkten Rspr (BGHSt 36, 100 mit krit Anm Kratzsch JR 90, 249; wistra 90, 58, alle mwN) nicht Steuerhinterziehung, sondern Betrug vorliegen, wenn ein Steuervorgang insgesamt erfunden wird, um Steuervergütungen in Anspruch zu nehmen (zw); dies soll auch für Fälle gelten, in denen für ein nicht existierendes Unternehmen ohne Bezug auf reale Vorgänge fingierte Umsätze angemeldet und Vorsteuererstattungen begehrt werden (BGHSt 40, 109).

3. Mitbestrafte Nachtat (32 vor § 52) ist der Betrug, wenn er nur die aus einer Vortat gewonnenen Vorteile sichern oder verwerten soll und keinen andersartigen Schaden verursacht (Sicherungsbetrug, GA 58, 369 und 61, 83; MDR 79, 1034; wistra 99, 108; BayNJW 99, 1648 mit abl Bspr Otto Jura 02, 606, 614 und

§ 263a

JK 54, der ein „strafloses Verhalten" annimmt; Celle MDR 73, 242; Koblenz GA 77, 347; 32 vor § 52; Kühl AT 21/64; aM Otto GK 2 51/152 und W-Hillenkamp BT 2 Rdn 596, die bereits den Tatbestand ausschließen); dies gilt auch für den Fall, dass der Dieb eines Sparbuchs (23 zu § 242) unter Irrtumserregung beim Bankangestellten (oben 19) Abhebungen vornimmt (W-Hillenkamp BT 2 Rdn 161). Ist eine Sache durch Betrug erlangt, so sind spätere Äußerungen des Herrschaftswillens nicht als Unterschlagung tatbestandsmäßig (7 zu § 246).

70   **XIII.** Zu **Abs 6** (Führungsaufsicht) 1, 2 vor § 68; 1–8 zu § 68.

§ 263a Computerbetrug

(1) Wer in der Absicht, sich oder einem Dritten einen rechtswidrigen Vermögensvorteil zu verschaffen, das Vermögen eines anderen dadurch beschädigt, daß er das Ergebnis eines Datenverarbeitungsvorgangs durch unrichtige Gestaltung des Programms, durch Verwendung unrichtiger oder unvollständiger Daten, durch unbefugte Verwendung von Daten oder sonst durch unbefugte Einwirkung auf den Ablauf beeinflußt, wird mit Freiheitsstrafe bis zu fünf Jahren oder mit Geldstrafe bestraft.

(2) § 263 Abs. 2 bis 7 gilt entsprechend.

(3) Wer eine Straftat nach Absatz 1 vorbereitet, indem er Computerprogramme, deren Zweck die Begehung einer solchen Tat ist, herstellt, sich oder einem anderen verschafft, feilhält, verwahrt oder einem anderen überlässt, wird mit Freiheitsstrafe bis zu drei Jahren oder mit Geldstrafe bestraft.

(4) In den Fällen des Absatzes 3 gilt § 149 Abs. 2 und 3 entsprechend.

Fassung: Technische Änderung des Abs 2 durch das 6. StrRG (13 vor § 1); Einfügung der Absätze 3 und 4 durch das 35. StÄG (15 vor § 1).

1   **1. Geschütztes Rechtsgut** ist – ebenso wie in § 263 (dort 2) – ausschließlich das **Vermögen** (BGHSt 40, 331, 334; Kindhäuser NK 2), nicht das nur als Schutzreflex bedeutsame Allgemeininteresse an der Funktionstüchtigkeit der in Wirtschaft und Verwaltung eingesetzten Computersysteme (hM). Die Vorschrift hat das überwiegend anerkannte **kriminalpolitische Bedürfnis** für einen betrugsähnlichen Tatbestand zur Verhütung vermögensrelevanter Computermanipulationen befriedigt (vgl etwa BT-Dr 10/318 S 16; BGH aaO S 336; Sieber, Computerkriminalität und Strafrecht, 2. Aufl 1980, S 338, 2/31 und Informationstechnologie und Strafrechtsreform, 1985, S 37; Lenckner, Computerkriminalität und Vermögensdelikte, 1981, S 34; Schlüchter, 2. WiKG, S 85; Bühler MDR 87, 448; krit Sieg Jura 86, 352, 361; Haft NStZ 87, 6; Frey, Computerkriminalität in eigentums- und vermögensstrafrechtlicher Sicht, 1987, S 183; zusf Lenckner/Winkelbauer CR 86, 654; Tiedemann JZ 86, 865, 868 und Kaiser-FS, S 1373, 1380; Möhrenschlager wistra 91, 321; Otto Jura 93, 612; zu den verschiedenen Arten des kartengeschützten Zahlungsverkehrs Heinz, FS für H Maurer, 2001, S 1111; rechtsvergleichend Sieber ZStW 103, 779; Walter, Betrugsstrafrecht in Frankreich und Deutschland, 1999, S 433 und Tiedemann LK 8–12; zur beträchtlichen praktischen Bedeutung dieses häufigsten Computerdelikts Dannecker BB 96, 1285, 1288 und Tiedemann LK 7; zu möglichen neuen Anwendungsfällen im Bereich Telekommunikation und Internet Müller, Aktuelle Probleme des § 263a StGB, 1999, S 173). In der Einzelausgestaltung ist das Gesetz aber nicht zu der gebotenen Klarheit durchgedrungen (vgl Tiedemann, Kaiser-FS, S 1373, 1383). **Grundfälle** bei Hilgendorf JuS 97, 130.

2   **2. Abs 1** formuliert zwar einen selbstständigen Tatbestand, entspricht aber in seiner **Struktur** weitgehend dem Betrug (1, 2 zu § 263). Er soll solche Compu-

Computerbetrug § 263a

termanipulationen, die nach früherem Recht wegen Fehlens der personenbezogenen Elemente Täuschung, Irrtum und Vermögensverfügung (3–31 zu § 263) nicht erfasst werden konnten, dem Betrug gleichstellen und dadurch empfindliche Strafbarkeitslücken schließen (Tiedemann, Kaiser-FS, S 1373, 1382 und LK 2; 19 zu § 263). Deshalb unterscheidet er sich von § 263 nur insofern, als an die Stelle dieser personenbezogenen Elemente die Voraussetzung tritt, dass ein Datenverarbeitungsvorgang (vgl 3) durch näher beschriebene Formen manipulativer Einwirkung (vgl 4–15) in seinem Ergebnis beeinflusst (vgl 16–22) wird (BT-Dr 10/318 S 18; 10/5058 S 30; Mitsch BT 2,2 3/4; krit Zahn, Die Betrugsähnlichkeit des Computerbetrugs, 2000: „minimale Betrugsähnlichkeit", S 210). Angestrebt wurde dabei eine möglichst **weitgehende Struktur- und Wertgleichheit** der beiden Tatbestände und daraus folgend der bloß lückenfüllende **Auffangcharakter** des Computerbetrugs (Zweifel an der Erreichung dieses Ziels ua bei Sch/Sch-Cramer 2). Beide Gesichtspunkte sollten daher in den Grenzen des möglichen Wortsinns (6 zu § 1) für die Auslegung leitend sein (BGHSt 38, 120; 47, 160, 162; Rengier BT I 14/1; W-Hillenkamp BT 2 Rdn 600; Günther SK 4; Kindhäuser, Grünwald-FS, S 285 und in: NK 6; abl Ranft NJW 94, 2574: „verfehlter Ansatz").

3. Der Datenverarbeitungsvorgang 3

a) Der Begriff der **Daten** ist gesetzlich nicht näher bestimmt. Die technische DIN-Norm 44300 Nr 19 (Informationsverarbeitung) bezeichnet sie als durch „Zeichen oder kontinuierliche Funktionen auf Grund bekannter oder unterstellter Abmachungen zum Zwecke der Verarbeitung dargestellte Informationen". Abweichend von dieser technischen Definition ist für den Rechtsbegriff der Verarbeitungszweck nur ein idR gegebenes, aber kein notwendiges Element (Möhrenschlager wistra 86, 128, 132; Lenckner/Winkelbauer CR 86, 483, 484; Schmitz JA 95, 478, 479; Kitz JA 01, 303, alle mwN). – **Allgemein** ist der Begriff uferlos weit (krit Welp IuR 88, 443, 445). Er schließt alle Informationen ein, die sich kodieren lassen (zB Eingabe-, Ausgabe-, Stammdaten usw), und erfasst daher auch der Verarbeitung dienende **Programme,** weil sie als fixierte Arbeitsanweisungen an den Computer aus Daten zusammengefügt sind (Möhrenschlager aaO; Lenckner/Winkelbauer aaO; Haft NStZ 87, 6, 7; Hilgendorf JuS 96, 509, 511; einschr v Gravenreuth NStZ 89, 201, 203, 205). – Für den Datenbegriff unerheblich ist, ob die Informationen als solche in das Ergebnis des jeweiligen Verarbeitungsvorgangs eingehen sollen oder ob sie für andere Zwecke, zB zur Kontrolle der Anlagenfunktion oder zur Abschirmung gegen das Eindringen Unbefugter (Passwörter usw), bestimmt sind (Möhrenschlager aaO; Tiedemann LK 20).

b) Unter **Datenverarbeitung** sind diejenigen technischen Vorgänge zu verstehen, bei denen durch Aufnahme von Daten und ihre Verknüpfung nach Programmen Arbeitsergebnisse erzielt werden (BT-Dr 10/318 S 21; Tiedemann LK 22). – Soweit das Gesetz von **Datenverarbeitungsvorgängen** spricht, sind nur die konkreten, dem jeweiligen Ergebnis vorausliegenden Vorgänge gemeint (Hilgendorf JuS 97, 130, 131; Kindhäuser NK 19; Tiedemann aaO). In anderen Zusammenhängen kann Datenverarbeitung allgemeiner auch einen ganzen Arbeitsbereich bezeichnen, der den mit den Verarbeitungsvorgängen verbundenen weiteren Umgang mit Daten einschließt (2 zu § 303b). – Obwohl der Begriff nicht auf bestimmte technische Systeme festgelegt ist, dürften Datenverarbeitungen, die zur Verwirklichung des § 263a führen können, praktisch nur in **EDV-Systemen** vorkommen; denn rein mechanisch wirkende Geräte können nicht gemeint sein, weil andernfalls der Automatenmissbrauch nach § 265a (dort 2) funktionslos würde (Tiedemann LK 1, 22). Allerdings sind in zahlreichen Waren- und Leistungsautomaten Geldprüfgeräte (uU mit Geldrückgabe) eingebaut, die das eingeworfene Geld erst auf Grund des Ergebnisses einer Datenverarbeitung zulassen. Ihr Missbrauch fällt im Allgemeinen unter § 263a (Müller, Aktuelle Probleme 4

§ 263a

des § 263a, 1999, S 162, 166; aM Celle NJW 97, 1518 mit nur im Ergebnis zust Bespr Hilgendorf JR 97, 347 und Mitsch JuS 98, 307, 313; Düsseldorf NJW 99, 3208 [Auswurf von regulären Spielmarken] mit abl Bespr Otto JK 10), was wegen der Subsidiaritätsklausel des § 265a (dort 8) zu schwierigen Abgrenzungsfragen führen muss (Lenckner/Winkelbauer CR 86, 654, 658).

5   **4. Tathandlungen** (zusf Otto Jura 93, 612, 613) sind die im Einzelnen aufgezählten und durch das Wort „sonst" wenig sachgemäß (vgl Kleb-Braun JA 86, 249, 259; Ranft wistra 87, 79, 83) unter dem Oberbegriff „unbefugte Einwirkung auf den Ablauf" zusammengefassten **Mittel** der Beeinflussung des Ergebnisses von Datenverarbeitungsvorgängen (Kindhäuser NK 14). Sie sind abschließend und daher nicht durch Analogie erweiterungsfähig (Möhrenschlager wistra 86, 128, 132; Hellmann JuS 01, 353, 356); sie können aber durch Unterlassen begangen werden (Tiedemann LK 64 mwN). Im Verhältnis zu § 263 I treten sie an die Stelle der Täuschung (vgl 2).

6   **a) Unrichtige Gestaltung des Programms.** aa) Das Merkmal hat nur klarstellende Bedeutung, weil Programme Daten sind (vgl 3) und daher bei Unrichtigkeit (dazu 7) auch als solche unter den Tatbestand fallen. Erfasst werden hier vor allem die sog **Programmanipulationen,** die von vornherein oder nachträglich mit der Wirkung vorgenommen werden, dass die Anlage eingegebene Daten unrichtig verarbeitet (dazu Sieber aaO [Computerkriminalität; vgl 1] S 54); zB bei manipulierten Dialer-Programmen (Buggisch NStZ 02, 178, 180).

7   bb) Die **Unrichtigkeit** der Programmgestaltung ist nicht nach dem Willen des Verfügungsberechtigten (des Systembetreibers oder Auftraggebers) zu bestimmen (so aber BT-Dr 10/318 S 20; Lenckner/Winkelbauer CR 86, 654, 656; Möhrenschlager wistra 86, 128, 132; Kindhäuser NK 21; Sch/Sch-Cramer 6). Aus der Parallele zum Betrug folgt vielmehr, dass es darauf ankommt, ob das Programm die aus dem Verhältnis zwischen den Beteiligten abzuleitende Aufgabenstellung der Datenverarbeitung richtig bewältigt (ebenso Rengier BT I 14/4). Ein Programm ist danach immer, aber auch nur dann richtig gestaltet, wenn es bei Verwendung richtiger und vollständiger Daten (dazu 10) nicht nur zufällig, sondern in systematischen Arbeitsschritten das den Zwecken der Datenverarbeitung entsprechende Ergebnis liefert (ebenso Haft NStZ 87, 6, 7; Otto Jura 93, 612, 613; Schlüchter, 2. WiKG, S 87 und JR 93, 494; Hilgendorf JuS 97, 130, 131; Joecks 8; Günther SK 14; Tiedemann LK 31). So kann zB eine Kranken- oder Rentenkasse die Programme für ihre Leistungen zwar vielgestaltig variieren; unrichtig werden sie aber immer dann – und zwar unabhängig vom Willen des Systembetreibers –, wenn sie Ergebnisse produzieren, die mit den gesetzlichen Voraussetzungen der jeweiligen Sozialleistungen nicht übereinstimmen. Entscheidend ist allein diese **objektive Diskrepanz;** sie kann auch dadurch bewirkt werden, dass die (gut- oder bösgläubig vorgenommene) Programmierung die Daten in einen unrichtigen Zusammenhang bringt oder sie unterdrückt (BT-Dr aaO). Daher ist das Abweichen von einem vorgeschriebenen Programm unschädlich, wenn es richtige Ergebnisse liefert (Möhrenschlager aaO).

8   **b) Verwendung unrichtiger oder unvollständiger Daten.** Das Merkmal betrifft vornehmlich die in der Praxis bisher am häufigsten beobachteten sog **Input- oder Eingabemanipulationen** (dazu Sieber aaO [Computerkriminalität; vgl 1] S 42).

9   aa) **Verwenden** bedeutet hier Einführen von Daten in den – beginnenden oder bereits ablaufenden – Verarbeitungsvorgang (weiter Hilgendorf JuS 97, 130, 131). Das muss nicht notwendig unmittelbar (zB durch Operator oder Terminalbenutzer) geschehen. Erfasst wird vielmehr auch die mittelbare Einführung durch das Datenerfassungspersonal (zB Datentypisten), durch Sachbearbeiter oder durch außenstehende Dritte (unstr; vgl etwa Möhrenschlager wistra 86, 128, 132), aller-

Computerbetrug **§ 263a**

dings nur, wenn mittelbare Täterschaft vorliegt (2 zu § 25), der unmittelbar Eingebende und die mittelbar handelnden Zwischenpersonen also bloße Tatmittler sind. Das trifft namentlich bei Fehlen des Vorsatzes wegen Unkenntnis der Unrichtigkeit zu (4 zu § 25). Die Tatbestandsgrenze für den Hintermann wird danach erst überschritten, wenn eine Zwischenperson selbst vorsätzlich handelt und ihn dadurch auf die Rolle des Teilnehmers verweist (5 zu § 25). Davon den Fall auszunehmen, dass die Zwischenperson mit der sachlichen Nachprüfung des Dateninhalts betraut und daher tauglicher Adressat einer Täuschung ist (so etwa Möhrenschlager aaO; Lenckner/Winkelbauer CR 86, 654, 656; Günther SK 12; wie hier Otto Jura 93, 612, 613; Mitsch BT 2,2 3/9; Tröndle/Fischer 8; offen gelassen von Tiedemann LK 36, 38), widerspricht den allgemeinen, für die mittelbare Täterschaft geltenden Regeln und wird durch die Auffangfunktion des § 263a (vgl 2) nicht gefordert. Denn es gibt keinen Grundsatz, nach dem die Merkmale eines Tatbestandes nur deshalb nicht erfüllt sind, weil ein anderer eingreift; außerdem ist erst auf der Konkurrenzebene das Verhältnis zusammentreffender Gesetzesverletzungen zu bestimmen (dazu 27).

bb) Verwendete Daten sind **unrichtig,** wenn die mit ihnen dargestellten Informationen im Sinne des Betrugstatbestandes „falsche oder entstellte" Tatsachen bedeuten, und **unvollständig,** wenn sie Informationen über „wahre Tatsachen" pflichtwidrig vorenthalten (Hilgendorf JuS 96, 130, 131; zum Herstellen einer Mobilfunkverbindung Karlsruhe NStZ 04, 333). Das folgt aus der notwendigen Parallele zu § 263 und ist im Kern – trotz zahlreicher Formulierungsunterschiede – allgemein anerkannt. Allerdings können solche möglicherweise betrugsrelevanten Unterlassungen (dazu Tiedemann LK 52, 95 zu § 263), die dazu führen, dass eine Datenverarbeitung pflichtwidrig überhaupt unterbleibt, nicht einbezogen werden, weil dem die Wortlautschranke (6 zu § 1) entgegensteht (ebenso Lenckner/Winkelbauer CR 86, 654, 656; aM Möhrenschlager wistra 86, 128, 132; s auch Stratenwerth SchwZStr 81, 229, 233). Auch das unbefugte Abheben am Bankomaten wird nicht erfasst, weil der Nichtberechtigte unverfälschte Daten des Berechtigten eingibt (Schlüchter JR 93, 495). 10

c) Unbefugte Verwendung von Daten. Das Merkmal ist im Kern unklar, seine Tragweite **umstritten.** Es ist auf Grund von Zweifeln im Schrifttum (vgl etwa Otto, Bankentätigkeit und Strafrecht, 1983, S 127; Lenckner/Winkelbauer wistra 84, 83, 88; Sieber aaO [InfTechn; vgl 1] S 38) erst gegen Ende des Gesetzgebungsverfahrens eingefügt worden, weil nicht als gesichert angesehen wurde, dass der Missbrauch von Codekarten an Geldautomaten und der unbefugte Anschluss an das Btx-System als unrichtige oder unvollständige Datenverwendung erfasst werden können (BT-Dr 10/5058 S 30); gerade diese Alternative hat in der Praxis eine überragende Bedeutung erlangt (Otto Jura 93, 612, 613 mwN aus der Kriminalstatistik). 11

aa) Eine dem Wortsinn entsprechende Erstreckung auf jegliche unbefugte Datenverwendung würde den Tatbestand uferlos und daher möglicherweise verfassungswidrig machen (Kleb-Braun JA 86, 249; Spahn Jura 89, 513, 519; krit auch LG Köln NJW 87, 667; Frommel JuS 87, 667; Thaeter JA 88, 547, 551). Die Notwendigkeit **einschränkender Auslegung** ist daher in der Lehre weithin anerkannt (Tiedemann LK 4). Jedoch sind die methodischen Ansätze zur Bestimmung von Umfang und Grenzen der gebotenen Restriktion von einer verwirrenden Vielfalt (zusf Köln NJW 92, 125; Lackner, Tröndle-FS, S 41, 51; Otto Jura 93, 612, 614; Hilgendorf JuS 97, 130, 132; Joecks 17; Tiedemann LK 42–45): teils wird darauf abgestellt, ob die unbefugt verwendeten Daten computerspezifische Vorgänge betreffen (Celle NStZ 89, 367 mit Bespr Neumann JR 90, 535) oder in der Programmgestaltung berücksichtigt sind (LG Freiburg NJW 90, 2635; Lenckner/Winkelbauer CR 86, 654, 657; ähnlich Achenbach JR 94, 293 und in 12

§ 263a

Gössel-FS, S 481, 491 sowie Arloth Jura 96, 354: Einführung in den Datenverarbeitungsvorgang); teils wird der Befugnismangel auf das „vertraglich vereinbarte Dürfen" bezogen (M-Schroeder/Maiwald BT 1 41/233; aM LG Bonn NJW 99, 3726 mit krit Bespr Scheffler/Dressel NJW 00, 2645) oder schon bei Handeln gegen den ausdrücklichen oder mutmaßlichen Willen des Berechtigten angenommen (Hilgendorf aaO; Mitsch JZ 94, 877, 883, Otto GK 2 52/40); teils wird ein dem Merkmal des Erschleichens in § 265a I entsprechendes „täuschungsähnliches" Verhalten vorausgesetzt (Lampe JR 88, 437); und teils wird für ausschlaggebend gehalten, ob die in den unbefugt verwendeten Daten steckende Information, wäre sie statt an den Computer an einen Menschen gerichtet, als Täuschung qualifiziert werden könnte (Schlüchter, 2. WiKG, S 91 und NStZ 88, 53, 59; abl Bandkow, Strafbarer Missbrauch des elektronischen Zahlungsverkehrs, 1989, S 239).

13 bb) Zur Wahrung der Strukturgleichheit mit dem Betrug (vgl 2) muss die **Auslegung von § 263 ausgehen.** In dessen Anwendungsbereich wird eine Befugnis des Täters nur relevant, wenn sie zu den Grundlagen der Beziehung zwischen den Beteiligten gehört und deshalb auch im Falle des Schweigens nach der Verkehrsanschauung als „schlüssig miterklärt" behandelt werden kann (Karlsruhe NStZ 04, 333; zum schlüssigen Verhalten Sch/Sch-Cramer 14–17c zu § 263; Tiedemann LK 28–50 zu § 263, beide mwN). In Frage kommt das namentlich, wenn jemand seine Befugnis zum Abschluss eines Vertrages oder zur Inanspruchnahme einer Leistung konkludent vorspiegelt, etwa dadurch, dass er in Bezug auf einen bestimmten Gegenstand den Mangel seiner Verfügungsbefugnis verschweigt oder über das Fehlen der nach dem Geschäftstypus allgemein vorausgesetzten Deckung nicht aufklärt (9, 11 zu § 263). Nur bei solchem Vorspiegeln hat der Befugnismangel „Täuschungswert" im Sinne des § 263. Er würde auch bei den beiden Fallgruppen, die für die Gesetzesergänzung motivierend gewesen sind (vgl 11; speziell zum Btx-System Richter CR 91, 361), zu bejahen sein; denn wer von einem Menschen auf Grund eines ihm nicht zustehenden Berechtigungsausweises die Auszahlung von Geld oder die Teilnahme an einer entgeltlichen Veranstaltung beansprucht, erklärt zugleich mindestens schlüssig, dass er Inhaber der Berechtigung sei. Für § 263a sollte zur Wahrung der Strukturgleichheit mit dem Betrug nichts anderes gelten. Danach ist eine unbefugte Datenverwendung nur dann betrugsspezifisch, wenn die Befugnis des Täters zu den Grundlagen des jeweiligen Geschäftstypus gehört und nach der Verkehrsanschauung als selbstverständlich vorhanden vorausgesetzt wird, dass also dieselbe Rechtshandlung, vorgenommen gegenüber einem Menschen, als mindestens schlüssige Behauptung der Befugnis zu deuten wäre (Köln NJW 92, 125; Düsseldorf NStZ-RR 98, 137; Karlsruhe StV 03, 168 und NStZ 04, 333; Lackner, Tröndle-FS, S 41, 52; Rengier BT I 14/8; W-Hillenkamp BT 2 Rdn 609; Tiedemann LK 44, 46; Tröndle/Fischer 11; aM Ranft NJW 94, 2574 und JuS 97, 19, 21; Kindhäuser, Grünwald-FS S 285, 295 und in: NK 31, 32; Achenbach, Gössel-FS, S 481, 491; Mitsch BT 2,2 3/22; Günther SK 18; s auch Altenhain JZ 97, 752, 758, alle mwN; str). Die damit erzielte und im Gesetzgebungsverfahren angestrebte Deckungsgleichheit in den Schutzbereichen der beiden Betrugstatbestände verdient namentlich deshalb den Vorzug, weil sie zahlreiche Wertungswidersprüche verhütet, alle nicht betrugsspezifischen Datenverwendungen, namentlich den Untreuebereich (vgl LG Bonn NJW 99, 3726 mit Bespr Scheffler/Dressel NJW 00, 2645 zur privaten Nutzung einer für geschäftliche Zwecke überlassenen Mobilfunkcodekarte; allgemein zur Benutzung eines fremden Mobiltelefons Hellmann/Beckemper JuS 01, 1095, 1096; Krey/Hellmann BT 2 Rdn 518 f: mangels täuschungsähnlichen Verhaltens nicht unbefugt iS des § 263) und den sog Zeitdiebstahl (eingehend Schulze-Heiming, Der strafrechtliche Schutz der Computerdaten gegen die Angriffsformen der Spionage, Sabotage und des Zeitdiebstahls, 1995, S 259; Tiedemann LK 60, cc) **Erfasst** wird danach vor allem der **Bankautomatenmissbrauch** (zusf Meier JuS 92, 1017; Müller aaO [vgl 4] S 167; Rspr-Übersicht bei Mitsch JZ 94, 877, 878) durch den **Nichtberechtigten** (BGHSt 38, 120 mit Bespr Cramer JZ 92, 1032; Zielinski CR 92, 223; Achenbach NStZ 93, 430; Schlüchter JR 93, 492, 494 und Hilgendorf JuS 97, 130, 133; Kindhäuser, Grünwald-FS, S 285, 299 und NK 37; Tiedemann LK 48, 49; s auch 13 sowie LG Frankfurt NJW 98, 3785); sind diesem jedoch im Widerspruch zu den Bankbedingungen Codekarte und Geheimnummer zur Ausführung von Aufträgen des Berechtigten verfügbar gemacht worden, so scheidet die der Bank gegenüber unzulässige Ausführung der Aufträge (unstr), nicht jedoch deren Überschreitung aus dem Tatbestand aus (Kindhäuser, Grünwald-FS, S 285, 304; Eisele/Fad Jura 02, 305, 310; Arzt/Weber BT 21/40; Rengier BT I 14/11; aM 1 StR 412/02 v 17. 12. 2002 mit zust Bespr Mühlbauer wistra 03, 650; Köln NJW 92, 125 mit abl Bespr Otto JR 92, 252; Mitsch JZ 94, 877, 881; Ranft NJW 94, 2574, 2577; Düsseldorf NStZ-RR 98, 137 mit Bespr Martin JuS 98, 763, Löhnig JA 98, 836 und [abl] Otto JK 9; Heinz aaO [vgl 1] S 1131; Krey/Hellmann BT 2 Rdn 513c; W-Hillenkamp BT 2 Rdn 615; Günther SK 19; Joecks 21; Tiedemann LK 50); da dem Täter insoweit jegliche nach außen wirksame Befugnis fehlt, kann die Überschreitung nicht als bloße Vertragsverletzung im Innenverhältnis gedeutet werden. Ebenfalls erfasst ist der Missbrauch einer Karte im electronic-cash-Zahlungsverfahren durch einen Nichtberechtigten (Altenhain JZ 97, 752, 755; Rossa CR 97, 219, 222; Tiedemann LK 52). – Erfasst wird ferner der Missbrauch durch den **berechtigten Kontoinhaber,** der seinen Kredit überzieht (im Ergebnis ebenso Tiedemann JZ 86, 865, 869 und LK 51; Haft NStZ 87, 6, 8; Schlüchter, 2. WiKG, S 91; Ehrlicher, Der Bankomatenmissbrauch – Seine Erscheinungsformen und seine Bekämpfung, 1989, S 90; Bernsau, Der Scheck- oder Kreditkartenmissbrauch durch den berechtigten Karteninhaber, 1990, S 166; Hilgendorf aaO S 134; W-Hillenkamp BT 2 Rdn 610a; Kindhäuser NK 44; aM BGHSt 47, 160 mit Bespr Zielinski JR 02, 342, Kudlich JuS 03, 537, Mühlbauer wistra 03, 244 und [abl] Otto JK 13; Lenckner/Winkelbauer CR 86, 654, 657; Weber JZ 87, 215; Berghaus JuS 90, 981; Heinz in: Eser/Kaiser [Hrsg], Zweites deutsch-ungarisches Kolloquium über Strafrecht und Kriminologie, 1995, S 155, 180; Löhnig JR 99, 362, 363; Krey/Hellmann aaO; Günther SK 19; Joecks 22–24; diff Rengier BT I 14/12, 12a; zusf Hillenkamp, BT-Problem 36, S 184; für eine vergleichbare Konstellation im Btx-System auch Zweibrücken StV 93, 196 mit krit Bespr Otto Jura 93, 612, 615; Krause CR 94, 418; Ranft NJW 94, 2574, 2578). Das ist zwar aus ähnlichen Gründen wie beim Scheckkartenbetrug früheren Rechts nicht zweifelsfrei (dazu ua BGHSt 24, 386; Tiedemann LK 43 zu § 263), ergibt sich aber aus der Überlegung, dass die Befugnis des Täters wegen des offensichtlich gleichgerichteten Interesses aller an dem Systemverbund beteiligten Kreditinstitute, keine Kreditüberziehungen zuzulassen, nach der Verkehrsanschauung zu den Grundbedingungen des Geschäftstypus gehört und dass deshalb das Verhalten des Täters einer schlüssigen Behauptung seiner Befugnis gleichwertig ist (Bernsau aaO S 169; Tiedemann LK 51, 52; aM Zielinski CR 92, 223, 227). Die Gegenmeinung, die eine Berücksichtigung im Programm verlangt (vgl 12), stützt sich ihr Ergebnis auf den zufälligen Umstand, wie weit die Möglichkeiten, auf fraudulöse Angriffe schon in der Programmgestaltung zu reagieren, technisch fortgeschritten und praktisch realisierbar sind. Erfasst wird auch die Kreditüberziehung durch Gebrauch der Karte im POS-/electronic-cash-Zahlungsverfahren, bei dem die Daten wie am Bankautomat als Zugangs-Code verwendet werden (Eisele/Fad Jura 02, 305, 312; Joecks 25; aM Altenhain aaO S 758; Krey/Hellmann BT 2 Rdn 518e; für die Anwendung von § 266b Gribbohm LK 15 zu § 266b; s dort 3).

§ 263a

14a Diese Auslegung bietet auch einen Ansatzpunkt, um das **„Leerspielen" von Geld- oder Glücksspielautomaten** unter Verwendung illegal erlangter Kenntnisse über das Programm des Geräts zu erfassen (eingehend zu dieser Fallgestaltung als Computerbetrug Bühler, Die strafrechtliche Erfassung des Missbrauchs von Geldspielautomaten, 1995, S 96–140 mit Bespr Otto JR 96, 87; s auch Müller aaO [vgl 4] S 166). Das „Spielen" kann als Vorspiegeln des Umstandes gedeutet werden, sich nicht illegal Kenntnis vom Programmablauf verschafft zu haben. Die „Verwendung von Daten" läge dann darin, dass die Betätigung der Risikotaste mittels Datensteuerung geschieht (Bay NJW 91, 438; aM Neumann JR 91, 302). Ob letzteres zutrifft und damit die Verwendungsalternative auf diese Fallgestaltung anwendbar ist (dafür Bühler aaO) hat der BGH „unerörtert" gelassen; er ist jedoch der obigen Auslegung (vgl 13) der Unbefugtheit im Rahmen der von ihm für „jedenfalls" einschlägig erachteten Einwirkungsalternative (vgl 15) sehr nahe gekommen: der (durch seinen Erwartungshorizont mitbestimmte) maßgebliche Wille des Automatenbetreibers gestattete „jedenfalls" den Einsatz illegal erworbener Kenntnisse nicht, weil dann eine grundlegende Voraussetzung für befugtes Spielen fehle (BGHSt 40, 331, 335 mit überwiegend krit Bespr Mitsch JR 95, 432, Schmidt JuS 95, 557, Schulz JA 95, 538, Zielinski NStZ 95, 345, Achenbach NStZ 96, 538, Arloth Jura 96, 354, Neumann StV 96, 375, Ranft JuS 97, 19, Hilgendorf JuS 97, 130, Otto JK 8; Bay NStZ 94, 287 mit krit Anm Achenbach JR 94, 293; Krey/Hellmann BT 2 Rdn 518d; W-Hillenkamp BT 2 Rdn 612; Günther SK 20; Tiedemann LK 61, 64; aM M-Schroeder/Maiwald BT 1 41/234; Kindhäuser NK 61, 64; Sch/Sch-Cramer 20a). – Zum Überlisten eines Münzprüfers im Spielautomaten durch Falschgeld vgl 4, 18 und 19. Das „Überlisten" eines Geldwechselautomaten mittels eines mit Tesafilm überklebten Geldscheins ist Gewahrsamsbruch (14 zu § 242) und bei Bejahung der Fremdheit der ausgeworfenen Münzen (5 zu § 242) Diebstahl, nicht aber eine verfügungsersetzende (s oben 2 und unten 16) Beeinflussung des Ergebnisses eines Datenverarbeitungsvorgangs (gegen die Anwendung von § 263a Düsseldorf NJW 00, 158 mit zust Bespr Geppert JK 20 zu § 242, Martin JuS 00, 406, Kudlich JuS 01, 20 und Biletzki NStZ 00, 424, der die „sonst unbefugte Einwirkung" für erwägenswert hält; zust auch Tröndle/Fischer 19; abl aber Otto JR 00, 214; – auch § 265a greift nicht ein [dort 2]).

15 **d) Sonst unbefugte Einwirkung auf den Ablauf.** Das Merkmal soll die noch verbleibenden, von den anderen Alternativen nicht gedeckten Manipulationen erfassen (zu verfassungsrechtlichen Einwendungen beachte 22). Ihr praktischer Anwendungsbereich ist wegen ihrer bloß lückenfüllenden Funktion begrenzt. Sie dürfte namentlich bei gewissen **Output- oder Ausgabemanipulationen** (dazu Sieber aaO [Computerkriminalität; vgl 1] S 65), zB bei Verhinderung des „Ausdrucks" (Tiedemann LK 62), bei **Konsolmanipulationen** (dazu Sieber aaO S 60), bei Einwirkungen auf das Programm oder den Datenfluss und bei äußeren Einwirkungen auf die Anlage (Hardware-Manipulationen) in Frage kommen; nach der Rspr auch beim „Leerspielen" von Geldautomaten (BGHSt 40, 331; zust Mitsch BT 2,2 3/25 und Rengier BT I 14/14; aM Arloth CR 96, 359, 364; vgl auch Hilgendorf JR 97, 347, 349) und bei der Benutzung von sog Telefonkartensimulatoren (LG Würzburg NStZ 00, 374 mit krit Bespr Hefendehl NStZ 00, 348, Schnabel NStZ 01, 374 und Otto JK 11) oder bei Einsatz von abtelefonierten Telefonkarten, die unberechtigt wieder aufgeladen wurden (NStZ-RR 03, 265, 268; beachte jedoch 8–10); die bloße Beschickung eines Zahlungsbelegautomaten mit entwendetem Leergut wird nicht erfasst, weil sie den Ablauf lediglich in Gang setzt (Hellmann JuS 01, 353, 355). Maßgebend ist stets, ob die Einwirkung nicht schon unter eine andere Alternative fällt (BGH aaO meint das „unerörtert" lassen zu können) und ob sie zur Folge hat, dass die Anlage die eingegebenen Daten im Sinne der Ausführungen unter 7, 10 unrichtig verarbeitet (Otto Jura 93, 612, 615;

Computerbetrug **§ 263a**

M-Schroeder/Maiwald BT 1 41/235; Tiedemann LK 63); insoweit bedarf das Merkmal „unbefugt" einschränkender Auslegung, die wahrscheinlich ausreicht, um der vielfältigen Kritik an seiner Unbestimmtheit (vgl etwa Schlüchter, 2. WiKG, S 91; Thaeter JA 88, 547, 551) wenigstens teilweise den Boden zu entziehen (ähnlich BGH aaO S 335). Nicht ganz auszuschließen ist allerdings, dass hier auch Einwirkungen erfasst werden, bei denen keine Daten „verwendet" werden, die aber den Datenverarbeitungsvorgang unbefugt (dh täuschungsspezifisch) in Gang setzen und dadurch das Ergebnis verursachen (dazu 14, 22). Die **Einwirkung** beschränkt sich nicht auf Eingriffe, die mittels eines Werkzeugs vorgenommen werden (BGH aaO S 334).

5. Die **Beeinflussung des Ergebnisses** eines Datenverarbeitungsvorgangs **16** muss **Folge** der Tathandlung (vgl 5–15) sein. Im Vergleich zu § 263 I nimmt sie die Stelle des Irrtums (aM Haft NStZ 87, 6, 8) und der Vermögensverfügung ein (vgl 2). Wie beim Betrug die Täuschung den Denk- und Entscheidungsprozess eines Menschen und damit – vermittelt durch den Irrtum – auch die Vermögensverfügung beeinflusst (54 zu § 263), muss hier die (täuschungsgleiche) Manipulation – vermittelt durch den automatischen Verarbeitungsvorgang – Einfluss auf dessen Ergebnis haben (BT-Dr 10/318 S 19). Auf Grund der gewollten Strukturgleichheit mit dem Betrug (vgl 2) folgt daraus:

a) Das Verarbeitungsergebnis muss die Qualität einer Vermögensverfügung in dem **17** Sinne haben, dass es als solches **vermögenserheblich** ist (BT-Dr 10/318 S 19; Tiedemann LK 104 zu § 263) und **unmittelbar,** dh ohne zusätzliche deliktische Zwischenhandlungen des Täters, **vermögensmindernd** wirkt (Möhrenschlager wistra 86, 128, 133; Lenckner/Winkelbauer CR 86, 354, 359; 22 zu § 263).

aa) Wie die Vermögensverfügung (25 zu § 263) kann auch das Verarbeitungser- **18** gebnis aus einem **einzigen Vorgang oder einem mehrstufigen Ablauf** hervorgehen (Lenckner/Winkelbauer aaO). Deshalb werden die praktisch wohl häufigsten Fälle sicher erfasst, in denen am Ende der Verarbeitung der automatische Ausdruck einer zivilrechtlichen Verfügung, zB einer Gutschrift zugunsten des Täters oder eines Dritten, oder einer Verpflichtungserklärung des Geschädigten, zB eines Rentenbescheids (ebenso W-Hillenkamp BT 2 Rdn 603), steht. Regelmäßig dürfte das auch dann noch zutreffen, wenn die Ausdrucke im weiteren Verlauf durchgängig oder stichprobenweise inhaltlich überprüft werden (einschr Arzt/Weber BT 21/34; zw); denn sie erfüllen meist schon als solche die Voraussetzungen einer schadensgleichen (konkreten) Vermögensgefährdung (dazu Tiedemann LK 168, 228 zu § 263 mwN), weil es vom Zufall abhängt, ob die Manipulation bei der Kontrolle entdeckt wird (dass hier uU zugleich ein Mensch getäuscht wird, berührt den Tatbestand nicht; vgl 9; krit Tiedemann LK 67). Muß dagegen das Verarbeitungsergebnis von einem Menschen noch weiter bearbeitet und in eine Vermögensverfügung umgesetzt werden, fehlt es an der Unmittelbarkeit mit der Folge, dass § 263a ausfällt (Lenckner/Winkelbauer aaO); an der Unmittelbarkeit fehlt es dagegen nicht, wenn das vorher manipulierte (zB Dialer-)Programm erst durch den Geschädigten in Gang gesetzt wird (Buggisch aaO [vgl 6] S 180, 181).

bb) Wie beim Betrug (26, 27 zu § 263) fehlt es an der Unmittelbarkeit ferner, **19** wenn die Einflussnahme auf die Datenverarbeitung dem Täter nur die Möglichkeit eines andersartigen **deliktischen Angriffs** eröffnet (Günther SK 24), zB wenn er sich Zutritt zu einem Raum durch tatbestandsmäßige Manipulation am automatischen Türschloss verschafft; ob dies auch wegen der zur Gelderlangung erforderlichen weiteren Bedienung eines Geldspielautomaten nach Überlistung des Münzprüfgeräts durch Falschmünzen der Fall ist, erscheint eher fraglich (so aber Celle NJW 97, 1518 mit insoweit abl Anm Hilgendorf JR 97, 347, [zust aber W-Hillenkamp BT 2 Rdn 616 und Tröndle/Fischer 19], und Düsseldorf NJW 99, 3208 [Auswurf von regulären Spielmarken] mit abl Bespr Otto JK 10).

§ 263a BT. 22. Abschnitt. Betrug und Untreue

20 cc) Das Verarbeitungsergebnis muss auf dem **betrugsspezifischen Gehalt** der Tathandlung beruhen. Beim unbegründeten Antrag auf Erlass eines **Mahnbescheids** trifft das nicht zu, weil die Unwahrheit der dem Anspruch zugrundeliegenden Tatsachenbehauptungen für die Entscheidung irrelevant ist (17 zu § 263; im Ergebnis ebenso Lenckner/Winkelbauer CR 86, 654, 656; Rengier BT I 14/6; W-Hillenkamp BT 2 Rdn 606; Günther SK 16; aM BT-Dr 10/318 S 20; Möhrenschlager wistra 86, 128, 132; Granderath DB 86, Beil 18, 1, 4; Haft NStZ 87, 6, 8; Kindhäuser NK 26; Tiedemann LK 68).

21 dd) Wie beim Betrug Getäuschter und Geschädigter nicht identisch sein müssen (28 zu § 263), kommt es auch hier nicht darauf an, ob das Verarbeitungsergebnis das **Vermögen des Systembetreibers (Auftraggebers) oder eines Dritten** mindert. Die für den **Dreiecksbetrug** entwickelten Regeln gelten vielmehr sinngemäß (Lenckner/Winkelbauer aaO [vgl 20] S 659; Günther SK 24; Joecks 39; Tiedemann LK 71; im Ansatz abw Haft NStZ 87, 6, 8; Baumann/Bühler JuS 89, 49, 52; s auch NJW 01, 1508 mit Bespr Fad JAR 01, 110).

22 b) **Beeinflussen** erfordert **(Mit-)Ursächlichkeit** der Tathandlung für das Verarbeitungsergebnis (Tiedemann LK 26, 65, 68). Sie liegt nicht nur vor, wenn die Anlage infolge Eingabe unrichtiger oder unvollständiger Daten ein „falsches" Ergebnis liefert (so aber Lenckner/Winkelbauer aaO [vgl 20] S 659), sondern auch dann, wenn sie durch unbefugtes (betrugsspezifisches) Vorgehen im Sinne der 3. oder 4. Handlungsalternative (vgl 11–15) eine im Übrigen „richtige" Datenverarbeitung in Gang setzt (Möhrenschlager wistra 86, 128, 133; Tiedemann LK 26); so beeinflusst zB der „Spieler", der unter Einsatz eines Computerprogramms einen Geldautomaten „leerspielt", durch Drücken der Risikotaste die Gewinnausschüttung und damit das Ergebnis des Datenverarbeitungsvorgangs (BGHSt 40, 331, 334; Hilgendorf JuS 97, 130, 131, beide mwN). Auch in diesem Falle ist die betrugsrelevante Tathandlung für das konkrete Ergebnis ursächlich; die dagegen aus dem Merkmal „sonst durch unbefugte Einwirkung auf den Ablauf" abgeleiteten, auf die Wortlautschranke des Art 103 II GG (6 zu § 1) gestützten Einwendungen (LG Wiesbaden NJW 89, 2551 mwN) decken zwar einen sprachlichen Mangel des Gesetzes auf, schlagen im Ergebnis aber nicht durch (BGHSt 38, 120; Köln NJW 92, 125, beide mwN).

23 6. **Vermögensbeschädigung** 32–53 zu § 263. Im Vergleich zum Betrug gibt es keine inhaltlichen Unterschiede.

24 7. Für den **Vorsatz** (bedingter genügt) gelten die Ausführungen unter 57 zu § 263 sinngemäß. – Hinter dem Merkmal **„unbefugt"** verbergen sich die tatsächlichen betrugsspezifischen Voraussetzungen, die den Mangel der Befugnis zur Inanspruchnahme des Verarbeitungsergebnisses begründen (vgl 11–14a). Ein Irrtum über sie ist deshalb Tatbestandsirrtum (W-Hillenkamp BT 2 Rdn 604; ähnlich Lenckner/Winkelbauer aaO [vgl 20] S 657; Tiedemann LK 72; Tröndle/Fischer 23). – Nach der hier vertretenen Auffassung (vgl 9) werden bei Einschaltung von **Menschen** mit **inhaltlicher Prüfungskompetenz** in den Verarbeitungsvorgang meistens, aber nicht notwendig, die §§ 263, 263a tatbestandlich nebeneinander verwirklicht und auch vom Vorsatz voll gedeckt. Denkbar ist aber auch, dass der Täter jeweils objektiv den einen der beiden Tatbestände verwirklicht, subjektiv aber nur den anderen verwirklichen will. Hier liegt wegen der Gleichwertigkeit des Unrechts eine unwesentliche Abweichung des Kausalverlaufs (11 zu § 15) vor, so dass jedenfalls die eine Tatbestandsverwirklichung vollendet ist (Lenckner/Winkelbauer aaO; Günther SK 29), während die andere nur versucht wurde (krit Kindhäuser NK 74; Tiedemann LK 73). In Frage kommt schließlich noch, dass der Täter mit dolus alternativus (29 zu § 15) beide Tatbestände ins Auge fasst, aber nur einen verwirklicht. Dass in Bezug auf diesen Vollendung vorliegt, ist unbestritten; jedoch bleibt nach hM in Bezug auf den anderen ein Versuch übrig (krit Lenckner/Winkelbauer aaO). Die Klärung des danach in allen Konstellationen möglichen Zusammentreffens der Tatbestände ist eine Konkurrenzfrage (vgl 27).

8. Zur **Absicht,** sich oder einem anderen einen rechtswidrigen Vermögensvorteil zu verschaffen, 58–62 zu § 263. Danach ist vor allem **Stoffgleichheit** erforderlich (Möhrenschlager wistra 86, 128, 133; Lenckner/Winkelbauer CR 86, 654, 660); durch die Manipulation entstandene Folgeschäden an der Soft- oder Hardware reichen zur Schadensbegründung nicht aus (Kindhäuser NK 66), weil sie nicht die „Kehrseite" des vom Täter erstrebten Vermögensvorteils sind (59 zu § 263). 25

9. Für die Abgrenzung von **Vollendung und Versuch** und für **Abs 2** gelten die Ausführungen unter 63–66, 70 zu § 263 sinngemäß. 26

10. a) In Umsetzung von Art 2 d des EU-Rahmenbeschlusses 2001/413/JI (vgl 1 zu § 152 a) hat der Gesetzgeber in Abs 3 – ähnlich den §§ 149, 275 – bestimmte **Vorbereitungshandlungen** zu Straftaten gem Abs 1 selbstständig unter Strafe gestellt (BR-Dr 564/03 S 15 f). Diese weite Vorverlagerung des Vermögensschutzes gegen Computerbetrug (vgl 1) gegenüber demjenigen gegen Betrug iS des § 263 stellt einen Systembruch im deutschen Strafrecht dar, der aber durch die EU-Vorgaben geboten war (Husemann NJW 04, 104, 107). Durch den Verweis in Abs 4 auf § 149 II, III gelten die darin genannten Möglichkeiten eines **Absehens von Strafe wegen tätiger Reue** auch für Abs 3 (vgl 6 zu § 149), nicht hingegen für Abs 1. Da sich Abs 2 systematisch nur auf Abs 1 bezieht, sind insb die benannten und unbenannten Strafschärfungsgründe des § 263 III, V sowie die anderen in Bezug genommenen Bestimmungen des § 263 II–VII nicht auf § 263 a III anwendbar. 26 a

b) Tatobjekt von Abs 3 sind **Computerprogramme, deren objektiver Zweck die Begehung einer Tat nach Abs 1** ist; anders als in § 149 I Nr 1 (vgl 2 zu § 149) sind nicht nur Programme erfasst, die ihrer Art nach zur Begehung eines Computerbetruges geeignet sind, weil es solche speziellen Programme wohl nicht gibt (Husemann NJW 04, 104, 107). Das Programm muss auch ausschließlich für die Begehung eines Computerbetruges bestimmt sein (BR-Dr 564/03 S 16, doch führt die nach Abs 3 erforderliche objektive Zweckbestimmung des Computerprogramms dazu, dass das Programm hauptsächlich zu dem speziellen Verwendungszweck eines Computerbetruges hergestellt oder adaptiert wird (vgl Husemann NJW 04, 104, 108). 26 b

c) Die **Tathandlungen** in Bezug auf das Computerprogramm entsprechen § 149 I (vgl 4 zu § 149); dafür wie hinsichtlich der objektiven Zweckbestimmung des Programms (vgl 26 b) genügt bedingter Vorsatz, doch muss sich der Täter damit abfinden, dass das Programm hauptsächlich zum Zwecke eines Computerbetruges hergestellt worden ist. Wie bei § 149 I erfordert das Merkmal des **Vorbereitens** zusätzlich, dass der Täter oder ein anderer einen Computerbetrug nach Abs 1 in Aussicht genommen hat, ohne dass die konkreten Tatmodalitäten (Zeit, Ort usw) bereits feststehen müssen (vgl 5 zu § 149). 26 c

11. a) Abs 3 tritt hinter Abs 1 zurück, wenn der Täter den vorbereiteten Computerbetrug gem Abs 1 begangen hat; ob dies – wie bei § 149 (vgl 7 zu § 149) – auch gilt, wenn dieser vorbereitete Computerbetrug ins Versuchsstadium eintritt (vgl 26), erscheint trotz des niedrigeren Strafrahmens von Abs 3 zweifelhaft, weil damit im Schuldspruch ein nur „versuchter Computerbetrug" gem § 263 a II iVm § 263 II einen „vollendeten Computerbetrug" gem § 263 III verdrängen würde. Ein Rücktritt vom Versuch des Abs 1 schließt eine Strafbarkeit gem Abs 3 nur aus, wenn dabei auch die Voraussetzungen des § 263 IV iVm § 149 II, III erfüllt sind (vgl 7 zu § 149). – Treffen die **§§ 263, 263 a** in einer Handlung (auch natürlicher oder rechtlicher Handlungseinheit, 4–19 vor § 52) zusammen, so tritt § 263 a we- 27 gen seiner Auffangfunktion (vgl 2) zurück (materielle **Subsidiarität,** 26 vor § 52; Mitsch BT 2,2 3/9). Treffen eine tatbestandlich vollendete Tat nach der einen und eine nur versuchte Tat nach der anderen Betrugsform in Handlungseinheit zusammen (dazu 24), so geht der Versuch im Hinblick auf seine Wertgleichheit in der vollendeten Tat auf (ebenso Tiedemann LK 81). Die mehrfache Begehung eines vollendeten Computerbetrugs sowie die stufenweise Begehung zunächst der einen und dann der anderen Betrugsform bilden eine einheitliche Tat, wenn sie in demselben Verhältnis wie ein Eingehungs- und ein Erfüllungsbetrug stehen und die endgültige Schädigung erst mit Abschluss der Erfüllungsphase erreicht wird (64 zu § 263). Treffen dabei beide Tatbestände zusammen (zB beim Erschleichen der Verpflichtungserklärung eines anderen durch Computerbetrug und Realisierung des „Anspruchs" durch Betrug), so tritt § 263a zurück (ebenso Tiedemann aaO). – Die Beurteilung des Zusammentreffens der beiden Betrugstatbestände ist allerdings im Schrifttum sehr umstritten und durch zahlreiche verschiedene, von der Auslegung des § 263a abhängige Lösungsmodelle gekennzeichnet (vgl etwa Lenckner/Winkelbauer aaO [vgl 20] S 661; Günther SK 5, alle mwN).

28   **b)** Obwohl der Missbrauch einer Codekarte zum Geldabheben vor der Schaffung von § 263a allenfalls als **Unterschlagung** strafbar war (23 zu § 242), entsteht im Verhältnis zu **§ 246** keine Konkurrenz (BGHSt 38, 120, 125 mit krit Bespr Achenbach NStZ 93, 430 und Schlüchter JR 93, 493, 497). Nach der Neufassung des § 246 setzt die Unterschlagung eine Zueignung voraus, die frühestens mit Erlangung des Gewahrsams über das Geld anzunehmen ist; in diesem Zeitpunkt hat sich der Täter die Sache aber schon durch die Anschaffungshandlung des § 263a I zugeeignet (aM Ranft JuS 93, 859 und NJW 94, 2574, 2576 sowie Schlüchter JR 93, 497), so dass eine Unterschlagung ausscheidet, weil nach hM (7 zu § 246) eine Wiederholung der Zueignung nicht möglich ist (BGHSt 38, 120, 124; aM Otto JZ 93, 559, 567; anders auch Ranft JR 89, 165, der dem § 246 Vorrang einräumt). – Auch wenn im Einzelfall ein **Diebstahl** vorliegen sollte, weil sich die Annahme eines Gewahrsamsbruchs begründen lässt (vgl 14 zu § 242), geht § 263a, wie sich aus dessen Entstehungsgeschichte ergibt, vor (BGH aaO S 122; aM Mitsch BT 2,2 3/10; Tiedemann LK 84; Kindhäuser NK 85: Exklusivitätsverhältnis). – § 246 (und möglicherweise auch § 242) ist aber noch dann anwendbar, wenn § 263a zB in Fällen der Überschreitung des Auftrags mit der Rspr für nicht einschlägig erachtet wird (vgl 14). – Der Diebstahl der Codekarte ist mitbestrafte Vortat (Tiedemann LK 84), es sei denn, er richtete sich gegen einen anderen Rechtsgutsträger als der – trotz des Schadensersatzanspruchs gegen den Karteninhaber – zunächst die Bank schädigende Computerbetrug (NJW 01, 1508 mit Bespr Fad JAR 01, 110, Wohlers NStZ 01, 539 und Otto JK 12: Tatmehrheit; ebenso Rengier BT I 14/18 und W-Hillenkamp BT 2 Rdn 164, 614).

29   **c) Tateinheit** ist namentlich mit den verwandten Tatbeständen des § 268 und der §§ 269, 303a möglich. Im Übrigen bestehen gegenüber § 263 (dort 67–69) keine wesentlichen Unterschiede. Vor allem gilt der Vorrang des § 370 AO auch hier (BT-Dr 10/5058 S 30).

30   **d)** Zwischen §§ 263 und 263a ist **Wahlfeststellung** möglich (Lenckner/Winkelbauer aaO [vgl 20] S 660; Joecks 35; Kindhäuser NK 83).

§ 264 Subventionsbetrug

(1) **Mit Freiheitsstrafe bis zu fünf Jahren oder mit Geldstrafe wird bestraft, wer**

1. **einer für die Bewilligung einer Subvention zuständigen Behörde oder einer anderen in das Subventionsverfahren eingeschalteten Stelle oder Person (Subventionsgeber) über subventionserhebliche Tatsachen für**

Subventionsbetrug § 264

sich oder einen anderen unrichtige oder unvollständige Angaben macht, die für ihn oder den anderen vorteilhaft sind,
2. einen Gegenstand oder eine Geldleistung, deren Verwendung durch Rechtsvorschriften oder durch den Subventionsgeber im Hinblick auf eine Subvention beschränkt ist, entgegen der Verwendungsbeschränkung verwendet,
3. den Subventionsgeber entgegen den Rechtsvorschriften über die Subventionsvergabe über subventionserhebliche Tatsachen in Unkenntnis läßt oder
4. in einem Subventionsverfahren eine durch unrichtige oder unvollständige Angaben erlangte Bescheinigung über eine Subventionsberechtigung oder über subventionserhebliche Tatsachen gebraucht.

(2) In besonders schweren Fällen ist die Strafe Freiheitsstrafe von sechs Monaten bis zu zehn Jahren. Ein besonders schwerer Fall liegt in der Regel vor, wenn der Täter
1. aus grobem Eigennutz oder unter Verwendung nachgemachter oder verfälschter Belege für sich oder einen anderen eine nicht gerechtfertigte Subvention großen Ausmaßes erlangt,
2. seine Befugnisse oder seine Stellung als Amtsträger mißbraucht oder
3. die Mithilfe eines Amtsträgers ausnutzt, der seine Befugnisse oder seine Stellung mißbraucht.

(3) § 263 Abs. 5 gilt entsprechend.

(4) Wer in den Fällen des Absatzes 1 Nr. 1 bis 3 leichtfertig handelt, wird mit Freiheitsstrafe bis zu drei Jahren oder mit Geldstrafe bestraft.

(5) Nach den Absätzen 1 und 4 wird nicht bestraft, wer freiwillig verhindert, daß auf Grund der Tat die Subvention gewährt wird. Wird die Subvention ohne Zutun des Täters nicht gewährt, so wird er straflos, wenn er sich freiwillig und ernsthaft bemüht, das Gewähren der Subvention zu verhindern.

(6) Neben einer Freiheitsstrafe von mindestens einem Jahr wegen einer Straftat nach den Absätzen 1 bis 3 kann das Gericht die Fähigkeit, öffentliche Ämter zu bekleiden, und die Fähigkeit, Rechte aus öffentlichen Wahlen zu erlangen, aberkennen (§ 45 Abs. 2). Gegenstände, auf die sich die Tat bezieht, können eingezogen werden; § 74a ist anzuwenden.

(7) Subvention im Sinne dieser Vorschrift ist
1. eine Leistung aus öffentlichen Mitteln nach Bundes- oder Landesrecht an Betriebe oder Unternehmen, die wenigstens zum Teil
   a) ohne marktmäßige Gegenleistung gewährt wird und
   b) der Förderung der Wirtschaft dienen soll;
2. eine Leistung aus öffentlichen Mitteln nach dem Recht der Europäischen Gemeinschaften, die wenigstens zum Teil ohne marktmäßige Gegenleistung gewährt wird.

Betrieb oder Unternehmen im Sinne des Satzes 1 Nr. 1 ist auch das öffentliche Unternehmen.

(8) Subventionserheblich im Sinne des Absatzes 1 sind Tatsachen,
1. die durch Gesetz oder auf Grund eines Gesetzes von dem Subventionsgeber als subventionserheblich bezeichnet sind oder
2. von denen die Bewilligung, Gewährung, Rückforderung, Weitergewährung oder das Belassen einer Subvention oder eines Subventionsvorteils gesetzlich abhängig ist.

§ 264

BT. 22. Abschnitt. Betrug und Untreue

Fassung: Das 6. StrRG (13 vor § 1) hat Abs 3 eingefügt, Abs 4–8 umnummeriert und technisch geändert. Das EGFinSchG (13 vor § 1) hat in Abs 1 eine neue Nr 2 eingestellt und Abs 7 neu gefasst.

1   **1. a)** Die Vorschrift **schützt** vorrangig das **Allgemeininteresse an einer wirksamen staatlichen Wirtschaftsförderung** (W-Hillenkamp BT 2 Rdn 680; Mitsch BT 2,2 3/37; ähnlich BT-Dr 7/5291 S 3; Göhler/Wilts DB 76, 1609; Gaede, in: Hefendehl/v Hirsch/Wohlers [Hrsg], Die Rechtsgutstheorie, 2003, S 183, 190; Tiedemann LK 11 mwN; krit Volk JZ 82, 85, 86; Herzog, Gesellschaftliche Unsicherheit und strafrechtliche Daseinsvorsorge, 1991, S 116; Weigend, Triffterer-FS, S 696, 700; Wohlers, Deliktstypen des Präventionsstrafrechts, 2000, S 159, 340; str). Nicht der Verlust der ohnehin zur Ausgabe bestimmten Mittel, sondern die Zweckverfehlung im Hinblick auf den mit der Subventionierung angestrebten allgemeinwirtschaftlichen Effekt steht im Vordergrund. Deshalb ist das **Vermögen** jedenfalls nicht das allein geschützte Rechtsgut (hM; anders Sannwald, Rechtsgut und Subventionsbegriff, § 264 StGB, 1982, S 59; Hack, Probleme des Tatbestands Subventionsbetrug, § 264 StGB, 1982, S 19; Maiwald ZStW 96, 76, 78; Ranft JuS 86, 445; Krüger, Entmaterialisierungstendenz beim Rechtsgutsbegriff, 2000, S 119, 142; Hellmann NK 14). Wohl aber muss es als **mitgeschützt** angesehen werden (Rengier BT I 17/3; aM Geerds, Wirtschaftsstrafrecht und Vermögensschutz, 1990, S 244; für dessen primären Schutz Krack NStZ 01, 505, 506), denn bei missbräuchlicher Inanspruchnahme von Subventionen ist immer auch das öffentliche Vermögen betroffen, nämlich insofern, als die Vergabe dessen Wert mindert, ohne dass dafür im Sinne der Zweckverfehlungslehre (56 zu § 263) der Vergabezweck erreicht wird (BGHZ 106, 204). Wenn demgegenüber im SchriftlBer des Sonderausschusses (BT-Dr 7/5291 S 3) ein Vermögensschaden unter Berufung auf den systemsprengenden Charakter der Zweckverfehlungslehre überhaupt verneint wird, ist dem zu widersprechen, weil damit dem § 263 ein kriminalpolitisch unverzichtbarer Teil seines Anwendungsbereichs (namentlich bei den Sozialsubventionen; vgl 7) entzogen würde (ebenso Ranft NJW 86, 3163, 3165; Sch/Sch-Lenckner/Perron 1; Hellmann NK 5; aM Tiedemann LK 12–14). – Zur Entstehungsgeschichte und Wirkung(-slosigkeit) der Vorschrift Detzner, Rückkehr zum „Klassischen Strafrecht" und die Einführung einer Beweislastumkehr, 1990, S 5 und 50, deren Reformvorschlag aber nicht überzeugt (Werner GA 00, 352); zur geringen „Empirie" Braum, Europäische Strafgesetzlichkeit, 2003, S 477, 478; eine „Normakzeptanz" durch die Bürger sieht Zieschang, in: Hohloch (Hrsg), Wege zum Europäischen Recht, 2002, S 39, 42. – Zum französischen Recht Walter, Betrugsstrafrecht in Frankreich und Deutschland, 1999, S 301, 357.

2   **b)** Nach ihren Mindestvoraussetzungen ist die Tat – abweichend vom Betrug (1, 2 zu § 263) – **abstraktes Gefährdungsdelikt** (32 vor § 13). Der Tatbestand beschreibt nur die Bedingungen einer generellen Gefährlichkeit für die geschützten Rechtsgüter und kann daher weder als konkretes (so aber BT-Dr 7/5291 S 5) noch als abstrakt-konkretes Gefährdungsdelikt (so Göhler/Wilts DB 76, 1609, 1613) eingeordnet werden (Berz BB 76, 1435, 1437; Heinz GA 77, 193, 210; Hack aaO [vgl 1] S 89; Stoffers EuZW 94, 304, 307; Lührs wistra 99, 89, 91; Hellmann NK 15; Sch/Sch-Lenckner/Perron 5; diff Ranft JuS 86, 445, 449; aM Wohlers aaO [vgl 1] S 176, 340: Kumulationsdelikt; Walter GA 01, 131, 140: Verletzungsdelikt hinsichtlich des Subventionsverfahrens). – Die **Deliktsbezeichnung** als Subventionsbetrug bezweckt nur eine plastische Charakterisierung des Deliktstypus; sie ist insofern ungenau, als § 264 gerade nicht die Verwirklichung der Betrugsmerkmale voraussetzt und als vor allem der Schutzzweck der beiden Tatbestände nicht übereinstimmt (krit daher Hack aaO S 75; Tiedemann LK 16 mwN).

2. Die Vorschrift betrifft nur Tathandlungen, die sich auf **Subventionen** im 3 Sinne des **Abs 7** beziehen. Dort ist der Begriff ausschließlich nach materiellen Kriterien bestimmt (zur Begr BT-Dr 7/5291 S 9; Göhler/Wilts DB 76, 1609, 1610; krit Heinz GA 77, 193, 210; Löwer JZ 79, 621). Daraus ergibt sich ein selbstständiger strafrechtlicher Subventionsbegriff (Schmidt GA 79, 121, 122; eingehend Sannwald aaO [vgl 1] S 76; krit Eberle, Der Subventionsbetrug nach § 264 StGB, 1983, S 61; s auch Jarass JuS 80, 115, 116; zusf zum öffentlichen Subventionsrecht Gusy JA 91, 286, 327). Im Einzelnen:

a) Nur Leistungen aus **öffentlichen Mitteln,** dh solchen, die dem Staat, einer 4 öffentlich-rechtlichen Körperschaft oder Einrichtung oder einer zwischenstaatlichen Einrichtung zur Verfügung stehen, kommen in Frage (ebenso Hellmann NK 20). Jedoch sind öffentliche Mittel auch solche, die von privater Seite auf Grund öffentlich-rechtlicher Verpflichtung in ein zweckgebundenes Sondervermögen eingebracht worden sind (Göhler/Wilts DB 76, 1609, 1612; Hellmann NK 21 mwN).

b) Nach **Bundes- oder Landesrecht (Abs 7 Satz 1 Nr 1)** werden Leistun- 5 gen gewährt, wenn ihre Vergabe durch Rechtsvorschriften des Bundes oder eines Landes – sei es auch nur global in einem Haushaltsansatz – bestimmt ist; denn auch im letzten Falle beruht sie auf einem (Haushalts-)Gesetz oder im kommunalen Bereich auf einer Gemeindeordnung, die ihrerseits Landesrecht ist (BT-Dr 7/5291 S 10; Hellmann NK 26). Entsprechendes gilt für die Gewährung von Leistungen nach dem **Recht der Europäischen Gemeinschaften (Abs 7 Satz 1 Nr 2;** beachte zu Abs 6, 7 aF Lüttger, Jescheck-FS, S 121, 175 und für EG-Subventionen Stoffers EuZW 94, 304, 308; Lührs wistra 99, 89, 94; eingehend Martens, Subventionskriminalität zum Nachteil der Europäischen Gemeinschaften, 2001; Rspr-Übersicht zum europäischen Subventionsbetrug bei Odersky, in: Sieber [Hrsg], Europäische Einigung und Europäisches Strafrecht, 1993, S 91); ob solche Leistungen unmittelbar von Stellen der EG oder von innerstaatlichen Stellen verwaltet werden, macht keinen Unterschied (BT-Dr aaO; Zieschang EuZW 97, 78, 79; Tiedemann LK 30, 166). Das EG-Finanzschutzgesetz hat zur Schließung von Lücken beim Schutz von EG-Subventionen auf das einschränkende Merkmal „Förderung der Wirtschaft" verzichtet; erfasst sind damit alle Subventionen für Beihilfen, die nach dem Recht der EG gewährt werden (BT-Dr 13/10425 S 7; Tiedemann LK-Nachtrag 1; krit Braum aaO [vgl 1] S 479; Arzt/Weber BT 21/ 68). Zum Schutz der finanziellen Interessen der EG vgl die EG VO Nr 2988/95 (näher dazu Zieschang aaO; Sieber SchwZStr 96, 357; Tiedemann LK 8, 10; s auch 5 vor § 263). Nach ausdrücklicher Intention des Gesetzgebers (BT-Dr aaO S 11) sollen Leistungen auf Grund **steuerrechtlicher Vorschriften** (ebenso Hellmann NK 23; Tiedemann LK 27) wegen des grundsätzlichen Vorrangs des Steuerrechts (vgl 30) auch dann nicht erfasst werden, wenn sie die Merkmale des Abs 7 erfüllen, also nicht lediglich als Steuerermäßigungen, sondern als Geldleistungen gewährt werden.

c) Die Leistungen müssen **wenigstens zum Teil** 6
aa) ohne marktmäßige Gegenleistung gewährt werden (Abs 1 Satz Nr 1 und 2) – Gegenleistung ist das in einem zweiseitigen Rechtsverhältnis der Leistung gegenüberstehende Äquivalent (das Entgelt), also nicht etwa die mit jeder Subvention intendierte Verwirklichung des wirtschaftlichen Förderungszwecks (NStZ 90, 35; Hellmann NK 28; krit Braum aaO [vgl 1] S 481). Sie ist **marktmäßig,** wenn sie nach ihrem objektiven Wert dem entspricht, was auch sonst unter den konkreten Verhältnissen des Marktes für die Leistung normalerweise aufgewendet werden muss. Schon das signifikante, dh mit prozessualen Mitteln eindeutig feststellbare Zurückbleiben der wirklichen hinter der marktmäßigen Gegenleistung genügt; auf ein „auffälliges Mißverhältnis" kommt es nicht an (hM;

§ 264 BT. 22. Abschnitt. Betrug und Untreue

anders Schmidt GA 79, 121, 140). In Frage kommen namentlich Hilfsmaßnahmen in Katastrophenfällen, verlorene Zuschüsse (BGH aaO; zust Stoffers EuZW 94, 304, 307), Darlehen mit Zinsverbilligungen, Abgabe von Waren unter dem Marktpreis sowie Bürgschaften und Garantien ohne gleichwertiges Äquivalent (BT-Dr 7/5291 S 10; W-Hillenkamp BT 2 Rdn 684). In Zweifelsfällen sind die Abgrenzungsschwierigkeiten groß, weil es im Wirtschaftsrecht einen allgemein anerkannten Begriff der Subvention nicht gibt (BT-Dr 7/3441 S 22 mwN) und weil oft eine sog „Grenz- und Gemengelage" besteht, bei der die Konkretisierung der Voraussetzungen des Abs 6 wegen der Unsicherheit der Bewertung nicht oder nur schwer möglich ist (vgl namentlich Götz Prot 7, 2500; s auch Heinz GA 77, 193, 211; Schmidt GA 79, 121; Löwer JZ 79, 621, 624; Hack aaO [vgl 1] S 148). Hierher gehören ua die Fälle, in denen eine Leistung vornehmlich Entschädigungscharakter hat (zB Erstattung von Aufwendungen zum Schutz gegen Fluglärm), zugleich aber auch als Förderungsmaßnahme gedacht ist (BT-Dr 7/3441 S 22), oder in denen es wegen Fehlens eines Marktes (zB bei entgeltlicher Übernahme von Bürgschaften oder Garantien durch den Staat) an handgreiflichen Vergleichsmaßstäben fehlt (BT-Dr 7/5291 S 10; Hellmann NK 34–38; krit Göhler/Wilts DB 76, 1609, 1612; abl Samson/Günther SK 31, 32);

7 bb) zur **Förderung der Wirtschaft** (gewerbliche Wirtschaft, Land- und Forstwirtschaft, Bergbau, Handwerk usw; zusf Sch/Sch-Lenckner/Perron 14, 15) bestimmt sein; diese Voraussetzung gilt nur für **Abs 1 Satz 1 Nr 1,** nicht für EG-Leistungen (vgl 5). – Die Zwecke, andere Bereiche, etwa Forschung, Technologie, Bildungs- oder sonstige kulturelle Einrichtungen, zu fördern oder dem Bürger als Empfänger von Sozialleistungen Hilfe zu gewähren, etwa durch Sozialhilfe, Kindergeld, Wohngeld usw (sog Sozialsubventionen), werden als solche nicht erfasst (dazu BT-Dr 7/5291 S 10, 11; Göhler/Wilts DB 76, 1609, 1612; krit Eberle aaO [vgl 3] S 106, alle mwN). Jedoch genügt es, wenn der Wirtschaftsförderungszweck – sei es auch nur als nachrangiger – neben solchen anderen Zwecken verfolgt wird (BT-Dr aaO S 11; Hellmann NK 45). Deshalb kommt der Förderung marktnaher Forschungsvorhaben idR Subventionscharakter zu (BT-Dr aaO), während das bei der Grundlagenforschung meist nicht zutrifft (vgl Jerouschek GA 99, 416, 425). Auch im Hinblick auf den Förderungszweck gibt es eine breite Zone problematischer Unbestimmtheit (Samson/Günther SK 33–37 hält die damit verbundenen Schwierigkeiten für unlösbar; aM Hellmann NK 12, 46, 47; Tiedemann LK 45–51; krit Heinz GA 77, 193, 211).

8 **d)** Nur Leistungen an **Betriebe oder Unternehmen** werden erfasst (**Abs 7 Satz 2;** dazu BT-Dr 7/5291 S 12). Beide Begriffe (15 zu § 11) sind ebenso weit auszulegen wie in § 11 I Nr 4 b, 14 II (Müller-Emmert/Maier NJW 76, 1657, 1659; Göhler/Wilts DB 76, 1609, 1611; Hellmann NK 49, der aber dem Unternehmensbegriff keine eigenständige Bedeutung zumisst). **Öffentliche Unternehmen** (Göhler 23 zu § 130 OWiG) sind nicht nur die als juristische Personen (des öffentlichen oder bürgerlichen Rechts) organisierten, sondern auch die unselbstständigen Unternehmen (die sog Eigen- oder Regiebetriebe) der öffentlichen Hand (Lührs wistra 99, 89, 93). Nicht erfasst ist die Gewährung öffentlicher Mittel an eine Gebietskörperschaft wie zB eine Gemeinde (LG Mühlhausen NJW 98, 2069).

9 **e) Beispiele für wichtige Subventionen:** Investitionszulagen nach dem BlnFG und dem jeweiligen InvZulG (vgl Dörn DStZ 95, 164 mit Beispielen von Anträgen auf Investitionszulagen und Begehungsformen des § 264); Leistungen nach §§ 42, 45, 88 des 2. WohnBG (offengelasen von BGHSt 44, 233, 236 mwN); Leistungen nach §§ 22, 23, 32, 41, 47, 53, 56, 59 FilmFG; Leistungen nach § 2 Nr 2, 5 ZonenrandFG; Vergünstigungen und Leistungen nach §§ 6, 7 MOG oder nach dem ERPWirtschPG.

Subventionsbetrug **§ 264**

3. **Abs 8** beschränkt den Bezug der Tathandlungen auf (uU auch innere, NJW 10
87, 1426) Tatsachen, die allein oder zusammen mit anderen Tatsachen (wistra 92,
257; Bay MDR 89, 1014) eine Subventionsbewilligung zur Folge haben können
(**subventionserhebliche Tatsachen**). Er verfolgt den Zweck, für alle am Vergabeverfahren Beteiligten über die Subventionsvoraussetzungen und die Relevanz
von Täuschungshandlungen möglichst große Klarheit zu schaffen (Müller-Emmert/
Maier NJW 76, 1657, 1659; Göhler/Wilts DB 76, 1609, 1614; krit Detzner aaO
[vgl 1] S 141, die Abs 8 für verfassungswidrig hält).

a) Nr 1: Die **ausdrückliche Bezeichnung** von Tatsachen (4 zu § 263) als 11
subventionserheblich erfordert hinreichend bestimmte, auf den konkreten Fall bezogene Angaben (BGHSt 44, 233; Hellmann NK 62). – **Gesetz** ist hier jede
Rechtsnorm, auch Satzung und Vorschrift der EG (BT-Dr 7/5291 S 13), nicht
aber Verwaltungsvorschriften oder Richtlinien (BGH aaO S 237). – Die **Pflicht
zur Bezeichnung durch den Subventionsgeber** kann sich aus speziellen Vorschriften über einzelne Subventionen ergeben. Jedoch begründet § 2 SubvG darüber hinaus eine allgemeine Verpflichtung des Subventionsgebers zur Bezeichnung
der subventionserheblichen Tatsachen (krit dazu Löwer JZ 79, 621, 630; s auch
Tiedemann LK 57–60). Allerdings gilt diese Vorschrift unmittelbar oder auf Grund
Erstreckung durch die Landessubventionsgesetze (Nachw bei Göhler [Lexikon]
802 B) nur für Adressaten, die dem Bundes- oder Landesrecht unterworfen sind,
also nicht für Vergabestellen der EG (BT-Dr 7/5291 S 13).

b) Nr 2: Die gesetzliche Abhängigkeit liegt nur vor, wenn das Gesetz selbst 12
deutlich die Subventionsvoraussetzungen bestimmt; daran fehlt es, wenn der Verwaltung ein Ermessenspielraum eingeräumt wird (BGHSt 44, 233). Hat ein Gesetz
(vgl 11) die **materiellen Voraussetzungen** der Vergabe oder Rückforderung
einer Subvention näher geregelt, so sind die diese Voraussetzungen ausfüllenden
Tatsachen auch dann subventionserheblich, wenn sie nicht als solche bezeichnet
sind (vgl etwa NStZ 86, 556). Die Vorschrift wird nur relevant, ist dann aber ohne
Einschränkung anwendbar, wenn im Hinblick auf eine Tatsache keine oder keine
wirksame Bezeichnung nach Nr 1 erfolgt ist (München NJW 82, 457; Hellmann
NK 68; einschr Ranft NJW 86, 3163, 3165; str). Praktische Bedeutung hat sie vor
allem bei Vergaben durch EG-Behörden, für die eine Bezeichnungspflicht nicht
besteht (vgl 11). – Zur Problematik der von Abs 8 nicht erfassten, aber in der EG-
Praxis häufigen Vertragssubventionen Tiedemann LK-Nachtrag 5; krit Braum aaO
[vgl 1] S 483: „Rückzug des nationalen Strafrechts".

4. Die Bezeichnung der am Subventionsverfahren Beteiligten als **Subventions-** 13
geber (Abs 1) und **Subventionsnehmer** (§ 2 I SubvG) dient der technischen
Vereinfachung.

a) Die „**eingeschaltete Stelle oder Person**" kann auch eine durch zivil- 14
rechtlichen Vertrag eingeschaltete private Einrichtung (zB Bank) oder Privatperson
sein (BT-Dr 7/5291 S 6).

b) Subventionsnehmer ist, wer für sich oder einen anderen eine Subvention 15
beantragt oder eine Subvention oder einen Subventionsvorteil in Anspruch nimmt
(§ 2 I SubvG).

5. Zu den **Tathandlungen des Abs 1**: 16

a) Nr 1: Die **Angaben** müssen **im Rahmen eines Subventionsverfahrens**
(dazu Tiedemann LK 73–75), nicht etwa nur bei vorbereitenden Erkundigungen,
denen kein Antrag folgt (Müller-Emmert/Maier NJW 76, 1657, 1660; str) **gemacht** werden, dh entweder bei dem Subventionsgeber schriftlich – ohne Rücksicht auf dessen Kenntnisnahme – eingegangen oder ihm mündlich zur Kenntnis
gebracht sein (ebenso M-Schroeder/Maiwald BT 1 41/161); soweit für den Sub-

1123

§ 264

ventionsgeber bestimmte Angaben gegenüber eingeschalteten Stellen oder Personen (vgl 14) gemacht werden, müssen diese nach der jeweiligen Verfahrensorganisation für die Entgegennahme zuständig sein (Müller-Emmert/Maier aaO S 1660).

17 aa) Eine **Angabe ist unrichtig,** wenn sie – unabhängig von der Vorstellung des Täters – im Hinblick auf eine subventionserhebliche Tatsache (vgl 10–12) mit der Wirklichkeit nicht übereinstimmt (Hellmann NK 87). Sie ist **unvollständig,** wenn sie einen einheitlichen Lebenssachverhalt nur teilweise richtig wiedergibt, durch Weglassen wesentlicher Tatsachen aber ein falsches Gesamtbild vermittelt (AG Alsfeld NJW 81, 2588 mwN); dabei kann die Unvollständigkeit uU schon aus dem Subventionszweck hergeleitet werden, sofern dieser im Gesetz eindeutig umschrieben ist (Sch/Sch-Lenckner/Perron 46); die mit der unvollständigen Angabe idR einhergehende pflichtwidrige Unterlassung der Aufklärung hat neben dem positiven Tun keine selbstständige Bedeutung (Tiedemann LK 81).

18 bb) Eine Angabe ist nur dann **vorteilhaft,** wenn sie die Aussichten des Subventionsempfängers für die Gewährung oder Belassung einer Subvention oder eines Subventionsvorteils gegenüber der wirklichen Lage objektiv verbessert. Im Hinblick auf den Charakter der Tat als Vermögensgefährdungsdelikt werden auf diese Weise nicht nur subventionsschädigende und -neutrale Angaben ausgeschieden (so aber die Rspr), sondern auch weitere Falschangaben, wenn und soweit die Vergünstigung auf Grund anderer Tatsachen zwingend oder nach gefestigter Verwaltungspraxis zu gewähren gewesen wäre (so im Ergebnis die hM, vgl etwa Tenckhoff, Bemmann-FS, S 465; Gaede aaO [vgl 1]; Schünemann, in: Hefendehl/v Hirsch/Wohlers [Hrsg], Die Rechtsgutstheorie, 2000, S 133, 149; Mitsch BT 2,2 3/56; Rengier BT I 17/5; W-Hillenkamp BT 2 Rdn 689; Hellmann NK 95; anders BGHSt 34, 265; 36, 373 mit abl Bespr Kindhäuser JZ 91, 492 [zur Rspr Achenbach, BGH-FG, S 593, 608]; krit auch Braum aaO [vgl 1] S 486; Gössel BT 2 23/50).

19 cc) „**Für sich oder einen anderen**" erfordert nicht die zweckhafte Verfolgung eigenen oder fremden Interesses, sondern nur ein Handeln, das den Subventionsnehmer objektiv begünstigt (hM; vgl Tiedemann LK 87; zw). Daraus folgt die hM, dass bei Amtsträgern, die im Rahmen der Organisation des Subventionsgebers die Richtigkeit von Anträgen vorprüfen und bestätigen, stets Täterschaft vorliegt (BGHSt 32, 203 mit Anm Otto JR 84, 475 und Schünemann NStZ 85, 73; Hamburg NStZ 84, 218; Ranft JuS 86, 445 und NJW 86, 3163, 3171; Wagner JZ 87, 705, 711; Lührs wistra 99, 89, 92; Rengier BT I 17/6; Tiedemann LK 87; aM Otto GK 2 61/20: nur Teilnahme; zw). – Keine Angaben für einen anderen macht der nur im Innenverhältnis zum Subventionsnehmer tätige Steuerberater (Dörn wistra 94, 215 und DStZ 95, 164, 170).

20 dd) Die Angaben können auch in **mittelbarer Täterschaft** gemacht werden (NJW 81, 1744 mit Anm Tiedemann JR 81, 470).

20 a **b) Nr 2:** Diese neue Nummer setzt die Verpflichtung aus Art 1 I a dritter Spiegelstrich des Übereinkommens vom 26. 7. 95 über den Schutz der finanziellen Interessen der EG um (BT-Dr 13/10425 S 6, 8). Anders als Nr 2 aF (jetzt Nr 3) wird nicht an die Verletzung einer Aufklärungspflicht (vgl 21) angeknüpft; erfasst wird vielmehr – in Anlehnung an § 3 II SubvG – unmittelbar die Verletzung einer **Verwendungsbeschränkung** (BT-Dr aaO; Lührs wistra 99, 89, 93; Tiedemann LK-Nachtrag 1 und 8; krit Braum aaO [vgl 1] S 489). Die Beschränkung kann auf einer Rechtsvorschrift, einem Verwaltungsakt oder einem Vertrag mit dem Subventionsgeber beruhen; Rechtsvorschriften sind auch solche der EG und anderer Mitgliedstaaten (BT-Dr aaO).

21 **c) Nr 3:** Die Vorschrift, die ein **echtes Unterlassungsdelikt** beschreibt (Mitsch BT 2,2 3/66; Hellmann NK 108; beachte 4, 5 zu § 13), setzt beim Sub-

Subventionsbetrug **§ 264**

ventionsgeber die **Unkenntnis** einer subventionserheblichen Tatsache (Stuttgart MDR 92, 788 mwN) und beim Täter (Subventionsnehmer, uU auch dessen Beauftragter iS des § 14 II, Bay NJW 82, 2202) das **Unterlassen der Aufklärung** voraus, zu welcher er nach den Rechtsvorschriften über die Subventionsvergabe verpflichtet ist. – Diese **Aufklärungspflicht** kann sich vor allem aus den Rechtsvorschriften (einschl Vorschriften der EG) ergeben, in denen die Vergabe der jeweiligen Subvention geregelt ist (BT-Dr 7/3441 S 26). Sie kann aber auch allgemein im SubvG begründet sein (Bay aaO mit krit Bespr Ranft NJW 86, 3163, 3169). Dessen (auch auf landesrechtliche Subventionen anwendbarer; vgl 11) § 3 sieht nämlich zahlreiche, näher umschriebene Offenbarungspflichten des Subventionsnehmers vor, deren Tragweite durch § 4 SubvG noch erweitert wird: Danach sind Scheingeschäfte und Scheinhandlungen für die Beurteilung unerheblich und ggf die verdeckten Sachverhalte maßgebend. Außerdem ist die Bewilligung oder Gewährung einer Subvention oder eines Subventionsvorteils ausgeschlossen, wenn im Zusammenhang mit einem Subventionsantrag ein Rechtsgeschäft oder eine Handlung unter Missbrauch von Gestaltungsmöglichkeiten vorgenommen wird. Da die Scheinhandlungen, die verdeckten Sachverhalte und die unter Missbrauch von Gestaltungsmöglichkeiten vorgenommenen Handlungen, soweit sie dem Subventionsnehmer nachteilig sind, der Pflicht zu unverzüglicher Offenbarung nach § 3 SubvG unterliegen, ist das Unterlassen ihrer Anzeige nach Ausschöpfung des durch das Merkmal „unverzüglich" gewährten Spielraums idR nach Nr 2 tatbestandsmäßig (Stöckel ZRP 77, 134; Vogel, Madrid-Sym, S 151; Tenckhoff aaO [vgl 18] S 476; Beispiele bei Göhler/Wilts DB 76, 1609, 1614). § 4 SubvG ist weder im Hinblick auf das Bestimmtheitsgebot noch auf das Analogieverbot (2, 5 zu § 1) verfassungsrechtlich bedenklich (Bruns GA 86, 1, 22; Vogel aaO S 170, beide mwN); jedoch sind die objektiven und subjektiven Voraussetzungen des Missbrauchs noch nicht abschließend geklärt (dazu namentlich Bruns aaO S 28; Vogel aaO S 151; Tiedemann LK 108–118; s auch Koblenz JZ 80, 736; AG Alsfeld NJW 81, 2588; Tiedemann NJW 80, 1557; Ranft NJW 86, 3163, 3167, alle mwN).

d) Nr 4: Die Vorschrift dient zur **Schließung von Strafbarkeitslücken** der 22 Ergänzung der Nummern 1, 3 (krit Sch/Sch-Lenckner 58). **Bescheinigung** ist die schriftliche Erklärung einer zuständigen Stelle, die nicht in das Subventionsverfahren eingeschaltet ist (sonst Nr 1 oder 2). **Gebrauchen** 23 zu § 267; das Erfordernis „in einem Subventionsverfahren" wird durch Gebrauch gegenüber dem Subventionsgeber erfüllt (Berz BB 76, 1435, 1437). – Die Einbeziehung der **Subventionsberechtigung** soll den Fall erfassen, dass der Täter einen von einem anderen, etwa einem Angestellten, erschlichenen Bewilligungsbescheid als ungerechtfertigt erkennt und dennoch zur Erlangung der Subvention gebraucht (BT-Dr 7/5291 S 6; Hellmann NK 121); idR, aber nicht notwendig (vgl 21), ist allerdings schon Nr 2 anwendbar (vgl Tiedemann LK 97).

6. a) Der nach **Abs 1** erforderliche **Vorsatz** (bedingter genügt) muss sich auf 23 das Vorliegen einer Subvention (hM; krit Schmidt GA 79, 121, 124) und je nach den Voraussetzungen der einzelnen Begehungsformen namentlich auch auf die Unrichtigkeit oder Unvollständigkeit der Angaben (Nr 1, 4; vgl 17), die Subventionserheblichkeit der Tatsachen (Nr 1–4; vgl 10–12), deren Vorteilhaftigkeit für den Täter oder den anderen (Nr 1; vgl 18), die Verwendungsbeschränkung (Nr 2; vgl 20 a), den Widerspruch zu den Vergabevorschriften (Nr 3; vgl 21) und die Zuständigkeit der den Subventionsgeber repräsentierenden Stelle oder Person (Nr 1, 3; vgl 16) erstrecken. Die irrige Annahme einer dieser Voraussetzungen ist mangels Strafbarkeit des Versuchs unschädlich (beachte 31).

b) Die nach **Abs 4** vorausgesetzte **Leichtfertigkeit** (55 zu § 15) genügt nur für 24 Taten nach Abs 1 Nr 1, 2, 3 (nicht Nr 4; aM Tiedemann LK 125; dagegen Hellmann NK 161). Die Einbeziehung auch unvorsätzlich begangener Taten ist dog-

§ 264

BT. 22. Abschnitt. Betrug und Untreue

matisch wie kriminalpolitisch umstritten (vgl ua BT-Dr 7/3441 S 27; 7/5291 S 8; 13/10425 S 7; Göhler/Wilts DB 76, 1609, 1615; Schubarth ZStW 92, 80, 100; Hack aaO [vgl 1] S 122; Eberle aaO [vgl 3] S 164; Otto ZStW 96, 339, 367; Hillenkamp, Wassermann-FS, S 861, 868, 873 und OsnabrRAbh, Bd 1, S 221, 237; Herzog aaO [vgl 1] S 133; Dörn DStZ 95, 164, 168; Tiedemann LK 122 mit krit Bespr Achenbach GA 01, 142, 143, alle mwN); sie ist auch verfassungsrechtlich (Schuldprinzip) umstritten (Hellmann NK 9–11 mwN). Die Leichtfertigkeit kann sich auf jeden Tatumstand beziehen; idR wird sie die Unrichtigkeit oder Unvollständigkeit der Angaben oder die Subventionserheblichkeit der Tatsachen betreffen. Bei der Abgrenzung zur leichten Fahrlässigkeit sollte restriktiv vorgegangen und Leichtfertigkeit nur bei eindeutig groben Verstößen angenommen werden (Tiedemann LK 123); zu verlangen ist eine besondere schwere Sorgfaltspflichtverletzung bei gesteigerter Vorhersehbarkeit (Hellmann NK 163).

25   **7.** Zu **Abs 2** (besonders schwere Fälle), der sich nur auf die Vorsatztat nach Abs 1 bezieht, 6–21 zu § 46. Von einer Erweiterung des Regelbeispielkatalogs wurde hier abgesehen; dennoch sollen die neuen Regelbeispiele des § 263 Abs 3 Satz 2 auch hier Bedeutung erlangen können (BT-Dr 13/9064 S 19).

a) Nr 1: Grober Eigennutz ist Streben nach eigenem Vorteil in besonders anstößigem Maße (NStZ 85, 558; GA 91, 321; Beisheim, Eigennutz als Deliktsmerkmal, 1994, S 134, alle mwN). – Das **große Ausmaß** ist nicht nach der gewährten Gesamtleistung, sondern (zB bei einem Kredit mit Zinsverbilligung) nach dem unentgeltlich gewährten Vorteil zu beurteilen (Tiedemann LK 147); dieser muss aus dem Rahmen der durchschnittlich gewährten Subventionen erheblich herausfallen (krit Samson/Günther SK 78); als Richtwert sind 50 000,– € anzusetzen (Hellmann NK 143). – **Nachgemachte oder verfälschte Belege** sind zwar nur unechte oder verfälschte Urkunden oder technische Aufzeichnungen im Sinne der §§ 267 (dort 17–22; s auch GA 91, 321) oder 268 (dort 7–10); jedoch kommen für die Annahme eines unbenannten besonders schweren Falles auch andere Gegenstände in Frage, wenn sie zur Täuschung in einer Weise angefertigt und verwendet worden sind, dass sie gegenüber dem Subventionsgeber den Anschein einer subventionserheblichen Tatsache zu erwecken bestimmt und geeignet waren (14 zu § 46).

26   **b) Nr 2:** Der **Missbrauch von Befugnissen oder der Stellung als Amtsträger** (3–11 zu § 11) ist ein besonderes persönliches Merkmal im Sinne des § 28 (dazu 16 zu § 46; ebenso Hellmann NK 153).

27   **c) Nr 3:** Für das **Ausnutzen der Mithilfe** genügt die vorsätzliche Wahrnehmung der durch die Hilfsbereitschaft des Amtsträgers geschaffenen Gelegenheit zur Erlangung einer nicht gerechtfertigten Subvention (ebenso Kindhäuser 21).

27 a   **8.** Der neu eingefügte **Abs 3** erklärt den ebenfalls neuen Qualifikationstatbestand des § 263 Abs 5 (dort 66) für entsprechend anwendbar, um auch hier den Erscheinungsformen der Organisierten Kriminalität wirksamer entgegentreten zu können (BT-Dr 13/9064 S 19); zur Ausdehnung der Strafbarkeit durch die Gleichstellung von Gemeinschaftsbeamten und Mitgliedern der EG-Kommission mit inländischen Amtsträgern s Art 2 § 1 II Nr 1 EUBestG im Anh V 3.

28   **9.** Zur **tätigen Reue (Abs 5)** 29 zu § 24; zur ratio Krack NStZ 01, 505. In Anlehnung an die allgemeine Rücktrittsregelung betrifft die Vorschrift nur die Fälle, in denen es nicht zur Subventionsgewährung (uU wohl aber zur Subventionsbewilligung) gekommen ist (BT-Dr 7/5291 S 9). Diese kann uU auch durch bloßes Unterlassen einer Mitteilung, die notwendige Voraussetzung der (Weiter-) Gewährung ist, verhindert werden (Stuttgart MDR 92, 788). – Unterlässt der Täter pflichtwidrig eine Mitteilung, die zur Rückforderung einer bereits gewährten Subvention oder von Subventionsvorteilen im Sinne des § 5 SubvG führen würde, so ist tätige Reue ausgeschlossen (BT-Dr aaO); hier bleibt ihm im Hinblick auf seine Pflicht zu „unverzüglicher" Mitteilung (§ 3 SubvG) nur ein nach den Umständen angemessener zeitlicher Spielraum (BT-Dr aaO). – Die Annahme eines besonders schweren Falles schließt tätige Reue nicht aus, weil Abs 2 nur eine Strafzumessungsregel ist (7 zu § 46). Bei Beteiligung mehrerer sind die Grundsätze des § 24 II anwendbar (Göhler/Wilts DB 76, 1609, 1615; Mitsch BT 2,2 3/82).

10. Abs 6: Satz 1 bezieht sich nicht auf das Stimmrecht. Amtsfähigkeit und 29 Wählbarkeit können auch einzeln aberkannt werden. Im Übrigen vgl 4 zu § 45. – **Satz 2** ist eine besondere Vorschrift im Sinne des § 74 IV, welche die Einziehung über § 74 I hinaus zulässt. Daher müssen die Voraussetzungen des § 74 II, III oder – auf Grund der besonderen Verweisung – des § 74a erfüllt sein. Zu den hier erfassten „Beziehungsgegenständen" (12, 13 zu § 74) gehören namentlich Waren, die im Hinblick auf eine Verwendungsbeschränkung verbilligt abgegeben, jedoch der Beschränkung zuwider verwendet worden sind (BT-Dr 7/5291 S 9). Im Übrigen vgl §§ 74–74c, 74e–76a.

11. a) Die Vorschrift bildet eine **selbstständige und abschließende Son-** 30 **derregelung** gegenüber § 263. Wie sich zwingend aus der Höhe der Strafdrohung, dem besonderen Strafrahmen für besonders schwere Fälle und dem Regelbeispiel in Abs 2 Nr 1 ergibt, will sie nicht nur das Vorfeld des Betruges abdecken, sondern auch Rechtsgutsverletzungen, dh die Fälle erfolgreicher Subventionserschleichung, erfassen (BT-Dr 7/5291 S 5; Müller-Emmert/Maier NJW 76, 1657, 1661; Göhler/Wilts DB 76, 1609, 1615). Damit steht § 264 zum Betrug in demselben Verhältnis wie der Betrug zum Steuerstrafrecht (68 zu § 263). Da nach den Gesetzesmaterialien der Vorrang des Steuerstrafrechts auch gegenüber dem Subventionsbetrug gelten soll (BT-Dr 7/5291 S 6, 11; eingehend dazu Sannwald aaO [vgl 1] S 93), ist wie folgt abzustufen: Die Strafbarkeit der Tat nach Steuerstrafrecht geht jeweils der nach §§ 263, 264 und die Strafbarkeit wegen Subventionsbetrugs der nach § 263 (einschl Versuch) vor (hM; anders Berz BB 76, 1435, 1438, Schmidt-Hieber NJW 80, 322, 323 und Eberle aaO [vgl 3] S 183: Idealkonkurrenz; ebenso M-Schroeder/Maiwald BT 1 41/176); Tateinheit bleibt jedoch möglich, wenn jeweils Steuer-, Subventions- oder andere Vermögensvorteile nebeneinander Gegenstand derselben Tathandlung sind (68 zu § 263).

b) Die Selbstständigkeit des § 264 ist allerdings insofern **begrenzt,** als sie nicht 31 zur Privilegierung führen, dh einen Betrug oder Betrugsversuch auch dann nicht verdrängen kann, wenn die Tathandlung zwar eine Subvention betrifft, aber den § 264 nicht verwirklicht (BGHSt 44, 233, 243; „bemerkenswert" nach Achenbach NStZ 99, 549, 550). Solche Grenzfälle kommen etwa in Frage, wenn ein untauglicher, nach § 264 nicht mit Strafe bedrohter Versuch vorliegt (Göhler/Wilts DB 76, 1609, 1615), wenn der Subventionsgeber die Bezeichnung der subventionserheblichen Tatsachen unterlassen hat (vgl 11) oder wenn sich die Täuschungshandlung auf nicht subventionserhebliche Tatsachen bezieht (hM; vgl Heinz GA 77, 193, 213; aM Mitsch BT 2,2 3/48). Der Ausschluss ihrer Strafbarkeit auch nach § 263 würde dem Zweck der Vorschrift zuwiderlaufen, eine Vorverlegung des Strafschutzes zu erreichen (vgl 1; Ranft NJW 86, 3163, 3164). Für das Zusammentreffen **mit anderen Tatbeständen** besteht zwischen §§ 263 und 264 kein wesentlicher Unterschied.

12. Für den **räumlichen Geltungsbereich** gilt nach § 6 Nr 8 der Weltrechts- 32 grundsatz (Gribbohm LK 52–56 zu § 6; zur Begr vgl BT-Dr 7/3441 S 22). – Zur **Anzeigepflicht** von Gerichten und Behörden beim Verdacht eines Subventionsbetrugs § 6 SubvG; das Unterlassen der Anzeige kann eine Strafbarkeit wegen Strafvereitelung nach §§ 258, 258a und Beihilfe zu § 264 begründen (Partsch/Scheffner NJW 96, 2492).

§ 264a Kapitalanlagebetrug

(1) Wer im Zusammenhang mit

1. dem Vertrieb von Wertpapieren, Bezugsrechten oder von Anteilen, die eine Beteiligung an dem Ergebnis eines Unternehmens gewähren sollen, oder

2. dem Angebot, die Einlage auf solche Anteile zu erhöhen,

in Prospekten oder in Darstellungen oder Übersichten über den Vermögensstand hinsichtlich der für die Entscheidung über den Erwerb oder die Erhöhung erheblichen Umstände gegenüber einem größeren Kreis von Personen unrichtige vorteilhafte Angaben macht oder nachteilige Tatsachen verschweigt, wird mit Freiheitsstrafe bis zu drei Jahren oder mit Geldstrafe bestraft.

(2) Absatz 1 gilt entsprechend, wenn sich die Tat auf Anteile an einem Vermögen bezieht, das ein Unternehmen im eigenen Namen, jedoch für fremde Rechnung verwaltet.

(3) Nach den Absätzen 1 und 2 wird nicht bestraft, wer freiwillig verhindert, daß auf Grund der Tat die durch den Erwerb oder die Erhöhung bedingte Leistung erbracht wird. Wird die Leistung ohne Zutun des Täters nicht erbracht, so wird er straflos, wenn er sich freiwillig und ernsthaft bemüht, das Erbringen der Leistung zu verhindern.

1 **1. a)** Die Vorschrift schützt nicht nur das **Vermögen** der Anleger (dazu BGHZ 116, 7), sondern auch das **Allgemeininteresse** an der Funktionsfähigkeit des Kapitalmarktes (hM; vgl etwa BT-Dr 10/318 S 22; Köln NJW 00, 598, 600; Jaath, Dünnebier-FS, S 583, 607; Möhrenschlager wistra 82, 201, 205; Tiedemann JZ 86, 865, 872 sowie in: BGH-FG, S 551, 552 und LK 13, 14; Otto WM 88, 729, 736; Geerds, Wirtschaftsstrafrecht und Vermögensschutz, 1990, S 204; Schünemann, in: Hefendehl/v Hirsch/Wohlers [Hrsg], Die Rechtsgutstheorie, 2003, S 133, 151; W-Hillenkamp BT 2 Rdn 692; Sch/Sch-Cramer 1 [sogar primär]; anders Joecks wistra 86, 142, 143; Schlüchter, 2. WiKG, S 156; Worms, Anlegerschutz durch Strafrecht, 1987, S 312 und wistra 87, 242, 245; Jacobi, Der Straftatbestand des Kapitalanlagebetrugs, 2000, S 15; Krack NStZ 01, 505, 506; M-Schroeder/Maiwald BT 1 41/166; Hellmann NK 9; Samson/Günther SK 7: nur das Vermögen; krit Zaczyk, in: Lüderssen ua [Hrsg], Modernes Strafrecht und ultima-ratio-Prinzip, 1990, S 113; Martin, Criminal Securities and Commodities Fraud. Kapitalanlagebetrug im US-amerikanischen und deutschen Recht, 1993, S 172; Kindhäuser, Madrid-Sym, S 125, 133; Weigend, Triffterer-FS, S 696, 700; Wohlers, Deliktstypen des Präventionsstrafrechts, 2000, S 159, 171, 340). – Rechtsvergleichend Tiedemann LK 9–11; zum französischen Recht Walter, Betrugsstrafbarkeit in Frankreich und Deutschland, 1999, 444. – Vorschläge zur Verbesserung der Bekämpfung von Anlagebetrug bei Klaffke ZRP 03, 450.

2 **b)** Die Tat ist **abstraktes Gefährdungsdelikt** (32 vor § 13; ebenso Köln NJW 00, 658, Mitsch BT 2,2 3/86 und Hellmann NK 11) im Vorfeld des Betruges (Tröndle/Fischer 3), was – ebenso wie bei § 265 b (dort 1) – durch das mitgeschützte Allgemeininteresse nicht in Frage gestellt wird (diff Tiedemann LK 16; ein Kumulationsdelikt nimmt Wohlers aaO [vgl 1] S 176, an). – Das kriminalpolitische Bedürfnis für diese Vorverlegung des Strafschutzes ist trotz gewisser dogmatischer Bedenken überwiegend anerkannt (BT-Dr aaO und 10/5058 S 31; v Ungern-Sternberg ZStW 88, 651; Kolz wistra 82, 167; Jaath, Möhrenschlager und Tiedemann aaO [vgl 1]; Otto WM 88, 729, 736; Mutter NStZ 91, 421; Schünemann GA 95, 201, 212; Arzt/Weber BT 21/78; eingehend Joecks, Der Kapitalanlagebetrug, 1987; Worms aaO [Anlegerschutz; vgl 1] S 244, 307; Tiede-

Kapitalanlagebetrug **§ 264a**

mann LK 2–7; aM Wohlers aaO [vgl 1] S 340; für vollständige Streichung der Vorschrift Jacobi aaO [vgl 1] S 263, alle mwN). Die Problematik ist der des § 265 b sehr ähnlich (dort 1). In der Praxis der Strafgerichte hat die Vorschrift jedoch nur geringe Bedeutung erlangt (krit ua Garz-Holzmann, Die strafrechtliche Erfassung des Missbrauchs der Berlinförderung durch Abschreibungsgesellschaften, 1984, S 99; Weber NStZ 86, 481, 485; Schmidt-Lademann WM 86, 1241; Gallandi wistra 87, 316; Martin aaO [vgl 1] S 175 und wistra 94, 127; Samson/Günther SK 5, 6; vgl aber Tiedemann LK 8); größere Bedeutung erlangt die Vorschrift in der Zivilrechtsprechung (Hellmann NK 5 mwN).

2. Die **Bezugsobjekte** der Tat (näher dazu Knauth NJW 87, 28, Hellmann 3 NK 13–24 und Tiedemann LK 18–33).

a) Abs 1 Nr 1: Wertpapiere sind Urkunden, die ein Recht in der Weise verbriefen, dass es ohne die Urkunde nicht ausgeübt werden kann (Aktien, Obligationen, Investmentzertifikate usw). – **Bezugsrechte** sind ihnen gleichgestellt, weil sie nicht notwendig Wertpapiere sind, sondern auch unverbrieft vertrieben werden (Möhrenschlager wistra 82, 201, 206). – **Anteile, die eine Beteiligung an dem Ergebnis eines Unternehmens gewähren sollen,** sind namentlich: Anteile an Kapitalgesellschaften, Gesellschaftsanteile an Personalgesellschaften, häufig Kommanditanteile, wie sie bei den als KG organisierten sog Abschreibungsgesellschaften (Publikums- oder Massengesellschaften) vorkommen, und Beteiligungen durch partiarische Darlehen (hM; vgl Worms wistra 87, 242, 246 mwN; anders Cerny MDR 87, 271, 273) oder als stiller Gesellschafter (BT-Dr 10/318 S 22; Hellmann NK 21). – Die genannten Bezugsobjekte überschneiden sich weit.

b) Abs 2: Anteile an einem Vermögen, das ein Unternehmen in eige- 4 **nem Namen für fremde Rechnung verwaltet.** Erforderlich ist hier ein Treuhandverhältnis zwischen dem Unternehmen (15 zu § 11; einschr Worms wistra 87, 242, 247) und den Anlegern, das diesen einen (idR schuldrechtlichen) Teilhabeanspruch einräumt. Das Treuhandgut besteht entweder in Vermögenswerten, zu deren direktem Erwerb die aufgebrachten Mittel bestimmt sind, oder in einem Recht, kraft dessen sich das Unternehmen für die Anleger – zB durch Erwerb eines Geschäftsanteils – eine Beteiligung am Ergebnis eines anderen Unternehmens verschafft (BT-Dr 10/318 S 22; Hellmann NK 24). Erfasst werden danach ua die sog Treuhandkommanditisten bei Immobilienfondsgesellschaften und auch andere Unternehmensbeteiligungen an Wirtschaftsunternehmen (zB des Schiffs- oder Flugzeugbaus), wenn es auf die steuerliche Anerkennung der Anleger als Mitunternehmer ankommt (BT-Dr aaO). Nicht hierher gehören der Immobilienerwerb im Rahmen von Bauherren-, Bauträger- und Erwerbermodellen (hM; vgl Worms aaO S 246; Flanderka/Heydel wistra 90, 256; Martin aaO [vgl 1] S 168; anders Schmidt-Lademann WM 86, 1241; Richter wistra 87, 117) und die Warentermingeschäfte, weil sie keine Beteiligung an einem Unternehmensergebnis gewähren (Tiedemann JZ 86, 865, 872, anders jetzt in LK 32; wie hier Hellmann NK 19), wohl aber die fondsmäßig betriebenen Warentermingeschäfte (Martin aaO S 165).

3. Der **Anwendungsbereich der Abs 1, 2** ist zur Einschränkung der Strafbar- 5 keit wie folgt begrenzt:

a) Täter kann an sich jeder sein, also nicht nur der Anteilsanbieter (Emittent). 6 Die Tat ist daher kein Sonderdelikt (Tiedemann LK 17; s auch 33 vor § 13). Jedoch muss die Tathandlung **im Zusammenhang mit dem Vertrieb** von Anteilen nach Abs 1 Nr 1 (vgl 3) oder **mit dem Erhöhungsangebot** nach Abs 1 Nr 2 (vgl 8) stehen.

aa) **Vertrieb** ist – ebenso wie im AuslInvestmG – eine auf Absatz einer Vielzahl 7 von Anteilen gerichtete Tätigkeit, die sich an den Markt wendet und zu dessen Täuschung führen kann (BT-Dr 10/318 S 24; Hellmann NK 48). Erfasst werden

§ 264a

danach nur Werbe- und Angebotsaktionen, nicht das individuelle Angebot (Möhrenschlager wistra 82, 201, 206), namentlich wenn es auf individueller Beratung beruht (BT-Dr 10/5058 S 31).

8 bb) Das **Angebot, die Einlage zu erhöhen,** betrifft nur Personen, die schon Anteile nach Abs 1 Nr 1 (dazu Knauth NJW 87, 28, 30) erworben haben. Nach dem Schutzzweck der Vorschrift genügt auch hier nur die Angebotsaktion gegenüber Anteilseignern, die der Kapitalansammlung dient, nicht das individuelle Angebot (BT-Dr 10/318 S 24; Hellmann NK 50).

9 cc) **Zusammenhang** erfordert einen sachlichen und zeitlichen Bezug zu bestimmten Vertriebs- (Abs 1 Nr 1) oder Angebotsmaßnahmen (Abs 1 Nr 2). Die daraus folgende Erstreckung des Schutzbereichs über den Kreis der Emittenten hinaus soll einerseits kriminelle Praktiken unseriöser Vertriebsgesellschaften und anderer Personen erfassen, die über individuelle Anlageberatung hinausgehen, andererseits aber allgemeine Mitteilungen und Meinungsäußerungen, namentlich die Informationstätigkeit im Wirtschaftsjournalismus, ausscheiden (BT-Dr aaO).

10 b) Die Tathandlungen sind auf Angaben **in Prospekten oder in Darstellungen oder Übersichten über den Vermögensstand** beschränkt (krit Otto, Die strafrechtliche Bekämpfung unseriöser Geschäftstätigkeit, 1990, S 97). – **Prospekt** ist jede Werbe- oder Informationsschrift, die den Eindruck erweckt, die für die Beurteilung einer Anlageentscheidung erheblichen Angaben zu enthalten, und die zugleich Grundlage für diese Entscheidung sein soll (BGHSt 40, 385, 388 mit Anm Cramer WiB 95, 305; Joecks wistra 86, 142, 144; Hellmann NK 26; ähnlich BT-Dr 10/318 S 23; Martin aaO [vgl 1] S 166). Eine erkennbar lückenhafte Information genügt daher nicht (Joecks und Cramer jeweils aaO; aM Tiedemann LK 35; Tröndle/Fischer 12); dass die Werbeschrift auch allgemeine Angaben zB über Inflation und Steuern enthält, ändert an ihrem Charakter als Prospekt solange nichts, wie diese Angaben nur das Interesse des Lesers an der angebotenen Kapitalanlage wecken wollen (BGH aaO). Erfasst sind jedenfalls die für den Wertpapierhandel in §§ 30, 32–35 BörsG, §§ 1 ff VerkProspektG vorgeschriebenen Prospekte (Tiedemann LK 36). Ob die Schrift vom Emittenten oder von einem selbstständigen Vertreiber herrührt, ist unerheblich (BT-Dr aaO). – Auch **Darstellungen und Übersichten über den Vermögensstand** sind nur solche, die den Eindruck einer gewissen Vollständigkeit erwecken (BT-Dr aaO), vor allem sog „Geschäftslagetäuschungen" in Bilanzen (Möhrenschlager wistra 82, 201, 206). Als Darstellungen kommen auch mündliche oder durch Ton- oder Bildträger verbreitete in Frage (BT-Dr aaO; Martin aaO S 167; krit Weber NStZ 86, 481, 485). Die Übersichten entsprechen den Vermögensübersichten im Sinne des § 265b I Nr 1 (BT-Dr aaO). Nicht erfasst wird der sog „Telefonhandel" (Martin aaO S 166; Hellmann NK 29; Tiedemann LK 37).

11 c) Die Tathandlungen müssen **gegenüber einem größeren Kreis von Personen** vorgenommen werden. Das ist eine mindestens so große Zahl potenzieller Anleger, dass deren Individualität gegenüber dem sie verbindenden potenziell gleichen Interesse an der Kapitalanlage zurücktritt (BT-Dr 10/318 S 23). Erfasst werden danach idR öffentlich gemachte Angaben, das Auslegen von Werbematerial an allgemein zugänglichen Orten, die systematische Werbung von Tür zu Tür und das gezielte Ansprechen von Mitgliedern bestimmter Berufsgruppen, die aus Telefon- oder Adressbüchern ausgesucht werden (BT-Dr aaO; Tiedemann JZ 86, 865, 873; Hellmann NK 54); die bloße Individualtäuschung scheidet aus (Worms wistra 87, 271, 274).

12 4. Zu den **Tathandlungen:**

a) Unrichtige vorteilhafte Angaben (positives Tun) 5 zu § 265b; 17 zu § 264 (s auch Worms wistra 87, 271). Unter denselben Voraussetzungen wie bei

Kapitalanlagebetrug **§ 264a**

§ 265 b können sie sich auch auf Bewertungen und Prognosen beziehen (Granderath DB 86, Beil 18, 1, 7; Cerny MDR 87, 271, 276; Tiedemann LK 53; einschr Joecks 5; Sch/Sch-Cramer 24; aM Hellmann NK 33). Vorteilhaft bedeutet hier geeignet, die konkreten Aussichten für die positive Anlageentscheidung zu verbessern. Für diese Entscheidung irrelevante oder ihr entgegenwirkende Angaben, zB Boykottaufrufe, scheiden daher aus (BT-Dr 10/318 S 24; Hellmann NK 44). – **Verschweigen nachteiliger Tatsachen** ist idR echtes Unterlassen (hM; vgl etwa Tiedemann LK 61; anders Jacobi aaO [vgl 1] S 129; Mitsch BT 2,2 3/102; Hellmann NK 34; Samson/Günther SK 50–52; offengelassen von Köln NJW 00, 598, 600; krit Arzt/Weber BT 21/87); es setzt die Unterdrückung von Tatsachen voraus, deren Kenntnis geeignet wäre, den Interessenten von der Entscheidung für die Anlage abzuhalten (BT-Dr aaO).

b) Die Angaben oder das Verschweigen müssen sich auf Umstände beziehen, **13** die für die Anlageentscheidung **erheblich** sind (vgl NJW 00, 3346: von wesentlicher Bedeutung sein können). Das ist – unabhängig von außerstrafrechtlichen Mitteilungs- oder Offenbarungspflichten (BT-Dr 10/318 S 24) – zu bejahen, wenn sie nach dem Maßstab eines verständigen, durchschnittlich vorsichtigen Anlegers (BT-Dr aaO; Hellmann NK 61; krit Worms aaO [Anlegerschutz; vgl 1] S 334; Jacobi aaO [vgl 1] S 193; Arzt/Weber BT 21/86; s auch BGHSt 30, 385) Einfluss auf Wert, Chancen und Risiken der Kapitalanlage haben (BT-Dr 10/5058 S 31). Bei unrichtigen Angaben wird das meist zutreffen; hier scheiden idR nur Bagatellunrichtigkeiten und entscheidungsirrelevante Angaben aus (Tiedemann JZ 86, 865, 873). Umso größer sind die Schwierigkeiten beim Verschweigen von Tatsachen. Da der Anlegerschutz nach Abs 1, 2 „rechtsformunabhängig" gewährt wird, hängt das Ergebnis weitgehend von einer Gesamtwürdigung des konkreten Zusammenhänge ab, was im Hinblick auf Art 103 II GG zwar nicht problemlos (krit Weber NStZ 86, 481, 485; Sch/Sch-Cramer 32), für den insoweit gleich strukturierten § 265 b (dort 5) aber als verfassungsmäßig anerkannt ist (für § 264 a ebenso Hellmann NK 58). Jedenfalls ist eine enge Auslegung geboten (Joecks wistra 86, 142, 145; Tiedemann aaO; Cerny MDR 87, 271, 275; Pabst, Rechtliche Risiken bei Konzeption und Vertrieb von Kapitalanlagen, 1989, S 20). Die Praxis wird sich dabei an der zivilrechtlichen Rspr zur sog Prospekthaftung (Mutter NStZ 91, 421 mwN), an den in der Anlageberatung entwickelten Mindestinhalten von Prospekten und an den sog Kapitalanlage-Checklisten zu orientieren haben (BT-Dr 10/5058 S 31; Kriterienkatalog bei Tiedemann LK 51, 52; krit Cerny aaO S 277); allerdings werden dadurch nur Indizien gewonnen, deren Gewicht im konkreten Zusammenhang nachzuprüfen ist (Joecks aaO S 146 mit Beispielen).

c) Zwischen den Merkmalen vorteilhaft, nachteilig und erheblich besteht ein **14** **enger innerer Zusammenhang** mit wechselseitigen Abhängigkeiten (Worms wistra 87, 271, 272). Eine Kompensation vorteilhafter Angaben mit verschwiegenen nachteiligen Tatsachen ist jedoch nicht zulässig (Otto WM 88, 729, 738 mwN).

5. Der **Vorsatz** (bedingter genügt) muss auch alle tatbestandseinschränkenden **15** Merkmale (vgl 3–11) umfassen. Im Hinblick auf deren Unbestimmtheit sind an seinen Nachweis – ähnlich wie bei § 266 (dort 19) – strenge Anforderungen zu stellen (krit Cerny MDR 87, 271, 278). – Beim Verschweigen (vgl 12) ist die irrige Annahme, zur Information nicht verpflichtet zu sein, nur Verbotsirrtum (7 zu § 15; 6 zu § 17; aM Hellmann NK 65; zw); der Irrtum über die Erheblichkeit der verschwiegenen Umstände kann Tatbestands- oder Verbotsirrtum sein (Tiedemann LK 68 mwN).

6. Zur **tätigen Reue** (Abs 3) 29 zu § 24; s auch § 264 V (dort 28), dem Abs 3 **16** nachgebildet ist (BT-Dr 10/318 S 25); Abs 3 ist eine Ausnahmevorschrift, die nichts über die Beendigung der Tat und damit über den Verjährungsbeginn nach

§ 78 a besagt (Köln NJW 00, 598, 600). Ist zurzeit des Rücktritts bereits ein vollendeter Eingehungsbetrug begangen, so erstreckt sich die Straffreiheit nicht auf ihn (Worms wistra 87, 271, 275; Otto WM 88, 729, 739; Kindhäuser 13; Hellmann NK 74; aM Joecks aaO [vgl 2] Tz 266; Tiedemann LK 71).

17   7. Für das **Verhältnis zu** § 263 gelten die Ausführungen unter 10 zu § 265b sinngemäß (zust Knauth NJW 87, 28, 32; abl Cerny MDR 87, 271, 275; Otto WM 88, 729, 739; Arzt/Weber BT 21/91; W-Hillenkamp BT 2 Rdn 693); denn Kapitalanlagebetrug und Kreditbetrug stimmen in ihrer Struktur als Vorfeldtatbestände des Betruges überein; § 264 a tritt also idR hinter § 263 zurück, falls dessen Voraussetzungen zugleich erfüllt sind (wistra 01, 57, 58), nicht aber hinter den Betrugsversuch (aM Hellmann NK 82). – **Tateinheit** ua möglich mit §§ 88, 89 BörsG aF, jetzt: § 38 I Nr 4 iVm § 20a WpHG (Hellmann NK 83; Vogel, in: Assmann/Schneider [Hrsg], WpHG, 3. Aufl 2003, 11 zu § 20a WpHG; aM Sch/Sch-Cramer 41 zu § 88 BörsG aF), § 61 iVm § 23 BörsG (Tröndle/Fischer 24; aM Hellmann NK 84) und mit § 4 UWG aF (Worms wistra 87, 271, 275; Hellmann NK 85; aM Cerny aaO S 278; Otto aaO; Tiedemann LK 84). Im Übrigen unterscheiden sich die Möglichkeiten weiteren Zusammentreffens mit anderen Tatbeständen nicht wesentlich von denen bei § 263 (dort 67). – Prospekte und gewerbliche Druckschriften unterliegen nicht der kurzen presserechtlichen Verjährung (BGHSt 40, 385; LG Augsburg wistra 04, 75 mit krit Anm Pananis/Frings wistra 04, 238).

§ 265 Versicherungsmißbrauch

(1) **Wer eine gegen Untergang, Beschädigung, Beeinträchtigung der Brauchbarkeit, Verlust oder Diebstahl versicherte Sache beschädigt, zerstört, in ihrer Brauchbarkeit beeinträchtigt, beiseite schafft oder einem anderen überläßt, um sich oder einem Dritten Leistungen aus der Versicherung zu verschaffen, wird mit Freiheitsstrafe bis zu drei Jahren oder mit Geldstrafe bestraft, wenn die Tat nicht in § 263 mit Strafe bedroht ist.**

(2) **Der Versuch ist strafbar.**

Fassung des 6. StrRG (13 vor § 1).

1   1. Die erst während des Gesetzgebungsverfahrens auf Bitte des BRates (BT-Dr 13/8587 S 65) in Anlehnung an § 256 II E 62 konzipierte Vorschrift über **Versicherungsmissbrauch** (BT-Dr 13/8587 S 85 und 9064 S 19; Kreß NJW 98, 633, 643; Geppert Jura 98, 382; Stein, 6. StrRG Einf, 4/67; Krets, Strafrechtliche Erfassung des Versicherungsmissbrauchs …, 2001, S 2, 8; krit zu dieser Bezeichnung Papamoschou/Bung, in: Irrwege, 1999, S 241) ergänzt den in § 263 III S 2 Nr 5 (dort 66) als neues Regelbeispiel in modifizierter Form aufgenommenen bisherigen Versicherungsbetrug (§ 265 aF). Die Notwendigkeit der neuen Vorschrift wurde mit der Häufung der Fälle von Versicherungsmissbrauch zB im Zusammenhang mit international organisierten Kraftfahrzeugverschiebungen, den dadurch verursachten volkswirtschaftlichen Schäden zum Nachteil redlicher Versicherungsnehmer und mit der unzureichenden strafrechtlichen Erfassung von Missbrauchsfällen vor der Schadensmeldung begründet (BT-Dr jeweils aaO; Hörnle Jura 98, 169, 175; krit Zopfs VersR 99, 265; Arzt/Weber BT 21/117-124). Der Versicherungsmissbrauch ist, wie die Überschrift belegt, als eine gegenüber § 263 **selbstständige** Vorschrift konstruiert (BT-Dr 13/9064 S 20; ebenso schon die Begr zu § 256 E 62 S 428), doch erfasst er auch – wie bisher ausschließlich – Vorbereitungshandlungen zu § 263; kommt es dann zu einem stadienreifen Betrug, so ist § 265 kraft ausdrücklicher Klausel **subsidiär** (Wolters JZ 98, 397, 399; Geppert aaO S 383; vgl 6). – Mindestens gleichrangig **mitgeschütztes Rechtsgut** ist neben dem **Vermögen** auch die **soziale Leistungsfähigkeit des** dem allgemeinen Nutzen dienenden (nicht nur inländischen, wistra 94, 224) **Versicherungswesens** (Klipstein, in: Schlüchter, 6. StrRG, S 85; Krets aaO S 21; Schroth BT S 134; W-Hillenkamp BT 2 Rdn 652; Sch/Sch-Cramer/Perron 2; Tiedemann Nachtrag LK 11; Tröndle/Fischer 2; nach Otto GK 2 61/1 nur die soziale Leistungsfähigkeit; krit Rzepka, in: Irrwege 1999, S 271, 279; aM Rönnau JR 98, 441, 445: primär das Vermögen; ebenso Engemann, Die Regelung des Versicherungsmissbrauchs, 2001, S 48, 67; nach Geppert aaO, Bussmann StV 99, 613, 617, Rengier BT I 15/2 und Hellmann NK 15 nur das Vermögen). Der Schutz dieser Rechtsgüter ist weit vorverlagert (krit deshalb Geppert aaO S 386; Hörnle Jura 98, 169, 176; Rönnau aaO S 443; Schroth aaO; Bussmann aaO; Rzepka aaO S 281, erkennt sogar „Gesinnungsstrafrecht"); eine Vorschrift über tätige Reue fehlt. – Allgemein, auch unter kriminologischen und kriminalistischen Aspekten, zu betrügerischen versicherungsschädigenden Praktiken Geerds, Versicherungsmissbrauch, 1991; Born NZV 97, 257; Fetchenhauer, Versicherungsbetrug, 1998 und in: MschrKrim 99, 389; Bröckers, Versicherungsmissbrauch, 1999, S 19; Schröder, Versicherungsmissbrauch, 2000, S 34; Waider, Wirtschaftsstrafrecht und Versicherungsbetrug, 2003. – Für Streichung der Vorschrift wegen zu weiter Vorverlagerung des Strafrechtsschutzes Krets aaO S 48 mit zust Bespr Wohlers GA 04, 116.

2. Gegenstand der Handlung kann jede (bewegliche oder unbewegliche) 2 Sache (2 zu § 242 und zu § 303), auch eine fremde (Geppert aaO S 384), sein. – **Versichert** ist eine Sache, wenn über sie ein förmlicher, rechtsgeschäftlich nicht wieder aufgehobener Versicherungsvertrag gegen Untergang, Beschädigung, Beeinträchtigung der Brauchbarkeit, Verlust oder Diebstahl besteht, mag er auch als sog verbundene Versicherung noch weitere Risiken abdecken (Geppert aaO; Hellmann NK 18; ebenso schon BGHSt 35, 325 zu § 265 aF), nichtig (aM Hellmann NK 21) oder anfechtbar sein (BGHSt 8, 343 zu § 265 aF; W-Hillenkamp BT 2 Rdn 653) oder vom Versicherer nach §§ 38 II, 39 II, III VVG nicht erfüllt werden (BGHSt 35, 261; M-Schroeder/Maiwald BT 1 41/200; W-Hillenkamp aaO; krit Otto GK 2 61/2; Sch/Sch-Cramer/Perron 6; Tiedemann LK-Nachtrag 3); Versicherung nur gegen andere Risiken genügt nicht.

3. Beschädigen, Zerstören 3–7 zu § 303 (enger Sch/Sch-Cramer/Perron 8). 3 **Beeinträchtigung der Brauchbarkeit** liegt vor, wenn das durch die Versicherung geschützte Maß der Gebrauchsfähigkeit herabgesetzt ist (E 62 Begr S 428). **Beiseiteschaffen** ist das Verbringen der versicherten Sache aus dem räumlichen Herrschaftsbereich des Versicherungsnehmers (ähnlich E 62 aaO, Engemann aaO [vgl 1] S 121, Krets aaO [vgl 1] S 73 mit krit Bespr Wohlers GA 04, 116, 117, Mitsch BT 2,2 3/123; Kindhäuser 5; Sch/Sch-Cramer/Perron 9; weiter Otto GK 2 61/4; Schroth BT S 134; Tröndle/Fischer 6; Hellmann NK 26; noch weiter Klipstein aaO [vgl 1] S 86: jegliches Verbergen; ebenso Geppert aaO S 384 Fn 22 und W-Hillenkamp BT 2 Rdn 654). **Überlassen** ist das Übergeben der Sache an andere Personen (ähnlich Otto GK 2 61/4: Übertragung der Sachherrschaft; Fisch/Sternberg-Lieben JA 00, 124, 130; Krets aaO S 74), zB des Kraftfahrzeugs zur Kfz-Verschiebung (BT-Dr 13/9064 S 19). – Alle **Tathandlungen** müssen geeignet sein, den Versicherungsfall nach der jeweiligen Versicherung auszulösen (Geppert aaO S 384; Schroth BT S 134; Joecks 7); dass das missbräuchliche Verhalten die Leistungspflicht des Versicherers ausschließt, steht dazu nicht im Widerspruch. – Sämtliche Tathandlungen können bei Garantenstellung (namentlich bei Vertragspflicht zur Schadensabwehr) auch durch **Unterlassen** begangen oder gefördert werden (NJW 51, 204; s auch 7–11 zu § 13; 6 zu § 27).

4. Der **Vorsatz** (bedingter genügt; Otto GK 2 61/5) muss namentlich die Ver- 4 sicherung der Sache und die Eignung der Tathandlung zur Auslösung des Versicherungsfalls umfassen. Anders als bei § 265 aF wird eine betrügerische Absicht nicht mehr verlangt; dadurch werden Schwierigkeiten bei der Erfassung von Fällen

§ 265a

ausgeräumt, in denen nicht der Versicherungsnehmer selbst, sondern ein Dritter den Schaden herbeiführt (BT-Dr 13/9064 S 19; vgl auch E 62 Begr S 427 mit Beispielsfall); die sog Repräsentantenhaftung hat deshalb nur noch für § 263 I, III Satz 2 Nr 5 (dort 9 und 66) Bedeutung (Mitsch ZStW 111, 65, 117). Es reicht die **Absicht** (zielgerichteter Wille, 20 zu § 15; Joecks 9; anders M-Schroeder/ Maiwald BT 1 41/201: sicheres Folgewissen), sich oder einem Dritten Leistungen aus der Versicherung, dh einen Vermögensvorteil, zu verschaffen (E 62 Begr S 428; 28 zu § 263). Der Vorteil muss kein rechtswidriger sein; erfasst sind damit auch Fälle, in denen die Leistung dem Versicherungsnehmer von Rechts wegen gegenüber dem Versicherer zusteht (Geppert aaO S 385; Arzt/Weber BT 21/131; Rengier BT I 15/3; Schroth BT S 135; Tröndle/Fischer 10; Hellmann NK 8, 35).

5   **5. Vollendet** ist die Tat mit Vornahme der Tathandlungen (vgl 3); zur Schädigung der Versicherung muss es nicht gekommen sein; der Vermögensvorteil muss nur beabsichtigt sein. – Trotz der weiten Vorverlagerung der Strafbarkeit (vgl 1) ist die Anordnung der Strafbarkeit des Versuchs (Abs 2) für „nicht entbehrlich" erachtet worden (BT-Dr 13/9064 S 20; ebenso im Hinblick auf „Autoschiebereien" Hellmann NK 39; krit Stächelin StV 98, 98, 100; Rönnau JR 98, 441, 445 und W-Hillenkamp BT 2 Rdn 657; nach Schünemann, in: Hefendehl/v Hirsch/ Wohlers [Hrsg], Die Rechtsgutstheorie, 2003, S 133, 151: verfassungswidrig). Rücktritt vom Versuch ist nach § 24 möglich, tätige Reue nach Vollendung ist dagegen nicht vorgesehen (krit Mitsch ZStW 111, 65, 119 und Schroth BT S 134); für eine analoge Anwendung von § 306 e ist kein Raum (Rönnau aaO S 446; Krets aaO [vgl 1] S 87; W-Hillenkamp BT 2 Rdn 656; aM Geppert aaO S 384; für analoge Anwendung der §§ 264 V, 264 a III, 265 b II Engemann aaO [vgl 1] S 192; M-Schroeder/Maiwald BT 1 41/204 und Sch/Sch-Cramer/Perron 15).

6   **6.** Gegenüber § 263 ist **Subsidiarität** angeordnet (krit zu dieser „nicht geglückten" Fassung Mitsch ZStW 111, 65, 118; M-Schroeder/Maiwald BT 1 41/ 206 und Tröndle/Fischer 17; krit auch Rzepka aaO [vgl 1] S 281: Verstoß gegen Art 103 II GG); gemeint ist mit der „Tat" auch der nachfolgende Betrug (W-Hillenkamp BT 2 Rdn 652); die Strafbefreiung wegen Rücktritts vom Betrugsversuch erfasst den selbstständigen § 265 nicht (aM Arzt/Weber BT 21/137). **Tateinheit** ist möglich mit §§ 303 (Mitsch BT 2,2 3/113), 306 ff, 315, 315 b. – Zur Frage, ob § 265 bzw § 263 III Satz 2 Nr 5 gegenüber § 265 aF das mildere Gesetz iS des § 2 III ist, verneinend NStZ-RR 98, 235; NStZ 99, 32 und 556; 3 zu § 2.

§ 265 a Erschleichen von Leistungen

(1) **Wer die Leistung eines Automaten oder eines öffentlichen Zwecken dienenden Telekommunikationsnetzes, die Beförderung durch ein Verkehrsmittel oder den Zutritt zu einer Veranstaltung oder einer Einrichtung in der Absicht erschleicht, das Entgelt nicht zu entrichten, wird mit Freiheitsstrafe bis zu einem Jahr oder mit Geldstrafe bestraft, wenn die Tat nicht in anderen Vorschriften mit schwererer Strafe bedroht ist.**

(2) **Der Versuch ist strafbar.**

(3) **Die §§ 247 und 248 a gelten entsprechend.**

Fassung: Anpassung des Abs 1 an das veränderte Telekommunikationsrecht durch das BegleitG (13 vor § 1).

1   1. Die Vorschrift **schützt** ebenso wie § 263 das **Vermögen** (hM; vgl Bay NJW 86, 1504). Sie enthält vier **Auffangtatbestände zum Betrug**, die der Schließung von Lücken dienen (zu ihrer Kriminologie Falkenbach, Die Leistungserschleichung [§ 265 a StGB], 1983; Walter, Schüler-Springorum-FS, S 189, 191; zu ihrer Reform Albrecht ua [Hrsg], Rechtsgüterschutz durch Entkriminalisierung, 1992,

Erschleichen von Leistungen § **265a**

S 49, 59; Albrecht ua [Hrsg], Strafrecht-ultima ratio, 1992, S 33; Kerschke-Risch, Gelegenheit macht Diebe, 1993; Loos ZRP 93, 310; Wissenschaftliche Einheit Kriminalpolitikforschung [Hrsg], Schwarzfahren, 1995; Mühlenfeld, Kriminalität als rationale Wahlhandlung, 1999; Hinrichs NJW 01, 932; Günther SK 5–7; auch in einem Gesetzentwurf des Bundesrates ist die Entkriminalisierung der sog „Einmalfälle" beim Schwarzfahren vorgesehen [BT-Dr 13/374]; krit zu dieser Tendenz Hauf DRiZ 95, 15, 21; gegen die Entkriminalisierung BT-Dr 13/4064 [Antrag der Fraktionen CDU/CSU und FDP]). – Rechtsvergleichend Tiedemann LK 8–11; zum französischen Recht Walter, Betrugsstrafbarkeit in Frankreich und Deutschland, 1999, S 516.

2. a) Nur sog **Leistungsautomaten** sind für die 1. Alternative relevant (aM 2
Mitsch BT 2,2 3/146; Kindhäuser 16), zB Fernsprech-, Wiege-, Spiel- und Musikautomaten sowie Münzkassiergeräte an Stromanlagen (Bay MDR 61, 619) oder an Fernsehgeräten (Stuttgart MDR 63, 236), nicht aber Parkuhren (Hellmann NK 18 mwN). Das Ausleeren von Waren- oder Geldspielautomaten ist regelmäßig Diebstahl, auch wenn es mittels Falschgeldes (MDR 52, 563 mit abl Anm Dreher; Celle NJW 97, 1518 mit Bespr Hilgendorf JR 97, 347 und Mitsch JuS 98, 307, 312; krit Otto JZ 93, 559, 570; aM Günther SK 11, 12), durch Anwendung von Tricks beim Geldeinwurf (Stuttgart NJW 82, 1659 mit Bespr Seier JR 82, 509 und Albrecht JuS 83, 101; Koblenz NJW 84, 2424; Düsseldorf NJW 00, 158 mit zT krit Bespr Biletzki NStZ 00, 424 und JAR 00, 79, Martin JuS 00, 406, Otto JR 00, 214, Kudlich JuS 01, 20, 21 und Geppert JK 20 zu § 242; im Erg ebenso W-Hillenkamp BT 2 Rdn 674, die die Subsidiaritätsklausel heranziehen; aM AG Lichtenfels NJW 80, 2206 mit Bespr Schulz NJW 81, 1351, alle mwN; str) oder durch andere Manipulationen (Bay NJW 81, 2826 mit Anm Meurer JR 82, 292) geschieht (zusf Ranft JA 84, 1, 6; Otto JuS 85, 21, 23; Bühler, Die strafrechtliche Erfassung des Missbrauchs von Geldspielautomaten, 1995, S 61 und 81; Hilgendorf JuS 97, 130; Küper BT S 39; Tiedemann LK 39, alle mwN). Es kann uU auch unter § 263a fallen (dort 4), wird dann jedenfalls aber durch die Subsidiaritätsklausel ausgeschieden (vgl 8).

b) Telekommunikationsnetze sind nicht nur die Telefon- und Telexnetze, 3
sondern alle Datenübertragungssysteme im Fernmeldebereich (BT-Dr 7/3441 S 29; Hilgendorf JuS 97, 323, 327; Tiedemann LK 24), namentlich auch die Breitband-(Kabel-)Netze zur Verteilung von Fernseh- und Hörfunkprogrammen (Krause/Wuermeling NStZ 90, 526; weiter Tiedemann LK 26, alle mwN) sowie Funknetze (Hellmann/Beckemper JuS 01, 1095, 1096). Zum Telekommunikationsnetz s § 3 Nr 21 TKG. – Im Fernsprechverkehr (namentlich bei Fernsprechautomaten) ist entgeltliche Leistung nur die Herstellung und Aufrechterhaltung der Fernsprechverbindung im ganzen, nicht schon das Klingelzeichen beim Empfänger, so dass **Störanrufe** nicht erfasst werden (Hellmann NK 29; Sch/Sch-Lenckner/Perron 10, 13; Tiedemann LK 18; aM Herzog GA 75, 257, 261; Brauner/Göhner NJW 78, 1469; zw). Das sog „Spamming" (Versenden unerwünschter Massen-E-Mails) kann unter § 265a fallen (näher Frank, Zur strafrechtlichen Bewältigung des Spamming, 2004, S 156; s auch 3 zu § 303a und 3 zu § 317).

c) Beförderung durch ein Verkehrsmittel ist jede Transportleistung, ohne 4
Unterschied, ob Personen oder Sachen befördert werden, ob es sich um Massenleistungen (Eisenbahn) oder nur um eine Einzelleistung (Taxi) handelt und ob das Verkehrsmittel öffentlich oder privat ist (ebenso Hellmann NK 32).

d) Zutritt zur Veranstaltung (zB Theater, Konzert, Sportkampf) oder **Einrichtung** 5
(zB Museum, Kurpark, Schwimmbad) erfordert körperliche Anwesenheit. Nach dem Schutzzweck der Vorschrift sind nur Einrichtungen gemeint, bei denen das Entgelt aus wirtschaftlichen Gründen, also nicht ausschließlich zur Be-

§ 265a BT. 22. Abschnitt. Betrug und Untreue

grenzung des Zutritts gefordert wird. Bahnsteige, öffentliche Parkplätze ohne Zugangssperre und ähnliche Einrichtungen scheiden daher meist aus (Hamburg NJW 81, 1281 mit Anm Schmid JR 81, 391 und Hassemer JuS 81, 849; Sch/Sch-Lenckner/Perron 2; Tiedemann LK 33; str); auch Parkuhren sind weder Leistungsautomaten noch ermöglichen sie den Zutritt zu einer Einrichtung (Bay JR 91, 433 mit Anm Graul; Küper BT S 42); anders ist das bei entgeltpflichtigen Parkhäusern (Rinio DAR 98, 297; aM Tröndle/Fischer 24). – **Schwarzhören** bei Hörfunk oder Fernsehen genügt nicht, weil hier der Täter den „Zutritt" nicht zu einer Veranstaltung oder Einrichtung, sondern allenfalls „zum Kreis der Rundfunkhörer" erschleicht (Sch/Sch-Lenckner/Perron 8, 10; str); im Regelfall ist es nur als Ordnungswidrigkeit erfassbar (Tiedemann LK 44, 58); das gilt auch für die unbefugte Inanspruchnahme von Leistungen des Internet (Hilgendorf JuS 97, 323, 327).

6 **3. a) Erschleichen** ist nicht schon das bloß unbefugte Inanspruchnehmen der Leistung; zunehmend wird der objektive Tatbestand wegen der Vermögensschutzfunktion der Vorschirft (oben 1) um das ungeschriebene Merkmal der „Entgeltlichkeit", auf die sich jedenfalls die Absicht beziehen muss (unten 7), ergänzt (Hellmann JuS 01, 353, 356; Küper BT S 39, 50; Mitsch BT 2,2 3/148, 152, 158; Sch/Sch-Lenckner/Perron 2); hinzukommen muss jedenfalls, dass – allerdings mit teilweise umstrittenen Differenzierungen bei den einzelnen Alternativen (näher dazu W-Hillenkamp BT 2 Rdn 670–673; Sch/Sch-Lenckner/Perron 8–11; Tiedemann LK 34–47) – ohne Wissen des Berechtigten Sicherungsvorkehrungen gegen unbefugte Benutzung umgangen oder ausgeschaltet werden (ebenso Kindhäuser 11; Tröndle/Fischer 6). Im Einzelnen:

6a **b)** Beim **Automatenmissbrauch** (vgl 2) ist eine „täuschungsähnliche Manipulation des Mechanismus" erforderlich (ebenso Arloth CR 96, 359, 362; Hellmann NK 25), die nicht schon darin liegt, dass der Automat aufgebrochen und alsdann manipuliert wird (bei Holtz MDR 85, 795). Auch der nach § 263a I (dort 14) strafbare Missbrauch von Codekarten beim Geldabheben aus Bankautomaten gehört wegen Fehlens einer Manipulation nicht hierher (Küper BT S 40; Tiedemann LK 40), wird mindestens aber durch die Subsidiaritätsklausel (vgl 8) ausgeschieden; zur unbefugten Benutzung des Internet Hilgendorf aaO (vgl 5). – Bei **Telekommunikationsleistungen** (vgl 3) steht das Umgehen von Abrechnungseinrichtungen im Vordergrund (BT-Dr 7/3441 S 29; AG Mannheim CR 86, 341); es kommen aber auch andere Sicherungsvorkehrungen, wie sie etwa bei Kabelanschlüssen verwendet werden, in Frage (Krause/Wuermeling NStZ 90, 526); die bloß unbefugte Benutzung eines fremden Anschlusses genügt nicht (Hellmann/Beckemper JuS 01, 1005, 1007), auch nicht die Benutzung einer für den Verbindungsaufbau im Mobilfunknetz eines Anbieters uneingeschränkt vorgesehenen Signalisierungsvariante (Karlsruhe NStZ 04, 333). – Bei **Beförderungsleistungen** (vgl 4) wird vorausgesetzt, dass sich der Täter in den Genuss der Leistung setzt und dabei entweder sich mit dem Anschein der Ordnungsmäßigkeit umgibt oder Sicherungsvorkehrungen gegen unbefugte Benutzung umgeht oder ausschaltet (hM; vgl Bay NJW 69, 1042; bestätigt von BVerfG NJW 98, 1135; Hellmann/Beckemper JuS 01, 1095, 1097; Küper BT S 48; einschr Alwart JZ 86, 563; Schall JR 92, 1; krit Hinrichs NJW 01, 932, 933, alle mwN); letzteres ist zB bei der Bestechung einer Kontrollperson anzunehmen (Tiedemann LK 48; aM Sch/Sch-Lenckner/Perron 11). Einschleichen oder Täuschen ist nicht unbedingt erforderlich; täuschungsähnliches, uU sogar der Verdeckung dienendes unauffälliges oder untätiges Verhalten kann genügen, nicht jedoch das offene Inanspruchnehmen der Leistung (Bay aaO); Letzteres soll aber nicht vorliegen, wenn der Täter erst bei einer Fahrscheinkontrolle seine „Ausweislosigkeit" offenbart (Bay StV 02, 428; Stiebig Jura 03, 699, 701). Die in diesem Punkt zu weite Rspr bezieht hier auch den Fall ein, dass jemand ein Verkehrsmittel, dessen Zugang nicht kon-

Kreditbetrug **§ 265b**

trolliert wird, ohne gültigen Fahrausweis benutzt (Hamburg NJW 87, 2688 [mit abl Bespr Albrecht NStZ 88, 222, Fischer NJW 88, 1828 und Ranft Jura 93, 84, 87] und NStZ 91, 587 mit abl Anm Alwart; Stuttgart NJW 90, 924 mit abl Anm Fischer NStZ 91, 41; Düsseldorf NStZ 92, 84 und NJW 00, 2120 mit Bspr Martin JuS 00, 1126 und [krit] Geppert JK 2; Koblenz NStE 6; Frankfurt NStZ-RR 01, 269; Bay StV 02, 428 mit abl Anm Ingelfinger, zust aber Stiebig Jura 03, 699; für eine noch weitergehende, sich an den zivilrechtlichen Vertragsbruch anlehnende Auslegung Hauf DRiZ 95, 15, alle mwN). Das bloß unauffällige Mitgehen mit der Gesamtheit der Verkehrsteilnehmer ohne Durchschreiten einer Sperre oder Schleuse kann nicht als ein der Verdeckung dienendes Verhalten gewertet werden (im Ergebnis ebenso Sch/Sch-Lenckner/Perron 11; Tiedemann LK 47, beide mwN); ausreichend ist dagegen zB das unbefugte Einsteigen in einen Waggon durch einen Eingang, der Fahrgästen mit gültigem Fahrausweis vorbehalten ist, oder das unauffällige Unterlassen der Fahrscheinentwertung in einer – sei es auch ungesicherten – Schleuse im Waggon, die den Zutritt zum Fahrgastraum freigibt (ebenso W-Hillenkamp BT 2 Rdn 672 und Günther SK 18 mit weiteren Beispielen). – Für den **Zutritt zu Veranstaltungen und Einrichtungen** (vgl 5) gelten die Ausführungen zu den Beförderungsleistungen weitgehend sinngemäß (enger Tröndle/Fischer 23: Erreichen des körperlichen Eintritts).

4. Mit dem **Vorsatz** (bedingter genügt) muss sich die **Absicht** (zielgerichtetes 7 Wollen, 20 zu § 15) verbinden, das Entgelt (22 zu § 11) nicht oder nicht voll zu entrichten (Koblenz NStE 6); ob noch andere Zwecke mitverfolgt werden, ist unerheblich (Bay NJW 69, 1042). Diese Absicht fehlt beim sog „Leerspielen" von Glücksspielautomaten (dazu 14a zu § 263a) und beim Einführen von Leergutkästen in Automaten gegen Zahlungsbeleg (Hellmann JuS 01, 353, 356, der schon den objektiven Tatbestand verneint). Sie ist nach dem Schutzzweck der Vorschrift ferner zu verneinen, wenn jemand das Entgelt für einen Dauerfahrschein entrichtet, ihn lediglich bei der Fahrt nicht bei sich geführt und es vertragswidrig unterlassen hat, erneut einen Fahrschein zu lösen (Bay NJW 86, 1504; AG Lübeck NJW 89, 467; Günther SK 3 und Tiedemann LK 19, 50 verneinen schon den objektiven Tatbestand; ebenso Koblenz NJW 00, 86 mit krit Anm Kudlich NStZ 01, 90).

5. Die Vorschrift ist nicht nur gegenüber schwereren Tatbeständen zum Schutz 8 des Vermögens (Tiedemann LK 56 mwN; str), namentlich gegenüber den §§ 242 (aM Günther SK 4, 25), 263, 263a, **subsidiär** (s auch 2), sondern wegen des eindeutigen Wortlauts auch gegenüber sonstigen schwereren Tatbeständen (aM Mitsch BT 2,2 3/139, 169; W-Hillenkamp BT 2 Rdn 667; Kindhäuser 26). Vorrang des Betruges kommt beim Automatenmissbrauch im Allgemeinen nicht in Frage, während er bei der Leistungs- oder Zutrittserschleichung wegen der damit meist verbundenen Täuschung oft zu beachten ist (näher Bilda MDR 69, 434; Ranft JA 84, 723, 732; s auch Düsseldorf NJW 83, 2341). – **Tateinheit** ist ua möglich mit §§ 123, 147 (str) und § 267 (str).

6. Abs 3 entspricht teilweise dem § 263 IV (dort 66). 9

§ 265 b Kreditbetrug

(1) **Wer einem Betrieb oder Unternehmen im Zusammenhang mit einem Antrag auf Gewährung, Belassung oder Veränderung der Bedingungen eines Kredits für einen Betrieb oder ein Unternehmen oder einen vorgetäuschten Betrieb oder ein vorgetäuschtes Unternehmen**
1. **über wirtschaftliche Verhältnisse**
    a) **unrichtige oder unvollständige Unterlagen, namentlich Bilanzen, Gewinn- und Verlustrechnungen, Vermögensübersichten oder Gutachten vorlegt oder**

§ 265b BT. 22. Abschnitt. Betrug und Untreue

b) schriftlich unrichtige oder unvollständige Angaben macht, die für den Kreditnehmer vorteilhaft und für die Entscheidung über einen solchen Antrag erheblich sind, oder

2. solche Verschlechterungen der in den Unterlagen oder Angaben dargestellten wirtschaftlichen Verhältnisse bei der Vorlage nicht mitteilt, die für die Entscheidung über einen solchen Antrag erheblich sind,

wird mit Freiheitsstrafe bis zu drei Jahren oder mit Geldstrafe bestraft.

(2) Nach Absatz 1 wird nicht bestraft, wer freiwillig verhindert, daß der Kreditgeber auf Grund der Tat die beantragte Leistung erbringt. Wird die Leistung ohne Zutun des Täters nicht erbracht, so wird er straflos, wenn er sich freiwillig und ernsthaft bemüht, das Erbringen der Leistung zu verhindern.

(3) Im Sinne des Absatzes 1 sind

1. Betriebe und Unternehmen unabhängig von ihrem Gegenstand solche, die nach Art und Umfang einen in kaufmännischer Weise eingerichteten Geschäftsbetrieb erfordern;

2. Kredite Gelddarlehen aller Art, Akzeptkredite, der entgeltliche Erwerb und die Stundung von Geldforderungen, die Diskontierung von Wechseln und Schecks und die Übernahme von Bürgschaften, Garantien und sonstigen Gewährleistungen.

1 **1.** Die Vorschrift schützt nicht nur das **Vermögen** des einzelnen Kreditgebers, sondern auch das **Allgemeininteresse** an der Verhütung von Gefahren, die der (inländischen, Stuttgart NStZ 93, 545 und Obermüller, Der Schutz ausländischer Rechtsgüter …, 1999, S 212; weiter Tiedemann LK 119: jedes Kreditunternehmen mit Sitz in der EG) Wirtschaft im ganzen infolge der vielfältigen Abhängigkeiten von Gläubigern, Schuldnern und Arbeitnehmern durch ungerechtfertigte Vergabe von Wirtschaftskrediten erwachsen können (hM; vgl Tiedemann LK 9–21; anders Krack NStZ 01, 505, 506; Hellmann NK 9; krit Kindhäuser, Madrid-Sym, S 125, 129; Weigend, Triffterer-FS, S 696, 700; Wohlers, Deliktstypen des Präventionsstrafrechts, 2000, S 159, 340 und Hefendehl, Kollektive Rechtsgüter im Strafrecht, 2002, S 260; offen gelassen in BGHSt 36, 130, 131; zw). – Die Tat ist **abstraktes Gefährdungsdelikt** (32 vor § 13) im Vorfeld des Betruges (hM; vgl Sch/Sch-Lenckner/Perron 4; krit Lampe, Der Kreditbetrug [§§ 263, 265b StGB], 1980, S 41; ein Kumulationsdelikt nimmt Wohlers aaO S 176, an); dem steht das mitgeschützte Allgemeininteresse nicht entgegen, weil es sich insoweit nur um ein relativ selbständiges Rechtsgut handelt, nämlich nur um Folgeerscheinungen der Gefahren, die der Gesamtheit der jeweils betroffenen Einzelnen aus dem Phänomen des Kreditbetrugs erwachsen (Heinz GA 77, 225, 226; aM Lampe aaO S 37; Tiedemann LK 13, der ein Verletzungsdelikt annimmt; dagegen Hellmann NK 10). Zur dogmatischen und kriminalpolitischen Problematik dieser Vorverlegung des Strafschutzes ua auch BT-Dr 7/3441 S 17; 7/5291 S 14; Prost JZ 75, 18; Göhler/Wilts DB 76, 1657; Krüger, Entmaterialisierungstendenz beim Rechtsgutsbegriff, 2000, S 140; Wohlers aaO S 171, 340. In der Praxis hat die Vorschrift nur sehr geringe Bedeutung erlangt (Kießner, Kreditbetrug – § 265b StGB, 1985; Otto, Die strafrechtliche Bekämpfung unseriöser Geschäftstätigkeit, 1990, S 84; Hellmann NK 5).

2 **2.** Zu den **Grenzen des Anwendungsbereichs von Abs 1:**

a) Nach **Abs 3 S 1** müssen zurzeit der Stellung des Kreditantrags (dazu Bay NJW 90, 1677 mit Bespr Hassemer JuS 90, 850) sowohl Kreditgeber wie auch Kreditnehmer (NStZ 03, 539) – ungeachtet ihrer Rechtsform – ein **Betrieb oder Unternehmen** (8 zu § 264; 15 zu § 11) sein (BT-Dr 7/3441 S 32; 7/5291 S 15;

Kreditbetrug **§ 265b**

krit Lampe aaO [vgl 1] S 51); bei Krediten, die ganz oder teilweise privaten Zwecken dienen, und bei „durchlaufenden" Krediten ist die bisweilen schwierige Abgrenzung vornehmlich nach wirtschaftlichen Gesichtspunkten vorzunehmen (Sch/Sch-Lenckner/Perron 5; einschr Tiedemann LK 29; zw). – Die weitere Voraussetzung der Nr 1 deckt sich nicht mit dem Begriff des Handelsgewerbes im Sinne der §§ 1–4 HGB. Erfasst werden vielmehr Betriebe und Unternehmen aller Art, auch öffentliche und zB auch land- und forstwirtschaftliche Betriebe, Praxen von Ärzten oder anderen freiberuflich Tätigen, gemeinnützige Einrichtungen usw, sofern sie nur nach Art und Umfang einen in **kaufmännischer Weise eingerichteten Geschäftsbetrieb** erfordern (vgl dazu §§ 2, 4 HGB sowie Rspr und Schrifttum dazu; ebenso Hellmann NK 16 mwN).

b) Die Begriffsbestimmung des **Kredits in Abs 3 Nr 2** stimmt – von wenigen 3 Abweichungen abgesehen (dazu BT-Dr 7/3441 S 33) – mit § 19 KWG überein (zusf Tiedemann LK 37–52). Erfasst werden nicht nur Bankkredite, sondern zB auch Warenkredite von Lieferanten (Hellmann NK 13; krit M-Schroeder/Maiwald BT 1 41/189), ebenso die Stundung von Geldforderungen (NStZ 02, 433; Tröndle/Fischer 14). Auf die Höhe des Kredits kommt es nicht an (Begr dafür in BT-Dr 7/5291 S 15; krit Lampe aaO [vgl 1] S 44; Sch/Sch-Lenckner/Perron 20, 21).

c) **Täter** kann an sich jeder sein, neben dem Kreditnehmer und seinen Vertretern 4 iwS etwa auch der Bürge und der sonst an der Gewährung des Kredits interessierte Geschäftspartner (BT-Dr 7/5291 S 15); die Tat ist daher – von Abs 1 Nr 2 abgesehen (vgl 6) – kein Sonderdelikt (33 vor § 13; ebenso Mitsch BT 2,2 3/176). Jedoch muss die Tathandlung **im Zusammenhang mit einem Kreditantrag** stehen; das erfordert ihren sachlichen und zeitlichen Bezug (BT-Dr aaO) auf einen (vorher oder nachher) wirklich – sei es schriftlich, mündlich oder nur konkludent – gestellten Antrag, dem sie erkennbar als Grundlage dienen soll (Sch/Sch-Lenckner/Perron 27); Täuschungen im Rahmen nur vorbereitender Kontakte, denen kein Antrag folgt (Müller-Emmert/Maier NJW 76, 1657, 1661; Hellmann NK 24), oder mit dem Ziel, eine unberechtigte Kündigung des Kredits rückgängig zu machen (Frankfurt StV 90, 213), genügen nicht. Ob der Antrag den Kredit für einen wirklichen oder nur vorgetäuschten Betrieb (Unternehmen) erstrebt, ist gleichgültig; im letzten Falle kann die Vortäuschung vom Täter oder einem anderen ausgehen, mündlich oder schriftlich begangen sein und die Existenz des Betriebes überhaupt oder auch nur dessen Art und Umfang im Sinne des Abs 3 Nr 1 betreffen (BT-Dr aaO).

3. Zu den **Tathandlungen nach Abs 1**: 5

a) **Nr 1**: Die **wirtschaftlichen Verhältnisse** (krit dazu Sch/Sch-Lenckner/Perron 30) brauchen nicht unmittelbar die des Kreditnehmers zu sein (BT-Dr 7/3441 S 31); sie können auch künftige Entwicklungen, namentlich den Verwendungszweck des Kredits, betreffen (Tiedemann LK 81). Die **Entscheidungserheblichkeit** ist nicht nach den Vorstellungen der am Kreditgeschäft Beteiligten (für deren Berücksichtigung etwa Sch/Sch-Lenckner/Perron 42; dagegen Hellmann NK 33), sondern, wie sich aus den Worten „einen solchen Antrag" ergibt, nach dem objektiven „ex-ante-Urteil" eines verständigen, durchschnittlich vorsichtigen Kreditgebers zu bestimmen (BGHSt 30, 285; NStZ 02, 433; M-G/B-Nack 50/113). **Vorteilhaft** bedeutet geeignet, die konkreten Aussichten des Kreditantrags zu verbessern (Hellmann NK 30). – **Buchst a: Unterlagen** sind nicht nur Schriftstücke, sondern auch andere verkörperte Beweismittel (noch weiter Tiedemann LK 64, 65), mit denen die Richtigkeit von Angaben belegt, verdeutlicht oder ergänzt werden soll (Sch/Sch-Lenckner/Perron 34); die besonders genannten Bilanzen usw sind nur Beispiele; die Erwähnung auch der Gutachten weist darauf hin, dass es auch um die Bewertung nur einzelner Vermögensbestandteile gehen

§ 265b

kann (BT-Dr aaO). **Unrichtigkeit und Unvollständigkeit** 17 zu § 264 (Unechtheit, 17–22 zu § 267, genügt als solche nicht). Sie können sich jedoch hier abweichend von §§ 263, 264 auch auf Bewertungen und Prognosen beziehen (Tiedemann LK 67 mwN; krit Lampe aaO [vgl 1] S 46; aM Hellmann NK 37; Tröndle/Fischer 27); dabei ist ein solches Werturteil nur dann unrichtig, wenn die jeweiligen Schlussfolgerungen „schlechterdings nicht mehr vertretbar" erscheinen (Sch/Sch-Lenckner/Perron 39; krit Hellmann NK 38); bei Bilanzen usw bieten die einschlägigen Buchführungsvorschriften wichtige Maßstäbe (Tiedemann LK 71–78). **Vorlegen** setzt den Eingang der Unterlagen im Machtbereich des Kreditgebers (hM; weiter Tiedemann LK 62) ohne Rücksicht auf Kenntnisnahme voraus. Ob von einem gutgläubigen Dritten beigebrachte Unterlagen dem Täter zugerechnet werden können, bestimmt sich nach den Grundsätzen mittelbarer Täterschaft (BT-Dr aaO). – Zu **Buchst b** vgl 17 zu § 264; abweichend vom Subventionsbetrug genügen hier nur **schriftliche,** dem Empfänger zugegangene Angaben (Begr dafür in BT-Dr aaO S 30). – Trotz bedenklicher **Unbestimmtheit** der Merkmale „wirtschaftliche Verhältnisse", „erheblich", „vorteilhaft", „unrichtig" und „unvollständig" (krit Haft ZStW 88, 365, 369) hat die Rspr die **Verfassungsmäßigkeit** der Nr 1 anerkannt (BGHSt 30, 385 mit krit Anm Lampe JR 82, 430).

6   **b) Nr 2:** Die **Verletzung der Pflicht zur** (mündlichen oder schriftlichen) **Mitteilung** ist echtes Unterlassungsdelikt (hM; anders Samson/Günther SK 23–25; s auch 2, 3 zu § 13); sie ist allerdings praktisch wenig bedeutsam, weil sie idR als konkludente Täuschung schon unter Nr 1 fällt (Lampe aaO [vgl 1] S 50; Hellmann NK 50; Sch/Sch-Lenckner/Perron 44). Täter der Unterlassung kann nur sein, wer die Unterlagen oder Angaben vorlegt (Sonderdelikt, Tröndle/Fischer 37; aM M-Schroeder/Maiwald BT 1 41/191). – **Verschlechterungen** sind nur bei Vorlage der Unterlagen oder Angaben und deshalb auch nur insoweit anzeigepflichtig, als sie bis zu diesem Zeitpunkt eingetreten sind; erfasst wird daher nicht, wer erst nach diesem Zeitpunkt von der Verschlechterung erfährt (Sch/Sch-Lenckner/Perron 47; aM Tiedemann LK 95; zw), und zwar auch dann nicht, wenn eine Vertragspflicht zur Aufklärung über spätere Verschlechterungen besteht; diese kann aber im Rahmen des § 263 bedeutsam sein (vgl 10; einschr Hellmann NK 53; aM Mitsch BT 2,2 3/187). **Entscheidungserheblichkeit** vgl 5.

7   **4.** Der **Vorsatz** (bedingter genügt; trotz Bedenken ebenso Volk, Kaufmann [Arth]-FS, S 611, 623) muss je nach den Voraussetzungen der einzelnen Begehungsformen namentlich umfassen: die Unrichtigkeit oder Unvollständigkeit der Unterlagen oder Angaben (Nr 1 a, b), ihre Entscheidungserheblichkeit und ihre Vorteilhaftigkeit (Nr 1 a, b), die Schriftlichkeit der Angaben (Nr 1 b; Sch/Sch-Lenckner/Perron 37; str), den Zusammenhang mit einem Kreditantrag sowie Art und Umfang der auf Kreditgeber- und -nehmerseite notwendigen Betriebe oder Unternehmen (Abs 3 Nr 1).

8   **5. a)** Zur **tätigen Reue** (Abs 2) 29 zu § 24; s auch § 264 V (dort 28), mit dem die Vorschrift ihrer Struktur nach übereinstimmt (BT-Dr 7/5291 S 16). Wann die beantragte Leistung erbracht ist, bestimmt sich nach der zivilrechtlichen Rechtslage. § 24 ist nicht einschlägig; jedoch wird der Rücktritt nach Abs 2 – mindestens idR – auch die Voraussetzungen des Rücktritts nach §§ 263, 22, 24 erfüllen.

9   **b)** Abweichend von § 263 IV sind die §§ 247, 248 a nicht anwendbar.

10 **6.** Da die Vorschrift, wie sich zwingend aus ihrer Strafdrohung ergibt, nur das Vorfeld des Betruges abdecken will, **geht sie** – anders als § 264 (dort 30) – **dem § 263 nicht vor.** Auch **Tateinheit** mit vollendetem Betrug scheidet idR aus, weil der Unwert des Gefährdungsdelikts (vgl 1) in der Rechtsgutsverletzung nach § 263 enthalten ist (BGHSt 36, 130; aM Otto Jura 83, 16, 23; W-/Hillenkamp BT 2 Rdn 695; Tiedemann LK 14, 115, alle mwN). Dass § 265 b auch das Allge-

Untreue **§ 266**

meininteresse am Funktionieren der Kreditwirtschaft mitschützt, steht dem wegen der nur relativen Selbstständigkeit dieses Rechtsguts (vgl 1) nicht entgegen (str). Die Vorschrift tritt daher, soweit die Tathandlungen den Betrugsschaden verursacht haben, hinter § 263 zurück (materielle Subsidiarität; ebenso Krey/Hellmann BT 2 Rdn 534 und Mitsch BT 2,2 3/174). Bei Inkongruenz zwischen Tathandlung und Vermögensschaden ist dagegen **Tateinheit** möglich; ebenso beim Betrugsversuch, weil es hier im Hinblick auf die Möglichkeit auch eines untauglichen Versuchs der Klarstellung bedarf, dass es zur Vollendung des Gefährdungsdelikts gekommen ist (aM BGHSt 36, 130 mit abl Anm Kindhäuser JR 90, 520; s auch 28 vor § 52). – Für die Möglichkeiten des Zusammentreffens **mit anderen Tatbeständen** besteht zwischen §§ 263 und 265b kein wesentlicher Unterschied (dort 67).

§ 266 Untreue

(1) **Wer die ihm durch Gesetz, behördlichen Auftrag oder Rechtsgeschäft eingeräumte Befugnis, über fremdes Vermögen zu verfügen oder einen anderen zu verpflichten, mißbraucht oder die ihm kraft Gesetzes, behördlichen Auftrags, Rechtsgeschäfts oder eines Treueverhältnisses obliegende Pflicht, fremde Vermögensinteressen wahrzunehmen, verletzt und dadurch dem, dessen Vermögensinteressen er zu betreuen hat, Nachteil zufügt, wird mit Freiheitsstrafe bis zu fünf Jahren oder mit Geldstrafe bestraft.**

(2) **§ 243 Abs. 2 und die §§ 247, 248a und 263 Abs. 3 gelten entsprechend.**

Fassung: Das 6. StrRG (13 vor § 1) hat den bisherigen Abs 2 aufgehoben, Abs 3 zu Abs 2 gemacht und technisch geändert.

1. Geschützt wird nur das **Vermögen** (hM; vgl BGHSt 43, 293, 297; Schünemann LK 28; Kindhäuser NK 1; eingehend Nelles, Untreue zum Nachteil von Gesellschaften, 1991, S 283) durch den Missbrauchs- (vgl 5–8) und den Treubruchstatbestand (9–15). Zur verfassungsrechtlichen Problematik Labsch, Untreue (§ 266 StGB), 1983, S 199; Schünemann LK 29–31 und Seier, Geilen-Sym, S 145, 153 [„in Anbetracht der heute herrschenden Anwendungspraxis verfassungswidrig"] und Kohlmann-FS, S 105, 112; zur Rspr Heinitz, Mayer-FS, S 433; zum systematischen Aufbau Kohlmann JA 80, 228 und Seier/Martin JuS 01, 874; Grundfälle zur Untreue Seelmann JuS 82, 916 und 83, 32; zum entstehungsgeschichtlichen Hintergrund Küper BT S 337 und 351; zur Geschichte Kindhäuser NK 5–16; zur **Reform** AE (WirtschStR) S 127; Weber, Dreher-FS, S 555; Tiedemann, Würtenberger-FS, S 241, 249; Labsch aaO S 217; krit zu den Reformvorschlägen Haas, Die Untreue (§ 266 StGB), 1997, S 116; rechtsvergleichend Schünemann LK 191–195. 1

2. a) Beide Tatbestände setzen **als Täter** einen dem Vermögensträger gegen- 2 über Treupflichtigen voraus, dessen Bindung zurzeit der Tathandlung bestehen muss (NJW 93, 1278) und auf einem rechtlichen oder tatsächlichen Verhältnis beruhen kann. Da dieses Verhältnis ein strafbegründendes besonderes persönliches Merkmal ist (14 zu § 14; 3–5 zu § 28), kommen als Täter nur die Treupflichtigen selbst und deren in § 14 genannte Vertreter in Frage (so schon zum früheren Recht BGHSt 13, 330 mit Anm Schröder JR 60, 105). Außenstehende können allenfalls Teilnehmer sein (wistra 84, 22), deren Strafe nach § 28 I zu mildern ist (hM; vgl etwa BGHSt 26, 53; 41, 1, 2 mit Bespr Cramer WiB 95, 525, Ranft JZ 95, 1186 und Hake JR 96, 162; Dörfel Jura 04, 113; Roxin LK 66 und Hoyer SK 36, beide zu § 28; Mitsch BT 2, 1 8/52; Schünemann LK 162; anders Sch/Sch-Lenckner/Perron 52). – Da die Tatbestände als Tathandlung nur eine

1141

§ 266

Pflichtverletzung (Befugnismissbrauch; Treupflichtverletzung) voraussetzen, können sie gleichermaßen durch **Tun oder Unterlassen** erfüllt werden (ebenso M-Schroeder/Maiwald BT 1 45/22). Die in § 13 I für das unechte Unterlassungsdelikt mit Einschränkungen vorgesehene Gleichstellung mit dem Begehungsdelikt ist hier schon im Tatbestand einschränkungslos enthalten (vgl Schünemann LK 55, 91: „Garantensonderdelikt"). § 266 beschreibt also kein echtes (aM Sch/Sch-Stree 137 vor § 13), sondern ein unechtes Unterlassungsdelikt, bei dem an die Stelle der allgemeinen Voraussetzungen (Garantenpflicht, Entsprechensklausel) die Treupflicht tritt (Jescheck LK 10 zu § 13; zw); er geht deshalb dem § 13 I als Spezialregelung vor (Rudolphi ZStW 86, 68, 69; Güntge wistra 96, 84; aM Bay JR 89, 299 mit abl Anm Seebode; offen gelassen in BGHSt 36, 227; zw). Nach hM folgt daraus die Unanwendbarkeit auch der Milderungsvorschrift des § 13 II; das ist jedoch nicht zwingend, weil die Strafmilderung nicht auf den Regelungsbereich des § 13 I beschränkt werden muss, sondern als allgemeine Vergünstigung für alle unechten Unterlassungsdelikte verstehbar ist (so BGH aaO mit krit Anm Timpe JR 90, 428; NStZ-RR 97, 357; aM Güntge aaO S 89; W-Hillenkamp BT 2 Rdn 765; für eine analoge Anwendung von § 13 II Schünemann LK 161; zw). Allerdings fehlt es bei der Untreue regelmäßig an einer konkreten Schulddifferenz zwischen Tun und Unterlassen, so dass die Milderung meist aus diesem Grunde entfällt (18 zu § 13; s auch Seier JA 90, 382 und Tröndle/Fischer 82).

3 **b)** Beide Tatbestände setzen ferner als Angriffsobjekt **fremdes** Vermögen voraus. Dieses muss zivilrechtlich einer mit dem Täter nicht identischen natürlichen oder juristischen Person (zB einer GmbH, wistra 93, 301, oder auch einer KG auf Aktien, wistra 86, 69) zustehen (hM; vgl BGHSt 1, 186; Joecks 20; Mitsch BT 2, 1 8/14; Kindhäuser NK 44; anders Nelles aaO [vgl 1] S 513, 541, die nicht auf die zivilrechtliche Zuordnung, sondern auf die aus dem strafrechtlichen Vermögensbegriff abgeleitete Macht und das Recht abstellt, über die Zwecke des Vermögenseinsatzes im Verhältnis zu jedem Dritten verbindlich zu verfügen). Vermögen juristischer Personen ist danach nicht nur für deren Organe, sondern auch für deren Anteilseigner fremd, selbst wenn alle Anteile in einer Hand vereinigt sind (BGHSt 34, 379, 384). Für bloß verselbstständigte Vermögensmassen (zB OHG, KG, GbR, Vor-GmbH [StV 92, 465; Achenbach NStZ 93, 429; Deutscher/Körner wistra 96, 8], GmbH & Co KG [NJW 92, 250, 251 und 03, 2996, 2999 mit Bespr Otto JK 24]) gilt das dagegen nicht, weil sie keine selbstständigen Vermögensträger sind, sondern den Beteiligten gemeinschaftlich zustehen; hier kommt es darauf an, ob ein vom Täter verschiedener (Mit-)Träger der Vermögensmasse betroffen ist (BGHSt 34, 221; NStZ 87, 279; wistra 91, 183 und 00, 179; Schulte NJW 84, 1671; aM Schäfer NJW 83, 2850; für die Vor-GmbH aM auch Hentschke, Der Untreueschutz der Vor-GmbH ..., 2002, S 150, 220: selbstständiger Vermögensträger mit vor dem Zugriff des Geschäftsführers bzw Gesellschafters geschütztem Stammkapital). – Zu den unklaren Voraussetzungen einer Untreue im Konzern und zur noch nicht abschließend geklärten Möglichkeit einer Untreue zum Nachteil einer GmbH & Co KG Tiedemann GmbHG 22–27 vor § 82; M-G/B-Schmid 31/113–114 a; zum GmbH-Konzern und zur AG unten 20.

4 **c)** Beide Tatbestände setzen nach ihrem Wortlaut schließlich voraus, dass der Täter „**fremde** (vgl 3) **Vermögensinteressen zu betreuen hat**" (Wegenast, Missbrauch und Treubruch, 1994, S 134; Joecks 23). Die Bedeutung dieses Merkmals, das sich als gemeinsames erst im zweiten Teil der Vorschrift findet und dort vornehmlich der näheren Konkretisierung des durch die Tat Benachteiligten dient, ist umstritten (Küper BT S 338, 339). Es geht dabei um die Frage, ob die von Rspr und Lehre entwickelte einschränkende Auslegung des Treubruchstatbestandes, die an dessen zentrales Merkmal der „Wahrnehmung fremder Vermögensinteressen" anknüpft (vgl 11–14), Rückwirkungen auch auf den Missbrauchs-

Untreue **§ 266**

tatbestand hat (so Hübner LK[10] 2–15 mwN) oder ob hier in Anlehnung an die zum früheren Recht entstandene Missbrauchstheorie (vgl zB Frank 1; dazu Kindhäuser NK 20–22) und an die Intention des historischen Gesetzgebers (dazu Heimann-Trosien JZ 76, 549 mwN) schon jeder Missbrauch einer rechtlichen Befugnis – sei es auch nur bei einem beschränkten Auftrag – zur Erfüllung des Tatbestandes ausreicht (früher hM; vgl etwa Arzt, Bruns-FS, S 365, 382; Labsch aaO [vgl 1] S 125, NJW 86, 104 und Jura 87, 343; Baumgartner, Der Schutz zivilrechtlicher Forderungen durch Veruntreuung, Untreue und Unterschlagung, 1996, S 116, 135; Schünemann LK 11–24). Die Frage ist erst im Zusammenhang mit dem Scheckkartenmissbrauch (BGHSt 24, 386) voll ins Blickfeld getreten. Obwohl die – allerdings uneinheitliche – Rspr und auch das Schrifttum die selbstständige Bedeutung dieses die Tatbestände verbindenden Merkmals nur vereinzelt ausdrücklich bejaht haben (Nachw bei Schünemann LK 9), ist die damit erreichbare Einschränkung der Untreue im ganzen auf Täter, denen als Hauptpflicht die Betreuung fremder Vermögensinteressen obliegt, ein zur Milderung der bedenklichen Konturlosigkeit der Tatbestände wichtiger Fortschritt (Fabricius NStZ 93, 414, 415). Die vom BGH vollzogene Schwenkung verdient daher Zustimmung. Mit Recht geht er davon aus, dass jede Restriktion, die Rspr und Lehre für den Treubruchstatbestand aus dem Merkmal „Wahrnehmung fremder Vermögensinteressen" herausgearbeitet haben, auch für den Missbrauchstatbestand gilt, weil er durch den inhaltsgleichen Begriff der „Betreuung fremder Vermögensinteressen" in derselben Weise begrenzt ist (BGHSt 24, 386 mit Anm Willms LM 5 und Seebode JR 73, 117, 119). Dem ist ein Teil des Schrifttums gefolgt (Hübner JZ 73, 407; Dunkel, Erfordernis und Ausgestaltung des Merkmals „Vermögensbetreuungspflicht" im Rahmen des Missbrauchstatbestandes der Untreue, 1976, S 236 und GA 77, 329; Schreiber/Beulke JuS 77, 656; Vormbaum JuS 81, 18, 20; Nelles aaO [vgl 1] S 186, 510; M-Schroeder/Maiwald BT 1 45/11; W-Hillenkamp BT 2 Rdn 750; M-G/B-Schmid 31/16; Kindhäuser, Lampe-FS, S 725 und NK 30–39). Allerdings wird zum Teil auch die selbstständige Bedeutung der Vermögensbetreuungspflicht zwar anerkannt, aber für weniger weittragend gehalten als im Treubruchstatbestand (Schlüchter JuS 84, 675, 676) oder ganz auf den Gesichtspunkt reduziert, dass dem Täter seine Rechtsmacht im fremden Interesse erteilt sein müsse (Bringewat GA 73, 353, 362, NStZ 83, 457 und JA 84, 347, 353; Otto, Bargeldloser Zahlungsverkehr und Strafrecht, 1978, S 100 sowie JR 85, 29 und 89, 208; Sieber, Computerkriminalität und Strafrecht, 2. Aufl 1980, S 239; Wegenast aaO S 137; Mitsch BT 2, 1 8/19; Sch/Sch-Lenckner/Perron 2, 11).

3. Der **Missbrauchstatbestand** (zu dessen zivilrechtlicher Genealogie Kiefner, Stree/Wessels-FS, S 1205) schützt gegen den nach außen wirksamen (hM; anders Arzt, Bruns-FS, S 365; Schünemann LK 32, beide mwN) Missbrauch der Rechtsmacht (Befugnis), über fremdes (vgl 3) Vermögen zu verfügen oder einen anderen zu verpflichten. **5**

a) Die **Befugnis** (zusf Küper BT S 335 mwN) kann beruhen auf Gesetz, zB bei Eltern, Vormund, Betreuer (Otto Jura 91, 48; s auch Bremen NStZ 89, 228), Pfleger (Celle NJW 94, 142), Testamentsvollstrecker, Insolvenzverwalter (bis 1998 Konkursverwalter; vgl NStZ 98, 246; wistra 00, 384; speziell zum Konkurssachbearbeiter NStZ 00, 376; zum Insolvenzverwalter LG Magdeburg wistra 02, 156 und Schramm NStZ 00, 398), auch der vorläufige (bei Verwaltungs- und Verfügungsbefugnis; Schramm aaO; Gold, Die strafrechtliche Verantwortung des vorläufigen Insolvenzverwalters, 2004, S 101; weiter Bittmann/Rudolph wistra 00, 401), Sequester (NJW 93, 1278; NStZ 98, 193), Nachlassrichter (BGHSt 35, 224 mit Anm Otto JZ 88, 883), Gerichtsvollzieher (BGHSt 13, 274) oder der Vertragsarzt als Vertreter der Krankenkasse (NJW 04, 454; zu dessen Treupflicht vgl 12), auf allgemeinem oder speziellem behördlichem Auftrag (RGSt 69, 333, 336) oder auf **5 a**

Rechtsgeschäft, zB Vollmacht, Satzung oder Organstellung in einer Gesellschaft (BGHSt 28, 371; zur GmbH und AG unten 20) oder einem rechtsfähigen Verein, bei dem zum Kreis der Treupflichtigen namentlich der Vereinsvorsitzende und andere Vorstandsmitglieder gehören (NJW 75, 1234; wistra 01, 340; Hamm NJW 82, 190 und wistra 99, 350, 353; Eisele GA 01, 377, 386; Seier JuS 02, 237; Kindhäuser NK 87; Schünemann LK 49, 130), aber auch weitere Organe des Vereins wie etwa Generalsekretär, Geschäftsführer oder Schatzmeister hinzutreten können; vgl auch Frankfurt NJW 04, 2028); zur kontrovers diskutierten Frage der Untreue durch verdeckte Parteifinanzierung im Fall Kohl vgl LG Bonn NJW 01, 1736 mit krit Bespr Beulke/Fahl NStZ 01, 426, Hamm NJW 01, 1694 und Schwind NStZ 01, 349; Hetzer RuP 00, 100; Otto RuP 00, 109; Velten NJW 00, 2852; Wolf KJ 00, 531; Krüger NStZ 02, 1178; vgl auch Taschke und Volhard, Lüderssen-FS, S 663 und 682. Ein rechtlich unwirksames Grundverhältnis verleiht keine Befugnis (hM). Auch dass eine Verfügung lediglich nach Normen des Verkehrsschutzes (zB § 932 BGB) dem Betreuten gegenüber wirksam ist, genügt nicht (BGHSt 5, 61; Herzberg/Brandts JuS 83, 203, 205; Kindhäuser NK 130; für den Fall der erloschenen, aber kraft Rechtsscheins nach §§ 169 ff BGB fortwirkenden Vollmacht anders Stuttgart NStZ 85, 365; Labsch Jura 87, 411, 412; Sch/Sch-Lenckner/Perron 4, 18; dagegen M-Schreoder/Maiwald BT 1 45/17, alle mwN; zw).

6   **b)** aa) Die Handlung setzt einen **Missbrauch** dieser Befugnis, dh eine Verletzung der im Innenverhältnis bestehenden Pflichten voraus. Diese ergeben sich idR aus der Beziehung zwischen Treugeber und Treupflichtigem, sind also je nach dem Aufgabenkreis des Treupflichtigen verschieden (vgl etwa wistra 88, 305; NStZ 01, 432; Hamm NStZ 86, 119; Düsseldorf wistra 92, 354). Sie können auch unmittelbar auf einer Rechtsvorschrift beruhen, zB bei der Vergabe von Großkrediten auf Grund des KWG (Nack NJW 80, 1599; Martin, Bankenuntreue, 2000, S 31, 143; Laskos, Die Strafbarkeit wegen Untreue bei der Kreditvergabe, 2001, S 33, 123; speziell zu § 18 KWG einschr BGHSt 46, 30 strenger jedoch BGHSt 47, 148; unten 7), auf den Landeshochschulgesetzen bei der Verwendung von zweckgebundenen Mitteln durch Studentenvertreter (BGHSt 30, 247) oder auf Art 33 II GG bei der Ämterpatronage (Schmidt-Hieber NJW 89, 558; s auch Schmidt-Hieber/Kiesswetter NJW 92, 1790; zum Schaden beachte 17). Bei öffentlichen Mitteln kommt auch eine Bindung durch verwaltungsinterne Richtlinien und allgemein durch die Pflicht zu sachlicher Ermessensausübung in Frage (NJW 91, 990; Fabricius NStZ 93, 414, 416). – Der Missbrauch muss durch eine Handlung betätigt sein, die **wirksam** über fremdes (vgl 3) Vermögen **verfügt** oder einen anderen **verpflichtet** (Mitsch BT 2, 1 8/24; zu einschlägigen Fallgruppen Labsch Jura 87, 343, 346; übersehen von Celle NJW 94, 142 mit zu Recht abl Bespr Krack/Radtke JuS 95, 17, 20). Das setzt stets eine rechtsgeschäftliche Handlung oder treupflichtwidriges Unterlassen (vgl 2; M-G/B-Schmid 31/52–56) einer solchen Handlung voraus (hM; anders Sax JZ 77, 743, 747); auch das Verjährenlassen einer Forderung kommt danach in Frage (Schünemann LK 54; aM Kindhäuser NK 136; offen gelassen in NJW 83, 461 mit krit Anm Keller JR 83, 516, alle mwN; zw; zum strafrechtlichen Forderungsschutz rechtsvergleichend Baumgartner aaO [vgl 4] S 185, 198). Charakteristisch ist, dass sich der Täter im Rahmen seines durch das Grundverhältnis legitimierten rechtlichen Könnens hält, aber die im Innenverhältnis gezogenen Grenzen seines rechtlichen Dürfens überschreitet (BGHSt 5, 61, 63; NJW 95, 1535, beide mwN). Rein tatsächliches Einwirken auf das betreute Vermögen genügt daher nicht (Frankfurt MDR 94, 1232), wohl zB aber das Begeben eines ungedeckten Schecks unter Vorlage der Scheckkarte und die Benutzung einer Kreditkarte trotz Zahlungsunfähigkeit (3, 4 zu § 266 b; zusf Labsch aaO S 350). In beiden Fällen scheitert die Annahme einer Untreue nur daran, dass der Täter keine fremden Vermögensinteressen zu betreu-

Untreue **§ 266**

en hat (hM); die daraus folgende Gesetzeslücke hat das 2. WiKG (2 vor § 263) durch Einführung des § 266 b geschlossen (vgl die Nachw dort).

bb) Beim sog **Risikogeschäft** liegt mangels Pflichtverletzung kein Missbrauch 7 vor, wenn der Täter ein rechtlich unverbotenes, vom Treugeber ausdrücklich oder stillschweigend gebilligtes Risiko übernimmt, dh den ihm gezogenen Rahmen einhält (wistra 85, 190), oder wenn er bei fehlender oder ungenügender Konkretisierung seines Pflichtenkreises die Grenzen eines nach den Regeln kaufmännischer Sorgfalt wirtschaftlich noch vertretbaren Risikos nicht überschreitet (bei Holtz MDR 82, 624; NStZ 90, 437; näher dazu Bringewat JZ 77, 667, 668; Kohlmann JA 80, 228, 231; Hillenkamp NStZ 81, 161; Nelles aaO [vgl 1] S 563; Waßmer, Untreue bei Risikogeschäften, 1997, S 32, 51; M-Schroeder/Maiwald BT 1 45/47–50; Tiedemann GmbHG 19 vor § 82; Schünemann LK 95–99; zur Untreuerelevanz riskanter Entscheidungen in der Wirtschaft Thomas, Rieß-FS, S 795, 800). Bei der Vergabe eines **Kredits** sind die Entscheidungsträger der Bank zu einer Risikoprüfung auf der Grundlage umfassender Information verpflichtet. Verstoßen sie dabei in gravierender Weise gegen die bankübliche Informations- und Prüfungspflicht, so stellt dies zugleich eine Treupflichtverletzung dar (BGHSt 47, 148, 152 m Bespr Kühne StV 02, 198; Otto JK 21; krit zur Anbindung an § 18 KWG Keller/Sauer wistra 02, 365; Knauer NStZ 02, 399). Werden hingegen in einer umfassenden Bonitätsprüfung Risiko und Chance sorgfältig gegeneinander abgewogen (was anhand bestimmter Indizien festgestellt werden kann), ist die Kreditvergabe auch dann pflichtgemäß, wenn der Kredit später notleidend wird (BGHSt 46, 30, 34 mit zust Anm Dierlamm/Links NStZ 00, 656, Otto JR 00, 517 und JK 19; Dahs NJW 02, 272; Kindhäuser NK 113; zur Strafbarkeit der Kreditgewährung in Form tolerierter Scheckreiterei wistra 01, 218 mit krit Anm Bosch wistra 01, 257; vgl auch wistra 00, 61; zur Problematik riskanter Kredite und Spekulationsgeschäfte durch leitende Bankfunktionäre eingehend Martin [vgl 6] S 47–97, 87 mit Kasuistik auf S 87–97; Laskos aaO [vgl 6] S 29, 88, der sog formelle Pflichtverstöße und Kreditausfallschäden für unbeachtlich hält; Otto, Bankentätigkeit und Strafrecht, 1983, S 68 und in: ZStW Beiheft 82, 29, 61; Gallandi wistra 88, 295 und 01, 281; Kiethe WM 03, 861, 867; speziell zu Sanierungskrediten Aldenhoff/Kuhn ZIP 04, 103). Umstritten und noch nicht abschließend geklärt ist, inwieweit es pflichtwidrig sein kann, wenn ein Unternehmen die gegen einen Mitarbeiter gerichteten Geldstrafen, Geldauflagen oder Verfahrenskosten erstattet (vgl dazu Ignor/Rixen, wistra 00, 448; Hoffmann/Wissmann StV 01, 249; bei einem Abwasserverband bejahend hinsichtlich der Bezahlung der Geldstrafen, verneinend bzgl der Verfahrenskosten NJW 91, 990, 991).

c) Schließlich muss das Verhältnis zwischen Vermögensträger und Treupflichti- 8 gem, wie sich aus der unter 4 befürworteten restriktiven Auslegung ergibt, von einer Art sein, dass diesem in einem gewissen Spielraum und mit einer gewissen Selbstständigkeit und Bewegungsfreiheit gerade die **Betreuung fremder Vermögensinteressen als Hauptpflicht** obliegt (näher dazu 9, 11).

4. Der **Treubruchstatbestand** setzt ein Treueverhältnis gehobener Art mit 9 Pflichten von einigem Gewicht voraus, die nicht in allen Einzelheiten vorgegeben sind (NStZ 83, 455), zu deren Erfüllung dem Verpflichteten vielmehr ein gewisser Spielraum, eine gewisse Selbstständigkeit und Bewegungsfreiheit gerade bei der Betreuung der fremden Vermögensinteressen eingeräumt ist (BGHSt 3, 289, 293; StV 87, 535; NJW 91, 2574; NStZ-RR 02, 107; Karlsruhe wistra 92, 233; ähnlich Kindhäuser NK 49–56; krit Haas aaO [vgl 2] S 39; Sch/Sch-Lenckner/Perron 24; im Ansatz, aber kaum in den Ergebnissen abw Nelles aaO [vgl 1] S 524, 539; zusf Küper BT S 349).

a) Das **Treueverhältnis** kann auf den gleichen außerstrafrechtlichen Grundla- 10 gen wie beim Missbrauchstatbestand (vgl 5 a), aber auch auf einem rein tatsächli-

1145

§ 266

chen Verhältnis beruhen (BGHSt 6, 67; NJW 97, 66 mit Bespr Geerds JR 97, 340 und Otto JK 13; NStZ 97, 124 und 99, 558; Krey/Hellmann BG 2 Rdn 563; einschr Keuffel-Hospach, Die Grenzen der Strafbarkeit wegen Untreue [§ 266 StGB] auf Grund eines [tatsächlichen] Treueverhältnisses, 1997, S 131); dieses muss allerdings rechtlich begründbar sein, zB auf einem wegen Geisteskrankheit des Treugebers nichtigen Rechtsgeschäft beruhen (M-Schroeder/Maiwald BT 1 45/27; einschr Sax JZ 77, 743, 746). Auch Rechtsgeschäfte, die wegen **rechts- oder sittenwidriger Zwecke** nichtig sind, scheiden als Grundlage eines solchen Treueverhältnisses häufig, aber nicht notwendig aus (BGHSt 8, 254; 20, 143; NStZ-RR 99, 184, 186; Franke JuS 81, 444, 446; Mitsch BT 2, 1 8/30, 38; W-Hillenkamp BT 2 Rdn 769, 774; Schünemann LK 65; aM M-Schroeder/Maiwald BT 1 45/28; Joecks 29; Kindhäuser 41; Sch/Sch-Lenckner/Perron 31; zusf Kühl JuS 89, 505, 512, Keuffel-Hospach aaO S 46, 114, Hillenkamp, BT-Problem 35, S 180 und Küper BT S 355).

11 **b)** Der wesentliche Inhalt des Treueverhältnisses muss – bei wirtschaftlicher Betrachtung – gerade die **Wahrnehmung fremder** (vgl 3) **Vermögensinteressen** sein (stRspr). Grundlage dieser Wahrnehmungspflicht ist deshalb stets ein fremdnützig typisiertes Schuldverhältnis (Schünemann LK 58; krit Labsch aaO [vgl 1] S 156, 175, 201). Rechtsbeziehungen, bei denen fremde Vermögensinteressen lediglich auf eigene gegenläufige Interessen treffen, die von jedem Teil nur um des eigenen Vorteils willen verfolgt werden, liegen außerhalb des Untreuebereichs (GA 77, 18). Die Wahrnehmung von Fremdinteressen muss deshalb einen essentiellen Bestandteil des Verhältnisses zwischen dem Treugeber und dem Täter, dh eine vertragliche Hauptpflicht, nicht lediglich eine bloße Nebenpflicht, ausmachen (BGHSt 1, 186, 189; 13, 315, 317; NJW 95, 1535; Joecks 25; W-Hillenkamp BT 2 Rdn 769). Daher genügt weder die Pflicht als solche, einen Vertrag zu erfüllen (BGHSt 28, 20 mwN), noch die einem Vertrag zugrundeliegende allgemeine Pflicht (§ 242 BGB), auf die Interessen des Partners gebührend Rücksicht zu nehmen (BGHSt 1, 186, 188).

12 aa) An einem solchen Treueverhältnis **fehlt** es meist (vgl auch die Auflistung von Kindhäuser NK 86): Beim **Kaufvertrag** (NStZ 89, 72 mit Anm Otto JR 89, 208, beide mwN), auch beim Kauf unter (verlängertem, Wittig/Reinhart NStZ 96, 467) Eigentumsvorbehalt (BGHSt 22, 190; krit Haas aaO [vgl 1] S 84); uU aber nicht beim Beschaffungskauf mit Anzahlung (BGHSt 1, 186; s auch bei Dallinger MDR 69, 533) oder mit langer Kaufpreisansparung (NJW 91, 371). Beim **Werkvertrag** (NJW 78, 2105), auch wenn der Besteller später zu verrechnende Vorauszahlungen geleistet hat (RGSt 69, 97); eine Treuepflicht kommt jedoch in Frage, wenn die Vorauszahlung zur Beschaffung des Werkmaterials bestimmt war (Bay wistra 89, 113 mwN). Beim **Mietvertrag** (Oldenburg NJW 52, 1267); eine Treuepflicht des Vermieters kann hier regelmäßig nicht durch die in § 550 b II BGB aF (jetzt § 551 BGB) konstituierte Anlegungspflicht für Mieterkautionen oder durch eine gleichartige Vereinbarung (aM BGHSt 41, 224 mit zust Bespr Pauly ZMR 96, 417 und abl Bespr Sowada JR 97, 28, Satzger Jura 98, 570, Otto JK 12; krit zur Rspr W-Hillenkamp BT 2 Rdn 771), wohl aber hinsichtlich eines Baukostenzuschusses (BGHSt 8, 271; 13, 330) begründet werden; eine Treuepflicht des Mieters bei bestimmten Formen der Kautionsgestaltung besteht idR nicht (aM Bay wistra 98, 158 mit krit Bespr Satzger JA 98, 926 und Otto JK 51 zu § 263). Beim **Verwahrungsvertrag** (Timmermann MDR 77, 533). Beim **Arbeitsvertrag** (BGHSt 6, 314; Köln NJW 67, 836; Braunschweig NJW 76, 1903; Frankfurt NStZ-RR 97, 201; beachte jedoch § 266a II); vor allem genügt nicht, dass ein Arbeitnehmer nur seine allgemeine Pflicht verletzt, im Rahmen seiner Tätigkeit die Interessen des Arbeitgebers zu wahren (BGHSt 5, 187), dass er mit Eigentum des Dienstherrn umzugehen hat (BGHSt 4, 170) oder dass ein städtischer Ange-

Untreue **§ 266**

stellter mit Schreibarbeiten betraut ist (BGHSt 3, 289). Beim **Darlehensvertrag** (Düsseldorf wistra 95, 72) oder sonstiger Kreditvereinbarung (NStZ 84, 118 und 89, 72); bei besonderer Ausgestaltung, zB bei Einbeziehung auftragsähnlicher Elemente in Fällen der Zweckbindung des Kredits, kommt jedoch eine fremdnützige Betreuungspflicht in Frage (GA 77, 18; s auch BGHSt 8, 271; 13, 330). Beim **Maklervertrag** (GA 71, 209); anders jedoch beim Alleinauftrag an einen Makler (aaO). Beim Vertrag des **Reiseveranstalters** mit den Trägern der Reiseleistungen (BGHSt 28, 20). Beim Rechtsverhältnis zwischen **Aktionär** und AG (LG Köln wistra 88, 279). Bei der **Geschäftsführung ohne Auftrag** (LM Nr 21). Bei der sog **Tippgemeinschaft** (LM Nr 19), es sei denn, dass sie die Voraussetzungen einer Innengesellschaft erfüllt (Bay NJW 71, 1664). Bei **Barkautionen** (LM Nr 20). Beim Rechtsverhältnis zwischen **Kassenarzt** und Krankenkasse, soweit es um die Abrechnung ärztlicher Leistungen gegenüber der Kasse geht (Halle wistra 00, 279), während beim Verschreiben von Medikamenten eine aus dem Sozialrecht resultierende Vermögensbetreuungspflicht des Arztes gegenüber der Kasse (NJW 04, 456). Beim Verhältnis zwischen **Bank** und Bankkunden, das meist eigennützig ausgerichtet ist und nur ausnahmsweise Treuepflichten auslöst (Tiedemann, Kohlmann-FS, S 307, 309). Bei **Subventionen** zwischen Empfänger und Subventionsgeber (NJW 04, 2248). – IdR genügt auch die Verletzung von Pflichten nicht, die nach vertraglicher Beendigung eines Treueverhältnisses zum Schutz des Treugebers fortbestehen, etwa der Pflicht, die gewinnbringende Verwertung von Unterlagen und Kenntnissen aus der früheren Tätigkeit zu unterlassen (aM Stuttgart NJW 73, 1385 mit abl Anm Lenckner JZ 73, 794); Ausnahmen kommen in Frage, wenn der Täter nach Vertragsbeendigung die bisherige Tätigkeit faktisch fortführt (BGHSt 8, 149; Keuffel-Hospach aaO [vgl 10] S 93; Schünemann LK 62) oder ein Betreuer ein Betreuungsverhältnis (§ 1896 BGB), das nach dem Tod des Betreuten beendet ist, noch mit den Rechtsnachfolgern abwickeln muss (Stuttgart NJW 99, 1564 mit Bespr Thomas NStZ 99, 622 und Martin JuS 99, 825).

bb) Häufig sind dagegen die Voraussetzungen des Treueverhältnisses, ohne dass **13** es auf dessen rechtliche Qualifikation ankäme (Stuttgart NJW 68, 1340), **erfüllt** (vgl auch die Auflistung von Kindhäuser NK 87): bei **Spedition** und Kommission (BGHSt 1, 186, 189; beachte jedoch Düsseldorf NJW 98, 690 und 00, 529 mit Bespr Otto JK 18); beim **Architektenvertrag** (bei Dallinger MDR 69, 534 und 75, 2); beim **Anwaltsmandat** (NJW 83, 461 mit Anm Keller JR 83, 516; NStZ-RR 04, 54; Karlsruhe NStZ 90, 82; Hamm NStZ-RR 00, 236 mit zust Bespr Otto JK 20; Hamm wistra 02, 475); beim **Notariatsmandat,** das den Notar idR verpflichtet, als unparteiischer Betreuer die Vermögensinteressen aller Beteiligten wahrzunehmen (NJW 90, 3219 mit krit Bespr Ulsenheimer DNotZ 91, 746 und Krekeler AnwBl 93, 69, 73); beim **Bauträgervertrag** (Holzmann, Bauträger-Untreue und Strafrecht, 1981, S 133); beim **Angestelltenverhältnis** in einem Unternehmen, wenn es mit bestimmendem Einfluss auf die Auftragsvergabe (wistra 89, 224) oder sonst auf vermögensrelevante Maßnahmen verbunden ist; bei der Tätigkeit als **Ärztlicher Direktor** einer Klinikabteilung (BGHSt 47, 295, 297; Kindhäuser/Goy NStZ 03, 291), als **Chef- oder Oberarzt** (aM Mainz wistra 01, 316 mit krit Bespr Tholl wistra 01, 47; zum sog Herzklappenskandal Tondorf/Waider MedR 97, 102, 106); ein **Wissenschaftler** gegenüber Drittmittelgebern, sofern er selbstständig über die Mittel disponieren kann (zB als Projektführer; vgl Jerouschek GA 99, 416, 428); beim entgeltlichen **Geschäftsbesorgungsvertrag** (wistra 91, 218); beim **Sozietätsauflösungsvertrag** (Koblenz NStZ 95, 50); beim **Auftrag** (wistra 84, 225), namentlich beim Treuhandauftrag (Stuttgart wistra 84, 114 mit Bespr Richter wistra 84, 97; beachte jedoch NStZ 97, 124 mit Bespr Otto JK 14 und Düsseldorf NJW 93, 743), auch bei dessen Überschreitung (BGHSt 8, 149; aM Sax JZ 77, 743, 744); bei Übernahme der Verpflichtung, die **Ausschreibung** von Aufträgen vorzubereiten und an der Ver-

§ 266

gabe mitzuwirken (Bay NJW 96, 268 mit Bespr Cramer WiB 96, 106); bei der Hereinnahme von **Prolongationswechseln** (NJW 53, 457; Schmidt BB 63, 374); bei **Computermanipulationen** eines Treupflichtigen (vgl 2), etwa eines Sachbearbeiters oder leitenden Angestellten, dagegen idR nicht eines Programmierers oder anderen technischen Mitarbeiters (München JZ 77, 408 mit Anm Sieber; zu deren Strafbarkeit 9 zu § 263 a); ferner − allerdings nur in Ausnahmefällen (wistra 84, 143 mit Anm Schomburg) − bei der **Sicherungsübereignung** (BGHSt 5, 61) oder der Sicherungsabtretung (bei Holtz MDR 78, 625). Auch das **Verwalten von Geld** für den Auftraggeber spricht dafür, dass dessen Vermögensinteressen wahrgenommen werden (NJW 60, 1629 betr Anwalt; BGHSt 41, 224, 226 und AG Krefeld NZM 98, 981 mit krit Bespr Zieschang NZM 99, 393 betr Hausverwalter von Wohnungseigentum; BGHSt 13, 315 betr Verwalter des Fahrkartenschalters; BGHSt 20, 143 betr Leiter eines Auslieferungslagers; wistra 04, 105 betr Leiter einer Verkaufsfiliale; GA 79, 143 betr Lohnbuchhalterin in einem Betrieb; Hamm NJW 73, 1809 betr **Kassiererin** in einem Selbstbedienungsladen, zust Krey/Hellmann BT 2 Rdn 566, 567; wistra 89, 60 betr Bankkassierer; krit dazu Otto JZ 93, 652, 660 und Rengier BT I 18/17). − Der **Handelsvertreter,** der vertragswidrig Eigengeschäfte abschließt, verletzt nicht schon dadurch, sondern erst bei Hinzutreten weiterer Umstände seine Treupflicht (Braunschweig NJW 65, 1193 mit Bespr Gribbohm JuS 65, 389; Frankfurt NStZ-RR 97, 202; strenger Schünemann LK 127 mwN; offengelassen in NStZ 83, 74). − Der **Inhaber eines Reisebüros,** der ständig mit der Vermittlung von Verträgen für andere Unternehmen betraut ist, steht regelmäßig zu diesen, idR aber nicht zu den Kunden, die bei ihm Reisen buchen und vorausbezahlen, in einem Treueverhältnis (BGHSt 12, 207; 28, 20; wistra 91, 181, alle mwN). − Der **Anlageberater** nicht ohne weiteres (BGHR Vermögensbetreuungspflicht 21), wohl aber, wenn er auf Grund einer mit einer Generalvollmacht im Zusammenhang stehenden Einzelermächtigung Darlehensnehmer empfiehlt und Darlehensverträge abschließt (NStZ 94, 35). Wer mittels der ihm vom Karteninhaber überlassenen Scheckkarte und Geheimzahl treuwidrig Geld für eigene Zwecke abhebt, kann eine Untreue gegenüber dem Kontoinhaber begehen (Köln NStZ 91, 586; Düsseldorf NStZ-RR 98, 137; Hamm wistra 03, 356).

14 cc) Auch bei Verhältnissen, die auf **Gesetz oder behördlichem Auftrag** beruhen, muss die Vermögensbetreuung Hauptpflicht sein. Das verneint die Rspr für das Verhältnis zwischen Staat und Arbeitgeber hinsichtlich der Pflicht zur Lohnsteuerabführung (BGHSt 2, 338; Hamburg NJW 53, 478) und für die allgemeine Treuepflicht des Beamten hinsichtlich der Aussonderung von Dienstfahrzeugen (bei Holtz MDR 94, 1071); sie bejaht es für den Vermögensbeistand der Mutter (Braunschweig NJW 61, 2030), für den Polizeibeamten, der vereinnahmte Verwarnungsgelder nicht abführt (Koblenz GA 75, 122), für den Gerichtsvollzieher, der die Vermögensinteressen von Schuldner, Gläubiger und Staat wahrzunehmen gesetzlich verpflichtet ist (BGHSt 13, 274, 278; Celle MDR 90, 846), für den Nachlasspfleger (NStZ-RR 97, 298) und für den Nachlassrichter, den eine entsprechende Pflicht gegenüber dem künftigen Erben trifft (BGHSt 35, 224; str). Im kommunalen Bereich ist es auch für den Bürgermeister (NStZ 03, 540) und die Mitglieder des Gemeinderats zu bejahen (Weber BayVBl 89, 166; aM Nettesheim BayVBl 89, 161; beachte auch 11 vor § 13). Zur Untreue von Kirchenvorständen Radtke ZevKR 99, 71, 82. Einen Abgeordneten trifft hinsichtlich der in den Haushalt eingestellten Finanzmittel eine Vermögensbetreuungspflicht, sofern das Ob und Wie der Mittelverwendung ausnahmsweise allein von seiner Entscheidung abhängt (Koblenz NJW 99, 3277; Tröndle/Fischer 48; die private Inanspruchnahme dienstlich erlangter Bonusmeilen soll nicht unter § 266 fallen, vgl Schwaben NStZ 02, 636; zur zweckwidrigen Verwendung von Fraktionszuschüssen Lesch ZRP 02, 159).

Untreue **§ 266**

c) Die Tathandlung besteht in einer Verletzung gerade der **spezifischen** **15** **Treupflichten,** also nicht allgemein in der Verletzung jeglicher Schuldnerpflicht (NStZ 86, 361 mit Bespr Franzheim StV 86, 409; NJW 88, 2483; NJW 91, 1069; Frankfurt MDR 94, 1232; Düsseldorf StV 97, 459; Hamm NStZ-RR 00, 236; krit Karlsruhe NStZ 90, 82). Neben rechtsgeschäftlichem Handeln kommt hier jedes tatsächliche Verhalten (Tun oder Unterlassen; vgl 2) in Frage, das innerhalb des durch das Treueverhältnis begründeten Pflichtenkreises liegt (BGHSt 31, 232; bei Holtz MDR 91, 1023; wistra 93, 302; Hamm NJW 73, 1809 mit Bespr Burkhardt NJW 73, 2190; probl Bay JR 89, 299 mit abl Anm Seebode; Kindhäuser NK 93; einschr Labsch StV 84, 514) und mit diesem in innerem Zusammenhang steht (NJW 92, 250). – Ist der Treunehmer auf bloße Kontrollaufgaben beschränkt (zB bei Mitgliedern von Aufsichtsräten), sind Konflikte mit Eigeninteressen möglich, die nur bei eindeutiger Verletzung gerade der Kontrollpflichten zu Lasten des Treunehmers zu lösen sind (näher dazu Tiedemann, Tröndle-FS, S 319 mwN). – Unterlassen wirtschaftlich vorteilhafter Handlungen, deren Vornahme strafbar ist oder sonst vom Recht mißbilligt wird, ist ebenso wenig pflichtwidrig (bei Holtz MDR 79, 456; NStZ 01, 545) wie die Nichtherausgabe erlangter, persönlichkeitsgebundener Vorteile, deren Gewährung den Treugeber nicht schlechter stellt (so zB bei Schmiergeldzahlungen oder „Provisionen"; vgl NJW 91, 1069 und 01, 2102, 2105; wistra 95, 61; NStZ-RR 98, 69 mit Bespr Otto JK 16; NStZ 01, 432 und 545; LG Magdeburg wistra 02, 156; Samson/Günther SK 26; M-G/B-Schmid 31/108; Lüderssen, Müller-Dietz-FS, S 467, 473; sog Herzklappenskandal, BGHSt 47, 296 [mit Bespr Korte NStZ 03, 156, Kindhäuser/Goy NStZ 03, 291, Rönnau JuS 03, 232; krit Tholl wistra 03, 181]: pflichtwidrige Vermögensbeschädigung; vgl auch Tondorf/Waider MedR 97, 102, 106; und Diettrich/Jungblodt, Schreiber-FS, S 1015, 1017); zur Beeinträchtigung vermögenswerter Expektanzen durch sog „Kick-backs" Rönnau, Kohlmann-FS, S 239, 257; zur konsequenten Sperrwirkung für § 263 bei unterlassener Aufklärung Lüderssen, Kohlmann-FS, S 177); die schlechte Anlage von Mündelgeld kann es sein (Schünemann LK 93). Zum **Risikogeschäft** gelten die Ausführungen unter 7 sinngemäß. Zur Untreue durch Weitergabe vertraulicher Informationen vgl Tiedemann, Kohlmann-FS, S 307, 309 (Bankgeheimnis).

5. Einen **Nachteil für das Vermögen des Betreuten** (nicht eines Dritten) **16** muss die Tathandlung sowohl im Falle des Missbrauchs- wie auch des Treubruchstatbestandes verursachen.

a) Nachteil ist mit Vermögensbeschädigung im Sinne des § 263 (dort 32–53) **17** gleichbedeutend (hM; anders Hillenkamp NStZ 81, 161, 166; Labsch aaO [vgl 1] S 318; Dierlamm NStZ 97, 534). Maßgebend ist daher auch hier das Prinzip der **Gesamtsaldierung** (hM; vgl 36 zu § 263; aM Wolf, Die Strafbarkeit der rechtswidrigen Verwendung öffentlicher Mittel, 1998, S 53, 82, 117). Sie ergibt regelmäßig, dass es an einem Nachteil fehlt, wenn der Treunehmer zum Ausgleich für auftragsfremde Verfügungen bereit ist (bei Holtz MDR 83, 281; s auch wistra 90, 352) und zu diesem Zweck ständig eigene Mittel bereithält (BGHSt 15, 342; NStZ-RR 97, 298; Karlsruhe NStZ 90, 82; Rengier BT I 18/23), die allerdings flüssig sein (NStZ 82, 331; Bay NJW 66, 116) und den Ausgleich auch tatsächlich ermöglichen müssen (NStZ 95, 233; NStZ-RR 04, 54; Bay JR 73, 338 mit Anm Schröder; M-Schroeder/Maiwald BT 1 45/45; krit Schmitz, Unrecht und Zeit, 2001, S 182; Tröndle/Fischer 75; aM Labsch wistra 85, 1, 8; Sch/Sch-Lenckner/ Perron 42). Ebenso entfällt der Schaden, wenn eine fällige (NStZ 01, 542; LG Chemnitz wistra 03, 194) und einredefreie Verbindlichkeit des Treugebers erfüllt wird (wistra 99, 420, 422; NStZ 04, 205; Sch/Sch-Lenckner/Perron 41), zB die Darlehensverbindlichkeit einer GmbH (NStZ 03, 545) oder die Gehaltsverpflichtung gegenüber einem GmbH-Geschäftsführer (NStZ 95, 185; wistra 99, 340 und 00, 466).

1149

§ 266

17 a Außerdem muss die (schadensgleiche) Vermögensgefährdung (40 zu § 263) auch hier konkret sein (BGHSt 44, 376, 384; krit zur Weite des Nachteils in der Rspr. Saliger ZStW 112, 563, 574 und Matt/Saliger, in: Irrwege, S 217, 229; vgl auch schon wistra 88, 26). Sie kann darin liegen, dass der Treunehmer als Funktionsträger einer Partei oder als Beamter schwarze Kassen führt (GA 56, 154; NStZ 84, 549; Frankfurt NJW 04, 2028; Weimann, Die Strafbarkeit der Bildung sog schwarzer Kassen gem § 266 StGB, 1996), Haushaltsmittel „verlagert" (BGHSt 40, 287), als Geschäftsführer Umsätze der Firma auf ein verdecktes Konto umleitet (wistra 00, 136) oder dass er die Geltendmachung begründeter Ansprüche durch unordentliche Buchführung verhindert (BGHSt 20, 304; NStZ 96, 543 und 01, 432) oder im umgekehrten Fall wegen der mangelhaften Dokumentation von geleisteten Zahlungen mit einer doppelten Inanspruchnahme durch die Gläubiger zu rechnen ist (BGHSt 47, 8, 11 mit Bespr Salditt NStZ 01, 544; zw; krit Mosenheuer NStZ 04, 179, 180: nur Vorbereitungs- bzw Beihilfeunrecht), nicht aber darin, dass er lediglich die Abrechnung über die Erledigung einer Geschäftsbesorgung verzögert (Stuttgart NJW 71, 64); oder darin, dass er das zur Verfügung stehende Budget des Auftraggebers und der zur Angebotsabgabe aufzufordernden anderen Firmen einem Bewerber bekanntgibt (aM Bay NJW 96, 268 mit abl Bespr Cramer WiB 96, 106 und Haft NJW 96, 238). – Ferner sind die für den persönlichen Schadenseinschlag geltenden Regeln (48–51 zu § 263) anwendbar (NStZ-RR 04, 54; für Vorrang der Zweckverfehlungslehre Kindhäuser, Lampe-FS, S 709, 722).

17 b Schließlich ist auch ein Ausgleich von Schaden und zugleich erlangtem Gewinn (**Kompensation**, 36 a zu § 263) möglich, setzt aber voraus, dass beide durch dasselbe pflichtwidrige Verhalten unmittelbar verursacht sind (NStZ 86, 455; NStE 36; s auch Lüderssen, Müller-Dietz-FS, S 467, 469); von diesem Gleichzeitigkeitserfordernis kann ausnahmsweise dann abgesehen werden, wenn mehrere Verfügungen erforderlich sind, um den ausgleichenden Erfolg zu erreichen (BGHSt 47, 295, 302). In den übrigen Fällen gilt der Grundsatz der Einzelbetrachtung (Kohlmann JA 80, 228, 232 mwN), nach dem das einzelne, vom Treunehmer geführte Geschäft, soweit es eine wirtschaftliche Einheit bildet, maßgeblich ist (NJW 83, 1807, 1808). Kompensation kommt zB bei verbotenen oder sonst pflichtwidrigen Risikogeschäften (vgl 7) in Frage, wenn die durch das Geschäft erlangte Vorteilschance der erlittenen Einbuße (bzw Vermögensgefährdung, GA 77, 342) wirtschaftlich gleichwertig ist (hM; vgl NJW 75, 1234 mit krit Bespr Schreiber/Beulke JuS 77, 656 und Bringewat JZ 77, 667; StV 99, 25; LG Bielefeld JZ 77, 692; Nack NJW 80, 1599; s auch Bremen NStZ 89, 228; einschr Waßmer aaO [vgl 7] S 111, 146; anders Hillenkamp NStZ 81, 161, 166; zw).

17 c Die Frage der wirtschaftlichen Gleichwertigkeit in Fällen der **Fehlleitung öffentlicher Mittel** ist noch nicht abschließend geklärt (vgl etwa BGHSt 43, 293, 297 mit Bespr Bieneck wistra 98, 249, Brauns JR 98, 381, Bittmann NStZ 98, 495, Martin JuS 98, 565 und Otto JK 17 sowie Saliger ZStW 112, 563, 589; NStZ 84, 549; wistra 00, 96; NStZ-RR 02, 237; Kohlmann/Brauns, Zur strafrechtlichen Erfassung der Fehlleitung öffentlicher Mittel, 1979, S 65, 71, 107; Neye, Untreue im öffentlichen Dienst, 1981 und NStZ 81, 369; Fabricius NStZ 93, 414, 416; Haas aaO [vgl 1] S 96; Weimann aaO S 97, 119; Schünemann LK 143; M-G/B-Schmidt-Hieber 32/5; Tröndle/Fischer 69; s auch 48 zu § 263). Werden Mittel ohne zwingenden Grund zweckwidrig eingesetzt, so kann dies trotz gleichwertiger Gegenleistung einen Schaden darstellen (NStZ 84, 549 und 01, 248, 250; Sch/Sch-Lenckner/Perron 44; zur Verfehlung von Subventionszwecken NJW 03, 2179, 2181 mit Anm Wagner NStZ 03, 543; dazu auch Tröndle/Fischer aaO; gegen die Einbeziehung in die Zweckverfehlung Jordan JR 00, 139). Stimmt bei einer Haushaltsüberziehung der Mitteleinsatz mit den vorgegebenen Zwecken überein und ist die erlangte Gegenleistung ihren Preis wert, so begründet der Verstoß gegen haushaltsrechtliche Bestimmungen nur beim Vorliegen be-

Untreue **§ 266**

sonderer Umstände einen Schaden (BGHSt 43, 293, 299; NJW 01, 2411, 2413 [mit zust Anm Wagner/Dierlamm NStZ 01, 371, Berger JR 02, 118] und 03, 2179 mit Anm Wagner aaO; anders Wolf aaO S 117, 186 mit krit Bespr Berger GA 00, 202; krit zur Rspr auch Munz, Haushaltsuntreue, 2001, S 164, wonach bei einer Mittelverwendung, die der Zwecksetzung des Haushalts widerspricht, der Schaden sich nach dem Prinzip des individuellen Schadenseinschlags ergeben soll; im Ergebnis der Rspr zust Berger GA 04, 57, Wolf wistra 03, 334 und Thomas, Rieß-FS, S 795, 808, abl Schünemann StV 03, 463, 469, nach dem ein Verstoß gegen den vom Gesetzgeber festgelegten Ausgabeplan für die Haushaltsuntreue idR ausreicht); Letzteres kann der Fall sein, wenn durch die Überziehung eine wirtschaftlich gewichtige Kreditaufnahme erforderlich wird oder der Haushaltsgesetzgeber sonst in seiner Dispositionsfähigkeit schwerwiegend beeinträchtigt und dadurch in seiner politischen Gestaltungsbefugnis beschnitten wird (BGH aaO; W-Hillenkamp BT 2 Rdn 777). Speziell bei der Ämterpatronage (vgl 6) ist der Vermögensschaden in ähnlicher Weise wie beim Anstellungsbetrug (52 zu § 263) begründbar (Schmidt-Hieber NJW 89, 558), im Hinblick auf den Beurteilungsspielraum der Einstellungsbehörde jedoch nur selten beweisbar. Ein Vermögensschaden liegt auch vor, wenn ein Abgeordneter ihm übertragene Haushaltsmittel für andere als in den haushaltsrechtlichen Richtlinien vorgesehene Zwecke verwendet (Koblenz NJW 99, 3277). – Nach der Rspr soll auch der Verlust deliktisch erworbenen Vermögens ein Schaden sein (NStZ-RR 99, 184, 186; aM Sch/Sch-Lenckner/Perron 39).

b) Der **Betreute** kann nur ein mit dem Täter nicht identischer selbstständiger Vermögensträger sein (vgl 3). **18**

6. Der **Vorsatz** (bedingter genügt, NJW 75, 1234, 1236) muss namentlich die dem Befugnismissbrauch oder der Pflichtverletzung zugrundeliegende Pflichtwidrigkeit (BGHSt 34, 379, 390; NJW 90, 3219 mit Anm Ulsenheimer DNotZ 91, 746) sowie den (unmittelbar verursachten, NJW 79, 1512; NStZ 86, 455; s auch 57 zu § 263) Vermögensnachteil umfassen (NStZ 96, 543; StV 99, 25; wistra 00, 61). An seinen Nachweis sind bei der weiten Fassung des äußeren Tatbestandes strenge Anforderungen zu stellen (BGHSt 47, 295, 302; NJW 75, 1234, 1236 und 83, 461; krit Hillenkamp NStZ 81, 161, 163; Dierlamm NStZ 97, 534; Tröndle/Fischer 78a), namentlich dann, wenn nur bedingter Vorsatz in Betracht kommt und der Täter nicht eigennützig handelt (wistra 03, 463); nach der Rspr sollen neben dem erkannten Grad der Schadenswahrscheinlichkeit auch die Motive und Interessenlage des Treupflichtigen zu berücksichtigen sein (zu Kreditvergabeentscheidungen weiter BGHSt 46, 30, 35 mit zust Anm Dierlamm/Links NStZ 00, 656, krit aber Otto JR 00, 517 und JK 19; enger BGHSt 47, 148 mit krit Bespr Keller/Sauer wistra 02, 365, Knauer NStZ 02, 399, Kühne StV 02, 198 und Otto JK 21). Vor Verneinung des Schädigungsvorsatzes beim Missbrauchstatbestand muss festgestellt werden, gegen welche rechtlichen Grenzen der Treuepflichtige bei der Ausübung seiner Befugnisse verstoßen hat (NStZ 01, 155). Bereicherungsabsicht ist nicht erforderlich. **19**

7. Die **Einwilligung** des Treugebers in Handlungen des Täters ist nicht erst für die Rechtswidrigkeit, sondern schon für den Tatbestand erheblich; denn sie schließt im Missbrauchstatbestand den Missbrauch der Verfügungsbefugnis und im Treubruchstatbestand die Pflichtverletzung aus (vgl NJW 00, 154; anders noch BGHSt 9, 203, 216; zu den Wirksamkeitsvoraussetzungen des tatbestandsausschließenden Einverständnisses W-Hillenkamp BT 2 Rdn 758–762). Handlungen von **Organen einer juristischen Person** (namentlich des Geschäftsführers einer GmbH, eingehend zu dessen Haftung Kohlmann, Die strafrechtliche Verantwortlichkeit des GmbH-Geschäftsführers, 1990, S 99, Schäfer GmbHR 93, 780, 787 und Langkeit WiB 94, 64; Beispiele strafbaren Geschäftsführer-Verhaltens bei Tie- **20**

§ 266

demann 20 vor § 82), die nach Gesellschaftsrecht zum Schutz des Vermögensbestandes (zB nach § 30 GmbHG) unzulässig sind oder die Existenz der juristischen Person gefährden, bleiben jedoch regelmäßig missbräuchlich oder pflichtwidrig auch dann, wenn alle Anteilseigner (bzw der Einmann-Gesellschafter) eingewilligt haben oder wenn der Täter alle Anteile selbst besitzt (zu weit BGHSt 34, 379; mit Recht einschr BGHSt 35, 333; NStZ 95, 185; NJW 00, 154 und 03, 2996, 2998 mit Bespr Otto JK 24; [krit zur Rspr Achenbach, BGH-FG, S 593, 596]; Gribbohm ZGR 90, 1; mit gesellschaftsrechtlicher Begr im Ergebnis ähnlich Ulmer, Pfeiffer-FS, S 853; Lipps NJW 89, 502; Hellmann wistra 89, 214; Brammsen DB 89, 1609; Müller-Christmann/Schnauder JuS 98, 1080; Mihm, Strafrechtliche Konsequenzen verdeckter Gewinnausschüttungen, 1998, S 107; Ransiek, Kohlmann-FS, S 207; Krekeler/Werner StraFo 04, 374; Tiedemann GmbHG 15 vor § 82; aM Labsch JuS 85, 602; Meilicke BB 88, 1261; Arloth NStZ 90, 570; Nelles aaO [vgl 1] S 229, 553; Muhler wistra 94, 283, 287; Sternberg-Lieben, Die objektiven Schranken der Einwilligung im Strafrecht, 1997, S 565; Birkholz, Untreuestrafbarkeit als strafrechtlicher „Preis" der beschränkten Haftung, 1998, S 84, 151; Tröndle/Fischer 53; diff Kohlmann, FS für Werner, 1984, S 387; Waßmer aaO [vgl 7] S 94; Radtke GmbHR 98, 311, 365; Zieschang, Kohlmann-FS, S 351; schon im Ansatz abw Reiß wistra 89, 81. Diese Grundsätze gelten entsprechend auch beim **qualifiziert faktischen GmbH-Konzern** (NJW 97, 66, 69 mit krit Bespr Geerds JR 97, 340 und Otto JK 14 sowie Saliger ZStW 112, 563, 566; vgl auch Bittmann/Terstegen wistra 95, 249, 252; Kaufmann aaO S 69, 133; Wellkamp NStZ 01, 113), wobei sich die zivilrechtliche Rspr von der mit dieser Rechtsfigur verbundenen Anbindung an das Aktienrecht gelöst hat und jetzt im Rahmen des § 823 II BGB an die strafrechtliche Rspr zu § 266 anknüpft, namentlich das Verbot der Existenzgefährdung übernimmt (vgl BGHZ 149, 10 [Bremer Vulkan] mit Bespr Altmeppen, NJW 2002, 321, Goette, DStR 2001, 1857, Lampert, JA 2002, 355, Luttermann, BB 2001, 2433, Ulmer, ZIP 2001, 2021, Tiedemann GmbHG 22, 23 vor § 82), wenngleich zweifelhaft ist, ob die Gesellschafter einer (abhängigen) GmbH dieser gegenüber überhaupt treupflichtig sind (bejahend BGH aaO; ebenso NJW 04, 2248 für den Alleingesellschafter eines abhängigen Tochterunternehmens bei existenzgefährdendem Vermögenstransfer; Ransiek, Kohlmann-FS, S 207, 219; Hentschke aaO [vgl 3] S 136; dagegen Kramer WM 04, 305, 306; abl auch Sch/Sch-Lenckner/Perron 21 mwN). Für geschäftsführende Gesellschafter einer **OHG, KG** oder **GbR** gilt das dagegen nicht, weil diese Zusammenschlüsse keine selbstständigen Vermögensträger sind (vgl 3). Die Verantwortlichkeit des Vorstands einer **Aktiengesellschaft** wegen Untreue kann auch bei Zustimmung aller Aktionäre gegeben sein (vgl Kaufmann, Untreue zum Nachteil von Kapitalgesellschaften, 1999, S 58, 140; Wellkamp NStZ 01, 113, 116, aber auch Nelles aaO [vgl 1] S 551). Im Übrigen bedürfen die Organpflichten aus dem AktG einer konkretisierenden Auslegung (zur Risikosteuerungspflicht Mosiek wistra 03, 370). Vergibt etwa der Vorstandsvorsitzende aus dem AG-Vermögen Zuwendungen, um damit Mäzenatentum im Bereich der Kunst, des Sports usw zu betreiben, so hat er einen weiten Spielraum unternehmerischen Ermessens (Otto, Kohlmann-FS 187, 201) und begeht erst dann eine (Missbrauchs)untreue, wenn er dadurch in gravierender Form gesellschaftsrechtliche Pflichten verletzt (BGHSt 47, 187, 197 mit Bespr Beckemper NStZ 02, 322; ähnlich Otto JK 22 und Kohlmann-FS aaO S 202 [falls evident sachwidrige Entscheidung]; zT krit zu den Kriterien des BGH Sauer wistra 02, 465); ein dabei mitwirkendes Aufsichtsratsmitglied, das gegen seine Überwachungspflicht verstößt, kommt ebenfalls als Täter einer Untreue in Betracht (vgl BGH aaO 201). Dabei knüpft die Treupflicht von Aufsichtsratsmitgliedern ebenfalls an interne aktienrechtliche Bindungen an (etwa § 87 I 1 AktG, Satzung, Geschäftsordnung usw; vgl Rönnau/Hohn NStZ 04, 113, 114 [Mannesmann]; vgl auch oben 15; Poseck,

Untreue **§ 266**

Srafrechtliche Haftung der Mitglieder des Aufsichtsrats einer Aktiengesellschaft, 1997, S 65, 76; Lüderssen, Lampe-FS, S 727; Thomas, Rieß-FS, S 795, 797). Verstößt der Aufsichtsrat bei der Festsetzung von Bezügen gegen das Angemessenheitsgebot des § 87 I AktG, stellt dies aber erst dann eine Untreue dar, wenn es sich um ein eindeutig unvertretbares, objektiv nicht nachvollziehbares Verhalten handelt (Rönnau/Hohn, NStZ 04, 118; Tiedeman, WiStr Rdn 122) oder es sich – was auf das Gleiche hinauslaufen dürfte – nach der Rspr als gravierende Pflichtverletzung darstellt (vgl LG Düsseldorf NJW 03, 2536; zu diesem Merkmal im Zusammenhang mit Entscheidung von Leitungsorganen vgl BGHSt 47, 148 [Kredit] und 187 [Sponsoring]). Ob im Fall Mannesmann die nachträgliche Belohnung von Vorstandsmitgliedern mit Prämien in Millionenhöhe als eine solch gravierende Fehlentscheidung des Aufsichtsrats einzustufen ist, wird teilweise verneint (Tiedemann aaO Rdn 123: „noch vertretbare unternehmerische Entscheidung"), teilweise wegen der Nutzlosigkeit der Zahlungen für das Unternehmen bejaht (Rönnau/Hohn aaO S 120, 123 [„pflichtwidrige Verschwendung", „reine Geschenke"]), letzteres zumindest aber für ein vertretbares Ergebnis gehalten (LG Düsseldorf aaO).

8. Für das **Verhältnis der beiden Tatbestände** (vgl 5 ff, 9 ff) untereinander **21** folgt aus den Ausführungen unter 4, dass der Missbrauchstatbestand ein Unterfall des Treubruchstatbestandes ist (M-Schroeder/Maiwald BT 1 45/11; Kindhäuser NK 39; diff Schünemann LK 25; aM Sch/Sch-Lenckner/Perron 2). Er geht daher als das speziellere Gesetz vor (Hamm NJW 68, 1940; str); wenn jedoch Missbrauchs- und Treubruchshandlungen den Schaden zusammen verursachen, sind beide Tatbestände erfüllt (BGHSt 5, 61, 65).

9. Zu **Abs 2** (besonders schwere Fälle) 7–10a zu § 46; 4 zu § 12; der Regel- **22** beispielkatalog des § 263 III (dort 66) gilt entsprechend, obwohl er nur in sehr eingeschränktem Umfang (zB Nr 3) für die Untreue passt (krit Schünemann LK 176, 177: „kapitale Fehlleistung"); zur Nr 1 vgl NStZ-RR 03, 297; entgegen der Rspr (NStZ 00, 592) ist es bei Nr 4 fragwürdig, die Amtsträgereigenschaft trotz des Doppelverwertungsverbots (§ 46 III) strafbegründend und strafschärfend zu verwenden (zu Recht krit Eisele, Die Regelbeispielsmethode im Strafrecht, 2004, S 429; Arzt/Weber BT 22/81 und Sch/Sch-Lenckner/Perron 53); zum Vermögensverlust großen Ausmaßes vgl 66 zu § 263; der Verweis auf § 243 Abs 2 und §§ 247, 248 entspricht dem § 263 IV (dort 66); zu § 2 III im Verhältnis zu § 266 II aF vgl wistra 02, 64.

10. Tateinheit ua möglich mit § 242 (BGHSt 17, 360, 362 mwN; str), **23** §§ 263a, 267, 332 (BGHSt 47, 22, 25 mit krit Bespr Bittmann wistra 02, 405; Bay NJW 96, 268; 11 zu § 332) und 352 (NJW 57, 596), nur ausnahmsweise mit § 283 (dort 32). Auch mit § 263 kommt Tateinheit in Frage, wenn dieselbe Handlung (oder Handlungseinheit) zugleich einen jeweils selbstständigen Unwert der Täuschung und der Treupflichtverletzung verwirklicht (hM; vgl etwa BGHSt 8, 254, 260; StV 84, 513 mit abl Anm Labsch; wistra 91, 218 mit abl Bespr Otto JK 11; wistra 92, 342; zusf Schauer, Grenzen der Preisgestaltungsfreiheit im Strafrecht, 1989, S 182, alle mwN). – § 246 I tritt wegen der neuen Subsidiaritätsklausel (krit Schünemann LK 169) hinter § 266 zurück; auch § 246 II tritt gegenüber § 266 zurück, wenn der Täter schon bei der Untreuehandlung Zueignungswillen hatte (Stuttgart NJW 73, 1385 mit Anm Lenckner JZ 73, 794, 796; Küper Jura 96, 205, 207; Rengier BT I 18/27; W-Hillenkamp BT 2 Rdn 300; aM M-Schroeder/ Maiwald BT 1 45/59); eine nachfolgende Sachverwertung ist dann als Unterschlagung nicht mehr tatbestandsmäßig (Köln NJW 63, 1992; 7 zu § 246). Entschließt sich der Täter erst nach der Untreuehandlung zur Zueignung, so besteht zwischen §§ 266, 246 nicht Tateinheit (so RGSt 69, 63), sondern Tatmehrheit (Lenckner aaO). – Untreue als mitbestrafte Nachtat zum Betrug BGHSt 6, 67; Hamm MDR

§ 266a BT. 22. Abschnitt. Betrug und Untreue

68, 779; Betrug als mitbestrafte Nachtat zur Untreue wistra 92, 342 mwN. – Zum Verhältnis zu § 370 AO StV 96, 432; wistra 98, 64 und AG Lübeck wistra 04, 77. – Zur **Wahlfeststellung** im Verhältnis zu §§ 246, 263 vgl 14 zu § 1.

24 11. Die beiden Untreuetatbestände sollen nach der Rspr im Sinne des § 265 StPO verschiedene Strafgesetze sein (NJW 84, 2539 mwN); das ist mit BGHSt 24, 386 schwerlich vereinbar (Küpper NStZ 86, 249, 252; Schünemann LK 27).

§ 266 a Vorenthalten und Veruntreuen von Arbeitsentgelt

(1) **Wer als Arbeitgeber der Einzugsstelle Beiträge des Arbeitnehmers zur Sozialversicherung einschließlich der Arbeitsförderung, unabhängig davon, ob Arbeitsentgelt gezahlt wird, vorenthält, wird mit Freiheitsstrafe bis zu fünf Jahren oder mit Geldstrafe bestraft.**

(2) Ebenso wird bestraft, wer als Arbeitgeber

1. der für den Einzug der Beiträge zuständigen Stelle über sozialversicherungsrechtlich erhebliche Tatsachen unrichtige oder unvollständige Angaben macht oder

2. die für den Einzug der Beiträge zuständige Stelle pflichtwidrig über sozialversicherungsrechtlich erhebliche Tatsachen in Unkenntnis lässt

und dadurch dieser Stelle vom Arbeitgeber zu tragende Beiträge zur Sozialversicherung einschließlich der Arbeitsförderung, unabhängig davon, ob Arbeitsentgelt gezahlt wird, vorenthält.

(3) Wer als Arbeitgeber sonst Teile des Arbeitsentgelts, die er für den Arbeitnehmer an einen anderen zu zahlen hat, dem Arbeitnehmer einbehält, sie jedoch an den anderen nicht zahlt und es unterlässt, den Arbeitnehmer spätestens im Zeitpunkt der Fälligkeit oder unverzüglich danach über das Unterlassen der Zahlung an den anderen zu unterrichten, wird mit Freiheitsstrafe bis zu fünf Jahren oder mit Geldstrafe bestraft. Satz 1 gilt nicht für Teile des Arbeitsentgelts, die als Lohnsteuer einbehalten werden.

(4) In besonders schweren Fällen der Absätze 1 und 2 ist die Strafe Freiheitsstrafe von sechs Monaten bis zu zehn Jahren. Ein besonders schwerer Fall liegt in der Regel vor, wenn der Täter

1. aus grobem Eigennutz in großem Ausmaß Beiträge vorenthält,

2. unter Verwendung nachgemachter oder verfälschter Belege fortgesetzt Beiträge vorenthält oder

3. die Mithilfe eines Amtsträgers ausnutzt, der seine Befugnisse oder seine Stellung missbraucht.

(5) Dem Arbeitgeber stehen der Auftraggeber eines Heimarbeiters, Hausgewerbetreibenden oder einer Person, die im Sinne des Heimarbeitsgesetzes diesen gleichgestellt ist, sowie der Zwischenmeister gleich.

(6) In den Fällen der Absätze 1 und 2 kann das Gericht von einer Bestrafung nach dieser Vorschrift absehen, wenn der Arbeitgeber spätestens im Zeitpunkt der Fälligkeit oder unverzüglich danach der Einzugsstelle schriftlich

1. die Höhe der vorenthaltenen Beiträge mitteilt und

2. darlegt, warum die fristgemäße Zahlung nicht möglich ist, obwohl er sich darum ernsthaft bemüht hat.

Liegen die Voraussetzungen des Satzes 1 vor und werden die Beiträge dann nachträglich innerhalb der von der Einzugsstelle bestimmten angemessenen Frist entrichtet, wird der Täter insoweit nicht bestraft. In den Fällen des Absatzes 3 gelten die Sätze 1 und 2 entsprechend.

Fassung des Gesetzes zur Intensivierung der Bekämpfung der Schwarzarbeit (15 vor § 1).

1. Die Vorschrift schützt in den Absätzen 1 und 2 das **Interesse der Versichertengemeinschaft (Solidargemeinschaft)** an der Gewährleistung des Aufkommens der Mittel für die Sozialversicherung (Frankfurt ZIP 95, 213, 215; Köln NStZ-RR 03, 212; Pananis, in: Ignor/Rixen [Hrsg], Handbuch Arbeitsstrafrecht, 2002, Rdn 720; weiter für Abs 1 Tag, Das Vorenthalten von Arbeitnehmerbeiträgen zur Sozial- und Arbeitslosenversicherung, 1994, S 34 [mit krit Bespr Rönnau wistra 97, 179] und NK 4–12; M-G/B-Heitmann 36/12; Gribbohm LK 5–7) und in Abs 3 das **Vermögensinteresse** des Arbeitnehmers (BT-Dr 10/5058 S 31; Martens wistra 86, 154, 155; M-Schroeder/Maiwald BT 1 45/63). – Da heute auch die Beiträge zur Arbeitsförderung gem SGB III zu den Sozialversicherungsbeiträgen zählen (Ignor/Rixen NStZ 02, 510, 512), wurde mit Wirkung zum 1. 8. 2002 die sprachliche Differenzierung zwischen den Beiträgen zur Sozialversicherung und denen zur Bundesanstalt für Arbeit in Abs 1, 2 aufgegeben. Diese Änderung des Wortlautes hat keine Auswirkungen auf den Inhalt beider Tatbestände. Mit der nunmehr ausdrücklich erklärten Unbeachtlichkeit irgendeiner Arbeitsentgeltzahlung wurde die in der höchstrichterlichen Rspr bereits anerkannte Lohnpflichttheorie kodifiziert (dazu 8). – Um zur Intensivierung der Bekämpfung der Schwarzarbeit auch das Vorenthalten der von Abs 1 nicht erfassten Arbeitgeberanteile (vgl 6) strafrechtlich erfassen zu können, ohne den untreueähnlichen Charakter dieses Tatbestandes in Frage zu stellen, wurde mit Wirkung zum 1. 8. 2004 in Anlehnung an § 370 I AO ein neuer Abs 2 in § 266a eingefügt (BR-Dr 155/04, S 75), für den Abs 4 und 6 ebenfalls gelten sollen; der bisherige Abs 2 wurde inhaltsgleich zu Abs 3 nF und ersetzt den bisherigen Abs 3, der ohnehin praktisch bedeutungslos war (dazu 6, 14, 15 der Voraufl).

2. **Täter** kann nur der **Arbeitgeber** oder eine ihm gleichgestellte Person sein. Die Tat ist daher **Sonderdelikt** (33 vor § 13). Da die Täterqualität nur die Positionsnähe zum Rechtsgut charakterisiert, ist § 28 I nicht anwendbar (dort 4, 6; aM Mitsch BT 2,2 4/9; Gribbohm LK 85; wie hier M-Schroeder/Maiwald BT 1 45/66; Otto GK 2 61/69; Sch/Sch-Lenckner/Perron 30).

a) **Arbeitgeber** ist der nach §§ 611 ff BGB Dienstberechtigte, ist derjenige, dem der Arbeitnehmer Dienste leistet und von dem er persönlich abhängig ist (BSG NJW 67, 2031; Tag aaO [vgl 1] S 41). Wenn andernfalls sozialrechtliche Schutzzwecke gefährdet wären, entscheidet dabei der wirkliche Sachverhalt, nicht ein ihm, zB in Folge Vorschiebens eines Strohmanns (bei Herlan GA 55, 81) oder bei der Beauftragung von Scheinselbstständigen (NStZ 01, 599, 600; Tag NK 19), widersprechender Schein (hM; vgl Sch/Sch-Lenckner/Perron 11). Arbeitgeber ist auch der gewerbsmäßige Verleiher von Arbeitskräften (§ 3 I Nr 2 AÜG; LG Oldenburg NStZ-RR 96, 80), bei illegalem Verleih sind es Verleiher und Entleiher nebeneinander (§ 9 Nr 1, § 10 III S 2 AÜG; NStZ 01, 599, 600). Das Fehlen einer Gewinnerzielungsabsicht ändert an der Arbeitgeberstellung ebensowenig wie eine bloß ehrenamtliche Tätigkeit (BVerfG NJW 03, 961); beides kann aber bei der Strafzumessung berücksichtigt werden. Zum vorläufigen Insolvenzverwalter Schäferhoff/Gerster ZIP 01, 905.

b) Die Arbeitgebereigenschaft ist **besonderes persönliches Merkmal** nach § 14 mit der Folge, dass auch die dort genannten **Organe und Vertreter** Täter sein können (2–15 zu § 14; Kindhäuser 3; näher Tag aaO [vgl 1] S 55 und NK 24–33; krit zu den zivilrechtlichen Konsequenzen Dreher, FS für A Kraft,

§ 266a

1998, S 59, 64); das Organ, zB der Geschäftsführer einer GmbH, muss in der Unternehmensleitung für den Bereich „Personal/Sozialversicherung" zuständig oder tatsächlich mit ihm befasst sein (Frankfurt ZIP 95, 213; weiter BGHZ 133, 370 und NJW 97, 133); ein nur als Strohmann im Handelsregister eingetragener Geschäftsführer ist daher kein tauglicher Täter (Hamm NStZ-RR 01, 173), wohl aber der faktische Geschäftsführer (BGHSt 47, 318, 324 mit zust Anm Tag JR 02, 521; einschr Radtke NStZ 03, 154, 156; aM Wegner wistra 98, 283; Pananis aaO [vgl 1] Rdn 725). Bei einer Übertragung der Abführungspflicht, zB auf einen Prokuristen oder faktischen Geschäftsführer (BGH, Tag, Radtke, jeweils aaO), trifft den Geschäftsführer eine Überwachungspflicht (BGHZ 133, 370 mit zust Anm Bente wistra 97, 105; NJW 01, 967; einschr auf den Fall der Krise des Unternehmens Schiemann LM § 823 [Be] BGB Nr 45 Bl 5, 6); dies gilt selbst bei bloßer vorübergehender urlaubsbedingter Abwesenheit (BGHZ 134, 304, 313; Tag BB 97, 1115). Die Verantwortlichkeit eines GmbH-Geschäftsführers für die Abführung von Sozialversicherungsbeiträgen beginnt erst mit seiner Bestellung (NJW 02, 1122) und endet mit seiner Abberufung als Geschäftsführer oder mit einer einseitigen Niederlegung der Geschäftsführerstellung (NJW 03, 3787, 3789 mit Bespr Martin JuS 04, 254; Pananis aaO Rdn 726).

5   c) Die nach **Abs 4** dem Arbeitgeber **Gleichgestellten** sind für Abs 1 und 2 in den Begriffsbestimmungen des § 12 SGB IV und für Abs 3 in denen der §§ 1, 2 HeimArbG näher beschrieben (BT-Dr 10/318 S 30; Gribbohm LK 19–26).

6   3. Zur **Tathandlung nach Abs 1**:

a) Beiträge des Arbeitnehmers sind die nach dem Arbeitsentgelt (§ 14 SGB IV) zu berechnenden, auf ihn entfallenden Beitragsteile, die auf Grund gesetzlicher Verpflichtung für die Sozialversicherung (Kranken-, Renten- und Pflegeversicherung) einschließlich der Arbeitsförderung zu entrichten sind. Sie sind Bestandteile des Bruttolohns (hM; anders Martens wistra 86, 154, 156), die der Arbeitgeber bei der Lohnauszahlung abzuziehen berechtigt ist (zB § 28 g SGB IV) und für deren Zahlung an die Einzugsstelle (die berechtigte Kasse) er allein haftet (zB § 28 e SGB IV). Beurteilungsgrundlage ist die rechtliche Existenz des Beitragsanspruchs, nicht seine Anmeldung durch den Arbeitgeber (Hamburg BB 69, 1482). – **Nicht von Abs 1 erfasst** werden danach die in den Beiträgen enthaltenen **Arbeitgeberanteile,** und zwar auch dann nicht, wenn sie – wie zB bei den sog Geringverdienern nach § 249 SGB V (StV 94, 426; NStZ 96, 543; Frankfurt StV 99, 32; krit Tröndle/Fischer 9 a) – auf einer im Gesetz vorgesehenen Abwälzung von Arbeitnehmeranteilen beruhen (bei Holtz MDR 92, 321; StV 93, 364; s auch 18 zu § 263). Leistet der Arbeitgeber weniger als die insgesamt geschuldeten Beiträge, so hat man darin bisher dessen stillschweigende Erklärung gesehen, dass die Zahlung zunächst auf die Arbeitnehmeranteile anzurechnen ist, so dass § 266a entfällt, wenn diese gedeckt sind (NJW 91, 2917; Bay JR 88, 477 mit Anm Stahlschmidt und zust Bespr Mitsch JZ 94, 877, 887; beachte jedoch NStZ 90, 588). Nach § 2 BeitragszahlungsVO (idF v 20. 5. 97, BGBl I 1137) sind jetzt aber die Zahlungen des Arbeitgebers ohne ausdrückliche Tilgungsbestimmung gleichmäßig auf die fälligen Arbeitnehmer- und Arbeitgeberbeiträge anzurechnen (NJW 98, 1484; Naumburg wistra 00, 34 mit abl Anm Wegner; aM Bay wistra 99, 119; W-Hillenkamp BT 2 Rdn 786; Gribbohm LK 62; vgl auch Reck GmbHR 99, 102, 104 und Hey/Reck GmbHR 99, 760, 762, 765), so dass nur bei rechtzeitiger Zahlung aller Beiträge die Strafbarkeit ausscheidet. An die Voraussetzungen für eine abweichende Tilgungsbestimmung des Arbeitgebers sind allerdings nicht zu hohe Anforderungen zu stellen; ausreichend ist, wenn zB wegen der Höhe des gezahlten Sozialversicherungsbetrags erkennbar ist, dass damit gerade der Arbeitneh-

Vorenthalten und Veruntreuen von Arbeitsentgelt § 266a

meranteil abgedeckt werden sollte. Ob eine sog E-101-Bescheinigung eines ausländischen EU-Mitgliedsstaats Einfluss auf die Strafbarkeit hat, ist umstritten (dafür Ignor/Rixen wistra 01, 201 und Panaris aaO [vgl 1] Rdn 736; dagegen M-G/B-Heitmann 36/71 iVm 66).

b) Vorenthalten erfordert, dass der Arbeitgeber es unterlässt, die geschuldeten 7 Arbeitnehmerbeiträge spätestens am Fälligkeitstage (NJW 92, 177) an die Einzugsstelle abzuführen (**echtes Unterlassungsdelikt,** 4 zu § 13; BGHZ 134, 304; NJW 98, 1306; Frankfurt ZIP 95, 213, 215; Celle wistra 96, 114 mit Anm Bente und Bespr Rönnau wistra 97, 13; Celle NStZ 98, 303; Mitsch BT 2,2 4/17; Kindhäuser 8; aM Gribbohm LK 65: Begehung auch durch positives Tun möglich). Nachträglicher Eingang geschuldeter Beträge hebt die Strafbarkeit nicht rückwirkend auf (NStZ 90, 588).

aa) Mit der Neufassung von Abs 1 hat der Gesetzgeber klar gestellt, dass es ent- 8 gegen zahlreicher Stimmen in Rspr und Lit (Nachweise in der Voraufl) in Übereinstimmung mit der straf- und zivilrechtlichen Rspr des BGH (BGHSt 47, 318 mit Anm Tag JR 02, 521, Wegner wistra 02, 382, Radtke NStZ 03, 154 und Röhm DZWiR 03, 27; BGHZ 144, 311) **nicht** auf die Auszahlung irgendeines Arbeitsentgeltes ankommt (W-Hillenkamp BT 2 Rdn 786; Tröndle/Fischer 13). Zur Gewährleistung des Gesetzeszwecks ist grundsätzlich (Ausnahmen uU bei Abschlagszahlungen) jede – auch die nur teilweise (zB bei Zahlungsschwierigkeiten, VersR 63, 1034 mit Anm Schmidt VersR 64, 88; DB 75, 1467) – Lohnauszahlung als sog „Nettozahlung" anzusehen, von der die jeweils geschuldeten Arbeitnehmeranteile ausdrücklich oder stillschweigend abgezogen sind (§ 14 II SGB IV; s auch BGHSt 30, 265 mit Anm Martens NStZ 82, 471). Das gilt auch dann, wenn die Vertragspartner Nettozahlung im Sinne einer für das Innenverhältnis wirksamen Übernahme der Beitragspflicht durch den Arbeitgeber vereinbart haben (sog Nettolohnabrede; RGSt 40, 42; Tiedemann GmbHG 58 vor § 82; Mitsch BT 2,2 4/14). Wenn die Beteiligten ohne Übernahmeverpflichtung durch den Arbeitgeber darüber einig sind, dass keine Sozialversicherungsbeiträge abgeführt werden sollen, liegt zwar keine Nettolohnabrede vor, doch ändert dies an der Abführungspflicht des Arbeitgebers nichts, sondern wirkt sich nur auf die Schadenshöhe aus (BGHSt 38, 285 mit Anm Franzheim JR 93, 75). Mit diesem Grundprinzip ist die frühere Rspr nicht vereinbar, die eine Ausnahme für Teillohnzahlungen zur Deckung des Existenzminimums der Arbeitnehmer macht (Sch/Sch-Lenckner/Perron 9 mwN); für solche Härtefälle bietet Abs 6 (vgl 17–19) einen Ausweg (Gribbohm JR 97, 479, 481).

bb) Die **Fälligkeit** der Beitragsschuld bestimmt sich nach den einschlägigen 9 Vorschriften und Satzungen der Versicherungsträger (NJW 92, 177 und 98, 1306, beide mwN). Jedoch tritt sie nach § 23 I SGB IV **spätestens** am 15. des Monats ein, der auf die das Arbeitsentgelt begründende Beschäftigung folgt (vgl NJW 98, 1306; Bühler NStZ 98, 284). Wirksame Stundung vor (aber nicht nach, Gribbohm LK 51; Sch/Sch-Lenckner/Perron 7) Fälligkeit schließt das Merkmal des Vorenthaltens aus. Verfügungen des Arbeitgebers über einbehaltene Beiträge vor Fälligkeit sind unschädlich, wenn rechtzeitig gezahlt wird.

cc) Als Unterlassungstatbestand (vgl 7) ist Abs 1 nicht verwirklicht, wenn und 10 soweit dem Täter die geschuldete Beitragsleistung **unmöglich** ist (5 zu § 13; BGHZ 133, 370; NJW 98, 1306; Weber NStZ 86, 481, 488; Bühler NStZ 98, 284, 285); ein solcher Fall kann auch bei Zahlungsunfähigkeit vorliegen (NJW 97, 133 und 02, 1123, 1124; Celle wistra 96, 114 und NJW 01, 2985 unter Aufgabe der Senats-Rspr NStZ-RR 97, 324 und NStZ 98, 03; Frankfurt StV 99, 32; Kindhäuser 11), doch ist eine Unmöglichkeit auch bei Überschuldung dann zu verneinen, wenn die vorhandenen Geldmittel noch zur Zahlung der Arbeitnehmeranteile ausreichen (NJW 02, 1123, 1125). Da er jedoch verpflichtet ist, rechtzeitig

§ 266a

dafür zu sorgen, dass er bei Fälligkeit die erforderlichen Mittel zur Verfügung hat (Martens wistra 86, 154, 157; Mitsch BT 2,2 4/19; einschr Samson/Günther SK 28; krit Dreher aaO [vgl 4] S 71), werden ihm alle Handlungen und Unterlassungen zugerechnet, mit denen er vor Fälligkeit – zB durch Einsatz sämtlicher verfügbaren Mittel für die Lohnauszahlung (Dresden NStZ 01, 198; aM Düsseldorf NJW-RR 93, 1448; Celle wistra 96, 114 mit krit Anm Bente und zust Bespr Rönnau wistra 97, 13; Samson/Günther SK 32) oder durch Unterlassen der Bildung von Rücklagen (BGHZ 134, 340; NJW 01, 969; Celle NJW 01, 2985) – seine Handlungsunfähigkeit verursacht hat (einschr Tag aaO [vgl 1] S 121, 125; zum Vorsatz beachte 16). Die Abführungspflicht hat Vorrang vor anderen zivilrechtlichen Verbindlichkeiten (BGHZ 134, 304 mit zust Bespr Hellmann JZ 97, 1005 und Heger JuS 98, 1090, abl aber Bente wistra 97, 105, Tag BB 97, 1115, 1117, Frister JR 98, 63, Stein DStR 98, 1055, 1060, Dreher aaO S 74, W-Hillenkamp BT 2 Rdn 787; speziell zu Lohnansprüchen der Arbeitnehmer Köln wistra 97, 231), selbst wenn die Beitragsauszahlung im nachfolgenden Insolvenzverfahren gem § 129 I InsO anfechtbar ist (BGHSt 48, 307 mit krit Bespr Rönnau NJW 04, 976), weil der Gesetzgeber durch die Strafbewehrung der Beitragsvorenthaltung sowie der eine vorrangige Befriedigung anderer Verbindlichkeiten voraussetzende Härteklausel des Abs 6 (dazu 17–19) der Pflicht zur Beitragsabführung Vorrang gegenüber anderen Pflichten eingeräumt hat und deswegen der vorrangig die Sozialversicherungsbeiträge abführende Arbeitgeber sich nicht in einer Pflichtenkollision befindet (BGHSt 47, 318, 321 [mit insoweit abl Anm Tag JR 02, 521, 522 und Radtke NStZ 03, 154, 156]; 48, 307, 310). Nur während des Laufs der dreiwöchigen Insolvenzantragsfrist nach § 64 I GmbHG rechtfertigt die Schadensersatzpflicht gem § 64 II 1 GmbHG eine Nichtabführung der Beiträge; unterbleibt eine fristgemäße Antragsstellung, lebt trotz § 64 II 1 GmbHG die Beitragsabführungspflicht wieder auf (BGHSt 48, 307 mit Bespr Martin JuS 04, 254; abl Rönnau NJW 04, 976, 979; vgl Flöther/Bräuer DZWIR 03, 353). Trotz Zahlungsunfähigkeit bei Fälligkeit ist ein Vorenthalten ab dem Zeitpunkt gegeben, zu dem der Arbeitgeber wieder zahlungsfähig ist; das vorübergehende Unvermögen ändert am Fortbestand der Zahlungspflicht nichts (Dresden NStZ 01, 198). – Auch die **Zumutbarkeit** der Beitragszahlung bedarf selbstständiger Prüfung (5 zu § 13; Winkelbauer wistra 88, 16, 18; Tag aaO). Unter diesem von Rspr (s aber Frankfurt ZIP 95, 213, 218) und Schrifttum bisher kaum aufgenommenen Gesichtspunkt wird zu prüfen sein, ob die zum Teil rigorosen Anforderungen an den Arbeitgeber angemessen abgemildert werden können (einschr Stein aaO S 1063; Sch/Sch-Lenckner/Perron 10).

11 4. Zur **Tathandlung nach Abs 2:**

a) Abs 2 erfasst nunmehr auch das **Vorenthalten** (vgl 7) **der Arbeitgeberbeiträge zur Sozialversicherung** (vgl 6); um jedoch nicht bereits die bloße Nichterfüllung einer eigenen Schuld unter Strafe zu stellen, muss dieser **tatbestandliche Erfolg** auf einer der in den Nr 1 und 2 beschriebenen Tathandlungen beruhen (BR-Dr 155/04 S 75). Angesichts des regelmäßig geringen Schuldgehalts ist das Vorenthalten von Arbeitgeberbeiträgen bei geringfügiger Beschäftigung in Privathaushalten gem § 111 I Nr 2 a Satz 2 SGB IV nur Ordnungswidrigkeit; eine Anwendung von Abs 2 ist ausgeschlossen (§ 111 I Nr 7 Satz 2 SGB IV; BR-Dr 155/04 S 76). – Aus Sicht des Arbeitgebers relativiert sich durch Abs 2 nF die strafrechtliche Bedeutung einer Tilgungsbestimmung bei Teilzahlungen, denn von Abs 1 und 2 nicht erfasst ist nur noch eine Teilzahlung der Arbeitnehmeranteile (vgl 6) bei pflichtgemäßer Information der für Beitragseinziehung zuständigen Stelle.

12 **b)** In Anlehnung an § 370 I AO ist das Vorenthalten der Arbeitgeberanteile nur dann tatbestandsmäßig, wenn es darauf beruht, dass der Arbeitgeber (vgl 3) gegen-

Vorenthalten und Veruntreuen von Arbeitsentgelt **§ 266a**

über der zuständigen Stelle **über sozialversicherungsrechtlich erhebliche Tatsachen unrichtige oder unvollständige Angaben gemacht** hat (Nr 1) oder diese Stelle über solche Tatsachen **pflichtwidrig in Unkenntnis gelassen** hat (Nr 2); Nr 1 umschreibt damit ein positives Tun, Nr 2 ein echtes Unterlassen der Erfüllung einer dem Arbeitgeber auferlegten (nicht unbedingt gesetzlichen) Mitteilungspflicht (BR-Dr 155/04, S 75 f). Gegenstand der falschen oder unterlassenen Information sind Tatsachen, die Grund und/oder Höhe des Sozialversicherungsbeitrags beeinflussen können (BR-Dr 155/04 S 75: zB Angaben zur Zahl und Lohnhöhe der Arbeitnehmer). Angaben sind iS der Nr 1 **unrichtig,** wenn zwischen der Erklärung und der Wirklichkeit ein Unterschied besteht, **unvollständig,** wenn sie entgegen dem Anschein der Vollständigkeit in wesentlichen Punkten lückenhaft sind (vgl Erbs/Kohlhaas-Senge 16 zu § 370 AO); **in Unkenntnis gelassen** wird die Stelle, wenn ihr ein Arbeitgeber als Mitteilungspflichtiger Tatsachen gar nicht oder nicht rechtzeitig übermittelt (vgl Erbs/Kohlhaas-Senge 21 zu § 370 AO). Im Unterschied zu einem Beitragsbetrug gem § 263 (vgl wistra 92, 141) setzt Abs 2 – wie § 370 I AO – weder eine Täuschung noch eine Irrtumserregung bei der zuständigen Stelle voraus (BR-Dr 155/04 S 76), so dass es nicht darauf ankommt, ob sich Mitarbeiter dieser Stelle über die Richtigkeit und Vollständigkeit der Angaben Gedanken machen (zur Beteiligungsstrafbarkeit von eingeweihten Mitarbeitern der zuständigen Stelle vgl Erbs/Kohlhaas-Senge 17 zu § 370 AO).

5. Zur **Tathandlung nach Abs 3** (vgl zunächst 1): 13

a) Die Pflicht des Arbeitgebers zur **Abführung von Teilen des Arbeitsentgelts** kann privat- oder öffentlichrechtlich begründet sein. In Frage kommen namentlich Leistungen nach dem 5. VermBG (vermögenswirksame Leistungen) sowie Leistungen auf Grund von Abtretungen, Pfändungen und Vereinbarungen über freiwillige Zahlungen an Versicherungs-, Renten- oder Pensionskassen.

b) Einbehalten (vgl auch 8; abw Mitsch BT 2,2 4/39: Kein Handlungsmerkmal) bedeutet, dem Arbeitnehmer nicht das volle, sondern nur ein um den abzuführenden Betrag gekürztes Arbeitsentgelt auszuzahlen (weiter Tag aaO [vgl 1] S 178 und NK 86). **Nicht zahlen** ist echtes Unterlassen (vgl 7) und als Nichtabführen des einbehaltenen Betrages an den Gläubiger des Arbeitnehmers zu verstehen (Kindhäuser 16). 14

c) Das Unterlassen, den **Arbeitnehmer über das Unterbleiben der Zahlung zu unterrichten,** ist ein **zusätzliches,** den Kern des Unrechts bildendes Merkmal (BT-Dr 10/318 S 29; Tag aaO [vgl 1] S 183; nach Schmitz, Unrecht und Zeit, 2001, S 143, erschöpft sich das Unrecht im pflichtwidrigen In-Unkenntnis-Lassen des Arbeitnehmers). Der Zeitpunkt der **Fälligkeit** bestimmt sich nach dem der Abführungspflicht zugrunde liegenden Rechtsverhältnis; „**unverzüglich danach**" ist Handeln ohne vorwerfbares, dh im strafrechtlichen Sinne mindestens fahrlässiges (35, 49 zu § 15), Zögern (näher zu Form, Inhalt und Zeitpunkt der gebotenen Unterrichtung Sch/Sch-Lenckner/Perron 14). 15

6. Neben dem durchgängig notwendigen **Vorsatz** (bedingter genügt, NJW 92, 177 mit Anm Dreher DB 91, 2586; BGHZ 133, 370; LG Oldenburg NStZ-RR 96, 80, 81) ist weder Bereicherungs- noch Schädigungsabsicht erforderlich (Gribbohm LK 84). Aus dem finalen Begriff des Vorenthaltens in Abs 1, 2 und dem ausdrücklichen Hinweis auf die Zahlungspflicht des Arbeitgebers in Abs 3 folgt, dass der Vorsatz nicht nur die pflichtbegründenden Umstände, sondern auch das Bestehen der Abführungspflicht selbst umfassen muss (Frankfurt ZIP 95, 213, 218; Sch/Sch-Lenckner/Perron 17; aM BGHZ 133, 370; Tröndle/Fischer 23, alle mwN; zw). – Ist der Täter am Fälligkeitstage (vgl 9) ganz oder teilweise leistungsunfähig (vgl 10), so kommt es für die Zurechnung zum Vorsatz – abweichend von 16

§ 266a BT. 22. Abschnitt. Betrug und Untreue

manchen mißverständlichen Formulierungen in Rspr und Schrifttum – darauf an, ob er seine Unfähigkeit durch vorausgegangene Handlungen (einschr Samson/Günther SK 28–32) oder Unterlassungen verursacht und sie schon bei deren Vornahme (bzw Nichtvornahme) im Sinne bedingten Vorsatzes in Kauf genommen hat (24, 25 zu § 15; ebenso M-Schroeder/Maiwald BT 1 45/67); es genügt nicht, dass er nur mit ihr rechnen musste (Sch/Sch-Lenckner/Perron 17; anders Celle JR 97, 478, wonach auch unverschuldete Zahlungsunfähigkeit genügen soll; krit dazu Heger JuS 98, 1090, 1094; W-Hillenkamp BT 2 Rdn 787); nicht erforderlich ist es, dass der Arbeitgeber mit Sicherheit erkannt hat, dass er im Zeitpunkt der Fälligkeit die Beitragsanteile nicht bezahlen können wird (so aber Frister JR 98, 63, 64). – Der Irrtum des Geschäftsführers über die Überwachungspflicht ist Verbotsirrrtum (NJW 01, 967).

16a **7. Abs 4** enthält für Fälle der Absätze 1 und 2 einen Strafschärfungsgrund mit drei in Anlehnung an § 370 III Nr 1, 3, 4 AO (BT-Dr 14/8221, S 18; dazu Erbs/Kohlhaas-Senge 88–91 zu § 370 AO) gebildeten **Regelbeispielen**. Weil der Strafrahmen für besonders schwere Fälle einer Beitragsvorenthaltung iSd Absätze 1 und 2 demjenigen von § 263 III angeglichen worden ist, ist der bisher konstatierte Wertungswiderspruch ausgeräumt, dass ein grundsätzlich legal handelnder Arbeitgeber, der bei einzelnen Arbeitnehmern gegenüber der Beitragsstelle falsche Angaben macht, einem höheren Strafrahmen ausgesetzt sein konnte als der Betreiber eines gänzlich illegal arbeitenden Betriebes (M-G/B-Heitmann 36/14).

16b **a) Nr 1: Grober Eigennutz** ist Streben nach persönlichem Vorteil in besonders anstößigem Maße (vgl 25 zu § 264); eine Bereicherungsabsicht iSd § 263 ist nicht ausreichend (Tröndle/Fischer 27). Dass grober Eigennutz auch zu verneinen sein soll, wenn die Tat nicht auf raffinierten Manipulationen beruht, der Täter ein Geständnis ablegt oder den Schaden zu ersetzen versucht (Ignor/Rixen NStZ 02, 510, 512f), erscheint hingegen zu eng, denn die Raffinesse äußert sich typischerweise in einer der in Nr 2 genannten Vorgehensweisen und das Nachtatverhalten ist bei der konkreten Strafzumessung zu berücksichtigen. Ein **großes Ausmaß** vorenthaltener Beiträge ist anzunehmen, wenn der Gesamtschaden sich deutlich von der Schadenshöhe gewöhnlicher Beitragsvorenthaltungen abhebt (Tröndle/Fischer 27). Wie bei §§ 263 III Nr 2, 264 II Nr 1 wird dies bei einem Schaden von mindestens 50 000 Euro angenommen werden können (Wegner wistra 02, 382, 383); ein Schaden in Millionenhöhe hat stets ein großes Ausmaß (Erbs/Kohlhaas-Senge 88 zu § 370 AO), doch kann daraus nicht gefolgert werden, dass Nr 1 einen Schaden in Millionenhöhe voraussetzt (so aber Ignor/Rixen NStZ 02, 510, 512f), weil anderenfalls der Wertungswiderspruch zu einem Beitragsbetrug iSd § 263 III Nr 2 nicht berücksichtigt wird; fallen Tathandlungen nach Abs 1 und 2 zusammen, ist der Gesamtschaden maßgeblich.

16c **b) Nr 2:** Unter **Verwendung nachgemachter oder verfälschter Belege** (vgl 25 zu § 264) müssen **fortgesetzt** Beiträge vorenthalten werden; ein einmaliges Vorenthalten genügt nicht (BGHSt 31, 225), doch ist weder eine von einem anfänglichen Gesamtvorsatz umfasste fortgesetze Tat (Tröndle/Fischer 28) noch – wie für § 264 II Nr 1 – kumulativ ein Schaden großen Ausmaßes erforderlich. Nötig ist eine Vorlage der Belege gegenüber der Einzugsstelle; für das wiederholte Vorenthalten der Beiträge genügt eine Bezugnahme auf diese Belege (Tröndle/Fischer 28).

16d **c) Nr 3** entspricht § 264 II Nr 3 (vgl 27 zu § 264).

17 **8.** Zu **Abs 6** vgl 29 zu § 24; zur ratio (verringerte Vorwerfbarkeit) Krack NStZ 01, 505, 510. Kriminalpolitisch hat er für die Absätze 1 und 2 (auch iVm Abs 4; vgl Ignor/Rixen NStZ 02, 510, 513) die Funktion einer „goldenen Brücke" (BT-Dr 10/318 S 26; krit Samson/Günther SK 38–43; zusf Winkelbauer wistra 88, 16;

Tag aaO [vgl 1] S 191; Fritz, Die Selbstanzeige im Beitragsstrafrecht gemäß § 266a Abs 5, 1997, S 23; krit zur Ungleichbehandlung mit anderen Delikten des Wirtschaftsstrafrechts Krack aaO).

a) Absehen von Strafe (S 1): Erforderlich ist eine rechtzeitige (dazu 9) schriftliche (krit Fritz aaO [vgl 17] S 138) Mitteilung. Sie muss die Höhe der vorenthaltenen Beträge, für die der Täter noch Straffreiheit erlangen kann (Winkelbauer aaO [vgl 17] S 17), vollständig (BT-Dr 10/318 S 30) angeben und die Gründe für die Unfähigkeit zur fristgemäßen Zahlung sowie die unternommenen ernsthaften Bemühungen um ihre Abwendung darlegen. Die Voraussetzungen sind erfüllt, wenn das Vorbringen die nach Auffassung des Täters eingetretene und von ihm nur als vorübergehend beurteilte Leistungsunfähigkeit verständlich macht (Winkelbauer aaO; krit Tag aaO [vgl 1] S 202; näher dazu BT-Dr aaO S 31). Ob das Gericht allerdings von Strafe absieht, unterliegt seinem pflichtmäßigen Ermessen (50 zu § 46); es wird sich vornehmlich an der Schwere des Bedrängnis des Täters und der für die Arbeitsplätze des Betriebs drohenden Gefahr orientieren. **18**

b) Straffreiheit tritt über Satz 1 hinaus obligatorisch ein, wenn nach Erfüllung seiner Voraussetzungen die Beiträge innerhalb einer durch Stundung gesetzten Frist, uU auch von einem Dritten, wie zB dem GmbH-Geschäftsführer (Heger JuS 98, 1090, 1095), nachentrichtet werden. Die **Angemessenheit** der Frist unterliegt tatrichterlicher Würdigung (zum Bewertungsmaßstab BT-Dr 10/318 S 31). Solange sie läuft, ist die staatliche Strafbefugnis – ebenso wie in den Fällen des § 371 III AO – in der Schwebe und auflösend bedingt (BGHSt 7, 336, 341; Gribbohm LK 105). Wird sie überschritten, so bleibt Satz 1 unberührt. **19**

9. a) Bei Vorenthalten von Beiträgen mehrerer Arbeitnehmer gegenüber einer Einzugstelle liegt **Tateinheit,** gegenüber mehreren Einzugstellen Tatmehrheit vor (BGHSt 48, 307, 314; Frankfurt NStZ-RR 99, 104; Bittmann/Ganz wistra 02, 130; M-G/B-Heitmann 36/45; Pananis aaO [vgl 1] Rdn 748; aM Hamm wistra 01, 238; Tag NK 115). Tatmehrheit besteht auch bei wiederholten Nichtzahlungen (Frankfurt NStZ-RR 99, 104 und wistra 03, 236; Celle NStZ-RR 97, 324). Da die Gesamtsozialversicherungsbeiträge (§ 28d SGB IV) durch eine Zahlung des Arbeitgebers erfüllt werden können (vgl BGHSt 48, 307, 314), ist zwischen Abs 1 und dem neuen Abs 2 trotz der jeweils unterschiedlichen Beitragsteile Tateinheit anzunehmen. – Nach dem Willen des Gesetzgebers sind nunmehr Abs 1 und 2 lex specialis zu § 263, so dass – entgegen der bisherigen Rspr (NJW 03, 1821) – ein **Beitragbetrug** hinter § 266a zurücktritt, wenn nicht ausnahmsweise – wie in § 111 I Nr 7 Satz 2 SGB IV (vgl 11) – eine Anwendbarkeit von § 266a ausgeschlossen ist (BR-Dr 155/04 S 76). **20**

b) Mit §§ 370, 380 AO (Nichtabführen von Umsatz- und Lohnsteuer) besteht **Tatmehrheit** auch dann, wenn alle Unterlassungen auf einem Gesamtplan beruhen und sich auf dieselben Arbeitnehmer beziehen (BGHSt 35, 14; 37, 10; Bay NStZ 86, 173 mit Anm Brauns StV 86, 534; LG OLdenburg NStZ-RR 96, 80 [auch mit Verstößen gegen das Arbeitnehmerüberlassungsgesetz]; s auch BGHSt 38, 285); dasselbe gilt für das Verhältnis von Taten nach Abs 1 und Abs 3 nF (Celle NJW 92, 190). **21**

§ 266b Mißbrauch von Scheck- und Kreditkarten

(1) **Wer die ihm durch die Überlassung einer Scheckkarte oder einer Kreditkarte eingeräumte Möglichkeit, den Aussteller zu einer Zahlung zu veranlassen, mißbraucht und diesen dadurch schädigt, wird mit Freiheitsstrafe bis zu drei Jahren oder mit Geldstrafe bestraft.**

(2) § 248a gilt entsprechend.

§ 266b BT. 22. Abschnitt. Betrug und Untreue

1 1. Die Vorschrift soll eine im Grenzbereich zwischen Betrug und Untreue entstandene, in Rspr und Lehre umstrittene **Lücke im Vermögensstrafrecht** schließen (BT-Dr 10/5058 S 31; Bay NJW 97, 3039; zum Streitstand im früheren Recht ua BGHSt 24, 386; 33, 244; Lackner LK[10] 301, 320–325 zu § 263; s auch 19 zu § 263; 6 zu § 266). Sie schützt deshalb jedenfalls das **Vermögen** (unstr) und daneben wegen der gezielten Begrenzung des Tatbestandes auf wichtige Instrumente des **unbaren Zahlungsverkehrs** auch diesen (BGHSt 47, 160, 168; NStZ 93, 283; Bernsau, Der Scheck- oder Kreditkartenmissbrauch durch den berechtigten Karteninhaber, 1990, S 64; Arzt/Weber BT 23/42; aM Otto wistra 86, 150; Ranft JuS 88, 673, 675; M-Schroeder/Maiwald BT 1 45/72; W-Hillenkamp BT 2 Rdn 792; Kindhäuser NK 1; Samson/Günther SK 1, alle mwN; zw). Die Strafbedürftigkeit der Tat, die schon im Gesetzgebungsverfahren umstritten war (BT-Dr aaO; Schubarth ZStW 92, 80, 92; Vormbaum JuS 81, 18, 25), ist bis heute nicht allgemein anerkannt (krit ua Labsch Jura 87, 411, 418; Haffke KritV 91, 165, 439; Kindhäuser, Madrid-Sym, S 125, 132; s auch Otto, Bankentätigkeit und Strafrecht, 1983, S 127; Schmitt Jura 87, 640; Flöge, Zur Kriminalisierung von Mißbräuchen im Scheck- und Kreditkartenverfahren nach § 266b StGB, 1989; Wohlers, Deliktstypen des Präventionsstrafrechts, 2000, S 153, alle mwN).

2 2. **Täter** kann nur der **berechtigte Karteninhaber** sein, weil nur ihm die Möglichkeit „eingeräumt" ist, den Aussteller zur Zahlung zu veranlassen (ebenso Mitsch BT 2,2 4/61 und Rengier BT I 19/3: Sonderdelikt). Der Missbrauch durch Nichtberechtigte ist regelmäßig als Betrug (BT-Dr 10/5058 S 32; Krey/Hellmann BT 2 Rdn 562 c) oder als Computerbetrug erfassbar (Joecks 16). Wie in § 266 (dort 2) ist die Tätereigenschaft wegen der mit ihr verbundenen Vertrauensstellung besonderes persönliches Merkmal im Sinne des § 28 I (Weber NStZ 86, 481, 484; Gribbohm LK 4; aM Sch/Sch-Lenckner/Perron 13).

3 3. a) Als **Scheckkarten** waren bis zum 31. 12. 2001 nur die dem verbreiteten, auf Grund von Vereinbarungen der europäischen Kreditwirtschaft einheitlich gestalteten Euroscheck-System zugehörigen Euroscheckkarten gebräuchlich; nach Abschaffung der ec-Karten-Garantie ist dieser Anwendungsbereich entfallen (Baier ZRP 01, 454). Die Vorschrift ist jedoch weiterhin für Scheckkarten anderer Systeme offen (Otto wistra 86, 150, 152; Baier aaO; Sch/Sch-Lenckner/Perron 4). Bedauerlicherweise nicht erfasst wird der Geldautomatenmissbrauch mittels Scheckkarte, weil in diesen Fällen die Karte nicht als Scheckkarte, sondern in einer nur zufällig mit ihr verbundenen Funktion als Codekarte verwendet wird und dem Täter nicht die Rechtsmacht „eingeräumt" ist, den Aussteller „zu einer Zahlung zu veranlassen" (Otto wistra aaO; Lackner, Tröndle-FS, S 41, 58; Bernsau aaO [vgl 1] S 134; Berghaus JuS 90, 981; Kindhäuser, Grünwald-FS, S 285, 304; Rengier BT I 19/8; W-Hillenkamp BT 2 Rdn 611 und 795; Gribbohm LK 10–13; Tröndle/Fischer 14 zu § 263a); die Gegenmeinung (Stuttgart NJW 88, 981; LG Köln NJW 87, 667, 669; Weber JZ 87, 215, 217 und Krause-FS, S 427, 435; Bühler MDR 89, 22; Ehrlicher, Der Bankomatenmissbrauch – Seine Erscheinungsformen und seine Bekämpfung, 1989, S 90; Meier JuS 92, 1017, 1021; Mitsch JZ 94, 877, 880, 884; Hilgendorf JuS 97, 130, 135; Löhnig JR 99, 362; Joecks 14) macht das erwünschte Ergebnis zur Argumentationsgrundlage und unterschätzt die daraus folgenden dogmatischen Widersprüche (zB bei Einführung eines selbstständigen Codekartensystems, Abheben von Geld aus dem Automaten der eigenen Bank). Eine vordringende Meinung in der Lit und jetzt die Rspr bejaht § 266b bei missbräuchlicher Abhebung an Automaten **fremder** Banken (BGHSt 47, 160, 164 mit Bespr Zielinski JR 02, 342, Kudlich JuS 03, 537, 540, Mühlbauer wistra 03, 244 und [abl] Otto JK 5), nicht aber an denen des kartenausgebenden Kreditinstituts (M-Schroeder/Maiwald BT 1 45/78; Kindhäuser

Mißbrauch von Scheck- und Kreditkarten **§ 266b**

NK 27–29; Sch/Sch-Lenckner/Perron 8; krit Tröndle/Fischer 9; weiter diff Zielinski aaO: nur bei offline-Verfahren). – Der Missbrauch einer Scheckkarte im electronic-cash-Zahlungsverfahren ist nicht erfasst, weil sich die Bank durch elektronische Autorisation selbst verpflichtet (Altenhain JZ 97, 752, 758; Eisele/Fad Jura 02, 305, 312; Rengier BT I 19/9; aM Gribbohm LK 15; Kindhäuser NK 23), auch beim Lastschriftverfahren im POZ-System ist die Vorschrift nicht anwendbar (Rossa CR 97, 219, 223; Baier ZRP 01, 454, 455; Sch/Sch-Lenckner/Perron 4 mwN).

b) Als **Kreditkarten** kommen für die Anwendung des Abs 1 nur Karten im sog 4 „Drei-Partner-System" (zB American Express-Karten, Eurocards) in Frage (BGHSt 38, 281 mit krit Anm Otto JZ 92, 1139, Ranft NStZ 93, 185 und zust Bespr Mitsch JZ 94, 877, 885; Bay StV 97, 596 mit zust Bespr Löhnig JR 99, 362; W-Hillenkamp BT 2 Rdn 795; aM Weber LdR S 622; Hilgendorf JuS 97, 130, 135, alle mwN; str). Nur sie räumen dem Karteninhaber die Befugnis ein, den Aussteller zu einer Zahlung (sei es auch nur im Verrechnungswege, BT-Dr 10/5058 S 32; Rengier BT I 19/4; Kindhäuser NK 20) zu veranlassen, dh dessen Garantieverpflichtung gegenüber einem Dritten auszulösen. Kreditkarten im sog „Zwei-Partner-System" bedeuten rechtlich nur einen Ausweis über die Eröffnung eines Kredits, der die wiederholte Nachprüfung der Kreditwürdigkeit entbehrlich macht (bei Holtz MDR 89, 112; Krey/Hellmann BT 2 Rdn 562c; Gribbohm LK 16–20; Kindhäuser NK 11; eingehend Weisensee, Die Kreditkarte – ein amerikanisches Phänomen, 1970, S 43). Dass ihr Missbrauch deshalb den allgemeinen, für den Kreditbetrug geltenden Regeln folgen muss (Tiedemann LK 38, 43, 110 zu § 263), ist im Hinblick auf die mildere Strafdrohung des § 266b ein Konstruktionsfehler des Gesetzes (ebenso M-Schroeder/Maiwald BT 1 45/77 und Sch/Sch-Lenckner/Perron 5; s auch Bernsau aaO [vgl 1] S 181, der eine Sperrwirkung dieser Strafdrohung annimmt).

4. Missbrauchen erfordert hier – ähnlich wie in § 266 I (dort 6) –, dass sich 5 der Täter zwar nach außen im Rahmen seines rechtlichen Könnens hält, im Innenverhältnis zu dem Kartenaussteller aber die Grenzen seines rechtlichen Dürfens überschreitet (BT-Dr 10/5058 S 32; Hamm StraFo 01, 281; Baier ZRP 01, 454; Dannecker, Das intertemporale Strafrecht, 1993, S 506; Mitsch BT 2,2 4/64; s auch Bernsau aaO [vgl 1] S 78; weiter Weber NStZ 86, 481, 484); ein andersartiger Missbrauch der Karte, zB deren vertragswidrige Weitergabe an einen Dritten, gehört nicht hierher (NStZ 92, 278 mit im Ergebnis zust Bespr Mitsch JZ 94, 877, 887; Rengier BT I 19/10), auch nicht das Ausnutzen des zeitweisen Ausfalls technischer Kontrollmaßnahmen (Bay NJW 97, 3039 mit krit Bespr Otto JK 4). – Danach lag bis zur Abschaffung des Euroscheck-Systems (vgl 3) der Missbrauch der **Scheckkarte** idR bei Hingabe eines Schecks vor, für den auf dem Konto des Täters keine Deckung durch Guthaben oder Kredit vorhanden und bei Einlösung auch nicht zu erwarten war (11 zu § 263). Bei der **Kreditkarte** kommt es darauf an, ob der Täter seine aus dem Kreditkartenvertrag hervorgehenden Pflichten verletzt hat, die meist darin bestehen, dass er keine Verpflichtungen eingehen darf, wenn seine Einkommens- und Vermögensverhältnisse den Kontoausgleich nicht gestatten (Gribbohm LK 27).

5. Schädigen ist gleichbedeutend mit dem Herbeiführen eines Vermögens- 6 schadens (BT-Dr 10/5058 S 33) im Sinne des § 263 I (dort 32–53; ebenso Kindhäuser NK 30). Der Schaden muss durch den Missbrauch verursacht sein (10, 11 vor § 13). An ihm – und damit zugleich auch am Missbrauch (vgl 5) – kann es fehlen, wenn der Täter trotz Überschreitung der ihm im Innenverhältnis gesetzten Schranken jederzeit willens und fähig ist, die Garantieverpflichtung des Kartenausstellers auszugleichen (BT-Dr aaO; Mitsch BT 2,2 4/66; W-Hillenkamp BT 2 Rdn 796; s auch 17 zu § 266). Geringfügige Grenzüberschreitungen sind daher aus

§ 267

diesem Grunde meist nicht tatbestandsmäßig (BT-Dr aaO; Gribbohm LK 35–38; aM Sch/Sch-Lenckner/Perron 10).

7 **6.** Der **Vorsatz** (bedingter genügt) muss namentlich den Missbrauch (vgl 5) und den Vermögensschaden (vgl 6) umfassen. Die Ausführungen unter 19 zu § 266 zur Notwendigkeit strenger Anforderungen an den Vorsatz gelten sinngemäß. Nimmt der Täter auf Grund konkreter Umstände irrig an, dass Deckung vorhanden oder zu erwarten sei oder dass er ohne weiteres für Deckung sorgen könne, so fehlt es am Vorsatz, nicht aber bei bloß vagen Hoffnungen (Gribbohm LK 45; Sch/Sch-Lenckner/Perron 11).

8 **7.** In **Abs 2** kommt es für die entsprechende Anwendung des § 248a auf die Geringwertigkeit des Vermögensschadens an.

9 **8.** Die Vorschrift ist im Hinblick auf ihre klarstellende Funktion als **abschließende Sonderregelung** zu verstehen (Spezialität iwS; Küpper, Meurer-GS, S 123, 129; s auch Hamm StraFo 01, 281). Soweit daher in Teilen der Rspr und des Schrifttums Betrug oder Untreue bejaht wird (vgl 1), treten diese Tatbestände hinter § 266b zurück (Otto wistra 86, 150, 153; Bernsau aaO [vgl 1] S 130; ähnlich Weber NStZ 86, 481, 484, der eine Sperrwirkung gegenüber den §§ 263, 266 annimmt [dagegen Küpper aaO]; für § 263 aM Granderath DB 86, Beil 18, 1, 10). Aus dem gleichen Grunde scheidet auch die Möglichkeit aus, den nicht mit Strafe bedrohten Versuch des Kreditkartenmissbrauchs in Anlehnung an BGHSt 24, 386 als Betrugsversuch (§ 263 II) zu erfassen (Gribbohm LK 48). Jedoch ist Tateinheit mit den §§ 263, 266 dann nicht ausgeschlossen, wenn deren Anwendbarkeit auf anderen Gründen beruht (Hamm StraFo 01, 281; einschr Ranft JuS 88, 673, 678). Hat jemand eine Scheck- oder Kreditkarte durch Betrug erschlichen (42 zu § 263) und sie später missbraucht, so besteht zwischen §§ 263 und 266b idR Tatmehrheit (Bernsau aaO [vgl 1] S 133; Kindhäuser 31; für Tateinheit BGHSt 47, 160, 168 [mit abl Bespr Otto JK 5] und Rengier BT I 19/11; diff Tröndle/Fischer 24); der Kartenmissbrauch tritt nicht als mitbestrafte Nachtat zurück (BGH aaO; NStZ 93, 283; aM Küpper NStZ 88, 60; Sch/Sch-Lenckner/Perron 14, alle mwN; nach Mitsch JZ 94, 877, 886 verdrängt § 266b den Betrug als mitbestrafte Vortat; ebenso Gribbohm LK 55–57).

23. Abschnitt. Urkundenfälschung

§ 267 Urkundenfälschung

(1) **Wer zur Täuschung im Rechtsverkehr eine unechte Urkunde herstellt, eine echte Urkunde verfälscht oder eine unechte oder verfälschte Urkunde gebraucht, wird mit Freiheitsstrafe bis zu fünf Jahren oder mit Geldstrafe bestraft.**

(2) **Der Versuch ist strafbar.**

(3) **In besonders schweren Fällen ist die Strafe Freiheitsstrafe von sechs Monaten bis zu zehn Jahren. Ein besonders schwerer Fall liegt in der Regel vor, wenn der Täter**
1. **gewerbsmäßig oder als Mitglied einer Bande handelt, die sich zur fortgesetzten Begehung von Betrug oder Urkundenfälschung verbunden hat,**
2. **einen Vermögensverlust großen Ausmaßes herbeiführt,**
3. **durch eine große Zahl von unechten oder verfälschten Urkunden die Sicherheit des Rechtsverkehrs erheblich gefährdet oder**
4. **seine Befugnisse oder seine Stellung als Amtsträger mißbraucht.**

Urkundenfälschung § 267

(4) **Mit Freiheitsstrafe von einem Jahr bis zu zehn Jahren, in minder schweren Fällen mit Freiheitsstrafe von sechs Monaten bis zu fünf Jahren wird bestraft, wer die Urkundenfälschung als Mitglied einer Bande, die sich zur fortgesetzten Begehung von Straftaten nach den §§ 263 bis 264 oder 267 bis 269 verbunden hat, gewerbsmäßig begeht.**

Fassung: Das 6. StrRG (13 vor § 1) hat Abs 3 geändert und Abs 4 eingefügt.

1. Die Vorschrift schützt die **Sicherheit und Zuverlässigkeit des Beweisverkehrs** mit (nicht nur inländischen; Satzger, Die Europäisierung des Strafrechts, 2001, S 579; s unten 25) Urkunden (BGHSt 2, 50; zusf und zT krit Kienapfel Jura 83, 185, 186; Puppe Jura 86, 22 und in: BGH-FG, S 569 sowie in: NK 1–15; Freund, Urkundenstraftaten, 1996, Rdn 22; Hoyer SK 7–15 vor § 267; eingehend Rheineck, Fälschungsbegriff und Geistigkeitstheorie, 1979, S 112; Sieber, Computerkriminalität und Strafrecht, 2. Aufl 1980, S 251, 265; Gustafsson, Die scheinbare Urkunde, 1993, S 96; Bettendorf, Der Irrtum bei den Urkundendelikten, 1997, S 67; Jakobs, Urkundenfälschung, 2000, S 5, 28, 95, der auf das Recht einzelner Personen abstellt, nicht durch das Beweismittel ‚Urkunde' desorientiert zu werden; Hefendehl, Kollektive Rechtsgüter im Strafrecht, 2002, S 244, der die dienende Funktion des Rechts für personale Interessen betont; Kargl JA 03, 604, 608, der als Rechtsgut das Beweisführungsinteresse der am Rechtsverkehr Teilnehmenden ansieht). Deren Bedeutung besteht darin, dass sie zum Zwecke des Beweises (Beweisfunktion) menschliche Erklärungen perpetuieren (Perpetuierungsfunktion) und dadurch bewirken, dass der jeweilige Urheber (der Aussteller) für seine Erklärung einzustehen hat (Garantiefunktion). Schutzobjekt ist daher die Authentizität der Urkunde, dh die Übereinstimmung des wirklichen Ausstellers mit dem, der als solcher aus der Urkunde hervorgeht. Auf die inhaltliche Unwahrheit der Erklärung (sog schriftliche Lüge), auch auf die Angaben über Ort und Zeit der Urkundenerrichtung (BGHSt 9, 44), kommt es nicht an (bei Holtz MDR 79, 806). **Rspr-Übersichten** zur Urkundenfälschung bei Puppe JZ 86, 938, 992; 91, 447, 550, 609 und 97, 490; **Grundfälle** bei Freund JuS 93, 732, 1016 und 94, 30, 125. – Zur **Reform** §§ 303–311 E 1962; Schilling, Reform der Urkundenverbrechen, 1971; Kienapfel, Urkunden und andere Gewährschaftsträger, 1979, S 205. Für eine Streichung des „Verfälschungstatbestands" Kargl aaO S 611. – Zur **Kriminologie** der Urkundendelikte Freund aaO („Urkundenstraftaten") Rdn 11–13; v Dannwitz, in: Cramer/Cramer (Hrsg), Anwalts-Handbuch, Strafrecht, 2002, S 577. – **Rechtsvergleichend** Walter, Betrugsstrafrecht in Frankreich und Deutschland, 1999, S 342 (französisches Recht).

2. Urkunde ist eine verkörperte Gedankenerklärung, die allgemein oder für Eingeweihte verständlich ist und einen Aussteller erkennen lässt und die zum Beweis einer rechtlich erheblichen Tatsache geeignet und bestimmt ist, gleichviel ob ihr die Bestimmung schon bei der Ausstellung oder erst später gegeben wird (BGHSt 4, 284; 13, 235; Küper BT S 294 mit ähnlicher Definition; eingehend und zT krit Kienapfel, Urkunden im Strafrecht, 1967 sowie aaO [vgl 1] S 181; Samson, Urkunde und Beweiszeichen, 1968; Ennuschat, Der Einfluss des Zivilrechts auf die strafrechtliche Begriffsbestimmung am Beispiel der Urkundenfälschung gemäß § 267 StGB, 1998, S 17; Hoyer SK 4–6; für einen relativen Urkundenbegriff Jakobs aaO [vgl 2] S 35 mit Kritik Puppe NK 7; rechtsvergleichend Kienapfel SchwZStr 81, 25; zusf Samson JA 79, 526, 658; Puppe Jura 79, 630, 636; Otto JuS 87, 761).

a) Für die Urkunde wesentlich ist vor allem die **Gedankenerklärung**, dh ein menschliches Verhalten, das geeignet ist, in einem anderen unter Anwendung eines zwischen den Beteiligten feststehenden Codes eine bestimmte Vorstellung über einen Sachverhalt hervorzurufen (Samson JuS 70, 369, 370; Puppe Jura 80,

§ 267 BT. 23. Abschnitt. Urkundenfälschung

18; Hoyer SK 11, 16; speziell zur „neuen" zivilrechtlichen Briefmarke Schmidt ZStW 111, 388, 418); ob dazu ein „Erklärungswille" im Sinne eines Kundmachungsoder Begebungswillens gehört (so zB BGHSt 3, 82, 85; Hoyer SK 14; krit Ennuschat aaO [vgl 2] S 19), ist im Hinblick auf die Zufallsurkunden (vgl 13) umstritten und zweifelhaft (zusf Gribbohm LK 18–23); ebenso umstritten ist die Frage, ob der Anschein einer Gedankenerklärung reicht (dafür Ennuschat aaO; Hoyer SK 15; anders die hM).

4   aa) An einer Gedankenerklärung **fehlt es** bei bloßen Augenscheinsobjekten (Samson JA 79, 526, 527; Gribbohm LK 13) und bei technischen Aufzeichnungen, die selbsttätig durch Maschinen bewirkt werden, zB beim Schaublatt des Fahrtenschreibers (Stuttgart NJW 59, 1379; Hamm NJW 59, 1380; Karlsruhe NStZ 02, 652, 653; vgl dazu 4 zu § 268); jedoch können maschinell bewirkte Aufzeichnungen (zB vom Computer ausgedruckte Überweisungsträger, Gehaltsabrechnungen und Steuerbescheide) dadurch Urkundenqualität erlangen, dass jemand sie, sei es auch ohne eigene Kenntnisnahme, als seine Erklärung in den Rechtsverkehr gelangen lässt oder sie dafür bestimmt (sog **EDV-Urkunden;** BT-Dr 10/318 S 32; Sieber aaO [vgl 1] S 276; Zielinski, Kaufmann [Arm]-GS, S 605 und CR 95, 286, 290; speziell zum Parkschein Köln NJW 02, 527 mit zust Bespr Hecker JuS 02, 224 und Otto JK 29; Hoyer SK 20; einschr Lampe GA 75, 1, 8); erst recht gilt dies für einen elektronisch erstellten und unterschriebenen Lastschriftbeleg (Rossa CR 97, 219, 226). – An einer Gedankenerklärung fehlt es bei Blanketten, die erst durch Ausfüllung einen bestimmten gedanklichen Inhalt und damit zugleich Beweisbestimmung erlangen, zB beim Bezugsschein (BGHSt 13, 235), bei der Zeitkarte eines Verkehrsbetriebs auch ohne Wertmarke (Bay NStZ-RR 02, 305), beim Führerschein (bei Holtz MDR 78, 625) oder Parkberechtigungsschein (Bay NStZ-RR 98, 331 mit abl Bespr Schäfer NStZ 99, 191; anders für einen ausgedruckten Parkschein Köln, Hecker, Otto, jeweils aaO) ohne Angabe des Berechtigten und überhaupt bei Formularen aller Art (etwa von Ausweisen, Schecks, Wechseln usw), solange sie infolge Fehlens wesentlicher Angaben noch keinen bestimmten beweiserheblichen Inhalt haben (bei Holtz aaO; LG Berlin wistra 85, 241).

5   bb) Nach der Rspr können Einzelurkunden durch räumliche Zusammenfassung, die auf Gesetz, Geschäftsgebrauch oder Vereinbarung beruht, zu einer **Gesamturkunde** werden, wenn diese über die Einzelurkunden hinaus einen selbstständigen, für sich bestehenden Gedankeninhalt zum Ausdruck bringt (BGHSt 4, 60; Joecks 33, 34; Küper BT S 300: „Abgeschlossenheits- und Vollständigkeitserklärung"; krit Samson JuS 70, 369, 375; Puppe Jura 80, 18, 22; Kienapfel Jura 83, 185, 192; Hoyer SK 77–80). Die Rspr nimmt das zB an für kaufmännische Handelsbücher (RGSt 69, 396), für das Trödlerbuch (MDR 54, 309), für das Einwohnermeldeverzeichnis (JR 54, 308), für das Sparkassenbuch (BGHSt 19, 19, 21), für die Personalakte eines Amtsträgers (Düsseldorf NStZ 81, 25, 26) und – allerdings zu Unrecht – sogar für die Gesamtheit der Wahlzettel iVm dem Wählerverzeichnis, obwohl die Zettel einzeln mangels Erkennbarkeit des Ausstellers keine Urkunden sind (BGHSt 12, 108; aM Gribbohm LK 99 mwN; beachte auch Koblenz NStZ 92, 134 mit krit Bespr Puppe JZ 97, 490); sie verneint es für anwaltliche Handakten (BGHSt 3, 395), für dreiteilige Postanweisungen (Köln NJW 67, 742), für Einzelvermerke auf Postanweisungen (BGHSt 4, 60) oder in Reisepässen (Bay NJW 90, 264; Hamm NStZ-RR 98, 331) und für Arztberichte mit beigefügter Blutprobe (BGHSt 5, 75). Keine Gesamturkunde ist die für den Kunden von seiner Bank angelegte Kreditakte (Pommerenke wistra 96, 212).

6   **b)** Die Gedankenerklärung muss in einer Sache **dauerhaft,** dh in fester Verbindung mit ihr (BGHSt 5, 75, 79; 34, 375; Köln NJW 83, 769 mwN), **verkörpert**

Urkundenfälschung **§ 267**

sein. IdR wird das in einer Schrift, uU auch in einer Geheimschrift (hM; anders Samson, Urkunde und Beweiszeichen, 1968, S 116) oder Kurzschrift, oder in verkürzenden, ergänzungsbedürftigen Begriffen (zB in Fahrkarten, Eintrittskarten, Kontoauszügen, Inventurlisten, Kassenbons, Gasthausbelegen usw) geschehen (zusf zur verkürzten Urkunde Kienapfel aaO [Urkunden; vgl 1] S 1). Notwendig ist die Schriftlichkeit aber nicht (hM; jetzt auch M-Schroeder/Maiwald BT 2 65/14; anders Kienapfel aaO; Otto JuS 87, 761, 762 und GK 2 70/9, beide mwN). Es genügt vielmehr jede andere Vermittlung durch Zeichen oder Symbole, wenn nur die erforderliche feste Verbindung mit einem körperlichen Gegenstand besteht, welche die Erklärung **visuell** erfassbar macht.

aa) Daher werden **Tonträger** nicht erfasst (hM; vgl etwa Hoyer SK 27; krit **7** Freund aaO [vgl 1 „Urkundenstraftaten"] Rdn 88), auch nicht die in einer EDV-Anlage gespeicherten Daten, wie überhaupt **Computermanipulationen** nur dann unter § 267 fallen können, wenn sie mit einer Fälschung sog Urbelege einhergehen (Wegscheider CR 89, 923 mwN) oder zu einem Ausdruck mit Urkundenqualität führen (vgl 4; beachte auch § 269).

bb) Dagegen sind Gedankenerklärungen möglich, die sich auf einen Gegenstand **8** beziehen und mit ihm räumlich fest zu einer Beweiseinheit verbunden sind (sog **zusammengesetzte Urkunden;** dazu NStZ 84, 73 mwN; s auch Samson GA 69, 353; Hirsch ZStW 85, 696, 705; Schröder JuS 91, 301, 302; Küper BT S 303; Hoyer SK 71–76; str). Hierher gehören zB die beglaubigte Abschrift, bei welcher der Beglaubigungsvermerk die Gedankenerklärung und die Abschrift das Bezugsobjekt bildet, und der Personalausweis, bei dem die behördlichen Eintragungen und das Lichtbild in einer entsprechenden Beziehung stehen (BGHSt 17, 97; zum Foto auf dem Sozialversicherungsausweis aber LG Bremen NStZ-RR 99, 362), der Entwurf einer Urkunde (unten 16) zusammen mit einem Unterschriftsblatt (Zweibrücken NStZ 00, 201), ferner auch die von Menschenhand ergänzte technische Aufzeichnung (§ 268), wenn die (vor oder nach dem Aufzeichnungsvorgang vorgenommene, Bay wistra 92, 113) Ergänzung eine Gedankenerklärung in Bezug auf die Aufzeichnung enthält (Stuttgart NJW 78, 715; Bay NJW 81, 774; 88, 2190 und NZV 94, 36; Düsseldorf NZV 94, 199; Karlsruhe NStZ 02, 652, 653); nicht aber ein Verkehrsschild, das einem räumlich unüberschaubaren Straßenabschnitt zugeordnet ist (Köln NJW 99, 1042 mit zT krit Bespr Dedy NZV 99, 136, Jahn JA 99, 98, Martin JuS 99, 611, Wrage NStZ 00, 32 und Geppert JK 27; aM Rengier BT II 32/18a; zw). Auch an sich selbständige Urkunden können eine solche Beweiseinheit bilden, wenn sie fest miteinander verbunden sind und die eine auf die andere Bezug nimmt (sog abhängige Urkunden, KG wistra 84, 233).

cc) Auf dieser Möglichkeit der verbundenen Erklärung beruht es, dass die Rspr **9** die sog **Beweiszeichen** als Urkunden anerkennt. Sie müssen vorbehaltlich ihrer Beweisbestimmung (vgl 13) dazu geeignet und bestimmt sein, über ihr bloßes Bezeichnetsein hinaus eine Gedankenäußerung ihres Urhebers zu vermitteln (BGHSt 9, 235; Bay NJW 80, 1057). Den Gegensatz bilden bloße Kenn- oder Unterscheidungszeichen, deren Zweck sich in der Individualisierung oder Unterscheidung von Gegenständen gleicher Art erschöpft (BGHSt 2, 370; Puppe Jura 80, 18, 19; Küper BT S 297; eingehend Heinrichs, Beweiszeichen und Kennzeichen, 1996; Obermaier, Die Abgrenzung der Beweiszeichen von den Kennzeichen, 2000). Zur Abgrenzung ist eine unübersehbare, keineswegs immer überzeugende Kasuistik entstanden (krit Samson, Urkunde und Beweiszeichen, 1968, S 56; abl Kienapfel aaO [Urkunden; vgl 1] S 105, 140; Otto JuS 87, 761, 762; Hirsch, Tröndle-FS, S 19, 31). Als Beweiszeichen wurden ua angesehen: das Künstlerzeichen am Gemälde (Frankfurt NJW 70, 673; zusf Löffler NJW 93, 1421, 1423); der Korkbrand (BGHSt 9, 235, 238); das Preisetikett an einer Ware (Köln NJW 79, 729 mit Anm Lampe JR 79, 214; Düsseldorf NJW 82, 2268; Obermaier aaO S 120);

§ 267 BT. 23. Abschnitt. Urkundenfälschung

die kundenbezogene Kontrollnummer auf der Verpackung von Markenwaren (Tiedemann/Vogel JuS 88, 295; str); am Kraftfahrzeug (Kraftrad) das Typenschild (VRS 5, 135), die Fahrgestell- (BGHSt 9, 235) und Motornummer (BGHSt 16, 94), das amtliche (gestempelte, NJW 89, 3104) Kennzeichen (BGHSt 9, 235, 240; 18, 66, 70; Bay 77, 16; Stuttgart NStZ-RR 01, 370 mit Bespr Otto JK 30) mit Ausnahme des roten Kennzeichens für Prüfungs-, Probe- und Überführungsfahrten (BGHSt 34, 375 mit krit Bespr Puppe JZ 91, 447; Obermaier aaO S 159), das Versicherungskennzeichen (Bay JR 77, 467 mit abl Anm Kienapfel; Koblenz VRS 60, 436) und die Prüfplakette iVm der vorgeschriebenen Eintragung im Kraftfahrzeugschein (Bay NJW 66, 748; Celle NZV 91, 318 mit krit Bespr Puppe JZ 97, 490), nicht dagegen das bloße Eigentümer- oder Herstellerzeichen (BGHSt 2, 370; RGSt 36, 15; krit Samson JA 79, 526, 529 mwN) und das bloße Wertzeichen (RGSt 62, 203; krit zur uneinheitlichen Rspr Heinrichs aaO S 157), zB die Rabattmarke (Bay NJW 80, 196 mit Anm Kienapfel JR 80, 123; aM Puppe JZ 86, 938, 939; zw).

10 c) Für jedermann und vollständig aus sich heraus **verständlich** braucht die in der Urkunde verkörperte Gedankenerklärung nicht zu sein. Es genügt, wenn Eingeweihte sie auf Grund getroffener Verabredung oder der Verkehrssitte verstehen können oder wenn sich ihr voller Inhalt erst durch außerhalb der Urkunde liegende Umstände erschließt (Gribbohm LK 12; str).

11 d) Die verkörperte Gedankenerklärung muss **zum Beweis einer rechtlich erheblichen Tatsache geeignet und bestimmt** sein (hM; anders Kienapfel aaO [Urkunden; vgl 1] S 18, 50, 181, der diese Erfordernisse als überflüssig bezeichnet und ihren sachlichen Gehalt in den subjektiven Tatbestand verlagert).

12 aa) Die **Beweiseignung** (RGSt 64, 69) ist objektiv zu beurteilen (Bay NJW 81, 772) und im weitesten Sinne zu verstehen. Sie hat daher keine ins Gewicht fallende tatbestandseinschränkende Wirkung (krit Otto JuS 87, 761, 762). Beweisgeeignet ist jede Tatsache, die im Rechtsverkehr nicht völlig bedeutungslos ist; Rechtswirksamkeit im Sinne der Gültigkeit eines Rechtsgeschäfts ist nicht erforderlich, so dass auch nichtige Erklärungen Gegenstand einer Urkunde sein können (GA 71, 180 mit krit Bespr Kienapfel JZ 72, 394).

13 bb) Die **Beweisbestimmung** ist als subjektive Zwecksetzung zu verstehen (krit zu ihren einzelnen Funktionen innerhalb des Urkundenbegriffs Puppe, Die Fälschung technischer Aufzeichnungen, 1972, S 116; Freund aaO [vgl 1 „Urkundenstraftaten"] Rdn 110; krit zur Subjektivierung Kargl JA 03, 604, 606 und Hoyer SK 38). Sie kann der Gedankenerklärung in einer sog Absichtsurkunde schon bei der Ausstellung oder in einer sog Zufallsurkunde erst später, zB bei einem Liebesbrief im Scheidungsprozess (BGHSt 13, 235), einem Merkzettel (BGHSt 3, 82) oder einer Schüler-Klassenarbeit (BGHSt 17, 297), gegeben werden (hM; abl zur Zufallsurkunde Schilling, Reform der Urkundenverbrechen, 1971, S 53; Puppe Jura 79, 630, 633 und in: NK 8a; Jakobs aaO [vgl 1] S 56; Hoyer SK 39). Sie kann auch nachträglich wegfallen (BGHSt 4, 284) und fehlt idR noch beim Blankett und beim nicht oder unvollständig ausgefüllten Formular (vgl 4).

14 e) Stets muss mindestens für die Beteiligten aus der Urkunde selbst eine bestimmte Person **als Aussteller erkennbar** sein (krit Mitsch NStZ 94, 89, der nur eine erkennbare Ausstellerbezeichnung verlangt), sei es auch unter Zuhilfenahme weiterer Umstände (GA 63, 16). **Aussteller** ist nicht notwendig, wer die Urkunde körperlich hergestellt hat (sog Körperlichkeitstheorie), sondern wer sich zu ihr als Urheber bekennt, dh wem sie geistig zuzurechnen ist (sog Geistigkeitstheorie oder materielle Urheberlehre; BGHSt 13, 382, 385; Koblenz NJW 95, 1625 mit krit Bespr Rigizahn MedR 95, 32 und Otto JK 21; Düsseldorf wistra 99, 233;

Urkundenfälschung **§ 267**

W-Hettinger BT 1 Rdn 801; Hoyer SK 41; zu weit Hamm NJW 73, 634; krit Puppe NJW 73, 1870 und Jura 79, 630, 637; Schroeder GA 74, 227, 230; Rheineck aaO [vgl 1] S 16; Otto GK 2 70/11; ganz abl Steinmetz, Der Echtheitsbegriff im Tatbestand der Urkundenfälschung [§ 267 StGB], 1991, S 50, 233; im Ansatz abw Gustafsson aaO [vgl 1] S 82, nach der die unechte Urkunde nur „scheinbar" eine Urkunde ist; ebenso Freund aaO [vgl 1 „Urkundenstraftaten"] Rdn 26, 128 und 138; einen „normativen Ausstellerbegriff" entwickelt Jakobs aaO [vgl 1] S 79); bei EDV-Urkunden (vgl 4) basiert die Zurechenbarkeit häufig auf einer antizipierten Autorisierung des Herstellungsvorgangs (Zielinski, Kaufmann [Arm]-GS, S 605, 611), die jedoch nicht möglich ist, wenn unzuständige Mitarbeiter oder gar externe Personen Input-Manipulationen vornehmen (Radtke ZStW 115, 26, 50); zu „gescannten Unterschriften" Heinrich CR 97, 622. Dass jemand die geistige Leistung eines anderen (etwa bei Vorlage einer Prüfungsarbeit) unbefugt übernimmt, stellt seine Ausstellereigenschaft nicht in Frage (Bay NJW 81, 772 mit Bespr Schroeder JuS 81, 417, beide mwN); Aussteller des von ihm unterschriebenen polizeilichen Vernehmungsprotokolls ist der Beschuldigte (aM LG Dresden NZV 98, 217 mit abl Anm Saal); Aussteller eines Parkscheins ist die Betreiberin des Parkscheinautomaten (Köln NJW 02, 527 mit zust Bespr Hecker JuS 02, 224 und Otto JK 29). – An der erforderlichen **Erkennbarkeit,** die jeweils aus der Sicht des Beweisdestinatärs zu beurteilen ist (Bay NJW 81, 774; Hohmann/Sander BT II 17/26), kann es fehlen (zusf Seier JA 79, 133 mwN): bei unleserlicher Unterschrift (RGSt 41, 425); bei sog offener Anonymität, dh bei Verwendung eines (zB historischen oder literarischen) Decknamens, wenn offen zu Tage liegt, dass der Täter seine Urheberschaft verbergen und für seine Erklärung nicht einstehen will (unstr); bei sog versteckter Anonymität, dh bei Verwendung eines Allerweltsnamens, wenn erkennbar ist, dass sich der Urheber dahinter verbergen und in Wahrheit niemand für die Erklärung einstehen will (RGSt 46, 297: „Müller"). Versteckte Anonymität wird jedoch nicht schon durch den Gebrauch eines häufig vorkommenden Namens begründet (BGHSt 5, 149); überhaupt ist gleichgültig, ob der in der Urkunde genannte Aussteller bekannt, zu ermitteln oder auch nur existent ist (BGH aaO; BGHSt 2, 50). Bei öffentlichen Urkunden müssen die für Urkunden der betreffenden Art (zB Stempelplakette der Zulassungsstelle) vorgeschriebenen Identitätsmerkmale des Ausstellers (zB Name der Zulassungsstelle) zum Gegenstand der Nachahmung gemacht werden (Stuttgart NStZ-RR 01, 370 mit zust Bespr Otto JK 30; Rengier BT II 32/11).

f) aa) Mehrere **Ausfertigungen** derselben Urkunde haben sämtlich Urkun- **15** denqualität; dasselbe gilt für **Durchschriften** (Hamm NJW 73, 1809; KG wistra 84, 233) und **Vervielfältigungen** (LG Paderborn NJW 89, 178), wenn sie sich als Mehrzahl gleichwertiger Verkörperungen derselben Erklärung des Ausstellers darstellen, etwa in einer EDV-Anlage durch einen einzigen Programmbefehl mehrfach ausgedruckt werden (Welp, Stree/Wessels-FS, S 511, 517; Küper BT S 301; weiter Heinrich aaO [vgl 14] S 626 und Beckemper JuS 00, 123, 126).

bb) Eine **Abschrift** ist als solche keine Urkunde, weil der Aussteller der Ur- **16** schrift für die Richtigkeit der Wiedergabe nicht einzustehen hat und die Abschrift auch keine andere Person als Aussteller erscheinen lässt (BGHSt 2, 50); sie kann jedoch ausnahmsweise Urkunde sein, wenn sie nach Gesetz oder Herkommen im Rechtsverkehr als Ersatz der Urschrift dienen soll (BGHSt 1, 117, 120; 2, 35, 38; str), zB wenn sie an die Stelle des verlorenen Originals getreten ist (krit zu dieser Einschränkung Welp, Stree/Wessels-FS, S 511, 518). Bei der beglaubigten Abschrift (vgl 8), die den Inhalt der Urschrift nicht getreu wiedergibt, sind die §§ 271, 348 zu prüfen. – Auch die **Fotokopie** ist als solche keine Urkunde (wistra 93, 225; StV 94, 18 [krit zur Rspr Puppe, BGH-FG, S 569, 575]; Düsseldorf wistra 00, 37 [mit

§ 267

krit Bespr Baier JAR 00, 52, Freund StV 01, 234 und Wohlers JR 01, 83] und NJW 01, 167 mit Bespr Erb NStZ 01, 317, Sättele StV 01, 238 und Geppert JK 28; Dresden wistra 01, 360; Hoyer SK 22; anders Freund JuS 91, 723 und 93, 1016, 1022 und Puppe NK 47a; diff Welp aaO S 511, 520: wenn der Aussteller sie selbst hergestellt, ihre Herstellung veranlasst, dieser zugestimmt oder das Duplikat in Verkehr gebracht hat; diff auch Zielinski CR 95, 286, 290; Heinrich aaO [vgl 14] S 626 und Engert/Franzmann/Herschlein JA 97, 31); für sie gilt dasselbe wie für die Abschrift (hM; vgl etwa BGHSt 24, 140 mit Bespr Schröder JR 71, 469, Kienapfel NJW 71, 1781 und Meyer MDR 73, 9; Stuttgart MDR 87, 253; Bay NJW 90, 3221; Erb GA 98, 577, 591; Beckemper JuS 00, 123, 124); ebenso zu behandeln ist eine sog Collage, dh eine Fotokopie, die durch Zusammensetzen und Fotokopieren von Teilen mehrerer Schriftstücke erstellt worden ist (Düsseldorf NJW 01, 167); jedoch bewertet die Rspr die Vorlage der Fotokopie einer gefälschten Urkunde (nicht lediglich einer zum Fotokopieren geschaffenen Vorlage ohne Urkundenqualität, StV 94, 18; Bay NJW 92, 3311 mit Bespr Keller JR 93, 300, Otto JK 16 und krit Anm Mitsch NStZ 94, 89; krit auch Gustafsson aaO [vgl 1] S 160 und Zielinski CR 95, 286, 289) als Gebrauchen der Urkunde selbst (vgl 23). Diese Grundsätze gelten wohl auch für die eingehende Fernkopie, das **Telefax** (Zweibrücken NJW 98, 2918 mit abl Bespr Geppert JK 23, zust aber Beckemper JuS 00, 123; für dessen Urkundsqualität wegen der Autorisierung durch den Aussteller und der Kurzbezeichnung des Absenders Zielinski CR 95, 286, 291; Krey BT 1 Rdn 717a; Hoyer SK 21; Sch/Sch-Cramer 42a; diff Rengier BT II 32/28). – Auch der **Entwurf** einer Urkunde genügt als solcher nicht (Gustafsson aaO S 43, 162; Gribbohm LK 140); er kann jedoch in Verbindung zB mit einem Unterschriftsblatt eine zusammengesetzte Urkunde bilden (oben 8). – Wer jedoch Abschriften, Fotokopien oder Entwürfen durch Manipulation gezielt den Anschein von Originalurkunden gibt (sog „Scheinurkunde", Küper BT S 298), dürfte entgegen der bisher hM unechte Urkunden herstellen (so für Fotokopien Köln StV 87, 297; Bay NJW 89, 2553 mit Bespr Lampe StV 89, 207, Zaczyk NJW 89, 2515 und Mürbe JA 90, 63; Dresden wistra 01, 360; Fortun wistra 89, 176 mit Nachtrag Emde wistra 95, 328 [Rezeptfälschung], Hefendehl Jura 92, 374, 375; Welp aaO S 511, 524; Gustafsson aaO S 156 mit insoweit krit Bespr Zielinski wistra 94, 338, 340; Zielinski CR 95, 286, 288; Erb aaO; Otto GK 2 70/30; krit Keller aaO; aM AG Augsburg NStZ 87, 76 mit Anm Kappes; zusf und krit Geppert Jura 90, 271; zw).

17   **3. Herstellen** einer unechten Urkunde setzt das Hervorbringen (beachte dazu StV 89, 304) einer Urkunde voraus, die den unrichtigen Anschein erweckt, von dem aus ihr erkennbaren Aussteller herzurühren (BGHSt 1, 117; wistra 03, 20, 21). „Handschriftliches" Hervorbringen ist nicht erforderlich; es reicht die Herstellung mittels einer Bildbearbeitungssoftware (NStZ 99, 620).

18   **a)** Der **Gebrauch eines fremden Namens** reicht dafür nicht ohne weiteres aus (hM; vgl BGHSt 33, 159; 40, 203; eingehend Ennuschat aaO [vgl 2] S 64; zusf Seier JA 79, 133, 136 und Joecks 64; anders Steinmetz aaO [vgl 14] S 260 und Dörfler, Urkundenfälschung und Zeichnen mit fremdem Namen, 2000, S 66, 99 alle mwN): Ist der Unterschreibende willens und befugt, den Namensträger zu vertreten, und will dieser sich vertreten lassen (dazu BGHSt 33, 159; Bay NJW 88, 1401 und 89, 2142 mit abl Bespr Otto JR 90, 252 und Puppe JZ 91, 447, 449; Düsseldorf NJW 93, 1872 mit überwiegend abl Bespr Otto JK 18; str), so ist die Urkunde nur unecht, wenn Eigenhändigkeit rechtlich vorgeschrieben ist oder im Rechtsverkehr erwartet wird (Stuttgart NJW 51, 206; Jakobs aaO [vgl 1] S 81; Hoyer SK 47; krit Samson JuS 70, 369, 375; Rheineck aaO [vgl 1] S 138; Puppe JR 81, 441; Ennuschat aaO S 152), zB beim Anwalt in den Fällen der §§ 172 III S 2, 345 II StPO, beim Wahlvorschlag (Hamm NJW 57, 638), beim eigen-

Urkundenfälschung **§ 267**

händigen Testament (RGSt 57, 235) und beim Fahrer als Aussteller einer EG-Diagrammscheibe (Bay NZV 94, 36 mit krit Bespr Puppe JZ 97, 490, 492); dagegen schafft eine echte – wenn auch unwirksame – Urkunde der Erblasser, der ein nur scheinbar von ihm selbst geschriebenes Testament unterschreibt (M-Schroeder/Maiwald BT 2 65/51; aM Düsseldorf NJW 66, 749; Freund aaO [vgl 1 „Urkundenstraftaten"] Rdn 154 mwN). – Nach der Rspr soll nicht nur die Verwendung eines Pseudonyms (hM), sondern allgemein auch die eines falschen Namens als bloße **Namenstäuschung** unschädlich sein, wenn kein Zweifel über die Person des Ausstellers bestehen kann oder wenn die Wahrheit der Namensangabe nach der Interessenlage aller Beteiligten ohne jede Bedeutung ist (BGHSt 33, 159; NStZ-RR 97, 358; Celle NJW 86, 2772 mit krit Bespr Kienapfel NStZ 87, 28 und Puppe JuS 87, 275; aM Hoyer SK 57, alle mwN; zw); erst die Identitätstäuschung mache die hergestellte Urkunde unecht (BGHSt 1, 117; bei Dallinger MDR 73, 556; s auch Otto JuS 87, 761, 767).

b) Selbst die mit **eigenem Namen** unterschriebene Urkunde kann unecht **19** sein. So zB wenn eine andere Person gleichen Namens für den Aussteller gehalten werden soll (Schleswig SchlHA 73, 184; aM Otto GK 2 70/46: uU Betrug), wenn ein zutreffender, sonst aber nicht gebrauchter Vorname, ein unrichtiges Geburtsdatum und eine unrichtige Anschrift bei einer mittels Datenverarbeitung abgewickelten Warenbestellung verwendet wird (BGHSt 40, 203 mit zust Bespr Meurer NJW 95, 1655, jedoch abl Bespr Sander/Frey JR 95, 209, Mewes NStZ 96, 14 und Puppe JZ 97, 490, 491; aM Hohmann/Sander BT II 17/41; Hoyer SK 58) oder wenn jemand eine Erklärung abgibt, die fälschlich als Erklärung einer Behörde, Firma oder anderen Stelle erscheinen soll, zB weil ihr ein Behörden- oder Firmenstempel beigefügt ist (BGHSt 7, 149; Seier JA 79, 133, 138; Ennuschat aaO [vgl 2] S 109; Hoyer SK 61; aM Samson JA 79, 658, 659; Rheineck aaO [vgl 1] S 154; Otto JuS 87, 761, 765; Steinmetz aaO [vgl 14] S 80, alle mwN; zw). Das kommt etwa in Frage, wenn ein Prokurist unbefugt für eine Filiale (BGHSt 9, 44) oder ein Kommanditist ohne Handlungsvollmacht für die Firma (BGHSt 17, 11) zeichnet, nicht dagegen, wenn ein Verkaufsleiter, der trotz fehlender rechtsgeschäftlich erteilter Inkassoberechtigung kraft der gesetzlichen Vermutung des § 56 HGB vertretungsbefugt ist, Quittungen für die Firma ausstellt (StV 93, 307 mit Bespr Puppe JZ 97, 490, 492; Rengier BT II 33/17, 18; aM Otto GK 2 70/12, 15) oder wenn ein zur Vornahme bestimmter Rechtshandlungen Befugter (Vertreter iwS) seine Befugnis dazu missbraucht, im Namen des Vertretenen unwahre Erklärungen abzugeben (wistra 86, 109; bei Holtz MDR 92, 933; Stuttgart NJW 81, 1223; Düsseldorf wistra 99, 233; Ennuschat aaO S 112, 119; Rengier aaO; probl BGHSt 33, 159 mit abl Bespr Puppe Jura 86, 22, Paeffgen JR 86, 114 und Wiedemann NJW 86, 1976); auch nicht, wenn bei offener Vertretung einer natürlichen Person die wahrheitswidrig behauptete Vertretungsmacht fehlt (NJW 93, 2759 mit Bespr Jung JuS 94, 174, Otto JK 19 und Zielinski wistra 94, 1, der die Unterscheidung zwischen Stellvertretung für natürliche Personen einerseits und für Firmen und Behörden andererseits juristisch nicht für durchführbar hält und stets den Vertretenen als Aussteller betrachtet, da ihm die Erklärung im Rechtsverkehr zugerechnet wird). – Auch wenn die eigene Unterschrift, der kein Erklärungswille zugrunde liegt, durch unwiderstehlichen Zwang oder Täuschung herbeigeführt wurde, ist die Urkunde unecht (Schroeder GA 74, 225; Ulsenheimer Jura 85, 97, 99; aM für Täuschung und Drohung Ennuschat aaO S 43, 48; str). Dasselbe gilt, wenn einem Blankett ohne den Willen oder abweichend von den Anordnungen des als Aussteller Erscheinenden urkundlicher Inhalt gegeben wird (hM; vgl BGHSt 5, 295; Ennuschat aaO S 120, 129; eingehend Freund aaO [vgl 1 „Urkundenstraftaten"] Rdn 41–50; zusf Weiß Jura 93, 288). – Schließlich kann auch die absichtlich unleserliche oder verstellte Un-

§ 267

terschrift eine falsche Vorstellung über die Personenidentität bewirken (NJW 53, 1358).

19 a c) Eine **zusammengesetzte Urkunde** (vgl 8) ist nicht unecht, wenn der zur Eintragung auf dem Schaublatt des Fahrtenschreibers verpflichtete Halter etwas inhaltlich Unrichtiges einträgt (Düsseldorf NZV 94, 199 mwN), oder jemand sein Foto in den Sozialversicherungsausweis eines anderen einklebt, wenn das Einkleben dem Inhaber überlassen bleibt (LG Bremen NStZ-RR 99, 362).

20 4. a) **Verfälschen** ist das nachträgliche Verändern des gedanklichen Inhalts einer echten Urkunde, das den Anschein erweckt, als habe der Aussteller die Erklärung von Anfang an so abgegeben, wie sie nach der Veränderung vorliegt (Köln NJW 83, 769; Düsseldorf NJW 83, 2341; Bay NJW 90, 264 und NStZ-RR 02, 305 mit krit Bespr Stein JR 03, 39; Kindhäuser 44; einschr Kienapfel Jura 83, 185, 189, alle mwN); es wird nicht notwendig ausgeschlossen, wenn der Aussteller selbst (dazu 21) oder mit seinem Einverständnis ein Dritter handelt (Bay NStZ 88, 313 mit Anm Puppe). Wer nur die Lesbarkeit einer Urkunde beeinträchtigt, zB durch Überkleben eines Kraftfahrzeugkennzeichens mit sog Antiblitzfolie, verfälscht nicht deren Erklärungswert (BGHSt 45, 197 mit Bespr Krack NStZ 00, 423, Kudlich JZ 00, 426 und Martin JuS 00, 408; anders noch Düsseldorf NJW 97, 1793 mit abl Bespr Lampe JR 98, 304, Fahl JA 97, 925, Krack NStZ 97, 602 und Geppert JK 22; zu § 274 dort 2 und 7). – Führt ein Eingriff nicht zu einer inhaltlichen Veränderung, sondern zur **Beseitigung des Beweisinhalts**, so ist nicht § 267 (Braunschweig NJW 60, 1120), uU aber § 274 I Nr 1 anwendbar (Köln NJW 79, 729; Bay NJW 80, 1057; s auch Köln VRS 59, 342); wer eine fremde Unterschrift ausradiert, durch die eigene ersetzt und so die fremde Erklärung zu seiner eigenen macht, verfälscht daher nicht, sondern stellt eine neue echte Urkunde her (NJW 54, 1375); ebenso wer den Briefkopf seiner Einmann-GmbH auf den abgelichteten Befundbericht eines Fremdlabors aufkopiert (NStZ 03, 543 mit zust Bespr Geppert JK 31: schriftliche Lüge).

21 b) An sich liegt im Verfälschen zugleich das Herstellen einer neuen, regelmäßig unechten Urkunde (hM; vgl ua bei Dallinger MDR 75, 23). Der Unterschied zwischen den beiden Alternativen besteht daher idR nur darin, dass der Hersteller das Tatobjekt hervorbringt, während der Verfälscher es bereits vorfindet. Selbstständige Bedeutung hat das Verfälschen nur, wenn **der Aussteller selbst** handelt (aM Freund JuS 94, 30, 35; Hoyer SK 68). Auch er kann verfälschen, wenn er keine alleinige Verfügungsgewalt über die Urkunde mehr hat (BGHSt 13, 382; GA 63, 16; Stuttgart NJW 78, 715 mit Bespr Puppe JR 78, 206; KG wistra 84, 233; Koblenz NJW 95, 1625 mit abl Bespr Puppe JZ 97, 490, 491 und Otto JK 21; s auch Düsseldorf NJW 98, 692 mit krit Anm Krack JR 98, 479; Sax, Peters-FS, S 137, 148; Paeffgen Jura 80, 479, 487; Kargl JA 03, 604, 607; Kindhäuser BT I 55/62; Rengier BT II 33/24; W-Hettinger BT 1 Rdn 847; Gribbohm LK 203–212; ebenso Jakobs aaO [vgl 1] S 67 [trotz Annahme einer echten Urkunde]; aM Puppe Jura 79, 630, 639 und in: NK 86–88; Samson JA 79, 658, 661; Kienapfel Jura 83, 185, 193; Radtke JuS 94, 589, 592; Küper Jura 96, 205, 208; Otto GK 2 70/49; Hohmann/Sander BT II 17/47; Joecks 76; Hoyer SK 83; zusf Küper BT S 314–318, alle mwN; zw); von welchem Zeitpunkt ab er diese Verfügungsgewalt verliert, bestimmt sich nach dem jeweiligen Zweck der Beurkundung (Stuttgart VRS 74, 437). Danach verfälscht der zuständige Beamte das Grundbuch selbst dann, wenn er nach abgeschlossener Eintragung einen Fehler berichtigt, ohne die Änderung als Berichtigung kenntlich zu machen (RG DR 44, 155). Daraus folgert die Rspr dann auch, dass Gesamturkunden (vgl 5) der nachträglichen Änderung durch den Aussteller entzogen sein können (MDR 54, 309; Stuttgart MDR 60, 242; s auch Saarbrücken NJW 75, 658 mit Anm Kienapfel JR 75, 515) und dass dieser sie auch durch unbefugte Einfügung einer

Urkundenfälschung § 267

Einzelurkunde in den Zusammenhang oder durch deren Herauslösung aus ihm verfälschen kann (BGHSt 12, 108, 112; aM Lampe GA 64, 321, 327 und Puppe NK 89, 90; zw).

c) Beweiszeichen (vgl 9) und andere **zusammengesetzte Urkunden** können 22 auch durch Verändern (zB des Inhalts einer beglaubigten Abschrift, Sch/Sch-Cramer 40a) oder durch Vertauschen (BGHSt 9, 235, 240; 18, 66, 70; Köln NJW 79, 729 mit Anm Kienapfel und Lampe JR 79, 214; Rengier BT II 33/26–29; W-Hettinger BT 1 Rdn 845; Joecks 80, 81; Puppe NK 82; aM Hoyer SK 72–74) der verbundenen Sache verfälscht werden. Ebenso kann nachträgliches Herstellen einer Beweiseinheit (vgl 8) wegen der damit verbundenen Änderung der Beweisrichtung Verfälschen sein (KG wistra 84, 233).

5. Gebrauchen der vom Täter oder einem Dritten gefälschten oder ver- 23 fälschten Urkunde bedeutet, sie dem zu Täuschenden (nicht einem anderen, RGSt 59, 394) so zugänglich machen, dass dieser sie wahrnehmen kann (BGHSt 36, 64; Küper BT S 306, beide mwN; zu eng Stuttgart NJW 89, 2552 mit abl Bespr Puppe JZ 91, 552; enger Jakobs aaO [vgl 1] S 91). Nicht unbedingt erforderlich ist danach, dass der zu Täuschende Kenntnis nimmt oder dass er überhaupt schon feststeht. Bloße Berufung auf eine Urkunde, ohne sie zugänglich zu machen, genügt jedoch nicht (BGH aaO); auch nicht das Mitführen eines gefälschten Führerscheins (StV 89, 304 mwN), wohl aber das Fahren mit falschem Nummernschild (BGHSt 18, 66; Freund aaO [vgl 1 „Urkundenstraftaten"] Rdn 205: jedenfalls Versuch). – Die Rspr lässt – wohl zu Unrecht – auch das Ermöglichen nur mittelbarer sinnlicher Wahrnehmung, zB durch Vorlesen oder durch Vorlage der Fotokopie einer falschen Urkunde, ausreichen (BGHSt 5, 291; NJW 78, 2042; StV 94, 18; Düsseldorf wistra 00, 37 mit krit Bespr Baier JAR 00, 52, Freund StV 01, 234 und Wohlers JR 01, 83; Schröder JR 65, 232; aM Puppe Jura 79, 630, 640; Otto JuS 87, 761, 768; Zielinski CR 95, 286, 289; Erb GA 98, 577, 590; Hoyer SK 88; s auch bei Holtz MDR 76, 813 und NStZ 03, 543 mit Bespr Geppert JK 31; 3 zu § 281; wird der Fotokopie Urkundenqualität zuerkannt, so wird sie durch Vorlage unmittelbar gebraucht, Freund JuS 94, 30, 35; s auch Jakobs, aaO [vgl 1] S 82 Fn 127); dasselbe muss auch für den strukturell vergleichbaren Fall der Übermittlung manipulierter Vorlagen durch Telefax gelten (Zielinski CR 95, 286, 287), die Vorlage einer bloßen Abschrift reicht dagegen nicht (hM).

6. Der **Vorsatz** (bedingter genügt; NStZ 99, 619; probl BGHSt 38, 345 [zum 24 Handeln des Strafverteidigers] mit krit Bespr Scheffler StV 93, 471; Beulke JR 94, 118; Puppe JZ 97, 490, 493 und Otto JK 17; krit auch Wohlers StV 01, 420, 421) muss neben der Tathandlung die Merkmale umfassen, die die Urkundeneigenschaft begründen (Freund JuS 94, 125). Hält der Täter ein Schriftstück in Folge falscher rechtlicher Subsumtion irrig für eine Urkunde, so liegt ein Wahndelikt vor (BGHSt 13, 235, 240; Puppe, Lackner-FS, S 199, 228; s auch Düsseldorf NJW 01, 167 mit zu Recht krit Anm Erb NStZ 01, 317). Hält er sich irrig für befugt zu der Handlung (zB wegen vermeintlicher Zustimmung des Ausstellers oder bei Berichtigung einer falschen Grundbucheintragung), so handelt er je nach seiner Vorstellung im Tatbestandsirrtum (3 zu § 16; s auch Bay NZV 91, 481) oder im Verbotsirrtum (6 zu § 17). Eingehend zu den verschiedenen Irrtümern Bettendorf aaO (vgl 1) S 282.

7. Zur Täuschung im Rechtsverkehr (auch im ausländischen, KG JR 81, 25 37; Schroeder NJW 90, 1406; krit Weigend ZStW 105, 774, 780, alle mwN) handelt, wer zurzeit der Tathandlung (beachte NJW 94, 2162 und Köln NJW 83, 769) den Willen hat, durch Gebrauch der Urkunde einen anderen über die Echtheit der Urkunde zu täuschen und damit zu einem durch den Falschheitsgehalt

§ 267

(mit-)motivierten rechtserheblichen Verhalten zu veranlassen (Küper BT S 273), oder wer diesen Willen eines Dritten kennt und mit dessen Verwirklichung rechnet (eingehend Gehrig, Der Absichtsbegriff in den Straftatbeständen des Besonderen Teils des StGB, 1986, S 77; im Ansatz abw Freund JuS 94, 125, 126, der auf die objektive Funktion des Täuschungsverhaltens abstellt; krit dazu Erb GA 99, 344); auf die Übereinstimmung der Erklärung mit der Realität kommt es nicht an (Krack JR 98, 479, 480; übersehen von Düsseldorf NJW 98, 692). Das rechtserhebliche Verhalten muss der Täter mindestens unbedingt wollen (direkter Vorsatz; vgl etwa Karlsruhe Justiz 03, 270, 272; aM Puppe NK 100: auch bedingter Vorsatz; ebenso Erb aaO S 345); es muss ihm nicht darauf ankommen (Lenckner NJW 67, 1890; Cramer JZ 68, 30; Otto GK 2 70/54; Gribbohm LK 270–273; aM Bay NJW 67, 1476 [aufgegeben von Bay NJW 98, 2917 mit Bespr Geppert JK 25]; Hoyer SK 91; weiter diff Neuhaus GA 94, 224); ob er letztlich nur die Täuschung eines Dritten bezweckt (BGHSt 36, 64 mwN), ist unerheblich. Erfasst wird danach zB wer ein Kraftfahrzeugkennzeichen in erster Linie deshalb vertauscht, weil er seinem Freund imponieren will (Bay NJW 98, 2917) oder wer das Geburtsdatum in einer Zeitkarte eines Verkehrsbetriebs ändert, um Zutritt zu Diskotheken zu erhalten (Bay NStZ-RR 02, 305 mit abl Bespr Stein JR 03, 39; Rengier BT II 33/41); nicht dagegen, wer bei einer Verkehrskontrolle einen Führerschein mit verfälschter Fahrerlaubnisklasse vorlegt, auch wenn die Fälschung die Klasse des benutzten Fahrzeugs nicht betrifft (aM BGHSt 33, 105 mit abl Bespr Kühl JR 86, 297 und Puppe JZ 86, 938, 947; wie hier M-Schroeder/Maiwald BT 2 65/75; Hoyer SK 96, alle mwN; zw). – Ob die Täuschung gelingt und ob der Täter beim Fälschen oder Verfälschen überhaupt schon eine bestimmte Person oder Gelegenheit ins Auge gefasst hat, ist unerheblich (BGHSt 5, 149, 152). Folgerichtig bezieht die Rspr, für die schon die Vorlage einer Fotokopie als Gebrauchen ausreicht (vgl 16, 23), hier auch den Fall ein, dass zu dem Zweck gefälscht oder verfälscht wird, später nicht das Falsifikat selbst, sondern nur eine Fotokopie davon zur Täuschung zu verwenden (Bay NJW 91, 2163). Wer dagegen nur Angehörige beruhigen (RGSt 47, 199) oder aus Eitelkeit dem Ferienfreund etwas mehr Jugend vorschwindeln will (Bay MDR 58, 264), täuscht nicht im Rechtsverkehr (Freund aaO [vgl 1 „Urkundenstraftaten"] Rdn 221: Fehlen eines gewichtigen Vermeideinteresses); auch wer nur auf Grund einer innerdienstlichen Anordnung zur Verdeckung der Täterin unterschreibt, handelt nicht ohne weiteres zur Täuschung im Rechtsverkehr (Bay NStZ-RR 97, 6). Anders zB: wer die Polizei irreführt, um eine Strafverfolgung zu verhindern (NJW 53, 955; s auch bei Dallinger MDR 75, 543); wer sich mittels eines gefälschten Personalausweises Zugang zu einer Spielbank verschafft (Bay MDR 80, 951); wer durch ein Bestellschreiben mit falschem Namen eine Gratislieferung von Briefmarken erhalten will (Bay NJW 94, 208); oder wer in Beweisnot eine Quittung über eine tatsächlich geleistete Zahlung falsch herstellt. – Beachte auch die Gleichstellungsklausel des § 270.

26 **8. Zu Abs 3** (besonders schwere Fälle) 7–10 a zu § 46; 4 zu § 12; s auch bei Dallinger MDR 75, 197. **Satz 2** enthält in der Neufassung vier Regelbeispiele, die in Nr 1, 2 (eingeschränkt, Hoyer SK 102) und 4 denen des § 263 III (dort 66) entsprechen; Nr 3 erhebliche (konkrete, 21 zu § 315 c) Gefährdung des Rechtsguts (vgl 1) durch zahlreiche unechte oder gefälschte Urkunden (näher Hoyer SK 103, 104). – Der Qualifikationstatbestand des **Abs 4** entspricht § 263 V (dort 66); banden- und gewerbsmäßige Begehung müssen hier im Gegensatz zu III Satz 2 Nr 1 kumulativ gegeben sein (Hoyer SK 107).

27 **9. a)** Wer eine Urkunde zu einem bestimmten Zweck **fälscht und dann gebraucht**, begeht nach einhelliger Ansicht nur eine Tat; die Begründung ist jedoch umstritten (BGHSt 17, 97; Miehe GA 67, 271; Puppe NK 105 [Erfolgseinheit];

Fälschung technischer Aufzeichnungen § 268

zusf Freund JuS 94, 125, 128; Geppert Jura 88, 162; Brähler, Die rechtliche Behandlung von Serienstraftaten ..., 2000, S 319; Rengier BT II 33/37; Gribbohm LK 287–292 mwN); diese eine Tat ist das Gebrauchmachen, da es den intensiveren Rechtsgutsangriff darstellt (W-Hettinger BT 1 Rdn 853). Das gilt auch, wenn die Urkunde von Anfang an mehrfach gebraucht werden sollte (Otto GK 2 70/58). Hat es aber bei der Fälschung noch am konkreten Vorsatz des Gebrauchens gefehlt, so ist der spätere Gebrauch eine neue selbstständige Tat (NStZ-RR 98, 269, 270 mit Bespr Geppert JK 26; W-Hettinger aaO; Puppe NK 105; str); Tatmehrheit liegt auch vor, wenn gegenüber den betroffenen Finanzämtern jeweils eine neue falsche Urkunde mit einem selbstständigen Erklärungswert abgegeben wird (wistra 03, 20, 21).

b) § 267 wird **verdrängt** von §§ 146 ff, 277, nicht jedoch von § 348 (dort 11); § 246 ist nunmehr subsidiär (Otto Jura 98, 550, 551; Wagner, Grünwald-FS, S 797, 807). Über das Verhältnis zu § 269 dort 12; zu § 271 dort 10; zu § 281 dort 1. **Tateinheit** ua möglich mit §§ 263–264 a, 265 b, 268 (dort 12), mit §§ 21, 22 StVG (BGHSt 18, 66; beachte aber VRS 30, 185) und mit § 370 AO (wistra 88, 345; Neustadt NJW 63, 2180 mit Anm Henke; dazu Kulla NJW 64, 168). – Mehrere nicht zur natürlichen Handlungseinheit verbundene Urkundenfälschungen können nicht als fortgesetzte Tat (12 vor § 52) erfasst werden; sie stehen in Tatmehrheit zueinander (wistra 96, 236; NStZ-RR 98, 269, 270). 28

§ 268 Fälschung technischer Aufzeichnungen

(1) **Wer zur Täuschung im Rechtsverkehr**
1. **eine unechte technische Aufzeichnung herstellt oder eine technische Aufzeichnung verfälscht oder**
2. **eine unechte oder verfälschte technische Aufzeichnung gebraucht, wird mit Freiheitsstrafe bis zu fünf Jahren oder mit Geldstrafe bestraft.**

(2) **Technische Aufzeichnung ist eine Darstellung von Daten, Meß- oder Rechenwerten, Zuständen oder Geschehensabläufen, die durch ein technisches Gerät ganz oder zum Teil selbsttätig bewirkt wird, den Gegenstand der Aufzeichnung allgemein oder für Eingeweihte erkennen läßt und zum Beweis einer rechtlich erheblichen Tatsache bestimmt ist, gleichviel ob ihr die Bestimmung schon bei der Herstellung oder erst später gegeben wird.**

(3) **Der Herstellung einer unechten technischen Aufzeichnung steht es gleich, wenn der Täter durch störende Einwirkung auf den Aufzeichnungsvorgang das Ergebnis der Aufzeichnung beeinflußt.**

(4) **Der Versuch ist strafbar.**

(5) **§ 267 Abs. 3 und 4 gilt entsprechend.**

Fassung: Technische Änderung von Abs 5 durch das 6. StRG (13 vor § 1).

1. Die Vorschrift schützt – in sachlicher Übereinstimmung mit den §§ 267, 269 – die **Sicherheit und Zuverlässigkeit des Beweisverkehrs** mit technischen Aufzeichnungen (vgl BGHSt 40, 26, 30; Karlsruhe NStZ 02, 652; Kindhäuser 1; krit Hefendehl, Kollektive Rechtsgüter im Strafrecht, 2002, S 247; aM Hoyer SK 1: die Dispositionsfreiheit der potenziellen Empfänger). Sie sollte eine Lücke im Schutz dieses Rechtsgutes schließen, weil in Folge der technischen Entwicklung an die Stelle von Beurkundungen durch Menschen zunehmend Aufzeichnungen getreten sind, die von technischen Geräten automatisch hergestellt werden und denen Urkundeneigenschaft fehlt (BT-Dr V/4094 S 37; krit Lampe NJW 70, 1097; Schilling, Fälschung technischer Aufzeichnungen [§ 268 StGB], 1970; Puppe, Die Fälschung technischer Aufzeichnungen, 1972 und NK 5; Sieber, 1

§ 268 BT. 23. Abschnitt. Urkundenfälschung

Computerkriminalität und Strafrecht, 2. Aufl 1980, S 297; beachte auch 1 zu § 269). **Rspr-Übersicht** bei Puppe JZ 97, 490, 494. – **Grundfälle** zur Fälschung technischer Aufzeichnungen bei Freund JuS 94, 207.

2 2. **Schutzgegenstand** des Tatbestandes ist abweichend von der Urkundenfälschung letztlich nicht die Authentizität der technischen Aufzeichnung (vgl Hoyer SK 2), sondern das Interesse an ihrer inhaltlichen Richtigkeit. Diesem Wahrheitsschutz dient § 268 aber nicht unmittelbar. Er will vielmehr nur gewährleisten, dass die technische Aufzeichnung manipulationsfrei, dh das unberührte Ergebnis eines normalen automatischen Herstellungsvorgangs ist (str); denn dieser ist einerseits eine besonders wichtige Voraussetzung für die inhaltliche Richtigkeit und andererseits zugleich die Grundlage für ein allgemeines Vertrauen in die Zuverlässigkeit solcher Aufzeichnungen (Kienapfel JZ 71, 163; Hellmann JuS 01, 353, 356; Hecker JuS 02, 224, 225; Kargl JA 03, 604, 610; Hoyer SK 4; Puppe NK 9; zT abw Sieber aaO [vgl 1] S 302; vgl auch Freund, Urkundenstraftaten, 1996, Rdn 244, und Jakobs, Urkundenfälschung, 2000, S 69, der die Echtheit als Leitbegriff ablehnt). Die Richtigkeit selbst liegt außerhalb des Schutzbereichs (vgl 7).

3 3. Der Begriff der **technischen Aufzeichnung** (Abs 2):

a) Darstellungen sind Zeichen von einiger Dauerhaftigkeit, die von einem technischen Gerät aufgezeichnet sind und die Vorstellung eines Sinngehalts vermitteln. Ob sie optisch-visuell oder auf andere Weise, etwa akustisch (Tonträger) oder elektronisch (Computer) wahrnehmbar gemacht werden, ist – anders als bei der Urkunde (6 zu § 267) – unerheblich. Jedoch ist wie bei der Urkunde eine feste, auf Dauer angelegte Verkörperung (auch Speicherung) erforderlich (hM). Bloß optische Anzeige von Messwerten (zB an einer Waage) genügt nicht; auch nicht die veränderliche Anzeige von Verbrauchsmengen oder Fahrleistungen auf Gas-, Strom-, Wasser- und Kilometerzählern oder auf vergleichbaren Zählgeräten (BGHSt 29, 204 mit Bespr Kienapfel JR 80, 429 und Puppe JZ 86, 938, 949; Hilgendorf JuS 97, 323, 328; Kitz JA 01, 303, 304; Kindhäuser BT I 56/8; Krey BT 1 Rdn 724; Rengier BT II 34/5; W-Hettinger BT 1 Rdn 864; aM Freund aaO [vgl 2 „Urkundenstraftaten"] Rdn 250; Joecks 9; Hoyer SK 10, alle mwN) oder der Weiterverarbeitung dienende vorübergehende Fixierungen im Hauptspeicher eines Computers (Welp CR 92, 291, 293). – **Daten** 3 zu § 263 a. Der Begriff **Mess- und Rechenwerte** stellt klar, dass nicht nur durch Messung ermittelte Ausgangswerte, sondern auch die Ergebnisse von Rechenoperationen Schutz genießen können (BT-Dr V/4094 S 37). Daten und Messwerte liefern zB Waagen oder automatische Zählwerke mit selbsttätigem Druckwerk, Thermographen zur Aufzeichnung der Temperatur von Flüssigkeiten, Registriergeräte zur Ermittlung von Energieleistungen bei Wasser, Gas und Strom, fotografische Ablesungen von Uhren usw (Begr zu § 306 E 1962). Rechenwerte werden in vielfältiger Form auch von Computern geliefert (vgl 8). – Den **Zustand** eines Körperteils geben zB Röntgenaufnahmen wieder, einen **Geschehensablauf** das Elektrokardiogramm (Herztätigkeit) und das Schaublatt des Fahrtenschreibers (Fahrzeuggeschwindigkeit).

4 **b) Selbsttätig** bewirkt das Gerät die Aufzeichnung, wenn seine Leistung darin besteht, durch einen in Konstruktion oder Programmierung festgelegten automatischen Vorgang einen Aufzeichnungsinhalt mit neuem Informationsgehalt hervorzubringen (Sieber aaO [vgl 1] S 310; Küper BT S 25; Hoyer SK 17; einschr Puppe MDR 73, 460, 465 und NK 18–23; str). Nicht erfasst werden daher Fotografien, Fotokopien (BGHSt 24, 140 mit abl Anm Schröder JR 71, 469, zust aber Puppe JR 93, 331; Heinrich CR 97, 622, 627; Krey BT 1 Rdn 720; zweifelnd Kitz JA 01, 303, 305; str), Ton-, Film- und Fernsehaufnahmen sowie gespeicherte digitale

Bildvorlagen (Welp CR 92, 291), wenn sich bei ihnen die Leistung des Geräts in der bloßen Perpetuierung eines vom Menschen unmittelbar begreifbaren Vorgangs oder Zustands erschöpft (Kienapfel JZ 71, 163, 164; Puppe aaO S 463; Hirsch ZStW 85, 696, 720; Gribbohm LK 17; aM Schneider JurA 70, 243; Schilling aaO [vgl 1] S 16; Joecks 17; Hoyer SK 8, 19; Sch/Sch-Cramer 17); anders bei Aufzeichnungen eines Fahrtenschreibers auf den eingelegten Schaublättern (BGHSt 40, 26, 28; Karlsruhe NStZ 02, 652), bei automatischen, mit einer Messvorrichtung gekoppelten Kameras, wie sie zB bei überwachten Ampeln und Radarkontrollen verwendet werden (Bay StV 02, 645 mit Bespr Keiser JR 03, 77 und Geppert JK 2 zu § 249 StPO; AG Tiergarten NStZ-RR 00, 9 mit Bespr Geppert DAR 00, 106 und JK 5; Puppe aaO S 464; Rengier BT II 34/3 und 6; krit zu dieser Differenzierung Freund aaO [vgl 2 „Urkundenstraftaten" Rdn 253) und bei von Parkscheinautomaten ausgedruckten Parkscheinen (Hecker JuS 02, 224, 226). Da auch **teilweise** selbsttätige Herstellung genügt, ist menschliche Mitwirkung – zB wiederholtes Auslösen von Aufzeichnungsvorgängen oder Einlesen von Lochkarten – nicht ausgeschlossen, so dass auch die Druckerzeugnisse von Computern technische Aufzeichnungen sein können (hM; anders Puppe aaO [vgl 1] S 218, 221); solche Mitwirkung darf nur nicht bewirken, dass der Mensch, wie beim Schreiben auf einer elektrischen Schreibmaschine, den Aufzeichnungsinhalt selbst bestimmt.

c) Die Aufzeichnung muss ihren **Gegenstand** allgemein oder für Eingeweihte 5 (namentlich also für Fachleute, die mit technischen Aufzeichnungen umgehen) erkennen lassen. Das Merkmal ist unklar (krit zu den verschiedenen Interpretationsmöglichkeiten Puppe aaO [vgl 1] S 101, 235 und NK 25–31). Ist als Gegenstand der Aufzeichnung lediglich das zu verstehen, was als Information festgehalten werden soll, so hat das Merkmal kaum einschränkende Wirkung. Deshalb dürfte hier das Bezugsobjekt im Sinne des konkreten Sachverhalts, welcher der Aufzeichnung zugrunde gelegen hat und auf den sich die Information bezieht, gemeint sein (ähnlich Puppe JR 78, 123; Sch/Sch-Cramer 20–22; Gribbohm LK 20–22). Insoweit gelten die Ausführungen bei § 267 über die Verständlichkeit der Urkunde und die Erkennbarkeit ihres Ausstellers sinngemäß (dort 10, 14). Jedoch kann nach dem Zweck des § 268 das Bezugsobjekt auch noch nachträglich individualisiert werden, zB durch Eintragung des Patienten auf dem Elektrokardiogramm oder des Fahrzeugführers auf dem Schaublatt des Fahrtenschreibers (zur Frage, ob dadurch uU auch eine Urkunde im Sinne des § 267 entsteht, dort 8); dagegen reicht eine bloß räumliche Beziehung nicht aus, wie zB die Röntgenaufnahme im Krankenblatt oder das Schaublatt im Aufzeichnungsgerät (Puppe aaO S 238; str).

d) Zur **Beweiserheblichkeit und Beweisbestimmung** der Aufzeichnung 6 11–13 zu § 267. An die Beweisbestimmung sind wegen der Einbeziehung auch nicht behördlich geprüfter oder geeichter Geräte strenge Anforderungen zu stellen. Betriebsinterne Registrierungen, die der Materialprüfung oder der Weiterleitung von Daten, Messwerten usw dienen, scheiden daher idR ebenso aus wie Aufzeichnungen zu wissenschaftlichen Zwecken (Begr zu § 306 E 1962 S 483).

4. a) Eine **technische Aufzeichnung ist unecht,** wenn sie überhaupt nicht 7 oder nicht in ihrer konkreten Gestalt aus einem in seinem automatischen Ablauf unberührten Herstellungsvorgang stammt, obwohl sie diesen Eindruck erweckt (Küper BT S 27; zT abw Hoyer SK 23). Die Unechtheit wird also durch die Vortäuschung oder die ordnungswidrige Beeinflussung eines solchen Vorgangs begründet (BGHSt 28, 300 mit krit Anm Kienapfel JR 80, 347; Hoyer SK 16; s auch Lampe GA 75, 1, 9; str). Auf die inhaltliche Unrichtigkeit kommt es nicht an (hM; anders Schneider JurA 70, 243, 249). – Unecht ist danach vor allem eine Auf-

§ 268

zeichnung, die nicht in dem selbsttätigen Herstellungsvorgang, den sie äußerlich vortäuscht, entstanden, sondern in anderer Weise – etwa durch ein anderes technisches Gerät (aM Schilling aaO [vgl 1] S 32, 57) oder durch Zeichnung von Hand (Widmaier NJW 70, 1358; aM Lampe NJW 70, 1097, 1101) – hergestellt worden ist (Kitz JA 01, 303, 305).

8 **b)** Bei dieser Auslegung ist die in Abs 3 ausdrücklich einbezogene **störende Einwirkung** auf den Aufzeichnungsvorgang nur ein Unterfall der Herstellung einer unechten Aufzeichnung. Da es letztlich aber um den Schutz der inhaltlichen Richtigkeit geht (vgl 2), ist „störend" nur eine auf ein unrichtiges Ergebnis zielende Einwirkung; ein Eingriff lediglich zum Ausgleich eines Fehlers in der Arbeitsweise des Geräts genügt daher nicht (hM; vgl etwa Kitz JA 01, 303, 305; Puppe NK 33). Außerdem muss die Einwirkung den Aufzeichnungsvorgang beeinflussen, also dazu führen, dass das Gerät die ihm eingegebenen Phänomene zu einer von der Programmierung abweichenden Aufzeichnung verarbeitet; dazu ist eine störende Veränderung des Gerätemechanismus nicht unbedingt erforderlich; auch das zeitweilige Unterbrechen des Aufzeichnungsvorgangs (Puppe NJW 74, 1174; Lampe GA 75, 1, 17; Hoyer SK 36; aM Bay NJW 74, 325; Sch/Sch-Cramer 48; diff Hohmann/Sander BT II 18/11; beachte jedoch Bay MDR 86, 688 mit Bespr Puppe JZ 91, 553), das Einlegen eines für das Gerät nicht bestimmten Schaublatts (BGHSt 40, 26 mit zust Bespr Puppe JZ 97, 490, 494 und Geppert JK 4; Stuttgart NStZ 93, 344 mit zust Anm Puppe JR 93, 330; aM Joecks 28; Sch/Sch-Cramer 32), das Verbiegen des Schreibstifts eines EG-Kontrollgeräts (Bay NStZ-RR 96, 36 mit krit Bespr Puppe JZ 97, 490, 494), das Verstellen einer mit dem Gerät verbundenen Zeituhr (Hamm NJW 84, 2173; Bay 86, 33) oder die Manipulation der Hard- und Software eines Computers (Sieber aaO [vgl 1] S 325; Hoyer SK 40; aM Puppe NK 38) kann genügen; nicht jedoch der Austausch zweier Fahrtenschreiberblätter (Stuttgart NStZ-RR 00, 11 mit Bespr Kudlich JAR 00, 82; Bay NStZ-RR 01, 371; Karlsruhe NStZ 02, 652; W-Hettinger BT 1 Rdn 873). Dagegen gehören Veränderungen lediglich am Erfassungsobjekt (zB zusätzliches Beschweren der Waage; Eingabe falscher Daten in den Computer) idR nicht hierher (ebenso Rengier BT II 34/9).

9 **c)** Aus der Schutzrichtung des Tatbestandes (vgl 1) folgt schließlich, dass Manipulationen, die den automatischen Herstellungsvorgang nicht betreffen, für die Unechtheit unerheblich sind (str). So ist etwa der Einsatz einer dem Aufzeichnungsvorgang vorhergehenden Gegenblitzanlage nicht erfasst (Flensburg NJW 00, 1664 mit Bespr Martin JuS 00, 822; aM AG Tiergarten NStZ-RR 00, 9 mit abl Bespr Rahmlow JR 00, 388 und Geppert JK 5). Das Auswechseln oder Unterschieben einer ordnungsmäßig zustande gekommenen Aufzeichnung ist auch dann nicht tatbestandsmäßig, wenn eine unrichtige feste Verbindung zu einem bestimmten Bezugsobjekt (vgl 5) hergestellt (Hoyer SK 25, 28), zB auf dem Schaublatt eines Fahrtenschreibers ein falscher Fahrername (KG VRS 57, 121), ein falscher Abfahrtsort (Bay NJW 88, 2190) oder eine falsche zeitliche Zuordnung des aufgezeichneten Fahrvorgangs (AG Langen MDR 86, 603) eingetragen wird, oder wenn diese Verbindung verändert, zB der handschriftlich vermerkte Patientenname beim Elektrokardiogramm verfälscht wird (str; vgl etwa Puppe aaO [vgl 1] S 240 und JR 93, 330; Sch/Sch-Cramer 34; Gribbohm LK 41); jedoch kommt in solchen Fällen Urkundenfälschung in Frage (8, 21 zu § 267). Auch eine auf zufälligem Versagen eines Geräts beruhende unrichtige Aufzeichnung ist nicht unecht; ihre Herstellung ist daher nicht nach Abs 1 Nr 1 tatbestandsmäßig und ihr Gebrauch kein taugliches Mittel zur Begehung einer Tat nach Abs 1 Nr 2, und zwar auch dann nicht, wenn der Täter das Versagen des Geräts kennt (BGHSt 28, 300 mit Bespr Puppe JZ 86, 938, 949; Bay VRS 55, 425, alle mwN; str). Ferner entspricht auch das bloße Unterlassen eines Garanten, ein defektes Gerät zu ent-

Fälschung beweiserheblicher Daten **§ 269**

stören, nicht einer störenden Einwirkung nach Abs 3 iVm § 13 I, weil solche Einwirkung menschliches Eingreifen in den Aufzeichnungsvorgang voraussetzt (BGH aaO mwN; krit Freund aaO [vgl 2 „Urkundenstraftaten"] Rdn 261; str); unechtes Unterlassen liegt nur vor, wenn der Garant pflichtwidrig entweder die störende Einwirkung eines Dritten nicht verhindert oder wenn er seine eigene vorausgegangene (unvorsätzliche) Einwirkung nicht rückgängig macht (BGH aaO; Kitz JA 01, 303, 305; Rengier BT II 34/10; W-Hettinger BT 1 Rdn 877, 881; aM Kienapfel JR 80, 347).

5. Der Begriff des **Herstellens** entspricht dem bei der Urkundenfälschung (dort 17). **Verfälschen** bedeutet, den automatisch hergestellten Zeichen bei Zugrundelegung des standardisierten Codes durch nachträgliche Veränderung einen anderen gedanklichen Inhalt geben (ebenso Rengier BT II 34/11). **Gebrauchen** 23 zu § 267.   10

6. Für den **Vorsatz**, das Handeln zur **Täuschung im Rechtsverkehr**, die **besonders schweren Fälle** und das **Zusammentreffen** von Fälschen und Gebrauchen gelten die Ausführungen unter 24–27 zu § 267 sinngemäß. Beachte auch § 270.   11

7. Mit § 267 ist **Tateinheit** möglich, wenn jemand den Inhalt einer technischen Aufzeichnung in der für § 267 erforderlichen Weise zu seiner eigenen Erklärung macht (Hecker JuS 02, 224, 226; Sch/Sch-Cramer 68; Gribbohm LK 58; Puppe NK 108 zu § 267; str). Außerdem kann die schriftlich fixierte Verbindung einer technischen Aufzeichnung mit einem Bezugsobjekt eine zusammengesetzte Urkunde bilden (8 zu § 267), so dass auch aus diesem Grunde Tateinheit mit Urkundenfälschung möglich ist (Kienapfel JZ 71, 163, 166; Gribbohm aaO). Über das Verhältnis zu § 269 dort 12. Die Bußgeldvorschrift des § 7 c Nr. 1 c FPersG ist keine speziellere Bestimmung und entfaltet deshalb keine Sperrwirkung gegenüber § 268 (Bay NStZ-RR 96, 36).   12

§ 269 Fälschung beweiserheblicher Daten

(1) **Wer zur Täuschung im Rechtsverkehr beweiserhebliche Daten so speichert oder verändert, daß bei ihrer Wahrnehmung eine unechte oder verfälschte Urkunde vorliegen würde, oder derart gespeicherte oder veränderte Daten gebraucht, wird mit Freiheitsstrafe bis zu fünf Jahren oder mit Geldstrafe bestraft.**

(2) **Der Versuch ist strafbar.**

(3) **§ 267 Abs. 3 und 4 gilt entsprechend.**

Fassung: Technische Änderung von Abs 3 durch das 6. StrRG (13 vor § 1).

1. Die durch das 2. WiKG (2 vor § 263) eingeführte Vorschrift schützt – in Übereinstimmung mit den §§ 267, 268 – die **Sicherheit und Zuverlässigkeit des Beweisverkehrs**, soweit er sich beweiserheblicher Daten bedient (Möhrenschlager wistra 86, 128, 134; Haß, in: Lehmann [Hrsg], Rechtsschutz und Verwertung von Computer-Programmen, 2. Aufl 1993, S 492 Rdn 42; aM Hoyer SK 1; Puppe NK 7, zum kriminalpolitischen Bedürfnis für diese Ergänzung des Urkundenschutzes BT-Dr 10/318 S 31; 10/5058 S 33; Sieber, Computerkriminalität und Strafrecht, 2. Aufl 1980, S 2/40; Möhrenschlager wistra 82, 201, 203; Tiedemann WM 83, 1330). Nach wie vor offen sind die Fragen, ob die erst im Rechtsausschuss des BTages gefundene Gesetzesfassung (BT-Dr 10/5058 S 8) eine hinreichende sichere Abgrenzung ermöglicht, ob die völlige Strukturgleichheit des Tatbestandes mit der Urkundenfälschung den computerspezifischen Besonderheiten der Datenverarbeitung gerecht wird (vgl Sieber aaO S 355; s auch Wegscheider CR 89, 996; Jenny/Stratenwerth SchwZStr 91, 197) und   1

§ 269

BT. 23. Abschnitt. Urkundenfälschung

ob das ungeregelte Nebeneinander der dem gleichen Schutzzweck dienenden und sich erheblich überschneidenden §§ 268, 269 Anwendungsschwierigkeiten erwarten lässt (Puppe NK 41). – **Grundfälle** zu §§ 269, 270 bei Freund JuS 94, 207, 209.

2 2. Die beweiserheblichen Daten müssen so manipuliert werden, dass im Falle **ihrer visuellen Wahrnehmbarkeit** im Sinne des § 267 **eine unechte oder verfälschte Urkunde vorliegen** würde (ebenso Hoyer SK 4 mwN). Aus dem Erfordernis dieses hypothetischen Vergleichs folgt einerseits, dass schon tatbestandlich nur visuell nicht unmittelbar wahrnehmbare Daten (§ 202a II) erfasst werden (BT-Dr 10/5058 S 34; Möhrenschlager wistra 86, 128, 134; Lenckner/Winkelbauer CR 86, 824; Kitz JA 01, 303; aM Dornseif/Schumann JR 02, 52, 53), und andererseits, dass die manipulierten Daten alle Elemente der falschen Urkunde mit Ausnahme der Wahrnehmbarkeit aufweisen müssen (krit Rösler aaO S 415); diese Einschränkung ist nach dem Gesetzeswortlaut zwingend. Es müssen deshalb Beweisfunktion, Garantiefunktion und Perpetuierungsfunktion (1 zu § 267) stets nebeneinander erfüllt sein (Lenckner/Winkelbauer aaO S 825; Wegscheider CR 89, 996, 998; speziell zur digitalen Bildverarbeitung Welp CR 92, 354), letztere allerdings mit der Besonderheit, dass keine stoffliche Verkörperung, sondern eine visuell nicht unmittelbar wahrnehmbare Speicherung des Gedankeninhalts erforderlich ist (s auch Haß aaO [vgl 1] S 493 Rdn 43). Da Codekarten im Bankautomatenverkehr Träger solcher beweiserheblicher Daten sind, werden Manipulationen an ihren Magnetstreifen idR erfasst (Richter CR 89, 303, 306; Hilgendorf JuS 97, 130, 134; Hoyer SK 16; Puppe NK 16, einschr aber 29; zu ec-Karten im POS- und POZ-System Rossa CR 97, 219, 227, 229).

3 3. a) **Daten** 3 zu § 263a.

4 b) Daten sind **beweiserheblich,** wenn sie nach ihrem Informationsgehalt Gedankenerklärungen sind, die – abgesehen von der visuellen Wahrnehmbarkeit (dazu 2) – sämtliche Urkundenmerkmale (2–16 zu § 267) erfüllen. Eine Unterscheidung von Original und Kopie ist nicht möglich; es wird jede als Datei elektronisch gespeicherte Erklärung erfasst (Radtke ZStW 115, 26, 36). Die enge Anknüpfung an die Regelungstechnik des § 267 ergibt sich zwingend aus dem geforderten hypothetischen Vergleich (vgl 2); die in BT-Dr 10/5058 S 34 vorgeschlagene Begriffsbestimmung, nach der Daten beweiserheblich sind, wenn sie „dazu bestimmt sind, bei einer Verarbeitung im Rechtsverkehr als Beweisdaten für rechtlich erhebliche Tatsachen benutzt zu werden", kann von dem hypothetischen Vergleich nicht entbinden. Daraus folgt, dass technische Aufzeichnungen als solche, da sie keine Gedankenerklärung enthalten (1 zu § 268), hier ausscheiden (Welp CR 92, 354, 356); es kommt jedoch – ebenso wie bei der EDV-Urkunde (4 zu § 267) – in Frage, dass der Aussteller sie auch ohne eigene Kenntnisnahme als seine Erklärung zum Beweis bestimmt.

5 aa) Ob die Gedankenerklärung aus einem einzigen Datum oder – was die Regel ist – erst aus einer **Mehrheit (einer Ansammlung) von Daten** hervorgeht, macht keinen Unterschied (Möhrenschlager wistra 86, 128, 134); allerdings ist noch nicht abschließend geklärt, wieweit zusammengehörige Daten, die erst vereint eine Gedankenerklärung ergeben, aber in verschiedenen Datenträgern oder Teilen von Datenträgern gespeichert werden, als Einheit zu behandeln sind (mit Recht überwiegend bejahend Welp CR 92, 354, 357 und Puppe NK 26; anders Zielinski, Kaufmann [Arm]-GS, S 605, 620 und Hoyer SK 23; zw). – Denkbar ist ferner, dass Datenbestände mehrere Gedankenerklärungen enthalten, deren Zusammenfassung einen selbstständigen, über die einzelnen Erklärungen hinausgehenden Gedankeninhalt ergibt; hier sind die für die **Gesamturkunde** geltenden Regeln (5 zu § 267) anwendbar (BT-Dr 10/318 S 33; Welp aaO S 357; aM Dornseif/Schumann JR 02, 52, 56). – Nicht auszuschließen ist auch eine der **zu-**

sammengesetzten **Urkunde** (8 zu § 267; aM Dornseif/Schumann aaO) entsprechende Konstellation (Kindhäuser 4); sie kann zB vorliegen, wenn beweiserhebliche Daten in körperlichen Gegenständen gespeichert und diese mit einer Sache fest verbunden werden.

bb) Auch für die **Erkennbarkeit des Ausstellers** gelten die für die Urkundenfälschung entwickelten Regeln (14 zu § 267). Aussteller ist danach, wem die Gedankenerklärung geistig zuzurechnen ist, uU also auch eine juristische Person oder eine Behörde, deren Erklärungen durch ihre befugten Organe oder Vertreter abgegeben werden (Möhrenschlager wistra 86, 128, 134; Lenckner/Winkelbauer CR 86, 824, 825). Das Datenerfassungs- und -verarbeitungspersonal (Datentypisten, Programmierer usw) scheidet daher regelmäßig aus (Kitz JA 01, 303, 304; Puppe NK 9). Allerdings kommt bei § 269 häufiger in Frage, dass der Aussteller, der meist nicht unmittelbar mitgespeichert ist, nur unter Zuhilfenahme weiterer Umstände ermittelt werden kann (Kitz aaO). Im Hinblick auf die computerspezifischen Besonderheiten ist hier nicht zu fordern, dass der Aussteller schon aus der Datenspeicherung als solcher erkennbar ist; es kommt vielmehr darauf an, ob die im Gesamtsystem getroffenen Vorkehrungen die Möglichkeit seiner Identifizierung sicherstellen. Daher genügt es zB, wenn der Aussteller erst durch den Ausdruck der Daten, durch Aufdrucke auf das im Drucker enthaltene Papier, durch Programmanweisungen oder durch Zugangsbeschränkungen für die Teilnahme am Datenverkehr ersichtlich wird (Möhrenschlager aaO; Granderath DB 86, Beil 18, 1, 5; Rösler IuR 87, 412, 416; diff Wegscheider CR 89, 996; einschr Welp CR 92, 354, 360; Freund aaO [vgl 2 „Urkundenstraftaten"] Rdn 273). Soweit jedoch kein bestimmter Aussteller erkennbar ist, fällt der Tatbestand aus (Haß aaO [vgl 1] S 494 Rdn 44; krit Tröndle/Fischer 5 c); das kann zB bei Faxdateien der Fall sein (Zielinski CR 95, 286, 292).

c) Erforderlich ist schließlich, dass die Daten entweder **gespeichert** (2 zu § 202 a) werden oder schon gespeichert sind; denn nur dadurch wird die **Perpetuierungsfunktion** (vgl 2) gewahrt (Lenckner/Winkelbauer CR 86, 824, 825). Dass Abs 1 dennoch nicht auf die Begriffsbestimmung des § 202 a II verweist, ergibt sich daraus, dass er auch Fälle erfasst, in denen Daten eingegeben, also nicht nur an gespeicherten Daten Veränderungen vorgenommen werden (BT-Dr 10/5058 S 34). Als solche nicht betroffen sind danach sog Zwischendaten, die nur in einem Verarbeitungsprozess anfallen, aber nicht gespeichert werden (BT-Dr 10/318 S 33).

4. Zu den Tathandlungen:

a) **Speichern** 2 zu § 202 a. Es hat seine Parallele im Herstellen einer unechten Urkunde (17 zu § 267); die gespeicherte Gedankenerklärung muss daher an demselben Mangel leiden wie die in einer unechten Urkunde (Lenckner/Winkelbauer CR 86, 824). Das ist etwa anzunehmen, wenn unbefugt Geld mit einer fremdem Codekarte abgehoben wird (Rengier BT II 35/2; Puppe NK 33).

b) **Verändern** bedeutet Einwirken auf bereits vorhandene Daten mit der Folge, dass der Inhalt einer gespeicherten Gedankenerklärung durch einen anderen ersetzt und damit die Beweisrichtung geändert wird. Es hat seine Parallele im Verfälschen einer echten Urkunde (20 zu § 267). Ein Verändern liegt etwa vor, wenn eine abtelefonierte Telefonkarte unberechtigt wieder aufgeladen wird (NStZ-RR 03, 265 mit Bespr Otto JK 1). Es kann auch durch Hinzufügen oder Löschen von Einzeldaten (aM Hoyer SK 9: nur § 274 I Nr 2) in einem Datenbestand geschehen. IdR, aber nicht notwendig, wird die Änderung an gespeicherten Daten vorgenommen, so etwa durch Ändern der Kontodaten mittels Eingabe einer unberechtigten Gutschrift in den Computer (Meier Jura 91, 142, 145) oder Manipulation von Buchhaltungsdaten (zB Änderung der Lieferadresse) zum Verbergen

§ 270   BT. 23. Abschnitt. Urkundenfälschung

eigener Zahlungsverpflichtung (Fad Jura 02, 632, 633); es genügt auch, wenn durch Einwirken auf einen Übermittlungsvorgang (2 zu § 202a) oder auf Zwischendaten (vgl 7) eine Speicherung falscher Daten herbeigeführt wird (Möhrenschlager wistra 86, 128, 135). Kein Verändern liegt vor, wenn ein Bestand von Daten durch Neuadressierung unauffindbar gemacht wird (Haß aaO [vgl 1] S 495 Rdn 46). Der Aussteller kann unter denselben Voraussetzungen wie bei der Urkundenfälschung (21 zu § 267) Täter sein, wenn er die alleinige Verfügungsgewalt über die Daten verloren hat (Möhrenschlager aaO). – Auch der Fall, dass eine **unechte Speicherung „verfälscht"** wird, ist unter der Voraussetzung tatbestandsmäßig, dass sich das Ergebnis der Tathandlung wiederum als eine unechte Speicherung darstellt. Er ist aber – nicht anders als bei § 267 (dort 21) – unter die erste Alternative (vgl 8) zu subsumieren (aM Möhrenschlager aaO; Kitz JA 01, 303, 304; Tröndle/Fischer 5a); für die zweite fehlt es an der erforderlichen Parallele zur „verfälschten" Urkunde, die als Bezugsobjekt eine echte Urkunde voraussetzt (§ 267 I).

10   c) **Gebrauchen** 23 zu § 267. Es liegt namentlich vor, wenn dem zu Täuschenden Kenntnis durch Sichtbarmachen am Bildschirm verschafft, der ungehinderte Abruf ermöglicht oder die Verfügung über den Datenträger eingeräumt wird (Möhrenschlager aaO [vgl 9]). Es reicht wie bei § 267 (dort 23), dass ein Ausdruck über das datenförmig Gespeicherte informiert (Puppe NK 27, 35; aM Hoyer SK 11).

11   5. Für den **Vorsatz** (bedingter genügt) und für das subjektive Element **zur Täuschung im Rechtsverkehr** gelten die Ausführungen zur Urkundenfälschung (24, 25 zu § 267) sinngemäß. Beachte auch § 270.

12   6. a) Die **Konkurrenzverhältnisse** zwischen den §§ 267–269 sind problematisch: Für das Verhältnis der verschiedenen Begehungsformen des § 269 untereinander gelten die Ausführungen unter 27 zu § 267 sinngemäß (Lenckner/Winkelbauer CR 86, 824, 826). – Im Verhältnis zu § 267 bildet § 269 einen nach Unrechtsart und -qualität gleichwertigen Tatbestand, der wegen seiner Auffangfunktion hinter § 267 zurücktritt, wenn dieselbe Handlung (auch natürliche oder rechtliche Handlungseinheit, 4–19 vor § 52) beide Tatbestände verwirklicht (Lenckner/Winkelbauer aaO; aM Puppe NK 39 und Tröndle/Fischer 10: Tateinheit). Obwohl diese sich nach ihren Merkmalen gegenseitig ausschließen (vgl 2), können sie dennoch aus verschiedenen Gründen in Handlungseinheiten zusammentreffen, zB wenn falsche Eingaben auf Grund gefälschter Input-Belege vorgenommen werden (dazu Wegscheider CR 89, 923) oder wenn eine Datenfälschung im weiteren Verlauf zu einem Ausdruck mit Urkundeneigenschaft führt (4 zu § 267; beachte auch Zielinski aaO [vgl 5] S 607). In diesen Fällen dürften die für das Zusammentreffen der verschiedenen Begehungsformen des § 267 entwickelten (dort 27) und zweifelsfrei auch für § 269 geltenden Regeln auf den gesamten Anwendungsbereich beider Tatbestände zu erstrecken und dabei – wegen des Auffangcharakters der Datenfälschung – dem § 267 Vorrang einzuräumen sein (aM Radtke ZStW 115, 26, 51; zw); jedoch geht eine nur versuchte Urkundenfälschung in einer vollendeten Datenfälschung auf. – Mit **§ 268** besteht wegen der Verschiedenartigkeit der Schutzobjekte Tateinheit (Lenckner/Winkelbauer aaO; aM Puppe NK 41: kaum denkbar).

13   b) Im Übrigen ist **Tateinheit** ua möglich mit §§ 263, 263a (Rossa CR 97, 219, 227), 266, 274 I Nr 1, 2, §§ 303, 303a, 303b (zT abw Schlüchter, 2. WiKG, S 104).

§ 270 Täuschung im Rechtsverkehr bei Datenverarbeitung

Der Täuschung im Rechtsverkehr steht die fälschliche Beeinflussung einer Datenverarbeitung im Rechtsverkehr gleich.

Mittelbare Falschbeurkundung § 271

1. Die in der Vorschrift enthaltene **Gleichstellungsklausel** dient der Rechtssicherheit (BT-Dr 10/318 S 34), hat aber nur deklaratorische Bedeutung (Freund aaO [vgl 1 „Urkundenstraftaten"] Rdn 274); denn nach hM erfordert die Täuschung im Rechtsverkehr keinen unmittelbaren personalen Bezug und schließt daher auch die fälschliche Beeinflussung einer Datenverarbeitung ein (Lenckner/Winkelbauer CR 86, 824, 828; Gribbohm LK 1; aM Hoyer SK 1, alle mwN). Durch die Klausel werden auch die Fälle sicher einbezogen, in denen nicht die unmittelbare Täuschung eines Menschen, sondern die fälschliche Beeinflussung einer Datenverarbeitung bezweckt wird (Möhrenschlager wistra 86, 128, 135). 1

2. Die Vorschrift hat Bedeutung für **alle Tatbestände,** in denen die Absicht der Täuschung im Rechtsverkehr vorausgesetzt wird (§§ 152a III, 267 I, 268 I, 269 I, 273, 276, 281). 2

§ 271 Mittelbare Falschbeurkundung

(1) Wer bewirkt, daß Erklärungen, Verhandlungen oder Tatsachen, welche für Rechte oder Rechtsverhältnisse von Erheblichkeit sind, in öffentlichen Urkunden, Büchern, Dateien oder Registern als abgegeben oder geschehen beurkundet oder gespeichert werden, während sie überhaupt nicht oder in anderer Weise oder von einer Person in einer ihr nicht zustehenden Eigenschaft oder von einer anderen Person abgegeben oder geschehen sind, wird mit Freiheitsstrafe bis zu drei Jahren oder mit Geldstrafe bestraft.

(2) Ebenso wird bestraft, wer eine falsche Beurkundung oder Datenspeicherung der in Absatz 1 bezeichneten Art zur Täuschung im Rechtsverkehr gebraucht.

(3) Handelt der Täter gegen Entgelt oder in der Absicht, sich oder einen Dritten zu bereichern oder eine andere Person zu schädigen, so ist die Strafe Freiheitsstrafe von drei Monaten bis zu fünf Jahren.

(4) Der Versuch ist strafbar.

Fassung: Das 6. StrRG (13 vor § 1) hat die Abs 2, 3 eingefügt und damit die §§ 271–273 in gestraffter Form in einer Vorschrift zusammengefasst.

1. Die Vorschrift **schützt die Beweiskraft öffentlicher Urkunden** (vgl 2, 3) und in öffentlichen Dateien **gespeicherter beweiserheblicher Daten** (vgl 4), soweit sie öffentlichen Glauben genießen (vgl NJW 96, 2170). Schutzgegenstand ist die **inhaltliche Richtigkeit, nicht die formelle Echtheit** der Urkunden und Daten. **Rspr-Übersicht** bei Puppe JZ 97, 490, 495. – **Grundfälle** zu §§ 271–273 bei Freund JuS 94, 305, 308. 1

2. a) Öffentliche Urkunden, zu denen auch **Bücher** und **Register** als Unterfälle gehören (str), sind nach § 415 I ZPO solche, die von einer Behörde (20 zu § 11) oder einer mit öffentlichem Glauben versehenen Person innerhalb ihrer sachlichen Zuständigkeit (Bay wistra 95, 73) in der vorgeschriebenen Form aufgenommen werden (Gribbohm LK 8–64 mwN) und außerdem öffentlichen Glauben genießen, dh Beweis für und gegen jedermann erbringen (zusf Blei JA 69, 356, 424, 483, 545; Meyer, Dreher-FS, S 425; Mankowski/Tarnowski JuS 92, 826; Küper BT S 311; krit Freund, Urkundenstraftaten, 1996, Rdn 306, der auf die Funktion besonderer amtlicher Richtigkeitsbestätigung abstellt; im Ansatz abw Puppe NK 8). **Das trifft zB zu** beim Familienbuch (BGHSt 6, 380), Grundbuch (Stuttgart NStZ 85, 365), Sparbuch (BGHSt 19, 19; auch das der Postbank, Bay NJW 93, 2947 mit Bespr Puppe JZ 97, 490, 497), Personalausweis (GA 67, 19), Führerschein (BGHSt 34, 299; 37, 207), Kraftfahrzeugschein (BGHSt – GS – 22, 2

§ 271

201; GA 93, 230); Kfz-Kennzeichen (Hamburg NJW 66, 1827), Reifezeugnis (RGSt 60, 375; s auch Bürsch JuS 75, 721), Hochschulabschlusszeugnis (Hamm NJW 77, 640), Erbschein und Hoffolgezeugnis (BGHSt 19, 87), ferner beim zivilrechtlichen Gestaltungsurteil (RGSt 59, 13, 20), beim Räumungsprotokoll des Gerichtsvollziehers (Bay NJW 92, 1841), bei der Anmeldebestätigung des Einwohnermeldeamtes (LM Nr 8 zu § 348 II), beim Zeugnis über Anerkennung des Asylrechts oder Aussetzung der Abschiebung bei Ausländern (bei Holtz MDR 77, 283), bei der befristeten Aufenthaltsgestattung für Asylbewerber (NJW 96, 2170; zur Aufenthaltsgestattung nach § 63 AsylVfG ebenso Brandenburg StV 02, 311), beim Bescheid über die Ablehnung des Asylantrags (Bay wistra 95, 73) und bei der Ausfuhrbescheinigung (Bay NJW 90, 655; s auch Frankfurt wistra 90, 271 und NStZ 96, 234) oder dem Kraftstoffausweis (Köln MDR 59, 862; dazu Schnitzler MDR 60, 813) der Zollgrenzbeamten; **aber nicht** beim Kraftfahrzeugbrief (NJW 57, 1888, 1889), beim Fahrzeugregister der Zulassungsstelle (StraFo 01, 252), beim Bundeszentralregister (GA 65, 92), beim Hauptverhandlungsprotokoll in Strafsachen (Hamm NJW 77, 592; zw), bei dem nach §§ 159 ff ZPO aufgenommenen Protokoll über die Verkündung einer Entscheidung in Zivilsachen (Bay NStZ-RR 96, 137), beim Polizeiprotokoll (Düsseldorf NJW 88, 217), bei der Handwerksrolle (Bay NJW 71, 634), beim Zustellbuch der Bundespost (BGHSt 7, 94), bei der polizeilichen Beglaubigung (Frankfurt NJW 49, 315, wo allerdings für die polizeiliche Unterschriftsbeglaubigung eine Ausnahme gemacht wird; auch insoweit aM Oldenburg MDR 48, 30 mit abl Anm Arndt) und auch nicht bei behördeninternen Bescheinigungen der Ausländerbehörde (AG Hamburg NStE 4; zust Puppe NK 10) oder vorläufigen Bescheinigungen der Asylstelle der Polizeibehörde (Karlsruhe NStZ 94, 135 [mit abl Anm Mätzke NStZ 95, 501 und Puppe JZ 97, 490, 496, das aber im Hinblick auf die erstrebte Bescheinigung über die Aufenthaltsgestattung Versuch annimmt]; Brandenburg StV 02, 311).

3 b) Zur Falschbeurkundung gehört nicht nur, dass die niedergeschriebene Erklärung, Verhandlung oder Tatsache unrichtig festgehalten ist (dazu 8 zu § 348), sondern auch, dass sich die **Beweiskraft gerade hierauf** erstreckt. Welche Teile der Beurkundung von der Beweiskraft umfasst werden, ist nach der Rspr durch Auslegung zu ermitteln und hängt von den einschlägigen Vorschriften („Muß"-, nicht „Soll"-Vorschriften; vgl BGHSt 44, 186; NStZ-RR 00, 235; Karlsruhe NJW 99, 1044), aber auch von der Verkehrsanschauung ab (BGHSt-GS-22, 201, 203 mwN; aM Puppe JR 79, 256, die eine generalisierende Abgrenzung nach abstrakten Beurkundungstypen vorschlägt). – Nach einer nicht immer widerspruchsfreien **Kasuistik** (Freund aaO [vgl 2 „Urkundenstraftaten"] Rdn 309) erstreckt sich danach die **öffentliche Beweiskraft:** bei **Standesamtsbüchern** nur auf die im PStG vorgeschriebenen Eintragungen (BGHSt 12, 88); beim **Sparbuch** auf die Ein- und Auszahlungen (Bay NJW 93, 2947), nicht auf den Namen (wistra 84, 142) und die Verfügungsberechtigung der angegebenen Person (BGHSt 19, 19); beim **Gefangenenbuch** auf die Angaben zur Identität der Person (bei Holtz MDR 77, 283), nicht auf die Konfession (GA 66, 280); bei der **polizeilichen Fundempfangsbescheinigung** nicht auf die Angaben über Finder, Fundort und Erklärungen des Finders (Bay 78, 137); bei der **behördlichen Bescheinigung** darüber, dass jemand bei ihr vorgesprochen hat, nicht dessen Identität (AG Hamburg StV 92, 380 mit zust Bespr Puppe JZ 97, 490, 496); bei der **Ausfuhrgenehmigung** das Ergehen der Anordnung (§ 417 ZPO), nicht aber ihre Richtigkeit (Frankfurt NStZ 96, 234); beim **Führerschein** nicht auf den Doktortitel (NJW 55, 839) und die Ablegung einer der Erteilung vorausgegangenen Fahrprüfung (Hamm NStZ 88, 26), wohl aber auf den Namen (aM Hamm VRS 21, 363), das Geburtsdatum (BGHSt 34, 299 mit abl Anm Ranft JR 88, 383; NJW 96, 470; abl auch Freund JuS 94, 305, 307, alle mwN; zw) und die Erteilung der

Mittelbare Falschbeurkundung **§ 271**

Fahrerlaubnis (BGHSt 37, 207; Hamm NStZ 88, 26 mwN), ferner beim Führerschein, der nach § 15 StVZO oder nach § 92 BVFG ausgestellt wurde, nicht auf den Umstand, dass sein Inhaber im Besitz einer ausländischen Fahrerlaubnis ist (BGHSt 25, 95 mit Anm Tröndle JR 73, 205; BGHSt 33, 190 mit Anm Marcelli NStZ 85, 500; zw); beim **Ersatzführerschein** nicht darauf, dass der Inhaber zurzeit der Ausstellung noch eine Fahrerlaubnis hatte (Köln NJW 72, 1335); beim **Kraftfahrzeugschein** nicht auf die Richtigkeit der Fahrgestell- und Motornummer (BGHSt 20, 186; beachte jedoch GA 93, 230 mit krit Bespr Puppe JZ 97, 490, 496) oder die Angaben zur Person (BGHSt-GS-22, 201), sondern nur auf die Zulassung des Fahrzeugs mit diesem Kennzeichen (Hamburg NJW 66, 1827); beim Vermerk im Kraftfahrzeugschein über die nächste **Hauptuntersuchung** nur darauf, dass das Kfz zum angegebenen Zeitpunkt zur Untersuchung anmeldepflichtig ist (BGHSt 26, 9; beachte auch Bay VRS 57, 284 und NStZ-RR 99, 575 mit abl Anm Puppe, die auf § 29 StVZO [gemeint ist wohl Abs 3] hinweist); bei der Bescheinigung über die **Aufenthaltsgestattung** nach § 20 IV AsylVfG aF nicht auf die Personalangaben (NJW 96, 470 mit krit Bespr Mätzke JR 96, 384; Müller-Tuckfeld StV 97, 353; aM Karlsruhe NStZ 94, 135), anders jedoch bei der Bescheinigung nach § 63 AsylVfG nF (NJW 96, 2170 mit im Ergebnis zust Bespr Puppe JR 96, 425 und Geppert JK 1; Hoyer SK 17). Auch der **notarielle Kaufvertrag** beweist nur die Erklärung der Vertragspartner über den Preis, aber nicht dessen Richtigkeit (Bay NJW 55, 1567); entsprechendes gilt für Bescheinigungen der Handelskammer auf Zollpapieren (Hamburg NJW 64, 935) oder von Zollbeamten bei der Zollbeschau (BGHSt 20, 309; s auch Düsseldorf MDR 66, 945).

3. Beweiserhebliche Daten (3 zu § 263a; 4 zu § 269) in öffentlichen Dateien werden seit der Neufassung des Abs 1 durch das 2. WiKG (2 vor § 263) ebenso wie öffentliche Urkunden geschützt. Voraussetzung ist, dass sie – vom Erfordernis visueller Wahrnehmbarkeit abgesehen (6 zu § 267) – alle Elemente der öffentlichen Beurkundung aufweisen (dazu 2, 3). – Als **Dateien** (vgl den neugefassten § 3 II BDSG) kommen nicht nur Datenspeicher in EDV-Anlagen, sondern auch in anderen Systemen in Frage (BT-Dr 10/318 S 34). Beim gegenwärtigen Stand hat die Erweiterung des Abs 1 vor allem Bedeutung für Dateien, in denen öffentliche Urkunden, Bücher oder Register gespeichert werden (BT-Dr aaO). **4**

4. Erfasst werden grundsätzlich nur **inländische** öffentliche Urkunden und Daten; ausländische Beurkundungen, zB Reisepässe (KG JR 80, 516), sind einbezogen, wenn durch ihren Gebrauch auch deutsche Schutzgüter berührt werden (Düsseldorf NStZ 83, 221; Frankfurt wistra 90, 271; Stoffers JA 94, 76, 78; weiter Schroeder NJW 90, 1406; s auch Obermüller, Der Schutz ausländischer Rechtsgüter …, 1999, S 82, 207, alle mwN; zw); ohne diese Einschränkungen sind auf Grund gemeinschaftskonformer Auslegung Urkunden mit Europabezug, insb der EG-Behörden, einbezogen (Satzger, Die Europäisierung des Strafrechts, 2001, S 579). **5**

5. Bewirken bedeutet Verursachen der unrichtigen Beurkundung oder Datenspeicherung (Rengier BT II 37/9; Hoyer SK 22). Gebrauchmachen (dazu Abs 2, s unten 10) ist nicht erforderlich. Zum Beginn des Bewirkens (Versuchsbeginn) Hamm NJW 77, 640. **6**

a) Im Falle der **Beurkundung** (vgl 2, 3) ist unmittelbares Handeln eines Amtsträgers (3–11 zu § 11) erforderlich. Nur durch dessen Vermittlung kann der Täter daher den Tatbestand verwirklichen; bei Garantenstellung kann bloßes Geschehenlassen genügen (6–15 zu § 13). Nimmt dagegen der Täter die Eintragung selbst vor, so kommt nur Urkundenfälschung (§ 267) in Frage. Praktische Bedeutung hat die Vorschrift regelmäßig nur in Fällen, in denen der Amtsträger **gutgläubig** ist **7**

§ 271

(aM Hoyer SK 6). Andernfalls fällt er selbst unter § 348, der Anstifter unter §§ 348, 26 (1, 2 zu § 348; 2 vor § 331; Puppe NK 40); nur wenn der Täter den Amtsträger irrig für gutgläubig hält, liegt nicht Teilnahme an dessen Tat, sondern im Wesentlichen aus denselben Gründen, die unter 4 zu § 160 (Verleitung zur Falschaussage) dargelegt sind, vollendete mittelbare Falschbeurkundung vor (RGSt 13, 52; Gribbohm LK 87, 88; Puppe NK 40; aM Joecks 18: § 271 – Versuch). Dasselbe gilt, wenn der Täter den Amtsträger irrig für bösgläubig hält (Gribbohm aaO; Hoyer SK 5, 24; aM Sch/Sch-Cramer 30: straflos, beide mwN; str). – Ist der beurkundende Amtsträger gutgläubig, der Täter aber auch Amtsträger, der die Beurkundung selbst vornehmen könnte, so ist nicht § 271, sondern § 348 (in mittelbarer Täterschaft) anwendbar (3 StR 47/73 v 29. 8. 1973).

8   b) Entsprechendes gilt auch im Falle der **Datenspeicherung** (vgl 4). Zwar spricht hier der Umstand, dass Außenstehende durch Eindringen in öffentliche Dateien in derselben Weise wie Amtsträger Daten eingeben und verändern können, bis zu einem gewissen Grade dafür, auch unmittelbar bewirkte Speicherungen einzubeziehen (so Möhrenschlager wistra 86, 128, 136; Schlüchter, 2. WiKG, S 105). Dem widerspricht aber die bisher unbestrittene, in der Überschrift des § 271 nach wie vor zum Ausdruck kommende Beschränkung des Schutzbereichs auf die mittelbare Herbeiführung des Taterfolges. Überdies ist die Erweiterung kriminalpolitisch nicht geboten, weil die von ihr betroffenen Fälle als Datenfälschung (§ 269) erfasst werden. Der Täter muss daher die Einführung der unrichtigen Daten durch Vermittlung der für die Speicherung zuständigen Amts- (oder amtsnahen) Person bewirken (Lenckner/Winkelbauer CR 86, 824, 826; Tröndle/Fischer 15).

9   6. Der **Vorsatz** (bedingter genügt) muss auch die besondere Beweiswirkung des Beurkundungs- oder Speicherungsinhalts umfassen (Meyer, Dreher-FS, S 425, 435; Freund aaO [vgl 2 „Urkundenstraftaten"] Rdn 324–326).

10   7. **Abs 2** erfasst an Stelle von § 273 aF jeden **Gebrauch** (23 zu § 267; s auch KG JR 80, 516) einer Falschbeurkundung oder Datenspeicherung (vgl 1–5), sei es, dass der Gerbrauchende sie schuldlos bewirkt hatte, dass sie ohne Zutun eines anderen durch Irrtum des Amtsträgers zustande kam oder dass dieser sie unter Verletzung des § 348 hergestellt hatte (Hoyer SK 26; str). Zur Täuschung im Rechtsverkehr 25 zu § 267.

11   8. **Abs 3** enthält einen Qualifikationstatbestand, der an die Stelle von § 272 aF tritt und § 203 V (dort 28) entspricht (BT-Dr 13/8587 S 45). **Entgelt** 22 zu § 11. Absicht setzt zielgerichteten Willen voraus (Hamburg StV 97, 136; dero aaO § 15); unbedingter Vorsatz genügt nicht (Köln JR 70, 468, 470 mit abl Anm Schröder). Es reicht jede mit den Tathandlungen unmittelbar oder mittelbar (dazu Hamm NJW 56, 602) verbunde **Bereicherung** (BGHSt 34, 299); daran fehlt es, wenn der Täter durch die Tathandlungen nur einen ihm zustehenden Anspruch durchsetzen will (Bay StV 95, 29; Otto GK 2 71/25; Rengier BT II 37/27; Hoyer SK 34). **Schädigung** ist jeder Nachteil, nicht nur der Vermögensschaden (RGSt 8, 187, 190); er muss aus der Tat nach Abs 1 oder 2 hervorgehen (Schröder aaO S 471 zu § 272 aF).

12   9. **Tateinheit** mit § 267 liegt vor, wenn der Täter die Falschbeurkundung durch Vorlage einer gefälschten Urkunde (RGSt 61, 410) oder durch eine unter falschem Namen abgegebene Erklärung (RGSt 72, 226) bewirkt. Außerdem ist Tateinheit ua möglich mit §§ 169, 172 (Hamm HESt 2, 328), mit § 269, mit Bannbruch (RGSt 70, 229) und mit Abgabenhinterziehung (Köln NJW 59, 1981), Tatmehrheit mit § 273. Über das Verhältnis zu § 348 vgl 7. Der Gebrauch durch den nach §§ 271 oder 348 strafbaren Täter steht zu der vorausgegangenen falschen Beurkundung (einschl Datenspeicherung) in demselben Konkurrenzverhältnis wie das Fälschen und Gebrauchen bei der Urkundenfälschung (Tröndle LK 8 zu § 273 aF und mwN; 27 zu § 267; str).

§ 272 *(weggefallen)*

§ 273 Verändern von amtlichen Ausweisen

(1) **Wer zur Täuschung im Rechtsverkehr**
1. **eine Eintragung in einem amtlichen Ausweis entfernt, unkenntlich macht, überdeckt oder unterdrückt oder eine einzelne Seite aus einem amtlichen Ausweis entfernt oder**
2. **einen derart veränderten amtlichen Ausweis gebraucht,**

wird mit Freiheitsstrafe bis zu drei Jahren oder mit Geldstrafe bestraft, wenn die Tat nicht in § 267 oder § 274 mit Strafe bedroht ist.

(2) **Der Versuch ist strafbar.**

Fassung des 6. StrRG (13 vor § 1).

1. Die Vorschrift schützt das **staatliche Beweisführungsinteresse** mit amtlichen Ausweisen (BT-Dr 13/8587 S 66; aM Hoyer SK 1). Sie ist erst während des Gesetzgebungsverfahrens auf Vorschlag des BRates aufgegriffen worden (BT-Dr 13/9064 S 20). Anlass waren Konstellationen, in denen Einreisende belastende Vermerke in amtlichen Ausweisen durch Manipulationen unterdrückten (BT-Dr 13/8587 aaO). Die Unterschrift soll die Lücke des § 274 schließen, der Ausweise nach der Rspr nicht erfasst, weil sie ausschließlich ihrem Inhaber „gehören" (vgl 2 zu § 274).

2. Amtlicher Ausweis 1 zu § 275.

3. Zu den **Tathandlungen** des **Abs 1 Nr 1** vgl 2 zu § 274; Unkenntlichmachen 4 zu § 134. Entfernen ist das Löschen einer Eintragung oder das Entnehmen einer Seite (vgl Hoyer SK 7). Überdecken ist das Verbergen der Eintragung (Hoyer aaO), zB durch Überkleben – **Abs 1 Nr 2** Gebrauchen 23 zu § 267; 3 zu § 281; praktische Bedeutung erhält diese Tathandlung in Fällen, in denen die vorangehende Manipulation im Ausland erfolgt ist, ohne dass das deutsche Strafrecht hierauf Anwendung finden konnte (BT-Dr 13/9064 S 51).

4. Der **Vorsatz** (bedingter genügt) muss namentlich die Beeinträchtigung des Gebrauchs des Ausweises als Beweismittel umfassen. **Zur Täuschung im Rechtsverkehr** 25 zu § 267; sie muss sich darauf beziehen, dass die Manipulation verborgen oder der Eintragungsinhalt unbekannt bleibt (Hoyer SK 8).

5. Die Vorschrift tritt hinter §§ 267, 274 zurück **(Subsidiarität)**. Zum Verhältnis der Nr 1 zur Nr 2 vgl 27 zu § 267.

§ 274 Urkundenunterdrückung; Veränderung einer Grenzbezeichnung

(1) **Mit Freiheitsstrafe bis zu fünf Jahren oder mit Geldstrafe wird bestraft, wer**
1. **eine Urkunde oder eine technische Aufzeichnung, welche ihm entweder überhaupt nicht oder nicht ausschließlich gehört, in der Absicht, einem anderen Nachteil zuzufügen, vernichtet, beschädigt oder unterdrückt,**
2. **beweiserhebliche Daten (§ 202 a Abs. 2), über die er nicht oder nicht ausschließlich verfügen darf, in der Absicht, einem anderen Nachteil zuzufügen, löscht, unterdrückt, unbrauchbar macht oder verändert oder**

§ 274

3. einen Grenzstein oder ein anderes zur Bezeichnung einer Grenze oder eines Wasserstandes bestimmtes Merkmal in der Absicht, einem anderen Nachteil zuzufügen, wegnimmt, vernichtet, unkenntlich macht, verrückt oder fälschlich setzt.

(2) Der Versuch ist strafbar.

1. Abs 1 Nr 1 schützt das **Recht, mit** (echten, hM; anders Lampe JR 64, 14) **Urkunden und technischen Aufzeichnungen Beweis zu erbringen** (BGHSt 29, 192; ähnlich Hoyer SK 1; aM Kienapfel Jura 83, 185, 187, alle mwN). – **Grundfälle** zu § 274 bei Freund JuS 94, 207, 210.

a) Der **Urkundenbegriff** entspricht dem des § 267 (Celle NJW 60, 880; Koblenz NStZ 95, 50, 51), der Begriff der technischen Aufzeichnung dem des § 268 II (Düsseldorf MDR 90, 73). – **Gehören** ist nicht im Sinne von Eigentum zu verstehen; maßgebend ist vielmehr, wer an der Urkunde ein Beweisführungsrecht hat, dh nach bürgerlichem oder öffentlichem (str) Recht die Herausgabe, die Vorlage oder das Bereithalten zur Einsichtnahme verlangen kann (BGHSt 29, 192; Düsseldorf NJW 85, 1231; Bay NJW 90, 264; Koblenz aaO; Freund, Urkundenstraftaten, 1996, Rdn 281; Hoyer SK 4, 8); bloß öffentlich-rechtliche Vorlegungspflichten zur Erleichterung von Verwaltungs- und Überwachungsaufgaben begründen ein solches Recht der Behörde nicht (Zweibrücken GA 78, 316; Düsseldorf MDR 90, 73 mit Anm Puppe NZV 89, 478 und Bottke JR 91, 252; Bay NJW 97, 1592 mit Bespr Reichert StV 98, 51 und Geppert JK 5; aM AG Elmshorn NJW 89, 3295; Schneider NStZ 93, 16; zw). Pässe, Personalausweise und Führerscheine nebst den in ihnen enthaltenen Urkunden „gehören" ausschließlich dem Inhaber (Bay NJW 90, 264 und 97, 1592 mit krit Bespr Geppert JK 14 zu § 267 und JK 5, zust aber Reichert aaO; Hamm NStZ-RR 98, 331; Gribbohm LK 10); die dadurch entstehende Strafbarkeitslücke wird durch § 273 geschlossen (BT-Dr 13/9064 S 20). Näher zur Entstehung eines fremden Beweisführungsrechts und dem Verlust der Verfügungsbefugnis des Ausstellers Küper BT S 308. – **Vernichten**, das gleichbedeutend mit Zerstören ist, und **Beschädigen** (3–7 zu § 303) erfordern hier eine Beeinträchtigung der Brauchbarkeit zu Beweiszwecken (Düsseldorf NJW 83, 2341 mit Anm Puppe JR 83, 429; Küper BT S 305); wird der gedankliche Inhalt verändert, so können zugleich die §§ 267, 268 verwirklicht sein (Rengier BT II 36/6; speziell zu einschlägigen Manipulationen an Parkscheinen Hecker JuS 02, 224, 226 und an entwerteten Fahrkarten Schroeder JuS 91, 301; Ranft Jura 93, 84; Freund aaO Rdn 287; speziell zu Antiblitzfolien verneinend Bay NZV 99, 213 und Lampe JR 98, 304). **Unterdrücken** setzt voraus, dass der Berechtigte – sei es auch nur vorübergehend – an der Benutzung der Urkunde als Beweismittel gehindert wird (Düsseldorf NStZ 81, 25, 26; Koblenz NStZ 95, 50, 51). Erfasst wird auch das Entfernen des informierenden Zettels, der nach einem Unfall unter dem Scheibenwischer des beschädigten Wagens angebracht wird (Celle NJW 66, 557; Bay NJW 68, 1896), auch das Verhindern der Anbringung des Zettels (AG Karlsruhe NJW 00, 87); nicht aber das Entfernen eines Preisschildes von einer Ware und Anbringen an einer anderen im selben Geschäft (Hamm NJW 68, 1894 mit Anm Peters); auch nicht das Versehen eines Kraftfahrzeugkennzeichens mit Antiblitzfolie (Krack NStZ 00, 423).

b) Der **Vorsatz** (bedingter genügt) muss namentlich die Beeinträchtigung des Gebrauchs als Beweismittel umfassen.

c) Nach der Rspr wird die **Rechtswidrigkeit** trotz Einwilligung des Berechtigten nicht ausgeschlossen, wenn die Tat sittenwidrig ist (BGHSt 6, 251; anders 18 vor § 32). Eine Rechtfertigung nach § 34 scheidet auch zur Abwendung eines materiell unberechtigten Prozessverlustes aus, weil angemessenes Mittel (§ 34 Satz 2) die Beschreitung des Rechtsweges ist (Hoyer SK 26).

2. **Abs 1 Nr 2** schützt das **Recht, mit bestimmten Daten Beweis zu** 5
erbringen. – **Beweiserhebliche Daten** sind nur solche, die im Sinne des § 269
(dort 2) urkundengleiche Beweisfunktion haben (Hilgendorf JuS 97, 323, 325;
Otto GK 2 72/9; Puppe NK 8; aM Lenckner/Winkelbauer CR 86, 824, 827;
Schulze-Heiming, Der strafrechtliche Schutz der Computerdaten gegen die Angriffsformen der Spionage, Sabotage und des Zeitdiebstahls, 1995, S 229; Hoyer
SK 18; Sch/Sch-Cramer 22 c; zw). Das folgt einerseits daraus, dass in § 269 I das
Merkmal „beweiserheblich" für sich betrachtet konturlos ist und seinen Bedeutungsgehalt erst aus der Gleichstellung mit der Urkunde bezieht, und andererseits
aus dem weiteren Umstand, dass auch in Abs 1 Nr 1 nur Urkunden, also keine
Beweismittel geringeren Ranges, geschützt werden. – Die Verweisung auf
§ 202 a II schränkt auf Daten ein, die **nicht unmittelbar wahrnehmbar** gespeichert sind oder übermittelt werden (dort 2). – Das Merkmal **„verfügen dürfen"**
deckt sich inhaltlich mit „gehören" nach Abs 1 Nr 1. – Zu den **Tathandlungen**
(Löschen usw) 3 zu § 303 a.

3. **Abs 1 Nr 3** schützt **Grenz- und Wasserstandsmerkmale** ohne Rück- 6
sicht auf Eigentum oder sonstige Rechte an dem Merkmal auch dann, wenn
sie tatsächlich an falscher Stelle stehen. – **Wegnehmen** deckt sich nicht mit
§ 242 I; es genügt jedes Entfernen des Merkmals von der Stelle, für welche es
von dem hierzu Befugten als Beweiszeichen bestimmt wurde (Laubenthal JA 90,
38, 43).

4. Für die **Absicht** (20 zu § 15) der Nachteilszufügung genügt hier unbedingter 7
Vorsatz (bei Dallinger MDR 58, 140; Hamburg NJW 64, 736, 737; Köln
VRS 50, 421; Küper BT S 226: Wissentlichkeit; aM Hoyer SK 17: „darauf ankommen", und Puppe NK 12: sogar bedingter Vorsatz; abw Freund aaO [vgl 2]
Rdn 297, der auf die Funktion des Verhaltens abstellt; str). **Nachteil** ist jede Beeinträchtigung fremder Beweisführungsrechte (BGHSt 29, 192; Zweibrücken
NStZ 00, 201; AG Koblenz wistra 99, 397; aM Hoyer SK 15), nicht nur der
Vermögensschaden; der Nachteil muss nicht den Beweisführungsberechtigten
treffen (Puppe NK 14 mwN). Durch Vereitelung straf- oder ordnungsrechtlicher
Maßnahmen wird kein „anderer" benachteiligt (Zweibrücken GA 78, 316; Bay
NZV 89, 81; Düsseldorf MDR 90, 73 mit Anm Puppe NZV 89, 478 und Bottke
JR 91, 252; speziell für Antiblitzbuchstaben Krack NStZ 00, 423, für Parkscheine
Hecker JuS 02, 224, 226; aM AG Elmshorn NJW 89, 3295; Schneider NStZ 93,
16, alle mwN).

5. Abs 1 Nr 1, 3 treten hinter den §§ 267, 268 zurück **(Konsumtion)**, wenn 8
die Tathandlung nur Mittel zur Hervorbringung eines neuen (unechten) Beweisinhalts ist (W-Hettinger BT 1 Rdn 898; aM Kienapfel Jura 83, 185, 196; Lindemann NStZ 98, 23; Krey BT 1 Rdn 693; diff Puppe NK 18; zusf Geppert
Jura 88, 158 mwN). Auch hinter § 242 treten sie idR zurück, weil die Schädigungsabsicht in der Zueignungsabsicht notwendig eingeschlossen ist (Joecks 26;
Sch/Sch-Cramer 20; aM Gribbohm LK 68–72; Hoyer SK 28; Tröndle/Fischer 5);
§ 246 ist ausdrücklich subsidiär (dort 14; Wagner, Grünwald-FS, S 797, 808).
Dem § 303 gehen sie vor. Entsprechendes gilt für Abs 1 Nr 2 im Hinblick auf
die §§ 269, 303 a (im Verhältnis zu § 269 diff Schulze-Heiming aaO [vgl 5]
S 249).

§ 275 Vorbereitung der Fälschung von amtlichen Ausweisen

(1) **Wer eine Fälschung von amtlichen Ausweisen vorbereitet, indem er**
1. **Platten, Formen, Drucksätze, Druckstöcke, Negative, Matrizen oder
ähnliche Vorrichtungen, die ihrer Art nach zur Begehung der Tat geeignet sind,**

§ 276

BT. 23. Abschnitt. Urkundenfälschung

2. Papier, das einer solchen Papierart gleicht oder zum Verwechseln ähnlich ist, die zur Herstellung von amtlichen Ausweisen bestimmt und gegen Nachahmung besonders gesichert ist, oder

3. Vordrucke für amtliche Ausweise

herstellt, sich oder einem anderen verschafft, feilhält, verwahrt, einem anderen überläßt oder einzuführen oder auszuführen unternimmt, wird mit Freiheitsstrafe bis zu zwei Jahren oder mit Geldstrafe bestraft.

(2) Handelt der Täter gewerbsmäßig oder als Mitglied einer Bande, die sich zur fortgesetzten Begehung von Straftaten nach Absatz 1 verbunden hat, so ist die Strafe Freiheitsstrafe von drei Monaten bis zu fünf Jahren.

(3) § 149 Abs. 2 und 3 gilt entsprechend.

Fassung des 6. StrRG (13 vor § 1).

1 1. **Amtliche Ausweise** sind ausschließlich oder neben anderen Zwecken auch zur Ermöglichung des Identitätsnachweises ausgestellte amtliche Urkunden, namentlich Pässe, Personal-, Dienst- und Studentenausweise, auch Führerscheine (Hamm VRS 5, 619; Puppe NK 4), nicht dagegen Kraftfahrzeugbriefe und -scheine (Koblenz VRS 55, 428) sowie für den internen Dienstgebrauch bestimmte Identifizierungsmittel wie zB BahnCard oder Bibliotheksausweis (Hoyer SK 3 zu § 273). Sie sind hier nur gegen die **Vorbereitung ihrer Fälschung** geschützt, während die Fälschung selbst unter § 267 fällt (Köln NStZ 94, 289).

2 2. Die **Vorbereitungshandlungen** decken sich weitgehend mit denen für die Geld- oder Wertzeichenfälschung nach § 149 I (dort 2–5); zum Einführen und Ausführen 5 zu § 184 (näher Puppe NK 10). Zur besseren Bekämpfung ua des organisierten Kraftfahrzeugdiebstahls (BT-Dr 12/6853 S 28; König/Seitz NStZ 95, 1, 4) sind in der Neufassung als Tatobjekte auch Vordrucke (Nr 3) und als Tathandlung das Unternehmen der Ein- und Ausfuhr erfasst. **Vordrucke** (auch für ausländische Ausweispapiere) sind Schriftstücke, die zur Vervollständigung durch Einzelangaben bestimmt sind. Sie können teilausgefüllt, dürfen aber nicht vollständig ausgefüllt sein, weil dann § 276 eingreift (BT-Dr 12/6853 S 29; Puppe NK 8). – **Unternehmen** (§ 11 I Nr 6, dort 19) **zur Ein- und Ausfuhr** 5 zu § 184.

3 3. Zu **Abs 2** vgl 2–5 zu § 260. – Zu **Abs 3** vgl 6 zu § 149.

4 4. § 275 tritt hinter § 267 zurück (Köln aaO [vgl 1]: Subsidiarität; aM Sch/Sch-Cramer 6: Tateinheit möglich; ähnlich Puppe NK 13).

§ 276 Verschaffen von falschen amtlichen Ausweisen

(1) Wer einen unechten oder verfälschten amtlichen Ausweis oder einen amtlichen Ausweis, der eine falsche Beurkundung der in den §§ 271 und 348 bezeichneten Art enthält,

1. einzuführen oder auszuführen unternimmt oder

2. in der Absicht, dessen Gebrauch zur Täuschung im Rechtsverkehr zu ermöglichen, sich oder einem anderen verschafft, verwahrt oder einem anderen überläßt,

wird mit Freiheitsstrafe bis zu zwei Jahren oder mit Geldstrafe bestraft.

(2) Handelt der Täter gewerbsmäßig oder als Mitglied einer Bande, die sich zur fortgesetzten Begehung von Straftaten nach Absatz 1 verbunden hat, so ist die Strafe Freiheitsstrafe von drei Monaten bis zu fünf Jahren.

Fassung des 6. StrRG (13 vor § 1) hat Abs 2 eingefügt.

1 1. **Falsche amtliche Ausweise** (auch ausländische; NJW 00, 3148) sind neben gefälschten und verfälschten auch falsch beurkundete Ausweise. Die **falsche Be-**

Fälschung von Gesundheitszeugnissen §§ 276a, 277

urkundung kann mit und ohne Wissen des Amtsträgers erfolgt sein; es genügt jede objektiv unrichtige Beurkundung nach §§ 271, 348 (BT-Dr 12/6853 S 29; Hoyer SK 2).

2. Die **Tathandlungen** der Nr 1 entsprechen denen nach § 275 I (dort 2), die der Nr 2 denen nach § 149 I (dort 4). 2

3. Nur Nr 2 setzt neben dem Vorsatz eine **Absicht** voraus, den Gebrauch des falschen Ausweises zur Täuschung im Rechtsverkehr (23, 25 zu § 267) zu ermöglichen (vgl 3 zu § 152a; aM Puppe NK 4: dolus eventualis genüge). 3

4. **Abs 2** entspricht § 275 II (dort 3). 4

5. **Tateinheit** ua möglich mit § 263 (Tröndle/Fischer 8). Gegenüber §§ 267, 269, 273, 277 ist § 276, der Vorbereitungshandlungen erfasst, subsidiär (diff Hoyer SK 6). 5

§ 276a Aufenthaltsrechtliche Papiere; Fahrzeugpapiere

Die §§ 275 und 276 gelten auch für aufenthaltsrechtliche Papiere, namentlich **Aufenthaltstitel und Duldungen, sowie für Fahrzeugpapiere, namentlich Fahrzeugscheine und Fahrzeugbriefe.**

Aufenthaltsrechtliche Papiere sind Urkunden, die die aufenthaltsrechtliche Stellung einer Person mit konstitutiver oder deklaratorischer Wirkung dokumentieren (BT-Dr 12/6853 S 29; Puppe NK 3–5), zB die Aufenthaltstitel nach § 5 AufenthG, die EG-Aufenthaltserlaubnis oder die Bescheinigung über die Aufenthaltsgestattung nach § 63 AsylVfG (NJW 96, 2170 mit Anm Puppe JR 96, 424). Entsprechende ausländische Papiere sind erfasst, soweit sie in der Bundesrepublik Deutschland auf Grund zwischenstaatlicher Vereinbarungen wie zB dem Schengener Abkommen anerkannt werden; dies gilt auch für ausländische **Fahrzeugpapiere** (BT-Dr 12/6853 S 30; Hoyer SK 4). – Zur Bedeutung fälschungssicherer Fahrzeugpapiere für die Bekämpfung der organisierten Kfz-Verschiebung Sieber JZ 95, 758, 767. 1

§ 277 Fälschung von Gesundheitszeugnissen

Wer unter der ihm nicht zustehenden Bezeichnung als Arzt oder als eine andere approbierte Medizinalperson oder unberechtigt unter dem Namen solcher Personen ein Zeugnis über seinen oder eines anderen Gesundheitszustand ausstellt oder ein derartiges echtes Zeugnis verfälscht und davon zur Täuschung von Behörden oder Versicherungsgesellschaften Gebrauch macht, wird mit Freiheitsstrafe bis zu einem Jahr oder mit Geldstrafe bestraft.

1. **Gesundheitszeugnisse** sind Erklärungen über die jetzige, frühere oder voraussichtliche künftige Gesundheit eines Menschen (nicht über die Todesursache). Hierher gehören auch Krankenscheine (BGHSt 6, 90) und ärztliche Berichte über Blutalkoholuntersuchungen (BGHSt 5, 75). Erfasst wird nur die **formelle Fälschung,** nicht die inhaltliche Unrichtigkeit (krit Puppe NK 6). 1

2. **Ärzte** § 13 BÄO. Die approbierten Medizinalpersonen entsprechen im Ergebnis dem von § 203 I Nr 1 erfassten Kreis der Heilpersonen (dort 2). 2

3. Die Tat ist **zweiaktiges Delikt.** Der 1. Handlungsteil besteht im Ausstellen unter richtigem Namen, aber falscher Berufsbezeichnung oder im Ausstellen unter falschem Namen, und zwar dem eines Arztes usw, oder im Verfälschen eines vorhandenen echten Zeugnisses eines Arztes usw. – Der 2. Handlungsteil ist das Gebrauchmachen (23 zu § 267; s auch bei Dallinger MDR 75, 197). Dabei muss der Täter über die Echtheit des Zeugnisses, nicht notwendig auch über den Ge- 3

§ 278 BT. 23. Abschnitt. Urkundenfälschung

sundheitszustand täuschen wollen. Zur Ausführung des 2. Handlungsteils kann vom Täter, der den 1. Handlungsteil selbst verwirklicht hat, eine bösgläubige Mittelsperson eingeschaltet werden (Woelk, Täterschaft bei zweiaktigen Delikten, 1994, S 121, 154, 166; aM Hoyer SK 6, 13).

4   **4. Behörden** (20 zu § 11; s auch NJW 63, 1318), auch als Arbeitgeber (Peglau NJW 96, 1193; aM Hoyer SK 16). Die AOK und sonstige Sozialversicherungskassen zählt die Rspr zu den Versicherungsgesellschaften (BGHSt 6, 90). Nicht geschützt ist die sog „Sachverständigenstelle" nach § 16 III RöV, da sie nicht den Gesundheitszustand bestimmter Personen beurteilt (BGHSt 43, 346, 352 mit Bespr Detter JA 98, 535, Rigizahn JR 98, 523 und Geppert JK 2 zu § 223).

5   **5.** § 277 verdrängt § 267 (hM; vgl Puppe NK 9, die sich aber kritisch zur Privilegierung der Urkundenfälschung bei ärztlichen Attesten äußert: Fehlleistung des Gesetzgebers; krit auch Hoyer SK 5, der eine Sperrwirkung des § 277 gegenüber § 267, zB beim Gebrauch des Gesundheitszeugnisses gegenüber einem privaten Arbeitgeber annimmt). **Tateinheit** ua möglich mit §§ 132 a, 263.

§ 278 Ausstellen unrichtiger Gesundheitszeugnisse

Ärzte und andere approbierte Medizinalpersonen, welche ein unrichtiges Zeugnis über den Gesundheitszustand eines Menschen zum Gebrauch bei einer Behörde oder Versicherungsgesellschaft wider besseres Wissen ausstellen, werden mit Freiheitsstrafe bis zu zwei Jahren oder mit Geldstrafe bestraft.

1   1. Die Vorschrift erfasst einen Spezialfall der **schriftlichen Lüge** (zusf Jung, in: Jung ua [Hrsg], Aktuelle Probleme und Perspektiven des Arztrechts, 1989, S 76). Die Eigenschaft als Arzt oder andere Medizinalperson (2 zu § 277) ist, wie die erhöhte Strafdrohung gegenüber §§ 277, 279 ergibt, besonderes persönliches Merkmal nach § 28 I (Seier JuS 00, L 85, L 86; Roxin LK 60 zu § 28 mwN; str).

2   **2. a)** Das Gesundheitszeugnis (1 zu § 277) muss formell echt, aber **inhaltlich unrichtig** sein, dh in irgendeinem wesentlichen Punkt den Tatsachen oder medizinischen Erfahrungen oder Erkenntnissen widersprechen (schriftliche Lüge, Gribbohm LK 6). Danach ist je nach seinem ausdrücklichen oder konkludenten Aussagegehalt uU auch unrichtig das im Ergebnis zutreffende Zeugnis, das falsche Einzelbefunde (BGHSt 10, 157) oder Befunde ohne pflichtmäßige Untersuchung (BGHSt 6, 90; Zweibrücken JR 82, 294 mit krit Anm Otto; aM Hoyer SK 2; Puppe NK 2, alle mwN) oder sonstige Ermittlung (Düsseldorf MDR 57, 372) wiedergibt (zusf Jung aaO [vgl 1] S 78).

3   **b)** Die **Zweckbestimmung** zum Gebrauch bei einer Behörde usw (4 zu § 277), bei welcher der Arzt auch angestellt sein kann (BGHSt 10, 157), braucht dem Zeugnis nicht vom Arzt selbst beigelegt zu sein, kann vielmehr von jedem iwS Beteiligten ausgehen.

4   **c) Vollendet** ist die Tat erst, wenn der Täter das Zeugnis „ausgestellt", dh nicht nur intern angefertigt, sondern sich seiner – etwa durch Übergabe an einen Empfänger oder zur Absendung an die Arzthilfe – entäußert hat (Ulsenheimer, Arztstrafrecht Rn 390; Hoyer SK 4; aM Gribbohm LK 13). Eine bloße Aktennotiz genügt daher nicht; umgekehrt muss es nicht zum Gebrauch bei der Behörde usw kommen.

5   **3. Wider besseres Wissen** (1 zu § 187) schließt im Hinblick auf die inhaltliche Unrichtigkeit bedingten Vorsatz aus. Die Zweckbestimmung setzt entweder zielgerichtetes Wollen des Gebrauchs oder im Sinne bedingten Vorsatzes mindestens die Vorstellung voraus, dass es einem anderen iwS Beteiligten auf den Gebrauch ankommt (ähnlich Gribbohm LK 12; aM Puppe NK 4).

4. Die Vorschrift wird von § 348 verdrängt (aM Puppe NK 6: Tateinheit möglich). **Tateinheit** ua möglich mit §§ 133, 136 I, 258 (Oldenburg NJW 55, 761). 6

§ 279 Gebrauch unrichtiger Gesundheitszeugnisse

Wer, um eine Behörde oder eine Versicherungsgesellschaft über seinen oder eines anderen Gesundheitszustand zu täuschen, von einem Zeugnis der in den §§ 277 und 278 bezeichneten Art Gebrauch macht, wird mit Freiheitsstrafe bis zu einem Jahr oder mit Geldstrafe bestraft.

1. Das Zeugnis muss objektiv falsch (§ 277) oder objektiv unrichtig (§ 278) 1 sein. Ob der Vortäter mit Fälschungsvorsatz oder wider besseres Wissen gehandelt hat, ist unerheblich (str).

2. Bedingter **Vorsatz** genügt. „Um zu" bedeutet hier Absicht (iS zielgerichteten Wollens, 20 zu § 15) der Täuschung über den Gesundheitszustand (Hoyer SK 4; Sch/Sch-Cramer 3; weiter Gribbohm LK 4; aM Puppe NK 5; str).

3. Im Verhältnis zu §§ 277, 278 ist die Tat idR mitbestrafte Nachtat (32 vor 3 § 52).

§ 280 *(weggefallen)*

§ 281 Mißbrauch von Ausweispapieren

(1) Wer ein Ausweispapier, das für einen anderen ausgestellt ist, zur Täuschung im Rechtsverkehr gebraucht, oder wer zur Täuschung im Rechtsverkehr einem anderen ein Ausweispapier überläßt, das nicht für diesen ausgestellt ist, wird mit Freiheitsstrafe bis zu einem Jahr oder mit Geldstrafe bestraft. Der Versuch ist strafbar.

(2) Einem Ausweispapier stehen Zeugnisse und andere Urkunden gleich, die im Verkehr als Ausweis verwendet werden.

1. Der Ausweis muss echt sein. Ist er gefälscht, so gilt nur § 267 (NJW 57, 1 472; Bremen StV 02, 552; aM Hoyer SK 4, 7). Ist er echt, aber inhaltlich unrichtig beurkundet, so kommen §§ 271, 273 in Frage.

2. Ausweispapiere 1 zu § 275; Führerscheine sind Ausweise auch noch nach 2 Entfernen des Photos (Hamm VRS 5, 519). Gleichgestellte Urkunden (Abs 2) sind nur solche, die üblicherweise im Verkehr zum Nachweis der Identität des Inhabers verwendet werden (Hoyer SK 3; einschr Puppe NK 12), also zB Arbeitsbuch, Werksausweis, Geburtsurkunde, Taufschein, Diplom, Sozialversicherungsausweis (aM LG Dresden NZV 98, 218, 219 mit abl Anm Saal) aber wohl nicht die Kredit- und die Scheckkarte (Steinhilper GA 85, 114, 130; gegen die Einbeziehung nichtamtlicher Urkunden Hecker GA 97, 525, 531, Rengier BT II 38/5 und Puppe NK 3, 13).

3. Gebrauchen bedeutet, das Papier der unmittelbaren Wahrnehmung des zu 3 Täuschenden zugänglich machen (23 zu § 267); Vorlage einer Fotokopie genügt deshalb auch hier nicht (BGHSt 20, 17 abw von der Rspr zu § 267; Hecker aaO [vgl 2] S 535). Ein Gebrauchen kann auch in der bloßen Untätigkeit gegenüber dem den Ausweis findenden Beamten liegen (Hamm HESt 2, 331; einschr Hecker aaO S 534; aM Puppe NK 9). – **Überlassen** werden kann auch der Ausweis eines Dritten (Hoyer SK 5); zum Versuch des Überlassens reicht ein konkretes Übergabeangebot (KG NJW 53, 1274).

4. Zur Täuschung im Rechtsverkehr 25 zu § 267; jedoch muss eine Iden- 4 titätstäuschung, dh die Erweckung des Irrtums bezweckt sein, dass der, für den die

§ 282, Vor § 283, § 283

Urkunde gebraucht wird, mit dem durch sie Ausgewiesenen personengleich sei (BGHSt 16, 33, 34; bei Holtz MDR 82, 280; Hecker aaO S 537, alle mwN).

5 **5.** Wer **als Täter** ein Ausweispapier überlässt, ist nicht zugleich wegen Beihilfe zum Gebrauchen strafbar (zur Täterschaft verselbstständigte Beihilfe, Schmitt NJW 77, 1811; s auch 12 zu § 27). Wer ein Ausweispapier gebraucht, ist entweder schon als notwendiger Teilnehmer (so Schmitt aaO; zw), mindestens aber unter dem Gesichtspunkt der mitbestraften Vortat (33 vor § 52) nicht zugleich wegen Anstiftung zum Überlassen strafbar.

6 **6.** Zum Verhältnis zu § 267 vgl 1. Mit § 263 ist Tateinheit möglich; mit § 21 StVG (Fahren ohne Fahrerlaubnis) Tatmehrheit (VRS 30, 185; aM Puppe NK 15 und Sch/Sch-Cramer 10: Idealkonkurrenz).

§ 282 Vermögensstrafe, Erweiterter Verfall und Einziehung

(1) **In den Fällen der §§ 267 bis 269, 275 und 276 sind die §§ 43a und 73d anzuwenden, wenn der Täter als Mitglied einer Bande handelt, die sich zur fortgesetzten Begehung solcher Taten verbunden hat. § 73d ist auch dann anzuwenden, wenn der Täter gewerbsmäßig handelt.**

(2) **Gegenstände, auf die sich eine Straftat nach § 267, § 268, § 271 Abs. 2 und 3, § 273 oder § 276, dieser auch in Verbindung mit § 276a, oder nach § 279 bezieht, können eingezogen werden. In den Fällen des § 275, auch in Verbindung mit § 276a, werden die dort bezeichneten Fälschungsmittel eingezogen.**

Fassung des VerbrBG (4 vor § 38). Das 6. StrRG (13 vor § 1) hat Abs 1 eingefügt und den jetzigen Abs 2 technisch geändert. Der in Abs 1 genannte § 43a ist durch Urteil des BVerfG v 20. 3. 2002 mit Gesetzeskraft für nichtig erklärt worden (BGBl I 1340).

1 **1. Zu Abs 1** (Erweiterter Verfall) 1–12 zu § 73d. Bande, gewerbsmäßig 2–5 zu § 260.

2 **2. Abs 2** ist eine besondere Vorschrift im Sinne des § 74 IV, welche die **Einziehung** über § 74 I hinaus zulässt und im Falle des § 275, auch iVm § 276a, vorschreibt. Die Voraussetzungen des § 74 II, III müssen daher erfüllt sein. § 74a ist nicht anwendbar. Zur Geltung des Verhältnismäßigkeitsgrundsatzes auch bei obligatorischer Einziehung (S 2) 1 zu § 74b; dagegen Hoyer SK 6 und Puppe NK 9. – Im Übrigen vgl §§ 74–74c, 74e–76a.

24. Abschnitt. Insolvenzstraftaten

Vorbemerkung

1 Das EGInsO (13 vor § 1; zur Vorgeschichte der Insolvenzrechtsreform Uhlenbruck wistra 96, 1) ersetzte die Überschrift des Abschnitts durch das Wort „Insolvenzstraftaten". Entsprechende sprachliche Veränderungen wurden in § 283 I Nr 1, VI und in § 283d I, IV vorgenommen (vgl näher Uhlenbruck aaO S 2; Tiedemann LK 10, 88). Diese Änderungen sind am 1. 1. 1999 in Kraft getreten. Zur Versagung der Restschuldbefreiung nach § 290 InsO wegen einer Insolvenzstraftat nach §§ 283–283c vgl NJW 03, 974 mit Bespr Dohmen/Sinn KTS 03, 205 und Röhm DZWiR 03, 143.

§ 283 Bankrott

(1) **Mit Freiheitsstrafe bis zu fünf Jahren oder mit Geldstrafe wird bestraft, wer bei Überschuldung oder bei drohender oder eingetretener Zahlungsunfähigkeit**

Bankrott § 283

1. Bestandteile seines Vermögens, die im Falle der Eröffnung des Insolvenzverfahrens zur Insolvenzmasse gehören, beiseite schafft oder verheimlicht oder in einer den Anforderungen einer ordnungsgemäßen Wirtschaft widersprechenden Weise zerstört, beschädigt oder unbrauchbar macht,
2. in einer den Anforderungen einer ordnungsgemäßen Wirtschaft widersprechenden Weise Verlust- oder Spekulationsgeschäfte oder Differenzgeschäfte mit Waren oder Wertpapieren eingeht oder durch unwirtschaftliche Ausgaben, Spiel oder Wette übermäßige Beträge verbraucht oder schuldig wird,
3. Waren oder Wertpapiere auf Kredit beschafft und sie oder die aus diesen Waren hergestellten Sachen erheblich unter ihrem Wert in einer den Anforderungen einer ordnungsgemäßen Wirtschaft widersprechenden Weise veräußert oder sonst abgibt,
4. Rechte anderer vortäuscht oder erdichtete Rechte anerkennt,
5. Handelsbücher, zu deren Führung er gesetzlich verpflichtet ist, zu führen unterläßt oder so führt oder verändert, daß die Übersicht über seinen Vermögensstand erschwert wird,
6. Handelsbücher oder sonstige Unterlagen, zu deren Aufbewahrung ein Kaufmann nach Handelsrecht verpflichtet ist, vor Ablauf der für Buchführungspflichtige bestehenden Aufbewahrungsfristen beiseite schafft, verheimlicht, zerstört oder beschädigt und dadurch die Übersicht über seinen Vermögensstand erschwert,
7. entgegen dem Handelsrecht
   a) Bilanzen so aufstellt, daß die Übersicht über seinen Vermögensstand erschwert wird, oder
   b) es unterläßt, die Bilanz seines Vermögens oder das Inventar in der vorgeschriebenen Zeit aufzustellen, oder
8. in einer anderen, den Anforderungen einer ordnungsgemäßen Wirtschaft grob widersprechenden Weise seinen Vermögensstand verringert oder seine wirklichen geschäftlichen Verhältnisse verheimlicht oder verschleiert.

(2) Ebenso wird bestraft, wer durch eine der in Absatz 1 bezeichneten Handlungen seine Überschuldung oder Zahlungsunfähigkeit herbeiführt.

(3) Der Versuch ist strafbar.

(4) Wer in den Fällen
1. des Absatzes 1 die Überschuldung oder die drohende oder eingetretene Zahlungsunfähigkeit fahrlässig nicht kennt oder
2. des Absatzes 2 die Überschuldung oder Zahlungsunfähigkeit leichtfertig verursacht,
wird mit Freiheitsstrafe bis zu zwei Jahren oder mit Geldstrafe bestraft.

(5) Wer in den Fällen
1. des Absatzes 1 Nr. 2, 5 oder 7 fahrlässig handelt und die Überschuldung oder die drohende oder eingetretene Zahlungsunfähigkeit wenigstens fahrlässig nicht kennt oder
2. des Absatzes 2 in Verbindung mit Absatz 1 Nr. 2, 5 oder 7 fahrlässig handelt und die Überschuldung oder Zahlungsunfähigkeit wenigstens leichtfertig verursacht,
wird mit Freiheitsstrafe bis zu zwei Jahren oder mit Geldstrafe bestraft.

§ 283

(6) Die Tat ist nur dann strafbar, wenn der Täter seine Zahlungen eingestellt hat oder über sein Vermögen das Insolvenzverfahren eröffnet oder der Eröffnungsantrag mangels Masse abgewiesen worden ist.

Fassung des EGInsO (13 vor § 1; 1 vor § 283).

1 **1.** Die Vorschrift schützt die **Gesamtheit der Gläubiger** vor Gefährdung oder Schmälerung ihrer Befriedigung (NJW 01, 1874, wonach aber auch bei Vorhandensein nur eines Gläubigers ein rechtlich geschütztes Interesse bestehen kann; zust Krause NStZ 02, 42; aM Krüger wistra 02, 52); die Gestaltungsinteressen der Gläubiger sind auch nach der neuen InsO nur unselbstständiger Bestandteil ihrer Befriedigungsinteressen (Dohmen/Sinn KTS 03, 205, 209; Tiedemann LK 48, 88 vor § 283; aM Kindhäuser NK 18, 26 vor § 283: mitgeschütztes Rechtsgut). Die Tat ist deshalb im Kern Vermögensdelikt (hM; vgl Moosmayer, Einfluss der Insolvenzordnung 1999 auf das Insolvenzstrafrecht, 1997, S 123) und, soweit sie weder den Eintritt einer konkreten Gefahr noch eines Schadens voraussetzt, **abstraktes Gefährdungsdelikt** (32 vor § 13; Mitsch BT 2,2 5/145; Otto GK 2 61/81; Kindhäuser 4 vor § 283; einschr Hoyer SK 5; zusf Tiedemann LK 2–7). Mitgeschützt ist neben dem Vermögen auch die Gesamtwirtschaft, die idR durch Insolvenzstraftaten in ähnlicher Weise wie beim Kreditbetrug (1 zu § 265b) mitbetroffen ist (hM zum bisherigen Recht; anders Höfner, Die Überschuldung als Krisenmerkmal des Konkursstrafrechts, 1981, S 19, 83; Krause, Ordnungsgemäßes Wirtschaften und Erlaubtes Risiko, 1995, S 171, 451; Penzlin, Strafrechtliche Auswirkungen der Insolvenzordnung, 2000, S 31; Hefendehl, Kollektive Rechtsgüter im Strafrecht, 2002, S 274; Dohmen/Sinn aaO S 211; M-Schroeder/Maiwald BT 1 48/8; wie hier nach neuem Recht NJW 01, 1874; Röhm, Zur Abhängigkeit des Insolvenzstrafrechts von der Insolvenzordnung, 2002, S 72; Otto aaO; W-Hillenkamp BT 2 Rdn 458; Sch/Sch-Stree/Heine 2 vor § 283; aM Hoyer SK 6 vor § 283; dazu, dass dies auch bei der Privatinsolvenz der Fall ist, Tiedemann LK 54 vor § 283; aM Moosmayer aaO S 130). – Zur Kriminologie W-Hillenkamp BT 2 Rdn 458 mwN.

2 **2. a) Täter** können, wie namentlich aus Abs 6 folgt, nur **Schuldner** sein (echtes Sonderdelikt, 33 vor § 13), dh Personen, die einem anderen – gleich aus welchem Rechtsgrund – zu einer vermögenswerten Leistung oder zur Duldung einer Zwangsvollstreckung (RGSt 68, 108) verpflichtet sind (Tiedemann LK 60 vor § 283; Hoyer SK 7 vor § 283, beide mwN). Soweit sich aus den Tathandlungen (Abs 1 Nr 5, 7) nichts anderes ergibt, kommen auch Nichtkaufleute in Frage; während jedoch bei ihnen bislang das Konkursverfahren und damit die Alt 2, 3 des § 283 VI de facto von nur untergeordneter Bedeutung waren (vgl Tiedemann LK 11 vor § 283), ist es eine vom Gesetzgeber offensichtlich nicht bedachte und problematische Folge der Insolvenzrechtsreform, dass mit der Einbeziehung der Verbraucherinsolvenz in das Insolvenzverfahren (§§ 304 ff InsO) zugleich praktisch eine Erweiterung des Täterkreises auf Verbraucher verbunden ist (vgl Bieneck StV 99, 43; Moosmayer aaO [vgl 1] S 63, 112, 172; Penzlin aaO [vgl 1] S 199, 208; Schramm wistra 02, 55 und Röhm aaO [vgl 1] S 252, 287 sowie in ZinsO 03, 535, 541, die daher de lege ferenda einen eigenen Straftatbestand für die Verbraucherinsolvenz fordern); diese Bedenken ändern aber nichts an der grundsätzlichen Anwendbarkeit des § 283 auf Verbraucher-Schuldner (NJW 01, 1874 mit Bespr Krause NStZ 02, 42, Krüger wistra 02, 52 und Schramm wistra 02, 55). Juristische Personen und Personenhandelsgesellschaften scheiden jedoch als Täter aus, weil die Strafdrohungen des Kriminalrechts sich allgemein nicht gegen sie richten. Abs 6 schränkt den Täterkreis weiter ein (vgl 26).

3 **b)** Die Schuldnereigenschaft, die sich bei Zahlungseinstellung nach dem wirklichen Sachverhalt, nicht einem ihm widersprechenden Schein bestimmt (hM; diff

Tiedemann LK 68–73 vor § 283), ist **besonderes persönliches Merkmal** nach § 14 mit der Folge, dass auch die dort genannten **Organe und Vertreter** Täter sein können (2–15 zu § 14; zur Frage, ob nach der durch § 11 II Nr 1 InsO erfolgten Erstreckung der Insolvenzfähigkeit auf Personenhandelsgesellschaften [Kübler/Prütting, InsO, 6 zu § 11] deren Gesellschafter nur im Rahmen des § 14 I Nr 2 als Täter in Betracht kommen, vgl Moosmayer aaO [vgl 1] S 67; aber auch Grub, Die insolvenzstrafrechtliche Verantwortlichkeit der Gesellschafter von Personenhandelsgesellschaften, 1995, S 43; speziell zum faktischen Mitgeschäftsführer und der diesbezüglich uneinheitlichen Rspr Hildesheim wistra 93, 166, 168; zur alleintäterschaftlichen Stellung des faktischen Geschäftsführers, wenn der formale Geschäftsführer nicht tätig wird, Hamm NStZ-RR 01, 173; Roxin AT II 27/139; Schünemann LK 71 zu § 14; s auch 4 zu § 266 a; aM Maurer wistra 03, 174; Röhm NStZ 03, 525; M-G/B-Bieneck 82/23); zum Geschäftsführer einer Vor-GmbH Bittmann/Pikarski wistra 95, 41; Deutscher/Körner wistra 96, 8; 2 zu § 14).

c) Die Schuldnereigenschaft als solche begründet **keine Garantenpflicht** gegenüber den Gläubigern (W-Hillenkamp BT 2 Rdn 470). Durch unechtes Unterlassen begangene Insolvenzdelikte setzen deshalb eine nach den allgemeinen Regeln (6–15 zu § 13) begründbare Garantenstellung voraus (Kindhäuser 14 vor § 283; Tiedemann KTS 84, 539, 541 mwN; str).   4

3. In den Fällen des **Abs 1** müssen alle Tathandlungen (die Bankrotthandlungen; vgl 9–21) während einer **wirtschaftlichen Krise** des Schuldners (Überschuldung, drohende oder eingetretene Zahlungsunfähigkeit) begangen sein (zur dogmatischen und kriminalpolitischen Problematik dieses Tatbestandselements nach bisherigem Recht vgl ua Tiedemann ZRP 75, 129, 134 und Dünnebier-FS, S 519, 523; Göhler/Wilts DB 76, 1657, 1659; Schlüchter MDR 78, 977; Franzheim NJW 80, 2500; Otto, GS für Rudolf Bruns, 1980, S 265; Krause aaO [vgl 1] S 207). Die Frage, inwieweit die in der **InsO** enthaltenen Legaldefinitionen der Insolvenzgründe (§§ 17 II, 18 II, 19 II InsO) für die Auslegung der mit ihnen begrifflich übereinstimmenden Krisenmerkmale des § 283 I verbindlich sind, wurde im Gesetzgebungsverfahren zur InsO mit Ausnahme der drohenden Zahlungsunfähigkeit (vgl 8) nicht behandelt und ist noch nicht abschließend geklärt (vgl Uhlenbruck wistra 96, 1, 3; Moosmayer aaO [vgl 1] S 143 ff; Bittmann wistra 98, 321 und 99, 10; Bieneck StV 99, 43; Höffner BB 99, 198, 252; Penzlin aaO [vgl 1] S 70; Röhm aaO [vgl 1] S 84, 121, 155; Achenbach, Schlüchter-GS, S 257; Sch/Sch-Stree/Heine 50 a; Tiedemann LK 126, 139, 155 vor § 283). Da in beiden Regelungskomplexen der Schutz der Gläubigerinteressen im Mittelpunkt steht (vgl § 1 InsO sowie 1), ist grundsätzlich von einer Insolvenzrechtsakzessorietät der Begriffe auszugehen (M-G/B-Bieneck 75/59; Hoyer SK 10: „zivilrechtsakzessorisch"), wobei jedoch strafrechtlichen Besonderheiten (etwa dem Grundsatz in dubio pro reo) Rechnung getragen werden muss (vgl Tiedemann LK 155 vor § 283).   5

a) **Überschuldung** liegt vor, wenn das Vermögen des Schuldners die bestehenden Verbindlichkeiten nicht mehr deckt (vgl § 19 II S 1 InsO), wenn also die Passiven (alle gegenwärtigen, im Falle der Eröffnung des Insolvenzverfahrens aus der Masse zu begleichenden Schulden) die Aktiven (alle mit ihren wirklichen Gegenwartswerten einzusetzenden Vermögensgüter) überwiegen (Düsseldorf wistra 83, 121; zur künftig erforderlichen Berücksichtigung auch der nachrangigen Verbindlichkeiten des § 39 InsO Breuer, Das neue Insolvenzrecht, 1998; speziell zu den eigenkapitalersetzenden Darlehen NJW 01, 1208; Bieneck StV 99, 43, 45, aber auch Bittmann wistra 99, 10, 14). Ob der Bewertung die sog Zerschlagungswerte (so Franzheim NJW 80, 2500 und wistra 84, 212) oder die Betriebsfortführungswerte (so Schlüchter MDR 78, 265; Otto aaO [vgl 5] S 268) zugrundezu-   6

§ 283 BT. 24. Abschnitt. Insolvenzstraftaten

legen sind, war bisher umstritten (vgl 22. Aufl sowie wistra 03, 301; Rspr-Nachweise bei Achenbach NStZ 03, 523 und Röhm NStZ 03, 525, 527). Mit der Neuregelung des § 19 II InsO soll nach dem Willen des Gesetzgebers der Überschuldungsstatus im Insolvenzverfahren nach der aus den zwei Elementen der rechnerischen Überschuldung (§ 19 II S 1 InsO) und Fortführungsprognose (§ 19 II S 2 InsO) bestehenden, sog nicht modifizierten zweistufigen Prüfung bestimmt werden (BT-Dr 12/7302 S 157; Kübler/Prütting/Pape, InsO, 5 zu § 19); diese Grundentscheidung ist auch für das Strafrecht maßgebend (Moosmayer aaO [vgl 1] S 164; Bieneck StV 99, 43, 44; Höffner BB 99, 198, 253; Röhm aaO [vgl 1] S 155, 166; M-G/B-Bieneck 76/32; Sch/Sch-Stree/Heine 51; Tiedemann LK 155 vor § 283; abw Otto GK 2 61/86; für eine eigenständige strafrechtliche Begriffsbildung Achenbach, Schlüchter-GS, S 257, 268). Jedoch ist im Unterschied zu § 19 II S 2 InsO, der eine Bewertung des Schuldnervermögens nach dem Fortführungswert nur bei überwiegender Wahrscheinlichkeit der Fortführung vorsieht, zur sinnvollen Beschränkung der strafrechtlichen Haftung der Fortführungswert bereits dann zugrundezulegen, wenn das Weiterbestehen des Unternehmens nicht ganz unwahrscheinlich ist (Tiedemann aaO; W-Hillenkamp BT 2 Rdn 461; vgl auch Bieneck aaO; aM Bittmann wistra 99, 10, 17; gegen eine zu restriktive Bestimmung der Krise Kindhäuser 6); allerdings kann auch die auf der Grundlage der Fortführungswerte erstellte Bilanz eine Überschuldung ergeben (dazu und zu den weiterhin bestehenden Bewertungsunsicherheiten hinsichtlich der Fortführungswerte vgl Bieneck aaO, Bittmann aaO S 11 und Uhlenbruck wistra 96, 1, 6, alle mwN; vgl auch BT-Dr aaO; Bork, Einführung in das neue Insolvenzrecht, 2. Aufl [1998], Rdn 93 und Reck GmbHR 99, 267, 272). Fällt hingegen die Fortbestehensprognose negativ aus, so ist das Schuldnervermögen nach den Zerschlagungswerten zu bestimmen (Tiedemann aaO; Uhlenbruck aaO; Bittmann aaO). Der Prognosezeitraum erstreckt sich idR auf das laufende und das nächste Geschäftsjahr (Uhlenbruck aaO; Kübler/Prütting/Pape, InsO, 16 zu § 19; vgl auch Bittmann aaO S 14 [bis maximal 2 Jahre]; Bieneck aaO [1 Jahr]). – Das Krisenmerkmal der Überschuldung gilt – abweichend von der Regelung der Insolvenzgründe (§ 19 I InsO) – nicht nur für juristische Personen und nichtrechtsfähige Vereine, sondern für jeden Schuldner (krit Otto aaO S 273 und GK 2 61/86); mit Zahlungsunfähigkeit (vgl 7) und Zahlungseinstellung (vgl 27) deckt es sich nicht.

7 **b) Zahlungsunfähigkeit** ist nach § 17 II InsO gegeben, wenn der Schuldner nicht in der Lage ist, die fälligen Zahlungspflichten zu erfüllen. Der Gesetzgeber will durch den Verzicht auf die bisher für die Zahlungsunfähigkeit konstitutiven Merkmale der Dauerhaftigkeit, Wesentlichkeit und ernstlichen Einforderung einer zu restriktiven Auslegung des Begriffs entgegenwirken und damit eine rechtzeitige Eröffnung des Insolvenzverfahrens gewährleisten (BT-Dr 12/2443 S 114). Die Definition des § 17 II InsO ist auch für das Strafrecht maßgeblich (Bieneck StV 99, 43, 44; Moosmayer aaO [vgl 1] S 155; Röhm aaO [vgl 1] S 84; dagegen auch bei § 283 nF für den überkommenen engeren Begriff der Zahlungsunfähigkeit Bittmann wistra 98, 321, 323 [dreimonatige Illiquidität und Unterdeckung von 25% erforderlich]; Achenbach, Schlüchter-GS, S 257, 269; Otto GK 2 61/87; W-Hillenkamp BT 2 Rdn 462; Sch/Sch-Stree/Heine 52). Dabei ist die Zahlungsunfähigkeit auf der Grundlage einer der sog Zeitpunkt-Illiquidität angenäherten kurzzeitigen Zeitraum-Illiquidität zu bestimmen (vgl NJW 01, 1874; ebenso für das Insolvenzverfahren die hM im insolvenzrechtlichen Schrifttum; vgl Kübler/Prütting/Pape, InsO, 11 zu § 17; Kirchhof, Heidelberger Kommentar zur InsO, 2. Aufl 2001, 18 zu § 17; weitergehend Bittmann aaO und Uhlenbruck wistra 96, 1, 5). Kurzfristige Zahlungsstockungen von maximal 4 Wochen (vgl BGH ZIP 95, 929, 931 [zu § 17 InsO]; Bieneck aaO [Schonfrist von 3 Wochen]; Kirchhof aaO

Bankrott **§ 283**

mwN [2–3 Wochen]; enger Moosmayer aaO S 151; dagegen Penzlin aaO [vgl 1] S 124 und in: Jura 99, 56) begründen ebenso wenig die Zahlungsunfähigkeit wie ganz geringfügige Liquiditätslücken (BT-Dr aaO; aM Röhm aaO S 116; vgl auch Kirchhof aaO 20 zu § 17: unter 10%).

c) **Zahlungsunfähigkeit droht** is des § 18 II InsO, wenn der Schuldner vor- 8 aussichtlich nicht in der Lage sein wird, die bestehenden Zahlungspflichten im Zeitpunkt der Fälligkeit zu erfüllen. Die insolvenzrechtliche Definition soll geeignet sein, auch für das Strafrecht größere Klarheit zu bringen (so BT-Dr 12/2443 S 114; zur Rechtslage vor In-Kraft-Treten der InsO vgl NJW 00, 154, 156); der neugeschaffene Insolvenzgrund bringt aber insofern eine problematische Vorverlagerung der Strafbarkeit mit sich (Tiedemann LK 10 vor § 283; W-Hillenkamp BT 2 Rdn 457), als der bei drohender Zahlungsunfähigkeit allein antragsberechtigte Schuldner (§ 18 I InsO) mit dem Insolvenzantrag zugleich die objektive Bedingung der Strafbarkeit nach Abs 6 auslöst, wodurch der mit der InsO bezweckte Anreiz zur frühzeitigen Antragstellung möglicherweise vereitelt wird (zur Gefahr der Dysfunktionalität von Insolvenz- und Strafrecht Moosmayer aaO [vgl 1] S 168 ff; Röhm aaO [vgl 1] S 121, 228 und NZI 02, 134). Der Zeitraum der Prognose (§ 18 II InsO) reicht bis zum letzten Fälligkeitszeitpunkt aller Verbindlichkeiten, die im Feststellungszeitpunkt bestehen (Uhlenbruck aaO; Bieneck StV 99, 43, 45; aM Bittmann wistra 98, 321, 325: Prognose für idR 1 Jahr). Gegenstand der Prognose ist die gesamte Entwicklung der Finanzlage des Schuldners innerhalb dieses Zeitraums (BT-Dr aaO). Die vorhandene Liquidität und die Einnahmen, die bis zu dem genannten Zeitpunkt zu erwarten sind, müssen den Verbindlichkeiten gegenübergestellt werden, die bereits fällig sind oder bis zu diesem Zeitpunkt voraussichtlich fällig werden; im Rahmen der Prognose sind auch die im Feststellungszeitpunkt noch nicht begründeten, erst später entstehenden Zahlungspflichten zu berücksichtigen (Uhlenbruck aaO; Bittmann aaO; Bieneck aaO; Röhm aaO S 138, jeweils mwN; str), soweit sie bis zum Ende des Prognosezeitraums fällig werden (Bittmann aaO mwN; str; zur umstr Frage der Einbeziehung absehbarer Verluste vgl Uhlenbruck aaO; Bittmann aaO). Sodann ist zu prüfen, ob der Eintritt der Zahlungsunfähigkeit wahrscheinlicher ist als deren Vermeidung (vgl Kübler/Prütting/Pape, InsO, 9 zu § 18; Bork aaO [vgl 6] Rdn 89; Uhlenbruck aaO; Bieneck aaO; Reck GmbHR 99, 267, 270; Hoyer SK 24), wobei hinsichtlich der Anknüpfungstatsachen der Zweifelssatz anzuwenden ist (M-G/B-Bieneck 76/59). Für die strafrechtliche Beurteilung wird zT einschränkend verlangt, dass die Zahlungsunfähigkeit einen nicht unerheblichen Teil der Zahlungspflichten betreffen muss (Sch/Sch-Stree/Heine 53; Tiedemann LK 139 vor § 283; für eine „materiale Berücksichtigung" des Drohens Achenbach, Schlüchter-GS, S 257, 273); dies ist jedoch bei konsequentem insolvenzrechtsakzessorischen Vorgehen nicht möglich. Vorübergehende Zahlungsstockungen und ganz geringfügige Liquiditätslücken (oben 7) genügen aber nicht (vgl BT-Dr aaO; Uhlenbruck aaO; Hoyer SK 18).

4. Zu den einzelnen **Bankrotthandlungen des Abs 1:** 9

a) **Nr 1: Vermögensbestandteile** sind alle beweglichen und unbeweglichen geldwerten Gegenstände (RGSt 62, 152), wenn sie für den Fall der Eröffnung des Insolvenzverfahrens zur Insolvenzmasse gehören, in die jetzt nach § 35 InsO auch das während des Insolvenzverfahrens erlangte Vermögen (Neuerwerb; Hoyer SK 28; Kübler/Prütting/Holzer, InsO, 33 zu § 35) einbezogen wird (Tiedemann LK 23). Zur Insolvenzmasse gehören namentlich auch Sachen, die einem anderen zur Sicherung übereignet wurden (BGHSt 3, 32), Anwartschaften auf Eigentumserwerb an Sachen, die unter Eigentumsvorbehalt gekauft wurden (BGH aaO), Ankaufsrechte an einem Grundstück, wenn sie übertragbar sind (wistra 94, 349), unredlich durch anfechtbares Rechtsgeschäft erlangte Sachen (GA 55, 149; Hoyer

§ 283

SK 26) und Forderungen, selbst wenn sie in ihrem wirtschaftlichen Wert zweifelhaft sind, nicht aber, wenn ihre Wertlosigkeit feststeht (1 StR 561/79 v 22. 1. 1980; Sch/Sch-Stree/Heine 2; beachte auch bei Holtz MDR 88, 453).

10 aa) **Beiseiteschaffen** setzt voraus, dass der Vermögensbestandteil in eine (veränderte) tatsächliche oder rechtliche Lage verbracht wird, in der den Gläubigern ein alsbaldiger Zugriff unmöglich gemacht oder erschwert wird (Frankfurt NStZ 97, 551 mwN; s auch NJW 01, 1874 [mit Bespr Krause NStZ 02, 42; Krüger wistra 02, 52]: Übertragung von Vermögenswerten auf Ehepartner), ohne dass dies im Rahmen ordnungsmäßiger Wirtschaft liegt (bei Holtz MDR 79, 457; Kindhäuser 12; krit Tiedemann KTS 84, 539, 545), zB auch Veräußerung (RGSt 61, 107), Sicherungsübereignung (bei Holtz aaO) oder Belastung (RGSt 66, 130) eines Gegenstandes ohne entsprechenden, alsbald greifbaren Gegenwert, namentlich die Scheinveräußerung (RG JW 36, 3006) oder -belastung, uU auch die Einbringung in eine Auffanggesellschaft (Tiedemann ZIP 83, 513, 517). Verbrauch von Geld oder anderen Gegenständen zum angemessenen Lebensunterhalt genügt nicht (JR 82, 29 mit Anm Schlüchter, beide mwN); auch die Erfüllung fälliger Verbindlichkeiten wird idR (beachte jedoch BGHSt 34, 309) noch im Rahmen ordnungsgemäßer Wirtschaft liegen (bei Herlan GA 53, 74; Krause aaO [vgl 1] S 286; Hoyer SK 32). Speziell zur Rückzahlung eigenkapitalersetzender Gesellschafterdarlehen Muhler wistra 94, 283. – **Verheimlichen** ist ein Verhalten (Tun oder pflichtwidriges Unterlassen, RGSt 67, 365), durch das der Vermögensbestandteil oder seine Zugehörigkeit zur Insolvenzmasse der Kenntnis der Gläubiger oder des Insolvenzverwalters entzogen wird (RGSt 64, 138; Frankfurt aaO), zB falsche Auskünfte gegenüber dem Insolvenzverwalter (RGSt 66, 152; Hoyer SK 36), Ableugnen des Besitzes, Verletzung einer Auskunfts- (BGHSt 11, 145) oder Anzeigepflicht (GA 56, 123). Es fällt aber weder unter § 283 noch unter § 288, wenn im Rahmen eines Verbraucherinsolvenzverfahrens Forderungen des Schuldners auf einen Treuhänder übertragen werden, um beim vorgeschriebenen außergerichtlichen Einigungsversuch eine gemeinschaftliche Befriedigung aller Gläubiger zu gewährleisten (München ZIP 00, 1841).

11 bb) **Zerstören, Beschädigen** 3–7 zu § 303; **Unbrauchbarmachen** 2 zu § 87. Der **Widerspruch zu den Anforderungen ordnungsgemäßer Wirtschaft** ist auf Grund einer ex-ante-Beurteilung der Richtigkeit oder Vertretbarkeit der Maßnahme zu bestimmen (zusf Tiedemann ZIP 83, 513, 519, KTS 84, 539, 546 und LK 96–116 vor § 283; eingehend Krause aaO [vgl 1] S 283, 356 und 453) und idR zu verneinen, wenn der Gegenstand im Rahmen des Vermögens einer anderen sinnvollen Verwendung zugeführt werden soll oder wenn er überflüssig geworden und nicht nutzbringend oder nur in der veränderten Form (zB als Schrott) verwertbar ist. Zur Problematik dieses Merkmals bei der Verbraucherinsolvenz (s oben 2), bei der es kein straflimitierender Maßstab für den privaten Schuldner sein kann, vgl Moosmayer aaO (vgl 1) S 79; Bieneck StV 99, 43; Penzlin aaO (vgl 1) S 203; W-Hillenkamp BT 2 Rdn 463; Sch/Sch-Stree/Heine 7 a; Hoyer SK 39–41;Tiedemann LK 110 vor § 283; zur Behandlung fehlgeschlagener Sanierungsmaßnahmen vgl Tiedemann LK 164; Mohr, Bankrottdelikte und übertragende Sanierung, 1993, S 142; Moosmayer aaO (vgl 1) S 198.

12 b) **Nr 2:** aa) Die **1. Alt** betrifft das Eingehen bestimmter Risikogeschäfte im **Widerspruch zu den Anforderungen einer ordnungsgemäßen Wirtschaft** (vgl 11); daran kann es fehlen, wenn das Geschäft – etwa der Differenzhandel eines Börsenmaklers – zum ordentlichen Geschäftskreis des Schuldners gehört (M-Schroeder/Maiwald BT 1 48/23; M-G/B-Bieneck 86/8) oder wenn es nach den Umständen einen vernünftigen wirtschaftlichen Zweck zu erfüllen geeignet ist (Beispiele bei Sch/Sch-Stree/Heine 12). **Verlustgeschäfte** sind nur solche, die von vornherein auf einen Vermögensverlust angelegt sind, bei denen also schon

Bankrott **§ 283**

die Vorauskalkulation bei Gegenüberstellung der Einnahmen und Ausgaben einen Negativsaldo ergibt (BT-Dr 7/5291 S 18). Bei **Spekulationsgeschäften** wird ein besonders großes Risiko eingegangen in der Hoffnung, einen größeren als den üblichen Gewinn zu erzielen, aber um den Preis, möglicherweise einen größeren Verlust zu erleiden (BT-Dr 7/3441 S 35; Hoyer SK 44). **Differenzgeschäfte mit Waren** (auch mit ausländischen Geldsorten, Tröndle/Fischer 9 mwN) **oder Wertpapieren** (§ 764 BGB; zB Börsentermingeschäfte, Hoyer SK 46 mwN; str) setzen voraus, dass es dem Täter auf die Zahlung der Differenz zwischen dem An- und Verkaufspreis, nicht auf die Lieferung der Ware ankommt (Sch/Sch-Stree/Heine 11 mwN).

bb) Die **2. Alt** richtet sich gegen wirtschaftlich unvertretbaren Aufwand. **Über-** 13 **mäßigkeit** des Verbrauchs liegt vor, wenn er der Leistungsfähigkeit des Schuldners nicht angemessen ist und über seine wirtschaftlichen Kräfte geht (bei Herlan GA 56, 348); dabei kommt es auf die ganze Vermögenssituation zurzeit der Tat, nicht allein auf die spätere Entwicklung (bei Herlan GA 67, 264) oder den Geschäftsumsatz an (bei Herlan GA 53, 74). **Schuldigwerden** ist Belastung des Vermögens mit einer Verbindlichkeit, nicht nur mit einer Naturalobligation (BGHSt 22, 360 mit Anm Schröder JR 70, 31; Krause aaO [vgl 1] S 255; Sch/Sch-Stree/Heine 15; aM Tröndle/Fischer 13; str). **Ausgaben** sind **unwirtschaftlich**, wenn sie „das Maß des Notwendigen und Üblichen überschreiten und zum Gesamtvermögen und Einkommen des Schuldners in keinem angemessenen Verhältnis stehen" (BT-Dr 7/3441 S 34 mwN; s auch Tiedemann KTS 84, 539, 549 und Krause aaO S 402). IdR handelt es sich um Ausgaben im privaten Bereich; jedoch werden auch Aufwendungen für Geschäftszwecke (Kosten für Werbung, Repräsentationsausgaben usw) erfasst (BGHSt 3, 23, 26; GA 64, 119). **Spiel, Wette** § 762 BGB; auch Beteiligung an Lotterien, Fußballtoto oder Zahlenlotto kommt in Frage.

c) Nr 3: Die **Waren- oder Wertpapierverschleuderung** ist für die Ge- 14 samtgläubigerschaft gefährlich (BGHSt 9, 84), und zwar unabhängig von der Absicht des Schuldners, die Eröffnung des Insolvenzverfahrens hinauszuschieben; deshalb kommt es darauf nicht an (BT-Dr 7/3441 S 35). – Die **Waren oder Wertpapiere** (auch Bargeld, BT-Dr 7/5291 S 18) müssen **beschafft**, dh zwar rechtsgeschäftlich, aber nicht notwendig zu Eigentum (zB Eigentumsvorbehalt) erlangt sein (so BGH aaO; Sch/Sch-Stree/Heine 20; str); auch durch Kreditbetrug erlangte Waren usw sind beschafft (BGH aaO). – Grundsätzlich müssen sich Kredit- und Abgabegeschäft auf **dieselben Waren** beziehen; jedoch sind die aus den Waren hergestellten Sachen einbezogen (BT-Dr 7/3441 S 35). – **Veräußern** ist jedes Verhalten, durch das der Täter seine Rechte an den Waren usw entgeltlich oder unentgeltlich aufgibt (RGSt 48, 217; Kindhäuser 22; aM Tröndle/Fischer 14). **Abgeben** erfasst jede andere Disposition, mit der ohne Eigentumsaufgabe (Sch/Sch-Stree/Heine 21; str) die Sachherrschaft preisgegeben wird. – **Erheblich unter dem Wert** ist nach dem Marktwert oder sonst üblichen Preis zurzeit der Abgabe zu bestimmen (Hoyer SK 57); der Einkaufspreis ist dafür nur ein Indiz (RGSt 47, 61). – Den **Anforderungen einer ordnungsgemäßen Wirtschaft** (vgl 11) kann die Abgabe entsprechen, wenn Verderben der Ware oder ein Preissturz droht, wenn das Geschäft – etwa in Folge besonders günstigen Einkaufs – ertragreich und deshalb für das Vermögen nützlich ist (Klug JZ 57, 462; aM Krause aaO [vgl 1] S 133; M-Schroeder/Maiwald BT 1 48/24; zw) oder wenn es sich um ein im Einzelfall sinnvolles sog Lockvogelangebot gehandelt hat (Göhler/Wilts DB 76, 1657, 1660).

d) Nr 4: **Rechte anderer** sind erdichtet, wenn sie überhaupt nicht oder nicht 15 in der behaupteten Form bestehen, namentlich auch dann, wenn sie durch die Merkmale eines in Wahrheit fehlenden Insolvenzvorrechts gekennzeichnet werden

§ 283
BT. 24. Abschnitt. Insolvenzstraftaten

(BT-Dr 7/3441 S 35). **Vortäuschen** bedeutet, das Bestehen des erdichteten Rechts anderen gegenüber geltend machen (BT-Dr aaO). **Anerkennen** ist die in Zusammenarbeit mit dem Scheingläubiger (bei Herlan GA 53, 74; str) ausgedrückte Erklärung des Schuldners, dass ihm gegenüber ein Recht bestehe.

16 **e) Nr 5:** Die Vorschrift setzt eine **gesetzliche Verpflichtung** zur Buchführung voraus. **Handelsbücher** sind diejenigen Aufzeichnungen, die jeder Vollkaufmann – uU auch schon vor Eintritt seiner Vollkaufmannseigenschaft (zB § 262 HGB; s auch BGHSt 3, 23) – nach §§ 238 ff HGB und ergänzenden gesellschaftsrechtlichen Vorschriften (zB §§ 41 ff GmbHG; zu Buchführungspflichten des GmbH-Geschäftsführers Biletzki NStZ 99, 537, 539 und [krit] Moosmayer NStZ 00, 295) zu führen verpflichtet ist. Zu ihnen gehören an sich auch Inventar und Bilanz, die jedoch in Nr 7 speziell geregelt sind und deshalb hier ausscheiden (im Ergebnis ebenso Hoyer SK 68), nicht dagegen das Aktienbuch (§ 67 AktG), das Tagebuch des Handelsmaklers (§ 100 HGB) und das Baubuch des Bauunternehmers (§ 2 BauforcG). Das Handelsrecht schreibt keine ganz bestimmten Bücher vor, überlässt vielmehr die Konkretisierung der Mindestvoraussetzungen notwendiger Buchführung innerhalb eines weiten Spielraums den „Grundsätzen ordnungsmäßiger Buchführung" (vgl etwa § 238 I HGB; s auch BGHSt 4, 270, 275; 14, 262; M-G/B-Bieneck 82/29; Regner, Fahrlässigkeit bei Konkursdelikten, 1998, S 58, 123). Mit der **gesetzlichen Verpflichtung** ist nur die des Handelsrechts gemeint (Sch/Sch-Stree/Heine 29); steuer- und gewerberechtliche Aufzeichnungspflichten beziehen sich nicht auf Handelsbücher. – Der Verpflichtete braucht die Bücher **nicht selbst zu führen,** hat aber durch Auswahl geeigneter Kräfte und deren Überwachung für die ordnungsmäßige Führung zu sorgen (Karlsruhe Justiz 77, 206 mwN; s auch Regner aaO S 52; § 41 GmbHG; 2 zu § 283 b).

17 aa) Die **1. Alt** erfordert **völliges Unterlassen** der Buchführung (NStZ 95, 347; Tiedemann LK 102, 109), was allein dadurch, dass in der Vergangenheit einmal Bücher geführt wurden, nicht ausgeschlossen wird (Schäfer wistra 86, 200). Wenn sie aber nur vorübergehend (bei Holtz MDR 80, 455) oder nur für einzelne Bücher unterblieben oder wenn sie unvollständig ist, kommt nur die 2. Alt in Frage (zur Abgrenzung BGHSt 4, 270; RGSt 49, 276; krit Schäfer aaO); wurden für einen zurückliegenden Zeitraum erst nachträglich neue Handelsbücher angelegt, so kann dadurch – mindestens idR – die unterlassene Buchführung nicht nachgeholt werden (RGSt 39, 217, 249; Hoyer SK 72).

18 bb) In der **2. Alt** muss die **Erschwerung der Übersicht über den Vermögensstand** so erheblich sein, dass die Bücher auch einem Sachverständigen ohne unzumutbare Mühe und ohne wesentlichen Zeitverlust keine Übersicht gewähren (NStZ 98, 247 und 02, 327; BT-Dr 7/3441 S 35). Die Erschwerung muss nicht notwendig bei Eintritt der Strafbarkeitsbedingung (vgl 26) noch fortbestehen (Sch/Sch-Stree/Heine 36 mwN; str). **Ändern** ist häufig zugleich ein Verfälschen nach § 267 (dort 20). – Mehrere Verstöße gegen die Buchführungspflicht innerhalb eines bestimmten Zeitraumes werden vom Tatbestand zu einer Bewertungseinheit verbunden (NStZ 95, 347 und 98, 192; Geppert Jura 96, 57, 59; Doster wistra 98, 328; Rissing-van Saan, BGH-FS, S 475, 481; 10 vor § 52; krit Brähler, Die rechtliche Behandlung von Serienstraftaten ..., 2000, S 362) und machen die Buchführung insgesamt unordentlich (BGH aaO).

19 **f) Nr 6:** Die Vorschrift unterscheidet sich von Nr 5 vor allem dadurch, dass der Schuldner **nicht buchführungspflichtig** sein muss (BT-Dr 7/3441 S 36). Auch wenn er ohne Rechtspflicht Bücher geführt hat, sind die genannten Entziehungshandlungen (vgl 10, 11) tatbestandsmäßig (so schon BGHSt 2, 386; 4, 270, 275; krit Kindhäuser 34). Zu den gesetzlichen **Aufbewahrungsfristen,** die auch für den nicht Buchführungspflichtigen begrenzend wirken, vgl § 257 HGB (krit Tröndle/Fischer 24).

g) **Nr 7:** Die Pflicht **zur Aufstellung von Bilanz und Inventar** trifft nach 20 §§ 240, 242 HGB nur Vollkaufleute (zusf Reck GmbHR 01, 424; zur kriminologischen Bedeutung der Bilanzkriminalität Tiedemann, Würtenberger-FS, S 241, 282). Sie ist Teil der allgemeinen Buchführungspflicht (vgl 16). – **Buchst a** betrifft daher nur einen Sonderfall der Nr 5 (Wilts Prot 7, 2824). Vermögensstand erfasst nicht das Privatvermögen des Einzelkaufmanns (Muhler wistra 96, 125 gegen die hM). Dass der Täter neben den zutreffend erstellten Bilanzen davon abweichende Bilanzen zur Täuschung einzelner Geschäftspartner verwendet, genügt nicht (BGHSt 30, 186; aM Schäfer wistra 86, 200; zw); das Verschweigen des Rangrücktritts eines GmbH-Gläubigers in der Bilanz wird vom Tatbestand erfasst (Hartung NJW 95, 1186, 1190). – **Buchst b:** Für die Aufstellung von Bilanz und Inventar sieht das Handelsrecht keine bestimmte Frist vor, stellt vielmehr auf die „einem ordnungsmäßigen Geschäftsgang entsprechende Zeit" ab (§ 240 II S 3; § 243 III HGB; beachte dazu BVerfGE 48, 48); für deren Bemessung kann die für kleine Kapitalgesellschaften bestimmte Frist von höchstens 6 Monaten (§ 264 I S 3 HGB) Anhaltspunkte bieten (zur Bedeutung für den GmbH-Geschäftsführer Moosmayer NStZ 00, 295 und Reck GmbHR 01, 424, 427; zum früheren Recht Düsseldorf NJW 80, 1292). Bei Eröffnungsbilanzen und -inventaren (§§ 240 I, 242 I HGB) und in Zeiten kritischer Geschäftslage auch bei Jahresbilanzen und -inventaren (§ 240 II S 1, § 242 I HGB) hat die Aufstellung unverzüglich nach Beginn des Handelsgewerbes (RGSt 28, 428, 430; weiter Tiedemann LK 148) bzw nach Schluss des Geschäftsjahres (BT-Dr 7/5291 S 18; s auch Mertes wistra 91, 251) zu geschehen. Eine Pflichtverletzung kommt regelmäßig nicht mehr in Frage, wenn die Bilanzaufstellung erst nach Eintritt der objektiven Strafbarkeitsbedingung (vgl 29) versäumt wurde (NJW 91, 2917 mwN); jedoch kann es genügen, wenn die schon vorher notwendigen Vorbereitungen nicht getroffen wurden (bei Herlan GA 71, 38; NStZ 92, 182; Düsseldorf StV 99, 28; Sch/Sch-Stree/Heine 47; anders Tiedemann LK 149, der Versuch annimmt; zw). Die Vorschrift betrifft nur das völlige **Unterlassen** rechtzeitiger Aufstellung (M-Schroeder/Maiwald BT 1 48/26; aM Sch/Sch-Stree/Heine 46; Tiedemann LK 150; Kindhäuser NK 86) und setzt daher nach den allgemeinen Regeln (5 zu § 13) auch voraus, dass dem Täter die Vornahme der Handlung möglich ist (BGHSt 28, 231; NStZ 92, 182; wistra 93, 184; NStZ 98, 192 mit zust Anm Schramm DStR 98, 500, aber krit Bespr Doster wistra 98, 326; NStZ 00, 206 und 03, 546 mit krit Bespr Beckemper JZ 03, 806 und Rönnau NStZ 03, 530; StV 02, 199; KG wistra 02, 313; Düsseldorf aaO; einschr Hoyer SK 88; ebenso für § 283b NStZ 98, 247, 248; W-Hillenkamp BT 2 Rdn 473; näher dazu Schäfer wistra 86, 200, 203 und Biletzki NStZ 99, 540; zum Unvermögen Pohl wistra 96, 14; zu Problemen des § 14 bei eingeschaltetem Steuerberater Regierer, Die konkursstrafrechtliche Täterhaftung des Steuerberaters bei Übernahme von Buchführungs- und Bilanzerstellungsarbeiten für seinen Mandanten, 1999, S 56, 149).

h) **Nr 8:** Die Vorschrift schließt die Nummern 1–7 durch eine **Generalklausel** 21 ab (zu deren Problematik ua BT-Dr 7/3441 S 36; Heinz GA 77, 193, 217; Tiedemann KTS 84, 539, 551). – **Verringern** des Vermögensstandes bedeutet jede Verminderung der Aktiven oder Erhöhung der Passiven. **Verheimlichen** vgl 10. **Verschleiern** ist irreführendes Verhalten, durch das die wirklichen Vermögensverhältnisse vor den Gläubigern oder dem Insolvenzverwalter verborgen werden (zur entsprechenden Problematik beim systematischen Ankauf konkursreifer Unternehmen Ogiermann wistra 00, 250). – Das Erfordernis des **groben Widerspruchs** zu einer ordnungsgemäßen Wirtschaft (vgl 11) ist schon aus Gründen überzeugender Abgrenzung gegen die Nummern 1–7 auf alle Begehungsformen der Generalklausel zu beziehen (BT-Dr 7/5291 S 18; Sch/Sch-Stree/Heine 49; Hoyer SK 91; aM BT-Dr 7/3411 S 16; Schlüchter MDR 78, 977, 980; M-Schroe-

§ 283

der/Maiwald BT 1 48/29), weil nur so die Auffangfunktion der Vorschrift auf gravierende Eingriffe beschränkt werden kann. Zu Beispielen für solche nur nach Nr 8 erfassbaren Handlungen Tröndle/Fischer 30 (s auch Düsseldorf NJW 82, 1712; Tiedemann ZIP 83, 513, 518, GmbHG 41, 42 vor § 82 und LK 153–173).

22 **5. Abs 2** unterscheidet sich von Abs 1 nur dadurch, dass die Krise (vgl 5–8) zurzeit der Bankrotthandlung noch nicht besteht, dass sie durch diese aber – und zwar in Form von Überschuldung oder Zahlungsunfähigkeit, nicht lediglich drohender Zahlungsunfähigkeit – verursacht wird (Frankfurt NStZ 97, 551 mit krit Bespr Krause NStZ 99, 161; 9–12 vor § 13).

23 **6. a) Abs 1, 2** erfordern **Vorsatz** (bedingter genügt), der außer der Bankrotthandlung namentlich auch die Überschuldung oder die (im Falle des Abs 1 auch nur drohende) Zahlungsunfähigkeit umfassen muss (NStZ 00, 34, 36; Reck GmbHR 01, 424, 428; krit zum Vorsatzgegenstand vd Heydt, Die subjektive Tatseite der Konkursdelikte, 2001). Ist die Krise nicht beweisbar, hat der Täter ihr Vorliegen aber in Kauf genommen (24, 25 zu § 15), so kommt untauglicher Versuch in Frage (12 zu § 22; aM Tiedemann, Schröder-GS, S 289, 295). In den Fällen des Abs 1 Nr 5–7 muss der Täter die gesetzlichen Pflichten zur Buchführung (vgl 16), zur Aufbewahrung von Handelsbüchern (vgl 19) oder zur Aufstellung von Bilanz und Inventar (vgl 20) kennen (näher Tiedemann LK 183 mwN).

24 **b) Abs 4, 5** stimmen insoweit überein, als sie für das Bestehen der Krise (vgl 5–8) jeweils in Nr 1 **Fahrlässigkeit** (35 zu § 15; Regner aaO [vgl 16] S 58; Duttge, Zur Bestimmtheit des Handlungsunwerts von Fahrlässigkeitsdelikten, 2001, S 330; für den Fall der Überschuldung krit Tiedemann, Schröder-GS, S 289, 292) und für das Herbeiführen der Krise (Abs 2) jeweils in Nr 2 **Leichtfertigkeit** (55 zu § 15) voraussetzen. Die Bankrotthandlung selbst muss dagegen in den Fällen des Abs 4 **vorsätzlich,** in denen des Abs 5 nur **fahrlässig** (krit Schlüchter MDR 78, 977, 980) begangen sein. Abs 4 Nr 2 (nicht Nr 1) ist eine Vorsatz-Fahrlässigkeit-Kombination im Sinne des § 11 II (dort 23–25).

25 **7.** Die Möglichkeiten der **Beteiligung** (Täterschaft und Teilnahme) bestimmen sich nach den allgemeinen Regeln. Auch Mittäterschaft kommt in Frage (RGSt 31, 407), zB wenn mehrere Organe oder Vertreter nach § 14 gemeinschaftlich handeln. Beihilfe wird durch § 283 d nicht ausgeschlossen, aber nach Konkurrenzregeln verdrängt, wenn sie zugleich eine täterschaftlich begangene Schuldnerbegünstigung ist (7 zu § 283 d). – Die Schuldnereigenschaft ist wegen ihrer Rechtsgutsbezogenheit kein besonderes persönliches Merkmal nach § 28 I (Vormbaum GA 81, 101, 133; Roxin LK 68 zu § 28; W-Hillenkamp BT 2 Rdn 470; Sch/Sch-Stree/Heine 65; aM Renkl JuS 73, 611, 614; Hoyer SK 7 vor § 283 und 107 zu § 283; Kindhäuser NK 111; Tiedemann LK 228; diff Tröndle/Fischer 38; vgl auch BGHSt 41, 1, 2 mit Hinweis auf NStZ 95, 86; zw).

26 **8. Abs 6** schränkt die Strafbarkeit sämtlicher Bankrotthandlungen ein. Seine Voraussetzungen sind nach dem erklärten gesetzgeberischen Willen (BT-Dr 7/3441 S 33) **objektive Bedingungen der Strafbarkeit** (30 vor § 13). Nach der Umgestaltung der Tatbestände durch das 1. WiKG ist das dogmatisch unbedenklich (BT-Dr aaO; Geisler, Zur Vereinbarkeit objektiver Bedingungen der Strafbarkeit mit dem Schuldprinzip, 1998, S 474). Die Änderung des Abs 6 durch das EGInsO ist insofern von Bedeutung, als das Insolvenzverfahren jetzt leichter eröffnet und damit diese objektive Bedingung der Strafbarkeit (s unten 28) iU zu Abs 6 aF nicht erst beim endgültigen wirtschaftlichen Zusammenbruch, sondern bereits in einer schweren wirtschaftlichen Krise des Schuldners eintreten kann (Tiedemann LK 10, 88 vor § 283; Moosmayer aaO [vgl 1] S 183; Röhm aaO [vgl 1] S 121, 217, 228). – Im Übrigen ist, wie sich aus dem Zusammenhang der Tatbestände und ihrem Verhältnis zu § 14 ergibt (vgl 2), eine berichtigende Aus-

Bankrott **§ 283**

legung in dem Sinne geboten, dass mit dem „Täter" der Schuldner, dh auch die juristische Person, gemeint ist, wenn ein Vertreter für sie gehandelt hat (Otto GK 2 61/102; Sch/Sch-Stree/Heine 59 a; Tiedemann LK 63 vor § 283 und GmbHG 29 vor § 82, alle mwN; krit Labsch wistra 85, 1, 4).

a) aa) Zahlungseinstellung liegt vor, wenn der Schuldner nach außen er- 27
kennbar und wegen eines wirklichen oder angeblich dauernden (nicht nur vorübergehenden) Mangels an Mitteln damit aufhört, seine fälligen und jeweils ernsthaft eingeforderten Geldverbindlichkeiten ganz oder im Wesentlichen zu erfüllen (NJW 01, 1874 mit Bespr Krause NStZ 02, 42 und Krüger wistra 02, 52; Bieneck StV 99, 43, 45; zu § 283 aF Hoffmann MDR 79, 713, 715; Sch/Sch-Stree/Heine 60 mwN). Die Definition der Zahlungsunfähigkeit in § 17 II InsO wirkt sich zwar auf das Krisenmerkmal des Abs 1 (oben 7), nicht jedoch auf die Zahlungseinstellung iS des Abs 6 aus, da sie bei Abs 6 ein faktisches Verhaltensbild beschreibt, während insolvenzrechtlich der Zahlungseinstellung gem § 17 II S 2 InsO lediglich eine Indizfunktion für die Zahlungsunfähigkeit als Insolvenzgrund zukommt (Bieneck aaO; aM Röhm aaO [vgl 1] S 210). Anders als bei der Zahlungsunfähigkeit (oben 7) ist daher der Grund der Zahlungseinstellung unerheblich; sie kann auch auf einem Irrtum über die Liquiditätslage oder bloß fehlendem Zahlungswillen beruhen (Bieneck aaO; Röhm aaO S 208; Otto GK 2 61/102; aM Tiedemann LK 144 vor § 283, Moosmayer [vgl 1] S 180 und W-Hillenkamp BT 2 Rdn 468, die aus § 17 II InsO folgern, dass die Zahlungseinstellung iS des Abs 6 echte Zahlungsunfähigkeit voraussetze).

bb) Bei der **Eröffnung des Insolvenzverfahrens** (Kübler/Prütting, InsO, 1 ff 28
zu § 13) und der **Abweisung des Eröffnungsantrags mangels Masse** kommt es auf den formalrechtlichen Akt (§§ 26, 27 InsO) und dessen Rechtskraft an (Hoyer SK 15 vor § 283; Sch/Sch-Stree/Heine 61); dem Strafrichter steht insoweit eine Nachprüfung nicht zu (RGSt 26, 37). Nachträgliche Einstellung des Insolvenzverfahrens hebt die Wirkung der Eröffnung selbst dann nicht auf, wenn diese zu Unrecht erfolgt war (bei Herlan GA 55, 364 zu § 283 aF). Auch die Gesamtvollstreckungsverfahren, die vor der InsO in den neuen Bundesländern durchgeführt wurden, fallen unter Abs 6 (Krüger wistra 00, 289; Tiedemann LK 9 vor § 283; im Erg auch wistra 98, 178; krit Rotsch wistra 00, 5 und 294).

b) Ob der **Eintritt der objektiven Strafbarkeitsbedingungen** der Bank- 29
rotthandlung **vorausgeht oder ihr nachfolgt**, ist unerheblich (BGHSt 1, 186, 191; bei Herlan GA 71, 38; RGSt 75, 416). Er braucht deshalb auch **nicht** durch die Bankrotthandlung **verursacht zu sein** (Hoyer SK 19 vor § 283). Es genügt vielmehr ein **äußerer Zusammenhang,** der darauf hinweist, dass die Krise (vgl 5–8), in welcher die Handlung vorgenommen wurde, nicht behoben werden konnte, sondern sich bis zur Verwirklichung auch der Strafbarkeitsbedingung fortentwickelt hat (vgl etwa BGHSt 28, 231, 233; JZ 79, 75; NJW 01, 1874; Düsseldorf NJW 80, 1292; Röhm aaO [vgl 1] S 223 und in DZWiR 02, 143; Joecks 6; aM Schäfer wistra 90, 81, 86; Geisler aaO [vgl 26] S 499; s auch 3 zu § 283 b); er kann zB darin bestehen, dass die Gläubiger oder ein Teil von ihnen sowohl durch die Bankrotthandlung benachteiligt als auch durch den Eintritt der Voraussetzungen des Abs 6 (Zahlungseinstellung usw) betroffen sind, dass Forderungen von Gläubigern schon zurzeit der Bankrotthandlung bestanden haben und bei Zahlungseinstellung usw noch nicht getilgt waren (bei Holtz MDR 81, 454), dass die Insolvenzmasse durch die Bankrotthandlung geschmälert wird oder dass Mängel der Buchführung bis zur Zahlungseinstellung usw fortwirken (3 StR 488/78 v 4. 4. 1979, insoweit in BGHSt 28, 371 nicht abgedruckt). – Demgegenüber wird im **Schrifttum** die an sich vorzugswürdige Regelung des § 192 II AE (Wirtsch-StR), die Kausalzusammenhang zwar voraussetzt, seine Nichtfeststellbarkeit aber gegen den Täter ausschlagen lässt, schon als geltendes Recht angesehen (so zB

§ 283a BT. 24. Abschnitt. Insolvenzstraftaten

Heinz GA 77, 193, 218; Sch/Sch-Stree/Heine 59; Hoyer SK 18 vor § 283; Tiedemann LK 91–98 vor § 283; ähnlich auch Schlüchter JR 79, 513); dieses Ergebnis dürfte aber nur durch Gesetzesänderung erreichbar sein (so auch Krause aaO [vgl 1] S 227), weil seine Anerkennung schon durch Auslegung mit einem Verstoß gegen den Grundsatz in dubio pro reo erkauft werden müsste (M-G/B-Bieneck 76/72; krit Otto aaO [vgl 5] S 281 und GK 2 61/104, der den Nachweis fordert, dass sich im Eintritt der Strafbarkeitsbedingung die Gefahr realisiert hat, die in der Krisensituation ihren Ausdruck fand). – Es **endet** die insolvenzstrafrechtliche Verantwortlichkeit zB dann, wenn nach rechtskräftiger Bestätigung des Insolvenzplans das Verwaltungs- und Verfügungsrecht (§ 259 I InsO) auf den Schuldner übergeht (Tiedemann LK 10, 100 vor § 283 mwN zur Problematik des Endzeitpunkts); schafft er etwa anschließend wiederum Vermögenswerte beiseite, macht er sich nach § 283 nur strafbar, sofern er noch oder wieder krisenbefangen und eine der Voraussetzungen des Abs 6 gegeben ist (Hoyer SK 20 vor § 283; Tiedemann aaO; Moosmayer aaO [vgl 1] S 196).

30 c) **Vorsatz oder Fahrlässigkeit** brauchen sich auf die Strafbarkeitsbedingungen nicht zu erstrecken (stRspr).

31 d) Für **Vollendung und Versuch** (Sch/Sch-Stree/Heine 63, 64), für die **Tatzeit** im Sinne des § 8 (Bay GA 84, 232 betr § 55) und für die **Vertretereigenschaft** nach § 14 (RGSt 35, 83) kommt es ausschließlich auf die Vornahme der Bankrotthandlung an. – Die **Verjährung** beginnt jedoch erst, wenn auch die Strafbarkeitsbedingung eingetreten ist (2 zu § 78a; s auch RGSt 7, 391; krit Geisler aaO [vgl 26] S 510).

32 9. **Mehrere Bankrotthandlungen** werden durch dieselbe Zahlungseinstellung oder Entscheidung im Insolvenzverfahren nach Abs 6 (vgl 27, 28) nicht zu einer Handlungseinheit verbunden (BGHSt 1, 186, 191; 3, 26; NStZ 98, 192 mit Bespr Doster wistra 98, 326, 328). Die Konkurrenz bestimmt sich vielmehr nach dem Verhältnis der Bankrotthandlungen untereinander. Meist wird Tatmehrheit (GA 78, 185; Hoyer SK 120), nur ausnahmsweise Tateinheit (bei Herlan GA 73, 133; 1 StR 303/77 v. 25. 10. 1977) oder eine einzige, durch Verwirklichung mehrerer Begehungsformen begangene Gesetzesverletzung (BGHSt 11, 145) vorliegen; das Verheimlichen eines zuvor beiseite geschafften Vermögensbestandteils ist mitbestrafte Nachtat (W-Hillenkamp BT 2 Rdn 472). Im Übrigen ist **Tateinheit** ua möglich: zwischen Abs 1 Nr 1 einerseits und § 156 (BGHSt 11, 145; wistra 82, 226) oder § 288 (RGSt 20, 214; vgl auch BGH NJW 01, 1875), ausnahmsweise auch § 266 (BGHSt 28, 371 und 30, 127; weiter Arloth NStZ 90, 570) andererseits; zwischen Abs 1 Nr 2 und § 266 (BGHSt 3, 23, 27; bei Herlan GA 54, 311); zwischen Abs 1 Nr 3 und § 263 (Tröndle/Fischer 43). Über das Verhältnis von Abs 1 Nr 1 zu § 283c dort 10 und zu § 283d dort 7; von Abs 1 Nr 5–7 zu § 283b dort 4. – Zur Frage des mildesten Gesetzes iS des § 2 III im Verhältnis § 283 aF zu § 283 nF (1 vor § 283) vgl Bieneck StV 99, 43.

§ 283a Besonders schwerer Fall des Bankrotts

In besonders schweren Fällen des § 283 Abs. 1 bis 3 wird der Bankrott mit Freiheitsstrafe von sechs Monaten bis zu zehn Jahren bestraft. Ein besonders schwerer Fall liegt in der Regel vor, wenn der Täter
1. **aus Gewinnsucht handelt oder**
2. **wissentlich viele Personen in die Gefahr des Verlustes ihrer ihm anvertrauten Vermögenswerte oder in wirtschaftliche Not bringt.**

1 1. Zu den **besonders schweren Fällen** 6–21 zu § 46.

2 2. **Nr 1: Gewinnsucht** 6 zu § 236; s auch BT-Dr 7/3441 S 37. – **Nr 2: Wissentlichkeit** 21 zu § 15; der Täter muss die Herbeiführung der Gefahr (nicht notwendig auch den Eintritt des Verlustes oder der Not) als sicher voraussehen (zum Gefährdungsvorsatz 28 zu § 15). – Die **Gefahr** muss ebenso wie in § 315 c I (dort 20–22) konkret sein. – Die Beschränkung auf **viele Personen** schließt die Annahme eines unbenannten besonders schweren Falles bei schwerer Schädigung nur einzelner Gläubiger nicht aus (BT-Dr 7/5291 S 19; 14 zu § 46). – **Wirtschaftliche Not** ist eine Lage, in der das Opfer in seiner wirtschaftlichen Lebensführung objektiv so eingeengt ist, dass es auch lebenswichtige Aufwendungen (Schleswig SchlHA 53, 63) nicht mehr bestreiten kann (Sch/Sch-Stree/Heine 6; Tröndle/Fischer 27 zu § 291; weiter Schmidt-Futterer JR 72, 133, 134); die bloße Verstärkung einer bereits bestehenden Not wird zwar durch das Regelbeispiel nicht erfasst (Sturm JZ 77, 84, 87), kann aber die Annahme eines unbenannten besonders schweren Falles nahelegen (14 zu § 46).

§ 283 b Verletzung der Buchführungspflicht

(1) **Mit Freiheitsstrafe bis zu zwei Jahren oder mit Geldstrafe wird bestraft, wer**

1. **Handelsbücher, zu deren Führung er gesetzlich verpflichtet ist, zu führen unterläßt oder so führt oder verändert, daß die Übersicht über seinen Vermögensstand erschwert wird,**
2. **Handelsbücher oder sonstige Unterlagen, zu deren Aufbewahrung er nach Handelsrecht verpflichtet ist, vor Ablauf der gesetzlichen Aufbewahrungsfristen beiseite schafft, verheimlicht, zerstört oder beschädigt und dadurch die Übersicht über seinen Vermögensstand erschwert,**
3. **entgegen dem Handelsrecht**
    a) **Bilanzen so aufstellt, daß die Übersicht über seinen Vermögensstand erschwert wird, oder**
    b) **es unterläßt, die Bilanz seines Vermögens oder das Inventar in der vorgeschriebenen Zeit aufzustellen.**

(2) **Wer in den Fällen des Absatzes 1 Nr. 1 oder 3 fahrlässig handelt, wird mit Freiheitsstrafe bis zu einem Jahr oder mit Geldstrafe bestraft.**

(3) § 283 Abs. 6 gilt entsprechend.

1. Die Vorschrift ist ein **abstrakter Gefährdungstatbestand** im Vorfeld des Bankrotts (hM; vgl etwa Hoyer SK 1 mwN). Sie stimmt weitgehend mit § 283 I Nr 5–7 überein, setzt aber nicht voraus, dass sich der Schuldner zurzeit der Tat in der Krise (5–8 zu § 283) befindet, und erfasst in ihrem gesamten Anwendungsbereich – abweichend von Nr 6 aaO (dort 19) – nur den buchführungspflichtigen Schuldner (im Übrigen vgl 16–18, 20 zu § 283). Setzt der Bilanzierungspflichtige bei Abs 1 Nr 3 b das bereits vor Eintritt einer Krise iS des § 283 (dort 3–8) begonnene Unterlassen auch nach Kriseneintritt fort, bleibt es bei § 283 b (KG wistra 02, 313 mit zust Bespr Rönnau NStZ 03, 531; vgl auch NStZ 98, 192 mit Bespr Rönnau aaO; für Bankrott jedoch Maurer wistra 03, 174).

2. Abs 1 Nr 2 erfordert **Vorsatz** (bedingter genügt). Nach **Abs 2** kann Abs 1 Nr 1, 3 auch **fahrlässig** (35 zu § 15) verwirklicht werden (einschr Dreher MDR 78, 724); das ist namentlich bedeutsam für Fälle, in denen der Schuldner oder der ihm nach § 14 gleichgestellte Vertreter (3 zu § 283) einen Dritten (idR einen Buchhalter) mit der Buchführung beauftragt und ihn pflichtwidrig nicht hinreichend überwacht hat.

3. Zu **Abs 3** vgl 26–31 zu § 283. Auch hier ist ein Zusammenhang zwischen der Tathandlung und dem Eintritt der Voraussetzungen des Abs 3 (Zahlungseinstellung usw) erforderlich (NStZ 03, 546; Bay NJW 03, 1960; Düsseldorf NJW 80, 1292; Hamburg NJW 87, 1342; Röhm DZWiR 02, 143; Wilhelm NStZ 03,

§ 283c

511; Sch/Sch-Stree/Heine 7; aM Schäfer wistra 90, 81, 86). Im Falle des Abs 1 Nr 3 b kann er namentlich darin bestehen, dass die Bilanzierungspflicht bei Zahlungseinstellung usw noch nicht erfüllt ist und im Insolvenzverfahren nachgeholt werden muss (BGHSt 28, 231 mit Anm Schlüchter JR 79, 513; wistra 96, 262); der Zusammenhang kann jedoch fehlen, wenn eine verspätet aufgestellte Bilanz vor dem Eintritt der Bedingung nachgeholt wird (Bay NStZ 03, 214 mit krit Bespr Maurer wistra 03, 253; Wilhelm aaO; Tiedemann LK 14).

4 4. Hinter den **spezielleren** Nummern 5–7 des § 283 tritt die Vorschrift zurück (NStZ 84, 455 und 98, 192; Schäfer wistra 90, 81, 86). Zum Zusammentreffen mehrerer Tathandlungen nach Abs 1 gelten die Ausführungen unter 32 zu § 283 sinngemäß.

5 5. Zur Anwendung der Vorschrift auf **Auslandstaten** Karlsruhe NStZ 85, 317 mit krit Anm Liebelt NStZ 89, 182.

§ 283 c Gläubigerbegünstigung

(1) **Wer in Kenntnis seiner Zahlungsunfähigkeit einem Gläubiger eine Sicherheit oder Befriedigung gewährt, die dieser nicht oder nicht in der Art oder nicht zu der Zeit zu beanspruchen hat, und ihn dadurch absichtlich oder wissentlich vor den übrigen Gläubigern begünstigt, wird mit Freiheitsstrafe bis zu zwei Jahren oder mit Geldstrafe bestraft.**

(2) **Der Versuch ist strafbar.**

(3) § 283 Abs. 6 gilt entsprechend.

1 1. Die Gläubigerbegünstigung (zusf Vormbaum GA 81, 101) ist ein **privilegierter Fall** des Bankrotts (hM; vgl Hartwig, Bemmann-FS, S 311, 317; Sch/Sch-Stree/Heine 1, beide mwN; krit zu dem engen Anwendungsbereich des Tatbestandes Gallandi wistra 92, 10 und Thilow, Die Gläubigerbegünstigung im System des Insolvenzrechts, 2001).

2 2. Der **Täter** muss zurzeit der Tat Schuldner und als solcher zahlungsunfähig (2, 7 zu § 283) sein; nimmt er seine Zahlungsunfähigkeit nur irrig an, so kommt untauglicher Versuch in Frage. – Im selben Zeitpunkt (RGSt 35, 127) muss der Begünstigte **Gläubiger** sein, also gegen den Schuldner einen – sei es auch nur bedingten oder betagten – Anspruch haben (Hoyer SK 3), gleichgültig ob als Insolvenz- (§ 38 InsO) oder Massegläubiger (§ 53 InsO), als absonderungsberechtigter Gläubiger (§ 49 InsO) oder als Bürge, der ein bedingt berechtigter Gläubiger ist (RGSt 15, 90, 95). Nach hM genügt auch ein Anspruch, der erst nach Eintritt der Zahlungsunfähigkeit begründet wurde (BGHSt 35, 357; Hartwig aaO [vgl 1] S 336; Hoyer SK 9, alle mwN); jedoch werden damit schwer abschätzbare Manipulationsmöglichkeiten eröffnet (abl daher Vormbaum GA 81, 101, 107). – Nicht nur der Schuldner selbst, sondern auch der für ihn nach § 14 handelnde Täter, der eine Forderung gegen die Insolvenzmasse hat, soll nach der Rspr als Gläubiger ausscheiden (BGHSt 34, 221 mwN; mit Recht abl Winkelbauer JR 88, 33; Weber StV 88, 16; Schäfer wistra 90, 81, 88; Hartwig aaO S 311, 325; Achenbach, BGH-FG, S 593, 605; Hoyer SK 5, 6; dem BGH zust W-Hillenkamp BT 2 Rdn 477; Tiedemann LK 11; speziell zur Rückzahlung eigenkapitalersetzender Gesellschafterdarlehen Muhler wistra 94, 283; Hartwig aaO S 331).

3 3. Die **Tathandlung** setzt voraus, dass aus dem Vermögen, das andernfalls den Insolvenzgläubigern zur Verfügung stehen würde (RGSt 30, 46), an einen Gläubiger eine Sicherheit oder Befriedigung gewährt wird, auf die dieser im Zeitpunkt der Tat keinen fälligen Anspruch hat (sog **inkongruente Deckung;** beachte auch § 131 InsO und dazu Kübler/Prütting/Paulus, InsO, 5–7 zu § 131); für den Verzicht auf die inkongruente Deckung de lege ferenda Thilow aaO [vgl 1] S 125, 167.

Gläubigerbegünstigung **§ 283c**

a) Gewähren einer **Sicherheit** ist Einräumen einer im Hinblick auf die Befriedigung verbesserten rechtlichen (nicht unbedingt auch tatsächlichen, 1 StR 346/78 v 21. 11. 1978) Stellung, zB Sicherungsübereignung, Verpfändung, Bestellung eines Grundpfandrechts, Einräumung eines Zurückbehaltungsrechts usw (speziell zum Fall des Vorgriffs auf das Konkursausfallgeld Tiedemann KTS 84, 539, 555); eine wegen Unbestimmtheit der erfassten Gegenstände unwirksame Gewährung genügt daher nicht, wohl aber eine Gewährung, die nach § 138 BGB wegen Sittenwidrigkeit nichtig ist (bei Herlan GA 58, 48; Vormbaum GA 81, 101, 108; Hoyer SK 10; krit Hartwig aaO [vgl 1] S 319, beide mwN; str). Die Rechtsstellung muss vom Gläubiger erlangt sein; solange sie noch nicht besteht, zB vor Eintragung einer Buchhypothek in das Grundbuch (RGSt 65, 416), ist die Tat nicht vollendet. – Gewähren einer **Befriedigung** liegt auch bei Annahme als Erfüllung oder an Erfüllungs Statt vor (§§ 363, 364 BGB), auch beim Scheinverkauf einer Sache, um dem Gläubiger die Aufrechnung zu ermöglichen (bei Herlan GA 61, 359). Verschaffung eines vollstreckbaren Titels ist noch keine Befriedigung (RGSt 30, 46), die Hingabe eines Wechsels weder Befriedigung noch Sicherung (RG GA Bd 39, 230). – **Gewähren** setzt Mitwirkung des Gläubigers voraus (hM; anders M-Schroeder/Maiwald BT 1 48/39; Sch/Sch-Stree/Heine 6); bei einseitiger Zuwendung kommt jedoch Versuch in Frage. Das Gewähren kann auch in einem Unterlassen bestehen, wenn der Schuldner zum Handeln verpflichtet ist, zB bei pflichtwidriger Verzögerung des Insolvenzantrages, damit der Gläubiger noch pfänden kann (RGSt 48, 18; aM Tiedemann KTS 84, 539, 541; Hoyer SK 13), nicht jedoch bei bloß passivem Verhalten gegenüber der eigenmächtigen Verrechnung eines Gläubigers (bei Herlan GA 58, 48).

4

b) Ob der Gläubiger einen **fälligen Anspruch** auf die gewährte Sicherheit oder Befriedigung hat (kongruente Deckung), bestimmt sich nach bürgerlichem Recht (RGSt 66, 88, 90), wobei uU die Änderungen des Anspruchs durch das Insolvenzrecht zu berücksichtigen sind; Anfechtbarkeit der gewährenden Rechtshandlung nach § 131 InsO steht jedoch nicht entgegen (Karlsruhe Justiz 77, 17 zu § 30 Nr 1 KO aF und mwN). – **Nicht zu beanspruchen** hat der Gläubiger eine Sicherheit oder Befriedigung etwa dann, wenn seinem Anspruch die Verjährungseinrede entgegensteht oder ein nach §§ 119 ff BGB anfechtbares Rechtsgeschäft zugrunde liegt (Sch/Sch-Stree/Heine 9); auch begründet sein Befriedigungsanspruch für sich allein noch keinen Anspruch auf Sicherung (bei Holtz MDR 79, 457 mwN; beachte jedoch BGHSt 35, 357). **Nicht in der Art** besteht sein Anspruch namentlich, wenn der Schuldner an Erfüllungs Statt oder erfüllungshalber leistet (BGHSt 16, 279; bei Holtz aaO; W-Hillenkamp BT 2 Rdn 480), es sei denn, dass die Ersatzleistung vorher vertraglich vereinbart (bei Herlan GA 56, 348) und diese Vereinbarung nicht lediglich in Erwartung der Insolvenz getroffen war (RGSt 63, 78; Hoyer SK 15). Auch Sanierungsmaßnahmen, die Poolbildungen vorsehen oder das sog Nettolohnsystem praktizieren, können zu Leistungen führen, die unter diesem Gesichtspunkt inkongruent sind (Tiedemann ZIP 83, 513, 517). **Nicht zu der Zeit** besteht ein Anspruch bei Befriedigung einer aufschiebend bedingten Forderung vor Eintritt der Bedingung oder einer betagten Forderung vor Fälligkeit.

5

4. Der **Erfolg** der Tathandlung besteht in der Begünstigung, dh der Besserstellung des Gläubigers im Verhältnis zu den übrigen Gläubigern (Hoyer SK 1, 7); der dazu erforderliche Vergleich bezieht sich auf die Lage, die sich ohne Erbringen der Leistung ergeben hätte (Vormbaum GA 81, 101, 119). Die Begünstigung muss wirklich eingetreten sein (BT-Dr 7/3441 S 38); ist sie nicht feststellbar, so kann Versuch übrig bleiben (ebenso Mitsch BT 2,2 5/155).

6

5. Neben der (sicheren) Kenntnis der Zahlungsunfähigkeit (Hoyer SK 17) genügt für die Tathandlung des Gewährens und für die Inkongruenz der Deckung

7

§ 283d BT. 24. Abschnitt. Insolvenzstraftaten

(Sch/Sch-Stree/Heine 16; diff Vormbaum GA 81, 101, 121; str) **bedingter Vorsatz**. Für den Begünstigungserfolg (vgl 6) ist dagegen **direkter Vorsatz** (Absicht oder Wissentlichkeit, 20, 21 zu § 15) erforderlich (W-Hillenkamp BT 2 Rdn 482; zu möglichen Irrtümern des Täters Vormbaum aaO S 127).

8   6. Zur **Teilnahme** 25 zu § 283. Der begünstigte Gläubiger ist **notwendiger Teilnehmer** (12 vor § 25), wenn er keine über die bloße Annahme der Sicherheit oder Befriedigung hinausgehende Tätigkeit entfaltet (hM; vgl NJW 93, 1278 mit Bespr Sowada GA 95, 60; Tiedemann LK 35, alle mwN; anders Herzberg JuS 75, 792, 795; Sowada, Die „notwendige Teilnahme" als funktionales Privilegierungsmodell im Strafrecht, 1992, S 161); solche grenzüberschreitende und deshalb strafbare Teilnahme kommt häufig in Frage, wenn Kreditinstitute sich für ihre notleidend gewordenen Kredite vom Schuldner inkongruente Sicherheiten einräumen oder Befriedigung gewähren lassen (dazu Tiedemann ZIP 83, 513, 515).

9   7. Zu **Abs 3** vgl 26–31 zu § 283.

10   8. Für **mehrere Begünstigungshandlungen** gelten die Ausführungen unter 32 zu § 283 sinngemäß. Gegenüber § 283 I Nr 1 geht die Vorschrift als die speziellere (vgl 1) vor (BGHSt 8, 55; Hoyer SK 21); jedoch ist **Tateinheit** möglich, wenn dem begünstigten Gläubiger höhere Werte zugewendet werden, als ihm zustehen (bei Herlan GA 53, 76; Kindhäuser NK 25; aM Tiedemann LK 40: nur § 283 I Nr 1 anzuwenden); ist umgekehrt der Gläubiger nur durch eine kongruente Deckung (vgl 5) sichergestellt oder befriedigt worden, so ist auch § 283 I Nr 1 gesperrt (BT-Dr 7/3441 S 39; BGHSt 8, 55; NStZ 96, 543). Im Übrigen ist Tateinheit ua möglich mit § 283 I Nr 5 (RGSt 40, 105; aM Kindhäuser NK 27 und Tiedemann LK 43: Tatmehrheit; str) und § 288 (RGSt 20, 214).

§ 283d Schuldnerbegünstigung

(1) **Mit Freiheitsstrafe bis zu fünf Jahren oder mit Geldstrafe wird bestraft, wer**

1. **in Kenntnis der einem anderen drohenden Zahlungsunfähigkeit oder**
2. **nach Zahlungseinstellung, in einem Insolvenzverfahren oder in einem Verfahren zur Herbeiführung der Entscheidung über die Eröffnung des Insolvenzverfahrens eines anderen**

Bestandteile des Vermögens eines anderen, die im Falle der Eröffnung des Insolvenzverfahrens zur Insolvenzmasse gehören, mit dessen Einwilligung oder zu dessen Gunsten beiseite schafft oder verheimlicht oder in einer den Anforderungen einer ordnungsgemäßen Wirtschaft widersprechenden Weise zerstört, beschädigt oder unbrauchbar macht.

(2) **Der Versuch ist strafbar.**

(3) **In besonders schweren Fällen ist die Strafe Freiheitsstrafe von sechs Monaten bis zu zehn Jahren. Ein besonders schwerer Fall liegt in der Regel vor, wenn der Täter**

1. **aus Gewinnsucht handelt oder**
2. **wissentlich viele Personen in die Gefahr des Verlustes ihrer dem anderen anvertrauten Vermögenswerte oder in wirtschaftliche Not bringt.**

(4) **Die Tat ist nur dann strafbar, wenn der andere seine Zahlungen eingestellt hat oder über sein Vermögen das Insolvenzverfahren eröffnet oder der Eröffnungsantrag mangels Masse abgewiesen worden ist.**

Fassung des EGInsO (13 vor § 1; 1 vor § 283).

1. Die Vorschrift schützt die **Gesamtheit der Gläubiger** vor einer Verringerung der Aktivmasse durch Eingriffe, die nicht vom Schuldner, sondern mit seiner Einwilligung oder zu seinen Gunsten von Dritten (uU auch einem Gläubiger, BGHSt 35, 357 mwN) ausgehen.

2. Die **Tathandlungen** und die betroffenen **Vermögensbestandteile** stimmen mit denen des § 283 I Nr 1 überein (dort 9–11). – **Einwilligung** 3 zu § 228. Zur Vermeidung eines Wertungswiderspruchs ist hier der nur nach § 283c zu beurteilende Fall auszuscheiden, dass ein Gläubiger einvernehmlich zur eigenen (inkongruenten) Befriedigung Vermögensbestandteile beiseiteschafft (BGHSt 35, 357 mwN; nur im Ergebnis zust Schäfer wistra 90, 81, 89; str). **Zu seinen Gunsten** erfordert ein Handeln mit der Intention, dem Schuldner (nicht einem anderen Gläubiger, bei Herlan GA 59, 341) auf Kosten der Gesamtheit der Gläubiger einen Vermögensvorteil zu erhalten oder zukommen zu lassen (aM Hoyer SK 6); dass daneben auch ein Eigeninteresse (bei Herlan GA 67, 265) oder das eines Dritten verfolgt wird, ist unerheblich (ebenso Tiedemann LK 12).

3. Abs 1 Nr 1 setzt voraus, dass Zahlungsunfähigkeit objektiv droht (7, 8 zu § 283) oder bereits eingetreten ist (Sch/Sch-Stree/Heine 5). Für **Abs 1 Nr 2** kommt es nur auf das zeitliche Moment, dh Vornahme der Tathandlung nach Zahlungseinstellung (27 zu § 283) oder während eines Insolvenzverfahrens, an.

4. Die Tat erfordert **Vorsatz;** bedingter genügt nur insoweit nicht, als die Kenntnis drohender Zahlungsunfähigkeit (Abs 1 Nr 1) sicher sein muss (BT-Dr 7/3441 S 39; zw).

5. Zur **Teilnahme** 25 zu § 283. Auch der Schuldner, der nicht etwa notwendiger Teilnehmer ist (12 vor § 25; ebenso Mitsch BT 2,2 5/159), kommt als Anstifter oder Gehilfe in Frage, sofern er nicht als Unterlassungstäter nach § 283 erfasst wird (Sch/Sch-Stree/Heine 12).

6. Zu **Abs 3** (besonders schwere Fälle) 1, 2 zu § 283a. Zu **Abs 4** 26–31 zu § 283.

7. Für mehrere **Begünstigungshandlungen** gelten die Ausführungen unter 32 zu § 283 sinngemäß. Ist die Tat zugleich Teilnahme an der Bankrotthandlung des Schuldners nach § 283 I Nr 1, so tritt diese hinter die Schuldnerbegünstigung zurück, weil der Unwert der Beihilfe mit der täterschaftlich begangenen Tat identisch ist (Arzt/Weber BT 16/64; M-Schroeder/Maiwald BT 1 48/43). – Im Übrigen ist **Tateinheit** ua möglich mit §§ 257 und 263 (Kindhäuser NK 14).

25. Abschnitt. Strafbarer Eigennutz

§ 284 Unerlaubte Veranstaltung eines Glücksspiels

(1) **Wer ohne behördliche Erlaubnis öffentlich ein Glücksspiel veranstaltet oder hält oder die Einrichtungen hierzu bereitstellt, wird mit Freiheitsstrafe bis zu zwei Jahren oder mit Geldstrafe bestraft.**

(2) **Als öffentlich veranstaltet gelten auch Glücksspiele in Vereinen oder geschlossenen Gesellschaften, in denen Glücksspiele gewohnheitsmäßig veranstaltet werden.**

(3) **Wer in den Fällen des Absatzes 1**
1. **gewerbsmäßig oder**
2. **als Mitglied einer Bande handelt, die sich zur fortgesetzten Begehung solcher Taten verbunden hat,**

wird mit Freiheitsstrafe von drei Monaten bis zu fünf Jahren bestraft.

§ 284

(4) **Wer für ein öffentliches Glücksspiel (Absätze 1 und 2) wirbt, wird mit Freiheitsstrafe bis zu einem Jahr oder mit Geldstrafe bestraft.**

Fassung: Abs 4 durch das 6. StrRG (13 vor § 1) angefügt.

1   1. Die Vorschrift will die **wirtschaftliche Ausbeutung der natürlichen Spielleidenschaft** unter staatliche Kontrolle nehmen (BGHSt 11, 209; Bay NJW 93, 2820 mit Bespr Lampe JuS 94, 737, 740; Hund NStZ 93, 571; v Bubnoff LK 9 vor § 284; krit Meurer/Bergmann JuS 83, 668; Herzog EzSt 2; Wrage ZRP 98, 426, 427; Lampe, in: Rehbinder/Usteri [Hrsg], Glück als Ziel der Rechtspolitik, 2002, S 211, 215; Heine wistra 03, 441; Otto, Meurer-GS, S 263, 281 und GK 2 55/2; Hoyer SK 1–3; Wohlers NK 4–12; vgl auch BT-Dr 13/8587 S 67 und BVerwG NJW 01, 2648). Zur Rechtsgeschichte des Glücksspielstrafrechts Lampe aaO S 737; v Bubnoff LK 3 vor § 284. Zur **Reformbedürftigkeit** Lange, Dreher-FS, S 573; Lampe aaO S 220; Reformvorschläge bei Sieber/Bögel, Logistik der Organisierten Kriminalität, 1993, S 322 und bei Sieber JZ 95, 758, 767. Zur inzwischen erfolgten Ergänzung der Vorschrift durch den neuen Abs 4 kritisch Wrage aaO S 426.

2   2. a) Ein **Glücksspiel** liegt vor, wenn die Beteiligten zur Unterhaltung oder aus Gewinnstreben über den Gewinn oder Verlust eines nicht ganz unbeträchtlichen (vgl 7) Vermögenswertes ein ungewisses Ereignis entscheiden lassen, dessen Eintritt nicht wesentlich von Aufmerksamkeit, Fähigkeiten und Kenntnissen der Spieler abhängt, sondern allein oder hauptsächlich vom Zufall (BGHSt 2, 274; v Bubnoff LK 7; Hoyer SK 13; Wohlers NK 13, 15; weiter AG Karlsruhe-Durlach NStZ 01, 254 mit krit Anm Wrage). Das setzt einen (nicht nur minimalen, Roxin AT I 10/40) Einsatz des Spielers voraus, an dem es bei den sog Kettenbriefaktionen – mindestens idR – fehlt (BGHSt 34, 171 mit Bespr Sonnen JA 87, 108 und Lampe JR 87, 383; Bay NJW 90, 1862, alle mwN; ebenso für das „Life-Spiel" Celle NJW 96, 2660; str). – Zu den aktuellen Glücksspielen Sieber/Bögel aaO [vgl 1] S 237.

3   b) **Beispiele für Glücksspiele:** Roulette (Klenk GA 76, 361, 364 mwN), Spiralo-Roulette (BGHSt 2, 274) und Gratisroulette (BGHSt 11, 209); das Beobachtungsspiel Opta I (Bay NJW 93, 2820 mit zust Bespr Lampe JuS 94, 737, 739); das Sektorenspiel (BVerwG NJW 60, 1684); Bakkarat; das Kasinospiel (BVerwG NJW 55, 1451); Würfeln um Geld (RGSt 10, 245, 252); Spiel an bestimmten Geldspielautomaten (Hamm JMBlNRW 57, 250); viele Kartenspiele wie Kümmelblättchen (RGSt 28, 283), Mauscheln (RGSt 61, 355), Pokern usw.

4   c) Auch **Lotterie und Ausspielung** sind Glücksspiele, jedoch in § 287 speziell geregelt (BGHSt 34, 171). Erfasst sind damit jedenfalls auch Sportwetten (Nürnberg NJW 02, 2175; vgl 6).

5   d) **Keine Glücksspiele** sind:
aa) Das **Geschicklichkeitsspiel**, bei dem zumindest wesentlich auch Aufmerksamkeit, Fähigkeit und Kenntnisse der beteiligten Durchschnittsspieler über Gewinn und Verlust entscheiden (BGHSt 2, 274; Wohlers NK 16, 17; anders Hoyer Sk 14, beide mwN). Das sog „Hütchenspiel" gehört hierher, wenn nach den konkreten Spielverhältnissen die Geschicklichkeit des Durchschnittsspielers das Ergebnis wesentlich beeinflussen kann (BGHSt 36, 74 mit Anm Herzog EzSt 2; Lampe JuS 94, 737, 739; v Bubnoff LK 9, 10, alle mwN; str); bei den heute massenweise vorkommenden „Hütchenspielen" spiegelt allerdings der Täter die Möglichkeit der Beeinflussung des Ergebnisses durch den Spieler meistens nur vor, obwohl er den Ablauf vollständig beherrscht; dann liegt kein Glücksspiel, sondern Betrug vor (LG Frankfurt NJW 93, 945 mit Bespr Otto JK 1; Sack NJW 92, 2540; 9 zu § 263; aM Lampe JuS 94, 737, 742: Tateinheit zwischen § 263 und § 284; ebenso

Wohlers NK 21). Werden für die Spiele überwiegend vom Zufall abhängige Preise ausgesetzt, so liegt eine Ausspielung (§ 286) vor (BGHSt 9, 39).

bb) Die **Wette,** soweit sie weniger der Unterhaltung und dem Gewinn als der Austragung eines ernsthaften Meinungsstreits dient (RGSt 57, 190; einschr Wohlers NK 31). Sog Sportwetten (Fußballtoto, Rennwetten) sind Glücksspiele (Weber, in: Pfister [Hrsg], Rechtsprobleme der Sportwette, 1989, S 39, 41; v Bubnoff LK 5); auch sog Oddset-Wetten mit von Beginn an feststehenden Gewinnquoten (dazu allg Wrage JR 01, 405; Janz NJW 03, 1694; Heine wistra 03, 441) sind deswegen trotz gewisser Wahrscheinlichkeit des Eintritts eines Ereignisses, auf das der Spieler wettet, nicht als Geschicklichkeitsspiele (so aber LG Bochum NStZ-RR 02, 170 mit Anm Odenthal NStZ 02, 482; AG Karlsruhe-Durlach NStZ 01, 254 mit zust Anm Wrage), sondern als Glücksspiele einzustufen (NStZ 03, 372 mit Bespr Lesch JR 03, 344, Wohlers JZ 03, 860, Hermanns/Klein JA 03, 632, Beckemper NStZ 04, 39; Bay NJW 04, 1057; LG München I NJW 02, 2656; Heine wistra 03, 441, 443; aM wegen der kommerziellen Verbreitung der Sportwetten durch staatliche Monopolbetriebe Lesch GewArch 03, 321). 6

cc) Das **Unterhaltungsspiel,** bei dem der zu gewinnende Vermögenswert nach der Verkehrsanschauung und den Verhältnissen der Spieler ganz unbeträchtlich ist (Bay GA 56, 385; Köln NJW 57, 721; Kindhäuser BT II 42/4; zu streng Hamm JMBlNRW 57, 251; diff Wohlers NK 26). 7

dd) Die **berechtigten wirtschaftlichen Interessen dienende Vereinbarung** über einen vom Zufall abhängigen Gewinn (zB Regenversicherung; ebenso für die Risikolebensversicherung Wohlers NK 29). Das gilt mangels Möglichkeit eines Geldgewinns auch, wenn solche Spiele („fun games") dem Spieler oder bei entgeltlicher oder unentgeltlicher Weitergabe von Freispielmarken einem Dritten zusätzliche (auch zeitversetzte) Freispiele gewähren oder dem Spieler günstigstenfalls eine Rückgewähr seines Einsatzes ermöglichen (Lesch, Wallau GewArch 02, 447; aM VG Freiburg GewArch 03, 32; Pfeifer/Fischer GewArch 02, 232, 2359); um ein Glücksspiel handelt es sich dagegen, wenn die Freispielmarken („Token") vom Geräteaufsteller oder -betreiber nach den Spielbedingungen – nicht nur ausnahmsweise aus Kulanz – auch über den erbrachten Einsatz hinaus in Geld oder andere geldwerte Vorteile umgetauscht werden (Bay JR 03, 386 mit Anm Wohlers). 8

e) Zum Aufstellen von **mechanischen Spielen und Spieleinrichtungen,** zur Veranstaltung anderer Spiele mit Gewinnmöglichkeit und zum Betreiben von Spielhallen in Schank- oder Speisewirtschaften, Beherbergungsbetrieben, Wettannahmestellen, auf Jahrmärkten oder Schützenfesten usw beachte die §§ 33 c–33 i GewO und die SpielV. 9

3. Öffentlich ist das Glücksspiel, wenn die Beteiligung in erkennbarer Weise beliebigen Personen ermöglicht, also nicht auf einen geschlossenen, durch konkrete außerhalb des Spielzwecks liegende Interessen verbundenen, Personenkreis beschränkt wird (Stuttgart NJW 64, 365; Düsseldorf GA 68, 88; zusf Schild NStZ 82, 446; Wohlers NK 34–36); Spielen in einer öffentlichen Wirtschaft genügt dazu allein nicht (Bay GA 56, 385). – Für die Gewohnheitsmäßigkeit (20 vor § 52) im Sinne der **erweiternden Regel des Abs 2** wird ein Hang zum Spielen zu fordern sein (aM Hamburg MDR 54, 312; v Bubnoff LK 16; zw). 10

4. Tathandlung ist nicht das Spielen selbst (dazu § 285), sondern das **Ermöglichen** des Spiels, dessen in Abs 1 beschriebene Formen sich weit überschneiden und nur in Grenzbereichen die Tatbestandsmäßigkeit allein begründen (hM; vgl Düsseldorf JMBlNRW 91, 19; anders Meurer/Bergmann JuS 83, 668). Danach wird wie folgt zu unterscheiden sein: **Veranstalter** ist, wer dem Publikum eine von ihm beherrschte, vor allem nach Spielplan und Gewinnmöglichkeiten konkretisierte, Spielgelegenheit eröffnet, also nur die – nicht notwendig schon 11

§ 284 BT. 25. Abschnitt. Strafbarer Eigennutz

vollzogene – Spielaufnahme ermöglicht (hM; vgl v Bubnoff LK 18), auch wenn Wettdaten und ein Großteil des Gewinnsaldos nur an ein zB ausländisches Wettunternehmen weitergeleitet werden (NStZ 03, 372; einschr auf mittäterschaftliche Verbindungen von Vermittler und Wettunternehmer Heine wistra 03, 441, 445); er muss nicht wie der gewerbliche Unternehmer das Risiko der Spielveranstaltung tragen (Bay NJW 93, 2820 mit zust Bespr Lampe JuS 94, 737, 741). **Halter** ist, wer das Spiel selbst leitet, für den eigentlichen Spielverlauf verantwortlich ist und sich in qualifizierter Form an diesem beteiligt, um das Spiel zu ermöglichen, zB auch ein Mitspieler ohne finanzielle Interessen, uU auch der Croupier (Bay aaO mit zust Bespr Lampe aaO; Wohlers NK 43; aM Sch/Sch-Eser/Heine 13), dessen Strafbarkeit sich sonst aus § 14 II (dort 15; nach Tröndle/Fischer 12: aus § 14 I) ergeben kann (aM v Bubnoff LK 19 mwN). **Bereitstellen** ist Zugänglichmachen der Einrichtungen (Bay NJW 93, 2820); es müssen Spieleinrichtungen sein, dh solche, die nach den Umständen eine Eignung gerade zum Spielen haben (Würfel, Karten, Spieltische, uU auch einfache Tische und Stühle); es genügt jedoch nicht, dass der Wirt nur das Spiel im gewöhnlichen, der Öffentlichkeit zugänglichen Schankraum duldet, weil er selbst keine spezifischen Spieleinrichtungen bereitstellt (Heine wistra 03, 441, 447; Sch/Sch-Eser/Heine 17; aM Düsseldorf aaO; v Bubnoff LK 21, alle mwN; zw); er kann aber Gehilfe nach § 285 sein. Zur möglichen Beihilfe eines Steueramtsleiters, der einem Spielcasino bei der Festsetzung und Beitreibung von Vergnügungssteuer entgegenkommt, NStZ 95, 27.

12   **5.** Die behördliche **Erlaubnis** schließt die Tatbestandsmäßigkeit aus (Heine wistra 03, 441, 443; v Bubnoff LK 22; Wohlers NK 49; aM Jescheck/Weigend AT S 368; M-Schroeder/Maiwald BT 1 44/9; str); sie muss verwaltungsrechtlich bestandskräftig (ebenso Otto GK 2 55/9; auf die „formale Wirksamkeit" stellen Hoyer SK 21 und Wohlers NK 50 ab), nicht notwendig materiell fehlerfrei sein (Ostendorf JZ 81, 165, 171; Mitsch BT 2,2 5/171; beachte auch Lange, Dreher-FS, S 573, 583). Für zugelassene Spielbanken bestimmen die als Landesrecht in unterschiedlicher Fassung geltenden Spielbankengesetze (Nachw bei Göhler [Lexikon] 775) die Nichtanwendbarkeit des § 284 (vgl zB NJW 67, 1660); auch für Fußballtoto und Zahlenlotto gelten Landesgesetze (NJW 51, 44; vgl Wrage JR 01, 405), für Pferderennwetten dagegen das (bundesrechtliche) RennwG. In der ehemaligen DDR erteilte Erlaubnisse zur Veranstaltung von Sportwetten (insb Oddset-Wetten) wirken jedenfalls in dem Bundesland, in dessen Gebiet sie erteilt worden sind, doch ist ihre Gültigkeit im übrigen Bundesgebiet umstritten (vgl Heine wistra 03, 441 f; für Geltung im ganzen Bundesgebiet Beckemper NStZ 04, 39, 41; vgl auch SpuRt 02, 111, 112 [zu § 1 UWG]). Die Veranstaltungsbewilligung für ein Glücksspiel in einem anderen EU-Staat durch dessen Behörden entfaltet dagegen wegen der Dienstleistungsfreiheit gem Art 49 EGV (dazu EuGH NJW 04, 139) Wirksamkeit für das gesamte EU-Gemeinschaftsgebiet, so dass eine Strafbarkeit gem § 284 ausscheidet, wenn zB ein österreichischer Wettanbieter per Post oder Internet in Deutschland die Teilnahme an den in Österreich veranstalteten Sportwetten anbietet und der Spieler seine Wette aus Deutschland platziert und seinen Wetteinsatz ins Ausland überweist (LG München I NJW 04, 171; Wrage JR 01, 405, 406; Lesch GewArch 03, 321, 323; Hoeller/Bodemann NJW 04, 122, 125; vgl auch Janz NJW 04, 1694, 1700; aM NJW 02, 2175 [zu § 1 UWG]; Bay NJW 04, 1057; str).

13   **6.** Der **Vorsatz** (bedingter genügt) muss auch die Öffentlichkeit (oder die Voraussetzungen des Abs 2), den Mangel der Erlaubnis und die das Glücksspiel charakterisierenden Eigenschaften (vgl 2–9) umfassen. Ein Irrtum hierüber ist Tatbestandsirrtum. Hingegen ist der Irrtum über die Notwendigkeit der Erlaubnis Verbotsirrtum und über die bloße Wertung als Glücksspiel Subsumtionsirrtum (hM; vgl 14, 15 zu § 15; 6, 22 zu § 17; ebenso Wohlers NK 52; zw).

7. Abs 3 ist im Verhältnis zu Abs 1 **Qualifikationstatbestand.** In seiner 14
Struktur entspricht er dem § 260 I; jedoch muss in Fällen der Nr 2 die Verbindung auf die fortgesetzte Veranstaltung unerlaubter Glücksspiele gerichtet sein. Im Übrigen gelten die Ausführungen unter 2–5 zu § 260 sinngemäß.

8. Abs 4: Werben ist eine im Vorfeld der Tathandlungen des Abs 1 mit den 15
Mitteln der Propaganda betriebene Tätigkeit (Otto GK 2 55/11; Wohlers NK 58; weiter Hoyer SK 26; vgl 7 zu § 129; 1 zu § 219a), mit der Teilnehmer an Glücksspielen gewonnen werden sollen; dies kann durch Gewinn versprechende Ankündigungen oder Anpreisungen (vgl 5 zu § 184) geschehen. Erfasst werden sollen vor allem werbende Aktivitäten ausländischer Veranstalter im Bundesgebiet, denen gegenüber das Verbot des Abs 1 nicht durchzusetzen ist (BT-Dr 13/8787 S 68 und 9064 S 21). Der bloß werbende Hinweis auf eine ausländische Glücksspieleinrichtung genügt als solcher nicht (v Bubnoff LK 26 mit Bsp).

9. Tateinheit ua möglich mit §§ 263, 264a. 16

10. Erweiterter Verfall und Einziehung § 286. Zur Geltung des deutschen 17
Strafrechts für vom Ausland im Internet angebotene Glücksspiele Klengel/Heckler CR 01, 243. Beachte auch §§ 6 und 28 I Nr 7, 8 JuSchG.

§ 285 Beteiligung am unerlaubten Glücksspiel

Wer sich an einem öffentlichen Glücksspiel (§ 284) beteiligt, wird mit Freiheitsstrafe bis zu sechs Monaten oder mit Geldstrafe bis zu einhundertachtzig Tagessätzen bestraft.

Fassung: Umnummerierung durch das 6. StrRG (13 vor § 1).

1. Beteiligung ist Teilnahme als Spieler, also an der Möglichkeit von Gewinn 1
und Verlust (ebenso Kindhäuser 1). Der Verdeckte Ermittler beteiligt sich nicht am Spiel, weil sein Mitwirken staatliche Kontrollinteressen (1 zu § 284) nicht beeinträchtigt (Hund NStZ 93, 571; Mitsch BT 2,2 5/179; Sch/Sch-Eser/Heine 3; aM v Bubnoff LK 3; Wohlers NK 8; zw). – Für ersatzlose Streichung der Vorschrift Wohlers NK 1: Kein strafwürdiges Verhalten.

2. Vgl im Übrigen 1–10, 12–15 zu § 284. 2

§ 286 Vermögensstrafe, Erweiterter Verfall und Einziehung

(1) **In den Fällen des § 284 Abs. 3 Nr. 2 sind die §§ *43a*, 73d anzuwenden. § 73 ist auch in den Fällen des § 284 Abs. 3 Nr. 1 anzuwenden.**

(2) **In den Fällen der §§ 284 und 285 werden die Spieleinrichtungen und das auf dem Spieltisch oder in der Bank vorgefundene Geld eingezogen, wenn sie dem Täter oder Teilnehmer zur Zeit der Entscheidung gehören. Andernfalls können die Gegenstände eingezogen werden; § 74a ist anzuwenden.**

Fassung: Umnummerierung und technische Änderung durch das 6. StrRG (13 vor § 1). Der in Abs 1 genannte § 43a ist durch Urteil des BVerfG v 20. 3. 2002 mit Gesetzeskraft für nichtig erklärt worden (BGBl I 1340).

1. Zu **Abs 1** (Erweiterter Verfall) 1–12 zu § 74d. 1

2. a) Abs 2 ist eine besondere Vorschrift im Sinne des § 74 IV, welche die 2
Einziehung über § 74 I hinaus in den Fällen des Satzes 1 zwingend vorschreibt und in den Fällen des Satzes 2 nach pflichtmäßigem Ermessen (9 zu § 74) zulässt. Die Einziehung darf daher nur unter den Voraussetzungen des § 74 II, III und infolge der Verweisung auf § 74a auch unter dessen Voraussetzungen angeordnet

§ **287** BT. 25. Abschnitt. Strafbarer Eigennutz

werden. Zur Geltung des Verhältnismäßigkeitsgrundsatzes auch bei obligatorischer Einziehung (S 1) 1 zu § 74b. Im Übrigen vgl die §§ 74–74c, 74e–76a.

3 **b)** § 74 I gilt neben § 286 für die hier nicht erfassten Sachen; jedoch ist beim Glücksspiel gewonnenes Geld nicht als productum sceleris einziehbar (4 zu § 74).

§ 287 Unerlaubte Veranstaltung einer Lotterie und einer Ausspielung

(1) **Wer ohne behördliche Erlaubnis öffentliche Lotterien oder Ausspielungen beweglicher oder unbeweglicher Sachen veranstaltet, namentlich den Abschluß von Spielverträgen für eine öffentliche Lotterie oder Ausspielung anbietet oder auf den Abschluß solcher Spielverträge gerichtete Angebote annimmt, wird mit Freiheitsstrafe bis zu zwei Jahren oder mit Geldstrafe bestraft.**

(2) **Wer für öffentliche Lotterien oder Ausspielungen (Absatz 1) wirbt, wird mit Freiheitsstrafe bis zu einem Jahr oder mit Geldstrafe bestraft.**

Fassung des 6. StrRG (13 vor § 1).

1 **1. Lotterie und Ausspielung** sind Glücksspiele (4 zu § 284), haben aber die Besonderheit, dass hier nach einem vom Unternehmer **einseitig festgelegten Spielplan** gespielt wird (krit Klenk GA 76, 361), der folgendes regelt (vgl Otto Jura 97, 385, 386):

a) Den **Spielbetrieb** im allgemeinen und die Bedingungen, unter welchen einer Mehrzahl von Personen die Beteiligungsmöglichkeit eröffnet wird (RGSt 67, 397); die Durchführung kann von Umsatz oder Beteiligung, in Einzelheiten auch von späteren Ausführungsbestimmungen des Unternehmers abhängig gemacht sein.

2 **b)** Einen **festen Einsatz** für die Beteiligung am Spiel (BGHSt 3, 99; s auch LG Tübingen NJW 60, 1359 mit Anm Ganske). Die Höhe des Einsatzes, der Vermögenswert haben muss, darf nicht im Belieben des Spielers stehen (sonst § 284; ebenso Wohlers NK 3); es genügt, wenn er nur im Verlustfall zu zahlen (RGSt 1, 414) oder in einer Gesamtleistung (zB im Eintrittsgeld oder Kaufpreis einer Ware, Düsseldorf NJW 58, 760) versteckt ist. Trägt aber der Unternehmer die Kosten der Lotterie oder Ausspielung selbst (zB in der Hoffnung auf Umsatzsteigerung), so liegt eine Gratisausspielung (RGSt 65, 194) vor, die nicht unter § 287 fällt. Auch die Scheinausspielung, bei der es um die Erlangung von Anschriften geht, gehört nicht hierher, weil weder offen noch versteckt ein Einsatz gefordert wird (BGHSt 3, 99; Wohlers NK 6; s auch Bockelmann NJW 52, 855). Die im früheren Recht umstrittene Frage, ob und wie weit Verkaufssysteme der progressiven Kundenwerbung (Schneeballsystem) oder planmäßig organisierte Kettenbriefaktionen (BGHSt 34, 171) als Ausspielung mit versteckten Einsätzen erfasst werden konnten (vgl etwa BGHSt 2, 79, 139; LG Fulda wistra 84, 188; Bruns, Schröder-GS, S 273), ist mit Einführung der nunmehr umfassenderen Strafdrohung des § 16 II UWG nF bzw des § 6c UWG aF (durch das 2. WiKG, 2 vor § 263; zu dessen Reform Wegner wistra 01, 171) gegenstandslos geworden (BGHSt 34, 171; beachte jedoch Bay NJW 90, 1862 mit abl Bespr Richter wistra 90, 216 und Hoyer SK 6; krit Arzt, Miyazawa-FS, S 519, 528; eingehend v Bubnoff LK 1–22 vor § 287 und 15, 16 zu § 287).

3 **c)** Die **ausgesetzten Gewinne** nach Höhe, Art und Reihenfolge sowie das System der Gewinnermittlung, das vom Zufall abhängig sein muss. Das ist aus der Sicht des Spielers zu beurteilen (1 StR 643/76 v 18. 1. 1977) und trifft auch dann zu, wenn zwar jeder Spieler gewinnt, die Art seines Gewinns aber ungewiss ist, oder wenn die Reihenfolge der Eingänge, der Ausgang eines anderen Spiels oder der Veranstalter selbst über die Verteilung entscheidet (RGSt 27, 94). Zur Zufallsbedingtheit grundsätzlich BGHSt 2, 139; GA 78, 332 (speziell bei Preis-

Vereiteln der Zwangsvollstreckung § 288

ausschreiben Wälde DRZ 49, 515; Groebe NJW 51, 133). Gewerbliche Spielgemeinschaften sind jedenfalls dann erfasst, wenn der Spielteilnehmer keinen unmittelbaren Gewinnanspruch gegen die staatlich zugelassene Lotterie, sondern lediglich gegen den Veranstalter der Spielgemeinschaft hat (hM; vgl München NStZ-RR 97, 327; v Bubnoff LK 1, 12; aM Otto Jura 97, 385; weitergehend Fuhrmann MDR 93, 822).

2. Der **Unterschied** zwischen Lotterie und Ausspielung besteht darin, dass der 4 Gewinn bei der Lotterie stets in Geld, bei der Ausspielung in geldwerten Sachen oder Leistungen (zB Ferienreise; aM Wohlers NK 4) besteht; Letzteres ist durch die Neufassung ausdrücklich klargestellt.

3. Öffentlich 10 zu § 284. Keine Erweiterung nach § 284 II. 5

4. Veranstalten (Abs 1) ist Eröffnen der Möglichkeit zur Beteiligung am Spiel 6 nach dem aufgestellten Spielplan (RGSt 19, 257); zum Abschluss von Spielverträgen braucht es nicht gekommen zu sein (RGSt 8, 292). Werden für dasselbe Spiel an verschiedenen Orten (uU auch im Ausland) solche Möglichkeiten eröffnet, so wird an jedem dieser Orte „veranstaltet"; deshalb kommt in Frage, dass auch ausländische Veranstalter erfasst werden (RGSt 42, 430; näher Wohlers NK 20; zusf Schoene NStZ 91, 469 mwN) und dass an einzelnen Handlungsorten eine behördliche Erlaubnis erteilt ist (Braunschweig NJW 54, 1777). Als Veranstalten ist nach der Neufassung das **Anbieten** (vgl 5 zu § 184) **des Abschlusses von Spielverträgen** ebenso erfasst wie die **Annahme** entsprechender Angebote durch den Veranstalter (v Bubnoff LK 18). Mit diesen klarstellenden Umschreibungen der Tathandlung soll der sachliche Anwendungsbereich der Vorschrift nicht verändert werden (BT-Dr 13/9064 S 21); auf die Einbeziehung rein innerorganisatorischer Vorbereitungshandlungen wie Auffordern, Sicherbieten oder Entgegennehmen (vgl BT-Dr 13/8587 S 67) wurde verzichtet (BT-Dr 13/9064 aaO). Die neu umschriebenen Tathandlungen tragen dem Umstand Rechnung, dass die direkte Teilnahme an Lotterien inzwischen zunehmend über alte und neue Medien wie Telefon, Telefax oder über das Internet ermöglicht wird (BT-Dr jeweils aaO; v Bubnoff LK 19). – Zum **Werben (Abs 2)** vgl 15 zu § 284; die Abgrenzung zum neutralen Anbieten iS des Abs 1 ist in der positiv-wertenden Einflussnahme des Täters auf den Empfänger zu sehen (Schmidt ZRP 99, 308; aM Wrage ZRP 98, 426, 429, der eine „widersprüchliche Doppelregelung" erkennen will. **Das Spiel selbst** wird von § 287 – im Gegensatz zu § 285 – nicht erfasst.

5. Die **Erlaubnis** fehlt auch beim Abweichen von den genehmigten Spielbe- 7 dingungen (BGHSt 8, 289 betr Lossteuerung; Wohlers NK 15). Die Zuständigkeit für die Erlaubnis ist landesrechtlich geregelt (s auch 12 zu § 284).

6. Zum **Vorsatz** 13 zu § 284; Düsseldorf NJW 58, 760. 8

7. § 287 verdrängt § 284 (BGHSt 34, 179; für tatbestandliche Exklusivität 9 Hoyer SK 14). **Tateinheit** ua möglich mit § 263, § 4 UWG aF (BGHSt 2, 139; Wohlers NK 25).

§ 288 Vereiteln der Zwangsvollstreckung

(1) **Wer bei einer ihm drohenden Zwangsvollstreckung in der Absicht, die Befriedigung des Gläubigers zu vereiteln, Bestandteile seines Vermögens veräußert oder beiseite schafft, wird mit Freiheitsstrafe bis zu zwei Jahren oder mit Geldstrafe bestraft.**

(2) **Die Tat wird nur auf Antrag verfolgt.**

1. Die Vorschrift (zusf Geppert Jura 87, 427) sichert die **Befriedigung des** 1 **Gläubigers** aus dem Schuldnervermögen (BGHSt 16, 330, 334; Schünemann LK 2). Sie schützt nur die – uU auch auf einen ausländischen Titel gestützte

§ 288

(Cornils, Die Fremdrechtsanwendung im Strafrecht, 1978, S 96) – Einzelvollstreckung, abweichend von § 283 I Nr 1 also nicht das Interesse der Gesamtgläubigerschaft (MDR 91, 521).

2   2. **Die Zwangsvollstreckung droht** schon, wenn Tatsachen vorliegen, die auf die Absicht des Gläubigers schließen lassen, die Vollstreckung zu betreiben (Küper BT S 476; Mitsch BT 2,2 5/92; ebenso BVerfG NJW 03, 1727). Eine Klage braucht noch nicht erhoben zu sein (bei Holtz MDR 77, 638); dringende Mahnungen können uU genügen (Wohlers NK 18 mwN). Der Anspruch muss wirklich bestehen (NJW 91, 2420; W-Hillenkamp BT Rdn 446; Sch/Sch-Eser/Heine 7; aM Hoyer SK 4–7; Wohlers NK 2; anders für rechtskräftige Urteile Schünemann LK 3, 4; ähnlich schon Lüke, Kaufmann [Arth]-FS, S 565, 576) und vollstreckungsfähig sein; dass er noch nicht fällig oder nur aufschiebend bedingt ist, bildet keinen Hinderungsgrund (RGSt 24, 238). Außerdem muss er ein vermögensrechtlicher – sei es zivil- oder öffentlichrechtlicher, obligatorischer oder dinglicher – Anspruch sein; jedoch scheiden fiskalische Ansprüche aus Vermögenssanktionen, zB Geldstrafe, Geldbuße, Verwarnung, Verfall, Einziehung und Zwangsgeld (LG Bielefeld NStZ 92, 284; Kindhäuser 6; aM Gössel BT 2 28/72), deshalb aus, weil mit ihnen staatliche Zwangsgewalt ausgeübt und nicht ein materielles Befriedigungsrecht durchgesetzt wird; erfasst ist aber das Vereiteln der sog Rückgewinnungshilfe nach § 111b V StPO, weil der Staat hier zur Erhaltung des Vollstreckungszugriffs des Verletzten handelt (Schünemann LK 12 mwN; bestätigt von BVerfG NJW 03, 1727). – Da die Vollstreckung dem **Täter** selbst drohen muss, können nur der Schuldner und seine Vertreter nach § 14 Täter sein (dort 14; ebenso Wohlers NK 7).

3   3. **Vermögensbestandteile** 9 zu § 283; sie müssen der Zwangsvollstreckung unterliegen (diff Lüke aaO [vgl 2] S 577). Unpfändbare Gegenstände scheiden daher bei Vollstreckung wegen Geldforderungen aus (W-Hillenkamp BT 2 Rdn 449). Dagegen kann der Besitz dazu gehören (GA 65, 309; NJW 91, 2420), zB bei Herausgabeansprüchen bei der Vollstreckung des Vorbehaltsgläubigers wegen Geldforderung in seine eigene Sache (BGHSt 16, 330).

4   4. **Veräußern** ist jede rechtliche Verfügung, durch die ein Vermögenswert ohne vollen Ausgleich aus dem Vermögen ausscheidet, so dass er dem Zugriff des Gläubigers entzogen oder dessen Befriedigungsmöglichkeit verringert ist. Veräußern einer nach § 883 ZPO herauszugebenden (Haas JR 91, 272 und GA 96, 117) oder einer wirksam gepfändeten Sache (Schünemann LK 27), Verschleudern eines Hypothekenanteils unter dem wirklichen Wert (RGSt 59, 314) und Veräußern zur Ermöglichung übermäßigen Aufwands (NJW 53, 1152; aM Sch/Sch-Eser/Heine 15 mwN; zw) gehören hierher, nicht jedoch reelle Kauf- und Mietverträge (Wohlers NK 23), die Ausschlagung einer Erbschaft (str) und die der kongruenten Deckung (5 zu § 283 c) dienende Befriedigung anderer Gläubiger (NJW 91, 2420 mwN), auch nicht die widerspruchslose Duldung rechtlich nicht begründeter Eingriffe Dritter (Schünemann LK 28 mwN). – **Beiseiteschaffen** 10 zu § 283; auch Zerstören kommt in Frage (Rengier BT I 27/11; Kindhäuser 9; Schünemann LK 30; aM Sch/Sch-Eser/Heine 17; Gössel BT 2 28/79; Wohlers NK 32, alle mwN; str), nicht jedoch Beschädigen, weil danach ein Zugriff des Gläubigers noch möglich ist (Tröndle/Fischer 10; str).

5   5. Bedingter **Vorsatz** genügt (Schünemann LK 33; zu Irrtumsfragen in Grenzfällen Geppert Jura 87, 427, 431; s auch NJW 91, 2420).

6   6. Die **Absicht** (hier nach hM unbedingter Vorsatz, 20 zu § 15; ebenso W-Hillenkamp BT 2 Rdn 453; aM Wohlers NK 40) braucht nur auf zeitweilige Vollstreckungsvereitelung gerichtet zu sein (bei Holtz MDR 77, 638). Sie fehlt regelmäßig, wenn der Gläubiger unabhängig von der Tathandlung keine Zugriffsmöglichkeit gehabt hätte (MDR 91, 521) oder wenn umgekehrt genügend anderes

Vermögen vorhanden ist, und zwar auch für den Fall, dass die Tathandlung das Übergehen eines primären Individualanspruchs in einen Schadensersatzanspruch wegen Nichterfüllung bewirkt (Berghaus, Der strafrechtliche Schutz der Zwangsvollstreckung, 1967, S 101; Küper BT S 319; aM Kindhäuser 10).

7. Für die **Beteiligung** (Täterschaft und Teilnahme) gelten die allgemeinen 7 Regeln. Da die Tat ein echtes Sonderdelikt ist (33 vor § 13; ebenso Mitsch BT 2,2 5/89 und W-Hillenkamp BT 2 Rdn 452), hängen die Möglichkeit mittelbarer Täterschaft und der Umfang möglicher Teilnahme des extraneus von der Beurteilung der Rechtsfigur des qualifikationslosen dolosen Werkzeugs ab (gegen Täterschaft des intraneus Geppert Jura 87, 427, 430; Mitsch BT 2,2 5/108; für mittelbare Täterschaft durch Benutzung eines qualifikationslosen Werkzeugs Schünemann LK 39; beachte auch 4 zu § 25). Die Schuldnereigenschaft ist, da ausschließlich rechtsgutbezogen, **kein besonderes persönliches Merkmal** nach § 28 I (Geppert aaO 431; Herzberg GA 91, 145, 181; W-Hillenkamp BT 2 Rdn 452; Roxin LK 56 zu § 28; Wohlers NK 9; aM Hoyer SK 11; Schünemann LK 41; Tröndle/Fischer 14).

8. Tateinheit ua möglich mit §§ 136 I, 246 (GA 65, 309; Haas GA 96, 117, 8 119 [aM noch in JR 91, 272]), ferner mit §§ 283 I Nr 1, 283 c.

9. Strafantrag §§ 77–77 d. Verletzter (6 zu § 77) ist idR der Gläubiger, dessen 9 Vollstreckung gedroht hat.

§ 289 Pfandkehr

(1) **Wer seine eigene bewegliche Sache oder eine fremde bewegliche Sache zugunsten des Eigentümers derselben dem Nutznießer, Pfandgläubiger oder demjenigen, welchem an der Sache ein Gebrauchs- oder Zurückbehaltungsrecht zusteht, in rechtswidriger Absicht wegnimmt, wird mit Freiheitsstrafe bis zu drei Jahren oder mit Geldstrafe bestraft.**

(2) **Der Versuch ist strafbar.**

(3) **Die Tat wird nur auf Antrag verfolgt.**

1. Die Vorschrift (zusf Geppert Jura 87, 427, 432) schützt **Pfand-, Besitz-** 1 **und ähnliche Gläubigerrechte** gegen eigenmächtige Vereitelung (Schünemann LK 1). Im Einzelnen gehören hierher: Nutznießungsrechte (zB §§ 1030 ff BGB), Pfandrechte (zB §§ 562, 583, 592, 647, 704, 1204 ff BGB; §§ 397, 410, 421 HGB), Gebrauchsrechte (zB §§ 535 ff, 581 ff, 598 ff [zum Gebrauchsrecht an Pfandflaschen Hellmann JuS 01, 353, 355], 743 BGB), Zurückbehaltungsrechte (zB §§ 273, 972, 1000 BGB; § 369 HGB; beachte auch Braunschweig NJW 61, 1274) und das Verwendungsrecht der Eltern nach § 1649 II BGB (hM; anders Küchenhoff, Dogmatik, historische Entwicklung und künftige Ausgestaltung der Strafvorschriften gegen die Pfandkehr, 1975, S 14). Erfasst wird auch das vertragsmäßige Zurückbehaltungsrecht, nicht jedoch das zur Umgehung des § 559 S 3 BGB aF (jetzt § 562 I 2 BGB) vereinbarte (W-Hillenkamp BT 2 Rdn 441; Schünemann LK 9; Sch/Sch-Eser/Heine 6; Wohlers NK 15; aM M-Schroeder/Maiwald BT 1 37/16; zw). Auch das Pfändungspfandrecht scheidet auf Grund teleologischer Erwägungen aus dem Schutzbereich aus (Berghaus, Der strafrechtliche Schutz der Zwangsvollstreckung, 1967, S 96; Hirsch ZStW 82, 411, 426; Küchenhoff aaO S 20; Lüke, Kaufmann [Arth]-FS, S 565, 578; diff Mitsch BT 2,2 5/122; aM Kindhäuser BT II 10/5; M-Schroeder/Maiwald BT 1 37/15; Rengier BT I 28/4, 5; W-Hillenkamp BT 2 Rdn 440; Hoyer SK 4; Sch/Sch-Eser/Heine 4; Schünemann LK 6; Wohlers NK 11, alle mwN).

2. Täter kann nur der Eigentümer (auch Miteigentümer) oder ein Dritter 2 sein, der zu dessen Gunsten handelt (die straftatsystematische Einordnung in den

§§ 290, 291

objektiven oder subjektiven Tatbestand ist umstritten; vgl Mitsch BT 2,2 5/128 mwN).

3 **3. (Eigene oder fremde) bewegliche Sache** 2–7 zu § 242. – **Wegnehmen** 8–18 zu § 242. Jedoch ist der Wegnahmebegriff hier weiter auszulegen als beim Diebstahl (hM; vgl etwa Küper BT S 425 mwN auch zur „vordringenden Gegenmeinung"); er umfasst zwar nicht die sofortige Zerstörung der Sache (hM), wohl aber die Vereitelung bloßer Zugriffsmöglichkeiten, die ein besitzähnlicher, rechtlich fundierter Machtbereich gewährt (str), wie das zB beim Vermieterpfandrecht nach § 559 BGB aF (jetzt § 562 BGB) zutrifft (Bay NJW 81, 1745 mit Bespr Otto JR 82, 32 und Bohnert JuS 82, 256; Geppert Jura 87, 427, 433; Rengier BT I 28/7; W-Hillenkamp BT 2 Rdn 442; Mitsch BT 2,2 5/126; aM Joerden JuS 85, 20, 22; Laubenthal JA 90, 38, 40; Otto Jura 92, 666; Joecks 3; Hoyer SK 10; Wohlers NK 19–23, alle mwN; zw).

4 **4. Rechtswidrige Absicht** erfordert den unbedingten Vorsatz (hM; vgl etwa W-Hillenkamp BT 2 Rdn 443; enger Wohlers NK 28; weiter Braunschweig NJW 61, 1274), das an der weggenommenen Sache bestehende Recht – sei es auch nur vorübergehend oder teilweise – zu vereiteln (einschr Sch/Sch-Eser/Heine 9, 10, der auf den Willen abstellt, unter Vereitelung des fremden Rechts die eigene uneingeschränkte Verfügungsmöglichkeit endgültig wiederherzustellen); Schünemann LK 24 verlangt Absicht der dauernden Vereitelung des fremden Rechts an der Sache).

5 **5. Tateinheit** ua möglich mit §§ 242, 249, nicht dagegen mit § 136 I (vgl 1; aM Krey/Hellmann BT 2 Rdn 287). Zum Zusammentreffen mit §§ 253, 255 vgl 3 zu § 253. – **Wahlfeststellung** 14 zu § 1.

6 **6. Strafantrag** (Abs 3) §§ 77–77 d. Verletzter (6 zu § 77) ist, wer in seinem Gläubigerrecht beeinträchtigt worden ist.

§ 290 Unbefugter Gebrauch von Pfandsachen

Öffentliche Pfandleiher, welche die von ihnen in Pfand genommenen Gegenstände unbefugt in Gebrauch nehmen, werden mit Freiheitsstrafe bis zu einem Jahr oder mit Geldstrafe bestraft.

1 1. Fall des strafbaren **furtum usus** (24 zu § 242; ebenso Mitsch BT 2,2 5/184). Über die Öffentlichkeit entscheidet die allgemeine Zugänglichkeit, nicht die Konzession (Schünemann LK 3). – Die Pfandleihereigenschaft ist **kein besonderes persönliches Merkmal** nach § 28 I (Jakobs AT 23/24; Roxin LK 68 zu § 28; Wohlers NK 4; aM Gössel BT 2 18/129; Hoyer SK 2; Schünemann LK 10).

2 2. Hinter § 246 tritt die Vorschrift zurück (Subsidiarität; aM Hoyer SK 7: tatbestandliche Exklusivität; diff Wohlers NK 11).

§ 291 Wucher

(1) **Wer die Zwangslage, die Unerfahrenheit, den Mangel an Urteilsvermögen oder die erhebliche Willensschwäche eines anderen dadurch ausbeutet, daß er sich oder einem Dritten**

1. für die Vermietung von Räumen zum Wohnen oder damit verbundene Nebenleistungen,

2. für die Gewährung eines Kredits,

3. für eine sonstige Leistung oder

4. für die Vermittlung einer der vorbezeichneten Leistungen

Vermögensvorteile versprechen oder gewähren läßt, die in einem auffälligen Mißverhältnis zu der Leistung oder deren Vermittlung stehen, wird

Wucher **§ 291**

mit Freiheitsstrafe bis zu drei Jahren oder mit Geldstrafe bestraft. Wirken mehrere Personen als Leistende, Vermittler oder in anderer Weise mit und ergibt sich dadurch ein auffälliges Mißverhältnis zwischen sämtlichen Vermögensvorteilen und sämtlichen Gegenleistungen, so gilt Satz 1 für jeden, der die Zwangslage oder sonstige Schwäche des anderen für sich oder einen Dritten zur Erzielung eines übermäßigen Vermögensvorteils ausnutzt.

(2) In besonders schweren Fällen ist die Strafe Freiheitsstrafe von sechs Monaten bis zu zehn Jahren. Ein besonders schwerer Fall liegt in der Regel vor, wenn der Täter

1. durch die Tat den anderen in wirtschaftliche Not bringt,
2. die Tat gewerbsmäßig begeht,
3. sich durch Wechsel wucherische Vermögensvorteile versprechen läßt.

Fassung: Umnummerierung von § 302a zu § 291 durch Art 1 Nr 2 des KorrBG (1 vor § 298).

1. Die Vorschrift **schützt** nur das **Vermögen** (hM; vgl Gössel BT 2 32/2, 3; M-Schroeder/Maiwald BT 1 43/8; Hoyer SK 3; anders Scheffler GA 92, 1; Kindhäuser NStZ 94, 105 und NK 2–15; Sternberg-Lieben, Die objektiven Schranken der Einwilligung im Strafrecht, 1997, S 165, alle mwN; zw). Sie vereinigt die verschiedenen Formen des **Individualwuchers** in einem umfassenden Tatbestand des **Leistungswuchers**, in dem die kriminalpolitisch wichtigsten Begehungsformen hervorgehoben werden. Für den Individualwucher ist kennzeichnend, dass der Täter eine Schwäche seines Opfers ausnutzt, um sich aus einem gegenseitigen Rechtsgeschäft übermäßig zu bereichern (BGHSt 43, 53, 60; überwiegend krit zu der Häufung normativer Merkmale im Tatbestand und zu dessen auffällig geringen Bedeutung in der Praxis Kohlmann, Wirksame strafrechtliche Bekämpfung des Kreditwuchers, 1974; Otto MschrKrim 80, 397, 405; Bernsmann GA 81, 141; Hohendorf, Das Individualwucherstrafrecht nach dem ersten Gesetz zur Bekämpfung der Wirtschaftskriminalität von 1976, 1982; Sickenberger, Wucher als Wirtschaftsstraftat, 1985; Schauer, Grenzen der Preisgestaltungsfreiheit im Strafrecht, 1989, S 40; grundsätzlich abw Scheffler aaO, der die Struktur des Tatbestandes trotz seiner Bedeutungslosigkeit für sachgemäß hält). – Der **Sozialwucher** im Sinne der Ausnutzung allgemeiner Not- oder Mangellagen wird durch die §§ 3–5 WiStG erfasst (krit zu dieser Unterscheidung Bernsmann aaO; Sch/Sch-Stree/ Heine 2). – Zum französischen Recht Walter, Betrugsstrafrecht in Frankreich und Deutschland, 1999, S 302. 1

2. Abs 1 setzt ein **zweiseitiges** (oder mehrseitiges, zB Gesellschaftsvertrag) **Rechtsgeschäft** voraus, in dem einer **Leistung, gleich welcher Art** („sonstige Leistung"; vgl Nr 3), eine Gegenleistung („Vermögensvorteile für" die Leistung) gegenübersteht (Schmidt GA 79, 121, 127). Da die Nummern 1 (Mietwucher), 2 (Kreditwucher) und 4 (Wucher bei Vermittlungen) auch nur Leistungen beschreiben, sind sie Beispielsfälle der Nr 3 und lediglich dazu bestimmt, die kriminalpolitisch bedeutsamsten Fälle des Wuchers herauszustellen (BT-Dr 7/5291 S 20) und für die Vermittlung von Leistungen auch Missverständnisse auszuschließen (BT-Dr 7/3441 S 40). Einer exakten Abgrenzung der Beispiele bedarf es daher nicht. 2

3. Das **auffällige Mißverhältnis** ist vom Standpunkt des Leistenden zu beurteilen (hM; vgl BGHSt 43, 53, 59 mit krit Bespr Bernsmann JZ 98, 629, 632 und Renzikowski JR 99, 166, 169; Schäfer/Wolff LK 25 zu § 302a aF; krit Heinz GA 77, 193, 220; Gössel BT 2 32/21; Hoyer SK 5, 42). Zu vergleichen ist die Gesamtheit seiner vermögenswerten Aufwendungen für die Leistung mit den Ver- 3

§ 291

mögensvorteilen (59 zu § 263), die ihm oder dem Dritten aus dem Geschäft zufließen sollen; auf Vorteile, die der Bewucherte mit Hilfe des Geschäfts erlangt oder sich verspricht, kommt es nicht an (BGH aaO mit zust Bespr Otto JK 1; Bay NJW 85, 873 und Karlsruhe JR 85, 167, beide mit krit Anm Otto JR 85, 169). Für die Berechnung ist dabei im Allgemeinen der Marktwert maßgebend (BGH aaO; S 60; Kindhäuser NK 45; krit Bernsmann GA 81, 141, 148, gegen dessen Prämisse Kindhäuser NStZ 94, 105, 109); jedoch ist bei Leistungen, für die es keinen Markt gibt (zB Leistungen zur Lebensrettung) oder bei denen die Preisbildung infolge von Wettbewerbsverzerrungen unangemessen ist, auf den sog „gerechten" Preis zurückzugreifen (Schäfer/Wolff LK 34 zu § 302a aF; s auch Hoyer SK 7, 8 und 44–46), dessen Ermittlung allerdings typische und idR schwer überwindbare Schwierigkeiten bereitet (Bernsmann aaO S 152; nach Kindhäuser NStZ 94, 105, 110 fallen solche Geschäfte faktisch aus dem Bereich des Wuchers heraus). Zu der weitgehend noch ungeklärten Frage der Wertberechnung bei verbotenen oder sittenwidrigen Leistungen (zB Drogenverkauf, illegaler Schwangerschaftsabbruch, Prostitutionsausübung usw) Bernsmann aaO S 155; Sickenberger aaO (vgl 1) S 97; Kindhäuser NStZ 94, 105, 110, alle mwN. – Das Missverhältnis ist **auffällig,** wenn für den Kundigen – sei es auch erst nach genauer Aufklärung des Sachverhalts – ein unverhältnismäßiger Wertunterschied zwischen den Leistungen unmittelbar ins Auge springt (BGH aaO mit krit Bespr Bernsmann JZ 98, 629, 633, Renzikowski aaO und Otto JK 1; Stuttgart wistra 82, 36; Bay NJW 85, 873 und NStZ-RR 96, 278, alle mwN).

4   a) Beim **Mietwucher** (Nr 1) ist der Beurteilung in Anlehnung an § 5 WiStG die ortsübliche Miete (zu deren Ermittlung Celle GA 77, 77; Karlsruhe NJW 97, 3388) zugrunde zu legen (hM; vgl BGHSt 30, 280 mwN; zw). Waren jedoch die Gestehungskosten und Aufwendungen des Vermieters so hoch und unabwendbar, dass eine Festlegung auf die ortsübliche Miete (Vergleichsmiete) ungerecht wäre, so ist das in den Grenzen des für den Mieter Zumutbaren zu berücksichtigen (ähnlich zum früheren Recht BGHSt 11, 182; aM BGHSt 30, 280 mit Anm Scheu JR 82, 474; Sickenberger aaO [vgl 1] S 82; Kindhäuser NStZ 94, 105, 107 und NK 48; Sch/Sch-Stree/Heine 4, alle mwN; zw). Aus den konkreten Umständen abzuleitende überdurchschnittliche Risiken erhöhter Abnutzung, die bei Vermietung zB an häufig wechselnde Mieter, Großfamilien (BGHSt 11, 182) oder Wohngemeinschaften in Frage kommen, rechtfertigen einen angemessenen Zuschlag zur ortsüblichen Miete (NJW 82, 896 mwN; s auch Hamm NJW 83, 1622; str). – Im Durchschnittsfall wird die Auffälligkeit bei Überschreitung der Vergleichsmiete um 50% oder mehr anzunehmen sein (BGHSt 30, 280; Düsseldorf NStZ-RR 98, 365; Sch/Sch-Stree/Heine 15 mwN). Beachte auch die in den Ländern erlassenen Richtlinien zur wirksameren Bekämpfung von Mietpreisüberhöhungen (Nr 239 RiStBV).

5   b) Beim **Kreditwucher** (Nr 2) liegt der Schwerpunkt auf dem Ratenkredit, dem wichtigsten Typus massenweiser Kreditvergabe. Hier hat sich die Methode durchgesetzt, bei dem erforderlichen Leistungsvergleich (vgl 3) gegenüberzustellen: Einerseits der sog **effektiven Jahreszins,** der den Jahrespreis für den Kredit unter Zugrundelegung seiner Laufzeit, des Auszahlungsbetrags, der Tilgungsleistungen, des Zinssatzes und der Kosten widerspiegelt (Karlsruhe NJW 88, 1154 mwN; s auch NJW 88, 1661) und andererseits den sog **Schwerpunktzins,** einen auf Grund von Auskünften zahlreicher Kreditinstitute ermittelten und in den Monatsberichten der Deutschen Bundesbank laufend veröffentlichten Jahresdurchschnittspreis für Ratenkredite (BGHZ 80, 153; Stuttgart NJW 79, 2409 und wistra 82, 36; Nack MDR 81, 621; Nack/Wiese wistra 82, 135; Haberstroh NStZ 82, 265; Otto NJW 82, 2745; einschr Hohendorf aaO [vgl 1] S 116, alle mwN). Die aus diesem Vergleich zu entwickelnde Wertentscheidung über das auffällige Missver-

hältnis erfordert eine **Gesamtbetrachtung,** für die zahlreiche weitere Umstände, namentlich Wesen und Zweck des Kredits, seine Höhe, seine Laufzeit, die gewährten Sicherheiten, das Ausfallrisiko des Kreditgebers und dessen Gestehungskosten (NJW 83, 2780 mit krit Anm Nack NStZ 84, 23 und Otto JR 84, 252; Karlsruhe NJW 88, 1145) bedeutsam sind (zusf Schäfer/Wolff LK 32, 33 zu § 302a aF und mwN). Die Angabe fester Richtwerte für die Überschreitung der Strafbarkeitsschwelle (zB 30% effektiver Jahreszins) dürfte deshalb kaum möglich sein (BGHZ 80, 153; aM StA Stuttgart JR 80, 160 mit krit Anm Lenckner; str); regelmäßig (beachte jedoch MDR 90, 1002; JZ 91, 836 mit Bespr Kohte JZ 91, 814) ist erst ein gegenüber dem Schwerpunktzins um 100% höherer effektiver Jahreszins (NJW 88, 818; Kindhäuser NK 50; krit Hoyer SK 52, alle mwN) oder eine absolute Differenz von mindestens 12 Prozentpunkten zwischen den beiden Vergleichswerten (BGHZ 110, 336 mwN) ein ausreichendes Indiz (s dazu auch Nack, Haberstroh und Otto aaO; Joecks 6). – Bei Krediten anderer Art bildet der nicht mehr ausdrücklich erwähnte (anders noch § 302a aF) übliche Zinsfuß, dh der im redlichen Geschäftsverkehr zur Tatzeit in der fraglichen Region bei vergleichbaren Krediten übliche Zins, ein auch heute noch im Rahmen der erforderlichen Gesamtwürdigung wichtiges Element (Kühne MschrKrim 77, 107, 114).

c) Beim Wucher, der durch **Vermittlungen** begangen wird (Nr 4), dürfte als Ausgangspunkt, also zur Berücksichtigung der Umstände des Einzelfalls, der Preis zu ermitteln sein, der zur Tatzeit in der jeweiligen Region im redlichen Geschäftsverkehr für Vermittlungen vergleichbarer Art üblicherweise gezahlt wird, zB die übliche Maklerprovision (NJW 94, 1475).

d) Zu den **übrigbleibenden Fällen** (Nr 3) gehören etwa Gebührenüberhebungen durch Ärzte, Lohnwucher durch den Lohnempfänger, aber auch durch den Arbeitgeber (BGHSt 43, 53, 59 mit insoweit zust Anm Bernsmann JZ 98, 629, 632) und Übertreuerungen bei Verkaufsgeschäften, auch bei der Vergnügungsindustrie (Bay NJW 85, 873), dem Kunst- und Antiquitätenhandel und der Drogenszene nicht auszuschließen sind; jedoch macht die Ermittlung der Berechnungsgrundlage, die hier häufig zum Rückgriff auf den „gerechten" Preis (vgl 3) zwingt, umso größere Schwierigkeiten, je weniger sich am Markt allgemeine Vergleichsmaßstäbe entwickelt haben und je mehr Affektions-(Liebhaber-)interessen und individuelle Motive beim Geschäftsabschluss mitspielen.

4. Ausbeuten ist die bewusste und besonders anstößige Ausnutzung der Lage des anderen zur Erlangung übermäßiger Vermögensvorteile (Sch/Sch-Stree/Heine 29 mwN; weiter BGHSt 11, 182, 187; Hohendorf aaO [vgl 1] S 133; Sickenberger aaO [vgl 1] S 67; Hoyer SK 19; Schäfer/Wolff LK 23 zu § 302a aF; zw). – **Zwangslage** erfordert nicht notwendig eine existenzbedrohende wirtschaftliche Bedrängnis (ebenso Mitsch BT 2,2 5/57); das drohende Scheitern von bloßen Zukunftsplänen reicht nicht (NJW 94, 1275). Es genügt, dass der Bewucherte nach seinen Verhältnissen die Leistung dringend benötigt und sie nach den Umständen anderweitig nicht günstiger erlangen kann (BT-Dr 7/3441 S 40; krit Sasserath NJW 72, 711). Eine nur eingebildete Zwangslage genügt nicht (aM Hohendorf aaO [vgl 1] S 93; Schauer aaO [vgl 1] S 99; Sch/Sch-Stree/Heine 24; wie hier Mitsch BT 2,2 5/59; Tröndle/Fischer 14), wohl aber eine solche, für die es zwar einen Ausweg gibt, der Bewucherte ihn aber nicht kennt (NJW 58, 2074, 2075; Schäfer/Wolff LK 15 zu § 302a aF und mwN; zw). Ob die Lage vermeidbar war, ist unerheblich (BGHSt 11, 182, 186). – **Unerfahrenheit** ist eine den Ausgebeuteten vom Durchschnittsmenschen unterscheidende Eigenschaft, die auf einem Mangel an Geschäftskenntnis und Lebenserfahrung im Allgemeinen oder auf einzelnen Gebieten beruht und eine Einschränkung der Fähigkeit zur Wahrnehmung oder richtigen Beurteilung von Zuständen oder Geschehnissen zur Folge hat (BGHSt 13, 233; 43, 53, 61 mit Bespr Renzikowski JR 99, 166, 171 und Otto

§ 291

BT. 25. Abschnitt. Strafbarer Eigennutz

JK 1; NJW 83, 2780 mit abl Anm Nack NStZ 84, 23; Karlsruhe NJW 88, 1154, 1158; krit Otto NJW 82, 2745, 2749, alle mwN; str). – **Mangel an Urteilsvermögen** ist mehr als bloße Unerfahrenheit; er ist namentlich anzunehmen, wenn dem Bewucherten – idR in Folge von Verstandesschwäche – die Fähigkeit abgeht, die beiderseitigen Leistungen und die wirtschaftlichen Folgen des Geschäftsabschlusses vernünftig zu bewerten (BT-Dr 7/3441 S 41). – **Willensschwäche** ist jeder – sei es auch krankhafte, uU auf Alkohol- oder Drogenabhängigkeit beruhende – Mangel an Widerstandsfähigkeit gegenüber psychischen Reizen (Prot 7, 2799; krit Begr zu § 203 AE [WirtschStR]); sie ist **erheblich,** wenn sie nicht lediglich Ausdruck einer verbreiteten Anfälligkeit gegenüber modernen Werbemethoden ist (BT-Dr 7/5291 S 20), sondern deutlich hinter der Widerstandskraft des am Geschäftsverkehr teilnehmenden Durchschnittsmenschen zurückbleibt.

9   **5.** Die sog **Additionsklausel** (Abs 1 S 2) setzt voraus, dass bei einem **nach wirtschaftlicher Betrachtung einheitlichen Geschäftsvorgang** (BT-Dr 7/5291 S 20) mehrere in verschiedenen Rollen mitwirken und dafür jeweils selbstständig Vermögensvorteile beanspruchen (zB beim Darlehen: Zinsen, Vermittlungsprovisionen, Auskunfts- und Bearbeitungsgebühren, Versicherungsbeiträge usw, BT-Dr 7/3441 S 40); die bloße Einheit des wirtschaftlichen Vorhabens des Opfers (zB Inanspruchnahme mehrerer Kredite für dasselbe Projekt) genügt nicht (Kindhäuser NK 57; speziell zur Restschuldversicherung Lenckner JR 80, 161; Sickenberger aaO [vgl 1] S 87; s auch NJW 80, 2074 und 82, 2433, alle mwN; str). Unter dieser Voraussetzung kommt es für die Auffälligkeit des Mißverhältnisses, sofern diese für die Leistung des Täters nicht schon selbstständig bejaht werden kann, jeweils auf die Summe der einander gegenüberstehenden Leistungen und Vermögensvorteile an, und zwar unter Einbeziehung auch solcher Geschäfte, die ihrerseits schon ein auffälliges Mißverhältnis aufweisen. Für seine Person muss der Täter dann nur die übrigen Tatbestandsmerkmale erfüllen und die Schwäche des anderen (vgl 8) zur Erzielung eines lediglich **übermäßigen,** dh wirtschaftlich unangemessenen, Vermögensvorteils ausnutzen; diese letzte Einschränkung entfällt allerdings regelmäßig, wenn die Mitwirkenden ihre Tatbeiträge nicht selbstständig als Nebentäter erbringen, sondern – was nach allen Erfahrungen die Regel ist (Haberstroh NStZ 82, 265, 267) – als Beteiligte (§§ 25–27) miteinander verbunden sind (BT-Dr aaO). – Die dogmatische Problematik der Additionsklausel besteht darin, dass sie ein lediglich unanständiges, nicht mit Strafe bedrohtes Verhalten nur deshalb über die Strafbarkeitsschwelle hebt, weil sich auch andere neben dem Täter ebenso verhalten (krit Sturm JZ 77, 84, 87; Hohendorf aaO [vgl 1] S 150; Kindhäuser NStZ 94, 105, 108, der in dieser Klausel einen Verstoß gegen den Bestimmtheitsgrundsatz sieht).

10   **6.** Der **Vorsatz** (bedingter genügt; dazu Haberstroh NStZ 82, 265, 269) muss sich namentlich auf das auffällige Missverhältnis (Düsseldorf NStZ-RR 98, 365; Kindhäuser NK 60) und auf die besondere Lage des Opfers erstrecken; bei Abs 1 S 2 muss der Täter außerdem – sei es auch nur im Sinne bedingten Vorsatzes – wissen, dass neben ihm mindestens noch ein anderer mitwirkt, der die Schwäche des Opfers zur Erzielung eines übermäßigen Vorteils ausnutzt. Mangels Strafbarkeit des Versuchs wird die irrige Annahme dieser Voraussetzungen nicht erfasst. – **Ausbeuten** (vgl 8) erfordert, dass der Täter die Erlangung der Vorteile bezweckt (Schäfer/Wolff LK 55 zu § 302c aF; aM M-Schroeder/Maiwald BT 1 43/22) und dass er sich der Umstände bewusst ist, die deren Übermäßigkeit und die besondere Anstößigkeit der Tathandlung begründen (17 zu § 15; Düsseldorf aaO; weiter Kohlmann aaO [vgl 1] S 43; Hohendorf aaO [vgl 1] S 132; Schäfer/Wolff LK 23 zu § 302a aF; zw).

11   **7.** Zu **Abs 2** (besonders schwere Fälle) 7–21 zu § 46. – **Nr 1: Wirtschaftliche Not** 2 zu § 283a. – **Nr 2: Gewerbsmäßig** 20 vor § 52. – **Nr 3: Wucherische**

Jagdwilderei **§ 292**

Vermögensvorteile sind solche, deren Versprechen nach Abs 1 tatbestandsmäßig ist (Hoyer SK 66; aM für Abs 1 Satz 2 Kindhäuser NK 72; Tröndle/Fischer 27; str). Das Versprechen durch **Wechsel** war schon in § 302a aF wegen seiner besonderen Gefährlichkeit als Erschwerungsgrund anerkannt.

8. Mit § 263 ist **Tateinheit** möglich. Sie setzt aber neben dem Zusammentreffen in einer Handlungseinheit voraus, dass die Täuschung gegenüber der wucherischen Handlung einen selbstständigen Unwert verwirklicht. Andernfalls wird der Betrug als Begleittat konsumiert. In Frage kommt auch, dass § 291 gegenüber der schärferen Strafdrohung des § 263 eine Sperrwirkung entfaltet, wenn zwar alle Merkmale des Betrugs, nicht aber des Wuchers erfüllt sind (zu der noch wenig geklärten Rechtslage Lackner/Werle NStZ 85, 503, 504; eingehend Schauer aaO [vgl 1] S 227, 258). Auch mit § 253 ist Tateinheit möglich; jedoch bedarf es hier ähnlicher Differenzierungen wie beim Verhältnis zu § 263 (vgl etwa Bernsmann GA 81, 141, 166; Arzt, Lackner-FS, S 641; zusf Schauer aaO S 212). – Für das **Zusammentreffen mit §§ 3–5 WiStG** (Verstöße gegen Preisregelung, Preisüberhöhung) gilt § 21 OWiG. 12

§ 292 Jagdwilderei

(1) **Wer unter Verletzung fremden Jagdrechts oder Jagdausübungsrechts**

1. **dem Wild nachstellt, es fängt, erlegt oder sich oder einem Dritten zueignet oder**

2. **eine Sache, die dem Jagdrecht unterliegt, sich oder einem Dritten zueignet, beschädigt oder zerstört,**

wird mit Freiheitsstrafe bis zu drei Jahren oder mit Geldstrafe bestraft.

(2) **In besonders schweren Fällen ist die Strafe Freiheitsstrafe von drei Monaten bis zu fünf Jahren. Ein besonders schwerer Fall liegt in der Regel vor, wenn die Tat**

1. **gewerbs- oder gewohnheitsmäßig,**

2. **zur Nachtzeit, in der Schonzeit, unter Anwendung von Schlingen oder in anderer nicht weidmännischer Weise oder**

3. **von mehreren mit Schußwaffen ausgerüsteten Beteiligten gemeinschaftlich**

begangen wird.

Fassung des 6. StrRG (13 vor § 1).

1. Die Vorschrift schützt das **Aneignungsrecht des Jagdberechtigten** (Bay GA 93, 121, 122 mwN), daneben auch die Hege eines gesunden Wildbestandes (Mitsch ZStW 111, 65, 120; Stegmann, Artenschutz-Strafrecht, 2000, S 161; Rengier BT I 29/1; Schünemann LK 2; aM Hoyer SK 3; Wohlers NK 7; Sch/Sch-Eser/Heine 1 a; zusf Wessels JA 84, 221); bei Abs 2 Nr 2 auch den weidmännischen Charakter der Jagd und die Tiere vor Tierquälerei (M-Schroeder/ Maiwald BT 1 38/9). Geschützt sind von Abs 1 Nr 1 nur wildlebende Tiere, die dem Jagdrecht unterliegen (§§ 1 I, 2 BJagdG). Wilde Tiere in Tiergärten sind nicht herrenlos (§ 960 BGB; Schünemann LK 40; beachte Bay JR 87, 128 und NStZ 88, 230) und können daher gestohlen werden (7 zu § 242). Gefangenes oder erlegtes Wild bleibt bis zur Besitzergreifung durch den Jagdberechtigten herrenlos (hM); deshalb kann ein Jagdvergehen auch an (gefangenem lebenden [Abs 1 Nr 1] oder erlegtem [Nr 2]) Wild begangen werden, das ein Unbefugter bereits in Besitz hat (Bay NJW 55, 32; Wessels aaO S 223; W-Hillenkamp BT 2 Rdn 425, 426; Hoyer SK 12; str). 1

§ 292

2 **2. Abs 1** behandelt in zwei Nummern Eingriffe in die ausschließliche **Befugnis des Jagdberechtigten,**

a) in Nr 1 auf lebendes Wild (Schünemann LK 34) die Jagd auszuüben und es sich als Jagdbeute anzueignen (§§ 1 I, 2 BJagdG; s auch § 1 IV aaO). **Nachstellen** ist die unmittelbare Vorbereitung dieser Handlungen (krit Küper BT S 224), zB Durchstreifen des Gebietes mit gebrauchsfertigen Jagdwaffen (ebenso Joecks 3, Mitsch BT 2,2 1/76, Schünemann LK 41 und Wohlers NK 42 mit weiteren Beispielen). Auf Zueignungsabsicht kommt es hier nicht an. **Fangen** heißt, sich des lebenden Tieres bemächtigen; **Erlegen,** es auf irgendeine Weise töten. **Zueignen** erfordert eine Gewahrsamsbegründung mit dem Willen, die Sache sich oder einem Dritten zuzueignen (15–17, 20, 21, 26, 26 a zu § 242; Mitsch ZStW 111, 65, 120); eine möglicherweise bis zur faktischen Verfestigung des Besitzstandes des Täters reichende Beendigungsphase liegt außerhalb des gesetzlichen Tatbestandes und ist deshalb kein Anknüpfungspunkt für eine strafbare Teilnahme (Schünemann LK 81).

3 **b)** in Nr 2 sich oder einem Dritten krankes oder verendetes Wild, Fallwild oder Abwurfstangen sowie die Eier von Federwild (§ 2 I Nr 2 BJagdG) zuzueignen (§ 1 V aaO). Diese Sachen werden gegen unbefugtes Zueignen (vgl 2), Beschädigen oder Zerstören (3–7 zu § 303) geschützt.

4 **3. Das Recht zur Jagd und zur Ausübung der Jagd** ist in §§ 3 ff, 11 BJagdG geregelt. In befriedeten Bezirken (dazu Bay NJW 92, 2306 mwN) ruht das Jagdausübungsrecht (§ 6 S 1 BJagdG) und darf daher vom Revierinhaber nicht wahrgenommen werden (Bay NStZ 92, 187 mwN; str). – Ein Eingriff in fremdes Jagdrecht fehlt bei Erlaubnis des Berechtigten (Jagdgast) oder bei vertraglich oder gesetzlich erlaubter Wildfolge; er wird gerechtfertigt ua durch Sachwehr nach § 228 BGB (zB Habicht im Hühnerhof). – Der Jagdgast, der mehr oder anderes schießt als erlaubt oder der erlaubt erlegtes Wild sich unerlaubt aneignet, verletzt § 292; ebenso der Jagdberechtigte, der sich Wild aus fremdem Jagdgebiet in sein Revier zutreiben lässt (Bay GA 55, 247) oder von seinem Revier aus in fremdes Gebiet schießt (ebenso Wohlers NK 15); schießt er von fremdem Gebiet in das eigene, so verletzt er uU den § 39 II Nr 6 BJagdG (RGSt 25, 120; Sch/Sch-Eser/Heine 11).

5 **4. Der Vorsatz** (bedingter genügt) erfordert namentlich Bedeutungskenntnis (14 zu § 15) im Hinblick darauf, dass es sich um Tiere oder Gegenstände handelt, die dem Jagdrecht unterliegen, und dass in fremdes Jagdrecht eingegriffen wird (näher Wohlers NK 53–58, der ebenfalls von normativen Tatbestandsmerkmalen ausgeht; dagegen bezieht Schünemann LK 63–66 auch die Annahme von Blankettmerkmalen ein). Hält der Täter ein schon in das Eigentum des Jagdberechtigten (oder eines anderen) übergegangenes Tatobjekt irrig noch für herrenlos, so kann die Tat in der Form des „Nachstellens" vollendet sein (v Löbbecke MDR 74, 119, 121; krit Küper BT S 225; diff Wohlers NK 44), während es für die übrigen Begehungsformen am objektiven Tatbestand und damit an einer Bestrafungsgrundlage fehlt (Wessels JA 84, 221, 224; Tröndle/Fischer 16 mwN; str); hält er umgekehrt das herrenlose, nur dem Jagdrecht unterliegende Tatobjekt schon für fremd (beachte dazu 19 zu § 242), so ist der Diebstahls- oder Unterschlagungsvorsatz dem Wildereivorsatz deshalb gleichwertig, weil der Eingriff in das Aneignungsrecht gegenüber dem Eingriff in das Vollrecht quantitativ und qualitativ nur ein Weniger bedeutet; der Vorstellungsmangel ist daher unerheblich (v Löbbecke aaO; Arzt/Weber BT 16/20; aM Wessels aaO S 223; W-Hillenkamp BT 2 Rdn 432; Krey/Hellmann BT 2 Rdn 278; Hohmann/Sander BT I 9/9; Mitsch BT 2,2 1/88; Hoyer SK 21; Schünemann LK 68, 69: sog „aliud-Theorie"; Wohlers NK 61–63, alle mwN; zw). Herrenlosigkeit und Fremdheit des Tatobjekts können von einem Alternativvorsatz umfasst sein (dazu 29 zu § 15).

Fischwilderei **§ 293**

5. Zu **Abs 2** (besonders schwere Fälle) 7–11 zu § 46. An die Stelle der bisherigen fünf Beispiele sind jetzt in Satz 2 drei Regelbeispiele getreten. **Nr 1** ersetzt den bisherigen Abs 3; Gewerbs- oder Gewohnheitsmäßigkeit 20 vor § 52. **Nr 2** greift vier der bisherigen Beispiele auf. Nachtzeit bedeutet während der Dunkelheit (Bay 63, 86; str). Die Verletzung der Schonzeit (§ 22 BJagdG und die JagdzeitV; nicht bei temporären Schonzeiten aus jagdsportlichem Interesse an einer ausgewogenen Populationsstruktur, Stegmann aaO [vgl 1] S 162) muss dem Täter bekannt sein (Bay 56, 50). Das Schlingenstellen zehrt eine idR vorliegende Tierquälerei auf (Bay NJW 57, 720). In „nicht weidmännischer Weise" erfordert eine empfindliche Schädigung des Wildbestandes oder die Zufügung erheblicher Qualen (Bay NJW 60, 446) und die Vorstellung von der Unjagdlichkeit des Verhaltens (Celle MDR 56, 54). **Nr 3** verändert das bisherige fünfte Beispiel und setzt mindestens zwei mit Schusswaffen ausgerüstete Beteiligte (Täter und Teilnehmer) am Tatort voraus (BT-Dr 13/9064 S 21; Mitsch ZStW 111, 65, 120; Kindhäuser BT II 11/26; enger Hoyer SK 29: mittäterschaftliche Tatbeteiligung). Eine Geringwertigkeitsklausel entsprechend § 243 II enthält Abs 2 nicht (Mitsch ZStW 111, 65, 120).

6. Trifft Jagdwilderei mit der Verletzung bußgeldbewehrter **jagdpolizeilicher Vorschriften** (sog Jagdfrevel) zusammen (vgl § 39 BJagdG und die Landesjagdgesetze), so ist nach § 21 I OWiG grundsätzlich nur das Strafgesetz anzuwenden (Bay GA 93, 121 und Zweibrücken NStE 1 zu § 293); es kommt jedoch in Frage, dass einzelne Bußgeldvorschriften unter dem Gesichtspunkt der Spezialität vorgehen (Bay NStZ 90, 440 mit Anm Rüping NStZ 91, 340; Mitsch OWi S 144).

7. Strafantrag (Abs 1) § 294; die Anwendung von § 248a bei geringem Wert ist nicht vorgesehen (W-Hillenkamp BT 2 Rdn 433; für eine analoge Anwendung M-Schroeder/Maiwald BT 1 38/22; Sch/Sch-Eser/Heine 19); Einziehung von Jagdgerät und Hunden § 295. Verstöße des Jagdberechtigten gegen Abschussregelung und Schonzeit § 38 BJagdG.

§ 293 Fischwilderei

Wer unter Verletzung fremden Fischereirechts oder Fischereiausübungsrechts
1. fischt oder
2. eine Sache, die dem Fischereirecht unterliegt, sich oder einem Dritten zueignet, beschädigt oder zerstört,
wird mit Freiheitsstrafe bis zu zwei Jahren oder mit Geldstrafe bestraft.

Fassung des 6. StrRG (13 vor § 1).

1. Die Vorschrift über **Fischwilderei** ist dem § 292 nachgebildet; nur sind hier die Strafen milder. Fische in geschlossenen Privatgewässern sind nicht herrenlos (§ 960 BGB).

2. Wem das Fischereirecht oder das Fischereiausübungsrecht **zusteht**, ist landesrechtlich geregelt (Nachw bei Göhler [Lexikon] 245 II). – Wer Umfang oder Inhalt des ihm übertragenen Fischereiausübungsrechts zB durch Fischen mit Reusen überschreitet, verletzt fremdes Fischereirecht (Zweibrücken NStE 1; Wohlers NK 6).

3. a) **Nr 1: Fischen** ist jede auf Fang oder Erlegen frei lebender Wassertiere (auch Krebse, Frösche, Schildkröten, Austern, bestimmte Muscheln) gerichtete Handlung ohne Rücksicht auf den Erfolg. Da die Tat also unechtes Unternehmensdelikt (19 zu § 11) ist (Mitsch BT 2,2 1/103; Hoyer SK 6), fällt ihre Vollendung mit dem Beginn der Tathandlung zusammen (zur Abgrenzung von bloßer Vorbereitung Frankfurt NJW 84, 812).

§§ 294–297

4 b) Unter die **Nr 2** (zu deren Tathandlungen vgl 3 zu § 292) fallen neben toten Fischen usw zB auch Schalen und Seemoos, nicht aber Fischereigeräte (ebenso Mitsch BT 2,2 1/102).

5 4. Im Übrigen gelten die Ausführungen unter 5, 7 und 8 zu § 292 weitgehend sinngemäß.

§ 294 Strafantrag

In den Fällen des § 292 Abs. 1 und des § 293 wird die Tat nur auf Antrag des Verletzten verfolgt, wenn sie von einem Angehörigen oder an einem Ort begangen worden ist, wo der Täter die Jagd oder die Fischerei in beschränktem Umfang ausüben durfte.

Fassung: Technische Änderung durch das 6. StRG (13 vor § 1).

1 1. Strafantrag §§ 77–77 d. Verletzter (6 zu § 77) ist je nach Sachlage der Jagd- (Fischerei-)berechtigte oder der Ausübungsberechtigte. Besonders schwere Fälle sowie gewerbs- und gewohnheitsmäßige Begehung (§ 292 II, III) sind ohne Antrag verfolgbar.

2 2. **Privilegiert** sind nur Angehörige (2 zu § 11) und beschränkt zur Jagd (Fischerei) Befugte, insbesondere der Jagdgast, der mehr oder anderes schießt, als ihm erlaubt war (Wohlers NK 3).

§ 295 Einziehung

Jagd- und Fischereigeräte, Hunde und andere Tiere, die der Täter oder Teilnehmer bei der Tat mit sich geführt oder verwendet hat, können eingezogen werden. § 74 a ist anzuwenden.

1 1. § 295 ist eine besondere Vorschrift im Sinne des § 74 IV, welche die **Einziehung** über § 74 I hinaus zulässt. Die Einziehung darf daher nur unter den Voraussetzungen des § 74 II, III und infolge der Verweisung auf § 74 a auch unter dessen Voraussetzungen angeordnet werden. Vgl im Übrigen §§ 74–74 c, 74 e–76 a.

2 2. **Jagd- und Fischereigeräte** sind Gegenstände, die allgemein und erkennbar zur Jagd und Fischerei bestimmt sind; andere (neutrale) Gegenstände nur, wenn der Täter sie zur – wenn auch unweidmännischen – Jagdausübung bestimmt oder benutzt hat. Dazu gehört auch der Kraftwagen, mit dem das Wild gehetzt, geblendet oder überfahren wird (Wohlers NK 6 mwN).

3 3. § 74 I gilt neben § 295 für hier nicht erfasste Gegenstände. Die Jagdbeute kann nur nach § 40 BJagdG eingezogen werden.

§ 296 *(weggefallen)*

§ 297 Gefährdung von Schiffen, Kraft- und Luftfahrzeugen durch Bannware

(1) **Wer ohne Wissen des Reeders oder des Schiffsführers oder als Schiffsführer ohne Wissen des Reeders eine Sache an Bord eines deutschen Schiffes bringt oder nimmt, deren Beförderung**

1. **für das Schiff oder die Ladung die Gefahr einer Beschlagnahme oder Einziehung oder**

2. **für den Reeder oder den Schiffsführer die Gefahr einer Bestrafung**

verursacht, wird mit Freiheitsstrafe bis zu zwei Jahren oder mit Geldstrafe bestraft.

(2) **Ebenso wird bestraft, wer als Reeder ohne Wissen des Schiffsführers eine Sache an Bord eines deutschen Schiffes bringt oder nimmt, deren**

Vorbemerkung **Vor § 298**

Beförderung für den Schiffsführer die Gefahr einer Bestrafung verursacht.

(3) **Absatz 1 Nr. 1** gilt auch für ausländische Schiffe, die ihre Ladung ganz oder zum Teil im Inland genommen haben.

(4) **Die Absätze 1 bis 3 sind entsprechend anzuwenden, wenn Sachen in Kraft- oder Luftfahrzeuge gebracht oder genommen werden. An die Stelle des Reeders und des Schiffsführers treten der Halter und der Führer des Kraft- oder Luftfahrzeuges.**

Fassung des 6. StrRG (13 vor § 1).

1. Die Vorschrift schützt das **Eigentum** (Schroeder ZRP 78, 12; Wohlers NK 8; diff Tröndle/Fischer 2, 3) des Reeders, der daher nicht selbst Täter sein kann, sowie Reeder und Schiffsführer vor der Gefahr der Bestrafung (BT-Dr 13/8587 S 46); die vom Gesetzgeber mit dem 6. StrRG intendierte Umstellung auf den Schutz des Allgemeininteresses am Funktionieren des Schiffs-, Luft- und Kraftverkehrs (BT-Dr 13/8587 S 46) ist durch die Neufassung nicht erreicht worden (Krack wistra 02, 81, 83). Erfasst werden nur private (nicht staatliche) und (nach der Neufassung) deutsche Schiffe (BT-Dr aaO; krit Krack aaO S 86); ausländische Schiffe werden nach **Abs 3** in Fällen des Abs 1 Nr 1 nur erfasst, wenn sie ihre Ladung im Inland genommen haben. – Für eine ersatzlose Streichung Krack aaO. 1

2. Abs 1 kann nach der Neufassung von jedermann, auch Befrachtern, Abladern oder Lotsen, begangen werden (BT-Dr aaO; Krack wistra 02, 81, 82; Wohlers NK 6; aM für Nr 2 Hoyer SK 2: nur der Fahrzeugführer); Reeder ist der Schiffseigner (§ 484 HGB), Schiffsführer der Kapitän (vgl § 511 S 1 HGB). – Die Beschlagnahme oder Einziehung (Abs 1 Nr 1) darf nicht nur der Konterbande selbst drohen; die Bestrafung (Abs 1 Nr 2) muss dem Reeder oder Schiffsführer drohen (Krack aaO). **Abs 2** regelt den umgekehrten Fall, dass der Reeder ohne Wissen des Schiffsführers handelt (BT-Dr aaO). **Tathandlung** ist in Abs 1 und 2 neben dem bisher schon erfassten Anbordnehmen auch das Anbordbringen von außen (BT-Dr aaO); krit zu dieser ungerechten Beschränkung der Tathandlungen Krack aaO S 85); an die Vollendung schließt sich keine Beendigungsphase bis zum von Bord bringen an (Schünemann LK 14; aM Tröndle/Fischer 8a). Der **Vorsatz** (bedingter genügt) muss diese Gefahr umfassen (zum Gefährdungsvorsatz 28 zu § 15), wozu auch die Verbotswidrigkeit der (Gefahr-)Handlung zählt (Schünemann LK 21). – **Abs 4** erstreckt die Abs 1–3 auf Kraft- und Luftfahrzeuge (BT-Dr 13/9064 S 22; Krack aaO S 83: sachgerecht). 2

3. Tateinheit mit § 22a KWKG möglich. Beachte dort Einziehung (§ 24 I) und Entschädigung (§ 24 II). 3

26. Abschnitt. Straftaten gegen den Wettbewerb

Vorbemerkung

Das Gesetz zur Bekämpfung der Korruption – **KorrBG** (13 vor § 1) – hat neben einer Änderung des Amtsträgerbegriffs in § 11 I Nr 2c (dort 6–9c) einen neuen Abschnitt in den BT eingestellt und die §§ 331ff geändert. Durch die Einfügung des neuen Abschnitts soll deutlich gemacht werden, dass der Schutz des Wettbewerbs eine wichtige Aufgabe des Staates ist, zu dessen Durchführung auch ein verstärkter strafrechtlicher Schutz im StGB geboten ist (BT-Dr 13/5584 S 12; zust Tiedemann, Müller-Dietz-FS, S 905 und Dannecker NK 11–19). Abschnitt 26 enthält jetzt im Kern zwei neue Vorschriften – § 298 Wettbewerbsbe- 1

Vor § 298 BT. 26. Abschnitt. Straftaten gegen den Wettbewerb

schränkende Absprachen bei Ausschreibungen und § 299 Bestechlichkeit und Bestechung im geschäftlichen Verker –, die allerdings im Ordnungswidrigkeitenrecht (§ 38 GWB) und im Nebenstrafrecht (§ 12 UWG) Vorläufer hatten (näher zur Entstehung Grützner, Die Sanktionierung von Submissionsabsprachen, 2003, S 359; Tiedemann LK 1). Hinzu kommt eine Strafzumessungsregel für besonders schwere Fälle des § 299 in § 300 sowie zwei § 299 ergänzende Vorschriften über den Strafantrag (§ 301) sowie über Erweiterten Verfall (§ 302). Ob die vereinzelte Übernahme einer Vorschrift aus dem Nebenstrafrecht in das StGB und die Hochstufung einer Ordnungswidrigkeit zur Straftat eine wirksamere Bekämpfung von rechtswidrigen Absprachen und Korruption im Wirtschaftsleben ermöglichen werden, bleibt abzuwarten (optimistisch Tiedemann LK 3 und 6 sowie in: Müller-Dietz-FS, S 905, 914; Dannecker NK 6; zweifelnd Oldigs wistra 98, 291: „purer Aktionismus"; zur rechtstatsächlichen Situation Grützner aaO S 79). Dass die Verfolgung auch ohne Strafantrag bei öffentlichem Interesse möglich ist (§ 301 im Gegensatz zu § 22 UWG), verbessert den Beitrag des Strafrechts zur Eindämmung der Korruption (Tiedemann, Lampe-FS, 759, 760) ebenso wie die neuen Instrumente des § 302 zur Gewinnabschöpfung. Der neue § 298 erleichtert jedenfalls die Bestrafung wettbewerbswidriger Submissionsabsprachen im Vergleich zum Betrug, da ein Vermögensschaden nicht festgestellt werden muss, ob dafür ein Straftatbestand geschaffen werden musste, erscheint dagegen eher zweifelhaft; zur Legitimität von § 298 unter dem Gesichtspunkt des Rechtsgüterschutzes Hefendehl, Kollektive Rechtsgüter im Strafrecht, 2002, S 279; Kohlhoff, Kartellstrafrecht und Kollektivstrafe, 2003, S 120.

2 Die Bekämpfung der Korruption im öffentlichen Bereich soll durch Änderungen der §§ 331 ff verbessert werden. Dafür wurden die Strafdrohungen durchgängig erhöht und in besonders gravierenden Fällen die Anwendung von Erweitertem Verfall ermöglicht (§ 338). In den jetzt spiegelbildlich ausgestalteten Vorschriften über Vorteilsannahme (§ 331) und Vorteilsgewährung (§ 333) wurde in den Absätzen 1 für Amtsträger die sog Unrechtsvereinbarung gelockert („für die Dienstausübung", nicht mehr für eine konkrete „Diensthandlung", muss der Vorteil angenommen, oder gewährt werden). Außerdem wurden sog Drittzuwendungen in alle Straftatbestände der §§ 331 ff einbezogen. – Zum KorrBG Braum, Europäische Strafgesetzlichkeit, 2003, S 517.

3 Das Bemühen um die strafrechtliche Bekämpfung der Korruption ist mit diesen strafrechtlichen Neuregelungen noch nicht am Ende. Verabschiedet bzw Inkraftgetreten sind bereits das Gesetz zur Bekämpfung internationaler Bestechung (IntBestG, Anh V 2; krit Schünemann GA 03, 299, 309) und das EU-Bestechungsgesetz (EuBestG, Anh V 3), die die Gleichstellung von ausländischen mit inländischen Amtsträgern bei Bestechungshandlungen regeln (Dannecker NK 9, 10). Der durch das EU-Rechtsinstrumenten-AG eingefügte § 299 III erstreckt die Vorschrift auf Handlungen im ausländischen Wettbewerb (dort 1). Mit § 4 V Nr 10 EStG soll nun auch der Abzugsfähigkeit von Schmiergeldern entgegengewirkt werden (BT-DR 14/23 und 265; Hofmann/Zimmermann ZRP 99, 49, 53; Pelz WM 00, 1566; Eidam, Unternehmen und Strafe, 2. Aufl 2001, S 384); zur Bekämpfung der Korruption durch steuerrechtliche Maßnahmen Dannecker NK 24–34; zu Vergabesperren auf Landesebene Quardt BB 97, 477; zur Einrichtung eines bundesweiten Korruptionsregisters vgl den im BRat gescheiterten GesEntw v 16. 6. 2002 [BT-Dr 14/9356]; Zweifel an der Verfassungsmäßigkeit bei Battis/Bultmann ZRP 03, 152). – Weil die Erfassung von unlauterem Verhalten im Sport zB durch (Selbst-)Doping des Sportlers oder Bestechung von Funktionären bzw Konkurrenten über §§ 298 ff kaum möglich ist (vgl Paringer, Korruption im Profifußball, 2001, S 235), wird die Schaffung eines § 299 a gegen unlauteren Wettbewerb im Sport vorgeschlagen (Fritzweiler SpuRt 98, 234; Cherkeh, Betrug [§ 263 StGB], verübt durch Doping im Sport, 2000, S 243; Cher-

keh/Momsen NJW 01, 1745, 1751; Paringer aaO, S 245; krit hierzu Heger SpuRt 01, 92, 95 und JA 03, 76, 83). – Art 2 des Corpus Juris der strafrechtlichen Regelungen zum Schutz der finanziellen Interessen der EU sieht ein Vermögensgefährdungsdelikt vor (Otto Jura 00, 98, 101). – Aus den **Gesetzesmaterialien** des KorrBG vgl die Gesetzentwürfe des BRates (BT-Dr 13/3353), der Fraktionen CDU/CSU und F.D.P. (BT-Dr 13/5584), der BReg (BT-Dr 13/6424), Protokoll Nr 13/82 des BT-Rechtsausschusses, Bericht und Beschlussempfehlung des BT-Rechtsausschusses (BT-Dr 13/8079), Beratungen im Plenum des BTages (SBer 13, 11208, 16644), Gesetzesbeschluss des BTages (BR-Dr 482/97). **In-Kraft-Treten:** 20. 8. 1997. **Übersichtsbeiträge:** König JR 97, 397; Korte NStZ 97, 513 und NJW 97, 2556; Bottke ZRP 98, 215; Wolters JuS 98, 1100; Dölling ZStW 112, 334; s auch Ambos JZ 03, 345, 349.

Aus dem **Schrifttum** im Vorfeld des KorrBG vgl ua das Gutachten C zum 61. DJT von Dölling, Bd I C 48 sowie die Referate von Schäfer und Volk, Bd II/1 L 9 und L 35; Braum NJ 96, 450; Geerds JR 96, 309; Hettinger NJW 96, 2263; Kerner/Rixen GA 96, 355; König DRiZ 96, 357; Littwin ZRP 96, 308; Möhrenschlager JZ 96, 822; Ostendorf NKrimPol 96, 16; Ransiek StV 96, 446; Schaupensteiner NStZ 96, 409 und Kriminalistik 96, 237, 306; Duttge ZRP 97, 2; Lüderssen BB 96, 2525 und StV 97, 318. – **Rechtsvergleichend** Eser/Überhofen/Huber (Hrsg), Korruptionsbekämpfung durch Strafrecht, 1997; Überhofen, Korruption und Bestechung im staatlichen Bereich, 1999, der auch „Annäherungsmöglichkeiten in Europa" aufzeigt (S 474). – Zu ausgewählten **Auslandsrechten** Tiedemann LK 12–28. – Zur **Kriminologie** Bannenberg, Korruption in Deutschland und ihre strafrechtliche Kontrolle, 2002.

§ 298 Wettbewerbsbeschränkende Absprachen bei Ausschreibungen

(1) **Wer bei einer Ausschreibung über Waren oder gewerbliche Leistungen ein Angebot abgibt, das auf einer rechtswidrigen Absprache beruht, die darauf abzielt, den Veranstalter zur Annahme eines bestimmten Angebots zu veranlassen, wird mit Freiheitsstrafe bis zu fünf Jahren oder mit Geldstrafe bestraft.**

(2) **Der Ausschreibung im Sinne des Absatzes 1 steht die freihändige Vergabe eines Auftrages nach vorausgegangenem Teilnahmewettbewerb gleich.**

(3) **Nach Absatz 1, auch in Verbindung mit Absatz 2, wird nicht bestraft, wer freiwillig verhindert, daß der Veranstalter das Angebot annimmt oder dieser seine Leistung erbringt. Wird ohne Zutun des Täters das Angebot nicht angenommen oder die Leistung des Veranstalters nicht erbracht, so wird er straflos, wenn er sich freiwillig und ernsthaft bemüht, die Annahme des Angebots oder das Erbringen der Leistung zu verhindern.**

Fassung des KorrBG (13 vor § 1; 1 vor § 298).

1. Die Vorschrift stuft einen Teilbereich der bisherigen Ordnungswidrigkeiten nach § 38 I Nr 1 und 6 GWB aF (die verbleibenden Ordnungswidrigkeiten finden sich jetzt in § 81 GWB; § 81 I Nr 1 GWB erfasst weiterhin Submissionsabsprachen) wegen ihres „qualifizierten Unrechtsgehalts" zu einer Straftat hoch (BT-Dr 13/5584 S 9, 13; König JR 97, 397, 402; Korte NStZ 97, 513, 516; Wolters JuS 98, 1100, 1101; vgl auch schon Dölling, Gutachten C zum 61. DJT, Bd I C 95 und Möhrenschlager JZ 96, 822, 829; Grützner, Die Sanktionierung von Submissionsabsprachen, 2003, S 462; krit zur Strafwürdigkeit und Strafbedürftigkeit Lüderssen BB 96, 2525, 2528 und StV 97, 318, 320; Oldigs, Möglichkeiten und Grenzen der strafrechtlichen Bekämpfung von Submissionsabsprachen, 1998, S 119; diff Otto wistra 99, 41, 42). Sie **schützt** vorrangig das Allgemeininteresse

§ 298

BT. 26. Abschnitt. Straftaten gegen den Wettbewerb

am **freien Wettbewerb** bei Ausschreibungen (BT-Dr und Korte jeweils aaO; Kuhlen, Lampe-FS, S 743, 744; Joecks 1; Rudolphi SK 3; Tiedemann LK 5 vor § 298 und 9 zu § 298; Dannecker NK 10, 11; Kohlhoff, Kartellstrafrecht und Kollektivstrafe, 2003, S 120; krit zum Schutzgut „Wettbewerb" Oldigs aaO S 122 und wistra 98, 291, 293; M-Schroeder/Maiwald BT 2 68/2, die ein abstraktes Vermögensgefährdungsdelikt annehmen); **mitgeschützt** wird auch das Vermögen des Veranstalters einer Ausschreibung und der (möglichen) Mitbewerber (BT-Dr aaO; Achenbach WuW 97, 958 und in: Frankfurter Kommentar zum Kartellrecht, 49 zu § 81; Kleinmann/Berg BB 98, 277, 279; Otto GK 2 61/141; Tiedemann LK 9, 10; aM Rudolphi SK 5; nach Dannecker NK 12: lediglich mittelbar). Die Vorschrift ist damit im Gegensatz zu früheren Vorschlägen (vgl die Nachweise bei BT-Dr aaO, ergänzend Dölling aaO C 93; Oldigs aaO S 128) und dem Entwurf des BRates (BT-Dr 13/3353 Art 1 Nr 1) kein betrugsähnliches Vermögensdelikt (ebenso Mitsch BT 2,2 3/194). Durch den Schutz überindividueller Interessen steht die Vorschrift in einer Linie mit den Gesetzen zur Bekämpfung der Wirtschaftskriminalität und der Umweltkriminalität (BT-Dr aaO S 12; Möhrenschlager aaO; vgl 1, 2 vor § 263; 1, 6 a und 7 vor § 324). – Die Tat ist – abweichend vom Betrug (1, 2 zu § 263) – **abstraktes Gefährdungsdelikt** (König aaO S 402; Otto GK 2 61/142; Rengier BT I 13/101 a; Sch/Sch-Heine 2; Tröndle/Fischer 3 a; 32 vor § 13; krit Oldigs aaO S 145; aM Krey/Hellmann BT 2 Rdn 534 c, Tiedemann LK 12 und Walter GA 01, 131, 140: Verletzungsdelikt hinsichtlich des Angriffsobjekts Verfahren; ähnlich Grützner aaO S 489 und Dannecker NK 16; krit dazu Kuhlen, Lampe-FS, S 743, 746), da der Tatbestand nur die Bedingungen einer generellen Gefährlichkeit für die geschützten Rechtsgüter umschreibt. Obwohl Submissionsabsprachen nach der neuen Rspr des BGH auch als Betrug erfasst werden können (BGHSt 38, 186; 47, 83 mit Anm Satzger JR 02, 391; NJW 95, 737; 38 zu § 263), ergab sich die Notwendigkeit ihrer gesonderten strafrechtlichen Erfassung aus den Schwierigkeiten beim Beweis eines Vermögensschadens (BT-Dr aaO S 13; Satzger, König und Korte jeweils aaO). – Ausschreibungen der **EG** selbst sind ebenso einbezogen wie die Veranstaltung von Ausschreibungen durch die und in den EG-Mitgliedsstaaten (Tiedemann LK 54). – Zur Entstehungsgeschichte: Dahs (Hrsg), Kriminelle Kartelle?, 1998; Oldigs aaO S 30; Grützner aaO S 359; Tiedemann LK 1–3; Dannecker NK 1–5. – Zum französischen Recht Walter, Betrugsstrafrecht in Frankreich und Deutschland, 1999, S 314.

2   **2. Abs 1** beschreibt die Tatsituation als Ausschreibung über Waren und gewerbliche Leistungen. **Ausschreibungen** sind zunächst Vergabeverfahren der öffentlichen Hand; einbezogen sind die Öffentliche Ausschreibung (VOB/A bzw VOL/A je Abschn 1 § 3 Nr 1 Abs 1) sowie oberhalb der EU-Schwellenwerte nach § 2 VgV das dieser entsprechende Offene Verfahren (VOB/A Abschn 2 § 3 Nr 1 a bzw VOL/A Abschn 2 § 3 a Nr 1 Abs 1), die zur Bildung von Submissionskartellen besonders anreizenden, auf aufgeforderte Unternehmen begrenzte Beschränkte Ausschreibung (VOB/A bzw VOL/A je Abschn 1 § 3 Nr 1 Abs 2) sowie das entsprechende Nichtoffene Verfahren (VOB/A Abschn 2 § 3 a Nr 1 b bzw VOL/A Abschn 2 § 3 a Nr 1 Abs 2) und über Abs 2 die freihändige Vergabe nach Teilnahmewettbewerb, vgl 4 (BT-Dr 13/5584 S 14; Dannecker NK 30–35; Tröndle/Fischer 4–5 a; näher zu den Vergabeverfahren Ingenstau/Korbion, VOB Teile A und B, 15. Aufl 2004; zum alten Vergaberecht vgl Vorauf. Erfasst werden aber auch Ausschreibungen privater Unternehmen (Dannecker NK 29; Rudolphi SK 6; weiter Tiedemann LK 22), wenn das Vergabeverfahren in Anlehnung an die Bestimmungen der VOB/A oder VOL/A ausgestaltet ist (BT-Dr aaO; NStZ 03, 548 mit krit Anm Greeve; dies NStZ 02, 505, 506, 507: ausschließlich nach den festgelegten Vergabekriterien; für den Fall der Missachtung von Vergaberegeln durch den öffentlichen Auftraggeber, Greeve aaO 507, 508 mwN). – **Waren**

oder **gewerbliche Leistungen** sind kartellrechtsakzessorisch auszulegen (BT-Dr aaO; Tiedemann, Müller-Dietz-FS, S 905, 916). Allerdings enthalten die für Anknüpfung früher maßgeblichen §§ 1 I, 5 IV GWB inzwischen diese Begriffe nicht mehr, obwohl sie weiterhin den Verkehr mit diesen Gegenständen oder Leistungen meinen (Tiedemann LK 25). **Ware** ist, was Gegenstand des geschäftlichen Verkehrs ist; neben beweglichen Sachen auch Immobilien sowie Rechte aller Art (Kindhäuser 4; Otto GK 2 61/144). **Gewerblich** ist eine Leistung, die im geschäftlichen Verkehr erbracht wird (Sch/Sch-Heine 5); das sind nicht nur Leistungen eines Gewerbebetriebes, sondern auch solche aller Unternehmen im Sinne des § 1 GWB und damit ebenso diejenigen der freien Berufe (BT-Dr aaO; Otto aaO; Kleinmann/Berg BB 98, 277, 279; Joecks 2; Tiedemann LK 27; Dannecker NK 38).

3. Tathandlung ist die **Abgabe eines Angebots** in der unter 2 beschriebenen Tatsituation. Das Angebot muss beim Veranstalter eingereicht sein (s unten 7); Absprachen zwischen den „Wettbewerbern" im Vorfeld der Angebotsabgabe genügen nicht (BT-Dr 13/5584 S 14; König JR 97, 397, 402). Dem Angebot muss freilich eine **rechtswidrige Absprache** zugrundeliegen. Die Rechtswidrigkeit ist Tatbestandsmerkmal (König JR 97, 397, 402; Wolters JuS 98, 1100, 1102; Grützner aaO [vgl 1] S 521; Kuhlen, Lampe-FS, S 743, 754; Schroth BT S 155; Dannecker NK 50; aM Rudolphi SK 8; Sch/Sch-Heine 13), bestimmt sich nach Kartellrecht und ist bei einem nach § 1 GWB unwirksamen Vertrag, einer abgestimmten Verhaltensweise (BT-Dr und König jeweils aaO; Korte NStZ 97, 513, 516; Joecks 4; Dannecker NK 45; enger Kleinmann/Berg BB 98, 277, 280) oder einer vertikalen Vereinbarung nach § 14 GWB gegeben (Tiedemann LK 35). Nicht erfasst sind kartellrechtlich zulässige Handlungen wie zB die Bildung von Bietergemeinschaften (BT-Dr 13/8079 S 14; Tiedemann LK 36, Dannecker NK 49). Ein Verheimlichen der Absprache ist nicht vorausgesetzt (BT-Dr 13/5584 S 14; anders noch der BRats Entw, vgl Möhrenschlager JZ 96, 822, 829); erfasst sind deshalb auch Fälle kollusiven Zusammenwirkens zwischen Anbieter und Veranstalter (Otto GK 2 61/146; W-Hillenkamp BT 2 Rdn 700; Tröndle/Fischer 12, 17; krit zur Strafwürdigkeit offener Absprachen König aaO; Greeve NStZ 02, 505, 508 will Absprachen zwischen einem Bieter und dem Veranstalter nicht erfasst sehen, weil nur Absprachen zwischen Wettbewerbern kartellrechtswidrig seien). Das Angebot **beruht** auf der Absprache, wenn zwischen ihr und dem Angebot ein Ursachenzusammenhang (9–11 vor § 13) besteht; daran fehlt es, wenn das Angebot nicht oder nicht mehr auf die Absprache, sondern auf andere Ursachen zurückzuführen ist (vgl Achenbach, in: Frankfurter Kommentar zum Kartellrecht, 11–14 zu § 38 GWB aF; Tiedemann LK 33; Dannecker NK 51). Das Angebot muss außerdem Gegenstand und Zweck der rechtswidrigen Absprache sein; daran fehlt es, wenn der aus dem Submissionskartell ausgestiegene Anbieter abredewidrig beim Angebot seine Kenntnisse ausnutzt (Rudolphi SK 9; aM Tröndle/Fischer 14). Die Absprache muss darauf **abzielen**, den Veranstalter zur Angebotsannahme zu veranlassen (Mitsch BT 2,2 3/205: objektives Tatbestandsmerkmal). Dieser Absicht steht nicht entgegen, dass der Täter mit dem Angebot weitere Zwecke verfolgt. Allerdings zielt die Absprache nicht auf eine Angebotsannahme ab, wenn der Veranstalter selbst die Absprache angeregt hat (König JR 97, 397, 402; aM Dannecker NK 53; Sch/Sch-Heine 12, 16; Tröndle/Fischer 12).

4. Abs 2 stellt der Ausschreibung die **freihändige Vergabe** eines Auftrags nach **vorausgegangenem Teilnahmewettbewerb** (zu diesem Vergabeverfahren vgl etwa § 3 Nr 1 Abs 3, 4 VOL/A; näher dazu Daub/Eberstein, Kommentar zur VOL/A, 5. Aufl 2000, Abschn 1 § 3 Rdn 17, 24–47) gleich. Auch hier kommt die Vergabe durch private Unternehmen in Betracht (BT-Dr 13/5584 S 14). Eine Erstreckung auf alle Vergabeverfahren, zB freihändige Vergaben ohne vorausge-

§ 298 BT. 26. Abschnitt. Straftaten gegen den Wettbewerb

gangenen Teilnahmewettbewerb, erschien nicht notwendig, da die bedeutendsten Fälle mit der jetzigen Regelung erfasst sind (Möhrenschlager JZ 96, 822, 830) und die verbleibenden Fälle durch §§ 1, 81 I Nr 1 GWB erfasst werden können (BT-Dr aaO; Dannecker NK 35; Kindhäuser 5); nach hM ist das Verhandlungsverfahren nicht erfasst (Tiedemann LK 23; Dannecker NK 33; aM Greeve NStZ 02, 505).

5   5. Der erforderliche **Vorsatz** (bedingter genügt; vgl Tiedemann LK 41) muss sich auf die Abgabe eines Angebots, deren Beruhen auf einer Absprache und deren Rechtswidrigkeit (Wolters JuS 98, 1100, 1102; Mitsch BT 2,2 3/204; Otto GK 2 61/147; Schroth BT S 155; Tiedemann LK 44; aM Rudolphi SK 8; krit Tröndle/Fischer 18) erstrecken. Das Angebot muss nicht darauf abzielen, den Veranstalter zur Annahme eines bestimmten Angebots zu veranlassen; vielmehr genügt es, dass der Täter die Zielrichtung der Absprache erkannt hat (Rudolphi SK 11; Tiedemann LK 42, 43; Dannecker NK 55). Der Täter muss weder die Vorstellung eines „verletzten Mitbewerbers" noch die einer bereits bestimmten, bevorzugten Person haben (BGHSt 10, 358, 368 zu § 12 UWG aF).

6   6. Die Tat ist **kein Sonderdelikt** (33 vor § 13; König JR 97, 397, 402; Otto GK 2 61/148; Tiedemann LK 16). Für die Abgrenzung von Täterschaft und Teilnahme gelten die allgemeinen Regeln (3–6 vor § 25; einschr Dannecker NK 61–67), da das Gesetz keine besondere Regelung über die Täterschaft von Personen enthält, die die Tat durch ihre Beteiligung, zB durch Abgabe eines Schutzangebots oder durch Unterlassen der Abgabe eines Angebots, fördern (BT-Dr 13/5584 S 14; Schroth BT S 155; s auch Kleinmann/Berg BB 98, 277, 280; krit Achenbach WuW 97, 958; der BRat Entw hat sich mit einer entsprechenden Sonderregelung nicht durchgesetzt, König aaO S 402 Fn 110).

7   7. Die Tat ist mit der Abgabe des Angebots **vollendet.** Abgegeben ist das Angebot, wenn es dem Veranstalter zugegangen ist (Wolters JuS 98, 1100, 1102; M-Schroeder/Maiwald BT 2 68/3; Otto GK 2 61/149; Sch/Sch-Heine 8, 19; Tiedemann LK 31); das bloße Absenden des Angebots ist strafloser Versuch (Dannecker NK 41). Schriftform des Angebots ist erforderlich (aM Grützner aaO [vgl 1] S 517); für sonstige vergaberechtliche Erfordernisse vgl Greeve NStZ 02, 505, 509. Die im Vorfeld liegenden Absprachen sind trotz ihrer Gefährlichkeit für das Rechtsgut straffrei gelassen worden (vgl oben 3). Annahme des Angebots und Leistungserbringung gehören nicht mehr zum Tatbestand, auch nicht als dessen Beendigungsphase (Schuler, Strafrechtliche und ordnungswidrigkeitenrechtliche Probleme bei der Bekämpfung von Submissionsabsprachen, 2002, S 151; aM Grützner aaO S 528; König JR 97, 397, 402; Tröndle/Fischer 15c). Die Verjährung beginnt deshalb mit der Abgabe des Angebots, dh der Beendigung der Tat (-handlung) iS des § 78a (aM Tiedemann LK 58 und Dannecker NK 69: mit Erteilung des Zuschlags; noch später nach M-G/B-Gruhl 17 zu § 58: mit der letzten Leistung des Veranstalters). Eine sukzessive Beteiligung nach Vollendung ist nicht möglich, sie kann aber eine Beteiligung am später verwirklichten Betrug sein.

8   8. Zur **tätigen Reue** (Abs 3) 29 zu § 24 (s auch § 264 V [dort 28], dem die Vorschrift nachgebildet ist; BT-Dr 13/5584 S 15; Dölling aaO [vgl 1] C 96). Die Vorschrift betrifft Fälle, in denen es trotz Vollendung der Tat durch Abgabe eines Angebots noch nicht zur Annahme des Angebots oder zur Leistungserbringung gekommen ist (vgl BT-Dr aaO). Freiwillig, Verhindern (auch durch Unterlassen) und ernsthaftes Bemühen 16, 19 und 20 zu § 24. Bei Beteiligung mehrerer sind die Grundsätze des § 24 II anwendbar (Dannecker NK 59).

9   9. **Tateinheit** ist wegen der unterschiedlichen Schutzrichtung (vgl 1) mit § 263, insbesondere mit dessen Abs 3, möglich (BT-Dr 13/5584 S 14; König JR 97, 397, 402; Korte NStZ 97, 513, 516; Achenbach WuW 97, 958; Kuhlen,

Lampe-FS, S 743, 752; Krey/Hellmann BT 2 Rdn 534b; W-Hillenkamp BT 2 Rdn 699; Rudolphi SK 15; Tiedemann LK 51; Dannecker NK 71; aM Wolters JuS 98, 1100, 1102; Schroth BT S 155: Spezialität des § 298; für Subsidiarität des § 298 M-Schroeder/Maiwald BT 2 68/9); die Annahme einer selbstständigen und abschließenden Sonderregelung ist anders als bei § 264 (dort 30, 31) nicht geboten, da § 298 keine Fälle erfolgreicher (vermögensschädigender) Absprachen erfasst. § 81 I Nr 1 GWB tritt gemäß § 21 OWiG zurück (Achenbach aaO; Otto GK 2 61/151).

10. Die Zuständigkeit zur Verhängung einer Geldbuße gegen juristische Personen und Personenvereinigungen nach § 30 OWiG ist durch § 82 GWB (= § 81a GWB aF) den sachkundigen Kartellbehörden auch in Fällen zugewiesen, in denen der zum Leitungsbereich gehörende Unternehmensangehörige gegen den § 81 GWB verdrängenden § 298 verstößt (BT-Dr 13/8079 S 17); dadurch ist die Problematik gespaltener Kompetenzen zwischen Kartellbehörden und Staatsanwaltschaft keineswegs gelöst (Achenbach WuW 97, 958, 960, wistra 98, 168 und in: Frankfurter Kommentar zum Kartellrecht, 8–14 zu § 82 GWB; Dölling ZStW 112, 334, 348; Otto GK 2 61/152; Dannecker NK 81, 82).

§ 299 Bestechlichkeit und Bestechung im geschäftlichen Verkehr

(1) **Wer als Angestellter oder Beauftragter eines geschäftlichen Betriebes im geschäftlichen Verkehr einen Vorteil für sich oder einen Dritten als Gegenleistung dafür fordert, sich versprechen läßt oder annimmt, daß er einen anderen bei dem Bezug von Waren oder gewerblichen Leistungen im Wettbewerb in unlauterer Weise bevorzuge, wird mit Freiheitsstrafe bis zu drei Jahren oder mit Geldstrafe bestraft.**

(2) **Ebenso wird bestraft, wer im geschäftlichen Verkehr zu Zwecken des Wettbewerbs einem Angestellten oder Beauftragten eines geschäftlichen Betriebes einen Vorteil für diesen oder einen Dritten als Gegenleistung dafür anbietet, verspricht oder gewährt, daß er ihn oder einen anderen bei dem Bezug von Waren oder gewerblichen Leistungen in unlauterer Weise bevorzuge.**

(3) **Die Absätze 1 und 2 gelten auch für Handlungen im ausländischen Wettbewerb.**

Fassung des KorrBG (13 vor § 1; 1 vor § 298); Abs 3 wurde durch das EU-Rechtsinstrumente-AG (14 vor § 1) eingefügt.

1. Die Vorschrift schützt vorrangig das **Allgemeininteresse an einem freien, lauteren Wettbewerb** (Otto GK 2 61/141; Rudolphi SK 1; Sch/Sch-Heine 2; Tiedemann LK 5 vor § 298 und 5 zu § 299; Dannecker NK 4; nach Heinrich, Der Amtsträgerbegriff im Strafrecht, 2001, S 602, das „Interesse des einzelnen Staatsbürgers" am funktionierenden Wettbewerb; aus der Reformdiskussion Dölling, Gutachten C zum 61. DJT, Bd I C 91 und Heinrich aaO S 594; vgl auch Bottke ZRP 98, 215, 219). Geschützt sind auch die inländischen und ausländischen (BT-Dr 14/8998, S 11; Dannecker NK 8) Mitbewerber, vor denen sich der Vorteilsgeber einen Vorsprung verschaffen will, die Allgemeinheit vor Verteuerung sowie der Geschäftsherr vor Benachteiligung (BGHSt 31, 207, 211 zu § 12 UWG; Erbs/Kohlhaas-Diemer, U 43, Rdn 2 zu § 12 UWG aF; Wolters JuS 98, 1100, 1103; Rudolphi SK 1; Tiedemann LK 5, 6; Dannecker NK 5, 6; W-Hillenkamp BT 2 Rdn 702; krit zu dieser „Mixtur" bei § 12 UWG Volk, 61. DJT, Bd II L 46; gegen den Schutz des Geschäftsherrn Bürger wistra 03, 130, 133; allein auf den abstrakten Vermögensschutz der Mitbewerber heben ab M-Schroeder/Maiwald BT 2 68/2). – Die Tat ist wie § 298 abstraktes Gefähr-

§ 299

dungsdelikt (Sch/Sch-Heine 2; im Hinblick auf den Wettbewerbsschutz für Verletzungsdelikt, Tiedemann LK 10). Nach bisher hL musste der **inländische** Wettbewerb betroffen sein; eine Bestechungshandlung auf einem Auslandsmarkt fiel danach erst dann unter den Tatbestand, wenn die Tat ausschließlich oder überwiegend die Interessen deutscher Mitbewerber verletzte (Randt BB 02, 2252; Weidemann DStZ 02, 329). Dies ist durch den neuen **Abs 3** geändert worden, der eine gemeinsame Maßnahme der EU v 22. 12. 1998 (ABl EG L 358 S 2) umsetzt (BT-Dr 14/8998 S 9). Abs 3 soll – was schon nach dem Wortlaut des bisherigen Rechts möglich war – klarstellen, dass von § 299 nicht nur Handlungen im inländischen Wettbewerb erfasst sind, sondern dass der Wettbewerb „generell, dh weltweit" geschützt ist (BT-Dr aaO; krit Randt aaO S 2256). Tatbestandsmäßig sind also alle wettbewerbsrelevanten Bestechungshandlungen, egal auf welchem Markt sie vorgenommen werden und wer die Mitbewerber sind (BT-Dr aaO S 10); die diskutierte, europarechtliche Vorgaben erfüllende Beschränkung auf den EG-Binnenmarkt ist fallen gelassen worden (Dannecker NK 74; Tröndle/Fischer 2). Zum internationalen Strafrecht Dannecker NK 75–79. – Der Tatbestand der passiven Bestechung (Bestechlichkeit, Abs 1) entspricht weitgehend § 12 Abs 2 aF UWG, derjenige der aktiven Bestechung (Abs 2) ist identisch mit Abs 1 des § 12 UWG; § 12 UWG wurde durch Art 4 des KorrBG aufgehoben. Durch die Übernahme der Vorschrift in das Kernstrafrecht soll „das Bewusstsein der Bevölkerung geschärft werden, dass es sich auch bei der Korruption im geschäftlichen Bereich um eine Kriminalitätsform handelt, die nicht nur die Wirtschaft selbst betrifft, sondern Ausdruck eines allgemein sozialethisch missbilligten Verhaltens ist" (BT-Dr 13/5584 S 15; Tiedemann LK 3 vor § 298 und in: Müller-Dietz-FS, S 905, 914; krit zur isolierten Einstellung einer UWG-Vorschrift ins StGB der BRat [BT-Dr 13/6424 S 7]; König JR 97, 397, 401; Otto GK 2 61/153; Dölling aaO C 85; s auch 1 vor § 298). Zahlreiche Reformvorschläge (Übersicht bei Dölling aaO) zur Erweiterung des Tatbestandes wurden dagegen nicht aufgegriffen. – Zu europäischen Reformschritten vgl den Rahmenbeschluss v 31. 7. 2003 (Abl EU L 192 S 54). – Zu Entstehungsgeschichte und Reform Tiedemann LK 1–4. – Zu alten und neuen Reformproblemen Tiedemann, Lampe-FS, S 759.

2 **2. Bestechlichkeit, Abs 1. a)** Täter können nur Angestellte oder Beauftragte eines geschäftlichen Betriebs sein (ebenso W-Hillenkamp BT 2 Rdn 702). Für Dritte kommt nur Anstiftung und Beihilfe in Betracht; da sie nicht in besonderer Beziehung zum Betrieb stehen, ist § 28 I anwendbar (Otto GK 2 61/154; Rudolphi SK 3; Tiedemann LK 13). Bei Einschaltung von Vermittlerfirmen kommen vorrangig die für die Auftragsvergabe zuständigen Angestellten als Täter in Betracht (Wittig wistra 98, 7; Tiedemann LK 14). **Angestellter** ist, wer in einem (gegebenenfalls nur kurzfristigen) Dienst-, Werks- oder Auftragsverhältnis zum Geschäftsinhaber steht; Rudolphi SK 4; Tröndle/Fischer 10) und den Weisungen des Geschäftsherrn unterworfen ist (Otto GK 2 61/154; Dannecker NK 19). Hierzu gehört zB auch ein geschäftsführendes Vorstandsmitglied einer AG (vgl auch BGHSt 20, 210), ein Geschäftsführer einer GmbH (Dannecker NK 21) oder ein Beamter bei Geschäftsbetrieben öffentlich-rechtlicher Körperschaften (Heinrich aaO [vgl 1] S 607; Baumbach/Hefermehl, UWG, 19. Aufl 1996, 4 zu § 12 UWG aF). Nicht erfasst sind der **Geschäftsinhaber** (Dannecker NK 27; für seine Strafbarkeit in der Reformdiskussion Volk aaO [vgl 1] L 47 und in: Zipf – GS, S 419, 427 sowie Bürger wistra 03, 130, 132; dagegen Dölling aaO [vgl 1] C 87) sowie diejenigen Angestellten, die keinerlei Einflussmöglichkeiten auf den Bezug von Waren oder gewerblichen Leistungen besitzen (Baumbach/Hefermehl aaO [vgl 1]; Diemer aaO 13 zu § 12). – **Beauftragter** ist derjenige, der auf Grund seiner Stellung befugtermaßen (zB als sog faktischer Geschäftsführer,

Rudolphi SK 4) berechtigt und verpflichtet ist, für den Betrieb zu handeln, sofern er nicht Betriebsinhaber oder Angestellter ist (Otto GK 2 61/154), zB ein Handelsvertreter (Joecks 6); nicht erfasst sind sog Vermittler von Strohfirmen, da sie nicht befugtermaßen handeln (Wittig wistra 98, 7, 9; Dannecker NK 20: Teilnehmer). Erforderlich ist nach der ratio legis, dass er die Möglichkeit besitzt, auf die betrieblichen Entscheidungen über den Bezug von Waren oder gewerblichen Leistungen Einfluss zu nehmen (BGHSt 2, 396, 401; Bay NJW 96, 168, 170; Schramm JuS 99, 333; Otto GK 2 aaO). – **Geschäftlicher Betrieb** ist jede auf Dauer bestimmte, regelmäßige Teilnahme am Wirtschaftsleben mittels Leistungsaustausch (BGHSt 2, 396, 403; 10, 359, 366). Dazu zählen zB auch am Wirtschaftsleben teilnehmende öffentliche Unternehmen (vgl BGHSt 2, 396, aber auch NStZ 94, 277) oder staatliche Beschaffungsstellen (Heinrich aaO S 609; Dannecker NK 26). Eine Gewinnerzielungsabsicht ist nicht erforderlich; auch gemeinnützige, kulturelle oder soziale Einrichtungen sowie öffentliche Unternehmungen kommen in Betracht (BGH aaO; vgl auch BGHSt 43, 96, 105 mit Bespr Schramm JuS 99, 333; Bay aaO). Die rein private Betätigung einer Person wird nicht erfasst (Otto GK 2 61/154; Sch/Sch-Heine 6). Nicht erfasst sind gesetzwidrige und sittenwidrige Geschäftsbeziehungen (Rudolphi SK 5; Tiedemann LK 18; diff Tröndle/Fischer 5).

b) Handeln **im geschäftlichen Verkehr** ist weit auszulegen und erfasst alle Maßnahmen, die auf die Förderung eines beliebigen Geschäftszwecks gerichtet sind, dh jede selbstständige, die Verfolgung eines wirtschaftlichen Zwecks dienende Tätigkeit, in der eine Teilnahme am Wettbewerb irgendwie zum Ausdruck kommt (Mitsch BT 2,2 3/221). Erfasst sind auch alle einem Geschäftszweck dienenden, freiberuflichen Tätigkeiten, nicht jedoch rein private (BGHSt 10, 359, 366), betriebsinterne oder amtlich-hoheitliche Handlungen (Heinrich aaO [vgl 1]; Tröndle/Fischer 12, 10). Im letztgenannten Fall wird der Täter jedoch meist Amtsträger iS des § 11 I Nr 2 oder ein für den öffentlichen Dienst besonders Verpflichteter nach § 11 I Nr 4 sein (Dannecker NK 28). 3

c) Vorteil 4 zu § 331; speziell für § 299 NJW 03, 2996. Im Unterschied zu § 12 Abs 2 aF UWG, der nur den Vorteil für den Täter erfasst hat, bezieht § 299 (ebenso wie §§ 331 ff) die für einen **Dritten** geforderten Vorteile ein; deshalb sind auch Zuwendungen, die den Angestellten oder Beauftragten selbst nicht besserstellen, erfasst (BT-Dr 13/5584 S 15; vgl 6 zu § 331). Sozialadäquate Zuwendungen erfüllen den Tatbestand nicht (Otto GK 2 61/157; Tiedemann LK 27; s auch 14 zu § 331). – „**Als Gegenleistung dafür**" (Unrechtsvereinbarung, die entgegen § 331 I nicht „gelockert" ist) 10 zu § 331. – **Fordern, Sich-Versprechen-Lassen** und **Annehmen** 7 zu § 331 (ergänzend Otto GK 2 61/156 und Dannecker NK 31–34). 4

d) Die (angestrebte) Unrechtsvereinbarung muss auf eine unlautere **Bevorzugung** eines anderen abzielen (NJW 03, 2996; Otto GK 2 61/159); der Bevorzugungswille muss nach außen hin manifestiert werden (Mitsch BT 2,2 3/234: objektives Tatbestandsmerkmal). Dies ist der Fall, wenn der Täter oder ein von ihm begünstigter Dritter einen Vorteil erlangen soll, auf den er oder der Dritte keinen Anspruch hat (Otto aaO [vgl 1] 27 zu § 12; Dannecker NK 43). Die Belohnung einer bereits ausgeführten Leistung genügt nicht (NJW 68, 1572, 1573; Wittig wistra 98, 7, 8; Rudolphi SK 8; Tiedemann LK 28; Dannecker NK 47), sofern mit ihr nicht zugleich zukünftige Bevorzugungen in die Wege geleitet werden sollen (bei Herlan GA 53, 78; enger Tiedemann LK 33, die auf den Zeitpunkt des Bezugs von Waren oder gewerblichen Dienstleistungen abstellen; so eng Tröndle/Fischer 15). – Die Bevorzugung erfolgt, wenn sie sachfremd – in **unlauterer Weise** – durch die Zuwendung des sozialinadäquaten Vorteils geleitet wird (vgl BGHSt 2, 396, 401; Otto GK 2 61/159; Sch/Sch-Heine 20; speziell 5

§ 299 BT. 26. Abschnitt. Straftaten gegen den Wettbewerb

beim Sponsoring Satzger ZStW 115, 469, 487). Unerheblich ist dabei, dass in bestimmten Branchen das „Schmieren" üblich ist und de facto unerlässlich sein mag (Rudolphi SK 9). Da § 299 den Wettbewerb und damit die Mitbewerber schützt, entfällt idR die Unlauterkeit auch nicht dadurch, dass der Vorteil nicht heimlich, sondern mit Wissen oder Billigung des Geschäftsherrn gefordert wird (hM zu § 12 UWG aF; vgl RGSt 48, 291, 296; Stuttgart BB 74, 1265; Otto aaO [vgl 1] 31 zu § 12; Bürger wistra 03, 130, 133; Dannecker NK 52; zT abweichend Tröndle/Fischer 18). Die Unlauterkeit ist zu verneinen, wenn der Vorteil so geringfügig ist, dass er objektiv zur Willensbeeinflussung ungeeignet erscheint (zB harmlose Werbegeschenke; zu sozialadäquaten Zuwendungen s oben 4; speziell zu akquisitorischen Maßnahmen von Rechtsanwälten Lesch AnwBl 03, 261, 263). – **Bezug von Waren oder gewerblichen Leistungen** 2 zu § 298 (ergänzend Diemer aaO [vgl 1] 28, 29 zu § 4 UWG); erfasst sind auch Tätigkeiten im Rahmen der staatlichen Beschaffungs- und Bedarfsverwaltung (Heinrich aaO [vgl 1] S 611). Die Bevorzugung erfolgt im **Wettbewerb,** wenn der andere in einem bestehenden oder bevorstehenden Wettbewerbsverhältnis zu anderen Mitbewerbern steht (NJW 03, 2996; enger Tiedemann, Müller-Dietz-FS, S 905, 917); dies erfordert ein Konkurrenzverhältnis zwischen dem Begünstigten und den Mitbewerbern als Geschädigten. Mitbewerber sind alle Gewerbetreibenden, die Waren oder Leistungen gleicher oder verwandter Art herstellen oder in den geschäftlichen Verkehr bringen (BGHSt 10, 358, 368).

6   **3. (Aktive) Bestechung (Abs 2).** Der Tatbestand entspricht spiegelbildlich dem des Abs 1 (Otto GK 2 61/165). **Täter** nach Abs 2 ist der Mitbewerber oder ein für ihn handelnder Dritter; Dritte, die nicht im Interesse eines Mitbewerbers handeln, kommen nur als Teilnehmer (Anstifter oder Gehilfen) in Betracht (Otto GK 2 61/171; Tiedemann LK 19). Bei Einschaltung von Vermittlerfirmen kommen vorrangig die Schmiergelder zahlenden Lieferanten als Täter in Betracht (Wittig wistra 98, 7, 10). Auch der Stellungsuchende ist gegenüber anderen ein Mitbewerber (Baumbach/Hefermehl aaO [vgl 2] 16 zu § 12). – **Geschäftlicher Verkehr** s oben 4. – **Zu Zwecken des** (eigenen oder fremden) **Wettbewerbs** handelt der Täter, wenn die Tat objektiv dazu geeignet ist, eigenen oder fremden Absatz zu fördern (NJW 70, 378, 380; wistra 03, 385, 386; Kindhäuser BT II 45/17; Otto GK 2 61/167; allein auf die Tätervorstellung abstellend NJW 03, 2996). – **Angestellter oder Beauftragter eines geschäftlichen Betriebs** s oben 3. – **Vorteil als Gegenleistung** 4, 10 zu § 331. – **Bezug von Waren oder Dienstleistungen** s oben 8. – **In unlauterer Weise** s oben 7. – **Anbieten, Versprechen** oder **Gewähren** 3 zu § 333.

7   **4.** Die **Vollendung** setzt keine erfolgreiche Bevorzugung des Mitbewerbers voraus. Beim Anbieten bzw Fordern braucht es nicht zum Abschluss einer Unrechtsvereinbarung gekommen zu sein; es genügt, dass das Fordern auf eine solche gerichtet ist (BGHSt 10, 358, 368; Mitsch BT 2,2 3/226; s auch 10 zu § 331 und 5 zu § 332). Beim Sichversprechenlassen (bzw Versprechen) und Annehmen (bzw Gewähren) muss hingegen der Gegner der Unrechtsvereinbarung zugestimmt haben (Diemer aaO [vgl 1] 39 zu § 12). Kommt es nicht zum Gewähren des Vorteils, ist die Tat „beendet", wenn die Forderung oder das Versprechen sich als „fehlgeschlagen" erwiesen haben und der Täter mit einer Erfüllung nicht mehr rechnet (NJW 03, 2996; zur Verjährung 4 zu § 78a). – Kritisch zum Fehlen einer § 298 III entsprechenden Vorschrift über tätige Reue Krack NStZ 01, 505, 507).

8   **5.** Hinsichtlich der Merkmale des objektiven Tatbestands genügt bedingter **Vorsatz** (Otto GK 2 61/168; Dannecker NK 56). Im Falle des Forderns (bzw Anbietens) muss der Täter eine Unrechtsvereinbarung anstreben (Absicht [20 zu

§ 15]; Otto aaO [vgl 1] 50 zu § 12; Rudolphi SK 11; aM Mitsch BT 2,2 3/239). Dem Täter muss es somit darauf ankommen, dass der ins Auge gefasste Vorteilsgeber bzw -nehmer den Vorteil als Gegenleistung für die Bevorzugung im Wettbewerb begreift (Tröndle/Fischer 22). Der Täter einer Bestechung (Abs 2) muss außerdem mit Wettbewerbsabsicht handeln (20 zu § 15; NJW 70, 378, 380; Otto GK 2 61/168; Tiedemann LK 45). Ohne Bedeutung ist hierbei, dass der Täter noch weitere Ziele verfolgt (Otto aaO [vgl 1], 49 zu § 12; Dannecker NK 69). Das Bewusstsein, sein Handeln werde den Absatz fördern, genügt jedoch nicht (vgl auch MDR 81, 992, 993).

6. Tateinheit ist möglich mit § 298 (Rudolphi SK 15; Tröndle/Fischer 25), §§ 333, 334 (zB bei Bestechung von Angestellten einer staatlichen Beschaffungsstelle, Heinrich aaO [vgl 1] S 613; Satzger ZStW 115, 469, 487; Dannecker NK 89; anders NStZ 94, 277 zu § 12 UWG), §§ 253, 263 (BGHSt 9, 245, 246; Tiedemann LK 51) und § 266 (BGHSt 31, 207, 208; NJW 01, 2102, 2105; Dannecker NK 89). 9

§ 300 Besonders schwere Fälle der Bestechlichkeit und Bestechung im geschäftlichen Verkehr

In besonders schweren Fällen wird eine Tat nach § 299 mit Freiheitsstrafe von drei Monaten bis zu fünf Jahren bestraft. Ein besonders schwerer Fall liegt in der Regel vor, wenn

1. die Tat sich auf einen Vorteil großen Ausmaßes bezieht oder

2. der Täter gewerbsmäßig oder als Mitglied einer Bande handelt, die sich zur fortgesetzten Begehung solcher Taten verbunden hat.

Fassung des KorrBG (13 vor § 1; 1 vor § 298).

Allgemein zu besonders schweren Fällen mit Regelbeispielen 7–21 zu § 46. Satz 2 **Nr 1** Vorteil großen Ausmaßes 25 zu § 264, doch muss er nicht in der gleichen Größenordnung wie bei Subventionen liegen (BT-Dr 13/5584 S 15; Tröndle/Fischer 4), sondern wie bei § 335 (dort 2) zu bemessen sein (Rudolphi SK 3, Tiedemann LK 4; nach Dannecker NK 5: 25 000,– €). – Satz 2 **Nr 2** 12 zu § 261; die Verbindung muss hier auf die Begehung von Bestechlichkeit und Bestechung im geschäftlichen Verkehr gerichtet sein. 1

§ 301 Strafantrag

(1) Die Bestechlichkeit und Bestechung im geschäftlichen Verkehr nach § 299 wird nur auf Antrag verfolgt, es sei denn, daß die Strafverfolgungsbehörde wegen des besonderen öffentlichen Interesses an der Strafverfolgung ein Einschreiten von Amts wegen für geboten hält.

(2) Das Recht, den Strafantrag nach Absatz 1 zu stellen, hat neben dem Verletzten jeder der in § 8 Abs. 3 Nr. 1, 2 und 4 des Gesetzes gegen den unlauteren Wettbewerb bezeichneten Gewerbetreibenden, Verbände und Kammern.

Fassung des KorrBG (13 vor § 1; 1 vor § 298); Abs 2 geändert durch das UWG v 3. 7. 2004 (BGBl I 1414, 1420); s 15 vor § 1.

1. Das Erfordernis des Strafantrags (§§ 77–77 d) gilt nur für § 299. Bei Bejahung eines **besonderen öffentlichen Interesses** (Abs 1) kann auf den Antrag verzichtet werden (BT-Dr 13/5584 S 16; krit die Stellungnahme des BRates BT-Dr 13/6424 S 8; im Übrigen vgl 4, 5 zu § 230); dies gilt auch für Fälle, die noch nach § 12 UWG aF zu behandeln sind (NJW 01, 2102, 2107; AG Bochum wistra 01, 155 mit zust Anm Südbeck); die Bejahung des öffentlichen Interesses kann 1

§§ 302–303

auch noch im Revisionsverfahren nachgeholt werden (NJW 03, 2996; 5 zu § 230).

2 2. **Antragsberechtigt** (Abs 2) ist der Verletzte (zB der Mitbewerber oder der Geschäftsherr) und die in § 8 III Nr 1, 2 und 4 UWG bezeichneten Personen und Verbände (BT-Dr aaO; Wolters JuS 98, 1100, 1103; Heinrich, Der Amtsträgerbegriff im Strafrecht, 2001, S 616; krit die Stellungnahme des BRates BT-Dr 13/6424 S 7).

§ 302 Vermögensstrafe und Erweiterter Verfall

(1) In den Fällen des § 299 Abs. 1 ist § 73 d anzuwenden, wenn der Täter gewerbsmäßig oder als Mitglied einer Bande handelt, die sich zur fortgesetzten Begehung solcher Taten verbunden hat.

(2) In den Fällen des § 299 Abs. 2 sind die §§ 43a, 73 d anzuwenden, wenn der Täter als Mitglied einer Bande handelt, die sich zur fortgesetzten Begehung solcher Taten verbunden hat. § 73 d ist auch dann anzuwenden, wenn der Täter gewerbsmäßig handelt.

Fassung des KorrBG (13 vor § 1; 1 vor § 298). Der in Abs 2 genannte § 43a ist durch Urteil des BVerfG v 20. 3. 2002 mit Gesetzeskraft für nichtig erklärt worden (BGBl I 1340).

1 1. Die Verweisungsvorschrift des **Abs 1** gilt nur für § 299 I. Erweiterter Verfall 1–12 zu § 73 d; gewerbs- oder bandenmäßig 2 zu § 150.

2 2. Die Verweisungsvorschrift des **Abs 2** gilt nur für § 299 II. Erweiterter Verfall 1–12 zu § 73 d; Mitglied einer Bande (Satz 1) und gewerbsmäßig (Satz 2) 2 zu § 150.

§ 302 a Wucher *(weggefallen)*

27. Abschnitt. Sachbeschädigung

§ 303 Sachbeschädigung

(1) Wer rechtswidrig eine fremde Sache beschädigt oder zerstört, wird mit Freiheitsstrafe bis zu zwei Jahren oder mit Geldstrafe bestraft.

(2) Der Versuch ist strafbar.

1 1. Die Vorschrift **schützt das Eigentum** gegen Tauglichkeitsminderung (Sch/Sch-Stree 1; krit Kargl JZ 97, 283, beide mwN; str). – Zur **Kriminologie** der Sachbeschädigung und ihrer kriminalistischen Problematik Geerds, Sachbeschädigungen, 1983, S 23, 45; speziell zu den Strafrahmendiskrepanzen bei den Sachbeschädigungsdelikten Disse, Die Privilegierung der Sachbeschädigung (§ 303 StGB) gegenüber Diebstahl (§ 242 StGB) und Unterschlagung (§ 246 StGB), 1982; Bohnert JR 88, 446; Wallau JA 00, 248; Eckert Kriminalistik 01, 775; Schneider, Vandalismus, 2002; Braum, in: Minthe (Hrsg), Neues in der Kriminalpolitik, 2003, S 165; Raithel/Mansel (Hrsg), Kriminalität und Gewalt im Jugendalter, 2003. – Gesetzesentwürfe zur strafrechtlichen Erfassung von „Graffiti" über das geltende Recht hinaus sind bedauerlicherweise in der 14. und 15. Legislaturperiode vorerst gescheitert (für eine entsprechende Erweiterung des § 303 Ingelfinger, Graffiti und Sachbeschädigung, 2003, und Kühl, in: Protokoll der 19. Sitzung des Rechtsausschusses des BTag v 21. 5. 2003, S 14 und 27 sowie in: Weber-FS; dagegen Weber, Meurer-GS, S 283, und W-Hillenkamp BT 2 Rdn 19); Baden-Württemberg hat im Mai 2004 einen Entschließungsantrag ein-

Sachbeschädigung **§ 303**

gebracht (BR-Dr 382/04), der das Gesetzesvorhaben möglicherweie wieder in Gang bringt; zur Strafbarkeit von „Graffiti-Sprayern" in Österreich und der Schweiz Moos JR 01, 93.

2. Sache 2 zu § 242; hier auch die unbewegliche, zB der Acker, die Wiese (LG Karlsruhe NStZ 93, 543, 544), das Gebäude, auch das fast zerstörte (OGHSt 2, 209); auch eine wertlose Sache wie ein an Tollwut erkrankter Hund (aM Bay NJW 93, 2760; Otto GK 2 47/2; Rengier BT I 24/1; W-Hillenkamp BT 2 Rdn 16 sehen hier eine Frage der Rechtfertigung, zB nach § 17 Nr 1 TierSchG). **Fremd** 4–7 zu § 242.

3. a) Beschädigen ist nach der Rspr des BGH jede nicht ganz unerhebliche körperliche Einwirkung auf die Sache, durch die ihre stoffliche Zusammensetzung verändert oder ihre Unversehrtheit derart aufgehoben wird, dass die Brauchbarkeit für ihre Zwecke gemindert ist (BGHSt 13, 207 mit krit Anm Klug JZ 60, 226; BGHSt 44, 34, 38; NStZ 82, 508; LG Karlsruhe NStZ 93, 543, 544; zur Abgrenzung von der bloßen Sachentziehung Bloy, Oehler-FS, S 559; Schmitt, Stree/Wessels-FS, S 505).

aa) Im Allgemeinen ausreichend, aber nicht unbedingt erforderlich ist, dass die Sache in ihrer **Substanz** verletzt oder, zB durch Lack- oder Farbanstrich, so in Mitleidenschaft gezogen wird, dass die Reinigung zwangsläufig zu einer Substanzverletzung führen muss (Düsseldorf NJW 82, 1167 [mit Anm Behm StV 82, 596] und 99, 1199 [mit Bespr Behm NStZ 99, 511 und Momsen JR 00, 172]; Oldenburg NJW 83, 57 mit Anm Dölling JR 84, 37; Frankfurt NStZ 88, 410; KG NJW 99, 1200; Bay, Karlsruhe und Hamburg StV 99, 543–546 mit Bespr Eisele JA 00, 101; Wilhelm JuS 96, 424; W-Hillenkamp BT 2 Rdn 28; krit Seelmann JuS 85, 199, 200; Momsen JR 00, 173: „freiverantwortliche Selbstschädigung"; für objektive Zurechnung dagegen Rengier, Roxin-FS, S 811, 814, und Ingelfinger aaO [vgl 1] S 21); lässt sich das aufgesprühte Farbe ohne Rückstände beseitigen, so liegt trotz des Kostenaufwands keine Substanzverletzung vor (Düsseldorf StV 95, 592; Bay StV 97, 81; LG Itzehoe NJW 98, 468; Karlsruhe und Hamburg StV 99, 544; krit Hoyer SK 12). Ferner kann eine bloße **Funktionseinbuße** genügen (Frankfurt NJW 87, 389 mit Anm Stree JuS 88, 187; LG Bremen NJW 83, 56; krit Kargl ZStW 103, 136, 152 und JZ 97, 283, sowie Thoss KritV 94, 392), zB Luftablassen aus Auto- (BGHSt 13, 207; W-Hillenkamp BT 2 Rdn 30; aM Joecks 9, 10) oder Fahrradreifen (Bay NJW 87, 3271) und Zerlegen einer Maschine (Hoyer SK 5; aM Zaczyk NK 11) oder beim Überkleben eines Verkehrsschildes (Köln NJW 99, 1042 mit krit Bespr Wrage NStZ 00, 32; Rengier BT I 24/11; W-Hillenkamp BT 2 Rdn 29). Auch das Löschen eines Ton-(Magnet-) Bandes gehört hierher, weil der Eingriff den Verlust einer zuvor gegebenen Funktion des besprochenen Bandes zur Folge hat (Merkel NJW 56, 778; Lenckner, Computerkriminalität und Vermögensdelikte, 1981, S 19; Hoyer aaO; aM Lampe GA 75, 1, 16; Kunz JuS 77, 604; Naucke 1/111; zw; beachte jedoch 6 zu § 303a). Der Gebrauch einer Sache kann auch durch das Hinzufügen eines Gegenstandes, zB durch Befestigung eines Stahlkastens auf der Schiene eines Verbindungsgleises beeinträchtigt werden (BGHSt 44, 34 mit Bespr Otto NStZ 98, 513 und Dietmeier JR 98, 470). Ob auch das Reparieren einer geschädigten Sache ein Beschädigen sein kann, ist umstritten (vgl Rengier BT I 24/6a mwN).

Unerhebliche Beeinträchtigungen, deren Beseitigung üblicherweise überhaupt unterbleibt oder ohne ins Gewicht fallenden Aufwand möglich ist, sind auszuscheiden (hM; vgl NStZ 82, 508; eingehend Behm, Sachbeschädigung und Verunstaltung, 1984, S 185 mwN); zB beim Luftablassen aus Autoreifen unmittelbar an einer Tankstelle (BGHSt 13, 207; Mitsch BT 2, 1 5/25; krit Lampe ZStW 89, 325, 343; zw) oder aus den Reifen eines mit einer funktionstüchtigen Luft-

§ 303

pumpe ausgerüsteten Fahrrades (ebenso Rengier BT I 24/8 und W-Hillenkamp BT 2 Rdn 30; aM Bay NJW 87, 3271 mit abl Anm Geerds JR 88, 218 und Behm NStZ 88, 275), beim Abmontieren von Radkappen, die neben das Auto gelegt werden (Hamm VRS 28, 437), oder bei einer geringfügigen Erweiterung eines schon bestehenden, Wiederherstellung erfordernden schadhaften Zustandes (Frankfurt MDR 79, 693), **nicht dagegen** beim Herausschneiden der Kennnummern aus Volkszählungsbögen, weil hier nur die Substanz-, aber nicht die Funktionseinbuße unerheblich ist (Celle NJW 88, 1101 mit Anm Zaczyk StV 88, 157 und Geerds JR 88, 435; Köln NJW 88, 1102; Stuttgart NJW 89, 1939), wohl auch nicht beim Papier und Toner beanspruchenden, unverlangten Zusenden von Werbetelefaxen (Stöber NStZ 03, 515, 517 mit Hinweisen auf gegenteilige Entscheidungen von Staatsanwaltschaften in Fn 16, 23, 24).

6 bb) Nach der Rspr des BGH ist die bloße, ohne Substanzverletzung bewirkte **Veränderung der äußeren Erscheinungsform** regelmäßig keine Beschädigung, und zwar auch dann nicht, wenn die Veränderung auffällig (belangreich) ist (BGHSt 29, 129; Frankfurt NJW 90, 2007; Düsseldorf NJW 93, 869; Bay StV 97, 81; Hamburg StV 99, 544 mit krit Bespr Otto JK 3; KG NJW 99, 1200 mit krit Bespr Mersson NZM 99, 447; Karlsruhe StV 99, 544; LG Itzehoe NJW 98, 468, alle mwN; s jedoch Köln NJW 99, 1042, 1044 mit krit Bespr Jahn JA 99, 98; eingehend Behm aaO [Sachbeschädigung; vgl 5] und JR 88, 360; dem BGH zust Rengier BGH-FG, S 467, 468 und in: BT I 24/14 sowie Joecks 8; für die Erfassung von „Graffiti" als Beschädigen Weber, Meurer-GS, S 283, 286); eine Ausnahme wird nur für den Fall anerkannt, dass die Funktion der Sache, etwa eines Kunstwerks oder eines Denkmals (RGSt 43, 204), gerade darin besteht, durch die äußere Erscheinung zu wirken (BGH aaO mit Bespr Scheffler NStZ 01, 290; s auch Hamburg NJW 82, 395 mit Anm Maiwald JR 82, 298). Demgegenüber hat die Mehrheit der OLG (Nachw BGH aaO) beim Phänomen des sog „wilden Plakatierens" zu Recht jede nicht unerhebliche, dem maßgeblichen Gestaltungswillen oder auch nur einem vernünftigen Interesse des Eigentümers widersprechende Zustandsveränderung genügen lassen (ebenso Schroeder JR 76, 338 und JZ 78, 72; Haas JuS 78, 14; krit Ingelfinger aaO [vgl 1] S 29; aM Thoss NJW 78, 1612 und KritV 94, 392; Schmid NJW 79, 1580; Seelmann JuS 85, 199; Kargl JZ 97, 283; Tröndle/Fischer 8; vgl auch Wilhelm JuS 96, 424 und [krit] Braum KJ 00, 35, 39). Diese sog Zustandsveränderungstheorie ist als Gegenposition zur BGH-Rspr mit überzeugenden Gründen weiter vertieft worden (zusf Maiwald JZ 80, 256; Gössel JR 80, 184; Dölling NJW 81, 207; Katzer NJW 81, 2036; Otto JZ 85, 21, 27; Schroeder JR 87, 359 und 88, 363; Momsen JR 00, 174; Hillenkamp, BT-Problem 27, S 137; Kindhäuser BT II 20/14; Küper BT S 242; im Ergebnis ebenso Zaczyk NK 12 und Krey/Hellmann BT 2 Rdn 246).

7 **b) Zerstören** ist nur ein stärkerer Grad des Beschädigens (Mitsch BT 2,1 5/21; krit Zaczyk NK 9), dh eine Einwirkung mit der Folge, dass die bestimmungsmäßige Brauchbarkeit der Sache völlig aufgehoben wird.

8 **4.** Der **Vorsatz** (bedingter genügt; speziell beim „Car-Walking" LG Berlin NStZ-RR 97, 362) muss die Substanzverletzung oder Brauchbarkeitsminderung (AG Freiburg StV 82, 582), nicht aber die Rechtswidrigkeit (vgl 9) umfassen, die hier nur allgemeines Verbrechensmerkmal ist (6 zu § 15); die irrige Annahme, jagdschutzrechtlich zur Tötung von Hunden befugt zu sein (vgl 9), lässt als Verbotsirrtum den Vorsatz unberührt (Bay NJW 92, 2306 mit im Ergebnis zust Bespr Schlüchter JuS 93, 14, Herzberg GA 93, 439 und JZ 93, 1017, 1019).

9 **5.** Die **Rechtswidrigkeit** kann namentlich durch Einwilligung des Eigentümers ausgeschlossen sein (10–18 von § 32; ebenso Mitsch BT 2,1 5/12; s auch Oldenburg NJW 82, 1166; für Ausschluss des Tatbestandes Gropengießer JR 98, 89, 91; Zaczyk NK 21; speziell zur Sachbeschädigung durch unverlangte Zusendung

Datenveränderung § 303a

von Werbetelefaxen Stöber NStZ 03, 515, 518), ferner ua durch §§ 228, 229, 859, 904 BGB. Das Töten wildernder Hunde kann der Jagdschutz rechtfertigen (§§ 23, 25 BJagdG; dieses Recht endet zB an der Grenze der befriedeten Jagdbezirke nach § 6 BJagdG, Bay NJW 92, 2306); bei Überschreitung des Jagdrechts bleibt § 303 anwendbar (Hamm MDR 60, 865). § 241 a BGB rechtfertigt die Vernichtung unbestellt gelieferter Waren (Haft/Eisele, Meurer-GS, S 245, 254; Matzky NStZ 02, 458; zust M-Schroeder/Maiwald BT 1 36/22 und W-Beulke AT Rdn 283 a sowie W-Hillenkamp BT 2 Rdn 17; krit zur Begründung Otto Jura 04, 389, 390, der schon die Fremdheit der Sache verneint). Eine Rechtfertigung von sog „Graffiti"-Kunst durch das Grundrecht der Kunstfreiheit kommt nicht in Betracht, weil sich Kunst auch ohne Beschädigung fremder Sachen entfalten kann (BVerfG NJW 84, 1293 [zum „Sprayer von Zürich"; vgl dazu auch EKMR NJW 84, 2753]; Eisele JA 00, 101; Ingelfinger aaO [vgl 1] S 15; für ausnahmsweise Rechtfertigung Fischer, Die strafrechtliche Beurteilung von Werken der Kunst, 1995, S 170). – Neuerdings wird die Rechtswidrigkeit auch als Tatbestandsmerkmal aufgefasst, das bei nur formellen Eigentumsverletzungen fehlen soll, wenn sie der materiellen Eigentumsordnung entsprechen, zB bei der eigenmächtigen Zerstörung einer Sache durch denjenigen, der einen Anspruch auf ihre Übereignung hat (Gropengießer aaO S 93; im Erg ebenso Wallau JA 00, 248, 256).

6. Zum **Konkurrenzverhältnis** des § 303 zu § 243 vgl dort 24; zu § 274 **10** dort 8; zu § 303a dort 6; zu § 303b dort 8; zu § 304 dort 7; zu § 306 dort 6; zu § 306f dort 3. Die Sachbeschädigung an Volkszählungsbögen (vgl 5) wird durch die mit Geldbuße bedrohte Auskunftspflichtverletzung nach §§ 15, 23 BStatG schon wegen der Unrechtsverschiedenheit nicht verdrängt (Celle NJW 88, 1101; Köln NJW 88, 1102; Düsseldorf MDR 89, 665; aM Frister NJW 88, 954, alle mwN); sie geht vielmehr nach § 21 OWiG vor.

7. Strafantrag § 303 c. **11**

§ 303 a Datenveränderung

(1) **Wer rechtswidrig Daten (§ 202 a Abs. 2) löscht, unterdrückt, unbrauchbar macht oder verändert, wird mit Freiheitsstrafe bis zu zwei Jahren oder mit Geldstrafe bestraft.**

(2) **Der Versuch ist strafbar.**

1. Die Vorschrift **schützt das Interesse an der unversehrten Verwendbar-** **1** **keit von Daten** (Möhrenschläger wistra 86, 128, 141; ähnlich Mitsch BT 2,2 5/197); geschützt sind deshalb auch Daten ohne wirtschaftlichen, wissenschaftlichen oder ideellen Wert (Bay 93, 87, 90; Schulze-Heiming, Der strafrechtliche Schutz der Computerdaten gegen die Angriffsformen der Spionage, Sabotage und des Zeitdiebstahls, 1995, S 164; Kindhäuser BT II 24/1, der dennoch ein spezielles Vermögensdelikt annimmt; dagegen W-Hillenkamp BT 2 Rdn 50). Zum kriminalpolitischen Bedürfnis für ihre Einführung durch das 2. WiKG (2 vor § 263) BT-Dr 10/5058 S 34 (krit Welp IuR 89, 434, 436). **Grundfälle** bei Hilgendorf JuS 96, 890.

2. Handlungsobjekte sind nur nicht unmittelbar wahrnehmbare Daten nach **2** § 202a II (dort 2); erfasst werden auch Daten in der Übermittlungsphase (Ernst NJW 03, 3233, 3237). Für die Beeinträchtigung unmittelbar wahrnehmbarer Daten kommt § 303 in Frage.

3. Die **Tathandlungen**, die auch durch Unterlassen in Garantenstellung (6–15 **3** zu § 13) begangen werden können (Schulze-Heiming aaO [vgl 1] S 183), überschneiden sich weit (zusf Welp IuR 88, 434 [Sonderheft]; Hilgendorf aaO [vgl 1]

§ 303a

S 891; s auch § 3 IV BDSG). – **Löschen** entspricht dem Zerstören nach § 303 I und erfordert daher nicht wiederherstellbare, vollständige Unkenntlichkeit (BT-Dr 10/5058 S 34; Schulze-Heiming aaO S 172; enger Tolksdorf LK 23) der konkreten Speicherung (Lenckner/Winkelbauer CR 86, 824, 829); zB Beseitigen einer Kopiersperre mittels Cracker (Tolksdorf LK 24). **Unterdrücken** bedeutet – insoweit über § 303 I hinausgehend –, die Daten dauernd oder auch nur vorübergehend (Binder, Strafbarkeit intelligenter Ausspähens von programmrelevanten DV-Informationen, 1994, S 57 und RDV 95, 116, 118; Schulze-Heiming aaO S 179; Hoyer SK 9; aM Altenhain JZ 97, 752, 753 Fn 17) dem Zugriff des Berechtigten entziehen und dadurch ihre Verwendbarkeit ausschließen (BT-Dr aaO; s auch 2 zu § 274; 10 zu § 354; speziell zu Viren-, DoS- und SPAM-Angriffen Ernst aaO [vgl 2] S 3238); erfasst ist auch das Verhindern des Zugangs der Daten (Hilgendorf JuS 97, 323, 325). Das sog „Spamming" (4 zu § 265a) ist erfasst, wenn es wegen Überlastung des Servers zum Zusammenbruch des Systems kommt (Frank, Zur strafrechtlichen Bewältigung des Spamming, 2004, S 149). **Unbrauchbarmachen** heißt, die Daten in ihrer Gebrauchsfähigkeit so beeinträchtigen, dass sie ihren Zweck nicht mehr erfüllen können (BT-Dr aaO S 35; Hilgendorf aaO). **Verändern** erfordert das Herstellen eines neuen Dateninhalts, sei es durch inhaltliche Umgestaltung (§ 3 IV Nr 2 BDSG), durch Teillöschung, durch veränderte Verknüpfung mit anderen Daten (Bay 93, 86 mit zust Bespr Hilgendorf JR 94, 478 und Otto JK 1; Möhrenschlager wistra 86, 128, 141) oder uU durch Hinzufügung neuer Daten (näher Ernst aaO); die bloße Vervielfältigung von Daten durch Übertragung auf einen (weiteren) Datenträger (zB auf eine Blanko-Codekarte) genügt nicht (aM Richter CR 89, 305), dagegen wird die missbräuchliche Installation von Dialer-Programmen erfasst (Buggisch NStZ 02, 178, 180). – Der Einsatz von Computerviren kann, muss aber nicht tatbestandsmäßig sein (näher dazu Schulze-Heiming aaO S 185 und Tolksdorf LK 32–35 mwN); der Einsatz einer Programmsperre kann als Unterdrücken oder Unbrauchbarmachen erfasst werden, wenn es sich nicht nur um eine geringfügige Beeinträchtigung der Programmbenutzung handelt (Wuermeling CR 94, 585, 592).

4 4. Ohne die Einbeziehung des Merkmals „**rechtswidrig**" beschreibt der Tatbestand keinen Unrechtstypus (krit zu dieser Gesetzestechnik Welp IuR 88, 443, 446). Dieser kann erst dadurch konstituiert werden, dass aus dem Rechtswidrigkeitserfordernis ein einschränkendes Tatbestandselement abgeleitet wird (6 zu § 15; Hilgendorf aaO [vgl 1] S 892 und W-Hillenkamp BT 2 Rdn 52; ähnlich Granderath DB 86, Beil 18, 1, 3; Frommel JuS 87, 667; in der Methode, nicht in der Sache abw Lenckner/Winkelbauer CR 86, 824, 828; Kindhäuser BT II 24/9). Wegen der Unbestimmtheit des Tatbestandes werden verfassungsrechtliche Bedenken aus Art 103 II GG erhoben (Tolksdorf LK 7; Zaczyk NK 1, 4, beide mwN), die nur durch eine überzeugende inhaltliche Ausfüllung dieses einschränkenden Tatbestandselements überwunden werden können. Für die Tatbestandsmäßigkeit genügt jeder Eingriff in eine fremde Rechtsposition (Bay 93, 86 mit Anm Hilgendorf JR 94, 478; zw), auf jeden Fall also die Verletzung des (eigentümerähnlichen) Verfügungsrechts über die Daten, das nicht notwendig dem Systembetreiber, sondern häufig auch einem von ihm verschiedenen Auftraggeber zusteht (näher dazu Welp aaO; krit Tröndle/Fischer 6); bei unerlaubt auf fremdem Datenträger gespeicherten Daten kann der Speichernde, aber auch der Eigentümer des Datenträgers das Verfügungsrecht haben (Tolksdorf LK 15, 16 mwN). Einzubeziehen ist ferner der Eingriff in fremde Besitz- oder Nutzungsrechte (Lenckner/ Winkelbauer aaO; aM Welp aaO; zw) und wohl auch die Verletzung des Interessen des vom Dateninhalt Betroffenen (BT-Dr 10/5058 S 34; Möhrenschlager wistra 86, 128, 141; Granderath aaO; aM Tröndle/Fischer 13), dies allerdings nur, wenn ihm – was idR nicht zutrifft – ein Recht auf Unversehrtheit der Daten zusteht (ganz abl Lenckner/Winkelbauer, Hilgendorf, Welp und W-Hillenkamp, jeweils aaO sowie Tolksdorf LK 10); manche knüpfen die Verfügungsberechtigung an den „Skripturakt", dh das erste Abspeichern der Daten (Hilgendorf aaO [vgl 1] S 893 mwN). Nur dieses Erfordernis des Eingriffs in eine fremde Rechtsposition ist Tatbestandselement (ebenso Gössel BT 2 18/60). – Der Einsatz einer Programmsperre, die unberechtigte Nutzer trifft, kann durch Notwehr gerechtfertigt sein (Wuermeling CR 94, 585, 591).

5. Der **Vorsatz** (bedingter genügt) muss namentlich das unter 4 beschriebene Tatbestandselement umfassen. Der Irrtum über die „Rechtswidrigkeit" kann je nach den Umständen Tatbestands-, Erlaubnistatbestands- oder Verbotsirrtum sein.

6. Tateinheit ua möglich mit §§ 202a, 263a, 268, 269 sowie mit § 44 BDSG. Dasselbe gilt für § 303 (Zaczyk NK 19); werden jedoch lediglich Daten ohne Verletzung der Trägersubstanz beeinträchtigt (zB Löschen eines Tonbandes), so tritt § 303 – obwohl tatbestandlich verwirklicht (4 zu § 303) – zurück, weil sich das Unrecht in der von § 303a voll erfassten Datenveränderung erschöpft (Hilgendorf aaO [vgl 1] S 894; Kindhäuser 12; aM Lenckner/Winkelbauer CR 86, 824, 831 und Krey/Hellmann BT 2 Rdn 257b).

§ 303b Computersabotage

(1) Wer eine Datenverarbeitung, die für einen fremden Betrieb, ein fremdes Unternehmen oder eine Behörde von wesentlicher Bedeutung ist, dadurch stört, daß er

1. eine Tat nach § 303a Abs. 1 begeht oder

2. eine Datenverarbeitungsanlage oder einen Datenträger zerstört, beschädigt, unbrauchbar macht, beseitigt oder verändert,

wird mit Freiheitsstrafe bis zu fünf Jahren oder mit Geldstrafe bestraft.

(2) Der Versuch ist strafbar.

1. Die Vorschrift **schützt das Interesse von Wirtschaft und Verwaltung an der Funktionstüchtigkeit ihrer Datenverarbeitung** (Möhrenschlager wistra 86, 128, 142; Schulze-Heiming, Der strafrechtliche Schutz der Computerdaten gegen die Angriffsformen der Spionage, Sabotage und des Zeitdiebstahls, 1995, S 195; weiter Zaczyk NK 1). Abs 1 Nr 1 enthält nur einen **Qualifikationstatbestand** zu § 303a (BT-Dr 10/5058 S 36), während Abs 1 Nr 2 einen selbstständigen (Lenckner/Winkelbauer CR 86, 824, 831) Tatbestand formuliert. Zum kriminalpolitischen Bedürfnis für die Einführung der Vorschrift durch das 2. WiKG (2 vor § 263) und zu ihrer Bedeutung für die allgemeine Problematik der Betriebssabotage BT-Dr aaO S 35; Möhrenschlager aaO; Schulze-Heiming aaO S 193. **Grundfälle** bei Hilgendorf JuS 96, 1082.

2. Datenverarbeitung 3, 4 zu § 263a. Der hier weit auszulegende Begriff umfasst den Gesamtbereich eines Daten verarbeitenden Systems, also nicht nur die Summe der Datenverarbeitungsvorgänge, sondern auch den damit zusammenhängenden weiteren Umgang mit Daten und deren Verwertung (BT-Dr aaO [vgl 1]; Hilgendorf aaO [vgl 1]; Mitsch BT 2,2 5/214); der einzelne Datenverarbeitungsvorgang ist wohl nicht gemeint (Tolksdorf LK 4 und 15; krit zur Differenzierung Tröndle/Fischer 4; anders die hM). – **Betrieb, Unternehmen** 15 zu § 11; **Behörde** 20 zu § 11. Betrieb und Unternehmen sind **fremd,** wenn der Täter nicht selbst deren Inhaber oder vertretungsberechtigter Repräsentant des Inhabers ist (zB zuständiges Organ, gesetzlicher Vertreter, Konkursverwalter; zust Zaczyk NK 4) oder für diesen mit dessen Einwilligung handelt (enger Lenckner/Winkelbauer CR 86, 824, 830; aM Hilgendorf aaO S 1083: Rechtfertigungsebene). Eine nur für den eigenen Betrieb usw bedeutsame Datenverarbeitung wird daher nicht erfasst; jedoch können

§ 303c

Eingriffshandlungen in fremde Rechte nach den §§ 303, 303a strafbar sein (BT-Dr aaO). – Das bedenklich unbestimmte und daher eng auszulegende Merkmal **„von wesentlicher Bedeutung"** setzt eine Datenverarbeitung von solcher Komplexität voraus, dass von ihrem einigermaßen störungsfreien Ablauf die Funktionstüchtigkeit der Einrichtung im Ganzen abhängt (näher konkretisierend Lenckner/Winkelbauer aaO und Sch/Sch-Stree 7). Datenverarbeitungen mit eng begrenzten Aufgaben, namentlich in elektronischen Schreibmaschinen und Taschenrechnern (BT-Dr aaO; einschr v Gravenreuth NStZ 89, 201, 206 und Schulze-Heiming aaO [vgl 1] S 208), scheiden daher aus. Zweifelsfrei einbezogen sind umgekehrt Datenverarbeitungen, die in Rechenzentren oder anderen Anlagen zur Bewältigung zentraler Unternehmens- oder Behördenaufgaben (zB Lohnabrechnungen, Steuerberechnungen usw) durchgeführt werden. Für die Wesentlichkeit der Bedeutung ist auf den verarbeitenden Betrieb, uU aber auch auf den Auftraggeber abzustellen (Hilgendorf aaO; Tolksdorf LK 8; aM Sch/Sch-Stree 8).

3   **3.** Die in den Nummern 1, 2 bezeichneten **Tathandlungen** (vgl 4, 5; näher Binder RDV 95, 116, 119 und Hilgendorf aaO [vgl 1]) müssen den Eintritt einer **Störung** der geschützten Datenverarbeitung (vgl 6) verursachen.

4   **a) Nr 1:** Vgl 2, 3 zu § 303a. Täter kann auch der Eigentümer einer Datenverarbeitungsanlage sein, wenn er zB Auftragnehmer des über die Daten verfügungsberechtigten „fremden" Unternehmens ist.

5   **b) Nr 2: Handlungsobjekte** sind ausschließlich Datenverarbeitungsanlagen und Datenträger, also nur körperliche Sachen (Ernst NJW 03, 3233, 3238). Sie müssen ebenso wie Daten (3 zu § 263a) nicht notwendig Bestandteile eines EDV-Systems sein (zB Mikrofilme). – Zu den einzelnen **Tathandlungen** (Zerstören usw) 3–7 zu § 303; 2 zu § 87. – Erfasst werden auch gegen **eigene Sachen** gerichtete Tathandlungen, wenn dadurch in Rechte der geschützten Einrichtung (vgl 2) eingegriffen wird (einschr Lenckner/Winkelbauer aaO [vgl 1], Schulze-Heiming aaO [vgl 1] S 214 und Tolksdorf LK 28).

6   **c) Stören** (als Folge der Tathandlung) setzt nicht nur eine Gefährdung, sondern eine nicht unerhebliche Beeinträchtigung des reibungslosen Ablaufs der Datenverarbeitung voraus (BT-Dr aaO [vgl 1] S 36; Schulze-Heiming aaO [vgl 1] S 209; Hilgendorf aaO [vgl 1] S 1083). Einerseits scheiden deshalb geringfügige Eingriffe auch in eine Datenverarbeitung von wesentlicher Bedeutung aus; andererseits ist aber – abweichend von § 316b I – eine Störung der geschützten Einrichtung im ganzen nicht erforderlich (BT-Dr aaO).

7   **4.** Bedingter **Vorsatz** genügt (näher Schulze-Heiming aaO [vgl 1] S 222).

8   **5. Tateinheit** ua möglich mit §§ 88, 109e, 202a, 263a, 268, 269, 316b. Abs 1 Nr 1 geht dem § 303a vor (Spezialität). Seine Nr 2 verdrängt den § 303, weil die Sachbeschädigung als das zwar nicht notwendig, aber doch regelmäßig anzuwendende Tatmittel in der Strafdrohung bereits berücksichtigt ist (27 vor § 52; Hilgendorf aaO [vgl 1] S 1084; aM Möhrenschlager wistra 86, 128, 142; Sch/Sch-Stree 20; diff Schulze-Heiming aaO [vgl 1] S 226).

§ 303 e Strafantrag

In den Fällen der §§ 303 bis 303b wird die Tat nur auf Antrag verfolgt, es sei denn, daß die Strafverfolgungsbehörde wegen des besonderen öffentlichen Interesses an der Strafverfolgung ein Einschreiten von Amts wegen für geboten hält.

1   **1. Strafantrag** §§ 77–77d.

2   **2.** Bei § 303 kommt als **Verletzter** (6 zu § 77) neben dem Eigentümer auch in Frage, wer ein dingliches oder unmittelbares persönliches Recht (namentlich ein

Nutzungsrecht, zB Miete) an der Sache hat (hM; vgl Karlsruhe MDR 79, 1042; Bay NJW 81, 1053 mit abl Anm Rudolphi JR 82, 27; Frankfurt NJW 87, 389 mit abl Bespr Stree JuS 88, 187; Schmittmann CR 95, 548, 552; aM Mitsch BT 2,1 5/40; Otto GK 2 47/45; Kindhäuser 2; Tröndle/Fischer 3; Hoyer SK 2; Zaczyk NK 2, alle mwN; zw). – Ein **Einschreiten von Amts wegen** ist nur ausnahmsweise angezeigt (4 zu § 232), etwa wenn die Tat den öffentlichen Frieden empfindlich gestört hat oder wenn Grund zu der Annahme besteht, dass die Entscheidungsfreiheit des Verletzten beeinträchtigt ist (ebenso M-Schroeder/Maiwald BT 1 36/26).

3. Bei § 303a ist **Verletzter,** wer im Sinne der Ausführungen unter 4 zu § 303a einen Eingriff in seine Rechtsposition erlitten hat, der vom Dateninhalt Betroffene also nur, wenn ihm ausnahmsweise ein Recht auf Unversehrtheit der Daten zusteht (ebenso Zaczyk NK 4 mwN; zw). Ebenso wie in den Fällen des § 202a (dort 3) sind bei Daten, die im Übermittlungsstadium beeinträchtigt werden, Absender und Empfänger nebeneinander verletzt. – Ein **Einschreiten von Amts wegen** ist ausnahmsweise zu erwägen, wenn die Tat das Vertrauen in die Zuverlässigkeit einer für die Allgemeinheit wichtigen Datenverarbeitung gefährdet hat. 3

4. Bei § 303b sind **Verletzte** nur die von der Vorschrift geschützten Betriebe, Unternehmen und Behörden (weiter Wolff LK 8: auch der Verarbeiter fremder Daten; zw). Soweit zugleich eine Sachbeschädigung (§ 303) oder eine Datenveränderung (§ 303a) zum Nachteil von unmittelbar Betroffenen vorliegt, haben diese das daraus folgende Antragsrecht. – Ein **Einschreiten von Amts wegen** kommt hier nicht nur ausnahmsweise in Frage, weil für die Computersabotage die Verletzung von Allgemeininteressen typisch und die Ausgestaltung der Tat als Antragsdelikt daher nicht unbedenklich ist (krit Möhrenschlager wistra 86, 128, 142; Hilgendorf JuS 96, 1082, 1083, beide mwN). 4

5. Kein Übergang des Antragsrechts auf die Angehörigen (§ 77 II). 5

§ 304 Gemeinschädliche Sachbeschädigung

(1) **Wer rechtswidrig Gegenstände der Verehrung einer im Staat bestehenden Religionsgesellschaft oder Sachen, die dem Gottesdienst gewidmet sind, oder Grabmäler, öffentliche Denkmäler, Naturdenkmäler, Gegenstände der Kunst, der Wissenschaft oder des Gewerbes, welche in öffentlichen Sammlungen aufbewahrt werden oder öffentlich aufgestellt sind, oder Gegenstände, welche zum öffentlichen Nutzen oder zur Verschönerung öffentlicher Wege, Plätze oder Anlagen dienen, beschädigt oder zerstört, wird mit Freiheitsstrafe bis zu drei Jahren oder mit Geldstrafe bestraft.**

(2) **Der Versuch ist strafbar.**

1. Geschützt ist im Gegensatz zu § 303 nicht das Eigentum, sondern **das allgemeine Interesse** an bestimmten zweckgebundenen, namentlich kulturellen oder gemeinnützigen Gegenständen. Täter kann daher auch der Eigentümer sein. 1

2. a) Gottesdienstliche Sachen 19 zu § 243. – **Grabmäler** sind die der Erinnerung an den Toten dienenden Teile des Grabes (BGHSt 20, 286; s auch 7 zu § 168). – **Öffentliche** (dh allg zugängliche) **Denkmäler** sind von Menschen geschaffene Sachen aus vergangener Zeit, deren Erhaltung wegen ihrer geschichtlichen, künstlerischen, städtebaulichen, wissenschaftlichen oder volkskundlichen Bedeutung im Allgemeininteresse liegt, zB auch die Marienfeste in Würzburg (LG Bamberg NJW 53, 997) und das der Allgemeinheit gewidmete Hünengrab (Celle 2

§ 304

NJW 74, 1291); ergänzende, konstitutiv wirkende Voraussetzungen des Landesrechts (Zusammenstellung der Denkmalschutzgesetze bei Göhler [Lexikon] 188), zB das Erfordernis der Eintragung in ein Denkmalbuch, sind für die Auslegung relevant (Weber, Tröndle-FS, S 337; aM Wolff LK 7; zw). – **Naturdenkmäler** sind im Sinne des § 28 BNatSchG zu verstehen (BT-Dr 8/2382 S 13). – Bei den **Gegenständen der Kunst, der Wissenschaft oder des Gewerbes** entscheidet die allgemeine Zugänglichkeit der Sammlung, nicht das Eigentum; hierher gehören zB Staats- und Universitätsbibliotheken, nicht aber Gerichtsbüchereien (BGHSt 10, 285).

3 b) Ein **Gegenstand dient dem öffentlichen Nutzen**, wenn ihm der Zweck, der Allgemeinheit zu nützen (Gemeinwohlfunktion), unmittelbar beigelegt ist (NJW 90, 3029; Hamm MDR 82, 71; Oldenburg NJW 88, 924; Küper BT S 233; krit Loos JuS 79, 699), wenn er auf einer ausdrücklichen oder aus allgemeiner Übung erwachsenen (Hamm JMBlNRW 72, 34), nicht notwendig von der Staatsgewalt erlassenen (aM Schroeder JZ 76, 100) Widmung beruht und wenn er nicht durch einen zugleich verfolgten schädlichen Zweck aufgewogen wird (aM LG Berlin und KG JZ 76, 98 mit abl Anm Schroeder; s auch Nöldeke JuS 83, 298). In Frage kommen zB Anschlagsäulen, Ruhebänke, trigonometrische Zeichen, öffentliche Fernsprechstellen (Schmittmann CR 95, 548, 553), Feuermelder, Feuerlöscher in allgemein zugänglichen Räumen (Bay NJW 88, 837), Parkuhren (AG Nienburg NdsRpfl 61, 232), Verkehrszeichen (VRS 19, 130; Köln NJW 99, 1042, 1044 mit Bespr Jahn JA 99, 98 und Wrage NStZ 00, 32; Rengier BT I 25/3; Hoyer SK 10; Zaczyk 11), uU auch private Rettungsfahrzeuge (Düsseldorf NJW 86, 2122 mit Anm Hassemer JuS 86, 914; zw). IdR nicht erfasst werden dagegen Wahlplakate (LG Wiesbaden NJW 78, 2107 mit Bespr Loos JuS 79, 699; Wilhelm JuS 96, 424, 427; zw), Strafanstalten (aM LG Koblenz MDR 81, 956; zw) und Polizeistreifenwagen (BGHSt 31, 185 mit Bespr Stree JuS 83, 836 und Loos JR 84, 169, alle mwN; str), weil es bei ihnen am unmittelbaren öffentlichen Nutzzweck fehlt; ferner auch von Gemeinden angelegte Skilanglaufspuren (Loipen), weil sie als solche keine Sachen sind (Bay NJW 80, 132 mit abl Anm Schmid JR 80, 430; aM LG Kempten NJW 79, 558 und W-Hillenkamp BT 2 Rdn 45). Der Schutz bleibt bestehen, auch wenn die Gegenstände vorübergehend außer Tätigkeit gesetzt sind (Hamm JMBlNRW 59, 8). Für die Gemeinwohlfunktion von Wegen und Anlagen sind weder Eigentum noch Besucherzahl maßgebend, sondern die Freigabe für den allgemeinen Verkehr und die allgemeine Zugänglichkeit, wenn auch nur gegen eine Gebühr (BGHSt 22, 209) oder die Erfüllung bestimmter Bedingungen (Düsseldorf MDR 86, 515). – Zur **Verschönerung** dienen zB Zierpflanzen, Fahnen usw.

4 3. **Beschädigen**, Zerstören 3–7 zu § 303. Jedoch muss hier gerade der besondere Zweck der Sache beeinträchtigt werden (Karlsruhe Justiz 78, 323); daran fehlt es idR bei Bemalen oder Besprühen (SchlH SchlHA 02, 148).

5 4. Der **Vorsatz** (8 zu § 303) muss auch die besondere Zweckbestimmung umfassen.

6 5. **Rechtswidrigkeit** 9 zu § 303. Der Eigentümer handelt nur rechtswidrig, soweit die Zweckbestimmung sein Verfügungsrecht ausschließt; in diesem Bereich hat auch seine Einwilligung keine rechtfertigende Wirkung.

7 6. Dem § 303 geht die Vorschrift vor (Spezialität; ähnlich W-Hillenkamp BT 2 Rdn 48: Konsumtion; aM Rengier BT I 25/1: Tateinheit). Zur Konkurrenz mit § 168 dort 10.

8 7. Kein Strafantrag erforderlich.

§ 305 Zerstörung von Bauwerken

(1) **Wer rechtswidrig ein Gebäude, ein Schiff, eine Brücke, einen Damm, eine gebaute Straße, eine Eisenbahn oder ein anderes Bauwerk, welche fremdes Eigentum sind, ganz oder teilweise zerstört, wird mit Freiheitsstrafe bis zu fünf Jahren oder mit Geldstrafe bestraft.**

(2) **Der Versuch ist strafbar.**

1. Qualifikationstatbestand zu § 303.

2. Gebäude ist – weiter als in § 243 Nr 1 – auch der türen- und fensterlose Rohbau (BGHSt 6, 107; str). – **Schiff** ist nur ein größeres Wasserfahrzeug (hM). – Keine **Brücke** ist ein wenig tragfähiger Steg. – **Gebaute Straße** ist auch der Kanal. – **Eisenbahn** bezeichnet nur den gebauten Bahnkörper mit Schienen, nicht die Wagen. – Ein **anderes Bauwerk** ist zB das noch nicht fertiggestellte Gebäude (OGHSt 2, 209), der Staudamm, das private Denkmal und die Gartenmauer (BGHSt 6, 107); auch ein für mehrere Tonnen Inhalt vorgesehener, auf dem Boden errichteter, massiv ummantelter Tankbehälter (BGHSt 41, 219, 221).

3. Zerstören ist eine so wesentliche Beschädigung, dass das Gebäude längere Zeit für seinen Zweck unbrauchbar wird (OGHSt 1, 53; 2, 209).

4. Vorsatz und Rechtswidrigkeit 8, 9 zu § 303.

5. Dem § 303 geht die Vorschrift vor **(Spezialität),** während sie von § 306 verdrängt wird (dort 6).

§ 305a Zerstörung wichtiger Arbeitsmittel

(1) **Wer rechtswidrig**
1. **ein fremdes technisches Arbeitsmittel von bedeutendem Wert, das für die Errichtung einer Anlage oder eines Unternehmens im Sinne des § 316b Abs. 1 Nr. 1 oder 2 oder einer Anlage, die dem Betrieb oder der Entsorgung einer solchen Anlage oder eines solchen Unternehmens dient, von wesentlicher Bedeutung ist, oder**
2. **ein Kraftfahrzeug der Polizei oder der Bundeswehr**

ganz oder teilweise zerstört, wird mit Freiheitsstrafe bis zu fünf Jahren oder mit Geldstrafe bestraft.

(2) **Der Versuch ist strafbar.**

1. Die durch das TerrBekG (10 vor § 1) eingeführte Vorschrift – ein **Qualifikationstatbestand** zu § 303 – erstreckt den **Strafschutz** in das Vorfeld des § 316b. Deshalb steht nicht der Schutz des Eigentums, sondern das Allgemeininteresse an der Funktionstüchtigkeit lebenswichtiger Betriebe und Einrichtungen im Vordergrund. Materiellrechtlich ist der Tatbestand als weitere Zwischenstufe zur Erfassung von Sabotagehandlungen sinnvoll nicht erklärbar (aM BT-Dr 10/6635 S 13; krit Dencker StV 87, 117, 122; Wolff LK 1 und Zaczyk NK 1). Seine Bedeutung liegt in der problematischen Einbeziehung in den § 129a (dort 1 sowie vor 1 zu § 125).

2. a) Abs 1 Nr 1: Technisches Arbeitsmittel ist jeder auf Grund technischer Erfahrungen hergestellte Gegenstand, der geeignet und dazu bestimmt ist, die Arbeitsvorgänge bei der Errichtung von Anlagen usw zu ermöglichen oder zu erleichtern, zB Arbeits- und Kraftmaschinen, Hebe- und Fördereinrichtungen sowie Beförderungsmittel (BT-Dr 10/6635 S 14; s auch § 2 I S 1 GeräteSichG). **Fremd** 4–7 zu § 242. **Von bedeutendem Wert** 24 zu § 315c. – **Anlage oder Unternehmen im Sinne des § 316b I Nr 1, 2** dort 2, 3. – **Von wesentlicher Bedeutung** ist ein Arbeitsmittel, wenn sein Ausfall den störungsfreien Ablauf der für die Anlage (das Unternehmen) vorgesehenen Baumaßnahmen im Ganzen beeinträchtigen würde (ähnlich Kindhäuser 2; s auch 2 zu § 303b).

Vor § 306, § 306

3 **b) Kraftfahrzeug** ist hier im Hinblick auf den Schutzzweck der Vorschrift (vgl 1) entsprechend § 248 b IV (dort 2) und damit weiter als in § 1 II StVG (3 zu § 44) zu verstehen (hM); erfasst sind deshalb auch Luft- und Wasserfahrzeuge. Es kommt nicht auf die Eigentumsverhältnisse, sondern darauf an, ob das Fahrzeug von einer zuständigen Stelle der **Polizei** oder **Bundeswehr** für dienstliche Zwecke bereitgestellt ist (ebenso Mitsch BT 2, 1 5/38; Otto GK 2 47/20). Besondere Kennzeichnung als Polizei- oder Militärfahrzeug ist nicht erforderlich.

4 **3. Zerstören** 7 zu § 303. **Teilweises** Zerstören bedeutet, von den bestimmungsmäßigen Funktionen des Arbeitsmittels eine oder mehrere vollständig aufheben.

5 **4.** Der **Vorsatz** (bedingter genügt) braucht die Rechtswidrigkeit nicht zu umfassen. Sie ist hier allgemeines Verbrechensmerkmal; jedoch scheidet im Falle der Nr 2 der verfügungsberechtigte Amtsträger oder Soldat schon aus dem Tatbestand aus (6 zu § 15; aM Tröndle/Fischer 9; Zaczyk NK 9).

6 **5.** Dem § 303 geht die Vorschrift vor **(Spezialität)**. Mit § 316 b ist Tateinheit möglich (aM Sch/Sch-Stree 15: § 305 a tritt zurück).

28. Abschnitt. Gemeingefährliche Straftaten

Vorbemerkung

1 Der 28. Abschnitt ist durch das 6. StRG (13 vor § 1) erheblich umgestaltet worden. Völlig neu geordnet wurden vor allem die Brandstiftungsdelikte, bei denen die neu bezifferten §§ 306–306 f an die Stelle der bisherigen §§ 306–310 a treten (Rengier JuS 98, 397; Wolters JR 98, 271). Diese Neuordnung hat zwar einen Gewinn an Übersichtlichkeit gebracht und manche Auslegungsfragen geklärt (Geppert Jura 98, 597, 598), doch ist das Reformziel, ein übersichtliches, einheitliches und lückenloses System zu errichten (vgl BT-Dr 13/8587 S 26), nur unvollkommen erreicht worden (krit Wolters aaO S 275; Schroeder GA 98, 571; Cantzler JA 99, 474; Fischer NStZ 99, 13; Radtke ZStW 110, 848; W-Hettinger BT 1 Rdn 952; zu den vorausgegangenen Entwürfen krit Radtke, Das Ende der Gemeingefährlichkeit?, 1997). – Bei den übrigen Vorschriften des Abschnitts wurden vor allem Umnummerierungen vorgenommen (es ist zB die gemeingefährliche Vergiftung jetzt in § 314, der § 319 aF ersetzt, geregelt) und aufgesplitterte Delikte in einer Vorschrift zusammengefasst (so zB die §§ 312, 313, 314 aF in § 313 Herbeiführen einer Überschwemmung). Ansonsten ist hervorzuheben, dass § 315 b III iVm § 315 III eine neue Erfolgsqualifikation erhielt und § 316 a den Charakter als echtes Unternehmensdelikt verlor. Unverändert geblieben sind die praxis- und ausbildungsrelevanten §§ 315 c, 316, 323 a und 323 c (Stein, 6. StRG Einf, 4/1).

§ 306 Brandstiftung

(1) **Wer fremde**
1. **Gebäude oder Hütten,**
2. **Betriebsstätten oder technische Einrichtungen, namentlich Maschinen,**
3. **Warenlager oder -vorräte,**
4. **Kraftfahrzeuge, Schienen-, Luft- oder Wasserfahrzeuge,**
5. **Wälder, Heiden oder Moore oder**
6. **land-, ernährungs- oder forstwirtschaftliche Anlagen oder Erzeugnisse in Brand setzt oder durch eine Brandlegung ganz oder teilweise zerstört, wird mit Freiheitsstrafe von einem Jahr bis zu zehn Jahren bestraft.**

Brandstiftung **§ 306**

(2) **In minder schweren Fällen ist die Strafe Freiheitsstrafe von sechs Monaten bis zu fünf Jahren.**

Fassung des 6. StrRG (13 vor § 1).

1. Die Vorschrift ersetzt den überalterten, höchst reformbedürftigen § 308 I 1 Alt 1 (BT-Dr 13/8587 S 26; Bayer, in: Schlüchter, 6. StrRG, S 103; Geppert Jura 98, 597, 598; Stein, 6. StrRG Einf, 4/31). Sie bezweckt den Schutz fremden (4–7 zu § 242) Eigentums (Spezialfall der Sachbeschädigung Geppert aaO S 599; Stein aaO Rdn 37; Wolters JR 98, 271; Wolff LK-Nachtrag 2; Sch/Sch-Heine 1); daher ist rechtfertigende Einwilligung (15 vor § 32) möglich (NJW 03, 1824 mit zust Bespr Rautenkranz JA 03, 748 und Otto JK 60; Geppert aaO; Rengier JuS 98, 397, 398; Kindhäuser BT I 64/1; Otto GK 2 79/6; W-Hettinger BT 1 Rdn 956; zur möglichen Vertretung, auch juristischer Personen, und der Missbrauchsgrenze s BGH aaO und 17 vor § 32); § 306 ist deshalb auch nicht das „Grunddelikt" der folgenden Brandstiftungsdelikte (Schroeder GA 98, 571; Fischer NStZ 99, 13; Sinn Jura 01, 803; Horn SK 1; vgl auch Radtke ZStW 110, 848, 854, der § 306 I und § 306a I als zwei nebeneinander stehende Grundtatbestände betrachtet). Der einfachen Brandstiftung soll nach den Vorstellungen des Gesetzgebers auch „ein Element der Gemeingefährlichkeit bzw -schädlichkeit" anhaften (BT-Dr aaO S 87; NJW 01, 765 mit zust Bespr Kreß JR 01, 315, dagegen aber Wolff JR 02, 94 und eingehend schon Liesching, Die Brandstiftungsdelikte der §§ 306 bis 306c StGB …, 2002, S 68, 73; krit Schroeder aaO; Stein aaO Rdn 37 Fn 67); dementsprechend wird der Unrechtsgehalt des § 306 I auch in der Literatur in einer Kombination von Eigentumsverletzung und damit verbundener Gemeingefährlichkeit für weitere Rechtsgüter gesehen (Radtke aaO S 857, 861), wobei die Eigentumsverletzung zumindest hinsichtlich der möglichen rechtfertigenden Einwilligung überwiegt (Otto JK 6). – Zur Systematik und Prüfungsreihenfolge der §§ 306–306f Müller/Hönig JA 01, 517. – Zu typischen Problemen von Brandstiftungsdelikten in strafrechtlichen Übungsarbeiten Kreß JA 03, 857 und Wrage JuS 03, 985.

2. Abs 1 nennt in 6 Nummern neben einigen alten auch neue **Tatobjekte,** die 2 sprachlich der heutigen Wirtschaftsordnung angepasst sind (Hörnle Jura 98, 169, 180; krit zu der damit verbundenen Ausweitung des Tatbestandes Schroeder GA 98, 571; Stein aaO [vgl 1] Rdn 39). Nr 1 erfasst wie bisher jedes **Gebäude,** das einen Zweck – sei es auch nur den, wiederhergestellt zu werden – verkörpert (OGHSt 2, 209), also auch den Rohbau (BGHSt 6, 107) und die instandsetzungsfähige Ruine (bei Holtz MDR 77, 810) sowie **Hütten** (etwa Bau- oder Marktbuden; BT-Dr 8587 S 68; Karlsruhe MDR 81, 1036; Bay NJW 89, 270/4). Nr 2 enthält neue Brandobjekte wie **Betriebsstätten,** nach § 12 AO jede feste Geschäftseinrichtung oder Anlage, die der Tätigkeit eines Unternehmens dient (Sch/Sch-Heine 5; ähnlich Wolff LK-Nachtrag 7), zB Fabrikations- oder Werkstätten (§ 12 S 2 Nr 4 AO); erfasst werden nur Funktionseinheiten von erheblichem Ausmaß, Betriebsstätten von bestimmter Größe und Wert (Schroth BT S 174; Stein aaO Rdn 42; weiter Joecks 7: Bauwagen oder Imbissbuden; ebenso Sinn Jura 01, 803, 805); zu den **technischen Einrichtungen** und **Maschinen** gehören neben Produktionsmaschinen auch Kommunikationsanlagen (Sinn aaO). Nr. 3: **Warenlager** ist eine Räumlichkeit zur Lagerung (aM Sinn aaO: Aufbewahrungsstätten), nicht ein Tankbehälter für chemische Produkte (BGHSt 41, 219 zum bisherigen „Magazin"; aM Tröndle/Fischer 6). **Vorräte** sind größere Mengen zur zukünftigen Verwendung (Sinn aaO; vgl auch LG Freiburg NStE 3 zu § 308 aF). Nr 4 schützt **Kraftfahrzeuge** aller Art, die durch Maschinenkraft bewegt werden (vgl § 1 II StVG; Stein aaO Rdn 42; Wolff LK-Nachtrag 8); weitergehend als in § 248b IV (dort 2) sind auch an Schienen gebundene Fahrzeuge erfasst; bei den Schienen-, Luft- und Wasserfahrzeugen fehlt jede Begrenzung, so

1251

§ 306

dass auch nicht durch Maschinenkraft betriebene Fahrzeuge wie das Schlauchboot (Schroeder aaO) oder der Gleitschirm (Wolters JR 98, 271) und Fahrzeuge, die weder einer größeren Zahl von Personen noch einer größeren Menge von Transportgütern Platz bieten (krit Stein aaO Rdn 42; Wolff LK-Nachtrag 8), erfasst sind; zum Schienen- und Schiffsverkehr 2 zu § 315 sowie Sinn aaO; angesichts der hohen Strafdrohung scheiden Auto-, Eisenbahn-, Flug- oder Schiffsmodelle aus (Sinn aaO S 806). Nr 5: **Wälder** ersetzt ohne sachliche Änderung den bisherigen Begriff „Waldung" (dazu BGHSt 31, 83; Bay 93, 106); zu **Heiden** und **Moore** Tröndle/Fischer 8. Nr 6: **Anlagen** (2 zu § 325) oder **Erzeugnisse** (nicht mehr nur „Vorräte"; krit Schroeder aaO; Stein aaO Rdn 46) der Land-, Ernährungs- und Forstwirtschaft. Im Hinblick auf die Schwere der Strafdrohung fallen allgemein nur solche Objekte in den Schutzbereich, die jeweils eine größere Menge oder einen nicht unerheblichen Wert verkörpern (LG Freiburg aaO; Geppert Jura 98, 597, 599; Schroeder aaO S 572; Kindhäuser 3; Horn SK 8; Sch/Sch-Heine 3; vgl auch Wolff LK-Nachtrag 10). Darüber hinaus wird von denen, die auch die Gemeingefährlichkeit von § 306 I erfasst sehen, eine Ausscheidung der Tatobjekte verlangt, von denen bereits typenmäßig keine generelle Gefährlichkeit im Brandfall ausgehen kann (Radtke ZStW 110, 848, 862).

3 3. **Abs 1** umschreibt 2 alternative **Tathandlungen:**

a) In Brand gesetzt ist ein Tatobjekt (vgl 2), wenn es vom Feuer in einer Weise erfasst ist, die ein Fortbrennen aus eigener Kraft ermöglicht (BGHSt 18, 363; 36, 221; 48, 14; StV 02, 145; Küper BT S 203). Bei Gebäuden reicht das Brennen von Inventar nicht aus (BGHSt 16, 109: Wandregal; StV 02, 145: Spanplatte), wohl aber von solchen Teilen des Gebäudes, die für dessen bestimmungsmäßigen Gebrauch wesentlich sind (BGHSt 48, 14; NStZ 82, 201; einschr Kratzsch JR 87, 360, 363), was zB für eine Tür (BGHSt 20, 246), den Fußboden (Hamburg NJW 93, 117) und den fest mit dem Untergrund verbundenen Teppichboden (NStZ-RR 96, 86, 87) bejaht, für Fußbodensockelleisten (NStZ 94, 130), die Tapete an der Wand (NStZ 81, 220) und eine Lattentür im Keller (BGHSt 18, 363; ebenso für einen Lattenrost im Keller BGHSt 44, 175 mit Anm Ingelfinger JR 99, 211) dagegen verneint worden ist; zusf Sinn Jura 01, 803, 807. – Eine Flamme braucht sich nicht zu entwickeln; Glimm- und Schwelbrände sind daher möglich (RGSt 18, 362); bloße „Verbrennungen" reichen aber nicht (NStZ-RR 97, 193 mwN), auch nicht die „Verrußung" einer Wand und der Deckenvertäfelung (BGHSt 48, 14). – Das schon brennende Gebäude kann an anderer Stelle nochmals in Brand gesetzt werden (Hamm JZ 61, 94 mit Anm Stratenwerth); sogar bloßes Intensivieren des Brandes, etwa durch Zugießen von Öl, kann uU als Täterschaft erfasst werden, weil es vom Schutzzweck der Vorschrift gedeckt wird und die Wortlautschranke (6 zu § 1) nicht zwingend entgegensteht (hM; vgl Rudolphi, Jescheck-FS, S 561; Otto GK 2 79/3; Roxin LK 37 zu § 27; anders Hamm aaO; Geppert Jura 89, 417, 422 und 98, 597, 601; Müller/Hönig JA 01, 517, 518; Sinn Jura 01, 803, 808; Hohmann/Sander BT II 32/11; Rengier BT II 40/5; Joecks 20; Sch/Sch-Heine 14). – Bei Garantenstellung (6 zu § 13), zB aus Ingerenz (StV 84, 247), aus freiwilliger Übernahme (OGHSt 1, 316: Mitglied der freiwilligen Feuerwehr), aus ehelicher Lebensgemeinschaft (OGHSt 3, 1) oder der Verantwortlichkeit für bestimmte Rämlichkeiten (Radtke, Die Dogmatik der Brandstiftungsdelikte, 1998, S 410), nicht jedoch aus Versicherungsvertrag (aM RGSt 64, 273; Herzog NK 26; wie hier Geppert Jura 98, 597, 601; Müller/Hönig JA 01, 517, 518; Wrage JuS 03, 985, 986; Radtke aaO S 409), genügt **Unterlassen,** wenn auch die übrigen Voraussetzungen des § 13 erfüllt sind (BGH aaO; näher Radtke S 406). Das gilt jedenfalls dann, wenn der Garant (als Täter oder Teilnehmer) schon das Inbrandsetzen pflichtwidrig nicht verhindert. Jedoch kann auch eine zunächst fahrlässig begangene Brandstiftung (§ 306 d) wegen der bewussten

Brandstiftung **§ 306**

Unterlassung des Eingreifens in eine vorsätzliche übergehen (BGHR § 306 Nr 2: Inbrandsetzen 2; Klussmann MDR 74, 187; aM Geppert Jura 89, 417, 423; Sinn aaO; Rengier BT II 40/7; Radtke aaO S 407 und Sch/Sch-Heine 18: neuer Brandherd erforderlich).

b) Durch Brandlegung (ganz oder teilweise) **zerstören.** Zerstören 3 zu **4** § 305; teilweise Zerstören liegt vor bei Unbrauchbarmachen von Teilen des Tatobjekts, die für dessen bestimmungsgemäßen Gebrauch wesentlich sind, zB der Wohnung als Teil des Gebäudes (NStZ 01, 252); nicht ausreichend ist hingegen nur das Zerstören von Mobiliar (BGHSt 48, 14, 20 mit Anm Wolff JR 03, 31); ein Zerstören ist auch anzunehmen, wenn das Tatobjekt für einzelne Aufgaben nicht mehr zu gebrauchen ist (Hohmann/Sander BT II 32/13; Horn SK 14). Brandlegung ist jede Handlung, die auf das Verursachen eines Brandes zielt (Radtke ZStW 110, 848, 871; Küpper BT 1 II 5/6; krit Sch/Sch-Heine 15, die auf die brandspezifische Gefährlichkeit der Handlung abstellen; noch enger Wrage aaO 362, der ein kurzfristiges Brennen verlangt; ebenso Sinn Jura 01, 803, 807; aM Küper BT S 206). Sie erfasst zum einen Fälle, in denen es zwar nicht zu einer vollendeten Inbrandsetzung iS der Alt 1 kommt, in denen aber schon durch die Brandlegung vergleichbar schwere Gefährdungen durch Ruß-, Gas-, Rauch- und Hitzeentwicklung entstehen (Geppert Jura 98, 597, 599; Hörnle Jura 98, 169, 181; Rengier JuS 98, 397, 398; Stein aaO [vgl 1] Rdn 25; Wolters JR 98, 271); Löschmittelschäden durch automatische Löschanlagen sind einzubeziehen (Müller/Hönig JA 01, 517, 519; Wolff LK-Nachtrag 4). Auch hier muss in wesentlicher Gebäudeteil (oben 3) betroffen sein; dafür reicht es nicht, dass eine Fensterscheibe durch Hitzeeinwirkung geborsten oder eine Elektroleitung angeschmort ist (Bay NJW 99, 3570 mit Anm Wolff JR 00, 211, zu § 306a II), wohl aber wenn in einem Mehrfamilienhaus ein zum selbstständigen Gebrauch bestimmter Teil des Wohngebäudes, dh eine zum Wohnen bestimmte, abgeschlossene „Untereinheit" – unbrauchbar geworden ist (BGHSt 48, 14). Das (teilweise) Zerstören ist dann von dem erforderlichen Gewicht, wenn ein „verständiger Wohnungsinhaber" die Wohnung für eine beträchtliche Zeit nicht mehr benutzen würde (BGHSt 48, 14 mit Bespr Radtke NStZ 03, 432, Wolff JR 03, 391, 392 und Otto JK 3 zu § 306a). Zum anderen sind Fälle erfasst, in denen der Zündstoff, statt zu brennen, explodiert (BT-Dr 13/8587 S 69 und 9064 S 22; einschr auf Brennvorgänge Stein aaO Rdn 18; M-Schroeder/Maiwald BT 2 51/7). Explosion 2 zu § 308. Zerstören **durch** Brandlegung setzt nicht voraus, dass der Brand die Sachzerstörung bewirkt hat; es reicht, dass sie durch die Brandlegungshandlung objektiv zurechenbar herbeigeführt wurde (Wrage aaO 363; Sch/Sch-Heine 17; weiter Wolff LK-Nachtrag 5; offen gelassen von Stein aaO Rdn 24).

c) Eine teleologische Reduktion der Tathandlungen auf **nicht beherrschbare** **4a** **Feuerquellen,** mittels derer etwa das Anzünden einer Zigarette im Freien ausgeschieden werden könnte, ist jedenfalls bei § 303 nicht vertretbar, für § 306 aber diskussionswürdig (vgl Sinn Jura 01, 803, 808).

4. Der **Vorsatz** (bedingter genügt) muss neben den Tatobjekten der Nr 1–6 **5** das Inbrandsetzen (nicht auch das Verbrennen) oder das Zerstören durch Brandlegung umfassen. – Der **Versuch** ist strafbar (Verbrechen).

5. § 306 **verdrängt** den § 303 und bei Zerstörung eines Gebäudes durch **6** Brandstiftung auch den § 305 (NJW 54, 1335 zu § 308 aF; Otto GK 2 79/6). Er wird idR von §§ 306a–c verdrängt (bei Holtz MDR 84, 443 zu § 308 aF; für § 306a I Nr 1 jetzt auch NJW 01, 765 mit Bespr Baier JA-R 01, 148 und Kreß JR 01, 315; Hohmann/Sander BT II 32/18; aM Horn SK 21: Tateinheit, ebenso für § 306a II und für § 306d I Alt 2 Tröndle/Fischer 20, für § 306a I und II auch Sch/Sch-Heine 24 und Kindhäuser 13), kann mit ihnen aber auch tateinheitlich

§ 306a BT. 28. Abschnitt. Gemeingefährliche Straftaten

zusammentreffen, wenn die Tatobjekte zum Teil nur unter § 306 fallen (RGSt 64, 273, 279 zu § 308 aF). Mit § 265 ist Tateinheit möglich (Tröndle/Fischer 19), mit § 263 III Nr 5 dagegen idR Tatmehrheit (Tröndle/Fischer 19; aM Horn SK 21: Tateinheit). In den Fällen des Übergangs von fahrlässiger in vorsätzliche Begehung (vgl 3) wird die Fahrlässigkeitstat entweder als subsidiäre Gesetzesverletzung (26 vor § 52) oder als mitbestrafte Vortat (33 vor § 52) verdrängt.

7   6. **Fahrlässige Brandstiftung** § 306 d. **Tätige Reue** § 306 e. **Führungsaufsicht** § 321. **Einziehung** § 322. **Anzeigepflicht** § 138 I Nr 9. Beachte auch die landesrechtlichen Vorschriften zum Schutz gegen Waldbrände (Göhler [Lexikon] 180 C).

§ 306 a Schwere Brandstiftung

(1) **Mit Freiheitsstrafe nicht unter einem Jahr wird bestraft, wer**

1. **ein Gebäude, ein Schiff, eine Hütte oder eine andere Räumlichkeit, die der Wohnung von Menschen dient,**

2. **eine Kirche oder ein anderes der Religionsausübung dienendes Gebäude oder**

3. **eine Räumlichkeit, die zeitweise dem Aufenthalt von Menschen dient, zu einer Zeit, in der Menschen sich dort aufzuhalten pflegen,**

in Brand setzt oder durch eine Brandlegung ganz oder teilweise zerstört.

(2) **Ebenso wird bestraft, wer eine in § 306 Abs. 1 Nr. 1 bis 6 bezeichnete Sache in Brand setzt oder durch eine Brandlegung ganz oder teilweise zerstört und dadurch einen anderen Menschen in die Gefahr einer Gesundheitsschädigung bringt.**

(3) **In minder schweren Fällen der Absätze 1 und 2 ist die Strafe Freiheitsstrafe von sechs Monaten bis zu fünf Jahren.**

Fassung des 6. StrRG (13 vor § 1).

1   1. **Abs 1** (zusf Geppert Jura 89, 417) **schützt** nur bestimmte menschliche Wohn- und Aufenthaltsstätten, aber ohne Rücksicht darauf, ob im Einzelfall eine konkrete Gefahr für Menschen entstanden ist (OGHSt 1, 244) oder sogar nach den Umständen ausgeschlossen war (NJW 82, 2329; NStZ 85, 408 und 99, 32 mit Bespr Eisele JA 99, 542, Wolters JR 99, 208 und Geppert JK 1 a und b zu § 306 nF; vgl auch BGHSt 43, 8, 12; Bohnert JuS 84, 182; Kratzsch, Verhaltenssteuerung und Organisation im Strafrecht, 1985, S 111 und Oehler-FS, S 65, 67; Schneider Jura 88, 460; Kindhäuser, Gefährdung als Straftat, 1989, S 296; anders die im Schrifttum überwiegende Meinung; vgl etwa Brehm, Zur Dogmatik des abstrakten Gefährdungsdelikts, 1973, S 120; Wolter, Objektive und personale Zurechnung von Verhalten, Gefahr und Verletzung in einem funktionalen Straftatsystem, 1981, S 276; Berz, Formelle Tatbestandsverwirklichung und materialer Rechtsgüterschutz, 1986, S 101 [krit zu Wolter und Berz aber Graul, Abstrakte Gefährdungsdelikte und Präsumtionen im Strafrecht, 1991, S 358, die eine Einschränkung der Strafbarkeit nur in Form von Strafaufhebungsgründen für denkbar hält; zust Jescheck/Weigend AT S 264]; Hoyer, Die Eignungsdelikte, 1987, S 33; Martin, Strafbarkeit grenzüberschreitender Umweltbeeinträchtigung, 1989, S 46, 130; Schmidt, Untersuchung zur Dogmatik und zum Abstraktionsgrad abstrakter Gefährdungsdelikte, 1999, S 202; krit Zieschang, Die Gefährdungsdelikte, 1998, S 380; eingehend Radtke, Die Dogmatik der Brandstiftungsdelikte, 1998, S 215, der eine Strafzumessungslösung vertritt, und Liesching, Die Brandstiftungsdelikte der §§ 306 bis 306 c StGB ..., 2002, S 97, der allenfalls einen minder schweren Fall nach Abs 3 annehmen will; beachte auch Koriath GA 01, 51, 65, alle mwN). Die Tat nach Abs 1 (zu Abs 2 s unten 7) ist daher abstraktes Gefährdungsdelikt (32

Schwere Brandstiftung **§ 306a**

vor § 13); daran hat die Neufassung durch das 6. StrRG nichts geändert (Geppert Jura 98, 597, 601; Rengier JuS 98, 397, 398; Wolters JR 98, 271, 272; Stein, 6. StrRG Einf, 4/3; W-Hettinger BT 1 Rdn 961; Herzog NK 2); auf eine Ausschlussklausel wurde verzichtet (BT-Dr 13/8587 S 47; krit Stein aaO Rdn 28). Die Rspr lässt allerdings die Frage offen, ob die Inbrandsetzung kleiner, ohne weiteres überschaubarer Wohnstätten auszuscheiden ist, wenn die Gefährdung durch absolut zuverlässige lückenlose Maßnahmen objektiv und nach dem Wissen des Täters mit Sicherheit ausgeschlossen war (BGHSt 26, 121 mit krit Bespr Brehm JuS 76, 22; BGHSt 34, 115, 119; NStZ 85, 408; ebenso Sch/Sch-Heine 2; vgl auch Graul aaO S 356; zusf Müller/Hönig JA 01, 517, 520 und Hillenkamp, BT-Problem 15, S 70). Auf das Eigentum kommt es nicht an (RGSt 60, 137). Im Einzelnen werden erfasst:

a) Nr 1: Andere **Räumlichkeiten** (Wolff LK-Nachtrag 1; krit zu diesem weiten Oberbegriff Radtke ZStW 110, 848, 864), insbesondere Gebäude, Schiffe (gleich welcher Größe; aM Sch/Sch-Heine 4) und Hütten (zB Schrebergartenhäuschen), sofern sie Menschen **zum Wohnen dienen,** dh von mindestens einem Menschen rein tatsächlich bewohnt werden (Küper BT S 448); Wohnungen in Gebäuden sind als Teile des Gebäudes ebenso erfasst (BGHSt 48, 14) wie Wohnungen, die wie Wohnwagen kein Gebäude sind (BGH aaO). Dessen vorübergehende Abwesenheit – auch für längere Zeit – ist unerheblich (NStZ 84, 455 und 85, 408, beide mwN), es sei denn, dass er die Räume erkennbar nicht mehr als seine Wohnung betrachtet (BGHSt 26, 121, 122; NStE 11; Geppert Jura 98, 597, 600; Müller/Hönig JA 01, 517, 519). Dass die Gebäude usw lediglich zum Wohnen bestimmt oder geeignet sind, ist weder erforderlich noch ausreichend. Ein nicht bezogener Neubau dient daher noch nicht und ein tatsächlich von allen Bewohnern (NJW 88, 1276 und 99, 32 mit Bespr Eisele, Geppert und Martin, jeweils aaO [vgl 1]) aufgegebenes (BGHSt 16, 394; NStZ 92, 541 und 94, 130 mit Bespr Geppert JK 4; bei Holtz MDR 93, 721; NStZ-RR 01, 330; StV 01, 576 mit Bespr Schröder JA 02, 367 und Geppert JK 2) oder ein in Folge Todes des letzten Bewohners (BGHSt 23, 114; einschr Radtke aaO S 866, der einen äußerlich manifesten Akt verlangt) oder aus anderen Gründen (NStZ 84, 455) völlig leer gewordenes Haus nicht mehr zum Wohnen. Gebäudeteile, die als solche nicht dem Wohnzweck dienen (zB gewerblich genutzte Räume, Stallungen), werden erfasst, wenn sie mit dem Gebäude nach ihrer äußeren Erscheinung und inneren Einrichtung ein einheitliches Ganzes bilden (GA 69, 118; NStZ 91, 433; speziell zu Anbauten StV 02, 145, zu Doppelhaushälften StV 01, 576 mit Bespr Schröder JA 02, 367 und Geppert JK 2); dabei genügt es, wenn nur sie in Brand gesetzt werden, aber nicht auszuschließen ist, dass das Feuer auf den Wohnbereich übergreifen kann (NJW 87, 141; weiter BGHSt 34, 115 mit zust Bespr Schneider Jura 88, 460; Geppert aaO S 602; Müller/Hönig aaO S 520; Wrage JuS 03, 985, 988; einschr Kindhäuser StV 90, 161; Radtke aaO S 870; zu eng Kratzsch JR 87, 360); ein Übergreifen auf Holztrennwände von Kellerabteilen, die keine wesentlichen Teile eines Wohngebäudes sind, reicht nicht (NStZ 03, 266 mit Bespr Beckemper JA 03, 925; ebenso für den Stoffbezug an einer Kellertür und Holzlatten vor der Tür BGHSt 48, 14 mit Bespr Otto JK 4; s auch 3 zu § 306).

b) Nr 2: Zur **Religionsausübung dienendes Gebäude,** insbesondere eine Kirche, ohne jede weitere Voraussetzung und ungeachtet der Zeit der Tat; auch nur selten von Menschen und nur von einzelnen Menschen betretene Kapellen (krit Schroeder GA 98, 571, 572; für eine Anwendung der Tatzeitklausel der Nr 3 zur teleologischen Reduktion Radtke ZStW 110, 848, 868).

c) Nr 3: Räumlichkeiten jeder Art, also außer den in Nr 1, 2 genannten zB auch Büro- und Wohnwagen, Autobusse, Fähren usw, wenn sie dem **zeitweisen Aufenthalt von Menschen dienen;** dabei wird eine Regelmäßigkeit der tat-

§ 306a

sächlichen Nutzung durch Menschen vorausgesetzt (Geppert Jura 89, 417, 422; Radtke ZStW 110, 848, 867); daran fehlt es bei einer leer stehenden Pension, die der neue Pächter erst umarbeiten lassen will (StraFo 03, 391). Nicht erfasst werden Räumlichkeiten, die zB wegen ihrer geringen Größe keinen eigentlichen „Aufenthalt" gewähren (BGHSt 10, 208 betr PKW; bei Holtz MDR 77, 638 betr Telefonzelle; aM Düsseldorf MDR 79, 1042; Spöhr MDR 75, 193; s auch Stuttgart Justiz 76, 519; vgl Sch/Sch-Heine 8). Scheunen (BGHSt 23, 60) und Stallungen (NJW 67, 2417) können dem Aufenthalt von Menschen dienen (aM Wolff LK 11). Wenn bei einem einheitlichen Gebäude, das nur in Teilen dem Aufenthalt dienende Räumlichkeiten enthält, ein dazu nicht dienender Teil in Brand gesetzt wird, so genügt das ebenso wie in den Fällen der Nr 1 (BGHSt 35, 283 mit abl Anm Kindhäuser StV 90, 161; krit Joecks 10). Die Zeit, **in der sich Menschen in der Räumlichkeit aufzuhalten pflegen,** ist auf das Brennen (iS der Vollendung des Inbrandsetzens; vgl 5) zu beziehen; fällt nur der zum Brand führende Ursachenverlauf in diese Zeit, so genügt das nicht (BGHSt 36, 221; Geppert Jura 98, 597, 600; aM Otto GK 2 79/11; zw). – Ob wirklich Menschen anwesend sind, ist auch hier unerheblich.

5   **2. In Brand setzen** oder **durch Brandlegung zerstören** entspricht den Tathandlungen des § 306 (dort 3, 4).

6   **3.** Der **Vorsatz** (bedingter genügt) muss namentlich die Voraussetzungen der Nr 1–3 des Abs 1 umfassen; zu Nr 3 BGHSt 36, 221. – Der **Versuch** ist strafbar (Verbrechen).

7   **4. Abs 2** enthält ein konkretes Gefährdungsdelikt (Bay NJW 99, 3570; Geppert Jura 98, 597, 602; Stein aaO [vgl 1] Rdn 52; Wolters JR 98, 271, 272; W-Hettinger BT 1 Rdn 969; Horn SK 22; Sch/Sch-Heine 16; aM Rengier JuS 98, 397, 399: abstraktes Gefährdungsdelikt [aufgegeben von Rengier BT II 40/23]) zum Schutze der Gesundheit (Herzog 3 a vor § 306); die Einwilligung des Eigentümers der Tatobjekte des § 306 I Nr 1–6 hat deshalb keine rechtfertigende Wirkung (vgl BT-Dr 13/8587 S 88; Hörnle Jura 98, 169, 181; Radtke aaO S 854 Fn 28), wohl aber die der gefährdeten Person (Rengier BT II 40/24; Kindhäuser 14). Durch die Tathandlungen des § 306 I (dort 3, 4) muss zusätzlich zur Zerstörung einer Sache der in § 306 I Nr 1–6 bezeichneten Art, die hier nicht fremd zu sein braucht (NStZ 99, 32 mit zust Bespr Eisele JA 99, 542, krit aber Wolters JR 99, 208; NStZ-RR 00, 209; Geppert aaO; Stein aaO Rdn 51; Kindhäuser BT I 65/16; Horn SK 25; Fischer NStZ 99, 13, 14, der nur eigene und herrenlose Sachen erfassen will; ebenso Schroeder GA 98, 571, 575; krit dazu Immel StV 01, 477, 479 und Wolff LK-Nachtrag 3), die konkrete Gefahr (21, 22 zu § 315 c) der Gesundheitsschädigung iS des § 223 I (dort 5), zB erheblicher Verbrennungen, geschaffen worden sein (NStZ 99, 32 mit Bespr Eisele, Martin und Geppert, jeweils aaO [vgl 1]; krit wegen der Weite des Merkmals Schroeder aaO S 573); es muss die Gesundheit einer anderen Person gefährdet werden, die Gefährdung der Gesundheit des Täters reicht nicht (Bay NJW 99, 3570 mit Anm Wolff JR 00, 211), auch nicht die seiner Komplizen (vgl Murmann Jura 01, 258, 259 und Müller/Hönig JA 01, 517, 521, alle mwN; str); die Gefahr muss vorsätzlich (NStZ 99, 32 mit Bespr Eisele, Martin und Geppert aaO; Geppert Jura 98, 603; Rengier und Wolters aaO; Stein aaO Rdn 54; Radtke aaO S 875; Schroth BT S 175; aM Hörnle aaO) herbeigeführt werden (zum Gefährdungsvorsatz 28 zu § 15); die fahrlässige Herbeiführung der Gesundheitsgefahr wird von § 306 d I erfasst (dort 2).

8   **5.** Zu **Abs 3** (minder schwere Fälle) 7–10 a zu § 46; 4 zu § 12. Die Einführung dieser Strafzumessungsvorschrift könnte die Problematik der teleologischen Reduktion des § 306 a I bei „Ungefährlichkeit" (vgl 1) entschärfen (Radtke aaO [vgl 1] S 249 und ZStW 110, 848, 863; aM Koriath JA 99, 298, 301).

Besonders schwere Brandstiftung § 306b

6. **Tateinheit** ua möglich mit §§ 211, 212, 223 sowie mit §§ 303, 305 (Eigentum). 9

7. Einfache Brandstiftung § 306. Fahrlässige Brandstiftung § 306 d. Tätige Reue § 306 e. Führungsaufsicht § 321. Einziehung § 322. Anzeigepflicht § 138 I Nr 9. 10

§ 306 b Besonders schwere Brandstiftung

(1) **Wer durch eine Brandstiftung nach § 306 oder § 306 a eine schwere Gesundheitsschädigung eines anderen Menschen oder eine Gesundheitsschädigung einer großen Zahl von Menschen verursacht, wird mit Freiheitsstrafe nicht unter zwei Jahren bestraft.**

(2) **Auf Freiheitsstrafe nicht unter fünf Jahren ist zu erkennen, wenn der Täter in den Fällen des § 306 a**

1. **einen anderen Menschen durch die Tat in die Gefahr des Todes bringt,**

2. **in der Absicht handelt, eine andere Straftat zu ermöglichen oder zu verdecken oder**

3. **das Löschen des Brandes verhindert oder erschwert.**

Fassung des 6. StrRG (13 vor § 1).

1. Abs 1 enthält Erfolgsqualifizierungen (Sch/Sch-Heine mwN), **Abs 2** drei Qualifikationstatbestände. 1

2. Abs 1 verlangt, dass durch eine Brandstiftung nach § 306 (krit zu dessen Hereinnahme Fischer NStZ 99, 13, 14; W-Hettinger BT 1 Rdn 972; Tröndle/Fischer 6) oder § 306 a, dh durch Inbrandsetzen, Brandlegung oder den Brand, eine schwere Folge wenigstens fahrlässig verursacht wird (§ 18; BGHSt 44, 175, 177 mit zust Anm Ingelfinger JR 99, 211; Radtke ZStW 110, 848, 876; Stein, 6. StrRG Einf, 4/64; Müller/Hönig JA 01, 517, 522; Immel StV 01, 477; Liesching, Die Brandstiftungsdelikte des §§ 306 bis 306 c ..., 2002, S 125; Otto GK 2 79/13; Horn SK 2; zweifelnd Wolters JR 98, 271, 273; aM Geppert Jura 98, 597, 603). Als schwere Folgen werden alternativ genannt eine **schwere Gesundheitsschädigung** (3 zu § 250; Rengier JuS 98, 397, 399; Stein aaO Rdn 60–62) oder eine **Gesundheitsschädigung einer großen Zahl von Menschen,** die hier aus Gründen der Gesetzessystematik jedenfalls bei 14 betroffenen Bewohnern eines mittelgroßen Hauses anzunehmen ist (BGHSt 44, 175 mit zust Bespr Ingelfinger aaO, Kühn NStZ 99, 559 und Geppert JK 1b zu § 306 a nF; zust auch Pünder Jura 01, 588; näher Stein aaO Rdn 63; Radtke aaO, nach dem der sichere Bereich bei 20 Personen erreicht ist; ebenso Hohmann/Sander BT II 33/16; krit Geppert aaO; „ab zehn" Wolff LK-Nachtrag 2; ebenso Müller/Hönig aaO). In der Gesundheitsschädigung muss sich die in der Brandstiftung typischerweise angelegte Gefahr realisiert haben (8 zu § 18; eingehend Stein aaO Rdn 71–94). Das ist zB der Fall bei Verbrennungen, bei Verletzungen durch herabstürzende Bauteile, aber auch durch einen Fenstersprung (hM zu § 307 Nr 1 aF). Durch die Erweiterung der Tathandlungen der §§ 306, 306 a auf das Zerstören durch Brandlegung (4 zu § 306) sind jetzt auch Verletzungen erfasst, die durch brennenden (so schon bisher BGHSt 7, 37 zu § 307 Nr 1 aF) oder durch explodierenden Zündstoff (anders bisher BGHSt 20, 230 zu § 307 Nr 1 aF) verursacht wurden (Rengier aaO S 400; Sch/Sch-Heine 3; vgl auch BT-Dr 13/8587 S 70). Die Einbeziehung von Verletzungen, die sich nachträglilch Hinzugekommene (zB herbeigerufene Helfer; vgl BGHSt 39, 322 mit Anm Alwart NStZ 94, 84) und Zurückkehrende (zB zur Bergung von Gegenständen; hM; vgl RGSt 5, 102) zuziehen, scheitert nicht mehr an dem fallengelassenen Merkmal „zurzeit der Tat"; zweifelhaft ist aber, ob sich in solchen Verletzungen das typische Brandstiftungsrisiko realisiert 2

§ 306b

BT. 28. Abschnitt. Gemeingefährliche Straftaten

(verneinend Rengier aaO; diff Herzog NK 3 zu § 306 c). Der erforderliche tatbestandsspezifische Gefahrzusammenhang liegt auch bei fehlender Gefährdungsidentität hinsichtlich der Opfer von § 306 a II und § 306 b I, II Nr 1 vor (Kudlich NStZ 03, 458). – Zum Versuch des erfolgsqualifizierten Delikts 9, 10 zu § 18; Hardtung, Versuch und Rücktritt bei den Teilvorsatzdelikten des § 11 Abs 2 StGB, 2001, S 160; Rengier aaO und in: BT II 40/27, der zu Recht auch die Möglichkeit eines erfolgsqualifizierten Versuchs bejaht; s auch BGHSt 44, 175, 177; NJW 99, 3131 (zu Abs 2).

3 **3. Abs 2** enthält Qualifikationstatbestände zur schweren Brandstiftung nach § 306 a; auf § 306 I wird nicht verwiesen, doch eröffnet § 306 a II in Fällen des § 306 I bei konkreter Gesundheitsschädigungsgefahr den Zugang zu § 306 b II (Radtke ZStW 110, 848, 854). Eine Vorsatz-Fahrlässigkeits-Kombination nach §§ 306 a II, 306 d II ist kein Fall des § 306 a iS des Abs 2 (StV 01, 16 mit zust Bespr Geppert JK 2).

a) Nr 1 enthält keine (Gefahr-)Erfolgsqualifikation mit Fahrlässigkeitsbezug (§ 18), ondern verlangt nach Wortlaut, Entstehungsgeschichte und Regelungszusammenhang die vorsätzliche Herbeiführung einer konkreten Gefahr (21, 22 zu § 315 c; zum Gefährdungsvorsatz 28 zu § 15) des Todes (4 vor § 211) eines anderen Menschen (NJW 99, 3131 mit zust Bespr Kudlich JAR 00, 46; Martin JuS 00, 96; Radtke NStZ 00, 88 und Stein JR 00, 115; ebenso Murmann Jura 01, 258, 264; Immel StV 01, 477, 478 und Stein aaO [vgl 2] Rdn 65, 66 mwN; krit zur Anwendbarkeit der Nr 2 in Fällen des § 306 a II Schroeder GA 98, 571, 573; s auch Radtke ZStW 110, 848, 854 zum Verhältnis der §§ 306 I, 306 a II und 306 b II). Das Opfer muss sich nicht zur Tatzeit in einer Räumlichkeit aufhalten (BT-Dr 13/9064 S 22; Wolters JR 98, 271, 273).

4 **b) Nr 2:** Handeln in Ermöglichungs- oder Verdeckungsabsicht iS des § 211 II (dort 12, 13 und 15; krit zu dieser Ausweitung Stein aaO [vgl 2] Rdn 67; für eine restriktive Auslegung Tröndle/Fischer 9). Die Absicht (zielgerichtetes Wollen, 20 zu § 15; NJW 00, 3582) ist mit bedingtem Vorsatz hinsichtlich des Inbrandsetzens usw vereinbar (vgl BGHSt 40, 106 mit abl Anm Zopfs JuS 95, 686 zu § 307 Nr 2 aF); sie ist ein besonderes persönliches Merkmal iSv § 28 II (NJW 00, 3582). Andere Straftat ist nicht nur eine weitere Tat des Täters, sondern auch die einer anderen Person (NJW 00, 3581 mit Anm Bespr Baier JAR 01, 26). Der Täter muss die Brandsituation zur Begehung von Straftaten nutzen wollen (aM BGHSt 45, 211 [zum „Versicherungsbetrug"] mit zT krit Bespr Kudlich JA 00, 361, Radtke JR 00, 428, Schlothauer StV 00, 138, Rönnau JuS 01, 328, Liesching JR 01, 126 und Otto JK 1; StV 00, 136 mit Anm Schlothauer; NStZ-RR 00, 209; Wolff LK-Nachtrag 5; wie hier Geppert Jura 98, 597, 604; Hecker GA 99, 332; Mitsch ZStW 111, 65, 114; Joecks 7; Sch/Sch-Heine 13; Tröndle/Fischer 9 b; epif Müller/Hönig JA 01, 517, 523; auch restriktiv LG Kiel StV 03, 675 mit Anm Ostendorf, das einen unmittelbar räumlichen oder zeitlichen Zusammenhang zwischen Brand und dadurch zu ermöglichender Straftat verlangt); die Rspr hat zwar den Wortlaut, nicht aber die Systematik auf ihrer Seite (aM Rönnau aaO und Herzog NK 6); vor allem aber überzeugt als Strafschärfungsgrund die „Verknüpfung von Unrecht mit weiterem Unrecht" hier ebenso wenig wie beim Mord (12 zu § 211); die hohe Mindeststrafe ist nur durch das Ausnutzen der gemeingefährlichen Brandsituation zu erklären.

5 **c) Nr 3** erfasst jegliche tatsächliche Verhinderung oder Erschwerung der Brandlöschung (Bayer, in: Schlüchter, 6. StrRG, S 108; Stein aaO [vgl 2] Rdn 68; Radtke ZStW 110, 848, 878; Sch/Sch-Heine 16), auch durch Unterlassen (näher Radtke, Die Dogmatik der Brandstiftungsdelikte, 1998, S 411). Dies kann – wie bisher in § 307 Nr 3 umschrieben – durch Entfernen oder Unbrauchbarmachen von „Löschgerätschaften" geschehen, zB auch durch Abstellen des von diesen benö-

Fahrlässige Brandstiftung **§§ 306c, 360d**

tigten Wassers (hM; anders Horn SK 15 zu § 307 aF); Rettungsgeräte wie Sprungtücher werden davon nicht erfasst; das Entfernen oder Unbrauchbarmachen kann vor oder nach dem Inbrandsetzen usw erfolgen (ebenso Kindhäuser BT I 65/30).
4. Tätige Reue § 306e. Führungsaufsicht § 321. Einziehung § 322. Anzeigepflicht § 138 I Nr 9. 6

§ 306c Brandstiftung mit Todesfolge

Verursacht der Täter durch eine Brandstiftung nach den §§ 306 bis 306b wenigstens leichtfertig den Tod eines anderen Menschen, so ist die Strafe lebenslange Freiheitsstrafe oder Freiheitsstrafe nicht unter zehn Jahren.

Fassung des 6. StrRG (13 vor § 1).

1. Die Vorschrift enthält eine weitere **Erfolgsqualifikation** (1–13 zu § 18) zu 1 §§ 306, 306a, 306b mit erhöhtem Strafrahmen (krit zum Strafrahmen Stein, 6. StrRG Einf, 4/57); durch den Verweis auch auf § 306 I ist eine todeserfolgsqualifizierte Sachbeschädigung geschaffen worden (Radtke ZStW 110, 848, 854). Sie entspricht in ihrer Struktur weitgehend der Erfolgsqualifikation des § 251 beim Raub (dort 1–4). Zur Realisierung der Brandstiftungsgefahr vgl 2 zu § 306b; abweichend davon muss sich diese Gefahr hier im Tod (4 vor § 211) eines anderen Menschen realisieren; dieser muss sich – anders als nach bisherigem Recht – nicht zurzeit der Tat in einer der in Brand gesetzten Räumlichkeiten befinden (Bayer, in: Schlüchter, 6. StrRG, S 109; Geppert Jura 98, 597, 604; krit Radtke aaO S 878; einschr Stein aaO Rdn 69, 74 und Wolters JR 98, 271, 274, die auf den möglichen Ausschluss des Gefahrzusammenhanges hinweisen; ebenso Horn SK 4; speziell zur Problematik sog Retterschäden Radtke S 879; Wrage JuS 03, 985, 990; Wolff LK-Nachtrag 2 und Sch/Sch Heine 5–7). Der Tod muss wenigstens leichtfertig (55 zu § 15), kann deshalb auch vorsätzlich verursacht werden; dadurch wird Tateinheit mit §§ 211, 212 möglich (Tröndle/Fischer 7). Zum möglichen Versuch Bussmann GA 99, 21, 33; für die Strafbarkeit auch des erfolgsqualifizierten Versuch Krey BT 1 Rdn 753a; Rengier BT II 40/27, 30; Hillenkamp LK 113 vor § 22; Tröndle/Fischer 5; Sch/Sch Heine 9; abl Küpper ZStW 111, 794 und in: BT 1 II 5/24; Roxin AT II 29/331; Puppe, Die Erfolgszurechnung im Strafrecht, 2000, S 250, 279; vgl auch Kühl, Gössel-FS, S 191, 207.

2. Führungsaufsicht § 321. Einziehung § 322. 2

§ 306d Fahrlässige Brandstiftung

(1) Wer in den Fällen des § 306 Abs. 1 oder des § 306a Abs. 1 fahrlässig handelt oder in den Fällen des § 306a Abs. 2 die Gefahr fahrlässig verursacht, wird mit Freiheitsstrafe bis zu fünf Jahren oder mit Geldstrafe bestraft.

(2) Wer in den Fällen des § 306a Abs. 2 fahrlässig handelt und die Gefahr fahrlässig verursacht, wird mit Freiheitsstrafe bis zu drei Jahren oder mit Geldstrafe bestraft.

Fassung des 6. StrRG (13 vor § 1).

1. Fahrlässigkeit 35–54 zu § 15; zur Sorgfaltspflichtwidrigkeit diff Murmann 1 Jura 01, 258, 262; Rechtsprechungsanalyse bei Duttge, Zur Bestimmtheit des Handlungsunwerts von Fahrlässigkeitsdelikten, 2001, S 332. Typisch ist sorgfaltswidriger Umgang mit feuergefährlichen Mitteln wie Knallkörpern oder auch glühenden Zigaretten (Rengier JuS 98, 397, 400); erfasst sind wegen der Ausweitung der Tatobjekte in § 306 aber auch Straßenverkehrsunfälle, bei denen ein am Stra-

§ 306e BT. 28. Abschnitt. Gemeingefährliche Straftaten

ßenrand abgestelltes Kraftfahrzeug gestreift und in Brand gesetzt wird (Stein, 6. StrRG Einf, 4/96). Auch Unterlassen in Garantenstellung (6 zu § 13) kommt in Frage (Bay NJW 90, 3032; Rostock NStZ 01, 199 mit Bespr Geppert JK 32 zu § 13), zB bei Verletzung der Pflicht zur Beaufsichtigung von Kindern oder beim Schornsteinfeger, der einen ordnungswidrigen Bauzustand nicht rügt (Oldenburg NdsRpfl 56, 207). Zur fahrlässigen Ausdehnung eines Brandes Bay NJW 59, 1885. – Zusf Geppert Jura 89, 473, 479 und (zur Neufassung) Jura 98, 597, 604; Cantzler JA 99, 474, 477; Müller/Hönig JA 01, 517, 534; krit zur Neufassung Immel StV 01, 477, 478, 481, der Rechtsfolgenlösung zur Harmonisierung der Strafrahmen vorschlägt; eingehend Geerds, Fahrlässigkeitsbrände, in: Schäfer (Hrsg), Grundlagen der Kriminalistik Bd 8/1.

2   **2. Abs 1** erfasst die fahrlässige Begehung der §§ 306 I, 306a I (krit zur Einordnung der fahrlässigen sachbeschädigenden Brandstiftung in Abs 1 Stein aaO [vgl 1] Rdn 97; s auch Schnabel JuS 99, 103) sowie die fahrlässige Gefahrverursachung iS des § 306a II (dort 7; Vorsatz-Fahrlässigkeits-Kombination iSv § 11 II [dort 24, 25]; krit zu den Wertungswidersprüchen der beiden Alternativen des Abs 2 und den in Bezug genommenen Delikten Fischer NStZ 99, 13; krit auch Schroeder GA 98, 571, 574; Cantzler aaO und Herzog NK 3); die Taterfolge des § 306b sind nicht einbezogen (krit Wolters JR 98, 271, 274; Schroeder aaO). Werden Tathandlung und Gefährdung iS des § 306a II fahrlässig begangen, so gilt **Abs 2** (Müller/Hönig JA 01, 517, 525; vgl 30 zu § 315c).

3   **3. Tateinheit** ua möglich mit § 222 (NJW 89, 2479 mit Bespr Küpper JuS 90, 184 und Eue JZ 90, 765). Zum Verhältnis zu § 306 dort 6. **Tätige Reue** § 306e II.

§ 306e Tätige Reue

(1) **Das Gericht kann in den Fällen der §§ 306, 306a und 306b die Strafe nach seinem Ermessen mildern (§ 49 Abs. 2) oder von Strafe nach diesen Vorschriften absehen, wenn der Täter freiwillig den Brand löscht, bevor ein erheblicher Schaden entsteht.**

(2) **Nach § 306d wird nicht bestraft, wer freiwillig den Brand löscht, bevor ein erheblicher Schaden entsteht.**

(3) **Wird der Brand ohne Zutun des Täters gelöscht, bevor ein erheblicher Schaden entstanden ist, so genügt sein freiwilliges und ernsthaftes Bemühen, dieses Ziel zu erreichen.**

Fassung des 6. StrRG (13 vor § 1).

1   **1. Allgemein** zur **tätigen Reue** 29 zu § 24; § 306e setzt eine vollendete Tat voraus (NStZ-RR 97, 233; Stein, 6. StrRG Einf, 4/98); davor ist Rücktritt nach § 24 möglich (BGHSt 48, 14 mit Bespr Otto JK 4; NStZ 03, 266; Müller/Hönig JA 01, 517, 525; Sinn Jura 01, 803, 809), der beim Zerstören durch Brandlegung (4 zu § 306) noch nach der Brandlegung in Betracht kommt (Radtke ZStW 110, 848, 872). Strafmilderung oder Absehen von Strafe kommt nur für Taten nach §§ 306, 306a und 306b (krit zu dessen Einbeziehung Schroeder GA 98, 571, 575), Straffreiheit nur bei Taten nach § 306d in Betracht (krit zu dieser Einschränkung Stein aaO Rdn 100; krit auch Radtke aaO S 873, 881, der bei tätiger Reue obligatorische Straffreiheit verlangt). Die Strafbarkeit nach anderen Vorschriften (zB § 303; aM Hillenkamp JuS 97, 821, 828 zu § 310 aF), auch nach § 306f (Wolters JR 98, 271, 275; Cantzler JA 99, 474, 479; Müller/Hönig aaO S 526; Sch/Sch-Heine 16; so schon zu § 310 aF BGHSt 39, 128 mit Bespr Jung JuS 94, 84, Geppert JR 94, 72 und Gropengießer StV 94, 19), bleibt unberührt (aM Geppert Jura 98, 597, 606; Otto GK 2 79/24 mwN).

Herbeiführen einer Brandgefahr **§ 306f**

2. Anders als § 310 aF stellt die Vorschrift durch die Aufnahme des **Freiwillig-** 2
keitserfordernisses (21 zu § 24) in allen drei Absätzen auf die subjektive Tätersicht
ab (Geppert Jura 98, 597, 605; Rengier JuS 98, 397, 401; Stein aaO [vgl 1]
Rdn 101; Wolters JR 98, 271, 275; ebenso schon zum objektiv formulierten
§ 310 aF, jedoch nur zu Gunsten des Täters LG Zweibrücken NStZ 93, 85; Geppert Jura 89, 473, 481; vgl auch Berz, Stree/Wessels-FS, S 331, 337, 339). Entscheidend ist auch hier, dass der „Rücktritt" einer autonomen Entscheidung des
Täters entspringt und nicht durch von seinem Willen unabhängige Hinderungsgründe veranlasst wird; „Reue über das angerichtete Unrecht" oder „Rückkehr
zur Legalität" wird nicht verlangt (NStZ 03, 265 zu einem vorgetäuschten Brandanschlag). **Erheblicher Schaden** ist eine erhebliche Körperverletzung iS des
§ 224 I Nr 2 (dort 5; Geppert und Rengier jeweils aaO; Radtke ZStW 110, 848,
882) oder ein Sachschaden von bedeutendem Wert iS des § 315c I (dort 24; Geppert und Rengier jeweils aaO; diff Stein aaO Rdn 103 und Horn SK 9–15; einschr
Radtke aaO, nach dem weitere bestandswesentliche Teile des Objekts selbstständig
vom Feuer ergriffen sein müssen; anders Joecks 5, der für die Erheblichkeit darauf
abstellt, welcher Schaden ohne die Intervention des Täters eingetreten wäre; krit
Schroeder GA 98, 571, 575, der eine Gefahrabwendung wie in § 314a verlangt);
für Fälle des teilweise Zerstörens setzt der BGH die Schadensgrenze in wirtschaftlicher Betrachtungsweise bei 2500 Euro an, weil bei dieser Alternative – anders als
beim im Vorfeld angesiedelten Inbrandsetzen – idR ein beträchtlicher Sachschaden
vorliegt (BGHSt 48, 14 mit zust Bespr Radtke NStZ 03, 432, 433, Wolff JR 03,
392, 393 und Otto JK 3; krit aber zu wirtschaftlichen Betrachtungsweise Radtke
und Wolff, jeweils aaO). Zum **Löschen** des Brandes (krit zur Beschränkung auf
dieses Rücktrittsverhalten Stein aaO Rdn 104) kann sich der Täter der Hilfe anderer, zB der Feuerwehr, bedienen (NStZ 03, 265 und 266 mit zust Bespr Beckemper JA 03, 925; Herzog NK 4). Zum Bemühen um Löschung 20 zu § 24; an
einem ernsthaften Bemühen fehlt es, wenn es dem Brandstifter trotz Meldung des
Brandes bei der Stadtverwaltung darauf ankommt, durch einen großen Brand ein
„Fanal" zu setzen (NStZ-RR 00, 42 mit zust Bespr Otto JK 1).

§ 306f Herbeiführen einer Brandgefahr

(1) **Wer fremde**

1. **feuergefährdete Betriebe oder Anlagen,**
2. **Anlagen oder Betriebe der Land- oder Ernährungswirtschaft, in denen sich deren Erzeugnisse befinden,**
3. **Wälder, Heiden oder Moore oder**
4. **bestellte Felder oder leicht entzündliche Erzeugnisse der Landwirtschaft, die auf Feldern lagern,**

durch Rauchen, durch offenes Feuer oder Licht, durch Wegwerfen brennender oder glimmender Gegenstände oder in sonstiger Weise in Brandgefahr bringt, wird mit Freiheitsstrafe bis zu drei Jahren oder mit Geldstrafe bestraft.

(2) **Ebenso wird bestraft, wer eine in Absatz 1 Nr. 1 bis 4 bezeichnete Sache in Brandgefahr bringt und dadurch Leib oder Leben eines anderen Menschen oder fremde Sachen von bedeutendem Wert gefährdet.**

(3) **Wer in den Fällen des Absatzes 1 fahrlässig handelt oder in den Fällen des Absatzes 2 die Gefahr fahrlässig verursacht, wird mit Freiheitsstrafe bis zu einem Jahr oder mit Geldstrafe bestraft.**

Fassung des 6. StRG (13 vor § 1).

§ 307

BT. 28. Abschnitt. Gemeingefährliche Straftaten

1 1. Die aufgeführten Objekte (zum feuergefährdeten Betrieb BGHSt 5, 190; nur solche gewerblicher Art, Stuttgart StV 95, 138) werden hier gegen **konkrete** (21, 22 zu § 315 c) **Brandgefährdung** geschützt (Radtke ZStW 110, 848, 882), die im Einzelfall eingetreten sein muss. Kritisch zur Systematik der Vorschrift Fischer NStZ 99, 13 und Radtke aaO; krit zur „Vorfeldkriminalisierung" Herzog NK 1.

2 2. **Abs 1** erfasst die Brandgefährdung (vgl 1) fremder (4–7 zu § 242) Objekte (Sch/Sch-Heine 1); die Einwilligung des Eigentümers hat rechtfertigende Wirkung (Geppert Jura 98, 597, 605; Rengier JuS 98, 367, 400; Kindhäuser 1). Bei **Abs 2** kommt es wie bisher bei § 310 a aF auf das Eigentum nicht an (BT-Dr 13/8587 S 49; Stein, 6. StrRG Einf, 4/107; Fischer NStZ 99, 13, 14; Horn SK 11; krit wegen der fehlenden Eindeutigkeit des Wortlauts Wolters JR 98, 271, 275; krit auch Otto GK 2 79/24: sachwidrig), dafür wird zusätzlich vorausgesetzt, dass es zur konkreten Gefährdung iS des § 315 c I (dort 20–24) kommt (BT-Dr 13/8587 S 49; Rengier aaO; krit Schroeder GA 98, 571, 576, der zur Abgrenzung von Abs 1 die Gefährdung weiterer fremder Sachen verlangt; ebenso Wolff LK-Nachtrag 2). Zur Fahrlässigkeitsstrafbarkeit nach **Abs 3** vgl 30 zu § 315 c (krit zur Reichweite des Abs 3 Stein aaO Rdn 109, der in dessen Alt 2 eine Vorsatz-Fahrlässigkeits-Kombination sieht; ebenso Bayer, in: Schlüchter, 6. StrRG, S 114; krit Immel StV 01, 477, 478; vgl auch BT-Dr 13/8991 S 24).

3 3. **Tateinheit** ist möglich mit § 303 (BGHSt 39, 128, 132) und § 305 (BGHSt 41, 219, 222). Gegenüber §§ 306 a–306 d ist die Vorschrift **subsidiär** (Geppert aaO [vgl 2]). Durch tätige Reue nach § 306 e wird sie jedoch nicht berührt (dort 1); auch eine analoge Anwendung von § 306 e scheidet aus (Rengier JuS 98, 397, 401; Radtke, Die Dogmatik der Brandstiftungsdelikte, 1998, S 425; offen gelassen von Stein aaO [vgl 2] Rdn 111; für eine analoge Anwendung von § 314 a II Schroeder GA 98, 571, 576; für eine analoge Anwendung von § 306 e Herzog NK 6); das Ergebnis ist freilich nicht befriedigend (Radtke aaO; nach Kindhäuser 6 zu § 306 e sogar „unverständlich").

§ 307 Herbeiführen einer Explosion durch Kernenergie

(1) **Wer es unternimmt, durch Freisetzen von Kernenergie eine Explosion herbeizuführen und dadurch Leib oder Leben eines anderen Menschen oder fremde Sachen von bedeutendem Wert zu gefährden, wird mit Freiheitsstrafe nicht unter fünf Jahren bestraft.**

(2) **Wer durch Freisetzen von Kernenergie eine Explosion herbeiführt und dadurch Leib oder Leben eines anderen Menschen oder fremde Sachen von bedeutendem Wert fahrlässig gefährdet, wird mit Freiheitsstrafe von einem Jahr bis zu zehn Jahren bestraft.**

(3) **Verursacht der Täter durch die Tat wenigstens leichtfertig den Tod eines anderen Menschen, so ist die Strafe**
1. **in den Fällen des Absatzes 1 lebenslange Freiheitsstrafe oder Freiheitsstrafe nicht unter zehn Jahren,**
2. **in den Fällen des Absatzes 2 Freiheitsstrafe nicht unter fünf Jahren.**

(4) **Wer in den Fällen des Absatzes 2 fahrlässig handelt und die Gefahr fahrlässig verursacht, wird mit Freiheitsstrafe bis zu drei Jahren oder mit Geldstrafe bestraft.**

Fassung des 6. StrRG (13 vor § 1).

1 1. Die Vorschrift behandelt das **Herbeiführen von Explosionen durch Kernenergie**. Die Tat ist **konkretes Gefährdungsdelikt** (32 vor § 13; 1 zu § 315 c).

2. Tathandlung ist das Herbeiführen einer **Explosion** (2 zu § 308) durch **Freisetzen von Kernenergie**. Erfasst werden damit sowohl die Kernspaltungs- wie auch die Kernvereinigungsvorgänge (dazu Begr zu § 322 E 1962 S 501), jedoch nicht der ordnungsmäßige Ablauf einer Kernreaktion im Atomreaktor (ebenso Herzog NK 4; Sch/Sch-Cramer/Heine 3). Das Freisetzen von radioaktiver Strahlung allein reicht nicht, auch nicht, wenn die freiwerdende Strahlenenergie an anderer Stelle eine Explosion auslöst (Wolff LK 2 zu § 310 b aF und mwN).

3. Im Falle des Abs 1 (vorsätzliches Gefährden durch eine vorsätzliche Tathandlung) genügt das **Herbeiführen** der Tat (dh Versuch und Vollendung, 19 zu § 11). Im Übrigen gelten für die **Gefährdung** (namentlich den Gefahrbegriff) und die Abstufung der Strafdrohungen nach Vorsatz und Fahrlässigkeit (Abs 1, 2, 4) die Ausführungen unter 20–31 zu § 315 c weitgehend sinngemäß.

4. Soweit Kernexplosionen in genehmigten Reaktoren trotz Einhaltung aller Sicherheitsvorschriften entstehen (erlaubtes Risiko, 29 vor § 32), fehlt es an der für die Fahrlässigkeit konstituierenden Sorgfaltspflichtverletzung (37–40 zu § 15; ebenso Sch/Sch-Cramer/Heine 11; mangels erlaubten Risikos verneint Kindhäuser 8 den objektiven Tatbestand).

5. Abs 3 setzt an die Stelle der besonders schweren Fälle eine **Erfolgsqualifikation** für wenigstens leichtfertige (55 zu § 15) Todesverursachung (vgl 1 zu § 306 c; 1–4 zu § 251), die für die Absätze 1 und 2 in den Nummern 1 und 2 abgestufte Strafrahmen vorsieht; zum möglichen Versuch Hardtung, Versuch und Rücktritt bei den Teilvorsatzdelikten des § 11 Abs 2 StGB, 2002, S 157, 193.

6. Tateinheit ua möglich mit §§ 211, 212, 222, 223 ff, 255 (BGHSt 41, 368, 370), 303, 306–306 d (BGHSt 20, 230), §§ 312, 327 I, 328 (aM Sch/Sch-Cramer/Heine 28 zu § 328: § 307 geht vor); im Falle des Abs 3 wird § 222 verdrängt, jedoch bleibt Tateinheit mit §§ 211, 212 möglich. Die §§ 307 und 308 schließen sich – mindestens idR – aus (Exklusivität; ebenso Horn SK 7; für Spezialität des § 307 Kindhäuser 9). Über das Verhältnis zu § 310 dort 5; zu § 311 dort 7.

7. Tätige Reue § 314 a. Führungsaufsicht § 321. Einziehung § 322. Räumlicher Geltungsbereich § 6 Nr 2. Anzeigepflicht (Abs 1–3) § 138 I Nr 9. Weitere die Kernenergie betreffende Strafvorschriften in §§ 311, 312, 327 I, 328. Beachte auch §§ 46, 49 AtG.

§ 308 Herbeiführen einer Sprengstoffexplosion

(1) **Wer anders als durch Freisetzen von Kernenergie, namentlich durch Sprengstoff, eine Explosion herbeiführt und dadurch Leib oder Leben eines anderen Menschen oder fremde Sachen von bedeutendem Wert gefährdet, wird mit Freiheitsstrafe nicht unter einem Jahr bestraft.**

(2) **Verursacht der Täter durch die Tat eine schwere Gesundheitsschädigung eines anderen Menschen oder eine Gesundheitsschädigung einer großen Zahl von Menschen, so ist auf Freiheitsstrafe nicht unter zwei Jahren zu erkennen.**

(3) **Verursacht der Täter durch die Tat wenigstens leichtfertig den Tod eines anderen Menschen, so ist die Strafe lebenslange Freiheitsstrafe oder Freiheitsstrafe nicht unter zehn Jahren.**

(4) **In minder schweren Fällen des Absatzes 1 ist auf Freiheitsstrafe von sechs Monaten bis zu fünf Jahren, in minder schweren Fällen des Absatzes 2 auf Freiheitsstrafe von einem Jahr bis zu zehn Jahren zu erkennen.**

(5) **Wer in den Fällen des Absatzes 1 die Gefahr fahrlässig verursacht, wird mit Freiheitsstrafe bis zu fünf Jahren oder mit Geldstrafe bestraft.**

§ 309

BT. 28. Abschnitt. Gemeingefährliche Straftaten

(6) **Wer in den Fällen des Absatzes 1 fahrlässig handelt und die Gefahr fahrlässig verursacht, wird mit Freiheitsstrafe bis zu drei Jahren oder mit Geldstrafe bestraft.**

Fassung des 6. StrRG (13 vor § 1).

1 1. Die Vorschrift behandelt das **Herbeiführen von Explosionen** (zusf Cramer NJW 64, 1835; Lackner JZ 64, 674) anders als durch Freisetzen von Kernenergie (zu diesem § 307). Die Tat ist **konkretes Gefährdungsdelikt** (NStZ-RR 96, 132; 32 vor § 13; 1 zu § 315 c).

2 2. **Tathandlung** ist das Herbeiführen einer Explosion jeder Art, namentlich mit Sprengstoff (zB Dynamit, Nitroglyzerin, Schießbaumwolle, Schwarzpulver oder anderen Schießmitteln), Gas, Wasserdampf oder chemischen Kunststoffen, mit Ausnahme derjenigen, die durch Freisetzen von Kernenergie ausgelöst werden. **Explosion** ist ein normativer, kein naturwissenschaftlicher Begriff. Er umfasst daher nicht nur die Freisetzung von Druckenergien mit ungewöhnlicher Beschleunigung nach außen (KG NStZ 89, 369; sehr weit LG Braunschweig NStZ 87, 231), sondern auch explosionsgleiche Erscheinungen, die zB durch Luftunterdruck (Implosionen) erzeugt werden (Begr zu § 323 E 1962 S 502; aM Otto GK 2 78/9; Herzog NK 4 und Sch/Sch-Cramer/Heine 3). Kleinexplosionen, die ihrer Art nach ungeeignet sind, Zerstörungen nennenswerten Ausmaßes herbeizuführen, wie das Herbeiführen sog Verpuffungen in Gasbadeöfen, sind keine Explosionen im Sinne des Abs 1 (Sozialadäquanz, 29 vor § 32; str).

3 3. Für die **Gefährdung** (namentlich den Gefahrbegriff) und die Abstufung der Strafdrohungen nach Vorsatz und Fahrlässigkeit (Abs 1, 5, 6) gelten die Ausführungen unter 20–31 zu § 315 c weitgehend sinngemäß; zur bedingt vorsätzlichen Gefährdung von Leib oder Leben NJW 96, 936, 938; zum Versuch mit bedingtem Vorsatz NStZ-RR 96, 132.

4 4. Soweit sich der Täter bei Verwendung explosiver Stoffe in Industrie, Gewerbe und Forschung im Rahmen des **erlaubten Risikos** (29 vor § 32) hält, das durch zahlreiche Sicherheitsvorschriften konkretisiert ist, fehlt es an der für die Fahrlässigkeit konstituierenden Sorgfaltspflichtverletzung (37–40 zu § 15). Eine behördliche Erlaubnis nach § 7 SprengG rechtfertigt die Tat nicht (Horn SK 7).

5 5. Zur Erfolgsqualifikation des **Abs 2** vgl 2 zu § 306 b, zu der des **Abs 3** vgl 1 zu § 306 c; zum möglichen Versuch Hardtung, Versuch und Rücktritt bei den Teilvorsatzdelikten des § 11 Abs 2 StGB, 2002, S 54, 58. Zu **Abs 4** (minder schwere Fälle) 7–10 a zu § 46; 4 zu § 12. Zu den Konkurrenzen gelten die Ausführungen unter 6 zu § 307 sinngemäß. Zur Strafbarkeit unerlaubten Umgangs oder Verkehrs mit explosionsgefährlichen Stoffen § 326 I Nr 3 StGB sowie die §§ 40, 42 SprengG. Tätige Reue § 314 a. Führungsaufsicht § 321. Einziehung § 322. Anzeigepflicht (Abs 1–3) § 138 I Nr 9.

§ 309 Mißbrauch ionisierender Strahlen

(1) **Wer in der Absicht, die Gesundheit eines anderen Menschen zu schädigen, es unternimmt, ihn einer ionisierenden Strahlung auszusetzen, die dessen Gesundheit zu schädigen geeignet ist, wird mit Freiheitsstrafe von einem Jahr bis zu zehn Jahren bestraft.**

(2) **Unternimmt es der Täter, eine unübersehbare Zahl von Menschen einer solchen Strahlung auszusetzen, so ist die Strafe Freiheitsstrafe nicht unter fünf Jahren.**

(3) **Verursacht der Täter in den Fällen des Absatzes 1 durch die Tat eine schwere Gesundheitsschädigung eines anderen Menschen oder eine**

Mißbrauch ionisierender Strahlen **§ 309**

Gesundheitsschädigung einer großen Zahl von Menschen, so ist auf Freiheitsstrafe nicht unter zwei Jahren zu erkennen.

(4) Verursacht der Täter durch die Tat wenigstens leichtfertig den Tod eines anderen Menschen, so ist die Strafe lebenslange Freiheitsstrafe oder Freiheitsstrafe nicht unter zehn Jahren.

(5) In minder schweren Fällen des Absatzes 1 ist auf Freiheitsstrafe von sechs Monaten bis zu fünf Jahren, in minder schweren Fällen des Absatzes 3 auf Freiheitsstrafe von einem Jahr bis zu zehn Jahren zu erkennen.

(6) Wer in der Absicht, die Brauchbarkeit einer fremden Sache von bedeutendem Wert zu beeinträchtigen, sie einer ionisierenden Strahlung aussetzt, welche die Brauchbarkeit der Sache zu beeinträchtigen geeignet ist, wird mit Freiheitsstrafe bis zu fünf Jahren oder mit Geldstrafe bestraft. Der Versuch ist strafbar.

Fassung des 6. StrRG (13 vor § 1).

1. Die Vorschrift schützt Menschen und Sachen gegen **ionisierende Strahlung**. Sie beschreibt einen besonderen Typus des konkreten Gefährdungsdelikts (ebenso Herzog NK 2, 5 und Horn SK 2). Zwar wird die Gefährdung im Tatbestand nicht ausdrücklich erwähnt (32 vor § 13); sie ergibt sich aber zwingend aus dem Erfordernis, dass ein Mensch oder eine Sache einer zur Schädigung geeigneten Strahlung ausgesetzt wird.

2. **Ionisierende Strahlung** ist Strahlung, die von natürlichen oder künstlichen radioaktiven Stoffen (§ 2 I, II AtG; § 3 I StrlSchV) ausgeht, ferner Neutronenstrahlung, die bei der Spaltung von Kernbrennstoffen entsteht, und künstlich erzeugte ionisierende Strahlung, namentlich auch die Röntgenstrahlung (BGHSt 43, 346, 347). Der Mensch oder die Sache sind solcher Strahlung ausgesetzt, sobald sie in deren Wirkungsbereich geraten.

3. Nach **Abs 1** zur Gesundheitsschädigung (5 zu § 223) und nach **Abs 6** zur Beeinträchtigung der Brauchbarkeit einer fremden Sache von bedeutendem Wert (24 zu § 315 c) ist eine Strahlung dann geeignet, wenn bei ihrer Art und dem Umfang ihrer konkreten Anwendung der Eintritt einer solchen Schädigung oder Beeinträchtigung naheliegt (ebenso Kindhäuser 5 und Sch/Sch Cramer/Heine 4; diff Hoyer, Die Eignungsdelikte, 1987, S 172). – Im Falle des Abs 1 genügt zur vollendeten Tat das Unternehmen (dh auch der Versuch des Aussetzens, 19 zu § 11), während Abs 6 erst mit dem Beginn der Strahlungswirkung vollendet wird.

4. Bedingter **Vorsatz** genügt. Mit ihm muss sich die **Absicht** im Sinne zielgerichteten Wollens (20 zu § 15) verbinden, die Gesundheit eines anderen (im Falle des Abs 2 also nicht notwendig einer Mehrzahl von Menschen) zu schädigen (Abs 1) oder die Brauchbarkeit der Sache zu beeinträchtigen (Abs 6); dass der Täter daneben noch andere Zwecke verfolgt oder die Schädigung nur als Mittel für einen anderen Zweck erstrebt, ist unerheblich.

5. **Abs 2** ist Qualifikationstatbestand zu Abs 1; daher müssen dessen Merkmale voll verwirklicht sein. **Unübersehbar** ist eine Zahl, wenn so viele Menschen betroffen sind, dass auch ein objektiver Beobachter sie nicht ohne nähere Prüfung übersehen, also in ihrer ungefähren Zahl bestimmen kann (Begr zu § 324 E 1962 S 503).

6. Für die Erfolgsqualifikationen der **Abs 3, 4** (die schwere Folge muss nach Hardtung, Versuch und Rücktritt von den Teilvorsatzdelikten des § 11 Abs 2 StGB, 2002, S 157, auf dem grunddeliktischen Erfolg aufbauen) und die minder schweren Fälle des **Abs 5**, für die Möglichkeiten der Konkurrenz und für eine Anzahl ergänzender Vorschriften gelten die Ausführungen unter 5–7 zu § 307

§ 310

BT. 28. Abschnitt. Gemeingefährliche Straftaten

und 5 zu § 308 sinngemäß; s auch § 311 I Nr 1 StGB, §§ 46, 49 AtG und die StrlSchV. Tätige Reue § 314a. Führungsaufsicht § 321. Einziehung § 322. Anzeigepflicht (Abs 1–3) § 138 I Nr 9.

§ 310 Vorbereitung eines Explosions- oder Strahlungsverbrechens
(1) **Wer zur Vorbereitung**
1. **eines bestimmten Unternehmens im Sinne des § 307 Abs. 1 oder des § 309 Abs. 2 oder**
2. **einer Straftat nach § 308 Abs. 1, die durch Sprengstoff begangen werden soll,**

Kernbrennstoffe, sonstige radioaktive Stoffe, Sprengstoffe oder die zur Ausführung der Tat erforderlichen besonderen Vorrichtungen herstellt, sich oder einem anderen verschafft, verwahrt oder einem anderen überläßt, wird in den Fällen der Nummer 1 mit Freiheitsstrafe von einem Jahr bis zu zehn Jahren, in den Fällen der Nummer 2 mit Freiheitsstrafe von sechs Monaten bis zu fünf Jahren bestraft.

(2) **In minder schweren Fällen des Absatzes 1 Nr. 1 ist die Strafe Freiheitsstrafe von sechs Monaten bis zu fünf Jahren.**

Fassung: Technische Änderung durch das 6. StrRG (13 vor § 1).

1 1. Die Vorschrift schützt über § 30 hinaus gegen Handlungen, die zur **Vorbereitung** eines Explosions- oder Strahlungsverbrechens nach §§ 307 I, 308 I, 309 II begangen werden.

2 2. **Tathandlungen** sind nur die in Abs 1 ausdrücklich genannten Vorbereitungshandlungen, die sich sämtlich auf radioaktive Stoffe (§ 2 I, II AtG; § 3 I StrlSchV) oder auf Sprengstoff (2 zu § 308) beziehen müssen. „Besondere" Vorrichtungen sind nicht schon an sich ungefährliche Gegenstände, die erst nach Verarbeitung oder Zusammenbau verwendbar sind, sondern nur solche, die ihrer Art nach die spezifische Eignung haben, der Herbeiführung von Explosionen durch Kernenergie oder Sprengstoff oder der Erzeugung ionisierender Strahlung zu dienen (ähnlich Sch/Sch-Cramer/Heine 5). Deshalb genügt das Beschaffen eines Weckers zum Einbau in einen Zeitzünder oder einer Batterie als Stromquelle für die Zündeinrichtung nicht, wohl aber der zusammengebaute Zeitzünder oder der zur Auslösung der Explosion bestimmte Zündsatz (BT-Dr IV/2186 S 3).

3 3. Neben dem **Vorsatz** (bedingter genügt) ist erforderlich, dass der Täter „zur" Vorbereitung eines der in Abs 1 genannten und von ihm selbst oder einem anderen in Aussicht genommenen Verbrechens handelt. Dessen Förderung muss daher seine Zielvorstellung sein (aM Bay NJW 73, 2038; Cramer NJW 64, 1835, 1838; zw), was idR, aber nicht notwendig (aM Gehrig, Der Absichtsbegriff in den Straftatbeständen des Besonderen Teils des StGB, 1986, S 96), zutrifft, wenn er in Kenntnis der entsprechenden Absicht des anderen handelt; unterstützt er ohne solche Absicht die Vorbereitung des Verbrechens durch einen anderen, so liegt nur Beihilfe zu § 310 vor (ebenso Herzog NK 12). Im Übrigen muss die vorgesehene Tat ihrer Art und ihrem rechtlichen Wesen nach so weit konkretisiert sein, dass sie unter einen der in Abs 1 genannten Tatbestände subsumiert werden kann; außerdem zwingt der Wortlaut des Gesetzes („bestimmtes Unternehmen") zu der Annahme, dass sie nach Angriffsziel, Gegenstand, Zeit, Ort und Begehungsweise in ihren Grundzügen – sei es auch noch sehr vage und in allgemeinen Vorstellungen über den Angriffsbereich (bei Holtz MDR 78, 850) – umrissen sein muss (NJW 77, 540 mit krit Anm Herzberg JR 77, 469; Kindhäuser 4). Ob sie als besonders schwerer oder minder schwerer Fall zu bestrafen wäre, ist unerheblich; denn die

Tat bleibt ohne Rücksicht auf die unbenannte Strafänderung (4 zu § 12) eine Tat nach dem verletzten Tatbestand; allerdings wird, wenn die vorbereitete Tat ein minder schwerer Fall nach § 311 IV Alt 1 wäre, auch die Vorbereitungshandlung idR nach Abs 2 ein solcher sein.

4. Die Tat nach Abs 1 Nr 1 ist Verbrechen, ihr **Versuch** daher strafbar; dem steht nicht entgegen, dass die Vorschrift nur Vorbereitungshandlungen beschreibt (3 vor § 22). 4

5. Wird die geplante Tat begangen oder versucht, so tritt § 310 hinter der Beteiligung des Täters (auch Anstiftung und Beihilfe) an dem Verbrechen zurück (**Subsidiarität**, 26 vor § 52); dasselbe gilt für das Zusammentreffen mit § 30. 5

6. Tätige Reue § 314 a. Führungsaufsicht § 321. Einziehung § 322. Der Weltrechtsgrundsatz gilt nur für das Verbrechen nach Abs 1 Nr 1 (§ 6 Nr 2). Anzeigepflicht § 138 I Nr 9. 6

§ 311 Freisetzen ionisierender Strahlen

(1) **Wer unter Verletzung verwaltungsrechtlicher Pflichten (§ 330 d Nr. 4, 5)**

1. ionisierende Strahlen freisetzt oder

2. Kernspaltungsvorgänge bewirkt,

die geeignet sind, Leib oder Leben eines anderen Menschen oder fremde Sachen von bedeutendem Wert zu schädigen, wird mit Freiheitsstrafe bis zu fünf Jahren oder mit Geldstrafe bestraft.

(2) **Der Versuch ist strafbar.**

(3) **Wer fahrlässig**

1. beim Betrieb einer Anlage, insbesondere einer Betriebsstätte, eine Handlung im Sinne des Absatzes 1 in einer Weise begeht, die geeignet ist, eine Schädigung außerhalb des zur Anlage gehörenden Bereichs herbeizuführen oder

2. in sonstigen Fällen des Absatzes 1 unter grober Verletzung verwaltungsrechtlicher Pflichten handelt,

wird mit Freiheitsstrafe bis zu zwei Jahren oder mit Geldstrafe bestraft.

Fassung: Umnummerierung und technische Änderung durch das 6. StrRG (13 vor § 1). Nach Art 2 des Ges zu dem Übereinkommen v 26. 10. 1979 über den physischen Schutz von Kernmaterial v 24. 4. 1990 (BGBl II 326) gelten § 311 d I, II [aF; jetzt § 311 I, II], sowie § 328 I Nr 1 mit folgender Maßgabe:
Einer verwaltungsrechtlichen Pflicht im Sinne des § 311 d Abs. 1 [aF, jetzt § 311 Abs. 1] *und einer Genehmigung und Untersagung im Sinne des § 328 Abs. 1 Nr. 1 stehen eine entsprechende ausländische verwaltungsrechtliche Pflicht, Genehmigung und Untersagung gleich.*

1. Die Vorschrift wendet sich zum Schutz von Leib, Leben und Eigentum gegen **verbotenes Freisetzen von ionisierenden Strahlen und Bewirken von Kernspaltungsvorgängen**. Auf eine konkrete Gefährdung oder Schädigung kommt es nicht an. Die Tathandlung muss aber die generelle Eignung zur Schadensverursachung haben. Die Tat ist deshalb ein sog **potenzielles Gefährdungsdelikt** (BGHSt 39, 371; 43, 346, 349; NJW 94, 2161; s auch NJW 99, 2129; vgl 32 vor § 13). 1

2. **Übereinstimmende Voraussetzung** der Tathandlungen nach Abs 1 Nr 1, 2 ist die **Verletzung verwaltungsrechtlicher Pflichten** (dazu 4–9, 11, 12 zu § 325), für die auch die Regelung rechtsmissbräuchlichen Verhaltens nach § 330 d 2

§ 311

BT. 28. Abschnitt. Gemeingefährliche Straftaten

Nr 5 gilt (Sch/Sch-Cramer/Heine 8). In Fällen des § 311 können solche Pflichten nur aus Rechtsvorschriften (oder auf ihnen beruhenden vollziehbaren Verwaltungsakten) hergeleitet werden, die speziell dem Schutz vor den von ionisierenden Strahlen oder von einem Kernspaltungsvorgang ausgehenden Gesundheitsgefahren dienen (BT-Dr 12/192 S 31; Kindhäuser 3). Ausschließliche innerstaatliche Grundlage sind danach das AtG und die auf ihm beruhenden RechtsVOen (die StrlSchV und die RöV); in diesem Rahmen kommen auch Vorschriften in Frage, die zum innerbetrieblichen Arbeitsschutz die Beschäftigung von Menschen in strahlenbelasteten Bereichen zeitlich begrenzt oder nur unter Schutzvorkehrungen zulassen (BT-Dr 12/192 S 15; Steindorf LK 9 zu § 311 d aF; aM Bamberg MDR 92, 687; Tröndle/Fischer 4; zw). – Die Erweiterung des Schutzbereichs auf verwaltungsrechtliche Pflichten usw, die **außerhalb des räumlichen Geltungsbereichs des Gesetzes** (5 vor § 3) erlassen werden (vgl vor 1), erfordert Zuständigkeit der erlassenden Stelle im Rahmen der **internationalen Atom-Energieorganisation** (die Pflichten der Vertragsstaaten zur Pönalisierung von Angriffen auf Kernmaterial sind in Art 7 des Übereinkommens geregelt).

3 3. a) **Abs 1 Nr 1: Ionisierende Strahlen** 2 zu § 309. **Freisetzen** bedeutet, eine Lage schaffen, in der sich solche Strahlen unkontrollierbar im Raum ausdehnen können (BGHSt 43, 346, 348), so etwa wenn Strahlen ohne die erforderlichen Sicherheitsmaßnahmen erzeugt oder wenn Schutzvorrichtungen gegenüber einer (künstlichen) Strahlenquelle, zB einem in Verwahrung befindlichen radioaktiven Stoff oder einem im Betrieb befindlichen Strahlengerät, beseitigt werden (Bamberg MDR 92, 687). Daran fehlt es beim Röntgen, wenn es – trotz fehlender Indikation und damit unter Verstoß gegen § 25 I S 1 RöV – durch einen Arzt angeordnet und in einer genehmigten, technisch einwandfreien Röntgeneinrichtung von dafür ausgebildetem Personal ausgeführt wird (BGHSt 43, 346 mit Bespr Detter JA 98, 535, Rigizahn JR 98, 523, Götz/Hinrichs/Seibert/Sommer MedR 98, 505, Jerouschek JuS 99, 746, 749 und Geppert JK 2 zu § 223; Sack 37 a).

4 b) **Abs 1 Nr 2: Bewirken von Kernspaltungsvorgängen** ist Verursachen der bei der Spaltung von Kernbrennstoffen (3 zu § 328) ablaufenden physikalischen Prozesse (Steindorf LK 5 zu § 311 d aF).

5 4. **Geeignet zur Schädigung** setzt weder Schadenseintritt noch konkrete Gefährdung voraus; Dauer und Intensität der Strahlung oder der Kernspaltungsvorgänge müssen lediglich nach ihrer konkreten Beschaffenheit und Anwendung (probl LG München NStZ 82, 470) generell tauglich sein (BGHSt 39, 371 mit zust Anm Geerds JR 95, 33), **Leib** (körperliche Unversehrtheit iS des § 223) oder **Leben eines anderen** oder **fremde Sachen von bedeutendem Wert** (24 zu § 315 c) für den Fall zu schädigen, dass sich solche geschützten Objekte im Strahlungsbereich befinden (einschr Hoyer, Die Eignungsdelikte, 1987, S 79 und Horn SK 3). Die in der StrlSchV genannten Werte sind wesentliche Anhaltspunkte für die Feststellung der Gesundheitsschädigungseignung von Strahlendosen (BGH aaO S 373; NJW 94, 2161; Bartholme JA 96, 730, 731; Sack 10).

6 5. Für **Vorsatz (Abs 1) und Fahrlässigkeit (Abs 3)** gelten die Ausführungen unter 16 zu § 325 sinngemäß. – **Abs 3** unterscheidet bei **Fahrlässigkeit** zwischen Anlagenbetrieb mit Wirkungen außerhalb der Anlage (Nr 1; vgl 2, 3 zu § 325) und nichtanlagenbezogener Tätigkeit (Nr 2). **Nr 1** erfasst nicht nur Gefahren beim Betrieb einer kerntechnischen Anlage, sondern auch anderer Anlagen, von denen eine schädigende radioaktive Strahlung ausgehen kann, zB Anlagen zur Lagerung von Kernbrennstoffen oder von radioaktiven Abfällen (§§ 81, 86 StrlSchV; BT-Dr 12/192 S 15). Die Schädigungseignung bezieht sich auf die Strahlen- und Kernspaltungsvorgänge des Abs 1 (vgl Sack MDR 90, 286, 287). Nur **Nr 2** setzt die grob pflichtwidrige Verletzung verwaltungsrechtlicher Pflichten (dazu 11 zu § 325) voraus.

6. **Tateinheit** ua möglich mit §§ 211, 212, 222 (str), 223 ff, 229 (str), 308, 327 I, 328. Hinter §§ 307, 309 tritt die Vorschrift zurück (Subsidiarität; ebenso Herzog NK 11; aM Horn SK 9: Tateinheit).

7. **Tätige Reue** § 314 a. Einziehung § 322.

§ 312 Fehlerhafte Herstellung einer kerntechnischen Anlage

(1) **Wer eine kerntechnische Anlage (§ 330 d Nr. 2) oder Gegenstände, die zur Errichtung oder zum Betrieb einer solchen Anlage bestimmt sind, fehlerhaft herstellt oder liefert und dadurch eine Gefahr für Leib oder Leben eines anderen Menschen oder für fremde Sachen von bedeutendem Wert herbeiführt, die mit der Wirkung eines Kernspaltungsvorgangs oder der Strahlung eines radioaktiven Stoffes zusammenhängt, wird mit Freiheitsstrafe von drei Monaten bis zu fünf Jahren bestraft.**

(2) **Der Versuch ist strafbar.**

(3) **Verursacht der Täter durch die Tat eine schwere Gesundheitsschädigung eines anderen Menschen oder eine Gesundheitsschädigung einer großen Zahl von Menschen, so ist auf Freiheitsstrafe von einem Jahr bis zu zehn Jahren zu erkennen.**

(4) **Verursacht der Täter durch die Tat den Tod eines anderen Menschen, so ist die Strafe Freiheitsstrafe nicht unter drei Jahren.**

(5) **In minder schweren Fällen des Absatzes 3 ist auf Freiheitsstrafe von sechs Monaten bis zu fünf Jahren, in minder schweren Fällen des Absatzes 4 auf Freiheitsstrafe von einem Jahr bis zu zehn Jahren zu erkennen.**

(6) **Wer in den Fällen des Absatzes 1**
1. **die Gefahr fahrlässig verursacht oder**
2. **leichtfertig handelt und die Gefahr fahrlässig verursacht,**
wird mit Freiheitsstrafe bis zu drei Jahren oder mit Geldstrafe bestraft.

Fassung: Umnummerierung und Neufassung von Abs 3–6 durch das 6. StRG (13 vor § 1).

1. Die Vorschrift wendet sich gegen fehlerhafte **Herstellung oder Lieferung von kerntechnischen Anlagen**. Die Tat ist **konkretes Gefährdungsdelikt** (Horn SK 2; 32 vor § 13; 1 zu § 315 c) im Hinblick auf die geschützten Rechtsgüter Leben, körperliche Unversehrtheit und fremdes Eigentum (Tröndle/Fischer 1).

2. **Kerntechnische Anlage** § 330 d Nr 2 (dort 2). Ein Gegenstand ist zur **Errichtung** (dh zur erstmaligen Bereitstellung der Anlage) oder zum **Betrieb** (2 zu § 325) bestimmt, wenn der für Errichtung bzw Betrieb Verantwortliche ihn zu diesen Zwecken verwenden will oder sich diese Bestimmungen aus Bau- und Betriebsplänen ergibt (Herzog NK 4; für rein subjektive Bestimmung Horn SK 3; dagegen Steindorf LK 5 zu § 311 c); dazu gehören Baumaterialien und Einrichtungsgegenstände, nicht hingegen bloße Arbeitsmittel, die kein Bestandteil der Anlage werden (Steindorf LK 5 zu § 311 c), weil deren Fehlerhaftigkeit nicht ohne weiteres die Funktionsfähigkeit der Anlage beeinträchtigt.

3. **Herstellen** bedeutet Bearbeiten oder Verarbeiten von Werkstoffen zur Gestaltung eines Gegenstandes; **Liefern** Überlassen zum bestimmungsmäßigen Gebrauch. Herstellen oder Liefern sind **fehlerhaft,** wenn sie Rechtsvorschriften oder technischen Erfahrungen (Herzog NK 6; Sch/Sch-Cramer/Heine 5; Steindorf LK 6 zu § 311 c aF) widersprechen und wenn deshalb die Tauglichkeit des Ge-

§ 313

BT. 28. Abschnitt. Gemeingefährliche Straftaten

genstandes zum bestimmungsmäßigen Gebrauch aufgehoben oder nicht unerheblich gemindert ist. Die sinnvolle Erstreckung der Regelung auf fehlerhafte Reparaturen hat der Gesetzgeber nicht vorgenommen (krit Möhrenschlager NStZ 94, 566, 569; aM Steindorf LK 7 zu § 311 c aF).

4   **4.** Die als **Folge** der Tathandlung nach Abs 1 erforderliche **konkrete Gefahr** entspricht der des § 315 c I (dort 21, 22). **Zusammenhang** mit der Wirkung eines Kernspaltungsvorgangs (4 zu § 311) oder der Strahlung eines radioaktiven Stoffes (2 zu § 309) liegt vor, wenn sich das Gefahrurteil mindestens auch auf diese Wirkung gründen lässt (ebenso Kindhäuser 4). Für die **Verknüpfung** der Gefährdung mit den Tathandlungen gelten die Ausführungen unter 27 zu § 315 c sinngemäß.

5   **5.** In den Fällen des **Abs 1** muss sich der Vorsatz (bedingter genügt) sowohl auf die Tathandlung als auch auf die Gefährdung beziehen. In den Fällen des **Abs 6 Nr 1** genügt für die Gefährdung Fahrlässigkeit (35 zu § 15); an dem Erfordernis des Vorsatzes für die Tathandlung wird dadurch aber nichts geändert. Zur Behandlung der Vorsatz-Fahrlässigkeitskombination als Vorsatztat im Hinblick auf Versuch, Teilnahme, Einziehung usw 23–25 zu § 11; 1 zu § 23; 7 zu § 26. In den Fällen des Abs 6 Nr 2 genügt für die Tathandlung Leichtfertigkeit (55 zu § 15; Tröndle/Fischer 10), für die Gefährdung Fahrlässigkeit (35 zu § 15).

6   **6. Abs 3** und **4** enthalten Erfolgsqualifikationen, bei denen die schweren Folgen wenigstens fahrlässig (§ 18) verursacht sein müssen (Sch/Sch-Cramer/Heine 13a); schwere Gesundheitsschädigung 3 zu § 250; Gesundheitsschädigung einer großen Zahl von Menschen 2 zu § 306 b; Tod 4 vor § 211; zum möglichen Versuch Hardtung, Versuch und Rücktritt von den Teilvorsatzdelikten des § 11 Abs 2 StGB, 2002, S 63. – Zu **Abs 5** (minder schwere Fälle) 7–10 a zu § 46.

7   **8. Tateinheit** ua möglich mit §§ 109 e, 211, 212, 222, 223 ff, 229, 263.

8   **9.** Tätige Reue § 314 a. Einziehung § 322.

§ 313 Herbeiführen einer Überschwemmung

(1) **Wer eine Überschwemmung herbeiführt und dadurch Leib oder Leben eines anderen Menschen oder fremde Sachen von bedeutendem Wert gefährdet, wird mit Freiheitsstrafe von einem Jahr bis zu zehn Jahren bestraft.**

(2) § 308 Abs. 2 bis 6 gilt entsprechend.

Fassung: Das 6. StrRG (13 vor § 1) hat die lebensgefährdende, sachgefährdende und fahrlässige Überschwemmung der §§ 312–314 aF in einer Vorschrift zusammengefasst und dabei vereinfacht, vereinheitlicht und angepasst (BT-DR 13/8587 S 50).

1   **1. Überschwemmung** ist Austreten von Wasser über seine natürlichen oder künstlichen Grenzen hinaus in solcher Menge und Stärke, dass es für die im überfluteten Gebiet befindlichen Menschen gefährlich ist (AG Zerbst NJ 04, 181 mit Anm Krüger).

2   **2.** Zur **konkreten** Gefährdung 21–24 und 27 zu § 315 c.

3   **3.** Der **Vorsatz** (bedingter genügt, RGSt 71, 42 zu § 312 aF) muss auch die konkrete Gefährdung umfassen (zum Gefährdungsvorsatz 28 zu § 15). – Der Versuch ist strafbar (Verbrechen).

4   **4.** Zu **Abs 2** 5 zu § 308.

5   **5.** Tätige Reue § 314 a. Einziehung § 322. Anzeigepflicht § 138 I Nr 9.

§ 314 Gemeingefährliche Vergiftung

(1) Mit Freiheitsstrafe von einem Jahr bis zu zehn Jahren wird bestraft, wer

1. Wasser in gefaßten Quellen, in Brunnen, Leitungen oder Trinkwasserspeichern oder

2. Gegenstände, die zum öffentlichen Verkauf oder Verbrauch bestimmt sind,

vergiftet oder ihnen gesundheitsschädliche Stoffe beimischt oder vergiftete oder mit gesundheitsschädlichen Stoffen vermischte Gegenstände im Sinne der Nummer 2 verkauft, feilhält oder sonst in den Verkehr bringt.

(2) § 308 Abs. 2 bis 4 gilt entsprechend.

Fassung: Das 6. StrRG (13 vor § 1) hat die gemeingefährliche Vergiftung und die fahrlässige Gemeingefährdung der §§ 319, 320 aF in einer Vorschrift zusammengefasst und dabei vereinfacht und gestrafft (BT-Dr 13/8587 S 51; krit Seher NJW 04, 113, 115: eher „verschleiert").

1. Die Vorschrift (zusf zu § 319 aF Horn NJW 86, 153; zu dessen Reformbedürftigkeit Geerds, Tröndle-FS, S 241) schützt Leben und Gesundheit von Menschen. Sie erfordert keinen Verletzungs- oder Gefahrerfolg. Die Tat ist daher **abstraktes Gefährdungsdelikt** (32 vor § 13; Hilgendorf, Strafrechtliche Produzentenhaftung in der „Risikogesellschaft", 1993, S 165; Otto GK 2 82/101; Herzog NK 2; Sch/Sch-Heine 2; ähnlich Seher NJW 04, 113, 116: Eignungsdelikt; aM Zieschang, Die Gefährdungsdelikte, 1998, S 261: potenzielles Gefährdungsdelikt; krit zur tatbestandlichen Struktur Bosch, Organisationsverschulden in Unternehmen, 2002, S 509). Die vom RegEntw eines 6. StrRG vorgesehene Umgestaltung in ein konkretes Gefährdungsdelikt (BT-Dr 13/8587 S 50) hat sich als unvertretbare Einschränkung der Strafbarkeit im Gesetzgebungsverfahren nicht durchsetzen können (Stellungnahme des BRates BT-Dr 13/8587 S 71; Gegenäußerung der BReg BT-Dr 13/8587 S 89). 1

2. Zur ersten Tatbestandsalternative des Abs 1: 2

a) Nr 1: Gefasste Quellen, Brunnen, Leitungen und **Trinkwasserspeicher** (auch Trinkwassertalsperren, BT-Dr 13/8587 S 51) müssen dem Gebrauch von (irgendwelchen) Menschen in dem Sinne dienen, dass diese mindestens mit dem Inhalt in körperliche Berührung (zum Trinken, aber auch zum Waschen oder Baden) zu kommen pflegen; also keine Fabrik- oder Löschwasserbehälter (Kindhäuser 3; aM Horn SK 5), auch keine Viehtränken (aM BT-Dr aaO, wonach der einwandfreie Gebrauch des Wassers auch für Tiere gesichert werden soll). Der Schutz von Wasser, das sich nicht in diesen Vorrichtungen befindet, insbesondere der des fließenden Wassers in Flüssen und ungefassten Quellen oder der des Wassers in Seen und Teichen ist in §§ 324, 329 II, 330 geregelt. – **Nr 2:** Zum **öffentlichen Verkauf oder Verbrauch bestimmte Gegenstände** sind nicht nur Lebensmittel, sondern zB auch Seifen, Stoffe usw, wohl auch Lederspray (so Hilgendorf aaO [vgl 1] S 166, unter Hinweis auf § 5 I 6 und 7 LMBG; ebenso Bosch aaO [vgl 1] S 505) und Holzschutzmittel (Schulz JA 96, 185, 188; Bosch aaO). Die Bestimmung muss zurzeit der Tathandlung bestehen oder mit ihr vorgenommen werden (Sch/Sch-Heine 12).

b) Nach dem Schutzzweck der Vorschrift ist für das **Vergiften** und das **Bei-** 3
mischen von gesundheitsschädlichen Stoffen (nicht mehr zur Gesundheitszerstörung geeignete Stoffe, Seher NJW 04, 113) weder erforderlich noch ausreichend, dass die beigefügten Stoffe als solche die unter 1 a zu § 224 geforderten Eigenschaften aufweisen (krit zur Anknüpfung an § 224 Seher aaO S 115, der auf

§ 314a BT. 28. Abschnitt. Gemeingefährliche Straftaten

die Gesundheitsschädigung iS des § 223 abstellt); vielmehr muss die Tathandlung bewirken, dass der aus der Beifügung entstehende Gegenstand (zB das Brunnenwasser) bei bestimmungsmäßigem – also nicht lediglich bei übermäßigem oder zweckwidrigem (einschr Kuhlen, Fragen einer strafrechtlichen Produkthaftung, 1989, S 142, 160 und Hilgendorf aaO [vgl 1] S 166 sowie Seher aaO S 116, der auf den Verbraucherhorizont abstellen will) – Gebrauch die gesundheitsschädliche Wirkung zu entfalten geeignet ist (hM; vgl Wolff LK 5–8 zu § 319 aF; Herzog NK 10; Sch/Sch-Heine 13, die aber für Vergiften eine Gesundheitszerstörungseignung verlangen [Rdn 14]; ähnlich Bottke ZfBR 91, 233, 235, der auch den sozialadäquaten Produktkontakt einbezieht [zust Bosch aaO, vgl 1, S 508], sowie Gretenkordt, Herstellen und Inverkehrbringen stofflich gesundheitsgefährlicher Verbrauchs- und Gebrauchsgüter, 1993, S 22, der auf die nicht unübliche Verwendung abstellt; anders Hoyer, Die Eignungsdelikte, 1987, S 159; krit Geerds aaO [vgl 1] S 244 und Zieschang aaO [vgl 1] S 266).

4   **3.** Zur **zweiten Tatbestandsalternative** des **Abs 1:**
   a) Solche vergifteten oder mit gesundheitsschädlichen Stoffen vermischten Gegenstände iS der Nr 2 (vgl 2) brauchen nicht aus einer rechtswidrigen Tat im Sinne der 1. Alt hervorgegangen zu sein (Joecks 8); es genügt jede vorausgegangene, auch rechtmäßig oder ohne die erforderliche Verkaufs- oder Gebrauchsbestimmung vorgenommene menschliche Einwirkung, die einen solchen Gegenstand hervorgebracht hat (Gretenkordt aaO [vgl 3] S 59; Sch/Sch-Heine 18; Wolff LK 10 zu § 319 aF; weiter Horn SK 18, der auch verdorbene Lebensmittel einbezieht; gegen die hM auch Bottke ZfBR 91, 233, 235; zw).

5   **b) Feilhalten** bedeutet, einen Gegenstand in Verkaufsabsicht in einer Weise präsentieren, die äußerlich erkennbar auf diese Absicht hindeutet (BGHSt 23, 286). **Inverkehrbringen** 7 zu § 146 (näher Horn NJW 77, 2329). – Hinzu kommen musste nach § 319 aF das Verschweigen der gefährlichen Eigenschaft bei bestimmungsgemäßem Gebrauch; diese entbehrliche (BT-Dr 13/8587 S 51) Einschränkung ist in der neugefassten Vorschrift nicht mehr enthalten (Bayer, in: Schlüchter, 6. StrRG, S 125: deutliche Erweiterung des Anwendungsbereichs).

6   **4.** Bedingter **Vorsatz** genügt auch im Hinblick auf das „Bekanntsein" der Gesundheitsschädlichkeit (Horn NJW 86, 153, 155); zum möglichen Vorsatzausschluss bei objektiv sorgfältigem Verhalten in Bezug auf die geschützten Rechtsgüter Hoyer aaO (vgl 3) S 163; Horn SK 13.

7   **5.** Zu **Abs 2** 5 zu § 308.

8   **6. Tateinheit** ist möglich mit §§ 211 ff, 223 ff, auch zwischen Abs 2 iVm § 308 III und einem vorsätzlichen Tötungsdelikt.

9   **7.** Tätige Reue § 314 a. Einziehung § 322. Anzeigepflicht § 138 I Nr 9. Zur Ergänzung beachte für Lebensmittel §§ 51 ff LMBG; für Arzneimittel §§ 95 ff AMG.

§ 314a Tätige Reue

(1) **Das Gericht kann die Strafe in den Fällen des § 307 Abs. 1 und des § 309 Abs. 2 nach seinem Ermessen mildern (§ 49 Abs. 2), wenn der Täter freiwillig die weitere Ausführung der Tat aufgibt oder sonst die Gefahr abwendet.**

(2) **Das Gericht kann die in den folgenden Vorschriften angedrohte Strafe nach seinem Ermessen mildern (§ 49 Abs. 2) oder von Strafe nach diesen Vorschriften absehen, wenn der Täter**

1. **in den Fällen des § 309 Abs. 1 oder § 314 Abs. 1 freiwillig die weitere Ausführung der Tat aufgibt oder sonst die Gefahr abwendet oder**

2. in den Fällen des
   a) § 307 Abs. 2,
   b) § 308 Abs. 1 und 5,
   c) § 309 Abs. 6,
   d) § 311 Abs. 1,
   e) § 312 Abs. 1 und 6 Nr. 1,
   f) § 313, auch in Verbindung mit § 308 Abs. 5,
freiwillig die Gefahr abwendet, bevor ein erheblicher Schaden entsteht.

(3) Nach den folgenden Vorschriften wird nicht bestraft, wer
1. in den Fällen des
   a) § 307 Abs. 4,
   b) § 308 Abs. 6,
   c) § 311 Abs. 3,
   d) § 312 Abs. 6 Nr. 2,
   e) § 313 Abs. 2 in Verbindung mit § 308 Abs. 6
freiwillig die Gefahr abwendet, bevor ein erheblicher Schaden entsteht, oder
2. in den Fällen des § 310 freiwillig die weitere Ausführung der Tat aufgibt oder sonst die Gefahr abwendet.

(4) Wird ohne Zutun des Täters die Gefahr abgewendet, so genügt sein freiwilliges und ernsthaftes Bemühen, dieses Ziel zu erreichen.

Fassung: Umnummerierung und technische Änderung durch das 6. StrRG (13 vor § 1).

1. Allgemein zur tätigen Reue 29 zu § 24.

2. Abs 1, Abs 2 Nr 1 und Abs 3 Nr 2 beziehen sich auf Unternehmens- und verselbständigte Vorbereitungshandlungen (19 zu § 11; 3 vor § 22). **Aufgeben der Tatausführung** bedeutet Abbrechen des Unternehmens (oder der Vorbereitung) noch im Stadium des Versuchs (oder der Vorbereitung) unter endgültigem Verzicht auf den Tatplan (8, 9 zu § 24). **Abwenden der Gefahr** kann hier sowohl Verhüten des Gefahreintritts wie auch Beseitigen der bereits eingetretenen tatbestandsmäßigen Gefahr bedeuten (ebenso Sch/Sch-Cramer/Heine 5). Wie sich aus einem Vergleich mit den unter 3 behandelten Vorschriften ergibt, wird die Vergünstigung zwar nicht notwendig ausgeschlossen, wenn bei einem Unternehmensdelikt Vollendung eintritt; jedoch darf die Gefahr, die der Täter abwendet, sich nicht schon in einem erheblichen Teilschaden (zB durch ionisierende Strahlung) realisiert haben.

3. Abs 2 Nr 2 und Abs 3 Nr 1 beziehen sich auf Taten, bei denen der tatbestandliche Erfolg (eine Explosion oder Strahlung) eingetreten ist. Sie sind für die §§ 307, 308 nahezu bedeutungslos, weil bei einem vollendeten Explosionsdelikt ein erheblicher Schaden idR sofort eintritt. Nur wenn dieser – etwa durch Ausbreitung von Feuer oder durch Eintritt einer Überschwemmung – ausnahmsweise erst als Folge der Explosion droht, kann tätige Reue praktisch werden. **Abwenden** bedeutet hier nur das Beseitigen der bereits eingetretenen tatbestandsmäßigen Gefahr; der Eintritt eines unerheblichen Schadens steht der Vergünstigung nicht entgegen. Bei § 312 kann dies vor Inbetriebnahme der Anlage durch den Austausch des fehlerhaften Anlagenteils gegen ein fehlerfreies, sonst durch Information des Anlagenbetreibers geschehen (BT-Dr 12/192 S 15).

4. Da die Strafbarkeit nach anderen Vorschriften unberührt bleibt (29 zu § 24), sind bei Tateinheit mit Brandstiftung die §§ 306e und 314a selbständig zu prüfen.

§ 315 Gefährliche Eingriffe in den Bahn-, Schiffs- und Luftverkehr

(1) Wer die Sicherheit des Schienenbahn-, Schwebebahn-, Schiffs- oder Luftverkehrs dadurch beeinträchtigt, daß er

1. Anlagen oder Beförderungsmittel zerstört, beschädigt oder beseitigt,
2. Hindernisse bereitet,
3. falsche Zeichen oder Signale gibt oder
4. einen ähnlichen, ebenso gefährlichen Eingriff vornimmt,

und dadurch Leib oder Leben eines anderen Menschen oder fremde Sachen von bedeutendem Wert gefährdet, wird mit Freiheitsstrafe von sechs Monaten bis zu zehn Jahren bestraft.

(2) Der Versuch ist strafbar.

(3) Auf Freiheitsstrafe nicht unter einem Jahr ist zu erkennen, wenn der Täter

1. in der Absicht handelt,
   a) einen Unglücksfall herbeizuführen oder
   b) eine andere Straftat zu ermöglichen oder zu verdecken, oder
2. durch die Tat eine schwere Gesundheitsschädigung eines anderen Menschen oder eine Gesundheitsschädigung einer großen Zahl von Menschen verursacht.

(4) In minder schweren Fällen des Absatzes 1 ist auf Freiheitsstrafe von drei Monaten bis zu fünf Jahren, in minder schweren Fällen des Absatzes 3 auf Freiheitsstrafe von sechs Monaten bis zu fünf Jahren zu erkennen.

(5) Wer in den Fällen des Absatzes 1 die Gefahr fahrlässig verursacht, wird mit Freiheitsstrafe bis zu fünf Jahren oder mit Geldstrafe bestraft.

(6) Wer in den Fällen des Absatzes 1 fahrlässig handelt und die Gefahr fahrlässig verursacht, wird mit Freiheitsstrafe bis zu zwei Jahren oder mit Geldstrafe bestraft.

Fassung des 6. StrRG (13 vor § 1).

1   1. § 315 behandelt die **Transportgefährdung** als konkretes Gefährdungsdelikt (32 vor § 13; 1 zu § 315 c). Er bezieht sich auf alle Arten des öffentlichen und privaten (RGSt 13, 380; König LK 7) Verkehrs mit Ausnahme des Straßenverkehrs. Er **schützt** vornehmlich die Sicherheit der genannten vier Verkehrsarten (aM M-Schroeder/Maiwald BT 2 53/22; Horn SK 2), daneben auch das Leben und die körperliche Unversehrtheit des einzelnen sowie fremdes Eigentum (König LK 5; Sch/Sch-Cramer/Sternberg-Lieben 1).

2   2. Zum **Schienenverkehr** gehören Eisenbahnen, Werk-, Klein-, Hoch-, Untergrund- und Zahnradbahnen (zu Straßenbahnen § 315 d), zum **Schwebebahnverkehr** namentlich die Magnetschnellbahn „Transrapid" (Herzog NK 5, 6), Bergkabinenbahnen und Sessellifte, nicht jedoch Schlepplifte (Kürschner NJW 82, 1966; Sch/Sch-Cramer/Sternberg-Lieben 4), und zum **Schiffsverkehr** sowohl die See- als auch die Binnenschifffahrt, unabhängig von der Größe des Schiffs (SchiffObG Berlin VRS 72, 111; Jaeckel NJW 64, 285; aM Schmidt NJW 63, 1861, alle mwN; zw). Die **Sicherheit** des Verkehrs betrifft sowohl den Betrieb der Bahn usw im ganzen als auch das einzelne Fahrzeug (Oldenburg MDR 51, 630), die Beförderungsgegenstände und -mittel, den Fahrgast und die im Fahr- oder Verschiebedienst tätigen Betriebsangehörigen (RGSt 74, 273), nicht aber den Streckenarbeiter (Braunschweig NdsRpfl 52, 157) oder den Benutzer eines Bahnübergangs. Diese betriebsfremden Personen nehmen jedoch am Strafschutz teil,

wenn sie durch eine Tathandlung konkret gefährdet werden (BGHSt 6, 1; König LK 49).

3. a) Die Sicherheit des Verkehrs wird **beeinträchtigt**, wenn durch einen 3 störenden Eingriff gegenüber Menschen oder Einrichtungen, die in Beziehung zu einem bestimmten Verkehrsvorgang stehen (BGHSt 6, 1), eine Steigerung der normalen Betriebsgefahr hervorgerufen (BGHSt 13, 66, 69; VRS 8, 272), der Verkehr also in seinem ungestörten Ablauf gefährdet wird (BGHSt 22, 6). Das erfordert keinen selbstständigen, neben der konkreten Individualgefahr (vgl 7) festzustellenden Erfolg; es genügt vielmehr, wenn diese Gefahr zugleich auch für die Verkehrssicherheit relevant ist (Cramer JZ 83, 812, 814; König LK 47). – Die Notwendigkeit einer Schnellbremsung ist regelmäßig ein Indiz für eine Sicherheitsbeeinträchtigung (BGHSt 13, 66, 69; Nr 245 III RiStBV).

b) Für die Beeinträchtigung genügt nicht jedes Mittel, sondern nur ein be- 4 stimmter, in Abs 1 beschriebener **Eingriff**, der bei Garantenstellung (6 zu § 13) auch in einem Unterlassen bestehen kann (BGHSt 8, 8; 11, 162, 165; Herzog NK 21 mwN).

aa) Abs 1 Nr 1–3 beschreibt die wichtigsten Eingriffe: **Beschädigen**, Zerstö- 5 ren 3–7 zu § 303. **Beseitigen** 2 zu § 87. **Hindernisbereiten** ist nach hM jeder Vorgang, der geeignet ist, den regelmäßigen Betrieb zu hemmen oder zu stören (BGHSt 21, 173 mwN; mit Recht einschr Meyer-Gerhards JuS 72, 506), zB Auflegen von Steinen auf die Schienen oder eines Metallbügels auf die Oberleitung (NStZ 88, 178), Überqueren von Bahngleisen durch einen Kraftwagen (VRS 8, 272), Versperren der Fahrrinne durch falsches Navigieren (Oldenburg MDR 51, 630); eine Beschränkung auf verkehrsfremde Vorgänge, die dem § 315b zu Grunde liegt (dort 4), ist hier nicht geboten (BGHSt 11, 148, 152; 24, 231; Bay MDR 61, 1034; Karlsruhe NZV 93, S 159; König LK 19–26; Sch/Sch-Cramer/Sternberg-Lieben 11). Wer durch Rauchen auf der Toilette eines Flugzeugs einen Warnton des Rauchmelders auslöst, gibt kein **falsches Zeichen oder Signal** (Düsseldorf NJW 00, 3223 mit Bespr Fahl JA 02, 459).

bb) Abs 1 Nr 4 stellt den **ähnlichen und ebenso gefährlichen** Eingriff 6 gleich. Er muss unmittelbar auf einen Verkehrsvorgang einwirken (BGHSt 10, 404) und sowohl der Art (probl Hamm VRS 61, 268 mit Bespr Horn/Hoyer JZ 87, 975) als auch der Gefährlichkeit nach (VRS 40, 104) einem der in den Nummern 1–3 genannten Eingriffe gleichwertig sein (krit Fabricius GA 94, 164, 175, der auf die funktionelle Ähnlichkeit hinsichtlich der Sicherheitsbeeinträchtigung abstellen will); zB Steinwürfe nach dem Zugführer (RGSt 61, 362); Verdecken von Signalen; Stören des die Flug- oder Wasserwege sichernden Funk- oder Signalverkehrs (BT-Dr IV/651 S 22); falsche Anweisungen vom Kontrollturm eines Flughafens an den Flugzeugführer (Blei JA 73, 742); ein überladenes Schiff in See stechen lassen (Hamburg NZV 97, 237); nicht aber das Auslösen eines Warntons des Rauchmelders auf der Toilette eines Flugzeugs (Düsseldorf NJW 00, 3223 mit zust Bespr Fahl JA 02, 459). Das Merkmal bedarf im Hinblick auf § 315a I Nr 2 enger Auslegung (ebenso Herzog NK 19; zu weit BGHSt 24, 231; zust aber König LK 43); trotz seiner relativen Unbestimmtheit ist es verfassungsrechtlich noch vertretbar (Krey, Studien zum Gesetzesvorbehalt im Strafrecht, 1977, S 223; Fabricius GA 94, 164, 166; König LK 40, 41; ebenso zu § 315b I BVerfG BvR 182/69 v 11. 6. 1969; BGHSt 22, 365; aM Isenbeck NJW 69, 174; Bruns GA 86, 1, 14).

4. Für die **Gefährdung** (namentlich den Gefahrbegriff; beachte Celle MDR 7 70, 1027 und Hamburg NZV 97, 237) und die Abstufung der Strafdrohungen nach Vorsatz und Fahrlässigkeit (Abs 1, 4, 5) gelten die Ausführungen unter 20–31 zu § 315c weitgehend sinngemäß; auch hier muss es zu einer kritischen Situation, einem „Beinaheunfall" gekommen sein (NStZ-RR 97, 200; König LK 53, 55);

§ 315a BT. 28. Abschnitt. Gemeingefährliche Straftaten

jedoch ist davon abweichend (dort 25) auch das vom Täter geführte, zu der hier geschützten Verkehrsart gehörende Fahrzeug in den Schutzbereich einbezogen (BGHSt 11, 148, 151; 27, 40, 44; Herzog NK 26; beachte jedoch Bay JZ 83, 560; Karlsruhe NZV 93, 159; aM Otto GK 2 80/1; Sch/Sch-Cramer/Sternberg-Lieben 14). Ferner muss sich der Vorsatz auch auf die Beeinträchtigung der Verkehrssicherheit erstrecken (vgl 3; aM Horn SK 2). – Wer sich mit der Möglichkeit des Entstehens einer konkreten Gefahr abfindet, begeht eine versuchte Tat nach **Abs 2** (NStZ-RR 97, 200).

8 **5. Abs 3 Nr 1: Absicht** ist zielgerichtetes Wollen (20 zu § 15); es muss dem Täter auf den in den Nr 1, 2 beschriebenen Erfolg ankommen; dies ist auch bei Verfolgung eines weitergehenden Ziels möglich (NStZ 01, 298). – **Unglücksfall** 2 zu § 323c; dass der Schaden tatsächlich eintritt, ist nicht erforderlich (Bremen VRS 62, 266 mwN). – Ermöglichen oder Verdecken einer Straftat 12, 13 zu § 211 (s auch BGHSt 28, 93 mit Anm Rüth JR 79, 516; NZV 95, 285; Kopp JA 99, 943, 947). – **Abs 3 Nr 2:** Schwere Gesundheitsschädigung 3 zu § 250; große Zahl von Menschen 6 zu § 330; fahrlässig verursacht 2 zu § 18 (nach Hardtung, Versuch und Rücktritt bei den Teilvorsatzdelikten des § 11 Abs 2 StGB, 2002, S 64, muss die Gesundheitsschädigung auf der grundtatbestandlichen Leibesgefahr beruhen).

9 **6.** Zu **Abs 4** (minder schwere Fälle) 7–10 zu § 46; 4 zu § 12.

10 **7.** Tätige Reue § 320.

11 **8. Tateinheit** ua möglich mit §§ 222, 229, 315a I Nr 1, 315b, 316. Gegenüber Abs 1 Nr 1 (auch iVm Abs 4) ist § 303 subsidiär (Braunschweig MDR 67, 419). Zu § 315a I Nr 2 vgl dort 7.

12 **9.** Anzeigepflicht (Abs 3) § 138 I Nr 9.

§ 315a Gefährdung des Bahn-, Schiffs- und Luftverkehrs

(1) **Mit Freiheitsstrafe bis zu fünf Jahren oder mit Geldstrafe wird bestraft, wer**

1. **ein Schienenbahn- oder Schwebebahnfahrzeug, ein Schiff oder ein Luftfahrzeug führt, obwohl er infolge des Genusses alkoholischer Getränke oder anderer berauschender Mittel oder infolge geistiger oder körperlicher Mängel nicht in der Lage ist, das Fahrzeug sicher zu führen, oder**
2. **als Führer eines solchen Fahrzeugs oder als sonst für die Sicherheit Verantwortlicher durch grob pflichtwidriges Verhalten gegen Rechtsvorschriften zur Sicherung des Schienenbahn-, Schwebebahn-, Schiffs- oder Luftverkehrs verstößt**

und dadurch Leib oder Leben eines anderen Menschen oder fremde Sachen von bedeutendem Wert gefährdet.

(2) **In den Fällen des Absatzes 1 Nr. 1 ist der Versuch strafbar.**

(3) **Wer in den Fällen des Absatzes 1**

1. **die Gefahr fahrlässig verursacht oder**
2. **fahrlässig handelt und die Gefahr fahrlässig verursacht,**

wird mit Freiheitsstrafe bis zu zwei Jahren oder mit Geldstrafe bestraft.

Fassung: Technische Änderung in Abs 1 durch das 6. StRG (13 vor § 1).

1 **1.** Die Vorschrift **schützt** dieselben Rechtsgüter und Verkehrsarten wie § 315 (dort 1, 2). Sie ergänzt dessen Anwendungsbereich dadurch, dass sie auch gewisse betriebsinterne Gefahrhandlungen selbstständig mit Strafe bedroht.

Gefährliche Eingriffe in den Straßenverkehr **§ 315b**

2. a) Zum Führen der in **Abs 1 Nr 1** genannten Fahrzeuge in **fahruntüchtigem Zustand,** das in gleicher Weise auch im Straßenverkehr bedeutsam ist, 5–12 zu § 315 c. Einen bestimmten Grenzwert absoluter Fahruntüchtigkeit (6 a zu § 315 c) hat allerdings die Rechtsprechung für keine der hier einschlägigen Verkehrsarten entwickelt. Namentlich für den Schiffsverkehr lehnt sie eine unterschiedslose Übertragung der für den Straßenverkehr geltenden Grenzwerte durchweg ab (krit Seifert NZV 97, 147; dagegen Sudmeyer NZV 97, 340), neigt jedoch zunehmend dazu (zusf Geppert BA 87, 262 mwN), bei Werten von mehr als 1,7 Promille (Köln NJW 90, 847; für 1,6 Promille Sch/Sch-Cramer/Sternberg-Lieben 3) absolute Fahruntüchtigkeit zu bejahen; neuerdings wird sogar der für den Straßenverkehr geltende Grenzwert von 1,1 Promille (6 a zu § 315 c) auf die Schifffahrt angewandt (Brandenburg NStZ-RR 02, 222; AG Rostock NZV 96, 124 mit zust Anm Reichart; s auch König LK 14, 18; für den Führer eines Motosportboots geht Karlsruhe Justiz 01, 221, von 1,3 Promille aus).

b) Abs 1 Nr 2 beschreibt ein Sonderdelikt (33 vor § 13), an dem als **Täter** nur 3 Fahrzeugführer und sonst für die Sicherheit Verantwortliche, als Teilnehmer dagegen auch Außenstehende beteiligt sein können (3, 9 zu § 25); für Letztere gilt § 28 I (ebenso König LK 38; Sch/Sch-Cramer/Sternberg-Lieben 6).

aa) Die das Blankett ausfüllenden **Sicherheitsvorschriften** müssen förmliche 3 a Gesetze oder Rechtsverordnungen sein (Herzog NK 4; krit zur Unbestimmtheit der Verweisung Lenzen JR 80, 133, 135); Verwaltungsvorschriften (auch Unfallverhütungsvorschriften der Berufsgenossenschaften, BT-Dr IV/651 S 27) oder Allgemeinverfügungen genügen nicht (ebenso Kindhäuser 4 und König LK 25). Einschlägige Vorschriften (Nachw bei Göhler [Lexikon]) gibt es namentlich für den **Eisenbahnverkehr** (aaO 210 B; s auch Karlsruhe VRS 57, 411; LG Mainz MDR 82, 597), den **Straßenbahnverkehr** (aaO 600 C), den **Seeschiffsverkehr** (aaO 318 C 3, 723 C), den **Binnenschiffsverkehr** (aaO 103 C, 195 A, 318 C 2, 546 C, 661 B) und den **Luftverkehr** (aaO 516). – **Grob pflichtwidriger** Verstoß 11 zu § 325 (s auch Karlsruhe NZV 93, 159 und NJW 01, 1661; LG Mainz aaO).

bb) Der **Handlungsvorsatz** (nach Abs 1 Nr 2) muss den Verstoß gegen die Si- 4 cherheitsvorschrift und die der groben Pflichtwidrigkeit zugrundeliegenden Umstände umfassen (näher dazu 16 zu § 325).

3. Für die **Gefährdung** (namentlich den Gefahrbegriff) und die Abstufung der 5 Strafdrohungen nach Vorsatz und Fahrlässigkeit (Abs 1, 3) gelten die Ausführungen unter 20–31 zu § 315 c weitgehend sinngemäß. Jedoch ist abweichend davon (dort 25) auch das vom Täter geführte Fahrzeug in den Schutzbereich einbezogen (7 zu § 315).

4. Abs 1 Nr 2 ist gegenüber § 315 **subsidiär** (BGHSt 21, 173). Umgekehrt 6 geht er den das Blankett ausfüllenden Vorschriften vor. Mit § 59 LuftVG kann er sich nicht überschneiden.

§ 315 b Gefährliche Eingriffe in den Straßenverkehr

(1) **Wer die Sicherheit des Straßenverkehrs dadurch beeinträchtigt, daß er**

1. **Anlagen oder Fahrzeuge zerstört, beschädigt oder beseitigt,**
2. **Hindernisse bereitet oder**
3. **einen ähnlichen, ebenso gefährlichen Eingriff vornimmt,**

und dadurch Leib oder Leben eines anderen Menschen oder fremde Sachen von bedeutendem Wert gefährdet, wird mit Freiheitsstrafe bis zu fünf Jahren oder mit Geldstrafe bestraft.

(2) **Der Versuch ist strafbar.**

§ 315b BT. 28. Abschnitt. Gemeingefährliche Straftaten

(3) **Handelt der Täter unter den Voraussetzungen des § 315 Abs. 3, so ist die Strafe Freiheitsstrafe von einem Jahr bis zu zehn Jahren, in minder schweren Fällen Freiheitsstrafe von sechs Monaten bis zu fünf Jahren.**

(4) **Wer in den Fällen des Absatzes 1 die Gefahr fahrlässig verursacht, wird mit Freiheitsstrafe bis zu drei Jahren oder mit Geldstrafe bestraft.**

(5) **Wer in den Fällen des Absatzes 1 fahrlässig handelt und die Gefahr fahrlässig verursacht, wird mit Freiheitsstrafe bis zu zwei Jahren oder mit Geldstrafe bestraft.**

Fassung: Aufhebung des bisherigen Abs 6 durch das 6. StrRG (13 vor § 1).

1 **1.** Die Vorschrift unterscheidet sich im Aufbau der Tatbestände und in den **geschützten Rechtsgütern** von § 315 nur dadurch, dass an die Stelle der dort genannten Verkehrsarten (1, 2 zu § 315) der **Straßenverkehr** tritt (2 zu § 315 c; Geppert Jura 96, 639, 640).

2 **2.** Auch das Erfordernis der **Beeinträchtigung** der Verkehrssicherheit ist hier wie in § 315 I (dort 3) vollwertiges Tatbestandsmerkmal (Düsseldorf NJW 82, 2391; Cramer JZ 83, 812, 814; Herzog NK 5; weiter LG Bonn NStZ 83, 223; aM Horn SK 3, der darin eine Anweisung zur einschränkenden Auslegung [vgl 4] sieht; ebenso Geppert aaO).

3 **3. a)** Die **Tathandlungen** entsprechen dem Wortlaut nach weitgehend dem § 315 I (dort 5, 6; zusf Geppert aaO [vgl 1] S 642). Jedoch fehlt hier das Geben falscher Zeichen oder Signale, weil es sich meist in einem verkehrswidrigen Fahrverhalten erschöpft, das in § 315 c abschließend geregelt ist; im Einzelfall kann falsche Zeichen- oder Signalgebung von außen aber als „ähnlicher, ebenso gefährlicher Eingriff" erfassbar sein (BT-Dr IV/651 S 28; aM Fabricius GA 94, 164, 175, der alle symbolisch wirksamen Handlungen vom Tatbestand des § 315 b ausschließt).

4 **b)** Im weiteren Gegensatz zu § 315 I bedürfen die Tathandlungen, namentlich das Hindernisbereiten, **einschränkender Auslegung.** Den Gefährdungstatbeständen zum Schutz des Straßenverkehrs liegt der Gedanke zu Grunde, dass § 315 c die bloße Fehlleistung des Fahrzeugführers (uU auch eines Mitfahrers, Hamm NJW 69, 1975; Köln NJW 71, 670; aM Karlsruhe NJW 78, 1391; König LK 18) in der Bewältigung von Vorgängen des fließenden oder ruhenden (Bay JR 75, 164 mit abl Anm Kohlhaas; zw) Verkehrs abschließend regelt, während § 315 b sich nur auf den sog **verkehrsfremden Eingriff** bezieht (BGHSt 23, 4; Köln NZV 91, 319; Küper BT S 119; König LK 11; Sch/Sch-Cramer/Sternberg-Lieben 8, alle mwN). Ein solcher liegt nach **Nr 1** zB bei der Durchtrennung eines Bremsschlauchs an einem Fahrzeug vor (NJW 96, 329), beim Wurf einer Getränkedose gegen die Windschutzscheibe eines Busses (Hamm NZV 98, 212) oder beim Entfernen eines am Fahrbahnrand befindlichen Gullydeckels (NStZ 02, 648). – Ein solcher kann nach **Nr 2** zB vorliegen, wenn der Täter von außen (zB durch Spannen eines Drahtes) störend auf den Verkehr einwirkt, wenn er es pflichtwidrig unterlässt, ein durch verkehrswidriges Verhalten bereitetes Hindernis zu beseitigen (zB Hinterlassen einer Öl- oder Benzinspur, Stuttgart NJW 59, 254; Bay JZ 89, 704; aM Horn SK 14; zB Liegenlassen von Gegenständen auf der Straße, Bay NJW 69, 2026; Hamm VRS 51, 103; Joecks 19; aM Fabricius GA 94, 164, 177; Geppert Jura 96, 643), oder wenn er, ohne durch die Verkehrslage veranlasst zu sein, absichtlich (BGHSt 23, 4; Koblenz VRS 50, 203; Köln NZV 97, 318 mit Bespr Fahl JA 98, 274), uU auch nur vorsätzlich (VRS 39, 187), ein Hindernis bereitet (BGHSt 21, 301; VRS 64, 267; Düsseldorf VRS 73, 41); behördlicherseits auf der Fahrbahn in verkehrsberuhigten Zonen (beachte dazu Franzheim NJW 93, 1836) als Geschwindigkeitsbremse aufgebrachte Hindernisse genügen jedoch nicht

(Frankfurt NZV 92, 38 mit Anm Molketin; aM König LK 29). – Auch der „ähnliche, ebenso gefährliche Eingriff" (**Nr 3;** 6 zu § 315) muss in diesem Sinne verkehrsfremd sein (BGHSt 28, 87 mit Anm Rüth JR 79, 519; beachte auch Bay JR 75, 28 mit Anm Rüth). Fahrzeugführer im fließenden Verkehr nehmen nach der Rspr einen solchen Eingriff vor, wenn sie unter grober Einwirkung von einigem Gewicht auf den Verkehrsablauf (NStZ 87, 225; NJW 02, 626, 627; probl LG München NStZ 93, 188) und in verkehrsfeindlicher Einstellung ihr Fahrzeug bewusst zweckwidrig einsetzen (NJW 83, 1624 mit krit Bespr Cramer JZ 83, 812 und Ranft Jura 87, 608, 610; NZV 90, 77; Kindhäuser 5; Herzog NK 12; Sch/Sch-Cramer/Sternberg-Lieben 9). Neuerdings verlangt die Rspr zusätzlich, dass das Fahrzeug mit (mindestens bedingtem) Schädigungsvorsatz – zB als Waffe oder Schadenswerkzeug – missbraucht wird (BGHSt 48, 233, 237 mit krit Bespr Dreher JuS 03, 1159, Hentschel NJW 04, 651, 659, Seier/Hillebrand NZV 03, 486 und König NStZ 04, 175); dadurch werden Fälle der verkehrswidrigen Benutzung eines Fahrzeugs als Fluchtmittel bei bloßem Gefährdungsvorsatz (zB hinsichtlich der zum Überholen ansetzenden abgedrängten Verfolger) ausgeschieden (Rengier BT II 45/10; W-Hettinger BT 1 Rdn 979 a). Unter dem Vorbehalt dieser Einschränkung ist Nr 3 erfüllt, wenn der Täter mit Nötigungs- oder Gefährdungsabsicht (also nicht lediglich mit bedingtem Nötigungsvorsatz, Düsseldorf NJW 82, 1111 mit abl Bespr Schwab NJW 83, 1100; Hamm StV 02, 371) auf einen anderen zufährt und ihn konkret gefährdet (BGHSt 26, 176; NZV 95, 364; NStZ-RR 04, 108; Koblenz VRS 73, 58 und 74, 196; Hamm NStZ-RR 01, 104; LG Zweibrücken ZfSch 94, 386; Kopp JA 99, 943, 947), ihn willkürlich zum Anhalten (Koblenz VRS 50, 203) oder zu einer scharfen Bremsung zwingt (Düsseldorf NZV 89, 441; strenger hinsichtlich der Umschreibung der brisanten Situation Düsseldorf NJW 93, 3212 mit zust Bespr Janiszewski NStZ 94, 272; Schleswig SchlHA 93, 222 und Karlsruhe VRS 93, 102), ihn bei hoher Geschwindigkeit auf der Kühlerhaube mitnimmt (BGHSt 26, 51; s auch Köln VRS 53, 184), einen in der Fahrzeugtür stehenden Polizeibeamten durch Anfahren mit Vollgas abzuschütteln sucht (VRS 56, 141; beachte jedoch NStZ 85, 267), einen ungezielten Schuss abgibt (BGHSt 25, 306), ein am Fahrbahnrand abgestelltes Fahrzeug (NStZ 95, 31) oder vor ihm fahrendes Fahrzeug rammt (VRS 100, 449); auch wer zur Vorbereitung eines Betrugs gegenüber der Haftpflichtversicherung durch unerwartete Bremsung oder ähnliche, nur äußerlich korrekte Fahrmanöver absichtlich einen Unfall verursacht (NStZ 92, 182 mit krit Anm Seier NZV 92, 158 und abl Bespr Scheffler NZV 93, 463; NJW 99, 3132 mit zT krit Bespr Freund JuS 00, 754, König JA 00, 777, Kopp JA 00, 366 und Kudlich StV 00, 23; krit auch Rath, Gesinnungsstrafrecht, 2002, S 3, 47 und W-Hettinger BT 1 Rdn 979; zust aber Joecks 11); dagegen sind einvernehmlich absichtlich herbeigeführte Unfälle mangels Gefährdung (unten 5) nicht erfasst (NStZ-RR 99, 120). – **Dagegen genügt es nicht,** wenn das Verkehrsverhalten lediglich ganz aus dem Rahmen dessen fällt, was im Verkehr vorzukommen pflegt (VRS 64, 267 mwN); zB wenn der Täter sich einer Polizeikontrolle durch Vorbeifahren an einer Polizeisperre (NZV 97, 276) bzw „neben" einem Polizeibeamten (VRS 55, 185) oder durch andere Umgehungsmanöver (VRS 65, 428) zu entziehen sucht (NStZ 85, 267; NStZ-RR 97, 261 mit Bespr Geppert JK 7; Koblenz VRS 69, 378), wenn er auf der Flucht vor Verfolgern mit seinem Fahrzeug riskante Ausweichmanöver macht (VRS 53, 31; s auch Düsseldorf VRS 74, 440) oder Gewalt gegen einen Mitfahrer anwendet, um diesen durch Weiterfahren am Verlassen des Fahrzeugs zu hindern (NZV 01, 352 mit Bespr Fahl JA 02, 18), wenn ein Beifahrer ins Steuer greift, um das Fahrzeug in eine Straßeneinmündung zu lenken (NZV 90, 35 mit Anm Molketin; aM Geppert aaO [vgl 1] S 644; Horn SK 15) oder plötzlich die Handbremse anzieht, um eine verkehrsgerechte Geschwindigkeit zu erzwingen (Hamm NJW 00, 2686 mit krit Bespr Baier JAR 01, 22); auch beim sog „Auto-

§ 315b

Surfen" auf verkehrsfreien Wegen fehlt es an der verkehrsfeindlichen Einstellung (Düsseldorf NStZ-RR 97, 325 mit Bespr Hammer JuS 98, 785, Saal NZV 98, 49, Martin JuS 98, 274 und Geppert JK 7; König LK 55). Zum sog Aufschleusen von Fahrzeugkolonnen auf die Autobahn durch Feldjäger Heinen NZWehrr 96, 45. – Auch die Teilnahme am Straßenverkehr als **Fußgänger** kann den Tatbestand erfüllen, doch reicht nicht jede von ihm ausgehende Behinderung des reibungslosen Verkehrsablaufs; es muss ihm darauf ankommen, in die Sicherheit des Straßenverkehrs einzugreifen (BGHSt 41, 231, 237 mit Bespr Hauf JA 96, 359, Meurer BA 96, 161, Ranft JR 97, 210 und Geppert JK 5); dies ist beim absichtlichen Aufspringen eines Fußgängers auf die Motorhaube eines fahrenden Kraftfahrzeuges der Fall (Zweibrücken NZV 97, 239); ebenso beim Werfen gewichtiger Gegenstände von einer Brücke auf darunter fahrende Fahrzeuge (NStZ 03, 206; Rengier BT II 45/12).

5   **4.** Für die **Gefährdung** (namentlich den Gefahrbegriff) gelten die Ausführungen unter 20–27 zu § 315c sinngemäß (zusf Geppert aaO [vgl 1] S 645). Danach fällt die Zerstörung oder Beschädigung eines Fahrzeugs nur dann unter Abs 1 Nr 1, wenn sie die erforderliche Gefahr verursacht (NJW 96, 329 mit Anm Renzikowski JR 97, 115; Hamm NZV 98, 212; König LK 65); ist sie erst das Ergebnis einer Gefahrhandlung, kommt nur Abs 1 Nr 2 oder 3 in Frage (NZV 90, 77; NStZ 91, 183 und 95, 31). Die konkrete Gefahr muss auf einen infolge der Einwirkung des Täters regelwidrig ablaufenden Verkehrsvorgang zurückzuführen sein (NStZ-RR 98, 7 mwN); dafür reicht es, dass die Tathandlung ohne zeitliche Zäsur unmittelbar zu einer konkreten Gefahr (als Steigerung der abstrakten Gefahr) führt; sie muss eine verkehrsspezifische Gefahr sein, die die Wirkungsweise der für Verkehrsvorgänge typischen Fortbewegungskräfte betrifft (BGHSt 48, 119 mit krit Bespr König JR 03, 255 und JA 03, 81, zust aber Berz/Saal NZV 03, 198 und Geppert JK 9). Erschöpft sich der „Eingriff" in der Gefährdung des Opfers, so fehlt es an der kausalen Verknüpfung zwischen Fahren und Gefährdung (NStZ-RR 98, 187). Ferner genügt es auch hier nicht, wenn nur das vom Täter geführte (auch fremde) Fahrzeug oder nur Tatbeteiligte oder deren Sachen (25 zu § 315c) gefährdet werden (NStZ 92, 233; NStZ-RR 99, 120; Düsseldorf NStZ-RR 97, 325; aM Geppert aaO S 646; König LK 71–74; Sch/Sch-Cramer/Sternberg-Lieben 12, alle mwN). – Zur Abstufung der Strafdrohungen nach Vorsatz (bedingter genügt, Düsseldorf NJW 93, 3212; Schleswig SchlHA 93, 222) und Fahrlässigkeit 28–30 zu § 315c; allerdings ist die Anwendung der Absätze 4, 5 mit der Annahme eines „verkehrsfremden Eingriffs" (vgl 4) regelmäßig nicht vereinbar (Köln NZV 91, 319 und 94, 365). – Die Strafbarkeit wegen **Versuchs** (Abs 2) erfordert mindestens bedingten Vorsatz auch hinsichtlich der Gefährdung (NStZ-RR 97, 262).

6   **5.** Zur **Strafschärfung** (Abs 3) 8 zu § 315 und zur Möglichkeit **tätiger Reue** § 320.

7   **6.** Für das **Zusammentreffen** mehrerer Begehungsformen des Abs 1 und die Gefährdung mehrerer Menschen (dazu NJW 89, 2550) oder Sachen durch dieselbe Tathandlung gelten die Ausführungen unter 35 zu § 315c weitgehend sinngemäß. Die Schaffung mehrerer voneinander unabhängiger Gefahrenlagen während einer ununterbrochenen Fahrt begründet noch keine natürliche Handlungseinheit (NZV 95, 196 mit zust Bespr Geppert JK 5). – Im Übrigen ist **Tateinheit** ua möglich mit § 113 (VRS 38, 104) und § 315c (BGHSt 22, 67, 75; Geppert Jura 01, 559, 566; König LK 95; aM Sch/Sch-Cramer/Sternberg-Lieben 16: Vorrang des § 315b). – Ein Eingriff zur Vorbereitung eines Betrugs zum Nachteil der Versicherung (vgl 4) steht mit diesem regelmäßig in **Tatmehrheit** (VRS 83, 185 und 189, beide mwN).

8   **7.** Anzeigepflicht (Abs 3) § 138 I Nr 9.

§ 315c Gefährdung des Straßenverkehrs

(1) Wer im Straßenverkehr
1. ein Fahrzeug führt, obwohl er
   a) infolge des Genusses alkoholischer Getränke oder anderer berauschender Mittel oder
   b) infolge geistiger oder körperlicher Mängel
   nicht in der Lage ist, das Fahrzeug sicher zu führen, oder
2. grob verkehrswidrig und rücksichtslos
   a) die Vorfahrt nicht beachtet,
   b) falsch überholt oder sonst bei Überholvorgängen falsch fährt,
   c) an Fußgängerüberwegen falsch fährt,
   d) an unübersichtlichen Stellen, an Straßenkreuzungen, Straßeneinmündungen oder Bahnübergängen zu schnell fährt,
   e) an unübersichtlichen Stellen nicht die rechte Seite der Fahrbahn einhält,
   f) auf Autobahnen oder Kraftfahrstraßen wendet, rückwärts oder entgegen der Fahrtrichtung fährt oder dies versucht oder
   g) haltende oder liegengebliebene Fahrzeuge nicht auf ausreichende Entfernung kenntlich macht, obwohl das zur Sicherung des Verkehrs erforderlich ist,

und dadurch Leib oder Leben eines anderen Menschen oder fremde Sachen von bedeutendem Wert gefährdet, wird mit Freiheitsstrafe bis zu fünf Jahren oder mit Geldstrafe bestraft.

(2) In den Fällen des Absatzes 1 Nr. 1 ist der Versuch strafbar.

(3) Wer in den Fällen des Absatzes 1
1. die Gefahr fahrlässig verursacht oder
2. fahrlässig handelt und die Gefahr fahrlässig verursacht,

wird mit Freiheitsstrafe bis zu zwei Jahren oder mit Geldstrafe bestraft.

Fassung: Technische Änderung in Abs 1 durch das 6. StrRG (13 vor § 1).

1. Die Vorschrift **schützt** vornehmlich (str) die **Sicherheit des Straßenverkehrs** (aM Deichmann, Grenzfälle der Sonderstraftat, 1994, S 191; Krüger, Entmaterialisierungstendenz beim Rechtsgutsbegriff, 2000, S 159; Horn SK 2), daneben auch das Leben und die körperliche Unversehrtheit des einzelnen sowie fremdes Eigentum (für deren vorrangigen Schutz Paul, Zusammengesetztes Delikt und Einwilligung, 1998, S 75; eingehend Puhm, Strafbarkeit gemäß § 315c StGB bei Gefährdung des Mitfahrers, 1990, S 117 mwN). Die Tat ist **konkretes Gefährdungsdelikt** (32 vor § 13; vgl auch Lackner, Das konkrete Gefährdungsdelikt im Verkehrsstrafrecht, 1967; Schröder ZStW 81, 7; Horn, Konkrete Gefährdungsdelikte, 1973; Seiler, Maurach-FS, S 75; Schünemann JA 75, 787, 792; Wolter JuS 78, 748; Ostendorf JuS 82, 426; Kindhäuser, Gefährdung als Straftat, 1989, S 189; Zieschang, Die Gefährdungsdelikte, 1998, S 28).

2. Straßenverkehr ist nur der öffentliche Verkehr, dh der auf Wegen (einschl Plätzen), die jedermann oder allgemein bestimmten Gruppen von Verkehrsteilnehmern (zB Autobahnen, Radwege, Fußgängerwege, Bay GA 72, 210, Bürgersteige, BGHSt 22, 365) dauernd oder vorübergehend zur Benutzung offen stehen (BGHSt 16, 7; Schmidt DAR 63, 345; Böhm DAR 66, 169; Geppert Jura 01, 559, 560). Unvorschriftsmäßigkeit der Benutzung, zB Führen eines Mopeds auf einem Fußgängerweg (Hamm VRS 62, 47), ist ohne Bedeutung. Auch auf die Eigentumsverhältnisse oder eine Widmung im Sinne des öffentlichen Wegerechts kommt es nicht an; es genügt, wenn der Verfügungsberechtigte die Benutzung durch einen nicht näher bestimmten Personenkreis ausdrücklich oder stillschwei-

§ 315c   BT. 28. Abschnitt. Gemeingefährliche Straftaten

gend duldet (Bay VRS 62, 133 und 66, 290; Hamburg DAR 83, 89, alle mwN). Deshalb sind öffentlicher Verkehrsraum häufig auch Kaufhaus- (Düsseldorf VRS 61, 455 mwN) und Wirtshausparkplätze (BGHSt 16, 7; Düsseldorf NZV 92, 120 mit Anm Hentschel JR 92, 300 und Pasker NZV 92, 120), Parkplätze auf Supermärkten (Saarbrücken VRS 47, 54), Parkhäuser (Bremen NJW 67, 990; KG DAR 83, 80 mwN; beachte jedoch Stuttgart NJW 80, 68), Tankstellen (Bay JR 63, 192; Hamburg VRS 37, 278), Areale von Großmarkthallen (Bay VRS 62, 133) und Mülldeponien (Zweibrücken VRS 60, 218), Kasernen-, Werks-, Fabrik- und Verladestraßen (Karlsruhe NJW 56, 1649 und VRS 60, 439; Köln MDR 59, 327; probl Bremen MDR 80, 421 mit krit Anm Brede) sowie gemeinsame Zufahrten zu mehreren Wohnhäusern (Bay VRS 64, 375; beachte jedoch Düsseldorf NJW 88, 922) und Anliegerstraßen (VM 57, 14; s auch Düsseldorf GA 76, 247); **dagegen nicht** der zum Wohnhaus gehörende Hofraum (Bay VRS 73, 57) oder Stellplatz (Bay NJW 83, 129; s auch LG Krefeld VRS 74, 261), das Werksgelände (NJW 04, 1965 zu § 315b I), der Straßengraben (Hamm VRS 39, 270; Stuttgart Justiz 83, 310), das an die Straße angrenzende Feld (bei Spiegel DAR 82, 199) und das Wagendeck eines Fährschiffs während des Übersetzens (Karlsruhe VRS 84, 100 mit krit Bespr Janiszewski NStZ 93, 275).

3   **3. a)** Abs 1 Nr 1 setzt ausdrücklich, Nr 2 in den meisten Tatbeständen stillschweigend voraus, dass der Täter **ein Fahrzeug führt** (zusf Geppert Jura 01, 559, 561; Rspr-Übersicht bei Grohmann BA 94, 158). Anders als in § 69 I wird also nicht nur das Kraftfahrzeug (auch ein motorisierter Krankenfahrstuhl, Bay NStZ-RR 01, 26 mit Bespr Fahl JAR 01, 51; s auch Schlund DAR 00, 562), sondern zB auch das Fahrrad (Stuttgart NJW 56, 1044; Düsseldorf NJW 92, 992), wohl auch Inline-Skates (König LK 8), erfasst (zur Bedienung eines Baggers Düsseldorf VRS 64, 115 mwN). Der Fahrzeughalter scheidet als solcher dagegen aus (Rudolphi GA 70, 353, 357); nicht jedoch „mit-sich-geführte" Kinderwagen und Schubkarren (Geppert aaO). – **Führen** erfordert, dass jemand das Fahrzeug unmittelbar in Bewegung setzt oder hält (BGHSt 35, 390 mwN), dabei dessen Antriebskräfte bestimmungsmäßig anwendet und dessen Fortbewegung unter Handhabung der jeweiligen technischen Vorrichtungen ganz oder teilweise leitet (Düsseldorf VRS 62, 193; Küper BT S 141; s auch Köln VRS 62, 209; enger Schünemann, in: Hefendehl/v Hirsch/Wohlers [Hrsg], Die Rechtsgutstheorie, 2003, S 133, 152: Erreichung einer zur Verletzung anderer geeigneten Geschwindigkeit). In Grenzfällen **genügt** dazu usa schon: Abrollenlassen auf Gefällstrecke ohne Motorkraft (BGHSt 14, 185); Lenken bei Ausnutzung eines durch Schieben hervorgerufenen Schwunges (Hamburg VRS 32, 452; einschr Celle VRS 53, 371; zw); Übernahme nur einzelner, zum Führen gehörender wichtiger Verrichtungen (BGHSt 13, 226; 18, 6; s aber Köln NJW 71, 670); Lenken und Bremsen in einem abgeschleppten Fahrzeug (BGHSt 36, 341; Reichart NJW 94, 103, beide mwN; str); Schieben eines Zweirades mit unterstützender Motorkraft (Bay VRS 66, 202) oder mit dem Zweck, den Motor in Gang zu setzen (Düsseldorf DAR 83, 301; aM AG Winsen/Luhe NJW 85, 692; zw). **Nicht ausreichend** dagegen: Schieben eines Zweirades nur mit eigener Körperkraft, ohne den Fahrersitz einzunehmen (Oldenburg MDR 75, 421; s auch Koblenz VRS 49, 366); vergebliches Einsetzen der Antriebskräfte, um ein im Waldboden feststeckendes Fahrzeug freizubekommen (Karlsruhe MDR 92, 1170); Fahrenlassen eines Fahrschülers durch den (betrunkenen) Fahrlehrer (aM AG Cottbus BA 03, 161 mit zu Recht abl Bespr Joerden BA 03, 104); Unterlassen von Sicherungsmaßnahmen nach beendigter Fahrt (Stuttgart NJW 60, 1484; König LK 13; aM BGHSt 19, 371); auch wer ohne seinen Willen bewirkt, dass sein Fahrzeug in Bewegung gerät, wird nicht erfasst (Frankfurt NZV 90, 277; Düsseldorf NZV 92, 197, beide mwN).

Gefährdung des Straßenverkehrs **§ 315c**

b) Das Führen ist wegen der stetigen Einwirkung auf den Antriebs- und Lenk- 4
mechanismus regelmäßig **positives Tun** (BGHSt 8, 8, 10). Soweit der Tatbestand
Führen in fahruntüchtigem Zustand voraussetzt (Abs 1 Nr 1), ist die Tat **eigenhändiges Delikt** (BGHSt 18, 6; NZV 95, 364; Rehberg, Schultz-Festg, S 72;
Wohlers SchwZStr 98, 95, 106; Joerden BA 03, 104; Sch/Sch-Cramer/Sternberg-
Lieben 45; aM Miseré, Die Grundprobleme der Delikte mit strafbegründender
besonderer Folge, 1997, S 82). **Dauerstraftat** für die ganze zusammenhängende
Fahrt ist sie jedoch nicht, weil die Tatbegehung durch das Erfordernis konkreter
Gefährdung auf die Gefahrhandlung beschränkt wird (BGHSt 23, 141, 148;
VRS 62, 191; NZV 95, 196; Cording, Der Strafklageverbrauch bei Dauer- und
Organisationsdelikten, 1993, S 57; aM NJW 89, 1227 mit Anm Geppert NStZ 89,
320 und Werle JR 90, 74; Düsseldorf VRS 97, 111, 113; Seier NZV 90, 129,
130; Herzog NK 26; Sch/Sch-Cramer/Sternberg-Lieben 53); jedoch schließt das
die Annahme einer Handlungseinheit nicht notwendig aus (vgl 35).

4. Die Tathandlungen: a) In **Abs 1 Nr 1a** das Führen eines Fahrzeugs, ob- 5
wohl der Täter infolge Genusses alkoholischer Getränke oder anderer berauschender Mittel nicht in der Lage ist, das Fahrzeug (auf eine längere Strecke, und zwar
auch bei plötzlichem Auftreten schwieriger Verkehrslagen, BGHSt 13, 83; 44,
219, 221) sicher zu führen (**rauschbedingte Fahruntüchtigkeit,** die im Schrifttum mit bedenkenswerten Gründen auch als rauschbedingte Fahrunsicherheit bezeichnet wird, Hentschel TFF Rdn 1; Küper BT S 125, beide mwN). – **Andere
berauschende Mittel** sind zur Herbeiführung von Enthemmung oder zur Beseitigung von Unlustgefühlen geeignete Stoffe oder Zubereitungen (enger König
LK 140 zu § 316; zusf Burmann DAR 87, 134; Grohmann MDR 87, 630; Maatz/
Mille DRiZ 93, 15; Nehm DAR 93, 375, 376; Salger/Maatz NZV 93, 329; Salger DAR 94, 433; Hentschel 3–5 zu § 316, alle mwN; s auch 3 zu § 323a; str),
und zwar im Wesentlichen die in den Anlagen I–III zu § 1 I BtMG aufgeführten
(Düsseldorf StV 99, 22), namentlich Opium, Morphium, Heroin und Kokain
(VRS 53, 356; LG Stuttgart NZV 96, 379) und die in der Anlage zu § 24a StVG
aufgeführten Mittel Cannabis, Amphetamin (dazu Düsseldorf aaO) und Designer-
Amphetamin, die freilich für §§ 315c, 316 nicht abschließend sind (anders als für
§ 24a II StVG, vgl Bönke NZV 98, 393, 395); auch das zur Substitutionsbehandlung von Heroinabhängigen verabreichte Methadon ist ein berauschendes Mittel
(Gebert MedR 94, 483). Schmerzmittel, Psychopharmaka (Köln BA 77, 124; zusf
Salger DAR 86, 383) und andere pharmakologische Mittel werden nur erfasst,
wenn sie bei entsprechender Dosierung und Anwendung – etwa von Dolviran
(Koblenz VRS 59, 199; Janiszewski NStZ 84, 111, 112), Valium (Frankfurt BA
79, 407) oder Lexotanil (Bay NJW 90, 2334 mwN) – als Rauschdrogen wirken
(bei Holtz MDR 84, 90; Köln NZV 91, 158; weiter Ulbricht, Rauschmittel im
Straßenverkehr, 1990, S 44; vgl auch Meininger, Salger-FS, S 535; Schöch, Miyazawa-FS, S 227 und DAR 96, 452; Pluisch NZV 96, 98; Riemenschneider MedR
98, 17; str); anders als nach § 24a II 3 StVG hindert ärztliche Verschreibung
und krankheitsbedingte Einnahme des Medikaments nicht die Strafbarkeit nach
§§ 315c, 316 (Hentschel NJW 98, 2385, 2389). – **Genuss** ist weit auszulegen; er
erfordert weder Einnehmen durch den Mund noch subjektives Bezwecken der
Rauschwirkung oder einer anderen lustbetonten Empfindung (Bay aaO; Riemenschneider aaO S 18; König LK 13 zu § 316, alle mwN; str). – **Mitursächlichkeit**
des Rauschmittels genügt (Hentschel TFF Rdn 229 mwN), zB im Zusammenwirken mit niedrigem Blutdruck (Bay VRS 38, 112), Übermüdung (BGHSt 13, 83,
90; Gaisbauer NJW 68, 191), Nikotingenuss (Hamm DAR 60, 235) oder Einnahme von Medikamenten (Celle NJW 63, 2385; Hamburg NJW 67, 1522;
Hamm BA 79, 454). – Ob Fahruntüchtigkeit vorliegt, hängt von den Umständen
des Einzelfalls ab, ist jedoch für den Alkoholbereich durch die Unterscheidung von

§ 315c

absoluter und relativer Fahruntüchtigkeit näher konkretisiert (dazu 6–7). Für die anderen Rauschmittel konnte bisher ein absoluter Grenzwert nicht bestimmt werden (BT-Dr 13/3764 S 4), so dass hier die für die relative Fahruntüchtigkeit geltenden Regeln (vgl 7) sinngemäß anwendbar sind (BGHSt 44, 219 mit Bespr Berz NStZ 99, 407 und Geppert JK 6 zu § 316, krit aus medizinischer Sicht Schreiber NJW 99, 1770; NStZ-RR 01, 173; Köln NJW 90, 2945; Frankfurt NJW 92, 1570 [mit Anm Molketin BA 93, 207] und NZV 95, 116; Düsseldorf NJW 93, 2391 [mit Anm Trunk NZV 93, 276], 94, 2428 und StV 99, 22 mit Anm Hentschel JR 99, 474; Bay NJW 94, 2427 und StV 97, 255; Zweibrücken NStZ-RR 04, 149; LG Krefeld StV 92, 521; Nehm DAR 93, 375, 377; Salger/Maatz NZV 93, 329, 330; Schöch DAR 96, 452, 455; Bialas BA 97, 129; Riemenschneider aaO S 19; Mettke NZV 00, 199; König LK 136, 137 und 153–164 zu § 316; s auch Schütz/Weiler BA 93, 137; Kreuzer NStZ 93, 209; Meininger NZV 94, 218; Gebert MedR 94, 483; Bieniek StV 95, 437; Quensel MschrKrim 97, 333; Hauri-Bionda SchwZStr 97, 272). Daran ändert der neue § 24a StVG nichts, denn dort genügt der Nachweis der Substanz im Blut, ohne dass es auf rauschmittelbedingte Fahruntüchtigkeit ankommt (Hentschel aaO); „im Umkehrschluss" dazu reicht der bloße Drogennachweis für die Fahruntüchtigkeit iS der §§ 315c, 316 nicht (BGHSt 44, 219, 224; Sch/Sch-Cramer/Sternberg-Lieben 6 zu § 316). Dagegen soll nach Salger (DAR 94, 433, 437) der Heroin- und Kokainkonsument für mehrere Stunden nach der Einnahme absolut fahruntauglich sein; dasselbe soll für die kombinierte Einnahme von Alkohol und Haschisch gelten.

6   **b) Alkoholbedingte Fahruntüchtigkeit** (Abs 1 Nr 1a) tritt idR bei einer BAK zwischen 0,5 und 1,0 Promille ein (BGHSt 13, 278; Hentschel TFF Rdn 5; krit Analyse der BGH-Rspr bei Otto, BGH-FG, S 111), ist aber auch bei geringeren Werten ab 0,3 Promille (Köln NZV 89, 357 mwN) nicht ausgeschlossen (Koblenz VRS 45, 118; Hamm BA 78, 377). Beweisanzeichen sind namentlich die BAK, die genossene Alkoholmenge, Gewicht und Alkoholempfindlichkeit, Trinkgeschwindigkeit, eingenommene Speisemengen, Tageszeit (Hamm VRS 5, 397), Witterung, Verkehrsverhältnisse, Fahrweise (BGHSt 5, 168, 171; 8, 28) sowie Verhalten vor, bei und nach der Tat. Mit zunehmender BAK nimmt die Bedeutung der übrigen Indizien ab (Hamm NJW 75, 2251; Düsseldorf VRS 81, 450 mwN). – Zum Beweiswert der Atemalkoholkonzentration (AAK) s unten 8.

6a   aa) Von 1,1 Promille aufwärts hält die Rspr **alle Führer von Kraftfahrzeugen**, also auch Fahrer von Krafträdern einschließlich Mopeds und Fahrrädern mit Hilfsmotor (sog Mofas 25), unabhängig von weiteren Beweisanzeichen und unter Ausschluss des Gegenbeweises für fahruntüchtig (**absolute Fahruntüchtigkeit**, BGHSt 37, 89 mit Bespr Jung DAR 90, 351, Berz NZV 90, 359, Janiszewski NStZ 90, 493, und Lange JZ 91, 1071; krit Krüger BA 90, 182; Konzak/Hüting Jura 91, 241 und NZV 92, 136; Fahl DAR 96, 393; zusf Grohmann BA 91, 84; Schembecker JuS 93, 674; König JA 03, 131; Hentschel TFF Rdn 146). Auch Führer von **abgeschleppten Fahrzeugen** (BGHSt 36, 341 mit Anm Hentschel JR 91, 113; Reichart NJW 94, 103; str; zu Führern, die ihr Fahrzeug nicht mit Motorkraft bewegen, Grohmann BA 94, 158, 161) und von sog Leichtmofas, einer Zwischenform zwischen Fahrrad und Mofa (LG Oldenburg DAR 90, 72; Grohmann BA 88, 143; einschr Janiszewski NStZ 90, 271, 273; str), bezieht sie ein. Für **Radfahrer** hat sie den entsprechenden Wert auf 1,7 Promille festgesetzt (BGHSt 34, 133 mwN), der allerdings noch anzupassen ist (Berz aaO; Grohmann BA 91, 84, 89), dh jedenfalls entsprechend dem ermäßigten Sicherheitszuschlag (vgl 6b) auf 1,6 Promille herabzusetzen ist (Karlsruhe NStZ-RR 97, 356 mit Bespr Fahl JA 98, 448; Geppert Jura 01, 559, 562; König LK 71 zu § 316; zweifelnd Hentschel TFF Rdn 164; weiter LG Verden NZV 92, 292 [1,5 Promille]; s auch Bay NJW 92, 1906 mit Anm Molketin BA 92, 284; Bode BA 94, 137, 138). Bei anderen Verkehrsteilnehmern fehlt es für eine hinreichende fundierte Festlegung noch an ausreichenden Erfahrungen (AG Köln NJW 89, 921; Bay NZV 93, 239; Gutachten des BGA „Alkohol bei Verkehrsstraftaten", 1966, S 52). Zu Schiffsführern 2 zu § 315 a.

Die absoluten Grenzwerte beruhen auf einer Auswertung des **naturwissen-** **6 b** **schaftlichen Erkenntnisstandes** (zusf Hentschel NZV 91, 329; Schewe, Salger-FS, S 715). Der erst 1990 für Kraftfahrer festgesetzte Wert ist auf Grund von Fortschritten in der Alkoholforschung und in der Sicherung der Messmethoden um 0,2 Promille herabgesetzt worden (dazu BGHSt 37, 89 mwN; die Feststellung dieses Grenzwerts durch den BGH ist von Verfassungs wegen nicht zu beanstanden, BVerfG NJW 95, 125). Er setzt sich zusammen aus einem Grundwert von 1,0 Promille, bei dessen Vorliegen jeder Kraftfahrer nach wissenschaftlicher Erkenntnis fahruntüchtig ist, und einem Sicherheitszuschlag von 0,1 Promille, der die Streubreite der Blutalkoholbestimmungsmethoden auffangen soll (Hentschel TFF Rdn 87; krit Dietz/Wehner NZV 91, 460); da jedoch das gegenwärtig hohe Maß an Einheitlichkeit dieser Methoden noch nicht allgemein, sondern nur für diejenigen Untersuchungsstellen, die an einem Ringversuch im Jahre 1988 teilgenommen haben, nachgewiesen werden konnte, gilt für die an diesem Versuch nicht beteiligten Institute vorläufig, dh bis zu ihrer erfolgreichen Teilnahme an einem solchen Ringversuch, ein Sicherungszuschlag von 0,15 Promille (BGH aaO S 98); dieser Zuschlag gilt nicht für die Überschreitung der Maximalwerte der Standardabweichung (Bay NZV 96, 75; aM Löffel NZV 95, 478; vgl 8).

Grundsätzlich kommt es für die Grenzwertbestimmung auf die **Zeit der Tat** **6 c** an. Im Hinblick auf die besonderen Wirkungen des Alkohols in der Anflutungsphase (Heifer BA 70, 383 und 73, 1, 7; Schewe ZStW Beiheft 81, 39, 51; Hoppe/Haffner NZV 98, 265), ist nach der Rspr absolut fahruntüchtig auch, wer zur Tatzeit eine Alkoholmenge im Blut hat, die noch hinter dem Grenzwert zurückbleibt, ihn später aber erreicht (BGHSt 25, 246 mit Bespr Händel NJW 74, 247 und Meyer NJW 74, 613).

Der Grenzwert hat die Bedeutung einer **prozessualen Beweisregel** (Horn, **6 d** Blutalkohol und Fahruntüchtigkeit, 1970; aM Sarstedt, Hirsch(E)-FS, S 171; Dannecker, Das intertemporale Strafrecht, 1993, S 360; Bialas, Promille-Grenzen, Vorsatz und Fahrlässigkeit, 1996, S 69, 203 mit krit Bespr Müller-Metz NZV 96, 399; str), für die das Rückwirkungsverbot (4 zu § 1) nicht gilt (BVerfG NJW 90, 3140 mit abl Bespr Hüting/Konzak NZV 91, 255; Bay NJW 90, 2833 mit abl Anm Krahl NJW 91, 808; Düsseldorf MDR 91, 171; Hentschel NZV 91, 329, 334; aM Neumann ZStW 103, 331; Bernreuther MDR 91, 829; Ranft JuS 92, 468); eingehend Dannecker aaO S 364, der eine Bindung der Rspr an das Rückwirkungsverbot des Art 103 II GG verneint, den Vertrauensschutz des Bürgers aber durch das allgemeine Rechtsstaatsprinzip des Art 20 III GG gewährleisten will (S 392).

bb) Ist der absolute Grenzwert nicht erreicht oder fehlt es an der Festsetzung ei- **7** nes solchen Grenzwerts (Frankfurt NJW 85, 2961), etwa bei Drogenwirkstoffen (oben 5), so bedarf es stets der Feststellung weiterer Beweisanzeichen (**relative Fahruntüchtigkeit**; vgl zB BGHSt 44, 219, 225; VRS 19, 296; 27, 192; 32, 40; Karlsruhe VRS 49, 107; Zweibrücken NStZ-RR 04, 149; Geppert Jura 01, 559, 562; König JA 03, 131, 133; Hentschel TFF Rdn 182, 183; König LK 90 zu § 316). Dasselbe gilt, wenn die BAK für die Tatzeit nicht ermittelt werden konnte (Hamm BA 82, 563; Düsseldorf NZV 92, 81; Zweibrücken StV 99, 321), etwa deshalb, weil sie nicht (Köln NZV 89, 357; Düsseldorf NZV 90, 198) oder nicht in der vorgeschriebenen Weise (Stuttgart MDR 84, 688) bestimmt wurde (beachte jedoch 10). Die Beweisanzeichen können vor allem in alkoholtypischem, uU auch unvernünftig motiviertem (Köln VRS 42, 364; zB wenig aussichtsreiche Polizeiflucht unter Begehung schwerer Verkehrsverstöße Düsseldorf NJW 97, 1382; König LK 112), Fahrverhalten gefunden werden (Kopp JA 99, 943), zB im Fahren in Schlangenlinien (Hamm VRS 49, 270; nicht schon das Überfahren der Fahrbahn-

§ 315c

mittellinie mit einem LKW auf kurvenreicher Strecke, LG Zweibrücken NZV 94, 450) oder mit erheblich überhöhter Geschwindigkeit (Köln VRS 37, 200; Hamm VRS 39, 37; nicht schon bei Nichtbeachtung der Geschwindigkeitsbegrenzung und unangepasster Geschwindigkeit, NZV 95, 80 mit zust Anm Hauf; Düsseldorf StV 99, 22; auch nicht bei verständlichem Fluchtmotiv, NStZ 95, 88 und DAR 95, 166; s auch NStZ-RR 01, 173); in grundlosem Abkommen von der Fahrbahn (VRS 47, 19; anders nach einem Kurvenauslauf, LG Zweibrücken ZfSch 94, 265, oder bei unregelmäßig auftretenden Windböen, Hamm NZV 94, 117) oder im Geradeausfahren in Kurven (vgl auch VRS 36, 374); überhaupt bei auffälliger, riskanter, besonders sorgloser und leichtsinniger Fahrweise unter Drogeneinfluss (Zweibrücken NStZ-RR 04, 149); auch alkoholtypische Unfälle kommen als zusätzliche Beweisanzeichen in Betracht (Haffner/Erath/Kardatzki NZV 95, 301). Daneben kommen zB auch in Frage: Steigerung der Rauschwirkung durch Einnahme von Medikamenten (Hentschel BA 80, 221; Schöch DAR 96, 452, 456; unklar Bay BA 80, 220, das solche Fälle der absoluten Fahruntüchtigkeit zuordnet), Übermüdungserscheinungen (VRS 14, 282; Koblenz VRS 51, 36; aM Düsseldorf StV 99, 22); starke Benommenheit, lallende verwaschene Sprache und unsicherer Gang (Frankfurt NStZ-RR 02, 17); schwerwiegende Einschränkungen der Wahrnehmungs- und Reaktionsfähigkeit nach Drogenkonsum (Zweibrücken NStZ-RR 04, 149) oder Feststellungen bei der ärztlichen Untersuchung nach der Tat (Hamm VRS 33, 441, 442; speziell zur Bedeutung des Drehnachnystagmus Köln VRS 65, 440; Zweibrücken VRS 66, 204; speziell zur drogenbedingten Pupillenstarre BGHSt 44, 219, 226 und König LK 162 zu § 316). Stets muss es sich um konkrete Ausfallerscheinungen handeln, die ein erkennbares äußeres Fehlverhalten bewirken und auf Fahruntüchtigkeit hindeuten (BGHSt 31, 42; 44, 219, 225; König LK 97); bloß allgemein ungünstige äußere Umstände, wie zB Dunkelheit, Nebel, Glatteis oder sonst widrige Straßenverhältnisse (VRS 33, 118; Bay JR 90, 436 mit Anm Loos), Langsamfahren (Hamm DAR 75, 249) oder bloß abstrakt leistungsmindernde Zustände, wie zB allgemeine Müdigkeit (Bay NJW 68, 1200; Hamm NJW 73, 569 mit krit Anm Mayer NJW 73, 1468) oder Erregung (Köln JMBlNRW 70, 144), genügen für sich allein nicht (Zweibrücken BA 91, 115; krit Ranft Jura 88, 133, 134). Jedoch schließt vorausgegangenes geordnetes Fahrverhalten Fahruntüchtigkeit in einer späteren konkreten Situation nicht aus (VRS 55, 186). Die Beweisanzeichen dürfen nicht isoliert gewertet, müssen vielmehr in eine Gesamtwürdigung des psycho-physischen Zustandes des Täters und der Tatumstände einbezogen werden (Düsseldorf VRS 81, 450; Metter BA 76, 241; Sch/Sch-Cramer/Sternberg-Lieben 13 zu § 316; zur Problematik sog klinischer Befunde des Blutentnahmearztes und erst recht des verkehrskontrollierenden Polizeibeamten Hentschel NJW 03, 716, 725) und dem Richter die Überzeugung vermitteln, dass sich der Täter in nüchternem Zustand anders verhalten hätte (VRS 36, 174; Köln NZV 95, 454; methodisch näher konkretisierend Peters MDR 91, 487 mwN); zu den Tatumständen gehören namentlich auch die während der Fahrt zu bewältigenden Verkehrsaufgaben, zB Straßen- und Verkehrsverhältnisse sowie Art und Fahreigenschaften des benutzten Kraftfahrzeugs (BGHSt 13, 83, 90; 22, 352). In der Beurteilung der Beweisanzeichen, namentlich des erforderlichen Ursachenzusammenhangs mit der Alkoholwirkung, ist die Rspr uneinheitlich (zusf Möhl DAR 71, 4; krit Schneble BA 83, 177; Strate BA 83, 188; Groth NJW 86, 759; Boetzinger MDR 89, 511). – Für eine verstärkte Anwendung der relativen Fahruntüchtigkeit im Bereich von 0,3 bis 0,8 Promille aus generalpräventiven Gründen Krüger/Schöch DAR 93, 334, 343. Zweifel an der Verfassungsgemäßheit (Bestimmtheitsgebot) der Verwendung des Rechtsbegriffs der relativen Fahruntüchtigkeit erhebt v Götz ZRP 95, 246.

8 cc) Die BAK wird überwiegend nach zwei Verfahren, früher meist dem **Widmark- und dem ADH-Verfahren,** ermittelt (BGHSt 13, 83; Hentschel TFF

Rdn 56–64); inzwischen ist jedoch jeweils eines dieser Verfahren durch das exaktere **gaschromatographische Verfahren** verdrängt worden (Karlsruhe NJW 77, 1111 mwN; näher dazu Zweites Gutachten des BGA „Alkohol und Straßenverkehr", 1977, S 7), dem aber kein Vorrang vor den anderen zukommt (Düsseldorf NZV 97, 445). IdR werden nach jedem gewählten Verfahren mehrere Analysen durchgeführt, und zwar drei nach Widmark, zwei nach ADH und (oder) zwei durch Gaschromatographie (BA 89, 135; BGA-Gutachten aaO S 7; Bode BA 94, 137; Hentschel TFF Rdn 69; s auch Nr 15 des von den Bundesländern vereinbarten Gemeinsamen Erlasses über die Feststellung von Alkohol im Blut bei Straftaten und Ordnungswidrigkeiten, Justiz 78, 249 für Baden-Württemberg). Wenn eine bestimmte Streubreite nicht überschritten wird (dazu Hamm BA 85, 484), kein systematischer Analysenfehler erkennbar ist und auch die aus den Einzelmesswerten folgende Standardabweichung (vgl dazu LG Hamburg NZV 94, 45 mit Anm Kaun) unter den im Gutachten des BGA zum Sicherungszuschlag auf die Blutalkoholbestimmung (NZV 90, 104, 106) angegebenen Maximalwerten liegt (BGHSt 37, 89, 98; Bay NZV 96, 75 mit Anm Hentschel JR 96, 388; aM LG Göttingen NdsRpfl 91, 276), entscheidet der Mittelwert aller Analysen (BGHSt 28, 1; Stuttgart NJW 81, 2525; Düsseldorf NZV 97, 445 und NStZ-RR 98, 82; Haffke NJW 71, 1874; Hentschel TFF Rdn 79; Herzog NK 22, König LK 23 und Sch/Sch-Cramer/Sternberg-Lieben 17 jeweils zu § 316), der selbst bei ganz geringfügiger Unterschreitung des Grenzwertes nicht aufgerundet werden darf (Hamm VRS 56, 147; ebenso zum Grenzwert von 0,8 Promille in § 24a StVG aF BGHSt 28, 1 mwN; krit Staak/Berghaus NJW 81, 2500; zw). Ab einem Mittelwert von 1,1 Promille (oben 6a) darf die Differenz zwischen dem höchsten und dem niedrigsten Einzelwert (sog Variationsbreite) nicht mehr als 10 Prozent des Mittelwerts betragen (BGHSt 45, 140 mit Bespr Himmelreich/Lessing NStZ 00, 299, 301). Zur Ermöglichung hinreichender Kontrolle haben die Untersuchungsstellen neben dem Mittelwert auch die Einzelmessergebnisse mitzuteilen (BGHSt 37, 89, 98; 39, 291, 298), was allerdings nicht bedeutet, dass diese Werte und überhaupt die angewendeten Verfahren stets auch im Urteil angegeben werden müssten (BGHSt 28, 235; 39, 291, 298, beide mwN). Der Beweiswert von Untersuchungsergebnissen, die nicht den vorstehenden Anforderungen entsprechen, zB nicht nach verschiedenen Verfahren oder nur mit einer geringeren Zahl von Einzelanalysen ermittelt worden sind, hängt davon ab, ob sich die Möglichkeit eines Fehlers zum Nachteil des Täters sicher ausschließen lässt (vgl ua Bay BA 83, 74; AG Langen BA 89, 207 mit Anm Grüner; Sachs NJW 87, 2915; Grüner/Ludwig BA 90, 316). – Die **Alkoholbestimmung aus der Atemluft** wurde bisher zur abschließenden Feststellung noch nicht als hinreichend zuverlässig anerkannt (Bay JR 89, 79 mit Bespr Heifer NZV 89, 13 und Grüner JR 89, 80; Zweibrücken NJW 89, 2765; Karlsruhe NStZ 93, 554; Hamm NJW 95, 2425; Naumburg BA 01, 190 mit zust Anm Scheffler; LG Münster NStZ 92, 544; LG Gera DAR 96, 156; AG Westerburg NZV 95, 41; Grüner, Die Atemalkoholprobe, 1985; Grüner/Penners NJW 85, 1277; Alck BA 88, 396; Wilske/Eisenmänger DAR 92, 41; Pluisch/Heifer NZV 92, 337; Hentschel NJW 93, 1171, 1177; Schewe, Salger-FS, S 715, 716; Gilg/Eisenmenger DAR 97, 1; Iffland/Eisenmenger/Bilzer NJW 99, 1379; s auch Schoknecht ua BA 89, 71; Schoknecht BA 90, 145, alle mwN; krit zur geplanten Einführung von Atemalkoholmessgeräten Iffland NZV 95, 249 krit zur Zuverlässigkeit von „Alcotest 7110 Evidential" Iffland/Bilzer DAR 99, 1). Ob sich daran durch Zulassung der AAK als Beweismittel im OWi-Verfahren nach § 24a I StVG etwas ändern wird, ist wegen möglicher Messunsicherheiten trotz strenger Anforderungen an die Atemmessgeräte für Strafverfahren zweifelhaft (vgl Hentschel NJW 98, 2385, 2388); eine Konvertierung der AAK in eine BAK ist nach rechtsmedizinischen Erkenntnissen ausgeschlossen, so dass es jedenfalls für die Annahme alkoholbedingter Fahruntüchtigkeit (vgl 6) der Festlegung eigener AAK-Grenz-

§ 315c

werte durch die Rspr bedürfte (Hentschel aaO S 2387; Sch/Sch-Cramer/ Sternberg-Lieben 16 zu § 316; Hentschel 52a zu § 316; s auch König LK 44–56; krit zur gegenwärtigen Festlegung von gesonderten Grenzwerten der AAK Riemenschneider, Fahrunsicherheit oder Blutalkohol als Merkmal der Trunkenheitsdelikte, 2000, S 250). Die Rspr hat bisher eine Verurteilung wegen absoluter Fahruntüchtigkeit allein auf Grund eines den Grenzwert von 0,55 mg/l erreichenden bzw. übersteigenden AAK-Wertes abgelehnt (BGHSt 46, 359, 373; vgl auch Naumburg NStZ-RR 01, 105).

9 dd) Für die **BAK zur Tatzeit** bedarf es regelmäßig der **Rückrechnung,** die im Allgemeinen nur mit Hilfe eines Sachverständigen (Stuttgart NJW 81, 2525), in einfachen Fällen aber auch vom Gericht allein auf Grund seiner eigenen Sachkunde durchgeführt werden kann (Koblenz VRS 51, 38 mwN). Dabei sind die dem Täter jeweils günstigsten, also – gerade umgekehrt wie bei Beurteilung der Schuldfähigkeit (23 zu § 20) – die das Ergebnis am wenigsten erhöhenden tatsächlichen Möglichkeiten zugrunde zu legen. Nach der Rspr wird diesem Erfordernis genügt, wenn die Rückrechnung für die sog Resorptionsphase, die nach Trinkende im Allgemeinen nicht länger als 60 bis 90 Minuten dauert, aber zur Vermeidung jeder Benachteiligung mit einem Richtwert von 120 Minuten anzusetzen ist, unterbleibt und wenn für die nachfolgende Zeit ein gleich bleibender Abbauwert von stündlich 0,1 Promille zu Grunde gelegt wird (BGHSt 25, 246; Bay NZV 95, 117; Hentschel TFF Rdn 94; König LK 30; zusf Salger DRiZ 89, 174; zur rechtlichen und naturwissenschaftlichen Problematik der Rückrechnung vgl ua BGA, Gutachten 1966 [vgl 6a] S 53 und Gutachten 1977 [vgl 8] S 17; Mayr DAR 74, 64; Köhler/Schleyer BA 75, 52; Gerchow/Heifer ua BA 85, 77; Bode BA 94, 137, 140; Hoppe/Haffner NZV 98, 265).

10 ee) Wurde die **BAK nicht ermittelt,** ist aber die vor der Tat konsumierte Alkoholmenge feststellbar, oder sind die Angaben darüber nicht widerlegbar, so ist die Tatzeit-BAK auf der Grundlage der sog **Widmark-Formel** zu berechnen, wobei auch hier die für den Täter jeweils günstigsten tatsächlichen Möglichkeiten zugrundezulegen sind (Köln NZV 89, 357; Forster/Joachim, Blutalkohol und Straftat, 1975, S 95; zusf Salger DRiZ 89, 174 mwN).

11 ff) Ist der Täter in Folge des Rausches **schuldunfähig** oder ist dies nicht auszuschließen, so kommt Verurteilung unter dem Gesichtspunkt der actio libera in causa (25–29 zu § 20; aM LG Münster NStZ-RR 96, 266; Horn SK 12 zu § 316) oder nach § 323a (Oldenburg DAR 63, 304) in Frage.

gg) Zur Mitverantwortung **Dritter** Bödecker DAR 69, 281 und 70, 309, namentlich des Gastwirts BGHSt 4, 20; 19, 152; 26, 35; krit Geilen JZ 65, 469.

12 c) In **Abs 1 Nr 1b** das Führen eines Fahrzeugs (vgl 3, 4), obwohl der Täter infolge **geistiger oder körperlicher Mängel,** nicht in der Lage ist, das Fahrzeug sicher zu führen. Dazu gehören Anfallsleiden (zB Epilepsie), sofern sie die Gefahr jederzeit auftretender Anfälle begründen (BGHSt 40, 341). Es genügen auch vorübergehende Mängel, wie die Wirkung von Medikamenten (Stuttgart NJW 66, 410 mit Anm Gaisbauer; Grohmann BA 88, 172; Riemenschneider MedR 98, 17), labile Zustände während der Rekonvaleszenz (LG Heilbronn VRS 52, 188) und vor allem Übermüdung (VRS 14, 282; NJW 03, 3499; näher König LK 57), die allerdings trotz ihrer Häufigkeit im Güter- und Busfernverkehr (dazu Meyer KrimArch 185, 65) sowie im militärischen Einsatz (dazu Burmester NZWehrr 91, 142) offenbar wegen unzureichender wissenschaftlicher Erforschung und daraus folgender Beweisschwierigkeiten kaum Strafverfolgungen ausgelöst hat. – Durch technische Vorrichtungen am Fahrzeug, Brillen, Hörgeräte, Prothesen, Mitnahme von Begleitpersonen (aM König LK 49) usw hinreichend ausgeglichene körperliche Mängel genügen dagegen nicht (BT-Dr IV/651 S 28), altersbedingte Mängel nicht ohne weiteres (Bay NJW 96, 2045). Rauschbedingte Fahruntüchtigkeit ist

Gefährdung des Straßenverkehrs **§ 315c**

nur der Unterfall eines körperlichen oder geistigen Mangels und daher auch bei Zusammentreffen mit Übermüdung nur nach Abs 1 Nr 1 a zu behandeln (Spezialität, Düsseldorf NJW 57, 1567; Köln NZV 89, 357 mwN).

d) In **Abs 1 Nr 2** der grob verkehrswidrige und rücksichtslose Verstoß gegen **13** die unter Buchst a–g näher beschriebenen Verkehrsregeln, die sich auf besonders gefährliche und statistisch bedeutsame Verhaltensweisen beziehen.

aa) **Buchst a: Nichtbeachten der Vorfahrt** ist nicht nur an Kreuzungen und Einmündungen (Vorfahrtsregelung ieS nach § 8 StVO), sondern stets möglich, wenn sich die Fahrtrichtungen zweier Fahrzeuge schneiden oder so stark nähern, dass ein reibungsloser Verkehrsablauf nur dadurch gewährleistet ist, dass ein Fahrzeug nach ausdrücklicher Verkehrsregelung den Vorrang hat (zB Linksabbiegen, BGHSt 11, 219; 13, 129; KG VRS 46, 192; str); Mißachtung von Vorfahrtsschildern allein genügt nicht (Bay NJW 55, 841), auch nicht ein Rotlichtverstoß (Jena NZV 95, 237; vgl auch Düsseldorf NZV 96, 245). Der Vorrang des Fußgängers nach § 9 III S 3 und § 26 StVO gehört nicht hierher (Düsseldorf NJW 84, 1246; KG VRS 84, 444; Hamm VRS 91, 118; Tröndle/Fischer 5).

Buchst b: Überholen ist (übereinstimmend mit § 5 StVO; für einen „er- **14** weiterten (strafrechtlichen) Überholbegriff" König LK 77) der gesamte Vorgang (dazu Düsseldorf VRS 66, 355) des Vorbeifahrens von hinten an einem Verkehrsteilnehmer, der sich auf derselben Fahrbahn in derselben Richtung bewegt oder nur mit Rücksicht auf die Verkehrslage anhält (BGHSt 25, 293; 26, 73; zusf Mühlhaus DAR 68, 169). Es ist mit dem Beginn des Überholvorgangs (idR dem Ausscheren nach links) bereits vollendet (Bay VRS 34, 106 und DAR 93, 269; Karlsruhe NJW 72, 962; Koblenz NZV 93, 318; Haubrich NJW 89, 1197) und erst mit dessen Abschluss (idR der Wiedereinordnung auf der rechten Fahrbahn; beachte jedoch BGHSt 25, 293 und AG Freiberg NStZ-RR 97, 18) beendet (Düsseldorf NJW 80, 1116). **Falsches Überholen** ist nicht nur der Verstoß gegen § 5 StVO, zB die Verletzung des Überholverbots bei unklarer Verkehrslage (Abs 3 Nr 1 aaO, Koblenz VRS 46, 37) oder das vorzeitige, den Überholten behindernde Wiedereinordnen nach rechts (Abs 4 S 4 aaO), sondern auch anderes verkehrswidriges Verhalten in jeder Phase des Überholvorgangs (Celle VRS 38, 431; Düsseldorf VRS 58, 28 und 62, 44; Bay DAR 93, 269; Hentschel 33 mwN; vgl auch BVerfG NJW 95, 315: Vorbeifahren auf der Standspur der Autobahn); es kann uU schon darin bestehen, dass der Täter den Vorausfahrenden erst von der Überholspur zu vertreiben sucht (Frankfurt VRS 56, 286; König LK 92; zw). **Falsches Fahren beim Überholvorgang** ist namentlich die unzulässige Erhöhung der Geschwindigkeit durch den Überholten (BT-Dr IV/651 S 28; s auch § 5 VI S 1 StVO).

Buchst c: Fußgängerüberweg ist nur die durch Zeichen 293 (§ 41 III Nr 1 **15** StVO) markierte Übergangsstelle, dh der sog Zebrastreifen (Stuttgart NJW 69, 889; Hamm NJW 69, 440; zusf Mühlhaus DAR 70, 197; zw); die Vorschrift ist jedoch nicht anwendbar, wenn der Überweg durch eine in Betrieb befindliche Lichtanlage gesichert ist (Düsseldorf VRS 66, 135; Janiszewski NStZ 84, 111, 112; Herzog NK 10; aM Horn SK 12; Sch/Sch-Cramer/Sternberg-Lieben 21, alle mwN; str). Im Übrigen vgl zum falschen, dh der StVO widersprechenden (Stuttgart VRS 74, 186), Fahren an solchen Überwegen Mächtel NJW 66, 641 mwN.

Buchst d, e: Das Merkmal der **unübersichtlichen Stelle** stammt aus § 9 **16** StVO aF; der neuen StVO ist es unbekannt. Die Unübersichtlichkeit kann sich nicht nur aus der Beschaffenheit der Örtlichkeit ergeben, sondern ua auch durch parkende Fahrzeuge (Bay 52, 252), Nebel (Bay NZV 88, 110 mwN), Blendung durch Gegenverkehr (Stuttgart DAR 65, 103; König LK 109; aM Tröndle/Fischer 8), Bewuchs (Celle VRS 31, 33) oder unzulängliche Straßenbeleuchtung verursacht werden; die Tatsachen, aus denen die Unübersichtlichkeit folgt, sind im Ur-

§ 315 c

teil anzugeben (Düsseldorf VRS 79, 370 mwN). Zwischen **zu schnellem** Fahren und der unübersichtlichen Stelle usw muss ein innerer Zusammenhang bestehen (Bay JZ 76, 291 und VRS 61, 212). Zu schnell fährt uU auch, wer beim Abbiegen in einer Kreuzung Schrittgeschwindigkeit überschreitet, obwohl Fußgänger auf Grund grünen Lichtzeichens die Fahrbahn überqueren (KG VRS 37, 445). – **Rechte Seite der Fahrbahn** ist die ganze Breite der rechten Fahrspur; erst deren wenigstens teilweises Überschreiten erfüllt den Tatbestand (bei Martin DAR 74, 118).

17 **Buchst f: Autobahnen, Kraftfahrstraßen** § 18 StVO sowie Zeichen 330, 331 (§ 42 V StVO). **Wenden** BGHSt 27, 233 und 31, 71; Köln VRS 74, 139 und NZV 95, 159; Düsseldorf NZV 92, 82 und 95, 116; Dvorak DAR 79, 32, 35, alle mwN. **Rückwärtsfahren** Stuttgart NJW 76, 2223. **In entgegengesetzter Fahrtrichtung** fahren (sog Geisterfahrer) Janiszewski DAR 86, 256, 262; vgl auch Gropp, Hirsch-FS, S 207, 219.

17 a **Buchst g: liegengebliebene Fahrzeuge** § 15 StVO; die Pflicht zur Kenntlichmachung entfällt, wenn ihre Vornahme (zB Aufstellung eines Warndreiecks) länger dauern würde als ein Entfernen des Fahrzeugs von der Stelle, an der es liegengeblieben ist (Köln NZV 95, 159); zur Beleuchtung **haltender Fahrzeuge** § 17 IV StVO. Die Tat ist unechtes Unterlassungsdelikt (6 zu § 13), so dass nur Garanten (zB der Halter) verpflichtet sind (hM; vgl etwa Deichmann, Grenzfälle der Sonderstraftat, 1994, S 216; aM König LK 122).

18 **Zur Abgrenzung des verbotenen Verkehrsverhaltens im Übrigen** sind die Vorschriften der StVO (namentlich die §§ 3 bis 10, 15, 18, 26) heranzuziehen; diese sind allerdings seit Neufassung der StVO nicht mehr voll mit § 315 c abgestimmt (Demuth JurA 71, 383).

19 bb) **Grob verkehrswidrig** handelt, wer objektiv besonders schwer (dh typischerweise besonders gefährlich, Hamm VRS 38, 285, 287) gegen eine Verkehrsvorschrift verstößt (BGHSt 5, 392, 395; Karlsruhe NJW 60, 546; Köln VRS 84, 293). **Rücksichtslos** handelt, wer sich aus eigensüchtigen Gründen über die ihm bewusste Pflicht zur Vermeidung unnötiger Gefährdung anderer (§ 1 StVO) hinwegsetzt oder aus Gleichgültigkeit Bedenken gegen sein Verhalten von vornherein nicht aufkommen lässt (vgl ua BGHSt 5, 392; Düsseldorf VRS 79, 370; Köln aaO; Koblenz NZV 93, 318; Oldenburg DAR 02, 89; Küper BT S 237; zu weit Stuttgart NJW 67, 1766; krit Peters DAR 80, 45; Zimmermann MDR 87, 367; Spöhr/Karst NJW 93, 3308). Ein verständliches Motiv, zB Vermeidung einer nachteiligen Verspätung, steht der Annahme von Rücksichtslosigkeit nicht notwendig entgegen (Bay JR 60, 70; KG VRS 40, 268; Grohmann DAR 75, 260 mwN; str); durch Bestürzung, Schrecken oder andere hochgradige Erregung kann sie jedoch ausgeschlossen sein (Zweibrücken VRS 61, 434; Köln NZV 95, 159; Geppert Jura 01, 559, 563; Herzog NK 15, beide mwN); ebenso durch eine psychische Ausnahmesituation infolge eines vorangegangenen schweren Fahrfehlers (Düsseldorf NZV 95, 116; Oldenburg DAR 02, 89). Auch der sonst rücksichtsvolle Fahrer kann im Einzelfall rücksichtslos fahren (VRS 14, 304). – Der Täter muss sowohl grob verkehrswidrig wie auch rücksichtslos handeln (VRS 16, 132); die Rücksichtslosigkeit kann nicht schon dem grob verkehrswidrigen Verhalten entnommen werden (für eine Indizierung aber Spöhr/Karst NJW 93, 3308 und NZV 93, 254). Da es sich insoweit um gesamttatbewertende Merkmale oder Wertprädikate handelt (16, 17 zu § 15), braucht er sein Verhalten nicht selbst so zu bewerten; zum Vorsatz genügt vielmehr die Kenntnis der Umstände, die diese Wertung begründen (Bay NJW 69, 565; W-Hettinger BT 1 Rdn 998; König LK 149; einschr Bay JZ 83, 401; Koblenz VRS 71, 278).

20 5. Durch die Tathandlung muss eine **konkrete Gefahr** für Leib oder Leben eines anderen oder für fremde Sachen von bedeutendem Wert verursacht werden.

Gefährdung des Straßenverkehrs **§ 315c**

Sie braucht anders als im früheren Recht keine „Gemeingefahr" (BGHSt 11, 199) zu sein (krit v Hippel ZStW 80, 378).

a) Gefahr ist ein ungewöhnlicher Zustand, in dem nach den konkreten Umständen der Eintritt eines Schadens naheliegt (zusf Ostendorf JuS 82, 426, 429; Schroeder ZStW Beiheft 82, 1, 11; Zieschang aaO [vgl 1] S 36, alle mwN). 21

aa) Die Handlung muss daher über ihre latente Gefährlichkeit hinaus im Hinblick auf einen bestimmten Vorgang in eine kritische Situation geführt, dh die Möglichkeit eines Schadens so gesteigert haben, dass dessen Eintritt als wahrscheinlich gelten kann (zusf Geppert Jura 01, 559, 564). – Die **Rechtsprechung** lässt eine bloß entfernte Möglichkeit nicht genügen (VRS 50, 43); andererseits fordert sie auch nicht, dass der Schadenseintritt wahrscheinlicher ist als sein Ausbleiben (so aber BGHSt 8, 28, 31; 11, 162, 164; 13, 66, 70; Köln DAR 92, 469; abschwächend BGHSt 18, 271; Stuttgart VRS 46, 36; Schleswig SchlHA 93, 222). Für notwendig und zugleich hinreichend hält sie vielmehr eine konkrete Beziehung zu bestimmten Menschen oder Sachen, deren Verletzung im Gefahrbereich – bei Würdigung aller dafür erheblichen Umstände (Hamm NZV 91, 158) – in bedrohliche Nähe gerückt ist (BGHSt 22, 341, 344; Koblenz NZV 93, 403) und nur noch vom Zufall abhängt (VRS 44, 422 und 45, 38; NStZ-RR 97, 18 und 261; Düsseldorf NJW 93, 3212 und NZV 94, 406; Brandenburg VRS 93, 103, 106; Otto, BGH-FG, S 111, 117; vgl auch Frankfurt NZV 94, 365); erforderlich ist ein „Beinahe-Unfall", bei dem es gerade noch einmal „gut gegangen" ist (NJW 95, 3131 mit Anm Berz NStZ 96, 85; NJW 96, 329 mit Bespr Renzikowski JR 97, 115 und v Heintschel-Heinegg JA 96, 447). – Das **Schrifttum** geht bei der dogmatischen Herleitung des Gefahrbegriffs von verschiedenen Ansätzen aus: so wird zB die Unmöglichkeit einer naturwissenschaftlich anerkannten Erklärung für das Ausbleiben des Erfolges gefordert (so Horn aaO [vgl 1] S 159 und SK 19); teils wird auch darauf abgestellt, dass nach den Umständen nicht mehr gezielt zur Schadensvermeidung in den Geschehensablauf eingegriffen werden kann (so Kindhäuser aaO [vgl 1] S 202) oder dass als Rettungsursachen nur noch Umstände in Frage kommen, auf deren Eintritt nicht vertraut werden kann (so Schünemann JA 75, 787, 796). Alle bisher entwickelten Formeln (zusf Puhm aaO [vgl 1] S 90; Zieschang aaO [vgl 1] S 44; Koriath GA 01, 51, 54; Küper BT S 147, alle mwN) führen nicht zu Ergebnissen, die der Rspr signifikant überlegen sind. Sie sind in Grenzfällen nicht trennschärfer, weil die in jedem Gefahrbegriff vorauszusetzende kritische Situation nur einzelfallbezogen nach dem jeweiligen Gefährlichkeitspotential der Tathandlung in ihrer Verknüpfung mit den umgebenden Verhältnissen beurteilt werden kann (Jähnke DRiZ 90, 425 mwN). – Das Gefahrurteil wird auf Grund einer **objektiven nachträglichen Prognose (ex-ante-Urteil)** gefällt (NJW 95, 3131; Kindhäuser 9; probl Schleswig MDR 89, 1122). Welche objektiven und subjektiven (speziell dazu Meyer-Gerhards JuS 76, 228) Momente ontologische und nomologische Basis des Gefahrurteils sein können, ist noch nicht abschließend geklärt (vgl etwa Gallas, Heinitz-FS, S 171, 177; Demuth VOR 73, 436, 447; Hirsch, Kaufmann [Arth]-FS, S 545; Koriath GA 01, 51, 57 sowie die Nachw unter 1; zur sozialpsychologischen Problematik jeder ex-ante-Beurteilung Kuhlen, in: Jung ua [Hrsg], Recht und Moral, 1991, S 341). – Während der Eintritt des Schadens zwingend ergibt, dass eine Gefahr vorgelegen hat (Schröder ZStW 81, 7, 12; Horn aaO [vgl 1] S 52; einschr Wolter JuS 78, 748, 750), ist sein Ausbleiben, etwa weil der Gefährdete sich noch in Sicherheit bringen (Celle VRS 7, 459) oder der Täter sein Fahrzeug noch rechtzeitig zum Stehen bringen konnte (Koblenz VRS 52, 39), unerheblich (NJW 85, 1036; enger NJW 96, 329; zu eng Wolter aaO). 22

bb) Gefahr für **Leib oder Leben** liegt vor, wenn als Schaden der Eintritt des Todes oder einer nicht unerheblichen (RGSt 66, 397, 399) Verletzung der kör- 23

§ 315c

perlichen Unversehrtheit vorübergehender oder dauernder Art naheliegt (BGHSt 18, 271). Dabei genügt die Gefährdung eines einzelnen Menschen, etwa die des einschreitenden Polizeibeamten (BGHSt 11, 199 und 14, 395 sind überholt), und namentlich auch die des Insassen des Fahrzeugs (unstr; beachte jedoch 25). Auch im Hinblick auf den Insassen ist ein konkret bedrohlicher Zustand zu fordern (vgl 22). Fahruntüchtigkeit reicht dazu nicht schon allgemein aus (so jetzt auch NJW 95, 3131 mit Bespr Hauf NZV 95, 469 und Berz NStZ 96, 85; vgl auch Geppert Jura 96, 47; Renzikowski JR 97, 115; Otto, BGH-FG, S 111, 118; Hentschel 3); sie kann ausreichen, wenn der Fahrer infolge alkoholischer Beeinflussung nicht mehr zu kontrollierten Fahrmanövern, zB zu kontrollierter Betätigung der wesentlichen technischen Einrichtungen des Fahrzeugs wie Lenkung, Bremsen, Gaspedal, in der Lage ist (BGH aaO; aM König LK 152); folgenlose Fahrfeher (zB Fahren in Schlangenlinien) reichen nicht (BGH aaO klarstellend zu NZV 92, 370 mit krit Bespr Hauf DAR 94, 59; Kopp JA 99, 943, 945). – Liegt eine Personengefahr vor, so kommt es für die Strafbegründung auf einen daneben drohenden Sachschaden und dessen Höhe nicht mehr an (VRS 45, 38).

24   cc) Der **bedeutende Wert** einer fremden (4–7 zu § 242) Sache, also nicht des Grundwassers (AG Schwäbisch Hall NStZ 02, 152), hängt von ihrem Verkehrswert, nicht von ihrer funktionellen Bedeutung ab (Bremen NJW 62, 1408; KG VRS 14, 123; zu dem von der Geldwertentwicklung abhängigen Maßstab Düsseldorf VRS 78, 274; LG Oldenburg MDR 84, 163; LG Flensburg DAR 91, 470; LG Hamburg MDR 92, 400; Hentschel 6, alle mwN). Nicht nur der Wert der Sache als solcher, sondern auch der ihr drohende Schaden muss bedeutend sein (Zweibrücken VRS 32, 277; Bremen VRS 62, 275 mwN). Umgekehrt kommt es nicht auf den Wert des eingetretenen, sondern auf den Umfang des in der Gefahrlage drohenden Schadens an (Celle MDR 75, 949; Köln VRS 64, 114; Bay NJW 98, 1966); dieser ist idR nach den mutmaßlichen Reparaturkosten zu bestimmen, die für die Beseitigung eines solchen Schadens üblicherweise aufzuwenden sind (Rengier, Spendel-FS, S 559, 561 mwN); veranschlagte Reparaturkosten eines Kotflügels von 1400,– DM [heute etwa 700 €] stellen keinen bedeutenden Wert dar (Bay aaO; nach Hentschel 6: ab 800 €; nach Joecks 19: ab 750–1000 €).

25   dd) Das **vom Täter geführte,** ihm aber nicht gehörende Fahrzeug (ohne Ladung) scheidet als notwendiges Tatmittel aus dem Schutzbereich aus (BGHSt 27, 40 mit krit Anm Rüth JR 77, 432; VRS 83, 185, 188; NStZ-RR 98, 150; Bay JZ 83, 560; Düsseldorf NZV 94, 324, 325; Geppert Jura 01, 559, 565; aM König LK 168; zusf Ranft Jura 87, 608, 615; str). Dasselbe gilt für Taten, durch die nur Tatbeteiligte oder deren Sachen gefährdet worden sind (NJW 91, 1120; Kindhäuser BT I 68/12; Tröndle/Fischer 17; aM Graul JuS 92, 321, 324; Schroeder JuS 94, 846; Geppert Jura 96, 47 und 01, 559, 564; Schmädicke, Konkrete Gefährdung des Tatbeteiligten, 1997, S 27, 99, 161; Rengier BT II 44/8; Sch/Sch-Cramer/Sternberg-Lieben 33, alle mwN).

26   ee) Die gefährdeten Objekte brauchen **nicht selbst am Verkehr teilzunehmen;** zB Gefährdung von Menschen neben der Straße (BT-Dr IV/651 S 28; s auch VRS 38, 344) oder von Häusern (Karlsruhe NJW 60, 546).

27   **b)** Die Gefahr muss durch die Tathandlung **verursacht,** dh mindestens – sei es auch bei Mitverschulden des Gefährdeten (VRS 17, 21) – mitverursacht sein („dadurch"; vgl zB BGHSt 8, 28, 32; VRS 65, 359, 360; Hamm NZV 02, 279; Köln bei Himmelreich/Lessing NStZ 02, 303 Nr 6; Geppert Jura 01, 559, 564; König LK 97 zu § 315; s auch Mühlhaus DAR 72, 169) und ihren Grund gerade in dem Fehlverhalten haben, das die einzelne Tathandlung beschreibt (Bay 76, 11; Rengier BT II 44/11; Kindhäuser 16; s auch 41–45 zu § 15). Eine nur gelegentlich der Handlung entstehende Gefahr genügt nicht (Hamm NJW 55, 723; Bay VRS 64, 371); auch nicht eine Gefahr, die außerhalb des Schutzbereichs der

Gefährdung des Straßenverkehrs **§ 315c**

zugleich verletzten Verkehrsregel liegt (Bay NZV 89, 359 mit abl Anm Deutscher; Janiszewski NStZ 89, 566; Peters NZV 90, 260; Bay NZV 94, 283 mit krit Anm Schmid BA 94, 330, 332 und Puppe NStZ 97, 389; aM Hentschel NJW 90, 1462; zw), die im Hinblick auf die Tathandlung atypisch ist (Hamm DAR 73, 247), die erst nach Beendigung der Fahrt eintritt (Horn SK 20; aM Sch/Sch-Cramer/Sternberg-Lieben 38; zw) oder die erst mittelbar, dh durch einen dem Täter nicht zurechenbaren Umstand verursacht wird, den sein Verhalten herbeigeführt hat (Bay NJW 69, 2026; Celle NJW 70, 1091; Stuttgart DAR 74, 106); das gezielte Anfahren eines auf der Fahrbahn Liegenden schließt die Ursächlichkeit der alkoholbedingten Fahruntüchtigkeit für die Gefährdung des Tatopfers aus (NStZ-RR 04, 108). Erforderlich ist vielmehr, dass sich die der Tathandlung eigentümliche Gefährlichkeit – sei es auch nur zusammen mit anderen Umständen (Bay VRS 64, 368) – im Eintritt des Gefahrerfolgs realisiert hat (Bay VRS 71, 68). Ergänzend zur objektiven Zurechnung des Gefahrerfolges Küper BT S 149 mwN.

6. Die Strafdrohungen sind nach der **inneren Tatseite** abgestuft (zusf Geppert Jura 01, 559, 563): **28**

a) Abs 1 erfordert hinsichtlich der Tathandlung und der Gefährdung **Vorsatz** (bedingter genügt, VRS 30, 340; NStZ-RR 97, 18). Zum Gefährdungsvorsatz zu § 15; er muss sich auf eine konkrete Gefahrensituation beziehen (NStZ-RR 98, 150). **28**

b) Wird die Tathandlung **vorsätzlich** begangen, die Gefahr aber nur **fahrlässig** verursacht, so gilt **Abs 3 Nr 1** (zur Behandlung dieser Vorsatz-Fahrlässigkeits-Kombination als Vorsatztat 23–25 zu § 11; 1 zu § 23). **29**

c) Werden Tathandlung und Gefährdung **fahrlässig** begangen, so gilt **Abs 3 Nr 2**. Fahrlässigkeit 35 zu § 15; gleichgültigkeitsbedingte Rücksichtslosigkeit (vgl 19) ist auch mit Fahrlässigkeit – uU weder unbewusster (Koblenz VRS 53, 187; Mollenkott BA 85, 298) – vereinbar (BGHSt 5, 392). Abweichend von §§ 315 IV, V, 315b IV, V fehlt es in Abs 3 an einer Abstufung der Strafrahmen, obwohl die vorsätzliche Tathandlung idR schwerer wiegt (zu den Gründen BT-Dr IV/651 S 27, 29). **30**

d) Speziell zu Vorsatz und Fahrlässigkeit bei **rauschbedingter Fahruntüchtigkeit** (vgl 5–7) 4, 5 zu § 316; beachte auch Maiwald, Dreher-FS, S 437. **31**

7. Die **Einwilligung** des Gefährdeten in die Tat ist unerheblich; dieser kann über das vorrangig geschützte Rechtsgut der Verkehrssicherheit (vgl 1) nicht verfügen (BGHSt 6, 232; 23, 261 mit abl Anm Oellers NJW 70, 2121; NZV 92, 370; Stuttgart NJW 76, 1904 mit abl Bespr Hillenkamp JuS 77, 166; Koblenz BA 02, 483 mit krit Anm Heghmanns; Lackner aaO [vgl 1] S 12; Schaffstein, Welzel-FS, S 557, 574; Krüger, Die Entmaterialisierungstendenz beim Rechtsgutsbegriff, 2000, S 110; Hentschel TFF Rdn 423; Hohmann/Sander BT II 36/22; W-Hettinger BT 1 Rdn 993; Herzog NK 23; König LK 161; aM Hamburg NJW 69, 336; Ranft Jura 87, 608, 614; Otto Jura 91, 443, 444; Graul JuS 92, 321, 325; D Otto NZV 92, 309; Schroeder JuS 94, 846; Paul aaO [vgl 1] S 117: tatbestandsausschließend; Amelung, in: Hefendehl/v Hirsch/Wohlers [Hrsg], Die Rechtsgutstheorie, 2003, S 155, 176; Rengier BT II 44/9; Kindhäuser 12; Horn SK 22; Joecks 18; Sch/Sch-Cramer/Sternberg-Lieben 43, alle mwN; diff Geppert ZStW 83, 947, 984; zusf Geppert Jura 96, 47, 48 und 01, 559, 565 sowie Kopp JA 99, 943, 945; s auch 13 vor § 32). **32**

8. Die **Strafbarkeit des Versuchs** (Abs 2 iVm Abs 1 Nr 1) erfordert Vorsatz auch hinsichtlich der Gefährdung (Düsseldorf VRS 35, 29) und ein unmittelbares Ansetzen iS des § 22 (näher Momsen, in: ders [Hrsg], Fragmentarisches Strafrecht, 2003, S 61, 84, der – wohl zu eng – eine „Verletzungsnähe" verlangt). **33**

§ 315d

BT. 28. Abschnitt. Gemeingefährliche Straftaten

34 9. Zu den **Rechtsfolgen der Tat,** namentlich zur **Strafzumessung,** §§ 44, 46, 47, 69–69 b (s auch 6 zu § 316). Bei folgenlosen Verkehrsgefährdungen, auch Alkoholdelikten, werden Freiheitsstrafen von sechs Monaten und mehr nur ausnahmsweise in Frage kommen (Schäfer StrZ 944). Daher ist idR § 47 I zu beachten (dort 2–7). – Grundsätzlich zur Strafzumessung im Verkehrsrecht Kaiser BA 72, 141; Schöch, Strafzumessungspraxis und Verkehrsdelinquenz, 1973; Schultz BA 77, 307; Hentschel 46–58; Schäfer StrZ 341–960; speziell zu regionalen und örtlichen Unterschieden Streng Sanktionen 389 mwN. – Rspr-Übersicht bei Bode BA 94, 137, 144 und Nehm DAR 94, 177. – Krit zur strafrechtlichen Sanktionierung von Verkehrsverstößen Weigend, Miyazawa-FS, S 549, der deshalb ein alternatives Konzept eines Verkehrssanktionenrechts entwirft (S 556).

35 10. Die Begehungsformen des Abs 1 können je nach Lage des Falles in **Tatmehrheit** oder Tateinheit zusammentreffen oder auch – jedenfalls wenn nur eine Gefahrenlage verursacht wurde (Bay JZ 87, 788 mwN) – unselbsständige Begehungsweisen desselben Delikts bilden (Geppert Jura 96, 47, 51; str). Danach ist nur eine Gesetzesverletzung, nicht gleichartige Idealkonkurrenz (2, 3 zu § 52), anzunehmen, wenn dieselbe Gefährdung mehrere Menschen trifft (NJW 89, 1227; Bay NJW 84, 68; Geppert Jura 01, 559, 566; aM Horn/Hoyer JZ 87, 965; Sch/Sch-Cramer/Sternberg-Lieben 54, alle mwN; zw). Mehrere Gefährdungen während derselben Fahrt werden dagegen häufig – weil die Tat keine Dauerstraftat ist – selbstständige Taten sein (vgl 4; ebenso König LK 209; aM Geppert aaO S 567; Hentschel 60); sie können aber nach den allgemeinen Regeln (3–19 vor § 52) auch eine natürliche oder rechtliche Handlungseinheit bilden (BGHSt 23, 141; NZV 01, 265 mit Bespr Geppert JK 19 zu § 142; Koblenz VRS 37, 190; Düsseldorf VRS 97, 111, 113; s auch NStZ-RR 04, 108, 109); allein der Umstand, dass der Täter auf Grund eines einheitlichen Tatentschlusses während einer ununterbrochenen Fahrt mehrere in sich voneinander unabhängige Gefahrlagen schafft, begründet noch keine natürliche Handlungseinheit (NJW 95, 1766 für § 315b). Auch eine vorsätzliche Straßenverkehrsgefährdung kann § 142 und § 222 nicht verklammern (aM Düsseldorf VRS 97, 111, 114). – Mit §§ 222, 229 ist Tateinheit möglich (NStZ-RR 97, 18; Jescheck/Weigend AT S 735, Roxin AT II 33/209). Über das Verhältnis zu § 142 dort 42; zu § 315 b dort 7; zu § 316 dort 7. Für die Zusammentreffen mit den zugrundeliegenden Verkehrsordnungswidrigkeiten nach §§ 24, 24 a StVG gilt § 21 OWiG; das Verhältnis von Straf- und Bußgeldverfahren regeln die §§ 40 bis 45, 63, 64, 81 bis 83 OWiG.

§ 315 d Schienenbahnen im Straßenverkehr

Soweit Schienenbahnen am Straßenverkehr teilnehmen, sind nur die Vorschriften zum Schutz des Straßenverkehrs (§§ 315 b und 315 c) anzuwenden.

1 1. Die Vorschrift nimmt aus dem Anwendungsbereich der Tatbestände über die Gefährdung des Bahnverkehrs (§§ 315, 315 a) die **Schienenbahnen** aus, soweit sie am **Straßenverkehr teilnehmen,** und unterwirft sie den Vorschriften über den Straßenverkehr (§§ 315 b, 315 c).

2 2. Eine Schienenbahn **nimmt** am Straßenverkehr **teil,** wenn ihr Verkehrsraum zugleich auch dem Straßenverkehr dient oder wenn sie zwar auf besonderem Bahnkörper verkehrt, ihr Führer aber infolge der unvollständig durchgeführten Trennung von der Straße sein Fahrverhalten allgemein und nicht nur bei erkennbar drohender Gefahr nach dem umgebenden Straßenverkehr zu richten hat (BT-Dr IV/651 S 29; aM Cramer JZ 69, 412 und Sch/Sch-Cramer/Sternberg-Lieben 6, die die Abgrenzung als funktionelle verstehen; nach Horn SK 7 mit dem Gesetzeswortlaut nicht vereinbar). Auf die gewerberechtliche Unterscheidung von

Eisen- und Straßenbahnen kommt es nicht an. Für eine zusammenhängende Bahnstrecke liegt nicht notwendig einheitliche Teilnahme am Straßenverkehr vor („soweit"); uU kann sie sich auf Kreuzungsbereiche (ohne Bevorrechtigung der Bahn nach § 19 StVO, BGHSt 15, 9; Stuttgart VRS 44, 33) usw beschränken. Fallen Tathandlung und Gefährdung auseinander, zB störender Eingriff im Straßenbahndepot, so entscheidet der Ort, wo die Gefahr eintritt (BGHSt 11, 162; Hentschel 4; aM BGHSt 15, 9, 15; König LK 8); gefährdet dieselbe Handlung in beiden Bereichen, so stehen die §§ 315 und 315 b in Tateinheit (Tröndle/ Fischer 2).

§ 316 Trunkenheit im Verkehr

(1) **Wer im Verkehr (§§ 315 bis 315 d) ein Fahrzeug führt, obwohl er infolge des Genusses alkoholischer Getränke oder anderer berauschender Mittel nicht in der Lage ist, das Fahrzeug sicher zu führen, wird mit Freiheitsstrafe bis zu einem Jahr oder mit Geldstrafe bestraft, wenn die Tat nicht in § 315 a oder § 315 c mit Strafe bedroht ist.**

(2) **Nach Absatz 1 wird auch bestraft, wer die Tat fahrlässig begeht.**

1. **Geschütztes Rechtsgut** ist die Sicherheit des Verkehrs (krit Hefendehl, 1 Kollektive Rechtsgüter im Strafrecht, 2002, S 140). Die Tat ist **abstraktes Gefährdungsdelikt** (32 vor § 13), weil weder die Verletzung noch die Gefährdung eines Angriffsobjekts zum Tatbestand gehört (zusf zur gesetzgeberischen Problematik des Alkohols im Verkehr Janiszewski DAR 90, 415; Schöch NStZ 91, 11; Grohmann BA 91, 84; Heifer/Bluisch ZRP 91, 421; Schneble BA 93, 1; einschr für Eignungs- bzw Gefährlichkeitsdelikte Schünemann, in: Hefendehl/v Hirsch/ Wohlers [Hrsg], Die Rechtsgutstheorie, 2003, S 133, 152; ebenso Hefendehl aaO S 157, 204). – Zur geschichtlichen Entwicklung der Alkoholbestimmungen im Verkehrsstrafrecht Riemenschneider, Fahrunsicherheit oder Blutalkohol als Merkmale der Trunkenheitsdelikte, 2000, S 23–129, die auch einen Reformvorschlag für § 316 macht (S 270), der nicht an die Fahrunsicherheit, sondern – wie § 24 a StVG – an einen bestimmten Grad der Alkoholisierung (1,0 Promille) anknüpft.

2. **a) Täter** kann jeder Führer eines Fahrzeugs in einer der Verkehrsarten sein, 2 die nach §§ 315–315 d geschützt sind.

b) Führen eines Fahrzeugs 3 zu § 315 c. **Rauschbedingte Fahruntüchtigkeit** 3 5–10 zu § 315 c; s auch 2 zu § 315 a. Die Rauschwirkung braucht auch hier nicht alleinige oder überwiegende Ursache der Fahruntüchtigkeit zu sein (Celle NdsRpfl 67, 47; aM Schröder NJW 66, 488). – Die Tat ist – anders als im Fall des § 315 c I Nr 1 a (dort 4) – Dauerdelikt (BGHSt 23, 141, 147; Herzog NK 4; 11 vor § 52); zu ihrem Zusammentreffen mit anderen Gesetzesverletzungen 7 zu § 52.

3. **a)** Der **Vorsatz** (bedingter genügt) muss namentlich die rauschbedingte 4 Fahruntüchtigkeit umfassen (krit wegen der Schwierigkeiten der Feststellung Riemenschneider aaO [vgl 1] S 162, 211, die de lege ferenda auf die Trinkmenge abstellen will; zu Ansatzpunkten für Verteidigung Janker DAR 01, 151). Dass der Täter sich deren Möglichkeit vorgestellt hat, hält die Rspr bei absoluter Fahruntüchtigkeit (6 a zu § 315 c) für nahe liegend (Hamm NJW 75, 660; Schneble BA 84, 281; Grohmann DAR 85, 371; aM Zink/Reinhardt/Schreiber BA 83, 503; Teyssen BA 84, 175; krit zur zwiespältigen Rspr Hentschel DAR 93, 449, 450; aus rechtsmedizinischer Sicht Eisenmenger, Salger-FS, S 619, alle mwN), kann jedenfalls aber nicht als Erfahrungssatz unterstellt werden (Celle StV 90, 400; Düsseldorf NZV 94, 324 [mit zust Anm Schneble BA 94, 264] und 367; Hamm NZV 98, 291, 334 und 471; Karlsruhe NZV 93, 117; Köln DAR 99, 88; Koblenz StV 93, 423; Schleswig SchlHA 93, 222; Zweibrücken NZV 93, 277; Hamm BA 01,

461; Naumburg BA 01, 457; Saarbrücken StraFo 01, 203; Hentschel DAR 93, 449, 450; Hentschel 24; König LK 194; beachte aber Koblenz NZV 01, 357 [mit krit Bespr Hentschel NJW 02, 729, 730] und VRS 03, 300; diff Haubrich DAR 82, 285; krit Nehm, Salger-FS, S 115). Entscheidend sind vielmehr die Umstände (bei Janiszewski NStZ 84, 112; Frankfurt NStZ-RR 96, 85; Celle NZV 96, 204 und 98, 123; Himmelreich/Lessing NStZ 00, 299, 302, alle mwN), namentlich das aktuelle (nicht notwendig näher reflektierte, 9 zu § 15) Bewusstsein des Täters von der getrunkenen Alkoholmenge (Krüger DAR 84, 47; Salger DRiZ 93, 311, 312) sowie der Grad seiner Intelligenz und seiner durch die Trunkenheit uU herabgesetzten (Celle NZV 92, 247 und 98, 123; Zweibrücken NZV 93, 240; Düsseldorf NZV 94, 324; Hentschel DAR 93, 449, 450; Kopp JA 99, 943, 944; krit Salger DRiZ 93, 311 und Riemenschneider aaO) Selbstkritik (Hamm NStZ-RR 96, 297; Frankfurt NJW 96, 1358; Hamm NZV 99, 92); deshalb bedarf vor allem das Wissenselement (aber nicht nur dieses) regelmäßig näherer (Hamm aaO), der jeweiligen Sachlage angepasster Begründung (VRS 64, 195; Celle StV 88, 143; Dresden NZV 95, 236; KG BA 91, 186; Zweibrücken NZV 93, 277; s auch NZV 91, 117; beachte auch Schroth, Vorsatz und Irrtum, 1998, S 62, der die Kenntnis der eigenen Fahruntüchtigkeit „in Laienart" verlangt; nach Horn SK 8 ist die Feststellung der Wollenskomponente sinnlos und überflüssig; dagegen König LK 185). Die Indizien für vorsätzliches Handeln in Bezug auf die Fahruntüchtigkeit sind umstritten (vgl die sechs Indizien bei Salger DRiZ 93, 311, 312, deren Bedeutung Hentschel DAR 93, 449, 451 größtenteils geringer einschätzt; ähnlich Blank BA 97, 116; vgl auch Bode BA 94, 137, 139; speziell zu vorsatzrelevanten Indizien bei drogenbedingter Fahruntüchtigkeit Harbort NZV 96, 432; speziell zum Vorsatz bei medikamentenbedingter Fahruntüchtigkeit Riemenschneider MedR 98, 17, 19).

5   b) Der **Fahrlässigkeitsvorwurf** ist – im Hinblick auf die fortlaufende Aufklärung der Öffentlichkeit über die Gefahren der Trunkenheit im Verkehr – im Allgemeinen begründet, wenn objektiv Fahruntüchtigkeit vorliegt (Koblenz VRS 44, 199; Bay VRS 66, 280; Hentschel NJW 84, 350 und in: TFF Rdn 389; König LK 210; krit Zink/Reinhardt/Schreiber aaO [vgl 4] S 510 und Bialas, Promille-Grenzen, Vorsatz und Fahrlässigkeit, 1996, S 126 mit Bespr Müller-Metz NZV 96, 399; Duttge, Zur Bestimmtheit des Handlungsunwerts von Fahrlässigkeitsdelikten, 2001, S 338; probl Bremen MDR 82, 772). Er bedarf aber näherer Prüfung, wenn relative Fahruntüchtigkeit (7 zu § 315c) schon bei einer erheblich unter dem absoluten Grenzwert liegenden Alkoholkonzentration bejaht wird (zu eng Koch DAR 74, 37), wenn die Rauschwirkung nur mitursächlich (vgl 3) war (Frankfurt VRS 29, 476) oder wenn das Fahrzeug nach unbewusstem Alkoholgenuss (Hamm NJW 74, 2058; Köln NStZ 81, 105; Düsseldorf BA 84, 277, alle mwN) oder unter der Wirkung sog Restalkohols, über dessen Bedeutung sich der Fahrer zu vergewissern hat (Hamm VRS 40, 447; Koblenz VRS 45, 450), geführt wurde. – Obwohl Vorsatz und Fahrlässigkeit in der Strafdrohung gleichgestellt sind, darf nicht offen bleiben, ob Abs 1 oder 2 verletzt ist; denn vorsätzliches Handeln wiegt idR schwerer (Schleswig bei Ernesti/Jürgensen SchlHA 77, 178) und kann auch zu empfindlicheren Folgen der Verurteilung führen (Celle MDR 76, 1042).

6   4. Zu den **Rechtsfolgen der Tat,** namentlich zur **Strafzumessung,** §§ 44, 46, 47, 69–69b; 34 zu § 315c (unter spezialpräventiven Gesichtspunkten krit Stephan BA 88, 201). Ist bei einem Verkehrsdelikt Fahruntüchtigkeit nicht nachweisbar, so darf vorausgegangener, als solcher unverbotener Alkoholgenuss nur dann strafschärfend verwertet werden, wenn er Schlüsse auf die Unzuverlässigkeit des Täters auch im Hinblick auf das begangene Delikt zulässt (bei Dallinger MDR 73, 16; Bay MDR 73, 153; s auch 36 zu § 46).

7   5. Die Vorschrift ist gegenüber §§ 315a I Nr 1, 315c I Nr 1a (einschl der zugehörigen Fahrlässigkeitstatbestände) subsidiär (VRS 65, 131). Mit §§ 222, 229 ist

Räuberischer Angriff auf Kraftfahrer § 316a

Tateinheit möglich (ebenso Roxin AT II 33/209). Für das Verhältnis zu § 24a I StVG (Führen eines Kfz mit einer BAK von 0,5 oder mehr) gilt § 21 OWiG; danach sind bei Fahruntüchtigkeit des Täters nur die §§ 315c I Nr 1a, III oder 316 anwendbar, bei deren Fehlen oder Nichterweislichkeit dagegen nur § 24a StVG. Zu den Vorschriften des OWiG, die das Verhältnis von Straf- und Bußgeldverfahren regeln, 35 zu § 315c.

6. Die von einem Deutschen im **Ausland** begangene Tat kann nach § 7 II 8 Nr 1 strafbar sein (Karlsruhe NJW 85, 2905 mwN; 4 zu § 7; str).

§ 316a Räuberischer Angriff auf Kraftfahrer

(1) **Wer zur Begehung eines Raubes (§§ 249 oder 250), eines räuberischen Diebstahls (§ 252) oder einer räuberischen Erpressung (§ 255) einen Angriff auf Leib oder Leben oder die Entschlußfreiheit des Führers eines Kraftfahrzeugs oder eines Mitfahrers verübt und dabei die besonderen Verhältnisse des Straßenverkehrs ausnutzt, wird mit Freiheitsstrafe nicht unter fünf Jahren bestraft.**

(2) **In minder schweren Fällen ist die Strafe Freiheitsstrafe von einem Jahr bis zu zehn Jahren.**

(3) **Verursacht der Täter durch die Tat wenigstens leichtfertig den Tod eines anderen Menschen, so ist die Strafe lebenslange Freiheitsstrafe oder Freiheitsstrafe nicht unter zehn Jahren.**

Fassung des 6. StrRG (13 vor § 1).

1. Die Vorschrift dient zugleich dem **Verkehrs- und Vermögensschutz** 1 (Sowada LK 7; str). Sie soll die Funktionsfähigkeit des Kraftverkehrs und das Vertrauen in dessen Sicherheit (BGHSt 39, 249, 250; NJW 04, 786, 787 mit zust Anm Sternberg-Lieben JZ 04, 633) dadurch verbessern, dass sie den Strafschutz gegen Raub, räuberischen Diebstahl und räuberische Erpressung für den Fall vorverlegt, dass der Täter seinen Angriff unter Ausnutzung der besonderen Verhältnisse des Straßenverkehrs verübt (Stein, 6. StrRG Einf, 4/113; Amelung, in: Hefendehl/v Hirsch/Wohlers [Hrsg], Die Rechtsgutstheorie, 2003, S 155, 176, W-Hillenkamp BT 2 Rdn 381; Herzog NK 5; zur bisherigen Fassung ebenso Günther JZ 87, 369, 375; krit zu ihrer kriminalpolitischen Funktion und Integration in das geltende Strafrechtssystem Meurer-Meichsner, Untersuchungen zum Gelegenheitsgesetz im Strafrecht, 1974; Große NStZ 93, 525; für ihre ersatzlose Streichung Krüger, Entmaterialisierungstendenz beim Rechtsgutsbegriff, 2000, S 161). Angesichts der hohen Strafdrohung ist auch nach der Neufassung eine Auslegung geboten (Stein aaO Rdn 114; Krüger NZV 04, 161; W-Hillenkamp BT 2 Rdn 382; so bisher schon BGHSt 15, 322, 325; 22, 114; s auch BGHSt 24, 173 mit Anm Beyer NJW 71, 2034; zu den Ansatzpunkten für eine restriktive Auslegung Küper BT S 21 mwN). – Zur Neufassung Mitsch JA 99, 662; Ingelfinger JR 00, 225 und Fischer Jura 00, 433.

2. a) Der **Angriff**, dh jede feindselige Einwirkung, auf Leib, Leben (2 zu 2 § 102) oder Entschlussfreiheit (zur Definition des „Angriffs" Ingelfinger JR 00, 225, 227; Wolters aaO S 165 und Küper BT S 17) braucht nur mittelbar gegen den Führer (er muss das Fahrzeug während des Angriffs führen, Wolters JR 02, 163, 164; zum Führen 3 zu § 315c) oder Mitfahrer (auch ein sog „Autosurfer" v Dannwitz NZV 02, 551), unmittelbar kann er auch gegen das Fahrzeug gerichtet sein. Der Angriff auf die Entschlussfreiheit kann durch Gewalt (auch gegen Sachen) oder Drohung erfolgen, aber auch durch List (zB vorgetäuschter Unfall; hM; vgl. etwa Sowada LK 2; anders Wolters GA 02, 303, 315; M-Schroeder/Maiwald BT 1 35/50; Tröndle/Fischer 6; zw); von Letzterem ist die Rspr jetzt abgerückt,

1297

§ 316a

so dass zB die täuschende Angabe eines vermeintlichen Fahrtziels keinen Angriff auf die Entschlussfreiheit darstellt (NJW 04, 786 mit Bespr Herzog JR 04, 258, Martin JuS 04, 352, Krüger NZV 04, 161, 165, Peterson JA 04, 515, Sternberg-Lieben JZ 04, 633, 636 und Geppert JK 6; StV 04, 140). Angreifer können Dritte, Mitfahrer oder der Führer selbst sein (BGHSt 15, 322; 18, 170; NJW 71, 765; zum Taxi-Fahrgast NStZ 00, 144). Führer ist auch der Fahrer eines Mofas mit bauartbedingter Höchstgeschwindigkeit von 25 km/h (BGHSt 39, 249 mit abl Bespr Große NStZ 93, 527; vgl 3 zu § 44). Mitfahrer sind ua der Beifahrer, der Fahrgast und auch der zur Mitfahrt Genötigte (ebenso Sowada LK 18). Kein Führer oder Mitfahrer ist, wer sich außerhalb des Fahrzeugs befindet, es noch nicht bestiegen oder es verlassen hat (NJW 04, 786 mit Bespr Herzog JR 04, 258, 259, Krüger NZV 04, 161, 164, Sternberg-Lieben JZ 04, 633, 636 und Geppert JK 6; StV 04, 140; so auch schon Günther JZ 87, 369, 379).

3 **b) Besondere Verhältnisse des Straßenverkehrs** sind die aus der Teilnahme am fließenden Verkehr erwachsenden und ihm eigentümlichen Gefahren, die sich vor allem für den Fahrer aus der Beanspruchung durch die Lenkung und für alle Insassen aus der Erschwerung der Flucht oder Gegenwehr (vgl ua BGHSt 5, 280; 13, 27; 24, 173; NStZ 89, 476; NJW 01, 764 mit Bespr Geppert JK 5; Kopp JA 99, 943, 948; Sowada LK 21), daneben aber auch aus der Isolierung und Unerreichbarkeit fremder Hilfe ergeben (hM; vgl etwa Herzog 16; einschr Günther JZ 87, 369, 374; Roßmüller/Rohrer NZV 95, 253). – Das **Ausnutzen** sollte nach Rspr und überwiegender Lehre nicht nur während der Fahrt oder im verkehrsbedingt vorübergehend haltenden Fahrzeug (BGHSt 38, 196 mit Anm Keller JR 92, 515 ebenso bei einem kurzzeitigen Anhalten am abgelegenen Rande eines Tankstellengeländes auf Veranlassung der Täter, NJW 01, 764 mit abl Bespr Wolters JR 02, 163, zust aber Geppert JK 5 und bei kurzem Anhalten eines Taxis zum Kassieren, NStZ 03, 35 mit Bespr Beckemper JA 03, 541), sondern auch außerhalb des Fahrzeugs (zB auf einem Parkplatz, BGHSt 18, 170; W-Hillenkamp BT 2 Rdn 386; abl Mitsch BT 2,2 2/28 und Rengier BT I 12/10a), uU sogar nach Erreichen des Fahrtziels möglich sein (hM; anders Günther aaO S 375). Dies ist von Rspr jetzt aufgegeben worden (NJW 04, 786; vgl oben 2), so dass es auf die Frage, ob die Fahrt wegen Erreichen des Fahrtziels zunächst beendet oder nur unterbrochen war, nicht mehr ankommt (BGH aaO mit krit Bespr Krüger NZV 04, 161, 165). Dabei wird jedoch – jedenfalls nach der neueren Rspr – vorausgesetzt, dass die auf den Verhältnissen des fließenden Verkehrs beruhende Gefahrenlage noch fortwirkt, dh eine enge zeitlich-räumliche Beziehung zur Benutzung des Fahrzeugs als Verkehrsmittel besteht (BGHSt 19, 191; 24, 320; 33, 378; NStZ 89, 476; JR 97, 162 mit krit Anm Roßmüller; NStZ 96, 389; NStZ 96, 435 mit krit Anm Roßmüller NZV 97, 236; NStZ-RR 97, 356; Krey/Hellmann BT 2 Rdn 227; Sowada LK 26; krit Horn/Hoyer JZ 87, 965, 968); dazu genügt es, wenn zB der Fahrer eines motorisierten Zweirades durch einen Fußtritt gegen das Rad zum Anhalten (BGHSt 39, 249) oder der an einen verkehrsarmen Ort gelockte Fahrzeugführer zum Aussteigen gezwungen wird (NStZ 94, 340 mit krit Anm Hauf NStZ 96, 40; krit auch Sowada LK 39, zust aber W-Hillenkamp BT 2 Rdn 386); daran fehlt es aber schon bei nicht ganz unerheblicher Entfernung zwischen Haltepunkt des Fahrzeugs und Tatort (BGHSt 32, 114; 33, 378 mit Bespr Hentschel JR 86, 428 und Geppert NStZ 86, 552) sowie in Fällen, in denen der Angriff erst in zeitlichem Abstand zB nach Ankunft auf einem Parkplatz oder nach Erreichen des Fahrtziels, wodurch die Fahrt vorerst beendet ist, stattfindet (NStZ 96, 435; NStZ 00, 144; Rengier BT I 12/11); erst recht, wenn der Täter zu Fuß die auf der Straße stehende Fahrerin herantritt (NStZ-RR 02, 108). Die „Vereinzelung" des Fahrers oder die „Abgelegenheit des Überfallortes", ist keine spezifische Eigenschaft des Kraftfahrzeugverkehrs (NJW 04, 786 mit zust Bespr Krüger NZV 04,

161, 166 und Sternberg-Lieben JZ 04, 633, 634), so dass ein bei noch laufendem Motor geplanter Überfall jedenfalls nicht unter Ausnutzung der besonderen Verhältnisse des Straßenverkehrs erfolgt (BGH aaO). Ob zugleich die Gutgläubigkeit des Opfers ausgenutzt wird, ist unerheblich (NJW 71, 765; bei Holtz MDR 77, 638 und 96, 551; krit Horn SK 4a, der in einer Täuschung des arglosen Fahrzeugführers durch den mitfahrenden Täter keinen Angriff unter Ausnutzung der besonderen Verhältnisse des Straßenverkehrs sieht).

3. Das 6. StrRG hat die Ausgestaltung der Vorschrift als Unternehmensdelikt durch die Ersetzung des Wortes „unternimmt" durch „verübt" aufgegeben, weil die Mindeststrafe für die bisher erfassten Vorbereitungshandlungen der §§ 249, 250, 252 oder 255 unangemessen hoch erschien (BT-Dr 13/8587 S 51). Der Angriff (vgl 2) ist verübt, wenn er ausgeführt ist (Küper BT S 17; Schroth BT S 184; W-Hillenkamp BT 2 Rdn 383; Joecks 6; Sch/Sch-Cramer/Sternberg-Lieben 2; Sowada LK 12; ähnlich Stein aaO [vgl 1] Rdn 114), zB durch Aussprechen der Drohung (jedenfalls wenn sie unmittelbar zur Aushändigung eines Geldbetrages durch das Tatopfer geführt hat; NJW 01, 764 mit Bespr Baier JA 01, 452, Wolters JR 02, 163 und Geppert JK 5) oder durch Abgabe eines Schusses (Stein aaO); auf den Eintritt eines Angriffserfolges kommt es nicht an (Fischer Jura 00, 433, 439, der den untauglichen Versuch ausnimmt; Ingelfinger JR 00, 225, 231, der jedoch einschränkend eine objektiv gefährliche Opferberührung verlangt; ähnlich schon Stein aaO Rdn 115, der einen beendeten tauglichen Versuch verlangt). Das unmittelbare Ansetzen zum Verüben des Angriffs iS der Vorschrift ist in Anwendung von § 22 als Versuch einzustufen, von dem unter den Voraussetzungen des § 24 zurückgetreten werden kann; die bisherige Rücktrittsvorschrift des Abs 2 aF soll dadurch überflüssig geworden sein (BT-Dr aaO; krit Freund ZStW 109, 455, 482; Stein aaO Rdn 115 und Wolters JZ 98, 397, 400), doch endet die Möglichkeit, durch Rücktritt nach § 24 Straffreiheit zu erlangen, mit dem Verüben des Angriffs (Mitsch JA 99, 662, 665; krit zu diesem frühen Vollendungszeitpunkt W-Hillenkamp BT 2 Rdn 389; die eine analoge Anwendung der Vorschriften über tätige Reue erwägen; ebenso Ingelfinger JR 00, 225, 231; dagegen Fischer Jura 00, 433, 441 und Sowada LK 49, 50). Für die Abgrenzung zur bloßen Vorbereitung gelten die zu § 22 (dort 4–10) entwickelten Regeln (Günther JZ 87, 16, 23). Als versuchten Angriff haben Rspr und Lehre zu § 316a aF – zum Teil unter problematischer Ausdehnung des Versuchsbereichs (krit Günther aaO; Roßmüller/Rohrer NZV 95, 253, 257) – ua genügen lassen: das Vorhalten einer Pistole (VRS 21, 206), das Einsteigen des Täters (BGHSt 6, 82; MDR 57, 306), das Einsteigenlassen des Opfers (BGHSt 18, 170), den Beginn der Fahrt (BGHSt 33, 378 mit abl Bespr Geppert JK 2; NStZ 89, 476) und das Geben des verabredeten Zeichens an die vermeintlich auf dem Sprung stehenden Tatgenossen (bei Holtz MDR 77, 807); diese Fälle lassen sich nicht als unmittelbares Ansetzen zum Verüben des Angriffs erfassen, denn dafür müsste der Angriffszeitpunkt unmittelbar bevorstehen und Täter wie Opfer sich in unmittelbarer Nähe des vorgesehenen Angriffsortes befinden (so schon bisher Günther aaO S 28; für § 316a nF ebenso Wolters JR 02, 163, 166; W-Hillenkamp BT 2 Rdn 388; Sch/Sch-Cramer/Sternberg-Lieben 9 und Sowada LK 39). Versuch kann vorliegen, wenn der Täter den Führer des Kfz zum Anhalten am Tatort auffordert, um ihn dort – noch im Kfz – sogleich danach zu überfallen (NJW 04, 786, 787), auch wenn der Täter nach dem Einsteigen in den Pkw die Kindersicherung „aktiviert", um unmittelbar nach dem Anhalten am Tatort – noch im Pkw – den Angriff zu verüben (StV 04, 140, 141).

4. Der **Vorsatz** (bedingter genügt) ist auf das Verüben des Angriffs (vgl 4), nicht auf die spätere Ausführung der Raubtat zu beziehen (BGHSt 33, 378 mit krit Bespr Günther JZ 87, 16, 19). – Er muss mit der **Absicht** verbunden sein (NStZ 89, 119), als Täter (BGHSt 24, 284) eine der beschriebenen räuberischen Taten zu begehen.

§ 316b BT. 28. Abschnitt. Gemeingefährliche Straftaten

Dass der Täter mit der Möglichkeit rechnet, sein Ziel uU auch gewaltlos zu erreichen, schließt diesen Willen nicht notwendig aus (NJW 70, 1381; Sowada LK 44); jedoch genügt die Absicht gewaltloser Wegnahme, etwa durch Anwendung eines Tricks, für sich allein nicht (bei Martin DAR 74, 114); auch nicht die Absicht einzuschüchtern (NStZ 97, 236). Nach der Rspr kann der Tatentschluss auch erst während der Fahrt (BGHSt 15, 322; StV 85, 415; krit Günther JZ 87, 369, 373), die räuberische Absicht uU sogar erst während des (zunächst anderen Zwecken dienenden) Angriffs gefasst werden (BGHSt 25, 316 mit Anm Hübner JR 75, 201; NStZ 97, 236); jedoch wird es dann häufig an der erforderlichen Ausnutzung der besonderen Verhältnisse des Verkehrs (vgl 3) fehlen (BGHSt 37, 256 mwN); das gewaltsame Erzwingen einer Weiterfahrt in der Absicht, den geschuldeten Fahrpreis nicht vollständig zu bezahlen, reicht (NStZ-RR 02, 367).

6 **5.** Zu **Abs 2** (minder schwere Fälle) 7–10 a zu § 46.

7 **6. Abs 3** enthält einen erfolgsqualifizierten Tatbestand, der in seiner Struktur § 251 entspricht; die Ausführungen unter 1–4 zu § 251 sind deshalb sinngemäß anwendbar (ergänzend Stein aaO [vgl 1] Rdn 117 und Mitsch BT 2,2 2/45-56, jeweils mit Beispielen; Hardtung, Versuch und Rücktritt bei den Teilvorsatzdelikten des § 11 Abs. 2 StGB, 2002, S 158, sowie Sowada LK 53–55); zum möglichen Versuch diff Fischer Jura 00, 433, 441 und Hardtung aaO.

8 **7. Tateinheit** ua möglich mit §§ 211 ff, 223 ff (str), 315 b I Nr 2 (NJW 93, 2629, 2630) und mit der geplanten und vollendeten räuberischen Tat (BGHSt 14, 386, 391; NStZ 99, 350 mit zust Bespr Geppert JK 10 zu § 255; beachte dazu bei Holtz MDR 91, 104); deren Versuch wird jedoch konsumiert (BGHSt 25, 373; zw), wenn er nicht nach §§ 250 oder 251 qualifiziert ist (bei Holtz MDR 77, 808; anders für den § 251 – Versuch Sowada LK 57).

9 **8. Anzeigepflicht** § 138 I Nr 9.

§ 316 b Störung öffentlicher Betriebe

(1) **Wer den Betrieb**

1. **von Unternehmen oder Anlagen, die der öffentlichen Versorgung mit Postdienstleistungen oder dem öffentlichen Verkehr dienen,**
2. **einer der öffentlichen Versorgung mit Wasser, Licht, Wärme oder Kraft dienenden Anlage oder eines für die Versorgung der Bevölkerung lebenswichtigen Unternehmens oder**
3. **einer der öffentlichen Ordnung oder Sicherheit dienenden Einrichtung oder Anlage**

dadurch verhindert oder stört, daß er eine dem Betrieb dienende Sache zerstört, beschädigt, beseitigt, verändert oder unbrauchbar macht oder die für den Betrieb bestimmte elektrische Kraft entzieht, wird mit Freiheitsstrafe bis zu fünf Jahren oder mit Geldstrafe bestraft.

(2) **Der Versuch ist strafbar.**

(3) **In besonders schweren Fällen ist die Strafe Freiheitsstrafe von sechs Monaten bis zu zehn Jahren. Ein besonders schwerer Fall liegt in der Regel vor, wenn der Täter durch die Tat die Versorgung der Bevölkerung mit lebenswichtigen Gütern, insbesondere mit Wasser, Licht, Wärme oder Kraft, beeinträchtigt.**

Fassung: Anpassung von Abs 1 Nr 1 an das veränderte Telekommunikationsrecht durch das BegleitG (13 vor § 1).

1 **1. Die Vorschrift** (BT-Dr 13/8016 S 28; eingehend Bernstein, § 316b StGB – Störung öffentlicher Betriebe, 1989) schützt **lebenswichtige Betriebe gegen**

gewaltsame Eingriffe (ebenso König LK 3; beachte auch § 88); es handelt um ein abstraktes Gefährdungsdelikt (Herzog NK 1).

2. a) Nr 1: Unternehmen (15 zu § 11) und **Anlagen** (2 zu § 325) müssen der öffentlichen Versorgung mit Postdienstleistungen (nach Auflösung der einheitlichen Postverwaltung durch private Anbieter, BT-Dr aaO) oder dem öffentlichen Bahn- (auch Schwebebahn-), Schiffs-, Luft- oder Straßenverkehr dienen. Rein privaten Zwecken dienende Bahnbetriebe sind nicht erfasst, wohl aber Betriebe in privater Trägerschaft, die dem öffentlichen Verkehr dienen; privat genutzte Bahnbetriebe können im Einzelfall für die öffentliche Versorgung oder die öffentliche Ordnung von Bedeutung sein und deshalb unter die Nr 2, 3 fallen (BT-Dr aaO; aM Sch/Sch-Cramer/Sternberg-Lieben 2, 3).

b) Nr 2: Bei den **Energieversorgungsanlagen** kommt es auf öffentlich- oder privatrechtliche Struktur des betreibenden Unternehmens nicht an; auch die Größe der Anlage ist ohne Bedeutung, wenn nur ein nicht ganz unerheblicher Teil der Allgemeinheit versorgt wird (ebenso König LK 22). **Versorgungsunternehmen** müssen lebenswichtig sein, ihr Wegfall also die Versorgung der Bevölkerung mit lebensnotwendigen Gütern gefährden (zB Schlachthof einer Großstadt).

c) Nr 3: Einrichtungen sind Gesamtheiten (str) von Personen und Sachen oder nur von Sachen, die einem bestimmten Zweck – hier der Herstellung oder Aufrechterhaltung der öffentlichen Ordnung oder Sicherheit – zu dienen bestimmt sind (BGHSt 31, 1; König LK 6). Als Einrichtungen oder Anlagen kommen Feuermeldeanlagen usw, aber auch Einheiten der Polizei (einschl des Grenzschutzes) in Frage (BGH aaO; BGHSt 31, 185 mit Bespr Stree JuS 83, 836, 839); nicht aber technische Hilfsmittel wie zB eine Geschwindigkeitsmessanlage, deren sich ein öffentlicher Betrieb zur Erfüllung seiner Aufgaben bedient (Stuttgart NStZ 97, 342 mit Bespr Bernstein NZV 99, 316; Herzog NK 7; dem Ergebnis zust König LK 9; aM LG Ravensburg NStZ 97, 191).

3. Zu den **Tathandlungen** (Zerstören usw) 3–7 zu § 303; 2 zu § 87; speziell zum Unbrauchbarmachen durch Setzen auf Bahngleise AG Lüneburg NStZ 02, 598. Sie müssen als Tatmittel den Erfolg der Verhinderung oder Störung des Betriebs im ganzen (mit-)verursachen (zur zeitlichen Dimension einer Störung AG Lüneburg aaO und NdsRpfl 04, 49).

4. Der **Vorsatz** (bedingter genügt; Herzog NK 11) muss auch den Erfolg der Verhinderung oder Störung des Betriebs umfassen.

5. Zu **Abs 3** (besonders schwere Fälle) 7–21 zu § 46. – Das Regelbeispiel setzt eine deutliche Verschlechterung der Versorgungslage voraus, zB die Lahmlegung der Strom- oder Fernwärmeversorgung von Stadtteilen, Gemeinden oder Gemeindegebieten, aber auch von Krankenhäusern oder ähnlichen Einrichtungen (BT-Dr 11/2834 S 10; krit Kunert/Bernsmann NStZ 89, 449, 452 und Herzog NK 13).

6. § 316 b **verdrängt** § 304 und wird verdrängt von § 109 e (str). Tateinheit ua möglich mit §§ 88, 315, 315 b, 316 c.

§ 316 c Angriffe auf den Luft- und Seeverkehr

(1) **Mit Freiheitsstrafe nicht unter fünf Jahren wird bestraft, wer**
1. **Gewalt anwendet oder die Entschlußfreiheit einer Person angreift oder sonstige Machenschaften vornimmt, um dadurch die Herrschaft über**
   a) **ein im zivilen Luftverkehr eingesetzes und im Flug befindliches Luftfahrzeug oder**
   b) **ein im zivilen Seeverkehr eingesetztes Schiff**
   zu erlangen oder auf dessen Führung einzuwirken, oder

§ 316c BT. 28. Abschnitt. Gemeingefährliche Straftaten

2. um ein solches Luftfahrzeug oder Schiff oder dessen an Bord befindliche Ladung zu zerstören oder zu beschädigen, Schußwaffen gebraucht oder es unternimmt, eine Explosion oder einen Brand herbeizuführen.

Einem im Flug befindlichen Luftfahrzeug steht ein Luftfahrzeug gleich, das von Mitgliedern der Besatzung oder von Fluggästen bereits betreten ist oder dessen Beladung bereits begonnen hat oder das von Mitgliedern der Besatzung oder von Fluggästen noch nicht planmäßig verlassen ist oder dessen planmäßige Entladung noch nicht abgeschlossen ist.

(2) In minder schweren Fällen ist die Strafe Freiheitsstrafe von einem Jahr bis zu zehn Jahren.

(3) Verursacht der Täter durch die Tat wenigstens leichtfertig den Tod eines anderen Menschen, so ist die Strafe lebenslange Freiheitsstrafe oder Freiheitsstrafe nicht unter zehn Jahren.

(4) Wer zur Vorbereitung einer Straftat nach Absatz 1 Schußwaffen, Sprengstoffe oder sonst zur Herbeiführung einer Explosion oder eines Brandes bestimmte Stoffe oder Vorrichtungen herstellt, sich oder einem anderen verschafft, verwahrt oder einem anderen überläßt, wird mit Freiheitsstrafe von sechs Monaten bis zu fünf Jahren bestraft.

Fassung: Das 6. StrRG (13 vor § 1) hat Abs 2 neu eingefügt, den bisherigen Abs 2 im neuen Abs 3 technisch geändert, Abs 3 aF in Abs 4 umnummeriert und den bisherigen Abs 4 gestrichen (die dort geregelte tätige Reue ist jetzt in § 320 geregelt).

1   **1. a)** Die der Erfüllung internationaler Verpflichtungen (vgl 16) dienende Vorschrift schützt die **Sicherheit des zivilen Flug- und Seeverkehrs** (ebenso König LK 3; aM M-Schroeder/Maiwald BT 2 53/58), dabei vornehmlich **Leib und Leben** der an ihm teilnehmenden Personen (nach Horn SK 2 auch fremdes Eigentum; ebenso Herzog NK 5) und daneben auch die Sicherheit der Luft- und Seefracht (BT-Dr VI/2721 S 2; 11/4946 S 5). Sie bewirkt eine weite Vorverlegung des Strafschutzes in das Vorfeld (krit Maurach, Heinitz-FS, S 403, 408 und Lampe, Strafphilosophie, 1999, S 202). Die Tat ist **abstraktes Gefährdungsdelikt** (32 vor § 13).

2   **b)** Zum **Phänomen der Luftpiraterie** Meyer, Luftpiraterie, 1972 (zu den Möglichkeiten ihrer internationalen Bekämpfung Pötz ZStW 86, 489; Jescheck GA 81, 49, 65; s auch Schmidt-Räntsch JR 72, 146; Hailbronner NJW 73, 1636; Rebmann NJW 85, 1735). Zu den Gründen für die Einbeziehung auch des **Seeverkehrs** (vgl vor 1) BT-Dr 11/4946 S 5.

3   **2. a) Luftfahrzeug** § 1 II LuftVG. **Schiff** ist jedes nicht dauerhaft am Gewässerboden befestigte Wasserfahrzeug unabhängig von seiner Art und Größe (BT-Dr 11/4946 S 6); jedoch kommen wegen des erforderlichen Einsatzes im Seeverkehr nur seetüchtige Schiffe in Frage (zur Ausscheidung der Meeresplattformen BT-Dr aaO).

4   **b) Luftverkehr** § 1 I LuftVG. **Seeverkehr** ist nur die See-, nicht die Binnenschifffahrt (BT-Dr 11/4946 S 6). – **Ziviler** Verkehr bestimmt sich nach dem Einsatzzweck des Fahrzeugs, nicht dem Eigentum. Er umschließt neben dem Verkehr zur Beförderung von Menschen und Gütern auch den mit Privat- und Sportfahrzeugen sowie Überführungs-, Schau- und Werbeveranstaltungen (BT-Dr VI/2721 S 2). Luft- und Wasserfahrzeuge im Staatsdienst (namentlich von Militär, Zoll und Polizei) scheiden aus, soweit sie nicht ausnahmsweise im Zivilverkehr (BT-Dr aaO) oder sonst zu zivilen Zwecken (zB Fischereiforschungsschiffe, BT-Dr 11/4946 S 6) eingesetzt werden (BT-Dr aaO).

5   **3.** Der **Schutzbereich** ist auf das jeweils konkret eingesetzte Luft- oder Wasserfahrzeug beschränkt.

Angriffe auf den Luft- und Seeverkehr **§ 316c**

a) Das **Luftfahrzeug** muss sich **im Flug** (Abs. 1 S 1 Buchst a) oder in der mit ihm unmittelbar verbundenen **funktionalen Phase des Abs 1 S 2** befinden. – **Beladen und Entladen** betrifft nur Beförderungsgüter, auch das Passagiergepäck (BT-Dr VI/2721 S 3). Das Merkmal **planmäßig** soll verhindern, dass eine erzwungene Landung den Strafschutz beendet (BT-Dr aaO); ist das Flugzeug völlig verlassen und entleert, fehlt es aber an den Gleichstellungsvoraussetzungen des Abs 1 S 2 („noch nicht", Horn SK 5 mwN; str). Die kasuistische Begrenzung des Schutzzeitraums kann zu Zufallsergebnissen führen, die nicht zuungunsten des Täters korrigierbar sind (Analogieverbot; aM König LK 15).

b) Das **Schiff** muss lediglich im Seeverkehr **eingesetzt** sein (Abs 1 S 1 Buchst **6** b). Das Merkmal ist zur Vermeidung von Wertungswidersprüchen eng auszulegen. Nicht ganz auszuschließen sind zwar Fahrten auf Binnenschifffahrtsstraßen und Vorgänge des Ladens und Löschens im Hafen (BT-Dr 11/4946 S 6); sie müssen aber eine Seefahrt unmittelbar einleiten oder abschließen (ebenso König LK 18).

4. Die Flugzeug- oder Schiffsentführung nach Abs 1 Nr 1: **7**

a) Tathandlungen: Gewalt (5–11 zu § 240; einschr auf vis absoluta Herzog NK 16) gegen (irgend-)eine Person oder Sache, uU auch außerhalb des Luft- oder Wasserfahrzeugs (zB den Einwinker auf dem Rollfeld), genügt. Der **Angriff** (die unmittelbar feindselige Einwirkung) **auf die Entschlussfreiheit** (irgend-)einer Person kann sich vor allem gegen Besatzungsmitglieder und Passagiere, aber zB auch gegen das Flugsicherungspersonal oder den Schiffslotsen richten. Das konturlose Merkmal **Vornahme sonstiger Machenschaften**, das lediglich ein methodisch berechnetes Gesamtverhalten bezeichnet (BT-Dr VI/2721 S 3; krit Maurach aaO [vgl 1] S 410), will namentlich Einwirkungen mit technischen, elektronischen oder anderen Mitteln auf die Funk- oder Navigationsgeräte des Luft- oder Wasserfahrzeugs erfassen (BT-Dr aaO); jedoch gehören auch auf Täuschung berechnete Handlungen, aber wohl nicht bloße Überredung oder Bestechung des Flugzeugführers (M-Schroeder/Maiwald BT 2 53/54; Sch/Sch-Cramer/Sternberg-Lieben 16; aM Kunath JZ 72, 199, 201; zw) oder Kapitäns hierher (aM Herzog NK 18).

b) Der **innere Tatbestand** erfordert neben dem Vorsatz die **Absicht** im Sinne **8** zielgerichteten Wollens („um zu", 20 zu § 15), die Herrschaft über das Fahrzeug (dh eigene Führung oder tatsächliche Gewalt über Besatzung und Passagiere) zu erlangen oder auf dessen Führung einzuwirken; mit diesen sich weit überschneidenden Begriffen soll namentlich das Vorhaben erfasst werden, das Fahrzeug auf ein anderes Ziel umzuleiten, ebenso aber auch, seine Landung auf einem bestimmten Flugplatz (BT-Dr VI/2721 S 3) oder in einem bestimmten Hafen zu verhindern. – Mit der Tathandlung in dieser Absicht ist die Tat vollendet; auf den Eintritt irgendeines Erfolgs kommt es nicht an.

c) Flugzeugentführungen zur Erzwingung der Flucht aus Staaten ohne Freizügigkeit sind idR weder nach § 34 **gerechtfertigt,** noch nach § 35 **entschuldigt 9** (Weber, Festgabe für U v Lübtow, 1980, S 751).

5. Die Flugzeug- oder Schiffssabotage nach Abs 1 Nr 2. 10

a) Zu den **Tathandlungen:**
aa) Erforderlich ist bestimmungsmäßiges **Gebrauchen** einer einsatzbereiten **Schusswaffe** (3 zu § 244), nicht der bloßen Attrappe einer solchen Waffe. Auch unmittelbares Bedrohen mit der Waffe gehört dazu (NJW 72, 731 zu § 250 aF; aM Maurach, Heinitz-FS, S 403, 411; König LK 41; zw).
bb) **Unternehmen** 19 zu § 11. **Explosion** 2 zu § 311. **Brand** 5 zu § 306.

b) Die neben dem **Vorsatz** erforderliche **Absicht** ist zielgerichtetes Wollen **11** (vgl 8) der Zerstörung oder Beschädigung (3–7 zu § 303) des Fahrzeugs oder der Ladung; ob der Erfolg erreicht wird, ist unerheblich.

§ 317 BT. 28. Abschnitt. Gemeingefährliche Straftaten

12 6. Zu Abs 2 (minder schwere Fälle) 7–10 a zu § 46; 4 zu § 12. – Die **Erfolgsqualifikation des Abs 3** entspricht ihrer Struktur nach dem Raub mit Todesfolge (1–4 zu § 251); als taugliche Opfer scheiden Tatbeteiligte aus (Herzog NK 31; Sch/Sch-Cramer/Sternberg-Lieben 30; aM Horn SK 26; König LK 47, alle mwN); zu den Anknüpfungspunkten der Todesfolge („durch die Tat") näher Hardtung, Versuch und Rücktritt bei den Teilvorsatzdelikten des § 11 Abs 2 StGB, 2002, S 159.

13 7. **Abs 4** ist in der Beschreibung der Vorbereitungshandlungen eng an § 310 (dort 2, 3) angelehnt. Die zur Herbeiführung einer Explosion oder eines Brandes „bestimmten" Gegenstände müssen auch ihrer Art nach für diesen Zweck spezifisch geeignet sein.

14 8. **Tateinheit** ua möglich mit §§ 211, 212, 223 ff, 239, 239 b, 240, 303, 306–308, 310 (im Verhältnis zu Abs 4; zw), 315 (zw).

15 9. Für den **räumlicher Geltungsbereich** gilt der Weltrechtsgrundsatz (§ 6 Nr 3). Grundlage sind für den **Luftverkehr** das Haager Übereinkommen v 16. 12. 1970 zur Bekämpfung der widerrechtlichen Inbesitznahme von Luftfahrzeugen (BGBl 1972 II 1505) und das Übereinkommen zur Bekämpfung widerrechtlicher Handlungen gegen die Sicherheit der Zivilluftfahrt v 23. 8. 1971 (BGBl 1977 II 1229) sowie für den **Seeverkehr** das Übereinkommen zur Bekämpfung widerrechtlicher Handlungen gegen die Sicherheit der Seeschifffahrt v 10. 3. 1988 (BGBl 1990 II 493).

16 10. Tätige Reue § 320. Führungsaufsicht § 321. Einziehung § 322. Anzeigepflicht § 138 I Nr 9.

§ 317 Störung von Telekommunikationsanlagen

(1) **Wer den Betrieb einer öffentlichen Zwecken dienenden Telekommunikationsanlage dadurch verhindert oder gefährdet, daß er eine dem Betrieb dienende Sache zerstört, beschädigt, beseitigt, verändert oder unbrauchbar macht oder die für den Betrieb bestimmte elektrische Kraft entzieht, wird mit Freiheitsstrafe bis zu fünf Jahren oder mit Geldstrafe bestraft.**

(2) **Der Versuch ist strafbar.**

(3) **Wer die Tat fahrlässig begeht, wird mit Freiheitsstrafe bis zu einem Jahr oder mit Geldstrafe bestraft.**

Fassung: Anpassung von Überschrift und Abs 1 an das veränderte Telekommunikationsrecht durch das BegleitG (13 vor § 1).

1 1. Die Vorschrift schützt die **Funktionsfähigkeit des öffentlichen Telekommunikationsverkehrs** (ebenso Herzog NK 1).

2 2. **Telekommunikationsanlagen** bringt die technische Vielfalt an Übermittlungsmöglichkeiten besser als der bisher verwendete Begriff Fernmeldeanlage zum Ausdruck (BT-Dr 13/8016 S 28). Hierher gehören die Einrichtungen des Fernmeldewesens (auch Hörfunk und Fernsehen einschl des Breitbandkabelnetzes [Wolff LK 2]), namentlich das öffentliche Telekommunikationsnetz einschl der von der Post angebotenen Telekommunikationsdienste. Nach § 3 Nr 17 TKG sind Telekommunikationsanlagen technische Einrichtungen oder Systeme, die als Nachrichten identifizierbare elektromagnetische oder optische Signale senden, übertragen, vermitteln, empfangen, steuern oder kontrollieren können. Die Anlage muss öffentlichen Zwecken dienen, dh ganz oder teilweise im Interesse der Allgemeinheit betrieben werden. Das ist zB beim privaten Rundfunk- oder Fernsehgerät nicht der Fall, wohl aber beim privaten Telefonanschluss, und zwar unge-

Beschädigung wichtiger Anlagen § 318

achtet der durch das PostStruktG veränderten Gesetzeslage (BGHSt 39, 288 mit krit Bespr Hahn NStZ 94, 190 und CR 94, 640; Helgerth JR 94, 122; Schmittmann NStZ 94, 587 und CR 95, 548 sowie Statz ArchPT 94, 67; Herzog NK 4; Wolff LK 3; aM Sch/Sch-Cramer/Sternberg-Lieben 4; zweifelnd Tröndle/Fischer 2a; zw).

3. Zu den **Tathandlungen** 5 zu § 316b. Jedoch genügt hier als Handlungserfolg die **Gefährdung** des Betriebs einer Telekommunikationsanlage, dh die Verursachung eines Zustandes der funktionsfähigen Anlage, der nach den Umständen den Eintritt einer Funktionsstörung wahrscheinlich macht (Düsseldorf MDR 84, 1040); ein Eingriff in deren Substanz ist dazu nicht unbedingt erforderlich (Tröndle/Fischer 3; aM Hamm VRS 36, 51, 53). Der Tatbestand des § 317 ist durch die Zerstörung eines privaten Telefonanschlusses jedenfalls dann erfüllt, wenn diese gegen den Willen der Betreibergesellschaft und des Anschlussinhabers erfolgt (BGH aaO [vgl 2]; Joecks 2; krit zu dieser Bedingung Helgerth und Schmittmann jeweils aaO [vgl 2], nur unter dieser Bedingung zust Horn SK 5). Das sog „Spamming" (4 zu § 265a) erfüllt den Tatbestand, wenn der Datenfluss wegen der Überlastung der Datenleitungen eines Servers zusammenbricht (Frank, Zur strafrechtlichen Bewältigung des Spamming, 2004, S 150). 3

4. Der **Vorsatz** (bedingter genügt) muss auch die Verhinderung oder Gefährdung des Betriebs umfassen (zum Gefährdungsvorsatz 28 zu § 15). 4

5. Fahrlässigkeit 35 zu § 15. Zur Voraussehbarkeit von Beschädigung oder Betriebsgefährdung, wenn ein Kraftfahrer fahrlässig von der Fahrbahn abkommt und einen Telegraphenmast beschädigt, BGHSt 15, 110; Bay VRS 43, 113. 5

6. Tateinheit des Abs 3 ist möglich mit §§ 303, 304; Abs 1, 2 verdrängen § 304 (Sch/Sch-Cramer/Sternberg-Lieben 8). 6

§ 318 Beschädigung wichtiger Anlagen

(1) **Wer Wasserleitungen, Schleusen, Wehre, Deiche, Dämme oder andere Wasserbauten oder Brücken, Fähren, Wege oder Schutzwehre oder dem Bergwerksbetrieb dienende Vorrichtungen zur Wasserhaltung, zur Wetterführung oder zum Ein- und Ausfahren der Beschäftigten beschädigt oder zerstört und dadurch Leib oder Leben eines anderen Menschen gefährdet, wird mit Freiheitsstrafe von drei Monaten bis zu fünf Jahren bestraft.**

(2) **Der Versuch ist strafbar.**

(3) **Verursacht der Täter durch die Tat eine schwere Gesundheitsschädigung eines anderen Menschen oder eine Gesundheitsschädigung einer großen Zahl von Menschen, so ist auf Freiheitsstrafe von einem Jahr bis zu zehn Jahren zu erkennen.**

(4) **Verursacht der Täter durch die Tat den Tod eines anderen Menschen, so ist die Strafe Freiheitsstrafe nicht unter drei Jahren.**

(5) **In minder schweren Fällen des Absatzes 3 ist auf Freiheitsstrafe von sechs Monaten bis zu fünf Jahren, in minder schweren Fällen des Absatzes 4 auf Freiheitsstrafe von einem Jahr bis zu zehn Jahren zu erkennen.**

(6) **Wer in den Fällen des Absatzes 1**
1. **die Gefahr fahrlässig verursacht oder**
2. **fahrlässig handelt und die Gefahr fahrlässig verursacht,**
wird mit Freiheitsstrafe bis zu drei Jahren oder mit Geldstrafe bestraft.

Fassung des 6. StrRG (13 vor § 1).

§ 319 BT. 28. Abschnitt. Gemeingefährliche Straftaten

1 1. Die Vorschrift **schützt** Leib und Leben der von der Beschädigung wichtiger Anlagen betroffenen Menschen (Horn SK 2), aber auch die Anlagen (Wolff LK 1). Die Gegenstände des Abs 1 sind **ohne Rücksicht auf das Eigentum** geschützt (Sch/Sch-Cramer/Sternberg-Lieben 1). Auch die Hauswasserleitung wird erfasst (einschr Wolff LK 2; aM Sch/Sch-Cramer/Sternberg-Lieben 2).

2 2. **Zerstören, Beschädigen** 3–7 zu § 303. Hinzu kommen muss eine dadurch verursachte konkrete **Gefahr für Leben oder Gesundheit** (21–23 zu § 315c), sei es auch nur eines Menschen (RGSt 74, 13). Eine Sachgefahr reicht nicht.

3 3. Der **Vorsatz** (bedingter genügt) muss auch die Gefahr umfassen (zum Gefährdungsvorsatz 28 zu § 15). Fahrlässige Begehung (Abs 6) 29, 30 zu § 315c.

4 4. Zu den **Erfolgsqualifikationen** der **Abs 3, 4** vgl 3–6, 8 zu § 18; „durch die Tat" meint auch den Gefährdungserfolg (oben 2; näher Hardtung, Versuch und Rücktritt bei den Teilvorsatzdelikten des § 11 Abs 2 StGB, 2002, S 75). Schwere Gesundheitsschädigung 3 zu § 250; große Zahl von Menschen 6 zu § 330; Tod 4 vor § 211.

5 5. Zu **Abs 5** (minder schwere Fälle) 7–10a zu § 46; 4 zu § 12.

6 6. Tätige Reue § 320.

§ 319 Baugefährdung

(1) **Wer bei der Planung, Leitung oder Ausführung eines Baues oder des Abbruchs eines Bauwerks gegen die allgemein anerkannten Regeln der Technik verstößt und dadurch Leib oder Leben eines anderen Menschen gefährdet, wird mit Freiheitsstrafe bis zu fünf Jahren oder mit Geldstrafe bestraft.**

(2) **Ebenso wird bestraft, wer in Ausübung eines Berufs oder Gewerbes bei der Planung, Leitung oder Ausführung eines Vorhabens, technische Einrichtungen in ein Bauwerk einzubauen oder eingebaute Einrichtungen dieser Art zu ändern, gegen die allgemein anerkannten Regeln der Technik verstößt und dadurch Leib oder Leben eines anderen Menschen gefährdet.**

(3) **Wer die Gefahr fahrlässig verursacht, wird mit Freiheitsstrafe bis zu drei Jahren oder mit Geldstrafe bestraft.**

(4) **Wer in den Fällen der Absätze 1 und 2 fahrlässig handelt und die Gefahr fahrlässig verursacht, wird mit Freiheitsstrafe bis zu zwei Jahren oder mit Geldstrafe bestraft.**

Fassung: Das 6. StrRG (13 vor § 1) hat die Vorschrift umnumeriert und Abs 5 aufgehoben.

1 1. Geschützt sind **Leben und Gesundheit von Menschen**, nicht nur der Bewohner und Passanten, sondern auch der Bauarbeiter; lediglich die Tatbeteiligten scheiden aus (BT-Dr 7/550 S 268; Wolff LK 15; aM Horn SK 9 vor § 306). Die Tat ist **konkretes Gefährdungsdelikt** (Landau wistra 99, 47; 32 vor § 13). Eingehend Gallas, Die strafrechtliche Verantwortlichkeit der am Bau Beteiligten, 1964; Velten, Die Baugefährdung, 1965; Schünemann ZfBR 80, 4, 113, 159 und (zusf) LdR S 79.

2 2. a) **Regeln der Technik** sind Maßstäbe, die sich als Ergebnis einer auf Erfahrung und Überlegung beruhenden Voraussicht möglicher Gefahren für die Planung, Berechnung und Ausführung von Bauten (Abs 1) oder von technischen Einrichtungen (Abs 2) entwickelt haben (krit Schünemann, Lackner-FS, S 367). Solche Gefahren können sowohl von dem Bau- (oder Arbeits-)vorgang als sol-

Baugefährdung **§ 319**

chem wie auch von dem Bauwerk (oder der technischen Einrichtung) ausgehen (daher zB auch Regeln über Statik, Feuersicherheit und Hygiene).

b) Allgemein anerkannte Regeln sind nur solche, die sich bewährt haben 3 und nach der Durchschnittsauffassung der Praxis (Koblenz GA 74, 87; Landau aaO [vgl 1] S 48) in der Überzeugung befolgt werden, dass sie für gefahrloses Bauen notwendig sind (hM; Bottke ZfBR 91, 233, 236; Joecks 2; anders Schünemann, Lackner-FS, S 367, 375). Verfassungsrechtliche Bedenken gegen diese als „dynamische Verweisung" mißverstehbare Begriffsbestimmung sind zwar nicht fern liegend, aber doch nicht hinreichend begründet (Tiedemann Jura 82, 371, 377; Landau aaO; aM Schünemann aaO und ZfBR 80, 159, der die „allgemein anerkannten Regeln" zur Erzielung eines verfassungskonformen Ergebnisses als unbestimmten Rechtsbegriff versteht, mit dem lediglich die Beachtung der im Verkehr erforderlichen Sorgfalt postuliert werde und der deshalb den Richter nicht an den Inhalt der Regeln binde). – Unfallverhütungsvorschriften der Berufsgenossenschaften und baupolizeiliche Vorschriften sind nur idR, aber nicht notwendig allgemein anerkannt (RGSt 56, 343, 346; aM BT-Dr 7/550 S 267; Koblenz aaO). Als Verstoß kommt auch pflichtwidriges, seiner Struktur nach unechtes (Schünemann ZfBR 80, 113, 114; Bottke aaO S 236; aM Landau aaO, alle mwN; str) Unterlassen in Frage (Celle NdsRpfl 86, 133; 4–15 zu § 13).

3. a) In **Abs 1** ist **Bau** weit auszulegen. Der Begriff umfasst jede bauhand- 4 werkliche Tätigkeit im Hoch-, Tief-, Wasser-, Straßen- und Bergbau, soweit sich für sie wegen der damit verbundenen Gefahren Regeln der Technik entwickelt haben, also etwa auch Ausbesserung von Gebäuden, Ausheben von Baugruben, Aufstellen von Baugerüsten und Einsatz von Baumaschinen (BT-Dr 7/550 S 267).

b) Täter kann nur sein, wer bei der Planung, Leitung oder Ausführung des 5 Baues **unmittelbar** mitwirkt (hM; vgl Schünemann ZfBR 80, 4, 6; Bottke aaO [vgl 3] S 235 und Landau aaO [vgl 1], alle mwN). – Die **Planung** betrifft namentlich die Fertigung der Baupläne durch den Architekten und die statischen Berechnungen durch den Statiker, nicht ihre Überprüfung durch die Bauaufsichtsbehörde; der Bauherr scheidet als Täter idR aus, weil die technische Planung nur ganz ausnahmsweise zu seinem Verantwortungsbereich gehört. – Die **Leitung** eines Baues hat, wer nach der tatsächlichen Lage die maßgeblichen Anordnungen über die Gesamtausführung – sei es auch nur im Rahmen eines sukzessiven Bauabschnitts – trifft oder zu treffen hat und damit die technischen Regeln unmittelbar anwendet (Bay NJW 59, 900). Das ist meist der Bauunternehmer (NJW 65, 1340; Karlsruhe NJW 77, 1930; beachte jedoch Hamm GA 66, 250), nach hM nicht der als „verantwortlicher" Bauleiter im Sinne des Landesbaurechts lediglich überwachende Architekt (BGH aaO mwN; aM Schünemann aaO S 8; s auch BGHSt 19, 286; Stuttgart NJW 84, 2897 mit abl Anm Henke NStZ 85, 124; zw) oder der sonst kontrollierende Beauftragte des Bauherrn (Hamm NJW 69, 2211; Celle NdsRpfl 86, 133). Maßgebend sind immer Art und Umfang der tatsächlich ausgeübten Tätigkeit; wer sich in Urlaub befindet, ist daher regelmäßig nicht Bauleiter (Karlsruhe Justiz 70, 52). – **Ausführung** ist jede maßgebliche Mitwirkung unmittelbar am Bau (zB auch als aufsichtsführender Polier, Koblenz GA 74, 87); auch bloße Hilfstätigkeiten, wie Aufstellen von Gerüsten (RGSt 39, 417), Leitern oder Warnschildern, kommen in Frage (Koblenz aaO), jedoch nicht die bloße Lieferung von Baumaterialien (hM; Bottke aaO [vgl 3] S 236). – Bei **arbeitsteiligem Handeln** hängt es von den jeweiligen Verantwortungsbereichen ab, namentlich auch von den Grenzen der Übertragbarkeit von Sicherungspflichten und den damit zusammenhängenden Kontroll-, Aufsichts- und Auswahlpflichten, wer bei Planung, Leitung oder Ausführung gegen die Bauregel verstoßen hat (dazu im einzelnen Schünemann ZfBR 80, 113, 115 mwN; s auch Celle aaO; 40 zu § 15).

§ 320 BT. 28. Abschnitt. Gemeingefährliche Straftaten

6 **4. Abs 2** betrifft namentlich den Einbau von Maschinen, Heizanlagen, Gasrohren oder elektrischen Anlagen (BT-Dr 7/550 S 268; weiter Herzog NK 9). Die Beschränkung des Täterkreises (Berufs- oder Gewerbeausübung) soll vor allem den Eigentümer oder Mieter ausscheiden, der häufig solche Anlagen selbst einbaut (BT-Dr aaO); dessen strafrechtliche Haftung bestimmt sich, soweit keine Spezialvorschriften eingreifen, nach §§ 222, 229 (Bottke aaO [vgl 3] S 236; Joecks 3; Kindhäuser 7).

7 **5.** Für die **Gefährdung** (namentlich den Gefahrbegriff; krit zu seiner Verwendung in § 323 aF, jetzt § 319, Schünemann ZfBR 80, 159, 164) und die Abstufung der Strafdrohungen (Abs 1–4) gelten die Ausführungen unter 20–31 zu § 315c sinngemäß. Die Herbeiführung einer bloßen Sachgefahr genügt jedoch nicht. Zur Fahrlässigkeit (Abs 4) Duttge, Zur Bestimmtheit des Handlungsunwerts von Fahrlässigkeitsdelikten, 2001, S 343.

8 **6. Tateinheit** ua möglich mit §§ 222, 229; jedoch kann ein fahrlässiges Verletzungsdelikt auch vorliegen, wenn die verletzte Regel nicht allgemein anerkannt war (Landau aaO [vgl 1] S 49).

9 **7.** Tätige Reue § 320.

§ 320 Tätige Reue

(1) **Das Gericht kann die Strafe in den Fällen des § 316c Abs. 1 nach seinem Ermessen mildern (§ 49 Abs. 2), wenn der Täter freiwillig die weitere Ausführung der Tat aufgibt oder sonst den Erfolg abwendet.**

(2) **Das Gericht kann die in den folgenden Vorschriften angedrohte Strafe nach seinem Ermessen mildern (§ 49 Abs. 2) oder von Strafe nach diesen Vorschriften absehen, wenn der Täter in den Fällen**
1. **des § 315 Abs. 1, 3 Nr. 1 oder Abs. 5,**
2. **des § 315b Abs. 1, 3 oder 4, Abs. 3 in Verbindung mit § 315 Abs. 3 Nr. 1,**
3. **des § 318 Abs. 1 oder 6 Nr. 1,**
4. **des § 319 Abs. 1 bis 3**

freiwillig die Gefahr abwendet, bevor ein erheblicher Schaden entsteht.

(3) Nach den folgenden Vorschriften wird nicht bestraft, wer
1. in den Fällen des
    a) § 315 Abs. 6,
    b) § 315b Abs. 5,
    c) § 318 Abs. 6 Nr. 2,
    d) § 319 Abs. 4
   freiwillig die Gefahr abwendet, bevor ein erheblicher Schaden entsteht, oder
2. in den Fällen des § 316c Abs. 4 freiwillig die weitere Ausführung der Tat aufgibt oder sonst die Gefahr abwendet.

(4) **Wird ohne Zutun des Täters die Gefahr oder der Erfolg abgewendet, so genügt sein freiwilliges und ernsthaftes Bemühen, dieses Ziel zu erreichen.**

Fassung des 6. StRG (13 vor § 1).

1 **1.** Allgemein zur tätigen Reue 29 zu § 24.

2 **2.** Die Vorschrift hat die bisher in den §§ 315–323 aF verstreuten Regelungen über tätige Reue weitgehend nur zusammengefasst. Neu ist die tätige Reue für § 318 eingeführt worden (Abs 2 Nr 3 und Abs 3 Nr 1 c).

Vollrausch **§§ 321–323a**

§ 321 Führungsaufsicht

In den Fällen der §§ 306 bis 306c und 307 Abs. 1 bis 3, des § 308 Abs. 1 bis 3, des § 309 Abs. 1 bis 4, des § 310 Abs. 1 und des § 316c Abs. 1 Nr. 2 kann das Gericht Führungsaufsicht anordnen (§ 68 Abs. 1).

Fassung des 6. StrRG (13 vor § 1).

§ 322 Einziehung

Ist eine Straftat nach den §§ 306 bis 306c, 307 bis 314 oder 316c begangen worden, so können

1. Gegenstände, die durch die Tat hervorgebracht oder zu ihrer Begehung oder Vorbereitung gebraucht worden oder bestimmt gewesen sind, und

2. Gegenstände, auf die sich eine Straftat nach den §§ 310 bis 312, 314 oder 316c bezieht,

eingezogen werden.

Fassung des 6. StrRG (13 vor § 1).

1. § 322 ist eine besondere Vorschrift iS des § 74 IV, welche die Einziehung über § 74 I hinaus zulässt. Die Voraussetzungen des § 74 II, III müssen daher erfüllt sein. § 74a ist nicht anwendbar.

2. Im Übrigen vgl §§ 74–74c, 74e–76a.

§ 323 *(weggefallen)*

§ 323a Vollrausch

(1) **Wer sich vorsätzlich oder fahrlässig durch alkoholische Getränke oder andere berauschende Mittel in einen Rausch versetzt, wird mit Freiheitsstrafe bis zu fünf Jahren oder mit Geldstrafe bestraft, wenn er in diesem Zustand eine rechtswidrige Tat begeht und ihretwegen nicht bestraft werden kann, weil er infolge des Rausches schuldunfähig war oder weil dies nicht auszuschließen ist.**

(2) **Die Strafe darf nicht schwerer sein als die Strafe, die für die im Rausch begangene Tat angedroht ist.**

(3) **Die Tat wird nur auf Antrag, mit Ermächtigung oder auf Strafverlangen verfolgt, wenn die Rauschtat nur auf Antrag, mit Ermächtigung oder auf Strafverlangen verfolgt werden könnte.**

1. Der Vollrausch ist ein **abstraktes Gefährdungsdelikt** (32 vor § 13; str) Der Tatbestand soll der generellen Gefährlichkeit entgegenwirken, die für alle strafrechtlich relevanten Rechtsgüter mit jedem die Schuldfähigkeit ausschließenden Rausch erwächst (BGHSt 16, 124; str). Gegenstand des Schuldvorwurfs ist daher allein das vorsätzliche oder fahrlässige Herbeiführen eines solchen – nach der Bewertung des Gesetzes stets abstrakt gefährlichen – Zustandes (Puppe GA 74, 98 und LdR S 1181; Dencker JZ 84, 453; Lackner, Jescheck-FS, S 645; Kusch, Der Vollrausch, 1984, S 24 und NStZ 94, 131; s auch Renzikowski ZStW 112, 475, 509). Demgegenüber wird in Teilen des Schrifttums eine mehr oder minder konkrete Gemeingefährlichkeit des Rauschs oder eine unterschiedlich definierte Beziehung zwischen Rausch und Rauschtat vorausgesetzt (vgl zB Cramer, Der Vollrauschtatbestand als abstraktes Gefährdungsdelikt, 1962; Hirsch ZStW Beiheft 81, 1, 11; Wolter NStZ 82, 54; Ranft JA 83, 193, 239; Paeffgen ZStW 97, 513; Otto Jura 86, 478; Miseré, Die Grundprobleme der Delikte mit strafbegründender

§ 323a

schwerer Folge, 1997, S 112; Geisler, Zur Vereinbarkeit objektiver Bedingungen der Strafbarkeit mit dem Schuldprinzip, 1998, S 363, 388 und in: GA 00, 166; Dölling in: Kiesel [Hrsg], Rausch, 1999, S 149, 174; Küpper BT 1 II 5/62; Joecks 21; Sch/Sch-Cramer/Sternberg-Lieben 1; Spendel LK 60–70, alle mwN; s auch 14). Vereinzelt wird auch die Annahme eines Gefährdungsdelikts überhaupt verworfen und der Tatbestand entgegen seinem Wortlaut als bloße Ausnahmeregel zu den §§ 20, 21 interpretiert (Streng JZ 84, 114, ZStW 101, 273, 317, JR 93, 35 und MK 153 zu § 20; Neumann, Zurechnung und „Vorverschulden", 1985, S 125, beide mwN). Ebenso wie § 330a aF verstößt er nicht gegen das Schuldprinzip (BGHSt 16, 124; Lackner JuS 68, 215; Montenbruck GA 78, 225; Streng aaO; aM Arthur Kaufmann JZ 63, 425; diff Wolter aaO, der ohne Grundlage im Gesetz den Tatbestand aufspaltet und bei Fehlen einer Schuldbeziehung zwischen Rausch und Rauschtat einen Minimalstrafrahmen postuliert; ähnlich Paeffgen NK 14–17). Einzuräumen bleibt allerdings, dass sich keine der möglichen Deutungen widerspruchsfrei in den allgemeinen dogmatischen Systemzusammenhang einfügt. – Zur Reform vgl den Gesetzentwurf des Landes Berlin (BR-Dr 123/97), der eine Strafschärfung bei besonders schweren Rauschtaten vorsieht; krit Sick/Renzikowski ZRP 97, 484, die für eine Streichung der Vorschrift und eine gesetzliche Regelung der actio libera in causa (25 zu § 20) plädieren; weitere Entwürfe des BRates (BT-Dr 14/759) und der Fraktion CDU/CSU (BT-Dr 14/545) lagen vor, sind aber vom BT-Rechtsausschuss abgelehnt worden (BT-Dr 14/9148); krit zum Ansatz bei § 323a Hettinger, in: Schnarr/Henning/Hettinger, Alkohol als Strafmilderungsgrund, Vollrausch, Actio libera in causa, 2001, S 190, 286; s auch Freund/Renzikowski ZRP 99, 497; Renzikowski ZStW 112, 475, 477; Dölling aaO S 180; Paeffgen, in: Egg/Geisler (Hrsg), Alkohol, Strafrecht und Kriminalität, 2000, S 49, 65 und Henning, in: Schnarr ua aaO S 101, 163.

2 **2. Tathandlung** ist das Sichversetzen in einen Rausch durch alkoholische Getränke oder andere berauschende Mittel (5 zu § 315c); ob mit dem Mittel auch subjektiv die Herbeiführung eines Rauschs oder einer anderen lustbetonten Empfindung bezweckt wird, ist unerheblich (Bay NJW 90, 2334; Riemenschneider MedR 98, 17, 18, beide mwN; str)

3 **a) Rausch** ist ein Zustand der Enthemmung, der sich in dem für das jeweilige Rauschmittel typischen, die psychischen Fähigkeiten durch Intoxikation beeinträchtigenden Erscheinungsbild widerspiegelt (hM; vgl etwa BGHSt 32, 48, 53; NStE 11; Bay NJW 90, 2334; Kindhäuser BT I 71/9; Küper BT S 236; anders Schewe BA 76, 87 und ZStW Beiheft 81, 39, 60 sowie Gerchow, Sarstedt-FS, S 1, die den Begriff des Rauschs nicht für abgrenzbar halten und deshalb jede Intoxikation durch pharmakologische Mittel ausreichen lassen; anders auch Kusch aaO [vgl 1] S 48, der den Rausch als eine die Psyche verändernde schwere Bewusstseinsstörung definiert; s auch Spendel LK 112–125; zw). Darüber hinaus werden wohl auch solche Zustände erfasst, die nach medizinischer Erfahrung als abnorme Reaktionen auf ein Rauschmittel vorkommen. Stets muss der Zustand aber als Folge der Anwendung gerade von Rauschmitteln zu erwarten sein (hM; vgl etwa BGHSt 26, 363; Karlsruhe NJW 79, 611 mwN). Deren bloß ursächliche Mitwirkung bei der Auslösung eines andersartigen biologischen Defekts genügt daher nicht (str), wohl aber, wenn der Rausch auf einer Kombinationswirkung mit anderen rauschfördernden Ursachen beruht (einschr und näher konkretisierend Forster/Rengier NJW 86, 2869). Daraus folgt, dass es für den äußeren Tatbestand (zu Vorsatz und Fahrlässigkeit vgl 13) idR unerheblich ist, ob neben dem Rauschmittel (KG NJW 72, 1529) noch andere Umstände, zB Erregung (NJW 67, 298 und 79, 1370) oder Einnahme von Medikamenten (Hamm BA 79, 460; s auch Oldenburg BA 85, 254), mitgewirkt haben (BGHSt 22, 8, 11; 26, 363; str); deshalb werden auch der pathologische Rausch infolge Alkoholüberempfindlichkeit

Vollrausch **§ 323a**

(BGHSt 1, 196; 40, 198 mit zust Bespr Blau JR 95, 117 und Otto JK 6) und der epileptoide Rausch nach Alkoholgenuss (BGHSt 4, 73) erfasst. Konsum des Rauschmittels im Übermaß ist nicht erforderlich (hM; anders Puppe GA 74, 98, 108 und Jura 82, 281, 288).

b) Den für einen Rausch erforderlichen **Mindestschweregrad** der psychischen 4 Beeinträchtigung konkretisiert die Vorschrift nicht (BGHSt 32, 48, 53). Lange Zeit hat die **Rechtsprechung** in Anknüpfung an das frühere Recht (vgl 5) angenommen, dass mindestens „der sichere Bereich" verminderter Schuldfähigkeit „überschritten" sein müsse (zB VRS 50, 358; JR 80, 32; zur BGH-Rspr Otto, BGH-FG, S 111, 127), und das in jüngeren Entscheidungen überwiegend dahin interpretiert, dass der sichere Nachweis verminderter Schuldfähigkeit (§ 21) erforderlich, aber auch ausreichend sei (Bay NJW 78, 957, MDR 79, 777 und VRS 58, 207; aM Karlsruhe NJW 79, 1945 mit zust Bespr Paeffgen NStZ 85, 8; im Ergebnis auch Wolter, Wahlfeststellung und in dubio pro reo, 1987, S 75). Dass jedenfalls unter dieser Voraussetzung ein Rausch vorliegt, nimmt auch der BGH an (NStZ-RR 99, 172), der jedoch offen lässt, ob auch Rauschzustände geringeren Grades (so zB Tröndle, Jescheck-FS, S 665, 682; Montenbruck JR 78, 209; Otto Jura 86, 478, 482; Spendel LK 149; Tröndle/Fischer 11) – nicht dagegen Fälle des Zweifels über das Ob der Berauschung (so aber Schewe BA 83, 369, 382 und 526, 529; Schmoller, Alternative Tatsachenaufklärung im Strafrecht, 1986, S 201, 214; Sch/Sch-Cramer/Sternberg-Lieben 8a; aM bei Nehm DAR 93, 166) – einzubeziehen sind (BGHSt 32, 48, 54; krit Analyse der BGH-Rspr bei Otto aaO S 129). Mit der überwiegenden Meinung in der früheren Rspr sollte an dem Erfordernis des sicheren Nachweises verminderter Schuldfähigkeit festgehalten werden (Köln BA 85, 243 mit abl Anm Seib; Bay bei Rüth DAR 85, 242; Zweibrücken NZV 93, 488); denn wenn § 21 zweifelsfrei erfüllt, also nicht nur nach dem Grundsatz in dubio pro reo anwendbar ist, steht fest, dass der Täter in einem vom Gesetz als gravierend angesehenen (§ 21) Zustand eindeutig herabgesetzter Motivierbarkeit gehandelt hat, in dem nach genereller Erfahrung die Gefahr strafrechtlich relevanter Ausschreitungen besteht, die Verantwortlichkeit des Täters aber nicht mehr gewährleistet ist (Lackner, Jescheck-FS, S 645, 657). Eine Unterschreitung dieser Mindestgrenze würde in den Tatbestand auch ungefährliches, möglicherweise völlig vorwurfsfreies Verhalten einbeziehen (ähnlich Dencker NJW 80, 2159 und JZ 84, 453; Puppe Jura 82, 281, 285; Schuppner/Sippel NStZ 84, 67; Forster/Rengier NJW 86, 2869; Ranft Jura 88, 133, 136; Hohmann/Sander BT II 38/11; Kindhäuser BT I 71/16; Rengier BT II 41/22; W-Hettinger BT 1 Rdn 1032; Joecks 22; weiter einschr Paeffgen NStZ 85, 8; aM M-Schroeder/Maiwald BT 2 96/18, alle mwN). Allerdings ist die Verknüpfung der Begriffsbestimmung des Rauschs mit dem Erfordernis verminderter Schuldfähigkeit dogmatisch nicht bedenkenfrei, weil sie den Rausch nicht allgemeingültig, sondern nur in Abhängigkeit von der Rauschtat bestimmen kann (Horn JR 80, 1; Puppe aaO S 284; Paeffgen ZStW 97, 513, 526; Krümpelmann ZStW 99, 191, 199). Sie dürfte sich aber aus dem inneren Zusammenhang zwischen Rausch und Rauschtat und der Notwendigkeit, das Schuldprinzip zu wahren, rechtfertigen lassen (Dencker, Lackner und Forster/Rengier aaO). – Im **Schrifttum** sind Bedeutung und Grenzen des Rauschbegriffs sowie sein Zusammenhang mit der Rauschtat nach wie vor von einer abschließenden Klärung weit entfernt (vgl die Nachw in BGHSt 32, 48; eingehend Neumann aaO [vgl 1] S 50, 100; Renzikowski ZStW 112, 475, 511, plädiert für die Festlegung eines Grenzwertes von 2 Promille; grundsätzlich abw Spendel LK 104, 107–111, 148–156).

3. a) Objektive Bedingung der Strafbarkeit (hM; eingehend Kusch aaO [Vollrausch; vgl 1] S 57; abl Geisler aaO [vgl 1 „Schuldprinzip"] S 368 und in: GA 00, 166, 174; Spendel LK 61) ist das **Begehen einer rechtswidrigen Tat** (18 zu 5

§ 323a

§ 11), der sog **Rauschtat,** deretwegen der Täter nicht bestraft werden kann, weil er infolge des Rausches schuldunfähig (§ 20) war oder weil dies nicht auszuschließen ist. Damit bestätigt das Gesetz die Ansicht schon der früheren Rspr (zB BGHSt-GS-9, 390; BGHSt 16, 187), dass der Tatbestand auch bei Zweifeln über die Schuldfähigkeit anwendbar ist (NStZ 89, 365), allerdings nur unter der Voraussetzung, dass überhaupt ein Rausch vorliegt (vgl dazu 3, 4). Die dogmatische Begründung für diese im Gesetz ausdrücklich angeordnete Ausdehnung der Strafbarkeit ist umstritten. Die Rspr stützt sie zurzeit auf ein nach dem Grundsatz in dubio pro reo zu behandelndes „normativ-ethisches" Stufenverhältnis „zwischen der in § 323 a mit Strafe bedrohten Gefährdung" einerseits und der „Verletzung der Norm, die objektive Bedingung der Strafbarkeit dieses Gefährdungsdelikts" sei, anderseits (BGHSt 32, 48, 55 mwN; s auch Düsseldorf NJW 89, 2408). Jedoch bedarf es bei Deutung der Vorschrift als abstraktes Gefährdungsdelikt (vgl 1) dieser Legitimation nicht, weil Fälle schuldhaft begangener Rauschtaten unter den Unrechtstatbestand des § 323 a fallen und nur durch die in der Strafbarkeitsbedingung steckende Subsidiaritätsanordnung ausgeschieden werden (Puppe GA 74, 98, 114; Dencker NJW 80, 2159, 2160; aM Paeffgen NStZ 85, 8; str). Jedenfalls kann aber auch das von der Rspr postulierte Stufenverhältnis – wie immer man den Grundsatz in dubio pro reo verstehen mag (dazu Tröndle, Jescheck-FS, S 665, 671) – die Strafbarkeit nur solcher Zweifelsfälle begründen, in denen der Intoxikationsgrad die umstrittene (vgl 4) Erheblichkeitsschwelle zum Rausch überschritten hat. Die übrig bleibenden Fälle, in denen sowohl der Rausch als auch die rauschbedingte Schuldunfähigkeit zweifelhaft bleiben, sind dagegen nicht erfassbar (hM; vgl etwa Tröndle/Fischer 12; anders Schewe BA 83, 369, 382 und 526, 529; Hentschel TFF Rdn 294, 295). Ihre Strafbarkeit ließe sich nur auf eine Wahlfeststellung gründen, die aber von der hM mit unterschiedlichen, allerdings durchweg problematischen Begründungen verneint wird (vgl etwa BGHSt-GS-9, 390; anders Tröndle, Jescheck-FS, S 665, 684; Seib BA 85, 245, 247; Joecks 22; s auch Otto Jura 86, 478, 486; zw).

6   **b)** Die Rauschtat muss den **vollen äußeren und inneren Tatbestand** eines Strafgesetzes (einschl Versuch, Teilnahme oder versuchte Beteiligung nach § 30) verwirklichen; bei Erfolgsdelikten muss auch die objektive Zurechnung des Erfolges gegeben sein (Rengier, Roxin-FS, S 811, 818). Auch im Unterlassungsdelikt kann genügen (hM; einschr Backmann JuS 75, 698; aM Kusch aaO [vgl 1] S 111); jedoch scheidet § 323 c als Rauschtat aus, weil der Täter idR schon wegen Unfähigkeit zur Hilfeleistung den Tatbestand nicht verwirklicht (Dencker JuS 80, 210, 214 und NJW 80, 2159, 2165) und weil die Einbeziehung der Vorschrift die allgemeine Hilfspflicht ohne zureichenden Grund erweitern würde (Ranft JA 83, 239, 240; M-Schroeder/Maiwald BT 1 96/9; aM Bay NJW 74, 1520 mit krit Bespr Lenckner JR 75, 31; Streng JZ 84, 114; Otto Jura 86, 478, 483; W-Hettinger BT 1 Rdn 1037; Paeffgen NK 70; Spendel LK 175, alle mwN; zw). Bei positivem Tun muss eine „Handlung" im Sinne willkürlichen Verhaltens vorliegen (Hamm NJW 75, 2252; Kusch aaO S 74 mwN); der sinnlos Betrunkene, der im Zusammenfallen oder durch Erbrechen Sachen beschädigt, handelt nicht (krit Schewe BA 76, 87, 94). Der innere Tatbestand muss schon deshalb erfüllt sein, weil sonst nicht feststellbar wäre, ob (Abs 1) und in welchem Umfang (Abs 2) das Berauschen strafbar ist und ob die Verfolgung von einem Antrag usw (Abs 3) abhängt (beachte jedoch Bay NJW 89, 1685).

7   aa) Ist die Rauschtat nur bei **Vorsatz** mit Strafe bedroht (zB Sachbeschädigung, § 303), so ist erforderlich, dass der Täter mit natürlichem Vorsatz (31 zu § 15) gehandelt hat, also mit einer durch § 20 keineswegs ausgeschlossenen Fähigkeit, seine körperliche Kraft für bestimmte Zwecke einzusetzen (hM; vgl etwa BGHSt 1, 124; anders Spendel LK 201). Ob eine solche Willensbildung noch möglich oder

Vollrausch **§ 323a**

der Berauschte schon handlungsunfähig war, lässt sich ua auch nach seinem äußeren Verhalten beurteilen (Bay VRS 25, 346; Hamm JMBlNRW 64, 117; krit Schüler-Springorum MschrKrim 73, 363); auch die BAK kann ein Anhaltspunkt sein (Celle VRS 25, 347).

bb) Setzt die Rauschtat eine **besondere Absicht** voraus (zB bei Diebstahl oder 8 Betrug), so muss diese als „natürlicher" zielgerichteter Wille gegeben sein (VRS 41, 93; krit Otto JZ 93, 559, 565; vgl auch Bay JR 92, 346 mit krit Anm Meurer). Betätigt der Rauschtäter nach Ernüchterung diese Absicht erneut, indem er sich zB die weggenommene Sache zueignet, so ist die Annahme einer mitbestraften Nachtat (32 vor § 52) nicht begründbar (Ranft JA 83, 239, 244; aM Celle NJW 62, 1833; s auch bei Dallinger MDR 71, 546; zw).

cc) Ein **Irrtum** des Täters, der nicht auf seinem Rausch beruht – und zwar 9 nicht nur der Tatbestands-, sondern auch der Verbotsirrtum (Stuttgart NJW 64, 413; Ranft JA 83, 239, 241 mwN; str) –, ist ebenso wie beim nüchternen Täter zu seinen Gunsten zu berücksichtigen. Aus der Verweisung auf die Rauschtat folgt darüber hinaus, dass auch der durch den Rausch bedingte Irrtum nicht anders behandelt werden kann (Dencker NJW 80, 2159, 2164; Otto Jura 86, 478, 485; Paeffgen NK 74–77; aM NJW 53, 1442; Celle NJW 69, 1775; Kusch aaO [Vollrausch; vgl 1] S 84; Spendel LK 197–202, 210; diff Geisler aaO [vgl 1 „Schuldprinzip"] S 422; W-Hettinger BT 1 Rdn 1038, alle mwN); jedenfalls begeht zB der Zecher keinen Betrug, der infolge seines Rausches glaubt, noch zahlen zu können (BGHSt 18, 235; s auch Bruns JZ 64, 473).

dd) **Rücktritt** von der Rauschtat wirkt in analoger Anwendung von § 24 straf- 10 befreiend (NStZ 94, 131 mit krit Anm Kusch und zust Bespr Otto JK 5; NStZ-RR 99, 8 und 01, 15; aM Barthel, Bestrafung wegen Vollrausch trotz Rücktritt von der versuchten Rauschtat? 2001 mit Bespr Sternberg-Lieben NJW 03, 3040), und zwar auch dann, wenn er erst nach Wiedererlangung der Schuldfähigkeit erfolgt (Otto GK 2 81/16; Paeffgen NK 80; Horn SK 19; zweifelnd Sch/Sch-Cramer/Sternberg-Lieben 21; aM Ranft JA 83, 239, 243; Kusch aaO [vgl 1] S 128; Geisler aaO [vgl 1 „Schuldprinzip"] S 432; Spendel LK 221; zw).

ee) Ist die Rauschtat ein **Fahrlässigkeitsdelikt,** so genügt es, wenn der Täter in 11 nüchternem Zustand in der Lage gewesen wäre, die Verletzung der Sorgfaltspflicht zu vermeiden und den Erfolg vorauszusehen (hM; anders Kusch aaO [Vollrausch; vgl 1] S 105).

c) Ob die Rauschtat ein Verbrechen oder ein strafbarer Versuch ist oder ob die 12 Bedingung während des Rausches mehrfach eintritt (BGHSt 13, 223, 225; NStZ-RR 99, 8), stets liegt nur ein **Vergehen** nach § 323a vor. Steht nicht fest, welches von mehreren Delikten der Täter im Rausch begangen hat, so ist eine Wahlfeststellung (9–20 zu § 1) nur unter den auch sonst hierfür geltenden Voraussetzungen zulässig (Oldenburg NJW 59, 832; Dencker NJW 80, 2159, 2165; aM Montenbruck GA 78, 225, 239, Sch/Sch-Cramer/Sternberg-Lieben 22 und Spendel LK 328, die jede Wahlfeststellung genügen lassen; zw). Ansonsten muss festgestellt werden, welche Rauschtat der Täter begangen hat (Zweibrücken NZV 93, 488); der Vollrausch und die Rauschtat sind eine Tat iS von § 264 StPO (Tröndle/Fischer 24; Sch/Sch-Cramer/Sternberg-Lieben 36).

4. a) Vorsatz (bedingter genügt; NStZ-RR 01, 15) oder **Fahrlässigkeit** sind 13 nur für das Sich-Versetzen in den Rausch erforderlich. Sie müssen sich auf die unter 3 beschriebenen spezifischen Elemente des Rausches (Bay NJW 90, 2334 und bei Bär DAR 93, 372) und auf dessen unter 4 vorausgesetzten Mindestschweregrad beziehen (BGHSt 16, 187, 189; Düsseldorf NZV 92, 328; strenger Spendel LK 231, beide mwN; str). – Vorsatz kann nicht mit einem Erfahrungssatz, wonach bei einer BAK von mehr als 3 Promille ein alkoholgewohnter Täter um seine vorsätzliche Berauschung wisse, begründet werden (Düsseldorf StV 93, 425

§ 323a

und NStZ 98, 418). – Zur Fahrlässigkeit gehört namentlich, dass der Eintritt eines Rausches von solcher Schwere voraussehbar war (46 zu § 15; enger Duttge, Zur Bestimmtheit des Handlungsunwerts von Fahrlässigkeitsdelikten, 2001, S 349); beruht dieser nicht nur auf dem Rauschmittel, sondern auch auf anderen Ursachen (vgl 3), so müssen auch diese – soweit sie nicht nur unwesentliche Abweichungen des Kausalverlaufs sind (NJW 79, 1370) – für den Täter erkennbar bzw voraussehbar gewesen sein (BGHSt 26, 363; NJW 75, 2250; StV 87, 246 mit Anm Neumann; NStZ-RR 00, 80, Karlsruhe BA 91, 190; Cramer JZ 71, 766; beachte auch Zweibrücken BA 91, 188, alle mwN); daran kann es beim pathologischen Rausch (vgl 3) fehlen (BGHSt 40, 198 mit zust Bespr Blau JR 95, 117 und Otto JK 6). Das Urteil muss angeben, ob vorsätzlicher oder fahrlässiger Vollrausch vorliegt (bei Spiegel DAR 77, 142). – Auch für die **Schuld** ist nur das Sichversetzen in den Rausch Beurteilungsgrundlage; die Schuldfähigkeit kann hier – was schwierige Abgrenzungsfragen aufwirft (Grüner BA 79, 300) – namentlich wegen Alkohol- oder Drogensucht des Täters ausgeschlossen oder vermindert sein (StV 92, 230; NStZ-RR 97, 299; 4 zu § 20; 2 zu § 21).

14   **b)** Die **Rauschtat** (vgl 6) braucht für den Täter vor Eintritt der Schuldunfähigkeit **nicht voraussehbar** gewesen zu sein; auch nicht die Möglichkeit, im Rausch irgendwelche rechtswidrige Taten zu begehen (BGHSt 16, 124; Hamburg MDR 82, 598; Lackner JuS 68, 215; Puppe GA 74, 98; Kusch aaO [vgl 1] S 63; Paeffgen NK 64; aM Hirsch ZStW Beiheft 81, 1, 10; Otto Jura 86, 478, 486; Miseré aaO [vgl 1]; Spendel LK 239–243; diff Wolter NStZ 82, 54, alle mwN). Abweichend fordern BGHSt 10, 247 und JR 58, 28 (5. StS) die letztere Voraussicht oder Voraussehbarkeit, halten sie aber idR für so selbstverständlich, dass besondere Feststellungen hierzu nur ausnahmsweise erforderlich seien (ebenso Celle NJW 69, 1588, 1916; Bay NJW 90, 2334, beide mwN); jedoch können im Einzelfall besondere „Zurüstungen" (zusf Gollner MDR 76, 182) gegen die Begehung von Rauschtaten die Voraussehbarkeit ausschließen (BGH aaO; Celle VRS 37, 347; krit Lackner JuS 68, 215, 219; Hentschel TFF Rdn 316, 319).

15   **5. a)** Nach **Abs 2** ist die **Strafe begrenzt** durch die Strafdrohung für die begangene Rauschtat (krit Sieg MDR 79, 549). Für deren Ermittlung sind zwingende Strafbefreiungsgründe (zB § 60) sowie obligatorische (nicht nur fakultative, offen gelassen in NJW 92, 1519 mit Bespr Streng JR 93, 35 und Paeffgen NStZ 93, 66) gesetzliche Milderungsgründe im Sinne des § 49 I relevant (BGH aaO); jedoch kann in den letzteren Fällen die Anwendung des Zweifelssatzes zur Strafrahmenmilderung führen (BGH aaO). – Zu **Abs 3** beachte §§ 77 bis 77 e. Er ist analog auf die Verjährung anzuwenden (Naumburg NJW 01, 312 mwN).

16   **b)** Zur Verfassungsmäßigkeit der **Strafrahmen** des § 323 a BVerfG bei Spiegel DAR 79, 181; krit Wolter NStZ 82, 54; Paeffgen ZStW 97, 513, 531 und aaO [vgl 1] S 59. – Bei der **Strafzumessung** kommt es auf das Verschulden hinsichtlich des Berauschens an (bei Mösl NStZ 82, 150; Stuttgart VRS 37, 121; Schäfer StrZ 935; aM Kusch aaO [vgl 1] S 139, der den Abs 2 weder als Strafbegrenzungs- noch als Strafzumessungsregel versteht; anders auch Streng ZStW 101, 273, 320 und JR 93, 35, der die Rauschtat voll in die Beurteilung einbezieht und den aus Abs 1, 2 zu bildenden Strafrahmen als eine – nicht näher konkretisierte – Strafrahmenmilderung gegenüber dem Strafrahmen der Rauschtat deutet). Jedoch ist das Maß der Schuld geringer, wenn der Täter nicht damit gerechnet hat, dass er im Rausch irgendwelche rechtswidrigen Taten begehen werde, und noch geringer, wenn er nicht damit rechnen konnte (dazu § 351 II E 1962 S 538; Karlsruhe NStZ-RR 96, 198; aM Horn SK 23; weiter Wolter aaO, der unter diesen Gesichtspunkten eine Aufspaltung des Strafrahmens fordert). Nach der Rspr können als Anzeichen der Gefährlichkeit des Rauschzustandes auch Schwere und Auswirkungen der Rauschtat strafschärfend berücksichtigt werden (BGHSt 16, 124; 23,

Vollrausch **§ 323a**

375; 38, 356, 361; NStZ-RR 97, 300 und 01, 15; einschr NStZ 96, 334; Schäfer StrZ 936); das lässt sich allerdings nicht auf die in BGHSt – GS – 10, 259 entwickelten, durch § 46 II überholten (dort 34) Grundsätze stützen (Theune StV 85, 162, 163), sondern nur mit der Systemfremdheit des Tatbestandes (vgl 1) und mit seinen am Gewicht der Rauschtat orientierten Strafrahmen erklären (Bruns, Lackner-FS, S 439, 452; im Ergebnis ebenso Karlsruhe NJW 75, 1936; Puppe GA 74, 98, 104; Frisch ZStW 99, 751, 757; aM Paeffgen aaO; Theune NStZ 89, 215). Dagegen sollen nach der Rspr die subjektiven Umstände der Rauschtat (das innere Tatbild), namentlich die Motive, die Zielvorstellungen und die Gesinnung des Täters, nicht schärfend zu Buch schlagen dürfen (BGHSt 23, 375; NStZ-RR 97, 300; krit Bruns aaO S 445; Kusch NStZ 94, 132, alle mwN; zw). Dasselbe soll auch für das Unterlassen von Vorkehrungen gegen die Rauschtat vor Eintritt der Schuldunfähigkeit gelten (Stuttgart NJW 71, 1815; krit Tröndle/Fischer 22); jedoch wirken solche Vorkehrungen strafmildernd, wenn der Täter ihretwegen weniger damit rechnen musste, im Rausch rechtswidrige Taten zu begehen (Karlsruhe NStZ-RR 96, 198; Haubrich DAR 80, 359). Vorsätzliches Berauschen ist für sich allein im Hinblick auf das Doppelverwertungsverbot (45 zu § 46) kein tauglicher Strafschärfungsgrund (StV 92, 230; Karlsruhe NStZ-RR 96, 198, 200). – Auch generalpräventive Strafschärfung, die an die Rauschtat anknüpft, ist – mindestens idR – unzulässig (bei Dallinger MDR 72, 198).

6. Die Tat ist **eigenhändiges Delikt** (Haft JA 79, 165; aM Paeffgen NK 66; 3 zu § 25). Daher scheidet **mittelbare Täterschaft** aus (hM; anders Spendel LK 264–267 mwN). Auch **Teilnahme** (namentlich des Gastwirts) an der Tat des § 323a dürfte allgemein auszuschließen sein, weil es Sinn dieser Vorschrift ist, die Pflicht zur Selbstkontrolle nur dem Täter aufzuerlegen (Otto GK 2 81/20; aM Geisler aaO [vgl 1 „Schuldprinzip"] S 413; Arzt/Weber BT 40/35; Hohmann/Sander BT II 38/19; M-Schroeder/Maiwald BT 2 96/23 [im Übungsfall Schroeder JuS 04, 312, 316]; Rengier BT II 41/26; Joecks 25; Sch/Sch-Cramer/Sternberg-Lieben 25; Spendel LK 270–272; krit Neumann aaO [vgl 1] S 88; zw). Beteiligung (Täterschaft und Teilnahme) an der Rauschtat ist dagegen möglich; meist wird mittelbare Täterschaft in Frage kommen (2–5 zu § 25).

17

7. a) Beim **Zusammentreffen** des Vollrausches mit einer volldeliktischen Straftat liegt idR **Tatmehrheit** vor; Tateinheit kommt jedoch in Frage, wenn ein Dauerdelikt (zB verbotener Sprengstoffbesitz) ohne Zäsur von der Straftat zur Rauschtat im Sinne des § 323a (vgl 6) übergeht (NJW 92, 584; NStZ-RR 99, 8; zw).

18

b) Ist die Rauschtat als **actio libera in causa** (alic, 25–29 zu § 20) strafbar, so scheidet § 323a aus (hM; anders Paeffgen ZStW 97, 513). – Begeht der Täter im Rausch neben einer alic eine andere Rauschtat, so steht § 323a mit der als alic strafbaren Tat in Tateinheit (BGHSt 17, 333; bei Dallinger MDR 69, 903); ebenso wenn im Rausch eine Handlung begangen wird, die als fahrlässige alic strafbar ist, zugleich aber eine vorsätzliche Rauschtat bildet (BGHSt 2, 14; Zweibrücken VRS 81, 282; Streng MK 145). – Zusf zum Verhältnis zwischen alic und § 323a Maurach JuS 61, 373; Ranft JA 83, 193, 195; Roth JuS 95, 405, 413.

19

8. Entziehung der Fahrerlaubnis § 69 (s auch Oldenburg NJW 62, 693). Unterbringung in einem psychiatrischen Krankenhaus § 63 (dort 3), in einer Entziehungsanstalt § 64. Einziehung 3, 5 zu § 74. Zuständigkeit Stuttgart MDR 92, 290. Vollrausch bei Ordnungswidrigkeiten § 122 OWiG. – Sicherungsverwahrung § 66 III (dort 10a–10e).

20

1315

§§ 323b, 323c

§ 323 b Gefährdung einer Entziehungskur

Wer wissentlich einem anderen, der auf Grund behördlicher Anordnung oder ohne seine Einwilligung zu einer Entziehungskur in einer Anstalt untergebracht ist, ohne Erlaubnis des Anstaltsleiters oder seines Beauftragten alkoholische Getränke oder andere berauschende Mittel verschafft oder überläßt oder ihn zum Genuß solcher Mittel verleitet, wird mit Freiheitsstrafe bis zu einem Jahr oder mit Geldstrafe bestraft.

1. Geschützt sind **behördlich angeordnete oder sonst ohne Einwilligung des Betroffenen veranlasste Entziehungskuren** gegen Störung durch Dritte (BT-Dr 7/550 S 268; krit Paeffgen NK 2, der die Allgemeinheit und den Rauschmittelsüchtigen geschützt sieht).

2. Erfasst werden nur Entziehungskuren Süchtiger, die in einer **Anstalt** (idR einer Entziehungsanstalt, aber auch einem psychiatrischen Krankenhaus oder sonst einer Klinik) **untergebracht** sind, nicht die Entziehungskur auf freiwilliger Basis. – Als **behördliche Anordnungen** kommen namentlich die des Strafrichters nach §§ 63, 64 in Frage, daneben auch Anordnungen von Verwaltungsbehörden nach den Landesunterbringungsgesetzen, über deren Zulässigkeit das Gericht entschieden hat (Art 104 II GG). Die Unterbringung volljähriger Süchtiger **ohne deren Einwilligung**, aber auf Veranlassung oder mit Zustimmung des Betreuers bedarf nach § 1906 BGB vormundschaftsgerichtlicher Genehmigung (zur früheren Rechtslage BVerfGE 10, 302); ob das im Hinblick auf § 1631 b BGB stets auch für Minderjährige zutrifft, ist umstritten (BT-Dr 7/550 S 268).

3. **Alkoholische Getränke** und andere berauschende Mittel 5 zu § 315 c. **Verschaffen und Überlassen** setzen das tatsächliche Ermöglichen des Genusses voraus. **Verleiten** bedeutet Bestimmen, gleichviel mit welchem Mittel (2 zu § 26). – Der „Anstaltsleiter" scheidet als Täter aus (Paeffgen NK 5–8 mwN; str). Seine **Erlaubnis** schließt den Tatbestand aus (Paeffgen NK 18).

4. Für den **inneren Tatbestand** genügt nur **Wissentlichkeit** (21 zu § 15). Der Täter muss daher sicher wissen oder davon überzeugt sein, dass es sich um einen behördlich oder ohne Einwilligung Untergebrachten handelt und dass die Erlaubnis des Anstaltsleiters oder seines Beauftragten fehlt.

5. **Tateinheit** ua möglich mit § 258 II (hM; anders Horn SK 13; diff Spendel LK 39–42).

§ 323 c Unterlassene Hilfeleistung

Wer bei Unglücksfällen oder gemeiner Gefahr oder Not nicht Hilfe leistet, obwohl dies erforderlich und ihm den Umständen nach zuzumuten, insbesondere ohne erhebliche eigene Gefahr und ohne Verletzung anderer wichtiger Pflichten möglich ist, wird mit Freiheitsstrafe bis zu einem Jahr oder mit Geldstrafe bestraft.

1. Die Vorschrift schützt die bedrohten **Individualrechtsgüter** des in Not Geratenen (hM; vgl etwa NJW 02, 1356, 1357; Düsseldorf NJW 92, 2370; Vermander, Unfallsituation und Hilfspflicht im Rahmen des § 330 c StGB, 1969, S 18, 22; Schöne, Unterlassene Erfolgsabwendungen und Strafgesetz, 1974, S 44; Frellesen, Die Zumutbarkeit der Hilfeleistung, 1980, S 135; Geilen Jura 83, 78; Rengier BT II 42/1; ähnlich Kargl GA 94, 247, 260 und M-Schroeder/Maiwald BT 2 55/3: „In-Gefahr-Lassungsdelikt"; anders Otto, 56. DJT, Gutachten, Teil D, S 76; anders auch Pawlik GA 95, 360, 365: soziale Stabilisierung; rechtsvergleichend Kienapfel, Bockelmann-FS, S 591; krit zur Rechtsgutsdiskussion Seebode, Kohlmann-FS, S 279; rechtsgeschichtlich Gieseler, Unterlassene Hilfeleistung, 1999 [mit krit Bespr Sternberg-Lieben GA 01, 188] und Seelmann JuS 95, 281).

Ihr Strafgrund ist jedoch das Allgemeininteresse an solidarischer Schadensabwehr in akuten Notlagen (Gallas, Beiträge, S 259; Kühl, Spendel-FS, S 75, 92; Kahlo, Die Handlungsform der Unterlassung als Kriminaldelikt, 2001, S 285, 325; Kindhäuser BT I 72/2; ähnlich Spendel LK 27; aM Pawlik aaO S 360, der in § 323c die staatliche Inanspruchnahme der Bürger zum Schutz ihrer eigenen Autonomie sieht). Kritisch zur Strafwürdigkeit und für eine restriktive Auslegung Seelmann aaO S 283 und Morgenstern, Unterlassene Hilfeleistung, Solidarität und Recht, 1997, S 116; für eine Neuformulierung der zu weiten Vorschrift Harzer, Die tatbestandsmäßige Situation der unterlassenen Hilfeleistung gemäß § 323c StGB, 1999, S 297 (krit zum Abstellen auf die „einzig anwesende Person" Otto JZ 99, 668 und Küpper GA 00, 494); für eine verfassungskonforme Auslegung Haubrich, Die unterlassene Hilfeleistung, 2001 mit krit Bespr Baier GA 02, 363. Zur Frage, ob und wieweit die Ausstrahlungswirkung des Grundrechts der Glaubensfreiheit (Art 4 I GG) einer Bestrafung von Gewissensentscheidungen entgegensteht, wenn eine an sich erforderliche Hilfe versagt wird (zB Verweigerung der Einwilligung in eine Bluttransfusion, Hamm NJW 68, 212; Verweigerung psychischer Beeinflussung des Ehegatten, sich einer notwendigen stationären Behandlung zu unterziehen, Stuttgart MDR 64, 1024), BVerfGE 32, 98 mit Bespr Händel NJW 72, 327, Peters JZ 72, 85, Schwabe JuS 72, 380, Blumenthal MDR 72, 759, Dreher JR 72, 342, Ranft, Schwinge-FS, S 111 und JA 72, 231, 303, 369; s auch Kreuzer NJW 68, 1201 und Böse ZStW 113, 40, 69; 2 zu § 17; 32 vor § 32. – Zur Ineffizienz der Vorschrift Seebode aaO S 281.

2. a) Unglücksfall ist ein plötzliches äußeres Ereignis, das eine erhebliche Gefahr für Personen oder Sachen bringt (hM; BGHSt-GS-6, 147, 152; zusf Geilen Jura 83, 78, 79; krit Joerden, in: Wolf [Hrsg], Kriminalität im Grenzgebiet, 2002, S 33, 56; Küper BT S 290 und Spendel LK 42); der Eintritt bloßer Sachgefahr kann danach genügen (hM; einschr Pawlik GA 95, 360, 366; Sch/Sch-Cramer/Sternberg-Lieben 5; anders Frelesen aaO [vgl 1] S 150; Seelmann JuS 95, 281, 284; Harzer aaO [vgl 1] S 105; Kahlo aaO [vgl 1] S 297, 330). Namentlich Unfälle in Betrieb, Haushalt oder Verkehr (BGHSt 11, 135; aM Harzer S 145) und unmittelbar drohende Gewalttaten (BGHSt 3, 65; bei Holtz MDR 93, 721; Düsseldorf NJW 83, 767 mwN) gehören hierher. Das Vorliegen eines Unglücksfalles ist ex post festzustellen (Seelmann NK 21; Küper BT S 291; Otto GK 2 67/7; Kindhäuser 9; diff Sch/Sch-Cramer/Sternberg-Lieben 2; aM Rudolphi SK 5a und b; zw). – **Krankheiten** auch schwererer Art sind nicht ohne weiteres, wohl aber bei plötzlicher (bei Holtz MDR 85, 285; Düsseldorf NJW 95, 799; krit Kreuzer JR 84, 294, 295) und bedrohlicher Verschlimmerung, zB durch unerträglich werdende Schmerzzustände (Hamm NJW 75, 604; Uhlenbruck MedR 93, 296, 299; Ulsenheimer, Arztstrafrecht Rdn 253 mit weiteren Beispielen), ein Unglücksfall (NJW 83, 350 mwN; krit Spann/Liebhardt/Braun, Bockelmann-FS, S 487, 493); sinngemäß gilt das auch für die Endphase einer (normal verlaufenden) Schwangerschaft (Düsseldorf NJW 91, 2979). – Auch der **Selbsttötungsversuch** soll nach der Rspr und einer im Schrifttum verbreiteten Meinung stets – oder allenfalls von Extremfällen abgesehen (vgl etwa Otto aaO [vgl 1] S 76 mwN) – ein Unglücksfall sein (BGHSt-GS-6, 147; 13, 162, 168; 32, 367, 374; München NJW 87, 2940, 2945; Schmidhäuser, Welzel-FS, S 801, 821; Geilen Jura 79, 201, 208; Dölling NJW 86, 1011; Kutzer, in: Student [Hrsg], Das Recht auf den eigenen Tod, 1993, S 44, 59; einschr Simson, Die Suizidtat, 1976, S 66; Sowada Jura 85, 75, 86; Ranft JZ 87, 908, 913; Achenbach Jura 02, 542, 545; Seebode, Kohlmann-FS, S 279, 286; Seelmann NK 26; Spendel LK 48–54; abl Kindhäuser BT I 72/8; M-Schroeder/Maiwald BT 2 55/16; aus ärztlicher Sicht auch Bochnik MedR 87, 216; zw). Jedoch wird man mindestens die Lage nicht als Unglücksfall werten können, in der eine frei verantwortliche Selbsttötung unmittelbar droht

§ 323c BT. 28. Abschnitt. Gemeingefährliche Straftaten

(Gallas JZ 54, 639; Scholderer JuS 89, 918, 922; Pawlik aaO S 368; Achenbach, in: Ochsmann [Hrsg], Lebens-Ende, 1991, S 137, 148; Sch/Sch-Cramer/Sternberg-Lieben 7; aM Kutzer MDR 85, 710, 712; Otto aaO S 79; Neumann JA 87, 244, 255; anders auch Bottke GA 83, 22, 33, der die Tatbestandsmäßigkeit aber aus anderen Gründen einschränkt; beachte auch Kahlo aaO S 289, der jede selbstverschuldete Bedrängnis ausscheidet).

3   **b) Gemeine Gefahr** ist ein Zustand, bei dem die Möglichkeit eines erheblichen Schadens an Leib oder Leben oder an bedeutenden Sachwerten für unbestimmt viele Personen naheliegt (Küper BT S 144; krit Harzer aaO [vgl 1] S 147). In Frage kommen namentlich Erdbeben, Überschwemmungen, Brände und vergleichbare Gefahrlagen; eine solche Gefahr kann aber auch der auf der Straße liegengelassene Tote für den übrigen Verkehr bilden (BGHSt 1, 266; Geilen Jura 79, 201, 209); sie wird auch bei einer AIDS-Erkrankung, zB bei einer HIV-infizierten Prostituierten angenommen (Meurer, in: Szwarc [Hrsg], AIDS und Strafrecht, 1996, S 133, 149 und Schünemann ebenda S 9, 45). – **Gemeine Not** bedeutet Notlage der Allgemeinheit (näher Spendel LK 70–80; krit Harzer aaO S 149, die die „Ohnmächtigkeit" gegenüber der Notsituation hervorhebt).

4   **c)** Aus der Umstandsbestimmung **„bei"** das Erfordernis einer **räumlichen Nähebeziehung** zum Unglücksort abzuleiten (so zB Welzel NJW 53, 327), ist nach dem Schutzzweck des Tatbestandes nicht begründet (Geilen Jura 83, 138; Joecks 18); speziell zur „Telemedizin" Ulsenheimer, Arztstrafrecht Rdn 254a mwN.

5   **3. a) Erforderlich** muss die Hilfe sein. Maßgebend ist das Ex-ante-Urteil eines verständigen Beobachters, ob der Täter zurzeit der möglichen Hilfe eine Chance hatte, drohenden Schaden abzuwenden (BGHSt 17, 166; Seelmann JuS 95, 281, 285; Zieschang, Die Gefährdungsdelikte, 1998, S 342; Rengier BT II 42/7; Ulsenheimer, Artzstrafrecht Rdn 255; Sch/Sch-Cramer/Sternberg-Lieben 2; insoweit zu eng Bay NJW 73, 770). Danach wirkt nicht rücksichtslose Gesinnung, sondern die Versäumung der Möglichkeit zur Schadensabwendung strafbegründend (BGHSt 14, 213; Zieschang aaO S 346). Folglich beginnt die Hilfspflicht erst, wenn die eigene Kraft des in Not Geratenen endet und sichere (VRS 14, 191) Hilfe von dritter Seite ausbleibt oder versagt. Keine Hilfspflicht also zB: wenn genügend Hilfe an Ort und Stelle ist (VRS 22, 271; Karlsruhe NJW 79, 2360 mit Anm Bruns JR 80, 297); wenn bei einer eingetretenen Sachbeschädigung keine weitere Gefahr für Personen oder Sachen besteht (NJW 54, 728); oder wenn der Tod (dazu 4 vor § 211) des Verunglückten schon eingetreten ist (BGHSt 14, 213, 216; 32, 367, 381; NStZ 00, 414, 415; LG Koblenz NJW 04, 305, 306; AG Tiergarten NStZ 91, 236 mit abl Anm Rudolphi; zust jedoch Otto JK 3; zw). Die Pflicht bleibt aber bestehen, wenn die Hilfe zwar dessen Tod nicht mehr abwenden, wohl aber zB noch seine Qualen lindern kann (BGHSt 14, 213, 217); wenn die anderen Anwesenden untätig bleiben (Bay NJW 57, 354); oder wenn der (nicht notwendig am Unglücksort anwesende, BGHSt 21, 50 mit krit Bespr Kreuzer NJW 67, 278) Täter schneller und wirksamer zu helfen vermag (BGHSt 2, 296); zur Pflicht von „Gaffern" beiseite zu treten s Scheffler NJW 95, 232, 234 und Spendel LK 92. Hilfe ist nicht erforderlich, wenn sie dem Willen des Verunglückten widerspricht und dieser – was auch in Fällen des **Selbsttötungsversuchs** (vgl 2) nicht notwendig ausgeschlossen ist (München NJW 87, 2940, 2945; aM BGHSt-GS-6, 147; BGHSt 32, 367, 376) – über das bedrohte Rechtsgut verfügen kann.

6   **b)** Beim **Arzt** kann dessen überlegenes Können die Hilfspflicht begründen sowie deren Art und Umfang bestimmen (NStZ 85, 409; Karlsruhe NJW 79, 2360 mit Anm Bruns JR 80, 297; Ulsenheimer, Arztstrafrecht Rdn 247; zusf Kreuzer, Ärztliche Hilfeleistungspflicht bei Unglücksfällen im Rahmen des § 330 c StGB,

Unterlassene Hilfeleistung **§ 323c**

1965 und NJW 67, 278). Allerdings ist diese Pflicht (nach § 323 c) auf das nach den Umständen Notwendige beschränkt; es kann daher idR nicht gefordert werden, dass der Arzt gegenüber einem lebensbedrohlich erkrankten (vgl 2), aber voll einsichts- und handlungsfähigen Patienten mehr tut, als ihn zur Bewältigung der Gefahr in den Stand zu setzen (probl NJW 83, 350 mit Anm Geiger JZ 83, 153, Lilie NStZ 83, 314, Ulrich MedR 83, 137 und Kreuzer JR 84, 294; krit auch Eser NStZ 84, 49, 56).

4. Für die **Zumutbarkeit** der Hilfe, die hier Tatbestandsmerkmal ist (Naucke, Welzel-FS, S 761, 767; Frellesen aaO [vgl 1] S 209; Geilen Jura 83, 138, 145; Pawlik GA 95, 360, 372; Seelmann JuS 95, 281, 285; diff Rudolphi SK 24 und Kahlo aaO [vgl 1] S 339, 344; aM Westendorf, Die Pflicht zur Verhinderung geplanter Straftaten durch Anzeige, 1999, S 210; Spendel LK 159, alle mwN; str), sind namentlich bedeutsam: der Grad der Gefährdung, der von Schwere und Wahrscheinlichkeit des dem Verunglückten drohenden Schadens abhängt; die Wahrscheinlichkeit des Rettungserfolges, für die es vor allem auf die individuellen Fähigkeiten des Verpflichteten und die ihm zur Verfügung stehenden Hilfsmittel ankommt (zB eines sog Lidhakens bei Augenverletzung, Ulsenheimer, Arztstrafrecht Rdn 266a mit LG Magdeburg); die Verstrickung des Verpflichteten in das Unglücksgeschehen (BGHSt 11, 135 mit Anm Schröder JR 58, 186; str); seine räumliche Beziehung zum Unglücksort (Köln NJW 57, 1609 betr nächstes Krankenhaus); seine schutzwürdigen kollidierenden Interessen. Insoweit sind die eigene Gefahr (speziell zur Gefährdung durch AIDS-Infektion Spengler DRiZ 90, 259) und die Pflichtenkollision nur Beispiele, die aber zeigen, dass die Abgrenzung durch objektive Abwägung zu bestimmen ist und nicht in bloße Schulderwägungen abgleiten darf (Röwer NJW 59, 1263). Die Gefahr der Strafverfolgung fällt zwar ins Gewicht, reicht aber regelmäßig zur Verneinung der Zumutbarkeit nicht aus (BGHSt 11, 353; 39, 164, 166; Ulsenheimer GA 72, 1, 16; Joecks 26, 27; weiter Geilen FamRZ 64, 385, 388; Frellesen aaO S 176; beachte auch BGHSt 11, 135). Auch dass der Täter den Unglücksfall durch Notwehr herbeigeführt hat, befreit ihn nicht von der Hilfspflicht (BGHSt 23, 327; NStZ 85, 501; Seelmann JuS 95, 281, 286). – Soweit **Selbsttötungsversuche** als Unglücksfälle anzusehen sind (vgl 2), kann auch bei Erforderlichkeit der Hilfe (vgl 5) deren Zumutbarkeit im Hinblick auf den Tötungswillen des Suizidenten zu verneinen sein (BGHSt 32, 367, 381 mwN); die nähere Begrenzung dieses Grundsatzes bedarf jedoch noch weiterer Klärung (vgl etwa Otto aaO [vgl 1] S 80; Dölling NJW 86, 1011; Charalambakis GA 86, 485, 505, alle mwN). – Kritisch zur Unbestimmtheit der Zumutbarkeitsklausel Seebode, Kohlmann-FS, S 279, 290.

5. Eine **Garantenpflicht** (6 zu § 13) zur Verhütung von Gewalttaten, die das Opfer als Unglücksfall treffen, wird durch § 323c nicht begründet; wer nicht auf Grund besonderer Pflichtenstellung (7–11 zu § 13) für die Gefahrabwendung einzustehen hat, macht sich wegen unterlassener Hilfe nicht als Teilnehmer an der Gewalttat, sondern nur nach § 323 c strafbar (BGHSt 3, 65). – Umgekehrt haften der Gewalttäter und der nicht helfende Garant nur wegen der Begehungs- bzw unechten Unterlassungstat, wenn der Unrechtserfolg, auf den ihr Vorsatz gerichtet war, den Unglücksfall darstellt. Die hM begründet das mit Subsidiarität des § 323 c gegenüber der Vorsatztat (BGHSt 3, 65; 14, 282; 39, 164, 166; s auch GA 56, 120, alle mwN); jedoch dürfte es hier regelmäßig schon an der Tatbestandsmäßigkeit fehlen, weil in solchen Fällen die Erfüllung der Hilfeleistungspflicht schlechthin nicht erwartet werden kann und deshalb unzumutbar ist (Frankfurt NJW 57, 1847; Tag JR 95, 133, 136; s auch Celle NJW 70, 341). Wer jedoch fahrlässig – namentlich im Straßenverkehr – einen anderen in Leib- oder Lebensgefahr bringt, ist nach § 323 c hilfspflichtig; ebenso wer einen anderen vorsätzlich verletzt, wenn dem Opfer über den Tätervorsatz hinaus Lebensgefahr droht (BGHSt 14, 282; aM

7

8

Vor § 324 BT. 29. Abschnitt. Straftaten gegen die Umwelt

Frankfurt aaO). – Bleibt ungeklärt, ob sich der Täter an der den Unrechtserfolg verursachenden Vorsatztat beteiligt oder nur keine Hilfe geleistet hat, so ist wegen des hier bestehenden „normativ-ethischen Stufenverhältnisses" (dazu 6 zu § 138) aus § 323 c zu verurteilen (Spendel LK 217; Rudolphi SK 31; aM BGHSt 39, 164 und NStZ 97, 127, die dasselbe Ergebnis auf die Subsidiarität des § 323 c stützen; zust Geppert JK 3; gegen eine Bestrafung aus § 323 c Tag aaO).

9 6. Der **Vorsatz** (bedingter genügt, bei Dallinger MDR 68, 552) muss namentlich die Möglichkeit, die Erforderlichkeit (Hamm JMBlNRW 56, 189) und die Zumutbarkeit der Hilfe umfassen; jedoch genügt für die Zumutbarkeit Kenntnis der Umstände, welche sie begründen (16 zu § 15; str). Ein Irrtum über diese Voraussetzungen ist Tatbestandsirrtum (Bay NJW 57, 345); ebenso der Irrtum, das zur Abwendung des Unglücksfalls Notwendige getan zu haben (bei Holtz MDR 93, 721, 722; Kreuzer aaO [vgl 6] S 113); ist jedoch der Täter entschlossen, seine Hilfe zu versagen, und macht er sich deshalb keine Gedanken über konkrete Hilfsmöglichkeiten, so liegt idR bedingter Vorsatz vor (GA 71, 336; aM Spendel LK 148). Dasselbe gilt auch, wenn er das Vorliegen von Umständen, welche die Zumutbarkeit ausschließen, nur für möglich hält, sich aber mit ihrem Fehlen abfindet (24, 25 zu § 15); zu der noch wenig geklärten Frage, ob und unter welchen Voraussetzungen in solchen Fällen die Schuld gemindert oder ausgeschlossen sein kann, Warda, Lange-FS, S 119.

10 7. Ist die Hilfspflicht gegeben, so muss **sofort** (BGHSt 14, 213) **und auf die wirksamste Weise** (bei Holtz MDR 93, 721, 722; Geilen JZ 73, 320, 324 und Jura 83, 138, 143) geholfen werden; späteres Eintreffen anderer hilfsbereiter Personen entlastet nicht mehr (VRS 25, 42). Die Tat ist **vollendet**, wenn der Täter nach Entstehen der Hilfspflicht die von ihm erkannte Hilfsmöglichkeit nicht nutzt; einer Kundgabe des Entschlusses, Hilfe zu verweigern, bedarf es dazu nicht (Schaffstein, Dreher-FS, S 147, 157; einschr BGHSt 14, 213; Geilen Jura 83, 138, 147; weiter einschr Rudolphi SK 17; Seelmann NK 50; zw).

11 8. Da der **Versuch** nicht mit Strafe bedroht ist (§ 23 I), kommt auch untauglicher Versuch nicht in Frage; daran kann die Charakterisierung der Tat als sog unechtes Unternehmensdelikt (19 zu § 11) nichts ändern (AG Tiergarten NStZ 92, 236 mit Anm Rudophi; aM Sch/Sch-Cramer/Sternberg-Lieben 15, alle mwN). Tätige Reue, zB durch Umkehren und Hilfeleisten nach Vorbeifahren am Unfallort, kann in analoger Anwendung der Vorschriften über tätige Reue zum Absehen von Strafe führen (Berz, Stree/Wessels-FS, S 331, 338; Rengier BT II 42/17; Sch/Sch-Cramer/Sternberg-Lieben 30; aM BGHSt 14, 213, 217 zu § 330 c aF; Rudolphi SK 29).

12 9. **Tateinheit** ua möglich mit § 315 b I (Oldenburg VRS 11, 53) und § 142 (dort 42).

29. Abschnitt. Straftaten gegen die Umwelt

Vorbemerkung

1 1. Der Abschnitt beruht auf dem **18. StÄG**, mit dem das **Umweltstrafrecht** grundlegend neu geordnet worden ist (8 vor § 1; Krüger, Die Entstehungsgeschichte des 18. Strafrechtsänderungsgesetzes zur Bekämpfung der Umweltkriminalität, 1995; Frisch, in: Leipold [Hrsg], Umweltschutz und Recht in Deutschland und Japan, 2000, S 361; Rogall, in: Dolde [Hrsg], Umweltrecht im Wandel, 2001, S 795, 796; zu den Änderungen durch das 31. StÄG [12 vor § 1] vgl 6 a). Das Gesetz hat – allerdings mit erheblichen Strukturveränderungen und Erweiterungen – die früher in verwaltungsrechtlichen Spezialgesetzen, namentlich im WHG,

Vorbemerkung **Vor § 324**

BImSchG, AbfG und AtG, enthaltenen Strafvorschriften in diesem Abschnitt zusammengefasst, einzelne Tatbestände (§§ 311 d, 311 e aF, jetzt §§ 311 c, 311 d) auch dem Abschnitt über gemeingefährliche Straftaten zugewiesen und weniger zentrale oder nur mittelbar dem Umweltschutz dienende Strafdrohungen im Nebenstrafrecht belassen (vgl etwa § 148 GewO; §§ 51, 52 LMBG; §§ 63 ff BSeuchG aF [jetzt §§ 74, 75 JfSG]; § 74 TierSG; § 17 TierschG; §§ 40, 42 SprengG; § 39 PflSchG; § 7 DDT-G).

2. Die Übernahme der **zentralen Normen des Umweltstrafrechts in das** 2 **StGB** hat während der vorbereitenden Arbeiten am 18. StÄG und nach Verkündung des Gesetzes viel Zustimmung erfahren (zusf Kühl, Lackner-FS, S 815, 817) und hochgespannte Hoffnungen auf eine nachhaltige Verbesserung des strafrechtlichen Umweltschutzes geweckt (vgl namentlich die Regierungsvorlage, BT-Dr 8/2382; die Beschlussempfehlung und den Bericht des Rechtsausschusses, BT-Dr 8/3633; die Beratungen im Plenum des BTages, SBer 8 S 16029; s ua auch Tiedemann, Die Neuordnung des Umweltstrafrechts, 1980; Triffterer, Umweltstrafrecht, 1980, beide mwN). Allerdings ist von Anfang an auch Kritik unter dem Gesichtspunkt geübt worden, dass die Struktur der im StGB zusammengefassten Tatbestände zur Verwendung zahlreicher unbestimmter Rechtsbegriffe, zur Anhäufung von Verweisungs- und Blankettatbeständen und zur Schaffung problematischer Abhängigkeiten der Strafverfolgung vom Vorgehen der Umweltverwaltungsbehörden zwingt und dadurch – sei es auch überwiegend unvermeidbar – die Effizienz des Gesetzes in Frage stellt (vgl die Nachw unter 3–6).

a) Das **Hauptdilemma** liegt darin, dass die umweltverwaltungsrechtliche 3 Normsetzung in Bund, Ländern und Gemeinden sowie die präventiven Maßnahmen der Verwaltungsbehörden für das Strafrecht begrenzend wirken müssen, weil – jedenfalls grundsätzlich – strafrechtlich nicht verboten sein kann, was verwaltungsrechtlich wirksam erlaubt wurde (**Verwaltungsakzessorietät**; zur zwingenden Notwendigkeit ihrer grundsätzlichen Anerkennung ua Winkelbauer, Zur Verwaltungsakzessorietät des Umweltstrafrechts, 1985 und JuS 94, 112; Rengier ZStW 101, 874; Ossenbühl DVBl 90, 963, 971; Heine NJW 90, 2425 und ZUR 95, 63, 66; Kindhäuser, Helmrich-FS, S 967, 980; Bergmann, Zur Strafbewehrung verwaltungsrechtlicher Pflichten im Umweltstrafrecht ..., 1993, S 10; Kuhlen ZStW 105, 697, 706; Paeffgen, Stree/Wessels-FS, S 586; Glauben DRiZ 98, 23, 25; Koch/Scheuing-Weber 58 vor § 62 BImSchG; Kloepfer/Vierhaus, Umweltstrafrecht, 1995, Rdn 26–28; Ransiek, Unternehmensstrafrecht, 1996, S 130 und in: NK 43; Felix, Einheit der Rechtsordnung, 1999, S 294; Dölling, Kohlmann-FS, S 111, 114; diff Schwarz GA 93, 318; Frisch, Verwaltungsakzessorietät und Tatbestandsverständnis im Umweltstrafrecht, 1993, S 5 sowie aaO [vgl 1] S 372; Breuer JZ 94, 1077, 1083; Schünemann, Triffterer-FS, S 437, 441; Rühl JuS 99, 521; Rogall aaO [vgl 1] S 824; krit Hassemer, Lenckner-FS, S 97, 114). Das verweist aber das Strafrecht in eine nachrangige, dh dienende Rolle und legt überdies im Ergebnis die Verfügung über den Anwendungsbereich von Kernstrafrecht auch in die Hände von Landesgesetzgebern, Kommunen, Fachbehörden und Verwaltungsgerichten. Da die Tatbestände dieses Abschnitts die außerstrafrechtlichen Normen, auf die sie verweisen, einschließlich der darauf beruhenden (möglicherweise materiell fehlerhaften) Verwaltungsakte als notwendig voraussetzen und zugleich als verbindlich anerkennen, ist ihr Inhalt dem ständigen Wandel durch außerstrafrechtliche Normsetzungs- oder Verwaltungsakte ausgesetzt, die der Bundesgesetzgeber nur in den Grenzen seiner Kompetenz steuern kann, die im Übrigen – namentlich soweit es sich um Landesrecht handelt (2–5 zu § 329; Tröndle/Fischer 5 zu § 1) – seinem Einfluss entzogen sind (krit ua Albrecht MschrKrim 83, 278; Rudolphi NStZ 84, 248; Hauber VR 89, 109, 111; Schall NJW 90, 1263, 1265; Koch/Scheuing-Weber 65 vor § 62 BImSchG; Tröndle/

Fischer 4a; unter Artenschutzgesichtspunkten Gütschow, Der Artenschutz im Umweltstrafrecht, 1998, S 131, 152, 156; zusf Kühl, Lackner-FS, S 815, 824). Das begründet eine prinzipielle Abhängigkeit des strafrechtlich relevanten Verhaltens sowohl von der Umweltpolitik verschiedener Gesetz- und Verordnungsgeber als auch von der mehr oder minder strengen Verwaltungspraxis der Umweltbehörden am Ort. Hier können Verfilzungen zwischen Aufsichtsbehörden und Industrie oder sachfremde Rücksichtnahmen (zB Verhütung von Steuereinbußen der Kommunen) die Entstehung straffreier Räume begünstigen, weil die nach der Rechtslage gebotenen Verwaltungsakte (zB Anordnungen, Auflagen oder Untersagungen nach § 325 I) mit der Folge unterbleiben, dass die strafrechtliche Anknüpfung vereitelt wird (dazu ua Kühl aaO S 857; Diez/Gneiting MschrKrim 89, 190; Kessal, in: DRiB [Hrsg], Natur- und Umweltschutzrecht, 1989, S 109; diff Frisch aaO S 16; zur anfangs umstrittenen, inzwischen aber wohl geklärten Verfassungsrechtslage NJW 96, 3220; Löwer JZ 79, 621, 629; Lenzen JR 80, 133; Kühl aaO S 824; Ransiek, Gesetz und Lebenswirklichkeit, 1989, S 112 und in: NK 17–24; Rogall GA 95, 299, 305; Kloepfer/Vierhaus aaO Rdn 29, 30; Perschke wistra 96, 161, 163; Steindorf LK 24–29, alle mwN; speziell zur Ausfüllung von Strafgesetzen durch Rechtsverordnungen Kühl aaO S 833; 2 zu § 1; vgl auch Heghmanns, Grundzüge der Dogmatik der Straftatbestände zum Schutz von Verwaltungsrecht und Verwaltungshandeln, 2000, S 86, der deren Verfassungsmäßigkeit bei § 330 d Nr 4 b–e iVm §§ 324a, 325, 326 III, 328 III bejaht, Verfassungswidrigkeit dieser Vorschriften aber dann annimmt, wenn sie Verwaltungsanordnungen strafbewehren, S 282, 297; zur Bestimmtheit der Verweisungsform bei Blankettgesetzen Michalke, Verwaltungsrecht im Umweltstrafrecht, 2001, S 75). Die Problematik ist nur im Wege einer rechtspolitischen Interessenabwägung und unter Beachtung der subsidiären Aufgabe des Strafrechts lösbar. Da einerseits Fachbehörden die Umweltgüter verwalten und dafür den notwendigen Gestaltungsspielraum haben müssen, andererseits aber gegen schwere Zuwiderhandlungen ein hinreichender Strafschutz bestehen muss, ist eine gegenseitige Begrenzung der schon im Ansatz verschiedenartigen staatlichen Kompetenzen unausweichlich. Die Verwaltungsakzessorietät (namentlich die Verwaltungsaktakzessorietät) schränkt die Möglichkeiten strafrechtlichen Einschreitens stark ein, zwingt auf der anderen Seite aber dazu, auch Taten strafrechtlich zu erfassen, deren Unrecht sich ganz oder überwiegend in der Mißachtung des verwaltungsrechtlichen Kontrollsystems erschöpft (zur Begr der Strafbarkeit in solchen Fällen Tiedemann/Kindhäuser NStZ 88, 337, 340; Rengier ZStW 101, 874, 880; Krüger, Die Entmaterialisierungstendenz beim Rechtsgutsbegriff, 2000, S 146); bisweilen entzieht sie auch den Verwaltungsbehörden durch die gesetzlich begründete Strafbarkeit Gestaltungsmöglichkeiten, die ihnen das Opportunitätsprinzip sonst einräumt (krit Samson JZ 88, 800; eingehend Brauer, Die strafrechtliche Behandlung genehmigungsfähigen, aber nicht genehmigten Verhaltens, 1988, S 109; zusf Heine/Meinberg, 57. DJT, Bd I, Gutachten Teil D S 45; Otto Jura 91, 308; zu Konflikten zwischen verwaltungsrechtlichem Opportunitätsprinzip und strafprozessualem Legalitätsprinzip Breuer JZ 94, 1077, 1085; krit zur Konkurrenz zwischen Fachbehörden und Strafverfolgungsbehörden bei der Ausdeutung von Umweltzielen und Maßstäben für umweltrelevantes Handeln Salzwedel, Freundes- und Festgabe für K Wernicke, 1995, S 213, 225).

4 **b) Als weiteres Hemmnis** für die erhoffte Effizienz des Gesetzes wirkt sich auch aus, dass die weite Erstreckung der Tatbestände in das Vorfeld des Lebens- und Gesundheitsschutzes, deren vielfältige Abhängigkeit von der Erhebung technischer Daten und die typischen Schwierigkeiten bei der Ermittlung der Tatverantwortlichen (Arbeitsteilung in der Wirtschaft) eine Verdünnung der Zurechnungsstrukturen mit sich bringen (dazu Seelmann NJW 90, 1257), die häufig einen ungewöhnlichen Verfahrensaufwand erfordert (krit auch Hassemer NKrim-Pol 89, 47; überzogen die Kritik von Albrecht KritV 88, 182 sowie des 12. Strafverteidigertages StV 88, 275, der [wie Müller-Tuckfeld, ZustStR, S 461] ersatzlose Streichung des Umweltstrafrechts fordert; vgl dazu krit Kuhlen ZStW 105, 697; Stratenwerth ZStW 105, 679, 687 und in: Lüderssen-FS, S 373, 377; Frisch aaO [vgl 1] S 385; Krüger aaO [vgl 3] S 154; Rogall aaO [vgl 1] S 808 und Hefendehl, Kollektive Rechtsgüter im Strafrecht, 2002, S 310). Zu den praktischen und rechtlichen Problemen bei der Verfolgung von Umweltverstößen im Bereich der Unternehmensdelinquenz Schall, in: Schünemann (Hrsg), Deutsche Wiedervereinigung, Bd III, Unternehmenskriminalität, 1996, S 99; s auch Ransiek aaO (vgl 3) S 127. – Zur Kriminal- und Justizstatistik Franzheim/Pfohl 24–37; M-G/B-Pfohl 54, 323–333; Dölling, Kohlmann-FS, S 111, 118.

c) Schließlich sind gerade die **brennendsten Fragen** eines wirksamen Umweltschutzes mit den Mitteln des Strafrechts nicht lösbar. Es gibt keine rechtsstaatlich vertretbare Möglichkeit, selbst schwerste Umweltbelastungen strafrechtlich zu erfassen, wenn sie auf Summations-, Kumulations- oder synergetischen Effekten (eingehend Daxenberger, Kumulationseffekte, 1997) beruhen, die ihrerseits durch legale, dh Genehmigungen und Auflagen nicht überschreitende, Handlungen verursacht werden (Laufhütte/Möhrenschlager ZStW 92, 912, 919; Otto Jura 95, 134, 141; krit Hümbs-Krusche/Krusche ZRP 84, 61; s auch Samson ZStW 99, 617; Kleine-Cosak, Kausalitätsprobleme im Umweltstrafrecht, 1988; Herzog, Gesellschaftliche Unsicherheit und strafrechtliche Daseinsvorsorge, 1991, S 141). Das gilt selbst dann, wenn die eingetretenen Umweltschäden das Ergebnis eines offensichtlichen Fehlverhaltens der Behörden sind (zur Haftung von Amtsträgern vgl 8–13). Zwar ist in solchen Fällen die Anwendbarkeit der §§ 223 ff, 303 StGB nicht schlechthin ausgeschlossen, in aller Regel aber mindestens aus Schuld- oder Beweisgründen nicht realisierbar (13 zu § 324).

3. Die Entwicklung seit Inkrafttreten des 18. StÄG hat die **kritische Beurteilung** der strafrechtlichen Möglichkeiten zur Gewährleistung des Umweltschutzes (vgl 3–5) weitgehend bestätigt. In der Praxis hatte sich alsbald gezeigt, dass die Umweltstrafverfahren zwar erheblich zugenommen hatten, aber durch eine überdurchschnittlich hohe Zahl von Verfahrenseinstellungen nach §§ 170 II, 153, 153a StPO (eingehend zu den im Umweltstrafrecht überproportional häufigen Opportunitätseinstellungen, insb zu den tatsächlichen Einstellungsgründen Schirrmacher, Neue Reaktionen auf umweltdeliktisches Verhalten, 1998, die eine neue „Umweltauflage" vorschlägt, S 266; ähnlich Sack JR 00, 483) und durch geringfügige Strafen (zu den Vollzugsdefiziten auf der sanktionsrechtlichen Ebene mit Reformvorschlägen Schall/Schreibauer NuR 96, 440; Busch, Unternehmen und Umweltstrafrecht, 1997, S 50, 274 und Ransiek NK 25–54) gekennzeichnet waren, was auf eine zweckwidrige Schwerpunktbildung bei den Bagatelltaten hinwies (vgl etwa Hümbs-Krusche/Krusche, Die strafrechtliche Erfassung von Umweltbelastungen – Strafrecht als ultima ratio der Umweltpolitik?, 1983; Albrecht/Heine/Meinberg ZStW 96, 943; Heine GA 86, 67; Rüther, Ursachen für den Anstieg polizeilich festgestellter Umweltschutzdelikte, 1986; Schwind/Steinhilper [Hrsg], Umweltschutz und Umweltkriminalität, 1986; Heine ZUR 95, 63; Risch, Polizeiliche Praxis bei der Bearbeitung von Umweltdelikten, 1992; Wagner Polizei 96, 225; Dölling, Kohlmann-FS, S 111, 121; Rogall aaO [vgl 1] S 805, 822; Koch/Scheuing-Weber 48 vor § 62 BImSchG; M-G/B-Pfohl 54/334, 335; Eisenberg, Krim 47/61; Kaiser Krim 75/4–8 und 76/1–9; Schwind Krim 22/31–38 mit aktuellen statistischen Angaben). Das hat zu nachdrücklichen Forderungen in der Öffentlichkeit nach Verschärfung des Strafrechts geführt. Deshalb hat sich der 57. DJT (1988) mit der Problematik befasst. Die Beiträge zu seiner Vorbereitung (Tiedemann/Kindhäuser NStZ 88, 337; Franzheim JR 88, 319; Meurer NJW 88,

Vor § 324 BT. 29. Abschnitt. Straftaten gegen die Umwelt

2065; Breuer NJW 88, 2072; Dahs/Redeker DVBl 88, 803; Geulen ZRP 88, 323; Dölling ZRP 88, 334; Samson JZ 88, 800) und seine Verhandlungen (Heine/Meinberg, Bd I, Gutachten Teil D; Verhandlungen der strafrechtlichen Abteilung, Sitzungsbericht L; zusf Odersky/Brodersen ZRP 88, 475) haben folgende Tendenzen deutlich gemacht: Der Einsatz strafrechtlicher Mittel ist auch auf dem Gebiet des Umweltrechts unverzichtbar. Jedoch ist am Prinzip der Verwaltungsrechtsakzessorietät und in engeren Grenzen auch an dem der Verwaltungsaktakzessorietät als einem Gebot der Gewaltenteilung und des Rechtsstaates festzuhalten; Konfrontationen von Verwaltungs- und Strafverfolgungstätigkeit sind durch bessere Zusammenarbeit abzubauen. – Zu den Perspektiven des Umweltstrafrechts Rogall aaO (vgl 1) S 818.

6a **4. Das 31. StÄG** – 2. UKG (12 vor § 1) hat nach einem langwierigen Gesetzgebungsverfahren trotz seiner ungewöhnlichen Länge keine grundlegende Reform des Umweltstrafrechts gebracht (vgl zum Beratungsverfahren BT-Dr 12/7300 S 19; Sachverständigenanhörung im BT-Rechtsausschuss Prot Nr 51 v 7. 10. 92). Zur besseren Bekämpfung der Umweltkriminalität wurde insbesondere der strafrechtliche Schutz gegen Boden- und Luftverunreinigungen (neuer § 324a, Erweiterung des § 325 um einen Emissionstatbestand), gegen Beeinträchtigungen von Naturschutzgebieten (§ 329 III) sowie gegen Gefahren durch unverantwortlichen Umgang mit gefährlichen Stoffen und beim Transport gefährlicher Güter (§ 328 III) verstärkt; die Bekämpfung des sog illegalen Abfalltourismus soll durch einen neuen Tatbestand verbessert werden (§ 326 II). Zur Erfassung schwerer Umweltgefährdungen wurde eine übersichtlichere Regelung für besonders schwere Fälle geschaffen (§ 330) und § 330a („Freisetzen von Giften") erweitert. Hinzu kommen Erweiterungen bei §§ 311c, 311d aF (jetzt §§ 312, 311). – Bei den allgemeinen Fragen des Umweltstrafrechts ist am Grundsatz der Verwaltungsakzessorietät festgehalten und die damit verbundene Problematik durch Begriffsbestimmungen (§ 330d Nr 4, 5) zu entschärfen versucht worden; die strafrechtliche Haftung von Amtsträgern wurde nicht geregelt. Die Regelung über „Tätige Reue" (§ 330b) ist ebenso erweitert worden wie die zur Einziehung (§ 330c). – Aus den **Gesetzesmaterialien** vgl ua die Entwürfe der Bundesregierung (BT-Dr 12/192) und der SPD-Fraktion (BT-Dr 12/376), die Beschlussempfehlung und den Bericht des BTag-Rechtsausschusses (BT-Dr 12/7300) sowie die Beratungen im Plenum des BTages (SBer 19166). – Inkrafttreten: 1. 11. 1994. – **Übersichtsbeiträge:** Möhrenschlager NStZ 94, 513, 566; Schmidt/Schöne NJW 94, 2514; Breuer JZ 94, 1077, 1080; Knopp BB 94, 2219; Langkeit WiB 94, 710; Otto Jura 95, 134; krit Müller-Tuckfeld aaO [vgl 4] S 470; eingehend Schwertfeger, Die Reform des Umweltstrafrechts durch das Zweite Gesetz zur Bekämpfung der Umweltkriminalität (2. UKG), insbesondere unter kriminalpolitischen Gesichtspunkten, 1998. – Aus der Literatur speziell zu den Entwürfen Sack MDR 90, 286; Vierhaus ZRP 92, 161; Schall wistra 92, 1; Rüther KritV 93, 227. Zum Diskussionsstand vor dem 31. StÄG Rogall, Köln-FS, S 505; Heine/Meinberg GA 90, 1; Kuhlen WiVerw 91, 181 und 92, 215; Ossenbühl/Huschens UPR 91, 161; Schall JuS 93, 719; zur historischen Entwicklung des Umweltschutzes Heine GA 89, 116 und Rogall aaO (vgl 1) S 796, zum 31. StÄG S 803; rechtsvergleichend Heine ZStW 101, 722 und 103, 819; Fitzgerald ZStW 104, 689.

7 **5.** Als **geschütztes Rechtsgut** aller Tatbestände soll nach der Abschnittsüberschrift **die Umwelt,** allerdings nicht in einem weiten, unsubstantiierten Sinne, sondern in ihren verschiedenen Medien (Wasser, Luft, Boden) und ihren sonstigen Erscheinungsformen (Pflanzen- und Tierwelt) verstanden werden (BT-Dr 8/2382 S 10 und 8/3633 S 19). Die daraus folgende Anerkennung einer Mehrzahl selbständiger Umweltgüter entspricht auch der im Schrifttum herrschenden, nur in Grenzbereichen noch nicht abschließend geklärten Meinung (zusf Triffterer aaO

[vgl 2] S 33, 70; eingehend Kareklas, Die Lehre vom Rechtsgut und das Umweltstrafrecht, 1990, und Hefendehl aaO [vgl 4] S 132, 306, der von aufzehrbaren Kontingenten in Gestalt der natürlichen Umweltressourcen spricht). Sie verdient aber nur Zustimmung, wenn der Bezug auf den Menschen nicht verloren geht. Die Umwelt ist nicht Schutzgut um ihrer selbst willen, sondern in ihrer Funktion, dem Menschen der Gegenwart humane Lebensbedingungen im weitesten Sinne zu erhalten und sie auch für künftige Generationen zu gewährleisten (Bloy ZStW 100, 485; Meurer NJW 88, 2065, 2067; ähnlich Rogall, Köln-FS, S 505, 509 und NStZ 92, 360, 363; Rengier NJW 90, 2506; Kuhlen ZStW 105, 697, 701; Kühl, in: Nida-Rümelin [Hrsg], Ökologische Ethik und Rechtstheorie, 1995, S 245; Zieschang, Die Gefährdungsdelikte, 1998, S 214; Frisch aaO [vgl 1] S 375; Krüger aaO [vgl 4] S 143; Wohlers, Delikttypen des Präventionsstrafrechts, 2000, S 130, 139, 339; Hefendehl aaO; M-Schroeder/Maiwald BT 2 58/19, 20; Steindorf LK 12–21; Horn SK 2; Sch/Sch-Cramer/Heine 8; für den Schutz der ökologischen Güter selbst Schünemann, Trifterer-FS, S 437, 452; beachte auch Eser, in: Markl [Hrsg], Natur und Geschichte, 1983, S 354; Trifterer ÖJZ 88, 545; Kindhäuser, Helmrich-FS, S 967, 968, 976; Stratenwerth ZStW 105, 679, 682; Müssig, Schutz abstrakter Rechtsgüter und abstrakter Rechtsgüterschutz, 1994, S 222; Müller-Tuckfeld aaO [vgl 4] S 462, alle mwN; diese Sicht findet jetzt auch in Art 20a GG ihren verfassungsrechtlichen Ausdruck (vgl Kloepfer DVBl 96, 73, 77; Dölling, Kohlmann-FS, S 111, 112; Hefendehl aaO S 307). Die Umweltgüter bilden daher zwar selbstständige Rechtsgüter der Allgemeinheit (aM Hohmann, Das Rechtsgut der Umweltdelikte, 1991 und GA 92, 76; krit auch Herzog aaO [vgl 5] S 147 und Hassemer, Produktverantwortung im modernen Strafrecht, 1994, S 11, 20; scharfe Kritik an diesen Vertretern der sog personalen Rechtsgutslehre übt Schünemann, GA 95, 201, 205; krit auch Dölling aaO); sie sind aber doch mediatisiert in dem Sinne, dass sie den existentiellen Individualrechtsgütern (Leben, Gesundheit, Freiheit usw) vorgelagert sind und als Gemeinschaftsaufgabe die Abwendung von Gefahren für die biologische Entwicklung aller (und damit auch jedes einzelnen) Menschen bezwecken. Daraus folgt, dass zwischen den traditionellen Rechtsgütern des Strafrechts und den Umweltschutzgütern fließende Übergänge bestehen und dass der umweltstrafrechtliche Schutzbereich als Vorzone nicht isoliert aus einem wie auch immer vorgeformten Rechtsgutsbegriff, sondern nur aus dem Schutzbedürfnis des Menschen abgeleitet werden kann, das zwar zukunftsbezogen, aber durchaus mit den Verhältnissen wandelbar ist (ähnlich Ronzani, Erfolg und individuelle Zurechnung im Umweltstrafrecht, 1992, S 43; str). Die „Handgreiflichkeit" fehlt diesem Rechtsgut angesichts der Umweltmedien jedenfalls nicht (Kühl aaO S 257 und Hefendehl aaO S 134). Zu beachten ist ferner, dass die Schutzbereiche der einzelnen Tatbestände des Abschnitts häufig nicht das jeweilige Umweltgut unmittelbar und im ganzen abdecken, sondern entweder zur Verhütung übermäßiger Kriminalisierung auf potentielle oder konkrete Gefährdungen von Menschen oder Sachen beschränkt sind (dazu Breuer JZ 94, 1077, 1080; Rogall aaO) oder zur Gewährleistung der gebotenen staatlichen Kontrolle an Verwaltungsakte der Umweltbehörden anknüpfen (diff Rengier, in: Schulz [Hrsg], Ökologie und Recht, 1991, S 33; krit dazu Rogall NStZ 92, 561, 564; die Ausgestaltung des Rechtsguts Umwelt durch das Verwaltungsrecht betont Ransiek NK 9–13). – Zum **Strafbedürfnis** bei schwerwiegenden Umweltschädigungen Dölling aaO. – **Strukturell** lassen sich mediale Regelungen, die ein bestimmtes Rechtsgut schützen (§§ 324, 324a, 325, 325, 329), von multimedialen Regelungen (§§ 326–328) unterscheiden (Kindhäuser BT I 73/3).

6. Aus dem Regelungsbereich des 18. und des 31. StÄG ist die Frage der **8 strafrechtlichen Haftung von Amtsträgern** für Umweltbelastungen, die nach diesem Abschnitt mit Strafe bedroht sind und durch Amtspflichtverletzungen er-

Vor § 324 BT. 29. Abschnitt. Straftaten gegen die Umwelt

möglicht oder sonst verursacht werden, bewusst ausgeklammert worden (BT-Dr 8/3633 S 20 und 12/7300 S 21; Möhrenschlager NStZ 94, 513, 515; für eine gesetzliche Regelung der Amtsträgerstrafbarkeit Frisch aaO [vgl 1] S 396). Eine Strafbarkeit kann deshalb nur nach den allgemeinen Regeln begründet werden, die zu Unrecht als unzureichend angesehen werden (Schall, JuS 93, 719, 720 mwN). Sie kann, wenn im Rahmen staatlicher Tätigkeit (etwa in öffentlichen Unternehmen) rechtswidrige Taten (auch Unterlassungen in Garantenstellung, 6 zu § 13) nach §§ 324 ff begangen werden, nicht nur unmittelbar die dafür jeweils Verantwortlichen treffen (16 zu § 324; 18 zu § 325; 15 zu § 326), sondern sich auch aus § 14 (namentlich dessen Abs 2 S 3) ergeben (Köln NJW 88, 2119, 2121; Müller UPR 90, 367; Koch/Scheuing-Weber 177 vor § 62 BImSchG; Sch/Sch-Cramer/Heine 41, alle mwN). – Umstritten und noch nicht abschließend geklärt sind die Möglichkeiten der Beteiligung von Amtsträgern, die in den für den Umweltschutz zuständigen Behörden tätig sind, an solchen Taten (Begehungs- und Unterlassungstäterschaft, Teilnahme). Im Vordergrund stehen folgende Fallgruppen (eingehend ua Zeitler, Die strafrechtliche Haftung für Verwaltungsentscheidungen nach dem neuen Umweltstrafrecht, Diss Tübingen 1982; Gröger, Die Haftung des Amtsträgers nach § 324 StGB, 1985; Hüwels, Fehlerhafter Gesetzesvollzug und strafrechtliche Zurechnung, 1986; Immel, Strafrechtliche Verantwortlichkeit von Amtsträgern im Umweltstrafrecht, 1987; Rogall, Die Strafbarkeit von Amtsträgern im Umweltbereich, 1991 und aaO [vgl 1] S 830; Kuhlen WiVerw 92, 215, 290; Rüther KritV 93, 227, 235; Scholl, Strafrechtliche Verantwortlichkeit von Gemeinde-, Kreisräten und Mitgliedern der Zweckverbandsversammlungen im Umweltrecht, 1996; Nappert, Die strafrechtliche Haftung von Bürgermeistern und Gemeinderäten im Umweltstrafrecht, 1997; Franzheim/Pfohl 569–608; Steindorf LK 49–57, alle mwN; Rspr-Übersicht bei Horn JZ 94, 1097):

9 **a)** Die **Erteilung fehlerhafter, verwaltungsrechtlich aber wirksamer Erlaubnisse** und das **Unterlassen der Beseitigung solcher Erlaubnisse** (Genehmigungen, Planfeststellungen, Bewilligungen, vorübergehende Gestattungen usw). Soweit die Tatbestände des Abschnitts Handeln unter Verletzung bestimmter verwaltungsrechtlicher Pflichten voraussetzen (dazu 4–12 zu § 325), scheiden die Amtsträger in Genehmigungsbehörden als Täter solcher Taten aus, weil die im Einzelnen vorausgesetzten Pflichten ausschließlich auf das Verhalten des Bürgers bezogen sind. IdR können sie auch nicht als Teilnehmer (Anstifter oder Gehilfen) an den Taten der Erlaubnisadressaten erfasst werden, weil deren Verhalten wegen der meist zu bejahenden verwaltungsrechtlichen Wirksamkeit der erteilten Erlaubnis keine rechtswidrige Haupttat bildet (hM; vgl 9 vor § 25; 9, 10 zu § 324; anders Weber, Strafrechtliche Verantwortlichkeit von Bürgermeistern und leitenden Verwaltungsbeamten im Umweltrecht, 1988, S 45; Keller, Rebmann-FS, S 241, 253); in den von § 330 d Nr 5 erfassten Missbrauchsfällen handelt der unlautere Betreiber freilich ohne Genehmigung und damit (tatbestandsmäßig) rechtswidrig, so dass der Amtsträger als Teilnehmer in Betracht kommt (Koch/Scheuing-Weber 184 vor § 62 BImSchG). Denkbar ist dagegen eine täterschaftliche Verwirklichung von Vorsatz- und Fahrlässigkeitstatbeständen, die ohne Bezugnahme auf einen verwaltungsrechtlichen Verbotsbereich die Herbeiführung von Schadensfolgen verbieten, wie das etwa für die §§ 324, 330a und mit Einschränkungen auch für § 326 zutrifft (hM; für § 324 Fischer/Leirer ZfW 96, 349; für § 326 Glauben DRiZ 98, 23, 25; anders Bickel, in: Meinberg ua [Hrsg], Umweltstrafrecht, 1989, S 261, 269 mwN). Die unterschiedliche Ausgestaltung der Umweltdelikte als Allgemeindelikte (§§ 324, 324a, 326, 329) oder als Sonderdelikte (§§ 325, 325a, 327) ist auch insofern mit Art 3 I GG vereinbar, als Amtsträger mit verschiedenen Aufgabengebieten einem unterschiedlichen Strafbarkeitsrisiko unterliegen (BVerfG NJW 95, 186).

aa) So kann die **Erteilung einer Erlaubnis** für den Erfolg ursächlich sein und 10 uU bei Vorsatz die Voraussetzungen von Mittäterschaft (9–18 zu § 25) oder mittelbarer Täterschaft erfüllen (2–5 zu § 25); bei einer objektiven Sorgfaltspflichtverletzung kann sie den einschlägigen Fahrlässigkeitstatbestand verwirklichen (36–39 zu § 15). – Die Rspr lässt für Mittäterschaft auch hier ein stillschweigendes Einverständnis und einen objektiv fördernden Tatbeitrag im Vorbereitungsstadium genügen, sofern dieser sich als Teil der Tätigkeit aller darstellt (BGHSt 39, 381, 386 mit zust Anm Horn JZ 94, 636, aber krit Bespr Rudolphi NStZ 94, 436 und Schirrmacher JR 95, 386, alle mwN). – Die hM erkennt die Möglichkeit mittelbarer Täterschaft nicht nur bei (praktisch seltener) Irrtums- oder Nötigungsherrschaft an, die beim Erlaubnisadressaten entweder die irrige Annahme einer rechtmäßig erteilten Erlaubnis oder das Zurückweichen vor entschuldigendem Nötigungsdruck voraussetzt (4 zu § 25). Sie erstreckt sie vielmehr auch auf Fälle, in denen die Handlungsherrschaft beim wissenden oder frei handelnden Erlaubnisadressaten liegt, weil der Amtsträger mit der Genehmigung die entscheidende „Rechtsschranke" für die Tatbestandsverwirklichung „freigebe" (BGHSt 39, 381, 387 mit zust Anm Horn JZ 94, 636 und Rudolphi NStZ 94, 434, krit aber Schirrmacher JR 95, 386, 388; Nappert aaO [vgl 8] S 226; Grunert, Grenzen normativer Tatherrschaft bei mittelbarer Täterschaft, 2002, S 234 und Michalke 60–64; im Ergebnis wie hier Kindhäuser BT I 74/19; Rengier BT II 47/25; Ransiek NK 74 zu § 324; Schild NK 82 zu § 25; vgl auch BVerfG NJW 95, 186; str); damit wird der bisher anerkannte Anwendungsbereich mittelbarer Täterschaft durch eine weitere normative Deutung des Tatherrschaftsbegriffs (vgl 4 zu § 25) in zulässiger richterlicher Rechtsfortbildung, insbesondere ohne Verstoß gegen die Wortlautschranke („durch einen anderen"), erweitert (aM mit beachtlichen Gründen Wohlers ZStW 108, 61; ebenso abl Rogall aaO [vgl 8 „Strafbarkeit"] S 194; Arzt/Weber BT 41/43; Otto GK 2 82/21; Sch/Sch-Cramer/Heine 35). – Die Erlaubnis ist nicht schon deshalb rechtmäßig, weil der erlassene Verwaltungsakt nach außen wirksam ist (hM; vgl Rudolphi Dünnebier-FS, S 563 mwN). Jedoch ist der Amtsträger jedenfalls dann gerechtfertigt, wenn eine Erlaubnis den für sie geltenden materiellen verwaltungsrechtlichen Voraussetzungen genügt, möglicherweise also nur in den Bereich eines verwaltungsgerichtlich nicht überprüfbaren Beurteilungs- oder Ermessensspielraums fällt (Frankfurt NJW 87, 2753, 2756; Winkelbauer NStZ 86, 149, 152; Meinberg NJW 86, 2220; Schall JuS 93, 719, 721; Pfohl NJW 94, 418, 422, alle mwN). Darüber hinaus – in Anlehnung an den zu § 113 entwickelten strafrechtlichen Rechtmäßigkeitsbegriff (dort 7–15) – einen weiteren Spielraum anzunehmen, besteht kein Bedürfnis; denn die für § 113 anerkannte Erweiterung setzt subjektiv pflichtmäßiges Verhalten des Amtsträgers voraus, das hier – wo es um seine Täterschaft geht – mindestens einen unvermeidbaren Verbotsirrtum (2–8 zu § 17) begründet (Fischer/Leirer ZfW 96, 349, 351; aM Möhrenschlager NuR 83, 209, 213; Steindorf LK 58 zu § 324; krit auch Schünemann wistra 86, 235, 239).

bb) Bei dem **Unterlassen, eine fehlerhafte** (auch fehlerhaft gewordene) **Er-** 11 **laubnis zu beseitigen,** ist davon auszugehen, dass die speziell für den Umweltschutz zuständigen Behörden Garantenstellung (6 zu § 13) haben. Sie sind Beschützergaranten, weil sie der Allgemeinheit und jedem Einzelnen in dem Sinne verantwortlich sind, dass sie im Rahmen der ihnen aufgetragenen Güterabwägungen jede dem Gesetz widersprechende Beeinträchtigung der ihnen anvertrauten Umweltgüter zu unterbinden haben (hM; vgl etwa Frankfurt NJW 87, 2753, 2756; LG Bremen NStZ 82, 164; Zeitler aaO [vgl 8] S 18; Möhrenschlager NuR 83, 209, 212; Schultz, Amtswalterunterlassen, 1984, S 166; Gröger aaO [vgl 8] S 50; Hüwels aaO [vgl 8] S 129, 203; Winkelbauer NStZ 86, 149, 151; Meinberg NJW 86, 2220, 2223; Ranft JZ 87, 908, 916; Sangenstedt, Garantenstellung und Garantenpflicht von Amtsträgern, 1989, S 633, 669; Otto Jura 91, 308, 315;

Vor § 324 BT. 29. Abschnitt. Straftaten gegen die Umwelt

Hohmann NuR 91, 8; Rengier, Das moderne Umweltstrafrecht im Spiegel der Rechtsprechung, 1992, S 42; Rogall aaO [vgl 8] S 223; Freund, Erfolgsdelikt und Unterlassen, 1992, S 309; Nestler GA 94, 514, 525; Wolff-Reske, Berufsbedingtes Verhalten als Problem mittelbarer Erfolgsverursachung, 1995, S 163; Nappert aaO [vgl 8] S 68, 239; Roxin AT II 32/100; Kindhäuser BT I 74/17; Joecks 11; Ransiek NK 69 zu § 324; aM Rudolphi, Dünnebier-FS, S 561, 571; Schünemann GA 85, 341, 379 und wistra 86, 235, 242; Papier NuR 86, 1, 7; Weber aaO [vgl 9] S 57; Immel ZRP 89, 105, 108; Schall NJW 90, 1263, 1270; Tröndle, Meyer-GS, S 607, 617; Kirchner, Die Unterlassungshaftung bei rechtmäßigem Vorverhalten im Umweltstrafrecht, 2003, S 36). Mindestens lässt sich aber ihre Garantenstellung für die Beseitigung fehlerhafter Erlaubnisse auf Ingerenz (11 zu § 13) stützen (hM; vgl BGHSt 39, 381, 390 mit zust Anm Rudolphi NStZ 94, 435; Frankfurt aaO S 2756; Schall JuS 93, 719, 721; Rogall aaO [vgl 8] S 301; auch bei rechtmäßigem Vorverhalten Koch/Scheuing-Weber 191 vor § 62 BImSchG); da die Beseitigungspflicht die Behörde als solche trifft, gilt sie nicht nur für den Urheber der fehlerhaften Erlaubnis, sondern auch für seinen Amtsnachfolger (hM; vgl Kühl AT 18/121; Steindorf LK 57; diff Nappert aaO S 240; anders Immel aaO; Tröndle aaO S 621; Otto aaO und in: Hirsch-FS, S 291, 294; zw). – Daraus und aus den Ausführungen unter 9 folgt, dass die jeweils verantwortlichen Amtsträger als Unterlassungstäter (zur probl Abgrenzung vom bloßen Teilnehmer beachte Seier JA 85, 23, 29; 5, 6 zu § 27) bei solchen Tatbeständen in Frage kommen, die ohne Beschränkung auf einen bestimmten verwaltungsrechtlichen Verbotsbereich die Verursachung von Schadensfolgen verbieten. Art, Umfang und Methoden dieses Schutzes bestimmen sich aber ausschließlich nach dem verwaltungsrechtlichen Pflichtenkreis (vgl 10). Erst wenn der Amtsträger kein Auswahlermessen mehr hat, sondern nach zwingenden Vorschriften des Umweltverwaltungsrechts die Erlaubnis zurücknehmen oder eine andere (ebenfalls unterlassene) Abwehrmaßnahme zur Beseitigung oder Abschwächung des rechtswidrigen Zustandes treffen muss, ist die Strafbarkeitsgrenze erreicht (ähnlich Frankfurt aaO S 2757 und NStZ-RR 96, 103; GStA Zweibrücken NStZ 84, 554; Zeitler aaO S 106; Rudolphi NStZ 84, 193, 198; Meinberg aaO S 2226). Das setzt nicht notwendig eine Reduzierung des Entschließungsermessens auf Null voraus (Steindorf LK 56; aM GStA Hamm NStZ 84, 219; GStA Celle NJW 88, 2394; Wernicke ZfW 80, 261, 262); eindeutige Ermessensfehler genügen (Möhrenschlager aaO S 212; Hohmann aaO S 12).

12 **b) Das Unterlassen behördlichen Einschreitens gegen rechtswidrige Umweltbelastungen** durch Dritte. Auch für diesen Bereich ist eine Garantenstellung der Umweltbehörden zu bejahen (vgl 11; ebenso Roxin AT II 32/102; Rengier BT II 48/31; s auch Breuer NJW 88, 2072, 2084; diff nach den rechtlichen und tatsächlichen Aufgabenfeldern des jeweiligen Amtsträgers Schall JuS 93, 719, 723; offengelassen von BGHSt 38, 325, 331, wo aber eine Garantenstellung des Bürgermeisters für die Abwasserbeseitigung bejaht wird [16 zu § 324]; ebenso Frankfurt NStZ-RR 96, 103; str). Da das Verhalten des Dritten eine rechtswidrige Tat nach einem der Tatbestände des Abschnitts bildet, ist eine Beteiligung (Täterschaft oder Teilnahme) des jeweils verantwortlichen Amtsträgers nicht von vornherein ausgeschlossen. Jedoch ist die Garantenpflicht zum Einschreiten auch hier durch den verwaltungsrechtlichen Pflichtenkreis begrenzt (vgl 11); für eine ergänzende Heranziehung des Gesichtspunktes der Sozialadäquanz (29 vor § 32) besteht bei der Weite des Ermessensspielraums kein Bedürfnis (aM GStA Hamm NStZ 84, 219 mit abl Anm Zeitler). Ist dieser im Einzelfall überschritten, so kann das Unterlassen Beteiligung an der Tat des Dritten sein (aM Schünemann, in: Gimbernat [Hrsg], Internationale Dogmatik der objektiven Zurechnung und der Unterlassungsdelikte, 1995, S 49, 65, der nur eine Beihilfe durch „aktive Duldung" für

Vorbemerkung **Vor § 324**

möglich hält). Ob dann Täterschaft oder Teilnahme vorliegt, bestimmt sich nach den allgemeinen Regeln und hängt daher häufig von den grundsätzlichen Meinungsverschiedenheiten ab, die für die Abgrenzung von Unterlassungstäterschaft und -teilnahme bestehen (5, 6 zu § 27; s auch Schultz aaO [vgl 11] S 176 und Nestler GA 94, 514, 527).

c) Im ganzen und in zahlreichen Einzelfragen ist die Problematik unechten **13** Unterlassens von Amtsträgern – namentlich auch im Hinblick auf die Verantwortungsbereiche innerhalb der Behörden und die Konkretisierung der Garantenstellung auf bestimmte Amtsträger (dazu Trifterer aaO [vgl 2] S 136; Winkelbauer NStZ 86, 149, 153; Müller UPR 90, 367; Himmel/Sanden ZfW 94, 449, 453; s auch Düsseldorf MDR 89, 931) – **von einer abschließenden Klärung noch weit entfernt** (eingehend ua Zeitler, Gröger, Hüwels, Immel, Rogall und Kuhlen aaO [vgl 8]; Schultz aaO [vgl 11]; Immel ZRP 89, 105; Sangenstedt aaO [vgl 11]; Tröndle, Meyer-GedSchr, S 607; Mayer/Brodersen BayVBl 89, 257; zur Frage der Steuerung von Umweltdelinquenz durch Ausdehnung oder Einschränkung strafrechtlicher Amtsträgerhaftung Faure/Oudijk/Koopmans wistra 92, 121).

7. Bei **grenzüberschreitenden Umweltbeeinträchtigungen** hängt die Straf- **14** barkeit vom Schutzbereich des jeweils in Frage kommenden Tatbestandes (die Beschränkung auf den Schutz inländischer Umweltmedien durch BGHSt 40, 79, ist durch die Einbeziehung ausländischer Gewässer in § 330 d Nr 1 überholt, doch kann zB die Ausklammerung ausländischer verwaltungsrechtlicher Pflichten eine territoriale Beschränkung auf im Inland begangene Umweltstraftaten bewirken; vgl Hecker ZStW 115, 880, 889) und von der Anwendbarkeit deutschen Strafrechts nach §§ 3–7, 9 ab (Albrecht/Heine/Meinberg ZStW 96, 943, 992). Im Rahmen des Gebietsgrundsatzes (§ 3) ist hier das Ubiquitätsprinzip besonders bedeutsam, weil es zur Einbeziehung auch solcher Taten führt, bei denen entweder nur der Handlungsort oder nur der Erfolgsort im Inland liegt (§ 9 I). Danach können auch Umweltbeeinträchtigungen, die ausschließlich durch Handlungen im Ausland verursacht werden, deutschem Strafrecht unterliegen. Da nur tatbestandsmäßige (Verletzungs- und Gefahr-)Erfolge einen Tatort begründen (2 zu § 9), kommt es für die Zuordnung häufig darauf an, ob der Tatbestand ein abstraktes, potenzielles oder konkretes Gefährdungsdelikt (32 vor § 13) beschreibt (zusf Fröhler/Zehetner, Rechtsschutzprobleme bei grenzüberschreitenden Umweltbeeinträchtigungen, 1981, Bd III, S 121; Wegscheider DRiZ 83, 56; aM Martin, Strafbarkeit grenzüberschreitender Umweltbeeinträchtigungen, 1989, S 6, 48; Hecker aaO). Ist eine grenzüberschreitende tatbestandsmäßige Umweltbeeinträchtigung nach dem Recht des ausländischen Handlungsortes erlaubt, so wird die noch nicht abschließend geklärte Frage relevant, ob und wie weit das völkerrechtliche Prinzip der beschränkten territorialen Souveränität und Integrität den Täter verpflichtet, die Störung aus dem Nachbarstaat mit der Folge zu dulden, dass der Täter nicht „unbefugt" handelt (8– 13 zu § 324; 11 zu § 326). Außerdem bedarf noch weiterer Klärung, ob die „Verletzung verwaltungsrechtlicher Pflichten" (4–12 zu § 325) auch auf ausländisches Verwaltungsrecht gestützt werden kann (näher zu diesen Fragen und zu den völkerrechtlichen Anforderungen an das innerstaatliche Umweltstrafrecht Fröhler/ Zehetner aaO S 105, 128, 137; Wegscheider aaO S 60 und JBl 89, 214; Forkel, Grenzüberschreitende Umweltbelastung und Deutsches Strafrecht, 1988; Martin aaO S 224, 316 und ZRP 92, 19; Wimmer ZfW 91, 141; Jünemann, Rechtsmissbrauch im Umweltstrafrecht, 1998, S 158; s auch Schmidt/Müller JuS 86, 619; Heine UPR 87, 281; Tiedemann/Kindhäuser NStZ 88, 337, 346; Trifterer LdR S 1049; Sch/Sch-Cramer/Heine 19 a zu § 330 d, alle mwN). Zum Einfluss des EG-Rechts Dannecker/Streinz, in: Rengeling (Hrsg), Handbuch zum europäischen und deutschen Umweltrecht I, 2. Aufl, 2003, S 159 (s auch 2 a, 8 a zu § 326); zur mittelbar belastenden Wirkung umweltverwaltungsrechtlicher EG-

Vor § 324 BT. 29. Abschnitt. Straftaten gegen die Umwelt

Richtlinien als Grundlage für verwaltungsakzessorische Umweltstraftatbestände Schröder, Europäische Richtlinien und deutsches Strafrecht, 2002, S 38; zur Vorlagepflicht deutscher Gerichte vor dem EuGH s BGHSt 43, 219, 229 und Dannecker, BGH-FG, S 339.

15 8. Bis zum In-Kraft-Treten des IStGH-Statuts am 1. 7. 2002 gab es kein **völkerstrafrechtliches Umweltstrafrecht** (für dessen Schaffung Reichart, Umweltschutz durch völkerrechtliches Strafrecht, 1999, S 559). Nach Art 8 II b Ziffer iv IStGH ist auch ein militärischer Angriff in einem internationalen Konflikt ein Kriegsverbrechen, wenn er in Kenntnis weitreichender Schäden an der natürlichen Umwelt und außer Verhältnis zu dem dadurch erzielten militärischen Vorteil durchgeführt wird (näher dazu Werle, Völkerstrafrecht, 2003, Rdn 1020–1028 und Tomuschat, FS für W Rudolf, 2001, S 104); diese Bestimmung wurde von § 11 III VStGB übernommen.

16 9. Nachdem der **Europarat am 4. 11. 1998 ein Übereinkommen zum Schutz der Umwelt durch das Strafrecht** beschlossen hatte (ETS-Nr 172; Text bei Faure/Heine, Environmental Criminal Law in the EU, 2000, S 397; dazu Dannecker/Streinz [vgl 14] S 191 f), das allerdings noch nicht von einer ausreichenden Zahl von Mitgliedstaaten ratifiziert worden ist, wurde auch auf der Ebene der EU der Versuch einer Mindestharmonisierung der nationalen Umweltstrafrechtsordnungen aller EU-Mitgliedstaaten unternommen (eine Darstellung der wesentlichen umweltstrafrechtlichen Bestimmungen in den EU-Staaten findet sich bei Faure/Heine aaO). Dem von der EG-Kommission am 15. 3. 2001 vorgelegten und am 30. 9. 2002 modifizierten **Vorschlag für eine EG-Richtlinie zum strafrechtlichen Schutz der Umwelt** (vgl BR-Dr 390/01; dazu Dannecker/Streinz aaO S 169; eingehend Schmalenberg, Ein europäisches Umweltstrafrecht, 2003) stimmte allerdings der Rat nicht zu, weil der EG eine (Annex-)Kompetenz zur Strafrechtsharmonisierung fehle; dafür erließ der Rat am 27. 1. 2003 den **EU-Rahmenbeschluss 2003/80/JI zum Schutz der Umwelt durch das Strafrecht** (ABl 03 L 29/55), dessen Umsetzungsfrist normalerweise am 27. 1. 2005 ablaufen wird (zu diesen drei europäischen Vorgaben Hecker ZStW 115, 880, 901). Allerdings hat die EG-Kommission im April 2003 beim EuGH gegen den Rat Klage erhoben mit dem Ziel festzustellen, dass dieser Rahmenbeschluss mangels Kompetenz im EU-Vertrag nichtig ist. Die sehr umstrittene Grundsatzfrage nach der Ermächtigungsgrundlage für eine Mindestharmonisierung des Strafrechts auf den Politikfeldern desEG-Vertrages (hier Umwelt gem Art 174 f EG-Vertrag) ist damit nunmehr beim EuGH anhängig. Die Entscheidung des EuGH dürfte auch für das weitere Schicksal der Vorschläge der EG-Kommission hinsichtlich einer EG-Richtlinie „über die Meeresverschmutzung durch Schiffe und die Einführung von Sanktionen, einschließlich strafrechtlicher Sanktionen, für Verschmutzungsdelikte" vom 5. 3. 2003 (vgl BR-Dr 179/03) sowie eines ergänzenden EU-Rahmenbeschlusses vom 2. 5. 2003 entscheidend sein, denn in diesem Richtlinien-Vorschlag finden sich erneut (umwelt-)strafrechtliche Vorgaben für die EU-Mitgliedstaaten, die durch den Rahmenbeschluss nur verstärkt werden sollen (vgl Möhrenschlager wistra 5/03 S V–VII). Da die verschiedenen Rechtsakte auf europäischer Ebene inhaltlich nicht identisch sind und auch noch nicht feststeht, ob der Rahmenbeschluss 2003/80/JI überhaupt wirksam bleiben wird, ist derzeit noch völlig offen, welche umweltstrafrechtlichen Vorgaben vom deutschen Strafgesetzgeber in das deutsche Umweltstrafrecht zu übernehmen sind. Allerdings sind jedenfalls die meisten europäischen Vorgaben in den jeweiligen Tatbeständen des StGB schon weitgehend verwirklicht (zu beachten ist, dass das Nebenstrafrecht durch die EU-Vorgaben betroffen ist, namentlich die Artenschutzbestimmung des § 66 BNatSchG), so dass der Umsetzungsbedarf nur relativ gering sein dürfte. – Vorschläge zum strafrechtlichen Schutz der Umwelt in Europa enthalten die

Gewässerverunreinigung **§ 324**

Art 38–44 der sog „Europa-Delikte" in: Tiedemann (Hrsg), Wirtschaftsstrafrecht in der Europäischen Union, 2002, S 471, mit Begr Pradel, S 295 und Kühl, S 301; dazu Tiedemann, Spinellis-FS, 1097, 1109. – Zur Einführung in das europäische Umweltstrafrecht Mansdörfer Jura 04, 297.

§ 324 Gewässerverunreinigung

(1) **Wer unbefugt ein Gewässer verunreinigt oder sonst dessen Eigenschaften nachteilig verändert, wird mit Freiheitsstrafe bis zu fünf Jahren oder mit Geldstrafe bestraft.**

(2) **Der Versuch ist strafbar.**

(3) **Handelt der Täter fahrlässig, so ist die Strafe Freiheitsstrafe bis zu drei Jahren oder Geldstrafe.**

1. Die Vorschrift dient der **Reinhaltung von Gewässern** (zusf Möhrenschlager, in: Meinberg/Möhrenschlager/Link [Hrsg], Umweltstrafrecht, 1989, S 33). **Geschützt** sind nach der hier gebotenen **ökologisch** orientierten Auslegung (hM; vgl etwa NStZ 87, 323, 324 mit Anm Rudolphi; anders Papier NuR 86, 1; Bickel, in: Meinberg/Möhrenschlager/Link aaO S 273; Brahms, Definition des Erfolges der Gewässerverunreinigung, 1994, S 94 und 170 mit krit Bespr Hefendehl GA 96, 601; Ransiek NK 2, alle mwN) die den Gewässern in ihrem Naturzustand innewohnenden Funktionen für die Umwelt und den Menschen (Rudolphi NStZ 84, 193; ähnlich Rogall, Köln-FS, S 505, 509; Rengier, Das moderne Umweltstrafrecht im Spiegel der Rechtsprechung, 1992, S 13; Kuhlen ZStW 105, 697, 714; krit Herzog, Gesellschaftliche Unsicherheit und strafrechtliche Daseinsvorsorge, 1991, S 147 und Müller-Tuckfeld, ZustStrR, S 465); zum geschützten Rechtsgut im Übrigen 7 vor § 324. – Die Tat ist ein von jedermann begehbares **Erfolgsdelikt** (32 vor § 13), das jedoch im Hinblick auf die Art des Erfolges (dazu 4) auch als potentielles Gefährdungsdelikt gedeutet werden kann (so Rogall aaO S 517; ebenso Zieschang, Die Gefährdungsdelikte, 1998, S 236, der aber die Herbeiführung eines konkret gefährlichen Zustandes verlangt). – Systematische Rspr-Übersicht bei Schall NStZ 92, 209, 265 und NStZ-RR 98, 353. – Rechtsvergleichend Niering, Der strafrechtliche Schutz der Gewässer, 1993; Kasper, Die Erheblichkeitsschwelle im Bereich des Umweltstrafrechts ..., 1997, S 162. – Zur Reformbedürftigkeit Kasper aaO S 191, der eine Umgestaltung zu einem „Eignungstatbestand" vorschlägt.

2. Das **Gewässer** (vgl § 330d Nr 1) als Angriffsobjekt:

a) Oberirdische Gewässer sind ständig oder zeitweilig in (natürlichen oder künstlich angelegten) Betten fließende oder stehende (zB Teiche, die sich zu Biotopen entwickelt haben, Stuttgart NStZ 94, 590) oder aus Quellen wild abfließende Wasser (§ 1 I WHG). Ganz ohne Bett abfließendes Wasser (zB Niederschläge oder Überschwemmungswasser), in Vertiefungen (zB Baugruben, Bombentrichtern oder Fahrspuren) sich gelegentlich ansammelndes Wasser (Wernicke NJW 77, 1662, 1664) und in Leitungen oder anderen Behältnissen (uU auch Erdbecken, Oldenburg NuR 92, 41) gefasstes Wasser, zB Wasserversorgungs- und Abwasserleitungen, Schwimmbecken, Kläranlagen (Bay JR 88, 344; Pfohl wistra 94, 6, beide mwN), scheiden daher aus; jedoch hebt die Durchleitung von Flüssen oder Bächen durch Rohre oder Tunnel die Gewässereigenschaft nicht auf (NStZ 97, 189 mit Anm Sack JR 97, 254; BT-Dr 8/2382 S 26; zu sog Indirekteinleitungen über die öffentliche Kanalisation Pfohl aaO; Rengier JR 94, 126; Scholz, Gewässerverunreinigung und Indirekteinleitungen, 1996, S 66). Das Gewässerbett ist mitgeschützt, soweit von ihm Beeinträchtigungen der Wasserqualität ausgehen (hM; vgl ua Wernicke aaO; weiter Ransiek NK 8; noch weiter Steindorf LK 10). – **Grundwasser** (§ 1 I Nr 2 WHG) ist das gesamte am natürlichen Kreislauf teil-

§ 324

nehmende unterirdische Wasser einschließlich fließender oder stehender Gewässer in Erdhöhlen oder in ummauerten Hausbrunnen (Celle NJW 95, 3197). – Diese Gewässer müssen nach der Änderung des § 330 d Nr 1 durch das 31. StÄG nicht mehr im räumlichen Geltungsbereich des Gesetzes (5 vor § 3) liegen; erfasst ist daher auch die Verunreinigung eines ausländischen Flusses (BT-Dr 12/192 S 30).

2 a **b)** Das **Meer,** und zwar ohne räumliche Beschränkung, also auch das fremde Küstenmeer und die hohe See (dazu 3 zu § 5).

3 **3. Tathandlung** ist das (objektiv zurechenbare, 14 vor § 13) Bewirken einer **nachteiligen Veränderung der Gewässereigenschaften,** dem sich das Verunreinigen als Beispiel („sonst") unterordnet (NStZ 87, 323 mit Anm Schmoller JR 87, 473 und Rudolphi NStZ 87, 324; Frankfurt NJW 87, 2753 mit Anm Keller JR 88, 172; Köln NJW 88, 2119, alle mwN; eingehend Kuhlen GA 86, 389 und ZStW 105, 697, 716, der einen weiten, auch der Verhütung von Kumulationseffekten dienenden Schutzbereich postuliert; krit dazu Samson ZStW 99, 617; Rogall aaO [vgl 1] S 518; Rengier, in: Schulz [Hrsg], Ökologie und Recht, 1991, S 33, 50; Herzog aaO [vgl 1] S 144; Frisch, Verwaltungsakzessorietät und Tatbestandsverständnis im Umweltstrafrecht, 1993, S 121; Müller-Tuckfeld aaO [vgl 1] S 466; Rotsch wistra 99, 321, 323; Wohlers, Deliktstypen des Präventionsstrafrechts, 2000, S 141, 318, 339 und Ransiek NK 13).

4 **a) Verunreinigen** bezeichnet nur den tatbestandsmäßigen Erfolg. Die Art und Weise seiner Herbeiführung ist gleichgültig (Bay JR 88, 344 mit Anm Sack; Düsseldorf NJW 91, 1123; Michalke 27). Erfasst werden daher ohne Rücksicht auf ihre Zweckrichtung (hM; anders Wernicke NJW 77, 1662, 1663; einschr auch Bickel ZfW 79, 139, 140) alle Handlungen und garantenpflichtwidrigen Unterlassungen (6 zu § 13; 8 vor § 324; Celle NJW 95, 3197; vgl die sorgfältige Prüfung der Kausalität des Unterlassens gewässerschützender Maßnahmen durch BGHSt 38, 325, 337 mit auch insoweit krit Bespr Nestler GA 94, 514, 516; speziell zum Unterlassen bei sog Altlasten Franzheim ZfW 87, 9; Wüterich BB 92, 2449; Robra/Meyer wistra 96, 243: keine Unterlassungshaftung des Konkursverwalters; s auch NJW 92, 122), wenn sie nur unmittelbar oder mittelbar (zB Indirekteinleitungen, Scholz aaO [vgl 1] S 67) zu einer äußerlich erkennbaren (Sack 26 mwN), dauernden oder vorübergehenden nachteiligen Veränderung der Gewässereigenschaften führen, sei es des Gewässers im Ganzen oder eines nicht unerheblichen Teils davon (NStZ 91, 281 mwN). Das setzt ein Minus an Wassergüte (Celle NJW 86, 2326; LG Kleve NStZ 81, 266 mit Anm Möhrenschlager; Horn UPR 83, 362, 364; Franzheim/Pfohl 53; Ransiek NK 11), dh eine nicht ganz unerhebliche (krit dazu Rengier aaO [vgl 1] S 15; Kasper aaO [vgl 1] S 76) objektive Verschlechterung der physikalischen, chemischen, biologischen oder thermischen Beschaffenheit des Wassers voraus (Frankfurt NStZ-RR 96, 103; weiter Rengier BT II 48/7, der auch die faktischen Benutzungsmöglichkeiten, zB durch den Schiffsverkehr, als geschützt betrachtet; wie hier Kindhäuser BT I 74/7, für deren Vorliegen Größe und Tiefe des Gewässers, Wasserführung, Fließgeschwindigkeit sowie Menge und Gefährlichkeit der Schadstoffe Anhaltspunkte bieten können (NStZ 91, 281; Karlsruhe JR 83, 339 mit Anm Trifferter/Schmoller; einschr Möhrenschlager NuR 83, 209, 211). Dabei kann sich solcher Nachteil nicht nur auf die wirtschaftlichen Benutzungsmöglichkeiten (§ 3 II WHG), sondern auch auf ökologische Bedürfnisse beziehen (NStZ 87, 323; Rudolphi NStZ 84, 193, 194; Stuttgart NStZ 94, 590; sehr weit Stuttgart MDR 76, 690, das darauf abstellt, ob das Wasser aufhört, „reines" Wasser zu sein; krit Gässler ZfW 80, 217, 218; Papier NuR 86, 1, 2). Auf einen konkreten Schaden (etwa ein Fischsterben) kommt es nicht an; vielmehr genügt eine Verschlechterung der Gewässereigenschaften, die geeignet ist, Nachteile (auch ökologische) zu verursachen (Köln NJW 88, 2119; Rogall, Köln-FS, S 505, 517; Ransiek NK 14; s auch NStZ 91, 281; krit Herzog

aaO [vgl 1] S 153, alle mwN). – Danach können ua **auch ausreichen:** Überlaufen lassen eines Öltanks (BT-Dr 8/2382 S 13); Einleiten von Schadstoffen in die örtliche Kanalisation (Hamm NJW 75, 747); Gelangenlassen von belasteten Abwässern über undichte Stellen im Kanalsystem in das Grundwasser (Himmel/Sanden ZfW 94, 449); Aufbringen von Dünger auf eine Bodenfläche oder Anwendung von chemischen Mitteln zur Unkraut- oder Schädlingsbekämpfung (Czychowski ZfW 80, 205, 206); Einleiten naturbelassenen, aber trüben Wassers aus derselben Quellregion (GStA Celle NJW 88, 2394; s auch Köln aaO); (weitere) Verunreinigung bereits verschmutzter Gewässer (Frankfurt NJW 87, 2753 und NStZ-RR 96, 103; s auch NStZ 97, 189 mit Anm Sack JR 97, 254 zu § 326 I Nr 4 a); Verunreinigung in Folge pflichtwidrigen Unterlassens der Sicherung wassergefährdender Stoffe (Bay VRS 84, 32) oder der Wartung eines Heizöltanks (Celle NJW 95, 3197).

b) Sonst nachteiliges Verändern von Gewässereigenschaften (beachte 4) **5** betrifft diejenigen Handlungen, die nicht als Verunreinigen erfasst werden können, weil sie die physikalische, chemische, biologische oder thermische Beschaffenheit des Wassers nicht äußerlich erkennbar beeinträchtigen, zB Erwärmung durch Einleiten von Kühlwasser aus einem Kraftwerk oder radioaktive Kontaminierungen (BT-Dr 8/2382 S 14; Sch/Sch-Cramer/Heine 9). Es genügt die Beeinträchtigung der natürlichen Lebensgemeinschaft von Pflanzen und Tieren durch Absenken des Wasserspiegels eines Teichs, der zum Lebensraum von Amphibien geworden ist (Stuttgart NStZ 94, 590). Eine scharfe Abgrenzung zur 1. Alternative ist weder möglich noch notwendig (Köln NJW 88, 2119; krit Triffterer, Umweltstrafrecht, 1980, S 180). – Die gänzliche Beseitigung eines Gewässers ist nur von § 329 III Nr 3, nicht von § 324 erfasst (aM Oldenburg NdsRpfl 90, 157 mit zu Recht krit Bespr Horn JZ 94, 1097, 1098, zust aber Steindorf LK 41; aM auch Rengier BT II 48/6; Ransiek NK 18).

c) Der Tatbestand genügt dem **Bestimmtheitsgrundsatz** nach Art 103 II GG **6** (hM, vgl etwa Ransiek NK 5). Dennoch bleibt problematisch, dass der Gesetzgeber zur näheren Konkretisierung der Erheblichkeitsschwelle in Bezug auf das Ausmaß der nachteiligen Veränderung außer Stande war und deshalb alles den Gerichten zugeschoben hat (krit dazu die Ausschussminderheit BT-Dr 8/3633 S 25; s auch Salzwedel ZfW 80, 211; Möhrenschlager NStZ 81, 267; Samson ZStW 99, 617, 623; Frisch aaO [vgl 3] S 125; Kasper aaO [vgl 1] S 115; Wohlers aaO [vgl 3] S 324; Sch/Sch-Cramer/Heine 2; Steindorf LK 26 vor § 324 und 25 zu § 324, der eine Konkretisierung der Erheblichkeitsschwelle durch den Gesetzgeber für unmöglich und unnötig hält).

4. Der **Vorsatz** nach **Abs 1** (bedingter genügt) muss auch die nachteilige Ver- **7** änderung der Gewässereigenschaften umfassen (zusf zum Vorsatz und zu den vielgestaltigen Irrtumsmöglichkeiten Steindorf LK 109–115; s auch Schünemann wistra 86, 235, 245; Schall NStZ 92, 265). – Bei **fahrlässigem** (35–54 zu § 15) Handeln nach **Abs 3** ist der Sorgfaltsmaßstab eines umweltbewussten Rechtsgenossen anzulegen (Düsseldorf NJW 91, 1123; Celle ZfW 91, 254 und NJW 95, 3197; LG Kleve NStZ 81, 266 mit Anm Möhrenschlager; Franzheim/Pfohl 114–120; krit Duttge, Zur Bestimmtheit des Handlungsunwerts von Fahrlässigkeitsdelikten, 2001, S 345) und namentlich auch eine etwa bestehende Sonderpflicht des Täters (zB Leiter eines Klärwerks) zu berücksichtigen (Stuttgart NStZ 89, 122; s auch Düsseldorf JR 94, 123 mit Anm Rengier; eingehend zur fahrlässigen Gewässerverunreinigung, namentlich zur [zu engen] Berücksichtigung einschlägiger Sondernormen Winkemann, Probleme der Fahrlässigkeit im Umweltstrafrecht, 1991, S 48, 80). Abs 3 kommt auch in Frage, wenn jemand schuldhaft einen Verkehrs- oder Betriebsunfall und daraus folgend die Verunreinigung (mit-)verursacht (Hamburg NStZ 83, 170 [Schiffskollision]; auch durch Unterlassen, Bay VRS 84,

§ 324   BT. 29. Abschnitt. Straftaten gegen die Umwelt

32; allgemein für Unfälle im Straßenverkehr Rengier, Boujong-FS, S 791; aM Winkemann aaO S 101; str).

8   **5. Unbefugt** bezeichnet hier nur das allgemeine Verbrechensmerkmal der Rechtswidrigkeit (6 zu § 15) und gehört daher nicht zum Tatbestand (hM; vgl Bay MDR 82, 1040; Braunschweig ZfW 91, 52, 61, beide mwN; anders Papier NuR 86, 1, 3 und Heghmanns, Grundzüge einer Dogmatik der Straftatbestände zum Schutz von Verwaltungsrecht oder Verwaltungshandeln, 2000, S 177). Das folgt daraus, dass die Gewässerverunreinigung generell verboten ist (zu gewissen Ausnahmen Winkelbauer, Zur Verwaltungsakzessorietät des Umweltstrafrechts, 1985, S 16, 24) und nur im Einzelfall auf Grund einer Interessenabwägung (hM; vgl Fortun, Die behördliche Genehmigung im strafrechtlichen Deliktsaufbau, 1998, S 43, 93; anders Winkelbauer NStZ 88, 201, 203) behördlich zugelassen (vgl 9–13) oder nach allgemeinen Grundsätzen gerechtfertigt sein kann (vgl 14).

9   **a)** Die Tat ist gerechtfertigt, wenn sie durch eine **besondere Befugnis** (vor allem behördliche Erlaubnis, 25 vor § 32) gedeckt ist. Diese kann namentlich auf dem WHG (zB §§ 7–9a, 15, 31) oder den Landeswassergesetzen (Nachw bei Göhler [Lexikon] 904 D) beruhen; jedoch ist nicht ausgeschlossen, dass sie ausnahmsweise auch aus Schifffahrtsrecht (probl Köln NStZ 86, 225 mit krit Bespr Kuhlen StV 86, 544 und Möhrenschlager JR 87, 299), Baurecht (Köln NJW 88, 2119 mit Anm Hange NStZ 89, 122), Ausnahmeregelungen zum Schutz des Meeres (BT-Dr 8/2382 S 14; krit Oehler GA 80, 241, 247), Völkerrecht (14 vor § 324) oder Gewohnheitsrecht (probl Bay JR 83, 120 mit krit Anm Sack; abl auch Kuhlen WiVerw 92, 215, 227; Steindorf LK 97 mwN) hervorgeht, allerdings nur, wenn die Befugnis auch auf den wasserrechtlichen Aspekt bezogen ist (Braunschweig ZfW 91, 52 mwN). – Zum Kreis der (straflosen) Genehmigungsadressaten zB in einem Unternehmen mit Einleitererlaubnis eingehend Schröder, Die personelle Reichweite öffentlich-rechtlicher Genehmigungen und ihre Folgen für das Umweltstrafrecht, 2000, die eine neue Bekanntgabeform im WHG und die Schaffung einer eigenen Zurechnungsnorm fordert (S 184, 185). – Dass die Verwaltungsakzessorietät dazu zwingt, die verwaltungsrechtlich eingeräumte besondere Befugnis auch **strafrechtlich** anzuerkennen, ist im Grundsatz unbestritten (Rühl JuS 99, 521, 524), in der näheren Begrenzung und den Folgewirkungen aber kontrovers. Die Problematik (3, 6 vor § 324) betrifft – allerdings mit unterschiedlichen Fragestellungen – nahezu alle Tatbestände des Abschnitts. Ergebnisse beim einen können deshalb, müssen aber nicht auf die anderen Tatbestände übertragbar sein (beachte daher auch 4–12 zu § 325; 8 zu § 326; 2 zu § 327). Im Einzelnen:

10 **aa)** Bei behördlicher Genehmigung, Bewilligung oder sonstiger Erlaubnis kommt es für die rechtfertigende Wirkung (hM) nicht auf die materiellrechtliche Richtigkeit des Verwaltungsakts, sondern auf seine **verwaltungsrechtliche Wirksamkeit** an (hM; vgl Rudolphi NStZ 84, 193, 196; Seier JA 85, 23, 24; Dölling JZ 85, 461, 469; Lenckner, Pfeiffer-FS, S 27; Breuer NJW 88, 2072, 2080 und JZ 94, 1077, 1084; Rogall, Köln-FS, S 505, 526 und GA 95, 299, 311; Kuhlen WiVerw 92, 215, 245; Kindhäuser, Helmrich-FS, S 967, 982; Heghmanns aaO [vgl 8] S 190 mit Bespr Rengier ZStW 114, 201; Hirsch LK 165 vor § 32; Horn SK 13 vor § 324; Ransiek NK 25, alle mwN). Jedoch hat die bisher hM die **missbräuchliche Ausnutzung** materiell-rechtswidriger Verwaltungsakte ausgenommen (gegen diese Ausnahme Rengier ZStW 101, 888, 892; Rogall aaO und Heghmanns aaO S 209), und zwar überwiegend unter Beschränkung auf Fälle der Täuschung, Drohung oder Bestechung (so ua Rudolphi aaO S 197; Dölling aaO; Otto Jura 91, 308, 313 und 94, 96, 98; Paeffgen, Stree/Wessels-FS, S 587, 594, 609), zT aber auch darüber hinaus bei offensichtlich überholten Erlaubnissen (so StA Mannheim NJW 76, 585, 586), bei kollusivem Zusammenwirken der Beteiligten (BGHSt 39, 381, 387 mit krit Anm Rudolphi NStZ 94, 436 und Schirrma-

cher JR 95, 386, aber zust Bespr Otto JK 1) und sogar bei bloßem Wissen des Adressaten um die Rechtswidrigkeit der Erlaubnis (so LG Hanau NJW 88, 571, 576). Das 31. StÄG hat diese Missbrauchslösung in § 330 d Nr 5 so in das Gesetz übernommen, dass rechtsmissbräuchliches Verhalten genehmigungslosem Handeln gleichgestellt wird (BT-Dr 12/7300 S 25; eingehend zur ratio und zur Auslegung dieser Neuregelung Paetzold NStZ 96, 170; s auch Rühl JuS 99, 521, 526; überzogene Kritik bei Breuer JZ 94, 1077, 1090; Jünemann UPR 97, 399 und Heghmanns aaO S 213; dagegen zu Recht Frisch, in: Leipold [Hrsg], Umweltschutz und Recht in Deutschland und Japan, 2000, S 361, 389, 401: „im Kern nicht zu beanstanden"; ähnlich Fenner, Der Rechtsmissbrauch im Umweltstrafrecht ... 2000, S 27, 313 mit Bespr Dölling JR 01, 438; eingehend zur Verfassungsmäßigkeit von § 330 d Nr 5 Felix, Einheit der Rechtsordnung, 1998, S 320, 356 sowie Jünemann, Rechtsmissbrauch im Umweltstrafrecht, 1998, S 79, 135, der als Alternativlösung einen neuen § 329 a vorschlägt, der die Verletzung der Pflicht der Genehmigungsbehörde, ein kompetentes Genehmigungsverfahren zu ermöglichen, erfassen soll, S 186; dem zust Heghmanns GA 00, 197, 198). In Anlehnung an § 48 II S 3 Nr 1, 2 VwVfG sind das Erschleichen der Genehmigung durch **unrichtige oder unvollständige Angaben** und das Erwirken der Genehmigung durch **Drohung** (12 zu § 240) und **Bestechung** (wegen des Kausalitätserfordernisses enger als in §§ 332, 334; Jünemann aaO [1998] S 166) erfasst. Darüber hinaus ist auch das Erwirken der Genehmigung durch **Kollusion** einbezogen (eingehend Fenner aaO S 183–250); mit diesem nicht näher definierten Begriff (zu Recht krit Breuer aaO S 1091; nach Wohlers JZ 01, 850, 856, sogar mangels Bestimmtheit verfassungswidrig; dagegen Rogall, in: Dolde [Hrsg], Umweltschutz durch Strafrecht, 2001, S 795, 827) ist bewusst planmäßiges Vorgehen zur Umgehung des Rechts und zum beiderseitigen Vorteil von Täter und Amtsträger gemeint (Paetzold NStZ 96, 170, 173; Jünemann aaO [1998] S 136; Sch/Sch-Cramer/Heine 38 zu § 330 d); es sollen außer dem „kollusiven" Zusammenwirken von Genehmigungsempfänger und Genehmigungsbehörde (Rogall GA 95, 299, 319) auch Fälle erfasst werden, in denen der Genehmigungsempfänger mit anderen Personen zusammenwirkt, die als beauftragte private Sachverständige oder eingeschaltete Bedienstete anderer Behörden Einfluss auf die Erteilung der Genehmigung haben (BT-Dr aaO; einschr Fenner aaO S 183; Sch/Sch-Cramer/Heine aaO; gegen diese „Überdehnung" des Kollusionsbegriffs Paetzold aaO S 173). Die bloße beiderseitige Kenntnis der Rechtswidrigkeit ist für sich kein Fall der Kollusion (Möhrenschlager NStZ 94, 513, 515 Fn 19; Wohlers aaO: angemessen). – Die Problematik der rechtfertigenden Wirkung einer rechtswidrigen Genehmigung ist durch § 330 d Nr 5 aber nicht gelöst (B-Weber/Mitsch AT 17/131; aM Wegener NStZ 98, 608; wohl auch Sch/Sch-Lenckner 62, 63 vor § 32). Der hM, die die verwaltungsrechtliche Wirksamkeit genügen lässt, wird in der Literatur zunehmend widersprochen (Schünemann wistra 86, 235, 238, GA 95, 201, 209 und Trifferer-FS, S 437, 445; Winkelbauer NStZ 88, 201, 205; Schall NJW 90, 1263, 1267; Schmitz, Verwaltungshandeln und Strafrecht, 1992, S 58; Frisch aaO [vgl 3] S 68; Schwarz GA 93, 318; Marx, Die behördliche Genehmigung im Strafrecht, 1993, S 174, 194; Perschke wistra 96, 161, 165; B-Weber/Mitsch AT 17/129). Dabei ist weniger das Ergebnis (Straflosigkeit des auf die Rechtmäßigkeit vertrauenden Genehmigungsinhabers) als dessen Begründung (Rechtfertigung) umstritten. Während die rechtswidrige Genehmigung zT als Unbedenklichkeitsbescheinigung mit der Folge eingestuft wird, dass sich der gutgläubige Genehmigungsinhaber im Erlaubnistatbestandsirrtum (9 zu § 17; so Winkelbauer NStZ 88, 201; Schall NJW 90, 1263, 1268; Schmitz aaO S 36, 43 und 58; Marx aaO S 98, 176 und 180; Schirrmacher JR 95, 386, 390; Ransiek, Unternehmensstrafrecht, 1996, S 148) oder im unvermeidbaren Verbotsirrtum (6, 7 zu § 17; so Geulen ZRP 88, 323, 325) befindet, wird zT auch bereits die Tatbestandsmäßigkeit des genehmigten

§ 324

BT. 29. Abschnitt. Straftaten gegen die Umwelt

Verhaltens verneint (Frisch aaO S 64, 117; Schwarz GA 93, 318, 326; krit dazu Rogall GA 95, 299, 313); gelegentlich wird auch das Fehlen einer objektiven Strafbarkeitsbedingung (Erdt, Das verwaltungsakzessorische Merkmal der Unbefugtheit in § 324 und seine Stellung im Deliktsaufbau, 1997, S 127), ein Strafausschließungsgrund (vgl Horn SK 19 vor § 324; krit dazu Hirsch LK 161 vor § 32) oder ein Strafunrechtsausschließungsgrund (Fortun aaO [vgl 8] S 134; Günther SK 67 vor § 32) angenommen. – **Bloße Erlaubnisfähigkeit,** dh Vereinbarkeit der Tathandlung mit den verwaltungsrechtlichen Voraussetzungen, hat grundsätzlich (zu eng begrenzten, praktisch bedeutungslosen Ausnahmen Rengier ZStW 101, 874, 903) keine rechtfertigende Wirkung (hM; vgl Breuer NJW 88, 2072, 2079; Dölling aaO S 468; Tiedemann/Kindhäuser NStZ 88, 337, 343; Rengier aaO S 882; Alleweldt NuR 92, 312, 313; Kuhlen WiVerw 92, 215, 254; Rogall NStZ 92, 561, 565 und aaO [vgl 1] S 829; Bergmann, Zur Strafbewehrung verwaltungsrechtlicher Pflichten im Umweltstrafrecht..., 1993, S 52 für § 325; Malitz, Zur behördlichen Duldung im Strafrecht, 1995, S 92, 100; Heghmanns aaO [vgl 8] S 234; Krüger, Die Entmaterialisierungstendenz beim Rechtsgutsbegriff, 2000, S 149; Hirsch LK 169 vor § 32; Ransiek NK 27; Sch/Sch-Lenckner 62 vor § 32; anders Brauer, Die strafrechtliche Behandlung genehmigungsfähigen, aber nicht genehmigten Verhaltens, 1988, S 64, 118; vgl auch Frisch aaO S 54). Dasselbe gilt auch für sog **Erlaubnispflichtigkeit,** dh für Fälle, in denen die Verwaltungsbehörde zur Erteilung der Erlaubnis verpflichtet ist (hM; vgl Steindorf LK 43 vor § 324; anders Rudolphi aaO S 198; Papier NuR 86, 1, 6; Schünemann wistra 86, 235, 241; Bloy ZStW 100, 485, 505; Otto Jura 95, 134, 141; Perschke wistra 96, 161, 166; Frisch aaO S 392; Ransiek NK 28); insoweit ist auch die Annahme eines Strafausschließungsgrundes nicht hinreichend begründbar (hM; anders Tiessen, Die „genehmigungsfähige" Gewässerverunreinigung, 1987, S 118, 138).

11   bb) Eine behördliche Erlaubnis rechtfertigt grundsätzlich alle Handlungen, die sich in ihrem Rahmen halten. **Benutzungsbedingungen und andere einschränkende Auflagen** wirken sich auf die Befugnis nur aus, wenn sie die Menge oder Schadstoffhaltigkeit des einzuleitenden Wassers fest begrenzen (Frankfurt NJW 87, 2753, 2755; Rudolphi NStZ 84, 193, 197; Ransiek NK 23; ähnlich Randelzhofer/Wilke, Die Duldung als Form flexiblen Verwaltungshandelns, 1981, S 23; zu weit einschr Stuttgart NJW 77, 1406; Bickel DÖV 81, 448, 453, alle mwN; str; zur Unbeachtlichkeit des Minimierungsgebots aus § 1a II WHG Wachenfeld, Wasserrechtliches Minimierungsgebot und Gewässerstrafrecht, 1993, S 76). Bei dem gegenwärtigen „Grenzwerte-Durcheinander" (so Breuer NJW 88, 2072, 2081), namentlich der Anwendung unterschiedlicher, in ihrer Kontrolldichte uneinheitlicher Überprüfungsverfahren und der erheblichen Fehlerstreubreite der technischen Messmethoden (dazu Samson ZfW 88, 201; Peters NuR 89, 167) sind Verstöße gegen Richtwerte und namentlich auch gegen sog Überwachungswerte (Höchstwerte, deren Überschreitung durch spätere Messungen ausgeglichen werden kann) als solche nicht ausreichend (LG Bonn NStZ 87, 461; Rudolphi aaO; Dahs NStZ 87, 440; aM Möhrenschlager NuR 83, 209, 213; Franzheim NStZ 87, 437 und 88, 208; Breuer aaO; Nisipeanu NuR 88, 225; Kuhlen WiVerw 92, 215, 279; Franzheim/Pfohl 79–87; Ransiek NK 39–43; Sch/Sch-Cramer/Heine 12, alle mwN; zw). Auch Verstöße gegen allgemeine Betreiberpflichten (zu ihrer Festlegung durch die Überwachungswertregelung Christiansen, Grenzen der behördlichen Einleiteerlaubnis und Strafbarkeit nach § 324 StGB, 1996, S 16 und 133) genügen für sich allein nicht (Breuer aaO; Kuhlen aaO S 241; aM AG Frankfurt MDR 88, 338; Schuck MDR 86, 811; Franzheim JR 88, 319, 322; Franzheim/Pfohl 89, alle mwN). Die Rechtslage wird hier befriedigend erst zu klären sein, wenn die Grenz-, Richt- und Überwachungswertbestimmungen durch die Verwaltungsbehörden vereinheitlicht und den Anforderungen des Bestimmtheitsgrundsatzes (Art 103 II GG) angepasst wer-

Gewässerverunreinigung **§ 324**

den (s auch Papier NuR 86, 1; Rudolphi, Lackner-FS, S 863; Böhm UPR 94, 132; Steindorf LK 80–86 und 104; krit Übersicht über die einschlägige Rspr Schall NStZ 92, 209, 214, alle mwN).

cc) Bloße **behördliche Duldung,** dh das bewusste Nichteinschreiten der zu- 12 ständigen Behörde gegen ein rechtswidriges Verhalten oder einen rechtswidrigen Zustand (ähnlich Rogall NJW 95, 922, 923; Hüting, Die Wirkung der behördlichen Duldung im Umweltstrafrecht, 1996, S 30, 179; Horn SK 12a vor § 324, beide mwN), hat als solche keine rechtfertigende Wirkung (Braunschweig ZfW 91, 52, 62; Laufhütte/Möhrenschlager ZStW 92, 912, 932 mwN; diff Hamm ZfW 74, 315; Stuttgart JR 78, 294; mit eingehender Begr auch Gentzcke, Informales Verwaltungshandeln und Umweltstrafrecht, 1990, S 154; Hüting aaO S 135, 179 prüft für jeden Umweltstraftatbestand gesondert, ob das Verwaltungsrecht zwingend ein förmliches Verfahren anordnet und damit die Dispositionsbefugnis der Behörde ausschließt). Sie kann jedoch je nach den Umständen (zB wegen Verstoßes gegen den Verhältnismäßigkeitsgrundsatz, das Vertrauensschutzprinzip oder eine bindende Zusicherung) eine verwaltungsrechtliche Eingriffsschranke begründen, die belastendes Verwaltungshandeln rechtswidrig macht und deshalb strafrechtlich berücksichtigt werden muss. Die Auffassungen dazu gehen allerdings weit auseinander; sie reichen von grundsätzlicher Ablehnung bis zu nahezu vorbehaltloser Annahme der Rechtfertigungswirkung (vgl etwa Randelzhofer/Wilke aaO [vgl 11]; Hallwaß, Die behördliche Duldung als Unrechtsausschließungsgrund im Umweltstrafrecht, 1987 und NuR 87, 296; Hermes/Wieland, Die staatliche Duldung rechtswidrigen Verhaltens, 1988; Wüterich UPR 88, 248; Odersky, Tröndle-FS, S 291, 298; Rengier ZStW 101, 874, 905; Fluck NuR 90, 197; Wasmuth/Koch NJW 90, 2434; Heine NJW 90, 2425, 2433; Alleweldt NuR 92, 312; Schmitz aaO [vgl 10] S 112, der einer rechtmäßigen Duldung rechtfertigende Wirkung zuerkennt; ebenso Malitz aaO [vgl 10] S 133; Bergmann aaO [vgl 10] S 57 für § 325; Heider NuR 95, 335, 339; Perschke wistra 96, 161, 167; Nappert, Die strafrechtliche Haftung von Bürgermeistern und Gemeinderatsmitgliedern im Umweltstrafrecht, 1997, S 203; Frisch aaO [vgl 10] S 392; Heghmanns aaO [vgl 8] S 243, 272; Hirsch LK 170–172 vor § 32; Ransiek NK 31–38; Paeffgen NK 195 vor § 32; Sch/Sch-Cramer/Heine 20 vor § 324; Steindorf LK 44–48 vor § 324 und 88, 89 zu § 324; zusf Kuhlen WiVerw 92, 215, 266 und Rogall NJW 95, 922, der die Auswirkungen des 2. UKG berücksichtigt). Vor allem in schwebenden Genehmigungsverfahren wird die Duldung häufig als stillschweigend erteilte vorläufige Gestattung zu deuten sein (LG Bonn NStZ 88, 224; Breuer NJW 88, 2072, 2082; Ransiek aaO [vgl 10] S 147; einschr Möhrenschlager NuR 83, 209, 215; Bickel, in: Meinberg ua [Hrsg], Umweltstrafrecht 1989, S 261, 262; Alleweldt aaO S 314; str). – Ist eine Rechtfertigung nicht begründbar, so kommt (vermeidbarer oder unvermeidbarer) Verbotsirrtum in Frage (StA Mannheim NJW 76, 585; Stuttgart ZfW 77, 118; Braunschweig aaO S 61; die Rspr zusf Schall NStZ 92, 265; Neumann NK 66 zu § 17).

dd) Die besondere Befugnis deckt grundsätzlich **nur die Beeinträchtigung** 13 **von Umweltgütern** (Tiedemann/Kindhäuser NStZ 88, 337, 344; diff Winkelbauer NStZ 88, 201, 204; Heine NJW 90, 2425, 2432; Schall, Roxin-FS, S 927, 940; Ransiek NK 30; s auch Horn, Welzel-FS, S 719). Bei der Verletzung individueller Rechtsgüter, namentlich des Lebens, der Körperintegrität oder des Eigentums, bedarf die Rechtfertigung selbstständiger Prüfung (Horn NJW 81, 1, 5). Für sie fehlt es an einer Grundlage jedenfalls bei Tötungen sowie erheblichen Körper- oder Eigentumsverletzungen, weil diese schon von vornherein einer möglichen Güter- und Interessenabwägung entzogen und daher nicht genehmigungsfähig sind. Bei geringfügigen Körper- und Eigentumsverletzungen, die im Überschneidungsbereich zwischen den Umweltgütern und den Individualrechtsgütern liegen, wird man jedoch schon aus Gründen der Praktikabilität einen (engen) verwal-

§ 324 BT. 29. Abschnitt. Straftaten gegen die Umwelt

tungsrechtlichen Beurteilungsspielraum anerkennen müssen, innerhalb dessen auch mögliche Verletzungserfolge in die Abwägung einbezogen und im Ergebnis in Kauf genommen werden können (StA Landau NStZ 84, 553; Brandts JA 85, 306, 307; Hirsch LK 168 vor § 32; Sch/Sch-Lenckner 63 d vor § 32; ähnlich Kuhlen WiVerw 92, 215, 248: nur über § 34; krit Schall aaO S 936; aM Rudolphi, Lackner-FS, S 863, 881; diff Winkelbauer NStZ 88, 201, 204, alle mwN; zw). Jedenfalls ist es danach aber nicht grundsätzlich ausgeschlossen, dass ungeachtet einer besonderen Befugnis eine strafbare Tötung, Körperverletzung oder Sachbeschädigung vorliegt; allerdings wird es idR an der Beweisbarkeit des Vorsatzes oder an der erforderlichen objektiven Sorgfaltspflichtverletzung (37–40 zu § 15; vgl Schall aaO S 943) fehlen.

14 **b)** Von den **allgemeinen Rechtfertigungsgründen** (8–29 vor § 32) kommen praktisch nur rechtfertigender Notstand (§ 34) oder rechtfertigende Pflichtenkollision (15 zu § 34; s auch AG Bremen NStZ 81, 268) – allerdings auch diese nur ausnahmsweise – in Frage (Nappert aaO [vgl 12] S 81). Soweit nach der bundes- oder landesrechtlichen Regelung der Wasserwirtschaft eine verwaltungsrechtliche Vorkontrolle vorgeschrieben ist (vgl 9), muss sie wahrgenommen und in ihren Ergebnissen vom Strafrichter respektiert werden; die Lösung des Konflikts zwischen dem Interesse an natürlicher Wasserreinheit und den Bedürfnissen der Gewässernutzung ist insoweit – namentlich auch im Hinblick auf die Aufrechterhaltung der Produktion und die Erhaltung von Arbeitsplätzen, denen im Einzelfall erhebliches Gewicht zukommen kann (aM Laufhütte/Möhrenschlager ZStW 92, 912, 932) – den Wasserbehörden übertragen und gegenüber § 34 (vgl dort 14) als spezielle gesetzliche Konkretisierung des Notstandes zu verstehen (Rudolphi ZfW 82, 197, 209 und NStZ 84, 193, 196; Horn UPR 83, 362, 366; Schall, in: OsnabrRAbh Bd 1, S 1; s auch Steindorf LK 100). § 34 scheidet daher aus, wenn die vorgeschriebene Anrufung der Wasserbehörde unterblieben ist oder wenn diese die Erlaubnis verwaltungsrechtlich verbindlich (uU also auch durch materiell fehlerhafte, jedoch nicht unwirksame Entscheidung) versagt hat. Demgegenüber hält die hM die Annahme eines rechtfertigenden Notstandes auch in diesem Überschneidungsbereich nicht für prinzipiell, aber im Hinblick auf die Angemessenheitsklausel des § 34 doch im Regelfall für ausgeschlossen (vgl etwa bei Dallinger MDR 75, 723; s auch NStZ 97, 189 zu § 326; Stuttgart ZfW 77, 118, 124; LG Bremen NStZ 82, 164 mit Anm Möhrenschlager; Randelzhofer/Wilke aaO [vgl 11] S 44; Albrecht/Heine/Meinberg ZStW 96, 943, 956). Im Ergebnis dürfte es daher zutreffen, dass der allgemeine Notstand auf unvorhersehbare Vorkommnisse, wie zB Betriebs- und Verkehrsunfälle, beschränkt bleibt (Malitz aaO [vgl 10] S 129; Rengier BT II 48/10; beachte jedoch GStA Celle NJW 88, 2394); ein Rückgriff auf § 34 kommt aber auch in Frage, wenn – was in der Praxis durchaus vorkommt (BGHSt 38, 325, 331; Saarbrücken NJW 91, 3045) – die Handlungspflicht zur Abwasserbeseitigung mit der Pflicht zur Unterlassung der Gewässerverunreinigung kollidiert (Schall JuS 93, 719, 720). – Die Strafbarkeit entfällt ferner bei **sozialadäquatem Verhalten** (Trifftterer, Umweltstrafrecht, 1980, S 182; 29 vor § 32; ähnlich Sch/Sch-Cramer/Heine 12; krit M-Schroeder/Maiwald BT 2 58/30), das vor allem zu prüfen ist, wenn im Sinne des § 326 VI schädliche Umwelteinwirkungen offensichtlich ausgeschlossen sind (speziell für Indirekteinleitung häuslicher Abwässer Scholz aaO [vgl 1] S 99).

15 **6. Vollendet** ist die Tat erst, wenn das Gewässer ganz oder zum Teil nachteilig verändert ist. Die **Strafbarkeit des Versuchs** kann vor allem bedeutsam werden, wenn der oft schwierige Kausalitätsnachweis (Verursachen einer nicht unerheblichen nachteiligen Veränderung, vgl 4) scheitert.

16 **7.** Die **Verantwortlichkeit** für den Gewässerschutz in **Betrieben und Unternehmen** (15 zu § 11; allgemein zur Unternehmensdelinquenz Steindorf

Gewässerverunreinigung **§ 324**

LK 59–63 vor § 324; Busch, Unternehmen und Umweltstrafrecht, 1997, S 22; zu den Auswirkungen des 2. UKG [6a vor § 324] auf die betriebliche Praxis Knopp BB 94, 2219; zur personellen Reichweite der Genehmigung vgl Schröder aaO [vgl 9]), auch in öffentlichen (8 vor § 324; 8 zu § 264), bestimmt sich nach den allgemeinen Regeln (40 zu § 15), aus denen sich eine Einschränkung der objektiven Zurechnung nach den jeweiligen innerbetrieblichen Verantwortungsbereichen ergibt (Rudolphi, Lackner-FS, S 863, 867; Winkemann aaO [vgl 7] S 125; Franzheim/Pfohl 500–524; Schall aaO [vgl 4 vor § 324] S 104; Busch aaO S 458; Sch/Sch-Cramer/Heine 28a–28c vor § 324); dasselbe gilt für die zur Entsorgung verpflichteten Kommunalbehörden (8 vor § 324). Der Betriebsinhaber (Schall aaO S 108, 113), der Behördenleiter (BGHSt 38, 325 mit Bespr Schwarz NStZ 93, 285, Schall JuS 93, 719, Pfohl NJW 94, 418, Nestler GA 94, 514, Knopp DÖV 94, 676, 678 und Michalke NJW 94, 1693; Frankfurt NStZ-RR 96, 103; Rengier BT II 47/34), deren vertretungsberechtigte Organe (Schlüchter, Salger-FS, S 139), der Betriebsleiter (Stuttgart NStZ 89, 122) und die innerbetrieblich für den Gewässerschutz Zuständigen sind im Rahmen ihrer Aufgabenbereiche Überwachungsgaranten (Müller UPR 90, 367; aM für den Behördenleiter Jescheck/Weigend AT S 624: nur dienstrechtlich verantwortlich; s auch Rengier, Das moderne Umweltstrafrecht im Spiegel der Rechtsprechung, 1992, S 38; Schall NStZ 92, 265, 267; speziell zur umweltstrafrechtlichen Verantwortlichkeit des Vorstands einer AG Ebenroth/Willburger BB 91, 1941, des Geschäftsführers einer GmbH Weimar GmbHR 94, 82, 87 und bei einer mehrköpfigen Geschäftsleitung Schall aaO [vgl 4 vor § 324] S 114; Franzheim/Pfohl 558–562; Ransiek NK 53 und in ZGR 99, 613, 619). Sie kommen daher nicht nur als Begehungs-, sondern auch als Unterlassungstäter (2–15 zu § 13) in Frage (Rudolphi aaO S 872; Schünemann, in: Breuer ua [Hrsg], Umweltschutz und technische Sicherheit im Unternehmen, 1994, S 137, 149; Winkelbauer, Lenckner-FS, S 645, 658); bei leitenden Funktionsträgern bildet die Haftung nur wegen Unterlassung die Regel (Odersky, Tröndle-FS, S 291, 292; Schlüchter aaO S 140, 146; aM Kuhlen WiVerw 91, 181, 242, beide mwN; zT unrichtig Saarbrücken NJW 91, 3045 mit krit Bespr Kühne NJW 91, 3020, Groß/Pfohl NStZ 92, 119 und Hoyer NStZ 92, 387). – Die Stellung als **„Gewässerschutzbeauftragter"** im Sinne der §§ 21a ff WHG (dazu Truxa ZfW 80, 220) begründet als solche keine Haftung, auch keine Vertreterhaftung nach § 14 (hM; vgl Frankfurt NJW 87, 2753, 2756 und Schlüchter aaO S 146), kann im Einzelfall aber für eine persönliche Haftung – etwa als Überwachungsgarant – durchaus eine zureichende Grundlage bilden (näher Kuhlen, in: Amelung [Hrsg], Individuelle Verantwortung und Beteiligungsverhältnisse ..., 2000, S 71, 84 und Böse NStZ 03, 636; zusf Dahs NStZ 86, 97; Rudolphi aaO S 875; Winkemann aaO S 168; Salje BB 93, 2297; Schall aaO S 117; Michalke 77–82; Ransiek NK 64; Steindorf LK 49–51; einschr Sch/Sch-Cramer/Heine 17: nur Teilnehmer; s auch Vierhaus NStZ 91, 466, 467; str). – Zur Verantwortlichkeit der Unternehmensleitung für Umweltschutz nach künftigem Recht Schünemann aaO S 173. – Zur strafrechtlichen Verantwortung des Insolvenzverwalters für das Unterlassen der Beseitigung bestehender Umweltschäden Sonnen/Tetzlaff wistra 99, 1 und Lwowski/Tetzlaff NZI 01, 182. – Zur **Beteiligung von Amtsträgern** an der Tat 8–11 vor § 324.

8. Besonders schwere Fälle § 330. 17

9. Tateinheit ua möglich mit §§ 303, 313, 314, 316b Nr 2, 318, 329 II, III, 18 330a. Dasselbe gilt für § 326 (hM; anders BGHSt 38, 325: Gesetzeskonkurrenz; ebenso Ransiek NK 80), weil dieser auch dem Schutz des Bodens dient und der daraus folgende zusätzliche Unwert in einer Verurteilung nur nach § 324 keinen Ausdruck findet.

§ 324a

§ 324a Bodenverunreinigung

(1) **Wer unter Verletzung verwaltungsrechtlicher Pflichten Stoffe in den Boden einbringt, eindringen läßt oder freisetzt und diesen dadurch**

1. **in einer Weise, die geeignet ist, die Gesundheit eines anderen, Tiere, Pflanzen oder andere Sachen von bedeutendem Wert oder ein Gewässer zu schädigen, oder**
2. **in bedeutendem Umfang**

verunreinigt oder sonst nachteilig verändert, wird mit Freiheitsstrafe bis zu fünf Jahren oder mit Geldstrafe bestraft.

(2) **Der Versuch ist strafbar.**

(3) **Handelt der Täter fahrlässig, so ist die Strafe Freiheitsstrafe bis zu drei Jahren oder Geldstrafe.**

1 1. Die Vorschrift dient der **Reinhaltung des Bodens**. Geschützt sind nach der auch hier gebotenen **ökologisch** orientierten Auslegung (1 zu § 324; 7 vor § 324) die dem Boden in seinem Naturzustand innewohnenden Funktionen für die Umwelt und den Menschen (vgl BT-Dr 12/192 S 15; Möhrenschlager NStZ 94, 513, 516; Sch/Sch-Cramer/Heine 1; diff zwischen Nr 1 und Nr 2 des Absatzes 1 Bartholme, Der Schutz des Bodens im Umweltstrafrecht, 1995, S 205 und Sanden wistra 96, 283, 284); zur Definition dieser Funktionen s § 2 II BBodSchG (eingehend Steindorf LK 17–25). – Die Tat ist ein von jedermann begehbares **Erfolgsdelikt** (Steindorf LK 1; 32 vor § 13); wegen der in Abs 1 Nr 1 näher umschriebenen Art des Erfolges (dazu 3, 4) kann die Tat auch als potentielles Gefährdungsdelikt (32 vor § 13) gedeutet werden (so auch Bartholme aaO S 206; Zieschang, Die Gefährdungsdelikte, 1998, S 231; Tröndle/Fischer 2; ähnlich Ransiek NK 5). – Für eine Neufassung des praktisch nicht umsetzbaren Tatbestandes Hofmann, Bodenschutz durch Strafrecht?, 1996, S 135; vgl dazu Geerds GA 98, 105. Zunehmend scheint sich der Tatbestand aber zu bewähren (Rengier, FS für W Brohm, 2002, S 525, 527, im Anschluss an M-G/B-Pfohl 54/325). Die Zahl der Ermittlungsverfahren steigt an, Sanden, wistra 96, 283. – Zur Entstehungsgeschichte der Vorschrift Sanden aaO.

2 2. Angriffsobjekt ist der **Boden**. Nach § 2 I BBodSchG ist Boden die oberste Schicht der Erdkruste, soweit sie Träger der Bodenfunktionen (oben 1) ist, einschließlich der flüssigen (Bodenlösung) und gasförmigen (Bodenluft) Bodenbestandteile (Sch/Sch-Cramer/Heine 3), ohne Grundwasser und Gewässerbetten. Der strafrechtliche Bodenbegriff ist weiter und bezieht Gewässerböden ein (Steindorf LK 15; aM Ransiek 4).

3 3. Der tatbestandsmäßige **Erfolg** besteht in der **nachteiligen Veränderung des Bodens**, dem sich das Verunreinigen als Beispiel („sonst") unterordnet. Ein nachteiliges Verändern liegt in jeder an ökologischen Bedürfnissen gemessenen Verschlechterung der vorhandenen Bodenbeschaffenheit (Steindorf LK 37–39; Tröndle/Fischer 5; enger Horn SK 5; zu „schädlichen Bodenveränderungen" s § 2 III BBodSchG); das wegen seiner Plastizität hervorgehobene **Verunreinigen** erfasst jede sichtbare Veränderung der Bodenzusammensetzung, die sich ökologisch nachteilig auswirkt (BT-Dr 12/192 S 16; Bartholme aaO [vgl 1] S 211; vgl ergänzend 4, 5 zu § 324). Die Veränderung der physikalischen, chemischen oder biologischen Beschaffenheit des Bodens muss dazu führen, dass die Funktionen (dazu 1) des Bodens beeinträchtigt werden (krit Hofmann aaO [vgl 1] S 74, 91, der eine restriktive Auslegung fordert; zur Problematik der Erfolgsdefinition anhand ökologisch-naturwissenschaftlicher Parameter Hofmann wistra 97, 89, 92). Einschränkend verlangt der Tatbestand eine **bedeutende** nachteilige Veränderung des Bodens. Mit diesem Kriterium soll sichergestellt werden, dass nicht bereits un-

Bodenverunreinigung § 324a

bedeutende Eingriffe in den Boden mit Strafe bedroht sind (BT-Dr 12/192 S 16 sowie 12/7300 S 22).

a) Nach **Abs 1 Nr 1** liegt eine solche bedeutende Bodenverunreinigung dann vor, wenn der Eingriff zur **Schädigung** bestimmter Objekte **geeignet** (13 zu § 325) ist (näher Bartholme aaO [vgl 1] S 212; krit Hofmann aaO [vgl 1] S 92 und wistra 97, 89, 94; Zieschang aaO [vgl 1] S 235). Bloße Belästigungen und Störungen scheiden damit aus (Möhrenschlager NStZ 94, 513, 517; Sanden wistra 96, 283, 284), ausreichend sind aber mittelbare Schädigungen zB im Rahmen einer Nahrungskette (Steindorf LK 42). Außer den in § 325 I 1 genannten Gefährdungsobjekten (dazu 13 zu § 325) wird noch das **Gewässer** (§ 330d Nr 1; 2 zu § 324) genannt, um Fälle der Grundwassergefährdung ohne nachhaltige Bodenbeeinträchtigung zu erfassen (BT-Dr 12/192 S 17; vgl Celle NStZ-RR 98, 208). **Sachen** haben auch hier **bedeutenden Wert** nicht nur, wenn sie ökonomisch, sondern auch dann, wenn sie ökologisch wertvoll sind (BT-Dr 12/7300 S 22; näher 13 zu § 325; speziell zu solchen Sachen im Umweltstrafrecht Rengier, Spendel-FS, S 559; zum ökologischen Wert von Tieren und Pflanzen Hofmann wistra 97, 89, 95 und Ransiek NK 8). 4

b) Abs 1 Nr 2 verlangt eine Bodenverunreinigung in **bedeutendem Umfang**. Mit dieser sprachlichen Anpassung an die Nr 1 wird eine Einengung des Tatbestandes gegenüber dem Regierungsentwurf, der eine „sonst erhebliche" Bodenverunreinigung verlangt hatte, angestrebt (BT-Dr 12/7300 S 22; Möhrenschlager NStZ 94, 513, 517); bestätigt wird dieser Versuch der Einengung durch § 2 III BBodSchG, der erhebliche Nachteile schon für jede „schädliche Bodenveränderung" verlangt. Die Formel ist dennoch zur Bestimmung der Erheblichkeitsschwelle wenig aussagekräftig (krit dazu die Ausschussminderheit BT-Dr aaO sowie Sanden wistra 96, 283, 284). Sie ist nicht nur rein quantitativ zu verstehen (aM Bartholme aaO [vgl 1] S 215 und Hofmann aaO [vgl 1] S 58, 101). Intensität und Dauer der Beeinträchtigung sind ebenso zu beachten wie der Aufwand zu ihrer Beseitigung (BT-Dr 12/192 S 17; aM Ransiek NK 11; Steindorf LK 57). 5

4. Anders als in § 324 (vgl dort 4) sind die **Tathandlungen** umschrieben. Durch diese Umschreibung soll aber jedes Verhalten erfasst werden, durch das mittels **Stoffen** (dazu 1a zu § 224; näher Bartholme aaO [vgl 1] S 208) der Boden verunreinigt wird (BT-Dr 12/192 S 17). **Einbringen** beschreibt den finalen Stoffeintrag, zB das Aufbringen von Düngemittel (Bartholme aaO S 211); **eindringen lassen** das pflichtwidrige Nichtverhindern des Eindringens von Stoffen in den Boden durch Garanten (Sanden wistra 96, 283, 289; Horn SK 10; Sch/Sch-Cramer/Heine 7; aM Bartholme aaO S 211, Winkelbauer, Lenckner-FS, S 645, 656 und Steindorf LK 33: echtes Unterlassungsdelikt; s auch Ransiek NK 12: bedeutungsloser Streit); erfasst ist auch die weitere nachteilige Veränderung eines verunreinigten Bodens, die zB durch ungesichertes Liegenlassen einer Altlast entsteht (Sanden aaO S 288; Rengier aaO [vgl 1], S 529; zu Sanierungspflichten bei Altlasten s §§ 4 III, 11 ff BBodSchG; zu deren strafrechtlicher Behandlung näher Michalke 137–143 und Franzheim/Pfohl 172–198 sowie Schall NStZ-RR 02, 33, 34 mit Hinweis auf BVerfG JZ 01, 37); **freisetzen** das Schaffen einer Lage, in der sich der Stoff unkontrollierbar ausbreiten kann (vgl 3 zu § 330a; krit Hofmann aaO [vgl 1] S 22: überflüssige Tatbestandsvariante). Mit diesen Umschreibungen beschränkt der Tatbestand die Bodenverunreinigung auf den typischen Fall des Eintrags und der Einwirkung gefährlicher Stoffe (krit Hofmann wistra 97, 89); sonstige unerlaubte Bodenbeeinträchtigungen wie Abgrabungen, Aufschüttungen oder das Errichten von Gebäuden, die zu Bodenerosionen oder Bodenverdichtungen führen können, sind allenfalls von § 329 II, III erfasst (BT-Dr 12/192 S 16; Möhrenschlager NStZ 94, 513, 516; Sanden aaO S 284; krit unter Artenschutzgesichtspunkten Gütschow, Der Artenschutz im Umweltstrafrecht, 1998, S 159). 6

1341

7 5. Das Merkmal der **Verletzung verwaltungsrechtlicher Pflichten** schränkt den Tatbestand weiter ein (vgl 4–12 zu § 325; ebenso Ransiek NK 15; eingehend Hofmann aaO [vgl 1] S 30, 107, der im Anhang einen Pflichtenkatalog zusammenstellt, S 141–180). Die Pflicht kann sich aus Rechtsvorschriften, gerichtlichen Entscheidungen oder Verwaltungsakten ergeben, die dem Schutz vor schädlichen Einwirkungen auf den Boden dienen (§ 330 d Nr 4). Rechtsvorschriften sind nur bei hinreichender Bestimmtheit zur Begründung solcher Pflichten tauglich. Diese Voraussetzung erfüllen allgemein gehaltene Programmsätze wie in § 6 I S 1, 2 PflSchG, § 1 a II WHG (Celle NStZ-RR 98, 208, 209) oder §§ 4, 7 BBodSchG (vgl Vierhaus NJW 98, 1262, 1264; Rengier aaO [vgl 1] S 527; Michalke 157; Franzheim/Pfohl 162) sowie allgemeine Verhaltenspflichten im Straßenverkehr (AG Schwäbisch Hall NStZ 02, 15 mit zust Bespr Schall NStZ-RR 03, 65, 66) nicht. Hinreichend bestimmt sind dagegen etwa §§ 7, 23 BImSchG mit den jeweils auf ihnen beruhenden Verordnungen oder § 17 ChemG in Verbindung mit der GefStoffV; auch im WHG und den Ländervorschriften über das Lagern wassergefährdender Flüssigkeiten finden sich zahlreiche pflichtenkonkretisierende Normen (zu den altlastenrechtlichen Regelungen der Länder Sanden wistra 96, 283, 285 mwN); schließlich kommen auch Vorschriften in Betracht, die dem Grundwasserschutz dienen (BT-Dr 12/192 S 17; Möhrenschlager NStZ 94, 513, 517; aM Hofmann aaO S 113), wohl auch straßenverkehrsrechtliche Vorschriften (Bartholme aaO [vgl 1] S 217). Die Wirksamkeit des strafrechtlichen Bodenschutzes ist durch die Regelungen des BBodSchG verbessert worden (vgl Steindorf LK 59), es fehlt jedoch noch die Umsetzung in Verordnungen (Sch/Sch-Cramer/Heine 13).

8 6. Der **Vorsatz** nach **Abs 1** muss auch die nachteilige Veränderung des Bodens (vgl 7 zu § 324) im Widerspruch zum Verwaltungsrecht (16 zu § 325) umfassen. – Zum Sorgfaltsmaßstab bei **fahrlässigem** Verhalten vgl 7 zu § 324; auch hier reicht die Verletzung von StVO-Vorschriften bei Verkehrs-, nicht nur Gefahrgutunfällen (Rengier, Boujong-FS, S 791, 802).

9 7. Zu **Vollendung** und **Versuch** nach **Abs 2** vgl 15 zu § 324. Zur Beendigung und zum Verjährungsbeginn Sanden wistra 96, 283, 288 sowie 13 zu § 326.

10 8. Besonders schwere Fälle § 330.

11 9. **Tateinheit** ua möglich mit §§ 223, 229, 303, 324 (auch hinsichtlich der Gewässerböden, Steindorf LK 16; aM Möhrenschlager NStZ 94, 513, 517), 326 (zu Recht aM für § 326 I Nr 4 wistra 01, 259 mit Bespr Schall NStZ-RR 02, 33, 34: Gesetzeskonkurrenz), 329, 330 a. §§ 325 II, IV (aM Ransiek NK 27), 326 I Nr 4 a, 328 III treten hinter § 324 a I zurück (Bartholme aaO [vgl 1] S 224).

§ 325 Luftverunreinigung

(1) **Wer beim Betrieb einer Anlage, insbesondere einer Betriebsstätte oder Maschine, unter Verletzung verwaltungsrechtlicher Pflichten Veränderungen der Luft verursacht, die geeignet sind, außerhalb des zur Anlage gehörenden Bereichs die Gesundheit eines anderen, Tiere, Pflanzen oder andere Sachen von bedeutendem Wert zu schädigen, wird mit Freiheitsstrafe bis zu fünf Jahren oder mit Geldstrafe bestraft. Der Versuch ist strafbar.**

(2) **Wer beim Betrieb einer Anlage, insbesondere einer Betriebsstätte oder Maschine, unter grober Verletzung verwaltungsrechtlicher Pflichten Schadstoffe in bedeutendem Umfang in die Luft außerhalb des Betriebsgeländes freisetzt, wird mit Freiheitsstrafe bis zu fünf Jahren oder mit Geldstrafe bestraft.**

(3) **Handelt der Täter fahrlässig, so ist die Strafe Freiheitsstrafe bis zu drei Jahren oder Geldstrafe.**

Luftverunreinigung **§ 325**

(4) **Schadstoffe im Sinne des Absatzes 2 sind Stoffe, die geeignet sind,**
1. **die Gesundheit eines anderen, Tiere, Pflanzen oder andere Sachen von bedeutendem Wert zu schädigen oder**
2. **nachhaltig ein Gewässer, die Luft oder den Boden zu verunreinigen oder sonst nachteilig zu verändern.**

(5) **Die Absätze 1 bis 3 gelten nicht für Kraftfahrzeuge, Schienen-, Luft- oder Wasserfahrzeuge.**

1. Die Vorschrift dient der **Reinhaltung der Luft**. Sie stellt nicht auf eine konkrete Umweltgefährdung oder -schädigung ab. **Abs 1 Satz 1** verlangt aber wie bisher für die Tathandlung deren Eignung zur Herbeiführung bestimmter Schäden; er enthält daher ein potentielles Gefährdungsdelikt (32 vor § 13; Zieschang, Die Gefährdungsdelikte, 1998, S 206, der jedoch den Eintritt eines konkret gefährlichen Zustands verlangt). Der neue **Abs 2** beschreibt nur die Bedingungen einer generellen Gefährlichkeit (pflichtwidriges Freisetzen von Schadstoffen) und ist deshalb ein **abstraktes Gefährdungsdelikt** (32 vor § 13; aM Koch/Scheuing-Weber 5: potenzielles Gefährdungsdelikt). − Rspr-Übersicht bei Schall NStZ 97, 420.

2. **Gegenständliche Einschränkungen** des Abs 1:

a) Beim Betrieb einer Anlage: Anlage ist eine auf gewisse Dauer vorgesehene, als Funktionseinheit organisierte Einrichtung von nicht ganz unerheblichen Ausmaßen, die der Verwirklichung beliebiger Zwecke dient (ebenso Franzheim/Pfohl 204). − Ob sie ortsfest (zB Betriebsstätte; Heizungsanlage) oder beweglich ist (zB Maschine), bleibt sich gleich; daher werden technische Geräte aller Art erfasst, soweit nicht das Sprachverständnis wegen der begrenzten Funktion oder Dimension des Gegenstandes seiner Charakterisierung als Anlage entgegensteht (beachte auch den Begriff der Anlage iS des § 3 UmweltHG); ausgenommen (Abs 5) sind in Anlehnung an § 3 V Nr 2 BImSchG lediglich die − sei es auch mit gefährlichen Stoffen beladenen (Koblenz MDR 86, 162) − Verkehrsfahrzeuge, weil für sie die speziellen Regelungen des Verkehrsrechts gelten (BT-Dr 8/2382 S 16; krit Tröndle/Fischer 23 vor § 324 mwN; zust jedoch Laufhütte/Möhrenschlager ZStW 92, 912, 939). − Unerheblich ist ferner, ob die Anlage der Hervorbringung technischer Leistungen dient oder nur der Bewahrung von Rohstoffen oder Produkten oder der Beseitigung von Abfällen bezweckt (Steindorf LK 18); auch Grundstücke, auf denen Stoffe gelagert oder abgelagert oder Arbeiten ausgeführt werden, sind deshalb einbezogen (§ 3 V Nr 3 BImSchG). − Gleichgültig ist schließlich, ob die Anlage gewerblich oder privat genutzt wird (ebenso Ransiek NK 9). − Damit ist der Begriff uferlos weit und die mit ihm beabsichtigte Einschränkung (BT-Dr aaO S 15) ohne praktische Wirkung. Eine Anregung des BRates, wenigstens eine Beschränkung auf Anlagen im Sinne des § 3 V BImSchG vorzunehmen (BT-Dr aaO S 30), ist ausdrücklich abgelehnt worden (BT-Dr 8/3633 S 27; wegen Art 103 II für Beschränkung auf Produktionsstätten Gütschow, Der Artenschutz im Umweltstrafrecht, 1998, S 93). Damit werden zugleich auch alle anderen, sonst noch im BImSchG oder in den auf ihm beruhenden RechtsVOen vorgesehenen Begrenzungen für das Strafrecht unverbindlich. Ausgeschieden sind immerhin bloße Belästigungen, wie sie vom Flämmen in Gärten oder auf Äckern ausgehen (BT-Dr 12/192 S 18). − **Betrieb** einer Anlage entspricht dem Betreiben im Sinne des § 4 BImSchG. Es ist weit auszulegen und umfasst alle Handlungen, die zum tatsächlichen In-Funktion-Setzen oder -Halten beitragen (ebenso Ransiek NK 10; vgl auch Bay NStZ 98, 465 zu § 327 II Nr 3); beendigt ist es erst nach völliger Stilllegung (Sack 25), bei Müllplätzen also erst nach wirksamer Absicherung gegen (auch unbefugte) Weiterbenutzung (AG Cochem NStZ 85, 505; zw). Auch Unterlassen in Garantenstellung (6 zu § 13)

§ 325 BT. 29. Abschnitt. Straftaten gegen die Umwelt

kommt in Frage (Stuttgart ZfW 88, 248; StA Landau MDR 94, 935 mit krit Bespr Otto JK 1 zu § 327); jedoch ist die Garantenpflicht im Anwendungsbereich des § 327 zur Vermeidung von Wertungswidersprüchen gegenüber dem Verwaltungsrecht ebenso wie bei der Abfallbeseitigung zu begrenzen (7 a zu § 326).

3 **b) Außerhalb des zur Anlage gehörenden Bereichs:** Einwirkungen auf die Anlage selbst, die sich jeweils auf den räumlichen Bereich erstreckt, für den die verwaltungsrechtlichen Pflichten zur Vermeidung schädlicher Umwelteinwirkungen auferlegt sind (BT-Dr 8/2382 S 16), scheiden für die Beurteilung der Eignung einer Immission zur Schädigung (vgl 13, 14) aus (krit Triffterer, Umweltstrafrecht, 1980, S 190; s auch 6 vor § 324). Es müssen also die Allgemeinheit oder die Nachbarschaft betroffen sein. Für Schädigungen innerhalb der Anlage gilt neben den allgemeinen Tatbeständen (zB §§ 222, 229) das Arbeitsschutzrecht (speziell zur Asbestverarbeitung Kuchenbauer NJW 97, 2009).

4 **3.** Das Merkmal der **Verletzung verwaltungsrechtlicher Pflichten** schränkt den Verbotsbereich des Abs 1 nachhaltig ein (zur Kritik beachte 6 vor § 324).

5 **a)** Der in § 330 d Nr 4 im Einzelnen beschriebene **Widerspruch zum Verwaltungsrecht,** der hier und mit Unterschieden in Einzelheiten auch in § 311 d I (dort 2), § 324 a I (dort 8), § 325 a I, II (dort 4), § 326 II, III (dort 8 a, 9), § 327 I, II (dort 2), § 328 I–III (dort 2) und § 329 I–III (dort 2) vorausgesetzt wird, ist nach der erkennbaren Intention des Gesetzes **Tatbestandsvoraussetzung,** verwaltungsrechtlich zulässiges Handeln daher schon **nicht tatbestandsmäßig** (BT-Dr 12/192 S 31 und 12/7300 S 25; Laufhütte/Möhrenschlager ZStW 92, 912, 941; Fortun, Die behördliche Genehmigung im strafrechtlichen Deliktsaufbau, 1998, S 44; zusf Heine/Meinberg, 57. DJT, Bd I, Gutachten Teil D, S 48, alle mwN; weiterführend Winkelbauer, Zur Verwaltungsakzessorietät des Umweltstrafrechts, 1985, S 16, 25; Kühl, Lackner-FS, S 815). Zu den Folgerungen für Vorsatz und Fahrlässigkeit vgl 16 und für die Rechtfertigung 17; zu Besonderheiten bei grenzüberschreitenden Umweltbeeinträchtigungen 14 vor § 324.

6 **b)** Alle Buchstaben des § 330 d Nr 4 setzen die Verletzung einer Pflicht voraus, die dem **Schutz vor schädlichen Umwelteinwirkungen,** bei § 325 speziell dem Schutz vor Luftverunreinigungen (BT-Dr 12/192 S 31), dienen. Einschlägig sind namentlich § 3 I BImSchG iVm den auf ihm beruhenden Rechtsverordnungen (Nachw bei Göhler [Lexikon] 154 C, D). Jedoch sind als Rechtsquellen andere Verwaltungsgesetze (zB das AtG, das KrW-/AbfG, die GewO, das ChemG und die Arbeitsschutzgesetze) nicht ausgeschlossen, soweit sie selbst oder die auf ihnen beruhenden Normen und Verwaltungsakte objektiv – sei es auch neben anderen Zwecken – umweltschützende Funktionen erfüllen (BT-Dr 8/2382 S 16, 34; Sch/Sch-Stree/Heine 8). Das kann im Einzelfall zu der schwierigen Prüfung zwingen, ob der Schutzzweck dieser anderen Normen und Verwaltungsakte als der weitere den des Abs 1 einschließt. – **Rechtsvorschriften** (§ 330 d Nr 4 a) sind nur bei hinreichender Bestimmtheit zur Konkretisierung einer Pflicht tauglich. Diese Voraussetzung ist erfüllt, wenn eine Pflicht in einer immissionsschutzrechtlichen Rechtsverordnung im Sinne von § 17 III oder § 20 I BImSchG abschließend bestimmt ist (Möhrenschlager NStZ 94, 513, 517); allgemeine Regelungen über Grundpflichten für Anlagenbetreiber (§§ 5, 22 BImSchG) sind dagegen keine hinreichend bestimmten Rechtsvorschriften (BT-Dr 12/192 S 18). Bloße Verwaltungsvorschriften wie zB TA Luft (zu deren möglicher zukünftiger Ausgestaltung als Rechtsverordnung Doerfert JA 99, 949) reichen trotz Bestimmtheit nicht (Steindorf LK 30 a), ihnen kommt aber eine „Indizwirkung" bei der Feststellung der Schädigungseignung zu (Schall NStZ-RR 03, 65, 67 mit Hinweis auf BVerfG JuS 02, 94). – Eine verwaltungsrechtliche Pflicht kann sich auch aus einer **gerichtlichen Entscheidung** ergeben (§ 330 d Nr 4 b; krit wegen mangelnder Bestimmtheit Michalke, Verwaltungsrecht im Umweltstrafrecht, 2001, S 74), etwa eine rechtskräftige einstweilige Anordnung nach § 123 I S 2 VwGO und gerichtliche Maßnahmen nach § 80a III VwGO (Koch/Scheuing-Weber 20).

c) **Verwaltungsakt** und **Auflage** (§ 330d Nr 4c und d) sind ebenso wie die nicht mehr ausdrücklich hervorgehobenen, aber von der Vorschrift erfassten Anordnungen und Untersagungen von einer Verwaltungsbehörde getroffene hoheitliche Maßnahmen, die der Regelung eines Einzelfalls auf dem Gebiet des öffentlichen Rechts dienen und auf unmittelbare Rechtswirkung nach außen gerichtet sind (§ 35 VwVfG). Auch aus einem **öffentlich-rechtlichen Vertrag** (§ 330d Nr 4e; krit Michalke aaO [vgl 6] S 75) kann sich eine Pflicht ergeben, sofern sie auch durch Verwaltungsakt hätte auferlegt werden können. Damit soll einerseits verhindert werden, dass die Anwendung des Umweltstrafrechts durch den Abschluss eines Vertrages anstelle des Erlasses eines Verwaltungsaktes vereitelt wird, zum anderen aber sichergestellt werden, dass die Verletzung sog überobligatorischer Pflichten nicht tatbestandsmäßig wird (BT-Dr 12/7300 S 25; Möhrenschlager NStZ 94, 513, 515). – Verwaltungsakte sind **vollziehbar,** wenn sie dem Betroffenen gegenüber verwaltungsrechtlich durchsetzbar sind. Außerdem darf die Möglichkeit, den Vollzug des Verwaltungsakts durch Rechtsbehelfe abzuwenden, nicht oder nicht mehr bestehen (BGHSt 23, 86; zusf Odenthal NStZ 91, 418, beide mwN). Das trifft nicht nur für unanfechtbare Verwaltungsakte, sondern auch für solche zu, deren sofortige Vollziehbarkeit sich entweder aus dem Gesetz ergibt (§ 80 II Nr 1–3 VwGO) oder ausdrücklich schriftlich angeordnet ist (§ 80 II Nr 4 VwGO).

aa) Die **materielle Rechtmäßigkeit** des Verwaltungsakts scheint daher **keine notwendige Voraussetzung** der Strafbarkeit zu sein. Zwar ist unbestritten, dass jedenfalls nichtige Verwaltungsakte ausscheiden, dh solche, die an einem besonders schwerwiegenden Fehler leiden und dies bei verständiger Würdigung aller in Betracht kommenden Umstände offensichtlich ist (§§ 43 III, 44 I VwVfG; Heghmanns, Grundzüge einer Dogmatik der Straftatbestände zum Schutz von Verwaltungsrecht und Verwaltungshandeln, 2000, S 216, 305; zu Verkehrszeichen Bay NStZ-RR 00, 119). Jedoch muss der Verwaltungsakt selbst diesen Mangel aufweisen; seine Rückführung auf eine schwere Rechtsverletzung (zB Täuschung, Drohung, Bestechung) genügt, wie sich aus der Rücknahmeregelung des § 48 II S 3 Nr 1 VwVfG ergibt, dafür allein nicht (hM; vgl BVerwG NJW 85, 2658; Rogall, Die Strafbarkeit von Amtsträgern im Umweltbereich, 1991, S 169; Kuhlen WiVerw 92, 215, 252; anders Rengier ZStW 101, 874, 898). Jenseits dieser nur in Ausnahmefällen relevanten Grenze soll es nach hM, die sich insoweit an die allgemein zum Verwaltungsrecht entwickelte Rechtsprechung anlehnt (ua BGHSt 23, 86, 93; Oldenburg NdsRpfl 80, 35; Hamburg JZ 80, 110; Karlsruhe NJW 88, 1604 mit krit Bespr Waniorek JuS 89, 24; Koblenz NJW 95, 2302; einschr Frankfurt StV 88, 301 mit Anm Wolf), auf die verwaltungsrechtliche Wirksamkeit zurzeit der Tat ankommen, so dass die spätere Aufhebung im Verwaltungsrechtszug unerheblich ist (Laufhütte/Möhrenschlager ZStW 92, 912, 921; Rudolphi NStZ 84, 248, 252; Seier JA 85, 23, 25; Dölling JZ 85, 461, 464; Rogall, Köln-FS, S 505, 528 und GA 95, 299, 309; Odenthal NStZ 91, 418; Kuhlen WiVerw 92, 215, 262; Breuer JZ 94, 1077, 1084; Fortun aaO [vgl 5] S 79; Heghmanns aaO S 329, 355; Steindorf LK 44–46; Tröndle/Fischer 8 zu § 330d, alle mwN).

bb) Die Annahme einer so weitreichenden **Bindungswirkung** ist gerade bei diesen gemischt strukturierten Tatbeständen problematisch, deshalb sehr **kontrovers** und von einem tragfähigen Konsens noch weit entfernt (ebenso als Vertreter der hM Steindorf LK 45). Der Standpunkt der hM wird nicht nur allgemein (Arnhold, Die Strafbewehrung rechtswidriger Verwaltungsakte, 1978 und JZ 77, 789; Gerhards NJW 78, 86; Heghmanns aaO [vgl 8] S 312, 354 mit Bespr Rengier

§ 325 BT. 29. Abschnitt. Straftaten gegen die Umwelt

ZStW 114, 201, 204; Sch/Sch-Lenckner 130 vor § 32), sondern speziell auch für die Umweltdelikte mit verschiedenartigen Ansätzen und zum Teil auch beachtlichen Gründen in Frage gestellt (zB Ostendorf JZ 81, 165; Winkelbauer aaO [vgl 5] S 40; Kühl, Lackner-FS, S 815, 842; Schall NJW 90, 1263, 1267; Otto Jura 91, 308, 313; Schmitz, Verwaltungshandeln und Strafrecht, 1992, S 71; Bergmann, Zur Strafbewehrung verwaltungsrechtlicher Pflichten im Umweltstrafrecht, dargestellt an § 325 StGB, 1993, S 179; Perschke wistra 96, 161, 164; Rühl JuS 99, 521, 527; Rengier BT II 47/17; Koch/Scheuing-Weber 24; Horn SK 11a vor § 324; Sch/Sch-Cramer/Heine 21 vor § 324; krit auch Tiedemann/Kindhäuser NStZ 88, 337, 344; Dahs/Redeker DVBl 88, 803, 810, alle mwN); beachtlich ist vor allem der Einwand, dass in Fällen belastender, strafbarkeitsbegründender rechtswidriger Verwaltungsakte das Verhalten des Täters das geschützte Umweltrechtsgut möglicherweise nicht verletzt, sondern nur dem im rechtswidrigen Verwaltungsakt bekanntgegebenen Willen der Behörde zuwiderläuft (Kühl und Heghmanns, jeweils aaO; ebenso BVerfGE 87, 399, 410 zu § 29 I Nr 2 VersG; zust Rühl aaO; keine verfassungsrechtlichen Bedenken sieht Felix, Einheit der Rechtsordnung, 1998, S 336, 359).

10 d) Ein **Handeln ohne Genehmigung** usw (§ 330d Nr 5) verletzt eine verwaltungsrechtliche Pflicht, wenn das Erfordernis einer Genehmigung für dieses Handeln in einer Rechtsvorschrift (§ 330d Nr 4a) enthalten ist (ebenso Weber, Hirsch-FS, S 795, 797; Steindorf LK 31; Horn SK 9); dies kommt allerdings in § 330d Nr 4a nicht zum Ausdruck, weil § 330d Nr 4 nur die Entstehungsgründe für verwaltungsrechtliche Pflichten aufzählt. Als **Grundlage** für die erforderliche Genehmigung kommt wohl nur § 4 BImSchG iVm den auf ihm beruhenden Rechtsverordnungen in Frage. Sie muss nicht notwendig schon ihrem Typ nach als das abschließende Ergebnis des vorgeschriebenen Genehmigungsverfahrens erscheinen (so aber für § 327 I LG Hanau NJW 88, 571, 572; für § 325 Bergmann aaO [vgl 9] S 48). Nach dem Schutzzweck der Vorschrift (vgl 6) dürfte es vielmehr genügen, wenn die Gestattung in eine andere verwaltungsrechtlich wirksame (beachte §§ 43, 44 VwVfG) Form (zB Vorabzustimmung, öffentlich-rechtlicher Vertrag, Zusage des Nichteinschreitens) gekleidet wird (Winkelbauer JuS 88, 691, 693; Bickel NStZ 88, 181; aM Dolde NJW 88, 2329, 2330; Heine/Meinberg aaO [vgl 5] S 46; Palme JuS 89, 944; Kuhlen WiVerw 91, 181, 224; Bergmann aaO S 50; s auch Burianek NJW 87, 2727; Breuer NJW 88, 2072, 2083; Horn NJW 88, 2335, alle mwN; zw) oder wenn infolge behördlicher Duldung eine verwaltungsrechtliche Eingriffsschranke besteht, die das belastendes Verwaltungshandeln rechtswidrig macht (12 zu § 324; beachte jedoch 17). – Im Übrigen kommt es auch hier für die Tatbestandsmäßigkeit nur auf das formale, für den Strafrichter verbindliche Fehlen der Genehmigung zurzeit der Tat an (Köln wistra 91, 74; Rogall JZ-GD-80, 101, 110; Laufhütte/Möhrenschlager ZStW 92, 912, 920; aM Winkelbauer aaO [vgl 5] S 40); bloß „materielle" Genehmigungsfähigkeit (mit uU nachträglicher Genehmigung) genügt auch hier nicht (10 zu § 324; für einen Strafaufhebungsgrund zugunsten des Betreibers Koch/Scheuing-Weber 73 vor § 62 BImSchG). Rechtsmissbräuchliches Verhalten iSv § 330d Nr 5 steht nach dieser Bestimmung dem genehmigungslosen Handeln gleich (10 zu § 324); rechtswidrige Genehmigungen, die nicht auf diese Weise erlangt wurden, schließen die Tatbestandsmäßigkeit aus (Perschke wistra 96, 161, 165: „Rückschluss" aus § 330d Nr 5). Ohne Genehmigung iSv § 330d handelt nicht nur derjenige, der die Genehmigung selbst missbräuchlich erwirkt hat (Weber aaO S 801; aM Petzold NStZ 96, 170, 173).

11 e) Eine **grobe Verletzung verwaltungsrechtlicher Pflichten** wird hier (Abs 2) und mit Unterschieden im Einzelnen auch in § 311 III Nr 2 (dort 6) und § 328 I Nr 2, III (dort 2) vorausgesetzt. – **Grob pflichtwidrig** erfordert ein nach dem Ausmaß der Gefährlichkeit oder dem Grad der Pflichtwidrigkeit besonders schwerwiegendes Verhalten (Tun oder Unterlassen); es kann deshalb sowohl aus dem besonderen Gewicht der verletzten Pflicht als auch aus dem besonderen Maß der Pflichtvergessenheit in Bezug auf eine an sich nicht wichtige Pflicht hergeleitet werden (BT-Dr 8/2382 S 16). Es fehlt allgemein, wenn das Verhalten materiell rechtmäßig ist (Dölling JZ 85, 461, 467; Tiedemann/Kindhäuser NStZ 88, 337, 343), und wird häufig auch fehlen, wenn sich ein sofort vollziehbarer Verwaltungsakt nach Tatbegehung im Widerspruchs- oder verwaltungsgerichtlichen Verfahren als nicht bestandskräftig erweist (ebenso Michalke 212 und Steindorf LK 64).

f) Die Verletzung verwaltungsrechtlicher Pflichten ist hier und in den weiteren verwaltungsakzessorischen Tatbeständen des Abschnitts (vgl 5) **besonderes persönliches Merkmal im Sinne des § 14** (dort 13–15), so dass auch Vertreter als Täter erfasst werden (Laufhütte/Möhrenschlager ZStW 92, 912, 941). § 28 I ist dagegen nicht anwendbar, weil diese Pflichten nur die Positionsnähe zum geschützten Rechtsgut betreffen (dort 3, 4; Koch/Scheuing-Weber 57; Steindorf LK 70; aM Tröndle/Fischer 5 zu § 330 d; Horn SK 14).

4. Abs 1: Veränderungen der Luft bezeichnet nur den tatbestandsmäßigen Erfolg. Die Art und Weise seiner Herbeiführung ist gleichgültig (vgl 4 zu § 324). Auf die bisherige (§ 3 IV BImSchG entnommene) Umschreibung der Luftverunreinigung wurde aus Gründen der Vereinfachung aber auch deshalb verzichtet, um Fälle erfassen zu können, in denen wie bei der radioaktiven Kontaminierung von Luftbestandteilen eine Veränderung der natürlichen Zusammensetzung der Luft zweifelhaft ist (Möhrenschlager NStZ 94, 513, 517). – **Geeignet zur Schädigung** setzt weder Schadenseintritt noch konkrete Gefährdung voraus; Dauer und Intensität der Immission müssen nach gesicherter naturwissenschaftlicher Erfahrung (Rudolphi NStZ 84, 248, 250; Michalke 187–189; Horn SK 5) lediglich in ihrer konkreten Beschaffenheit und unter den konkreten Umständen (Hoyer, Die Eignungsdelikte, 1987, S 165; Rogall, Köln-FS, S 505, 516; einschr Tiedemann, Die Neuordnung des Umweltstrafrechts, 1980, S 32; Dölling, in: Benz ua, Natur- und Umweltschutzrecht, 1989, S 81, 86; diff Sch/Sch-Stree/Heine 18, alle mwN) generell tauglich sein, Schädigungen an Rechtsgutsobjekten der genannten Art zu verursachen (Karlsruhe ZfW 96, 406; Steindorf LK 5; 32 vor § 13; einschr Hoyer aaO und Zieschang aaO [vgl 1] S 206). Die Aufzählung der Schutzobjekte in Abs 1 ist abschließend und kann deshalb nicht durch Auslegung um die in § 330 d Nr 4 a genannten Schutzobjekte erweitert werden (Koch/Scheuing-Weber 28). – Schädigung der **Gesundheit** 5 zu § 223. Gemeint ist hier der den Körperverletzungstatbeständen zugrundeliegende Gesundheitsbegriff, nicht der wesentlich weitere der Weltgesundheitsorganisation (BT-Dr 8/3633 S 27 mwN); Eignung zur Verursachung von Hustenreiz, Übelkeit oder Kopfschmerzen genügt, soweit diese Zustände die Erheblichkeitsschwelle (5 zu § 223) überschreiten (BT-Dr aaO), uU auch die Eignung zu psychischen Beeinträchtigungen, wenn diese sich körperlich auswirken (BT-Dr aaO). Bloße Belästigungen scheiden jedoch aus. Zur „Indizwirkung" der TA-Luft s oben 6. – **Tiere, Pflanzen und andere** (nicht unbedingt fremde) **Sachen** haben **bedeutenden Wert,** wenn ein gewichtiges wirtschaftliches, ökologisches (BT-Dr 8/2382 S 16) oder historisches Allgemein- oder Individualinteresse an ihrer Erhaltung besteht (ebenso Sch/Sch-Stree/Heine 13). Angesichts der Einbeziehung von herrenlosen Sachen (namentlich wilden Tieren und Pflanzen) wäre die in anderen Tatbeständen (vgl zB 24 zu § 315 c) maßgebende Orientierung am Verkehrswert sachwidrig (ebenso Steindorf LK 12); dagegen muss auch hier nicht nur der Wert der Sache, sondern die möglicherweise drohende Schädigung bedeutend sein (krit unter Artenschutzgesichtspunkten Gütschow aaO [vgl 2] S 96). In Frage kommen danach auch ökologische

§ 325

BT. 29. Abschnitt. Straftaten gegen die Umwelt

Schäden und Korrosionsschäden an Kunstdenkmälern (BT-Dr aaO S 15). – **Verursachen** ist auch durch Unterlassen in Garantenstellung (6 zu § 13), zB durch Unterlassen des Einbaus von Schmutzfiltern, möglich. Da Mitursächlichkeit genügt (11 vor § 13), können auch Summations- oder Kumulationseffekte den erforderlichen Gefährlichkeitsgrad begründen (Laufhütte/Möhrenschlager ZStW 92, 912, 942 mwN; zw).

14 5. **Abs 2** enthält einen neuen Emissionstatbestand, der zum Schutz der Luftreinheit in von Abs 1 nicht erfassten Fällen eingreifen soll (BT-Dr 12/7300 S 22). Angesichts der zahlreichen Einschränkungen des Tatbestandes erscheint seine praktische Relevanz zweifelhaft (vgl die Bedenken der Ausschussminderheit BT-Dr aaO, Möhrenschlager NStZ 94, 513, 518 und Gütschow aaO [vgl 2] S 104). – Beim Betrieb einer Anlage (dazu 2). – Verletzung verwaltungsrechtlicher Pflichten (§ 330d Nr 4; ergänzend 4–10); Pflichten können sich hier speziell aus Rechtsvorschriften und Anordnungen nach § 17 oder § 24 BImSchG ergeben; auch in Nebenbestimmungen iS von § 12 BImSchG können Anforderungen zur Emissionsminderung enthalten sein (BT-Dr 12/192 S 19). Grobe Verletzung (dazu 11). – **Freisetzen** 3 zu § 330a. – Erfasst ist nur das Freisetzen von **Schadstoffen**, die nach **Abs 4** zur Schädigung bestimmter Gefährdungsobjekte (dazu 13) oder zur nachhaltigen Verunreinigung der drei Umweltmedien geeignet sind (krit zu dieser engen Fassung des Schadstoffbegriffs die Ausschussminderheit BT-Dr 12/7300 S 22). Schadstoffe müssen **in bedeutendem Umfang** (dazu 5 zu § 324a) freigesetzt werden; der bedeutende Umfang ist in Relation zur Art, Beschaffenheit oder Menge der Schadstoffe zu bestimmen, Anhaltspunkte können sich etwa aus § 29 BImSchG ergeben (BT-Dr 12/192 S 19). – Enger als in Abs 1 (vgl 3) muss das Freisetzen in die Luft **außerhalb des Betriebsgeländes** erfolgen. Die Schadstoffe müssen danach in die Luft außerhalb des Betriebes, nicht nur der Anlage, gelangen (Möhrenschlager NStZ 94, 513, 518). Alle Arbeitnehmer auf dem Betriebsgelände sind deshalb nicht von § 325 II (je nach Sachlage aber von § 328 und § 27 ChemG) geschützt, wenn eine von mehreren Anlagen auf diesem Gelände außerhalb ihres Bereiches Schadstoffe freigesetzt hat (krit dazu die Ausschussminderheit BT-Dr 12/7300 S 22).

15 6. Die **verfahrensmäßige Feststellung** der unter 13 behandelten Voraussetzungen stößt auf eine typische, im Gesetz begründete Schwierigkeit. Die von der BReg als Verwaltungsvorschrift erlassenen technischen Anleitungen (zB die TA-Luft), deren Verbindlichkeit für die Gerichte umstritten ist (vgl zB BVerwGE 55, 250, 256; OVG Münster NJW 76, 2360; Herrmann ZStW 91, 281, 301; Nicklisch NJW 83, 841; Bergmann aaO [vgl 9] S 23; Gütschow aaO [vgl 2] S 98; Horn SK 7), knüpfen nicht an die (engeren) Voraussetzungen des Abs 1 an. Deshalb ist für deren Konkretisierung die Entwicklung selbstständiger Richt- und Grenzwerte unausweichlich (Rudolphi NStZ 84, 248, 250 mwN; str; zur rechtlichen Problematik der Grenzwertfindung im Umweltrecht Böhm UPR 94, 132). – Eine erhebliche Beweiserleichterung bringt der neue Abs 2, da er nur den Nachweis der Schädigungseignung des jeweiligen Schadstoffs verlangt.

16 7. Der **Vorsatz** (bedingter genügt) muss namentlich auch die Schädigungseignung der Immission (Abs 1) und den (zum Tatbestand gehörenden; vgl 5) Widerspruch zum Verwaltungsrecht, also das Vorliegen eines vollziehbaren, dh für den Täter verbindlichen, Verwaltungsakts (Heghmanns aaO [vgl 8] S 345; Puppe NK 81 zu § 16; s auch Bay NStZ-RR 00, 112 zu § 21 StVG) oder das Fehlen der erforderlichen Genehmigung umfassen (NStZ 96, 338 zur irrigen Annahme einer Erlaubnis; Koch/Scheuing-Weber 90 vor § 62 BImSchG). Dabei folgt aus der das Unrecht mitbegründenden Kontrollfunktion des Verwaltungsverfahrens, dass der Vorsatz nicht nur die der Verwaltungswidrigkeit zu Grunde liegenden Umstände, sondern auch diese selbst umfassen muss; ein Irrtum über das Genehmigungserfor-

Luftverunreinigung **§ 325**

dernis ist daher Tatbestands-, nicht erst Verbotsirrtum (Braunschweig NStZ-RR 98, 175 zu § 327 II Nr 1; Rengier ZStW 101, 874, 884; Steindorf LK 73 b; Sch/Sch-Stree/Heine 26; diff Horn SK 11; Schwarz GA 93, 318, 327, alle mwN; zw). Soweit sich die Schädigungseignung erst aus Summations- oder Kumulationseffekten ergibt (vgl 13), muss der Vorsatz sich auch darauf erstrecken, was häufig kaum beweisbar sein wird (Michalke 215). – Soweit grobe Pflichtwidrigkeit vorausgesetzt wird (Abs 2), muss der Täter die Umstände kennen, aus denen sich dieses Urteil ergibt; er braucht sein Verhalten nicht selbst als grob pflichtwidrig zu bewerten (gesamttatbewertendes Merkmal, 16 zu § 15). – **Fahrlässiges** (35 zu § 15) Handeln nach **Abs 3** kann auch darauf beruhen, dass der Täter seine verwaltungsrechtlichen Pflichten verkennt; die fahrlässige Verwirklichung des Abs 2 wird typischerweise in der sorgfaltswidrigen Verursachung von Stör- und Unfällen liegen (BT-Dr 12/192 S 19).

8. Eine **Rechtfertigung** der Tat auf Grund allgemeiner Rechtfertigungsgründe **17** (8–29 vor § 32) scheidet, da schon der Tatbestand die Verletzung verwaltungsrechtlicher Pflichten voraussetzt, in der Regel, aber nicht notwendig aus. Abs 1 beschreibt selbstständige Unrechtstypen, die dadurch eingeschränkt sind, dass sie den verwaltungsrechtlichen Verbotsbereich nicht überschreiten. Das ändert aber nichts daran, dass sie im Übrigen wie jeder andere Tatbestand der Prüfung auf Rechtfertigungsgründe unterliegen. Diese strafrechtliche Kompetenz kann durch die Verbindlichkeit des Verwaltungsakts, die nur die Tatbestandsmäßigkeit begründet, nicht überspielt werden (ebenso Horn NJW 81, 1, 8; aM Rudolphi NStZ 84, 248, 252). Das ist vor allem bedeutsam, wenn – abweichend von der hier vertretenen Auffassung – als die erforderliche Genehmigung nur die im normalen Genehmigungsverfahren erteilte angesehen wird (vgl 10) oder wenn verwaltungsrechtliche Eingriffsschranken, die belastendes Verwaltungshandeln rechtswidrig machen, als tatbestandsirrelevant ausgeschieden werden; dass in solchen Fällen die Verwaltungsrechtslage spätestens auf der Rechtswidrigkeitsebene durchschlagen muss, ist zur Wahrung der Rechtseinheit (Verwaltungsaktakzessorietät) unausweichlich. Im Übrigen kann eine auf den Missbrauchsgedanken gestützte Einschränkung (10 zu § 324) keinesfalls so weit gehen, dass schon bloße Kenntnis der Rechtswidrigkeit zur Versagung der Anerkennung führt (aM LG Hanau NJW 88, 571 mit insoweit abl Bespr Bickel NStZ 88, 181, Winkelbauer JuS 88, 691, Dolde NJW 88, 2329, Horn NJW 88, 2335 und Kuhlen WiVerw 91, 181, 228; krit auch Franzheim JR 88, 319, 321; Dahs/Redeker DVBl 88, 803, 810, alle mwN).

9. Der **Versuch** ist nur für **Abs 1** unter Strafe gestellt (**S 2**). **17a**

10. Die **Verantwortlichkeit** in Betrieben und Unternehmen (15 zu § 11) für **18** den Emissionsschutz bestimmt sich im Wesentlichen nach denselben Grundsätzen, die für den Gewässerschutz unter 16 zu § 324 dargelegt sind. Als Betreiber kommt nicht nur der formelle Inhaber des Betriebs in Betracht, sondern auch der einen Betrieb wirtschaftlich beherrschende Hintermann (Schall NStZ-RR 03, 65, 67; ebenso Rengier, Kohlmann-FS, S 225, 229, der bei §§ 325 I, II, 325 a I, II, 328 III Nr 1 zwischen speziellen Pflichten und Jedermannspflichten differenziert, S 236). Die Stellung als „Immissionsschutzbeauftragter" im Sinne der §§ 53 ff BImSchG begründet als solche keine Haftung, auch keine Vertreterhaftung nach § 14 (Koch/Scheuing-Weber 151 vor § 62 BImSchG; aM Kuhlen, in: Amelung [Hrsg], Individuelle Verantwortung und Beteiligungsverhältnisse ..., 2000, S 71, 92); ihn treffen aber Garantenpflichten nach § 54 Abs 1 Nr 3 BImSchG, so dass er sich wegen Beihilfe durch Unterlassen zur nicht verhinderten Luftverunreinigung des Anlagenbetreibers strafbar machen kann (Koch/Scheuing-Weber 79 und 151 vor § 62 BImSchG; Sch/Sch-Stree/Heine 29; einschr Steindorf LK 69).

11. Besonders schwere Fälle § 330. **18a**

§ 325a BT. 29. Abschnitt. Straftaten gegen die Umwelt

19 12. **Tateinheit** ua möglich mit §§ 223, 229, 303, 304, 326, 327 II Nr 1 (weiter Steindorf LK 79; aM Sch/Sch-Stree/Heine 31; aM für § 325 I, II Koch/Scheuing-Weber 67), 329 I.

20 13. Weitere dem **Immissionsschutz** dienende Vorschriften in §§ 325a, 327 II Nr 1, 329 I.

§ 325 a Verursachen von Lärm, Erschütterungen und nichtionisierenden Strahlen

(1) **Wer beim Betrieb einer Anlage, insbesondere einer Betriebsstätte oder Maschine, unter Verletzung verwaltungsrechtlicher Pflichten Lärm verursacht, der geeignet ist, außerhalb des zur Anlage gehörenden Bereichs die Gesundheit eines anderen zu schädigen, wird mit Freiheitsstrafe bis zu drei Jahren oder mit Geldstrafe bestraft.**

(2) **Wer beim Betrieb einer Anlage, insbesondere einer Betriebsstätte oder Maschine, unter Verletzung verwaltungsrechtlicher Pflichten, die dem Schutz vor Lärm, Erschütterungen oder nichtionisierenden Strahlen dienen, die Gesundheit eines anderen, ihm nicht gehörende Tiere oder fremde Sachen von bedeutendem Wert gefährdet, wird mit Freiheitsstrafe bis zu fünf Jahren oder mit Geldstrafe bestraft.**

(3) Handelt der Täter fahrlässig, so ist die Strafe

1. in den Fällen des Absatzes 1 Freiheitsstrafe bis zu zwei Jahren oder Geldstrafe,
2. in den Fällen des Absatzes 2 Freiheitsstrafe bis zu drei Jahren oder Geldstrafe.

(4) **Die Absätze 1 bis 3 gelten nicht für Kraftfahrzeuge, Schienen-, Luft- oder Wasserfahrzeuge.**

1 1. Die Vorschrift dient der **Verhütung unangemessenen Lärms**. Abs 1 setzt für die Tathandlung deren Eignung zur Herbeiführung bestimmter Schäden voraus; er enthält daher ein sog **potentielles Gefährdungsdelikt** (32 vor § 13; Ransiek NK 2: abstraktes [Gesundheits-]Gefährdungsdelikt; s auch Zieschang, Die Gefährdungsdelikte, 1998, S 221). **Abs 2** verlangt dagegen konkrete umweltbezogene Gefährdungen; es handelt sich daher um ein **konkretes Gefährdungsdelikt** (32 vor § 13), das auch dem Arbeitsschutz sowie dem Tier- und Sachschutz dient (Möhrenschlager NStZ 94, 513, 518; Steindorf LK 2).

2 2. **Gegenständliche Einschränkungen: a)** Gemeinsame: **Beim Betrieb einer Anlage** (2 zu § 325). Als bewegliche Anlagen kommen hier vor allem Maschinen in Betracht, zB Baumaschinen (auch Kompressoren, Presslufthämmer usw), Industrienähmaschinen (AG Dieburg NStZ-RR 98, 73) und Landmaschinen (auch größere Rasenmäher; weiter Ransiek NK 6). Ausgenommen sind nach **Abs 4** Verkehrsfahrzeuge (dazu 2 zu § 325).

3 b) Eine weitere Einschränkung enthält Abs 1: **Außerhalb des zur Anlage gehörenden Bereichs** (3 zu § 325).

4 3. Übereinstimmende Voraussetzung der Tathandlungen ist die **Verletzung verwaltungsrechtlicher Pflichten** (§ 330d Nr 4; 4–10 zu § 325); dieses Merkmal schränkt den Verbotsbereich nachhaltig ein (zur Kritik beachte 6 vor § 324). Der Schutzbereich von Abs 1 ist auf den umweltbezogenen Schutz vor Gefahren für die menschliche Gesundheit beschränkt (BT-Dr 12/192 S 31). Eine ausdrückliche Bestimmung seines Schutzbereichs enthält Abs 2; er entspricht dem der §§ 1, 4, 5 I Nr 1 BImSchG (BT-Dr 8/3633 S 4 zu § 330 I Nr 2 aF). Es kommen aber nicht nur Verletzungen von Pflichten, die sich aus dem BImSchG ergeben, in Betracht, sondern auch solche, die sich aus der GewO oder dem ChemG ergeben, sofern sie nur dem Schutz vor Lärm, Erschütterungen oder nichtionisierenden Strahlen dienen (näher Sch/Sch-Stree/Heine 6).

4. Zu den **Tathandlungen**

a) Abs 1: Verursachung von Lärm. Unter **Lärm** sind Geräusche, dh hörbare, durch Schallwellen verbreitete Einwirkungen, zu verstehen, die geeignet sind, einen normal lärmempfindlichen Menschen zu belästigen (Sack 24; Steindorf LK 5, 7). – Ausreichend ist nur der **zur Schädigung der Gesundheit** anderer **geeignete** Lärm (vgl 13 zu § 325). Er kommt nicht erst in Frage bei einem Dauerschallpegel von 80 Dezibel (dB [A]) oder mehr, auf den sich die Krankheit der Lärmschwerhörigkeit zurückführen lässt, sondern uU schon bei Einzeleinwirkungen mit einem Einzel- oder Gesamtschallpegel von 100 Dezibel (dB [A]) oder mehr, weil dadurch andere physiologische Störungen verursacht werden (BT-Dr 8/3633 S 28 zu § 325 I Nr 2 aF); auch die Eignung der Geräusche zur Herbeiführung dauerhaften Schlafentzugs reicht (AG Dieburg NStZ-RR 98, 73; Franzheim/Pfohl 236); zur umstrittenen Verbindlichkeit der hier einschlägigen TALärm s 15 zu § 325 (zur TALuft). – **Verursachen** (vgl 13 zu § 325) ist auch durch Unterlassen in Garantenstellung (6 zu § 13), zB durch das Unterlassen des Einbaus von Schalldämpfern, möglich.

b) Abs 2: Als Folge der nicht näher umschriebenen Tathandlungen muss eine **konkrete Gefahr** (BGHSt 36, 255; 21, 22 zu § 315c) eintreten für die Gesundheit eines anderen (5 zu § 223; 23 zu § 315c), ihm nicht gehörende Tiere (fremde oder wildlebende [aM Koch/Scheuing-Weber 19; Tröndle/Fischer 8; wie hier Sch/Sch-Stree/Heine 10]) oder fremde (nicht herrenlose) Sachen von bedeutendem Wert (vgl 24 zu § 315c; 13 zu § 325). Durch die Gleichstellung von Lärmerzeugung mit Erschütterungen, dh stoßhaltigen, periodischen oder regellosen Schwingungen (Steindorf LK 29), sind zB Gebäude sowohl gegen überlaute Musikanlagen im Freien als auch gegen extreme Erschütterungen des Bodens geschützt (BT-Dr 12/192 S 20). Zusätzlich sind nichtionisierende Strahlen erfasst (Steindorf LK 30); gegen ionisierende Strahlen bieten §§ 309 und 311 strafrechtlichen Schutz.

5. Zur verfahrensmäßigen Feststellung der unter 5 behandelten Voraussetzungen des Abs 1 vgl 15 zu § 325; die hier „einschlägige" technische Anleitung ist die TALärm.

6. Der **Vorsatz** muss in Abs 1 namentlich auch die Schädigungseignung des Lärms und die Verletzung verwaltungsrechtlicher Pflichten umfassen (vgl 16 zu § 325). Letzteres gilt auch für den Vorsatz hinsichtlich Abs 2; er muss außerdem die Gefährdung der genannten Objekte umfassen (zum Gefährdungsvorsatz 28 zu § 15). – Zum fahrlässigen (35 zu § 15) Handeln nach Abs 3 Nr 1 vgl 16 zu § 325; bei Abs 3 Nr 2 muss die Gefährdung fahrlässig verursacht sein (vgl 29, 30 zu § 315c).

7. Zur **Rechtswidrigkeit** vgl 17 zu § 325.

8. Die **Verantwortlichkeit** in Betrieben und Unternehmen (15 zu § 11) für Lärmschutz bestimmt sich im Wesentlichen nach denselben Grundsätzen, die für den Gewässerschutz unter 16 zu § 324 dargelegt sind.

9. Besonders schwere Fälle § 330.

10. Tateinheit ua möglich mit §§ 223, 229, 303, 304, 327 II Nr 1, 329 I. Führt die Lärmverursachung zu einer konkreten Gesundheitsgefährdung tritt Abs 1 hinter Abs 2 zurück (Koch/Scheuing-Weber 32).

11. Tätige Reue (in den Fällen des Abs 2 und in erweiterter Form in den Fällen des Abs 3 Nr 2) § 330 b.

§ 326 Unerlaubter Umgang mit gefährlichen Abfällen

(1) Wer unbefugt Abfälle, die
1. Gifte oder Erreger von auf Menschen oder Tiere übertragbaren gemeingefährlichen Krankheiten enthalten oder hervorbringen können,
2. für den Menschen krebserzeugend, fruchtschädigend oder erbgutverändernd sind,
3. explosionsgefährlich, selbstentzündlich oder nicht nur geringfügig radioaktiv sind oder
4. nach Art, Beschaffenheit oder Menge geeignet sind,
    a) nachhaltig ein Gewässer, die Luft oder den Boden zu verunreinigen oder sonst nachteilig zu verändern oder
    b) einen Bestand von Tieren oder Pflanzen zu gefährden,

außerhalb einer dafür zugelassenen Anlage oder unter wesentlicher Abweichung von einem vorgeschriebenen oder zugelassenen Verfahren behandelt, lagert, ablagert, abläßt oder sonst beseitigt, wird mit Freiheitsstrafe bis zu fünf Jahren oder mit Geldstrafe bestraft.

(2) Ebenso wird bestraft, wer Abfälle im Sinne des Absatzes 1 entgegen einem Verbot oder ohne die erforderliche Genehmigung in den, aus dem oder durch den Geltungsbereich dieses Gesetzes verbringt.

(3) Wer radioaktive Abfälle unter Verletzung verwaltungsrechtlicher Pflichten nicht abliefert, wird mit Freiheitsstrafe bis zu drei Jahren oder mit Geldstrafe bestraft.

(4) In den Fällen der Absätze 1 und 2 ist der Versuch strafbar.

(5) Handelt der Täter fahrlässig, so ist die Strafe
1. in den Fällen der Absätze 1 und 2 Freiheitsstrafe bis zu drei Jahren oder Geldstrafe,
2. in den Fällen des Absatzes 3 Freiheitsstrafe bis zu einem Jahr oder Geldstrafe.

(6) Die Tat ist dann nicht strafbar, wenn schädliche Einwirkungen auf die Umwelt, insbesondere auf Menschen, Gewässer, die Luft, den Boden, Nutztiere oder Nutzpflanzen, wegen der geringen Menge der Abfälle offensichtlich ausgeschlossen sind.

Fassung: Neue Überschrift durch das 6. StrRG (13 vor § 1).

1 1. Die Vorschrift dient der **Verhütung unzulässiger Abfallbeseitigung** nicht nur zum Schutz von Menschen und Umweltmedien, sondern auch von Tieren und Pflanzen, soweit sie wirtschaftlich oder ökologisch irgendwie nützlich sind (Steindorf LK 2; näher Heine NJW 98, 3665, 3666). Ihr liegen die in diesem Abschnitt geschützten Rechtsgüter zugrunde (7 vor § 324). Dass sie auch Elemente gemeingefährlicher Delikte aufweist (so Schittenhelm GA 83, 310, 311; Winkelbauer, in: Meinberg ua [Hrsg], Umweltstrafrecht, 1989, S 69), hat für den Schutzzweck keine verändernde Bedeutung (Rogall NStZ 92, 360, 363; aM Kuhlen WiVerw 91, 181, 205, alle mwN; zw). Da es auf eine Gefährdung oder Schädigung bestimmter Objekte nicht ankommt, beschreiben die Tatbestände **abstrakte Gefährdungsdelikte** (BGHSt 36, 255, 257; 39, 381, 385; NStZ 97, 189; Zieschang, Die Gefährdungsdelikte, 1998, S 222; Ransiek NK 3; Sch/Sch-Lenckner/Heine 1a; nach Wohlers, Deliktstypen des Präventionsstrafrechts, 2000, S 311, 339: Konkrete Gefährlichkeitsdelikte, alle mwN), in Abs 1 Nr 4 in der speziellen Ausgestaltung als potentielles Gefährdungsdelikt (32 vor § 13; so wohl auch Celle NZV 97, 405 und Braunschweig NStZ-RR 98, 175 und 01, 42, 43; für abstraktes Gefährdungsdelikt Bay NStZ-RR 02, 76 mit zust Anm Sack JR 01, 475, krit aber

Schall NStZ-RR 02, 33, 35; aM Zieschang aaO; weiter diff Schittenhelm aaO). – Zusf zu Grundfragen des Abfallstrafrechts Rogall NStZ 92, 360 und 561; Winkelbauer JuS 94, 112, 113; Kloepfer/Vierhaus, Umweltstrafrecht, 1995, Rdn 96–98 und 125–142; Heine aaO S 3665. – Rspr-Übersicht bei Schall NStZ 97, 422, 462 und 577 sowie NStZ-RR 98, 353, 354. – Zum Abfallstrafrecht in Österreich Schick, in: Funk (Hrsg), Abfallwirtschaftsrecht, 1993, S 269. – Zu internationalen Tendenzen im Abfallstrafrecht Heine, Triffterer-FS, S 401, 413. – Zur Bewährung der Vorschrift „im Alltagsgeschäft" Sack JR 01, 475; dies bestätigen die Statistiken bei M-G/B-Pfohl 54/323, 326.

2. a) Abfälle sind nach § 3 I KrW-/AbfG bewegliche Sachen, die unter eine der im Anh I genannten, nicht abschließenden (Heine NJW 98, 3665, 3666 Fn 16) Abfallgruppen Q1–Q16 fallen und deren sich der Besitzer (§ 3 VI KrW AbfG; näher zum Besitz Sch/Sch-Lenckner/Heine 2d und 11; s auch BVerwG JZ 98, 903 mit Anm Frenz/Bönning) entledigt (§ 3 II KrW-/AbfG) beziehungsweise entledigen will (§ 3 III KrW-/AbfG, sog gewillkürter Abfall) oder entledigen muss (§ 3 IV KrW-/AbfG, sog Zwangsabfall).

aa) Diese Begriffsbestimmung ist auf § 326 übertragbar (BT-Dr 8/2382 S 17 zu § 1 AbfG aF; Ransiek NK 6; einschr schon unter der Geltung dieser Vorschrift Rittiens, Der Abfallbegriff im Strafrecht, 1994), auch wenn eine begriffliche Akzessorietät des strafrechtlichen Abfallbegriffs zum verwaltungsrechtlichen Abfallbegriff nicht besteht (Rogall GA 95, 299, 302; Perschke wistra 96, 161, 162; Küper BT S 2; aM Breuer, Der Im- und Export von Abfällen innerhalb der Europäischen Union aus umweltstrafrechtlicher Sicht, 1998, S 43). Im Gegensatz zum sehr unbestimmten Wortlaut des § 1 I AbfG aF definiert § 3 KrW-/AbfG die drei Entledigungsvarianten näher. Der strafrechtliche Abfallbegriff ist dadurch aber nicht zwangsläufig als geklärt anzusehen. Vorbehaltlich einer weiteren Klärung in der laufenden Diskussion um die Anpassung des strafrechtlichen Abfallbegriffs an das KrW-/AbfG (Rogall, Boujong-FS, S 807; weiterführend Heine NJW 98, 3665, 3666; Ahlmann-Otto, Die Verknüpfung von deutschem und EG-Abfallwirtschaftsrecht mit dem Abfallstrafrecht, 2000, S 110; vgl auch Eidam, Unternehmen und Strafe, 2. Aufl 2000, S 308) ist weiterhin zu differenzieren: Beim (privatrechtsbezogenen) **gewillkürten Abfall** ist zu verlangen, dass der Täter die Sachen „loswerden", dh sich ihrer als für ihn wertlos entledigen, nicht unmittelbar einer Weiterverwendung oder -verarbeitung zuführen will (zB eine „Mistsickersaftpfütze", BayObLGSt Nr 10). Nach neuerer Rspr, die auch die EG-Richtlinien zum Abfallrecht berücksichtigt (dazu Franzheim/Kreß JR 91, 402; Hugger NStZ 93, 421; Perron, in: Dörr/Dreher [Hrsg], Europa als Rechtsgemeinschaft, 1997, S 135, 139; Kühl ZStW 109, 777, 783; Dannecker Jura 98, 79, 84; zum EG-Abfallbegriff Petersen/Rid NJW 95, 7; Zacker, Abfall im gemeinschaftsrechtlichen Umweltrecht, 1997, S 138 mit Hinweis auf die EG-Abfall-Rahmen-Richtlinie 91/156/EWG; Breuer aaO S 59, 101; beachte auch BGHSt 43, 219, wo freilich die Grundsatzfrage offenbleibt, inwieweit sich Änderungen im europäischen Abfallrecht auf § 326 auswirken [Schall NStZ-RR 98, 353, 355]), steht dem nicht entgegen, dass eine wirtschaftliche Wiederverwendung nach der Entsorgung noch möglich und ins Auge gefasst ist (BGHSt 37, 333 mit Anm Sack JR 91, 338 und Horn JZ 91, 886; NStZ 97, 544 [in BGHSt 43, 219 nicht abgedruckt]; Düsseldorf wistra 94, 73, 74; Oldenburg wistra 96, 116; – für die Weitergeltung dieser Modifizierung auch nach Geltung des KrW-/AbfG: NStZ 97, 544; LG Kiel NStZ 97, 496; Rogall, Boujong-FS, S 807, 822 unter Berufung auf BT-Dr 12/5672 S 55; beachte auch Rogall, in: Dolde [Hrsg], Umweltrecht im Wandel, 2001, S 795, 815; Schall NStZ-RR 03, 65, 68; mit dieser weiten Auslegung des gewillkürten Abfallbegriffs befindet sich der BGH in auffälliger Übereinstimmung mit der Rspr des BVerwG und des EuGH, Schall aaO mwN); nicht erfasst sind aber Abfälle zur

§ 326

BT. 29. Abschnitt. Straftaten gegen die Umwelt

Verwertung iS des § 3 I 2 KrW-/AbfG (Steindorf LK 15–18; aM Ransiek NK 8; vgl auch Sack 146 s); zur Nichtgeltung der Fiktion bzw Vermutungsregel des § 3 III 1 Nr 2 Beckemper/Wegner wistra 03, 281, die aber wegen der dieser Regelung entsprechenden Lebenserfahrung eine Heranziehung von deren Inhalt – Entledigungswille, wenn der ursprüngliche Verwendungszweck aufgegeben worden, ohne dass ein neuer Verwendungszweck erkennbar ist – befürworten. Der Entledigungswille muss geäußert, dh nach außen hin erkennbar gemacht werden, allerdings nicht notwendig verbal; es genügt, dass er nur aus der Art und Weise des Verhaltens hervorgeht (Bay NZV 93, 164). – (Verwaltungsrechtsbezogener) **Zwangsabfall** erfasst nach § 3 IV KrW-/AbfG bewegliche Sachen, die nicht mehr gemäß ihrer ursprünglichen Zweckbestimmung verwendet werden; sie müssen darüber hinaus auf Grund ihres konkreten Zustandes geeignet sein, gegenwärtig oder künftig das Wohl der Allgemeinheit, insbesondere die Umwelt, zu gefährden; schließlich muss ihr Gefährdungspotential nur durch eine ordnungsgemäße und schadlose Verwertung oder gemeinverträgliche Beseitigung ausgeschlossen werden können (Bay 97, 11, 15). Es geht also um Sachen, die zwar „ausgedient" haben, aber von solcher Gefährlichkeit für die Umwelt sind, dass eine abfallrechtlich vorgesehene Entsorgung (§ 3 VII KrW-/AbfG) erforderlich ist (vgl näher Heine NJW 98, 3665, 3667; Sch/Sch-Lenckner/Heine 2 f); an einer solchen „Entsorgungsnotwendigkeit" kann es zB bei Autowracks fehlen (Schleswig NStZ 97, 546 mit abl Anm Iburg; krit auch Schall aaO S 356). Wie bisher schon muss beim Zwangsabfall hinzukommen, dass die Sachen objektiv ohne gegenwärtigen Gebrauchswert sind (BGHSt 37, 21; NJW 94, 2161; Bay MDR 91, 77, JR 91, 216 [mit Anm Schmoller] und NZV 93, 164; Koblenz NStZ-RR 97, 363; ähnlich NJW 90, 2471; Braunschweig ZfW 91, 52, 57; zust Rengier, Das moderne Umweltstrafrecht im Spiegel der Rechtsprechung, 1992, S 19; Rogall NStZ 92, 360, 364; Horn SK 4, 6; Sch/Sch-Lenckner/Heine 2 f; krit Ransiek NK 17, 18; aM Steindorf LK 64; zusf Kuhlen WiVerw 91, 181, 206 und Heine, Triffterer-FS, S 401, 407; str); so zB ein Autowrack nach Ausbau von Motor und Getriebe (Braunschweig NVwZ 94, 934; Celle NStZ 96, 191; s auch LG Kiel NStZ 97, 496; zusf Schall NStZ 97, 462 und NStZ-RR 98, 353, 355 sowie Sack 187), nicht jedoch, wenn dessen Motor noch neuwertig ist (KG ZfW 94, 239; Koblenz NStZ-RR 96, 9; Braunschweig NStZ-RR 98, 175 mit krit Bespr Brede NStZ 99, 137 und Kirchner/Jakielski JA 00, 813, aufgegeben von Braunschweig NStZ-RR 01, 42, das jetzt darauf abstellt, ob das Autowrack mit wirtschaftlich vernünftigem Aufwand wieder fahrbereit und verkehrssicher gemacht werden kann, zust Schall NStZ-RR 02, 33, 35), auch nicht sog Oldtimerfahrzeuge mit einem vom Gebrauchswert unabhängigen Wirtschaftswert (Celle NZV 97, 405; Henzler wistra 02, 413; Ransiek NK 14); auch Putenmist ist als anerkannter und wertvoller Dünger in der Landwirtschaft kein Zwangsabfall (Celle NStZ-RR 98, 208). – Dieser Abfallbegriff des StGB wird weder durch die Ausnahmen des § 2 II KrW-/AbfG eingeschränkt (Schall NStZ 97, 462; Heine NJW 98, 3665, 3668) noch durch die Abfallfiktionen der §§ 3 III, 15 IV KrW-/AbfG erweitert (Heine aaO; Sch/Sch-Lenckner/Heine 2 g; Steindorf LK 68). Deshalb stuft § 326 eine Anzahl früherer Ordnungswidrigkeiten nach dem TierKBG, FleischBG, TierSG, PflanzenschutzG, AtG und AltölG als Straftaten ein (BGHSt 37, 21 mwN; s auch Franzheim JR 88, 319, 320).

3   bb) Verseuchter **Boden** ist als solcher nicht Gegenstand des Abfallrechts, kann es aber durch Aushebung und „Auskofferung" werden (NJW 92, 122; Düsseldorf NuR 94, 462). Im Übrigen kommen als Abfall neben festen und flüssigen auch **gasförmige** Stoffe in Frage, wenn sie in Behälter gefasst sind (Karlsruhe ZfW 96, 406, 408; Steindorf LK 19; weiter Triffterer, Umweltstrafrecht, 1980, S 212).

3 a cc) **Speziell** zur Begrenzung des Abfallbegriffs bei sog Altlasten Franzheim ZfW 87, 9. Der Begriff des radioaktiven Abfalls ist im Gegensatz zum Abfallbegriff der

Absätze 1 und 2 ausschließlich nach dem Verwaltungsrecht, speziell dem Atomrecht (§ 9a AtG) zu bestimmen (NJW 94, 2161; Celle NJW 87, 1281; Sch/Sch-Lenckner/Heine 2h und 5).

b) Nur Abfälle, die im Sinne des Abs 1 **gefährlich** sind, werden erfasst: 4
aa) **Nr 1: Gifte** 1a zu § 224; zT wird enger als dort die Eignung des Stoffes zur Zerstörung der Gesundheit verlangt (W-Hettinger BT 1 Rdn 1081; Ransiek NK 20; Steindorf LK 71). Die Umschreibung der **Seuchenerreger** lehnt sich an Art 74 Nr 19 GG an. Der Abfall muss die Gifte oder Erreger entweder zurzeit der Tathandlung schon enthalten oder sie in einem Maße hervorbringen können, dass die Gleichstellung mit den anderen gefährlichen Abfallarten gerechtfertigt ist; die Verunreinigung öffentlicher Anlagen durch den Kot einzelner Hunde reicht dazu nur aus, wenn die Gefährlichkeit des Kotes (iS der Nr 1) konkret festgestellt werden kann (Düsseldorf NStZ 91, 335 mwN). Die Vorschrift hatte in der 2. Alt aF (Seuchenerreger) zu Strafbarkeitslücken geführt. Diese werden durch den jetzt in Anlehnung an § 1 des aufgehobenen BSeuchG verwendeten Begriff der **übertragbaren gemeingefährlichen Krankheiten** geschlossen. Erfasst werden danach alle Krankheiten, die durch Krankheitserreger unmittelbar oder mittelbar auf Menschen oder Tiere oder von Tieren auf Menschen und umgekehrt übertragen werden können; einbezogen sind auch Krankheiten, die durch Vermittlung von Pflanzen oder durch ein unbelebtes Agens übertragen werden (BT-Dr 12/192 S 20; Möhrenschlager NStZ 94, 513, 518). Der Erreger muss nicht vom infizierten Menschen oder Tier weiterübertragen werden können (Steindorf LK 75).

bb) **Nr 2: für den Menschen krebserzeugende, fruchtschädigende** oder 4a **erbgutverändernde** Abfälle; die Begriffe sind § 7a WHG und § 3a I Nr 12–14 ChemG entlehnt. Zu ihrer Präzisierung § 4 I Nr 12–14 GefStoffV (Nachw bei Göhler [Lexikon] 183 C). Mit dieser neuen Nr 2 soll eine Lücke geschlossen werden, die der Giftbegriff hinterlässt, insb wenn der Nachweis einer chemisch-physikalischen Einwirkung nicht möglich ist (BT-Dr 12/192 S 20).

cc) **Nr 3: Explosionsgefährlich** § 1 I SprengG. – **Selbstentzündlich** ist ein 5 Stoff, der deshalb besonders brennbar und daher (feuer-)gefährlich ist, weil er unter den von der Natur gegebenen Bedingungen ohne besondere Zündung sich erhitzen und schließlich entzünden kann (BT-Dr 8/2382 S 18). **Radioaktiv** § 2 I, II AtG; § 3 I StrlSchV; zum Ausschluss nur geringfügig radioaktiver Abfälle beachte auch § 9a II S 2 AtG; § 4 IV Nr 2, §§ 45, 46 StrlSchV (zur str Einbeziehung radioaktiv kontaminierten Klärschlamms Heine/Martin NuR 88, 325 mwN).

dd) **Nr 4a** betrifft vor allem die sog **Sonderabfälle** (Rspr-Übersicht bei Horn 6 JZ 94, 1097, 1099); mit den „überwachungsbedürftigen Abfällen" iS des § 41 I KrW-/AbfG ist nur eine teilweise Deckung gegeben (Sch/Sch-Lenckner/Heine 6). Sie setzen deren – uU erst nach Beginn, aber vor Beendigung der Tathandlung eintretende (Zweibrücken NStZ 86, 411 mit Anm Sack) – **Eignung** (13 zu § 325) voraus, **nachhaltig**, dh in erheblichem Umfang und für längere Dauer (BGHSt 39, 381, 385; Zweibrücken NJW 92, 2841 mit abl Anm Weber/Weber NStZ 94, 36 und krit Bespr Winkelbauer JuS 94, 112, 115; Celle ZfW 94, 380; AG Hamburg NStZ 88, 365 mit abl Anm Meinberg; Czychowski ZfW 77, 84; unrichtig AG Lübeck NJW 91, 1125 mit abl Anm Bernd Kuhlen WiVerw 91, 181, 212), eines der genannten Medien **zu verunreinigen oder sonst nachteilig zu verändern** (krit zum weiten Anwendungsbereich dieses sog „Kumulationseignungsdelikts" [Kuhlen ZStW 105, 697, 717 Fn 99] Rotsch, Individuelle Haftung in Großunternehmen, 1998, S 116 und wistra 99, 321, 324). Für **Gewässer** (2 zu § 324) entspricht dies – vom einschränkenden Erfordernis der Nachhaltigkeit abgesehen (Celle NJW 86, 2326) – den Voraussetzungen des § 324 I (dort 4, 5; beachte auch NStZ 97, 189 mit Anm Sack JR 97, 254; LG Frankfurt NStZ 83, 171; Pfohl wistra 94, 6, 7); zu wassergefährdenden Restflüssigkeiten von Autowracks

§ 326

Celle NStZ 96, 191 und NZV 97, 405 mit krit Anm Sack NStZ 98, 198; Braunschweig NStZ-RR 98, 175 [mit krit Bespr Brede NStZ 99, 137 und Kirchner/Jakielski JA 00, 813, 815] und 01, 42 mit Bespr Schall NStZ-RR 02, 33, 36; LG Kiel NStZ 97, 496; Iburg NJW 94, 894; Franzheim/Pfohl 328–335; Rengier BT II 48/27. Derselbe Maßstab gilt auch für die **Luft** und den **Boden** (zB durch Getriebe- und Hydrauliköl eines Altfahrzeugs, Koblenz NStZ-RR 96, 9; vgl auch Oldenburg wistra 96, 116); eine dem § 325 I Nr 1 entsprechende Beschränkung auf Veränderungen, die für die Gesundheit oder für Sachen von bedeutendem Wert gefährlich sind (dort 13), ist der Nr 4 a nicht zu entnehmen, so dass hier auch die Eignung zur Verursachung nachhaltiger Belästigungen in Frage kommt (Zweibrücken NJW 88, 3029; Ransiek NK 24; aM Tröndle/Fischer 5 d; zw). Der zusätzliche Hinweis auf **Art, Beschaffenheit oder Menge** der Abfälle hat keine einschränkende Wirkung, weil nur diese Kriterien für die auf den konkreten Umständen (zB Bodenbeschaffenheit) fußende Beurteilung der schädlichen Eignung in Frage kommen (s auch Kuhlen WiVerw 91, 181, 213). – Gewässer, Luft und Boden im Ausland werden im Hinblick auf das auch den Menschen schützende Rechtsgut (vgl 1) vom Schutzbereich der Nr 4 a erfasst (Rengier JR 96, 34; Heine, Triffterer-FS, S 401, 406; Horn SK 2; Sch/Sch-Lenckner/Heine 7 sowie Sch/Sch-Cramer/Heine 4 zu § 330 d; Tröndle/Fischer 5 b; Breuer aaO [vgl 2 a] S 78; Dannecker, BGH-FG, S 339, 354; aM Kloepfer/Vierhaus aaO [vgl 1] Rdn 165; Steindorf LK 64; für Nr 3 aF auch BGHSt 40, 79 mit zust Bespr Michalke StV 94, 428 und Otto NStZ 94, 437). – Abfälle sind häufig für Gewässer, Luft und Boden gleichermaßen gefährlich. In jedem Falle muss aber **mindestens eines dieser Schutzobjekte** betroffen sein; besteht nach den Umständen für keines von ihnen generelle Gefährlichkeit, ist der Tatbestand entsprechend seinem Schutzzweck einzuschränken (teleologische Reduktion); so scheiden zB Abfälle aus, die nur im Wasser gefährlich sind, wenn sie im Boden abgelagert werden und ausgeschlossen ist, dass sie ins Gewässer – sei es auch nur durch spätere Umlagerung oder durch äußere Einwirkung wie zB Regen – gefährden (BT-Dr 8/2382 S 18; Rogall NStZ 92, 561; Kuhlen aaO S 215; Franzheim/Pfohl 274; Tröndle/Fischer 5 d; aM Bay NJW 89, 1290 und NStZ-RR 02, 76; Rengier BT II 48/26 und in: Schulz [Hrsg], Ökologie und Recht, 1991, S 33, 46; Horn SK 14; Sch/Sch-Lenckner/Heine 8, alle mwN; s auch Hoyer, Die Eignungsdelikte, 1987, S 189); der natürliche Zusammenhang der Umweltmedien schließt es aber idR aus, dass sich die Gefahr mit Sicherheit von dem gefährdeten Medium abhalten lässt (Steindorf LK 93). – Die Nr 4 a **erfasst namentlich** die in der Anl zur VO zur Bestimmung von besonders überwachungsbedürftigen Abfällen v. 10. 9. 96 (BestbuAfV, BGBl I 1366) und in den Anl I, II zu den Übereinkommen 1972 (3 zu § 5) bezeichneten Abfälle, ist darauf aber nicht beschränkt (Bay NStZ 88, 26 zur alten Rechtslage). So kann zB auch genügen, wenn die Abfälle wassergefährdende Stoffe im Sinne des § 19 g V WHG enthalten, uU also auch Gifte, die wegen ihrer Unerheblichkeit für die menschliche Gesundheit den personenbezogenen Giftbegriff der Nr 1 und der §§ 224 (dort 1 a), 330 a nicht erfüllen (BT-Dr aaO; Laufhütte/Möhrenschlager ZStW 92, 912, 957). Altöle fallen nicht stets unter den Abfallbegriff des § 326, wohl aber bei Überschreitung bestimmter Grenzwerte (Köln NJW 86, 1117; Düsseldorf wistra 94, 73, 74). Hausmüll scheidet nicht grundsätzlich aus, weil die Ablagerung großer Mengen je nach der konkreten Umweltsituation für die Verwirklichung der Nr 4 a ausreichen kann (BGHSt 34, 211 [zu Nr 3 aF] mit Bespr Sack NJW 87, 1248, Rudolphi NStZ 87, 324, Schmoller JR 87, 473 und Hallwaß NJW 88, 880; str). Dasselbe gilt für Klärschlamm, der regelmäßig, aber nicht notwendig (unklar Stuttgart NStZ 91, 590 mit krit Anm Franzheim JR 92, 481), Abfall ist, und für Stallmist, bei dem es allerdings schon an der Abfalleigenschaft fehlen kann (Zweibrücken NStZ 91, 336 mit Anm Meinberg JR 91, 437 und Sack NStZ 91, 337; Koblenz NStZ-RR 97, 363 bejaht die Abfalleigenschaft bei längerer Lagerung; ebenso Bay NStZ-RR 02, 76 mit zust Bespr Sack JR 02, 475; beachte auch Schall NStZ-RR 02, 33, 36). Auch Stoffe, die in Gewässer oder Abwasseranlagen eingeführt werden, kommen in Frage, weil die Anwendungsbeschränkung des § 1 III Nr 5 AbfG für § 326 nicht gilt (vgl 2 a). Daher hängt es von den weiteren Voraussetzungen ab, ob Abwässer (BGHSt 37, 21; Himmel/Sanden ZfW 94, 499) oder Jauche, Gülle, Silosickersäfte und ähnliche in der Landwirtschaft anfallende organische Stoffe erfasst werden (Celle NJW 86, 2326; Oldenburg NJW 88, 2391 und NuR 92, 41; Bay NJW 89, 1290; Franzheim/Pfohl 344–349).

ee) Die neue **Nr 4 b** erfasst die Eignung (13 zu § 325) zur Gefährdung eines **6 a** **Bestandes von Tieren oder Pflanzen**. Damit soll die sonstige belebte Natur besser vor gefährlichen Abfällen geschützt werden (BT-Dr 12/192 S 20). Die Reichweite dieser Erweiterung der Verbotsmaterie ist unbestimmt. Der Verweis auf § 39 PflSchG (Tier- und Pflanzenpopulation in einem bestimmten Gebiet) führt kaum über den Wortlaut der Nr 4 b hinaus.

3. a) Tathandlung nach Abs 1 ist das **Beseitigen** (nicht identisch mit dem **7** weiten Begriff der Abfallbeseitigung iS des § 10 II KrW-/AbfG; Heine NJW 98, 3665, 3669). Es bildet den Oberbegriff, dem sich die weiter genannten Begehungsformen als Beispiele unterordnen ("sonst"). Seine Voraussetzungen müssen danach von allen Tathandlungen erfüllt werden, mit der Folge, dass es selbst nur Auffangcharakter hat (krit Heine aaO); es soll die Fälle erfassen, in denen keine der anderen Begehungsformen erfüllt ist; das kommt etwa in Frage beim Herbeiführen neuer chemischer Verbindungen (BT-Dr 8/2382 S 18), beim Verwenden von Schlacke im Straßenbau (AG Dachau NStZ 96, 548 mit zust Anm Schroth; zw), beim Verkauf zwischengelagerter schadstoffbelasteter Altöle als Heizöl, bei dem der Täter die Kontrolle über den Abfall endgültig aufgibt (Düsseldorf wistra 94, 73 mwN) oder beim Verschenken eines Pkw zum Ausschlachten (LG Kiel NStZ 97, 496; krit Schall NStZ-RR 98, 353, 356 Fn 19).

aa) **Beseitigen** ist eine Handlung oder Unterlassung in Garantenstellung (6 zu **7 a** § 13; 8 vor § 324) durch die der Abfall entgegen der Überlassungspflicht den gesetzlich Entsorgungspflichtigen zumindest zeitweise vorenthalten wird (Rogall NStZ 92, 561; Steindorf LK 97, 98 und 109; ähnlich Sch/Sch-Lenkner/Heine 10; anders Köln NJW 86, 1117; Ransiek NK 27). Jedoch werden nicht nur Sachen erfasst, die vollständig beseitigt werden sollen, sondern auch solche, die nach Entsorgung durch Aufbereitung oder Reststoffverwertung dem Wirtschaftskreislauf wieder zugeführt werden können (BGHSt 37, 333 mit Bespr Sack JR 91, 338, Horn JZ 91, 886 und Franzheim/Kreß JR 91, 402). Nicht erfasst sind die eigentlichen Verwertungshandlungen (zB Einbindung in Erzeugnisse) und die Zuführung zur Verwertung (Rogall, Boujong-FS, S 807, 824; Ahlmann-Otto aaO [vgl 2 a] S 153; aM für die Verwertung Schroth NStZ 96, 547; diff Heine NJW 98, 3665, 3669, der zwar Verwertungshandlungen einbezieht, diese aber als Beseitigen nur bei Gefährdung der gesetzlichen Abfallentsorgung erfasst). Eine Ortsveränderung (vgl etwa §§ 134, 145 II Nr 2, § 315 I Nr 1, §§ 316 b, 317) ist nicht erforderlich (BT-Dr 8/2382 S 18). – **Unterlassen** kommt zB in Frage, wenn der zur Beseitigung einer Altlast (zB auf Grund Ingerenz oder Sachherrschaft) verpflichtete Garant untätig bleibt (zur notwendigen Anwendung von § 13 und dessen Voraussetzungen eingehend Clausen, Die umweltgefährdende Abfallbeseitigung durch Unterlassen [§§ 326 Abs 1, 13 Abs 1 StGB], 2000, S 21, 53; diff Franzheim ZfW 87, 9; gegen eine abfallstrafrechtlich begründbare Garantenpflicht Horn SK 23 a) oder wenn ein Grundstückseigentümer oder -besitzer als Überwachungsgarant (auf Grund Sachherrschaft) dafür einzustehen hat, dass von Dritten abgelagerter sog "wilder Müll" von dem Grundstück entfernt wird (Frankfurt NJW 74, 1666; LG Koblenz NStZ 87, 281; Braunschweig NStZ-RR 98, 175 mit Bespr Kirch-

§ 326

ner/Jakielski JA 00, 813, 816; AG Bad Kreuznach NStZ 98, 570, 571; zur str Begrenzung dieser Garantenpflicht, die zur Vermeidung von Wertungswidersprüchen gegenüber dem Verwaltungsrecht geboten ist, Iburg NJW 88, 2338; Geidies NJW 89, 821; Hohmann NJW 89, 1254; Hecker, Die abfallstraf- und bußgeldrechtliche Verantwortlichkeit für illegale Müllablagerungen Dritter, 1991, S 92 und NJW 92, 873; Sack JR 92, 518; Schmitz NJW 93, 1167; Wessel, Die umweltgefährdende Abfallbeseitigung durch Unterlassen, 1993, S 54; Schall NStZ 97, 577 und NStZ-RR 98, 353, 356; Clausen aaO S 119, 230; Kirchner, Die Unterlassungshaftung bei rechtmäßigem Vorverhalten im Umweltstrafrecht, 2003, S 119; Franzheim/Pfohl 286–288; Michalke 270; Ransiek NK 32–36; Sch/Sch-Lenckner/Heine 11; Steindorf LK 106, alle mwN; s auch BVerwGE 67, 8; NJW 92, 122 und 98, 1004).

7b bb) **Behandeln** umfasst zB Aufbereiten, Zerkleinern, Kompostieren, Entgiften oder Verbrennen, wenn sie nicht unmittelbar der wirtschaftlichen Verwertung (weiter Horn SK 18; Sch/Sch-Lenckner/Heine 10a), sondern der Beseitigung dienen (vgl 7a). **Lagern** bezeichnet die vorübergehende Zwischenlagerung, dh die Aufbewahrung zur nachfolgenden anderweitigen Beseitigung (BGHSt 37, 333; NJW 94, 1744 mit Anm Michalke StV 94, 428, Otto NStZ 94, 437 und Cramer NStZ 95, 186; Düsseldorf NuR 94, 462; Bay NStZ-RR 98, 114; speziell zu einem Fall vorübergehender Umlagerung Köln JR 91, 523 mit krit Anm Sack sowie Sack 196 mwN); dass die Sache nach Entsorgung durch Aufbereitung oder Reststoffverwertung wieder in den Wirtschaftskreislauf eingeführt werden soll, ist unerheblich (BGH aaO; Ransiek NK 30). Nicht ausreichend ist die bloße Bereitstellung zur Abfuhr zwecks anderweitiger wirtschaftlicher Verwertung (Düsseldorf MDR 82, 868; Köln NStZ 87, 461; Heine NJW 98, 3665, 3670), auch nicht das vorübergehende Abstellen eines noch am Straßenverkehr teilnehmenden verkehrsunsicheren Fahrzeugs (Bay VRS 66, 227). **Ablagern** ist die endgültige Beseitigung (BT-Dr 8/2382 S 18; BayObLGSt Nr 10; beachte 7a); erfasst ist auch das Zurücklassen von Abfällen, die von der entsorgungspflichtigen Körperschaft erkennbar nicht eingesammelt werden (NStZ-RR 98, 114); auch hier kommt Unterlassen in Frage, wenn zB der durch Zwischenlagerung von Mist aus Ingerenz verpflichtete Eigentümer eine „Mistsickersaftpfütze" entstehen lässt (BayObLGSt Nr 10). **Ablassen** (vgl das Internationale Übereinkommen zur Verhütung der Verschmutzung der See durch Öl, 3 zu § 5) ist jegliches Ausfließen, ohne Rücksicht auf seine Ursache (BT-Dr aaO).

8 b) Die Merkmale **außerhalb einer dafür zugelassenen Anlage oder unter wesentlicher Abweichung von einem vorgeschriebenen oder zugelassenen Verfahren** scheiden befugtes Handeln schon aus dem Tatbestand aus (beachte dazu 4–10 zu § 325). – **Anlage** 2 zu § 325. Neben Abfallentsorgungsanlagen (vgl § 27 KrW-/AbfG; 3 zu § 327) werden namentlich auch Anlagen nach § 1 I Nr 4 TierKBG und nach § 9a III AtG erfasst. Eine Anlage ist **zugelassen**, wenn für sie eine Planfeststellung oder Genehmigung vorliegt (§ 31 KrW-/AbfG), wenn sie als Altanlage der zuständigen Behörde angezeigt worden ist (§ 9 I AbfG aF, § 35 KrW-/AbfG) oder wenn sich die Zulässigkeit aus anderen Rechtsvorschriften ergibt. Die Zulassung muss sich gerade auf die Art und Menge des zu beseitigenden Abfalls beziehen (BGHSt 43, 219 mwN). – Die **Abweichung von einem vorgeschriebenen oder zugelassenen Verfahren** (näher zur Neuregelung des § 13 KrW-/AbfG und dessen Bedeutung für das „Verfahren" Fluck DVBl 95, 537; Rogall, Boujong-FS, S 807, 823) ist auch relevant, wenn sie in einer zugelassenen Anlage geschieht (hM; vgl Karlsruhe NStZ 90, 128 mwN), allerdings nur unter der Voraussetzung, dass die der Anlage zugeführten Gegenstände dem Abfallbegriff unterfallen. Regelmäßig wird sie daher nur bei Abfallbeseitigungen außerhalb von Anlagen praktisch (vgl zB § 5 II TierKBG; § 3 I

StrlSchV). Die Abweichung ist **wesentlich,** wenn in Folge der vorschriftswidrigen Behandlung die Möglichkeit offen bleibt, dass die generelle Gefährlichkeit des Abfalls für die Umwelt (vgl 4–6 a) nicht ausgeschaltet wurde (ähnlich BT-Dr 8/2382 S 19; weiter Rogall JZ-GD-80, 101, 110; krit Sack NJW 80, 1424, 1427). Die Tatbestandsmäßigkeit wird nicht dadurch in Frage gestellt, dass ein Verfahren außerhalb einer Anlage, wie das zB für die Beseitigung von Silosickersäften zutrifft, nicht vorgesehen ist (Oldenburg NJW 88, 2391; Bay NJW 89, 1290; Celle MDR 89, 842; Jünemann, Rechtsmissbrauch im Umweltstrafrecht, 1998, S 154; anders noch Celle NJW 86, 2326 mit abl Bespr Lamberg NJW 87, 421 und 89, 575; vgl auch BGHSt 39, 381, 385, alle mwN); daraus erwachsende Schwierigkeiten können nur auf der Ebene der Rechtswidrigkeit oder der Schuld (zB behördliche Duldung, Notstand, Verbotsirrtum) ausgeräumt werden.

4. Abs 2 soll die Auswüchse des sog Abfalltourismus bekämpfen (BT-Dr 12/192 S 20; eingehend Breuer aaO [vgl 2 a] S 89). **Abfälle** iSd Abs 1 (dazu 2–6 a sowie ergänzend BT-Dr 12/7300 S 23 mit Hinweis auf den Abfallbegriff der am 6. 5. 94 in Kraft getretenen VO Nr 259/93 des Rates der EG zur Überwachung und Kontrolle der Verbringung von Abfällen in der, in die und aus der EG [ABl EG Nr L 30, S 1; näher zu dieser VO Heine, Triffterer-FS, S 401, 414 und Franzheim/Pfohl 316]; zum Einfluss des Europarechts Breuer aaO S 53; vgl auch BT-Dr 12/6351 S 12, 19, § 10 III KrW-/AbfG sowie Möhrenschlager NStZ 94, 513, 519); zT wird für Abs 2 ein eigenständiger Abfallbegriff zugrundegelegt, der sich am Abfallverbringungsrecht zu orientieren habe (näher Breuer aaO S 102 und Ahlmann-Otto aaO [vgl 2 a] S 162). – **Tathandlung** ist das **Verbringen in dem, aus dem und durch den Geltungsbereich dieses Gesetzes** (5 zu § 3). Verbringen ist jede ortsverändernde Beförderung, gleichgültig mit welchem Transportmittel. In Übereinstimmung mit den Grundgedanken des Basler Übereinkommens wird das grenzüberschreitende Verbringen erfasst (BT-Dr 12/192 S 21). Entsprechend dem Vorschlag des BRates wurde neben der Ein- und Ausfuhr auch noch ausdrücklich die Durchfuhr gefährlicher Abfälle als Tathandlung aufgenommen (BT-Dr 12/7300 S 23; Kloepfer/Vierhaus aaO [vgl 1] Rdn 139). – Das Verbringen muss entgegen einem Verbot oder ohne die erforderliche Genehmigung (beachte § 330d Nr 4, 5 sowie 4–10 zu § 325) erfolgen. Als absolute Verbringungs-Verbote kommen die in § 14 I Nr 5 AbfVerbrG genannten Verbote der EG VO (Sch/Sch-Lenckner/Heine 12c; Ahlmann-Otto aaO S 198), als speziell für die grenzüberschreitende Abfallverbringung erforderliche Genehmigung die nach der EG VO (näher dazu Heine aaO; Sch/Sch-Lenckner/Heine 12 d) und § 11 StrlSchV in Betracht (BT-Dr 12/192 S 21). Auch eine ausländische Genehmigung kann auf Grund europäischen Rechts tatbestandsausschließend wirken, selbst wenn sie gegen EU-Recht verstößt (Breuer aaO S 136; vgl auch Ahlmann-Otto S 210).

5. Abs 3 verlagert bei radioaktiven Abfällen (vgl 3 a) wegen ihrer besonderen Gefährlichkeit die Strafbarkeit schon auf die **Verletzung der Ablieferungspflicht** nach §§ 5 III, 9 a II AtG vor (echtes Unterlassungsdelikt, 4 zu § 13; Horn SK 27). Nicht ablieferungspflichtig sind nur geringfügig radioaktive Abfälle (§ 47 iVm § 4 IV Nr 2 e, §§ 45, 46 StrlSchV). Auch soweit darüber hinaus im Rahmen bestimmter Genehmigungen keine Ablieferungspflicht besteht (§ 47 StrlSchV iVm §§ 6, 7, 9 AtG, § 3 I StrlSchV), ist Abs 3 unanwendbar; jedoch kommt Abs 1 Nr 2 in Frage. Durch die Einfügung des Merkmals „unter Verletzung verwaltungsrechtlicher Pflichten" (§ 330d Nr 4) wird der Kreis der strafbewehrten Ablieferungspflichten gegenüber der alten Fassung ausgedehnt (BT-Dr 12/192 S 21). Es ist jetzt auch der Verstoß gegen einen die Ablieferung anordnenden Verwaltungsakt zB nach § 19 III AtG erfasst. – Da weder in Abs 3 noch in § 9 a II AtG für die Ablieferung eine Frist eingeräumt ist, gelten für die Vollendung der Tat

§ 326 BT. 29. Abschnitt. Straftaten gegen die Umwelt

keine Besonderheiten. Sie tritt ein, wenn der Täter an dem Abfall Besitz erlangt hat (§ 9a II S 1 AtG), ihm die Ablieferung möglich und nach den Umständen zumutbar ist (5 zu § 13; ebenso Sch/Sch-Lenckner/Heine 13) und Vorsatz oder Fahrlässigkeit (Abs 5 Nr 2) bejaht werden kann. Im Regelfall läuft das auf die Verpflichtung zu unverzüglichem Handeln hinaus (ebenso Steindorf LK 129 mwN); die Annahme, dass die Ablieferungspflicht so lange nicht bestehe als der Eintritt von Gefahren vermieden werde (so BT-Dr 8/2382 S 19) oder sich das Gefahrenpotential mit steigender Besitzdauer nicht erhöhe (so Reinhardt, Der strafrechtliche Schutz vor den Gefahren der Kernenergie, 1989, S 121), ist nicht hinreichend konkretisierbar und berücksichtigt nicht, dass auch die bloße Möglichkeit der Gefahrsteigerung die Ablieferungspflicht auslöst.

10   **6.** Der **Vorsatz nach Abs 1** (bedingter genügt) muss sich namentlich auf die Gefährlichkeit nach den Nummern 1–3 (vgl 4, 4a und 5), die Schädigungseignung nach Nr 4a (vgl 6), die Gefährdungseignung nach Nr 4b (vgl 6a) und das Handeln außerhalb einer zugelassenen Anlage oder unter wesentlicher Abweichung von Verfahrensnormen (vgl 8) erstrecken (str); ein darüber hinausgehendes Bewusstsein der Pflichtwidrigkeit ist nicht erforderlich. Der Irrtum über die Abfalleigenschaft einer Sache (zB eines Autowracks) ist idR (Schall NStZ 97, 577, 578 und NStZ-RR 98, 353, 357, jeweils mwN) ein den Vorsatz unberührt lassender Subsumtionsirrtum (14 zu § 15), der als Verbotsirrtum zu behandeln ist (Schleswig NStZ 97, 546 mit krit Anm Iburg). Nimmt der Täter irrig eine andere als die objektiv verwirklichte Tatbestandsalternative an, hat er also zB den beseitigten Giftstoff für seuchenerregenden Abfall gehalten, so stellt das seine Bedeutungskenntnis nur in Frage, wenn zwischen dem vorgestellten und dem herbeigeführten schädlichen Erfolg eine qualitative Unwertdifferenz besteht (Schittenhelm GA 83, 310, 313; W-Hettinger BT 1 Rdn 1085; s auch Schroeder GA 79, 321 und Schroth, Vorsatz und Irrtum, 1998, S 68). – Der Vorsatz nach **Abs 2** muss auch die Verbotswidrigkeit oder Genehmigungslosigkeit des Verbringens (ebenso jetzt Sch/Sch-Lenckner/Heine 14) und der nach **Abs 3** auch die Ablieferungspflicht (vgl 9) umfassen (beachte 16 zu § 325). – **Fahrlässigkeit** (Abs 5) 35 zu § 15 (s auch 7 zu § 324). Wer einen anderen mit der Beseitigung (vgl 7) unweltgefährdeten Abfalls beauftragt, muss sich erkundigen, ob das beauftragte Unternehmen zur ordnungsgemäßen Abfallbeseitigung tatsächlich imstande und rechtlich befugt ist (BGHSt 40, 84 mit zT krit Bespr Michalke StV 95, 137, Schmidt JZ 95, 545, 550 und Versteyl NJW 95, 1070; BGHSt 43, 219, 231; LG Kiel NStZ 97, 496; s auch Hecker MDR 95, 757, Heine, Trifferer-FS, S 401, 411 und NJW 98, 3665, 3670; Krieger DB 96, 613; Breuer aaO S 175; Franzheim/Pfohl 304 und Duttge, Zur Bestimmtheit des Handlungsunwerts von Fahrlässigkeitsdelikten, 2001, S 348).

11   **7. Unbefugt** (Abs 1) bezeichnet hier – wie in § 324 I (dort 8) – nur das allgemeine Verbrechensmerkmal der Rechtswidrigkeit (BGHSt 37, 21, 29; diff Sch/Sch-Lenckner/Heine 16). Da besondere Befugnisse schon den Tatbestand ausschließen (vgl 8), kommt eine Rechtfertigung nur selten, etwa bei Notstand nach § 34 (grundsätzlich abl NStZ 97, 189, 190 mit Anm Sack JR 97, 254, 255), in Frage. Ob auch ein erlaubtes Risiko bei der Abfallbeseitigung (vgl 7) den Tatbestand ausschließt, erscheint wegen des Deliktscharakters (vgl 1) zweifelhaft (dafür aber Schroth NStZ 96, 547, 548).

12   **8. Abs 6** enthält die mit Recht vielfach kritisierte (zB Sack NJW 80, 1424, 1427; Schittenhelm GA 83, 310, 318), vom Gesetzgeber des 31. StÄG aber unverändert beibehaltene, sog **Minima-Klausel**, die einen objektiv wirkenden, dh von den Vorstellungen des *Täters* unabhängigen, **Strafausschließungsgrund** bildet (hM; vgl Ostendorf GA 82, 333, 337; Sack 308; anders Steindorf LK 144: Straffreierklärung eigener Art). Bedenken erwecken namentlich ihre Unanwendbarkeit auf den größeren Teil der Tatbestandsalternativen des § 326, die sich zwingend

schon aus deren Wortlaut ergibt, und ihre Beschränkung auf den Gesichtspunkt der Abfallmenge, obwohl sich offensichtliche Ungefährlichkeit auch aus anderen gleichwertigen Gründen ergeben kann (Tiedemann, Neuordnung des Umweltstrafrechts, 1980, S 37; Rogall NStZ 92, 561, 563; Frisch, Verwaltungsakzessorietät und Tatbestandsverständnis im Umweltstrafrecht, 1993, S 133). Eine Ausdehnung des Anwendungsbereichs durch Analogie scheidet angesichts der gewollten Begrenzung aus. Im Übrigen enthält die Vorschrift für den Umweltschutzbereich eine Absage an die im Schrifttum (1 zu § 306) vertretene Auffassung, dass bei abstrakten Gefährdungsdelikten der Gegenbeweis der Ungefährlichkeit die Strafbarkeit ausschließe (Laufhütte/Möhrenschlager ZStW 92, 912, 960; aM Schittenhelm aaO S 319; krit Frisch aaO S 136 Fn 396). – Der Ausschluss **schädlicher Einwirkungen auf die Umwelt** ist **offensichtlich,** wenn die Ungefährlichkeit auf Grund der festgestellten – uU auch nur nach dem Grundsatz in dubio pro reo unterstellten – Tatsachen jedem Zweifel entrückt ist, dh sich dem Beurteiler unmittelbar aufdrängt (Bay NStZ-RR 02, 76); nur insoweit bestehende Zweifel (BT-Dr 8/2382 S 19; Steindorf LK 145), nicht dagegen Zweifel über die der Beurteilung zugrundezulegenden Tatsachen (aM Graul, Abstrakte Gefährdungsdelikte und Präsumtionen im Strafrecht, 1991, S 353), gehen zu Lasten des Täters.

9. Vollendet ist die Tat nach Abs 1 (zu Abs 3 vgl 9), sobald der Abfall mindestens teilweise beseitigt ist (hM). Sie ist aber **kein Dauerdelikt** und daher nicht erst mit dem Wegfall des durch die Tat geschaffenen rechtswidrigen Zustands, sondern schon mit dem Abschluss der Beseitigung beendigt (hM; vgl BGHSt 36, 255 mit Anm Laubenthal JR 90, 513; NJW 92, 122; Düsseldorf NJW 89, 537; Bay wistra 93, 313; krit Sack JR 91, 525, alle mwN), womit zugleich die Verjährung beginnt (3 zu § 78 a). – Der **Versuch** ist nach **Abs 4** in den Fällen des Abs 1 und 2 strafbar. Zum Versuchsbeginn bei der Abfallverschiebung Tölle NStZ 97, 325 und Breuer aaO (vgl 2 a) S 154. **13**

10. Für die **Beteiligung** (Täterschaft und Teilnahme) gelten die allgemeinen Regeln (so auch BVerfG NJW 95, 186; speziell für die Abfallverbringung Breuer aaO [vgl 2 a] S 156). Aus ihnen folgt, dass Täter ist, wer entweder mit Tatherrschaft (nach subjektiver Lehre mit Täterwillen) handelt oder wer als Verantwortlicher für die ordnungsmäßige Beseitigung des Abfalls (als Sonderpflichtiger) einen Tatbeitrag gleich welcher Art (zB Veranlassen, Fördern, uU auch Unterlassen) leistet (BGHSt 40, 84, 87; Schittenhelm GA 83, 310, 322; Glauben DRiZ 98, 23, 24; Sch/Sch-Lenckner/Heine 21, alle mwN). Täter ist auch der sachverständige Berater, wenn die zuständige Stelle ihre Entscheidung von seinen Vorschlägen abhängig macht (BGHSt 39, 381, 384 mit zust Anm Horn JZ 94, 636; krit aber Michalke NJW 94, 1693, 1696 und Schirrmacher JR 95, 386; von Verfassungs wegen ist die Entscheidung nicht zu beanstanden, BVerfG aaO). **14**

11. Die **Verantwortlichkeit** in Betrieben und Unternehmen (15 zu § 11) für die Abfallbeseitigung bestimmt sich im Wesentlichen nach denselben Grundsätzen, die für den Gewässerschutz unter 16 zu § 324 dargelegt sind; speziell zur Garantenstellung eines GmbH-Geschäftsführers NStZ 97, 545 mit Bespr Schall NStZ-RR 98, 353, 357; zur mittelbaren Täterschaft des GmbH-Geschäftsführers, der Abfälle Abnehmern überlässt, die nicht über die Möglichkeiten einer geordneten Abfallbeseitigung verfügen, BGHSt 43, 219, 231 mit krit Bespr Schall aaO. Zur möglichen Mittäterschaft von Abfallbesitzer und „Scheinentsorger" Schünemann, in: Breuer ua (Hrsg), Umweltschutz und technische Sicherheit im Unternehmen, 1994, S 137, 151. Zur täterschaftlichen Haftung eines AG-Vorstandsmitglieds, eines Werkleiters, eines Werkmeisters und von Arbeitern Ransiek ZGR 99, 613, 637. **15**

12. Besonders schwere Fälle § 330. **16**

§ 327 BT. 29. Abschnitt. Straftaten gegen die Umwelt

17 13. **Tateinheit** ua möglich mit § 324 (dort 18), § 325 I Nr 1 (dort 19), §§ 327–329, 330 a.
18 14. **Tätige Reue** (in den Fällen der Abs 1–3 sowie weitergehend in den Fällen des Abs 5) § 330 b.
19 15. Einziehung § 330 c.

§ 327 Unerlaubtes Betreiben von Anlagen

(1) **Wer ohne die erforderliche Genehmigung oder entgegen einer vollziehbaren Untersagung**

1. **eine kerntechnische Anlage betreibt, eine betriebsbereite oder stillgelegte kerntechnische Anlage innehat oder ganz oder teilweise abbaut oder eine solche Anlage oder ihren Betrieb wesentlich ändert oder**
2. **eine Betriebsstätte, in der Kernbrennstoffe verwendet werden, oder deren Lage wesentlich ändert,**

wird mit Freiheitsstrafe bis zu fünf Jahren oder mit Geldstrafe bestraft.

(2) **Mit Freiheitsstrafe bis zu drei Jahren oder mit Geldstrafe wird bestraft, wer**

1. **eine genehmigungsbedürftige Anlage oder eine sonstige Anlage im Sinne des Bundes-Immissionsschutzgesetzes, deren Betrieb zum Schutz vor Gefahren untersagt worden ist,**
2. **eine genehmigungsbedürftige oder anzeigepflichtige Rohrleitungsanlage zum Befördern wassergefährdender Stoffe im Sinne des Wasserhaushaltsgesetzes oder**
3. **eine Abfallentsorgungsanlage im Sinne des Kreislaufwirtschafts- und Abfallgesetzes**

ohne die nach dem jeweiligen Gesetz erforderliche Genehmigung oder Planfeststellung oder entgegen einer auf dem jeweiligen Gesetz beruhenden vollziehbaren Untersagung betreibt.

(3) **Handelt der Täter fahrlässig, so ist die Strafe**

1. **in den Fällen des Absatzes 1 Freiheitsstrafe bis zu drei Jahren oder Geldstrafe,**
2. **in den Fällen des Absatzes 2 Freiheitsstrafe bis zu zwei Jahren oder Geldstrafe.**

1 1. Die Vorschrift wendet sich gegen das **unerlaubte Betreiben von Anlagen**, von denen typischerweise Umweltgefahren ausgehen können (zu ihrer Verfassungsmäßigkeit BVerfGE 75, 329; zu ihrer Legitimation Kindhäuser, Helmrich-FS, S 967, 983; zu den geschützten Rechtsgütern 7 vor § 324). Auf eine Umweltgefährdung oder -schädigung kommt es nicht an, die Tat ist daher **abstraktes Gefährdungsdelikt** (32 vor § 13; Ransiek NK 2; krit zu dieser Einordnung Marx, Die behördliche Genehmigung im Strafrecht, 1993, S 143; vgl auch Schünemann, Triffterer-FS, S 437, 455: Organisationsdelikt). – Rspr-Übersicht bei Schall NStZ 97, 580 und NStZ-RR 98, 353, 357.

2 2. **Übereinstimmende Voraussetzung** aller Tathandlungen ist **verwaltungsrechtlich unzulässiges** Handeln (4–10 zu § 325). – **Erforderliche Genehmigung oder Planfeststellung** (Abs 1, 2; beachte § 330 d Nr 5) ist jeweils die in § 7 AtG, § 4 BImSchG, § 19 a WHG oder § 31 KrW-/AbfG vorgeschriebene. Sie muss nicht notwendig schon ihrem Typ nach als das abschließende Ergebnis des vorgeschriebenen Genehmigungs- oder Planfeststellungsverfahrens erscheinen, kann vielmehr auch in anderen verwaltungsrechtlich wirksamen Formen

(vorläufiger) Gestattung bestehen (näher 10, 17 zu § 325; aM Sch/Sch-Cramer/ Heine 12). – An der Genehmigung fehlt es nicht schon beim Verstoß gegen echte Auflagen, wohl aber bei Nichterfüllung mit der Genehmigung verbundener (aufschiebender oder auflösender) Bedingungen und bei Verletzung wesentlicher, zum Kernbereich der Genehmigung gehörender Voraussetzungen (Bay MDR 88, 252 mwN); der Verstoß gegen Auflagen beim Betrieb einer nur anzeigepflichtigen Altanlage zur Lagerung und Verwertung von Autowracks ist nicht erfasst (Köln NStZ-RR 99, 270). – **Vollziehbare Untersagung** (Abs 1, 2) 7 zu § 325; zu Abs 1 beachte auch § 19 III AtG. Gemeint sind ausschließlich solche Verwaltungsakte, die auf dem zugehörigen, das Verwaltungsrecht regelnden Gesetz (im Falle des Abs 1 also auf dem AtG) beruhen. **Untersagung** (Abs 2 Nr 1 Alt 2) zum Schutz vor Umweltgefahren durch Verfügung der zuständigen Behörde auf der Grundlage zB des § 25 II (nicht notwendig auch des § 25 I) BImSchG (BT-Dr 12/192 S 21). – Im Übrigen gelten für die **Verwaltungsrechts- und Verwaltungsaktakzessorietät**, namentlich für die Strafbarkeit des Betriebs genehmigungsbedürftiger Anlagen und der Zuwiderhandlung gegen wirksame, aber materiell fehlerhafte Verwaltungsakte, die Ausführungen unter 7–10 zu § 325 sinngemäß.

3. Kerntechnische Anlage (Abs 1 Nr 1) § 330d Nr 2 (dort 2). – **Betriebsstätte, in der Kernbrennstoffe** (§ 2 I Nr 1 AtG) **verwendet werden** (Abs 1 Nr 2) § 9 I AtG. – **Genehmigungsbedürftige Anlage im Sinne des BImSchG** (Abs 2 Nr 1 Alt 1) § 4 BImSchG iVm der 4. BImSchV (zur Frage sog „Altanlagen" Köln NStZ-RR 99, 270 und Wüterich NStZ 90, 112 mwN); zB eine Feuerstätte, in der Kupferkabel zur Rückgewinnung des Buntmetalls abgebrannt werden (Celle ZfW 94, 504), auch Autolagerplätze (Braunschweig NStZ-RR 98, 175, 177 mit Bespr Kirchner/Jakielski JA 00, 813, 817; Bay NStZ 98, 465; Schall NStZ-RR 98, 353, 358). **Sonstige Anlage im Sinne des BImSchG** (Abs 2 Nr 1 Alt 2) sind nicht genehmigungsbedürftige Anlagen nach §§ 22, 23 BImSchG. – **Genehmigungsbedürftige oder anzeigepflichtige Rohrleitungsanlage zum Befördern wassergefährdender Stoffe im Sinne des WHG** (Abs 2 Nr 2) § 19a I WHG oder § 19e II WHG; Überschneidungen mit dem weitergehenden § 329 II Nr 1 sind möglich (vgl BT-Dr 12/192 S 22). – **Abfallentsorgungsanlage** (Abs 2 Nr 3) ist ein Begriff, den das neue KrW-/AbfG nicht kennt; dessen §§ 27 ff betreffen „Abfallbeseitigungsanlagen". Erfasst sind nur nach dem KrW-/AbfG zulassungspflichtige Deponien (§ 31 KrW-/AbfG; Rogall, Boujong-FS, S 807, 814; Horn SK 12; offengelassen von Köln VRS 97, 29; weiter Bay NStZ 98, 465, Ransiek NK 12 und Steindorf LK 16a: alle Anlagen, die zur Abfallentsorgung in Form von essen Beseitigung vorgesehen sind), dh Abfallbeseitigungsanlagen zur Endablagerung von Abfällen (§ 29 I S 3 Nr 2 KrW-/AbfG), nicht mehr wie nach §§ 4, 5 I, 7 AbfG aF (dazu vgl die 23. Aufl) auch Anlagen zur Behandlung und Zwischenlagerung von Abfällen, doch kann wegen der hier zT bestehenden Genehmigungspflicht nach dem BImSchG (vgl § 31 I KrW AbfG) § 327 II Nr 1 erfüllt sein (vgl Braunschweig NStZ-RR 98, 175). Da es für eine „Deponie" iSd KrW-/AbfG nicht auf Größe, Kapazität und Zweckbestimmung ankommt (Paetow, in: Kunig/Paetow/Versteyl, KrW-/AbfG, 1998, § 31 Rdn 99), zählen dazu auch nach geltendem Recht jedenfalls Grundstücke, auf denen bestimmungsgemäß (Stuttgart NStZ 91, 590; Zweibrücken NJW 92, 2841 mit zT krit Bespr Winkelbauer JuS 94, 112, 114; s auch Bay NStZ 88, 26; gegen das Erfordernis der Bestimmung des Grundstücks zur Ablagerung von Abfällen Sack 200) Abfälle mit einer gewissen Erheblichkeit endgelagert werden (Braunschweig ZfW 91, 52, 60; Celle ZfW 94, 380).

4. Betreiben einer Anlage (Abs 1, 2) 2 zu § 325; Dauerstraftat (Bay NJW 96, 1422; Schmitz, Unrecht und Zeit, 2000, S 196). Es sind Tätigkeiten erforderlich,

§ 328

die der bestimmungsgemäßen Nutzung dienen (Schall NStZ-RR 98, 353, 358; ähnlich Ransiek NK 12); das Entfernen von Abfällen aus dem Altbestand der Anlage genügt daher nicht (Bay NStZ 98, 465). Errichten wird wegen der fehlenden potentiellen Gefährdung nicht erfasst (BT-Dr 8/2382 S 20; beachte jedoch § 46 I Nr 2 AtG; § 62 I Nr 1 BImSchG). Zur Haftung von Gemeindeorganen für einen fehlerhaften Anlagenbetrieb Nappert, Die strafrechtliche Haftung von Bürgermeistern und Gemeinderäten im Umweltstrafrecht, 1997, S 96. – Die **weiteren Tathandlungen** nach Abs 1 Nr 1 (Innehaben, Abbauen oder wesentliches Verändern von technischen Anlagen, § 7 I, III AtG) betreffen nur betriebsbereite oder stillgelegte Anlagen, weil von nicht betriebsbereiten oder nie betriebenen Anlagen keine Strahlungsrisiken ausgehen (BT-Dr 8/2382 S 20; aM für das wesentliche Verändern Steindorf LK 9). Abs 1 Nr 2 erfasst das wesentliche Verändern einer Betriebsstätte oder deren Lage im Sinne von § 9 I S 2 AtG (Steindorf LK 10a).

5 5. Für **Vorsatz und Fahrlässigkeit** gelten die Ausführungen unter 16 zu § 325 sinngemäß; der Irrtum über die Genehmigungsbedürftigkeit der Anlage ist Tatbestandsirrtum (Braunschweig NStZ-RR 98, 175, 177 mit zust Bespr Brede NStZ 99, 137, 138 und Kirchner/Jakielski JA 00, 813, 818; Sch/Sch-Cramer/Heine 20; 16 zu § 325; diff Horn SK 11 zu § 325).

6 6. Zur **Rechtfertigung** beachte 17 zu § 325.

6a 7. Die Tat ist echtes Sonderdelikt (Schall NStZ 97, 577, 580; Rengier, Kohlmann-FS, S 225, 237; Horn SK 9; Steindorf LK 25), § 14 I also zu beachten (einschr Sch/Sch-Cramer/Heine 23; aM Ransiek NK 4; zur Begehung durch Amtsträger Schall aaO S 582).

7 8. Besonders schwere Fälle § 330.

8 9. **Tateinheit** ua möglich zwischen Abs 1 und §§ 307, 309 (aM Steindorf LK 33), 311, 328 sowie zwischen Abs 2 und §§ 324–326, 329.

9 10. Einziehung (in den Fällen des Abs 1 oder 2) § 330c.

§ 328 Unerlaubter Umgang mit radioaktiven Stoffen und anderen gefährlichen Stoffen und Gütern

(1) Mit Freiheitsstrafe bis zu fünf Jahren oder mit Geldstrafe wird bestraft,

1. wer ohne die erforderliche Genehmigung oder entgegen einer vollziehbaren Untersagung Kernbrennstoffe oder
2. wer grob pflichtwidrig ohne die erforderliche Genehmigung oder wer entgegen einer vollziehbaren Untersagung sonstige radioaktive Stoffe, die nach Art, Beschaffenheit oder Menge geeignet sind, durch ionisierende Strahlen den Tod oder eine schwere Gesundheitsschädigung eines anderen herbeizuführen,

aufbewahrt, befördert, bearbeitet, verarbeitet oder sonst verwendet, einführt oder ausführt.

(2) Ebenso wird bestraft, wer

1. Kernbrennstoffe, zu deren Ablieferung er auf Grund des Atomgesetzes verpflichtet ist, nicht unverzüglich abliefert,
2. Kernbrennstoffe oder die in Absatz 1 Nr. 2 bezeichneten Stoffe an Unberechtigte abgibt oder die Abgabe an Unberechtigte vermittelt,
3. eine nukleare Explosion verursacht oder
4. einen anderen zu einer in Nummer 3 bezeichneten Handlung verleitet oder eine solche Handlung fördert.

Unerlaubter Umgang mit gefährl. Stoffen und Gütern **§ 328**

(3) **Mit Freiheitsstrafe bis zu fünf Jahren oder mit Geldstrafe wird bestraft, wer unter grober Verletzung verwaltungsrechtlicher Pflichten**
1. **beim Betrieb einer Anlage, insbesondere einer Betriebsstätte oder technischen Einrichtung, radioaktive Stoffe oder Gefahrstoffe im Sinne des Chemikaliengesetzes lagert, bearbeitet, verarbeitet oder sonst verwendet oder**
2. **gefährliche Güter befördert, versendet, verpackt oder auspackt, verlädt oder entlädt, entgegennimmt oder anderen überläßt**

und dadurch die Gesundheit eines anderen, ihm nicht gehörende Tiere oder fremde Sachen von bedeutendem Wert gefährdet.

(4) **Der Versuch ist strafbar.**

(5) **Handelt der Täter fahrlässig, so ist die Strafe Freiheitsstrafe bis zu drei Jahren oder Geldstrafe.**

(6) **Die Absätze 4 und 5 gelten nicht für Taten nach Absatz 2 Nr. 4.**

Fassung: Art 2 des UVNVAG (13 vor § 1) hat in Abs 2 die Nummern 3 und 4 eingefügt und einen neuen Abs 6 angefügt; beachte auch die Maßgabe vor 1 zu § 311.

1. Die Vorschrift wendet sich in Abs 1 und 2 gegen den **unerlaubten Umgang mit radioaktiven Stoffen**, weil von ihnen typischerweise Umweltgefahren ausgehen können (zu den geschützten Rechtsgütern 7 vor § 324); die Tat ist insoweit **abstraktes Gefährdungsdelikt** (32 vor § 13; Ransiek NK 2; diff Steindorf LK 2). In Abs 3 wendet sich die Vorschrift gegen den **unerlaubten Umgang mit gefährlichen Stoffen und Gütern**; die Tat ist insoweit **konkretes Gefährdungsdelikt** (Bartholme JA 96, 730, 734; Otto GK 2 82/96; Sch/Sch-Cramer/Heine 1; 32 vor § 13), da sie konkrete umweltbezogene Gefährdungen verlangt (der RegE hatte noch ein potentielles Gefährdungsdelikt vorgesehen [BT-Dr 12/192 S 22], die Ausschussmehrheit hielt zur Eingrenzung des Tatbestandes auf besonders strafwürdige Fälle ein konkretes Gefährdungsdelikt für erforderlich [BT-Dr 12/7300 S 24]; krit Möhrenschlager NStZ 94, 566, 567). Mit der Erweiterung des § 19 II ChemG (vgl 3) um die in der EG-Richtlinie 98/24 aufgeführten gefährlichen Arbeitsstoffe erhält Abs 3 Nr 1 einen arbeitnehmerschützenden Zweck. 1

2. **Übereinstimmende Voraussetzung** der Tathandlungen mit Ausnahme der neu eingefügten Abs 2 Nr 3, 4 ist **verwaltungsrechtlich unzulässiges** Handeln (4–10, 17 zu § 325; beachte auch 2 zu § 311); Verursachen einer nuklearen Explosion und Verleiten dazu oder Fördern einer solchen Handlung ist als solches unrechtsbegründend und damit tatbestandsmäßig; eine Genehmigung kann deshalb nur rechtfertigen. – **Erforderliche Genehmigung, vollziehbare Untersagung** (Abs 1 Nr 1) 2 zu § 327; Grundlage der Verwaltungsakte können hier nur das AtG oder auf ihm beruhende Rechtsvorschriften sein (Laufhütte/Möhrenschlager ZStW 92, 912, 967). – **Grob pflichtwidrig ohne die erforderliche Genehmigung** (Abs 1 Nr 2) 11 zu § 325. – **Verpflichtung zur Ablieferung** (Abs 2 Nr 1) § 5 III AtG. – **Verbot der Abgabe an Unberechtigte** oder deren **Vermittlung** (Abs 2 Nr 2) erweitert § 5 V AtG, um schon im Vorfeld der Anbahnung illegaler Geschäfte wirksamer entgegentreten zu können (BT-Dr 12/7300 S 24). – **Grobe Verletzung verwaltungsrechtlicher Pflichten** (Abs 3); verwaltungsrechtliche Pflichten (§ 330d Nr 4; 6–10 zu § 325) ergeben sich bei **Abs 3 Nr 1**, soweit es um pflichtenbegründende Rechtsvorschriften geht, etwa aus §§ 7, 17 ChemG mit der GefStoffV aus § 19g WHG (Bay NJW 95, 540 mit zust Bespr Bartholme JA 95, 924 und Heine JR 96, 300; Sch/Sch-Cramer/Heine 22; krit Michalke, Verwaltungsrecht im Umweltstrafrecht, 2001, S 82, 85) und aus 2

1365

§ 328 BT. 29. Abschnitt. Straftaten gegen die Umwelt

§§ 10–12 AtG mit der StrlSchV sowie aus sonstigen Vorschriften der Gefahrenabwehr wie etwa § 14 ArbeitsstättenVO (BT-Dr 12/192 S 23; dagegen Peters, FS für D Leuze, 2003, S 419, der Abs 3 Nr 1 wegen Verstoßes gegen Art 103 II GG für verfassungswidrig hält); bei **Abs 3 Nr 2** ergeben sich solche Pflichten etwa aus § 49 KrW-/AbfG, aus den Gefahrgutverordnungen Straße, Eisenbahn, See und Binnenschifffahrt (Nachw bei Göhler [Lexikon] 318 C; näher dazu Bottke TranspR 92, 390, 400 und Bartholme JA 96, 730, 733) sowie aus allgemeinen Normen der Gefahrenabwehr wie etwa solchen der StVO (Rengier, Boujong-FS, S 791, 798; aM Michalke aaO S 83); zur **groben** Pflichtverletzung 11 zu § 325; mit diesem Merkmal soll der Tatbestand den §§ 315 a I Nr 2, 315 c I Nr 2 angeglichen werden (BT-Dr 12/192 S 24).

3 3. **Tatgegenstände** sind **Kernbrennstoffe** (Abs 1 Nr 1, Abs 2), dh besondere spaltbare Stoffe im Sinne des hier maßgeblichen § 2 I Nr 1 AtG. – **Sonstige radioaktive Stoffe** (Abs 1 Nr 2, Abs 2 Nr 2) § 2 I, II AtG, § 3 I StrlSchV (5 zu § 326; Steindorf LK 4) mit qualifizierter (Tod 4 vor § 211, schwere Gesundheitsschädigung schließt abweichend von § 226 auch Fälle der Gefahr des Eintritts einer langwierigen Krankheit oder erheblicher Beeinträchtigung der Arbeitsfähigkeit für längere Zeit ein [Möhrenschlager NStZ 94, 566, 567], ionisierende Strahlen 2 zu § 309) Schädigungseignung (BT-Dr 12/7300 S 24). – Radioaktive Stoffe oder **Gefahrstoffe im Sinne des ChemG** (Abs 3 Nr 1); nach der umfassenden Begriffsbestimmung in § 19 II ChemG (ergänzt durch § 4 GefStoffV; Katalog in Anhang zu § 1 Chemikalien-VerbotsVO; vgl Steindorf LK 24) werden neben Stoffen (zB Heizöl, Bay NJW 95, 540 mit zust Bespr Bartholme JA 95, 924 und Heine JR 96, 300; zB Asbest, Kuchenbauer NJW 97, 2009) auch Zubereitungen und Erzeugnisse im Sinne des Chemikalienrechts erfasst; auch sind Stoffe, Zubereitungen und Erzeugnisse eingeschlossen, bei denen Herstellung oder Verwendung erst gefährliches oder explodierendes Material entstehen oder freigesetzt werden kann (BT-Dr 12/192 S 23; Ransiek NK 10). – **Gefährliche Güter** (Abs 3 Nr 2) § 330 d Nr 3; sie sind allgemein umschrieben in § 2 I GBG und für den jeweiligen Anwendungsbereich in den unter 2 genannten Gefahrgutverordnungen näher konkretisiert, vergleichbare Umschreibungen enthalten die Rechtsvorschriften über den internationalen Straßen-, Eisenbahn- und Seeschiffsverkehr (Bottke aaO [vgl 2] S 393).

4 4. Zu den **Tathandlungen** des Abs 1 beachte namentlich die §§ 3–6, 9 AtG betr Verwahrung (Aufbewahrung), Beförderung, Be- und Verarbeitung, sonstige Verwendung sowie Ein- und Ausfuhr (zu Einfuhr und Beförderung Bartholme JA 96, 730, 732; zum Aufbewahren Eckstein, Besitz als Straftat, 2001, S 118). – Nicht unverzügliche Ablieferung (Abs 2 Nr 1; echtes Unterlassungsdelikt, Steindorf LK 17) § 5 III AtG. Abgabe oder deren Vermittlung an Unberechtigte (Abs 2 Nr 2); damit wird schon das Vorfeld der Anbahnung illegaler Geschäfte erfasst (BT-Dr 10/7300 S 24; einschr Sch/Sch-Cramer/Heine 13); die Nichthinderung des drohenden Gewahrsamsübergangs (zB durch Diebstahl) ist keine Abgabe (Horn SK 6; aM Steindorf LK 19). – Lagern, Be- und Verarbeiten oder sonstige Verwendung (Abs 3 Nr 1) § 9 AtG, zur Auslegung des weit zu verstehenden Verwendungsbegriffs können die Modalitäten des § 3 Nr 10 ChemG herangezogen werden (Bay NJW 95, 540; BT-Dr 12/192 S 24; Ransiek NK 11); beim Betrieb einer Anlage § 3 V BImSchG (2 zu § 325; zum Lagern Eckstein aaO S 120). – Abs 3 Nr 2 betrifft das unerlaubte **Befördern** gefährlicher Stoffe („Transportstrafrecht"; eingehend Wiedemann, Der Gefahrguttransport-Tatbestand im neuen Umweltstrafrecht – § 328 III Nr 2 StGB –, 1995); die Vorschrift ist in Abweichung von § 330 I S 1 Nr 4 aF kein Sonderdelikt (diff Wiedemann aaO S 74, 89 und 347: „faktisches" Sonderdelikt; zust Steindorf LK 63). Täter kann vielmehr jeder sein, der in den Transportvorgang eingeschaltet und Adressat der einschlägigen verwaltungsrechtlichen Pflichten (dazu 2) ist (BT-Dr 12/192 S 24); die im Einzelnen genannten Tathandlungen (Befördern usw; dazu näher Bottke TranspR aaO [vgl 2] S 394; Steindorf LK 32–40) sollen den Beförderungsvorgang im ganzen erfassen, also nicht nur die Ortsveränderung, sondern auch Übernahme und Ablieferung des Gutes, Vorbereitungs- und Abschlusshandlungen sowie vorübergehende Aufenthalte während der Beförderung (BT-Dr 8/2382 S 24; Steindorf LK 32; s auch § 2 II GBG). – Als Folge der Tathandlungen nach Abs 3 Nr 1 und 2 muss eine **konkrete Gefahr** für die genannten Objekte eintreten (dazu 6 zu § 325 a; Steindorf LK 47–54). Bei Abs 3 Nr 1 sind auch Gefahren innerhalb der Anlage erfasst (Bay NJW 95, 540 mit zust Anm Heine JR 96, 300).

5. Abs 2 Nr 3, 4 nehmen eine Sonderstellung ein; **Tathandlung** ist – unabhängig von bestimmten Pflichten – das Verursachen (9 vor § 13; einschr Sch/Sch-Cramer/Heine 13 b) einer Nuklearexplosion, das Verleiten dazu (Anstiftung und mittelbare Täterschaft; 2 zu § 26 und 2 zu § 25; ebenso Ransiek NK 9) und deren Fördern (2 zu § 27). **Nukleare Explosion** ist eine Explosion (2 zu § 308; enger Ransiek NK 8: Implosionen nicht erfasst) von Kernbrennstoffen (s oben 3; unklar BT-Dr 13/10076 S 11). Anders als bei § 307 (dort 2) muss die Explosion nicht durch Freisetzen von Kernenergie herbeigeführt werden; es reicht – zur Schließung von Strafbarkeitslücken (BT-Dr aaO) – jede Verursachung. Nr 4 erfasst ua die Verleitung zu Explosionen, die dort nicht rechtswidrig sind (BT-Dr aaO). **4a**

6. Für **Vorsatz** und **Fahrlässigkeit** (Abs 5) hinsichtlich Abs 1, 2 Nr 1, 2 gelten die Ausführungen unter 16 zu § 325 sinngemäß, hinsichtlich Abs 3 die unter 27–30 zu § 315 c; hinsichtlich Abs 2 Nr 3, 4 gelten die allgemeinen Regeln, Fahrlässigkeit genügt bei Nr 4 nicht (Abs 6). – Die Strafbarkeit des **Versuchs** (Abs 4) gilt für Abs 1–3 mit Ausnahme von Abs 2 Nr 4 (Abs 6); bei Abs 3 ist Vorsatz auch hinsichtlich der Gefährdung erforderlich (Horn SK 12). **5**

7. Besonders schwere Fälle § 330. **6**

8. Tateinheit ua möglich mit §§ 307, 309–312 (aM Sch/Sch-Cramer/Heine 28), 326 I Nr 3, 327; bei Abs 3 Nr 2 ua mit §§ 211 ff, 223 ff, 303. § 27 ChemG tritt kraft ausdrücklicher Anordnung in Abs 6 hinter § 328 als subsidiär zurück (aM Kuchenbauer NJW 97, 2009). Abs 2 Nr 3, 4 treten hinter §§ 19, 22 a KWKG zurück (Ransiek NK 16; vgl BT-Dr 13/10076 S 11). **7**

9. Tätige Reue (in den Fällen der Abs 1–3 sowie weitergehend in den Fällen des Abs 5) § 330 b. **8**

10. Einziehung § 330 c. – Räumlicher Geltungsbereich von Abs 2 Nr 3, 4 § 5 Nr 11 a. **9**

§ 329 Gefährdung schutzbedürftiger Gebiete

(1) **Wer entgegen einer auf Grund des Bundes-Immissionsschutzgesetzes erlassenen Rechtsverordnung über ein Gebiet, das eines besonderen Schutzes vor schädlichen Umwelteinwirkungen durch Luftverunreinigungen oder Geräusche bedarf oder in dem während austauscharmer Wetterlagen ein starkes Anwachsen schädlicher Umwelteinwirkungen durch Luftverunreinigungen zu befürchten ist, Anlagen innerhalb des Gebiets betreibt, wird mit Freiheitsstrafe bis zu drei Jahren oder mit Geldstrafe bestraft. Ebenso wird bestraft, wer innerhalb eines solchen Gebiets Anlagen entgegen einer vollziehbaren Anordnung betreibt, die auf Grund einer in Satz 1 bezeichneten Rechtsverordnung ergangen ist. Die Sätze 1 und 2 gelten nicht für Kraftfahrzeuge, Schienen-, Luft- oder Wasserfahrzeuge.**

§ 329

(2) Wer entgegen einer zum Schutz eines Wasser- oder Heilquellenschutzgebietes erlassenen Rechtsvorschrift oder vollziehbaren Untersagung
1. betriebliche Anlagen zum Umgang mit wassergefährdenden Stoffen betreibt,
2. Rohrleitungsanlagen zum Befördern wassergefährdender Stoffe betreibt oder solche Stoffe befördert oder
3. im Rahmen eines Gewerbebetriebes Kies, Sand, Ton oder andere feste Stoffe abbaut,

wird mit Freiheitsstrafe bis zu drei Jahren oder mit Geldstrafe bestraft. Betriebliche Anlage im Sinne des Satzes 1 ist auch die Anlage in einem öffentlichen Unternehmen.

(3) Wer entgegen einer zum Schutz eines Naturschutzgebietes, einer als Naturschutzgebiet einstweilig sichergestellten Fläche oder eines Nationalparks erlassenen Rechtsvorschrift oder vollziehbaren Untersagung
1. Bodenschätze oder andere Bodenbestandteile abbaut oder gewinnt,
2. Abgrabungen oder Aufschüttungen vornimmt,
3. Gewässer schafft, verändert oder beseitigt,
4. Moore, Sümpfe, Brüche oder sonstige Feuchtgebiete entwässert,
5. Wald rodet,
6. Tiere einer im Sinne des Bundesnaturschutzgesetzes besonders geschützten Art tötet, fängt, diesen nachstellt oder deren Gelege ganz oder teilweise zerstört oder entfernt,
7. Pflanzen einer im Sinne des Bundesnaturschutzgesetzes besonders geschützten Art beschädigt oder entfernt oder
8. ein Gebäude errichtet

und dadurch den jeweiligen Schutzzweck nicht unerheblich beeinträchtigt, wird mit Freiheitsstrafe bis zu fünf Jahren oder mit Geldstrafe bestraft.

(4) Handelt der Täter fahrlässig, so ist die Strafe
1. in den Fällen der Absätze 1 und 2 Freiheitsstrafe bis zu zwei Jahren oder Geldstrafe,
2. in den Fällen des Absatzes 3 Freiheitsstrafe bis zu drei Jahren oder Geldstrafe.

1 1. Die Vorschrift dient dem **Schutz von Gebieten, die durch schädliche Umwelteinwirkungen in besonderem Maße beeinträchtigt** werden können (BT-Dr 12/192 S 25; krit für Abs 3 Zieschang, Die Gefährdungsdelikte, 1998, S 247: Erhaltung des besonderen Natur- und Landschaftsbestandes in [Natur-]Schutzgebieten). Da es auf eine Umweltgefährdung oder -schädigung nicht ankommt, ist die Tat **abstraktes Gefährdungsdelikt** (32 vor § 13; ebenso Horn SK 2; aM für Abs 3 Zieschang aaO S 257: potenzielles Gefährdungsdelikt mit konkret gefährlichem Zustand; ebenso Sch/Sch-Eser/Heine 35; Steindorf LK 1: Verletzungsdelikt).

2 2. **Übereinstimmende Voraussetzung** aller Tatbestände ist **verwaltungsrechtlich unzulässiges Handeln**; erforderlich ist die Zuwiderhandlung gegen eine speziell zum Schutz des jeweils betroffenen Gebietes erlassene Rechtsvorschrift oder gegen einen darauf beruhenden vollziehbaren Verwaltungsakt (dazu 4–10 zu § 325). Im Einzelnen:

Gefährdung schutzbedürftiger Gebiete **§ 329**

a) **Abs 1: Ermächtigung** der Landesregierungen zum Erlass von Rechtsverordnungen nach Satz 1 in § 49 I, II BImSchG. – Rechtsverordnungen für Gebiete, die eines besonderen Schutzes gegen Immissionen bedürfen, fehlen noch. – Die Smog-Verordnungen einiger Bundesländer sind größtenteils aufgehoben (Rengier, Kohlmann-FS, S 225, 237). 3

b) **Abs 2: Wasserschutzgebiet** § 19 WHG. **Heilquellenschutzgebiete** bestimmen sich nach Landesrecht (Nachw bei Czychowski WHG 111–116 zu § 19 WHG). Soweit landesrechtliche Vorschriften nur das Errichten von Anlagen untersagen, deckt das Verbot auch das daraus folgende, allein tatbestandsmäßige Betreiben (BT-Dr 8/2382 S 21). Die ergänzte **Nr 2** knüpft an neuere Schutzanordnungen der Länder an, die auch den Transport wassergefährdender Stoffe in dem geschützten Gebiet untersagen (BT-Dr 12/192 S 26). – Im Gegensatz zu Abs 2 aF wird auch der Verstoß gegen eine Untersagungsverfügung erfasst, sofern sie nur auch das Ziel des Gebietsschutzes vor gefährlichen Eingriffen verfolgt; dies kann bei Verfügungen auf der Grundlage zB der §§ 19e II S 5, 35 II WHG der Fall sein (BT-Dr 12/192 S 25). 4

c) **Abs 3: Naturschutzgebiet** § 23 BNatSchG. **Als Naturschutzgebiet einstweilig sichergestellte Fläche** § 22 III Nr 1 BNatSchG. **Nationalpark** § 24 BNatSchG. Landschaftsschutzgebiete, Naturparke und geschützte Landschaftsbestandteile im Sinne der §§ 26, 27, 29 BNatSchG werden nicht erfasst. – **Eingriffe** in die geschützten Gebiete sind in den landesrechtlichen Nachfolgegesetzen des RNatSchG (den Naturschutz- oder Landschaftspflegegesetzen) oder in darauf beruhenden Rechtsverordnungen (Nachw bei Göhler [Lexikon] 552) in unterschiedlichem Umfang untersagt oder können auf deren Grundlage im Einzelfall durch Verwaltungsakt untersagt werden. Abs 3 erfasst von diesen, den landesrechtlichen Schutzvorschriften widersprechenden Eingriffen diejenigen **einheitlich**, die typischerweise die geschützten Gebiete gefährden können (BT-Dr 8/2382 S 22). 5

3. Zu den Tathandlungen: 6

a) **Abs 1: Betreiben einer Anlage** 2 zu § 325; jedoch kommen hier wegen der Beschränkung auf Rechtsverordnungen nach § 49 BImSchG nur solche nach § 3 V aaO in Frage (BT-Dr 8/3633 S 31). Errichten der Anlage genügt nicht (dazu § 62 I Nr 8 BImSchG). Zum Ausschluss der Verkehrsfahrzeuge 2 zu § 325.

b) **Abs 2: Betreiben von Anlagen** (Nr 1, 2) 2 zu § 325; ergänzend Bay JR 95, 36 mit Anm Sack. – **Betriebliche Anlagen** (Nr 1) sind solche, die nicht lediglich dem Privatgebrauch, sondern einem Betrieb (15 zu § 11) dienen, also auch einem öffentlichen Unternehmen (S 2) oder einem nichtgewerblichen Betrieb, etwa einer Arztpraxis (Czychowski ZfW 80, 205, 209). – **Anlagen zum Umgang mit wassergefährdenden Stoffen** (Nr 1) § 19g I WHG (vgl Steindorf LK 20–22 c); dabei sind hier nach § 19g V WHG unter wassergefährdenden Stoffen solche zu verstehen, die geeignet sind, nachhaltig, dh in erheblichem Umfang und für längere Dauer, die Beschaffenheit des Wassers nachteilig zu verändern (weiter Ransiek NK 4; beachte auch die Lagerverordnungen der Länder, Nachw bei Göhler [Lexikon] 904 D; 4, 5 zu § 324). – **Rohrleitungsanlagen zum Befördern wassergefährdender Stoffe** (Nr 2 Alt 1) § 19a WHG. – **Befördern** wassergefährdender **Stoffe** (Nr 2 Alt 2; krit zur mangelnden Bestimmtheit Steindorf LK 28 a) erfasst den Transport zB in Tanklastzügen (BT-Dr 12/192 S 26). – **Abbau von festen Stoffen** (Nr 3) wird nur im Rahmen eines Gewerbebetriebs (nicht jedes Betriebs, auch nicht eines öffentlichen Unternehmens; zw) erfasst (Ransiek NK 7; zu den Gründen der Beschränkung BT-Dr 8/2382 S 21; krit Steindorf LK 31). – Die Beschränkung der Tathandlungen auf innerhalb des Gebietes vorgenommene Handlungen ist durch die Neufassung entfallen, so dass auch 7

§ 330 BT. 29. Abschnitt. Straftaten gegen die Umwelt

Einwirkungen von außerhalb in das Schutzgebiet erfasst sind (BT-Dr 12/192 S 25).

8 c) **Abs 3:** Naturschutzgebiete, Nationalparks §§ 23, 24 BNatSchG (näher Steindorf LK 34–36). Der **Katalog der Eingriffe** (Nr 1–8) **ist abschließend** (näher Ransiek NK 8–15). Erforderlich ist ferner eine **nicht unerhebliche Beeinträchtigung des jeweiligen Schutzzweckes** im Sinne von § 22 II BNatSchG, der durch die Schutzanordnungen der Länder (Nachw bei Göhler [Lexikon] 552 II C) präzisiert wird; die Beeinträchtigung darf nicht nur eine vorübergehende Störung sein, sondern muss eine gewisse Intensität aufweisen, die das Eintreten konkreter Gefahren für die in der Schutzanordnung näher beschriebenen Güter wahrscheinlich macht (BT-Dr 12/192 S 27; eingehend Zieschang aaO [vgl 1] S 247; krit unter Artenschutzgesichtspunkten Gütschow, Der Artenschutz im Umweltstrafrecht, 1998, S 82). – Abs 3 nF erfasst auch Einwirkungen von außerhalb in das geschützte Gebiet (zB durch ein am Rande des Naturschutzgebietes errichtetes Gebäude, das dessen Grundwasserspiegel senkt).

9 4. Für den **Vorsatz** (bedingter genügt) und die **Fahrlässigkeit** (Abs 4) gelten die Ausführungen unter 16 zu § 325 sinngemäß. Bei der Zuwiderhandlung gegen eine Rechtsvorschrift (vgl 2) muss der Vorsatz die Merkmale der VO, zB das Vorliegen einer austauscharmen Wetterlage, umfassen (nach Ransiek NK 16 auch die verwaltungsrechtliche Normwidrigkeit), nicht dagegen die Existenz der VO (Koch/Scheuing-Weber 92 vor § 62 BImSchG mwN).

10 5. Besonders schwere Fälle § 330.

11 6. **Tateinheit** ua möglich zwischen Abs 1 und §§ 325, 327 II, zwischen Abs 2 und §§ 324, 326 I, 327 II sowie zwischen Abs 3 und § 324.

12 7. Einziehung (in den Fällen der Abs 1, 2 oder 3, letzterer auch iVm Abs 4) § 330 c.

§ 330 Besonders schwerer Fall einer Umweltstraftat

(1) **In besonders schweren Fällen wird eine vorsätzliche Tat nach den §§ 324 bis 329 mit Freiheitsstrafe von sechs Monaten bis zu zehn Jahren bestraft. Ein besonders schwerer Fall liegt in der Regel vor, wenn der Täter**
1. **ein Gewässer, den Boden oder ein Schutzgebiet im Sinne des § 329 Abs. 3 derart beeinträchtigt, daß die Beeinträchtigung nicht, nur mit außerordentlichem Aufwand oder erst nach längerer Zeit beseitigt werden kann,**
2. **die öffentliche Wasserversorgung gefährdet,**
3. **einen Bestand von Tieren oder Pflanzen der vom Aussterben bedrohten Arten nachhaltig schädigt oder**
4. **aus Gewinnsucht handelt.**

(2) **Wer durch eine vorsätzliche Tat nach den §§ 324 bis 329**
1. **einen anderen Menschen in die Gefahr des Todes oder einer schweren Gesundheitsschädigung oder eine große Zahl von Menschen in die Gefahr einer Gesundheitsschädigung bringt oder**
2. **den Tod eines anderen Menschen verursacht,**
wird in den Fällen der Nummer 1 mit Freiheitsstrafe von einem Jahr bis zu zehn Jahren, in den Fällen der Nummer 2 mit Freiheitsstrafe nicht unter drei Jahren bestraft, wenn die Tat nicht in § 330 a Abs. 1 bis 3 mit Strafe bedroht ist.

Besonders schwerer Fall einer Umweltstraftat **§ 330**

(3) **In minder schweren Fällen des Absatzes 2 Nr. 1 ist auf Freiheitsstrafe von sechs Monaten bis zu fünf Jahren, in minder schweren Fällen des Absatzes 2 Nr. 2 auf Freiheitsstrafe von einem Jahr bis zu zehn Jahren zu erkennen.**

Fassung des 6. StrRG (13 vor § 1).

1. Die auf dem 31. StÄG (6a vor § 324) beruhende grundlegende Umgestaltung des § 330 hat die in ihrer Struktur unübersichtliche und auch nicht widerspruchsfreie Vorschrift über „Schwere Umweltgefährdung" durch eine übersichtlichere und elastische Lösung ersetzt, die keine Erfolgsqualifizierungen (mit Ausnahme von Abs 2 Nr 2; unten 7) und selbstständige Tatbestände, sondern nur die Bildung einer erhöhten Strafrahmenstufe in besonders schweren Fällen einer Umweltstraftat vorsieht. – Zur Regelbeispieltechnik 11–21 zu § 46. Das 6. StrRG hat die bisherigen Regelbeispiele Nr 1, 2 in Qualifikationstatbestände (Abs 2 Nr 1, 2) umgestaltet (BT-Dr 13/9064 S 23).   1

2. **Die Regelbeispiele (Abs 1 S 2):** Alle Regelbeispiele setzen vorsätzliche Begehung voraus (hM; vgl etwa Ransiek NK 9, 10; diff Koch/Scheuing-Weber 15, 19, 24).   2

a) **Nr 1: Beeinträchtigung,** dh nachteilige Veränderung (für Gewässer vgl 4, 5 zu § 324) der genannten Umweltschutzobjekte; **Gewässer** 2 zu § 324, **Boden** 2 zu § 324a, **Schutzgebiet** im Sinne des § 329 III (dort 5). Mit der Einschränkung auf **nicht, nur mit außerordentlichem Aufwand oder erst nach längerer Zeit behebbare** Beeinträchtigungen sollen nur besonders schwerwiegende Beeinträchtigungen erfasst werden (für enge Auslegung deshalb Koch/Scheuing-Weber 14). Ein unbenannter besonders schwerer Fall kann vorliegen, wenn Gewässer oder der Boden so beeinträchtigt sind, dass sie auf längere Zeit nicht mehr wie bisher oder geplant genutzt werden können (BT-Dr 12/192 S 28; Möhrenschlager NStZ 94, 566, 568; vgl § 330 II Nr 1 aF).

b) **Nr 2: Gefährdung der öffentlichen Wasserversorgung,** dh die ständige Versorgung anderer mit Trink- oder Brauchwasser in einem bestimmten Versorgungsgebiet, also nicht die private oder betriebliche Eigenversorgung (Steindorf LK 16).   3

c) **Nr 3: Nachhaltige Schädigung eines Bestandes von Tieren oder Pflanzen der vom Aussterben bedrohten Arten** im Sinne von § 20e I S 2, III S 2 BNatSchG aF, § 1 BArtSchV (Nachw bei Göhler [Lexikon] 552 I C); eine Anpassung an den neuen, strengeren § 10 II Nr 11 BNatSchG (bei Göhler [Lexikon] 552 I A) muss der Gesetzgeber vornehmen (Stegmann, Artenschutz-Strafrecht, 2000, S 152); Bestand 6a zu § 326.   4

d) **Nr 4: Handeln aus Gewinnsucht** 6 zu § 236.   5

3. **Qualifikationstatbestände (Abs 2 Nr 1, 2): a) Nr 1: Tod** 4 vor § 211. **Schwere Gesundheitsschädigung** setzt keine schwere Körperverletzung (§ 226) voraus, sondern liegt etwa auch vor bei der Gefahr des Eintritts einer langwierigen ernsten Krankheit oder der Gefahr der erheblichen Beeinträchtigung der Arbeitskraft für eine lange Zeit (BT-Dr 12/192 S 28). Die **große Zahl** erfordert weniger Menschen als die in § 309 (dort 5) vorausgesetzte unübersehbare Zahl (enger Pünder Jura 01, 588, 591 und Sch/Sch-Cramer/Heine 9a: 20 Personen); in diesem Fall reicht die Verursachung der Gefahr einer einfachen Gesundheitsschädigung (5 zu § 223). Zur konkreten Gefahr 21, 22 zu § 315c; zu ihrer Verursachung 27 zu § 315c; zum erforderlichen Gefährdungsvorsatz 28 zu § 15.   6

b) **Nr. 2: Todeserfolgsqualifikation** 2–4, 8 zu § 18; es reicht fahrlässige Verursachung (ebenso Koch/Scheuing-Weber 32); zum möglichen erfolgsqualifizier-   7

§ 330a
BT. 29. Abschnitt. Straftaten gegen die Umwelt

ten Versuch iVm § 326 II Hardtung, Versuch und Rücktritt bei den Teilvorsatzdelikten des § 11 Abs 2 StGB, 2002, S 167.

8 4. Zu **Abs 3** (minder schwere Fälle) 7–10 a zu § 46; 4 zu § 12.

9 5. **Tateinheit** ua möglich mit §§ 211 ff, 223 ff, 303, 314, 330 a. Zwischen den in Satz 1 genannten Grundtatbeständen und § 330 gibt es bei Handlungseinheit **keine Konkurrenz** (18 zu § 46). § 27 ChemG tritt kraft ausdrücklicher Anordnung in Abs 6 hinter § 330 als subsidiär zurück.

10 6. Tätige Reue ist in § 330 b für die Fälle des § 330 **nicht** mehr vorgesehen.
Schwere Gefährdung durch Freisetzen von Giften

§ 330 a Schwere Gefährdung durch Freisetzen von Giften

(1) **Wer Stoffe, die Gifte enthalten oder hervorbringen können, verbreitet oder freisetzt und dadurch die Gefahr des Todes oder einer schweren Gesundheitsschädigung eines anderen Menschen oder die Gefahr einer Gesundheitsschädigung einer großen Zahl von Menschen verursacht, wird mit Freiheitsstrafe von einem Jahr bis zu zehn Jahren bestraft.**

(2) **Verursacht der Täter durch die Tat den Tod eines anderen Menschen, so ist die Strafe Freiheitsstrafe nicht unter drei Jahren.**

(3) **In minder schweren Fällen des Absatzes 1 ist auf Freiheitsstrafe von sechs Monaten bis zu fünf Jahren, in minder schweren Fällen des Absatzes 2 auf Freiheitsstrafe von einem Jahr bis zu zehn Jahren zu erkennen.**

(4) **Wer in den Fällen des Absatzes 1 die Gefahr fahrlässig verursacht, wird mit Freiheitsstrafe bis zu fünf Jahren oder mit Geldstrafe bestraft.**

(5) **Wer in den Fällen des Absatzes 1 leichtfertig handelt und die Gefahr fahrlässig verursacht, wird mit Freiheitsstrafe bis zu drei Jahren oder mit Geldstrafe bestraft.**

Fassung: Das 6. StrRG (13 vor § 1) hat Abs 1 technisch geändert, die Abs 2 und 3 neu eingefügt, den überflüssigen Abs 2 aF (Versuchsstrafbarkeit) gestrichen und die bisherigen Abs 3 und 4 in Abs 4 und 5 umnummeriert.

1 1. Die Vorschrift enthält einen auf das Freisetzen von Giften beschränkten Tatbestand allgemeiner **Lebensgefährdung**. Die Tat ist **konkretes Gefährdungsdelikt** (32 vor § 13; Kindhäuser, Helmrich-FS, S 967, 981; Wisuschil ZRP 98, 61, 63; Michalke 413). Die Vorschrift nach der Änderung von Abs 1 Verbrechen, der Versuch also strafbar und § 30 anwendbar.

2 2. **Stoffe, die Gifte** (enger als in § 224 Nr 1 wird Eignung zur Gesundheitszerstörung verlangt; zur Maßgeblichkeit dieser engen Auslegung BT-Dr 12/192 S 28; ebenso Koch/Scheuing-Weber 7 a und Ransiek NK 2) **enthalten** oder **hervorbringen**, dh Stoffe, die erst durch den Kontakt mit den Umweltmedien auf Grund chemischer Reaktionen giftig werden (Möhrenschlager NStZ 94, 566, 568; Steindorf LK 4); nicht zB Asbest (Kuchenbauer NJW 97, 2009, 2011).

3 3. **Verbreiten und Freisetzen,** untereinander nicht abgrenzbare Begriffe (aM Steindorf LK 5 mwN), setzen voraus, dass durch positives Tun oder Geschehenlassen in Garantenstellung (6 zu § 13; LG Frankfurt ZUR 94, 33, 37; Sch/Sch-Cramer/Heine 6) eine Lage geschaffen wird, in der sich Gift ganz oder wenigstens zum Teil unkontrollierbar in der Umwelt ausbreiten kann (LG Frankfurt ZUR 94, 33, 37 mit Anm Schulz ZUR 94, 26, 29; Joecks 2; Sch/Sch-Cramer/Heine 4; enger noch LG Frankfurt NStZ 90, 592; nach Hilgendorf, Strafrechtliche Produzentenhaftung in der „Risikogesellschaft", 1993, S 169, reicht es, dass die freigesetzten Gifte „fast jeder Einwirkungsmöglichkeit" der Verantwortlichen entzogen waren).

Tätige Reue **§ 330b**

Die Handlungsmodalität ist unerheblich; in Frage kommen daher nicht nur Einbringen giftiger Stoffe in Gewässer, Ablassen giftiger Dämpfe in die Luft, Versprühen oder Ausstreuen von Giftstoffen zur Schädlingsbekämpfung, sondern auch sachwidriges Lagern, Beseitigen (beachte auch § 326 I Nr 1) oder sogar bloßes Liegenlassen von Gift. Auslegen eines Rattenköders scheidet wegen der Kontrollierbarkeit des Vorgangs idR aus (BT-Dr 8/2382 S 26; s jedoch Ransiek NK 4); dagegen soll das Vergiften von Lebensmitteln erfasst sein (BT-Dr 12/192 S 28). Für eine Erfassung des ungeschützten Sexualverkehrs eines HIV-Infizierten Wisuschil ZRP 98, 61.

4. Zu der als **Folge** der Tathandlung erforderlichen **konkreten Gefahr** 21, 22 zu § 315 c; 3 zu § 250. Zur schweren Gesundheitsschädigung und zur Gesundheitsschädigung einer großen Zahl von Menschen 2, 3 zu § 330. **4**

5. Abs 1 erfordert für Tathandlung und Gefährdung **Vorsatz** (bedingter genügt). **Abs 4** lässt nur für die Gefährdung **Fahrlässigkeit** (35 zu § 15) genügen (LG Frankfurt ZUR 94, 33, 37), ändert also am Vorsatzerfordernis für die Tathandlung nichts (krit Laufhütte DRiZ 89, 337, 339); dagegen verlangt **Abs 5** für die Tathandlung Leichtfertigkeit (55 zu § 15). Zur Behandlung dieser Vorsatz-Fahrlässigkeitskombination als Vorsatztat 23–25 zu § 11; 1 zu § 23; 7 zu § 26. **5**

6. Zur Todeserfolgsqualifikation im neuen Abs 2 vgl 2–4, 8 zu § 18; „durch die Tat" meint die grunddeliktische Leib- und Lebensgefahr (Hardtung, Versuch und Rücktritt bei den Teilvorsatzdelikten des § 11 Abs 2 StGB, 2002, S 65). – Zu **Abs 3** (minder schwere Fälle der Abs 1 und 2) 7–10a zu § 46; 4 zu § 12. **6**

7. Behördliche Erlaubnis (25 vor § 32) scheidet als Rechtfertigungsgrund aus, weil die vorausgesetzte schwere Gefährdung nicht erlaubnisfähig ist und daher auch nicht durch die Erlaubnis zur Verursachung von Immissionen gedeckt werden kann (BT-Dr 8/2382 S 25; Dölling JZ 85, 461, 469; Bloy ZStW 100, 485, 501; str); die Einwilligung des allein Gefährdeten kann die Tat rechtfertigen (Koch/Scheuing-Weber 18 mwN); rechtfertigender Notstand kommt mangels Angemessenheit regelmäßig nicht in Betracht (Ransiek NK 7). **7**

8. Tateinheit ua möglich mit §§ 211, 212, 222, 223 ff, 229, 324 ff. Hinter § 314 tritt die Vorschrift zurück (Laufhütte/Möhrenschlager ZStW 92, 912, 935; Hilgendorf aaO [vgl 3] S 170; Ransiek NK 11). § 27 ChemG tritt kraft ausdrücklicher Anordnung in Abs 6 hinter § 330a als subsidiär zurück. **8**

9. Tätige Reue (in den Fällen der Abs 1 bis 4 sowie weitergehend in den Fällen des Abs 5) § 330b. **9**

§ 330b Tätige Reue

(1) Das Gericht kann in den Fällen des § 325a Abs. 2, des § 326 Abs. 1 bis 3, des § 328 Abs. 1 bis 3 und des § 330a Abs. 1, 3 und 4 die Strafe nach seinem Ermessen mildern (§ 49 Abs. 2) oder von Strafe nach diesen Vorschriften absehen, wenn der Täter freiwillig die Gefahr abwendet oder den von ihm verursachten Zustand beseitigt, bevor ein erheblicher Schaden entsteht. Unter denselben Voraussetzungen wird der Täter nicht nach § 325a Abs. 3 Nr. 2, § 326 Abs. 5, § 328 Abs. 5 und § 330a Abs. 5 bestraft.

(2) Wird ohne Zutun des Täters die Gefahr abgewendet oder der rechtswidrig verursachte Zustand beseitigt, so genügt sein freiwilliges und ernsthaftes Bemühen, dieses Ziel zu erreichen.

Fassung: Technische Änderung durch das 6. StrRG (13 vor § 1) und das AusführungsG Nuklearversuche (Fassungshinweis bei § 328).

1. Allgemein zur **tätigen Reue** 29 zu § 24. **1**

§§ 330c, 330d BT. 29. Abschnitt. Straftaten gegen die Umwelt

2 2. Die Vorschrift gilt nach **Abs 1 S 1** nicht nur für die konkreten Gefährdungstatbestände der §§ 325a II, 328 III und 330a, sondern erfasst auch die abstrakten Gefährdungsdelikte der §§ 326, 328 I, II (Möhrenschlager NStZ 94, 566, 568). Abzuwenden (dazu 3 zu § 314a) ist in den ersteren Fällen die bereits eingetretene, in den Tatbeständen als Erfolg beschriebene Gefahr; wird schon der Eintritt der konkreten Gefahr verhindert, so kommt Versuch mit Rücktritt nach § 24 in Frage (ebenso Sch/Sch-Cramer/Heine 4). In den letzteren Fällen ist der abstrakte Gefahrenzustand bzw der gefahrenträchtige Zustand abzuwenden; dies kann zB dadurch geschehen, dass der unbefugt abgelagerte gefährliche Abfall (§ 326) durch den Täter oder ein von ihm beauftragtes Unternehmen ordnungsgemäß beseitigt wird. In allen Fällen darf noch kein erheblicher Schaden wie zB eine Verunreinigung der Umweltmedien oder Gesundheitsschäden eingetreten sein (Ransiek NK 4). Ein weitere Schäden verhinderndes Handeln des Täters nach diesem Zeitpunkt kann bei der Strafzumessung berücksichtigt werden. – **Abs 1 S 2** regelt die tätige Reue bei fahrlässigen Handlungen, die zu Gefährdungen führen, mit der im Vergleich zu Satz 1, der nur eine fakultative Strafaufhebung in der Form des Absehens von Strafe und eine fakultative Strafmilderung nach Ermessen gewährt, weitergehenden Rechtsfolge der obligatorischen Nichtstrafbarkeit.

3 3. Die tätige Reue schließt Bestrafung nach anderen Vorschriften nicht aus (23 zu § 24).

§ 330c Einziehung

Ist eine Straftat nach den §§ 326, 327 Abs. 1 oder 2, §§ 328, 329 Abs. 1, 2 oder 3, dieser auch in Verbindung mit Abs. 4, begangen worden, so können

1. **Gegenstände, die durch die Tat hervorgebracht oder zu ihrer Begehung oder Vorbereitung gebraucht worden oder bestimmt gewesen sind, und**
2. **Gegenstände, auf die sich die Tat bezieht,**

eingezogen werden. § 74a ist anzuwenden.

1 1. § 330c ist eine besondere Vorschrift im Sinne des § 74 IV, welche die **Einziehung** über § 74 I hinaus zulässt. Die Voraussetzungen des § 74 II, III müssen daher erfüllt sein. **Satz 1 Nr 1** erweitert die Einziehung von Tatprodukten und Tatmitteln auf Fahrlässigkeitstaten (zB § 326 V); ebenso **Satz 1 Nr 2** (zB bei § 329 IV), der außerdem als Beziehungsgegenstände weitere Anlagen und andere gefährliche Stoffe als das bisherige Recht erfasst (BT-Dr 12/192 S 30). **Satz 2** erklärt § 74a für anwendbar, so dass Sachen in täterfremdem Eigentum wie zB angemietete oder geleaste Tatwerkzeuge oder Anlagen erfasst sind (Schall/Schreibauer NuR 96, 440, 442).

2 2. Im Übrigen vgl §§ 74–74c, 74e–76a. – Zu den Möglichkeiten der Gewinnabschöpfung (Verfall, §§ 73ff) im Umweltstrafrecht Franzheim wistra 86, 253.

§ 330d Begriffsbestimmungen

Im Sinne dieses Abschnitts ist

1. **ein Gewässer:**
   ein oberirdisches Gewässer, das Grundwasser und das Meer;
2. **eine kerntechnische Anlage:**
   eine Anlage zur Erzeugung oder zur Bearbeitung oder Verarbeitung oder zur Spaltung von Kernbrennstoffen oder zur Aufarbeitung bestrahlter Kernbrennstoffe;

Begriffsbestimmungen § 330d

3. ein gefährliches Gut:
   ein Gut im Sinne des Gesetzes über die Beförderung gefährlicher Güter und einer darauf beruhenden Rechtsverordnung und im Sinne der Rechtsvorschriften über die internationale Beförderung gefährlicher Güter im jeweiligen Anwendungsbereich;
4. eine verwaltungsrechtliche Pflicht:
   eine Pflicht, die sich aus
   a) einer Rechtsvorschrift,
   b) einer gerichtlichen Entscheidung,
   c) einem vollziehbaren Verwaltungsakt,
   d) einer vollziehbaren Auflage oder
   e) einem öffentlich-rechtlichen Vertrag, soweit die Pflicht auch durch Verwaltungsakt hätte auferlegt werden können,
   ergibt und dem Schutz vor Gefahren oder schädlichen Einwirkungen auf die Umwelt, insbesondere auf Menschen, Tiere oder Pflanzen, Gewässer, die Luft oder den Boden, dient;
5. ein Handeln ohne Genehmigung, Planfeststellung oder sonstige Zulassung:
   auch ein Handeln auf Grund einer durch Drohung, Bestechung oder Kollusion erwirkten oder durch unrichtige oder unvollständige Angaben erschlichenen Genehmigung, Planfeststellung oder sonstigen Zulassung.

1. Nr 1 (Gewässer) 2 zu § 324 und 6 zu § 326; (Meer) 2a zu § 324 und 3 zu § 5.

2. Nr 2: Zu der Begriffsbestimmung beachte § 7 AtG; BT-Dr III/759 S 22.

3. Nr 3: (Gefährliches Gut) 3 zu § 328.

4. Nr 4 enthält eine Rahmenregelung zur Klärung des Begriffs **„verwaltungsrechtliche Pflicht"** (6–10 zu § 325; krit Michalke, Verwaltungsrecht im Umweltstrafrecht, 2001, S 87, nach der diese „Rahmenregelung" hinsichtlich der konkreten Rechtsquelle und der strafbegründenden Pflicht nicht ausreichend bestimmt ist). Es geht immer um Pflichten, die dem Schutz vor schädlichen Einwirkungen auf die Umwelt dienen, doch kann der Schutzzweck der jeweiligen Umweltstraftat auf den Schutz vor Einwirkungen auf bestimmte Umweltmedien oder Rechtsgüter beschränkt sein (BT-Dr 12/192 S 31; weiter Sch/Sch-Cramer/Heine 20; krit Michalke aaO, die hierin eine „Ausweitung" der Rechtsquellen sieht, weil diese Schutzzwecke nahezu alle verwaltungsrechtlichen Gesetzes- und Regelungswerke verfolgen; sie verlangt deshalb eine Beschränkung auf solche „verwaltungsrechtliche Pflichten, die sich unmittelbar auf das jeweils für die betreffende Strafvorschrift spezifische Umweltverwaltungsgesetz stützen). Die Pflichten müssen hinreichend bestimmt umschrieben werden, wofür allgemeine Programmsätze nicht ausreichen (Möhrenschlager NStZ 94, 513, 515; Sch/Sch-Cramer/Heine 13).

5. Nr 5 stellt rechtsmissbräuchliche Handlungen einem Handeln **ohne Genehmigung, Planfeststellung** oder **sonstige Zulassung** gleich (10 zu § 324). Diese Regelung gilt nur für die im 29. Abschnitt des BT enthaltenen Straftaten gegen die Umwelt (Paetzold NStZ 96, 170; Wohlers JZ 01, 850, 856) sowie kraft ausdrücklicher Inbezugnahme für § 311 (dort 2); sie ist hinsichtlich der rechtsmissbräuchlichen Verhaltensweisen abschließend (Weber, Hirsch-FS, S 795, 799; Sch/Sch-Cramer/Heine 25). Soweit Genehmigungen anderer EU-Staaten ausreichen (vgl 8a zu § 326), gilt Nr 5 auch für diese (Breuer, Der Im- und Export von Abfällen innerhalb der Europäischen Union aus umweltstrafrechtlicher Sicht,

Vor § 331

1998, S 139; Sch/Sch-Lenckner/Heine 12 e zu § 326; diff für ausländische Genehmigungen allgemein Jünemann, Rechtsmissbrauch im Umweltstrafrecht, 1998, S 158). – Sonstige Zulassung erfordert das Vorliegen eines Verwaltungsaktes mit gestattender Wirkung, zB die Erlaubnis oder Bewilligung nach §§ 7, 8 WHG (Paetzold aaO).

30. Abschnitt. Straftaten im Amt

Vorbemerkung

1 1. Den Tatbeständen dieses Abschnitts liegen überwiegend, jedoch nicht ausschließlich (zB §§ 353 b II, 353 d, 356) Handlungen von **Amtsträgern** oder anderen amtsnahen Personen (3–17 zu § 11) zu Grunde (Rudolphi/Stein 3; zusf Geppert Jura 81, 42; Rspr-Übersicht bei Wagner JZ 87, 594, 658, 705; krit Dedes, Lackner-FS, S 787); Überlegungen zu einem allgemeinen Korruptionstatbestand Volk, Zipf-GS, S 419, 424.

2 2. Das **eigentliche Amtsdelikt** (zB §§ 331, 332, 343–345, 348) ist echtes Sonderdelikt (33 vor § 13); Heinrich, Der Amtsträgerbegriff im Strafrecht, 2001, S 183. **Täter** (auch Mittäter und mittelbarer Täter) kann daher nur die im Tatbestand genannte Amts- oder amtsnahe Person sein. Die Amtseigenschaft ist hier strafbegründendes besonderes persönliches Merkmal nach § 28 I (BGHSt 5, 75, 81; Heinrich aaO S 180; Hoyer SK 38 zu § 28), so dass Teilnahme (Anstiftung und Beihilfe) eines Nichtamtsträgers möglich, aber milder zu bestrafen ist (krit, im Ergebnis jedoch zust Langer, Das Sonderverbrechen, 1972, S 480; Meyer GA 79, 252, 269; Schmidhäuser Stub 10/38). – Beim **uneigentlichen Amtsdelikt** (unechtes Sonderdelikt; zB § 340) wirkt die Amtseigenschaft nur strafschärfend, so dass der Extraneus nach § 28 II aus dem Grundtatbestand (zB § 223) bestraft wird (hM; vgl etwa Rengier BT II 59/4; 1 zu § 28 mwN; krit Wagner, Amtsverbrechen, 1975, S 386; Rudolphi/Stein SK 23; s auch Hirsch ZStW 88, 752, 775, 780). – Die Amtsträgereigenschaft ist kein besonderes persönliches Merkmal nach § 14 I (dort 12; Lenckner ZStW 106, 502, 544). – Zur Frage, ob und unter welchen Voraussetzungen die **Einwilligung** des von der Tat Betroffenen rechtfertigende Wirkung hat, Wagner aaO S 354, 360; Amelung, Dünnebier-FS, S 487; eingehend Amelung, Die Einwilligung in die Beeinträchtigung eines Grundrechtsgutes, 1981, S 63, 70; Rudolphi/Stein SK 16–16 c).

3 3. Zur Eindämmung der grenzüberschreitenden Korruption ist außerhalb des StGB eine Ausdehnung der nationalen Strafvorschriften über Bestechlichkeit und Bestechung auf EU-Ebene durch die Gleichstellung von ausländischen mit inländischen Amtsträgern in Art 2 § 1 I EuBestG – Anh V 3 – vorgenommen worden (zur vorausgegangenen Bitte des BRates auf Prüfung einer solchen Ausdehnung BT-Dr 13/6424 S 8, die BReg stimmte dieser Prüfungsbitte zu, BT-Dr 13/6424 S 13; aus den Gesetzesmaterialien vgl den Gesetzentwurf der BReg BT-Dr 13/10424 S 6 und Beschlussempfehlung und Bericht des BT-Rechtsausschusses BT-Dr 13/10970 S 4). Eine weitere Ausdehnung ergibt sich auf internationaler Ebene durch Art 2 § 1 IntBestG – Anh V 2 – (aus den Gesetzesmaterialien vgl den Gesetzentwurf der BReg BT-Dr 13/10428 S 6 und Beschlussempfehlung und Bericht des BT-Rechtsausschusses BT-Dr 13/10973 S 4). Näher zu diesen beiden Strafbarkeitsausdehnungen Sch/Sch-Cramer 1 c, 1 d zu § 331; Gänßle NStZ 99, 543; Pelz WM 00, 1566, 1568; Volk, Zipf-GS, S 419, 428; Dölling ZStW 112, 334, 351; Eidam, Unternehmen und Strafe, 2. Aufl 2001, S 382; Zieschang NJW 99, 105 und 106, der die Einzelausgestaltung zT kritisiert, das gesetzgeberische Bemühen um Korruptionseindämmung aber begrüßt; ebenso Korte wistra 99, 81;

Vorteilsannahme **§ 331**

krit zur „Vorgehensweise" Heinrich, Keller-GS, S 103, 118; krit auch Braum, Europäische Strafgesetzlichkeit, 2003, S 517. – Zu Art 3 des Corpus Juris der strafrechtlichen Regelungen zum Schutz der finanziellen Interessen der EU s Otto Jura 00, 98, 101.

4. Zur Reform der Bestechungsdelikte §§ 331–335 a aF, jetzt §§ 331–338 **4** durch das KorrBG vgl 1–3 vor § 298.

§ 331 Vorteilsannahme

(1) **Ein Amtsträger oder ein für den öffentlichen Dienst besonders Verpflichteter, der für die Dienstausübung einen Vorteil für sich oder einen Dritten fordert, sich versprechen läßt oder annimmt, wird mit Freiheitsstrafe bis zu drei Jahren oder mit Geldstrafe bestraft.**

(2) **Ein Richter oder Schiedsrichter, der einen Vorteil für sich oder einen Dritten als Gegenleistung dafür fordert, sich versprechen läßt oder annimmt, daß er eine richterliche Handlung vorgenommen hat oder künftig vornehme, wird mit Freiheitsstrafe bis zu fünf Jahren oder mit Geldstrafe bestraft. Der Versuch ist strafbar.**

(3) **Die Tat ist nicht nach Absatz 1 strafbar, wenn der Täter einen nicht von ihm geforderten Vorteil sich versprechen läßt oder annimmt und die zuständige Behörde im Rahmen ihrer Befugnisse entweder die Annahme vorher genehmigt hat oder der Täter unverzüglich bei ihr Anzeige erstattet und sie die Annahme genehmigt.**

Fassung des KorrBG (1 vor § 298).

1. Den Tatbeständen gegen Bestechlichkeit und Bestechung (§§ 331–335 a) **1** liegt ein **komplexes Rechtsgut** zu Grunde (str). Geschützt ist das **Vertrauen in die Unkäuflichkeit von Trägern staatlicher Funktionen und damit zugleich in die Sachlichkeit staatlicher Entscheidungen** (BGHSt 15, 88, 96; 30, 46, 48; 47, 295, 309; NStZ-RR 02, 272, 273; Hamm NStZ 02, 38; Stuttgart NJW 02, 228; Lenckner ZStW 106, 502, 539; Rengier BT II 60/7; Kindhäuser 1; Kuhlen NK 12; Jescheck LK 17 vor § 331; ähnlich Otto GK 2 99/1; str), allerdings nicht um seiner selbst willen, sondern um sicherzustellen, dass die Verfälschung des Staatswillens verhütet, die Lauterkeit der Amtsausübung gewährleistet und die Autorität staatlichen Handelns nicht erschüttert wird (W-Hettinger BT 1 Rdn 1106). Eine Reduzierung des Strafgrundes auf den einen oder anderen dieser Zwecke würde eine widerspruchsfreie Erklärung der Gesamtregelung in Frage stellen (zum Rechtsgut Dornseifer JZ 73, 267, 269; Loos, Welzel-FS, S 879; Sturm JZ 75, 6, 13; Dölling JuS 81, 570, 572 und 61. DJT, Bd I, Teil C S 50; Geerds JR 81, 301; Amelung, Dünnebier-FS, S 487, 505; Schönherr, Vorteilsgewährung und Bestechung als Wirtschaftsstraftaten, 1985, S 23, 286; Hardtung, Erlaubte Vorteilsannahme, 1994, S 40; Schlüchter, Geerds-FS, S 713; Haft NJW 95, 1113, 1115; Schwieger, Der Vorteilsbegriff in den Bestechungsdelikten des StGB, 1996, S 37, 90; Jaques, Die Bestechungstatbestände unter besonderer Berücksichtigung des Verhältnisses der §§ 331 ff StGB zu § 12 UWG, 1996, S 36, 63; Stächelin, Strafgesetzgebung im Verfassungsstaat, 1998, S 311; Heinrich, Der Amtsträgerbegriff im Strafrecht, 2001, S 253, 287, 307; Hefendehl, Kollektivrechtsgüter im Strafrecht, 2002, S 321; Kargl ZStW 114, 763, 782; Rudolphi/Stein SK 4, 5).

2. Täter nach Abs 1 kann nur ein Amtsträger (3–11 zu § 11; speziell zu Ge- **2** meinderatsmitgliedern Stuttgart NJW 03, 228; LG Köln NStZ-RR 03, 364; Dieters NStZ 03, 453; Marel StraFo 03, 259 und Bernsmann StV 03, 521, 525; s auch § 48 I WStG) oder ein für den öffentlichen Dienst besonders Verpflichteter (13–17 zu § 11) sein, Täter nach Abs 2 nur ein Richter (12 zu § 11) oder ein Schieds-

§ 331

richter, dh eine Person, die auf Grund eines Schiedsvertrages (§ 1025 ZPO) oder eines ihm gleichstehenden Begründungsaktes (§ 1048 ZPO) zur Entscheidung einer Rechtsstreitigkeit berufen ist, also nicht der Schiedsgutachter und der Schiedsmann (Jescheck LK 21). Die Tat ist eigentliches Amtsdelikt (2 vor § 331; Kuhlen NK 14). – Als **Vorteilsgeber** kommt jedermann, uU also auch ein Amtsträger (Frankfurt NJW 89, 847), in Frage. – Die Bestechungsvorschriften gelten auch unter Amtsträgern (Hamm NStZ 02, 38 mit Bespr Otto JK 6).

3   3. Tathandlungen nach Abs 1 sind das Fordern, Sichversprechenlassen oder Annehmen eines Vorteils für die Dienstausübung (Abs 1) als Gegenleistung für eine geschehene oder künftige richterliche Handlung (Abs 2) oder Dienstshandlung (§ 332 I; zur inneren Verknüpfung dieser Elemente Kuhlen NStZ 88, 433).

4   a) aa) Vorteil ist eine Zuwendung, auf die die Amtsperson oder der begünstigte Dritte (Otto GK 2 99/15; Kuhlen NK 35) keinen Rechtsanspruch hat (hM; vgl etwa Hardtung aaO [vgl 1] S 54; Kuhlen NK 49–54; Rudolphi/Stein SK 19, 22, 22 a; einschr Schwieger aaO [vgl 1] S 183, 214; krit Dornseifer JZ 73, 267 und Braum, Europäische Strafgesetzlichkeit, 2003, S 528; abl Satzger ZStW 115, 469, 475, der einen „naturalistischen" Vorteilsbegriff kreiert) und die ihre wirtschaftliche, rechtliche oder auch nur persönliche Lage objektiv messbar verbessert (hM; vgl etwa BGHSt 31, 264, 279; 35, 128, 133; 47, 295, 304; 48, 44, 49; NStZ-RR 98, 269; NStZ 00, 596, 599; NStZ 01, 425; Köln NStZ 02, 35; Küper BT S 407; Kindhäuser 6; Dölling aaO [vgl 1 Gutachten] S 66 und Schlüchter, Geerds-FS, S 713, 716 mit Kasuistik; einen rechtsgutsbezogenen Vorteilsbegriff entwickelt Schwieger aaO S 114, 157 und 214: Besserstellung, bei der der Eindruck entsteht, als habe der Amtsträger bei der Amtshandlung nicht mehr objektiv handeln können; vgl auch Jaques aaO [vgl 1] S 131). Ein solcher Vorteil kann schon im Abschluss eines (lukrativen Berater-)Vertrages liegen, der Zuwendungen an die Amtsperson zur Folge hat, und zwar selbst dann, wenn damit nur die vertragsmäßige (in der Vornahme von Dienstausübungen oder Diensthandlungen bestehende) Tätigkeit des Empfängers angemessen entgolten werden soll (BGHSt 31, 264, 279 mit krit Anm Dingeldey NStZ 84, 503, 505; Kuhlen NK 55). Beim Austausch von Leistungen, die nur zum Teil Dienstausübung oder Diensthandlungen sind, kann der Vorteil auch in dem Mehrwert des Empfangenen bestehen. Schließlich genügt die Vereinbarung eines Preisnachlasses unabhängig von der Angemessenheit der Gesamtleistung (NJW 01, 2558 mit abl Anm Kudlich JR 01, 516).

5   bb) Meist handelt es sich um **Geschenke**. Jedoch ist ein Vermögensvorteil nicht unbedingt erforderlich (NJW 59, 346; krit Braum aaO [vgl 4] S 527; str). Deshalb wird auch die Gewährung des Geschlechtsverkehrs und die Duldung sexueller Handlungen erfasst (NJW 89, 914; StV 94, 527; Hamm NStZ 02, 38 mit Bespr Otto JK 6; Gribl aaO [vgl 1] S 7; Schwieger aaO [vgl 1] S 174). Die flüchtige Zärtlichkeit genügt aber nicht (MDR 60, 63); nach der Rspr soll es auch nicht ausreichen, wenn lediglich ein Séparée in einer Bar als bloße Gelegenheit zu sexuellem Kontakt zur Verfügung gestellt wird (so NJW 89, 914; mit Recht abl Bottke JR 89, 432; Geppert JK § 332/4; anders jedoch bei bezahltem „Begleitservice" von Prostituierten (NStZ-RR 02, 272). Dagegen soll die Befriedigung des Ehrgeizes oder der Eitelkeit als Vorteil in Frage kommen (BGHSt 14, 123, 128; Zweibrücken JR 82, 381 mit Anm Geerds; Karlsruhe NStZ 01, 654 mit Bespr Otto JK 5; krit Analyse der Rspr bei Gribl aaO [vgl 1] S 9; krit auch Kargl ZStW 114, 763, 771, der auf die Erkennbarkeit der Zuwendung abstellen will), was im Hinblick auf das Erfordernis objektiver Messbarkeit der Besserstellung (vgl 4) Zweifel erweckt (Wagner JZ 87, 594, 602; Jescheck LK 9; Kuhlen NK 40–42; Rudolphi/Stein SK 21); zu Recht werden als Vorteil ausgeschieden die Verbesserung von Karrierechancen und die Steigerung wissenschaftlicher Reputation (BGHSt 47, 295, 304; zust Bernsmann StV 03, 521, 525); einbezogen aber sind objektiv mess-

Vorteilsannahme **§ 331**

bare Verbesserungen der persönlichen Wirkungsmöglichkeiten als Forscher (BGH aaO mit Bespr Ambos JZ 03, 345, 350 und Rönnau JuS 03, 232, 234). – Der Vorteil braucht ferner kein dauernder zu sein (BGHSt 15, 286) und nicht notwendig zu Lasten des Zuwendenden zu gehen; es genügt, dass aus dessen Verhalten dem Empfänger der Vorteil zukommt oder zukommen soll, zB: der Leihwagen; die Gewährung eines Darlehens (GA 59, 176); die Stundung einer Forderung (BGHSt 16, 40); die bezahlte Nebenbeschäftigung (BGHSt 18, 263); die Sicherung einer ungerechtfertigt günstigen beruflichen Situation (probl NJW 85, 2654, 2656 mit abl Bespr Marcelli NStZ 85, 500 und Wagner JZ 87, 594, 603; krit auch Kuhlen NK 38); die Einladung zu Kongressreisen (BGHSt 48, 44); die Finanzierung von Betriebs- und Weihnachtsfeiern (BGH aaO); die Überlassung und Reparatur von medizinischen Geräten (BGHSt 47, 295; 48, 44); die Gewährung aus dem Erlös einer Straftat, an welcher der Empfänger durch seine Dienstausübung oder Diensthandlung mitgewirkt hat (BGHSt 20, 1; NJW 87, 1340 mit Anm Letzgus NStZ 87, 309). Gleichzeitige Förderung dienstlicher Belange räumt den Vorteil nicht aus (Oldenburg NdsRpfl 50, 179; str). An ihm fehlt es jedoch, wenn der Täter sich einen Gewinn erst selbst aus der Dienstausübung oder Diensthandlung verschaffen will (BGHSt 1, 182; Karlsruhe und Otto, jeweils aaO; vgl jedoch StV 94, 186), wenn er zu einem Gelage vollwertig beisteuert (GA 67, 154) oder wenn er die Zuwendung nur als Mittel zur Ausführung der Diensthandlung erhält (Zweibrücken aaO; Kuhlen NK 82).

cc) Unter Geltung von § 331 aF musste der Vorteil nach hM stets die **Amtsperson selbst** besserstellen (vgl BGHSt 35, 128 mit Bespr Kuhlen NStZ 88, 433 und Tenckhoff JR 89, 33; Schlüchter, Geerds-FS, S 713, 719, anders Rudolphi NJW 82, 1417; Gribl aaO [vgl 1] S 14, 93). Die Zuwendung zu Gunsten eines Dritten, namentlich eines Angehörigen, genügte daher bisher nur, wenn sie der Amtsperson irgendwie, zumindest mittelbar zugute kam (BGH aaO; Düsseldorf NJW 87, 1213). Dies war bei Zuwendungen an die Ehefrau oder die Freundin regelmäßig wegen deren persönlichen Näheverhältnisses zum Amtsträger anzunehmen. Die Praxis sah sich aber zunehmender Beweisprobleme ausgesetzt, weil Zuwendungen vor allem durch die Vereinbarung von Spenden zu Gunsten politischer Parteien oder anderer Organisationen, denen der Amtsträger angehörte, verschleiert werden konnten (Schaupensteiner NStZ 96, 409, 411). Der Nachweis eines Vorteils hing von den Umständen und namentlich auch davon ab, welche Anforderungen an die objektive Messbarkeit der Besserstellung (vgl 4) gestellt wurden (grundsätzlich verneinend Kaiser NJW 81, 321; bejahend Scheu NJW 81, 1195; offengelassen in BGH aaO, der die eigenständige Verfügungsmöglichkeit des Amtsträgers über die zugewendeten Gelder als entscheidend ansah; s auch Dencker NStZ 82, 154; Rudolphi, Kuhlen und Tenckhoff aaO). – Nach der Neufassung ist nun auch der Vorteil für einen **Dritten** erfasst, weil auch in Fällen der Vorteilsannahme durch den Amtsträger für Dritte das geschützte Rechtsgut (s oben 1) verletzt wird (BT-Dr 13/5584, S 16; Dölling, aaO, Teil C S 67; Otto GK 2 99/17). Damit wird die Strafbarkeit von Zuwendungen klargestellt, bei denen dem Amtsträger kein mittelbar eigener Vorteil materieller oder immaterieller Art zugute kommt (BT-Dr 13/5584, S 9; Dölling, aaO; Korte NStZ 97, 513, 515; Kargl ZstW 114, 763, 769; Küper BT S 408; Rengier BT II 60/12; Rudolphi/Stein SK 23 a). Erfasst sind danach etwa Spenden an die Partei (LG Wuppertal NJW 04, 1405 mit Bespr Otto JK 8), wohl auch mäzenatisches Sponsoring (Satzger ZStW 115, 469, 472).

dd) Ausgelöst durch Verfahren im Zuge des sog Herzklappenskandals (exemplarisch NStZ 00, 90; dazu Lippert NJW 00, 1772 und Göben MedR 00, 194; s auch die „Zwischenbilanz" von Bernsmann StV 03, 521, die mit diesem „Skandal" beginnt; s auch Braum aaO [vgl 4] S 532) gerieten nach alter Rechtslage aber auch Vorgänge in den Verdacht korruptiver Praktiken, in denen die Zuwendun-

§ 331 BT. 30. Abschnitt. Straftaten im Amt

gen gerade dem Amt zugute kamen, welches der Amtsträger nach außen hin wahrnahm (einschr LG Hamburg StraFo 01, 27). Zur Begründung des eigenen persönlichen Nutzens des Amtsträgers wurde hier etwa auf erhöhte Karrierechancen und gesteigertes berufliches Ansehen abgestellt (vgl Karlsruhe NJW 01, 907; Hamburg StV 01, 284, 285; krit Zieschang StV 01, 290), was aber hinsichtlich der objektiven Messbarkeit dieser Vorteile zweifelhafte Kriterien waren. Die hierdurch aufgetretenen Rechtsunsicherheiten in all denjenigen Fällen, in denen es zu einer – teilweise sogar gesetzlich zwingend vorgeschriebenen (vgl MedizinprodukteG, AMG) – Kooperation der öffentlichen Hand mit der Privatwirtschaft kommt, verschärfen sich nunmehr durch die tatbestandliche Erweiterung auf Drittvorteile. Fragen ergeben sich insbesondere in der **Drittmittelforschung,** in der Finanzierung von Fortbildungsveranstaltungen und Kongressen, bei Sachzuwendungen seitens der medizintechnischen und pharmazeutischen Industrie (Hamburg StV 01, 277; Karlsruhe NJW 01, 907; Köln NStZ 02, 35; Lüderssen, Die Zusammenarbeit von Medizinprodukte-Industrie, Krankenhäusern und Ärzten – strafbare Kollusion oder sinnvolle Kooperation?, 1998; ders JZ 97, 112; Dauster NStZ 99, 63; Dölling Zeitschrift für Kardiologie 89, 803; Lippert aaO; Pfeiffer NJW 97, 782; Walter ZRP 99, 292; Zieschang WissR 32, 111; Bernsmann aaO; Diettrich/Jungeblodt, Schreiber-FS, S 1015; Ulsenheimer, Geilen-Sym, S 185), aber auch beim **Sponsoring** öffentlicher Einrichtungen (dazu Winkelbauer/Felsinger BWGZ 99, 291; Volk, Verhandlungen des 61. DJT, Bd II 1996, L 41 und 121; Winkelbauer/Felsinger/Dannecker, Gemeinnützig oder strafbar?, 2003; allgemein zum Sponsoring iwS Satzger ZStW 115, 469 [dazu s unten 10]) sowie beim Leistungsaustausch im Rahmen städtebaulicher Verträge (Grziwotz BauR 00, 1437); speziell zum Sponsoring in der Bundesverwaltung Schröder NJW 04, 1353 (vgl dazu auch die „Allgemeine Verwaltungsvorschrift zur Förderung von Tätigkeiten des Bundes durch Leistungen Privater, abgedruckt in NJW 04, 1367). In diesen Fällen sowie bei Opportunitätseinstellungen nach § 153a StPO (dazu Cramer wistra 99, 414) ist eine einschränkende Auslegung der §§ 331, 333 geboten. Diese muss verfassungsrechtliche (Art 5 III S 1 GG), steuerrechtliche und schließlich dienstrechtliche Wertungen mit der tatbestandlichen Reichweite der Bestechungsdelikte in Einklang bringen (vgl Sch/Sch-Cramer 53a–c). Als Anknüpfungspunkte auf der Ebene des Tatbestandes bieten sich der Begriff des Vorteils (Sozialadäquanz; dazu Schroth BT S 250; s unten 14) wie auch die Person des Dritten [„Privatperson" oder der Amtsträger selbst] an (LG Bonn StV 01, 292; Ostendorf NJW 99, 615; Braum aaO [vgl 4] S 529; Krey BT 1 Rdn 669b; dagegen Kuhlen NK 47, 48 und Rudolphi/Stein SK 23a), es wird aber auch eine übergesetzliche Rechtfertigung erwogen (Cramer, Roxin-FS, S 945 und in: Sch/Sch 53b).

6 b ee) Für die Praxis klärend und (bisher) zu vernünftigen Ergebnissen führend hat sich der BGH zu Recht für eine **Tatbestandslösung** entschieden, die aber nicht an einzelnen Tatbestandsmerkmalen ansetzt, sondern den Tatbestand im Hinblick auf das geschützte Rechtsgut (oben 1) für Fälle teleologisch reduziert bzw einschränkend auslegt, in denen der zur Drittmitteleinwerbung verpflichtete Amtsträger (zB Medizinprofessor und ärztlicher Direktor am Klinikum einer Universität) das im Hochschulrecht vorgeschriebene **Verfahren** einhält (BGHSt 47, 295 mit Bespr Michalke NJW 02, 3381, Ambos JZ 03, 345, Kindhäuser/Goy NStZ 03, 291, Korte NStZ 03, 157, Kuhlen JR 03, 231, Mansdörfer wistra 03, 211, Rönnau JuS 03, 232, Tholl wistra 03, 181, Verrel MedR 03, 319, 324, Wasserburg NStZ 03, 353, 358 und Otto JK 7; fortgeführt von BGHSt 48, 44 mit Bespr Otto JK 6 zu § 333; krit Bernsmann StV 03, 521, 522, der für eine tatbestandsausschließende Genehmigungslösung plädiert; krit auch Satzger ZStW 115, 469, 490, der eine gesetzliche Regelung fordert). Die damit geforderte Transparenz „im Wege von Anzeigen und Einholung von Genehmigungen auf hochschulrechtlicher Grundlage" begegnet dem „bösen Anschein möglicher ‚Käuflichkeit' von Amts-

Vorteilsannahme **§ 331**

trägern" (NStZ-RR 03, 171 mit Anm Tholl wistra 03, 464). Die so – allerdings nur für die Forschung an Hochschulen (krit W-Hettinger BT 1 Rdn 1112a) – erreichte Rechtssicherheit lässt ein weiter klärendes Eingreifen des Gesetzgebers vorerst verzichtbar erscheinen (vgl die Absage der Breg [BR-Dr 952/02] auf die Anfrage des BRates [BR-Dr 541-01]; zu den Möglichkeiten des Bundesgesetzgebers krit Schmidt/Güntner NJW 04, 471, 474; für eine Ergänzung von § 331, die eine Vorteilsannahme ausschließt, wenn der Vorteil dienst- bzw hochschulrechtlich erlaubt ist, Tag JR 04, 50, 57; zu weiteren, auch europarechtlichen Gesetzesinitiativen Laufs NJW 02, 1770). – Eine enstprechende einschränkende Auslegung wird erwogen, wenn bei der Annahme von Spenden für eine Partei (oben 6) die im Parteiengesetz vorgeschriebenen Regelungen eingehalten werden (LG Wuppertal NJW 04, 1405 mit zust Bespr Otto JK 8: „Legitimation tatbestandsmäßigen Verhaltens durch Verfahren"). – An ihre Grenzen wird diese Verfahrenslösung kommen, wenn sie auch bei grob sachwidriger Verknüpfung zur Verneinung des Tatbestandes führt. Auch die (blinde) Anbindung an außerstrafrechtliche Regelungen wie Hochschulgesetze oder Parteiengesetz, aber auch an das Steuerrecht (Dannecker, in: Winkelbauer/Felsinger/Dannecker, Gemeinnützig oder strafbar?, 2003, S 62) könnte zu Problemen für die Gerechtigkeitsanforderungen des Strafrechts führen.

b) Fordern ist einseitiges Verlangen, sei es auch in versteckter Form (Küper **7** BT S 409; einschr Jescheck LK 4); auf Zustimmung des Aufgeforderten kommt es nicht an, auch nicht darauf, ob dieser den objektiven Sinn der Forderung überhaupt versteht oder ob er ihm erkennbar ist (BGHSt 10, 237, 240; Kuhlen NK 19–21; krit Kargl ZStW 114, 763, 773; str); das Verlangen muss aber zur Kenntnis des Aufgeforderten gelangt sein (Küper aaO). – **Sich versprechen lassen** ist die Annahme eines auch nur bedingten Angebots der späteren Zuwendung (RGSt 57, 28; s auch MDR 89, 82 mwN); Angebot und Annahme können stillschweigend erklärt werden; der Empfänger muss den objektiven Sinn des Angebots verstehen und es mit dem Willen annehmen, den Vorteil später entgegenzunehmen (Küper aaO) oder einem Dritten zur Verfügung zu stellen (Kuhlen NK 22). – **Annehmen** ist das tatsächliche Empfangen des angebotenen Vorteils mit dem Willen der Ausnutzung im eigenen Interesse (RGSt 58, 263, 266) oder – nach der Neufassung – mit dem Willen, Dritten einen Vorteil zukommen zu lassen (Küper BT S 410). Dabei braucht das Angebot des Vorteils nicht freiwillig zu sein; auch dessen Erlangung durch Willensbeugung kommt in Frage (Jescheck LK 10 mwN; str). Das Behalten eines zunächst gutgläubig angenommenen Vorteils genügt (BGHSt 15, 88; Köln MDR 60, 156); die Erklärung eines Genehmigungsvorbehalts schließt ein Annehmen nicht aus (Hardtung aaO [vgl 1] S 167; aM Rudolphi/Stein SK 26). Nicht angenommen wird ein Vorteil, der nur an eine andere Amtsperson weitergeleitet werden soll (BGHSt 14, 123, 127) oder der nur als Beweismittel entgegengenommen wird (BGHSt 15, 88, 97; aM Kuhlen NK 28–30, der § 34 anwenden will).

c) aa) Dienstausübung meint die dienstliche Tätigkeit (so der Vorschlag von **8** Dölling aaO [vgl 6] C 65) im Allgemeinen, ohne dass es sich um eine konkrete Diensthandlung handeln muss (Otto GK 2 99/14; Rengier BT II 60/19). Voraussetzung ist jedoch, dass die Tätigkeit zu den Obliegenheiten des Amtsträgers gehört (Schroth BT S 209; Rudolphi/Stein SK 10–10e; Kuhlen NK 61–67: „funktionaler Zusammenhang"; näher dazu sogleich bei der Diensthandlung). – Zur Dienstausübung gehört auch die **Diensthandlung** als spezieller Fall (Küper BT S 413; Küpper BT 1 II 4/12), der von § 332 I als qualifizierte Tat (s unten 20) erfasst wird, wenn eine Dienstpflichtverletzung (3 zu § 332) hinzukommt. Sie ist eine Handlung, die in den Kreis der Obliegenheiten gehört, die der Amtsperson übertragen sind, und die von ihr in dienstlicher Eigenschaft vorgenommen wird

1381

§ 331

BT. 30. Abschnitt. Straftaten im Amt

(BGHSt 31, 264, 280; NStZ 98, 194 mit Bespr Böse JA 98, 630; KG NJW 98, 1877; Ebert GA 79, 361; Satzger ZStW 115, 469, 480); bloß vorbereitende, unterstützende oder beratende Tätigkeit kann daher genügen (BGHSt 3, 143). Nach nicht ganz unproblematischer (Art 103 II GG) Rspr und hM erfordert teleologische Auslegung, auch solche Tätigkeiten einzubeziehen, mit denen der Täter sein Amt dazu missbraucht, eine straf- oder dienstrechtlich verbotene Handlung vorzunehmen, die ihm gerade seine Dienststellung ermöglicht (NJW 83, 462 mit krit Anm Amelung/Weidemann JuS 84, 595; NJW 87, 1340 mit Anm Letzgus NStZ 87, 309; NStZ 00, 596, 598; anders Ebert aaO; Wagner JZ 87, 594, 598; zw). Darüber hinaus ist jedoch die im früheren Recht entwickelte negative Abgrenzung, dass jede Handlung ausreiche, die ihrer Natur nach mit dem Amt in einer nicht nur äußerlich losen Beziehung stehe und nicht völlig außerhalb des dienstlichen Aufgabenbereichs liege (BGHSt 14, 123; Hamm NJW 73, 716), mit der Neufassung durch das EGStGB („Diensthandlung"), die durch das KorrBG in § 332 I beibehalten wurde, nicht mehr vereinbar (offen gelassen in BGHSt 31, 264, 280; weiter Frankfurt NJW 89, 847). Der Vornahme einer Diensthandlung steht ihre Unterlassung gleich (§ 336). Auf die konkrete Zuständigkeit nach der Geschäftsverteilung kommt es nicht an (BGHSt 16, 37). – Als außerstrafrechtliche Dienstpflichten sollen auch unmittelbar wirkende EU-Richtlinien in Betracht kommen (Schröder DVBl 02, 157).

9 bb) Keine Dienstausübung oder Diensthandlung sind **Privathandlungen** der Amtsperson wie etwa die Aussage eines Polizeibeamten als Zeuge eines Verkehrsunfalls (Köln NJW 00, 3727; s auch Schlüchter, Geerds-FS, S 713, 720; Satzger ZStW 115, 469, 480; Rudolphi/Stein SK 10b, 13; ebenso für den Arzt Ulsenheimer, Arztstrafrecht Rdn 13/17), auch wenn sie bei Gelegenheit einer Diensthandlung (zB Gefälligkeitsbesorgungen des Schaffners), während der Dienstzeit (GA 66, 377 betr Privatunterricht) oder unter Ausnutzung der im Dienst erworbenen Kenntnisse (GA 62, 214; s auch BGHSt 31, 264, 281; Geerds JR 82, 384, 386; Wagner JZ 87, 594, 602) vorgenommen werden oder als unerlaubte Nebenbeschäftigung eine Dienstpflichtverletzung enthalten (BGHSt 18, 59). Die außerdienstliche Anfertigung zB von Bauzeichnungen ist auch dann keine Diensthandlung, wenn die Amtsperson später hiermit dienstlich befasst wird (BGHSt 18, 263; wistra 01, 388 mit Bespr Otto JK 7 zu § 332); die Bezahlung der Nebentätigkeit kann aber ein Vorteil sein, der im Hinblick auf jene künftige Diensthandlung gegeben wird (BGH aaO; Rengier BT II 60/18).

10 d) „**Als Gegenleistung dafür**" – nach der Neufassung des KorrBG nur noch in **Abs 2** und in **§ 332 I** gefordert – setzt ein der Tathandlung zugrundeliegendes, also nicht erst nachträglich entstehendes (NJW 85, 391) Beziehungsverhältnis (nicht notwendig ein Austauschverhältnis, M-Schroeder/Maiwald BT 2 79/17) dergestalt voraus, dass der Vorteil dem Empfänger (dem Amtsträger oder einem Dritten, s oben 6) um einer bestimmten geschehenen oder künftigen Diensthandlung willen (oder einer Mehrzahl von ihnen) zugute kommen soll (NStZ 94, 488 mit zust Anm Maiwald); es genügt nicht, dass lediglich die Begleitumstände der Diensthandlung (zB höfliches Verhalten der Amtsperson) den Grund für die Zuwendung bilden (BGHSt 39, 45; Sch/Sch-Cramer 29 c). – Mit diesem Merkmal wird die Rspr zum früheren Recht bestätigt, nach der das Sichversprechenlassen und das Annehmen Teil einer **Unrechtsvereinbarung** sind und das Fordern auf eine solche gerichtet ist (BGHSt 15, 88, 97; Frankfurt NJW 89, 847; Schlüchter, Geerds-FS, S 713, 721; eingehend Kuhlen NStZ 88, 433 und Gribl aaO [vgl 1] S 126, 149, der hierin einen Ansatzpunkt zur Ausgrenzung geringfügiger [§ 248 a] Zuwendungen sieht; krit dazu Otto GA 94, 186, 188; zum sog Herzklappenskandal Tondorf/Waider aaO [vgl 6]; Kuhlen NK 93; speziell zum Sponsoring Satzger ZStW 115, 469, 481, der im Hinblick auf das Rechtsgut [oben 1] nur sachwidrige

Koppelungen erfassen will, bei denen „sponsoringfremde Hintergedanken" im Spiel sind). Bei Letzterem muss der Täter die Diensthandlung als Äquivalent anbieten, während in den beiden anderen Fällen eine, sei es auch nur stillschweigende (Frankfurt NStZ 89, 76), Übereinkunft zwischen den Parteien über das Äquivalenzverhältnis erforderlich ist (BGHSt 10, 241; bei Holtz MDR 90, 888; Düsseldorf NJW 87, 1213 mit Anm Geerds JR 87, 169; Hamm NStZ 02, 30 mit Bespr Otto JK6 und [krit] Kargl ZStW 114, 769, 777; Rudolphi/Stein SK 27; aM Sch/Sch-Cramer 29 d). Ferner muss die Diensthandlung **bestimmt**, wenn auch noch nicht in allen Einzelheiten konkretisiert sein; dafür genügt es, dass deren Umrisse insoweit erkennbar sind, als die Amtsperson innerhalb eines bestimmten Aufgabenbereichs in einer bestimmten Richtung tätig werden soll (BGHSt 32, 290; NStZ 89, 74; wistra 91, 220; NStZ 94, 488 mit zust Anm Maiwald; StV 94, 243; wistra 99, 224; NStZ 00, 319; Düsseldorf StraFo 01, 354; Kuhlen NK 71–75; krit Haffke aaO [vgl 6] S 34; str). An diesem engen, von Abs 2 und § 332 I geforderten (zur „gelockerten" Unrechtsvereinbarung des Abs 1 s unten 10 a) Beziehungsverhältnis fehlt es bei Zuwendungen, die nur allgemein mit Rücksicht auf die Dienststellung der Amtsperson oder nur aus Anlass oder bei Gelegenheit einer Diensthandlung gemacht werden (BGHSt 39, 45 [mit Bespr Wagner, JZ 93, 473, Geerds JR 93, 211 und Otto JK 4]; 47, 295, 306). Ob das zutrifft, hängt von den Vorstellungen der auf beiden Seiten Beteiligten (BGH St 39, 45; str) und der gesamten Interessenlage ab; bei Höflichkeiten und Gefälligkeiten bilden der Umfang des Zugewendeten, die Verkehrssitte und die gesellschaftlichen Formen wichtige Anhaltspunkte (BGHSt 15, 239, 251; NStZ-RR 02, 272; vgl 14).

e) Für die Dienstausübung (Abs 1) setzt ein der Tathandlung zugrundeliegendes Beziehungsverhältnis dergestalt voraus, dass der Vorteil dem Empfänger (dem Amtsträger oder einem Dritten, s oben 6) im Hinblick auf die Dienstausübung des Amtsträgers zugute kommen soll. Mit dieser **„Lockerung" der Unrechtsvereinbarung** sollen strafwürdige und strafbedürftige Fälle erfasst werden, bei denen nicht nachzuweisen ist, dass der Vorteil als Gegenleistung für eine hinreichend bestimmte Diensthandlung (s oben 10) gefordert usw wird (BT-Dr 13/8079 S 15; LG Kiel StraFo 02, 302; Stuttgart NJW 03, 228; König JR 97, 397, 399; Korte NStZ 97, 513, 514; Bottke ZRP 98, 215, 220; Dölling ZStW 112, 334, 343; Kargl ZStW 114, 763, 767; W-Hettinger BT 1 Rdn 1100, 1109). Der weitergehende Vorschlag des BRates, der auf Vorteile „im Zusammenhang mit dem Amte" abstellte (BT-Dr 13/3353 Art 1 Nr 2; krit Stächelin aaO [vgl 1] S 310), wurde wegen der Gefahr der Einbeziehung nicht strafwürdiger Handlungen, nicht aufgegriffen (BT-Dr 13/8079 S 15). Die auch hier geforderte Beziehung zwischen der Zuwendung und der Dienstausübung (BT-Dr aaO; Küper BT S 412) liegt bereits dann vor, wenn zB durch eine Geldzahlung das allgemeine Wohlwollen und die Geneigtheit des Amtsträgers bei seiner Dienstausübung (s oben 8) erkauft werden soll (BT-Dr aaO; Rengier BT II 60/29, 30; Kuhlen NK 76; Rudolphi/Stein SK 28 a; Sch/Sch-Cramer 29); nicht so klar liegen die Fälle, in denen die Zuwendung nur allgemein mit Rücksicht auf die Dienststellung der Amtsperson oder nur aus Anlass oder bei Gelegenheit einer Diensthandlung (s oben 10) gemacht wird (für deren Einbeziehung Rengier aaO). Typische Fallgestaltungen sind Zuwendungen „zur Klimapflege" (Rengier aaO Rdn 31; Lesch AnwBl 03, 261; probl LG Wuppertal NJW 04, 1405 mit insoweit krit Bespr Otto JK 8) oder Anbahnungszuwendungen im Zuge des sog „Anfütterns" (König, Rengier und Rudolphi/Stein, jeweils aaO; krit Stächelin aaO; zum schweizerischen Recht Jositsch SchwZStr 00, 53). Der Vorteil kann sowohl für eine bereits vorgenommene als auch für eine zukünftige Dienstausübung gefordert usw werden (Rudolphi/Stein SK 17); das wird zwar in Abs 1, anders als in Abs 2 und in § 332 I, nicht mehr ausdrücklich hervorgehoben, doch umgreift das Merkmal

§ 331

„Dienstausübung" vergangenes und zukünftiges dienstliches (Wohl-)Verhalten des Amtsträgers (Korte aaO).

11   f) In allen Begehungsformen ist unerheblich, ob es **tatsächlich zu der Dienstausübung oder Diensthandlung gekommen ist;** auch wenn der Täter nur vortäuscht, dass er die Dienstausübung oder Diensthandlung vorgenommen habe oder dass er sie vornehmen werde, hat er eine Unrechtsvereinbarung, die den Kern des tatbestandlichen Unrechts bildet, getroffen oder (im Falle des Fordernden) erstrebt (vgl 10, 10 a; ebenso Kindhäuser 11). Da das durch die §§ 331, 332 geschützte Vertrauen in die Unkäuflichkeit von Amtsträgern (vgl 1) nicht durch die Vornahme oder das Unterbleiben der Dienstausübung oder Diensthandlung, sondern allein durch die Unrechtsvereinbarung über sie erschüttert wird, ist es sinnwidrig, die Dienstausübung oder Diensthandlung als solche auch objektiv zur Tatbestandsvoraussetzung zu machen (Kuhlen NStZ 88, 433, 435). Für den Fall der künftigen Diensthandlung ist das unbestritten (5 zu § 332; Kuhlen NK 32). Entgegen dem insoweit mißverständlichen Wortlaut des § 332 I („vorgenommen hat") gilt das aber auch für die in der Vergangenheit liegende Diensthandlung (Hamm JR 00, 35 mit zust Anm Kuhlen; Geerds JR 81, 301; Wagner JZ 87, 594, 598; Kindhäuser BT I 76/21; Jescheck LK 14; Kuhlen NK 33, 34; aM BGHSt 29, 300; Dölling JuS 81, 570, 572; Maiwald NJW 81, 2777; Gülzow MDR 82, 802; Jaques aaO [vgl 1] S 165; Arzt/Weber BT 49/30; Rudolphi/Stein SK 17 b). Da sie den spezifischen Deliktsunwert – im Falle der pflichtwidrigen Diensthandlung auch den des § 332 (aM Wagner aaO) – verwirklicht, wird ihre Einbeziehung vom Schutzzweck getragen (Schwieger aaO [vgl 1] S 91; aM Maiwald aaO); schon bei § 331 I aF stand der äußerst mögliche Wortsinn (6 zu 1) nicht entgegen, weil sich der Tatbestand zwanglos als eine im Indikativ ausgedrückte Beschreibung der Unrechtsvereinbarung verstehen ließ, für die das tatsächliche Vorliegen der Diensthandlung unerheblich war (Kuhlen NStZ 88, 433, 435; aM BGH aaO). Etwaige Bedenken sind durch die Neufassung der Vorschrift beseitigt worden, denn die Formulierung „vorgenommen hat" ist in Abs 1 gestrichen worden (Küper BT S 413; Rengier BT II 60/21).

12   4. Die **Tathandlungen nach Abs 2** unterscheiden sich von denen des Abs 1 dadurch, dass sie sich weiterhin nur (von einer dem Abs 1 entsprechenden Erweiterung wurde bewusst abgesehen, BT-Dr 13/8079 S 15) auf eine **richterliche Handlung** beziehen, dh auf eine Handlung, deren Vornahme in den Bereich derjenigen Pflichten fällt, die durch die richterliche Unabhängigkeit geschützt sind (BT-Dr 7/550 S 271; Rudolphi/Stein SK 14; Tröndle/Fischer 28; aM Sch/Sch-Cramer 11). Die Handlung ist häufig, aber nicht notwendig (zB schnelle Terminsanberaumung), zugleich eine Rechtsbeugung (§ 339). Für Abs 2 gelten weiterhin die Merkmale „als Gegenleistung dafür" (dazu oben 10) und „vorgenommen hat" (dazu oben 11). – Nimmt ein Richter im Rahmen seiner dienstlichen Obliegenheiten eine nichtrichterliche Handlung gegen Belohnung vor (zB im Bereich der Justizverwaltung), so fällt er als Amtsträger unter Abs 1 (Rudolphi/Stein SK 14; aM Sch/Sch-Cramer 11); dasselbe gilt für den Fall, dass die Belohnung nur in Verbindung mit seiner Dienstausübung (s oben 7 a) steht (zur Funktion von Abs 1 als „Auffangtatbestand" BT-Dr aaO; Korte NStZ 97, 513, 515).

13   5. Der **Vorsatz** (bedingter genügt) setzt Bedeutungskenntnis (14 zu § 15) nicht nur für die einzelnen normativen Begriffe des Abs 1 voraus (speziell zum Komplexbegriff des Amtsträgers 15 zu § 15), sondern auch für das erforderliche Beziehungsverhältnis zwischen den Tathandlungen einerseits und den abhängigen Elementen des Vorteils, der Diensthandlung und der Gegenleistung andererseits (dazu 4–6, 8, 10 und 10 a). – Der Wille, eine angenommene Sache unter einer bestimmten, hinsichtlich ihres Eintritts noch ungewissen Bedingung zurückzugeben, ist für den Vorsatz unerheblich (GA 63, 147). Irrt die Amtsperson über den Wert

Vorteilsannahme **§ 331**

eines Vorteils und hält sie deshalb das Verhalten des anderen für eine bloße Gefälligkeit, so liegt Tatbestandsirrtum vor (Kuhlen NK 98); ein Verbotsirrtum dagegen, wenn sie den Wert kennt und die Annahme irrig als verkehrsüblich (vgl 10) ansieht (Pister NJW 63, 2137; Rudolphi/Stein SK 30; aM Neustadt NJW 63, 1633; zw). Zum Irrtum über die behördliche Genehmigung vgl 18.

6. a) Die **behördliche Genehmigung nach Abs 3** (krit zu deren Tauglichkeit zur Begrenzung der Bestechungsstrafbarkeit Gribl aaO [vgl 1] S 115) bildet – mindestens idR (beachte 16) – einen **Rechtfertigungsgrund** (BGHSt 31, 264, 285; 47, 295, 309; Hamburg StV 01, 277, 282; Kuhlen NK 111; diff Hardtung aaO [vgl 1] S 127; krit Hohmann/Sander BT II 28/16; für Tatbestandsausschluss Rudolphi/Stein SK 32). Ein bloßer Entschuldigungs- oder persönlicher Strafausschließungsgrund scheidet schon deshalb aus, weil die ausdrückliche Billigung rechtswidriger Akte durch staatliche Behörden allgemeinen Rechtsgrundsätzen widersprechen würde. Der Grund für die Genehmigungsfähigkeit grundsätzlich unerwünschter Vorteilsannahmen liegt darin, dass in gewissen Fällen auch das staatliche Interesse für die Belassung des Vorteils sprechen kann, zB wenn es sich empfiehlt, einer allgemein als unverfänglich empfundenen Verkehrssitte nicht den Boden zu entziehen (Neujahrsgeschenke für den Postboten, den Müllfahrer usw), das achtenswerte Motiv einer Vorteilsgewährung zu respektieren (etwa Dankbarkeit für Lebensrettung durch einen Polizeibeamten) oder andersartigen Gebräuchen im Ausland bei internationalen Verhandlungen oder im diplomatischen Dienst Rechnung zu tragen (Blei JA 74, 377, 379). Eine so begründete Genehmigung hat rechtfertigende Wirkung (hM; anders Winkelbauer NStZ 88, 201, 202; Michalke, Rieß-FS, S 771, 774). Ob andere Fallgruppen eine Erklärung als Tatbestandsausschluss erfordern, ist zweifelhaft; jedenfalls scheiden bloße Gefälligkeiten und verkehrsübliche Zuwendungen von geringem Wert zwar nicht schon deshalb aus, weil sie keinen Vorteil bedeuten (so aber Kaiser NJW 81, 321; Rudolphi/Stein SK 23), wohl idR aber, weil es an dem erforderlichen Äquivalenzverhältnis (vgl 10, 10 a) fehlt; überdies lässt sich ihre Straflosigkeit auch mit Sozialadäquanz (29 zu § 32; Eser, Roxin-FS, S 199; Hardtung aaO [vgl 1] S 71; Kargl ZStW 114, 769, 778; Lesch AnwBl 03, 261; Braum aaO [vgl 4] S 533; W-Hettinger BT 1 Rdn 1112; Kuhlen NK 89, 90; Tröndle/Fischer 25) erklären (krit Wagner JZ 87, 594, 604; Gribl aaO [vgl 1] S 97, 105 und 112 mit insoweit krit Bespr Otto GA 94, 186, 188; Roxin AT I 10/40, der eine objektiv zurechenbare Rechtsgutsverletzung verneint; ebenso Jescheck/Weigend AT S 253 und Rengier BT II 60/14; ähnlich Joecks 17); dies ist auch für bestimmte Drittvorteile zu erwägen (s oben 6 a).

b) Nicht genehmigungsfähig sind die Annahme vom Täter geforderter Vorteile in den Fällen des Abs 1 (zB beim Sponsoring, wenn die Initiative vom Sponsorengeldern einwerbenden Amtsträger ausgeht, Satzger ZStW 115, 469, 484) und die Annahme jeglicher Vorteile in denen des Abs 2 (Hardtung aaO [vgl 1] S 115); sie sind stets rechtswidrig.

c) Die Genehmigung kann vor der Tathandlung ausdrücklich oder stillschweigend, allgemein (krit Geerds JR 83, 465, 467; Jutzi NStZ 91, 105, 108) oder für den Einzelfall erteilt werden. Hierher gehört auch der Fall, dass die Amtsperson die Annahme des Vorteils, wozu sie grundsätzlich verpflichtet ist, bei noch fehlender Genehmigung von deren Erteilung abhängig gemacht hat (BT-Dr 7/550 S 272). Wird für eine solche Annahme die Genehmigung versagt, so ist der Tatbestand nicht erfüllt, wenn der Vorteil zurückgegeben wird; im Behalten würde dagegen die endgültige rechtswidrige Annahme liegen (BT-Dr aaO). Zweifelhaft sind Rechtsnatur und Grenzen der Genehmigung in Fällen, in denen eine Annahme unter Vorbehalt aus besonderen Gründen untunlich (zB bei entgegenstehenden Gepflogenheiten im diplomatischen Verkehr) oder nicht möglich war (zB

§ 331 BT. 30. Abschnitt. Straftaten im Amt

bei Einladungen zum Essen oder Theaterbesuch). Hier kann die Rechtmäßigkeit aus dogmatischen Gründen nicht von einer nachträglichen Genehmigung abhängig gemacht werden (Sch/Sch-Cramer 49; Tröndle/Fischer 36). In solchen Fällen ist die Annahme vielmehr gerechtfertigt, wenn sie genehmigungsfähig ist (ähnlich Hardtung aaO [vgl 1] S 206, der von einer mutmaßlichen Genehmigung spricht; ebenso Kuhlen NK 112 und Rudolphi/Stein SK 38, die das Vorliegen von deren Voraussetzungen verlangen), wenn nach der Praxis der Genehmigungsbehörde in Fällen vergleichbarer Art die Genehmigung erteilt zu werden pflegt und wenn der Täter in der Absicht handelt, unverzüglich Anzeige zu erstatten (ähnlich Michalke, Rieß-FS, S 771, 775; Sch/Sch-Cramer 49; weiter Maiwald JuS 77, 353, 357 und Otto GK 2 99/23). Sind diese Voraussetzungen erfüllt, so ist die nachträgliche Versagung der Genehmigung wirkungslos. Die Genehmigung, mit der nicht zu rechnen war, die aber erteilt wurde, stellt einen Strafaufhebungsgrund dar (hM; vgl Rudolphi/Stein SK 40; Tröndle/Fischer 36; diff Kuhlen NK 115).

17   d) **Zuständige Behörde** ist bei Beamten die vorgesetzte Dienstbehörde, bei Angestellten und Arbeitern des öffentlichen Dienstes der öffentlich-rechtliche Arbeitgeber (Jutzi NStZ 91, 105); bei privatrechtlich organisierten Unternehmen der staatlichen Daseinsvorsorge (9 zu § 11) dürfte ebenfalls der Arbeitgeber genehmigungsbefugt sein (Jutzi aaO S 108; Kuhlen NK 107; zw). Im Übrigen ist die Genehmigung **nur wirksam,** wenn die Behörde „im Rahmen ihrer Befugnisse" gehandelt hat. Die Grenzen der Befugnis werden durch das Recht des öffentlichen Dienstes (vgl zB § 70 BBG) bestimmt (Geerds JR 83, 465, 468; Hardtung aaO [vgl 1] S 149; Rudolphi/Stein SK 37). Es kommt dabei nicht allein auf die verwaltungsrechtliche Bestandskraft der Genehmigung an (aM Michalke, Rieß-FS, S 771, 778; Sch/Sch-Cramer 51). Für den Strafrichter unbeachtlich sind neben nichtigen und erschlichenen Genehmigungen auch solche, die von einer konkret unzuständigen Behörde erteilt worden sind, wobei die (sachliche oder örtliche) Unzuständigkeit auch darauf beruhen kann, dass der Sachverhalt nicht genehmigungsfähig oder die Genehmigungsbefugnis der Behörde gegenständlich begrenzt war (BT-Dr 7/550 S 272; Hardtung aaO S 88; Tröndle/Fischer 34; zw). Die Richtigkeit der Ermessensausübung ist dagegen nicht nachprüfbar.

18   e) Die **irrige Annahme,** die erforderliche Genehmigung sei erteilt, ist idR ein Erlaubnistatbestandsirrtum (BGHSt 31, 264, 286; Kuhlen NK 116; 9–16 zu § 17); das gilt auch, weil die Genehmigung hier als normatives Element des Erlaubnistatbestandes zu deuten ist (vgl 6 zu § 15), für den Fall, dass der Täter nur die Tragweite der Genehmigung verkannt, namentlich eine unwirksame Genehmigung für wirksam gehalten hat (BGH aaO mit abl Anm Geerds JR 83, 465 und Dingeldey NStZ 84, 503, 505; krit Otto, Meyer-GS, S 583, 594; s auch Ulsenheimer, Arztstrafrecht Rdn 13/30; zw).

19   7. Der **Vorteilsgeber** ist nicht wegen Teilnahme an der Tat nach § 331 strafbar, wenn er sich auf die Rolle des Partners beschränkt. Das folgt daraus, dass die §§ 331, 332 einerseits und die §§ 333, 334 andererseits die Strafbarkeit jeweils des Empfängers und des Gebers selbstständig und abschließend regeln (BGHSt 37, 207, 212 mwN). Zur Vermeidung von Wertungswidersprüchen bedürfen auch die Möglichkeiten der Teilnahme Dritter folgender Einschränkungen: Wer aufseiten nur eines Partners teilnimmt, ist nicht zugleich Teilnehmer an der Tat des anderen Partners, auch wenn er weiß und will, dass seine Handlung (unmittelbar oder mittelbar) beide Taten fördert (so für die Beihilfe aufseiten des Vorteilsgebers BGH aaO; Bernsmann StV 03, 521, 526). Auch wenn der Dritte aufseiten des Empfängers (oder auf beiden Seiten) teilnimmt, bleibt er straflos, wenn eine Tat nach § 331 in § 333 keine Entsprechung hat (Jescheck LK 12 zu § 333; aM Kuhlen NK 122). Im Übrigen wird die für den teilnehmenden Dritten maßgebende Strafdrohung durch die für den Geber geltende begrenzt, weil das Unrecht des Dritten

Bestechlichkeit **§ 332**

nicht schwerer wiegen kann als das des Gebers. Die im Schrifttum überwiegende Meinung, dass der Dritte stets nach den Strafrahmen der §§ 333, 334 zu bestrafen sei (so Jescheck aaO; Sch/Sch-Cramer 12, 15 zu § 334), geht zu weit, weil sie in Einzelfällen infolge der Anwendbarkeit des § 28 I den Dritten auch benachteiligen kann (dazu Bell MDR 79, 719; Bernsmann aaO und Rudolphi/Stein SK 17 zu § 333).

8. Tatbestandliche Handlungseinheit (10 vor § 52) liegt vor, wenn die Entlohnung auf eine einheitliche Unrechtsvereinbarung zurückgeht, die den zu leistenden Vorteil (zB die Gesamtsumme der Zahlungen) genau festlegt, mag er auch in bestimmten Teilleistungen zu erbringen sein (Stuttgart NJW 02, 228); hingegen entfällt die Klammerwirkung der Unrechtsabrede, wenn die zu gewährende Entlohnung von der künftigen Entwicklung abhängt, die Vorteilsgewährung zB „open-end"-Charakter trägt (vgl BGHSt 41, 292, 302; Stuttgart aaO; Bernsmann StV 03, 521, 525; Kuhlen NK 126, 127; Rudolphi/Stein SK 43). **Tateinheit** ua möglich mit § 263; über den Vorteil erpresserisch abgefordert, auch mit § 253 (BGHSt 9, 245; str). Hinter den Qualifikationstatbeständen des § 332 (dort 2) tritt die Vorschrift zurück; jedoch ist Tateinheit möglich, wenn sich die Tathandlung zugleich auf pflichtwidrige und andere Diensthandlungen bezieht (Jescheck LK 30; aM Kuhlen NK 128; Rudolphi/Stein 21 zu § 332 SK; Sch/Sch-Cramer 5 und 55; zw). Zum Verhältnis der verschiedenen Tatmodalitäten vgl NStZ 95, 92 (zu § 12 UWG aF) und Sch/Sch-Cramer 56. 20

9. Die **Verjährung** beginnt idR mit der Annahme des Vorteils (Rudolphi/Stein SK 42; vgl 2 zu § 78a), spätestens mit dem Ausscheiden aus dem Amt (BGHSt 11, 345); bei einem Darlehen mit dessen Auszahlung, ohne Rücksicht darauf, wie lange es der Amtsperson belassen wird (BGHSt 16, 207). – Zum **Verfall des Empfangenen** §§ 73–73e. 21

§ 332 Bestechlichkeit

(1) **Ein Amtsträger oder ein für den öffentlichen Dienst besonders Verpflichteter, der einen Vorteil für sich oder einen Dritten als Gegenleistung dafür fordert, sich versprechen läßt oder annimmt, daß er eine Diensthandlung vorgenommen hat oder künftig vornehme und dadurch seine Dienstpflichten verletzt hat oder verletzen würde, wird mit Freiheitsstrafe von sechs Monaten bis zu fünf Jahren bestraft. In minder schweren Fällen ist die Strafe Freiheitsstrafe bis zu drei Jahren oder Geldstrafe. Der Versuch ist strafbar.**

(2) **Ein Richter oder Schiedsrichter, der einen Vorteil für sich oder einen Dritten als Gegenleistung dafür fordert, sich versprechen läßt oder annimmt, daß er eine richterliche Handlung vorgenommen hat oder künftig vornehme und dadurch seine richterlichen Pflichten verletzt hat oder verletzen würde, wird mit Freiheitsstrafe von einem Jahr bis zu zehn Jahren bestraft. In minder schweren Fällen ist die Strafe Freiheitsstrafe von sechs Monaten bis zu fünf Jahren.**

(3) **Falls der Täter den Vorteil als Gegenleistung für eine künftige Handlung fordert, sich versprechen läßt oder annimmt, so sind die Absätze 1 und 2 schon dann anzuwenden, wenn er sich dem anderen gegenüber bereit gezeigt hat,**
1. **bei der Handlung seine Pflichten zu verletzen oder,**
2. **soweit die Handlung in seinem Ermessen steht, sich bei Ausübung des Ermessens durch den Vorteil beeinflussen zu lassen.**

Fassung: Technische Änderungen durch das KorrBG (1 vor § 298).

1. Zum **geschützten Rechtsgut** 1 zu § 331. 1

§ 332

2. 2. Die Vorschrift enthält **Qualifikationstatbestände** zu § 331 I, II (NStZ 84, 24 mwN); sie setzt als Erschwerung voraus, dass der Täter **durch die Dienst- (oder richterliche) Handlung** (8 und 12 zu § 331) **seine Dienstpflichten (oder richterlichen Pflichten) verletzt hat oder verletzen würde** (beachte auch § 48 II WStG). Vgl daher zunächst 2–12 zu § 331.

3. 3. a) Eine **Verletzung der Dienstpflicht** setzt voraus, dass die Diensthandlung selbst (nicht nur die Vorteilsannahme) gegen ein auf Gesetz, Dienstvorschrift oder Einzelanordnung beruhendes Gebot oder Verbot verstößt (BGHSt 15, 88, 92; Naumburg NJW 97, 1593). Soweit die hM auch straf- oder dienstrechtlich verbotene Handlungen als Diensthandlungen anerkennt (8 zu § 331), sind sie zugleich pflichtwidrig, zB wenn der Täter seine Schweigepflicht verletzt (BGHSt 4, 293; 14, 123; anders Ebert GA 79, 361 mwN), über dienstliche Vorgänge falsch aussagt (Celle NdsRpfl 49, 159), unbefugt auf Datensammlungen des Bundesgrenzschutzes Zugriff nimmt (NStZ 00, 596, 599), als Pfleger den Insassen einer Entziehungsanstalt pflichtwidrig alkoholische Getränke verschafft (NJW 83, 462 mit abl Bespr Amelung/Weidemann JuS 84, 595; zw) oder als Vorgesetzter seine Dienstaufsichtspflichten dadurch verletzt, dass er nicht gegen pflichtwidriges Verhalten eines ihm unterstellten Mitarbeiters einschreitet (NStZ 99, 560; s § 336). Die bevorzugte schnelle Erledigung (Naumburg aaO) oder die Bearbeitung durch eine nach der Geschäftsverteilung unzuständige Amtsperson verletzt für sich allein die Dienstpflicht nicht (BGHSt 16, 37). Kann eine Amtsperson ausnahmsweise nach freiem Belieben darüber befinden, ob sie dienstlich tätig werden will, so fällt die Käuflichmachung einer solchen Handlung, wenn diese zulässig und, für sich gesehen, nicht pflichtwidrig ist, nur unter § 331 (BGHSt 3, 143; Kuhlen NK 7).

4. b) Abs 3 bestätigt die frühere Rspr, die es als **Unrechtsvereinbarung** über eine pflichtwidrige Diensthandlung ansieht, wenn die Amtsperson sich dem Partner gegenüber – sei es ausdrücklich oder stillschweigend – äußerlich bereit zeigt, bei Vornahme der künftigen Diensthandlung ihre Pflichten zu verletzen (Nr 1; probl NStZ 84, 24 mit krit Bespr Geppert JK § 331/2) oder, im Falle von Ermessenshandlungen, dem Vorteil Einfluss auf die Ermessensausübung einzuräumen (Nr 2; BGHSt 15, 88, 239, 352; 47, 260, 263 [mit Anm Wohlers JR 03, 160]; 48, 44, 46 mit krit Anm Kuhlen JR 03, 231, 235; speziell beim Sponsoring Satzger ZStW 115, 469, 485; StV 85, 146; krit Haffke, in: Tondorf [Hrsg], Staatsdienst und Ethik, 1995, S 11, 31, und Arzt, BGH-FG, S 755, 766: Verdachtserregungsverbot aus Beweisnot); **Ermessenshandlung** ist eine Diensthandlung, bei deren Vornahme oder Unterlassung der Amtsperson ein Spielraum für die pflichtmäßige Wahl zwischen verschiedenen sachlichen Möglichkeiten eingeräumt ist (sog **Ermessensbeamter,** BT-Dr 7/550 S 274; wistra 98, 108; NStZ-RR 98, 269; Frankfurt NJW 90, 2074; Naumburg NJW 97, 1593; Kuhlen NK 9); erfasst ist auch die Zuarbeit für einen anderen Amtsträger (BGHSt 47, 260, 263 mit Anm Wohlers aaO; Rudolphi/Stein SK 7. – Abs 3 lässt die praktisch bedeutungslose (BT-Dr aaO S 273; aM Kuhlen NK 14) Frage offen, ob Gegenstand der hier vorausgesetzten Unrechtsvereinbarung wirklich eine pflichtwidrige Diensthandlung ist oder ob er Fälle des Bereitzeigens einer solchen lediglich gleichstellt (krit Sch/Sch-Cramer 15, 16). Die frühere Rspr zur Strafbarkeit sowohl des gebundenen wie auch des Ermessensbeamten (zB JR 61, 508) ist daher nach wie vor verwertbar.

5. 4. Die Tat ist mit dem Eingehen der Unrechtsvereinbarung oder dem Stellen einer darauf zielenden Forderung **vollendet** (BGHSt 15, 239; NStZ-RR 02, 272, 274; 11 zu § 331). Daher gehört namentlich die Ausführung der künftigen pflichtwidrigen Handlung nicht zum Tatbestand. Auch ist unerheblich, ob die Diensthandlung später wirklich vorgenommen wird und ob die Amtsperson überhaupt willens oder fähig ist, sie vorzunehmen (BGHSt 15, 88; 18, 263; 48, 44, 46). Es

Bestechlichkeit §332

genügt vielmehr die bloße Unrechtsvereinbarung, so dass der geheime Vorbehalt, keine pflichtwidrige Handlung vorzunehmen, ohne Bedeutung ist (hM; BGHSt 48, 44, 46; LG Wuppertal NJW 04, 1405; Rengier BT II 60/34; W-Hettinger BT 1 Rdn 1117; anders Geerds JR 81, 301; krit Maiwald JuS 77, 353). Die pflichtwidrige Handlung kann bereits vor der Annahme des Vorteils vorgenommen worden sein (Hamm JR 00, 35 mit zust Anm Kuhlen). § 332 ist auch erfüllt, wenn nur die Amtsperson, nicht aber der Vorteilsgeber die Pflichtwidrigkeit der Diensthandlung erkennt (BGHSt 15, 352); die bloße Vorteilsannahme in Kenntnis der vom Zuwendenden verfolgten Absichten genügt bei Ermessensentscheidungen nicht (BGHSt 48, 44, 47; Satzger ZStW 115, 469, 485).

5. Zum **Vorsatz** (bedingter genügt) gehört vor allem das Bewusstsein, dass die Dienst- (oder richterliche) Handlung pflichtwidrig ist (NStZ 84, 24) oder dass ein Bereitzeigen im Sinne des Abs 3 vorliegt. Da für die Pflichtwidrigkeit keine Einigkeit über Inhalt und Grenzen der gebotenen Bedeutungskenntnis besteht (14 zu § 15), ist die Abgrenzung von Tatbestands- und Verbotsirrtümern sowie von Versuch und Wahndelikt in diesem Bereich problematisch (vgl Puppe GA 90, 145, 165; Jescheck LK 13; Kuhlen NK 22–26). Die Vorstellungen des Täters über den näheren Inhalt der Diensthandlung und ihre Pflichtwidrigkeit brauchen sich mit denen seines Partners nicht zu decken (BGHSt 15, 352, 355; Kargl ZStW 114, 769, 775; Kuhlen NK 5; Rudolphi/Stein SK 15); es hängt vielmehr von dem Vorstellungsinhalt jeweils des Vorteilsempfängers oder des Vorteilsgebers ab, ob sich der eine nach § 332 (uU nach § 331) und der andere nach § 334 (uU nach § 333) strafbar gemacht hat (vgl auch 4 zu § 334 sowie Naumburg NJW 97, 1593, 1594 und Sch/Sch-Cramer 10 zu § 334). 6

6. Eine **Rechtfertigung** der Tat durch behördliche Genehmigung (14–17 zu § 331) ist im Hinblick auf die Pflichtwidrigkeit der Diensthandlung nicht möglich (BT-Dr 7/550 S 272). 7

7. Der **Versuch** ist bei allen Begehungsformen mit Strafe bedroht, da die Tat nach Abs 2 Verbrechen ist (§ 23 I). 8

8. Zur **Teilnahme des Vorteilsgebers** 19 zu § 331. Die Unterstützung lediglich der pflichtwidrigen Diensthandlung (vgl 3) ist keine Teilnahme an der Tat (BGHSt 18, 263). 9

9. Bei der **Strafzumessung** wirken Mängel in der Dienstaufsicht, die noch nicht zu allgemeinen, über Pflichtverletzungen einzelner hinausreichenden Missständen geführt haben, regelmäßig nicht strafmildernd (NJW 89, 1938 mit Anm Molketin wistra 90, 356). 10

10. Tateinheit ua möglich mit §§ 174a, 174b. Zwischen Bestechlichkeit und der pflichtwidrigen Handlung besteht idR Tatmehrheit (BGHSt 47, 22, 25 mit Bespr Bittmann wistra 02, 405, 407; NJW 85, 2654, 2656 und 87, 1340; Kuhlen NK 31; aM Köln JMBlNRW 50, 254; Letzgus NStZ 87, 309, 311; zw); Tateinheit ist aber zB mit § 266 (dort 23) möglich, wenn die Tatbestandsführungshandlungen – Verletzung der Vermögensbetreuungspflicht und Fordern eines Vorteils für sich – teilweise identisch sind (BGHSt 47, 22, 25 mit abl Bespr Bittmann aaO). § 332 ist nur einmal erfüllt, wenn der Täter für mehrere pflichtwidrige Handlungen nur einen Vorteil erlangt hat (Hamm JR 00, 35 mit zust Bespr Kuhlen). Im Übrigen gelten die Ausführungen unter 20 zu § 331 sinngemäß. 11

11. Verjährung 21 zu § 331. Verfall des Empfangenen §§ 73–73e. Erweiterter Verfall § 338. Verlust der Amtsfähigkeit § 358. 12

§ 333 Vorteilsgewährung

(1) **Wer einem Amtsträger, einem für den öffentlichen Dienst besonders Verpflichteten oder einem Soldaten der Bundeswehr für die Dienstausübung einen Vorteil für diesen oder einen Dritten anbietet, verspricht oder gewährt, wird mit Freiheitsstrafe bis zu drei Jahren oder mit Geldstrafe bestraft.**

(2) **Wer einem Richter oder Schiedsrichter einen Vorteil für diesen oder einen Dritten als Gegenleistung dafür anbietet, verspricht oder gewährt, daß er eine richterliche Handlung vorgenommen hat oder künftig vornehme, wird mit Freiheitsstrafe bis zu fünf Jahren oder mit Geldstrafe bestraft.**

(3) **Die Tat ist nicht nach Absatz 1 strafbar, wenn die zuständige Behörde im Rahmen ihrer Befugnisse entweder die Annahme des Vorteils durch den Empfänger vorher genehmigt hat oder sie auf unverzügliche Anzeige des Empfängers genehmigt.**

Fassung des KorrBG (1 vor § 298).

1   1. Zum **geschützten Rechtsgut** 1 zu § 331. Die Vorschrift bildet nach ihrer Neufassung das spiegelbildliche Gegenstück zu § 331 (König JR 97, 397, 400; Rudolphi/Stein SK 1: „fast").

2   2. **Täter** kann jedermann sein (auch ein anderer Amtsträger, Frankfurt NStZ 89, 76). Die Tat kann nicht nur gegenüber den in §§ 331, 332 genannten Amtspersonen (2 zu § 331), sondern auch gegenüber Soldaten (§ 1 I SoldG) begangen werden. Dadurch entstehen für die Partner einer Unrechtsvereinbarung problematische Unterschiede in der Strafbarkeit, weil der einfache Soldat im Falle der Vorteilsannahme nicht mit Strafe bedroht ist (§ 48 I WStG; zu den nicht durchweg überzeugenden Gründen für diese Regelung BT-Dr 7/550 S 275).

3   3. Die **Tathandlungen** sind das Spiegelbild zu denen des § 331.

a) Das **Anbieten** entspricht dem Fordern (BGHSt 15, 88, 102; 7 zu § 331); es ist die auf Abschluss einer Unrechtsvereinbarung (10, 10a zu § 331) gerichtete ausdrückliche oder stillschweigende Erklärung (BGHSt 16, 40, 46; s auch Widmaier JuS 70, 241, 242), die auch in vorsichtig formulierten Fragen und Sondierungen bestehen kann (Hamm JMBlNRW 70, 190; Kuhlen NK 4) und die zur Kenntnis der Amtsperson gelangen muss (BGHSt 47, 22, 29; Rengier BT II 60/24; Sch/Sch-Cramer 3, aM Düsseldorf JR 03, 52 mit krit Anm Böse, nach dem das Angebot in die Sphäre der Amtsperson gelangt und seiner Kenntnisnahme zu rechnen ist; Tröndle/Fischer 4). Ob diese den Sinn versteht, ist unerheblich; es genügt, dass sie ihn verstehen soll (Jescheck LK 4 mwN). **Versprechen** entspricht dem Versprechenlassen, **Gewähren** dem Annehmen (7 zu § 331; Rudolphi/Stein SK 7), es kann sich auch über eine Mittelsperson vollziehen (BGHSt 43, 270, 275; Beckemper wistra 99, 173: „Bote").

4   b) Beziehungsobjekt der Tathandlungen nach **Abs 1** waren bisher **Ermessenshandlungen** (4 zu § 332), und zwar abweichend von § 331 I (dort 10) nur **künftige** (Naumburg NJW 97, 1593). Diese Beschränkungen sind durch die Neufassung des Abs 1 entfallen. Wie bei § 331 I reicht als Beziehungsobjekt die zurückliegende oder künftige **Dienstausübung, für die** dem Amtsträger usw oder einem **Dritten** ein Vorteil angeboten usw wird (vgl 6 und 10a zu § 331; ebenso Rudolphi/Stein SK 4).

5   c) Gegenstand der Tathandlungen nach **Abs 2** konnte bisher nur eine **künftige richterliche Handlung** sein (12 zu § 331). Diese Einschränkung ist durch die Neufassung des Abs 2 entfallen; danach genügt jetzt auch das nachträgliche An-

Bestechung § 334

bieten usw von Vorteilen für eine Handlung, die der Richter oder Schiedsrichter bereits „vorgenommen hat" (Rudolphi/Stein SK 5).

4. Der **Vorsatz** (bedingter genügt) muss im Falle des Abs 1 auch die Bedeutungskenntnis (14 zu § 15) einschließen, dass Gegenstand der Unrechtsvereinbarung die Dienstausübung ist, im Falle des Abs 2 die richterliche Handlung. Im Übrigen gelten die Ausführungen unter 13 zu § 331 mit umgekehrtem Vorzeichen sinngemäß. 6

5. Abs 3 bildet das Gegenstück zu § 331 III (dort 14–18); ihre praktische Bedeutung wird zukünftig im Bereich der Drittmittelforschung und des Sponserns staatlicher Veranstaltungen zunehmen (Korte NStZ 97, 513, 516). Ist die Vorteilsannahme **wirksam genehmigt**, so ist auch die Tat nach § 333 idR gerechtfertigt (beachte 16 zu § 331; ergänzend Hardtung, Erlaubte Vorteilsannahme, 1994, S 233). Die Zuständigkeit für die Genehmigung von Vorteilen, die einem Dritten gewährt werden, ist ungeklärt (Korte aaO). Für die Beurteilung eines Irrtums über die Genehmigung (18 zu § 331) sind nur die Vorstellungen des Täters, nicht die des Vorteilsempfängers erheblich (s auch Blei JA 74, 377, 382); solange eindeutige gesetzliche oder verwaltungsinterne Regelungen nicht vorliegen, kommt ein Verbotsirrtum des Gewährenden in Betracht (Korte aaO). 7

6. Der **Vorteilsempfänger** ist nicht wegen Teilnahme an der Tat nach § 333 strafbar (Rudolphi SK 16). Er fällt nur unter § 331 oder unter § 48 I WStG (19 zu § 331); der einfache Soldat wird daher trotz Strafbarkeit des Vorteilsgebers nicht erfasst (ebenso Kuhlen NK 13; vgl 2). 8

7. **Tateinheit** mit § 334 ist möglich, wenn sich dieselbe Tathandlung auf pflichtwidrige und nichtpflichtwidrige Dienst-(richterliche) Handlungen bezieht (aM Rudolphi/Stein SK 18). Im Übrigen gelten die Ausführungen unter 20 zu § 331 sinngemäß. 9

§ 334 Bestechung

(1) **Wer einem Amtsträger, einem für den öffentlichen Dienst besonders Verpflichteten oder einem Soldaten der Bundeswehr einen Vorteil für diesen oder einen Dritten als Gegenleistung dafür anbietet, verspricht oder gewährt, daß er eine Diensthandlung vorgenommen hat oder künftig vornehme und dadurch seine Dienstpflichten verletzt hat oder verletzen würde, wird mit Freiheitsstrafe von drei Monaten bis zu fünf Jahren bestraft. In minder schweren Fällen ist die Strafe Freiheitsstrafe bis zu zwei Jahren oder Geldstrafe.**

(2) **Wer einem Richter oder Schiedsrichter einen Vorteil für diesen oder einen Dritten als Gegenleistung dafür anbietet, verspricht oder gewährt, daß er eine richterliche Handlung**

1. vorgenommen und dadurch seine richterlichen Pflichten verletzt hat oder

2. künftig vornehme und dadurch seine richterlichen Pflichten verletzen würde,

wird in den Fällen der Nummer 1 mit Freiheitsstrafe von drei Monaten bis zu fünf Jahren, in den Fällen der Nummer 2 mit Freiheitsstrafe von sechs Monaten bis zu fünf Jahren bestraft. Der Versuch ist strafbar.

(3) **Falls der Täter den Vorteil als Gegenleistung für eine künftige Handlung anbietet, verspricht oder gewährt, so sind die Absätze 1 und 2 schon dann anzuwenden, wenn er den anderen zu bestimmen versucht, daß dieser**

1. bei der Handlung seine Pflichten verletzt oder,

§ 335 BT. 30. Abschnitt. Straftaten im Amt

2. soweit die Handlung in seinem Ermessen steht, sich bei der Ausübung des Ermessens durch den Vorteil beeinflussen läßt.

Fassung: Technische Änderungen durch das KorrBG (1 vor § 298).

1 1. Zum **geschützten Rechtsgut** 1 zu § 331. Die Vorschrift bildet das Gegenstück zu § 332 (eingehend zu ihrer Bedeutung im Wirtschaftsleben Schönherr, Vorteilsgewährung und Bestechung als Wirtschaftsstraftaten, 1985).

2 2. a) Zum **Kreis der möglichen Bestechungsadressaten** vgl 2 zu § 333 sowie 3 vor § 331 mit Anh V 2 und V 3; **zu den Tathandlungen nach Abs 1, 2** vgl 3 zu § 333, zu den **(Dritt-)Vorteilen** vgl 6 zu § 331. In Übereinstimmung mit der Bestechlichkeit (§ 332), kann sich die Tathandlung auf zurückliegende und künftige Diensthandlungen oder richterliche Handlungen jeder Art (10, 12 zu § 331) beziehen (Rudolphi/Stein SK 1), sofern sie nur die dienstlichen oder richterlichen Pflichten verletzt haben oder verletzen würden (3, 4 zu § 332). Für das erforderliche Äquivalenzverhältnis (10 zu § 331) gilt nichts besonderes.

3 b) **Abs 3** enthält eine mit § 332 III (dort 4) übereinstimmende Klarstellung zur Abgrenzung der Bestechung von der bloßen Vorteilsgewährung (Kuhlen NK 6): Mit dem Anbieten, Versprechen oder Gewähren des Vorteils als Gegenleistung für eine künftige Dienst- (oder richterliche) Handlung muss lediglich der ausdrücklich oder stillschweigend unternommene – sei es auch erfolglose – Versuch verbunden sein, in dem anderen den Entschluss zu verursachen (bestimmen, 2 zu § 26), bei einer gebundenen Diensthandlung seine Pflichten zu verletzen oder bei einer Ermessenshandlung dem Vorteil Einfluss auf die Ermessensausübung einzuräumen (wistra 98, 108; Rudolphi/Stein SK 6; s auch BT-Dr 7/550 S 276). Dass der andere den Entschluss, zu dem er bestimmt werden sollte, ausführt oder zur Ausführung überhaupt fähig ist, gehört nicht zum Tatbestand (ebenso Sch-Cramer 6).

4 3. Der **Vorsatz** (bedingter genügt) setzt vor allem das Bewusstsein des Täters voraus, dass die Dienst- (oder richterliche) Handlung im Sinne der Abs 1, 2 pflichtwidrig ist oder dass das Verhalten, zu dem der Partner bestimmt werden soll, den in Abs 3 beschriebenen Inhalt hat; auch im Hinblick auf dieses Bestimmen (vgl 3) genügt bedingter Vorsatz (hM). Im Übrigen gelten die Ausführungen unter 6 zu § 332 sinngemäß.

5 4. Der **Vorteilsempfänger** ist nicht wegen Teilnahme nach § 334 strafbar; er fällt nur unter § 332 oder unter § 48 I, II WStG (19 zu § 331).

6 5. Ist die dem Amtsperson angesonnene Handlung eine Straftat, so kann die Anstiftung zu ihr (auch die erfolglose nach § 30 I, BGHSt 6, 308) mit § 334 in **Tateinheit** stehen (ebenso Kuhlen NK 11). Im Übrigen gelten die Ausführungen unter 20 zu § 331 sinngemäß.

§ 335 Besonders schwere Fälle der Bestechlichkeit und Bestechung

(1) **In besonders schweren Fällen wird**

1. eine Tat nach
 a) § 332 Abs. 1 Satz 1, auch in Verbindung mit Abs. 3, und
 b) § 334 Abs. 1 Satz 1 und Abs. 2, jeweils auch in Verbindung mit Abs. 3,
mit Freiheitsstrafe von einem Jahr bis zu zehn Jahren und

2. eine Tat nach § 332 Abs. 2, auch in Verbindung mit Abs. 3, mit Freiheitsstrafe nicht unter zwei Jahren
bestraft.

(2) **Ein besonders schwerer Fall im Sinne des Absatzes 1 liegt in der Regel vor, wenn**

1. die Tat sich auf einen Vorteil großen Ausmaßes bezieht,
2. der Täter fortgesetzt Vorteile annimmt, die er als Gegenleistung dafür gefordert hat, daß er eine Diensthandlung künftig vornehme, oder
3. der Täter gewerbsmäßig oder als Mitglied einer Bande handelt, die sich zur fortgesetzten Begehung solcher Taten verbunden hat.

Fassung des KorrBG (1 vor § 298).

1. Zur **rechtlichen Struktur der besonders schweren Fälle mit Regelbeispielen** und allgemein zur Anwendung dieser Strafschärfung (auch bei Versuch, Teilnahme und Vorliegen gesetzlicher Milderungsgründe) 7–21 zu § 46. Die während des Gesetzgebungsverfahrens, das zum 6. StrRG (16–22 vor § 38) führte, gegen die sog „Strafzumessungsregeltechnik" erhobenen Einwände konnten bei der Schaffung des § 335 noch nicht berücksichtigt werden (König JR 97, 397, 400). Die Strafschärfung gilt nach **Abs 1** nur für die qualifizierten Taten der Bestechlichkeit (§ 332 I Satz 1, II, jeweils auch in Verbindung mit Abs 3) und der Bestechung (§ 334 I Satz 1, II, jeweils auch in Verbindung mit Abs 3). 1

2. Die Regelbeispiele des Abs 2: Nr. 1: Vorteil großen Ausmaßes (s 25 zu § 264 und 1 zu § 300) ist bei materiellen Zuwendungen im Wert von über 10 000,– € anzunehmen, da nur sie geeignet sind, den Vorteilsnehmer zu korrumpieren (ebenso Kindhäuser 2; Tröndle/Fischer 6; nach Rudolphi/Stein SK 2: 25 000,– €). Nr. 2: fortgesetzte Annahme von Vorteilen, die für eine zukünftige Diensthandlung gefordert wurden; die Diensthandlung muss sich wegen der Bezugnahme auf Abs 1 als eine Dienstpflichtverletzung (3 zu § 332) darstellen (Kuhlen NK 5, 6; Rudolphi/Stein SK 4). Nr. 3: 12 zu § 261 und 1 zu § 300; gewerbsmäßig 20 vor § 52; 2 zu § 260 (ergänzend wistra 03, 260); Bande 6 zu § 244; 4 und 5 zu § 260; Begehung von §§ 332, 334. 2

§ 336 Unterlassen der Diensthandlung

Der Vornahme einer Diensthandlung oder einer richterlichen Handlung im Sinne der §§ 331 bis 335 steht das Unterlassen der Handlung gleich.

Fassung: Umnummerierung durch das KorrBG (1 vor § 298).

Die Vorschrift dient nur der Klarstellung. Dass eine Diensthandlung auch in einem **Unterlassen** bestehen kann (vgl NStZ 98, 194 mit Bespr Böse JA 98, 630), soweit sie im inneren Zusammenhang mit dem dienstlichen Aufgabenbereich steht, war auf der Grundlage des früheren Rechts – trotz Fehlens eines ausdrücklichen Hinweises im Gesetz – allgemeine Meinung (Jescheck LK 1 zu § 335 aF; Rudolphi/Stein SK 1). Die in §§ 331, 333 vorausgesetzte „Dienstausübung" ist nicht ausdrücklich erfasst, doch unterlässt derjenige, der eine bestimmte Dienstausübung nicht vornimmt, notwendig eine Diensthandlung, so dass § 336 eingreift (Kuhlen NK 1). 1

§ 337 Schiedsrichtervergütung

Die Vergütung eines Schiedsrichters ist nur dann ein Vorteil im Sinne der §§ 331 bis 335, wenn der Schiedsrichter sie von einer Partei hinter dem Rücken der anderen fordert, sich versprechen läßt oder annimmt oder wenn sie ihm eine Partei hinter dem Rücken der anderen anbietet, verspricht oder gewährt.

Fassung: Umnummerierung und technische Änderung durch das KorrBG (1 vor § 298).

§§ 338, 339

1 1. Die Vorschrift ergänzt die §§ 331 II, 332 II, 333 II, 334 II, 335 durch eine **Auslegungsregel** (ebenso Schwieger, Der Vorteilsbegriff in den Bestechungsdelikten des StGB, 1996, S 197, 215). Sie macht bei Taten von oder gegenüber Schiedsrichtern (2 zu § 331) den Begriff des Vorteils von einem zusätzlichen Merkmal abhängig, weil die Schiedsrichter idR für ihre Tätigkeit von den Parteien entschädigt werden (BT-Dr 7/550 S 276). **Vergütung** umfasst daher auf Grund weiter Auslegung alle Vorteile, die als Gegenleistung (10 zu § 331) für die Schiedsrichtertätigkeit gewährt werden (Kuhlen NK 2).

2 2. **Hinter dem Rücken der anderen Partei** bedeutet ohne deren Wissen und mit dem Willen, sie zu hintergehen (BT-Dr aaO; ähnlich Rudolphi/Stein SK 2).

§ 338 Vermögensstrafe und Erweiterter Verfall

(1) In den Fällen des § 332, auch in Verbindung mit den §§ 336 und 337, ist § 73 d anzuwenden, wenn der Täter gewerbsmäßig oder als Mitglied einer Bande handelt, die sich zur fortgesetzten Begehung solcher Taten verbunden hat.

(2) In den Fällen des § 334, auch in Verbindung mit den §§ 336 und 337, sind die §§ 43a, 73 d anzuwenden, wenn der Täter als Mitglied einer Bande handelt, die sich zur fortgesetzten Begehung solcher Taten verbunden hat. § 73 d ist auch dann anzuwenden, wenn der Täter gewerbsmäßig handelt.

Der in Abs 2 Satz 1 genannte § 43a ist durch Urteil des BVerfG v 20. 3. 2002 mit Gesetzeskraft für nichtig erklärt worden (BGBl I 1340).

1 Die Vorschrift entspricht der parallelen Vorschrift in § 302 (BT-Dr 13/8079 S 15); Rdn 1 und 2 zu § 302 gelten deshalb sinngemäß.

§ 339 Rechtsbeugung

Ein Richter, ein anderer Amtsträger oder ein Schiedsrichter, welcher sich bei der Leitung oder Entscheidung einer Rechtssache zugunsten oder zum Nachteil einer Partei einer Beugung des Rechts schuldig macht, wird mit Freiheitsstrafe von einem Jahr bis zu fünf Jahren bestraft.

Fassung: Umnummerierung durch das KorrBG (1 vor § 298).

1 1. Die Vorschrift schützt die (inländische, 9 vor § 3) **Rechtspflege** in ihrer speziellen Aufgabe, **richtiges Recht** zu sprechen (Hupe, Der Rechtsbeugungsvorsatz, 1995, S 93; ähnlich Rudolphi/Stein SK 2; Spendel LK 7); die damit verbundene Wahrung von Parteiinteressen ist nur ein Schutzreflex (hM; vgl Kuhlen 15; näher Vormbaum, Der strafrechtliche Schutz des Strafurteils, 1987, S 321; krit Scholderer, Rechtsbeugung im demokratischen Rechtsstaat, 1993, S 302; str). Die Tat ist eigentliches Amtsdelikt (2 vor § 331) oder, soweit die Schiedsrichter einbezogen sind, echtes Sonderdelikt (33 vor § 13; Kuhlen NK 12). Eingehend Seebode, Das Verbrechen der Rechtsbeugung, 1969; Schmidt-Speicher, Hauptprobleme der Rechtsbeugung, 1982; Käsewieter, Der Begriff der Rechtsbeugung im deutschen Strafrecht, 1999; zusf Geppert Jura 81, 78; Behrendt JuS 89, 945. – Zur richterfreundlichen Nachkriegs-Rspr Spendel, Rechtsbeugung durch Rechtsprechung, 1984; Freudiger, Die juristische Aufarbeitung von NS-Verbrechen, 2002, S 384, 396 mit Bespr Isermann ZRP 02, 526; s auch Gerke, Die Anwendung des § 339 StGB auf Rechtsbeugungen in der DDR, 2000, und Quasten, Die Judikatur des Bundesgerichtshofs zur Rechtsbeugung im NS-Staat und in der DDR, 2003.

2 2. **Täter** kann neben dem nur beispielhaft hervorgehobenen Richter (12 zu § 11) oder Schiedsrichter (2 zu § 331) jeder Amtsträger (3–11 zu § 11) sein. Abweichend vom früheren Recht (BGHSt 10, 294) wird auch der ehrenamtliche Richter erfasst, nicht aber ein Soldat (vgl Schreiber RuP 98, 169). Zur Täterschaft bei Kollegialgerichten vgl BGHSt 41, 317, 330; Knauer, Die Kollegialentscheidung im Strafrecht, 2001, S 52 und 203; Kuhlen NK 83, 84. – Dass der Amtsträger weisungsfrei tätig wird, also richterliche Unabhängigkeit genießt oder wenigstens in der Rechtssache unabhängig entscheiden kann, ist nicht unbedingt erforderlich (hM; vgl BGHSt 14, 147; 32, 357; Burian ZStW 112, 106, 114; anders Seebode aaO [vgl 1] S 72 und in: JuS 69, 204, 206; Hohoff, An den Grenzen des Rechtsbeugungstatbestandes, 2000, S 164). Daher gehören auch die abhängigen Richter bei den Sonder- und Standgerichten der NS-Zeit, namentlich auch die des früheren Volksgerichtshofes, hierher (hM; vgl etwa NJW 68, 1339 und 71, 571; Spendel LK 15; krit Rudolphi/Stein SK 3 b), obwohl diese Gerichte – jedenfalls zu einem erheblichen Teil – keine Gerichte im rechtsstaatlichen Sinne, sondern Terrorinstrumente zur Durchsetzung der NS-Willkürherrschaft gewesen sind (Rüping JZ 84, 816 und NJW 85, 2391; Sonnen NJW 85, 1065; beachte auch 11); ebenso gehören hierher die auf sozialistische Parteilichkeit verpflichteten Richter bei Sondergerichten in der ehemaligen DDR (Maiwald NJW 93, 1881, 1885; Kraut, Rechtsbeugung? Die Justiz der DDR auf dem Prüfstand des Rechtsstaates, 1997, S 150; Kuhlen NK 19; diff Burian aaO S 131 und Hohoff aaO S 171; vgl 19 zu § 2).

3. Rechtssache ist eine Rechtsangelegenheit, bei der mehrere Beteiligte mit 3 widerstreitenden rechtlichen Belangen einander gegenüberstehen können, wenn über sie nicht durch Verwaltungsmaßnahmen zu befinden, sondern in einem rechtlich vollständig geregelten Verfahren nach Rechtsgrundsätzen zu entscheiden ist (BGHSt 24, 326; Rspr-Übersicht bei Scholderer aaO [vgl 1] S 406). – Namentlich Angelegenheiten aller Zweige der **Gerichtsbarkeit** kommen in Frage; dazu zählen auch sitzungspolizeiliche Anordnungen und das Beschwerdeverfahren hiergegen (BGHSt 47, 105). Der Nachlassrichter (Rechtspfleger) leitet eine Rechtssache ein, wenn er die Vergütung des Nachlasspflegers festsetzt (BGHSt 35, 224 mit Anm Otto JZ 88, 883); ebenso der Jugendrichter, wenn er Vollstreckungsentscheidungen nach § 83 JGG, nicht aber, wenn er als Vollstreckungs- oder Vollzugsleiter Verwaltungsmaßnahmen trifft (beachte auch Düsseldorf MDR 87, 604; Koblenz MDR 87, 605); die Tätigkeit des Gerichtsvollziehers ist nicht mit der eines Richters vergleichbar (Düsseldorf NJW 97, 2124). – Erfasst werden ferner rechtlich vollständig geregelte (rechtsförmliche) **Verfahren vor Verwaltungsbehörden,** in denen der Amtsträger wie ein Richter in vergleichbarer Aufgabenstellung und Position zu entscheiden hat (BGHSt 34, 146; s auch Wagner JZ 87, 658, beide mwN; str). Das trifft für gewöhnliche Verwaltungsverfahren nicht zu (Koblenz GA 87, 553 und MDR 94, 1104), das gilt auch nicht für Verwarnungsverfahren nach §§ 56–58 OWiG (Hamm NJW 79, 2114), für umweltrechtliche Genehmigungs- und sonstige Gestattungsverfahren (Frankfurt ZfW 88, 236, 243; Hamm NJW 99, 2291; Bickel NStZ 88, 181; Breuer NJW 88, 2072, 2084; aM LG Hanau NStZ 88, 179, 181), für Verfahren der Vollzugsbehörden, die Vollzugslockerungen betreffen (Laubenthal JuS 89, 827, 831; aM Rössner JZ 84, 1065, 1070) und für Steuerfestsetzungsverfahren nach §§ 85–100 AO (BGHSt 24, 326 mit krit Anm Bemmann JZ 72, 599) unter Einschluss des nachfolgenden Widerspruchsverfahrens (Celle NStZ 86, 513). Zu bejahen ist es nur für rechtsförmliche Verwaltungsverfahren, soweit in ihnen Entscheidungen wie in der Rechtsprechung zu treffen sind, wie zB im Disziplinarverfahren (RGSt 69, 213), im Bußgeldverfahren nach §§ 35 ff OWiG (BGHSt 44, 258 mit zust Bespr Müller NStZ 02, 356, 362; Celle aaO; Rengier BT II 61/8; aM Scholderer aaO [vgl 1] S 420; abl zur Einstellung nach § 47 II OWiG Stuttgart NZV 98, 510 mit Anm Schulz StraFo 99, 114) oder im strafprozessualen Ermittlungsverfahren (BGHSt 32, 357;

§ 339

Spendel JR 85, 485), soweit es der StA nicht lediglich die Vorbereitung des gerichtlichen Verfahrens, sondern Entscheidungen in der Sache selbst (zB Einstellung des Verfahrens oder Anklageerhebung) zuweist (BGHSt 38, 381 [mit zust Anm Brammsen NStZ 93, 543, krit aber Seebode JR 94, 1]; 40, 169 und 272 [mit Bespr Hohmann NJ 95, 128, Schoreit StV 95, 195 und Spendel JR 95, 214]; 41, 247 und Kuhlen NK 29; NStZ-RR 99, 43; Joecks 3; weiter Wagner aaO S 659, Scholderer aaO S 421, M-Schroeder/Maiwald BT 2 77/6; aM Vormbaum aaO [vgl 1] S 339, der den Staatsanwalt als Täter ganz ausscheidet); eine pflichtgemäße Anklageerhebung kann nur ausnahmsweise eine Beihilfe darstellen (vgl zum Ausnahmefall „Aktion Rose" JR 00, 246 mit Anm Müther; 19 zu § 2).

4. **Partei** ist jeder Beteiligte; zB in Strafsachen der Angeklagte (nicht sein Verteidiger), im Falle des § 387 ZPO der Zeuge.

5. a) Rechtsbeugung ist die Verletzung **objektiven** materiellen oder prozessualen Rechts, und zwar des Gesetzes-, Gewohnheits- oder überpositiven Rechts (objektive Theorie; vgl Bemmann GA 69, 65; M-Schroeder/Maiwald BT 2 77/10; Spendel NJW 71, 537, Peters-FS, S 163 und LK 36–47 und 53a; Sch/Sch-Cramer 5a; ihr neigt auch die Rspr zu, Seebode JR 94, 1 und JZ 00, 319 mit BGHSt 44, 258, als Beispiel; speziell zum überpositiven Recht Burian ZStW 112, 106, 125 und abl Kuhlen NK 37–40), nicht das Handeln des Täters gegen seine Rechtsüberzeugung (subjektive Theorie; vgl v Weber NJW 50, 272; Sarstedt, Heinitz-FS, S 427). Im neueren Schrifttum wird eine differenziertere Abgrenzung auf der Grundlage der richterlichen Amtspflichten empfohlen (vgl etwa Rudolphi ZStW 82, 610; Wagner, Amtsverbrechen, 1975, S 195; Schmidt-Speicher aaO [vgl 1] S 75, 80; Behrendt JuS 89, 945, 948; Rengier BT II 61/17; Rudolphi/ Stein SK 12–17d; krit zur Pflichtwidrigkeitstheorie Scholderer aaO [vgl 1] S 288, 317, 334; W-Hettinger BT 1 Rdn 1134a), vereinzelt aber auch der Theorienstreit überhaupt als bedeutungslos bezeichnet (Schreiber GA 72, 193). In der jüngeren Rspr wird die Bejahung eines objektiven Rechtsbruchs auch von der Motivation des Richters bei der Entscheidung abhängig gemacht und der Vor- oder Nachteil für eine Partei als Tatererfolg (vgl 7) zu einer für das Vorliegen einer Rechtsbeugungshandlung konstitutiven Zielsetzung umgestaltet; namentlich ein Überschreiten der inneren Ermessensgrenzen durch ein Handeln aus sachfremden Erwägungen gezielt zum Vor- oder Nachteil einer Partei soll aus objektiv nicht schwer wiegenden Rechtsverstößen (BGHSt 42, 343, 350) und sogar einer objektiv (noch) vertretbaren Rechtsanwendung einen objektiven Rechtsbruch machen können (BGHSt 44, 258, 262; 47, 105 mit zT krit Bspr Kühl/Heger JZ 02, 201, Böttcher NStZ 02, 146, Schaefer NJW 02, 734, Foth JR 02, 257 und Müller StV 02, 306; generell gegen die Einbeziehung auch innerer Ermessensfehler Schiemann NJW 02, 112; Wohlers/Gaede GA 02, 483; W-Hettinger BT 1 Rdn 1134a; Kuhlen NK 61–64). Ob der BGH an dieser subjektivierten Bestimmung eines objektiven Tatbestandsmerkmals nach Änderung seiner Rspr zu § 315b, wonach nicht mehr die verkehrsfeindliche Einstellung des Fahrzeugführers aus dessen äußerlich verkehrsgerechtem Verhalten objektiv einen verkehrsfremden Eingriff machen soll (vgl 4 zu § 315b), für § 339 festhält, bleibt abzuwarten. Ein Abstellen auf die sachfremden Erwägungen des Täters bei einer objektiv neutralen Handlung begründet jedenfalls kein bloßes Gesinnungsstrafrecht (so aber Rath, Gesinnungsstrafrecht, 2002, S 54), denn der Rechtsbeugungsvorwurf resultiert nicht aus einer rechtsfeindlichen Gesinnung, sondern aus der im konkreten Fall auftretenden Missachtung einzelner Pflichten als unparteiischer Richter (vgl Kühl/Heger JZ 02, 201, 203; hierzu krit Rath aaO S 59). Diese Subjektivierung eines objektiv zu bestimmenden Rechtsverstoßes reichert die vom BGH grundsätzlich vertretene objektive Theorie mit Elementen der Pflichtwidrigkeitstheorie an (Kühl/Heger JZ 02, 201, 202; Rengier BT II 61/15). Im Hinblick auf die Schwere der Strafdrohung (krit Sowada GA 98, 177, 180) genügen aber nur solche Handlungen, mit denen sich der Amtsträger **schwerwiegend vom Gesetz entfernt** und sein Handeln als Staatsorgan nicht an Gesetz und Recht, sondern an seinen eigenen Maßstäben ausrichtet (BGHSt 32, 357, 360; 38, 381 [mit krit Bespr Brammsen NStZ 93, 542 und Seebode JR 94, 1]; 42, 183, 190 [mit Anm Müller NStZ 98, 195]; 42, 343, 345 [mit krit Bespr Seebode JR 97, 412, Krehl NStZ 98, 409, Spendel JZ 98, 85 und Sowada GA 98, 177]; 44, 258, 260 und 275, 298; NJW 97, 1455 [mit nur im Ergebnis zust Bespr Rudolph DRiZ 97, 244, Schmittmann NJW 97, 1426 und Seebode Jura 97, 418]; NStZ-RR 01, 243; Stuttgart NZV 98, 510; Frankfurt NJW 00, 2037 mit krit Anm Gubitz NStZ 01, 253; Karlsruhe NJW 04, 1469; Joecks 5; Kuhlen NK 68; Sch/Sch-Cramer 5 b); diese im Schrifttum nicht unbestrittene (19 a zu § 2; M-Schroeder/Maiwald BT 2 77/16; Rudolphi/Stein SK 11 b; Spendel LK 54 a; s auch Bemmann/Seebode/Spendel ZRP 97, 307, die ihre Kritik mit einem diskutablen Reformvorschlag verbinden, der „schlicht auf den gesetz- oder rechtswidrigen Verstoß" abstellt) Einschränkung hat der BGH bei der Beurteilung von Rechtsbeugungen durch Richter und Staatsanwälte in der DDR nach der ersten Grundsatzentscheidung (BGHSt 40, 30) in weiteren Entscheidungen durch Bildung von Fallgruppen schwerer Menschenrechtsverletzungen konkretisiert (näher dazu 19 zu § 2 mwN).

Rechtsbeugung kann, da sie als Tathandlung ähnlich wie die Untreue nur die Verletzung einer Rechtspflicht voraussetzt, gleichermaßen durch **Tun oder Unterlassen** begangen werden (beachte dazu 2 zu § 266; 18 zu § 13; Rengier BT II 61/10). Letztlich lassen sich alle Formen als falsche Rechtsanwendung verstehen und nicht scharf voneinander trennen (Spendel NJW 71, 537, 540; aM NJW 71, 751). In jedem Falle muss der Widerspruch zum Recht aber eindeutig sein, bei mehreren Interpretationsmöglichkeiten also die Grenze des Vertretbaren überschreiten (KG NStZ 88, 557; Scheffler NZV 96, 479; Sowada GA 98, 177, 181; Spendel LK 41 mwN). Da eine Verurteilung nach § 339 wegen dessen Mindeststrafe und des Fehlens eines minder schweren Falles regelmäßig den Verlust des Richteramtes (§ 45 I) zur Folge hat (Sowada GA 98, 177, 180), ist bei einer Rechtsbeugung durch Unterlassen (BGHSt 47, 105) die Strafmilderungsmöglichkeit des § 13 II zu beachten (Kühl/Heger JZ 02, 201, 203; aM Rudolphi/Stein SK 11 c). Es kommen namentlich in Frage: Sachverhaltsverfälschung (NJW 60, 253; Deumeland ZfS 93, 139), uU auch durch Unterlassen von Maßnahmen, die der Aufklärung dienen (zur Versuchsbeginn und Vollendung der Unterlassungstat Schaffstein, Dreher-FS, S 147, 155 mwN); unrichtige Anwendung von Rechtsvorschriften (zB der Bestimmungen über die Öffentlichkeit, Wolf NJW 94, 681, 687; zB der Bestimmungen über die Zuständigkeit [NStZ-RR 01, 243] oder die Anhörung von Verfahrensbeteiligten, BGHSt 42, 343 mit Bespr Volk NStZ 97, 412, Spendel JZ 98, 85 und Sowada GA 98, 177, 184 oder zB der Bestimmung des § 128 StPO über die förmliche Vernehmung in einem „Vorführungsfall", Frankfurt NJW 00, 2037 mit krit Anm Gubitz NStZ 01, 253); unzulässige Vereinbarungen mit den Parteien (für Absprachen im Strafverfahren [so Schünemann StV 94, 657, 660 und die Vorauﬂ] gilt dies nur noch, wenn sie mit den Grundsätzen von BGHSt 43, 195, unvereinbar sind); Ermessensmissbrauch, namentlich bei der Strafzumessung (NJW 71, 571), aber auch bei der Wahl von prozessualen Entscheidungsalternativen (krit NStZ 88, 218 mit Anm Doller) und sogar bei Zugrundelegung einer objektiv vertretbaren Rechtsansicht auf Grund sachfremder Erwägungen gezielt zum Vor- oder Nachteil einer Partei (BGHSt 47, 105 mit Bespr Böttcher NStZ 02, 146, Foth JR 02, 257, Kühl/Heger JZ 02, 201, Müller StV 02, 306, Schaefer NJW 02, 734, Schiemann NJW 02, 112 und Wohlers/Gaede GA 02, 483); rechtsstaatswidrige, Art 6 I MRK verletzende Verfahrensverzögerungen (Karlsruhe NJW 04, 1469); bei einer Verfahrenseinstellung nach Ermessen (§ 47 II 1 OWiG) liegt Rechtsbeugung nur vor, wenn sie ohne Ermes-

5a

§ 339
BT. 30. Abschnitt. Straftaten im Amt

sensausübung oder aus sachfremden Gründen erfolgt ist (BGHSt 44, 258, 261 mit Bespr Herdegen NStZ 99, 456; Schulz NJW 99, 3471; Scheffler JR 00, 119; Seebode JZ 00, 319 und Müller NStZ 02, 356, 362). – Es genügt, wenn die Rechtsverletzung in irgendeinem Stadium des Verfahrens begangen wird, selbst wenn dies zur Erreichung einer vermeintlich richtigen oder gerechten (BGHSt 32, 357) Entscheidung geschieht und selbst wenn dadurch eine objektiv richtige Endentscheidung verursacht wird (RGSt 57, 31).

6   b) Bei **Leitung** oder **Entscheidung** einer Rechtssache ist die Rechtsbeugung begangen, wenn sie objektiv als eine auf der Leitungs- oder Entscheidungskompetenz des Amtsträgers beruhende Handlung erscheint (BGHSt 32, 357; Karlsruhe NJW 04, 1469; Kuhlen NK 32).

7   c) Als **schädlichen Erfolg** muss die Rechtsbeugung die Verbesserung (einschr dazu BGHSt 32, 357, 363) oder Verschlechterung der Lage einer Partei bewirken (Bemmann GA 69, 65, 69; Spendel JR 85, 485, 489; Kuhlen NK 71). Gleichgestellt ist dem die Schaffung der konkreten Gefahr einer falschen Entscheidung, zB durch eine von sachfremden Erwägungen beeinflusste Entscheidung über die Haftverschonung, die einen Vorteil für den Untersuchungsgefangenen und einen Nachteil für die Staatsanwaltschaft bedeutet (BGHSt 42, 343 mit Bespr Martin JuS 97, 856, Schmittmann NJW 97, 1452, Seebode JR 97, 474, Volk NStZ 97, 412, Ziegert StV 97, 439, 442, Krehl NStZ 98, 409, Sowada GA 98, 177, Spendel JZ 98, 85; offengelassen von BGHSt 44, 258 mit Bespr Seebode JZ 00, 319, 320).

8   6. a) Der **Vorsatz** muss namentlich die Verletzung des objektiven Rechts (vgl 5), das Element der Leitung oder Entscheidung einer Rechtssache (vgl 3, 6; BGHSt 32, 357, 360 mit Anm Fezer NStZ 86, 29) und deren begünstigende oder benachteiligende Wirkung für einen der Beteiligten (RGSt 25, 276, 278) umfassen. Da der Widerspruch zum Recht Tatbestandsmerkmal ist, muss der Täter ihn als solchen erkennen (NStZ 88, 218; Kuhlen NK 79); Rechtsblindheit kann hier – anders als beim Verbotsirrtum – nicht zur Strafbarkeit führen (bei Holtz MDR 78, 626; aM Spendel, Radbruch-GS, S 312; Hohmann/Sander BT II 31/6; zusf Seebode JuS 69, 204; Schreiber GA 72, 193, 198; s auch Müller NJW 80, 2390; Wassermann, Spendel-FS, S 629, 649; – aM jetzt auch bei der Beurteilung von Rechtsbeugungen durch Richter der DDR unter Distanzierung von der Rspr zu NS-Justizverbrechen BGHSt 41, 317 [mit Bespr Begemann NStZ 96, 389, Gritschneder NJW 96, 1239, Maiwald JZ 96, 866, Schmidt JuS 96, 558 und Spendel JR 96, 177]: Rechtsblindheit und politische Überzeugung schließe Vorsatz auch dann nicht aus, wenn der Täter glaubt, sich im Einklang mit Recht und Gesetz zu befinden); hat sich jedoch der Täter auf Grund seiner „besseren" Überzeugung über die erkannte Wertung des Rechts hinweggesetzt, so lässt das den Vorsatz unberührt (näher Schmidt-Speicher aaO [vgl 1] S 108).

9   b) **Bedingter Vorsatz** genügt (hM; vgl etwa Spendel LK 77; anders Krause NJW 77, 285; Müller aaO [vgl 8] ; mit Recht krit zu deren Argumenten Scholderer aaO [vgl 1] S 639; Hupe aaO [vgl 1] S 66). Das ist früher von der Rspr (BGHSt 10, 294) gegen vielfältigen Widerspruch des Schrifttums verneint, durch das EGStGB (5 vor § 1) aber dadurch klargestellt worden, dass die in der Regierungsvorlage enthaltenen Worte „absichtlich oder wissentlich" mit dem Ziel der Einbeziehung auch des bedingten Vorsatzes gestrichen worden sind (BT-Dr 7/1261 S 22). Inhalt und Grenzen des bedingten Vorsatzes der Rechtsbeugung näher zu klären, ist damit zur vordringlichen Aufgabe von Rspr und Lehre geworden (Maiwald JuS 97, 353, 357). Für § 336 aF war die Frage umstritten (vgl etwa Bemmann, Radbruch-GS, S 309, GA 69, 65 und JZ 73, 547; Seebode JuS 69, 204 und ZRP 73, 239; Spendel NJW 71, 537, Heinitz-FS, S 445 und Peters-FS, S 163; Sarstedt, Heinitz-FS, S 427; zusf Hupe aaO S 29). Ihre Beantwortung hängt

§ 339

nicht nur von der Auslegung des objektiven Tatbestandes ab (vgl 5–7), sondern auch von der Abgrenzung des bedingten Vorsatzes gegenüber der bewussten Fahrlässigkeit (23–27 zu § 15). Nach keiner der danach möglichen Auffassungen ist bedingter Vorsatz schon dann zu bejahen, wenn der Richter Zweifel hat, ob sein Standpunkt der objektiven Rechtslage entspricht, sich trotz des Zweifels zu einer Entscheidung durchringt und sich mit der Möglichkeit abfindet, dass sein Ergebnis fehlerhaft sein könnte (näher dazu Frisch, Vorsatz und Risiko, 1983, S 364; Behrendt JuS 89, 945, 949; Scholderer aaO S 646; Hupe aaO S 77; Rudolphi SK 20; vgl auch Frankfurt NJW 00, 2037, 2038); hier wird wegen des Entscheidungszwangs, unter dem der Richter steht, mindestens zu fordern sein, dass er seine Rechtsanwendung auch für den Fall ihrer Fehlerhaftigkeit innerlich akzeptiert (hM; anders Rengier BT II 61/20; Sch/Sch-Cramer 7).

7. Für **Rechtfertigung und Entschuldigung** der Rechtsbeugung gelten die allgemeinen Regeln (beachte Bemmann RuP 69, 95).

8. Der Tatbestand der Rechtsbeugung hat auch eine **Schutzfunktion zugunsten des Richters.** Dieser kann zB wegen Mordes, Freiheitsberaubung oder Verfolgung Unschuldiger, begangen durch richterliche Tätigkeit, nur bestraft werden, wenn § 339 erfüllt ist (sog **Sperrwirkung;** BGHSt 10, 294; Düsseldorf NJW 90, 1347 mit Bespr Hassemer JuS 90, 766; Frankfurt NJW 00, 2037, 2038; Karlsruhe NStZ-RR 01, 112 [mit Bespr Geppert JK 1] und NJW 04, 1469 mit Bespr Martin JuS 04, 635; Hupe aaO [vgl 1] S 20; Küpper, Meurer-GS, S 123, 130; krit Begemann NJW 68, 1361 und NStZ 96, 389; Wassermann RuP 92, 121, 128; Stumpf NStZ 97, 7, 9; zur Begr und dogmatischen Natur der „Sperrwirkung" als Rechtfertigungsgrund Schroeder GA 93, 389, 396 [ebenso Seiler, Die Sperrwirkung im Strafrecht, 2002, S 249; ähnlich Kuhlen NK 94], als missbilligtes Risiko für leicht fahrlässige Amtspflichtwidrigkeit Neuheuser, Die Duldungspflicht gegenüber rechtswidrigem hoheitlichen Handeln im Strafrecht, 1996, S 55, 75; abl Rudolphi/Stein SK 22 a); allerdings wird diese Begrenzungsfunktion umso bedeutungsloser, je weiter das Vorsatzerfordernis über die von der hM gezogenen Grenzen hinaus ausgelegt wird (vgl 9). Sie scheidet ganz aus, soweit bei Sonder- oder Standgerichten der NS-Zeit (nicht bei den Gerichten der DDR in den sog Waldheimer Prozessen; dazu 19 zu § 2) reine Scheinverfahren zur Verschleierung willkürlicher Machtsprüche durchgeführt worden sind; hier fehlen schon die Minimalvoraussetzungen jeglichen Verfahrens und damit die Qualität einer Rechtssache (BGHSt 2, 173, 176; NStZ 96, 485 mit Anm Gribbohm; Spendel, Klug-FS, S 375 und JuS 88, 856; krit zur Beurteilung von NS-Rechtsprechungsakten durch den BGH Dencker, in: Salje [Hrsg], Recht und Unrecht im Nationalsozialismus, 1985, S 294; Spendel JZ 87, 581; Scholderer aaO [vgl 1] S 379).

9. Tateinheit ua möglich mit §§ 239 (BGHSt 41, 247, 250), 258a (BGHSt 43, 183, 194), 343, 345. Zu § 332 dort 11; zu § 344 dort 9. Mehrfache Rechtsbeugungshandlungen zB eines Staatsanwalts in demselben Strafverfahren mit identischer Zielrichtung bilden eine einheitliche Tat (BGHSt 40, 169; 41, 247).

10. Verlust der Amtsfähigkeit § 358.

11. § 238 StGB/DDR ist durch Art 5 des 6. StrRG (16–22 vor § 38) aufgehoben worden (Kuhlen NK 90); Strafbarkeitslücken sind nicht zu erwarten, da bisher von § 238 I StGB/DDR erfasste Taten als Anstiftung oder versuchte Anstiftung zur Rechtsbeugung nach § 339 oder als versuchte Nötigung, bisher von § 238 II StGB/DDR erfasste Taten als Beleidigung, Verleumdung oder Bedrohung nach §§ 185, 187, 241 erfasst werden können (BT-Dr 13/8587 S 54). – Zu den **DDR-Alttaten** 19 zu § 2 sowie Rudolphi/Stein SK 3 c, 4.

§ 340 Körperverletzung im Amt

(1) Ein Amtsträger, der während der Ausübung seines Dienstes oder in Beziehung auf seinen Dienst eine Körperverletzung begeht oder begehen läßt, wird mit Freiheitsstrafe von drei Monaten bis zu fünf Jahren bestraft. In minder schweren Fällen ist die Strafe Freiheitsstrafe bis zu fünf Jahren oder Geldstrafe.

(2) Der Versuch ist strafbar.

(3) Die §§ 224 bis 229 gelten für Straftaten nach Absatz 1 Satz 1 entsprechend.

> Fassung: Das 6. StrRG (13 vor § 1) hat Abs 2 eingefügt und den bisherigen Abs 2 als Abs 3 neu gefasst.

1 1. **Qualifikationstatbestand** zu § 223 (hM; vgl etwa Otto GK 2 19/1; Rengier BT II 62/1; Hirsch LK 1; Kuhlen NK 4; Horn/Wolters SK 2b; anders Wagner ZRP 75, 273, der ein eigenständiges Amtsdelikt annimmt; krit Hirsch ZStW 88, 752, 775). Die Tat ist uneigentliches Amtsdelikt (2 vor § 331). – Zu Besonderheiten von Ermittlungsverfahren gegen Polizeivollzugsbeamte Singelnstein MschrKrim 03, 1.

2 2. Der Amtsträger (3–11 zu § 11; s auch § 48 I WStG) muss stets **als solcher auftreten** und außerdem entweder **während** seines Dienstes oder **in Beziehung** auf ihn handeln; auch Handlungen während des Dienstes müssen in innerem Zusammenhang mit ihm stehen (Amelung/Weidemann JuS 84, 597; Hirsch LK 5). Bei Ärzten in öffentlichen Krankenanstalten, die als solche Amtsträger sind (9 zu § 11), fehlt es für ihre Behandlungstätigkeit idR an diesem Zusammenhang (Karlsruhe NJW 83, 352 mit krit Bespr Wagner JZ 87, 594, 596; zust aber Kuhlen NK 8). – **Begehen lassen** umfasst sowohl mittelbare Täterschaft (Otto GK 2 19/5; aM Horn/Wolters SK 3a), Anstiftung und Beihilfe (Küpper BT 1 I 2/33; Joecks 3; krit Hirsch LK 10) wie auch Zulassen trotz dienstlicher Verhinderungspflicht (OGH NJW 50, 196, 435; diff Horn/Wolters SK 3c; aM Otto aaO Rdn 6).

3 3. Die Tat erfordert **Vorsatz** (bedingter genügt). Bei Fahrlässigkeit gilt nur § 229 entsprechend (Abs 3).

4 4. Die **Einwilligung** des Verletzten (§ 228) hat wegen des Verweises auf § 228 in Abs 3 auch hier rechtfertigende Wirkung (Rengier BT II 62/5; Horn/Wolters SK 8; Joecks 4; Kuhlen NK 5; Sch/Sch-Cramer 5; aM Jäger JuS 00, 31, 38; Hirsch LK 15; Küpper BT 1 I 2/37; aM zum bisherigen Recht BGHSt 12, 62, 70; NJW 83, 462 mit abl Bespr Amelung/Weidemann JuS 84, 595; Wagner JZ 87, 658, 662; krit schon bisher Amelung, Die Einwilligung in die Beeinträchtigung eines Grundrechtsgutes, 1981, S 63, 70, alle mwN), und zwar nicht nur in den schon bisher anerkannten Fällen, dass ein Gesetz etwas anderes bestimmt (etwa in § 81a I StPO) oder dass (zB bei Behandlung durch den Amtsarzt) kein staatliches Interesse betroffen ist (dazu Amelung, Dünnebier-FS, S 487 mwN; str). An ihr Vorliegen sind aber strenge Voraussetzungen zu stellen; duldet der Verletzte einen Eingriff durch den Amtsträger, weil er sich für dazu – zB auf Grund polizeirechtlichen Verwaltungsakts – verpflichtet hält, muss eine (konkludente) Einwilligung ausscheiden (vgl 3 zu § 228). Um dem Verletzten zu verdeutlichen, dass er ausnahmsweise nicht einer Duldungspflicht unterliegt, wird man idR eine Aufklärung über die Rechtslage – ähnlich den Grundsätzen zum ärztlichen Heileingriff (14ff zu § 228) – durch den Amtsträger verlangen können. Eine gleichwohl erteilte Einwilligung bedarf außerdem wohl sorgfältiger Prüfung der Sittenwidrigkeit (10 zu § 228). – Polizeiliche Zwangsmittel sind rechtmäßig nur auf Grund gesetzlicher Ermächtigung und nur im Rahmen des Verhältnismäßigkeitsgrundsatzes, der auch in den Landesgesetzen über Anwendung unmittelbaren Zwanges verankert ist

(Bremen NJW 64, 735; Bay NStZ 88, 518; Karlsruhe NStZ-RR 97, 37); darüber hinausgehende Nothilfe ist nicht grundsätzlich ausgeschlossen (17 zu § 32; einschr Ebel, Kriminalistik 95, 825, 826). – Zum Züchtigungsrecht des Lehrers 11 zu § 223.

5. Der **Versuch** ist durch **Abs 2** unter Strafe gestellt.

6. Abs 3 erklärt – schwer verständlich (Wolters JuS 98, 582, 586) – §§ 224–229 für entsprechend anwendbar, so dass es etwa eine fahrlässige Körperverletzung im Amt gibt (krit Hirsch LK 21); bei ihr ist der Strafrahmen des § 229 anzuwenden (KG NJW 00, 1352); zur Verweisung auf §§ 226, 227 näher Hardtung, Versuch und Rücktritt bei den Teilvorsatzdelikten des § 11 Abs 2 StGB, 2002, S 131; dies gilt auch für Fälle des Begehen lassens (BT-Dr 13/8587 S 83). – Für Beteiligte gilt § 28 II (Hirsch LK 17; aM Tröndle/Fischer 6).

7. Tateinheit mit §§ 224–227 ist wegen Abs 3 (vgl 6) nicht mehr möglich (ebenso Rengier ZStW 111, 1, 27); es ist wegen gefährlicher, schwerer oder fahrlässiger Körperverletzung im Amt schuldigzusprechen (Wolters aaO), die Amtsträgereigenschaft wirkt aber bei den §§ 224–229 nicht (mehr) strafrahmenerhöhend (Wolters aaO). Im Falle des Begehen lassens wird § 357 verdrängt (Sch/Sch-Cramer 8; diff Hirsch LK 22).

8. § 230 (Strafantrag) ist nicht anwendbar. Verlust der Amtsfähigkeit § 358.

§§ 341, 342 *(weggefallen)*

§ 343 Aussageerpressung

(1) **Wer als Amtsträger, der zur Mitwirkung an**
1. einem Strafverfahren, einem Verfahren zur Anordnung einer behördlichen Verwahrung,
2. einem Bußgeldverfahren oder
3. einem Disziplinarverfahren oder einem ehrengerichtlichen oder berufsgerichtlichen Verfahren
berufen ist, einen anderen körperlich mißhandelt, gegen ihn sonst Gewalt anwendet, ihm Gewalt androht oder ihn seelisch quält, um ihn zu nötigen, in dem Verfahren etwas auszusagen oder zu erklären oder dies zu unterlassen, wird mit Freiheitsstrafe von einem Jahr bis zu zehn Jahren bestraft.

(2) **In minder schweren Fällen ist die Strafe Freiheitsstrafe von sechs Monaten bis zu fünf Jahren.**

1. Die Vorschrift dient dem **Schutz der Rechtspflege,** aber auch der **freien Willenentschließung** (M-Schroeder/Maiwald BT 2 77/1; Heinrich, Der Amtsträgerbegriff im Strafrecht, 2001, S 290; Kinzig ZStW 115, 791, 795). Die Tat ist nach hM (vgl etwa Jeschek LK 1; Horn/Wolters SK 2 und Kuhlen NK 18) eigentliches Amtsdelikt; wegen des mitgeschützten Individualrechtsguts der mitverwirklichten Nötigung ist jedoch ein uneigentliches Amtsdelikt anzunehmen (2 vor § 331; Maiwald JuS 77, 353, 358; Heinrich aaO S 181; Joecks 4).

2. Amtsträger 3–11 zu § 11; s auch § 48 I WStG. Zum **Strafverfahren** gehören auch das polizeiliche und staatsanwaltschaftliche Ermittlungsverfahren selbst dann, wenn es noch nicht förmlich eingeleitet ist (bei Holtz MDR 80, 630), das Verfahren zur Anordnung einer Maßnahme im Sinne des § 11 I Nr 8 (zB §§ 413 ff, 440, 126 a StPO) und das Jugendstrafverfahren (§§ 43 ff JGG), nicht aber Handlungen zur Gefahrenabwehr, selbst wenn sie innerhalb eines strafrechtlichen Ermittlungsverfahrens stattfinden (aM Kinzig ZStW 115, 791, 793; vgl Rn 4). –

§ 344

BT. 30. Abschnitt. Straftaten im Amt

Der **Anordnung einer behördlichen Verwahrung** dienen namentlich die Verfahren zur Unterbringung Geistes- und Suchtkranker nach den Landesunterbringungsgesetzen und zur zwangsweisen Unterbringung nach § 30 IfSG. – **Bußgeldverfahren** §§ 35 ff OWiG. – **Disziplinarverfahren** zB nach der BDO und der WDO. – **Ehren- und berufsgerichtliche Verfahren** zB nach §§ 116 ff BRAO und §§ 89 ff StBerG. Nachforschungen lediglich zur Behebung eines polizeiwidrigen Zustandes gehören nicht hierher (BGHSt 6, 144). – **Täter** können namentlich Richter, Staatsanwälte, Hilfsbeamte der StA, Polizeibeamte, Verwaltungsbeamte und Disziplinarvorgesetzte sein, uU auch beamtete Ärzte, die das Vorliegen der Voraussetzungen landesrechtlicher Unterbringungsgesetze begutachten (str; vgl 2 zu § 344). – Es genügt deren allgemeine Zuständigkeit zur Vornahme der Untersuchungshandlung; auf die konkrete Zuständigkeit im Einzelfall kommt es nicht an (BT-Dr 7/550 S 278; s auch OGH NJW 50, 713).

3   **3. Die Tathandlungen:** Das **körperliche Misshandeln** (4 zu § 223) kann uU auch ohne körperliche Berührung, zB durch lange Vernehmungen bei grellem Licht oder Unterbringung in Steh- oder Dunkelzellen geschehen (BT-Dr aaO [vgl 2]). – Der Begriff der **Gewalt** entspricht dem des § 240 (dort 5–10; BT-Dr aaO; speziell zur Hypnose uä Kuhlen NK 8, 9). – Drohung mit einer unzulässigen Festnahme kann als **Androhen** (11 zu § 240) **von Gewalt** genügen. – **Seelisches Quälen** ist das Zufügen länger dauernder oder sich ständig wiederholender seelischer Leiden, die über die unvermeidbare psychische Belastung durch das Verfahren hinausgehen (krit Maiwald JuS 77, 353, 358) und die seelischen Widerstandskräfte des Betroffenen zermürben (BT-Dr aaO; Horn/Wolters SK 9). – **Nicht alle** unzulässigen Vernehmungsmethoden **nach § 136a StPO** werden erfasst, namentlich nicht Täuschungen und rechtswidrige Versprechungen.

4   **4.** Der **innere Tatbestand** erfordert neben dem Vorsatz die Absicht (**„um zu"**) im Sinne zielgerichteten Wollens (20 zu § 15), das Opfer zu einer verfahrensrelevanten Aussage oder Erklärung, gleich welchen Inhalts, oder zu deren Unterlassung zu nötigen (4 zu § 240); ob der Täter daneben noch andere Zwecke verfolgt und ob der Nötigungserfolg eintritt, ist unerheblich. Erfolgt die Erpressung ausschließlich zum Zwecke der Gefahrenabwehr, so fehlt die Absicht (Ebel, Kriminalistik 95, 825; Jerouschek/Kölbel JZ 03, 613, 619 zur sog „Gefahrenabwendungsfolter"; aM Kinzig ZStW 115, 791, 793; vgl dazu auch LG Frankfurt StV 03, 327 mit Bespr Geppert JK 12 zu § 136a StPO).

5   **5.** Die Einwilligung des Opfers hat wegen des (auch) überindividuellen Rechtsguts keine rechtfertigende Wirkung (Kuhlen NK 16).

6   **6.** Zu **Abs 2** (minder schwere Fälle) 7–10 a zu § 46; 4 zu § 12.

7   **7. Tateinheit** ua möglich mit § 339. § 240 wird verdrängt (aM für die vollendete Nötigung Horn/Wolters SK 16).

8   **8.** Verlust der Amtsfähigkeit § 358.

§ 344 Verfolgung Unschuldiger

(1) **Wer als Amtsträger, der zur Mitwirkung an einem Strafverfahren, abgesehen von dem Verfahren zur Anordnung einer nicht freiheitsentziehenden Maßnahme (§ 11 Abs. 1 Nr. 8), berufen ist, absichtlich oder wissentlich einen Unschuldigen oder jemanden, der sonst nach dem Gesetz nicht strafrechtlich verfolgt werden darf, strafrechtlich verfolgt oder auf eine solche Verfolgung hinwirkt, wird mit Freiheitsstrafe von einem Jahr bis zu zehn Jahren, in minder schweren Fällen mit Freiheitsstrafe von drei Monaten bis zu fünf Jahren bestraft. Satz 1 gilt sinngemäß für einen Amtsträger, der zur Mitwirkung an einem Verfahren zur Anordnung einer behördlichen Verwahrung berufen ist.**

Verfolgung Unschuldiger **§ 344**

(2) **Wer als Amtsträger, der zur Mitwirkung an einem Verfahren zur Anordnung einer nicht freiheitsentziehenden Maßnahme (§ 11 Abs. 1 Nr. 8) berufen ist, absichtlich oder wissentlich jemanden, der nach dem Gesetz nicht strafrechtlich verfolgt werden darf, strafrechtlich verfolgt oder auf eine solche Verfolgung hinwirkt, wird mit Freiheitsstrafe von drei Monaten bis zu fünf Jahren bestraft. Satz 1 gilt sinngemäß für einen Amtsträger, der zur Mitwirkung an**
1. einem Bußgeldverfahren oder
2. einem Disziplinarverfahren oder einem ehrengerichtlichen oder berufsgerichtlichen Verfahren
berufen ist. Der Versuch ist strafbar.

1. Die Vorschrift dient vornehmlich dem **Schutz der Rechtspflege** (hM; vgl etwa Jescheck LK 1; Kuhlen NK 4; anders M-Schroeder/Maiwald BT 2 77/1: die auch das Individualgrundrecht aus Art 2 I GG als mitgeschützt ansehen). Die Tat ist eigentliches Amtsdelikt (2 vor § 331). 1

2. Zum **Täterkreis** der Absätze 1, 2 und zu den einschlägigen Verfahren 2 zu § 343 (zum militärischen Disziplinarverfahren beachte § 39 WStG); auch beamtete Ärzte können an einem (landesrechtlichen) Unterbringungsverfahren zur Mitwirkung berufen sein; ihre Zuziehung als Sachverständige wird ebenfalls erfasst (BT-Dr 7/550 S 280; aM Maiwald JuS 77, 353, 358; Geerds, Spendel-FS, S 503, 507; Kindhäuser 3; Jescheck LK 2; Tröndle/Fischer 2), allerdings nur, wenn sie gesetzlich vorgeschrieben ist (Geppert Jura 81, 82; Sch/Sch-Cramer 8; zw). – **Nicht freiheitsentziehende Maßnahmen** im Sinne der Absätze 1, 2 sind nicht nur Verfall, Einziehung und Unbrauchbarmachung (§§ 73 ff), sondern auch die Maßregeln der Besserung und Sicherung nach §§ 68–70 b; bei dem ganz unterschiedlichen Gewicht der nach Abs 2 einbezogenen Maßnahmen ist die Abstufung der Strafdrohungen in den Absätzen 1, 2 und die Erfassung auch geringfügiger Taten nicht durchgängig einleuchtend (krit Blei JA 74, 746; Geerds aaO S 504). 2

3. Unschuldig ist, wer die dem Verfahren zugrundegelegte Tat nicht begangen hat oder wer nicht strafbar ist, weil ein Rechtfertigungs-, Entschuldigungs- oder Strafausschließungsgrund vorliegt oder weil die Tat nach §§ 3–7 dem deutschen Strafrecht nicht unterliegt; in Frage kommen auch Fälle minderen Unrechts (zB Raub statt Diebstahl). „**Strafrechtlich nicht verfolgt werden darf**" setzt das Vorliegen eines Hindernisses voraus, das der Strafverfolgung schlechthin entgegensteht (zB Verjährung, Fehlen des Strafantrags, Exterritorialität, Immunität, Rechtskraft usw); dass lediglich einzelne Verfolgungsmaßnahmen wegen Fehlens ihrer Prognosevoraussetzungen (zB „dringend verdächtig", § 112 I StPO; „genügender Anlass" zur Klageerhebung, § 170 I StPO; „hinreichender" Tatverdacht, § 203 StPO) unzulässig sind, genügt nicht, weil dadurch der Schutzbereich des Verbrechenstatbestandes unangemessen erweitert würde (ebenso Jescheck LK 9; aM Langer JR 89, 95, 98; M-Schroeder/Maiwald BT 2 77/32). – Da Unschuld, wie sich aus dem Wort „sonst" ergibt, nur einen Unterfall des Verbots strafrechtlicher Verfolgung bildet, ist stets der **prozessuale Aspekt** ausschlaggebend. Aus welchen Gründen nicht verfolgt werden darf, ist unerheblich (Geerds aaO [vgl 2] S 510; Joecks 5; aM Kuhlen NK 9–13). 3

4. Die **Tathandlungen nach Abs 1 S 1, Abs 2: Strafrechtliche Verfolgung** ist jedes dienstliche Tätigwerden im Rahmen eines Strafverfahrens (dazu Schroeder GA 85, 485), dessen Beginn schon mit der ersten Aufnahme polizeilicher Ermittlungen zusammenfällt. Es muss gegen eine bestimmte Person gerichtet sein (Horn/Wolters SK 5) und deren Bestrafung oder Maßregelung bezwecken, im Falle des selbstständigen Verfahrens zur Anordnung von Verfall, Einziehung 4

§ 344

BT. 30. Abschnitt. Straftaten im Amt

oder Unbrauchbarmachung (§ 76a) genügt auch die Richtung gegen ein bestimmtes Objekt (BT-Dr 7/550 S 280; Jeschek LK 5; zw). – Mit dem Begriff des **Hinwirkens auf eine solche Verfolgung** sollen auch Amtsträger sicher erfasst werden, die als Hilfsorgane handeln und nicht selbst Träger der Verfolgung sind (BT-Dr aaO; s auch Oldenburg MDR 90, 1135; Geerds aaO [vgl 2] S 509); ein Hinwirken liegt auch vor, wenn ein konkret unzuständiger Amtsträger (2 zu § 343) den nach der Geschäftsverteilung zuständigen zu Verfolgungsmaßnahmen veranlasst (aM M-Schroeder/Maiwald BT 2 77/30; Kuhlen NK 7). – Im Falle des **Abs 2 S 2** tritt an die Stelle der Verfolgung wegen einer Straftat oder rechtswidrigen Tat die wegen einer Ordnungswidrigkeit usw; hier kann die bloße Zusendung eines Anhörungsbogens genügen (LG Hechingen NJW 86, 1823; krit Geilen, Hirsch-FS, S 507).

5   5. Die **Tathandlung nach Abs 1 S 2** setzt voraus, dass der Täter zur Herbeiführung einer behördlichen Verwahrung dienstlich tätig wird oder auf eine solche hinwirkt, obwohl die gesetzlichen Voraussetzungen dazu nicht erfüllt sind, zB Abgabe eines unwahren amtsärztlichen Zeugnisses über den Geisteszustand zur Vorbereitung einer Unterbringung nach den einschlägigen Landesgesetzen.

6   6. Als **Vorsatz** genügt nur Absicht oder Wissentlichkeit (20–22 zu § 15). Daher muss es dem Täter entweder – sei es auch nur neben anderen Zwecken oder als Mittel zur Erreichung weiterer Zwecke (Mohrbotter JZ 69, 191) – darauf ankommen, dass die Verfolgung jemanden trifft, der nicht verfolgt werden darf (Herzberg JR 86, 6; weiter München NStZ 85, 549); oder er muss das der Verfolgung entgegenstehende Hindernis sicher kennen (Düsseldorf NJW 87, 2453 mit Bespr Langer JR 89, 95, beide mwN), was sich auch in der Überzeugung von seinem Vorliegen ausdrücken kann. Im Falle der Absicht bedarf es dieses sicheren Wissens nicht; hier reicht bloße Möglichkeitsvorstellung aus (Jescheck LK 10; Sch/Sch-Cramer 19; aM Kuhlen NK 18). Für die übrigen Tatbestandselemente (zB Berufung zur Mitwirkung an einem Verfahren) genügt bedingter Vorsatz (Geerds aaO [vgl 2] S 513).

7   7. Ist nach den **einschlägigen Verfahrensvorschriften** eine Untersuchung trotz Kenntnis der Unschuld einer Person zu führen oder weiterzuführen, zB nach Eröffnung des Hauptverfahrens, so sind Untersuchungshandlungen schon nicht tatbestandsmäßig, weil die prozessuale Zulässigkeit den Ausschlag gibt (vgl 3; ebenso Wagner JZ 87, 658, 663; Geerds aaO [vgl 2] S 510; Kindhäuser 12; Kuhlen NK 14; diff Horn/Wolters SK 10). Der Annahme eines Rechtfertigungsgrundes in Grenzfällen oder einer Begründung mit erlaubtem Risiko (so Herzberg JR 86, 6) oder mit Sozialadäquanz (so München NStZ 85, 549; krit Langer JR 89, 95) bedarf es nicht. – Zu umstrittenen Besonderheiten bei **nachrichtendienstlichem Handeln** von Behörden beachte die Nachw unter 17 vor § 32.

8   8. **Minder schwere Fälle** (Abs 1 S 1) 7–10a zu § 46; 4 zu § 12.

9   9. **Abs 1 geht vor**, wenn die Herbeiführung einer Maßnahme nach Abs 2 im subjektiven Verfahren betrieben wird und die Tathandlung zugleich auch unbegründete Bestrafung bezweckt. – Mit § 339 ist **Tateinheit** möglich, weil die konkurrierenden Schutzzwecke sich nicht voll decken (Geppert Jura 81, 78, 83; Kuhlen NK 25; „Klarstellungsfunktion"; Spendel LK 123 zu § 339; aM Geerds aaO [vgl 2] S 516; Jescheck LK 13; Horn/Wolters SK 15; Sch/Sch-Cramer 22: Gesetzeskonkurrenz; allgemein zum Verhältnis von § 344 und § 339 Geilen, Hirsch-FS, S 507, 511), während § 164 wegen seines mit § 344 übereinstimmenden Schutzzwecks verdrängt wird (Oldenburg MDR 90, 1135).

10   10. Verlust der Amtsfähigkeit § 358.

§ 345 Vollstreckung gegen Unschuldige

(1) **Wer als Amtsträger, der zur Mitwirkung bei der Vollstreckung einer Freiheitsstrafe, einer freiheitsentziehenden Maßregel der Besserung und Sicherung oder einer behördlichen Verwahrung berufen ist, eine solche Strafe, Maßregel oder Verwahrung vollstreckt, obwohl sie nach dem Gesetz nicht vollstreckt werden darf, wird mit Freiheitsstrafe von einem Jahr bis zu zehn Jahren, in minder schweren Fällen mit Freiheitsstrafe von drei Monaten bis zu fünf Jahren bestraft.**

(2) **Handelt der Täter leichtfertig, so ist die Strafe Freiheitsstrafe bis zu einem Jahr oder Geldstrafe.**

(3) **Wer, abgesehen von den Fällen des Absatzes 1, als Amtsträger, der zur Mitwirkung bei der Vollstreckung einer Strafe oder einer Maßnahme (§ 11 Abs. 1 Nr. 8) berufen ist, eine Strafe oder Maßnahme vollstreckt, obwohl sie nach dem Gesetz nicht vollstreckt werden darf, wird mit Freiheitsstrafe von drei Monaten bis zu fünf Jahren bestraft. Ebenso wird bestraft, wer als Amtsträger, der zur Mitwirkung bei der Vollstreckung**

1. **eines Jugendarrestes,**
2. **einer Geldbuße oder Nebenfolge nach dem Ordnungswidrigkeitenrecht,**
3. **eines Ordnungsgeldes oder einer Ordnungshaft oder**
4. **einer Disziplinarmaßnahme oder einer ehrengerichtlichen oder berufsgerichtlichen Maßnahme**

berufen ist, eine solche Rechtsfolge vollstreckt, obwohl sie nach dem Gesetz nicht vollstreckt werden darf. Der Versuch ist strafbar.

1. Die Vorschrift schützt die **Rechtspflege** und daneben auch die persönliche Freiheit (Seebode StV 88, 119, 123; ähnlich Kuhlen NK 4; M-Schroeder/Maiwald BT 2 77/1: auch das Vermögen); teils wird auch nur die Rechtspflege (zB Jescheck LK 1) oder nur die persönliche Freiheit (zB BGHSt 20, 64, 67; Franzheim GA 77, 69) als geschützt angesehen. Die Tat ist eigentliches Amtsdelikt (2 vor § 331). 1

2. Zum **Täterkreis** der Absätze 1–3 und zu den einschlägigen Verfahren 2 zu § 343; 2 zu § 344 (zur Vollstreckung im militärischen Bereich beachte § 48 WStG). **Freiheitsstrafe** ist auch die Ersatzfreiheitsstrafe, die Jugendstrafe und der Strafarrest (1 zu § 38) sowie die sog Zwischenhaft (unten 3; Tröndle/Fischer 5); behördliche Verwahrung auch die UHaft (Franzheim GA 77, 69; M-Schroeder/Maiwald BT 2 77/34; Jescheck LK 5; aM Kuhlen NK 9, alle mwN; str). **Ordnungsgeld** und Ordnungshaft sind namentlich in den Prozessordnungen (zB §§ 51 I, 70 I StPO, §§ 380, 390 I, 409 I ZPO) angedroht. 2

3. Vollstrecken ist jedes dienstliche Tätigwerden oder pflichtwidrige Unterlassen (Jescheck LK 3), das den Erfolg der vollständigen oder teilweisen Vollziehung einer Rechtsfolge herbeiführt. Ob diese nicht (auch nicht mehr) vollstreckt werden darf, bestimmt sich nach den formellen Vollstreckungsvoraussetzungen des jeweils anwendbaren Prozessrechts (Hamm NStZ 83, 459 mit Anm Müller-Dietz, beide mwN). Auch die nach Rechtskraft eines Urteils, aber vor Einleitung von Vollstreckungsmaßnahmen vollzogene Haft (vgl zur sog Zwischenhaft etwa BGHSt 38, 63) erfüllt diese Voraussetzungen (hM; anders Seebode StV 88, 119 und Linke JR 01, 358), nicht dagegen die unter Verletzung der Spezialitätsbindung im Auslieferungsverkehr durchgeführte Vollstreckung (Hermes NStZ 88, 396). Auf die materielle Richtigkeit der zugrundeliegenden Entscheidung kommt es – vom Fall der Nichtigkeit abgesehen (Maiwald JuS 77, 353, 359) – nicht an (Horn/Wolters SK 5; Joecks 2; Kuhlen NK 8). 3

§§ 346–348

4 4. Abs 1, 3 erfordern **Vorsatz** (bedingter genügt). Zur **Leichtfertigkeit** (Abs 2) 55 zu § 15 (krit Reiß Rpfleger 76, 201; s auch Köln MDR 77, 66 mit Anm Reiß Rpfleger 76, 406).

5 5. Zu den **minder schweren Fällen** (Abs 1 S 1) 7–10a zu § 46; 4 zu § 12.

6 6. **Tateinheit** ua möglich mit § 339. Gegenüber § 239 geht die Vorschrift vor (Gesetzeseinheit, 24 vor § 52; diff Horn/Wolters SK 15; Kuhlen NK 17).

7 7. Verlust der Amtsfähigkeit § 358.

§§ 346, 347 *(weggefallen)*

§ 348 Falschbeurkundung im Amt

(1) **Ein Amtsträger, der, zur Aufnahme öffentlicher Urkunden befugt, innerhalb seiner Zuständigkeit eine rechtlich erhebliche Tatsache falsch beurkundet oder in öffentliche Register, Bücher oder Dateien falsch einträgt oder eingibt, wird mit Freiheitsstrafe bis zu fünf Jahren oder mit Geldstrafe bestraft.**

(2) **Der Versuch ist strafbar.**

1 1. Die Vorschrift **bezweckt den Schutz des allgemeinen Vertrauens** in die Wahrheitspflicht der mit der Aufnahme öffentlicher Urkunden betrauten Amtspersonen (BGHSt 37, 207; Freund, Urkundenstraftaten, 1996, Rdn 300, beide mwN). Die Tat ist eigentliches Amtsdelikt (2 vor § 331); für den Nichtamtsträger gilt § 271 (Puppe NK 1).

2 2. **Täter** kann nur ein Amtsträger (3–11 zu § 11; s auch § 48 I, II WStG) sein, der nach Bundes- oder Landesrecht zur Aufnahme öffentlicher Urkunden befugt, dh berechtigt ist, durch schriftliche (oder elektronische) Festlegung einer vor ihm abgegebenen Erklärung, einer von ihm gemachten Wahrnehmung oder einer durch ihn oder vor ihm geschehenen Tatsache ein Beweismittel für und gegen jedermann zu schaffen (RGSt 61, 36; Hoyer SK 3; weiter Sch/Sch-Cramer 4; zusf Blei JA 69, 356); entgegen § 271 (dort 5) steht hier der Wortlaut einer gemeinschaftskonformen Auslegung entgegen (Satzger, Die Europäisierung des Strafrechts, 2001, S 582).

3 3. Zu den **Voraussetzungen** der Falschbeurkundung (Grundfälle dazu bei Freund JuS 94, 305):

a) Der Amtsträger muss **sachlich und örtlich zuständig** sein (BGHSt 12, 85); die Vornahme einer Beurkundung durch einen Notar außerhalb seines Amtsbezirks und damit unter Verstoß gegen § 11 II BNotO ändert nichts an seiner Zuständigkeit (BGHSt 44, 186 mit Bespr Otto JK 6; Puppe NK 3).

4 b) Die **Beurkundung** in einer öffentlichen Urkunde oder die **Eintragung oder Eingabe** in öffentliche Register, Bücher oder Dateien muss eine **rechtlich erhebliche Tatsache** mit **Beweiskraft für und gegen jedermann** festlegen (2–4 zu § 271).

5 aa) Neben Notaren, Standesbeamten und Richtern kommen auch andere Kategorien von Amtsträgern für Beurkundungen usw in Frage. So beurkundet zB: der Urkundsbeamte die Zeugengebührenberechnung; der Gerichtsvollzieher gemäß § 762 ZPO die Pfändung oder Verhaftung (Hamm NJW 59, 1333), aber nicht die freiwillige Zahlung (Frankfurt NJW 63, 773); der Polizeibeamte die nach § 158 I StPO vor ihm erstattete mündliche Anzeige, aber nicht die Zeugenaussage (Stuttgart NJW 56, 1082); der Wahlvorstand die Richtigkeit des Wahlergebnisses (RGSt 56, 387); und der Postbankbeamte die Ein- und Auszahlungen sowie deren Datum im Postsparbuch (Bay NJW 93, 2947, 2948).

§ 348

bb) Die **rechtlich erhebliche Tatsache** muss aus der Beurkundung als 6
ausdrücklicher und wenigstens konkludent erklärter Inhalt hervorgehen; sie darf
sich nicht erst aus gedanklichen Schlussfolgerungen ergeben (Hamm DRZ 49,
116; Bay NStZ-RR 99, 79). Rechtliche Verfügungen und rechtliche Wertungen
sowie alle Werturteile, namentlich Leumundszeugnisse, sind als solche keine
Tatsachen (Köln JR 79, 255 mit krit Anm Puppe). Daher betrifft auch die vom
Notar beurkundete Geschäftsfähigkeit des Erklärenden keine Tatsache (GA 64,
309).

cc) Der **öffentliche Glaube reicht ebenso weit** wie bei § 271 I (dort 3; s 7
auch Bay NJW 90, 655 mwN). Tatsachen, die nur für den inneren Dienst vermerkt werden, scheiden danach aus (BGHSt 7, 94; Hamm MDR 74, 857; probl
Celle NStZ 87, 282 mit krit Bespr Puppe JZ 91, 610). Im Übrigen ist ebenso wie
bei § 271 I (dort 3) eine nicht immer widerspruchsfreie **Kasuistik** entstanden: Beurkundet ein Notar bei Unterzeichnung des Protokolls über ein Rechtsgeschäft
auch sein „Zugegensein" bei Verlesung der Niederschrift, so nimmt dieses als
rechtlich erhebliche Tatsache an der besonderen Beweiswirkung teil (BGHSt 26,
47); das gilt auch für das „Verlesen" einer Niederschrift (§ 13 I 1 BeurkG; Zweibrücken NStZ 00, 201), nicht aber für die inhaltliche Richtigkeit des Abschlussvermerks nach § 13 I 2 BeurkG (Zweibrücken NStZ 04, 334). Entsprechendes
gilt, wenn er eine „vor" ihm vollzogene Unterschrift beglaubigt (Frankfurt NStZ
86, 121 mit Anm Pikart, beide mwN; zw); zwar ist die Anwesenheit des Notars
keine Wirksamkeitsvoraussetzung der Beglaubigung, immerhin aber eine wichtige,
durch die Soll-Vorschrift des § 40 III S 2 BeurkG auferlegte Pflicht (auf der
Grundlage älterer Beurkundungsvorschriften anders BGHSt 22, 32 mit krit Bespr
Heinitz JR 68, 307 und Tröndle GA 73, 321, 338); die zutreffende Mitteilung des
Beurkundungsortes ist nicht vom Schutz öffentlicher Urkunden erfasst (BGHSt
44, 186 mit Bespr Otto JK 6; Puppe NK 22), auch nicht die des Zeitpunkts der
Unterschrift (Karlsruhe NJW 99, 1044). Nicht erfasst sind Angaben über die vermeintliche Sprachkunde in einer Vollmacht für den Erwerb einer Wohnung
(BGHSt 47, 39 mit krit Bespr Puppe JR 01, 519 und Otto JK 7). Ferner soll der
Fleischbeschauer mit dem Tauglichkeitsstempel nicht nur dessen Erteilung beurkunden, sondern auch die Tatsache, dass er das Fleisch am vorgeschriebenen Ort
untersucht hat (Karlsruhe Justiz 67, 152; aM Puppe JR 79, 256; zw). Dagegen soll
sich beim Räumungsprotokoll des Gerichtsvollziehers der öffentliche Glaube nur
auf Ort, Zeit und Gegenstand der Vollstreckungshandlung, nicht auch auf die ununterbrochene Anwesenheit des Gerichtsvollziehers beziehen (Bay NJW 92,
1841), ebenso bei der Ausfuhrbescheinigung eines Zollgrenzbeamten nur auf ihre
Richtigkeit, nicht auch auf die Erklärung des Beamten, die Bescheinigung sei auf
Grund eigener Wahrnehmung erteilt worden (Bay NJW 90, 655); zur Erteilung
der TÜV-Plakette (trotz schwerer Mängel) s 3 zu § 271.

c) **Falsch** beurkundet, eingetragen oder eingegeben ist eine Tatsache, wenn das 8
mit öffentlichem Glauben Beurkundete usw nicht mit der Wirklichkeit übereinstimmt (Bay NJW 90, 655; 93, 2947, 2948; Hoyer SK 7; krit Freund aaO [vgl 1
„Urkundenstraftaten"] Rdn 316), der darauf abstellt, ob das Beurkundete von der
dem Beamten verfügbaren Entscheidungsgrundlage abgedeckt ist). Das trifft zB
auch zu bei Beglaubigung unrichtiger Abschriften (RGSt 64, 328) und Ausfertigung nicht vorhandener Urkunden (RGSt 71, 224). Bei der Beurkundung von
Erklärungen kommt es nicht auf deren Wahrheit, sondern darauf an, ob sie so wie
beurkundet abgegeben worden sind (NStZ 86, 550 mit Anm Schumann JZ 87,
522; NStZ-RR 00, 235; krit Puppe JZ 91, 611). Bei der Beurkundung von Verwaltungsakten (zB der Fahrerlaubnis im Führerschein) kommt in Frage, dass der
Amtsträger deshalb nicht falsch beurkundet, weil er zugleich den Verwaltungsakt
in eigener Zuständigkeit wirksam – sei es auch materiell zu Unrecht – vorgenom-

§§ 349–352   BT. 30. Abschnitt. Straftaten im Amt

men hat (BGHSt 37, 207 mwN; s auch Frankfurt NStZ 96, 234: wirksame, wenn auch pflichtwidrig erteilte Ausfuhrgenehmigung).

9   d) Zur **Vollendung** gehört, dass der Täter die Urkunde bewusst dem Rechtsverkehr zugänglich macht oder dies wenigstens gestattet (NJW 52, 1064; Zweibrücken NStZ 00, 201; Röhmel JA 78, 199; weiter Sch/Sch-Cramer 14: Bewirken der Beurkundung; enger Otto GK 2 71/9 und Joecks 3, alle mwN; str).

10   4. Der **Vorsatz** (bedingter genügt) muss namentlich den Widerspruch zur Wirklichkeit umfassen (Bay NJW 90, 655; beachte auch Zweibrücken NStZ 00, 201: Irrtum über den Begriff der Niederschrift).

11   5. Die Vorschrift **verdrängt** § 271 (RGSt 60, 152, 154), nicht jedoch § 267 (hM; einschr Puppe NK 39).

12   6. Verlust der Amtsfähigkeit § 358.

§§ 349–351 *(weggefallen)*

§ 352 Gebührenüberhebung

(1) **Ein Amtsträger, Anwalt oder sonstiger Rechtsbeistand, welcher Gebühren oder andere Vergütungen für amtliche Verrichtungen zu seinem Vorteil zu erheben hat, wird, wenn er Gebühren oder Vergütungen erhebt, von denen er weiß, daß der Zahlende sie überhaupt nicht oder nur in geringerem Betrag schuldet, mit Freiheitsstrafe bis zu einem Jahr oder mit Geldstrafe bestraft.**

(2) **Der Versuch ist strafbar.**

1   1. Die Vorschrift normiert einen privilegierenden Sondertatbestand des Betruges (BGHSt 2, 35; krit Keller JR 89, 77), schützt daher das **Vermögen** (Wagner, Amtsverbrechen, 1975, S 213; Hoyer SK 1). Die Tat ist eigentliches Amtsdelikt bzw echtes Sonderdelikt (2 vor § 331). – Für die Streichung der „veralteten" Vorschrift mit geringer praktischer Bedeutung Kuhlen NK 1, 2.

2   2. **Täter** können nur die genannten Amts- und Berufsträger sein, soweit sie kraft Gesetzes Gebühren oder Vergütungen zum eigenen Vorteil erheben dürfen (zur Erhebung für öffentliche Kassen § 353). – Als **Amtsträger** (3–11 zu § 11) kommen zB Notare, Gerichtsvollzieher und beamtete Tierärzte in Frage. **Anwalt** ist auch der Patentanwalt; europäische Rechtsanwälte stehen den Rechtsanwälten und Anwälten gleich (§ 42 I EuRAG). Bei den **sonstigen Rechtsbeiständen** kommt es nicht auf deren amtliche Eigenschaft an, so dass auch Prozessagenten nach § 157 III ZPO und Rechtsbeistände, die nach dem RBerG zugelassen sind, erfasst werden (Bay NJW 64, 2433; aM Frankfurt NJW 64, 2318).

3   3. a) **Vergütung** bedeutet Entgelt für eine amtliche Verrichtung. Die **Gebühr** ist nur ein Unterfall (Joecks 2; zweifelnd Kuhlen NK 12), besteht stets in Geld und ist durch eine Rechtsvorschrift festgelegt (Kindhäuser 3). Vergütungen des Vormunds, Betreuers oder Pflegers nach §§ 1836, 1908 e, 1908 h, 1915 BGB gehören nie (BGHSt 4, 233), Auslagen des Amtsträgers und Anwalts nur dann hierher, wenn sie tarifmäßig ohne Rücksicht auf die wirklichen Unkosten berechnet werden (RGSt 40, 378, 382); andere Auslagen können nur unter § 263 fallen.

4   b) Ob **Gebühren geschuldet** sind, bestimmt sich nach Kostenrecht, dessen Tragweite allerdings in Fällen „unrichtiger Sachbehandlung" umstritten ist (dazu Köln NJW 88, 503 mit Anm Keller JR 89, 77 beide mwN). – Beim **Anwalt** kommt in Frage, dass in zulässigen Honorarvereinbarungen **Vergütungen** festgesetzt werden, die über den Gebührenanspruch nach der BRAGO hinausgehen; sie werden von § 352 nicht erfasst (Träger LK[10] 12 mwN). Erhebt jedoch ein Anwalt auf Grund unzulässiger Honorarvereinbarung Zahlungen, die seinen Gebührenanspruch und eine in der gleichen Sache etwa bestehende zulässige Honorarvereinbarung überschreiten, so verwirklicht er den objektiven Tatbestand (Bay NJW 89, 2901; Karlsruhe NStZ 91, 239; aM Hoyer SK 5; Kuhlen NK 19, 20, alle mwN).

4. Erheben ist Erhalten in irgendeiner Form, sei es auf Anfordern oder Klage 5 oder durch Aufrechnung (LM Nr 3). Anfordern und Klageerhebung sind idR Versuch (§ 22). – Durch die Tathandlung muss der Gebührenschuldner über die dem Täter zustehenden Ansprüche getäuscht werden (Bay NJW 90, 1001; Hamm NStZ-RR 02, 141; Kuhlen NK 22); ob er auch irrt, ist unerheblich (Träger LK[10] 19; aM Hoyer SK 7; Kuhlen NK 24).

5. Bedingter **Vorsatz** genügt (hM; anders Hoyer SK 9; Kuhlen NK 28). Be- 6 trugsabsicht ist die Regel, aber nicht notwendig (RGSt 18, 218, 222).

6. Dem § 263 geht die Vorschrift vor (Düsseldorf NJW 89, 2901; aM Kuh- 7 len NK 32); Tateinheit kommt hier nur in Frage, wenn zu der Täuschung über die Gebührenüberhebung eine zusätzliche Täuschung hinzukommt (BGHSt 2, 35; 4, 233, 236; Karlsruhe NStZ 91, 239 mwN). Mit § 266 ist **Tateinheit** möglich (NJW 57, 596); allerdings geht § 352 auch hier vor, wenn durch die Untreuehandlung lediglich dieselbe Pflicht verletzt wird (Köln NJW 88, 503; Karlsruhe aaO; aM Kindhäuser 10 mwN).

7. Verlust der Amtsfähigkeit § 358. 8

§ 353 Abgabenüberhebung; Leistungskürzung

(1) **Ein Amtsträger, der Steuern, Gebühren oder andere Abgaben für eine öffentliche Kasse zu erheben hat, wird, wenn er Abgaben, von denen er weiß, daß der Zahlende sie überhaupt nicht oder nur in geringerem Betrage schuldet, erhebt und das rechtswidrig Erhobene ganz oder zum Teil nicht zur Kasse bringt, mit Freiheitsstrafe von drei Monaten bis zu fünf Jahren bestraft.**

(2) **Ebenso wird bestraft, wer als Amtsträger bei amtlichen Ausgaben an Geld oder Naturalien dem Empfänger rechtswidrig Abzüge macht und die Ausgaben als vollständig geleistet in Rechnung stellt.**

1. Die Vorschrift schützt wie § 352 das **Vermögen** (hM); darüber hinaus die 1 Korrektheit der öffentlichen Kassenführung (Kuhlen NK 3). Taten nach Abs 1, 2 sind **eigentliche Amtsdelikte** (2 vor § 331).

2. Abs 1: Täter kann nur ein Amtsträger (3–11 zu § 11) sein, der öffentlich- 2 rechtliche Abgaben (auch Vorschüsse) – im Gegensatz zu § 352 – nicht für sich, sondern für eine Kasse des Bundes, eines Landes oder einer öffentlichen Körperschaft oder Anstalt zu erheben hat (Hoyer SK 5; Kuhlen NK 4, 5). Diese Befugnis muss auf einer Dienstvorschrift – nicht nur einer Übung – beruhen (LM Nr 2). – **Gebühren** setzen – anders als Steuern – eine Gegenleistung voraus (Joecks 1); hierzu zählen auch alle amtlich festgelegten Tarife für Benützung öffentlichrechtlicher Anstalten oder Einrichtungen, jedoch nicht die Fahrtauslagen zB des Gerichtsvollziehers (bei Herlan MDR 55, 651). – Zum **Erheben** (5 zu § 352) muss hinzukommen, dass die Abgabe nicht als solche abgeliefert wird; das ist auch dann der Fall, wenn der Amtsträger sie nicht als solche, sondern zur Deckung von Fehlbeträgen der Kasse zuführt (Köln NJW 66, 1373; Hoyer SK 8; aM Kuhlen NK 11).

3. Abs 2: Täter kann nur ein Amtsträger sein, der Sachwerte oder Geld amt- 3 lich ausgibt (RGSt 66, 246). Zu der verkürzten (oder ganz unterlassenen) Ausgabe muss das wahrheitswidrige Anrechnen hinzukommen.

§§ 353a, 353b   BT. 30. Abschnitt. Straftaten im Amt

4   4. In beiden Tatbeständen wird eine **Zueignung des Geldes** nicht vorausgesetzt. Mit § 246 kann sowohl Tateinheit wie Tatmehrheit bestehen (BGHSt 2, 35; NJW 61, 1171). – Betrug wird idR verdrängt; Tateinheit ist jedoch möglich, wenn zu der Täuschung über die Abgabenüberhebung eine zusätzliche Täuschung hinzukommt (BGHSt 2, 35; NJW 61, 1171; weiter Kuhlen NK 18).
5   5. Verlust der Amtsfähigkeit § 358.

§ 353 a Vertrauensbruch im auswärtigen Dienst

(1) **Wer bei der Vertretung der Bundesrepublik Deutschland gegenüber einer fremden Regierung, einer Staatengemeinschaft oder einer zwischenstaatlichen Einrichtung einer amtlichen Anweisung zuwiderhandelt oder in der Absicht, die Bundesregierung irrezuleiten, unwahre Berichte tatsächlicher Art erstattet, wird mit Freiheitsstrafe bis zu fünf Jahren oder mit Geldstrafe bestraft.**

(2) **Die Tat wird nur mit Ermächtigung der Bundesregierung verfolgt.**

1   1. **Täter** nach diesem sog „Arnimparagraphen" (näher zur Entstehungsgeschichte Heinrich ZStW 110, 327, der die Vorschrift „aus heutiger Sicht" für „überflüssig" hält, S 349) kann nur ein diplomatischer, nicht notwendig beamteter, Vertreter der Bundesrepublik sein (Heinrich aaO S 339; Kindhäuser 2; Hoyer SK 2). Der **Falschbericht** muss Tatsachen (3 zu § 186; 4 zu § 263) betreffen (Heinrich S 342).

2   2. Der **Vorsatz** (bedingter genügt) muss beim Falschbericht mit der Absicht (iS zielgerichteten Wollens, 20 zu § 15) der Irreleitung verbunden sein.

3   3. Ermächtigung § 77 e. Verlust der Amtsfähigkeit § 358.

§ 353 b Verletzung des Dienstgeheimnisses und einer besonderen Geheimhaltungspflicht

(1) **Wer ein Geheimnis, das ihm als**
1. **Amtsträger,**
2. **für den öffentlichen Dienst besonders Verpflichteten oder**
3. **Person, die Aufgaben oder Befugnisse nach dem Personalvertretungsrecht wahrnimmt,**

anvertraut worden oder sonst bekanntgeworden ist, unbefugt offenbart und dadurch wichtige öffentliche Interessen gefährdet, wird mit Freiheitsstrafe bis zu fünf Jahren oder mit Geldstrafe bestraft. Hat der Täter durch die Tat fahrlässig wichtige öffentliche Interessen gefährdet, so wird er mit Freiheitsstrafe bis zu einem Jahr oder mit Geldstrafe bestraft.

(2) **Wer, abgesehen von den Fällen des Absatzes 1, unbefugt einen Gegenstand oder eine Nachricht, zu deren Geheimhaltung er**
1. **auf Grund des Beschlusses eines Gesetzgebungsorgans des Bundes oder eines Landes oder eines seiner Ausschüsse verpflichtet ist oder**
2. **von einer anderen amtlichen Stelle unter Hinweis auf die Strafbarkeit der Verletzung der Geheimhaltungspflicht förmlich verpflichtet worden ist,**

an einen anderen gelangen läßt oder öffentlich bekanntmacht und dadurch wichtige öffentliche Interessen gefährdet, wird mit Freiheitsstrafe bis zu drei Jahren oder mit Geldstrafe bestraft.

(3) **Der Versuch ist strafbar.**

(4) Die Tat wird nur mit Ermächtigung verfolgt. Die Ermächtigung wird erteilt
1. von dem Präsidenten des Gesetzgebungsorgans
   a) in den Fällen des Absatzes 1, wenn dem Täter das Geheimnis während seiner Tätigkeit bei einem oder für ein Gesetzgebungsorgan des Bundes oder eines Landes bekanntgeworden ist,
   b) in den Fällen des Absatzes 2 Nr. 1;
2. von der obersten Bundesbehörde
   a) in den Fällen des Absatzes 1, wenn dem Täter das Geheimnis während seiner Tätigkeit sonst bei einer oder für eine Behörde oder bei einer anderen amtlichen Stelle des Bundes oder für eine solche Stelle bekanntgeworden ist,
   b) in den Fällen des Absatzes 2 Nr. 2, wenn der Täter von einer amtlichen Stelle des Bundes verpflichtet worden ist;
3. von der obersten Landesbehörde in allen übrigen Fällen der Absätze 1 und 2 Nr. 2.

1. Die Vorschrift schützt das **öffentliche Interesse** (str) vor Gefahren, die aus der Verletzung der Amtsverschwiegenheit oder einer besonders auferlegten Geheimhaltungspflicht erwachsen (zur Verfassungsmäßigkeit des Abs 1 BVerfGE 28, 191 mit krit Anm Schmid JZ 70, 686); darüber hinaus ist auch der Schutz des öffentlichen Dienstes vor Vertrauensverlusten mitbezweckt (Hoyer SK 2; aM Sch/Sch-Lenckner 6a und Kuhlen NK 6, der das Geheimnis selbst als Rechtsgut betrachtet). 1

2. Zum **Täterkreis:** 2

a) Täter nach Abs 1 können nur sein: Amtsträger (3–11 zu § 11), für den öffentlichen Dienst besonders Verpflichtete (13–17 zu § 11), Personen mit Aufgabenbereich im Personalvertretungsrecht (8 zu § 203), Soldaten (§ 48 I, II WStG), bestimmte Bedienstete des Statisches Amtes der EG (SAEG-ÜbermittlungsschutzG v 16. 3. 93, BGBl I 336) und bestimmte Europolbedienstete (Art 2 § 8 EuropolG; s Anh V 1). Die Tat ist eigentliches Amtsdelikt (2 vor § 331).

b) Täter nach Abs 2 kann nur sein, wer nach den Nummern 1, 2 besonders verpflichtet worden ist (echtes Sonderdelikt, 33 vor § 13; Kuhlen NK 37; zusf zum Täterkreis Lüttger JZ 69, 578, 581). 3

aa) Die **Verpflichtung** bedarf einer außerstrafrechtlichen Rechtsgrundlage (für den BTag dessen Geheimschutzordnung) oder der Vereinbarung zwischen den Beteiligten. Sie muss von einer der in den Nummern 1, 2 genannten zuständigen Stellen auferlegt bzw durch Vereinbarung begründet sein und sich konkret – sei es auch nur in einer Sammelbezeichnung (BT-Dr 8/3067 S 8) – auf das Tatobjekt (dazu 9) beziehen. Wer nicht oder nicht wirksam verpflichtet ist, kann auch dann nicht Täter sein, wenn er eine Nachricht von einem Verpflichteten erlangt und weitergibt. – Die Verpflichtung ist strafbegründendes besonderes persönliches Merkmal nach § 28 I (hM; vgl etwa Kindhäuser 1). 4

bb) **Förmliche Verpflichtung** nach Nr 2 setzt Beurkundung oder Schriftform voraus (Sch/Sch-Lenckner/Perron 15; weniger streng Hoyer SK 10 und Kuhlen NK 40). Fehlt der erforderliche Hinweis auf die Strafbarkeit, so entfällt der Tatbestand. 5

3. Zur **Tathandlung nach Abs 1:** 6

a) Dienstgeheimnisse sind Tatsachen, Gegenstände oder Erkenntnisse, die nur einem begrenztem Personenkreis bekannt und zugänglich sind und ihrer Natur nach oder auf Grund einer Rechtsvorschrift oder besonderer Anordnung der Geheimhaltung bedürfen (RGSt 74, 110; BGHSt 46, 339; 48, 126). Das kann auch

§ 353b
BT. 30. Abschnitt. Straftaten im Amt

für Privatgeheimnisse (14 zu § 203) zutreffen (Bay NStZ 99, 568 mit Bespr Martin JuS 00, 301; s jedoch 11). Unbestätigte Gerüchte beseitigen den Geheimnischarakter nicht (RGSt 62, 65, 70; s auch 6, 7 zu § 93). Beispiele: Ermittlungsverfahren (BGHSt 10, 276; Hamm NJW 00, 1278; Roxin NStZ 91, 153, 159; Dalbkermeyer, Der Schutz des Beschuldigten vor identifizierenden und tendenziösen Pressemitteilungen der Ermittlungsbehörden, 1994, S 63); Erlass eines Haftbefehls (Oldenburg NdsRpfl 80, 226); Veröffentlichung datenschutzrechtlicher Verstöße (BGHSt 48, 126); dienstliche Beurteilungen (BGHSt 10, 108); Prüfungsaufgaben (BGHSt 11, 401); Inhaftierungen und Vollstreckungshaftbefehle (NStZ 00, 596, 598); Codewörter für Halterabfragen beim Verkehrszentralregister (Zweibrücken NStZ 90, 495); Zusammenarbeit mit Nachrichtendiensten verbündeter Staaten (BGHSt 20, 342). Nach der Rspr soll das richterliche Beratungsgeheimnis nicht hierher gehören, weil es außerhalb des Schutzbereichs der Vorschrift liege (Düsseldorf NStZ 81, 25; s auch KG GA 87, 227, 229); diese Einschränkung findet jedoch im Gesetz keinen Ausdruck und ist auch durch teleologische Erwägungen nicht hinreichend begründbar (Wagner JZ 87, 658, 665; Kuhlen NK 12; Träger LK[10] 11; aM Sch/Sch-Lenckner/Perron 5, alle mwN; zw). Auch die Tatsache, dass im Datenbestand eines polizeilichen Informationssystems zu bestimmten Personalien keine Erkenntnisse vorliegen, ist ein Dienstgeheimnis, das durch eine „Negativauskunft" verletzt wird (BGHSt 46, 339 mit Bespr Baier JA-R 01, 180, Perron JZ 02, 50 und Otto JK 2).

7 b) **Anvertraut oder sonst bekannt geworden** 16 zu § 203. Es genügt ein innerer Zusammenhang mit dem Dienst („als"); ob der Täter dienstlich mit dem Geheimnis befasst war und wie er Kenntnis erlangt hat, ist unerheblich, ferner auch, ob er zurzeit der Tat noch Amtsträger usw war (nach § 1 III WStG gilt das auch für Soldaten).

8 c) **Offenbaren** 17 zu § 203.

9 4. Zur **Tathandlung nach Abs 2:**
a) **Gegenstände und Nachrichten** umfassen alle tatsächlichen Vorgänge und Zustände, alle körperlichen Gegenstände und alle gedanklichen Sachverhalte sowie Nachrichten darüber (s auch 1 zu § 93). Die erforderliche Beschränkung wird erst dadurch erreicht, dass sich die besondere Verpflichtung konkret auf den Gegenstand oder die Nachricht beziehen muss (vgl 4).

10 b) **An einen anderen gelangen lassen** 3 zu § 94.

11 5. Die Tathandlungen nach den Absätzen 1, 2 (vgl 6–10) müssen eine **konkrete Gefahr** (21, 22 zu § 315c; s auch Zweibrücken NStZ 90, 495 mit Anm Keller JR 91, 293) für **wichtige öffentliche Interessen** verursachen (BGHSt 11, 401; 46, 339; Düsseldorf NJW 89, 1872 mit krit Anm Krüger NStZ 90, 283); nach der in diesem Punkt nicht ganz einheitlichen Rspr soll eine Gefährdung öffentlicher Interessen – mittelbar – auch dadurch möglich sein, dass die Tatsache des Geheimnisbruchs allgemein bekannt und dadurch das Vertrauen der Öffentlichkeit in die Integrität der Verwaltung erschüttert wird (BGHSt 11, 401; 46, 339 mit Bespr Baier, Perron, Otto, jeweils aaO [vgl 6]; Düsseldorf NStZ 85, 169 mit abl Anm Schumann; Bay NStZ 99, 568 mit Bespr Behm AfP 00, 421 und Otto JK 1; LG Kreuznach CR 91, 37; LG Ulm NJW 00, 822 mit krit Anm Behm NStZ 01, 153; einschr NStZ 00, 596, 598 mit Anm Behm StV 02, 29; Düsseldorf NJW 82, 2883; Tröndle/Fischer 13a; aM Wagner JZ 87, 658, 666; Hoyer SK 8; Kuhlen NK 25; Sch/Sch-Lenckner/Perron 6, 6a; gegen die Erfassung der mittelbaren Gefährdung öffentlicher Interessen durch unbefugtes Offenbaren von Privatgeheimnissen Behm AfP 04, 85, 88: abschließende Regelung in § 203 II); daran fehlt es, wenn der Amtsträger durch die Veröffentlichung eines zurückliegenden Gesetzesverstoßes auf ein gesetzmäßiges Verhalten hinwirkt (BGHSt 48, 126 mit

Anm Hoyer JR 03, 513, der eine Rechtfertigung annimmt). Identifizierende Pressemitteilungen der Strafverfolgungsbehörden können eine Gefährdung des ordnungsgemäßen Ermittlungsverfahrens wohl nur in Ausnahmefällen (zB bei sensationellen Kriminalfällen) bewirken (Hamm NJW 00, 1278; Dalbkermeyer aaO [vgl 6] S 62; Kuhlen NK 29, 31). – In Fällen des Abs 2 wird es an einer Gefährdung idR fehlen, wenn der Gegenstand oder die Nachricht nicht (oder nicht mehr) geheimhaltungsbedürftig ist (Lüttger GA 70, 129, 139); dann kommt jedoch untauglicher Versuch in Frage.

6. Für die Tathandlungen nach den Absätzen 1, 2 (vgl 6–10) ist **Vorsatz** (bedingter genügt) erforderlich, der sich nicht auf das Merkmal „unbefugt" (vgl 13), wohl aber auf die aus der Tathandlung folgende Gefährdung erstrecken muss (zum Gefährdungsvorsatz 28 zu § 15); die Gefahr kann jedoch in Fällen des Abs 1 – bei herabgesetzter Strafdrohung – auch fahrlässig (35 zu § 15) verursacht werden. Zur Behandlung der danach möglichen Vorsatz-Fahrlässigkeits-Kombination als Vorsatztat im Hinblick auf Versuch (Oldenburg NdsRpfl 80, 226, 227; krit Kuhlen NK 36), Teilnahme, Einziehung usw 23–25 zu § 11; 1 zu § 23 (s Maiwald JuS 77, 353, 360). 12

7. Unbefugt ist jede Tat nach den Absätzen 1, 2, wenn kein Rechtfertigungsgrund vorliegt (hM; anders Kuhlen NK 18, 42: Tatbestandsmerkmal). Ein solcher kommt – ebenso wie beim Offenbaren von Staatsgeheimnissen (4 zu § 95) – auch in Frage, wenn das Informationsinteresse der Öffentlichkeit gegenüber den gefährdeten öffentlichen Belangen überwiegt (BGHSt 20, 342; Laufhütte GA 74, 52, 60; krit Hoyer SK 16). – In Fällen des **Abs 1** kann die Befugnis im Wesentlichen auf denselben Gründen beruhen wie bei § 203 (dort 18–25), ferner auf – die rechtmäßig erteilte (Sch/Sch-Lenckner/Perron 21; aM Kuhlen NK 20, beide mwN) – Erlaubnis des Vorgesetzten (§ 61 BBG). Für Aussagen vor Gericht beachte § 54 StPO, § 376 ZPO, § 28 II BVerfGG. Hat bei Offenbarung eines Privatgeheimnisses der Betroffene eingewilligt, so fehlt es – mindestens idR – schon an der Gefährdung eines öffentlichen Interesses; sollte dies ausnahmsweise nicht zutreffen, so hat die Einwilligung wegen des mitbetroffenen Rechtsguts der Allgemeinheit keine rechtfertigende Wirkung (13 vor § 32; aM Hoyer SK 15; Otto GK 2 94/6). – Zum **Irrtum** über die Befugnis gelten die Ausführungen unter 2 vor § 201 sinngemäß. 13

8. Eine **Teilnahme** eines Extraneus, zB des Journalisten, der das ihm offenbarte Geheimnis veröffentlicht, ist nach Vollendung der Tat wegen des Fehlens einer tatbestandsspezifischen Beendigungsphase nicht möglich (Kindhäuser 17; Kuhlen NK 49; aM Bay NStZ 99, 568 mit krit Bespr Behm AfP 00, 421 und Otto JK 1; Tröndle/Fischer 14). 13 a

9. Tateinheit ua möglich mit §§ 98, 99, 203; wegen der verschiedenartigen Schutzrichtungen gilt das namentlich auch für Abs 1 im Verhältnis zu § 203 II. Mit §§ 94–96 kann Abs 1 tateinheitlich zusammentreffen, während Abs 2 verdrängt wird (aM Kindhäuser 19 mwN). Im Übrigen geht Abs 1 dem Abs 2 vor (formelle Subsidiarität). Zu § 354 beachte dort 16. 14

10. Für die **Strafzumessung** gelten die Ausführungen unter 10 zu § 332 sinngemäß. 15

11. Ermächtigung (Abs 4) § 77 e und Art 2 § 8 EuropolG (oben 2). – Amtsfähigkeit (nur Abs 1) § 358. 16

§ 353 c *(weggefallen)*

§ 353 d Verbotene Mitteilungen über Gerichtsverhandlungen

Mit Freiheitsstrafe bis zu einem Jahr oder mit Geldstrafe wird bestraft, wer

§ 353d

BT. 30. Abschnitt. Straftaten im Amt

1. entgegen einem gesetzlichen Verbot über eine Gerichtsverhandlung, bei der die Öffentlichkeit ausgeschlossen war, oder über den Inhalt eines die Sache betreffenden amtlichen Schriftstücks öffentlich eine Mitteilung macht,
2. entgegen einer vom Gericht auf Grund eines Gesetzes auferlegten Schweigepflicht Tatsachen unbefugt offenbart, die durch eine nichtöffentliche Gerichtsverhandlung oder durch ein die Sache betreffendes amtliches Schriftstück zu seiner Kenntnis gelangt sind, oder
3. die Anklageschrift oder andere amtliche Schriftstücke eines Strafverfahrens, eines Bußgeldverfahrens oder eines Disziplinarverfahrens, ganz oder in wesentlichen Teilen, im Wortlaut öffentlich mitteilt, bevor sie in öffentlicher Verhandlung erörtert worden sind oder das Verfahren abgeschlossen ist.

1   **1.** Die Vorschrift dient in allen Tatbeständen dem **Schutz der Rechtspflege** (hM; für Nr 3 anders Waldner MDR 83, 424). Darüber hinaus bezweckt sie in den Nummern 1, 2 auch den Schutz derjenigen Interessen, die Gegenstand der ausfüllenden Rechtsvorschriften sind (Traeger LK 1), und in Nr 3 auch den Schutz des vom Verfahren Betroffenen vor vorzeitiger öffentlicher Bloßstellung (Stuttgart NJW 04, 622; LG Mannheim NStZ-RR 96, 360; Többens GA 83, 97; Peglau, Der Schutz des allgemeinen Persönlichkeitsrechts, 1997, S 36; Kuhlen NK 25; Traeger LK 39; aM Riepl, Informationelle Selbstbestimmung im Strafverfahren, 1998, S 86; M-Schroeder/Maiwald BT 2 76/6; Hoyer SK 6; Sch/Sch-Lenckner/Perron 40, alle mwN; str).

2   **2. a) Nr 1: Öffentliche Mitteilung** ist nicht nur die wörtliche oder vollständige, sondern jede Veröffentlichung über den sachlichen Inhalt der Gerichtsverhandlung oder des die Sache (nicht lediglich den Verfahrensgang) betreffenden amtlichen Schriftstücks. – **Gesetzliches Verbot:** § 174 II GVG; der die Öffentlichkeit ausschließende Beschluss muss rechtmäßig sein (Stapper ZUM 95, 590, 591 mwN; zw). – Bei Gerichtsverhandlungen muss die Öffentlichkeit durch **gerichtliche Anordnung** (zB nach § 172 GVG), nicht lediglich kraft Gesetzes (zB nach § 170 GVG, § 48 I JGG) ausgeschlossen gewesen sein (BT-Dr 7/550 S 283).

3   **b) Nr 2: Schweigepflichten** kann das Gericht nach § 174 III GVG auferlegen; diese Auferlegung muss rechtmäßig sein (Stapper ZUM 95, 590, 592; Kindhäuser 13). Hier genügt als Tathandlung **unbefugtes Offenbaren** (17–26 zu § 203); bei gesetzlicher Aussagepflicht ist die Tat gerechtfertigt. – Für eine erweiternde Neuformulierung der Nr 2 Riepl aaO (vgl 1) S 85.

4   **c) Nr 3: Anklageschrift** § 200 StPO. Private **Schriftstücke** werden nicht dadurch **amtlich**, dass sie von der Behörde (zB durch Beschlagnahme) zu den Strafakten genommen werden (AG Hamburg NStZ 88, 411 mit Anm Strate; Kindhäuser 7; Hoyer SK 12; Kuhlen NK 10; aM Renning, Meurer-GS, S 291; Sch/Sch-Lenckner/Perron 13; Tröndle/Fischer 4; vgl Hamburg NStZ 90, 283 mit abl Anm Senfft StV 90, 411). – „**Im Wortlaut öffentlich mitteilen**" 7 zu § 201. Eine öffentliche Mitteilung liegt auch bei einer „privaten Pressekonferenz" vor, wenn sie nicht auf Vertraulichkeit, sondern aus massenmediale Verbreitung angelegt ist (Stuttgart NJW 04, 622). Die Einschränkung auf wortgetreue Wiedergabe bewirkt, dass öffentliche Erörterungen über den sachlichen Inhalt des Schriftstücks möglich bleiben; einerseits beeinträchtigen sie den in der Vorschrift hinreichend zum Ausdruck kommenden (aM LG Lüneburg NJW 78, 117) Schutzzweck, die Unbefangenheit der Verfahrensbeteiligten, namentlich der ehrenamtlichen Richter und Zeugen, zu wahren, nur in geringerem Maße (BT-Dr 7/550 S 283; krit Dalbkermeyer, Der Schutz des Beschuldigten vor identifizierenden und tendenziösen Pressemitteilungen der Ermittlungsbehörden, 1994, S 65; Sch/Sch-Lenckner/Perron

41) und andererseits wäre ihr vollständiger Ausschluss mit Art 5 GG schwerlich vereinbar (ähnlich Roxin NStZ 91, 153, 156, 159). – **Ganz oder in wesentlichen Teilen:** Die mitgeteilten Inhalte müssen mindestens so aussagekräftig sein, dass sie wesentliche Aspekte des Gesamtinhalts der amtlichen Schriftstücke zum Ausdruck bringen (Derksen NStZ 93, 311, 312). Mitteilung nur des Anklagesatzes genügt dazu idR nicht (Hamm NJW 77, 967; Köln JR 80, 473; aM Többens GA 83, 97, 108; Kuhlen NK 30). – **Erörterung in öffentlicher Verhandlung** erfordert keine wörtliche Wiedergabe; der freie Vortrag des wesentlichen Inhalts genügt (BT-Dr aaO). – **Abschluss des Verfahrens** setzt idR eine rechtskräftige (Köln JR 80, 473 mit Anm Bottke; Hoyer SK 27), uU auch nur eine der Rechtskraft nicht fähige verfahrenserledigende Entscheidung (zB Einstellung durch die StA) voraus (zust Kuhlen NK 32). – Wegen des vorrangig geschützten Allgemeininteresses (vgl 1) wirkt die **Einwilligung** des vom Verfahren Betroffenen nicht rechtfertigend (AG Nürnberg MDR 83, 424 mit abl Anm Waldner; Kindhäuser 22; verfassungsrechtliche Bedenken dagegen AG Weinheim NJW 94, 1543, 1545 mit Bespr Wilhelm NJW 94, 1520; vgl auch LG Mannheim NStZ-RR 96, 360); eine Rechtfertigung nach § 34 ist möglich, zB wenn sich der Beschuldigte gegen eine öffentliche „Vorverurteilung" wendet (Joecks 4; Kuhlen NK 34). In Verfahren parlamentarischer Untersuchungsausschüsse ist die Verlesung amtlicher Schriftstücke dagegen gerechtfertigt, wenn sie für die Erfüllung des Untersuchungsauftrags unerlässlich ist (aM Derksen NStZ 93, 311, der schon die Tatbestandsmäßigkeit verneint). – **Kriminalpolitisch** ist die Nr 3 wenig sinnvoll (Bottke JR 80, 474; Schomburg ZRP 82, 142; Többens GA 83, 97, 109; Dalbkermeyer aaO S 64, 168; Schulz, Die rechtlichen Auswirkungen von Medienberichterstattung auf Strafverfahren, 2002, S 55; s aber auch Roxin aaO S 159 und Riepl aaO [vgl 1] S 87); **verfassungsrechtlich** hält sie sich aber noch innerhalb des Spielraums gesetzgeberischen Ermessens (BVerfGE 71, 206 mit Anm Hoffmann-Riem JZ 86, 494; s auch Bottke aaO; Stapper ZUM 95, 590, 594 und Kübler KritV 00, 87).

3. Der **Vorsatz** (bedingter genügt) muss sich vor allem auf das gesetzliche Verbot (Nr 1), das gerichtliche Schweigegebot (Nr 2) oder den für den Tatbestand vorausgesetzten Verfahrensstand (Nr 3; s Stuttgart NJW 04, 622, 623), nicht dagegen auf das Merkmal „unbefugt" (o 6) beziehen (12, 13 zu § 353b).

4. Tateinheit ua möglich mit §§ 203, 353b I, ferner zwischen Nr 2 und § 353b II (Möhrenschlager JZ 80, 161, 165; aM Lüttger JZ 69, 578, 583: Spezialität; zw).

§ 354 *(aufgehoben)*

§ 355 Verletzung des Steuergeheimnisses

(1) **Wer unbefugt**

1. **Verhältnisse eines anderen, die ihm als Amtsträger**
   a) **in einem Verwaltungsverfahren oder einem gerichtlichen Verfahren in Steuersachen,**
   b) **in einem Strafverfahren wegen einer Steuerstraftat oder in einem Bußgeldverfahren wegen einer Steuerordnungswidrigkeit,**
   c) **aus anderem Anlaß durch Mitteilung einer Finanzbehörde oder durch die gesetzlich vorgeschriebene Vorlage eines Steuerbescheids oder einer Bescheinigung über die bei der Besteuerung getroffenen Feststellungen**
   bekanntgeworden sind, oder

2. **ein fremdes Betriebs- oder Geschäftsgeheimnis, das ihm als Amtsträger in einem der in Nummer 1 genannten Verfahren bekanntgeworden ist,**

§ 355

BT. 30. Abschnitt. Straftaten im Amt

offenbart oder verwertet, wird mit Freiheitsstrafe bis zu zwei Jahren oder mit Geldstrafe bestraft.

(2) Den Amtsträgern im Sinne des Absatzes 1 stehen gleich
1. die für den öffentlichen Dienst besonders Verpflichteten,
2. amtlich zugezogene Sachverständige und
3. die Träger von Ämtern der Kirchen und anderen Religionsgesellschaften des öffentlichen Rechts.

(3) Die Tat wird nur auf Antrag des Dienstvorgesetzten oder des Verletzten verfolgt. Bei Taten amtlich zugezogener Sachverständiger ist der Leiter der Behörde, deren Verfahren betroffen ist, neben dem Verletzten antragsberechtigt.

1 1. Die Vorschrift schützt das **Geheimhaltungsinteresse des Steuerpflichtigen** und anderer zur Auskunft verpflichteter Personen sowie das **Allgemeininteresse an der Wirksamkeit des Besteuerungsverfahrens** (BVerfGE 67, 100, 139). Sie hat keinen Verfassungsrang (hM; vgl etwa Hamm NJW 81, 356). Die Tat ist keine Steuerstraftat im Sinne des § 369 AO (BT-Dr 7/1261 S 51); jedoch wird die Verletzung des Steuergeheimnisses auch in § 30 I–III AO ausdrücklich untersagt.

2 2. **Täter** können nur sein: Amtsträger (3–11 zu § 11), für den öffentlichen Dienst besonders Verpflichtete (13–17 zu § 11), amtlich zugezogene Sachverständige (§ 96 AO), ohne Rücksicht darauf, ob sie öffentlich bestellt (4 zu § 132a) oder sonst förmlich verpflichtet sind (BT-Dr 7/550 S 287), und Amtsträger von Religionsgesellschaften des öffentlichen Rechts. Die Tat ist eigentliches Amtsdelikt (vgl Maiwald JuS 77, 353, 362; Kuhlen NK 6; 2 vor § 331; str).

3 3. a) **Verhältnisse** (Abs 1 Nr 1) sind alle für die steuerliche, finanzielle, wirtschaftliche oder persönliche Lage einer Person (nicht nur eines Steuerpflichtigen, Pfaff SchlHA 75, 142) erheblichen Umstände, ohne Rücksicht auf ihren Geheimnischarakter (Hamm NJW 81, 356; Hoyer SK 7; zusf Klein-Rüsken 43 zu § 30 AO; krit Maiwald JuS 77, 353, 362; Blesinger wistra 91, 239). Auf ihre Relevanz für die Besteuerung kommt es grundsätzlich nicht an (Felix NJW 78, 2134, 2136); jedoch ist die Offenbarung lediglich des Namens eines Anzeigeerstatters in Steuerstraf- oder -bußgeldverfahren nicht tatbestandsmäßig (teleologische Reduktion), weil sie vom Schutzzweck der Vorschrift (vgl 1) nicht gedeckt wird und eine ungerechtfertigte Privilegierung gegenüber Anzeigeerstattern in anderen Verfahren bedeuten würde (KG NJW 85, 1971 mit krit Bespr Wagner JZ 87, 658, 668; aM Hetzer NJW 85, 2991; Kuhlen NK 10; diff Blesinger wistra 91, 294; beachte auch BFH wistra 86, 29) – Das **Geschäfts- oder Betriebsgeheimnis** (Abs 1 Nr 2) ist – mindestens idR – nur ein Unterfall der Verhältnisse im Sinne der Nr 1 (näher Baumbach/Hefermehl 2–9 zu § 17 UWG); sicher einbezogen sind damit aber auch entsprechende Geheimnisse juristischer Personen.

4 b) Zum Bekanntwerden im Zusammenhang mit dem Dienst („**als**") 7 zu § 353b. – **Verfahren in Steuersachen** sind namentlich die Besteuerungsverfahren (einschl der gerichtlichen Nachprüfungsverfahren), die Steuern aller Art (auch der Gemeinden und Gemeindeverbände) betreffen können; erfasst werden jedoch auch Verfahren, die keinen bestimmten Steuerpflichtigen betreffen, zB Verfahren zur Festlegung von Durchschnittssätzen (BT-Dr 7/550 S 287). – **Steuerstraf- und Bußgeldverfahren** §§ 369, 385, 409 AO; die Schweigepflicht trifft hier neben Richtern und Staatsanwälten uU auch Polizeibeamte. – Die **Mitteilung einer Finanzbehörde** kommt namentlich in Frage, wenn diese auf gesetzlicher Grundlage einer anderen Behörde Auskunft erteilet (näher Hoyer SK 10).

4. Offenbaren 17 zu § 203; auch Mitteilungen innerhalb des internen Dienstbereichs sind nicht grundsätzlich ausgeschlossen. **Verwerten** 4 zu § 204; nicht nur das Betriebs- oder Geschäftsgeheimnis ist gegen Verwertung geschützt, sondern nach Abs 1 Nr 1 zB auch das Erfindergeheimnis (ebenso Kuhlen NK 21).

5. Der **Vorsatz** (bedingter genügt) braucht das Merkmal „unbefugt" (vgl 7) nicht zu umfassen (6 zu § 15).

6. Unbefugt 13 zu § 353 b. Die Befugnis ist in §§ 30 IV, V, 31 AO ausdrücklich geregelt (krit dazu Goll NJW 79, 90). Danach ist die Offenbarung zulässig (zusf Blesinger wistra 91, 239, 241 und 294): wenn sie der Durchführung eines Verfahrens in Steuer-(auch Steuerstraf-)sachen (Abs 1 Nr 1 a, b) dient (Schomberg NJW 79, 526; diff Kohlmann, Spendel-FS, S 257, 263); wenn sie durch Gesetz ausdrücklich zugelassen ist (zB durch § 17 PassG, §§ 76 ff AuslG), nicht dagegen durch § 4 I der Landespressegesetze, der nur ein begrenztes Informationsrecht der Presse gegenüber den Behörden vorsieht (Hamm NJW 81, 356; Löffler-Wenzel 101 zu § 4 LPG); wenn der Betroffene zustimmt; oder wenn ein zwingendes, in § 30 IV Nr 5 a–c AO näher konkretisiertes öffentliches Interesse besteht (dazu Hamm aaO; Weyand NStZ 87, 399 und wistra 88, 9; Hoyer SK 21–29; krit Nieuwenhuis NJW 89, 280). Unter einschränkenden Voraussetzungen (§ 30 IV Nr 4 AO) besteht die Befugnis auch für Zwecke des allgemeinen Strafverfahrens (krit Reiß NJW 77, 1436). Außerdem dürfen vorsätzlich falsche Angaben unbeschränkt an die Strafverfolgungsbehörden (§ 30 V AO) und gewisse Besteuerungsgrundlagen an Körperschaften des öffentlichen Rechts und an Versicherungsträger weitergegeben werden (§ 31 AO). Zu beachten ist auch die seit 2002 eingefügte Offenbarungsbefugnis des § 31 b AO hinsichtlich Geldwäscheverdachts (dazu Tröndle/ Fischer 14). – Die Sonderregelung der AO schließt andere anerkannte Rechtfertigungsmöglichkeiten (8–29 vor § 32) nicht aus (Maiwald JuS 77, 353, 362; Goll aaO; Kuhlen NK 28 mwN; str).

7. Tateinheit ua möglich mit § 353 b I und § 353 d (Schäfer LK[10] 77; für § 353 d Nr 2 aM Sch/Sch-Lenckner/Perron 36; zw). Gegenüber §§ 203, 204 Spezialität (Schäfer aaO). Zu § 332 dort 11; zu § 334 dort 6.

8. Strafantrag (Abs 3) §§ 77–77 d. Dienstvorgesetzter 2 zu § 77 a. Verletzter 6 zu § 77.

§ 356 Parteiverrat

(1) **Ein Anwalt oder ein anderer Rechtsbeistand, welcher bei den ihm in dieser Eigenschaft anvertrauten Angelegenheiten in derselben Rechtssache beiden Parteien durch Rat oder Beistand pflichtwidrig dient, wird mit Freiheitsstrafe von drei Monaten bis zu fünf Jahren bestraft.**

(2) **Handelt derselbe im Einverständnis mit der Gegenpartei zum Nachteil seiner Partei, so tritt Freiheitsstrafe von einem Jahr bis zu fünf Jahren ein.**

1. a) Der Tatbestand des Parteiverrats (Prävarikation) **schützt** neben der Treupflicht gegenüber dem Auftraggeber vornehmlich **das Vertrauen in die Integrität der Rechtspflege, insbesondere der Rechtsbeistandschaft** (BGHSt 12, 96; 15, 332; 45, 148, 153; BVerfG NJW 01, 3180, 3181; Eisele, in: Haft/ v Schlieffen [Hrsg], Handbuch Mediation, 2002, § 30 Rdn 35; Joecks 1; ähnlich Aigner, Der Tatbestandskomplex „Dieselbe Rechtssache" im Straf- (§ 356 StGB) und Standesrechtlichen (§ 45 Nr 2 BRAO) Parteiverrat – eine Leerformel?, 1994, S 22; krit Prinz, Der Parteiverrat des Strafverteidigers, 1999, S 14, der auf das Funktionieren der Rechtspflege als System staatlichen Rechts abstellt, und Mennicke ZStW 112, 834, 864, die die äußere und innere Funktionsfähigkeit der An-

§ 356

BT. 30. Abschnitt. Straftaten im Amt

waltschaft betont, aber auch reflexiv die Individualrechtsgüter der Mandanten geschützt sieht; ebenso Rudolphi/Rogall SK 5; krit auch Kuhlen NK 6). – Für eine ersatzlose Streichung Schlosser NJW 02, 1376, 1381; zust Henssler/Deckenbrock MDR 03, 1085, 1090.

2 **b) Täter** dieses ausgesprochenen Berufsvergehens (BGHSt 20, 41; eingehend Geppert, Der strafrechtliche Parteiverrat, 1961; Dingfelder/Friedrich, Parteiverrat und Standesrecht, 1987, S 7; zusf Pfeiffer, Koch-FG, S 127) kann jeder Rechtsbeistand iwS sein, der zur geschäftsmäßigen Besorgung fremder Rechtsangelegenheiten im Inland (4 vor § 3) amtlich zugelassen ist (Hübner LK^{10} 11–32; weiter Kuhlen NK 10; aM Rudolphi/Rogall SK 10); europäische Rechtsanwälte stehen den Rechtsanwälten und Anwälten gleich (§ 42 EuRAG). Beispiele: der Rechtsanwalt (zur Anwaltssozietät BGHSt 40, 188; Stuttgart NJW 86, 948 mit Anm Dahs JR 86, 349 und Gatzweiler NStZ 86, 413; Hartmann JR 00, 51), jedoch nicht der Anwalt als Insolvenzverwalter (BGHSt 13, 231 zum Konkursverwalter; Eisele aaO [vgl 1] Rdn 36), als Vormund (BGHSt 24, 191), als Makler, als Syndikus im Bereich seiner weisungsgebundenen Tätigkeit (Stuttgart NJW 68, 1975; Kindhäuser 5; diff Baier wistra 01, 401, 402; Rudolphi/Rogall SK 9) oder als Geschäftsführer einer GmbH (offengelassen BGHSt 45, 148, 153 mit Anm Dahs NStZ 00, 371); der Patentanwalt; der Hochschullehrer nach § 138 StPO (hM; anders Pfeiffer aaO S 130; Prinz aaO [vgl 1] S 29 mit krit Bespr Grüner GA 01, 149, 150; Hübner LK^{10} 30 mwN); der Prozessagent nach § 157 ZPO; der Beistand nach dem RBerG (2 zu § 352; Baier aaO S 404; Eisele aaO; aM Bremen MDR 68, 343; str) und der Notar (Lüderssen, Trifferer-FS, S 343, der aber trotz der Aufzählung von tatbestandsmäßigen Pflichtverletzungen [vgl 7] die bisherige Nichtanwendung der Vorschrift auf Notare begrüßt). Soweit im Folgenden vom Anwalt die Rede ist, gilt das auch für die anderen Rechtsbeistände.

3 **2. Anvertrauen** bedeutet hier Übertragung der Interessenwahrnehmung auf den Anwalt in seiner beruflichen Eigenschaft als unabhängiger Sachwalter (BGHSt 24, 191; s auch Köln StraFo 02, 205); rein private Beratung oder Hilfe scheidet daher aus (Pfeiffer aaO [vgl 2] S 131). Ob dem Anwalt Tatsachen oder sogar Geheimnisse mitgeteilt wurden, ist unerheblich (BGHSt 18, 192). Das Anvertrautsein endet nicht mit der Erledigung des Auftrags, selbst wenn der Anwalt bei dessen Ausführung nur einen Rat erteilt hatte (NJW 87, 335). – Es genügt, dass nur eine Partei anvertraut hat, der Anwalt aber im Interesse beider Parteien tätig geworden ist (BGHSt 20, 41; NStZ 85, 74). – Die dem Anwalt einer Sozietät anvertraute Sache ist idR der Sozietät im ganzen anvertraut (Stuttgart NJW 86, 948 mwN; einschr Dahs JR 86, 349; krit Hartmann JR 00, 51, 53); es ist aber auch möglich, eine Rechtssache nur einem Mitglied einer Anwaltssozietät anzuvertrauen (BGHSt 40, 188; Hartmann aaO 54, die auf die „tatsächliche Übertragung" abstellt; Kuhlen NK 17; s auch BVerfGE 43, 79, 89).

4 **3. Parteien** sind die an einer Rechtssache rechtlich beteiligten – nicht nur an deren Erledigung tatsächlich interessierten (RGSt 66, 316, 321; probl Zweibrücken NStZ 95, 35 mit insoweit krit Bespr Nibbeling JR 95, 479; Rudolphi/Rogall SK 23) – natürlichen oder juristischen Personen (BGHSt 45, 148, 152; Bay GA 72, 314; Baier wistra 01, 401, 404). Partei ist schon, wer sich nur beraten lässt (Baumann/Pfohl JuS 83, 24, 26); zum Prozess braucht es nicht zu kommen (AnwBl 62, 221). Obwohl die StPO kein Parteiverfahren kennt, ist § 356 auf das Strafverfahren anwendbar (Dahs NStZ 91, 561, 562; Prinz aaO [vgl 1] S 87, 191; Hartmann JR 00, 51, 52; aM Schmidt-Leichner NJW 59, 133).

5 **4. Rechtssachen** sind alle Angelegenheiten, sei es des Zivil-, Straf- (Holz, Parteiverrat in Strafsachen, 1996), Verwaltungsrechts oder der freiwilligen Gerichtsbarkeit, bei denen mehrere Beteiligte vorkommen können, die widerstreitende

Interessen verfolgen, über die nach Rechtsgrundsätzen zu entscheiden ist (BGHSt 18, 192; Düsseldorf NStZ-RR 96, 298; Karlsruhe NJW 02, 3561; Rudolphi/ Rogall SK 18; weiter Kuhlen NK 28). Ob es sich um **dieselbe Rechtssache** handelt, ist nach dem Interessenkreis zu beurteilen, den der Auftraggeber dem Anwalt anvertraut hat (BGHSt 5, 301). Dabei ist unerheblich, ob es sich um **ein** Verfahren oder um verschiedene handelt (BGHSt 18, 192); maßgeblich ist die Gesamtheit der Tatsachen und Interessen, die sachlich-rechtlich in Betracht kommen können (BGHSt 34, 190; NStZ 81, 479; Düsseldorf aaO; Koblenz NJW 85, 1177; Hamburg NJW-RR 02, 61, 63; Dahs, Handbuch des Strafverteidigers, 6. Aufl 1999, Rz 76; Eisele aaO [vgl 1] Rdn 38). Dieselbe Rechtssache kann zB vorliegen (vgl zu den folgenden Fallgruppen Aigner aaO [vgl 1] S 98; Kuhlen NK 32–37): bei zwei aufeinander folgenden Scheidungsprozessen (BGHSt 17, 305; s aber BGHSt 18, 192); bei der Beratung über eine einverständliche Scheidung und der späteren Geltendmachung von Unterhaltsansprüchen für eine der Parteien (Karlsruhe NJW 02, 3561 mit Bespr Geppert JK 6); bei der Auseinandersetzung zwischen Miterben, denen der Anwalt zuvor gegenüber einem weiteren Miterben gedient hatte (Bay NJW 89, 2903); beim Verhältnis des Drittschuldners zum Pfändungsgläubiger einerseits und zum Schuldner andererseits (AnwBl 66, 397); bei einer Forderung auf Zahlung und der Verpflichtung zu deren Erfüllung (Karlsruhe NStZ-RR 97, 236 mit Bespr Müller NStZ 02, 356, 363 und Otto JK 5); bei der Verteidigung des Ehemannes in einem Prozess wegen einer Sexualstraftat und der Vertretung der Ehefrau bei der folgenden Scheidung (Düsseldorf NJW 59, 1050); beim Strafverfahren und der damit zusammenhängenden Schadensersatzklage (GA 61, 203; Bay NJW 89, 606 mit krit Anm Ranft JR 96, 256; beachte auch Baier wistra 01, 401, 403, 406); bei sich gegenseitig belastenden Mitbeschuldigten derselben Straftat (Stuttgart NStZ 90, 542 mit Anm Geppert, beide mwN; beachte jedoch NStZ 82, 465 und Baier aaO S 406); bei einem einheitlichen Ermittlungsvorgang gegen mehrere Nebentäter, wenn die strafrechtliche Relevanz ihres Verhaltens in wechselseitiger Abhängigkeit steht (Oldenburg NStZ 89, 533); bei dem einen Freispruch erstrebenden Angeklagten und einem als Alternativtäter in Betracht kommenden Zeugen (Zweibrücken NStZ 95, 35 mit zust Bespr Dahs NStZ 95, 16 und Geppert JK 4); beim Wiederaufnahmeverfahren gegen den Angeklagten und dem Meineidsverfahren gegen einen Belastungszeugen (BGHSt 5, 301).

5. Dienen ist jede berufliche (BGHSt 20, 41; 45, 148, 153; Zweibrücken StV 94, 487 mit krit Bespr Dahs NStZ 95, 16 und abl Bespr Geppert JK 4; Karlsruhe NJW 02, 3561; weiter Prinz aaO [vgl 1] S 31, 191) Tätigkeit rechtlicher oder tatsächlicher Art, durch die das Interesse einer Partei durch Rat oder Beistand gefördert werden soll (BGHSt 7, 17; NStZ 85, 74; Düsseldorf NJW 89, 2901; Karlsruhe aaO). Es ist auch durch Unterlassen (Bay NJW 59, 2223; Kuhlen NK 22; Rudolphi/Rogall SK 26) oder durch Einsatz von Hilfskräften (Hübner LK[10] 33) begehbar. – Der Anwalt muss **beiden** Parteien – nicht notwendig gleichzeitig – dienen; dient er zunächst der einen und danach der anderen, so ist das erste Dienen zwar nicht Tathandlung, aber Tatbestandsvoraussetzung (Stuttgart NJW 86, 948 mwN); das zweite Dienen kann dagegen den Tatbestand erfüllen (Eisele aaO [vgl 1] Rdn 39). Der Anwalt in der Funktion als Mediator dient idR beiden Parteien (Eisele aaO). – Der Tatbestand ist danach nicht erfüllt, wenn der Anwalt gegen einen früheren Auftraggeber eigene Interessen verfolgt (BGHSt 12, 96); daran fehlt es trotz eigenen wirtschaftlichen Interesses als Gesellschafter, wenn er seiner GmbH, juristischen Person (oben 4), in deren Rechtsstreitigkeiten rechtsbesorgend tätig wird (BGHSt 45, 148 mit krit Bespr Dahs NStZ 00, 371 und Brauns JR 00, 521). Ein Anwalt dient nicht dem Anwalt, dessen Kanzlei er auf Grund Bestellung durch die Landesjustizverwaltung abwickelt (Nürnberg NJW 99, 2381). Ob der in einer Sozietät tätig werdende Anwalt (vgl 3) der anderen Partei bereits gedient hat,

§ 356

bedarf selbstständiger Prüfung, folgt also nicht zwingend aus dem Umstand, dass eine Sache der Sozietät anvertraut war (Stuttgart aaO; Dahs JR 86, 349; Pfeiffer aaO [vgl 2] S 135; Henssler NJW 01, 1521, 1524 und Henssler/Deckenbrock MDR 03, 1085, 1089; am Hübner LK[10] 38).

7   **6. Pflichtwidrig** dient der Anwalt, wenn er entgegen der anwaltlichen Berufspflicht des § 43a IV BRAO „widerstreitende Interessen" vertritt (zu § 43a IV BRAO Henssler NJW 01, 1521, 1522). Tatbestandselement des § 356 ist damit, dass der Anwalt mit der Übernahme des zweiten Mandats ein dem ersten Mandat gegenüber **entgegengesetztes Interesse** wahrnimmt (BGHSt 5, 284; 7, 17; NStZ 82, 465; Rudolphi/Rogall SK 28; diese Auslegung ist verfassungsrechtlich nicht zu beanstanden, BVerfG NJW 01, 3180); ob es vorliegt, ist objektiv zu bestimmen (Zweibrücken NStZ 95, 35 mit Bespr Dahs NStZ 95, 16, 17 und Nibbeling JR 95, 479, 481, der durch Abstellen auf den Parteiwillen zu einer restriktiven Auslegung der Pflichtwidrigkeit kommen will; Geppert NStZ 90, 542; diff M-Schroeder/Maiwald BT 2 78/11; Kindhäuser 16; Sch/Sch-Cramer 18; krit Kuhlen NK 42–45; aM Prinz aaO [vgl 1] S 152, 192 und Mennicke ZStW 112, 834, 865, die eine subjektive Bestimmung vornehmen), hängt aber von dem erteilten Auftrag ab (Karlsruhe NStZ-RR 97, 236 [mit krit Bespr Müller NStZ 02, 356, 363, nach dem es auf die objektive Interpretation des Parteiinteresses, nicht auf den punktuellen Parteiwillen, ankommt] und NJW 02, 3561 mit Bespr Geppert JK 6; Rudolphi/Rogall SK 31; ähnlich Aigner aaO [vgl 1] S 170: subjektivobjektives Verständnis). Der Gegensatz kann auch erst im Laufe eines Vorgangs entstehen (BGHSt 18, 192; Bay NJW 89, 2903 mit abl Anm Ranft JR 91, 164) und selbst dann gegeben sein, wenn der Anwalt im Rahmen beider Mandate denselben Rechtsstandpunkt vertritt (BGHSt 34, 190 mit Bespr Hassemer JuS 87, 412 und Dahs JR 87, 476). – Nicht pflichtwidrig ist das Bemühen um einen Ausgleich zwischen den Parteien; zu diesem Zweck darf der Anwalt auch mit der Gegenpartei in Verbindung treten (Kuhlen NK 50). Der Mediator handelt im Rahmen des Mediationsverfahrens (oben 6) idR nicht pflichtwidrig, weil beide Parteien ein Interesse an der Konfliktslösung und der Vermeidung eines Gerichtsverfahrens haben (Eisele aaO [vgl 1] Rdn 44; Baier wistra 01, 401, 405). War er zuvor nicht für eine Partei, sondern zwischen ihnen als unparteiischer Mittler tätig, so kann er später im Hinblick auf die Möglichkeit, dass ihn diese Tätigkeit befangen gemacht hat, nicht eine Partei gegen die andere vertreten (LG Hamburg AnwBl 80, 120; Haffke, in: Duss-v Werdt ua [Hrsg], Mediation: Die andere Scheidung, 1995, S 65, 100; Mennicke aaO 862; Eisele aaO Rdn 46). – In Ausnahmefällen kann das Einverständnis des Auftraggebers (zur Einwilligung vgl 9) den Interessengegensatz als solchen beseitigen (BGHSt 15, 332; näher dazu Dahs NStZ 91, 561, 564; Mennicke aaO). Die einverständliche Scheidung (§ 630 ZPO) gehört nicht hierher, weil die Struktur des Scheidungsverfahrens infolge des ihm zu Grunde liegenden Allgemeininteresses an der Eheerhaltung auch für die Scheidungswilligen einen Interessengegensatz begründet (Hübner LK[10] 83; einschr Bay NJW 81, 832 mit abl Anm Hübner JR 81, 430, zust aber Sch/Sch-Cramer 18; beachte auch NStZ 82, 331 und 85, 74; wistra 91, 221; krit Eisele aaO Rdn 45; aM Karlsruhe NJW 02, 3561 [mit zust Bespr Ebert NJW 03, 730 und Geppert JK 6, krit aber Henssler/Deckenbrock MDR 03, 1085, 1087], wo in der Geltendmachung eines Unterhaltsanspruchs nur die Fortsetzung der früheren Vermittlertätigkeit hinsichtlich einer einvernehmlichen Scheidung gesehen wird); dies schließt eine Beratung beider Parteien im Vorfeld des gerichtlichen Verfahrens mit dem Ziel einer einverständlichen Regelung der Trennungs- und Scheidefolgesachen nicht aus (Haffke aaO S 94; Eisele aaO; s auch Glenewinkel, Mediation als außergerichtliches Konfliktlösungsmodell, 1999, S 318). – Zur Pflichtwidrigkeit bei Verknüpfung strafrechtlicher und gesellschaftsrechtlicher Mandate Baier aaO S 406.

Parteiverrat § 356

7. Der **Vorsatz** (bedingter genügt) muss namentlich die Merkmale derselben 8
Rechtssache und des Interessengegensatzes umfassen (BGHSt 15, 332; 18, 192;
GA 61, 203). Erkennt der Anwalt sie nicht, so handelt er im Tatbestandsirrtum.
Hält er jedoch trotz dieser Erkenntnis sein Handeln nur für nicht pflichtwidrig,
etwa weil er die Begriffe derselben Rechtssache oder des Interessengegensatzes zu
eng auslegt oder weil er der Einwilligung des Auftraggebers irrig die Pflichtwidrigkeit beseitigende Wirkung beimißt, so handelt er im Subsumtionsirrtum, der als
solcher unbeachtlich ist, aber einen Verbotsirrtum begründen kann (BGHSt 7, 17;
7, 261; 15, 332; Baier wistra 01, 401, 407; Eisele aaO [vgl 1] Rdn 51; Rudolphi/
Rogall SK 34; krit Puppe NK 73 zu § 16; eingehend Dingfelder/Friedrich aaO
[vgl 2] S 75); das gilt auch für den Irrtum, auf der einen Seite nur eigene (Partei-
)Interessen wahrgenommen zu haben (BGHSt 45, 148, 155). Dieser Irrtum wird
als unvermeidbar nur angesehen, wenn der Anwalt die Rechtslage selbst sorgfältig
geprüft (Bay NJW 95, 606 mit krit Anm Ranft JR 96, 256; Sch/Sch-Cramer 23)
oder den Kammervorstand (BGHSt 18, 192) oder einen erfahrenen Kollegen
(AnwBl 62, 221) oder Richter (2 StR 729/67 v 29. 3. 1968) um Rat gefragt hat
(zur Irrtumsrechtsprechung bei § 356 Geppert MDR 60, 623; Gutmann AnwBl
63, 90; krit Dahs NStZ 91, 561, 565 und Baier aaO).

8. Eine **Einwilligung** des Auftraggebers in die pflichtwidrige Handlung hat im 9
Hinblick auf das vornehmlich geschützte Allgemeininteresse (vgl 1) keine rechtfertigende Wirkung (13 vor § 32; Eisele aaO [vgl 1] Rdn 9; Rudolphi/Rogall
SK 32). Ein anderer Rechtfertigungsgrund liegt regelmäßig nicht vor (zur Notwehr BGHSt 34, 190 und Kuhlen NK 63).

9. Teilnehmer ist regelmäßig nicht, wer dem Täter lediglich eine (falsche) 10
Rechtsauskunft (vgl 8) erteilt hat (NJW 92, 3047 mit zust Bespr Wolff-Reske,
Berufsbedingtes Verhalten als Problem mittelbarer Erfolgsverursachung, 1995,
S 50, 176: berufsrollenwahrendes Verhalten). – **Notwendige,** daher straflose, **Teilnahme** (12 vor § 25) begeht die Partei, die die pflichtwidrigen Dienste lediglich
annimmt (hM; vgl Hübner LK[10] 153 mwN; anders Sowada, Die „notwendige
Teilnahme" als funktionales Privilegierungsmodell im Strafrecht, 1992, S 212); jedoch liegt Anstiftung oder Beihilfe vor, wenn sie die Tat durch ein Sonderhonorar
(RGSt 71, 114; Kindhäuser 21) oder eine andere Unterstützungshandlung aktiv
fördert. § 28 I ist anwendbar (Rudolphi/Rogall SK 37).

10. Abs 2 qualifiziert die Tat zum Verbrechen (3 zu § 12); weil nur zusätzli- 11
che (erschwerende) Umstände die Strafschärfung tragen, liegt kein eigenständiges
Delikt vor (Hübner LK[10] 148; offen gelassen in NJW 64, 2428; zw). – **Einverständnis** erfordert Schädigungsbewusstsein sowohl des Anwalts (Düsseldorf NJW
89, 2901) als auch der Gegenpartei (NStZ 81, 479), sog gemeinsames Schädigungsbewusstsein (BGHSt 45, 148, 156); es liegt im Allgemeinen vor, wenn die
Gegenpartei die auf Schädigung der „eigenen" Partei gerichteten Beistandsleistungen widerspruchslos annimmt (BGHSt 45, 148, 157; Hübner LK[10] 149). **Nachteil**
ist jede Verschlechterung der Rechts- und Prozesslage (BGHSt 45, 148, 156);
handeln **zum Nachteil** erfordert nicht den Eintritt eines Schadens (hM; vgl Hübner LK[10] 150 mwN), auch nicht notwendig bestimmten Benachteiligungswillen
(so aber Hübner LK[10] 151 mwN; offen gelassen in NJW 64, 2428); es genügt
vielmehr, wenn der Anwalt im Hinblick auf die Verschlechterung der Rechts-
oder Prozesslage seines Auftraggebers bedingt vorsätzlich handelt (Sch/Sch-Cramer
26; aM Kindhäuser BT I 78/31; Kuhlen NK 61). – Zur **Strafzumessung** beachte
Köln NStZ 82, 382.

11. Besteht das pflichtwidrige Dienen aus mehreren, zeitlich gestreckten Akten, 12
so liegt **natürliche Handlungseinheit** vor (M-Schroeder/Maiwald BT 2 78/
22).

§ 357 Verleitung eines Untergebenen zu einer Straftat

(1) **Ein Vorgesetzter, welcher seine Untergebenen zu einer rechtswidrigen Tat im Amt verleitet oder zu verleiten unternimmt oder eine solche rechtswidrige Tat seiner Untergebenen geschehen läßt, hat die für diese rechtswidrige Tat angedrohte Strafe verwirkt.**

(2) **Dieselbe Bestimmung findet auf einen Amtsträger Anwendung, welchem eine Aufsicht oder Kontrolle über die Dienstgeschäfte eines anderen Amtsträgers übertragen ist, sofern die von diesem letzteren Amtsträger begangene rechtswidrige Tat die zur Aufsicht oder Kontrolle gehörenden Geschäfte betrifft.**

1   **1.** Die Vorschrift beruht auf dem Gedanken, dass der vorgesetzte oder beaufsichtigende Amtsträger (3–11 zu § 11) **verpflichtet** ist, in seinem Dienstbereich die Begehung rechtswidriger Taten der ihm nachgeordneten Amtsträger zu **verhindern** (ebenso Kuhlen NK 3 und Rudolphi/Rogall SK 3). Sie erfasst allein die innenrechtliche Pflichtwidrigkeit, besagt also nichts über das Unrecht im Außenverhältnis, zB über eine Garantenstellung des Vorgesetzten nach § 13 (Hoyer, Die strafrechtliche Verantwortlichkeit innerhalb von Weisungsverhältnissen, 1998, S 20; krit Kuhlen NK 7; aM Rudolphi/Rogall SK 3). **Täter** und Untergebener (Abs 1) oder Beaufsichtigter (Abs 2) müssen Amtsträger sein (OGH NJW 50, 435; aM für Untergebene oder Beaufsichtigte Kuhlen NK 5). Die Tat ist eigentliches Amtsdelikt (2 vor § 331; diff Rudolphi/Rogall SK 1). – Für Aufhebung der Vorschrift Will, Die strafrechtliche Verantwortlichkeit für die Verletzung von Aufsichtspflichten, 1998, S 254.

2   **2. Rechtswidrige Tat** 18 zu § 11; 1 zu § 29; jedoch genügt hier nach dem Schutzzweck der Vorschrift auch eine unvorsätzliche Tat des Untergebenen, wenn der Vorgesetzte wegen Fehlens der erforderlichen Täterqualität nicht selbst mittelbarer Täter sein kann (Rogall GA 79, 11, 24; Rudolphi/Rogall SK 5; aM Otto GK 2 100/5). Sie braucht keine Tat im Sinne des 30. Abschnitts zu sein; es genügt, wenn der Untergebene sie in Ausübung seines Dienstes begangen hat oder begehen sollte (BGHSt 3, 349; NJW 59, 584, 585). In Abs 2 umfasst die „begangene" Handlung auch die noch zu begehende (hM; vgl etwa Rudolphi/Rogall SK 15; aM Joecks 4).

3   **3. Verleiten** ist erfolgreiches Bestimmen (2 zu § 26), gleichgültig durch welches Mittel (OGHSt 2, 23); **Unternehmen** (19 zu § 11) bezieht den Versuch des Verleitens ein. Tätige Reue kann beim Unternehmen des Verleitens in analoger Anwendung der §§ 83a, 316a II aF (keine Ersatzvorschrift) zur Strafmilderung oder zum Absehen von Strafe führen (Berz, Stree/Wessels-FS, S 331, 335; Kuhlen NK 14; anders Weber ZStW Beiheft 87, 12 und Rudolphi/Rogall SK 20). – Zum **Geschehenlassen** gehört, dass der Vorgesetzte zur Verhinderung nicht nur verpflichtet, sondern auch tatsächlich in der Lage ist (Bay 51, 174, 199); erfasst wird nicht nur die Beihilfe durch Unterlassen, sondern auch die tätige Förderung (BGHSt 3, 349, 352; Joecks 2; Kuhlen NK 11). – Eingehend zu den Tathandlungen Andrews, Verleitung und Geschehenlassen iS des § 357 StGB, 1996, S 44–116.

4   **4.** Die Bedeutung der Vorschrift besteht vor allem darin, dass der Täter – falls er nicht ohnehin Mittäter oder (zusätzlich) mittelbarer Täter der von dem Untergebenen begangenen Tat ist – nicht nur als Teilnehmer oder erfolgloser Anstifter (§§ 26, 27, 30), sondern **wie ein Täter** bestraft wird (Konnivenz). Damit wird eine Milderung nach § 27 II S 2 oder § 30 I S 2 ausgeschlossen.

5   **5.** Zur **Konkurrenz** mit § 354 II Nr 3 dort 16. Verlust der **Amtsfähigkeit** § 358.

§ 358 Nebenfolgen

Neben einer Freiheitsstrafe von mindestens sechs Monaten wegen einer Straftat nach den §§ 332, 335, 339, 340, 343, 344, 345 Abs. 1 und 3, §§ 348, 352 bis 353 b Abs. 1, §§ 355 und 357 kann das Gericht die Fähigkeit, öffentliche Ämter zu bekleiden (§ 45 Abs. 2), aberkennen.

Fassung: Technische Änderungen durch das BegleitG (13 vor § 1) und das KorrBG (1 vor § 298).

1 Vgl 4 zu § 45. Die Vorschrift bezieht sich nur auf die Amtsfähigkeit, nicht die Wählbarkeit und das Stimmrecht.

Anhang

I. Einführungsgesetz zum Strafgesetzbuch (EGStGB)

Vom 2. März 1974 (BGBl I 469), letztes ÄndG v 23. 7. 2004 (BGBl I 1838, 1840)

– Auszug –

Erster Abschnitt. Allgemeine Vorschriften

Erster Titel. Sachliche Geltung des Strafgesetzbuches

Art. 1 Geltung des Allgemeinen Teils

(1) Die Vorschriften des Allgemeinen Teils des Strafgesetzbuches gelten für das bei seinem Inkrafttreten bestehende und das zukünftige Bundesrecht, soweit das Gesetz nichts anderes bestimmt.

(2) Die Vorschriften des Allgemeinen Teils des Strafgesetzbuches gelten auch für das bei seinem Inkrafttreten bestehende und das zukünftige Landesrecht. Sie gelten nicht, soweit das Bundesrecht besondere Vorschriften des Landesrechts zuläßt und das Landesrecht derartige Vorschriften enthält

Art. 1 a Anwendbarkeit der Vorschriften über die Sicherungsverwahrung

§ 66 b des Strafgesetzbuches findet auch Anwendung auf diejenigen Personen, gegen die auf Grund des Gesetzes des Landes Baden-Württemberg über die Unterbringung besonders rückfallgefährdeter Straftäter vom 14. März 2001 (Gesetzblatt für Baden-Württemberg Seite 188), auf Grund des Bayerischen Gesetzes zur Unterbringung von besonders rückfallgefährdeten Straftätern vom 24. Dezember 2001 (Bayerisches Gesetz- und Verordnungsblatt Seite 978), auf Grund des Gesetzes des Landes Niedersachsen über die Unterbringung besonders gefährlicher Personen zur Abwehr erheblicher Gefahren für die öffentliche Sicherheit vom 20. Oktober 2003 (Niedersächsisches Gesetz- und Verordnungsblatt Seite 368), auf Grund des Gesetzes des Landes Sachsen-Anhalt über die Unterbringung besonders rückfallgefährdeter Personen zur Abwehr erheblicher Gefahren für die öffentliche Sicherheit und Ordnung vom 6. März 2002 (Gesetz- und Verordnungsblatt für das Land Sachsen-Anhalt Seite 80) oder auf Grund des Thüringer Gesetzes über die Unterbringung besonders rückfallgefährdeter Straftäter vom 17. März 2003 (Gesetz- und Verordnungsblatt für den Freistaat Thüringen Seite 195) die Unterbringung angeordnet ist. Tatsachen im Sinne des § 66 b des Strafgesetzbuches sind in den in Satz 1 bezeichneten Fällen Tatsachen, die bis zum Ende des Vollzugs der Freiheitsstrafe erkennbar geworden sind. Die Frist des § 275 a Abs. 1 Satz 3 der Strafprozessordnung findet in den in Satz 1 bezeichneten Fällen keine Anwendung.

Art. 1 b Anwendbarkeit der Vorschriften des internationalen Strafrechts[1]

Soweit das deutsche Strafrecht auf im Ausland begangene Taten Anwendung findet und unterschiedliches Strafrecht im Geltungsbereich dieses Gesetzes gilt, finden diejeni-

---

[1] IdF des Ges v 31. 8. 1990 (BGBl II 889, 954).

gen Vorschriften Anwendung, die an dem Ort gelten, an welchem der Täter seine Lebensgrundlage hat.

Art. 2 Vorbehalte für das Landesrecht

Die Vorschriften des Allgemeinen Teils des Strafgesetzbuches lassen Vorschriften des Landesrechts unberührt, die bei einzelnen landesrechtlichen Straftatbeständen

1. den Geltungsbereich abweichend von den §§ 3 bis 7 des Strafgesetzbuches bestimmen oder
2. unter besonderen Voraussetzungen Straflosigkeit vorsehen.

Art. 3 Zulässige Rechtsfolgen bei Straftaten nach Landesrecht

(1) Vorschriften des Landesrechts dürfen bei Straftaten keine anderen Rechtsfolgen vorsehen als

1. Freiheitsstrafe bis zu zwei Jahren und wahlweise Geldstrafe bis zum gesetzlichen Höchstmaß (§ 40 Abs. 1 Satz 2, Abs. 2 Satz 3 des Strafgesetzbuches),
2. Einziehung von Gegenständen.

(2) Vorschriften des Landesrechts dürfen

1. weder Freiheitsstrafe noch Geldstrafe allein und
2. bei Freiheitsstrafe kein anderes Mindestmaß als das gesetzliche (§ 38 Abs. 2 des Strafgesetzbuches) und kein niedrigeres Höchstmaß als sechs Monate

androhen.

Art. 4 Verhältnis des Besonderen Teils zum Bundes- und Landesrecht

(1) Die Vorschriften des Besonderen Teils des Strafgesetzbuches lassen die Strafvorschriften des Bundesrechts unberührt, soweit sie nicht durch dieses Gesetz aufgehoben oder geändert werden.

(2) Die Vorschriften des Besonderen Teils des Strafgesetzbuches lassen auch die Straf- und Bußgeldvorschriften des Landesrechts unberührt, soweit diese nicht eine Materie zum Gegenstand haben, die im Strafgesetzbuch abschließend geregelt ist.

(3) Die Vorschriften des Strafgesetzbuches über Betrug, Hehlerei und Begünstigung lassen die Vorschriften des Landesrechts unberührt, die bei Steuern oder anderen Abgaben

1. die Straf- und Bußgeldvorschriften der Abgabenordnung für anwendbar erklären oder
2. entsprechende Straf- und Bußgeldtatbestände wie die Abgabenordnung enthalten; Artikel 3 bleibt unberührt.

(4) Die Vorschriften des Strafgesetzbuches über Diebstahl, Hehlerei und Begünstigung lassen die Vorschriften des Landesrechts zum Schutze von Feld und Forst unberührt, die bestimmen, daß eine Tat in bestimmten Fällen, die unbedeutend erscheinen, nicht strafbar ist oder nicht verfolgt wird.

(5) Die Vorschriften des Strafgesetzbuches über Hausfriedensbruch, Sachbeschädigung und Urkundenfälschung lassen die Vorschriften des Landesrechts zum Schutze von Feld und Forst unberührt, die

1. bestimmte Taten nur mit Geldbuße bedrohen oder
2. bestimmen, daß eine Tat in bestimmten Fällen,
    a) die unbedeutend erscheinen, nicht strafbar ist oder nicht verfolgt wird, oder
    b) die geringfügig erscheinen, nur auf Antrag oder nur dann verfolgt wird, wenn die Strafverfolgungsbehörde wegen des besonderen öffentlichen Interesses an der Strafverfolgung ein Einschreiten von Amts wegen für geboten hält.

Zweiter Abschnitt. Allgemeine Anpassung von Strafvorschriften

Art. 10 Geltungsbereich

(1) Die Vorschriften dieses Abschnitts gelten für die Strafvorschriften des Bundesrechts, soweit sie nicht durch Gesetz besonders geändert werden.

(2) Die Vorschriften gelten nicht für die Strafdrohungen des Wehrstrafgesetzes und des Zivildienstgesetzes.

Art. 11 Freiheitsstrafdrohungen

Droht das Gesetz Freiheitsstrafe mit einem besonderen Mindestmaß an, das einen Monat oder weniger beträgt, so entfällt die Androhung dieses Mindestmaßes.

Art. 12 Geldstrafdrohungen

(1) Droht das Gesetz neben Freiheitsstrafe ohne besonderes Mindestmaß wahlweise keine Geldstrafe an, so tritt neben die Freiheitsstrafe die wahlweise Androhung der Geldstrafe. Dies gilt auch, wenn die Androhung des besonderen Mindestmaßes der Freiheitsstrafe nach Artikel 11 entfällt.

(2) An die Stelle einer neben Freiheitsstrafe wahlweise angedrohten Geldstrafe von unbeschränkter Höhe oder mit einem besonderen Höchstmaß oder mit einem Höchstmaß, das in dem Mehrfachen, Einfachen oder Bruchteil eines bestimmten Betrages besteht, tritt Geldstrafe mit dem gesetzlichen Höchstmaß (§ 40 Abs. 1 Satz 2, Abs. 2 Satz 3 des Strafgesetzbuches), soweit Absatz 4 nichts anderes bestimmt.

(3) Ist Geldstrafe neben Freiheitsstrafe vorgeschrieben oder zugelassen, so entfällt diese Androhung.

(4) Droht das Gesetz Freiheitsstrafe bis zu sechs Monaten an, so beträgt das Höchstmaß einer wahlweise angedrohten Geldstrafe einhundertachtzig Tagessätze. Dies gilt auch, wenn sich die wahlweise Androhung der Geldstrafe aus Absatz 1 ergibt.

Art. 13[1] *(aufgehoben)*

Siebenter Abschnitt. Ergänzende strafrechtliche Regelungen

Art. 293 Abwendung der Vollstreckung der Ersatzfreiheitsstrafe und Erbringung von Arbeitsleistungen[2]

(1) Die Landesregierungen werden ermächtigt, durch Rechtsverordnung Regelungen zu treffen, wonach die Vollstreckungsbehörde dem Verurteilten gestatten kann, die Vollstreckung einer Ersatzfreiheitsstrafe nach § 43 des Strafgesetzbuches durch freie Arbeit abzuwenden. Soweit der Verurteilte die freie Arbeit geleistet hat, ist die Ersatzfreiheitsstrafe erledigt. Die Arbeit muß unentgeltlich sein; sie darf nicht erwerbswirtschaftlichen Zwecken dienen. Die Landesregierungen können die Ermächtigung durch Rechtsverordnung auf die Landesjustizverwaltungen übertragen.

(2) Durch die freie Arbeit wird kein Arbeitsverhältnis im Sinne des Arbeitsrechts und kein Beschäftigungsverhältnis im Sinne der Sozialversicherung, einschließlich der Ar-

---

[1] Aufgehoben durch Ges v 13. 12. 2001 (BGBl I 3574).
[2] Abs 1, 2 idF des 23. StÄG v 13. 4. 1986 (BGBl I 393, 396). Das OrgKG v 15. 7. 1992 (BGBl I 1302, 1311) hat in Abs 1 S 1 nach dem Wort „Ersatzfreiheitsstrafe" die Worte „nach § 43 des Strafgesetzbuches" eingefügt. Überschrift und Abs 3 idF des AFRG v 24. 3. 1997 (BGBl I 594, 710).

beitslosenversicherung, oder des Steuerrechts begründet. Die Vorschriften über den Arbeitsschutz finden sinngemäße Anwendung.

(3) Absatz 2 gilt entsprechend für freie Arbeit, die aufgrund einer Anordnung im Gnadenwege ausgeübt wird sowie für gemeinnützige Leistungen und Arbeitsleistungen nach § 56b Abs. 2 Satz 1 Nr. 3 des Strafgesetzbuches, § 153a Abs. 1 Satz 1 Nr. 3 der Strafprozeßordnung, § 10 Abs. 1 Satz 3 Nr. 4 und § 15 Abs. 1 Satz 1 Nr. 3 des Jugendgerichtsgesetzes und § 98 Abs. 1 Satz 1 Nr. 1 des Gesetzes über Ordnungswidrigkeiten oder aufgrund einer vom Gesetz vorgesehenen entsprechenden Anwendung der genannten Vorschriften.

Art. **295** Aufsichtsstellen bei Führungsaufsicht[1]

(1) Die Aufsichtsstellen (§ 68a des Strafgesetzbuches) gehören zum Geschäftsbereich der Landesjustizverwaltungen.

(2) Die Aufgaben der Aufsichtsstelle werden von Beamten des höheren Dienstes, von staatlich anerkannten Sozialarbeitern oder Sozialpädagogen oder von Beamten des gehobenen Dienstes wahrgenommen. Der Leiter der Aufsichtsstelle muß die Befähigung zum Richteramt besitzen oder ein Beamter des höheren Dienstes sein. Die Leitung der Aufsichtsstelle kann auch einem Richter übertragen werden.

Art. **296** Einfuhr von Zeitungen und Zeitschriften

§ 86 Abs. 1 des Strafgesetzbuches ist nicht anzuwenden auf Zeitungen und Zeitschriften, die außerhalb des räumlichen Geltungsbereiches dieses Gesetzes in ständiger, regelmäßiger Folge erscheinen und dort allgemein und öffentlich vertrieben werden.

Art. **297** Verbot der Prostitution[2]

(1) Die Landesregierung kann zum Schutze der Jugend oder des öffentlichen Anstandes
1. für das ganze Gebiet einer Gemeinde bis zu fünfzigtausend Einwohnern,
2. für Teile des Gebiets einer Gemeinde über zwanzigtausend Einwohnern oder eines gemeindefreien Gebiets,
3. unabhängig von der Zahl der Einwohner für öffentliche Straßen, Wege, Plätze, Anlagen und für sonstige Orte, die von dort aus eingesehen werden können, im ganzen Gebiet oder in Teilen des Gebiets einer Gemeinde oder eines gemeindefreien Gebiets

durch Rechtsverordnung verbieten, der Prostitution nachzugehen. Sie kann das Verbot nach Satz 1 Nr. 3 auch auf bestimmte Tageszeiten beschränken.

(2) Die Landesregierung kann diese Ermächtigung durch Rechtsverordnung auf eine oberste Landesbehörde oder andere Behörden übertragen.

(3) Wohnungsbeschränkungen auf bestimmte Straßen oder Häuserblocks zum Zwecke der Ausübung der Prostitution (Kasernierungen) sind verboten.

Achter Abschnitt. Schlußvorschriften

Art. **309** Verfolgungs- und Vollstreckungsverjährung

(1) Die Vorschriften des neuen Rechts über die Verfolgungs- und Vollstreckungsverjährung (§§ 78 bis 79b des Strafgesetzbuches, §§ 31 bis 34 des Gesetzes über Ordnungswidrigkeiten) gelten auch für Taten, die vor dem 1. Januar 1975 begangen worden sind, soweit die Absätze 2 bis 4 nichts anderes bestimmen.

---

[1] Abs. 2 idF des ÄndG zum EGStGB vom 15. 8. 1974 (BGBl I 1942).
[2] Abs. 2 geändert durch Art. 16 des Gesetzes v 3. 5. 2000 (BGBl I 632).

(2) Für Unterbrechungshandlungen, die vor dem 1. Januar 1975 vorgenommen sind, gilt das bisherige Recht.

(3) Soweit die Verjährungsfristen des bisherigen Rechts kürzer sind als die des neuen Rechts, gelten die des bisherigen Rechts.

(4) Ist die Verjährung der Verfolgung oder der Vollstreckung vor dem 1. Januar 1975 unterbrochen worden, so verjährt die Verfolgung oder Vollstreckung, abweichend von § 78c Abs. 3 Satz 2, § 79 des Strafgesetzbuches, § 33 Abs. 3 Satz 2, § 34 des Gesetzes über Ordnungswidrigkeiten, frühestens mit dem Ablauf der von der letzten Unterbrechungshandlung an zu berechnenden Verjährungsfrist.

(5) Bei der Berechnung der Verjährungsfrist nach § 1 Abs. 1 Satz 1 des Gesetzes über die Berechnung strafrechtlicher Verjährungsfristen vom 13. April 1965 (Bundesgesetzbl. I S. 315), geändert durch das Erste Gesetz zur Reform des Strafrechts vom 25. Juni 1969 (Bundesgesetzbl. I S. 645), ist § 78 Abs. 4 des Strafgesetzbuches entsprechend anzuwenden.

Art. 315 Geltung des Strafrechts für in der Deutschen Demokratischen Republik begangene Taten[1]

(1) Auf vor dem Wirksamwerden des Beitritts in der Deutschen Demokratischen Republik begangene Taten findet § 2 des Strafgesetzbuches mit der Maßgabe Anwendung, daß das Gericht von Strafe absieht, wenn nach dem zur Zeit der Tat geltenden Recht der Deutschen Demokratischen Republik weder eine Freiheitsstrafe noch eine Verurteilung auf Bewährung noch eine Geldstrafe verwirkt gewesen wäre. Neben der Freiheitsstrafe werden die Unterbringung in der Sicherungsverwahrung sowie die Führungsaufsicht nach § 68 Abs. 1 des Strafgesetzbuches nicht angeordnet. Wegen einer Tat, die vor dem Wirksamwerden des Beitritts begangen worden ist, tritt Führungsaufsicht nach § 68f des Strafgesetzbuches nicht ein.

(2) Die Vorschriften des Strafgesetzbuches über die Geldstrafe (§§ 40 bis 43) gelten auch für die vor dem Wirksamwerden des Beitritts in der Deutschen Demokratischen Republik begangenen Taten, soweit nachfolgend nichts anderes bestimmt ist. Die Geldstrafe darf nach Zahl und Höhe der Tagessätze insgesamt das Höchstmaß der bisher angedrohten Geldstrafe nicht übersteigen. Es dürfen höchstens dreihundertsechzig Tagessätze verhängt werden.

(3) Die Vorschriften des Strafgesetzbuches über die Aussetzung eines Strafrestes sowie den Widerruf ausgesetzter Strafen finden auf Verurteilungen auf Bewährung (§ 33 des Strafgesetzbuches der Deutschen Demokratischen Republik) sowie auf Freiheitsstrafen Anwendung, die wegen vor dem Wirksamwerden des Beitritts in der Deutschen Demokratischen Republik begangener Taten verhängt worden sind, soweit sich nicht aus den Grundsätzen des § 2 Abs. 3 des Strafgesetzbuches etwas anderes ergibt.

(4) Die Absätze 1 bis 3 finden keine Anwendung, soweit für die Tat das Strafrecht der Bundesrepublik Deutschland schon vor dem Wirksamwerden des Beitritts gegolten hat.

Art. 315a Verfolgungs- und Vollstreckungsverjährung für in der Deutschen Demokratischen Republik verfolgte und abgeurteilte Taten[2]

(1) Soweit die Verjährung der Verfolgung oder der Vollstreckung nach dem Recht der Deutschen Demokratischen Republik bis zum Wirksamwerden des Beitritts nicht

---

[1] IdF des Ges v 31. 8. 1990 (BGBl II 889, 954).
[2] Abs 1 S 1, 3 idF des Ges v 31. 8. 1990 (BGBl II 889, 954). Abs 1 S 2 idF des VerjG. Abs 2, 3 durch 2. VerjG angefügt; nach dessen Art 2 gelten die beiden Absätze nicht für Taten, deren Verfolgung bei Inkrafttreten des 2. VerjG bereits verjährt war. Abs 2 durch 3. VerjG geändert; nach dessen Art 2 gelten die Änderungen nicht für Taten, deren Verfolgung bei Inkrafttreten des 3. VerjG bereits verjährt war.

Anh I EGStGB. 8. Abschn. Schlußvorschriften

eingetreten war, bleibt es dabei. Dies gilt auch, soweit für die Tat vor dem Wirksamwerden des Beitritts auch das Strafrecht der Bundesrepublik Deutschland gegolten hat. Die Verfolgungsverjährung gilt als am Tag des Wirksamwerdens des Beitritts unterbrochen; § 78 c Abs. 3 des Strafgesetzbuches bleibt unberührt.

(2) Die Verfolgung von Taten, die in dem in Artikel 3 des Einigungsvertrages genannten Gebiet begangen worden sind und die im Höchstmaß mit Freiheitsstrafe von mehr als einem Jahr bis zu fünf Jahren bedroht sind, verjährt frühestens mit Ablauf des 2. Oktober 2000, die Verfolgung der in diesem Gebiet vor Ablauf des 2. Oktober 1990 begangenen und im Höchstmaß mit Freiheitsstrafe bis zu einem Jahr oder mit Geldstrafe bedrohten Taten frühestens mit Ablauf des 31. Dezember 1995.

(3) Verbrechen, die den Tatbestand des Mordes (§ 211 des Strafgesetzbuches) erfüllen, für welche sich die Strafe jedoch nach dem Recht der Deutschen Demokratischen Republik bestimmt, verjähren nicht.

Art. 315 b Strafantrag bei in der Deutschen Demokratischen Republik begangenen Taten[1]

Die Vorschriften des Strafgesetzbuches über den Strafantrag gelten auch für die vor dem Wirksamwerden des Beitritts in der Deutschen Demokratischen Republik begangenen Taten. War nach dem Recht der Deutschen Demokratischen Republik zur Verfolgung ein Antrag erforderlich, so bleibt es dabei. Ein vor dem Wirksamwerden des Beitritts gestellter Antrag bleibt wirksam. War am Tag des Wirksamwerdens des Beitritts das Recht, einen Strafantrag zu stellen, nach dem bisherigen Recht der Deutschen Demokratischen Republik bereits erloschen, so bleibt es dabei. Ist die Tat nach den Vorschriften der Bundesrepublik Deutschland nur auf Antrag verfolgbar, so endet die Antragsfrist frühestens am 31. Dezember 1990.

Art. 315 c Anpassung der Strafdrohungen[2]

Soweit Straftatbestände der Deutschen Demokratischen Republik fortgelten, treten an die Stelle der bisherigen Strafdrohungen die im Strafgesetzbuch vorgesehenen Strafdrohungen der Freiheitsstrafe und der Geldstrafe. Die übrigen Strafdrohungen entfallen. § 10 Satz 2 des 6. Strafrechtsänderungsgesetzes der Deutschen Demokratischen Republik bleibt jedoch unberührt. Die Geldstrafe darf nach Art und Höhe der Tagessätze insgesamt das Höchstmaß der bisher angedrohten Geldstrafe nicht übersteigen. Es dürfen höchstens dreihundertsechzig Tagessätze verhängt werden.

Art. 316 Übergangsvorschrift zum Dreiundzwanzigsten Strafrechtsänderungsgesetz[3]

(1) § 67 Abs. 4 und § 67 d Abs. 5 des Strafgesetzbuches finden keine Anwendung auf Unterbringungen, die vor dem 1. Mai 1986 angeordnet worden sind; für die Anrechnung der Zeit des Vollzugs der Maßregel auf die Strafe gilt das bisherige Recht.

(2) Ist jemand vor dem 1. Mai 1986 zu mehreren lebenslangen Freiheitsstrafen oder zu lebenslanger und zeitiger Freiheitsstrafe verurteilt worden, so ist § 460 der Strafprozeßordnung sinngemäß anzuwenden, wenn nach neuem Recht auf eine lebenslange Freiheitsstrafe als Gesamtstrafe erkannt worden wäre.

Art. 326 Inkrafttreten; Übergangsfassungen[4]

(1) Dieses Gesetz tritt am 1. Januar 1975 in Kraft, soweit nichts anderes bestimmt ist.
(2) bis (5) ...

---

[1] IdF des Ges v 31. 8. 1990 (BGBl II 889, 954).
[2] IdF des Ges v 31. 8. 1990 (BGBl II 889, 954).
[3] IdF des 23. StÄG v 13. April 1986 (BGBl I 393, 396).
[4] *Gilt nicht im Beitrittsgebiet (Anh II 1 c).*

II. Vertrag zwischen der Bundesrepublik Deutschland und der Deutschen Demokratischen Republik über die Herstellung der Einheit Deutschlands (Einigungsvertrag)

Vom 31. 8. 1990 (BGBl II 889)

– Auszug –

1. Anlage I, Kapitel III, Sachgebiet C (BGBl II 954).

a) Abschnitt I – Auszug –

Von dem Inkrafttreten des Bundesrechts gemäß Artikel 8 des Vertrages sind ausgenommen:

1. Fünftes Gesetz zur Reform des Strafrechts vom 18. Juni 1974 (BGBl I S 1297), zuletzt geändert durch Artikel 3 und 4 des Gesetzes vom 18. Mai 1976 (BGBl I S 1213).
2. ...

b) Abschnitt II – Auszug –

Bundesrecht wird wie folgt aufgehoben, geändert oder ergänzt:

1. Das Einführungsgesetz zum Strafgesetzbuch vom 2. März 1974 (BGBl I S 469), zuletzt geändert durch Artikel 4 des Gesetzes vom 13. April 1986 (BGBl I S 393), wird wie folgt geändert: (Die Änderungen sind in den Text des EGStGB [Anh I] eingearbeitet).

c) Abschnitt III – Auszug –

Bundesrecht tritt in dem in Artikel 3 des Vertrages genannten Gebiet mit folgenden Maßgaben in Kraft:

1. Strafgesetzbuch in der Fassung der Bekanntmachung vom 10. März 1987 (BGBl I S 945, 1160), zuletzt geändert durch Artikel 1 des Gesetzes vom 26. 6. 1990 (BGBl I S 1163), mit folgender Maßgabe: § 5 Nr. 8, soweit dort § 175 genannt ist, § 5 Nr. 9, die Vorschriften über die Sicherungsverwahrung, §§ 144, 175, 182, 218 bis 219 d und 236 sind nicht anzuwenden.
2. Einführungsgesetz zum Strafgesetzbuch vom 2. März 1974 (BGBl I S 469), zuletzt geändert durch Artikel 4 des Gesetzes vom 13. April 1986 (BGBl I S. 393), mit folgender Maßgabe: Artikel 14 bis 292, 298 bis 306, 312 bis 314, 317 bis 319 und 322 bis 326 sind nicht anzuwenden.

2. Anlage II, Kapitel III, Sachgebiet C (BGBl II 1168)

a) Abschnitt I – Auszug –

Folgendes Recht der Deutschen Demokratischen Republik bleibt in Kraft:

1. §§ 84, 149, 153 bis 155, 238 des Strafgesetzbuchs der Deutschen Demokratischen Republik – StGB – vom 12. Januar 1968 in der Neufassung vom 14. Dezember 1988 (GBl I 1989 Nr 3 S 33), geändert durch das 6. Strafrechtsänderungsgesetz vom 29. Juni 1990 (GBl I Nr 39 S 526).
2. §§ 8 bis 10 des 6. Strafrechtsänderungsgesetzes der Deutschen Demokratischen Republik vom 29. Juni 1990 (GBl I Nr 39 S 526).
3. ...

Anh III SchKG

4. § 1 Abs 2 bis § 4 Abs 1 sowie § 5 des Gesetzes über die Unterbrechung der Schwangerschaft vom 9. März 1972 (GBl I Nr 5 S 89).

5. § 1 bis § 4 Abs 2 Satz 1 sowie § 4 Abs 3 bis § 9 der Durchführungsbestimmung zum Gesetz über die Unterbrechung der Schwangerschaft vom 9. März 1972 (GBl II Nr 12 S 149).

b) Abschnitt II

Folgendes Recht der Deutschen Demokratischen Republik bleibt mit folgender Änderung in Kraft:

§ 191 a des Strafgesetzbuches der Deutschen Demokratischen Republik – StGB – vom 12. Januar 1968 in der Neufassung vom 14. Dezember 1988 (GBl I 1989 Nr 3 S 33), geändert durch das 6. Strafrechtsänderungsgesetz vom 29. Juni 1990 (GBl I Nr 39 S 526). § 191 a wird wie folge gefaßt: (weggefallen).

III. Fortgeltendes Recht der Deutschen Demokratischen Republik im Beitrittsgebiet

1. Die für § 5 Nr 8, §§ 175, 182 und 218–219 d geltenden Maßgaben sind durch das 29. StÄG und das SFHG aufgehoben worden.

2. Die nach dem EV formal noch fortgeltenden § 84 StGB/DDR und §§ 8–10 des 6. StÄG/DDR sind im Laufe der weiteren Entwicklung gegenstandslos geworden (5 zu § 3). Ferner wurden durch den gesamtdeutschen Gesetzgeber aufgehoben: § 149 StGB/DDR durch Art 3 des 29. StÄG; §§ 153–155 StGB/DDR durch Art 16 SFHG; § 191 a StGB/DDR durch Art 12 des 31. StÄG; § 238 StGB/DDR durch Art 5 des 6. StrRG; die Vorschriften des Gesetzes über die Unterbrechung der Schwangerschaft und der Durchführungsbestimmungen dazu durch Art 16 SFHG (beachte auch 6 zu § 3).

IV. Gesetz zur Vermeidung und Bewältigung von Schwangerschaftskonflikten (Schwangerschaftskonfliktgesetz – SchKG)

idF des Art 1 des SFHG v 27. 7. 1992 (BGBl I S 1398), geändert durch Art 1 des SFHÄndG v 21. 8. 1995 (BGBl I S 1050)

– Auszug –

Abschnitt 1. Aufklärung, Verhütung, Familienplanung und Beratung

§ 1 Aufklärung

(1) Die für gesundheitliche Aufklärung und Gesundheitserziehung zuständige Bundeszentrale für gesundheitliche Aufklärung erstellt unter Beteiligung der Länder und in Zusammenarbeit mit Vertretern der Familienberatungseinrichtungen aller Träger zum Zwecke der gesundheitlichen Vorsorge und der Vermeidung und Lösung von Schwangerschaftskonflikten Konzepte zur Sexualaufklärung, jeweils abgestimmt auf die verschiedenen Alters- und Personengruppen.

(2) Die Bundeszentrale für gesundheitliche Aufklärung verbreitet zu den in Absatz 1 genannten Zwecken die bundeseinheitlichen Aufklärungsmaterialien, in denen Verhütungsmethoden und Verhütungsmittel umfassend dargestellt werden.

(3) Die Aufklärungsmaterialien werden unentgeltlich an Einzelpersonen auf Aufforderung, ferner als Lehrmaterial an schulische und berufsbildende Einrichtungen, an Beratungsstellen sowie an alle Institutionen der Jugend- und Bildungsarbeit abgegeben.

§ 2 Beratung

(1) Jede Frau und jeder Mann hat das Recht, sich zu den in § 1 Abs. 1 genannten Zwecken in Fragen der Sexualaufklärung, Verhütung und Familienplanung sowie in allen eine Schwangerschaft unmittelbar oder mittelbar berührenden Fragen von einer hierfür vorgesehenen Beratungsstelle informieren und beraten zu lassen.

(2) Der Anspruch auf Beratung umfaßt Informationen über

1. Sexualaufklärung, Verhütung und Familienplanung,
2. bestehende familienfördernde Leistungen und Hilfen für Kinder und Familien, einschließlich der besonderen Rechte im Arbeitsleben,
3. Vorsorgeuntersuchungen bei Schwangerschaft und die Kosten der Entbindung,
4. soziale und wirtschaftliche Hilfen für Schwangere, insbesondere finanzielle Leistungen sowie Hilfen bei der Suche nach Wohnung, Arbeits- oder Ausbildungsplatz oder deren Erhalt,
5. die Hilfsmöglichkeiten für behinderte Menschen und ihre Familien, die vor und nach der Geburt eines in seiner körperlichen, geistigen oder seelischen Gesundheit geschädigten Kindes zur Verfügung stehen,
6. die Methoden zur Durchführung eines Schwangerschaftsabbruchs, die physischen und psychischen Folgen eines Abbruchs und die damit verbundenen Risiken,
7. Lösungsmöglichkeiten für psychosoziale Konflikte im Zusammenhang mit einer Schwangerschaft,
8. die rechtlichen und psychologischen Gesichtspunkte im Zusammenhang mit einer Adoption.

Die Schwangere ist darüber hinaus bei der Geltendmachung von Ansprüchen sowie bei der Wohnungssuche, bei der Suche nach einer Betreuungsmöglichkeit für das Kind und bei der Fortsetzung ihrer Ausbildung zu unterstützen. Auf Wunsch der Schwangeren sind Dritte zur Beratung hinzuzuziehen.

(3) Zum Anspruch auf Beratung gehört auch die Nachbetreuung nach einem Schwangerschaftsabbruch oder nach der Geburt des Kindes.

§ 3 Beratungsstellen

Die Länder stellen ein ausreichendes Angebot wohnortnaher Beratungsstellen für die Beratung nach § 2 sicher. Dabei werden auch Beratungsstellen freier Träger gefördert. Die Ratsuchenden sollen zwischen Beratungsstellen unterschiedlicher weltanschaulicher Ausrichtung auswählen können.

§ 4 Öffentliche Förderung der Beratungsstellen

(1) Die Länder tragen dafür Sorge, daß den Beratungsstellen nach den §§ 3 und 8 für je 40.000 Einwohner mindestens eine Beraterin oder ein Berater vollzeitbeschäftigt oder eine entsprechende Zahl von Teilzeitbeschäftigten zur Verfügung steht. Von diesem Schlüssel soll dann abgewichen werden, wenn die Tätigkeit der Beratungsstellen mit dem vorgesehenen Personal auf Dauer nicht ordnungsgemäß durchgeführt werden kann. Dabei ist auch zu berücksichtigen, daß Schwangere in angemessener Entfernung von ihrem Wohnort eine Beratungsstelle aufsuchen können.

(2) Die zur Sicherstellung eines ausreichenden Angebotes nach den §§ 3 und 8 erforderlichen Beratungsstellen haben Anspruch auf eine angemessene öffentliche Förderung der Personal- und Sachkosten.

(3) Näheres regelt das Landesrecht.

Abschnitt 2. Schwangerschaftskonfliktberatung

§ 5 Inhalt der Schwangerschaftskonfliktberatung

(1) Die nach § 219 des Strafgesetzbuches notwendige Beratung ist ergebnisoffen zu führen. Sie geht von der Verantwortung der Frau aus. Die Beratung soll ermutigen und Verständnis wecken, nicht belehren oder bevormunden. Die Schwangerschaftskonfliktberatung dient dem Schutz des ungeborenen Lebens.

(2) Die Beratung umfaßt:

1. das Eintreten in eine Konfliktberatung; dazu wird erwartet, daß die schwangere Frau der sie beratenden Person die Gründe mitteilt, derentwegen sie einen Abbruch der Schwangerschaft erwägt; der Beratungscharakter schließt aus, daß die Gesprächs- und Mitwirkungsbereitschaft der schwangeren Frau erzwungen wird;
2. jede nach Sachlage erforderliche medizinische, soziale und juristische Information, die Darlegung der Rechtsansprüche von Mutter und Kind und der möglichen praktischen Hilfen, insbesondere solcher, die die Fortsetzung der Schwangerschaft und die Lage von Mutter und Kind erleichtern;
3. das Angebot, die schwangere Frau bei der Geltendmachung von Ansprüchen, bei der Wohnungssuche, bei der Suche nach einer Betreuungsmöglichkeit für das Kind und bei der Fortsetzung ihrer Ausbildung zu unterstützen, sowie das Angebot einer Nachbetreuung.

Die Beratung unterrichtet auf Wunsch der Schwangeren auch über Möglichkeiten, ungewollte Schwangerschaften zu vermeiden.

§ 6 Durchführung der Schwangerschaftskonfliktberatung

(1) Eine ratsuchende Schwangere ist unverzüglich zu beraten.

(2) Die Schwangere kann auf ihren Wunsch gegenüber der sie beratenden Person anonym bleiben.

(3) Soweit erforderlich, sind zur Beratung im Einvernehmen mit der Schwangeren
1. andere, insbesondere ärztlich, fachärztlich, psychologisch, sozialpädagogisch, sozialarbeiterisch oder juristisch ausgebildete Fachkräfte,
2. Fachkräfte mit besonderer Erfahrung in der Frühförderung behinderter Kinder und
3. andere Personen, insbesondere der Erzeuger sowie nahe Angehörige,
hinzuzuziehen.

(4) Die Beratung ist für die Schwangere und die nach Absatz 3 Nr. 3 hinzugezogenen Personen unentgeltlich.

§ 7 Beratungsbescheinigung

(1) Die Beratungsstelle hat nach Abschluß der Beratung der Schwangeren eine mit Namen und Datum versehene Bescheinigung darüber auszustellen, daß eine Beratung nach den §§ 5 und 6 stattgefunden hat.

(2) Hält die beratende Person nach dem Beratungsgespräch eine Fortsetzung dieses Gesprächs für notwendig, soll diese unverzüglich erfolgen.

(3) Die Ausstellung einer Beratungsbescheinigung darf nicht verweigert werden, wenn durch eine Fortsetzung des Beratungsgesprächs die Beachtung der in § 218a Abs. 1 des Strafgesetzbuches vorgesehenen Fristen unmöglich werden könnte.

§ 8 Schwangerschaftskonfliktberatungsstellen

Für die Beratung nach den §§ 5 und 6 haben die Länder ein ausreichendes plurales Angebot wohnortnaher Beratungsstellen sicherzustellen. Diese Beratungsstellen bedürfen besonderer staatlicher Anerkennung nach § 9. Als Beratungsstellen können auch Einrichtungen freier Träger und Ärzte anerkannt werden.

§ 9 Anerkennung von Schwangerschaftskonfliktberatungsstellen

Eine Beratungsstelle darf nur anerkannt werden, wenn sie die Gewähr für eine fachgerechte Schwangerschaftskonfliktberatung nach § 5 bietet und zur Durchführung der Schwangerschaftskonfliktberatung nach § 6 in der Lage ist, insbesondere
1. über hinreichend persönlich und fachlich qualifiziertes und der Zahl nach ausreichendes Personal verfügt,
2. sicherstellt, daß zur Durchführung der Beratung erforderlichenfalls kurzfristig eine ärztlich, fachärztlich, psychologisch, sozialpädagogisch, sozialarbeiterisch oder juristisch ausgebildete Fachkraft hinzugezogen werden kann,
3. mit allen Stellen zusammenarbeitet, die öffentliche und private Hilfen für Mutter und Kind gewähren, und
4. mit keiner Einrichtung, in der Schwangerschaftsabbrüche vorgenommen werden, derart organisatorisch oder durch wirtschaftliche Interessen verbunden ist, daß hiernach ein materielles Interesse der Beratungseinrichtung an der Durchführung von Schwangerschaftsabbrüchen nicht auszuschließen ist.

§ 10 Berichtspflicht und Überprüfung der Schwangerschaftskonfliktberatungsstellen

(1) Die Beratungsstellen sind verpflichtet, die ihrer Beratungstätigkeit zugrundeliegenden Maßstäbe und die dabei gesammelten Erfahrungen jährlich in einem schriftlichen Bericht niederzulegen.

(2) Als Grundlage für den schriftlichen Bericht nach Absatz 1 hat die beratende Person über jedes Beratungsgespräch eine Aufzeichnung zu fertigen. Diese darf keine Rückschlüsse auf die Identität der Schwangeren und der zum Beratungsgespräch hinzugezogenen weiteren Personen ermöglichen. Sie hält den wesentlichen Inhalt der Beratung und angebotene Hilfsmaßnahmen fest.

(3) Die zuständige Behörde hat mindestens im Abstand von drei Jahren zu überprüfen, ob die Voraussetzungen für die Anerkennung nach § 9 noch vorliegen. Sie kann sich zu diesem Zweck die Berichte nach Absatz 1 vorlegen lassen und Einsicht in die nach Absatz 2 anzufertigenden Aufzeichnungen nehmen. Liegt eine der Voraussetzungen des § 9 nicht mehr vor, ist die Anerkennung zu widerrufen.

§ 11 Übergangsregelung

Die Anerkennung einer Beratungsstelle auf Grund II.4 der Entscheidungsformel des Urteils des Bundesverfassungsgerichts vom 28. Mai 1993 (BGBl. I S. 820) steht einer Anerkennung auf Grund der §§ 8 und 9 dieses Gesetzes gleich.

Abschnitt 3. Vornahme von Schwangerschaftsabbrüchen

§ 12 Weigerung

(1) Niemand ist verpflichtet, an einem Schwangerschaftsabbruch mitzuwirken.

(2) Absatz 1 gilt nicht, wenn die Mitwirkung notwendig ist, um von der Frau eine anders nicht abwendbare Gefahr des Todes oder einer schweren Gesundheitsschädigung abzuwenden.

§ 13 Einrichtungen zur Vornahme von Schwangerschaftsabbrüchen

(1) Ein Schwangerschaftsabbruch darf nur in einer Einrichtung vorgenommen werden, in der auch die notwendige Nachbehandlung gewährleistet ist.

(2) Die Länder stellen ein ausreichendes Angebot ambulanter und stationärer Einrichtungen zur Vornahme von Schwangerschaftsabbrüchen sicher.

§ 14 Bußgeldvorschriften

(1) Ordnungswidrig handelt, wer entgegen § 13 Abs. 1 einen Schwangerschaftsabbruch vornimmt.

(2) Die Ordnungswidrigkeit kann mit einer Geldbuße bis zu zehntausend Deutsche Mark geahndet werden.

V. Internationales Strafrecht

Ausgewählte Vorschriften, die keine Änderung des StGB vorsehen, aber ausländische Entscheidungsträger oder Bedienstete für die Anwendung von Vorschriften des StGB inländischen Amtsträgern (§ 11 I Nr 2, 3), für den öffentlichen Dienst besonders Verpflichteten (§ 11 I Nr 4) oder Soldaten der Bundeswehr (§ 48 WStG) unmittelbar gleichstellen oder sonst den Geltungsbereich des Deutschen Strafrechts (1 vor § 3) erweitern.

– Auszüge –

1. Gesetz zu dem Übereinkommen vom 26. Juli 1995 auf Grund von Artikel K.3 des Vertrags über die Europäische Union über die Errichtung eines Europäischen Polizeiamts (Europol-Gesetz) v 16. Dezember 1997 (BGBl II 2150)

Art. 2 § 8 Strafvorschrift

Für die Anwendung der Vorschriften des Strafgesetzbuches über Verletzung von Privatgeheimnissen (§ 203 Abs. 2 Satz 1 Nr. 1, Satz 2, Abs. 4 und 5, § 205), Verwertung fremder Geheimnisse (§§ 204, 205) sowie Verletzung des Dienstgeheimnisses (§ 353 b Abs. 1 Satz 1 Nr. 1, Satz 2, Abs. 3 und 4) stehen die Mitglieder des Verwaltungsrates, der Direktor, die Stellvertretenden Direktoren, der Finanzkontrolleur, die Mitglieder des Haushaltsausschusses und die Bediensteten von Europol sowie die Verbindungsbeamten den Amtsträgern, die anderen nach Artikel 32 Abs. 2 des Übereinkommens zur Verschwiegenheit oder zur Geheimhaltung besonders verpflichteten Personen den für den öffentlichen Dienst besonders Verpflichteten gleich. Ist dem Täter das Geheimnis während seiner Tätigkeit bei Europol bekannt geworden, wird die Tat nach § 353 b des Strafgesetzbuches nur verfolgt, wenn ein Strafverlangen des Direktors von Europol vorliegt und die Bundesregierung die Ermächtigung zur Strafverfolgung erteilt.

2. Gesetz zu dem Übereinkommen vom 17. Dezember 1997 über die Bekämpfung der Bestechung ausländischer Amtsträger im internationalen Geschäftsverkehr (Gesetz zur Bekämpfung internationaler Bestechung – IntBestG) v 10. September 1998 (BGBl II 2327)

Art. 2 §§ 1–4

§ 1 Gleichstellung von ausländischen mit inländischen Amtsträgern bei Bestechungshandlungen

Für die Anwendung des § 334 des Strafgesetzbuches, auch in Verbindung mit dessen §§ 335, 336, 338 Abs. 2, auf eine Bestechung, die sich auf eine künftige richterliche Handlung oder Diensthandlung bezieht und die begangen wird, um sich oder einem Dritten einen Auftrag oder einen unbilligen Vorteil im internationalen geschäftlichen Verkehr zu verschaffen oder zu sichern, stehen gleich:

Internationales Strafrecht **Anh V**

1. einem Richter:
   a) ein Richter eines ausländischen Staates,
   b) ein Richter eines internationalen Gerichts;
2. einem sonstigen Amtsträger:
   a) ein Amtsträger eines ausländischen Staates,
   b) eine Person, die beauftragt ist, bei einer oder für eine Behörde eines ausländischen Staates, für ein öffentliches Unternehmen mit Sitz im Ausland oder sonst öffentliche Aufgaben für einen ausländischen Staat wahrzunehmen,
   c) ein Amtsträger und ein sonstiger Bediensteter einer internationalen Organisation und eine mit der Wahrnehmung ihrer Aufgaben beauftragte Person;
3. einem Soldaten der Bundeswehr:
   a) ein Soldat eines ausländischen Staates,
   b) ein Soldat, der beauftragt ist, Aufgaben einer internationalen Organisation wahrzunehmen.

§ 2 Bestechung ausländischer Abgeordneter im Zusammenhang mit internationalem geschäftlichen Verkehr

(1) Wer in der Absicht, sich oder einem Dritten einen Auftrag oder einen unbilligen Vorteil im internationalen geschäftlichen Verkehr zu verschaffen oder zu sichern, einem Mitglied eines Gesetzgebungsorgans eines ausländischen Staates oder einem Mitglied einer parlamentarischen Versammlung einer internationalen Organisation einen Vorteil für dieses oder einen Dritten als Gegenleistung dafür anbietet, verspricht oder gewährt, daß es eine mit seinem Mandat oder seinen Aufgaben zusammenhängende Handlung oder Unterlassung künftig vornimmt, wird mit Freiheitsstrafe bis zu fünf Jahren oder mit Geldstrafe bestraft.

(2) Der Versuch ist strafbar.

§ 3 Auslandstaten

Das deutsche Strafrecht gilt, unabhängig vom Recht des Tatorts, für folgende Taten, die von einem Deutschen im Ausland begangen werden:
1. Bestechung ausländischer Amtsträger im Zusammenhang mit internationalem geschäftlichen Verkehr (§§ 334 bis 336 des Strafgesetzbuches in Verbindung mit § 1);
2. Bestechung ausländischer Abgeordneter im Zusammenhang mit internationalem geschäftlichen Verkehr (§ 2).

§ 4 Anwendung des § 261 des Strafgesetzbuches

In den Fällen des § 261 Abs. 1 Satz 2 Nr. 2 Buchstabe a des Strafgesetzbuches ist § 334 des Strafgesetzbuches auch in Verbindung mit § 1 anzuwenden.

3. Gesetz zu dem Protokoll vom 27. September 1996 zum Übereinkommen über den Schutz der finanziellen Interessen der Europäischen Gemeinschaften (EU-Bestechungsgesetz – EUBestG) v 10. September 1998 (BGBl II 2340, zuletzt geänd durch G v 22. 8. 2002 (BGBl I 3387)

Art. 2 §§ 1, 2

§ 1 Gleichstellung von ausländischen mit inländischen Amtsträgern bei Bestechungshandlungen

(1) Für die Anwendung der §§ 332, 334 bis 336, 338 des Strafgesetzbuches auf eine Bestechungshandlung für eine künftige richterliche Handlung oder Diensthandlung stehen gleich:

1. einem Richter:
   a) ein Richter eines anderen Mitgliedstaats der Europäischen Union;
   b) ein Mitglied eines Gerichts der Europäischen Gemeinschaften;
2. einem sonstigen Amtsträger:
   a) ein Amtsträger eines anderen Mitgliedstaats der Europäischen Union, soweit seine Stellung einem Amtsträger im Sinne des § 11 Abs. 1 Nr. 2 des Strafgesetzbuches entspricht;
   b) ein Gemeinschaftsbeamter im Sinne des Artikels 1 des Protokolls vom 27. September 1996 zum Übereinkommen über den Schutz der finanziellen Interessen der Europäischen Gemeinschaften;
   c) ein Mitglied der Kommission und des Rechnungshofes der Europäischen Gemeinschaften.

(2) Für die Anwendung von

1. § 263 Abs. 3 Satz 2 Nr. 4 und § 264 Abs. 2 Satz 2 Nr. 2 und 3 des Strafgesetzbuches und

2. § 370 Abs. 3 Satz 2 Nr. 2 und 3 der Abgabenordnung, auch in Verbindung mit § 12 Abs. 1 Satz 1 des Gesetzes zur Durchführung der Gemeinsamen Marktorganisationen,

steht einem Amtsträger ein in Absatz 1 Nr. 2 Buchstabe b bezeichneter Gemeinschaftsbeamter und ein Mitglied der Kommission der Europäischen Gemeinschaften gleich.

§ 2 Auslandstaten

Die §§ 332, 334 bis 336 des Strafgesetzbuches, auch in Verbindung mit § 1 Abs. 1, gelten unabhängig vom Recht des Tatorts auch für eine Tat, die im Ausland begangen wird, wenn

1. der Täter
   a) zur Zeit der Tat Deutscher ist oder
   b) Ausländer ist, der
      aa) als Amtsträger im Sinne des § 11 Abs. 1 Nr. 2 des Strafgesetzbuches oder
      bb) als Gemeinschaftsbeamter im Sinne des § 1 Abs. 1 Nr. 2 Buchstabe b, der einer gemäß den Verträgen zur Gründung der Europäischen Gemeinschaften geschaffenen Einrichtung mit Sitz im Inland angehört,
   die Tat begeht, oder

2. die Tat gegenüber einem Richter, einem sonstigen Amtsträger oder einer nach § 1 Abs. 1 gleichgestellten Person, soweit sie Deutsche sind, begangen wird.

Sachverzeichnis

Die fett gedruckten arabischen Zahlen bezeichnen die Paragraphen des StGB; soweit fett gedruckte römische Zahlen oder Hinweise auf Nummern folgen, handelt es sich um die Absätze und Nummern der Paragraphen. „Vor" mit darauf folgender fetter Zahl verweist auf die Vorbemerkung vor dem bezeichneten Paragraphen. Die mageren Zahlen beziehen sich auf die Erläuterungen nach ihren jeweiligen Randzahlen. Die Zahlen und Buchstaben nach „Anh I" verweisen auf die im Anhang abgedruckten Artikel des EGStGB, die Zahlen und Buchstaben nach „Anh II" bis „Anh V" auf die jeweiligen Untergliederungen.

Abartigkeit, seelische **20** 11, 15
Abbauen v Anlagen **327** 4; − v festen Stoffen **329** 7
Abbildungen 11 28, **202** 2; Einziehung v − **74 d** 2; pornographische − **184** 2; − v Wehrmitteln usw **109 g**
Abbruch der Schwangerschaft s Schwangerschaftsabbruch; − der Tatbestandsverwirklichung **24** 7
aberratio ictus 15 12, **26** 6; Abgrenzung d − v error in obiecto **15** 13 a
Abfall 326 2, 2 a; -beseitigung **326** 1; -entsorgungsanlagen **327** 3; gefährlicher − **326** 4; krebserzeugender, fruchtschädigender oder erbgutveränderner − **326** 4 a; radioaktiver − **326** 3 a, 5
Abgabenüberhebung 353 2
Abgeordnete 11 11; Bestechung v -n **108 e**; Immunität der -n **36** 4; Indemnität der -n **36** 1; Nötigung v -n **106** 1
Abhängige s Schutzbefohlene
Abhängigkeit 174 9, **180** 8, **180 a** 4, **181 a** 3; Alkohol- **20** 4, **21** 2; Drogen- **20** 4, **21** 2
Abhören 132 3, **201** 5; − des Polizeifunks **201** 2
Abkommen, zwischenstaatliche **6** 1
Ablagern v Abfall **326** 7 b
Ablassen v Abfall **326** 7 b
Ableugnen des Besitzes **246** 5, **283** 10
Ablieferungspflicht 326 9, **328** 2
Ablösen v Siegeln **136** 6
Abschieben v Falschgeld **147** 3
Abschöpfung des Gewinns vor **40** 4, vor **73** 1, 2, **73** 1
Abschreckung 46 28, 29, **47** 4
Abschreckungsgeneralprävention 46 28
Abschrift 267 16; beglaubigte − **267** 8, 16
Absehen v Strafaussetzung **57 a** 14; − v Strafe **46 a** 6, **60**, **182** 10, **218 a** 24, **261** 18; s auch **49** 7; − v Widerruf **56 f** 9, **266 a** 18
Absetzen 259 14
Absetzen helfen 259 15
Absicht 15 20; s auch **15** 8; − der Bereicherung **203** 28, **253** 8, **259** 17, **271** 11; erpresserische − **239 a** 4; − b falscher Anschuldigung **164** 9; − der Begehung von Gewalttätigkeiten **124** 5; − des Inverkehrbringens **146** 11; − der Irreleitung **353 a** 2; räuberische − **316 a** 5; rechtswidrige − **289** 4; − der Schadenszufügung **272** 1, **274** 7; − eine Straftat zu ermöglichen oder zu verdecken vor **211** 20, **211** 12, **306 b** 4; − der Strafvereitelung **258** 14; − der Täuschung im Rechtsverkehr, **267** 25; **271** 10; − der Vorteilssicherung **257** 5; − der Vorteilsverschaffung **263** 58; − der Zueignung **242** 20, 25
Absichtsurkunde 267 13
Absorptionsprinzip 52 8
Absprache, rechtswidrige **298** 3
Abstimmung 108 d 1
Abstrakte Betrachtungsweise 12 2, **78** 9
Abtreibung s Schwangerschaftsabbruch
Abtreibungspille RU 486 **218** 8
Abwägung b Strafzumessung **46** 47
Abwehr, erforderliche **32** 9; − rechtswidriger Unterlassungen **32** 11 a
Abweichungen im Kausalverlauf **15** 11, 12, 46; s auch **25** 17, **218** 4; wesentliche − v zugelassenen Verfahren **326** 8
Abweisung d Insolvenzeröffnungsantrags **283** 28
Abwendung der Gefahr **34** 3, **35** 2, **314 a** 2; − der Vollstreckung der Ersatzfreiheitsstrafe **Anh I** 293
Abzeichen 132 a 5
actio illicita in causa 32 15
actio libera in causa 20 25; s auch **21** 6, **315 c** 11, **323 a** 19
Adäquanztheorie vor **13** 9
Adäquanzurteil 15 11
Adäquanzzusammenhang 15 46
Additionsklausel 291 9
ADH-Verfahren zur BAK-Bestimmung **315 c** 8
Adoptivkind 174 4
Affekt 15 9, 25, **20** 7, **33** 3
agent provocateur 22 2, **26** 4, **111** 6
Agenten 241 a 1
Agententätigkeit, geheimdienstliche **99** 1, 2; landesverräterische − **98** 1, 2, 7; − zu Sabotagezwecken **87**
Aggressivnotstand 34 14
AIDS, − Infektion **203** 20, 25, vor **211** 12 a, **212** 2, 3, **223** 4, 5, **224** 1 a, 8, 10,

1439

Sachverzeichnis

fette Zahlen = §§

228 15, 323 c 3; Strafzumessung bei – Erkrankung 46 39
Akademische Grade 132 a 2, 8 a
Aktien 151 4; -gesellschaft 14 2
Akzessorietät vor 25 9, 29 1; verwaltungsrechtliche – vor 324 3, 6, 324 9–12, 325 4–12
Alkohol 20 17, 18, 21 3, 63 3, 171 3, 323 a 2; – b Verkehrsstraftaten 315 a 2, 315 c 5, 316 3–5; s auch Rausch u Trunkenheit
Alleintäter 25 8
Allgemeinabschreckung 46 28, 29
Alternativvorsatz 15 29
Alttaten, vor dem Beitritt in der DDR begangene Taten 2 11–34; Amnestie b – s Amnestie; Verjährung v – 2 27–27 c
Amnestie, -beschluss (DDR) 2 31; -n in der DDR vor dem Beitritt 2 13; – der Spionagetätigkeit für die DDR 2 23
Amt, ausländisches 45 1; Falschbeurkundung im – 348; Körperverletzung im – 340; öffentliches – 45 1, 132 2–4; Strafvereitelung im – 258 a
Ämterpatronage 266 6, 17
Amtliche Gewalt 120 3
Amtsabzeichen 132 a 5
Amtsanmaßung 2 18, 132
Amtsbesitz 133 3
Amtsbezeichnung 132 a 2
Amtsdelikte vor 331 2
Amtsfähigkeit, Verlust der – 45
Amtsgeheimnis s Geheimnis
Amtsinhaber 132 2
Amtskleidung 132 a 5
Amtsträger 11 3; Ausländer als – 5 3; – v Kirchen 11 10; – als mittelbarer Täter 25 4; Haftung v –n in Umweltbehörden vor 324 8; Vorsatz hinsichtlich -eigenschaft 15 15
Amtsunterschlagung 246 6
Amtsverhältnis, sonstiges öffentlich-rechtliches 11 5
Analogie 1 5
Anbieten pornographischer Schriften 184 5; – zum Schwangerschaftsabbruch 219 a 3; – v Vorteilen 333 3
Andenken Verstorbener 189 1
Androhen v Straftaten 126 2
Aneignungsrecht 242 27, 292 1
Anencephalus vor 211 4, 218 5
Anerkennen erdichteter Rechte 283 15
Anerkennung als Beratungsstelle 219 10
Anfang der Tatbestandsverwirklichung 22 4; s auch 20 27
Anforderungen, unzumutbare 56 c 5, 68 b 1
Angabe, unrichtige usw 169 3, 264 16, 264 a 12, 324 10, 330 d Nr 5
Angebot zur Erhöhung einer Einlage 264 a 8

Angehörige 11 2; s auch 13 10, 77 8, 139 3, 157 2, 194 10, 11, 213 4, 247 2, 258 8, 294 2, 303 c 5, 331 6
Angelegenheiten der BRD 93 1; – der Landesverteidigung 109 f 2
Angemessenheit 34 6
Angriff 32 2; -e gegen ausländische Staaten 102 ff; gegenwärtiger – 32 4; – auf Kraftfahrer 316 a 2; – auf Leib od Leben 102 2; – b Raufhandel 231 2; rechtswidriger – 32 5; – Schuldunfähiger 32 5, 14; tätlicher – 113 6; verschuldeter – 32 14
Angriffskrieg 80 2
Anhängerwerbung 129 7
Anheizer 125 vor 1
animus-Formel vor 25 5
Ankaufen 259 10
Anklageschrift 353 d 4
Ankündigung v Mitteln zum Schwangerschaftsabbruch 219 a 3; – pornographischer Schriften 184 5
Anlagen 325 2, 325 a 2, 328 4; Abfallentsorgungs- 327 3; -bereich 325 3; Beschädigung v wichtigen – 318; betriebliche – 329 7; – iS des BImSchG 327 3; feuergefährdete – 306 f I Nr 1; kerntechnische – 312, 327 3, 330 d Nr 2; – der Landesverteidigung, 109 e 3; land-, ernährungs- oder forstwirtschaftliche – 306 2; – der Land- und Ernährungswirtschaft 306 f I Nr 2; unerlaubtes Betreiben v – 327; zugelassene – 326 8; – zum Umgang mit wassergefährdenden Stoffen 329 7
Anleitung zu Straftaten 130 a 2
Annahme des Erbietens 30 6; s auch 31 5; – als Kind 11 2
Annehmen eines Vorteils 299 4, 331 7
Anonymität 219 7, 267 14
Anordnung, behördliche 323 b 2, vor 324 3, 325 7, 329 I S 2; – einer behördl Verwahrung 343 2; nachträgliche – von Weisungen 56 c 10; rechtswidrige – 113 14; selbstständige – 71, 76 a; – über die Sicherheit v Gesetzgebungsorganen 106 b 2
Anpreisen v Mitteln zum Schwangerschaftsabbruch 219 a 3; – pornographischer Schriften 184 5
Anrechnung v Auslandsstrafen 51 12; – v Disziplinarstrafen 51 17; – auf das Fahrverbot 51 14; – von Leistungen 56 f 14; – v UHaft 51 1; – der Unterbringung 67 7; – der vorl Entziehung der Fahrerlaubnis 69 a 5
Anschlussstraftaten vor 25 14
Anschlussvollstreckung 57 6, 16
Ansetzen zur Tatbestandsverwirklichung 22 4
Ansichbringen 259 9
Anstalt 323 b 2; – des öffentl Rechts 11 8; s auch Entziehungs- u sozialtherapeutische –

magere Zahlen = Erläuterungen

Sachverzeichnis

Anstellungsbetrug 263 52
Anstiftung 26; Begriff der – 26 1; erfolglose – 30 1, 4, 159 3, 357 4; Rücktritt von der – 26 9; u Täterschaft 25 5; – u Unterlassungsdelikt 26 3
Anstiftungsversuch 30 1; Rücktritt v – 31 3
Anteile an Unternehmen 264 a 3
Antinomie der Strafzwecke 46 3, 23, 24
Antrag 77 ff, 194 1; Berechtigung zum – 77 6–9; Beschränkung des -s 77 4; – des Dienstvorgesetzten 77 a 2; Erlöschen u Übergang des -srechts 77 8; Form 77 3; Frist 77 b, 77 c 3; Rechtsnatur 77 2; Vertretungsbefugnis 77 10; Verzicht auf den – 77 17; – b wechselseitig begangenen Taten 77 c; Zurücknahme des -s 77 d; s auch Strafantrag
Antragsdelikt 77 1
Anvertraut 133 10, 174 c 4, 203 14, 206 8, 246 13, 356 3
Anwalt 132 a 3, 352 2; s auch Rechtsanwalt
Anwartschaft 263 34, 283 9
Anweisungsbefugnis 68 a 8
Anwerben für fremden Wehrdienst **109 h** 1, 3; – b Menschenhandel 181 2 a
Anzeige 138 4; – bei der zuständigen Behörde 261 17 a; – gegen Unbekannt 145 d 7; – nach SubvG 264 21; unrichtige – 145 d 5; Unterlassen einer – 258 7 a; – einer Vorteilsgewährung 331 16; s auch Strafanzeige
Anzeigepflicht 138; – des Amtsträgers 258 a 3; Ausnahmen v der – 138 6, 139; Beginn der – 138 4; – u Geheimnisverrat 203 22; – des Vorgesetzten 258 7
Apotheker 132 a 3
Apprehensionstheorie 242 8
Äquivalenztheorie s Bedingungstheorie
Äquivalenzverhältnis 331 10
Arbeit, freie 40 20, **Anh I** 293
Arbeitgeberanteile 266 a 7
Arbeitgeberpflichten, treuhänderische 266 a 1
Arbeitsentgelt, Vorenthalten v – 266 a
Arbeitskraft 263 34
Arbeitsmittel, Zerstörung v -n 305 a
Arbeitsteilung 15 40
Arbeitsverhältnis 174 8, 225 3
Architekt 319 5
Ärgernis erregen 183 a 3
Arglist 109 a 3
Arglosigkeit 211 7
Arzt 132 a 3, 277 2; approbierter – 218 a 2; Aufklärungspflicht des -es 228 14, 17 a; Aussageerpressung durch einen – 343 2; Außenseitermethoden des -es 223 9; Ausstellen v Gesundheitszeugnissen durch einen – 277, 278; mit der Beaufsichtigung usw beauftragter – 121 5; Behandlungsfehler des -es 223 9; Berufspflicht d -es vor 218 23, 218 a 16, 218 c 6, 219 5; Berufsrecht d -es vor 218 23; – und Berufsverbot 70 15; Besuchspflicht des -es 15 39; Garantenstellung des -es 13 9, vor 211 14, 15, 218 a 16; Gebührenüberhöhung durch einen – 291 7; Geheimnisverletzung durch einen – 203 2; Heileingriff des -es 223 8, 228 14; Hilfeleistungspflicht des -es 323 c 6; Kunstfehler des -es 223 9; Kunstregeln des -es 15 39, 218 a 2 a; Praxis des -es 11 15; Schwangerschaftsabbruch durch einen – vor 218 14, 23, 218 a 2; sexueller Missbrauch durch einen – 174 7
Ärztliche Erkenntnis b Schwangerschaftsabbruch 218 a 10
Ärztliche Feststellung b Schwangerschaftsabbruch 218 b 3
Ärztliche Pflichtverletzung b Schwangerschaftsabbruch 218 a 16, 218 c
Asperationsprinzip 53 3
Aszendent 173 6
Atemalkoholbestimmung 315 c 8
Atomenergieorganisation 311 2
Atomreaktor 307 2
Aufbahrungsstätte 168 7
Aufenthalt, dienstlicher 5 3; Anordnungen betr – 56 c 7; gewöhnlicher – 5 3
Aufenthaltsrechtliche Papiere 271 3, 276 a, 1
Auffangtatbestand 1 16, 19, 15 56, 246 1, 323 a 5
Auffordern zu Straftaten 111 3; s auch 184 6 c
Aufgaben der öffentl Verwaltung 11 9
Aufgeben der Tatausführung 24 7; s auch 149 6, 314 a 2
Aufklärung des Unfallhergangs 142 1, 17
Aufklärungspflicht 228 14, 22, 264 21
Auflagen 56 b; behördliche – vor 324 3, 324 11, 325 7, 330 d Nr 4 d; Geld- 56 b 4, 59 a 2, 3; – b Verwarnung mit Strafvorbehalt 59 a 2
Aufnehmen friedensgefährdender Beziehungen 100 3; – auf Tonträger 201 3
Aufsicht 56 d 1, 57 24, 68 a 1
Aufsichtspflicht 14 5, 15 40; Verletzung der – 283 b 2
Aufsichtsrat, Untreue v Mitgliedern des -s 266 15
Aufsichtsstelle 68 a, **Anh I** 295
Aufstacheln 80 a 3, 130 4
Aufstellung v Bilanz u Inventar 283 20
Aufzeichnung, technische 268 3
Ausbeutung 180 a 3, 181 a 3, 291 8, 10
Ausbildung, – befindliche Personen 203 11; zur – anvertraut 174 5, 174 a 3
Ausbruch 121 6
Auschwitzlüge 130 4, 8 a, vor 185 3, 185 5, 189 2, 193 12, 194 3

1441

Sachverzeichnis

fette Zahlen = §§

Ausfertigung 267 15
Ausforschen v Postgeheimnissen **206** 8
Ausführen des Baues **319** 5; – v Kennzeichen **86 a** 5; – pornographischer Schriften **184** 5; – v Propagandamitteln **86** 6; – von sonstigen radioaktiven Stoffen **328** 4
Ausfuhrgenehmigung 271 3
Ausgabe, unwirtschaftliche **283** 13
Ausgabemanipulation 263 a 15
Auskunft, falsche **283** 10
Auskunftspflicht 40 17
Auskunftsverweigerungsrecht 154 16
Ausland vor **3** 6
Ausländer vor **3** 8; – als Amtsträger **5** 3; Fahrberechtigung v -n **44** 8, **69 b**; – und Strafzumessung **46** 36 b
Ausländische Macht 109 h 2
Ausländische Staaten, Angriffe gegen – **102** ff
Auslandstaten 5, 6, 7
Auslegung 1 6; Bedeutung der – für den Geltungsbereich vor **3** 9; berichtigende – **246** 3; einschränkende – **263 a** 15; – u Gewohnheitsrecht **1** 3; – u Rückwirkungsverbot **1** 4; teleologische – vor **13** 4
Auslieferung 7 5
Ausnutzung der Abhängigkeit **174** 9, **174 a** 4; – der Arg- und Wehrlosigkeit **211** 9; – eines Beratungs-, Behandlungs- oder Betreuungsverhältnisses **174 c**; – der besonderen Verhältnisse des Straßenverkehrs **316 a** 3; – eines Brandes **306 b** 3; – der Hilflosigkeit **243** 21; – eines Irrtums **263** 20; – der Mithilfe **264** 27; – einer schutzlosen Lage **177** 6; – der Widerstandsunfähigkeit **179** 7; – der Zwangslage usw **182** 5, **291**; missbräuchliche – einer Genehmigung **324** 10
Aussage 153 6
Aussageerpressung 343
Aussagenotstand 157
Ausschabung 218 4
Ausschluss der Aussetzung **67 b** 5
Ausschreibung 298 2
Ausschuss 11 8, 15; – eines Gesetzgebungsorgans **36** 5
Außer-Geltung-Setzen v Verfassungsgrundsätzen **92** 9
Äußerung, parlamentarische **36** 5
Aussetzung 221 4, 234 3; – des Berufsverbots **70 a**; – zur Bewährung s Strafaussetzung; – des Strafrestes **57**, **57 a**, **67** 9, **67 d** 6; – der Unterbringung **67 b**, **67 d** 3, **67 g**
Aussichtslosigkeit 64 1
Ausspähung 96 1; – v Daten **202 a**
Ausspielung 287 1, 4
Aussteller 267 14, 269 6
Austauschvertrag 263 44
Ausweis, amtlicher – **273** 2, **275** 1, **281** 1; -papiere **281** 2
Auswirkungen der Tat **46** 34

Auto s Kraftfahrzeug
Automat 265 a 2; Glücksspiel- 263 a 14
Automatenmissbrauch 265 a 6 a
Autonome Motive 24 16

Bagatelldelikte vor **13** 5 a
Bagatellkriminalität 248 a 2
Bahnübergänge 315 c Nr 2 d
Bande, Mitglied einer – **150** 2, **181 c**, **184 b** 7, **244 a**, **253** 12, **256** 2, **260**, **260 a**, **261** 4, **263** III **Nr 1** V, **264** III, **267** III **Nr 1**, **284**
Bandendiebstahl 244 6; schwerer – **244 a**
Bandenhehlerei 260; gewerbsmäßige – **260 a**
Bandenraub 250 2
Bankautomatenmissbrauch 263 a 14, **266 b** 3, **269** 2
Banknoten 151 4
Bankrott 283; bes schwerer Fall des -s **283 a**; Beteiligung am – **283** 25; mehrere -handlungen **283** 32; Privilegierung b – **283 c**; Verjährung b – **283** 31; s auch Insolvenz
Bannware, Gefährdung von Schiffen, Kraft- und Luftfahrzeugen durch – **297**
Bau 319 4
Bauartzulassung 330 4
Baugefährdung 319
Bauwerk s Gebäude
Bayerischer Sonderweg b d Abtreibung vor **218** 23 a
Beamter 11 4, 9 b, 14; s auch Amtsträger; Laufbahnvoraussetzungen des -n **263** 52; zur Vollstreckung berufener – **113** 2
Beaufsichtigung 174 a 3, 6; s auch **121** 5
Beauftragung 14 3, 8; – mit Beaufsichtigung usw **121** 5
Bedeutungskenntnis 15 14
Bedingter Vorsatz 15 19, 23, 53; – b Rechtsbeugung **339** 9
Bedingung s objektive Bedingung der Strafbarkeit
Bedingungstheorie vor **13** 9
Bedrohung 241 2; s auch **125** 5
Beeinflussung der Datenverarbeitung **263 a** 16, **270**
Beeinträchtigung des Gesundheitszustands **218 a** 6; toxische – **20** 4; alkoholische – **21** 3
Beendigung vor **22** 2; s auch **25** 12, **27** 3, **78 a** 1, **244** 2, **249** 6, **252** 4, **253** 11, **257** 9, **263** 63; – der Führungsaufsicht **68 e**; – des Versuchs **24** 3
Beendigungslehre, materielle vor **22** 2
Befehl, Handeln auf – vor **32** 24; rechtswidriger – vor **13** 27
Beförderung 265 a 4; – gefährlicher Güter **328** 4
Befreien 120 6, 7
Befriedetes Besitztum 123 3

1442

magere Zahlen = Erläuterungen

Sachverzeichnis

Befriedigung, zur – des Geschlechtstriebs 211 4; – des Gläubigers 283 c 4, 288 1
Befruchtung 218 8
Befugnis 266 5; besondere – 324 9; dienstliche – 203 20, 21; gewohnheitsrechtliche – 324 9
Befugt hergestellte Bildaufnahme 201 a 8
Begegnungsdelikte vor 25 12
Begehen lassen v Körperverletzungen 340 2
Begehung einer Straftat, fortgesetzte – 244 6; Vortäuschung der – 145 d 4; wiederholte – 46 14
Begehungsdelikte vor 13 31 a
Begründung der Strafzumessung 46 51
Begünstigung 257; – eines Gläubigers 283 c 3; – u Landesrecht **Anh I** 4; persönliche – s Strafvereitelung; sachliche – 257 1; – eines Schuldners 283 d 2; – des Vortäters 257 7; zugesagte – 257 8
Behältnis 243 15; verschlossenes – 202 2
Behandeln v Abfall 326 7 b
Behandlungsabbruch, tätiger vor 211 8
Behandlungsfehler 223 9
Behandlungsverhältnis 174 c 4, 5
Beharrlich 184 d 5
Behaupten v Tatsachen 186 5
Beherrschung des Geschehensablaufs vor 25 5
Behinderung, geistige – 174 c 2, 179 4, 226 4; körperliche 174 c 2; seelische – 174 c 2, 179 4; Sterilisaton bei geistiger – 228 19
Behörde 11 20, 277 4
Beihilfe 27; – zu Eidesdelikten vor 153 7; – Rücktritt von der – 27 9; – zur Selbstbefreiung 120 11; – u Strafvereitelung 258 18; – u Unterlassungsdelikt 27 5, vor 153 7; – und Begünstigung 27 3, 257 9; verselbstständigte – 27 10
Beirat 11 8, 15
Beischlaf 173 3, 177 11; ehelicher – 173 3; außerehelicher – 9 vor 174; – mit Kindern 176 a 2; Nötigung zum – 177 11; – zwischen Verwandten 173
Beiseiteschaffen 265 3, 283 10, 288 4
Beisetzungsstätte 168 7
Beisichführen einer Waffe usw 244 2, 250 2
Beiträge zur Sozialversicherung 266 a 7; Fälligkeit der – 266 a 9
Bekanntgabe der Verurteilung 165, 200
Bekanntmachung 134 2
Bekanntwerden von Tatsachen 206 7
Bekenntnis 166 1, 2
Bekräftigung, eidesgleiche 155
Belanglosigkeit des Schadens 142 7
Belästigung 183 3
Belege, nachgemachte usw 264 25
Beleidigung 185 3; Absicht der – 185 10, 192 3, 193 13; – ausländischer Staatsmänner 103 1; Bekanntgabe der Verurteilung b – 200; Ern Verurteilung b – 200; Ermächtigung b – 194 15; – durch geschlechtliche Angriffe 185 6; – unter Kollektivbezeichnung vor 185 3; – in Kunstwerken 193 15; – als Milderungsgrund 213 2; – v Personengemeinschaften vor 185 5; Strafantrag b – 194; tätliche – 185 13; – trotz Wahrheitsbeweises 186 8, 192; wechselseitige – 199
Belohnen 140 3
Bemächtigen 234 2, 239 a 3
Bemessung der Freiheitsstrafe 39; s auch Strafbemessung u Strafzumessung
Bemühen, ernsthaftes 24 20, 26
Benannte Strafänderungen 12 3, 46 7
Benutzungsbedingungen 324 11
Beratung 219; ärztliche – vor 218 14, 23; Ausgestaltung der – 219 5; ergebnisoffene – 219 3; Konflikt- 218 a 7 a, 219 3; offene – vor 218 9, 12, 219 3; -sbescheinigung 219 6, 10; -skonzept vor 218 9, 12, 14, 16, 22, 219 1, 10; -snachweis 218 a 5; spflicht vor 218 9, 12, 16, 218 a 7 a; -sregelung vor 218 9, 14, 20; -sstelle 203 5, vor 218 12, 28, 219 3, 10; -sverhältnis 174 c 4, 5; unrichtige – 218 9; unvoreingenommene – 218 c 5; zielorientierte – vor 218 12, 219 3
Berechnung der Freiheitsstrafe 39 3; – b Nebenfolgen 45 a 1
Berechnungsgesetz 78 4
Berechtigte Interessen 193 6, 201 8
Bereicherung 41 2, 253 8
Bereicherungsabsicht 203 28, 253 8, 259 17, 271 11
Bereitschaftserklärung, Rücktritt 31 4
Bereitstellungspflicht 142 28
Berichte über Gerichtsverhandlungen 353 d 3; – über Parlamentsverhandlungen 37 2; unwahre – 353 a 1
Berichterstatterprivileg 131 11
Berichtigung einer falschen Aussage 158
Berufsausübung 145 c 1
Berufsbezeichnung 132 a 3
Berufsgeheimnis s Geheimnis
Berufsgerichtliches Verfahren 343 2
Berufspflichten 15 39, 35 9
Berufspsychologe 203 3
Berufsrichter 11 12
Berufsverbot 70 1; Anordnung 70; Aussetzung 70 a; Bindung der Verwaltung an das – 70 15; Dauer des – 70 11; Erledigung des -s 70 b 2; Rechtsmittel 70 6; selbstständige Anordnung des -s 71 II; Umfang 70 13; Verstoß gegen das – 145 c 1, 4; Voraussetzungen 70 2; Widerruf der Aussetzung 70 b 1; Zuwiderhandlungen gegen das – 70 13
Berufung auf früheren Eid 155 1, 3

1443

Sachverzeichnis

fette Zahlen = §§

Berührung, körperliche **174** 11, **174 a** 10, **176** 3, **185** 13
Besatzungsrecht 78 b 6
Beschädigen 303 3, **304** 4
Beschäftigter eines Post- oder Telekommunikationsunternehmens **206** 3
Beschaffen v Waren u Wertpapieren **283** 14
Bescheinigung 264 22; behördliche − **271** 3; − b Schwangerschaftsabbruch **218 a** 5, **219** 10
Beschimpfung der BRD usw **90 a** 6; − Verstorbener **189**
Beschlagnahme 136 3; − des Führerscheins **69** 8, **69 a** 5
Beschränkt dingliche Rechte 73 d 2
Beschränkungen des Fahrverbots **44** 10
Beseitigen 87 2, **92** 9, **134** 4, **145** 6; − v Abfall **326** 7 a; − v Verkehrseinrichtungen **315** 5, **315 b** 4
Besitz 184 b 5, **246** 3, **263** 34
Besitztum, befriedetes **123** 3
Besitz verschaffen 184 b 4, 8
Besondere gesetzliche Milderungsgründe 49
Besondere persönliche Merkmale 14, **28**; strafausschließende − **28** 11; strafbegründende − **14** 9, **28** 5; strafmildernde − **28** 10; strafschärfende − **28** 9
Besondere Schwere der Schuld 57 a 3, **57 b** 3
Besonderes öffentliches Interesse 230 4
Besonderes Rechtsverhältnis 35 7, 9, 10
Besondere Tatfolge 18
Besondere Umstände 47 2, **56** 19, **57** 17, **59** 5, **67 b** 3
Besondere Vorrichtungen 310 2
Besonders schwere Fälle 46 7, 11
Bestand der BRD **81** 2, **92** 2
Bestand von Tieren und Pflanzen **326** 6 a, **330** 6
Bestandshochverrat 81 2
Bestattungsfeier 167 a 2
Bestechlichkeit 299 2, **332**; s auch **331** 1; Teilnahme an der − **331** 19, **332** 9; − v Wählern **108 b** II
Bestechung 334; s auch **331** 1; Erwirken einer Genehmigung durch − **324** 10, **330 d Nr 5**; v Abgeordneten **108 e**; − mehrerer Personen **334** 6; − im geschäftlichen Verkehr **299** 6; − v Wählern **108 b I**
Bestimmen 26 2, **174** 13, **176** 2
Bestimmtheitsgrundsatz 1 2
Bestimmungsmensur 228 10
Bestrebungen, verfassungsfeindliche − **92** 8; rechtsextremistische − **194** 3
Betätigung als Mitglied einer Partei **84** 3
Beteiligung vor **25** 1; − am Angriffskrieg **80** 2; Antragsrecht b − mehrerer **77** 16; − am Glücksspiel **285**; mehrfache − vor **25** 13; − b sexuellem Missbrauch v Kindern **176** 10; − als Mitglied einer kriminellen Vereinigung **129** 5; Notstandstat b − mehrerer **35** 15; − beim Raufhandel **231** 1, 3; Rücktritt b − mehrerer **24** 24; Rücktritt v Versuch der − **31**; − der Schwangeren **218** 15−17, **218 b** 6; − b Schwangerschaftsabbruch **218** 15−17, **218 b** 6, **218 c** 8; Tatort b versuchter − **9** 3; Tatzeit b − mehrerer **8** 2; Versuch der − **30**
Betrachtungsweise, abstrakte **12** 2; faktische − **1** 7; konkrete − **12** 2, **52** 8; spezialisierende − **12** 2; tatsächliche − **1** 7
Betreuer vor **1** 11, **77** 11, **247** 2, **266** 5
Betreuung 68 a 4, **121** 5, **174** 5, **174 a** 3, **174 c** 4
Betrieb 11 15, **265 b** 2; − v Anlagen **325** 2, **327** 4; bordellartiger − **180 a** 3; feuergefährdete − e **306 f** 1; geschäftlicher − **299** 2; − e der Land- und Ernährungswirtschaft **306 f I Nr 2**; Leistungen an -e **264** 8
Betriebsdiebstahl vor **13** 5 a
Betriebsgeheimnis 203 14
Betriebsleitung 14 3
Betriebsstätte 306 2, **327** 3
Betriebsstörungen 316 b 5
Betrug 263 1; Anstellungs- **263** 52; Auswanderungs- **144**; Bettel- **263** 19, 56; Beweismittel- **263** 42; Computer- **263 a**; Dreiecks- **263** 28; Eingehungs- **263** 53, 64; Erfüllungs- **263** 53, 64; Forderungs- **263** 27; Haus- u Familien- **263** 66; Kapitalanlage- **264 a**; Kredit- **263** 41, 57, **265 b**; Kündigungs- **263** 51; − u Landesrecht **Anh I** 4; Provisionsvertreter- **263** 60; Prozess- **263** 17, 65; Sach- **263** 66; Scheck- **263** 11, 19; Selbsthilfe- **263** 61; Sicherungs- **263** 69; Spenden- **263** 56; Subventions- **263** 56, **264**; Verjährung beim − **78 a** 4; − b Warentermingeschäften **263** 10, 48; Wechselgeld- **263** 26
Beute 252 5
Bevölkerungsteile 130 2, 3, **194** 7
Bewaffnete Gruppen, Bildung- **127**
Bewährung des Rechts **32** 1; s auch Strafaussetzung zur −
Bewährungsaufsicht 56 d 1; − u Führungsaufsicht **68 g** 1
Bewährungserfolg 67 d 3
Bewährungshelfer 56 d 5, **68 a** 6; Geheimnisverrat durch − **203** 23
Bewährungshilfe 56 d; − b Führungsaufsicht **68 a**
Bewährungszeit 56 a 1, **57** 23; − b Aussetzung des Berufsverbots **70 a** 5; − b Verwarnung mit Strafvorbehalt **59 a** 1; Verlängerung der − **56 a** 2, **56 f** 11, **56 g** 1
Beweggrund s Absicht
Bewegliche Sachen 242 3
Bewegungsfreiheit 239 1
Beweisbestimmung 267 13, **268** 6

magere Zahlen = Erläuterungen

Sachverzeichnis

Beweiseignung 267 12
Beweiserheblichkeit 267 11; – v Daten 269 4, 271 4, 274 5
Beweisführungslast 186 7 a
Beweiskraft öffentl Urkunden 271 3, 348 7
Beweisregeln 73 d 8, 190 1, 259 16
Beweisrisiko 185 11, 186 7
Beweisverkehr 267 1, 269 1
Beweiszeichen 267 9
Bewertungseinheit vor 52 10; Tatzeit bei – 8 3
Bewirkensäquivalenz 13 16
Bewußtlosigkeit 20 6, 14
Bewusstsein 15 9, 27; – der Rechtswidrigkeit s Unrechtsbewusstsein
Bewusstseinsstörung 20 6, 179 4
Bezeichnung, ausdrückliche 264 11
Beziehung, friedensgefährdende 100; zuhälterische – 181 a 2
Bezugsrecht 264 a 3
Bezugsstraftaten vor 25 14
Bigamie s Doppelehe
Bilanz 265 b 5, 283 16, 20
Bildaunahme 201 a 2, 4
Bildträger 11 28; Einziehung v -n 74 d 2
Bildung bewaffneter Gruppen 127; – der Gesamtstrafe 54; – krimineller Vereinigungen 129; – terroristischer Vereinigungen 129 a
Billigen des Erfolges 15 24; – von Straftaten 130 8
Bindungswirkung 11 1, 70 15, 325 9
Biologische Komponente der Schuldfähigkeit 20 2
Biologisch-psychologische Methode 20 1
Blankettfälschung 267 19
Blankettatbestand 1 2, 2 4, 17 22, 107 c 1, vor 324 2
Blankoeinwilligung 228 14
Blutalkohol 20 18, 23, 21 3, 315 c 6–10
Blutentnahme 113 10, 228 15
Boden 324 a 2; -verunreinigung 324 a; Anh II 2 b
Bordell 180 a 2
Bordellartiger Betrieb 180 a 2
böswillig 90 a 6, 225 6
Brandgefährdung 306 f 1
Brandlegung, Zerstörung durch eine – 263 66, 306 4, 306 a 5, 306 b 2
Brandstiftung 306; besonders schwere – 306 b; fahrlässige – 306 d; schwere – 306 a; tätige Reue b – 306 e; – mit Todesfolge 306 c 2
Breitbandkabel 265 a 3
Briefgeheimnis 202 2
Brücken 305 2, 318 1
Bruttoprinzip 73 4
Btx-Verfahren 184 5, 263 a 14
Buchführung 283 16, 19, 283 b 1

Buchung 246 6
Bundesgebiet 92 4; s auch vor 3 4
Bundesrecht 264 5, 11, **Anh I** 4
Bundespräsident, Immunität des -en **78 b** 3; Nötigung des -en **106**; Verunglimpfung des -en **90**
Bundesrepublik, Beeinträchtigung des Bestandes der – **92** 2; Beschimpfung der – **90 a** 2; Symbole der – **90 a** 4
Bundestag **36** 2
Bundesverfassungsgericht, Sachentscheidungen des -s **84** 4
Bundesversammlung **36** 2, **105** 2
Bußgeldverfahren **343** 2

Christliche Kirchen s Kirche
Code-Karte **242** 14, 23, **263 a** 14, **265 a** 6, **269** 2, **303 a** 3
Computerbetrug **263 a**
Computermanipulation **263** 19, **263 a** 6, 8, 15, **266** 13, **267** 7
Computernetz **184** 5, **7 a**, 15
Computersabotage **303 b**
conditio sine qua non s Bedingungstheorie

Darbietung **184 c** 3, **194** 5
Darstellungen **11** 26, 28, **268** 3; Einziehung v – **74 d** 2; künstlerische – **184** 3; pornographische – **184** 2; – über den Vermögensstand **264 a** 10
Daseinsvorsorge **11** 9 a
Dateien **271** 4
Daten **263 a** 3, **268** 3; Ausspähen v – **202 a**; Fälschung beweiserheblicher – **269**; Löschen, Unbrauchbarmachen v – **303 a** 3; Unterdrücken v – **274** 5, **303 a**
Datenerfassungspersonal **269** 6
Datennetz s Computernetz
Datenspeicher **11** 28; Einziehung v -n **74 d** 2; Zugänglichmachen in -n **86** 6
Datenspeicherung **271** 8
Datenverarbeitung **263 a** 4; Beeinflussung der – **270**; Störung der – **303 b** 6
Dauer der Bereitstellungspflicht **142** 28; – der Freiheitsstrafe **38**; – der Führungsaufsicht **68 c** 1; – der Schweigepflicht **203** 27; – der Unterbringung **67 d** 1; – der Wartepflicht **142** 17
Dauerdelikt vor **52** 11; -e u Gesetzesänderung **2** 2; – als neue Straftat **55** 4, **56 f** 2; Tateinheit b -en **52** 7; Tatort b -en **9** 2; Tatzeit b -en **8** 3; s auch **98** 7, **123** 13, **170** 12, **181** 4, **315 c** 4, 35, **316** 3
Dauergefahr **32** 4, **34** 2, **35** 2
Dauernde Entstellung **226** 4
Dauerstraftat s Dauerdelikt
Debilität **20** 10
Deckung **283** 6
defense sociale **46** 4
Defensivnotstand **32** 6, **34** 9

1445

Sachverzeichnis

fette Zahlen = §§

delictum sui generis vor **13** 33
Delikte, Begegnungs- vor **25** 12; Begehungs- vor **13** 31; eigenhändige – s dort; Erfolgs- vor **13** 32; erfolgsqualifizierte – **11** 23, **18** 1, 3; Gefährdungs- vor **13** 32; Kollektiv- vor **52** 20; Konvergenz- vor **25** 12; mehraktige – **25** 11, vor **52** 10; Pflicht- **13** 18, **25** 4; Sonder- vor **13** 33; Tätigkeits- vor **13** 32; Unterlassungs- s dort; Verletzungs- vor **13** 32; zusammengesetzte – vor **52** 10
Deliktstypus s Tatbestand
Delirium 20 14
Demonstration 240 8, 22
Denkmal 304 2
Denunziantenfälle 2 19 c
Derelinquierte Sachen 242 7
Deszendent 173 6
Determinismus s Willensfreiheit
Deutsche Demokratische Republik vor **1** 1, 11, **2** 11–34, vor **3** 4, 5, **3** 3, **5** 3, **7** 2–4, 6, **38** 5, **40** 21, **44** 14, **52** 11, **53** 8, **54** 8, **56 f** 16, **57** 40, **57 a** 20, **66** 22–25, **68** 10, **68 f** 8, **69** 15, **69 a** 12, **69 b** 5, **77** 19, **78** 13, **78 b** 8, **79** 7, **185** 16, **187** 4, vor **218** 5, **234 a** 4, **236** 7, **339** 14, **Anh I** 315–315 c, **Anh II** 2 a, b, **Anh III** 1, 2
Deutscher vor **3** 7
Dialer-Programme 202 a 5, **263** 24, **263 a** 6, 18, **303 a** 3
Diebesfalle 242 14, **246** 3, 5
Diebstahl 242; – unter Ausnutzung fremder Bedrängnis **243** 21; Banden- **244** 6; schwerer Banden- **244 a**; – besonders gesicherter Sachen **243** 15; Einbruchs- u Nachschlüssel- **243** 8; Fisch- **293** 1; Forst- **242** 30; Führungsaufsicht bei – **245**; – geringfügiger Sachen **248 a**; gewerbsmäßiger – **243** 18; Haus- u Familien- **247**; Kirchen- **243** 19; Konkurrenzen b – **242** 31, **243** 25, **244** 10, 11, **244 a** 6, Laden- u Betriebs- **248 a** 3; – u Landesrecht **Anh I** 4; – öffentl Sachen **243** 20; räuberischer – **252**; versuchter – **242** 29; – mit Waffen **244** 2; Wahlfeststellung b – **242** 31, **243** 25, **244** 10; – b Wegnahme einer Code-Karte **242** 14, 23; Wohnungseinbruch- **244** 11
Dienst 219 a 2; in Beziehung auf den – **340** 2
Dienstbezeichnung 132 a 2
Dienstgeheimnis, Verletzung des -ses **353 b**
Diensthandlung 113 3, **331** 8; Rechtmäßigkeit einer – **113** 7, 16; Unterlassen einer – **336** 1
Dienstleistungen, entgeltliche – **263** 29 a
Dienstlich 133 4, **134** 2; -e Verwahrung **133** 3
Dienstpflicht 164 5; Verletzung der – **332** 3

Diensträume 123 8
Dienstrechte vor **32** 24
Dienststelle 145 d 2
Dienstverhältnis 174 8
Dienstvorgesetzter 77 a 2, **194** 13
Differenzgeschäft 283 12
Differenzierungstheorie 35 1
Dirnenwohnheim 180 a 3
Dispositionsfreiheit 263 2, 55
Distanzdelikt 9 2, 5, 6, **91**
Disziplinargericht 11 12
Disziplinarverfahren 343 2
Diversion vor **38** 3
DNA-Analyse u Strafaussetzung zur Bewährung **56 a** 25
Doloses Werkzeug 25 4
dolus antecedens **15** 9; – directus **15** 20; – eventualis s bedingter Vorsatz; – generalis **15** 11; – malus **15** 31; – subsequens **15** 9; s auch Vorsatz
Doping 223 5, 10, 14, **228** 10
Doppelehe 172 3
Doppelfehler in der Strafzumessung **46** 51
Doppelselbstmord vor **25** 5, **216** 3
Doppelverwertung 21 5, **46** 10 a, 17, 45, 46, **49** 4, **50** 1, **54** 6, **221** 8
Drittmittelerwerbung 331 6 b
Drogenabhängigkeit 20 4, **21** 2, **323 a** 13
Drohen der Zahlungsunfähigkeit **283** 8; – der Zwangsvollstreckung **288** 2
Drohung 240 24; Erwirken einer Genehmigung durch – **324** 10, **330 d Nr 5**; – mit zulässiger Festnahme **343**
Duldung, behördliche **324** 12
Durchschrift 267 15

ec-Karte 152 b 2
EDV-Systeme 263 a 4
EDV-Urkunden 267 4, 14
Effektiver Jahreszins 291 5
Ehe 11 2; formell gültige – **171** 2
Eheähnliche Gemeinschaft 11 2, **157** 9, **213** 4
Ehegatten, Garantenstellung v – **13** 8, 14; Kuppelei v – **181 a** 7; Notwehr unter – **32** 14, 15; s auch Angehörige
Eheschließung 172 3
Ehre vor **185** 1, 2
Ehrenverfahren 343 2
Eid 154 5; Berufung auf früheren – **155**; Offenbarungs- **156** 4; Partei- **154** 5; Sachverständigen- **154** 7; Vor- u Nach- **154** 5; Zeugen- **154** 6; s auch Meineid
Eidesgleiche Bekräftigung 155
Eidesstattliche Versicherung 156
Eifersucht 211 5
Eigenhändige Delikte 25 3; s auch **25** 9, **123** 12, vor **153** 7, **160** 1, **173** 6, **177** 2, **179** 2, **182** 2, **315 c** 4
Eigennutz, grober **264** 25; strafbarer – **284 ff**

magere Zahlen = Erläuterungen

Sachverzeichnis

Eigenschaften, persönliche **28** 3; zugesicherte – **263** 53
Eigensucht 211 5
Eigentum 74 7, **242** 4
Eigentumsvorbehalt 74 7, **242** 5, **246** 5, **266** 12
Eignung zur Auslösung eines Einschreitens **145 d** 4; zur Begehung der Tat **149** 2; – zur Schädigung **311** 5, **324 a** 4, **325** 1, 13, **325 a** 5; – zum Schwangerschaftsabbruch **219 a** 2, **219 b** 2; – zur Störung **126** 4; – zur Verrohung **131** 5
Eignungsmangel 69 6
Einbehalten v Beiträgen **266 a** 12
Einbrechen 243 10, **244** 11
Einbringen v Stoffen **324 a** 6
Einbußeprinzip vor **40** 2
Eindringen 123 5, **243** 12; – in den Körper **176 a** 2, **177** 11; -lassen v Stoffen **324 a** 6
Eindruckstheorie 22 11
Einführen v Kennzeichen **86 a** 5; – pornographischer Schriften **184** 5; – v Propagandamitteln **86** 6; – v Zeitungen und Zeitschriften **Anh I** 296
Einführungsgesetz zum Strafgesetzbuch vor **1** 5, **Anh I**
Eingabemanipulation 263 a 8
Eingehungsbetrug 263 64
Eingriff, körperlicher – **56 c** 8 b; Heil- des Arztes **223** 8, **228** 14; geringstmöglicher – **62** 2; -e in den Verkehr **315**, **315 b**; – in das Post- oder Fernmeldegeheimnis **206** 12
Eingriffsverwaltung 11 9
Einheitsstrafenprinzip vor **52** 1
Einheitstäterbegriff vor **25** 1
Einheitstheorie 212 7
Einigungsvertrag vor **1** 1, 11, 12, **2** 11, 23, vor **3** 1, 4, 5, **3** 4, **5** 3, **7** 2, 4, **38** 5, **40** 21, **53** 8, **54** 8, **56 f** 16, **57** 40, **57 a** 20, **66** 22, **68** 10, **68 f** 8, **77** 19, **78** 13, **79** 7, vor **218** 5, **339** 14, **Anh II**
Einkommen, erzielbares **40** 9; Netto– **40** 7
Einrichtungen, stationäre – für Hilfsbedürftige **174 a** 5; technische **306** 2; Personal in der – **174 a** 6; – der Landesverteidigung **109 e** 3; – zum Schwangerschaftsabbruch vor **218** 27
Einschleichen 243 13
Einsichtsfähigkeit 20 12, 15, vor **32** 16, **46** 39; verminderte – **21** 1
Einsperren 239 3
Einstiegstelle für die Strafzumessung **46** 48
Einvernehmen 259 10
Einverständnis 25 10, vor **32** 11; erschlichenes – **142** 17
Einwilligung vor **32** 10, **228**; – in Aussetzung des Strafrestes **57** 11; – in Beleidigung **185** 12; – in falsche Anschuldigung **164** 11; – in Führungsaufsicht **68 c** 1 e; – in Gefährdung **315 c** 32; – in Geheimnisverletzung **203** 18, s auch vor **201** 2; – in Heilbehandlung **56 c** 8 b, 9; – in Körperverletzung **228** 1; – in Körperverletzung im Amt **340** 4; – in lebensgefährdendes Risiko vor **32** 14; mutmaßliche – vor **32** 19; – in Schwangerschaftsabbruch **218 a** 7; – b Selbstverstümmelung **109** 5; – in sexuelle Handlung **174** 1; sittenwidrige – vor **32** 18, **228** 10; – des Sorgeberechtigten **180** 9; – in Tötung **216** 1, 2; – in Wegnahme **242** 14; – in Weisungen **56 c** 9
Einwilligungslösung 168 5
Einwilligungstheorie 15 24
Einwirken 47 3, **89** 2, **125** 12, **176** 6, **180 b** 3, **263 a** 15
Einzelangaben 203 15
Einzelbetrachtung 24 5, 6
Einzelstrafe 54 3, **55** 5
Einziehung 74 1; Entschädigung b – **74 f**; – des Führerscheins **69** 13, **69 a** 9, 10; Grundsatz der Verhältnismäßigkeit b – **74 b**; – b Handeln v Organen **75**; nachträgliche Anordnung der – **76**; Rückwirkungsverbot für – **2** 9; – v Schriften **74 d**; – als selbstständige Anordnung **76 a**; – im Wege der Vereinbarung **74** 15; Vereitelung der – **258** 12; Voraussetzungen der – **74**, **74 a**; – des Wertersatzes **74 c**; Wirkung der – **74 e**; s auch **92 b**, **101 a**, **109 k**, **129 b II**, **142** 41, **150** 3, **184** 10, **201** 18, **201 a IV**, **219 c** 7, **261** 14, **264** 29, **282**, **286**, **295**, **322**, **330 c**
Eisenbahnen 305 2, **315 a** 3 a, **316 b** 2
Ekel 223 4
Elektrische Energie 242 2, **248 c** 1
Eltern 235 2; -teil **235** 2; Antragsberechtigung der – **77** 11; s auch Angehörige
Embryonen, kommerzielle Verwertung v – **168** 1
Embryotransfer vor **211** 2
Empfängnis 218 8
Energie, elektrische **242** 2, **248 c**; fremde – **248 c** 1; Kern- **307** 2
Energieunternehmen 316 b 3
Energieversorgungsanlage 316 b 3
Entbindungspfleger 203 2
Entdeckung 24 21
Entfernen, berechtigtes u entschuldigtes – **142** 23; unerlaubtes – **142** 9
Entführung 239 a 3; – wider Willen **181** 2 a
Entgelt 11 22, **180** 7, **182** 5, **184** 6 d, **264** 6
Enthemmung 46 39
Entlassung, bedingte s Aussetzung
Entschädigung b Einziehung **74 f**
Entscheidung, gerichtliche – **325** 6, **330 d Nr 4 b**; nachträgliche – **56 e** 1, **68 d** 1
Entscheidungserheblichkeit 265 b 3
Entschluss 22 2; gemeinschaftlicher – **25** 10

1447

Sachverzeichnis

fette Zahlen = §§

Entschuldigungsgrund vor **13** 27, vor **32** 30; Notstand als − **35** 1; Notwehrüberschreitung als − **33** 1
Entsprechensklausel 13 16
Entstellung, dauernde − **226** 4; Sinn- **145** 6; − v Tatsachen **109 d**
Entweichen, Fördern des -s **120** 8−10
Entwicklung, geschlechtliche vor **174** 1, **180** 1 a, **182** 1, **184 f** 6; Schädigung der − **171** 3; ungestörte − **171** 1
Entziehen, der dienstl Verfügung − **133** 6; − elektrischer Energie **248 a** 2; der Unterhaltsverpflichtung − **170** 9; der Verstrickung − **136** 4
Entziehung der Fahrerlaubnis s Fahrerlaubnis; − Minderjähriger **235**; Wehrpflicht- **109 a** 2
Entziehungsanstalt, Unterbringung **64** 1; Voraussetzungen der Unterbringung **64** 2; s auch **20** 24, vor **63** 1
Entziehungskur, Gefährdung einer − **323 b**, **56 c** 8 a, **59 a** 2, 3
Epilepsie 20 4
Erbgesundheitsgesetz 228 18
Erbrechen 243 17
Erfolg 9 2, **78 a** 1, **316 a** 7; schwerer − **226** 1; Verhinderungs- **24** 20
Erfolgsabwendungspflicht 13 6, **323 c** 8
Erfolgsdelikte vor **13** 32
Erfolgsqualifizierte Delikte 11 23, **18** 1, 3; Mittäterschaft b -n **25** 18; Versuch b -n **18** 9, 11
Erfolgsrelevanz vor **13** 10
Erfolgsunwert vor **13** 20
Erforderlichkeit der Geheimhaltung **93** 6; − der Hilfeleistung **323 c** 5; − einer Unterbringung **63** 8, **64** 5, **66** 15, **67** 2, 3
Erfüllungsbetrug 263 53
Erheben v Abgaben **353** 2; − v Gebühren **352** 5
Erheblichkeit 63 5, **66** 14, **70** 6; − des Mangels an Widerstandsfähigkeit **291** 8; − sexueller Handlungen **184 f** 5
Erlangen 73 5; durch die Vortat − **259** 6
Erlaubnis, behördliche vor **32** 25, vor **324** 9, **324** 10, **331** 14; − zum Veranstalten v Glücksspielen **284** 12; − des Vorgesetzten **353 b** 13
Erlaubnisirrtum 17 19
Erlaubnistatbestand 17 9
Erlaubnistatbestandsirrtum 17 9
Erlaubtes Risiko 15 38, 39, vor **32** 29; s auch **193** 1, **308** 4
Erledigung des Berufsverbots **70 b** 2; − der Freiheitsstrafe **57** 4; − der Maßregel **67 c** 3, **67 d III**, **67 f**, 67 g 8
Erlegen 292 2
Ermächtigung 77 e 1; − b Beleidigung **194** 15
Ermessen, richterliches **46** 50; s auch **57** 20, **59** 10, **66** 19, **68** 7, **68 b** 4, **68 g** 3, **70** 13, **73 b** 2, **73 c** 3, **74** 9, **74 c** 5, **78 b** 5, **157** 12, **199** 4
Ermessensbeamter 332 4, **333** 4
Ermessenshandlung 332 4, **333** 4, 5; s auch **331** 17, **334** 3
Ermittlung 113 3, **344** 4
Ermöglichen einer anderen Straftat **211** 12; − v Feststellungen **142** 21; − des Inverkehrbringens **146** 11, **147** 2; − der Mißachtung **186** 2; − des Spiels **284** 11
Ernstlichkeit des Verlangens **216** 2
Erörterung in öffentl Verhandlungen **353 d** 4
Erpressung 253; − v Aussagen **343**; Führungsaufsicht b − **256**; Menschenraub zur − **239 a**; räuberische − **255**; Sicherungs- **253** 13
Erprobung des Verurteilten **57** 7
Erregen eines Irrtums **263** 20; − öffentl Ärgernisses **183 a** 3
error iuris 15 32; s auch Rechtsirrtum
error in persona vor **in obiecto 15** 13; Abgrenzung d − v d aberratio ictus **15** 13 a; s auch **25** 17, **26** 6
Ersatzansprüche 142 1, 13, **263** 36
Ersatzbedingung vor **13** 10
Ersatzfreiheitsstrafe 43 1, **43 a** 8; Abwendung der Vollstreckung der − **Anh I** 293; keine Aussetzung der − **43** 4; Aussetzung des Strafrestes **57** 1; − u Fahrverbot **44** 12; Festsetzung der − **43** 2; Vollstreckung der − **43** 3
Ersatzgegenstand 73 7
Ersatzhehlerei 259 8
Ersatzorganisation 84 1
Erschleichen v Leistungen **265 a** 6
Erschütterung der rechtl Gesinnung **47** 5
Ersttat 20 19, **47** 6, **59** 9
Erstverbüßerregelung 57 40
Erweislichkeit v Tatsachen **186** 7; − der Gegenbeleidigung **199** 2
Erweiterter Verfall 43 11, vor **73** 1, **73 d**, **150**, **181 c**, **184 b** 10, **253** 12, **256** 2, **261** 15, **286**, **302**; − und einfacher Verfall **73 d** 11; − und Vermögensstrafe **73 d** 11
Erzeugnisse, land-, ernährungs- oder forstwirtschaftliche − **306** 2; − von Anlagen oder Betrieben der Land- oder Ernährungswirtschaft **306 f I Nr 2**
Erzieher 174 7
Erzieherprivileg 180 9, **184** 9; s auch **131** 13
Erziehung 174 5, 7
Erziehungspflicht 171 2, **180** 9, **236** 2
Erziehungswille 223 12
Europäische Gemeinschaften 264 5, 11, 12, 21
Euroscheck 152 a 1, 2, **152 b** 1, 2
Euthanasie vor **211** 5, 7, 8

magere Zahlen = Erläuterungen

Sachverzeichnis

ex-ante-Urteil vor **32** 5, **32** 10, 19, **34** 2, **218** a 12, **315** c 22
Exhibitionistische Handlung 183 2
Existenzminimum 40 11
Exspektanz 263 34
Explosion 308 2; -sgefährlich **326** 5; Vorbereitung einer – **310**; nukleare – **328** 4 a
Exzess b DDR-Alttaten **2** 16, 19; – b Einwilligung **228** 12; – des Mittäters **25** 17; – b Notwehr **33** 1

Fahrbahn 315 c 14, 16
Fähre 318 1
Fahren, zu schnelles **315 c** 16
Fahrerlaubnis, im Ausland erteilte – **69 b**; Entziehung der – **51** 15, **69**; Erlöschen der – **69** 11; internationale – **44** 11; selbstständige Anordnung der Entziehung der – **71 II**; Sperre für die Erteilung einer – **69 a**; vorläufige Entziehung der – **51** 14, **69 a** 5
Fahrlässigkeit 15 35; – b alic **20** 28; – b arbeitsteiligem Handeln **15** 40; – im Beruf **15** 39, 40; bewusste – **15** 53; – b Falscheid **163** 2; grobe – **15** 55; Mittäterschaft b – vor **25** 2, **25** 13; – u Notwehr **32** 9; Strafbarkeit der – **15** 1; – im Straßenverkehr **15** 39; Übernahme- **15** 39 a; unbewusste – vor **13** 7, **15** 53; Verhältnis zum Vorsatz **15** 56
Fahrlässigkeitsdelikt vor **13** 31 a
Fahrlässigkeitstat 56 f 4
Fahrrad, unbefugter Gebrauch **248 b**
Fahrtenschreiber 267 4, **268** 3, 5, 9
Fahruntüchtigkeit 69 6, **142** 4, **315 a** 2, **315 c** 5, 12, **316** 3; absolute – **315 c** 6 a– 6 d; relative – **315 c** 7
Fahrverbot 44; Anrechnung einer vorläufigen Entziehung der Fahrerlaubnis auf das – **51** 14; – gegenüber ausländischen Kfz-Führern **44** 8; Beschränkungen des -s **44** 10; – u Entziehung der Fahrerlaubnis **44** 9; Festsetzung des -s **44** 11; – u internationaler Kfz-Verkehr **69 b** 3; – als Nebenstrafe **44** 1; Regel- **44** 1; Strafzumessungsregeln **44** 6; Voraussetzungen des -s **44** 2; Verfahren **44** 12; – u Verschlechterungsverbot **44** 12; – u Verwarnung mit Strafvorbehalt **59** 3; Wirksamwerden des -s **44** 11; Wirkung des – **44** 10; Zuwiderhandlungen gegen das – **44** 13
Fahrzeug, abgeschlepptes – **315 c** 3; ausländischer -führer **69 b** 1; Führen eines -s **315 c** 3; liegengebliebenes – **315 c** 17 a; sein – **142** 28; s auch Kraftfahrzeug
Fahrzeugpapiere 276 a
Fakultät 11 20
Fälligkeit der Beitragsschuld **266 a** 9
Falschaussage vor **153** 3, **153** 2; uneidliche – **153**; – u Unrechtskontinuität **2** 18; Verleitung zur – **160**

Falschbericht 353 a 1
Falschbeurkundung 271 3, 5, **276** 1, **348** 3; – im Amt **348**; Gebrauch einer – **273**; mittelbare – **271**; schwere mittelbare – **272**
Falsche Anschuldigung 164
Falscheid 163; Verleitung zum – **160** 2
Falschheit der Aussage vor **153** 3; – des Geldes **146** 3
Fälschung beweiserheblicher Daten **269**; – v Geld **146** 4, 5; – v Gesundheitszeugnissen **277**; landesverräterische – **100 a**; – des Personenstandes **169** 2; – v Urkunden **267** 18, 20; – v Wahlen **107 a** 1; – v Wahlunterlagen **107 b**; – v Wertpapieren **151**; – v Wertzeichen **148**
Falsche Verkündung eines Wahlergebnisses **107 a** 2
Falsche Versicherung an Eides Statt 156
Familie, Überwachung in der – **63** 8; s auch Angehörige
Familiendiebstahl 247
Familienehre vor **185** 5, **189** 1
Familiengemeinschaft 13 10
Familientyrann 34 9
Fangbrief 206 8
Fangschaltung 206 15
Federwild 292 3
Fehlbuchung 263 9
Fehlgeschlagener Versuch s Versuch
Fehlüberweisung 263 9
Feilhalten v Wertzeichen **148** 4; – v Vordrucken für Euroschecks **152 a**; – v Vordrucken für amtliche Ausweise **275**
Feindliche Willensrichtung 211 6 a
Fernmeldeanlage s Telekommunikationsanlage
Fernmeldegeheimnis 206 1, 13
Fernmeldeleistungen s Telekommunikationsleistungen
Fernsehen, Pornographie im – **184** 5, 6, **184 c**
Fernsprechautomat 248 c 2, **265 a** 2
Festnahmerecht vor **32** 23
Feststellung, – b Schwangerschaftsabbruch vor **218** 7, **218 b**; – des Personenstandes **169** 1; unrichtige – b Schwangerschaftsabbruch **218 b** 7; b Verkehrsunfällen **142** 13, 27
Feststellungsduldungspflicht 142 17
Feststellungsprinzip 84 1, **85** 2
Filmvorführung, öffentliche **184** 6 d
Finale Handlungslehre vor **13** 7, **15** 34
Fischerei 293 2; -geräte **295** 4
Fischwilderei 293
Fiskalische Betätigung 11 9 a
Flagge, ausländische **104** 1; Berechtigung zum Führen der Bundes- **4** 2; – der BRD **90 a** 4
Flaggenprinzip 4 1
Flankierende Maßnahmen vor **218** 19

1449

Sachverzeichnis

fette Zahlen = §§

Flugzeug s Luftfahrzeug
Flugzeugentführung 316 c 5
Flugzeugsabotage 316 c 10
Folgen der Tat 46 34, 60 2, 3
Folgeschäden 15 43
Folter 32 17 a
Fordern eines Vorteils 299 4, 331 7
Förderung der Bereitschaft 130 a 5; − des Entweichens 120 8−10; − der Postgeheimnisverletzung 206 11; − rechtswidriger Taten nach § 218 219 b 5; − der Resozialisierung 67 a 3; − sexueller Handlungen vor 174 2, 180; − der Wirtschaft 264 7
Förderungstheorie s Verursachungstheorie
Formalbeleidigung 186 11, 192 2, 193 3
Formen 149 2
Forstdiebstahl 242 30
Forstwiderstand 114 2
Fortführen einer Vereinigung 84 2
Fortgesetzte Begehung 244 6
Fortgesetzte Tat vor 52 12, 16, 17; Aufgabe des Rechtsinstituts der − durch d Rspr vor 52 13−15 b; − u Gesetzesverletzung 2 2; − u Ordnungswidrigkeitenrecht vor 52 15 b; − u Rechtskraft vor 52 12; − u Rücktritt 24 14; Tatort 9 2; Vorsatz vor 52 12, 15
Fortpflanzungsfähigkeit 226 2
Fortsetzungsvorsatz vor 52 15 c
Fortsetzungszusammenhang s fortgesetzte Tat
Fotokopie 267 16, 23
Fraktion 36 5, 194 15
Frank'sche Formeln 15 24, 22 4, 24 17
Freie Arbeit vor 38, 40 20
Freiheitsberaubung 239; − mit Todesfolge 239 9
Freiheitsentziehende Maßregeln vor 63 1
Freiheitsstrafe 38 1; Aussetzung der − 56; Aussetzung des Restes der − 57 1, 57 a 1; Begründungszwang bei − 47 7; Bemessung der − 39; Berechnung der − 39 1; Dauer der − 38 2, 3; Erledigung der − 57 4; erstvollzogene − 57 16; Fahrverbot b − 44 5; Höchstmaß der − 38 3; kurzfristige − 47 1; lebenslange − 38 2; Mindestmaß der − 38 3, Anh I 11; Unerlässlichkeit der − 47 6; − u Verwarnung mit Strafvorbehalt 59 3; Voraussetzungen der kurzfristigen − 47 2; vorverbüßte − 57 15
Freisetzen v Giften 330 a 3; − v ionisierenden Strahlen 311 3; − v Kernenergie 307 2; − v Schadstoffen 325 14; − v Stoffen 324 a 6
Freispruch 190 2, 199 2
Freiwilligkeit 24 16, 21
Fremde Sache 242 4; − v bedeutendem Wert 315 c 24
Fremdes Land 180 b 8
Fremdgefährdung, einverständliche 15 43, vor 211 12, 228 2 b

Frieden, öffentlicher 126 1, 130 1
Friedensverrat 80, 80 a
Frische Tat 252 4
Fristen b Schwangerschaftsabbruch 218 a 3, 6, 16; − b Strafantrag 77 b 1; − b Verfolgungsverjährung 78 8; − b Vollstreckungsverjährung 79 3
Fristenregelung vor 218 2, 7; − mit Beratungspflicht vor 218 7, 9, 12, 18
Führen v Amtsbezeichnungen 132 a 7; − v Fahrzeugen 44 3, 69 3, 315 c 3; − v Personenstandsbüchern 169 4
Führerschein s Fahrerlaubnis
Führungsaufsicht vor 68 1, 68 1, **Anh I** 315; Anordnung der − 68 8; Anweisungsbefugnis des Gerichts 68 a 8; Aufsichtsstelle 68 a 2, Anh I 295; − u Aussetzung zur Bewährung 68 g; − b Aussetzung der Unterbringung 67 b 6; Beendigung der − 68 e; − u Bewährungshelfer 68 a; Dauer der − 68 c; − kraft Gesetzes 68 9, 68 c 3; Koordinierung 68 a 7; nachträgliche Entscheidungen b − 68 d; − b Nichtaussetzung des Strafrestes 68 f; − b Sexualtätern vor 38 6; unbefristete − 68 c 1 a−1 c; Verstoß gegen Weisungen während der − 145 a 1; Voraussetzungen der − 68 2; Weisungen während der − 68 b; − u Widerruf 67 g; s auch 129 a 4, 181 b, 239 c, 245, 256, 262, 263 70, 263 a V, 321
Fundunterschlagung 246 3, 5
Funktionaler Zusammenhang 263 55
Funktionenlehre 13 12
Funktionsträger 11 11
Funktionsfähigkeit der Bundeswehr 109 d 1; − v Verteidigungsmitteln 109 e 1
Fürsorgepflicht 171 2, 225 3, 236 2
furtum usus 32 5, 242 24, 248 b 1, 290 1

Garantenpflicht 13 6, 15 7; s auch 323 c 8
Garantenstellung 13 6; s auch 14 13, 28 6, 138 8; − d Arztes b Schwangerschaftsabbruch 218 a 16; − b Schwangerschaftsabbruch 218 4; − gegenüber Suizidenten vor 211 15; − v Providern 184 7 a; − v Umweltbehörden vor 324 11, 12; Vorsatz 15 7
Garantiefunktion der Urkunde 267 1
Garantietatbestand vor 13 15
Gastwirt 315 c 11, 323 a 17
Gebäude 106 b 3, 243 9, 305 2; zur Wohnung v Menschen dienende − 306 a 2
Gebeakt 263 22
Gebietsgrundsatz vor 3 2, 3 1; s auch vor 3 3, 91 1
Gebietshochverrat 81 1, 82 1
Gebotensein der Notwehr 32 13
Gebotserfüllungsversuch, fehlgeschlagener − 15 54; Rücktritt v − 13 3
Gebotsirrtum 16 5, 17 6

magere Zahlen = Erläuterungen

Sachverzeichnis

Gebrauch v Aufnahmen **201** 4; − v Aufzeichnungen **268** 10; − v Ausweispapieren **281** 3; − v Bildaufnahmen **201 a** 6; − v Gesundheitszeugnissen **279**; unbefugter − v Pfandsachen **290**; − v Urkunden **267** 23, 27
Gebrauchsanmaßung s furtum usus
Gebühr 352 3, **353** 2
Gebührenüberhebung 352
Geburt vor **211** 3, **218** 5
Gedankenerklärung 267 3
Gefahr 34 2, 64 5, **218 a** 12, **283 a** 2, **315 c** 21; gemeine − s dort; gegenwärtige − **34** 2; konkrete − **315 c** 20, **328** 4; − für das Rechtsgut **14** 14; − eines schweren Nachteils **93** 4, 5; Selbstverursachung der − **35** 8; − einer Schädigung der körperlichen und seelischen Entwicklung **171** 3, 4, 6, **176 a** 2; − einer schweren Gesundheitsschädigung **176 a** 2, **177** 12, **250** 3; − des Todes usw **176 a** 3, **177** 12, **218** 20, **221** 5, **250** 4
Gefahrabwendung, Wille zur − **34** 5, **218 a** 8
Gefahrstoffe iSd ChemG **328** 3
Gefährdung des Bahn-, Schiffs- u Luftverkehrs **315 a** 1, 5; − durch Bau **319** 7; − des Betriebs einer Telekommunikationsanlage **317** 3; − einer Entziehungskur **323 b**; − des körperl u sittl Wohls **171** 6; − des Lebens usw **221** 1; − des Lebensbedarfs **170** 10; − v Schiffen, Kraft- und Luftfahrzeugen durch Bannware **297**; − der öffentl Sicherheit **125** 6; − der öffentl Wasserversorgung **330** 5; sittliche − **184 d** 3; − des Straßenverkehrs **315 c** 1, 20; − durch Verdächtigung **241 a** 2; Vermögens- **263** 40; − des Zwecks der Führungsaufsicht **145 a** 3
Gefährdungsdelikte vor **13** 32; Tatort b -n **9** 2
Gefährdungsvorsatz 15 28
Gefahrengemeinschaft 13 10
Gefahrenquelle, Eröffnung v − **13** 11, 13
Gefährliche Eingriffe in den Bahn-, Schiffs- u Luftverkehr **315** 4−7; − in den Straßenverkehr **315 b** 3−5
Gefährliche Güter 328 3, **330 d Nr 3**
Gefährliches Werkzeug 224 5, **244** 3, **250** 2, 4
Gefährlichkeit für die Allgemeinheit **63** 7, **66** 15; generelle − vor **13** 32; − der Tat **46** 33
Gefälligkeiten 228 1, **331** 10, 14
Gefangener 120 3
Gefangenenbefreiung 120; − durch Vollzugslockerungen **120** 7
Gefangenenmeuterei 121
Gegenangriff 32 8
Gegenleistung 263 36, **264** 6, **299** 4, **331** 10

Gegenschlag auf ehrverletzende Angriffe **193** 12
Gegenseitigkeit 104 a 2
Gegenwärtigkeit des Angriffs **32** 4; − der Gefahr **34** 2, **249** 3
Geheimdienst 99 2
Geheimnis 203 14; Brief- **202** 2; Dienst- **353 b** 6; Dritt- **203,** 14; Geschäfts- u Betriebs- **203** 14, **204** 3; illegales − **93** 8, **97 a**, **97 b**; Post- u Fernmelde- **206** 1, 13; Privat- **203** 14; Staats- **93**; Steuer- **355** 3; Wahl- **107 c**
Geheimsphäre vor **201** 1
Gehilfe vor **25** 5, **27** 1; − v Ärzten usw **203** 11 a; − v Geistlichen usw **139** 2; − v Rechtsanwälten usw **139** 2; − v Vollstreckungsbeamten **114** 3
Geiselnahme 239 b
Geisterfahrer 315 c 17
Geisteskrankheiten 20 3−5; s auch **78 b** 5
Geistigkeitstheorie 267 14
Geistlicher 139 2
Gelangen lassen 94 3, **184** 6 c
Geld 146 2; ausländisches − **152** 1; dem − gleichgestellt **151** 1; s auch **242** 2, 27, **259** 8
Geldauflage s Auflage
Geldfälschung 146 4−9; Vorbereitung der − **149** 1
Geldinstitut 11 15
Geldstrafe vor **40** 2; Aufgabe der − vor **40** 1; keine Aussetzung des Strafrestes b − **57** 1; Aussetzung der Verhängung einer − **59** 1; Bemessung der − vor **40** 2, **40** 5−16; − neben Freiheitsstrafe **41**; − u Freiheitsstrafe **40** 1, **Anh I** 12; − als Hauptstrafe **40** 1; kumulative − **40** 2, **41**, **43 a** 9, **52** 9, **53** 4; uneinbringliche − **40** 20, **43** 3, **Anh I** 293; Vereitelung der − als Vermögensschaden des Staates **263** 45; Vollstreckung der − **42** 7; Zahlung der − durch einen anderen **258** 13
Geldwäsche vor **73** 1, **261**
Gelegenheitstat 56 f 4
Geltungsbereich des EGStGB **Anh I** 10; räumlicher − **3 ff**; räumlicher − dieses Gesetzes vor **3** 9, **5**, **7** 1; Vorverurteilungen außerhalb des -s **57** 16, **66** 12; − der Wahldelikte **108 d**; zeitlicher − **2**
Geltungsdrang 211 5
Gemeinderat, Mitglieder des -s **11** 11, **108** e 8, **187 a** 2, **266** 14
Gemeine Gefahr 243 21, **313** 1, **323 c** 3
Gemeine Not 323 c 3
Gemeingebrauch 32 3
Gemeingefährliche Mittel 211 11
Gemeingefährliche Straftaten 306 ff; Androhung v − **126** 2; Führungsaufsicht b − **321**
Gemeinnützige Arbeit vor **38** 3, **40** 20
Gemeinnützige Einrichtung 56 b 4 a

1451

Sachverzeichnis

fette Zahlen = §§

Gemeinschaft, häusliche **247** 2; Garantenstellung b häuslicher – **13** 10
Gemeinschaftliche Körperverletzung **224** 7
Genehmigung, behördliche vor **32** 25, vor **324** 9, **324** 10, **325** 10, 17, **326** II, **327** I, II, **328** I, **331** 14, **333** 7; erschlichene – **330 d Nr** 5; Handeln ohne – **330 d Nr** 5; nachträgliche – **228** 4
Generalbevollmächtigter 14 2, **75** 2
Generalprävention 46 2, 28, **47** 5, **74** 1
Generalstreik 81 5
Genmanipulation vor **211** 2
Genugtuung 200 1
Genuss v Rauschmitteln 315 c 5
Gericht 11 20; – b Aussagedelikten **153** 3
Gerichtsverhandlungen, Mitteilungen über – **353 d**
Gerichtsvollzieher 113 2
Geringfügigkeitsprinzip vor **13** 4
Geringwertigkeit 248 a 3
Gesamtbetrachtungslehre 24 6
Gesamtsaldierung 263 36, **266** 17
Gesamtstrafe 53 3, **54** 1; Höchstmaß der – **54** 3, 4; lebenslange Freiheitsstrafe als – **57 b**; – b mehrfacher Anordnung der gleichen Maßregeln **67 f** 3; nachträgliche – **55**; – u Strafaussetzung **58**; Urteilsgründe b –n **54** 7; – und Verwarnung mit Strafvorbehalt **59 c** 2, 3
Gesamtstrafenprinzip vor **52** 1
Gesamturkunde 267 5, **269** 5
Gesamtvermögensstrafe 53 6
Gesamtvorsatz vor **52** 12
Gesamtwürdigung 43 3, **46** 14, 47, **47** 6, **54** 6, **56** 19, **57** 17, **57 a** 5, 6, 10, **63** 8, **66** 17, **69** 6, **70** 7
Geschäftsfähigkeit vor **32** 16
Geschäftsführung ohne Auftrag vor **32** 9, 19
Geschäftsgeheimnis 203 14, **204** 3
Geschäftsherrenhaftung 13 12, 14
Geschäftsmäßigkeit vor **52** 20
Geschäftsraum 123 3
Geschäftsvorgang 291 9
Geschehenlassen rechtswidriger Taten **357** 3
Geschenke 331 5, 14
Geschlechtskrankheiten 203 22
Gesetz 264 11; geschriebenes – **1**; milderes – **2** 3, 14
Gesetzesänderung 2 2, 3
Gesetzesalternativität 1 14
Gesetzeseinheit s Konkurrenz
Gesetzeskonkurrenz s Konkurrenz
Gesetzgebungsorgan 36 2
Gesetzlicher Vertreter 14 2, **75** 2, **77** 11
Gesetzlichkeitsprinzip 1 1
Gesinnung 15 8, 34; s auch **46** 36
Gespaltenes Bundesrecht 3 6
Geständnis 46 43

Gesundheit des zu erwartenden Kindes **218 a** 14; – der Schwangeren **218** 1, 20, **218 a** 11, 12
Gesundheitsschädigung 223 5, **225** 6, **325** 13; Eignung zur – **309** 3, **325** 13, **325 a** 5; – durch Gift **224** 1 a; schwere – **113** 25; – **121** 8; **125 a** 2, **218** 20, **221** 5, **225** 9, **239** 9, **250** 3, **306 b** 2, **330** 2, **330 a** 4; – einer großen Zahl von Menschen **306 b** 2, **315** 8, **318** 4, **330** 3
Gesundheitszeugnisse 277 1; Ausstellen unrichtiger – **278**; Fälschen v -n **277**; Gebrauch unrichtiger – **279**
Gewähren einer Befriedigung **283 c** 4; – v Gelegenheit **180** 6; – v Vorteilen **73** 10, **333** 3; – v Wohnung **180 a** 6
Gewahrsam 242 8 a, **246** 3
Gewalt 240 5, 19; amtliche – **120** 3; -darstellung **131**; – b Hochverrat **81** 5; – b schwerem Menschenhandel **181** 2 a; – gegen eine Person **249** 2; -herrschaft **92** 6, **194** 6; – b sexueller Nötigung **177** 11; Widerstand durch – **113** 5; – oder Willkürmaßnahmen **130** 5
Gewaltkriminalität vor **38** 4
Gewalttätigkeit 125 4; – gegen Menschen **131** 4, **184 a** 2
Gewässer 5 3, **324** 2, **324 a** 4, **330 d Nr** 1; -verunreinigung **324**
Gewässerschutzbeauftragter 324 16
Gewerbeausübung 145 c 1
Gewerbsmäßigkeit vor **52** 20, **150** 2, **180 a** 2, **181** 2 a, **181 c**, **184 b** 7, **236** 6, **253** 12, **256** 2, **260** 2, **260 a** 1, **261** 4, **263** III Nr 1, V, **267** III Nr 1, **284**
Gewinn 40 14, **73** 5
Gewinnabschöpfung vor **40** 4, vor **73** 1, **73** 1, 5
Gewinnsucht 236 6, **283 a** 2
Gewissensentscheidung 17 2, **323 c** 1
Gewissensfreiheit vor **32** 32
Gewissenstäter 17 2, vor **32** 32, **46** 33, **56** 8, **56 f** 4
Gewissheitsvorstellung 15 18
Gewöhnlicher Aufenthalt 5 3
Gewohnheitsmäßigkeit vor **52** 20
Gewohnheitsrecht 1 3, **324** 9
Gift 224 1 a, **330 a** 2
Gläubiger 283 1, **283 c** 2, **283 d** 1, 2; **288** 1; -begünstigung **283 c**
Gleichgültigkeit 47 5, **315 c** 19
Gleichheitsgrundsatz 46 36 b
Gleichstellungsklausel 270 1
Gleichwertigkeit, psychologische u rechtsethische – **1** 13, 19; – mit Regelbeispielen **46** 14
Glücksspiel 284 2; -automaten **242** 14, **263** 8, **263 a** 14 a; Beteiligung am – **285**; Einziehung b – **286**; Erlaubnis zum – **284** 12; öffentl – **284** 10; Veranstalten eines – **284** 11

magere Zahlen = Erläuterungen

Sachverzeichnis

Gnadentheorie 24 2
Goldsovereign 152 2
Gottesdienst, dem − gewidmet **167** 4, **243** 19; Störung des -s **167** 2, 3
Grabmal 168 7, **304** 2
Grad, akademischer **132 a** 2
Grausam 211 10
Grenzsoldaten 2 16 a
Grenzverrückung 274 6
Grob anstößig **219 a** 5; − eigennützig **264** 25; − fahrlässig s leichtfertig; − pflichtwidrig **315 a** 3 a; − unverständig **23** 8; − verkehrswidrig **315 c** 19; -e Verletzung verwaltungsrechtlicher Pflichten **311** 6, **325** 11, **328** 2
Gröblich 171 2, **180** 9
Gründe, dringende **218 a** 19
Gründen einer kriminellen Vereinigung **129**
Grundlage der Strafzumessung **46** 23, 32
Grundordnung, freiheitliche **86** 2, **92** 5
Grundwasser 324 2
Gruppe 88 1, **127** 2, **194** 6
Gruppendynamische Einflüsse 20 8, **46** 33
Gültigkeitsirrtum 17 2
Güter- und Interessenkollision vor **32** 31, **34** 6, **35** 3; Irrtum b -en **17** 17; s auch **193** 1, **203** 25, **218** 8
Gutglaubenserwerb 263 43

Habgier 211 4
Hacking 203 1
Halten eines Glücksspiels **284** 11; − gefährlicher Hunde **143** 3
Handeln für einen anderen **14**, **73** 9; − auf Befehl **2** 16, vor **32** 24; planmäßiges − **20** 17; überlegtes − vor **211** 18; **211** 6; verwaltungsrechtlich verbotenes − vor **324** 3; vorsätzliches u fahrlässiges − **15** 1
Handelsbücher 283 16
Handlung vor **13** 7; exhibitionistische − **183** 2; natürliche − vor **52** 3; − im Rechtssinne vor **52** 2, 3; rechtswidrige − vor **13** 16; richterliche − **331** 12, **333** 5; schuldhafte − vor **13** 22; tatbestandsmäßige − vor **13** 15; − zur Verjährungsunterbrechung **78 c** 2
Handlungsbegriff vor **13** 7; negativer − **13** 2, 12
Handlungsbevollmächtigter 75 2
Handlungseinheit vor **52** 4, 9; natürliche − **24** 6, vor **52** 4, **211** 12; rechtliche − vor **52** 9; tatbestandliche − vor **52** 10; Tatzeit b − **8** 3
Handlungslehre, finale vor **13** 7, **15** 34; kausale − vor **13** 7; soziale − vor **13** 7
Handlungsunfähigkeit 20 25
Handlungsunwert vor **13** 20
Hang 64 2, **66** 13

Harmonisierung d Strafdrohungen durch d 6. StrRG vor **38** 8, 10
Härte, unbillige **43** 3, **73 c** 1
Härteklausel 43 3
Hauptstrafe 12 2, **40** 1
Haupttat vor **25** 9, **26** 7, **27** 8
Hausarrest, elektronisch überwachter vor **38** 3
Hausbesetzung 123 3
Hausfriedensbruch 123; − u Landesrecht Anh I 4; schwerer − **124**
Häusliche Gemeinschaft 247 2; Garantenstellung b − **13** 10
Hausmüll 326 6
Hausrecht 123 1
Haus- und Familienbetrug 263 66
Haus- und Familiendiebstahl 247
Hausverbot 123 8
Hebamme 203 2
Hehlerei 259; − unter Angehörigen **259** 22; Banden- **260** 4; Ersatz- **259** 8; Führungsaufsicht b − **262**; gewerbsmäßige − **260** 4; − u Landesrecht **Anh I** 4
Heil- oder Pflegebedürftigkeit 63 1
Heilbehandlung vor **38** 7, **56 c** 8 a, **59 a** 2, 3, **223** 8, 9, **228** 14
Heilberufe 203 3
Heilpraktiker 223 9
Heilquellenschutzgebiet 329 4
Heilversuch 228 22
Heimtücke vor **211** 20, **211** 6
Heimunterbringung 63 8
Hemmung der Verjährung s Ruhen
Herabwürdigen 186 4
Heranwachsende 10 5
Herbeiführen einer Brandgefahr **306 f**; − einer Explosion **308** 2; − einer Explosion durch Kernenergie **307** 2; − v Überschwemmungen **313**; − eines falschen Wahlergebnisses **107 a** 1
Herrenlose Sache 242 7, **292** 1
Herrschaftsverhältnis 242 8
Herrschaftswille 242 10, 11
Herrühren 261 5
Herstellen einer Bildaufnahme **201 a** 4; − einer unechten Urkunde **267** 17, − v Platten van **149** 4; − v Kennzeichen **86 a** 5; − v pornographischen Schriften **184** 1, 5, **184 b** 4, 5, 8, **184 c** 2; − v Propagandamaterial **86** 6; − unechter Staatsmitgliedsnisse **100 a** 5; − v Vordrucken für amtliche Ausweise **275**; − v Vordrucken für Euroschecks **152 a**
Hilfe a 1, 4; − b Absatz **259** 13, 15; unterlassene − **323 c**; s auch Beihilfe
Hilfeleisten 27 2, 3, **257** 3, 7
Hilflosigkeit 180 b 8, **221** 2, **243** 21
Hilfsperson s Gehilfe
Hilfspflicht 323 c 5, 7, 8; s auch **142** 23
Hindernisse 315 5, **315 b** 4
Hinterlistiger Überfall 224 6

1453

Sachverzeichnis

fette Zahlen = §§

Hintermann 84 2
Hinwirken auf eine Verfolgung 344 4
Hirntod vor 211 4
Hirnverletzungen 20 4, 10, 22
Höchstfristverlängerung 67 d 2
Höchstmaß der Freiheitsstrafe 38 3; – der Geldstrafe vor 40 3; – der Gesamtstrafe 54 3, 4; – der Vermögensstrafe 43 a 4
Höchstpersönlichkeit 34 8
Hochverrat gegen den Bund 81; – gegen ein Land 82; tätige Reue b – 83 a; Vorbereitung eines -s 83
Hoheitliches Handeln 32 17, 34 14
Humanexperiment vor 211 2, 228 22
Humangenetik vor 211 2
Hund, gefährlicher 143 2
Hyperlink, Verbreiten durch – 186 5; Zugänglichmachen durch – 184 7 b
Hypnose 20 7
Hypothetischer Kausalverlauf vor 13 10

Idealkonkurrenz s Tateinheit
Identische Norm 7 2
Identität v ausgeführter u aufgegebener Tat 24 9; – des Handlungsvollzug 52 3, 4; Täuschung über die – 267 18, 281 4; – des Unrechtskerns 1 19
Identitätsirrtum 15 13
Idiotie 20 10
ignorantia facti 263 18
Illegales Geheimnis 93 8, 97 a, 97 b
Imbezillität 20 10
Immunität 36 4, 78 b 3
Implantat 168 2, 242 2
Imstichlassen 221 4
Inbrandsetzen 263 66, 306 3
Indemnität 36 1, 37 1
Indeterminismus s Willensfreiheit
Indikation, embryopathische – vor 218 7, 22, 218 a 14, 15; ethische – 218 a 18; humanitäre – 218 a 18; kriminologische – 218 a 9, 18; medizinische – vor 218 7; Notlagen – vor 218 16, 17, 218 a 13, 21, 24; – als Rechtfertigungsgrund vor 218 16; – zum Schwangerschaftsabbruch 218 a 7–21 a; sozial-medizinische – vor 218 22, 218 a 9, 11–17
Indikationenlösung vor 218 3
Individualwucher 291 1
Indizkonstruktion 46 36, 40, 43
Indizwirkung des Regelbeispiels 46 13; – der Tatbestandsmäßigkeit vor 13 17
in dubio pro reo 1 11, 15 56, 17 5, 46 32, 56 8, 56 f 8, 57 10, 61 4, 5, 77 b 6, 78 12 a, 154 15, 158 2, 164 7, 182 6, 213 8
Informationsfreiheit 74 d 12
Informationspflicht b entschuldigendem Notstand 35 14; – b Interessenwahrnehmung 193 10; – b Notstand 34 13; – u Unrechtsbewusstsein 17 7, 17

Ingerenz 13 11, 13; s auch 35 8, vor 153 7, 263 14, vor 324 11
Inhaber eines Post- oder Telekommunikationsdiensteunternehmens 206 3
Inkongruente Deckung 283 c 3
Inland vor 3 4, 3 3; Wohnsitz im – 5 3
Inpfandnahme, eigenmächtige 242 25
Inpfandnehmen 259 11
Inputmanipulation 263 a 8
Insemination, heterologe 169 3
Insolvenz, Eröffnung des -verfahrens 283 9, 28; -gründe 283 6; -masse 283 9, 283 c 2; -verwalter 11 5, 14 2, 283
instrumentum sceleris 74 5
Integrationsgeneralprävention 46 28, 30
Intellektuelles Element s Wissensseite
Intelligenzschwäche 20 10
Interesse, berechtigtes 193 5; entgegengesetztes – 356 7; mangelndes – vor 32 19; – am Taterfolg vor 25 5; wichtiges öffentl – 353 b 11
Interessenabwägung 34 6
Interessengegensatz 356 5, 7, 8
Interessenkollision 34 4
Interessentheorie vor 25 5
Interlokales Strafrecht 3 3, Anh I 315–315 c, Anh II 1, 2, Anh III
Internationales Strafrecht vor 3 1, Anh I 1 b
Internet 9 5, 265 a 5, 287 6; Pornographie im – 184 5, 7, 184 b 4, 5, 8, 184 c 2
Intimsphäre 32 3, vor 201 1, 201 1; Beleidigung in der – 185 9;
Inventar 283 16, 20
Inverkehrbringen 146 7; – als echt 146 8; – v Euroschecks 152 a; – v Falschgeld 147; – v Mitteln zum Schwangerschaftsabbruch 219 b 3
In-vitro-Fertilisation vor 211 2
Ionisierende Strahlen 309 2, 311 3, 328 I Nr 2
Irrealer Versuch 22 11, 14, 23 5; s auch 218 14
Irrtum beim Betrug 263 18; doppelter – 17 6; – b Eidesdelikten 154 9, 160 5; – über einen Entschuldigungsgrund 17 20, 35 13; Erlaubnis- 17 19; – über einen Erlaubnistatbestand 17 9; Gültigkeits- 17 2; Identitäts- 15 13; Motiv- 15 13; – b Notstand 35 13; – über Notwehrlage 32 5; – über Offenbarungsbefugnis vor 201 2; rauschbedinger – 323 a 9; – über Rechtmäßigkeit der Diensthandlung 113 12, 13, 16, 20; Rechts- 16 1, 17 11; – über ein Staatsgeheimnis 97 b; – über die Strafbarkeit 17 2; – über Strafmilderung 16 6; Subsumtions- 15 14; Tat- 16 1, 3, 17 11; Tatbestands- 16 1; – über Tatbestandsalternativen 16 4; – über Täterschaft u Teilnahme vor 25 9, 25 5; – über Tatumstände 16; umgekehrter – 16 7, 17 21;

magere Zahlen = Erläuterungen

Sachverzeichnis

Unvermeidbarkeit des -s **17** 7; Verbots-**17**; – über die Voraussetzungen eines Rechtfertigungsgrundes **17** 9
Iterative Tatbestandsverwirklichung vor **52** 4

Jagd, Ausübungsrecht **292** 4; -frevel **292** 8; -gast **292** 4; -geräte **295** 2; recht **292** 2, 4
Jagdbare Tiere 292 1, 2
Jagdwilderei 292; besonders schwere Fälle der – **292** 6; gewerbs- oder gewohnheitsmäßige – **292** 7
Jäger 114 2
Journalist 70 10
Jugendamt 235 2
Jugendliche 10 1; Gefährdung -r durch Prostitution **184 d**; Mißhandlung -r **225** 2; sexuelle Handlungen an -n **174** 3, **180** 7; sexueller Missbrauch von -n **182**
Jugendstrafe 38 1, **55** 2, **57** 1, 15
Juristische Person 14 2, **75** 1; s auch **283** 2, 6

Kampfhandlung vor **32** 24
Kapitalanlagebetrug 264 a
Kastration 228 20; s auch **63** 8, **66** 15, **67 d** 4
Katalogstat 126 2, **129 a** 2, **130** 8, **130 a** 2, **132 a** 2, **140** 2, 4
Kaufmann 283 2, 16, 20
Kausalität vor **13** 9; abgebrochene – vor **13** 11; Abweichungen der – **15** 11, 46; alternative – vor **13** 11; – der Beihilfe **27** 2; – beim Betrug **263** 54; – b erfolgsqualifizierten Delikten **18** 2; – u Fahrlässigkeit **15** 42, 46; – beim Gefährdungsdelikt **315 c** 27; generelle – vor **13** 11; kumulative – vor **13** 11, vor **324** 5, **325** 16; – beim Schwangerschaftsabbruch **218** 3–5; statistische – vor **13** 11; überholende – vor **13** 11; – der Unterlassung vor **13** 12; – u Vorsatz **15** 11, 12; – b wechselseitigen Beleidigungen **199** 3
Kenntnis, außerdienstliche **258 a** 4; nicht zur – bestimmt **202** 2; – der Hilflosigkeit **180 b** 8, 11; – v Tat u Täter **77 b** 2; – der Unwahrheit **187** 1; – einer Zwangslage **180 b** 6
Kennzeichen 267 9; – verfassungswidriger Organisationen **86 a** 2
Kernbrennstoffe 328 3; Ablieferungspflicht v – **328** 2
Kernenergie 307 2
Kettenanstiftung 26 8; versuchte – **30** 4
Kettenbrief 284 2, **287** 2
Kind 19 1, **176** 1; Beleidigung v -ern vor **185** 2; Mißhandlung v -ern **225** 1, 2; nichteheliches – **170** 4; sexuelle Handlungen an -ern **174** 4, **176** 2, 3
Kinderhandel 236
Kinderkrankenpfleger 203 2

Kinderkrankenschwester 203 2
Kinderpornographie 5 3, **176 a** 3, **184 b**
Kindesentziehung 5 3, **235** 1
Kindestötung vor **211** 25, **213** 9
Kindesunterschiebung 169 2
Kirche, Beschimpfung v -n **166** 3, 4; Diebstahl aus -n **243** 19; in Brand setzen usw einer – **306 a** 3
Klageerzwingungsverfahren 230 5
Klammerwirkung 52 5
Klinische Sektion 168 4
Kollektivbeleidigung vor **185** 3
Kollektivdelikt vor **52** 20
Kollusion 324 10, **330 d** Nr 5
Kompensation 199 1, **263** 36, 36 a, **266** 17
Komplexbegriff 15 15
Konfliktberatung 218 a 7 a, **219**
Konfliktbewährungstheorie 24 2
Konkurrenz 52 ff; echte – vor **52** 30; Gesetzes – vor **52** 24; Ideal- vor **52** 30, **52**; Real- vor **52** 31, **53**; unechte – vor **52** 24; – b Regelbeispielen **46** 18, 19
Konnivenz 357 4
Konsolmanipulation 263 a 15
Konsumtion vor **52** 27
Kontaktsperre 129 a 6
Konterbande 297 2
Konvergenzdelikt vor **25** 12
Kopie 267 16, 23
Körper, eines verstorbenen Menschen **168** 2, **242** 2; Teile des -s eines verstorbenen Menschen **168** 2
Körperliche Mißhandlung 223 4, **343** 3
Körperlicher Eingriff 56 c 8 b
Körperschaft 11 8
Körperverletzung 223; – im Amt **340**; Einwilligung b – **228**; fahrlässige – **229**; gefährliche – **224**; Rechtfertigung einer – **223** 7, **228**; schwere – **226**; Strafantrag b – **230**; – mit Todesfolge **227**; – u Tötungsversuch **212** 7; Verjährung bei der – **78 a** 4
Korruption, Gesetz zur Bekämpfung d – vor **1** 13, vor **38** 5, vor **298** 1, 2
Kraftfahrer, ausländischer **44** 8; Pflichten eines -s **44** 4; räuberischer Angriff auf – **316 a** 2
Kraftfahrzeug 305 a 2; – als Jagdgerät **295** 2; Raub im Zusammenhang mit -en **316 a** 3; Straftat bei oder im Zusammenhang mit dem Führen eines -s **44** 3, **69** 3; unbefugter Gebrauch eines -s **248 b** 2; Ungeeignetheit zum Führen v -en **69** 5
Kraftfahrzeughalter 142 4
Krankenhaus s psychiatrisches Krankenhaus
Krankenpfleger 203 2
Krankenschwester 203 2
Krankenversicherung b Schwangerschaftsabbruch vor **218** 15, **219** 5
Kranken- und Wohlfahrtspflege 132 a 13

1455

Sachverzeichnis

fette Zahlen = §§

Krankhaft 20 3
Krankheit 223 5, 323 c 2; geistige – **174 c** 2, **179** 4, **226** 4; seelische – **174 c** 2, **179** 4; übertragbare gemeingefährliche – **326** 4
Kredit 265 b 3; -betrug vor 263 1, 263 41, 57, **265 b**; -gefährdung **187** 2; -karte **263** 19, **266** 6, **266 b** 4; -wucher **291** 5
Krieg 100 4; Angriffs- **80** 2
Kriminalität s organisierte Kriminalität
Kriminalpolitik vor 13 3
Kriminelle Vereinigung 129 2, 3, – im Ausland **129 b**
Krise, wirtschaftliche **283** 5
Kronzeugenregelung 24 29, **129 a** 6, 261 18
Krügerrand, Goldmünze 152 2
Kumulation v Freiheits- u Geldstrafe **41**; s auch vor 40 4, **40** 2, **43 a** 9, **52** 9, **53** 4
Kumulationseffekt s Summationseffekt
Kumulationsprinzip 53 5
Kundenwerbung, progressive **287** 2
Kundgabe v Miß- oder Nichtachtung **185** 3
Kunst 86 a 7, **131** 12, **184** 3, **193** 14
Kunstfehler 223 9
Kunstfreiheit 74 d 12, **166** 4, **184** 3, **193** 14, 16
Kunstregeln, ärztliche **15** 39
Kuppelei v Ehegatten **181 a** 7
Küstenmeer vor 3 4, **5** 3; deutsches – **6** 3

Labeling-Ansatz 46 5
Ladendiebstahl vor **13** 5 a
Ladengeschäft 184 6 a
Lage, hilflose **221** 2; schutzlose – **177** 6
Lagern v Abfall **326** 7 b
Laienrichter 11 12, **45** 1, **336** 2
Land, Hochverrat gegen ein – **82**
Landesrecht 264 5, 11, **Anh I** 2–4
Landesstrafrecht, unterschiedliches 3 3
Landesverrat 94; fahrlässiger – **97**; publizistischer – **95** 1
Landesverräterisch, -e Agententätigkeit **98**; -e Ausspähung **96**; -e Beziehungen **100**; -e Fälschung **100 a**
Landesverteidigung, Straftaten gegen die – **109** ff
Landfriedensbruch 125; aufwieglerischer – **125** 12; besonders schwerer – **125 a**; gewalttätiger oder bedrohlicher – **125** 8
Lärm 325 a 5
Lastschrift-Einzugsverfahren 263 11
Laufzeitgeldstrafe vor **40** 2
Leben vor **211** 3, 4; „lebensunwertes" – vor **211** 5
Lebensbedarf 170 b 10
Lebensbereich, persönlicher **205** 4; höchstpersönlicher **201 a** 1, 3
Lebensfähigkeit vor **211** 3, **218** 4
Lebensführung 46 36; künftige – **56** 8, **56 a** 3 a

Lebensführungsschuld 46 47
Lebensgefährdung vor **32** 14, **35** 2, 3, **218 a** 12, **221** 1, 2, 5, **224** 8, **315 c** 23
Lebensgemeinschaft 13 10; eheähnliche – **11** 2, **157** 9, **171** 2, **213** 4
Lebensgrundlage 5 2
Lebenspartner 11 2, **vor 38** 11, **77** 8, **172** 2
Lebensschutz u Schwangerschaftsabbruch vor **218** 12, 24, **218 a** 16
Lebensstandard vor **40** 2
Lebenswandel, krimineller **171** 4; s auch Lebensführung
Lebenszuschnitt vor **40** 2, **40** 15
Lehrer, sexueller Missbrauch durch – **174** 7; Züchtigungsrecht des -s **223** 11
Leibeigenschaft 234 3
Leibesfrucht 168 2, 3, 7, **218** 2–5, **218 a** 16
Leiche 168 2, **242** 2, 7
Leichenteile 168 2
Leichenversuch 168 4
Leichtfertigkeit 15 55, **18** 3, **97** 3, **193** 10, **251** 2, **261** 12, **264** 24, **312** 6, 6 a
Leihbücherei 184 6
Leistung 291 2; erstrebte – **239 a** 10; gewerbliche – **298** 4
Leistungsautomaten 265 a 2
Leistungsverkürzung 353 3
Leistungswucher 291 1
Leitung 319 5; – eines bordellartigen Betriebes **180 a** 2; – einer Rechtssache **339** 6
Lesbische Liebe 184 d 1
Leugnen 46 43, **51** 7, **130** 8
Leumundszeugnis 348 6
Lex fori 3 3
Link s Hyperlink
List 181 2, **234** 2, **239** 2, **316 a** 2
Live-Darbietung 131, **184 c** 3
Lockspitzel 26 4, **46** 30, 33
Lohnfortzahlung b Schwangerschaftsabbruch vor **218** 15
Lohnsteuer 266 a 21
Löschen v Daten **303 a** 3; – des Brandes **306 b** 5
Lotterie 287 1
Luftfahrzeug 4 3, **316 c** 3
Luftraum vor 3 4
Luftverkehr 315 a 3 a; Angriff auf den – **316 c**; Gefährdung des -s **315 a**; gefährlicher Eingriff in den – **315**; ziviler – **316 c** 4
Luftverunreinigung 325 13, **326** 6
Lüge 109 a 3; schriftliche – **267** 1, **278** 2

Machenschaft 109 a 3; sonstige – **316 c** 7
Macht, fremde **93** 3
Mahnbescheid 263 a 20
Mahnverfahren 263 17, 19
Makeltheorie 263 43

magere Zahlen = Erläuterungen

Sachverzeichnis

Mangel, geistiger und körperlicher – **315 c** 12; – am Tatbestand **22** 11
Manipulation, Input-, Output-, Programm-, Konsol- **263 a** 6, 8, 15
Marktmäßigkeit 264 6
Maß der Schuld 46 32
Massenverbrechen vor **52** 21
Maßnahme 11 21; keine Anrechnung der UHaft auf -n **51** 2; flankierende -n vor **218** 19; – u Gesamtstrafenbildung **53** 6, 7, **55** 17, 18; Unerheblichkeit der -n für die Zweiteilung **12** 5; Vereitelung einer – **258** 12; Verjährung v -n **78** 3, **79** 2; vorbeugende – **1** 8
Maßregeln der Besserung und Sicherung vor **38** 1, **61**; keine Anrechnung der UHaft auf – **51** 2; Anwendungsbereich **61** 2; – u Art 103 II GG **1** 8; freiheitsentziehende – vor **63** 1; – b Gesamtstrafe **53** 6, 7, **55** 17, 18; Grundsatz der Verhältnismäßigkeit **62**; – gegenüber Jugendlichen **10** 4; mehrfache Anordnung gleicher – **67 f**; selbstständige Anordnung v – **71**; unzulässige Vollstreckung v – **345**; Verbindung v – **72**; Vereitelung v – **258** 12
Maßregelvollzug 67 a 1
Mauerschützen 2 16
Medikamente u Alkohol **20** 18, **63** 3, **315 c** 7, **323 a** 3
Mediendienst 184 7 a
Meer 5 3 **324** 2 a, **330 d** 1; offenes – vor **3** 6
Mehrfachtäterfrage 57 b 1
Meineid 154; Beteiligung am – vor **153** 7; – u Falschaussage **154** 12; Wahlfeststellung b – **154** 15
Meinungsäußerung 193 1, **263** 5; s auch Werturteil
Meinungsfreiheit 74 d 7, **193** 1
Mensch vor **211** 3, 4
Menschenhandel 6 2, vor **174** 6, **180 b**; schwerer – **181**; Anwerben b schwerem – **181** 2, 6
Menschenmenge 125 3
Menschenraub, erpresserischer **239 a**
Menschenrechtskonvention 1 8, **32** 11, **46** 41, 45, **56** 10, **56 f** 3, **70** 10, **193** 11, **339** 5
Menschenwürde, Angriff auf die – **130** 1, 3; Verletzung der – **131** 7
Merkmale, besondere persönliche – **14**, **28**; höchstpersönliche – **14** 12; schuldtypisierende – vor **13** 15, **28** 5; subjektive – **14** 11
Mess- und Rechenwerte 268 3
Meuterei, Gefangenen- **121**
Mietbesitz 263 5
Mietwucher 291 4
Mildernde Umstände 46 8
Milderungsgründe, besondere gesetzliche – **49**; Anwendungsbereich der – **49** 2, 5; – u minder schwerer Fall **50** 2

Minderjährige, Einwilligung d -n in d Schwangerschaftsabbruch **218** a 7; Entziehung -r **235** 3; Förderung sexueller Handlungen -r vor **174** 2, **180**; – u Strafantrag **77** 11; s auch Jugendliche
Minder schwere Fälle 46 7; – neben bes gesetzl Milderungsgründen **50** 2; s auch **213** 9, **226** 6, **227** 4
Mindestgrenzen für Tagessätze 40 4
Mindestmaß der Freiheitsstrafe **38** 3
Minimaklausel 326 12
Minister 11 5
Mischtatbestand 28 12, **106 b** 1, **184 d** 2
Mißachtung, Kundgabe der – **185** 3
Missbrauch v Ausweispapieren **281**; – v Bankautomaten **263 a** 14; – v Befugnissen usw **240** 28, **263** 66, **264** 26, **267** III **Nr 4**; – des Berufs oder Gewerbes **70** 3; – ionisierender Strahlen **309**; – v Notrufen **145** 3; – der Notwehr **32** 14; – v Scheck- u Kreditkarten **266 b**; sexueller – **174** 9, **174 a** 4, **174 b** 3, **174 c** 5, **176**, **179** 6; sexueller – v Jugendlichen **182** 2; – v Titeln usw **132 a**; – der Vertretungsbefugnis **266** 6
Missbrauchstatbestand 266 5, 21
Mißhandlung 223 4, **343** 3; – v Schutzbefohlenen **225** 5
Mißverhältnis 291 3
Mitbewusstsein 15 9
Miteigentum s Eigentum
Mitfahrer 142 4
Mitgewahrsam 242 13
Mitglied 84 3, **129** 5, **266 a** 6; – einer Bande **150** 2, **244** 7, **244 a**, **260** 4, **260 a**, **261** 11, **284**
Mitgliederwerbung 129 7
Mittäterschaft vor **25** 5, **25** 9; Exzess b – **25** 17; fahrlässige – vor **25** 2, **25** 13; „Quasi-" **216** 3, **258** 6; sukzessive – **25** 10, 12; Tatort b – **9** 2; Versuch b – **22** 9
Mitteilung einer Finanzbehörde **355** 4; öffentl – **353** 2; – v Post- oder Fernmeldegeheimnissen **206** 7; – v Staatsgeheimnissen **94** 2; – der Unfallbeteiligung **142** 28; unverzügliche – **264** 28; verbotene -en über Gerichtsverhandlungen **353 d**
Mittel, gegenständliche **224** 3; öffentl – **264** 4; sonst ein – **244** 4, **250** 2; milderes – **32** 9, **34** 3; – z Schwangerschaftsabbruch **218 a** 2, **219 b** 1, 2; technische – **202** 4
Mittelbare Täterschaft 25 2; Tatort b – **9** 2; Versuch b – **22** 9
Mittelsmann 94 2
Mittel-Zweck-Relation 97 b 4, **224** 3, **240** 18
Mitverschulden des Verletzten **46** 35
Mitverzehr 259 11
Mitwirkung b Anordnung einer Verwahrung **344** 4; – mehrerer zum Diebstahl **244** 8

1457

Sachverzeichnis

fette Zahlen = §§

Mitwirkungspflicht 142 17, 18
Modalitätenäquivalenz 13 16
Möglichkeit des Unrechtsbewusstseins 15 34, 50, 17 4
Möglichkeitsvorstellung 15 18
Mord vor 211 18, 22, 211; -lust 211 4
morning-after-Pille 218 8
Mosaiktheorie 93 2
Motiv 15 8
Motivbündel 211 5 c
Motivirrtum 15 13
Münze 146 2
Mutmaßliche Einwilligung vor 32 19; s auch 34 4

Nachahmung, gegen – gesichert 149 3, 151 2
Nachmachen 146 4
Nachrede s üble Nachrede
Nachrichtendienst, landesverräterischer 98 1; sicherheitsgefährdender – 109 f
Nachschlüssel 243 12
Nachstellen 292 2
Nachtat, mitbestrafte vor 52 32; verhalten 46 40
Nachteil 274 7; – für das Vermögen 253 4
Nachträgliche Entscheidungen 56 e, 68 d
Nachtrunk 46 40, 142 17
Nachtzeit 292 6
Nahestehende Person 35 4
Name, eigener 267 19; fremder – 267 18
Namenstäuschung 267 18
Nationalpark 329 5
NATO vor 3 10, 78 b 6, 93 9
Natürliche Handlung vor 52 3
Natürliche Handlungseinheit 24 6, vor 52 4, 52 4, 211 12
Naturschutzgebiet 329 5
Nebenfolgen 45 ff, 92 a, 101, 108 c, 109 i, 358; – eines beabsichtigten Erfolges 15 22; Bekanntgabe der Verurteilung als – 200 1; Geltung des § 1 für – 1 8; – u Gesamtstrafenbildung 53 6 a, 55 17, 18; keine – gegenüber Jugendlichen 10 3; Unerheblichkeit der – für die Zweiteilung 12 5; Verlust der Amtsfähigkeit usw als – 45 2, 3
Nebenklage, -befugnis des Privatklageberechtigten 77 18
Nebenstrafe 44; Fahrverbot als – 44 1; Geltung des § 1 für -n 1 8; -n und Gesamtstrafenbildung 53 6 a, 55 17, 18; Unerheblichkeit der -n für die Zweiteilung 12 5
Nebentäterschaft 25 8; fahrlässige – 18 4
Nebentätigkeit 331 9
Negative Tatbestandsmerkmale vor 13 17, 17 13
Neigungen, kriminelle 47
Nettoeinkommen 40 7, 9
Nettoeinkommensprinzip vor 40 2, 40 6

Nettolohnabrede 266 a 8 a
Neurose 20 11, 17; 21 2
Nichtachtung, Kundgabe von – 185 3
Nichtanzeige eines Fundes 246 5; – als Strafvereitelung 258 7 a; – v Straftaten 138, 139
Nichtbeachtung der Vorfahrt 315 c 13
Nichteinmischungsprinzip 6 1
Nidation 218 8, 9
Niedrige Beweggründe vor 211 20, 211 4
Normen, blankettausfüllende 2 4; -kontrolle 78 b 4
Not, gemeine 323 c 3; wirtschaftliche – 263 66, 283 a 2
Notar 11 5
Nothilfe 32 12, 17; – b Schwangerschaftsabbruch vor 218 15, 25
Nötigung 240; – v Anstaltsbeamten usw 121 5; – zu sexuellen Handlungen 177 3; – des Bundespräsidenten usw 106; Geiselnahme zwecks – 239 b 1, 2; privilegierte – 113 1; – v Verfassungsorganen 105
Nötigungsnotstand 35 2
Notlagenindikation vor 218 16, 17; 218 a 13, 21, 24
Notrechte, bürgerlich-rechtliche vor 32 9
Notruf 145 3
Notstand 34, 35; Aggressiv- 34 4; – u Beteiligung mehrerer 35 15; bürgerlichrechtlicher – vor 32 9; Defensiv- 34 9; Differenzierungstheorie b – 35 1; entschuldigender – 35; Informationspflicht b – 34 13, 35 14; Putativ- 17 17, 35 13; rechtfertigender – 34, 218 a 8, 218 b 5, 324 14; übergesetzl schuldausschließender – vor 32 31; verschuldeter – 34 2
Notwehr 32; -ähnliche Lage 32 4, 34 9, 240 20; antizipierte – 32 8; automatisierte – 32 10; Einschränkungen der – 32 13; Garantenstellung nach – 13 11; – gegen Diensthandlungen 113 15; keine – gegen Dritte 32 18; Provokation der – 25 4, 32 14; – b polizeilicher u privater Hilfe 32 11 a; Putativ- 17 9, 32 19, 33 2; Überschreitung der – 33
Notwehrexzess 33 1, 2; kein – b Provokation 33 4
Notwendige Teilnahme vor 25 12; s auch 120 11, 145 c 2, 180 14, 182 6, 235 1, 257 8, 258 16, 283 c 8, 331 19, 332 9, 333 8, 334 5, 356 10
Notzeichen 145 3
NS-Gewaltverbrechen 78 4, vor 211 21
nulla poena sine culpa 46 1
nulla poena sine lege 1 1
nullum crimen sine lege 1 1
Nutznießungstheorie 259 1
Nutzungen 73 7

Objektive Bedingungen der Strafbarkeit vor 13 30, 15 6; Irrtum über – 17 6;

magere Zahlen = Erläuterungen **Sachverzeichnis**

s auch **104 a** 1, **186** 7, **231** 5, **283** 26, **283 b** 3, **323 a** 5
Objektive Theorie b der Falschaussage vor **153** 3; – b der Teilnahme vor **25** 4; – beim Versuch **22** 11
Offenbaren v Dienstgeheimnissen **353 b** 8; – v Privatgeheimnissen vor **201** 2, **203** 17; – v Staatsgeheimnissen **95**
Offenbarungseid 156 4
Offenbarungsverbot 203 15
Öffentlich 74 d 6, **80 a** 2, **130** 8, **183 a** 2, **184** 5; -e Ämter **45** 1; -e Anlagen **304** 3; -es Ärgernis **183 a** 2; -e Aufforderung zu Straftaten **111**; -e Aufstachelung **80 a** 2; -e Äußerung **193** 11; -e Ausstellungen **243** 20; -e Beleidigung **186** 9, **200** 2; -e Denkmäler **304** 2; -e Filmvorführung **184** 5, **6 d**; -er Frieden **126** 1, **130** 1, **131** 1; -es Glücksspiel **284** 10; -e Meinung **186** 4; -e Mitteilung **353 d** 2; -e Mittel **264** 4; -er Nutzen **304** 3; -e Sachen **243** 20; e Sitzungen **37** 2; -es Unternehmen **264** 8; -e Urkunden **271** 2; -er Verkehr **123** 4; -e Verkehrsunternehmen **316 b** 2; -e Verunglimpfung **90** 2; -e Verwaltung **11** 9; -e Wahlen **45** 1; -e Wege **304** 3, **315 c** 2; -e Würden **132 a** 2; -e Zusammenrottung **124** 2
Öffentliche Ämter 45 1; Anmaßung – **132** 2; Verlust – **45**; Wiederverleihung – **45 b**
Öffentliches Interesse an der Strafverfolgung **194** 13; Wahrnehmung eines –s **193** 7; wichtiges – **353 b** 11
Offizialdelikt 77 1
Öffnen 202 3
Ohnmacht 20 14
omissio libera in causa 13 3
omni modo facturus 26 2 a
Online-Dienst s Provider
Opfergleichheit vor **40** 1, 2
Opferverhalten vor **13** 4 a, **46** 35
Orden u Ehrenzeichen **132 a** 13
Ordnung, verfassungsmäßige **81** 3, **92** 5
Ordnungswidrigkeiten 2 2, 6, vor **13** 5, **17** 2, **22** 15, **28** 12, **44** 2, **164** 5, **218 b** 12; – u fortgesetzte Tat vor **52** 15 b
Organe, vertretungsberechtigte **14** 2; s auch **283** 2
Organhandel 5 3
Organisationsbewusstsein 84 5
Organisationshaft 67 7
Organisatorischer Zusammenhalt 84 3
Organisierte Kriminalität vor **1** 12, vor **73** 1, **73 d** 1; Bekämpfung der – vor **38** 4; milieutypische Delikte der – **73 d** 2
Organverpflanzung s Transplantation
Ort s Tatort
Outputmanipulation 263 a 15

Parallelwertung in der Laiensphäre **15** 14, **16** 2

Paralyse 20 4
Parlamentarische Äußerung 36
Parlamentarische Berichte 37 2
Partei kraft Amtes **14** 2; politische – **84** 1, **129 a** 2; – b Parteiverrat **356** 4; – b Rechtsbeugung **339** 4
Parteieid 154 8
Parteienprivileg 81 7, **83** 6, **89** 5, **90 a** 5, **129 a** 2
Parteispendenaffäre 2 4
Parteiverrat 356
Pass 275 1
Patentanwalt 132 a 3, **352** 2; s auch Anwalt
Patiententestament vor **211** 8
Perforation 34 9
Perpetuierungstheorie 259 1
Person, andere **201 a** 3, **223** 2; eingeschaltete – **264** 14; juristische – **14** 2; natürliche – **14** 1 a; einem Vollstreckungsbeamten gleichstehende – **114** 1
Personalgrundsatz vor **3** 2, 3, **3** 3, **5** 1, **7** 2; aktiver – vor **3** 2, 3, **5** 3; passiver – vor **3** 2, **7** 1
Personalitätsprinzip s Personalgrundsatz
Personalvertretungsrecht 203 8
Personengemeinschaft vor **185** 5
Personenhandelsgesellschaft 14 2; s auch **283** 2
Personenmehrheit 14 15
Personenschaden 142 7
Personenstand 169 1
Persönliche Merkmale s besondere persönliche Merkmale
Persönliche Verhältnisse des Täters **46** 39
Persönlichkeitsrecht 32 3, vor **185** 1
Pessare 218 8
Pfandkehr 289
Pfandsache, unbefugter Gebrauch v –n **290**
Pfändung 136 3
Pflegeelternschaft 11 2; s auch Angehörige
Pfleger 77 11, **235** 2
Pflichtdelikte 13 18, vor **25** 4, **25** 4, **28** 4
Pflichten eines Kfz-Führers **44** 4; Erfüllung rechtmäßiger dienstlicher oder beruflicher – **184 b** 9; verwaltungsrechtliche – **311** 2, **324 a** 7, **325** 4, 14, **325 a** 4, **326** 8 a, 9, **327** 2, **328** 2, **329** 2, **330 d** Nr 4
Pflichtenkollision 34 15
Pflichttheorie vor **153** 3
Pflichtverletzung 70 3
Pflichtwidrigkeit 15 36; – des Anwalts **356** 7; – der Diensthandlung **332** 3; grobe – **325** 11; – v Treuen **266** 15; s auch Sorgfaltspflichtverletzung
Pietätsempfinden 168 1, **189** 1
Planfeststellung vor **324** 9, **326** 8, **327** 2, **330 d** Nr 5
Planmäßigkeit 20 17, **89** 2
Planung 319 5; – der Tat **46** 33
Plastiken 11 28

1459

Sachverzeichnis

fette Zahlen = §§

Plündern 125 a 2
Politische Gründe 211 5 a, **234 a** 3
Politische Parteien 84 1, **129 a** 2
Politische Verdächtigung 2 23 a, 25, **241 a**
Polizeiaufsicht vor **68** 1
Polizeiflucht vor **52** 6, **52** 3, **142** 42
Polizeifunk, Abhören des **201** 2
Pornographisch 184 2
Positives Tun 13 2
Post, Beschäftigter der − **206** 3; -geheimnis **206** 1, 13; geschäftsmäßiges Erbringen v -diensten **206** 2; Inhaber oder Beschäftigter eines -diensteunternehmens **206** 3; nähere Umstände des -verkehrs **206** 13; -sendung **206** 8; Störung der Versorgung mit -dienstleistungen **88**, **316 b**; -wertzeichen **152** 1
Postpendenzfeststellung 1 11, 19, **262** 19
Prämientheorie 24 2
Pränatale Diagnostik b Schwangerschaftsabbruch **218 a** 15, 17
Prävarikation 356 1
Prävention 46 2
Presse, Wahrnehmung berechtigter Interessen durch die − **193** 8
Presseprivileg 109 f 5, 11
Privatgeheimnis 203 14
Privathandlung 331 9
Privatklage, Unterbrechung d Verjährung b **78 c** 8
Privatklagedelikt 77 1
Privilegierung s Strafmilderung
Privilegierungswürdigkeit 59 5
Produkthaftung 13 5, 13, **15** 40, **25** 1
productum sceleris 74 4
Prognose 45 b 3, **56** 8, **57** 7, **57 a** 11, **59** 4, **63** 4, **64** 1, 5, **66** 15, **67 d** 3, 8, **68** 4, **68 c** 1 b, **68 e** 2, **69** 6, **70** 5; Entlassungs- vor **38** 6; − b d Strafaussetzung zur Bewährung u SexBG vor **38** 6
Programm 263 a 3, 6; -manipulation **263 a** 6
Prokura 267 19
Prokurist 75 2
Propaganda gegen die Bundeswehr **109 d**; verfassungsfeindliche − **86** 4
Proportionalität 35 11
Prospekt 264 a 10
Prostitution 180 a 1 a, **184 d** 1; Anhalten zur − **180 a** 7; Ausbeuten der -sausübung **180 a** 7, **181 a** 3, **184 d**; Ausübung der − **180 d** 1 a; Einwirkung zur Aufnahme der − **180 b** 10; Einwirkung zur Fortsetzung der − **180 b** 10; Förderung der − vor **174**; jugendgefährdende − **184 e**; der − nachgehen **180 a** 1 a; Rechtsverordnungen gegen − **184 d** 4; Überwachung der -sausübung **181 a** 4; Verbot der − **Anh I** 297
Provider, Strafbarkeit v -n **9** 5, **184** 7 a

Provisionsvertreterbetrug 263 60
Provokation 32 14, 15, **33** 4, **213** 2
Prozessbetrug 263 17, 29, 42
Prozessvoraussetzungen 77 2, **77 e** 1, **78** 1, **79** 1
Psychiatrisches Krankenhaus, Anordnung der Unterbringung **63** 11; Unterbringung in einem − **63** 1; Unterbringung Schuldunfähiger in einem − **20** 24; Voraussetzungen der Unterbringung in einem − **63** 2
Psychologische Komponente der Schuldfähigkeit **20** 12
Psychopathie 20 11, 17, **21** 2
Psychose 20 11; endogene − **20** 5; exogene − **20** 4; s auch **218 a** 12
Psychotherapeutische Behandlung 63 8, **174 c** 6
Publikationsexzess 192 2
Publizistischer Landesverrat 95 1
Punktstrafe 46 25 a
Putativnotstand 17 17, **35** 13
Putativnotwehr 17 9, **32** 19, **33** 2

Quälen 225 4; seelisches − **343** 3
Qualifikation s Strafschärfung
Qualifizierter Versuch 24 23

Radbruchsche Formel 2 16 a
Rädelsführer 84 2
Radfahrer, Fahruntüchtigkeit des -s **315 c** 6 a
Radioaktiv 326 5; sonstige -e Stoffe **328** 3
Rahmentheorie 46 24
Rassenhass 130 4, **211** 5
Raub 249; Banden- **250** 2; erpresserischer Menschen- **239 a**; Führungsaufsicht b − **256**; gefährlicher − **250** 3; Menschen- **234**; schwerer − **250**; − mit Todesfolge **251**; − mit Waffen **250** 2
Raubkopien 202 a 4, **259** 5
Räuberische Erpressung 255
Räuberischer Angriff auf Kraftfahrer 316 a
Räuberischer Diebstahl 252
Raufhandel s Schlägerei
Raum, abgeschlossener **123** 4; gegen Einblick besonders geschützter − **201 a** 2; rechtsfreier − vor **32** 31, vor **218** 16; umschlossener − **243** 9
Räumlicher Geltungsbereich s Geltungsbereich
Räumlichkeit 306 a 2, 4
Rausch 20 4, **64** 3, **323 a** 3; pathologischer − **20** 18, **63** 3
Rauschtat 142 17, 24, **323 a** 5
Rauschzustand 21 2, **323 a** 3
Reaktionsmittel des Jugendstrafrechts **10** 2
Realkonkurrenz s Tatmehrheit
Realprinzip s Schutzgrundsatz
Rechte anderer **283** 15

magere Zahlen = Erläuterungen

Sachverzeichnis

Rechtfertigungselement, subjektives, s Subjektive Rechtfertigungselemente
Rechtfertigungsgründe vor **32** 2, 8; s auch **32, 34, 95** 4, **98** 4, **193,** vor **218** 9, 16, 17, **218 a** 7–21, **228;** b hoheitlichem Handeln **32** 17, **34** 14, **340** 4; irrtümliche Annahme v –n **17** 9, 19; Unkenntnis des Vorliegens v –n **22** 16
Rechtfertigungslösung 113 17
Rechtfertigungsthese b Schwangerschaftsabbruch vor **218** 16
Rechtliche Handlungseinheit vor **52** 9
Rechtliches Gehör 56 f 15
Rechtmäßigkeit der Diensthandlung **113** 7; Irrtum über die – **113** 12, 13, 16; – d Schwangerschaftsabbruchs **218 a** 1, 2; – d Verwaltungsakts **325** 8
Rechtsanwalt 132 a 3; Anzeigepflicht des –s **139** 2; Geheimnisverletzung durch den – **203** 4; Parteiverrat des –s **356** 2; – als Träger eines öffentl Amtes **45** 1; -skammer, Mitglieder einer **203** 11 a
Rechtsbehelfsklausel 113 22
Rechtsbeistand 356 1, 2
Rechtsbeugung 339 5; Sperrwirkung d -statbestandes **2** 19 b, **339** 11; – u Unrechtskontinuität **2** 19–19 b
Rechtsblindheit 17 8
Rechtsextremistische Bestrebungen 130 vor 1, **194** 3
Rechtsfahrlässigkeit 15 33
Rechtsfeindschaft 17 8, **47** 5
Rechtsfolgeermessen 46 50
Rechtsfolgensystem vor **38** 1
Rechtsfrieden 241 1
Rechtsgut vor **13** 4; ausländisches – vor **3** 9; Auslandstaten gegen ein inländisches – **5;** Auslandstaten gegen ein international geschütztes – **6;** höchstpersönliches – vor **52** 14; notstandsfähiges – **34** 4, **35** 3; notwehrfähiges – **32** 3
Rechtsirrtum 16 1, **17** 11
Rechtskraft 44 11, **56 f** 15, **57** 28
Rechtsordnung, Notwehrfähigkeit der – **32** 3
Rechtspflege 145 d 1, vor **153** 1, **164** 1, **258** 1, **339** 1, **343** 1, **344** 1, **345** 1, **356** 1; Berufe der – **203** 4
Rechtspflichtmerkmale 15 16
Rechtssache 339 3, **356** 5
Rechtsstaatliche Grundsätze 234 3
Rechtsstaatsgefährdung 84 ff; Propaganda für – **86** 1; – durch Sabotage **88;** – durch Verwendung v Kennzeichen **86 a**
Rechtsstaatsprinzip 1 1
Rechtsverhältnis, besonderes **35** 10
Rechtswidrige Tat 11 18; s auch **12** 1, vor **25** 9, **26** 1, **27** 1, **35** 1, **63** 2, **64** 3, **73** 2, **74** 3, **111** 5, **145 d** 3, **164** 5, **218 a** 1, 9
Rechtswidrigkeit vor **13** 16, **15** 48, vor **32** 2; – des Angriffs **32** 5; Bewusstsein der –

17 2; – der Diensthandlung **113** 7, 15; – als Tatbestandsmerkmal **15** 6; – des Vermögensvorteils **263** 61; – der Zueignung **242** 27
Rechtswidrigkeitszusammenhang 15 43
Reeder 297 2
Reflexbewegungen vor **13** 7, **20** 14
Reform, Sechstes Gesetz zur – des Strafrechts vor **38** 16–22; – d strafrechtlichen Sanktionensystems vor **38** 3, **40** 1
Regelbeispiele 12 4, **46** 11; – b Diebstahl **243** 8, **248 a** 6; – b Mißhandlung von Schutzbefohlenen **225** 9; – und 6. StrRG vor **38** 10, – b Umweltstraftaten **330;** Indizwirkung der – **46** 13; Konkurrenz b –n **46** 18, 19; – u 6. StrRG vor **38** 10; Teilnahme **46** 16; Urteilsspruch **46** 21; Versuch **46** 15; Vorsatz **46** 12; Wahlfeststellung b –n **46** 20
Regeln, allgemein anerkannte **319** 3; – der Technik **15** 39, **319** 2
Regelstrafrahmen 46 7
Register 297 2
Regressverbot vor **13** 11
Rehabilitation s Wiederverleihung
Reihenfolge der Vollstreckung v Maßregeln **67**
Reisescheck 151 3
Reizung zum Zorn 213 6
Relevanztheorie vor **13** 14
Religion, Beschimpfung v – u Weltanschauung **166** 4; Störung der -sausübung **167** 2, 3
Religionsgesellschaft 166 3
Repräsentant 94 2
Repräsentantenhaftung 269 9, 66
Republikflüchtige 2 16, **7** 2, **241 a** 1 a
Resozialisierung vor **38** 3, **46** 4; s auch Wiedereingliederung
Retardierung 20 11
Rettungshandlung, riskante **34** 4
Reue s tätige Reue
Revisionsinstanz, Entscheidung in der – **2** 7; Nachprüfung in der – **46** 52
Richter 11 12; ehrenamtlicher – **11** 5, 12, **339** 2; -privileg **339** 11
Risiko, Einwilligung in ein – vor **32** 14; -erhöhung vor **13** 14, **15** 44, **27** 2 a; erlaubtes – **15** 39, 48, **27** 2 a, vor **32** 29; -geschäft **266** 7, 15, 17; s auch **193** 1, **308** 4; – der Tatbestandsverwirklichung **15** 24; -zusammenhang **15** 43
Rohheit 225 5
Rohrleitungsanlage 329 7
Rohstoffoption 263 10, 48 b
Rückfall 46 37; – b kurzer Freiheitsstrafe **47** 6; – u Sicherungsverwahrung **66** 11
Rückkehr zum Unfallort **142** 20; -pflicht **142** 27
Rücknahme des Strafantrags **77 e;** – des Widerrufs **56 f** 15

1461

Sachverzeichnis

fette Zahlen = §§

Rückrechnung der BAK **20** 23 a, **315 c** 9
Rücksichtslosigkeit 315 c 19
Rücktritt 24; – v der Anstiftung **24** 27, 26 9; – v beendigten Versuch **24** 19–19 b; – v der Beihilfe **27** 9; – v Beteiligungsversuch **31** 16, 21; Freiwilligkeit des -s **24** 16, 21; – v Gebotserfüllungsversuch **13** 3; Grund der Strafbefreiung b – **24** 2; – des Mittäters **24** 24, 25; – v der Rauschtat **323 a** 10; Teil- **24** 13; – v Tötungsversuch **212** 8, **216** 7; – v unbeendigten Versuch **24** 7; – durch Unterlassen **24** 19, 25, **31** 5; – v Unternehmenshandlungen **24** 29; Wirkung des -s **24** 23, 24
Rücktrittshorizont 24 5
Rückwirkung, Verbot der – **1** 4, **2** 1, 9, 16 a, **315 c** 6 d; – b Verjährungsvorschriften **78** 4, 5
Ruf, guter vor **185** 1
Ruhen der Verjährung **78 b**, **79 a**; – d Verjährung b Alttaten **2** 27
Rundfunk 184 c 2

Sabotage, Agententätigkeit zu -zwecken **87**; Flugzeug- **316 c** 10; geistige – **109 d** 1; verfassungsfeindliche – **88**; Schiffs- **316 c** 10; – an Verteidigungsmitteln **109 e**
Sachbegriffe 11
Sachbeschädigung 303; gemeinschädliche – **304**; – u Landesrecht **Anh I** 4; Strafantrag b – **303 c** 2
Sache 242 2; – v bedeutendem Wert **306 f** 2, **315 c** 24, **324 a** 4, **325** 13, **325 a** 6; bes gesicherte – **243** 15; bewegliche – **242** 3; fremde – **242** 4; geringwertige – **248 a** 5, 7; dem Gottesdienst gewidmete – **243** 19; öffentl – **243** 20; versicherte – **265** 2
Sachschaden 142 7
Sachverhaltsalternativität 1 17
Sachverständige, Begutachtung durch – **20** 20, **57** 7, 34 a, **57 a** 11; Eid des -n **154** 7; Geheimnisverrat durch – **203** 23; öffentl bestellte – **132 a** 4; unwahre Aussage des -n vor **153** 4, **154** 7
Sachwerttheorie 242 22
Sachwucher 291 7
Sammelstraftat vor **52** 20
Schaden 142 7, **263** 36; bedeutender – **125 a** 2; geringer – **46** 13; schwerer – **66** 14
Schadenseinschlag, individueller **263** 48
Schadenswiedergutmachung s Wiedergutmachung
Schädigung 271 11; – des Gesundheitszustandes **218 a** 12, 14
Schädigungsabsicht 203 28, **271** 11
Schätzung b Geldstrafe **40** 17; – b Verfall **73 b** 1; – b Betrug **263** 36
Scheck 263 11, 41
Scheckkarte 263 19, 59, **266** 6, **266 b** 3; Missbrauch d – **266 b** 5
Scheinausspielung 286 2

Scheingeschäft 264 21, **283** 10, **283 c** 4
Scheinwaffe 32 19, **244** 4, **250** 2
Schiedsrichter 11 12, **331** 2; -vergütung **337** 1
Schienenbahn 315 1; – im Straßenverkehr **315 d** 1, 2; s auch Eisenbahn
Schienenverkehr 315 2
Schießbefehl 2 16
Schiff, Sinkenlassen eines -s **263 III Nr 5**; Taten auf Deutschen -en **4** 2; – zum Sinken bringen **263** 66; – zum Stranden bringen **263** 66
Schiffsführer 297 2
Schiffsentführung 316 c 7
Schiffssabotage 316 c 10
Schiffsverkehr, Gefährdung des -s **315 a** 1– 3 a; gefährliche Eingriffe in den – **315** 2
Schilderung v Gewalttätigkeiten **131** 5
Schimpfworte 186 3
Schizophrenie 20 5
Schlaf 20 14, **243** 21; -trunkenheit **20** 7; -wandeln **20** 14
Schlägerei 231 2
Schlagkraft der Truppe **109 e** 7
Schlingenstellen 292 6
Schlüssel, falscher **121** 6, **243** 12
Schlüssiges Vorspiegeln 263 9
Schmähkritik 193 12 a
Schmerz 223 4, 5
Schneeballsystem 284 2
Schöffen 11 12; s auch Richter, ehrenamtlicher
Schonzeit 292 6
Schrecken 223 4
Schriften 11 26, 27; Einziehung v – **74 d**; pornographische – **184 b** 1, 6; kinderpornographische – **184** 1, 8 a, 8 b
Schriftstück 202 2
Schuld vor **13** 23; – b Beteiligung mehrerer **29** 1, 2; eigene – **213** 5; erhöhte – **46** 23, 24; Maß der – **46** 32; Schwere der – **47** 4; besondere Schwere der – **57 a** 3, **57 b** 3
Schuldangemessenheit 44 6, **46** 24, **74** 1
Schuldausgleich 46 1
Schuldausschließungsgründe vor **13** 27; s auch Entschuldigungsgründe
Schuldbegriff vor **13** 23
Schulderfordernis b Erfolgsqualifikation **18** 2
Schulderfüllungstheorie 24 2
Schuldfähigkeit, die – ausschließender Rausch **323 a** 1, 2; Feststellung der – **20** 19; – eines Jugendlichen **1**; Unterbringung b verminderter – **63** 11; verminderte – **21** 1; Zweifel an der – **20** 23
Schuldigwerden 283 13
Schuldmerkmale, besondere vor **13** 15, **28** 1, 4, 10
Schuldner 283 2, 25, **283 c** 2, **283 d** 1, 2; -begünstigung **283 d**

1462

magere Zahlen = Erläuterungen

Sachverzeichnis

Schuldprinzip vor **13** 22, **46** 1, 23, 25a, **323a** 1
Schuldrahmen 46 24, 25
Schuldschwereklausel 57a 3a, **57b** 3
Schuldtatbestand vor **13** 15
Schuldteilnahmetheorie vor **25** 8
Schuldtheorie 15 34, **17** 1, 9
Schuldüberschreitungsverbot 46 25a
Schuldunfähigkeit 20 1; – u alic **20** 25; – v Kindern **19** 1; – u mittelbare Täterschaft **25** 4; – wegen seelischer Störungen **20**; sukzessive – **15** 11; – als Voraussetzung einer Maßregel **63** 3; Zweifel an der – **323** a 5
Schule, Züchtigungsrecht in der – **223** 11
Schutzaufgabe, präventive **46** 1
Schutzbefohlene, Mißhandlung -r **225**; sexueller Missbrauch -r **174** 9, **174a** 4, **174b** 3, **174c** 5, 8
Schutzgrundsatz 2 23, vor **3** 2, **5** 1
Schutzlose Lage 177 6
Schutzverhältnis 174 5, **225** 3
Schutzvorrichtung 243 15
Schutzwehr 32 8
Schutzzweck der Norm **15** 43, 46; -zusammenhang **15** 43
Schwachsinn 20 10, **17**, **21** 2
Schwangeren- und Familienhilfeänderungsgesetz vor **218** 20–26; Gesetzgebungsverfahren d -es vor **218** 18, 19
Schwangeren- und Familienhilfegesetz vor **218** 6–9
Schwangerschaft 218 3, 8
Schwangerschaftsabbruch 218 3; Absehen v Strafe b – **218a** 24; Beratung b – **219**; Beteiligung am – **218** 15–17, **218b** 6, **218c** 8; Darlegung d Gründe d -s vor **218** 23, **218c** 2, **219** 4; – d Einnahme von Mitteln **218** 9, **218a** 2; Einwilligung in d – **218a** 7; – ohne ärztliche Feststellung **218b**; Fristen b – **218a** 3, 6, 16, 17, 20a, **218c** 4; – nach Hirntod d Schwangeren (Erlanger Fall) **218** 4, **218a** 7; historische Entwicklung d -s vor **218** 30; Indikationen zum – **218a** 7–21a; interlokales Strafrecht b – **3** 5, 7; internationales Strafrecht b – **5** vor **1**, 3; In-Verkehr-Bringen v Mitteln zum – **219b**; Konfliktberatung b – **218a** 7a; – u Krankenversicherung vor **218** 15; Kriminologie d -s vor **218** 30; Nötigung zum – **240** 28; Nothilfe b – vor **218** 15, 25; Rechtfertigung d -s **218a** 7, 21a; Rechtfertigungsthese b – vor **218** 16; Rechtmäßigkeit d -s **218a** 1; Stellung der Ärzte b – vor **218** 14, 23, **218b**; Straflosigkeit d -s **218a**; – durch Unterlassen **218** 3; Verbot d -s vor **218** 21; verfassungsrechtliches Verbot d -s **218a** 21a; Verlangen des -s **218a** 4; Vorsatz b – **218** 9, **218b** 4; – d wehenfördernde Mittel **218** 5; Werbung für d – **219a**

Schwarzhören 265a 5
Schweigen als Betrug **263** 16; – als Personenstandsfälschung **169** 3; – im Prozess **46** 43, **56** 12, 19
Schweigepflicht 203 1, 23, **353d** 3; Fortdauer der – **203** 27
Schwere Fälle 46 8
Schwerpunktzins 291 5
Seelisch 20 3
Seerechtsübereinkommen 6 3
Sehvermögen 226 2
Sektion, klinische **168** 4
Selbstständige Anordnung 71, **76a**
Selbstanzeige 145d 5
Selbstbedienungsladen, Diebstahl aus – **242** 16
Selbstbefreiung 120 8
Selbstbegünstigung 145d 7, **257** 8, **258** 16
Selbstbestimmung, sexuelle vor **174** 1, **174a** 1, **174c** 1, **177** 1, **182** 1; fehlende Fähigkeit zur – **182** 6
Selbstentzündlich 326 5
Selbstgefährdung 15 43, vor **211** 12, **228** 2
Selbstschädigung 263 22; bewusste – **263** 55
Selbsttötung vor **25** 5, vor **211** 9, **216** 3, **218** 6, **218a** 12; -sversuch als Unglücksfall **323c** 2, 5, 7
Selbstverletzung vor **211** 12
Selbstverstümmelung 109 5
Sendung 206 8
Serientaten 46 37a, **47** 6, **53** 2, **54** 6
Server 184 5, **7a**
Seuchenerreger 326 4
Sextourismus 5 3
Sexualdelikte, Gesetz zur Bekämpfung der – vor **1** 13, vor **38** 6, 7, **57** 7, vor **63** 3, **66** 10a, **67d** 3, **7a**, vor **68** 3, **68f** 1; Prognose b -n **56** 9
Sexuelle Handlung 184f 2; – an anderen **174** 10, **174c** 9, **177** 7, **182** 3; erniedrigende – **177** 11; – mit Tieren **184a** 2; – v Erheblichkeit **184f** 5; – vor anderen **184f** 8; Nötigung zu – **240** 28
Sexuelle Nötigung; Vergewaltigung 177; Ruhen der Verjährung bei – **78b** 1a
Sexueller Missbrauch unter Ausnutzung einer Amtsstellung **174b**; – unter Ausnutzung eines Beratungsverhältnisses usw **174c**; – v Gefangenen usw **174a**; – v Jugendlichen **182**; – v Kindern **176**; schwerer – von Kindern **176a**; – und Kinderpornographie **176a** 3; **184b** 2, 6 – mit Todesfolge **176b**; – bei psychotherapeutischer Behandlung **174c** 6; Ruhen der Verjährung bei – v Kindern u Widerstandsunfähigen **78b** 1a; – v Schutzbefohlenen **174**; unter Ausnutzung eines Beratungs-, Behandlungs- oder Betreu-

Sachverzeichnis

fette Zahlen = §§

ungsverhältnisses **174 c**; – v widerstandsunfähigen Personen **179**
Sichbereichern 41 2
Sichbereiterklären 30 6
Sichentfernen 142 10; berechtigtes – **142** 23; entschuldigtes – **142** 24
Sichergestellte Fläche 329 5
Sicherheit 283 c 4; äußere – **93** 5; – des Verkehrs **315** 1, 2, **315 c** 1
Sicherheitseinrichtungen 316 b 4
Sicherheitsgefährdender Nachrichtendienst 109 f
Sicherheitsgefährdendes Abbilden 109 g
Sicherstellung 261 17 a
Sicherung der Allgemeinheit **46** 26; Maßregeln d Bess u – **61**; – gegen Nachahmung **149** 3, **151** 2
Sicherungserpressung 253 13
Sicherungsetikett, elektromagnetisches **242** 16, **243** 16
Sicherungsverwahrung 61 1, vor **63** 1; – u anderweitige Unterbringung **66** 15, 20; Anwendungsbeschränkungen bei – **3** 4, **66** 22, **Anh I**, 315, **Anh II** 1 c; Rechtsmittel b – **66** 20; nachträgliche – **66 b**; – v Sexual- u Gewalttätern vor **38** 9, 10; – b Sexual- u Gewaltvergehen **66** 10 a–10 e; Unterbringung in der – **66**; – b Verbrechen **66** 10 a–10 e; Voraussetzungen der – **66** 3, 8, 13, **Vorbehalt** der Unterbringung in der – **66 a**
Sichversprechenlassen 299 4, **331** 7
Siegel 136 5
Siegelbruch 136 5
Sinn der Strafe **46** 1
Sittenordnung 17 2
Sittenwidrigkeit der Einwilligung vor **32** 18, **228** 10
Sklaverei 234 3
Sklavenraub 234 4
Smog 329 3
Softwarepiraterie 202 a 5
Soldaten 11 11, vor **32** 24, **109** 6, **113** 2
Solidargemeinschaft 266 a 1
Sonderabfälle 326 6
Sonderdelikt vor **13** 33
Sondergerichte 339 2
Sondernormen 15 39
Sondervorschriften für Jugendliche u Heranwachsende **10**; – für Organe u Vertreter **75**
Sonstige Stelle 11 8
Sorge um das Wohl **239 a** 5
Sorgeberechtigter 77 11
Sorgerecht, elterliches **235** 1
Sorgfaltspflichtverletzung 15 37; – b erfolgsqualifizierten Delikten **18** 7; objektive – **15** 36, 37; subjektive – **15** 49
Sozialadäquanz vor **32** 29, **261** 5, **331** 14; – des Vorverhaltens **13** 11
Sozialarbeiter 203 5

Sozialtherapeutische Anstalt vor **63** 2
Sozialtherapeutische Behandlung v Sexualtätern **57** 39 a
Sozialverteidigung s defense sociale
Sozialwucher 291 1
Spamming 265 a 4, **303 a** 3, **317** 3
Sparbuch 242 23, **263** 19
Spätfolgen 15 43
Speichern v Daten **202 a** 2, **269** 8, **271** 8
Spekulationsgeschäft 283 12
Sperre für die Erteilung einer Fahrerlaubnis **69 a**
Sperrwirkung 113 26, vor **211** 24, **216** 7, **258** 9, **266 b** 9; –d Rechtsbeugungstatbestandes **2** 19, **339** 11
Spezialität vor **52** 25
Spezialprävention 46 2, 27
Spiel 283 13; s auch Glücksspiel
Spielleidenschaft 20 11
Spielraumtheorie 46 24
Sponsoring 299 5, **331** 6, 6 a, 10, 15, **332** 4
Spionagetätigkeit für die DDR **2** 23
Sprachgebrauch 11, 12
Sprechvermögen, Verlust des **226** 2
Sprengstoff 308 2; Diebstahl v – **243** 23
Staatenloser vor **3** 8
Staatsakt 113 11
Staatsangehörigkeitsprinzip s Personalgrundsatz
Staatsgeheimnis, Begriff **93**; Auskundschaften v -sen **96** 2; illegales – **93** 8; Offenbaren v -sen **95**; Preisgabe v -sen **97**; vermeintlich illegales – **97 b**; Verrat v -sen **94**
Staatskasse 56 b 4 b
Staatsmann, ausländischer **102** 1, **103** 1
Staatsnotwehr 32 3
Stalking 223 4, vor **234**
Stelle, sonstige **11** 8
Stellenwerttheorie 46 25 a
Stellvertretung b Einwilligung **228** 13; – b Strafantrag **77** 10; – bei Urkundenfälschung **267** 19
Sterbehilfe vor **211** 5, 6, **216** 6
Sterilisation 228 18, 19
Steuer 353 2; -berater **132 a** 3; -geheimnis **355** 3; -hinterziehung **46 a** 1 b; -kriminalität **41** 1; -recht **264** 5; -sachen **355** 4, 7; -strafrecht **17** 22, **263** 68, **264** 30; -strafverfahren **355** 4
Steuerungsfähigkeit 20 12, 15; verminderte – **21** 1
Stiefkinder 174 4, **225** 3; s auch Angehörige
Stimmkauf 108 e 3
Stimmrecht, Verlust des -s **45** 4
Stoffe, gesundheitsschädliche **224** 1 a
Stoffgleichheit 263 59
Störpropaganda gegen die Bundeswehr **109 d**

magere Zahlen = Erläuterungen

Sachverzeichnis

Störung einer Bestattungsfeier 167 a; – einer Datenverarbeitung 303 b 6; – v Telekommunikationsanlagen 317; krankhafte seelische – 20 3, 6; – öffentl Betriebe 316 b; – der Religionsausübung 167; Schuldunfähigkeit wegen seelischer -en 20; – der Tätigkeit eines Gesetzgebungsorgans 106 b; – der Totenruhe 168
Strafänderungen 46 7; benannte – 12 3, 4; unbenannte – 12 4
Strafantrag 2 33, 77, 194, 205, 294, 300, 303 c, Anh I 315 b; s auch Antrag
Strafanzeige 77 4, 14; Drohung mit einer – 240 13, 24
Strafaufhebungsgründe vor 13 29; s auch 24 1, 139 3, 158 1, 261 17 a
Strafausdehnungsgründe 14 1, vor 25 3
Strafausschließungsgründe vor 13 29; s auch 36 3, 37 1, 173 7, 218 14, 218 a 23, 218 b 6, 219 b 6; irrige Annahme v -n 17 6
Strafaussetzung zur Bewährung 56; Anwendungsbereich der – 56 3–7; Auflagen b – 56 b; Bewährungshilfe b – 56 d; Bewährungszeit b – 56 a; – im DDR-Recht 2 31; u DNA-Analyse 56 a 25, Einwilligung in die – 57 11; keine – der Ersatzfreiheitsstrafe 43 4; – u Gesamtstrafe 58 1; – b mehreren selbstständigen Strafen 57 6, 31; – b Zusammentreffen v lebenslanger Freiheitsstrafe mit anderen Strafen, 57 b; nachträgliche Entscheidungen b – 56 e; Rechtsnatur der – 56 2; Straferlass b – 56 g; – des Strafrestes 57; Voraussetzungen der – 56 8–21, 57 2–18; Weisungen b – 56 c; Widerruf der – 56 f; Wirksamwerden der – 57 35
Strafbarkeit, Irrtum über die – 17 2
Strafbedürftigkeit vor 13 3, 4
Strafbefehl 55 2
Strafbegründende Merkmale s besondere persönliche Merkmale
Strafbemessung 46 ff; – b mehreren Gesetzesverletzungen 52 ff
Strafdrohungen 46 6, 48
Strafe vor 38 1; Einsatz- 54 3; Einzel- 55 5; Freiheits- 38, 39, 47; Geld- 40, 41; Gesamt- 54, 55; getilgte – 46 37; Haupt- 12 2; keine – ohne Gesetz 1 1; Neben- 44; „richtige" – 46 49; schuldangemessene – 46 24; schwerere – b bes Tatfolgen 18; Sinn u Zweck der – 46 1; unzulässige Vollstreckung v -n 345; Vermögens – 43 a
Strafeinheit 39 2
Strafeinschränkungsgrund, Teilnahme als – vor 25 3
Strafempfänglichkeit 46 39, 54 6
Strafempfindlichkeit 21 4, 44 6, 46 39
Straferlass 56 g, 57 a 16
Strafmilderung 46 7, 49; – u Absehen v Strafe 49 7; – b Beihilfe 27 10; beschränkte – 49 2; – b bes persönlichen Merkmalen 28 2; Irrtum über das Vorliegen v -sgründen 16 6, 7; – b Notstand 35 12, 13; – b Spionagetätigkeit für die DDR 2 23; übergesetzliche – 211 6; ungebrenzte – 49 5; – b Unterlassen 13 17; Urteilsgründe b – 49 9; – b verminderter Schuldfähigkeit 21 4; – b Verbotsirrtum 17 8; – b Versuch 23 2; Zusammentreffen mehrerer -sgründe 50
Strafrahmen vor 38 4, 46 6, 24, 48, 49 10, 50 2–5
Strafrechtsdogmatik, einheitliche europäische vor 13 6 a
Strafrechtspflege, stellvertretende vor 3 2, 7 1, 2
Strafrechtsreformgesetze vor 1 3–7
Strafrest, Aussetzung des -s 57, 57 a
Strafschärfung 46 7; Anfang der Tatbestandsverwirklichung b – 22 10, 46 15; – b bes persönlichen Merkmalen 28 8; Irrtum über das Vorliegen eines -sgrundes 16 4, 7; generalpräventive – 46 29, 30
Straftat vor 13 6, 44 2; andere – 211 12; Androhung v -en 126 2; Belohnung u Billigung v -en 140; Einteilung der -en 12 1; erhebliche -en 66 14; Grundform d – vor 13 31 a; Inhalt u Grenzen der – vor 13 6; Nichtanzeige geplanter -en 138, 139; öffentl Aufforderung zu -en 111; selbstständige – 53 2; Verleitung eines Untergebenen zu einer – 357; Vortäuschen einer – 126 3, 145 d; wechselseitig begangene -en 199 2
Straftheorien 46 2
Strafunmündigkeit 19 1, 2
Strafunrechtsausschließungsgrund vor 32 4, 34 9, vor 218 16, 223 11
Strafurteil, Wahrheitsbeweis durch – 190
Strafvereitelung 258; – im Amt 258 a; – durch Angehörige 258 17; – zu eigenen Gunsten 258 16
Strafverfahren 343 2
Strafverfolgung, -shindernis b Spionagetätigkeit für die DDR 2 23; Voraussetzungen der – 104 a
Strafverlangen 77 e 1
Strafvollstreckungskammer 57 27, 57 a 17, 67 e 2
Strafvollzug 120 3
Strafvollzugsanstalt 11 20, 203 20
Strafvorbehalt s Verwarnung
Strafwürdigkeit vor 13 3, 46 7
Strafzeitberechnung 39 3
Strafzumessung 46 ff; – b gleichzeitiger Verletzung eines milderen Gesetzes 52 10; – u Opferverhalten 46 35; -sregeln 44 6, 46 32, 213 1; -statsachen 46 32; Rangordnung der -serwägungen 46 32; Revision der – 46 52; Schematisierung der – 46 49; – u Trunkenheit 315 c 34, 316 6,

Sachverzeichnis

fette Zahlen = §§

323 a 16; unzulässige -serwägungen 46 36; – b verminderter Schuldfähigkeit 21 4, 5; – b Verstoß gegen Weisungen 145 a 5
Strafzumessungslösung 46 30
Strafzweck 46 1, **47** 4; -theorie **24** 2
Strahlung, ionisierende **309** 2
Strahlungsverbrechen 310 1
Straße, gebaute **305** 2
Straßenverkehr 142 6, **315 c** 2; bes Verhältnisse des -s **316 a** 3; Gefährdung des -s **315 c**; gefährliche Eingriffe in den – **315 b**; Schienenbahnen im – **315 d** 2
Streik 240 22; -recht vor **32** 26, **88** 3
Student, Einkommen **40** 9
Stufenlehre 22 1
Subjektive Rechtfertigungselemente 15 48, **17** 17, **22** 16, vor **32** 6, **32** 7, **34** 5, **193** 9, **223** 12, **228** 9
Subjektive Theorie b der Falschaussage vor **153** 3; – b Teilnahme vor **25** 4, **25** 1, 11; – b Versuch **22** 11
Subjektives Verfahren 63 11
Submissionsabsprachen 263 38, **298** 1
Subsidiarität vor **52** 26; – privater Notwehr **32** 11 a
Subsidiaritätsgrundsatz vor **13** 3, **61** 2, **218 a** 13
Substanztheorie 242
Substitutionsbehandlung 223 5, **228** 10, **315 c** 5
Subsumtionsirrtum 15 14, **17** 6, 22; umgekehrter – **22** 15
Subvention 264 3; -sberechtigung **264** 22; -sbetrug vor **263** 1, **264**; -serheblichkeit **264** 10; -serschleichung **263** 56; -sgeber **264** 13; -sgesetz **264** 21; -snehmer **264** 15
Suchtkrankheit 174 c 2, **179** 4
Sühne 46 1, **47** 4
Sukzessive Mittäterschaft **25** 10, 12; – Tatbestandsverwirklichung vor **52** 6
Summationseffekt vor **324** 5, **325** 13, 16
Symbol 90 a 4
Symptomtat 66 17, **68** 5
Systemnote 146 4

Tagebuch 185 8
Tagesdurchschnitt 40 8
Tagessatz, Höhe des -es **40** 6; Mindestgrenzen des -es **40** 4; Urteilsformel b Verhängung in -en **40** 18; Verhängung in -en **40**; Zahl der -e **40** 5, 13
Tagessatzsystem vor **40** 1, **40** 3
Tat, Bedeutung der – für die Strafzumessung **46** 33; Begriff derselben – u Konkurrenzregeln vor **52** 34; erheblich rechtswidrige – **63** 5, **66** 14; fortgesetzte – vor **52** 12; – als Gegenstand des Verfahrens **51** 16; – eines Jugendlichen oder Heranwachsenden **10**; konkrete – **20** 16; Ort der – **9**; – im prozessualen Sinn vor **52** 4; rechtswidrige – **11** 18, **111** 5, **145 d** 3, **164** 5, **218 a** 19, **219 b** 5; wechselseitig begangene -en **77 c**, **199** 2; Zeit der – **8** 3
Tatalternativität s Sachverhaltsalternativität
Tatbeitrag b Mittäterschaft **25** 11
Tatbestand vor **13** 15; äußerer – **15** 4; eigenständiger – **12** 3; innerer – **15** 8; Mangel am – **22** 11; mehrgliedriger – **22** 10; privilegierter – **12** 3; qualifizierter – **12** 3; – der Teilnahme vor **25** 8; – des Unterlassungsdelikts **13** 5, 6
Tatbestandsirrtum 16; – u mittelbare Täterschaft **25** 4; – b Schwangerschaftsabbruch **218** 4; **218 b** 4; – u Unrechtsbewusstsein **16** 2; – u Verbotsirrtum **17** 22; vorwerfbarer – **16** 8
Tatbestandslösung 113 17
Tatbestandsmerkmale 15 5; deskriptive – **15** 5; gesamttatbewertende – **15** 16; keine Doppelverwertung v -n **46** 45; negative – vor **13** 17, **17** 13; normative – **15** 5, 14, **22** 15; subjektive – **15** 8
Tatbestandsverwirklichung 15 4; eigenhändige – **25** 1, 3; unmittelbare – vor **25** 5, **25** 1
Tatbezogenheit 28 6
Tateinheit vor **52** 30, 52
Täter, haltloser **40** 13; mittelbarer – **25** 2; unmittelbarer – **25** 1; vermögensloser – **40** 11
Täterbegriff, extensiver u restriktiver – vor **25** 3; primärer – **25** 5
Täter-Opfer-Ausgleich vor **38** 3, **46 a**; – im Ermittlungsverfahren **46 a** 8; – als Strafe **46 a** 1 a; Verhältnis d -s zur Schadenswiedergutmachung **46 a** 4 a
Täterprognose s Prognose
Täterschaft vor **25** 1, **25**; – b erfolgsqualifizierten Delikten **18** 5, 6; Irrtum über die – **25** 5; Wahlfeststellung b – u Teilnahme **1** 14, **25** 20
Tätertyp vor **211** 19
Täterwille vor **25** 5
Tatfolgen 47 4; psychische – **56** 17; schwerere Strafe b bes – **18**
Tatherrschaft vor **25** 4, **25** 2; funktionelle – **25** 11; – b Selbsttötung vor **211** 13, **216** 3
Tätige Reue 24 19; s auch **24** 29, **83 a**, **87** 7, **98** 6, **129** 12, **142** 38, **149** 6, **158**, **239 a** 10, **261** 17, **264** 28, **265 b** 8, **298** 8, **306 e**, **314 a**, **315** 10, **320**, **323 c** 11, **326** 18, **328** 8, **330** 9, **330 a** 8, **330 b**, **357** 3
Tätigkeit 91 2; gefahrgeneigte – **15** 39
Tätigkeitsdelikte vor **13** 32; Gleichstellungsklausel b -n **13** 16; Strafmilderung b Unterlassen **13** 18
Tätigkeitstheorie 9 3
Tatirrtum 16 1, 3, **17** 11
Tätlicher Angriff 113 6
Tatlösung bei Festnahmerecht vor **32** 23
Tatmehrheit vor **52** 31, 53

magere Zahlen = Erläuterungen

Sachverzeichnis

Tatmittler 25 2
Tatplantheorie 24 5
Tatprovokation 26 4, 46 30, 33
Tatort 9 2; mehrere -e 3 3; Recht des -s 3 3
Tatsache 186 3, 263 4; Aussagen über -n vor 153 4; rechtserhebliche – 348 4; subventionserhebliche – 264 10
Tatsachenbehauptung 185 2, 186 5, 11, 190 1, 193 3, 263 5
Tatschwere 46 47
Tatumstand s Tatbestandsmerkmale
Tatverantwortung, Lehre von der – vor 13 27
Tatzeit 8; – u Beginn der Verjährung 78 a 2
Taubstummheit 20 11
Täuschung 263 6; auf – berechnet 109 a 3; Erwirken einer Genehmigung durch – 324 10, 330 d **Nr 5**; – im Rechtsverkehr 267 25, 271 10; – im Rechtsverkehr b Datenverarbeitung 270; – b Selbsttötung vor 211 13 b
Technik, Regeln der – 15 39, 319 2
Technische Aufzeichnung 268 3
Teilbarkeit des Unrechtsbewusstseins 17 6
Teile, der Bevölkerung 130 3, 194 7; – des Körpers eines verstorbenen Menschen 168 2
Teillohnzahlung 266 a 8
Teilnahme vor 25 1, 8; Akzessorietät der – 29 1; Anstiftung als – 26; Beihilfe als – 27; – b erfolgsqualifizierten Delikten 18 5; – an fortgesetzter Tat vor 52 22; Irrtum über die – vor 25 9; – b Landfriedensbruch 125 3; notwendige – vor 25 12, 216 7; mittelbare – vor 25 13; – b Regelbeispielen 46 16; – am Schwangerschaftsabbruch 218 15, 218 b 6, 218 c 8, 219 b 6; – b schwerem Hausfriedensbruch 124 3; – an einer Selbstgefährdung vor 211 12; Strafgrund der – vor 25 8; Tatort b – 9 3; -theorien vor 25 4; – u Unterlassungsdelikt vor 25 10; versuchte – vor 25 11, 30; Voraussetzungen der – vor 25 9; -wettbewerb 298 4
Teilrücktritt 24 13
Teledienst 184 7 a
Telefax 267 16
Telekommunikation, -sanlage 317 2; Erschleichen von -sleistungen 265 a 6 a; geschäftsmäßiges Erbringen von -sdiensten 206 2; Inhaber oder Beschäftigter eines -sdiensteunternehmens 206 3; nähere Umstände der – 206 13; -snetz 265 a 3; -sverkehr 317 1
Territorialitätsprinzip s Gebietsgrundsatz
Terroristische Vereinigung 129 a, – im Ausland 129 b
Testamentsvollstrecker 11 5, 14 2
Therapie, aufgezwungene vor 38 7

Therapierbarkeit 64 1
Therapiebereitschaft 64 1
Tiefgreifende Bewusstseinsstörung 20 6
Tierarzt 132 a 3
Tiere 32 2, 242 2, 303 2, 325 13, 325 a 6
Tierquälerei 292 6
Tilgung uneinbringlicher Geldstrafen 40 20, **Anh I** 293
Titel 132 a 2
Tod vor 211 4; – der Leibesfrucht 218 4, 6
Todeserklärung 78 b 5, 169 3, 172 3
Todesfolge 176 b 1, 178 1, 221 5, 227, 239 9, 239 a 9, 251 1, 306 c, 307 5, 308 5, 316 c 12, 318 4, 319 6, 320 2, 330 2
Todesschuss der Polizei 32 17
Tonträger 11 28; Aufnehmen auf einen – 201 3; Einziehung v -n 74 d
Totengedenkstätte, öffentliche 168 7
Totenruhe 168 1
Totschlag vor 211 18, 22, 212; minder schwerer Fall des -s 213
Tötung 211 2, 212 2; fahrlässige – 222; – der Leibesfrucht 218 4; – auf Verlangen 216; vorsätzliche – 211, 212, 213, 216
Tragen v Uniformen usw 132 a 8
Transplantation 168 4, 5, vor 211 4; – beim lebenden Organspender 228 23
Transportgefährdung 315 1
Treubruchstatbestand 266 9, 21
Treueverhältnis 266 10
Triebhandlungen 20 14; sexuelle – 20 19
Triebstörungen 20 11, 17, 21 2
Triolenverkehr 180 2
Trunkenheit 20 4, 18; – im Verkehr 20 28, 316
Trunksucht 64 2
Trutzwehr 32 8
Typenkorrektur vor 211 19

Übel, empfindliches 240 13
Überfall, hinterlistiger 224 6
Überhebung v Abgaben 353 2; – v Gebühren 353 5
Überholen, falsches 315 c 14
Überlassen alkoholischer Getränke usw 323 b 3; – v Ausweispapieren 281 3; – v pornographischen Schriften usw 184 5; – v Vordrucken für amtliche Ausweise 275; – v Vordrucken für Eurochecks 152 a
Übermaß 62 1, 64 2
Übermüdung, 20 7
Übernahme, freiwillige 13 9; – einer Schutzaufgabe 35 9; -fahrlässigkeit 15 39 a
Überordnungsverhältnis 174 6
Überpositives Recht 2 16
Überschreitung der Notwehr 33
Überschuldung 283 6
Überschwemmung 313 1; Herbeiführen einer – 313
Übersicht über Maßregeln 61; – über den Vermögensstand 264 a 10, 283 18

Sachverzeichnis

fette Zahlen = §§

Übertragen einer Bildaufnahme 201 a 5
Überwachung durch die Aufsichtsstelle 68 a 5; – der Prostitutionsausübung 181 a 4 a
Überwachungswert 324 11
Überweisung in den Vollzug einer anderen Maßregel 67 a; nachträgliche – 67 a 4
Überzeugungstäter 17 2, 56 11
Ubiquitätsprinzip 2 23, 9 1, 5; – b Umweltdelikten vor 324 14
Üble Nachrede 186; – gegen Politiker 188 2; – gegen Verstorbene 189 3; Wahrheitsbeweis b – 186 7, 192 1; – u berechtigte Interessen 193 3
ultima ratio 218 a 13; -Klausel 47 1
Umrechnungsverhältnis 43 2
Umsatzsteuer 266 a 21
Umstände, besondere 47 2, 56 19, 57 17, 59 5, 67 b 3; – nach der Tat 46 40, 56 12; – von Gewicht 57 a 4
Umweltgefahr, Verursachung einer – vor 324 15
Umweltkriminalität 324 ff; grenzüberschreitende – vor 324 14
Umweltschutzgüter vor 324 7
Umweltstrafrecht s Umweltkriminalität
Unabhängigkeit, richterliche 339 2, 14
Unbefugt 94 3, 132 a 10, vor 201 2, 201 9, 201 a 8, 9, 202 7, 202 a 7, 203 18, 324 8, 326 11; -e Weitergabe geheimer Gegenstände 353 c
Unbefugter Gebrauch v Aufnahmen 201 4; – eines Fahrzeugs 248 b; – v Pfandsachen 290
Unbenannte Strafänderungen 12 4, 46 7
Unbrauchbarmachung 74 d; – v Daten 303 a 3; – v Einrichtungen der Landesverteidigung 87 2, 109 e 4; Rückwirkungsverbot für – 2 9; – v Sachen 303 3; – v Schriftstücken 133 6; – v Schutzvorrichtungen 145 6; Vereitelung der – 258 12
Uneidliche Aussage 153
Unentgeltlichkeit 264 6, 331 4
Unerfahrenheit 291 8
Unerlässlichkeit der Verhängung einer Freiheitsstrafe 47 6
Unerlaubtes Entfernen v Unfallort 142
Unerlaubte Veranstaltung eines Glücksspiels 284; – einer Lotterie 287
Unfall 142 5
Unfallbeteiligter 142 3, 4, 13
Unfallverhütungsvorschriften 15 39, 319 3
Unfug, beschimpfender 90 a 7, 167 5, 168 7
Ungeborene, -s Leben 218 1; Lebensschutz d -n vor 218 12, 24, 218 a 16; Lebenswert d -n 218 a 15; Offenbarung d Geschlechts d -n vor 218 23
Ungeeignet zum Führen v Kfz 69 5

Ungehorsam, ziviler vor 32 27
Unglücksfall 243 21, 315 8, 323 c 2
Unheilbarkeit 226 4
Uniformen 132 a 5
Universalprinzip s Weltrechtsgrundsatz
Universalrechtsgüter vor 3 9
Unkenntlichmachen 134 4
Unmenschlich 131 4, 7
Unmittelbares Ansetzen beim Versuch 22 4
Unmittelbarkeit des Angriffs 32 4; – der schweren Folge 18 8; – der Vermögensminderung 253 3, 263 22, 263 a 17
Unmittelbarer Täter 25 1
Unrecht vor 13 15, 17; erhöhtes – 46 14
Unrechtsausschließungsgründe s Rechtfertigungsgründe
Unrechtsbewusstsein 17 2; Aktualität des -s 17 3; Fehlen des -s 17 6; Informationspflicht u – 17 7; Möglichkeit des -s 15 34, 50, 17 4; – b Nötigung 240 25; potentielles – 15 50; Teilbarkeit des -s 17 6; Vorsatz u – 15 31
Unrechtskontinuität 2 14, 18–21
Unrechtstypus vor 13 15
Unrechtsvereinbarung 299 4, 331 10, 332 4, 5
Unrechtszweifel 17 4
Unrichtigkeit 264 17
Unschuld 344 3; Verfolgung -iger 344; Vollstreckung gegen -ige 345
Unschuldsvermutung 46 41, 56 f 3, 193 11; 203 21
Untätigkeit als Angriff 32 2
Untauglicher Versuch 22 12, 15 23 5
Untauglichmachen 109 3, 4
Unterbrechung des Kausalzusammenhangs vor 13 11; – der Verfolgungsverjährung 78 c
Unterbrechungsmodell 57 6
Unterbringung, Aussetzung der – zur Bewährung 67 b 1; Dauer der – 67 d 1; – in einer Entziehungsanstalt 64; Erforderlichkeit der – 63 11, 64 7, 13; Erledigung der – 67 c 3; – u Erwartung d Bewährungserfolges 67 d 3; Gefährdung des Zwecks der – 323 b 2; – nach Landesrecht 63 8, 343 2; mehrfache Anordnung der – 67 f 2; nachträgliche Überweisung 67 a; – in einem psychiatrischen Krankenhaus 63; Reihenfolge der Vollstreckung 67; selbständige Anordnung der – 71 1; – in der Sicherungsverwahrung 66, 67 d 7 a–7 d; späterer Beginn der – 67 e 1; Überprüfung der – 67 e 1; Voraussetzungen der – 63 2, 64 2, 66 3, 8, 13; Zweck der – 67 c 2
Unterdrücken v Daten 303 a 3; – des Personenstands 169 3; – v Postsendungen 206 10; – v Urkunden 274 2
Untergebener 357 1
Untergraben v Verfassungsgrundsätzen 92 9

magere Zahlen = Erläuterungen

Sachverzeichnis

Unterhalten eines Irrtums 263 20
Unterhaltspflicht 40 11, 56 c 7, 59 a 2, 3, 170 2, 3, 13, vor 218 24
Unterlagen 265 b 5, 283 19
Unterlassen 13 2; Ankündigung eines -s 240 14; Anstiftung durch – 26 3; – einer Anzeige 258 7 a; Beihilfe durch – 27 5, vor 153 7; – der Diensthandlung 336; fahrlässiges – 15 54; Kausalität des -s vor 13 12, 14 a; – als Rauschtat 323 a 6; Schwangerschaftsabbruch durch -218 3; Tatzeit b – 8 3; Täuschung durch – 263 12; Vermögensverfügung durch – 263 22
Unterlassene Hilfeleistung 323 c
Unterlassungsdelikt 13 1; Anstiftung zum – 26 3; bedingter Vorsatz beim – 15 23; Beihilfe zum – 27 6; echtes – 13 4, 15 7; – als Deliktsform vor 13 31 a; Konkurrenzen beim – 52 7; Mittäterschaft beim – 25 11; Strafmilderung beim – 13 17; Tatbestandsirrtum beim – 16 5; Tatbestandsmäßigkeit des -s 13 5, 6, 15 7; unechtes – 13 4; verfassungsrechtl Problematik, des -s 13 21; Versuch des -s 22 17; Vorsatz beim – 15 7
Unternehmen 11 15, 265 b 2; bewaffnetes – 100 4; öffentl – 264 8; Sitz des -s 5 3; Zusammenbruch v – 283 a 2
Unternehmenshaftung, strafrechtliche 14 1 a
Unternehmenstatbestand 11 19; s auch 81 4, 82 1, 275 2, 307 3, 309 3, 316 c 10, 323 c 11; 357 3; Rücktritt v – 24 29
Untersagung, behördliche 311 2, vor 324 3, 325 7, 327 2, 328 2, 329 2
Unterscheidungsvermögen s Einsichtsfähigkeit
Unterschiebung eines Kindes 169 2
Unterschlagung 246; – im Amt 246 6; – gegen Angehörige 247; – geringwertiger Sachen 248 a
Unterschrift 267 18, 20
Unterstellungszeit 56 d 4; Verlängerung der – 56 f 12
Unterstützen einer Vereinigung 84 3, 129 6
Untersuchungsausschuss 153 3
Untersuchungshaft, Anrechnung v – 51; keine Anrechnung v – auf Maßnahmen 51 2; – u Strafaussetzung 56 6
Untreue 266
Unvermeidbarkeit des Verbotsirrtums 17 7
Unverstand, grober 23 6
Unverzüglich 142 26; s auch 331 16
Unvollständigkeit der Aussage vor 153 5, 154 6; – der Angabe 264 17, 330 d Nr 5
Unwahrheit 164 7, 186 7, 187 1
Unwirksamkeit des Bestellungsakts 14 6
Unwirksammachen 136 6
Unzucht vor 174 2

Unzumutbarkeit 15 51, vor 32 30, 32 14; – v Anforderungen an die Lebensführung 56 c 5; – sofortiger Zahlung 42 2
Urheberschaft vor 25 9
Urkunde 267 2; Fälschung v -n 267; Gebrauch falscher -n 267 23; Gebrauch unrichtiger -n 273; Gesamt- 267 5; Herstellen unechter -n 267 17; öffentl – 271 2, 348 4; unechte – 267 17; Unterdrückung v -n 274 2; unwahre – 271 1; Verfälschung v -n 267 20; zusammengesetzte -n 267 8, 19 a; s auch 269 5
Urkundenfälschung 267; – u Landesrecht Anh I 4; s auch Urkunde
Urkundenunterdrückung 274 2–4
Ursächlichkeit s Kausalität
Urteil, Anordnung im – 40 8, 44 11, 51 16, 56 23, 59 11, 67 11, 67 b 6, 68 8, 69 a 9, 72 3, 73 11, 74 10, 74 d 13
Urteilsformel b Einziehung 74 10, 74 d 13; – b Entziehung der Fahrerlaubnis 69 a 9; – b Regelbeispielen 46 21; – b Tagessätzen 40 18; – b Wahlfeststellung 1 20
Urteilsvermögen 291 8
Urwahlen in der Sozialversicherung 107 b II, 108 d 1

Vaterschaftsvermutung 170 3, 173 2
Verabredung eines Verbrechens 30 6; Rücktritt b – 31 5
Verächtlichmachen 90 a 6
Verändern 283 18; – v amtlichen Ausweisen 273; – v Daten 269 9, 303 a 3
Veranstaltung eines Glücksspiels 284 11; – einer Lotterie 287 6; Zutritt zur – 265 a 5
Verantwortlichkeit vor 13 23, 46 1
Verantwortung, eigene 14 3, -sethik 15 34; beeinträchtigte -sfähigkeit vor 211 13 a
Verantwortungsbereiche, Begrenzung v -n vor 13 14; – b arbeitsteiligem Handeln 15 40, 324 16
Veräußern 283 14, 288 4
Veräußerungsverbot 73 e 3, 74 b 4, 74 e 3
Verband 11 15
Verbandshaftung, strafrechtliche 14 1 a
Verbindung v Maßregeln 72
Verborgen 68 c 4; -halten 243 13
Verbot öffentl Mitteilungen 353 d 2
Verbotsirrtum 17; abstrakter – 17 6; direkter – 17 6; – u Einsichtsfähigkeit 20 15; indirekter – 17 6; konkreter – 17 6; – u mittelbare Täterschaft 25 4; umgekehrter – 17 21, 22 15, 16; unvermeidbarer – 17 7; vermeidbarer – 17 8; – im Tatbestandsaufbau 17 22; – u Tatbestandsirrtum 17 22
Verbotsprinzip 84 1, 85 2
Verbrechen 12 I
Verbrechensbegriff, formeller u materieller vor 13 2

Sachverzeichnis

fette Zahlen = §§

Verbrechensbekämpfungsgesetz vor **38** 4
Verbrechensmerkmal, allgemeines vor **13** 17
Verbreiten v Gift **330 a** 3; – v Kennzeichen **86 a** 4; – v Mitteilungen **186** 5; – pornographischer Schriften **184** 5; – v Propagandamitteln **86** 6; – v Schriften **74 d** 5, **194** 5
Verbringen von Abfällen **326** 8 a
Verbürgung der Gegenseitigkeit **104 a** 2
Verbüßung 66 7
Verdachtslösung vor **32** 23
Verdächtigung, falsche **164** 4; politische – **2** 23 a, 25, **241 a**
Verdeckungsabsicht vor **211** 20, **211** 12, **306 b** 4, **315** 8
Verdeckte Ermittler 26 4, vor **32** 24, **46** 33, **258 a** 3, **285** 1
Verdunkelung 142 17
Verehrung, Gegenstände der – **243** 19
Verein 14 2, **75** 2
Vereinigung 11 8; kriminelle – **129** 2; terroristische – **129 a** 2; verbotene – **85** 2
Vereinigungstheorien 46 2
Vereiteln 258 2, **258 a** 3; – v Feststellungen **142** 30; – der Zwangsvollstreckung **288**
Verfahren 258 a 2, **343** 2; Kosten des -s **42** 1; – in Steuersachen **355** 4
Verfahrensdauer, überlange **46** 44, **56** 17
Verfall vor **73** 1, **73**; Erfordernis d Schuldangemessenheit b – **73 d** 9 a; Erweiterter – vor **73** 1, **73 d**, **129 b**, 150, **181 c**, **184 b** VI, **244 a III**, **256**, **260 III**, **261**, 14, **282**, **286**, **302**, **338**; Härtevorschrift b – **73 c**; -sklausel **42** 3; Rechtsnatur des **73** 1, 4 b; Rückwirkungsverbot für – **2** 9, **73 d** 13; Vereitelung des -s **258** 12; Vereitelung des -s als Vermögensschaden des Staates **263** 45; Voraussetzungen des -s **73**; – des Wertersatzes **73 a** 1, 2; Wirkung des -s **73 e**
Verfälschen v Geld **146** 5; – v technischen Aufzeichnungen **268** 10; – v Urkunden **267** 20; – v Wahlergebnissen **107 a** 1
Verfassungsfeindlich, -e Einwirkung auf Bundeswehr usw **89**; -e Sabotage **88**; -e Verunglimpfung **90 b**
Verfassungsgrundsätze 92 3
Verfassungshochverrat 81 3
Verfassungsmäßige Ordnung 81 3, **90 a** 3, **92** 5
Verfassungsorgan, Nötigung v -en **105**; Nötigung v Mitgliedern eines -s **106**; Verunglimpfung v -en **90 b**
Verfolgung, Hindernisse für eine – **344** 3; strafrechtliche – **344** 4; – Unschuldiger **339** 11, **344**; -shindernis **78** 1
Verfolgungsvereitelung 258 11
Verfolgungsverjährung 78 1, **Anh I** 309, 315 a; Ausschluss der – **78** 4; Beginn der – **78 a** 2; Fristen der – **78** 8; Hemmung der – **78 b** 7, 7 a; Lauf der – **78** 7; rückwirkende Verschärfung der -svorschriften **78** 5; Ruhen der – **78 b**; – bei Sexualdelikten **78 b** 1 a; Strafzumessung bei – **46** 37 a; Unterbrechung der – **78 c** 1; Unterbrechung der – b Privatklage **78 c** 8; – und zeitliche Geltung **2** 6 a
Verfolgungsvoraussetzungen 104 a 1
Verfügung 246 5, **253** 3, **263** 21
Verfügungsgewalt 259 11
Vergabe, freihändige **298** 4
Vergabeverfahren 264 10
Vergehen 12 II
Vergewaltigung 177 II, **177** 11; Ruhen der Verjährung bei – **78 b** 1 a; – u Schwangerschaftsabbruch **218 a** 18, 19
Vergewaltigungsindikation 218 a 18
Vergiftung 20 4; gemeingefährliche – **314**
Vergleichbarkeit s Gleichwertigkeit
Vergütung 352 3
Verhaftung zur Sicherung der Vollstreckung **56 f** 15
Verhalten nach der Tat **46** 40, **51** 7, **56** 12
Verhältnismäßigkeit b Einziehung **74 b**; – b Geldstrafen vor **40** 3; – b Maßregeln **62** 1, 2; – b Mord **211** 13; – b Notstand **35** 11; – b Notwehr **32** 11; – b Spionagetätigkeit für die DDR **2** 23; – b Unterbringung **63** 10; – b Weisungen **56 c** 2
Verhältnisse eines anderen **355** 3; persönliche u wirtschaftliche – **46** 39; – des Täters **40** 3; wirtschaftliche – **265 b** 5
Verharmlosen v Gewalttätigkeiten **130** 8
Verheimlichen 266 a 13, **283** 10
Verheiratet 172 2
Verhelfen z Ausbruch **121** 6
Verherrlichen v Gewalttätigkeiten **131** 6
Verhinderung fremder Straftaten **13** 14; – der Tatvollendung **24** 19
Verjährung s Verfolgungsverjährung u Vollstreckungsverjährung
Verjährungsfristen 78 8, **79** 3; absolute – **78 c** 1 a
Verjährungsgesetz 2 27 a; zweites – **2** 27 b; drittes – **2** 27 b
Verkehr, Eingriffe in den – **315**, **315 b**; Eisenbahn- **315 a** 3; Gefährdung des -s **315 a**, **315 c**; Handeln im geschäftlichen – **299** 3; Luft- **315 a** 3, **316 c** 4; zum öffentl – bestimmt **123** 4; Schienen- **315** 2, **315 d**; Schiffs- **315** 2, **315 a** 2, 3; Straßen- **315 c** 2; Trunkenheit im – **316**
Verkehrskontrolle 113 3
Verkehrsordnungswidrigkeiten 44 2
Verkehrsregeln 15 39
Verkehrssicherungspflicht 13 11
Verkehrsverhalten 240 9, **315 c** 18
Verkehrszeichen 145 5
Verklammerung 52 5, 6
Verkündung, falsche **107 a** 2

magere Zahlen = Erläuterungen **Sachverzeichnis**

Verlangen, ernstliches 216 2; – der Fortsetzung der Schwangerschaft **218 a** 20, 21 a; – d Schwangerschaftsabbruchs **218 a** 4
Verlängerung der Bewährungszeit **56 a** 2, **56 f** 11, 12; – der Unterstellungszeit **56 f** 12; – der Vollstreckungsverjährung **79 b**
Verleitung zum Entweichen **120** 8; – zur Falschaussage **160** 2; – zum Genuss alkoholischer Getränke **323 b** 3; – eines Untergebenen **357**
Verletzter 77 6, **247** 2, **303 c** 2, 3, 4; Ausgleich mit dem – **46** 42, **46 a**; selbstgefährdendes Verhalten des – **15** 43
Verletzung amtlicher Bekanntmachungen **134**; – v Anzeigepflichten **283** 10; – auch eines milderen Gesetzes **52** 9; – der Aufsichtspflicht **283 b** 2; – v Auskunftspflichten **283** 10; – des Briefgeheimnisses **202**; – der Buchführungspflicht **283 b**; – des Dienstgeheimnisses **353 b**; – der Dienstpflicht **332** 3; – v Flaggen usw ausländischer Staaten **104**; – der Fürsorge- oder Erziehungspflicht **171** 2; – der Körperintegrität **223** 1; – der Mitteilungspflicht **265 b** 6; – der Pflichten eines Kfz-Führers **44** 4; – des Post- oder Fernmeldegeheimnisses **206**; – v Privatgeheimnissen **203**, s auch **193** 2; – des Steuergeheimnisses **355**; – der Unterhaltspflicht **170** 9; – der Vertraulichkeit des Wortes **201**, s auch **193** 2; – des Wahlgeheimnisses **107 c**
Verletzungsdelikte vor **13** 32
Verleumdung 187; keine Anwendbarkeit des § 193 b – **193** 3; keine Indemnität b – **36** 6; – v Politikern **188** II; – v Teilen der Bevölkerung **130** 6; s auch Beleidigung
Verlöbnis 11 2
Verlust der Amtsfähigkeit **45**, **45 a**; -geschäft **283** 12; – eines wichtigen Glieds usw **226** 3; – v Rechtsstellungen usw **45** 5
Vermeidbarkeit der Sorgfaltspflichtverletzung **15** 44; -theorie **15** 44; – des Verbotsirrtums **17** 7, 8
Vermeidewillen 15 24
Verminderte Schuldfähigkeit s Schuldfähigkeit
Vermischung 246 5
Vermitteln 180 5, **291** 6
Vermögen 43 4, **263** 33, **288** 3; gegen fremdes – gerichtet **259** 5; – u Tagessatzsystem **40** 12
Vermögensbestandteile 283 9
Vermögensbetreuung 266 11
Vermögensgefährdung 263 40, **263 a** 18, **266** 17
Vermögensnachteil 253 4, **266** 17
Vermögensschaden 263 36, **264** 1
Vermögensverfügung 253 3, **263** 21

Vermögensvorteil 73 4, **180 b** 4, **181 a** 5, **219 a** 4, **259** 17, **263** 59, **291** 9, 11
Vermögensverlust, großen Ausmaßes **263** 66, **267** III Nr 2
Vermögenswerte, Gefahr des Verlustes v **263** 66
Vermögenszuwachs 73 4, 7
Vermutung der Vaterschaft **170** 3, **173** 2; – der Verwandtschaft **173** 2
Vernichten 274 2
Verpfändung 246 5, **283 c** 4
Verpflichteter, für den öffentl Dienst besonders – **11** 13
Verpflichtung zur Aufklärung **264** 21; – zur Buchführung **283** 16, **283 b** 1; förmliche – **11** 17
Verrat illegaler Geheimnisse **97 a**; – vermeintlich illegaler Geheimnisse **97 b**
Verringern 283 21
Versammlung 80 a 2, **194** 5
Versandhandel 184 5
Verschaffen alkoholischer Getränke **323 b** 3; – v Daten **202 a** 5; – v falschen amtlichen Ausweisen **276**; – v Falschgeld **146** 6; – v Gelegenheit **180** 6; – v gestohlenen Sachen **259** 10; – v Staatsgeheimnissen **96** 3; – v Vordrucken für Eurochecks **152 b** 4
Verschenken 242 26
Verschiedenheit v Gesetzen **2** 3
Verschlechterungsverbot 40 19, **44** 12, **46** 44, **55** 10, **69 a** 10
Verschleiern 283 21
Verschleierung unrechtmäßiger Vermögenswerte **261**
Verschleppung 7 23 a, 25, **234 a**
Verschleudern 283 14
Verschlossen 202 2
Verschönerung 304 3
Verschweigen als falsche Aussage **153** 4; – nachteiliger Tatsachen **264 a** 12
Versenden 184 6
Versetzen, in eine hilflose Lage **221** 3
Versicherte Sache 265 2
Versicherung an Eides Statt **156**, **163** 1
Versicherungsmissbrauch 265
Versorgungsunternehmen 316 b 3
Versprechen 333 3; sich – lassen **331** 7
Verstorbene, Verunglimpfung -r **189** 3
Verstoß gegen das Berufsverbot **145 c**; – gegen ein Vereinigungsverbot **85**; – gegen Weisungen **145 a**
Verstrickungsbruch 136 3
Verstümmelung 109 4
Versuch 22 1; Anstiftung zum – **26** 4, 7; – der Anstiftung zur Falschaussage **159**; beendigter u unbeendigter – **24** 3; – der Beteiligung **30**; – b erfolgsqualifizierten Delikten **18** 9; fehlgeschlagener – **24** 10–12; irrealer – **22** 14, **23** 5; – b Mittäterschaft **22** 9; – b mittelbarer Täterschaft **22** 9; – b Regelbeispielen **46** 15; Rücktritt v

1471

Sachverzeichnis

fette Zahlen = §§

– 24; Rücktritt v – der Beteiligung 31; Strafbarkeit des -s 22 11, 23; untauglicher – 22 12, 23 5; – des Unterlassungsdelikts 22 17, 323 c 11
Versuchsbeginn 22 4–10; – beim beendigten Versuch 22 8; – b Mittäterschaft 22 9; – b mittelbarer Täterschaft 22 9; – b qualifizierten u privilegierten Delikten 22 10; – b Regelbeispielen 46 15; – beim Unterlassungsdelikt 22 17
Versuchsdelikt vor 13 31 a
Verteidigerhandeln 129 10, 193 12, 258 8, 261 5
Verteidigung 32 8; erforderliche – 32 9; – des Gewahrsams 252 1; – der Rechtsordnung 47 4, 59 7
Verteidigungsmittel 109 e 2, 3
Verteidigungswille 32 7
Vertrag, öffentlich-rechtlicher 325 7, 330 d Nr 4 e
Vertrauensbruch im auswärtigen Dienst 353 a
Vertrauensgrundsatz 15 39, 40
Vertraulichkeit des Wortes 201 1
Vertreter 14 2; gesetzlicher – 14 2, 77 11; Sondervorschrift für Organe u – 75; s auch 283 3
Vertretungsbefugnis 77 11, 228 13, 266 5, 267 19
Vertretungstheorie 77 12
Vertrieb v Wertpapieren usw 264 a 7
Verunglimpfung des Andenkens Verstorbener 189 3; – des Bundespräsidenten 90 3; – des Staates u seiner Symbole 90 a 6; – v Verfassungsorganen 90 b 3
Verunreinigung des Bodens 324 a 3, 326 6; – v Gewässern 324 4, 5; – der Luft 325 13, 326 6
Verunstalten 134 4
Veruntreuung 246 13; – v Arbeitsentgelt 266 a
Verursachung s Kausalität; Selbst- der Gefahr 35 7
Verursachungstheorie vor 25 8
Verurteilung, Bekanntgabe der – 165, 200; – b nachträglicher Gesamtstrafenbildung 55 2; – als Voraussetzung von Sicherungsverwahrung 66 4, 10; – zu der vorbehaltenen Strafe 59 b; – als Wahrheitsbeweis 190 2
Vervielfältigung 267 15
Verwahren 149 4
Verwahrung, Auswirkung der – auf die BewZeit 56 a 1; behördliche – 68 c 4, 343 2; dienstliche – 133 3; sexueller Missbrauch während der – 174 a 2; – v Kernbrennstoffen 328 4
Verwahrungsbruch 133
Verwaltung, öffentliche 11 9
Verwaltungsakt vor 324 3, 6, 324 9, 325 7–10, 330 d Nr 4 c

Verwaltungsaktakzessorietät vor 324 2, 6, 324 10, 324 a 7, 325 4, 7, 17, 325 a 4, 327 2, 328 2, 329 2, 330 d Nr 4
Verwaltungsakzessorietät vor 324 3, 6
Verwaltungsbehörde 69 a 11
Verwaltungsmaßnahmen 339 3
Verwaltungsrechtsakzessorietät vor 324 2, 324 9, 324 a 7, 325 4, 6, 325 a 4, 327 2, 329 2, 330 d Nr 4
Verwandte 173 2; s auch Angehörige
Verwarnung mit Strafvorbehalt vor 59 1, 59; – b Alttaten 2 31 a; Auflagen b – 59 a 2; BewZeit b – 59 a 1; – neben Freiheitsstrafe 59 3; – u Gesamtstrafe 59 c 2, 3; Rechtsnatur der – 59 2; Verfahren b – 59 11; Verurteilung zur vorbehaltenen Strafe 59 b 1; Voraussetzungen der – 59 4
Verwechseln eines Kindes 169 2; zum – ähnlich 86 a 3, 132 a 9, 149 3
Verweigerung des Schwangerschaftsabbruchs vor 218 27
Verweilen ohne Befugnis 123 9, 10
Verwenden v Daten 263 a 9, 11; – v Kennzeichen 86 a 4; – v Wertzeichen 148 4
Verwerflichkeit 46 33, 129 b 4, 170 13, vor 211 18, 211 5, 240 17
Verwertung fremder Geheimnisse 204 4; – toter Feten 168 1
Verwirrung 33 3
Verwünschungen 241 2
Verzicht, endgültiger 83 a 2; – auf die erstrebte Leistung 239 a 10, 239 b 3; – auf Strafantrag 77 17; – auf Vollendung der Tat 24 8
Video, -Filme oder -Kassetten 11 28, 131 7, 184 6
Vikariieren vor 63 1, 67 1
Viktimologie vor 13 4, 46 35
vis haud ingrata 177 3, 10; s auch Gewalt
V-Mann 11 9, 26 4
Völkermord 6 1, vor 32 33, vor 52 10, 78 2, 130 2, 8; Aussetzung des Strafrestes bei – 57 a 3; keine Verjährung bei – 78 4, 79 II
Völkerrecht 2 16, 23, vor 32 24, vor 324 14
Völkerstrafgesetzbuch 6 1, vor 32 33
Volksverhetzung 130
Volksvertretung 108 e 2
Volkszählungsboykott 111 3, 303 5, 10
Vollendung vor 22 2; – b Regelbeispielen 46 13, 14; Verhinderung der – 24 19, 20
Vollrausch 323 a; Tatort b – 9 2
Vollstreckung der Ersatzfreiheitsstrafe bzw Abwendung der – 43 3, **Anh I** 293; – der Geldstrafe 42 1, 4; Reihenfolge der – 67; – gegen Unschuldige 345 3
Vollstreckungsbeamter 113 2
Vollstreckungsbehörde 79 b 3
Vollstreckungsentscheidungen 339 3

magere Zahlen = Erläuterungen **Sachverzeichnis**

Vollstreckungshandlung vor 32 24, 35 9, 113 3
Vollstreckungsvereitelung 258 13; s auch 288
Vollstreckungsverjährung 79 1, **Anh I** 309, 315 a; Beginn der – **79** 6; Fristen der – **79** 3, 5; Ruhen der – **79 a**; Verlängerung der – **79 b**; Wirkung der – **79** 2; – b Zahlungserleichterung 42 4
Vollziehbarkeit v Verwaltungsakten 325 7, 330 d Nr 4 c, d
Vollzug der Freiheitsstrafe 46 31; – v Maßregeln 63 12, 64 8, 66 21, 67 a 1; – des Beischlafs 173 3
Vollzugslockerungen u Gefangenenbefreiung 120 9
Voluntatives Element s Willensseite
Vorausgegangenes gefahrbegründendes Verhalten s Ingerenz
Voraussehbarkeit b erfolgsqualifizierten Delikten 18 7; objektive – 15 36, 46; subjektive – 15 49
Vorbehaltseigentum s Eigentumsvorbehalt
Vorbereitung vor 22 3; – eines Angriffskrieges 80 2; – auf einen Beruf 203 12; – eines Explosions- oder Strahlungsverbrechens 310 2; – der Fälschung von amtlichen Ausweisen 275 2; – der Fälschung v Geld u Wertzeichen 149 1, 5; – eines hochverräterischen Unternehmens 83 3; – b Regelbeispielen 46 15
Vordrucke für amtliche Ausweise 275 2; – für Euroschecks 152 b 2
Vorenthalten v Arbeitsentgelt 266 a; – des Unterhalts 170 13
Vorfahrt 315 c 13
Vorgesetzter 357 I
Vorläufige Entziehung der Fahrerlaubnis 69 8, 69 a 5
Vorleben 46 37, 56 10
Vormund 11 5, 63 8, 77 11, 235 2
Vorrätighalten 184 5; – v Kennzeichen 86 a 5; – v Propagandamitteln 86 6
Vorrichtungen, ähnliche 149 2
Vorsatz 15 3; – b alic 20 26; alternativer – 15 29; – des Anstifters 26 4, 5; bedingter – 15 23, 53; direkter – 15 20; – u Fahrlässigkeit 15 53, 56; Fortsetzungs- vor 52 15; Gegenstand des -es 15 10; – des Gehilfen 27 7; Gesamt- vor 52 12; – u Irrtum 16 2; – hinsichtlich des Kausalverlaufs 15 11; natürlicher – 15 31; – b normativen Tatbestandsmerkmalen 15 14; Feststellung des -es im Prozess 15 25; – b Regelbeispielen 46 12; – u Schuld 15 34; – hinsichtlich des Tatorts 9 1; Tötungs– 212 3; – u Unrechtsbewusstsein 15 31; – beim Unterlassungsdelikt 15 7; – b Vertreterhaftung 14 16; wertfreier – 15 31; Willensseite des -es 15 19; Wissensseite des -es 15 9

Vortaten, Berücksichtigung von – b d Strafzumessung 46 37 a
Vorsatz-Fahrlässigkeits-Kombination 11 23, 18 3, 4
Vorsatztheorie 15 33
Vorschubleisten 180 4
Vorspiegeln 263 7
Vorstellungspflicht 142 18
Vorstellungstheorie 15 30
Vorstrafen 46 37, 47 2
Vortat b Begünstigung 257 2, 4; – b Hehlerei 259 4, 16; mitbestrafte (straflose) – vor 52 32; – b Strafvereitelung 258 11
Vorsatzdelikt vor 13 31 a
Vortäter 259 18
Vortäuschen 126 3, 283 15; – einer bevorstehenden Tat 145 d 6; – einer Straftat 145 d 4; – eines Versicherungsfalls 263 66
Vorteil 257 5, 259 17, 264 18, 299 4, 331 4; – großen Ausmaßes 300
Vorteilsabsicht 263 58
Vorteilsannahme 331
Vorteilsempfänger 333 8, 334 5
Vorteilsgeber 331 19
Vorteilsgewährung 333
Vorteilssicherung 257 5
Vorverhalten s Ingerenz
Vorverurteilung 66 5, 193 11
Vorwerfbarkeit vor 13 23

Wälder 306 2, 306 f I Nr 3
Waffen, Diebstahl mit – 244 2; Diebstahl von – 243 23; Körperverletzung mit – 224 2; Raub mit – 250 2; schwerer Diebstahl mit – 244 a; Schuss- 244 3, 121 8, 125 a 2; Widerstand mit – 113 24
Waffengebrauchsrecht vor 32 24
Waffenhandel vor 73 1
Wählbarkeit, Verlust der – 45
Wahlbehinderung 107
Wahlen, öffentliche 45 1; – des Volkes 108 d
Wählerbestechung 108 b
Wählernötigung 108
Wählertäuschung 108 a
Wahlfälschung 107 a
Wahlfeststellung 1 9; – b Regelbeispielen 46 20; Urteilsformel b – 1 20; s auch 25 20, 154 15, 182 6, 257 10, 259 21, 260 3
Wahlgeheimnis, Verletzung des -ses 107 c
Wahlunterlagen, Fälschung v – 107 b
Wahlversprechen 108 b 2
Wahlvorsteher 11 5
Wahnverbrechen 17 21, 22 15; s auch 218 9
Wahrheitsbeweis 186 7 a, 8, 189 3, 190, 192 1, 193 4
Wahrheitspflicht 153 4, 154 6, 156 3
Wahrnehmung berechtigter Interessen 193
Wahrscheinlichkeitstheorie 15 26

1473

Sachverzeichnis

fette Zahlen = §§

Waldheimer Prozesse 2 19, 19 b
Waren 283 14; **298** 2; -lager **306** 2; -vorräte **306** 2
Warenterminoptionen 263 10, 48
Wartefrist 142 19, 22
Wartepflicht 142 17
Wasser, in gefassten Quellen usw 314 2
Wassergefährdende Stoffe 329 7
Wasserleitung 318 1
Wasserschutzgebiet 329 4
Wasserstandsmerkmal 274 6
Wechsel 291 11; -betrug 263 11; -reiterei 263 11
Wechselseitig 77 c 2; – begangene Beleidigungen **199**; – begangene Taten **77 c**
Wechselwirkung b Grundrechten vor **32** 28, **193** 1, 12
Weg, öffentlicher **305** 2, **315 c** 2
Wegnahme 242 8, 274 I Nr 3; – v Leichen **168** 3; – b Pfandkehr **289** 3; überraschende – **249** 2; – u Verfügung **242** 14, **255** 2, **263** 26
Wehrbeauftragter 11 5
Wehrdienst, Anwerbung für fremden – 109 h
Wehrfähigkeit 32 3
Wehrlosigkeit 211 8, 225 2
Wehrmittel 109 e 2
Wehrpflicht 109 2
Wehrpflichtentziehung durch Täuschung 109 a; – durch Verstümmelung 109
Weidmännisch 292 6
Weiße-Kragen-Kriminalität vor 263 1
Weisungen 56 c, 59 a 3, 68 b; Verstoß gegen – **145 a** 1
Weitergabe, unbefugte **353 b** II
Weltanschauung s Religion
Weltrechtsgrundsatz vor **3** 2, **6** 1, 2
Werbung für eine kriminelle Vereinigung **129** 7; – für Schwangerschaftsabbruch **219 a**
Werkzeug 25 2, 4, 243 12, 244 4; anderes – **243** 12; doloses – **25** 4; gefährliches – **224** 2, **244** 3; **250** 2
Wert 74 c 4; bedeutender – **315 c** 24, **325** 13; erheblich unter dem – **283** 14; – des Erlangten **73 I**, 73 a 4, **73 c** 2; geringer – **248 a** 5, 7; wirtschaftlicher – **263** 34
Wertersatz, Einziehung des -es **74 c** 4; Verfall des -es **73 a** 1
Wertpapiere 151, 264 a 3; ausländische – **152** 1, 2
Wertprädikate 15 17
Werturteil 186 3, 263 5
Wertzeichen, amtliche **148** 2; ausländische – **152** 1; entwertete – **148** 6
Wettbewerb vor **298** 1; Bevorzugung im – **299** 5; freier – **298** 1; lauterer – **299** 1; Straftaten gegen den – **298**, **299**
Wette 263 9, **283** 13, **284** 6
Wichtiges Glied 226 3

Wider besseres Wissen 126 5, 145 d 9, 164 8, 187 1, 218 b 7, 278 5
Widerruf, Absehen vom – **56 f** 9; – der Aussetzung des Berufsverbots **70 b** 1; – der Aussetzung der Freiheitsstrafe **56 f** 7, 57 23, **57 a** 16; – der Aussetzung der Unterbringung **67 g**; – u Führungsaufsicht **67 g** 8; Gründe für den – **56 f** 1; Rücknahme des -s **56 f** 15; zeitl Grenzen des -s **56 f** 7
Widerspruch als Prozesshindernis **194** 9
Widerspruchslösung 168 5
Widerstand 113 5; – gegen Nichtbeamte **114**; – gegen die Staatsgewalt **111 ff**; – b Verführung **182** 3; – b Vergewaltigung **177** 3; – gegen Vollstreckungsbeamte **113**
Widerstandsrecht vor **32** 27
Widerstandsunfähigkeit 179 4, 5, 291 8
Widmark-Verfahren zur BAK-Bestimmung **315 c** 8
Wiedereingliederung 46 25, 26
Wiedergutmachung des Schadens vor **38** 3, **46 a** 1, 2–4 a, 7, **56** 19, **56 b** 3, 3 a, 4 a, **57 a** 10, **59 a** 2, 3; Schadens- als Strafe **46 a** 1 a; symbolische – einer Tat **46 a** 1 b; Verhältnis d Schadens- zum Täter-Opfer-Ausgleich **46 a** 4 a
Wiederholungsgefahr 46 42
Wiederverleihung von Fähigkeiten und Rechten **45 b** 1; Verfahren b – **45 b** 4
Wiederverwendung v Wertzeichen **148** 5
Wild 292 1
Wilderei 292 ff; Jagd- **292**; gewerbs- oder gewohnheitsmäßige – **292** 7; Strafantrag b – **294**
Wille, gegen den -n 218 19
Willensfreiheit vor **13** 26, **20** 12; s auch **240** 1
Willensmängel b Einwilligung **228** 8
Willensrichtung, feindliche **211** 6 a
Willensschwäche 20 11, **291** 8
Willensseite des Vorsatzes **15** 19
Willenstheorie 15 30
Willkürherrschaft 92 6, **194** 6, **234 a** 3
Wirtschaft 264 7; Anforderungen an eine ordnungsgemäße – **283** 12, 14; ordnungsgemäße – **283** 11; Widerspruch zu einer ordnungsgemäßen **283** 21
Wirtschaftliche Not, Bringen in – 263 66, **283 a** 2
Wirtschaftliche Verhältnisse des Täters 46 39
Wirtschaftsförderung 264 1, 7
Wirtschaftskriminalität 41 1, vor 263
Wirtschaftszone, deutsche ausschließliche **6** 3
Wirtschaftsprüfer 132 a 3, 203 4
Wissensseite der Absicht **15** 20; – des Vorsatzes **15** 9, **16** 3
Wissentlichkeit 15 21, **201 a** 8, **258** 14, **283 a** 2

1474

magere Zahlen = Erläuterungen

Sachverzeichnis

Wohnsitz 5 3
Wohnsitzrecht 3 3
Wohnung 123 3, 201 a 2, 244 11; Gewähren einer – 180 a 6
Wohnungseinbruchdiebstahl 244 11
Wort, nichtöffentl gesprochenes – 201 2
Wortlaut, im – öffentl mitteilen 353 d 4; -schranke 1 5, 6
Wucher 291; s auch vor 263 1
Würden, öffentliche 132 a 2
Würdigung, tatrichterliche 46 50, 47 7, 54 6

Zahlungseinstellung 283 27, 283 d 3
Zahlungserleichterungen 40 16, 42, 43 a 10
Zahlungskarten, Fälschung von – 152 a 2, 3
Zahlungsunfähgkeit 40 2, 283 7, 283 d 4, 5
Zahlungsverkehr, bargeldloser 152 a 1, 266 b 1
Zählervergleichseinrichtung 206 15
Zäsurwirkung b nachträglicher Gesamtstrafenbildung 55 9 a
Zahnarzt 132 a 3, 203 2
Zechgemeinschaft 13 10
Zechprellerei 263 9
Zeit s Tatzeit
Zeitgesetz 2 8
Zeitliche Geltung 2
Zeitschriften, Einfuhr v – **Anh I** 296; Verkauf v – 263 48
Zeitungen, Einfuhr v – **Anh I** 296
Zerstören 303 7; – v Arbeitsmitteln 305 a 4; – v Bauwerken 305 3
Zertifikate 151 4
Zeugenaussage 153 2
Zeugeneid 154 6
Zeugnispflicht 203 24
Zeugnisverweigerungsrecht 154 16, 203 24
Ziviler Ungehorsam vor 32 27, 32
Zorn, Reizung zum – 213 6
Züchtigungsrecht 223 11
Zueignung 242 21, 246 4, 292 2
Zueignungsabsicht 242 25
Zufallsurkunde 267 13
Zuführen zu fremdem Wehrdienst 109 h 3
Zugänglich 133 10; -machen 74 d 6, 184 5, 201 4, 201 a 7, 8
Zuhälterei vor 174 2, 4, 181 a

Zumutbarkeit vor 32 30; – der Beitragszahlung 266 a 10; – der Bereitstellungspflicht 142 28; – b Diensthandlung 113 22; – b Fahrlässigkeit 15 51; – der Hilfeleistung 323 c 7; – der Hinnahme einer Gefahr 35 6, 218 a 13, 15, 20; – des Unterlassens 13 5; – der Wartepflicht 142 19
Zurechnung, objektive vor 13 14, 15 43, 27 2 a
Zurücknahme des Antrags 77 d; – der Ermächtigung 77 e 2
Zurückweichen vor dem Verbrechen 47 5
Zusammenhang mit dem Führen eines Kfz 44 3; – mit einer Kapitalanlage 264 a 9; – mit einem Kreditantrag 265 b 4; – b wechselseitig begangenen Taten 77 c 2
Zusammenrotten 121 3; öffentliches – 124 2
Zusammenschluss, sonstiger 11 15
Zusammentreffen mehrerer Gesetzesverletzungen 52 ff; – v Milderungsgründen 50 5; Verjährung b – mehrerer Gesetzesverletzungen 78 11
Zusammenwirken 25 9; einverständliches – 259 10, 11
Zusendung, unverlangte 184 6 c, 185 5
Zuständigkeit b Aussagedelikten 153 3, 154 3, 156 2, 2 a; – zur Entgegennahme v Anzeigen 145 d 2; – b Personenstandsfälschung 169 5; – zur Untersagung eines Schwangerschaftsabbruchs 218 b 8
Zustandsdelikt vor 52 11; 169 7
Zustimmung 15 24; s auch Einwilligung
Zutritt 265 a 5
Zuwiderhandlungen gegen Fahrverbot 44 13
Zwang 240 4; unmittelbarer – 340 4
Zwangsabfall 326 2 a, 3 a
Zwangsernährung vor 211 17
Zwangslage 180 b 6, 182 5, 291 8
Zwangstherapie 56 c 8 b
Zwangsvollstreckung, drohende 288 2
Zwangswirkung 240 6
Zweck der Strafe 46 1
Zweck-Mittel-Relation 97 b 4, 240 18
Zweckverfehlung 263 55, 264 1
Zweifel an der Schuldfähigkeit 20 23, 323 a 5; Unrechts- 17 4
Zweipersonenverhältnis bei Entführungen und Bemächtigungen 239 a 4 a
Zweispurigkeit vor 38 1, 61 2
Zyklothymie 20 5

Buchanzeigen

Der Praxiskommentar zum Straßenverkehrsrecht

Janiszewski/Jagow/Burmann
(früher »Mühlhaus«)
Straßenverkehrsrecht
18. Auflage. 2004. In Leinen
ISBN 3-406-51370-0

Knapp, aktuell und übersichtlich
stellt dieser Kommentar die zentralen Bereiche des Straßenverkehrsrechts dar. Das Werk befindet sich durchgängig auf dem **Bearbeitungsstand Herbst 2003.**

Die 18. Auflage
- erfasst bereits die **36. Straßenverkehrsrechts-ÄnderungsVO vom 22. 10. 03,** insbesondere mit neuen Bestimmungen zu Kraftomnibussen
- berücksichtigt beim **StVG** das Straßenverkehrsrechts-Änderungsgesetz vom 11. 9. 2002 und erläutert die straßenverkehrsrechtlich relevanten Vorschriften des StVG auf der Grundlage der **Neufassung** vom 5. 3. 2003
- verarbeitet die Novellierung der **StVO** durch das G zur Änderung des Fernstraßenbauprivatfinanzierungsgesetzes vom 1. 9. 2002
- erfasst die sog. **FeV-Reparaturverordnung** vom 7. 8. 2002 (u. a. neue Definition des fahrerlaubnisfreien motorisierten Krankenfahrstuhls, Änderung des Mindestalters für den Zugang zu verschiedenen Fahrerlaubnisklassen, Untersuchung des Sehvermögens insb. für LKW-, Bus- und Taxifahrer, Anerkennung ausländischer Fahrerlaubnisse)

Verlag C. H. Beck · 80791 München

BtMG praktisch und präzise präsentiert

Weber
Betäubungsmittelgesetz

2. Auflage. 2003. In Leinen
ISBN 3-406-49384-X

Dieser BtMG-Kommentar
hat sich schnell als Arbeitsmittel für die Praxis durchgesetzt. Das Werk zeichnet sich aus durch eine präzise und besonders übersichtliche Erläuterung des Betäubungsmittelgesetzes sowie der praxisrelevanten **einschlägigen Verordnungen zum BtMG**, nämlich

- der Außenhandels-, Binnenhandels-, Verschreibungs- und Kostenverordnung.

Der **Anhangteil** enthält, komplett oder in Auszügen, die Texte weiterer wichtiger Gesetze, Richtlinien und Übereinkommen, wie z.B:

- das Suchtstoffübereinkommen von 1988, das Grundstoffüberwachungsgesetz, die Leitlinien der Bundesärztekammer zur Substitutionstherapie Opiatabhängiger sowie die BUB-Richtlinien.

»Insgesamt ist der „Weber" ein geschätzter Ratgeber, der gleichermaßen spezialisierten wie gelegentlichen Anwendern des Betäubungsmittelrechts durch seine kompakten Erläuterungen hervorragende Dienste leistet.«
Richter am LG Dr. Detlev Schmidt, Berlin, in: NJW 43/2003

Verlag C. H. Beck · 80791 München